Spezielle Betriebswirtschaftslehre der Immobilienwirtschaft

Spezielle Betriebswirtschaftslehre der Immobilienwirtschaft

6. Auflage 2010

Herausgegeben von
Dipl.-Hdl. Dr. Egon MURFELD
Oberstudiendirektor i.R.

Verfasst von
Lehrer und Dozenten
der immobilien- und wohnungswirtschaftlichen Fachrichtung

Mitarbeiter des Arbeitskreises:

Prof. Dr. Bach, Hansjörg	Dipl.-Hdl., Dipl.-Kfm.	Geislingen/Steige
Dr. Bauer, Ludwig	Dipl.-Kfm.	München
Buchner, Florian	Dipl.-Kfm.	Landshut
Flach, Karl	Dipl.-Hdl., Studiendirektor	Bad Malente
Dr. Murfeld, Egon	Dipl.-Hdl., Oberstudiendirektor i.R.	Nordwalde
Pulletz, Werner	Dipl.-Hdl., Studiendirektor	Berlin
Sailer, Erwin	Dipl.-Volkswirt	München
Tacke-Unterberg, Helmut	Dipl.-Ökonom, Studiendirektor i. E.	Bochum
Traub, Martin	Oberstudienrat	Essen

Leitung des Arbeitskreises und redaktionelle Bearbeitung:
Dr. Egon Murfeld, E-Mail: Dr.Murfeld@t-online.de

IMPRESSUM

ISBN 978-3-87292-316-5

Hammonia-Verlag GmbH, Hamburg

Das Werk ist urheberrechtlich geschützt.

Alle Rechte vorbehalten.

Nachdruck, auch auszugsweise, verboten. Kein Teil des Werkes darf ohne schriftliche Einwilligung des Verlages in irgendeiner Form (Fotokopie, Mikrofilm oder ein anderes Verfahren), auch nicht zum Zwecke der Unterrichtsgestaltung reproduziert oder unter Verwendung elektronischer Systeme verarbeitet, vervielfältigt oder verbreitet werden.

Alle Informationen sind nach bestem Fachwissen zusammengetragen und recherchiert worden. Eine Garantie für die Richtigkeit sowie eine Haftung können nicht übernommen werden.

Gestaltung: Hammonia-Verlag GmbH
Satz: rewi Druckhaus, Wissen
Druck und Bindung: CPI Clausen & Bosse, Leck

Redaktionsschluss für die 6. Auflage: Dezember 2009

Printed in Germany

Vorwort des Herausgebers

Das Leistungsangebot der Unternehmen der Grundstücks- und Wohnungswirtschaft wird zunehmend umfangreicher und differenzierter. Die Mitarbeiterinnen und Mitarbeiter der immobilienwirtschaftlichen Unternehmen haben immer höheren Anforderungen zu genügen. Neben einem breiten Grundwissen benötigen sie ein hohes Maß an Spezialkenntnissen.

Die „Spezielle Betriebswirtschaftslehre der Grundstücks- und Wohnungswirtschaft" bietet in systematischer Darstellung einen ausführlichen Einblick in die Wirkungsfelder immobilien- und wohnungswirtschaftlicher Unternehmen.

Immobilien- und wohnungswirtschaftliche Zusammenhänge werden aufgezeigt und erläutert. Die hierzu erforderlichen rechtskundlichen Informationen und Erklärungen sind eingefügt.

Das Buch ist eine Gemeinschaftsarbeit von Verfassern, die in Unternehmen, an Berufsschulen, Wirtschaftsfachschulen und Akademien in der Aus-, Weiter- und Fortbildung für die Grundstücks- und Wohnungswirtschaft tätig sind.

Die Verfasser haben die „Spezielle Betriebswirtschaftslehre der Grundstücks- und Wohnungswirtschaft" als Lehr- und Lernbuch konzipiert. Bei der Gestaltung des Stoffes stand das Bemühen im Vordergrund, die differenzierten und oft schwierigen Tatbestände und Zusammenhänge möglichst in einfacher, verständlicher Sprache darzustellen, ohne auf die notwendige Genauigkeit und die Vermittlung von Einzelfakten zu verzichten.

Innerhalb der Stoffgebiete erleichtert eine straffe und einprägsame Darstellung das Lernen. Skizzen, grafische Darstellungen, Übersichten und Zusammenfassungen sowie zahlreiche Beispiele sollen den Lernenden auch schwierige Zusammenhänge in anschaulicher Weise erläutern und den Überblick über den Stoff erleichtern.

Die Angabe von Gesetzesparagrafen am Rande des Textes ermöglicht ein Nachschlagen des genauen Wortlautes eines Gesetzes.

Das Buch hat ein ausführliches Inhaltsverzeichnis und ein umfangreiches Sachwortverzeichnis. Das umfassende Sachwortverzeichnis macht das Lehrbuch auch als Nachschlagewerk verwendbar.

Die „Spezielle Betriebswirtschaftslehre der Immobilienwirtschaft" berücksichtigt den Ausbildungsrahmenplan für die Berufsausbildung zum Kaufmann/Kauffrau in der Grundstücks- und Wohnungswirtschaft und den Rahmenlehrplan „Betriebswirtschaftslehre der Grundstücks- und Wohnungswirtschaft" der ständigen Konferenz der Kultusminister. Damit erfüllt das Lehrbuch auch alle Lernziele der Lehrpläne der Bundesländer für das Fach Betriebswirtschaftslehre der Grundstücks- und Wohnungswirtschaft.

Durch die ausführliche und vertiefte Darstellung der Wirkungsfelder und der Funktionen immobilienwirtschaftlicher Unternehmen entspricht das Lehrbuch auch den gestiegenen Anforderungen an die Fort- und Weiterbildung der Mitarbeiter in der Immobilien- und Wohnungswirtschaft und empfiehlt sich nicht nur für den Einsatz in der Grundausbildung, sondern auch in der Fort- und Weiterbildung in Wirtschaftsfachschulen, Akademien, Fachhochschulen und für die innerbetriebliche Schulung.

Trotz aller Erfahrung und Sorgfalt werden dem Lehrbuch Unvollkommenheiten anhaften. Für jede kritische Stellungnahme und Anregung, die einer Verbesserung dienen, sind die Verfasser dankbar.

Für seinen Einsatz bei der abschließenden redaktionellen Durchsicht des Manuskripts ist Herrn Bernd Middel, Hamburg, besonders herzlich zu danken.

Das Manuskript ist am 31. 5. 1994 abgeschlossen worden.

Ratingen-Hösel, im Januar 1995 Der Herausgeber

Vorwort zur zweiten Auflage

Die erfreuliche Aufnahme der ersten Auflage macht eine neue Auflage notwendig, die eine Reihe von Anregungen und Verbesserungen berücksichtigt und einige Erweiterungen vornimmt. So wurde der Themenkreis „Steuern der Grundstücks- und Wohnungswirtschaft" und „Investition und Finanzierung" neu bearbeitet. Neu aufgenommen wurde der Themenkreis „Controlling". Die Verfasser danken für die vielen wertvollen Anregungen und Vorschläge und verbinden damit die Bitte, sie auch in Zukunft durch konstruktive Kritik bei der Verbesserung des Lehrbuches zu unterstützen.

Bochum, im August 1997   Der Herausgeber

Vorwort zur dritten Auflage

Die dritte Auflage wurde nochmals kritisch durchgesehen und auf den der Zeit entsprechenden Stand gebracht.

Entwicklungen in der Immobilienwirtschaft seit der 2. Auflage wurden berücksichtigt und die betroffenen Themenbereiche aktualisiert und überarbeitet.

Auch wurden die Literaturangaben auf den neuesten Stand gebracht und das Stichwortverzeichnis erweitert.

Die aus Benutzerkreisen zugegangenen Anregungen, für die wir danken, wurden berücksichtigt.

Bochum, im August 2000   Der Herausgeber

Vorwort zur vierten Auflage

Die vierte Auflage berücksichtigt die Mietrechtsreform, die Modernisierung des Schuldrechts und die Reform des Wohnungsbaurechts.

Mit dieser Aktualisierung und einer erheblichen Überarbeitung der wichtigsten Themenbereiche wird das Lehrbuch auf den neuesten Stand gebracht.

Den begründeten Anregungen aus der Immobilienwirtschaft folgend erhält das Lehrbuch mit der vierten Auflage den Titel:

„Spezielle Betriebswirtschaftslehre der Immobilienwirtschaft".

Die Literaturangaben wurden ergänzt, das Stichwortverzeichnis erweitert und nutzerfreundlich gestaltet.

Kritische Hinweise und Anregungen sind dem Herausgeber und den Autoren stets willkommen.

Bochum, im August 2002   Der Herausgeber

Vorwort zur fünften Auflage

Mit der fünften Auflage wird das Lehrbuch an die aktuellen Entwicklungen in der Lehre und Praxis der Immobilienwirtschaft angepasst.

Das Lehrbuch wird in seiner Struktur neu gegliedert und erfährt dabei nicht nur eine umfassende Aktualisierung, sondern auch eine gründliche Überarbeitung, Ergänzung und Neufassung der Texte durch die Autoren.

Die Neustrukturierung des Lehrbuchs in fünfzehn Kapitel erfolgt nach den Handlungsfeldern eines Immobilienunternehmens und ergänzenden Handlungsfeldern, angelehnt an den Ausbildungsrahmenplan für die Ausbildung in immobilienwirtschaftlichen Unternehmen, der am 1. August 2006 in Kraft trat.

Das Literaturverzeichnis wurde aktualisiert und nach Kapiteln gegliedert, das Stichwortverzeichnis neu erstellt und nutzerfreundlich gestaltet.

Für kritische Anmerkungen und Hinweise zur Verbesserung des Lehrbuchs sind Herausgeber und Autoren stets dankbar.

Nordwalde, im August 2006   Der Herausgeber

Vorwort zur sechsten Auflage

Die Autoren haben mit der sechsten Auflage die nach Handlungsfeldern eines Immobilienunternehmens und ergänzenden Handlungsfeldern strukturierten Kapitel überarbeitet und aktualisiert. Hierbei wurden die neuesten Entwicklungen in der Immobilienwirtschaft und in der Gesetzgebung berücksichtigt.

Neben der Aktualisierung des Kapitels Steuern bei Immobilien erfuhr das Kapitel Objektfinanzierung eine Überarbeitung auf den neuesten Stand. Auch die Veränderungen in der öffentlichen Wohnungsbauförderung wurden anhand der aktuellen Entwicklungen berücksichtigt.

Durch die ausführliche und vertiefte Darstellung der Handlungsfelder und der Funktionen immobilienwirtschaftlicher Unternehmen entspricht das Lehrbuch den Anforderungen an die Aus-, Fort- und Weiterbildung in der Immobilienwirtschaft und empfiehlt sich nicht nur für den Einsatz in der Grundausbildung, sondern auch in der Fort- und Weiterbildung in Wirtschaftsfachschulen, Akademien, Fachhochschulen, Universitäten und für innerbetriebliche Schulung.

Das Lehrbuch dient aufgrund seiner Strukturierung auch zur Vorbereitung auf die Wahlpflichtqualifikation für Immobilienkaufleute. Weiterhin erfüllen die Inhalte der Kapitel des Lehrbuchs den Rahmenplan der Verordnung für die Fortbildung zum Immobilienfachwirt und zum Immobilienökonomen. Eine Zuordnung der Lehrinhalte des Buches zu den Prüfungsfeldern des Immobilienfachwirts und des Immobilienökonoms ist nach dem Inhaltsverzeichnis (S. XXIX ff.) eingefügt.

Das Literaturverzeichnis wurde ergänzt und aktualisiert, das Stichwortverzeichnis wurde neu erstellt und nutzerfreundlich gestaltet.

Für kritische Anmerkungen und Hinweise zur Verbesserung des Lehrbuchs sind Herausgeber und Autoren stets dankbar.

Nordwalde, im Juli 2010   Der Herausgeber

INHALTSVERZEICHNIS

Vorwort des Herausgebers V
Zuordnung der Lehrinhalte XXIX
Abkürzungsverzeichnis XXXII

Kapitel 1
Grundlagen – Unternehmen und Märkte der Immobilienwirtschaft (Sailer, Bach)

	Grundorientierung 3	
	Naturschutz und Siedlungswesen 6	
1.1	Geschichtliche Rahmenbedingungen 7	
1.1.1	Die Bevölkerungsentwicklung im 19. Jahrhundert 7	
1.1.2	Die Wohnungsfrage 9	
1.2	Die Entwicklungsgeschichte der Immobilienwirtschaft bis zur Gegenwart 11	
1.2.1	Das Entstehen der unternehmerischen Wohnungswirtschaft 11	
1.2.2	Wohnungswirtschaft im 20. Jahrhundert 14	
1.2.2.1	Die Folgen des 1. Weltkrieges 14	
1.2.2.2	Periode des „Dritten Reiches" 15	
1.2.2.3	Die Zeit nach dem 2. Weltkrieg 17	
1.2.2.4	Fakten des Systemvergleichs 20	
1.2.2.5	Das Ende der gesetzlich normierten Wohnungsgemeinnützigkeit 21	
1.2.2.6	Die Neugliederung der Wohnungsunternehmen 22	
1.3	Rechtliche Rahmenbedingungen immobilienwirtschaftlicher Unternehmen 24	
1.3.1	Erlaubnis nach § 34c Gewerbeordnung 24	
1.3.2	Makler-Bauträger-Verordnung 25	
1.3.2.1	Pflichten bei der Ausübung des Gewerbes 26	
1.3.2.2	Die Überprüfung immobilienwirtschaftlicher Betriebe 27	
1.3.2.3	Geeignete Prüfer 28	
1.3.2.4	Gegenstand der Prüfung 28	
1.4	Rechtsformen und Kapitalstrukturen immobilienwirtschaftlicher Unternehmen ... 29	
1.4.1	Rechtsformen im Überblick 29	
1.4.2	Merkmale der am häufigsten anzutreffenden Unternehmensformen 30	
1.4.2.1	Einzelunternehmen 30	
1.4.2.2	Gesellschaften mit beschränkter Haftung (GmbH) und Unternehmensgesellschaft (UG) 31	
1.4.2.3	Eingetragene Genossenschaft (e.G.) 32	
1.5	Unterschiede der Rechtspositionen und Risiken zwischen Trägern von Vorhaben, Betreuern, Beratern und Maklern 33	
1.6	Geschäftsfelder immobilienwirtschaftlicher Unternehmen – ein Überblick 35	
1.6.1	Immobilienwirtschaftliche Projektentwicklung/Bauträgerschaft 35	
1.6.1.1	Zum Begriff der Projektentwicklung 35	
1.6.1.2	Felder der Machbarkeitsstudie 36	
1.6.2	Durchführung von Bauvorhaben durch Bauträger – Projektmanagement 37	
1.6.2.1	Am Bau beteiligte Unternehmen 37	
1.6.2.2	Verbraucherschützende Vorschriften bei Bauträgern 37	
1.6.2.3	Leistungen des Bauträgers 40	
1.6.2.4	Aufzeichnungs- und Informationspflichten des Bauträgers 41	
1.6.2.5	Vergütung des Bauträgers 42	
1.6.2.6	Versicherungsbedarf des Bauträgers 42	
1.6.3	Baubetreuung und Projektsteuerung 43	

1.6.3.1	Die wirtschaftliche Baubetreuung	44
1.6.3.2	Haftung des Baubetreuers	45
1.6.3.3	Verjährung im Baubetreuungsgeschäft	46
1.6.3.4	Versicherung des Baubetreuers	47
1.6.3.5	Vergütung des Baubetreuers	48
1.6.3.6	Der Projektsteuerer	48
1.6.4	Vermittlung von Verträgen über Immobilien	49
1.6.5	Verwaltung von Wohnungs- und Teileigentum	50
1.6.6	Objektbetreuung (Miethausverwaltung)	52
1.6.6.1	Grundgedanken der Objektbetreuung	52
1.6.6.2	Wohnungsbestände und Bedarf an Objektbetreuungsleistungen	53
1.6.6.3	Leistungsbereiche der Objektbetreuer	56
1.6.6.4	Der Miehausverwaltervertrag, Verwaltervergütung	58
1.6.6.5	Rechnungslegung, Abrechnung	61
1.6.6.6	Vertretungsbefugnis, Verwaltervollmacht	62
1.6.6.7	Haftung des Objektbetreuers	63
1.6.7	Immobilieninvestment und Assetmanagement	66
1.6.7.1	Offene Immobilienfonds	66
1.6.7.2	Geschlossene Immobilienfonds und andere Vertriebsformen	66
1.6.7.3	Immobilienleasinggesellschaften	66
1.6.7.4	Immobilien-Aktiengesellschaften und REITs	66
1.6.8	Immobilienwirtschaftliche Unternehmen als Partner der Kommunen	69
1.6.8.1	Mitwirkung bei der Bebauungsplanung, der Bodenordnung und der Baulanderschließung (Baulandproduktion)	70
1.6.8.2	Verträge im Zusammenhang mit Einheimischenmodellen	73
1.6.8.3	Übernahme von Ausgleichsmaßnahmen	74
1.6.8.4	Mitwirkung bei Sanierungs- und Entwicklungsmaßnahmen	74
1.6.9	Unternehmerische und kommunale Bodenbevorratung	77
1.6.10	Beschaffung von Finanzierungsmitteln	77
1.6.11	Die Bewirtschaftung von Gebäuden	78
1.6.12	Vertireb (Vermietung und Verkauf)	79
1.7	Verbände	80
1.7.1	Spitzenverbände	82
1.7.2	Verbände für Immobilien- und Wohnungsunternehmen	83
1.7.2.1	GdW Bundesverband Deutscher Wohnungs- und Immobilienunternehmen e.V.	83
1.7.2.2	BFW Bundesverband Freier Immobilien- und Wohnungsunternehmen e. V.	85
1.7.2.3	Bundesvereinigung der Landesentwicklungs- und Immobiliengesellschaften e. V.	85
1.7.3	Verbände immobilienwirtschaftlicher Marktleistungsträger	86
1.7.3.1	Immobilienverband Deutschland IVD Bundesverband der Immobilienberater, Makler, Verwalter und Sachverständigen e. V.	86
1.7.3.2	BIIS Bundesverband der Immobilien-Investment-Sachverständigen e. V.	87
1.7.3.3	b.v.s. Bundesverband öffentlich bestellter und vereidigter sowie qualifizierter Sachverständiger e. V.	88
1.7.4	Verwalterverbände	88
1.7.4.1	Dachverband Deutscher Immobilienverwalter e. V. (DDIV)	88
1.7.4.2	BFW Bundesfachverband Wohnungs- und Immobilienverwalter e. V.	89
1.7.4.3	Cre.net Deutschland e. V.	90
1.7.5	Facility Management Verbände	90
1.7.5.1	International Facility Management Association (IFMA)	90
1.7.5.2	Deutscher Verband für Facility Management e. V. (GEFMA)	90
1.7.6	Interessenverbände der Mieter bzw. Vermieter	90
1.7.6.1	Deutscher Mieterbund e. V. (DMB)	90
1.7.6.2	Zentralverband der deutschen Haus-, Wohnungs- und Grundeigentümer e. V. Haus und Grund	91

1.7.6.3	Verband Wohneigentum e. V. (bis 2005 Deutscher Siedlerbund e. V. Gesamtverband für Haus- und Wohneigentum)	92
1.7.6.4	Ring Deutscher Siedler RDS e. V.	93
1.7.7	Bausparkassenverbände	93
1.7.7.1	Verband der Privaten Bausparkassen e. V.	93
1.7.8	Immobilienverbände mit konfessioneller Ausrichtung	93
1.7.8.1	Evangelisches Siedlungswerk in Deutschland e. V.	93
1.7.8.2	KSD, Katholischer Siedlungsdienst e. V. Bundesverband für Wohnungswesen und Städtebau	94
1.7.9	Immobilienverbände zur Politikberatung	94
1.7.9.1	Deutscher Verband für Wohnungswesen, Städtebau und Raumordnung e. V.	94
1.7.9.2	Bundesverband für Wohneigentum und Stadtentwicklung (vhw)	94
1.7.10	Verbände mit Sonderstatus	95
1.7.10.1	Royal Institution of Chartered Surveyors (RICS) Deutschland	95
1.7.10.2	Urban Land Institute (ULI)	95
1.7.10.3	Weitere Verbände	95
1.8	Ethik	96
1.8.1	Grundsätzliche Überlegungen	96
1.8.2	Ein Praxisbeispiel für Berufs- und Standesregeln	99
1.8.3	Moral – Ethik – Korruption	106
1.9	Der Boden der Volkswirtschaft	107
1.9.1	Der Boden als wirtschaftliches Gut	108
1.9.2	Bodennutzung	110
1.9.3	Ordnungs- und Planungsinstanzen	113
1.9.4	Der Boden als Standort	118
1.9.5	Der Immobilienmarkt	120
1.9.6	Versorgungssysteme	121
1.9.7	Strukturmerkmale des Immobilienmarktes	122
1.9.7.1	Teilmärkte nach dem Entwicklungszustand	123
1.9.7.2	Teilmärkte nach immobilienwirtschaftlichen Nutzungskriterien	125
1.9.7.3	Teilmärkte nach Vertragskriterien	127
1.9.7.4	Teilmärkte nach räumlichen Kriterien	128
1.9.8	Organisation des Immobilienmarktes	132
1.9.9	Bestimmungsgründe von Angebot und Nachfrage	135
1.9.10	Die Preisbildung auf dem Immobilienmarkt	135
1.9.10.1	Der Marktpreis	135
1.9.10.2	Preisbindung	137
1.10	Allgemeine volkswirtschaftliche Aspekte	139
1.10.1	Vom homo oeconomicus zum realen Menschen	140
1.10.2	Ethik als Schranke für opportunistisches Handeln	140
1.10.3	Angebot und Nachfrage – Marktformen	141
1.10.4	Stärkung des Leistungswettbewerbs	143
1.10.5	Konjunkturen	144
1.10.6	Geldpolitik der Europäischen Zentralbank	145
1.10.7	Konjunktursteuerung durch die Wirtschaftspolitik	146
1.10.8	Außenwirtschaft	147
1.10.9	Zahlungsbilanz	148

Kapitel 2
Unternehmensführung und Personalwirtschaft in Unternehmen der Immobilienwirtschaft

2.1	Unternehmensführung	151
2.1.1	Führungsaufgaben	152
2.1.2	Führungsziele zur Erreichung von Unternehmenszielen	152
2.1.3	Führungsstile	154
2.1.4	Management-Techniken	154
2.1.5	Corporate Governance	158
2.2	Personalwirtschaft	162
2.2.1	Personalplanung	163
2.2.2	Personalbeschaffung und -auswahl	163
2.2.3	Personaleinsatz	164
2.2.4	Personalbeurteilung	164
2.2.5	Personalentlohnung	165
2.2.6	Personalentwicklung	166
2.2.6.1	Ausbildung in der Immobilienwirtschaft	166
2.2.6.1.1	Text der Ausbildungsverordnung	168
2.2.6.1.2	Ausbildungsrahmenplan für die Berufsausbildung zum Immobilienkaufmann/ zur Immobilienkauffrau – sachliche Gliederung	172
2.2.6.1.3	Ausbildungsrahmenplan für die Berufsausbildung zum Immobilienkaufmann/ zur Immobilienkauffrau – zeitliche Gliederung	180
2.2.6.1.4	Berufsschule und Lernfelder des Rahmenlehrplanes	182
2.2.6.1.5	Der Ausbildungsvertrag	183
2.2.6.2	Ausbilderqualifikation	185
2.2.6.3	Berufsqualifikationen für Tätigkeiten in der Immobilienwirtschaft in der Bundesrepublik Deutschland	186
2.2.7	Personalerhaltung und Personalentwicklung	187

Kapitel 3
Unternehmenssteuerung, Unternehmenskontrolle, Unternehmensfinanzierung

3.1	Unternehmenssteuerung und Unternehmenskontrolle	191
3.1.1	Zielsetzungen eines Unternehmens	191
3.1.1.1	Monetäre Ziele	191
3.1.1.2	Nicht-monetäre Ziele	191
3.1.2	Die Unternehmenssteuerung	192
3.1.3	Qualitätsmerkmale eines Immobilienunternehmens	192
3.1.4	Kriterien zur Beurteilung der Bonität eines Immobilienunternehmens	193
3.1.5	Kennzahlen eines Unternehmens	195
3.1.5.1	Arten von Kennzahlen	195
3.1.5.2	Finanzwirtschaftliche Kennzahlen	196
3.1.6	Typische Kennzahlen von Immobilienunternehmen	201
3.1.7	Kennzahlen zur Unternehmenssteuerung	208
3.1.8	Unternehmenssteuerung im Rahmen des Unternehmens-Ratings	209
3.1.9	Auswertung aktueller Kennzahlen zum Erkennen von Risiken bei Wohnungsunternehmen	210
3.1.10	Unternehmenssteuerung mit dem Einsatz der Balanced Scorecard	211
3.1.11	Bilanzierungsgrundsätze sowie Pflichten bei der Erstellung von Jahresabschlüssen	212
3.1.12	Die Erstellung von Handels- und Steuerbilanzen	215
3.1.13	Unternehmenssteuerung im Rahmen der Bilanzpolitik	216

3.1.13.1	Die Aussagefähigkeit von Bilanzen	217
3.1.13.2	Die Bewegungsbilanz	217
3.1.13.3	Die Kapitalflussrechnung	217
3.1.14	Die finanzwirtschaftliche Vorschau eines Unternehmens	219
3.1.14.1	Funktion und Inhalt eines Wirtschaftsplanes	219
3.1.14.2	Erfolgsplan	219
3.1.14.3	Bauplan	219
3.1.14.4	Finanzplan	220
3.1.14.5	Liquiditätsplan	220
3.1.15	Ein Modell zur Steuerung eines Immobilienunternehmens	220
3.2	Betriebsergebnisrechnungen und Deckungsbeitragsrechnungen	222
3.2.1	Das Betriebsergebnis in der Gewinn- und Verlustrechnung	222
3.2.2	Betriebsergebnisrechnungen in der Kosten- und Leistungsrechnung	224
3.2.3	Deckungsbeitragsrechnungen	225
3.3	Überwachungssysteme und Überwachungsinstanzen von Unternehmen	228
3.3.1	Interne Überwachungssysteme	229
3.3.2	Die Interne Revision	230
3.3.3	Ziele und Aufgaben der Internen Revision	230
3.3.4	Maßnahmen der Internen Revision in der Immobilienwirtschaft	231
3.3.5	Die Prüfung des Jahresabschlusses	231
3.4	Investition und Unternehmensfinanzierung	232
3.4.1	Investition	232
3.4.1.1	Begriff	232
3.4.1.2	Investitionsgründe	232
3.4.1.3	Investitionsarten	233
3.4.2	Finanzierung	233
3.4.2.1	Begriff	233
3.4.2.2	Investition und Finanzierung im Rechnungswesen	233
3.4.3	Investitionsplanung	234
3.4.3.1	Investitionen bei Immobilienunternehmen	235
3.4.3.2	Investitionsziele bei Immobilienunternehmen	235
3.4.3.3	Investitionsanlässe und Investitionsmaßnahmen	236
3.4.3.4	Auswahlkriterien für Investitionen	236
3.4.3.5	Rechenverfahren zur Auswahl von Investitionen	236
3.4.4	Unternehmensfinanzierung	243
3.4.4.1	Bedarf eines Unternehmens an Finanzierungsmitteln	243
3.4.4.2	Sicherung der Finanzierungsmaßnahme	244
3.4.4.3	Der Wirtschaftsplan als Grundlage der Liquiditätsplanung	246
3.4.4.4	Finanzierungsarten	251
3.4.4.5	Kreditarten	252
3.4.4.6	Kreditsicherheiten	253

Kapitel 4
Organisation, Information und Kommunikation

4.1	Organisation	257
4.1.1	Stellenbeschreibung	260
4.1.2	Dienstanweisung	261
4.1.3	Organisationshandbuch	262
4.1.4	Systeme, Modelle, Konzepte und Regelwerke	267
4.1.4.1	Arbeitssicherheit – Arbeitsschutzmanagementsysteme	269
4.1.4.2	Umweltmanagement-System	272

4.1.4.3	Qualitätsmanagement-Systeme – Umweltmanagement – Integriertes Management	277
4.2	Information und Kommunikation	279
4.2.1	IT-gestützte Informationssysteme	279
4.2.2	Datenpflege, Datensicherung und Datenschutz	281
4.2.2.1	Datenpflege	280
4.2.2.2	Datensicherung	281
4.2.2.3	Datenschutz	282
4.2.3	Computer Aided Facility Management (CAFM)	285
4.3	Kommunikationsmittel	286
4.4	Fremdsprachen	286

Kapitel 5
Controlling

5.1	Einführung	291
5.1.1	Erläuterung am Beispiel einer Expedition	291
5.2	Grundlagen	293
5.2.1	Begriff und Abgrenzungen	293
5.2.1.1	Controlling und andere Überwachungsinstanzen	294
5.2.1.2	Controlling und interne Revision	294
5.3	Betrachtungsweisen des Controlling	295
5.3.1	Funktionale Betrachtungsweise	295
5.3.1.1	Planen als Grundlage	295
5.3.1.2	Steuerung der Leistungsprozesse	297
5.3.1.3	Koordination	297
5.3.1.4	Kontrolle	298
5.3.1.5	Controlling als funktionsübergreifendes System	299
5.3.2	Institutionale Betrachtungsweise	300
5.3.2.1	Controlling und Betriebsgröße	300
5.3.2.2	Betriebsgrößen immobilienwirtschaftlicher Unternehmen	302
5.3.2.3	Controllinggerechte Organisationsstruktur	304
5.3.2.4	Kostencontrolling der unternehmerischen Teilbereiche	309
5.3.2.5	Beispielhafte Einzelbereiche des Controlling	310
5.3.3	Zeitraumbezogene Betrachtungsweise des Controlling	312
5.3.3.1	Strategisches Controlling	313
5.3.3.2	Operatives Controlling	313
5.3.3.3	Taktisches Controlling	314
5.4	Zielausrichtungsfunktion des Controlling	315
5.4.1	Beispiele für operative Einzelziele in immobilienwirtschaftlichen Unternehmen	317
5.4.2	Oberziele und operatives Handeln	318
5.5	Unternehmensphilosophie – Unternehmensleitbild – Unternehmenskultur	320
5.6	Immobilienwirtschaftliche Geschäftsfelder unter Controllingaspekten	322
5.7	Controllinginsrumente Information und Berichtswesen	323
5.7.1	Informationsbeschaffung und -verarbeitung	324

5.7.2	Benchmarking	325
5.7.3	Kennzahlen	326
5.7.4	Grafiken	331
5.7.5	Berichtswesen	333

Kapitel 6
Marketing

6.1	Einführung	337
6.2	Besonderheiten des Wohnungsmarktes	338
6.3	Marktforschung	340
6.3.1	Marktanalyse	340
6.3.2	Marktbeobachtung	343
6.3.3	Marktprognose	345
6.3.4	Methoden der Marktforschung	349
6.4	Absatzpolitische Instrumente	352
6.4.1	Objektpolitik	352
6.4.2	Preispolitik/Konditionen	353
6.4.3	Kommunikationspolitik	356
6.4.3.1	Corporate Identity	356
6.4.3.2	Werbung	357
6.4.3.3	Public-Relations	364
6.5	Marketingplanung	365
6.5.1	Formulierung der Planziele	365
6.5.2	Marketing-Mix	367

Kapitel 7
Steuern bei Immobilien

7.1	Steuersystematik/steuerliche Grundbegriffe	371
7.1.1	Überblick zur Steuersystematik	371
7.1.2	Steuerliche Grundbegriffe	372
7.1.3	Einteilung der Steuern	374
7.1.4	Überblick über Einkunftsarten/Ermittlung des Gesamtbetrages der Einkünfte	375
7.1.4.1	Gewinneinkünfte/Überschusseinkünfte	375
7.1.4.2	Ermittlung des Gesamtbetrages der Einkünfte/Mindestbesteuerung	376
7.2	Einkommensteuer bei Immobilien zur Vermietung/Verpachtung bzw. zur betrieblichen Nutzung	376
7.2.1	Ausgewählte Einnahmearten	378
7.2.2	Ausgewählte Ausgabearten/Werbungskosten	379
7.2.3	Anschaffungs- und Herstellungskosten, Basisbegriffe steuerlicher Bemessungsgrundlage	382
7.2.3.1	Begriff Anschaffungskosten	383
7.2.3.2	Begriff Herstellungskosten	386
7.2.4	Absetzung für Abnutzung bei Gebäuden und Gebäudeteilen	391
7.2.4.1	Abschreibungsbereiche einer Immobilienanlage	391
7.2.4.2	Normale lineare Gebäude-AfA gemäß § 7 Abs. 4 EStG	392
7.2.4.3	Degressive Abschreibung für Wohngebäude gemäß § 7 Abs. 5 EStG	397
7.2.4.4	Erhöhte Absetzungen bei Gebäuden	398

7.2.5	Überblick über Förderansätze zum selbst genutzten Wohneigentum	401
7.2.6	Förderung haushaltsnaher Beschäftigungsverhältnisse/Dienstleistungen/Handwerkerleistungen	403
7.2.6.1	Anknüpfungspunkte für eine Steuerermäßigung	403
7.2.6.2	Konzeption für haushaltsnahe Beschäftigungsverhältnisse gemäß § 35a Abs. 1 EStG	404
7.2.6.3	Konzeption für sozialversicherungspflichtige Beschäftigungsverhältnisse/haushaltsnahe Dienstleistungen gemäß § 35a Abs. 2 EStG	404
7.2.6.4	Konzeption für die Inanspruchnahme von haushaltsnahen Handwerkerleistungen gemäß § 35a Abs. 3 EStG	405
7.2.7	Förderung des selbst genutzten Wohneigentums durch „Wohn-Riester"	408
7.2.7.1	Grundkonzept für „Wohn-Riester" im Überblick	408
7.2.7.2	Merkmale für die Altersvorsorgezulage bei „Wohn-Riester" im Überblick	410
7.3	Umsatzsteuer	413
7.3.1	Grundlagen zur Umsatzsteuer im Überblick	413
7.3.2	Übersicht zu Umsätzen nach der tatsächlichen Besteuerungsmöglichkeit	416
7.3.3	Ablaufschema zur Umsatzsteueroption hier: Vermietung von Gewerbeimmobilien	421
7.4	Grunderwerbsteuer	422
7.4.1	Gegenstand der Grunderwerbsteuer	741
7.4.2	Allgemeine Ausnahmen von der Besteuerung	423
7.4.3	Bemessungsgrundlage der Grunderwerbsteuer	423
7.4.4	Nichtfestsetzung der Steuer, Aufhebung oder Änderung der Steuerfestsetzung	424
7.5	Grundsteuer	425
7.5.1	Gegenstand der Grundsteuer	425
7.5.2	Bemessung der Grundsteuer	426
7.5.3	Erlass der Grundsteuer	427
7.6	Bewertungsgesetz	428
7.6.1	Wertbegriffe des Grundvermögens nach dem Bewertungsgesetz	428
7.6.2	Einheitswert	428
7.6.3	Einheitswertermittlung beim Grundvermögen	430
7.6.3.1	Begriff/Umfang und Arten des Grundvermögens	430
7.6.3.2	Verfahren der Bewertung	431
7.6.3.3	Verfahren zur Bewertung unbebauter Grundstücke	431
7.6.3.4	Verfahren zur Bewertung bebauter Grundstücke	432
7.7	Erbschaft- und Schenkungsteuer bei Immobilien	434
7.8	Bauabzugsteuer	438
7.9	Nützliche Internetadressen zu Steuern	440

Kapitel 8
Versicherungen

8.1	Risiko und Versicherungen	443
8.2	Aufgaben der Versicherungen	444
8.3	Einteilung der Versicherungen	444

8.4	Versicherungsvermittler	448
8.4.1	Angestellte im Außendienst	448
8.4.2	Versicherungsvertreter	448
8.4.3	Versicherungsmakler	449
8.5	Versicherungsberater	450
8.6	Versicherungsvertrag	450
8.6.1	Pflichten des Versicherungsnehmers	451
8.6.2	Pflichten des Versicherers	452
8.6.3	Sonderheiten des Versicherungsvertrages	452
8.6.3.1	Allgemeine Vertragsbedingungen (AVB)	452
8.6.3.2	Besondere Bedingungen	452
8.6.3.3	Klauseln	453
8.7	Vermögensversicherung	453
8.7.1	Haftpflichtversicherung	453
8.7.2	Haus- und Grundbesitzerhaftpflichtversicherung	454
8.7.3	Bauherren-Haftpflichtversicherung	455
8.7.4	Privat-Haftpflichtversicherung	455
8.7.5	Gewässerschadenhaftpflichtversicherung	456
8.7.6	Betriebshaftpflichtversicherung	456
8.7.7	Rechtsschutzversicherung	456
8.7.8	Architekten-Haftpflichtversicherung	457
8.7.9	Vermögensschadenhaftpflichtversicherung	457
8.7.10	Vermögensschaden-Haftpflichtversicherung für Unternehmensleiter (D+O-Versicherung)	458
8.8	Sachversicherung	460
8.8.1	Verbundene Wohngebäudeversicherung	460
8.8.2	Verbundene Hausratversicherung	462
8.8.3	Feuerversicherung	462
8.8.4	Elementarschaden-Versicherung	463
8.9	Personenversicherung	464
8.10	Schadensregulierung	464
8.10.1	Sachverständigenverfahren	464
8.10.2	Versicherungswerte	465
8.10.3	Unterversicherung	466
8.10.4	Überversicherung	467
8.10.5	Doppelversicherung	467
8.10.6	Fälligkeit der Geldleistungen des Versicherers bzw. deren Verjährung	468
8.10.8	Selbstbehalt	468
8.10.9	Repräsentanten	468
8.11	Versicherungsaufsicht	469
8.12	Organisation und Kontrolle des Versicherungswesens in einem Unternehmen der Immobilienwirtschaft	469
8.12.1	Erkennen von Risiken und Erfassung des Versicherungsbedarfs	470
8.12.2	Abwicklung von versicherten Schäden	470
8.12.3	Kontrolle der Versicherungsverträge und der Schadensregulierungen	471
8.12.4	Immobilienveräußerung und Versicherungen	471

Kapitel 9
Bautechnische Grundlagen

9.1	Maßnahmen zum Einrichten einer Baustelle	475
9.1.1	Bodenerkundung	475
9.1.2	Vorbereiten der Baustelle	476
9.1.2.1	Freimachen des Geländes	476
9.1.2.2	Einmessen des Gebäudes	477
9.1.2.3	Einrichten der Baustelle	477
9.2	Rohbauarbeiten	478
9.2.1	Gründungen	478
9.2.1.1	Flachgründungen	478
9.2.1.2	Tiefgründungen	479
9.2.2	Entwässerungsleitungen	479
9.2.3	Wände	480
9.2.3.1	Kelleraußenwände	480
9.2.3.2	Geschossaußenwände	482
9.2.3.3	Innenwände	490
9.2.4	Geschossdecken	493
9.2.4.1	Massivdecken aus Beton	494
9.2.4.2	Stahlbeton-Hohlplatten/Ziegeldecken	494
9.2.4.3	Stahlbeton-Plattenbalken/-Rippendecken	495
9.2.5	Dächer	496
9.2.5.1	Dachformen	496
9.2.5.2	Dachtragwerke	497
9.2.5.3	Dachaufbau geneigter Dächer	498
9.2.5.4	Flachdachkonstruktionen	500
9.2.5.5	Dachabdichtungswerkstoffe	501
9.2.6	Treppen	501
9.2.6.1	Das Steigungsverhältnis	502
9.2.6.2	Treppenformen	502
9.2.6.3	Sicherheitsvorschriften	502
9.2.6.4	Schallschutz bei Treppen und Treppenräumen	503
9.3	Technischer Ausbau	503
9.3.1	Haus- und Grundstücksentwässerung	503
9.3.1.1	Arten der Kanalnetze	504
9.3.1.2	Teile von Entwässerungsanlagen in Gebäuden	504
9.3.2	Trinkwasserversorgung	507
9.3.2.1	Trinkwassergewinnung	507
9.3.2.2	Trinkwasserverteilung	507
9.3.2.3	Trinkwassererwärmung	508
9.3.3	Elektroinstallation und Stromversorgung	508
9.3.3.1	Stromverteilung in Wohngebäuden	508
9.3.3.2	Elektroinstallation in Wohnungen	509
9.3.3.3	Kommunikationsanlagen	510
9.3.3.4	Gefahrenmeldeanlagen	510
9.3.3.5	Steuerungstechnik gebäudetechnischer Anlagen und Geräte	510
9.3.4	Heizungstechnik	512
9.3.4.1	Heizungssysteme	513
9.3.4.2	Bestandteile der Heizungsanlagen	514
9.3.4.3	Die Wärmeverteilung in Räumen	516
9.3.5	Lüftungsanlagen	518
9.3.5.1	Zentrale Lüftungsanlagen mit Wärmerückgewinnung	518
9.3.5.2	Dezentrale Lüftungsanlagen mit Wärmerückgewinnung	519

9.3.6	Türen	519
9.3.6.1	Haustüren	519
9.3.6.2	Innentüren	520
9.3.7	Fenster	521
9.3.7.1	Die Verglasung	521
9.3.7.2	Fensterarten	522
9.3.8	Sonnenschutzeinrichtungen	522
9.4	Oberflächengestaltung der Bauteile (Rohbauveredelung)	523
9.4.1	Wand- und Bodenbeläge	523
9.4.1.1	Beläge aus Natur- und Betonwerksteinplatten	523
9.4.1.2	Betonwerksteinplatten	524
9.4.1.3	Terrazzofußboden	524
9.4.1.4	Beläge aus keramischen Werkstoffen	524
9.4.1.5	Beläge aus Holz und Holzwerkstoffen	525
9.4.1.6	Beläge aus Textilien	526
9.4.1.7	Beläge aus ein- oder mehrschichtigen Bahnen- oder Plattenwaren	526
9.4.2	Beschichtungen (Putze und Anstriche)	526
9.4.2.1	Putze	526
9.4.2.2	Anstriche	527
9.4.3	Wandbekleidungen (Tapeten)	528

Kapitel 10
Immobilienentwicklung

10.1	Baurechtliche Grundlagen	533
10.1.1	Bauplanungs- und bauordnungsrechtliche Bestimmungen	533
10.1.1.1	Bauleitplanung	535
10.1.1.2	Art und Maß der baulichen Nutzung	544
10.1.2	Erschließung	549
10.1.2.1	Erschließungsanlagen	549
10.1.2.2	Erschließungsträger	549
10.1.2.3	Erschließungsbeiträge	551
10.1.2.4	Ermittlung der Erschließungskosten	552
10.1.2.5	Ausgleichsmaßnahmen für Bodenversiegelungen	553
10.1.3	Bodenordnung	557
10.1.3.1	Umlegung/Baulandumlegung	558
10.1.3.2	Vereinfachte Umlegung	558
10.1.3.3	Ablauf der Baulandumlegung nach dem Baugesetzbuch (§§ 45 ff. BauGB)	559
10.1.4	Aufstellung eines Bebauungsplanes	560
10.2	Aufgaben und Stellung der am Bau beteiligten Personen	568
10.3	Bauvorbereitung	568
10.3.1	Der Architektenvertrag	569
10.3.2	Bauzeichnungen und Grundrisse	570
10.3.3	Das Architektenhonorar nach der HOAI (Honorarordnung für Architekten und Ingenieure)	571
10.4	Baudurchführung	575
10.4.1	Übersicht vom Bauablauf bis zur Schlussabnahme	575
10.4.2	Grundlegende Bestimmungen von Bauordnungen	579
10.4.3	Die verschiedenen Arten der Vergabe von Bauleistungen	581
10.4.4	Die Vergabe- und Vertragsordnung für Bauleistungen	583
10.4.5	Das Führen des Baubuches	586

10.4.6	Versicherungsschutz während der Bauzeit	587
10.4.6.1	Bauleistungs-Versicherung (Bauwesen-Versicherung)	587
10.4.6.2	Bauherrenhaftpflicht	587
10.5	Bauabrechnung	588
10.6	Bauabnahme	588
10.7	Durchsetzung der Mängelbeseitigung während der Gewährleistungsfrist	589

Kapitel 11
Objektfinanzierung

11.1	Grundlagen der Objektfinanzierung	593
11.2	Kreditgeber für die Finanzierung von Bauvorhaben	593
11.2.1	Pfandbriefbanken (früher: Hypothekenbanken)	594
11.2.2	Geschäftsbanken und Sparkassen	594
11.2.3	Lebensversicherungsgesellschaften	595
11.2.4	Bausparkassen	599
11.3	Darlehensmerkmale und Darlehensabwicklung	603
11.3.1	Tilgungsarten	603
11.3.2	Der Einfluss des Beleihungswertes auf die Höhe des Darlehens	605
11.3.3	Die Bonität von Darlehensnehmern und Darlehenskonditionen	609
11.3.4	Die Darlehensabwicklung	623
11.3.5	Moderne Finanzierungsvereinbarungen	624
11.3.5.1	Zinssicherungsmaßnahmen	624
11.3.5.2	Forward-Darlehen (oder Vorratsdarlehen) – Ausnutzen von niedrigen Zinssatzphasen –	625
11.3.5.3	Konstantdarlehen von Bausparkassen – Gleiche Raten und feste Zinssätze über eine lange Laufzeit –	626
11.3.5.4	Festdarlehen mit Fondstilgung	629
11.3.5.5	Swap-Finanzierungen – Das Ausnutzen von Zinsunterschieden –	630
11.3.5.6	Globalfinanzierung – Das Ausnutzen der wirtschaftlichen Nachfragemacht –	631
11.3.5.7	Allfinanz-Angebote für Privatkunden	632
11.4	Die Kalkulation des Mietpreises von freifinanzierten Wohnungen	632
11.4.1	Ziel der Kalkulation sowie Vorüberlegungen eines Investors	632
11.4.2	Vorüberlegungen zur Aufstellung einer Wirtschaftlichkeitsberechnung	633
11.5	Schema und Inhalte einer Wirtschaftlichkeitsberechnung	633
11.6	Musterbeispiel einer Wirtschaftlichkeitsberechnung bei einem frei finanzierten Mietwohnhaus	635
11.6.1	Auswertung der Wirtschaftlichkeitsberechnung bei einem frei finanzierten Mietwohnhaus	636
11.6.2	Die Kalkulation der Eigenkapitalverzinsung bei einem frei finanzierten Mietwohnhaus	640
11.6.3	Die Investitionsrechnung und Eigenkapitalverzinsung mit der dynamischen Investitionsrechnung	641
11.7	Staatliche Wohnraumförderung	643
11.7.1	Gesellschaftliche Bedeutung und gesetzliche Grundlagen	643

11.7.1.1	Staatliche Förderungsmöglichkeiten	643
11.7.2	Die unterschiedlichen Auswirkungen der Förderungsarten	650
11.7.3	Staatliche Wohnraumförderung (WoFG)	650
11.7.4	Das Gesetz über die soziale Wohnraumförderung (Wohnraumförderungsgesetz – WoFG)	651
11.7.4.1	Ziele und Förderungsgrundsätze des WoFG	651
11.7.4.2	Fördergegenstände	653
11.7.4.3	Fördermaßnahmen	654
11.7.4.4	Einkommensgrenzen sowie Ausgleichszahlungen bei Fehlförderungen	654
11.7.4.5	Kooperationsverträge	654
11.7.4.6	Bindungen von Mietwohnungen	655
11.7.4.7	Bindungen bei der Vergabe von Mietwohnungen	655
11.7.4.8	Bindungen bei der Mietpreisbildung	656
11.7.4.9	Dauer der Bindungen	656
11.7.4.10	Die Übertragung von Bindungen auf andere Wohnungen	657
11.7.4.11	Bindungen für selbst genutztes Wohneigentum	657
11.8	Die Kalkulation des Verkaufspreises von Eigentumsmaßnahmen	657
11.8.1	Die Kapitalbindung bei der Finanzierung von Miet- und Verkaufsobjekten	657
11.8.2	Die Bauträgerkalkulation	658
11.8.3	Die Auswirkungen der Makler- und Bauträgerverordnung (MaBV) auf die Kalkulation	660
11.8.4	Die Bedeutung der Zwischenfinanzierungszinsen für die Kalkulation des Verkaufspreises	661
11.8.5	Die Berechnung der Zwischenfinanzierungszinsen für die Verkaufskalkulation	662
11.9	Das Immobilienleasing	665
11.9.1	Das Wesen des Immobilienleasing	665
11.9.2	Der Immobilienleasing-Vertrag	666
11.9.2.1	Der Inhalt	666
11.9.2.2	Inhaltliche Unterschiede des Immobilienleasingvertrages zum Mietvertrag nach dem BGB	667
11.9.2.2.1	Die Leasingraten	668
11.9.2.2.2	Besondere Pflichten des Leasingnehmers während der Grundmietzeit	668
11.9.2.2.3	Die Vertragsdauer	668
11.9.2.2.4	Immobilienleasing-Objekte	669
11.9.3	Die Finanzierung des Immobilienleasing-Objektes	669
11.9.4	Die Vorzüge des Leasings für einen Leasingnehmer	670
11.9.4.1	Finanzielle Aspekte	670
11.9.4.2	Die Leistungen des Leasinggebers	670
11.10	Immobilien zur Selbstnutzung und zur Geldanlage	671
11.10.1	Selbst genutzte Immobilien	671
11.10.1.1	Optimale Finanzierungen	674
11.10.1.2	Ermittlung der finanziellen Tragbarkeit	675
11.10.1.3	Beispiele zur Ermittlung der finanziellen Tragbarkeit	676
11.10.1.3.1	Bau bzw. Erwerb einer Eigentumswohnung ohne staatliche Förderung	676
11.10.1.3.2	Bau bzw. Erwerb mit staatlicher Förderung	677
11.10.1.3.3	Staatliche Förderung mit öffentlichem Baudarlehen	677
11.10.2	Immobilien als Geldanlage	679
11.10.2.1	Das Vermögen der privaten Haushalte in Deutschland	679
11.10.2.2	Die Rendite bei vermieteten Immobilien	680
11.10.2.3	Ermittlung der Eigenkapitalrendite	684
11.10.3	Sonstige Anlagemöglichkeiten in Immobilien	685
11.10.3.1	Investmentfonds	685

11.10.3.1.1	Investmentfonds in der Form offener Immobilienfonds	687
11.10.3.1.2	Merkmale eines geschlossenen Immobilienfonds	690
11.10.3.1.3	Die Beteiligung an einem geschlossenen Immobilienfonds	692
11.10.3.1.4	Auswirkungen des Steuerrechts auf geschlossene Immobilienfonds	694
11.10.3.1.5	Immobilienaktien und REIT-Aktiengesellschaften	695

Kapitel 12
Immmobilienmanagement

12.1	Wohnraum- und Geschäftsraummietvertrag	700
12.1.1	Mietgegenstand	700
12.1.1.1	Wohnräume	700
12.1.1.2	Geschäftsräume	700
12.1.2	Wohn- und Nutzflächenberechnung	701
12.1.3	Wohnraummietvertrag	702
12.1.3.1	Wohnungsarten und Vergabe	702
12.1.3.2	Das Zustandekommen des Mietvertrages	706
12.1.3.3	Parteien des Mietvertrages	707
12.1.3.4	Form des Mietvertrages	710
12.1.3.5	Verwendung von Formularmietverträgen	711
12.1.3.6	Inhalt des Mietvertrages	714
12.1.3.7	Ausgewählte regelungsbedürftige Tatbestände	730
12.1.3.8	Mietvertrag und Hausordnung	750
12.1.3.9	Veränderungen der Parteien des Mietvertrages	754
12.1.3.10	Musterverträge	758
12.1.4	Geschäftsraummietvertrag	777
12.1.4.1	Vertragstypen	777
12.1.4.2	Bonitätsprüfung des Gewerberaummieters	779
12.1.4.3	Mietsicherheiten	779
12.1.4.4	Rechte und Pflichten der Vertragsparteien	779
12.1.4.5	Miethöhe bei Geschäftsräumen	781
12.1.4.6	Mieterhöhung bei Geschäftsräumen	782
12.1.5	Anbahnung von Geschäftsraummietverträgen	784
12.2	Mietpreisanpassungen	786
12.2.1	Überblick	786
12.2.2	Änderung der Geschäftsraummiete	786
12.2.3	Änderung der Miete bei preisfreiem Wohnraum	792
12.2.3.1	Mieterhöhungsvereinbarung	792
12.2.3.2	Mieterhöhung bis zur ortsüblichen Vergleichsmiete	792
12.2.3.3	Mieterhöhung bei Modernisierung	804
12.2.3.4	Veränderungen von Betriebskosten	811
12.2.3.5	Staffelmiete	813
12.2.3.6	Indexmiete	814
12.2.3.7	Sonderwohnräume	815
12.2.3.8	Mieterhöhung und § 5 Wirtschaftsstrafgesetz (WiStG)	817
12.2.4	Mieterhöhung nach Wohnraumförderungsgesetz (WoFG)	818
12.2.5	Grundzüge der Mietänderung bei öffentlich geförderten Wohnungen (Förderzusage bis 31. 12. 2001)	820
12.2.5.1	Kostenmiete	820
12.2.5.2	Mietpreisänderung	822
12.2.5.3	Landesrechtliche Bestimmungen	831
12.3	Beendigung und Abwicklung des Mietverhältnisses	832
12.3.1	Überblick	832

12.3.2	Kündigungsschutz	832
12.3.3	Aufhebungsvereinbarung	832
12.3.4	Ordentliche Kündigung von Mietverträgen	833
12.3.4.1	Allgemeine Kündigungsregeln	833
12.3.4.2	Form der Kündigung und Inhalt des Kündigungsschreibens, Angabe von Kündigungsgründen	835
12.3.4.3	Kündigungsfristen bei ordentlicher Kündigung	836
12.3.4.4	Kündigungsgrund	839
12.3.4.5	Teilkündigung	845
12.3.5	Beendigung zeitlich befristeter Mietverhältnisse und Mietverhältnisse mit Kündigungsausschluss	836
12.3.6	Auflösend bedingte Mietverhältnisse, Mietverhältnisse mit Verlängerungsklausel, Rücktrittsrecht, Ausübung einer Option	848
12.3.7	Außerordentliche Kündigung von Mietverträgen	837
12.3.7.1	Die außerordentliche Kündigung mit Frist	837
12.3.7.2	Die fristlose Kündigung von Wohnraum- und Geschäftsraummietverhältnissen	852
12.3.8	Stillschweigende Verlängerung	857
12.3.9	Veräußerung und Vertragsende	857
12.3.10	Abwicklung des beendeten Mietverhältnisses	857
12.4	Überwachungsaufgaben	861
12.4.1	Überwachungsaufgaben im kaufmännischen Bereich	862
12.4.1.1	Überwachung des pünktlichen Mieteingangs	862
12.4.1.2	Verschiedene Arten von Mahnungen	862
12.4.1.3	Einhaltung erteilter Auflagen und Genehmigungen	863
12.4.1.4	Eigen- und Fremdverwaltung	863
12.4.1.5	Zentrale und dezentrale Wohnungsverwaltung	863
12.4.2	Überwachungsaufgaben im technischen Bereich	863
12.4.2.1	Nutzung von Sondereinrichtungen	863
12.4.2.2	Verfahren vom Eingang der Reparaturmeldung bis zur Mängelbeseitigung	864
12.4.2.3	Verpflichtung nach Werk- und Dienstvertrag	865
12.4.2.4	Kontrolle des Zustandes der Wohnungen	867
12.4.2.5	Vor- und Nachteile beim Abschluss von Wartungsverträgen	869
12.4.2.6	Einrichtung eigener Wartungsdienste	870
12.5	Mieter und Vermieter als Partner	871
12.5.1	Die Partner bei der Geschäftsraummiete	871
12.5.2	Die Partner bei der Wohnraummiete	871
12.5.2.1	Wohnklimabeeinflussung	871
12.5.2.2	Lösungswege zur Vermeidung von Spannungen zwischen Vermieter und Mieter	873
12.5.2.3	Gemeinschaftseinrichtungen	873
12.5.2.4	Beratung bei Mobiliar und „Hilfen im Alltag"	874
12.5.2.5	Möglichkeiten zur Schlichtung von Mieterstreitigkeiten	874
12.6	Betriebskosten/Nebenkosten bei Wohn- und Gewerberaum	875
12.6.1	Betriebskostenmanagement	875
12.6.2	Betriebskosten, die „Zweite Miete"	879
12.6.3	Mietrechtliche/verwaltungstechnische Ausgangslage für die Betriebskosten	884
12.6.4	Begriff Nebenkosten	885
12.6.5	Begriff Betriebskosten	885
12.6.6	Abgrenzung der Betriebskosten zu anderen Bewirtschaftungskosten	886
12.6.7	Merkmalsvergleich von Vereinbarungen über Betriebskosten/Nebenkosten von Wohnraum/Gewerberaum	887
12.6.8	Aufstellung der einzelnen Betriebskosten/Möglichkeiten der Kostenbegrenzung	890

12.6.8.1	Die laufenden öffentlichen Lasten des Grundstücks (Nr. 1 gemäß § 2 BetrKV)	890
12.6.8.2	Die Kosten der Wasserversorgung (Nr. 2 gemäß § 2 BetrKV)	890
12.6.8.3	Die Kosten der Entwässerung (Nr. 3 gemäß § 2 BetrKV)	893
12.6.8.4	Die Kosten der Heizung (Nr. 4 gemäß § 2 BetrKV)	892
12.6.8.5	Kosten der Warmwasserversorgung (Nr. 5 gemäss § 2 BetrKV)	896
12.6.8.6	Kosten verbundener Heizungs- und Warmwasserversorgungsanlagen (Nr. 6 gemäß § 2 BetrKV)	897
12.6.8.7	Kosten des Betriebs des maschinellen Personen- oder Lastenaufzugs (Nr. 7 gemäss § 2 BetrKV)	898
12.6.8.8	Kosten der Straßenreinigung und Müllabfuhr (Nr. 8 gemäß § 2 BetrKV)	900
12.6.8.9	Kosten der Hausreinigung und Ungezieferbekämpfung (Nr. 9 zu § 2 BetrKV)	901
12.6.8.10	Kosten der Gartenpflege (Nr. 10 zu § 2 BetrKV)	901
12.6.8.11	Kosten der Beleuchtung (Nr. 11 zu § 2 BetrKV)	902
12.6.8.12	Kosten der Schornsteinreinigung (Nr. 12 zu § 2 BetrKV)	903
12.6.8.13	Kosten der Sach- und Haftpflichtversicherung (Nr. 13 zu § 2 BetrKV)	903
12.6.8.14	Kosten für den Hauswart (Nr. 14 zu § 2 BetrKV)	904
12.6.8.15	Kosten des Betriebs der Gemeinschaftsantennenanlage oder des Betriebs der mit einem Breitbandkabelnetz verbundenen privaten Verteilanlage (Nr. 15 zu § 2 BetrKV)	905
12.6.8.16	Kosten des Betriebs der Einrichtungen für die Wäschepflege (Nr. 16 zu § 2 BetrKV)	906
12.6.8.17	Sonstige Betriebskosten (Nr. 17 zu § 2 BetrKV)	906
12.6.9	Objektbezogene Betriebskostenansätze im Benchmarking – Beispiele betrieblicher Praxis	911
12.6.10	Abrechnung der Betriebskosten/Nebenkosten	911
12.6.10.1	Abrechnungszeitraum/Abrechnungseinheit/ Kostenerfassung/ Ausschlussfrist/Verjährung/Kontrollrechte/Einwendungsschluss	912
12.6.10.2	Anforderungen an eine Betriebs-/Nebenkostenabrechnung	913
12.6.10.3	Umlageschlüssel für Betriebskosten	913
12.6.11	Sonderfall Abrechnung der Heiz- und Warmwasserkosten	915
12.6.11.1	Anwendungsbereich	915
12.6.11.2	Folgen der HeizkV	915
12.6.11.3	Kostenaufteilung bei Nutzerwechsel	917
12.6.12	Beispiele für eine Betriebskostenabrechnung sowie eine Abrechnung über Heizung und Warmwasser	919
12.7	Bestandspflege und -erhaltung	924
12.7.1	Vorbemerkung	924
12.7.2	Instandhaltung, Instandsetzung, Modernisierung und Sanierung als Gegenstand von Fördergesetzen	931
12.7.3	Rechtliche Grundlagen	931
12.7.4	Schönheitsreparaturen als Teil der Instandsetzung	937
12.7.5.	Abgrenzung der Schönheitsreparaturen von den kleinen Instandhaltungen	941
12.7.6	Instandhaltung	942
12.7.6.1	Kosten der Instandhaltung	943
12.7.6.2	Planung, Organisation, Durchführung der Instandhaltung	943
12.7.6.3	Instandhaltung als technischer Oberbegriff von Wartung, Inspektion und Instandsetzung	946
12.7.7	Instandsetzung	947
12.7.7.1	Kosten der Instandsetzungsmaßnahmen	948
12.7.8	Modernisierung	949
12.7.8.1	Organisation und Ablauf einer Modernisierungsmaßnahme	949
12.7.8.2	Mietermodernisierung	953
12.7.8.3	Energieeinsparung	953
12.7.9	Abgrenzung von Instandhaltung und Instandsetzung zur Modernisierung	954
12.7.10	Modernisierung, Sanierung (technischer Teil)	955

12.7.10.1	Grundsätze zur Modernisierung und Sanierung von Wohngebäuden	955
12.7.11	Instandsetzungs-/Modernisierungsmaßnahmen	956
12.7.11.1	Instandsetzung schadhafter Bauteile	956
12.7.11.2	Veränderung der Raumnutzung bei bestehenden Gebäuden	957
12.7.11.3	Verringerung des Primärenergiebedarfs (Q_p)	959
12.8	Energiemanagement – Wärmeschutz im Hochbau	963
12.8.1	Normative und rechtliche Grundlagen des Wärmeschutzes	963
12.8.2	Messgrößen für den Wärmeschutz	963
12.8.2.1	Die relative Luftfeuchte/Die Taupunkttemperatur	963
12.8.2.2	Die Wärmeleitfähigkeit (λ)	964
12.8.2.3	Der Wärmedurchlasswiderstand (R)	964
12.8.2.4	Der Wärmedurchgangskoeffizient (U)	965
12.8.3	Die Energieeinsparverordnung (EnEV)	965
12.8.3.1	Bewertungsgrößen für die Beurteilung des Energiebedarfs von Gebäuden	965
12.8.3.2	Der Energiebedarfsausweis	966

Kapitel 13
Begründung und Verwaltung von Wohnungs- und Teileigentum

13.1	Rechtsgrundlagen	971
13.1.1	Grundbegriffe	971
13.1.2	Sondereigentum, Miteigentumsanteil am Gemeinschaftseigentum, Verwaltungs- (Verbands-)vermögen	972
13.1.3	Begründung von Wohnungs- und Teileigentum	975
13.1.4	Gemeinschaft der Wohnungseigentümer	981
13.2	Rechte und Pflichten der Wohnungseigentümer und des Verwalters	994
13.2.1	Rechte und Pflichten der Wohnungseigentümer	994
13.2.1.1	Rechte und Pflichten gemäß §§ 13 und 14 WEG	994
13.2.1.2	Rechte und Pflichten aus Gebrauchsregelungen gemäß § 15 WEG	996
13.2.1.3	Recht auf Nutzungen, Pflicht zur Lasten- und Kostentragung gemäß § 16 WEG	997
13.2.1.4	Verwaltungsrechte, Verwaltungspflichten der Wohnungseigentümer, Verwaltungsbeirat	1005
13.2.2	Rechte und Pflichten des Verwalters	1015
13.2.2.1	Bestellung des Verwalters	1016
13.2.2.2	Der Verwaltervertrag	1017
13.2.2.3	Abberufung des Verwalters – Beendigung des Verwaltervertrags	1022
13.2.2.4	Die gesetzlichen Aufgaben und Befugnisse des Verwalters	1025
13.2.2.5	Entlastung und Haftung des Verwalters	1031
13.3	Wirtschaftsplan, Jahresabrechnung, Rechnungslegung	1032
13.3.1	Der Wirtschaftsplan	1032
13.3.2	Die Jahresabrechnung	1035
13.3.3	Die Rechnungslegung	1041
13.4	Die Wohnungseigentümerversammlung	1042
13.4.1	Die Einberufung der Wohnungseigentümerversammlung	1042
13.4.2	Durchführung der Wohnungseigentümerversammlung	1044
13.5	Besondere rechtliche Regelungen	1056
13.5.1	Sondernutzungsrechte	1056

13.5.2	Beginn und Ende der Eigentümereigenschaft	1058
13.5.3	Die Veräußerungsbeschränkung	1059
13.5.4	Entziehung des Wohnungseigentums	1061
13.5.5	Gerichtliches Verfahren	1061
13.5.6	Das schriftliche Umlaufverfahren	1063
13.5.7	Hausgeldansprüche durchsetzen	1064
13.6	Konfliktmanagement	1069

Kapitel 14
Erwerb und Veräußerung von Immobilien

14.1	Rechtsgrundlagen	1075
14.1.1	Liegenschaftskataster und Grundbuch als Informationsquellen	1076
14.1.1.1	Das Liegenschaftskataster	1076
14.1.1.2	Das Grundbuch und seine Einrichtungen	1083
14.1.1.3	Grundbucheintragungsverfahren	1090
14.1.1.4	Bedeutung des öffentlichen Glaubens und Eintragung von Widersprüchen	1095
14.1.2	Grundstücksbegriff und Grundstücksarten	1098
14.1.2.1	Der Grundstücksbegriff	1098
14.1.2.2	Grundstücksarten	1100
14.1.3	Bauleitpläne als Informationsgrundlage	1102
14.1.4	Rechte am Grundstück	1103
14.1.4.1	Eigentum am Grundstück	1104
14.1.4.2	Die dinglichen Rechte (Rechte Dritter), Vormerkungen	1105
14.1.4.3	Grundpfandrechte	1116
14.1.4.4	Rangfolge bei Eintragung mehrerer Rechte	1127
14.1.4.5	Rechte am Grundstück – außerhalb des Grundbuchs	1128
14.1.5	Objekt- und Lageanalyse	1136
14.2	Der Grundstückskaufvertrag	1138
14.2.1	Form	1139
14.2.2	Inhalt des Grundstückskaufvertrages	1140
14.2.2.1	Beteiligte am Grundstückskaufvertrag	1140
14.2.2.2	Kaufgegenstand	1141
14.2.2.3	Kaufpreis	1141
14.2.2.4	Die Haftung des Verkäufers für Mängel	1145
14.2.2.5	Übergang von Besitz, Nutzen, Lasten und Gefahr	1147
14.2.2.6	Kosten und Steuern	1148
14.2.3	Auflassung und Grundbucheintragung	1149
14.2.4	Mustervertrag	1152
14.2.4.1	Muster eines Grundstückskaufvertrages – Fallbeispiel	1152
14.2.4.2	Musterformular eines Grundstückskaufvertrages	1155
14.3	Erbbaurechtsvertrag	1159
14.3.1	Begründung des Erbbaurechts	1159
14.3.1.1	Rechtscharakter und wirtschaftliche Bedeutung	1159
14.3.1.2	Bestellung des Erbbaurechts	1160
14.3.1.3	Inhalt des Erbbaurechtsvertrages	1164
14.3.1.4	Übertragung und Belastung des Erbbaurechts	1173
14.3.1.5	Beendigung des Erbbaurechts	1173
14.4	Sonstige Erwerbsvorgänge	1175
14.4.1	Zuschlag in der Zwangsversteigerung	1175
14.4.1.1	Informationsbeschaffung	1176

14.4.1.2	Zwangsversteigerungsverfahren	1177
14.4.2	Freiwillige Grundstücksversteigerung	1190
14.4.3	Das Enteignungsverfahren nach Baugesetzbuch	1191
14.4.3.1	Zulässigkeit der Enteignung nach Baugesetzbuch §§ 85–92	1191
14.4.3.2	Entschädigung nach Baugesetzbuch §§ 93–103	1193
14.4.3.3	Enteignungsverfahren	1194
14.4.4	Verbindung und Teilung von Grundstücken	1195
14.4.4.1	Verbindung von Grundstücken	1195
14.4.4.2	Teilung von Grundstücken	1197
14.5	Grundstücksbewertung	1198
14.5.1	Bewertungsanlässe	1198
14.5.2	Grundlagen der Wertermittlung	1199
14.5.3	Wertermittler	1202
14.5.4	Normierte Wertermittlungsverfahren	1206
14.5.4.1	Wertermittlung von unbebauten Grundstücken	1206
14.5.4.2	Wertermittlung von bebauten Grundstücken	1208
14.5.5	Verkehrswertermittlung/Kaufpreisermittlung	1218
14.5.6	Beleihungswertermittlung	1223
14.5.7	Internationale Wertermittlungsverfahren (Überblick)	1225
14.5.7.1	Barwertkalkulation (DCF-Verfahren)	1225
14.5.7.2	Residualverfahren	1226

Kapitel 15
Der Makler als Dienstleister am Immobilienmarkt

15.1	Maklerfunktionen	1232
15.1.1	Informationsfunktion	1233
15.1.2	Vermittlungsfunktion des Maklers	1235
15.1.3	Beratung als Maklerleistung	1236
15.2	Leistungsarten und Leistungsbereiche des Maklers	1237
15.2.1	Leistungsarten	1237
15.2.2	Leistungsbereiche	1238
15.2.3	Leistungsmatrix eines Maklerbetriebes	1240
15.3	Der Maklerbetrieb	1241
15.3.1	Betriebsorganisation	1241
15.3.2	Erlöse und Kosten im Maklergeschäft	1243
15.3.3	Prinzipien des Maklergeschäftes	1246
15.3.3.1	Erfolgsprinzip	1246
15.3.3.2	Prinzip der Entscheidungsfreiheit	1247
15.3.3.3	Prinzip der gegenseitigen Unabhängigkeit	1248
15.3.3.4	Neutralitätsprinzip	1249
15.3.3.5	Prinzip der Interessenidentität	1249
15.3.4	Auftragsakquisition des Maklers	1250
15.3.4.1	Objekt- und Interessentenakquisition	1250
15.3.4.2	Aktive und passive Auftragsakquisition	1250
15.3.4.3	Potentielle und aktuelle Marktteilnehmer	1251
15.3.4.4	Vorgang der Akquisition	1252
15.3.4.5	Maklervertragsabschluss	1252
15.3.5	Objektanalyse	1254
15.3.5.1	Zweck der Objektanalyse	1254
15.3.5.2	Gegenstände der Objektanalyse	1254
15.3.6	Das Maklerexposé	1256

15.3.6.1	Exposé als Mittel zur Sachinformation	1256
15.3.6.2	Exposé als Mittel zur Verstärkung der Markttransparenz	1258
15.3.6.3	Exposé als Mittel der Objektwerbung	1259
15.3.6.4	Exposé als Mittel der Firmenwerbung	1260
15.3.6.5	Exposéinhalt	1261
15.3.7	Der Maklerauftritt im Internet	1264
15.3.8	Anzeigenwerbung des Maklers	1265
15.3.8.1	Werbewirkung von Immobilieninseraten	1267
15.3.8.2	Werbeerfolgsanalyse	1269
15.4	Vertragsvermittlung und Vertragsvorbereitung	1270
15.4.1	Kaufvertragsvermittlung	1270
15.4.1.1	Vermittlungsmethoden	1270
15.4.1.2	Vertragsinhalte	1272
15.4.1.3	Vertragsparteien	1273
15.4.2	Vorbereitung von Mietverträgen	1275
15.4.2.1	Beschränkungen bei der Wohnungsvermittlung	1276
15.4.2.2	Mietvertragsinhalte	1277
15.4.2.3	Geschäftsraumvermittlung	1278
15.5	Rechtsgrundlagen des Maklergeschäfts	1279
15.5.1	Die Maklerprovision	1279
15.5.1.1	Maklervertrag	1280
15.5.1.2	Nachweis oder Vermittlung	1281
15.5.1.3	Hauptvertrag	1282
15.5.1.4	Ursachenzusammenhang	1282
15.5.1.5	Provisionshöhe	1283
15.5.2	Vereinbarungsbegrenzung bei Vertragsformularen	1284
15.5.3	Alleinauftragsformulare	1286
15.5.4	Der qualifizierte Alleinauftrag	1289
15.5.5	Verwirkung des Provisionsanspruchs	1290
15.5.6	Besonderheiten bei der Wohnungsvermittlung	1291
15.5.6.1	Provisionsverbote	1291
15.5.6.2	Weitere Beschränkungen bei der Wohnungsvermittlung	1292
15.5.7	Ordnungsvorschriften	1293
15.5.7.1	Wohnungsvermittlungsgesetz (WoVG)	1293
15.5.7.2	Preisangaben-Verordnung	1293
15.5.7.3	Angebot von Darlehen	1294
15.5.7.4	Das Geldwäschegesetz	1295
15.5.8	Der Makler im Wettbewerb	1298
15.5.8.1	Wettbewerbsregeln der Verbände	1296
15.5.8.2	Vorschriften des Gesetzes gegen den unlauteren Wettbewerb (UWG)	1297
15.5.8.3	Verfolgung unlauteren Wettbewerbs	1300

Literaturverzeichnis ... 1303

Stichwortverzeichnis ... 1316

ZUORDNUNGEN

Zuordnungen der Lehrinhalte dieses Buches zu den Prüfungsfeldern einerseits des Immobilienfachwirts / der Immobilienfachwirtin und der des Immobilienökonomen / der Immobilienökonomin GdW andererseits.

Hinweis:
Die Spezielle Betriebswirtschaftslehre der Immobilienwirtschaft dient als Lehrbuch u. a. auch der Vorbereitung auf Prüfungen im Bereich der beruflichen Weiterbildung. In der Prüfungsordnung des Immobilienfachwirts / der Immobilienfachwirtin wird auf der Taxonomie-Ebene unterschieden zwischen „Wissen", „Verstehen" und „Anwenden". Im Kontext hierzu soll die Spezielle Betriebswirtschaftslehre die erforderlichen Wissengrundlagen für die Berufsausübung und für das Anwenden des Wissens vermitteln. Darüber hinaus soll mit diesem Lehrbuch ein Beitrag zum Verstehen der beruflichen Aktivitäten in der Immobilienwirtschaft geleistet werden.

Entsprechendes gilt für die Prüfungsordnung des „Immobilienökonom GdW" / der „Immobilienökonomin GdW".

I. Zuordnung der Lehrinhalte zur Fachwirteprüfungsordnung

	Thematik	Kapitelbezug	Seitenbezug
1.	**Rahmenbedingungen der Immobilienwirtschaft**	1. Grundlagen, Unternehmen und Märkte der Immobilienwirtschaft	3 – 148
	darunter: Steuern und Abgaben in der Immobilienwirtschaft.	7. Steuern bei Immobilien	371 – 440
2.	**Unternehmenssteuerung und Kontrolle**	1.4 – 1.6 (Rechtsformen, Unterschiede) 3. Unternehmenssteuerung, Unternehmenskontrolle und Unternehmens-finanzierung	29 – 35 191 – 253
	darunter: unternehmensbezogene Steuern	7. Steuern bei Immobilien	371 – 440
	Planungs- und Kontrollinstrumente	5. Controlling	289 – 333
3.	**Personal, Arbeitsorganisation und Qualifizierung**	2. Unternehmensführung, Personalwirtschaft in Unternehmen der Immobilienwirtschaft	149 – 188
4.	**Immobilienbewirtschaftung**	12. Immobilienmanagement	697 – 968
	darunter: rechtliche Besonderheiten der Wohnungseigentumsverwaltung	13. Begründung und Verwaltung von Wohnungs- und Teileigentum	969 – 1071

	Thematik	Kapitelbezug	Seitenbezug
5.	**Bauprojektmanagement**	10. Immobilienentwicklung	531 – 589
	darunter	11. Objektfinanzierung	591 – 696
	Objektfinanzierung	9. bautechnische Grund-	473 – 529
	Förderung …	lagen	
	Thematik	Kapitelbezug	Seitenbezug
6.	**Marktorientierung und Vertrieb**	14. Erwerb- und Veräußerung von Immobilien	1073 – 1228
	darunter Kundenakquise und -bindung	6. Marketing	335 – 368
	rechtliche Besonderheiten der Maklertätigkeit	15. Der Makler als Dienstleister am Immobilienmarkt	1229 – 1301

II. Zuordnung der Lehrinhalte zur Prüfungsordnung Immobilienökonom GdW

	Thematik	Kapitelbezug	Seitenbezug
1.	Finanzierung und Controlling	11. Objektfinanzierung	591 – 696
		5. Controlling	289 – 333
		3. Unternehmenssteuerung, Unternehmenskontrolle und Unternehmensfinanzierung	191 – 258
2.	Immobilien- und Baumanagement	10. Immobilienentwicklung	531 – 589
		12. Immobilienmanagement	697 – 968
		9. bautechnischer Grundlagen	473 – 529
	darunter Immobilienbewertung	14.5 Grundstücksbewertung	1198 – 1227
3.	Marktorientierung und Vertrieb	6. Marketing	335 – 368
		14. Erwerb- und Veräußerung von Immobilien	1037 – 1197
	darunter Teilmärkte Kundenorientierung und Kundenbindung	1.9.7. Strukturmerkmale der Immobilienmarktes	122 – 132
		15.3.4 Auftragsakquisition des Maklers	1250 – 1253
4.	Managementmethodik	3. Unternehmenssteuerung, Unternehmenskontrolle und Unternehmensfinanzierung	191 – 258
5.	Unternehmens- und Personalorganisation	2. 2. Unternehmensführung, Personalwirtschaft in Unternehmen der Immobilienwirtschaft	149 – 188

	Thematik	Kapitelbezug	Seitenbezug
6.	Wirtschaftliche und soziale Rahmenbedingungen	1. Grundlagen, Unternehmen und Märkte der Immobilienwirtschaft	3 – 148
	darunter regionale Rahmenbedingungen	1.9.2 Bodennutzung	110 – 118

Hinzuweisen ist darauf, dass in der hier vorliegenden Speziellen Betriebswirtschaftslehre der Immobilienwirtschaft auch Lehrgebiete behandelt werden, die nicht Gegenstand der Prüfungsordnungen in der beruflichen Fortbildung im Bereich der Immobilienwirtschaft sind, z. B. die geschichtlichen Rahmenbedingungen und die Entwicklungsgeschichte der Immobilienwirtschaft, das Versicherungswesen, die berufsethischen Grundlagen, das Verbandswesen in der Immobilienwirtschaft u. dergl.

Abkürzungsverzeichnis

a. a. O.	am angegebenen Ort
AbfG	Abfallgesetz
Abs.	Absatz
Abschn.	Abschnitt
AfA	Absetzung für Abnutzung
AG	Aktiengesellschaft
AG	Amtsgericht
AktG	Aktiengesetz
allg.	allgemein
AltZertG	Altersvorsorgeverträge-Zertifizierungsgesetz
Anm.	Anmerkung
AnsSVG	Anlagenschutzverbesserungsgesetz
AO	Abgabenordnung
Art.	Artikel
Aufl.	Auflage
AVB	Allgemeine Versicherungsbedingungen
AZ. Az.	Aktenzeichen
BaFin	Bundesanstalt für Finanzdienstleistungsaufsicht
BAnz	Bundesanzeiger
BauGB	Baugesetzbuch
BauGB-MaßnG	BauGB-Maßnahmegesetz
BauNVO	Baunutzungsverordnung
BauO	Gesetz über die Bauordnung (übernommen ehem. DDR)
BauONW	Bauordnung Nordrhein-Westfalen
BausparG	Gesetz über Bausparkassen
BAV	Bundesaufsichtsamt für das Versicherungswesen
BayObLG	Bayerisches Oberstes Landgericht
BBauBl	Bundesbaublatt
BBiG	Berufsbildungsgesetz
Bd.	Band
BelWertV	Beleihungswertermittlungsverordnung
BetrKV	Betriebskostenverordnung
BetrVG	Betriebsverfassungsgesetz
BeurkG	Beurkundungsgesetz
BewÄndG	Bewertungsänderungsgesetz
BewDV	Bewertungsdurchführungsverordnung
BewG	Bewertungsgesetz
BewRGr	Richtlinien für die Bewertung des Grundvermögens
BfA	Bundesversicherungsanstalt für Angestellte
BGB	Bürgerliches Gesetzbuch
BGH	Bundesgerichtshof
BGBl.	Bundesgesetzblatt
BilModG	Gesetz zur Modernisierung des Bilanzrechts
BM	Baumasse
BMF	Bundesministerium der Finanzen
BMZ	Baumassenzahl
BNatSchG	Bundesnaturschutzgesetz
B-Plan	Bebauungsplan
Buchst.	Buchstabe

BV	wohnungswirtschaftliche Berechnungsverordnung
I. BV	Verordnung über wohnungswirtschaftliche Berechnungen (Zweite Berechnungsverordnung)
BVerfG	Bundesverfassungsgericht
BVerfGE	Entscheidungen
BVerwG	Bundesverwaltungsgericht
bzw.	beziehungsweise
cbm	Kubikmeter
DCF	Discounted Cash Flow
DDR	Deutsche Demokratische Republik
DIA	Deutsche Immobilien Akademie an der Universität Freiburg
DIN	Deutsche Industrie-Norm/Deutsches Institut für Normung
DWW	Deutsche Wohnungswirtschaft
EDV	Elektronische Datenverarbeitung
e.G.	Eingetragene Genossenschaft
EigRentG	Gesetz zur verbesserten Einbeziehung der selbstgenutzten Wohnimmobilie in die geförderte Altersvorsorge – Eigenheimrentengesetz –
EN	Europäische Norm
ErbbauRG	Erbbaurechtsgesetz
ErbbRVO	Erbbaurechtsverordnung
ErbStG	Erbschaftsteuergesetz
ERVGBG	Gesetz zur Einführung des Elektronischen Rechtsverkehrs
EStG	Einkommensteuergesetz
EStR	Einkommensteuerrichtlinien
etc.	(et cetera) und so weiter
Euribor	euro interbank offered rate
evtl.	eventuell
EW	Einheitswert
f., ff.	folgende
FFH Richtlinie	Fauna-Flora-Habitat-Richtlinie
FG	Finanzgericht
FH	Firsthöhe
FNP	Flächennutzungsplan
FödG	Fördergebietsgesetz
F-Plan	Flächennutzungsplan
G	Gewerbliche Bauflächen
GBO	Grundbuchordnung
GbR	Gesellschaft bürgerlichen Rechts
GBVerf.	Allgemeine Verfügung über die Einrichtung und Führung von Grundbüchern
GdW	Bundesverband deutscher Wohnungs- und Immobilienunternehmen
GE	Gewerbegebiete
GEFMA	Deutscher Verband für Facility Management e.V.
GewO	Gewerbeordnung
GF	Geschoßfläche
GFZ	Geschossflächenzahl
GG	Grundgesetz
ggf.	gegebenenfalls
GI	Industriegebiete

GmbH	Gesellschaft mit beschränkter Haftung
GO	Grundbuchordnung
GR	Grundfläche
GrdstVG	Grundstücksverkehrsgesetz
G-REIT	German Real Estate Investment Trust
GrEStG	Grunderwerbsteuergesetz
GrStG	Grundsteuergesetz
GRZ	Grundflächenzahl
GSB	Gesetz über die Sicherung der Bauforderungen
HeizkV	Heizkostenverordnung
HGB	Handelsgesetzbuch
h. M.	herrschende Meinung
HöfeO	Höfeordnung
HöfeVfO	Verfahrens ordnung für Höfesachen
HOAI	Honorarordnung für Architekten und Ingenieure
Hrsg.	Herausgeber
IAS	International accounting standards
i. d. R.	in der Regel
IFRS	International financial reporting standards
IHK	Industrie- und Handelskammer
i. M.	im Monat
ImmoWertV	Immobilienwertermittlungsverordnung
InsO	Insolvenzordnung
InvG	Investmentgesetz
ISO	Internationale Organisation für Normung (International Organization for Sandardization)
IVD	Immobilienverband Deutschland
i. V. m.	in Verbindung mit
KfW	Kreditanstalt für Wiederaufbau
KG	Kommanditgesellschaft
KG	Kammergericht Berlin
KGaA	Kommanditgesellschaft auf Aktien
KO	Konkursordnung
KostO	Kostenordnung
KWG	Gesetz über das Kreditwesen
LAG	Lastenausgleichsgesetz
LEP	Landesentwicklungsplan
LG	Landgericht
lt.	laut
LVA	Landesversicherungsanstalt für Arbeiter
M	Gemische Bauflächen
MD	Dorfgebiet
MI	Mischgebiet
MK	Kerngebiet
m^2	Quadratmeter
m^3	Kubikmeter
MaBV	Makler- und Bauträger-Verordnung
MBO	Musterbauordnung
MDR	Monatsschrift für Deutsches Recht
ModEnG	Modernisierungs- und Energieeinspargesetz
MV	Mietvertrag, Mietverhältnis

nachf.	nachfolgend
NJW	Neue Juristische Wochenschrift, Rechtsprechungsreport Zivilrecht
NMV70	Verordnung über die Ermittlung der zulässigen Miete für preisgebundene Wohnungen (Neubaumietenverordnung 1970 – NMV 70)
NN	Normal Null
Nr.	Nummer
OHG	Offene Handelsgesellschaft
OLG	Oberlandesgericht
ÖPNV	Öffentlicher Personennahverkehr
PangV	Preisangaben-Verordnung
PfandBG	Pfandbriefgesetz
PlanzVO	Planzeichenverordnung
PPP	Public Private Partnership
PreisKlG	Preisklauselgesetz
ProdHaftG	Produkthaftungsgesetz
RDM	Ring deutscher Makler
Rdnr.	Randnummer
RE	Rechtsentscheid
RegVBG	Registerverfahrensbeschleunigungsgesetz
REIT	real estate investment trust
ReitG	REIT-Gesetz
RGZ	Entscheidungen des Reichsgerichts in Zivilsachen
RHeimstG	Reichsheimstättengesetz
RICS	Royal Institution of Chartered Surveyors
ROG	Raumordnungsgesetz
S	Sonderflächen
s.	siehe
SoWoch	Sondergebiete die der Erholung dienen
StBauFG	Städtebauförderungsgesetz
StGB	Strafgesetzbuch
TDG	Teledienstgesetz
TH	Traufhöhe
u. a.	unter anderem
UmweltHG	Umwelthaftungsgesetz
UStG	Umsatzsteuergesetz
usw.	und so weiter
u. U.	unter Umständen
UWG	Gesetz gegen den unlauteren Wettbewerb
VAG	Versicherungsaufsichtsgesetz
VDM	Verband Deutscher Makler
VerkProspG	Verkaufsprospektgesetz
VerkProspVO	Verkaufsprospektverordnung
VermKatG	Vermessungs- und Katastergesetz
VGB	Verbundene Wohngebäude-Versicherung
vgl.	vergleiche
VO	Verordnung
VOB	Vergabe- und Vertragsordnung für Bauleistungen
VStG	Vermögensteuergesetz
VVG	Gesetz über den Versicherungsvertrag

WA	Allgemeines Wohngebiet
WB	Besonderes Wohngebiet
WEG	Wohnungseigentumsgesetz
WertR	Wertermittlungsrichtlinien
WertV	Wertermittlungsverordnung
WHG	Wasserhaushaltsgesetz
WiStG	Wirtschaftsstrafgesetz
WM	Wohnungswirtschaft und Mietrecht
WGG	Wohnungsgemeinnützigkeitsgesetz
WoBauErlG	Wohnungsbauerleichterungsgesetz
WoBauG	Wohnungsbaugesetz
WoBindG	Gesetz zur Sicherung der Zweckbestimmung von Sozialwohnungen (Wohnungsbindungsgesetz)
WoFG	Wohnraumförderungsgesetz
WoFV	Wohnflächenverordnung
WoGG	Wohngeldgesetz
WoModG	Wohnungsmodernisierungsgesetz
WoPG	Wohnungsbauprämiengesetz
WoVG	Wohnungsvermittlungsgesetz
WR	Reines Wohngebiet
WS	Kleinsiedlungsgebiet
z. B.	zum Beispiel
ZMR	Zeitschrift für Miet- und Raumrecht
ZPO	Zivilprozessordnung
z. T.	zum Teil
ZVG	Zwangsversteigerungsgesetz

Kapitel 1

GRUNDLAGEN – UNTERNEHMEN UND MÄRKTE DER IMMOBILIENWIRTSCHAFT

Erwin Sailer
Hansjörg Bach

1. GRUNDLAGEN – UNTERNEHMEN UND MÄRKTE DER IMMOBILIENWIRTSCHAFT

Grundorientierung

Die von immobilienwirtschaftlichen Grunderfahrungen ausgehenden Unternehmensphilosophien, die sich aus dem Blickwinkel des Beginns des 20. Jahrhunderts ableiten lassen, drehen sich um existentielle menschliche Kernbereiche.

Das Feld, auf dem sich immobilienwirtschaftliche Unternehmen bewegen, ist überwiegend gekennzeichnet durch **Bedarfsnotwendigkeiten**, die sich aus der Existenz zivilisierter Menschen ergeben. Viele andere Wirtschaftszweige sind nicht durch vergleichbare Notwendigkeiten der Bedarfsdeckung geprägt. Aber wenn sie auch nicht „notwendig" sind, sie sind doch berechtigt", weil die Güter, die sie produzieren, von Menschen zur Gestaltung ihres Lebens innerhalb der Gesellschaft nachgefragt werden. Allerdings können Menschen auch ohne deren Produkte und Dienstleistungen ihr Leben gestalten. So ist z. B. ein Leben ohne Fernreisen möglich. Das hat der deutsche Philosoph Immanuel Kant vorgemacht. Er hat das weitere Umfeld seiner Heimatstadt Königsberg (heute Kaliningrad) zeit seines Lebens nie verlassen.

Womit hat es die Immobilienwirtschaft zu tun?

Alle Menschen leben in den für sie erfahrbaren Kategorien von Raum und Zeit und erhalten sich, sofern sie nicht Nomaden sind, in Räumen, von denen jeder Raum jeden in ihm lebenden Menschen mitprägt. Aus der Gestaltung der Räume entstehen die vergänglichen räumlichen Dimensionen der Kulturen, in die die menschlichen Gesellschaften eingebettet sind. Dabei ist seit jeher die **Siedlung** die Zelle eines Kulturhaushaltes. Räume und Landschaften prägen Menschen und Gesellschaften. Das ist eine Grunderkenntnis der Architekten. Umgekehrt nehmen sie aber auch erheblichen Einfluss auf die natürliche und kulturelle Umwelt. Dies spiegelt sich am Lebenszyklus der von ihnen errichteten Bauwerke ebenso wider, wie an der laufenden Verdichtung der Verkehrsnetze und der Verschiebung in den Gewichten der Bewirtschaftung von Flächen im Umbruch von der Produktions- zur Dienstleistungsgesellschaft. Aber stets gilt eines: Die Welt, in der wir leben, ist eine Welt der Immobilien. Die Immobilienlandschaft ändert sich beständig.

Siedlung

Weltweit betrachtet ergibt sich folgende Entwicklung: Um 1800 lebten nur 2 % der Bevölkerung in „urbanen Zentren". Am Anfang des 20. Jahrhunderts waren es 14 % der Weltbevölkerung, die in Städten lebten, im Jahr 2007 war es ziemlich genau die Hälfte der inzwischen rasant gestiegenen Weltbevölkerung. Es wird nach einer Studie der Vereinten Nationen damit gerechnet, dass im Jahr 2030 bereits 5 Milliarden Menschen der etwa 8,2 Mrd. ($^2/_3$ der Weltbevölkerung) in Städten leben werden. Die **Verstädterung** schreitet in einem großen Tempo fort.

Verstädterung

1. GRUNDLAGEN – UNTERNEHMEN UND MÄRKTE DER ...

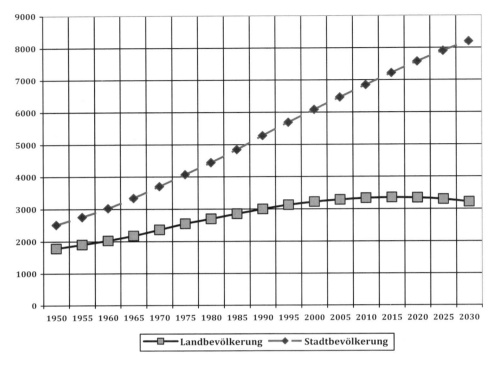

Abb. 1: Entwicklung der Stadt- und Landbevölkerung 1950–2030
Quelle: UN/DESA: World Population Prospects

Betrachtet man die vordringlichen menschlichen Bedürfnisse in der Gegenwart unter **weltweiten Perspektiven**, so steht nicht an erster Stelle das Bedürfnis nach einem schützenden Obdach, sondern jenes nach Nahrung und Wasser. Jährlich verhungern Millionen von Menschen. Trotz des Überangebots an Nahrungsmitteln in den entwickelten Volkswirtschaften handelt es sich in vielen unterentwickelten Ländern immer noch um das **Primärbedürfnis schlechthin**, das es zu stillen gilt. Dagegen spielt in den Industrieländern dieses Bedürfnis kaum eine Rolle.

Primärbedürfnis in der Bedürfnisskala

In europäischen Staaten gibt es keine Diskussion um ein „Grundrecht" auf Nahrung. In der Skala des Bedürfnisbewusstseins rangiert hier vielmehr – mit abschwächender Tendenz – die **Wohnung** mit an erster Stelle. Vor nicht allzu langer Zeit wurde noch von **„Wohnungsnot"** gesprochen.

Heute gibt es in Deutschland Gebiete mit einer Überversorgung an Wohnraum, was zum **„Stadtumbau"** (Stadtrückbau) führt. Man sieht, dass es je nach wirtschaftlicher Entwicklung eine höchst unterschiedliche Skala subjektiver Wahrnehmungen gibt.

Arbeiten und Wohnen in Raumkonkurrenz

Von ebenso existentieller Bedeutung für die überwiegende Zahl der Haushalte ist neben der Wohnung der **„Arbeitsplatz"** als Voraussetzung für die Fähigkeit, ein gesellschaftlich akzeptables Niveau der Befriedigung von Konsumwünschen – auch im Wohnungsbereich – zu erreichen. Die Arbeitsplätze in den Betrieben stehen bei knappen verfügbaren Siedlungsflächen in **Raumkonkurrenz** zu Wohnungen. Die herrschende Arbeitslosigkeit vermindert zwar das Konkurrenzpotential um den Raum. Arbeitslosigkeit ist aber kein anstrebenswertes Ziel.

Die Immobilienwirtschaft steht somit in den entwickelten Volkswirtschaften im Brennpunkt der von Haushalten und Betrieben ausgehenden konsumtiven und produktiven **Standortentscheidungen** und **-verwirklichungen** in Gestalt von Wohnungen und Arbeitsplätzen. Sie gehört zu den für die menschliche Gesellschaft zentralen Wirtschaftsbereichen. Es ist deshalb kein Wunder, dass die wirtschaftlichen Prozesse in der Immobilienwirtschaft durch eine besondere Regelungsdichte gelenkt werden, mit der sich einige Kapitel dieses Buches befassen.

Auf internationaler Ebene befassten sich die Vereinten Nationen auf der 1. Habitat-Konferenz in Vancouver mit der Siedlungsentwicklung auf dieser Erde. (Habitat I von 1976). Dem folgte die Konferenz in Rio de Janeiro 1992. 1996 fand die HABITAT-II-Konferenz (**„2. Weltkonferenz zu Fragen menschlicher Siedlungen"**) in Istanbul unter Beteiligung von Städten und Gemeinden statt. Zwei Hauptfragenbereiche standen auf der Tagesordnung:

HABITAT II

„Angemessene Unterkunft für alle" (menschenwürdige Grundversorgung mit Wohnraum einschließlich aller Infrastruktureinrichtungen).

„Nachhaltige Siedlungen in einer zur Verstädterung strebenden Welt". Dabei stand die in der **Agenda 21** (= Agenda 21. Jahrhundert) beschriebene Notwendigkeit im Mittelpunkt, „innerhalb eines globalen Handlungsprogramms für Umwelt und Entwicklung Grundsätze für eine nachhaltige umweltverträgliche Siedlungsentwicklung und ein leistungsfähiges städtisches Umweltmanagement zu erarbeiten und umzusetzen".

Agenda 21

Das 21. Jahrhundert wird durch erhebliche Bemühungen geprägt sein, der zunehmenden Verslumung in den Großstädten der Entwicklungsländer entgegenzuwirken. 27 der derzeit insgesamt 33 Städte jeweils mit über 8 Millionen Einwohnern (Megastädte) liegen in den Entwicklungsländern. Das Hauptproblem besteht bei diesem **Städtewachstum** darin, dass sich die Zuwanderung auf Slums konzentriert. Während in Europa nur 6 % der Stadtbevölkerung in Slums lebt, sind es im Gebiet südlich der Sahara rd. 70 %. *(Siehe http://www.geolinde.musin.de/afrika/html/afrikathemen. htm (8. 1. 2009).* Nach der Erklärung von Istanbul geht es um die Entwicklung globaler Aktionspläne für **lebenswerte Städte** durch Stärkung der kommunalen Selbstverwaltung und einer entsprechenden Finanzausstattung und Förderung des Selbsthilfegedankens. Es besteht ein weiter Konsens darüber, dass die „Ziele wirtschaftlicher und sozialer Entwicklung und des Umweltschutzes als sich gegenseitig bedingende und verstärkende Komponenten nachhaltiger Entwicklung" anzusehen sind *(Quelle: Protokoll des Kopenhagener Sozialgipfels 1995).* Auf einer 2001 einberufenen UN-Generalsonderversammlung gab es jedoch einen Dissens über eine zu beschließende „Weltcharta der lokalen Selbstverwaltung", so dass sie nicht in Kraft trat.

Megastädte

Naturschutz und Siedlungswesen

Mit dem Boden in seiner Siedlungsfunktion (Wohn- und Betriebsstandorte, Verkehrsnetze) trat vor allem seit den 70er Jahren des vergangenen Jahrhunderts der Boden in seiner Funktion als natürlicher Freiraum und Lebensraum für Pflanzen und Tiere in eine weitere „Konkurrenzbeziehung". Dieser Tatsache ging im Hinblick auf die verstärkte Umweltbelastung und die Erkenntnis der **„Endlichkeit der Ressourcen"** ein Bewusstseinswandel voraus, der in Westdeutschland relativ früh einsetzte (Mitte der 60er Jahre des vergangenen Jahrhunderts) und in Ostdeutschland erst nach der Wiedervereinigung zur Geltung kam. 1970 entstand in Bayern bereits das erste Umweltministerium.

Schutzgebiete für Pflanzen und wildlebende Tiere (FFH-Richtlinie)

Im Juni 1992 trat die „EG-Richtlinie zur Erhaltung der natürlichen Lebensräume sowie der wildlebenden Tiere und Pflanzen" (**„Fauna-Flora-Habitat-Richtlinie"**) in Kraft, die die europäischen Mitgliedstaaten verpflichtete, unter dem Namen „Natura 2000" besondere Schutzgebiete zur Bewahrung der Artenvielfalt und Lebensräume für wildlebende Pflanzen und Tiere einzurichten oder wiederherzustellen. Die deutsche Gesetzesgrundlage bildet das **Bundesnaturschutzgesetz**. Es wurde 2002 neu gefasst. Nach § 22 BNatSchG sind die Länder zur Ausweisung von Schutzgebieten verpflichtet. Sie sollen 10 % der Fläche des Bundeslandes umfassen. Schutzgebiete sind insbesondere Naturschutzgebiete, Nationalparks, Biosphärenreservate Landschaftsschutzgebiete und Naturparks. In Deutschland existierten 2007 bereits 4.617 Schutzgebiete (Fauna-Flora-Habitat-Gebiete). Sie umfassen 9,3 % der Landfläche. Hinzu kommen 658 Vogelschutzgebiete mit 9,4 % der Landfläche. Die Gebiete überschneiden sich, so dass sie nicht zusammenaddiert werden können. Nicht miteinbezogen sind die großen maritimen Schutzflächen im deutschen Küstenbereich der Ost- und Nordsee. Näheres ist dem Bericht „Naturschutz in Deutschland" von WWF Deutschland, 1. Aufl. vom Mai 2008 zu entnehmen.

Bundesnaturschutzgesetz

In Deutschland werden Umsetzungskonzepte der Agenda 21 auf Bundes- Länder-, und Gemeindeebene diskutiert und erstellt, wobei auch nichtstaatliche Organisationen mit einbezogen werden. Heute kann jeder nachprüfen, ob und in welchem Umfange in der Gemeinde, in der er wohnt, solche Aktivitäten entfaltet werden. Auf der gesetzgeberischen Ebene fanden viele Inhalte der „Verpflichtungen" von Istanbul aber auch über EG-Richtlinien ihren Niederschlag. So wird im **Bundes-Bodenschutzgesetz** eine **Gleichwertigkeit** der natürlichen, natur- und kulturgeschichtlichen und der wirtschaftlichen Bodenfunktionen hergestellt. Das Bundesnaturschutzgesetz und das **Baugesetzbuch** in seiner neuen Fassung sorgen für **Ausgleichsflächen**, die „an die Natur" zurückgegeben werden müssen, wenn es zu siedlungsbedingten Eingriffen in die Natur kommt.

Bundesbodenschutzgesetz

Ausgleichsflächen

Es ist klar, dass in die große Verpflichtungskette im Spannungsfeld zwischen den ökonomischen und ökologischen Bodenfunktionen in zunehmendem Umfang auch die Immobilienwirtschaft mit einbezogen wird. Immobilienwirtschaftliche Bodennutzung ist heute ohne Abwägung der damit verbundenen Auswirkungen auf den Naturhaushalt nicht mehr denkbar.

Ein weiteres Problem entstand durch Zuwanderungen aus kulturell anders vorgeprägten Ländern. Bedingt durch das Fehlen einer Integrationsstrategie in Richtung offene Gesellschaft, bildeten die **„Migranten"**, wie Zuwanderer aus anderen Ländern bezeichnet werden, zunehmend eigene in sich abgegrenzte Wohn- und Geschäftsbe-

Migranten

zirke vor allem in den Großstädten. Traditionsbindung an die eigene Kultur und Abstammung, meist verbunden mit dem Phänomen hoher Arbeitslosigkeit führte zunehmend zu **Segregationserscheinungen** und dem Aufbau von sozialen Spannungsverhältnissen. In Deutschland begegnete man diesen Erscheinungen mit städtebaulichen Integrationsmodellen. **Soziale-Stadt-Konzepte** wurden erstellt und werden mittlerweile in fast allen Bundesländern umgesetzt. Ziel ist es, ein Abgleiten in die Verslumung von Stadtteilen zu verhindern. Regelungen hierfür finden sich seit Juli 2004 im Baugesetzbuch.

Segregation

Soziale Stadt § 171 e) BauGB

1.1 GESCHICHTLICHE RAHMENBEDINGUNGEN

1.1.1 Die Bevölkerungsentwicklung im 19. Jahrhundert

Die **Problemgeschichte der Immobilienwirtschaft** und speziell des **Mietwohnungsbaus** beginnt in der **Neuzeit** im 19. Jahrhundert. (Zur „Problemgeschichte des Immobilienmarktes" wird auf Bach/Ottmann/Sailer/Unterreiner: „Immobilienmarkt und Immobilienmanagement", München, 2005, verwiesen). Auf Erscheinungen in früheren Zeiten, etwa im antiken Rom (z. B. Mietskasernen in Ostia), in den Großstädten der Griechen oder gar in Kulturkreisen, die auf unser heutiges europäisches Bewusstsein kaum einen Einfluss haben, soll hier nicht eingegangen werden. Wir befassen uns mit dem Beginn des Geschichtsabschnittes, dessen Erscheinungen unser Bewusstsein und unsere Haltung zur Immobilienwirtschaft entscheidend mitgeprägt haben. Diese Geschichte setzt mit einem Phänomen ein, das wir als Zeitzeugen heute in anderen Gegenden der Erde beobachten können, ohne unmittelbar betroffen zu sein. Man hat dieses Phänomen als **„Bevölkerungsexplosion"** bezeichnet. Die Bevölkerung vermehrte sich im Europa des 19. Jahrhundert, von Land zu Land allerdings unterschiedlich, ungewöhnlich schnell. 1800 hatte Europa 174 Millionen und hundert Jahre später 403 Millionen Einwohner. Innerhalb des 19. Jahrhunderts wuchs die Bevölkerung in **Deutschland** trotz **hoher Sterblichkeitsziffern** und hoher Auswanderungszahlen von 24,4 auf 56,4 Millionen um das 2,3-fache an. Eine ähnliche Entwicklung war in **Großbritannien** festzustellen, das 1800 nur etwa 11 Millionen Einwohner hatte und 1900 bei 38 Millionen Einwohnern lag (ein Anstieg um das 3,5-fache!). In **Frankreich** dagegen, das zu Beginn des 19. Jahrhunderts mit rund 27 Millionen mehr Einwohner als Deutschland hatte, verlief die Entwicklung wesentlich flacher. Die französische Bevölkerung war im 19. Jahrhundert nur um das 1,4-fache auf rund 39 Millionen angewachsen. Bereits in der Mitte des 19. Jahrhunderts begannen in Frankreich die Bevölkerungszahlen zu stagnieren.

Mietwohnungsbau im 19. Jahrhundert

„Bevölkerungsexplosion" Bevölkerungsentwicklung in Deutschland

in Großbritannien

in Frankreich

Vermindert wurde der Bevölkerungsdruck auf den europäischen Raum durch **Auswanderungen**, besonders stark ausgeprägt in Großbritannien, Italien und Österreich-Ungarn. Aber auch von Deutschland aus ging ein Wanderungsstrom in außereuropäische Länder. Zahlenmäßig erfasst sind die 5,2 Millionen Auswanderungen zwischen 1830 und 1910 allein nach Amerika. Allerdings begann der Wanderungssaldo nach 1890 wegen der stärker einsetzenden Einwanderungen wieder positiv zu werden.

Auswanderungen

Deutschland war zu Beginn des 19. Jahrhunderts, im Gegensatz zu dem sich schon im Industrialisierungsprozess befindlichen Großbritannien, ein durch die **Agrarwirtschaft** geprägtes Land. Die Bevölkerung lebte vorwiegend in Dörfern und ernährte

Agrarwirtschaft

sich von dem, was die Natur bei Bewirtschaftung der Böden an Erträgen zuließ. Für den eigenen Bedarf wurden viele andere Produkte hergestellt oder teilweise von Handwerkern bezogen. Auch der **Wohnbedarf** wurde in eigener Bauherrenschaft mit Hilfe von Bauhandwerkern, die man hierzu beschäftigte, selbst abgedeckt.

Handel und Gewerbe waren längst nicht so entwickelt wie etwa in Frankreich oder England, die ihre Kolonialreiche ausbauten. Aus den sich weitgehend selbstversorgenden bäuerlichen Betrieben heraus, konnten sich keine Impulse einer wirtschaftlichen Entwicklung ergeben, die eine zusätzliche Versorgungsgrundlage für die schnell wachsende Bevölkerung abgegeben hätte.

Historisch wären die Entwicklungsperspektiven ziemlich dunkel gewesen, wenn nicht gleichzeitig eine Wandlung im geistig-gesellschaftlichen Bereich stattgefunden hätte.

Liberalismus

Von den geistigen Strömungen her gewann der **Liberalismus** die Oberhand, der die Grundlage für einen allmählichen wirtschaftlichen Wandel ermöglicht hatte. Freie Berufswahl, Fortfall alter Bindungen (Freizügigkeitsbeschränkungen), Gewerbefreiheit wurden gesetzlich ermöglicht. Wenn auch mit einer zeitlichen Verzögerung von einem halben Jahrhundert begann nach England auch in Deutschland die „**industrielle Revolution**". Ein Großteil der in der Landwirtschaft nicht mehr produktiv einsetzbaren „Überschuss"-Arbeitskräfte fand in den neu entstehenden Industrien Brot und Arbeit. Der Arbeitskräfteüberschuss (**„industrielle Reservearmee)**" drückte erheblich auf das Lohnniveau bei den neu entstehenden Industrien. Begünstigt wurde der Prozess durch den Abbau von Vorbehalten gegen den Einsatz neuartiger Produktionstechniken. Diese wurden durch bahnbrechende neue Erfindungen möglich. Gleichzeitig vervielfältigten die neuen Produktionsmittel, wie Spinnmaschinen, mechanischen Webstühle, Dampfmaschine, die Produktivität der Arbeit in großem Ausmaß. Der Prozess der Umformung von Gesellschaft und Wirtschaft in einem liberalen Geist führte allerdings auch zu erheblichen **sozialen Spannungen** und **Verwerfungen**.

Industrielle Revolution

Industrielle Reservearmee

Soziale Spannungen

Wir haben heute eine vergleichbare Situation, wenn auch auf einem wesentlich höheren Grundversorgungsniveau. Zwischen 1870 und 1900 wurden durch den Industrialisierungsprozess vor allem im Handwerk Arbeitskräfte freigesetzt. Heute – 130 Jahre später – befinden wir uns in einem Deindustrialisierungsprozess, der ebenfalls bei uns durch die Abwanderung der Industrien zu einer temporären hohen Arbeitslosigkeit führt. Sie wird allerdings zunehmend gedämpft durch die Verringerung des Nachwuchses an Arbeitskräften. Zudem mehren sich die Beschäftigungschancen des Handwerks wieder und zwar aufgrund des weltweiten Qualitätsvorsprungs in unserer globalisierten Welt. In beiden Fällen liegt die Ursache in einem großen, strukturellen Umbruch der Wirtschaft begründet.

Verdrängungswettbewerb

Die durch neue rationelle Produktionsverfahren in großen Mengen hergestellten Waren traten damals in Konkurrenz zu den zeitaufwendig hergestellten Produkten der Handwerker. Ein **Verdrängungswettbewerb** fand in großem Umfange statt. Viele Handwerksbetriebe konnten nicht mithalten und gaben auf. Meister und Gesellen der verdrängten Betriebe fanden oft als qualifizierte Arbeiter in den Fabriken eine neue Beschäftigung. Dieser „Absprung" gelang allerdings längst nicht jedem. Andere wiederum wurden selbst zu Gründern eigener Unternehmen. Eine neue vergleichbare industrielle Revolution wie bei uns nach 1870 findet derzeit in einigen Ländern der

Welt statt, vor allem in China längst aus dem Schattendasein von Entwicklungsländern herausgetreten ist. Nur führt der Verdrängungswettbewerb in unserer globalisierten Welt hier zu einer Verlagerung von Industrien aus Europa in die neu entstehenden Industrieländer.

Schlechter erging es im Zeitalter der industriellen Revolution den ungelernten „Hilfsarbeitern", die aus den Bauernhöfen in die neuen Industriestädte wanderten. Der gnadenlose Preiswettbewerb damals, bedingt auch durch die fortgeschrittenere englische Konkurrenz, ließ keinen großen Spielraum für ein dem Mengenergebnis der Arbeit entsprechendes Ansteigen der Reallöhne. Sie lagen am unteren Rande dessen, was zur Sicherung des Existenzminimums unbedingt notwendig war.

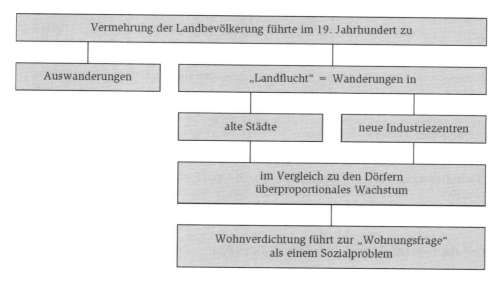

Abb. 2: Bevölkerungsbewegung im 19. Jahrhundert

1.1.2 Die Wohnungsfrage

Als Spezialproblem, wie es sich in dieser Schärfe besonders in Deutschland herausbildete, kam die **Wohnungsnot der Arbeiter** hinzu. Während in England der Großteil der Bevölkerung bereits zu Beginn des 19. Jahrhunderts in Städten lebte und das Bevölkerungswachstum mit einem entsprechenden Wachstum der Städte in ihren traditionellen Wohnformen einherging, kam es in Deutschland zu einer Konzentration der vom Lande abwandernden Bevölkerungsteile in den Städten. Die deutschen Städte wuchsen überproportional. Dieses auf der **Landflucht** beruhende Städtewachstum begann etwa zwischen 1840 und 1850. Zwar wuchsen die Einwohnerzahlen auch schon vorher. Doch entsprach dieses Wachstum dem allgemeinen Bevölkerungswachstum. Der neue Wanderungsstrom richtete sich teils auf die alten Städte, teils auf die neuen Industriezentren z. B. im Ruhrgebiet. Er wurde teilweise auch als Befreiung von den Bindungen innerhalb der dörflichen Gemeinschaft empfunden: „**Stadtluft macht frei**". 1871 betrug der städtische Bevölkerungsanteil noch 36 %, 1910 dagegen bereits 60 %. Die **Zahl der Großstädte** (Städte mit über 100.000 Einwohnern) stieg von 8 im Jahre 1871 auf 33 im Jahre 1900 und auf 48 im Jahre 1910.

Wohnungsnot der Arbeiter

Landflucht und Städtewachstum

Ein Beispiel für eine industriebedingt völlig neu entstandene Stadt bildet **Oberhausen**, das 1862 mit den 6.000 Bewohnern der entstandenen Siedlungen den Gemeindestatus erhielt, 1874 Stadt wurde und bis 1910 die 100.000-Einwohnerzahl überstieg. **Bochum**, das 1842 nur 4.200 Einwohner zählte, wuchs innerhalb von 65 Jahren auf 120.000-Einwohner.

Städtebauliche Konzepte fehlten

Hinter den damit verbundenen **enormen Wohnbauzahlen** verbirgt sich teilweise eine gravierende Verdichtung der Bausubstanz auf engstem Raume. Ursache für diese Verdichtung war das völlige **Fehlen städtebaulicher Konzepte** und steuernder Eingriffsmöglichkeiten. Im Gegenteil begünstigten manche Stadtverwaltungen diese verdichteten Bauformen, die z. B. in den rheinischen Städten bis zu einer 75 % Überbauung des Bauplatzes führen konnte. Die Bauherren haben dort jedoch nur in seltenen Fällen die Grenzen der zugelassenen Verdichtung ausgeschöpft. Die mangelhafte sanitäre Ausstattung, die nicht ausreichende Belichtung in engen Hinterhöfen und die Sauerstoffknappheit verhinderten eine gesunde Lebensführung in diesen *„Mietskasernen"*

Mietskasernen

. (Allerdings war das Wohnen in den engen historischen Altstadtkernen keineswegs gesünder). Dieser hauptsächlich in Berlin gebaute Haustyp besteht in einem meist vier- bis fünfgeschossigen Wohnblock (bei geschlossener Bauweise) mit bis zu 4 Hinterhöfen. Der an der Straße liegende Geschäftsteil wurde an zahlungskräftige Bürger vermietet. Im hinteren Bereich waren weniger zahlungskräftige Mieter oder Handwerker mit ihrem Gewerbe einquartiert.

In der Statistik der damaligen Zeit war eines der Verdichtungsmaße die so genannte *„Behausungsziffer"*. Es handelt sich um die **Durchschnittszahl** der Bewohner pro Hauseinheit. Die großen Unterschiede in den Behausungsziffern in den Jahren **vor dem Ersten Weltkrieg** lassen ahnen, wie unterschiedlich sich die Städte entwickelt haben. Einige charakteristische Beispiele:

Behausungsziffern in den Jahren 1900/1901

Bremen	7,83	(Stadt verhinderte Verdichtung!)
Frankfurt/M.	17,09	
Essen	17,61	(Arbeitersiedlung von Krupp)
Köln	18,05	
Stuttgart	18,61	
Düsseldorf	19,11	

dagegen:

Magdeburg	31,08	
Dresden	34,56	
München	36,59	(zum Vergleich 1990: 13,8)
Hamburg	38,66	(zum Vergleich 1990: 6,3)
Breslau	51,91	(polnisch Wroclaw)
Berlin	75,90	(zum Vergleich 1990: 10,3)

Beispiele ausländischer Städte:

Wien	50,74
Prag	40,92
Zürich	17,26
Genf	23,43
Paris	38,00
Antwerpen	8,49
Rotterdam	10,90
Amsterdam	13,44

Sonderfall Großbritannien:

Birmingham	4,79
Sheffield	4,65
Manchester	4,86
Liverpool	5,57
London	7,89

Aus diesen unterschiedlichen Zahlen lässt sich erkennen, dass die **„Wohnungsfrage"** keineswegs in allen Städten in gleicher Weise ein gravierendes Problem war. Es gab vor allem die **Problemzentren in Berlin** (z. B. Kreuzberg, Prenzlauer Berg), Wien, Prag. Aber auch die Verdichtung in Dresden, München und Hamburg war beachtlich. In den Niederlanden und in Großbritannien ergibt sich ein anderes Bild. Hier dominierte während des ganzen 19. Jahrhunderts das eigene Haus. Die Mietwohnung und damit das Mietwohnhaus hatte nur eine geringe Bedeutung bei der Wohnraumversorgung der Bevölkerung. Allerdings gab es auch hier Verdichtungsprobleme, z. B. in den Arbeitervierteln von Manchester oder London. Die berüchtigten „Back-to-back-Häuser" (rückwärts aneinander gebaute Reiheneinfamilienhauszeilen mit ihren fensterlosen Hinterzimmern) waren regelmäßig durch zwei Familien belegt.

Wohnungsfrage

Problemzentren in Berlin

1.2 DIE ENTWICKLUNGSGESCHICHTE DER IMMOBILIENWIRTSCHAFT BIS ZUR GEGENWART

1.2.1 Das Entstehen der unternehmerischen Wohnungswirtschaft

Am Anfang der immobilienwirtschaftlichen Entwicklung standen in Deutschland keine Wohnbauunternehmen im klassischen Sinne. Die Organisation des Städtebaus erfolgte in der zweiten Hälfte des 19. Jahrhunderts meist privatwirtschaftlich über **Bodenunternehmer** (so genannte **Terraingesellschaften** – heute spricht man von „Developer") und den **Bodenhandel**. Das Baugeschehen wurde beherrscht von dem liberalen Grundsatz der **Baufreiheit**. Im Wesentlichen gab es von Stadt zu Stadt unterschiedliche Bauordnungsvorschriften, deren Einhaltung der **baupolizeilichen**

Terraingesellschaften

Bodenunternehmer und Bodenhandel

Aufsicht unterstand. Sie dienten teilweise der Standsicherheit des Gebäudes. Gegen Ende des 19. Jahrhunderts erst wurden zunehmend behördliche Beschränkungen im Interesse des gesunden Wohnens erlassen. Die ersten Vorschriften zur Bodenordnung gab es bereits 1868 und 1875 mit dem Badischen, bzw. **Preußischen Fluchtlinien-Gesetz**. 1904 wurde in Preußen die Errichtung von Wohngebäuden in „Außengebieten" von einer Ansiedlungsgenehmigung abhängig gemacht und 1918 das preußische Wohnungsgesetz erlassen. 1919 entstand das Reichssiedlungsgesetz, das die Beschaffung landwirtschaftlicher Siedlungsflächen regelt. *(Zum **Entstehen der unternehmerischen Wohnungswirtschaft** siehe Bach/Ottmann/Sailer/Unterreiner: „Immobilienmarkt und Immobilienmanagement", München, 2005. Das Kapitel enthält auch Verweise auf die Literatur der damaligen Zeit, insbesondere Vilmar Carthaus, Rudolf Eberstadt, Carl Johannes Fuchs, Karl von Mangoldt, Ludwig Pohle und Adolf Weber)*

1922 wurde der 1917 eingeführte Mietenstopp außer Kraft gesetzt, bis er 1936 wieder eingeführt wurde. Im Wesentlichen blieben die Beschränkungen im Bereich der Bodenordnung im 19. Jahrhundert im Vergleich zu heute minimal.

Terraingesellschaften waren meist Tochtergesellschaften von Banken in Form von Aktiengesellschaften oder Gesellschaften mit beschränkter Haftung. Das Geschäft der Terraingesellschaften bestand im Erwerb der zersplitterten Flurstücke in den Vorstädten, ihre für Bebauungszwecke sinnvolle Neuordnung (Umlegung), Parzellierung und Erschließung und schließlich dem Verkauf der erschlossenen Bauflächen an Bauunternehmen, Bodenhändler („Baustellenzwischenhändler") oder Privatleute. Heute sind das hoheitliche Aufgaben der Gemeinden. Die Bedeutung dieser Gesellschaften lässt sich daran messen, dass es allein in **Berlin** um die Wende des 19. zum 20 Jahrhundert 172 Terraingesellschaften gab, davon 72 in Rechtsform der Aktiengesellschaft.

Das **Geschäftsrisiko** war enorm. Das Hauptrisiko bestand in den sog. „Zwangsstücken", Parzellen, die man zur Abrundung des Baugebietes, für Straßenfortführung usw. brauchte, die aber von eigensinnigen Eigentümern nicht verkauft wurden. Untersuchungen haben ergeben, dass die weitaus überwiegende Zahl der Terraingesellschaften ihr Vermögen in der Spekulation auf gewinnbringende Wiederverkäufe restlos eingebüßt hat. Dies, obwohl besonders die Zeit zwischen 1870 und 1910 von einem erheblichen Bodenpreisauftrieb gekennzeichnet war. **Nach 1918** wurde die **„Bodenspekulation"** durch die **kommunale** und **staatliche Wohnungspolitik** ausgeschaltet.

Die Baudurchführung lag bei einer großen Zahl meist kleiner Bauunternehmen. Vielfach waren diese abhängig von Terraingesellschaften, Bodenhändlern oder Banken, die ihnen ständig die Kredite für die Baudurchführung gaben. Manche Bauunternehmen beteiligten sich aber auch selbst am spekulativen Grunderwerb, um in eigener Regie Baumaßnahmen durchzuführen und die fertig gestellten Häuser zu verkaufen. Diese Unternehmen waren ein Mischtyp zwischen dem heutigen Generalunternehmer und dem Bauträger. Aus ihnen heraus entwickelten sich später **„freie" Wohnungsunternehmen**.

Eine zweite Wurzel der Wohnungsunternehmen mit dem Schwerpunkt der **Wohnungsbewirtschaftung** waren die „berufsmäßigen" oder **nebenberuflichen Hauseigentümer**, die zu ihrer Zeit oft mitleidig als „Verwalter von Hypothekengläubigern" bezeichnet wurden. Die Hauptverlustrisiken dieser „Wohnungsunternehmer" bestand in der Gefahr des **Wohnungsleerstandes** (wenn zu forsch gebaut worden war und keine Mieter aufgetrieben werden konnten, die mindestens eine, den Kapitaldienst und die Bewirtschaftungskosten deckende Miete bezahlten). Eine weitere erhebliche Verlustgefahr bestand in der Schwierigkeit, in Zeiten des Kapitalmangels gekündigte Hypotheken zurückzuzahlen. Diese Situation führte dazu, dass viele Hauseigentümer einen ständigen Mieterhöhungsdruck ausübten, um ihr Risiko zu mindern.

Zu den **Enderwerbern** der gebauten Häuser zählten neben diesen Wohnungsunternehmern meist „Pensionäre" (Privatleute), selbstständige Handwerksmeister und Bankiers, die aus den Mieterträgen ihre **„Rente"** zu beziehen trachteten. Dies war auch die bedeutendste Gruppe der Mietwohnungsanbieter. Rund 95 % des Angebots entfiel auf sie. Werkswohnungen hatten darin einen nicht geringen Anteil. Nur 5 % des Wohnungsbestandes hielten Wohnungsunternehmen. Die jährlichen (Roh-)Mieterträge lagen zwischen 1890 und 1910 bei 4,75 % bis 5,25 % der Kaufpreise.

Rentehaus zur Altersvorsorge

Neben den Terraingesellschaften und dem Bodenhandel spielten die **Industrieunternehmen** in der zweiten Hälfte des 19. Jahrhunderts als **Wohnbauherren** zunehmend eine Rolle. Sie standen vor der Notwendigkeit, den Arbeitern Wohnungen zur Verfügung zustellen, die sich diese selbst nicht beschaffen konnten. Gleichzeitig sollte damit eine Bindung des Arbeiters an die Fabrik erreicht werden. Im Nebenbetrieb bauten die Fabrikherrn Kleinwohnungen für ihre Arbeiter. Diese Nebenbetriebe der Industrieunternehmen entwickelten sich im Laufe der Geschichte vielfach in die Richtung der Gemeinnützigkeit. Der **Werkswohnungsbau** wurde als ein Instrument **betrieblicher Sozialpolitik** aufgefasst. Manche Industrieunternehmen gründeten eigene **Tochtergesellschaften**, die die Aufgaben der klassischen Wohnungsunternehmen wahrzunehmen hatten. Musterbeispiel ist die Wohnstätten AG, eine Gruppe gemeinnütziger Wohnungsunternehmen der Vereinigten Stahlwerke (Gründung 1933).

Industrieunternehmer als Bauherren für Wohnungen

Um die Zeit von 1845/60 bildeten sich Gruppierungen, die für den Bau von Wohnungen für ärmere Schichten der Bevölkerung eintraten. Sie setzten auf die Lösung der Wohnungsfrage durch **Gemeinnützigkeit** mit freiwillig übernommenen Bindungen. Das erste gemeinnützige Wohnungsunternehmen war die von Sozialreformern 1847 gegründete und von Prof. **Victor Aimé Huber** initiierte **„Berliner gemeinnützige Baugesellschaft"**, die heute noch in der **„Alexandra-Stiftung"** fortlebt. Berlin, das ein besonderer Brennpunkt der damaligen Wohnungsnot war, wurde auch zum Ausgangsort des bürgerlichen Teils der deutschen Bodenreformbewegung unter dem Berliner **Adolf Damaschke**. Er setzte sich für die Besteuerung des Bodenertragszuwachses (in Anlehnung an den Amerikaner **Henry Georg**) ein. Aus der Ideenwelt der Bodenreformer entsprang auch der **Heimstättengedanke**. Der Grundgedanke der Heimstätte besteht darin, sie durch einen beschränkten Schutz vor Zwangsvollstreckung „krisensicherer" für den Eigentümer der Heimstätte zu machen. Seine konkrete Realisierung erfuhr der Heimstättengedanke in der „Weimarer Zeit" durch das **Reichsheimstättengesetz** vom 10. Mai 1920. Die Heimstätte hat allerdings ihre Aktualität eingebüßt. Das Reichsheimstättengesetz wurde mit Wirkung zum 1. Oktober 1993 aufgehoben. Nachwirkende Schutzvorschriften des Reichsheimstättengesetzes traten am 31. Dezember 1998 außer Kraft.

Entstehen der Gemeinnützigkeit

Entstehen von Wohnungsbaugenossenschaften

1862 entstand die erste **Wohnungsbaugenossenschaft**. Ihr folgten mehrere Gründungen, denen jedoch wegen des Risikos der unbeschränkten Haftpflicht der Genossen ein größerer Erfolg versagt blieb. Erst als 1889 dieses Manko beseitigt wurde und den Baugenossenschaften die Finanzierungsquellen aus dem Deckungsstock der Sozialversicherung geöffnet wurden, begann nach 1918 eine Blütezeit der Wohnungsbaugenossenschaften. Vorher, zwischen 1862 und 1915, waren von den rund 1.400 Genossenschaften lediglich 125.000 Wohnungen im Deutschen Reich errichtet worden.

Die Grundidee der Genossenschaft ist die der **Selbsthilfe** durch **solidarisches Handeln**. Anfangs wurden Einzelhäuser für die Mitglieder erstellt, die in deren Eigentum übergingen. Später gingen die Genossenschaften zum Bau von Mietwohnungen über.

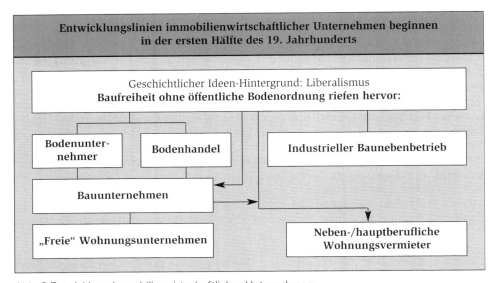

Abb. 3 Entwicklung immobilienwirtschaftlicher Unternehmen

1.2.2 Wohnungswirtschaft im 20. Jahrhundert

1.2.2.1 Die Folgen des 1. Weltkrieges

Mit Beginn des Ersten Weltkrieges ging die **liberale Epoche** der Wohnungswirtschaft, wie sie um die Mitte des 19. Jahrhunderts entstanden war, zu Ende. In dieser Zeit wurden bereits jene Konzepte einer staatlichen Boden- und Bauordnung diskutiert, die später im 20. Jahrhundert entweder durchgeführt oder mit denen experimentiert wurde.

Wertzuwachssteuer

Gegen Ende des Ersten Weltkrieges begann die Zeit der staatlichen Eingriffe und der Lenkungsmaßnahmen in der Wohnungswirtschaft. Darauf wurde bereits hingewiesen. Durch Einführung der **Wertzuwachssteuer** im Jahre 1911 sollte dem Bodenhandel und dem Bodenunternehmertum die wirtschaftliche Grundlage entzogen werden. Es ist allerdings festzustellen, dass bereits in den Jahren vor dem Ersten

Weltkrieg der Bodenhandel wirtschaftlich bedeutungslos geworden und Grundstückshändler vielfach durch **Grundstücksmakler** ersetzt worden sind. Auch das Bodenunternehmertum lag bereits am Boden. So hatte die Wertzuwachssteuer bis zu ihrer Überführung in einen Zuschlag zur Grunderwerbsteuer 1944 keinerlei fiskalische Bedeutung erlangt.

Grundstücksmakler

Der Wohnbedarf der nur noch langsam wachsenden Bevölkerung in der Weimarer Zeit konnte durch den Bau von 3,5 Mill. Wohnungen allmählich befriedigt werden. Dies geschah unter Einsatz von 30 Mrd. RM (Reichsmark) Finanzierungsmittel, darunter 9 Mrd. zinsverbilligte öffentliche Mittel.

Gemeinnützige Wohnungsunternehmen und **Wohnungsbaugenossenschaften** wurden nach 1918 die Hauptstützen des Wohnungsbaus und gleichzeitig Träger der staatlichen und kommunalen Wohnungspolitik. Das Kapital für die Bauaktivitäten stammte zum großen Teil aus öffentlichen Haushalten. Durch Vergabe der Förderungsmittel an die Genossenschaften wurde deren Grundidee der Selbsthilfe ergänzt durch **Hilfe vom Staat**. Der **Gemeinnützigkeitsbegriff** wurde 1930 erstmals rechtlich in der **Gemeinnützigkeitsverordnung** verankert. Er galt für Wohnungsbaugenossenschaften wie für gemeinnützige Wohnungsunternehmen gleichermaßen. Die Baugenossenschaften erfuhren einen Gründungsboom. Ehrenamtliche Mitarbeiter wurden zunehmend durch fest angestellte Fachleute ersetzt. In ihren besten Jahren (1928/29) erstellten sie ein Drittel aller Wohnungen.

Gemeinnützigkeitsbegriff

Abb. 4: Entwicklung der Wohnungsgemeinnützigkeit

1.2.2.2 Periode des „Dritten Reiches"

Während des Dritten Reiches gewannen die gemeinnützigen Wohnungsunternehmen gegenüber den Wohnbaugenossenschaften wieder die Oberhand. Allerdings gingen die Wohnbauzahlen insgesamt zunächst erheblich zurück. 1933 wurden nur noch 42 % der Wohnbauzahlen von 1929 (= 312.270) erreicht. Der Wohnbaurückgang bei den gemeinnützigen Wohnungsunternehmen war noch drastischer. Sie produzierten nur noch 18 % der Wohnungen, die sie 1929 gebaut hatten. Allerdings lag dazwischen eine Phase tiefster **wirtschaftlicher Depression** und hoher Arbeitslosigkeit, die den unternehmerischen Wohnungsbau stärker betraf, als den privaten.

Wirtschaftliche Depression und Arbeitslosigkeit

Die Hauptlast des Wohnungsbaus im Dritten Reich lag mit zwischen 65 und 75 % bei den Privatbauherren. 1940 wurde das **Wohnungsgemeinnützigkeitsgesetz (WGG)** verabschiedet, das die Unternehmen einerseits steuerlich privilegierte, ihnen andererseits Tätigkeitsbeschränkungen und Pflichten (etwa die Baupflicht) auferlegte. In der Kriegszeit schrumpfte der Wohnungsbau erheblich. Während der Kriegsjahre wurden insgesamt nur noch ca. 100.000 Wohnungen neu gebaut. Ein Großteil des städtischen Wohnungsbestandes fiel **Kriegshandlungen**, insbesondere Luftangriffen der Alliierten Mächte zum Opfer. Viele Wohnungen wurden erheblich beschädigt. Auf dem Gebiet der späteren Bundesrepublik waren 2,17 Millionen, auf dem Gebiet der späteren DDR 610.000 Wohnungen vernichtet worden.

Vernichtung von Wohnungen

Die Zeit des Dritten Reiches war aber nicht nur wegen der Vernichtung großer Immobilienbestände durch Kriegsereignisse eine geschichtliche Zäsur. Sie gehörte auch zu den traurigsten Kapiteln der deutschen Geschichte. Denn sie war geprägt von der Vorstellung, die germanische Herrenrasse sei zur Herrschaft über diese Welt bestimmt. Die Unterscheidung zwischen Arier und Nichtarier, vor allem zwischen Germanen und Juden, wurde zur beherrschenden Plattform der nationalsozialistischen Politik. Die auf dieser **Rassenideologie** basierenden Vorstellungen manifestierten sich in vielerlei Gesetzen bereits lange vor der so genannten **Reichsprogromnacht** am 9. November 1938. Zu nennen sind vor allem das Gesetz zur Wiederherstellung des Berufsbeamtentums vom 7. April 1933 mit der Folge der Entfernung von deutschen Juden aus den Beamtenverhältnissen und das „Gesetz zum Schutz des deutschen Blutes und der deutschen Ehre" vom 15. September 1935 mit dem Verbot von Heiraten zwischen Juden und Nichtjuden trotz gleicher Staatsangehörigkeit.

Rassenideologie

In der Immobilienwirtschaft wurde ein Prozess der Überführung des Vermögens deutscher Bürger jüdischer Abstammung an Nichtjuden, vor allem an die NSDAP, in die Wege geleitet. Dies begann mit der so genannten **„Entjudung" des Hausbesitzes**. Mit der „Verordnung über den Einsatz des jüdischen Vermögens" vom 2. Dezember 1938 wurde Juden untersagt, Grundstücke zu erwerben. Der Verkauf von Grundstücken durch Juden musste genehmigt werden. Die Genehmigung zur Veräußerung von Gewerbebetrieben und Häusern, die deutschen Juden gehörten, konnte mit der Auflage verbunden werden, Kaufpreisteile an das Reich abzuführen. Juden sollten statt Zahlungen Schuldverschreibungen des Deutschen Reiches erhalten. Grundstücksverkäufe wurden mit Mitteln des Psychoterrors (Androhung von „Schutzhaft") erzwungen. An den Verfahren waren „Parteistellen" zu beteiligen. Jüdische Makler mussten bis Dezember 1938 ihr Gewerbe einstellen. Bei Auswanderung von Juden, die bis Oktober 1941 möglich war, wurde eine sog. **„Reichsfluchtsteuer"** in Höhe von 25 % des Vermögens erhoben. Außerdem waren für die mitgenommenen Vermögenswerte Zahlungen in Form von Devisen in gleicher Höhe zu leisten. Wer nicht auswanderte, wurde nach den Beschlüssen der so genannten Wannseekonferenz vom 20. Januar 1942 („Endlösung der Judenfrage") in Konzentrationslager eingeliefert, wo der weitaus überwiegende Teil der 280.000 im Deutschen Reich verbliebenen Juden ermordet wurde.

Endlösung der Judenfrage

Die Vertreibung und Ermordung der deutschen Juden war gleichzeitig ein in der Geschichte einmaliger Anschlag auf die deutsche Kultur und Wissenschaft, denn viele der verfolgten deutschen Juden gehörten zu deren hervorragenden Repräsentanten.

Ganz andere Dimensionen hatte indes die Verfolgung und Vernichtung der Juden in den von der deutschen Wehrmacht eroberten „Feindgebieten" durch Einsatzgruppen („Sicherheitsdienste", „Sicherheitspolizei"). Bereits vor der Wannseekonferenz wurde mit Massenerschießungen von Juden vor allem in Polen begonnen. Insgesamt wurden während des II. Weltkrieges etwa 6 Millionen europäische Juden ermordet.

1.2.2.3 Die Zeit nach dem 2. Weltkrieg

Die Grundidee der Wohnungsgemeinnützigkeit hat die Nazizeit einigermaßen unbeschadet überstanden. Sie wurde in der Nachkriegszeit zum Fundament des Wiederaufbaus. Die Wohnungswirtschaft stand vor der Aufgabe, nicht nur die entstandene tief greifende **Wohnungsnot**, durch erhebliche, vom Staat geförderte Bauanstrengungen zu lindern, sondern für die etwa 12 Millionen Heimatvertriebenen aus dem Osten noch zusätzlichen Wohnraum zu schaffen.

Wohnungsnot

Nach dem Zweiten Weltkrieg begann mit der Teilung Deutschlands in zwei Staatsgebilde, die unterschiedlichen Wirtschaftsordnungen angehörten, eine Spaltung der Entwicklung.

In der Bundesrepublik Deutschland kam es zu einer Grundentscheidung zugunsten der **Marktwirtschaft mit sozialer Absicherung**. Sie knüpfte an das liberale Ideengut des 19. Jahrhunderts an, was die Bejahung der Güterverteilung durch die Märkte anlangte. Gleichzeitig sollte der Staat die rechtlichen Rahmenbedingungen für den **Wettbewerb** in einer Weise schaffen, die die Aushebelung der Marktfunktionen durch „kapitalistische" Kartellbildungen verhindert. Der soziale Ausgleich für Nachteile von Bevölkerungsgruppen, die von der Erwirtschaftung des Sozialproduktes und damit von der Einkommensverteilung ausgeschlossen sind oder nur in geringem Umfange daran partizipieren, sollte aus den Ergebnissen eines permanenten Wirtschaftswachstums finanziert werden. Das Konzept der sozialen Marktwirtschaft setzte danach eine wachstumsorientierte Wirtschaftspolitik voraus. Dies gilt auch heute noch, wenn gleich die globalen Auswirkungen der **Immobilien- und Finanzkrise** der Jahre 2008-2009 deren Grundideen diametral zuwider liefen.

Soziale Marktwirtschaft

In der DDR **(Deutsche Demokratische Republik)**, die aus der sowjetischen Besatzungszone hervorgegangen war, wurde das sozialistische Ideengut, das sich in der Konfrontation mit dem Liberalismus des 19. Jahrhunderts herausgebildet hatte, zur Grundlage der Wirtschaftspolitik gemacht. Es beruht auf der Übertragung des Eigentums an Grund und Boden und an den Produktionsmitteln auf die tatsächlichen Träger der Staatsgewalt als Voraussetzung für eine an langfristigen Wirtschaftsplänen orientierte Produktion und Zuteilung von Gütern. Das **sozialistische System** sollte den historischen Beweis seiner ökonomischen Überlegenheit über den „Kapitalismus" antreten.

Sozialistisches System

Man muss erkennen, dass weder in der Bundesrepublik noch in der DDR im Bereich der Wohnungswirtschaft die **Grundsatzentscheidungen** für die jeweilige Wirtschaftsordnung stets voll durchgehalten wurden.

Grundsatzentscheidung

Modifizierungen in der Wohnungswirtschaft

In der Bundesrepublik wurde insbesondere der Wohnungsmarkt stärker reguliert und die Wohnungswirtschaft stärker subventioniert, als es den ordnungspolitischen Grundüberlegungen entsprach. Anstelle der Förderung der dem Wettbewerbssystem sozial unterlegenen Schichten trat die Förderung „breiter Schichten" der Bevölkerung. Sukzessive abgebaut wurde zwar die Wohnungszwangswirtschaft, die schließlich mit einer Freigabe der Mieten endete. Das **Mieterschutzgesetz** von 1942 wurde teils am 31. Dezember 1967, teils ein Jahr später außer Kraft gesetzt. Parallel zum Abbau der Wohnungszwangswirtschaft wurde der Mietwohnungsbau (**I. WoBauG** von **1954**) und in schnellem Tempo danach der Bau von Einzeleigentum (**II. WoBauG** von **1956**) gefördert. Dies sah aber bereits die Förderung der oben genannten „breiten Schichten der Bevölkerung" vor.

Mieterschutzgesetz

Wohnungsbaugesetze (WoBauG)

Ab 1971 wurde damit begonnen, wieder im Interesse des Mieterschutzes die Vertragsfreiheit einzuschränken. Mit dem **Gesetz zur Regelung der Miethöhe** vom 18. Dezember 1974 wurde auf eine Begrenzung des Mietanstiegs hingewirkt.

Gesetz zur Regelung der Miethöhe

In der DDR wurde keineswegs so, wie etwa in der früheren Sowjetunion, Grund und Boden und das Privateigentum an Miethäusern total enteignet. An der **Klassifizierung des Eigentums** in **gesellschaftliches** Eigentum (Volkseigentum), **genossenschaftliches** Eigentum, (legitimes) **persönliches** Eigentum und (notgedrungen geduldetes aber systemfremdes) **kapitalistisches** Eigentum wurde bis zuletzt festgehalten. Jedes Eigentum, das zur Erzielung von Einnahmen verwendet wurde, war „kapitalistisches" Eigentum. Die Mietpreise wurden jedoch auf das Niveau von 1936 eingefroren, so dass den Hauseigentümern die Möglichkeit genommen wurde, ihren Hausbesitz substanziell zu erhalten. Nur bei Vorliegen besonderer Umstände wurde der private Miethausbesitz entschädigungslos enteignet. Die Industrieunternehmen wurden verstaatlicht. *Zur Wohnungspolitik der DDR ist folgende Literatur aufschlussreich: Hoffmann, Manfred: „Wohnungspolitik der DDR", Düsseldorf, 1972 und Jenkis W. Helmut: „Wohnungswirtschaft und Wohnungspolitik in beiden deutschen Staaten", 2. Aufl., Hamburg, 1976.*

Eigentum: Klassifizierung in der DDR

Träger des Wohnungsbaus

Was die **Entwicklung** der **Unternehmen** betraf, so entfaltete sich in der Bundesrepublik eine rege Wohnbautätigkeit im Rahmen des „steuerbegünstigten" wie auch des mit öffentlichen Mitteln geförderten Wohnungsbaus. Die der **gemeinnützigen Wohnungswirtschaft** zuzuordnenden Unternehmen, einschließlich Siedlungsgesellschaften und die anerkannten Betreuungsunternehmen aus dem Bereich der freien Wohnungswirtschaft, übernahmen die Rolle der Träger staatlicher und kommunaler Wohnungspolitik – eine Parallelerscheinung zur Zeit nach dem Ersten Weltkrieg.

Rolle gemeinnütziger Wohnungsunternehmen

Die durch den vernichteten Wohnbestand einerseits und den zusätzlichen Wohnbedarf der Heimatvertriebenen andererseits bedingte **Wohnungszwangswirtschaft** mit genereller **Mietpreisbindung** und Wohnungszuweisung wurde schrittweise abgebaut und den unternehmerischen Wohnbauaktivitäten freie Bahn gelassen. Die **Bauträger** als neue marktwirtschaftlich orientierte Unternehmensgruppe sicherten sich einen hervorragenden Platz im Rahmen der Wohnungsproduktion. Begünstigt wurde diese Entwicklung durch erhebliche steuerliche Vorteile, die den Bauherren und Ersterwerbern von Häusern eingeräumt wurden.

Rolle der Bauträger

1.2 DIE ENTWICKLUNGSGESCHICHTE DER IMMOBILIENWIRTSCHAFT

Der Wohnungsbau wurde insgesamt zu einem wichtigen Konjunkturmotor. Mitte der 50er Jahre wurde der Wohnungsbestand von 1939 wieder erreicht. Im Rekordbaujahr 1974 wurden allein 714.000 Wohnungen gebaut. Es gab allerdings auch Einbrüche, etwa die Bauträgerkrise nach 1974. Das Jahr mit den niedrigsten Wohnbauzahlen seit 1949 war das Jahr 1988 mit nur noch 208.000 Wohnungen. Der Wohnbedarf schien damals gesättigt. Dann wurde, bedingt durch den enorm steigenden Einwanderungsüberschuss, wieder mehr gebaut. Allerdings gilt durchgehend bis heute, dass der überwiegende Teil der Wohnungsproduktion in der Hand der Privatbauherren liegt.

In der DDR waren für die Wohnungsproduktion **staatliche Baukombinate** und Wohnungsbaugenossenschaften zuständig. In geringem Umfange war eine private Bauherrenschaft (Einfamilienhäuser auf der Grundlage von Nutzungsrechten an volkseigenen Grundstücken) möglich. Neben die gemeinnützigen Wohnungsbaugenossenschaften, die 1945 auf dem Gebiet der DDR bereits bestanden, traten nach 1954 noch neu gegründete **„Arbeiterwohnbaugenossenschaften"**. Ein privater Neubau zu Zwecken der Vermietung war ausgeschlossen. Dadurch wäre „kapitalistisches Eigentum" neu begründet worden.

<small>Baukombinate in der DDR und Arbeiterwohnbaugenossenschaften</small>

1950 war die (geringfügige) Neubautätigkeit noch zu 61 % privat und zu 39 % staatlich. Ab 1954 war nur noch Bauen auf volkseigenem Grund möglich. 1955 sind 73 % der gebauten Wohnungen staatlich, 17 % privat und 10 % genossenschaftlich entstanden. Erhebliche Umsetzungsmängel staatlicher Planvorgaben führten 1958 zu einer Umorientierung. Das **Prinzip der territorialen Planung** wurde in den Vordergrund gestellt mit der Folge, dass 1960 der staatliche Wohnbauanteil auf 44 %, der private auf 6 % zurückging und der genossenschaftliche dagegen auf 50 % anstieg. Das relativ selbstständige Agieren der Genossenschaften wiederum führte zu Friktionen im Planungsapparat, was 1963 die Verkündung des **„Neuen Ökonomischen Systems"** mit einem Zurück zur Zentralisierung im Gefolge hatte. 1968 waren infolgedessen wieder 75 % des Wohnungsbaus staatlich, 20 % genossenschaftlich und 5 % privat.

<small>Territoriale Planung versus Zentralisierung</small>

<small>Neues Ökonomisches System</small>

Mit Verkündung des neuen Wohnbauprogramms der DDR im Jahre 1971, verbunden mit dem Ziel, die „Wohnungsfrage" als soziale Frage bis 1990 zu lösen, wurde der Wohnungsbau in der DDR angekurbelt. Es entstanden nach sowjetischem Vorbild die **Großsiedlungen in „Plattenbauweise"**. 1975 hatte die DDR die Bundesrepublik hinsichtlich der Wohnbauzahlen, bezogen auf die Einwohner mit 8,24 pro Tausend (Bundesrepublik 7,3 pro Tausend) überholt. Allerdings betrug die Durchschnittsgröße der bundesrepublikanischen Neubauwohnung 90,8 m², jene der DDR nur 59,9 m². Die Wohnbauzahlen in der DDR wurden von da an relativ konstant bis zur Wiedervereinigung gehalten.

<small>Beginn des „Plattenbaus"</small>

Ein quantitativer Vergleich zeigt deutlich, dass trotz großer Anstrengungen, laufender Korrekturen im Planungsbereich und bei Einsatz **„ökonomischer Hebel"** die DDR im Bereich der Wohnraumversorgung den angestrebten Experimentalbeweis für die Überlegenheit des sozialistischen Systems nicht erbringen konnte. Dabei wurde klar, dass der Misserfolg des DDR-Regimes keineswegs nur auf menschliche Unzulänglichkeiten der regierenden Funktionärsschicht zurückzuführen war. Dies wurde häufig zur Verteidigung der sozialistischen Ideologie von deren Vertretern vorgebracht („real existierender" versus idealer Sozialismus). Indes wurde evident, dass Sozialismus und das Faktum „Mensch" nicht miteinander vereinbar sind. Versuche,

<small>System ökonomischer Hebel</small>

Menschen sozialismustauglich zu machen, sind bisher alle gescheitert und haben im Verlauf der Geschichte des 20. Jahrhunderts über 80 Millionen Menschen das Leben gekostet.

1.2.2.4 Fakten des Systemvergleichs

1989	Früheres Bundesgebiet	Neue Bundesländer einschl. Berlin-Ost
Wohnungen je 1000 Einwohner	425	415
Wohnfläche je Wohnung	86,4 m^2	64,3 m^2
Wohnfläche je Einwohner	36,7 m^2	27,4 m^2
Räume je Wohnung	4,4	3,8
Räume je Einwohner	1,9	1,6

Abb. 5: Wohnungswirtschaftlicher Ergebnisvergleich Bundesrepublik und DDR

West-Ost-Vergleich

Dass das Wohnbauergebnis der früheren DDR auch einem **qualitativen Vergleich** mit der nach der DDR-Terminologie „kapitalistischen" Bundesrepublik nicht standhielt, ergab sich aus der Gegenüberstellung der Wohnwerte. Der weitaus überwiegende Teil der Wohnungen in der damaligen DDR gehörten einem sehr einfachen Wohnwert an. Um nur einige Merkmale zu nennen:

Aufputzleitungen, schalldurchlässige Konstruktionen, keine raumbezogene Regulierung der Heizung, Infrastrukturmängel hinsichtlich der Wohnlage, sehr geringer Modernisierungs- und Instandsetzungsgrad bei den Altbauten, Einförmigkeit des Typenbaus u. dgl. kennzeichnen viele Wohngebäude der früheren DDR. Nahezu 30 % der Wohnungen hatten kein Innen-WC.

Mietniveau in der früheren DDR

Der fehlenden Wohnqualität werden häufig die **niedrigen Mieten** entgegengehalten. Sie waren in der vierzigjährigen Geschichte der DDR in der Tat eingefroren, die Altbaumieten auf dem Niveau von 1936, als im Dritten Reich der Preisstopp verfügt wurde, die Mieten für Wohnungen, die nach dem 31. Dezember 1966 fertig gestellt wurden, auf einem Niveau zwischen 0,80 und 1,25 Mark pro m^2. Da die Mieten längst nicht kostendeckend waren, war damit der **Verfall der Gebäudesubstanz in der DDR** vorprogrammiert. Zwar wurden die Mietergemeinschaften zur Durchführung von Instandsetzungsmaßnahmen in die Pflicht genommen. Die entsprechenden Vorschriften im DDR-Zivilgesetzbuch (dem Nachfolgegesetz des BGB) fanden aber kaum Beachtung.

West-Ost-Anpassung

Nach 40 Jahren DDR-Geschichte in der Zeit nach der „Wende", erfolgte eine Anpassung der Immobilienwirtschaft an die westdeutschen Verhältnisse. Durch verschiedene Gesetze wurde der **Anpassungsvorgang** beschleunigt, insbesondere durch die gesetzliche Regelung der Restitutionsansprüche (Eigentums-Rückübertragungsansprüche) unter Berücksichtigung des besonderen Investitionsinteresses. Im Mietpreisrecht wurde die Anpassung mittlerweile durchgeführt. Die Überführung des Grundstücksrechts an die westdeutsche Rechtslandschaft erfolgte noch im Rahmen des Sachrechtsbereinigungsgesetzes sowie anderer Vorschriften, z. B. Grundbuchbereinigungsgesetz, Bodensonderungsgesetz sowie entsprechender Verordnungen. Der **öffentliche Glaube des Grundbuchs** ist in den östlichen Bundesländern seit 1. Januar 2001 wieder hergestellt.

Mit der Aufhebung des II. Wohnungsbaugesetzes und dem Inkrafttreten des **Wohnraumförderungsgesetzes** zum 1. Januar 2002 trat in Deutschland eine fundamentale Änderung der Wohnbauförderung ein. Förderobjekte sind seither nicht nur Wohnbauvorhaben (Miet- und Eigentumsmaßnahmen), sondern vor allem auch Objekte aus dem Bestand (Modernisierung). Gefördert wird auch der Erwerb bestehenden Wohnraums sowie der **Erwerb von Belegungsrechten** an bestehenden Wohnungen. Fördersubjekte sind nicht mehr „breite Schichten der Bevölkerung", sondern Haushalte, die sich am Markt mit angemessenem Wohnraum nicht selbst versorgen können und auf Unterstützung angewiesen sind. Gefördert wird durch Zurverfügungstellung verbilligter Finanzierungsmittel und Zuschüsse, aber auch durch Übernahme von Bürgschaften und Garantien sowie Zurverfügungstellung von verbilligtem Bauland (Kauf und Erbbaurecht). Wie bisher ist der geförderte Wohnraum preis- und belegungsgebunden. Allerdings handelt es sich bei der Preisbindung nicht mehr um die Kostenmiete, sondern um die Festsetzung einer „höchstzulässigen" Miete unterhalb der ortsüblichen Vergleichsmiete. Zur Verstärkung der Förderungswirkung sind beim Wohnungsbau Baukostenobergrenzen und angemessene Wohnungsgrößen zu beachten.

Wohnraumförderungsgesetz

Erwerb von Belegungsrechten

1.2.2.5 Das Ende der gesetzlich normierten Wohnungsgemeinnützigkeit

Die Entwicklung der Immobilienwirtschaft verlief uneinheitlich. Auf der einen Seite ist sie gekennzeichnet durch den sich herausbildenden und gesetzlich bis ins Einzelne geregelten Bereich der **gemeinnützigen Wohnungswirtschaft**, die zu gefestigten Begriffsinhalten (etwa dem des „Wohnungsunternehmens") führte. Es entwickelten sich hier definierte Kalkulationsschemata, die notwendig waren, um die Grenzlinien zwischen „gemeinnützig" und „frei" aufzuzeigen. Da gemeinnützige Unternehmen vorwiegend auch Träger des „sozialen Wohnungsbaus" waren und ihre Geschäftsaktivitäten, die den Wohnungsbau betrafen, in erheblichem Ausmaß von den Fördervolumina der öffentlichen Hände abhing, kam es zu einer Art von Identifikation der Grundsätze, wie die von gemeinnützigen Unternehmen durchzuführende Maßnahmen zu kalkulieren seien, mit den Vorschriften über die Kalkulation des sozialen Wohnungsbaus. Dies war lange Zeit eine Welt für sich.

Gemeinnützige Wohnungswirtschaft

Auf der anderen Seite gab es die nicht gebundenen Unternehmen, die sich in bewusster Abgrenzung als **„freie" Wohnungsunternehmen** bezeichneten, obwohl viele von ihnen den Wohnungsbau nur als einen des ihnen freistehenden Aktionsrahmens begriffen. Je nach Marktchancen waren viele von ihnen mal mehr Gewerbebauträger, mal mehr Wohnungsunternehmen.

Freie Wohnungsunternehmen

Differenzierung in gemeinnützige und freie Wohnungsunternehmen fand ihren Ausdruck in der Tatsache, dass zwei Spitzenverbände wohnungswirtschaftlicher Unternehmen entstanden.

Es sind der **Gesamtverband gemeinnütziger Wohnungsunternehmen (GdW)**, gegründet 1948, der sich heute „Bundesverband deutscher Wohnungs- und Immobilienunternehmen" unter Beibehaltung der Abkürzung GdW nennt, und der Verband freier Wohnungsunternehmen – gegründet 1946 – aus dem sich nach Fusion mit zwei anderen wohnungswirtschaftlichen Verbänden der **Bundesverband Freier Immobilien- und Wohnungsunternehmen e.V. (BFW)** mit acht Regionalverbänden entwickelte.

Wohnungswirtschaftliche Verbände

1.2.2.6 Die Neugliederung der Wohnungsunternehmen

Wenn an die Geschichte der Unternehmen in der Immobilienwirtschaft angeknüpft wird, dann kann im Bereich der auf die Wohnungswirtschaft spezialisierten Unternehmen unterschieden werden zwischen den Wohnungsunternehmen, die vor Aufhebung des Wohnungsgemeinnützigkeitsrechts als gemeinnütziges Wohnungsunternehmen firmierten, und den freien Wohnungsunternehmen. Diese Unterscheidung ist nicht bedeutungslos geworden. Frühere gemeinnützige Wohnungsunternehmen stehen heute in der Situation, die bestand, bevor das Wohnungsgemeinnützigkeitsrecht geschaffen wurde.

Gemeinnützigkeit kraft Satzung

Nach wie vor besteht die Möglichkeit, sich als Wohnungsunternehmen die der Gemeinnützigkeit entsprechenden wirtschaftlichen Ziele zu setzen und in der Satzung zu verankern. Man spricht in einem solchen Fall von **Gemeinnützigkeit kraft Satzung**. Im Vergleich zur gesetzlichen Gemeinnützigkeit besteht allerdings die Möglichkeit die Art der Bindungen zur Erreichung der Sachziele selbst zu wählen. Sicher gehören dazu der generelle Verzicht auf **Gewinn** und eine Begrenzung der **Verzinsung** des eingesetzten Eigenkapitals.

Unabhängig davon, ob die Zielsetzung des Unternehmens nach der Entlassung aus der gesetzlichen Wohnungsgemeinnützigkeit an gemeinnützigen Grundgedanken festhält oder nicht, handelt es sich seit 1. Januar 1994 um Gewerbebetriebe. Für sie gelten die Vorschriften der Makler-Bauträger-Verordnung – soweit sie Wohnungen und Häuser zum Verkauf produzieren. Dies gilt auch für Baugenossenschaften.

Vermietungsgenossenschaften

Ausgenommen sind lediglich **Vermietungsgenossenschaften**, bei denen die Einnahmen aus nicht begünstigten Geschäften unter 10 % der Gesamteinnahmen bleiben. Diese behalten nach wie vor den Status der Gemeinnützigkeit, wie die übrigen Erwerbs- und Wirtschaftsgenossenschaften. Die Einnahmen aus nicht begünstigten Geschäften werden wie ein abgegrenzter wirtschaftlicher Geschäftsbetrieb behandelt mit der Folge, dass für diesen Teil Gewerbe- und Körperschaftsteuerpflicht besteht. Wichtig ist vor allem, dass zu den begünstigten Geschäften die Überlassung von Genossenschaftswohnungen an Mitglieder der Genossenschaft gehört, während Vermietungen an Nichtmitglieder nicht begünstigt sind. Damit sind die Vermietungsgenossenschaften steuerlich auf den genossenschaftlichen Grundgedanken der Selbsthilfe festgelegt.

Klargestellt werden muss in diesem Zusammenhang der **Begriff des Bauträgers**. Früher wurden vielfach Bauunternehmen, die im eigenen Betrieb Bauleistungen erbrachten, dann zu den Bauträgern gezählt, wenn sie Objekte in eigenem Namen und auf eigene Rechnung für den Markt produzierten. Heute ist klar, dass Bauträger **Organisatoren** und **wirtschaftliche Träger** von Bauvorhaben sind, die für die Bauausführung stets andere Betriebe des Bauhaupt- und Baunebengewerbes einschalten. Sie produzieren darüber hinaus stets für den Markt. Sie organisieren also Bauvorhaben, um die erstellten Häuser bzw. Wohnungen am Markt wieder zu veräußern.

Bauträgerbegriff

Wohnungsunternehmen sind also insoweit Bauträger, als sie in dem genannten Sinne Organisatoren und wirtschaftliche Träger von Wohnbauvorhaben sind. Der Begriff Wohnungsunternehmen selbst ist ein Sammelbegriff für wohnungswirtschaftliche Leistungsträger in verschiedenen Bereichen. Sie produzieren sowohl für den Markt als auch zur Mehrung des Eigenbestandes.

Bauträger organisieren in eigenem Namen und für eigene Rechnung nur Bauleistungen zur Erstellung eines Bauwerkes unabhängig von dessen Zwecksetzung (Wohnungen, Gewerbe, öffentliche Bauten usw.). **Wohnbauunternehmen** sind demgegenüber auf den Wohnungsbau **spezialisierte** Bauträger (Wohnbauunternehmen = Wohnbauträger).

Die Entwicklung lässt sich wie folgt darstellen:

	Bereiche	
	„freie" Wohnungsunternehmen ohne Bindungen	„gemeinnützige" Wohnungsunternehmen einschl. „Wohnungsbaugenossenschaften"
Vor Aufhebung der Wohnungsgemeinnützigkeit		
Nach Aufhebung der Wohnungsgemeinnützigkeit	Wohnungsunternehmen (mit oder ohne gemeinnützige Satzungszwecke)	Rest: gemeinnützige Vermietungsgenossenschaften

Abb. 6: Situation vor und nach der Aufhebung der Wohnungsgemeinnützigkeit

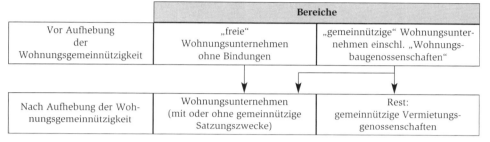

Abb. 7: Klassische Geschäftsbereiche von Wohnungsunternehmen

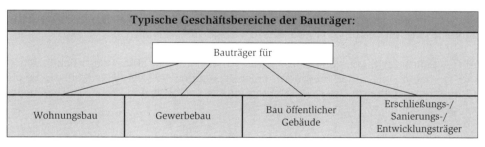

Abb. 8: Typische Geschäftsbereiche der Bauträger

1.3 RECHTLICHE RAHMENBEDINGUNGEN IMMOBILIENWIRTSCHAFTLICHER UNTERNEHMEN

Die Zugangsvoraussetzungen für einen immobilienwirtschaftlichen Betrieb sind vom Grundsatz der Gewerbefreiheit geprägt. Besondere Anforderungen an die **fachliche Eignung** der **Personen**, in deren Verantwortung ein immobilienwirtschaftliches Unternehmen betrieben wird, sieht die Gewerbeordnung nicht vor. Eine Ausnahme bilden die im Immobilienbereich tätigen **Sachverständigen**, wenn sie öffentlich bestellt und vereidigt oder zertifiziert werden wollen.

GewO § 34c

Die gewerberechtlichen Vorschriften haben Verbraucherschutzcharakter. Allerdings wird unter dem Begriff Verbraucher nur der **„Nachfrage"-Auftraggeber** verstanden, also derjenige, dem die „Verbraucherfunktion" zukommt. Geschützt werden die **Vermögensinteressen** derjenigen, die Immobilienobjekte mieten, erwerben oder als Privatbauherr errichten wollen. Der Objektanbieter fällt nicht unter den Schutzbereich. Dies ist stets zu bedenken, wenn in **§ 34c** der **Gewerbeordnung (GewO)** oder in der **Makler-Bauträger-Verordnung (MaBV)** von „Auftraggeber" gesprochen wird.

1.3.1 Erlaubnis nach § 34c Gewerbeordnung

Makler

Soweit nach § 34c GewO immobilienwirtschaftliche Unternehmen Verträge über Grundstücke, grundstücksgleiche Rechte, Gewerbe-/Wohnräume oder Darlehen vermitteln und die Gelegenheit zum Abschluss solcher Verträge nachweisen (also **Immobilien- und Darlehensmakler**), Bauvorhaben

- in eigenem Namen für eigene oder fremde Rechnung vorbereiten oder durchführen und dabei Vermögenswerte der Erwerber, Mieter, Pächter oder sonstiger Nutzungsberechtigter verwenden (also **Bauträger**)

Bauträger
Baubetreuer

- oder als **Baubetreuer** in fremden Namen und für fremde Rechnung wirtschaftlich vorbereiten oder durchführen,

Gewerbeerlaubnis

bedürfen sie einer **Erlaubnis durch die Gewerbebehörde** auf Kreisebene.

Zuverlässigkeit geordnete Vermögensverhältnisse

Sie wird erteilt, wenn der „Antragsteller" über die **für den Betrieb erforderliche Zuverlässigkeit** verfügt und **geordnete Vermögensverhältnisse** vorweisen kann.

Als zuverlässig gilt, wer sich keiner Vermögensdelikte oder keiner Verbrechen schuldig gemacht hat, oder bei dem keine sonstigen Unzuverlässigkeitsmerkmale (Steuerhinterziehung, Gewerbeuntersagung, Nichtabführung von Sozialversicherungsbeiträgen usw.) feststellbar sind.

In geordneten Vermögensverhältnissen befindet sich, über wessen Vermögen kein Insolvenzverfahren eröffnet wurde oder wer nicht ins „Schuldnerverzeichnis" eingetragen ist.

Erlaubnisantrag für natürliche/ juristische Personen

Stellen **natürliche Personen** einen Antrag auf Erlaubnis, wird das Vorliegen der Erlaubnisvoraussetzungen bei ihnen geprüft. Wenn **juristische Personen** einen Antrag stellen, werden die Voraussetzung der Zuverlässigkeit bei den **gesetzlichen Vertretern** (Geschäftsführer, Vorstand) und das Vorliegen geordneter Vermögensverhältnisse bei der juristischen Person geprüft.

Mit dem Betrieb darf nicht vor Erteilung der Erlaubnis begonnen werden.

Nicht einbezogen in die erlaubnispflichtigen Tätigkeiten sind die Unternehmen, die sich mit der Verwaltung von Eigentumswohnanlagen und mit der Objektbetreuung befassen, wenn sie damit nicht eine erlaubnispflichtige Tätigkeit verbinden. Das gleiche gilt für Erschließungs-, Sanierungs- und Entwicklungsträger. Nicht einbezogen sind ferner Architekten (als Angehörige eines freien Berufs). **Generalunternehmer** und **Generalübernehmer** fallen deshalb nicht unter die Erlaubnisvorschrift, weil sie Bauvorhaben auf dem Grundstück der Bauherren durchführen und deshalb nicht selbst Bauherren sind. Sie schließen keinen Bauträger-, sondern einen Bauvertrag.

Generalübernehmer Generalunternehmer

Ausgenommen sind ferner solche Personen, die die erlaubnispflichtigen Tätigkeiten nicht **gewerbsmäßig,** sondern nur gelegentlich ausüben. Eine gewerbliche Tätigkeit ist nicht nur gekennzeichnet durch Selbständigkeit und Gewinnerzielungsabsicht, sondern auch durch ihre **Nachhaltigkeit.**

Unabhängig von der Erlaubniserteilung muss der Gewerbebetrieb beim Gewerbeamt der Gemeinde **angemeldet** werden. Die Beendigung des Betriebes ist nicht gleichzusetzen mit der Rückgabe der Erlaubnis. Sie bleibt vielmehr erhalten und erlischt nur durch Entzug, Tod oder – bei juristischen Personen – mit Löschung im Handelsregister. Ergänzende Vorschriften über die **Anzeigepflicht** bei Anstellung oder Wechsel der Leiter von Zweigniederlassungen enthält § 9 MaBV. Entfallen nach Erteilung der Erlaubnis die Erlaubnisvoraussetzungen, wird die Erlaubnis widerrufen. Allerdings kann im Interesse der Erhaltung des Unternehmens der Widerruf nicht vor oder während der Dauer des Insolvenzverfahren erfolgen, sondern erst dann, wenn es zu keinem Ergebnis führt, das die Fortführung des Unternehmen ermöglichen würde.

MaBV § 9 Anzeigepflicht

Für alle Gewerbebetriebe, die einer Erlaubnis bedürfen, gilt die Vorschrift des § 29 GewO. Danach unterliegen sie der **Überwachung** durch die Erlaubnisbehörde. Konkret besteht sie darin, dass sie eine **behördliche Nachschau** anordnen können, um sich an Ort und Stelle von der ordnungsmäßigen Betriebsführung ein Bild zu machen. Sie kann auch Auskünfte verlangen. Von diesem Überwachungsinstrumentarium wird in der Regel nur Gebrauch gemacht, wenn sich Beschwerden über das Unternehmen häufen. (Zur Pflichtprüfung siehe 1.3.2.2). Im Rahmen dieser behördlichen Nachschau kann überprüft werden, ob alle für den Gewerbebetrieb relevanten öffentlich-rechtlichen Vorschriften, die in den Zuständigkeitsbereich der Gewerbebehörde fallen, eingehalten worden sind. So kann beispielsweise geprüft werden, ob die vom Unternehmen verlangten Mietpreise für Wohnungen im Sinne des Wirtschaftsstrafgesetzes überhöht sind oder ob gar Wucher i. S. d. Strafgesetzbuches vorliegt.

GewO § 29 Auskunft und Nachschau

1.3.2 Makler-Bauträger-Verordnung

Vorbemerkung:

Die Makler- und Bauträgerverordnung gilt seit Ende März 2010 für Gewerbetreibende, die Tätigkeiten nach der MaBV ausüben (also unabhängig davon ob sie über eine Erlaubnis nach § 34c GewO verfügen). Damit werden deutsche Zweigniederlassungen von Unternehmen aus anderen EU-Mitgliedsstaaten, die nach ausländischem Recht zugelassen sind, dem Pflichtenkreis der MaBV unterworfen. Ausgenommen sind nur die Sicherungspflichten nach § 2 MaBV für solche ausländischen Unternehmen, in deren Staaten die dort geltenden Sicherungspflichten das deutsche Sicherungsniveau nicht unterschreiten.

1.3.2.1 Pflichten bei der Ausübung des Gewerbes

Wer der Erlaubnis nach § 34c GewO bedarf, unterliegt auch den Vorschriften der **Makler-Bauträger-Verordnung (MaBV)**. Die MaBV ist verbraucherschutzorientiert. Im Mittelpunkt steht der **Schutz der Vermögensinteressen** derjenigen Geschäftspartner, denen die Verbraucherfunktion zukommt. Das sind alle, die auf der Nachfrageseite stehen. Beim Makler also der Miet- bzw. Kaufinteressent, beim Bauträger der Objekterwerber, beim Baubetreuer der Bauherr.

Schutz der Vermögensinteressen

Nicht angewendet wird die MaBV bei **Versicherungs- und Bausparkassenvertretern**, soweit sie Leistungen im Namen der von ihnen vertretenen Versicherungsgesellschaft bzw. Bausparkasse erbringen. Dies betrifft den Darlehenssektor.

Auch **Miethausverwalter** brauchen die MaBV im Rahmen ihrer regulären Objektbetreuungstätigkeit nicht zu beachten.

Absicherungspflichten

Makler und **wirtschaftliche Baubetreuer**, so weit ihnen ein Verfügungsrecht über **Vermögenswerte** ihrer (Nachfrage-)Auftraggeber eingeräumt wird, müssen die Vorschriften nach **§ 2 MaBV** über die **Sicherheitsleistung** (**Bankbürgschaft** bzw. den Abschluss einer **Vertrauensschadenversicherung**) beachten.

MaBV § 2

Zusätzlich gelten für **Makler, wirtschaftliche Baubetreuer** und **Bauträger** die ergänzenden Vorschriften der §§ 4–6 MaBV. Danach dürfen sie fremde Vermögenswerte grundsätzlich nur im Rahmen ihrer Zweckbestimmung verwenden. Die Mitarbeiter, die mit der Regelung von Geschäften beauftragt sind, bei denen sie Vermögenswerte der Auftraggeber entgegennehmen, müssen vom Gewerbetreibenden auf Einhaltung der Sicherungsbestimmungen der MaBV verpflichtet werden. Letztlich müssen die Gelder des Auftraggebers von denen des Gewerbetreibenden getrennt also auf so genannten offenen Fremdkonten, gehalten werden. Damit werden sie im Insolvenzfall vom Zugriff der Gläubiger des Unternehmens geschützt.

ergänzende Vorschriften: MaBV §§ 4–6 MaBV § 4

Schließlich ist in der MaBV noch eine Vorschrift über die **Rechnungslegungspflicht** enthalten, wenn über Gelder des Auftraggebers verfügt wurde. Dies trifft grundsätzlich auf Baubetreuer zu, es sei denn, sie verfügen nur gemeinsam mit dem Bauherrn über das Baukonto. Makler nehmen üblicherweise keine Kaufpreiszahlungen von Käufern entgegen. Falls sie das ausnahmsweise auf Wunsch des Käufers tun würden, müssten Sie auch ihrer „Rechnungslegungspflicht" nachkommen. Auch für Bauträger entfällt die Notwendigkeit zur Rechnungslegung, wenn sie, was üblich ist, Festpreise vereinbaren.

Pflicht zur Rechnungslegung MaBV § 8

Der Anwendung der genannten Vorschriften können die Gewerbetreibenden ausweichen, wenn sie grundsätzlich keine Vermögenswerte vom Auftraggeber annehmen und sich auch nicht ermächtigen lassen, über solche zu verfügen. Dies ist beim Makler ohnehin kein Problem, da Kaufpreiszahlungen bei den von ihnen vermittelten

Verträgen entweder direkt von Kreditinstitut zu Kreditinstitut oder über ein so genanntes Anderkonto des Notars abgewickelt werden.

Für **Bauträger** gilt anstelle des § 2 MaBV über die Absicherung der Vermögenswerte des Auftraggebers § 3 MaBV. In ihm sind die Voraussetzungen genannt, die erfüllt sein müssen, wenn der Bauträger über die Kaufpreisteile der Erwerber verfügen will. Außerdem dürfen die **Baufortschrittsraten** bestimmte Grenzen nicht überschreiten. Die Regelungsinhalte gehören zum Standardinhalt der notariellen Kaufverträge mit Bauträgern. Befreien kann sich der Bauträger davon, wenn er dem Erwerber eine **selbstschuldnerische Bankbürgschaft** zur Absicherung aller etwaigen Rückforderungsansprüche bei Verletzung oder Rückgängigmachung des abgeschlossenen Kaufvertrags zur Verfügung stellt. (Näheres siehe 1.6.2.2)

<small>Bauträger MaBV § 3</small>

<small>Baufort-schrittsraten</small>

<small>Selbstschuld-nerische Bankbürg-schaft MaBV § 7</small>

Buchführungs- und Informationspflichten

Wichtig für alle immobilienwirtschaftlichen Unternehmen, die der MaBV unterliegen, sind die Vorschriften über die **gewerberechtliche „Buchführung"** (§ 10 MaBV) und die Informationspflicht (§ 11 MaBV). Die Vorschriften stellen sicher, dass die Betriebe auf die Einhaltung der MaBV Vorschriften auch wirksam überprüft werden können und dass das Informationsinteresse der Auftraggeber befriedigt wird. (Zu den Aufzeichnungs- und Informationspflichten des Bauträgers, die auch für Baubetreuer gelten, siehe 1.6.3.1.)

<small>Buchfüh-rungs- und Informations-pflichten nach MaBV §§ 10 und 11</small>

Grundsätzlich gilt, dass die Tatbestände, über die Aufzeichnungen gemacht oder Unterlagen bzw. Belege gesammelt werden müssen, Grundlage der schriftlichen Informationspflicht sind. Es gibt zwar noch einige betriebsinterne Daten, die der Aufzeichnungspflicht (= Buchführungspflicht) unterliegen. Sie haben aber nur untergeordnete Bedeutung. Bauträger kommen der Informationspflicht durch Zurverfügungstellung der für das Bauvorhaben wichtigen Unterlagen (Pläne, Baubeschreibung, schriftliche Angebotsunterlagen) nach. Makler verwenden Exposés (siehe 15.1.6).

Pflicht zur Inseratesammlung und Aufbewahrung

Gewerbetreibende, die der MaBV unterliegen, und in Tageszeitungen, Zeitschriften oder Fachblättern inserieren, sind zur chronologischen Sammlung und zur Aufbewahrung je einer Zeitungsanzeige oder des Anzeigentextes in Verbindung mit einer Rechnungskopie verpflichtet. Die Regelung gilt für Bauträger und Baubetreuer nicht aber für Makler, es sei denn, sie vermitteln Darlehen. Die **Sammlungspflicht** gilt auch für Prospekte, Exposés u. dgl. die Gewerbetreibende im Geschäftsverkehr einsetzen.

Die 5-jährige **Aufbewahrungspflicht** nach § 14 MaBV bezieht sich auch noch auf alle Aufzeichnungen sowie Unterlagen und Belege, aus denen sich aufzeichnungspflichtige Tatbestände ergeben.

<small>Aufbewah-rungspflicht MaBV § 14</small>

1.3.2.2 Die Überprüfung immobilienwirtschaftlicher Betriebe

Jemandem öffentlich rechtliche Pflichten aufzuerlegen, macht nur Sinn, wenn nachgeprüft werden kann, ob sie auch eingehalten werden. Im Bereich immobilienwirtschaftlicher Betriebe, auf die die MaBV Anwendung findet, gibt es drei Wege für eine Überprüfung:

Prüfung nach MaBV § 16
GewO § 29

1. **Jährliche Pflichtprüfung** (§ 16 Abs. 1 MaBV – gilt nicht für Makler!),
2. **Prüfung aus besonderem Anlass** (§ 16 Abs. 2 MaBV),
3. **Behördliche Nachschau** (§ 29 GewO). Darauf wurde oben bereits eingegangen.

Die **Pflichtprüfung** erstreckt sich auf ein Kalenderjahr. Die Prüfung muss im darauf folgenden Jahr durchgeführt und der Prüfungsbericht bis zum Jahresende bei der zuständigen Behörde abgeliefert werden. Zuständig ist die Gewerbebehörde, die auch die Erlaubnis erteilt hat.

Prüfung aus besonderem Anlass nach MaBV § 16 Abs. 2

Die Behörde kann unabhängig davon, ob der Gewerbetreibende pflichtgemäß seinen Prüfungsbericht abgegeben hat aus gegebenem Anlass einen Prüfer von sich aus mit einer weiteren Überprüfung des Gewerbebetriebs beauftragen. Anlässe können Beschwerden sein, die über den Betrieb bei der Behörde eingegangen sind oder begründete Zweifel an der Richtigkeit des abgegebenen Prüfungsberichts. Solche Prüfungen sind selten.

1.3.2.3 Geeignete Prüfer

Prüfer nach MaBV

Der Auftrag zur Durchführung der Prüfung wird vom zu überprüfenden Unternehmen selbst erteilt. Als Prüfer kommen **Wirtschaftsprüfer, vereidigte Buchprüfer, Wirtschafts-** und **Buchprüfungsgesellschaften** in Frage. Außerdem können **Prüfungsverbände** beauftragt werden, die sich zur Durchführung der Prüfung des oben genannten Personenkreises bedienen oder bei denen mindestens ein Wirtschaftsprüfer gesetzlicher Vertreter des Verbandes ist. Prüfungsverbände dürfen allerdings nur ihre Mitglieder prüfen und stehen anderen Gewerbetreibenden nicht offen. Da für Aktiengesellschaften, Gesellschaften mit beschränkter Haftung und Genossenschaften Jahresprüfungen nach den jeweils für sie geltenden Vorschriften durchzuführen sind, können bei Beauftragung des eigenen Prüfungsverbandes beide Prüfungen in einem Prüfungsgang durchgeführt werden.

Wenn in dem zu überprüfenden Jahr keinerlei Geschäftstätigkeit entfaltet wurde, genügt es, der Behörde gegenüber eine sog. Negativerklärung abzugeben.

1.3.2.4 Gegenstand der Prüfung

Art der Prüfung

Die Prüfung nach MaBV ist eine **Ordnungsmäßigkeitsprüfung**, die die Behörde darüber informieren soll, ob der Gewerbetreibende seine ihm obliegenden Pflichten eingehalten hat. Nicht zu prüfen ist die Einhaltung anderer öffentlich-rechtlicher Vorschriften, z. B. der Preisangabenverordnung, des Wirtschaftsstrafgesetzes oder des Wohnungsvermittlungsgesetzes. Ebenso wenig gehört die Prüfung der Einhaltung steuerlicher Vorschriften zum Prüfungsbereich.

Prüfungsverfahren

Der Prüfer muss sich im Prüfungsverfahren (in der Regel ein Stichprobenverfahren) hinreichend Gewissheit verschaffen, ob die in den einzelnen Vorschriften enthaltenen Bestimmungen eingehalten wurden. Dies ergibt sich aus den aufzubewahrenden Unterlagen, Belegen und Aufzeichnungen. Anhand von Exposés wird er z. B. prüfen können, ob die Informationspflichten eingehalten wurden. Anhand von Baubeschreibungen wird er erkennen, ob alle informationspflichtigen Merkmale des Bauprojektes enthalten sind. Aus Rechnungsabschriften und Bankbelegen, die sich auf das Bausonderkonto beziehen, wird er in Verbindung mit dem Kaufvertrag erkennen, ob der Abruf der Baufortschrittszahlungen den Vereinbarungen bzw. den Vorschriften des § 3 MaBV entsprach usw.

Der Prüfer muss alle von ihm festgestellten Verstöße in den Prüfungsbericht aufnehmen. Fehler können während der Prüfungshandlung verbessert werden, so weit dies möglich ist. Der Prüfer kann dies dann auch bestätigen. Die festgestellten Verstöße können als Ordnungswidrigkeiten von der Gewerbebehörde mit Bußgeld geahndet werden.

Prüfungsbericht

Der Prüfer handelt im Auftrag des Unternehmens, steht also mit ihm in Vertragsbeziehung. Er ist nach der MaBV einerseits zur gewissenhaften und unparteiischen Prüfung, andererseits aber auch zur Verschwiegenheit verpflichtet. Ein Verstoß kann zu Schadenersatzansprüchen des Unternehmens gegen den Prüfer führen.

Pflichten der Prüfer

Der Auftraggeber des Prüfers, also der Gewerbetreibende, hat ebenfalls Pflichten. Er muss ihm Einblick in die Bücher, Aufzeichnungen und Unterlagen gestatten und ihm alle Aufklärungen und Nachweise geben, die erforderlich sind, damit sich der Prüfer ein für die Beurteilung ausreichendes Bild machen kann. Zu seiner Absicherung verlangt der Prüfer vom Unternehmer deshalb auch eine Vollständigkeitserklärung. In ihr wird versichert, dass dem Prüfer alle Unterlagen vorgelegt wurden, die prüfungsrelevant sind.

Pflichten der Gewerbetreibenden

Vollständigkeitserklärung

Die Kosten der Prüfung nach MaBV trägt der Gewerbetreibende.

Kosten der Prüfung

Hinweis: *Der wichtigste Kommentar zum Thema stammt von Marcks, Peter: „MaBV Makler Bauträgerverordnung mit § 34c GewO und MaB-VwV" München, 7. Aufl., 2003*

1.4 RECHTSFORMEN UND KAPITALSTRUKTUREN IMMOBILIENWIRTSCHAFTLICHER UNTERNEHMEN

1.4.1 Rechtsformen im Überblick

Bei den **Rechtsformen von Unternehmen** ist zunächst zwischen privatrechtlichen und öffentlich-rechtlichen Formen zu unterscheiden. Zu den **privatrechtlichen Formen** zählen:

Privatrechtliche Formen

1. Einzelunternehmen,
2. **Personengesellschaften**: Gesellschaft des bürgerlichen Rechts (GbR), offene Handelsgesellschaft (oHG), Kommanditgesellschaft (KG), stille Gesellschaft,
3. **Kapitalgesellschaften:** Aktiengesellschaften (AG), Gesellschaften mit beschränkter Haftung (GmbH), Unternehmergesellschaft (UG),
4. **Mischformen:** Kommanditgesellschaft auf Aktien (KGaA), AG/GmbH & Co KG, Doppelgesellschaft,
5. Genossenschaften,
6. eingetragene Vereine (e. V.),
7. Stiftungen des Privatrechts,
8. Versicherungsvereine auf Gegenseitigkeit.

1. GRUNDLAGEN – UNTERNEHMEN UND MÄRKTE DER ...

Öffentlich-rechtliche Unternehmensformen

Öffentlich-rechtliche Formen sind:

1. **Ohne eigene Rechtspersönlichkeit:** Regiebetriebe, Eigenbetriebe, Sondervermögen.
2. **Mit eigener Rechtspersönlichkeit:** Öffentlich-rechtliche Körperschaften, Anstalten, Stiftungen des öffentlichen Rechts.

In der **Wohnungswirtschaft** sind aus dem Bereich der früheren Wohnungsgemeinnützigkeit die Rechtsformen der Genossenschaft, GmbH, AG und (in geringerem Umfange) der Stiftung (des privaten Rechts), des eingetragenen Vereins und der Körperschaften des öffentlichen Rechts vertreten.

Bei den Unternehmen der übrigen **Immobilienwirtschaft** treten die Rechtsformen des Einzelunternehmens (als Einzelfirma oder nicht im Handelsregister eingetragenes Einzelunternehmen) der GbR, der GmbH, der GmbH & Co und (seltener) der KG, oHG und AG auf.

Wohnungsunternehmen (so weit sie nicht Baugenossenschaften sind), Bauträger und Projektentwickler treten vorwiegend in der Rechtsform der GmbH in Erscheinung. Bei Bauträgern und Projektentwicklern ist dies bedingt durch das hohe Kapitaleinsatzrisiko, bei dem aus dem Bereich der Gemeinnützigkeit stammenden Unternehmen darüber hinaus durch die Konstruktion der früheren Wohnungsgemeinnützigkeit.

Bei **Immobilienmaklern** steht wegen des persönlichen Dienstleistungscharakters ihrer Tätigkeit das Einzelunternehmen im Vordergrund. Mit zunehmender Betriebsgröße spielt aber auch die GmbH eine wichtige Rolle. Das Gleiche gilt für **Hausverwaltungen** und **Verwalter von Wohnungseigentum**. Gelegentlich sind auch Gesellschaften des Bürgerlichen Rechts anzutreffen. (Die Wohnungseigentumsverwaltung kann allerdings nicht unter dieser Rechtsform betrieben werden). Sehr selten sind offene Handelsgesellschaften und Kommanditgesellschaften.

1.4.2 Merkmale der am häufigsten anzutreffenden Unternehmensformen

1.4.2.1 Einzelunternehmen

Istkaufmann (HGB § 1)

Nach dem HGB ist jeder, der ein Gewerbe betreibt, Kaufmann **("Istkaufmann")**, es sei denn, dass das Unternehmen nach Art und Umfang einen in kaufmännischer Weise eingerichteten Geschäftsbetrieb nicht erfordert. Zu den Kaufleuten zählen also im Regelfall auch Makler und Baubetreuer ebenso wie Hausverwalter und Bauträger. Von einer bestimmten Größenordnung an besteht für die Einzelunternehmen eine Verpflichtung, sich ins Handelsregister eintragen zu lassen. Es wird eine Größe vorausgesetzt, die einen kaufmännisch zu führenden Geschäftsbetrieb erforderlich macht. Bei der Prüfung dieser Voraussetzung gehen die Industrie- und Handelskammern von einem Provisions- bzw. Vergütungsumsatz von ca. 125.000 bis 150.000 € aus.

Kennzeichnung der Firmeneigenschaft

Wer als **Einzelunternehmen** ins **Handelsregiste eingetragen** wurde, muss die Firmeneigenschaft durch den Zusatz „eingetragener Kaufmann" bzw. „eingetragene

Kauffrau" oder eine verständliche Abkürzung wie „e.K." „e.Kfm." „e.Kfr." kenntlich machen. Die frühere Vorschrift, dass die Firma aus einem Firmenkern mit ausgeschriebenen Vor- und Familiennamen bestehen muss, ist im HGB nicht mehr enthalten. Die Firma muss jedoch gegenüber anderen Firmen „Unterscheidungskraft" besitzen. Denkbar wäre z. B. für einen Immobilienmakler eine Firmierung wie folgt:

„Real-Immobilien München e.K." oder
„Bauland-Immobilien-IVD e.Kfm." oder
„Ihr Wohnungsmakler Müller e.K.".

Im **Rechtsverkehr** (Verwendung von Briefbögen) muss die im Handelsregister eingetragene Bezeichnung verwendet werden. Ein längerer Firmenname kann in der Werbung auch abgekürzt wiedergegeben werden.

Nicht im Handelsregister eingetragenen Einzelunternehmen ist die Führung einer Firma und damit die Verwendung eines eine Firma kennzeichnenden Zusatzes nicht gestattet.

Beim Einzelunternehmen vertritt der Inhaber sein Unternehmen uneingeschränkt nach außen. Er führt die Geschäfte und haftet mit seinem gesamten Vermögen.

1.4.2.2 Gesellschaften mit beschränkter Haftung (GmbH) und Unternehmensgesellschaft (UG)

Die Rechtsverhältnisse der GmbH sind im GmbH-Gesetz geregelt. Der oder die Gesellschafter haften mit ihrer Einlage. Das **Stammkapital** muss mindestens 25.000 € betragen, wovon mindestens 12.500 Euro einzubringen sind. Bei der Gründung durch eine Person muss für den nicht eingebrachten Teil Sicherheit geleistet werden.

Stammkapital

Es ist jedoch seit der Novellierung des GmbH-Gesetzes 2008 möglich eine GmbH mit geringerem Stammkapital zu führen. Sie muss dann allerdings die Bezeichnung **„Unternehmergesellschaft"** (haftungsbeschränkt) oder „UG (haftungsbeschränkt)" führen. Hierüber gelten die besonderen Vorschriften des § 5a GmbH-Gesetz. Das Stammkapital muss in diesem Fall z. B. voll einbezahlt sein. Mit der Novellierung des GmbH-Gesetzes soll die Unternehmensgründung erleichtert werden.

Unternehmensgesellschaft

Der **Gesellschaftsvertrag der GmbH (Satzung)** oder eine Änderung desselben muss notariell beurkundet werden. Sie kann eine Nachschusspflicht für die Gesellschafter enthalten. So weit Gegenstand der GmbH erlaubnispflichtige Makler-, Bauträger- oder Baubetreuungsgeschäfte sind, ist die Erlaubnis **nach § 34c GewO** Voraussetzung für die Eintragung in das Handelsregister. Der Antrag muss also vorher von der „GmbH in Gründung" gestellt werden.

Satzung der GmbH

Die Gesellschaft wird durch einen oder mehrere Geschäftsführer vertreten. Ihnen steht die Leitungsbefugnis in der im Vertrag geregelten Weise zu.

Die **Verflechtung** Gesellschafter/Geschäftsführer ist möglich. Steuerliche Probleme können sich daraus ergeben, dass der Vertrag mit dem **„geschäftsführenden Gesellschafter"** atypische Regelungen vorsieht, aus denen eine verschleierte Gewinnentnahme resultieren kann.

Körperschaftsteuer

Die Gewinne der GmbH unterliegen der **Körperschaftssteuer**. Der Körperschaftssteuersatz beträgt 25 %. Das frühere **Halbeinkünfteverfahren** wurde zum 1. 1. 2009 abgeschafft.

Fremdfinanzierungsmöglichkeiten im Bereich der Unternehmensfinanzierung stoßen auf Grenzen, wenn die Gesellschafter nicht als Bürgen zur Verfügung stehen wollen.

Firmierung einer GmbH

Die **Firma** kann eine Namens- oder Sachfirma sein.

Beispiele:
Namensfirma: „Johann Mayer GmbH"
Sachfirmen: „Haus und Grund GmbH"
„Immobilienvermittlung und -verwaltung UG (haftungsbeschränkt)"

Im Geschäftsverkehr verwendete Geschäftsbriefbogen müssen die Rechtsform (GmbH), (UG – haftungsbeschränkt) und Sitz der Gesellschaft sowie Hinweise auf die handelsregisterliche Eintragung (Amtsgericht und HR-Nummer), den/die Geschäftsführer sowie – wenn vorhanden – den Vorsitzenden des Aufsichtsrates enthalten. Dies gilt unabhängig davon, in welcher Form der Briefbogen verwendet wird.

1.4.2.3 Eingetragene Genossenschaft (e.G.)

Die Genossenschaft ist eine **Personenvereinigung**, die einen wirtschaftlichen Zweck verfolgt und sich dazu eines **gemeinschaftlichen Geschäftsbetriebes** bedient. Gesetzliche Grundlage der Genossenschaft ist das Genossenschaftsgesetz, das im August 2006 novelliert wurde. Die Grundidee ist jene der solidarischen Hilfe zur Selbsthilfe. Zur Gründung einer Genossenschaft sind mindestens 3 Personen erforderlich. Die Satzung und die Mitglieder des Vorstandes müssen in das Genossenschaftsregister eigetragen werden.

Geschäftseinlage bei Genossenschaften

Das Kapital der Mitglieder setzt sich aus **Geschäftseinlagen** zusammen. Der **eingezahlte** Betrag wird als Geschäftsguthaben bezeichnet. Die Haftung muss sich mindestens auf die Höhe der Geschäftseinlage beziehen.

Genossenschaftsmitglieder

Die **Mitgliederzahl** darf nicht geschlossen, ein Wechsel der Mitglieder muss möglich sein. Der Gesellschaftsvertrag (das Statut) bedarf der Schriftform. Die Eintragung erfolgt im Genossenschaftsregister des Amtsgerichts, in dessen Bezirk die Genossenschaft ihren Sitz hat. Mit der Eintragung entsteht die Genossenschaft als juristische Person. Die Firmierung muss sich aus dem Gegenstand der Genossenschaft ergeben.

Firmierung einer Genossenschaft

Die Firma muss eine Sachfirma mit dem Zusatz eingetragene Genossenschaft (e.G.) sein. Bei den **Wohnungsbaugenossenschaften** handelt es sich um den Typ der Beschaffungsgenossenschaft mit der Zwecksetzung des Wohnungsbaus, der Wohnungsverwaltung und Wohnungsbetreuung.

Die Mitglieder sind unabhängig von der Geschäftseinlage gleichberechtigt und haben in der Generalversammlung jeweils eine Stimme („Demokratieprinzip").

Vertreten wird die Genossenschaft vom **Vorstand**. Er besteht aus mindestens zwei Mitgliedern. Sie vertreten die Genossenschaft gemeinschaftlich.

<small>Vorstand der Genossenschaft</small>

Der aus mindestens drei Mitgliedern bestehende **Aufsichtsrat** wird in der Generalversammlung für in der Regel 3 Jahre gewählt. Er muss sich aus Mitgliedern der Genossenschaft zusammensetzen. Der Aufsichtsrat ist Überwachungsorgan des Vorstandes.

<small>Aufsichtsrat</small>

Bei den Wohnungsbaugenossenschaften entscheiden Vorstand und Aufsichtsrat in der Regel gemeinsam über wichtige **Grundsätze** wie über das Wohnbauprogramm, die Grundsätze, nach denen Genossenschaftswohnungen vergeben und Eigenheime veräußert werden, Grundsätze der Wohnungsbewirtschaftung u. dgl.

<small>Grundsätze</small>

Nach dem **Identitätsprinzip** sind Träger und Nutzer der Genossenschaft identisch. Bei Vergabe einer Genossenschaftswohnung an ein Mitglied wird dies deutlich. Es erhält als Dauernutzer eine Stellung, die einerseits durch mietrechtliche Züge – Gebrauchsüberlassung von Wohnungen gegen Entgelt – und andererseits durch mittelbare Eigentümerschaft als Mitglied der Genossenschaft gekennzeichnet ist.

<small>Identitätsprinzip</small>

Gemeinnützige**Vermietungsgenossenschaften** nehmen eine besondere Stellung ein (siehe auch 1.2.2.6).

1.5 UNTERSCHIEDE DER RECHTSPOSITIONEN UND RISIKEN ZWISCHEN TRÄGERN VON VORHABEN, BETREUERN, BERATERN UND MAKLERN

Immobilienwirtschaftliche Unternehmen agieren am Markt aus unterschiedlichen rechtlichen Ausgangspositionen. Es gelten für sie deshalb unterschiedliche Schuldrechtskategorien mit sehr gravierenden Folgen, was das unternehmerische Risiko betrifft.

Wer **Träger immobilienwirtschaftlicher Vorhaben ist** (Projektentwickler, Bauträger, Erschließungsträger usw.), setzt zur Erbringung seiner Leistungen Eigenmittel ein. Er handelt in **eigenem Namen** und auf **eigene Rechnung**. Er riskiert eigenes Vermögen. Er ist Unternehmer im eigentlichen Sinne des Wortes. Allerdings gibt es dabei höchst unterschiedliche Risikoprofile. Unternehmen, die in eigenem Namen und auf eigene Rechnung immobilienwirtschaftliche **Gewerbeprojekte** entwickeln und realisieren **(Projektentwickler)**, tragen in der Regel ein sehr hohes Bauherrenrisiko (hierzu Näheres unter 1.6.2.1). Hinzu kommt das Marktrisiko. Das Projekt kann sich als Flop erweisen. Es ist deshalb von entscheidender Bedeutung, dass sich das Projektteam aus hoch qualifizierten Personen zusammensetzt, das alle Leistungsbereiche einschließlich der Marktforschung abdeckt und die Zusammenarbeit innerhalb des Teams ohne Reibungsverluste abläuft.

<small>Vorhabenträger</small>

Bauträger — Auch **Bauträger**, die bestimmte bewährte Bauprodukte anbieten, haben ein hohes Kapitaleinsatz- und Finanzierungsrisiko, das vor allem bedingt ist durch Marktschwankungen. Zum Zeitpunkt der Fertigstellung der Bauvorhaben können ganz andere Marktverhältnisse vorliegen, als zum Zeitpunkt der Entscheidung für die Durchführung des Bauvorhabens. Bisher Bewährtes kann schnell vom Markt nicht mehr angenommen werden.

Wohnungsunternehmen — Zu den Trägern zählen auch **Wohnungsunternehmen**, die Wohnhäuser für den eigenen Bestand produzieren, um die Wohnungen zu vermieten. Das Risiko besteht darin, dass die Wirtschaftlichkeitsberechnung, die auf einer Mietenkalkulation beruht, zum Zeitpunkt der Fertigstellung nicht mehr „aufgeht". Geringer wird dieses Risiko, wenn mit Hilfe von öffentlichen Förderungsmitteln die Miete abgesenkt werden kann.

Träger versus Betreuer — Im Gegensatz zu den **Trägern**, die eigenes Vermögen einsetzen, handeln **Betreuer immer** nur im Auftrag, also im Namen und auf Rechnung derer, die ihr Vermögen einsetzen. Sie sind von den Bauherren- und Marktrisiken nicht unmittelbar betroffen. Risiken ergeben sich im Wesentlichen aus einem Mangel an Fach- und Betreuungskompetenz. Mit der Beauftragung von Betreuern wird diese Kompetenz ja „eingekauft".

In der Immobilienwirtschaft dominieren vor allem **Objektbetreuer**. Zu ihnen zählen Hausverwalter und Facility Manager, so weit sie im Auftrag Dritter handeln. Außerdem leisten **Baubetreuer** vor allem für Privatbauherren wichtige Dienste. Betreuer haben stets eine Stellvertreterfunktion. Sie vertreten ihre Auftraggeber in allen vertraglich vereinbarten Leistungsbereichen und haben dabei eine umfassende Entscheidungsbefugnis.

Eine primäre **Beratungsfunktion** in der Immobilienwirtschaft übernehmen Projektsteuerer, Consultingunternehmen, Sachverständige, aber auch Anwälte, Steuerberater und Wirtschaftsprüfer. Sie gehören zum externen Beraterstab der Unternehmen und sind z. B. auch in Projektteams eingebunden. Wie bei Betreuern, so ist auch bei Beratern die fachliche Kompetenz das entscheidende Merkmal. Berater haben die Aufgabe, die in ihrem Fachbereich angesiedelten Problemstellungen für den Auftraggeber zu lösen und damit dessen Entscheidungen sachgerecht vorzubereiten. Eine sachgerechte Beratung dient der Reduzierung der Unternehmerrisiken. Das Beraterrisiko liegt in einer Falschberatung, die u. U. zu erheblichen Schadensersatzansprüchen führen kann. Der Abschluss von Berufshaftpflichtversicherungen ist für diesen Personenkreis unabdingbar.

Makler — **Makler** betreiben für Auftraggeber Vermittlungs- und Nachweisgeschäfte, ohne dass sie hierzu im Rahmen eines gesetzlichen Leitbildes verpflichtet sind. Dem Fehlen der Tätigkeitspflicht des Maklers entspricht die Entscheidungsfreiheit des Auftraggebers hinsichtlich der Abnahme der Maklerleistung. Daraus ergibt sich für den Makler ein besonderes **Kosteneinsatzrisiko**. Bearbeitet er einen Auftrag mit hohem Kosten- und Zeiteinsatz, muss er damit rechnen, dass der Auftraggeber das in Auftrag gegebene Geschäft am Ende nicht abschließt, die Abschlussbedingungen ändert oder über einen anderen Makler zum Erfolg gelangt. Das ist ein Risiko, wie es keinem anderen Geschäftsbereich in der Wirtschaft eigen ist.

Im Bereich der Nebenpflichten des Maklers ergeben sich weitere Risiken. Der Makler muss seinen Auftraggeber über alle Umstände aufklären, die für dessen Entscheidungen zum Abschluss eines vom Makler vermittelten Geschäftes wichtig sind. Er haftet für unterlassene Aufklärung. Falls der Makler den Auftraggeber berät, tritt als weiteres Risiko das **Beratungsrisiko** hinzu, auf das oben bereits eingegangen wurde. Auch der Makler kann diesen Risiken durch Abschluss einer Vermögensschadenversicherung begegnen. Sie sind dazu allerdings nicht gesetzlich verpflichtet. Nur Mitglieder des Maklerverbandes IVD müssen kraft Verbandssatzung eine solche Versicherung abschließen.

Beratungsrisiko

Typisch für das Maklergeschäft sind die hohen **Marktrisiken**. Dagegen führt der geringe Kapitaleinsatz dazu, dass Geschäftsgründungen im Maklerbereich keine hohen finanziellen Hürden im Wege stehen.

Marktrisiken

Näheres zum Thema Makler siehe Kapitel 15.

1.6 GESCHÄFTSFELDER IMMOBILIENWIRTSCHAFTLICHER UNTERNEHMEN – EIN ÜBERBLICK

1.6.1 Immobilienwirtschaftliche Projektentwicklung/ Bauträgerschaft

Im engeren Sinne wird zwischen Projektentwicklung und Projektrealisierung (Durchführung des Projektes) unterschieden.

Die Durchführung eines entwickelten Projektes obliegt dem **Projektmanagement**. Bei sehr komplexen Projekten wird das Projektmanagement von **Projektsteuerern** begleitet, die auf die richtige zeitliche und sachliche Koordination der bei Durchführung des Projektes zu erbringenden Leistungen achten.

Projektmanagement und Projektsteuerer

Für Projektentwickler typische Vorhaben sind z. B. Projekte im Rahmen von Vorhaben- und Erschließungsplänen i. S. d. § 12 des Baugesetzbuches.

BauGB § 12

1.6.1.1 Zum Begriff der Projektentwicklung

In der Praxis wird zwischen immobilienwirtschaftlichen Projektentwicklern und Bauträgern häufig kein Unterschied gemacht. Geht man jedoch von der **Projektdefinition** aus, gibt es durchaus erhebliche Unterschiede. Danach ist ein Projekt eine sachlich und zeitlich begrenzte Maßnahme, mit der ein angestrebtes Projektziel erreicht werden soll. Nach DIN 69901 ist ein **Projekt** durch seine Einmaligkeit und deshalb durch fehlende Erfahrungsgrundlagen gekennzeichnet. Die Entwicklung eines Projektes erfordert eine projektspezifische Organisation, ein Projektteam aus Vertretern aller für das Projekt relevanten Fachrichtungen. Das Projektteam prüft in einer Studie eine Projektidee auf wirtschaftliche, rechtliche, technische und ökologische **Machbarkeit** („Feasibility Study").

Projektbegriff

Machbarkeitsstudie

Natürlich können auch Bauträger und andere Träger immobilienwirtschaftlicher Maßnahmen Projektentwickler sein, wenn sie sich tatsächlich mit einem neu zu konzipierenden Vorhaben beschäftigen. Sofern sie aber bereits standardisierte Baumaßnahmen durchführen, fehlt es an einer „Projekteigenschaft".

1.6.1.2 Felder der Machbarkeitsstudie

Marktforschung

Im Einzelnen ist es Aufgabe des Projektentwicklers festzustellen, ob das in Aussicht genommene Projekt am Markt Chancen hat. **Marktforschung** zu der die Marktanalyse, die Marktbeobachtung und die Marktprognose gerechnet werden, liefert hier grundlegende Informationen. Die Marktforschung stützt sich teilweise auf Sekundärdaten (vorhandene Statistiken), die über die Raumstruktur und Raumentwicklung, zentralörtliche Bedeutung, Wirtschaftsstruktur, Konkurrenzbesetzung usw. Aufschluss geben. Daten der Primärmarktforschung ergeben sich aus direkten Befragungen potentieller Kunden.

Bebaubarkeitsanalyse

Ein weiterer wichtiger Analysebereich bezieht sich auf das Grundstück, auf dem das Projekt realisiert werden soll. Dabei werden die Bebauungsmöglichkeiten **(„Art und Maß der baulichen Nutzung")** untersucht. Handelt es sich um ein Baugrundstück im Innenbereich, für das kein Bebauungsplan vorliegt, kann die Bebauungsmöglichkeit durch Bauvoranfragen abgeklärt werden. Wichtig ist außerdem die Analyse nachbarrechtlicher Verhältnisse, etwaiger Lasten und Beschränkungen im Grundbuch, bestehender Nutzungsverträge usw.

Standortanalyse

Im besonderen Fokus steht die **Standortanalyse**. Je nach Nutzungskonzept sind dabei unterschiedliche Faktoren zu berücksichtigen und zu gewichten. So spielen bei vorgesehener Wohnnutzung die Nähe der Einkaufsmöglichkeiten, von Schulen und der Weg zu den nächsten Haltestellen öffentlicher Verkehrsmittel eine besondere Rolle. Neben diesen „harten Standortfaktoren" spielen auch „weiche Standortfaktoren" eine große Rolle, wie optische Erscheinung der Umgebungsbebauung, Milieu, Lärmimmissionen usw.

Will der Investor in der Stadtmitte ein Shopping-Center errichten, muss vor allem die Passantenfrequenz gemessen werden. Wichtig ist auch eine Analyse der Kaufkraft der örtlich ansässigen Bevölkerung. Für einen Bürostandort sind möglicherweise die Nähe zum Flughafen und der nächste Autobahnanschluss wichtige Standortfaktoren.

Rechtliche und steuerliche Rahmenbedingungen

Schließlich müssen Projektentwickler auch die **rechtlichen** und **steuerlichen Rahmenbedingungen** für die Durchführung des Projektes prüfen, damit der Investor mit dem Projekt nicht Schiffbruch erleidet. Hierzu gehört die Analyse des Grundbuches und des Baulastenverzeichnisses, etwaiger miet- und pachtrechtlicher Bindungen und im steuerlichen Bereich die mit der Durchführung des Projektes verbundenen steuerlichen Belastungen einerseits und etwaige Entlastungen bzw. Fördermöglichkeiten andererseits.

Zum Thema „Projektentwicklung" siehe auch Kapitel 10

1.6.2 Durchführung von Bauvorhaben durch Bauträger – Projektmanagement

An der Organisation des Baugeschehens sind nicht nur Unternehmen beteiligt, die der Immobilienwirtschaft zugeordnet werden (Wohnungsunternehmen, Gewerbebauträger, Baubetreuungsunternehmen, Generalunternehmer), sondern neben Privathaushalten auch der Staat und Industrieunternehmen. Werden **Großprojekte**, wie etwa der Bau eines Flughafens, durchgeführt, tritt als „Generalunternehmer" oft ein Industrieunternehmen auf, weil die Gebäude nur die Hülle einer hochwertigen technischen Apparatur darstellen. Private Bauherren werden oft von Baubetreuern vertreten. Auf die Baubetreuung wurde unter 1.6.3 näher eingegangen.

1.6.2.1 Am Bau beteiligte Unternehmen

Die Produktion von Gebäuden teilen sich in der unternehmerischen Immobilienwirtschaft vornehmlich **Wohnungsunternehmen**, die für den eigenen Bestand oder als **Baubetreuer** für fremde Bauherren tätig werden, **Bauträger**, die für den Markt produzieren und **Generalunternehmer**, die als Auftragnehmer der Bauträger und Wohnungsunternehmen gegen Festpreis für die Durchführung des Bauvorhabens sorgen. Zu den am Bau Beteiligten zählen schließlich noch **Generalübernehmer**.

Generalunternehmer

Generalübernehmer

Bauleistungen, die der Generalunternehmer nicht selbst erbringen kann, werden von **Subunternehmern erbracht**, die der Generalunternehmer auf seine Rechnung einschaltet. Erbringt das vom Bauträger beauftragte Unternehmen selbst keine Bauleistungen, delegiert es also die Erbringung aller Bauleistungen auf von ihm beauftragte Subunternehmen, handelt es sich um einen „Generalübernehmer". Er ist reiner Organisator des Baugeschehens, übernimmt aber ebenso wie der Generalunternehmer durch Vereinbarung eines Festpreises mit dem Bauträger einen Teil des Bauherrenrisikos. Der Bauträger bleibt aber Bauherr.

Subunternehmer

Bauherr, Begriff

Bauherr ist, wer

- den **bestimmenden** Einfluss auf **Planung** und **Ablauf** des gesamten Bauvorhabens hat,
- den **Bauantrag** in eigenem Namen stellt,
- **Vertragspartner** der Unternehmen ist, die den Bau ausführen oder durch Subunternehmer ausführen lassen,
- **Eigentümer** des zu bebauenden Grundstücks oder ein zu dessen Bebauung Berechtigter (Erbbaurecht!) ist.

Zu den **Bauherrenrisiken** zählen das

Bauherrenrisiken

- **Herstellungsrisiko** (kann das Bauvorhaben überhaupt oder in der geplanten Weise errichtet werden?),
- **Baukostenrisiko** (Überschreitung der vorausberechneten oder veranschlagten Bausumme),
- Risiko der **Bauzeitenüberschreitung** (vor allem im Hinblick auf mögliche Folgeschäden),
- **Gewährleistungsrisiko** (Selbsteintritt, wenn Gewährleistungsansprüche nicht durchgesetzt werden können).

Bauträger, die für den Markt produzieren, also Häuser und Wohnungen erstellen und zum Verkauf anbieten, sind **gewerbliche Bauherren**. Sie unterliegen als Gewerbetreibende den Vorschriften der Gewerbeordnung, insbesondere den Vorschriften über die Erlaubnis nach § 34c GewO.

Erlaubnis nach GewO § 34c

Am Bau beteiligt sind auch die Unternehmen und Handwerksbetriebe des Bauhaupt- und Baunebengewerbes. Da es sich nicht um Unternehmen handelt, die dem Zweig der Immobilienwirtschaft zuzuordnen sind, soll auf sie hier nicht eingegangen werden.

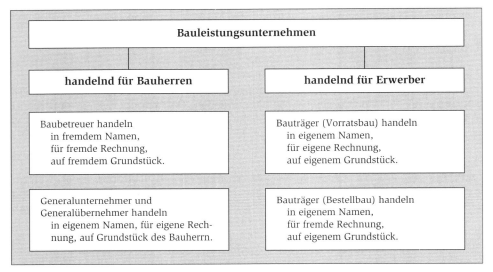

Abb. 9: Bauleistungsunternehmen

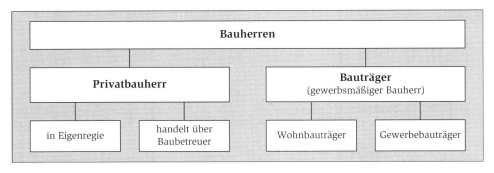

Abb. 10: Arten der Bauherren

1.6.2.2 Verbraucherschützende Vorschriften bei Bauträgern

Sicherungspflichten des Bauträgers MaBV §§ 3–7

Zum Zweck der Sicherung der Vermögensteile, die der Kunde des Bauträgers einsetzt, gelten darüber hinaus Vorschriften der **Makler-Bauträger-Verordnung**, insbesondere die §§ 3–7 MaBV. Die **Verwendung von Baugeldern der Kunden** ist an folgende Voraussetzungen geknüpft:

Voraussetzungen dafür, dass der Bauträger über Kundengelder verfügen kann, sind nach § 3 MaBV:

- Der Abschluss eines rechtswirksamen **Kaufvertrages**. Darin etwa vorbehaltene Rücktrittsrechte des Bauträgers müssen erloschen sein.
- Die Eintragung einer **Auflassungsvormerkung** im Grundbuch zugunsten des Erwerbers.
- Eine **verbindliche Freistellungserklärung** der Grundpfandgläubiger über alle im Grundbuch eingetragenen Vorbelastungen, die der Erwerber nicht übernimmt. (Die Freistellung erfolgt in der Praxis „Zug um Zug", d. h. unter unmittelbarer Verwendung von Kaufpreisteilen des Erwerbers zur Rückzahlung der Vorbelastungen).
- Die **Genehmigung des Bauvorhabens**. Wenn es nicht genehmigungspflichtig ist, muss eine Bestätigung der Gemeinde vorliegen, dass das Bauvorhaben als genehmigt gilt oder mit dem Bau begonnen werden darf. Ist eine solche Bestätigung nach dem Landesrecht nicht vorgesehen, genügt eine Bestätigung durch den Bauträger selbst. Allerdings darf er dann frühestens einen Monat nach Eingang der Bauträgerbestätigung beim Erwerber dessen Baugelder verwenden.

Der Bauträger muss sich ferner an die vorgeschriebenen Höchstgrenzen bei den **Baufortschrittsraten halten**. Es handelt sich um sieben Teilbeträge, die aus folgenden Baufortschrittsmerkmalen zusammengesetzt werden können:

1. von der Vertragssumme:
   30 %, wenn das Eigentum am Grundstück auf den Erwerber übertragen werden soll *oder*
   20 %, wenn ein Erbbaurecht bestellt oder übertragen werden soll, abrufbar jeweils *nach Beginn der Erdarbeiten*.

2. von der verbleibenden Vertragssumme:
   40 % *nach* Rohbaufertigstellung,
   8 % *für* die Herstellung der Dachflächen und Dachrinnen,
   3 % *für* die Rohinstallation der Heizungsanlagen,
   3 % *für* die Rohinstallation der Sanitäranlagen,
   3 % *für* die Rohinstallation der Elektroanlagen,
   10 % *für* den Fenstereinbau einschl. Verglasung,
   6 % *für* den Innenputz, ausgenommen Beiputzarbeiten,
   3 % *für* den Estrich,
   4 % *für* die Fliesenarbeiten im Sanitärbereich,
   12 % *nach* Bezugsfertigkeit,
   3 % *für* die Fassadenarbeiten,
   5 % *nach* vollständiger Fertigstellung.

Zu erkennen ist, dass nur noch bei den Baufortschrittsraten für Rohbau, nach Bezugsfertigkeit und nach völliger Fertigstellung eine (logische) zeitliche Reihenfolge vorgegeben ist. Im Übrigen kann der Bauträger im Vertrag mit dem Erwerber seine sieben Teilbeträge beliebig zusammensetzen, je nachdem, wann er mit welchen Teilarbeiten nach seiner Zeitplanung jeweils fertig wird.

So weit einzelne Leistungen nicht anfallen oder vom Erwerber in Eigenleistung erbracht werden, kann der auf sie entfallende %satz auf die übrigen Leistungen anteilig verteilt werden.

Die gewählten Baufortschrittsraten finden Eingang in den notariell zu beurkundenden Bauträgervertrag.

<small>MaBV § 8 Pflicht zur Rechnungslegung</small>

Näheres zu den weiteren Absicherungspflichten nach den §§ 4–6 MaBV sowie der **Rechnungslegungspflicht** (siehe 1.3.2.1).

<small>MaBV § 7</small>

Eine besondere Bedeutung für Bauträger hat die Vorschrift des § 7 MaBV. Er kann sich von der Einhaltung der bisher beschriebenen Sicherungsvorschriften dadurch befreien, dass er seinem Kunden eine Sicherheit für alle etwaigen Ansprüche auf Rückgewähr oder Auszahlung der geleisteten Baugelder anbietet. Diese Sicherheit kann nur in einer **selbstschuldnerischen Bankbürgschaft** bestehen. Viele Bauträger machen von dieser Möglichkeit Gebrauch, weil sie durch einen frühzeitigen Zugriff auf die Baugelder der Erwerber Zwischenfinanzierungszinsen ersparen und den eigenen Liquiditätsspielraum vergrößern.

1.6.2.3 Leistungen des Bauträgers

Die Vorbereitung und Durchführung der Baumaßnahmen geschieht unter **technischen** und **wirtschaftlichen** Aspekten. Sie haben auf die Unternehmensstruktur Einfluss.

<small>technischer Leistungsbereich bei Baumaßnahmen

Grundleistungen nach HOAI § 3 Abs. 4</small>

Für den **technischen Leistungsbereich** sind entweder unternehmensinterne oder fremdbeauftragte selbstständige Architekten, Bauingenieure und „Sonderfachleute" zuständig. Der technische Leistungsbereich könnte am Muster der in der Honorarordnung für Architekten und Ingenieure (HOAI) beschriebenen **Grundleistungen dargestellt** werden. In § 3 Abs. 4 der HOAI 2009 sind aufgeführt.

(Siehe hierzu die Ausführungen unter 10.3.1 ff)

<small>wirtschaftlicher Leistungsbereich</small>

Der **wirtschaftliche Leistungsbereich** eines Bauträgers umfasst im Wesentlichen folgende Bereiche:

1. Regelung der dinglichen Rechte des Baugrundstücks,
2. Kalkulation der Gesamtkosten,
3. Aufstellung des Finanzierungsplanes,
4. Wirtschaftlichkeits-/Lasten-/Rentabilitätsberechnung,
5. Beschaffung und Veranlassung der dinglichen Absicherung der Finanzierungsmittel,
6. Sicherstellung der Zwischenfinanzierung,
7. Abschluss erforderlicher Versicherungsverträge,
8. Vergabe der Bauleistungen,
9. Führung des Baubuches
10. Prüfung der Rechnungen auf rechnerische Richtigkeit,
11. Zahlungsverkehr,
12. Führung der Bauakte,
13. Erstellung der Schlussabrechnung.

Eine wesentliche Verständigungsgrundlage für die an der Erbringung der Bauleistungen Beteiligten ist die **"Vertrags- und Vergabeordnung für Bauleistungen"** von 2006.

VOB 2002

(Siehe hierzu die Ausführungen unter 10.4.3 und 10.4.4)

Die VOB gilt nur, wenn sie als Vertragsgrundlage vereinbart wird. In Teil B werden die Rechtsbeziehungen zwischen dem Bauherrn (also Wohnungsunternehmen, Bauträger u. a.) und den bauausführenden Firmen geregelt – nicht aber für die Rechtsbeziehung zum Architekten.

Die **Baustellenverordnung**, die der Sicherheit und dem Gesundheitsschutz auf Baustellen dient, verpflichtet den Bauherrn entweder selbst die Rolle eines **Baustellenkoordinators** zu übernehmen oder einen Dritten für die Koordination zu beauftragen. Besondere Pflichten im Interesse des Arbeitsschutzes treffen die Arbeitgeber.

Baustellenverordnung
Baustellenkoordinator

1.6.2.4 Aufzeichnungs- und Informationspflichten des Bauträgers

Bauträger sind verpflichtet, Aufzeichnungen zu machen oder Unterlagen und Belege zu archivieren, aus denen sich die Daten ergeben, über die eine Aufzeichnungspflicht besteht. Diese Aufzeichnungen beziehen sich im Wesentlichen auf drei Datengruppen. Die erste Datengruppe sind Vertragsdaten, die Eingang in den Bauträgervertrag finden. Aus den **Vertragsdaten** müssen sich ergeben:

Aufzeichnungspflichten

Vertragsdaten

- **Name** und **Anschrift** des Auftraggebers (Bauherr, Erwerber),
- etwaiges **Einverständnis** des Auftraggebers, dass über seine Baugelder durch den Baubetreuer verfügt werden kann,
- Information des Auftraggebers über die Verpflichtung zur **auftragsgemäßen Verwendung** der Baugelder,
- **Aufklärung** über die Bestimmungen des § 3 MaBV (siehe oben unter 1.6.2.2),
- **Kaufobjekt, Kaufpreis,** die vom Erwerber zu übernehmenden Belastungen und vom Bauträger beschaffte **Fremdfinanzierung,**
- Zeitpunkt der Fertigstellung.

Durch Aufbewahrung der notariellen Urkunden werden diese Pflichten bereits erfüllt.

Die zweite Datengruppe bezieht sich auf das **Bauvorhaben** selbst. Daraus müssen sich ergeben.

Daten des Bauvorhabens

- **Lage** und **Größe** des Baugrundstücks,
- das Bauvorhaben mit den genehmigten bzw. als genehmigt geltenden **Bauplänen** und die **Baubeschreibung**. Die Baubeschreibung ist auch Bestandteil des Bauträgervertrages.

Zu den Daten, aus denen sich die **Absicherungspflicht** ergibt, gehören

Daten der Absicherung

- alle **Einzahlungen** der Bauherren bzw. Erwerber auf das Sonderkonto sowie alle Verrechnungsvorgänge,
- alle **Verwendungen** der Baugelder dem Tage und der Höhe nach.

Die aufzubewahrenden Daten sind auch die Grundlage für die **Informationspflicht** des Bauträgers. Da die Informationen bereits erfolgen müssen, bevor Verhandlungen über das Objekt stattfinden, ist klar, dass die Unterlagen für den Kunden, aus denen sich die Informationen ergeben, insbesondere die Baubeschreibung und die Pläne identisch sein müssen mit den Unterlagen, die dem notariellen Bauträgervertrag zugrunde gelegt werden. Die hier dargestellten Vorschriften gelten auch, so weit sie in Betracht kommen, für wirtschaftliche Baubetreuer.

1.6.2.5 Vergütung des Bauträgers

Die Vergütung des Bauträgers beruht auf der **Baukalkulation**. Sie setzt sich im Wesentlichen aus folgenden Komponenten zusammen:

- **Grundstückskosten** einschl. Kosten der Erschließung. Sie lassen sich aus dem Kaufpreis ableiten, den der Bauträger für den Erwerb des Baugrundstücks bezahlt hat. Zu berücksichtigen sind aber zusätzlich die Erwerbsnebenkosten.
- **Reine Baukosten**. Wird ein Generalunternehmer beauftragt, kann dessen Festpreisangebot als Grundlage dienen.
- **Baunebenkosten**. Sie bestehen im Wesentlichen aus den Honoraren der Architekten und Bauingenieure, Kosten der für Leistungen der Behörden, Verwaltungskosten des Bauträgers und den Kosten für Beschaffung der Zwischenfinanzierung und Bauzeitzinsen.
- **Gewinnaufschlag**.

In der Regel wird aus diesen Kostenelementen samt Gewinnaufschlag ein **Festpreis** für das Gesamtvorhaben kalkuliert. Er teilt sich entsprechend der Zahl und Größe der einzelnen Einheiten auf, wobei Lagevor- und -nachteile der Einheiten, insbesondere bei Mehrgeschosshäusern, zu einer weiteren Differenzierung führen.

In der Regel bietet der Bauträger Möglichkeiten zur Berücksichtigung standardisierter Sonderwünsche gegen einen Pauschalpreis oder gegen gesonderte Abrechnung an.

1.6.2.6 Versicherungsbedarf des Bauträgers

Wie jedem Grundstückseigentümer obliegt auch dem Bauträger eine **Verkehrssicherungspflicht**. Dabei ist zu berücksichtigen, dass die Schadensquellen einer Baustelle ungleich höher einzustufen sind, als die Schadenquellen eines bestehenden Hauses. Zwar kann versucht werden, durch entsprechende Hinweisschilder z. B. „Betreten auf eigene Gefahr", das Schadensrisiko zu verringern. Dies schützt nur bedingt. Wenn die Baustelle nicht genügend abgesichert ist und ein Kind fällt in die Baugrube und verletzt sich, dann ist dies ein **Haftpflichtfall**. Außerdem können auch außerhalb der Baustelle Schäden entstehen, deren Ursache im Bereich der Baustelle angesiedelt ist.

Die **Bauherrenhaftpflichtversicherung** ist stets mit einem Rechtsschutz verbunden. Der Versicherer prüft im Schadenfall, ob der Bauherr in Anspruch genommen werden kann und wehrt unberechtigte Ansprüche ab. Abgesichert werden Personen, Sach- und Vermögensschäden. Die üblichen Versicherungssummen liegen zwischen drei bis fünf Millionen Euro pro Sach- und Personenschaden und 50.000 – 75.000 Euro pro Vermögensschaden. Die Prämie richtet sich nach der Bausumme. Im Vertrag mit den bauausführenden Firmen kann vereinbart werden, dass diese den Abschluss der Versicherung übernehmen. Die Versicherung wird mit einer Laufzeit von längsten zwei Jahren abgeschlossen.

Eine weitere Versicherung ist die **Bauleistungsversicherung**, die gegen am Bau unvorhergesehen eintretende Schäden versichert. Dabei kommt es nicht darauf an, ob der Schaden durch Einwirkung Dritter (z. B. Diebstahl, Vandalismus, eingeschlagene Fensterscheiben) entstand oder durch höhere Gewalt (z. B. ungewöhnliche Überflutungen durch Hochwasser). Auch Folgeschäden von Konstruktions- und Materialfehlern werden üblicherweise in die Bauleistungsversicherung einbezogen. Nicht versichert sind Mängel ausgeführter Bauleistungen und nicht eingebaute Sachen, die auf der Baustelle lagern, wenn sie gestohlen werden.

Bauleistungsversicherung

Versichert sind alle Bauleistungen, Baustoffe und Bauteile für den Roh- und Ausbau einschließlich aller als wesentliche Bestandteile eingebauten Einrichtungsgegenstände (mit einigen Ausnahmen). In die Bauleistungsversicherung kann auch eine Rohbaufeuerversicherung einbezogen werden.

Die Versicherung läuft über die ganze Bauzeit bis zur Fertigstellung, höchstens zwei Jahre. Sie kann danach verlängert werden. In der Regel wird ein Selbstbehalt des Versicherungsnehmers vereinbart.

Bauträger sind auf freiwilliger Basis im Bundesverband freier Immobilien- und Wohnungsunternehmen e. V. Berlin, im Bundesverband deutscher Wohnungs- und Immobilienunternehmen GdW e. V. und im Immobilienverband Deutschland e. V. (IVD) organisiert.

Zum Thema „Bautechnische Grundlagen" siehe Kapitel 9
Zum Thema „Immobilienentwicklung" siehe Kapitel 10

1.6.3 Baubetreuung und Projektsteuerung

Im Gegensatz zu Projektentwicklern und Bauträgern, die als Unternehmer das volle Risiko als gewerbliche Bauherren tragen, handelt es sich bei Baubetreuern um Personen, die gegenüber privaten wie auch gewerblichen Bauherren eine **Stellvertreterfunktion** einnehmen. Sie vertreten bei Vorbereitung und Durchführung von Baumaßnahmen die Bauherren. Sinnvoll ist die Beauftragung von Baubetreuern überall dort, wo Bauherrn sich aus zeitlichen oder fachlichen Gründen selbst nicht in der Lage fühlen, die im Rahmen der Herstellung von Gebäuden erforderlichen Maßnahmen professionell und zielorientiert in Gang zu setzen und zu steuern. Baubetreuer handeln stets im Namen und für Rechnung der Bauherren. Bei diesen verbleibt das Bauherrenrisiko. Es wird allerdings durch die vom Baubetreuer eingebrachte zusätzliche Professionalität erheblich reduziert.

Rechtsbeziehung Bauberater – Bauherr

Unterschieden wird zwischen der **wirtschaftlichen** und der **technischen** Baubetreuung. Übernimmt der Baubetreuer beide Aufgabenbereiche, dann spricht man von **Vollbetreuung**. Der technische Bereich umfasst alle Maßnahmen, die in den Aufgabenbereich von Architekten, Bauingenieuren und Sonderfachleuten fallen. Die wirtschaftliche Baubetreuung umfasst vor allem die Veranlassung und Überwachung aller Maßnahmen, die die Wirtschaftlichkeit des Bauprozesses sicherstellen sollen. Es

Baubetreuung Aufgabenbereiche Vollbetreuung

handelt sich um die Leistungen, die auch ein Bauträger zu erbringen hat. Es kann deshalb auf die Ausführungen unter 1.6.2.3 verwiesen werden.

1.6.3.1 Die wirtschaftliche Baubetreuung

Erlaubnis nach GewO § 34c
MaBV § 2 als Kernvorschrift für wirtschaftliche Baubetreuer

Der wirtschaftliche Baubetreuer bedarf ebenso wie der Bauträger einer **Erlaubnis** zur Ausführung seines Gewerbes nach § 34 c Gewerbeordnung (siehe hierzu 1.3.1). Für ihn gelten bestimmte Berufsausübungsregeln der Makler- und Bauträgerverordnung (siehe hierzu 1.3.2). Im Focus dieser Vorschriften steht der Schutz des Auftraggebers des Baubetreuers, der ihm zur Ausführung seines Auftrages Geld anvertraut. Die Kernvorschrift, die der Baubetreuer zu beachten hat, bezieht sich auf § 2 MaBV.

Sicherungspflichten des wirtschaftlichen Baubetreuers

Wirtschaftliche Baubetreuer müssen danach Vermögenswerte des Bauherrn (in der MaBV als **Auftraggeber** bezeichnet), die sie zur Ausführung von Bauvorhaben erhalten oder zu deren Verwendung sie ermächtigt werden, vorher absichern. Dies geschieht entweder durch Stellung einer selbstschuldnerischen **Bankbürgschaft** oder durch Abschluss einer „**Vertrauensschadenversicherung**". (Achtung: Nicht verwechseln mit Vermögensschadenversicherung!). Die Vertrauensschadenversicherung hat in der Praxis keine besondere Bedeutung erlangt. Absicherungen erfolgten regelmäßig über **Bankbürgschaften**. Diese müssen einen Verzicht auf die „Einrede der Vorausklage" enthalten. Damit soll dem bürgenden Kreditinstitut die Möglichkeit abgeschnitten werden, aus dem Bürgschaftsvertrag erst zu leisten, wenn die verbürgte Leistungspflicht durch Urteil bestätigt ist. Diese Bürgschaft wird auch als „selbstschuldnerische Bürgschaft" bezeichnet.

Die Bürgschaftsurkunde (bzw. der Versicherungsschein) ist dem Bauherrn auszuhändigen. Die Höhe der Absicherung richtet sich nach dem Umfang der abzusichernden Vermögenswerte. In der Regel bestehen diese Vermögenswerte in den Guthaben, die der Bauherr auf das Baukonto einbezahlt. Dazu zählen auch die Guthaben, die durch Auszahlung von Baudarlehen durch Dritte, insbesondere von Kreditinstituten stammen. Die Absicherung muss bis zur Rechnungslegung, ersatzweise bis zur endgültigen Fertigstellung des Bauvorhabens aufrechterhalten werden.

Sicherungsumfang

Gesichert werden sollen **Schadensersatzansprüche** wegen vorsätzlich begangener unerlaubter Handlungen im Zusammenhang mit den anvertrauten Vermögenswerten (z. B. Veruntreuung der Gelder). Solche Schadensersatzansprüche würde die **Vermögensschadenversicherung** des Baubetreuers **nicht** decken.

Baubetreuer sind von der Einhaltung der Vorschriften dann befreit, wenn sie Überweisungsaufträge, die das Bauherrenkonto belasten, stets vom Bauherrn gegenzeichnen lassen und die Überweisung vereinbarungsgemäß nur unter dieser Bedingung möglich ist.

Das **Leistungsbild** des wirtschaftlichen Baubetreuers entspricht dem wirtschaftlichen Leistungsbereich des Bauträgers (siehe hierzu 1.6.2.3) Der entscheidende Unterschied besteht darin, dass der Baubetreuer stets im Namen und für Rechnung des Bauherren handelt und damit kein Bauherrenrisiko trägt, während der Bauträger stets in eigenem Namen und meist auf eigene Rechnung handelt, also selbst Bauherr ist.

1.6.3.2 Haftung des Baubetreuers

Um die zivilrechtlichen Grundlagen der Baubetreuung bestimmen zu können, muss der Baubetreuungsvertrag auf die Art der geschuldeten Leistung untersucht werden. Es wurde bereits zwischen Voll- und Teilbetreuung unterschieden. Der Baubetreuer im Sinne des § 34c GewO ist ausschließlich der **wirtschaftliche** Baubetreuer, also ein Teilbetreuer. Die Leistungen, die er zu erbringen hat, haben eine entgeltliche Geschäftsbesorgung im Bereich des Dienstvertragsrechts zum Gegenstand. Sie ist somit nach **auftrags-** und **dienstvertragsrechtlichen** Bestimmungen des BGB zu beurteilen.

Auftrags- und Dienstvertragsrecht

Die **technische Baubetreuung** zielt überwiegend auf die Erstellung eines „**Werkes**" ab (z. B. Bauplanung, Erstellung von Ausführungszeichnungen, Erstellung von Leistungsverzeichnissen). Sie haben eine entgeltliche Geschäftsbesorgung im Bereich des Werkvertragsrechts zum Gegenstand und sind deshalb nach **auftrags-** und **werkvertragsrechtlichen** Bestimmungen des BGB zu beurteilen.

Haftung der technischen Baubetreuer

In rechtlicher Hinsicht ergeben sich erhebliche Unterschiede. Beim **Werkvertragsrecht** gibt es eine Mängelhaftung, beim Dienstvertragsrecht nicht. Beim Werkvertragsrecht haben wir hinsichtlich der Baumängelhaftung eine **Gewährleistungspflicht** von 5 Jahren. Zu unterscheiden ist allerdings zwischen der **Gewährleistung** an einem **Bauwerk** und der **Gewährleistung** an einem **Grundstück**. Die Verjährungsfrist für Arbeiten am **Grundstück** beträgt zwei Jahre. Führt ein Maler Arbeiten an einem Haus aus, ist dies Instandhaltung am Grundstück (2 Jahre Gewährleistung), wird das Dachgeschoss ausgebaut, sind dies Arbeiten an einem Bauwerk (5 Jahre Gewährleistung). Die Gewährleistung führt zu **Nacherfüllungsansprüchen** des Bauherrn gegenüber dem technischen Baubetreuer.

Werkvertragsrecht

BGB § 634a

Bei Pflichtverletzungen des **wirtschaftlichen** Baubetreuers gibt es **Schadensersatzansprüche**. Haftungsbegrenzungen können vertraglich vereinbart werden. Dies gilt für fahrlässiges Verschulden. Eine übliche Haftungsausschlussklausel (Freizeichnungsklausel) ist z. B. „Irrtum vorbehalten".

Haftung der wirtschaftlichen Baubetreuer

Klassische **Haftungsfälle des wirtschaftlichen Baubetreuers** sind:

- Erhebliche **Bausummenüberschreitungen** gegenüber seinen, dem Vertrag zugrunde liegenden Berechnungen, sofern nicht der Architekt dafür verantwortlich ist. Die Toleranzgrenze liegt bei 15–20 %.
- **Fehlerhafte** Kostenermittlung, lückenhafter Finanzierungsplan, falsche Berechnung des Kapitaldienstes und steuerlicher Entlastungen, unterlassener Skontoabzug u. dgl.
- **Vorvertragliche Pflichtverletzungen** (es handelt sich um solche, die keine Vertragsverletzungen darstellen, sondern Verstöße gegen Treu und Glauben vor Abschluss des Betreuungsvertrages) Beispiele: Verschweigen des Fehlens einer Erlaubnis nach § 34c GewO, bewusst zu niedrige Kostenermittlung oder Verschweigen vorausschaubarer Finanzierungsprobleme, um einen Betreuungsvertrag zu bekommen usw. In diesen Fällen handelt es sich um eine unerlaubte Handlung.
- **Prospekthaftung**, sofern der Baubetreuer im Prospekt aufgeführt ist und damit eine Vertrauensstellung einnimmt. Fehler, Unvollständigkeiten oder Irreführungen im Prospekt brauchen nicht auf den Baubetreuer zurückzuführen sein, es genügt

Bausummenüberschreitungen

seine namentliche Erwähnung und die Darstellung seiner Mitwirkungsfunktion, um in den haftenden Personenkreis mit einbezogen zu werden.

Haftung aus unerlaubter Handlung

Schließlich wird auch noch auf die Haftung aus **unerlaubter Handlung** nicht nur gegenüber dem Vertragspartner, sondern **Dritten gegenüber** hingewiesen. Es handelt sich um ein Deliktsrecht. Entsteht Schaden durch Übertreten zwingend gebotener Schutzvorschriften, entstehen im zivilrechtlichen Bereich Schadensersatzansprüche. Davon unabhängig sind etwaige öffentlich-rechtliche Sanktionen gegen den Schädiger (z. B. Verfahren wegen einer Ordnungswidrigkeit oder einer Straftat). Zur unerlaubten Handlung gegenüber seinem Auftraggeber, dem Bauherren, würde z. B. die Unterschlagung von Baugeldern gehören oder die Entgegennahme von „Schmiergeldern". Gegenüber Dritten kann der Baubetreuer aus unerlaubter Handlung haften, wenn er, um Kosten zu sparen, die Baustelle nicht absichert und z. B. ein Kind kommt auf der Baustelle zu Schaden.

1.6.3.3 Verjährung im Baubetreuungsgeschäft

Verjährungsfristen BGB §§ 195 u. 199

Leistungsansprüche aus einem Dienstvertrag, z. B. Ansprüche auf die vereinbarte Vergütung, verjähren generell in **drei** Jahren. Die Verjährungsfrist beginnt mit dem Schluss des Kalenderjahres, in dem der Anspruch entstanden ist und der Gläubiger vom Entstehen des Anspruchs erfahren hat oder bei entsprechender Sorgfalt hätte erfahren müssen.

BGB § 199 Abs. 3

Bei **Schadensersatzansprüchen** beginnt die Verjährungsfrist mit dem Tag, an dem der geschädigte Kenntnis vom schadenstiftenden Ereignis erlangt hat oder hätte erlangen müssen („grob fahrlässige Nichtzurkenntnisnahme"), spätestens aber nach Ablauf von 10 Jahren. Das bedeutet, dass nach 10 Jahren auf jeden Fall eine Verjährung eintritt, wenn der Geschädigte vor Ablauf dieser Frist keine Kenntnis vom schadenstiftenden Ereignis erhalten hat. In Fällen, in denen der Schaden erst **nach der Pflichtverletzung** eintritt, verlängert sich diese Maximalfrist auf **dreißig** Jahre, gerechnet vom Tage der Pflichtverletzung an. Ein solcher Fall kann eintreten, wenn der Objektbetreuer z. B. bei Durchführung einer Umbaumaßnahme baustatische Erfordernisse unberücksichtigt lässt, weil ihm dies lästig ist, und sich daraus erst nach vielen Jahren ein Schadensfall ergibt. Führt die **unerlaubte Handlung** zu einer

Verjährung bei unerlaubter Handlung

Verletzung des Lebens, des Körpers, der Gesundheit oder der Freiheit einer Person, beträgt die Verjährungsfrist grundsätzlich 30 Jahre.

Hemmung der Verjährung

Die Verjährung wird in ihrem Ablauf durch Rechtsverfolgung des Anspruchs **gehemmt**. Der Zeitraum, während der die Verjährung gehemmt ist, wird auf die Verjährungsfrist nicht angerechnet. **Neu beginnt die Verjährungsfrist** zu laufen, wenn der Schuldner die Forderung durch Abschlagzahlung, Zahlung von Zinsen oder durch Sicherheitsleistung anerkennt oder eine gerichtliche bzw. behördliche Vollstreckungshandlung vorgenommen wurde. Früher sprach man von „Unterbrechung der Verjährung".

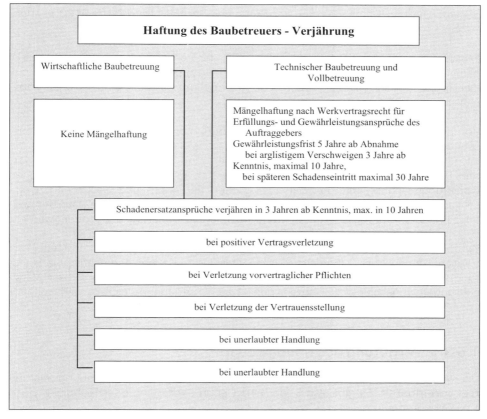

Abb. 11: Haftung des Baubetreuers

1.6.3.4 Versicherung des Baubetreuers

Der Baubetreuer muss ebenso wie der Objektbetreuer mit Schadensersatzansprüchen für den Fall rechnen, dass er gegen seine ihm obwaltenden Sorgfaltspflichten verstößt und dadurch dem Auftraggeber ein Schaden entsteht. (Siehe zur Haftung des Baubetreuers auch 1.6.3.2)

Der Baubetreuer kann die sich daraus ergebenden Risiken – ähnlich wie Makler, Angehörige der freien Berufe oder Notare – durch Abschluss einer **Vermögensschadenhaftpflichtversicherung** verringern. Im Bereich der in der Immobilienwirtschaft tätigen Unternehmer werden **gebündelte Versicherungen** angeboten, die sich auf Schäden aus der Makler-, Baubetreuungs-, Hausverwaltungs- und Immobilien-Sachverständigentätigkeit beziehen. Die Mitglieder des Immobilienverbandes Deutschland (IVD) müssen aufgrund der Satzungsbestimmungen eine Vermögensschadenhaftpflichtversicherung abgeschlossen haben und unterhalten.

Vermögensschadenhaftpflichtversicherung

Nicht abgesichert sind Ansprüche auf Ersatz von Schäden aus **unerlaubter Handlung** und Schäden, die durch vorsätzliches Handeln entstehen. Hier greift die **Vertrauensschadenversicherung**. Auftraggeber von Mitgliedern des Immobilienverbandes Deutschland (IVD) sind durch eine vom Verband gehaltene Vertrauensscha-

Vertrauensschadenversicherung des IVD

denversicherung unabhängig von der Größe des einzelnen Betriebes seit 2008 abgesichert.

In allen übrigen Fällen gilt folgendes: Die Höhe der Versicherungsprämie richtet sich nach der Größe des Betriebes (Zahl der Mitarbeiter) und der Versicherungssumme. Eine grundsätzliche öffentlich-rechtliche Pflicht zum Abschluss einer solchen Versicherung besteht nicht.

Architektenhaftpflichtversicherung

Von der **Architekten-Haftpflichtversicherung** unterscheidet sich die Vermögensschadenhaftpflichtversicherung für wirtschaftliche Baubetreuer dadurch, dass mit ihr nur Vermögensschäden und nicht Personen- und Sachschäden abgedeckt werden. Bei Vollbetreuung, die im technischen Bereich auch die Aufgaben der örtlichen Objektüberwachung mit den dabei möglichen Personen- und Sachschäden einschließt, sollte deshalb die Vermögensschadenhaftpflichtversicherung auf den weiterreichenden Umfang der Architekten-Haftpflichtversicherung ausgedehnt werden.

Zu dem im Zusammenhang mit der Durchführung von Bauvorhaben entstehenden Versicherungsbedarf (Bauleistungsversicherung, Bauherrenhaftpflichtversicherung) wurde bereits unter 1.6.2.6 hingewiesen. Dafür zu sorgen, dass diese Versicherungen abgeschlossen werden, gehört zum Aufgabenbereich der wirtschaftlichen Baubetreuung.

1.6.3.5 Vergütung des Baubetreuers

Freie Vergütungsvereinbarung

Der wirtschaftliche Baubetreuer kann die **Vergütung** für seine Betreuungsleistung **frei vereinbaren.** Es gibt also weder eine Gebührenordnung oder Richtlinien noch eine Gebührenempfehlung.

Übliche Vergütung BGB § 612

Da sich der Betreuungsvertrag über eine ausschließlich wirtschaftliche Teilbetreuung nach dem Dienstvertrags-/Auftragsrecht richtet, ist § 612 BGB zu beachten. Danach gilt eine Vergütung als stillschweigend vereinbart, wenn die Dienstleistung den Umständen nach nur gegen eine Vergütung zu erwarten ist. Richtschnur für die Höhe der Baubetreuungsvergütung ist in diesem Fall die **übliche** Vergütung.

Eine Umfrage vom Frühjahr 2004 des früheren Ring Deutscher Makler in Bayern hat z. B. ergeben, dass im bayerischen Raum die vereinbarten Gebühren für die wirtschaftliche Baubetreuung 5 % der Bausumme (ohne Grundstücks- und Baunebenkosten) zuzüglich Umsatzsteuer erreichen können. Zugrunde gelegt wurde das Leistungsprofil, das dem wirtschaftlichen Leistungsbereich eines Bauträgers entspricht.

1.6.3.6 Der Projektsteuerer

Während Baubetreuer den Bauherrn bei der Vorbereitung und Durchführung von Baumaßnahmen **vertreten**, also entsprechende Aufträge an Bauunternehmen und bei Vollbetreuung an Architekten und Bauingenieure vergeben, die Finanzierung sicherstellen und Gelder vom Kreditinstitut nach Baufortschritt abrufen, handelt es sich bei **Projektsteuerern** um Personen, die intern gegenüber dem Bauherrn bzw. Projektmanagern eine **beratende** und **steuernde** Funktion übernehmen. Sie helfen bei der konkreten Definition der Aufgaben, die zu erledigen sind, inszenieren und dirigieren im Hintergrund alle Abläufe, die in den Bauprozess integriert werden müssen.

Funktionen von Projektsteuerern

Sie handeln in der Regel nicht nach außen, sondern liefern durch zeitgerechte Informationen die Entscheidungsgrundlagen für das Handeln der Bauherren. Sie haben aber keine Entscheidungsbefugnis. Projektsteuerer werden vor allem bei sehr komplexen Vorhaben eingesetzt, bei denen die Gefahr derer, die Entscheidungen zu treffen haben, etwas zu übersehen, besonders groß ist.

Der **Leistungsbereich der Projektsteuerer** war früher in der HOAI wie folgt beschrieben:

Leistungen der Projektsteuerer nach dem früheren HOAI § 31

1. Klärung der Aufgabenstellung, Erstellung und Koordinierung des Programms für das Gesamtprojekt,
2. Klärung der Voraussetzungen für den Einsatz von Planern und anderen an der Planung fachlich Beteiligten (Projektbeteiligte),
3. Aufstellung und Überwachung von Organisations-, Termin- und Zahlungsplänen, bezogen auf Projekt und Projektbeteiligte,
4. Koordinierung und Kontrolle der Projektbeteiligten, mit Ausnahme der ausführenden Firmen,
5. Vorbereitung und Betreuung der Beteiligung von Planungsbetroffenen,
6. Fortschreibung der Planungsziele und Klärung von Zielkonflikten,
7. laufende Information des Auftraggebers über die Projektabwicklung und rechtzeitiges Herbeiführen von Entscheidungen des Auftraggebers,
8. Koordinierung und Kontrolle der Bearbeitung von Finanzierungs-, Förderungs- und Genehmigungsverfahren.

Da die Vorschrift in der HOAI 2009 gestrichen wurde gibt es für den Begriff der Projektsteuerung keine amtliche Definition mehr.

Wenn die **Projektsteuerung von Architekten** übernommen wird, ist das **Honorar** frei vereinbar. Bei Fehlen einer Honorarvereinbarung gelten die Leistungen mit dem für die Grundleistungen vereinbarten Architektenhonorar als abgegolten.

Freie Honorarvereinbarung bei Projektsteuerung

Projektsteuerer sind bei Generalunternehmern und Generalübernehmern angesiedelt, aber auch zunehmend in Architekturbüros. Sie sind im „Deutschen Verband der Projektmanager in der Bau- und Immobilienwirtschaft e. V. (DPV)" Berlin – früher Deutscher Verband der Projektsteuerer e. V. – organisiert.

1.6.4 Vermittlung von Verträgen über Immobilien

Eine besondere **Funktion** erfüllen **Immobilienmakler**. Teilweise sind sie auf bestimmte Marktsegmente spezialisiert, z. B. auf Gewerbeimmobilien, Wohnimmobilien, Betriebe und Unternehmen, Wohnungsvermittlung. Teilweise bieten sie neben der Maklerleistung aber auch andere immobilienwirtschaftliche Dienstleistungen an, z. B. Miethausverwaltung, Wohnungseigentumsverwaltung, Sachverständigentätigkeit, Repräsentanzen für Kreditinstitute oder Versicherungsvertretungen. Makler sind **Marktdienstleister**.

Funktion der Immobilienmakler

Makler als Marktdienstleister

Banken als Makler

In das Geschäft der **klassischen Maklertätigkeit** stiegen gegen Ende der 60er Jahre zunächst die Genossenschaftsbanken ein. Einige Jahre später zogen die Sparkassen und Bausparkassen durch Gründung eigener Maklergesellschaften (z. B. die „Landesimmobiliengesellschaften") nach. In der weiteren Entwicklung stießen auch die Geschäftsbanken – teils in Kooperation mit Maklern oder als Gesellschafter früherer Privatmakler – im Rahmen der „Allfinanzstrategie" ins Maklergeschäft vor. Heute betreiben viele immobilienwirtschaftliche Unternehmen und auch öffentliche Stellen das Maklergeschäft, entweder zur Abrundung ihres Leistungsangebots oder als Service.

Maklerfunktionen: Beschaffung und Vertrieb von Immobilien

Immobilienmakler übernehmen für Marktteilnehmer eine Beschaffungs- und eine Vertriebsfunktion. Auftraggeber sind Unternehmen, die öffentliche Hand und Privatleute, die eine Immobilie erwerben oder veräußern wollen. Makler sind aber nicht nur für die Vermittlung von Kaufverträgen zuständig, sondern auch für die Vermittlung von Miet- und Pachtverträgen, Erbbaurechten usw.

Moderne Makler haben darüber hinaus eine Beratungs- und Betreuungsfunktion. Sie sind behilflich bei der Beschaffung von Finanzierungsmitteln und bei der Bewertung der zu verkaufenden Immobilien.

Organisation der Immobilienberufe

Makler waren bis 2005 in zwei verschiedenen Verbänden organisiert, nämlich im **Ring Deutscher Makler, Verband der Immobilienberufe und Hausverwalter e. V.** (gegründet 1924) mit 4500 Mitgliedern und im **Verband Deutscher Makler** (gegr. 1963) mit ca. 2400 Mitgliedern.

Immobilienverband Deutschland

Diese Verbände haben sich auf Bundesebene durch Verschmelzung zum „**Immobilienverband Deutschland (IVD) Bundesverband der Immobilienberater, Makler, Verwalter und Sachverständigen e.V.**" zusammengeschlossen. Sitz des IVD ist Berlin. Parallel dazu erfolgte eine Verschmelzung auf Regionalebene Die Mitgliederzahl beträgt heute ca. 5000. Mitglieder einiger RDM Landes- und Bezirksverbände haben sich gegen die Verschmelzung ausgesprochen und firmieren nach wie vor unter „Ring Deutscher Makler".

Zum Thema Makler als Dienstleister am Immobilienmarkt siehe Kapitel 15

1.6.5 Verwaltung von Wohnungs- und Teileigentum

Eigentumswohnungen sind ein „**doppeltes**" **Marktgut.** Sie werden von zwei grundverschiedenen Nachfragetypen erworben. Für die eine Gruppe ist die Eigentumswohnung das „**Eigenheim in der Etage**" (oft als Ersatz für das noch nicht erschwingliche Reiheneinfamilienhaus, oft primär zur Eigenheimbefriedigung in zentralen großstädtischen Lagen). Für die zweite Gruppe ist die Eigentumswohnung der Einstieg in die **Immobilienvermögensanlage**. Wegen der erheblichen steuerlichen Förderung in der Vergangenheit hat sich der Bau von Eigentumswohnungen in beträchtlichem Umfange zu einem **Mietwohnungsersatzbau** entwickelt.

Dauerwohnrecht

Während sich das im Wohnungseigentumsgesetz kodifizierte **eigentumsähnliche Dauerwohnrecht nicht** durchsetzen konnte, gewann die Eigentumswohnung in der Gunst der Nachfrage eine hohe Wertschätzung.

Unterschied Miethausverwaltung und Wohnungseigentumsverwaltung

Die Verwaltung von Wohnungs- und Teileigentum wurde zu einem speziellen Leistungsbereich für immobilienwirtschaftliche Unternehmen. Diese Tätigkeit setzt profunde Kenntnisse des Wohnungseigentumsrechts voraus. Im Gegensatz zu **Miethausverwaltern** sind **Wohnungseigentumsverwalter** nur zuständig für die Verwaltung von gemeinschaftlichem Eigentum. Sie haben bestimmte Mindestaufgaben zu erledigen, die im Einzelnen im Wohnungseigentumsgesetz vorgegeben sind. Die Wohnungseigentümer einer Wohnanlage können gegen den Willen eines einzelnen Wohnungseigentümers auf die Bestellung eines Verwalters nicht verzichten. Deshalb gibt es so gut wie keine Anlage mit mehreren Wohnungs- oder Teileigentumseinheiten, die nicht über einen Verwalter verfügt.

Wohnungs- und Teileigentumsanlagen entstehen durch **Begründung** im Zusammenhang mit der Errichtung einer neuen Anlage, durch privat **initiierte Umwandlung** bestehender Mietobjekte und durch **Privatisierung** von Mietobjekten, die im mittelbaren oder unmittelbaren Eigentum der öffentlichen Hand stehen. Wird durch Umwandlung entstandenes Wohnungseigentum verkauft, steht Mietern in jedem Falle ein Vorkaufsrecht zu. Sie müssen nicht kaufen und sind aufgrund der § 577a BGB und den hierzu ergangenen Verordnungen auf Landesebene (Kündigungssperrfristen) gegen eine Kündigung weitgehend geschützt.

Entstehen von Wohnungs- und Teileigentum

§ 577 BGB § 577a BGB Kündigungsschutz bei Umwandlung

Wohnungseigentümer können nicht, wie dies § 749 BGB für Mitglieder einer BGB-Gemeinschaft vorsieht, die **Aufhebung der Gemeinschaft** verlangen. Das Sondereigentum kann nur durch Einigung aller beteiligten Wohnungseigentümer aufgehoben und damit in eine BGB-Gemeinschaft überführt werden (§ 4 WEG). Die Aufhebung ist auch nach der völligen Zerstörung des Sondereigentums durch alle Wohnungseigentümer möglich, ebenso die Wiederherstellung der Anlage. Vereinigen sich alle Sondereigentumseinheiten in einer Hand, besteht ebenfalls die Möglichkeit der Aufhebung des Sondereigentums. Da die ersten Wohnungseigentumsanlagen erst Ende 1951 entstanden sind, haben nahezu alle Anlagen je nach Baujahr noch eine mehr oder weniger lange Restnutzungsdauer.

Aufhebung der WE-Gemeinschaft WEG § 4

Da sich der Bestand an Wohnungseigentumsanlagen bei sehr geringem Abgang laufend vermehrt, und jede neu entstehende Anlage faktisch über einen Verwalter verfügen muss, ist der **„Verwaltermarkt"** ein kontinuierlicher Wachstumsmarkt. Besondere fachliche Anforderungen an den Verwalter werden vom Gesetzgeber nicht gestellt. Die für Wohnungseigentumsverwalter zuständigen Verbände und Berufsbildungseinrichtungen haben es sich deshalb zur Aufgabe gemacht, ein entsprechendes Bildungsangebot bereitzustellen.

Verwaltermarkt

WEG-Verwalter sind auf freiwilliger Basis, u. a. im Dachverband Deutscher Immobilienverwalter e. V. (DDIV), Berlin, im Bundesfachverband Wohnungs- und Immobilienverwalter e. V. (BFW), Berlin sowie im Immobilienverband Deutschland e. V. (IVD) Bundesverband der Immobilienberater, Makler, Verwalter und Sachverständigen e. V.", Berlin, organisiert.

Berufsorganisationen

Zum Thema Begründung und Verwaltung von Wohnungs- und Teileigentum siehe Kapitel 13

1.6.6 Objektbetreuung (Miethausverwaltung)

Objektbetreuung, im konventionellen Sinne auch als Miethausverwaltung bezeichnet, bezieht sich auf die Betreuung von Hauseigentümern in Bezug auf die erforderliche Objektbewirtschaftung. Im Folgenden werden die Begriffe Objektbetreuung und Miethausverwaltung synonym benutzt.

1.6.6.1 Grundgedanken der Objektbetreuung

Im Kapitel 12 wird ausführlich die Aufgabenbereiche der Bewirtschaftung von Wohn- und Gewerbeobjekten eingegangen. Es handelte sich danach um Aufgaben, die sich einem Unternehmer stellen, dessen **Unternehmenszweck** in der langfristigen **Bereitstellung** von Wohn- und Gewerberäumen zur Nutzung durch Dritte besteht. Die Nutzungsverhältnisse werden in Mietverträgen geregelt. Die Nachfrager, die diese Nutzung „einkaufen", bezahlen hierfür einen Miet**preis**. Die Überlassung und Erhaltung der Räume zum **bestimmungsmäßigen** Gebrauch ist die elementare Leistungsverpflichtung des Vermieters.

Bereitstellung von Wohnraum als Unternehmenszweck

Ein erheblicher Teil des Wohnungsbestandes der **unternehmerischen Wohnungswirtschaft** ist aus dem Grundgedanken entstanden, für einkommensschwache Bevölkerungsschichten **billigen Wohnraum** zu schaffen. Der Staat unterstützte teilweise den Bau solcher Wohnungen durch Bereitstellung öffentlicher Mittel. Bei der Bewirtschaftung des Wohnungsbestandes stand nicht die Kapitalrentabilität, sondern die Bindung der Mieterträge an die Kosten („laufende Aufwendungen") im Vordergrund. Der Versorgungsgedanke spielte dabei die erste Rolle. Im Zusammenhang mit diesem Grundgedanken entstanden engmaschige Regeln für die Objektbewirtschaftung, die eine auch heute über die Grenzen des früher mit öffentlichen Mitteln geförderten Wohnungsbaus hinaus geltende, geschlossene Terminologie und begrifflichen Inhaltsbestimmungen zur Folge hatten. Die wichtigsten Begriffe der Objektbewirtschaftung wurden in der II. Berechnungsverordnung definiert.

private Miethauseigentümer

Ein anderer Grundgedanke liegt dem Immobilieneigentum der **nichtunternehmerischen** Wohnungswirtschaft zugrunde. Eigentum an Mietobjekten stellt sich hier als **eine** von mehreren möglichen Formen der „Kapitalanlage" von Privatleuten und institutionellen Investoren dar. Dabei spielt die **Rentabilität des investierten Kapitals** die erste Rolle. Immobilieneigentum wird als eine der Quellen zusätzlichen **Einkommens aus Vermögen** aufgefasst.

Selbstnutzer

Der dritte Grundgedanke des Immobilieneigentums ist der der **Selbstnutzung**. Der selbst nutzende Wohneigentümer entscheidet aus konsumtiven Gesichtspunkten heraus über die Gestaltung, Erhaltung und Modernisierung seiner Wohnung oder seines Hauses. Der selbst nutzende gewerbliche Eigentümer entscheidet unter produktiven Aspekten. Betreuungsleistungen durch Dritte, die sich auf das Gebäude beziehen, werden in der Regel nicht in Anspruch genommen, wenn man einmal davon absieht, dass bei größeren Komplexen häufig Betreuungsleistungen aus dem Bereich des Facility Managements von Spezialunternehmen abgerufen werden.

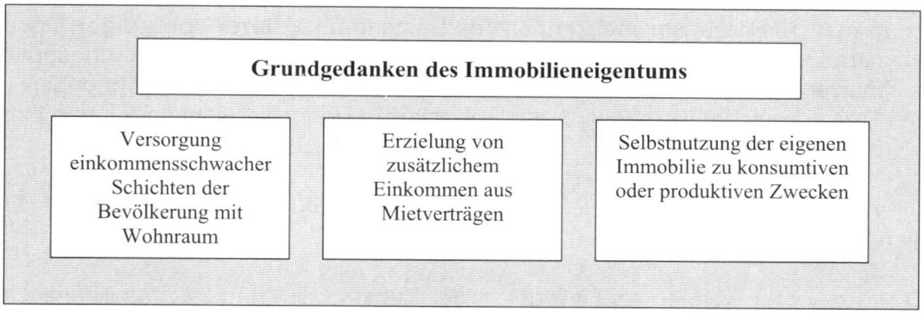

```
┌─────────────────────────────────────────────────────────────┐
│            Grundgedanken des Immobilieneigentums            │
│  ┌──────────────┐   ┌──────────────┐   ┌──────────────────┐ │
│  │ Versorgung   │   │ Erzielung von│   │ Selbstnutzung der│ │
│  │einkommens-   │   │ zusätzlichem │   │ eigenen Immobilie│ │
│  │schwacher     │   │ Einkommen aus│   │ zu konsumtiven   │ │
│  │Schichten der │   │ Mietverträgen│   │ oder produktiven │ │
│  │Bevölkerung   │   │              │   │ Zwecken          │ │
│  │mit Wohnraum  │   │              │   │                  │ │
│  └──────────────┘   └──────────────┘   └──────────────────┘ │
└─────────────────────────────────────────────────────────────┘
```

Abb. 12: Grundgedanken des Immobilieneigentums

1.6.6.2 Wohnungsbestände und Bedarf an Objektbetreuungsleistungen

Der **Gesamtbestand der Wohnungen** in reinen Wohngebäuden betrug in Deutschland am 31.12.2007 nach den Zahlen des Statistischen Bundesamtes 39,13 Millionen. Hinzu kommen 782.000 Wohnungen in Nichtwohngebäuden (Summe: 39,912 Millionen). Dem standen 39,712 Millionen Privathaushalte gegenüber. Die sog. Eigentümerquote für ganz Deutschland dürfte 2005 etwa 42 % betragen haben, im Westen ca. 45, im Osten ca. 31 %.

Siehe Statistisches Bundesamt: http://www.destatis.de/basis/d/bauwo/bauwotab6.php Zahlen vom 29.7.2005

Auf der Grundlage des Mikrozensus von 2002 ermittelte die Deutsche-Bank-Research unter Nutzung weiterer Quellen folgende Anbieter/Eigentümerstruktur:

Eigentümer/Anbieterstruktur des Wohnungsbestandes

Wohnungsbestand in Deutschland 2003: 38.690 Tsd. Wohnungen		
Professionelle Anbieter	**Private Hauseigentümer**	**Selbstnutzer**
Kommunale Wohnungsunternehmen 2.744 Tsd. Wohnungen	Private Kleinvermieter 10.386 Tsd. Wohnungen	in Ein- und Zweifamilienhäuser 12.249 Tsd. Wohnungen
Privatwirtschaftliche Wohnungsunternehmen 2.597 Tsd. Wohnungen	Einlieger bei Selbstnutzern 3.405 Wohnungen	in Geschosswohnungen 2.881 Tsd. Wohnungen
Genossenschaften 2.288 Tsd. Wohnungen		
Öffentliche Wohnungsunternehmen 390 Tsd. Wohnungen		
Kirchen 137 Tsd. Wohnungen		
Sonstige Anbieter (insbes. Institutionelle Anleger) 1.613 Tsd. Wohnungen		

Quelle: Deutsche Bank Research: http://dbresearch.de/PROD/DBR_INTERNET_DEPROD/PROD0000000000204803.pdf; jsessionid=A4B61B162166B74A9512EBE225B7F1D5.srv11-dor.de.

Nimmt man zur Bezugsgrundlage nur den Bestand an **„Mieterwohnungen"**, gehören knapp 32,4 % in Deutschland Wohnungsunternehmen einschl. Wohnungsgenossenschaften. Unter Mieterwohnungen versteht die amtliche Statistik Wohnungen, die von Mietern bewohnt werden, z. B. auch vermietete Eigentumswohnungen und Einfamilienhäuser.

Auf andere professionelle Anbieter, insbesondere institutionelle Kapitalanleger, entfallen 9,1 %.

8,8 % der Mieter wohnen als Einlieger in der Regel in Ein- und Zweifamilienhäusern oder sind sonstige Untermieter.

Auf Privateigentümer entfallen dagegen 44,1 % des Mietwohnungsbestandes in Deutschland.

Änderungen der Anbieterstrukturen großer Bestandshalter

Paketverkäufe von Wohnungsbeständen

Allerdings hat sich die Eigentümerstruktur als Wohnungsanbieter im Zusammenhang mit den großen **Paketverkäufen** in den Jahren zwischen 2004 – 2007 erheblich verändert.

Insbesondere angelsächsische Unternehmen haben große Wohnungsbestände erworben. Insgesamt wurden in diesem Zeitraum 1,262 Millionen Wohnungen als Teile großer Wohnungsbestände (Bestände mit jeweils mehr als 800 Wohnungen) verkauft. Dabei ist allerdings zu beobachten, dass die Zahl der Wiederverkäufe aus früher erworbenen Beständen seit 2005 drastisch zugenommen hat. Reduziert hat sich besonders der Wohnungsbestand der Kommunen, des Bundes und der Länder sowie der privatwirtschaftlichen Immobilienunternehmen. Beispielsweise hat sich die Stadt Dresden durch Verkauf ihres gesamten kommunalen Wohnungsbestandes auf einen Schlag schuldenfrei gemacht.

Privateigentümer als Hauptkunden der Verwaltungsunternehmen

Trotz dieser Transaktionen hat sich der Bedarf an Objektbetreuungsleistungen kaum geändert. Dies liegt daran, dass Privateigentümer von diesen Transaktionen kaum betroffen waren. Privateigentümer sind indes die Hauptkunden der Verwaltungsunternehmen.

Wohnungsunternehmen und Wohnungsgenossenschaften

Für private wie auch für **Wohnungsunternehmen der öffentlichen Hand** sowie für **Wohnungsgenossenschaften** ist die Bewirtschaftung ihres Wohnungsbestandes das Kerngeschäft. Damit befasst sich erschöpfend Kapitel 12 dieses Buches. Eine Auslagerung dieses Geschäftsbereichs auf externe Objektbetreuer steht hier also nicht zur Debatte.

Körperschaften des öffentlichen Rechts

So weit **Körperschaften des öffentlichen Rechts** (Bund, Länder, Gemeinden, Kirchen usw.) über fremd genutztes Immobilieneigentum verfügen, spielen oft andere als Ertragsgesichtspunkte, z. B. sozialpolitische bzw. karitative Gesichtspunkte, bei der Bewirtschaftung eine Rolle.

Das Gleiche gilt auch für die Verwaltung von Liegenschaften der öffentlichen Hände. Der **Bund** verwaltet beispielsweise einen Teil seines Immobilienbesitzes über die **Bundesvermögensverwaltung**. Die **Bundesländer** haben ebenfalls eigene Verwaltungen. Bei den **Gemeinden** sind die „Liegenschaftsämter" zuständig. Dienste privater Objektbetreuer werden nur selten in Anspruch genommen.

Ähnliches gilt für den **Werkwohnungsbestand** von Industrieunternehmen, dessen Bedeutung stark abgenommen hat. Sie entstanden als Maßnahmen **betrieblicher** Sozialpolitik.

Werkwohnungen

Institutionelle Kapitalanleger

Institutionelle Kapitalanleger

So weit **„institutionelle Kapitalanleger"** Eigentümer von Mietobjekten sind, entspricht dies nicht ihrem satzungsmäßigen Hauptzweck. Vielmehr stellt sich das fremdgenutzte Immobilienvermögen in deren Händen als Mittel zum Zweck dar. Mietobjekte dienen, ähnlich wie Wertpapiere, der verzinslichen Anlage ihres **Sondervermögens**. Wohnungen sind Bestandteil ihres Vermögensportfolios. Als Beispiel sei auf die **Lebensversicherungsgesellschaften** und **Pensionskassen** hingewiesen. Sie sammeln die von den Versicherten einbezahlten Prämien an. Der so für spätere Versicherungsleistungen entstehende, zweckgebundene „Deckungsstock" wird „angelegt", um das Vermögen durch Zinsen und Mieteingänge zugunsten der Versicherten zu vermehren. Zu diesem Deckungsstock zählen Wertpapiere, dinglich gesicherte Ausleihungen, aber auch ertragsstarke Immobilien. **Institutionelle Kapitalanleger** haben meistens eigene Verwaltungsabteilungen oder eigene Verwaltungsgesellschaften, so dass eine Verwaltung durch externe Firmen bzw. Miethausverwalter oft nicht erforderlich ist.

Zu den „institutionellen Kapitalanlegern" zählen auch **offene Immobilienfonds**. Sie werden von Kapitalanlagegesellschaften (juristische Personen) verwaltet und vertrieben. Grundlage des Sondervermögens dieser Fonds sind Ertragsimmobilien. Offene Immobilienfonds werden nicht der unternehmerischen Immobilienwirtschaft, sondern den Finanzierungsinstitutionen zugerechnet. Unabhängig davon gehört die Bewirtschaftung des in Immobilien bestehenden Sondervermögens zu den immobilienwirtschaftlichen Aufgaben, die durch die Fondsverwaltungen zu erfüllen sind. Da die Verwaltung des Sondervermögens zum gesetzlichen Aufgabenbereich der Kapitalanlagegesellschaft gehört, ist eine Übertragung an eine externe Hausverwaltungsfirma nicht möglich. Das Vermögensverwaltungsrecht kann nur auf eine andere Kapitalanlagegesellschaft übertragen werden. Andererseits kann eine Kapitalanlagegesellschaft, die Immobilienfonds verwaltet, auch fremde Immobilien in ihren Verwaltungsbereich übernehmen. (Näheres zu offenen Immobilienfonds siehe 1.6.7.1).

Offene Immobilienfonds

Privateigentümer als Hauptkunden für Verwaltungsunternehmen

Privateigentümer befassen sich nur selten **„beruflich"** mit der Bewirtschaftung ihres Bestandes an Wohn- und Gewerberäumen. Sie üben vielmehr einen anderen Beruf aus oder sind „Rentner". Auf den Zweck der Alterssicherung durch Einnahme von Mieten aus dem Hausbesitz lässt übrigens der alte Begriff **„Rentehause"** schließen. Vor allem Selbständige und Freiberufler haben gegen Ende des 19. Jahrhunderts im Alter ihren Lebensunterhalt aus Mieteinnahmen bestritten. Die Mieterträge lagen damals im Schnitt über dem Zinssatz aus Geldanlagen. Der Gesichtspunkt zusätzlicher **Alterssicherung** durch Immobilieneigentum gewinnt in dieser Zeit wieder an Aktualität. Die Objektbetreuer in den Unternehmen der Immobilienwirtschaft

Privateigentümer als Kunden der Objektbetreuer

Aspekt der Alterssicherung

stehen deshalb im Bereich des privaten Hausbesitzes vor einem **steigenden Bedarf** an Objektbetreuungsleistungen.

<small>Gewerbliche Zwischenmieter</small>

Der Vollständigkeit halber sei noch auf die Erscheinungsform der **gewerblichen Zwischenmieter** hingewiesen. Sie übernehmen nicht nur die Verwaltung des Objektes, sondern – im Gegensatz zu den Objektbetreuern – auch ein unternehmerisches „Hauseigentümerrisiko". Es handelt sich um das Risiko von Mietausfällen, Mietminderungen sowie von steigenden Bewirtschaftungskosten und Haftungsrisiken, so weit sie zu zusätzlichen Zahlungsverpflichtungen führen. Der Hauseigentümer erhält einen monatlich gleich bleibenden Mietertrag aus dem Hauptmietverhältnis ohne Rücksicht darauf, ob der Zwischenmieter seinerseits von den Mietern die vereinbarten Mieten einbringen kann oder nicht. Als Zwischenmieter hat er eine Art Zwischenhändlerfunktion. Bei gewerblichen Mietobjekten erfolgt die Vermietung mit Option auf die Umsatzsteuer, so dass die während der Bauphase entstehenden Vorsteuern gegengerechnet werden können. Bei Wohnraum ist eine Option zur Umsatzsteuer nicht möglich. Trotzdem gibt es auch hier noch gewerbliche, d. h. gewinnorientierte Zwischenmietverhältnisse.

<small>UStG § 9 Abs. 2</small>

<small>Gründe für Einschaltung von Objektbetreuern</small>

Als Ergebnis kann festgehalten werden, dass der **wesentliche Bedarf** an Objektbetreuungsleistungen im Bereich des privaten Hauseigentums liegt. Dies sind immerhin 27 % des gesamten Wohnungsbestandes. Privateigentümer setzen Objektbetreuer wegen der im Vergleich zur Geldvermögensverwaltung wesentlich schwierigeren Verwaltung des Immobilienvermögens ein. Sie erwarten von ihnen eine professionelle Lösung der mit der Bewirtschaftung von Mietobjekten verbundenen Probleme.

1.6.6.3 Leistungsbereiche der Objektbetreuer

<small>Anforderungen an Objektbetreuer</small>

Als **Mindestanforderung** an die Leistungsfähigkeit eines Objektbetreuers kann gelten, dass er in der Lage sein muss, den privaten Hauseigentümer in der Bewältigung der Aufgaben, die sich aus der Hausbewirtschaftung ergeben, **voll** zu **ersetzen**. Der Hauseigentümer, der genau so viel und nicht mehr vom Objektbetreuer erwartet, wird diesem eine Vergütung zubilligen, die seinen durch Einschaltung des Betreuers ersparten Kosten und zusätzlichen Zeitgewinn entspräche.

Ein wirklich interessanter Geschäftspartner für private Hauseigentümer wird der Objektbetreuer aber erst dann, wenn sie von ihm **mehr** erwarten können, als sie selbst zu leisten in der Lage sind.

In der Regel bietet ein Objektbetreuer auch mehr an, nämlich eine vergleichsweise **professionellere Handhabung**, den Einsatz von mehr **Fachkenntnissen**, mehr praktisches **Know-how** und ein **Netzwerk** von zuverlässigen Partnern (Handwerkern, Technikern usw.), auf das im Bedarfsfall zurückgegriffen werden kann. Dies schlägt sich beim Hauseigentümer sowohl in zusätzlicher Kostenersparnis, in Ertragssteigerung und besserer Substanzsicherung nieder. Schließlich ist zu bedenken, dass sich der Objektbetreuer auf eine betriebliche Aufbau- und Ablauforganisation stützen kann, die für die Verwaltung eines Einzelobjektes zwar zu aufwändig wäre, die aber bei einer großen Zahl von Verwaltungseinheiten zu erheblichen Rationalisierungseffekten und damit zu **Einsparungen** bei den Verwaltungskosten führt. Der Einsatz von Hausverwaltern ist ein Beispiel für den Effekt, der sich aus einer auf **Arbeitsteilung** ausgerichteten Wirtschaft ergibt.

1.6 GESCHÄFTSFELDER IMMOBILIENWIRTSCHAFTLICHER UNTERNEHMEN

Während die Bewirtschaftung **eigenen** Wohnungsbestandes durch **Wohnungsunternehmen** in der Regel auf eine verhältnismäßig einheitliche Struktur der Objekte mit reinem Wohnsiedlungscharakter und dem entsprechenden Wohnumfeld ausgerichtet ist, haben wir es beim **Privathausbesitz** mit höchst unterschiedlichen Gebäudearten, Lagestreuungen, Nutzungsstrukturen und Größenverhältnissen zu tun. Der Bedarf an Miethausverwaltungen konzentriert sich hauptsächlich auf Großstädte mit alten gewachsenen Kernen. Im Verwaltungsbestand eines Objektbetreuers können Häuser in der Altstadt, im Geschäftskern oder in der Vorstadt ebenso liegen, wie im Geltungsbereich eines städtebaulichen Sanierungsgebietes oder einer Erhaltungssatzung. Zum Teil hat er es mit Wohnhäusern zu tun, die mit öffentlichen Mitteln erstellt wurden, zum anderen Teil mit reinen Geschäftsobjekten, bei denen der richtige Mietermix eine besondere Rolle spielt. Die differenzierte Struktur des Objektpotentials erfordert eine breit angelegte fachliche Kompetenz der Objektbetreuer.

Unterschiedliche Objektstruktur des Privathausbesitzes

Allgemein können dem **Leistungsprofil der Objektbetreuer** nach Gegenfurtner folgende Leistungsbereiche zugeordnet werden:

Leistungsbereiche der Objektbetreuer nach Gegenfurtner

a) der **wirtschaftlich-kaufmännische** mit der Zielsetzung der langfristigen Erhaltung oder Steigerung der **Kapitalrentabilität**. Das Augenmerk konzentriert sich sowohl auf die **Ertragsseite** (Ausschöpfung von Ertragsreserven, Minderung von Ausfallrisiken) als auch auf die Seite der **Aufwendungen**). (Maßnahmen zur Kostensenkung, die sich aus einer laufenden Überprüfung und Analyse des Kostenverlaufes ergeben.) Dies gilt auch für die umlegbaren Betriebskosten. Bei öffentlich geförderten Wohnungen, die nach dem II WoBauG gefördert worden sind, steht nicht die Kapitalrentabilität, sondern die Sicherung der **Wirtschaftlichkeit** nach dem Kostendeckungsprinzip im Vordergrund;

Wirtschaftlich/ kaufmännische Leistungen

b) der **bautechnische** mit der Zielsetzung einer langfristigen Erhaltung oder qualitativen Verbesserung der Gebäudesubstanz. Unterlassene **Instandhaltungsmaßnahmen** (z. B. Fassadenrenovierungen, Außenanstriche der Fensterrahmen) führen oft zu einem so hohen **Instandsetzungsaufwand**, dass den scheinbaren Kostenersparnissen aus den unterlassenen Maßnahmen wesentlich höhere Aufwendungen zur Schadensbeseitigung gegenüberstehen. Auch Maßnahmen der **Modernisierung und Energieeinsparung** tragen zur Erhöhung der Gesamtwirtschaftlichkeit des Objektes bei;

Bautechnische Leistungsbereiche

c) der **juristische** mit der Zielsetzung, bei Vertragsgestaltungen (Mietverträgen, Bau- und Wartungsverträgen usw.) die **Rechtsentwicklung** zu berücksichtigen und notwendig werdende vertragliche Anpassungen vorzunehmen oder anzustreben. Die rechtliche Durchsetzbarkeit von Ansprüchen soll einerseits gewährleistet, eine hohe rechtliche Bewegungsfreiheit andererseits gesichert werden;

Juristische Leistungsbereiche

d) der **zwischenmenschlich-soziale** mit dem Ziel, Konfliktfelder zu vermeiden und auftretende Konflikte einvernehmlich regeln zu können. Dabei spielt nicht nur die Beziehungsebene zwischen **Vermieter und Mieter** eine Rolle, bei der der Objektbetreuer als Bindeglied für ein geschäftspartnerschaftliches Klima sorgen muss, sondern auch die Beziehungsebene **zwischen den Mietern**. Wichtige Aufgabe ist es in diesem Zusammenhang, bei der **Mieterauswahl** Rücksicht auch auf die gegebene Mieterstruktur zu nehmen, um Ansatzpunkte für Konflikte zu vermeiden;

Zwischenmenschlich-soziale Leistungsbereiche

Architektonisch-gestalterische Leistungsbereiche

e) der **architektonisch-gestalterische** mit dem Ziel, die **Attraktivität des Wohnens** in dem zu betreuenden Objekt zu erhalten oder zu verbessern. Gestalterische Maßnahmen etwa an Fassaden oder dem Treppenhaus wirken oft als Initialzündung für Maßnahmen im unmittelbaren Wohnumfeld (etwa bei Nachbarhäusern). Besondere Bedeutung erlangt dieses Feld der Objektbetreuung bei denkmalgeschützten Gebäuden.

Quelle: Kompendium für Immobilienberufe Sailer/Langemaack (Hrsg.) Stuttgart 2008, Kapitel 11

Facility Management

Vor allem im Bereich der Verwaltung von Gewerbeimmobilien hat sich gegen Ende des vergangenen Jahrhunderts eine neue Objekt-Betreuungsphilosophie entwickelt. Sie stammt aus den Vereinigten Staaten und wurde dort vor allem von Unternehmen der Ausrüstungs- und Gebäude-Einrichtungsindustrie entwickelt. Es handelt sich um das sich auf Gebäude beziehende **„Facility Management"**. Der deutsche Verband für Facility Management definiert den Begriff wie folgt:

„Facility Management ist ein unternehmerischer Prozess, der durch die Integration von Planung, Kontrolle und Bewirtschaftung bei Gebäuden, Anlagen und Einrichtungen (facilities) und unter Berücksichtigung von Arbeitsplatz und Arbeitsumfeld eine verbesserte Nutzungsflexibilität, Arbeitsproduktivität und Kapitalrentabilität zum Ziele hat."

infrastrukturelles Facility Management

Klar ist damit, dass unter Facility Management mehr verstanden wird als nur Gebäudebewirtschaftung. Es überschneidet sich zwar weitgehend mit den traditionellen Aufgabenbereichen der Gebäudebewirtschaftung, geht durch die besonders akzentuierte Einbeziehung der Bewirtschaftung der in das Gebäude integrierten Anlagen und Einrichtungen darüber hinaus. Facility Management setzt darüber hinaus bereits bei der Projektplanung ein und nimmt damit von der Planungsebene aus Einfluss auf rationelle Bewirtschaftungsabläufe nach Gebäudefertigstellung. Schließlich bietet Facility Management zusätzliche objektnutzerspezifische Dienste an, die in der Literatur auch **infrastrukturelles Facility Management** bezeichnet werden. (Beispiel Sicherheits-/Wachdienste, Kopierdienste, Konferenzorganisation, Reinigungsdienste, Botendienste usw.)

Outsourcing

Sofern Facility Management durch **Outsourcing** (Ausgliederung) an eigenständige Firmen übertragen wird, gehört Facility Management zur Objektbetreuung im weitesten Sinne. Die traditionelle Objektbetreuung (Hausverwaltung) wird in Fortsetzung der oben dargestellten Leistungsbereiche um einen weiteren, nämlich den infrastrukturellen Leistungsbereich erweitert.

1.6.6.4 Der Miethausverwaltervertrag, Verwaltervergütung

Branchenübliche Leistungen

Unternehmen, deren Unternehmenszweck in der Objektbetreuung besteht, haben kein einheitliches, auf gesetzlichen Vorgaben beruhendes **Leistungsbild**. Im Zweifel ist von einem **branchenüblichen** Leistungsumfang auszugehen. Grundsätzlich gilt jedoch stets, dass sie **Sachwalter fremden Vermögens** sind. Daraus leiten sich Betreuungspflichten ab. Ein Objektbetreuer hat nicht nur die Sorgfalt anzuwenden, die er in eigenen Angelegenheiten anzuwenden pflegt. Er haftet auch für Fahrlässigkeit, also für den geringsten Grad des Verschuldens. Sofern der Hausverwalter Kaufmann ist, hat er nach § 347 HGB für die „Sorgfalt eines ordentlichen Kaufmanns einzustehen". Sorgfalt eines Kaufmanns

Das **Vertragsverhältnis** mit einem **selbstständigen** Objektbetreuer ist nach den Vorschriften des **Dienstvertragsrechts** und des **Auftragsrechts** in Verbindung mit der Vorschrift über die **entgeltliche Geschäftsbesorgung** zu beurteilen. Das Wesen des Dienstvertrages besteht darin, dass derjenige, der Dienste zusagt, zur Leistung der versprochenen Dienste und der andere zur Zahlung der vereinbarten Vergütung verpflichtet ist. Im Wesentlichen ergibt sich aus den auftragsrechtlichen Vorschriften, die auf den Miethausverwalter anzuwenden sind: Rechtsqualität des Objektbetreuungsvertrages
Dienstvertrag
BGB § 611

- Das Recht, von **Weisungen** des „Auftraggebers" (= Hauseigentümers) abzuweichen, wenn dies seiner Interessenwahrung dient, BGB § 665
- die Pflicht, auf Verlangen **Auskünfte** zu erteilen und nach Erledigung des Geschäftes **„Rechenschaft"** abzulegen, BGB § 666
- Pflicht zur **Herausgabe** von „Treugut", d. h. Objektunterlagen, die dem betreuten Hauseigentümer gehören. Hinzuweisen ist darauf, das der Miethausverwalter nicht berechtigt ist, ohne Zustimmung des Hauseigentümers Unterlagen, die Treugut sind, nach Ablauf der kaufmännischen oder gewerberechtlichen Aufbewahrungsfristen zu vernichten, BGB § 667
- das Recht auf Ersatz von **„erforderlichen" Aufwendungen** des Objektbetreuers durch den Hauseigentümer – **neben** der Vergütung nach Dienstvertragsrecht. BGB § 670 (Aufwendungsersatz)

Der Hausverwaltervertrag erlischt **im Zweifel** nicht durch den **Tod des Hauseigentümers**. Falls der Vertrag jedoch erlischt, besteht die Verpflichtung, die Hausverwaltung solange fortzusetzen, bis der Erbe „anderweit Fürsorge treffen kann". BGB § 672

Durch **Tod des Objektbetreuers** dagegen erlischt **im Zweifel** der Hausverwaltervertrag. Von einem stillschweigenden Fortbestehen des Vertragsverhältnisses wird man ausgehen können, wenn die Fortführung der Objektbetreuung durch das Unternehmen des verstorbenen Objektbetreuers als gewährleistet anzusehen ist. BGB § 673

Aus dem Dienstvertragsrecht sind neben den in § 611 BGB genannten Hauptpflichten folgende Vorschriften zu beachten:

- Eine **Vergütung** gilt als stillschweigend vereinbart, wenn die Dienstleistung den Umständen nach nur gegen eine Vergütung zu erwarten war. Die Höhe richtet sich nach **üblichen** Sätzen. In der Regel wird im Miethausverwaltervertrag die Vergütung festgesetzt und eine Vereinbarung darüber getroffen, ob außerdem noch Aufwendungen zu ersetzen sind. BGB § 612 (übliche Vergütung)
- Der Objektbetreuer hat im Zweifel die Betreuung **persönlich** zu leisten. Er kann sie nicht übertragen. Dies ist vorwiegend vom nicht gewerbsmäßig tätigen Hausverwalter zu beachten. BGB § 613
- Wenn die Vergütung nach Zeitabschnitten bemessen ist, ist sie **nach** Ablauf der Zeitabschnitte zu entrichten. In der Regel wird eine monatliche Vergütung vereinbart. BGB § 614
- Das Vertragsverhältnis mit dem Hauseigentümer endet mit dem Ablauf der vereinbarten Laufzeit. Wenn die Hausverwaltervergütung (wie üblich) monatlich zu bezahlen ist, gilt als gesetzliche Kündigungsfrist ein halber Monat. (Kündigung spätestens am Fünfzehnten eines Monats für den Schluss des Kalendermonats). Vereinbart werden in der Praxis allerdings längere Kündigungsfristen, meistens BGB §§ 620, 621

3 Monate zum Ablauf eines Kalendervierteljahres. Bei einer Vertragslaufzeit von mehr als 5 Jahren beträgt die gesetzliche Kündigungsfrist **6** Monate.

Leistungspflichten
Routineleistungen
Zustimmungsabhängige Leistungen

Im Miethausverwaltervertrag sind die **Leistungspflichten** formuliert, die sich aus der **allgemeinen** Aufgabenstellung der Objektbetreuung ergeben. Dabei wird unterschieden zwischen solchen Leistungen, die ohne weitere Einzelabsprache mit dem Hauseigentümer erbracht werden müssen (selbstverständliche **Routineleistungen**), und den **zu- oder abstimmungsabhängigen** Leistungen, die ein Einvernehmen mit dem Eigentümer voraussetzen.

Zu den selbstverständlichen Leistungspflichten wird z. B. das Mietinkasso, die Überwachung des Mieteingangs, der Zahlungsverkehr usw. gehören. Zu den Leistungen, die branchenüblich zu- oder abstimmungsabhängig sind, zählen z. B. die Neuanstellung eines Hauswarts, die Durchführung von besonderen Mieterhöhungen, soweit sich der Erhöhungsanspruch nicht unmittelbar aus dem Vertrag ergibt, die Vergabe von Instandhaltungsaufträgen ab einer bestimmten Summe usw. Ob und inwieweit Leistungen von einem solchen **Zustimmungsvorbehalt** abhängig gemacht werden sollen, hängt davon ab, welche Entscheidungsspielräume sich der Hauseigentümer vorbehalten will.

Zustimmungsvorbehalt

Vergütung (Miethausverwalter)

Die **Vergütung des Objektbetreuers** für diese Leistungen wird in der Regel als Prozentsatz aus der Ist- oder der Sollmiete vereinbart. Der Satz schwankt je nach **Ertragslage** und **Arbeitsaufwand** etwa zwischen 2 % (bei Cityobjekten mit hohen Mieterträgen) und 8 % (bei Altobjekten mit niedrigen Mieten und hohem Instandhaltungsbedarf). Hinzu kommt meist ein pauschalierter Aufwendungsersatz pro Mietverhältnis. Die Leistungen des Objektbetreuers sind umsatzsteuerpflichtig.

Besondere Leistungen

Neben den Absprachen über allgemeine Leistungspflichten werden im Vertrag vom Objektbetreuer häufig noch **besondere**, durch den Hauseigentümer abrufbare Leistungen angeboten. Sie reichen von der Ausführung besonderer behördlicher Auflagen über die Verkehrswertermittlung bis zur Betreuung von Um- oder Ausbauten. Für solche besonderen Leistungen wird üblicherweise eine **gesonderte Vergütung** vereinbart.

Bei selbstständigen Objektbetreuern, die oft über umfangreiches Personal verfügen, können Hausmeister/Hauswarte deren Angestellte sein. Sie sind dann die Erfüllungsgehilfen des Betreuers. In der Regel aber werden sie von ihm im Namen und für Rechnung des Hauseigentümers angestellt und überwacht. Das Gleiche gilt für weiteres Hilfspersonal (Reinigungsfrauen, Aufzugswarte usw.)

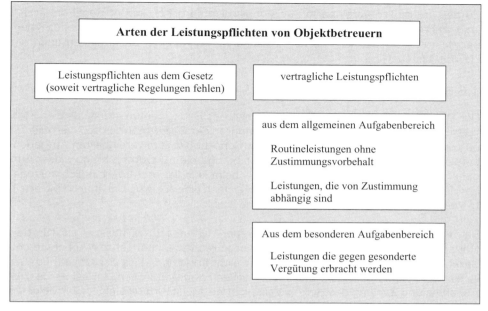

Abb. 13: Leistungspflichten des Objektbetreuers

Manche Hauseigentümer schalten Objektbetreuer nur ein, um einen ganz bestimmten Teilbereich der Bewirtschaftung fremd erledigen zulassen, z. B. die technische Betreuung oder nur die kaufmännische Betreuung. Man kann in solchen Fällen – ähnlich wie bei der Baubetreuung – von Teilbetreuung sprechen. In der Praxis kommen solche Fälle vor allem im Bereich der Betreuung von Gewerbeimmobilien vor. Hier gibt es teilweise spezialisierte Betreuungsunternehmen, die Teilbereiche des Facility Managements übernehmen.

1.6.6.5 Rechnungslegung, Abrechnung

Jeder, der Vermögenswerte Dritter betreut, ist zur **Rechnungslegung** verpflichtet (**Rechenschaftspflicht** nach § 666 BGB). Dies gilt in jedem Fall bei Beendigung des Hausverwalter-/Objektbetreuungsvertrages. Der Betreute kann Auskünfte verlangen, was auch ein Recht auf Einblick in Unterlagen und Belege, Kontostände und Zahlungsvorgänge mit einschließt. Die Rechnungslegung ist eine zeitlich geordnete Zusammenstellung von Einnahmen und Ausgaben zu dem Zeitpunkt, zu dem der Betreute die Rechnungslegung verlangt. Vom Gesetz nicht verlangt wird eine kaufmännische (doppelte) Buchführung, eine „Sollstellung" der Mieten u. dgl. obwohl dies heute fast selbstverständlich ist.

Rechnungslegung

Üblicherweise erfolgt die Erfassung und Kontrolle der Zahlungseingänge (Mieten und Umlagen) sowie der Zahlungsausgänge unter Einsatz der elektronischen Datenverarbeitung. Die aus einem geordneten Rechnungswesen resultierende zusätzliche Transparenz hat auch für den Eigentümer große Vorteile. Er erkennt selbst die finanzielle Situation und ist einer Beratung vor allem im wirtschaftlichen Führungsbereich durch den Objektbetreuer leichter zugänglich.

Verpflichtung zu periodischen Abrechnungen

Zu den vertraglich vereinbarten Leistungspflichten gehört in der Regel die Erstellung von **periodischen Abrechnungen**. Üblich ist eine Abrechnung für jedes Kalenderjahr mit meist vierteljährlichen Zwischenabrechnungen. Diese dienen auch der Liquiditätssteuerung.

1.6.6.6 Vertretungsbefugnisse, Verwaltervollmacht

Stellvertreterfunktion

Der Objektbetreuer handelt stets im Namen des Hauseigentümers als dessen Stellvertreter. Aus den Aufgaben, die durchzuführen der Objektbetreuer sich verpflichtet hat, ergeben sich Vertretungsbefugnisse. Gehört etwa zum vereinbarten Aufgabenbereich die Beschaffung von Heizöl, ist er befugt, die zur Durchführung dieser Aufgabe erforderliche Bestellung des Heizöls beim Händler rechtsverbindlich aufzugeben. Er benötigt dazu weder eine schriftliche noch eine ausdrücklich mündliche erteilte Vollmacht. Sie gilt ihm als stillschweigend erteilt.

Bei der Bestellung muss der Objektbetreuer darauf achten, dass er sie **für den Hauseigentümer** vornimmt und damit diesen rechtsgeschäftlich zur Abnahme und Bezahlung verpflichtet. Kann der Händler nicht erkennen, dass der Objektbetreuer in fremden Namen handelt, muss sich dieser so stellen lassen, als sei er der zur Abnahme und Zahlung des Heizöls Verpflichtete. Meist wird dies nicht zu Problemen führen, da die Abnahme und Zahlung auch tatsächlich für den Hauseigentümer erfolgt.

Unternehmerrisiko

Es kann aber auch Probleme geben, besonders wenn dem Objektbetreuer Fehler unterlaufen. Handelt er augenscheinlich in eigenem Namen, dann geht er ein nicht versicherbares **Unternehmerrisiko** ein. Keine Versicherung deckt den Schaden, der aus einer falschen unternehmerischen Entscheidung resultiert. Handelt der Objektbetreuer dagegen erkennbar für den Betreuten und fügt er diesem dabei fahrlässig einen Vermögensschaden zu, dann wird er seine Versicherung in Anspruch nehmen können.

Beispiel:
Ein Vorgarten des betreuten Objektes soll in einen PKW-Abstellplatz umgewandelt werden. Der Objektbetreuer geht irrtümlich davon aus, dass eine Genehmigung nicht erforderlich sei. Die bereits begonnenen Arbeiten müssen wegen fehlender Genehmigung eingestellt werden. Das mit der Durchführung der Arbeiten beauftragte Unternehmen wird sich an seinen Auftraggeber halten. Hat der Betreuer in **eigenem** Namen gehandelt, hat er auch die Rechnung zu bezahlen. Hat er dagegen den Hauseigentümer verpflichtet, muss dieser die Zahlung leisten. Den sich für ihn ergebenden Vermögensschaden kann er aber auf seinen Objektbetreuer abwälzen. Nur in diesem Fall kann der Objektbetreuer seine Vermögensschadenversicherung in Anspruch nehmen.

Nichtvorlage der Vollmachtsurkunde Folgen

Der Objektbetreuer benötigt allerdings eine mit der Originalunterschrift des Vollmachtgebers versehene Vollmachtsurkunden für alle einseitigen Rechtsgeschäfte, z. B. Kündigungen oder Mieterhöhungserklärungen. Diese Rechtsgeschäfte sind nämlich unwirksam, wenn der Bevollmächtigte die „Vollmachtsurkunde nicht vorlegt und der andere das Rechtsgeschäft aus diesem Grunde unverzüglich zurückweist" (§ 174 BGB).

Beispiel:
Ein Geschäftsraummietvertrag soll zum Ablauf gekündigt werden. Falls die Kündigung nicht rechtzeitig erfolgt, verlängert er sich dem Inhalt des Mietvertrages entsprechend um weitere fünf Jahre. Der Objektbetreuer soll die Kündigung aussprechen, um eine Vermietung zu besseren Bedingungen zu ermöglichen. Geht die Kündigung zwar noch rechtzeitig beim Mieter ein und widerspricht dieser der Kündigung mit Hinweis auf die fehlende Vollmacht, muss eine neue Kündigung unter Beilage der Vollmacht ausgesprochen werden. Trifft diese dann aber erst nach Ablauf des Kündigungstermins ein, kann sie aus diesem Grunde zurückgewiesen werden. Die Folge ist eine Verlängerung des Mietverhältnisses zu unveränderten Bedingungen.

Auch bei diesem Beispiel kann davon ausgegangen werden, dass der Objektbetreuer für den entstehenden Schaden aufkommen muss, weil er versäumte, dem ersten Kündigungsschreiben die Vollmacht beizulegen.

Zulässig ist es, dass sich der Objektbetreuer von den Vorschriften des § 181 BGB in der Vollmachtsurkunde befreien lässt. Nach dieser Vorschrift darf der Vertreter nicht im Namen des Vertretenen mit sich selbst ein Rechtsgeschäft vornehmen (**„Insichgeschäft"**), außer es handelt sich um die Erfüllung einer Verbindlichkeit.

BGB § 181 „Insichgeschäft"

Ein **Beispiel** für die Wirkung einer solchen Befreiung:
Der Objektbetreuer, der auch eine Versicherungsagentur unterhält, kann unter Einschaltung dieser Agentur Versicherungsverträge für den von ihm betreuten Hauseigentümer nur abschließen, wenn die Vollmacht die Befreiung von der Vorschrift des § 181 BGB vorsieht.

Die Hausverwaltervollmacht bezieht sich in der Regel auch darauf, für den Hauseigentümer einen Anwalt zur **gerichtlichen Durchsetzung** von Ansprüchen (z. B. rückständige Mieten) zu beauftragen. Als Kläger tritt der Hauseigentümer auf. Der Objektbetreuer kann **nicht** in **eigenem** Namen für den Hauseigentümer klagen. Selbst wenn dem Hausverwalter eine solche **„Aktivlegitimation"** im Vertrag eingeräumt würde, wäre dies unwirksam. Nach Auffassung der Gerichte verstößt eine solche Vereinbarung gegen das Rechtsdienstleistungsgesetz. In diesem Punkt unterscheidet sich der Objektbetreuer vom Verwalter nach dem WEG, der in bestimmten Fällen auch in eigenem Namen Rechtsangelegenheiten bei Gericht für die Wohnungseigentümergemeinschaft erledigen kann.

Keine eigene Klagebefugnis des Objektbetreuers

Aktivlegitimation

1.6.6.7 Haftung des Objektbetreuers

Haftung für Verschulden

Der Objektbetreuer haftet dem Hauseigentümer gegenüber für eigenes **Verschulden** (Vorsatz und Fahrlässigkeit) und Verschulden seiner Erfüllungsgehilfen, insbesondere seiner Mitarbeiter, wenn er bei der Durchführung der ihm übertragenen Aufgaben die „im Verkehr erforderliche Sorgfalt außer Acht lässt" **(§ 276 BGB)**.

Verschulden des Objektbetreuers

Beispiele:
Die Rechnung eines Handwerkers wird nicht bezahlt. Dieser schaltet nach vergeblichen Mahnungen einen Anwalt ein. Der Objektbetreuer muss für die entstandenen Verzugszinsen und die Anwaltskosten aufkommen.

Das Gleiche gilt, wenn sich der Objektbetreuer im Urlaub befindet, und sein dafür zuständiger Mitarbeiter (Erfüllungsgehilfe) die fällige Zahlung unterlassen hat.

Gehört – wie üblich – zum Aufgabenbereich die Prüfung des Versicherungsbedarfs und tritt ein Schadensfall ein, wobei sich herausstellt, dass die Versicherungsleistung wegen Unterdeckung den Schaden nicht ganz abdeckt, haftet der Objektbetreuer für den Differenzbetrag.

Stellt sich nach Auszug des Mieters aus der Wohnung heraus, dass die Räume erhebliche Beschädigungen aufweisen, die nicht abnutzungsbedingt sind und versäumt es der Verwalter, innerhalb der halbjährigen Verjährungsfrist die Vermieteransprüche wirksam geltend zu machen, haftet er für die Schadensumme, die einzutreiben nicht mehr möglich ist und über den einbehaltenen Kautionsbetrag hinaus geht.

Rechnet der Objektbetreuer die Heiz- und Warmwasserkosten nach der Heizkostenverordnung (HeizkV) nicht in der vorgeschriebenen Weise ab und macht der Mieter von seinem Kürzungsrecht nach § 12 HeizkV Gebrauch, haftet er dem Hauseigentümer gegenüber für den entgangenen Kostenbetrag.

Haftungsbegrenzung BGB § 823

Haftungsbegrenzungen können vertraglich vereinbart werden. Dies gilt für fahrlässiges Verschulden, z. B. durch den Hinweis „Irrtum vorbehalten".

Haftung bei Schäden aus unerlaubter Handlung

Der Objektbetreuer kann aber auch unter dem Gesichtspunkt der „unerlaubten Handlung" schadensersatzpflichtig werden und zwar gegenüber Personen, die meist nicht seine Vertragspartner sind. Die unerlaubte Handlung kann auch in einem Unterlassen bestehen.

Beispiel:
Ein Hausbewohner meldet dem Objektbetreuer einen ständigen Gasaustritt bei der Gasuhr und mahnt, etwas dagegen zu unternehmen. Der Objektbetreuer beachtet dies aber nicht, so dass es eines Tages zu einer Gasexplosion kommt. Unabhängig von strafrechtlichen Folgen hat er für den Schaden an Leben, Körper, Gesundheit und Eigentum der durch das Schadensereignis Betroffenen einzustehen, gegebenenfalls auch gegenüber vorleistenden Versicherungsgesellschaften.

Haftpflichtfälle aus unerlaubter Handlung können auch entstehen durch Nichtbeachtung von Schutzvorschriften, vor allem im Bereich der Haustechnik (Prüfungs- und Wartungspflichten bei Personen- oder Lastenaufzügen, Hebebühnen bei Garagenanlagen usw.). Auch im Bereich der „unerlaubten Handlungen" gibt es keine Haftungsausschlüsse.

Für die **Verjährung** von Ansprüchen gegen den Objektbetreuer gilt das Gleiche, was zur Verjährung der Ansprüche gegen den Baubetreuer gesagt wurde (siehe 1.6.3.3)

Berufshaftpflichtversicherung

Der Objektbetreuer hat die Möglichkeit, durch Abschluss einer Berufshaftpflichtversicherung in der Ausgestaltung einer Vermögensschadenhaftplichtversicherung die sich aus Schadensersatzansprüchen gegen ihn ergebenden Risiken erheblich zu mindern.

Berufshaftpflichtversicherung

Schwer wiegende (vorsätzliche oder grob fahrlässige) Vertragsverletzungen (die auch von der Berufshaftpflichtversicherung nicht gedeckt werden) können neben Schadensersatzansprüchen auch zu einer fristlosen Kündigung des Hausverwaltervertrages führen.

Beispiele:
- Der Objektbetreuer verschafft seinem Freund in dem von ihm verwalteten Objekt eine Wohnung zur halben „Freundschaftsmiete".
- Er vereinbart mit einem Handwerker Sonderkonditionen, die er aber an den Hauseigentümer nicht weitergibt.
- Er behält abgezogene Skonti oder Rabatte aus bezahlten Rechnungen für sich ein, die dem Hauseigentümer zustehen.

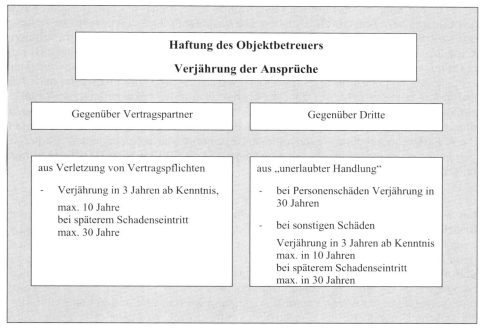

Abb. 14: Haftung des Objektbetreuers

1.6.7 Immobilieninvestment und Assetmanagement

Immobilieninvestment und das damit verbundene Assetmanagement gehört zum Aufgabenbereich der **Kapitalanlagegesellschaften**.

Kapitalanlagegesellschaft

Kapitalanlagegesellschaften im Sinne des Investmentgesetzes befassen sich mit der Anlage und Verwaltung von Vermögen Dritter („Sondervermögen") vorwiegend in Form von Aktien, Rentenpapiere und Immobilien. Steht die Immobilienanlage im Vordergrund, handelt es sich um offene Immobilienfonds.

1.6.7.1 Offene Immobilienfonds

Offene Immobilienfonds

Initiatoren bei der Gründung von offenen Immobilienfonds sind Kapitalanlagegesellschaften. Beim Vermögen, das von diesen Gesellschaften verwaltet wird, handelt sich um ein Sondervermögen von Kapitalanlegern. Auch die Kapitalanlagegesellschaften selbst zählen zu den Kreditinstituten. Die finanziellen Transaktionen laufen über eine von der Kapitalanlagegesellschaft unabhängige Depotbank. Der überwiegende Teil der Kapitalanlagen besteht aus Immobilien, vorwiegend mit gewerblicher Nutzung. Wohnimmobilien spielen im Portfolio dieser Fonds nur eine geringe Rolle. Um die Anteilscheine dieser Fonds zu einem **„fungiblen"** (leicht handelbaren) Marktgut zu machen, besteht auch bei diesen Immobilienfonds ein Teil des Sondervermögens aus börsenfähigen Wertpapieren und anderen liquiden Anlagen, die täglich zur Refinanzierung der Rücknahmen veräußert werden können.

Immobilienkrise 2008

Ein Problem kann für offene Immobilienfonds entstehen, wenn die liquiden Mittel nicht ausreichen, Anleger zu bedienen. Die geschieht meist dann, wenn die Anleger das Vertrauen in die Ertragsfähigkeit der Fonds verlieren. Im Zuge der **Immobilienkrise 2008/2009** blieben die offenen Immobilienfonds von dem allgemein sich verbreitenden Misstrauen nicht verschont. Teilweise haben die Fonds auch überwiegend in ausländische Immobilien investiert, die – wie z. B. in Großbritannien – von der Krise besonders hart getroffen waren. Die Fondsverwaltungen haben in solchen Situationen die Möglichkeit, ihre Liquiditätsprobleme dadurch auf die Anleger abzuschieben,

Schließung von Immobilienfonds

dass sie durch **Schließung der Fonds** die Rückgabe der Anteile verweigern konnten. Die Anleger können darauf auch mit einer Stornierung ihrer Rücknahmeanträge reagieren und so zu einer Entspannung beitragen. **Ende 2008 waren 10 offene Immobilienfonds geschlossen.**

Publikumfonds Spezialfonds

Unterschieden wird zwischen **Publikumsfonds**, die für alle Kapitalanleger geschaffen wurden, die eine Alternative zur normalen Immobilienanlage suchen, und den **Spezialfonds**, deren Anteilscheine nach den Vorschriften des Investmentgesetzes von nicht mehr als dreißig institutionellen Anlegern (also keine natürlichen Personen) gehalten werden. Der Vorteil der offenen Immobilienfonds besteht in der **Risikomi-**

Risikomischung

schung durch ein bewusstes Portfoliomanagement der die Fonds haltenden Kapitalanlagegesellschaften. Die Risikomischung wird dadurch erreicht, dass einerseits unterschiedliche Arten von Immobilien gehalten werden und andererseits an unterschiedlichen Standorten (in begrenztem Umfang auch im Ausland) investiert wird. Offen sind die Fonds deshalb, weil das Sondervermögen nicht geschlossen, sondern flexibel ist. Die Anzahl der ausgegebenen Anteile ist nicht begrenzt und ist abhängig von der Nachfrage. Ein Teil des Sondervermögens besteht aus liquiden Anlageformen, die Neuerwerbungen von Immobilien jederzeit zulassen. Das Fondsvermögen wird von Sachverständigen jährlich bewertet. Ein Fondsanteil kann jederzeit erworben und wieder veräußert werden. Der erste deutsche Immobilienfonds wurde im Februar 1959 aufgelegt (iii-Fonds Nr. 1). Das Sondervermögen der 44 offenen Immobilienfonds (Publikumsfonds) betrug im Dezember 2008 84 Mrd. Euro. (Im Vergleich: 2004 gab es 30 Immobilienfonds mit einem Fondsvermögen von immerhin 87 Mrd. Euro)

Anteile an offenen Immobilienfonds werden auf dem Kapitalmarkt gehandelt.

1.6.7.2 Geschlossene Immobilienfonds und andere Vertriebsformen

Umsätze von Anteilen an geschlossenen Immobilienfonds finden nicht auf dem Kapitalmarkt, sondern auf dem **Grundstücksmarkt** statt. Manche sprachen zwar von einem „grauen Kapitalmarkt", d. h. einem ungeregelten Markt, auch wenn sie seit 2005 wie offene Fonds der Registrierungspflicht bei der Bundesanstalt für Finanzdienstleistungen (BaFin) unterliegen. Diese Registrierungspflicht führt zwar zur Einhaltung bestimmter Pflichten vor allem im Bereich der Prospektierung, besagt aber nichts über die tatsächliche Qualität des Objektes, das Vermögensgegenstand des Fonds ist. Fondsobjekte sind in der Regel gewerbliche Immobilienobjekte. Das Steuersparmotiv entfiel mit dem Steueranpassungsgesetz 1999, 2000, 2002 seit 2000. Neu aufgelegte geschlossene Immobilienfonds sind seit dem ausschließlich renditeorientiert. **Das Fondsvolumen lag 2008 bei rund 150 Mrd. Euro.** Je nach Rechtsform des Fonds liegen die Fondsanteile entweder in der Hand von BGB-Gesellschaftern oder von Kommanditisten. Im Grundbuch ist in der Regel ein Treuhänder der Gesellschaft oder die Kommanditgesellschaft eingetragen. Der Verkauf der Fondsanteile wird steuerlich wie der Verkauf an einem Grundstücksanteil behandelt und ist grunderwerbsteuerpflichtig.

Geschlossene Immobilienfonds als Teil des Grundstücksmarktes

Das Problem geschlossener Immobilienfonds besteht in der geringen Fungibilität der Anteile trotz vielfältiger Bemühungen, einen Zweitmarkt in Form von Börsen zu organisieren. Immerhin sollen 2008 rund 1,2 Mrd. Fondsanteile über solche Institutionen verkauft worden sein.

Ebenfalls vorüber ist die Zeit der **Steuersparmodelle** in Form der so genannten **Bauherrenmodelle.** Hier wurden systematisch die Möglichkeiten und „Schlupflöcher" des Steuersystems genutzt, um steuersparwilligen Bürgern Anlagemöglichkeiten aufzuzeigen, wobei die Immobilie selbst nur eine untergeordnete Rolle spielte. Nach diesen Modellkonstruktionen dürften in deren Blütezeit (zwischen 1975 und 1985) etwa 240.000 Eigentumswohnungen gebaut worden sein.

Bauherrenmodelle

Nachdem die Ära der klassischen Bauherrenmodelle zu Ende ging, wurden für ein Publikum, das sein Geld in kleineren Immobilien anlegen wollte, neue Vertriebsformen **(„Strukturvertriebe")** ins Leben gerufen. Die Inhaber solche Strukturvertriebe (oft angesiedelt im Bereich der Finanzdienstleister), nehmen einen erheblichen Einfluss auf die private Geldanlagepolitik der von ihnen beratenen Kundschaft. Auch hier ist die Immobilie einerseits ein „Rechenobjekt", andererseits ein Spekulationsobjekt. Neben der Augenblicksrendite spielen Wertentwicklungserwartungen eine wichtige Rolle. Hinsichtlich mancher Wertentwicklungsprognosen, die sich ja im Preis niederschlagen, ist **höchste Vorsicht** geboten. Hauptobjekte der Strukturvertriebe sind Eigentumswohnungen. Auch diese Vertriebsform gehört heute weitgehend der Vergangenheit an.

Strukturvertrieb

1.6.7.3 Immobilienleasinggesellschaften

Schließlich ist auch noch das **Immobilienleasing** zu nennen, das sich – teilweise auch in Verbindung mit Formen des geschlossenen Immobilienfonds – einen zunehmenden Marktanteil auf dem Gewerbeimmobiliensektor erobert hat. Es handelt sich um komplizierte Konstruktionen, deren wirtschaftlicher Grundgedanke der ist, dass einem Unternehmen durch Zurverfügungstellung des Immobilienanlagevermögens durch die Leasinggesellschaft eine langfristige Kapitalbindung erspart wird. Es handelt sich um ein besonderes Finanzierungsinstrument. Das „Darlehen" wird in Form des betrieblichen Immobilienanlagevermögens zu 100 % gegen Amortisation und Verzinsung innerhalb einer bestimmten Nutzungszeit gewährt. Verbunden wird die Zurverfügungstellung dieses „Sachkapitals" mit einem Verwaltungsservice. Gesellschafter der Leasinggesellschaften sind in der Regel Kreditinstitute. Die Leasingraten setzen sich zusammen aus den Zinsen für das vom Leasingunternehmen investierte Kapitel (Eigen- und Fremdmittel), der Tilgung bis zur Höhe der Abschreibung, den Verwaltungskosten und einem Risiko- und Gewinnaufschlag. Leasingobjekte sind Handelsobjekte, Büro- und Geschäftsgebäude, Produktionsgebäude und Lagerhallen, komplette Produktions- und Versorgungsanlagen und sonstige Spezialobjekte. Im Rahmen des Kommunal-Leasing werden Gebäude für die öffentliche Verwaltung zur Verfügung gestellt.

1.6.7.4 Immobilien-Aktiengesellschaften und REITs

Unter Immobilien-Aktiengesellschaften versteht man Gesellschaften, deren Unternehmenszweck in der Bewirtschaftung eigener Immobilien und der Erbringung von immobilienwirtschaftlichen Dienstleistungen besteht. Wer sich nur auf den Erwerb und die Veräußerung sowie die Bewirtschaftung eigener Immobilien konzentriert, gilt als „Bestandshalter". Oft handelt es sich dabei um Ausgründungen anderer Aktiengesellschaften auf zu diesem Zweck gegründete Tochtergesellschaften.

Gelistet werden Immobilien-Aktiengesellschaften, so weit sie mindestens 75 % ihrer Erlöse aus dem Immobiliengeschäft bestreiten, im **„DIMAX"** (Deutscher Immobilienaktienindex). Er wurde vom Bankhaus Ellwanger & Geiger ins Leben gerufen.

Eine besondere Art von Immobilien-Aktiengesellschaften sind die **Real Estate Investment Trusts (REITs),** die in Amerika entstanden sind. Mittlerweile gibt es sie in vielen Ländern mit jeweils unterschiedlichen Ausprägungsformen. Zu den Kennzeichen von REITs gehören, dass sie ihre Erträge hauptsächlich durch Immobiliengeschäfte erwirtschaften und auf der Unternehmensebene steuerbefreit sind. Damit der REITs-Status anerkannt wird, müssen bestimmte **Regeln** eingehalten werden. So muss der überwiegende Teil der Gewinne ausgeschüttet werden. Thesaurierende REITs sind nicht zulässig. Sie müssen besondere Bestimmungen hinsichtlich der Fremdkapitalaufnahme beachten. Eigene Projektentwicklungen oder Grundstücksvermittlungen sind nur in sehr eingeschränktem Umfange erlaubt. Zu den Vermögensklassen der REITs zählen Wohnimmobilien und Gewerbeimmobilien aller Art.

In Deutschland sind die REITs wegen der mit ihnen verbundenen steuerlichen Privilegierung aus politischen Gründen relativ spät eingeführt worden. Sie werden als „G-REITs" bezeichnet. Sie werden an der Börse gehandelt. **G-REITs** sind von der Körperschaftssteuer und der Gewerbesteuer, nicht aber von der Grunderwerbsteuer befreit. G-REITs müssen ihren Sitz in Deutschland haben. Auch die Vorstände müssen in Deutschland ansässig sein. Um den REITs-Status zu erhalten, müssen G-REITs ein Mindeststammkapital von 15 Millionen € aufweisen. 75 % der Erträge muss mindestens aus Immobilien resultieren. Das Vermögen muss zu ebenfalls 75 % aus Immobilienbestehen. 90 % der Gewinne müssen ausgeschüttet werden. Kein Investor darf mehr als 10 % der Aktien halten. Die Fremdkapitalquote darf 60 % nicht übersteigen. Eine Besonderheit der G-REITs besteht darin, dass Bestandswohnungen nicht eingebracht werden dürfen. Nur nach 2007 erbaute Wohngebäude können Teil des Immobilienportfolios von G-REITs werden.

Stammkapital von G-REITs

1.6.8 Immobilienwirtschaftliche Unternehmen als Partner der Kommunen

Jahrzehntelang wurden Bauplanungs- und Städtebaumaßnahmen fast ausschließlich in Form amtlicher Verfahren durchgeführt. Die Gemeinden waren nicht nur die Planer, sondern auch die Träger der Baulandproduktion. Im Bereich des Städtebaus wurden städtische Landesentwicklungsgesellschaften und städtische Wohnungsbaugesellschaften als Ausführungsorgane eingeschaltet. Zunehmend haben sich Gemeinden auch wegen der immer mehr unter Druck geratenen Haushalte der Mitwirkung von privaten Investoren bei Lösung ihrer Aufgaben bedient. Heute steht dieses **„konsensuale Handeln"** im Vordergrund. Die Gemeinden stellen sich als Vertragspartner für die Durchführung von städtebaulichen Maßnahmen zur Verfügung. Die Regelungen erfolgen in **städtebaulichen Verträgen**, deren Rechtsgrundlagen 1998 Eingang in das Baugesetzbuch gefunden haben. Erprobt wurde das Instrument städtebaulicher Verträge im Rahmen des früheren BauGB-Maßnahmegesetzes in den östlichen Bundesländern, deren bauplanerische Entwicklung erleichtert werden sollte.

Konsensuales Handeln (Unternehmen und Kommunen)
Städtebauliche Verträge

Betrachtet man die Wirkungsfelder der immobilienwirtschaftlichen Unternehmen als Partner der Kommunen im Einzelnen, dann kann man im Wesentlichen folgende Dienstleistungsbereiche unterscheiden, die **Gegenstände städtebaulicher Verträge** sein können und für deren Durchführung privatwirtschaftliche Träger die Kosten übernehmen:

1. Übernahme städtebaulicher Maßnahmen wie Bodenordnung (freiwillige Umlegung), Baulanderschließung (Erschließungsvertrag nach § 124 BauGB), Bodensanierung,
2. Ausarbeitung städtebaulicher Planungen und Erstellung von Umweltberichten,
3. Die Durchführung von Maßnahmen im Zusammenhang mit „Einheimischenmodellen" und der „Sozialen Stadt",
4. Übernahme von Ausgleichsmaßnahmen,
5. Mitwirkung bei städtebaulichen Sanierungs- und Entwicklungsmaßnahmen,
6. Übernahme von „Folgekosten", die den Gemeinden durch erforderlich werdende Infrastrukturmaßnahmen entstehen.

Eine besondere Rolle spielen **Vorhaben- und Erschließungspläne**, bei denen die Initiative für bestimmte Projekte von Investoren ausgeht. Vorhaben- und Erschließungspläne münden durch entsprechende Initiativen der Gemeinde in vorhabenbezogene Bebauungspläne. Grundlage hierfür ist eine Ausweisung in Flächennutzungsplänen, die die damit verbundene bauliche Nutzung zulässt. In Gebieten, in denen

Vorhaben- und Erschließungspläne

bereits ein Bebauungsplan besteht, sind Vorhaben- und Erschließungspläne nicht realisierbar.

Alle städtebaulichen Verträge bedürfen der Schriftform. Umfassen die Aufgaben auch den Erwerb- und die Veräußerung von Grundstücken, ist notarielle Beurkundungsform vorgeschrieben.

1.6.8.1 Mitwirkung bei der Bebauungsplanung, der Bodenordnung und der Baulanderschließung (Baulandproduktion)

Baulandproduktion

Die unternehmerischen Aufgaben in der Immobilienwirtschaft setzen bereits im Zusammenhang mit der **„Produktion" von Bauland** ein. Im Gegensatz zum 19. Jahrhundert, wo diese Funktion fast ausschließlich in den Händen der Terraingesellschaften lag, ruht heute die Kompetenz für die Festsetzungen von Art und Maß baulicher Nutzung bei den Gemeinden und gemeindlichen Planungsverbänden. Die Baulandproduktion besteht aus drei Elementen, nämlich der Erstellung eines Bebauungsplanes, der Neuordnung der Grundstücke, die ihre sinnvolle Bebauung ermöglichen. Im Baugesetzbuch wird dieser Akt als Bodenordnung bezeichnet. Der dritte produktive Akt besteht in der Erschließung der Grundstücke. Das Endprodukt sind baureife, mit einem Baurecht ausgestattete Grundstücke.

– **Bauleitplanung**

Bauleitplanung §§ 1–13 BauGB

Vertragspartner bei der **Ausarbeitung städtebaulicher Planungen** sind in der Regel Architekturbüros. Sie erstellen oder ändern auf der Datengrundlage der Katasterämter und mit Hilfe von Geoinformationssystemen nach Vorgaben der Gemeinde Flächennutzungspläne und Bebauungspläne. Darüber hinaus können die Büros auch mit der Erstellung von Landschafts- und Grünordnungsplänen beauftragt werden. Die Planungshoheit verbleibt bei der Gemeinde.

Anpassung der Bauleitplanung an Raumordnung BauGB § 1 Abs. 4

Die Bauleitplanung hat sich nicht nur den Zielen der **Raumordnung** und **Landesplanung** anzupassen. Sie steht auch unter dem Gebot gerechter Abwägung privater und öffentlicher Belange. Dies kann nur im Dialog zwischen den beteiligten Ämtern und den Privatinvestoren erfolgen. Art, Frequenz und Zeiten des Verkehrsaufkommens, benötigte Parkflächen u. dgl. nach Durchführung der Investition sind in einer Modellprognose mit den aus den gegebenen Planvorgaben resultierenden Werten zu vergleichen. Die Modellprognose führt zu einem Anforderungskatalog an die Netze der Fuß- und Fahrradwege, Straßen und öffentlichen Verkehrsmittel, Kfz.-Stellplätze u. dgl. Bei den Erörterungen sind neben den Gesetzen und Verordnungen auch zahlreiche technische Regelwerke (DIN-Normen, VDI-Richtlinien, Richtlinien für die Anlage von Verkehrswegen der Forschungsgesellschaft für Straßen- und Verkehrswesen und weiterer Dienststellen) zu beachten.

(Näheres hierzu siehe 1.9.3)

– **Bodenordnung**

Neuerschließungsumlegung Neuordnungsumlegung

Unterschieden wird bei der Bodenordnung zwischen der **Neuerschließungsumlegung** nach Maßgabe eines Bebauungsplans, in dem die neuen Parzellen festgesetzt sind, die durch die Umlegung herzustellen sind und der **Neuordnungsumlegung** im Zusammenhang mit der Neugestaltung der Grundstücke eines bebauten Gebietes.

Die Neuordnungsumlegung findet vor allem in Sanierungsgebieten statt, wenn die Verkehrsverhältnisse verbessert werden sollen.

Bei der Neuerschließungsumlegung kann ein Umlegungsbeschluss von der Gemeinde bereits zu einem Zeitpunkt gefasst werden, zu dem ein rechtskräftiger Bebauungsplan noch nicht vorliegt. Da aber die Umlegung der „Verwirklichung des Bebauungsplanes" dient, muss zumindest eine Grundkonzeption vorhanden sein, die Voraussetzung für den Beschluss ist, einen Bebauungsplan aufzustellen. **Aufstellungsbeschluss** und **Umlegungsanordnung** erfolgen oft am selben Tag.

Aufstellungsbeschluss

Im Umlegungsverfahren wird der ursprüngliche Grundstücksbestand, der zunächst in einer Bestandskarte und in ein Bestandsverzeichnis aufgenommen wurde, zur **Umlegungsmasse** vereinigt. Nach Abzug der Erschließungsflächen, die der Gemeinde zustehen, wird der neu geordnete Boden **(Verteilungsmasse)** an die ursprünglichen Grundstückseigentümer zurück übertragen. Die Zurückverteilung erfolgt entweder nach den Proportionen der Werte, der eingeworfenen Grundstücke oder nach Flächenproportionen. Dabei müssen entstehende Differenzen aus der Nichtübereinstimmung der Proportionen der eingeworfenen und der zurückverteilten Werte/Flächen ausgeglichen werden.

Umlegungsmasse

Verteilungsmasse

Die Absicherung des Umlegungsvorganges erfolgt durch eine **Verfügungs- und Veränderungssperre**, die im Grundbuch durch einen Umlegungsvermerk dokumentiert wird. Verfügungen und (werterhöhende) Veränderungen der vom Umlegungsverfahren betroffenen Grundstücke sind zwar möglich, müssen aber genehmigt werden.

Verfügungs- und Veränderungssperre

Das Baugesetzbuch kennt neben der amtlichen Umlegung auch die „**freiwillige Umlegung**". In manchen Bundesländern, vor allem in Süddeutschland, überwog für lange Zeit die „freiwillige Umlegung" das amtliche Verfahren. Die Einschaltung von Unternehmen zur Bodenordnung über städtebauliche Verträge ist überall dort anzutreffen, wo die Gemeinden nicht in der Lage sind oder nicht über die entsprechenden Kapazitäten verfügen, um solche Maßnahmen selbst durchführen zu können. Private Initiativen für Bodenordnungsverfahren gehen sogar amtlichen Verfahren vor. Der Vorteil der im Rahmen eines städtebaulichen Vertrages durchgeführten freiwilligen Umlegung besteht für die Gemeinden darin, dass diese sich einen höheren Flächenanteil als den gesetzlich höchstens vorgesehenen sichern können. Außerdem kann das Verfahren zeitlich gestrafft werden.

Freiwillige Umlegung

Der Gesetzgeber hat für einfache Fälle das so genannte **vereinfachte Umlegungsverfahren** eingeführt, dass früher als Grenzregelung bezeichnet wurde.

Vereinfachtes Umlegungsverfahren

Durch die Umlegung wird aus dem Bruttorohbauland, das durch Verabschiedung eines Bebauungsplanes entstanden ist, parzellenscharfes **Nettorohbauland**.

– Erschließung

Neben der Bebauungsplanung und der Bodenordnung ist der dritte Schritt der Baulandproduktion die Erschließung des Rohbaulandes. Darunter versteht man alle baulichen Maßnahmen zur Herstellung der Verkehrswege (Anliegerstraßen, Fußwege), der Beleuchtung, der Grünanlagen, der Versorgungsleitungen (Strom, Gas, Wärme, Trinkwasser) und der Abwasserbeseitigung (Kanalisation).

Erschließungsträger

Auch die Erschließungshoheit liegt, wie die Planungshoheit, bei den Gemeinden. Sie kann die Erschließungsanlagen selbst herstellen, aber auch an Unternehmen übertragen. Diese sind dann „**Erschließungsträger**". Die Einschaltung von Erschließungsträgern ist heute üblich. Sie befreit die Gemeinde davon, einen Teil der Erschließungskosten selbst tragen zu müssen. In einem Erschließungsvertrag mit der Gemeinde verpflichtet sich das Unternehmen, auf eigene Rechnung und in eigenem Namen die **Erschließungsanlagen** herzustellen. Dieser Vertrag bedarf in der Regel der **notariellen Beurkundungsform**, weil in den meisten Erschließungsverträgen die Verpflichtung des Unternehmens enthalten ist, Grundstücksflächen (z. B. für die Straßenführung) an die Gemeinde zu übertragen.

Beitragsfähiger Erschließungsaufwand

Erschließt die Gemeinde selbst, beträgt der **beitragsfähige Erschließungsaufwand** höchstens 90 % der Erschließungskosten. 10 % muss die Gemeinde tragen. Bei der Übertragung der Erschließung auf ein Unternehmen kann vereinbart werden, dass das Unternehmen die Kosten nicht nur der beitragsfähigen, sondern auch der nicht beitragsfähigen Erschließungsanlagen ganz oder teilweise übernimmt. Der Bauträger kann die Erschließungskosten in den Kaufverträgen mit den Erwerbern auf diese umlegen.

Die Erschließung des Rohbaulandes kann die Gemeinde natürlich auch Unternehmen übertragen, die nicht anschließend als Wohnungsunternehmen oder Bauträger die Bebauung des erschlossenen Gebietes übernehmen. Zu unterscheiden ist dabei, ob es sich um die bloße Beauftragung fremder Tiefbauunternehmen handelt, weil die Kapazitäten des gemeindlichen Bauhofes nicht ausreichen, oder ob die Trägerschaft übertragen wird. Im letzten Fall handelt das Unternehmen in eigenem Namen und stellt der Gemeinde den vereinbarten Festpreis oder den Abrechnungspreis in Rechnung.

Erschließungsträger

Erschließungsträger sind in der Regel **Projektentwickler**, größere **Wohnungsunternehmen und Bauträger**, die auf den erschlossenen Grundstücken ihr Bauvorhaben ausführen. Aber auch ländliche Siedlungsgesellschaften und spezielle **Erschließungsunternehmen** kommen hierfür in Betracht, wenn sie über eine der Maßnahme entsprechende Größe und Finanzkraft verfügen und das erforderliche Know-how besitzen.

Bei größeren Projekten, insbesondere im **gewerblichen Bereich**, müssen unter Umständen die Vorgaben der Gemeinden im Bebauungsplan daraufhin überprüfte werden, ob oder inwieweit sie mit den Erschließungsnotwendigkeiten bei Realisierung des vorgesehenen Projektes übereinstimmen. Gegebenenfalls muss mit den maßgeblichen Entscheidungsträgern, insbesondere den Bauplanungsbehörden, aber auch mit anderen Ämtern und Stellen (etwa Feuerwehr, Verkehrsbetriebe), eine Abstimmung erfolgen.

Immobilienentwicklung

Bauleitplanung, Bodenordnung und Erschließungsmaßnahmen sind klassische Teilgebiete der **Immobilienentwicklung**. Hierfür wird auch im deutschen Sprachraum der englische Begriff des Development gebraucht.

– **Bodenuntersuchungen**

Immer mehr tritt im Rahmen der Immobilienentwicklung die Notwendigkeit in den Vordergrund, die Anforderungen des Bodenschutzes zu beachten. Durch das Bundesbodenschutzgesetz wurde der Umgang mit Altlasten bundeseinheitlich geregelt. Zu den Altlasten zählen stillgelegte Abfallbeseitigungsanlagen und Grundstücke, auf denen Abfälle behandelt, zwischengelagert oder endgültig abgelagert wurden sowie Grundstücke still gelegter Anlagen und sonstige Grundstücke, auf denen mit umweltgefährdenden Stoffen „umgegangen" wurden. Darüber hinaus gibt es Grundstücke, die schädliche Bodenveränderungen aufweisen. Eine Wiedernutzung solcher Grundstücke ist nur möglich, wenn vorher der Boden saniert, d. h. von den Verunreinigungen befreit wurde.

<small>BBodeSchG § 2</small>

Grundsätzlich trifft die Verpflichtung der Dekontaminierung die Verursacher, deren Gesamtrechtsnachfolger und den aktuellen Bodeneigentümer.

Maßnahmen der **Bodensanierung kann** die Gemeinde auch mittels eines städtebaulichen Vertrages auf ein darauf spezialisiertes Unternehmen übertragen.

<small>Bodensanierung</small>

1.6.8.2 Verträge im Zusammenhang mit Einheimischenmodellen

Einheimischenmodelle dienen der vorrangigen Deckung des Wohnbedarfs der ortsansässigen Bevölkerung. Solche Modelle wurden ursprünglich vor allem für Fremdenverkehrsgebiete entwickelt. Heute werden sie aber auch in Großstädten praktiziert. Die Gemeinde will durch eine Baulandpreisregulierung sicherstellen, dass ortsansässige Bürger gegenüber finanzstarken Zuzüglern einen Vorsprung beim Kauf von Bauland erhalten. Gemeinden erwerben die für die Bebauung vorgesehen Wohnbauflächen und veräußern sie an die bevorrechtigten Bürger zu verbilligten Preisen.

<small>Einheimischenmodell</small>

Die Gemeinde kann aber auch im Rahmen eines städtebaulichen Vertrages mit dem Eigentümer vereinbaren, dass dieser die Flächen teilweise an Einheimische veräußert. Die rechtliche Grundlage findet sich im BauGB. Die Handhabung darf aber nicht dazu führen, dass Auswärtige von einer Kaufmöglichkeit völlig ausgeschlossen werden.

<small>BauGB §§ 11 Abs. 1 Nr. 2</small>

Bereits bevor diese Regelung in das BauGB aufgenommen wurde, haben sich zwei Varianten des Einheimischenmodells entwickelt. Dabei geht es um das **„Weilheimer Modell"**, bei dem die Gemeinde die Aufstellung eines Bebauungsplanes davon abhängig macht, dass der Grundstückseigentümer der Gemeinde ein auf 10 Jahre befristetes, notariell beurkundetes und durch eine Auflassungsvormerkung im Grundbuch gesichertes Ankaufsrecht zu einem bestimmten Preis einräumt. Die Gemeinde kann von diesem Ankaufsrecht aber nur dann Gebrauch machen, wenn der Eigentümer hiervon betroffene Grundstücke an Dritte zu einem Preis veräußert, der über eine vereinbarte Preisgrenze liegt.

<small>Weilheimer Modell</small>

Das zweite Modell ist das **„Traunsteiner Modell"**. Hier wird die Veräußerung von Grundstücken von einer Genehmigung der Gemeinde abhängig gemacht. Die Zustimmung muss erteilt werden, wenn der Preis die vereinbarte Preisgrenze nicht übersteigt.

<small>Traunsteiner Modell</small>

Einheimischenmodelle sind nur gerechtfertigt, wenn und soweit eine Benachteiligung der einheimischen Bevölkerung vorliegt, die behoben werden soll. Wer als ortsansässig bzw. einheimisch gilt, muss bei Einheimischenmodellen bestimmt werden. In der Regel ist ein Gemeindebürger oder eine Gemeindebürgerin einheimisch, wenn er oder sie mehrere Jahre in der Gemeinde den Hauptwohnsitz hatte.

Beispiel: BayVGH Urt. vom 22.12.1998 – 1 B 94 3288

Einheimischenmodelle sind grundsätzlich auch denkbar im Bereich von gewerblichen Bauflächen. Dies wird auch in der Rechtsprechung bejaht. Mittlerweile sind Einheimischenmodelle im ganzen Bundesgebiet weit verbreitet. Dies gilt nicht nur für Fremdenverkehrsgebiete, sondern zunehmend für Siedlungsschwerpunkte um wachstumsorientierte Großstädte, z. B. München.

1.6.8.3 Übernahme von Ausgleichsmaßnahmen

BauGB § 1a – Bodenversiegelung

Nach den Vorschriften des Baugesetzbuches müssen zum Ausgleich der mit der Bebauung von Grundstücken einhergehenden Beeinträchtigung des Bodens **(Bodenversiegelung)** in Flächennutzungsplänen und Bebauungsplänen Flächen dargestellt bzw. festgesetzt werden oder andere Maßnahmen ergriffen werden, die dem Ausgleich für diesen Eingriff dienen. Dies erfolgt im Interesse des Naturschutzes. Handelt es sich beim Ausgleich um die Zurverfügungstellung von **Ausgleichsflächen**, kann dies innerhalb eines Bebauungsplangebietes (interne Kompensation) oder außerhalb dieses Gebietes (externe Kompensation) erfolgen. Wichtig ist, dass der Naturhaushalt durch solche Maßnahmen erhalten bleibt. Die entstehenden Kosten der Ausgleichsmaßnahmen werden von den Grundstückseigentümern getragen, deren Bodenfläche versiegelt wird. Bei mehreren Eigentümern sind Maßstab der Kostenverteilung die Proportionen der Flächenversiegelung. Während beim Erschließungsbeitrag die Gemeinden mindestens 10 % der Erschließungskosten selbst tragen müssen und der Rest in Form von Erschließungsbeiträgen umlegen können, haben die Grundstückseigentümer bei Ausgleichsmaßnahmen die Gesamtkosten voll zu tragen. Soweit sie auf dem Grundstück durchgeführt werden, das bebaut werden soll, ist für die Pflege der Ausgleichsflächen der Grundstückseigentümer zuständig.

Ausgleichsflächen

Ausgleichsmaßnahmen

Ausgleichsmaßnahmen können die Anlage von Biotopen, Streuobstwiesen, Feldhecken, Blumenwiesen u. dgl. sein. Als Ausgleich kann aber auch die Begrünung von Dächern in Frage kommen.

Städtebaulicher Vertrag

Anstelle solcher Darstellungen (im Flächennutzungsplan) oder Festsetzungen (im Bebauungsplan) können zum Zweck der Erfüllung des Ausgleichsgebotes auch Vereinbarungen mit dem privaten Vorhabenträger im Rahmen eines **städtebaulichen Vertrages** geschlossen werden. Vorhabenträger ist derjenige, durch dessen Maßnahmen die Bodenversiegelung erfolgt. Schaltet die Gemeinde den Vorhabenträger ein, trägt er die Kosten. Er wird sie aber in der Preiskalkulation seines Vorhabens berücksichtigen.

1.6.8.4 Mitwirkung bei Sanierungs- und Entwicklungsmaßnahmen

Das Baugesetzbuch regelt die beiden Bereiche der städtebaulichen Sanierungs- und Entwicklungsmaßnahmen. Wie schon bei der Baulanderschließung, kann sie sich auch zur Durchführung solcher Maßnahmen wirtschaftlicher Träger aus dem Bereich der immobilienwirtschaftlichen Unternehmen bedienen.

Sanierungsmaßnahmen

Sanierungsmaßnahmen dienen der Behebung **städtebaulicher Missstände im** Bereich der Wohn- und Arbeitsverhältnisse sowie **funktioneller Störungen** im Hinblick auf die Zwecksetzung der baulichen Nutzung eines Gebietsteiles einer Gemeinde. Kriterien, die für das Vorliegen von Missständen sprechen, sind: Sanierungsmaßnahmen

- Ungenügende Belichtung, Besonnung und Belüftung der Wohnungen und/oder Arbeitsstätten,
- Ausmaß baulicher Mängel,
- Unzugänglichkeit der Grundstücke,
- Beeinträchtigungen durch das Nebeneinander von Wohnungen und Gewerbe,
- Unzulängliche Nutzung der unbebauten und bebauten Grundstücke,
- Belästigungen durch Emissionen, Lärm und Erschütterungen,
- Erschließungsmängel.

Die **Funktionsfähigkeit eines Gebietes** kann beeinträchtigt sein im Bereich des Verkehrs, der wirtschaftlichen Situation und Entwicklungsmöglichkeiten des Gebietes in Bezug auf die zugedachte Versorgungsaufgabe etwa für andere Gebiete, der mangelnden Infrastruktur (Grünanlagen, Spiel- und Sportplätze, Anlagen des Gemeinbedarfs).

Sanierungsmaßnahmen dienen dem Wohl der Allgemeinheit und unterliegen dem **Gebot** der gerechten **Abwägung** öffentlicher und privater Belange gegen- und untereinander. Abwägungsgebot

Sanierungsgebiete sind oft gekennzeichnet durch alte Bausubstanz der Häuser, die zur Verschlechterung der Lebensbedingungen führen, Überalterung der Bewohner, Konzentration sozialer Randgruppen, fehlende/nicht ausreichende Infrastruktur, kapitalschwache Hauseigentümer und kaum belastbare Mieter. Merkmale von Sanierungsgebieten

Die **Vorbereitung** einer Sanierungsmaßnahme umfasst die vorbereitenden **Untersuchungen** nach dem oben dargestellten Kriterienkatalog, die **förmliche Festlegung** des Sanierungsgebietes, die Bestimmung der **Ziele und Zwecke** der Sanierung, die **städtebauliche Planung**, die **Erörterung** mit den Betroffenen, die Erarbeitung und Fortschreibung des **Sozialplanes**, gegebenenfalls Ordnungs- und Baumaßnahmen, die vor der förmlichen Festlegung des Sanierungsgebietes durchgeführt werden. Im Grundbuch für die Grundstücke, die im Geltungsbereich des Sanierungsgebietes liegen, wird ein Sanierungsvermerk eingetragen. Vorbereitung einer Sanierungsmaßnahme (BauGB § 140) Sozialplan

Bei der **Durchführung** unterscheidet das BauGB zwischen **Ordnungs- und Baumaßnahmen**. BauGB § 147

Zu den **Ordnungsmaßnahmen** zählen:

- Bodenordnung einschl. Erwerb von Grundstücken,
- Umzug von Bewohnern und Betrieben,
- Freilegung der Grundstücke,
- Herstellung/Änderung der Erschließungsanlagen, sonstige Maßnahmen, die Voraussetzung für die Durchführung der Baumaßnahmen sind.

Zu den **Baumaßnahmen** im Zusammenhang mit der städtebaulichen Sanierung gehören:

- Modernisierung und Instandsetzung,
- Neubebauung und Ersatzbau,
- Errichtung und Änderung von Gemeinschafts- und Folgeeinrichtungen,
- Verlagerung oder Änderung von Betrieben.

Sanierungsträger

Sanierungsträger können wegen ihrer treuhänderischen Funktion nur solche Unternehmen sein, die nicht selbst als Bauunternehmen tätig oder von Bauunternehmen abhängig sind. Dadurch wird vermieden, dass sie sich nicht selbst zur baulichen Ausführung der Sanierungsmaßnahme (unter Einsatz öffentlicher Mittel) beauftragen können. Der unternehmerische Sanierungsträger muss aufgrund seiner wirtschaftlichen Verhältnisse geeignet und in der Lage sein, die Maßnahmen ordnungsgemäß durchzuführen. Er hat sich außerdem einer Überprüfung seiner wirtschaftlichen Verhältnisse und seiner Geschäftstätigkeit zu unterziehen (sofern sie nicht schon kraft Gesetzes erfolgt).

Die Gemeinde darf nur solche Unternehmen als Sanierungsträger beauftragen, denen die übergeordnete Behörde **bestätigt** hat, dass sie die genannten Voraussetzungen erfüllt.

Der Sanierungsträger, der in eigenem Namen handelt, kann **Treuhänder** der Gemeinde oder der **wirtschaftliche Träger** bei Durchführung der Ordnungs- und Baumaßnahmen sein. Hinsichtlich der Verfügung über die öffentlichen Mittel ist er stets Treuhänder.

- **Entwicklungsmaßnahmen**

Entwicklungsmaßnahmen

Entwicklungsmaßnahmen zielen auf die erstmalige Entwicklung eines Ortes oder von Ortsteilen oder auf ihre Entwicklung im Rahmen einer neuen städtebaulichen Konzeption ab. Vorhandene Orte werden in diesem Fall zu neuen Siedlungseinheiten entwickelt oder um neue Ortsteile ergänzt. Die Gemeinde legt in einer Entwicklungssatzung das Teilgebiet der Gemeinde förmlich fest, in dem die Entwicklungsmaßnahme durchgeführt werden soll.

Das Verfahren läuft ähnlich ab wie bei der Sanierung. Auch hier können immobilienwirtschaftliche Unternehmen als Träger eingesetzt werden. Es gelten die gleichen Qualifikationsanforderungen wie für Sanierungsträger.

Die wirtschaftliche Bedeutung dieses Geschäftszweiges ist, ähnlich dem des unternehmerischen Sanierungsträgers, relativ gering, wenn sie am Umfang anderer Leistungsbereiche gemessen wird. Häufig führen die Städte solche Maßnahmen selbst oder unter Einschaltung **kommunaler Trägerunternehmen** durch. Für andere Unternehmen bleibt deshalb kein großer „Markt". Wichtig für die betroffenen Grundstückseigentümer ist ihr rechtzeitiges Reagieren und Artikulieren ihrer Belange, die bei der Interessenabwägung berücksichtigt werden sollen. Insoweit können für qualifizierte Unternehmen aus dem Bereich der Immobilienentwicklung Beratungsleistungen anbieten.

1.6.9 Unternehmerische und kommunale Bodenbevorratung

Eine unternehmerische **Bodenbevorratung** findet heute indes nur noch in geringem Umfange statt. Dies ist auf die geringen oder ganz ausbleibende **Bodenwertzuwächse** zurückzuführen. Eine Bodenvorrathaltung würde auf mittlere Sicht zu Verlusten führen. Umso mehr muss sicher gestellt sein, dass ein entstehender Bedarf an Bodenflächen für Bauzwecke auch kurzfristig gedeckt werden kann. Damit der Markt auf die Nachfrage nach Baugrundstücken flexibel reagieren kann, ist stets ein gewisser Vorrat an sofort verfügbaren und bebaubaren Grundstücken notwendig. Die Gemeinden müssen daher eine Baulandvorratspolitik betreiben, um diese Marktflexibilität zu gewährleisten. Gleichzeitig handelt es sich bei der Baulandvorratsproduktion um ein Instrument der Bodenpreispolitik.

Bodenwertzuwächse

Zielvorgaben über Größe, Art und Streuung von Baulandreserven gibt es allerdings derzeit auch in den Regionalplänen nicht, so dass sich die deutschen Gemeinden schwer tun, den auf sie treffenden notwendigen Beitrag zu der im geographischen Gesamtzusammenhang zu sehende Baulandbevorratung zu erkennen. Da heute die Gemeinden zunehmend mit Investoren zusammenarbeiten, ziehen sie sich auf Ausweisungen von Bauflächen in den Flächennutzungsplanen zurück. **Baurechte** werden erst nach **Bedarf** geschaffen. Dies gilt für den Bereich der Vorhaben- und Erschließungspläne ebenso wie für Einheimischenmodelle.

Baurechte nach Bedarf

Die Beschaffung von vorhandenen baureifen Grundstücken für Wohnungsunternehmen, Bauträger, Investoren und Privatleute gehört in den typischen Aufgabenbereich des **Immobilienmaklers**. Er fungiert als Marktleistungsträger, indem er Angebot und Nachfrage zusammenführt. Die Information über das vorhandene Baugrundstückspotential läuft immer mehr über so genannte **Baulückenkataster** oder **Baulandkataster**, die meist von Gemeinden angelegt werden. Rechtliche Grundlage ist § 200 BauGB. Das Anliegen dabei ist, dass vor Neuausweisungen von Bauland im Interesse des Bodenschutzes der vorhandene Vorrat erst mobilisiert werden sollte.

Baulückenkataster Baulandkataster (BauGB § 200)

1.6.10 Beschaffung von Finanzierungsmitteln

Investitionen in der Immobilienwirtschaft sind **kapitalintensiv**. Im September 2008 betrug das Volumen der langfristigen Hypothekarkredite im Bereich der Wohnungswirtschaft im ganzen Bundesgebiet 1.097 Mrd. Euro. Die Wohnungswirtschaft absorbierte damit 56,2 % des langfristigen Kreditvolumens der Kreditinstitute. Sie tritt zu anderen Bereichen der Wirtschaft in eine erhebliche **Nachfragekonkurrenz** im Bereich des langfristigen Kredits. Dies führt in Fachkreisen immer wieder zu der strittig behandelten Frage nach der Produktivität des Wohnungsbaus.

Darlehensgeber sind **Kreditinstitute**, im Wesentlichen Realkreditinstitute (Pfandbriefbanken, früher als Hypothekenbanken bezeichnet, Landesbanken), Sparkassen, Kreditgenossenschaften (Volks- und Raiffeisenbanken) und Geschäftsbanken sowie private und öffentliche Bausparkassen. Außerdem spielen Versicherungsgesellschaften als Kreditgeber eine größere Rolle. Hinzu kommt die öffentliche Hand, die aus öffentlichen Haushalten zur Förderung des Wohnungsbaus gering verzinsliche Darlehen gewährt.

Darlehensgeber in der Immobilienwirtschaft

Darlehens-beschaffung

Die **Darlehensbeschaffung** durch Einschaltung von Kreditinstituten mit einem regional begrenzten Geschäftsbereich (Sparkassen, Raiffeisen- und Volksbanken) erfolgt heute in der Regel direkt, ohne Zwischenschaltung von Darlehensvermittlern. Makler, die in das Objektvermittlungsgeschäft eingeschaltet sind, sind in der Regel bei der Darlehensbeschaffung behilflich. Kreditinstitute mit überregionalem Wirkungskreis unterhalten in Gebieten, in denen sie keine Zweigniederlassungen haben, Repräsentanzen, die bei der Objektbeleihung behilflich sind. In manchen Fällen handelt es sich dabei um Unternehmen, die auch als Makler tätig sind. Bausparkassen und Versicherungsgesellschaften verfügen über ein hausinternes Vertretersystem.

Kapitalmarktzins

Der **Kapitalmarktzins** beeinflusst infolge der hohen Finanzierungslasten in erheblichem Maße die Investition in der Immobilienwirtschaft. Ein Zinsunterschied von 1,5 % bedeutet bei 100.000 Euro Fremdkapitalbedarf einen monatlichen Belastungsunterschied von 125 Euro für den potentiellen Erwerber einer Eigentumswohnung. Die Zahl der Immobiliennachfrager sinkt bei steigender Zinsbelastung, wodurch bei unverändertem Einkommen die Immobilienangebotspreise stagnieren oder gar sinken.

Basel II

Kreditinstitute müssen nach den Vorgaben von „**Basel II**" geänderte **Eigenkapitaldeckungsvorschriften** beachten. Dabei geht es nach dem Grundsatz, dass die Eigenkapitaldeckung eines Kreditinstituts umso höher sein muss bzw. umso niedriger sein kann, je größer/geringer das eingegangene Kreditrisiko ist. Vorher gab es hier keine Unterschiede. Die Deckungsquote lag generell bei 8 %. Kreditinstitute müssen sich heute hinsichtlich ihrer Kreditvergaben einem Rating unterziehen. Damit steigen/sinken gleichzeitig die Chancen von Darlehensnachfragern – je nach ihrer Bonität – ein günstiges/weniger günstiges oder überhaupt ein Darlehen zu bekommen.

Zweckgesellschaften

Die Kehrseite der neuen Eigenkapitaldeckungsvorschriften waren die Bestrebungen der Kreditinstitute, sich von „faulen" Krediten zu trennen und sie in obskure Zweckgesellschaften zu verschieben, die dann wiederum die verbrieften Schuldentitel an Anleger verkaufen. Viele dieser Anleger gingen in der Zeit der „Subprime- Crisis" im Jahr 2008 leer aus.

Näheres zum Thema Objektfinanzierung siehe Kapitel 11 dieses Buches

1.6.11 Die Bewirtschaftung von Gebäuden

Wie schon ausgeführt, bewirtschaften Wohnungsunternehmen einen erheblichen Eigenbestand an Wohnraum. Darüber hinaus gibt es zahlreiche Unternehmen, die als Hausverwalter fremden – in der Regel privaten – Miethausbesitz im Rahmen eines Betreuungsverhältnisses mit dem Eigentümer bewirtschaften. (Hierauf wurde unter Objektbetreuung, 1.6.6.3, bereits Näheres ausgeführt).

Ziele der Bewirtschaftung

Ökonomisch sinnvolle **Ziele der Bewirtschaftung** sind die langfristige Erhaltung und Sicherung des Gebäudebestandes und seiner Ertragsfähigkeit durch Instandhaltung und eine **Optimierung** der **Mieterträge** und der **laufenden Aufwendungen**. Andererseits kann Ziel auch die qualitative Verbesserung der Gebäude, die bessere Nutzung der **Raumkapazitäten** und die Verbesserung der **Wirtschaftlichkeit** durch Anpassung der Räume an die sich ändernden Prioritäten der Nachfrage sein.

Die Bewirtschaftung reicht hinein bis zur Erstellung und Durchführung neuer Verwertungskonzepte im Rahmen der **Projektentwicklung**.

Die mit diesem Aufgabenbereich befassten Unternehmen müssen ihre Ziele oder die Ziele der vertretenen Hauseigentümer immer abgleichen mit den Zielen des **Städtebaus** (die sich z. B. aus einer Erhaltungssatzung ergeben können) und des **Umweltschutzes**. Auch hier gilt das Gebot des gerechten Ausgleichs der Belange der Öffentlichkeit mit denen des Hauseigentümers.

Der gesamte Themenkomplex der Gebäudebewirtschaftung wird im Kapitel 12 ausführlich behandelt

1.6.12 Vertrieb (Vermietung und Verkauf)

Die von Wohnungsunternehmen, Bauträgern und Projektentwicklern erstellten Objekte werden in der Regel **für den Markt** produziert. Sie decken einen unterschiedlichen **fremden Raumbedarf**. Viele Unternehmen verfügen über eine eigene **Vertriebsabteilung**. Andere bedienen sich der Makler. Welcher der beiden Vertriebswege beschritten wird, ist meist eine Frage der vorhandenen Kapazitäten und der Vertriebskosten. **Makler** werden vielfach eingeschaltet, wenn eigene Verkaufsbemühungen nicht zum Erfolg führen, wenn die zu vertreibenden Objekte nicht am Geschäftssitz des Unternehmens liegen (vor allem bei der Vermietung), oder wenn sich das Unternehmen die Kosten einer eigenen Vertriebsabteilung ersparen will. In der Regel kann davon ausgegangen werden, dass die Einschaltung von Maklern dann erfolgt, wenn dies aus der Perspektive des Auftraggebers die bessere Alternative ist.

Vertriebsabteilung

Maklereinschaltung

Das **Hauptgeschäft der Makler** bezieht sich allerdings nicht auf den Vertrieb von Objekten der Wohnungsunternehmen bzw. Bauträger, sondern auf die Vermittlung von Bestandsobjekten.

Von Bauträgern ausgegliederte **Vertriebsabteilungen** sind – jedenfalls soweit die Objekte des Bauträgers vermarktet werden – keine Makler, obwohl sie, wie diese, Marktleistungen erbringen. Es fehlt ihnen an der die Makler kennzeichnende Drittstellung zwischen den Parteien, also dem das Maklergeschäft kennzeichnenden „Prinzip der gegenseitigen Unabhängigkeit".

Vertriebsabteilung

Ein **Zwischenhandel** beim Verkauf von Bauträgerobjekten hat sich nicht entwickelt. Dagegen gibt es die Erscheinung des Zwischenmieters.

Zwischenhandel

Mit dem Erwerb und der Veräußerung von Immobilien und dem Maklergeschäft befassen sich die Kapitel 14 und 15 dieses Buches.

1.7 VERBÄNDE

Verbandswesen in Deutschland

Das deutsche **Verbandswesen** in der Immobilienwirtschaft ist **vielfältig**. Diese **Vielfalt** ist jedoch zugleich auch **verwirrend**. Die grundsätzlichen Veränderungen, in denen sich die Immobilienwirtschaft derzeit befindet, spiegeln sich in Veränderungen im Verbandswesen wieder.

Maßgebliche Einflussfaktoren für immobilienwirtschaftliche Verbände wie die **Aufhebung des Wohnungsgemeinnützigkeitsgesetze**s oder der **Wegfall der Pflichtprüfung für ehemals gemeinnützige Wohnungsunternehmen** wirken sich spürbar aus.

Mitgliedschaftsarten

Die unterschiedlichen Konturen von
– **institutionellen oder**
– **persönlichen Verbandsmitgliedschaften**

schärfen sich zunehmend. Eine personenbezogene Verbandsmitgliedschaft bleibt auch bei einem Wechsel des Arbeitgebers mit einer relativen Beständigkeit bei der Person, die in der Immobilienwirtschaft tätig ist.

Eine Verbandsmitgliedschaft durch ein Immobilienunternehmen kann beim Wechsel der Eigentümerstruktur hingegen wesentlich schneller in Frage gestellt werden als dies im Regelfall bei einer personenbezogenen Verbandsmitgliedschaft der Fall ist.

Professionalität in der Immobilienbranche

Die zunehmende **Professionalisierung der Immobilienbranche** wirkt sich ebenfalls auf die Immobilienverbände aus. Personen, aber auch Unternehmen, wollen durch die Mitgliedschaft in Immobilienverbänden ihre Professionalität dokumentieren.

Verbandsnutzen für Mitglieder

Ein Immobilienverband, der über ein hohes Ansehen sowohl in der Branche als auch in der Öffentlichkeit verfügt, hat für seine Mitglieder einen spürbaren Nutzeffekt.

Die Zugehörigkeit zu solchen Berufsverbänden oder berufsständischen Organisationen kann sich in Form einer Siegelführung oder aber eines Zusatzes dokumentieren, der zum Namen einer Person hinzugefügt wird.

Bekanntheitsgrad von Verbänden

Umfragen über den **Bekanntheitsgrad von Verbänden** und die Einschätzung über ihren Einfluss gewinnen zunehmend an Bedeutung. Die Wahrnehmung solcher Umfrageergebnisse ziehen Rückkoppelungen über den subjektiven Nutzwert einer Mitgliedschaft in einem solchen Immobilienverband nach sich. Die Bereitschaft, Mitglied in einem Immobilienverband zu werden, wird in zunehmendem Maße weniger von Tradition und herkömmlicher Verhaltensweise geprägt als vielmehr von regelmäßig überprüften Nutzen-/Kostenüberlegungen.

Mit der deutlich spürbaren Aufweichung traditioneller Branchenstrukturen in der Immobilienwirtschaft gewinnt der Aspekt einer Netzwerkbildung, die sich über traditionelle Branchenstrukturen in der Immobilienwirtschaft hinweg bewegt, an Bedeutung. Gleiches gilt für die zunehmende Internationalisierung in der Immobilienwirtschaft.

1.7 VERBÄNDE

Eine **effektive Verbandsarbeit**, sei es in der Öffentlichkeit oder aber im politischen Raum, **erfordert einen erheblichen personellen Einsatz**. Dieser ist im Regelfall nur in beschränktem Umfang durch nebenamtliche Tätigkeit von Verbandsmitgliedern zu erbringen. Hauptamtliche Mitarbeiter von Verbänden sind jedoch ein beträchtlicher **Kostenfaktor**. Dies ergibt insgesamt die Notwendigkeit von mitgliedsstarken Verbänden mit einem hohen Aufkommen an Mitgliedsbeiträgen. Die Bereitschaft, Mitgliedsbeiträge zu leisten, messen sowohl Einzelpersonen als auch Unternehmen am erwarteten bzw. tatsächlich eingetretenen Nutzen einer Verbandsmitgliedschaft. **Auf diesem Hintergrund sind Konzentrationen in der Landschaft der Immobilienverbände in der Bundesrepublik Deutschland zu erwarten.**

Konzentrationsprozess bei Immobilienverbänden

Die Vielfalt der Verbände in der Immobilienwirtschaft ist durch eine arbeitsteilige Entwicklungsgeschichte bedingt. Es entwickelten sich „**Spezialverbände**" für die Tätigkeit des Maklers, des Verwalters und bei Unternehmensformen z. B. für Wohnungsgenossenschaften oder sonstige (ehemals) gemeinnützige Wohnungsunternehmen. Diese Spezialisierung der Verbände wurde über Jahrzehnte nicht als Vorteil, sondern als Nachteil betrachtet.

Tendenziell zeigt sich jedoch eine zunehmende „**Generalisierung**" der ehemals auf Spezialtätigkeiten ausgelegten handelnden Personen und Unternehmen in der Immobilienwirtschaft. Wohnungsunternehmen betätigen sich zunehmend auch im Maklergeschäft und Immobilienmakler bieten – um nur ein Beispiel anzuführen – zunehmend auch den Bereich der Immobilienverwaltung in ihrem Tätigkeitsfeld mit an.

Spezialverbände verändern sich zu Verbänden mit breitem Vertretungsspektrum

Die Vielfalt der nachstehend aufgeführten Immobilienverbände hat verhindert, dass sich eine zentrale Organisation als Sprachrohr für die Immobilienwirtschaft entwickelt hat, welches sowohl von der Öffentlichkeit als auch von dem für die Immobilienwirtschaft so wichtigen politischen Umfeld anerkannt wird.

Zentrales Sprachrohr fehlt

Ob es Initiativen, die darauf abzielen dieses Defizit zu beheben, gelingen wird, sich zu einem solchen anerkannten „Sprachrohr" zu entwickeln, bleibt abzuwarten.

Eine Bündelung unterschiedlicher Immobilienverbände – und sei es nur zur Lösung einzelner grundlegender Fragen – stößt auf nicht zu unterschätzende Hemmnisse, die sich aus den unterschiedlichen Entwicklungslinien der immobilienwirtschaftlichen Verbände in der Vergangenheit ergeben.

Ein allgemein verbindlicher Maßstab, an dem sich die Bedeutung eines Immobilienverbandes über die ganze Branche hinweg messen und darstellen lassen könnte, besteht nicht.

Verbindlicher Maßstab für Messung der Bedeutung einzelner Verbände fehlt

Bei den Immobilienverbänden, die sich mit der Verwaltung von Bestandsimmobilien beschäftigen, eignet sich als **Kennziffer** am ehesten die
- Anzahl der verwalteten Einheiten (Wohn- bzw. Gewerbeeinheiten) oder aber die
- Summe der verwalteten Wohn- bzw. Nutzflächen.

Bei **Projektentwicklern** könnte man die **Investitionssumme** der entwickelten Objekte zugrunde legen.

Bei **Verbänden, die sich mit der Maklertätigkeit** beschäftigen, wäre ein Maßstab dahin gehend denkbar, dass die **Umsätze bzw. die Anzahl der vermittelten Objekte** zugrunde gelegt werden.

Die Bezugnahme auf die **Anzahl der Beschäftigten bei Personen** bzw. Unternehmen, die Verbandsmitglieder sind, ist deutlich **weniger aussagekräftig** als dies in anderen Wirtschaftsbereichen der Fall ist.

Die nachfolgende sehr knappe Aufstellung über die wichtigsten immobilienwirtschaftlich relevanten Verbände in der Bundesrepublik Deutschland soll
- einen Überblick über die Verbände geben,
- den Zugang zu den Fachinformationen erleichtern, welche alle diese Verbände auf ihren Internetseiten in teilweise sehr umfangreicher Darstellung anbieten, sowie
- die Profile dieser Verbände untereinander abgrenzen.

Es bedarf des ausdrücklichen Hinweises, dass die Verbandslandschaft im **Umbruch** ist. Dies zeigt sich u. a. auch in einer Häufigkeit von Änderungen bei den Verbandsbezeichnungen, die es in der Vergangenheit in dieser Vielzahl auch nicht annäherungsweise gab. Ebenfalls neu zu beobachten ist, dass Verbände rechtliche Schritte gegenseitig unternehmen, insbesondere im Hinblick auf Veränderungen von Verbandsbezeichnungen, wann immer der Eindruck entsteht, dass einer der Verbände oder aber Zusammenschlüsse von solchen den Anspruch als „Sprachrohr" für die ganze Branche erheben.

Wissenschaftliche Publikationen über Verbände sind begrenzt

Die Informationsmöglichkeiten über immobilienwirtschaftliche Verbände sind im Rahmen von wissenschaftlichen Veröffentlichungen sehr begrenzt. Publikationen über die Entwicklung von Verbänden sind teilweise öffentlich nicht zugänglich oder vergriffen.

Auf diesem Hintergrund stellen sich die Internetpräsentationen dieser Verbände als beste Informationsquelle dar. Diese haben zudem den Vorteil der relativen Aktualität.

1.7.1 Spitzenverbände

Spitzenverband – Begriff

Der Begriff **„Spitzenverband der Immobilienwirtschaft"** ist keine Bezeichnung, die von einem Ministerium oder ähnlichem vergeben wird. Es handelt sich hierbei um eine Bezeichnung, die sich Verbände, welche von ihrer Größenordnung und der Bedeutung her möglicherweise dafür in Frage kommen, selbst verleihen.

Die Bundesvereinigung Spitzenverbände der Immobilienwirtschaft (BSI) sieht ihre Aufgabe nach einer Aussage auf ihrer homepage (Stand: November 2009) folgendermaßen:

Die Bundesvereinigung Spitzenverbände der Immobilienwirtschaft (BSI) vertritt als Zusammenschluss der wichtigsten Interessenverbände aus der Wohnungs- und Immobilienbranche bundesweit und auf europäischer Ebene gemeinsame Positionen gegenüber Politik und Öffentlichkeit. Ziel ist es, die herausragende volkswirtschaftliche Bedeutung der Immobilienbranche in Deutschland im Bewusstsein von

Politik und Öffentlichkeit zu verankern sowie die politischen, rechtlichen und steuerlichen Rahmenbedingungen der deutschen Immobilienwirtschaft zu verbessern.

Nach **derzeitiger Handhabung bezeichnen sich als „Spitzenverbände der Immobilienwirtschaft"** der
- BFW Bundesverband Freier Immobilien- und Wohnungsunternehmen e. V.,
- GdW Bundesverband Deutscher Wohnungs- und Immobilienunternehmen e. V.,
- Zentralverband der Deutschen Haus-, Wohnungs- und Grundeigentümer e. V. – Haus und Grund –,
- Immobilienverband Deutschland IVD Bundesverband der Immobilienberater, Makler, Verwalter und Sachverständigen e. V.,
- BFW Bundesfachverband Wohnungs- und Immobilienverwalter e. V.,
- Dachverband Deutscher Immobilienverwalter e. V. (DDIV),
- Verband Deutscher Pfandbriefbanken (vdp) e. V.,
- Verband Geschlossene Fonds (VGF).

Die Mitglieder der **„Mit einer Stimme"**-Bündelungsinitiative in der Deutschen Immobilienwirtschaft e. V. mit Sitz in Frankfurt/Main sind der Zusammenschluss großer Immobilienunternehmen.

www.mit einer Stimme.de

1.7.2 Verbände für Immobilien- und Wohnungsunternehmen

1.7.2.1 GdW Bundesverband Deutscher Wohnungs- und Immobilienunternehmen e. V.

GdW

Beim GdW Bundesverband Deutscher Wohnungs- und Immobilienunternehmen e. V. handelt es sich um einen **traditionsreichen Bundesverband**, in dem **15 Landesverbände** (neu seit 2009: VdW Saar) mit wohnungswirtschaftlicher Ausrichtung organisiert sind. Das operative Geschäft der Betreuung der in den Landesverbänden insgesamt organisierten ca. 3.000 Wohnungsunternehmen erfolgt durch die Landesverbände. Der GdW Bundesverband Deutscher Wohnungs- und Immobilienunternehmen, sowie die wohnungswirtschaftlichen Landesverbände nehmen für sich einen Marktanteil von ca. 27 % an allen bewohnten Mietwohnungen in Anspruch. Der **Bewirtschaftungsbestand** der Mitgliedsunternehmen dieser Gesamtverbandsorganisation umfasst ca. **6,2 Millionen Wohneinheiten**.

Bedeutung in Zahlen ausgedrückt

Die geschichtliche Entwicklung dieser Gesamtverbandsorganisation einschließlich der Landesverbände ist auf das engste verzahnt mit den Bereichen

Entwicklung

- Wohnungsgemeinnützigkeit
- Entwicklung des Wohnungsgenossenschaftswesens
- Öffentliche Wohnungsbauförderung.

Die Verbandsorganisation hat sich traditionell aus den **Schwerpunkten**

Schwerpunkte

- **Prüfung** der angeschlossenen Unternehmen sowie
- **Interessenvertretung** im politischen Raum entwickelt. Grundsätzliche Überlegungen zu dem Problem der „Doppelnatur" finden sich in: *Jenkis, Helmut W., in: Die gemeinnützige Wohnungswirtschaft zwischen Markt und Sozialbindung, Auf-*

sätze und Abhandlungen (Schriften zum Genossenschaftswesen und zur öffentlichen Wirtschaft; Band 14), Berlin 1985 (insbesondere in Kap. V/C, S. 966–1007)

Der GdW Bundesverband Deutscher Wohnungs- und Immobilienunternehmen e. V. hat gemeinsam mit seinen Landesverbänden die Wohnungsbaupolitik der Bundesrepublik Deutschland nach dem zweiten Weltkrieg maßgeblich beeinflusst. Sowohl der Bundesverband als auch die Landesverbände sind intern in Arbeitsgemeinschaften untergliedert, die

- regionalen Gegebenheiten in den Landesverbänden aber auch
- der Eigentümerstruktur Rechnung tragen wie z. B.
 genossenschaftliche Eigentümerstruktur,
 kommunale Eigentümerschaft,
 Unternehmen im kirchlichen Eigentum,
 Unternehmen im Eigentum von Bund und Ländern sowie
 so genannte privatwirtschaftlich orientierte Unternehmen.

Europäisches Bildungszentrum der Wohnungsund Immobilienwirtschaft

Der GdW verfügt dank des Potenzials seiner Mitgliedsunternehmen über ein hohes **Verbandsvermögen** und einen hohen organisatorischen Verdichtungsgrad. Er stützt sich auf eine relativ große Anzahl hauptamtlicher Mitarbeiterinnen und Mitarbeiter. Mit ihm verbunden ist das **Europäische Bildungszentrum der Wohnungs- und Immobilienwirtschaft** (eine gemeinnützige Stiftung), zu dem auch die **FWI Führungsakademie in Bochum ebenso wie die 2009 neu gegründete EBZ BUSINESS SCHOOL University of Applied Sciences** gehört.

Verbandsorgan: „DW Die Wohnungswirtschaft" und „WE Wohnungseigentum" erscheint im Hammonia Verlag Hamburg.

Informationsquellen:

www.gdw.de	GdW Bundesverband Deutscher Wohnungs- und Immobilienunternehmen e.V.	Berlin
	Landesverbände:	
www.vbw-online.de	vbw Verband baden-württembergischer Wohnungsunternehmen e. V.	Stuttgart
www.vdwbayern.de	VdW Bayern Verband bayerischer Wohnungsunternehmen e. V.	München
www.vnw.de	VNW Verband norddeutscher Wohnungsunternehmen e. V.	Hamburg
www.bbu.de	Verband Berlin-Brandenburgischer Wohnungsunternehmen e. V. (BBU)	Berlin
www.vdw suedwest.de	VdW Südwest Verband der Südwestdeutschen Wohnungswirtschaft e. V.	Frankfurt am Main
www.vdw-online.de	Verband der Wohnungswirtschaft in Niedersachsen und Bremen e. V.	Hannover
www.vdw-rw.de	Verband der Wohnungs- und Immobilienwirtschaft - Rheinland Westfalen e. V. (VdW Rheinland-Westfalen)	Düsseldorf
www.genossenschaftsverband.de	Genossenschaftsverband Frankfurt e. V. Hessen – Rheinland-Pfalz – Saarland – Thüringen	Saarbrücken
www.vswg.de	Verband sächsischer Wohnungsgenossenschaften e. V.	Dresden
www.vdw-sachsen.de	vdw Sachsen Verband der Wohnungs- und Immobilienwirtschaft e. V.	Dresden
www.vdwvdwg.de	VdWg Verband der Wohnungsgenossenschaften Sachsen-Anhalt e. V.	Magdeburg

VdW Verband der Wohnungswirtschaft Sachsen-Anhalt e. V.	Magdeburg	www.vdwvdwg.de
ptw Prüfungsverband Thüringer Wohnungsunternehmen e. V.	Erfurt	www.vtw.de
vtw Verband Thüringer Wohnungs- und Immobilienwirtschaft e. V.	Erfurt	www.vtw.de

1.7.2.2 BFW Bundesverband Freier Immobilien- und Wohnungsunternehmen e. V.

BFW

Dieser Verband hat sowohl **persönliche Mitglieder als auch Mitglieder in Form von Unternehmen**.

In diesem Verband sammeln sich all diejenigen Immobilien- und Wohnungsunternehmen, die von ihrer Struktur und Ausrichtung her sich nicht dem lange Zeit geschützten Kreis des GdW Bundesverband Deutscher Wohnungs- und Immobilienunternehmen e. V. und dessen Landesverbänden zugehörig sehen. Es handelt sich bei den Mitgliedern vornehmlich um Unternehmen, die am **freien Markt** einem hohen Bauherren-/Bauträgerrisiko ausgesetzt waren und sind.

Der Schwerpunkt dieser Verbandsmitglieder stammt aus dem **immobilienwirtschaftlichen Mittelstand**. Der BFW Bundesverband Freier Immobilien- und Wohnungsunternehmen e. V. gibt als Kennzahl für die Bedeutung dieses Verbandes an, dass die **ca. 1.600 Mitglieder ca. 3,2 Millionen Wohneinheiten und 10,4 Millionen Quadratmeter Nutzfläche** verwalten.

Bedeutung in Zahlen ausgedrückt

Verbandsorgan: „FFW Die Freie Wohnungswirtschaft" und „BFW Nachrichten".

Informationsquellen:

BFW Bundesverband Freier Immobilien- und Wohnungsunternehmen e. V.
Landesverbände:
LV Baden-Württemberg, Ulm,
LV Bayern, Fürth/Bay.,
LV Berlin/Brandenburg/Mecklenburg-Vorpommern, Berlin,
LV Hessen, Groß-Zimmern,
LV Nord, Celle,
LV Rheinland-Pfalz, Groß-Zimmern,
LV Sachsen-Anhalt, Erfurt,
LV Sachsen, Dresden,
LV West, Hennef,
LV Thüringen, Erfurt.

www.lfw-bw.de

1.7.2.3. Bundesvereinigung der Landesentwicklungs- und Immobiliengesellschaften e. V.

Bei diesem Zusammenschluss von Immobilienunternehmen auf Bundesebene handelt es sich im Wesentlichen um den Zusammenschluss von **(ehemaligen) Landesentwicklungsgesellschaften**. Sie waren früher „Organe der staatlichen Wohnungspolitik". In das entstandene Netzwerk des Verbandes sind weitere Partnerunternehmen aus dem Bereich von Anwaltssozietäten, Maklern und sonstigen Dienstleistungsunternehmen eingebunden. Mit einem Tätigkeitsschwerpunkt auf **Bestandshaltung von Unternehmen (ca. 350.000 Wohneinheiten)** sowie im Bereich der Projektentwicklung. Der Verband widmet sich besonders dem Thema „REITs".

www.bvleg.de — Bundesvereinigung der Landesentwicklungs- und Berlin Immobiliengesellschaften e. V.

1.7.3 Verbände immobilienwirtschaftlicher Marktleistungsträger

IVD

1.7.3.1. Immobilienverband Deutschland IVD Bundesverband der Immobilienberater, Makler, Verwalter und Sachverständigen e. V.

Ring Deutscher Makler, Verband Deutscher Makler

Aus den **Vorgängerverbänden Ring Deutscher Makler (RDM)**, gegründet 1924, und **Verband Deutscher Makler (VDM)**, gegründet 1963, hat sich 2004 der Immobilienverband Deutschland IVD Bundesverband e. V. gebildet. Dieser Verband bzw. seine Vorgängerverbände sind die **Traditionsverbände im Maklerbereich**. Sie haben die Entwicklung der Immobilienmaklertätigkeit in Deutschland im Wesentlichen gestaltet und geprägt.

Die **ca. 6.000 Mitgliedsunternehmen, die in 7 Regionalverbänden** organisiert sind, haben ihren Tätigkeitsschwerpunkt im Bereich der Immobilienmaklertätigkeit. Mitglied können sowohl natürliche als auch juristische Personen werden. Die Ausdehnung der Profile des Bundesverbands bzw. der Landesverbände über die reine Maklertätigkeit hinaus in den Bereich der Immobilienverwaltung, Finanzdienstleistung sowie der Immobilienbewertung spiegelt die Grundtendenz der organisierten Mitglieder im Wesentlichen wieder.

Maklerverband auch ein Hausverwalterverband

Schon der „**Ring Deutscher Makler**" mit seinem offiziellen Zusatz „**Verband der Immobilienberufe und Hausverwalter**" hat in seiner Firmierung zum Ausdruck bringen wollen, dass es sich nicht um einen reinen Maklerverband handelt. Er war schon von seinen Gründungsanfängen her auch ein Verwalterverband. Ähnliches galt für den „**Verband Deutscher Makler**" mit seinem Zusatz „**für Grundbesitz, Hausverwaltungen und Finanzierungen e. V.**". Mit Gründung des Immobilienverbandes Deutschland durch Verschmelzung von RDM und VDM sollte hinsichtlich seiner Namensgebung die zunehmende Erweiterung des Geschäftsfeldspektrums seiner Mitglieder zum Ausdruck gebracht werden.

Dienstleister rund um den Immobilienmarkt

Die Tatsache, dass der Typus des früheren „klassischen Maklers" immer mehr einem **Dienstleister** rund um den **Immobilienmarkt** weicht und dabei vor allem die **Immobilien- und Vermögensberatung** und die **Bewertung von Immobilien** als eigenständige zusätzliche Leistungen angeboten werden, verändert naturgemäß den Anspruch der Berufsangehörigen an den ihre Interessen vertretenden Verband. Da im IVD zudem **Baubetreuer** und **Bauträger** organisiert sind und durch Mitgliedsunternehmen damit nahezu das gesamte Spektrum immobilienwirtschaftlicher Leistungen abgedeckt wurde, entschloss man sich bei der Verschmelzung, dem durch die Namensfindung „Immobilienverband Deutschland" gerecht zu werden.

Mit dem IVD verbunden ist durch Beteiligung an einer gemeinnützigen GmbH die **Deutsche Immobilien Akademie an der Universität Freiburg**.
Verbandsorgan: AIZ Das Immobilienmagazin (erscheint 10-mal im Jahr)

Informationsquelle:

Deutsche Immobilien Akademie an der Uni Freiburg

Immobilienverband Deutschland IVD Bundesverband e. V. Berlin. Regionalverbände:	
Immobilienverband Deutschland IVD Bundesverband der Immobilienberater, Makler, Verwalter und Sachverständigen e. V. Region Nord.	Bundesländer Hamburg, Mecklenburg-Vorpommern und Schleswig-Holstein,
Immobilienverband Deutschland IVD Bundesverband der Immobilienberater, Makler, Verwalter und Sachverständigen e. V. Region Nord-West	Bundesländer Niedersachsen und Bremen,
Immobilienverband Deutschland IVD Bundesverband der Immobilienberater, Makler, Verwalter und Sachverständigen e. V. Region Mitte	Bundesländer Hessen und Thüringen,
Immobilienverband Deutschland IVD Bundesverband der Immobilienberater, Makler, Verwalter und Sachverständigen e. V. Region Berlin-Brandenburg	Bundesländer Berlin und Brandenburg,
Immobilienverband Deutschland IVD Bundesverband der Immobilienberater, Makler, Verwalter und Sachverständigen e. V. Region West	Bundesländer Nordrhein-Westfalen, Rheinland-Pfalz und Saarland,
Immobilienverband Deutschland IVD Bundesverband der Immobilienberater, Makler, Verwalter und Sachverständigen e. V. Region Mitte-Ost	Bundesländer Sachsen und Sachsen-Anhalt,
Immobilienverband Deutschland IVD Bundesverband der Immobilienberater, Makler, Verwalter und Sachverständigen e. V. Region Süd	Bundesländer Bayern und Baden-Württemberg.

www.ivd.net

1.7.3.2 BIIS Bundesverband der Immobilien-Investment-Sachverständigen e. V.

Der Verband – 2002 gegründet – ist nach seiner Darstellung der berufliche Zusammenschluss der auf die Bewertung von gewerblichen Großimmobilien spezialisierten unabhängigen Sachverständigen. Dem BIIS gehören etwa 100 Sachverständige an, wovon der Großteil von ihnen auch für Offene Immobilienfonds tätig ist. Der Schwerpunkt der Tätigkeit sämtlicher Mitglieder ist die Bewertung von im In- und Ausland gelegenen gewerblichen Großimmobilien im Auftrag institutioneller Investoren (z. B. Kapitalanlagegesellschaften, Versicherungen, Pensionsfonds, Non-Property-Companies etc.). Das Bewertungsvolumen der Mitglieder des BIIS beträgt jährlich etwa 120 Milliarden €.

BIIS

Sachverständigenverband der Offenen Immobilienfonds

Info/Quelle:

verband@biis.info

BIIS Bundesverband der Immobilien-Investment-Sachverständigen e. V. Frankfurt.

1.7.3.3 b.v.s. Bundesverband öffentlich bestellter und vereidigter sowie qualifizierter Sachverständiger e. V.

www.bvs-ev.de qualifizierter Sachverständiger

In diesem **Dachverband** sind etwa 4.800 Sachverständige aus den 250 Fachbereichen sowie **12 Fachverbände** und **12 Landesverbände** organisiert.

Der größte Teil der deutschen Immobilienbewertungssachverständigen ist im b.v.s. organisiert. Diese sind überwiegend in den Landesverbänden organisiert.

Verbandsorgan: „Der Sachverständige" (erscheint 10-mal im Jahr)

Bundesverband öffentlich bestellter und vereidigter sowie qualifizierter Sachverständiger e. V.	Frankfurt am Main e. V.
Landesverbände:	
LVS Baden-Württemberg	Michelbach
LVS Bayern	München
LVS Hamburg/Schleswig-Holstein	Hamburg
LVS Hessen	Frankfurt
LVS Mecklenburg-Vorpommern	Schwerin
LVS Niedersachsen-Bremen	Bremen
LVS Nordrhein-Westfalen	Meinerzhagen
LVS Rheinland-Pfalz-Saar	Linz/Rhein
LVS Sachsen	Radebeul
LVS Sachsen-Anhalt	Halle
LVS Thüringen	Weimar
VVS Berlin und Brandenburg	Berlin

www.vvs-ev.de

1.7.4 Verwalterverbände

1.7.4.1 Dachverband Deutscher Immobilienverwalter e. V. (DDIV)

DDIV

Dieser Verband versteht sich als **Dachverband von regionalen Verbänden, in denen Immobilienverwalter organisiert sind (ca. 1.000 Mitglieder in 10 regionalen Verbänden)**. Die Immobilienverwaltung der in diesem Verband bzw. der in diesen Landesverbänden organisierten Mitglieder beschränkt sich nicht auf **Wohnimmobilien (nach Angaben des Dachverbandes ca. 1,3 Millionen)**, sondern umfasst auch die Verwaltung von Gewerbeimmobilien, sodass nach eigenen Angaben insgesamt eine **verwaltete Wohn- und Nutzfläche von ca. 84 Millionen Quadratmeter** die Bedeutung des Verbandes unterstreicht.

Bedeutung in Zahlen ausgedrückt

Verbandsorgan: Der Immobilienverwalter (7 Ausgaben im Jahr)

Informationsquelle:
Dachverband Deutscher Immobilienverwalter e. V. (DDIV) Berlin — www.ddiv.de

Regionalverbände:		
Verband der Immobilienverwalter Baden-Württemberg e. V.	Bietigheim-Bissingen	www.vdiv.de
Verband der Immobilienverwalter Bayern e. V.	München	www.immobilien-verwalter-bayern.de
Verband der Immobilienverwalter Berlin-Brandenburg e. V.	Berlin	www.vdiv-berlin-brandenburg.de
Verband der Immobilienverwalter Hessen e. V.	Frankfurt	www.hausverwalter.de
Verband der Immobilienverwalter Niedersachsen/Bremen e. V.	Neustadt	www.vdiv-nds-bremen.de
Verband der nordrhein-westfälischen Immobilienverwalter e. V.	Aachen	www.immobilien-verwalter-nrw.de
Verband der Immobilienverwalter Rheinland-Pfalz/Saarland e. V.	Ludwigshafen	www.vdiv-rps.de
Verband der Immobilienverwalter Mitteldeutschland e. V.	Dresden	www.immobilienverwalter-mitteldeutschland.de
Verband der Immobilienverwalter Sachsen-Anhalt e. V.	Magdeburg	www.vdiv-sa.de
Verband der Immobilienverwalter Schleswig-Holstein/Hamburg/Mecklenburg-Vorpommern e. V.	Kiel/Hamburg/Rostock	www.immo-verwalter.org

1.7.4.2 BFW Bundesfachverband Wohnungs- und Immobilienverwalter e. V.

In gleicher Weise wie der DDIV bzw. die angeschlossenen Landesverbände repräsentiert auch der BFW Bundesverband Wohnungs- und Immobilienverwalter e. V. die Verwaltertätigkeiten sowohl für Wohneinheiten als auch für Gewerbe- bzw. Spezialimmobilien. Eine Mitgliedschaft in diesem Verband setzt eine Mindestgröße des Verwaltungsumfanges bei den **ca. 400 Mitgliedsunternehmen** voraus. Nach Angaben des Verbandes werden **ca. 480.000 Wohneinheiten** verwaltet. Es bestehen **10 Landesverbände**.

BFW Bundesfachverband Wohnungs- und Immobilienverwalter

Verbandsorgan: BFW Aktuell (erscheint monatlich jeweils 4 Seiten)

Informationsquelle:

BFW Bundesfachverband Wohnungs- und Immobilienverwalter e. V. Regionalverbände (sie verfügen über den Status des e. V., Geschäftsstellen bei Mitgliedsfirmen angesiedelt)	Berlin	www.wohnungsverwalter.de
Landesverband Baden-Württemberg	Ulm	
Landesverband Bayern	Fürth	
Landesverband Berlin-Brandenburg/Mecklenburg-Vorpommern	Berlin	
Landesverband Hessen	Groß-Zimmern	
Landesverband Nord	Celle	
Landesverband Rheinland-Pfalz/Saarland	Groß-Zimmern	
Landesverband Sachsen-Anhalt	Erfurt	
Landesverband Sachsen	Dresden	
Landesverband West	Hennef	
Landesverband Thüringen	Erfurt	

1.7.4.3 Cre.net Deutschland e. V.

Cre.net Deutschland e. V.

In diesem relativ kleinen und jungen Verband sind persönliche Mitglieder aus dem Bereich des **Corporate Real Estate Management** organisiert.

Informationsquelle:

www.crenet.com

Cre.net Deutschland e. V.	Frankfurt/Main

1.7.5 Facility Management Verbände

1.7.5.1 International Facility Management Association (IFMA)

IFMA

Im Verhältnis zu den **weltweit insgesamt ca. 19.500 Mitgliedern** in 60 Ländern dieses internationalen Verbandes ist der Verbandsteil in Deutschland („IFMA Deutschland e. V.", gegr. 1996) mit **ca. 320 Mitgliedern** noch relativ klein.

Die deutsche Sektion dieses internationalen Verbandes befindet sich seit 28. 2. 2008 in Liquidation.

Informationsquelle:

www.ifma-deutschland.de

International Facility Management Association	Berlin

1.7.5.2 Deutscher Verband für Facility Management e. V. (GEFMA)

GEFMA

In diesem 1989 gegründeten Verband vereinigen sich Personen und Institutionen, die im Bereich Facility Management tätig sind. Nach dem Verständnis dieses Verbandes ist jedoch die Tätigkeit des Facility Managers nicht eng auf eine reine Verwaltungstätigkeit in der Verwaltung von überwiegend gewerblichen Immobilien beschränkt. Der Verband hat maßgeblichen Anteil an der Verbreitung der Konzeption des Facility Managements in der Bundesrepublik Deutschland.

Informationsquelle:

www.gefma.de

Deutscher Verband für Facility Management e. V. (GEFMA)	Bonn

1.7.6 Interessenverbände der Mieter bzw. Vermieter

1.7.6.1 Deutscher Mieterbund e. V. (DMB)

DMB

Die Organisation zur Vertretung der Interessen der Mieter basiert auf (320) örtlichen Mietervereinen, die zum Teil auf eine **lange und traditionsreiche Geschichte** zurückblicken können. **Neben diesen örtlichen Organisationen bestehen Landesverbände und als zentrales Organ** der Deutsche Mieterbund e. V. (DMB). Diese Verbandsorganisation kann sich zu Recht als **Spitzenverband zur Vertretung der Interessen der Mieter** in der Bundesrepublik Deutschland bezeichnen.

Verbandsorgan: Mieter Zeitung (6-mal im Jahr)

Informationsquelle:

Deutscher Mieterbund e. V. (DMB)	Berlin	www.mieterbund.de

1.7.6.2 Zentralverband der deutschen Haus-, Wohnungs- und Grundeigentümer e. V. Haus und Grund

Die Interessenvertretung der Hauseigentümer im Sinne von Eigentum an einer oder mehreren Immobilien ist in **ca. 900 örtlichen Haus und Grundbesitzervereinen** organisiert. Der Verband verfügt über **ca. 850 000 persönliche Mitglieder**. Zwischen den örtlichen Vereinen und dem Bundesverband sind **22 Landesverbände** zwischengeschaltet. Der Verband ist als **Spitzenverband für die Vertretung der Interessen seiner Mitglieder** und als Gegenstück zum Deutschen Mieterbund anerkannt. Ebenso wie der Deutsche Mieterbund kann der Zentralverband der deutschen Haus-, Wohnungs- und Grundeigentümer e. V. Haus und Grund auf eine **lange und beeindruckende 125-jährige Tradition** zurückblicken.

Haus und Grund

Verbandsorgan: DWW Deutsche Wohnungswirtschaft, Haus- und Grund Deutschland Verlag

Informationsquellen:

Zentralverband der deutschen Haus-, Wohnungs- und Grundeigentümer e. V. Haus und Grund (www.haus-und-grund.net)	Berlin
Landesverbände:	
Haus & Grund Baden e. V. (www.haus-und-grund-baden.de)	Karlsruhe
Haus & Grund Württemberg e. V. (www.hausundgrund-wuerttemberg.de)	Stuttgart
Haus & Grund Bayern e. V. (www.hausund-grund-bayern.de)	München
Haus & Grund Berlin e. V. (www.haus-und-grund-berlin.de)	Berlin
Haus & Grund Brandenburg e. V. (www.hausundgrundbrbg.de)	Potsdam
Haus & Grund Landesverband Bremen e. V. (www.haus-und-grund-bremen.de)	Bremen
Grundeigentümer-Verband Hamburg von 1832 e. V. (www.grundeigentuemerverband.de)	Hamburg
Haus & Grund Hessen e. V. (www.hausundgrundhessen.de)	Frankfurt
Haus & Grund Mecklenburg-Vorpommern e. V. (www.haus-und-grund-mv.de)	Schwerin
Haus & Grund Niedersachsen e. V. (www.haus-und-grund-nds.de)	Langenhagen
Haus & Grund Oldenburg e. V. (www.ewetel.net)	Oldenburg
Haus & Grund Nordrhein und Westfalen e. V. (www.haus-und-grund.com)	Dortmund
Haus & Grund Ostwestfalen-Lippe e. V. (www.haus-grund.net)	Bielefeld
Haus & Grund Rheinland e. V. (www.hausund-grund-rheinland.de)	Düsseldorf
Haus & Grund Ruhr e. V. www.hug-essen.de)	Essen

Haus & Grund Westfalen e. V. (wwwhaus-grund-westfalen.de)	Hagen
Verband bergbaugeschädigter Haus- und Grundeigentümer e. V. (www.vbhg.de)	Herten
Haus & Grund NRW e. V. – Zusammenschluss der Haus & Grund Verbände in Nordrhein-Westfalen (www.haus-und-grund-nrw.de)	Düsseldorf
Haus & Grund Rheinland-Pfalz e. V. (www.haus-und-grund-rlp.de)	Mainz
Haus & Grund Saarland e. V. (www.haus-und-grund-saarland.de)	Saarbrücken
Haus & Grund Sachsen e. V. (www.haus-und-grund-sachsen.net)	Dresden
Haus & Grund Sachsen-Anhalt e. V. (www.hugsa-magdeburg.de)	Magdeburg
Haus & Grund Schleswig-Holstein e. V. (www.haus-und-grund-sh.de)	Kiel
Haus & Grund Thüringen e. V. (www.hug-thueringen.de)	Rudolstadt

1.7.6.3 Verband Wohneigentum e. V. (bis 2005 Deutscher Siedlerbund e. V. Gesamtverband für Haus- und Wohneigentum)

Deutscher Siedlerbund e. V. Gesamtverband für Haus- und Wohneigentum

Dieser Verband mit seinen Landesverbänden stellt sich als Interessenvertretung der Einzelhauseigentümer mit einer besonderen Ausrichtung auf den **historisch gewachsenen Siedlergedanken** dar. Er verfügt über 370.000 Mitglieder. Er ist familienorientiert und tritt für die Förderung und den Erhalt des selbst genutzten Wohneigentums ein.

Verbandsorgan: „Familienheim und Garten" (erscheint monatlich)

Informationsquellen:

Deutscher Siedlerbund e. V. Gesamtverband für Haus- und Wohneigentum	Bonn
Landesverbände (www. siedlerbund.de):	
Landesverband Baden-Württemberg e. V. (www.siedler-bund.de/baden-wuerttemberg)	Karlsruhe,
Landesverband Bayern e. V. (www.bayerischer-siedlerbund.de)	Weiden/Opf.
Landesverband Berlin-Brandenburg e. V. (www.siedler-bund.de/berlin)	Berlin
Landesverband der Brandenburgischen Siedler e. V. (www.siederbund.de/brandenburg)	Birkenstein
Landesverband Bremen e. V. (www.siedler-bund.de/bremen)	Bremerhaven
Verband für Haus- und Wohneigentum Hamburg e. V. (www.siedler-bund.de/hamburg)	Hamburg
Landesverband Hessen e. V. (www.siedler-bund.de/hessen)	Oberursel/Taunus
Landesverband Mecklenburg-Vorpommern e. V. (www.siedler-bund.de/mecklenburg-vorpommern)	Rostock
Landesverband Niedersachsen e. V. (www.siedler-bund.nds.de)	Hannover
Landesverband Nordrhein-Westfalen e. V. (www.siedlerbund.de/rheinland)	Düsseldorf Mühlheim/Ruhr Dortmund

Landesverband Rheinland-Pfalz e. V. (www.siedlerbund.de/ruhrniederrhein)	Weißenthurm	www.siedler-bund.info
Landesverband Saarland e. V. (www.siedlerbund.de/rheinland-pfalz)	Völklingen	
Sächsischer Landesverband Siedler e. V. (www.siedlerbund.de/saarland)	Leipzig	
Landesverband Sachsen-Anhalt e. V. (www.siedler-bund.de/sachsen)	Halle/Saale	
Landesverband Schleswig-Holstein e. V. (www.siedlerbund.de/schleswig-holstein)	Neumünster	
Verband für Familienheim, Wochenendsiedlung und Garten e. V. (www.siedlerbund-sachsenanhalt.de)	Suhl	www.siedler-bund-thueringen.de

1.7.6.4 Ring Deutscher Siedler RDS e. V.

Eine ähnliche Zielsetzung wie der 1948 gegründete Deutsche Siedlerbund e. V. Gesamtverband für Haus- und Wohneigentum hat der Ring Deutscher Siedler (RDS) e. V. Er vertritt die Interessen der Eigenheimbesitzer und derer, die es werden wollen. Der RDS setzt sich besonders für junge Familien mit Kindern ein.

RDS

Verbandsorgan: RDS Journal (erscheint 4-mal jährlich)

Informationsquelle:

Ring Deutscher Siedler RDS e. V.	Bonn	www.rdsev.de

1.7.7 Bausparkassenverbände

1.7.7.1 Verband der Privaten Bausparkassen e. V.

Der Verband der Privaten Bausparkassen e. V. hat in der Zeit nach dem zweiten Weltkrieg als Verband der ihm angeschlossenen privaten Bausparkassen maßgeblichen Einfluss auf das Wohnungsbaugeschehen und insbesondere auf die Wohnungsbaupolitik in der Bundesrepublik Deutschland genommen. Er versteht sich zwar in erster Linie als **Interessenvertretung der ihm angeschlossenen privaten Bausparkassen**. Dies schließt jedoch Aktivitäten über das enge Bauspargeschehen hinaus ein. Der Verband wird getragen von folgenden Bausparkassen:

Verband der privaten Bausparkassen e. V.

Aachener Bausparkasse AG, Allianz Dresdner Bauspar AG, Alte Leipziger Bauspar AG, Bausparkasse Mainz AG, BHW Bausparkasse AG, Debeka Bausparkasse AG, Deutsche Bank Bauspar AG, Deutsche Bausparkasse Badenia AG, Deutscher Ring Bausparkasse AG, HUK-Coburg-Bausparkasse AG, Quelle Bauspar AG, Bausparkasse Schwäbisch Hall AG, Signal Iduna Bauspar-AG, Vereinsbank Victoria Bauspar AG, Wüstenrot Bausparkasse AG.

Informationsquelle:

Verband der Privaten Bausparkassen e. V.	Berlin

1.7.8 Immobilienverbände mit konfessioneller Ausrichtung

1.7.8.1 Evangelisches Siedlungswerk in Deutschland e. V.

Die konfessionell ausgerichteten bzw. im Eigentum der evangelischen Kirche Deutschland stehenden Unternehmen insbesondere Wohnungsunternehmen, sind in diesem 1952 gegründeten Verband als **Dachverband** organisiert.

Informationsquelle:

Evangelisches Siedlungswerk Deutschland e. V.	Nürnberg

1.7.8.2 KSD, Katholischer Siedlungsdienst e. V. Bundesverband für Wohnungswesen und Städtebau

In diesem Verband sind Unternehmen – insbesondere Siedlungswerke der 27 Bistümer- und Verbände vertreten, die entweder im Eigentum der **katholischen Kirche bzw. katholischer Organisationen** stehen oder entsprechend konfessionell ausgerichtet sind. Zu den Verbandsmitgliedern zählen die Caritas, das Zentralkomitee der Katholiken sowie der Familienbund der Katholiken.

Verbandsorgan: KSD Nachrichten (4-mal im Jahr in elektronischer Form)

Informationsquelle:

KSD Katholischer Siedlungsdienst e. V. Bundesverband für Wohnungswesen und Städtebau	Berlin

1.7.9 Immobilienverbände zur Politikberatung

1.7.9.1 Deutscher Verband für Wohnungswesen, Städtebau und Raumordnung e. V.

In diesem 1946 gegründeten Verband findet ein **Erfahrungs- und Gedankenaustausch zwischen Immobilienwirtschaft – insbesondere vertreten durch Verbände der Immobilienwirtschaft – Politik, Wirtschaft und Verwaltung** statt. Getragen wird der Verband von Verbänden und Institutionen der Bau-, Wohnungs- und Kreditwirtschaft, von Investoren und Nutzern. Ferner von Bund, Ländern und Kommunen sowie Ingenieuren und Architekten.

Informationsquelle:

Deutscher Verband für Wohnungswesen, Städtebau und Raumordnung e. V.	Berlin

1.7.9.2 Bundesverband für Wohneigentum und Stadtentwicklung (vhw)

Die Mitglieder dieses Verbandes kommen mit Schwerpunkt aus dem Bereich der **Kommunen**. Er verfügt über 1.324 korporative Mitglieder aus Städten, Gemeinden und Landkreisen, Immobilien- und Kreditwirtschaft, Verbänden und Institutionen.

Verbandsorgan: vhw Forum Wohnungseigentum (erscheint 6 mal im Jahr)

Informationsquelle:

vhw Bundesverband für Wohnungsbau und Stadtentwicklung e. V.	Berlin	www.vhw-online.de

1.7.10 Verbände mit Sonderstatus

1.7.10.1 Royal Institution of Chartered Surveyors (RICS) Deutschland

Dieser **weltweit agierende Berufsverband**, der seine Wurzeln im United Kingdom hat, ist mit RICS **über 140.000 Mitgliedern in 146 Ländern vertreten. In der Bundesrepublik Deutschland sind ca. 2150 Mitglieder** in diesem Verband organisiert. Der Verband weist nach eigenen Angaben auf Kompetenzen in 17 Fachrichtungen hin, von Facility Management, Gewerbe- und Wohnimmobilien, bis hin zu Planung und Entwicklung, Landvermessung und Wertermittlung. Mitglieder sind MRICS „Professional Member of the RICS" bzw. FRICS „Fellow of the RICS". Die RICS ist eine Organisation mit der Vision, den Immobilienberuf auf internationaler Ebene zu fördern. Das Akkreditierungsverfahren für immobilienwirtschaftliche Studiengänge durch die RICS hat sich zum internationalen Qualitätsstandard entwickelt. Weltweit sind ca. 400 immobilienwirtschaftliche Studiengänge akkreditiert, in denen rd. 34.000 Studierende immobilienwirtschaftliche Fachinhalte vermittelt bekommen.

Informationsquelle:

Royal Institution of Chartered Surveyors (RICS) Deutschland	Frankfurt am Main	www.rics.org/germany

1.7.10.2 Urban Land Institute (ULI)

Dieser **weltweit tätige Verband hat ca. 29.000 Mitglieder**. Er hat seine Ursprünge in den USA (Gründung 1936). Die Verbreitung in **Europa ist mit ca. 1.600 Mitgliedern** gegeben.

ULI

Informationsquelle:

Urban Land Institute (ULI)	Hamburg	www.uli.org

1.7.10.3 Weitere Verbände

www.gcsc.de	German Council of Shopping Centers	Ludwigsburg
www.dvpev.de	Deutscher Verband der Projektmanage in der Bau- und Immobilienwirtschaft e. V. (DVP)	Berlin
www.values-corner.de	HypZert e. V. (Verband der HypZert-qualifizierten und zertifizierten Immobiliengutachter)	Berlin
www.bdgs.de	Bundesverband Deutscher Grundstückssachverständiger e. V. (BDGS)	München
www.gif-ev.de	Gesellschaft für Immobilienwirtschaftliche Forschung e. V. (gif)	Wiesbaden
www.wvfi.de	Wissenschaftliche Vereinigung zur Förderung des Immobilienjournalismus e. V.	Berlin
www.wiwi.uni-muenster.de/insiwo/organisation	Gesellschaft zur Förderung der Forschung auf dem Gebiet des Siedlungs- und Wohnungswesens e. V.	Münster
www.bfb-immo.de	Bundesverband der Fach- und Betriebswirte in der Immobilienwirtschaft e. V.	Wiesbaden
www.agenda4-online.de	agenda4-eCommunity e. V. (Verein zur Förderung einer interdisziplinären Aus- und Weiterbildung in der Immobilienwirtschaft)	München
www.immo-frauen.de	Frauen in der Immobilienwirtschaft e. V.	Frankfurt am Main
www.hypverband.de	Verband deutscher Pfandbriefbanken (vdp) e. V.	Berlin
www.immo-initiative.de	Initiative Corporate Governance der Deutschen Immobilienwirtschaft e. V.	Berlin
www.agv-online.de	Arbeitgeberverband der Wohnungs- und Immobilienwirtschaft e. V.	Düsseldorf

1.8 ETHIK

1.8.1 Grundsätzliche Überlegungen

Ethik – zunehmende Bedeutung in der Immobilienwirtschaft

Der Stellenwert ethischer Aspekte in Verbindung mit immobilienwirtschaftlichen Unternehmen gewinnt zunehmend an Bedeutung.

Impulse, welche ethische Fragestellungen in Immobilienunternehmen auslösen, sind höchst unterschiedlicher Art:
- Immobilienunternehmen stellen ganz grundsätzliche Überlegungen hierzu im Rahmen einer **strategischen Ausrichtung** von Unternehmen an.
- Überlegungen in Zusammenhang mit der Gestaltung einer **Corporate Identity** berühren zwangsläufig ethische Fragen.
- Die Beurteilung von Managementstrukturen und Managementqualitäten eines Unternehmens im Rahmen der **Risikobeurteilung** durch Kredit gebende Institutionen berührt ebenfalls das ethische Grundverständnis von Unternehmen bzw. denjenigen Personen, die sie leiten bzw. die in diesem Unternehmen tätig sind.
- In den letzten Jahren wurden in den Medien immer wieder **Imageprobleme** der Immobilienbranche vermutet. Für Teile der Immobilienwirtschaft wurden diese Vermutungen durch Umfragen bestätigt.

Ein **Kernproblem** der Verknüpfung von ethischen Überlegungen im weitesten Sinne mit der immobilienwirtschaftlichen Handlungspraxis besteht in der großen **Vielfalt von theoretischen Ansätzen**, die sich mit Ethik und der Wirtschaftswelt beschäftigen.

Ethik – Vielfalt theoretischer Ansätze

Je konkreter Verhaltensweisen in der Immobilienwirtschaft an ethischen Grundsätzen gemessen werden sollen, desto schwieriger gestaltet sich deren kritische Würdigung.

Aus der Vielzahl von Theorien, Konzeptionen, Gedankengebäuden, „Ethikschulen" und Publikationen wird die von **Bernd Noll, „Wirtschafts- und Unternehmensethik in der Marktwirtschaft",** diesen Ausführungen zugrunde gelegt *(Noll, Bernd: Wirtschafts- und Unternehmensethik in der Marktwirtschaft, Stuttgart, Berlin, Köln, 2002.*

Das Gedankengerüst von Noll ist **schlüssig** und verfügt über ein hohes Maß an **Praxisbezug** zum wirtschaftlichen Geschehen.

Eine konkrete Ableitung auf die Immobilienwirtschaft ist allerdings in dieser Konzeption nicht gegeben. Wenige Veröffentlichungen beschäftigen sich konkret mit dem spezifischen Bereich der Immobilienwirtschaft: *Roulac, Stephen E.: Ethics in Real Estate, Boston/Dordrecht/London, 1999. Roulac, Stephen E.: Extra! Extra! Read All About It: Real Estate Ethics Performance Trumps Corporate America!!!, in: Journal of Real Estate Literature, Vol. 14, Nr. 1, 2006, S. 3–25 Bach, Hansjörg: Ethisches Handeln als Gewinn für die Wohnungswirtschaft, in: Das Taschenbuch für den Wohnungswirt 2003, Hamburg, 2002. Eine Empfehlung des Arbeitskreises „WerteManagement/compliance" und des Vorstandes der „Initiative Coporate Governance der Deutschen Immobilienwirtschaft e. V.", Werte Management in der Immobilienwirtschaft. Ein Leitfaden., http://www.immo-initiative.de/kodex/wertemanagement/leitfaden.pdf.*

Der Versuch einer Darstellung zu der Zusammenführung von „Ethik" und „Immobilienwirtschaft" kann wegen der Komplexität in dem hier zur Verfügung stehenden Rahmen allenfalls in Ansätzen erfolgen.

Diese sehr kurze Darstellung soll aber nicht den Stellenwert dieses Themas für die weitere Entwicklung der Immobilienbranche insgesamt schmälern. Im Gegenteil ist die Auffassung gerechtfertigt, dass eine deutliche Verstärkung der Bemühungen der in der Immobilienwirtschaft Tätigen sowie der Unternehmen und der Verbände zur Entwicklung bzw. Weiterentwicklung ethischer Grundsätze in der Immobilienwirtschaft notwendig ist.

In diesem Zusammenhang steht die Frage des **Berufsethos** (auch **Standesethos** genannt) an herausragender Stelle.

Standesethos

- **Moral** ist ein Bestand von Werten und Normen, die in einer bestimmten Gruppe oder in der Gesellschaft insgesamt tatsächlich herrschen.
- **Berufsethos** ist eine Gruppenmoral.
- „**Ethik** ist die Theorie der Moral; sie ist ein Teilgebiet der Philosophie und wird auch als Moralphilosophie bezeichnet." Anders ausgedrückt: man erkennt in der Moral die tatsächlich in einer Gruppe oder einer Gesellschaft vorhandenen Normen.

Moral

Vgl. Noll, Bernd: Wirtschafts- und Unternehmensethik in der Marktwirt-

Ethik beschäftigt sich mit weitergehenden Überlegungen über die vorhandenen **Normen**.

schaft, Stuttgart, Berlin, , 2002, S. 11

Berufsethos
Ethik als Theorie der Moral
Noll, Bernd: Wirtschafts- und Unternehmensethik in der Marktwirtschaft, Stuttgart, Berlin, Köln, 2002, S. 13

Dabei erfolgt eine Wertung der tatsächlich vorhandenen Normen. Gerade hier liegt eine **zentrale Schwierigkeit** der Auseinandersetzung mit ethischen Fragen, sobald es sich um eine **konkrete Anwendung im wirtschaftlichen Handeln, in diesem Fall in der Immobilienwirtschaft, handelt.**

Die Auseinandersetzung mit ethischen Fragestellungen führt an sich zwar nicht zwingend dazu, dass sich daraus moralisches Verhalten ergibt. Die Auseinandersetzung mit ethischen Fragen ist jedoch ein wichtiger Schritt auf diesem Weg. **Der Prozess der Auseinandersetzung und Reflexion ist ein wichtiger und zentraler Bestandteil in diesem Bemühen.** Anzumerken ist, dass es sich hierbei um einen kontinuierlichen Prozess handeln sollte.

Dem **Grundverständnis** für eine Wirtschafts- und Unternehmensethik dient die schematische Darstellung von Noll.

Standesethos und Unternehmensethik sind eng miteinander verknüpft.

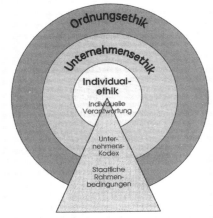

Abb. 3: Drei Ebenen der Wirtschaftsethik

Quelle: Noll, Bernd: Wirtschafts- und Unternehmensethik in der Marktwirtschaft, Stuttgart, Berlin, Köln, 2002, S. 35

Verhaltens- und Ehrenkodex

In der Immobilienwirtschaft ist hier ein Ansatz in der Entwicklung von **„Verhaltens- und Ehrenkodex"** zu sehen. Es ist anzumerken, dass diese berufs- bzw. standesbezogenen Verhaltens- und Ehrenregeln wiederum nicht losgelöst von der **Individualethik**, d. h. den ethischen Maßstäben der Einzelnen in diesem Unternehmen bzw. Berufsstand Handelnden betrachtet werden können.

1.8.2 Ein Praxisbeispiel für Berufs- und Standesregeln

Ein anschauliches **Beispiel für die Entwicklung solcher Berufs- und Standesregeln** ist der **Verhaltens- und Ehrenkodex des BFW Bundesfachverband** Wohnungs- und Immobilienverwalter e. V.
(Quelle: www.wohnungsverwalter.de)

Berufs- und Standesregeln
BFW – Bundesfachverband Wohnungs- und Immobilienverwalter

Hier wird deutlich, dass sich die Handelnden eines Berufsverbandes sehr grundsätzlich Gedanken über das „richtige" Verhalten ihrer Verbandsmitglieder gemacht haben. Der Prozess der Entwicklung, Formulierung, Diskussion und letztlich Verabschiedung eines „Verhaltens- und Ehrenkodex" ist nachhaltig zu begrüßen. Er wird in diesem Fall noch ergänzt durch **„10 ehrenhafte Berufsgrundsätze für BFW-Immobilienverwalter"**. Immobilienfachleute, Immobilienunternehmen und Immobilienverbände, welche sich um klare Profilierung bemühen, werden zwangsläufig eine derartige Auseinandersetzung sehr grundsätzlicher Art suchen müssen.

Die Erstellung eines Unternehmensleitbildes – einer klaren Corporate Identity – ist ebenso wie ein Tätigkeits- und Persönlichkeitsprofil eines Immobilienprofis ohne die Auseinandersetzung mit ethischen Fragen nicht möglich.

Unternehmensleitbild

Verhaltens- und Ehrenkodex

Verhaltens- und Ehrenkodex des BFW

I. Präambel
Der Bundesfachverband Wohnungs- und Immobilienverwalter e. V. stellt ein für alle ordentlichen Mitglieder, Ehren- und Gastmitglieder verbindliches Regelwerk auf. Dieser Verhaltens- und Ehrenkodex wird durch Beschluss der Mitgliederversammlung in Kraft gesetzt. Er ersetzt die bisher am 19.10.1984 in Fischen/Allgäu beschlossenen Berufsgrundsätze.

Dieser Verhaltens- und Ehrenkodex bildet die Grundlage für die Entwicklung einer Standesethik, die einerseits die internen Verhaltensregeln im Berufsstand der Immobilienverwalter und andererseits den Umgang mit den Kunden regelt. Ziel ist es, einen einheitlichen branchenweiten Kodex zu entwickeln.

Dieses Regelwerk soll gleichgestellte Immobilienverwalter zusammenführen und sie zur Einhaltung qualitativer Standards motivieren. Die Kompetenz der Mitglieder wird durch hohe Ausbildungsstandards und die Verpflichtung zu ständiger Weiterbildung gesichert. Eine Institutionalisierung dieses Kodexes will verbindliche Verhaltensregeln schaffen und mit der nötigen Durchsetzungskraft versehen. Kontroll- und Sanktionierungsstrukturen unterstützen das ethische Verhalten der Mitglieder und erhöhen den Wohlstand und die Attraktivität des Verbandes. Dieser Kodex soll ethische Handlungsbasis für die Angestellten eines Mitgliedsunternehmens werden, sie in Interessenkonflikten leiten und unter Umständen auch die Stellung des Arbeitgebers einschränken. Im Gegenzug werden die Bestimmungen dieses Kodexes den Mitgliedern Wettbewerbsvorteile am Markt schaffen.

II. Tätigkeitsfeld des Immobilienverwalters
Der Berufsstand der Immobilienverwalter umfasst alle Fachleute in der Wirtschaft, im öffentlichen Dienst, in Körperschaften des öffentlichen Rechts und anderen Institutionen, die sich hauptberuflich mit der Verwaltung bzw. Bewirtschaftung von

Wohnungen, Gebäuden, Anlagen und Grundstücken, d. h. jeglicher Art von Wohn-, Gewerbe- und Spezialimmobilien beschäftigen.

III. Interne Verhaltensregeln der Mitglieder
Diese Regeln beschreiben das Verhalten der Mitglieder untereinander und gegenüber dem Verband.

Das Mitglied hat seine Leistungen gemäß den Grundsätzen eines ordentlichen Kaufmanns anzubieten, d. h. sie müssen u. a. Existenz sichernd sein und eine entsprechende Vergütung erfordern. Diese kann sich an den Gebührensätzen der II. BV (Berechnungsverordnung) orientieren. Regionalen Marktlagen und objektspezifischen Besonderheiten kann bei der Bemessung der Vergütung Rechnung getragen werden.

1. Das Mitglied ist stets verpflichtet, sich so zu verhalten, wie es von der Öffentlichkeit und den Mitgliedern des Verbandes erwartet wird. Es steht für Integrität und Ehrenhaftigkeit.
2. Kein Mitglied darf für eine Unternehmung bzw. ein Geschäft tätig sein, das nach Auffassung des Verbandes entweder den Status des Mitgliedes oder der Institution in Verruf bringt.
3. Ist ein Mitglied für Dritte tätig, so hat es seinen Auftraggeber zu nennen und dessen Geschäftsfeld offen zu legen.
4. Jedes Mitglied ist verpflichtet, nach Aufforderung innerhalb von 14 Tagen Rechenschaft bzw. Informationen über sich und seine Geschäftstätigkeit an den Verband zu geben.
5. Jedes Mitglied muss für seine berufliche Tätigkeit über einen ausreichenden Versicherungsschutz verfügen.
6. Bei Personen- und Kapitalgesellschaften gelten die Bestimmungen dieses Regelwerkes für alle diejenigen, die zur Vertretung der Gesellschaft berechtigt sind. Geschäftsinhaber haften für ihre Beschäftigten.
7. Jedes Mitglied ist für die von ihm initiierte Werbung verantwortlich. Das gilt neben Werbematerial auch für Artikel und öffentliche Diskussionen.
8. Jedes Mitglied ist verpflichtet, sein berufliches und geschäftliches Fachwissen auf dem neuesten Stand zu halten und muss das in regelmäßigen Abständen belegen. Es besteht die Verpflichtung, an mindestens drei Seminaren (davon mindestens ein BFW-Seminar) in zwei Jahren teilzunehmen. Folgende Veranstaltungen sind als Weiterbildungsmaßnahmen anerkannt:
   a) Seminare und Weiterbildungsveranstaltungen des Verbandes
   b) Konferenzen und Seminare gewerblicher Anbieter
   c) Fernstudiengänge
   d) Öffentliche Forschungsarbeit
   e) Vorlesungs- bzw. Dozententätigkeit für den Verband und anerkannte Weiterbildungseinrichtungen (z. B. Universitäten, Akademien, Fachhochschulen, Industrie- und Handelskammern etc.).
   Darüber hat das Mitglied gegenüber der Geschäftsstelle entsprechende Nachweise zu erbringen. Im Falle berechtigter Zweifel kann die Geschäftsstelle/der Vorstand Nachweise auch ablehnen.
9. Jedes Mitglied hat eine erweiterte Verantwortung, wenn es gegenüber Dritten als Partner einer Unternehmung (auch einer verbundenen Unternehmung) auftritt. Hier ist jeder Verstoß gegen die Grundsätze und Vorschriften zu verantworten, der von einem Partner oder Angestellten dieser Unternehmung began-

gen wird. Das Mitglied kann aus dieser Verantwortung nur entlassen werden, wenn dieser Verstoß tatsächlich ohne sein Verschulden und Wissen erfolgte, und wenn es davor alle angemessenen Anstrengungen unternommen hat, diesen zu verhindern.

10. Im Falle eines Konfliktes zwischen den Interessen eines Mitgliedes und denjenigen eines anderen ist folgendes zu veranlassen:
    a) Das andere Mitglied und der jeweilige Landesbeauftragte ist von diesem Interessenkonflikt unverzüglich schriftlich in Kenntnis zu setzen. Ist der Landesbeauftragte persönlich betroffen, so wird der Vorstand des Verbandes informiert.
    b) Dem anderen Mitglied ist schriftlich mitzuteilen, dass eine Interessenkollision vorliegt und dass weiteres Verhalten mit dem jeweiligen Landesbeauftragten bzw. Verbandsvorstand abzustimmen ist.
    c) Einem gemeinschaftlichen Vermittlungsergebnis haben sich die betroffenen Mitglieder schriftlich zu unterwerfen.

11. Die Bewerbung mehrerer Mitglieder für die Übernahme eines Auftrages ist legitim, wenn diese offiziell vakant wird. Sie stellt keinen Interessenkonflikt dar. Kommt einem der Mitglieder die Mitbewerbung eines anderen Mitgliedes zur Kenntnis, ist das dem anderen Mitglied unverzüglich schriftlich anzuzeigen. Voraussetzung ist, dass die entsprechende Bewerbung mit den Standesregeln dieses Verbandes übereinstimmt.
    Bewirbt sich ein Mitglied für die Übernahme eines Auftrages, den ein anderes Mitglied innehat und der vakant wird, ist die Bewerbung dem anderen Mitglied schriftlich anzuzeigen. Es liegt kein Interessenkonflikt vor, wenn die entsprechende Bewerbung mit den Standesregeln dieses Verbandes vereinbar ist.
    Schon der Versuch der Übernahme eines bestehenden Auftrages, der einem Mitglied gehört und nicht offiziell vakant ist, stellt einen Verstoß gegen dieses Regelwerk dar. Es liegt lediglich kein Interessenkonflikt vor, wenn der Bewerber nachweisen kann, dass er den Namen des Auftragnehmers im Vorfeld bzw. während der Bewerbung nicht in Erfahrung bringen konnte. Sobald dem bewerbenden Mitglied bekannt wird, dass ein anderes Mitglied den Auftrag innehat, ist das dem Mitglied schriftlich anzuzeigen und die Bewerbung zurückzuziehen.
    Erhält ein Mitglied Kenntnis von dem Versuch, dass einem anderen Mitglied auf nicht legitime Art und Weise ein bestehender Auftrag entzogen werden soll, ist das dem betroffenen Mitglied unverzüglich schriftlich mitzuteilen.
    Es ist jedem Mitglied untersagt, ein Angebot abzugeben, bevor ihm ausreichende Informationen über Art und Umfang der gewünschten Leistungen vorliegen.
    Jedem Mitglied ist verboten, ein Angebot nachträglich abzuändern, wenn es Kenntnis von einem anderen Wettbewerber erlangt hat, der sich um dieselben Leistungen bewirbt. Die Abgabe eines Leistungsangebots, das unter Hinweis auf das Angebot eines Wettbewerbers aufgestellt und um einen gewissen Betrag reduziert wurde, ist ebenfalls untersagt.

12. Es ist untersagt, zur Sicherung eines Auftrags ungebührlich mittelbaren oder unmittelbaren Druck auf Personen auszuüben, sei es durch ein Angebot, durch eine Zahlung, ein Geschenk, einen Gefallen oder andere Dinge. Von Personen, bei denen die Annahme berechtigt ist, dass auf sie in Erwartung einer Belohnung von Dritten ungebührlicher Druck oder Einfluss ausgeübt wurde, dürfen keine Aufträge angenommen werden.

IV. Externe Verhaltensregeln

Diese Regeln beschreiben – ergänzend zu den Regeln unter III. – das Verhalten der Mitglieder nach außen.

1. Das Mitglied hat den ihm anvertrauten Grundbesitz nach bestem Wissen und Können zu verwalten und zu bewirtschaften, vor Schaden zu bewahren und den Substanzwert zu erhalten.
2. Die Leistungen sowie die Rechte und Pflichten des Mitglieds sind bei der Übernahme eines Auftrages detailliert und nachvollziehbar in einem Vertrag mit dem Auftraggeber festzulegen.
3. Das Mitglied informiert seine Kunden umfassend und zeitnah.
4. Das Mitglied hat seine Tätigkeit gemäß den bestehenden gesetzlichen Bestimmungen professionell und sorgfältig auszuführen. Sein Verhalten gegenüber dem Kunden ist stets fair und offen.
5. Das Mitglied ist unbestechlich.
6. Das Mitglied haftet im Rahmen der bestehenden gesetzlichen Bestimmungen als Auftragnehmer gegenüber dem Auftraggeber. Demnach muss eine ausreichende Versicherung des Auftragnehmers vorliegen.
7. Das Mitglied hat die ethischen und legitimen Interessen des Kunden mit der gebotenen Vertraulichkeit zu wahren. Dem Kunden steht stets eine unabhängige (neutrale) Beratung zu.
8. Das Mitglied hat die ihm anvertrauten Kundengelder auf einem oder mehreren von den eigenen Konten getrennten Bankkonten zu verwahren und zu schützen.
9. Mit der Auftragsbeendigung hat das Mitglied alle Unterlagen des Auftraggebers einschließlich seiner Vermögenswerte unverzüglich herauszugeben, alle erforderlichen Auskünfte zu erteilen und auf ablaufende Fristen unaufgefordert hinzuweisen.
10. Im Falle eines Konfliktes zwischen den Interessen eines Mitgliedes und denen eines Kunden ist folgendes zu veranlassen:
    Der Kunde ist vom Interessenkonflikt unverzüglich schriftlich in Kenntnis zu setzen.
    a) Dem Kunden ist schriftlich mitzuteilen, dass eine Fortsetzung der Beauftragung nur auf seinen ausdrücklichen Wunsch hin möglich ist. Ihm wird eine unabhängige Beratung empfohlen.
    b) Der Standpunkt des Kunden ist ihm schriftlich zu bestätigen.

V. Maßnahmen bei Verstößen gegen diesen Verhaltens- und Ehrenkodex

1. Beispiele für Verstöße: Nichteinhalten von Regeln dieses Verhaltens- und Ehrenkodexes
   a) Weigerung, ein gerichtlich verhängtes Bußgeld zu zahlen
   b) Veruntreuung von Kundengeldern
   c) Unhöfliche, verletzende oder verzögerte Geschäftskorrespondenz
   d) Mangelnde Diskretion
   e) Nichtbeachten einer Aufforderung des Verbandes
   f) Vorstrafen (Verlust der Zuverlässigkeit)
   g) Gerichtliche Insolvenzverhängung
   h) Betrug bzw. Beihilfe zum Täuschungsversuch im Rahmen der Aufnahmeprüfung

2. Falls ein Mitglied eines Verstoßes gegen dieses Regelwerk für schuldig befunden wird, können folgende Sanktionen ergriffen werden: Erteilung eines Verweises oder strengen Verweises.
   a) Aufforderung, sich zu verpflichten, das gegen diesen Verhaltens- und Ehrenkodex gerichtete Verhalten einzustellen und nicht zu wiederholen.
   b) Verhängen eines angemessenen Bußgeldes zugunsten des Verbandes.
   c) Ausschluss aus dem Verband.
3. Das erstinstanzliche Sanktionsorgan „Landeskommission" hat folgende Befugnisse und Zusammensetzung:
   Dem Gremium gehören der jeweilige Landesbeauftragte, drei weitere Mitglieder des jeweiligen Landesverbandes und ein beratendes Mitglied an. Ist ein Mitglied der „Landeskommission" betroffen, wird dieses Mitglied durch ein Mitglied des Vorstandes ersetzt. Vorsitzender des Gremiums ist der Landesbeauftragte bzw. das beratende Mitglied. Schließlich steht dem Bundesvorstand jederzeit das Recht zu, an dieser „Landeskommission" teilzunehmen.
   a) Es ist zulässig, dass mehrere Landesverbände eine gemeinsame „Landeskommission" benennen.
   b) Die Beschlussfähigkeit des Gremiums ist mit der Anwesenheit von drei Mitgliedern gegeben.
   c) Sanktionsmaßnahmen können von dem Gremium mit einfacher Stimmenmehrheit verhängt werden.
   d) Das Gremium kann ein betroffenes Mitglied auffordern, sich persönlich zu erklären und notwendige Unterlagen vorzulegen.
   e) Die „Landeskommission" kann auch bei Abwesenheit des betroffenen Mitgliedes urteilen.
   f) Das betroffene Mitglied kann sich vor der „Landeskommission" durch einen Anwalt oder Berater vertreten lassen und Zeugen benennen.
   g) Die „Landeskommission" kann die Sanktionsmaßnahmen IV., 2. a) ? c) verhängen oder den Fall an den Vorstand weiterleiten. *Entspricht der Darstellung in der Quelle. Richtig muss es wohl heißen: V.2.a–c.*
   h) Ein Einspruch gegen die Sanktionen ist möglich und muss innerhalb von 21 Tagen per Einschreiben mit Rückschein bei der Geschäftsstelle des Verbandes eingereicht werden.
4. Die „Bundeskommission" fungiert als zweite Instanz. Sie hat folgende Zusammensetzung und Befugnisse:
   Die „Bundeskommission" besteht aus dem Vorstand, der mit mindestens 50 % der gewählten Vorstandsmitglieder und einem beratenden Mitglied vertreten sein muss. Dieses Mitglied darf nicht der betroffenen Landeskommission angehören. Ist ein Mitglied des Vorstandes betroffen, so ist dieses Mitglied vom Verfahren auszuschließen. Vorsitzender der „Bundeskommission" ist der Präsident bzw. der Vizepräsident.
   a) Die „Bundeskommission" verfasst eine „Anhörungsgrundlage". b) Die „Bundeskommission" kann Sanktionsmaßnahmen nach IV., 2 a) ? d) verhängen. *Entspricht der Darstellung in der Quelle. Richtig muss es wohl heißen: V.2.a–c.*
   c) Die „Bundeskommission" kann in jedem Fall die Veröffentlichung des Falles mit der Schilderung aller Sanktionen und Konsequenzen in einem verbandsinternen Mitteilungsblatt (z. B. „Perspektiven"), einer lokalen bzw. überregionalen Zeitung vorschlagen.
   d) Die „Bundeskommission" darf keine Verhandlungskosten gegenüber dem Mitglied geltend machen, es aber zu einer Spende auffordern.
   e) Ein Einspruch gegen die Sanktionen ist möglich und muss innerhalb von 21 Tagen per Einschreiben mit Rückschein beim Vorsitzenden des Schiedsgerichtes bzw. der Geschäftsstelle des Verbandes eingereicht werden.

5. Das Schiedsgericht hat die Aufgabe der letztinstanzlichen Berufskommission gemäß der bestehenden Schiedsgerichtsordnung wahrzunehmen.

Beschlossen auf der Jahreshauptversammlung des BFW e. V. am 12. Mai 2001 in Berlin.

Die **Zielsetzung** dieser Berufsgrundsätze ist es, qualitative Standards und verbindliche Verhaltensregeln als Wettbewerbsvorteile am **Markt zu schaffen**.

Dieser Kodex soll außerdem die Verbandsmitglieder zusammenführen und Hilfestellung in **Konfliktfällen** bieten.

Dieser „Verhaltens- und Ehrenkodex" wird ergänzt durch 10 Grundsätze, die der Bundesfachverband Wohnungs- und Immobilienverwalter e. V. als **„10 ehrenhafte Berufsgrundsätze für BFW-Immobilienverwalter"** verabschiedet hat.

Die plakative Wiedergabe der Kurzform dieser Berufsgrundsätze gibt zumindest eine Vorstellung über die Zielsetzung, die dieser Berufsverband vor Augen hat. Im Einzelnen sind folgende Bereiche geregelt:

1. Wer ist BFW-Immobilienverwalter?	nicht jeder
2. Was leisten Immobilienverwalter?	immer mehr
3. Wie gehen Immobilienverwalter mit **Kunden** um?	aufmerksam
4. Wie gehen Immobilienverwalter mit Geld um?	sorgsam
5. Wie gehen BFW-Immobilienverwalter mit **Drittbewerbern** um?	fair
6. Wie gehen BFW-Immobilienverwalter aus einem **Vertrag**?	korrekt
7. In wessen **Dienste** treten BFW-Immobilienverwalter?	umfassend
8. Wie sind Immobilienverwalter **verantwortlich**?	umfassend
9. Wie lösen BFW-Immobilienverwalter Konflikte?	ehrlich
10. Wem sind die BFW-Immobilienverwalter **rechenschaftspflichtig**?	– dem eigenen Gewissen – dem Auftraggeber – dem Bundesfachverband Wohnungs- und Immobilienverwalter e. V.

Die Verknüpfung solcher Verhaltensregeln/Berufsgrundsätze mit **Sanktionen** für die Nichtbefolgung ist ein wichtiger Bestandteil.

Sie kann jedoch eine Befolgung der Mitglieder eines solchen Verbandes kraft **eigener und persönlicher Überzeugung** keinesfalls ersetzen.

Der **Stellenwert**, den Verhaltens-/Berufs-/Ehrengrundsätze haben, welche durch einen Verband für seine Mitglieder erarbeitet und verabschiedet wurden, bestimmt sich auch durch die erkennbare andauernde Beschäftigung mit dieser Fragestellung. Der Erlass solcher Regeln ohne **nachhaltige Verankerung im Verbandsgeschehen und in den Verhaltensweisen der Verbandsmitglieder** verkommt schnell zu einem in der Öffentlichkeit negativ bewerteten nichts sagenden „**ethischen Aushängeschild**". *(Degen, Rolf: Ethik ist oft nur Kosmetik, in: Der Tagesspiegel, 10. Sept. 2001, S. 29)*

Der Vorwurf für solche Fälle lautet, dass solche Standesregeln nicht für den beruflichen Alltag, sondern allenfalls für Festtagsreden und Hochglanzbroschüren gedacht seien.

Die Notwendigkeit einer **Verknüpfung** solcher Verhaltens-/Berufs-/Ehrengrundsätze mit den **individuellen Festlegungen in Unternehmen, z. B. im Unternehmensleitbild,** ist offenkundig.

Ein Verband, dem eine **Vorreiterrolle** in der Festlegung und der Anwendung (im immobilienwirtschaftlichen Alltag) von ethischen Grundsätzen zukommt, ist die **Royal Institution of Chartered Surveyors**.

www.rics.org
Royal Institution of Chartered Surveyors
Rules of Conduct

Für diesen Verband sind die „**Rules of Conduct**" der Handlungsrahmen, in dem die Mitglieder dieses Immobilienverbandes ihre Dienste anbieten und vollziehen.

Die sehr **ausgeprägten Regeln,** welche auch mit **disziplinarischen Folgen bei einer Nichtbeachtung** versehen sind, haben **wesentlich zu der weltweiten Anerkennung dieses Immobilienverbandes als Organisation von seriösen und hoch geachteten Immobilienfachleuten beigetragen.**

Die Regelungen betreffen folgende Bereiche:
Part I   – General
Part II   – Personal and professional standards
Part III – Conduct of professional activities and business
Part IV   – Practice details and co-operation
Part V   – Conflicts of interest, impartiality and independence
Part VI   – Professional indemnity insurance
Part VII – Members' accounts
Part VIII – Lifelong learning
Part IX   – Member's failure to deliver information (Bye Law 22B)

Diesem Berufsverband ist es gelungen, mit seinen Berufs- und Standesregelungen weltweit Anerkennung als immobilienwirtschaftliche Organisation zu finden, deren Mitglieder als zuverlässig und professionell gelten.

Eine Verknüpfung dieser Regelungen mit Aspekten des **Verbraucherschutzes** ist offenkundig.

Verbraucherschutz

Im Fall dieses immobilienwirtschaftlichen Verbandes ist die konsequente Anwendung ethischer Grundsätze im immobilienwirtschaftlichen Handeln **Teil einer erfolgreichen Marketingstrategie.** Dies muss keinesfalls als negativ gewertet werden.

Es ist nicht zu erwarten, dass es Berufs- und Standesgrundsätze in der Immobilienwirtschaft geben wird, die für die ganze Branche (auch verbandsübergreifend) gelten. Die Vielseitigkeit immobilienwirtschaftlicher Tätigkeit, die sich in der Verbandslandschaft widerspiegelt, erschwert allgemein gültige Regelungen ebenfalls.

Eine grundsätzliche und nachhaltige Auseinandersetzung mit ethischen Fragestellungen wäre jedoch dem **Image der** Branche in der Öffentlichkeit zuträglich.

Als **Beispiel** hierfür kann das **Ethik-Management-System** der Bayerischen Bauwirtschaft angeführt werden, welches aktiver Bestandteil des Unternehmensalltags der Mitglieder dieses Verbandes ist. *(Rüchardt, Benedikt: Das Ethikmanagementsystem der Bauwirtschaft: Inhalte und Erfahrungen, in: Materialien zu „Immobilienwirtschaft und Ethik", Immobilienwirtschaft im Spannungsfeld zwischen Ethik und Wirtschaftskriminalität. Nürtinger Hochschulschriften Nr. 19/2003, Nürtingen, S. 49–72.)*

Marginalia: Branchenimage; Ethik-Management-System

1.8.3 Moral – Ethik – Korruption

Es ist nicht zu übersehen, dass die Immobilienwirtschaft in der öffentlichen Meinung in verstärktem Maße mit Korruption in Zusammenhang gebracht wird.

Korruption liegt dann vor, wenn sich Funktionsträger persönliche Vorteile durch **missbräuchliche Ausnützung** ihrer Position verschaffen und folgende Merkmale gegeben sind:

– Regelverstoß
– private Bereicherung
– auf Kosten eines Gemeinwesens bzw. Dritter und
– eine Heimlichkeit einer Transaktion *(Noll, Bernd: Wirtschafts- und Unternehmensethik in der Marktwirtschaft, Stuttgart, Berlin, Köln 2002, S. 172 (mit Verweisen auf weitere Quellen).*

Maßnahmen zur Vermeidung und Abwehr von Korruption werden häufig mit dem Bereich ethischer Aktivitäten von Unternehmen verknüpft.

Ein Verhalten, welches nicht im Bereich von Korruption bzw. kriminellen Handlungen liegt, bedeutet jedoch noch keinesfalls ethisches Verhalten an sich. Aktivitäten von Unternehmen bzw. Berufsgruppen und Verbänden z.B. der Immobilienwirtschaft zur Abwehr von Korruption können jedoch durchaus in ein ethisches Gesamtkonzept mit eingebunden werden *(Häfer, Carsten: Mit Korruptionsprävention Schaden von Unternehmen abwenden, in: FWW, Die Freie Wohnungswirtschaft, 6/2005, S. 170–171).*

Marginalia: Ethik – als Zukunftsaufgabe; www.transparency.org

Auf die weitgehenden Untersuchungen zum Thema Korruption von **Transparency International** als Quelle für umfassende Information ist zu verweisen.

Eine umfassende Auseinandersetzung mit dem Themenbereich „Ethik und Immobilienwirtschaft" ist eine wichtige **Zukunftsaufgabe**.

Den führenden immobilienwirtschaftlichen Verbänden kommt dabei eine zentrale Rolle zu.

"Ethik" wird wohl erst dann zu einem gleichsam selbstverständlichen Branchenthema, wenn es gelingt, praxisorientierte Anwendungskonzepte zu entwickeln. Diese müssen auch integrierter Bestandteil der immobilienwirtschaftlichen Bildungsgänge auf allen Ebenen sein.

Anwendungskonzepte für Ethik

1.9 DER BODEN DER VOLKSWIRTSCHAFT

(Erwin Sailer)

Der Boden steckt den Wirtschaftsraum einer Volkswirtschaft ab. Volkswirtschaft ist die Gesamtheit aller Wirtschaftseinheiten und deren Aktivitäten innerhalb der Grenzen eines Staates. In der Regel ist der **Boden nicht vermehrbar**. Dies gilt auch für die in ihm enthaltenen **Rohstoffe** (Mineralien, Erdöl, Erdgas, Uran u. dergl.). Es gibt jedoch von Land zu Land höchst unterschiedliche „Bodenvorräte", die in einen geplanten Bewirtschaftungsprozess nicht einbezogen sind. Man denke z. B. an die Wüstengebiete Afrikas und Asiens. In Europa sind Bodenvorratsflächen gering. Auch in der Bundesrepublik wird der „Flächenvorrat" von nicht kultivierten Moor- und Heidegebieten und von sog. „Unland" immer kleiner. Im Übrigen stiften auch diese Vorräte wegen ihrer **ökologischen Bedeutung** einen volkswirtschaftlichen Nutzen.

Unvermehrbarkeit des Bodens

Ökologische Bedeutung

Mit zunehmender Bevölkerungsdichte verringern sich Bodenvorräte. Dies ist jedoch nicht das Hauptproblem. Da bisher nicht genutzter Boden oft nur unter sehr hohem Kapitaleinsatz einer ökonomischen Nutzung zugeführt werden kann (z. B. Bewässerung der Wüste), stellt sich immer zuerst die Frage nach den sinnvollsten **Nutzungsverhältnissen** des heute nutzbaren Bodens. „Mit Grund und Boden soll sparsam und schonend umgegangen werden". So lautet deshalb der Gesetzesauftrag an die Gemeinden in der Bundesrepublik im Baugesetzbuch.

§ 1a Abs. 1 BauGB

In den meisten Ländern der Erde steht **Boden als freies Gut** wegen gefestigter Eigentumsordnungen nicht mehr zur Verfügung. Boden könnte nur dort ein freies Gut sein, wo seine Inbesitznahme jedem Menschen ohne staatliche Auflagen, vertragliche Regelungen und Gegenleistungen offen stünde. Es ist also davon auszugehen, dass der Boden jedenfalls in den entwickelten Volkswirtschaften ein **wirtschaftliches Gut** ist, für dessen Nutzung oder Erwerb ein Preis zu bezahlen ist.

Boden als freies Gut

Boden als wirtschaftliches Gut

Selbst dort, wo die Nutzung des Bodens aufgegeben wurde, weil die Kosten der Nutzung den Ertrag überstiegen (sog. **Sozialbrache**) wird heute in Ländern mit zunehmender Bevölkerungsdichte ein spekulativer Preis im Hinblick auf mögliche Entwicklungschancen oder ein Preis für die Nichtbewirtschaftung („Stilllegungsprämien") oder die Renaturierung (Biotop!) bezahlt.

Sozialbrache

Im Zusammenhang mit der Verpflichtung, die die Staaten der **Europäischen Union** zur Bereitstellung von Schutzgebieten für wildlebende Pflanzen und Tiere **(Fauna-Flora Habitat Richtlinie)** eingegangen sind, wird diesem Aspekt künftig noch besondere Bedeutung zugemessen werden müssen. Die Bodenreserven für Siedlungszwecke werden hierdurch noch weiter beschränkt.

(FFH-Richtlinie)

Das **Bundes-Bodenschutzgesetz** unterscheidet zwischen drei grundlegenden „**Bodenfunktionen**", nämlich:

BodSchG § 2 Abs. 2 B

Bodenfunktionen
Natürliche Funktionen

„1. die natürliche Funktionen als
   a. Lebensgrundlage und Lebensraum für Menschen, Tiere, Pflanzen und Bodenorganismen,
   b. Bestandteil des Naturhaushalts, insbesondere mit seinen Wasser- und Nährstoffkreisläufen,
   c. Abbau-, Ausgleichs- und Aufbaumedium für stoffliche Einwirkungen aufgrund der Filter-, Puffer- und Stoffumwandlungseigenschaften, insbesondere auch zum Schutz des Grundwassers,

Kulturhistorische Funktionen

2. die Funktionen als **Archiv der Natur- und Kulturgeschichte** sowie

Nutzungsfunktionen

3. die **Nutzungsfunktionen** als
   a. Rohstofflagerstätte,
   b. Fläche für Siedlung und Erholung,
   c. Standort für die land- und forstwirtschaftliche Nutzung,
   d. Standort für sonstige wirtschaftliche und öffentliche Nutzungen, Verkehr, Ver- und Entsorgung."

Im Bereich der Immobilienwirtschaft ist Gegenstand der Betrachtung der Boden im Rahmen seiner Nutzungsfunktionen als wirtschaftliches Gut.

1.9.1 Der Boden als wirtschaftliches Gut

Zum Boden im wirtschaftlichen Sinne zählt nicht nur die Erdoberfläche. Dazu gehören auch **Bodenschätze**, die **Bodenertragskraft** und die im Boden vorhandenen natürlichen Energieressourcen. Boden in diesem Sinne sind auch **Binnengewässer** (Flüsse, Seen, Weiher).

Boden als Rohstoff

Der Boden hat **Rohstoffcharakter**. Der **Boden ist „Rohstoff"** für unterschiedliche Nutzungsarten. Je enger die Räume besiedelt sind, desto stärker konkurrieren die verschiedenen Bodennutzungen miteinander. Dies führte in der Vergangenheit in Europa, aber auch in anderen industrialisierten Zonen der Erde, zu staatlichen Grundregelungen der Bodenverwendung und -ordnung.

Eine **unabgestimmte**, ausschließlich aus der jeweiligen Interessenlage des Bodeneigentümers bestimmte Nutzung würde zu Beeinträchtigungen der Aktivitäten einiger oder vieler anderer Wirtschaftssubjekte im Konsum- und im Produktionsbereich führen.

Beispiele:
Würde ein Grundstückseigentümer autonom eine industrielle Nutzung seines in einem Wohngebiet liegenden Grundstücks beschließen können, führte dies wegen der damit verbundenen Lärm- und Geruchsbelästigungen und dem notwendig werdenden LKW-Verkehr zu einer erheblichen Beeinträchtigung des Wohnens in der unmittelbaren Umgebung des Betriebes.
Ein anderer Bodeneigentümer könnte durch Festhalten an der bisherigen gärtnerischen Bodennutzung den Bau einer zur verkehrsmäßigen Versorgung eines Gewerbegebietes notwendigen Straße verhindern, wenn dazu ein Teil seiner Grundstücksflächen benötigt würde.

Die mit dem Eigentum an Grund und Boden verbundenen Verfügungs- und Nutzungsmöglichkeiten müssen deshalb aus **Gründen** des **Gemeinwohls** beschränkt werden. Die individuellen wirtschaftlichen Interessen der Bodeneigentümer müssen im Rahmen der staatlichen Bodenordnung mit den gesamtwirtschaftlichen Interessen in Übereinstimmung gebracht werden. Zum gesamtwirtschaftlichen Interessenbereich zählen in jüngster Zeit verstärkt auch **ökologische Ziele**.

Bodennutzung und Gemeinwohl

Ökologische Ziele

Bei der Beurteilung der Frage, wie mit dem „Rohstoff" Boden wirtschaftlich sinnvoll umgegangen werden soll, müssen aber auch die mit der unterschiedlichen Nutzung verbundenen sog. **„externen Effekte"** berücksichtigt werden, die auch im Rahmen einer gegebenen Bodenordnung unvermeidlich entstehen.

Externe Effekte

Das sind Vorteile (z. B. Ersparnisse) oder Nachteile (z. B. Kosten), die andere aus konkreten Bodennutzungen oder behördlichen Nutzungsfestsetzungen ziehen bzw. erleiden. Externe Effekte sind dadurch gekennzeichnet, dass sie nicht über einen Marktpreis ausgeglichen werden.

Beispiele:

Beispiele für externe Effekte

Ein Blumenhändler kann einen Laden in der unmittelbaren Nähe eines Krankenhauses anmieten. Da viele Krankenbesucher Blumen bei ihm erwerben, die nicht zu ihm kämen, wäre der Laden weitab vom Krankenhaus entfernt, erzielt er allein durch diese Lagebeziehung zum Krankenhaus einen größeren Umsatzerfolg, ohne dafür an den Krankenhausträger einen Preis bezahlen zu müssen.

Die Gemeinde beschließt einen Bebauungsplan. Sofort steigen wegen der neuen Nutzungsmöglichkeiten die Grundstückspreise, ohne dass der begünstigte Bodeneigentümer eine Gegenleistung für den entstandenen „Planungsgewinn" zu erbringen hat.

Durch einen neu gebauten Tunnel wird der Verkehrsstrom umgeleitet, wodurch ein ganzes Stadtviertel vom Durchgangsverkehr entlastet wird. Die Wohnwerte dieses Gebietes steigen sofort, ohne dass die so begünstigten Wohnungsinhaber einen Preis an den Kostenträger des Tunnels hierfür bezahlen müssten.

Ein Flugplatz für Hobbyflieger wird gebaut. Der entstehende Fluglärm beeinträchtigt das Wohnen in der unmittelbaren Nähe des Flugplatzes. Die Bewohner erhalten (in der Regel) hierfür keine Entschädigung. Ein Landwirt erzielt für seinen Baugrund nicht mehr den Preis, den er vor dem Flugplatzbau erzielt hätte.

Boden mit dem was er enthält und seiner Ertragskraft ist „Rohstoff" für			
Land- und Forstwirtschaft: Fischerei, Weinbau, Energiegewinnung.	Abbau und Förderung von organischen und anorganischen Stoffen.	Verkehrswege: Straßen, Schienen, Flughäfen, Flüsse, Kanäle.	Standorte: Betriebe, Wohnungen, Behörden, Organisationen.

Abb. 15: Der Boden als Rohstoff

Bodennutzung führt zu externen Effekten	
(nicht über den Preis abgegoltene Effekte)	
bei produktiver Nutzung zu Ersparnissen und Kosten.	bei konsumtiver Nutzung zu Konsumvorteilen und Konsumnachteilen.

Abb. 16: Bodennutzung und externe Effekte

1.9.2 Bodennutzung

Hauptnutzungsarten des Bodens

Die **wirtschaftlichen Hauptnutzungsarten** des Bodens sind:

1. land- und forstwirtschaftliche sowie energiewirtschaftliche Nutzung (Ackerland, Wald, Stausee),
   - der Boden als Träger reproduzierbarer Güter,
2. montanwirtschaftliche Nutzung (Bergbau),
   - der Boden als Träger erschöpflicher Rohstoffe,
3. verkehrswirtschaftliche Nutzung,
   - der Boden als Medium zur Überwindung von Entfernungen,
4. Nutzung als Siedlungsraum,
   - der Boden als Standort.

Von den **Flächenanteilen** her betrachtet, spielen die montan industrielle Nutzung (Abbauflächen) und die energiewirtschaftliche Nutzung keine ins Gewicht fallende Rolle.

Umwidmungsprozesse bei der Bodennutzung

Die Nutzungsverhältnisse sind nicht ein für allemal festgeschrieben. Es finden vielmehr laufend **Umwidmungsprozesse** statt. Aus landwirtschaftlich genutzten Flächen wird Bauland. Durch Errichtung von Staumauern werden früher anders genutzte Böden einer energie- und wasserwirtschaftlichen Nutzung zugeführt. Flächen stillgelegter Bergwerke werden „rekultiviert". Ehemalige Steinbrüche werden Biotope usw.

Siedlungsraum

abnehmende Bevölkerung

Eine **zunehmende Bevölkerung** erzwingt eine Intensivierung der Nutzung des Bodens als Siedlungsraum zu Lasten anderer Nutzungsarten. Im europäischen Raum liegen die Hauptreserven des Siedlungsbodens in bisher landwirtschaftlich genutzten Flächen. Bei **abnehmender Bevölkerung** geht es mehr darum durch Stadtumbaumaßnahmen ökologische Freiräume zu schaffen.

Es gibt einen **Zusammenhang** in der Entwicklung der Nutzungsarten. Eine **Ausdehnung des Siedlungsraumes** führt stets auch zur Vergrößerung der Verkehrsflächen und in der Regel auch der Erholungsflächen. Sie geht gleichzeitig zu Lasten anderer Nutzungsflächen und/oder vorhandener Bodenvorräte.

Bodennutzungsarten nach der Statistik Liegenschaftskataster

Die **tatsächliche Bodennutzung in Deutschland** wird im Vierjahresturnus vom Statistischen Bundesamt erfasst. Quelle: Sailer „*Rahmenbedingungen und Grundtatbestände des Immobilienmarktes*" in Bach/Ottmann/Sailer/Unterreiner: „*Immobilienmarkt und Immobilienmanagement*", München, 2005.

Unterschieden wird dabei nach dem „Verzeichnis der flächenbezogenen Nutzungsarten im Liegenschaftskataster" zwischen
Gebäude- und Freiflächen,
Verkehrsflächen,
Erholungsflächen,
Betriebsflächen,
landwirtschaftliche Flächen,
Waldflächen,
Wasserflächen und
Flächen anderer Nutzungsarten.

Gebäude und Freiflächen sind Flächen mit Gebäuden (jeglicher Art) und baulichen Anlagen sowie unbebaute Flächen, die den Zwecken der Gebäude untergeordnet sind (Vor- und Hausgärten, Höfe, Spiel- und Stellplätze, Betriebsgelände u. dergl.). Gebäude- und Freiflächen haben immobilienwirtschaftlich gesehen den Charakter von Standorten (Betriebsstandorte, Standorte der Privathaushalte, der Vereinigungen, der öffentlichen Verwaltung usw.). Es handelt sich um die Flächen, die den Siedlungsraum im engeren Sinne widerspiegeln.

Verkehrsflächen sind Flächen für den Straßen-, Schienen- Schiffs- und Luftverkehr, Brücken, Böschungen, Rad- und Gehwege, Parkstreifen, sowie Plätze für Fahrzeuge, Märkte und Veranstaltungen.

Erholungsflächen sind unbebaute Flächen für Sport, Erholung, Freizeitgestaltung, Kleingärten, Wochenend- und Campingplätze. Betriebsflächen sind überwiegend Abbauflächen. Aber auch Halden und Mülldeponien gehören dazu, ebenso Lagerplätze (sofern sie nicht Freiflächen von Betriebsgebäuden sind).

Landwirtschaftliche Flächen sind Flächen des Ackerbaus, der Wiesen- und Weidewirtschaft, des Garten- und Weinbaus, Moor- und Heideflächen.

Waldflächen sind hauptsächlich forstwirtschaftlich genutzte Flächen, Pflanzgärten, Wildäsungsflächen.

Wasserflächen sind Binnengewässer, ständig oder zeitweise mit Wasser bedeckte Flächen, unabhängig davon, ob es sich um natürliche oder künstliche Gewässer handelt.

Flächen anderer Nutzung sind Friedhöfe, Übungsgelände und „Unland" (nicht nutzbares Land wie Schutthalden, Gletscher, Felsen).

Zur **„Siedlungs- und Verkehrsfläche"** zählt die amtliche Statistik neben den Gebäude-/Freiflächen und den Verkehrsflächen auch Betriebsflächen, soweit es sich nicht um Abbauflächen handelt, sowie Erholungsflächen und die Friedhofsflächen. Sie betrugen 2008 in Deutschland 13,2 % der Gesamtfläche, nämlich 47.269 km^2.

Zum Liegenschaftskataster siehe auch Kapitel 14.1.1.1

Entwicklung Flächennutzung für Gebäude und Freiflächen Verkehr und Landwirtschaft und gesamte Gebietsfläche in km^2 (ab 1997 Zahlen für ganz Deutschland)							
Jahr	Gebäude- Freiflächen		Verkehrs- flächen		landwirtschaftliche Flächen		Gesamt- fläche = 100 %
1961	8.430	3,4 %	10.070	4,0 %	142.220	57,6 %	247.290
1971	10.070	4,3 %	11.280	4,6 %	135.030	54,5.%	247.770
1981	13.600	4,4 %	11.690	4,7 %	137.600	55,3 %	248.690
1989	15.480	6,2 %	12.420	5,0 %	133.550	53,7 %	248.610
1993	16.160	6,5 %	12.680	5,1 %	133.100	53,5 %	248.630
1997	21.940	6,2 %	16.440	4,7 %	191.360	54,1 %	357.000

Jahr	Gebäude-Freiflächen		Verkehrsflächen		landwirtschaftliche Flächen		Gesamtfläche = 100 %
2001	23.081	6,5 %	17.118	4,8 %	191.028	53,5 %	357.031
2004	23.938	6,7 %	17.446	4,9 %	189.324	53,0 %	357.050
2005	24.046	6,7 %	17.537	4,9 %	189.125	53,0 %	357.024
2006	24.156	6,8 %	17.627	4,9 %	188.610	52,8 %	357.024
2007	24.294	6,8 %	17.714	5,0 %	188.520	52,8 %	357.104

Quelle: Statistisches Bundesamt: http://www.destatis.de/basis/d/umw/ugrtab7.php und eigene Hochrechnungen
Abb. 17: Flächennutzung nach Liegenschaftskataster

In der vorstehenden Tabelle beziehen sich die Daten der Jahre ab 1997 auf das ganze deutsche Staatsgebiet, einschließlich östliche Bundesländer.

Der Überblick zeigt, dass **Gebäude- und Freiflächen** relativ stärker zugenommen haben als Verkehrsflächen. Der Zunahme bei der Siedlungs- und Verkehrsfläche entspricht andererseits eine Abnahme der landwirtschaftlich genutzten Fläche.

Die im obigen Überblick nicht aufgenommene Waldfläche liegt – leicht ansteigend – bei 30 % und die Wasserfläche bei konstant 2,3 % der gesamten Bodenfläche Deutschlands. Abbauland, Unland und sonstige Flächen beanspruchen weitere 1,7 %.

Versiegelung durch Wohngebäude

Berechnungen haben ergeben, dass der Anteil der versiegelten Fläche an der Gebäude- und Freifläche zwischen 45 % und 47 % liegt.

Die Siedlungsflächen haben in den einzelnen Bundesländern ein unterschiedliches Gewicht. Es gibt hierfür historische und natürliche Gründe. So zog z. B. der Bergbau im 19. Jahrhundert viele Zuwanderer aus dem In- und Ausland ins Ruhrgebiet. Es kam zu einer außerordentlichen Zusammenballung des Siedlungsraumes. Aus kleinen Orten wurden Großstädte. Dortmund hatte 1840 lediglich 7.200 Einwohner, 1910 waren es 260.000. In Essen stieg die Einwohnerzahl im gleichen Zeitraum von 6.400 auf 410.000. **(Siehe hierzu auch Abschnitt 1.1.2)**

Im südlichen Bayern schränkte die Natur durch ihre Landschaftsformen (Gebirgszüge in Oberbayern und im Allgäu) die Siedlungsmöglichkeiten ein.

Gebäude- und Freiflächen in den westlichen Bundesländern 1961 und 2006 und Bevölkerungsdichte 2006					
Bundesland	Gebäude- und Freiflächen in km^2 und in % der gesamten Landesfläche				Bevölkerung je km^2 2006
	1961		31.12.2006		
Baden-Württemberg	990	(2,8 %)	2.642	(7,4 %)	301
Bayern	1.590	(2,3 %)	3.903	(5,5 %)	177
Berlin (1961: West)	90	(19,8 %)	364	(40,8 %)	3.834
Brandenburg	–	–	1.336	(4,5 %)	67

1.9 DER BODEN DER VOLKSWIRTSCHAFT

Bundesland	Gebäude- und Freiflächen in km² und in % der gesamten Landesfläche				Bevölkerung je km² 2006
	1961		31.12.2006		
Bremen	70	(18,0 %)	139	(34,4 %)	1.640
Hamburg	140	(18,0 %)	280	(37,1 %)	2.344
Hessen	660	(3,1 %)	1.562	(7,4 %)	288
Mecklenburg-Vorpommern	–	–	832	(3,6 %)	72
Niedersachsen	1.590	(3,4 %)	3.389	(7,1 %)	167
Nordrhein-Westfalen	2.220	(6,6 %)	4.312	(12,7 %)	528
Rheinland-Pfalz	500	(2,5 %)	1.160	(5,8 %)	204
Saarland	140	(5,4 %)	312	(12,0 %)	404
Sachsen	–	–	1.228	(6,7 %)	229
Sachsen-Anhalt	–	–	927	(4,5 %)	118
Schleswig-Holstein	430	(2,7 %)	1.073	(6,8 %)	180
Thüringen	–	–	698	(4,3 %)	142
Gesamtdeutschland	–	–	**24.156**	**(6,8 %)**	231

Quelle: Statistische Landesämter
Abb. 18: Gebäude und Freiflächen nach Bundesländern

Die Statistik zeigt für die Bundesländer Baden-Württemberg, Schleswig-Holstein, Hessen und Rheinland-Pfalz zwischen 1961 und 2006 ein überdurchschnittliches, für Bremen, Nordrhein-Westfalen, Niedersachsen ein unterdurchschnittliches **Wachstum der Gebäude- und Freifläche**.

Von den Flächenstaaten weist Nordrhein-Westfalen die höchste **Bevölkerungsdichte/Einwohner je km²**, bezogen auf die Fläche des Bundeslandes) auf, gefolgt von Saarland, Baden-Württemberg und Hessen. Niedersachsen, Bayern und Schleswig-Holstein sind relativ dünn besiedelt. Die **östlichen Bundesländer** Brandenburg, Sachsen-Anhalt, Mecklenburg-Vorpommern und Thüringen weisen die geringste Einwohnerdichte aus. Die hohe Bevölkerungsdichte der Stadtstaaten ergibt sich aus den großstädtischen Verdichtungserscheinungen.

Bevölkerungsdichte

1.9.3 Ordnungs- und Planungsinstanzen

Entsprechend der föderalen Staatsstruktur Deutschlands (Gemeinden – Bundesländer – Bund) gibt es eine gleichläufige Kompetenzgliederung für die Städtebauplanung, Landesplanung und Raumordnung. Der Bundesgesetzgeber hat im Baugesetzbuch die entscheidende Kompetenz für die Flächenplanung den Gemeinden und gemeindlichen Planungsverbänden, soweit solche bestehen, übertragen.

BauGB § 2 Abs. 1 u. § 205

Übergreifende Leitvorstellungen zur Ordnung der Struktur Deutschlands enthält das **Raumordnungsgesetz**. Aufgabe der Raumordnung ist es, den Gesamtraum der Bundesrepublik Deutschland und seiner Teilräume durch zusammenfassende, übergeordnete **Raumordnungspläne** zu ordnen und zu sichern. Dabei sind unter-

Raumordnungsgesetz

ROG § 1

schiedliche Anforderungen an den Raum aufeinander abzustimmen und die auf der jeweiligen Planungsebene auftretenden Konflikte auszugleichen sowie Vorsorge für einzelne Raumfunktionen und Raumnutzungen zu treffen.

Leitvorstellungen zur Raumnutzung

Leitvorstellung bei der Erfüllung dieser Aufgabe ist eine **nachhaltige Raumentwicklung**, die die sozialen und wirtschaftlichen Ansprüche an den Raum mit seinen ökologischen Funktionen in Einklang bringt und zu einer dauerhaften, großräumig ausgewogenen Ordnung führt. Im Einzelnen gibt es folgende Leitvorstellungen:

- Gewährleistung der freien Entfaltung der Persönlichkeit in der Gemeinschaft und in der Verantwortung gegenüber künftigen Generationen,
- Schutz und Entwicklung der natürlichen Lebensgrundlagen,
- Schaffung der Standortvoraussetzungen für wirtschaftliche Entwicklungen,
- langfristige Offenhaltung der Gestaltungsmöglichkeiten der Raumnutzung,
- Stärkung der Vielfalt der Teilräume bei gleichzeitiger Herstellung gleichwertiger Lebensverhältnisse,
- Ausgleich der räumlichen und strukturellen Ungleichgewichte zwischen den alten und neuen Bundesländern und schließlich,
- Schaffung der räumlichen Voraussetzungen für den Zusammenhalt in der Europäischen Union und im größeren europäischen Raum.

Ebenen der Raumplanung und Raumordnung

Die **Raumplanung** und **Raumordnung** finden auf verschiedenen Ebenen statt: Auf der europäischen Ebene verfügt die EU auf mehreren Sektoren über Regelungskompetenzen, die die Raumplanung und Raumordnung beeinflussen (z. B. in der Landwirtschaft). Eine Richtlinienkompetenz hinsichtlich der Durchsetzung bestimmter Ziele der Raumordnung hat die EU jedoch nicht. Trotz allem steuert die EU über Förderungsmittel aus Strukturfonds eine auf Ausgleich in den Lebensbedingungen bedachte Raumordnung an.

– **Rolle des Bundes**

Rahmenkompetenz des Bundes

Dem Bund kommt bei der Raumplanung eine „**Rahmenkompetenz**" zu. Die von den Gemeinden zu erstellenden Bauleitpläne sind nach dem BauGB den Zielen der Raumordnung und Landesplanung anzupassen. Auf diese Weise werden die überörtlichen Raumordnungspläne mit den örtlichen Bauleitplänen verknüpft.

Konkrete Bedeutung für den Bund erhält das Raumordnungsgesetz bei Maßnahmen des Bundes selbst.

Raumordnungsverfahren

Zuerst wird durch ein **Raumordnungsverfahren** festgestellt, ob ein Vorhaben des Bundes (oder eines Bundeslandes) mit den Erfordernissen der Raumordnung vereinbar ist und wie es mit anderen Planungen und Maßnahmen abgestimmt werden kann (**„Raumverträglichkeitsprüfung"**). Es gilt das Gebot des aufeinander und gegenseitigen Abstimmens aller raumbedeutsamen Maßnahmen und Planungen unter den für die Raumordnung zuständigen Stellen, insbesondere zwischen Bund, dem betroffenen Bundesland und den betroffenen Gemeinden. Kann eine Übereinstimmung festgestellt werden, schließt sich an das Raumordnungsverfahren das **Planfeststellungsverfahren** als Genehmigungsverfahren an. In dieses Verfahren fließen die Bewertungen des Raumordnungsverfahrens mit ein. Wie bei der Erstellung der Bauleitpläne werden auch hier die betroffenen Bürger, Behörden und sonstigen Träger

Anhörung der Bürger und Behörden

öffentlicher Belange angehört. Ebenso findet eine **Umweltverträglichkeitsprüfung** statt.

Beispiele für raumbedeutsame Maßnahmen sind der Bau von Autobahnen, Bundesstraßen, Eisenbahnlinien, Flugplätzen u. dergl., die eine entsprechend große Fläche erfordern.

– **Rolle der Bundesländer**

Die Bundesländer stellen für ihr Gebiet „zusammenfassende und übergeordnete Pläne" auf. In den Stadtstaaten Berlin, Hamburg und Bremen sind sie identisch mit den Flächennutzungsplänen. Man nennt diese Raumordnungspläne **„Landesentwicklungspläne"** (LEP). In ihnen werden die Leitbilder des Raumordnungsgesetzes auf Landesebene konkretisiert. Benachbarte Bundesländer stimmen ihre Landesentwicklungspläne aufeinander ab. Nach § 9 ROG bilden die nächstfolgenden Planungsebenen die so genannten **Regionalpläne**, die aus dem Raumordnungsplan des betreffenden Bundeslandes unter gleichzeitiger Beachtung der Flächennutzungspläne der Gemeinden und der gemeindlichen Planungsverbände zu entwickeln sind. Auch hier gilt, dass benachbarte Planungsregionen ihre Pläne aufeinander abstimmen müssen. In bestimmten Fällen kann zugelassen werden, dass der Regionalplan die Funktion eines regionalen Flächennutzungsplanes mit übernimmt.

Landesentwicklungspläne

Regionalpläne

Entsprechend diesem Auftrag haben die Bundesländer **Landesplanungsgesetze** verabschiedet. Darin wird das Gebiet des jeweiligen Bundeslandes in Regionen aufgeteilt, für die regionale Planungsverbände die erwähnten Regionalpläne aufgestellt haben. Bei einer Region handelt es sich um ein förmlich festgelegtes Gebiet, das mehrere zusammenhängende Landkreise bzw. kreisfreie Städte umfasst.

Landesplanungsgesetze

Beispiel:
Die **Region München** (Region 14) umfasst als flächenmäßig größte bayerische Region, z. B. das Gebiet der Landeshauptstadt sowie der Landkreise München, Starnberg, Landsberg/L, Fürstenfeldbruck, Dachau, Freising, Erding und Ebersberg. Die Region 14 ist eine der insgesamt 18 bayerischen Regionen.

Die Regionaleinteilung hält sich nicht immer an Landkreisgrenzen. Es kommt vor, dass Teile des Gebiets eines Landkreises verschiedenen Regionen zugeordnet sind.

In den von regionalen Planungsverbänden aufgestellten Regionalplänen werden die **„überfachlichen"** und **„fachlichen" Entwicklungsziele** und Grundsätze unter Berücksichtigung der regionalspezifischen Besonderheiten detailliert beschrieben: Z. B. die **Entwicklung der zentralen Orte** (Ober-, Mittel-, Unterzentren) und der Verkehrsachsen mit regionaler oder überregionaler Bedeutung. Das sind überfachliche Ziele. Die Festlegung der Entwicklung der Wohn- und Gewerbeansiedlungen, der gewerblichen Wirtschaft, kultureller Einrichtungen, der Einrichtungen für Freizeit und Erholung, der Landwirtschaft usw. gehört zu den fachlichen Zielen. Jedes der genannten Ziele wird eingehend begründet.

Entwicklungsziele überfachliche und fachliche

Zentrale Orte

Verkehrsachsen

Zur Veranschaulichung enthalten die Regionalpläne eine umfangreiche **kartographische Dokumentation**, denen beispielsweise die Wohnbauflächen und die gewerblichen Flächen der Gemeinden in der Region entnommen werden können. Für die Unternehmen der Immobilienwirtschaft sind die Regionalpläne eine ähnliche wichtige Informationsgrundlage wie die Bauleitpläne der Gemeinden, wenn eigene unternehmerische Ziele mit den regionalplanerischen Zielvorstellungen abgeglichen werden sollen. Regionalpläne können erworben werden und sind vielfach im Internet abrufbar. Beispiel der Regionalplan der Planungsregion München unter http://www.region-muenchen.com/regplan/rplan.htm.

Rolle der Gemeinde

– **Rolle der Gemeinden**

(Die nachfolgenden Ausführungen stehen im Kontext zum Unterkapitel über die immobilienwirtschaftlichen Unternehmen als Partner der Kommunen [siehe 1.6.8]). Den Gemeinden steht die „Hoheit" der örtlichen Planung zu, deren mögliche Inhalte durch das Baugesetzbuch geregelt werden **(Bauleitplanung)**. Auf die Aufstellung von Bauleitplänen besteht deshalb kein individueller Anspruch der Grundstückseigentümer. Gemeinden können sich Grundstückseigentümern gegenüber auch nicht verpflichten, Bauleitpläne zu erstellen. Die Planung findet auf zwei verschiedenen Ebenen statt. Im **Flächennutzungsplan** ist „für das ganze Gemeindegebiet die sich aus der beabsichtigten städtebaulichen Entwicklung ergebende Art der Bodennutzung" in den Grundzügen darzustellen. Der Flächennutzungsplan wird von der Gemeinde beschlossen („Feststellungsbeschluss"). Er bedarf der Genehmigung. Sie wird erteilt, wenn der Plan mit den Vorgaben des Regionalplanes übereinstimmt. Flächennutzungspläne müssen von Zeit zu Zeit sich ändernden Entwicklungshorizonten angepasst werden. Vorgeschrieben ist zu diesem Zweck ein „Monitoring", eine laufende Beobachtung der Entwicklungsströme. Ein Flächennutzungsplan ist nur dann nicht erforderlich, wenn der Bebauungsplan ausreicht, um die städtebauliche Entwicklung zu ordnen.

Bauleitplanung

Flächennutzungsplan BauGB § 5 Abs. 1

Bebauungsplan BauGB § 9

Auf der Grundlage des Flächennutzungsplanes kann die Gemeinde **Bebauungspläne** aufstellen, die **rechtsverbindliche Festsetzungen** für die städtebauliche Ordnung enthalten. Allerdings ist auch ein „Parallelverfahren" möglich (= gleichzeitige Aufstellung von Flächennutzungs- und Bebauungsplan). In dringenden Fällen kann sogar die Aufstellung des Bebauungsplans der Aufstellung des Flächennutzungsplanes vorgezogen werden. Der Bebauungsplan wird im Rahmen einer Gemeindesatzung verabschiedet (Satzungsbeschluss). Für die Beurteilung der Zulässigkeit von Bauvorhaben ist die Unterscheidung zwischen dem **qualifizierten** und dem **einfachen Bebauungsplan** wichtig. Der qualifizierte Bebauungsplan enthält detaillierte Festsetzungen über Art und Maß baulicher Nutzung, überbaubare Grundstücksflächen und Verkehrsflächen. Bei einfachen Bebauungsplänen richtet sich die Zulässigkeit der Bebauung, soweit keine Festsetzungen getroffen sind, nach der Eigenart der umliegenden Bebauung **(„unbeplanter Innenbereich")** oder nach den Kriterien, die für eine Bebauung im Außenbereich heranzuziehen sind. Einfache Bebauungspläne sind in der Regel auf bauliche Festsetzungen der Gemeinde zurückzuführen, die aus der Zeit vor Inkrafttreten des Bundesbaugesetzes, dem Vorläufergesetz des Baugesetzbuches, stammen.

Qualifizierter und einfacher Bebauungsplan

Unbeplanter Innenbereich BauGB § 34. BauGB § 35

Vorhaben- und Erschließungsplan

Der ursprünglich im Rahmen eines Überleitungsrechts vorgesehene **Vorhaben- und Erschließungsplan** wurde nach Außerkrafttreten des Maßnahmegesetzes zum Baugesetzbuch als Dauerrecht in das Baugesetzbuch (§ 12 BauGB) übernommen. Auf der Grundlage eines Flächennutzungsplanes können hier Investoren **(„Vorhabenträger")** für ein bestimmtes Vorhaben in Abstimmung mit der Gemeinde selbst einen Plan erstellen. Befürwortet die Gemeinde das Vorhaben, verabschiedet sie einen **„vorhabenbezogenen Bebauungsplan"**. Der Vorhabenträger ist verpflichtet,

Vorhabenbezogener Bebauungsplan

die Baumaßnahme samt erforderlicher Erschließung innerhalb einer bestimmten Frist auf eigene Kosten durchzuführen. Nach Ablauf der Frist soll die Gemeinde den vorhabenbezogenen Bebauungsplan wieder aufheben, wenn der Vorhabenträger die Maßnahme nicht durchgeführt hat.

Die Gemeinden können zur **Sicherung der Bauleitpläne Veränderungssperren** beschließen und Vorkaufsrechte ausüben. Bodenordnende Maßnahmen (Umlegungsverfahren) dienen der Vorbereitung der in den Bauleitplänen vorgesehenen Nutzung. Auch die Erschließung des neu geschaffenen Baulandes zählt zu ihren Aufgabenbereichen.

Sicherung der Bauleitplanung

Erheblichen Einfluss auf die Gestaltung des Gemeindegebietes haben die Gemeinden dadurch, dass sie **städtebauliche Sanierungs- und Entwicklungsmaßnahmen** durchführen können, um Missstände zu beseitigen und Teile des Gemeindegebietes neu zu entwickeln. Über das Instrument der **Erhaltungssatzung** kann verhindert werden, dass bestimmte bauliche Anlagen oder die Eigenart eines Gebietes oder die Zusammensetzung der Bevölkerung verändert werden. Schließlich steht den Gemeinden auch das Instrumentarium von **Geboten** (Bau-, Modernisierungs-, Instandsetzungs-, Pflanz- und Abbruchgebot) zur Verfügung. Pflanzgebote finden sich regelmäßig in Bebauungsplänen.

Sanierungs- und Entwicklungsmaßnahmen
Erhaltungssatzung
Gebote

Der Einfluss der Gemeinden auf die Nutzung der Gemeindefläche ist außerordentlich groß. Besonders die Planungshoheit verleiht ihnen eine sehr starke Stellung. Wirtschaftlich gesehen verfügen sie über ein räumlich beschränktes **Produzentenmonopol für Bauland** und können damit faktisch das Baulandpreisgefüge stark beeinflussen.

Produzentenmonopol

Auch zur Sicherung einer geregelten **Bewirtschaftung von land- und forstwirtschaftlichen Flächen** gibt es Vorschriften. Die öffentlich rechtliche Regelungskompetenz auf diesem Sektor kommt in den Maßnahmen der Flurbereinigung und der Genehmigungsvorbehalte nach dem **Grundstücksverkehrsgesetz** und dem damit verbundenen Vorkaufsrecht nach dem „Reichssiedlungsgesetz" zum Ausdruck. Ziel dieser Eingriffsmöglichkeiten ist es, einerseits den in der Vergangenheit durch unkontrollierte Veräußerungs- und Erbvorgänge zersplitterten landwirtschaftlichen Grundbesitz wieder zu betriebswirtschaftlich sinnvollen Einheiten zusammenzufügen und andererseits einer weiteren Zersplitterung oder der nicht sachkundigen Bewirtschaftung land- und forstwirtschaftlicher Flächen durch Erwerber, die keine Landwirte sind, vorzubeugen. Das Genehmigungserfordernis und damit die Ausübungsmöglichkeit des Vorkaufsrechts hängen vom Überschreiten einer landesrechtlich bestimmten Mindestgröße der verkauften Flächen ab.

Grundstücksverkehrsgesetz

Im Zuge der Vereinfachung des Bauplanungsrechts wurde zum 1.1.2007 in das Baugesetzbuch ein **Bebauungsplan der Innenentwicklung"** eingeführt (§ 13a BauGB). Danach besteht für die Gemeinden die Möglichkeit, für den Innenbereich Bebauungspläne mit dem Ziel der Wiedernutzbarmachung von Flächen, der Nachverdichtung und für andere Maßnahmen der Innenentwicklung aufzustellen. Ohne Beschränkungen kann ein solcher Bebauungsplan aufgestellt werden, wenn die darin festgesetzte zulässige Grundfläche nicht mehr als 20.000 m^2 beträgt. Bei Festsetzung einer zulässigen Grundfläche zwischen 20.000 und 70.000 m^2 muss im Rahmen einer Vorprüfung festgestellt werden, welche Umweltauswirkungen davon zu erwarten sind. Sind sie nicht erheblich, kann auf eine Umweltverträglichkeitsprüfung ver-

Bebauungsplan der Innenentwicklung

zichtet werden. Sollte die Planung nicht den Vorgaben des Flächennutzungsplanes entsprechen, kann sie trotzdem durchgeführt werden. Der Flächennutzungsplan muss in der Folge geändert werden.

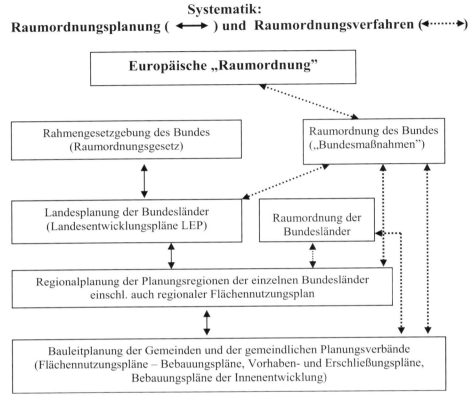

Abb. 19: Raumordnungsplanung und Raumordnungsverfahren

1.9.4 Der Boden als Standort

Wenn von Immobilien die Rede ist, versteht man landläufig darunter „Immobilienobjekte", die am Immobilienmarkt gehandelt werden können. Eine Immobilie ist immer gleichzeitig ein Stück Boden, der bebaut oder nicht bebaut sein kann. Wie bereits dargestellt, ist der Boden der Rohstoff für unterschiedliche Verwertungs- und Nutzungsmöglichkeiten.

Betrachtet man den Hof eines Landwirts, dann sehen wir in ihm zwei Nutzungsmöglichkeiten verwirklicht. Zum einen den des landwirtschaftlichen Betriebes, der die Bodenflächen bewirtschaftet, um über den Verkauf der Ernte zu einem Ertrag zu kommen, zum andern den Hof als Wohnstätte des Landwirts und der zu seinem Haushalt gehörenden Personen. Beides kann – getrennt und zusammen – ein auf dem Immobilienmarkt veräußerliches Gut sein. Im ersten Fall steht der Boden als landwirtschaftlicher **„Produktionsfaktor"** im Vordergrund, im zweiten Fall der Boden als **Standort** eines Privathaushaltes.

Boden als Produktionsfaktor und Standort

1.9 DER BODEN DER VOLKSWIRTSCHAFT

Ist Betrachtungsgegenstand eine Maschinenfabrik, dann ist der Boden ausschließlich Standort eines Industrieunternehmens. Das Unternehmen nutzt weder die natürliche Ertragskraft des Bodens, auf dem der Betrieb steht, noch die möglicherweise im Boden enthaltenen Mineralien. Dennoch ist der Boden, der den Betrieb trägt, ebenfalls ein Produktionsfaktor, denn ohne ihn wäre der Produktionsprozess undenkbar. In der Immobilienwirtschaft konzentriert sich das Interesse in diesem Fall auf die Standorteigenschaft dieses (oder eines anderen an diesem Standort ansiedelbaren) Betriebes.

Ein Einfamilienhaus ist in der Regel ausschließlich Standort eines Privathaushaltes. Da in ihm keine, in die volkswirtschaftliche Gesamtrechnung eingehenden, produktiven Leistungen erbracht werden, ist der Boden hier kein Produktionsfaktor. Die ökonomische Zwecksetzung des Haushaltes ist der Konsum. Wohnen ist Konsumieren. Natürlich ist es auch hier – wie beim Beispiel des Bauernhofes – eine zweifache Nutzung denkbar. Gehört das Einfamilienhaus einem Steuerberater, der darin wohnt und seine Büroräume unterhält, dann ist das Einfamilienhaus sowohl **„Konsumstandort"** als auch **„Produktionsstandort"**, denn die beruflichen Leistungen des Steuerberaters sind produktive Dienstleistungen. Haushalt und „Betrieb" des Steuerberaters sind in seinem Haus vereinigt.

Wohnen = Konsumieren

Konsumstandort
Produktionsstandort

Schließlich gibt es noch eine weitere Kategorie von Standorten, nämlich jene öffentlicher Körperschaften (Ministerien, Rathäuser, Kirchen, Arbeitsämter u. dergl.) und der privaten Organisationen ohne Erwerbszweck (Verbände, Sportvereine, Gewerkschaften u. dergl.). Der überwiegende Teil der durch solche Stellen gebundenen Bodenflächen sind in der Regel nicht verfügbar und insoweit von geringerer immobilienwirtschaftlicher Bedeutung.

Unterschieden werden kann zwischen **aktuell genutzten Standorten** und **potentiellen Standorten**, die als **„Standortvorrat"** bezeichnet werden können. Potentielle Standorte werden im Betrachtungszeitpunkt nicht als Standort genutzt, obwohl sie wirtschaftlich und rechtlich Standortqualität besitzen. Hierzu zählt baureifes Land ebenso wie aus der Nutzung ausgeschiedene Abbruchobjekte oder leer stehende Wohnungen, Büroräume usw. Die Immobilienwirtschaft benötigt zu jedem Zeitpunkt stets solch potentielle Standorte, weil sie Voraussetzung sowohl für den Bau von Gebäuden als auch für die Wanderungsmöglichkeiten der Bevölkerung („Bevölkerungsmobilität") sind. In wohnungswirtschaftlichen Unternehmen dient ein Grundstücksvorrat der Sicherung der Beschäftigung.

Aktuelle Standorte
Potentielle Standorte
Standortvorrat

Vom Ausmaß der „Standortvorräte" kann u. a. auch das regionale Immobilienpreisniveau oft entscheidend abhängen.

Standortvorrat und Immobilienpreisniveau

Allerdings nützen zunehmende Standortvorräte in Regionen, aus denen mehr Betriebe oder Haushalte ab- als zuwandern, nicht viel. Sie befinden sich dann am falschen Ort oder in der falschen Region.

Boden als Produktionsfaktor		
Träger reproduzierbarer Güter	Träger erschöpflicher Rohstoffe	Standort von Betrieben
Beispiele: Gärtnerei, Weideland, Stausee.	Beispiele: Kohle, Erdöl, Uran.	Beispiele: (siehe Boden als Standort)

Abb.: 20: Boden als Produktionsfaktor

Boden als Standort		
Standort für Betriebe	Standort für Haushalte private	Standort für Behörden, private Organisationen u. s. w.
Beispiele: Konzernverwaltung, Friseurgeschäft, Autohaus, Arztpraxis, Wohnungs- unternehmen, Filmtheater.	Beispiele: Einfamilienhaus, Eigentumswohnung, Mietwohnung, Ferienwohnung.	Beispiele: Rathaus, Kirche, AOK, Staatskanzlei, Finanzamt Verbandsgeschäfts- stelle.

Abb. 21: Boden als Standort

1.9.5 Der Immobilienmarkt

Markt der Standorte

„Der" Immobilienmarkt ist der **Markt der Standorte**. Die Besonderheit des Gutes, das auf diesem Markt angeboten und nachgefragt wird, besteht in seiner Unbeweglichkeit (Immobilität). Ein Immobilienobjekt zeichnet sich durch seine einmalige Lage und – bei bebauten Grundstücken – durch die individuelle Standortverwirklichung aus. Der **Immobilienmarkt** ist die Summe einer großen Anzahl von Teilmärkten. Sie sind durch unterschiedliche Nutzungsmöglichkeiten, unterschiedliche Entwicklungszustände, Vertragskonstellationen und Raumstrukturen bedingt.

Immobilien-markt – Warenmarkt (Unterschiede)

Immobilität, Individualität und die für Immobilienmärkte typischen Knappheitsverhältnisse auch in guten Zeiten bedingen im Marktverhalten einen Rollentausch von Angebot und Nachfrage im Vergleich zu den meisten Warenmärkten.
1. Bei beweglichen Gütern („bewegliche Sachen" im bürgerlichen Recht, „Waren" im Handelsrecht) setzt die Funktionsfähigkeit der Märkte eine Mobilität des Angebots voraus.
Die Funktionsfähigkeit der Immobilienmärkte hängt einerseits sehr stark von der „Transparenz" des Angebots und andererseits von der Mobilität der Nachfrage ab.
2. Die Mobilität des Warenangebots führt in Zeiten wirtschaftlicher Prosperität und hoher Einkommen zu einem konkurrierenden Angebot gleicher oder gleichartiger Güter an nahezu jedem beliebigen normal erreichbaren Ort. Die Nachfragekonkurrenz spielt auf diesen Märkten des relativen Überflusses dagegen kaum eine Rolle.
Bei den Immobilienmärkten ist die Angebotskonkurrenz umso geringer, je kleiner der Raum für Standortentscheidungen der Nachfrager ist. Die Nachfragekonkurrenz kann dagegen gerade in Zeiten wirtschaftlicher Prosperität erheblich sein.

3. Die Warenmärkte werden in der Regel durch eine Reihe von Orten des konzentrierten Angebots repräsentiert, die allgemein bekannt und leicht auffindbar sind. Die räumliche Struktur der Warenmärkte ist relativ konstant.
   Bei den Immobilienmärkten bewegt sich die Nachfrage zum Angebot. Sie kann nur unter ortsverschiedenen Objekten wählen. Der Anbieter muss den Nachfrager suchen. Aus der Perspektive von Kauf- oder Mietinteressenten werden die Immobilienmärkte durch die ihnen jeweils bekannt gewordenen Verkaufs- oder Vermietungsobjekte im Bereich einer zufälligen räumlichen Streuung repräsentiert. Die räumliche Angebotsstruktur wandelt sich laufend.
4. Beim Warenmarkt werden vom Anbieter Preise festgesetzt, zu denen jeweils eine bestimmte Menge der Waren verkauft werden kann.
   Auf den Immobilienmärkten werden – von Bauträgerobjekten einmal abgesehen – die Preise in der Regel durch den jeweiligen Nachfrager bestimmt, der in den Augen des Anbieters die günstigsten Bedingungen bietet.
5. Die rechtlichen Rahmenbedingungen für verbindliche Kaufentscheidungen sind auf den Immobilienmärkten ungleich komplizierter als auf den normalen Warenmärkten.
6. Das Angebot kann nur mit großen Zeitverzögerungen („time-lags") auf Nachfrageänderungen reagieren. Dies verursacht in der Regel starke zwischenzeitliche Preisreaktionen, die nicht selten durch zu spät einsetzende politische Steuerungsmaßnahmen verstärkt werden.

Diese Eigenheiten der Immobilienmärkte führen zu einer völlig anders gearteten „Marktlandschaft", als wir sie im täglichen Wirtschaftsleben vorfinden. Das Agieren auf diesen Märkten bedarf oft der sachkundigen Mitwirkung von Marktleistungsträgern, zu denen in erster Linie Makler zählen. Man kann sie auch in einem Parallelbezug zum Finanzdienstleister auch als **Immobiliendienstleister** bezeichnen.

Marktleistungsträger

1.9.6 Versorgungssysteme

Grundsätzlich kann zwischen einer marktwirtschaftlichen Güterverteilung und einem System behördlich reglementierter Güterzuteilung unterschieden werden. Das Zuteilungssystem war eines der die **Zentralverwaltungswirtschaft** der früheren DDR kennzeichnenden Merkmale. Der Begriff entstammt der Marktformenlehre des großen deutschen Nationalökonomen Walter Eucken. Es ist allgemein bekannt, dass das System nicht nur eine auffallend geringe wirtschaftliche Effizienz aufwies, sondern dass auch das Ziel einer Verteilungsgerechtigkeit nach einem objektiv definierten Bedarf nicht erreicht wurde. In der Bundesrepublik wurde von Anfang an eine marktwirtschaftliche Ordnungspolitik praktiziert. In der Wohnungswirtschaft wurde der Übergang von einer Zwangswirtschaft in die Marktwirtschaft relativ schnell vollzogen. Dieser Übergang wurde begleitet von einer erheblichen staatlichen Wohnungsbauförderung. Die unterschiedlichen Ergebnisse zwischen der Zentralverwaltungswirtschaft und einem marktwirtschaftlichen Gesetzen gehorchenden Wirtschaftsprozess sind besonders deutlich in Bereichen der Immobilienwirtschaft zu erkennen. Auf diese Unterschiede wurde im Abschnitt 1.2.2.3 eingehend eingegangen.

Zentralverwaltungswirtschaft

Allerdings kann auch in Deutschland nicht jeder Bedarf an Standorten über ein Marktangebot gedeckt werden. Gerade in der Wohnungswirtschaft gibt es daneben noch Zuteilung verbilligten Wohnraums an einen Personenkreis, der aufgrund seiner

Einkommenssituation Marktmieten nicht oder nur unter unverhältnismäßig hohem sonstigen Konsumverzicht bezahlen kann. Es handelt sich im Wesentlichen um Wohnungen, die aufgrund des Einsatzes öffentlicher Mittel sowohl **preis- als auch belegungsgebunden** sind. **(Näheres siehe in Kapitel 12).**

Preis- und Belegungsbindung

Die Parallelität der beiden Versorgungssysteme entspricht dem Grundgedanken der sozialen Marktwirtschaft, die das wirtschaftspolitische System der Bundesrepublik kennzeichnet. Dessen Sinn ist es, „das Prinzip der Freiheit auf dem Markte mit dem des sozialen Ausgleichs zu verbinden" (Alfred Müller-Armack).

Es gibt noch andere Beispiele dafür, dass in der Immobilienwirtschaft im Interesse bestimmter Personengruppen behördliche Zuteilungsregelungen einem marktwirtschaftlichen Verteilungsprozess vorgezogen wurden. So entstanden in neuerer Zeit die **„Einheimischenmodelle"** besonders im oberbayerischen Raum, der sich durch ein besonders hohes Grundstückspreisniveau auszeichnet. Die Grundidee dieser Modelle besteht darin, der einheimischen Bevölkerung den Erwerb von Baugrundstücken durch künstliche Absenkung des Preises im Gemeindebereich zu ermöglichen, die sonst gegen die kaufkräftige Zuwanderungsnachfrage am Markte keine Chancen hätte. Hierauf wurde im Abschnitt 1.6.8.2 näher eingegangen.

Einheimischenmodell

Die Auswirkungen des marktwirtschaftlichen Preisbildungsmechanismus werden im Bereich des nicht gebundenen Wohnungsbestandes durch Vorschriften im **Wirtschaftsstrafgesetz** (§ 5) beschränkt. Danach darf für die Vermietung von Wohnraum aus dem Bestand keine „überhöhte" Miete verlangt werden. Als überhöht gilt jede Miete, die die ortsübliche Vergleichsmiete (siehe Kapitel 12) um mehr als 20 % überschreitet. Wurde eine überhöhte Miete bezahlt, wird der Überhöhungsbetrag zusammen mit einem verhängten Bußgeld von der zuständigen Behörde eingezogen. Der Mieter erhält auf Antrag von der Behörde den eingezogenen Überhöhungsbetrag zurück. Eine ausschließlich gewinnorientierte Verteilung des Wohnraums wird durch diese Vorschrift beschränkt.

Überhöhte Miete

In den übrigen Marktbereichen der Immobilienwirtschaft gibt es solche preisbegrenzenden Vorschriften nicht. Ebenso ist der freie Marktzugang auf der Anbieter- wie auch auf der Nachfragerseite innerhalb vorgegebener Nutzungsfestsetzungen in der Regel gewährleistet.

Freier Marktzugang in der Immobilienwirtschaft

1.9.7 Strukturmerkmale des Immobilienmarktes

Immobilienmarkt ist ein abstrakter Begriff. Er bezeichnet in Wirklichkeit eine große Anzahl von Einzelmärkten, denen im Wesentlichen die einmalige Ortsgebundenheit des Marktgutes gemeinsam ist. Jeder dieser Einzelmärkte ist ein **Teilmarkt**.

Teilmarkt

Darunter versteht man einen wirtschaftlich in sich abgeschlossenen Markt. Er ist dadurch gekennzeichnet, dass das Marktgeschehen auf einem solchen Markt (insbesondere die Preisbildung) keinen unmittelbaren Einfluss auf andere Teile des Immobilienmarktes ausübt und umgekehrt. Natürlich gibt es an den „Rändern" mehr oder weniger ins Gewicht fallende Wechselwirkungen zwischen den einzelnen Teilmärkten. Deshalb ist die Abgeschlossenheit tatsächlich nur relativ.

Beschränkte Wechselwirkungen zwischen den Teilmärkten

Beispiele von Teilmarkterscheinungen: Ein Ehepaar mit Kind benötigt und sucht eine 3-Zimmer-Wohnung. Die in diesem Zeitpunkt angebotenen Apartments sind relativ billig. Ein „Ausweichen" auf diesen Teilmarkt ist kaum möglich, da der Raumbedarf nicht gedeckt werden kann. Andererseits ist denkbar, dass jemand, der ein Apartment sucht, mangels Angebot (vielleicht nur vorübergehend) auf eine angebotene 3-Zimmer-Wohnung ausweicht.

Überhaupt nichts nützt dem Ehepaar ein Überangebot an Büroräumen.

Trotz der **Abgeschlossenheit der Teilmärkte** gibt es aber – oft mit zeitlichen Verzögerungen („time-lags") – tendenziell in die gleiche Richtung verlaufende Entwicklungstendenzen auf dem gesamten Immobilienmarkt, also in allen Teilmärkten. Dies ist auf **Markteinflussfaktoren** zurückzuführen, die von außen her auf den Immobilienmarkt einwirken. Hierzu zählen z. B. der Kapitalmarktzins, die Entwicklung der steuerlichen Be- und Entlastungen der Privathaushalte, Förderungsprogramme für den Wohnungsbau, die Entwicklung der Beschäftigungssituation (Arbeitslosenquote) u. dergl. In ihrer Einflusswirkung können sie sich gegenseitig verstärken, abmildern oder aufheben. So verstärken sich zunehmende Unsicherheit der Arbeitsplätze und hoher Kapitalmarktzins bei der „Marktabschwächung". Wohnbauförderungsprogramme können die Wirkung hoher Kapitalmarktzinsen dagegen abmildern oder aufheben.

Markteinflussfaktoren

Das Fehlen von Marktausgleichswirkungen zwischen den Teilmärkten wird durch die Überlagerung von Wirkungen der Markteinflussfaktoren überdeckt, so dass die Bedeutung der Marktdifferenzierungen (Teilmarktbildung) oft nicht erkannt wird.

1.9.7.1 Teilmärkte nach dem Entwicklungszustand

Wir haben gesehen, dass der Boden Rohstoff für verschiedene Hauptnutzungsarten ist. In der Regel ist der landwirtschaftlich genutzte Boden der Rohstoff für die Nutzung zu Siedlungszwecken.

Soll nach dem Flächennutzungsplan und den Absichten der Gemeinde der Boden Siedlungszwecken dienen, spricht man von **„Bauerwartungsland"**. Baurechte bestehen nicht. Wer Bauerwartungsland erwirbt, spekuliert damit, dass in absehbarer Zeit ein Bebauungsplan erstellt und damit ein **Baurecht** geschaffen wird. Dadurch entstünde **„Rohbauland"**. **Baureife** und damit ein Anspruch auf Genehmigung eines Baugesuchs, ist erst gegeben, wenn die Erschließung des Grundstücks gesichert ist. Wenn schließlich das Grundstück bebaut ist, wird die Nutzung als **Gebäude** möglich.

Bauerwartungsland

Rohbauland

Entsprechend dieser **Entwicklungsstufe** entstehen auch die ihnen entsprechenden **Teilmärkte**. Auf ihnen agieren unterschiedliche Marktpartner. Allerdings gibt es auch hier Personen, die von einem Markt auf den anderen ausweichen können.

Entwicklungsstufen Teilmärkte

Beispiele:
Wer beabsichtigt, ein Einfamilienhaus zu erwerben, kann auch auf den Baugrundstücksmarkt ausweichen und selbst Bauherr des Hauses sein. Wenn er gleich bauen will, nützt ihm allerdings kein Bauerwartungsland. Er benötigt ein baureifes Grundstück. Viele aber wollen sich die Mühe des Bauens ersparen. Für sie kommen nur fertige Objekte in Betracht.

Dagegen sind Bauträger nicht am Erwerb fertiger Häuser, sondern nur am Erwerb von Baugrundstücken interessiert.

Wer eine Eigentumswohnung selbst bauen will, der muss andere Bauherren finden und sich mit ihnen zu einer Bauherrengemeinschaft zusammenschließen, um zunächst das hierfür geeignete Baugrundstück zu erwerben. Wer diese Konstruktionsform wählt, hatte früher in der Regel die damit verbundenen steuerlichen Vorteile im Auge. Für konventionell erstellte Wohnungen oder Bestandswohnungen bestand bei diesem Personenkreis wiederum kein Interesse.

Diesen Beispielen ist zu entnehmen, dass sich auf den aufgeführten Teilmärkten das Nachfragerpublikum überwiegend nicht „überschneidet" – ein Zeichen dafür, dass wir es mit Teilmärkten zu tun haben.

Teilmärkte nach Entwicklungskriterien
(typische Nachfragegruppen)

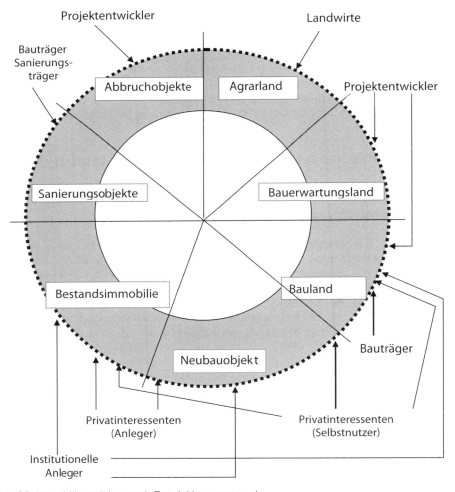

Abb. 22: Immobilienmärkte nach Entwicklungszustand

In der Graphik (Abb. 22) ist die Teilmarktbildung am **Entwicklungszyklus** der Immobilie dargestellt. Den verschiedenen Entwicklungsständen entsprechen bestimmte Nachfragegruppen. Bei Neubau- und Bestandsimmobilien scheinen sich Privatinteressenten mit Selbstnutzungsabsichten und Privatinteressenten, die Immobilien zur Kapitalanlage erwerben wollen zu überlappen. Es gibt aber auch hier ziemlich streng von einander getrennte Teilmärkte, die sich auf der „Zeitachse" der Immobilienentwicklung nur nicht darstellen lassen.

Entwicklungszyklus

1.9.7.2 Teilmärkte nach immobilienwirtschaftlichen Nutzungskriterien

Teilmärkte entstehen durch unterschiedliche **Nutzungsfestsetzungen** des Bodens. Unter marktwirtschaftlichen Bedingungen wären die Grenzen zwischen den nutzungsbedingten Teilmärkten fließend. Das besondere Problem dieser Teilmärkte besteht jedoch darin, dass marktwirtschaftliche Nutzungsumwidmungen des Bodens weitgehend nicht möglich sind. Wer Wohnräume als Büroräume wegen des höheren Mietertrages vermieten will, scheitert oft daran, dass diese **Zweckentfremdung** nicht genehmigt wird. Auf einem Baugrundstück für ein Einfamilienhaus kann kein Handwerksbetrieb errichtet werden. Ackerland, für das kein Baurecht besteht, ist wohnungswirtschaftlich nicht nutzbar usw. Die Unterschiede im Preisniveau für Böden unterschiedlicher Nutzungsarten und -intensitäten beruhen also zum Teil auch darauf, das eine privatwirtschaftlich **autonome Angebotsanpassung** an eine sich ändernde Nachfragestruktur nicht möglich ist und die öffentlich rechtlichen Planungsträger die Nutzungen nicht automatisch **„marktkonform"** festsetzen und jeweils ändern. Gliedert man die „sachlichen" Teilmärkte des Immobilienmarktes, dann können wir vier wichtige **Teilmarkthauptgruppen** unterscheiden:

Nutzungsfestsetzungen

Zweckentfremdung

Autonome Angebotsanpassung

Teilmarkthauptgruppen

- Markt für Objekte der **wohnlichen** Eigennutzung (Haushaltsstandorte = Wohnungen),
- Markt für Objekte **gewerblicher** oder **sonstiger nicht wohnlicher** Eigennutzung (Betriebsstandorte),
- Markt für Objekte zur Zwecken der **Geldanlage**,
- Markt für Objekte des **primären Produktionssektors** (land- und forstwirtschaftliche Betriebe, Bergwerk u. dergl.).

Bei jeder dieser vier Marktgruppen ist noch weiter zu differenzieren nach Objektarten, Qualitäts- und Größentypen, um zu realen Erscheinungsformen von Teilmärkten zu kommen.

Zu den Objekten **wohnlicher Eigennutzung** gehören insbesondere Mietwohnungen, Eigentumswohnungen und Einfamilienhäuser verschiedener Qualität und Größentypen.

Objekte wohnlicher Eigennutzung

Zu den Objekten **gewerblicher Eigennutzung** gehören Büro und Verwaltungsobjekte, Gebäude und Räume für Fertigung, Lagerhaltung, Forschung und Entwicklung, Handelsimmobilien (Einkaufszentren/großflächige Einzelhandelsbetriebe/Läden), Parkhäuser, Hotels, Kliniken, Seniorenheime usw. Auch hier gibt es teilmarktbildende Unterschiede nach Qualitäts- und Größenmerkmalen. Soweit ein Objekt nur eine ganz bestimmte Nutzungen ermöglicht (z. B. Klinik, Hotel, Parkhaus), spricht man von einer **„Spezialimmobilien"**.

Objekte gewerblicher Eigennutzung

Spezialimmobilien

Betreiber	Die **„Betreiber"** (Betriebsinhaber) dieser Objekte sind oft nicht deren Eigentümer. Diese rekrutieren sich aus Kapitalanlegern unterschiedlicher Herkunft. Die Objekte haben als Anlageobjekte einen eigenen Marktbereich. Auch vermietete Wohnobjekte, angefangen von der vermieteten Eigentumswohnung bis hin zum Wohnblock werden als Anlageobjekte angeboten. Unter dem Aspekt der Kapitalanlage herrscht eine größentypische Teilmarktbildung vor.
Großobjekte Institutionelle Anleger	**Großobjekte** werden in der Regel von **„institutionellen Anlegern"** gesucht. Dies sind Gesellschaften, die über Sondervermögen verfügen z. B. **Offene Immobilienfonds, Pensionskassen, Lebensversicherungsgesellschaften**. Sondervermögen ist das durch Kapitalansammlung (z. B. Lebensversicherungsbeiträge) beim Unternehmen entstehende (bei diesem Beispiel für Versicherungsleistungen) zweckgebundene Vermögen, das zu Gunsten der Einleger gewinnbringend anzulegen ist. Ausländische Anleger treten häufig in Konkurrenz zu inländischen Interessenten. Die Besonderheit der großen Immobilientransaktionen besteht darin, dass in der Regel
Immobilien-Pakete	mehrere Immobilienobjekte in ein **„Immobilien-Paket"** zusammengeschnürt und angeboten werden. Dorthinein werden auch weniger rentable Immobilien und Immobilien mit größeren Leerständen gepackt, von denen man sich gerne trennen will.
Immobilienleasinggesellschaften	Die Funktion von **Immobilienleasinggesellschaften** geht in der Regel über die reine Objektverwaltung hinaus. Die Gebäude werden vom Leasinggeber nach den Wünschen des Kunden konzipiert und errichtet und für die vereinbarte Leasingzeit funktionsfähig vorgehalten. Der Markt für Immobilienleasingobjekte ist ein besonderer Teilmarkt, dessen Gegenstand nicht nur das Objekt, sondern – im Rahmen des gesamten Leistungspaketes – auch die volle Fremdfinanzierungsleistung ist.
Alterssicherung	Mittlere und kleinere Anlageobjekte werden überwiegend von **Privatleuten** nachgefragt. Aus deren Perspektive stellen sich solche Objekte als Alternative zu anderen Geldanlageformen (Rentenpapiere, Aktien, Gold) dar. Zunehmend spielt bei einer solchen Anlage in Immobilien auch der Gedanke an eine zusätzliche **Alterssicherung** eine Rolle. Die drei wesentlichen Gründe für die Anlage in Immobilien sind die hieraus fließenden laufenden Erträge, (Verzinsung des eingesetzten Kapitals), die erwartete Wertsteigerung und die Wertbeständigkeit.
Landwirtschaftliche Betriebe	Beim Markt für Objekte, bei denen der Boden als natürlicher Produktionsfaktor eine Rolle spielt, stehen **landwirtschaftliche** Betriebe und land- und forstwirtschaftlich genutzte Bodenflächen im Vordergrund. Sie bilden einerseits die Reserveflächen für die Entwicklung von wohnungswirtschaftlichen oder gewerblichen Siedlungsaktivitäten. In diesem Falle sind meist **Bauträger** und **Gemeinden** die Geschäftspartner der die Böden anbietenden Landwirte. Auf diesem Markt finden andererseits die Verkäufe und Verpachtungen zwischen den **Landwirten** statt. Veräußerungen von landwirtschaftlichen Flächen bedürfen in der Regel einer Genehmigung nach § 2 des Grundstücksverkehrsgesetzes. Bei Verkäufen von Flächen ab 2 ha aufwärts an Nichtlandwirte steht ländereigenen Siedlungsgesellschaften in der Regel ein Vorkaufsrecht nach dem Reichssiedlungsgesetz zu, wenn eine erforderliche Genehmigung zu versagen wäre.

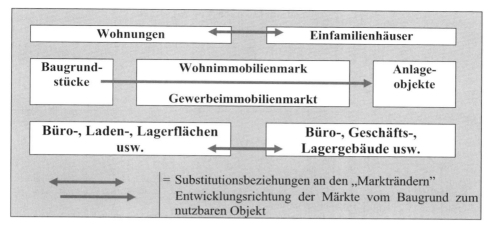

Abb. 23: Immobilienteilmärkte nach Nutzungskriterien

1.9.7.3 Teilmärkte nach Vertragskriterien

Nutzung kann auf unterschiedlichen **Vertragsgrundlagen** beruhen. Eine Eigentumswohnung kann **vermietet** oder **verkauft** werden, ein Baugrundstück kann verkauft oder es kann ein **Erbbaurecht** an ihm begründet werden. Eine Betriebsstätte kann vermietet oder (als eingerichteter) Betrieb **verpachtet** werden. Diese Umsätze finden auf verschiedenen Teilmärkten statt. Auch das oben bereits erwähnte **Immobilienleasing** mit seiner besonderen Vertragskonstellation könnte hier als Alternative zum Miet- oder Pachtvertrag erwähnt werden.

Vertragsgrundlagen

Immobilienleasing

Bestimmte einkommens- oder vermögensstarke Nachfragegruppen haben eine **ökonomische Wahlmöglichkeit** zwischen Kauf und Miete eines Objektes. In diesen Grenzbereichen ist ein Ausweichen der Nachfrager von dem einen zum anderen Markt möglich. Trotzdem kann auch hier von Teilmarktbildungen ausgegangen werden. In einer großen Zahl von Fällen bleibt die Wohnungsnachfrage auf den Mietwohnungsmarkt beschränkt. Andererseits streben viele Mieter die Alternative des Eigentums an. Für sie kommt deshalb ein Mietwohnungsangebot nicht in Betracht. Sie wohnen ja bereits zur Miete und wollen diesen Zustand verändern. Diese Nachfrage beschränkt sich auf den Markt für selbstgenutztes Wohneigentum.

Ökonomische Wahlmöglichkeit zwischen Kauf und Miete

Es gibt aber auch Eigentümer, die aus wirtschaftlichen Gründen (z. B. Überschuldung) ihr Eigentum aufgeben müssen und nur noch auf den Mietwohnungsmarkt ausweichen können Aus diesen Beispielen lässt sich erkennen, dass die Teilmarktgrenzen sehr häufig nicht überwunden werden können, so dass eine Einteilung in **Teilmärkten nach Vertragskriterien** auch im wohnungswirtschaftlichen Bereich zur Erkenntnis des Marktgeschehens sinnvoll ist.

Teilmärkte nach Vertragskriterien

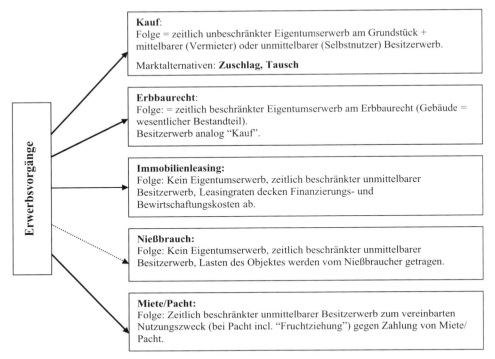

Abb. 24: Immobilienmärkte nach Vertragskriterien (Tausch und Nießbrauch sind als Erwerbsalternativen am Markt Ausnahmen. Zuschlag nur aus der Perspektive des Erwerbers ein „Marktvorgang".)

1.9.7.4 Teilmärkte nach räumlichen Kriterien

Räumliche Teilmärkte Verkehrsnetz

Eine der Besonderheiten des Immobilienmarktes beruht, wie wir gesehen haben, in der Tatsache, dass auf diesem Markt sich nicht das Angebot zur Nachfrage, sondern wegen der Immobilität des Marktgutes, der Nachfrager sich zum Angebot bewegt. Dies begründet **räumliche Teilmärkte**. Relativiert werden sie an den „Rändern" nur durch das **Verkehrsnetz**, das es in eingeschränkten Umfange z. B. erlaubt, in einem von mehreren Orten zu wohnen, um in einem ganz bestimmten Ort zur Arbeit zu gehen.

Bedeutung der räumlichen Teilmarktgrenzen

Mit zunehmender Entfernung nimmt die **Bedeutung der räumlichen Teilmarktgrenzen** zu. Es ist offensichtlich, dass jemand nicht wegen des in Bremen niedrigen Mietniveaus oder der niedrigen Einfamilienhauspreise dort zu wohnen wünscht, wenn er in Stuttgart beschäftigt ist und seinen Arbeitsplatz nicht aufgeben will. Dagegen kann Augsburg wegen der guten Bahnverbindungen (30 Minuten Zugfahrt) ein alternativer Wohnstandort zu München für eine Familie sein, wenn der Vater in München zur Arbeit geht.

Unterschieden werden kann zwischen
- **lokalen,**
- **regionalen und**
- **überregionalen**

Immobilienmärkten.

Bei den überregionalen Immobilienmärkten kann auch noch differenziert werden zwischen dem **nationalen** und dem **internationalen** Markt.

Nationaler und internationaler Markt

Welchem der räumlichen Teilmärkte ein Immobilienobjekt zugeordnet werden kann, entscheidet sich an der Frage, ob und inwieweit das Angebot dieses Objektes in eine **Angebotskonkurrenz** zu vergleichbaren Objekten aus anderen Räumen tritt.

Beispiel für den lokalen Markt

Beispiel für den lokalen Markt

Ladenlokale in „1a-Lagen". Kommt für bestimmte Nachfrager nach Ladenlokalen nur eine Lage in einigen wenigen Straßenzügen mit der entsprechenden „Passantenfrequenz" in Frage, verringert sich der Marktraum auf Läden in diesen Straßen. Das Ladenangebot in einem Vorort tritt mit diesem Angebot nicht in Konkurrenz.

Beispiel für den regionalen Markt:

Eigentumswohnungen zum Selbstbezug (wohnliche Eigennutzung). Hier treten Angebote von Eigentumswohnungen nicht nur des Stadtgebietes, sondern auch des (näheren) Umlandes mit einander in Angebotskonkurrenz, wenn davon ausgegangen werden kann, dass ein für das Marktgeschehen beachtlicher Teil der Nachfrager unter Angeboten dieses Raumes ihre Kaufentscheidung treffen können.

Beispiel für den überregionalen Markt:

Beispiel für den überregionalen Markt

Großes Anlageobjekt. Hier kann ein institutioneller Kapitalanleger z. B. wählen zwischen Objekten aus verschiedenen Regionen. Erscheint das Angebot aus Hamburg von den Ertragserwartungen her günstiger, als vorhandene Angebote aus Würzburg, Mannheim, Düsseldorf und Lübeck, dann wird sich der Kapitalanleger dafür entscheiden. Reduziert der Anbieter aus Mannheim den Preis für sein Objekt soweit, dass er im Vergleich zum Angebot aus Hamburg die besseren Konditionen bietet, wird der Anleger auf dieses Angebot ausweichen.

Kommen Nachfrager aus dem **Ausland** mit ins Spiel, handelt es sich um ein Objekt, das auf dem internationalen Markt angeboten werden kann. Dieser Markt hat seit Anfang der 90-er Jahre an Bedeutung gewonnen. Man denke an die Investitionen amerikanischer und englischer **„Hedgefonds"**, deren Ziel es ist, kurzfristige Gewinne durch Nutzung des **Leverageeffektes** zu erzielen. Bei niedrigem Fremdkapitalzins erhöht sich bei Maximierung der Fremdfinanzierung die Eigenkapitalverzinsung.

Hedgefonds Leverageeffekt

Strukturmodell: „Regionaler Immobilienmarkt"

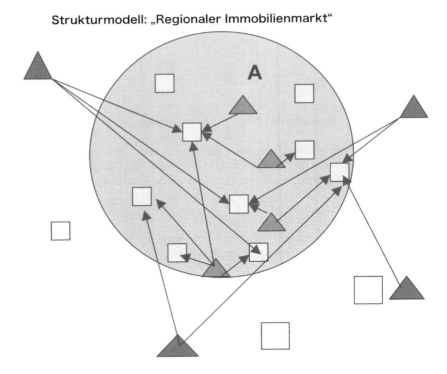

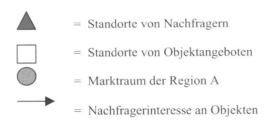

= Standorte von Nachfragern

= Standorte von Objektangeboten

= Marktraum der Region A

= Nachfragerinteresse an Objekten

Merkmale des regionalen Marktes:
1. Die Nachfrager konzentrieren sich ausschließlich auf Angebote innerhalb des Marktraumes der Region A.
2. Nur Anbieter von Objekten innerhalb dieses Marktraumes treten damit in Konkurrenz zueinander.

Abb. 25: Struktur regionaler Immobilienmarkt

Strukturmodell: „Überregionaler Immobilienmarkt"

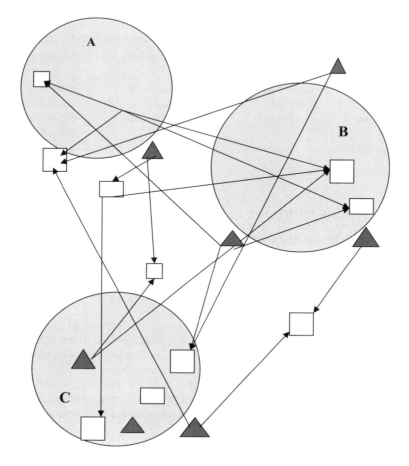

▲ = Standorte von Nachfragern

☐ = Standorte von Objektangeboten

◯ = Markträume der Regionen A, B C

→ = Nachfragerinteresse an Objekten

Merkmale des überregionalen Marktes:
1. Nachfrage machen die Befriedigung ihrer Nachfrage nicht vom Objektstandort abhängig.
2. Deshalb treten auch Anbieter von Objekten außerhalb einer Region miteinander in eine Angebotskonkurrenz.

Abb. 26: Struktur überregionaler Immobilienmarkt

Zusammenfassung:

Teilmarktstruktur des Immobilienmarktes Teilmärkte aufgrund von Unterschieden in der			
Nutzung	Entwicklung	Vertragsart	Raumbegrenzung
Eigennutzung, wohnlich, gewerblich, Kapitalanlage, natürlicher Produktionsfaktor.	Rohbauland, baureifes Land, Gebäude, Abbruch.	Kauf, Erbbaurecht, Miete, Pachtobjekte, Leasing.	lokale, regionale, überregionale, nationale, internationale.

Abb. 27: Teilmarktstruktur des Immobilienmarktes

1.9.8 Organisation des Immobilienmarktes

Im Vergleich zum Warenmarkt oder gar zum Markt für Wertpapiere weist der Immobilienmarkt in Deutschland nur einen geringen Organisationsgrad auf. Beim Warenmarkt durchläuft das Produkt vom Hersteller bis zum Endverbraucher mindestens eine, meist aber mehrere Umsatzstufen über ein Handels- und/ oder Vertretersystem. Bei den Wertpapieren gibt es die Börse als Organisationsform des Marktes.

Organisation des Immobilienmarktes

Die **Organisation** des **Immobilienmarktes** zielt – im Gegensatz zu den Organisationsformen auf dem Warenmarkt – nicht auf unmittelbare Umsatzleistungen ab. Dies hängt mit den Formvorschriften und den höchst individuellen Regelungsinhalten der Verträge zusammen, die auf diesem Markt geschlossen werden. Vielmehr kann eine Marktorganisation im Immobilienbereich nur im **Vorfeld** des Marktes auf Schaffung von **Markttransparenz** für die unmittelbaren Marktteilnehmer abzielen. Markttransparenz wird erreicht durch **Informationsbeschaffung** über das jeweils aktuelle Angebot und/oder die aktuelle Nachfrage.

Schaffung von Markttransparenz
Informationsbeschaffung

Im Vergleich zum Ausland werden Immobilien aus dem Bestand noch häufig vom Privatanbieter an den Privatnachfrager direkt verkauft. Dieser **nicht organisierte Privatmarkt** umfasst derzeit allein etwa 30–35 % des gesamten Immobilienumsatzvolumens. Kennzeichnend für diesen Markt ist eine weitgehend **fehlende Markttransparenz** bei den Marktteilnehmern, was zu willkürlichen Verhandlungsergebnissen und Immobilienpreisen führt. Die vereinbarten Preise weichen nicht selten erheblich von den Preisen ab, die unter der Bedingung eines hohen Informationsniveaus der beteiligten Marktpartner erzielt würden.

Nicht organisierter Privatmarkt
Fehlende Markttransparenz

Erheblich entschärft wird das Problem fehlender Markttransparenz durch die mittlerweile marktbestimmenden Immobilienportale im Internet, zu denen der weitaus größte Teil möglicher Immobilieninteressenten Zugang hat. Hier gibt es gute Vergleichsmöglichkeiten. Allerdings ist das Angebot so groß, dass es auch wieder eines Fachmanns bedarf, für einen Interessenten das für sein **Anforderungsprofil** richtige Objekt „herauszufischen".

Marktbestimmende Immobilienportale
Anforderungsprofil

Daneben gibt es **gewerbsmäßige Anbieter** von und Nachfrager nach Immobilien. Hierzu zählen Bauträger, Wohnungsunternehmen, Immobilienfonds, Immobilienleasinggesellschaften und Projektentwickler. Ihr Umsatzanteil liegt derzeit bei etwa

Gewerbsmäßige Anbieter

20–25 % des Umsatzvolumens. Es handelt sich um miteinander in Konkurrenz stehende professionelle Marktteilnehmer, die jedoch aus sich heraus keine, den Markt organisierenden Initiativen entfalten. In der Regel sind bei diesen Marktteilnehmern durch ihren ständigen Umgang mit dem Markt entsprechende Erfahrungen vorhanden.

Der Rest (etwa 40 %–45 %) wird über Makler abgewickelt. In Großbritannien oder den Vereinigten Staaten liegt die Quote der maklervermittelten Immobilienumsätze etwa doppelt so hoch. Dies liegt teilweise am Provisionssystem. In Großbritannien sind die Provisionen zudem viel geringer. Einen institutionellen, nachhaltigen **Immobilien- oder Grundstückshandel** selbst, vergleichbar mit dem Warenhandelssystem, gibt es auf dem deutschen Immobilienmarkt wegen des hohen Kapitaleinsatzrisikos und der **hohen Transaktionskosten** nicht. Sofern der Begriff der Immobilien- oder Grundstückshändlers in der Praxis gebraucht wird, ist er **irreführend**, sofern Makler gemeint sein sollten. Diese haben keinerlei **Händlerfunktion**. In manchen Ländern ist den Maklern sogar der Abschluss von Geschäften in eigenem Namen und für eigene Rechnung untersagt. In Deutschland führt die Bekundung eines Eigeninteresses am Erwerb einer Immobilie zum Provisionsverlust.
<small>Makleranteil am Umsatz</small>
<small>Immobilien- oder Grundstückshandel</small>
<small>Hohe Transaktionskosten</small>

Makler werden sowohl von privaten als auch von institutionellen Marktteilnehmern zur Geschäftsvermittlung eingeschaltet. Die besondere Bedeutung der Makler am Immobilienmarkt besteht darin, dass sie jedem Interessierten **kostenlose Marktinformationen** („Objekt- und Interessentennachweise" Objektexposés) liefern und dadurch ein höheres Maß an **Markttransparenz** herstellen. Der größere Marktüberblick gewährt mehr **Entscheidungssicherheit** beim Kauf oder Verkauf. Davon profitieren auch die Marktteilnehmer, die am Ende auch ohne Maklereinschaltung ein Geschäft abwickeln.

Im Rahmen des **Maklermarktes** selbst aber gibt es Organisationsstrukturen in Form von **„Immobilienbörsen"** und **Maklerverbünden**. Bei den Immobilienbörsen handelt es sich **nicht** um Einrichtungen, auf denen – etwa wie bei den Wertpapierbörsen – Verkäufe durchgeführt werden. Es handelt sich vielmehr um eine **Informationsbörse** für Börsenmitglieder (ausschließlich Makler) über das auf dem Markt vorhandene Angebot. Die beteiligten Makler können dann im Rahmen von sog. **Gemeinschaftsgeschäften** bei Objektverkäufen zusammenarbeiten. Auf der einen Seite steht in solchen Fällen der **Objektmakler** der über einen Objektvermittlungsauftrag verfügt. Auf der anderen Seite steht der **Interessentenmakler**, der den Interessenten für das Objekt beibringt.
<small>Maklermarkt</small>
<small>Immobilienbörsen und Maklerverbünde</small>
<small>Informationsbörse</small>
<small>Gemeinschaftsgeschäfte</small>

Bei **Maklerverbünden** (auch **Maklerkooperationen** genannt) besteht – im Gegensatz zu den Immobilienbörsen – stets eine Verpflichtung zur Eingabe aller Objekte in den **Objektpool** und eine **Verpflichtung zum Gemeinschaftsgeschäft**. (Achtung: Maklerverbünde dürfen nicht mit den Makler**verbänden** – RDM, VDM und nunmehr IVD – verwechselt werden, die ganz andere Aufgaben wahrnehmen.)
<small>Maklerverbünde</small>

Da jedes Mitglied einer Immobilienbörse oder eines Maklerverbundes auch die Objekte der angeschlossenen Kollegen anbieten kann, ist es in der Lage, ein noch größeres Maß an **Markttransparenz** abrufbar zu machen als ein Einzelmakler, der keiner Immobilienbörse angehört.
<small>Markttransparenz</small>

Große Maklerfirmen, die überwiegend auf dem überregionalen Immobilienmarkt agieren, unterhalten **Filialen** in verschiedenen Schwerpunktregionen. Ein Teil dieser Firmen sind ausländische Unternehmen. Es gibt aber auch Maklerunternehmen als **Tochtergesellschaften** von Banken, die sich eines solchen Filialsystems bedienen. Einige davon entfalten ihre Maklertätigkeit auch auf den regionalen Märkten. Manche der großen Maklerfirmen unterliegen nicht selten der Versuchung, den Markt durch einseitige **Marktprognosen** zu beeinflussen. Das Herbeireden ungünstiger Marktaussichten führt dann zu Immobilienverkäufen bzw. zu Verkäufen von Immobilienaktien und Immobilienanteilen zu niedrigen Preisen zugunsten der von den Maklerfirmen betreuten Investorenclientel.

Franchisesystem

Eine andere marktrelevante maklerische Organisationsform ist das **Franchisesystem**. Der Franchisegeber gibt den Franchisenehmern weitgehend eine einheitliche Geschäftsstruktur, einheitliche Geschäftsgrundsätze und ein einheitliches Erscheinungsbild vor, so dass sie nach außen als ein großes Unternehmen in Erscheinung treten. Der Franchisegeber (in der Regel eine GmbH) fungiert darüber hinaus als Servicestelle der Franchisenehmer und führt Maßnahmen der „Verkaufsförderung" durch.

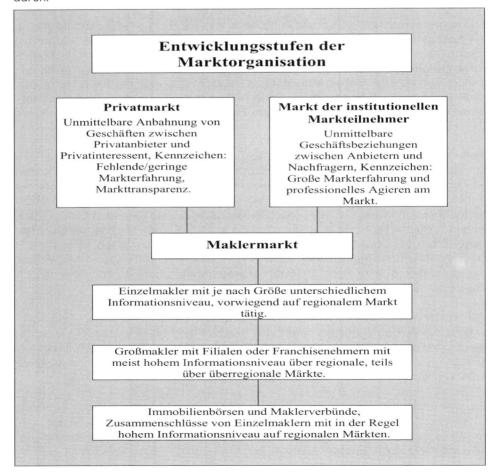

Abb. 28: Entwicklungsstufen der Marktorganisation

1.9.9 Bestimmungsgründe von Angebot und Nachfrage

Unter Bestimmungsgründen **(Determinanten)** versteht man die dauerhaften, die Entwicklung eines Marktes bestimmende Faktoren. Das Bedürfnis nach Stillung von Hunger und Durst lässt einen Bedarf nach Nahrungsmitteln und Getränken entstehen, der zur Nachfrage nach diesen Gütern führt. Nimmt die Zahl der Menschen zu, wächst dieser Bedarf und damit tendenziell die Nachfrage. Die Menge und Qualität der zur Produktion von Gütern einsetzbaren Rohstoffe und Produktionsfaktoren bestimmen die Grenzen der Produktion der Güter, die auf dem Markt angeboten werden können.

Bestimmungsgründe (Definition)

Auf dem Immobilienmarkt, auf dem **Standorte für Haushalte und Betriebe** sowie der Produktionsfaktor Boden angeboten und nachgefragt werden, werden ebenfalls Determinanten dieses Angebots und dieser Nachfrage wirksam. Es besteht ein elementarer Bedarf nach Wohnen und Arbeiten.

Standorte für Haushalte und Betriebe

Neben den ursächlichen Bestimmungsgründen wirken **Einflussfaktoren** auf den Markt, welche sich aus den Bestimmungsgründen ergebende Entwicklungsrichtung des Marktes abschwächen oder verstärken, aber niemals außer Kraft setzen können.

Einflussfaktoren

Die wichtigsten für das **Immobilienangebot** entscheidenden Bestimmungsgründe sind der zu **Siedlungszwecken** zur Verfügung stehende oder produzierbare **Bodenvorrat**, die Produktionsfaktoren und die Entwicklungsfähigkeit der **Produktivität** in der **Bauindustrie** und das sich aus **Standortaufgaben** ergebende Marktangebot. Die Aufgabe von Haushaltsstandorten kann durch Wegzug des Haushalts oder Tod des Wohnungsinhabers (Auflösung des Haushaltes) bedingt sein, bei Betrieben durch Verlagerung der Betriebsstätte oder Liquidierung des Unternehmens mit der Folge der Auflösung des Betriebes.

Produzierbarer Bodenvorrat
Produktivität der Bauindustrie

Die wichtigsten Bestimmungsgründe für die **Immobiliennachfrage** sind die für den Marktraum relevante **natürliche Bevölkerungsentwicklung**, die **Wanderungsbewegung** und die sich daraus entwickelnden neuen **Nachfrageeinheiten** (Privathaushalte) nach Wohnungen einerseits und für den betrachteten Raum relevante Neuansiedlungen von Betrieben sowie der Auf- oder Abbau von Raumkapazitäten bereits bestehender Betriebe andererseits.

Natürliche Bevölkerungsentwicklung
Wanderungsbewegung
Nachfrageeinheiten nach Wohnungen

Die Intensität mit der sich Angebot und Nachfrage auf dem Immobilienmarkt entfaltet, ist naturgemäß ein Ergebnis der allgemeinen Wirtschaftsentwicklung, vor allem der Entwicklung des Einkommens, des auf den Marktraum entfallenden Inlandsproduktes und der Geldwertstabilität. Viele Teilmärkte des Immobilienmarktes sind stark „konjunkturanfällig".

Entwicklung des Einkommens
Konjunkturanfälligkeit der Immobilienmärkte

1.9.10 Die Preisbildung auf dem Immobilienmarkt

1.9.10.1 Der Marktpreis

Bei den Anbietern von Immobilien muss unterschieden werden zwischen solchen, die gewerbsmäßig Gebäude und Wohnungen erstellen, um sie zu verkaufen oder zu vermieten (Bauträger, Wohnungsunternehmen) und solchen, die ein Objekt aus dem Bestand verkaufen wollen.

Basiskalkulation der Bauträger

Bauträger werden bei der Festsetzung des Preises z. B. von Eigentumswohnungen eine **Basiskalkulation** aufstellen. Sie enthält die gesamten Herstellungskosten und einen Gewinnaufschlag. Dies ist der **Angebotspreis**. Stellt sich heraus, dass die Herstellungskosten den vermutlich erzielbaren Preis übersteigen, ist kein Raum für einen Gewinnaufschlag. Die Realisierung des Bauvorhabens erfolgt dann nicht. Der Gewinnaufschlag ist also keinesfalls eine beliebig festlegbare Größe. Vielmehr wird sich der Bauträger immer am **Markt** orientieren. Er wird untersuchen, ob genug kaufkräftige Nachfrage für seine Wohnungen vorhanden ist und welche Konkurrenzangebote zum gleichen Zeitraum auf den Markt gelangen. **Standort- und Marktanalysen** gehören zu den Grundvoraussetzungen für Kaufentscheidungen der Bauträger. Wenn von den anderen Unternehmerrisiken abgesehen wird, sind es vornehmlich zwei Kostenpositionen, die den kalkulierten Gewinn schmälern können, nämlich die Kosten der **Vorfinanzierung**, wenn das zeitliche Verkaufsziel nicht erreicht wird und die **Vertriebskosten** die durch vermehrte Vertriebsanstrengungen entstehen. Notfalls muss der Bauträger seine **Preisansätze** korrigieren, um die letzten Wohnungseinheiten verkaufen zu können. **Angebots- und Abschlusspreis** fallen dann auseinander. Maßgeblich für den Umsatz am Markt ist natürlich der Abschlusspreis.

Standort- und Marktanalysen

Angebots- und Abschlusspreis

Am Ende stellt sich heraus, welcher Gewinn tatsächlich erzielt wurde. Sofern das ursprünglich vorgegebene Gewinnziel erreicht wurde, stellt sich für den Bauträger die Frage, ob der Markt so beschaffen war, dass er auch einen höheren Gewinn hätte realisieren können. Er wäre dann unter den vom Markt her gebotenen Möglichkeiten geblieben. Wurde das Gewinnziel nicht erreicht oder kam es gar zu einem Verlust, ist dies ein Zeichen dafür, dass er seine Preisbestimmungskompetenz mehr oder weniger auf die Nachfrager übertragen musste.

Bestandsimmobilien – fehlende Kalkulationsgrundlage

Bei **Bestandsimmobilien** fehlt in der Regel eine Kalkulationsgrundlage für die Preisfestsetzung durch den Verkäufer. Der Verkäufer, der keine Nachteile erleiden will, ist vollständig darauf angewiesen, dass es ihm gelingt, jenen Preis zu „finden", den er gerade noch am Markt erzielen kann. Er kann versuchen, Preise für vergleichbare Objekte in Erfahrung zu bringen, um einen Anhalt für seinen Angebotspreis zu erhalten. Aber auch das führt nicht zu zuverlässigen Ergebnissen In der Regel liegt deshalb die **Preisbestimmungskompetenz** auf dem **Markt für Bestandsimmobilien** bei der Nachfrage. Das Objekt wird zu dem Preis verkauft, den der in den Augen des Verkäufers beste aller informierten **Interessenten** geboten hat.

Preisbestimmungskompetenz der Nachfrage

Dabei bleibt meist offen, ob dieser Interessent einen nicht noch höheren Preis geboten hätte, wenn noch ein konkurrierender Interessent das gleiche, oder ein höheres Gebot abgegeben hätte.

Preisverhandlungen

Der bei einem Verkauf eines bestimmten Objektes aus dem Bestand erzielte Preis ist in der Regel das Ergebnis von geführten **Preisverhandlungen**. Es hätte stets auch anders ausfallen können. Der tatsächlich erzielte Preis liegt somit zwischen einem denkbaren oberen und einem denkbaren unteren Grenzpreis, der die unterschiedlichen „Wertbezüge" der Marktpartner zum Objekt widerspiegelt.

Der **obere Grenzpreis** wird durch den „besten" aller über das Angebot informierten Interessenten bestimmt. Ein höherer Preis ist diesem Interessenten das Objekt nicht „wert". Würde er vom Verkäufer gefordert werden, fände ein Verkauf nicht statt.

Oberer Grenzpreis

Der **untere Grenzpreis** wird vom Anbieter bestimmt. Es handelt sich um den Preis, zu dem das Objekt zu verkaufen der Anbieter äußerstenfalls bereit wäre.

Unterer Grenzpreis

Dass es solche Grenzpreise geben muss, ergibt sich schon aus der Tatsache, dass der Verkäufer nie den Preis erzielt, der vom Käufer **wirtschaftlich** bezahlt wird. Dieser bezahlt nämlich über den im Vertrag vereinbarten Preis hinaus in der Regel noch Notar- und Gerichtskosten, Grunderwerbsteuer und gegebenenfalls Maklergebühren. Man bezeichnet sie als **Transaktionskosten**.

Transaktionskosten

In der Regel kann davon ausgegangen werden, dass trotz der Kostenbelastung von Transaktionsvorgängen für beide Marktpartner oder mindestens für einen Marktpartner das abgeschlossene Geschäft „vorteilhaft" ist. Dies trifft stets dann zu, wenn der Verkauf insgesamt nicht zu „Grenzbedingungen" stattfindet, so dass für beide Seiten eine positive **Differenz** zwischen den **Grenzpreisen** und **Abschlusspreisen** auch unter Berücksichtigung der Transaktionskosten besteht.

Differenz zwischen Grenzpreis und Abschlusspreis

Betrachtet werden muss noch die Situation, bei der der Verkäufer in seiner Fähigkeit, Preisverhandlungen zu führen eingeschränkt ist. Ein zum Verkauf stehendes Immobilienobjekt kann so belastet sein, dass eine Preisherabsetzung zur Unterdeckung dieser Belastung führen würde. Wenn der Verkäufer nicht in der Lage ist, diese Unterdeckung mit anderweitigen Mitteln auszugleichen, hängt ein Verkauf **ausschließlich** davon ab, ob zum entsprechenden Zeitpunkt ein Interessent vorhanden ist, der bereit ist, das Objekt mindestens zu dem Preis zu übernehmen, der gerade ausreicht, die Belastungen abzudecken. In der Regel aber verlagert sich in solchen Fällen der Marktvorgang vom „freihändigen" Verkauf in die Veräußerung durch Zwangsversteigerung.

1.9.10.2 Preisbindung

Das Angebot eines Produktes zu gebundenen Preisen unterscheidet sich vom marktorientierten Angebotspreis dadurch, dass in der Angebotskalkulation die Gewinnkomponente entweder durch ein Kartell bestimmt wird, oder ganz fehlt. Preiskartelle (Preisabsprachen zwischen Unternehmen) sind aber verboten. Hier interessieren nur **wohnungswirtschaftliche** Preisbindungen.

Wohnungswirtschaftliche Preisbindungen.

Wurde bis 31.12.2001 (teilweise bis 31.12.2002) ein Wohnbauvorhaben mit **öffentlichen Mitteln** gefördert, dürfen hierfür nur Kostenpreise **(Kostenmieten)** verlangt werden. Dies gilt solange, bis die Fördereigenschaft erloschen ist. Das kann bis nach 2050 dauern! (*Siehe hierzu Kroner, Xaver „Geförderter Wohnungsbau" in Kippes/Sailer, „Immobilienmanagement, Handbuch für professionelle Immobilienbetreuung und Vermögensverwaltung", Stuttgart, 2005*). Bei der Kalkulation der Kostenmieten wurden allerdings unternehmerische Wagnisse (Mietausfallwagnis), der Unternehmerlohn in Form der Verwaltungskosten und die Eigenkapitalverzinsung durch Kostenansätze berücksichtigt. Bei diesen Kostenpositionen handelt es sich um Grundbestandteile des unternehmerischen Einkommens, das bei einem Marktpreis nach Abzug aller Fremdkosten dem Hauseigentümer verbleiben würde.

Öffentliche Mittel Kostenmieten

Allein durch die Beschränkung des Angebotspreises auf die in dieser Weise definierten Kosten ergäben sich jedoch noch keine oder nur geringfügige Unterschiede zu Marktmieten. Seit vielen Jahren liegen die so ermittelten Kostenmieten in Deutschland sogar über den Marktmieten.

Einkommensschwache Bevölkerungsschicht

Der mit Einführung der Kostenmiete verfolgte Zweck, solche Wohnungen einer **einkommensschwachen Bevölkerungsschicht** zur Verfügung zu stellen, wäre damit also noch nicht erreicht. Die Fördermittel wurden deshalb zinslos oder erheblich verbilligt vergeben, um die Miete künstlich auf ein für diese Schichten tragbares Niveau („Bewilligungsmiete") zu senken. Sofern dieses Niveau dadurch noch nicht erreicht wurde, konnten die Unternehmen selbst auf die Einbeziehung bestimmter, in der Mietkalkulation normalerweise enthaltenen „Aufwendungen" verzichten. In solchen Fällen trugen bis 31.12.2001/2002 neben dem Staat auch die Unternehmen zur Realisierung von Vorhaben im Rahmen des **„sozialen Wohnungsbaus"** bei.

Sozialer Wohnungsbau

Wohnraumförderungsgesetz

Auch das **neue Fördersystem** das seit 1.1.2002 und teilweise seit dem 1.1.2003 gilt **(Wohnraumförderungsgesetz)** und das die Begrenzung der Miete auf die Kostenmiete bzw. Bewilligungsmiete durch die Bestimmung der „höchstzulässigen Miete" ersetzt hat, führt zu einer Mietpreisbindung, auch wenn sie sich an der ortsüblichen Vergleichsmiete orientiert. Nach § 28 WoFG darf der Vermieter eine Wohnung nicht gegen eine höhere als die höchstzulässige Miete einem berechtigten Mieter überlassen. Dies muss auch mietvertraglich abgesichert werden.

Volkswirtschaftliche Wirkungen der Wohnraumförderung

Volkswirtschaftlich ergeben sich Wirkungen hauptsächlich nach zwei Seiten. Einerseits wird durch die Verbilligung von Mieten beim begünstigten Personenkreis mehr „Konsumfreiheit" geschaffen. Die zusätzlich geschaffene Kaufkraft fließt in andere Wirtschaftsbereiche. Andererseits entzieht der Staat durch die Wohnbauförderung dem Kapitalmarkt Mittel mit der Folge einer Verknappung (Verteuerung) des Kapitals für andere investive Zwecke. Bei dem geschrumpften Fördervolumen fallen solche Erwägungen allerdings nicht mehr ins Gewicht.

Vertragliche Preisbindungen

Vertragliche Preisbindungen entfalten ähnliche Wirkungen wie staatliche. In der Wohnungswirtschaft wären hier die Genossenschaften zu erwähnen. Allerdings basiert die Preisbindung – sofern keine öffentliche Förderung vorliegt – ausschließlich auf Gewinnverzichte, die über die jeweils zu beschließenden Dividenden hinausgehen. Soweit die Empfänger möglicher Dividenden Inhaber der Genossenschaftswohnungen sind, wirkt sich ein Verzicht darauf als Verbilligung des Wohnens aus.

Mietpreisbildung auf dem freien Wohnungsmarkt

Für die **Mietpreisbildung** auf dem **freien Wohnungsmarkt** gilt nur zum Teil das, was zum Markt für Kaufobjekte ausgeführt wurde. Bei neu erstellten Wohngebäuden wird die Miete vom Vermieter festgesetzt, wobei die vom Markt gesetzten Grenzen oft viel schneller erreicht sind als beim Markt für Kaufobjekte. Der Vermieter hatte in der Vergangenheit jedoch die Möglichkeit den zu Beginn vereinbarten Mietpreis über die Inflationsrate hinaus durch entsprechende Vereinbarungen nach oben zu korrigieren. Damit konnte er die (am Anfang in der Regel mäßige) Ertragslage des Objektes verbessern. Orientierungsmaß für die anfängliche Mietpreisfestsetzung sind also die „laufenden Aufwendungen". Grundsätzlich wird aber mit Mieterhöhungsmöglichkeiten gerechnet. Ohne diese Möglichkeiten müsste die Wohnungsbewirtschaftung oft nur unter Inkaufnahme von in der Zukunft progressiv verlaufenden Verlusten möglich sein. Zu diesen Bedingungen wäre aber niemand bereit, Mietwohnungen zu bauen.

In Zeiten niedriger Kapitalmarktzinsen entschärft sich dieses Problem. Wenn die Fremdkapitalzinsen unter die erwirtschafteten Eigenkapitalzinsen sinken, lohnt sich die Anlage in Wohnimmobilien jedenfalls mittelfristig. Da Eigenkapital **Risikokapital** ist, müssen die Eigenkapitalzinsen logischerweise langfristig über den Zinsen für aufgenommene Darlehen liegen.

Risikokapital

Bei Vermietung von Wohnungen aus dem Bestand können aus rechtlichen Gründen nicht immer Marktmieten vereinbart werden und zwar auch dann nicht, wenn die Mietzahlungsfähigkeit des Mieters dies ohne weiteres zuließe. Regelmäßig behalten sich deshalb Vermieter Anpassungsmöglichkeiten im Mietvertrag vor.

(Siehe hierzu in Kapitel 12)

Preisbildung auf dem Immobilienmarkt			
Bauträgerobjekte	Objekte aus dem Bestand	Erstvermietung	Vermietung aus dem Bestand
Preiskompetenz des Bauträgers ist relativ; möglicher Verhandlungsspielraum beschränkt auf Gewinnbereich.	Preiskompetenz liegt in der Regel beim Kaufinteressenten; Preisvereinbarungen zwischen oberem und unterem „Grenzpreis". Verhandlungsspielraum des Verkäufers kann durch Belastungen eingeschränkt sein.	Mietpreisfestsetzung in Verbindung mit vertraglich abgesicherten Mieterhöhungsmöglichkeiten.	Marktmieten können nicht immer vereinbart werden (§5 WiStG); Mieterhöhungsmöglichkeiten werden vertraglich abgesichert. Bei Gewerbe freie Vereinbarungsmöglichkeiten.

Abb. 29: Preisbildung auf dem Immobilienmarkt

1.10 ALLGEMEINE VOLKSWIRTSCHAFTLICHE ASPEKTE

Die Wirtschaft dient der **Befriedigung menschlicher Bedürfnisse**. Teilnehmer an der Wirtschaft ist auf der Konsumentenseite jeder Mensch, auf der Produzentenseite nur derjenige, der Leistungen hervorbringt, die für andere Menschen nützlich sind, unabhängig davon, ob für diese Leistungen ein Preis bezahlt wird oder ob sie ohne Bezahlung erbracht werden (Nachbarschaftshilfen, Leistungen innerhalb einer Familie usw.). In der volkswirtschaftlichen Gesamtrechnung werden allerdings nur die Leistungen berücksichtigt, für die ein Preis bezahlt oder, aus systematischen Gründen, kalkuliert wird. Dem Erbringen dieser Leistungen stehen also stets Einkommen gegenüber, die sich als Gegenleistung für den Mehrwert ergeben, den ein Unternehmen bei der Güterproduktion erzeugt, also den von ihm verwendeten Vorprodukten hinzufügt.

Zweck der Wirtschaft

Die Immobilienwirtschaft unterliegt, wie jeder andere Wirtschaftszweig, einer Reihe von externen Einflüssen, insbesondere konjunkturellen Wechsellagen. Sie ist zudem eingefügt in ein wirtschaftliches Strukturgebäude, das auf wirtschaftpolitische Grundentscheidungen und engmaschige Rechtssetzungen zurückzuführen ist. Dabei ging es seit den Anfängen nach dem 2. Weltkrieg in Deutschland stets um die Grundsatzentscheidung für eine marktwirtschaftliche Ausrichtung, die verbunden wird mit einem vom Staat organisierten sozialen Ausgleich für jene Mitglieder der Gesellschaft, die unfähig sind, am Leistungsprozess und damit an der daraus resultierenden Einkommensgenerierung mitzuwirken. Man bezeichnet dieses Wirtschaftssystem als **„soziale Marktwirtschaft"**.

Soziale Marktwirtschaft

In einer **freien Marktwirtschaft** werden die Wirtschaftsprozesse ausschließlich durch private Handlungen von Produzenten und Konsumenten bestimmt. Die Wirtschaftstheorie legte dem Studium dieser Handlungen Wirtschaftssubjekte zugrunde, die sich ausschließlich vom ökonomischen Prinzip leiten lassen. Darunter versteht man den Verhaltensgrundsatz, mit den gegebenen Mittel ein Nutzenmaximum zu erreichen oder, wenn das zu erreichende Ziel vorgegeben ist, den minimalsten Aufwand zu seiner Erreichung einzusetzen.

1.10.1 Vom homo oeconomicus zum realen Menschen

Homo oeconomicus

Das Grundmodell der den Wirtschaftssubjekten unterstellten Verhaltensweisen ist das des **„homo oeconomicus"**, dessen Handlungen ausschließlich von dem sich aus ihnen ergebenden **Nutzen** geleitet werden. Der homo oeconomicus handelt also stets nach dem ökonomischen Prinzip. Früher, zur hohen Zeit der klassischen und neoklassischen Nationalökonomie, war er eine positive Kunstfigur. Dabei wurde der Nutzenbegriff nicht eingeengt auf eine monetär messbare Größe. Einen theoretischen Unterbau der späteren Grenznutzenschule bildete eine **„subjektive Wertlehre"**, dem durch ein ethisches Regelwerk Schranken gesetzt werden müssen. Man erkannte, dass die **Maximierung des eigenen Nutzens** nicht automatisch zur Vergrößerung des Gesamtnutzens führen muss, sondern dadurch nicht selten das Gegenteil erreicht wird. Man gestand auch zu, dass nicht jeder an einem Marktvorgang Beteiligte, über die gleiche Kenntnis verfügte (asymmetrische Informationsaufteilung), dass nicht jeder dem Vertragspartner seine Vorstellungswelt offen legt („hidden informations", die zu „hidden actions" führen können) und dass schließlich nicht alles in einem Vertrag perfekt geregelt werden kann. Wegen der vielen, von der Gesellschaft höchst negativ bewerteten opportunistischen Verhaltensmuster vor allem in „der" Wirtschaft, aber auch „der" Politik nimmt die Ethik einen zunehmend höheren Stellenwert ein.

Subjektive Wertlehre

Nutzenmaximierung

1.10.2 Ethik als Schranke für opportunistisches Handeln

Wirtschafts-Unternehmens-Verbandsethik

Neben die soziale Komponente unseres Wirtschaftssystems tritt somit immer mehr auch eine ethische, die ihren Ausdruck in dem Bemühen findet, opportunistischem Handeln, das angesiedelt ist zwischen dem was noch erlaubt ist und dem was bereits strafrechtlich verfolgt wird, die Schranken zu weisen. Die Begriffe **Wirtschaftsethik**, **Unternehmensethik, Verbandsethik** zeigen die Felder auf, in denen ausgehend von der Formulierung eines positiven Leitbilds Verhaltensregeln Platz greifen, die Vertrauen wecken sollen. So hat z. B. eine Regierungskommission im Jahr 2002 den

Deutscher Governance Kodex

„**Deutschen Governance Kodex**" verabschiedet, der für das Management von großen Aktiengesellschaften gelten soll. Die Vorstände und Aufsichtsräte der betroffenen Unternehmen sind aufgefordert, jährlich dem Justizministerium eine Erklärung dahin gehend abzugeben, dass den Empfehlungen der Kommission entsprochen wurde. Entgegengewirkt werden sollte im Einzelnen

- einer mangelhaften Ausrichtung der Aktivitäten von Vorstand und/oder Aufsichtsrat auf Aktionärsinteressen;
- einer Schwächung der dualen Unternehmensverfassung mit Vorstand und Aufsichtsrat;
- einer mangelnden Transparenz deutscher Unternehmensführung;
- einer mangelnden Unabhängigkeit der Aufsichtsräte;
- Beschränkungen der Unabhängigkeit der Abschlussprüfer.

Die DAX-Unternehmen richten sich überwiegend nach diesem Kodex.

Der „Geist" des Governance Kodex ist auch für andere Wirtschaftsunternehmen und für Verbände vorbildhaft. Der Ausrichtung des Kodex auf die Interessen der Aktionäre kann ebenso eine Ausrichtung auf Interessen der Kunden und – bei Verbänden – auf die Interessen der von ihnen repräsentierten Unternehmen entsprechen.

1.10.3 Angebot und Nachfrage – Marktformen

Der wirtschaftende Mensch ist Teilnehmer an vielen Märkten. Er bietet Waren oder Leistungen an und er fragt Waren oder Leistungen nach. „Angebot und Nachfrage bestimmen den Preis" – so die triviale Feststellung, die jedem bekannt ist. Gehaltvoller wird die Feststellung, wenn man die hinter Angebot und Nachfrage steckenden Potenziale, Positionen und das damit verbundene Markt-Know-how und schließlich die Proportionen, mit denen Angebot und Nachfrage auf einander treffen, in Betracht zieht.

Eine Analyse der Märkte ergibt, dass zwischen verschiedenen Marktformen unterschieden werden muss. Gibt es für ein Produkt nur einen Anbieter, dann spricht man von einem **Angebotsmonopol**. Gibt es andererseits nur einen Nachfrager, dann haben wir es mit einem **Nachfragemonopol** (auch als „Monopsom" bezeichnet) zu tun. Haushalte, die ihr Einfamilienhaus mit Erdgas beheizen, haben es in der Regel mit einem Monopolisten zu tun. Ein Nachfragemonopol stellt sich oft dort ein, wo bestimmte Unternehmensbereiche „outgesourced" (aus dem Unternehmensverbund ausgelagert) werden, wenn sie ausschließlich Vorprodukte für dieses Unternehmen produzieren sollen, die für andere Abnehmer nicht in Frage kommen.

Angebotsmonopol
Nachfragemonopol

Welche Marktmacht Monopolisten haben, hängt vom Grad der **Substituierbarkeit der Güter** ab, um die es geht. Angenommen es gäbe ein Monopol für Rindfleisch, könnten Nachfrager nach Rindfleisch auch auf Schweinefleisch und das Fleisch von Schafen ausweichen. Der Rindfleischanbieter müsste also bei seiner Preisgestaltung mit solchen Ausweicheffekten rechnen.

Substituierbarkeit der Güter

Gibt es wenige Anbieter oder wenige Nachfrager, dann bezeichnet man diese Marktsituation als **Angebots-** bzw. **Nachfrageoligopol**. Aus solchen Oligopolsituationen ergeben sich nicht selten mehr oder weniger abgestimmte gleiche Verhaltens-

Angebots- bzw. Nachfrageoligopol

weisen am Markt. Typische Oligopolisten sind die wenigen Mineralölgesellschaften, die die Tankstellen mit Benzin und Dieselöl versorgen. Zwar dürfen sich diese Gesellschaften nicht absprechen, wann und in welchem Umfange sie die Preise erhöhen. Gibt es aber einen Vorreiter, ziehen die anderen Gesellschaften häufig einfach nach. Ignorieren eine oder zwei Gesellschaften dieses Vorpreschen eines Konzerns, kommt es zu instabilen Preissituationen, die dann den Abnehmer erfreuen.

Polypol

Das „**Polypol**" ist die am häufigsten anzutreffende Marktform. Sie ist dadurch gekennzeichnet, dass es auf der Angebots- und auf der Nachfrageseite viele Marktteilnehmer gibt. Sie sorgen dafür, dass sich ein definierbarer „Marktpreis" bei Aufeinandertreffen von Angebot und Nachfrage herausbildet. Das Preisbildungsschema wird häufig wie folgt dargestellt:

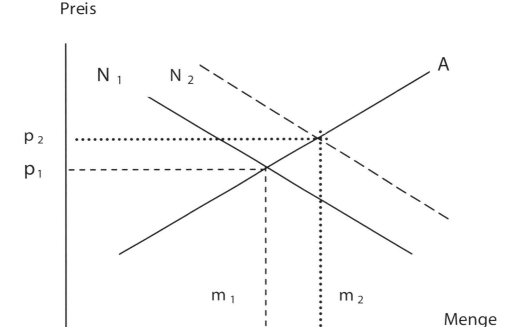

Abb. 30: Klassische Darstellung des Preisbildungsprozesses mit Hilfe der Angebots- und Nachfragekurven

Angebots- und Nachfragekurve

Der Gleichgewichtspreis ist hier gekennzeichnet durch den Schnittpunkt der **Angebots-** und **Nachfragekurve** (A und N_1), die hier als Geraden dargestellt sind. Zum Preis p_1 ist die Menge m_1 absetzbar. Anbieter, die einen höheren Preis verlangen müssen, kommen nicht zum Zuge. Nachfrager, die das Gut nur dann kaufen würden, wenn es billiger wäre, können ihren Bedarf nicht befriedigen. Erhöht sich die Nachfrage, weil z. B. die Einkommen steigen, verschiebt sich die Nachfragekurve nach rechts (N_2). Kraft höheren Einkommens können sie auch mehr für das angebotene Produkt ausgeben. Die Mehrnachfrage (m_2) wird durch einen höheren Preis (p_2) erkauft. Es kommt allerdings auch darauf an, wie elastisch die Nachfrage insgesamt reagiert. Es gibt je nach nachgefragtem Gut unterschiedliche **Einkommenselastizitäten**.

Einkommenselastizitäten

Da zu diesem höheren Preis mehr Güter produziert werden können und damit mehr Anbieter zum Zuge kommen, wird sich auf Dauer das Angebot erhöhen. Dies würde seinen Ausdruck durch eine Verschiebung der Angebotskurve nach rechts finden und damit wieder zu einem Sinken des Preises führen. Es stellt sich ein neuer Gleichgewichtspreis ein. Der Prozess wurde hier nicht dargestellt, kann aber – zur Übung – gedanklich nachvollzogen werden.

Diese „klassische" Darstellung ist reichlich abstrakt. Sie stellt dar, wie im Grundsatz marktwirtschaftliche Preisbildung funktioniert. Dass dabei die Zeitschiene ausgeblendet ist, wurde von den „Klassikern" hingenommen. In der Realität gibt es vielfältige Einflüsse, z. B. **Preiselastizitäten** der Nachfrage und bei der Ausweichmöglichkeit auf andere Güter **Kreuzpreiselastizitäten** (Auswirkungen der Änderungen des Preises eines Gutes auf den Preis eines Substitutionsgutes oder eines komplementären Gutes). Wir wissen auch, dass viele physische Güter einen Lebenszyklus durchlaufen, weil sie im Laufe des technischen Fortschritts immer wieder durch bessere Qualitäten oder andere Güter ersetzt werden. Schließlich gibt es trotz der Tatsache, dass sich bei einem Polypol Anbieter wie Nachfrager am Marktpreis orientieren und die angebotene bzw. nachgefragte Menge den Preisänderungen anpassen, auch abweichende Erscheinungen, die sich teils aus dem Charakter der Gutes, teils aus einem Mangel an Markttransparenz ergeben. So gibt es Leute, die bestimmte Güter wegen des hohen Preises erwerben **(„Snob Effekt")**. Der „Snob" befriedigt nicht nur einen objektiv gegebenen Bedarf, sondern auch ein subjektives Bedürfnis nach Geltung und Ansehen bei Freunden, Bekannten oder in der Öffentlichkeit. Auch dafür wird ein Preis bezahlt.

Preiselastizitäten
Kreuzpreiselastizitäten

Snob-Effekt

Die auf den Märkten gehandelten Güter können selbst den Markt prägen. Auf den Märkten herrscht für die Marktparteien ein unterschiedlich hohes Maß an **Transparenz** vor. Auf der Anbieterseite unterscheidet man zwischen Erscheinungsformen einer **heterogenen** und einer **homogenen** Konkurrenz oder einer **„imperfect"** und einer **„perfect competition"** (unvollkommene oder vollkommene Konkurrenz). Der Immobilienmarkt, auf den hier bereits ausgiebig eingegangen wurde, bekommt seine Marktprägung durch die mit einander nur beschränkt vergleichbaren Immobilien. Die Anbieter stehen mit einander nur in einem **eingeschränkten Umfange** in Konkurrenz – die typische Markterscheinung einer imperfect competition. Jede Immobilie ist ein Unikat, was aber nicht besagt, dass sie nicht durch eine andere Immobilie ersetzbar wäre. Der Nachfrager hat in der Regel eine mehr oder weniger große Auswahl unter den jeweils aktuell angebotenen Immobilien. Da der Anbieter in der Regel beim Markteintritt nicht weiß, welcher Preis für seine Immobilie erzielbar ist, tastet er den Markt durch einen Preisvorschlag ab. Die mit dem Angebot angesprochenen Nachfrager bringen ihrerseits ihre Preisvorstellungen zum Ausdruck, so dass am Ende ein **Preiskompromiss** mit dem Nachfrager herauskommt, der den höchsten Preis bezahlt (Näheres siehe 1.9.10.1).

Heterogene und homogene Konkurrenz
Imperfect und perfect competition

Preiskompromiss

1.10.4 Stärkung des Leistungswettbewerbs

Die Wirtschaftsordnung Deutschlands beruht auf dem Gedankengut neoliberaler Nationalökonomen, allen voran **Walter Eucken**, **Wilhelm Röpke**, **Alexander Rüstow** und **Alfred Müller-Armack**. Letzterer definierte, was unter sozialer Marktwirtschaft zu verstehen ist. Vorsorglich muss darauf hingewiesen werden, dass das in politischen Auseinandersetzungen gebrauchte „Schimpfwort" über die Neoliberalen

Neoliberale Nationalökonomen

im Zusammenhang mit den Erscheinungen der Immobilien- und Finanzkrise und den „Heuschrecken" nichts mit dem historischen Begriff der Neoliberalen zu tun hat. Die falsche Verwendung beruht auf Unkenntnis (oder Ignoranz?) der Geschichte der volkswirtschaftlichen Theorienbildung. Den echten Liberalen ging es vor allem darum, das monopolistische Streben, das den freien Kräften innewohnt, aus dem Wirtschaftsgeschehen zu verbannen. Die Entfaltung marktwirtschaftlicher Kräfte kann durch zwei Erscheinungen gestört werden. Die eine ist das Abgleiten eines gesunden Leistungswettbewerbs in einen Wettbewerb, der die Züge der Unlauterkeit annimmt. Einer solchen Entwicklung sollte dadurch begegnet werden, dass den durch unlauteres Handeln und Werben benachteiligten Unternehmen ein rechtlich durchsetzbarer Unterlassungsanspruch zugestanden werden sollte. Dies wurde verwirklicht im **„Gesetz gegen den unlauteren Wettbewerb"** (UWG), dessen letzte Fassung am 22.12.2008 verabschiedet wurde. Die zweite Gefahr für den Markt besteht in den Konzentrationsprozessen, die zu einer „Marktbeherrschung" führen können. Der Kampf gegen Monopole, Kartelle und marktbeherrschende Unternehmensgrößen stand im Mittelpunkt der Bestrebungen der neoliberalen Schule. Es ging um die rechtliche Rahmensetzung zur Verhinderung solcher Erscheinungen. Das Ergebnis war nach dem 2. Weltkrieg in der Wiederaufbauzeit das **Kartellgesetz (Gesetz gegen Wettbewerbsbeschränkungen)**, das in seiner neuesten Fassung am 1.6.2007 in Kraft trat. Es verbietet wettbewerbsbeschränkende Vereinbarungen, den Missbrauch marktbeherrschender Stellungen, die Diskriminierung und Behinderung von Unternehmen durch marktbeherrschende Unternehmen, die Aufforderung zum Boykott u. dergl. Der von den neoliberalen Ökonomen geforderte und schließlich auch durchgesetzte kartellrechtliche Ordnungsrahmen für die Marktwirtschaft trug ihnen die Bezeichnung „ordoliberal" ein. Die Erfolgsgeschichte der Deutschen Wirtschaft in der Nachkriegszeit ist das Produkt neoliberalen Denkens und Handelns.

1.10.5 Konjunkturen

Die Volkswirtschaft ist ein **dynamisches Gebilde**, das einem laufenden Wandel unterworfen wird. Dabei gibt es in bestimmten zeitlichen Abständen sich wiederholende Erscheinungen der allgemeinen Prosperität, die, wenn sie ihren Höhepunkt erreicht hat, in eine Rezessionsphase einmündet und in einer Phase wirtschaftlicher Depression einen unteren Wendepunkt erreicht. Dieser Phase folgt eine Erholung, die dann wiederum in einen Boom einmündet. Man spricht von **Konjunkturzyklen**, die sich wie fortlaufende Wellen aneinanderreihen. Die Konjunkturentwicklung kann heute gemessen und in gewissem Umfange prognostiziert werden. Dies geschieht mit Hilfe von Konjunkturindikatoren, deren Größen in Zeitreihen erfasst werden. Hierzu zählen z.B. die Auftragseingänge in der Industrie, die die zukünftige Auslastung von Betrieben erkennen lässt. Im Immobilienbereich ist ein wichtiger Indikator die Entwicklung der Baugenehmigungszahlen. Die wichtigste Kennziffer für die Messung konjunktureller Entwicklungen ist der **Verbraucherpreisindex**. Er misst die Inflations-/Deflationsrate.

Betrachtet man die Konjunkturphänomene, stellt man fest, dass nicht alle Branchen in gleichem Umfange von den Auf- und Abwärtsbewegungen betroffen sind. Es gibt auch Branchen, die ihre eigene **Sonderkonjunktur** entwickeln. So ist schon lange das Phänomen der **„Immobilienkonjunktur"** bekannt. Immobilienpreise steigen. Es kommt zu einer Spekulationsphase, die den Preisauftrieb verstärkt. Bei steigenden Immobilienpreisen wollen viele an den damit verbundenen Wertzuwächsen partizipieren. Dies geht bis zu einem gewissen Punkt, an dem dann die Spekulationsblase platzt und viele Unternehmen, die gerade investieren, mit nach unten reißt. Auch Kreditinstitute werden in Mitleidenschaft gezogen. Da die Immobilienbranche vom Anlagevolumen her eine bedeutende wirtschaftliche Größe darstellt, beeinflussen zwangsläufig ihre konjunkturellen Bewegungen mehr oder minder stark die gesamte konjunkturelle Landschaft eines Landes.

Schaut man in volkswirtschaftlichen Lehrbüchern nach, stellt man fest, dass es eine größere Zahl von Erklärungsversuchen für konjunkturelle Erscheinungen gibt. Man unterscheidet vor allem zwischen realen und monetären Ursachen. Reale Ursachen können **Überinvestitionen** sein, wie sie – dazu noch gefördert – in den östlichen Bundesländern im Bereich des Wohnungsbaus auftraten, die zu großen Leerständen, Firmenzusammenbrüchen und Schräglagen von Kreditinstituten führten. Es handelt sich um eine **staatlich induzierte Konjunkturwelle**. Andere Ursachen können in überzogenen **Lohnforderungen** bestehen, die dann, wenn ihnen stattgegeben wird, durch einen inflatorischen Schub neutralisiert und für die Lohnbezieher über den Markt relativiert werden. Von einer importierten Inflation spricht man, wenn ihre Einflüsse aus dem Ausland kommen (z. B. steigende Rohölpreise).

Überinvestition

Lohnforderungen als Inflationsursache Importierte Inflation

Die Konjunkturentwicklung kann aber auch beeinflusst (verstärkt oder gedämpft) werden durch geldpolitische Entscheidungen der **Zentralbanken**. Geldmengenveränderungen werden im Interesse der Stabilität herbeigeführt. Die Veränderung der Geldmenge und der Umlaufgeschwindigkeit des Geldes führt bei gleich bleibender Gütermenge naturgemäß zu entsprechenden inflationären oder deflationären Preisreaktionen, je nach Richtung der Geldmengenveränderung. Drohen deflatorische Entwicklungen, werden sie durch „Verbilligung des Geldes", das die Banken von der Zentralbank beziehen, aufgehalten. Sind Preissteigerungen zu erwarten, kann ihnen durch Begrenzung des Geldmengenwachstums begegnet werden. Wichtig dabei ist aber auch die Frage, ob, wie manche Nationalökonomen meinen, eine Geldmengenveränderung je nach Richtung Investitionen entweder induzieren oder die **Investitionsneigung der Unternehmen** abschwächen kann. Geldmengenveränderungen müssten also Einfluss auf die Entwicklung des Bruttoinlandsproduktes haben. Andere Ansichten gehen dahin, dass die Geldmengenveränderungen aufgefangen werden durch eine entgegengesetzte Wirkung bei der Umlaufgeschwindigkeit.

Zentralbanken

Investitionsneigung der Unternehmen

Nachzuvollziehen sind diese Gedankengänge bei Betrachtung der Definitionsgleichung:

$$M \times V = P \times Y,$$

oder:

Geldmenge × Umlaufgeschwindigkeit = Preisniveau × reales Bruttoinlandsprodukt.

1.10.6 Geldpolitik der Europäischen Zentralbank

Der für die Geldpolitik zuständige EZB-Rat (Direktorium der Europäischen Zentralbank plus der Präsidenten europäischer Zentralbanken) hat die Aufgabe, im EURO-Raum für Preisstabilität zu sorgen. Preisstabilität ist gegeben, wenn die Inflationsrate jährlich nicht mehr als 2 % beträgt. Maßstab ist der harmonisierte Verbraucherpreisindex.

EZB-Rat

Der EZB-Rat, auf dem die Verantwortung für die **EURO-Geldpolitik** liegt, strebt mit seiner Geldpolitik ein möglichst „inflationsfreies Wachstum" an. Er versucht deshalb, das reale Wachstum bei ihren Reaktionen auf Preisveränderungen nicht aus dem Auge zu verlieren.

Dabei ist Geldmenge nicht gleich Geldmenge. Man differenziert je nach Komponenten zwischen den Geldmengen, M1, M2 und M3.

<small>M1 Bargeldumlauf</small>

Das EURO-System (die Europäische Zentralbank und die derzeit zwölf Zentralbanken der Europäischen Union, die den EURO eingeführt haben) versteht unter **M1** den **Bargeldumlauf** (ohne Kassenbestände der Banken) plus Sichteinlagen von Nichtbanken. Sichteinlagen sind solche, die ohne Kündigung täglich abgerufen werden können.

<small>M2 Bargeldumlauf plus Einlagen</small>

M2 ist M1 plus Einlagen mit einer vereinbarten Laufzeit von bis zu 2 Jahren und Einlagen mit einer vereinbarten Kündigungsfrist bis zu 3 Monaten.

<small>M3 = M2 plus Geldmarktfonds, Bankschuldverschreibungen usw.</small>

M3 ist M2 plus Anteile an Geldmarktfonds, Verbindlichkeiten aus Pensionsgeschäften, Geldmarktpapieren und Bankschuldverschreibungen mit einer Laufzeit bis zu zwei Jahren. In der oben dargestellten Gleichung geht es um M3.

1.10.7 Konjunktursteuerung durch die Wirtschaftspolitik

<small>Nachfrageorientierte Konjunkturpolitik</small>

Bei den Wirtschaftpolitikern, die gerne die Konjunktur steuern wollen, gibt es vor allem, wenn es um die „Belebung" der Konjunktur geht, zwei Ansätze. Der eine Ansatz ist **nachfrageorientiert**. Hier wird gefordert, dass alles getan werden müsse, um die Nachfrage zu stimulieren. Zusätzliche Nachfrage kann sich entfalten, wenn die Steuern und andere Abgaben gesenkt werden und so den Haushalten ein größerer Konsumspielraum verbleibt. Außerdem werden auch im öffentlichen Bereich Investitionen gefordert, die einen Multiplikatoreffekt für andere Investitionen auslösen. Da aber gleichzeitig Steuern gesenkt werden, sollen die zusätzlichen öffentlichen Investitionen durch Erhöhung der Staatsschulden finanziert werden. Der Pate für solche Gedankengänge ist **John Maynard Keynes** (1883–1946), ein englischer Nationalökonom, der seine Rezepte angesichts der von ihm miterlebten großen Weltwirtschaftskrise entwarf. Seine Überlegungen fanden Ausdruck in seinem 1936 erschienenen Werk „The General Theory of Employment Interest and Money". Für die Beschäftigung einer großen Zahl von Arbeitslosen kann und soll der Staat mit Hilfe von **„Deficit Spending"** (Schuldenaufnahme) für Beschäftigungsprogramme sorgen. So meinte er einmal, dass selbst der Bau einer (ökonomisch unnützen) Pyramide zu einer Ankurbelung der Wirtschaft führen könne, die sich dann auf dem erreichten Beschäftigungsniveau selbst weiter trägt. Inflationäre Effekte werden dabei bewusst in Kauf genommen. Keynes lebte allerdings in einer Zeit, in der das **„demographische Problem"** von heute undenkbar war, so dass es sehr fraglich ist, ob seine Rezepte heute auch nur ansatzweise Geltung haben können. Ein Teil der nachfrageorientierten Konjunkturpolitiker will im Übrigen auch von Steuersenkungen nichts wissen.

<small>Deficit Spending</small>

<small>Angebotsorientierte Wirtschaftspolitik</small>

Der andere Ansatz für eine Konjunkturbelebungspolitik ist **angebotsorientiert**. Er geht ebenfalls davon aus, dass die Steuern und die übrigen Abgaben gesenkt werden müssen. Dabei steht nicht nur der Aspekt im Vordergrund, dass dadurch mehr Konsum generiert wird. Der Hauptgrund besteht in dem Bestreben, für die Herstellung eines Wettbewerbsgleichgewichts auf einem globalen Markt zu sorgen. Ausländische Investoren sollen auf diese Weise in der infrastrukturell hoch entwickelten Bundesrepublik zu Investitionen und damit zu mehr Beschäftigung angeregt werden. Steuersenkungen sollen allerdings refinanziert werden durch **Abbau von Subventionen**, so dass vor allem bei den Beziehern höherer Einkommen keine reale Entlastung erfolgt. Subventionen führen außerdem nicht selten zu Strukturen und deren Verfestigung, die sich als marktwirtschaftliche Hemmnisse und Fehlentwicklungen erweisen. Außerdem wird von den Befürwortern einer angebotsorientierten Konjunkturpolitik (im Gegensatz zu Keynes) der Rückzug des Staates aus Leistungsbereichen verlangt, die durch die Wirtschaft effektiver erledigt werden können. Bürokratieabbau und Deregulierung des Arbeitsmarktes stehen als Rezepte der angebotsorientierten Konjunkturpolitik ganz oben an.

Subventionsabbau

Die konjunkturellen Wellenbewegungen sind ein weltweit zu beobachtendes Phänomen. Sie verlaufen allerdings nicht überall zur gleichen Zeit gleichförmig. Das ist auf die jeweils unterschiedlichen Entwicklungsimpulse in den verschiedenen Ländern zurückzuführen. Über die außenwirtschaftlichen Beziehungen gibt es ein sich gegenseitiges Beeinflussen der konjunkturellen Entwicklung.

1.10.8 Außenwirtschaft

Nahezu alle Länder dieser Erde sind durch **außenwirtschaftliche Beziehungen** miteinander verflochten. Eine dieser Beziehungen besteht im **Außenhandel**. Er entsteht dadurch, dass es Länder gibt, die bestimmte Waren kostengünstiger herstellen als dies in anderen Ländern der Fall ist. Teilweise sind Produkte in verschiedenen Ländern überhaupt nicht herstellbar. Man denke an den landwirtschaftlichen Bereich. Die internationalen Kostengefälle sind der Auslöser für das Entstehen des Außenhandels. Nach der alten **„Theorie der komparativen Kosten"** ist es auch für ein Land, das in allen Produktionsbereichen kostenmäßig absolut unterlegen ist, möglich, mit anderen Ländern einen vorteilhaften Gütertausch vorzunehmen. Dies setzt voraus, dass sich die Länder mit den Kostenvorteilen auf diejenigen Produktionsbereiche beschränken, in denen die Kostenvorteile relativ am höchsten sind. Das Land, das kostenmäßig auf allen Produktionsbereichen Nachteile hat, müsste sich dann auf diejenigen konzentrieren, bei denen die Kostennachteile relativ am geringsten sind. Die Theorie läuft auf eine **internationale Arbeitsteilung der Produktion** hinaus. Vorausgesetzt wird dabei ein weltweiter Freihandel ohne Zollbarrieren. Auch hier ist zu bedenken, dass es sich um ein Idealmodell handelt, das wegen vieler praktischer Hemmnisse wohl nur beschränkt umsetzbar ist. Es zeigt aber die Richtung auf, in die sich eine geeinte Welt entwickeln muss.

Außenwirtschaftliche Beziehungen

Die WTO **(Welthandelsorganisation)**, die ihren Sitz in Genf hat, strebt in diesem Sinne einen Abbau von Handelshemmnissen an. Es handelt sich um eine internationale Vereinigung, in der auch die Europäische Union mit einer Stimme spricht. Zwei Drittel der Mitglieder sind Entwicklungsländer, für deren Entwicklung die **Öffnung der Märkte** der industrialisierten Länder von erheblicher Bedeutung ist.

WTO

1.10.9 Zahlungsbilanz

Zahlungsbilanz

Die finanziellen Ergebnisse der außenwirtschaftlichen Beziehungen sind den **Zahlungsbilanzen** der Länder zu entnehmen.

Sie enthalten die Leistungsbilanz mit den wichtigen Posten

- Warenhandel (Ein- und Ausfuhr mit einem Positivsaldo von **205,8 Mrd. EURO**),
- Dienstleistungsverkehr (mit einem Negativsaldo von **32,9 Mrd. EURO**),
- Erwerbs- und Vermögenseinkommen (mit einem Positivsaldo von **42,0 Mrd. EURO**),
- Laufende Übertragungen (dazu zählen auch die Transfers innerhalb der Mitgliedstaaten der Europäischen Gemeinschaft, Schuldenerlasse usw. mit einem Negativsaldo von **16,4 Mrd. Euro**).

Die Zahlen beziehen sich auf das Jahr 2007.

Kapitalbilanz

Hinzu kommt die **Kapitalbilanz**. Sie umfasst den gesamten Kapitalverkehr mit dem Ausland in Form von kurz- und mittelfristigen Krediten, Wertpapieranlagen, Direktinvestitionen usw. Er wies insgesamt im Jahre 2007 einen Negativsaldo von 220,9 Mrd. EURO aus.

Währungsrisiko

Soweit sich die Geschäfte mit dem Ausland nicht innerhalb des EURO-Raumes abspielen, besteht ein **Währungsrisiko**. Das kann dazu führen, dass eine gewinnträchtige Investition im Ausland einen Verlust einbringt, wenn man für die ausländische Währung wegen des sinkenden Wechselkurses beim Umtausch weniger bekommt als Gewinn eingefahren wurde. Exporteure können sich jedoch mit Hilfe von **Termingeschäften** vor Kursverlusten sichern. Sie vereinbaren schon bei Geschäftsabschluss den später in der ausländischen Währung fälligen Kaufpreis zu dem Kurs zu tauschen, der am Tage des Geschäftsabschlusses galt.

Termingeschäfte

Währungsoption

Eine Alternative zum Termingeschäft ist die Absicherung mit einer **Währungsoption**. Sie kann gegen eine Art Versicherungsprämie das Recht zum Verkauf eines Geldbetrages in fremder Währung erwerben, ohne aber hierzu verpflichtet zu sein. Steigt der Wechselkurs, dann kann er sich auch für den Umtausch zum geltenden Kurs entscheiden.

Kapitel 2

UNTERNEHMENSFÜHRUNG UND PERSONALWIRTSCHAFT IN UNTERNEHMEN DER IMMOBILIENWIRTSCHAFT

Hansjörg Bach

2. UNTERNEHMENSFÜHRUNG UND PERSONALWIRTSCHAFT IN UNTERNEHMEN DER IMMOBILIENWIRTSCHAFT

2.1 UNTERNEHMENSFÜHRUNG

Eine Unternehmung ist eine zielgerichtete Einheit von Stellen und Personen, die zu ihrer Steuerung Führungskräfte benötigt. Die **Personengruppe im Unternehmen, die mit Führungsaufgaben betraut ist,** bezeichnet man als **Unternehmensführung**.

Man unterscheidet allgemein die folgenden **drei Führungsebenen**

Man kann im Allgemeinen davon ausgehen, dass in jedem Unternehmen diese Führungsebenen vorhanden sind, sodass sich hieraus die unterschiedlichen Führungsfunktionen erkennen lassen.

- Das **Top-Management** ist überwiegend **mit strategischen Aufgaben** (Entscheidungen) befasst, wie z. B. Entwicklung von Oberzielen, Auswahl des Tätigkeitsfeldes, der Märkte, der Strategien. Repräsentiert wird diese Führungsebene z. B. durch den Vorstandsvorsitzenden einer Aktiengesellschaft, den alleinvertretungsberechtigten Geschäftsführer einer GmbH.

- Das **Middle-Management** ist überwiegend mit **strukturellen Aufgaben** beschäftigt, d. h. mit der Gestaltung einer bestimmten Systemstruktur wie z. B. Kapazitäten, Kapitalausstattung, also einer Ziel-Mittel-Umsetzung.
Repräsentiert wird diese Führungsebene z. B. durch Prokuristen, Bereichsleiter, Haupt- und Abteilungsleiter.

- Das **Lower-Management** ist im Wesentlichen mit **operativen Aufgaben** befasst, z. B. im Ablauf des Verwaltungsprozesses, der Beschaffung, des Verkaufs. Hierzu zählen z. B. die Mitarbeiter in der Vermietungsabteilung, in der Mietenbuchhaltung usw.

Führungsfunktionen sind demnach auf allen Ebenen zu finden und nicht nur an der Spitze der Hierarchie. Die Summe der Entscheidungen von in diesen drei Ebenen Tätigen ist aktive Unternehmensführung (Management).

Unternehmensführung bei Aktiengesellschaften und Gesellschaften mit beschränkter Haftung

Im engeren hierarchischen **Sinne** wird unter **Unternehmensführung** die **Unternehmensspitze** verstanden. Dies können bei einem Immobilienunternehmen in der Rechtsform der GmbH z. B. nur die Geschäftsführer oder der AG nur Vorstandsmitglieder sein. **Im weiteren Sinne** aber auch die Generalbevollmächtigten oder Prokuristen, dann häufig zur Unterscheidung vom engeren Begriff der Geschäftsführung auch **Geschäftsleitung** genannt.

2.1.1 Führungsaufgaben

Die wichtigsten **Führungsaufgaben** im **engeren Sinne** sind:
- Ziele vorzugeben,
- zu organisieren,
- Entscheidungen zu treffen,
- Verantwortung zu tragen und
- Kontrolle auszuüben.

Führungsziele sind gebündelte Einzelziele

Zu diesen „klassischen" Führungsaufgaben tritt mit zunehmender Bedeutung die **Öffentlichkeitsarbeit** in vielfältiger Ausprägung.

2.1.2 Führungsziele zur Erreichung von Unternehmenszielen

Unternehmensleitbild

Führungsziele sind eine **Bündelung von mehreren oder vielen Einzelzielen,** die auf Erreichung des bzw. der Unternehmensziele ausgerichtet sind.

Vielfach wird **anstelle eines Unternehmenszieles** treffender von einem ganzen **System der Unternehmensziele** ausgegangen.

Corporate identity

Die Entwicklung eines **Unternehmensleitbildes** als Festlegung einer Unternehmensphilosophie wurde in der jüngsten Vergangenheit auch in der Immobilienwirtschaft als geeignetes Mittel zur Formulierung (i. d. R.) globaler Vorgaben für die nachfolgende Präzisierung der Unternehmensziele hervorgehoben. Ein **Unternehmensleitbild** wird dann am schlüssigsten sein, wenn es die **internen Vorgaben** in **Einklang** mit der erstrebten **Außenwirkung** des Leitbildes bringt.

Das **Firmenimage (corporate identity, corporate image)**, das angestrebt wird, muss im Idealfall als Maßstab für alle Unternehmenstätigkeiten ausgerichtet sein. Unternehmensleitbilder sollen sich nicht nur in der Vorgabe für Unternehmensziele niederschlagen, sondern müssen sich auch an konkreten Verhaltensweisen zur Erreichung dieser Unternehmensziele ablesen lassen. Nur wenn die Gesamtheit aller Beteiligten durch ein solches Unternehmensleitbild motiviert ist und die sich daraus herleitenden Ziele aktiv anstrebt, wird sich die erwünschte Wirkung nach außen tragen lassen.

Beispiele für Unternehmensziele in der Immobilienwirtschaft, die sich auch in Unternehmensleitbilder niederschlagen:

Unternehmensziele – Beispiele

Sie können bei einer **Wohnungsgenossenschaft** u. a. aus folgenden Zielen
- Versorgung der Mitglieder und ihrer Angehörigen mit Wohnraum, Zufriedenheit der Mitglieder der Genossenschaft,
- Förderung des gut nachbarschaftlichen Zusammenlebens innerhalb der Genossenschaft,
- günstige Mietgestaltung,
- Förderung des Selbsthilfegedankens,
- Schaffung von Wohnraum für kinderreiche Familien,
- Schaffung von Wohnraum für Angehörige besonderer Berufsgruppen (wenn die Genossenschaft für solche gegründet wurde),

bestehen.

Bei einem **Maklerunternehmen** könnte beispielsweise neben
- der Ausdehnung des Marktanteils als weitere Zielvorstellung stehen,
- ein positives Firmenimage auf dem Markt für hochwertige Immobilien oder für besonders umfassenden Service,
- Eroberung neuer Geschäftsbereiche,
- Sicherung der langfristigen Ertragsfähigkeit.

Bei **kommunalen Wohnungsunternehmen** steht vielfach als Zielvorgabe
- die preisgünstige Wohnraumversorgung neben
- sozial verantwortungsbewusstem Verhalten,
- ergänzt durch Preis dämpfende Gestaltung der Mietpreise
- bzw. der Preise von Verkaufsmaßnahmen.

Die Bedeutung der auf **gemeinnütziges Handeln** ausgerichteten **Unternehmensziele** spielt in der Wohnungswirtschaft nicht mehr die frühere herausragende Rolle. Gemeinnützige Unternehmensziele sind jedoch nach wie vor in zahlreichen Zielsystemen wohnungswirtschaftlicher Unternehmen verwoben.

Unternehmensziele in Gesellschaftsvertrag und Satzung

Eine **Festschreibung**, sei es eines Unternehmensleitbildes und/oder des bzw. der Unternehmensziele(s), wird häufig im **Gesellschaftsvertrag**, in einer **Satzung** oder durch **Grundsatzbeschluss** erfolgen. Die schriftliche Formulierung zwingt zu konsequentem Durchdenken und zu Ordnung nach Rangfolge und Bedeutung. Im Rahmen dieses Vorganges verdeutlicht sich möglicherweise eine offenkundige oder latente Konkurrenz von Zielen. Die Führungsziele sind auf Erreichung dieser übergeordneten Ziele auszurichten.

Die Umsetzung der Erkenntnisse aus Führungstheorien in praktische Handlungsweisen sollte klugerweise ein „Greifen nach den Sternen" sein, ohne den Bodenkontakt zu verlieren.

Führungsziele und Führungsstil

2.1.3 Führungsstile

Während die
- **Führungsziele** auf die generelle Erreichung des bzw. der Unternehmensziele(s) ausgerichtet sind, wird mit dem
- **Führungsstil** bzw. den **Führungstechniken** festgelegt, **wie die Ziele erreicht werden sollen**.

Es gibt keinen für jede Situation allgemeingültigen Führungsstil. Er muss dem gesamten Umfeld, in dem unternehmensbezogene Führung stattfindet, angepasst und konsequent sein.

Die **Wahl des** anzuwendenden **Führungsstils** bewegt sich im **Spannungsfeld** zwischen dem Erzielen des aufgegebenen Unternehmenserfolges und einer Orientierung auf die Mitarbeiter/innen hin. Zudem muss er auch der Persönlichkeit der Führungsperson Rechnung tragen – ein Aspekt, dem häufig zu wenig Bedeutung beigemessen wird.

Führungsstil zwischen autoritär und laissez-faire

Welcher Führungsstil angestrebt wird, sollte jedoch sowohl dem Führenden als auch den Geführten deutlich sein.

Die Versuche, Führungsstile zu kategorisieren und zu charakterisieren, sind zahlreich und vielfältig. Teilweise sind sie an der Aufgabe oder an den Mitarbeitern oder aber auch daran orientiert, in welchem Rahmen Entscheidungsprozesse ablaufen. Häufig werden extreme Ausprägungen gegenübergestellt. So z. B. der **autoritäre Führungsstil**, gekennzeichnet durch Anordnung; im Gegensatz zur weitergehenden Kooperation gekennzeichnet durch gemeinsames Erörtern und Übertragung von Entscheidungsbefugnissen; oder der **„Laissez-faire"-Führungsstil**, der der Kreativität freien Raum lässt.

2.1.4 Management-Techniken

Die Ausführungen hier können das weite Thema nur streifen. Eine ausführliche Darstellung findet sich dazu in: Bach, Hansjörg/Ottman, Matthias/ Sailer, Erwin/ Unterreiner, Frank-Peter, Immobilienmarkt und Immobilienmanagement. Entscheidungsgrundlagen für die Immobilienwirtschaft, München 2005.

Management-Techniken sollen die schwierige Aufgabe zu meistern helfen, die ein Manager zu lösen hat. Gerade weil es eine schwierige Aufgabe ist, wurden zahlreiche Techniken entwickelt. Die Begriffe, unter denen diese bekannt geworden sind, variieren. Manchmal wird von einer **Managementtheorie** oder einem **Managementkonzept** gesprochen, hin und wieder trifft man auch auf die Bezeichnung **Managementlehre**.

Der Versuch einer knappen Übersicht über diese vielfältigen Entwicklungen ist problematisch.

Für Management hat sich im Zuge der wissenschaftlichen Beschäftigung eine Übereinstimmung in die Unterscheidung zwischen einem
- institutionellen Ansatz und einem

funktionalen Ansatz durchgesetzt.

Unter dem institutionellen Ansatz werden alle Personen zusammengefasst, welche Führungsfunktionen im weitesten Sinne wahrnehmen. Bei der funktionalen Betrachtungsweise stehen Handlungen und nicht Personen im Mittelpunkt.

Weitgehende Übereinstimmung besteht, dass folgende Funktionen **Bereiche des Managements** sind:
- Planung
- Organisation
- Personaleinsatz
- Führung
- Kontrolle.

Management-Techniken unterliegen einem stetigen Wandel. Sie werden von Wissenschaftlern, Beratungsunternehmen oder aber auch Instituten erfunden und bekannt gemacht.

Theorie und Praxis scheinen sich gar nicht selten bei der Managementlehre in erstaunlichem Umfang entgegen zu stehen oder sogar zu widersprechen. Die einfache Erkenntnis, dass jede Theorie nur so gut ist, wie sie sich in der Anwendungspraxis wiederfindet bzw. dort sinnvolle Anwendung finden kann, würde wohl die Vielzahl von Management-Theorien reduzieren helfen.

Diesen kritischen Anmerkungen zu der Vielfalt, Anwendbarkeit, Praxistauglichkeit der Management-Modelle soll jedoch eine positive Wertung folgen.

Der Praktiker wird durch die Beschäftigung mit diesen angeregt, seine eigenen intuitiven Positionen über das Unternehmen, in dem er tätig ist und seine Führungsfunktion kritisch zu überdenken und zu hinterfragen.

Welche Technik am erfolgreichsten zu Anwendung kommt, hängt jeweils von den individuellen Gegebenheiten ab. Diese ergeben sich aus
- dem Unternehmen, in dem Management durchgeführt wird,
- den beteiligten Personen und den
- Branchengegebenheiten.

„Die 100 besten Management-Theorien im Überblick" lautet eine Zusammenfassung von Tom Hindle *(Hindle, Tom, Management-Konzepte. Nach einer kurzen Schilderung der jeweiligen Konzepte enthält die Zusammenfassung eine sehr hilfreiche Zusammenstellung jeweils weiterführender Literatur für denjenigen, der sich mit einzelnen Konzepten weiter befassen möchte.)*, die dem Praktiker helfen soll, sich in der Vielfalt der unterschiedlichen Ansätze zurechtzufinden. Gleichzeitig weist der Titel dieser Veröffentlichung darauf hin, wie vielfältig die unterschiedlichen theoretischen Ansätze sind. In seinem Vorwort weist der Autor darauf hin, dass entsprechend seiner Auswahl der 100 besten Management-Konzepte aus dem 20. Jahrhundert, rein statistisch gesehen, jedes Jahr ein bedeutendes Konzept entstanden ist. Einen Überblick über die zahlreichen Ansätze geben gut verständliche und zusammenfassende Darstellungen, die in jüngster Zeit erschienen sind *(Hindle, Tom, Die 100 wichtigsten Management-Konzepte, München, 2001 Handelsblatt. Management Bibliothek, Die besten Management- Tools 1, Strategie und Marketing, Band 8,*

Frankfurt/New York, 2005 Handelsblatt Management Bibliothek, Die besten Management- Tools 2, Personal und Führung, Band 9, Frankfurt/New York, 2005 Handelsblatt Management Bibliothek, Die besten Managementbücher A – K, Band 01, Frankfurt/New York, 2005 Handelsblatt Management Bibliothek, Die besten Managementbücher L – Z, Band 01, Frankfurt/New York, 2005.

Die **„Wirtschaftswoche"** als meinungsbildendes Management-Magazin in der Bundesrepublik Deutschland nahm 2002 eine kritische **Analyse von Management-Lehren** vor. Sie verwies zu Recht auf die **Verknüpfung von Management-Lehren/Management-Philosophien und führenden Beratungsunternehmen**. Nach der Einschätzung dieser Analyse sind im Zeitablauf verschiedene **Management-Philosophien in Mode** gewesen bzw. der Ausblick auf die Zukunft ergibt folgendes Ergebnis:

Behrens, Bolke/Bierach, Barbara, Hofnarren gesucht, Wirtschaftswoche Nr. 25, 13. 6. 2002 S. 100-105

Frühe 80er Jahre:
- Kostenmanagement,
- Portfolio-Analyse,
- Strategische Wettbewerbsvorteile.

Späte 80er Jahre:
- Kaizen und Total Quality Management,
- Just-in-Time,
- Globalisierung.

Frühe 90er Jahre:
- Reengenering,
- Shareholder Value,
- Team versus Leader.

Mitte der 90er Jahre:
- Benchmarking,
- Balanced Scorecard,
- Kernkompetenzen,
- Knowledge Management.

Späte 90er Jahre:
- Dekonstruktion,
- Mergers & Acquisitions,
- Corporate Governance.

2000:
- E-Commerce,
- Customer Relationship Management,
- Corporate Portfolio/Desinvestment.

Zukunft:
- Szenariotechniken/Sustainability,
- Fokussierter Mischkonzern,
- Unternehmensinterne Börse.

In der Immobilienwirtschaft haben unter den derzeitigen Bedingungen und hervorstechenden Problemen zum Beispiel folgende Management-Techniken besondere Bedeutung:

Customer Relationship Management

Mit den grundlegenden Veränderungen, die sich in den letzten Jahren zumindest in Teilen des Immobilienmarktes ergeben haben, ist die Kundenorientierung zu einem der zentralen Themen der Immobilienwirtschaft geworden. Dies betrifft sowohl die Wohnungswirtschaft als auch zumindest Teilbereiche der Gewerbeimmobilien.

Beispiel Wohnimmobilien:
Durch die bereits jetzt spürbaren Auswirkungen des demographischen Wandels gibt es in einigen Regionen der Bundesrepublik einen deutlichen Rückgang der Nachfrage nach Wohnungen.

Beispiel Gewerbeimmobilien:
Der Abbau von Arbeitsplätzen hat in einigen Ballungszentren zu einem nachhaltigen Überangebot von Büroimmobilien geführt.

In beiden Fällen ist der **„Kampf um den Kunden"** entbrannt. Die Management-Technik des Customer Relationship Management stellt eine solche Situation in den Mittelpunkt ihrer Anwendung.

Business Prozess Reengineering

Traditionelle Strukturen in der Immobilienwirtschaft verändern sich in geradezu spektakulärer Weise. Dies betrifft sowohl die **Arbeitsteiligkeit** als auch das Auftreten von neuen Akteuren in der Immobilienwirtschaft. Das Gut „Wohnung" wandelt sich zum Handelsobjekt.

Teile der Wohnungswirtschaft werden von Grund auf verändert durch den Wegfall der Gemeinnützigkeit. Die Risikoorientierung von Kreditinstitutionen mit einer hohen Einschätzung von Transparenz hat massive Auswirkungen auf die innere Struktur von Immobilienunternehmen.

Die Anforderungen an die Geschwindigkeit und Zuverlässigkeit der Abwicklung von Geschäftsvorgängen sind stark gestiegen.

Beispiel:
Die sinnvolle und erfolgreiche **Anwendung von Informationstechnologie** setzt eine klare Strukturierung von beispielsweise Arbeitsabläufen, Zeitabläufen und Zuständigkeiten voraus. Sie zwingt geradezu ein Immobilienunternehmen zu einer **Prozessorientierung**. Mit dem Business Prozess Reengineering wird die herkömmliche und möglicherweise wenig erfolgreiche Struktur eines Unternehmens untersucht, infrage gestellt und neu organisiert.

Balanced Scorecard.

In weiten Teilen der Immobilienwirtschaft wird davon ausgegangen, dass der wirtschaftliche Erfolg von Immobilien weitgehend von der Finanzierung dieser Investitionen abhängt. Die Management-Technik der Balanced Scorecard öffnet den Blick für die Bedeutung weiterer Dimensionen für den Erfolg eines immobilienwirtschaftlichen Unternehmens. Neben der Finanzperspektive werden auch noch die Kundenperspektive, die Mitarbeiterperspektive und die Prozessperspektive als gleichwertig in die Betrachtung mit einbezogen. Die Formulierung von nachvollziehbaren Erfolgskriterien gehört ebenfalls zu dieser Technik.

Beispiel:
Selbst bei einer günstigen Finanzierung einer Immobilieninvestition kann sich ein Misserfolg zeigen, wenn die weiteren Perspektiven, welche in der Balanced Scorecard gleichwertig dargestellt werden, nicht in hinreichendem Maße berücksichtigt werden.

2.1.5 Corporate Governance

Welche Beziehung hat der Bereich „**Corporate Governance**" – über den in den letzten Jahren sehr viel diskutiert und veröffentlicht wurde – zur Unternehmensführung?

„Die **Methoden der Unternehmensführung** haben sich aus **wirtschaftlicher Vernunft, Handelsbräuchen** und **guten Sitten** entwickelt. Mit zunehmender Bedeutung der Unternehmen wuchsen die Anforderungen. Staatliche Regelungen für Handels-, Gesellschafts- und Steuerrecht entstanden, Strafbestimmungen sollten Missbrauch, Ausnutzung und Betrug verhindern. Neben dem eigenen Kapital des Unternehmers wurde Fremdkapital zur Entwicklung der Unternehmen benötigt, und damit wuchsen Risiken und Schutzbedürfnis." *(Ruter, Rudolf X., Sahr, Karin, Waldersee Graf, Georg, (Hrsg.), Public Corporate Governance: ein Kodex für öffentliche Unternehmen, Wiesbaden, 2005, S. 38)*

Staatliche Regelungen bilden somit einen Handlungsrahmen, in dem sich Unternehmen bewegen und der für die Handlungen der Verantwortlichen im Unternehmen gilt.

Diese staatlichen Regelungen sind auch im Regelfall mit Vorschriften verbunden, die **Sanktionen** betreffen, welche greifen, wenn Regelverletzungen erfolgen.

Wer in erster Linie für die Einhaltung solcher Regelungen im Unternehmen verantwortlich ist, muss in diesem Zusammenhang in Erinnerung gerufen werden:

In erster Linie tragen **Geschäftsführung** oder **Vorstand** eines Unternehmens die Verantwortung für die **Ordnungsmäßigkeit der Geschäftsführung**. *(Eine interessante Materialie wurde für den besonderen Fall der Prüfung von Unternehmen nach § 53 Haushaltsgrundsätzegesetz (HGrG) entwickelt vom Institut der Wirtschaftsprüfer: Institut der Wirtschaftsprüfer in Deutschland e. V., IDW-Prüfungsstandard: Fragenkatalog zur Prüfung der Ordnungsmäßigkeit der Geschäftsführung und der wirtschaftlichen Verhältnisse nach § 53 HGrG (IDW PS 720), Düsseldorf, 2000.)* Sie sind es, welche sowohl die Regeln im Unternehmen aufstellen als auch für deren Einhaltung Sorge zu tragen haben.

Darüber hinaus ist es die Aufgabe des **Aufsichtsrats** oder einem vergleichbaren Organ, wie zum Beispiel einem Verwaltungsrat, die Geschäftsführung oder den Vorstand zu überwachen, aber auch zu beraten. Die Überwachungsaufgabe wird unterstützt von Prüfungen, die aus unterschiedlichen Gründen und Anlässen durchgeführt werden.

Ein weitgehender Ansatz im Umfeld der Unternehmensführung ist **Corporate Governance**. Dieser Ansatz hat seinen Ursprung in der Welt von Unternehmen, bei denen die Führung des Unternehmens und die Anteilseigner nicht identisch sind. Ein typisches Beispiel hierfür sind die börsennotierten Aktiengesellschaften.

Kernelemente einer Corporate Governance sind u. a.:
- Transparenz,
- Effizienz,
- klare Trennung der Aufgaben und der Verantwortlichkeiten,
- Beachtung und Wahrung der Interessen der Anteilseigner.

Für die Entwicklung und Beachtung einer **Corporate Governance hatte in der Bundesrepublik Deutschland** die Arbeit einer Regierungskommission einen entscheidenden Einfluss. Die Ergebnisse dieser Regierungskommission wurden unter der Bezeichnung „**Cromme-Report**" im Jahre 2002 bekannt *(Deutscher Corporate Governance Kodex: www.bundesanzeiger.de, auch unter: www.corporate-governance-code.de).* Diese Regierungskommission war vom Bundesministerium der Justiz eingesetzt worden.

„Der Kodex adressiert alle wesentlichen – vor allem internationalen – Kritikpunkte an der deutschen Unternehmensverfassung, nämlich
- mangelhafte Ausrichtung auf Aktionärsinteressen,
- die duale Unternehmensverfassung mit Vorstand und Aufsichtsrat,
- mangelnde Transparenz deutscher Unternehmensführung,
- mangelnde Unabhängigkeit deutscher Aufsichtsräte,
- eingeschränkte Unabhängigkeit der Abschlussprüfer." *(http://www.corporate-governance-code.de/ger/kodex/index.html)*

Die ursprüngliche Fassung hat Überarbeitungen erfahren. Eine neue Fassung ist ab Juni 2008 bekannt gemacht worden. *(http://www.corporate-governance-code.de/ger/download/elektr_BAZ_Veroeffentlichung_Kodex.pdf.)*

Untersuchungen zeigen, dass der Corporate Governance Kodex Auswirkungen zeigt. Diese sind zum Beispiel zu verzeichnen
- in einer Erhöhung der Transparenz bei den Vorstandsvergütungen und
- bei dem Thema „Wechsel von Vorstandsvorsitzenden in den Vorsitz des Aufsichtsrates".

Selbst unter Berücksichtigung des Umstandes, dass der Corporate Governance Kodex auf börsennotierte Aktiengesellschaften ausgerichtet ist, sind weitergehende Auswirkungen zu erkennen, welche über den Kreis dieser Unternehmen hinausgehen.

Für die Immobilienwirtschaft hat sich als eine eigene Initiative bereits im Jahre 2002 die **Initiative Corporate Governance der deutschen Immobilienwirtschaft e. V.** entwickelt.

http://www.immo-initiative.de/

Die **Begründung** dafür, dass es einer eigenen **branchenbezogenen Initiative für die Immobilienwirtschaft** bedarf, ist nach Darlegung eines der Initiatoren *(John von Freyend, Eckart, Corporate Governance in der deutschen Immobilienwirtschaft, in: Bündelungsinitiative in der Deutschen Immobilienwirtschaft e. V. (Hrsg.), Immobilienjahresbericht 2006, Köln, 2006, S. 147–157)*
- ein höheres Gefährdungspotential in der Immobilienwirtschaft,
- die beachtlich hohen Beträge, um die es bei Geschäften in der Immobilienwirtschaft geht,
- die Intransparenz der Immobilienmärkte, bedingt durch die
- Dezentralität dieser Märkte und die
- hohe Arbeitsteiligkeit in dieser Branche sowie
- der **Mangel an Standardisierung**.

Von dieser Initiative wurde ein **Branchenkodex für die Immobilienwirtschaft** entwickelt und zwar für den Bereich börsennotierter Aktiengesellschaften.

Das entwickelte **System für die Immobilienwirtschaft** enthält als wesentliches Element *(http://www.immo-initiative.de/kodex/grundsaetze.pdf)* **Grundsätze ordnungsmäßiger und lauterer Geschäftsführung der Immobilienwirtschaft** *(Neufassung September 2005).*

1) **Professionalität, Transparenz und Fairness** gegenüber Anteilseignern/Treugebern („Anleger"), Geschäftspartnern, Mietern, Mitarbeitern sowie der Öffentlichkeit sind die unverzichtbare Basis unternehmerischen Handelns im volkswirtschaftlich wichtigen Immobiliensektor. Die Einhaltung dieser Grundsätze stärkt das Vertrauen in die Immobilienwirtschaft. Aus diesem Grunde fühlen sich diesen Grundsätzen auch diejenigen Gesellschaften, insbesondere Dienstleister, verpflichtet, die nicht das Immobiliengeschäft im engeren Sinne betreiben, und auf die deshalb ein wesentlicher Teil der nachfolgenden Bestimmungen nicht wortwörtlich anwendbar ist.

2) Unternehmen, die in der oder für die Immobilienwirtschaft tätig sind, betreiben ihr Geschäft **im Interesse der Anleger und/oder Auftraggeber** und fühlen sich dem Ziel der Steigerung des Unternehmenswertes/Immobilienvermögens verpflichtet.

3) Die **Unternehmensleitung** verfügt über die erforderliche Eignung und ausreichende Erfahrung. Sie stellt die fortlaufende Weiterbildung von Führungs-, Führungsnachwuchs- und Fachkräften sicher.

4) Sachkundige **Aufsichts- und Beratungsgremien** erhöhen die Entscheidungsqualität bei Immobiliengeschäften. Diese Gremien werden entsprechend besetzt und von der Unternehmensleitung vorausschauend, klar und umfassend informiert.

5) Eine sachgerechte **Bewertung des Immobilienvermögens** erfolgt anhand anerkannter Bewertungsmethoden durch qualifizierte, weisungsunabhängige Sachverständige auf der Grundlage aktueller und objektiver Marktinformationen. Die Bewer-

tungsmethode und deren Änderung sowie die Marktwerte des Immobilienbestandes werden in geeigneter Weise erläutert.

6) Das Immobiliengeschäft erfolgt zumeist mit hohem Kapitaleinsatz und langfristigem Planungshorizont. Daher sind die Einrichtung und Fortentwicklung eines internen **Kontrollsystems** sowie einer **Risikosteuerung** unabdingbar.

7) **Interessenkonflikte**, die zwischen Mitarbeitern, Mitgliedern der Leitungs-, Aufsichts- und Beratungsgremien einerseits und dem Immobilienunternehmen andererseits oder zwischen diesem und den Anlegern bestehen, werden durch geeignete Regeln vermieden oder offen gelegt.

8) Die **Prüfung des Jahresabschlusses** ist für den Schutz der Anleger und für die Vertrauensbildung von großer Bedeutung. Bei der Auswahl der Prüfer werden die Kriterien Unabhängigkeit und Qualifikation streng beachtet.

9) Das **Geschäftsmodell** des Immobilienunternehmens, die **Organisationsstruktur** und die **Beteiligungsverhältnisse** werden übersichtlich dargestellt und deren Veränderungen erläutert.

10) Die **Informationspolitik** ist durch die Grundsätze der Glaubwürdigkeit und der Gleichbehandlung gekennzeichnet. Immobilienunternehmen informieren institutionelle und private, in- und ausländische Anleger sowie sonstige Marktteilnehmer objektiv, klar, umfassend und zeitgleich in adressatengerechter Form und Sprache sowie in geeigneten Medien.

Auf der Grundlage dieser „Grundsätze ordnungsmäßiger und lauterer Geschäftsführung der Immobilienwirtschaft" wurde ein branchenspezifischer Kodex „Wertemanagement in der Immobilienwirtschaft" als Leitfaden entwickelt.

Dieses **Wertemanagement** besteht aus den **5 Bausteinen**:
1. Grundwerteerklärung,
2. Verhaltensstandards,
3. Verbindlichkeit,
4. Kommunikation,
5. Sicherstellung.

Bei jedem dieser Bausteine sind neben einer Erläuterung Fragen zur Implementierung beigefügt.

Beispiel Baustein „Grundwerteerklärung"

Erläuterung:
Grundlegender Baustein jedes **WerteManagementSystems** ist die Kodifizierung der Grundwerte eines Unternehmens. Sie dienen der Handlungsorientierung und geben Entscheidungshilfe. Die leitenden Werte müssen mit Bezug auf die wichtigsten Interessengruppen (mindestens Kapitalgeber, Mitarbeiter, Kunden, Gesellschaft) und Themenfelder (mindestens Integrität, Transparenz, Vertraulichkeit, Professionalität) entwickelt werden.

Implementierung:
- Existiert ein solches Dokument (Leitbild, Grundwerteerklärung, Code of Ethics, MissionVision Value Statement etc.) bereits in Ihrem Unternehmen?
- Wenn ja, sind die in der Erläuterung genannten Interessengruppen und Themenfelder behandelt? Gibt es in dieser Hinsicht Überarbeitungsbedarf?
- Wenn nein, richten Sie eine Verantwortlichkeit (Einzelperson, Arbeitsgruppe) ein, die ein solches Dokument entwickelt.
- Die wichtigsten Interessengruppen im Unternehmen (Geschäftsführung/Vorstand, Führungskräfte verschiedener Ebenen, Mitarbeiter) sollten einbezogen werden. Geschäftsführung oder Vorstand verabschieden das Dokument.

Zwischen den **„Grundsätzen ordnungsmäßiger und lauterer Geschäftsführung der Immobilienwirtschaft"** und dem Leitfaden des **„Wertemanagement in der Immobilienwirtschaft"** stehen spezielle Kodices für unterschiedliche Akteure in der Immobilienwirtschaft.

Beispiel:
Kodex für Treuhandvermögen. Ergänzung der Grundsätze ordnungsmäßiger und lauterer Geschäftsführung der Immobilienwirtschaft für Treuhandvermögen, insbesondere geschlossener Immobilienfonds (Neufassung September 2005).

Weitere Aktivitäten um diesen Themenbereich haben sich entwickelt: So gibt es zum Beispiel bei der **gif** *(gif Gesellschaft für Immobilienwirtschaftliche Forschung e. V. Arbeitskreis Real Estate Investment Management, Verhaltenskodex Real Estate Investment Management, Wiesbaden 2003)* Gesellschaft für immobilienwirtschaftliche Forschung einen **„Verhaltenskodex Real Estate Investment Management"**.

2.2 PERSONALWIRTSCHAFT

Während lange Zeit der Personalwirtschaft bei Unternehmen der Immobilienwirtschaft neben traditionellen Bereichen wie Finanzwirtschaft, Produktion etc. – ähnlich Marketing – eine zumindest institutionell untergeordnete Bedeutung beigemessen wurde, hat sich zunehmend die **Erkenntnis** durchgesetzt, **dass dem Faktor Arbeit** ein hochwertiger Rang bei der Verfolgung der Unternehmensziele zukommt. Dazu hat auch die stärkere Bedeutung des **Dienstleistungscharakters** der Unternehmen wesentlich beigetragen.

Faktor Arbeit - Bedeutung

Personalwirtschaft umfasst alle Planungen und Maßnahmen unter Nutzen-Kostengesichtspunkten im weitesten Sinne, die den Faktor Arbeit umfassen.

Es handelt sich um „eine betriebswirtschaftliche Funktion, deren Kernaufgabe die Bereitstellung, der zielorientierte Einsatz und die Steuerung des Verhaltens von Personal ist." *(Weber, Wolfgang, Stichwort „Personalwirtschaft", in: Weber, W., Mayrhofer, W., Nienhüser, W., Grundbegriffe der Personalwirtschaft, Stuttgart, 1993, S. 220)*

Personalwirtschaft - Elemente

Die **Elemente der Personalwirtschaft** umfassen die Bereiche:
- Personalplanung,
- Personalbeschaffung und -auswahl,

- Personaleinsatz,
- Personalbeurteilung,
- Personalentlohnung,
- Personalentwicklung.

2.2.1 Personalplanung

Wie immer die Personalplanung im Rahmen der Unternehmensplanung eingeordnet wird, sie ist die Planung eines existenziellen Teiles der unternehmerischen Gesamtplanung. Sie ist eng mit anderen Planungsbereichen eines Unternehmens verbunden. Eine Vernachlässigung des „human factors" zieht regelmäßig Krisensituationen nach sich. Unternehmen der Immobilienwirtschaft sind auf eine den unternehmerischen Zielsetzungen und deren tatsächliche Umsetzung angemessene Personalausstattung angewiesen. Eine schriftliche Niederlegung der Personalplanung zwingt zu konkreter und später nachprüfbarer und den Entwicklungen anpassbarer Planungstätigkeit. Der **Personalbedarf** muss **qualitativ, quantitativ** und **zeitbezogen** mit den **gegenwärtigen** sowie **zukünftig geplanten Unternehmensaktivitäten harmonieren**.

Personalbedarf – qualitative, quantitative und zeitbezogene Aspekte

Voraussetzung für erfolgreiche Personalplanung ist die regelmäßige **Personalbestandsanalyse,** die beispielsweise folgende Kriterien berücksichtigt: Alter der Mitarbeiter/innen, Bereitschaft zur Fort- und Weiterbildung, Mobilitätsbereitschaft, Belastbarkeit, Motivation.

2.2.2 Personalbeschaffung und -auswahl

Die zeitgerechte Beschaffung von Personal mit fachbezogener Grundaus- bzw. Fortbildung gestaltet sich regelmäßig schwieriger als von Anzulernenden. **Fachpersonal** macht ein Unternehmen mobiler und mindert die Krisenanfälligkeit bei außergewöhnlichem Arbeitsanfall, längerfristigem Ausfall von Personal usw.

Die Personalauswahl erfolgt immer für eine konkrete Aufgabe unter Zugrundelegung eines angemessenen Anforderungsprofils.

- **Externe Personalbeschaffung**

Personalbeschaffung – extern

Für alle Stellen, die die Unternehmensleitung nicht mit Angehörigen des Unternehmens besetzen kann oder will, müssen Mitarbeiter von außen geworben werden. Zu den externen Wegen der Personalbeschaffung gehören z. B. Inserate in Zeitungen und Fachzeitschriften oder Anfragen beim Arbeitsamt.

Bei der externen Personalbeschaffung kann sich ein Unternehmen gegenüber konkurrierenden Unternehmen dadurch Vorteile verschaffen, dass es zukünftigen Mitarbeitern Arbeitsbedingungen bietet, die einen hohen Stellenwert auf der persönlichen Werteskala einnehmen: z. B. Selbstverwirklichung, eigene Kompetenzen, mobile Arbeitseinteilung, attraktive Personalentwicklungsperspektiven, leistungsbezogene Vergütung.

- **Interne Personalbeschaffung**

- intern

Für die interne Personalbeschaffung haben die Unternehmen heute vielfach **Personalentwicklungssysteme** geschaffen, die den Beschäftigten eine konkrete Karriereplanung ermöglichen.

Besonders für die Auswahl von Führungskräften werden in zunehmendem Maße aufwendige Auswahlseminare **(Assessment-Centers)** durchgeführt.

2.2.3 Personaleinsatz

Mitarbeitereignung und Anforderungsprofil

Ein erfolgreicher Einsatz des Personals hängt davon ab, dass die **Mitarbeitereignung** und das **Anforderungsprofil** der zu lösenden Arbeitsaufgabe möglichst deckungsgleich in Einklang gebracht werden.

Als kontinuierliche Aufgabe sind mögliche Abweichungen festzustellen und geeignete Maßnahmen einzuleiten, die auf Abhilfe zielen.

In der Immobilienwirtschaft ist aufgrund der
- Klein- und mittelständischen Branchenstruktur sowie
- Komplexität der sich in einem Immobilienunternehmen ergebenden Aufgaben

auf ein möglichst hohes Maß an Flexibilität der Mitarbeiter zu achten. Flexible Einsatzmöglichkeiten der Mitarbeiter und Mitarbeiterinnen ermöglichen einen zielgerichteten Personaleinsatz je nach Anforderung.

Beim Personaleinsatz ist ggf. auf Mitwirkungs- und Mitbestimmungsrechte eines bestehenden Betriebsrats im Rahmen des Betriebsverfassungsgesetzes zu achten.

2.2.4 Personalbeurteilung

Je größer ein Unternehmen ist, desto weniger kann auf eine institutionalisierte Personalbeurteilung verzichtet werden.

Eine Personalbeurteilung hat besondere Bedeutung bei der Einstellung bzw. Beförderung von Mitarbeitern. Auch bei einer Umsetzung und Entlassung ist eine richtige Personalbeurteilung wichtig.

Arbeitsleistung und Arbeitsverhalten

Sie liefert **Aussagen** über die **Arbeitsleistung** und das **Arbeitsverhalten** des Personals und kann u. a. auch Grundlage für eine Personalbestandsanalyse, einer Überprüfung des Lohn- und Gehaltsgefüges und der Fortschreibung des Personalentwicklungsplanes sein.

Personalbeurteilung Verfahren

Bei der **Personalbeurteilung** gibt es zwei mögliche **Verfahren:**

– **Freie Beurteilung**

Bei der freien Beurteilung wird die allgemeine Leistungsfähigkeit und die Persönlichkeit des Mitarbeiters aufgrund des Gesamteindrucks beurteilt.

- **Kennzeichnungs- und Einstufungsverfahren**

Der Problematik einer möglichst objektiven Beurteilung versucht man bei diesem Verfahren dadurch gerecht zu werden, dass man Beurteilungskriterien verwendet, die sich auf Arbeitsergebnisse stützen.

Von Vorteil ist, dass der Beurteilende auf der Grundlage eines **Beurteilungsbogens** und anhand von **Beurteilungskriterien** urteilt, die für alle Mitarbeiter gelten und somit eine objektivierte Einstufung in Bewertungsstufen sowie eine Benotung erfolgen kann.

Beurteilungskriterien können z. B. sein:
- Vorbildung,
- berufliche Ausbildung,
- Kenntnisse und Erfahrungen,
- Zuverlässigkeit,
- Aufgabenerfüllung,
- Bereitschaft zur Fortbildung,
- Verhalten zu Vorgesetzten und Kollegen.

Beurteilungskriterien

Als Nachteil ist anzumerken, dass es keine generell anerkannten Merkmale gibt und das gleiche Beurteilungsschema sich nicht für alle Leistungsebenen eignet.

Nach dem Betriebsverfassungsgesetz haben Mitarbeiter das Recht, eine Erörterung ihrer Leistungsbeurteilung zu verlangen. Hieraus kann sich ein Beurteilungsgespräch ergeben, das die Ergebnisse der Beurteilung auswertet und verdeutlicht.

2.2.5 Personalentlohnung

„Das Entgelt ist die materielle Gegenleistung eines Unternehmens für die Leistungen jener Personen, die sich dem Unternehmen vertraglich verpflichtet haben, diese Leistungen zu erbringen." *(Bröckermann, Reiner, Personalwirtschaft, 2. Auflage, Stuttgart, 2001, S. 29)*

In der Immobilienwirtschaft spielen eine gewisse Rolle die **„geringfügig Beschäftigten"**. Vielfach wird diese Art des Beschäftigungsverhältnisses für **Hausmeisterdienste** angewandt.

Geringfügig Beschäftigte

Das Entgelt für geringfügig Beschäftigte darf im Regelfall 400 Euro im Monat nicht übersteigen.

Geringfügig Beschäftigte sind hinsichtlich der Sozialversicherungsabgaben und der steuerlichen Auswirkungen begünstigt. Es ist allerdings darauf hinzuweisen, dass auch geringfügig Beschäftigte im Krankheitsfall sowie was Urlaubsanspruch und Feiertage betrifft, einen Anspruch auf Entgeltfortzahlung haben. Der Arbeitgeber ist verpflichtet, bei der Einstellung eines geringfügig Beschäftigten diesen nach dem Bestehen weiterer gleicher Beschäftigungsverhältnisse zu fragen.

2. UNTERNEHMENSFÜHRUNG UND PERSONALWIRTSCHAFT

Erfolgs- bzw. leistungsabhängige Entlohnungssysteme sind bisher in der Immobilienwirtschaft lediglich in Teilbereichen, so z. B. bei Maklerunternehmen oder bei Bauträgerunternehmen, verbreitet.

Tantiemevereinbarungen versus Tarifverträge

Es ist jedoch mit einer Zunahme der Bedeutung von **Tantiemevereinbarungen** zu rechnen. Die Vorteile von Tantieme-Verträgen gegenüber **Tarifverträgen** liegen in der höheren Flexibilität solch variabler Vergütungen.

Sie können
- die Arbeitsmotivation erhöhen,
- die Identifizierung mit dem Unternehmen fördern und auch
- eine erhöhte Bindung an das Unternehmen

bewirken *(GdW Bundesverband Deutscher Wohnungs- und Immobilienunternehmen e. V., Tantieme-Vereinbarung in der Wohnungswirtschaft, Berlin, August 2005, S. 1–2).*

Tantieme-Vereinbarungen werden zumindest derzeit jedoch überwiegend im Bereich der mittleren und gehobenen Führungsebene von Unternehmen angewandt.

Freie Mitarbeiter

Eine weitere Besonderheit in der Immobilienwirtschaft stellt die freie Mitarbeiterschaft dar. **Freie Mitarbeiter** sind grundsätzlich nicht in die Organisation des Unternehmens eingebunden. Auf die wichtige Abgrenzung zwischen Werkvertrag und Dienstvertrag ist sorgfältig zu achten. Eine fehlerhafte Anwendung kann schwerwiegende Folgen für das Immobilienunternehmen haben.

2.2.6 Personalentwicklung

Personalentwicklung

„Die Personalentwicklung dient der Vermittlung jener Qualifikationen, die zur optimalen Verrichtung der derzeitigen und der zukünftigen Aufgaben in einem Unternehmen erforderlich sind."

Bröckermann, Reiner, Personalwirtschaft, 2. Auflage, Stuttgart, 2001, S. 30 und 356

Die Personalentwicklung ist eng mit der Betriebsorganisation (s. Kapitel 4) verbunden.

Die Personalentwicklung basiert auf den wesentlichen Säulen
- Ausbildung und
- berufliche Fortbildung.

2.2.6.1 Ausbildung in der Immobilienwirtschaft

Ausbildungsbetrieb – ein Qualitätsbegriff

Immer mehr setzt sich die Auffassung durch, dass auch Unternehmen in der Immobilienwirtschaft die Bezeichnung **„Ausbildungsbetrieb"** gleichsam als Qualitätsbegriff sehen. Je nach lokalen und regionalen Gegebenheiten ist eine Ausbildung von Fachkräften im eigenen Unternehmen eine entscheidende Möglichkeit, den Nachwuchs von qualifizierten Arbeitskräften sicherzustellen.

Von den Kaufleuten in der Grundstücks- und Wohnungswirtschaft zum

In der Verordnung über die Berufsausbildung zum Kaufmann in der Grundstücks- und Wohnungswirtschaft/zur Kauffrau in der Grundstücks- und Wohnungswirtschaft" vom 13.2.1981 wurde der Ausbildungsberuf „Kaufmann/Kauffrau in der Grundstücks- und Wohnungswirtschaft" staatlich anerkannt. Die Verordnung wurde am 11.3.1996 novelliert (BGBl. 1996 Teil I Nr. 15/18.3.1996) und trat zum 1.8.1996 in Kraft. Diese Verordnung wurde am 14. Februar 2006 nach einem neuen Konzept unter Umbenennung der Bezeichnung des Ausbildungsberufsbildes in Immobilienkaufmann/Immobilienkauffrau novelliert. Die neue Verordnung trat am 1.8.2006 in Kraft. Beibehalten wurde konsequent der Begriff den „Auszubildenden", obwohl bei Novellierung des Berufsbildungsgesetzes am 31.3.2005 daneben auch wieder der alte Begriff des **Lehrlings** eingeführt wurde.

Immobilienkaufmann und Immobilienkauffrau

Lehrling

Festgehalten wurde an dem dreijährigen Ausbildungszeitraum. Da die Ausbildung in jedem Fall am Tage der bestandenen Prüfung endet, kann in der Regel der Dreijahreszeitraum nicht ausgeschöpft werden. Ohnehin müssen in den zur Verfügung stehenden Zeitrahmen die Urlaubstage und die Abwesenheitstage wegen des Berufsschulbesuchs der Lehrlinge (Auszubildenden) einkalkuliert werden.

Ausbildungszeitraum

Kürzung der Ausbildungszeit

Nach wie vor besteht die Möglichkeit, auf Antrag des Auszubildenden und des Ausbildungsunternehmens die Ausbildungszeit zu verkürzen wenn das Ausbildungsziel in der gekürzten Zeit erreicht werden kann. Davon ist im Hinblick auf das Ausbildungsvolumen im Allgemeinen abzuraten. Nur bei besonders begabten und fachlich bereits vorgebildeten Auszubildenden ist eine Kürzung der Ausbildungszeit vertretbar. Andererseits kann auch nach Anhörung des Auszubildenden eine Verlängerung der Ausbildungszeit beantragt werden, wenn dies erforderlich erscheint.

BBiG § 8

Inhaltlich wurde die Ausbildung dem **aktuellen Ausbildungsbedarf** angepasst. Formal wurde von einem reinen Monoberuf ohne Spezialisierungen Abschied genommen. Im ersten und zweiten Ausbildungsjahr wird zwar noch eine für alle Auszubildenden gemeinsame Grundausbildung vermittelt. Die im Ausbildungsrahmenplan für das erste und zweite Ausbildungsjahr dargestellten Qualifikationen müssen vom Ausbildungsbetrieb vermittelt werden.

Grundausbildung

Fertigkeiten, Kenntnisse und Fähigkeiten

Im **dritten Ausbildungsjahr** besteht die **Wahlmöglichkeit** aber auch **Wahlpflicht** einer **Vertiefung** der Grundausbildung in zwei von insgesamt fünf Wahlpflichteinheiten. In der zeitlichen Gliederung des Ausbildungsrahmenplans sind für jeden der zur Verfügung stehenden Wahlpflichtbereiche vier Monate vorgesehen. Das erste Drittel des dritten Ausbildungsjahres ist noch dem Bereich der Grundausbildung vorbehalten, da – wie schon ausgeführt – die Ausbildungszeit in der Regel keine drei vollen Jahre dauert.

Wahlpflichtqualifikationen

Bei den Wahlqualifikationen handelt es sich um
· Steuerung und Kontrolle des Unternehmens,
· Gebäudemanagement,
· Maklergeschäfte,
· Bauprojektmanagement,
· Wohnungseigentumsverwaltung.

Wahlpflichtqualifikationen im Einzelnen

Der Ausbildungsbetrieb kann allerdings zusätzliche immobilienfachliche **Fertigkeiten, Kenntnisse** und **Fähigkeiten** vermitteln, die im Ausbildungsrahmenplan nicht vorgesehen sind. Damit hat der Ausbildungsbetrieb die Möglichkeit einer dem eigenen beruflichen Leistungsfeld angepassten Zusatzausbildung.

Ausbildungs-verbund

Allerdings wird davon auszugehen sein, dass viele für die Ausbildung geeignete Unternehmen wegen ihres Spezialisierungsgrades eine Ausbildung nach dem immer noch breiten Ausbildungsspektrum alleine nicht durchführen können. Hier bietet sich eine Ausbildung im Verbund an. Ein Ausbildungsunternehmen kann sich durch vertragliche Vereinbarung mit einem oder zwei anderen Unternehmen zu einem Ausbildungsverbund zusammenschließen, um zu gewährleisten, dass alle Ausbildungsinhalte vermittelt werden. Dabei muss im Ausbildungsvertrag klar gestellt werden, wer für die einzelnen Ausbildungsabschnitte verantwortlich ist. Das Berufsbildungsgesetz sieht ausdrücklich die Möglichkeit der Verbundausbildung vor.

Befasst sich beispielsweise ein Ausbildungsunternehmen weder mit der Verwaltung von Wohnungseigentum noch mit der Maklertätigkeit, so können ein Wohnungseigentumsverwalter und ein Immobilienmakler für das Ausbildungsunternehmen die Vermittlung der entsprechenden Qualifikationen übernehmen. Die wird im Vergleich zum alten Ausbildungsberufsbild durch Einführung der Wahlqualifikationsbereiche erheblich erleichtert.

Kombination der Wahlqualifikationen

Praktisch besteht bei der Auswahl der beiden Wahlqualifikationsbereiche jede Kombinationsmöglichkeit, insbesondere wenn eine Ausbildung im Verbund miterwogen wird. Lediglich bei Wahl des Bereichs „Steuerung und Kontrolle des Unternehmens" sollte darauf geachtet werden, dass das Ausbildungsunternehmen eine Unternehmensgröße aufweist, die die zu erwerbenden Fertigkeiten, Kenntnisse und Fähigkeiten voll und ganz ermöglicht.

Berufliche Handlungsfähigkeit

Wie in anderen neuen Ausbildungsverordnungen, die nach Novellierung des Berufsbildungsgesetzes erlassen wurden, wird auch hier von den zu vermittelnden Fertigkeiten, Kenntnissen **und** Fähigkeiten gesprochen. Gemeint ist damit, dass am Ende der Ausbildung beim Auszubildenden eine **berufliche Handlungsfähigkeit** gegeben sein muss. Es geht darum, dass sich der Auszubildende die Fertigkeit aneignet, mit den erlernten Kenntnissen sinnvoll und zielorientiert umzugehen, sich also ein Beurteilungsvermögen aneignet und gleichzeitig fähig wird, sie auch im Beruf situationsbezogen anzuwenden.

2.2.6.1.1 Text der Ausbildungsverordnung

**Verordnung über die Berufsausbildung
zum Immobilienkaufmann/zur Immobilienkauffrau**

vom 14. Februar 2006

Auf Grund des § 4 Abs. 1 in Verbindung mit § 5 des Berufsbildungsgesetzes
vom 23. März 2005 (BGBl I S. 931) verordnet das Bundesministerium
für Wirtschaft und Technologie im Einvernehmen mit dem Bundesministerium
für Bildung und Forschung:

§ 1 Staatliche Anerkennung des Ausbildungsberufes

Staatliche Anerkennung der Immobilienkaufleute

Der Ausbildungsberuf Immobilienkaufmann/Immobilienkauffrau wird staatlich anerkannt.

§ 2 Ausbildungsdauer

Die Ausbildung dauert drei Jahre.

§ 3 Struktur und Zielsetzung der Berufsausbildung

(1) Die in dieser Verordnung genannten Fertigkeiten, Kenntnisse und Fähigkeiten sollen so vermittelt werden, dass die Auszubildenden zur Ausübung einer qualifizierten beruflichen Tätigkeit im Sinne des § 1 Abs. 3 des Berufsbildungsgesetzes befähigt werden, die insbesondere selbstständiges Planen, Durchführen und Kontrollieren einschließt. Diese Befähigung ist auch in den Prüfungen nach den §§ 8 und 9 nachzuweisen.

(2) Die Ausbildung gliedert sich in
1. gemeinsame Qualifikationseinheiten gemäß § 4 Abs. 1 Nr. 1 bis 7 und
2. zwei im Ausbildungsvertrag festzulegende Wahlqualifikationseinheiten gemäß § 4 Abs. 1 Nr. 8

§ 4 Ausbildungsberufsbild

Ausbildungsberufsbild – Elemente

(1) Gegenstand der Berufsausbildung sind mindestens die folgenden Fertigkeiten, Kenntnisse und Fähigkeiten:

1 **Der Ausbildungsbetrieb:**
  1.1 Stellung, Rechtsform und Struktur,
  1.2 Berufsbildung, arbeits-, sozial- und tarifrechtliche Vorschriften,
  1.3 Sicherheit und Gesundheitsschutz bei der Arbeit,
  1.4 Umweltschutz,
  1.5 Personalwirtschaft;

2 **Organisation, Information und Kommunikation:**
  2.1 Arbeitsorganisation,
  2.2 Informations- und Kommunikationssysteme,
  2.3 Teamarbeit und Kooperation,
  2.4 Anwenden einer Fremdsprache bei Fachaufgaben;

3 **Kaufmännische Steuerung und Kontrolle:**
  3.1 Betriebliches Rechnungswesen,
  3.2 Controlling,
  3.3 Steuern und Versicherungen;

4 **Marktorientierung:**
  4.1 Kundenorientierte Kommunikation,
  4.2 Entwicklungsstrategien, Marketing;

5 **Immobilienbewirtschaftung:**
  5.1 Vermietung,
  5.2 Pflege des Immobilienbestandes,
  5.3 Grundlagen des Wohnungseigentums,
  5.4 Verwaltung gewerblicher Objekte;

6 **Erwerb, Veräußerung und Vermittlung von Immobilien**

7 **Begleitung von Bauvorhaben:**
  7.1 Baumaßnahmen,
  7.2 Finanzierung;

8 Zwei Wahlqualifikationseinheiten gemäß Abs. 2
(2) Die Auswahlliste nach Abs. 1 Nr. 8 umfasst folgende Wahlqualifikationseinheiten:
1. Steuerung und Kontrolle im Unternehmen,
2. Gebäudemanagement,
3. Maklergeschäfte,
4. Bauprojektmanagement,
5. Wohnungseigentumsverwaltung.

§ 5 Ausbildungsrahmenplan

Ausbildungsrahmenplan als Grundlage des betrieblichen Ausbildungsplanes

Die Fertigkeiten, Kenntnisse und Fähigkeiten nach § 4 sollen nach der in den Anlagen 1 und 2 enthaltenen Anleitung zur sachlichen und zeitlichen Gliederung der Berufsausbildung (Ausbildungsrahmenplan) vermittelt werden. Eine von dem Ausbildungsrahmenplan abweichende sachliche und zeitliche Gliederung des Ausbildungsinhaltes ist insbesondere zulässig, soweit betriebspraktische Besonderheiten die Abweichung erfordern.

§ 6 Ausbildungsplan
Die Ausbildenden haben unter Zugrundelegung des Ausbildungsrahmenplans für die Auszubildenden einen Ausbildungsplan zu erstellen.

§ 7 Schriftlicher Ausbildungsnachweis

Ausbildungsnachweis

Die Auszubildenden haben einen schriftlichen Ausbildungsnachweis zu führen. Ihnen ist Gelegenheit zu geben, den schriftlichen Ausbildungsnachweis während der Ausbildungszeit zu führen. Die Ausbildenden haben den schriftlichen Ausbildungsnachweis regelmäßig durchzusehen.

§ 8 Zwischenprüfung

Zwischenprüfung

(1) Zur Ermittlung des Ausbildungsstandes ist eine Zwischenprüfung durchzuführen. Sie soll in der Mitte des zweiten Ausbildungsjahres stattfinden.
(2) Die Zwischenprüfung erstreckt sich auf die in den Anlagen 1 und 2 für das erste Ausbildungsjahr aufgeführten Fertigkeiten, Kenntnisse und Fähigkeiten sowie auf den im Berufsschulunterricht entsprechend dem Rahmenlehrplan zu vermittelnden Lehrstoff, soweit er für die Berufsausbildung wesentlich ist.
(3) Die Zwischenprüfung ist schriftlich anhand praxisbezogener Aufgaben oder Fälle in höchstens 120 Minuten in folgenden Prüfungsgebieten durchzuführen:
1. Ausbildungsbetrieb und Immobilienmarkt,
2. Mietobjekte und Immobilienvermittlung,
3. Wirtschafts- und Sozialkunde.

§ 9 Abschlussprüfung

Abschlussprüfung – die vier Prüfungsbereiche

(1) Die Abschlussprüfung erstreckt sich auf die in der Anlage 1 aufgeführten Fertigkeiten, Kenntnisse und Fähigkeiten sowie auf den im Berufsschulunterricht zu vermittelnden Lehrstoff, soweit er für die Berufsausbildung wesentlich ist.
(2) Die Abschlussprüfung besteht aus vier Prüfungsbereichen:
1. Immobilienwirtschaft,
2. Kaufmännische Steuerung, Dokumentation,
3. Wirtschafts- und Sozialkunde,
4. Fallbezogenes Fachgespräch.

Die Prüfung ist in den Prüfungsbereichen nach den Nummern 1 bis 3 schriftlich und im Prüfungsbereich Fallbezogenes Fachgespräch mündlich durchzuführen.

(3) Die Anforderungen in den Prüfungsbereichen sind:
1. im Prüfungsbereich Immobilienwirtschaft: In höchstens 180 Minuten soll der Prüfling praxisbezogene Aufgaben oder Fälle bearbeiten und dabei zeigen, dass er Arbeitsabläufe planen und organisieren, Immobilienmärkte und Zielgruppen analysieren, immobilienbezogene und kundengerechte Dienstleistungen entwickeln, Kunden informieren, Immobilien erwerben, veräußern und vermitteln sowie Objekte bewirtschaften kann. Ferner soll er zeigen, dass er rechtliche Vorschriften beachten sowie Aspekte der Wirtschaftlichkeit, der Nachhaltigkeit und des Umweltschutzes berücksichtigen kann.
Dafür kommen insbesondere folgende Gebiete in Betracht:
a) Immobilienmärkte,
b) Immobilienbestand,
c) Immobiliengeschäfte,
d) Bauen und Finanzieren.
2. im Prüfungsbereich Kaufmännische Steuerung, Dokumentation:
In höchstens 90 Minuten soll der Prüfling praxisbezogene Aufgaben oder Fälle bearbeiten und dabei zeigen, dass er zur Vorbereitung von Entscheidungen Problemstellungen analysieren, Daten ermitteln, Kalkulationen durchführen, Kennziffern und Statistiken auswerten sowie Lösungsmöglichkeiten entwickeln und dokumentieren kann.
Dafür kommen insbesondere folgende Gebiete in Betracht:
a) Investitions- und Wirtschaftlichkeitsberechnung,
b) Berichtswesen,
c) Budgetplanung und -überwachung,
d) Steuern und Versicherungen.
3. im Prüfungsbereich Wirtschafts- und Sozialkunde:
In höchstens 90 Minuten soll der Prüfling praxisbezogene Aufgaben oder Fälle bearbeiten und dabei zeigen, dass er wirtschaftliche und gesellschaftliche Zusammenhänge der Berufs- und Arbeitswelt darstellen kann.
4. im Prüfungsbereich Fallbezogenes Fachgespräch soll der Prüfling eine praxisbezogene Aufgabe bearbeiten. Gegenstand der Aufgabenstellung sind Fertigkeiten, Kenntnisse und Fähigkeiten gemäß § 4 Abs. 1 in Verbindung mit einer der gewählten Wahlqualifikationseinheiten gemäß § 4 Abs. 2. Der Prüfling wählt eine von zwei ihm zur Wahl gestellten Aufgaben aus. Die zur Wahl gestellten Aufgaben müssen dieselbe Wahlqualifikationseinheit berücksichtigen. Im Rahmen des Fachgesprächs soll der Prüfling zeigen, dass er Aufgabenstellungen erfassen und Lösungswege entwickeln und begründen kann. Ferner soll er zeigen, dass er insbesondere wirtschaftliche, rechtliche, technische und ökologische Zusammenhänge beachten sowie service-, ziel-, adressaten- und situationsbezogen kommunizieren kann. Das Fachgespräch soll in Form eines Kunden- oder Teamgesprächs stattfinden. Dem Prüfling ist eine Vorbereitungszeit von höchstens 20 Minuten einzuräumen. Das Fachgespräch soll die Dauer von 30 Minuten nicht überschreiten.

Mögliche Ergänzungsprüfung

(4) Sind die Prüfungsleistungen in bis zu zwei schriftlichen Prüfungsbereichen mit „mangelhaft" und in den übrigen schriftlichen Prüfungsbereichen mit mindestens „ausreichend" bewertet worden, so ist auf Antrag des Prüflings oder nach Ermessen des Prüfungsausschusses in einem der mit „mangelhaft" bewerteten Prüfungsbereiche die schriftliche Prüfung durch eine

mündliche Prüfung von etwa 15 Minuten zu ergänzen, wenn diese für das Bestehen der Prüfung den Ausschlag geben kann. Der Prüfungsbereich ist vom Prüfling zu bestimmen. Bei der Ermittlung des Ergebnisses für diesen Prüfungsbereich sind die Ergebnisse der schriftlichen Arbeit und der mündlichen Ergänzungsprüfung im Verhältnis 2:1 zu gewichten.

(5) Bei der Ermittlung des Gesamtergebnisses hat der Prüfungsbereich Immobilienwirtschaft gegenüber jedem der übrigen Prüfungsbereiche das doppelte Gewicht.

(6) Zum Bestehen der Abschlussprüfung müssen im Gesamtergebnis und in mindestens zwei der in Absatz 2 Nr. 1 bis 3 genannten Prüfungsbereiche sowie im Prüfungsbereich Fallbezogenes Fachgespräch mindestens ausreichende Prüfungsleistungen erbracht werden. Werden die Prüfungsleistungen in einem Prüfungsbereich mit „ungenügend" bewertet, so ist die Prüfung nicht bestanden.

§ 10 Bestehende Berufsausbildungsverhältnisse

Berufsausbildungsverhältnisse, die bei Inkrafttreten dieser Verordnung bestehen, können unter Anrechnung der bisher zurückgelegten Ausbildungszeit nach den Vorschriften dieser Verordnung fortgesetzt werden, wenn die Vertragsparteien dies vereinbaren.

§ 11 Inkrafttreten, Außerkrafttreten

Diese Verordnung tritt am 1. August 2006 in Kraft. Gleichzeitig tritt die Verordnung über die Berufsausbildung zum Kaufmann in der Grundstücks- und Wohnungswirtschaft/zur Kauffrau in der Grundstücks- und Wohnungswirtschaft vom 11. März 1996 (BGBl. I S. 462) außer Kraft.

2.2.6.1.2 Ausbildungsrahmenplan für die Berufsausbildung zum Immobilienkaufmann/zur Immobilienkauffrau – sachliche Gliederung

Anlage 1 zu § 4 der Verordnung

Ausbildungsbetriebunabhängige Qualifikationen unter Nutzung der im Ausbildungsbetrieb gegebenen Ausbildungsinfrastruktur

Betriebswirtschaftliche Grundqualifikationen
Grundqualifikationen zur Positionierung des Unternehmens am Markt

	Abschnitt I: Gemeinsame Fertigkeiten, Kenntnisse und Fähigkeiten gemäß § 3 Abs. 2 Nr. 1 (Grundausbildung)	
Ausbildungsrahmenplan	Lfd. Nr.	Teil des Ausbildungsberufsbildes	Zu vermittelnde Fertigkeiten, Kenntnisse und Fähigkeiten
	1.	**Der Ausbildungsbetrieb**	
Auf den Ausbildungsbetrieb bezogene Grundqualifikationen	1.1	Stellung, Rechtsform und Struktur	a) Aufgaben; Aufbau, und Entscheidungsstrukturen des Ausbildungsbetriebes erläutern
			b) Kapitalausstattung von immobilienwirtschaftlichen Unternehmen in Abhängigkeit von der Rechtsform beschreiben

Lfd. Nr.	Teil des Ausbildungsberufsbildes	Zu vermittelnde Fertigkeiten, Kenntnisse und Fähigkeiten
		c) die Zusammenarbeit des Ausbildungsbetriebes mit Wirtschaftsorganisationen, Verbänden, Gewerkschaften und Behörden beschreiben
		d) Zielsetzung und Geschäftsfelder des Ausbildungsbetriebes und seine Stellung am Markt erläutern
		e) Geschäftsausübung in eigenem Namen von der Geschäftsausübung im Auftrag Dritter unterscheiden
1.2	Berufsbildung, arbeits-, sozial- und tarifrechtliche Vorschriften	a) Rechte und Pflichten aus dem Ausbildungsverhältnis beachten
		b) den betrieblichen Ausbildungsplan mit dem Ausbildungsrahmenplan vergleichen
		c) Arbeits- und sozialrechtliche Bestimmungen, für das Unternehmen wichtige tarifvertragliche Regelungen, Dienst- und Betriebsvereinbarungen sowie Mitbestimmungsrechte beachten
		d) wesentliche Inhalte des Arbeitsvertrages nennen
		e) lebensbegleitendes Lernen als Voraussetzung für berufliche und persönliche Entwicklung nutzen, berufsbezogene Fortbildungsmöglichkeiten ermitteln
1.3	Sicherheit und Gesundheitsschutz bei der Arbeit	a) Gefährdung für Sicherheit und Gesundheit am Arbeitsplatz feststellen sowie Maßnahmen zu ihrer Vermeidung ergreifen
		b) berufsbezogene Arbeitsschutz- und Unfallverhütungsvorschriften anwenden
		c) Verhaltensweisen bei Unfällen beschreiben sowie erste Maßnahmen einleiten
		d) Vorschriften des vorbeugenden Brandschutzes anwenden; Verhaltensweisen bei Bränden beschreiben und Maßnahmen zur Brandbekämpfung ergreifen
1.4	Umweltschutz	Zur Vermeidung betriebsbedingter Umweltbelastungen im beruflichen Einwirkungsbereich beitragen, insbesondere
		a) mögliche Umweltbelastungen durch den Ausbildungsbetrieb und seinen Beitrag zum Umweltschutz an Beispielen erklären
		b) für den Ausbildungsbetrieb geltende Regelungen des Umweltschutzes anwenden
		c) Möglichkeiten der wirtschaftlichen und umweltschonenden Energie- und Materialverwendung nutzen

Lfd. Nr.	Teil des Ausbildungsberufsbildes	Zu vermittelnde Fertigkeiten, Kenntnisse und Fähigkeiten
		d) Abfälle vermeiden; Stoffe und Materialien einer umweltschonenden Entsorgung zuführen
1.5	Personalwirtschaft	a) Personalbedarf feststellen, Personalprofile erstellen
		b) Aufgaben der Personalbetreuung wahrnehmen, insbesondere Auskünfte über Entgeltabrechnungen erteilen
		c) Beginn und Beendigung von Arbeitsverhältnissen vor bereiten
2	**Organisation, Information und Kommunikation**	
2.1	Arbeitsorganisation	a) die eigene Arbeit in Geschäftsprozesse einordnen, systematisch und qualitätsbewusst planen, durchführen und kontrollieren
		b) Arbeitsprozesse dokumentieren
		c) Möglichkeiten funktionaler und ergonomischer Arbeitsplatz- und Arbeitsraumgestaltung nutzen
		d) Maßnahmen zur Verbesserung der Arbeitsorganisation vorschlagen
		e) unternehmerisches Denken entwickeln, rechtliche Regelungen zur Aufnahme selbstständiger Tätigkeit erläutern
2.2	Informations- und Kommunikationssysteme	a) Informations- und Kommunikationssysteme zur Umsetzung von Geschäftsprozessen fachbezogen anwenden
		b) bei technischen Störungen Maßnahmen zu ihrer Behebung veranlassen
		c) Daten pflegen und sichern
		d) Vorschriften zu Datenschutz und Urheberrecht beachten
2.3	Teamarbeit und Kooperation	a) Auswirkungen von Information, Kommunikation und Kooperation auf Betriebsklima, Arbeitsleistung und Geschäftserfolg beachten
		b) Aufgaben im Team planen und bearbeiten, Ergebnisse abstimmen und auswerten
		c) zur Vermeidung von Kommunikationsstörungen beitragen und Möglichkeiten der Konfliktlösung anwenden
2.4	Anwenden einer Fremdsprache bei Fachaufgaben	a) fremdsprachige Fachbegriffe verwenden
		b) fremdsprachige Informationen auswerten
		c) fremdsprachige Auskünfte erteilen und einholen
3	**Kaufmännische Steuerung und Kontrolle**	
3.1	Betriebliches Rechnungswesen	a) das Rechnungswesen als Instrument kaufmännischer Planung, Steuerung und Kontrolle erläutern

Ausbildungsbetriebunabhängige Qualifikationen unter Nutzung der im Ausbildungsbetrieb gegebenen Ausbildungsinfrastruktur

Bauwirtschaftliche Grundqualifikationen

Lfd. Nr.	Teil des Ausbildungsberufsbildes	Zu vermittelnde Fertigkeiten, Kenntnisse und Fähigkeiten	
		b) Rechnungen prüfen, Zahlungen vorbereiten und veranlassen	
		c) Rechnungen erstellen, Zahlungseingänge kontrollieren und Zahlungsrückstände anmahnen	
		d) Belegbuchungen vorbereiten und Buchungen gemäß Kontenplan und Buchungsprogrammen ausführen	
		e) geschäftsbereichsbezogene Monats- oder Quartalsabschlüsse erstellen	
		f) Statistiken und Berichte zur Vorbereitung von Entscheidungen erstellen	
3.2	Controlling	a) Notwendigkeit einer laufenden Kontrolle der Wirtschaftlichkeit von betrieblichen Leistungen begründen	
		b) Soll-ist-Vergleiche erstellen und Budgets vorbereiten	
		c) an kaufmännischen Steuerungs- und Kontrollaufgaben mitwirken, insbesondere Statistiken und Berichte zur Vorbereitung von Entscheidungen auswerten und zusammenfassen	
3.3	Steuern und Versicherungen	a) Steuern und Abschreibungen berechnen	
		b) Steuerarten für Immobilien erläutern	
		c) Versicherungsrisiken für Immobilien unterscheiden, Versicherungsangebote einholen und bewerten	
4	**Marktorientierung**		
4.1	Kundenorientierte Kommunikation	a) Wirkungen kundenorientierten Verhaltens für den Geschäftserfolg beachten	Grundqualifikationen zur Positionierung des Unternehmens am Markt
		b) Gesprächsführungstechniken bei Informations-, Beratungs- und Verkaufsgesprächen anwenden	
		c) Themen und Unterlagen situations- und adressatengerecht aufbereiten und präsentieren	
4.2	Entwicklungsstrategien, Marketing	a) Veränderungen von Angebot und Nachfrage feststellen, deren Ursachen und Auswirkungen bewerten und Handlungsmöglichkeiten aufzeigen	
		b) Marktaktivitäten des Ausbildungsbetriebes und der Wettbewerber vergleichen	
		c) Werbeaktionen unter Beachtung rechtlicher Bestimmungen umsetzen	
		d) Zielgruppen analysieren	
		e) Marketingmaßnahmen vorschlagen	
		f) Maßnahmen der Öffentlichkeitsarbeit vorschlagen	

2. UNTERNEHMENSFÜHRUNG UND PERSONALWIRTSCHAFT

Lfd. Nr.	Teil des Ausbildungsberufsbildes	Zu vermittelnde Fertigkeiten, Kenntnisse und Fähigkeiten
5	**Immobilienbewirtschaftung**	
5.1	Vermietung	a) Mietpreise kalkulieren, Mietpreisveränderungen planen und umsetzen
		b) Kundengespräche und Wohnungsbesichtigungen unter Berücksichtigung der Bedürfnisse und Erwartungen von Mietern und Mietinteressenten planen und durchführen
		c) Mietverträge unterschriftsreif vorbereiten
		d) Wohnungen abnehmen, übergeben und Protokolle anfertigen
		e) Mietvertragskündigungen bearbeiten, deren Abwicklung koordinieren und Endabrechnungen erstellen
		f) Heiz- und Betriebskosten abrechnen
		g) Mieter adressaten- und situationsgerecht informieren
		h) auf Mieterstreitigkeiten mit Methoden des Konfliktmanagements reagieren sowie die Einhaltung der Hausordnung sicherstellen
		i) Vertragsstörungen mit sozialem Management entgegenwirken
		j) Mieter in besonderen Lebenslagen über Hilfsangebote beraten
		k) Mietrückstände feststellen, gerichtliche und außergerichtliche Mahnverfahren, Zahlungs- und Räumungsklagen sowie Zwangsvollstreckungen veranlassen
5.2	Pflege des Immobilienbestandes	a) Bedarf an Instandhaltungen, Instandsetzungen, Modernisierungen und Sanierungen ermitteln sowie deren Wirtschaftlichkeit und Fördermöglichkeiten prüfen
		b) Produkte und Maßnahmen unter dem Gesichtspunkt des nachhaltigen Wirtschaftens beurteilen und deren Einsatzmöglichkeiten prüfen
		c) Kosten schätzen, Budgets erarbeiten
		d) Aufträge erteilen und abwickeln
		e) Mieteranträge zur Wohnwertverbesserung bearbeiten
		f) Schadensfälle unter Berücksichtigung der im Ausbildungsbetrieb bestehenden Versicherungen bearbeiten

Grundqualifikationen im immobilienwirtschaftlichen Hauptleistungsbereich – Sicherung von Wohnen und Arbeiten

Lfd. Nr.	Teil des Ausbildungsberufsbildes	Zu vermittelnde Fertigkeiten, Kenntnisse und Fähigkeiten	
5.3	Grundlagen des Wohnungseigentums	a) Rechtliche Bedingungen und Verfahren der Begründung von Wohnungs- und Teileigentum erläutern	
		b) Bestimmungen von Teilungserklärungen und Gemeinschaftsordnungen anwenden sowie ihre Auswirkungen auf die Wohnungseigentumsverwaltung und Wirtschaftspläne erläutern	
		c) Rechte und Pflichten der Wohnungseigentümer und der Verwaltung erläutern	
		d) Wohnungseigentümerversammlungen vor- und nachbereiten	
5.4	Verwaltung gewerblicher Objekte	a) Lebenszyklen gewerblicher Objekte beschreiben	
		b) Flächenbewirtschaftung steuern	
		c) Objektbuchhaltung durchführen	
		d) Gewerbliche Mietverträge gestalten und optimieren	
		e) Nebenkosten und Serviceleistungen abrechnen	
6.	Erwerb, Veräußerung und Vermittlung von Immobilien	a) Leistungsarten und Leistungsbereiche eines Maklerunternehmens beschreiben	Grundqualifikation zur Erbringung von immobilienwirtschaftlichen Marktleistungen
		b) Exposés erstellen und ausweiten	
		c) Immobilien nach Lage, Beschaffenheit und Nutzungsmöglichkeiten beurteilen	
		d) Grundstücksrechte und -belastungen innerhalb und außerhalb des Grundbuchs feststellen, Risiken prüfen	
		e) Kaufpreise ermitteln und Erwerbsnebenkosten feststellen	
		f) Inhalt und Abwicklung von Grundstückskauf- und Erbbaurechtsverträgen erläutern	
		g) Kaufobjekte übergeben, Kaufpreise abrechnen	
		h) Maklervertragsbedingungen und Provisionsansprüche erläutern	
7.	Begleitung von Bauvorhaben		
7.1	Baumaßnahmen	a) baurechtliche Anforderungen einschließlich Erschließung und städtebaulicher Vorgaben bei Planungen berücksichtigen	Grundqualifikationen als Geschäftspartner von Bauunternehmen und Kreditinstituten
		b) Bauteile, Materialien und Produkte und ihre Anwendungsbereiche unterscheiden	
		c) Bauzeichnungen erläutern	
		d) Unterlagen für Bauanträge zusammenstellen	
7.2	Finanzierung	a) Investitions- und Wirtschaftlichkeitsberechnungen durchführen	

	Lfd. Nr.	Teil des Ausbildungsberufsbildes	Zu vermittelnde Fertigkeiten, Kenntnisse und Fähigkeiten
			b) Darlehensangebote anfordern, Konditionen vergleichen und alternative Finanzierungspläne entwerfen
			c) Liquiditäts- und Belastungspläne aufstellen
			d) Möglichkeiten einer Umfinanzierung prüfen
			e) Voraussetzungen für eine Förderung prüfen und Anträge auf Gewährung von Fördermitteln vorbereiten
			f) Rentabilität beim Erwerb und bei der Erstellung von Mietwohnungs- und Gewerbeobjekten ermitteln
			g) Finanzierungsinstrumente und Sicherungsmöglichkeiten hinsichtlich ihrer Bedeutung einschätzen

Abschnitt II: Fertigkeiten, Kenntnisse und Fähigkeiten in den Wahlqualifikationseinheiten gemäß § 3 Abs. 2 Nr. 2

	Lfd. Nr.	Teil des Ausbildungsberufsbildes	Zu vermittelnde Fertigkeiten, Kenntnisse und Fähigkeiten
Vertieft werden Fertigkeiten, Kenntnisse und Fähigkeiten der Grundqualifikationen „Kaufmännische Steuerung und Kontrolle" (lfd. Nr. 3)	8.1	Steuerung und Kontrolle im Unternehmen	a) Portfoliomethode anwenden und Vorschläge für Unternehmensentscheidungen erarbeiten
			b) Aufbau und Gliederung von Ertragsbereichen erläutern
			c) Deckungsbeitrags- und Betriebsergebnisrechnungen unter Berücksichtigung der Auswirkungen von Steuern und Abgaben durchführen
Wahl dieser Qualifikation setzt entsprechende Unternehmensgröße voraus			d) die Erstellung von Jahresabschlüssen und Wirtschaftsplänen vorbereiten, dabei handelsrechtliche und steuerrechtliche Bilanzierungsgrundsätze anwenden
			e) Steuerunterlagen zusammenstellen und Steuererklärungen vorbereiten
			f) Anforderungen interner und externer Revisionen und Prüfungen beachten
Vertieft werden Fertigkeiten, Kenntnisse und Fähigkeiten der Grundqualifikationen „Immobilienbewirtschaftung" (ld.Nr. 4)	8.2	Gebäudemanagement	a) Maßnahmen der technischen Gebäudebetreuung, insbesondere in den Bereichen Gebäudeleittechnik, Gebäudeautomation, Sanitär-, Klima- und Heizungstechnik, Netzwerktechnik und Lichtsysteme, koordinieren
			b) Reinigung, Entsorgung und Hausmeisterdienste organisieren
			c) Pflege von Außenanlagen veranlassen und kontrollieren

Lfd. Nr.	Teil des Ausbildungsberufsbildes	Zu vermittelnde Fertigkeiten, Kenntnisse und Fähigkeiten	
		d) Fuhrparkmanagement betreiben	
		e) Maßnahmen der Gebäudeüberwachung und Sicherheitstechnik organisieren und deren Einhaltung überprüfen	
		f) Personaleinsatzpläne erstellen	
		g) Betriebskosten optimieren	
8.3	Maklergeschäfte	a) Vermittlungsobjekte suchen und in Informationssystemen verwalten	Vertieft werden Fertigkeiten, Kenntnisse und Fähigkeiten der „Grundqualifikationen Erwerb, Veräußerung und Vermittlung von Immobilien" (lfd. Nr. 6)
		b) Kunden akquirieren	
		c) in Fragen der Wertermittlung beraten	
		d) Maklervertragsbedingungen festlegen, Verträge erstellen	
		e) Anzeigen und Exposés gestalten und in Medien veröffentlichen	
		f) Sonderaktionen und Veranstaltungen planen und durchführen	
		g) Werbemaßnahmen entwickeln und ihre Wirksamkeit beurteilen	
		h) Objektbesichtigungen organisieren und durchführen	
		i) Interessenten bei baulichen Gestaltungsfragen und Finanzierungsmöglichkeiten beraten	
		j) notarielle Beurkundung und Übergabe des Kaufobjektes vorbereiten und begleiten	
		k) Makler- und Bauträgerverordnung anwenden	
		l) Rechtliche Regelungen bei der Beratung von Kunden beachten, Haftungsrisiken feststellen und Versicherungsschutz prüfen	
		m) Provisionsansprüche sichern	
8.4	Bauprojektmanagement	a) Baumaßnahmen planen, Leistungsumfang festlegen und Bauleistungen unter Beachtung technischer Vorgaben beschreiben	Vertieft werden Fertigkeiten, Kenntnisse und Fähigkeiten der Grundqualifikationen „Begleitung von Bauvorhaben" (lfd. Nr. 7)
		b) Angebote einholen, Ausschreibungen und Submissionen sowie Bauverträge unter rechtlichen und wirtschaftlichen Gesichtspunkten vorbereiten	
		c) Baumaßnahmen veranlassen, organisieren und kontrollieren, bei Vertragsstörungen geeignete Maßnahmen einleiten	
		d) Baumaßnahmen abrechnen	

Lfd. Nr.	Teil des Ausbildungsberufsbildes	Zu vermittelnde Fertigkeiten, Kenntnisse und Fähigkeiten
		e) Kaufinteressenten unter Berücksichtigung ihrer individuellen Vorstellungen bei Fragen zur baulichen Gestaltung und Ausstattung beraten
8.5	**Wohnungseigentumsverwaltung**	a) Wirtschaftspläne, Jahresabrechnungen und Rechnungslegungen erstellen
		b) Eigentümerversammlungen durchführen
		c) Beschlussfassungen im schriftlichen Umlaufverfahren herbeiführen
		d) Konflikte erkennen und analysieren, Lösungsstrategien entwickeln und umsetzen
		e) Maßnahmen zur Durchsetzung von Hausgeldansprüchen einleiten
		f) rechtliche Regelungen zum Wohnungseigentum anwenden, das gerichtliche Verfahren in Wohnungseigentumsangelegenheiten erläutern

Vertieft werden Fertigkeiten, Kenntnisse und Fähigkeiten der Grundqualifikationen „Grundlagen des Wohnungseigentums" (lfd. Nr. 5.3)

Die oben dargestellte sachliche Gliederung des Ausbildungsrahmenplanes wird ergänzt durch eine zeitliche Gliederung. Sie wird unten wiedergegeben. Diese korrespondiert wiederum mit der zeitlichen Gliederung des Rahmenlehrplanes der Berufsschulen, dessen Grundzüge ebenfalls unten dargestellt werden.

Lernorte

Der Ausbildungsbetrieb und die Betriebe etwaiger Ausbildungspartner sind nicht die einzigen **Lernorte**. Hinzu kommen die Berufsschule und sonstige Berufsbildungseinrichtungen, die in Anspruch genommen werden können, um den Lernerfolg herbeizuführen. So kann im betrieblichen Ausbildungsplan der Besuch eines Trainingsseminars etwa bei der IHK oder von fachlichen Vorträgen beim Berufsverband vorgesehen werden. Im Übrigen ist zulässig, dass ein Teil der Ausbildung auch im Ausland absolviert werden kann. Allerdings soll die Dauer nicht mehr als ein Viertel der Ausbildungszeit betragen. Erforderlich ist dabei ein mit der IHK abgestimmter Plan.

Ausbildung im Ausland

2.2.6.1.3 Ausbildungsrahmenplan für die Berufsausbildung zum Immobilienkaufmann/zur Immobilienkauffrau – zeitliche Gliederung

Anlage 2 zu § 5 der Verordnung

1. Ausbildungsjahr

Zeitlicher Zuordnungsvorschlag der Vermittlung von Fertigkeiten, Kenntnissen und Fähigkeiten des Ausbildungsrahmenplanes

(1) In einem Zeitraum von insgesamt ein bis zwei Monaten sind schwerpunktmäßig die Fertigkeiten, Kenntnisse und Fähigkeiten gemäß Anlage 1 Abschnitt I der Berufsbildpositionen
1.1 Stellung, Rechtsform und Struktur,
1.2 Berufsbildung, arbeits-, sozial- und tarifrechtliche Vorschriften, Lernziele a bis c,
1.3 Sicherheit und Gesundheitsschutz bei der Arbeit,
zu vermitteln.

(2) In einem Zeitraum von insgesamt vier bis fünf Monaten sind schwerpunktmäßig die Fertigkeiten, Kenntnisse und Fähigkeiten gemäß Anlage 1 Abschnitt I der Berufsbildpositionen
    1.4   Umweltschutz,
    2.4   Anwenden einer Fremdsprache bei Fachaufgaben, Lernziel a,
    3.1   Betriebliches Rechnungswesen, Lernziele a bis d,
    3.2   Controlling, Lernziel a,
    4.1   Kundenorientierte Kommunikation, Lernziel a,
    5.1   Vermietung, Lernziele a bis f,
zu vermitteln.

(3) In einem Zeitraum von insgesamt drei bis vier Monaten sind schwerpunktmäßig die Fertigkeiten, Kenntnisse und Fähigkeiten gemäß Anlage 1 Abschnitt I der Berufsbildpositionen
    4.2   Entwicklungsstrategien, Marketing, Lernziele a bis c,
    6   Erwerb, Veräußerung und Vermittlung von Immobilien, Lernziele a und b,
zu vermitteln.

(4) In einem Zeitraum von insgesamt zwei bis drei Monaten sind schwerpunktmäßig die Fertigkeiten, Kenntnisse und Fähigkeiten gemäß Anlage 1 Abschnitt I der Berufsbildpositionen
    1.2   Berufsbildung, arbeits-, sozial- und tarifrechtliche Vorschriften, Lernziel d,
    1.5   Personalwirtschaft,
    2.1   Arbeitsorganisation, Lernziele a bis c,
    2.2   Informations- und Kommunikationssysteme,
    2.3   Teamarbeit und Kooperation, Lernziel a,
zu vermitteln.

2. Ausbildungsjahr

(1) In einem Zeitraum von insgesamt drei bis fünf Monaten sind schwerpunktmäßig die Fertigkeiten, Kenntnisse und Fähigkeiten gemäß Anlage 1 Abschnitt I der Berufsbildpositionen
    2.3   Teamarbeit und Kooperation, Lernziele b und c,
    4.1   Kundenorientierte Kommunikation, Lernziele b und c,
    5.1   Vermietung, Lernziele g bis k,
    5.3   Grundlagen des Wohnungseigentums
zu vermitteln.

(2) In einem Zeitraum von insgesamt drei bis fünf Monaten sind schwerpunktmäßig die Fertigkeiten, Kenntnisse und Fähigkeiten gemäß Anlage 1 Abschnitt I der Berufsbildpositionen
    2.4   Anwenden einer Fremdsprache bei Fachaufgaben, Lernziele b und c,
    3.3   Steuern und Versicherungen, Lernziel c,
    5.2   Pflege des Immobilienbestandes,
    5.4   Verwaltung gewerblicher Objekte
zu vermitteln.

(3) In einem Zeitraum von insgesamt drei bis fünf Monaten sind schwerpunktmäßig die Fertigkeiten, Kenntnisse und Fähigkeiten gemäß Anlage 1 Abschnitt I der Berufsbildpositionen

1.2 Berufsbildung, arbeits-, sozial- und tarifrechtliche Vorschriften, Lernziel e,
2.1 Arbeitsorganisation, Lernziele d und e,
3.1 Betriebliches Rechnungswesen, Lernziele e und f,
3.2 Controlling, Lernziele b und c,
4.2 Entwicklungsstrategien, Marketing, Lernziele d bis f,
6. Erwerb, Veräußerung und Vermittlung von Immobilien, Lernziele c bis h,

zu vermitteln.

3. Ausbildungsjahr

Restpositionen der Grundausbildung

(1) In einem Zeitraum von insgesamt vier Monaten sind schwerpunktmäßig die Fertigkeiten, Kenntnisse und Fähigkeiten gemäß Anlage 1 Abschnitt I der Berufsbildpositionen

3.3 Steuern und Versicherungen, Lernziele a und b,
7.1 Baumaßnahmen,
7.2 Finanzierung

zu vermitteln.

Wahlpflichtqualifikationen, von denen zwei gewählt werden müssen

(2) In einem Zeitraum von jeweils vier Monaten sind schwerpunktmäßig die Fertigkeiten, Kenntnisse und Fähigkeiten der zwei ausgewählten Wahlqualifikationseinheiten gemäß Anlage 1 Abschnitt II der Berufsbildpositionen

1. Steuerung und Kontrolle des Unternehmens,
2. Gebäudemanagement,
3. Maklergeschäfte,
4. Bauprojektmanagement,
5. Wohnungseigentumsverwaltung

zu vermitteln.

2.2.6.1.4 Berufsschule und Lernfelder des Rahmenlehrplanes

Berufsschule als Partner

Die **Berufsschule** stellt das zweite Bein der dualen Ausbildung dar. Je mehr die Vermittlung von Kenntnissen im Vordergrund steht und der Erwerb von Fertigkeiten (etwa in Übungen) für die berufliche Leistungswelt erforderlich sind, desto bedeutsamer wird der Berufsschulunterricht. Dort wird aber durch die Fächergliederung nicht nur Fach- sondern auch Sozialkompetenz vermittelt. Die Berufsschule ist quasi ein bedeutender Ausbildungspartner der Ausbildungsunternehmen.

Der Berufsschulunterricht erfolgt nach dem von der Kultusministerkonferenz am 13.1.2006 beschlossenen Rahmenlehrplan. Er wird von den Bundesländern umgesetzt, kann aber von diesen auch noch modifiziert werden. Der Zeitrichtwert für den Berufsschulunterricht beträgt in den drei Ausbildungsjahren 880 Stunden.

Die Lernfelder des Rahmenlehrplanes befassen sich unmittelbar mit den Ausbildungsfeldern der Ausbildungsbetriebe. Der unten dargestellte Überblick vermittelt lediglich eine grobe Vorstellung von den Lehrinhalten, die im Einzelnen vermittelt werden müssen.

Übersicht über die Lernfelder für den Ausbildungsberuf Immobilienkaufmann/Immobilienkauffrau

Nr.	Lernfelder	Zeitrichtwerte in Unterrichtsstunden		
		1. Jahr	2. Jahr	3. Jahr
1	Die Berufsausbildung selbstständig mitgestalten	60		
2	Das Immobilienunternehmen repräsentieren	60		
3	Werteströme und Werte erfassen und dokumentieren	40		
4	Wohnräume vermieten	60		
5	Wohnräume verwalten und Bestände pflegen	100		
6	Gewerbliche Objekte bewirtschaften		40	
7	Grundstücke erwerben und entwickeln		60	
8	Bauprojekte entwickeln und begleiten		100	
9	Wohnungseigentum begründen und verwalten		80	
10	Immobilien vermitteln und mit Immobilien handeln			80
11	Immobilien finanzieren			60
12	Gesamtwirtschaftliche Einflüsse bei immobilienwirtschaftlichen Entscheidungen berücksichtigen			60
13	Jahresabschlussarbeiten vornehmen und Informationen zur Unternehmenssteuerung bereitstellen			80
	Summen: insgesamt 880 Stunden	320	280	280

2.2.6.1.5 Der Ausbildungsvertrag

Wie schon ausgeführt, muss das Ausbildungsunternehmen auf der Grundlage des Ausbildungsrahmenplanes den betrieblichen Ausbildungsplan erstellen. Er ist als Anlage Bestandteil des Ausbildungsvertrages. Der Ausbildungsvertrag basiert auf einem von den Industrie- und Handelskammern vorgegebenen Vertragsformular. Nachfolgend wird das Muster eines betrieblichen Ausbildungsvertrages der IHK Berlin ohne die ergänzenden Vereinbarungen wiedergegeben. Die ergänzenden Vereinbarungen beziehen sich auf nähere Bestimmungen zur Ausbildungszeit, zu den einzelnen Pflichten des Ausbildenden und Auszubildenden, zur Vergütung, zu Urlaub, zur Kündigung, dem auszustellenden Zeugnis, der Beilegung etwaiger Streitigkeiten, dem Erfüllungsort und sonstigen Vereinbarungen.

Nachwuchskräfte, die in diesem Beruf geordnet und erfolgreich ausgebildet werden, verfügen „... über eine breit angelegte Grundausbildung und die für die Ausübung einer qualifizierten beruflichen Tätigkeit notwendigen fachlichen Fertigkeiten und Kenntnisse...".

Berufsausbildungsvertrag

(§§ 10,11 Berufsbildungsgesetz - BBiG)

HARDENBERGSTRASSE 16-18   10623 BERLIN

Zwischen dem Ausbildenden (Ausbildungsbetrieb) und der/dem Auszubildenden   männlich ☐   weiblich ☐

Tel.-Nr.   Firmenident-Nr.

Straße, Haus-Nr.

PLZ   Ort

Name, Vorname

Straße, Haus-Nr.

PLZ   Ort

Geburtsdatum   Geburtsort

Staatsangehörigkeit   Gesetzl. Vertreter[1]   Eltern ☐   Vater ☐   Mutter ☐   Vormund ☐

Namen, Vornamen der gesetzl. Vertreter

Straße, Haus-Nr.

PLZ   Ort

wird nachstehender Vertrag zur Ausbildung im Ausbildungsberuf
mit der Fachrichtung/dem Schwerpunkt,
nach Maßgabe der Ausbildungsordnung[2]) geschlossen

Änderungen des wesentlichen Vertragsinhaltes sind vom Ausbildenden unverzüglich zur Eintragung in das Verzeichnis der Berufsausbildungsverhältnisse bei der Industrie- und Handelskammer anzuzeigen.

Die beigefügten Angaben zur sachlichen und zeitlichen Gliederung des Ausbildungsablaufs (Ausbildungsplan) sind Bestandteil dieses Vertrages.

[A] Die Ausbildungszeit beträgt nach der Ausbildungsordnung _____ Monate.
Die vorausgegangene Berufsausbildung/Vorbildung:

wird mit _____ Monaten _____ Tagen angerechnet, es wird hiermit eine entsprechende Verkürzung beantragt.

Das Berufsausbildungsverhältnis
beginnt   endet
am _____   am _____

[B] Die Probezeit (§1 Nr.2) beträgt _____ Monate.[3]

[C] Die Ausbildung findet vorbehaltlich der Regelungen nach **[D]** (§3 Nr.12) in _____
und den mit dem Betriebssitz für die Ausbildung üblicherweise zusammenhängenden Bau-, Montage- und sonstigen Arbeitsstellen statt.

[D] Ausbildungsmaßnahmen außerhalb der Ausbildungsstätte
(§3 Nr.12) (mit Zeitraumangabe) _____

[E] Der Ausbildende zahlt dem Auszubildenden eine angemessene Vergütung (§ 5); diese beträgt zur Zeit monatlich brutto:

1. Ausbildungsjahr	2. Ausbildungsjahr	3. Ausbildungsjahr	4. Ausbildungsjahr
€	€	€	€

Soweit Vergütungen tariflich geregelt sind, gelten mindestens die tariflichen Sätze.

[F] Die regelm. tgl. Ausbildungszeit (§ 6 Nr.1) beträgt _____ Std.[4]

[G] Der Ausbildende gewährt dem Auszubildenden Urlaub nach den geltenden Bestimmungen. Es besteht ein Urlaubsanspruch auf

Im Jahr				
Werktage				
Arbeitstage				

[H] Hinweis auf anzuwendende Tarifverträge und Betriebsvereinbarungen; sonstige Vereinbarungen

Die beigefügten Vereinbarungen sind Gegenstand dieses Vertrages und werden anerkannt

_____, den _____
Der Ausbildende:

_____
Stempel und Unterschrift

Der Auszubildende:

_____
Vor- und Familienname

Die gesetzl. Vertreter des Auszubildenden:

_____
Vater und Mutter/Vormund

2.2.6.2 Ausbilderqualifikation

Viele Unternehmen der Immobilienwirtschaft bilden den eigenen Nachwuchs aus.

Ausbildender ist derjenige, der zur Einstellung von Auszubildenden berechtigt ist, bzw. zum Zwecke der Ausbildung einstellt.

Wer als Ausbildender und Ausbilder tätig sein darf, ist in den §§ 28–30 des Berufsbildungsgesetzes (BBiG) vom 23. 3. 2005 (BGBl. I S. 931) geregelt:

§ 28 Eignung von Ausbildenden und Ausbildern oder Ausbilderinnen

(1) Auszubildende darf nur einstellen, wer persönlich geeignet ist. Auszubildende darf nur ausbilden, wer persönlich und fachlich geeignet ist.

(2) Wer fachlich nicht geeignet ist oder wer nicht selbst ausbildet, darf Auszubildende nur dann einstellen, wenn er persönlich und fachlich geeignete Ausbilder oder Ausbilderinnen bestellt, die die Ausbildungsinhalte in der Ausbildungsstätte unmittelbar, verantwortlich und in wesentlichem Umfang vermitteln.

(3) Unter der Verantwortung des Ausbilders oder der Ausbilderin kann bei der Berufsausbildung mitwirken, wer selbst nicht Ausbilder oder Ausbilderin ist, aber abweichend von den besonderen Voraussetzungen des § 30 die für die Vermittlung von Ausbildungsinhalten erforderlichen beruflichen Fertigkeiten, Kenntnisse und Fähigkeiten besitzt und persönlich geeignet ist.

§ 29 Persönliche Eignung

Persönlich nicht geeignet ist insbesondere, wer
1. Kinder und Jugendliche nicht beschäftigen darf oder
2. wiederholt oder schwer gegen dieses Gesetz oder die aufgrund dieses Gesetzes erlassenen Vorschriften und Bestimmungen verstoßen hat.

§ 30 Fachliche Eignung

(1) Fachlich geeignet ist, wer die beruflichen sowie die berufs- und arbeitspädagogischen Fertigkeiten, Kenntnisse und Fähigkeiten besitzt, die für die Vermittlung der Ausbildungsinhalte erforderlich sind.

(2) Die erforderlichen beruflichen Fertigkeiten, Kenntnisse und Fähigkeiten besitzt, wer
1. die Abschlussprüfung in einer dem Ausbildungsberuf entsprechenden Fachrichtung bestanden hat,
2. eine anerkannte Prüfung an einer Ausbildungsstätte oder vor einer Prüfungsbehörde oder eine Abschlussprüfung an einer staatlichen oder staatlich anerkannten Schule in einer dem Ausbildungsberuf entsprechenden Fachrichtung bestanden hat
oder
3. eine Abschlussprüfung an einer deutschen Hochschule in einer dem Ausbildungsberuf entsprechenden Fachrichtung bestanden hat und eine angemessene Zeit in seinem Beruf praktisch tätig gewesen ist.

(3) Das Bundesministerium für Wirtschaft und Arbeit oder das sonst zuständige Fachministerium kann im Einvernehmen mit dem Bundesministerium für Bildung und Forschung nach Anhörung des Hauptausschusses des Bundesinstituts für Berufsbildung durch Rechtsverordnung, die nicht der Zustimmung des Bundesrates bedarf, in den Fällen des Absatzes 2 Nr. 2 bestimmen, welche Prüfungen für welche Ausbildungsberufe anerkannt werden.

(4) Das Bundesministerium für Wirtschaft und Arbeit oder das sonst zuständige Fachministerium kann im Einvernehmen mit dem Bundesministerium für Bildung und Forschung nach Anhörung des Hauptausschusses des Bundesinstituts für Berufsbildung durch Rechtsverordnung, die nicht der Zustimmung des Bundesrates bedarf, für einzelne Ausbildungsberufe bestimmen, dass abweichend von Absatz 2 die für die fachliche Eignung erforderlichen beruflichen Fertigkeiten, Kenntnisse und Fähigkeiten nur besitzt, wer
1. die Voraussetzungen des Absatzes 2 Nr. 2 oder 3 erfüllt und eine angemessene Zeit in seinem Beruf praktisch tätig gewesen ist oder
2. die Voraussetzungen des Absatzes 2 Nr. 3 erfüllt und eine angemessene Zeit in seinem Beruf praktisch tätig gewesen ist oder
3. für die Ausübung eines freien Berufes zugelassen oder in ein öffentliches Amt bestellt ist.

(5) Das Bundesministerium für Bildung und Forschung kann nach Anhörung des Hauptausschusses des Bundesinstituts für Berufsbildung durch Rechtsverordnung, die nicht der Zustimmung des Bundesrates bedarf, bestimmen, dass der Erwerb berufs- und arbeitspädagogischer Fertigkeiten, Kenntnisse und Fähigkeiten gesondert nachzuweisen ist. Dabei können Inhalt, Umfang und Abschluss der Maßnahmen für den Nachweis geregelt werden.

(6) Die nach Landesrecht zuständige Behörde kann Personen, die die Voraussetzungen des Absatzes 2, 4 oder 5 nicht erfüllen, die fachliche Eignung nach Anhörung der zuständigen Stelle widerruflich zuerkennen.

Einen **erleichterten Zugang zur Ausbildertätigkeit** werden die **geprüften Immobilienfachwirte** haben, welche sich der Fachwirteprüfung **entsprechend der Verordnung zum Geprüften Immobilienfachwirt/Geprüfte Immobilienfachwirtin** vom 23.12.1998 (in Kraft getreten 1.1.1999) erfolgreich unterzogen haben. Sie sind zukünftig (gemäß § 9 dieser Verordnung) vom schriftlichen Teil der Ausbildereignungsprüfung befreit und müssen nur noch den mündlichen Teil der Prüfung erfolgreich bestehen.

2.2.6.3 Berufsqualifikationen für Tätigkeiten in der Immobilienwirtschaft in der Bundesrepublik Deutschland

In der **Bundesrepublik Deutschland** herrscht eine sehr **geringe Reglementierung** der **Qualifikation für die Berufsausübung in der Immobilienwirtschaft**.

Die gewerbsmäßige Tätigkeit als **Makler, Bauträger oder Baubetreuer** setzt lediglich eine Erlaubnis nach **§ 34 c Gewerbeordnung (GewO)** voraus. Diese Erlaubnis kann nur versagt werden, wenn die für den Gewerbebetrieb erforderliche Zuverlässigkeit nicht vorliegt oder aber ungeordnete Vermögensverhältnisse gegeben sind.

Fachliche Anforderungen ergeben sich aus den Bestimmungen des § 34c GewO nicht. Die Rechtsprechung hat allerdings im Hinblick auf Aufklärungspflichten Kriterien für ein Mindestmaß an fachlichen Kenntnissen zur Ausübung von Tätigkeiten in diesem Bereich entwickelt.

Sachverständige, die durch **Industrie- und Handelskammern bzw. Handwerkskammern öffentlich bestellt und vereidigt** sind, müssen sich einer Sachkundeprüfung unterziehen. Abgesehen von diesen öffentlich bestellten und vereidigten Sachverständigen gibt es jedoch keine formellen staatlichen Qualifikationsanforderungen für sonstige im Bereich der Immobilienwirtschaft tätige Sachverständige. **Zertifizierungen** wie z. B. in Form von „Hyp-Zert" gewinnen an Bedeutung.

Eigenständige akademische immobilienwirtschaftliche Studiengänge sind in den letzten Jahren sowohl an staatlichen Hochschulen, z. B. an der HfWU Hochschule für Wirtschaft und Umwelt Nürtingen-Geislingen, als auch an privaten Hochschulen, wie der EBZ Business Scholl, entstanden. In technischen Fachbereichen von Fachhochschulen haben neue Studiengänge eine Ausrichtung auf „Facility Management".

An staatlichen **Universitäten** bestehen immobilienwirtschaftliche Schwerpunkte in der wirtschaftswissenschaftlichen Fakultät.

Aufbau- und Kontaktstudiengänge werden sowohl von staatlichen Institutionen wie auch von privaten Akademien angeboten. Deren Zulassungsvoraussetzungen, Studiengebühren, Umfang und Inhalt der Lehrveranstaltungen variieren teilweise erheblich. Die schwer überschaubare zunehmende Vielfalt an berufsbegleitenden Ausbildungsangeboten begründet sich teilweise in der späten Entwicklung von immobilienwirtschaftlicher Aus-, Fort- und Weiterbildung im Rahmen traditioneller Bildungswege.

Eine Sonderstellung nehmen landesspezifische Bildungsmöglichkeiten an den staatlichen **Berufsakademien in Baden-Württemberg** und **Sachsen** ein. Gleiches gilt für den **Staatlich geprüften Betriebswirt – Fachrichtung Wohnungswirtschaft und Realkredit in Nordrhein-Westfalen.**

Für immobilienwirtschaftliche Praktiker hat sich die Weiterbildung zum/zur **„Fachwirt/in in der Immobilienwirtschaft"** etabliert. Private Bildungsinstitutionen (Akademien) bieten ebenso wie die Industrie- und Handelskammern eine solche praxisnahe Weiterbildungsmöglichkeit in der Regel berufsbegleitend an. Die Verordnung über die Prüfung zum anerkannten Abschluss „Geprüfter Immobilienfachwirt/ Geprüfte Immobilienfachwirtin" vom 23.12.1998 (in Kraft getreten am 1.1.1999) setzte die bis dahin geltenden Kammervorschriften über den Fachwirt in der Immobilienwirtschaft außer Kraft.

2.2.7 Personalerhaltung und Personalentwicklung

- Ein **Personalbestand** mit breit angelegter fachbezogener Grundausbildung ist für Unternehmen jeder Größe wichtig.

Vielfach lässt sich das erforderliche Fachpersonal nicht extern, sondern nur intern beschaffen. Dies gilt besonders für Personal, an das höhere Ansprüche gestellt werden muss. Für das Unternehmen ist es deshalb wichtig, die erforderlichen Maßnahmen zur **Personalerhaltung** und **Personalentwicklung** zu ergreifen.

- Unter **Personalerhaltung** versteht man alle Maßnahmen, die dazu dienen, die Leistungsfähigkeit und den Leistungswillen der bereits vorhandenen Mitarbeiter zu erhalten und die ungeplante (ungewollte) Fluktuation verhindern zu helfen.

Während sich die Personalerhaltung im Wesentlichen auf den Bereich der sozialen und objektiven Arbeitsbedingungen konzentriert, haben die Planüberlegungen bei der Personalentwicklung die Veränderungen der subjektiven Arbeitsbedingungen zum Ziel.

- Aufgabe der **Personalentwicklung** ist, durch gezielte und für die Mitarbeiter geeignete Aus- und Weiterbildungsmaßnahmen dafür zu sorgen, den künftigen qualitativen Personalbedarf weitgehend unternehmensintern zu decken.

Personalentwicklung bedeutet für den einzelnen Mitarbeiter, seine beruflichen Fähigkeiten zu entwickeln und somit für das Unternehmen als motivierte Arbeitskraft attraktiv zu sein.

Kapitel 3

UNTERNEHMENSSTEUERUNG, UNTERNEHMENSKONTROLLE, UNTERNEHMENSFINANZIERUNG

Werner Pulletz

3. UNTERNEHMENSSTEUERUNG, UNTERNEHMENSKONTROLLE, UNTERNEHMENSFINANZIERUNG

3.1 UNTERNEHMENSSTEUERUNG UND UNTERNEHMENSKONTROLLE

3.1.1 Zielsetzungen eines Unternehmens

Jeder, der steuert, will ein Ziel bzw. mehrere Ziele erreichen.

Betrachtet man das Unternehmen eindimensional, könnte man das ökonomische Ziel allein darin sehen, auf Dauer wirtschaftlich erfolgreich zu sein, d. h., einen maximalen Gewinn zu erwirtschaften. Die Ziele werden zum einen von Personen bzw. Gruppen aus dem Unternehmen heraus formuliert. Sie werden beispielsweise von den Arbeitnehmern oder der Unternehmensleitung aufgestellt. Zum anderen werden sie von außen an das Unternehmen herangetragen, z. B. von den Anteilseignern, vom Staat oder von anderen, ebenfalls am Markt agierenden Unternehmen bzw. von den Gläubigern.

Ziele lassen sich nach diversen Kriterien zusammenfassen, z. B. technische, wirtschaftliche, finanzielle, kurzfristige, langfristige, strategische, Haupt- bzw. Nebenziele.

3.1.1.1 Monetäre Ziele

Im Zentrum aller Bemühungen stehen die monetären Ziele. Das Unternehmen will z. B. langfristig den Unternehmenserfolg maximieren und möglichst rentabel wirtschaften. Es versucht unter Berücksichtigung der permanenten Liquidität seine Ziele zu erreichen. Das Rechnungswesen liefert hierzu im Wesentlichen die grundlegenden Daten für die Maßnahmen und zeigt die finanziellen Ergebnisse der Arbeit.

3.1.1.2 Nicht-monetäre Ziele

Herkömmlichen Beurteilungsweisen mangelt es mitunter daran, dass sie Unternehmen allein aus der rein finanziellen Sichtweise beurteilen, z. B. aus dem Blickwinkel des Rechnungswesens mit Hilfe von Kennzahlen. Diese Sichtweise ist zu eng, weil sie der Komplexität und der Beziehungsvielfalt eines Unternehmens nicht gerecht wird. Insbesondere eignet sie sich auch nicht für den Versuch, Entwicklungen zu konzipieren und Maßnahmen für die Zukunft zu begründen.

Bei genauerer Analyse eines Unternehmens ergeben sich neben den monetären Zielen eine weitere Gruppe, die nicht-monetären Ziele, wie qualifiziertes Personal, zufriedene Mieter, Unabhängigkeit des Unternehmens, sozialer Frieden. Sie stellen die Grundlage dar, um die Geschäftstätigkeit und damit auch die monetären Ziele langfristig optimal realisieren zu können.

3.1.2 Die Unternehmenssteuerung

Unternehmensleitungen müssen sicherstellen, dass alle gesetzten Ziele des Unternehmens erreicht werden.

Jedoch muss die Vielfalt der Ziele nicht immer in dieselbe Richtung weisen, manche Ziele können sich sogar widersprechen. Die Aufgabe der Unternehmensleitung besteht hier darin, Prioritäten zu setzen und sich für die wichtigsten Ziele zu entscheiden, um diese dann zu erreichen (vgl. auch Kapitel 5.3.1.2).

Inzwischen existieren Modelle, mit denen man versucht, die nicht-monetären Ziele bei der Beurteilung eines Unternehmens zu berücksichtigen.

Um das Risiko zu minimieren, die Entscheidungen allein an kurzfristigen Finanzzielen zu orientieren, versucht man mit dem **Balanced-Scorecard-Modell**, die Interdependenzen auch hinsichtlich strategischer Ziele zu verdeutlichen (vgl. auch Kapitel 3.1.10).

Im Rahmen der sog. Balanced Scorecard werden Bereiche berücksichtigt, die für die Steuerung des jeweiligen Unternehmens von Bedeutung sind. Dabei werden beispielsweise vier Ebenen betrachtet:
– die finanzielle Ebene,
– die kundenbezogene Ebene (z. B. Mieter bzw. Käufer),
– die internen Geschäftsprozesse (z. B. Bearbeitungszeit einer Wohnungseigentümerversamlung),
– die Wachstumsperspektiven des Unternehmens (z. B. Qualifikation und Zufriedenheit der Mitarbeiter).

Zusätzlich können Haupt- und Nebenziele definiert werden sowie Ziele, die man kurz- und langfristig erreichen möchte. Denn welchen Erfolg hat ein Unternehmen, das die Mieten in diesem Jahr maximiert, wenn die Mieter im nächsten Jahr bei der Konkurrenz wohnen?

Unternehmensteuerung ist eine permanente Aufgabe, bei der die ursprünglichen Plan-Größen mit den jeweils erreichten Ist-Größen im Nachhinein verglichen und notfalls für die Zukunft korrigiert werden.

Alle Leistungen eines Immobilienunternehmens sowie deren Änderungen müssen permanent ohne Friktionen geplant, entschieden, ausgeführt und kontrolliert werden.

Umgekehrt sollte ein Unternehmen Instrumente im Rahmen eines Risikomanagements entwickeln, die es ermöglichen, denkbare Abweichungen in der kommenden Periode sowie Risiken rechtzeitig zu erkennen und Fehlentwicklungen sofort zu vermeiden.

3.1.3 Qualitätsmerkmale eines Immobilienunternehmens

Die Qualität von Unternehmen lässt sich zum einen am dauerhaft finanziellen Erfolg messen. Zusätzlich müssen zum anderen die gesamte Unternehmensstruktur sowie die gegenwärtigen und künftigen Geschäftsprozesse optimal gestaltet sein. Die Leitung eines guten Unternehmens versucht Reibungsverluste hinsichtlich der unterschiedlichen Anforderungen als Folge der diversen Zielsetzung zu erkennen und zu vermeiden.

Immobilienunternehmen mit Wohnungsbestand werden in diesem Zusammenhang ihr Portfolio optimieren und hinsichtlich der künftigen Entwicklung die wirtschaftlich optimalen Entscheidungen fällen.

Die Qualität eines Immobilienunternehmens erkennt man beispielsweise an verschiedenen Merkmalen:
- Das Management organisiert die Leitungsarbeit optimal, d. h. zum einen, es verfügt über die entsprechenden Daten, positive und negative Sachverhalte zu erkennen und die notwendigen Maßnahmen zu ergreifen (vgl. auch Kapitel 5.7.1).
- Das Management motiviert die Mitarbeiter und erzeugt eine Transparenz, die bei allen Beteiligten den Willen hervorruft, für das Unternehmen die gewünschten Ziele gemeinsam zu erreichen.
- Qualität erkennt man auch an qualifiziertem Personal, das die richtigen Entscheidungen trifft, z. B. bei rechtlichen Fragen oder auch bei der Art, Mieter zu behandeln.
- Qualität wird sichtbar am Produkt, d. h. dem Wohnungsbestand, der den Wünschen der Kunden, d. h. der Mieter, entspricht.

Qualität ist kein statischer Begriff. Sie muss den Bedürfnissen der Kunden angepasst und permanent weiter entwickelt werden. Immobilienunternehmen beobachten deshalb die wirtschaftlichen sowie gesellschaftlichen Veränderungen und bieten z. B. modernisierte Wohnungen oder auch Zusatzleistungen an, die Mieter von einem Immobilienunternehmen erwarten.

Die Qualität nicht nur einer Abteilung, sondern das Zusammenspiel aller Mitarbeiter des gesamten Immobilienunternehmens stellt die Grundlage dar für einen dauerhaften Erfolg. Deshalb müssen alle Arbeitnehmer eines Unternehmens die Entwicklung von relevanten Daten melden, damit diese gesammelt, gebündelt und ausgewertet werden, um zu neuen Zielen zu gelangen.

3.1.4 Kriterien zur Beurteilung der Bonität eines Immobilienunternehmens

Ein Unternehmen mit einer guten Bonität besitzt die Fähigkeit, stets seine vertraglichen und insbesondere die finanziellen Verpflichtungen zu erfüllen.

Um finanziell problemlos arbeiten zu können, muss ein Unternehmen über genügend Kapital verfügen. Im Normalfall kommen Unternehmen für ihre Geschäftstätigkeit nicht ohne den Einsatz von Fremdkapital aus. Die Bonität ist ein Maßstab für die Kreditwürdigkeit eines Unternehmens.

Unternehmen der Immobilienwirtschaft zählen in der Wirtschaft wegen der hohen Investitionskosten zu den größten Nachfragern nach Fremdkapital. Immobilien wurden z. B. zu 85 % mit grundbuchlich gesicherten Darlehen finanziert.

Da der Fremdkapitalanteil nicht nur sehr hoch ist, sondern es sich auch um langfristige Darlehen über ca. 30 Jahre handelt, bestehen erhebliche Risiken für Darlehensgeber und Darlehensnehmer.

Jeder Darlehensnehmer muss permanent den Kapitaldienst (Zinsen und Tilgung) erwirtschaften. Stehen die vermieteten Gebäude leer oder erhöhen sich die Zinssätze, kann es zu finanziellen Schieflagen kommen, die bis zur Insolvenz führen können.

Darlehensgeber könnten im Rahmen des internationalen Konkurrenzdrucks auch bereit sein, risikoreichere Geschäfte zu wagen und z. B. Objekte in wirtschaftlich schwachen Regionen oder bis zu 100 % der Gesamtkosten zu finanzieren. Sofern bestimmte Branchen oder die gesamte Wirtschaft in eine Rezession geraten, besteht dann aber auch für Kreditinstitute möglicherweise die Gefahr von Liquiditätsschwierigkeiten. Um dem entgegenzuwirken, existiert u. a. der Baseler Ausschuss für Bankenaufsicht, dessen Beschlüsse von den teilnehmenden Staaten sowie der Europäischen Union rechtsverbindlich umgesetzt werden. Danach dürfen Kreditinstitute nicht unbegrenzt Darlehen gewähren, sondern nur in einem bestimmten Verhältnis zum vorhandenen Eigenkapital. Bisher mussten 8 % des Eigenkapitals als Sicherheit zurückgelegt werden, sodass man das 12,5-fache des Eigenkapitals als Darlehen vergeben konnte.

Im Jahre 2004 wurde für die Finanzmärkte ein Regelwerk erarbeitet, das für die Kreditwirtschaft große Auswirkungen hatte, bekannt unter der Abkürzung „Basel II". (Ab 2010 ist als Folge der weltweiten Finanzkrise mit einer Verschärfung der Vorschriften zu rechnen, die dann als „Basel III" bezeichnet werden.)

Die wichtigsten Auswirkungen für die Kreditinstitute bestehen in folgenden Auflagen:

1. Die sog. Eigenkapitalunterlegung der Kreditinstitute wird nicht mehr pauschal ermittelt, sondern richtet sich individuell nach der Bonität des Schuldners, d. h. nach seiner Zahlungsfähigkeit und dem Risiko, Zinsen und Tilgung zu erbringen. Für risikoreichere Kreditnehmer muss das Kreditinstitut mehr Eigenkapital bei der Deutschen Bundesbank hinterlegen.

2. Die Kreditnehmer müssen nach bestimmten Kriterien in einem sog. Ratingverfahren beurteilt werden, um das jeweilige Kreditrisiko zu ermitteln.

- **Das Rating**

Bei dem Rating-Verfahren (vgl. auch Kapitel 11.3.3) wird
a. das Finanzrisiko sowie
b. das Geschäftsrisiko ermittelt.

a. Das Finanzrisiko ermittelt man mit dem sog. Finanz-Rating oder Bilanz-Rating. Als Grundlage dienen insbesondere die Informationen aus dem Jahresabschluss, d. h. der Bilanz, der Gewinn- und Verlustrechnung, dem Anhang und dem Lagebericht (§§ 242 Abs. 2, 284, 289 HGB). Diese Daten (quantitative Informationen) werden zu Kennzahlen verdichtet und ausgewertet.

b. Das Geschäftsrisiko wird in Form qualitativer Informationen gewonnen und mittels des sog. Struktur-Ratings beurteilt. Es zeigt z. B. die Wettbewerbslage des Unternehmens sowie seine wirtschaftlichen Aussichten.

Das Gesamtergebnis stellt die Stärken und Schwächen des Unternehmens dar und endet mit einer Bewertung. Unternehmen mit einem schlechten „Rating" erhalten entweder kein Darlehen oder nur zu ungünstigen Konditionen, z. B. höheren Zinssätzen.

Diese Verfahren nehmen Kreditinstitute oder auch spezielle Rating-Unternehmen vor.

Die Aufgabe der Unternehmenssteuerung besteht darin, sich über die Bewertungskriterien zu informieren, permanent einer negativen Situation entgegenzusteuern und für eine positive Bewertung zu sorgen (vgl. auch Kapitel 3.1.8).

3.1.5 Kennzahlen eines Unternehmens

Kennzahlen liefern typische Informationen über Unternehmen, die eine schnellere Bewertung ermöglichen (vgl. auch Kapitel 5.7.3).

3.1.5.1 Arten von Kennzahlen

Kennzahlen existieren z. B. als absolute Zahlen (z. B. beträgt die Wohnungszahl eines Unternehmens 24.000 Wohnungen), als Prozentzahlen (z. B. beträgt der Wohnungsleerstand 10 %) oder als Beziehungszahlen (z. B. dem dynamischen Verschuldungsgrad als Verhältnis der gesamten Verbindlichkeiten zum Cash Flow).

Kennzahlen machen die Struktur eines Unternehmens transparent, z. B. die Vermögens-, die Kapital-, die Finanz-, die Ertragslage oder auch die Produktivität.

Auf diese Weise lassen sich die Daten einer Bilanz, einer Gewinn- und Verlustrechnung für Außenstehende schneller beurteilen und mit anderen Unternehmen leichter vergleichen. Außenstehenden dient insbesondere der Jahresabschluss als Grundlage für die Kreditgewährung zur Analyse eines Unternehmens.

Jedes Unternehmen kann und wird intern weitere Kennzahlen bilden, um spezielle Zielsetzungen zu überprüfen, z. B. zum Beschäftigungsgrad oder zu bestimmten Kostenarten.

In der Praxis gibt es eine Fülle von Kennzahlen, die es zum einen ermöglichen, die Entwicklung eines Unternehmens über mehrere Jahre zu betrachten, zum anderen die wirtschaftliche Situation mit anderen Unternehmen zu vergleichen. So kann man z. B. das Einsparungspotenzial ermitteln, wenn man erkennt, dass man für die Verwaltung von 800 Mietwohnungen von A–Z oder für 50 Wohnungseigentümergemeinschaften jeweils zwei Personen beschäftigt, im Konkurrenzunternehmen diese Leistung aber von nur jeweils einer Person erbracht wird.

3.1.5.2 Finanzwirtschaftliche Kennzahlen

Wegen der Folgen finanzieller Fehlentscheidungen bildet man eine Vielzahl finanzwirtschaftlicher Kennzahlen, um für diverse Fragestellungen eine Antwort zu finden. Beispielhaft sollen die wichtigsten Kennzahlen dargestellt werden:
- Bilanzkennzahlen zur Vermögensstruktur,
- Bilanzkennzahlen zur Kapitalstruktur,
- Kennzahlen zur Finanzierungslage bzw. -struktur,
- Kennzahlen zur Ertragslage und Rentabilität.

Die sich hieraus zu entwickelnden Informationen vergleichen Daten innerhalb der Bilanz und der Gewinn- und Verlustrechnung bzw. zueinander, z. B.
- vertikal,
  die Positionen auf der Aktivseite der Bilanz (Anlage- und Umlaufvermögen) und die Positionen auf der Passivseite der Bilanz (Eigen- und Fremdkapital),
- horizontal,
  die Positionen des Eigen- und Fremdkapitals mit dem Anlage- und Umlaufvermögen.

- **Bilanzkennzahlen zur Vermögens- und Kapitalstruktur**

Die Vermögensstruktur (Aktivseite der Bilanz)

- Kennzahl zur Vermögensstruktur (Konstitution):

$$\text{Vermögensstruktur} = \frac{\text{Anlagevermögen}}{\text{Umlaufvermögen}} \times 100 = \ldots\%$$

- Kennzahl zur Anlagenintensität (Anlagequote):

$$\text{Anlagequote} = \frac{\text{Anlagevermögen}}{\text{Gesamtvermögen}} \times 100 = \ldots\%$$

- Kennzahl zur Intensität des Umlaufvermögens (Umlaufquote):

$$\text{Umlaufquote} = \frac{\text{Umlaufvermögen}}{\text{Gesamtvermögen}} \times 100 = \ldots\%$$

Die Kennzahlen zur Vermögensstruktur der Unternehmen in verschiedenen Branchen können stark voneinander abweichen. Immobilienunternehmen mit Mietwohnhäusern haben z. B. einen höheren Anlagevermögensanteil als Kreditinstitute.

Die Kennzahlen liefern nicht immer sofort eindeutige Ergebnisse. Es sind weitere Kennzahlen bzw. zusätzliche Informationen nötig.

Grundsätzlich stellt aber ein hoher Anteil des Anlagevermögens am Gesamtvermögen eine Erschwernis dar, z. B. bei finanziellen Schwierigkeiten schnell liquide Mittel zu erlangen.

Eine hohe Umlaufquote dagegen deutet eher darauf hin, dass das Unternehmen schnell seine Liquidität verbessern kann. Sofern aber dieselben Bestände, z. B. Eigenheime, bereits über mehrere Jahre hinweg in der Bilanz aufgeführt wurden, kann es sich auch um schwer verkäufliche Produkte handeln, so dass die reine Kennzahl in diesem Fall ein trügerisches Ergebnis liefert.

Die Kapitalstruktur (Passivseite der Bilanz)

- Kennzahl zur Finanzierung (Kapitalstruktur, Kapitalaufbau):

  Kapitalstruktur = $\frac{\text{Eigenkapital}}{\text{Fremdkapital}} \times 100 = \ldots\%$

- Kennzahl zur Eigenkapitalquote:

  Eigenkapitalquote = $\frac{\text{Eigenkapital}}{\text{Gesamtkapital}} \times 100 = \ldots\%$

- Kennzahl zur Fremdkapitalquote (Anspannungsgrad):

  Fremdkapitalquote = $\frac{\text{Fremdkapital}}{\text{Gesamtkapital}} \times 100 = \ldots\%$

- Kennzahl zum Verschuldungsgrad:

  Verschuldungsgrad = $\frac{\text{Fremdkapital}}{\text{Eigenkapital}} \times 100 = \ldots\%$

Positiv wirkt sich ein hoher Eigenkapitalanteil aus. Das Unternehmen ist finanziell unabhängiger. Es ist Gläubigern gegenüber kreditwürdiger und kann wirtschaftlich schwierige Jahre leichter überstehen, weil beim Eigenkapital keine Rückzahlungspflicht besteht. Eine Eigenkapitalquote von über 60 % gilt als sehr gut, unter 10 % als mangelhaft.

Fremdkapital beinhaltet diverse Risiken, z. B. der Rückzahlungspflicht, von Zinserhöhungen und möglichen Anschlussfinanzierungen, die notwendig werden könnten.

Nach allgemeinen Finanzierungsregeln soll zwischen Eigenkapital und Fremdkapital ein Verhältnis von 1:1 angestrebt werden. Diese Relation existiert bei Immobilienunternehmen wohl kaum. Hier nehmen langfristige Verbindlichkeiten, die insbesondere aus der Bauerstellung herrühren, zum großen Teil die Funktion des Eigenkapitals ein.

– **Kennzahlen zur Finanzierungslage bzw. -struktur**

- Kennzahlen zur Liquidität:

  Liquidität 1. Grades = $\frac{\text{Flüssige Mittel}}{\text{Kurzfristiges Fremdkapital}} \times 100 = \ldots\%$

  Liquidität 2. Grades = $\frac{\text{Forderungen + Flüssige Mittel}}{\text{Kurzfristiges Fremdkapital}} \times 100 = \ldots\%$

  Liquidität 3. Grades = $\frac{\text{Umlaufvermögen}}{\text{Kurz-u. mittelfristiges Fremdkapital}} \times 100 = \ldots\%$

Kurzfristiges Fremdkapital = Restlaufzeit bis zu einem Jahr
Mittelfristiges Fremdkapital = Restlaufzeit zwischen einem Jahr und fünf Jahren
Langfristiges Fremdkapital = Restlaufzeit über fünf Jahre

Das Vermögen auf der Aktivseite der Bilanz und das Kapital auf der Passivseite stehen in einem finanziellen Zusammenhang. Um die Zahlungsverpflichtungen für das

Fremdkapital auf der Passivseite erfüllen zu können, steht dem Unternehmen das Umlaufvermögen auf der Aktivseite zur Verfügung.

Die Kennzahlen zur Liquidität sollten mindestens 100 % betragen, damit genügend finanzielle Mittel zur Begleichung der Verbindlichkeiten vorhanden sind.

- Kennzahlen zur Kapitaldeckung des Anlagevermögens (Anlagendeckung):

  I. Deckungsgrad A mit Eigenkapital = $\frac{\text{Eigenkapital}}{\text{Anlagevermögen}} \times = 100... \%$

  II. Deckungsgrad B mit Eigenkapital und langfristigem Fremdkapital = $\frac{\text{Eigenkapital} + \text{langfristiges Fremdkapital}}{\text{Anlagevermögen}} \times 100 = ...\%$

Die sog. goldene Bilanzregel besagt, dass das langfristig gebundene Anlagevermögen von dem langfristig zur Verfügung stehenden Eigenkapital (sowie den langfristigen Verbindlichkeiten) gedeckt sein soll. Beträgt dieser sog. Deckungsgrad mindestens 100 %, kann man vermeiden, dass im Notfall kurzfristig Teile des Anlagevermögens veräußert werden müssen, um Verbindlichkeiten zu begleichen.

Hieraus ergibt sich der finanzielle Grundsatz der Fristenkongruenz, wonach der Zeitraum einer Investition dem Zeitraum der Finanzierung entsprechen sollte.

Deshalb gewähren Kreditinstitute nur kurzfristige Kredite für Gelder, die sie selbst von ihren Kunden nur kurzfristig erhalten haben, langfristig erhaltene Gelder können als langfristige Darlehen gewährt werden.

- Kennzahl zur Selbstfinanzierungsquote:

  Selbstfinanzierungsquote = $\frac{\text{Anlagevermögen}}{\text{Cash Flow}} \times 100 = ...\%$

- Kennzahlen zum dynamischen Verschuldungsgrad (Schuldentilgungsfähigkeit):

  I. Dynamischer Verschuldungsgrund = $\frac{\text{Fremdkapital}}{\text{Cash Flow}} \times 100 = ...\%$

Sehr gute bis befriedigende Werte liegen zwischen 0 und ca. 4. Der dynamische Verschuldungsgrad kann auch mit der Effektivverschuldung ermittelt werden.

  II. Dynamischer Verschuldungsgrad = $\frac{\text{Effektivverschuldung} (= \text{Verbindlichkeiten} ./. \text{Liquide Mittel})}{\text{Cash Flow}} \times 100 = ...\%$

– **Kennzahlen zur Ertragslage**

- Kennzahl zur Wirtschaftlichkeit:

  Wirtschaftlichkeit = $\frac{\text{Ertrag}}{\text{Aufwand}} \times 100 = ...\%$

- auch:

  Wirtschaftlichkeit = $\frac{\text{Leistung}}{\text{Kosten}} \times 100 = \ldots \%$

- Kennzahlen zu Abschreibungen:

  I. Abschreibungsquote = $\frac{\text{Abschreibungen}}{\text{Bilanzsumme}} \times 100 = \ldots \%$

  II. Nutzungsdauer = $\frac{\text{Abschreibungen}}{\text{Sachanlagen}} \times 100 = \ldots \%$

  III. Investitionsneigung = $\frac{\text{Abschreibungen}}{\text{Nettoinvestition}} \times 100 = \ldots \%$

- Kennzahl zur Umschlagshäufigkeit des Eigenkapitals:

  Umschlagfähigkeit des Eigenkapitals = $\frac{\text{Umsatzerlöse}}{\text{Eigenkapital}} \times 100 = \ldots \%$

- Kennzahl zur Umschlagshäufigkeit des Gesamtkapitals:

  Umschlagshäufigkeit des Gesamtkapitals = $\frac{\text{Umsatzerlöse}}{\text{Gesamtkapital}} \times 100 = \ldots \%$

- **Kennzahlen zur Rentabilität (Rendite)**

- Kennzahlen zur Eigenkapitalrentabilität

  I. Eigenkapitalrentabilität = $\frac{\text{Gewinn}}{\text{Eigenkapital}} \times 100 = \ldots \%$

  II. Eigenkapitalrentabilität = $\frac{\text{Cash Flow}}{\text{Eigenkapital}} \times 100 = \ldots \%$

- Kennzahlen zur Gesamtkapitalrentabilität:

  I. Gesamtkapitalrentabilität = $\frac{\text{Gewinn} + \text{Fremdkapitalzinsen}}{\text{Gesamtkapital}} \times 100 = \ldots \%$

  II. Gesamtkapitalrentabilität = $\frac{\text{Cash Flow}}{\text{Gesamtkapital}} \times 100 = \ldots \%$

- Kennzahlen zur Umsatzrentabilität:

  I. Umsatzrentabilität = $\frac{\text{Gewinn}}{\text{Umsatzerlöse}} \times 100 = \ldots \%$

  II. Umsatzrentabilität = $\frac{\text{Cash Flow}}{\text{Umsatzerlöse}} \times 100 = \ldots \%$

- Kennzahl zu dem Return on Investment (ROI)

  ROI = $\frac{\text{Gewinn}}{\text{Umsatzerlöse}} \times \frac{\text{Umsatzerlöse}}{\text{Gesamtkapital}} =$

  = Umsatzrendite $\times \frac{\text{Umsatzhäufigkeit}}{\text{des Gesamtkapitals}} =$

  der ROI = $\frac{\text{Gewinn}}{\text{Gesamtkapital}} \times 100 = \ldots \%$

Bei der Ermittlung der Rentabilität existieren diverse Varianten, bei denen der Gewinn z. B. vor und nach Steuern sowie beim Kapital nur das betriebsnotwendige Kapital betrachtet wird.

– **Die Gesamtkapitalrentabilität und der Leverage-Effekt**

Sofern die Gesamtkapitalrentabilität größer ist als die zu zahlenden Zinsen für das Fremdkapital, entsteht eine positive Zinsdifferenz, weil das Unternehmen mit dem aufgenommenen Fremdkapital höhere Erträge erwirtschaftet. Es „hebelt" mit dem Fremdkapital seine Gesamtkapitalrentabilität in die Höhe. Die Abhängigkeit von Fremdkapital erweist sich bei einer Rezession als negativ und führt bei sinkenden Umsätzen zu einem gegenteiligen Ergebnis.

– **Der Cash Flow („der Kassenfluss")**

Eine Bilanz und eine Gewinn- und Verlustrechnung stellen nur das Vermögen/Kapital sowie den Aufwand/Ertrag des Unternehmens zu einem bestimmten Stichtag dar.

Die Finanzkraft eines Unternehmens lässt sich besser am sog. Cash Flow messen, d. h. an den Zahlungsströmen (Einzahlungen/Auszahlungen). Daran kann man beurteilen, inwieweit es die Möglichkeit hat, künftig z. B. finanzielle Überschüsse zu erwirtschaften, Investitionen vorzunehmen, seine Zahlungsverpflichtungen zu erfüllen, Dividendenzahlungen zu leisten.

Der Cash Flow stellt eine Zahlungsmittelebene dar und zeigt in Höhe des Einzahlungsüberschusses die Innenfinanzierungskraft des Unternehmens. Daraus lässt sich schließen, inwieweit künftige Zahlungen für Investitionen oder die Tilgung von Darlehen möglich sind.

Da Dritten kein Finanzplan des Unternehmens mit den Einzahlungen und Auszahlungen vorliegt, sondern nur die G.u.V.-Rechnung mit dem Jahresüberschuss, müssen Außenstehende den gewünschten Zahlungsstrom (Einzahlungen/Auszahlungen) „indirekt" aus den Erträgen sowie Aufwendungen ermitteln.

Der Cash Flow wird „rückwärts" errechnet, indem von dem Jahresüberschuss die zahlungsunwirksamen Aufwendungen (z. B. Abschreibungen) addiert und zahlungsunwirksame Erträge (z. B. Entnahmen aus den Rücklagen) subtrahiert werden.

Die Abschreibungen beispielsweise mindern als Aufwand den Jahresüberschuss. Im Rahmen der Preiskalkulation berücksichtigen die Unternehmen die Abschreibungsbeträge aber in ihren Preisen (z. B. Mieten) und erhalten die Abschreibungsbeträge von den Kunden in Form liquider Mittel, z. B. Bargeld. Der Jahresüberschuss muss also um den Betrag der Abschreibungen erhöht werden, um die korrekten Werte der Einzahlungen zu erhalten.

In der Praxis existiert inhaltlich kein einheitlicher Cash Flow. Die Berechnungen unterscheiden sich in der Genauigkeit und berücksichtigen manchmal z. B. die Daten der gesamten G.u.V. oder nur die Abschreibungen, so dass sich die Ergebnisse unterscheiden, je nachdem, welche Positionen man berücksichtigt.

Bei einer einfachen Berechnung berücksichtigt man beispielsweise folgende Positionen:

Jahresüberschuss
+ Abschreibungen (= nicht zahlungswirksamer Aufwand)
./. Entnahmen aus den Rücklagen (= nicht zahlungswirksamer Ertrag)
+ Zuführung zu den Rücklagen (= nicht zahlungswirksamer Aufwand)
./. Auflösung von Rückstellungen (= nicht zahlungswirksamer Ertrag)
+ Zuführung zu den Rückstellungen (= nicht zahlungswirksamer Aufwand)
= Cash Flow

3.1.6 Typische Kennzahlen von Immobilienunternehmen

Auch Immobilienunternehmen orientieren sich an den oben dargestellten Kennzahlen. Vom Geschäftsfeld her ergeben sich in bestimmten Bereichen Besonderheiten, z. B. Finanzen und Bewirtschaftung. Immobilienunternehmen arbeiten i. d. R. mit einem hohen Anteil an Fremdkapital und investieren das Kapital langfristig über Jahrzehnte, sodass z. B. Informationen über das Anlagevermögen und deren Finanzierung eine hohe Aussagekraft besitzen.

– **Finanzwirtschaftliche Kennzahlen**

Der finanzielle Bereich spiegelt auch bei Immobilienunternehmen die Existenzgrundlage wider. Insofern bilden sie auch hier einen umfangreichen Komplex. Jedes Unternehmen wird intern für spezielle Fragestellungen weitere Kennzahlen ermitteln. In der Praxis arbeitet man häufig mit folgenden Kennzahlen:

· **Vermögen – Kapital:**

· Anlagenintensität (AI)	$= \frac{\text{Anlagevermögen}}{\text{Gesamtvermögen}}$	in %	* 1) ca. 85 %
· Buchwert des Anlagevermögens	$= \frac{\text{Grundstücke (Buchwert)}}{\text{m}^2 \text{ Wohnfläche}}$	€/m² Wohnfläche	
· Ertragswert des Anlagevermögens	$= \frac{\text{Grundstücke (Ertragswert)}}{\text{m}^2 \text{ Wohnfläche}}$	€/m² Wohnfläche	* 2)
· Anlagendeckungsgrad	$= \frac{\text{Eigenkapital}}{\text{Anlagevermögen}}$	in %	
· Anlagendeckungsgrad (ADG)	= (Eigenkapital + Rückstellungen für Bauinstandhaltung + (Sonderposten mit Rücklageanteil – Sonderposten für Investitionszulagen) × 0,5 + Sonderposten für Investitionszulagen + langfristiges Fremdkapital) / Anlagevermögen	in %	* 3) ca. 103 %
· Mietforderungsquote	$= \frac{\text{Mietforderungen}}{\text{Gesamtvermögen}}$	in %	

Kennzahl	Formel	Einheit	Anm.
· durchschnittlicher Substanzverzehr	$= \dfrac{\text{kumulierte Abschreibungen}}{\text{Grundstücke}}$	in %	* 4)
· Eigenkapitalquote	$= \dfrac{\text{Eigenkapital}}{\text{Gesamtkapital}}$	in %	
· Eigenmittelquote (EMQ)	$= \dfrac{\text{Eigenkapital + Rückstellungen für Bauinstandhaltung + (Sonderposten mit Rücklageanteil ./. Sonderposten für Investitionszulagen)} \times 0{,}5 \text{ + Sonderposten für Investitionszulagen}}{\text{Bilanzsumme}}$	in %	* 5) ca. 31 %
· Anteil langfristiger Verbindlichkeiten	$= \dfrac{\text{langfristige Verbindlichkeiten}}{\text{Gesamtverbindlichkeiten}}$	in %	* 6)
· Langfristiger Verschuldungsgrad (LVG)	$= \dfrac{\text{Langfristiges Fremdkapital}}{\text{Eigenkapital + Rückstellungen für Bauinstandhaltung + (Sonderposten mit Rücklageanteil ./. Sonderposten für Investitionszulagen)} \times 0{,}5 \text{ + Sonderposten für Investitionszulagen}}$	in %	*7) ca. 182 %
· Langfristiger Fremdkapitalanteil (LFA)	$= \dfrac{\text{langfristige Verbindlichkeiten}}{\text{Bilanzsume}}$	in %	*8) ca. 57 %
· Dynamischer Verschuldungsgrad	$= \dfrac{\text{Verbindlichkeiten. ./. flüssige Mittel}}{\text{Cash Flow}}$	in Jahren	* 9)
· Beleihungsauslauf nach Ertragswert	$= \dfrac{\text{dinglich gesicherte Verbindlichkeiten}}{\text{Ertragswert}}$	in %	* 10)

Erläuterungen:
* 1) Der durchschnittliche Wert für Wohnungsunternehmen beträgt in Deutschland ca. 85 % (vgl. GdW „Wohnungswirtschaftliche Daten und Trends 2009/2010", November 2009).
Immobilienunternehmen erzielen ihre Erträge aus der Vermietung, so dass es selbstverständlich ist, die Quelle des Geschäfts, das Anlagevermögen, genauer zu betrachten. Es handelt sich um hohe Beträge, so dass nicht nur der Buchwert in der Bilanz, sondern auch ein „tatsächlicher Wert", der Ertragswert, überschlägig nach der sog. Maklerformel (das x-fache der Nettokaltmiete) ermittelt wird.
Vergleicht man den Ertrags- und den Buchwert, weist ein Wert über 1 auf die stillen Reserven im Anlagevermögen des Immobilienunternehmens hin.
* 2) Der Vergleich zeigt die handelsrechtliche Restnutzungsdauer des Gebäudebestandes und ermöglicht z. B. Rückschlüsse auf Modernisierungsbedarf.
* 3) Der durchschnittliche Wert für Wohnungsunternehmen beträgt in Deutschland ca. 103 % (vgl. GdW „Wohnungswirtschaftliche Daten und Trends 2009/2010", November 2009).
* 4) Die Kennzahl spiegelt die Sicherheit des Unternehmens bei Krisen wider. Um einen realistischen Wert zu erhalten, kann man statt des rein bilanziellen Eigenkapitals auch ein berichtigtes Eigenkapital einsetzen, wobei das Anlagevermögen dann z. B. mit dem Ertragswert berücksichtigt wird. Bei Immobilienunternehmen wäre ein Wert unter 10 % nicht mehr akzeptabel.
* 5) Der durchschnittliche Wert für Wohnungsunternehmen beträgt in Deutschland ca. 31,2 % (alte Bundesländer: 27,1 %, neue Bundesländer 38,5 %), (vgl. GdW „Wohnungswirtschaftliche Daten und Trends 2009/2010", November 2009).

*6) Bei Immobilienunternehmen liegt dieser Wert im Verhältnis zu anderen Branchen besonders hoch und kann fast 100 % erreichen.
*7) Der durchschnittliche Wert für Wohnungsunternehmen beträgt in Deutschland ca. 182 % (alte Bundesländer 220 %, neue Bundesländer 137 %), (vgl. GdW „Wohnungswirtschaftliche Daten und Trends 2009/2010", November 2009).
*8) Der durchschnittliche Wert für Wohnungsunternehmen beträgt in Deutschland ca. 57 % (vgl. GdW „Wohnungswirtschaftliche Daten und Trends 2009/2010", November 2009).
* 9) Die Kennzahl drückt die Fähigkeit aus, die vorhandenen Verbindlichkeiten mit Hilfe des Cash Flows zu tilgen. Ein Wert von 30 Jahren gilt bei Immobilienunternehmen z. B. als normal.
* 10) Ein Wert von 50 % würde z. B. Beleihungsspielräume für die Aufnahme von weiteren Darlehen für Modernisierungen o. ä. aufzeigen.

- **Liquidität:**

· Cash Flow	siehe Kapitel 3.1.5.2	in €	* 1)
· Cash Flow in Beziehung zu den Erlösen der Hausbewirtschaftung	$= \frac{\text{Cash Flow}}{\text{Umsatzerlösen}}$	in % bzw. €/m²/ p.M.	* 1)
· Cash Flow in Beziehung zur Tilgung	$= \frac{\text{Cash Flow}}{\text{Tilgung}}$	in %	* 1)
· Kapitalrückflussquote	$= \frac{\text{Cash Flow}}{\text{Bilanzsumme}}$	in %	* 1)
· Liquiditätsreichweite	$= \frac{\text{flüssige Mittel}}{\text{zahlungswirksamen Aufwendungen}}$	in Monaten	* 2)
· Liquidität des 1., 2. und 3. Grades	siehe Kapitel 3.1.5.2	in %	* 2)
· mögliche Liquiditätsbelastung aus Betriebskosten	= erhaltene Anzahlungen ./. unfertige Leistungen	in €	* 3)
· mögliche Liquiditätsbelastung aus dem Mitgliederrückgang (bei einer Genossenschaft)	= ausgeschiedene Mitglieder + gekündigte Geschäftsanteile	in €	* 4)

Erläuterungen:
Die Sicherung der Liquidität zählt auch bei Immobilienunternehmen zu den lebensnotwendigen Aufgaben.

* 1) Der Cash Flow gehört wie bei anderen Unternehmen zu den wichtigsten Bezugsgrößen. Er spiegelt die Innenfinanzierungskraft wider. Setzt man z. B. den Cash Flow in Beziehung zur Tilgung, erhält man als Restgröße einen Betrag, der für andere Finanzierungsmöglichkeiten zur Verfügung steht. Eine hohe Kapitalrückflussquote, z. B. von 5 %, stellt für das Unternehmen einen positiven Wert dar.
* 2) Die Liquiditätsermittlung aus einer Bilanz liefert immer nur punktbezogene Daten aus der Vergangenheit. Bei einer Bewertung unterstellt man identische oder ähnliche Verhältnisse in der Gegenwart und versucht, sich ein Bild von der Liquiditätsplanung zu verschaffen. Ein Wert von drei Monaten würde z. B. eine sehr gute Liquiditätsreichweite darstellen.
Auch bei Immobilienunternehmen sollten die Liquiditätsgrade 100 % erreichen, um die Zahlungsverpflichtungen problemlos erfüllen zu können.
* 3) Aus diesem Wert lassen sich mögliche Zahlungsverpflichtungen aus Betriebskostenabrechnungen im nächsten Jahr erkennen.

3. UNTERNEHMENSSTEUERUNG, -KONTROLLE, -FINANZIERUNG

* 4) Eine Besonderheit stellt das (veränderliche) Eigenkapital bei Genossenschaften dar, das von der Mitgliederzahl abhängt und somit bei dieser Rechtsform im Rahmen der Liquidität beachtet werden muss.

- **Zinsen – Rentabilität – Betriebsergebnis:**

· Durchschnittlicher Zinssatz des Fremdkapitals	$= \dfrac{\text{Zinsaufwand}}{\text{langfristiges Fremdkapital}}$	in %	* 1)
· Fremdkapital-kostensatz (FKK)	$= \dfrac{\text{Zinsen u.ä. Aufwendungen für langfristiges Fremdkapital}}{\text{langfristiges Fremdkapital}}$	in %	* 2) ca. 4,1 %
· Durchschnittliche Fremdkapitalzins-belastung je m^2 Wohnfläche	$= \dfrac{\text{Zinsaufwand}}{\text{Wohnfläche in } m^2}$	$€/m^2/$ p.M.	* 3)
· Umsatzrendite	$= \dfrac{\text{Jahresüberschuss}}{\text{Umsatzerlöse}}$	in %	* 4)
· Eigenkapital-rentabilität	$= \dfrac{\text{Jahresüberschuss}}{\text{Eigenkapital}}$	in %	* 5)
· Eigenmittel-rentabilität (EMR)	$= \dfrac{\text{Jahresüberschuss/-fehlbetrag}}{\text{Eigenkapital + Rückstellungen für Bauinstandhaltung + (Sonderposten mit Rücklageanteil ./. Sonderposten für Investitionszulagen)} \times 0{,}5 + \text{Sonderposten für Investitionszulagen}}$	in %	* 6) ca. 3,1 %
· Gesamtkapital-rentabilität (GKR)	$= \dfrac{\text{Jahresüberschuss/-fehlbetrag + Zinsen für langfristiges Fremdkapital}}{\text{Bilanzsumme}}$	in %	*7) ca. 3,1 %
· Return on Invest-ment (RoI)	$= \dfrac{\text{Betriebsergebnis}}{\text{betriebsnotwendiges Vermögen}}$	in %	*8)
· Return on Invest-ment (RoI)	$= \dfrac{\text{Jahresüberschuss/-fehlbetrag}}{\text{Bilanzsumme}}$	in %	*9) ca. 1,0 %

Erläuterungen:
* 1) Die Höhe des Zinssatzes wirkt sich bei Immobilienunternehmen wegen der umfangreichen langfristigen Fremdfinanzierung stark aus. Da die Zinssätze im Zeitablauf schwanken, kann z. B. ein Zinssatz von 8 % in einer Niedrigzinsphase mit 4 % auf Umschuldungsmöglichkeiten oder auf eine schlechte Finanzierung hinweisen, sofern diese Möglichkeit nicht besteht. Zumindest wird das Unternehmen mit Zinsen belastet, die die Konkurrenz eventuell nicht tragen muss.
* 2) Der durchschnittliche Wert für Wohnungsunternehmen beträgt in Deutschland ca. 4,1 % (alte Bundesländer 3,7 %, neue Bundesländer 4,9 %), (vgl. GdW „Wohnungswirtschaftliche Daten und Trends 2009/2010", November 2009).
* 3) Diese Kennzahl verdeutlicht den oft hohen Anteil der Kapitalkosten, der bei der Vermietung pro m^2 Wohnfläche erwirtschaftet werden muss.
* 4) Die Umsatzrendite zeigt die Wirtschaftlichkeit des Unternehmens.

* 5) Bei der Eigenkapitalrentabilität kann man mit dem bilanziellen oder mit einem bereinigten Eigenkapital rechnen.
* 6) Der durchschnittliche Wert für Wohnungsunternehmen beträgt in Deutschland ca. 3,1 % (alte Bundesländer 4,9 %, neue Bundesländer 0,9 %), (vgl. GdW „Wohnungswirtschaftliche Daten und Trends 2009/2010", November 2009).
* 7) Der durchschnittliche Wert für Wohnungsunternehmen beträgt in Deutschland ca. 3,1 % (vgl. GdW „Wohnungswirtschaftliche Daten und Trends 2009/2010", November 2009).
*8) Der ROI ermittelt die Rentabilität des Unternehmens aus betrieblicher Geschäftstätigkeit.
*9) Der durchschnittliche Wert für Wohnungsunternehmen beträgt in Deutschland ca. 1,0 % (alte Bundesländer 1,4 %, neue Bundesländer 0,4 %), (vgl. GdW „Wohnungswirtschaftliche Daten und Trends 2009/2010", November 2009).

- **Kennzahlen zur Risikobewertung von Wohnungsunternehmen**

Kennzahl	Formel	Einheit	Wert
Zinsdeckung (ZD)	$= \dfrac{\text{Zinsen und ähnliche Aufwendungen für langfristiges Fremdkapital}}{\text{Sollmieten (abzüglich Erlösschmälerungen)}}$	in %	*1) ca. 9,0 %
Kapitaldienstdeckung (KDD)	$= \dfrac{\text{Zinsen für langfristiges Fremdkapital + Tilgung für langfristiges Fremdkapital}}{\text{Sollmieten (abzüglich Erlösschmälerungen)}}$	in %	*2) ca. 39,8 %
Tilgungskraft (TK)	$= \dfrac{\text{Cash Flow nach DVFA/SG}}{\text{Tilgung für langfristiges Fremdkapital}}$		*3) ca. 1,7
Berechnung für den Mietenmultiplikator (MM)	$= \dfrac{\text{Anlagevermögen}}{\text{Sollmieten (abzüglich Erlösschmälerungen)}}$		*4) ca. 9,0

Erläuterungen:
*1) Der durchschnittliche Wert für Wohnungsunternehmen beträgt in Deutschland ca. 23,7 % (alte Bundesländer: 20,3 %, neue Bundesländer 29,8 %), (vgl. GdW „Wohnungswirtschaftliche Daten und Trends 2009/2010", November 2009).
*2) Der durchschnittliche Wert für Wohnungsunternehmen beträgt in Deutschland ca. 39,8 % (alte Bundesländer: 35,1 %, neue Bundesländer 48,2 %), (vgl. GdW „Wohnungswirtschaftliche Daten und Trends 2009/2010", November 2009).
*3) Der durchschnittliche Wert für Wohnungsunternehmen beträgt in Deutschland ca. 1,7 (alte Bundesländer: 1,8, neue Bundesländer 1,6), (vgl. GdW „Wohnungswirtschaftliche Daten und Trends 2009/2010", November 2009).
*4) Der durchschnittliche Wert für Wohnungsunternehmen beträgt in Deutschland ca. 9,0 % (alte Bundesländer: 8,3 %, neue Bundesländer 10,4 %), (vgl. GdW „Wohnungswirtschaftliche Daten und Trends 2009/2010", November 2009).

- **Internationale Kennzahlen**

Jahresabschlüsse werden nicht nur nach dem HGB erstellt, sondern im internationalen Rahmen auch nach anderen rechtlichen Grundlagen. Infolgedessen arbeitet man in Deutschland zum besseren internationalen Vergleich mit folgenden Kennzahlen:

- EAT = Ergebnis nach Steuern (Earnings after taxes) in €
- EBT = Ergebnis vor Steuern (Earnings before taxes) in €
- EBIT = Ergebnis vor Zinsergebnis, Ertragsteuern und außerordentlichem Ergebnis (Earnings before interest and taxes) in €
- EBITDA = Ergebnis vor Abschreibungen, Zinsergebnis, Ertragsteuern und außerordentlichem Ergebnis (Earnings before interest, taxes, depreciation and amortisation) in €
- EBITDA bezogen auf das zu Verkehrswerten bewertete Anlagevermögen

$$= \frac{\text{Jahresüberschuss/Jahresfehlbetrag} + \text{Zinsen u. ä. Aufwendungen für langfristiges Fremdkapital} + \text{Steuern vom Einkommen und Ertrag} + \text{Abschreibungen}}{\text{Sollmieten (abzüglich Erlösschmälerungen)} \times 10}$$

in % *1) ca. 6,0 %

- EBITDA bezogen auf das langfristige Fremdkapital (Annuität)

$$= \frac{\text{Jahresüberschuss/Jahresfehlbetrag} + \text{Zinsen u. ä. Aufwendungen für langfristiges Fremdkapital} + \text{Steuern vom Einkommen und Ertrag} + \text{Abschreibungen}}{\text{langfristiges Fremdkapital}}$$

in % *2) ca. 10 %

Erläuterungen:
*1) auch mit **EBITDA-Rendite** bezeichnet. Der Wert 10 im Nenner bezeichnet den Mietenmultiplikator gemäß der „Maklermethode" zur Ermittlung des Verkehrswertes.
Der durchschnittliche Wert für Wohnungsunternehmen beträgt in Deutschland ca. 6,0 % (alte Bundesländer 5,7 %, neue Bundesländer 6,5 %), (vgl. GdW „Wohnungswirtschaftliche Daten und Trends 2009/2010", November 2009).
*2) Der durchschnittliche Wert für Wohnungsunternehmen beträgt in Deutschland ca. 10 % (vgl. GdW „Wohnungswirtschaftliche Daten und Trends 2009/2010"), November 2009).

Der Jahresüberschuss kann entsprechend berichtigt werden und mit verschiedenen Werten in Beziehung gesetzt werden, z. B.

Zinsdeckungsgrad $= \frac{\text{EBITDA}}{\text{Zinsaufwendungen}}$

Dynamischer Verschuldungsgrad $= \frac{\text{Gesamtverbindlichkeiten}}{\text{EBITDA}}$

- **Personal:**
  - Personalkosten je m^2 $= \frac{\text{Personalaufwand}}{\text{Wohnfläche in m}^2}$ in €
  - Personalkosten je Mitarbeiter $= \frac{\text{Personalaufwand}}{\text{Mitarbeiterzahl}}$ in €

Erläuterungen:
Die Ergebnisse liefern Informationen, die für einen Vergleich mit anderen Unternehmen z. B. Aussagen über das Lohnniveau oder die Produktivität liefern können.

3.1 UNTERNEHMENSSTEUERUNG UND UNTERNEHMENSKONTROLLE

Betriebskosten:

- Kalte Betriebskosten je m^2/p.M. *) $= \frac{\text{Kalte Betriebskosten}}{\text{Wohnfläche in } m^2}$ in €

- Warme Betriebskosten je m^2/p.M. *) $= \frac{\text{Warme Betriebskosten}}{\text{Wohnfläche in } m^2}$ in €

Erläuterungen:
*) Die Mittelwerte der Betriebskosten lagen im Jahre 2007 insgesamt (ohne Aufzug) bei 2,11 €, (mit Aufzug) bei 2,14 €,
davon Kalte Betriebskosten (ohne Aufzug) 1,22 €, (mit Aufzug) 1,25 € und Warme Betriebskosten 0,89 €,
(vgl. GdW „Wohnungswirtschaftliche Daten und Trends 2009/2010", November 2009).

Ein Vergleich mit den Durchschnittswerten zeigt die Wettbewerbsfähigkeit des eigenen Unternehmens bei der Vermietung.

Instandhaltung:

- Instandhaltungskosten je m^2/p.a. $= \frac{\text{Laufende Instandhaltung}}{\text{Wohnfläche in } m^2}$ in € *1)

- Instandhaltungsquote $= \frac{\text{Laufende Instandhaltung}}{\text{Erlöse aus der Hausbewirtschaftung}}$ in % *2)

Erläuterungen:
*1) Das Ergebnis liefert Erkenntnisse über die Substanzerhaltung der Gebäude. Bei einem Wert unter 7 € könnte die Gefahr eines Instandhaltungsstaus bestehen.
*2) Wie z.B. bei den Zinsaufwendungen, so liefert auch diese Zahl den Anteil der Instandhaltungen an den Erlösen aus der Hausbewirtschaftung.

Mietenniveau:

- Mietenniveau des Unternehmens $= \frac{\text{tatsächliche Miethöhe je } m^2/\text{p.M.}}{\text{Mietspiegelmiete je } m^2/\text{p.M.}}$ in % *1)

Erläuterungen:
*1) Mit dieser Kennzahl lässt sich das mögliche Mieterhöhungspotenzial ersehen.

– Kennzahlen des nicht-finanziellen Bereichs

Immobilienunternehmen, die ihre Objekte im Bestand halten und vermieten sowie verwalten, werden z.B. die gesamte Struktur ihrer Gebäude sowie das dazu vorhandene Personal ermitteln und darstellen:

- Bestandsstruktur:

Anzahl und Lage der Objekte,
Geschäftsstellen mit den zu verwaltenden Objekten,
Geschäftsräume,
Wohnungsbestand,
davon öffentlich geförderte Wohnungen und frei finanzierte Wohnungen,
Wohnungsgrößen,
Bauvolumen.

$$\text{Leerstandsquote} = \frac{\text{leer stehende Wohnungen}}{\text{insgesamt bewirtschafteter Wohnungsbestand}} \quad \text{in } € \quad {}^*1)$$

Erläuterungen:
* 1) Mit dieser Kennzahl lässt sich die Nachfrage nach Wohnungen verdeutlichen. Sinkende Bevölkerungszahlen, Abwanderungen infolge fehlender Arbeitsplätze und mangelhafte Qualität können einige Ursachen hierfür sein. Die Leerstandsquote betrug Ende 2008 in den alten Bundesländern: 3,0 % und in den neuen Bundesländern 10,7 %, (vgl. GdW „Wohnungswirtschaftliche Daten und Trends 2009/2010", November 2009).

Aus den gesamten Daten ließe sich z. B. mit weiteren Informationen des Immobilienmarktes entnehmen, ob der Bestand in den nächsten Jahren eine problemlose Vermietung ermöglicht.

· Personalstruktur:
Mitarbeiterzahl,
Mitarbeiter je Verwaltungseinheit bei vermieteten Wohnungen und im Wohnungseigentumsbereich.

3.1.7 Kennzahlen zur Unternehmenssteuerung

Es ist Aufgabe der Unternehmensleitung, die notwendigen Kennzahlen zu ermitteln und sich einen Gesamteindruck von dem Unternehmen zu verschaffen.

Verglichen wird z. B. die Entwicklung über mehrere Jahre und die Situation mit anderen Unternehmen.

Vergleiche mit anderen Immobilienunternehmen könnten zeigen, ob die Produktivität der eigenen Mitarbeiter zufrieden stellend ist. Selbstverständlich müssen unterschiedliche Mieter- bzw. Eigentümerstrukturen sowie die Art, die Größe und die Lage von Objekten berücksichtigt werden.

Bei der Zahl der Mitarbeiter je Verwaltungseinheit bei vermieteten Wohnungen und im Wohnungseigentumsbereich dürfte man z. B. nicht einfach jedem Sachbearbeiter stets 400 Wohnungen zur Verwaltung übertragen. Es müssten weitere Arbeitsbedingungen und Belastungen einbezogen und zur differenzierten Betrachtung z. B. folgende Fragen geklärt werden:
Handelt es sich um eine A-Z-Verwaltung?
Liegen die Häuser in einem engen Umkreis oder weit verstreut?
Wie ist die soziale Situation in den Häusern bzw. Wohnungseigentümergemeinschaften?
Verteilen sich die Wohnungen auf eine oder viele Wohnungseigentümergemeinschaften?

Da man die Situation nicht erst jährlich nach Erstellung eines Jahresabschlusses begutachten sollte, sondern permanent, um rechtzeitig geeignete Maßnahmen zu ergreifen, wird die Unternehmensleitung die entsprechenden Zahlen möglichst kurzfristiger heranziehen.

Im Rahmen der Unternehmenssteuerung wird man z. B. den Mitarbeitern für die Zukunft Normwerte vorgeben, die anzustreben sind.

3.1.8 Unternehmenssteuerung im Rahmen des Unternehmens-Ratings

Kreditinstitute legen bei der Kreditvergabe besonderen Wert auf die Einhaltung der Vorschriften von „Basel II" (evtl. Basel III ab 2010). Das Unternehmens-Rating ist ein maßgebliches Instrument für die Bonitätsbeurteilung und Grundlage für die Kreditentscheidung (vgl. auch Kapitel 3.1.4 und 11.3.3).

Auch hier spielen positive Kennzahlen eine wesentliche Rolle, z. B. eine hohe Eigenkapitalquote, ein hoher Cash Flow.

Daneben müssen sich Kreditinstitute ein ganzheitliches Bild vom Unternehmen verschaffen.

Neben den quantitativen Kriterien (z. B. Bilanzzahlen, Kennzahlen) verlangen sie Unterlagen über die qualitativen Kriterien (z. B. Planung und Steuerung) des Unternehmens.

Ausgewählte Beispiele:

Quantitative Kriterien (Hard-Facts)	Qualitative Kriterien (Soft-Facts)

– Informationen zur Vermögens-, Finanz- und Ertragslage, z. B. (ca. Werte)
– Eigenkapitalquote (> 20 %)
– Anlagevermögen (< 12-fache der Nettokaltmiete)
– Verbindlichkeiten (< 9-fache der Nettokaltmiete)
– Zinsänderungsrisiko (Prolongationsvolumen < 30 %)
– tatsächlicher Zinsaufwand (< 40 % der Nettokaltmiete)
– Annuitätshöhe von 7 % (< 50 % der gesamten Verbindlichkeiten)
– Erlösschmälerungen (< 10 % der Sollmieten)
– Laufende Instandhaltung (> 0,60 €/p. M.)
– Relevante Informationen bei Immobilienunternehmen: (= ca. Mittelwerte)
– Cash-Flow-Rendite
  Cash Flow : Gesamtleistung = (50 %)
– Wirtschaftliche Eigenkapitalquote
  Wirtschaftliches Eigenkapital : Bilanzsumme = (23 %)
– Zinsüberdeckung
  Cash Flow : Zinsaufwand = (200 %)
– Schuldenrückzahlung
  Cash Flow : Fremdkapital = (4 %)
Zinsaufwandsquote
Zinsaufwand : Gesamtleistung = (25 %)
	– Managementbeurteilung: Strategien, Planungen, Steuerung, Dokumentationen, z. B. Umfang, Zeit, Ziele
	– Nutzung des betriebswirtschaftlichen Instrumentariums, z. B.
	  – Aufbau- und Ablauforganisation
	  – Portfolioanalyse
	  – institutionalisiertes Reporting
	  – institutionalisiertes Controlling
	– Interne Wertschöpfung
	– Investitions- und Finanzplanungen
	– Branchen-, Produkt-, Marktstellung
	– Unternehmensentwicklung

Jede Unternehmensleitung, die bei der Aufnahme von Darlehen Probleme vermeiden möchte, muss im Rahmen der Unternehmenssteuerung die gesamte Struktur, Organisation, Geschäftspolitik usw. auf die für das Rating relevante Faktoren ausrichten.

Zusätzlich verlangt man von einer Unternehmensleitung Transparenz. Kreditinstitute erwarten, dass ein Kreditnehmer von sich aus die Bank permanent über die wirtschaftliche Entwicklung und mögliche Risiken des Unternehmens informiert, und zwar kontinuierlich und zeitnah.

Somit muss die Leitung Früherkennungssysteme von Risiken erarbeiten, für ein funktionierendes Controlling sorgen und eine Kommunikationskultur entwickeln, die insbesondere den nach der internationalen Finanzkrise gestiegenen Bedürfnissen der Kreditinstitute gerecht wird (vgl. auch Kapitel 5.2 und 5.3).

3.1.9 Auswertung aktueller Kennzahlen zum Erkennen von Risiken bei Wohnungsunternehmen

Von der Vielzahl aktueller Kennzahlen zum Erkennen von Risiken bei Wohnungsunternehmen sollen nur einige ausgewählt werden.

Wertet man die Risiko-Kennzahlen Zinsdeckungsgrad, Kapitaldienstdeckungsgrad und Tilgungskraft aus, kommt man z. B. zu folgenden Ergebnissen:

Wohnungsunternehmen zeichnen sich durch einen hohen Anteil an Anlagevermögen aus (Anlageintensität, AI = 85 %). Dieses Anlagevermögen ist zu ca. 60 % mit Fremdmitteln finanziert (langfristiger Fremdkapitalanteil, LFA = 57 %).

Das vorhandene Risiko besteht darin, dass die Mieteinnahmen der Unternehmen nicht mehr ausreichen, ihren Kapitaldienst (Zins + Tilgung) bedienen können. Die kritische Grenze für die sog. **Kapitaldienstdeckung** ist dann erreicht, wenn der Kapitaldienstanteil z. B. 50 % an den Mieteinnahmen überschreitet.

Die sog. **Zinsdeckung** spiegelt den Anteil der Zinsen den Mieteinnahmen wider und sollte nicht über 39,8 % liegen, weil sonst der restliche Teil der Mieteinnahmen für die Bewirtschaftungskosten (z. B. Instandhaltung und Verwaltung) nicht mehr ausreicht.

Mit ca. 40 % (von 35 %–48 %) liegen die Unternehmen bei der Kapitaldienstdeckung und mit ca. 23,7 % (von 20,3 %–29,8 %) bei der Zinsdeckung unterhalb der Gefahrenschwelle, sodass der Kapitaldienst und auch die Bewirtschaftungskosten von den Mieteinnahmen gedeckt werden.

Das EBITDA (bezogen auf das zu Verkehrswerten bewertete Anlagevermögen) mit einer **EBITDA-Rendite** von ca. 6 % (von 5,7 %–6,5 %) zeigt die operative Ertragskraft der Unternehmen. Vergleicht man diesen Wert mit dem Fremdkapitalkostensatz (FKK) von 4,1 %, erkennt man, dass auch hier kein Risiko vorliegt.

3.1.10 Unternehmenssteuerung mit dem Einsatz der Balanced Scorecard

Mit Kennzahlen wollen sich Dritte sowie die Unternehmensleitung einen Überblick verschaffen und als Grundlage für Entscheidungen nehmen.

Kennzahlen haben aber einen bedeutenden Nachteil. Sie stellen nur ein (finanzielles) Ergebnis der Vergangenheit dar. Sie beleuchten nicht die Ursache, die Hintergründe, welche für das Ergebnis verantwortlich waren.

Somit muss derjenige, der Maßnahmen für die Zukunft ergreifen will und Urteile über die weitere Entwicklung eines Unternehmens fällen soll, über weitere Informationen verfügen, um die Gesamtheit des Unternehmens zu erkennen.

Mit der sog. Balanced Scorecard („der ausgewogenen Berichtskarte") versucht man auch nichtfinanzielle Kennzahlen für die Beurteilung eines Unternehmens zu berücksichtigen und die Ursachen sowie die Wirkung des unternehmerischen Handelns auf die Kennzahlen abzuleiten.

Bei der **Balanced Scorecard** betrachtet man das Unternehmen i. d. R. aus vier Blickrichtungen:

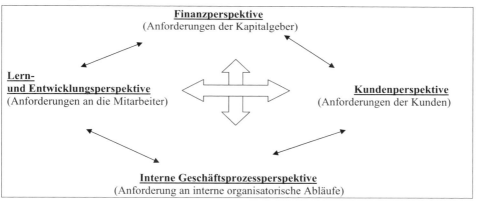

Damit wird die einengende Sichtweise auf beispielsweise kurzfristige finanzielle Daten erweitert und bezieht bei einem Immobilienunternehmen z. B. langfristige Wünsche der Mieter ein. Diese Wünsche können wiederum nur bei einer erhöhten Qualifikation der Mitarbeiter erfüllt werden, sodass in diesem Bereich Fortbildungsmaßnahmen ergriffen werden müssen. Die Wechselwirkungen der verschiedenen Bereiche verlangen von einer Unternehmensleitung ein ständiges Steuern, um ein Optimum der Gesamtheit zu erreichen.

Mit der Balanced Scorecard wird sichtbar, dass die finanzwirtschaftlichen Kennzahlen zwar bedeutend sind, aber von anderen Größen im Unternehmen abhängen.

Es reicht nicht aus, den Mitarbeitern eine zu erreichende Normkennzahl vorzugeben, z. B. im nächsten Jahr den Gewinn um 10 % zu steigern. Die Unternehmensleitung muss die Ursachen erkennen und die Bedingungen verbessern, um dieses Ziel zu erreichen. Sie könnte z. B. das Wohnumfeld verbessern, um Wohnungswechsel der Mieter und einen Leerstand zu verringern.

3.1.11 Bilanzierungsgrundsätze sowie Pflichten bei der Erstellung von Jahresabschlüssen

Das Rechnungswesen eines Unternehmens sowie die Erstellung eines Jahresabschlusses müssen den Grundsätzen ordnungsmäßiger Buchführung entsprechen, die aus einer Vielzahl von Regelungen bestehen, die im HGB, dem Gesetz zur Modernisierung des Bilanzrechts (BilMoG), der AO, dem EStG, den IFRS/IAS zu finden sind oder auch als Handelsbräuche existieren bzw. als Prinzipien der kaufmännischen Praxis bestehen.

Der Jahresabschluss einer Kapitalgesellschaft muss unter Beachtung der Grundsätze ordnungsmäßiger Buchführung ein den tatsächlichen Verhältnissen entsprechendes Bild der Vermögens-, Finanz- und Ertragslage vermitteln (§ 264 HGB). Er besteht aus der Bilanz, der Gewinn- und Verlustrechnung, dem Anhang und dem Lagebericht (§§ 242 Abs. 2, 284, 289 HGB).

Nach den notwendigen vorbereitenden Arbeiten, wie z. B. der Inventur, einer Hauptabschlussübersicht und dem Abschluss der Konten, wird die Bilanz sowie die Gewinn- und Verlustrechnung erstellt.

Jahresabschlüsse müssen den Allgemeinen Bilanzierungsgrundsätzen genügen, zu denen beispielsweise gehören:

Allgemeine Bilanzierungs- und Bewertungsgrundsätze:

> Der Jahresabschluss ist nach den Grundsätzen ordnungsmäßiger Buchführung aufzustellen, § 243 (1) HGB.

Allgemeine Bilanzierungsgrundsätze:

Formelle Bilanzierungsgrundsätze:

Bilanzklarheit	§ 243 (2) HGB	Der Jahresabschluss muss klar und übersichtlich sein.
	§ 247 (1) HGB	In der Bilanz sind das Anlage- und das Umlaufvermögen, das Eigenkapital, die Schulden sowie die Rechnungsabgrenzungsposten gesondert auszuweisen und hinreichend aufzugliedern.
	§ 246 (2) HGB	Bruttoprinzip – Saldierungsverbot –: Posten der Aktivseite dürfen nicht mit Posten der Passivseite, Aufwendungen nicht mit Erträgen, Grundstücksrechte nicht mit Grundstückslasten verrechnet werden.

Bilanzkontinuität	§ 252 (1) Nr. 1 HGB	– Stetigkeitsprinzip: formell gleiche Bilanzgliederung
	§ 266, 275 HGB	– Gliederungsgrundsätze: Gliederung der Bilanz und der Gewinn- und Verlustrechnung sind zwingend vorgeschrieben. (Vgl. auch Verordnung über Formblätter für die Gliederung des Jahresabschlusses von Wohnungsunternehmen)

Materielle Bilanzierungsgrundsätze:

Bilanzwahrheit	§ 246 (1) HGB	– Gebot der Richtigkeit und Willkürfreiheit, – Gebot der Vollständigkeit: Der Jahresabschluss hat sämtliche Vermögensgegenstände, Schulden, Rechnungsabgrenzungsposten sowie Aufwendungen und Erträge zu enthalten, soweit gesetzlich nichts anderes bestimmt ist.
Bilanzkontinuität	§ 252 (1) Nr. 1 HGB	– Identitätsprinzip – Bilanzenzusammenhang: Die Werte der Eröffnungsbilanz des Geschäftsjahres müssen mit denen der Schlussbilanz des Vorjahres übereinstimmen.
Abgrenzungsgrundsatz	§ 252 (1) Nr. 5 HGB	– Erfolgsperiodisierungsprinzip, – Prinzip der zahlungsunabhängigen Erfolgszuordnung: Aufwendungen und Erträge sind unabhängig von den Zahlungszeitpunkten im Jahresabschluss zu berücksichtigen.

Allgemeine Bewertungsgrundsätze:

Prinzip der vorsichtigen kaufmännischen Bewertung	§ 252 (1) Nr. 4 HGB	Es ist vorsichtig zu bewerten. Alle vorhersehbaren Risiken und Verluste, die bis zum Abschlussstichtag entstanden sind, sind zu berücksichtigen, selbst wenn diese erst zwischen dem Abschlussstichtag und dem Tag der Aufstellung des Jahresabschlusses bekannt geworden sind.
		– Realisationsprinzip:
		  Noch nicht realisierte Gewinne dürfen nicht ausgewiesen werden.
		– Imparitätsprinzip:
		  Noch nicht realisierte Verluste müssen ausgewiesen werden in dem Zeitpunkt, in dem sie vorhersehbar sind bzw. bestimmte Risiken erkennbar werden.

	§ 253 (1) HGB	– Anschaffungskostenprinzip: Höchstwerte von Vermögensgegenständen sind die Anschaffungs- oder Herstellungskosten.

	§ 253 (4)
	
	§ 253 (3)
	
	HGB
		– strenges Niederstwertprinzip für das Umlaufvermögen,
		  „niedrigerer Wert stets zwingend",
		– gemildertes Niederstwertprinzip für das Anlagevermögen,
		  „niedrigerer Wert nur bei dauernder Wertminderung zwingend".

	§ 253 (1) HGB	– Höchstwertprinzip Verbindlichkeiten sind zu ihrem Erfüllungsbetrag (jeweils höheren Rückzahlungsbetrag) anzusetzen.
	§ 280 HGB	– Wertaufholungsgebot bei Kapitalgesellschaften, wenn Gründe für außerordentliche Abschreibungen nicht mehr bestehen.
Unternehmensfortführungsprinzip	§ 252 (1) Nr. 2 HGB	– Going-Concern-Prinzip: Bei der Bewertung ist von der Fortführung der Unternehmenstätigkeit auszugehen.
Stichtagsprinzip	§ 253 HGB	Die Wertansätze sollen sich auf die Situation am Bilanzstichtag beziehen.

Grundsatz der Einzelbewertung	§ 252 (1) HGB Nr. 3 HGB	Ausnahmen: – Festbewertung, § 240 (3) HGB, – Gruppenbewertung bei gleichartigen Gütern, § 240 (4) HGB, – Verbrauchsfolgefiktionsbewertung, § 256 HGB.

Bilanzkontinuität Stetigkeitsprinzip materiell (Bewertungsstetigkeit)	§ 252 (1) Nr. 6 HGB	– Prinzip des Wertzusammenhanges in den Bilanzen, Werte sind für die folgenden Bilanzen maßgebend, Werterhöhungen über den letzten Bilanzansatz hinaus sind unzulässig.
		 – Bewertungsstetigkeit und kein willkürlicher Wechsel bei den
		   – Abschreibungsmethoden,
		   – Verbrauchsfolgefiktionsverfahren (z. B. fifo-Verfahren),
		   – Methoden zur Ermittlung der Herstellungskosten.
		 – Grundsatz der Publizität bei Stetigkeitsunterbrechungen, d. h. Erläuterungspflicht.

3.1.12 Die Erstellung von Handels- und Steuerbilanzen

Unternehmen erstellen zum Ende eines Geschäftsjahres verschiedene Arten von Bilanzen.

Zum einen muss von Kaufleuten die sog. Handelsbilanz erstellt werden, welche nach den Vorschriften des Handelsrechts gemäß den Grundsätzen des HGB oder der Rechnungslegung nach dem „International Financial Reporting Standard" (IFRS) z. B. den eigenen Gesellschaftern und Gläubigern Informationen über die wirtschaftliche Lage des Unternehmens liefern soll.

Zum anderen muss für das Finanzamt gem. § 5 EStG eine sog. Steuerbilanz erstellt werden, die aus der Handelsbilanz in das Steuerrecht übergeleitet wird. D. h., die Handelsbilanz stellt die Grundlage bzw. Ausgangsbasis für die Steuerbilanz dar, sog. Maßgeblichkeit. Der Zweck einer Steuerbilanz besteht allein in der Ermittlung des unverfälschten, periodengerechten Gewinns des Kalenderjahres.

Beide Bilanzen weichen i. d. R. voneinander ab, weil für beide oft unterschiedliche Ansatzpflichten bzw. -verbote sowie Wahlrechte zur Bilanzierung und Bewertung bestehen (vgl. auch § 248 HGB, § 255 HGB). Die Differenzen zwischen Handels- und Steuerbilanz werden zunehmen, weil mit dem BilMoG ab 2009 die sog. umgekehrte Maßgeblichkeit abgeschafft wurde und nunmehr steuerliche Wahlrechte nicht mehr zwingend auch in der Handelsbilanz ausgeübt werden müssen. Damit steigt die wirtschaftliche Aussagekraft der Handelsbilanz.

So wird man beispielsweise bei der Erstellung der Handelsbilanz allein nach kaufmännischen Gesichtspunkten prüfen,
- in welcher Höhe man die Gebäude abschreiben will,
(In der Steuerbilanz muss man die Abschreibungssätze des § 7 EStG beachten.)
- ob das Damnum sofort abgeschrieben wird bzw. aktiviert und für die Dauer der Zinsbindung linear abgeschrieben werden soll,
(In der Steuerbilanz muss man die Vorgaben der Steuerrechtsprechung beachten, z. B. nur marktübliche Sätze, d. h. max. 5 Jahre, max. 5 %.)
- ob die Fremdkapitalkosten in die Herstellungskosten eingerechnet werden, wie auch in der Steuerbilanz möglich,
- ob man gem. § 88 Abs. 3 ll. WoBauG, die im Rahmen der öffentlichen Förderung erhaltenen staatlichen Aufwendungsdarlehen in der Bilanz als Verbindlichkeiten passiviert oder nicht.
(In der Steuerbilanz werden Aufwendungsdarlehen stets als Verbindlichkeiten ausgewiesen.)

3.1.13 Unternehmenssteuerung im Rahmen der Bilanzpolitik

Die Inhalte einer Handelsbilanz sind nicht immer eindeutige Größen wie z. B. der Kassenbestand. Bei bestehenden Wahlrechten muss das Unternehmen im Rahmen seiner Bilanzpolitik entscheiden, ob eine Position zum einen überhaupt angesetzt wird, zum anderen ist zu überlegen, in welcher Höhe der Wert ausgewiesen werden soll. Selbstverständlich darf es keine Willkür walten lassen, sondern kann die Entscheidung nur im vorgegebenen gesetzlichen Rahmen vornehmen.

Unternehmensleitungen werden sich bei einer Steuerbilanz bemühen, mit zulässigen Ansatz- und Bewertungswahlrechten den Gewinn möglichst zu reduzieren, um die Steuerpflicht zu minimieren.

Das Unternehmen stellt sich mit seiner Handelsbilanz Dritten gegenüber dar und muss prüfen, welche Zielwünsche bzw. Erwartungen existieren und welche es als Unternehmen erreichen möchte. Außenstehende verfolgen z. B. als Aktionär das Ziel einer hohen sowie kontinuierlichen Dividendenausschüttung, Kapitalgeber erwarten für die Kreditgewährung z. B. hohe Vermögenswerte und eine hohe Eigenkapitalausstattung.

Die neuesten Auswirkungen von „Basel II" (demnächst „Basel III") auf das Ranking des Unternehmens müssen ebenfalls in die Liste der Anforderungen aufgenommen werden. Ein Immobilienunternehmen, das ein Damnum sofort abschreibt und erfolgsmäßig verkraftet, steht im Ranking günstiger dar als ein Unternehmen, das ein Damnum bilanziert und über mehrere Jahre abschreibt.

Die Bilanzpolitik kann keine eigenen Ziele verfolgen, sondern muss sich den vorher von der Unternehmensleitung festgelegten höheren Unternehmenszielen anpassen.

Die Wahl wird auch davon abhängen, inwieweit man z. B. von der Kreditgewährung Dritter abhängig ist, welche wirtschaftliche Marktposition das Unternehmen innehat, welche Machtpositionen zwischen den Beteiligten vorliegen.

Bilanzierungs- und Bewertungswahlrechte wurden mit dem BilMoG reduziert. Sie sind auch im Rahmen internationaler Rechnungslegung, z. B. nach IFRS, geringer als nach dem HGB.

3.1.13.1 Die Aussagefähigkeit von Bilanzen

Bei der Analyse von Bilanzen erhält man Aussagen zur wirtschaftlichen Lage des Unternehmens in einem bestimmten Zeitpunkt. Manche Informationen gelten langfristig, z. B. Daten des Anlagevermögens. Fast wertlos ist hingegen für den Betrachter im November eines Jahres die Aussage über die Liquidität eines Unternehmens zum 31. Dezember des Vorjahres. Insofern sorgt der Lagebericht in einem Geschäftsbericht für eine weitere notwendige Transparenz zur wirtschaftlichen Situation eines Unternehmens.

3.1.13.2 Die Bewegungsbilanz

Um eine wirtschaftliche und finanzielle Prognose für ein Unternehmen zu erstellen, ist es notwendig, weitere Daten auszuwerten. So könnte man Jahresabschlüsse mehrerer Jahre vergleichen und damit Entwicklungen, Tendenzen bzw. Bewegungen erkennbar machen. Diese Übersichten bezeichnet man als Bewegungsbilanz, aus der sich vielfältige Beziehungen darstellen und Erkenntnisse ziehen lassen, z. B. die Entwicklung der Verbindlichkeiten.

3.1.13.3 Die Kapitalflussrechnung

Konzerne sind gemäß § 297 Abs. 1 HGB verpflichtet, ihren Jahresabschluss um die sog. Kapitalflussrechnung zu erweitern. Mit einer Kapitalflussrechnung werden die Veränderungen, die Herkunft sowie Verwendung der finanziellen Mittel im Unternehmen transparenter dargestellt.

Das Handelsrecht schreibt keine bestimmte Form der Kapitalflussrechnung vor. In der Praxis orientiert man sich am Deutschen Rechnungslegungsstandard „DRS" oder an der internationalen Rechnungslegung des „IFRS" mit den „International Accounting Standards" (IAS).

Dabei fasst man bestimmte Bilanzpositionen zu Gruppen zusammen und bezeichnet diese als sog. Fonds, z. B. den Finanzmittelfonds. Der in diesem Finanzmittelfonds wiederum enthaltene Fonds „Flüssige Mittel netto" könnte sich ergeben aus dem Kassenbestand, zuzüglich dem Bankguthaben und den Wertpapieren des Umlaufvermögens, abzüglich der kurzfristigen Verbindlichkeiten.

Zur weiteren Analyse wird man z. B. ermitteln, aus welchen Quellen der Fonds im Laufe des Jahres gespeist wurde und für welche Zwecke die Mittel verwendet wurden.

Dementsprechend kann man versuchen, mit gezielter Planung die Veränderungen der liquiden Mittel des Unternehmens zu beeinflussen.

Beispiel der Kapitalflussrechnung eines Immobilienunternehmens:

	Laufendes Jahr (in Tausend)	(in Tausend)	Vorjahr (in Tausend)
Laufende Geschäftstätigkeit			
Jahresüberschuss	2.000		3.000
Abschreibungen auf Gegenstände des Anlagevermögens	20.000		20.000
Ab-/Zunahme der Rückstellungen	– 4.000		2.000
Sonstige zahlungsunwirksame Aufwendungen/Erträge	2.000		0
Valutierung von Aufwendungsdarlehen	1.000		1.500
Gewinn aus Abgängen von Anlagevermögen	– 8.000		– 5.000
Tilgungspotenzial	**13.000**	**13.000**	**21.500**
Veränderungen:			
– im Umlaufvermögen einschließlich aktiver Rechnungsabgrenzung	4.000		1.000
– der kurzfristigen Passiva einschließlich passiver Rechnungsabgrenzung	3.000		500
Cash Flow aus laufender Geschäftstätigkeit	**20.000**		**23.000**
Finanzierungstätigkeit:			
Planmäßige Tilgung langfristiger Verbindlichkeiten	– 30.000	– 30.000	– 30.000
Cash Flow nach planmäßiger Tilgung		**– 17.000**	
Aufnahme langfristiger Verbindlichkeiten	100		15.000
Ablösung langfristiger Verbindlichkeiten	– 10.100		– 10.000
Cash Flow aus Finanzierungstätigkeit	**– 40.000**		**– 25.000**
Investitionstätigkeit:			
Investitionen in langfristige Vermögensgegenstände	– 3.000		– 5.000
Einnahmen aus Abgang von langfristigen Vermögensgegenständen	65.000		3.000
Cash Flow aus Investitionstätigkeit	**62.000**		**– 2.000**
Veränderung des Finanzmittelbestandes	**5.000**		**– 4.000**
Stand 31. Dezember	**5.100**		**100**

Die Kapitalflussrechnung zeigt, dass die Finanzierungstätigkeit (Tilgung von Darlehen) nur durch Einnahmen aus dem Verkauf von langfristigen Vermögensgegenständen finanziert werden konnte.

Die Unternehmensleitung müsste in diesem Beispiel mittelfristig Maßnahmen ergreifen, um ein finanzielles Gleichgewicht herzustellen.

3.1.14 Die finanzwirtschaftliche Vorschau eines Unternehmens

3.1.14.1 Funktion und Inhalt eines Wirtschaftsplanes

Die wirtschaftliche Vorschau eines Unternehmens wird in einem Wirtschaftsplan dokumentiert. Dargestellt werden die wirtschaftlichen Objekte, z. B. die Mietwohnhäuser, der Personalbestand, die geplanten Wirtschaftsmaßnahmen und letztlich das voraussichtliche Jahresergebnis (vgl. auch Kapitel 3.4.4.3).

Die Vorschau erfolgt auf der Grundlage von Ist-Zahlen des laufenden Jahres für das kommende Kalenderjahr. Denkbar sind auch mittelfristige Planungen über mehrere Jahre.

Ein **Wirtschaftsplan** besteht aus mehreren Teilplänen, welche diejenigen Bereiche eines Unternehmens betreffen, die finanziell bedeutsam sind. Bei einem Immobilienunternehmen handelt es sich um den Erfolgsplan, den Bauplan, den Finanzplan und den Liquiditätsplan.

Ein Wirtschaftsplan beinhaltet den:

$$\begin{array}{c} \text{Erfolgsplan} \\ \downarrow \\ \text{Bauplan} \\ \downarrow \\ \text{Finanzplan} \\ \downarrow \\ \text{Liquiditätsplan} \end{array}$$

3.1.14.2 Erfolgsplan

Der Erfolgsplan stellt die Aufwendungen und Erträge in zusammengefasster Form dar, sodass man ein Bild über den Erfolg des kommenden Jahres erhält. Bei einem Immobilienunternehmen findet man die geschäftlichen Schwerpunkte, z. B. Umsatzerlöse aus der Hausbewirtschaftung, Umsatzerlöse aus dem Verkauf von Grundstücken, Umsatzerlöse aus Betreuungstätigkeit, Aufwendungen für Hausbewirtschaftung/Verkaufsgrundstücke, Personalaufwand, Abschreibungen auf Sachanlagen, Zinsen und ähnliche Aufwendungen und der Verwendung des Jahresüberschusses.

3.1.14.3 Bauplan

Eine Investitionsplanung bindet bei Unternehmen, insbesondere bei Immobilienunternehmen, regelmäßig erhebliche Mittel, sodass die Absichten dieses Bereiches einen wesentlichen Teil der finanziellen Wirtschaftsplanung darstellen. Die Bezeichnung Bauplan bezieht sich nicht nur auf den Neubau mit dem Kauf von Grundstücken, sondern auch auf die Modernisierung bzw. Sanierung.

3.1.14.4 Finanzplan

Der Finanzplan zeigt den Geldmittel-/Zahlungsmittelfluss des Unternehmens, d. h. die Einnahmen und Ausgaben des kommenden Jahres. Ein negativer Zahlungsmittelbestand am Jahresende muss bei der Unternehmensleitung zu entsprechenden Reaktionen führen. Es müssen Maßnahmen ergriffen werden, die Einnahmen zu erhöhen (z. B. Mieterhöhungen) oder die Ausgaben zu senken (z. B. Instandhaltungsmaßnahmen in das übernächste Jahr zu verschieben). Sofern keine Möglichkeiten hierzu bestehen, muss man die Aufnahme von Darlehen vorbereiten. Auch ein positiver Zahlungsmittelbestand am Jahresende muss bearbeitet werden. Es könnten Darlehen vorzeitig getilgt, Baumaßnahmen vorgezogen oder eine Geldanlage in Erwägung gezogen werden.

3.1.14.5 Liquiditätsplan

Eine Unternehmensleitung benötigt laufend Informationen über die Liquidität des Unternehmens, um eine drohende Insolvenz bei Zahlungsunfähigkeit oder Überschuldung zu erkennen und abzuwehren.

Die Liquidität eines Unternehmens muss täglich vorhanden sein. Denn bereits Zweifel an der Zahlungsfähigkeit beeinträchtigen die Geschäftsbeziehungen zu den Vertragspartnern und Dritten. Die Zahlungsunfähigkeit liegt z. B. vor, wenn das Unternehmen gem. Insolvenzordnung dauerhaft (drei Wochen) nicht in der Lage ist, seine Zahlungsverpflichtungen zu erfüllen.

Deshalb muss jede Unternehmensleitung intern mit Hilfe von Liquiditätsplänen für eine entsprechende Überwachung der Zahlungsfähigkeit sorgen, um eine Illiquidität zu vermeiden.

Liquiditätspläne werden auf der Basis des Finanzplanes erstellt. Sie zeigen nicht nur den Zahlungsmittelbestand am Jahresende, sondern zu bestimmten Stichtagen innerhalb des Jahres.

3.1.15 Ein Modell zur Steuerung eines Immobilienunternehmens

Das folgende Organisationsmodell berücksichtigt die künftige Entwicklung und beinhaltet die Unternehmensplanung im Rahmen der Wirtschafts- und Finanzplanung über einen kurz- und mittelfristigen Zeitraum.
Das Unternehmen ist marktorientiert. Es betreibt die Marktforschung und hat einen Marketingplan. Es arbeitet mit Budgets, d. h. monetären Vorgaben, um die gesteckten Ziele finanziell einzuhalten und nicht zu überschreiten.

Es arbeitet mit einer Balanced Scorecard, die das Unternehmen ganzheitlich betrachtet und neben Kennzahlen auch eine Darstellung der Ursachen und deren Wirkung vornimmt.

Es betreibt mit der Portfolioanalyse ein Wertmanagement und optimiert wirtschaftlich somit den Gebäudebestand.

3.1 UNTERNEHMENSSTEUERUNG UND UNTERNEHMENSKONTROLLE

Um die internen Geschäftsabläufe zu optimieren, existieren entsprechende Organisationsanweisungen, die den Mitarbeitern als Arbeitshilfen dienen.

Das Unternehmen dokumentiert die Geschäftsverläufe und sorgt für Transparenz. Es hat die interne Kommunikation mit den Mitarbeitern sowie die externe Kommunikation z. B. mit dem Aufsichtsrat sowie Kreditinstituten organisatorisch eingeplant.

Es überprüft die eigenen Handlungen nicht nur intern, sondern sorgt mit einem Benchmarking für Vergleiche zur Konkurrenz, um entsprechende Steuerungen im eigenen Unternehmen zu veranlassen.

Ein ausgebautes Controlling unterstützt die Unternehmensleitung insbesondere bei dem Ziel, mit einem Risikomanagementsystem rechtzeitig Risiken zu erkennen und gegenzusteuern.

Eine unabhängige Revisionsabteilung als Stabsstelle unterstützt die Unternehmensleitung bei der Planung und Steuerung.

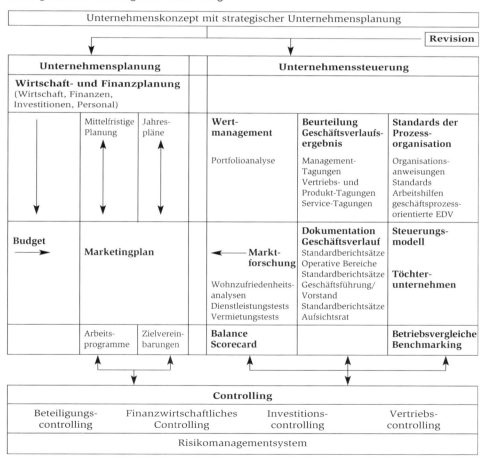

Quelle: Nicht veröffentlichter Vortrag von Herrn Lutz Basse, Vorstandsvorsitzender der SAGA Siedlungs-Aktiengesellschaft, Hamburg, anlässlich der Fachtagung für Berufsschullehrer der Immobilienwirtschaft am 3. März 2006.

3.2 BETRIEBSERGEBNISRECHNUNGEN UND DECKUNGSBEITRAGSRECHNUNGEN

3.2.1 Das Betriebsergebnis in der Gewinn- und Verlustrechnung

Zur Steuerung eines Unternehmens benötigt man zuerst Informationen über den bisherigen Geschäftserfolg, um positive und negative Entwicklungen zu erkennen. Die Geschäftsfelder eines Immobilienunternehmens bestehen z. B. aus der Hausbewirtschaftung, der Bautätigkeit, der Betreuungstätigkeit.

Die Ertragslage eines Unternehmens lässt sich jährlich aus der Gewinn- und Verlustrechnung ersehen. Ein Jahresüberschuss resultiert aus einer Vielzahl von Geschäften, z. B. aus der Vermietung von Gebäuden, aus dem Verkauf von Mietwohngebäuden sowie aus finanzwirtschaftlichen Maßnahmen.

Für die Beurteilung der wirtschaftlichen Lage sowie zur Steuerung eines Unternehmens ist es notwendig, die genauen Quellen des Erfolges zu kennen.

Bereits eine G. u. V. zeigt nicht nur ein pauschales Ergebnis, sondern gliedert bereits die unterschiedlichen Quellen des Jahresüberschusses beispielsweise in
- die eigentliche betriebliche Tätigkeit und
- finanzwirtschaftliche Tätigkeiten.

Die Ergebnisse des Kerngeschäfts eines Immobilienunternehmens zeigt das Betriebsergebnis der jeweiligen G. u. V.

Gliederung und Inhalte der Gewinn- und Verlustrechnung eines Immobilienunternehmens (nach dem Gesamtkostenverfahren):

1. **Umsatzerlöse**
   a) aus der Hausbewirtschaftung
   b) aus dem Verkauf von Grundstücken
   c) aus Betreuungstätigkeit
   d) aus anderen Lieferungen und Leistungen
	Betrieblicher Ertrag

2. Erhöhung oder Verminderung des Bestandes an zum Verkauf bestimmten Grundstücken mit fertigen oder unfertigen Bauten sowie unfertigen Leistungen	
3. Andere aktivierte Eigenleistungen 4. Sonstige betriebliche Erträge	**Betriebsergebnis**

5. **Aufwendungen für bezogene Lieferungen und Leistungen**
   a) für Hausbewirtschaftung
   b) für Verkaufsgrundstücke
   c) für andere Lieferungen oder Leistungen
	Betrieblicher Aufwand

6. **Rohergebnis** 7. Personalaufwand 8. Abschreibungen	

9. Sonstige betriebliche Aufwendungen		
10. Erträge aus Beteiligungen	Finanz-ertrag und -aufwand	Finanz-ergebnis
11. Erträge aus anderen Finanzanlagen		
12. Sonstige Zinsen und ähnliche Erträge		
13. Zinsen und ähnliche Aufwendungen		
14. Ergebnis der gewöhnlichen Geschäftstätigkeit		
15. Steuern vom Einkommen und vom Ertrag		
16. Sonstige Steuern		
17. Jahresüberschuss		
18. Gewinnvortrag bzw. Verlustvortrag		
19. Einstellungen in die gesetzliche Rücklage		
20. Bilanzgewinn		

Diese Übersicht gewährt zwar nur einen groben Einblick in das Unternehmen. Dennoch lassen sich bereits aus den Ergebnisanteilen der einzelnen Geschäftstätigkeiten grundlegende Schlüsse hinsichtlich der künftigen Entwicklung eines Unternehmens ziehen.

Der Erfolg eines Unternehmens sollte grundsätzlich aus seinem langfristigen Kerngeschäft erwirtschaftet werden. Denn in diesen Bereich hat es seine Ressourcen vorrangig investiert, d. h., bei einem Immobilienunternehmen Grundstücke, Gebäude sowie das für die Geschäftsziele speziell ausgebildete Personal eingestellt. Erwirtschaftete Erträge aus Nebenbereichen, z. B. Finanzgeschäften oder aus dem Verkauf des Anlagevermögens, stellen nur kurzfristig einen Beitrag zum Jahresüberschuss dar und bilden keine wirtschaftliche Basis, die einen langfristigen Erfolg verspricht.

Zur permanenten Steuerung eines Unternehmens während eines Geschäftsjahres reichen einer Unternehmensleitung die Daten einer Gewinn- und Verlustrechnung sowie Betriebsergebnisrechnungen im Rahmen des Jahresabschlusses aus zwei Gründen nicht aus.

Die Ergebnisse liegen zum einen erst nach einem Geschäftsjahr vor und sind zum anderen nach Kostenarten gegliedert und nicht differenziert nach den einzelnen Leistungsträgern des Unternehmens (Kostenträgern).

Sofern man allein mit den Beträgen aus der Finanzbuchhaltung arbeitet, fließen z. B. Werte in Preisgestaltung ein, die das tatsächliche finanzielle Bild verzerren. Beispielsweise dürfte der Betrag für eine genutzte Sonderabschreibung nicht Basis einer Kalkulation sein.

3.2.2 Betriebsergebnisrechnungen in der Kosten- und Leistungsrechnung

Um im täglichen Marktgeschehen mit Preisänderungen schnell reagieren zu können, benötigt die Unternehmensleitung eine kurzfristige (unterjährige) Erfolgsrechnung. Sie erfolgt i. d. R monatlich innerhalb der Kosten- und Leistungsrechnung als Kostenträgerrechnung.

Man bezeichnet diese internen Berechnungen auch als kurzfristige Betriebsergebnisrechnung oder auch nur als Kostenträgerzeitrechnung.

Die Kosten der einzelnen Leistungen bzw. Produkte (= Kostenträger) werden über eine bestimmte Periode, z. B. einen Monat, den erzielten Erlösen gegenübergestellt.

Dieses Betriebsergebnis stellt das tatsächliche („wahre") Ergebnis dar aus der Unternehmenstätigkeit gemäß der eigentlichen geschäftlichen Zielsetzung, d. h. beispielsweise der Vermietung von Wohnungen. Hierzu bleiben ebenfalls diejenigen finanziellen Einflüsse unberücksichtigt, die für das Erbringen der Leistung untypisch sind, z. B. keine außerordentlichen Aufwendungen, keine Verluste aus Wertpapiergeschäften.

Da die Berechnungen weder veröffentlicht werden noch eine Grundlage für die Besteuerung darstellen, bestehen für die Wertansätze auch keine gesetzlichen Vorschriften im Handels- oder Steuerrecht. Dementsprechend bilden nur kaufmännische Überlegungen die Basis für Berechnungen. Einbezogen werden deshalb z. B. auch kalkulatorische Positionen (z. B. kalkulatorische Abschreibungen, kalkulatorische Zinsen), um eine langfristig gleichmäßige und finanziell realistische Betriebserfolgsermittlung zu gewährleisten.

Das **Betriebsergebnis** („wahre" Ergebnis) wird intern im Unternehmen von allen Kostenträgern ermittelt, indem jeweils die Summe der Erlöse und der Selbstkosten für jedes Produkt in einer Periode gegenübergestellt wird, z. B.:

Betriebsergebnisrechnung für den Monat Juni 20..:

	Summe:	Leistung A (z. B. Vermietung)	Leistung B (z. B. WEG-Verwaltung)	Leistung C (z. B. Baubetreuung)
Umsatzerlöse	39.000,00 €	20.000,00 €	15.000,00 €	4.000 €
./. Selbstkosten	29.000,00 €	15.000,00 €	9.000,00 €	5.000 €
= Betriebsergebnis	10.000,00 €	5.000,00 €	6.000,00 €	–1.000 €

Die Ergebnisse der Berechnungen dienen ausschließlich der Unternehmensleitung zur internen Steuerung beim Angebot von Leistungen des Unternehmens, z. B. zur Einstellung der Leistung C (eines Kostenträgers) oder als Hinweis für die Notwendigkeit verstärkter Werbemaßnahmen in diesem Tätigkeitsfeld.

Diese einfache Form der Berechnung kann weiter differenziert werden, um diverse Fragestellungen zu beantworten. Das Betriebsergebnis kann für bestimmte Leistungen – Kostenträger – (z. B. Produkte oder Dienstleistungen) ermittelt werden oder auch für Teilbereiche des Unternehmens (z. B. Abteilungen).

3.2.3 Deckungsbeitragsrechnungen

Eine Unternehmensleitung benötigt zur Preiskalkulation für die am Markt anzubietenden Leistungen die eigenen Selbstkosten, um letztlich entscheiden zu können, ob sich das wirtschaftliche Handeln lohnt. Wenn man z. B. Eigentumswohnungen verwaltet, muss man wissen, ob man bereit ist, die Verwaltung z. B. für 290,00 € (zuzüglich Umsatzsteuer)/jährlich/pro Wohnung zu übernehmen.

Die Zuordnung der Kosten zu den einzelnen Leistungen des Immobilienunternehmens erfolgt im Rahmen der Kostenträgerrechnung.

Die einzelnen Kosten verhalten sich nicht gleich, sondern unterscheiden sich z. B. hinsichtlich ihrer Entwicklung bei der Erhöhung oder Verminderung des Leistungsangebots.

Fixe Kosten oder Kosten für die Betriebsbereitschaft fallen auch dann an, wenn keine Leistung erbracht wird, z. B. Miete für die Geschäftsräume einer Wohnungseigentumsverwaltung.

Variable Kosten entstehen oder fallen weg, sobald man den Leistungsumfang verändert, z. B. die Fahrtkosten eines Verwalters zur Wohnungseigentümerversammlung.

Sofern Unternehmen bei ihren Entscheidungen fixe und variable Kosten nicht unterscheiden, führen sie eine **Vollkostenrechnung** durch.

Beispiel einer Betriebsergebnisrechnung mit Vollkosten:

	Summe:	Leistungen des Immobilienunternehmens: Verwaltung der Wohnungseigentümergemeinschaften A, B, C		
		A	B	C
Umsatzerlöse	80.000,00 €	30.000,00 €	40.000,00 €	10.000,00 €
./. Selbstkosten	67.000,00 €	25.000,00 €	30.000,00 €	12.000,00 €
= **Betriebsergebnis**	**13.000,00 €**	5.000,00 €	10.000,00 €	–2.000,00 €

Das Betriebsergebnis legt den Entschluss nahe, die Verwaltung der Wohnungseigentümergemeinschaft C aufzugeben.

Die Folgen einer solchen Entscheidung zeigen sich deutlich, wenn man an demselben Beispiel die Entwicklung der Kosten genauer betrachtet und zwischen fixen und variablen Kosten unterscheidet, einer so genannten **Teilkostenrechnung**.

Beispiel einer Betriebsergebnisrechnung mit Teilkosten = (einstufige) Deckungsbeitragsrechnung

	Summe:	Leistungen des Immobilienunternehmens: Verwaltung der Wohnungseigentümergemeinschaften A, B, C		
		A	B	C
Umsatzerlöse	80.000,00 €	30.000,00 €	40.000,00 €	10.000,00 €
./. Variable Kosten	12.000,00 €	4.000,00 €	7.000,00 €	1.000,00 €
= Deckungsbeitrag	**68.000,00 €**	**26.000,00 €**	**33.000,00 €**	**9.000,00 €**
./. Fixe Kosten	55.000,00 €	insgesamt 55.000,00 €		
= Betriebsergebnis	**13.000,00 €**			

Die Aufteilung der Kosten zeigt, dass der Leistungsträger C nicht nur seine variablen Kosten erwirtschaftet, sondern auch einen positiven Beitrag zur Deckung der fixen Kosten und evtl. eines Gewinnanteils erbringt (sog. **Deckungsbeitrag**).

Das Betriebsergebnis würde sogar insgesamt von 13.000 € auf 5.000 € sinken, wenn sich die Unternehmensleitung entschlösse, auf die Verwaltung der Wohnungseigentümergemeinschaft C zu verzichten:

	Summe:	Leistungen des Immobilienunternehmens: Verwaltung der Wohnungseigentümergemeinschaften A, B, C		
		A	B	C
Umsatzerlöse	70.000,00 €	30.000,00 €	40.000,00 €	0
./. Variable Kosten	11.000,00 €	4.000,00 €	7.000,00 €	0
= Deckungsbeitrag	**59.000,00 €**	**26.000,00 €**	**33.000,00 €**	**0**
./. Fixe Kosten	55.000,00 €	insgesamt 55.000,00 €		
= Betriebsergebnis	**5.000,00 €**			

Demzufolge lohnt sich die Verwaltung der einzelnen Wohnungseigentümergemeinschaften für das Unternehmen, solange der jeweilige Leistungsträger mindestens seine variablen Kosten erwirtschaftet. Die Schwelle, bei der ein Unternehmen aus der Verlust- in die Gewinnzone wechselt, bezeichnet man als break-even-point (bzw. Kostendeckungspunkt oder Gewinn-Schwelle).

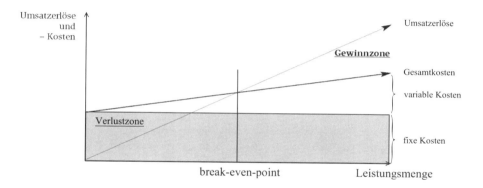

Die Teilkostenrechnung bietet der Unternehmensleitung ein besseres Steuerungsinstrument für kurzfristige Entscheidungen.

Um die Aussage über den Beitrag der Leistungsträger zum finanziellen Erfolg zu erhöhen, kann man im Rahmen der **Deckungsbeitragsrechnung** versuchen, die Fixkosten nicht als einen Block zu betrachten, sondern eine genauere Zuordnung der Fixkosten je nach der Entstehung zu erreichen, z. B. für einzelne Leistungsträger oder für bestimmte Abteilungen des Unternehmens.

Beispiel einer Betriebsergebnisrechnung mit Teilkosten = (mehrstufige) Deckungsbeitragsrechnung

	Summe:	Leistungen des Immobilienunternehmens: Verwaltung der Wohnungseigentümergemeinschaften A, B, C		
		A	B	C
Umsatzerlöse	80.000,00 €	30.000 €	40.000,00 €	10.000,00 €
./. Variable Kosten	12.000,00 €	4.000 €	7.000,00 €	1.000,00 €
= Deckungsbeitrag I	68.000,00 €	26.000 €	33.000,00 €	9.000,00 €
./. Fixe Kosten (Leistungsträger)	26.000,00 €	10.000 €	13.000,00 €	3.000,00 €
= Deckungsbeitrag II	42.000,00 €	16.000 €	20.000,00 €	6.000,00 €
./. Fixe Kosten (Leistungsgruppe)	18.000,00 €	7.000 €	10.000,00 €	1.000,00 €
= Deckungsbeitrag III	24.000,00 €	9.000 €	10.000,00 €	5.000,00 €
./. Fixe Kosten (Unternehmensabteilungen)	6.000,00 €	2.000 €	4.000,00 €	
= Deckungsbeitrag IV	18.000,00 €	7.000 €	11.000,00 €	
./. Fixe Kosten (gesamtes Unternehmen)	5.000,00 €		5.000,00 €	
= Betriebsergebnis	13.000,00 €		13.000,00 €	

Wegen der individuellen Gestaltungsmöglichkeit existieren in der Praxis diverse Variationen der Deckungsbeitragsrechnung, bei denen man z. B. nur einen Teil der Berechnung betrachtet und auf die Stufen III und IV verzichtet.

Ein Gliederungsbeispiel aus der Praxis einer Hausbewirtschaftung möge einen Rechenansatz verdeutlichen, bei dem zusätzlich mit Ist- und Planzahlen gearbeitet wird, um die Vorgaben als Plan der Unternehmensleitung zu erkennen:

	Ist (€)	Plan (€)
Umsatzerlöse		
./. nicht abrechenbare Betriebskosten		
./. Instandhaltung		
./. Marketing für Vermietung		
= Deckungsbeitrag I		
./. Abschreibungen		
./. Zinsen		
./. Geldbeschaffungskosten		
= Deckungsbeitrag II		

3.3 ÜBERWACHUNGSSYSTEME UND ÜBERWACHUNGSINSTANZEN VON UNTERNEHMEN

Unternehmen funktionieren weder reibungslos noch fehlerfrei. Deshalb existieren diverse Kontrollorgane, z. B. ein Aufsichtsrat einer Aktiengesellschaft, und interne Kontrollsysteme, z. B. ein Risikomanagementsystem, um Probleme sowie Fehler rechtzeitig zu erkennen.

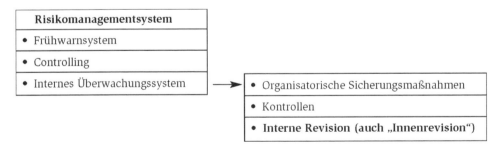

Zum einen wollen Außenstehende, z. B. Staat und Kapitalanleger, diese Maßnahmen zur Sicherheit, z. B. für Steuerzahlungen und den Schutz vor Verlust ihres angelegten Kapitals. Zum anderen ist jede Unternehmensleitung selbst aus wirtschaftlichem Eigeninteresse an diesen Maßnahmen interessiert, um das Unternehmen optimal zu führen.

Managementfehler von Unternehmensleitungen können leicht zur Insolvenz führen. Bei großen Unternehmen beruht dieser Sachverhalt mitunter auf Informationen, die nicht erhoben wurden oder verspätet vorlagen, bzw. auf der Tatsache, dass die Unternehmensleitung z. B. aufgrund von Fehleinschätzungen nicht oder verspätet reagierte.

Mittels regelmäßiger Revisionen wird das betriebliche Geschehen überprüft, um zu gewährleisten, dass das Unternehmen optimal wirtschaftet und sich an die gesetzlichen Grundlagen sowie eigenen Vorgaben hält.

Im Rahmen eines Frühwarnsystems werden die Risikobereiche eines Unternehmens z. B. mit Kennzahlen oder anderen Indikatoren laufend überwacht und die Ergebnisse an die maßgebenden Entscheidungspersonen im Unternehmen weitergeleitet.

Das Controlling berechnet z. B. die Auswirkungen eines speziellen Risikos auf die Umsatzentwicklung.

Zur Abwehr und Bewältigung von Risiken richten Unternehmensleitungen Interne Überwachungssysteme ein.

3.3.1 Interne Überwachungssysteme

Interne Überwachungssysteme bestehen aus
- organisatorischen Sicherungsmaßnahmen,
- Kontrollen und
- der Internen Revision.

Bei organisatorischen Sicherungsmaßnahmen versucht man mit Hilfe von Anordnungen im Rahmen der Organisation gefährdende Entwicklungen zu verhindern, z. B. durch
- Funktionstrennung (z. B. zwischen Kassenführung und deren Buchung),
- Arbeits-/Organisationsanweisungen, z. B. Vier-Augen-Prinzip bei Auftragsvergabe und Rechnungsprüfung sowie -bezahlung,
- ordnungsmäßiges Belegwesen (z. B. zeitnahe Buchung, geordnete Ablage),
- Datensicherung bei Computern.

Interne Anweisungen des Unternehmens können die Beteiligten selbst oder eine zweite Person zwingen, ihre eigene Arbeit zu kontrollieren, um unmittelbar im Rahmen des Arbeitsprozesses Fehler zu erkennen und zu beseitigen.

Zur Reduzierung der gesellschaftspolitischen und wirtschaftlichen Folgen von Fehlentscheidungen fordert der Gesetzgeber von den Unternehmensleitungen, dafür zu sorgen, dass in den Unternehmen frühzeitig Risiken sichtbar werden und notwendige Reaktionen erfolgen.

Wegen dieser Bedeutung ist z. B. der Vorstand einer Aktiengesellschaft gemäß § 91 Abs. 2 AktG und aufgrund des Gesetzes zur Kontrolle und Transparenz im Unternehmensbereich (KontraG) sowie des BilMoG verpflichtet, geeignete Maßnahmen zu treffen, insbesondere ein Überwachungssystem einzurichten, damit Risiken und Entwicklungen rechtzeitig erkannt werden, die den Fortbestand des Unternehmens gefährden könnten.

3.3.2 Die Interne Revision

Zur Erfüllung der umfangreich anfallenden Überwachungsaufgaben bei komplexen großen Unternehmen bedient man sich i. d. R. einer besonderen Abteilung, der Internen Revision. Sie unterstützt die Unternehmensleitung bei der Wahrnehmung ihrer Aufgaben.

3.3.3 Ziele und Aufgaben der Internen Revision

Die Aufgabe der Internen Revision als prozessunabhängige Stelle innerhalb des Unternehmens besteht darin, zu prüfen, zu berichten und zu beraten.

Die Interne Revision
- prüft übergreifend sämtliche Unternehmensteile und Unternehmensfunktionen, z. B. Rechnungswesen, Personal, Bestandsmanagement,
- soll die Geschäftsprozesse zum Erreichen der festgelegten Ziele eines Unternehmens im Auftrag der Unternehmensleitung analysieren, bewerten und Verbesserungsvorschläge unterbreiten,
- ist eine wichtige Überwachungsinstitution mit dem Ziel, Risikosituationen im Unternehmen zu erkennen, die Unternehmensleitung darüber zu informieren, sodass die Beseitigung der Mängel veranlasst wird.

Die Interne Revision beachtet bei ihrer Arbeit i. d. R. folgende Kriterien:
- Risiken für das Unternehmen sowie Funktionsfähigkeit und Zuverlässigkeit des Risikomanagements,
- Effizienz und Ordnungsmäßigkeit der Organisation sowie der Geschäftsabläufe (z. B. Einhaltung von Gesetzen, interner Vorgaben),
- Sicherung des Unternehmensvermögens (z. B. Vorbeugen von Betrugsfällen),
- Wirtschaftlichkeit der Geschäftsabläufe zum Erreichen einer gewünschten Rentabilität des eingesetzten Kapitals,
- Zuverlässigkeit der Berichterstattung,
- Erreichen der künftigen strategischen Entwicklung des Unternehmens.

Um die notwendige Unabhängigkeit der gesamten Tätigkeit zu gewährleisten, wird die Interne Revision i. d. R. als ansonsten weisungsunabhängige Stabsstelle direkt der Unternehmensleitung unterstellt. Die Interne Revision übt eine helfende Funktion für die Unternehmensleitung aus, ist aber nicht für den operativen Erfolg von Geschäftsprozessen verantwortlich.

Die Interne Revision eines Unternehmens ist eher vergangenheitsorientiert im Gegensatz zum Controlling, das die Unternehmensleitung mit Daten und Informationen insbesondere zur Planung bzw. der Abweichung davon versorgt und somit beiträgt, die unternehmerischen Aktivitäten zielgerichtet zu steuern (vgl. Kapitel 5.2.1.2).

3.3.4 Maßnahmen der Internen Revision in der Immobilienwirtschaft

Im Rahmen permanenter Überwachung soll das Vermögen des Unternehmens gesichert und die Geschäftsabläufe verbessert werden.

Die Interne Revision bewertet im Unternehmen die Wirksamkeit des Risikomanagementsystems, das Kontrollsystem sowie das Führungssystem und trägt zu deren Optimierung bei.

Um dieser Aufgabe gerecht zu werden, muss die Interne Revision über umfangreiche betriebswirtschaftliche und juristische Kenntnisse für alle Bereiche des Immobilienunternehmens verfügen.

Die Prüfungen erstrecken sich insbesondere auf
- Ordnungsmäßigkeit,
- Systeme und Verfahren sowie
- Organisation des Unternehmens.

Die Interne Revision führt in einem Immobilienunternehmen beispielsweise folgende Untersuchungen durch:
- Auftragsvergabe, speziell von Bauleistungen,
- Grundstückskäufe,
- begleitende Revision eines Bauprojekts,
- Vorgehen bei Modernisierungsmaßnahmen,
- Einhaltung und Kontrolle finanzieller Budgets,
- Abwickeln der laufenden Instandhaltung,
- Anbahnung und Abschluss von Mietverträgen,
- Umgang mit Mietschuldnern,
- Aufbau eines Beschwerdemanagements,
- Einführen neuester Technologien (z. B. Online-banking beim Zahlungsverkehr, Präsentation der Wohnungen im Internet),
- Kassenprüfungen.

Die Tätigkeitsschwerpunkte der Internen Revision konzentrieren sich zunehmend auf jene Bereiche, welche hohe Risiken für das Unternehmen beinhalten.

Die Arbeitsweise der Revisoren umfasst in Abhängigkeit vom jeweiligen Prüfungsgegenstand: Stichprobenprüfungen, Analyse von Verfahrensabläufen, Mitarbeiterbefragungen usw.

3.3.5 Die Prüfung des Jahresabschlusses

Gemäß § 316 ff. HGB haben Kapitalgesellschaften ihren Jahresabschluss von unabhängigen Abschlussprüfern (Wirtschaftsprüfern bzw. Wirtschaftsprüfungsgesellschaften) prüfen zu lassen. Der Abschlussprüfer hat einen Prüfungsbericht zu erstellen, in dem er feststellt, ob z. B. die Buchführung und die weiteren geprüften Unterlagen, der Jahresabschluss, der Lagebericht den gesetzlichen Vorschriften und den ergänzenden Bestimmungen des Gesellschaftsvertrages oder der Satzung entsprechen. Es ist auch darauf einzugehen, ob der Abschluss insgesamt unter

Beachtung der Grundsätze ordnungsmäßiger Buchführung oder sonstiger maßgeblicher Rechnungslegungsgrundsätze ein den tatsächlichen Verhältnissen entsprechendes Bild der Vermögens-, Finanz- und Ertragslage der Kapitalgesellschaft vermittelt.

Der Abschlussprüfer kann Ergebnisse der Internen Revision eines Unternehmens für seinen Bericht verwenden.

3.4 INVESTITION UND UNTERNEHMENSFINANZIERUNG

3.4.1 Investition

3.4.1.1 Begriff

Für den Begriff Investition existiert keine einheitliche Definition. In den meisten Fällen hebt man die langfristige Bindung des Kapitals hervor.

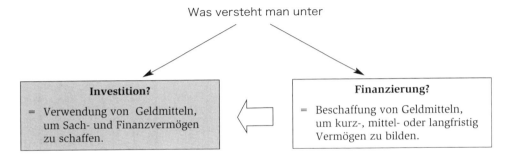

Unter Investition im weiteren Sinne versteht man die Verwendung von Geldmitteln zur Beschaffung von Sach- oder Finanzvermögen, um das gesetzte Unternehmensziel zu erreichen.

Beispiele: Grundstücke, Heizöl, Beteiligungen an anderen Unternehmen.

Nicht als Investition zählen z. B. Ausgaben für die Tilgung von Darlehen oder das Zahlen von Gehältern, weil damit keine Vermögenswerte gebildet werden.

3.4.1.2 Investitionsgründe

Das Unternehmensziel eines Immobilienunternehmens, z. B. die Vermietung von Wohnungen, wird erreicht, wenn es Grundstücke erwirbt und sie bebaut oder sich an anderen Immobilienunternehmen beteiligt. Die Investition stellt also eine Geldanlage dar, die den Fortbestand eines Unternehmens langfristig sichern soll.

Während der Investitionsdauer soll mit dem Investitionsgut ein Ergebnis erwirtschaftet werden, das für das eingesetzte Eigenkapital über dem anderer risikoloser Geldanlagen und für das eingesetzte Fremdkapital über den an die Gläubiger zu zahlenden Fremdkapitalzinsen liegt. Mit dem erwirtschafteten Gewinn soll zusätzlich auch das Risiko der Investition abgegolten werden.

So will z. B. ein Bauherr mit der Errichtung eines Mietwohnhauses während der wirtschaftlichen Lebensdauer (ca. 80 Jahre) einen entsprechenden Mietertrag erzielen.

In bestimmten Fällen besteht sogar ein Zwang zu investieren, wenn man bei einem vorhandenen Gebäude den erwarteten Ertrag auf Dauer erhalten möchte oder bei staatlichen Auflagen, z. B. Einbau von Filtern in Schornsteinen aus Gründen des Umweltschutzes oder Schutzvorrichtungen für Arbeitnehmer.

3.4.1.3 Investitionsarten

Die jeweilige Branche bestimmt grundsätzlich die Art der Investition. Industrieunternehmen kaufen z. B. Maschinen, Kräne, Fahrzeuge oder andere Güter. Immobilienunternehmen kaufen Grundstücke und lassen Gebäude von Bauunternehmen errichten.

Nach ihrer Auswirkung auf den vorhandenen Investitionsbestand bezeichnet man Investitionen als
- Erweiterungsinvestition oder Nettoinvestition, wenn sie den bisherigen Investitionsbestand vergrößern (Beispiel: Neubau von Wohngebäuden zur Vergrößerung des Bestandes);
- Ersatzinvestition oder Reinvestition, wenn ein bisheriges Investitionsgut erneuert wird (Beispiel: Abriss eines 100 Jahre alten Mietwohnhauses und Errichtung eines Neubaus);
- Rationalisierungsinvestition, wenn das neue Investitionsgut mehr leistet als das bisherige (Beispiel: eine vorhandene Koksheizungsanlage wird ersetzt durch eine Beheizung mit Öl oder Fernwärme).

Die Summe aller Investitionen im Unternehmen (z. B. Fuhrpark, EDV-Anlage usw.) innerhalb eines Jahres bezeichnet man als Bruttoinvestitionen.

3.4.2 Finanzierung

3.4.2.1 Begriff

Mit der Finanzierung sorgt man in einem Unternehmen für die notwendigen Finanzmittel, um alle Zahlungsverpflichtungen erfüllen zu können, die sich aus der Unternehmenstätigkeit ergeben.

Bei diesen Finanzmitteln handelt es sich um Kapital aus diversen Quellen und in unterschiedlichen Formen, z. B. als Eigenkapital von den Gesellschaften oder Fremdkapital von Gläubigern.

3.4.2.2 Investition und Finanzierung im Rechnungswesen

Die Investitionen eines Unternehmens findet man als Anlagevermögen auf der Aktivseite der Bilanz, z. B. das eigene Verwaltungsgebäude und Mietwohnhäuser. Sie sollen dem Unternehmen auf Dauer dienen und sind nicht zum Verkauf bestimmt.

Darüber hinaus investiert ein Immobilienunternehmen als Bauträger auch in Objekte, die es wieder verkaufen möchte, das so genannte Umlaufvermögen, wie z. B. unbebaute Grundstücke zur Bebauung mit Eigentumswohnungen.

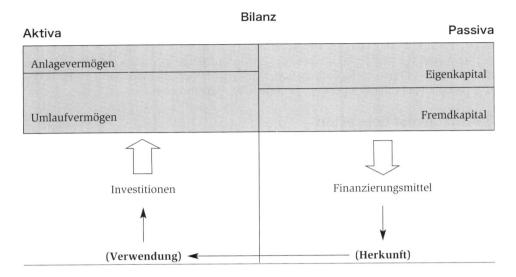

- **Das Verhältnis von Anlage- und Umlaufvermögen (= die Vermögensstruktur)**

Immobilienunternehmen mit einem Mietwohnungsbestand haben im Verhältnis zu Kreditinstituten i. d. R. ein größeres Anlagevermögen. Der Bestand an Grundstücken mit Mietwohnhäusern wird unter dem Anlagevermögen ausgewiesen, denn sie erwirtschaften ihre Gewinne hauptsächlich aus der Vermietung von Wohnungen.

Im Gegensatz dazu benötigt ein Kreditinstitut für ihren Betriebszweck kein umfangreiches Anlagevermögen. Hier treten auf der Aktivseite die Forderungen hervor, d. h. die Kredite, die man den Kunden gewährt hat. Das Umlaufvermögen wird somit bei einem Kreditinstitut branchentypisch bedingt höher sein als bei einem Immobilienunternehmen.

Während ein Industrieunternehmen im Anlagevermögen Fabrikgebäude und Maschinen ausweist, erscheinen im Umlaufvermögen die zum Verkauf hergestellten Produkte.

3.4.3 Investitionsplanung

Hat ein Unternehmen die Auswahl zwischen alternativen Investitionen, wird es grundsätzlich prüfen, welche Alternative einen höheren Gewinn im Laufe der Investitionsphase bringt.

Ein Wohnungsunternehmen wird unter Berücksichtigung des Unternehmensziels bzw. der jeweiligen Satzung z. B. abwägen, ob es Mietwohnungen errichtet oder

Eigentumswohnungen zum Verkauf baut. Es wird zusätzlich prüfen, ob diese Gebäude besser in Berlin oder in Leipzig stehen sollen.

Weitere Überlegungen sind denkbar. Die Angebotspalette auf dem Markt könnte z. B. im Sortiment einen bestimmten Artikel erfordern, ohne den man nicht konkurrenzfähig wäre, sodass auch dort eine Investition notwendig ist. Ein Wohnungsunternehmen errichtet deshalb möglicherweise in Satellitenstädten unabhängig von der Rentabilität Einkaufsmöglichkeiten, weil es sonst die Wohnungen nicht vermieten könnte.

Die Rentabilität einer Investition darf deshalb nicht isoliert von dem gesamten Unternehmensziel, und zwar der kostengünstigen Versorgung der Bevölkerung mit Wohnraum, betrachtet werden. Das Wohnungsunternehmen wird deshalb auch Gemeinschaftsanlagen (Saunen, Schwimmbäder, Tischtennisräume für die Jugend) oder Gästewohnungen schaffen, um andere Ziele zu erreichen, z. B. zufriedene Mieter, eine niedrigere Mieterfluktuation, einen geringen Leerstand, weniger Vandalismusschäden, weniger Verwaltungsaufwand, ein besseres Image, finanzkräftige Bewerber. Letztendlich dienen auch diese Maßnahmen dem Ziel, die Investition rentabel zu gestalten.

3.4.3.1 Investitionen bei Immobilienunternehmen

Immobilienunternehmen unterscheiden sich z. B. in ihrer wirtschaftlichen Zielsetzung. Dementsprechend unterscheidet sich die Investitionsdauer. Bauträger investieren in den Bau von Objekten, die sie anschließend kurzfristig wieder verkaufen. Wohnungsunternehmen investieren in den Bau von Mietwohnhäusern, die sie langfristig bewirtschaften. Während der Bewirtschaftungsphase ergeben sich weitere Investitionen, z. B. zur Instandsetzung, Modernisierung oder Sanierung.

3.4.3.2 Investitionsziele bei Immobilienunternehmen

Investitionsziele bei Immobilienunternehmen unterscheiden sich z. B. hinsichtlich der Gesellschafter und ihrer Satzungen, die verschiedene Unternehmenszwecke beinhalten können.

Die Zielsetzungen lassen sich in zwei Gruppen aufteilen: 1. finanzielle und 2. nichtfinanzielle Ziele. Finanzielle Vorgaben können z. B. in einer Mindestverzinsung des investierten Kapitals bestehen oder in einem maximalen Gewinn während eines bestimmten Zeitraumes. Nichtfinanzielle Ziele berücksichtigen insbesondere bei Mietwohnungen z. B. die sozialen Aspekte. Hier werden z. B. Wohnfolgeeinrichtungen gebaut, um im Rahmen eines Quartiermanagements eine Ghettoisierung bzw. Verslumung zu verhindern. Es können als weiteres Hauptziel die langfristige Erhaltung und Verbesserung des Wohnungsbestandes festgelegt werden, unabhängig von Renditeüberlegungen der notwendigen Investition.

Freie Immobilienunternehmen werden sich bei den Entscheidungen über die Maßnahmen von Investitionen weitgehend von der Maximierung des Gewinns leiten lassen. Wohnungsbaugenossenschaften, kommunale Wohnungsunternehmen und möglicherweise auch ehemals gemeinnützige Wohnungsunternehmen werden auch nicht-finanzielle Ziele bei Investitionen berücksichtigen bzw. beachten müssen.

3.4.3.3 Investitionsanlässe und Investitionsmaßnahmen

Anlass einer Investition kann zum einen allein eine interne Entscheidung sein, zum anderen aber auch im Rahmen des Marktwettbewerbs extern aufgezwungen. Die Entwicklung der Immobilienwirtschaft in den letzten Jahrzehnten zeigt im Rahmen einer Marktsättigung für Immobilienunternehmen die Notwendigkeit von Investitionen, um wirtschaftlich negative Folgen abzuwehren.

Insbesondere der Leerstand von Wohnungen in bestimmten Regionen und bei bestimmten Wohnungsarten verlangen Investitionen, z. B. zur Modernisierung der Wohngebäude und des Wohnumfeldes, um eine nachhaltige Vermietbarkeit wiederherzustellen. Darüber hinaus müssen Immobilienunternehmen mit Investitionen die Kosten für die Nutzung der Objekte senken, indem Energie einsparende Investitionsmaßnahmen vorgenommen werden.

3.4.3.4 Auswahlkriterien für Investitionen

Die vorgegebenen Ziele der Gesellschafter bedingen die Auswahl bzw. die Rangfolge von Investitionen. Sofern die finanziellen Mittel nicht für alle geplanten Investitionsmaßnahmen ausreichen, muss die Unternehmensleitung Kriterien für die Auswahl entwickeln.

Nicht-finanzielle Kriterien könnten z. B. Investitionen bevorzugen, die die größten Probleme in der Mieterschaft reduzieren oder beseitigen, z. B. Erweiterung von Kinderspielplätzen.

Finanzielle Kriterien könnten z. B. Investitionen zur Reduzierung von Kosten oder/und die Erhöhung der Mieterträge anstreben. So könnten z. B. Baumaßnahmen zur Zusammenlegung von Wohnungen die Fluktuationsrate der Mieter senken und damit die Verwaltungskosten reduzieren und eventuell die Mieterträge steigern.

3.4.3.5 Rechenverfahren zur Auswahl von Investitionen

Jeder Investor will zu Beginn wissen, ob seine Investition vorteilhaft ist bzw. sich lohnt.

Legt man für die Auswahl von Investitionen allein finanzielle Kriterien zugrunde, bestehen verschiedene Rechenverfahren, mit denen man versucht, diese Frage zu beantworten.

Vorteilhaft ist eine Investition, wenn sie im Verhältnis zu einer anderen gleichartigen Investition günstigere Werte erbringt. Eine Investition lohnt sich, wenn sie während der Nutzungsdauer mindestens das investierte Kapital sowie die vom Investor gewünschte Mindestverzinsung erwirtschaftet.

Investitionen stellen eine langfristige Anlage dar und erstrecken sich über viele Jahre bzw. Jahrzehnte, sodass die zur Berechnung notwendigen Daten zum einen sehr umfangreich, zum anderen unsicherer werden, wenn man Zahlen über künftige Jahrzehnte zusammenstellen möchte. Zu berücksichtigen ist auch der Arbeitsaufwand für die Ermittlung von sicheren, künftigen Daten.

Ob sich die Maßnahmen lohnen, kann mit Sicherheit erst im Nachhinein beurteilt werden, zumal sich die Daten (z. B. Erlöse) im Laufe der Zeit häufig ändern, z. B. wegen neuer Gesetze oder einer anderen wirtschaftlichen Situation.

In der Praxis begnügt man sich daher teilweise mit einfachen Verfahren, die relativ schnell eine Investitionsentscheidung ermöglichen.

Deshalb ist es für einen Investor bei den gewählten Verfahren jeweils notwendig zu wissen, von welchen Fragestellungen, Prämissen und Zielsetzungen die einzelnen Investitionsberechnungen ausgehen.

Wegen der unterschiedlichen Fragestellung ist es denkbar, die Vorteilhaftigkeit einer Investition auch mit verschiedenen Verfahren zu überprüfen.

Grundsätzlich unterscheidet man statische und dynamische Berechnungsverfahren:

Statische Berechnungsverfahren:	Dynamische Berechnungsverfahren:
· Kostenvergleichsverfahren	· Verfahren zur Berechnung des Kapitalwertes
· Gewinnvergleichsverfahren	· Verfahren zur Berechnung der Annuitäten
· Rentabilitätsberechnungsverfahren	· Verfahren zur Berechnung des internen Zinsfußes
· Amortisationsberechnungsverfahren	

– **Unterschiede zwischen statischen und dynamischen Verfahren**

Statische und dynamische Verfahren unterscheiden sich grundsätzlich in ihrem Rechenansatz.

Statische Verfahren vereinfachen die Auswahlberechnung, indem sie sich auf ein oder mehrere Merkmale beschränken und z. B. ein Musterjahr mit Durchschnittsansätzen als Berechnungsmaßstab auswählen.

Dynamische Verfahren berücksichtigen die Zeitpunkte der finanziellen Zahlungen und berücksichtigen die dadurch entstehenden Zinseffekte.

– **Die statischen Verfahren**

In der Investitionsrechnung arbeitet man üblicherweise mit folgenden statischen Verfahren:
· Kostenvergleichsverfahren,
· Gewinnvergleichsverfahren,
· Rentabilitätsrechnungsverfahren,
· Amortisationsrechnungsverfahren.

Hierbei ermittelt man i. d. R. durchschnittliche Vergleichsdaten für ein repräsentatives Jahr und entscheidet sich auf dieser Grundlage für eine Investition. Probleme entstehen bei Vergleichen von Investitionen mit unterschiedlichen Investitionsbeträgen oder einer unterschiedlichen Nutzungsdauer. Die ersten drei Verfahren arbeiten mit Kosten bzw. Erlösen, die letzte Methode mit Ein- und Auszahlungen.

Kostenvergleichsverfahren betrachten ausschließlich die voraussichtlichen Kosten der Investition während der geschätzten Nutzungsdauer und ermitteln daraus die durchschnittliche Belastung für ein Jahr. Bevorzugt wird diejenige Investition mit den geringsten Kosten.

Gewinnvergleichsverfahren erweitern die Daten und beziehen den zu erwartenden Gewinn in die Berechnung mit ein. Diejenige Investition ist vorteilhaft, die den höchsten Gewinn erwirtschaftet.

Bei der Rentabilitätsrechnung (Return on Investment) will man die Frage des Gewinns beantworten, den man mit dem durchschnittlich investierten Kapital erwirtschaftet. Auch bei diesem Verfahren ermittelt man die Daten und bezieht sie stellvertretend auf ein Jahr.

Grundlage ist die Berechnungsformel:

$$\text{Rentablität} = \frac{\text{Gewinn vor kalkulatorischen Zinsen}}{\text{durchschnittliches gebundenes Kapital}} \times 100\%$$

Die Formel wird in der Praxis folgendermaßen erweitert, um den Einfluss des Umsatzes zu verdeutlichen:

$$\text{Rentablität} = \frac{\text{Gewinn vor kalkulatorischen Zinsen}}{\text{Umsatzerlöse}} \times \frac{\text{Umsatzerlöse}}{\text{durchschnittliches gebundenes Kapital}} \times 100\%$$

{Return on Investment = Umsatzrentablität x Kaptitalumschlag}

Diejenige Investition ist vorteilhaft, die mit dem investierten Kapital die höchste Rentabilität erwirtschaftet.

Amortisationsrechnungen betrachten im Gegensatz zu den ersten drei statischen Methoden die gesamte Nutzungsdauer und ermitteln die Zeit, in der das investierte Kapital wieder zurückgezahlt wird. Die Berechnung dient somit der Tilgung von Darlehen bzw. Liquiditätsaspekten. Alle Zahlungsüberschüsse werden rechnerisch bis zum Amortisationszeitpunkt erst zur Verrechnung mit der Investitionsauszahlung verwendet. Danach dienen sie bis zum Ende der Nutzungsdauer der Verzinsung des eingesetzten Kapitals.

Bei der Durchschnittsmethode unterstellt man, dass die Zahlungsüberschüsse jährlich in gleicher Höhe anfallen. Bei der Kumulationsmethode (Totalrechnung) addiert man die Zahlungsüberschüsse der jährlichen Einzahlungen über die Auszahlungen, bis der Betrag der Investition erreicht ist und somit der gesuchte Amortisationszeitpunkt.

Diejenige Investition gilt als vorteilhaft, bei der das investierte Kapital über den Umsatzprozess am schnellsten wieder zurückgezahlt ist.

- **Dynamische Verfahren**

In der Investitionsrechnung arbeitet man üblicherweise mit folgenden dynamischen Verfahren:
- Kapitalwertmethode,
- Annuitätenmethode,
- Methode des internen Zinsfußes.

Dynamische Verfahren versuchen die finanziellen Bewegungen der gesamten Nutzungsdauer der Investition als eine Zahlungsreihe von Auszahlungen bzw. Einzahlungen zu erfassen und auf einen Zeitpunkt zu diskontieren, um die Auswirkung der Zinsen sowie Zinseszinsen zu berücksichtigen, die jede Zahlung während der Investition verursacht.

Die Kapitalwertmethode ermittelt den Betrag (Kapitalwert) als abgezinsten Barwert, den die Investition während der gesamten Investitionsdauer erwirtschaftet, und zwar zusätzlich zu dem Investitionsbetrag und der gewünschten Verzinsung.

Der Investor legt einen bestimmten Zinssatz (sog. Kapitalzinsfuß) und damit den Betrag fest, den die Investition erwirtschaften soll. Es wird unterstellt, dass Differenzbeträge während der Nutzungsdauer stets zu diesem Zinssatz wieder angelegt werden können.

Formel zur Berechnung des Kapitalwerts C_0:

$$C_0 = -\text{Investitionsbeitrag} + \sum_{t=1}^{n}(\text{Einzahlungen}_t - \text{Auszahlungen}_t) \times q^{-t} + L_n \times q^{-n}$$

Die Zahlungsreihe beginnt mit einer Auszahlung für die Investition. Während der Nutzungsdauer werden die Ein- und Auszahlungen pro Jahr saldiert und deren Barwert ermittelt. Ein möglicher Verkaufserlös am Ende der Nutzungsdauer (L = Liquiditätserlös) wird ebenfalls diskontiert und dem Kapitalwert hinzugefügt.

Ein positiver Kapitalwert bedeutet, dass die Investition nicht nur den ursprünglichen Investitionsbetrag mitsamt der verlangten Verzinsung erwirtschaftet, sondern noch zusätzlich einen Zahlungsmittelüberschuss in Höhe des positiven Kapitalwerts, und zwar als Barwert ermittelt.

Ein negativer Kapitalwert zeigt an, dass das angestrebte wirtschaftliche Ziel nicht erreicht wurde. Der ursprüngliche Investitionsbetrag und die verlangte Verzinsung werden mit der Investition nicht erwirtschaftet.

Von mehreren Investitionen ist diejenige Investition vorteilhaft, die den höchsten Kapitalwert erwirtschaftet.

Die Annuitätenmethode stellt eine Abwandlung der Kapitalwertmethode dar. Während der Investor bei der Kapitalwertmethode erst am Ende der Nutzungsdauer über den Kapitalwert verfügen kann, errechnet man bei der Annuitätenmethode diejenigen jährlichen Beträge, die in jeder Periode entnommen werden können.

Der ermittelte Kapitalwert wird auf die Jahre der Nutzungsdauer mit folgender Formel verteilt:

Annuität = Investitionsbetrag(C_0) $\times \frac{q^n \times i}{q^n - 1}$

Bei der **Methode des internen Zinsfußes** ermittelt man denjenigen Zinssatz, mit dem das investierte Kapital (intern) arbeitet und die Zinsen erwirtschaftet.

Die Berechnungsformel leitet sich aus der Kapitalwertmethode ab, indem der Kapitalwert gleich null gesetzt wird:

$C_0 = -$Investitionsbetrag
$+ \sum_{t=1}^{n}$(Einzahlungen$_t$ – Auszahlungen$_t$) $\times (1+i)^{-t} + L_n (1+i)^{-n^t}$

Löst man die Gleichung nach „i" auf, ermittelt man den internen Zinssatz. Eine schnelle Möglichkeit bietet die Lösungshilfe mit dem Computerprogramm „Excel": Einfügen – Funktion „IKV" (vgl. auch Kapitel 11.10.2.3).

Bei verschiedenen Investitionsmaßnahmen ist diejenige mit dem höheren Zinssatz zu bevorzugen.

Der Investor kann auch den gewünschten Zinssatz „i" in die Gleichung einsetzen. Ist der Zinssatz zu hoch, erhält man als Kapitalwert einen negativen Betrag. Ist der Zinssatz zu niedrig, erhält man als Kapitalwert einen positiven Wert. Auf diese Weise kann man sich an den korrekten Zinssatz „herantasten". Nur der genaue interne Zinssatz liefert den Kapitalwert „0".

Bei der Berechnung über viele Perioden mit wechselnden Vorzeichen kann es zu Problemen kommen, weil die Ergebnisse nicht immer einen eindeutigen Wert liefern.

Grundsätzlich bestehen bei der dynamischen Methode Schwierigkeiten, die Einzahlungen und Auszahlungen über lange Perioden hinweg genau zu bestimmen.

Es erscheint sinnvoll, bei Investitionsvorhaben mehrere Methoden anzuwenden und die Ergebnisse zu vergleichen.

Nachfolgend werden beispielhaft an zwei Investitionen A und B die Ergebnisse der verschiedenen Methoden dargestellt:

Investition A: 100.000 €, Nutzungsdauer 5 Jahre, kalkulatorischer Zins 10 %

Investition B: 160.000 €, Nutzungsdauer 4 Jahre, kalkulatorischer Zins 10 %

- Kostenvergleichsverfahren

Investition		A	B
Kalkulatorische Abschreibungen		100.000,00 € 5 Jahre 20.000,00 €	160.000,00 € 4 Jahre 40.000,00 €
Durchschnittlich gebundenes Kapital*		100.000 € : 2* = 50.000 €	160.000,00 € : 2* = 80.000,00 €
Kalkulatorischer Zins	10 %	5.000,00 €	8.000,00 €
Variable und fixe Kosten (einschließlich Reparatur)		10.000,00 €	16.000,00 €
Jährliche Gesamtkosten:		**35.000,00 €**	**64.000,00 €**

* linearer Kapitalrückfluss unterstellt

- Gewinnvergleichsverfahren

Investition	A	B
Erlöse	45.000,00 €	84.000,00 €
Jährliche Gesamtkosten	35.000,00 €	64.000,00 €
Jahresgewinn:	**10.000,00 €**	**20.000,00 €**

- Rentabilitätsrechnung (Return on Investment)

Investition	A	B
Gewinn ohne kalkulatorische Zinsen	10.000,00 €	20.000,00 €
Kalkulatorische Zinsen	5.000,00 €	8.000,00 €
Durchschnittlich gebundenes Kapital	50.000,00 €	80.000,00 €
	x 100 %	x 100 %
Rentabilität des eingesetzten Kapitals:	**30 %**	**35 %**

- Amortisationsrechnungen (Amortisationszeit der Investition)

Investition	A	B
Jahresgewinn:	10.000,00 € 20.000,00 €	
+ Kalkulatorische Abschreibungen	20.000,00 €	40.000,00 €
= Jahresrückfluss	30.000,00 €	60.000,00 €
Kapitaleinsatz	100.000,00 €	160.000,00 €
Amortisationsdauer:	3,3 Jahre	2,67 Jahre

- Kapitalwertmethode

Investition		A	B
Jahr	0	−100.000,00 €	−160.000,00 €
	1	30.000,00 €	60.000,00 €
	2	30.000,00 €	60.000,00 €
	3	30.000,00 €	60.000,00 €
	4	30.000,00 €	60.000,00 €
	5	30.000,00 €	0
Kapitalwert:		13.723,60 €	30.191,93 €

Kapitalwert A: $- 100.000 \text{ €} + 30.000 \text{ €} \times \frac{(1+0,1)^5 - 1}{(1+0,1)^5 \times 0,1} = 13.723,60 \text{ €}$

Kapitalwert B: $- 160.000 \text{ €} + 60.000 \text{ €} \times \frac{(1+0,1)^4 - 1}{(1+0,1)^4 \times 0,1} = 30.191,93 \text{ €}$

- Methode zur Berechnung des internen Zinsfußes

Investition	A	B
Interner Zinsfuß:	15,24 %	18,45 %

Investition A:

$0 = -100.000\text{ €} + 30.000\text{ €} (1+i)^{-1} + 30.000\text{ €} (1+i)^{-2} + 30.000\text{ €} (1+i)^{-3} + 30.000\text{ €} (1+i)^{-4} + 30.000\text{ €} (1+i)^{-5}$

Interner Zinsfuß A: i = 15,24 %

Investition B:

$0 = -160.000\text{ €} + 60.000\text{ €} (1+i)^{-1} + 60.000\text{ €} (1+i)^{-2} + 60.000\text{ €} (1+i)^{-3} + 60.000\text{ €} (1+i)^{-4}$

Interner Zinsfuß B: i = 18,45 %

- Annuitätenmethode

Investition	A	B
Annuität:	3.620,25 €	7.964,55 €

Investition A: (Kapitalwert A) 13.723,60 € $\times \frac{(1+0,1)^5 \times 0,1}{(1+0,1)^5 - 1}$ = **3.620,25 €**

Investition B: (Kapitalwert B) 30.191,93 € $\times \frac{(1+0,1)^4 \times 0,1}{(1+0,1)^4 - 1}$ = **7.964,55 €**

In dem gewählten Beispiel würde man bei allen Berechnungsmethoden (außer bei dem Kostenvergleichsverfahren) die Investition B bevorzugen.

3.4.4 Unternehmensfinanzierung

3.4.4.1 Bedarf eines Unternehmens an Finanzierungsmitteln

Um sich mit dem notwendigen Anlage- und Umlaufvermögen auszustatten, muss man im Unternehmen die künftigen geschäftlichen Ziele festlegen und Aktivitäten möglichst genau planen, d. h. ein Immobilienunternehmen muss sich entscheiden, ob es z. B. weitere Grundstücke erwerben will oder vorhandene veräußern möchte.

Damit wird der Zusammenhang zwischen den geplanten Investitionen und ihrer Finanzierung sichtbar.

Der Finanzierungsbedarf eines Jahres setzt sich zusammen aus den Beträgen für die Bruttoinvestitionen (z. B. Kauf eines Grundstücks oder Fahrzeugs für das Unternehmen) und zusätzlich den Summen für die täglich fällig werdenden laufenden Verpflichtungen (z. B. Löhne, Strom, Steuern).

Der Finanzierungsbedarf wird ermittelt für
- zwingende laufende Verpflichtungen, d. h. den Ausgaben für z. B. Löhne und Gehälter, unaufschiebbare Reparaturen, Zins- und Tilgungsleistungen für Darlehen, und
- verschiebbare Maßnahmen, z. B. Kauf eines Vorratsgrundstücks zur Bebauung in den nächsten Jahren oder Beginn einer Modernisierung.

3.4.4.2 Sicherung der Finanzierungsmaßnahme

Bei der Finanzierung muss man jederzeit dafür sorgen, dass für die zwingenden Verpflichtungen das Geld
- im eigenen Unternehmen vorhanden ist oder
- Dritte (z. B. Banken) bereit sind, es zur Verfügung zu stellen.

Außerdem hat man die so genannte Fristenkongruenz zu beachten, d. h., dass die Laufzeit der Finanzierung der angenommenen Lebensdauer des Investitionsgutes anzupassen ist.

Eine finanzielle Investition im Anlagevermögen sollte auch mit langfristig zur Verfügung stehendem Kapital (= Eigen- oder Fremdkapital) finanziert werden (vgl. auch Kapitel 3.1).

Eigenkapital ist i. d. R. am sichersten. Es steht dem Unternehmen am längsten zur Verfügung, weil keine Rückzahlungsverpflichtung existiert, ausgenommen gegebenenfalls bei Genossenschaften, weil Genossenschaftsmitglieder kündigen können und die Genossenschaft dann den Genossenschaftsanteil auszahlen muss. Außerdem besteht keine Verpflichtung Dritten gegenüber, hierfür Zinsen zu zahlen.

Fremdkapital muss zurückgezahlt werden, sodass in den Kreditverträgen die Rückzahlungsverpflichtung der Investitionsdauer angepasst werden muss. Zusätzlich muss Fremdkapital verzinst werden. Aus den Erträgen der Investition sollte man die hierfür erforderlichen Zins- und Tilgungsleistungen erwirtschaften, weil sonst andere Investitionsbereiche des Unternehmens diese Mittel mitverdienen müssten.

Umlaufvermögen kann auch mit kurzfristig rückzahlbaren Krediten finanziert werden, weil man dieses Vermögen schneller in flüssige Mittel verwandeln kann, wenn man z. B. ein erstelltes Reihenhaus verkauft.

Dabei sollte man versuchen, auch einen Teil des Umlaufvermögens langfristig zu finanzieren. Denn es wäre in einer Rezession denkbar, dass ein Immobilienunternehmen zum Verkauf bestimmte Eigentumswohnungen nicht sofort veräußern kann.

In der Praxis ist die Eigenkapitaldecke der Unternehmen gering. Man betrachte nur die Bilanzen von Immobilienunternehmen. Der Anteil des Eigenkapitals an der Bilanzsumme beträgt ca. 15 %, das Anlagevermögen erreicht aber fast 80 % des Gesamtvermögens.

Verständlich wird dieses Verhältnis, wenn man bedenkt, dass beim Bau von Gebäuden das Investitionsvolumen extrem groß ist, sodass ein Unternehmen die Beträge, die für einen Zeitraum von ca. 100 Jahren investiert werden, gewöhnlich nicht aus eigenen Mitteln aufbringen kann.

Die Kapitalgeber akzeptierten bisher diese Abweichung von der Fristenkongruenz wegen der sicheren Finanzierung aufgrund des Grundstücksbestandes der Immobilienunternehmen, den man bei anderen Branchen in diesem Umfang nicht findet.

Die Sicherheit für die Gläubiger stellte hier in erster Linie nicht die allgemeine finanzielle Situation und Ertragslage oder die Geschäftsentwicklung des Unternehmens dar, sondern das einzelne Grundstück mit dem Gebäude als Pfandobjekt, aus dem mit den Mieterträgen die Zins- und Tilgungsleistungen für die Darlehen erbracht werden können.

Wohnungen in guter Lage galten grundsätzlich als gut vermietbar, sodass die Mieterträge auch langfristig als gesichert angesehen werden konnten. Selbst dann, wenn die Zins- und Tilgungsleistungen wegen des hohen Leerstandes ausblieben, konnten sich die Gläubiger i. d. R. im Rahmen von Zwangsvollstreckungsmaßnahmen aus Grundstücken vollständig befriedigen.

Zwar stellen Grundstücke zudem Sachwerte dar, deren Nominalwert schon allein infolge der Inflation im Laufe der Zeit steigt, sodass den Gläubigern dadurch ein höherer Substanzwert haftet, doch blieb in den letzten Jahren die erwartete Preisentwicklung bei Immobilien in vielen Fällen hinter den Erwartungen zurück.

Die allgemeine wirtschaftliche Entwicklung sowie die verschärften Anforderungen der Bankenaufsicht an die Kreditvergabe hat die Sichtweise bei den Kreditinstituten verändert.

Aus Gründen der Risikostreuung verteilen Kreditinstitute ihr gesamtes Kreditvolumen z. B. auf verschiedene Branchen. Nicht mehr die einzelnen Objekte bilden die Grundlage für die Vergabe eines Kredites, sondern die Frage, ob das Unternehmen insgesamt in der Lage ist, den Kapitaldienst auf Dauer zu erbringen. Bei Immobilienunternehmen könnte diese Situation künftig z. B. bedrohlich werden, weil der Zinsaufwand an den Mieteinnahmen i. d. R. 25–33 % beträgt. Zusätzlich muss bei teilweise hohem Leerstand das Zinsänderungsrisiko beachtet werden, wenn die derzeitig historisch niedrigen Darlehenszinsen wieder steigen sollten. Auch das Auslaufen von staatlichen Förderungen oder Steuervergünstigungen führen zu weiteren finanziellen Belastungen für Immobilienunternehmen. Kreditinstitute erwarten und verlangen deshalb von ihren Kreditnehmern, also auch von Immobilienunternehmen, laufend eine umfassende Berichterstattung z. B. über die Vermietungslage, Vermietungsaussichten, Finanzierungsstruktur, Kennzahlen, Zinsänderungsrisiken usw. Sollte sich die finanzielle Lage eines Unternehmens verschlechtern, müssten z. B. die Sicherheiten erhöht werden.

3.4.4.3 Der Wirtschaftsplan als Grundlage der Liquiditätsplanung

– Zielsetzung

Um unter anderem die Zahlungsfähigkeit eines Unternehmens zu sichern, muss man versuchen, sich einen Überblick über die Zahlungsströme, d. h. die Ausgaben und Einnahmen mindestens des kommenden Jahres zu verschaffen, damit kein überraschender Finanzbedarf, z. B. für unberücksichtigte Großreparaturen, auftritt. Zusätzlich bietet diese Übersicht eine finanzielle Entscheidungsgrundlage für solche Investitionsvorhaben des kommenden Jahres, die sich zeitlich vorziehen oder hinausschieben lassen (vgl. auch Kapitel 3.1.13).

– Erfolgsplan

Zunächst betrachtet man die G.u.V.-Rechnung des letzten Jahres und versucht, ihr den voraussichtlichen Aufwand und Ertrag des kommenden Jahres gegenüberzustellen.

Die G.u.V.-Rechnung des letzten Jahres kann nicht unverändert als Grundlage für eine Einnahmen-Ausgaben-Rechnung dienen. Man muss Änderungen einarbeiten, die sich z. B. aus Lohn- bzw. Mieterhöhungen ergeben. Aus dieser geschätzten G.u.V.-Rechnung (= Aufwands-Ertrags-Rechnung) des kommenden Jahres, dem so genannten Erfolgsplan, kann man für den Finanzplan den weiteren Teil der zu erwartenden Zahlungsströme (Ausgaben und Einnahmen) ableiten.

– Finanzplan

Zusätzlich sind dann für (zum Teil schon längerfristig) geplante Aktivitäten des Unternehmens die finanziellen Folgen zu berücksichtigen, die im kommenden Jahr (unter Umständen erstmalig) auftreten (z. B. Bauvorhaben, Modernisierungsvorhaben, Instandsetzungsmaßnahmen, Verkäufe von Eigentumswohnungen usw.) und die man bei der finanziellen Vorschau berücksichtigen muss.

Diese Gegenüberstellung von voraussichtlichen Ausgaben und Einnahmen des folgenden Jahres nennt man Finanzplan.

Man verfährt dabei folgendermaßen:
1. Aus den Verbindlichkeiten der letzten **Bilanz** kann man die voraussichtlichen Ausgaben des kommenden Jahres ermitteln. Die Forderungen aus der Bilanz führen im nächsten Jahr voraussichtlich zu Einnahmen.

2. Aus der voraussichtlichen **G.u.V.-Rechnung** des kommenden Jahres ermittelt man aus dem geschätzten Aufwand und Ertrag diejenigen Beträge, die wahrscheinlich zu Ausgaben und Einnahmen des nächsten Jahres führen.

Überwiegen die Einnahmen, hat das Unternehmen im folgenden Jahr insgesamt genügend finanzielle Mittel für die Geschäftstätigkeit.

3.4 INVESTITION UND UNTERNEHMENSFINANZIERUNG

– **Liquiditätsplan**

Als nächstes addiert man in dem so genannten Liquiditätsplan die Einnahmen und Ausgaben bis zu bestimmten Stichtagen, um zu prüfen, ob das Unternehmen an den gewählten Tagen im Laufe des Jahres über genügend finanzielle Mittel verfügt. Man wird dabei als Termine diejenigen Tage wählen, an denen hohe Ausgaben zu erwarten sind, z. B. den Beginn eines jeden Monats.

Die **Erstellung eines Wirtschaftsplanes** soll an einem Beispiel verdeutlicht werden. Auf die Einarbeitung eines Bauplanes wurden aus Vereinfachungsgründen verzichtet.

Man geht von der Bilanz des letzten Jahres aus:

Bilanz zum 31. Dezember 01			
	€		€
Anlagevermögen		Eigenkapital	3.000.000,00
(Mietwohnhäuser)	10.000.000,00	Fremdkapital	
Umlaufvermögen (Eigentumswohnungen)	5.000.000,00	Darlehen	12.950.000,00
Forderungen	820.000,00	Kurzfristige Verbindlichkeiten (Mietvorauszahlungen)	50.000,00
Bank/Kasse	180.000,00		
Bilanzsumme	16.000.000,00	Bilanzsumme	16.000.000,00

Der **Wirtschaftsplan** für das kommende Jahr 02 ergibt sich aus:

Teil I: Der Erfolgsplan für das Jahr 02

Das Unternehmen erstellt die voraussichtliche G.u.V.-Rechnung (Aufwand und Ertrag) des Jahres 02.

Umsatzerlöse	€	1.900.000,00	} Ertrag
./. Personalaufwand	€	600.000,00	
Zinsaufwand	€	1.000.000,00	} Aufwand
Abschreibungen	€	200.000,00	
= Jahresüberschuss	€	100.000,00	

Da der Ertrag überwiegt, kann das Unternehmen im nächsten Jahr mit einem positiven Ergebnis rechnen.

Teil II: Der Finanzplan für das Jahr 02

Aus der Bilanz zum 31. Dezember 01 und der voraussichtlichen G.u.V.-Rechnung des Jahres 02 erstellt man den Finanzplan für das Jahr 02:

Finanzplan für das Jahr 02				
(voraussichtliche) Ausgaben €			(voraussichtliche) Einnahmen €	
a) Zahlen aus der Bilanz zum 31.12.01:	Wir werden für die aufgenommenen Darlehen folgende Tilgungsleistungen erbringen:	120.000	Käufer von Eigentumswohnungen werden unsere Restforderungen begleichen:	45.000
			Mieter werden ihre Mietrückstände begleichen:	20.000
b) Zahlen aus dem Erfolgsplan für das Jahr 02:	Wir werden Löhne und Gehälter bezahlen:	600.000	Die Umsatzerlöse werden betragen: (Das Unternehmen hat zwar rechnerisch einen Ertrag in Höhe von 1.900.000 €, aber nur eine Einnahme von 1.850.000 €, weil die Mieter bereits im letzten Jahr 50.000 € der Mieten im Voraus gezahlt hatten.)	1.850.000
	Die Zinszahlungen betragen: (Die Abschreibungen bewirken in diesem Jahr keine Ausgabe.)	1.000.000		
		1.720.000		(1.915.000)
			(Einnahmeüberschuss	195.000)
c) Zahlen aus dem Baubereich	Bau eines Mietwohnhauses:	2.000.000	Verkauf von Eigentumswohnungen	700.000
Summe		3.720.000	Summe	2.615.000
(Ausgabenüberschuss		1.105.000)		

Ergebnis:
Ohne den Baubereich (Teil C) hätte man einen Einnahmenüberschuss von 195.000 €, sodass die geplanten geschäftlichen Aktivitäten des kommenden Jahres nach dem Finanzplan durchgeführt werden können. Will man auch die Bauplanung realisieren, muss sich das Unternehmen überlegen, wie sich die kommende Finanzierungslücke in Höhe von 1.105.000 € schließen ließe.

3.4 INVESTITION UND UNTERNEHMENSFINANZIERUNG

Teil III: Der Liquiditätsplan für das Jahr 02

Als nächstes addiert man in einem so genannten Liquiditätsplan alle erwarteten Einnahmen sowie die zwingenden und beeinflussbaren Ausgaben des kommenden Jahres, jeweils bis zu frei gewählten Stichtagen, um die Liquidität des Unternehmens an den Stichtagen festzustellen. (Aus Gründen der Übersicht werden im Beispiel die Quartalsenden als Stichtage gewählt.).

Stichtage	I (31.03.) ./. + T€	II (30.06.) ./. + T€	III (30.09.) ./. + T€	IV (31.12.) ./. + T€	Summe
Saldovortrag:		(+60)	(+105)	(+150)	
1. regelmäßige Einnahmen:					
– Umsatzerlöse (Mietzahlungen)	425	475	475	475	1.850
– Kunden begleichen Forderungen	45	–	–	–	45
– Mieter begleichen Mietrückstände	20	–	–	–	20
	+490	+535	+580	+625	+1.915
2. zwingende Ausgaben					
– Löhne	150	150	150	150	600
– Zinszahlungen	250	250	250	250	1.000
– Tilgung	30	30	30	30	120
	430	430	430	430	./. 1.720
Differenz:	+60	+105	+150	+195	+195
3. beeinflussbare und zeitlich verschiebbare Einnahmen und Ausgaben					
– Bau eines Mietwohnhauses					./. 2.000.000
– Verkauf von Eigentumswohnungen					+700.000

Ergebnis:
Betrachtet man nur die regelmäßigen Einnahmen und die zwingenden Ausgaben, liegt zu den hier gewählten Stichtagen (Quartalsenden) jeweils ein Einnahmenüberschuss vor, sodass das Unternehmen seinen laufenden Zahlungsverpflichtungen im Jahre 02 nachkommen kann.

Die Finanzierung des Mietwohnhauses ist nicht aus eigenen Mitteln möglich. Soll dennoch gebaut werden, müssen zusätzliche Maßnahmen ergriffen und/oder die für das nächste Jahr geplanten Aktivitäten geändert werden.

Denkbar wären: Kreditverhandlungen oder ein beschleunigter Verkauf von vorhandenen Eigentumswohnungen.

Übersicht: Der Wirtschaftsplan

Wirtschaftsplan

Ziel:
Vorschau der Aktivitäten des nächsten Jahres und deren finanzielle Auswirkung auf den Geldbestand.

Der Wirtschaftsplan besteht aus

Teil I **Erfolgsplan**	Teil II **Finanzplan**	Teil III **Liquiditätsplan**
Inhalt: = Erfolgsquellen, d.h. **Aufwand und Ertrag** des kommenden Jahres	Inhalt: = Gegenüberstellung der gesamten **Ausgaben und Einnahmen** des kommenden Jahres mit den besonderen Angaben aus dem **Bauplan** für - die Neubauplanung, - Modernisierung, - Instandsetzung, - Instandhaltung.	Inhalt: = Addition der **Ausgaben** und **Einnahmen** bis zu bestimmten Stichtagen innerhalb eines Jahres
Fragestellung: Wird das Unternehmen im kommenden Jahr mit Verlust oder Gewinn arbeiten?	**Fragestellung:** Besteht im kommenden Jahr ein finanzieller Überschuss oder eine Unterdeckung?	**Fragestellung:** Ist das Unternehmen zu den gewählten Stichtagen des kommenden Jahres liquide?

3.4.4.4 Finanzierungsarten

- Übersicht: Eigenfinanzierung und Fremdfinanzierung, Innenfinanzierung und Außenfinanzierung

Ein Unternehmen kann eine bestehende Finanzierungslücke mit Hilfe verschiedener Finanzierungsarten schließen. Man unterscheidet:

a) **Eigenfinanzierung**

= Die Finanzierungsmittel werden

im Rahmen der e i g e n e n Geschäftstätigkeit des Unternehmens selbst erwirtschaftet.
(= S e l b s t finanzierung)

Beispiele:
- nicht ausgeschüttete Gewinne
- freigesetztes Kapital aus Abschreibungen

von den E i g e n tümern bzw. den Gesellschaftern zusätzlich
von außen eingebracht.
(= B e t e i l i g u n g s finanzierung)

Beispiele:
- Kapitaleinlagen
- Ausgabe neuer Aktien

I n n e n finanzierung **A u ß e n** finanzierung

b) **Fremdfinanzierung**

= Die Finanzierungsmittel werden dem Unternehmen von Dritten (Nichteigentümern) überlassen,

wobei die Beträge erst im eigenen Unternehmen erwirtschaftet werden, dem Dritten aber erst in späteren Jahren zustehen (z. B. Bildung von Pensionsrückstellungen).

und zwar im Rahmen einer Kreditfinanzierung

in Form von
- Geldmitteln,
- einer Kreditleihe (z. B. Bürgschaft) oder
- Sachmitteln (z. B. beim Leasing).

3.4.4.5 Kreditarten

Im Rahmen der Fremdfinanzierung bieten Gläubiger je nach ihren Refinanzierungsmöglichkeiten und nach den Bedürfnissen der Schuldner unterschiedliche Arten von Krediten an.

Die Unterschiede zeigen sich z. B. in den Zinssätzen oder den notwendigen Sicherheiten. Manche Kredite kommen nur in einigen Branchen oder bei bestimmten Geschäften vor.

Übersicht: Kreditarten

Unterscheidungsmerkmale	(Beispiele)	Bezeichnung
1. Verwendungszweck:	– für eine Maschine – für eine Weltreise	= Produktionskredit = Konsumkredit
2. Kreditleistung:	– Geld – Kreditwürdigkeit – Sachmittel	= z. B. Hypothekarkredit = z. B. Bürgschaft = z. B. Leasing

3. Kreditgeber:	– Vertragspartner:
	  – Lieferer
	  – Kunden
	  – Kapitalsammelstelle
		
		= Liefererkredit
		= Kundenkredit
		= z. B. Bankkredit

4. Laufzeit:	– kurz (bis 1 Jahr) – mittel (über 1–4 Jahre) – lang (über 4 Jahre)	= z. B. Dispositionskredit = z. B. Zwischenkredit = z. B. Hypothekarkredit
5. Verfügbarkeit:	– laufend – einmalig	= z. B. Kontokorrentkredit = z. B. Darlehen
6. Sicherheiten:	– keine – weitere Personen – Sachen	= ungesicherter Personalkredit (Blankokredit) = z. B. verstärkter Personalkredit = Realkredit

Wenn ein Immobilienunternehmen für den Hausbau von einer Pfandbriefbank (früher: Hypothekenbank) Geld erhält, dann zählt dieser Kredit z. B. zu den
- langfristig (ca. 30 Jahre),
- dinglich (= mittels einer Grundschuld) gesicherten
- Realkrediten.

3.4.4.6 Kreditsicherheiten

Ein Gläubiger wird normalerweise versuchen, die Rückzahlung des gewährten Kredites und die Zahlung der Zinsen mit Hilfe von Kreditsicherheiten zu sichern, um das Risiko eines Forderungsverlustes zu mindern.

- **Übersicht: Kreditsicherheiten**

	Vertrag				Gesetz
	Die Sicherheit wird gewährt durch				
eine weitere Person	Rechte	bewegliche Sachen	Immobilien		bewegliche Sachen
Beispiele: – Bürgschaft	– Forderungsabtretung (Zession)	– Eigentumsvorbehalte, – Sicherungsübereignung	– Grundpfandrechte: Hypothek, Grundschuld, Rentenschuld		– Vermieterpfandrecht

In der Immobilienwirtschaft dienen als Kreditsicherheit häufig die Bürgschaft, die Abtretung von Forderungen (Zessionen) und Grundpfandrechte.

Kapitel 4
ORGANISATION, INFORMATION UND KOMMUNIKATION

Hansjörg Bach

4. ORGANISATION, INFORMATION UND KOMMUNIKATION

4.1 ORGANISATION

Die Merkmale von Organisationen sind Gebilde mit sozialem Charakter, die
- formell strukturiert sind und nachdrücklich
- ein Ziel anstreben.

Die formelle Struktur soll dabei helfen, alle Bemühungen auf das gesteckte Ziel auszurichten. *(Kieser, Alfred/ Walgenbach, Peter: Organisation, 4. Auflage, Stuttgart, 2003, S. 6–26)*

Die Organisationstheorien sind vielfältig. Die Grenze zu den Management-Theorien und der Lehre von der Unternehmensführung ist fließend.

Einige Grundfragen der Organisationstheorien beschäftigen sich mit:
· den formalen Organisationsstrukturen,
    Koordination,
    Konfiguration,
    Entscheidungsdelegation,
    Formalisierung
· sowie der Messbarkeit unterschiedlicher formeller Organisationsstrukturen und den Einflussfaktoren, die bestimmend für den Erfolg von Organisationsstrukturen sind.

Einen wichtigen Aspekt in der Organisationslehre stellt die Auseinandersetzung darüber dar, wie und in welcher Weise eine **Arbeitsteilung** erfolgen soll. Ebenso wie bei den Management-Theorien ist auch bei den Organisationstheorien festzustellen, dass es **keine dominierende Theorie** gibt, die für jedes Unternehmen, jede Situation und bei einer gegebenen Gruppe von Menschen, die innerhalb einer Organisation arbeiten, die beste ist.

Die **fünf Hauptdimensionen einer Organisationsstruktur** sind nach Kieser/Walgenbach *(Kieser, Alfred/ Walgenbach, Peter: Organisation, 4. Auflage, Stuttgart, 2003, S. 77)*:
1. Spezialisierung (Arbeitsteilung),
2. Koordination,
3. Konfiguration (Leitungssystem),
4. Entscheidungsdelegation (Kompetenzverteilung),
5. Formalisierung.

In der Immobilienwirtschaft stellt sich insbesondere das Thema der Spezialisierung in zunehmendem Maße. Die Komplexität einzelner Elemente der Tätigkeit in Immobilienunternehmen stellt ein gewichtiges Argument für eine Spezialisierung dar.

Beispiel:
Das Betriebskostenrecht hat sich in den letzten Jahren aufgrund extensiver Rechtsprechung so „verkompliziert", dass eine rechtssichere Abrechnung nahezu zwingend spezialisiertes Fachwissen notwendig macht.

Der **Vorteil einer Spezialisierung** im Rahmen einer arbeitsteiligen Organisation besteht darin, dass der Erwerb und die laufende Aktualisierung auf eine oder wenige Personen im Unternehmen beschränkt werden kann.

Nachteilig kann sich eine solche Spezialisierung aber deshalb auswirken, da die Fixierung auf ein oder mehrere Spezialgebiete eine Betriebsblindheit fördern kann. Die Abhängigkeit von Unternehmen gegenüber derartigen Spezialisten stellt ein nicht zu unterschätzendes Risiko dar.

Folgt man dem Grundsatz der **Kundenorientierung**, ist es wünschenswert, dass **ein Kunde** – in der Immobilienwirtschaft z. B. der Mieter bzw. der Käufer von Eigentumsmaßnahmen – **einen Ansprechpartner** hat, mit dem er alle Probleme direkt lösen kann. Die Vorstellung ist realitätsfremd, dass ein Kundenbetreuer spezialisiert für alle Bereiche des von ihm verwalteten bzw. des von ihm betreuten Immobilienbestandes ist. Dies entspricht auch im Regelfall nicht dem Verständnis von „Spezialisierung".

Arbeitsteilige Organisationen mit zumindest einem gewissen Grad von Spezialisierung erfordern **Koordination**. Die Organisationslehre bietet hierfür im Rahmen einer **hierarchischen Betrachtungsweise** die Bildung von Abteilungen als geeignete Organisationsstruktur zur Lösung des Koordinationsproblems an.

Die Unternehmensgröße entscheidet darüber, ob es einer weiteren Untergliederung in
- **Teams**,
- **Gruppen** oder
- **Hauptabteilungen** bedarf.

Die Instrumentalisierung der Koordination ist in folgender Weise möglich *(Kieser, Alfred/ Walgenbach, Peter: Organisation, 4. Auflage, Stuttgart 2003, S. 108)*:
1. persönliche Weisungen,
2. Selbstabstimmung,
3. Programme,
4. Pläne,
5. organisationsinterne Märkte,
6. Organisationskultur.

Aus der Spezialisierung ergibt sich die Notwendigkeit der **Koordination, Spezialisierung und Arbeitsteilung**, die wiederum die Erstellung eines **Leitungssystems** erforderlich macht.

Die **Konfiguration** (oder anders ausgedrückt, das Leitungssystem) kann als **Einliniensystem** oder **Mehrliniensystem** festgelegt werden.

Beim **Einliniensystem** erfolgen die organisatorischen Zusammenhänge nur eindimensional, d. h. die hierarchische Über- und Unterordnung erfolgt in direkter Zuordnung.

Beim **Mehrliniensystem** kann jedoch die hierarchische Über- und Unterordnung in mehrfacher Weise möglich sein.

Beispiel:
In einem Immobilienunternehmen könnte ein **Einliniensystem** so beschaffen sein, dass einem Geschäftsführer ein Hauptabteilungsleiter unterstellt ist, dem wiederum einzelne Abteilungen direkt unterstellt sind.

Bei einem **Mehrliniensystem** könnten jedoch Arbeitsteams in unterschiedlicher Weise dem technischen bzw. kaufmännischen Geschäftsführer zugeordnet sein.

Die Unterscheidung zwischen **Linienstellen** und **Stabsstellen** findet bereits in kleinen und mittleren Immobilienunternehmen Anwendung.

Beispiel:
Stabsstelle: Assistent der Geschäftsleitung, EDV, interne Revision.

In zunehmendem Maße findet in der Immobilienwirtschaft die Einrichtung des **Projekt-** bzw. **Produktmanagers** Einzug.

Beispiel:
Ein **Projektmanager** wird verantwortlich für die Abwicklung eines Baugebietes berufen.
Ein **Produktmanager** ist verantwortlich für ein Produktsegment eines Immobilienunternehmens, z. B. für Gewerbeimmobilien.

Wiederum zwingend ergibt sich aus den vorangehend dargestellten Elementen einer Organisationsstruktur die Notwendigkeit zur **Entscheidungsdelegation** (Kompetenzverteilung).

Mit der Delegation von Entscheidungen durch die oberste Leitung einer Organisation (Geschäftsführer, Vorstand) an nachgeordnete Organisationseinheiten wird die enge **Verknüpfung zwischen Organisationslehre und Managementlehre** offenkundig.

Bei der Delegation von Entscheidungsbefugnissen muss klar geregelt werden, in welchem Umfang die Person, auf die Entscheidungsbefugnis delegiert wird, auch für die Entscheidung nachgeordneter Organisationseinheiten Mitverantwortung trägt. Bei versicherungsrelevanten Vorgängen, bei denen haftungsrechtliche Konsequenzen zur Frage stehen, spielt diese Frage eine bedeutende Rolle.

Der letzte Schritt innerhalb den Elementen einer Organisationsstruktur stellt die **Formalisierung** dar.

Die schriftliche Niederlegung aller Zusammenhänge innerhalb einer Organisation zwingt zu zweifelsfreier **Klarheit**. Die hier an letzter Stelle genannte Formalisierung findet ihren Niederschlag im Rahmen der gesamten Organisationsentwicklung eines Unternehmens, z. B. in:
- einer Stellenbeschreibung,
- einer Dienstanweisung,
- einem Organigramm,
- einem Dienst- oder Geschäftsverteilungsplan.

4.1.1 Stellenbeschreibung

Die Gesamtaufgabe eines Unternehmens gliedert sich in eine Fülle von Einzelaufgaben. Einige davon sind so beschaffen, dass sie in einem Unternehmen die Arbeitszeit einer Person nicht voll beanspruchen, andere bedürfen der Aufteilung auf mehrere Personen. Der Aufgabenumfang in den Abteilungen und Sachgebieten, der durch Personen zu bewältigen ist, muss auf die Kapazität einer Person abgestimmt werden.

Durch die Zusammenfassung von Aufgaben und Befugnissen zum Aufgaben- und Verantwortungsbereich einer einzigen Person entsteht eine Stelle, die die kleinste organisatorische Einheit eines Unternehmens ist.

Das Ergebnis der Stellenbildung wird in einer Stellenbeschreibung zusammengefasst *(W.Uhlemann @wu-consult.com)*:

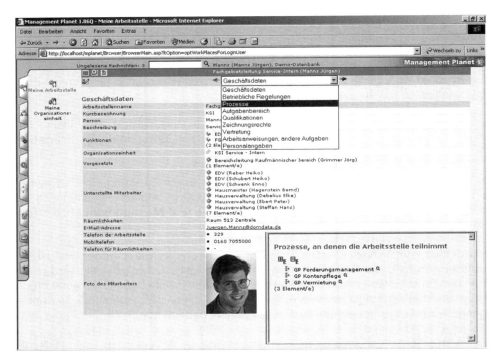

Die Stellenbeschreibung ist die **Beschreibung eines Arbeitsgebietes** hinsichtlich der zu erledigenden **Aufgaben**, zu erreichenden **Ziele** und des **Umfangs** der jeweiligen Verantwortung einer bestimmten Person.

Vorangegangen ist die sorgfältige Analyse eines evtl. bereits vorhandenen Ist-Zustandes, möglicherweise ergänzt durch Überlegungen zum Soll-Zustand.

Soweit eine Stellenbeschreibung für ein bereits tatsächlich vorhandenes Arbeitsgebiet eines Mitarbeiters erstellt werden soll, ist dieser ebenso wie seine Dienstvorgesetzten in den **Erarbeitungsprozess** eng einzubinden.

Im Regelfall enthält eine **Stellenbeschreibung folgende Positionen**:
- die Bezeichnung einer Stelle,
- eine Beschreibung der Arbeitsaufgabe,
- eine Beschreibung des vorgegebenen Zieles der Stelle,
- Umfang der Entscheidungsbefugnisse, soweit nicht allgemein geregelt,
- Umfang der Verantwortung,
- die Stellenbezeichnung des Vorgesetzten (unmittelbar und evtl. ergänzend fachlich),
- aktive und passive Vertretung,
- quantitative und qualitative Auflistung der unterstellten Stellen sowie des Überwachungsumfangs für diese,
- Regelung des Berichtswesens,
- Stellenanforderung,
- Beurteilungskriterien, soweit nicht allgemein geregelt.

4.1.2 Dienstanweisung

Die Dienstanweisung (im Regelfall in schriftlicher Form) ist ein **strukturelles Führungsmittel**. In ihr wird ein bestimmtes Verhalten oder Vorgehen verbindlich festgelegt.

Beispiele in der Immobilienwirtschaft sind:
- Dienstanweisung für den Betrieb und die Überwachung bzw. Wartung technischer Anlagen, wie z. B. von Heizungsanlagen, Lüftungsanlagen, Brandmeldeanlagen,
- Dienstanweisung zur Durchführung des Winterdienstes in Wohnanlagen,
- Dienstanweisung für das Verhalten beim Eintritt von Not- oder Katastrophenfällen wie z. B. Brand, Hochwasser, Wasserrohrbruch usw.
- Dienst- bzw. Geschäftsverteilungsplan

Der **Dienst- bzw. Geschäftsverteilungsplan** ist wesentlicher Bestandteil der organisatorischen Führungsmittel.

Ein **Dienst- oder Geschäftsverteilungsplan** ist unverzichtbar, sieht man von Kleinbetrieben ab.

In ihm wird geregelt, **wer wofür** und mit **welchen Kompetenzen** zuständig ist. Er muss übersichtlich und klar gegliedert sein. Häufig wird sein Fehlen oder seine Unvollständigkeit erst dann erkannt, wenn rechtliche Auseinandersetzungen drohen oder eingetreten sind. Bei Haftungsprozessen muss sich die Geschäftsführung das Fehlen eines solchen Planes anlasten lassen.

Nicht selten werden in der Praxis die Begriffe **Geschäftsverteilungsplan, Dienstverteilungsplan** und **Organisationsplan** sinngleich verwendet.

Beispiel:
Die Gliederung eines Geschäftsverteilungsplanes eines **mittelgroßen Wohnungsunternehmens** mit gemischtem eigenem Immobilienbestand, Bautätigkeit im Neubau, Modernisierungs- und Sanierungsbereich, Erstellung und Verwaltung von

eigentumsbildenden Maßnahmen sowie Übernahme der wirtschaftlichen und technischen Betreuung für Dritte könnte z. B. wie folgt gestaltet sein:

Geschäftsverteilungsplan	
Geschäftsleitung	Controlling Personalstelle Ausbildungswesen Interne Revision Datenverarbeitung Öffentlichkeitsarbeit Sicherheitsbeauftragter Datenschutzbeauftragter Umweltschutzbeauftragter
Kaufmännische Abteilung	Sachgebiet Finanzwesen Sachgebiet Rechnungswesen Sachgebiet Buchhaltung Sachgebiet Mahnwesen
Abteilung Wohnungsverwaltung	Sachgebiet Wohnungsbewirtschaftung Sachgebiet Hausverwaltung und Außendienst Regiebetrieb und zentrale Materialbeschaffung Sachgebiet Vertrags- und Versicherungswesen Sachgebiet Kundenbetreuung Sachgebiet Instandhaltung
Technische Abteilung	Sachgebiet Neubau Sachgebiet Modernisierung Sachgebiet Sanierung Sachgebiet Instandsetzung Sachgebiet technische Anlagen
Abteilung für Eigentumsmaßnahmen	Sachgebiet Verkauf Sachgebiet Verwaltung
Abteilung für Betreuungsmaßnahmen	Sachgebiet wirtschaftliche Betreuung Sachgebiet technische Betreuung

Der Dienst- oder Geschäftsverteilungsplan ist **veränderten Verhältnissen laufend anzupassen**, ohne jedoch ein angemessenes Maß an Beständigkeit zu verlieren.

4.1.3 Organisationshandbuch

Die Zusammenfassung aller schriftlich niedergelegten Elemente, die die Organisation in einem Unternehmen regeln, findet ihren Niederschlag im **Organisationshandbuch**.

Ein Organisationshandbuch kann sowohl in herkömmlicher Weise schriftlich niedergelegt werden als auch seine formelle Ausprägung in einem IT-gestützten Informationssystem finden.

Parallel zur Erstellung des Organisationshandbuches wird in der Regel ein **Organigramm** erstellt.

Im Organigramm wird in übersichtlicher grafischer Darstellung die Organisation abgebildet.

Beispiel: *(W. Uhlemann @wu-consult.com)*

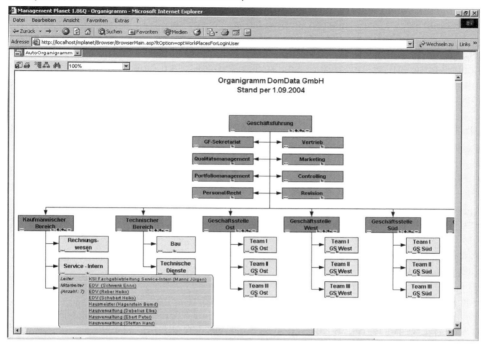

Das **Organigramm** in Verbindung mit dem **Organisationshandbuch** spielt in den Managementsystemen nach ISO 9000, auf die nachfolgend eingegangen wird, eine bedeutende Rolle.

Organisationshandbuch sowie das Organigramm sind wesentliche Elemente beim Aufbau firmeninterner **„Content- und Wissensmanagement-Systeme"**.

Ein bedeutender Vorteil, der sich aus der Erstellung dieser bisher dargestellten **Führungshilfen** ergibt, besteht in der im Vorfeld notwendigen intensiven Analyse der **Betriebsorganisation**.

In einer Betriebsorganisation bedarf es der klaren und nachvollziehbaren Festlegung von Abläufen und Zuständigkeiten eines Unternehmens.

Als hierfür sehr geeignetes Mittel hat sich das Management-Tool **Prozessanalyse** und das sich daraus ergebende **Prozessmanagement** herausgestellt.

An anderer Stelle in diesem Buch wird auf Management-Theorien, Managementmodelle und Management-Tools eingegangen. Dabei wird festgestellt, dass es hierfür eine fast unüberschaubare Anzahl von unterschiedlichen Darstellungen gibt.

Das **„Prozessmanagement"** in Verbindung mit **Business-Reengeneering** wurde in seiner Bedeutung so hoch eingeschätzt, dass es als zentrale Management-Technik für eine geraume Zeit im Wirtschaftsleben eine dominierende Rolle eingenommen hat *(Osterloh, Margit/Frost, Jetta: Prozessmanagement als Kernkompetenz, 4. aktualisierte Auflage, Wiesbaden, 2003).*

Bei diesem Management-Tool wird versucht, die konventionelle Sichtweise gegenüber einer prozessorientierten Sichtweise aufzubrechen.

Für jeden identifizierten Prozess wird eine verantwortliche Person bzw. ein Prozessteam festgelegt. Insbesondere soll in dem Prozessteam eine interne Selbstabstimmung erfolgen. Die Vereinfachung hierarchischer Strukturen ist einer der Vorteile bei der Anwendung dieser Management-Methode.

Konventionelle Sichtweise	Prozessorientierte Sichtweise
· Verkaufs- und Beratungsabteilung	· Erfüllung des Kundenauftrags
· Versandabteilung	
· Kundendienstabteilung	

Quelle: Osterloh, Margit/Frost, Jetta: Prozessmanagement als Kernkompetenz, 4. aktualisierte Auflage, Wiesbaden, 2003, S. 32

Eine **konsequente Anwendung** dieser Betrachtungsweise erfolgt **im Richtlinienwerk der GEFMA**.

Als Begründung hierfür werden dort folgende Vorteile benannt:
- „Die Wirkungsbeziehungen zwischen Kundenanforderungen, Leistungserbringung, Ergebnissen und Kundennutzen lassen sich adäquat abbilden.
- Die Prozessdarstellung vertieft das Verständnis für das Zusammenspiel respektive die Steuerung der Prozessparameter Ressourcen, Leistungen, Funktionen und Daten.
- Die Wirkung des Managements wird durch die explizite Darstellung seiner Funktionen verdeutlicht.
- Durch die strukturierte Darstellung von Prozessketten lassen sich wiederkehrende Abläufe identifizieren und als Grundlage für Lernprozesse abrufen (lessons learned).
- Arbeitsabläufe in Prozesssicht können gut in IT-Systemen abgebildet werden, die den Anwender entsprechend unterstützen *(GEFMA Facility Management Grundlagen Richtlinien 100-1/Entwurf 2004/07 S. 7)*."

In konsequenter Anwendung der prozessorientierten Betrachtung im Gedankengerüst des Facility Managements der GEFMA-Richtlinien werden die **Facility Management Hauptprozesse** über den gesamten Lebenszyklus folgendermaßen dargestellt:

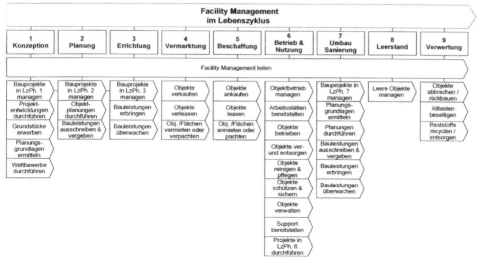

Bild 4: Lebenszyklusphasen (lineare Darstellung) mit FM-Hauptprozessen

Quelle: GEFMA 100-1, Entwurf 2004/07, S. 7

Es entspricht einer üblichen Einordnung, dass sämtliche Prozesse unterschieden werden in:
- **Hauptprozesse,**
- **Teilprozesse.**

Eine andere Unterscheidung wird zwischen **Kernprozessen** und **Supportprozessen** gemacht. Kernprozesse werden auch vielfach als Kernkompetenz bezeichnet.

Kernprozesse zeichnen sich dadurch aus, dass sie für einen Kunden einen solchen Nutzen stiften, dass er bereit ist, dafür zu bezahlen. Zudem zeichnen sich solche Prozesse dadurch aus, dass sie individuell und originell sind.

Supportprozesse hingegen dienen der Unterstützung von Kernprozessen/Kernkompetenzen und können im Gegensatz zu Kernprozessen/Kernkompetenzen auch im Wege des **Outsourcings** ausgegliedert werden.

Supportprozesse werden vielfach auch als Sekundäre Prozesse (als Abgrenzung gegenüber Primären Prozessen [= Kernprozesse]) oder Unterstützungsprozesse bezeichnet.

Beispiel:
Der Reinigungsdienst von Wohnanlagen kann bei Wohnungsunternehmen als Supportprozess bezeichnet und damit outgesourct werden.

Die Vermietung von Wohnungen stellt einen Kernprozess/eine Kernkompetenz eines Wohnungsunternehmens dar und kann somit nicht outgesourct werden.

Die Gedankenkette, die hier entwickelt wurde, führt nun weiter zu der Frage, welche Möglichkeiten es gibt, **Leistungen**, die im Rahmen von Kernprozessen bzw. Supportprozessen erbracht werden, **messbar zu machen**. Diese Messung schließt auch den **Qualitätsaspekt mit ein**.

Hier hat sich das Management-Tool „**Service-Level-Agreement**" durchgesetzt.

Für die Immobilienwirtschaft hat dieses Management-Tool deshalb eine besondere Bedeutung, da es
- eine Messgröße festlegt,
- die auch die Qualität mit einschließt und
- bezogen ist auf eine zu erbringende Dienstleistung.

Im Regelwerk der GEFMA werden folgende Forderungen für die Einführung eines „Service Level" " aufgestellt:
„Service Level sollen derartig definiert werden, dass ihre Erfüllung möglichst objektiv beurteilt werden kann, z. B. mittels geeigneter Messgrößen oder durch Leistungsindikatoren.
... Bei der Festlegung einer Anforderung soll generell ein Service Level angegeben und bei einem Vertragsabschluss als Service Level Agreement vertraglich vereinbart werden.
... Service Level entsprechen Anspruchsklassen nach DIN EN ISO 9000 *(GEFMA Facility Management Grundlagen Richtlinie
100-1/Entwurf 2004/07 S. 3)*."

Beispiel:
Im Rahmen des Wartungsvertrags zwischen einem Immobilienunternehmen und einer Aufzugswartungsfirma wird verbindlich vereinbart, innerhalb welcher Zeitspanne zwischen dem Eingang einer Störmeldung und einer vorher vereinbarten Reaktion auf diese Störmeldung Zeit vergehen darf. Außerdem wird zusätzlich vereinbart, welche Konsequenzen für die Aufzugswartungsfirma entstehen, wenn diese Zeitvereinbarung nachweisbar nicht eingehalten wird.

Das Instrument des Service-Level-Agreements wird zunehmend auch bei den Dienstleistungen angewandt, welche von einer Abteilung an die andere unternehmensintern geliefert werden müssen.

Im Zuge der Formulierung solcher Service-Level-Agreements muss regelmäßig überprüft werden, ob Dienstleistungen in maximal möglichem Umfang zu erbringen sind oder ob Einschränkungen z. B. im Zeithorizont bei der Erfüllung solcher Dienstleistungen ohne nennenswerte negative Folgen bleiben können. Solche Einschränkungen können möglicherweise zu beachtlichen Kosteneinsparungen führen.

Für eine konsequente Anwendung dieser Organisations-/Management-Tools, die bisher dargestellt wurden, fehlt noch die bewusste und gezielte Analyse, Darstellung und Steuerung von Geschäftsprozessen – wenn möglich in Verbindung mit IT-Unterstützung. Den Fokus der Betrachtung richtet auf dieses Gebiet das „**Workflow-Management-System**".

Die Komplexität eines solchen Workflows zeigt anschaulich die Darstellung der GEFMA zum Bereich „Objekt betreiben".

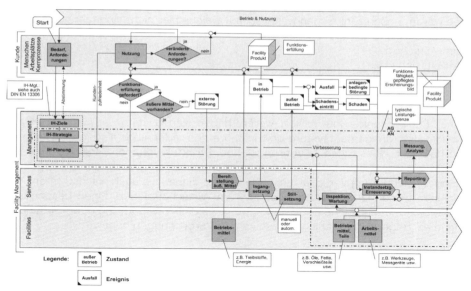

Bild A.5: Facility Workflow für ‚Objekte betreiben'

Quelle: GEFMA 100-1, Entwurf 2004, Anhang S. A 5

Zu einem wesentlichen Bestandteil eines Workflow-Management-Systems gehört auch eine **Analyse** von **Schwachstellen** und möglichen **Engpässen**. Auf der Ebene einer modellhaften Darstellung wird der Ablauf von Prozessen abgebildet, geordnet und konkreten Stellen/Arbeitsplätzen zugeordnet.

4.1.4 Systeme, Modelle, Konzepte und Regelwerke

Wie die Systeme, Modelle, Konzepte und Regelwerke, die sich rund um die Fachbegriffe

Managementsysteme – Organisation – Arbeitssicherheit – Umweltmanagement – Qualitätssicherung – Integriertes Management

gebildet haben, in einen sinnvollen Zusammenhang gebracht werden können, fällt nicht nur demjenigen schwer, der sich in die Materie einarbeitet.

Eine anwendungsorientierte Betrachtung, losgelöst von Theorien, erleichtert das Verständnis dieser Bereiche. Gleichwohl bleibt der Eindruck bestehen, dass verschiedene Blickwinkel denselben Sachverhalt betrachten. Die Gefahr einer Verwirrung bleibt dadurch bestehen.

Viele der Verfechter dieser Disziplinen tragen zudem zur Verwirrung bei, weil sie „ihr Konzept" als dasjenige darzustellen versuchen, welches die jeweils benachbarten beherrscht.

Aus **unterschiedlichen Impulsen** haben sich Schwerpunkte der **Betrachtung des Geschehens in Unternehmen** ergeben.

Diese waren (neben zahlreichen weiteren, auf welche hier nicht eingegangen werden kann) die Bereiche
- Umweltschutz,
- Arbeitssicherheit,
- Qualitätssicherung.

Aus einer jeweils spezifischen Interessenlage derjenigen, welche an der Entwicklung solcher Schwerpunkte interessiert waren, haben sich Systeme entwickelt, welche teilweise als Managementsystem gewertet werden, oder aber als eigene Systeme außerhalb der klassischen Gliederungs- und Struktursysteme. Regelsysteme, die sich um die spezifischen Bereiche gruppieren, sollen einerseits diesen Aspekten besondere Bedeutung verschaffen, andererseits dienen sie auch als Instrument der Verbreitung und Durchsetzung einer Idee im Wirtschaftsleben. Einen besonderen Stellenwert erhalten solche Regelwerke, wenn sie eine Verknüpfung oder gar Einbindung in ein Regelwerk staatlicher Gesetze und Verordnungen haben.

In gewisser Weise lässt sich auch das **Facility Management** in diese Entwicklung mit eingliedern. In der Einführung zur Richtlinie 100-1 *(GEFMA Facility Management Grundlagen Richtlinie 100-1/Entwurf 2004/07 S. 1)* wird folgerichtig auf die enge **Anlehnung der Richtlinien der GEFMA an die DIN EN ISO 9000:2000** hingewiesen.

Noch deutlicher wird der Zusammenhang in der Anmerkung 4 zu Ziff. 3.3 „Managementbezogene Begriffe":
„Der Begriff „Facility Management-System" ist analog zu Qualitätsmanagementsystem, Umwelt- oder Arbeitsschutzmanagementsystem zu verstehen, d. h. es handelt sich um ein Managementsystem im Sinne der Ziffer 3.2.2. der DIN EN ISO 9000."
(GEFMA Facility Management Grundlagen Richtlinie 100-1/Entwurf 2004/07 S. 3)

Die Anwendung der Regelungen der **DIN EN ISO 9000:2000** bedeutet eine Ausrichtung auf das Qualitätsmanagement bei der Führung und Leitung von Unternehmen. In diesem Zusammenhang ist auf die bereits dargelegten Ausführungen zu einer **prozessorientierten Betrachtungsweise des Unternehmensgeschehens** zurückzukommen: diese findet hier ihre **konsequente Anwendung**.

Das **Ziel**, welches bei der Anwendung des **Qualitätsmanagement** erreicht werden soll, lässt sich aus der EN ISO 9001 verkürzt mit 8 Grundsätzen darstellen:

1. Kundenorientierung,
2. Führung,
3. Einbeziehung der Personen,
4. Prozessorientierter Ansatz,
5. Systemorientierter Managementansatz,
6. Kontinuierliche Verbesserung,
7. Sachbezogener Entscheidungsfindungsansatz,
8. Lieferantenbeziehung zu gegenseitigem Nutzen.

Spezifische DIN EN ISO Normen, die ausschließlich auf die Immobilienwirtschaft ausgerichtet sind, wie dies für einen anderen Bereich, zum Beispiel die **EN ISO 9003:2004 Software- und Systemtechnik-Richtlinien für die Anwendung der ISO 9001:2000 auf Computersoftware** ist, gibt es nicht.

Die Bereiche **Umweltschutz** und **Arbeitssicherheit berühren die Immobilienwirtschaft in mehrfacher Weise**.

Zum einen sind die Normen für die Tätigkeit im Immobilienunternehmen von Bedeutung. Zum anderen haben diese Normen Auswirkungen dadurch, dass sie Unternehmen betreffen, welche zu Immobilienunternehmen als deren Mieter oder Auftraggeber für Facility Services in Verbindung stehen. Dadurch wirken diese Normen in die Vertragsverhältnisse mit Immobilienunternehmen hinein.

4.1.4.1 Arbeitssicherheit – Arbeitsschutzmanagementsysteme

Ein dichtes Geflecht von Geboten und Verboten soll helfen, die Sicherheit von Arbeitsplätzen zu erhöhen. Gefahren sollen dadurch gemindert werden.

Welche Themen hier angesprochen sind, zeigt sich auf der Internetseite der Bundesanstalt für Arbeitsschutz und Arbeitsmedizin. Hier findet sich auch ein sehr umfassendes Informationsangebot *(www.baua.de)*.

Themenbereiche sind beispielsweise: Anlagen- und Betriebssicherheit Arbeitsstätten Berufskrankheiten Biologische Arbeitsstoffe Büroarbeit Callcenter Elektromagnetische Felder Gefahrstoffe Geräte- und Produktsicherheit Lärm und Akustik Optische Strahlung Vibration.

Ein weiterer Themenbereich berührt die Immobilienwirtschaft unmittelbar: der **Branchenschwerpunkt „Bauarbeiten und Baustellen"**.

Die **Begründung für die besondere Beschäftigung des Arbeitsschutzes mit „Bauarbeiten und Baustellen"** findet sich auf der einschlägigen Internetseite der Bundesanstalt für Arbeitsschutz und Arbeitsmedizin. *(http://www.baua.de/de/Themen-von-A-Z/Branchenschwerpunkt-Bauarbeiten-und-Baustellen/Branchenschwerpunkt_20 Bauarbeiten_20 und_20 Baustellen.html tformat _nnn=true)*

„Die Arbeitsbedingungen auf dem Bau sind im Vergleich zu anderen Wirtschaftszweigen durch überwiegend ungünstige Arbeitsbedingungen gekennzeichnet, die sich in einer unverhältnismäßig hohen Zahl von Arbeitsunfällen, Berufskrankheiten und Frühverrentungen niederschlagen. Auf Baustellen in Deutschland ist die Unfallhäufigkeit mehr als doppelt so hoch wie in der gesamten gewerblichen Wirtschaft. Im Vergleich zu Unfällen in anderen Wirtschaftszweigen haben Baustellenunfälle meist deutlich schwerere Folgen".

Die Gründe für diese beunruhigende Häufung von Unfällen liegen nach fachmännischer Auffassung in Fehlern in der Organisation der Baustelle, fehlerhaften Einrichtungen auf Baustellen, mangelhafter Koordination bei gleichzeitiger Tätigkeit mehrerer Unternehmen auf derselben Baustelle, mangelhafter Koordination zwischen den einzelnen Phasen, die eine Baustelle durchläuft.

Die **europäische Baustellenrichtlinie 92/57/EWG** hat einen **Rahmen** gesteckt, der **in nationales Recht in der Bundesrepublik Deutschland** umgesetzt werden musste. Die europäische Baustellenrichtlinie 92/57/EWG regelte die Mindestvorschriften für die Sicherheit und den Gesundheitsschutz für zeitlich begrenzte oder ortsveränderliche Baustellen.

Diese **Umsetzung in nationales Recht** erfolgte mit der **Baustellenverordnung (BaustellV)**, welche am 1.7.1998 in Kraft trat. Ergänzend dazu wurde vom zuständigen **Bundesministerium für Arbeit und Sozialordnung** der Ausschuss für Sicherheit und Gesundheitsschutz auf Baustellen (ASGB) ins Leben gerufen. Durch ihn wurden **„Regeln zum Arbeitsschutz auf Baustellen (RAB)"** erarbeitet, welche die **Baustellenverordnung** ergänzen.

Beispiele für einzelne **„Regeln zum Arbeitsschutz auf Baustellen (RAB)"** *(www.baua.de/prax/bau/rab.htm)* sind die
RAB 30 „Geeigneter Koordinator (Konkretisierung zu § 3 BaustellenV)",
RAB 31 „Sicherheits- und Gesundheitsschutzplan – SiGePlan (Konkretisierung zu § 2 Abs 3. BaustellV)".

Unmittelbar betroffen von diesen Regeln ist die Immobilienwirtschaft, wenn sie Bauherrnfunktionen ausführt. **Dem Bauherrn obliegt es**, wenn bestimmte Voraussetzungen auf einer Baustelle gegeben sind, **einen geeigneten Koordinator zu bestellen**. Es ist daran zu erinnern, dass der Bauherr, als Veranlasser einer Baustelle, in erster Linie die Verantwortung für das Bauvorhaben trägt.

Dieser **Sicherheits- und Gesundheitsschutzkoordinator (Sigeko)** ist vom Bauherrn zu bestellen, wenn voraussichtlich auf der Baustelle mehrere Unternehmen beteiligt sein werden.

Nach den RAB 30 ist ein „geeigneter Koordinator" im Sinne der Baustellenverordnung (BaustellenV), „wer über ausreichende und einschlägige
– baufachliche Kenntnisse,
– arbeitsschutzfachliche Kenntnisse und
– Koordinatorenkenntnisse sowie
– berufliche Erfahrung in der Planung und/oder Ausführung von Bauvorhaben verfügt, um die in § 3 Abs. 2 und 3 BaustellV genannten Aufgaben fachgerecht erledigen zu können *(RAB 30, Stand: 27.3.2003, Regeln zum Arbeitsschutz auf Baustellen, Geeigneter Koordinator (Konkretisierung zu § 3 BaustellV), S. 4).*"

Die **Verteilung der Verantwortlichkeiten auf einer Baustelle** zeigt die Darstellung aus den RAB 33, Stand: 12.11.2003, Regeln zum Arbeitsschutz auf Baustellen, Allgemeine Grundsätze nach § 4 des Arbeitsschutzgesetzes bei Anwendung der Baustellenverordnung:

Alle Adressaten der allgemeinen Grundsätze nach § 4 ArbSchG bei Anwendung der BaustellV und deren zugehörigen Pflichten

Adressaten:

Bauherr oder beauftragter Dritter nach § 4 BaustellV	Arbeitgeber	Unternehmer ohne Beschäftigte und selbsttätige Arbeitgeber auf einer Baustelle

Zugehörige Pflichten:

auf allen Baustellen	zusätzlich auf Baustellen auf denen Beschäftigte mehrerer Arbeitgeber tätig werden.	auf allen Baustellen	auf allen Baustellen
	Bestellter Koordinator oder **Bauherr selbst** nach § 3 Abs. 1 BaustellV		
§ 2 Abs. 1 **BaustellV** * Die allgemeinen Grundsätze sind bei der Planung der Ausführung zu berücksichtigen.	§ 3 Abs. 2 Nr. 1 **BaustellV** * Die allgemeinen Grundsätze sind bei der Planung der Ausführung zu koordinieren.	§ 4 **ArbSchG** und § 5 Abs. 3 **BaustellV** Beim Treffen von Maßnahmen des Arbeitsschutzes ist von den allgemeinen Grundsätzen auszugehen.	§ 6 Satz 1 und Satz 3 **BaustellV** Beim Treffen von Maßnahmen des Arbeitsschutzes ist von den allgemeinen Grundsätzen auszugehen.
	§ 3 Abs. 3 Nr. 1 **BaustellV** * Die Anwendung der allgemeinen Grundsätze ist bei der Ausführung zu koordinieren.		

*Diese Pflichten werden in den Abschnitten 5.1 und 5.2 dieser RAB konkretisiert.

Quelle: RAB 33, Stand: 12.11.2003, Regeln zum Arbeitsschutz auf Baustellen, Allgemeine Grundsätze nach § 4 des Arbeitsschutzgesetzes bei Anwendung der Baustellenverordnung, S. 4

Im Hinblick auf die Komplexität des Bereiches Arbeits- und Gesundheitsschutz ist die Entwicklung eines **Arbeitsschutzmanagements-Systems** nachvollziehbar. Von besonderem Interesse ist in diesem Zusammenhang, dass sich einschlägig mit diesem Thema beschäftigte staatliche und sonstige Stellen – wie das Bundesministerium für Wirtschaft und Arbeit, die obersten Arbeitsschutzbehörden der Bundesländer, die Träger der gesetzlichen Unfallversicherung und die Sozialpartner – gemeinsam für die Entwicklung eines solchen Systems einsetzen *(Sie haben in einem gemeinsamen Papier, welches vom Bundesministerium für Wirtschaft und Arbeit bekannt gemacht wurde, hierzu Position bezogen.).*

Der Einfluss internationaler Organisationen – wie zum Beispiel der International Labour Organisation (ILO) – auf die weitere Entwicklung ist deutlich spürbar.

Eine Betrachtung des Arbeits- und Gesundheitsschutzes überwiegend mit Schwerpunkt auf die Tätigkeit auf Baustellen wäre für die Immobilienwirtschaft einseitig.

Die Vielfalt der Probleme und deren Lösungsmöglichkeiten liegen vielmehr im weiten Bereich des Betriebs von Immobilien unterschiedlicher Nutzung. Die jeweils zu beachtenden Vorschriften und Regelungen für die Nutzer der Immobilien haben im Regelfall Auswirkungen für den Eigentümer und Betreiber der Immobilien. Dies macht eine Beschäftigung mit den Arbeitsschutz- und Gesundheitsschutzregelungen der die Immobilien nutzenden Betriebe erforderlich, will der Eigentümer seine Immobilie flexibel nutzbar machen und halten. Dies wiederum ist die Voraussetzung für eine kontinuierliche Vermietbarkeit.

4.1.4.2 Umweltmanagement-System

In den letzten Jahrzehnten hat sich der Umweltschutzgedanke in unserer Gesellschaft immer mehr verstärkt. Die Umsetzung dieser gesellschaftlichen Entwicklung hat **wesentliche Auswirkungen auf die Unternehmen in der Immobilienwirtschaft**.

In der **Vielfalt von rechtlichen Regelungen, die den Umweltschutz im weitesten Sinne betreffen, spiegelt sich auch das beachtliche Risiko wider** welches droht, wenn dem Umweltschutz keine oder zumindest nicht hinreichende Beachtung geschenkt wird.

Ein Immobilienunternehmen, welches über eine zukunftsfähige Strategie verfügt, muss diese Entwicklung in diese Strategie mit verankern.

Dies ist bereits aus dem Aspekt der Kundenorientierung zwingend notwendig. Die **Vielfalt der Kunden in der Immobilienwirtschaft**, vom Industrieunternehmen über den Käufer von Eigentumsmaßnahmen bis zum Mieter einer öffentlich geförderten Wohnung, macht die Integration des Umweltgedankens in den Unternehmensalltag nicht einfach.

Ein weiterer Impuls zur Ausrichtung des Unternehmensgeschehens auf Umweltschutz kommt durch das **Risikomanagement**. Ein Risikomanagement ohne hinreichende Integration des Umweltschutzes ist nicht vollständig.

Die **besondere Herausforderung** liegt in der **Umsetzung grundsätzlicher Bekenntnisse** zum Umweltschutz, beispielsweise im Leitbild eines Immobilienunternehmens, **in das operative Geschäft**.

Die eine Seite der Lösung dieser Aufgabe besteht darin, dass **traditionelle Verhaltensweisen**, die dem Umweltschutzgedanken nicht oder nicht in hinreichender Weise Rechnung tragen, **geändert werden müssen**.

Auf der anderen Seite aber ist die **Kostenseite** nicht zu unterschätzen: Umweltschutz bedeutet nicht immer, aber häufig, dass zusätzliche Kosten hingenommen werden müssen. Die **auszugsweise Darstellung von Regelungen** zum
- Immissionsschutzrecht,
- Wasserschutzrecht,
- Abfallrecht,
- Bodenschutz,
- Gefahrstoffrecht,
- Energierecht,

zeigt, dass die **Immobilienwirtschaft in besonderer Weise vom Umweltschutz betroffen** ist.

Relevante Vorschriften zum Immissionsschutzrecht

Kurzbezeichnung	Titel
1. BImSchV	Verordnung über Kleinfeuerungsanlagen
2. BImSchV	Verordnung zur Emissionsbegrenzung von leichtflüchtigen Halogenkohlenwasserstoffen
3. BImSchV	Verordnung über Schwefelgehalt von leichtem Heizöl und Dieselkraftstoff
4. BImSchV	Verordnung über genehmigungsbedürftige Anlagen
5. BImSchV	Verordnung über Immissonsschutz- und Störfall-Beauftragte
7. BImSchV	Verordnung zur Auswurfbegrenzung von Holzstaub
9. BImSchV	Verordnung über das Genehmigungsverfahren
11. BImSchV	Emissionserklärungsverordnung
12. BImSchV	Störfall-Verordnung
13. BImSchV	Verordnung über Großfeuerungsanlagen
15. BImSchV	Baumaschinenlärmverordnung
17. BImSchV	Verordnung über Verbrennungsanlagen für Abfälle und ähnliche brennbare Stoffe
20. BImSchV	Verordnung zur Begrenzung der Kohlenwasserstoffemissionen beim Umfüllen und Lagern von Ottokraftstoffen
21. BImSchV	Verordnung zur Begrenzung der Kohlenwasserstoffemissionen bei der Betankung von Kraftfahrzeugen
22. BImSchV	Verordnung über Immissionswerte
23. BImSchV	Verordnung über die Festlegung von Konzentrationswerten
26. BImSchV	Verordnung über elektromagnetische Felder
28. BImSchV	Verordnung über Emissionsgrenzwerte für Verbrennungsmotoren
31. BImSchV	Verordnung zur Begrenzung der Emissionen flüchtiger organischer Verbindungen
BImSchG	Gesetz zum Schutz vor schädlichen Umwelteinwirkungen durch Luftverunreinigungen, Geräusche, Erschütterungen und ähnliche Vorgänge
TA Lärm	**T**echnische **A**nleitung zum Schutz gegen **Lärm**
TA Luft	**T**echnische **A**nleitung zur Reinhaltung der **Luft**
TEHG	**T**reibhausgas**e**missions**h**andels**g**esetz

Relevante Vorschriften zum Wasserrecht

Kurzbezeichnung	Titel
AbwV	**V**er**o**rdnung über Anforderungen an das Einleiten von **Abw**asser in Gewässer und zur Anpassung der Anlage des Abwasserabgabengesetzes
ATV	Regelwerke zum Wasserrecht
EigenkontrollVO	**V**er**o**rdnung über die **Eigenkontroll**e von Abwasserbehandlungsanlagen (**Eigenkontrollv**er**o**rdnung)
EU WRRL	**Eu**ropäische **W**asser**r**ahmen**r**icht**l**inie
IndVO	**V**er**o**rdnung über das Einleiten von Abwasser in öffentliche Abwasseranlagen (**Ind**irekteinleiterverordnung)
IVU-VO Wasser	**V**er**o**rdnung des Ministeriums für Umwelt und Verkehr zur Umsetzung der **IVU**-Richtlinie im **Wasser**recht
SüwV Kan	**S**elb**stü**ber**w**achungsverordnung **Kan**al
VAwS	**V**er**o**rdnung über **A**nlagen zum Umgang mit **w**assergefährdenden **S**toffen und über Fachbetriebe (Anlagenverordnung)
VwVwS	**V**er**w**altungs**v**orschrift **w**assergefährdende **S**toffe
WHG	Gesetz zur Ordnung des Wasserhaushalts (**W**asser**h**aushalts**g**esetz)
WmeßVO	**V**er**o**rdnung über die Erfassung der **W**asserentnahmen

Relevante Vorschriften zum Abfallrecht

Kurzbezeichnung	Titel
AbfAblV	**V**er**o**rdnung über die umweltverträgliche **Abl**agerung von Siedlungs**abf**ällen
AbfKlärV	**Klär**schlamm**v**er**o**rdnung
AbfkoBiV	**Abf**allwirtschafts**ko**nzept- und **Bi**lanzverordnung
AbfVerbrG	Gesetz über die Überwachung und Kontrolle der grenzüberschreitenden Verbringung von Abfällen (**Abf**all**verbr**ingungs**g**esetz)
AbfVerbrV	**V**er**o**rdnung über die grenzüberschreitende Verbringung von Abfällen (**Abf**all**verbr**ingungs**v**erordnung)
AltautoV	**V**er**o**rdnung über die Überlassung und umweltverträgliche Entsorgung von **Altauto**s
AltälV	**Altöl**verordnung
BattV	**V**er**o**rdnung über die Rücknahme und Entsorgung gebrauchter **Batt**erien und Akkumulatoren
BbAV	**V**er**o**rdnung über **B**etriebs**b**eauftragte für **A**bfall
BestbüAbfV	**Best**immungsverordnung **b**esonders **ü**berwachungsbedürftige **Abf**älle

Relevante Vorschriften zum Abfallrecht	
Kurzbezeichnung	Titel
BestüVAbfV	**Best**immungsverordnung **ü**berwachungsbedürftige **Abf**älle zur **V**erwertung
EAKV	**V**erordnung zur **E**inführung des **E**uropäischen **A**bfall-**K**atalogs
EfbV	**V**erordnung über **E**ntsorgungs**f**ach**b**etriebe
HkWAbfV	Verordnung über die Entsorgung gebrauchter halogenierter Lösemittel
KrW-/AbfG	Gesetz zur Förderung der Kreislaufwirtschaft und Sicherung der umweltverträglichen Beseitigung von Abfällen (**Kr**eislauf**w**irtschafts- und **Abf**all**g**esetz)
NachwV	**V**erordnung über Verwertungs- und Beseitigungs**nachw**eise
PCB/AbfallV	Verordnung über die Entsorgung polychlorierter Biphenyle, polychlorierter Terphenyle und halogenierter Monomethyldiphenylmethane (**PCB**/PCT-**Abfallv**erordnung)
TgV	**T**ransport**g**enehmigungs**v**erordnung
VerpackV	Verordnung über die Vermeidung und Verwertung von Verpackungsabfällen (**Verpack**ungs**v**erordnung)
VO (EWG) Nr. 259/93	**Ver**ordnung **(EWG) Nr. 259/93** des Rates zur Überwachung und Kontrolle der Verbringung von Abfällen in der, in die und aus der Europäischen Gemeinschaft
VwV-AbfRestüberwV	**Verw**altungs**v**orschrift zur Durchführung der §§ 11 und 12 des Abfallgesetzes und der **Abf**all- und **Rest**stoff**überw**achungs-**V**erordnung
75/439/EWG	Richtlinie des Rates über die Altölbeseitigung
91/689/EWG	EG-Richtlinie über gefährliche Abfälle

Relevante Vorschriften zum Bodenschutz	
Kurzbezeichnung	Titel
BBodSchG	Gesetz zum Schutz des Bodens (**Bod**en**sch**utz**g**esetz)
BBodSchV	**B**undes**bod**en**sch**utz- und Altlasten**v**erordnung
KommissionsVO	**V**erordnung über die Altlasten-Bewertungs-**kommission**en
VwV Anorganische Schadstoffe	**V**er**w**altungs**v**orschrift des Umweltministeriums zum Bodenschutzgesetz über die Ermittlung und Einstufung von Gehalten **anorganische**r **Schadstoffe** im Boden
VwV Boden-Proben	**V**er**w**altungs**v**orschrift des Umweltministeriums zum **Boden**schutzgesetz über die **Proben**ahme und -aufbereitung
VwV Organische Schadstoffe	**V**er**w**altungs**v**orschrift des Umweltministeriums zum Bodenschutzgesetz über die Ermittlung und Einstufung von Gehalten **organische**r **Schadstoffe** im Boden

Quelle: Deutsches Institut für Interne Revision, Revision des Umweltmanagements. Ein Prüfungsleitfaden. Erarbeitet im Arbeitskreis „Technische Revision", IIR-Schriftenreihe 37, Berlin, 2005, Anhang S. 35–42

Auch hier haben sich zur Erfüllung von grundsätzlichen Bekenntnissen eines Unternehmens zum Umweltschutzgedanken, aber auch zur Beachtung, Anwendung und Erfüllung von zahlreichen zwingenden Vorschriften, die aus dem Umweltschutzbereich kommen, Systeme entwickelt, die als **Umweltmanagement-Systeme** bezeichnet werden. Ein wesentlicher Impuls für diese Entwicklung ging von der **EG-Öko-Audit-Verordnung** (1993) aus, welche zur **EMAS-Verordnung** (2001) weiterentwickelt wurde. Wie der Langtitel dieser Verordnung sagt, soll es sich hier um eine „freiwillige Beteiligung von Organisationen an einem Gemeinschaftssystem für das Umweltmanagement und die Umweltbetriebsprüfung" handeln.

Die Bezeichnung EMAS rührt von der englischen Bezeichnung „**E**co **M**anagement and **A**udit **S**cheme" her. Neben dieser besteht auch noch die DIN EN ISO 14001. Die Unterschiede zeigen sich in folgender Gegenüberstellung:

	EG-Öko-Audit-VO	DIN EN ISO 14001
Ziel/Leistungsmaßstab	kontinuierliche Verbesserung der betrieblichen Umweltleistung	kontinuierliche Verbesserung des UM-Systems
Geltungsbereich	EU und assoziierte Länder	weltweit
Teilnahmeberechtigte Branchen	seit April 1995 gewerbliche Unternehmen; in Deutschland seit Februar 1998 auch Dienstleister und öffentliche Verwaltungen	von Beginn an (Oktober 1996) Handel, Dienstleister und gewerbliche Unternehmen
Einstieg in das System	über erste Umweltprüfung zur Umwelterklärung	Einrichtung des gesamten auditierbaren Systems

	EG-Öko-Audit-VO	DIN EN ISO 14001
Produktbetrachtung	nur untergeordnet	fester Bestandteil des Systems
Nachweis des Systems	Teilnahmeerklärung und Eintragung ins Standortregister	Zertifikat
Prüfverfahren	Validierung und Registrierung	Zertifizierung
Prüfsystem	hoheitliches Prüfsystem	privatwirtschaftliches Prüfsystem
Gültigkeitsbereich des Zertifikats	Standort	definierbare Organisationseinheit
Öffentlichkeitswirksamkeit	Veröffentlichungspflicht der Umwelterklärung	Veröffentlichungspflicht der Umweltpolitik

Quelle: Ernsthaler, Jürgen/Funk, Michael/Gesmann-Nuissl, Dagmar/Selz, Alexandra, Umweltauditgesetz/EMAS-Verordnung. Darstellung der Rechtsgrundlagen und Anleitung zur Durchführung eines Umwelt-Audits, 2. Auflage, Berlin, 2002, S. 57

Durch die freiwillige Teilnahme an einem solchen System erhoffen sich Unternehmen
„das Identifizieren von Schwachstellen und Potenzialen im Energie- und Ressourceneinsatz,
eine erhöhte Mitarbeitermotivation,
die Verbesserung der Rechtssicherheit,
die Optimierung der Betriebsorganisation,
einen Imagegewinn,
das Erkennen und Minimieren von Umwelt- und Haftungsrisiken, sowie
die Reduktion unternehmensspezifischer Umweltauswirkungen *(Ernsthaler, Jürgen/ Funk, Michael/Gesmann-Nuissl, Dagmar/Selz, Alexandra, Umweltauditgesetz/EMAS-Verordnung. Rechtsgrundlagen und Anleitung zur Durchführung eines Umwelt-Audits, 2. Auflage, Berlin, 2002, S. 43)*."

Ein **Umwelt-Audit** nach dem EMAS-System fördert die Beachtung der schwierigen und vielfältigen Umweltgesetze und -verordnungen.

4.1.4.3 Qualitätsmanagement-Systeme – Umweltmanagement – Integriertes Management

Aspekte des Qualitätsmanagement einerseits und des Umweltmanagement andererseits liegen zumindest dicht beieinander, teilweise überschneiden sie sich oder ergänzen sie sich.

Anforderungskritieren	Qualitätsmanagement	Umweltmanagement
festgelegte Aufbau- und Ablauforganisation	Qualitätsmanagement-System	Umweltmanagement-System
Schutzziel-Definition	primär durch Kunde	primär durch Gesetze

Anforderungskritieren	Qualitätsmanagement	Umweltmanagement
Strategisches Ziel: unternehmensweites Management aller Funktionen	unternehmensweite Qualitäts-Kultur (TQM)	unternehmsweite Umwelt-Kultur (TEM)
Dokumentation	Qualitätsmanagement-Handbuch	Umweltmanagement-Handbuch
Motivation aller Mitarbeiter	vertikale und horizontale Schulungsmaßnahmen für alle Mitarbeiter	vertikale und horizontale Schulungsmaßnahmen für alle Mitarbeiter
Systemmanager	Qualitätsmanager	Umweltmanager
Haftung	Produkthaftung; Produktionsanlagenhaftung im Zivil-/ Strafrecht Organisationshaftung im Zivil-/Strafrecht	Umwelthaftung; Produktionsanlagenhaftung Organisationshaftung im Zivil-/Strafrecht
Dokumentation zur Entlastung	Entlastungszwang beim Beschuldigten	Entlastungszwang beim Beschuldigten
Beauftragung von Auftragnehmern	Qualfikation und Überwachung notwendig	Qualifikation und Überwachung notwendig
Selbststeuerung durch interne Audits (first party)	Auditsystem zur Überwachung auf Anwendung und Wirksamkeit sowie Weiterentwicklung	dito; zusätzlich: EMAS-VO
Zweitüberprüfung (second party)	Auftraggeber-Audits	Auftraggeber-Audits
Drittüberprüfung (third party)	Zertifizierung	Prüfung und Gültigkeitserklärung der Umwelterklärung (EMAS) Zertifizierung (DIN EN ISO 14001)
Norm	Reihe DIN EN ISO 9000:2000 (privatwirtschaftliche Norm)	EMAS-VO (gesetzgeberisches Regelwerk) DIN EN ISO 14001 (privatwirtschaftliche Norm)

Quelle: Ernsthaler, Jürgen/Funk, Michael/Gesmann-Nuissl, Dagmar/Selz, Alexandra, Umweltauditgesetz/EMAS-Verordnung. Darstellung der Rechtsgrundlagen und Anleitung zur Durchführung eines Umwelt-Audits, 2. Auflage, Berlin 2002, S. 213

Regelwerke für das Umweltschutzmanagement sind die bereits angeführten EMAS-VO und die DIN EN ISO 14001.

Als führendes Regelwerk für das Qualitätsmanagement gilt die Normenreihe DIN EN ISO 9000:2000.

Der Versuch, diese Systeme so zusammenzuführen, dass diese sich weitgehend ergänzen, ist sinnvoll. Das Konzept des Integrierten Managements befindet sich in der Entwicklung. Ob es sich in der Anwendung, insbesondere in der Immobilienwirtschaft, durchsetzen wird, ist derzeit aber noch nicht absehbar.

4.2 INFORMATION UND KOMMUNIKATION

4.2.1 IT-gestützte Informationssysteme

Die Bereiche **Organisation und Informationstechnologie sind untrennbar miteinander verbunden.** Es gibt sehr **kontroverse Darstellungen darüber, welcher Bereich die Entwicklung in dem anderen beherrscht hat.**

In der Immobilienwirtschaft hat sich die Informationstechnologie aus ihren Anfängen in der Nachkriegszeit verändert und weiterentwickelt von einem Buchhaltungsinstrument zu einem Element, welches nahezu alle Bereiche eines Unternehmens durchdringt.

Als die **immobilienwirtschaftliche Software** über den Einsatz in Buchhaltung und Rechnungswesen hinausgewachsen ist, **zwang** diese Entwicklung die anwendenden Unternehmen zu einer möglicherweise bis zu diesem Zeitpunkt noch nicht bekannten **organisatorischen Klarheit**.

Eine informelle, wenig strukturierte und mehr zufälligen Entwicklungen überlassene Organisation von Unternehmen – insbesondere Immobilienunternehmen – gerät ohne Berücksichtigung klarer Organisationsprinzipien in eine chaotische Situation.

Für weite Teile der Immobilienwirtschaft kann festgestellt werden, dass die Einführung von Immobilien-Software einen kräftigen Schub im Hinblick auf Organisationsentwicklung ausgelöst hat.

Dies erklärt auch, wieso zahlreiche Softwarehäuser, die immobilienwirtschaftliche Software anbieten, gleichzeitig Organisationsberatung in ihrem Leistungsspektrum haben. **Bei der Einführung von Immobilien-Software wurden nämlich Fragen offenkundig, die die Organisation betrafen und deren klare Beantwortung die Voraussetzung für die Anwendung von Software war und ist.**

Die Bereiche, für die Immobilien-Software in Immobilienunternehmen IT-Stützung anbietet, umfassen zwischenzeitlich nahezu das gesamte Unternehmen. Die Ausweitung der Software-Angebote erfolgt entweder dadurch, dass die Software sich aus einem Guss als **Komplettsoftware** darstellt oder aber auch in der Form, dass **Schnittstellen** zu weiteren Software-Lösungen angeboten werden, die die Immobilien-Software kompatibel mit weiteren Software-Lösungen macht.

Aus den derzeit am Markt befindlichen Software-Lösungen zeichnet sich ab, dass es für die Verwaltung von Kleinimmobilienbeständen bzw. für die Anwendung in kleinen Immobilienunternehmen eine Vielzahl von Lösungen gibt. Im Gegensatz dazu ist das Software-Angebot für das Management von größeren Immobilienbeständen bzw. in mittelgroßen und großen Immobilienunternehmen auf wenige Anbieter konzentriert.

Welche Struktur diese Software-Pakete haben, hängt davon ab, aus welcher Blick- und Zielrichtung heraus sie ihre Anfänge genommen haben.

Beispiel:
- Aus dem Bankbereich hat sich eine Software-Familie entwickelt, die ihren Ursprung in der Abwicklung des Zahlungsverkehrs im Immobilienmanagement hat.
- Eine weitere Software-Familie ist aus der Organisationsberatung heraus entstanden und zeigt nach wie vor deutliche Merkmale einer Ausrichtung auf das Thema „angewandte Organisation".
- Eine weitere Software-Familie ist „controllerorientiert".

Diese von der Grundphilosophie der Entwicklung der Software deutlich differenzierten Entwicklungen erschweren die Vergleichbarkeit von Software-Angeboten.

Die Auswahl geeigneter Software für Immobilienunternehmen ist ein äußerst komplizierter Vorgang.

Bevor ein Unternehmen sich mit der **Auswahl** einer geeigneten Software beschäftigt, bedarf es einer sorgfältigen **Analyse des eigenen Bedarfs**. Diese Analyse kann zwar die bisher bestehenden Software-Lösungen in die Entscheidungsfindung mit einbeziehen. Sie sollte jedoch das Hauptaugenmerk auf die **Zukunftssicherheit** bei einer derartig wichtigen Entscheidung legen.

Wichtige Kriterien bei der Auswahl von Software sind:
- der nachweisbare erfolgreiche Einsatz der Software bei Unternehmen vergleichbarer Größe und Entwicklung,
- die Zukunftsfähigkeit und Zukunftssicherheit der Software zumindest für den Zeitraum, für den das Immobilienunternehmen den Einsatz dieser Software plant,
- die Anpassungsfähigkeit der Software an Organisationsstrukturen im Immobilienunternehmen bzw.,
- die Notwendigkeit, Organisationsstrukturen im Unternehmen zwingend ändern zu müssen, wenn eine bestimmte Software zum Einsatz kommt,
- der Bedarf an IT-Fachleuten, die für den laufenden Betrieb der Software im Tageseinsatz notwendig sind bzw.,
- der Weiterbildungsbedarf, der sich für Mitarbeiter/innen ergibt, die mit der Software arbeiten müssen. Dies betrifft sowohl den Bildungs-/Trainingsaufwand bei der Ersteinführung (möglicherweise auch Umstellung von der bisherigen Software) als auch im späteren fortwährenden Betrieb,
- die nachgewiesene Bereitschaft eines Software-Anbieters, Weiterentwicklungen zeitnah anzubieten und betriebssicher zur Verfügung zu stellen,
- finanzielle Überlegungen, die bei der Auswahl von Immobilien-Software angestellt werden, sollten berücksichtigen, dass neben den einmaligen Anschaffungskosten (einschließlich einer möglicherweise notwendigen Hardwarenachrüstung) die regelmäßigen Folgekosten ebenso berücksichtigt werden sollten wie die Kosten der Implementierung.

Zu Recht kennzeichnen Kieser und Walgenbach die **90-er Jahre** als die „**informationstechnische Durchdringung**" der Organisation. *(Kieser, Alfred/ Walgenbach, Peter: Organisation, 4. Auflage, Stuttgart, 2003, S. 400 ff.)*

Mit ERP-Systemen (Enterprise Ressource Planing) sollen im Idealfall alle Unternehmensbereiche in einem solchen System abgebildet werden. Es entspricht dem Wesen eines ERP-Systems, dass Schnittstellenprobleme vermieden werden und eine Abbildung von Prozessen übergreifend möglich sein soll. Der Einsatz solcher ERP-Systeme erfordert jedoch eine hohe Implementierung eines solchen Systems an eine bestehende Informationsstruktur oder aber die Anpassung einer Organisationsstruktur an die Standardvorschläge, die ein ERP-System liefert.

4.2.2 Datenpflege, Datensicherung und Datenschutz
4.2.2.1 Datenpflege

Die **Aktualität** der in einem Immobilienunternehmen gespeicherten Daten ist von grundsätzlicher Bedeutung. Die Organisation von Arbeitsabläufen muss darauf ausgerichtet sein, dass keine Verzögerung zwischen tatsächlichem Unternehmensgeschehen und dessen Abbildung im Datenbestand entsteht. Diese Forderung besteht ausdrücklich nicht nur für den Bereich des Zahlungsverkehrs, sondern für alle Daten.

Beispiel:
Die Daten, welche die Inventarisierung betreffen, können bedeutende sicherheitsrelevante Auswirkungen haben. Aus dem Datenbestand muss sich z. B. zeitgenau die Frage beantworten lassen, wem Einrichtungsgegenstände (z. B. Gasherde) in vermieteten Objekten gehören.

Das Verständnis dafür, was unter Datenpflege berücksichtigt werden muss, ist weit auszulegen.

In der schriftlichen Fixierung der Organisationsstruktur und der Arbeitsabläufe ist zwingend festzuhalten, wer für die Pflege welcher Daten verantwortlich ist.

Es gehört zu den **Grundsätzen einer ordnungsgemäßen Geschäftsführung**, dass Mechanismen aufzustellen sind, die eine regelmäßige Überprüfung der Aktualität der Daten sicherstellen.

Im Rahmen eines weit gefassten Verständnisses zum Bereich Datenpflege gehört auch der Aufbau einer **IT-gestützten Datenbank**, die entweder an **termingebundene notwendige Aktivitäten mit Sicherheitsrelevanz erinnert oder aber ggf. solche Aktivitäten automatisiert einleitet.**

Beispiel:
Wartungstermine für Öltanks, Rauchabzugsklappen, Pflege von Wasserfiltern etc.

Zukunftsfähige Angebote für das Immobilienmanagement haben entweder derartige Module bereits integriert oder bieten Schnittstellenlösungen zu Spezialsoftware an, mit Hilfe derer dieses wichtige Tätigkeitsfeld abgesichert werden kann.

4.2.2.2 Datensicherung

Die weitgehende **Abhängigkeit des Unternehmensgeschehens von einer funktionsfähigen Datenverarbeitung** bestimmt den hohen Stellenwert einer regelmäßigen Datensicherung. Eine Datensicherung ist bei jeder Art von Verwendung von Daten notwendig, die IT-gestützt bearbeitet werden.

Für die Datensicherung gibt es unterschiedliche Konzepte.

Die weitestgehende Datensicherung ist eine **vollständige Datensicherung**. Dabei wird der gesamte Datenbestand auf einem Speichermedium gesichert. Vollständige Datensicherung bietet ein hohes Maß an Sicherheit. Sie erfordert jedoch selbst beim **Einsatz leistungsfähiger Hardware einen beträchtlichen Zeitaufwand**.

Eine wesentlich schnellere Sicherungsmethode besteht im **„differenziellen Backup"**. Bei dieser Sicherungsmethode werden nur die Daten gesichert, die sich seit der letzten vollständigen Datensicherung verändert haben.

Eine weitere Methode stellt die **inkrementelle Datensicherung** dar. Bei der inkrementellen Datensicherung werden grundsätzlich nur die Daten gesichert, die seit der vorangegangenen Datensicherung verändert wurden.

Für das **Risikomanagement** in einem Unternehmen ist die Datensicherung ein zentraler Faktor. Bei der Datensicherung geht es nicht nur darum, dass eine grundsätzliche Sicherung der Daten erfolgt, sondern auch darum, wie bei Störungen eine Aufrechterhaltung der Arbeitsabläufe sichergestellt werden kann.

Es bedarf einer **ausdrücklichen Festlegung**,
- in welchen **Abständen** eine Datensicherung erfolgt,
- in welcher **Weise** die Datensicherung durchgeführt wird,
- wo und wer die gesicherten Daten **verwahrt** (z. B. an einem anderen Ort für den Fall der Zerstörung des Gebäudes, in dem die ursprünglichen Daten gespeichert sind),
- der **Zeiträume**, über die die Daten aufbewahrt werden müssen.

Bei der Verwendung von immobilienwirtschaftlichen Software-Lösungen, die auf dem Einsatz **externer Rechenzentren** basieren, trägt im Regelfall das externe Rechenzentrum in eigener Verantwortung dafür Rechnung, dass eine entsprechende Datensicherung erfolgt.

Bei der Anwendung von Software-Lösungen, die eine **hausinterne Speicherung** der Daten vorsehen, muss das Immobilienunternehmen selbst entsprechende Sicherungsmechanismen aufbauen und für deren Pflege Sorge tragen.

4.2.2.3 Datenschutz

Die nahezu unbegrenzten und sehr kostengünstigen Speicherungsmöglichkeiten von Daten haben die Tendenz auch in Immobilienunternehmen erhöht, im Rahmen der gespeicherten Daten **personenbezogene Daten** zu speichern.

Unter personenbezogene Daten versteht man Angaben über eine bestimmte oder eine bestimmbare Person.

Im Sinne datenschutzrechtlicher Vorschriften wird unter dem Begriff Daten eine Einzelangabe oder Einzelinformation verstanden.

Entsprechend der Definition des **Bundesdatenschutzgesetzes** werden personenbezogene Daten als **Einzelangaben über persönliche oder sachliche Verhältnisse einer bestimmten oder bestimmbaren natürlichen Person (Betroffene)** bezeichnet (§ 3 Abs. 1 Bundesdatenschutzgesetz).

Die **automatisierte Verarbeitung** ist die **Erhebung, Verarbeitung oder Nutzung personenbezogener Daten unter Einsatz von Datenverarbeitungsanlagen** (§ 3 Abs. 2 Bundesdatenschutzgesetz).

Eine weitere wichtige Definition für das Verständnis des Datenschutzes ist:
Besondere Arten personenbezogener Daten sind Angaben über die rassische und ethnische Herkunft, politische Meinungen, religiöse oder philosophische Überzeugungen, Gewerkschaftszugehörigkeit, Gesundheit oder Sexualleben (§ 3 Abs. 9 Bundesdatenschutzgesetz).

Es ist offenkundig, dass in der üblichen Datenerfassung von Immobilienunternehmen über seine Kunden (Mieterinnen und Mieter) die Bereiche des Datenschutzes in besonderer Weise betroffen sind.

Die **Datenschutzregelungen** sind sehr **komplex**. Ein Verstoß gegen datenschutzrechtliche Vorschriften hat schwerwiegende rechtliche Konsequenzen.

Die datenschutzrechtlichen Vorschriften betreffen Immobilienunternehmen jeder Größenordnung. Von besonderer Bedeutung ist, dass seit 2004 auch bei kleinen Unternehmen, d. h. mindestens mit 5 Mitarbeitern, die personenbezogene Daten automatisiert verarbeiten, ein **Beauftragter für den Datenschutz** benötigt wird. Die Grenze von 5 Personen bemisst sich nach der tatsächlichen Personenzahl, die in diesen Tätigkeiten eingesetzt werden.

Beispiel:
Ein Maklerunternehmen arbeitet mit Halbtagskräften. Bei der Ermittlung der Mindestpersonenzahl werden sämtliche Halbtagskräfte vollständig in die Zahlenermittlung mit einbezogen. 5 Halbtagskräfte würden in diesem Fall bereits die Bestellung eines Datenschutzbeauftragten auslösen.

Die nationalen Regelungen zum Datenschutz basieren auf der europäischen Datenschutzrichtlinie (Richtlinie 95-46-EG des Europäischen Parlaments und des Rates vom 24. 10. 1995 zum Schutz natürlicher Personen bei der Verarbeitung personenbezogener Daten und zum freien Datenverkehr). Diese europäische Datenschutzrichtlinie wurde durch das Bundesdatenschutzgesetz (BDSG) in nationales Recht umgesetzt. Das Bundesdatenschutzgesetz wird durch landesrechtliche Vorschriften sowie weitere spezifische Regelungen präzisiert.

Die Grundsätze des Datenschutzes auf der Grundlage dieser gesetzlichen Regelungen sind:
- Datenvermeidung,
- Datensparsamkeit,
- Erforderlichkeit,
- Zweckbindung.

Der **Datenschutzbeauftragte**, welcher ab 5 Arbeitnehmern, die mit personenbezogenen Daten umgehen, berufen werden muss, hat folgende Forderungen zu erfüllen:
- Er muss Computerexperte sein.
- Er muss imstande sein, Datenschutzgesetze und Rechtsvorschriften anzuwenden.
- Er muss Kenntnis über Organisation haben und konfliktfähig sein.

Eine besonders wichtige Forderung an den Datenschutzbeauftragten ist, dass er **keinem Interessenkonflikt** unterliegen darf, d. h. er darf weder Personalchef, Betriebsrat noch Leiter der Datenverarbeitung eines Unternehmens sein.

Er muss über **ausreichend Zeit verfügen und charakterfest sowie verschwiegen** sein.

Unterbleibt die Berufung eines Datenschutzbeauftragten, kann ein Bußgeld bis zu 25 000 € verhängt werden.

Die Forderung nach Berufung eines Datenschutzbeauftragten kann ein Immobilienunternehmen auch dadurch lösen, dass ein **externer Beauftragter** benannt wird. In diesem Fall ist aber die Unternehmensleitung von der letztendlichen Verantwortung für diesen Bereich nicht entbunden. Besonders zu beachten ist, dass selbst bei der Beauftragung eines externen Rechenzentrums das beauftragende Immobilienunternehmen für die Einhaltung datenschutzrechtlicher Vorschriften bei dem beauftragten Rechenzentrum verantwortlich ist. *(Richter, Carol: Datenschutz in der Immobilienwirtschaft. Die Schonfrist ist abgelaufen, in: Immobilienwirtschaft 11/ 2004, S. 62–63.)*

Die **Qualifizierung eines eigenen Mitarbeiters zum Datenschutzbeauftragten** ist eine verbreitete Alternative der Lösung dieses Problems in der Immobilienwirtschaft. Spezielle Institutionen haben sich der Ausbildung solcher Datenschutzbeauftragter angenommen.

Beispiel:
Das Institut für Datenschutz an der Hochschule für Wirtschaft und Umwelt Nürtingen/Geislingen (www.ifdas.de) verfügt über die notwendige Ausbildungsqualifikation sowie das Wissen über immobilienwirtschaftliche Zusammenhänge.

Ein wichtiger Grundsatz der Tätigkeit des Datenschutzbeauftragten ist seine Unabhängigkeit gegenüber der Unternehmensleitung.

Im Rahmen des Risikomanagements eines Immobilienunternehmens ist dem Datenschutz und der Einhaltung entsprechender Vorschriften hohe Priorität einzuräumen. Verstöße gegen den Datenschutz, insbesondere wenn diese in

die Öffentlichkeit geraten, haben eine nachhaltig negative Auswirkung auf das Unternehmensimage.

4.2.3 Computer Aided Facility Management (CAFM)

Neben der Immobilien-Software klassischer Ausprägung und der besonderen Software, die von Architekten und Ingenieuren angewandt wird, haben sich unter dem Begriff **Computer Aided Facility Management (CAFM)** Software-Lösungen entwickelt, die auf das Konzept des Facility Managements abstellen.

Die GEFMA Deutscher Verband für Facility Management hat in seiner Richtlinie 400 *(GEFMA Computer Aided Facility Management CAFM Begriffsbestimmungen, Leistungsmerkmale, GEFMA 400, Ausgabe April 2002)* die CAFM-Software als **Software-Werkzeuge bezeichnet, welche die spezifischen Prozesse des Facility Managements und die darin direkt oder indirekt (z. B. als Informationsnachfrage) beteiligten Personen unterstützen. Alle im Lebenszyklus von Facilities anfallenden Daten werden elektronisch verarbeitet**.

Als weitere Forderung wird bei einer solchen Software die Bearbeitung **grafischer und alphanumerischer Daten auf Datenbankbasis** gefordert. Gleiches gilt für die visuelle Darstellung mit Bearbeitungsmöglichkeiten. Nach der Forderung der GEFMA in ihrem Richtlinienwerk sollen folgende Funktionalitäten Bestandteile einer CAFM-Software sein:
- Bestandsdokumentation,
- Flächenmanagement,
- Reinigungsmanagement,
- Umzugsmanagement,
- Medienverbräuche,
- Instandhaltungsmanagement,
- Schließanlagenverwaltung,
- Vertragsmanagement,
- Vermietung,
- Betriebskostenmanagement,
- Controlling.

Bedenkt man, dass sich hinter diesen Funktionalitäten zahlreiche tiefgegliederte weitere Prozesse verbergen, wird verständlich, wieso die Vertreter des Facility Managements als eine der wesentlichen Vorteile ihres Konzepts gerade das Computer Aided Facility Management sehen.

Aus diesem in sich geschlossenen Konzept geht das Computer Aided Facility Management als Ergebnis einer sorgfältigen
- Prozessanalyse, aus der sich ein
- Prozessmanagement ergibt, hervor, dieses wiederum bildet einen klaren
- Workflow ab, der schlussendlich in einer klaren, computergestützten Organisationsstruktur seine Ausprägung findet.

Es ist folgerichtig, dass das Konzept des Facility Managements eine eigene Richtlinie seines Richtlinienwerkes der **„Einführung eines CAFM-Systems"** widmet *Deutscher Verband für Facility Management, Einführung eines CAFM-Systems, GEFMA*

420, Ausgabe April 2003). Die Einführung eines CAFM-Systems zwingt das Unternehmen zu zahlreichen grundsätzlichen Entscheidungen, die möglicherweise im Vorfeld der Einführung eines solchen Systems bisher bewusst oder unbewusst bestanden haben.

Der besonderen Bedeutung des Energiebereiches in Immobilienunternehmen entsprechend wurde eine weitere Richtlinie speziell der **„Software für das Energiemanagement"**+ *(GEFMA Deutscher Verband für Facility Management, Software für das Energiemanagement. Klassifizierungen Funktionalitäten, GEFMA 402, Entwurf Dezember 1999)* gewidmet. Mit dem erwarteten weiteren Anstieg der Energiekosten wird dem Energiemanagement und den dafür sich anbietenden Software-Tools verstärkte Bedeutung zukommen.

4.3 KOMMUNIKATIONSMITTEL

Die Immobilienwirtschaft hat in einem relativ kurzen Zeitraum die Verwaltung ihrer Immobilien von der **„Karteikartenverwaltung"** zu datenverarbeitungsgestützten Systemen weiterentwickelt.

Wie dargelegt wurde, ist diese **Entwicklung eingebunden in die Anwendung von Managementsystemen, Management-Tools und Managementtheorien**. Diese wiederum **verknüpft mit Lösungsmöglichkeiten, die sich aus der Organisationslehre bzw. den sich daraus ergebenden Organisationstechniken** ergeben.

Beide Bereiche können von der Informationstechnologie nicht getrennt werden. Gleiches gilt für die **Kommunikationstechnologie**. Auch hier zeichnet sich eine rasante Weiterentwicklung vom einfachen Betriebsfunk, der noch vor wenigen Jahren als fortschrittliches Instrument zur Anwendung kam, gegenüber einer nahezu andauernden Online-Kommunikation aller im Unternehmen Beteiligter ab.

Als Tool aus der Managementtechnik bietet sich das **Wissensmanagement** als integriertes gedankliches Konzept dafür an, dass in einem Unternehmen vorhandene Informationen demjenigen zeitgerecht zur Verfügung stehen, der solche Informationen benötigt.

Beispiel:

Dem Grundsatz des Wissensmanagements folgend kann in einem Immobilienunternehmen die Frage nach einer möglichen Bodenkontaminierung beantwortet werden für ein Grundstück, welches sich schon lange Zeit im Eigentum des Unternehmens befindet und nunmehr in der Entwicklungsphase für die Bebauung vorgesehen wird.

4.4 FREMDSPRACHEN

Die unbestrittene **Internationalisierung der Immobilienwirtschaft** zeigt die schwerwiegenden Konsequenzen bei Branchenfachleuten auf, wenn ein Defizit bei der sicheren Anwendung von Fremdsprachen in Bezug auf fachspezifische Begriffe vorhanden ist.

Hier besteht ein **weites Entwicklungsfeld für die Zukunft**. Das Erscheinen eines kompetenten Wörterbuches (Schulte, Lee, Paul [Hrsg.], Wörterbuch Immobilienwirtschaft, 2. überarbeitete Auflage, Wiesbaden 2005) für die fachspezifischen Begriffe in der Immobilienwirtschaft bietet eine wichtige Grundlage für weitere Entwicklungen. Angebote aus dem Bereich des E-learning, welche sich für den branchenspezifischen Einsatz eignen würden, sind gegenwärtig noch nicht verfügbar.

Weitere nützliche Wörterbücher, die zum Teil in ihren Erklärungen über die reine Übersetzung von immobilienwirtschaftlichen Fachbegriffen hinausgehen und deren inhaltliche Bedeutung zusätzlich erklären, sind:

Abbott, Damien, Encyclopedia of real estate terms (based on American and English practice, with terms from the Commonwealth als well as the civil law, Scots law and French law, 2. Ausgabe, London/Washington D.C. o.J.

Abbott, Damien, The shorter Encyclopedia of real estate terms (based on Englisch and North American practice, including Australian, Canadian, New Zealand, Scots law, Civil law and Latin terms), London 2004

Levy, Ezra, A glossary of real estate terms, 2. Ausgabe, www.1stbooks.com, 2000

Friedmann, Jack P., Harris, Jack C., Lindemann, J. Bruce, Dictionary of real estate terms, 5. Ausgabe, Hauppauge 2000

Kapitel 5
CONTROLLING

Hansjörg Bach/Erwin Sailer

5. CONTROLLING

5.1 EINFÜHRUNG

Sowohl formell als auch inhaltlich wird der Begriff des **Controlling** in Literatur und Praxis sehr unterschiedlich definiert. Theoretische Ansätze sind in nahezu unübersehbarem Umfang vorhanden. Horváth spricht zu Recht von einer **„Theoretisierungswelle"** *(Peter Horváth: „Controlling", Vahlen Verlag, München, 11. Aufl. 2008).*

<small>Vielfalt der Controlling-literatur</small>

Der Grund für diese verwirrende Vielfalt der Ansätze mag auch darin liegen, dass verschiedene Elemente des Controlling traditionell in Unternehmen bereits vorhanden waren, bevor es als ein die Unternehmensführung zusätzlich ergänzendes und unterstützendes, alle Bereiche der Unternehmen erfassendes System diskutiert wurde. Die Zusammenführung dieser Elemente unter einem einheitlichen Controlling-Konzept führt naturgemäß zu Akzeptanz- und Abgrenzungsproblemen.

5.1.1 Erläuterung am Beispiel einer Expedition

Wie umfassend, vernetzt und integriert das Controlling-Konzept ist, soll eingangs an einem nicht fachspezifischen Beispiel erläutert werden:

Eine Gruppe von begeisterten jugendlichen Bergsteigern hat im Laufe der Jahre bei Klettertouren und Eisbegehungen viele Erfahrungen gesammelt. Einer von ihnen stellt bei einem abendlichen Zusammensein die Frage, ob es nicht denkbar sei, gemeinsam einen Achttausender zu besteigen. Die Frage wird ernsthaft diskutiert und bald ist sich die Gruppe darin einig, eine Expedition in das Himalaja-Gebiet ins Auge zu fassen. Um diesem fernen Ziel näher zu kommen, bedarf es einer Reihe von **Erkundigungen**.

- Zunächst muss festgestellt werden, ob überhaupt im absehbaren Zeitrahmen Expeditionsziele im Himalaja zugänglich sind.
- Dann bedarf es der Klärung, ob die Expedition eine Besteigung auf einer bereits begangenen Route machen möchte oder ein Berggipfel auf einer neuen Route bestiegen werden kann.
- Hierzu ist es notwendig, zahlreiche Informationen über bisherige Expeditionen, deren Ziel, Schwierigkeiten, aber auch deren Vorbereitungen zu sammeln.
- Schließlich müssen auch Erkundigungen über die bei solchen Expeditionen anfallenden Kosten eingeholt werden, damit festgestellt werden kann, ob sich die Gruppe dies finanziell überhaupt leisten kann.

Sehr bald erkennt das Bergsteigerteam aufgrund der zusammengetragenen Informationen, dass einerseits mit Hilfe eines Zuschusses vom Alpenverein die Durchführung einer Expedition **grundsätzlich** möglich ist, dass das Vorhaben andererseits aber einer **langfristigen Planung** bedarf. Immerhin kann bereits festgelegt werden, dass ein bestimmter Berg auf einer bereits mehrfach begangenen Route, aber ohne Sherpas und ohne künstlichen Sauerstoff begangen werden soll. Besonders klar wurde dabei allen Beteiligten, dass nicht nur die bereits geschilderten „bürokratischen" Probleme zu lösen sind, sondern vor allem auch für die sportliche **Vorbereitung der Expeditionsteilnehmer** Sorge zu tragen ist. Um den Vorbereitungsprozess zu **steuern** und zu **koordinieren**, wählt die Gruppe einen Expeditionsleiter und legt fest, wer für Finanzen, Zeitplan, Transport, Trainingsprogramm und **medizinische Betreuung zuständig** sein soll.

Nach dieser Aufgabenverteilung stellt der für die medizinische Vorbereitung zuständige Expeditionsteilnehmer bald fest, dass das Trainingsprogramm der Expeditionsteilnehmer zwingend von medizinischen Untersuchungen begleitet werden muss. Er muss auch dafür sorgen, dass die notwendigen Schutzimpfungen, welche für die Einreise in das Himalaja-Gebiet vorgeschrieben sind, rechtzeitig und in vollem Umfang erfolgen.

Nach wenigen Wochen stellen die Expeditionsteilnehmer fest, dass zur künftigen **Vermeidung von Koordinationsproblemen** regelmäßige Treffen notwendig sind, in denen aus den einzelnen Verantwortungsbereichen **berichtet** wird und eine **gegenseitige Abstimmung** über das weitere Vorgehen erfolgt. Allerdings stellt sich ebenfalls bereits nach kurzer Zeit heraus, dass viel **Zeit gespart** werden kann, wenn **Kurzberichte** die Informationstreffen ergänzen und zudem einer der Expeditionsteilnehmer die **Kontrolle** darüber übernimmt, ob alle verteilten Aufgaben wie vereinbart termingerecht erfüllt werden.

Nachdem der zu besteigende Berggipfel feststand, findet eine **Verfeinerung des Vorbereitungsprozesses** auf dieses festgelegte Ziel hin statt. Hierzu gehört vor allem die **detaillierte Zeitplanung**. Ferner wird erkannt, dass die **Ausrüstung** auf das absolute Minimum reduziert werden muss, da auf Träger als Hilfskräfte verzichtet wurde. Dafür beschließt das Expeditionsteam eine längere Akklimatisierungszeit im Himalaja. Aus diesem Grunde muss die Zeit für den Voraustransport der Expeditionsausrüstung erheblich verkürzt werden. Der für den Transport Zuständige versendet die Ausrüstung deshalb nicht, wie ursprünglich beabsichtigt, auf dem Schiff, sondern mit dem Flugzeug. Die Expeditionsteilnehmer reisen ebenfalls mit dem Flugzeug an.

Während der Akklimatisierungszeit entscheiden sie, dass vier Seilschaften unter Berücksichtigung des **augenblicklichen Leistungsstandes** gebildet werden. Diese sollen auf getrennten Wegen und auf eigene Verantwortung versuchen, den ausgewählten Berggipfel zu besteigen. Es wird festgelegt, dass der Expeditionsleiter selber an der Besteigung nicht teilnimmt, um aus dem Basislager die einzelnen Seilschaften per **Funk zu koordinieren**.

Während der Besteigung tauchen bei den Seilschaften **unverhofft Probleme** auf. Eine muss wegen einer riesigen Lawine die vorgesehene Expeditionsroute ändern. Glücklicherweise kann der Expeditionsleiter auf **Erfahrungen früherer Expeditionen zurückgreifen**, die vor dem gleichen Problem gestanden sind und hierbei bereits eine Ersatzroute erkundet haben. Nachdem zwei der vier Seilschaften glücklich den Himalaja-Gipfel erreicht haben, muss der **Expeditionsleiter** für die anderen zwei Seilschaften die Rückkehr in das Basislager **anordnen**. Er hat nämlich über Satellitenempfang von einem **überraschend** zu erwartenden Wettersturz Kenntnis erlangt. Bei diesem Abstieg verletzt sich einer der Bergsteiger und bedarf dringender Hilfe. Wie für einen solchen Notfall bereits vorausgeplant, werden über Funk die in der Nähe befindlichen Bergsteigerkameraden zu ihm geleitet. Gleichzeitig steigt der im Basislager befindliche Expeditionsarzt den Bergsteigern entgegen, die den verletzten Kameraden ins Tal transportieren. Es gelingt **allen gemeinsam**, sicher das Basislager zu erreichen und von dort aus geordnet ins Tal abzusteigen.

In diesem Beispiel sind wesentliche Elemente des Controlling, ausgehend von einem definierten Ziel, enthalten:
- Sammlung und Aufbereitung von Informationen,
- sich daraus ergebende weitere Zielkonkretisierung (einen bestimmten Berggipfel ohne Sherpas erreichen),
- daran anknüpfende langfristige Planung,
- Reaktion auf die Lernergebnisse aus den konkreten Verfahrensabläufen (Einführung der Kurzberichte),
- Überwachung der termingerechten Aufgabenerfüllung,
- Gezielte Vorbereitung der Teilnehmer auf ihre Aufgabe,
- Taktisches Vorgehen zur Zielerreichung (vier Seilschaften),
- Steuerung und Koordinierung (vom Basislager aus),
- Operatives Vorgehen (Alternativroute nach Lawine),
- Risikobegrenzung (medizinische Versorgung).

Nun dient Controlling im betriebswirtschaftlichen Sinne nicht der Freizeitoptimierung, sodass die Bergbesteigung ein Bild bleiben muss. In den Unternehmen dient Controlling im strategischen Bereich der langfristigen Sicherung oder dem gesicherten Wachstum des Unternehmens. Strategische Entscheidungen, die dieses Ziel im Auge haben, können sich beziehen auf die Neudefinition von Geschäftsfeldern, auf neue Absatzwege, auf Forschung und Entwicklung, Personalentwicklung, Immobilienentwicklung (insbesondere von Unternehmen mit großem Immobilienbestand), Kapitalanpassung usw. Der langfristige Aufbau und die Erhaltung betrieblicher „Ressourcen" (die für den betrieblichen Leistungsprozess ausschöpfbaren Faktoren) liegen ebenso im Blickfeld der Unternehmensführung und des Controlling wie die Festlegung der langfristig zu erreichenden Ziele.

Hiervon leitet sich die strategische Planung und von dieser wiederum die operative Planung der Einzelschritte und – als verbindendes Element – das taktische Vorgehen ab. Strategische Entscheidungen können gerade im Hinblick auf die globalen Herausforderungen im Zeitalter des **Internets**, in dem das Wissen unserer Zeit per Mouse-Klick abgerufen werden kann, dazu führen, dass traditionelle Grundlagen von Unternehmen bewusst verändert werden. Fusionen und Outsourcing-Prozesse sind hierfür charakteristisch.

5.2 GRUNDLAGEN

5.2.1 Begriff und Abgrenzungen

Unter Controlling versteht man im Allgemeinen das **Planen, Steuern** und **Kontrollieren** von betrieblichen **Leistungsprozessen**. Grundlage sind klar **definierte Ziele**, deren Erreichung mit Hilfe des Controlling ermöglicht werden soll. Die Begriffsähnlichkeit zwischen Controlling und Kontrolle verleitet dazu, unter diesem Begriff ausschließlich die „Kontrolle" betrieblicher Leistungsprozesse zu verstehen. Dies ist jedoch zu kurz gegriffen, denn Kontrolle bringt nur die **Überwachungsfunktion** des Controlling zum Ausdruck. Aus dem technischen Sprachgebrauch ist uns jedoch geläufig, dass z. B. Controller/Kontroller (etwa in EDV-Anlagen oder bei Elektromotoren) Steuerungsinstrumente bzw. „Schalter" sind. Übertragen auf den Begriff des

Controlling ist nicht nur Kontrolle

Controlling bedeutet dies, dass Controlling **steuernd** in Ablaufprozesse eingreift und sie nicht nur überwacht.

5.2.1.1 Controlling und andere Überwachungsinstanzen

Unterschiedliche Ziele der Überwachung

Stellt man sich unter demjenigen, der für das **betriebliche Controlling** zuständig ist, (also unter dem „Controller") jemanden vor, der eine selbstständige Überprüfungsfunktion ausübt, dann ergibt sich ein weiteres Problem: Ein Controller kann nicht gleichzeitig Planer und Steuermann eines Leistungsprozesses sein und ihn gleichzeitig „von außen" überwachen. Wenn zu Controlling also auch das Kontrollieren von betrieblichen Leistungsprozessen gehört, ist zu unterscheiden zwischen einer Überwachung, die in einem **Funktionszusammenhang** mit der Planung und Steuerung der Prozesse steht und „Überwachungsinstanzen" die unabhängig agieren und nicht in den Verantwortungsbereich des „Steuermannes" einbezogen sind. Diese Instanzen gehören nicht zum Controlling. Zwar stellen auch sie Fehler oder Organisationsmängel fest, überprüfen darüber hinaus Funktionstauglichkeiten oder Ordnungsmäßigkeiten usw. Zum betrieblichen Controlling zählen aber weder Aufsichtsbehörden oder externe Prüfer noch betrieblich installierte Prüfungsinstanzen wie die „**interne Revision**". Die Überwachungsfunktion des Controlling könnte nur dann und insoweit mit den Aufgabenbereichen solcher Instanzen gleichgesetzt werden, wenn die durch das Controlling verfolgten Ziele identisch mit den Zielen dieser Instanzen wären. Dies ist aber regelmäßig nicht der Fall.

Aufsichtsbehörden gehören nicht zum Controlling

Interne Revision gehört nicht zum Controlling

In der Immobilienwirtschaft kennen wir schon seit langem eine Reihe solcher Instanzen, die **nicht** zum Controlling gehören. Hierzu zählen jene, deren Ziel die Sicherstellung eines bestimmten Umfanges des Verbraucherschutzes ist, z. B. die Gewerbebehörde (betriebliche Nachschau), die Prüfer nach MaBV (jährliche Pflichtprüfung bei Bauträgern, Prüfung aus besonderem Anlass).

Andere Prüfungsinstanzen sind Bauaufsichtsbehörden (Gebrauchsabnahme von Bauwerken mit Feststellung der Übereinstimmung des erstellten mit dem genehmigten Bauwerk), Technische Überwachungsvereine (Prüfung der Betriebssicherheit technischer Einrichtungen, z. B. Aufzüge), der genossenschaftliche Prüfungsverband (Feststellung der Ordnungsmäßigkeit der Geschäftsführung und der wirtschaftlichen Verhältnisse der Genossenschaft).

5.2.1.2 Controlling und interne Revision

Interne Revision prüft Vergangenes Controlling ist zukunftsorientiert und verfügt über Entscheidungskompetenz

Die **interne Revision** ist eine betriebliche Abteilung, die nicht nur die Einhaltung gesetzlicher Vorschriften und interner Anordnungen der Geschäftsführung überprüft, sondern auch das betriebliche Kontrollsystem selbst überwacht. Die interne Revision prüft schwerpunktmäßig in bestimmten Zeitintervallen, was sich in der **Vergangenheit** abgespielt hat. Controlling „kontrolliert" laufend, ob die für die **Zukunft gesetzten Ziele** erreicht werden können. In der **Betriebsorganisation** ist die **interne Revision** in der Regel eine Stabsstelle (mit Beratungsfunktion gegenüber der Geschäftsleitung), während **Controller** in dem ihnen vorgegebenen Rahmen über Entscheidungskompetenzen verfügen. Ob das unternehmenseigene Controlling funktioniert, darüber zu wachen ist eine der Aufgaben der internen Revision. Dabei spielt auch eine Rolle, ob der Aufwand für das Controlling in einem angemessenen Verhältnis zum Ergebnis steht **(Kosten-Nutzen-Analyse des Controlling)**. Controlling darf nicht Selbstzweck sein. Die Beschaffung und der interne Austausch von

Informationen, die Erarbeitung von Kennzahlen, die interne Vernetzung, um einige Beispiele anzuführen, dürfen nicht die Unternehmensabläufe „verkomplizieren", statt diese zu vereinfachen und zu unterstützen.

„Zahlenspielereien" und „Datenfriedhöfe" sind im Rahmen des Controlling-Konzeptes zu vermeiden. Die interne Revision hat solche Fehlentwicklungen des Controlling zu überwachen und zu verhindern.

Durch **Kosten-Nutzen-Analysen** ist auch das Controlling zur Rechenschaft über den Erfolg seiner Tätigkeit verpflichtet.

Kosten-Nutzen-Analyse des Controlling

Die interne Revision ist schon seit langer Zeit in größeren Immobilienunternehmen als Stabsstelle installiert. Deshalb wurden ihr in Zeiten, in denen der Controllinggedanke noch nicht die heutige Aktualität besaß, Aufgaben übertragen, die nach herrschender betriebswirtschaftlicher Auffassung heute in das Strukturgebäude des Controlling gehören. Trotz des sehr späten Einzugs des Controlling in die Immobilienwirtschaft sollte der herrschenden betriebswirtschaftlichen Abgrenzung zwischen interner Revision und Controlling der Vorrang vor wohnungswirtschaftlichen Eigenbestimmungen eingeräumt werden.

Interne Revision als Stabsstelle

5.3 BETRACHTUNGSWEISEN DES CONTROLLING

5.3.1 Funktionale Betrachtungsweise

Controlling ist – unter **funktionalen Aspekten** betrachtet – allgemein ausgedrückt das

Funktionsbereiche des Controlling

- **Planen** (= was ist zu planen?),
- **Steuern** (= welche Prozesse werden gesteuert, zu welcher Zeit, welche Auswege müssen bei Auftreten von Störfällen gefunden werden?),
- **Koordinieren** (= was, ist wann und in welchem Umfang zu koordinieren?),
- und **Kontrollieren** (= welche Kontrolle ist worüber notwendig?)

Planen, Steuern, Koordinieren, Kontrollieren

von betrieblichen **Leistungsprozessen** auf der Grundlage **definierter Ziele**.

Grundlage sind definierte Leistungsziele

Diese Ziele gilt es, mit Hilfe des Controlling zu erreichen. Die Festlegung der Ziele selbst ist nicht Aufgabe des Controlling, sondern Führungsaufgabe. Controller assistieren jedoch bei der Zielfestlegung durch Zurverfügungstellung von Informationen.

5.3.1.1 Planen als Grundlage

Teilweise ist **Planen** in der Immobilienwirtschaft gesetzlich vorgeschrieben. Man denke an die Durchführung von Bauvorhaben. Hier ist Grundvoraussetzung für den Baubeginn ein **Bauplan,** der bei der Baubehörde eingereicht werden muss. Dieser wird allerdings – in Abstimmung mit dem Bauherrn – vom Architekten erstellt.

Planen ist vorgeschrieben – beim Bau

Planen muss auch der Wohnungseigentumsverwalter. Zu seinem gesetzlichen Aufgabenbereich gehört z. B. die **Aufstellung** eines **Wirtschaftsplanes**. Dies ist gleich-

– bei der Verwaltung nach WEG

zeitig der finanzielle Rahmen, nämlich die „Budgetvorgabe" für die Bewirtschaftung des Objektes, die ebenfalls Sache des Verwalters ist. Auf jeder ordentlichen Eigentümerversammlung legt der Verwalter die Jahresabrechnung vor, die Grundlage für einen „Soll-Ist-Vergleich" ist. Verglichen werden die Abrechnungszahlen mit denen des Wirtschaftsplanes.

Planung gibt Sollgrößen

Planen ist stets verbunden mit der Vorgabe von **Sollgrößen**. Dabei geht es nicht immer nur um finanzielle Größen, wie sie sich etwa aus einem **Werbeetat** ergeben. Sollgrößen können auch **Stückzahlen** sein, (z. B. geplante Zahl der Makleraufträge oder der Zeitungsanzeigen pro Auftrag) oder die **Qualität** kennzeichnende Merkmale (z. B. Alleinaufträge/einfache Maklerverträge im Maklergeschäft) oder bestimmte Standards bei Mietpreisvereinbarungen im Rahmen der Objektbewirtschaftung.

Plangrößen in der II BV

Die II. Berechnungsverordnung (II. BV) enthielt Vorschriften, die einerseits für die nach dem II. WoBauG öffentlich geförderten Wohnungen gesetzliche Höchstbeträge festlegten, andererseits aber auch bei nicht gefördertem Wohnraum als betriebswirtschaftliche Sollgrößen angesehen werden können.

Verwaltungskosten

– In § 26 sind die **Verwaltungskosten** je Wohnung, bei Eigenheimen, Kaufeigenheimen und Kleinsiedlungen je Wohngebäude sowie für Garagen oder ähnliche Einstellplätze vorgegeben. Die Verwaltungskosten umfassen u. a. die Kosten der Arbeitskräfte und Einrichtungen, der Aufsicht, der gesetzlichen und freiwilligen Prüfung.

Kostenansätze für Instandhaltung

– In § 28 sind die nach dem Datum der Bezugsfertigkeit gestaffelten Kostensätze für **Instandhaltungsmaßnahmen** aufgeführt, welche zur Erhaltung des bestimmungsgemäßen Gebrauches aufgewendet werden müssen.

Mietausfallwagnis

– In § 29 wird eine Sollgröße für die Ertragsminderung infolge uneinbringlicher Rückstände von Mieten, Pachten, Vergütungen und Zuschlägen oder durch Leerstehen von Räumen, die zur Vermietung bestimmt sind, aufgeführt **(Mietausfallwagnis)**.

Die vorgenannten Sollgrößen werden für die bis 31. 12. 2001 mit öffentlichen Mitteln geförderten Wohnungen auch nach dem Außerkraftsetzen der II. BV in regelmäßigen Abständen vom Gesetzgeber den allgemeinen Entwicklungen angepasst. Da die aufgeführten Kostensätze lediglich Obergrenzen für die Ermittlung der Kostenmiete darstellen, können sie durchaus einer betrieblichen Controllingkritik unterzogen werden. (Müssen die Kostensätze immer ausgeschöpft werden oder kann ein „Soll" definiert werden, das darunter liegt?).

Betriebskosten-Controlling

Vergleichbare Sollgrößen lassen sich für die **Betriebskosten** aus den Regelungen der Betriebskostenverordnung nicht entnehmen. Die Erstellung von Sollgrößen für Betriebskosten bedarf somit eigener Erhebungen und Festlegungen. Betriebsvergleiche können wichtige Orientierungshilfen für ein **„Betriebskosten-Controlling"** liefern.

Die TECHEM AG veröffentlicht auf Ihrer Homepage regelmäßig einen Heizkostenvergleich (Energiekennwerte) deutscher Städte samt einem Überblick über die Entwicklung der Heizöl- und Erdgaspreise pro m^2 Wohnung.

5.3.1.2 Steuerung der Leistungsprozesse

Jeder Leistungsprozess beruht auf einer Ablaufplanung. Er bedarf des steuernden Eingriffs, wenn der **geplante Ablauf** gestört und damit die Erreichung des anvisierten Zieles in Frage gestellt wird. Aufgabe des Controllers ist es, in einem solchen Fall einen „Ausweg" zu finden. Diese Steuerungsfunktion ist auch in immobilienwirtschaftlichen Unternehmen in vielfältiger Weise anzutreffen. Denken wir an die Durchführung eines Bauvorhabens. Über das Vermögen eines beauftragten Bauunternehmens wird das Insolvenzverfahren eröffnet. Die mit ihm vereinbarten Bauleistungen können nicht erbracht werden. Es drohen Zeitverluste und damit die Gefahr, dass der geplante Fertigstellungszeitpunkt nicht erreicht wird. Ein Ausweg könnte sein, zusammen mit den Beschäftigten des Bauunternehmens, die mit diesem Bauvorhaben bereits befasst waren, eine Interimsfirma zu gründen, um mit ihr das Bauvorhaben fertig zu stellen.

Steuern bei Auftreten von Störfällen

5.3.1.3 Koordination

Koordinationsaufgaben müssen nicht nur dann wahrgenommen werden, wenn es zu Störfällen kommt, sondern gerade um Störfälle oder Abweichungen vom geplanten Unternehmensverlauf zu verhindern. Koordiniert, d. h. zeitlich, räumlich und sachlich aufeinander abgestimmt werden müssen die Leistungen der Personen („human factor") bzw. Abteilungen eines Unternehmens, die an einem Projekt arbeiten. Grundsätzlich führt jede Änderung von Bedingungen, die den Leistungsprozess mitbestimmen, zu einem Koordinations- und Steuerungsproblem, das bewältigt werden muss.

Zeitliche, räumlich und sachliche Koordination

Wenn z. B. eine Modernisierung in einer Mietwohnanlage durchgeführt wird und die dabei anfallenden Modernisierungskosten auf die Mieter umgelegt werden sollen, ist es wichtig, dass die einzelnen Schritte der technischen und der kaufmännischen Abteilung zeitlich miteinander verzahnt werden. Die Benachrichtigung der Mieter über Zeit und Höhe der zu erwartenden Mieterhöhung, sowie den Beginn der Pflicht zur Zahlung der erhöhten Miete, setzt voraus, dass von der technischen Abteilung die richtigen Informationen zur richtigen Zeit zur Verfügung gestellt werden (**Koordination** der Termine, des Modernisierungsumfanges zur Berechnung der Modernisierungsumlage usw.). Macht im Falle einer Modernisierung ein betroffener Mieter sein Kündigungsrecht nach § 554 BGB geltend, weil die Durchführung der Maßnahme für ihn oder seine Familie eine Härte bedeuten würde, muss dies unverzüglich der mit der Durchführung beauftragten technischen Abteilung zur Änderung (Steuerung) des Bauzeitenplanes mitgeteilt werden.

Koordinationsaufgaben werden im Übrigen in der Bauwirtschaft vielfältig praktiziert. So liegt es weitgehend im Verantwortungsbereich des Architekten, den Bauablauf auf der Grundlage des **Bauzeitenplanes** zu **koordinieren** und die Arbeiten am Bau zu überwachen (**Objektüberwachung**). Auch die „**Projektsteuerung**" wird meist von Architekten übernommen. Man könnte sagen, dass die Vorbereitung und Durchführung von Bauvorhaben im technischen Leistungsbereich von Controlling durchdrungen ist. Der Architekt ist quasi der Controller des Bauherrn. Größere Unternehmen beschäftigen in ihrer Funktion als Bauherrn oft noch spezielle „**Baustellencontroller**", meist Bauingenieure. Vorgeschrieben ist im Übrigen in ganz Europa bei Baustellen einer bestimmten Größenordnung aus dem Aspekt des Gesundheitsschutzes die Ernennung eines verantwortlichen „**Baustellenkoordinators**".

Projektsteuerung

Baustellenkoordinator

Weitere Beispiele:
Erfahrungen der Verkaufsabteilung eines Bauträgers werden dem Architekten zum Zweck der Anpassung der Baupläne zugeleitet. Möglicherweise lassen sich auch bei laufenden, bereits im Verkauf befindlichen Bauvorhaben noch verkaufsfördernde Änderungen vornehmen.

Fertighausfirmen können besonders schnell reagieren. Wenn sich z. B. erweist, dass Balkone zu klein sind, der Grundriss der Kinderzimmer von den Kaufinteressenten als ungünstig beurteilt wird oder die Ausstattung der Bäder keinen Anklang findet, kann dem durch Programmmodifikationen sofort Rechnung getragen werden. Die Lockerung des Bauordnungsrechts in Richtung genehmigungsfreien Bauens öffnet neue Chancen für künftig schnelleres Reagieren auf Kundenwünsche.

Veränderte Rahmenbedingungen bei der Nachfrage nach Seniorenwohnungen mit einem Pflegeangebot können sich aus Veränderungen des gesetzlichen Rahmengefüges der Kostenträger von Pflegeleistungen ergeben. Ist erkennbar, dass sich solche Rahmenbedingungen ändern, müssen umgehend – auch wenn das Vorhaben bereits in der Bauphase ist – realisierungsfähige Nutzungsalternativen in Betracht gezogen werden.

Erkennbare langfristige Veränderungen der Bürokommunikation mit einem zu erwartenden Rückgang des Bedarfs von Büroflächen müssen rechtzeitig in Planungsüberlegungen einer Büroimmobilie mit einfließen.

Controlling als Koordinationsservice

In der **Koordination** sehen manche Controller ihre Hauptaufgabe. In der Tat nützt es nichts, wenn verschiedene am Leistungsprozess beteiligte Mitarbeiter die ihnen übertragenen Aufgaben zum falschen Zeitpunkt, mit falschen Mitteln oder ohne die hierfür erforderliche Fach- oder Handlungskompetenz in Angriff nehmen. Der Controller fungiert hier als **Koordinationsservice.** Aufgabe des Controllers ist es deshalb auch, das **Horten von Herrschaftswissen** zu vermeiden und dem Schweigen von Kollegen untereinander entgegenzuwirken.

Die Bedeutung der Koordination im Rahmen des Controlling-Konzeptes nimmt zu mit der
- Unternehmensgröße (sowohl in vertikaler als auch in horizontaler Ausprägung),
- der Aufnahme neuer Geschäftsfelder, sei es durch Produktdifferenzierung oder durch Dienstleistungsdiversifizierung, sowie einer
- Regionalisierung bzw. Filialisierung der Unternehmensbereiche.

5.3.1.4 Kontrolle

Abweichungsanalyse

Schließlich ist zu **kontrollieren**, ob und inwieweit die gesteckten Ziele erreicht werden. Wie groß ist die Abweichung des Erreichten vom Vorgegebenen **(Abweichungsanalyse)**? Die Erkenntnisse aus der Kontrolle können dazu führen, dass künftig die Ziele relativiert, die Ablaufpläne angepasst, die Steuerungsmechanismen geändert oder die Koordination verbessert wird. Kontrollieren heißt nicht nur Fehler suchen, sondern auch deren Ursachen erforschen. Erst dann können richtige

Soll-Ist-Vergleich

Schlussfolgerungen aus einer Abweichungsanalyse bzw. einem **Soll-Ist-Vergleich** gezogen werden. Ist beispielsweise beim Vertrieb von Eigentumswohnungen **absehbar**, dass nicht – wie geplant – ein Viertel aller Einheiten bis zur Rohbaufertigstellung verkauft sein dürfte, sondern nur ein Achtel, kann dies daran liegen, dass zu spät mit den Verkaufsaktivitäten begonnen wurde. Dann ist weiter zu erforschen, was der Grund dafür war. Ist etwa die Anfertigung der Verkaufsunterlagen zu spät in Auftrag gegeben worden? Oder lag es daran, dass die im Baustellenbüro akquirierten Interessenten nicht sofort vom Innendienst betreut wurden? Gibt es also Friktionen im eigenen Unternehmen? Oder liegt die Ursache in dem sich verhärtenden Markt, also „außen"? In diesem Fall müsste überlegt werden, welchen Einfluss dies auf künftige Zielvorgaben hat oder ob eine andere Marketingstrategie eingesetzt werden soll.

5.3.1.5 Controlling als funktionsübergreifendes System

Aus dem bisher Ausgeführten ergibt sich bereits, dass Controlling „funktionsübergreifend!" ist. Es erfasst alle Unternehmensbereiche.

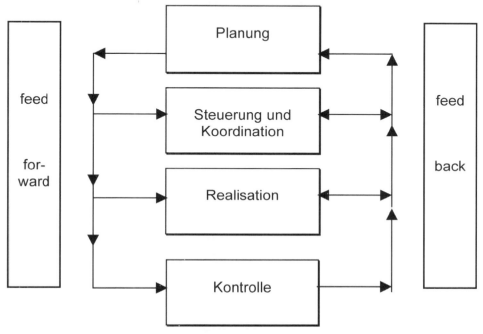

Abb. 1: Unternehmensbereiche des Controlling

Aus der Perspektive der Unternehmensführung ergibt sich aus dem Controlling ein Rückkoppelungseffekt **(feed back)**, der zu Plankorrekturen und Einführung neuer Plan- und Vorgabegrößen **(feed forward)** führt. Der Vergleich der Istgrößen nach Realisation mit Planvorgaben führt zur Planrevision. Das ständige Vergleichen der Planvorgaben mit dem Ergebnis der Plandurchführung (Soll-Ist-Vergleich) durch die „Kontrolle" macht nur Sinn, wenn es in den betrieblichen **Informationszyklus** von unten nach oben mit der unternehmerischen Reaktionsfolge von oben nach unten eingebunden wird. Durch diesen Informationsfluss werden auch die Controllingfunktionen miteinander verbunden und stellen damit ein einheitliches System dar. Fehlt es an der Rückkoppelung, (wird nach oben abgeschottet), kann dies zu erheblichen Fehlentscheidungen führen.

Informationszyklus

5.3.2 Institutionale Betrachtungsweise

Unter Controlling versteht man unter **institutionellen Gesichtspunkten** in Anlehnung an Horváth (a. a. O.) jede **Tätigkeit**, die dem Controlling im Unternehmen dient.

Es wird hier der Frage nachgegangen, wie Controlling in einem Betrieb verankert wird. Konkret ist unter diesem Aspekt eine Antwort auf die Frage zu geben,
– wer,
– mit welcher Kompetenz,
– an welcher Stelle
mit Controllingaufgaben betraut wird.

Controller und Unternehmensgröße

Bei der „Implementierung" des Controlling als „Stelle" im Unternehmen spielt die Frage der Unternehmensgröße eine besondere Rolle. Jürgen Weber verweist darauf, dass im Schnitt auf 200 Mitarbeiter ein Controller trifft. *(Siehe Jürgen Weber a. a. O. Stichwort „Controller","Grundbegriffe des Controlling" Schäffer Poeschel Verlag Stuttgart 1995)*

5.3.2.1 Controlling und Betriebsgröße

Große und komplexe Unternehmen beschäftigen in der Regel mehrere Controller, die unterschiedlichen Bereichen zugeordnet sind. Sie sind miteinander „vernetzt". Sie handeln in Übereinstimmung miteinander und treffen sich regelmäßig zu sog. **„Controllerkonferenzen"**, die vom Chefcontroller oder „Zentralcontroller" geleitet werden. Die **Hierarchie der Controller** entspricht in der Regel der Hierarchie des unternehmerischen Führungssystems. Der Zentralcontroller oder das Controllerkollegium sind der Konzernspitze unterstellt, wobei ihnen als entscheidende Aufgabe das **Berichtswesen** zukommt.

Controllerkonferenzen, Controller-Hierarchie

Mittlere Unternehmen verfügen – wenn überhaupt – über ein oder zwei Controller. Dennoch spielt Controlling eine wichtige Rolle, wobei die Aufgaben – soweit sie nicht in den Händen angestellter Controller ruht – auf mehrere Schultern systematisch verteilt werden. An die Stelle von Controllerkonferenzen treten die von der Geschäftsführung einberufenen Controllingkonferenzen.

Controlling in Personalunion mit Geschäftsleitung

Bei kleineren Betrieben findet deshalb Controlling meist in Personalunion mit der Geschäftsleitung und/oder als delegierte Aufgabe in Personalunion durch qualifizierte Mitarbeiter statt, deren Kernaufgabe auf einem anderen Gebiet liegt. Im Zweifel sollten Controllingaufgaben im Hinblick auf die damit verbundene notwendige Handlungskompetenz auf der „geschäftsleitungsnahen" Ebene angesiedelt werden. Man bezeichnet den Controller, der in die Entscheidungsstruktur des Unternehmens eingebaut ist, als „Linencontroller" im Gegensatz zum „Stabscontroller" größerer Unternehmen, der nicht selbst entscheidet, sondern mit Hilfe seiner Berichte und Empfehlungen Entscheidungen der Unternehmensleitung vorbereitet.

Höhere Risikopotentiale und Komplexität führen zu mehr Controlling

Bei Institutionalisierung des Controlling im Unternehmen ist zu beachten, dass Controllingaufgaben einerseits mit den **Risikopotentialen** des Unternehmens, andererseits mit der **Komplexität** der betrieblichen Ablaufprozesse zunehmen. So wird dem Controlling etwa in der Kreditwirtschaft oder in mit hoher Technologie ausgestatteten Industrieunternehmen ein höherer Stellenwert zugemessen als etwa in Großhandelsunternehmen. Im immobilienwirtschaftlichen Bereich ist dem Controlling im kapitalintensiven Projektentwicklungsbereich ein größerer Raum einzuräumen als im konventionellen Bauträgerbereich. Im Bereich des Objektmanagements wird ebenfalls in Controlling mehr investiert werden müssen als in die von Routineabläufen geprägte einfache Objektverwaltung.

Beispiele für mangelhaftes Controlling:
Ein Multiplex-Kino wird wegen des fehlenden „Standort-Controlling" am falschen Standort errichtet. Es entsteht möglicherweise ein **„Totalschaden"** mangels geeigneter Umnutzungsmöglichkeiten.
Eine Büroimmobilie wird zum Zeitpunkt eines Konjunkturtales für die Investoren fertig gestellt. Der jahrelange Leerstand großer Teile der Büroflächen führt zu einem Ertragseinbruch (trotz steuerlicher Kompensation) für die Investoren, der erst nach vielen Jahren oder einem Kapitalverzicht, z. B. im Wege eines Insolvenzverfahrens der Investoren, bereinigt werden kann.

Totalschaden durch fehlendes/falsches Controlling

Allerdings kann auch im Objektverwaltungsbereich fehlendes Controlling wegen der Vielfalt der mit der Objektverwaltung verbundenen Kostenbereiche (qualitativ und quantitativ) zu ähnlich verhängnisvollen Ergebnissen führen wie etwa bei kapitalintensiven Projektentwicklungen. Gefährlich sind solche Entwicklungen besonders deshalb, weil sie „schleichend" sind und deshalb die Neigung besteht, sie zu bagatellisieren. Wegen der Vielfalt und Komplexität stellen sich die negativen Ergebnisse bei der Wirtschaftlichkeit einer Immobilie (Ertragseinbußen, Kapitalverzehr) erst nach einem längeren Zeitraum ein.

Beispiele:
Laufende und aperiodische sowie durch Modeerscheinungen ausgelöste Instandhaltungsmaßnahmen werden nicht in notwendigem Umfang durchgeführt. Nur das Allernotwendigste wird zur Aufrechterhaltung des technischen Gebäudebetriebes repariert. Folge: Obwohl die Immobilie buch- und bilanzmäßig in Ordnung ist, ist sie „abgewirtschaftet". Sie wird ihrer regelmäßigen Lebensdauer entsprechend nicht mehr genutzt werden können.
Modische Veränderungen hinsichtlich der Ausstattung von Küchen (soweit nicht vom Mieter gestellt) oder Bäderdekorationen können bei aller Attraktivität dazu führen, dass trotz voller Funktionsfähigkeit infolge fehlender Akzeptanz durch die Mieter Abschläge beim Mietzins gemacht werden müssen.
Die Unterlassung der regelmäßigen Anpassung des äußeren Erscheinungsbildes von Einkaufszentren, von gastronomischen Betrieben, aber auch von Außenanlagen und Kinderspielplätzen bei Wohnimmobilien, zerstört das „Image" der Anlage und führt zu Verkaufs-/Vermietungsschwierigkeiten.
Veränderte Verbrauchergewohnheiten im Bereich der Telekommunikation erfordern flexible Hausinstallationen, die beim Neubau beachtet werden bzw. beim Immobilienbestand nach Ansammlung entsprechender Finanzierungsmittel nachgerüstet werden müssen.
Veränderungen im Sicherheitsbewusstsein der Nutzer von Wohn- und/oder Gewerbeimmobilien erfordern neue technische Sicherheitseinrichtungen. Nach einer Einbruchserie lassen sich Tiefgaragenplätze einer Wohnanlage nur noch vermieten, nachdem die Tiefgarage mit einer kontrollierten Zugangseinrichtung versehen wurde und gleichzeitig eine laufende Videoüberwachung der gesamten Garagenanlage erfolgt.

Man erkennt aus diesen Beispielen, wie vielfältig Controllingaufgaben in immobilienwirtschaftlichen Unternehmen sein können und wie wichtig es deshalb ist, festzulegen, wer im einzelnen dafür zuständig sein soll.

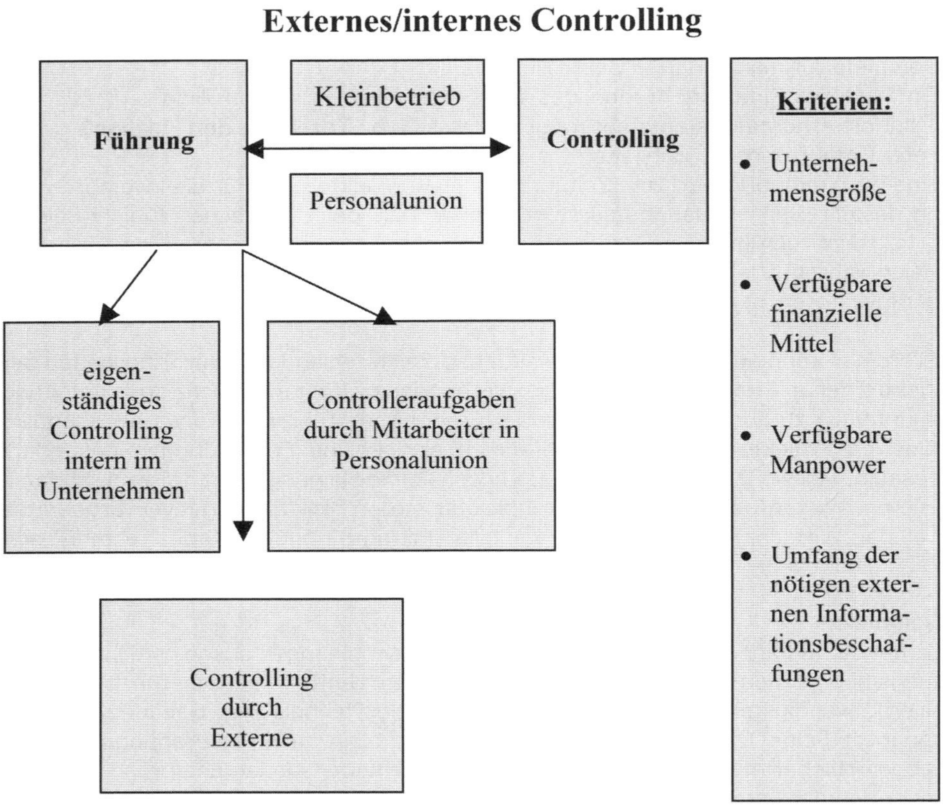

Externes/internes Controlling

```
                    Kleinbetrieb
        Führung ←——————————————→ Controlling
                    Personalunion
           ↓              ↓
    eigen-          Controlleraufgaben
    ständiges       durch Mitarbeiter in
    Controlling     Personalunion
    intern im
    Unternehmen
           ↓
    Controlling
    durch
    Externe
```

Kriterien:

- Unternehmensgröße

- Verfügbare finanzielle Mittel

- Verfügbare Manpower

- Umfang der nötigen externen Informationsbeschaffungen

Abb. 2: Externes und internes Controlling

Controllingberatung durch externe Unternehmensberater

Controllingberatung kann aber auch „eingekauft" werden. **Externe** Controllingfachleute (Unternehmensberater) beraten, nachdem sie Unternehmen und Betriebsorganisation gründlich analysiert haben, nicht nur die Geschäftsleitung, sondern auch die Mitarbeiter, die an den Nahtstellen des betriebsinternen Informationsflusses agieren.

Die Abbildung 2 fasst die Systematik des Controlling in Bezug auf Unternehmen unter institutionellen Gesichtspunkten zusammen.

5.3.2.2 Betriebsgrößen immobilienwirtschaftlicher Unternehmen

Größen von Kapitalgesellschaften nach § 267 HGB

Eine allgemeingültige **Größenklassifizierung** für alle **immobilienwirtschaftlichen Unternehmen** existiert bisher nicht.

Denkbar ist eine Größenklassifizierung nach den Bestimmungen des § 267 HGB:

Größe	Bilanzsumme (Mio. €)	Umsatzerlöse (Mio. €)	Anzahl der Arbeitnehmer
Kleine Kapitalgesellschaften	≤ 4.015.000	≤ 8.030.000	≤ 50
Mittlere Kapitalgesellschaften	> 4.015.000 ≤ 16.060.000	> 8.030.000 ≤ 32.120.000	> 50 ≤ 250
Große Kapitalgesellschaften	> 16.060.000	32.120.000	> 250

Abb. 3: Größenklassifizierung der Kapitalgesellschaften

In der Wohnungswirtschaft hat sich folgende Größenklassifizierung durchgesetzt:

Größe	Anzahl der Wohneinheiten	
Kleine Unternehmen		≤ 100
Mittlere Unternehmen	> 100	≤ 1.000
Größere Unternehmen	> 1.000	≤ 5.000
Große Unternehmen		> 5.000

Abb. 4: Größenklassifizierung von Wohnungsunternehmen

Bei **Maklerbetrieben** handelt es sich in der Regel um „Kleinstbetriebe". Hier wird unterschieden zwischen Vollerwerbsbetrieben und Maklern, die ihre Tätigkeit eher gelegentlich ausüben und mehr hobbymäßig organisieren. Die Rede ist hier ausschließlich von Vollerwerbsbetrieben.

Größe von Maklerbetrieben

Grabener, der früher jährlich Untersuchungen über Maklerbetriebe auf der Grundlage von Betriebsbefragungen durchgeführt hat, unterschied Betriebsgrößen bei Maklerbetrieben wie folgt:

Größe	Anteil 1997	Anteil 1998
Kleinbetriebe ≤ 5	77 %	76 %
Mittlere Betriebe > 5 ≤ 15	19 %	20 %
Großbetriebe > 15	4 %	4 %

Abb. 5: Größenklassifizierung von Maklerunternehmen

Neuere Erhebungen existieren derzeit nicht. Es dürfte jedoch klar sein, dass vor allem große international agierende Maklerunternehmen im Zuge der Finanzmarktkrise 2008/2009 Personal abgebaut haben.

Die **großen Maklerfirmen**, die sich am jährlichen Maklerranking der Zeitschrift „Immobilienmanager" beteiligen, haben überwiegend zwischen 50 und 750 fest angestellte Mitarbeiter.

Große Maklerfirmen

Controlling wird sich bei **kleineren Maklerbetrieben** auf die **Hauptrisikopotentiale des Maklergeschäftes** konzentrieren, die sich aus der Wirksamkeit der unter 15.3.3 geschilderten Prinzipien des Maklergeschäftes ergeben. Ziel dabei könnte es sein, die Erfolgsquote zu erhöhen. Ein weiterer gewichtiger Analysegegenstand des Controlling wird in der **Werbeerfolgsanalyse** bestehen, zumal die Werbeausgaben eines Maklerbetriebes doch erheblich sind. Ein anderes Controllingfeld kann sich auf

Controlling bei kleineren Maklerfirmen

die Leistungen beziehen, die der Außendienst im Rahmen seiner Akquisitions- und Vertriebsleistungen erbringt. Klar ist, dass speziell bei kleinen Unternehmen die Einführung eines umfassenden Controlling die Gefahr einer Überorganisation in sich birgt und die Kosten des Controlling in kein vernünftiges Verhältnis zu dessen Nutzen geraten.

Controlling bei Bauträgerunternehmen

Bei **Bauträgerunternehmen**, die reine Organisatoren von Bauvorhaben für den Markt sind und die sie in eigenem Namen auf eigene Rechnung durchführen, gibt es bislang noch keine Größeneinteilung, die allgemein gängig wäre. Man könnte hier sicher von Kleinunternehmen bei einer Mitarbeiterzahl von bis zu 10 Personen, von mittleren Unternehmen bei einer Mitarbeiterzahl von über zehn bis 50 Personen und von großen Unternehmen mit einer Mitarbeiterzahl darüber sprechen. Allerdings sind auch andere Einteilungskriterien denkbar, z. B. die Jahresleistung in Form von Stückzahlen oder Umsätzen.

Corporate Real Estate Management

Für die Immobilienwirtschaft ist charakteristisch, dass Controlling zuerst Eingang gefunden hat bei immobilienwirtschaftlichen Tochtergesellschaften von Großunternehmen, bei denen Controlling selbst schon längst institutionalisiert war. Die immobilienwirtschaftlichen Tochtergesellschaften wurden einfach in das Controlling des Konzerns mit einbezogen. Dies trifft nicht nur für industrieabhängige Wohnungsunternehmen zu, sondern auch für Immobiliengesellschaften, die im Rahmen des „**Corporate Real Estate Managements**" von großen immobilienintensiven Unternehmen zur Ökonomisierung des eigenen Immobilienbestandes gegründet wurden. Es ist völlig klar, dass solche Unternehmen über eigene Controller verfügen, in deren Aktionsfeld die immobilienwirtschaftlichen Aktivitäten dieser „Töchter" (beginnend von der Projektentwicklung über die Projektsteuerung und die Vermarktung bis hin zu den Aktivitäten des „Facility Managements" (Immobilien-/Anlagen-/Einrichtungsmanagement) einbezogen sind.

5.3.2.3 Controllinggerechte Organisationsstruktur

Überschaubare Betriebsorganisation

Der **Wirkungsgrad des Controlling** hängt davon ab, inwieweit Informationen zur Verfügung stehen oder beschafft werden können. Diese Informationen müssen geeignet sein, eine Vorstellung von der Leistungsfähigkeit, den ausschöpfbaren Leistungspotentialen des Unternehmens und seinen Risikofeldern entwickeln zu können. Dies ist auch eine Frage der Überschaubarkeit der Betriebsorganisation.

Profit-Center

Eine hierfür geeignete Form der Betriebsorganisation ist die Einteilung des Betriebes in viele leicht **abrechenbare** Unterbetriebe **(„Profit-Center")**. Sie bilden eine ideale Grundlage für eine unternehmerische **Budgetpolitik**.

Profit-Center können auf der horizontalen wie auf der vertikalen Organisationsebene gegründet werden.

- **Aufteilung nach horizontalen (spartenbezogenen) Gesichtspunkten:**

Bei **Immobilienunternehmen mit einer breiten Zweckbasis** kann jede Abteilung, die für den Markt Leistungen erbringt, ohne weiteres in Profit-Center umgewandelt werden. Profit-Center können innerhalb dieses Unternehmens unter diesem Blickwinkel z. B. die organisatorisch in Abteilungen gefassten **Geschäftsbereiche** („Sparten") Wohnungsbau, Wohnungseigentumsverwaltung, Objektbetreuung sein. Aber auch bei Unternehmen mit schmaler Zweckbasis ist eine Profit-Center-Struktur möglich.

Immobilienunternehmen mit breiter Zweckbasis

Beispiele:
Bei der Verwaltung von Wohnungsbeständen kann eine Aufspaltung in Mietwohnobjekte, Geschäftshäuser und Eigentumswohnanlagen erfolgen.
Die Verwaltung überregionaler Wohnungsbestände kann in regionale Verwaltungseinheiten aufgeteilt werden.
Bei einem größeren Maklerbetrieb können die Vermittlungsbereiche Kaufobjekte und Mietobjekte in eine Profit-Center-Struktur gefasst werden.

- **Aufteilung nach vertikalen Gesichtspunkten:**

Betrachtet man den Betrieb nach der **Chronologie der Leistungsfolge**, also nach Ablaufprozessen, so kann z. B. bei der Miethausverwaltung die Reihenfolge Objektvermietung, Objektübergabe, Betreuung laufender Mietverhältnisse, Mietvertragsbeendigung maßgeblich für eine Profit-Center-Struktur werden. Sie tritt gegenüber einer „spartenbezogenen" Profit-Centerbildung allerdings **seltener** in Erscheinung.

Gliederung nach Ablaufprozessen

Beispiel:
Ein Bauträgerunternehmen kann nach der klassischen Einteilung: **Beschaffung von Baugrundstücken – Objektfinanzierung – Durchführung der Baumaßnahme – Abnahme – Verkauf** in eine Profit-Center-Struktur überführt werden. Jede dieser aufeinander folgenden Leistungsbereiche bildet dann je ein Profit-Center.

- **Angliederung neuer Geschäftsfelder als Profit-Center**

Die Aufteilung in Profit-Center wird oft auch dort veranlasst, wo neben dem Kerngeschäft des Unternehmens noch weitere komplementäre Leistungsbereiche angegliedert werden.

Angliederung von Profit-Centern komplementärer Leistungsbereiche

Beispiele:
Ein Kreditinstitut erweitert seine Leistungspalette um die Immobilienvermittlung, die als eigene Abteilung organisiert wird. Diese Abteilung fungiert als eigenständiges Profit-Center.
Ein Bauträger gliedert eine eigene Verwaltungsabteilung an, um das Nachfolgegeschäft der WE-Verwaltung übernehmen zu können.
Eine Wohnungsbaugenossenschaft organisiert im Rahmen eines neuen eigenständigen Geschäftsbereiches Pflegedienste für Nutzer der Genossenschaftswohnungen als Profit-Center. Ein kommunales Wohnungsunternehmen übernimmt die Verwaltung des gesamten Liegenschaftsvermögens der Kommune.

Die Schaffung von Profit-Centern ermöglicht und erleichtert das **Benchmarking**, d. h. den regelmäßigen Erfolgsvergleich mit Profit-Centern im eigenen oder in ande-

Benchmarking

ren Unternehmen, die vergleichbare Produkte herstellen bzw. Dienstleistungen erbringen.

– Risikoausgleichende Geschäftsfelder

Gliederung zur Risikostreuung (Portfolio-orientierung)

Die Angliederung neuer Geschäftsfelder kann unterschiedliche Ursachen und Zielrichtungen haben. Das Unternehmen kann den Aspekt der **Diversifikation (Risikostreuung)** im Auge haben. Durch Diversifikation sollen Gewinne verstetigt werden. Eine Strategie, um dieses Ziel zu erreichen, kann darin bestehen, Geschäftsbereiche einander zuzuordnen, die unterschiedlichen Konjunkturzyklen unterworfen sind. Beim Maklergeschäft folgt beispielsweise tendenziell mit einem „time-lag" (Zeitverzögerung) der Entwicklung der Wohnungsmieten die Entwicklung der Kaufpreise für Wohnobjekte. Die Konjunkturschwäche in dem einen Geschäftsfeld wird durch die bessere konjunkturelle Situation im anderen Geschäftsfeld abgemildert. Innerbetrieblich können die Geschäftsaktivitäten den Geschäftsverläufen entsprechend verlagert werden. Eine andere Diversifizierungsstrategie kann darin bestehen, Marktsegmenten mit strukturell hohen Risikopotentialen andere Marktsegmente mit strukturell niedrigen Risikopotentialen zuzuordnen, um auf diese Weise zu einem Risikoausgleich zu gelangen. So birgt die Verwaltung von Wohnungseigentumsanlagen vom Markt her gesehen nur ein geringes Risikopotential, während das Bauträgergeschäft durch wiederkehrende starke Marktumbrüche gekennzeichnet ist.

Ein weiteres **Beispiel** für Diversifizierung zur Risikostreuung:
Ein reines Maklerunternehmen für Kapitalanlageobjekte, das sich als sehr konjunkturanfällig erwiesen hat, gliedert seinem Unternehmen durch Zukauf eine Finanzdienstleistungsberatung an, die im Zusammenwirken mit einem Kreditinstitut Investmentfonds vertreibt. Dem liegt die Erkenntnis zugrunde, dass es ein reziprokes Entwicklungsverhältnis zwischen Kapital- und Immobilienmarkt gibt. Stärken und Schwächen der Märkte balancieren sich so im Unternehmen aus.

Solchen Überlegungen liegen nicht selten sog. **Portfolio-Analysen** des Unternehmens zugrunde. Deren Ziel ist es allgemein, die Marktentwicklungschancen der verschiedenen Geschäftsfelder mit den betrieblichen Wettbewerbschancen abzugleichen, um zu erkennen, in welcher Konstellation die betrieblichen Potentiale „wachstumsorientiert" bei kalkuliertem Risiko eingesetzt werden können. Die Portfolio-Analyse kann auch dazu führen, dass nicht nur neue wachstumsträchtige Geschäftsfelder eingegliedert, sondern schrumpfende Geschäftsfelder **ausgegliedert** bzw. Aktivitäten hierin eingestellt werden.

– Komplementäre Geschäftsfelder

Gliederung nach komplementären Geschäftsfeldern

Ein anderes Motiv der Angliederung neuer Geschäftsfelder kann darin bestehen, zum Produkt alle dazugehörenden (komplementären) Nebenleistungen zu erbringen („Alles aus einer Hand!").

Beispiele für Angliederung komplementärer Leistungsbereiche:
Eine Verwaltung von Mietwohnungen und Eigentümergemeinschaften installiert
– einen Altenpflegedienst und
– den Betrieb eines Kindergartens,
um gegenüber Mietern und Wohnungseigentümern einerseits eine Kundenbindung zu erzeugen, andererseits zusätzliche Erträge zu erzielen.

Ein Objektbetreuungsunternehmen mit einem überalterten Objektbestand gliedert einen Regiebetrieb an, mit dem durch systematische Modernisierungsmaßnahmen eine Verjüngung des Hausbestandes erreicht wird.

Ein Bauträgerunternehmen, dessen Produktionsprogramm im Bau von Reiheneinfamilienhäusern, Doppelhäusern und klein dimensionierten Wohnungseigentumsanlagen besteht, übernimmt zusätzlich als Generalunternehmer die Modernisierung alter Wohnobjekte unter Einsatz moderner Gebäudesystemtechnik, die er für seine Bauvorhaben ohnehin nutzt.

Für überregional agierende Unternehmen kann die **Gründung** von **Filialen** in den immobilienwirtschaftlichen Schwerpunktregionen erforderlich oder ratsam werden. Die „Vor-Ort-Präsenz" führt in der Regel zur Intensivierung der Geschäftstätigkeit. Dies gilt auch bei einem international agierenden Unternehmen vor allem im Zuge der EG-Öffnung für die Länder der Europäischen Union.

Filialgründungen

Synergieeffekte, d. h. die Übertragung von Know-how aus der Bearbeitung des bisherigen Geschäftsfeldes auf die Bearbeitung eines neuen Geschäftsfeldes, für die dieses Know-how nützlich ist, können auch bei immobilienwirtschaftlichen Betrieben ausgeschöpft werden, wenn die beiden Geschäftsbereiche zielgerichtet zueinander koordiniert werden.

Ausschöpfung von Synergieeffekten

Beispiele:

Aus der Kundenpflege bei der Verwaltung von Eigentumswohnungen sammeln sich beim Verwalter Erkenntnisse darüber an, welche in diesem Bereich anlageinteressierten Eigentümer einen Beratungsbedarf für den Erwerb weiterer Eigentumsobjekte haben. Diese Erkenntnisse könnte er sich als Makler nutzbar machen.

Die Außendienstorganisation eines Maklerbetriebes kann infolge der bestehenden und laufend wechselnden Kundenkontakte Akquisitionspotential für Versicherungen erschließen.

Ein Bauträgerunternehmen kann seine Erfahrung bei der Planung und Durchführung von Bauvorhaben auch für bauwillige Eigentümer von Baugrundstücken nutzbar machen, indem es Baubetreuungsdienste anbietet.

– **Konzentration auf Kernbereiche / Spezialisierung**

Manche Unternehmen entscheiden sich nicht für Diversifikation, sondern für den umgekehrten Weg: Die Konzentration aller geschäftlichen Aktivitäten auf einen Kernbereich.

Auch diesen Weg kann das Controlling unterstützen. Es plant und überwacht die Auslagerung aller Nebenbereiche, teilweise auf neue Tochterunternehmen, teilweise auf fremde Unternehmen **(Outsourcing)**.

Diese entlasten das auf Konzentration bedachte Unternehmen, indem sie die für das Kerngeschäft erforderlichen Randbedingungen durch Nebenprodukte und Hilfsdienste schaffen. Die Leistungen werden als Fremdleistungen von dort zurückgekauft. Soweit es sich um neue Tochterunternehmen handelt, sind sie in das Konzerncontrolling mit einbezogen. Die Auslagerung von Leistungen auf eine neu gegründete eigene Gesellschaft kann als Alternative zu einer Profit-Center-Struktur angesehen werden.

Spezialisierung oder breite Zweckbasis?

Outsourcing als Alternative

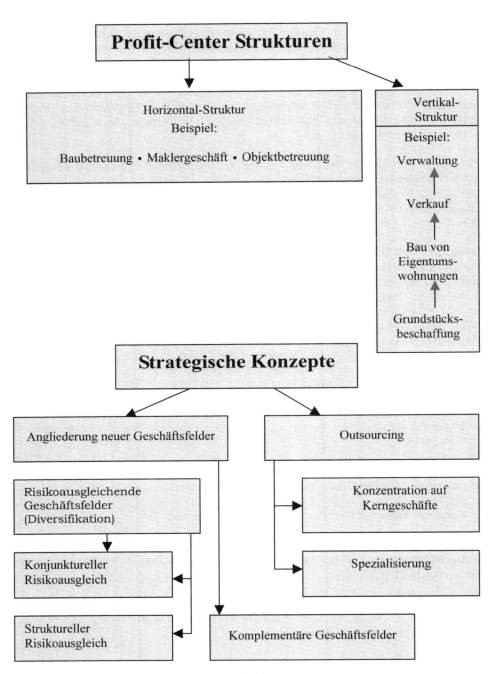

Abb. 6: Profit-Centerstrukturen und Strategische Konzepte

Beispiele:
Ein großes überregional wirkendes Maklerunternehmen kann seine Beratungsleistungen, die es im Zusammenhang mit Vermittlungsleistungen erbringt, auslagern auf ein neu gegründetes Immobilien-Consultingunternehmen. Der Vorteil besteht darin, dass dieses Unternehmen auch vom Bestehen von Vermittlungsaufträgen unabhängige Beratungsleistungen anbieten und erbringen kann. Ebenso könnte etwa der Leistungsbereich der Immobilienbewertung, die im Zusammenhang mit der Objektakquisition anfällt, ausgegliedert und damit zu einem eigenständigen Geschäftsfeld umfunktioniert werden.

Ein Industrieunternehmen könnte die Immobilienverwaltung seines gesamten Immobilienbestandes auf eine eigene Immobiliengesellschaft übertragen, die gleichzeitig alle die Leistungen erbringt, die ein Full-Service Facility Management im Repertoire hat. Es kann mit anderen Worten neben der kaufmännischen und technischen Immobilienverwaltung auch zentrale Dienste anbieten und den Verwaltungsumfang auf den Anlagen- und Einrichtungsbereich der Immobilie ausdehnen.

Eine Kommune könnte nicht nur seinen kommunalen Wohnungsbestand durch ein kommunales Wohnungsunternehmen mit verwalten lassen, sondern auch die Verwaltung sämtlicher anderer kommunalen Liegenschaften wie z. B. Rathaus, Hallenbad, Kindergarten, Schulen auf das Unternehmen delegieren.

5.3.2.4 Kostencontrolling der unternehmerischen Teilbereiche

Controlling kann sich auf bestimmte Teilbereiche des Unternehmens beziehen. Dabei können solche Teilbereiche als **„Kostenstellen"** aufgefasst werden. Mit Hilfe eines **Betriebsabrechnungsbogens** lässt sich die Kostenrelevanz der verschiedenen Kostenstellen ermitteln, indem die **Gemeinkosten**, gegliedert nach **Kostenarten** (etwa nach dem Kontenrahmen) den Kostenstellen, bei denen sie anfallen, zugerechnet werden. Dies reicht aber für Controllingzwecke nicht aus, zumal die Gemeinkostenumlagen kaum mit der nötigen Exaktheit nach dem Kostenverursachungsprinzip bestimmt werden können.

Kostenstellen

Aussagekräftiger sind Ergebnisse der **Teilkostenrechnung**, bei denen die **variablen Kosten**, die für die Produkteinheit/Produktgruppe (Dienstleistungseinheit/Dienstleistungsgruppe, Einzelauftrag/Auftragsgruppe usw.) aufzuwenden sind, ins Zentrum der Betrachtung rücken. Sie allein sind die für die Betrachtung relevanten Kosten. Es handelt sich dabei um eine **Kostenträgerrechnung** bzw. Kostenträgerergebnisrechnung. Vom Erlös einer Leistungsgruppe (Kostenträger) werden die darauf entfallenden variablen Kosten abgezogen. Der Rest, ausgedrückt in Prozenten, bezogen auf den Erlös der Einheit/Gruppe wird als **Deckungsbeitrag** bezeichnet. Der Vergleich der relativen Deckungsbeiträge verschiedener Leistungsbereiche und die Entwicklung dieser einzelnen Deckungsbeiträge sind wichtige Informationen für das Controlling. Dass die Teilkostenrechnung ein gutes Controllinginstrument ist, dürfte klar sein. Der Themenbereich wird in der allgemeinen betriebswirtschaftlichen Literatur ausführlich behandelt, sodass die kurzen Erläuterungen hier genügen sollen. Die Teilkostenrechnung ist im Übrigen auch Grundlage für die Möglichkeit der **Budgetierung**, d. h. der Zuweisung von **Kostenbudgets**, die den Spielraum für den variablen Kosteneinsatz (starr oder dynamisch) für die Erbringung einer sachlich definierten Leistung vorgeben.

Variable Kosten (Teilkostenrechnung)

Kostenträgerrechnung

Deckungsbeitrag

Budgetierung

5.3.2.5 Beispielhafte Einzelbereiche des Controlling

Grundsätzlich muss Controlling jeweils parallel zur Organisationsstruktur des Unternehmens angesiedelt werden. Damit entsprechen in institutioneller Hinsicht die Controllingbereiche den einzelnen Organisationseinheiten des Betriebes. Bei kleineren Unternehmen beschränkt sich Controlling oft nur auf die kostenintensiven Bereiche, weil ein Zuviel an Controlling („Controllingbürokratie") das Unternehmensergebnis eher belasten als fördern würde. Es wurde schon mehrfach auf Bereiche hingewiesen, auf die sich Controlling beziehen könnte, z. B. auf das „Baustellen-Controlling" bei der Objektüberwachung. Nachfolgend sollen noch weitere Einzelbereiche dargestellt werden, auf die sich Controlling beziehen kann:

– **Gebäude-Controlling**

Die einfachste und regelmäßig unzureichende Form des Gebäude-Controlling eines Immobilienbestandes besteht in einer Sichtkontrolle. Ein angemessenes Gebäude-Controlling muss jedoch von dieser subjektiven Betrachtungsweise („Wir kennen unseren Immobilienbestand selbstverständlich hervorragend") weiterentwickelt werden zu einem Abgleich derartiger subjektiver Auffassungen mit objektiven Erfahrungswerten. Diese können z. B. darin bestehen, dass Instandhaltungs- oder Instandsetzungsintervalle in einen Gesamtplan einfließen. Gleichzeitig sind Beobachtungen über Veränderungen, die einen bisherigen Instandhaltungs-/Instandsetzungsrhythmus verändern können (z. B. Modeveränderungen), im Rahmen des Controlling-Konzeptes in die Planungen mit einzubeziehen. Die Bedeutung des speziell technischen Gebäudecontrolling wird klar, wenn man sich die in jüngster Vergangenheit eingetretenem Einsturzschäden (Traunstein, Köln) in Erinnerung ruft.

Beispiel:
Ein zunehmendes ökologisches Bewusstsein von Mietern lässt die Auswechslung einer ansonsten noch voll gebrauchstauglichen Gebäudeausstattung infolge der darin verarbeiteten Materialien notwendig erscheinen.

– **Personal-Controlling**

Beim Personal-Controlling in der Immobilienwirtschaft ist regelmäßig zu überprüfen, ob das Personal sich ändernden Anforderungen gerecht wird und ein Sinnbezug bei den Mitarbeitern im Hinblick auf ihre Leistungen im Rahmen der Gesamtleistung des Betriebes vorhanden ist.

Beispiel:
Bei einem massierten Auftreten von Vandalismus in einem Wohngebiet ist zu überprüfen, ob die bisher für Vergabe, Abrechnung und Kontrolle von Reparaturen zuständigen Außendienstmitarbeiter nicht kurzfristig zur verstärkten Objektüberwachung in Verbindung mit Sicherheitsdiensten – also präventiv – eingesetzt werden sollten, um dem zunehmenden Vandalismus entgegenzuwirken. (Gegenrechnung: Drastische Reduzierung der enorm gestiegenen Reparaturkosten).

Aus einer konsequenten Anwendung des Personal-Controlling ergibt sich, ob die Mitarbeiter fachlich so gebildet bzw. weitergebildet worden sind, dass ihr flexibler Einsatz möglich ist. Wie vielfältig die Tätigkeitsbereiche in der Immobilienwirtschaft sind, ergibt sich u. a. auch aus dem Ausbildungsrahmenplan der Ausbildungsordnung des Immobilienkaufmanns/der Immobilienkauffrau. Längerfristige **Personalentwicklung** ist dem strategischen Controlling zuzuordnen. (Siehe 2.2.6)

Personalentwicklung

– **Abrechnungscontrolling**

Das Abrechnungscontrolling befasst sich mit der richtigen und vollständigen Erfassung abzurechnender Leistungen. Dies gilt für alle Bereiche, in denen Abrechnungspreise vereinbart werden oder Kosten gegenüber Dritten abzurechnen sind. Soweit nicht gesetzlich vorgegeben oder vertraglich vereinbart, ist darauf zu achten, dass Abrechnungsvorgänge sich im Rahmen einer Kosten-Nutzen-Analyse rechtfertigen.

Beispiel:
Abgesehen von der Erfüllung rechtlicher Erfordernisse wie z. B. über die verbrauchsabhängige Abrechnung der Heiz- und Warmwasserkosten (HeizkostenV) ist abzuwägen, ob Betriebskosten und Heizkosten pauschaliert oder abgerechnet werden sollen. (Wenig Beachtung haben bisher die nach § 11 HeizkostenV vorgesehenen Ausnahmen von einer verbrauchsabhängigen Abrechnung gefunden).
In diesem Zusammenhang sind die **Abrechnungskosten** selbst danach zu überprüfen, ob sie in einem angemessenen Verhältnis zu den abzurechnenden Kosten stehen. Eine solche Überprüfung hat nicht nur den Vollzug von rechtlichen Vorschriften wie § 11 Abs. 1 Satz 3 und Satz 5 HeizkostenV zu erfolgen, sondern ist unter betriebswirtschaftlichen Gesichtspunkten für jede Abrechnung sinnvoll.

Überprüfung der Abrechnungskosten

Im Bereich des Abrechnungscontrolling ist auch zu prüfen, ob Abrechnungen zusätzlich unter betriebswirtschaftlichen Gesichtspunkten (Benchmarking) nutzbar gemacht werden können.

Betriebsvergleiche im Abrechnungsbereich sind ebenso anzustreben wie eine grundsätzliche Überprüfung der Zielsetzung, die mit Abrechnungen erreicht werden sollen. So ist z. B. daran zu denken, dass als Ergebnis eines solchen Abrechnungs-Controlling **Outsourcing** als kostengünstige Lösung von Teilbereichen erscheinen kann.

Outsourcing der Abrechnung

Beispiele:
Die Vergabe von gärtnerischer Pflege von Außenanlagen an einen gärtnerischen Fachbetrieb kann sich nach einer sorgfältig durchgeführten Betriebsabrechnung als kostengünstiger erweisen im Vergleich zur Durchführung der Arbeiten durch das eigene Unternehmen.
Es kann sich herausstellen, dass die Vorhaltung eines umfangreichen Maschinenparks zur Durchführung der Pflege und Unterhaltung eines großen Parkplatzes eines Einkaufszentrums höhere Kosten verursacht als bei Vergabe an ein spezialisiertes Unternehmen.

Beim Abrechnungscontrolling ist darauf zu achten, dass sich das notwendige Zahlenmaterial ohne zusätzliche Kosten gleichsam als Nebenprodukt aus den Abrechnungsvorgängen ergibt.

– **Dienstleistungs-Controlling**

Die Dienstleistung als Schwerpunkt immobilienwirtschaftlicher Tätigkeit bedarf der regelmäßigen ergebnisorientierten Überprüfung sowohl unter quantitativen als auch qualitativen Gesichtspunkten („Bieten wir unseren Kunden **genügend** Dienstleistung bzw. eine **bessere** Dienstleistung als die Mitbewerber?"). Der **Kundennutzen** steht im Mittelpunkt der Betrachtungen.

Kundennutzen

Beispiele:
Ein Bauträgerunternehmen bietet im Rahmen der Veräußerung ihrer Eigenheime nicht eine übliche Standardfinanzierung, sondern eine kundenorientierte Finanzierungsberatung an, einschließlich der Anfertigung alternativer Finanzierungspläne.
Eine Wohnungsbaugenossenschaft beschränkt sich nicht nur auf die Vergabe der Genossenschaftswohnungen an die Genossen, sondern berät sie auch in allen Fragen, die mit dem Umzug zusammenhängen.

– **Erfolgscontrolling im Maklergeschäft**

Wie effizient ein Maklerunternehmen arbeitet, lässt sich u. a. an seiner Erfolgsquote messen. Ist sie im Vergleich zum Branchendurchschnitt unbefriedigend, müssen Maßnahmen ergriffen werden, die dazu führen, den betrieblichen Erfolgsquotienten zu erhöhen. Dies setzt eine Analyse der „Nichterfolgsfälle" voraus. Dabei ist zu unterscheiden zwischen solchen Nichterfolgsfällen, die im Einflussbereich des Maklerunternehmens liegen und solchen, die seinem Einfluss entzogen werden.

Beispiel:
Es wird festgestellt, dass die Hälfte aller Nichterfolgsfälle darauf zurückzuführen ist, dass die bei der Auftragsakquisition angesetzten Angebotspreise oft zu hoch waren.
Um künftig diese Ursachenquelle des Nichterfolgs auszuschalten, werden neue Akquisitionsgrundsätze erarbeitet, die sich einerseits auf die Preisberatung und andererseits auf die Bewertung der zu akquirierenden Objekte bezieht. Die erfolgreiche Umsetzung der neuen Akquisitionsleitlinien wird durch Schulungsmaßnahmen für den Außendienst unterstützt.

5.3.3 Zeitraumbezogene Betrachtungsweise des Controlling

Unter **zeitbezogenen Gesichtspunkten** unterscheidet man zwischen dem
– strategischen,
– taktischen und
– operativen Controlling.

Planungshorizonte des Controlling

Dieser Unterscheidung liegen unterschiedliche **Planungshorizonte** zugrunde. Im Zentrum der Überlegungen des strategischen Controlling stehen Fragen der langfristigen Sicherung der Unternehmensexistenz in einer sich ständig ändernden Umwelt. Strategisches Controlling beruht auf der Notwendigkeit einer weit vorausschauenden Planung. Das Dilemma besteht darin, dass mit zunehmender Langfristigkeit die Aussagekraft der sich aus **Prognosen** ergebenden Informationen unsicherer wird. Dabei nimmt die Komplexität der beim strategischen Controlling zu berücksichtigenden Entwicklungen mit ferner werdender Zukunft zu. Bei Prognosen werden künftige Entwicklungen durch jeweils untere und obere **Entwicklungspfade** eingegrenzt. Beide Pfade laufen naturgemäß stetig auseinander. Gleichzeitig beeinflussen sich Entwicklungen in verschiedenen Bereichen gegenseitig, sodass die Vorstellungen über das, was künftig erwartet werden kann, um so mehr an nachvollziehbaren Konturen verlieren, je weiter der Blick in die Zukunft reicht. Die **Status-quo-Prognose** schreibt dagegen die Entwicklung durch lineare Fortsetzung der Vergangenheit in die Zukunft fort, klammert daher heute noch unbekannte Entwicklungsmöglichkeiten bzw. die darin enthaltenen Risikoräume aus. Sie wird häufig Entscheidungen zugrunde gelegt.

Langfristperspektiven spielen in der Immobilienwirtschaft eine besondere Rolle. Dies trifft nicht so sehr auf Makler zu, die ihr Geschäft auf dem relativ bekannten **Gegenwartsfeld** planen, durchführen und abschließen. Sie können auch leicht auf Umweltänderungen reagieren. Größere Bedeutung hat die Langfristperspektive aber bereits für Bauträger (man denke an die lange Gesamtproduktionsdauer im Wohn- und Gewerbebau), vor allem aber auf Unternehmen, die einen Objektbestand **langfristig bewirtschaften**. Ein Wohngebäude mit einer Nutzungsdauer von 100 Jahren durchläuft die Wandlungen mehrerer Generationen.

Langfristperspektiven des Controlling

5.3.3.1 Strategisches Controlling

Aufgrund der Erkenntnis der Unsicherheit, die die Zukunft in sich birgt, trat immer stärker der Gedanke in den Vordergrund, das strategische Controlling auch zu einer Art **Frühwarnsystem** auszubauen. Einerseits wird die sich ändernde Umwelt permanent beobachtet und auf Entwicklungen hin durchleuchtet, die für das Unternehmen gefährlich werden könnten. Andererseits werden auch Veränderungen innerhalb des Unternehmens registriert. Das strategische Controlling stellt dabei stets darauf ab, ob und inwieweit durch solche Veränderungen die langfristige Zielplanung des Unternehmens tangiert wird.

Controlling als Frühwarnsystem

Diese selbst fällt nicht in den Kompetenzbereich des Controlling. Ein Einfluss auf diese Planung kann und muss vom Controlling ausgehen, wenn die Untersuchung etwaiger Leistungsdefizite auf Ursachen hinweist, die auch durch Steuerungsmechanismen des Unternehmens bei bereits gewährleisteter optimaler Koordination des Leistungsprozesses nicht beseitigt werden können. Hier sind Wege aufzuzeigen und Informationen zu liefern, die zu einer neuen Zielorientierung führen. Es ist Sache der Unternehmensleitung, Vorschläge des Controllers, soweit sie zur Korrektur bisheriger Ziele führen, aufzunehmen und gegebenenfalls in eine neue Zielplanung einfließen zu lassen.

5.3.3.2 Operatives Controlling

Während die strategische Ebene des Controlling den **langfristigen Planungshorizont** abdeckt, ist die operative Ebene gegenwartsbezogen und begleitet aus der Gegenwartssituation das **kurz- und mittelfristige Vorgehen**.

Kurz- und mittelfristige Perspektiven

„Roulierende" Planung und Steuerung, die unmittelbar die Gegenwartseinflüsse berücksichtigen und Zeiträume von nicht mehr als einem Jahr erfassen, kennzeichnen operative Controllingaktivitäten. Auf Störungen und Planabweichungen wird sofort reagiert. Zu den wichtigsten Informationsgrundlagen zählen die Ergebnisse der kurzfristigen **kalkulatorischen Erfolgsrechnung** (Monatszahlen, Quartalszahlen).

Dem operativen Vorgehen liegt quasi ein **„Fahrplan"** mit einer zeitbezogenen Auflistung der zurückzulegenden Teilstrecken zugrunde. Der Koordination kommt dabei ein besonderer Stellenwert zu.

5.3.3.3 Taktisches Controlling

In der Literatur wird häufig das **taktische Controlling** mit dem operativen Controlling identifiziert, zu ihm gerechnet oder überhaupt nicht in Erwägung gezogen. Dies führt dann nicht selten zu einem zusammenhanglosen Nebeneinander der beiden Ebenen des strategischen und operativen Controlling. Es fehlt das Bindeglied zwischen diesen „zwei Welten". Taktisches Vorgehen sorgt für die Ankoppelung des operativen Feldes an die langfristigen Perspektiven. Es sorgt dafür, dass das operative Vorgehen an den langfristigen Zielen ausgerichtet bleibt.

Beispiel:
Wenn Fernziel eines Wohnbauunternehmens der Aufbau einer überregionalen Geschäftsstruktur mit Filialnetzen in einem Bundesland ist, dann sorgt taktisches Controlling dafür, dass dieses Ziel nicht aus den Augen verloren wird, auch wenn in einem konjunkturellen Tief Filialgründungen im Augenblick nicht ratsam sind. Zu den taktischen (vorbereitenden) Maßnahmen können zwischenzeitlich der Aufbau einer Datensammlung und Marktanalysen zählen, die im entscheidenden Augenblick die Standortwahl erleichtern.

Die zeitliche Koordination des Controlling lässt sich wie folgt darstellen:

Koordination von Controlling

Abb. 7: Koordination von Controlling

Auch hinsichtlich der Tätigkeitsschwerpunkte des strategischen und operativen Controlling gibt es unterschiedliche Gewichtungen. Ziegenbein sieht folgende Tätigkeitsschwerpunkte beim Vergleich des strategischen mit dem operativen Controlling *(Ziegenbein: „Controlling", Kiehl-Verlag, Ludwigshafen, 9. Auflage, 2007)*:

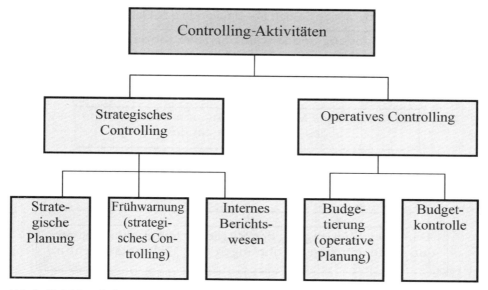

Abb. 8: Aktivitäten beim strategischen und operativen Controlling

Zweifellos gehören die hier nicht erwähnte Steuerung und Koordination der Leistungsprozesse vorwiegend dem **operativen** Controllingbereich an.

5.4 ZIELAUSRICHTUNGSFUNKTION DES CONTROLLING

Controlling dient dem Erreichen der von der Unternehmensführung vorgegebenen **Ziele**. Man spricht deshalb auch von der „Zielausrichtungsfunktion" des Controlling. Dies setzt voraus, dass Controller darüber im Bilde sein müssen, welche Leistungsziele das Unternehmen erreichen will. Diese Ziele müssen so formuliert sein, dass ihr Erreichen oder Nichterreichen **messbar** wird. In der Regel gehört es zum Kernbereich des Controlling, das Management durch Versorgung mit Informationen über Leistungs- und Auslastungspotentiale bei der Definition der Ziele zu unterstützen. Ziele dürfen nicht irreal sein. Die **Messbarkeit der Zielerreichung** ist eine der wichtigsten Erkenntnisgrundlagen für die Steuerung des Unternehmens.

Messbarkeit der Zielerreichung

Das Beispiel der Zielformulierung des Selbsthilfe-Bauvereins e. G. Flensburg (Abb. 9) zeigt eine der möglichen Zielausrichtungen einer gemeinnützigen Wohnungsbaugenossenschaft. Derartig formulierte Zielpyramiden sind in der Immobilienwirtschaft noch wenig verbreitet.

Im Interesse des Controlling liegt es nun, die Position genau zu definieren, die erreicht oder gegeben sein muss, um als „führendes" Unternehmen zu gelten. Wie ist „kontinuierliche Modernisierung und Verbesserung des Wohnungsbestandes bei einem gegebenen Wohnungsbestand von x Wohnungen und einem Modernisierungsgrad von 20 % zu definieren, wie hoch soll die Jahresrate der Modernisierung sein? Welche Form und welche Quantität stecken hinter dem Ziel, der Leistung eines angemessenen Beitrages zur Stadtentwicklung? Das und einiges mehr muss bei diesem hier angeführten Beispiel konkretisiert werden.

Zielpyramide Selbsthilfe-Bauverein e.G. Flensburg

```
┌─────────────────────────────────────────────────────┐
│  Erlangung und Bewahrung einer führenden Position   │
│    in dem von der Satzung vorgegebenen              │
│              Aufgabenbereich                        │
└─────────────────────────────────────────────────────┘
                          ⇕
┌─────────────────────────────────────────────────────┐
│   Kontinuierliche Modernisierung und Verbesserung   │
│              des Wohnungsbestandes                  │
└─────────────────────────────────────────────────────┘
                          ⇕
┌─────────────────────────────────────────────────────┐
│      Leistung eines angemessenen Beitrages zur      │
│                  Stadtentwicklung                   │
└─────────────────────────────────────────────────────┘
                          ⇕
┌─────────────────────────────────────────────────────┐
│  Dauerhafte Versorgung der Mitglieder mit qualitativ│
│  guten und kostengünstigen Wohnungen bzw.           │
│  Wohnungseigentum                                   │
└─────────────────────────────────────────────────────┘
                          ⇕
┌─────────────────────────────────────────────────────┐
│  Dauerhafte Partnerschaft mit den Mitgliedern als   │
│            Mieter und Eigentümer                    │
└─────────────────────────────────────────────────────┘
                          ⇕
┌─────────────────────────────────────────────────────┐
│    Erbringung optimaler wohnungswirtschaftlicher    │
│         Dienstleistungen für die Mitglieder         │
└─────────────────────────────────────────────────────┘
                          ⇕
┌─────────────────────────────────────────────────────┐
│ Mitglieder- und marktorientierte Ausweitung des     │
│ Wohnungsbestandes                                   │
└─────────────────────────────────────────────────────┘
```

Abb. 9: Beispiel einer Zielpyramide

Man sieht hier die Spanne zwischen dem Oberziel der „Wahrung einer führenden Position" im satzungsgemäßen Aufgabenbereich und dem auf die Erreichung dieses Oberziels hin zugeordneten letzten Einzelziel „Kontinuierliche Modernisierung und Verbesserung des Wohnungsbestandes". Dem liegt die Erkenntnis zugrunde, dass im Konkurrenzkampf die Bewahrung einer führenden Rolle unter anderem auch wichtig ist, den Wohnungsbestand quasi auf der Höhe der Zeit zu halten. Dass auf dem Weg zur Erreichung des Oberzieles auch die Interessen der Mitglieder der Genossenschaft berücksichtigt werden müssen, dass es sich somit um einen Wegabschnitt zur Zielerreichung handelt, wird weiterhin deutlich. Die mitglieder- und marktorientierte Ausweitung des Wohnungsbestandes dient ganz offensichtlich dem Ziel der „Erlangung einer führenden Position".

Wir erkennen aus diesen Zielformulierungen, dass nicht alle Subelemente der Zielhierarchie ohne weiteres messbar sind. So wird man bei dem Ziel „Dauerhafte Partnerschaft mit den Mitgliedern als Mieter und Eigentümer" zwar den Aspekt der „Dauer" zeitlich messen können. Unter „Partnerschaft" ist aber eine nicht messbare qualitative Beziehung zu verstehen, die eher im Bereich der Unternehmensethik angesiedelt ist.

5.4.1 Beispiele für operative Einzelziele in immobilienwirtschaftlichen Unternehmen

Nachfolgend werden einige „quantifizierbare", also in Zahlen messbare Einzelziele im immobilienwirtschaftlichen Bereich dargestellt:

1. Die Geschäftsleitung eines Bauträgerunternehmens will bei gleich bleibendem Bauvolumen im Interesse der Verringerung der Eigen- und Fremdkapitalbindung die Verkaufsaktivitäten so intensivieren, dass in den kommenden Jahren jeweils zum Zeitpunkt der Fertigstellung des Rohbaus mindestens 50 % dieses Bauvolumens verkauft sind. Sie waren aufgrund des sich verhärtenden Marktes auf 30 % gesunken.

2. Ein Makler, der bisher seine Maklaufträge überwiegend im Rahmen der aktiven Auftragsakquisition hereingeholt hat, will den Auftragsanteil, der auf passive Auftragsakquisition zurückzuführen ist, innerhalb von zwei Jahren auf 60 % steigern, ohne das Auftragsvolumen zu verringern.

3. Ein Wohnungseigentumsverwalter, der zurzeit 50 Anlagen mit insgesamt 1.000 Wohneigentumseinheiten verwaltet, will innerhalb von drei Jahren seinen Verwaltungsbestand so umstrukturieren, dass bei gleich bleibender Zahl der Einheiten (und des Vergütungsumsatzes) nur noch 40 Anlagen verwaltet werden. Es müssen also kleinere Anlagen aufgegeben und größere akquiriert werden.

4. Ein Wohnungsunternehmen, in dessen Altbestand noch viele Mietverhältnisse eine Teilbruttomiete aufweisen, strebt innerhalb von **zwei** Jahren die Umstellung all dieser Mietverhältnisse auf Nettokaltmieten an, wobei zur Erreichung dieses Zieles Zugeständnisse im Mietpreis bzw. Mieterhöhungsverzichte für eine bestimmte Zeit angeboten werden sollen. Nach Abschluss der Maßnahme sollen alle Betriebskosten umgelegt werden können.

5. Ein Wohnungsunternehmen stellt fest, dass Wohnungswechsel für das Unternehmen kostenträchtig sind. Es setzt sich deshalb das Ziel, die Zahl der Kündigungen im Jahr um 25 % durch ein Bündel von Maßnahmen zu senken.

6. Die Altersstruktur der Mitglieder einer traditionsreichen Wohnungsbaugenossenschaft weist eine deutliche Überalterung auf. Die Wohnungsbaugenossenschaft setzt sich zum Ziel, innerhalb von fünf Jahren 10 % neue, jüngere Mitglieder für die Genossenschaft zu gewinnen.

7. Eine große Wohnungsverwaltung stellt im Rahmen eines internen Benchmarking (interner Vergleich der Leistungsprozesse) fest, dass die Pflege eines Teiles der Grünanlagen in ihren Wohnquartieren außergewöhnlich kostenintensiv ist. Sie setzt sich zum Ziel, innerhalb von drei Jahren diese Kosten dem allgemeinen Kostenniveau vergleichbarer Wohnanlagen anzugleichen. Dabei sollen die kostengünstigen Leistungsstandards der Grünanlagenpflege für alle Anlagen einheitlich eingeführt werden.

8. Ein industrieverbundenes Wohnungsunternehmen muss feststellen, dass der Anteil der Neumieter, die aus dem „Mutterunternehmen" kommen, laufend abnimmt. Um diesem existentiellen Problem zu begegnen, setzt sich das Unternehmen folgen-

des Ziel: Erhöhung des Anteils der Neumieter aus dem Mutterunternehmen innerhalb von drei Jahren um 50 %.

9. Ein kommunales Wohnungsunternehmen setzt sich zum Ziel, innerhalb der nächsten zwei Jahre keine Zwangsräumung wegen Mietschulden mehr durchzuführen.

10. Ein Unternehmen, welches gewerbliche Immobilien im Rahmen eines geschlossenen Immobilienfonds erstellt hat und noch verwaltet, setzt sich zum Ziel, in den nächsten fünf Jahren 20 % der Jahresnettokaltmiete in die Verbesserung des technischen Gebäudezustandes zu investieren.

Betrachtet man diese Beispielsziele, fällt auf, dass es sich bereits um abgeleitete Einzelziele aus Oberzielen handelt. In Bezug zu Oberzielen verhalten sich so definierte Ziele wie **Mittel** zum **Zweck**.

5.4.2 Oberziele und operatives Handeln

Ziele und Handlungsanleitungen zur Zielerreichung

Wie dargelegt wurde, sind im Rahmen des Zielgefüges eines Immobilienunternehmens neben den quantifizierbaren Einzelzielen entsprechend der dargestellten Beispiele zwingend Oberziele, aber auch konkrete operative Handlungsanleitungen notwendig. Nachfolgend werden denkbare Oberziele zu einigen der oben genannten Beispiele für Einzelziele und gleichzeitig auch Handlungsanleitungen zur Erreichung der Einzelziele dargestellt.

Bei **Beispiel 1** – „Verringerung der Kapitalbindung beim Bauträgerunternehmen" – könnte als eines unter mehreren Einzelzielen eingebettet sein in ein Oberziel: „Verbesserung der Ertragslage des Unternehmens um ...".

Konkrete Handlungsanleitung: Beschleunigung der Koordination der einzelnen Schritte im Vorfeld der Verkäufe neuer Objekte, vor allem durch Aufstellen eines Verkaufsbüros „vor Ort" bereits ab Rohbaufertigstellung. Erstellung eines strikt einzuhaltenden zeitgerechten Besetzungsplanes. Gleichzeitige Errichtung einer informativen Bautafel mit Hinweis auf Beratungsmöglichkeit. Deutlicher Hinweis auf Verkaufsbüro sowohl in Zeitungsinseraten als auch in den Verkaufsprospekten.

Bei **Beispiel 2** – „Erhöhung des Anteils der passiven Auftragsakquisition" – könnte das Oberziel in der Erhöhung der Erfolgsquote bestehen. Bei passiver Akquisition (der Auftraggeber überträgt von sich aus dem Makler den Verkauf oder die Verkaufsvermittlung) sind die Akquisitionskosten niedriger als bei einer aktiven Akquisition (der Makler bewirbt sich, in Konkurrenz mit anderen Maklern um einen Auftrag). Hier ist die Erfolgsquote niedriger und die Akquisitionskosten sind im Regelfall höher.

Konkrete Handlungsanleitung: Steigerung des Bekanntheitsgrades durch verstärkte Firmenwerbung. Dabei ist der Werbeetat so umzustrukturieren, dass zielgruppenbezogene Werbeträger stärker als bisher für die Werbung genutzt werden können. Ergänzend hierzu soll ein Kontaktmittlersystem aufgebaut werden.

Zum **Beispiel 3** – „Optimierung der Struktur des verwalteten Wohnungsbestandes" – wäre als Oberziel „Kostensenkung" denkbar.

Konkrete Handlungsanleitung: Institutionalisierung eines Hausverwaltungsmarketings, um eine Plattform zur Verbindungsaufnahme einerseits mit „meinungsführenden" Eigentümern und Verwaltungsbeiräten und andererseits mit Bauträgern zu schaffen. Erstellen einer Werbebroschüre und einer Referenzliste. Sukzessive Abgabe von Wohnungseigentumsgemeinschaften mit einer problematischen Eigentümerstruktur.

Zum **Beispiel 8** – „Erhöhung des Anteils der Neumieter aus dem Bereich des Mutterunternehmens" – könnte als Oberziel, die Verstärkung der Bindung zum Mutterunternehmen und Begegnung der Gefahr der Veräußerung des Unternehmens durch das Mutterunternehmen sein.

Konkrete Handlungsanleitung: Angebot frei werdender Wohnungen an Mitarbeiter des Mutterunternehmens zu Vorzugsbedingungen. Aufbau eines besonderen Service im Rahmen der Umzugshilfe für Werksangehörige. Hierzu begleitend Intensivierung der Kontaktpflege zur Personalabteilung des Mutterunternehmens.

Zum **Beispiel 9** – „Vermeidung von Zwangsräumungen wegen Mietschulden" – könnte als Oberziel „Nachweis der Existenzberechtigung eines Kommunalen Wohnungsunternehmens" ebenso angeführt werden wie der Vollzug der gesellschaftsrechtlich verankerten Sozialverpflichtung der Geschäftstätigkeit.

Konkrete Handlungsanleitungen: Anstreben einer Mietschuldenübernahmevereinbarung mit der Kommune, präventive Koordination von Hilfsmaßnahmen mit einschlägigen Behörden wie Sozialamt und Freien Wohlfahrtsverbänden etc.

Zum **Beispiel 10** – „Verbesserung des technischen Gebäudezustandes" – könnte ein Oberziel „Verbesserung der Konkurrenzfähigkeit der Marktstellung des Objektes" gehören.

Konkrete Handlungsanleitung: Ausschöpfung der Mieterhöhungsreserven, Informationsoffensive gegenüber Eigentümer, um deren Wohlverhalten sicherzustellen.

Der Überblick zeigt, wie betriebliche Einzelziele aus Oberzielen des Unternehmens abgeleitet werden können. Es darf dabei aber nicht verkannt werden, dass Oberziele vorher definiert sein müssen, um aus ihnen Unterziele herleiten zu können. Die planerische Aufgliederung in Einzelziele begründet bei großen Unternehmen über **mehrere** organisatorische Ebenen hinweg Ziel-Mittel-Beziehungen. Ziegenbein (a. a. O, S. 26) hat die aus der Zielhierarchie sich ergebende Gliederung wie folgt dargestellt:

Organisatorische Einheit		Ziel-Mittel-Beziehung
Nr.	Bezeichnung	
1	Unternehmen	Ziel 1 ↕
2	Zweig	Mittel 1 = Ziel 2 ↕
3	Bereich	Mittel 2 = Ziel 3 ↕
4	Abteilung	Mittel 3 = Ziel 4

Abb. 10: Ziel-Mittel-Beziehung beim Controlling

5.5 UNTERNEHMENSPHILOSOPHIE – UNTERNEHMENS-LEITBILD – UNTERNEHMENSKULTUR

Qualitative Ziele

Von quantifizierbaren Zielen sind **qualitative Ziele** zu unterscheiden, deren Erreichen nicht ohne weiteres in Zahlen messbar ist. Sie entspringen der **Unternehmensphilosophie**, die die Absichten des Unternehmers aus seiner Gesellschaftsauffassung erklärt und die sich in der langfristig angelegten Unternehmenspolitik widerspiegelt. Die Unternehmensphilosophie **kann** auf ethischen Postulaten (wertgebundene Grundhaltungen) beruhen, die auch zu ökonomisch **nachteiligen Geschäftsverzichten** führen können. Unternehmensziele werden dabei verbunden mit Bekenntnissen zu Werten, die im außerökonomischen Bereich liegen.

Beispiele:
Die Zusicherung eines Wohnungsunternehmens an seine Mieter, diese auch im Alter wohnlich zu versorgen, wenn Pflegebedarf besteht.
Ein kommunales Wohnungsunternehmen wird kraft Satzung zu einer sozial verträglichen Geschäftspolitik verpflichtet, die dazu dienen soll, das Mietenniveau in der Kommune so niedrig wie möglich zu halten.
Ein Bauträger verpflichtet sich, auch unter Inkaufnahme eines geringeren Betriebsergebnisses, seine Geschäftspolitik so auszurichten, dass die Umwelt so wenig wie möglich beeinträchtigt wird.

Unternehmensleitbild

Häufig – nicht immer – werden **Unternehmensleitbilder** unter Einbeziehung solcher Bekenntnisse formuliert. Kippes regt zur Formulierung eines Unternehmensleitbildes für ein Unternehmen der Immobilienwirtschaft folgende Themenschwerpunkte an:
– Berufsethische Grundaussagen,
– Verhältnis zu den Mitarbeitern,
– Verhältnis zu Kunden,
– Bereitschaft zu geschäftlicher Kooperation.

(*„Corporate Identity für Makler, Bauträger und Hausverwalter"*, in Rechtshandbuch Immobilien, Band II, Teil 11, Loseblattsammlung Verlag Beck München, S. 11 f.)

Dabei ist darauf zu achten, dass solche Leitbilder von den Mitarbeitern des Unternehmens uneingeschränkt mitgetragen werden können. Wie ein solches Leitbild sich als Orientierungsmuster auf das Verhalten der Mitarbeiter auswirkt, prägt die **Unternehmenskultur**.

Die Formulierung eines Unternehmensleitbildes ist eine originäre Aufgabe des Eigentümers des Unternehmens. Die Formulierung eines solchen Leitbildes fällt umso leichter, je weniger Anteilseigner vorhanden sind.

Beispiele:
Der Alleininhaber eines Maklerbetriebes kann das Unternehmensleitbild autark festlegen, wenn er sein Gewerbe ohne Mitarbeiter betreibt.
In einem kommunalen Wohnungsunternehmen, das zu 100 % der Kommune gehört, wird es viele Vorstellungen geben, die sich aus dem Stadtrat bzw. aus den Mitgliedern des Aufsichtsrates dieses Unternehmens ergeben.
Eine besondere Situation ergibt sich für Wohnungsbaugenossenschaften, bei denen die Identität zwischen Eigentümer und Nutzer der Wohnungen der Genossenschaft vorliegt.

Ein Unternehmensleitbild kann umso überzeugender nach außen vertreten werden, je größer die Übereinstimmung aller Beteiligten – einschließlich der Belegschaft – hierüber ist. Dabei kann die Formulierung des Unternehmensleitbilds **„top down"**, d. h. von oben nach unten in die Belegschaft hinein erfolgen. Nicht immer ist mit einer Akzeptanz dessen, was von oben nach unten durchgesetzt werden soll, durch die Belegschaft zu rechnen. Das gegenteilige Verfahren wäre ein Prozess der Leitbildfestlegung **„bottom up"**, d. h. von unten nach oben zur Unternehmensspitze. Dies setzt eine qualifizierte Belegschaftsvertretung voraus. Als Nachteil wird empfunden, dass dabei oft nur auf die Belegschaft zugeschnittene Teilaspekte zum Tragen kommen. Als dritte Variante gilt das Gegenstromprinzip, das die Reaktion der Belegschaft auf die von der Unternehmensführung vorformulierten Leitbilder aufnimmt und möglicherweise für Korrekturen sorgt.

Unternehmensleitbild auch Leitbild der Belegschaft

Nachfolgend werden in einem Schaubild ausgehend von einem definierten Unternehmensleitbild das darauf basierende Zielsystem einerseits und die diesem System zuzuordnenden Controllingebenen andererseits dargestellt. Oberziele manifestieren sich in dem auf lange Sicht definierten Unternehmensleitbild. Dem entspricht der strategische Controllingansatz. Die Oberziele stehen in einem Bezug zu den nach unten aufgefächerten Einzelzielen. Sie spiegeln in ihrer Gesamtheit das Oberziel wider. Deren Umsetzung wird vom operativen Controlling begleitet. Das „Verbindungsstück", das dafür sorgt, dass die verschiedenen Einzelziele auf die Oberziele ausgerichtet bleiben und nicht aus dem Ruder laufen, werden hier als Synchronisationsziele bezeichnet. Sie werden erreicht mit Hilfe taktischer Controllingmaßnahmen.

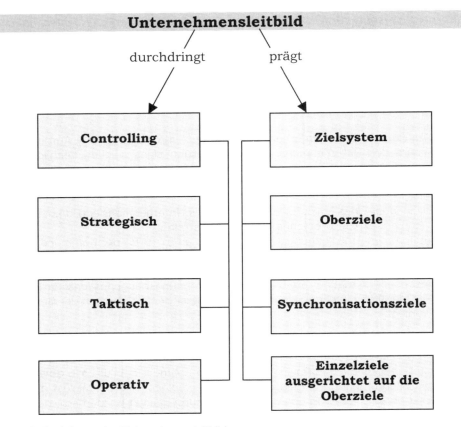

Abb. 11: Funktionen des Unternehmensleitbilds

5.6 IMMOBILIENWIRTSCHAFTLICHE GESCHÄFTSFELDER UNTER CONTROLLINGASPEKTEN

Bisher wurde bereits durch Beispielsdarstellungen aus verschiedenen immobilienwirtschaftlichen Unternehmensbereichen vermittelt, dass Controllingaufgaben in der Immobilienwirtschaft sehr weit gestreut sind. Im Kapitel 1.6 wurden im Einzelnen die bedeutenden Geschäftsbereiche immobilienwirtschaftlicher Unternehmen vorgestellt. Hierzu gehört im Bereich der **Projektentwicklung** und **Projektrealisation** die Mitwirkung immobilienwirtschaftlicher Unternehmen an **Erschließungs- und Bodenordnungsmaßnahmen**, die **Beschaffung von Baugrundstücken** und die **Errichtung von Gebäuden**. Ein weiterer, von Maklern abgedeckter Bereich ist der **Vertrieb (Verkauf und Vermietung)**, teilweise auch die **Beschaffung der Finanzierung**. Dem Bereich der **Objektverwertung** und **Betreuung** gehören die Geschäftsbereiche der **Bewirtschaftung** und **Wohnungseigentumsverwaltung** an. In die Bewirtschaftungsphase fällt **Modernisierung** und **Sanierung**, bis sich schließlich der Kreis durch **Abbruch** und **Neuverwertung** des Grundstücks schließt.

Welchen **Prozessen** die **Immobilie** in ihrem **Lebenszyklus** unterliegt, wird mit dem nachfolgenden Schema verdeutlicht.

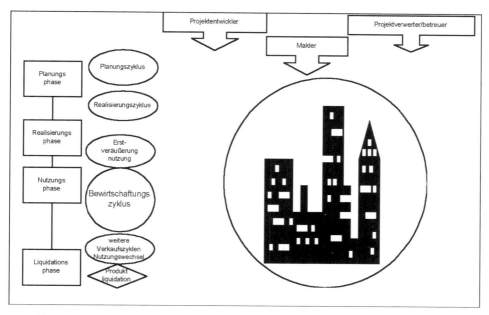

Abb. 12: Lebenszyklus einer Immobilie

5.7 CONTROLLINSTRUMENTE INFORMATION UND BERICHTSWESEN

Instrumente des Controlling sind:
- **Informationsbeschaffung** = wer benötigt wann welche Informationen,
- **Informationsverarbeitung** = wer benötigt welche Informationen in welcher Form und Qualität und das
- **betriebsinterne Berichtswesen**.

Controllinginstrumente der Information

Wie schon zum Ausdruck gebracht, sind Einzelziele Gegenstand der Planung. Prozesse planen (und damit Planziele definieren), sie zu steuern, zu koordinieren und zu kontrollieren setzt voraus, dass die hierfür erforderlichen Informationen nicht nur beschafft, sondern auch zweckdienlich aufbereitet werden. Sie beziehen sich sowohl unmittelbar auf das eigene Unternehmen als auch auf das unternehmerische Umfeld und auf die gesamtwirtschaftlichen Verhältnisse.

Bei Behandlung der **Zielausrichtungsfunktion** des Controlling wurden Beispiele für messbare Ziele dargestellt. Betrachten wir noch einmal den dort angeführten 4. Beispielsfall (siehe 5.4.1). Ein Wohnungsunternehmen will einheitlich bei allen Mietverhältnissen in einer bestimmten Zeit Nettokaltmieten einführen. Hier konnte das Ziel nur deshalb formuliert werden, weil eine entsprechende **Informationsgrundlage** bereits vorhanden war. Die betroffenen Mietverhältnisse waren erfasst.

Es war bekannt, welche Betriebskosten anfallen und welche davon bereits auf die Mieter umgelegt sind. Bekannt war, inwieweit die Mietverträge eine Anpassung von Pauschalen zuließ und in welchen Fällen die vertragliche Grundlage fehlte. Ermittelt war auch das Erlöspotential, das durch die Umstellung erschlossen werden kann. Mit anderen Worten: Der betriebliche Informationsstand ließ bereits die Festlegung eines solchen Zieles zu.

5.7.1 Informationsbeschaffung und -verarbeitung

Betriebsstatistik – Quelle der Informationsgewinnung

Grundsätzlich können Informationen aus dem **eigenen Betrieb** wie im soeben genannten Beispielsfall gewonnen werden. Informationsgrundlage war eine aussagekräftige **Betriebsstatistik** über die bestehenden Mietverhältnisse. Aber auch andere Erkenntnisquellen, z. B. die **Kostenrechnung**, liefern bereits aufbereitete oder erst noch aufzubereitende Informationen. Vielfach werden deshalb unter dem Stichwort Controlling schwerpunktmäßig die Kostenrechnungstechniken behandelt.

Externe Informationsquellen

Andere Informationen werden von **außen** bezogen. Externe Informationen können sein: Zahlen aus Betriebsvergleichen, Entwicklung von Baukostenindices, Kaufkraftkennziffern einer Stadt usw. Es handelt sich um Zahlen der **Sekundärstatistik**.

Vorab ist festzustellen, welche Informationen benötigt werden, um zu Erkenntnissen zu gelangen, die insbesondere für die Planung, aber auch für die Budgetierung und die Kontrolle wichtig sind. Nicht selten müssen die Informationen erst zweckmäßig aufbereitet werden. Bei der Menge der zu verarbeitenden Informationen ist klar, dass sich professionelle Controller entsprechender Software bedienen müssen.

Aufbau eines Kennzahlennetzes durch Datenverarbeitung

Sieht man von Kleinstunternehmen der Immobilienwirtschaft ab, so ist die **Datenverarbeitung** entscheidend für die zeitgerechte Erstellung eines **Kennzahlennetzes**, das den gesamten Geschäftsbereich umfasst und mit vertretbarem Kostenaufwand erstellt wird. Sie muss gleichsam als „Abfallprodukt" aus der Bearbeitung täglicher immobilienwirtschaftlicher Vorgänge die notwendigen Kennzahlen und daraus hergeleitet Grafiken zur Verfügung stellen.

Beispiele:
Aus der Abwicklung von Reparaturaufträgen/Instandhaltungsaufträgen muss sich täglich ersehen lassen, welche Struktur und Schwerpunkte sich aus den Instandhaltungsaufträgen des vorhandenen Wohnungsbestandes ergeben.
Die Buchhaltung muss täglich Kennzahlen über Mietaußenstände liefern.
Die Betriebsabrechnung muss automatisiert die Kostenstruktur des Personaleinsatzes wiedergeben.
Eine Maklersoftware muss ohne weiteres in der Lage sein, durch Eingabe der Daten der Auftragsannahme und der Auftragserledigung die durchschnittliche Bearbeitungsdauer von Aufträgen zu ermitteln. Aus der Entwicklung dieser Auftragsbearbeitungszeiten können Rückschlüsse auf Markttendenzen gezogen werden.

Die Bedeutung des Informationswesens im Controlling zeigt sich darin, dass Controllern nicht selten die Aufgabe übertragen wird, ein auf das Gesamtunternehmen zugeschnittenes angemessenes **Kostenrechnungssystem** zu **entwickeln** und/ oder Vorschläge für die Umstellung der Betriebsorganisation zu erarbeiten, die es ermöglichen, zu einer eindeutigen Leistungsmessung und Kostenzuordnung für betriebliche Einheiten zu kommen. Dies sind Grundinformationen für die Vorgaben von „Budgets", also von Sollvorgaben. Auf die controllingfreundliche Organisationsform der Profit-Center wurde bereits 5.3.2.3 eingegangen.

Eine Methode der aussagekräftigen Darstellung aufbereiteter Informationen ist das Arbeiten mit **Kennzahlen** und **Grafiken**. Es handelt sich um eine Methode, das **betriebsinterne Berichtswesen** entscheidungsorientiert zu gestalten.

5.7.2 Benchmarking

Im Rahmen des Immobiliencontrolling spielt Benchmarking eine größer werdende Rolle. In der Immobilienwirtschaft ist Benchmarking für zu viele Brancheninsider allerdings noch ein Buch mit sieben Siegeln. Dabei ist kaum ein Berufsstand so sehr darauf angelegt, über Benchmarking die Betriebsergebnisse beeinflussen zu können, wie z. B. der der Makler, die gewohnt sind, im Rahmen von Gemeinschaftsgeschäften miteinander zu kooperieren.

Unter **Benchmarking** ist ein bewusst herbeigeführter **Know-how-Transfer** zwischen miteinander konkurrierenden Unternehmen zu verstehen, mit dem Ziel, die sich daraus ergebenden **Synergien** zur Verbesserung der eigenen Stellung am Markte zu nutzen.

Benchmarking als Know-how-Transfer

Der Benchmarkingphilosophie liegt die Erkenntnis zugrunde, dass es in einer Branche immer Unternehmen geben wird, die sich ausschließlich als Mitbewerber am Markte sehen und deshalb nie auf die Idee kämen, einem Konkurrenten Einblick über eigene Vorteilspositionen und Stärken zu geben, geschweige denn die eigenen Schwachstellen offen zu legen. Die psychologische Hemmschwelle ist außerordentlich hoch. Bestenfalls wird im Rahmen der Öffentlichkeitsarbeit versucht, ein Positivprofil des Unternehmens nach außen zu vermitteln, das aber oft geschönt ist. Es handelt sich bei diesen Unternehmen eher um die Gruppe der „Geheimniskrämer".

Benchmarking setzt auf eine andere Gruppe von Unternehmen. Deren Kalkül besteht darin, durch eine organisierte Kommunikationspolitik anderen Konkurrenten Einblick in die Leistungsprozesse und die Ergebnisstruktur des eigenen Unternehmens zu gewähren unter der strikten Voraussetzung, dass auch die in das Benchmarking einbezogenen Konkurrenten die Karten auf den Tisch legen, auf die es dabei ankommt. Die Unternehmen studieren gewissermaßen bei der jeweiligen Konkurrenz, wie diese die Geschäfte handhaben und wie deren Erfolge (oder Misserfolge) zustande kommen. Diese Erkenntnisse werden für das eigene Unternehmen nutzbar gemacht. Der Know-how-Transfer sorgt auf diese Weise zu einem Informations- und Wettbewerbsvorsprung aller Beteiligten gegenüber denen, die sich einem solchen Know-how-Transfer verschließen. Um vergleichen zu können, werden vergleichbare Informationsgrundlagen geschaffen und in betriebliche Kalkulationen umgesetzt. Gearbeitet wird aber auf der Grundlage von **Kennzahlen**. Man kann sich eine Benchmarkingkonferenz vorstellen als eine Konferenz der Klassenbesten. Dabei ist kennzeichnend, dass jeder Teilnehmer in jeweils einem anderen Bereich „Klassenbester" ist. Jeder hat „Benchmarks" zu bieten.

Kennzahlen Grundlage des Benchmarking

Beim Benchmarking gilt gewissermaßen eine „physikalische" Gesetzmäßigkeit: Je größer die Zahl der Unternehmen ist, die sich an Benchmarking – aus welchen Grün-

> Benchmarking verhilft zu Informations- und Wettbewerbsvorsprung

den auch immer – nicht beteiligen, desto größer die Wettbewerbswirkung zugunsten derer, die Benchmarking praktizieren. Der **Informations- und Wettbewerbsvorsprung** geht stets zu Lasten der (vielen) Nichtinformierten.

In der Praxis bezieht sich Benchmarking in der Regel nicht auf alle Unternehmensbereiche. Diese würde zu weit führen. Im Zentrum des Benchmarking stehen vor allem aber solche Teilbereiche, die sehr kostenträchtig sind, z. B. der Personalbereich bei Dienstleistungsunternehmen.

Benchmarking-Partner müssen nicht alle der gleichen Branche oder Sparte angehören. Makler können im Rahmen ihrer Wohnungsvermittlungsabteilung Vermietungs-Know-how von Objektbetreuern übernehmen, Objektbetreuer andererseits von Maklern Werbe-Know-how. Es liegt nahe, dass Facility Manager technisches Know-how gegen Bewirtschaftungs-Know-how von Hausverwaltern „eintauschen".

> Kooperation der Makler

Im Immobiliengeschäft der **Makler** kam es bisher schon zu **Formen der Kooperation**. Man denke an die Immobilienbörsen und anderen Maklerkooperationen. Zwar wurde Benchmarking hier in der Regel nicht bewusst genutzt. Durch den Objektaustausch im EDV-Verbund zum Zwecke von Gemeinschaftsgeschäften aber sind gute Ansätze für die Praktizierung von Benchmarking gegeben. Benchmarkingthemen könnten sein die Objektakquisition, Objektwerbung, Provisionspolitik, Marktzugangsstrategien. Voraussetzung wäre ein Austausch von betrieblichen Kennzahlen (Erfolgsquote, Verhältnis der passiven zur aktiven Auftragsakquisition, Objektumschlagszeiträume, Werbeerfolgskennzahlen usw.), die die Stärken und Schwächen der beteiligten Unternehmen im Vergleich widerspiegeln. Voraussetzung für ein erfolgreiches Benchmarking sind in der Regel vergleichbare Leistungsbereiche der beteiligten Unternehmen, auch wenn sie unterschiedlichen Sparten angehören.

In den USA, wo Benchmarking schon seit vielen Jahren praktiziert wird, gibt es allerdings auch Kritik daran. Es wurde festgestellt, dass auf Dauer ein systematisch gepflegter Know-how-Transfer offenkundig auch eine Vereinheitlichung von Leistung und Produkten bewirkt, wenn auch auf hohem Niveau, was – wenn die Entwicklungspotentiale ausgeschöpft sind, dazu führen kann, dass „Newcomer" oder Außenseiter benchmarkingfixierte Unternehmen wieder überholen. Die ruft dann nach mehreren Jahren – konsequent weiter gedacht – wieder neue Benchmarkingkonstellationen hervor.

Benchmarking wird im Übrigen auch im Vorfeld von Fusionen zwischen Unternehmen betrieben.

5.7.3 Kennzahlen

Die Betriebswirtschaftslehre kennt eine große Anzahl von Kennzahlen, die für das Controlling von erheblichem Erkenntniswert sein können. Hingewiesen sei nur auf Eigenkapitalrentabilität, Gesamtkapitalrentabilität, Umsatzrendite, Return On Investment (ROI), Liquiditätskennzahlen usw. Hierzu gibt es eine umfangreiche betriebswirtschaftliche Literatur, sodass darauf an dieser Stelle nicht eingegangen werden soll.

Allgemein kann jedoch folgendes festgehalten werden: Kennzahlen können sowohl innerbetriebliche als auch branchenübliche Vergleichsdarstellungen sein. Es kann sich um absolute und um relative Zahlen handeln. Relative Kennzahlen haben häufig eine größere Aussagekraft (z. B. Eigenkapitalanteil, Lohnnebenkosten usw.). Von absoluten Zahlen abgekoppelt können sie aber in die Irre führen.

Kennzahlen, die aus innerbetrieblichen Vergleichen gewonnen werden können, sind z. B. Erfolgskennzahlen der verschiedenen Profit-Center bei horizontaler Gliederung. Denkbar sind auch Vergleiche von Profit-Centern mit gleichen Aufgabenstellungen zwischen den Unternehmen (überbetriebliche Vergleiche). Dies setzt eine entsprechende Informationskooperation zwischen den Unternehmen voraus.

Unter dem Stichwort **Benchmarking** werden solche Kooperationen diskutiert. Dabei wird davon ausgegangen, dass ein solcher Informationsaustausch zu **Synergieeffekten** bei den beteiligten Unternehmen führt.

Beim **Vergleich von Unternehmen gleicher Branche** werden Kennzahlen von Betrieben gleicher Struktur in Relation gesetzt. Hierzu zählen auch die Ergebniszahlen und die Zahlen über die Kostenstruktur im Rahmen von Betriebsvergleichen.

Als Beispiel für einen **Betriebsvergleich** in der Immobilienwirtschaft sei auf die Zahlen des Instituts für Handelsforschung an der Universität Köln verwiesen, das jährlich im Auftrag des früheren Ring Deutscher Makler und jetzt des Immobilienverbandes Deutschland (IVD) Erhebungen für solche Vergleiche durchführt. Eine Zusammenfassung wird jährlich in der AIZ veröffentlicht.

Betriebsvergleich des IVD

Daraus ergibt sich z. B., dass im Jahr 2007 Betriebe der Größenordnung 4–6 Mitarbeiter, die sich überwiegend mit der Vermittlung von Kaufverträgen befassen, das durchschnittliche betriebswirtschaftliche Ergebnis mit 14,8 % gegenüber einem Ergebnis vom Vorjahr mit 4,6 % im Schnitt um 10,2 Prozentpunkte angestiegen ist. Die Kosten für Inserate betrugen bei derselben Gruppe 2007 im Schnitt 9,5 % des Umsatzes, im Vorjahr waren es dagegen nur 7,6 %.

Grabener hat in seinen Untersuchungen festgestellt, dass die **Erfolgsquote** der Makler 2000 bei Alleinaufträgen bei 84 % und bei gewöhnlichen Maklerauftträgen nur bei 32 % lag.

Erfolgsquote der Makler

Für die Unternehmen der Wohnungswirtschaft fehlt es an einer allgemein zugänglichen Darstellung. Damit fehlt auch eine wesentliche Voraussetzung für ein überbetriebliches Benchmarking in diesem Bereich.

Dabei bietet sich gerade für Unternehmen mit Schwerpunkten in der Wohnungsverwaltung und Wohnungserstellung an, durch Kennzahlen
– ein internes Informationsnetz für das Controlling,
– eine Orientierungshilfe für die Leistungsverbesserung, sowie
– eine Leistungspositionierung in der Branche
vorzunehmen.

Der Umgang mit Kennzahlen, insbesondere von branchenvergleichenden, ist in der Immobilienwirtschaft im Übrigen noch nicht sehr ausgeprägt. Dabei gibt es eine große Vielfalt möglicher Vergleiche.

Beispiele aus dem Bereich der **Verwaltung von Wohnungen**:
- Kosten der einzelnen Betriebskostenarten im Verhältnis zur Wohnfläche,
- Kostenentwicklung bei der Behebung von Verstopfungen der Abwasserleitungen,
- Kosten der Instandhaltung im Verhältnis zur Wohnfläche,
- Instandhaltungskosten aufgegliedert nach Gewerken zur Wohnfläche.

Die letztgenannte Aufgliederung würde eine Aussage darüber zulassen, **welche** Gewerke besonders kostenträchtig sind.

Wie tief eine Durchdringung des Unternehmens mit Kennzahlen sein soll, hängt von den jeweiligen individuellen Gegebenheiten ab.

Der Informationsbedarf und die Aussagefähigkeit sind regelmäßig zu überprüfen und einer Nutzen-/Kostenanalyse zu unterziehen.

Die Bezugsgrößen, z. B. Wohneinheiten, Vertragseinheiten, Nutzfläche, Wohnfläche usw. sind den individuellen Verhältnissen anzupassen. Bei der Verwendung von Kennzahlen im Rahmen von Betriebsvergleichen ist auf die Gleichartigkeit der Bezugsgrößen zu achten.

Tiefer gehende Kennzahlen, wie z. B. zur durchschnittlichen Höhe der notwendigen Instandhaltungsaufwendungen bei Mieterwechsel oder den durchschnittlichen Gesamtkosten bei der Durchführung von Zwangsräumungen wegen Mietschulden sind ebenso von Bedeutung wie **monatlich** ermittelte Kennzahlen über den Abbau von Mietaußenständen nach Mahnungen der verschiedenen Mahnstufen (1. und 2. Mahnung) und nach Mahnbescheiden.

Beispiel für Module als Bestandteile zum strukturellen Aufbau eines Kennzahlensystems für ein Wohnungsunternehmen ergeben sich aus der Übersicht (Abb. 13) der nachstehenden Seiten.

Bereichs- und zeitraumbezogene Kennzahlen

Kennzahlen können **bereichs-** und **zeitraumbezogen** sein. So bezieht sich ein Vergleich der Betriebs- und Heizkosten **unterschiedlicher** Objekte im verwalteten Immobilienbestand auf einen **Kostenbereich**.

Eine Gegenüberstellung von Kennzahlen **gleicher** Objekte des verwalteten Immobilienbestandes im Vergleich zu den zurückliegenden Jahren bezieht sich auf **Jahreszeiträume**.

Kennzahlen können auch **Sollvorgaben** sein. Die Gegenüberstellung solcher Kennzahlen der nach der Unternehmensplanung zur Verfügung stehenden Instandhaltungskosten gegenüber dem tatsächlichen Anfall ist ein Beispiel hierfür.

Eine **Gliederung** der Kennzahlen in Zeitreihen (wöchentlich, monatlich, jährlich) erhöht deren Aussagefähigkeit ebenfalls erheblich, ebenso wie eine weitere Aufteilung etwa der Baukostenstruktur in **Gewerke**-Kennzahlen.

Strukturen	Bereiche	Quellen für Kennzahlen
Unternehmens-struktur	Kapital/Vermögen	Bilanzsumme, Eigenkapitalanteil
	Verwaltete Einheiten	Wohnungen, gewerbliche Einheiten, sonstige Einheiten
	Bautätigkeit	Verkaufsmaßnahmen für eigene Rechnung, Betreuungsmaßnahmen für Dritte
	Personalbestand	hauptamtlich Beschäftigte, nebenamtlich Beschäftigte, Auszubildende
Eigentums-struktur	Grund und Boden	Eigentum, Erbbaurechte
	Betriebs- und Geschäfts-ausstattung	Eigentum, Miete, Leasing
Immobilien-struktur	Gebäude	Baualter – Modernisierungsgrad, Instandhaltungs-/Instandsetzungs aufwendungen Ausstattungsstandard, Art der Beheizung
	Infrastruktur	Garagen – Stellplätze, Nahversorgungsangebot: Anbindung an öffentlichen Personennahverkehr
	Außenanlagen	Grünbereich nach Pflegeaufwand, Kinderspielplatzangebot, Sicherheitsbeleuchtung (Wohnstraßen/-wege)
Finanzierungs-struktur	Zinsbindung	Langfristig – mittelfristig – kurzfristig
	Darlehensgeber	öffentliche Förderung, Realkredit-institute, Versicherungen, Käufer von Belegungsbindungen, Bausparkassen
	Entschuldungs-grad	Objektbezogen, baualtersbezogen
Kundenstruktur	Mieter	Vertragsdauer, Altersstruktur, Haushaltsgröße,
		Wohnberechtigung (§ 25 II. WoBauG bzw. § 27 WoFG), von Fehlbelegungsabgabe betroffen (AFWoG)
	Käufer	Alter, Einkommenssituation, Wiederholungskäufe, Selbstnutzer, Anleger
	Auftraggeber für wirtschaftliche/ technische Betreuungen	institutionelle Investoren, Privatpersonen, öffentliche Hand

Strukturen	Bereiche	Quellen für Kennzahlen
Personalstruktur	Qualifikationsstand	Angelernt, Gelernt, Auszubildende
	Betriebszugehörigkeit	Dauer
	Krankenstand	nach Altersgruppen, Geschäftsbereichen usw.
	Altersstruktur	bis 25, 26 bis 50, 51 bis 65, über 65
	Bereichszugehörigkeit	Kaufmännisch, technisch, nebenamtliche, Auszubildende, Leitungsebenen (1 …)
Bewirtschaftungsstruktur	Personalaufwand	Hausmeister, Wohnungsbesichtigungen, Wohnungswechsel
	Vertragsaufwendungen	Wartungsverträge, Dienstleistungsverträge
	Betriebskosten	gem. Raster der Betriebskostenverordnung
	Mietausfall	innerhalb/außerhalb des Rahmens des § 29 II. BV, wegen Wohnungswechsel, Modernisierung, Mietschulden usw.
Preisstruktur	Mieten	Preisgebunden, nicht preisgebunden, Ertragsverzichte bei · preisgebundenen Wohnungen, · nicht preisgebundenen Wohnungen, Über-/Unterdeckung bei nicht preisgebundenen Wohnungen, Relation zur ortsüblichen Miete, Garagenmieten
	Verkaufsobjekte	Neubauobjekte – Relation zum marktüblichen Preis, Altbestandsobjekte – Relation zum marktüblichen Preis
	Verwaltungsgebühren je Eigentumswohnung	Relation zu den Ansätzen nach § 26 II. BV, Relation zu marktüblichen Ansätzen
	Vergütungen für wirtschaftliche Betreuung	Relation zu den Ansätzen nach § 8 Abs. 3 II. BV, Relation zu marktüblichen Sätzen

Abb. 13: Kennzahlenbereiche eines Wohnungsunternehmens

Ein **Benchmarking** mit branchenüblichen Kennzahlen ist in der Immobilienwirtschaft noch nicht weit verbreitet. Die Gefahr, dass hierdurch Schwachstellen im Unternehmen aufgezeichnet werden, sollte jedoch der Chance untergeordnet werden, dass das Unternehmen sich realisierbare Zielvorgaben im Lichte von Kennzahlen schafft.

Aus dem Benchmarking, das überwiegend auf Kennzahlen beruht, lassen sich strategische und kooperative Unternehmensziele herleiten.

Beispiel:
Wir erstreben innerhalb von zwei Jahren 80 % der Leistung des Branchenführers in einem bestimmten Produktbereich.

5.7.4 Grafiken

Das Unternehmen muss in der Lage sein, auf der Grundlage eines Controllerberichtes schnell und zuverlässig Entscheidungen treffen zu können. Jeder, der im Betrieb eine Controllingfunktion ausübt, muss also die von ihm gewonnenen Erkenntnisse der Geschäftsleitung gegenüber so präsentieren, dass sie daraus die für die Unternehmensführung relevanten Schlüsse ziehen kann, also z. B. vorgegebene Ziele korrigieren, organisatorische Änderungen veranlassen usw.

Das bedeutet, dass zu den Fertigkeiten des Controllers auch die graphische Darstellung von Entwicklungen, Mengen und Verhältnissen zählt. Die optische Unterstützung durch Grafiken erleichtert die Aufnahme von Informationen enorm. Die heute angebotene Standardsoftware verfügt über Graphikprogramme, sodass die Produktion graphischer Darstellungen keine besonderen Probleme mehr aufwerfen.

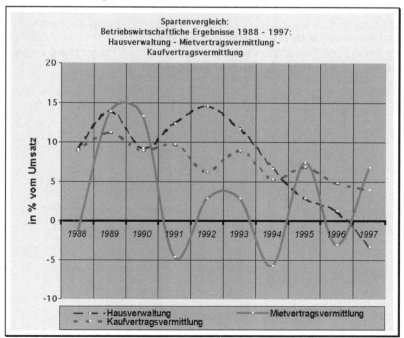

Abb. 14: Beispiel einer Liniengrafik

Liniengrafik In der Grafik der Abb. 14 wird das betriebswirtschaftliche Ergebnis von RDM-Unternehmen über einen Zeitraum von 10 Jahren dargestellt, die schwerpunktmäßig auf unterschiedlichen Geschäftsfeldern tätig sind, nämlich Hausverwaltung, Mietvertragsvermittlung und Kaufvertragsvermittlung. **Liniengrafiken** eignen sich zur **Darstellung zeitlicher Entwicklungen.**

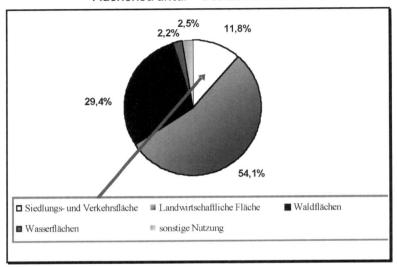

Abb. 15: Beispiel einer Kreisgrafik

Kreisgrafik Die **Kreisgrafik** (Abb. 15) visualisiert die unter 1.3.2 dargestellten Zahlen der Flächennutzung in Deutschland. Solche Flächennutzungsgraphiken können z. B. für das Gebiet jeder Gemeinde dargestellt werden. Auf diese Weise können Unterschiede zwischen den Gemeinden sehr deutlich werden. **Kreisgrafiken** eignen sich zur Darstellung von **Anteilen an einer Grundgesamtheit.**

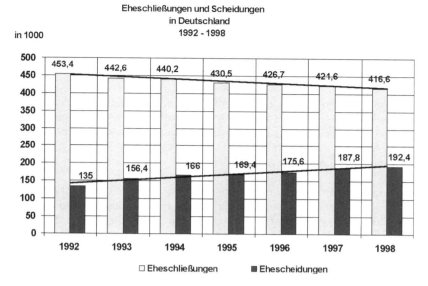

Abb. 16: Beispiel einer Säulengrafik mit Trendgeraden

Durch die Nebeneinanderstellung zweier **„Säulen"** in Verbindung mit den zugehörigen Trendlinien lässt sich auch hier eine zeitliche Entwicklung sehr gut ablesen. Zu erkennen ist aus Abb. 16, dass 1992 die Ehescheidungsrate im Vergleich zu den Eheschließungen etwa 1/3 betrug, 1998 bereits knapp die Hälfte. Sowohl Eheschließungen als auch Ehescheidungen sind wohnungswirtschaftlich von Bedeutung, weil sie in der Regel Wohnraumnachfrage auslösen.

Säulengrafik

5.7.5 Berichtswesen

Das Berichtswesen deckt den **Informationsbedarf der Unternehmensleitung** ab. Betrachtet man den Stellenanzeigenteil großer Tageszeitungen, fällt auf, dass überwiegend zu dem Aufgabenprofil der dort gesuchten Controller standardmäßig ein aussagekräftiges Berichtswesen, das „Reporting", gehört.

Reporting

Die Qualität unternehmerischer Entscheidungen hängt u. a. von der Qualität des Berichtswesens ab. Die Bedeutung des Berichtswesens wiederum hängt von folgenden Faktoren ab:
- Größe des Unternehmens,
- Komplexität der Unternehmensstruktur,
- Grad der technischen Informationsversorgung des Managements (Ausmaß und Qualität der aus dem Netz durch das Management unmittelbar abrufbaren Informationen).

Je größer das Unternehmen und je komplexer die Unternehmensstruktur, desto wichtiger wird das Berichtswesen. Je größer die „Techniklücken" beim direkten Abruf von betriebsinternen Informationen durch das Management, desto größer die „Bringschuld" des Controllers hinsichtlich der Informationsversorgung des Managements.

Es gibt in der Literatur unterschiedliche Vorstellungen über die Organisation des Berichtswesens. Klar ist, dass es Aufgabe des Controllers ist, das für die Berichte zur Verfügung stehende Informationsmaterial so zu „verdichten", dass der Informationsempfänger sofort sachgerechte Schlussfolgerungen daraus ziehen kann, ohne vorher einige Tage „Berichtsstudium" betreiben zu müssen.

Unterschieden werden kann nach Ziegenbein *(a. a. O., S. 409)* zwischen monatlichen „Standardberichten" (mit der Gefahr der „Überinformation"), „Abweichungsberichten", die für den Controller nur dann veranlasst sind, wenn er über das tolerierbare Maß hinaus Abweichungen von den Plangrößen festgestellt hat und „Bedarfsberichten" zur Entscheidungsvorbereitung.

Kleinere Unternehmen, wie sie überwiegend in der Immobilienwirtschaft vorhanden sind, können das Berichtswesen, das ja an die Person dessen gebunden ist, der Controllingaufgaben wahrnimmt, auch auf das innerbetriebliche EDV-gestützte Informationssystem übertragen. Wichtig ist, dass die verwendeten EDV-Programme so ausgestattet sind, dass eine Visualisierung und damit Verdichtung der Information über Schaubilder problemlos möglich ist.

Mit Hilfe eines guten Maklerprogramms könnten z. B. Informationen abrufbar und in ein graphisches Schaubild umwandelbar sein, die die Entwicklung des Erfolgsquotienten oder der Bearbeitungszeiten von Aufträgen oder der aktuelle Grad der Inanspruchnahme des Budgets für Inserate widerspiegelt.

Kapitel 6
MARKETING

Helmut Tacke-Unterberg

6. MARKETING

6.1 EINFÜHRUNG

Unter Marketing (Market „englisch" = Markt) versteht man alle Anstrengungen eines Unternehmens, die erstellten Produkte am Markt abzusetzen (Absatz = Vorbereitung, Anbahnung, Durchführung und Abwicklung des Vertriebsgeschäftes). Dabei soll der Markt zum Mittelpunkt aller Entscheidungen gemacht werden. Somit ist Marketing eigentlich nichts anderes als die Antwort auf sich verändernde Marktverhältnisse.

Nach dem Zweiten Weltkrieg waren Güter knapp, deshalb konzentrierten sich die Unternehmen primär darauf, wie man Güter am wirtschaftlichsten herstellte. Um den Absatz brauchte man sich nicht groß zu kümmern. Da die Nachfrage nach Gütern auf den meisten Märkten größer war als das Angebot, hatte die Anbieterseite „das Sagen"; man spricht daher auch vom „Verkäufermarkt".

Verkäufermarkt

Erst die zunehmende Sättigung auf den Märkten und der aufkommende härtere Wettbewerb machten es erforderlich, sich intensiv um den preis- und qualitätsbewussten Kunden zu kümmern. Das war der Weg vom „Verkäufermarkt" zum „Käufermarkt".

Käufermarkt

Inhaltlich lässt sich dieser Wandel im Absatzbereich der Unternehmungen nach folgenden Phasen darstellen:

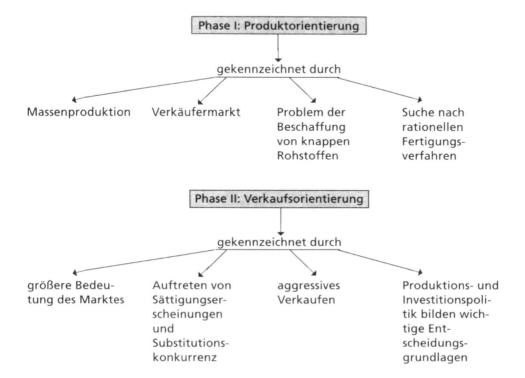

Quelle: In Anlehnung an Philip Kotler, Marketing-Management, Stuttgart 1989, S. 34

Von dieser Entwicklung vom Verkäufer- zum Käufermarkt blieb der Wohnungsmarkt sehr viel länger verschont als andere Märkte. Erst als zu Beginn der 80er-Jahre zunehmende Leerstände im Mietwohnungsbestand registriert wurden, fand auch in diesem Wirtschaftssektor der Begriff „Marketing" Eingang in das Denken von Wohnungsunternehmen. Wissenschaft und Praxis nahmen sich vermehrt dieses Themas an und versuchten, Strategien gegen die Wohnungsleerstände zu entwickeln. Dabei zeigte sich sehr schnell, dass sich die in der allgemeinen Marketing-Literatur aufgezeigten Methoden und Instrumente nur bedingt auf den Wohnungsmarkt übertragen lassen.

6.2 BESONDERHEITEN DES WOHNUNGSMARKTES

Die Besonderheit des Gutes „Wohnen" ist dafür ursächlich. Als Gründe dafür sind zu nennen:

1. Keine Substituierbarkeit

Grund- und Existenzbedürfnisse

Wohnen gehört neben Nahrung zu den Grund- und Existenzbedürfnissen, auf die der Mensch nicht verzichten kann. Daraus resultiert die Sonderstellung der Nachfrage nach Wohnraum innerhalb der Bedarfsstruktur eines Haushaltes. Es gibt einfach keine Möglichkeit, dieses Bedürfnis auf andere Art und Weise zu befriedigen.

2. Heterogenität

Heterogene Güter sind verschiedenartige Güter, da sie in ihren Eigenschaften nicht völlig identisch mit anderen Gütern sind. Dies gilt z. B. für den Markt der Videorecorder oder Waschmaschinen genauso wie für den Automobil- oder Mikrowellenherdmarkt.

Heterogene Güter

Für Wohnungen trifft dies in noch größerem Ausmaß zu. So sind Unterschiede bezüglich der Wohnungsgröße, Anzahl der Zimmer, mehr oder weniger funktionaler Grundrisslösung, qualitativer Ausstattung, Lage im Mehrfamilienhaus und der Lage hinsichtlich der vorhandenen Infrastruktur. Neben diesen Faktoren kommen noch subjektive Aspekte der Nachfrage hinzu, wie z. B. die Entfernung zum Arbeitsplatz oder der Ruf der Wohngegend.

Aufgrund der genannten Kriterien zur Beurteilung des einzelnen Gutes wird klar, dass es eine völlige Identität zwischen mehreren angebotenen Wohnungen nicht geben kann.

3. Immobilität

Wohnungen sind nicht beweglich, sie sind gebunden an einen festen Standort. Damit erfährt das Angebot eine räumliche Zuordnung und Abgrenzung. Des Weiteren sind Wohnungen bodengebunden. Man kann Wohnungen eben nur da errichten, wo geeignetes Bauland zur Verfügung steht. Somit ist Grund und Boden komplementäres Gut für die Erstellung von Wohnungen. Die Entwicklung für Baulandpreise ist deshalb ein Faktor für die Bereitstellung von Wohnraum.

4. Langlebigkeit

Unter allen Gebrauchsgütern gehören Wohnungen zu den langlebigsten lebensnotwendigen Konsumgütern. Je nach Qualität der Gebäude ist von einer Nutzungsdauer von etwa 100 Jahren und mehr auszugehen, wobei ordnungsgemäße Instandhaltung unterstellt wird.

Daraus resultieren folgende Aspekte:
- Wohnungen können von mehreren Haushalten nacheinander genutzt werden, werden also mehrfach nachgefragt.
- Der Neubau von Wohnungen als Zugang zum Bestand und die Abgänge verändern das Angebot insgesamt nur wenig (z. B. je Jahr); deshalb sind mengenmäßige Anpassungen bei Anstieg der Nachfrage nur mit Verzögerung möglich.
- Die hohen Investitionskosten amortisieren sich bei den relativ geringen Rückflüssen durch die Mieten erst nach langen Zeiträumen; diese Tatsache erhöht das Risiko, in den Wohnungsbau zu investieren.
- Weil die Wohnungen ein sehr langfristiges Gebrauchsgut sind, ist es im Zeitablauf unabdingbar, den Bestand den sich ändernden Nachfragebedingungen qualitativer Art anzupassen, also zu modernisieren.

5. Lange Produktionsdauer

Im Gegensatz zu anderen Konsumgütermärkten dauert die Erstellung von Wohnungen relativ lange. So beträgt die Herstellung von der Bauentscheidung über die Planungsphase bis zur schlüsselfertigen Erstellung rund zwei Jahre. Auch hieraus ergibt sich die Schwierigkeit, sich schnell einer gestiegenen Nachfrage anzupassen. Aus diesen Besonderheiten des Wohnungsmarktes ergibt sich verstärkt das Erfordernis, Marktforschung zu betreiben.

6.3 MARKTFORSCHUNG

Marktforschung ist das Bemühen, die für die Erreichung der Unternehmensziele notwendigen Erkenntnisse zu gewinnen. Aber nicht nur die einzelnen Märkte an sich sind Gegenstand der Marktforschung, sondern alle Markteinflussfaktoren, die den Markt von außen beeinflussen können, wie z. B. die ökonomischen, sozialen und rechtlichen Rahmenbedingungen.

Ein Unternehmer, der bei seiner Zielformulierung auf Marktforschung verzichtet, schwebt gewissermaßen im luftleeren Raum. Seine Aktivitäten werden u. U. von Zufallserkenntnissen beeinflusst, die die Realitäten des Marktgeschehens nur ungenügend berücksichtigen.

Besonders deutlich wird die Bedeutung der Marktforschung, wenn man sich die zu bewältigenden Aufgaben in den einzelnen Phasen des Marketingentscheidungsprozesses vor Augen führt.

- Die Anregungsphase:
  Erkennen und analysieren eines Marketingproblems,
- die Suchphase:
  Entwicklung alternativer Marketingmaßnahmen, Zielsetzungen formulieren und begrenzende Daten des Marktes erkennen,
- die Optimierungsphase:
  Verfügbare Marketingalternativen systematisch abwägen und die Wahl der günstigsten Maßnahmen treffen,
- die Realisierungsphase:
  Durchsetzung der gewählten Maßnahmen, deren Wirkung durch die Marktforschung überwacht wird,
- die Kontrollphase:
  Sie überlagert den gesamten Prozess von Willensbildung und -durchsetzung und kann bei Abweichungen zwischen Soll- und Istwerten dem Entscheidungsträger entsprechende Informationen vermitteln, die zu Anpassungsmaßnahmen und neuen Entscheidungen führen können.

Im Rahmen der Marktforschung kommen zur Anwendung
- die Marktanalyse,
- die Marktbeobachtung,
- die Marktprognose.

6.3.1 Marktanalyse

Marktanalyse

Die Marktanalyse ist eine Zeitpunktbetrachtung. Mit ihr ermittelt man einmalig oder in bestimmten Intervallen die einen Markt kennzeichnenden Faktoren. Sie gibt somit

Auskunft über die Struktur des Marktes und die Beschaffenheit lokaler, regionaler und überregionaler Teilmärkte einschließlich der aktuellen Angebots- und Nachfragesituation. Neben den Marktdeterminanten von Angebot und Nachfrage, Höhe des verfügbaren Einkommens, Stand der Haushaltsgröße, Aufbau der Alterspyramide (z. B. Auswirkungen auf das Wohnen und betreute Wohnen im Alter) gehören zum Analyseinhalt auch die sie beeinflussenden Faktoren wie
- Höhe des Kapitalmarktzinses,
- Steuer- und Subventionspolitik (z. B. Verringerung der Abschreibungsmöglichkeiten nach dem EStG, Wohngeld),
- rechtliche Rahmenbedingungen (z. B. im Mietpreisrecht oder im Genehmigungsverfahren nach den Landesbauordnungen),
- öffentliche Fördermodelle (z. B. der Länder für Eigentumsmaßnahmen und Miet- und Genossenschaftswohnungen).

Als Beispiel sollen hier dargestellt werden die regionalen Unterschiede des Investitionsverhaltens auf dem Mietwohnungsmarkt, und zwar nach den allgemeinen Investitionsmotiven und Investitionshemmnissen. Die in den folgenden Abbildungen für München, Münster, Dortmund und Halle aufgeführten Antwortkategorien waren als offene Fragen gestellt und nicht als Antwortmöglichkeit vorgegeben.

Die Ergebnisse:

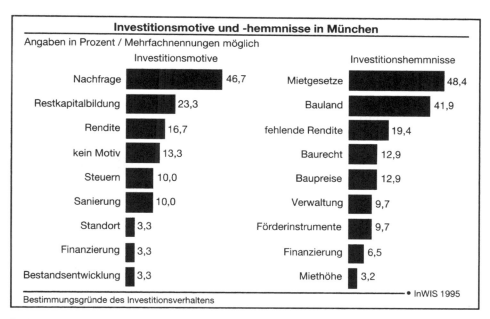

Quelle: Martin Schauerte in InWIS-Bericht Nr. 4/95, Bochum, Seite 30

6. MARKETING

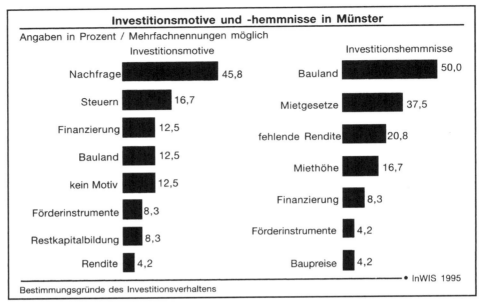

Quelle: Martin Schauerte in InWIS-Bericht Nr. 4/95, Bochum, Seite 30/31

Beim Vergleich München/Münster ist festzustellen, dass die bestehende Wohnungsknappheit das Hauptmotiv für die Investoren darstellt; die übrigen Motive treten in den Hintergrund. In beiden Städten finden sich auch bei den Investitionshemmnissen ähnliche Antwortmuster wieder. So wird neben den restriktiv wirkenden Mietgesetzen die Baulandproblematik genannt.

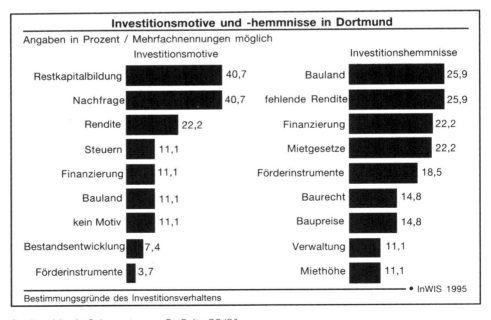

Quellen: Martin Schauerte, a. a. O., Seite 30/31

Für Dortmund gelten die Realkapitalbildung und die Nachfrage als stärkste Investitionsmotive; bei den Hemmnissen ist ein dominierendes Motiv – wie aus der Grafik ersichtlich – nicht auszumachen.

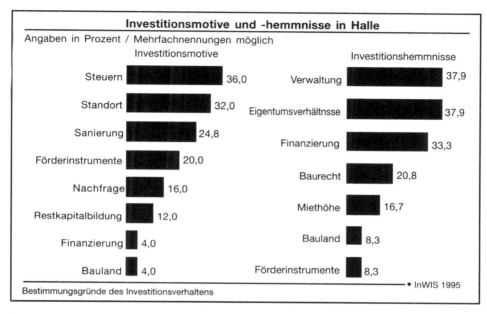

Quelle: Martin Schauerte, a. a. O., Seite 32

Bei den Analysen des Verhaltens der Investoren in Halle (Region Halle/Leipzig) zeigen sich deutlich die Auswirkungen der nach der deutschen Wiedervereinigung eingeführten steuerlichen Sonderabschreibungsmöglichkeiten; sie sind Hauptmotiv. Auch die Hemmnisse zeigen deutliche Unterschiede zu den westdeutschen Städten. Ungeklärte Eigentumsverhältnisse an Grundstücken und Behinderungen durch die Verwaltung sind neben Schwierigkeiten bei der Objektfinanzierung als bedeutend festzustellen.

In ähnlicher Weise lassen sich auch für die anderen Markteinflussfaktoren entsprechende Analysen erstellen.

Markteinflussfaktoren

6.3.2 Marktbeobachtung

Während die Marktanalyse mit wissenschaftlichen Methoden wesentliche Faktoren eines Marktes zu einem bestimmten Zeitpunkt ermittelt, befasst sich die Marktbeobachtung mit der Entwicklung dieser Fakten im Zeitablauf; sie ist also eine Zeitraumbetrachtung und somit für die Unternehmen eine Daueraufgabe.

Marktbeobachtung

Ausgehend von den Daten der Marktanalyse werden durch die ständige Beobachtung sich abzeichnende Entwicklungen und Trends erfasst und finden dann Eingang in entsprechende Prognosen.

Als Beispiel dafür lässt sich die Anzahl der geförderten Wohnungen der alten Bundesländer darstellen. Sie sind dem Zahlenmaterial des Statistischen Bundesamtes entnommen.

1986 – 52.066 Wohnungen
1987 – 40.668 Wohnungen
1988 – 38.886 Wohnungen

Hier wird im Zeitablauf der Rückgang der öffentlichen Förderung erkennbar, der sich aufgrund der hohen Leerstände von Wohnungen ab Mitte der 80er-Jahre ergeben hat. Nachdem insbesondere auch durch die Wiedervereinigung und zu Beginn der 90er-Jahre Wohnraum knapp geworden war, entwickelte sich die öffentliche Förderung im früheren Bundesgebiet wieder nach oben.

1991 – 90.162 Wohnungen
1992 – 87.221 Wohnungen
1993 – 111.366 Wohnungen

Ausgelöst durch die Beobachtung von Angebot und Nachfrage am Wohnungsmarkt hatte die Politik auch wieder größere Wohnungsbauprogramme verabschiedet.

Aber nach der Spitze der Bewilligungen im sozialen Wohnungsbau in 1993 ist aufgrund der sich verändernden Marktlage die Förderung sowohl im früheren Bundesgebiet als auch in den neuen Ländern einschließlich Berlin-Ost deutlich zurückgegangen, wie dies der nachstehenden Grafik des Statistischen Bundesamtes 1991 für den Zeitraum bis 1997 zu entnehmen ist.

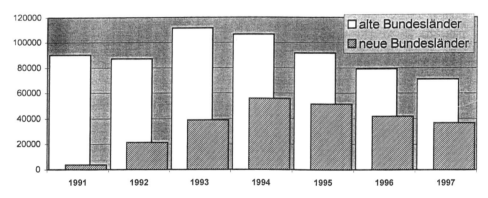

Besonders wesentlich ist natürlich die Beobachtung der am Markt zu erzielenden Mieten. So haben insbesondere nach der Wende viele Bauträger z. B. in den neuen Bundesländern Eigentumswohnungen an Anleger verkauft mit Mietgarantien von 7 bis 8,50 €/m² Wohnfläche. Am Markt sind solche Mieten nicht zu erzielen, was sich verständlicherweise auf die Investitionsbereitschaft auswirkt. Verstärkt wird diese Entwicklung durch die Reduzierung der Abschreibungsmöglichkeiten nach dem Einkommensteuergesetz.

Nachfrageverhalten

Wohnungswirtschaftlich relevant ist insbesondere die Entwicklung des Nachfrageverhaltens nach Wohnungen in quantitativer und qualitativer Sicht. So hat sich die Nachfrage nach größeren Wohnungen nach dem Zweiten Weltkrieg ständig erhöht

(z. B. gemessen an der Größe der Wohnfläche je Person). Aber auch der Bedarf an gehobener Ausstattung der Wohnungen ist ständig angestiegen. Darüber hinaus war aber auch eine Zunahme der Nachfrage nach kleinen Wohnungen von so genannten Single-Haushalten zu beobachten.

So lassen sich veränderte Gewohnheiten im Lebenszyklus und deren Auswirkungen z. B. auch an der Zahl der Personen je Haushalt feststellen. Sie liegt auf dem „flachen Land" (regional unterschiedlich) bei 3,2 Personen je Haushalt, während in den Großstädten Haushaltsgrößen teilweise durchschnittlich unter 2 Personen festzustellen sind. Eine Untersuchung des Landes Nordrhein-Westfalen hat ergeben, dass eine Verringerung der Durchschnittszahl je Haushalt um 0,1 rein rechnerisch zu einem Bedarfsanstieg von etwa 35.000 Wohnungen führen würde.

Lebenszyklus

6.3.3 Marktprognose

Mithilfe der Prognose wird zu ermitteln versucht, wie sich die Marktsituation in Zukunft darstellt; sie baut auf den Ergebnissen der Marktanalyse und Marktbeobachtung auf.

Prognose

Gerade weil Wohnungen sehr langlebig sind und nicht – da immobil – bei Bedarf einfach in eine andere Region transportiert werden können, ist man auf eine möglichst sichere Prognose angewiesen. Das gilt für die Politik (z. B. Wohnungsbauförderung) genauso wie für das regional tätige Wohnungsunternehmen.

Wohnungsbedarfsprognosen haben den Zweck, die kurz-, mittel- und längerfristigen Neubauvorhaben abzuschätzen, um Fehlinvestitionen und Fehlsubventionen zu vermeiden und möglichst früh auch die öffentlich-rechtlichen planerischen Rahmenbedingungen sicherzustellen (Baulandausweisungen, Planung der Infrastruktur und städtische Entwicklungsmaßnahmen).

Diese Prognosen sind nur sehr schwierig mit Sicherheit zu stellen. Das hat auch zu tun mit den vorgelagerten Märkten, wie dem Bau-, Kapital- und Baumarkt.

Um mittel- und langfristige Vorausschätzungen ermitteln zu können, wird ein Berechnungsmodell verwendet, in das drei Komponenten Eingang finden.

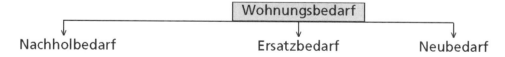

Der Nachholbedarf wird festgestellt, indem man die Differenz zwischen Soll- und Istbestand zu Beginn der Prognose feststellt. Damit wird die bestehende Unterversorgung zum Berechnungszeitpunkt ausgedrückt. Unterversorgt sind solche Haushalte, die z. B. in qualitativ unzulänglichen Wohngelegenheiten oder in überbelegten Wohnungen leben; damit können dann bestehende Disparitäten in der Wohnungsversorgung transparent gemacht werden.

Die zweite Komponente des Wohnungsbedarfes gibt an, wie viele Wohneinheiten aus dem Wohnungsbestand ausscheiden werden und somit durch Neubauten zu erset-

Wohnungsbedarf

zen sind. Erfasst werden hier Abgänge aus dem Bestand durch Baufälligkeit, Abriss oder Umwidmungen von Wohnraum in Geschäftsräume. Dieser Ersatzbedarf wird mit ca. 1 % des jeweiligen Wohnungsbestandes angesetzt; das sind bei etwa 26 Millionen Wohnungen immerhin auch 260.000 Einheiten.

Der Neubedarf an Wohnungen ergibt sich aus der Veränderung der Zahl der Haushalte im Prognosezeitraum, die Wohnungen nachfragen werden. Die Berechnung erfolgt durch Gegenüberstellung der erwarteten Haushaltsgründungen und -auflösungen, wobei insbesondere auf die Vorausschätzung der Bevölkerungsentwicklung zurückgegriffen werden muss.

Dieser aus den drei Komponenten ermittelte Wohnungsneubedarf gibt die Zahl der zu bauenden Wohnungen an, um die vorgegebene Bedarfsnorm für das Prognosejahr zu erfüllen. Wie bereits dargelegt, ist der wesentliche Faktor die Vorausschätzung der Bevölkerung. Ein Konzept dazu ist der folgenden Grafik zu entnehmen.

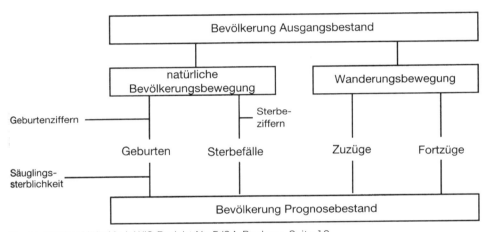

Quelle: Regina Höbel in InWIS-Bericht Nr. 5/04, Bochum, Seite 10

Bevölkerungs-entwicklung

Bezüglich der natürlichen Bevölkerungsentwicklung geht man für die alten Bundesländer von konstanten altersspezifischen Geburtenziffern aus, für das Bundesgebiet insgesamt wird mittelfristig eine Angleichung der Geburtenrate an das Niveau des früheren Bundesgebiets unterstellt. Die Zunahme der Lebenserwartung hat entsprechende Auswirkungen auf die Sterbefälle.

Bei den rechts in der Grafik dargestellten Wanderungen ist von weiteren Zuwanderungen aus dem Ausland auszugehen. Als Resultat ergibt sich daraus ein Anstieg der Bevölkerung bis zur Jahrtausendwende. Die Entwicklung der Bevölkerung des gesamten Bundesgebiets von 1985 bis 1996 und der Einfluss der Außenwanderungen lassen sich aus der nachstehenden Tabelle ablesen (Quelle: Stat. Bundesamt).

Bevölkerungsentwicklung (je in 1.000) Außenwanderungen

	Zugänge	Fortzüge
1985 – 77.619	511,6	456,6
1989 – 78.677	1.185,5	581,0
1991 – 79.984	1.182,9	582,2
1992 – 80.594	1.489,4	701,4
1993 – 81.179	1.268,0	796,9
1994 – 81.538	1.082,6	767,6
1995 – 81.817	1.096,0	698,1
1996 – 82.012	959,7	677,5

Diese Wanderungsbewegungen sind von gesamtpolitischen und ökonomischen Rahmenbedingungen abhängig, wie z. B. die Öffnung der innerdeutschen Grenze 1989 oder auch Änderungen des Asylrechts etc. Damit ist eine Hauptursache für die Schwierigkeit, Bevölkerungsentwicklungen zu prognostizieren, die mangelnde Kalkulierbarkeit dieser politischen und ökonomischen Einflüsse auf die Wanderungen.

Neben der Prognose der Bevölkerungsentwicklung ist aber auch die Veränderung der Zahl der Haushalte vorauszuschätzen, weil Wohnungen nicht von jeder einzelnen Person, sondern von Haushalten nachgefragt werden. Dabei lässt sich feststellen, dass in der Bundesrepublik eine ständige Verkleinerung dieser Haushaltsgrößen stattgefunden hat und sich im Trend weiter fortsetzen wird. Das hat zur Konsequenz, dass die Zahl der Haushalte und damit der Wohnungsnachfrager selbst dann steigen wird, wenn sich die Zahl der Bevölkerung leicht rückläufig entwickeln würde.

Haushaltsgrößen

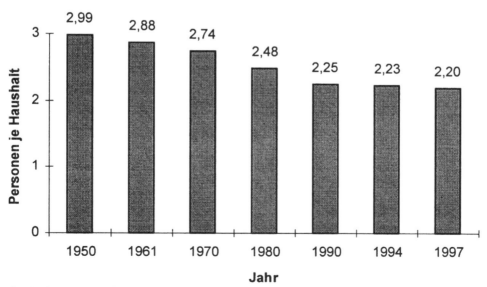

Quelle: Statistisches Bundesamt

Die in der Grafik dargestellten Haushaltsgrößen sind Durchschnittswerte für die Bundesrepublik. Regional lassen sich jedoch große Abweichungen erkennen. So finden wir in den Großstädten, wie z. B. München oder Hamburg, Haushaltsgrößen von unter zwei Personen, während in ländlichen Gegenden sich die Zahl der Personen je Haushalt noch um die drei bewegen kann.

Die weitere Entwicklung der Haushaltsgröße ist z. B. abhängig
- vom Aufbau der Alterspyramide der Bevölkerung (bei großem Anteil älterer Menschen sinkt die durchschnittliche Haushaltsgröße),
- von der Veränderung der Lebensgewohnheiten und Familienformen (Single-Haushalte bei jungen Menschen; spätere Heirat; Entwicklung der Scheidungsrate),
- von der Situation von Angebot und Nachfrage auf dem Wohnungsmarkt,
- von der Entwicklung der Kaufkraft (hohe Kaufkraft führt eher zu Haushaltsgründungen).

Diese Faktoren haben Auswirkungen auf die Zusammensetzung der Haushalte. Deshalb muss die Prognose der Zahl und Struktur der Haushalte sowohl die Bevölkerungsentwicklung als auch die Annahmen der demographischen, sozialen und ökonomischen Veränderungen beinhalten.

Das Statistische Bundesamt hat für die alten Bundesländer 1992 folgende Haushaltsgrößen prognostiziert:
1990 – 2,25 Personen/Haushalt
1995 – 2,26 Personen/Haushalt
2000 – 2,25 Personen/Haushalt
2005 – 2,24 Personen/Haushalt
2010 – 2,21 Personen/Haushalt
Quelle: Statistisches Bundesamt

Insbesondere ab dem Jahr 2005 ist ein deutlicher Rückgang dargestellt, der durch die weitere Zunahme der Alterung der Bevölkerung erklärt wird. Dabei geht die Prognose z. B. von einem konstanten Haushaltsbildungsverhalten der ausländischen Bevölkerung aus, wonach deren durchschnittliche Haushaltsgröße mit 2,82 Personen je Haushalt bis zum Jahre 2010 angenommen wird.

Standortanalyse

Die vorstehenden Daten werden auch von größeren Gemeinden erhoben und stehen somit den regional tätigen Wohnungsunternehmen für eine Standortanalyse zur Verfügung.

Andere Untersuchungen gehen davon aus, dass sich eine Annäherung des Verhaltens der ausländischen Bevölkerung an das der deutschen Bevölkerung ergeben wird und somit zu einer Abnahme der durchschnittlichen Haushaltsgröße im Prognosezeitraum führt.

1990 – 2,25 Personen/Haushalt
1995 – 2,26 Personen/Haushalt
2000 – 2,25 Personen/Haushalt
2005 – 2,23 Personen/Haushalt
2010 – 2,19 Personen/Haushalt
Quelle: Regina Hobel, a. a. ü., Seite la

Auch, wenn die Werte für 2005 und 2010 der beiden Tabellen nur sehr gering voneinander abweichen, sei noch einmal dargelegt, dass eine geringfügige Veränderung in der Entwicklung der Haushaltsgrößen sich wesentlich stärker auf den Wohnungsbedarf auswirkt als eine entsprechende Veränderung der Bevölkerungszahlen.

Bedingt durch Wohnungswechsel und durchzuführende Modernisierungen werden immer einige Wohnungen leer stehen. Deshalb sollte der Wohnungsbestand etwas höher angesetzt werden als die Zahl der Wohnungsbedarfsträger. Diese so genannte Mobilitätsreserve wird im Allgemeinen mit ca. 2–3 % des Wohnungsbestandes bzw. Wohnungsbedarfs angesetzt, um die Funktionstüchtigkeit des Wohnungsmarktes zu gewährleisten.

6.3.4 Methoden der Marktforschung

Die erforderlichen Informationen können grundsätzlich mit zwei Erhebungsarten beschafft werden:
- Sekundärerhebung,
- Primärerhebung.

Die Sekundärforschung (englisch desk-research = Schreibtisch-Forschung) wertet bereits vorhandene Unterlagen aus. Dies können z. B. Statistiken der Verbände, Informationen von Ministerien, Ergebnisse von Volksbefragungen und Auswertungen von Statistischen Jahrbüchern des Statistischen Bundesamtes oder der Behörden der Länder etc. sein.

Daneben gilt es selbstverständlich auch, betriebsinterne Quellen zu erschließen. Solche Quellen dafür sind z. B. Marketing-Statistiken, oft auch als Umsatz-, Absatz- oder Verkaufsstatistik bezeichnet. So können in Unternehmungen ohne großen Aufwand
· Anfragen- und Angebotsstatistiken,
· Auftragseingangs- und Umsatzstatistiken,
· Statistiken über die Außendiensttätigkeit und
· Reklamationsstatistiken

erstellt werden. Diese Statistiken können das in einer Periode erzielte Marketing-Ergebnis detailliert darstellen, Kennzahlen ermitteln, Veränderungen im Zeitablauf erkennbar machen und somit Trends aufzeigen, um dadurch zu einem effizienteren Einsatz der Marketingmittel beizutragen.

Da aus diesem Zahlenmaterial aber keine Aussagen über Gewinn- bzw. Verlust zu ersehen sind, müssen parallel Erfolgsrechnungen betrachtet werden.

Informationen, die man den vorhandenen sekundärstatistischen Daten nicht entnehmen kann, muss man durch Primärerhebung schaffen. Sie ist im Regelfall kostenintensiver als die Sekundär-Forschung. Als mögliche Methoden der Primärerhebungen kommen die Befragung oder Beobachtung in Frage.

Wenn alle Personen befragt werden sollen, spricht man von einer Vollerhebung (aus Kostengründen eher nicht durchführbar). Von Teilerhebung ist die Rede, wenn (wie üblich) nur ein bestimmter Prozentsatz aller interessierenden Personen (z. B. eigene Mieter) befragt werden.

Mögliche Auswahlverfahren zur Festlegung der Stichprobe im Rahmen der Teilerhebung können z. B. sein:

- Einfache Zufallsauswahl,
  1. durch Zufallsgenerator aus der Mieterdatei,
  2. durch Abzählen (jeder n-te Mieter),

- geschichtete Zufallsauswahl,
  1. durch Bilden von Schichten nach z. B. Ort, Wohnungstypen, Altersgruppen etc.,
  2. Auswahlsätze für die Schichten festlegen,
  3. Zufallsauswahl innerhalb der Schichten,
  4. bei der Auswertung Gewichtung nach dem tatsächlichen Umfang der Subgruppen in der Grundgesamtheit,

- Quotenauswahl,
  1. Quoten bestimmter Merkmale in der Grundgesamtheit ermitteln (z. B. Alter, Bildung, Beruf),
  2. Quoten bestimmter Merkmalskombinationen für die Stichprobe festlegen,
  3. Auswahl der Befragten nach Quotenvorgaben,
  4. Gewichtung entsprechend den tatsächlichen Verhältnissen,

- Klumpenauswahl,
  1. Erhebungsklumpen festlegen (z. B. bestimmte Siedlungen),
  2. Totalerhebung innerhalb der Klumpen.

Quelle: Verband rheinischer und westfälischer Wohnungsunternehmen e. V., Vorträge, Heft 5, Seite 25

Stichprobenumfang

Unter Kostenaspekten ist die Frage nach dem Stichprobenumfang zu stellen. Je kleiner die Stichprobe gewählt wurde, desto größer ist die Gefahr, dass die Ergebnisse durch z. B. atypische Haushalte verzerrt werden. Mittels mathematischer Verfahren lassen sich solche Stichprobenfehler abschätzen. Je genauer die Ergebnisse sein sollen, desto größer ist die Stichprobe anzusetzen.

Befragungen

Aus der Sicht von Wohnungsunternehmen sind Befragungen von Mietern ein durchaus akzeptabler Weg. Dabei muss der zu verwendende Fragebogen besonders sorgfältig zusammengestellt werden. Die Art der Formulierung der Fragen hat erhebliche Auswirkungen auf das Ergebnis; man spricht dabei von so genannten Verzerrungseffekten.

Hier einige Beispiele:

a) **Bejahungstendenz**
Befragte neigen dazu, vorgegebenen Statements eher zuzustimmen als sie abzulehnen.
Abhilfe: Unterschiedliche Statements mischen; Antworten z. B. auf positive und negativ vorgegebene Statements vergleichen.

b) Zustimmungstendenz
Befragte neigen dazu, vorgegebenen Antwortmöglichkeiten zuzustimmen.
Abhilfe: Offene Fragen stellen, also keine Antwortmöglichkeit vorgeben.

c) Novellierungstendenz
Befragte vermeiden extreme Antworten, sie bevorzugen mittlere Abstufungen.
Abhilfe: viele Abstufungen verwenden oder durch Verzicht auf Mittelpositionen eine entsprechende Festlegung erzwingen.

d) Reihenfolgeeffekte
Bei mündlicher Befragung wird eher die zuletzt vorgegebene Möglichkeit gewählt.
Abhilfe: Nicht zu viele Antwortmöglichkeiten oder Veränderung der Reihenfolge im Interview. Bei schriftlichen Befragungen wird eher die zuerst genannte Möglichkeit gewählt.
Abhilfe: Auch hier nicht zu viele Antwortmöglichkeiten, Möglichkeiten einzeln abfragen oder Antwortmöglichkeiten optisch trennen.

e) Platzierungseffekte
Bestimmte Fragen wirken sich auf die Beantwortung der nachfolgenden Fragen aus.
Abhilfe: Gleiche Sachverhalte an verschiedenen Stellen abfragen.
Quelle: Verband rheinischer und westfälischer Wohnungsunternehmen e. V., Seite 24

Neben den erforderlichen Sachfragen sind aber auch Fragen zu formulieren, die für den Befragungsablauf von Bedeutung sind. Dies können z. B. sein:

a) Kontakt- und Eisbrecherbefragen,
   - sie sollen das Interesse des zu Befragenden wecken.

b) Übungs- und Vorbereitungsfragen,
   - damit sollen Themenwechsel erleichtert werden.

c) Ablenkungs- und Pufferfragen,
   - solche Fragen haben den Zweck, durch Wegführen vom bisherigen Thema mögliche Ausstrahlungseffekte zu vermeiden.

d) Motivationsfragen,
   - sie sollen die Antwortbereitschaft erhöhen und evtl. vorhandene Hemmungen abbauen,

e) Kontrollfragen,
   - damit kann festgestellt werden, ob die gestellten Fragen der Wahrheit entsprechend beantwortet wurden und ob die Fragen auch richtig verstanden worden sind.

Quelle: Hans Christian Weis, Marketing, Kiehl 1993, Seite 111

6.4 ABSATZPOLITISCHE INSTRUMENTE

6.4.1 Objektpolitik

Objektpolitik

Im Rahmen der Objektpolitik ist man bemüht, das eigene Produkt ständig zu verbessern oder neue Produkte auf den Markt zu bringen, um sich so einen Wettbewerbsvorteil zu verschaffen bzw. den Mitbewerbern gegenüber nicht schlechter dazustehen.

So kann z. B. durch die Grundrissgestaltung von Kaufeigenheimen oder Mietwohnungen ein verbesserter funktionaler Ablauf geschaffen werden. Entscheidend für Bauträger ist allerdings auch die Lage der Grundstücke, auf denen die eigenen Objekte errichtet werden sollen. So können insbesondere bei der Erstellung der Exposees oder der Gestaltung von Anzeigen eigene Lage- und Produktvorteile sowohl optisch als auch textlich hervorgehoben werden, um sich so vom Angebot der Mitbewerber abzuheben.

So sind Wohnungsunternehmen zunehmend bemüht, sich neben der traditionellen Wohnungsbewirtschaftung mit neuen Betätigungsfeldern zu befassen.

Hier sind insbesondere Soziale-, Hauswirtschaftliche-, Technische- und Sonstige Dienstleistungen zu nennen.

Im Rahmen einer Projektarbeit der Fachschule für Wirtschaft in Bochum haben Fachschüler/innen eine Unternehmensbefragung bei 50 Wohnungsunternehmen in Nordrhein-Westfalen durchgeführt. Sie kamen bei einer Rücklaufquote von 44 % (= 22 Unternehmen) zu folgenden Ergebnissen:

Soziale Dienstleistungen

	sind wir tätig	Tätigkeit geplant	nicht geplant	Unternehmensbeteiligung
Altenbetreuung und Pflege	23 %	9 %	**68 %**	22 = 100 %
Sozialarbeiter	**45 %**	14 %	41 %	22 = 100 %
Essen auf Rädern	10 %	0 %	**90 %**	21 = 100 %
Sozialpädagogische Dienste für Kinder und Jugendliche	4 %	23 %	**73 %**	22 = 100 %
Baby-Sitting, Kinderbetreuung	11 %	0 %	**89 %**	19 = 100 %
Mieterzeitung	**50 %**	14 %	36 %	22 = 100 %
Freizeit und Kulturangebote	28 %	24 %	**48 %**	21 = 100 %

Hauswirtschaftliche Dienstleistungen

	sind wir tätig	Tätigkeit geplant	nicht geplant	Unternehmensbeteiligung
Hauswart	**76 %**	0 %	24 %	21 = 100 %
Reinigungsdienst	33 %	29 %	**38 %**	21 = 100 %
Einkaufshilfen	5 %	19 %	**76 %**	21 = 100 %
Wäscheservice	16 %	0 %	**84 %**	19 = 100 %
Umzugsservice	6 %	33 %	**61 %**	18 = 100 %
Rundumservice bei Anmietung einer Wohnung	25 %	30 %	**45 %**	20 = 100 %

Technische Dienstleistungen

	sind wir tätig	Tätigkeit geplant	nicht geplant	Unternehmensbeteiligung
Gartenpflege	**65 %**	0 %	35 %	20 = 100 %
Installation von Gemeinschaftsanlagen	**53 %**	16 %	31 %	19 = 100 %
Beratung/Vermittlung von Sicherheitssystemen	5 %	35 %	**60 %**	20 = 100 %
Mitbestimmung bei Modernisierung	**35 %**	30 %	**35 %**	20 = 100 %

Sonstige Dienstleistungen

	sind wir tätig	Tätigkeit geplant	nicht geplant	Unternehmensbeteiligung
Car-Sharing	9 %	5 %	**86 %**	22 = 100 %
Versicherungsberatung und Vermittlung	0 %	9 %	**91 %**	22 = 100 %
Vermittlung von Telekomverträgen	14 %	18 %	**68 %**	22 = 100 %
Sonstiges	25 %	8 %	**67 %**	12 = 100 %

6.4.2 Preispolitik/Konditionen

Ziel der Preispolitik generell ist es, seine eigenen Absatzchancen über eine flexible Preisgestaltung zu erhöhen. Das ist einfach gesagt, für die wohnungswirtschaftliche Praxis aber nicht immer ohne Probleme anwendbar. Da ist zunächst der Markt für Wohnungseigentum, der von relativ liberal-marktwirtschaftlichen Rahmenbedingungen gekennzeichnet ist. Hier entscheidet der Gesamtpreis des jeweiligen Objektes und die aus ihm resultierende monatliche Belastung (abhängig von der Finanzierung)

Preispolitik

im Verhältnis zum gesichert scheinenden langfristig erzielbaren Einkommen über den Kauf.

Preisfestsetzung

So wird man z. B. bei der Preisfestsetzung für Kaufeigenheim oder Eigentumswohnungen zunächst die eigenen Kosten kalkulieren und eine angestrebte Gewinnrate dazurechnen (sog. Kosten-Plus-Preise). Dann wird man die Angebote des Wettbewerbs in einer konkreten Lage und vergleichbarer Bauausführung prüfen, um ggf. seine eigenen Preisvorstellungen an den „Marktpreis" heranzuführen. Überhöht angesetzte Verkaufspreise führen schnell zu Absatzproblemen. Wenn erst einmal der Verkauf ins Stocken gerät, ist es sehr problematisch, dann über Preisnachlässe z. B. die letzten Eigentumswohnungen noch abzusetzen; der Ärger mit den bereits vorhandenen Käufern innerhalb der Wohnanlage ist vorprogrammiert.

Im Mietwohnungsbau sind die Rahmenbedingungen sehr viel restriktiver. So muss hier unterschieden werden zwischen öffentlich geförderten und frei finanzierten Wohnungen. Bei öffentlich geförderten Wohnungen ist die Bindung an die Bewilligungsmiete zu nennen; die Gesamtkosten und die Höhe der staatlichen Subventionen bestimmen die Miethöhe. Der Begriff „Preis" verbietet sich eigentlich bei diesem „Teilmarkt".

Differenzierter stellt sich der Markt für frei finanzierte Objekte dar. Die Entwicklung von Angebot und Nachfrage hat durchaus Auswirkungen auf die Miethöhe, aber auch hier greifen die Vorschriften des BGB restriktiv in den Preisbildungsprozess ein.

Die Preisgestaltung bei Mietwohnungen erfolgt unter einem anderen Aspekt. Anders als beim Vertrieb von Reiheneigenheimen oder Eigentumswohnungen ist hier eine langfristige Entwicklung des Mietzinses ausschlaggebend für die Renditeerwartung. Aus der nachstehenden Grafik lassen sich die Entwicklung der Wohnungsmieten und der Lebenshaltungskosten entnehmen. Über den dargestellten Zeitraum von etwa 30 Jahren ist der Anstieg der Mieten mit durchschnittlich 4,9 % je Jahr ausgewiesen, während bei den Lebenshaltungskosten nur eine durchschnittliche Steigerung von 3,5 % je Jahr festzustellen ist. Deshalb hat ein Vermieter sich z. B. sehr wohl zu überlegen, ob er bei der Gestaltung der Entwicklung der Mieten die sog. Indexmiete nach § 557b BGB vertraglich vereinbaren sollte.

Entwicklung der Wohnungsmiete und Index Lebenshaltungskosten

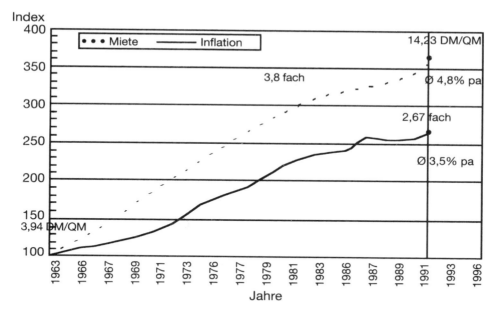

Auf die Bedeutung der Kosten vorgelagerter Märkte für die Preisgestaltung (Kosten für Erwerb des Baugrundes/Kosten des Gebäudes und Finanzierungskosten) sei an dieser Stelle nur hingewiesen.

Für den Mietwohnungsmarkt sind die Konditionen und Bindungen weitestgehend durch Gesetze festgelegt (BGB, NMV, WoBindG, etc.).

Lediglich im Bereich des Wohneigentums (z. B. Reiheneigenheime/Eigentumswohnungen) sind Gestaltungsmöglichkeiten gegeben; z. B. bei Neubauten Beratung und Beschaffung von Finanzierungsmitteln, Übernahme von Zwischenfinanzierungen oder Bürgschaften, andere Kaufpreisfälligkeit als nach der Makler- und Bauträgerverordnung (also z. B. erst nach Bezug), Gewährung von Restkaufgeldhypotheken oder das Angebot einer Gewährleistungsfrist von z. B. 20 Jahren, also weit über die Fristen nach VOB und BGB hinausgehend.

Diese Aufzählung zeigt, dass die Instrumente, mit denen im Rahmen der Konditionsgestaltung den Bedürfnissen und Wünschen der Kunden entsprochen werden kann, keineswegs eng begrenzt sind. Richtig ist allerdings, dass der Einsatz dieser Mittel Geld kostet und sich demnach in der Preiskalkulation wiederfinden muss.

6.4.3 Kommunikationspolitik

6.4.3.1 Corporate Identity

Der heute allgemein übliche Begriff wird in folgende Kernbausteine unterteilt:

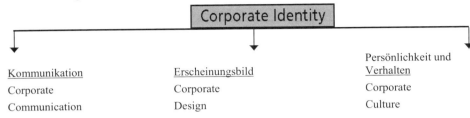

Kommunikation	Erscheinungsbild	Persönlichkeit und Verhalten
Corporate Communication	Corporate Design	Corporate Culture

Ziel in den Unternehmungen muss es sein, dass sich diese drei Elemente der Corporate Identity in Einklang miteinander befinden. Gelingt dies nicht, so wird dies innerhalb und eben auch außerhalb des Unternehmens wahrgenommen.

Inhalte der Corporate Communication sind alle Werbe- und Marketingmaßnahmen des Unternehmens. Dazu gehören z. B. Pressemitteilungen, Prospektmaterial, Exposees, Objektbesichtigungen etc. Hierdurch können Unternehmungen ihr Image verbessern.

Zum Erscheinungsbild gehört insbesondere die visuell-formale Gestaltung der Firmenpersönlichkeit, wie z. B. Firmenlogo, verwendete Farben, Schriftbild usw. Nachstehend sind einige Firmenzeichen dargestellt, die von Studierenden der Fachschule Hösel im Rahmen der Projektarbeit entwickelt wurden.

Das Verhalten als drittes Element der Corporate Identity legt die grundlegenden Regeln für das Auftreten und Verhalten der Mitarbeiter des Unternehmens nach innen und außen fest. Sie betrifft z. B. das Führungsverhalten, die Personalentwicklung, Umgangsformen und Konferenzstil im Innern und insbesondere die sachkompetente und verbindliche Darstellung nach außen.

6.4.3.2 Werbung

Der zunehmende Wettbewerb auf den Märkten erfordert ein immer intensiveres Werben um den potenziellen Kunden. Aufgabe der Werbung ist es, über geeignete Werbeträger und Werbemittel die Konsumenten als Nachfrager über Produkte und Dienstleistungen zu informieren, mit dem Ziel, den eigenen Absatz zu sichern bzw. zu steigern.

Werbung

Als Werbeträger kommen insbesondere Zeitungen und Zeitschriften in Frage, in denen durch reine Textanzeigen oder mit gestalteten Inseraten geworben wird. Die Werbewirkung hängt dabei ab von der Größe, der Platzierung, der Textgestaltung und der drucktechnischen Ausführung (Schriftgröße, Bild, Flächenaufteilung).

Werbeträger

Zunächst gilt es zu klären, wie die Werbebotschaft an die potenziellen Kunden gebracht werden soll. Dies lässt sich nach folgenden Schritten vollziehen:

Werbebotschaft

a) Zielgruppe,
 – wen will ich erreichen?
  z. B. Mieter, Käufer von Eigentumswohnungen oder Reiheneigenheimen.

b) Zeitpunkt,
 – wann will ich ihn erreichen?
  z. B. nach Freiwerden einer Wohnung oder bereits vor Baubeginn einer Maßnahme.

c) Ort/Region,
 – wo will ich ihn erreichen?
  z. B. lokal bei Mietern, regional bei Bauträgermaßnahmen oder auch überregional bei großen Gewerbeobjekten.

d) Aufbau der Anzeige,
 – wie will ich ihn erreichen?
  z. B. grafische Gestaltung und Größe der Anzeige, textliche Gestaltung, Informationsgehalt.

e) Media-Mix,
 – über welche Medien will ich ihn erreichen?
  z. B. Tageszeitungen, Fachzeitschriften und auch übers Internet.

Schlagzeilen wie
- Internet-Marketing für Immobilien gewinnt weiter an Bedeutung,
- Online-Exposes liegen im Trend,
- Homepage-Strategien für mehr Kundennutzen,
- mit Online-Immobilien Marketing zum Erfolg o. ä.

weisen auf die seit einigen Jahren praktizierte Marketingpraxis des Online-Marketings hin und beschreiben die gegenwärtige Situation und prognostizieren die zukünftigen Erwartungen an dieses Medium.

Dies gilt inzwischen für die gesamte Immobilienbranche und deren Produkte. Die Einrichtung von Homepages von Wohnungsunternehmen jeglicher Größe, Bauträger, Makler etc. zeigt hohes Niveau.

Immobilienportale

Die in den letzten Jahren gegründeten Immobilienportale genießen aufgrund des sich rasant und dynamisch entwickelnden Nutzungsverhaltens des Internets hohen Zuspruch.

Zu den großen Immo-Portalen gehören z. B.

Immobilienscout 24
Im Netz seit 1999, wohl der Marktführer insbesondere als Wohnimmobilienmarktplatz. Kooperationspartner sind AOL, BFW, T-Online, Wüstenrot.

Immowelt
1996 gegründet und dank anwenderfreundlicher Software bei den Anbietern sehr beliebt. Es bestehen verschiedene Teilhaberschaften und Kooperationen. Bietet inzwischen auch einen speziellen Marktplatz für Gewerbeimmobilien.

Immonet
Gegründet 2002 vom Ring Deutscher Makler und dem Axel Springer Verlag. Über eine entsprechende Plattform werden weitere Portale betrieben.

Planet Home
Als Tochter der Münchener Hypo-Vereinsbank 2000 gegründet. Durch Kooperation mit der Vereins- und Westbank in 2002 Ausbreitung auch in nördliche Regionen.

Zielgruppen

Entscheidend für den weiteren Ausbau von Präsentationen im Internet sind die weiter stark zunehmende Akzeptanz bei kaufkräftigen Zielgruppen und die sich ergebenden betriebswirtschaftlichen Vorteile.

Das hat unmittelbar mit der steigenden Zahl der Internetnutzer und deren sozioökonomischer Struktur zu tun.

So hat sich z. B. die Altersverteilung der Nutzer stark verändert. Bei den über 50-Jährigen z. B. ist in den letzten Jahren der größte Zuwachs zu beobachten.

Des Weiteren spielt – wohl nicht überraschend – der Bildungsabschluss und das Haushaltseinkommen der Nutzerstruktur eine wesentliche Rolle.

Entscheidend für den Erfolg der Internetwerbung sind u. a. die Zugriffsraten. Hier ist die Suchmaschinenoptimierung von wesentlicher Bedeutung. Je besser eine Web-Seite für die Suchmaschinen optimiert ist, desto größer ist die Chance, bei den für die jeweiligen Seiten wichtigen Suchbegriffen weit oben zu stehen.

Es ist Fakt, dass sich die Besucher von Suchmaschinen i. d. R. nur für die Seite 1 der Suchergebnisse interessieren. Somit ist das Thema Suchmaschinenoptimierung ein bedeutender Faktor, um Besucherzahlen und Bekanntheitsgrad zu verbessern.

Zurückkommend auf die Ausgangssituation setzen wir die Überlegungen mit einem Werbeplan fort.

Werbeplan

Nach Klärung der Fragen lässt sich dann daraus ein Werbeplan erstellen, an dessen Ende die Gesamtkosten ermittelt werden können.

Werbeplan für eine Eigentumsmaßnahme

Werbeträger	Thema	Motiv	Größe/ Anzahl	Kosten	Datum
Anzeige in der WAZ					
Anzeige in der NRZ					
Anzeige in der FAZ					
Fachzeitschrift					
Prospekte					
Werbebrief für Eigennutzer					
Werbebrief für Anleger					
Reserve					
Gesamtkosten					

Besonderes Gewicht ist auf die Gestaltung der Anzeigen zu legen. Sie sind immer auch ein Kompromiss zwischen der Größe der Anzeige (wie viel Informationen kann man unterbringen) und den daraus resultierenden Kosten. So ist bei einer Anzeige in einer überregionalen Zeitung, samstags, 2 Spalten breit und 160 mm hoch von ca. 5.000 € auszugehen.

Bei diesen Kosten ist leicht einzusehen, dass solche Anzeigen „sitzen" müssen. Deshalb sind zunächst mehrere Entwürfe anzufertigen, die z. B. nach einem Punktbewertungsmodell auf ihre Wirksamkeit getestet werden können.

Nachstehend Anzeigen von Projektgruppen der Fachschule Hösel, die von anderen Studierenden nach fünf Kriterien bewertet wurden. Sie sind aus drucktechnischen Gründen jeweils verkleinert darstellt.

6. MARKETING

Neben dieser Objektwerbung dienen die gestalteten Anzeigen durch die Verwendung der Logos auch der Firmenwerbung.

Die Ergebnisse der Bewertung ergeben folgendes Bild:

	(1)	(2)	(3)	(4)	Punkte max.
Signalwirkung: = Erwecken der Aufmerksamkeit	9	12	19	16	20
Weiterlesewirkung: = Veranlassung zum Weiterlesen	13	13	17	15	20
Kognitive Wirkung: = Klarheit der Kernbotschaft	14	13	16	15	20
Affektive Wirkung: = Wahl des Werbeappells	9	11	14	14	20
Verhaltenswirkung: = Aufforderung zu einer entsprechenden Handlung	7	11	15	14	20
Gesamtpunkte	52	60	81	74	100

Die einzelnen Wirkungen sind mit je 20 % gleich gewichtet. Bei Zugrundelegung einer entsprechenden „Notenskala" ergab sich folgende Bewertung:
Anzeige Nr. 1 – 52 Punkte – durchschnittlich/ausreichend,
Anzeige Nr. 2 – 60 Punkte – durchschnittlich/ausreichend,
Anzeige Nr. 3 – 81 Punkte – gut,
Anzeige Nr. 4 – 74 Punkte – befriedigend.

Sind diese Anzeigen geschaltet worden, ist der nächste Schritt die Erfolgskontrolle. Zu diesem Zweck kann man die Ergebnisse z. B. wie folgt zusammenstellen:

Erfolgskontrolle

Anzeige/ Typ/ Datum	Resonanz		Abschlüsse	
	Anzahl insgesamt	Qualität der Interessenten	Anzahl	Werbekosten je Abschluss
WAZ Typ 1 16.02. d. J.	23	mittel bis gut	3	1.500,00 €
NRZ Typ 2 23.02. d. J.	16	mittel	1	4.500,00 €
FAZ Typ 3 03.03. d. J.	36	mittel bis gut	8	1.110,00 €

Aus den Ergebnissen lassen sich dann auch weitere Rückschlüsse auf die Effizienz der verwendeten Anzeigentypen und Medien ziehen.

Wie schon aus dem Werbeplan (s. o.) zu ersehen ist, kommt als Werbeträger auch die Direktwerbung zur Anwendung. Sie ist die unaufgeforderte, unmittelbare Ansprache von nach bestimmten Kriterien ausgewählten Zielgruppen und ist durchaus auch für die Wohnungswirtschaft von Bedeutung.

Werbebrief   Damit der Werbebrief den gewünschten Erfolg bringt, ist seine Gestaltung ebenso sorgfältig vorzunehmen wie bei Anzeigen auch. In Anlehnung an die so genannte AIDA-Formel (Attention/Interest/Desire/Aktion) ist z. B. folgender Aufbau sinnvoll:
- Aufmerksamkeit erregen,
- Interesse wecken,
- Zustimmung gewinnen,
- Handlung auslösen,
- Entschluss bekräftigen.

Bei der konkreten Formulierung des Textes ist u. a. darauf zu achten, dass
- das Datum genannt ist,
- die Anrede persönlich erfolgt (mit Titel),
- ein zündender Eingangssatz formuliert wird,
- der Text klar, sachlich und ehrlich ist,
- der Stil lebendig und interessant ist,
- das Schriftbild durch Absätze und Hervorhebungen aufgelockert wird,
- der Brief kurz ist (z. B. eine DIN-A4-Seite),
- weitere Informationen als Prospekt beigefügt werden sollten,
- der Brief unterschrieben ist,
- mit dem P.S. eine zusätzliche Aufforderung zur Handlung verbunden ist.

Auch an dieser Stelle ein von Studierenden der Fachschule Hösel gestalteter Werbebrief. Die kritische Beurteilung sei dem Leser überlassen.

BEST-BAU

**Bauträgergesellschaft mbH
Königsallee 1-3
40239 Düsseldorf**

Herrn
Prof. Dr. Christian Pawlitzek
Monetenstraße 1

42799 Leichlingen

Eine Anlage die sich lohnt, Best-Bau das neue Wohnbehagen

Sehr geehrter Herr Prof. Dr. Pawlitzek,

Leeren Sie Ihren Sparstrumpf, und investieren Sie in den Renditevorteil Ihrer Zukunft!
Nahe der Leverkusener Waldsiedlung errichten wir für Sie eine „Super Kapitalanlage".
Es wird Sie ihren Sparstrumpf kosten, aber die Vorteile liegen klar auf der Hand:

- **Steuervorteile (Ersparnisse) durch Investition**
- **hohe Renditen**
- **inflationssichere Anlage**

Unsere hohe Bauqualität sowie unser gut durchdachtes Gesamtkonzept, zu dem z. B. die Vermietung sowie auch die Bewirtschaftung Ihrer neuen Anlage gehören, sichern Ihnen auf lange Sicht Renditen in Höhe von bis zu **8% im Durchschnitt.** Die Sparzinsen für ein banktübliches Sparbuch betragen z. Z. ca. 3,5%. Wenn Sie uns fragen, zu wenig für klevere Anleger.

Wann dürfen wir Sie von unserem Konzept überzeugen?

Mit freundlichen Grüßen
Best-Bau GmbH

i. A. Wendt

P.S. Bei Einsendung der beigefügten Antwortkarte liegen ausführliche Informationen noch
MORGEN auf Ihrem Schreibtisch!

**TELEFON 01 90 / 333 222
FAX 01 30 / 333 225**

Deutsche Bank,
Düsseldorf
(BLZ 300 700 10)
Kto.-Nr. 345345

BfG Düsseldorf
(BLZ 300 600 29)
Kto.-Nr. 303045

Geschäftsführer:
Guido Krüger
André Balmes
Thorsten Wendt

Sofern dann nun hoffentlich durch Anzeigenwerbung oder als Ergebnis der Direktwerbung Kundenkontakte zustande gekommen sind, gilt es, das persönliche Gespräch mit dem Kunden zu führen. Wie viele Gespräche beim Vertrieb von Wohnimmobilien bis zum Verkaufsabschluss notwendig sind, hängt von der Art des Objektes ab. So ist es durchaus zu beobachten, dass beim Verkauf an Kapitalanleger bereits beim ersten Gespräch ein Abschluss zustande kommt. Bei Bauträgermaßnahmen (z. B. Reiheneigenheime/Eigentumswohnungen) wird dies nicht so sein; hier fällt die Kaufentscheidung i. d. R. erst nach einigen Terminen.

Dennoch ist der erste persönliche Kontakt mit dem unbekannten Kunden von größter Bedeutung. Ob sich der Kunde interessiert mit dem Angebot befasst und auch die Kaufentscheidung erwägt, entscheidet sich oft schon zu Beginn eines solchen Gesprächs. Nachstehend der Ablauf eines professionell geführten Erstkontaktes.

Modellaufbau eines Erstkontaktgesprächs

1. Begrüßung
2. Kontaktgespräch (Small talk)
3. Bedarfsanalyse
   a) Welchen sachlichen Immobilienbedarf hat der Kunde? (Kaufbedingungen)
   b) Welchen emotionalen Bedarf hat der Kunde? (Kaufwünsche)
   c) Welche Überlegungen führen zum Kauf einer Immobilie? (Kaufmotive)
4. Kurzfinanzierungs-Check (finanzielle Möglichkeiten des Käufers)
5. Präsentation des Angebotes
   a) Lage
   b) Gesamtobjekt
   c) Einzelimmobilien
6. Dialog über das Angebot
7. Konkreter Abschluss des Gesprächs (evtl. auch Kaufabschluss)

Quelle: Klaus Nielen, Immobilien-Verkauf, 1995, Seite 188/189

6.4.3.3 Public-Relations

Während Werbung eher kurzfristig ausgelegt ist und Handlungen beeinflussen will, zielt Public-Relations (Öffentlichkeitsarbeit) auf die Beeinflussung von Meinungen ab, ist längerfristig angelegt und führt zu mittelbarer Kaufbeeinflussung.

Die einzusetzenden Instrumente unterscheiden sich deshalb von denen der Werbung ganz erheblich. Allgemein ist u. a. an folgende Maßnahmen zu denken:
- Pressekonferenzen,
- Tage der offenen Tür,
- Vortragsveranstaltungen,
- Ausstellungen,
- Kundenzeitschriften/Mieterzeitungen,

- Beiträge in Fachzeitschriften,
- Veröffentlichung des Geschäftsberichtes etc.

Die Ausgaben für Public-Relations sind wesentlich geringer als die für Werbung aufzuwendenden Mittel. Dennoch legt sie Grundlagen, die auch der Werbung und ihrem Erfolg zugute kommen.

6.5 MARKETINGPLANUNG

6.5.1 Formulierung der Planziele

Marketingplanung ist auch organisatorisch im Unternehmen zu institutionalisieren, damit die Marketingplanung ihr gestellten Aufgaben gelöst werden können. Sie ist ein fortlaufender Prozess, um unter Einbeziehung der gegenwärtigen Situation künftige Marktprobleme zu lösen.

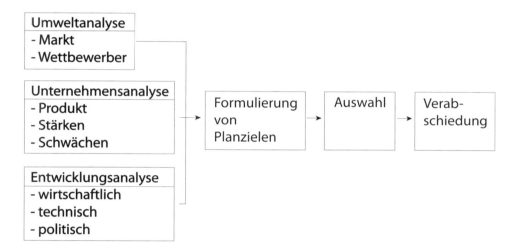

Hilfe bei der Entscheidung über angestrebte Planungsstrategien bietet die so genannte Portfolio-Analyse. Sie wurde zunächst für die optimale Zusammenstellung von Wertpapieren entwickelt, um das Gesamtrisiko möglichst gering zu halten. Diese Matrix dient der Darstellung der gegenwärtigen und geplanten Stellung der einzelnen Geschäftsfelder; für die Wohnungswirtschaft z. B. Reiheneigenheime, Eigentumswohnungen, Altenwohnheime, Mietwohnungen etc.

Planungsstrategien

Es geht also darum, ein Produkt-Portfolio zu entwickeln, das Erzeugnisse mit unterschiedlichen Marktrisiken und -Chancen so mit den Stärken und Schwächen der Unternehmung kombiniert, dass die langfristige Sicherung des Unternehmens gewährleistet werden kann.

Produkt-Portfolio

Die allgemeine 9-Felder-Portfolio-Matrix hat folgendes Aussehen:

Marktattraktivität

	gering	mittel	hoch
hoch			(3)
mittel		(2)	
gering	(1)		

Wettbewerbsvorteile

Quelle: Verband rheinischer und westfälischer Wohnungsunternehmen e. V., 1992, Heft Nr. 1, Seite 20

Aus der Kombination von Marktattraktivität und Wettbewerbsvorteil ergeben sich die Felder
  (1) Abschöpfungs- oder Desinvestitionsstrategie,
  (2) Selektionsstrategie,
  (3) Investitions- und Wachstumsstrategie.

Diese allgemeine Portfolio-Matrix lässt sich für ein beispielhaftes Wohnungsunternehmen wie folgt darstellen:

Marktattraktivität			
hoch	Reiheneigenheime	Eigentumswohnugenn	Freistehende Eigenheime
mittel	Mietwohnungen	Studentenappartements	Gehobene Seniorenwohnheime
gering	Sozialwohnungen	Wohnheime	Villen
	gering	mittel	hoch
			Wettbewerbsstärke des Wohnungsunternehmens

Quelle: Verband rheinischer und westfälischer Wohnungsunternehmen e. V., 1992, Heft 1, Seite 21

Die sich daraus ergebenden allgemeinen Strategien sind nachstehend sehr detailliert dargestellt. Sie sind auf die Besonderheiten des Wohnungsmarktes übertragbar. Das bedeutet, dass sich Wohnungsunternehmen nicht nur in einem Bereich – z. B. sozialer Wohnungsbau oder Eigentumswohnungen in reinen Wohngebieten – engagieren sollten, sondern dass die Bemühungen darauf ausgerichtet sein müssen, für möglichst unterschiedliche Segmente Aktivitäten zu entwickeln.

Elemente der Marketing-politik	Norm-Strategien		
	Investitions- und Wachstums strategien	Selektive Strategien	Abschöpfungs- oder Desinvesti- tionsstrategien
1. Objektpolitik	Sortiment ausbauen; Diversifizieren; Innovation	Spezialisierung; Schwerpunkt- bildung (Rand- typenbereinigung); Imitation	Programmbegren- zung (keine neuen Produkte; Aufga- ben ganzer Linien)
2. Abnehmermärk- te und Marktan- teile	Gewinne, Basis ver- breitern – Neue Regionen – Neue Anwen- dungen	Gezielt wachsen, Position verteidigen	Aufgaben zuguns- ten von Erträgen – Kundenselektion – Regionaler Rückzug
3. Preis- und Kon- ditionenpolitik	Preisführer (nach oben und unten)	Stabilisieren des Preisniveaus, ten- denzielle Niedrig- preispolitik	Tendenzielle Hoch- preispolitik (Preis- abschläge nicht mit machen)
4. Vertriebs- und Kommunikati- onspolitik	Aktiver Einsatz von – Werbemitteln – Zweitmarken – Markennamen	Gezielter Einsatz für Produkt- werbung	Zurückgehender Einsatz des ver- triebspolitischen Instrumentariums
5. Risiko	Akzeptieren	Begrenzen	Vermeiden
6. Investitionen	Vertretbares Maximum (Invest. > Abschr.)	Gezielt auf Cash-flow (Invest. = Abschr.)	Minimum bzw. Stilllegen (Invest. < Abschr.)

Quelle: in Anlehnung an: Hans Christian Weis, a.a.O., Seite 447.

6.5.2 Marketing-Mix

Unter Marketing-Mix versteht man allgemein die Kombination von absatzpolitischen Instrumenten, die ein Unternehmen zu einem bestimmten Zeitpunkt einsetzt. Die Bedeutung der einzelnen Instrumente hängt ab vom Betriebstyp, vom Produkt und vom Käuferverhalten. Bei manchen Produkten spielt der Preis eine wesentliche Rolle, bei anderen ist die Produktpolitik wichtig, und für Autos, Computer usw. ist ein gut funktionierender Kundendienst unentbehrlich.

Marketing-Mix

Wie dieser Mix im Einzelnen ausgestaltet sein kann, soll die nachstehende Grafik vordeutlichen.

6. MARKETING

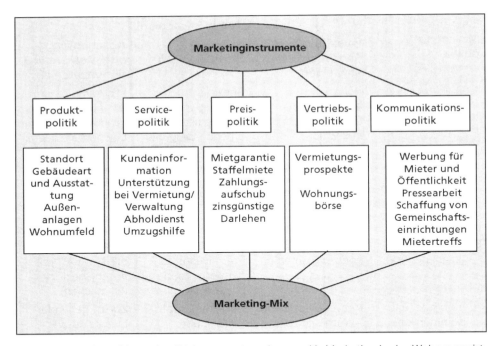

Quelle: Verband norddeutscher Wohnungsunternehmen e. V.: Marketing in der Wohnungswirtschaft, HVH, 1998, Seite 3

Vorschläge zur Bestimmung des Marketing-Mixes sind in der weiterführenden Literatur zu finden. Das einzelne Wohnungsunternehmen muss für sich und seine Situation am z. B. regionalen Markt seine eigene Gewichtung festlegen. Dabei ist sicherlich zu unterscheiden, ob z. B. Mietwohnungen im Vermietermarkt zu vermieten sind oder ob im wachsenden Markt für Reiheneigenheime bei regem Wettbewerb zu verkaufen sind.

Optimal war das Marketing-Mix dann, wenn das gewünschte Ziel erreicht wurde. So ist auch hier eine ständige Kontrolle und gegebenenfalls Anpassung vorzunehmen.

Kapitel 7
STEUERN BEI IMMOBILIEN

Ludwig Bauer

7. STEUERN BEI IMMOBILIEN

Wirtschaftliche Entscheidungen zu Immobilien sind stets u. a. auch mit steuerlichen Überlegungen verbunden. Steuerliche Überlegungsansätze sollen bei rational ausgerichteten Entscheidungen nur eine Mittelfunktion einnehmen in Abhängigkeit von übergeordneten Zielen, z. B. Einnahmenerzielung, Gewinn, Alterssicherung, der in Immobilien investierenden privaten bzw. unternehmerischen Haushalte. Die Steuerthematik und fiskal- bzw. förderpolitisch flankierenden Ansätze, z. B. Abschreibungen, Fördermittel, begleiten Immobilien im Gesamtzyklus der Besitzdauer, und zwar in der

- Anschaffungsphase,
- Bewirtschaftungsphase,
- Veräußerungs- bzw. Nachfolgephase.

Mittelfunktion

Die Breite des Stoffgebietes erfordert eine entsprechende Abgrenzung der hier zu besprechenden Steuerthematik. Im Mittelpunkt stehen zwei Investitionsbereiche:
- Investitionen in Immobilien zur Kapitalanlage, verbunden mit der Erzielung von Einnahmen aus Vermietung und Verpachtung für das Privatvermögen,
- Investitionen in Immobilien zur Selbstnutzung durch private Haushalte.

Steuerthematik
Kapitalanlage
EStG § 21
Selbstnutzung

Unternehmerisch betriebliche Überlegungsansätze, wie sie im Rechnungswesen und hier wiederum in den Bereichen des Körperschafts- und Gewerbesteuerrechts greifen, sind hier außer Betrachtung.

Steuern und steuerliche Grundansätze dagegen, wie sie durchgehend Thema bei Immobilien sowohl im Privat- wie Betriebsvermögen sind, stehen ebenso im Mittelpunkt der Darlegungen.

7.1 STEUERSYSTEMATIK/STEUERLICHE GRUNDBEGRIFFE

7.1.1 Überblick zur Steuersystematik

Steuerbegriff

Steuerbegriff

Die Abgabenordnung versteht unter Steuern
- Geldleistungen, die nicht eine Gegenleistung für eine besondere Leistung darstellen und von einem öffentlich-rechtlichen Gemeinwesen (z. B. Bund, Land, Gemeinde) zur Erzielung von Einnahmen allen auferlegt werden, bei denen der Tatbestand zutrifft, an den das Gesetz die Leistungspflicht (Steuerpflicht) knüpft,
- Zölle und Abschöpfungen.

AO § 3 Abs. 1

Der Zweck, Einnahmen zu erzielen, kann Nebenzweck sein.

Steuern sind somit in einer Reihe mit den öffentlichen Abgaben wie Gebühren (z. B. Gewerbeerlaubnis), Beiträge (z. B.: Anschlussbeiträge) Sonderabgaben (z. B. Solidaritätszuschlag).

Grundstruktur im Steuerrecht

Allgemeine Steuergesetze	Einzelsteuergesetze
Regeln z. B. allgemein geltende Bestimmungen bzw. zumindest für mehrere Einzelsteuern (z. B. Einkommensteuer) überwiegend geltende Bestimmungen, z. B. Abgabenordnung (AO), Bewertungsgesetz (BewG)	Einzelne Steuerarten werden in ihren materiellen Besonderheiten geregelt (z. B. im EStG, LStG, UStG).

Grundstruktur im Steuerrecht

Steuerliche Rechtsquellen / Rechtsnormen:
- Grundgesetz,
- Allgemeine Steuergesetze (z. B. BewG),
- Einzelsteuergesetze (z. B. EStG),
- Verordnungen (z. B. EStDV).

Konsequenz:
Bindend für Finanzverwaltung/Steuerpflichtige/Gerichte.

Rechtsauslegung:
- Richtlinien (z. B. EStR),
- Erlasse (z. B. Erlass eines Finanzministeriums,)
- Verfügungen (z. B. Verfügung einer Oberfinanzdirektion).

Konsequenz:
Bindend für Finanzverwaltung bei Gesetzesanwendungen.

Rechtsprechung: z. B. BFH.

Konsequenz:
Bindend nur für die Einzelfallentscheidung, ansonsten Entscheidungs- bzw. Orientierungshilfe.

Das Steuerrecht ist Teil des öffentlichen Rechts. Es ist geprägt vom Grundsatz der Über- und Unterordnung und weitgehend gekennzeichnet von Verboten/Pflichten.

7.1.2 Steuerliche Grundbegriffe

Steuerliche Grundbegriffe

Die nachfolgend gelisteten steuerlichen Grundbegriffe lassen sich einteilen in personenbezogene und sachbezogene Begriffe:

Personenbezogene Begriffsansätze, z. B. :

- **Steuerpflichtiger** (Person, natürliche oder juristische, die eine Steuer schuldet, z. B. Einkommensteuerschuld/für eine Steuer haftet, z. B. Arbeitgeber für Lohnsteuer/eine Steuer für Rechnung eines Dritten einzubehalten und abzuführen hat, z. B. Lohnsteuer der Arbeitgeber/eine Steuererklärung abzugeben hat/Bücher und Aufzeichnungen zu führen hat, z. B. Kaufmann.) *(Steuerpflichtiger AO § 31)*

- **Steuerschuldner** (Steuerschuldner ist derjenige, der Ansprüche aus dem Steuerschuldverhältnis zu erfüllen hat. Die Einzelsteuergesetze bestimmen, wer Steuerschuldner ist, z. B. § 13 GrEStG, die an einem Erwerbsvorgang beteiligten Parteien.) *(AO § 43, GrEStG § 13)*

- **Steuerschuldner** (Steuerträger, z. B. bei ESt/KSt/Steuerschuldner/Steuerträger, z. B. bei UST/Verbrauchsteuern.)
- **Steuerträger** (Derjenige, der die Steuern wirtschaftlich im Endergebnis trägt, durch sie belastet wird; z. B. Endverbraucher durch Umsatzsteuer.) — Steuerträger
- **Steuerzahler** (Person, die an den Steuergläubiger Steuern abführt, ohne jedoch unbedingt Steuerträger sein zu müssen.) — Steuerzahler
- **Steuergläubiger** (Öffentlich-rechtliches Gemeinwesen, dem das Steueraufkommen zufließt, z. B. Gemeinde mit dem Heberecht für die Grundsteuer, § 1 GrStG.) — Steuergläubiger GrStG § 1 AO § 3 Abs. 1
- **Angehöriger** (Die Einordnung als Angehöriger ist steuerlich oftmals von Bedeutung, z. B. in § 3 GrEStG Erwerb von Immobilien, Vermietung an Angehörige.) — Angehöriger AO § 15 EStG § 21

Sachorientierte Begriffsansätze z. B.

- **Steuergegenstand/Steuerobjekt** (Tatbestand, an den das Einzelsteuergesetz die Steuerpflicht knüpft, z. B. Erwerbsvorgänge bei inländischen Grundstücken, § 1 GrEStG.) — Steuergegenstand GrEStG § 1
- **Steuergeheimnis** (Amtsträger haben die in Ausübung ihrer Tätigkeit gewonnenen Informationen als Steuergeheimnis zu wahren; Regelungen, unter welchen Bedingungen die Offenlegung oder Verwertung an sonst geschützten Daten zulässig ist.) — AO § 30 ff.
- **Schutz von Bankkunden** (Bei der Ermittlung des Sachverhaltes § 88 AO haben die Finanzbehörden auf das Vertrauensverhältnis zwischen Kreditinstituten und deren Kunden besonders Rücksicht zu nehmen.) — AO § 30a
- **Ermessen** (Handlungsspielraum der Finanzbehörde in Anwendung rechtlicher Bestimmungen. In Rechtsquellen durch Texte wie „darf", „kann" formuliert.) — Ermessen AO § 5
- **Bemessungsgrundlage für Steuern** (Wertansatz als Basis für steuerliche Festsetzungen; z. B. als zu versteuerndes Einkommen, Anschaffungs- bzw. Herstellungskosten als Grundlage für die Ermittlung der Absetzung für Abnutzung.) — Bemessungsgrundlage
- **Freibetrag** (Als der Teil, der von der Besteuerung ausgenommen wird, bei der Bemessungsgrundlage zum Abzug kommt, z. B. Sparerfreibetrag als Abzugsbetrag bei den Einkünften aus Kapitalvermögen.) — EStG § 20 Abs. 4
- **Freigrenze** (Als der Betrag, bis zu dem ein Heranziehen zur Bemessung/Besteuerung unterbleibt, im Fall der Überschreitung jedoch voll in die Bemessung einzubeziehen ist, z. B. Gewinne aus Veräußerungsgeschäften, früher Spekulationsgewinne genannt, wenn der Gesamtgewinn nach Abzug der Werbungskosten weniger als 600,00 € beträgt.) — EStG § 23 Abs. 3 Satz 5
- **Pauschbetrag** (Als der Betrag, der aus Gründen der Steuervereinfachung als freier, nicht nachzuweisender Abzugsbetrag angesetzt werden darf, z. B. Arbeitnehmer-Pauschbetrag für Werbungskosten.) — EStG § 9a Satz 1 Nr. 1
- **Steuerklassen** (Als steuertechnische Möglichkeit unterschiedliche Verhältnisse in der Person des Steuerpflichtigen zu berücksichtigen, z. B. durch entsprechende Steuerklassen/Steuertabellen. Anwendungsbereiche z. B. bei der Lohnsteuer, Schenkungs- und Erbschaftssteuer.) — Steuerklassen
- **Steuermessbetrag** (Als Bemessungsgrundlage bei den Realsteuern Gewerbesteuer/Grundsteuer vom Finanzamt festgesetzt durch Steuermessbescheid.) — Steuermessbetrag AO 184
- **Steuermesszahl** (Als durch Einzelsteuergesetze festgelegter Faktor, z. B. bei der Grundsteuer, Gewerbesteuer.) — Steuermesszahl
- **Steuersatz** (Als der z. B. vom-Hundert-Satz, der angewandt auf die Steuerbemessungsgrundlage die jeweilige Steuerschuld ergibt; z. B. Steuerberechnung der Grunderwerbsteuer, § 11 GrEStG.) — Steuersatz

Durchschnitt-steuersatz GrEStG § 11

- **Durchschnittsteuersatz** (Als der vom-Hundert-Satz, den z. B. die Einkommensteuer ohne Solidaritätszuschlag im Verhältnis zum zu versteuernden Einkommen hat.)
- **Grenzsteuersatz** (Als der vom-Hundert-Satz, mit dem z. B. Einkommenszuwächse bzw. auch -verringerungen steuerlich be- bzw. entlastet werden.)
- **Sachliche Zuständigkeit**
  (Richtet sich nach dem Gesetz über die Finanzverwaltung.)
- **Örtliche Zuständigkeit**
  (Regelt, welches FA für die Feststellung der Besteuerungsgrundlagen/Erhebung der Steuern zuständig ist, z. B. Einkommensteuer: Wohnsitzfinanzamt.)

Einteilung der Steuern

7.1.3 Einteilung der Steuern

Die Steuersystematik ist angereichert mit einer Vielzahl von Einzelsteuern. Um einen Überblick zu schaffen, lassen sich die einzelnen Steuerarten nach allgemein gültigen Einteilungskriterien systematisieren. Hierbei gelten im Besonderen:

- **Steuern nach dem Empfänger/Ertragshoheit**

d. h. welchem Adressaten das Steueraufkommen allein bzw. nach einem bestimmten Verteilungsschlüssel mehreren Adressaten zufließt.

Steuern

Bundessteuern gem. Art. 106 Abs. 1 GG	Landessteuern gem. Art. 106 Abs. 2 GG	Gemeindesteuern gem. Art. 106 Abs. 6 GG	Gemeinschaftssteuern gem. Art. 106 Abs. 3 GG
z. B. Zölle, Verbrauchssteuern, Solidaritätszuschlag	z. B. ErbSt, GrESt	z. B. GrdSt, GewSt, HundeSt	z. B. KSt, ESt, USt

- **Steuern nach diversen Merkmalen**

Ertragsteuern	Verkehrsteuern	Realsteuern	Verbrauchsteuern
Einkommensteuer, Körperschaftsteuer, Gewerbesteuer	Umsatzsteuer, Grunderwerbsteuer, Versicherungssteuer, Kraftfahrzeugsteuer	Gewerbesteuer, Grundsteuer	Mineralölsteuer, Biersteuer, Branntweinsteuer, Tabaksteuer

– Steuern nach der Überwälzbarkeit

Danach wird allgemein zwischen direkten und indirekten Steuern unterschieden. Direkte Steuern sind solche, bei denen der rechtliche Steuerschuldner und derjenige, der nach dem Willen des Staates diese Steuer wirtschaftlich tragen soll (Steuerträger), identisch sind. Sind Steuerträger und Steuerschuldner nicht identisch, bezeichnet man diese Steuern als indirekte Steuern.

Steuern

Direkte Steuern	Indirekte Steuern
z. B. ESt, KSt, ErbSt	z. B. USt, TabakSt, MineralölSt, Branntweinsteuer

7.1.4 Überblick über Einkunftsarten/ Ermittlung des Gesamtbetrages der Einkünfte

7.1.4.1 Gewinneinkünfte/Überschusseinkünfte

Die Einkommensteuer hat zum Besteuerungsgegenstand das Einkommen natürlicher Personen. Steuerrechtlich materiell schließt diese Besteuerung an die wirtschaftliche Leistungsfähigkeit des Steuerpflichtigen an. Entsprechend der Ermittlungssystematik für die Höhe der Einkünfte kann man unterscheiden
– Gewinneinkünfte und
– Überschusseinkünfte

EStG § 2

– **„Gewinneinkünfte"** aus

Gewinneinkünfte

- Land- und Forstwirtschaft, § 13 ff. EStG,
- Gewerbebetrieb, § 15 ff. EStG,
  z. B. gewerbebetriebliche Aktivitäten in Vermietung, Verpachtung, Baubetreuung, Bauträgertätigkeit, Vermittlungstätigkeit,
- Selbstständiger Arbeit, § 18 EStG,
  z. B. Honorare aus reiner Planungstätigkeit als freiberuflicher Architekt.

– **„Überschusseinkünfte"** aus

Überschusseinkünfte

- Nicht-selbstständiger Arbeit, § 19 EStG,
  z. B. Löhne/Gehälter als Arbeitnehmer,
- Kapitalvermögen, § 20 EStG,
  z. B. Dividenden bei Genossenschaften/Kapitalgesellschaften, Zinserträge aus Kapitalanlagen, anteilige Zinserträge aus der Anlage der Instandhaltungsrücklage der Wohnungseigentümergemeinschaft,
- Vermietung und Verpachtung, § 21 f. EStG,
  z. B. Mieten/Pachten, soweit die Einkunftsquelle dem Privatvermögen zuzuordnen ist,
- Sonstige Einkünfte, § 22 f. EStG,
  z. B. Einkünfte aus privaten Veräußerungsgewinnen bei Immobilienverkäufen aus dem Privatvermögen bei entsprechenden Voraussetzungen.

Die Bewirtschaftungsergebnisse aus dem Grundvermögen können somit im Bereich der Gewinneinkünfte oder dem der Überschusseinkünfte liegen, je nachdem, welchem Bereich das Grundvermögen und die damit daraus fließenden Einkünfte zuzuordnen sind.

7.1.4.2 Ermittlung des Gesamtbetrages der Einkünfte/ Mindestbesteuerung

<small>EStG
§ 2 Abs. 3</small>

Der Gesamtbetrag der Einkünfte gemäß § 2 Abs. 3 EStG ist die Summe der Einkünfte, vermindert um den Altersentlastungsbetrag, den Entlastungsbetrag für Alleinerziehende und den Abzug nach § 13 Abs. 3 EStG (Freibetrag für Land- und Forstwirtschaft).

7.2 EINKOMMENSTEUER BEI IMMOBILIEN ZUR VERMIETUNG/VERPACHTUNG BZW. ZUR BETRIEBLICHEN NUTZUNG

Immobilien können entsprechend ihrer Vermögenszuordnung im Betriebsvermögen bzw. Privatvermögen sein. Im Betriebsvermögen können sie der betrieblichen Selbstnutzung, aber auch der Zweckbestimmung entsprechend der Vermietung und Verpachtung dienen, § 13, § 15, § 18 EStG. Hier kann man von Gewinneinkünften, § 2 Nr. 2 EStG sprechen.

Ablaufschema zur Ermittlung des zu versteuernden Einkommens (§ 2 Abs. 5 EStG i. V. m. R 3 EStR zu § 2 EStG)

    Einkünfte aus Land- und Forstwirtschaft (§ 13 EStG)
+ Einkünfte aus Gewerbebetrieb (§ 15 EStG)
+ Einkünfte aus selbstständiger Arbeit (§ 18 EStG)
+ Einkünfte aus nichtselbstständiger Arbeit (§ 19 EStG)
+ Einkünfte aus Kapitalvermögen (§ 20 EStG)
+ Einkünfte aus Vermietung/Verpachtung (§ 21 EStG)
+ Sonstige Einkünfte (§ 22 i. V. m. § 23 EStG)
= **Summe der Einkünfte**
./. Altersentlastungsbetrag (§ 24 a EStG)
./. Entlastungsbetrag für Alleinerziehende (§ 24 b EStG)
./. Freibetrag für Land- und Forstwirtschaft (§ 13 Abs. 3 EStG)
= **Gesamtbetrag der Einkünfte (§ 2 Abs. 3 EStG)**
./. Verlustabzug (ggf. § 10 d EStG sowie Sonderausgaben ggf. § 10 EStG)
./. außergewöhnliche Belastungen (§ 33, 33 a, 33 b, 33 c EStG)
= **Einkommen (§ 2 Abs. 4 EStG)**
./. Kinderfreibetrag (§ 32 Abs. 6 EStG)
= **zu versteuerndes Einkommen (§ 2 Abs. 5 EStG)**

<small>Beschränkung Verlustausgleich</small>

Die Beschränkung des Verlustausgleichs wurde ab 2004 wesentlich zurückgefahren. In Kurzform dargestellt gilt:

Beschränkung des Verlustausgleichs ab 2004 aufgehoben (Korb-II-Gesetz 2003), § 2 Abs. 3 Sätze 2 bis 8 EStG, § 52 Abs. 2a EStG i. V. m. § 10d Abs. 1 und 2 ESTG, § 52 Abs. 25 Satz 2 ff. EStG (Neue Beschränkung des Verlustvortrags ab 2004, Korb-II-Gesetz 2003).

Das heißt: Ab dem Verlustentstehungsjahr 2004 sind Verluste der Sache nach wieder uneingeschränkt verrechnungsfähig – bei Beachtung fortbestehender Sonderregelungen (z. B. §§ 15 Abs. 4, 23 Abs. 3 EStG).

Übersicht zur „allgemeinen Mindestbesteuerung" gemäß § 10 d EStG ab Veranlagungszeitraum (VZ) 2004

Vorweg:
Verluste aus einer bzw. mehreren Einkunftsarten können wiederum unbegrenzt mit positiven Einkünften verrechnet werden.

Negative Einkünfte im Rahmen der Ermittlung des Gesamtbetrages der Einkünfte – bis 511 500,00 € (Einzelveranlagung) – bis 1.023.000,00 € (Zusammenveranlagung bei Ehegatten) sind vom Gesamtbetrag der Einkünfte des unmittelbar vorangegangenen Veranlagungszeitraumes vorrangig vor Sonderausgaben, außergewöhnlichen Belastungen und sonstigen Abzugsbeträgen abzuziehen. ↓ **Verlustrücktrag**	**Nicht durch Verlustrücktrag ausgeglichene negative Einkünfte** – bis 1.000.000,00 € (Einzelveranlagung) – bis 2.000.000,00 € (Zusammenveranlagung bei Ehegatten) – darüber hinaus bis zu 60 % des 1 Mio. € (bzw. 2 Mio. €) übersteigenden Gesamtbetrages der Einkünfte abzugsfähig. sind vom Gesamtbetrag der Einkünfte vorrangig vor Sonderausgaben, außergewöhnlichen Belastungen und sonstigen Abzugsbeträgen abzuziehen. ↓ **Verlustvortrag**

Fazit:
Die Mindestbesteuerung ist für den Steuerpflichtigen wieder günstiger gefasst, die Verrechnungsspielräume sind weiter gefasst, der verbleibende Verlustvortrag wird nicht mehr getrennt nach Einkunftsarten festgestellt, hier z. B. nach Vermietung und Verpachtung, sondern einheitlich für den Steuerpflichtigen. Der aktive Kapitalanleger/Vermieter in Immobilien gewinnt damit steuerlich für die Einbringung von negativen Einkünften wiederum bessere Verrechnungsmöglichkeiten.

Für die Ermittlung der Gewinneinkünfte gilt:
- Betriebsvermögensvergleich, § 4 Abs. 1 EStG,   EStG § 4 Abs. 1
z. B. buchführungspflichtige Betriebe der Grundstücks- und Wohnungswirtschaft oder
- Betriebseinnahmen/Betriebsausgaben, § 4 Abs. 3 EStG,   EStG § 4 Abs. 3
z. B. nicht buchführungspflichtige Betriebe der Grundstücks- und Wohnungswirtschaft,
- Durchschnittssätze, § 13 f. EStG,   EStG § 13 f.
z. B. Gewinnermittlung aus Land- und Forstwirtschaft nach Durchschnittssätzen.

Für die Ermittlung der Überschusseinkünfte gilt:

EStG §§ 8, 9
- Einnahmen/Werbungskosten, §§ 8, 9 EStG,
z. B. Überschussrechnung bei Einkunftsart Vermietung und Verpachtung, § 2 Abs. 1 Nr. 6 i. V. m. § 21 EStG.

Einnahme-
arten

7.2.1 Ausgewählte Einnahmearten

Investitionen in Immobilien zur privaten Selbstnutzung, selbst genutztes Wohneigentum durch Privathaushalte sind kein Thema der steuerlichen Einnahmebetrachtung. Selbst genutztes Wohneigentum ist Konsumgut der privaten Lebensführung.

- **Ertragsarten/Umsatzerlöse in der unternehmerisch/gewerblichen Grundstücks- und Wohnungswirtschaft bei Vermietung und Verpachtung/evtl. auch Veräußerung aus dem Anlagenbestand.**

Ertragsarten sind alle Erlöse, die im Rahmen dieses Unternehmensgegenstandes entstehen, auf den tatsächlichen Zufluss kommt es zunächst nicht an.

Diese lassen sich einteilen in
- **„betriebstypische" Umsatzerlöse** aus der Hausbewirtschaftung, wie z. B.: Sollmieten, Umlagen, Gebühren und Zuschläge, Miet-, Zins- und Aufwendungszuschüsse, Pachterlöse, Erlöse aus Sondereinrichtungen,
- **sonstige betriebliche Erträge,** wie z. B.: Erträge/Mehrerlöse aus dem Verkauf von Immobilien des Anlagenvermögens, Erträge aus Erbbauzinsen, Gestattungsgebühren, Erträge aus unbebauten Grundstücken, Erträge aus früheren Jahren.

Einkünfte aus Vermietung und Verpachtung

- **Einnahmearten bei Einkünften aus Vermietung und Verpachtung im Privatvermögen**

Einnahmen sind bei dieser Einkunftsart alle Güter, die in Geld oder Geldwert bestehen und dem Steuerpflichtigen dabei zufließen, § 8 Abs. 1 EStG.

Für die steuerliche Zurechnung kommt es hierbei auf den Zufluss gemäß § 11 EStG an.

Der Art nach bestehen mit den Einnahmen der Grundstücks- und Wohnungswirtschaft viele Übereinstimmungen.

Typische Einnahmen

1. **Typische Einnahmen**
bei Vermietung und Verpachtung im Privatvermögen, z. B.
- Mieten/Pachten und Umlagen aus Betriebskosten,
- Betriebskostenpauschalen,
- Erbbauzinsen.

Sonstige Einnahmen

2. **Sonstige, seltenere Einnahmen**
- Zuschüsse,
z. B. Zuschüsse für Erhaltungs- und Herstellungskosten, wenn kein Abzug bei der Ermittlung der späteren Abschreibungsgrundlage vorgenommen wird.

- Entgelte für besondere Erlaubnisse/Gestattungsentgelte,
  z. B. Entgelte für Reklameflächen, Anbringung von Automaten und Antennen für Mobilfunk.
- Entschädigungen des Mieters/Pächters,
  z. B. für übermäßige Beanspruchung der Mietsache.
- Abstandszahlungen des Mieters/Pächters,
  z. B. für eine vorzeitige Auflösung des Vertragsverhältnisses.
- Vorsteuererstattung bei einer evtl. möglichen Option gemäß § 9 UStG.

Nicht zu den Einnahmen aus Vermietung und Verpachtung zählen und somit steuerfrei bleiben beispielsweise:
- Einnahmen aus der Erlaubnis an Dritte zur Ausbeutung von Bodenschätzen,
- Einnahme aus Entschädigungszahlungen für Vermögensschäden am Immobilienobjekt,
- Einnahmen aus Verkaufserlösen von Immobilien, soweit sie dem Privatvermögen zugehörig sind, der Zeitraum zwischen Anschaffung und Veräußerung mehr als zehn Jahre beträgt, § 23 EStG, und in der Zahl der privaten Immobilienverkäufe keine Gewerbsmäßigkeit gesehen wird (z. B. wesentliche Zählweise: Verkauf von nicht mehr als 3 Objekten innerhalb von 5 Jahren, wenn die jeweiligen Verkaufsobjekte nicht mehr als 10 Jahre im Eigentum waren).

7.2.2 Ausgewählte Ausgabearten/Werbungskosten

Auch in diesem Zusammenhang sollen Ausgabearten/Werbungskosten/ steuerlich eingeengt werden auf die unternehmerische/gewerbliche Grundstücks- und Wohnungswirtschaft bei Vermietung und Verpachtung bzw. bei einer evtl. Veräußerung aus dem Anlagenbestand sowie auf die Einkunftsart Vermietung und Verpachtung im Privatvermögen.

- **Ausgabearten/Aufwendungen in der unternehmerischen Grundstücks- und Wohnungswirtschaft bei Vermietung und Verpachtung**

Betriebliche Ausgaben/Aufwendungen können tatsächlicher, aber auch nur fiktiver Art (z. B. steuerliche AfA) sein, auf den tatsächlichen zahlungsmäßigen Abfluss kommt es zunächst nicht an.

Die Ausgabearten/Aufwendungen wiederum lassen sich analog dem Kontenrahmen der Wohnungswirtschaft einteilen in

- **Betriebstypische Aufwendungen für die Hausbewirtschaftung:**
  · Betriebskosten,
  · Instandhaltungskosten/Erhaltungsaufwendungen,
  · Andere Aufwendungen der Hausbewirtschaftung, z. B. Pachtzinsen/Kosten für Miet- und Räumungsklagen/Erbbauzinsen/Vertriebskosten,
  · Aufwendungen für andere Lieferungen und Leistungen, z. B. Kosten der Geschäftsbesorgung durch Dritte,
  · Personalkosten,
  · Abschreibungen auf Sachanlagen,

- Sonstige betriebliche Aufwendungen,
  z. B. sächliche Verwaltungskosten/Erbbauzinsen und andere Aufwendungen für unbebaute Grundstücke/Abschreibungen auf Miet- und Pachtforderungen, Verluste aus dem Verkauf von Immobilien des Anlagevermögens,
  - Zinsen und ähnliche Aufwendungen für Objekte der Vermietung und Verpachtung,
  - Sonstige Steuern z. B. Grundsteuer.

- **„Betriebsatypische" Ausgaben** zum Beispiel:
  - Verluste aus dem Abgang von Gegenständen des Anlagevermögens, z. B. bei Immobilien und Mobilien.

- **Werbungskosten bei Einkünften aus Vermietung und Verpachtung im Privatvermögen**

EStG § 9 Abs. 1

Werbungskosten sind Aufwendungen zur Erwerbung, Sicherung und Erhaltung von Einnahmen, hier der Einkunftsart aus Vermietung/Verpachtung bei Immobilien.

EStG § 11

Auch hier kann zwischen tatsächlichen und fiktiven Werbungskosten (z. B. steuerliche AfA) unterschieden werden, jedoch kommt es bei der Berücksichtigung von tatsächlichen Werbungskosten auch auf den zahlungsmäßigen Abfluss im Besteuerungszeitraum an.

Die Werbungskosten kann man unterteilen in:

Werbungskosten

Kosten im Finanzierungsbereich z. B.	Kosten im Bewirtschaftungsbereich z. B.
– Schuldzinsen während der Bauzeit – Geldbeschaffungskosten – Schuldzinsen nach Fertigstellung – Renten oder wiederkehrende Leistungen	– Abschreibung auf die Anschaffungs- oder Herstellungskosten des Gebäudes – Erhaltungsaufwendungen (Instandhaltungskosten) – Betriebskosten – Verwaltungskosten

Die oben angesprochenen Werbungskosten sollen skizzenhaft umrissen werden.

- **Werbungskosten aus dem Finanzierungsbereich**

Schuldzinsen Bauzeit

1. Schuldzinsen während der Bauzeit
Soweit sie beim Käufer der Immobilie entstehen, sind sie für diesen grundsätzlich unbeschränkt abzugsfähige Werbungskosten.

Geldbeschaffungskosten

2. Geldbeschaffungskosten
Hier kann man unterscheiden zwischen laufzeitabhängigen Kosten, im Besonderen das Disagio für die Zeit der Zinsfestschreibung, und laufzeitunabhängige Kosten wie Schätzgebühren für die Immobilie, Kosten für Notar und Gericht, für die Bestel-

lung von Grundpfandrechten zur Absicherung der Finanzierung, Bearbeitungsgebühren, Provisionszahlungen für eine Finanzierungsvermittlung.

Diese Geldbeschaffungskosten sind ebenfalls unbeschränkt abzugsfähige Werbungskosten.

Das Disagio (auch Damnum, Abgeld, Auszahlungsverlust), selbst eine spezielle Art der Werbungskosten, soll hier noch etwas erweitert betrachtet werden. Der Darlehensnehmer bekommt in diesem Fall nicht den Nominalbetrag (= Schuldbetrag) des Darlehens ausgezahlt, sondern einen Auszahlungsbetrag, der um den Betrag des Disagios gekürzt ist. Diese Differenz, Disagio, ist das Entgelt des Darlehensgebers für die Einräumung eines niedrigeren Nominalzinssatzes als sonst marktüblich bei voller Auszahlung des Darlehens. Das Disagio ist somit eine teilweise Vorwegnahme der Zinszahlung für den Zeitraum der Festschreibung des Nominalzinssatzes des Darlehens, z. B. 5, 10 oder 15 Jahre.

Disagio

Die Höhe des Disagios, der vorweggenommenen Zinszahlung, entspricht in etwa der Differenz zwischen dem Nominalzinssatz bei voller Darlehensauszahlung und dem niedrigeren Nominalzinssatz bei Hinnahme eines Disagios, multipliziert mit den Jahren der Zinsfestschreibung.

Der Investor, der, aus welchen Überlegungen auch immer, die Darlehensaufnahme mit Disagio wählt, hat bei den Einkünften nach § 21 EStG bestimmte steuerliche Vorgaben für die Abzugsfähigkeit des Disagios als Werbungskosten zu beachten:

Disagio darf der Höhe nach marktübliche Sätze nicht übersteigen. Nach dem neuen Bauherrenerlass wird bei Kreditverträgen ab dem 1.1.2004 nur noch ein Disagio bis zur Höhe von 5 % (nicht mehr wie früher bis 10 %) als Werbungskosten anerkannt.

Auch in der Bewirtschaftungsphase des Vermietungsobjektes erneut anfallende Geldbeschaffungskosten (z. B. erneuter Anfall eines Disagios bei Verlängerung der Zinsfestschreibung) sind steuerlich als Werbungskosten ansatzfähig.

3. Schuldzinsen nach Fertigstellung

Schuldzinsen Fertigstellung

Soweit es sich um Schuldzinsen im Zusammenhang mit dem Vermietungsobjekt handelt, sind diese unbeschränkt als Werbungskosten steuerlich ansatzfähig.

4. Renten oder andere wiederkehrende Leistungen,

z. B. bei Leibrenten der Ertragsanteil aus der Jahresrente; im Fall des Erbbaurechts gehört der jährliche Erbbauzins zu den ansatzfähigen Werbungskosten.

- **Werbungskosten aus dem Bewirtschaftungsbereich**

Auch hier sollen ausgewählte Bereiche skizzenhaft umrissen werden.

1. **Abschreibung** auf Anschaffungs- und/oder Herstellungskosten, soweit es sich um abnutzbare Wirtschaftsgüter, wie z. B. das Gebäude oder Einrichtungsgegenstände, des Vermietungsobjektes handelt, unterliegen diese einer Abnutzung. Sie können über ihre voraussichtliche Nutzungszeit abgeschrieben werden. Die Abschreibungsbeträge sind als Werbungskosten ansatzfähig.

Abschreibung

Die steuerlichen Abschreibungsarten bei Immobilien werden unter 7.2.4 dargestellt.

Erhaltungsaufwendungen

2. **Erhaltungsaufwendungen** (Instandhaltungskosten)
Soweit es sich um laufende oder aperiodisch auftretende Reparaturen und Ersatzinvestitionen, wie z. B. Neubeschichtung einer Badewanne, Erneuerung der Dacheindeckung, Erneuerung bzw. Reparatur der Heizungsanlage, Reparatur defekter Schlösser, am Mietobjekt handelt, sind diese Kosten grundsätzlich als Werbungskosten ansatzfähig.

Betriebskosten

3. **Betriebskosten**
Zu den Arten der Betriebskosten, z. B. Heizung, Prämien zur Sachversicherung vgl. Betriebskosten. Diese sind ebenfalls als Werbungskosten ansatzfähig.

Verwaltungskosten

4. **Verwaltungskosten**
Als ansatzfähige Kosten können hier beispielhaft auftreten:
– Verwaltergebühren bei Fremdverwaltung,
– Eigenkosten der Selbst- bzw. Mitverwaltung, z. B. Kosten der Mietersuche, Kosten der Objektüberwachung, Kosten der Wahrnehmung von Eigentümerverpflichtungen (z. B. Eigentümerversammlung), Kontoführungsgebühren für Mietkonto, Büroraumkosten und andere Verwaltungskosten für evtl. umfangreiche Verwaltungsaufgaben, Beiträge zu Hausbesitzervereinen,
– Abstandszahlungen an Mieter für eine vorzeitige Aufhebung von Mietverträgen.

7.2.3 Anschaffungs- und Herstellungskosten, Basisbegriffe steuerlicher Bemessungsgrundlage

Allgemeine steuerliche Einordnung
Die Höhe der Anschaffungs- bzw. Herstellungskosten bei Immobilien ist in mehrfacher Sicht Bemessungsgrundlage für steuerliche Ansätze. Außen vor bleiben im Rahmen dieser Betrachtung die unterschiedlichen Ansatz- und Bewertungsvorschriften bilanzierender Unternehmen im Rechnungswesen, wie sie Steuer- und Handelsbilanz kennen. Die Betrachtung konzentriert sich steuerlich auf die Thematik Anschaffungskosten/Herstellungskosten im Rahmen der Überschussrechnung bzw. der Einnahmen-/Ausgabenrechnung und dort auf die diesbezüglichen Werbungskosten bzw. Betriebsausgaben. Steuerliche Ansätze, die an die Herstellungs- bzw. Anschaffungskosten einer Immobilie anknüpfen und damit diese Kosten – soweit es das abnutzbare Wirtschaftsgut (z. B. Gebäude) betrifft – zur Bemessungsgrundlage machen, sind z. B.:

Herstellungs- bzw. Anschaffungskosten

Bemessungsgrundlage

– Absetzung für Abnutzung der Gebäude gemäß § 7 Abs. 4, 5 EStG,
– Erhöhte Absetzungen für Gebäude gemäß §§ 7h, 7i EStG,
– Ermittlung der Mehrerlöse bei privaten Veräußerungsgeschäften (früher: Spekulationsgeschäfte) im Veräußerungsfall, § 23 Abs. 3 EStG i. V. m. § 52 Abs. 39 EStG,
– Überprüfung des möglichen Vorliegens eines anschaffungsnahen Aufwandes, § 6 Abs. 1 Nr. 1a EStG.

7.2.3.1 Begriff Anschaffungskosten

Die Thematik der Anschaffungskosten betrifft hier den Immobilienbereich steuerlich in folgenden Bereichen:
- Anschaffung eines unbebauten Grundstücks als Erwerber,
- Anschaffung eines bebauten bzw. noch zu bebauenden Grundstücks als Erwerber,
- Bestandspflege von bebauten Grundstücken im zeitlichen Bereich der anschaffungsnahen Aufwendungen.

Eine gesetzliche Definition gibt § 255 Abs. 1 Satz 1 HGB. Danach sind Anschaffungskosten **Aufwendungen**, die geleistet werden, um einen Vermögensgegenstand (hier z. B. eine Immobilie) zu erwerben und ihn in einen betriebsbereiten Zustand zu versetzen, soweit sie dem Vermögensgegenstand einzeln zugeordnet werden können. Zu den Anschaffungskosten gehören auch die Nebenkosten sowie die nachträglichen Anschaffungskosten. Anschaffungspreisminderungen sind abzuziehen.

<small>Definition Anschaffungskosten
HGB § 255 Abs. 1 Satz 1
EStR 2008
R 21,1</small>

Der gesetzliche Begriff stellt auf bestimmte Merkmale ab. Nachfolgend Merkmale und ihre inhaltliche Bestimmung:

- **Erwerbsvorgang**

Der Anschaffungsvorgang stellt grundsätzlich ab auf den Erwerb, z. B. durch Kauf, Tausch, Zuschlag im Wege des Zwangsversteigerungsverfahrens, teilentgeltlichen Erwerb. Verbunden ist damit ein entsprechender Aufwand – eine Gegenleistung. Der Vermögensgegenstand ist bereits bestehend (Grundstück bzw. Grundstück mit Gebäude) bzw. der Erwerb richtet sich vertraglich auf ein Grundstück mit einem noch zu errichtenden Gebäude, z. B. Erwerb/Anschaffung/Kauf vom Bauträger eines noch nicht fertiggestellten Gebäudes.

Dem unentgeltlichen Erwerb (z. B. im Wege der Schenkung) fehlt somit die Gegenleistung und damit das Erfordernis Anschaffungsvorgang, Anschaffungskosten.

Konsequenz: Z. B. einer unmittelbar im Schenkungswege „erworbenen" Eigentumswohnung fehlt es an der Gegenleistung und damit auch an Anschaffungskosten, eine Förderung durch Eigenheimzulage ist bei sonst gegebenen Voraussetzungen nicht möglich, § 8 f. EigZulG (Anwendungsfälle bis zum 31. 12. 2005).

<small>EigZulG § 8 f.</small>

- **Zuordenbarkeit der Kosten**

Die Aufwendungen im Rahmen der Anschaffungskosten müssen direkt zuordenbar sein. Eventuell anfallende **Gemeinkosten,** die erst im Wege einer Kostenverteilung zu ermitteln wären, sind nicht in die Anschaffungskosten einzubeziehen.

Zusammensetzung der Anschaffungskosten		
Anschaffungs-kosten	=	Anschaffungspreis + Anschaffungsnebenkosten ./. Anschaffungskostenminderungen + Aufwendungen zur Versetzung in betriebsbereiten Zustand
	=>	Historische Anschaffungskosten + Anschaffungsnahe Herstellungskosten
	=>	Nachträglich erhöhte historische Anschaffungskosten
	=>	Maßgebliche Anschaffungskosten

Im Einzelnen:

Anschaffungspreis

– **Anschaffungspreis**

Anschaffungspreis ist die Gegenleistung für den erworbenen Vermögensgegenstand, Immobilie. Gegenleistung, z. B. Kaufpreis, Tauschleistung, Meistgebot, Wert – zu dem die Leistung an Erfüllungsstatt angenommen wird; zur Gegenleistung vgl. auch § 9 GrEStG.

GrEStG § 9

Anschaffungsnebenkosten

– **Anschaffungsnebenkosten**

Aufwendungen, die zusätzlich erforderlich sind, um die Immobilie zu erwerben.
Beispiele: Notar- und Gerichtsgebühren für den Erwerbsvorgang, Kosten für die Begutachtung, Anlieger- und Erschließungsbeiträge, Grunderwerbsteuer, Maklergebühren für die Objektvermittlung. Kostenhöhe: z. B. Grunderwerbsteuer ab 1.1.1997 i. d. R. 3,5 % aus dem Anschaffungspreis; Notar- und Gerichtsgebühren ca. 1,5 %.

Anschaffungskostenminderung

– **Anschaffungskostenminderungen**

Alle Arten von Nachlässen, wie Skonti, Rabatte, zurückerstattete Entgelte, und zwar auf Anschaffungspreis wie auch auf Anschaffungsnebenkosten.
Beispiel: Berichtigung des Kaufpreises wegen einer abweichenden Bauausführung, z. B. abweichende Wohnfläche trotz zugesicherter Eigenschaft.

Aufwendungen zur Versetzung in betriebsbereiten Zustand

– **Aufwendungen zur Versetzung in betriebsbereiten Zustand**

Beispiel: Anschaffung einer gebrauchten Bestandsimmobilie. Zum Zeitpunkt des Erwerbs ist der Personenaufzug nicht betriebsbereit, defekt. Die Aufzugsanlage muss vom Erwerber erneuert werden. Kosten der Erneuerung sind in diesem Fall Teil der Anschaffungskosten, um den betriebsbereiten Zustand herzustellen.

Anschaffungsnahe Herstellungskosten

Anschaffungsnahe Herstellungskosten (§ 6 Abs. 1 Nr. 1a EStG) als Thema bei Maßnahmen der Instandsetzung und Modernisierung in zeitlicher Nähe zur Anschaffung von „Gebrauchtimmobilien".

Grenzbereich: Erhaltungsaufwand/Anschaffungsnahe Herstellungskosten

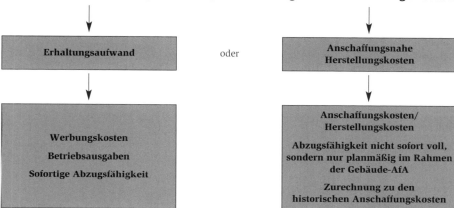

	Zusammenhängender Prüfkatalog für das Vorliegen anschaffungsnaher Herstellungskosten
(1)	Aufwendungen für Instandsetzungs- und Modernisierungsmaßnahmen
	+
(2)	Beginn der Baumaßnahme nach dem 31. 12. 2003
	+
(3)	Beobachtungszeitraum: Durchführung innerhalb von 3 Jahren nach der Anschaffung
	+
(4)	Aufwendungen ohne Umsatzsteuer **übersteigen** 15 % der historischen Anschaffungskosten des Gebäudewertanteils
Σ (1) + (2) + (3) + (4) = (zutreffend)	Anschaffungsnahe Herstellungskosten Erhöhung des Gebäudewertanteils i. R. der Anschaffungskosten und damit Teil der Bemessungsgrundlage für die Gebäude-AfA

Keine anschaffungsnahen Herstellungskosten und damit nicht in den Prüfbereich 15 % / 3 Jahre einzubeziehen
Erweiterungen i. S. von § 255 Abs. 2 Satz 1 HGB (z. B. Anbau von Balkonen, Dachausbau)
+
Aufwendungen für Erhaltungsarbeiten, die jährlich üblicherweise anfallen (z. B. Instandhaltungskosten für kleinere Arbeiten an Sanitäreinrichtungen/Heizungsanlagen/Schönheitsreparaturen)
+
Aufwendungen für die einzelne Baumaßnahme je Gebäude von nicht mehr als 4000 € ohne Umsatzsteuer, R 157 Abs. 3 Satz 2 EStR 2003

Konsequenz:
Trifft der Sachverhalt „anschaffungsnaher Aufwand" zu und waren die zwischenzeitlichen Steuerbescheide diesbezüglich vorläufig bzw. unter dem Vorbehalt der Nachprüfung, dann sind diese Aufwendungen nicht als sofort abzugsfähige Erhaltungsaufwendungen bei den Werbungskosten bzw. Betriebsausgaben anzusetzen, sie sind dann im Gesamtbetrag den ursprünglichen Anschaffungskosten zuzurechnen. Die Zurechnung zu den Anschaffungskosten erhöht damit allerdings auch die Bemessungsgrundlage für die Abschreibung.

Beispiel:
Anschaffung einer älteren Mietwohnanlage am 1.7.2004; Beobachtungszeitraum für die Thematik „anschaffungsnaher Aufwand" 1.7.2004 bis 30.6.2007.
Angenommener Gebäudewertanteil i. R. der Anschaffungskosten 600.000,00 €.
Folgende Aufwendungen für Instandsetzung fallen an:

Fall:	
Erneuerung der Fenster/Haustüre Termin 30.3.2005	20.000,00 €
Erneuerung von Teilen der Heizungsanlage Termin 30.10.2006	80.000,00 €
	100.000,00 €

Gesamtwürdigung der Modernisierungsmaßnahme: Aufwendungen fallen in den Beobachtungszeitraum der ersten 3 Jahre, sie betragen mehr als 15 % des Gebäudewertanteils.

Folge:
Die historischen Anschaffungskosten des Gebäudewertanteils erhöhen sich von 600.000,00 € auf 700.000,00 €. Die sofortige Abzugsfähigkeit als Werbungskosten/Betriebsausgaben entfällt.

7.2.3.2 Begriff Herstellungskosten

Die Thematik der Herstellungskosten eines Gebäudes betrifft hier den Immobiliensektor steuerlich in folgenden Bereichen:
- Herstellung (Errichtung) eines Gebäudes als Bauherr,
- Bestandspflege bestehender Gebäude als Bauherr mit Aktivitäten der Modernisierung/Sanierung/Ausbau/Erweiterung.

EStR R 33

Definition: Eine gesetzliche Definition gibt § 255 Abs. 2 HGB.

Herstellungskosten: Herstellungskosten sind die Aufwendungen, die durch den Verbrauch von Gütern und die Inanspruchnahme von Diensten für
- die Herstellung eines Vermögensgutes (z. B. Gebäude),
- seine Erweiterung (z. B. Ausbau des Dachgeschoßes) oder
- für eine über seinen ursprünglichen Zustand hinausgehende wesentliche Verbesserung (z. B. grundlegende Modernisierung) entstehen.

Analog dazu ist die Auslegung des Herstellungskostenbegriffs in R 33 EStR und in der Unterscheidung zwischen Erhaltungs- und Herstellungsaufwand in R 157 EStR (Herstellungskosten). Weitere Auslegungsansätze finden sich in R 33a EStR in der Unterscheidung zwischen Aufwendungen im Zusammenhang mit den Herstellungskosten eines Gebäudes (z. B. Beiträge für Anlage eines Kinderspielplatzes durch die Gemeinde) und Aufwendungen im Zusammenhang mit einem Grundstück (z. B. Errichtung eines Spielplatzes auf dem Mietwohngrundstück). In letzterem Fall liegt ein selbstständig zu bewertendes Wirtschaftsgut vor. Ebenso bezüglich der Herstellungskosten der gärtnerischen Gestaltung des Grundstücks bei einem Wohngebäude, R 157 Abs. 5 EStR.

Weitere Unterschiede in der Auslegung des Herstellungskostenbegriffs finden sich vor allem in der Abgrenzung der aktivierungspflichtigen von den aktivierungsfähigen Bestandteilen der Herstellungskosten, wie sie im Handels- (§ 255 HGB) und Steuerrecht (R 33 EStR) im Rechnungswesen anzutreffen sind.

HGB § 255
EStR R 33

– **Abgrenzung von Herstellungs- und Erhaltungsaufwand**

Im Rahmen der Bestandspflege eines bebauten Grundstücks ist steuerlich bedeutsam, ob Maßnahmen am Objekt dem Bereich Instandhaltung/Instandsetzung zugeordnet werden können, also steuerlich sofort abzugsfähiger Erhaltungsaufwand sind, oder ob diese Maßnahmen als Herstellungsaufwand Gebäudewert erhöhend zu beurteilen sind.

Abzugsfähiger Erhaltungsaufwand Gebäudewert erhöhender Herstellungsaufwand

Herstellungsaufwand ist immer dann anzunehmen, wenn nach der ursprünglichen Fertigstellung des Gebäudes etwas Neues, bisher von der Sache her nicht Vorhandenes geschaffen wird.

EStR 2008
H 21.1

Beispiel:
Erstmaliger, nachträglicher Einbau einer Aufzugsanlage, ist Herstellungsaufwand und erhöht die Bemessungsgrundlage für das Abschreibungsvolumen.

Erstmaliger Einbau

Die Erfassung als Herstellungsaufwand kann unterbleiben, wenn die Aufwendungen für die einzelne Baumaßnahme nicht mehr als 4.000,00 € (Rechnungsbetrag ohne Umsatzsteuer) je Gebäude betragen.

EStR 2008
R 21.1 Abs. 2 Satz 2

Beispiel:
Nachträglicher Einbau eines Handwaschbeckens im WC, netto 350,00 €, sind sofort abzugsfähige Werbungskosten.

Herstellungsaufwand ist auch dann anzunehmen, wenn statt wie vorher eine Mehrung der Substanz eine erhebliche Wesensänderung im Gebäude durch bauliche Maßnahmen stattfindet.

Erhebliche Wesensänderung

Beispiele:
Durch bauliche Maßnahmen wird die Infrastruktur im Gebäude geändert; aus Großwohnungen werden Appartements.
Durch umfangreiche Maßnahmen wird eine Nutzungsänderung herbeigeführt; aus Büroanlagen werden Wohnungen.

Einen weiteren Überprüfungsansatz bildet das Urteil des Bundesfinanzhofes (BFH) vom 9.5.1995 (IX R 116). Danach liegt ebenfalls Herstellungsaufwand vor, wenn durch Instandsetzungs- und Modernisierungsaufwendungen das Gebäude (bzw. ein Gebäudeteil) über seinen **ursprünglichen Zustand hinausgehend wesentlich** verbessert wird.

Für eine wesentliche Erhöhung im Standard des Gebrauchswertes durch Baumaßnahmen und ihre steuerliche Beurteilung ist das BMF-Schreiben vom 18.7.2003 eine Orientierungshilfe:

Höherer Standard — Baumaßnahmen bedingen einen **höheren Standard** (also nicht bloßer Ersatz vorhandener Teile, sondern funktionserweiternde Ergänzung wesentlicher Bereiche der Wohnungsausstattung).

Drei Standards — Der Bundesfinanzhof (BFH) nennt drei Standards
– einfach,
– mittel,
– sehr anspruchsvoll.

Neben Größe/Zuschnitt und Anzahl der Räume sind folgende vier Merkmale der Ausstattung und Qualität der Einrichtungen einer Wohnung und deren Gebrauchswert bestimmend.
(1) Sanitärinstallationen werden deutlich erweitert oder ergänzt und ihr Komfort wird erheblich gesteigert.
(2) Eine technisch überholte Heizungsanlage (z.B. Kohleöfen) wird durch eine dem Stand der Technik entsprechende Heizungsanlage ersetzt.
(3) Bei der Modernisierung der Elektroinstallation wird die Leistungskapazität maßgeblich erweitert und die Zahl der Anschlüsse erheblich vermehrt.
(4) Einfach verglaste Fenster werden durch Isolierglasfenster ersetzt.

Standarderhöhung Bündelung von mindestens drei Merkmalen — Eine Standarderhöhung genügt, sie gilt bei einer Bündelung von **mindestens drei der obigen Merkmale** als Fiktion erfüllt.

↓

Herstellungskosten

Zusammenfassend zum Bisherigen:
Instandsetzungs- und Modernisierungsaufwendungen (unabhängig von der Kostenhöhe) an Bestandsimmobilien sind als **Erhaltungsaufwand** und damit als sofort abzugsfähige Werbungskosten/Betriebsausgaben einzuordnen, wenn
– das Gebäude (Gebäudeteil, z.B. Wohnung) nicht erweitert wird (Wohnfläche/Nutzfläche),
– **kein** anschaffungsnaher Herstellungsaufwand vorliegt bzw.
– **keine** deutliche Erhöhung des Gebäudewertes mit den baulichen Maßnahmen einhergeht (z.B. deutliche Verlängerung der Nutzungsdauer) bzw.
– **keine** Verbesserung im Standard vorliegt.

Anschaffungskosten — **Zeitphasen für den** Anschaffungs- und Herstellungsaufwand **einer Immobilie**
1. **Anschaffungsphase**
   – Anschaffung eines unbebauten Grundstücks,
   – Anschaffung eines bebauten Grundstücks,
   abgeschlossen mit Übergang des wirtschaftlichen Eigentums.

2. **Errrichtungsphase**
   - Neubau,
   - Wiederaufbau,

   sofern in Bauherreneigenschaft abgeschlossen mit Bezugsfertigkeit.

   Herstellungskosten

3. **Bewirtschaftungsphase mit zusätzlichen baulichen Maßnahmen**
   - 3.1 Maßnahmen der bloßen Instandsetzung/Instandhaltung (ohne den Sachverhalt anschaffungsnaher Aufwand) — *Erhaltungsaufwand*
   - 3.2 Maßnahmen mit der Qualität eines Herstellungsaufwandes
     - Maßnahmen mit substanzmehrender Art,
     - Maßnahmen mit einer wesentlichen Nutzungsänderung,
     - Maßnahmen mit einer deutlichen Erhöhung des Gebrauchswertes/Verbesserung im Standard,
     - Maßnahmen (evtl.) in einem förmlich festgesetzten Sanierungsgebiet in Form von Modernisierung und Instandhaltung gemäß § 7h EStG i. V. m. § 177 BauGB,
     - Maßnahmen bei Baudenkmalen gemäß § 7i EStG.

   Herstellungsaufwand

Zusammenfassung über das Zusammenwirken von wirtschaftlichen Handlungsabläufen und einkommensteuerlichen Grundbegriffen – am Beispiel eines Vermietungsobjektes im Privatvermögen

Wirtschaftliche Handlungsabläufe	Einkommensteuerliche Einordnung
1. Kauf eines Grundstücks für das Privatvermögen, bebaut mit einem Einfamilienhaus zur Vermietung	1. Steuerlich liegt durch die Widmung des Objektes eine Investition in die Einkunftsart Vermietung/Verpachtung vor. Bauliche Maßnahmen liegen zu Beginn nicht vor, womit ein reiner Anschaffungsvorgang gegeben ist. Angeschafft wird das Grundstück mit einem fertigen Gebäude. Die Kosten dafür sind begrifflich „Anschaffungskosten"; diese setzen sich aus dem „Anschaffungspreis" (z. B. Kaufpreis laut Notarurkunde) und den „Anschaffungsnebenkosten" (z. B. Grunderwerbsteuer, Maklergebühren, Notar- und Gerichtsgebühren) zusammen. Anschaffungskosten (soweit Gebäudewertanteil) sind z. B. Bemessungsgrundlage für die Gebäude-AfA.
2. Aufwendungen für Instandhaltungs-/Instandsetzungsmaßnahmen am Gebäude des Vermietungsobjektes	2. Steuerlich spricht man von Erhaltungsaufwendungen zur Sicherung und Erhaltung der Mieteinnahmen, einer speziellen Werbungskostenart. Beispiel: Erneuerung der Dacheindeckung. Erhaltungsaufwendungen sind im Jahr der Ausgabe voll als Werbungskosten abzugsfähig, wirken sich damit sofort steuermindernd aus. Ausnahme: Besteht ein enger zeitlicher Zusammenhang zwischen der Anschaffung des Objektes und sind die dazu gehörigen Erhaltungsaufwendungen erheblich, dann kann evtl. ein sog. „Anschaffungsnaher Herstellungsaufwand" vorliegen. Von „Anschaffungsnahem Aufwand" ist u. U. auszugehen, wenn in einem Zeitraum von drei Jahren nach der Anschaffung des Objektes die Erhaltungsaufwendungen mehr als 15 % der

Wirtschaftliche Handlungsabläufe	Einkommensteuerliche Einordnung
	anteiligen Anschaffungskosten des Gebäudes betragen. Anschaffungsnahe Aufwendungen führen zu einer nachträglichen Erhöhung der ursprünglichen Anschaffungskosten. Sofort abzugsfähige Erhaltungsaufwendungen sind dann nicht gegeben.
3. Bauliche Maßnahmen am Gebäude des Vermietungsobjektes, z. B. Dachgeschossausbau	3. Steuerlich spricht man hier von „Nachträglichen Herstellungskosten". Diese liegen z. B. immer dann vor, wenn das Vermietungsobjekt durch bauliche oder andere Maßnahmen eine wesentliche Mehrung in der Substanz (z. B. Dachgeschossausbau, erstmaliger Einbau einer Aufzugsanlage) oder eine wesentliche Änderung in seiner Wesensart erfahrt (z. B. Umbaumaßnahmen von Gewerberaum zu Wohnraum). Dies liegt in diesem Fall vor. Die „Nachträglichen Herstellungskosten" sind den „Anschaffungskosten" zuzurechnen. Sie erhöhen die Bemessungsgrundlage z. B. für die Gebäude-AfA. Steuermindernd wirken sie sich erst langfristig über die Werbungskostenart „AfA" aus.
4. Vermietung des Mietobjektes und laufende Einnahmen/Ausgaben für die Bewirtschaftung	4. Steuerlich wird die Einnahmenerzielungsabsicht verdeutlicht. Die Ermittlung der „Einkünfte aus Vermietung und Verpachtung" erfolgt durch Gegenüberstellung der „Einnahmen" und der „Ausgaben", steuerlich „Werbungskosten", in einer sog. „Überschussrechnung". Der Überschuss aus der Saldierung von Einnahmen/Werbungskosten kann negativ/positiv sein und ist im Rahmen der Gesamteinkünfte für die Besteuerung zu berücksichtigen.
5. Veräußerung des Mietobjekts	5. Steuerlich wird für diesen Fall durch die Veräußerung der Mietsache aus dem Privatvermögen die Vermietung/Verpachtung aufgegeben und mit dem Verkaufserlös möglicherweise in eine andere Einkunftsart übergewechselt (z. B. Einkünfte aus Kapitalvermögen). Ein Mehr- oder Mindererlös aus Verkaufspreis und ursprünglichen Anschaffungskosten ist bei einer Immobilie im Privatvermögen einkommensteuerlich neutral. Ausnahmen: Bei Veräußerung wird der vorgeschriebene Zeitraum von mehr als 10 Jahren zwischen Anschaffung und Veräußerung nicht eingehalten, § 23 Abs. 1 Ziff. 1 EStG, bzw. Häufigkeit der Veräußerungsfälle lässt Vermutung der Gewerbsmäßigkeit zu.

7.2.4 Absetzung für Abnutzung bei Gebäuden und Gebäudeteilen

Der Ansatz der Absetzung für Abnutzung (AfA) wird hier in Fortsetzung zu 7.2.2 als eine weitere Art der Werbungskosten/Betriebsausgaben dargestellt. Der steuerliche Ansatz dieser AfA unterscheidet sich grundlegend von den übrigen aufgezeigten Werbungskosten/Betriebsausgaben; er ist nicht durch einen Zahlungsabfluss im jeweiligen Kalenderjahr belegt, sondern errechnet sich fiktiv pro Jahr aus dem Wertverzehr des abnutzbaren Gebäudes bzw. seiner Gebäudeteile über die betriebsgewöhnliche Nutzungsdauer, § 7 Abs. 1 Satz 2 EStG. Für die planmäßige Abschreibung von Gebäuden sind die Abschreibungsvorschriften gemäß § 7 EStG in gleicher Weise im Rahmen der Überschusseinkünfte wie im Rahmen der Gewinneinkünfte anzuwenden. Daneben sind für besondere Ereignisse (z. B. Sturm-/Hagel-/Brand-/Hochwasserschäden) gegebenenfalls besondere steuerliche Ansätze möglich.

EStG § 7 Abs. 1 Satz 2

7.2.4.1 Abschreibungsbereiche einer Immobilienanlage

Abschreibungsbereiche

Auch wenn hier der Schwerpunkt der Betrachtung bei der Gebäudeabschreibung liegt, soll trotzdem kurz ein Überblick über abschreibungsrechtliche Ansatzbereiche gegeben werden.

Übersicht zu Abschreibungsbereichen

AK	für **Grund und Boden** Keine planmäßige Abschreibung, kein abnutzbares Wirtschaftsgut	Grund und Boden
AK/HK	für **Gebäude bzw. Gebäudeteile** Planmäßige Abschreibung gemäß § 7 EStG, abnutzbares Wirtschaftsgut, vgl. dazu auch 7.2.4.	Gebäude bzw. Gebäudeteile
AK/HK	für **Betriebsvorrichtungen**, wie z. B. Lastenaufzüge/Hebebühnen/Notstromaggregate/Photovoltaikanlagen/Wasserenthärtungsanlagen. Planmäßige Abschreibung als selbstständiges Wirtschaftsgut gemäß Nutzungsdauer/AfA-Satz der amtlichen AfA-Tabellen i. V. m. § 7 Abs. 1 EStG, z. B. Waschmaschinen/ND 10 Jahre/AfA-Satz 10 % **Fazit:** Eigene Bemessungsgrundlage	Betriebsvorrichtungen
AK/HK	für selbstständige **Wirtschaftsgüter** im Bereich der **Außenanlagen**, sog. Grundstückseinrichtungen. Beispiele: Parkplätze/Hofbefestigungen/Außenbeleuchtung/Grünanlagen, z. B. Umzäunung aus Holz/ND 5 Jahre/AfA-Satz 20 %. AfA der amtlichen AfA-Tabellen wie oben i. V. m. § 7 Abs. 1 EStG. **Fazit:** Eigene Bemessungsgrundlage	Selbstständige Wirtschaftsgüter

Mitvermietete Einrichtungsgegenstände	AK/HK	für **mitvermietete Einrichtungsgegenstände im Gebäude**, wie z. B. Einbauküchen/Wohnmobiliar/Büromöbel und -geräte; AfA gemäß amtlicher AfA-Tabellen wie oben, z. B. mit vermietete Verkaufstheke/ND 10 Jahre/AfASatz 10 %. Unabhängig davon auch sofortige Abschreibung als „geringwertiges Wirtschaftsgut" im Einzelwert bis 410,00 € netto möglich bei Überschusseinkünften; bei Gewinneinkünften ab 2010: – bis 150,00 € im Einzelwert Sofortabschreibung – mehr als 150,00 € bis 410,00 € ebenfalls Sofortabschreibung mit Aufzeichnungspflicht (vgl. auch Poolabschreibung) – mehr als 150,00 € bis 1.000,00 € Zusammenfassung u. Poolabschreibung über 5 Jahre.
EStG § 7 Abs. 5 § 7 Abs. 4		Der Gesetzgeber unterscheidet im Rahmen der Gebäudeabschreibung in § 7 EStG zwischen der normalen linearen AfA gemäß § 7 Abs. 4 EStG und der degressiven AfA gemäß § 7 Abs. 5 EStG (Letztere als Wahlmöglichkeit für Neuengagements ab 1. 1. 2006 abgeschafft).

7.2.4.2 Normale lineare Gebäude-AfA gemäß § 7 Abs. 4 EStG

Das Abschreibungsvolumen und damit die Bemessungsgrundlage für die Ermittlung des AfA-Betrages wird bestimmt von der Höhe der Anschaffungs- bzw. Herstellungskosten des abnutz- baren Gebäudes bzw. seiner Gebäudeteile. Zum Begriff Gebäude/Gebäudeteile gilt R 7.1 Abs. 5 EStR 2008.

– Ein Gebäude ist ein Bauwerk auf eigenem oder fremdem Grund und Boden, das Menschen oder Sachen durch räumliche Umschließung Schutz gegen äußere Einflüsse gewährt, den Aufenthalt von Menschen gestattet, fest mit dem Grund und Boden verbunden, von einiger Beständigkeit und standfest ist.

Analog wie ein Gebäude ist auch ein Nutzungsrecht zu behandeln, z. B. Gebäude auf Erbbaurecht, § 7 Abs. 4 Satz 1 Nr. 2 EStG.

Zur näheren Bestimmung der Normal-AfA gemäß § 7 Abs. 4 EStG gilt nachfolgender Überblick:

**Überblick
AfA-Arten nach § 7 Abs. 4 EStG
Lineare Gebäude-AfA
(1) Gebäude/Gebäudeteile gemäß § 7 Abs. 4 Satz 1 Nr. 2 EStG**

Lineare Gebäude-AfA

Klassifizierungsmerkmal	Ergebnis
1. Genereller Anwendungsbereich Immer, ohne besondere Voraussetzungen, sofern dem Betriebsvermögen zuzurechnen bzw. dem Privatvermögen bei Vermietung/Verpachtung.	AfA-Methode mit der geringsten steuerlichen Entlastung
2. Vermögenszuordnung/Widmung/Fertigstellung	
Gruppe 2.1: Gebäude/Gebäudeteile im Betriebsvermögen, nicht Wohnzwecken dienend, aber Fertigstellung vor dem 1. 1. 1925, § 7 Abs. 4 Satz 1 Nr. 2b EStG.	AfA-Satz: 2,5 % der Bemessungsgrundlage
Gruppe 2.2: Gebäude/Gebäudeteile im Betriebsvermögen, nicht Wohnzwecken dienend, aber Fertigstellung nach dem 31. 12. 1924, jedoch Bauantrag vor dem 1. 4. 1985, § 7 Abs. 4 Satz 1 Nr. 2a EStG.	AfA-Satz: 2 % der Bemessungsgrundlage
Gruppe 2.3: Gebäude/Gebäudeteile im Betriebsvermögen, Wohnzwecken dienend, aber Fertigstellung vor dem 1. 1. 1925, § 7 Abs. 4 Satz 1 Nr. 2b EStG.	AfA-Satz: 2,5 % der Bemessungsgrundlage
Gruppe 2.4: Gebäude/Gebäudeteile im Betriebsvermögen, Wohnzwecken dienend, aber Fertigstellung nach dem 31. 12. 1924, § 7 Abs. 4 Satz 1 Nr. 2a EStG.	AfA-Satz: 2 % der Bemessungsgrundlage
Gruppe 2.5: Gebäude/Gebäudeteile im Privatvermögen, nicht Wohnzwecken (z. B. Gewerbeobjekte, Arbeitszimmer), jedoch Vermietungszwecken bestimmt, Bauantrag bzw. rechtswirksam geschlossener Kaufvertrag nach dem 31. 12. 1924, § 7 Abs. 4 Satz 1 Nr. 2a EStG.	AfA-Satz: 2 % der Bemessungsgrundlage
Gruppe 2.6: Gebäude/Gebäudeteile im Privatvermögen, Wohnzwecken dienend (z. B. Eigentumswohnung), jedoch Vermietungszwecken bestimmt, Fertigstellung vor dem 1. 1. 1925, § 7 Abs. 4 Satz 1 Nr. 2b EStG.	AfA-Satz: 2,5 % der Bemessungsgrundlage

Vermögenszuordnung/ Widmung/ Fertigstellung

	Klassifizierungsmerkmal	Ergebnis
	Gruppe 2.7: Gebäude/Gebäudeteile im Privatvermögen, Wohnzwecken dienend, jedoch Vermietungszwecken bestimmt, Fertigstellung nach dem 31.12.1924, § 7 Abs. 4 Satz 1 Nr. 2a EStG.	AfA-Satz: 2 % der Bemessungsgrundlage
Nutzungsdauer	3. **Nutzungsdauer**	
	Gruppe 3.1: Gebäude/Gebäudeteile gemäß § 7 Abs. 4 Satz 1 Nr. 2a EStG.	AfA-Zeitraum: 50 Jahre
	Gruppe 3.2: Gebäude/Gebäudeteile gemäß § 7 Abs. 4 Satz 1 Nr. 2b EStG.	AfA-Zeitraum: 40 Jahre
	Gruppe 3.3: Gebäude/Gebäudeteile mit einer geringeren Nutzungsdauer als 50 Jahre bzw. 40 Jahre, § 7 Abs. 4 Satz 2 EStG.	AfA-Zeitraum entsprechend der voraussichtlich kürzeren Nutzungsdauer.
Beginn der AfA	4. **Beginn der AfA gemäß R 7.4 Abs. 1 EStR 2008.**	Im Fall der Anschaffung, mit Übergang der wirtschaftlichen Verfügungsmacht, schlüssig mit Übergabe bei Bezugsfertigkeit. Im Fall der Herstellung im Zeitpunkt der Fertigstellung.
	5. **Bemessungsgrundlage** Anschaffungs- bzw. Herstellungskosten, hier Aufteilung der Anschaffungskosten bei Anschaffung eines bebauten Grundstücks.	Bei Anschaffung eines bebauten Grundstücks können di Anschaffungskosten für das Gebäude nach dem Verhältnis der Verkehrswerte für Grund und Boden und das Gebäude ermittelt werden. Dies gilt auch bei der Anschaffung einer Eigentumswohnung; dabei gehört der im Kaufpreis enthaltene Anteil an der Instandhaltungsrücklage nicht zu den Anschaffungskosten der Eigentumswohnung.
	6. **AfA im Jahr der Anschaffung oder Herstellung gemäß R 7.4 Abs. 2 EStR 2008**	AfA-Betrag für den Rest des Jahres, also pro rata temporis.

Klassifizierungsmerkmal	Ergebnis
7. **AfA bei nachträglichen Anschaffungs- oder Herstellungskosten auf Gebäude/Gebäudeteile in den Fällen des § 7 Abs. Satz 1 und Abs. 5 EStG**	Bisherige Bemessungsgrundlage zuzüglich nachträgliche Anschaffungs- oder Herstellungskosten. R 7.4 Abs. 9 i. V. m. H 7.4 EStR 2008.
8. **Ende der AfA** gemäß R 7.4 Abs. 8 EStR 2008	AfA-Betrag nur anteilig für den Zeitraum zwischen dem Beginn des Jahres und der Entnahme (bei Betriebsvermögen), Veräußerung oder Nutzungsänderung (z. B. Aufgabe der Vermietung/Verpachtung).

Ende der AfA

(2) Gebäude/Gebäudeteile gemäß § 7 Abs. 4 Satz 1 Nr. 1 EStG

Lineare AfA mit AfA-Sätzen bei Wirtschaftsgebäuden im Betriebsvermögen

lineare AfA Wirtschaftsgebäude Betriebsvermögen

Klassifizierungsmerkmal	Ergebnis
1. **Genereller Anwendungsbereich**	Wirtschaftsgebäude im Betriebsvermögen
2. **Vermögenszuordnung/Widmung/Bauantrag Gruppe I:** Gebäude/Gebäudeteile im Betriebsvermögen, nicht Wohnzwecken dienend, jedoch Bauantrag nach dem 31. 3. 1985, § 7 Abs. 4 Satz 1 Nr. 1 EStG	AfA-Satz: 4 % der Bemessungsgrundlage
2.1. Nutzungsdauer – gemäß § 7 Abs. 4 Satz 1 Nr. 1 EStG – gemäß § 7 Abs. 4 Satz 2 EStG	AfA-Zeitraum 25 Jahre AfA Zeitraum entsprechend der voraussichtlich kürzeren Nutzungsdauer
2.2. Beginn der AfA	
2.3. Bemessungsgrundlage	
2.4. AfA im Jahr der Anschaffung oder Herstellung	
2.5. AfA bei nachträglichen Anschaffungs- oder Herstellungskosten	Siehe Ausführungen unter (1) zu § 7 Abs. 4 Satz 1 Ziff. 1 Nr. 2 EStG.
2.6. Ende der AfA	
2.7. AfA bei nachträglichen Anschaffungs- oder Herstellungskosten	

Klassifizierungsmerkmal	Ergebnis
3. Vermögenszuordnung/Widmung **Gruppe II:** Gebäude/Gebäudeteile im Betriebsvermögen, nicht Wohnzwecken dienend, ab 1.1.2001	AfA-Satz: 3 % der Bemessungsgrundlage.
3.1. Nutzungsdauer – gemäß § 7 Abs. 4 Satz 2 EStG	AfA-Zeitraum 33 Jahre

Im Übrigen wie vorher, siehe 2.2 bis 2.7.

Beispiele zu § 7 Abs. 4 EStG

Beispiel Nr. 1:
Anschaffung einer im Jahr 1995 errichteten Eigentumswohnung. Beurkundung des Kaufvertrages am 30.6.2009; Übergang der wirtschaftlichen Verfügungsmacht, des wirtschaftlichen Eigentums mit Besitz, Nutzen und Lasten 1.9.2009. Eigentumsübergang mit Auflassung und Eintragung 17.11.2009. Vermietung liegt vor. Anschaffungspreis 140.000,00 €, davon Bodenwert 35.000,00 €, Gebäudewert 105.000,00 €. Anschaffungsnebenkosten 10.000,00 €. Der AfA-Betrag für das Jahr 2009 sowie für das Folgejahr ist zu ermitteln.

Lösung:
Wohnung nach 1924 fertig gestellt, somit gilt als AfA-Satz 2 % p.a., jedoch jahresanteilig genau. Bemessungsgrundlage ist der Gebäudewertanteil zuzüglich Anteil aus den Anschaffungsnebenkosten.

Gebäudewertanteil	= 3/4 des Anschaffungspreises + 3/4 der Anschaffungsnebenkosten
Bemessungsgrundlage	= 112.500,00 €
AfA-Betrag für die Zeit: 1.9.2009 bis 31.12.2009 AfA-Betrag für 2009:	= 750,00 €
AfA-Betrag in den Folgejahren der Vermietung	= 2.250,00 €

Beispiel Nr. 2:
Anschaffung eines Ladenlokals im Teileigentum im Juni 2009. Fertigstellung bereits zum 31.3.2008. Übergang des wirtschaftlichen Eigentums 1.7.2009. Bodenwertanteil inkl. Anschaffungsnebenkosten 75.000,00 €, Gebäudewertanteil inkl. Anschaffungsnebenkosten 150.000,00 €. Vermietungsabsicht liegt vor.
Die AfA-Beträge für die Jahre 2009 bzw. 2010 sind zu ermitteln, wobei alternativ zwischen einer Anschaffung für das Privatvermögen bzw. Betriebsvermögen zu unterscheiden ist.

Lösung:

AfA-Satz für Privatvermögen:	2 % p.a., jedoch jahresanteilig genau
AfA-Satz für Betriebsvermögen:	3 % p.a., jedoch jahresanteilig genau
AfA-Beträge für Privatvermögen: in 2009:	= 1.500,00 €

in 2010:	= 3.000,00 €
AfA-Beträge für Betriebsvermögen/AfA-Satz 3 %/ im Jahr der Anschaffung jahresanteilig genau:	
in 2009:	= 2.250,00 €
in 2010:	= 4.500,00 €

Beispiel Nr. 3:
Anschaffung einer gebrauchten Mietwohnanlage. Die Anschaffungskosten betragen 1.200.000,00 €.
Der Gebäudewertanteil als Bemessungsgrundlage für die AfA ist zu ermitteln.

Zusatzinformation:
Nachbereitet durch den Käufer ergibt sich, dass der Verkehrswert des Objektes insgesamt 1.400.000,00 € betragen würde und dabei der Verkehrswert des Bodens laut Richtwertkartei 600.000,00 € betragen würde und der Verkehrswert des Gebäudes 800.000,00 €.

Lösung:
Die Anschaffungskosten sind im Verhältnis der Verkehrswerte aufzuteilen.

Bodenwert : Gebäudewert	= 6 : 8
Gebäudewert:	= ca. 685.715,00 €
Bodenwert:	= ca. 514.285,00 €

Beispiel Nr. 4:
Bei einem anderen Wohngebäude im Bestand entstehen durch bauliche Maßnahmen im Jahr 2008 nachträgliche Herstellungskosten über 70.000,00 €.
Baujahr des Gebäudes: 1970
Gebäudewertanteil im Zeitpunkt der Anschaffung 1985: 1.500.000,00 €.
Der AfA-Betrag für 2008 sowie 2009 ist zu ermitteln.

Lösung:
Nachträgliche Herstellungskosten erhöhen die ursprüngliche Bemessungsgrundlage und damit das AfA-Volumen in der Regelabschreibungszeit; weiterhin werden nachträgliche Herstellungskosten im Jahr der Maßnahme fiktiv so angesetzt, als ob sie schon zu Beginn des Jahres ausgeführt gewesen wären. Die Gebäude-AfA war bislang gemäß § 7 Abs. 4 EStG.

AfA-Volumen neu für 2008	= 1.570.000,00 €
AfA-Betrag für 2008	= 31.400,00 €
AfA-Volumen für 2009	= 1.570.000,00 €
AfA-Betrag für 2009	= 31.400,00 €

7.2.4.3 Degressive Abschreibung für Wohngebäude gemäß § 7 Abs. 5 EStG

Degressive Abschreibung Wohngebäude

Auf eine differenzierte Darstellung der degressiven Abschreibung für Mietwohngebäude wird verzichtet. Sie gilt nur noch für Wohngebäude, die „aufgrund eines nach dem 31.12.2003 und vor dem 1.1.2006 gestellten Bauantrages hergestellt oder aufgrund eines nach dem 31.12.2003 und vor dem 1.1.2006 rechtswirksam abgeschlossenen obligatorischen Vertrages angeschafft worden sind".

Auf diese „Altfälle" ist § 7 Abs. 5 EStG mit den Abschreibungssätzen gemäß § 7 Abs. 5 Nr. 3c EStG anwendbar. Für neue Investments in Wohngebäude/Kapitalanlageobjekte dieser Art gilt nach obiger Gesetzesänderung generell nur noch die lineare AfA gemäß § 7 Abs. 4 EStG.

<small>Ausnahme</small>

Ausnahme:
OFD Rheinland hat zur Maßgeblichkeit des Bauantrags Stellung genommen. Danach ist die degressive AfA für Erwerber wahlweise ebenfalls möglich, wenn der Veräußerer (z. B. Bauträger) vor dem 1.1.2006 einen Bauantrag gestellt hat, selbst wenn der Erwerber erst nach dem 31.12.2005 erwirbt.

Besondere, bisher gegebene steuerliche Förderanreize für die Neubautätigkeit im Bereich von Vermietungsobjekten/Wohnbauten sind damit weiter abgebaut.

<small>Erhöhte Absetzung</small>

7.2.4.4 Erhöhte Absetzungen bei Gebäuden

– **Allgemeine steuerliche Einordnung**

Das Einkommensteuerrecht kennt typische erhöhte Absetzungen, das sind § 7c, 7h, 7i und 7k EStG.

Gemäß dem Jahressteuergesetz 1996 kommen für neu begründete Fälle nach dem 31.12.1995 nur noch die Absetzungsarten der §§ 7h, 7i EStG in Betracht.

Der Gesetzgeber will mit diesen erhöhten Absetzungsarten – verstreut über bestimmte Anknüpfungspunkte – speziell u. a. auch den Wohnungsbau zu Vermietungszwecken steuerlich zusätzlich fördern, und zwar mehr als dies durch die degressive AfA erfolgte.

Auch dies ist eine Möglichkeit – unter Aussparung des Einsatzes von Mitteln aus öffentlichen Haushalten – den Investitionswillen im Mietwohnungsbau zu stützen.

Die flankierende steuerliche Unterstützung ist geboten, weil unter erwerbswirtschaftlichen Aspekten oftmals Bestandsmieten, aber auch Mieten nach Durchführung wohnungswirtschaftlich wünschenswerter Baumaßnahmen, keinen hinreichenden Beitrag zur Kapitalrentabilität, geschweige denn zur Eigenkapitalrentabilität ergeben. Eine positive Unterstützung erfährt die Rentabilitätsbetrachtung für den Investor erst nach Steuern durch einkommensteuerliche Entlastungen, wie sie die hier angesprochenen erhöhten Absetzungsarten auf Gebäude mit sich bringen.

Die nachfolgenden Schemata sollen einen Überblick über die zurzeit noch aktuellen erhöhten Absetzungsarten geben. Aber auch bei diesen steuerlichen Förderarten besteht latent die Gefahr, dass sie möglicherweise im Wege der Haushaltssanierung über das Thema „Subventionsabbau" einer Überprüfung unterzogen werden. Die Überblicke werden getrennt gegeben, weil die Grundlagen/Anknüpfungspunkte hierfür erheblich divergieren.

- **Überblick zu § 7h EStG**
  Erhöhte Absetzungen bei Gebäuden in Sanierungsgebieten und städtebaulichen Entwicklungsbereichen

EStG § 7h bei Gebäuden in Sanierungsgebieten

Dieser steuerliche Förderungsansatz konzentriert sich auf Maßnahmen der **Modernisierung** und **Instandsetzung** im Sinne des § 177 BauGB an Gebäuden. Objektnutzung: Vermietung und Verpachtung bzw. betriebliche Verwendung.

BauGB § 177

Weiterhin hat der Förderungsansatz zum Ziel, Gebäude, die geschichtlich, künstlerisch oder städtebaulich von Bedeutung sind, zu erhalten, zu erneuern oder wieder einer funktionsgerechten Verwendung zuzuführen.

Basis ist hierfür die vorhandene Gebäudesubstanz.

Förderkonzeption:
Geförderte Maßnahme
Herstellungskosten für Modernisierungs- und Instandhaltungsmaßnahmen im Sinne des § 177 BauGB.
+

Förderkonzeption

BauGB § 177

Geförderter Gegenstand
Maßnahmen an Gebäuden im förmlich festgelegten Sanierungsgebiet oder städtebaulichen Entwicklungsbereich
und ebenso für
Maßnahmen an Gebäuden, die wegen ihrer geschichtlichen, künstlerischen oder städtebaulichen Bedeutung erhalten bleiben sollen. Die Maßnahmen richten sich auf eine Erhaltung, Erneuerung und funktionsgerechte Verwendung dieser Gebäude, verpflichtend abgestimmt zwischen dem Investor und der zuständigen Gemeinde.

Anspruchsgrundlage
Bescheinigung/Bescheinigungsverfahren gemäß § 7h Abs. 2 EStG i. V. m. R 7h EStR 2008.

EStG § 7h Abs. 2

Bemessungsgrundlage
Herstellungskosten für Modernisierungs- und Instandhaltungsmaßnahmen sowie auf Anschaffungskosten, soweit diese auf geförderte Maßnahmen i. S. des § 7h Abs. 1 Satz 1, 2 EStG entfallen.
./.
gekürzt um Zuschüsse aus Sanierungs- oder Entwicklungsfördermitteln, § 7h Abs. 1 Satz 4 EStG.

Satz für erhöhte Absetzungen
Für Baumaßnahmen nach dem 31. 12. 2003 erstreckt sich der Begünstigungszeitraum für die erhöhten Absetzungen über 12 Jahre (früher 10 Jahre). Beginnend mit dem Jahr der Fertigstellung können in diesem sowie in den 7 Folgejahren jährlich 9 % angesetzt werden, in den folgenden 4 Jahren jährlich 7 %, § 7h Abs. 1 Satz 1 EStG.
Die Nachholung unterlassener erhöhter Absetzungen auf Herstellungskosten nach § 7h EStG ist nicht möglich.
Soweit sich diese Maßnahmen auf Erhaltungsaufwand bei Gebäuden erstrecken, können sie gemäß § 11a EStG auch sofort Steuer mindernd zum Abzug gebracht werden bzw. auch auf Antrag über zwei bis fünf Jahre gleichmäßig verteilt werden.

EStG § 11a

Beispiel:
Anschaffungskosten für ein Wohngebäude im Sanierungsgebiet 175.000,00 €, davon Gebäudewertanteil 75.000,00 €. Aufwendungen für anerkannte Sanierungsmaßnahmen im Herstellungsbereich 400.000,00 €. Abschluss der Baumaßnahme/Bezugsfertigkeit 4. 1. 2009.

Ergebnis:
In 2009 erhöhte Absetzung gemäß § 7h EStG, beginnend mit 9 % aus 400.000,00 €, Fortsetzung in gleicher Weise in den folgenden 7 Jahren. Im 8. Jahr bis Ablauf des 12. Jahres erhöhte Absetzung jährlich mit 7 % aus 400.000,00 €. Parallel dazu aus der Altsubstanz jährlich lineare AfA gemäß § 7 Abs. 4 EStG mit 2 % bis 2,5 % aus 75.000,00 € je nach Datum der historischen Fertigstellung. Nach Ablauf der 12-jährigen Förderzeit sind somit sämtliche Sanierungsaufwendungen abgeschrieben. Die AfA setzt sich einheitlich fort für den Restwert aus dem Wertanteil der Anschaffungskosten Gebäude.

§ 7i EStG bei Baudenkmalen

– **Überblick zu § 7i EStG**
Erhöhte Absetzungen bei Baudenkmalen

Dieser steuerliche Förderungsansatz hat von der Systematik her Parallelen zu § 7h EStG.

EStG § 7i

Besonderheiten bei § 7i EStG sind:
– Gebäude muss nach den jeweiligen landesrechtlichen Vorschriften ein Baudenkmal sein +
– Maßnahmen am Gebäude und spätere Nutzung des Gebäudes unterliegen einem erhöhten Abstimmungsbedarf mit den zuständigen Stellen.

Die steuerlich begünstigten Aufwendungen sind geregelt wie in § 7h EStG, d. h.
8 Jahre x 9 %
+ 4 Jahre x 7 %
der steuerlichen Bemessungsgrundlage.

Vergleichende Zusammenfassung zur steuerlichen Gebäudeabschreibung Erhöhte Absetzungen/Lineare Gebäudeabschreibungen

Ausgangssituation:
Steuerlich wirksame, kumulierte Abschreibungsbeträge im 12-Jahres-Vergleich, bei gleichem Abschreibungsvolumen von angenommen 2.000.000,00 € an einem Wohngebäude im Erwerbsfall

Abschreibung im Sanierungsgebiet gem. § 7 Abs. 4 EStG i. V. m. § 7h EStG bzw. § 7i EStG		Abschreibung außerhalb eines Sanierungsgebietes nur gem. § 7 Abs. 4 EStG	
Gebäudewertanteil vor Sanierung (ursprüngliche Fertigstellung Altsubstanz 1960)	400.000,00 €	Gebäudewertanteil (ursprüngliche Fertigstellung Altsubstanz 1960)	2.000.000,00 €
Sanierungsaufwand	1.600.000,00 €		
12 x 2 % (Bemessungsgrundlage Altsubstanz)	96.000,00 €	12 x 2 % (Bemessungsgrundlage Altsubstanz)	480.000,00 €
+			
8 x 9 % / 4 x 7 % (Bemessungsgrundlage Sanierungsaufwand)	1.600.000,00 €		
Abschreibungssumme:	1.696.000,00 €	Abschreibungssumme:	480.000,00 €

7.2.5 Überblick über Förderansätze zum selbst genutzten Wohneigentum

Selbst genutztes Wohneigentum

Die nachfolgend dargestellten Förderansätze sind auf solche eingeengt, die bundeseinheitlich gelten und steuer- bzw. zulagenorientiert konzipiert sind. Außerhalb der Darstellung bleibt die Vielzahl von Finanzierungshilfen/Förderansätzen des Bundes und der Länder sowie der Gemeinden mit ihren vielgestaltigen Facetten.

Förderansätze für selbst genutztes Wohneigentum

§ 10 f EStG

Steuerbegünstigung für selbst genutztes Wohneigentum in Sanierungsgebieten / Denkmalsobjekte
(Neuordnung ab 2004)

Steuerabhängig Ansatz als Sonderausgaben

EigZulG

Zulagen im Rahmen des Eigenheimzulagengesetzes
(Neuordnung ab 2006)

Steuerneutral Zulagensystem Ausrichtung auf Erwerb (ab 1.1.2006 weggefallen, nur noch für Altfälle)

EStG § 35a Haushaltsnahe Dienstleistungen

§ 35a EStG

Steuerermäßigung für Bestandsimmobilien bei haushaltsnahen Dienstleistungen / Handwerkerleistungen[1]
(Neuordnung ab 2009)

Steuerabhängig Förderung über Steuerermäßigung

EStG § 79 ff Wohn-Riester

§ 79 ff EStG

Sog. „**Wohn-Riester**" Altersvorsorgezulage[2]
(neu ab 2008)

Förderung im Zulagensystem bzw. steuerlich über Ansatz als Sonderausgaben

KfW- Ökologisches Bauen Wohneigentumsprogramm

Finanzierungshilfen

7.2.6 Förderung haushaltsnaher Beschäftigungsverhältnisse/Dienstleistungen/Handwerkerleistungen

Basis: Anwendungsschreiben des BMF vom 15. 2. 2010 zu § 35a EStG

Basispunkte der Förderung:
Förderung über eine betraglich begrenzte Steuerermäßigung.

Anspruchsberechtigte als
- Selbstnutzer von Wohneigentum, auch im Rahmen von Wohnungseigentümergemeinschaften,
- Wohnraummieter, gegebenenfalls auch als Bewohner eines Altenheims/Altenwohnheims/Pflegeheims/Wohnstiftes.

Haushalt des Steuerpflichtigen/Anspruchsberechtigten:
- Abgeschlossener Haushalt, geeignet zur eigenständigen Haushaltsführung (Abschließbarkeit/Bad/WC/Küche/Wohn- und Schlafbereich).
- Auch zur Haushaltsführung, Bewirtschaftung von Zubehörräumen und Außenanlagen.
- Auch bei unentgeltlicher Überlassung an ein Kind (§ 32 EStG).
- Auch bei eigengenutzter Zweit-, Wochenend- oder Ferienwohnung.
- Auch bei Vorhandensein mehrerer Haushalte Förderung nur insgesamt bis zu den jeweiligen Höchstgrenzen.

Ort der Leistung:
- Ausübung oder Erbringung der Leistung im Haushalt des Steuerpflichtigen im Inland, in der Europäischen Union oder im Europäischen Wirtschaftsraum.

7.2.6.1 Anknüpfungspunkte für eine Steuerermäßigung

(Neufassung ab VAZ 2009)

Haushaltsnahe Beschäftigungsverhältnisse gemäß § 35a Abs.1 und 2 EStG	Sozialversicherungspflichtige Beschäftigungsverhältnisse und haushaltsnahe Dienstleistungen gemäß § 35a Abs. 2 Satz 1 EStG	Inanspruchnahme von Handwerkerleistungen gemäß § 35a Abs.3 EStG

7. STEUERN BEI IMMOBILIEN

7.2.6.2 Konzeption für haushaltsnahe Beschäftigungsverhältnisse gemäß § 35a Abs. 1 EStG

Haushaltsnahe Beschäftigungsverhältnisse

Grundmerkmale:
Haushaltsnahe Tätigkeiten werden in Arbeitgeberfunktion vergeben über sog. geringfügige Beschäftigungsverhältnisse.
Sie stehen in einem engen Bezug zum Privathaushalt.
Basis sind gerinfügige Beschäftigungsverhältnisse i. S. d. § 8a SGB IV.
Der Steuerpflichtige nimmt am sog. Haushaltsscheckverfahren teil.
Steuerbegünstigt sind nur Lohnkosten.
Bezahlung unbar.

↓
Steuerermäßigung

Ab 1.1.2009/§ 35a Abs. 1 EStG:
Steuerermäßigung in Höhe von
20 % der berücksichtigungsfähigen Ausgaben, höchstens
510,00 € p.a.
Steuerpflichtiger in Arbeitgeberfunktion!

Zu den haushaltsnahen Tätigkeiten gehören u. a.:
- Zubereitung von Mahlzeiten im Haushalt,
- Reinigung der Wohnung des Steuerpflichtigen,
- Gartenpflege,
- Pflege/Versorgung und Betreuung von Kindern,
- Pflege/Versorgung und Betreuung von kranken, alten oder pflegebedürftigen Personen im Privathaushalt.

Fazit:
Deckungsgleiche Anwendung und Dimension der Förderung für Selbstnutzer von Wohneigentum und Wohnraummietern.

Gemäß BMF-Schreiben: Wohnungseigentümergemeinschaften und Vermieter können im Rahmen ihrer Tätigkeit nicht am Haushaltsscheckverfahren teilnehmen. Sie fallen mit ihren Aufträgen unter die haushaltsnahen Dienstleistungen.

7.2.6.3 Konzeption für sozialversicherungspflichtige Beschäftigungsverhältnisse/haushaltsnahe Dienstleistungen gemäß § 35a Abs. 2 EStG

Haushaltsnahe Dienstleistungen

Grundmerkmale:
Haushaltsnahe Dienstleistungen werden in Auftraggeberfunktion vergeben; das heißt der Dienstleister ist selbstständiger Unternehmer.
Vergabe aber auch in Arbeitgeberfunktion über sozialversicherungspflichtige Beschäftigungsverhältnisse möglich.
Steuerbegünstigt sind nur im Rechnungsbetrag ausgewiesene Arbeitskosten, erbracht am Wohndomizil sowie Fahrtkosten und Maschinenkosten.
Bezahlung unbar.

↓
Steuerermäßigung

Neuordnung ab 1.1.2009/§ 35a Abs. **2 Satz 1** EStG:
Steuerermäßigung in Höhe von
20 % der berücksichtigungsfähigen Ausgaben, höchstens
4.000,00 € p.a.

Zu den haushaltsnahen Leistungen gehören gemäß BMF-Schreiben u. a.:
- Reinigungsarbeiten,
- Pflege und Betreuungsleistungen,
- Hausmeisterservice,
- Gartenpflegearbeiten.

Fazit:
Für Dienstleistungen in Auftraggeberfunktion bzw. Arbeitgeberfunktion, bezogen auf die eigene Wohnung bzw. eigene Person, ist die rechnungsmäßige Kostenerfassung Sache des Selbstnutzers bzw. des Wohnraummieters.

Anders dagegen erfolgt die Kostenerfassung für Leistungen bei den Betriebskosten durch den Vermieter bzw. durch den von ihm beauftragten Verwalter.

Der Kostenausweis für förderungsfähige Betriebskosten erfolgt in einer gesonderten Darstellung zur Abrechnung der Betriebskosten.

7.2.6.4 Konzeption für die Inanspruchnahme von haushaltsnahen Handwerkerleistungen gemäß § 35a Abs. 3 EStG

Haushaltsnahe Handwerkerleistungen

Grundmerkmale:
Bei der Inanspruchnahme von Handwerkerleistungen ist steuerlich die **Auftraggeberfunktion maßgeblich.**
Anspruchsberechtigung erstreckt sich je nach Rollenverteilung
auf den Selbstnutzer,
auf den Mieter mittelbar im Wege der Betriebskostenabrechnung, soweit Handwerkerleistungen umlagefähige Betriebskosten enthalten (z. B. Arbeitskosten im Rahmen von Wartungskosten),
auf den Mieter unmittelbar, sofern dieser in eigener Sache in und für seinen Haushalt als Auftraggeber auftritt.
Aufwendungen für die einzelnen Maßnahmen sind steuerlich gefördert, unabhängig ob sie Erhaltungs- und Modernisierungsmaßnahmen oder Herstellungsaufwand darstellen (Ausnahme: Neubaumaßnahmen, liegen vor bei einer Nutz- oder Wohnflächenerweiterung).
Steuerbegünstigt sind nur im Rechnungsbetrag ausgewiesene Arbeitskosten vor Ort sowie Fahrtkosten und Maschinenkosten.
Bezahlung unbar.

↓
Steuerermäßigung

Ab 1.1.2009/§ 35a Abs. 3 EStG:
Steuerermäßigung in Höhe von
20 %
der berücksichtigungsfähigen Ausgaben, höchstens
1.200,00 € p.a.
Steuerpflichtiger in Auftraggeberfunktion!

Zu den handwerklichen Tätigkeiten zählen gemäß BMF-Schreiben u. a.:

- Arbeiten an Innen- und Außenwänden,
- Arbeiten am Dach, an der Fassade, an Garagen o. ä.,
- Reparatur oder Austausch von Fenstern und Türen,
- Streichen/Lackieren von Türen, Fenstern (innen und außen), Wandschränken, Heizkörpern und -rohren,
- Reparatur oder Austausch von Bodenbelägen (z. B. Teppichboden, Parkett, Fliesen),
- Reparatur, Wartung oder Austausch von Heizungsanlagen, Elektro-, Gas- und Wasserinstallationen,
- Modernisierung oder Austausch der Einbauküche,
- Modernisierung des Badezimmers,
- Reparatur und Wartung von Gegenständen im Haushalt des Steuerpflichtigen (z. B. Waschmaschine, Geschirrspüler, Herd, Fernseher, Personalcomputer und andere Gegenstände, die in der Hausratversicherung mit versichert werden können).

Fazit:

Für Handwerkerleistungen in Auftraggeberfunktion, bezogen auf die eigene Wohnung, ist die Kostenerfassung und die Darstellung für steuerliche Zwecke eine Angelegenheit der Selbstnutzer bzw. Wohnraummieter, soweit sie selbst Auftraggeber waren.

Anders dagegen erfolgt die Kostenerfassung für Handwerkerleistungen bei Betriebskosten durch den Eigentümer bzw. durch den von ihm beauftragten Verwalter. Der Kostenausweis für förderungsfähige Kostenanteile bei den Betriebskosten erfolgt in einer gesonderten Darstellung zur Abrechnung der Betriebskosten.

Handwerkerleistungen für Erhaltungs- und Modernisierungsmaßnahmen, soweit sie allein den / die Selbstnutzer des Wohnobjektes betreffen, sind mit den Kosten für Arbeitsentgelte auch nur diesen förderungsmäßig zuordnungsfähig.

Zusammenfassendes Beispiel zu § 35a EStG

Ausgangssituation:
Selbst genutztes Wohneigentum in einer Eigentumswohnanlage.

In seiner Wohnung sowie in dem dazu gehörigen Sondernutzungsrecht sowie im Rahmen des Gemeinschaftseigentums wurden im Jahr 2009 diverse Tätigkeiten ausgeführt.

Die Bezahlung dieser Tätigkeiten erfolgt ebenfalls in 2009 bargeldlos durch Banküberweisung.

Vorgang	Einordnung der Leistung gem. § 35a EStG	Berechnungsansatz	Zulässiger Höchstbetrag
1. Kosten für die Reinigung der Wohnung durch eine in Arbeitnehmerfunktion beschäftigte Person. Jahresbetrag: 3.600,00 € Basis: sog. 400-Euro-Job gem. § 8a SGB IV.	Haushaltsnahes Beschäftigungsverhältnis § 35a Abs. 1 EStG in Arbeitgeberfunktion	3.600,00 € x 20 % = 720,00 € (Höchstbetrag aber nur 510,00 €)	510,00 €
2. Kosten für Pflege des eigenen Gartenanteils im Sondernutzungsrecht sowie für gelegentliche Küchenhilfeleistung im eigenen Privathaushalt durch eine in Arbeitnehmerfunktion beschäftigte Person. Jahresbetrag: 3.900,00 € Basis: Lohnsteuerkarte mit gesetzlicher Sozialversicherung.	Andere haushaltsnahe Beschäftigungsverhältnisse § 35a Abs. 2 EStG in Arbeitgeberfunktion	3.900,00 € x 20 % = 780,00 € (Höchstbetrag bis zu 4.000,00 €)	780,00 €
3. Jahresabrechnung des WEG-Verwalters, darin u. a. bescheinigte Aufwendungen für Betriebskosten mit Dienstleistungscharakter, anteilig für die Wohneinheit. Jahresbetrag: 840,00 € Basis: Wohnungseigentümergemeinschaft in Auftraggeberfunktion / aber auch Arbeitgeberfunktion.	Haushaltsnahe Dienstleistung § 35a Abs. 2 EStG in Auftraggeberfunktion / Arbeitgeberfunktion	840,00 € x 20 % = 168,00 € (Höchstbetrag bis zu 4.000,00 €)	168,00 €
4. Austausch des Bodenbelages in der Wohnung / Abschliff und Lasur von Parkettböden Basis: Handwerkerauftrag durch Eigentümer in Auftraggeberfunktion und als Kostenträger. Anteil Lohn- und Fahrtkosten im Rechnungsbetrag: 2.200,00 € inkl. MwSt.	Haushaltsnahe Handwerkerleistungen § 35a Abs. 3 EStG in Auftraggeberfunktion	2.200,00 € x 20 % = 440,00 € (Höchstbetrag bis zu 1.200,00 €)	440,00 €

Vorgang	Einordnung der Leistung gem. § 35a EStG	Berechnungsansatz	Zulässiger Höchstbetrag
5. Steuerermäßigung gem. § 35a EStG für 2009 insgesamt: Diese Steuerermäßigung saldiert die Finanzverwaltung direkt von der ermittelten Steuerschuld des Steuerpflichtigen (Eigentümer des selbst genutzten Wohneigentums). Beispiel: Angenommene Steuerschuld in 2009 22.400,00 € ./. Steuerermäßigung 1.898,00 € verbleibende Steuerschuld 20.502,00 €			1.898,00 €

7.2.7 Förderung des selbst genutzten Wohneigentums durch „Wohn-Riester"

Wohn-Riester

Der Gesetzgeber sieht mit der Förderung des selbst genutzten Wohneigentums einen weiteren Baustein zur Absicherung der individuellen Altersvorsorge. Die Notwendigkeit dazu ergibt sich aus der Tatsache, dass langfristig gesehen die Leistungen der gesetzlichen Rentenversicherung allein nicht mehr ausreichend sein werden, um im Rentenalter ein angemessenes Alterseinkommen zu sichern. Die Reform der Rentenversicherung bedingt aufgrund bekannter Sachverhalte eine Absenkung ihrer Leistungen. Diese kommenden Kürzungen können u. a. mit einer eigenen „mietfreien Wohnung" teilweise abgefangen werden. Das Förderkonzept über „Wohn-Riester" mit Altersvorsorgezulagen ist dafür eine langfristig ausgerichtete Hilfe.

Mietfreie Wohnung

Das bereits bestehende Konzept der sog. „Riester-Rente" wurde dazu um das Modul „Wohn-Riester" auf Basis des „Eigenheimrentengesetzes" (EigRentG) vom 20. 6. 2008 erweitert.

Riester-Rente Wohn-Riester Eigenheimzulagengesetz

7.2.7.1 Grundkonzept für „Wohn-Riester" im Überblick

Wohn-Riester Grundkonzept

Nachfolgend wird in Kurzform die Grundidee der Konzeption zu „Wohn-Riester" aufgezeigt.

– Ziel von „Wohn-Riester"

Staatliche Förderung individueller Sparprozesse mit dem Ziel einer Anschaffung/ Herstellung von Wohneigentum zur Selbstnutzung als Teil der persönlichen Altersvorsorge. In dafür zertifizierten Sparprodukten von Kreditinstituten bzw. Bausparkassen sollen die Ansparbeiträge erfolgen für die Eigenkapitalbildung bzw. für die

Entschuldung in Form von Tilgungsbeiträgen für die Anschaffung selbst genutzten Wohneigentums.

Der Modernisierungsaufwand in eine eigene Bestandsimmobilie ist dagegen nicht Riester-gefördert.

- **Staatlicher Förderbeitrag bei „Wohn-Riester"**

Die Förderung erfolgt über jährlich wiederkehrende Altersvorsorgezulagen, bestehend aus einer Grundzulage und eventuellen Kinderzulagen bzw. steuerlich alternativ durch den Ansatz der Ansparbeiträge in Form von Sonderausgaben beim Steuerpflichtigen.

Der Förderhöchstbetrag für Ansparbeiträge beträgt 2.100,00 € p.a. (inkl. Riester-Zulage). Bemessungsgrundlage dafür: 4 % des beitragspflichtigen Vorjahres-Bruttoeinkommens inkl. eventueller vermögenswirksamer Leistungen.

- **Verwendungseinsatz**

Die Ansparbeiträge für den Erwerb von Wohneigentum können im Rahmen von „Wohn-Riester" über zwei verschiedene Varianten laufen.

Variante 1:
Bildung von Eigenkapital über Riester-Altersvorsorgeverträge und Verwendung des gebildeten Kapitals erst im Rahmen der Finanzierung einer Anschaffung (z. B. zertifizierter Bausparvertrag).

Variante 2:
Die Anschaffung von Wohneigentum läuft parallel mit einem zertifizierten Darlehensprodukt, § 1 Abs. 1a Altersvorsorgeverträge-Zertifizierungsgesetz (AltZertG). Die Förderung über „Wohn-Riester" erfolgt im Wege des Entschuldungsprozesses für Tilgungsbeiträge, „Tilgungsförderung".

Tilgungsförderung

Zertifizierte Produktbeispiele dafür: Reiner Darlehensvertrag ohne vorausgegangene Sparphase; Sparvertrag in Kombination mit Darlehensoption; Vorfinanzierungsdarlehen.

- **Sonderverwendung:**

„Wohn-Riester" kann bei bestimmten Voraussetzungen auch zur Zeichnung von Genossenschaftsanteilen zum Einsatz kommen (§ 92a Abs. 1 Satz 1 Nr. 3 und Satz 2 Nr. 3 EStG).

- **Besteuerung in der sog. Auszahlungsphase**

Nachgelagerte Besteuerung erfolgt mit Rentenbeginn (mit Vollendung des 60. bzw. spätestens des 68. Lebensjahres). Bemessungsgrundlage dafür sind die auf einem sog. „Wohnförderkonto" erfassten Beträge aus Altersvorsorgeverträgen.

Wohnförderkonto

Das sind: geförderte Entnahmebeträge zum Erwerbszeitpunkt, geförderte Tilgungsbeträge im Rahmen der Entschuldung, gewährte Riester-Zulagen. Der Stand des Wohnförderkontos erhöht sich jährlich um 2 % bis zu Beginn der Nachversteuerung.

Die 2-%ige pauschale Anhebung p.a. ist gesetzlich gefordert, weil bei „Wohn-Riester" zeitlich meist viel früher über die geförderten Sparbeiträge durch Investition verfügt werden kann als dies bei der gewöhnlichen „Riester-Rente" erfolgt, nämlich erst mit Rentenbeginn.

Die nachgelagerte Besteuerung ist linear verteilt bis zur Vollendung des 85. Lebensjahres. Statt der periodischen Verteilung ist auch eine einmalige Besteuerung mit einem Abschlag von 30 % auf den Bestand des „Wohnförderkontos" wählbar.

7.2.7.2 Merkmale für die Altersvorsorgezulage bei „Wohn-Riester" im Überblick

Rechtliche Merkmale werden bestimmt durch:

§ 79 ff. EStG, § 10a EStG sowie das Altersvorsorgeverträge-Zertifizierungsgesetz (AltZertG) und durch das BMF-Schreiben vom 20. 1. 2009.

§ 79 ff. EStG
AltZertG

Die Merkmale werden, um den Überblick zu erhalten, in gestraffter Form aufgezeigt.

		Merkmal	Inhalt
Zulageberechtigte Wohn-Riester	1.	Zulageberechtigte, § 79 EStG	Zulageberechtigte müssen zwei Voraussetzungen erfüllen. Steuerrechtliche Voraussetzung: Natürliche Personen mit unbeschränkter Einkommensteuerpflicht und Sozialversicherungsrechtliche Voraussetzung: Pflichtversicherte der gesetzlichen Rentenversicherung, aber auch z. B. Besoldungsempfänger, Versicherte während der 3-jährigen Elternzeit, Geringfügig Beschäftigte, die auf die Versicherungsfreiheit verzichtet haben, Versicherungspflichtige Selbständige. Keine Einkommensgrenzen.
Vertragsgrundlage Wohn-Riester	2.	Vertragsgrundlage § 80 EStG	Vertragsgrundlage für den Sparprozess ist der Abschluss eines zertifizierten Altersvorsorgevertrages bei einem Kreditinstitut, einer Bausparkasse.
Altersvorsorgebeiträge Wohn-Riester	3.	Altersvorsorgebeiträge § 82 EStG	Zur Erlangung der Altersvorsorgezulage sind Altersvorsorgebeiträge auf einen Altersvorsorgevertrag zu leisten.
Altersvorsorgezulage Wohn-Riester	4.	Altersvorsorgezulage § 83 ff. EStG	Altersvorsorgezulage = Grundzulage (154,00 € p.a.) + Kinderzulage (185,00 € p.a. bzw. 300,00 € pro Kind p.a.) bzw. Altersvorsorgebeitrag, steuerlich als Sonderausgabenansatz.

	Merkmal	Inhalt	
5.	Mindesteigenbeitrag zur Altersvorsorge § 86 EStG	Ab 2008 jährlich 4 % der im Vorjahr erzielten beitragspflichtigen Bruttoeinnahmen im Sinne der Rentenversicherung bzw. der bezogenen Besoldung. Förderfähiger Höchstbeitrag: 2.100,00 € inkl. Riester-Zulage p.a.	Mindesteigenbeitrag Wohn-Riester
6.	Entstehung des Anspruchs auf Zulage § 88 EStG	Entstehung mit Ablauf des Beitragsjahres, Antrag jährlich erforderlich gem. § 89 EStG.	Anspruch auf Zulage Wohn-Riester
7.	Verwendung der Beiträge § 92 a EStG	Verwendungsmöglichkeiten: Herstellung oder Kauf von Wohneigentum zur Selbstnutzung, auch für lebenslange Dauerwohnrechte, etwa der Einkauf in ein Seniorenstift. Unmittelbare Tilgungsförderung zum Zwecke der Entschuldung.	Vewendung Wohn-Riester
8.	Wohnförderkonto § 92a Abs. 2 Satz 1 EStG	Konto zur Erfassung der Verwendungsbeiträge, geführt durch den Produktanbieter. Auf dem Konto werden geführt: Geförderte Entnahmebeträge zur Anschaffungsfinanzierung, geförderte Tilgungsbeiträge zur Entschuldung sowie gewährte Riester-Zulagen. Kontostand ist Bemessungsgrundlage für die spätere nachgelagerte Besteuerung im 60. bzw. spätestens im 68. Lebensjahr.	Wohnförderkonto Wohn-Riester
29.	Schädliche Verwendung § 93 EStG	Aufgabe der Selbstnutzung der eigenen Wohnung ist grundsätzlich förderungsrechtlich eine schädliche Verwendung. Sie löst eine unmittelbare Besteuerung auf Basis des Wohnförderkontos aus (§ 22 Nr. 5 Satz 4 i. V. m. § 92a Abs. 3 Satz 5 EStG).	Schädliche Verwendung Wohn-Riester
	Ausnahmen z. B. § 92a Abs. 3 Satz 9 Nr. 1 EStG	Verkauf und Reinvestition in eine andere Wohnung zur Selbstnutzung durch die gleiche Person.	Ausnahmen Nachversteuerung Wohn-Riester

Anwendungsbeispiel für Altersvorsorgezulage

Ein Arbeitnehmer spart über einen Altersvorsorgevertrag auf Basis „Wohn-Riester". Er erhält für zwei Kinder Kindergeld. Beide Kinder geboren nach dem 31.12.2007. Beitragspflichtiges Bruttoeinkommen gemäß Rentenversicherung 52.500,00 € p.a.

Zu ermitteln sind

Altersvorsorgezulage für das Beitragsjahr gem. § 84 f. EStG, tatsächlich erforderlicher Mindestbeitrag gem. § 86 EStG.

Lösung:

Altersvorsorgezulage:	
Grundzulage (wenn Ehegatte eigenen Altersvorsorgevertrag hat, dann Verdoppelung auf 308,00 €)	154,00 €
+	
2 x Kinderzulage a 300,00 €	600,00 €
Summe Altersvorsorgezulage p.a., wenn Mindesteigenbeitrag erfüllt.	754,00 €
Mindesteigenbeitrag:	
4 % des beitragspflichtigen Bruttoeinkommens 4.%/52.500,00 €	2.100,00 €
./.	
Altersvorsorgezulage	754,00 €
Tatsächlich erforderlicher und maximal förderungsfähiger Mindesteigenbeitrag	1.346,00 €

Fazit:
Das Produkt „Wohn-Riester" hat zurzeit noch nicht die Quantität erreicht wie die „Riester-Rente". Durch Investition in selbst genutztes Wohneigentum kann viel früher schon über die Sparbeiträge bei zertifizierten Produkten von „Wohn-Riester" verfügt werden. Bei der normalen „Riester-Rente" dagegen erfolgt der Beginn der Auszahlung erst mit Eintritt des Rentenalters. Unter den zertifizierten Produkten für „Wohn-Riester" haben für den Verbraucher die Produkte mit einer Tilgungsförderung eine gewisse Präferenz, weil Vertragsabschluss und Verwendung in einem unmittelbaren zeitlichen Zusammenhang stehen. Die Unsicherheit über eine eventuelle spätere Anschaffung ist nicht mehr gegeben.

Zusammenfassung zu Steuersystematik und Einkommensteuer

1. Wirtschaftliche Entscheidungsprozesse und damit auch Entscheidungen über Immobilien werden entsprechend der angelegten Steuersystematik von dieser nicht unwesentlich beeinflusst.
2. Steuersystematisch wird man zuordnungstechnisch zwischen Gewinneinkünften und Überschusseinkünften trennen. Vorgänge bei Immobilien können je nach Voraussetzung dem einen oder dem anderen Bereich zuzuordnen sein.
3. Steuerliche Fachbegriffe und damit handlungs- und verständigungsbestimmende Begriffe markieren das Informationsfeld Steuern bei Immobilien.
4. Steuern bei Immobilien werden hier objektbezogen eingeordnet. Damit scheiden Überlegungsansätze, wie sie bei der Unternehmensbesteuerung im Rahmen der Ansatz- und Bewertungsvorschriften zwischen Handels- und Steuerbilanz auftreten, aus.
5. Die steuerliche Darstellung konzentriert sich überwiegend auf die Immobilie als Kapitalanlage zur Einnahmenerzielung.

6. Die Bewirtschaftungsergebnisse des Grundvermögens sind einkommens- bzw. körperschaftsteuerpflichtig. Hier auf die einkommensteuerliche Betrachtung eingeengt, werden dazu die dazugehörigen Einnahmen den Werbungskosten/Betriebsausgaben gegenübergestellt.

7. Von grundlegender steuerlicher Bedeutung sind die Begriffe Anschaffungs- und Herstellungskosten. Ihr Volumen ist Anknüpfungsbasis für steuerliche Berechnungen, so z. B. im Besonderen für das Abschreibungsvolumen. Die Anschaffungs- und Herstellungskosten einer Immobilie sind nur scheinbar statisch, sie können sich durch entsprechende Investitionsentscheidungen nachträglich erhöhen, aber auch durch besondere Ereignisse reduzieren.
Als Begriffe stehen hierfür z. B. Anschaffungspreis, Anschaffungsnebenkosten, anschaffungsnahe Aufwendungen, Herstellungskosten, nachträglicher Herstellungsaufwand, Modernisierung, Erhaltungsaufwand.

8. Eine besonders gewichtige Werbungskostenart ist die Absetzung für Abnutzung bei Gebäuden. Hier muss neben der Objektart und der Vermögenszugehörigkeit ein Fächer von Bedingungen für die Wahl der richtigen AfA-Art beachtet werden.
Jede AfA-Art hat für sich typisierende Merkmale. Die sich daraus ergebenden steuerlichen Wirkungen sind bedeutsam.
Gleiche Anknüpfungspunkte liegen bei den erhöhten Absetzungsarten bei Gebäuden vor. Eine vergleichende Zusammenschau macht dies in ihren steuerlichen Auswirkungen deutlich.

9. Immobilien sind aber auch Gegenstand der privaten wohnwirtschaftlichen Selbstnutzung und damit steuerlich nicht Gegenstand der Einnahmenerzielung. Gleichwohl können sie Gegenstand der Förderung selbst genutzten Wohneigentums sein. Für das Bundesgebiet einheitlich galt hier bis zum 31.12.2005 das Eigenheimzulagengesetz und mit besonderen Voraussetzungen weiterhin die Förderung gemäß § 10 f EStG. Als eine steuerliche Komponente kann ab 1.1.2006 eine Steuerminderung für Haushaltsnahe Leistungen gemäß § 35a EStG in Anspruch genommen werden. Weiterhin ist ab 2008 eine Förderung nach „Wohn-Riester" mit entsprechenden Altersvorsorgezulagen gemäß § 83 ff. EStG eingeführt worden.

7.3 UMSATZSTEUER

7.3.1 Grundlagen zur Umsatzsteuer im Überblick

Umsatzsteuer-Grundlagen

Die Umsatzsteuer kann ihren Wesensinhalten nach verschiedenen Steuerarten zugeordnet werden.

Steuerart
Begriffliche Zuordnung der Umsatzsteuer

→ Verkehrsteuer	Sie knüpft an wirtschaftliche Verkehrsvorgänge an (Umsätze), z. B. Baubetreuungsleistungen/Maklerleistungen.

→ Indirekte Steuer	Steuerschuldner (Leistungserbringender Unternehmer) und Steuerträger (Kunde, auch Endverbraucher) sind u. U. nicht personengleich, z. B. Umsatzsteuer auf gewerbliche Wohnraumvermittlung: Steuerschuldner gewerblicher Makler, Steuerträger über die Abrechnung der Vermittlungsprovision der Wohnraummieter.
→ Gemeinschaftsteuer	Steueraufkommen fließt anteilig dem Bund, den Ländern und den Gemeinden zu.
→ „Wertschöpfungsteuer"	Auf jeder Leistungsstufe (Wertschöpfungsebene) wird bei gegebener Vorsteuerabzugsberechtigung nur die neue Wertschöpfung (Mehrwert) umsatzsteuerlich belastet.

Steuerpflicht/Anforderungsprofile
Für die grundsätzliche Steuerpflichtigkeit von Umsätzen müssen bestimmte Anforderungsprofile erfüllt sein.

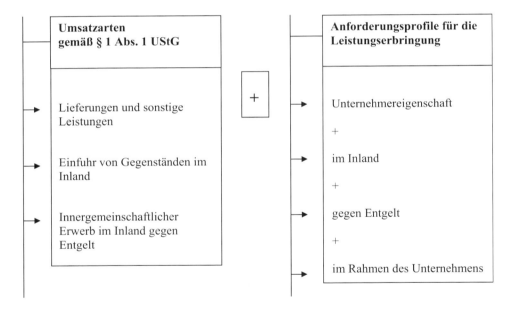

- **Unternehmerprofil gemäß § 2 UStG**

Gemäß § 2 Abs. 1 Satz 1 UStG ist Unternehmer, wer eine gewerbliche oder berufliche Tätigkeit unter nachfolgenden Rahmenbedingungen ausübt:

- **Selbstständigkeit (Abschnitt 17 UStR) in der Ausübung und Entfaltung der Tätigkeit im allgemeinen Wirtschaftsverkehr,**

- **Nachhaltigkeit (Abschnitt 18 Abs. 2 UStR) im Sinne eines sich wiederholenden Bemühens um Umsätze,**

- **Einnahmenerzielungsabsicht (Abschnitt 18 Abs. 3 UStR)** im Sinne eines Bemühens um Entgeltlichkeit erbrachter Leistungen; auch bei fehlender Absicht, Gewinne zu erzielen.

Diese umsatzsteuerlichen Unternehmermerkmale müssen vollzählig erfüllt sein, um vom Unternehmerbegriff auszugehen.

Unternehmer können der Person nach sein:

- **Natürliche Personen,**
  z. B. Einzelpersonen als Vermieter; Einzelunternehmer als Makler; Selbstständige, z. B. Architekten; Einzelunternehmer als Miethausverwalter,

- **Personenvereinigungen,**
  z. B. in der Rechtsform als KG, OHG, GbR, wie vorher mit beliebigem Unternehmensgegenstand,

- **Juristische Personen,**
  z. B. in der Rechtsform als GmbH, AG mit ebenfalls beliebigem Unternehmensgegenstand.
  Beispiel: Bauträger, Baubetreuer, Wohnungsunternehmen, Maklerbetrieb.

Trifft der Unternehmerbegriff nicht zu, dann handelt es sich bei der erbrachten Leistung um einen „Nicht-steuerbaren Umsatz", die Umsatzsteuer darf nicht zum Ansatz gebracht werden.

Beispiel:
Ein Privatmann ergreift die einmalige Gelegenheit, auftragsgemäß das zum Verkauf stehende Grundstück seines Bekannten erfolgreich gegen Maklerprovisionsvereinbarung an einen Bauträger zu vermitteln. Weitere Vermittlungsbemühungen um andere Vorgänge liegen nicht vor.

Steuerliche Würdigung
Es fehlt der Unternehmerbegriff mangels Nachhaltigkeit, eine Umsatzsteuerberechnung steht nicht an. Gleichwohl ist das erzielte Entgelt einkommensteuerpflichtig, und zwar nicht unter Einkünfte aus Gewerbebetrieb (fehlende Gewerbsmäßigkeit), sondern unter „Sonstige Einkünfte" gemäß § 22 EStG.

7.3.2 Übersicht zu Umsätzen nach der tatsächlichen Besteuerungsmöglichkeit

Steuerbare entgeltliche Umsätze		Nichtsteuerbare Umsätze
Steuerpflichtige Umsätze	**Steuerfreie Umsätze**	
Umsatzsteuer fällt an Bemessungsgrundlage §§ 10, 17 UStG	Umsatzsteuer fällt grundsätzlich nicht an (z. B. gemäß § 4 UStG)	**Ein Merkmal der Unternehmereigenschaft fehlt**
Jeweils gültiger Umsatzsteuersatz (§ 12 UStG) ist auf das zugrunde liegende Entgelt/Bemessungsgrundlage anzuwenden Umsatzsteuer (= Traglast)	Steuerfreie Umsätze – **mit** Vorsteuerabzug § 4 Nr. 1–7 UStG Steuerfreie Umsätze – **ohne** Vorsteuerabzug § 4 Nr. 8–28 UStG – mit Optionsmöglichkeit gemäß § 9 UStG (als Option bezeichnet man den Verzicht auf Steuerbefreiung von der Umsatzsteuer), z. B. Nr. 9a Grundstücksübertragungen, Nr. 12 Vermietungs- und Verpachtungsleistungen, die damit zu steuerpflichtigen Umsätzen werden mit Vorsteuerabzugsberechtigung,	Umsatzsteuer fällt nicht an Vorsteuerabzugsberechtigung entfällt Umsatzsteueroption nicht möglich
Umsatzsteuer auf in den Umsatz eingehende Vorleistungen ist als Vorsteuer abziehbar, (§§ 15, 15a UStG)		
Saldo aus Umsatzsteuer und abziehbarer Vorsteuer ist Umsatzsteuerschuld (Zahllast) bzw. Vorsteuerguthaben gegenüber dem Finanzamt	– ohne Optionsmöglichkeit, z. B. Nr. 12 Vermietung von Wohnraum	

Steuerpflichtige Umsätze – Beispiele

– **Steuerpflichtige Umsätze**

Beispiele aus der Grundstücks- und Wohnungswirtschaft

UStG § 4 Soweit die Voraussetzungen für die Steuerbarkeit der Umsätze gegeben sind und keine Steuerbefreiungen gemäß § 4 UStG vorliegen, ist von steuerpflichtigen Umsätzen auszugehen. Typische steuerpflichtige Umsätze aus dem Tätigkeitsbereich der Grundstücks- und Wohnungswirtschaft sind z. B. folgende Leistungen:
- Leistungen im Rahmen der Baubetreuung,
- Verwaltungsbetreuung von Wohnungseigentum,
- Verwaltungsbetreuung von Miethausbesitz Dritter,
- Provisionspflichtige Vermittlungstätigkeit für Kauf- und Verkaufsobjekte.

Diese Leistungen sind mit jeweils gültiger Umsatzsteuer zu belegen. Andererseits besteht für diese unternehmerischen Leistungen wiederum das Recht auf Vorsteuerabzug aus vorliegenden Eingangsrechnungen, soweit diese steuerpflichtigen Umsatzvorgängen zuzuordnen sind.

– **Steuerfreie Umsätze und Umsatzsteueroption**

Steuerfreie Umsätze

Beispiele aus der Grundstücks- und Wohnungswirtschaft und dazu tangierende Bereiche

Zur Gruppe der steuerbaren Umsätze gehören auch die steuerfreien Umsätze. Bei den steuerfreien Umsätzen wird hier allein auf die Regelungen gemäß § 4 Nr. 8–28 UStG eingegangen.

Bei steuerfreien Umsätzen besteht grundsätzlich ein Vorsteuerabzugsverbot für dafür eingesetzte Vorleistungen. Eine Ausnahme besteht dann, wenn durch eine zulässige Option nach § 9 UStG auf die Steuerfreiheit verzichtet werden kann.

UStG § 9

– **Umsatzsteuerbefreiungen**

Umsatzsteuerbefreiungen – Beispiele

Beispiele für Steuerbefreiungen bei Lieferungen und sonstigen Leistungen gemäß § 4 UStG:
- Gewährung und Vermittlung von Krediten, § 4 Nr. 8a UStG,
- Umsätze im Geschäft mit Wertpapieren und die Vermittlung dieser Umsätze (ausgenommen Verwahrung und die Verwaltung von Wertpapieren), § 4 Nr. 8e UStG,
- Übernahme von Bürgschaften, § 4 Nr. 8g UStG,
- Umsätze, die unter das Grunderwerbsteuergesetz fallen, § 4 Nr. 9a UStG,
- Leistungen aufgrund eines Versicherungsverhältnisses im Sinne des Versicherungssteuergesetzes, § 4 Nr. 10a UStG,
- Umsätze aus der Tätigkeit als Bausparkassenvertreter, Versicherungsvertreter und Versicherungsmakler, § 4 Nr. 11 UStG,
- Vermietung und Verpachtung von Grundstücken, § 4 Nr. 12 a UStG,
- Bestellung, Übertragung und die Überlassung der Ausübung von dinglichen Nutzungsrechten an Grundstücken, § 4 Nr. 12c UStG,
- Leistungen der Gemeinschaften der Wohnungseigentümer wie folgt gemäß § 4 Nr. 13 UStG: Die Leistungen, die die Gemeinschaften der Wohnungseigentümer im Sinne des Wohnungseigentumsgesetzes in der im Bundesgesetzblatt Teil II, Gliederungsnummer 403-1, veröffentlichten bereinigten Fassung in der jeweils geltenden Fassung an die Wohnungseigentümer und Teileigentümer erbringen, soweit die Leistungen in der Überlassung des gemeinschaftlichen Eigentums zum Gebrauch, seiner Instandhaltung, Instandsetzung und sonstigen Verwaltung sowie der Lieferung von Wärme und ähnlichen Gegenständen bestehen.
- Nicht befreit sind gemäß § 4 Nr. 12 Abs. 2 UStG die Vermietung von Wohn- und Schlafräumen, die ein Unternehmer zur kurzfristigen Beherbergung von Fremden bereithält, die Vermietung von Plätzen für das Abstellen von Fahrzeugen, die kurzfristige Vermietung auf Campingplätzen und die Vermietung und Verpachtung von Maschinen und sonstigen Vorrichtungen aller Art, die zu einer Betriebsanlage gehören (Betriebsvorrichtungen), auch wenn sie wesentliche Bestandteile eines Grundstücks sind.

– Umsatzsteueroption bei Vermietung von Nichtwohnraum/ Gewerbeimmobilien

Umsatzsteueroption bei Vermietung

Das Umsatzsteuergesetz lässt jedoch in bestimmten Fällen den Verzicht auf die Umsatzsteuerbefreiung (Umsatzsteueroption) zu. Dies wird dann wirtschaftlich bedeutsam, wenn dadurch das Recht zur Vorsteuerabzugsberechtigung erlangt wird und in den dazugehörigen Eingangsrechnungen beachtliche Umsatzsteuerbeträge (Vorsteuern) ausgewiesen sind. Typische Fälle dafür sind umfangreiche Neubau-, Sanierungs- und Modernisierungsarbeiten im Zusammenhang mit Immobilien.

UStG § 9

In § 9 UStG werden strenge Anforderungen an den Verzicht auf Steuerbefreiung (Umsatzsteueroption) gestellt. Danach kann der Unternehmer (z. B. der Vermieter von Gewerberaum) einen Umsatz (z. B. Vermieterleistung) steuerpflichtig behandeln (d. h. die Ausgangsrechnung – Miete – mit Umsatzsteuer belegen), wenn der Umsatz an einen anderen Unternehmer für dessen Unternehmen ausgeführt wird.

Verschärfend kommt z. B. bei der Vermietung oder Verpachtung von Grundstücken hinzu, dass nunmehr diese Umsatzsteueroption weiter davon abhängig gemacht ist, ob der Leistungsempfänger (Mieter/Pächter) selbst wiederum ausschließlich nur steuerpflichtige Umsätze ausführt. Eine geringfügige Unterschreitung i. H. von höchstens 5 % vom Vorsteuerabzug ausgeschlossener Umsätze ist zulässig (Bagatellgrenze). 3 UStR 148a Abs. 2 Satz 2.

„Nicht-Wohnraumobjekte" und Umsatzsteueroption

Damit wird der Kreis der „Nicht-Wohnraumobjekte" mit der Möglichkeit einer Umsatzsteueroption den Anforderungen nach in zwei Objektgruppen eingeteilt:
- Gebäude mit einer Fertigstellung vor dem 1. 1. 1998 und dem Beginn der Errichtung vor dem 11. 11. 1993. Bei diesen Objekten müssen die potenziellen Nicht-Wohnraummieter vorgenannte 100 %- bzw. 95 %-Regel für umsatzsteuerpflichtige Leistungen nicht erfüllen. Damit z. B. auch Ärzte, Versicherungen etc. mögliche Mieter.
- Gebäude mit Daten der Fertigstellung nach dem 31. 12. 1997. Für diese Nicht-„Wohnraumobjekte" gilt die aktuelle strenge 100 %- bzw. 95 %-Regel gemäß § 9 UStG. Damit kann bei diesen Objekten keine Umsatzsteueroption gewählt werden, wenn z. B. Ärzte, Versicherungen als Mieter auftreten.

Fallbeispiel für eine Umsatzsteueroption bei Vermietung und Verpachtung:
Ein Privatinvestor errichtet auf seinem Grundstück in München im Jahre 2008 ein Gebäude. Im Erdgeschoß sind Gewerberäume vorgesehen, in zwei weiteren gleich großen Obergeschoßen Wohnungen für verschiedene Einzelmieter.

Die Gewerberäume im Erdgeschoß werden an eine Lebensmittelkette vermietet. Der Investor möchte gemäß § 9 UStG auf die Steuerbefreiung verzichten (Umsatzsteueroption).

Die Herstellungskosten betragen insgesamt 1.595.000,00 € brutto (Umsatzsteuerbetrag, Vorsteuer 220.000,00 €) und verteilen sich gleichmäßig auf das gesamte Gebäude.

Lösung:
Die Umsatzsteueroption kann sich nur auf das Erdgeschoß mit dem seinerseits voll umsatzsteuerpflichtigen Gewerberaummieter erstrecken. Man spricht in diesem Fall

von einer Einzeloption für einen Teilbereich des Gebäudes im Gegensatz zu einer Gesamtoption auf einganzes Gebäude.
Eine Umsatzsteueroption für die beiden Wohngeschoße ist nicht möglich, es fehlt an den Voraussetzungen von § 9 UStG, z. B. keine Unternehmereigenschaft der Wohnraummieter.

Folgen der Umsatzsteueroption für die Errichtungsphase:
Der Investor ist berechtigt zum Vorsteuerabzug, anteilig aus den Herstellungskosten für die Gewerbeflächen im Erdgeschoß. Das heißt, 1/3 der in den Herstellungskosten enthaltenen Umsatzsteuer kann als Vorsteuer gegenüber der Finanzverwaltung geltend gemacht werden, in diesem Fall 73.333,33 €.
Die Herstellungskosten für den Teilbereich Gewerberäume sind um die erstattete Vorsteuer zu kürzen, damit auch Kürzung der Bemessungsgrundlage für die Gebäude-AfA gemäß § 7 Abs. 4 EStG.

EStG § 7 Abs. 4

Für die Wohngeschoße besteht keine Vorsteuerabzugsberechtigung und damit auch keine Kürzung der anteiligen Bemessungsgrundlage für die Gebäude-AfA gemäß § 7 Abs. 4 EStG.
Durch die Inanspruchnahme des Vorsteuerabzugs aus der Errichtungsphase unterliegt das Erdgeschoß einem sog. „Beobachtungszeitraum" von 10 Jahren, § 15a UStG.
Das heißt, ändern sich die Voraussetzungen für die Inanspruchnahme des Vorsteuerabzugs in diesem Zeitraum, steht evtl. eine zeitanteilige Berichtigung des gewährten Vorsteuerabzugs an.

UStG § 15a

Folgen der Umsatzsteueroption für die Bewirtschaftungsphase:
Mieten für die Gewerberäume einschließlich Nebenkosten (Abschnitt 29 Abs. 3 UStR) werden umsatzsteuerpflichtig; anteilige Vorsteuern aus der Bewirtschaftung der Gewerberäume sind abzugsfähig.

Mieten und Mietnebenkosten für die Wohnungen dürfen nicht gesondert mit Umsatzsteuer belegt werden.

- **Besteuerung der Kleinunternehmer**

Besteuerung der Kleinunternehmer

Bleiben die Umsätze nach § 1 Abs. 1 Nr. 1 UStG aus unternehmerischer Tätigkeit unter den Grenzen gemäß § 19 Abs. 1 UStG und weist der Unternehmer bei seinen Ausgangsrechnungen keine Umsatzsteuer/Mehrwertsteuer aus, so wird dieser umsatzsteuerlich wie ein Nichtunternehmer behandelt, d. h., er ist auch nicht zum Vorsteuerabzug aus Eingangsrechnungen berechtigt (vgl. hierzu auch Abschnitte 246, 251 UStR).

UStG § 1 Abs. 1 Nr. 1

UStG § 19 Abs. 1

Betragliche Grenzen:
Umsatz zuzüglich der darauf entfallenden Steuern im vorangegangenen Kalenderjahr maximal 17.500,00 € und im laufenden Kalenderjahr voraussichtlich 50.000,00 € nicht übersteigend.

Weitere Besonderheit:
Im Jahr des Geschäftsbeginns darf der Umsatz 17.500,00 € bzw. bei Beginn während des Jahres den jahresanteiligen Umsatzwert nicht überschreiten.

Die betraglichen Grenzen für die Besteuerung der Kleinunternehmer werden somit zunächst vom Gesetzgeber gezogen. Unternehmer, die unter diese Grenzen fallen, haben die Entscheidungsfreiheit, ob sie umsatzsteuerlich als Kleinunternehmer eingestuft sein wollen oder nicht, § 19 Abs. 2 UStG; Abschnitt 247 UStR. Im praktischen Fall kann die Einstufung als Kleinunternehmer bedeutsam sein.

Beispiel:
Die Vermietung von Plätzen für das Abstellen von Fahrzeugen ist grundsätzlich umsatzsteuerpflichtig. Die Steuerpflichtigkeit entfällt nur, wenn die Stellplatzvermietung als Nebenleistung zu einer vom gleichen Vermieter erbrachten umsatzsteuerbefreiten Wohnungsvermietung einzuordnen ist.
(Für zusammenhängende, einheitliche Leistungen gilt der Grundsatz: Die Nebenleistung teilt „umsatzsteuerlich" das Schicksal der Hauptleistung.)
Fehlt dieser Zusammenhang, dann ist die Stellplatzmiete umsatzsteuerpflichtig. Ist der Vermieter unter dem Blickwinkel seiner Umsätze Kleinunternehmer, z. B. hat er nur einen Stellplatz zur Vermietung und sonst keine anderen Umsätze, dann kann er sich auf den Status des Kleinunternehmers berufen. In diesem Fall kommt es zu keiner Erhebung der Umsatzsteuer im Rahmen der Stellplatzmiete, auch der Verwaltungsaufwand für Umsatzsteuererklärungen entfällt.

7.3.3 Ablaufschema zur Umsatzsteueroption hier: Vermietung von Gewerbeimmobilien

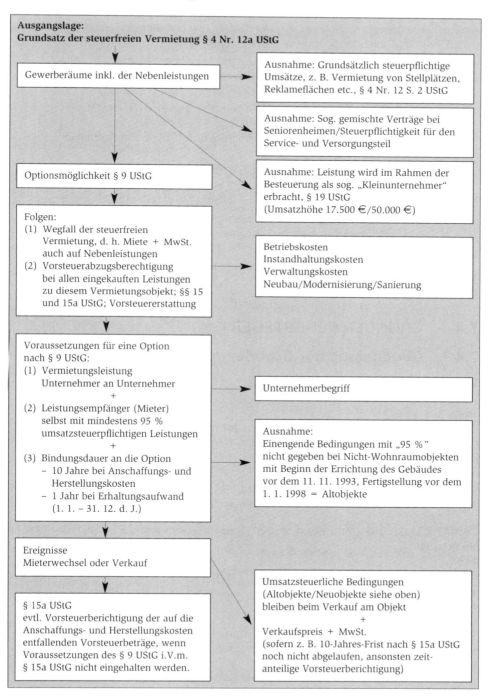

> **Zusammenfassung Umsatzsteuer**
>
> 1. Die Umsatzsteuer ist eine Verkehrssteuer. Sie knüpft grundsätzlich an den Umsatzvorgang (Leistung) an.
> 2. Das Umsatzsteuerrecht kennt im Grundraster verschiedene steuerbare Umsätze/ z. B. Lieferungen und sonstige Leistungen).
> 3. Die grundsätzliche Steuerbarkeit von Umsätzen ist vorweg gemäß § 1 Abs. 1 UStG an vier bestimmte unternehmerische Merkmale geknüpft (z. B. Unternehmereigenschaft).
> 4. Das Umsatzsteuergesetz unterscheidet zwischen steuerbaren Umsätzen und nichtsteuerbaren Umsätzen.
> Bei den steuerbaren Umsätzen wird wiederum unterschieden zwischen steuerpflichtigen und steuerfreien Umsätzen.
> 5. Steuerpflichtig sind grundsätzlich die Umsätze, die nicht unter die Steuerbefreiung von § 4 UStG fallen.
> Mit der Steuerpflichtigkeit ist auch das Recht zum Vorsteuerabzug verbunden.
> 6. Das Umsatzsteuerrecht erlaubt unter bestimmen Voraussetzungen einen Verzicht auf die Steuerbefreiung (Umsatzsteueroption). Dies hat wegen der damit verbundenen Vorsteuerabzugsberechtigung in bestimmten Vermietungsfällen erhebliche Bedeutung.

7.4 GRUNDERWERBSTEUER

7.4.1 Gegenstand der Grunderwerbsteuer

Steuersystematisch ist die Grunderwerbsteuer – ebenso wie die Umsatzsteuer – den Verkehrssteuern zuzuordnen.

Teil der Anschaffungskosten

Einkommensteuerlich ist sie Teil der Anschaffungskosten im Rahmen der Anschaffungsnebenkosten eines Grundstücks und damit nicht sofort abzugsfähig bei den Betriebsausgaben bzw. Werbungskosten.

Einkommensteuerliche Berücksichtigung findet sie somit erst z. B. gebäudeanteilig im Rahmen der Absetzungen für Abnutzung (AfA) bei Vermietungsobjekten.

GrEStG § 1

Gemäß § 1 GrEStG unterliegen dieser Steuer Erwerbsvorgänge an inländischen Grundstücken.

Die Besteuerung knüpft somit an zwei Tatbestände an:
- **Erwerbsvorgang**,
- **Grundstück im Inland**.

Erwerbsvorgänge GrEStG § 1 Abs. 1

Wesentliche Beispiele für **Erwerbsvorgänge** nach § 1 Abs. 1 GrEStG sind:
- **Kaufvertrag** über ein Grundstück, der den Anspruch auf Übereignung begründet,
- **Tauschvertrag** über Grundstücke, der für beide Vertragsteile den Anspruch auf Übereignung eines Grundstücks begründet,
- **Meistgebot** im Zwangsversteigerungsverfahren,

- Verträge über die Bestellung und Übertragung eines **Erbbaurechts** sowie grundsätzlich ein dazugehöriger Heimfall,
- Verträge über die **Abtretung** eines Übereignungsanspruchs, z. B. bereits geschlossene Kaufverträge oder aus dem Zuschlag aus einem Meistgebot.

Der Grundstücksbegriff im Sinne des Grunderwerbsteuergesetzes knüpft an den Grundstücksbegriff des Bürgerlichen Gesetzbuches an. Den Grundstücken stehen gleich:
- Erbbaurechte,
- Gebäude auf fremdem Boden.

GrEStG § 2 Abs. 1

GrEStG § 2 Abs. 2

7.4.2 Allgemeine Ausnahmen von der Besteuerung

Ausnahmen der Besteuerung GrEStG § 3 ff.

Das Grunderwerbsteuergesetz kennt in § 4 GrEStG „Besondere Ausnahmen von der Besteuerung", wie z. B. Erwerb eines Grundstücks durch einen ausländischen Staat für Zwecke von Botschaftsanlagen. Weiterhin gibt es Ausnahmen von der Besteuerung bei Grundstücksübertragungen „auf" oder „von" einer Gesamthand, §§ 5, 6 GrEStG, und ebenso bei der Umwandlung eines Grundstücks von gemeinschaftlichem Eigentum in Flächeneigentum, § 7 GrEStG.

Die „allgemeinen Ausnahmen von der Besteuerung" sind im alltäglichen Gebrauch eher von Bedeutung, sie sind in § 3 GrEStG aufgezählt.

Von der Besteuerung sind demnach z. B. ausgenommen:
- **Erwerbsvorgänge**, in denen der für die Berechnung der Steuer maßgebliche Wert **2.500,00 €** nicht übersteigt, z. B. Hinzuerwerb einer Teilfläche zur Abrundung des eigenen Bestandsobjektes,
- **Grundstückserwerb von Todes wegen** und **Grundstücksschenkungen**. Im Fall einer Schenkung unter Auflage ist der Wert solcher Auflagen grunderwerbsteuerpflichtig, soweit diese Auflagen bei der Schenkungsteuer abziehbar sind.
- **Erwerb** eines zum Nachlass gehörigen Grundstücks durch Miterben zur Teilung des Nachlasses,
- **Erwerb** durch Ehegatten des Veräußerers,
- **Grundstückserwerb** durch den früheren Ehegatten des Veräußerers im Rahmen der Vermögensauseinandersetzung nach der Scheidung,
- **Erwerb** eines Grundstücks durch Personen, die mit dem Veräußerer in gerader Linie verwandt sind,
- **Rückerwerb** eines Grundstücks durch den Treugeber bei Auflösung des Treuhandverhältnisses.

GrEStG § 3

7.4.3 Bemessungsgrundlage der Grunderwerbsteuer

Bemessungsgrundlage

Der Steuersatz beträgt für Erwerbsvorgänge im allgemeinen 3,5 % der **Bemessungsgrundlage**. Die Föderalismusreform erlaubt auch andere Steuersätze (z. B. Berlin, Sachsen-Anhalt).

Bemessungsgrundlage ist der **Wert der Gegenleistung**.

Gegenleistung

Wesentliche Beispiele für den Ansatz als **Gegenleistung** sind:

GrEStG § 9

- Beim Kauf der beurkundete **Kaufpreis** sowie die bewerteten und vom Käufer übernommenen **sonstigen Leistungen** und die dem Verkäufer **vorbehaltenen Nutzungen**.
- Beim Meistgebot im Zwangsversteigerungsverfahren die Höhe des **Zuschlages** sowie der Wert der Rechte, die nach den Versteigerungsbedingungen bestehen bleiben.
- Bei einer Leistung an Erfüllungsstatt der Wert, zu dem die Leistung an **Erfüllungsstatt** angenommen wird, z. B. Handwerker nehmen für ihre Leistungen an Erfüllungsstatt Immobilien eines Auftraggebers.

Steuerschuldner GrEStG § 13 Ziff. 1

Steuerschuldner für die im Grunderwerbsteuerbescheid ausgewiesenen Grunderwerbsteuern sind gemäß § 13 Ziff. 1 GrEStG regelmäßig die an einem **Erwerbsvorgang** als Vertragsteile **beteiligten Personen** bzw. in besonderen Erwerbsfällen die gesetzlich festgelegten Parteien, z. B. beim Meistgebot nur der Meistbietende.

GrEStG § 15

Die Steuer wird einen Monat nach Bekanntgabe des Steuerbescheides fällig.

Unbedenklichkeitsbescheinigung

GrEStG § 22

Der Erwerber eines Grundstücks darf in das Grundbuch erst dann eingetragen werden, wenn eine **Unbedenklichkeitsbescheinigung** des zuständigen Finanzamtes vorliegt. Das Finanzamt wird normalerweise keine steuerlichen Bedenken einwenden und damit die Bescheinigung erteilen, wenn die verbeschiedene Grunderwerbsteuer entrichtet, sichergestellt oder gestundet worden ist oder wenn Fälle der Steuerfreiheit gegeben sind.

7.4.4 Nichtfestsetzung der Steuer, Aufhebung oder Änderung der Steuerfestsetzung

GrEStG § 16 Abs. 1

Gemäß § 16 Abs. 1 GrEStG wird die Grunderwerbsteuer nicht festgesetzt bzw., wenn der Grunderwerbsteuerbescheid schon ergangen ist, aufgehoben – in den Fällen, in denen der Erwerbsvorgang rückgängig gemacht wird, bevor das grundbuchliche Eigentum an den Erwerber übergegangen ist.

GrEStG § 16 Abs. 2

Gleiches gilt, wenn unter bestimmten Voraussetzungen eine Rückabwicklung einer grundbuchlich vollzogenen Eigentumsübertragung ansteht, z. B. bei erfolgreicher Anfechtung eines Kaufvertrages.

GrEStG § 16 Abs. 3

Weiterhin kann der Tatbestand einer Änderung der Steuerfestsetzung vorliegen. Dies ist z. B. dann der Fall, wenn innerhalb von zwei Jahren seit Entstehung der Grunderwerbsteuerschuld eine nachträgliche Herabsetzung der Gegenleistung (z. B. Kaufpreises) stattfindet. In diesem Fall würde auf Antrag eine Änderung der Steuerfestsetzung erfolgen.

> **Zusammenfassung zur Grunderwerbsteuer**
>
> 1. Grunderwerbsteuer ist eine Verkehrssteuer. Sie gehört zur Gruppe der Anschaffungsnebenkosten beim Grundstückserwerb.
> 2. Voraussetzung für die Steuererhebung sind Erwerbsvorgänge bei Grundstücken im Inland.
> 3. Grunderwerbsteuerbefreiungen sind auf einige Fälle begrenzt, z. B. Erwerb durch Verwandte, Grundstückserwerb von Todes wegen und Grundstücksschenkungen.
> 4. Bemessungsgrundlage für die Berechnung der Grunderwerbsteuer ist der Wert der Gegenleistung(en), z. B. Kaufpreis, übernommene sonstige Leistungen.
> 5. Steuerschuldner sind die an einem Erwerbsvorgang als Vertragsteile beteiligten Personen.
> 6. Erwerber eines Grundstücks darf als Eigentümer im Grundbuch erst eingetragen werden, wenn eine sog. Unbedenklichkeitsbescheinigung des zuständigen Finanzamtes vorliegt, d. h. die Grunderwerbsteuer entrichtet, sichergestellt oder gestundet wurde.

7.5 GRUNDSTEUER

7.5.1 Gegenstand der Grundsteuer

Gemäß § 1 GrStG steht das Recht zur Erhebung der Steuer der Gemeinde zu, auf deren Gebiet der Grundbesitz liegt.

Unter steuersystematischen Gesichtspunkten ist die Grundsteuer den Realsteuern zuzuordnen, sie knüpft an den bloßen Grundbesitz an.

Einkommensteuerlich ist die Grundsteuer bei fertig gestellten Gebäuden Teil der ansatzfähigen Betriebsausgaben bzw. Werbungskosten.

Bei wohnwirtschaftlich selbst genutzten Wohnungen im Privatvermögen findet die Grundsteuer, die Teil der Betriebskosten einer Wohnung ist, keine ertragsteuerliche Berücksichtigung als Werbungskosten.

Unter Aspekten der Verwaltungsbetreuung ist die Grundsteuer bei Vermietungsobjekten ein „durchlaufender Posten", weil sie im Rahmen umlagefähig vereinbarter Betriebskosten auf die Mieter umgelegt werden darf.

Besteuert wird der Grundbesitz im Sinne des Bewertungsgesetzes.

Das Grundsteuergesetz kennt darüber hinaus eine Reihe von Steuerbefreiungen, wie z. B.:
- Steuerbefreiung für Grundbesitz bestimmter Rechtsträger,
  z. B. Grundbesitz, der von einer inländischen juristischen Person des öffentlichen Rechts für einen öffentlichen Dienst oder Gebrauch benützt wird; bzw. auch Grundbesitz, der von bestimmten Institutionen für gemeinnützige oder mildtätige Zwecke benützt wird,

GrStG § 4 — sonstige Steuerbefreiungen,
z. B. Grundbesitz, der dem Gottesdienst einer Religionsgemeinschaft als Körperschaft des öffentlichen Rechts gewidmet ist.

GrStG § 9 Abs. 1
GrStG § 10 Abs. 1

Die Grundsteuer wird nach den Verhältnissen bezüglich der Art des Grundstückes zu Beginn des Kalenderjahres festgesetzt. Steuerschuldner ist derjenige, dem das Grundstück bei der „Feststellung des Einheitswertes" zuzurechnen ist.

GrSt § 12

Die Grundsteuer ruht auf dem Steuergegenstand, Grundstück, als öffentliche Last, d. h., sie ist im Vollstreckungsfall über das Grundstück im bevorrechtigten Rang, auch ohne Grundbucheintrag.

7.5.2 Bemessung der Grundsteuer

GrStG § 13 ff.

Bei der Ermittlung der Grundsteuer werden folgende zusammenhängende Rechengrößen herangezogen:

Einheitswert Steuermesszahl Steuermessbetrag

„Einheitswert"	x	Steuermesszahl	=	Steuermessbetrag
Einheitswert nach Art des Grundstücks (Bewertungsgesetz) auf der Grundlage des Einheitswertbescheides.		Steuerlich festgelegter Promillesatz nach Art des Grundstücks.		

Hebesatz Grundsteuer GrStG § 25

Steuermessbetrag	x	Hebesatz	=	Grundsteuer
Produkt aus Steuermesszahl und Einheitswert		Gemeinde bestimmt, mit welchem Prozentsatz die Grundsteuer zu erheben ist (Hebesatz).		

Beispiel:
Einheitswert einer Eigentumswohnung 38.000,00 €;
Hebesatz der Gemeinde z. B. 300 %;
Steuermesszahl gemäß § 15 Abs. 1 GrStG 3,5 v. T.
Betrag der Grundsteuer im Jahr?

Lösung:
Steuermessbetrag = $\frac{3,5}{1000} \times 38.000,00$ € = 133,00 €

Grundsteuerbetrag = 133,00 € $\times \frac{300}{100}$ = 399,00 €

GrStG §§ 27, 28

Die Grundsteuer wird von der jeweiligen Gemeinde festgesetzt, sie wird grundsätzlich zu je einem Viertel im Jahresbetrag zur Quartalsmitte fällig, andere Fälligkeiten sind festsetzbar.

7.5.3 Erlass der Grundsteuer

Erlass der Grundsteuer
GrStG § 34 Abs. 2

Auf Antrag ist unter bestimmten Umständen ein Erlass der Grundsteuer möglich. Das Gesetz kennt **zwei Erlassgründe** für die Grundsteuer auf Grundbesitz:
1. Erlass für **Kulturgut** und Grünanlagen, bei Vorlage dort näher bestimmter Voraussetzungen,
2. Erlass wegen **wesentlicher Ertragsminderung**.

GrStG § 32 Kulturgut
GrStG § 33 wesentliche Ertragsminderung

Der in der kaufmännischen Verwaltungsbetreuung in wechselnder Folge immer wieder zu beachtende Ausfall von Mieterträgen (z. B. Forderungsausfall, Leerstand) bei bebauten Grundstücken soll in seinen wesentlichen steuerlichen Voraussetzungen kurz umrissen werden.

Voraussetzungen für den Erlass der Grundsteuer auf Antrag sind:
1. Minderung des Rohertrages in zwei Stufen
   Stufe 1:
   Minderung des Rohertrages > 50 % = > Erlass der Grundsteuer i. H. v. 25 %.
   Stufe 2:
   Minderung des Rohertrages = 100 % = > Erlass der Grundsteuer i. H. v. 50 %.
   +
2. Vermieter hat die Minderung des Rohertrages an Mieten nicht zu vertreten, z. B. Vermieter verlangt nur marktgerechte Miete und ist durch seine Aktivitäten um stetige Vermietung bemüht.
3. Erlass wird gemäß § 34 GrStG nur auf Antrag gewährt, dieser ist bis zum 31. 3. des Folgejahres zu stellen.

Anwendung der Neuregelung: Gemäß § 38 GrStG gilt die Neuregelung erstmals für die Grundsteuer des Kalenderjahres 2008.

Rechenbeispiel:
Wohngebäude, Jahresrohmiete 100.000,00 €; Istmiete 47.000,00 € wegen Forderungsausfall an Mieten.
Vermieter trifft nachweislich kein Verschulden.
Prozentuale Höhe beim Erlass der Grundsteuer wegen wesentlicher Ertragsminderung?
Ertragsminderung:
Es greift Stufe 1:
Jahresrohmiete um mehr als 50 % gemindert, damit Erlass der Grundsteuer in Höhe von 25 %.

Zusammenfassung zur Grundsteuer

1. Die Grundsteuer ist eine Realsteuer, sie knüpft an den bloßen Grundbesitz an. Besteuert wird der Grundbesitz im Sinne des „Bewertungsgesetzes".
2. Verwaltungstechnisch gehört die Grundsteuer im Rahmen der Hausbewirtschaftung zu den mietvertraglich umlegbaren Betriebskosten der BetrKV.
3. Voraussetzungen für die Steuerhebung ist der Grundsteuerbescheid der Gemeinde.
4. Für bestimmte Rechtsträger und Körperschaften sind Steuerbefreiungen vorgesehen. Daneben gibt es auf Antrag noch die Möglichkeit auf Erlass der Grundsteuer, z. B. wegen wesentlicher Ertragsminderung bei einem Vermietungsobjekt.

7.6 BEWERTUNGSGESETZ

7.6.1 Wertbegriffe des Grundvermögens nach dem Bewertungsgesetz

Im Mittelpunkt steht hier die Bewertung von Immobilien im Privatvermögen gemäß Bewertungsgesetz. Das heißt somit folgende Wertbegriffe:

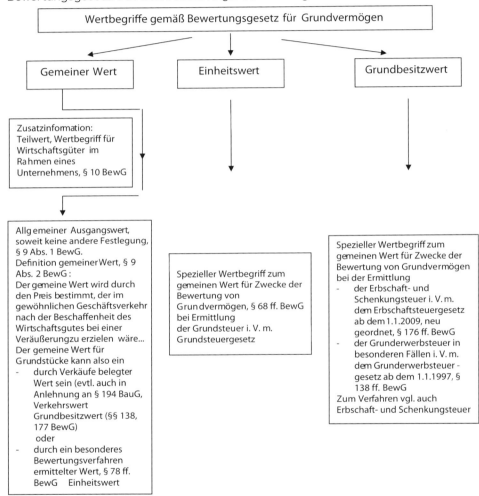

7.6.2 Einheitswert

Die Feststellung von Einheitswerten erfolgt durch die zuständige Finanzbehörde, § 179 ff. AO. Einheitswerte werden ermittelt für inländischen Grundbesitz, § 19 BewG, und zwar für

7.6 BEWERTUNGSGESETZ

Hier Gegenstand der Betrachtung	Betriebsgrundstücke (§ 99 BewG)
	Grundstücke (§ 68 ff. 70 BewG)
	Betriebe der Land- und Forstwirtschaft (§ 33 ff. BewG).

Die Feststellung der jeweiligen Einheitswerte erfolgt durch die zuständige Finanzbehörde in Form eines Bescheides. Der Bescheid stützt sich im Wesentlichen auf drei Aussagen:
- Wertansatz für das Grundstück, § 78 ff. BewG
  (Einheitswert und zugrunde liegendes Verfahren),
- Art des Grundstücks, § 68 ff. BewG
  (Grundstück – bebaut/unbebaut/und bei den bebauten wiederum Grundstücksarten § 75 BewG),
- Zurechnung für das Grundstück auf den jeweiligen Eigentümer.

Bescheid

Für die Bewertung sind die Wertverhältnisse zu Beginn eines Kalenderjahres maßgeblich.

Wertverhältnisse

Anlass für die Bewertung ist entweder
- ein für alle gültiger einheitlicher Hauptfeststellungstermin (§ 21 BewG); für Grundbesitz war dies letztmalig der 1. 1. 1964 bzw.
- eine Veränderung in der Sache, § 22 BewG.

Hauptfeststellungstermin

- **Feststellungsarten für den Einheitswert beim Grundvermögen**

Das Bewertungsgesetz unterscheidet bei der Feststellung von Einheitswerten folgende Feststellungsarten:

Feststellungsarten

| Hauptfeststellung, § 21 BewG, für den Grundbesitz alle sechs Jahre (Termin nicht eingehalten, letzte Hauptfeststellung 1. 1. 1964). | Fortschreibung

Arten:
- Wertfortschreibung, § 22 Abs. 1 BewG (z. B wegen baulicher Veränderung),
- Artfortschreibung, § 22 Abs. 2 BewG (bei Änderung der Grundstücksart),
- Zurechnungsfortschreibung, § 22 Abs. 2 BewG (bei Wechsel der Eigentumsverhältnisse). | Nachfeststellung, § 23 Abs. 1 BewG, (z. B. wirtschaftliche Einheit wird neu begründet, etwa durch Teilung eines Grundstücks unter Bildung einer neuen Flurnummer), Grund für Feststellung des Einheitswertes: Wirtschaftl. Einheit wird während eines Hauptfeststellungszeitraumes neu begründet. | Aufhebung, § 24 BewG, wirtschaftliche Einheit entfällt, z. B. Grundstücke werden zusammengelegt. |

Feststellungsarten Hauptfeststellung Fortschreibung Nachfeststellung Aufhebung

Gerade die abweichend vom Gesetz weit zurückhängende Hauptfeststellung (1.1.1964) der Einheitswerte, u. a. auch für Grundvermögen, bringt diese steuer- und verfassungsrechtlich ins Gespräch. Mit einer Anpassung/Anhebung der Einheitswerte ist zu rechnen und somit wahrscheinlich auch mit steuerlichen Auswirkungen auf alle Steuerarten, die Einheitswerte mit als Bemessungsgrundlage haben.

7.6.3 Einheitswertermittlung beim Grundvermögen

7.6.3.1 Begriff/Umfang und Arten des Grundvermögens

Grundvermögen
– **Begriff/Umfang des Grundvermögens**

Gemäß § 68 BewG gehören zum Grundvermögen:
- Grund und Boden,
  - Gebäude,
  - sonstige Bestandteile, z. B. Außenanlagen, subjektive dingliche Rechte,
  - Zubehör (z. B. Treppenläufer, Mülltonnen),
- Erbbaurecht,
- Wohnungseigentum, Teileigentum, Wohnungserbbaurecht, Teilerbbaurecht,

BewG § 2
BewG § 70
soweit es sich nicht um land- und forstwirtschaftliche oder um Betriebsgrundstücke handelt. Bewertungsgegenstand ist die zu bewertende wirtschaftliche Einheit. Jede wirtschaftliche Einheit des Grundvermögens ist als ein Grundstück einzuordnen.

Grundstücksarten
– **Grundstücksarten**

Nach dem Bewertungsgesetz ist hierbei zu unterscheiden zwischen
BewG § 72
BewG § 74
- unbebauten Grundstücken,
- bebauten Grundstücken.

BewG § 73
Unbebaut sind Grundstücke nach dem Gesetz im Wesentlichen dann, wenn sich darauf keine benutzbaren/bezugsfertigen Gebäude befinden. Bewertungsrechtlich wird bei den unbebauten Grundstücken weiterhin unterschieden in unbebauten, baureifen Grundstücke, ohne dass dem augenblicklich eine besondere Bedeutung zukommt.

BewG § 74
Die Gruppe der bebauten Grundstücke wird zunächst davon geprägt, dass sich auf ihnen benutzbare/bezugsfertige Gebäude befinden.

BewG § 75
Im Rahmen der Bewertung bebauter Grundstücke lassen sich folgende Grundstücksarten unterscheiden:
- Mietwohngrundstücke (Grundstücke, die zu mehr als 80 %, berechnet nach der Jahresrohmiete, Wohnzwecken dienen und nicht Einfamilienhäuser/Zweifamilienhäuser sind),
- Geschäftsgrundstücke (Grundstücke, die zu mehr als 80 %, berechnet nach der Jahresrohmiete, eigenen oder fremden gewerblichen oder öffentlichen Zwecken dienen),
- gemischt genutzte Grundstücke (Grundstücke, die teils Wohnzwecken, teils eigenen oder fremden gewerblichen oder öffentlichen Zwecken dienen und nicht zu den anderen Grundstücksarten zählen.),

- Einfamilienhäuser (Wohngrundstücke, die nur eine Wohnung enthalten; auch eine nur unwesentliche Mitbenutzung zu gewerblichen oder öffentlichen Zwecken ändert nichts an dieser Grundstücksart),
- Zweifamilienhäuser (Wohngrundstücke, die nur zwei Wohnungen enthalten),
- Sonstige, bebaute Grundstücke (Grundstücke, die nicht unter obige Grundstücksarten fallen, z. B. Vereinshäuser, Jagdhütten.).

7.6.3.2 Verfahren der Bewertung

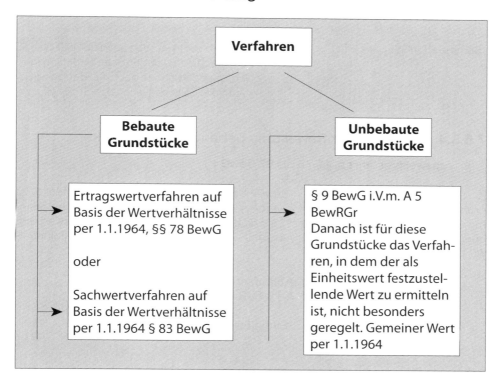

7.6.3.3 Verfahren zur Bewertung unbebauter Grundstücke

Basis: Grundstücke Richtwertkarten der örtlich zuständigen Finanzämter und daraus ermittelte Durchschnittswerte, basierend auf den Wertverhältnissen per 1.1.1964.

Gemäß BewRGr zu § 9 BewG gilt auszugsweise:
Der Wert unbebauter Grundstücke umfasst den Wert des Grund und Bodens (Bodenwert) und den Wert der Außenanlagen. Bei der Ermittlung der Bodenwerte ist im Allgemeinen von durchschnittlichen Werten auszugehen, die sich für ein Gebiet, eine Straße oder einen Straßenabschnitt ohne Beachtung der Grundstücksgrenzen und ohne Rücksicht auf die besonderen Eigenschaften der einzelnen Grundstücke je Quadratmeter ergeben. Aus den durchschnittlichen Werten sind die Bodenwerte der Grundstücke abzuleiten, indem im Einzelfall die Größe des Grundstücks sowie seine Besonderheiten und seine Abweichungen gegenüber den durchschnittlichen Verhältnissen berücksichtigt werden.

	Einheitswert ↓
Bodenwert	Basis 1.1.1964/Richtwertkarten der Finanzverwaltung
+	
Wert der Außenanlagen	Baupreisverhältnisse per 1.1.1964 / Ansatz hilfsweise nach A 45 BewRGr zu § 89 BewG i. V. m. A 17 BewRGr
=	
Summe = Einheitswert	Einheitswerte werden auf volle 100,00 DM nach unten abgerundet und dann in Euro umgerechnet, der Euro-Betrag wird auf volle Euro abgerundet, § 30 BewG.

Verfahren Bewertung bebauter Grundstücke Ertragswertverfahren

7.6.3.4 Verfahren zur Bewertung bebauter Grundstücke

– Ertragswertverfahren, §§ 78 bis 82 BewG

Zur Verfahrenswahl, § 76 Abs. 1 BewG: Der Wert für bebaute Grundstücke ist grundsätzlich im Wege des Ertragswertverfahrens zu ermitteln. Der für ein bebautes Grundstück anzusetzende Wert darf nicht geringer sein als der Einheitswert, mit dem der Grund und Boden als unbebautes Grundstück zu bewerten wäre (Mindestwert, § 77 BewG).

Ablaufschema
(in Anlehnung an A 18 ff. BewRGr zu §§ 78 BewG)

Einheitswert
↓

Jahresrohmiete
x
Vervielfältiger
+
Zuschläge
./. Abschläge
Einheitswert
(Abrundung § 30 BewG
Mindestwert § 77 BewG)

Der Grundstückswert (Einheitswert) ergibt sich somit nach diesem Verfahren (gemäß A 18 BewRGr) durch Anwendung eines Vervielfältigers (vgl. A 26 bis 29 BewRGr) auf die Jahresrohmiete (vgl. A 21 bis 25 BewRGr) und umfasst somit auch den Bodenwert/Gebäudewert/Wert der Außenanlagen.

Zur Definition des Jahresrohertrages und seiner Zusammensetzung vgl. § 79 BewG; Basis: Wertverhältnisse per 1.1.1964.

Zur Definition der Vervielfältiger vgl. § 80 BewG mit der Ausrichtung auf Grundstücksart/Baujahr/Bauart und Bauausführung /Einwohnerzahl der jeweiligen Gemeinde per 1.1.1964.

Zu Zuschläge/Abschläge vgl. § 82 BewG, z. B. Bauschäden/nachhaltige Ausnutzung des Grundstücks für Reklamezwecke gegen Entgelt.

– **Sachwertverfahren, §§ 83 bis 90 BewG**   Sachwertverfahren

Zur Verfahrenswahl § 76 Abs. 2 und 3 BewG:
Das sind z. B. besonders exklusiv konzipierte Ein- und Zweifamilienhäuser; Objekte, bei denen eine Jahresrohmiete nicht ermittelt werden kann.

Ablaufschema in Anlehnung an A 34 ff. BewRGr zu §§ 83 BewG

	Einheitswert ↓
Bodenwert	gemeiner Wert für unbebaute Grundstücke, Richtwerte der Finanzämter per 1.1.1964, A 35 BewRGr zu § 84 BewG
+	
Gebäudewert	m³ umbauter Raum nach DIN 277 multipliziert mit Raummeterpreis per 1.1.1964 sowie evtl. Korrektur durch Zuschläge/Abschläge, vgl. A 37 bis 39 BewRGr
+	
Wert der Außenanlagen	vgl. A 45 BewRGr
=	
Ausgangswert	
x	
Prozentuale Wertzahl für Angleichung an den gemeinen Wert	Wertzahlen werden durch Rechtsverordnung, z. B. nach Gemeindegrößenklassen, einzelnen Grundstücksarten oder Grundstücksgruppen festgesetzt im Rahmen von 85 bis 50 % des Ausgangswertes
=	
Einheitswert	Abrundung, § 30 BewG/ Mindestwert, § 77 BewG Mindestwert, § 146 Abs. 6 BewG

7.7 ERBSCHAFT- UND SCHENKUNGSTEUER BEI IMMOBILIEN

– **Allgemeine Einordnung**

Die Erbschaftsteuerreform 2009 bringt per 1.1.2009 tiefgreifende Neuregelungen zur Erbschaft- und Schenkungsteuer, auch bei Immobilien. Bewertungsrechtlich geht damit auch einher die Neubewertung des Grundvermögens Richtung Verkehrswert und im Erbschaftsteuerrecht die Schaffung von geringfügigen Verschonungsregelungen für das Grundvermögen.

Die Wertermittlung der Grundbesitzwerte gemäß § 176 ff. BewG ist eine Bedarfsbewertung, weil diese nur im Besteuerungsfall (Erbschaft/Schenkung) durchgeführt wird.

– **Grundmerkmale der Besteuerung von Grundbesitz im Erbschafts- bzw. Schenkungsfall**

· **Wertermittlung**

(1) **Unbebaute Grundstücke, § 179 BewG**
Wertansatz mit den von den Gutachterausschüssen der Gemeinden errechneten Bodenrichtwerten gemäß § 196 BauGB.

Ansatz: Grundstücksgröße in m^2
        x Wert/€/m^2 nach den Bodenrichtwerten
        = Steuerpflichtiger Bodenwert

Alternativ:
Nachweis eines evtl. niedrigeren gemeinen Wertes gemäß § 9 BewG durch ein Sachverständigengutachten, § 177 BewG.

(2) **Bebaute, vermietete Grundstücke, § 182 ff. BewG**
Die Festlegung des Bewertungsverfahrens erfolgt in Abhängigkeit von der Grundstücksart, § 182 BewG. Danach gibt es dafür folgende Verfahren:
– Vergleichswertverfahren, § 183 BewG
   Dominierend für Wohnungs- und Teileigentum, Ein- und Zweifamilienhäuser.
– Ertragswertverfahren, § 184 ff. BewG
   Dominierend für Mietwohngrundstücke, Geschäftsgrundstücke, gemischt genutzte Grundstücke.
– Sachwertverfahren, § 189 ff. BewG
   Dominierend dann, wenn für eine Anwendung der anderen Verfahren entsprechende Grundlagen fehlen.

Der Grundbesitzwert als Ergebnis des Bewertungsverfahrens erfährt einen sog. Verschonungsabschlag von 10 % bei vermieteten Grundstücken unter bestimmten Voraussetzungen, z. B. zu Wohnzwecken vermietete Grundstücke, § 13c ErbStG.

Beispiel für den Wertermittlungsansatz nach dem Ertragswertverfahren gemäß § 182 Abs. 3 Ziff. 1 BewG i. V. m. § 184 ff. BewG für ein Mietwohngrundstück/Grundbesitzwert.

7.7 ERBSCHAFT- UND SCHENKUNGSTEUER BEI IMMOBILIEN

Vorweg: Der Grundbesitzwert setzt sich in diesem Fall aus dem Gebäudeertragswert gemäß § 184 BewG + dem Bodenwert gemäß § 179 BewG zusammen.

Entwicklungsstufen des Verfahrens nach dem Bewertungsgesetz:

Stufe 1: Bodenwert nach dem Vergleichswertverfahren gemäß § 179 BewG

Stufe 2: Gebäudeertragswert gemäß § 184 ff. BewG wie folgt:

1) Jahresrohertrag, § 186 BewG

   ./.

2) Bewirtschaftungskosten, § 187 BewG

   =

3) Jahresreinertrag

   ./.

4) Bodenertragsanteil (Bodenwert/Liegenschaftszinssatz, § 188 BewG)

   =

5) Gebäudereinertrag

   x

6) Vervielfältiger (Kapitalisierungsfaktor gem. Anl. 21 BEwG)

   =

7) Gebäudeertragswert

Stufe 3: Abzug des Verschonungsabschlags wegen Wohnraumvermietung, § 13c ErbStG

Verschonungsabschlag

Bodenwert (Stufe 1) + Gebäudeertragswert (Stufe 2)

./.

8) Verschonungsabschlag in Höhe von 10 %

=

9) Bemessungsgrundlage für den Grundbesitzwert der Mietwohnanlage nach dem Ertragswertverfahren

- **Verschonungsregelungen für selbst genutztes Wohneigentum**

(1) **Bebaute Grundstücke als Zuwendung unter Lebenden** als selbst genutztes Wohneigentum, § 13 Abs. 1 Nr. 4a ErbStG.

Zuwendungen unter Lebenden

Grundsatz:
Zuwendungen unter lebenden Ehegatten oder Lebenspartner sind steuerfrei, soweit in dem bebauten Grundstück (§ 181 Abs. 1 Nr. 1–5 BewG) eine Wohnung zu eigenen Wohnzwecken genutzt wird (Familienheim). Keine Beschränkung in der Höhe des Grundbesitzwertes.

(2) **Bebaute Grundstücke im Erwerb von Todes wegen durch den Ehegatten** als selbst genutztes Wohneigentum, § 13 Abs. 1 Nr. 4b ErbStG.

7. STEUERN BEI IMMOBILIEN

Erwerb von Todes wegen durch Ehegatten

Grundsatz:
Der Erwerb von Todes wegen in Verbindung mit der unverzüglichen Selbstnutzung des bisher vom Erblasser genutzten Familienheimes durch den Ehegatten oder Lebenspartner ist steuerfrei. Diese Nutzung muss für 10 Jahre nach dem Erwerb eingehalten werden.

Erwerb von Todes wegen durch Kinder

(3) **Bebaute Grundstücke im Erwerb von Todes wegen durch Kinder** als selbst genutztes Wohneigentum, § 13 Abs. 1 Nr. 4c ErbStG.

Grundsatz:
Der Erwerb von Todes wegen in Verbindung mit einer unverzüglichen Selbstnutzung des bisher vom Erblasser genutzten Familienheimes durch Kinder ist steuerfrei, soweit diese Nutzung 10 Jahre fortgeführt wird und die Wohnfläche der Wohnung 200 m² nicht übersteigt.

Steuerklassen, Freibeträge ErbStG § 15, § 16

- **Steuerklassen**, Freibeträge

Erwerber	Steuerklasse	Selbst genutztes Eigenheim	Persönlicher Freibetrag	Versorgungsfreibetrag
Ehegatte	I	Steuerfrei	500.000,00 €	bis 256.000,00 €
Kinder / Stiefkinder Enkel (wenn Eltern verstorben)	I	Steuerfrei bis 200 m²	400.000,00 €	bis 52.000,00 €
Enkel	I	–	200.000,00 €	–
Eltern / Großeltern (im Erbfall)	I	–	100.000,00 €	–
Eltern / Großeltern (bei Schenkung) Schenkung u. Erbe: Geschwister Nichten / Neffen Stiefeltern / Schwiegereltern Schwiegerkinder Geschiedener Ehegatte	II	–	20.000,00 €	–
Sonstige Personen	III	–	20.000,00 €	–

Freibeträge sind unabhängig von einer evtl. Steuerfreiheit im Fall des selbst genutzten Wohneigentums.

7.7 ERBSCHAFT- UND SCHENKUNGSTEUER BEI IMMOBILIEN

Steuersätze gemäß § 19 ErbStG

Die Erbschaftsteuer wird nach folgenden Prozentsätzen erhoben, neue Fassung ab 1.1.2010/fett;

Wert des steuerpflichtigen Erwerbs (§ 10) bis einschließlich … Euro	Prozentsatz in der Steuerklasse		
	I	II	III
75.000,00	7	15	30
300.000,00	11	20	30
600.000,00	15	25	30
6.000.000,00	19	30	30
13.000.000,00	23	35	50
26.000.000,00	27	40	50
über 26.000.000,00	30	43	50

Rechenbeispiel

Variante 1:
Vater schenkt seiner Tochter eine Mietwohnanlage mit einem Grundbesitzwert gemäß § 184 BewG von 600.000,00 €. Der Mindestwert als unbebautes Grundstück gemäß § 184 Abs. 3 Satz 2 i. V. m. § 179 BewG beträgt 175.000,00 €. Das Grundstück ist frei von Lasten. Verschonungsabschlag i. H. von 10 % bereits berücksichtigt. Weitere Schenkungen des Vaters an die Tochter sind nicht vorausgegangen. Die Tochter ist 35 Jahre alt, somit kein Versorgungsbeibetrag gemäß § 17 ErbStG.

Lösung:

Steuerpflichtiger Grundbesitzwert	600.000,00 €
./. Persönlicher Freibetrag in Bezug zum Vater (§ 16 ErbStG)	400.000,00 €
Steuerliche Bemessungsgrundlage	200.000,00 €
Steuerklasse I/Steuersatz 11 %/Steuerbetrag	**22.000,00 €**

Variante 2:
Steuerlich günstigerer Lösungsansatz.
Vater und Mutter sind grundbuchlich beide Grundstückseigentümer. Beide schenken persönlich aus ihrer Bruchteilsgemeinschaft heraus ihrer Tochter die obige Mietwohnanlage.

Lösung:

Steuerpflichtiger Grundbesitzwert	600.000,00 €
./. Persönliche Freibeträge in Bezug auf Vater und Mutter (gemäß § 16 ErbStG)	
2 x 400.000,00 €	800.000,00 €
Steuerliche Bemessungsgrundlage, negativ	./.200.000,00 €

Steuerklasse I/Steuerfreie Schenkung

Zusammenfassung zur Erbschaft- und Schenkungsteuer

1. Die Erbschaft- und Schenkungsteuer ist unabhängig von der Ertragskraft des Steuerpflichtigen; sie knüpft lediglich an den sog. Erwerbsvorgang an.
2. Voraussetzungen für die Steuererhebung ist neben dem Tatbestand eines steuerpflichtigen Erbschafts- oder Schenkungsvorganges das Vorhandensein einer Erbschaft / Schenkung, die Freibeträge und Freigrenzen übersteigt.
3. Das Vermögen aus der Erbschaft / Schenkung kann sich wiederum aus verschiedenen Vermögensarten zusammensetzen, z. B. Bankguthaben, Grundvermögen.
4. Die Höhe eines ggf. der Erbschaft- und Schenkungsteuer unterliegenden Vermögens ergibt sich aus der Addition der jeweils nach Vermögensart maßgeblichen Wertansätze unter Abzug von Schulden und von Freibeträgen. Weiterhin sind bei bestimmten Vermögensarten Freigrenzen zu beachten.
5. Für den Wertansatz bei Immobilien gelten die ab 1.1.2009 neu geordneten Grundbesitzwerte. Diese sind zum Bewertungsstichtag nach dem Bewertungsgesetz zu ermitteln.
6. Die Neuordnung bei Immobilien ist ausgerichtet auf den Verkehrswert. Sie erstreckt sich auch auf Freibeträge, Steuerklassen und Steuersätze mit nicht unerheblichen Verschiebungen bei den Betroffenen. Der Erwerb und die Nutzung als selbst genutztes Wohneigentum bringen bei Erfüllung bestimmter Voraussetzungen steuerliche Befreiungen.

7.8 BAUABZUGSTEUER

Gesetz zur Eindämmung der illegalen Betätigung am Baugewerbe vom 30. August 2001 (BGBl. I S 2267) – Neuregelung zur Steuerabzugspflicht bei Zahlungen für Bauleistungen gemäß §§ 48 bis 48d EStG.

Der Gesetzgeber hat ab 1.1.2002 eine sog. Bauabzugsteuer in Höhe von 15 % der Gegenleistung/des Bruttoentgelts eingeführt. Damit soll nach Begründung des Gesetzgebers die illegale Beschäftigung am Bau bekämpft werden.

Bauabzugsteuer

Bei der sog. Bauabzugsteuer handelt es sich nicht um eine neue Steuer, sondern um eine neue Variante der Steuererhebung – und damit um eine verwaltungstechnische Belastung der davon betroffenen Parteien, in diesem Fall Auftraggeber/Auftragnehmer – eine Regelung, die in der Praxis auf wenig Verständnis stößt.

Für Unternehmen der Wohnungswirtschaft sowie auch für private Immobilienbesitzer in unternehmerischer Eigenschaft (Vermietung/Verpachtung) ist diese Neuregelung gegebenenfalls ein Thema im Rahmen der Bautätigkeit (Neubau/Modernisierung/Sanierung) eventuell auch bei Aufträgen im Rahmen der Bewirtschaftung von Immobilien.

7.8 BAUABZUGSTEUER

Bauabzugsteuer

	Merkmal	Inhaltliche Bestimmung
1.	Leistungsempfänger/ Auftraggeber § 48 Abs. 1 S. 1 EStG	Auftragsvergabe auf Basis einer entgeltlichen Leistung durch – Unternehmer (i. S. d. § 2 UStG (z. B. gewerbliche Wohnungsunternehmen/Hausverwaltungen) – Vermieter/Verpächter von Wohnungen/ Gebäuden, die auch Unternehmer i. S. d. § 2 UStG sind – Juristische Personen des öffentlichen Rechts.
2.	Begriff Bauleistungen/ Bestimmte Bauleistungen § 48 Abs. 1 S. 2 EStG i. V. m. § 211 Abs. 1 S. 2 SGB III	Auftragsgegenstand ist die – Herstellung – Instandsetzung – Instandhaltung – Änderung bzw. Beseitigung/Rückbau von Bauwerken im Inland. Nicht dagegen: Ausschließlich planerische Leistungen, Arbeitnehmerüberlassung, bloße Reinigungs-, Wartungsarbeiten als selbstständige Hauptleistung und bloße Materiallieferungen sind keine Bauleistungen. Bei gemischten Leistungen ist entscheidend, ob die Bauleistung im Vordergrund steht.
3.	Bemessungsgrundlage	Auftragswert hier Gegenleistung/Bruttoentgelt.
4.	Höhe der sog. Bauabzugsteuer	Satz der Bauabzugsteuer: 15 % der Gegenleistung, Abzug erfolgt für Rechnung des Bauleistenden.
5.	Einbehaltung/Fälligkeit/ Abführung	Abzugsverpflichtung beim Leistungsempfänger. Bis zum 10. Tag nach Ablauf des Monats, in dem die Zahlung/ auch Teilzahlung erbracht wurde, an das Finanzamt des Bauleistenden.
6.	Steuerliche Anrechnung	Steuerliche Anrechnung beim Auftragnehmer: Gemäß § 48c Abs. 1 EStG z. B. auf einbehaltene Lohnsteuer, Vorauszahlungen zur ESt/USt.

Merkmal		Inhaltliche Bestimmung
7.	Befreiung von der Pflicht zum Einbehalt § 48 b EStG	Befreiungstatbestände für den Auftraggeber – Vorlage einer Freistellungserklärung durch den Bauleistenden, ausgestellt durch sein zuständiges Finanzamt oder – Bagatellegrenze von 15.000,00 € p.a. wird nicht überschritten und der Auftraggeber/Leistungsempfänger tätigt ausschließlich steuerfreie Umsätze aus Vermietung und Verpachtung gemäß § 4 Nr. 12. S. 1 UStG oder – Bagatellgrenze von 5.000,00 € p.a. in den übrigen Fällen – wenn nur zwei Wohnungen vermietet werden.

7.9 NÜTZLICHE INTERNETADRESSEN ZU STEUERN

Internetadressen

Neben der im Literaturverzeichnis genannten Fachliteratur zu Steuern wird in diesem Zusammenhang auch auszugsweise eine Liste mit Internetadressen vorgestellt, über die ebenfalls jeweils aktuelle Informationen abgerufen werden können.

www.bundesfinanzministerium.de
www.bmj.de
www.handelsblatt.de
www.stmf.bayern.de
www.baden-wuerttemberg.de
www.berlin.de/senfin
www.bremen.de
www.hmdf.hessen.de
www.steuer.ofd.niedersachsen.de
www.fm.nrw.de
www.finanzen.saarland.de
www.smf.sachsen.de
www.fm.sachsen-anhalt.de
www.thueringen.de/tfm
www.bundesanzeiger.de
www.finanz-rundschau.de
www.steuerlinks.de

Kapitel 8
VERSICHERUNGEN

Hansjörg Bach

8. VERSICHERUNGEN

8.1 RISIKO UND VERSICHERUNGEN

Die **Risikoorientierung** in der Immobilienwirtschaft hat in den letzten Jahren geradezu dramatisch an Bedeutung gewonnen. Eine wesentlich stärkere Beachtung möglicher Risiken erfolgt sowohl von Seiten der
- Investoren/Eigentümer als auch
- der Kreditgeber und
- durch das Immobilienmanagement.

Das Netz von Regelungen bei Immobilieninvestitionen hat sich insbesondere unter dem Blickwinkel des **Verbraucherschutzes** stark verdichtet. Der Stellenwert für Versicherungen hat im **Risiko-Management-Prozess** eines Immobilienunternehmens stark zugenommen.

Als erster Schritt bedarf es der Entwicklung einer **Risikophilosophie** im Unternehmen. Ein Immobilienunternehmen muss sich ebenso wie all diejenigen, die im Lebenszyklus einer Immobilie tätig werden, darüber klar werden, wie mit Risiken umgegangen wird.

Risiken sind soweit dies im voraus möglich ist zu identifizieren und zu bewerten.

Versicherungen dienen dazu, Risiken zu begrenzen.

Seit 1994 ist die Öffnung des europäischen Binnenmarktes für die Versicherungswirtschaft Realität. Bis zu diesem Zeitpunkt gab es Versicherungsmonopole in der Bundesrepublik Deutschland. Die Zeit vor 1994 war durch ein hohes Maß an zuverlässiger Vorprüfung der Produkte am Versicherungsmarkt gekennzeichnet.

Seit 1994 gibt es eine beachtliche Vielzahl an neuen Produkten auf dem Versicherungsmarkt. Die Öffnung des europäischen Binnenmarktes und der Wegfall der Versicherungsmonopole zielten darauf, durch eine neue Konkurrenzsituation dem Verbraucher, d. h. dem Versicherungsnehmer, Vorteile zu verschaffen.

Die durch diese Entwicklung ausgelöste Produktvielfalt und Individualisierung hat jedoch die Vergleichbarkeit der Versicherungsprodukte für den Nichtfachmann in hohem Maße erschwert.

In gleichem Umfang haben die Bedeutung der Sachkunde und der Branchenüberblick der Versicherungsvermittler zugenommen.

Für die **Entscheidungsträger** in Unternehmen der Immobilienwirtschaft hat die neue Situation zur Folge, dass **Organisation** und **Kontrolle** des Versicherungswesens erhöhter Wachsamkeit bedarf und sich nicht allein auf traditionelle Wege verlassen kann.

Dies gilt um so mehr, da der Versicherungsbereich bei Immobilienunternehmen häufig nicht im Prüfungsauftrag an die Wirtschaftsprüfungsgesellschaften enthalten ist.

Unverändert ist nach wie vor das ungelöste Problem, wie das notwendige Spezialwissen über Versicherungen, unabhängig von der Betriebsgröße, beschafft werden kann: für kleinere und mittlere Unternehmen bietet sich eine Kooperation auf diesem Spezialgebiet an.

8.2 AUFGABEN DER VERSICHERUNGEN

Versicherung ist eine mögliche Form der **Vorsorge** mit dem Ziel, **wirtschaftlichen Schaden** von Einzelpersonen oder Unternehmen **abzuwenden**, der eintreten kann, wenn **subjektive Gefahren** für **Personen – Sachen – Vermögen** tatsächlich eintreffen.

Zu Vermögensversicherungen zählen insbesondere die Haftpflichtversicherungen.

Die Schäden, welche hierdurch abgedeckt werden, tragen das gemeinsame Merkmal des schwer Kalkulierbaren, z. T. der Unbegrenzbarkeit. Alle staatlich verordneten Versicherungen (wie z. B. Kfz-Haftpflicht) sind diesem Bereich zuzuordnen. Ein elementarer Schaden aus dem Risikobereich der privaten Haftpflichtversicherung kann möglicherweise am stärksten in Bereiche des persönlichen Vermögens eingreifen.

Versichert werden können ungewisse, jedoch abschätzbare Gefahren, die von einem Versicherer im Wege des Risikoausgleichs unter einer Vielzahl von Versicherten gegen Zahlung einer Prämie versichert werden.

Beispiele:
Ein Hauseigentümer haftet für den Schaden, den ein Besucher infolge eines Sturzes auf einer schadhaften Treppe seines Hauses erleidet.
Ein Einkaufszentrum wird durch einen Brand schwer geschädigt.
Ein Maklerunternehmen muss hohe Prozesskosten infolge eines verlorenen Prozesses tragen.

8.3 EINTEILUNG DER VERSICHERUNGEN

Es gibt eine erstaunliche **Vielfalt von Versicherungen**, die von der Strahlen-Haftpflichtversicherung, Fotoapparatversicherung, langfristigen Rindviehlebendversicherung, bis hin zur Lizenzversicherung und Feuer-Betriebsunterbrechungsversicherung, sowie der Haftpflicht für Seilbahnen reicht.

Für das Verständnis der **Systematik der Versicherungen** ist die nachfolgende Darstellung der Formen der Versicherung hilfreich.

*	**
Formen der Versicherung sind	
Sozialversicherung	Individualversicherung

* Sozialversicherungen dienen der sozialen Sicherung von Arbeitnehmern und sind Zwangsversicherungen. Ihre Zweige sind:

Rentenversicherung der Arbeitnehmer (BfA, LVA etc.)

Rentenversicherung der Handwerker und Landwirte (LVA etc.)

Krankenversicherung (Ortskrankenkassen etc.)

Pflegeversicherung

Unfallversicherung (Berufsgenossenschaften)

Arbeitslosenversicherung (Bundesanstalt für Arbeit)

** Individualversicherungen können Schutz vor zahlreichen Gefahren bieten, die durch Sozialversicherungen nicht abgedeckt werden. Im Gegensatz zu der Sozialversicherung sind bei der Individualversicherung gleichartige Risiken in einer Vielzahl von Zweigen zusammengefasst. Beispiele von Versicherungszweigen, die für die Grundstücks- und Wohnungswirtschaft Bedeutung haben, sind:

Allgemeine Haftpflichtversicherung

Verbundene Wohngebäudeversicherung

Rechtsschutzversicherung

Feuerversicherung

Diese Hauptversicherungszweige sind in zahlreichen Unterarten und Nebenversicherungszweige mit weiteren Unterarten aufgeteilt.

Im Hinblick auf die Zusammenfassung von Versicherungszweigen wird unterschieden zwischen:
- **Kombinierter Versicherung** (ein Versicherungszweig und -vertrag),
  Beispiel: Verbundene Wohngebäudeversicherung.
- **Gebündelter Vertrag** (mehrere Versicherungszweige und -verträge),
  Beispiel: Familienversicherung (Privathaftpflicht-, Hausrat-, Unfallversicherung).

Die Versicherungen lassen sich aus **versicherungswirtschaftlicher Sicht** weiter danach gliedern:

– **was versichert ist**

Personen-, Sach-, Vermögensversicherung

bzw. – **was im Versicherungsfall geleistet wird**

Schaden-, Summenversicherung

Unter dem Begriff **All-Riscs-Versicherung** versteht man Angebote der Versicherungswirtschaft, die im Sinne einer Allgefahrendeckung einen lückenlosen Versicherungsschutz gegen Gefahren und Schäden an versicherten Sachen durch Zerstörung, Beschädigung und Abhandenkommen anbieten.

Bei diesen Versicherungsangeboten ist eine sorgfältige Nutzen-Kosten-Abwägung unabdingbar.

Man kann auch nach dem Umfang staatlicher Aufsicht bei den Versicherungen (insbesondere unter dem Gesichtspunkt des Verbraucherschutzes) unterscheiden:

Für den Versicherungsnehmer ist (unter Berücksichtigung von Übergangsregelungen) zu unterscheiden in Versicherungen innerhalb der europäischen Gemeinschaft, die uneingeschränkt/eingeschränkt der staatlichen Aufsicht in der Bundesrepublik Deutschland unterliegen. Dieses ist geregelt durch das
- Gesetz über die Beaufsichtigung der Versicherungsunternehmen (Versicherungsaufsichtsgesetz – VAG) vom 6.6.1931 bzw.
- Gesetz über die Errichtung eines Bundesaufsichtsamtes für das Versicherungswesen BA-Fin (BAG) vom 31.7.1990.

Versicherungsmonopole gibt es in der Bundesrepublik Deutschland **seit dem 1.7.1994** – nachdem entsprechende Übergangsregelungen abgelaufen sind – **nicht mehr**.

Der Markt für Versicherungen ist zukünftig EU-weit geöffnet. Dies bedeutet, dass ein potenzieller Versicherungsnehmer zukünftig im Bereich der Europäischen Union unter anbietenden Versicherungen auswählen kann. Allerdings ist nicht auszuschließen, dass im Hinblick auf den Verbraucherschutz erhebliche Unterschiede zwischen den Versicherungen bestehen, die, wie bisher, in vollem Umfang der deutschen Aufsicht unterliegen, und denjenigen, die der Aufsicht ihres Heimatlandes unterworfen sind (sog. Sitzlandkontrolle). Bei der Auswahl von Versicherungen sollte auf jeden Fall dieser Gesichtspunkt berücksichtigt werden.

Versicherungen nach bundesrepublikanischem Recht unterlagen und unterliegen auch weiterhin in vollem Umfang
- dem Gesetz über den Versicherungsvertrag (VVG) vom 1.1.2008.

Die Allgemeinen Versicherungsbedingungen (AVB) haben Gültigkeit für jeweils einen ganzen Versicherungszweig aufgrund **freiwilliger Branchenvereinbarungen**. Sie unterliegen **nicht mehr** einer **präventiven rechtlichen Prüfung**. Der Versicherer hat bei Vertragsabschluss ausdrücklich auf sie hinzuweisen und sie dem Versicherungsnehmer in geeigneter Weise zur Kenntnis zu geben (§§ 305 ff. BGB – vor 2002 AGBG).

Beispiele:
Allgemeine Wohngebäude-Versicherungsbedingungen (VGB 88),
Allgemeine Hausratversicherungsbedingungen (VHB 92).

Seit dem Wegfall der Versicherungsmonopole 1994 und der damit verbundenen Öffnung des Versicherungsmarktes beruhen die Allgemeinen Versicherungsbedingungen auf Branchenvereinbarungen.

Es ist somit sorgfältig zu beachten, welche Version der Allgemeinen Versicherungsbedingungen im einzelnen Versicherungsvertrag zur Anwendung kommt und wodurch sich die einzelnen Fassungen unterscheiden.

Beispiel:
- AVB für die Wohngebäude-Versicherung (VGB 2000 – Wert 1919) (Klauseln),
- AVB für die Wohngebäude-Versicherung (VGB 2000 – Wert 1914,
- AVB für die Wohngebäude-Versicherung (VGB 2000 – Wohnfläche) (Klauseln),
- AVB für die Hausratversicherung (VHB 2000) (Klauseln),
- AVB für die Hausratversicherung (VHB 2000),
- AVB für die Hausratversicherung (VHB 2000, Indizierung Quadratmetersumme),
- AVB Für die Hausratversicherung (VHB 92 – Stand: Januar 1995),
- AVB für die Haftpflichtversicherung (AHB) Stand: Mai 2000,
- AVB für die Haftpflichtversicherung (AHB) Stand: Juni 2002,
- AVB für die Haftpflichtversicherung (AHB) Stand: Juni 2004,

die wiederum erforderlichenfalls ergänzt werden durch
- Klauseln (z. B. Klausel 921 – Aquarien in der Wohngebäudeversicherung).

Abweichend von § 6 Nr. 1 VBG 88 gilt als Leitungswasser auch Wasser, das aus Aquarien bestimmungswidrig ausgetreten ist.

Die Regelungen können noch durch
- Besondere Versicherungsbedingungen (BVB)

ergänzt werden.

Es bestehen sowohl besondere Versicherungsbedingungen, die nur auf einen ganz speziellen Einzelfall zugeschnitten sind (sie werden auch als echte Besondere Versicherungsbedingungen bezeichnet) als auch besondere Versicherungsbedingungen, die für bestimmte Tatbestände Anwendung finden (diese werden auch als unechte Besondere Versicherungsbedingungen bezeichnet).

Besondere Bedingungen für die Versicherung weiterer Elementarschäden in der Wohngebäudeversicherung (BEW 2000) – Stand: April 2004

Spezielle Regelungen stehen über allgemeinen. Dieses erprobte System, das dem Verbraucherschutz einen hohen Stellenwert beimisst, gilt nicht bzw. nicht in vollem Umfang bei Erstversicherern mit Sitz in einem Voll-Mitgliedsland der Europäischen Gemeinschaft außerhalb der Bundesrepublik Deutschland. Eine weitere Abgrenzung ergibt sich auch durch die Versicherungen, die aufgrund gesetzlicher Verpflichtungen abzuschließen sind (Pflichtversicherungen), z. B. für
- Jäger,
- Notare,
- Steuerberater,
- Kraftfahrzeughalter

und solche, die vom Versicherungsnehmer aus **freiwilliger Entscheidung** abgeschlossen werden.

Man kann die Versicherungen nach **wohnungswirtschaftlichen Kriterien** einteilen:

Unter wohnungswirtschaftlicher Betrachtung ist eine Unterscheidung bei den Individualversicherungen von Bedeutung. Hier stellt sich die Frage: Wer trägt die Kosten der Sach- und Haftpflichtversicherungen bei Wohn- und Geschäftsraummietverhältnissen? Bei Mietverhältnissen über **Geschäftsräume** ist im gesetzlich zulässigen Rahmen vertraglich zu vereinbaren, welcher Vertragspartner die Kosten für welche Versicherung trägt.

Im Bereich der **Wohnungsverwaltung** sind Versicherungen teilweise Betriebskosten im Rahmen der Bewirtschaftungskosten.

8.4 VERSICHERUNGSVERMITTLER

Für denjenigen, der sich um Versicherungsschutz bemüht, kommen die folgenden Versicherungsvermittler in Frage.

8.4.1 Angestellte im Außendienst

Sie werden traditionell als „Versicherungsinspektoren" bezeichnet, sind **rechtlich unselbstständig** und werden gegen Gehalt für die Versicherung tätig. Sie sind im rechtlichen Sinne Handlungsgehilfen.

8.4.2 Versicherungsvertreter

Selbstständiger Handelsvertreter i. S. v. § 84 Abs. 1 Handelsgesetzbuch (HGB): „Versicherungsvertreter ist, wer als Handelsvertreter damit betraut ist, Versicherungsverträge zu vermitteln oder abzuschließen."

Es ist also ausdrücklich zu unterscheiden zwischen
Versicherungsvertretern,
die berechtigt
zur **Vermittlung** bzw. zum **Abschluss**
von Versicherungen sind.

Diese Unterscheidung ist in vielfältiger Hinsicht (z. B. bei der Vollmacht zur Erteilung von Deckungszusagen) bedeutsam.

Ohne besondere, ausdrückliche Vollmacht ist der Versicherungsvertreter jedoch nicht befugt, Schadensregulierungen vorzunehmen.

Der **hauptamtliche Versicherungsvertreter** wird auch **Generalagent** genannt, dem andere Versicherungsvertreter (z. B. nebenberuflich tätige) unterstellt sein können. **Generalagenten** können **Versicherungen** nur **einer** oder auch **mehrerer Versicherungsgesellschaften vermitteln**.

8.4.3 Versicherungsmakler

Wer
„... gewerbsmäßig für andere Personen, ohne von ihnen aufgrund eines Vertragsverhältnisses ständig damit betraut zu sein, die Vermittlung von ... Versicherungen ... übernimmt, hat die Rechte und Pflichten eines Handelsmaklers."

Der Versicherungsmakler ist bei rechtlicher Betrachtungsweise im Gegensatz zum „Angestellten im Außendienst" und dem „Versicherungsvertreter" zur Wahrnehmung der Interessen des Versicherungsnehmers verpflichtet. Trotzdem entstehen dem Versicherungsnehmer für seine Einschaltung keine Kosten. Er erhält eine **„Courtage"** von der Versicherung für abgeschlossene Verträge. Die **Beauftragung** eines Versicherungsmaklers durch den Versicherungsnehmer bzw. -interessenten erfolgt durch einen **Geschäftsbesorgungsvertrag.** Er hat **weitgehende Pflichten** gegenüber dem Versicherungsnehmer. So. z. B. eine Analyse des Risikos, Prüfung des Deckungsbedarfs, Prüfung einer Unterversicherung.

Für die Immobilienwirtschaft mit ihrer Vielfalt an Risiken bietet die Einschaltung eines Versicherungsmaklers, wenngleich nicht die Regel, erhebliche Vorteile.

Versicherungswirtschaftlicher Sachverstand in Verbindung mit weitgehender Haftung ohne zusätzliche Kosten wird vom Versicherungsmakler geboten. Er verschafft sich einen
- **Überblick** aus dem **Angebot** verschiedener Versicherungen,
- **vergleicht** die **Angebote** und
- **berät** seinen **Kunden,** den Versicherungsnehmer, **bei der Auswahl** aus diesem Angebot.

Die Entscheidung darüber, welche Versicherung aus dem Angebot letztendlich abgeschlossen wird, liegt beim Versicherungsnehmer.

Darüber hinaus machen die einschlägigen **Berufsverbände für Versicherungsmakler** die Mitgliedschaft vom Abschluss einer **Vermögenshaftpflichtversicherung abhängig.** Diese **erhöht** somit de facto die **Sicherheit für den Versicherungsnehmer**, der sich eines Versicherungsmaklers bedient.

Unter Berücksichtigung aller Umstände stellt die **Einschaltung eines Versicherungsmaklers** eine **zukunftsorientierte** organisatorische **Lösung** des Versicherungsbereiches eines Unternehmens der Immobilienwirtschaft dar. Sie verschafft dem Unternehmen kostengünstig Spezialwissen einer ständig im Wandel begriffenen Wirtschaftsphäre, verbunden mit einem strengen Haftungsrisiko des eingeschalteten Versicherungsmaklers. Insbesondere Klein- und Mittelbetriebe dürften erhebliche Vorteile aus einer solchen organisatorischen Lösung ziehen.

8.5 VERSICHERUNGSBERATER

Er darf keinesfalls mit den Versicherungsvermittlern verwechselt werden.

Seine Tätigkeit ist ausschließlich auf
Beratung – Betreuung – Vertretung (außergerichtlich)
des Versicherungsnehmers bzw. -interessenten beschränkt.

Seine Tätigkeit schließt die Vermittlung von Versicherungsverträgen ausdrücklich aus und ist erlaubnispflichtig i. S. des Rechtsberatungsgesetzes.

Die **Rechtsberatung** – um eine solche handelt es sich bei der Tätigkeit eines Versicherungsberaters – darf dieser nur für denjenigen Bereich durchführen, für den ihm der zuständige Amts- und Landgerichtspräsident die Erlaubnis erteilt hat. Sie kann dem Versicherungsberater erst nach vorangegangener **Prüfung** seiner **Zuverlässigkeit, persönlichen Eignung** und **Sachkunde** erteilt werden. Die **Erlaubnis** umfasst die
- Beratung und
- außergerichtliche Vertretung von Versicherten bei der
- Vereinbarung,
- Änderung oder
- Prüfung von Versicherungsverträgen und der
- Wahrnehmung von Ansprüchen aus dem Versicherungsvertrag gegenüber Versicherungsunternehmen.

Er erhält seinen Auftrag im Rahmen eines Werkvertrages. Ein typischer Auftrag an einen Versicherungsberater könnte z. B. lauten: Wie kann das Versicherungswesen eines speziellen Unternehmens der Immobilienwirtschaft neu geordnet werden?

8.6 VERSICHERUNGSVERTRAG

Im BGB finden sich, wie bei vielen anderen Vertragsarten, keine Regelungen über den Versicherungsvertrag. Lediglich Allgemeine Bestimmungen, wie z. B. über die Geschäftsfähigkeit, Vertretung und Vollmacht, Schutz des Hypothekengläubigers bei der Gebäudeversicherung, sind im BGB geregelt. Ansonsten gilt die Rechtsgrundlage über den Versicherungsvertrag aus dem Gesetz über den

Versicherungsvertrag (VVG) vom 1. 1. 2008.

Als spezielle Regelung geht es den allgemeinen Bestimmungen des BGB vor.

Das **Versicherungsvertragsgesetz** gliedert sich in folgende Abschnitte:

Teil 1 Allgemeiner Teil
Kapitel 1 Vorschriften für alle Versicherungszweige
　　　　　Abschnitt 1 Allgemeine Vorschriften
　　　　　Abschnitt 2 Anzeigepflicht, Gefahrerhöhung, andere Obliegenheiten
　　　　　Abschnitt 3 Prämie
　　　　　Abschnitt 4 Versicherung für fremde Rechnung

Abschnitt 5 Vorläufige Deckung
Abschnitt 6 Laufende Versicherung
Abschnitt 7 Versicherungsvermittler, Versicherungsberater

Kapitel 2 Schadensversicherung
Abschnitt 1 Allgemeine Vorschriften
Abschnitt 2 Sachversicherung

Teil 2 Einzelne Versicherungszweige
Kapitel 1 Haftpflichtversicherung
Abschnitt 1 Allgemeine Vorschriften
Abschnitt 2 Pflichtversicherung

Kapitel 2 Rechtsschutzversicherung
Kapitel 3 Transportversicherung
Kapitel 4 Gebäudefeuerversicherung
Kapitel 5 Lebensversicherung
Kapitel 6 Berufsunfähigkeitsversicherung
Kapitel 7 Unfallversicherung
Kapitel 8 Krankenversicherung

Teil 3 Schlussvorschriften

Somit wird grundsätzlich geltende Vertragsfreiheit im Versicherungsvertragsgesetz durch zwingende bzw. halbzwingende Vorschriften beschränkt.

8.6.1 Pflichten des Versicherungsnehmers

Die Pflichten des Versicherungsnehmers werden unterschieden in
- **Prämienzahlungspflicht** (einklagbare Rechtspflicht) und
- **gesetzliche** (VVG) und
- **vertragliche** (z. B. AVB) Obliegenheiten (nicht einklagbar).

Der Versicherungsnehmer hat **Obliegenheiten** zu beachten
- **vor Abschluss des Vertrages:** z. B. Erfüllung einer Anzeigepflicht in Form von Angaben, die in einem Antragsformular verlangt werden.
- **während der Dauer des Vertrages:** z. B. Erfüllung einer Anzeigepflicht bei Veräußerung des versicherten Gebäudes.
- **im Schadensfall:** z. B. Anzeigepflicht innerhalb bestimmter Fristen an die Versicherung; aber auch z. B. eine Schadenminderungspflicht.

Anmerkung: Bedient sich der Versicherungsnehmer eines Versicherungsmaklers, ist darauf zu achten, ob die nachfolgende Klausel vereinbart wurde.

Beispiel:
Maklerklausel
Der den Versicherungsvertrag betreuende Makler ist bevollmächtigt, Anzeigen und Willenserklärungen des Versicherungsnehmers entgegenzunehmen. Er ist durch den Maklervertrag verpflichtet, diese unverzüglich an den Versicherer weiterzuleiten.

Welche Folgen die Verletzung einer Obliegenheitspflicht durch den Versicherungsnehmer hat, hängt u. a. auch vom Grad des Verschuldens des Versicherungsnehmers an der Obliegenheitsverletzung ab.

8.6.2 Pflichten des Versicherers

Gesetzliche Pflicht des Versicherers:
Nach dem Gesetz über den Versicherungsvertrag ist bei der **Schadensversicherung** der Versicherer verpflichtet, nach dem Eintritt des **Versicherungsfalls** beim Versicherungsnehmer den dadurch verursachten **Vermögensschaden** nach Maßgabe des Vertrages zu ersetzen.

Bei der **Lebensversicherung** und der **Unfallversicherung** sowie bei **anderen Arten der Personenversicherung** ist der Versicherer verpflichtet, nach dem Eintritt des Versicherungsfalls den **vereinbarten Betrag** an **Kapital** oder **Rente** zu zahlen oder die **sonst vereinbarte Leistung** zu bewirken.

Ob die **Leistung der Versicherung** in **Geld** oder im **Naturalersatz** zu leisten ist, bestimmt sich nach den **gesetzlichen** oder **vertraglichen Regelungen**.

Die Ansprüche aus einem Versicherungsvertrag verjähren im Allgemeinen nach 3 Jahren und nicht im Rahmen der im BGB geregelten Fristen.

8.6.3 Sonderheiten des Versicherungsvertrages

8.6.3.1 Allgemeine Vertragsbedingungen (AVB)

Die Allgemeinen Vertragsbedingungen (AVB) sind mit den Allgemeinen Geschäftsbedingungen bei Wohn- und Geschäftsraummietverträgen vergleichbar.

Manchmal abwertend als „Kleingedrucktes" apostrophiert, sind sie wesentlicher Bestandteil des Versicherungsvertrages und somit vollinhaltlich gültig.

Es sind allgemeine Vertragsbedingungen im Sinne von § 305 ff. BGB (vor dem 1.1.2002 Gesetz zur Regelung des Rechts der Allgemeinen Geschäftsbedingungen – AGB-Gesetz vom 9. 8. 1976).

Anders als Klauseln haben die Allgemeinen Vertragsbedingungen Gültigkeit für jeweils einen ganzen Versicherungszweig.

Beispiel: Allgemeine Wohngebäude-Versicherungsbedingungen (VGB 88)

8.6.3.2 Besondere Bedingungen

Im Gegensatz zu den „Allgemeinen" Vertragsbedingungen werden durch die **„Besonderen" Bedingungen** innerhalb der Allgemeinen Bedingungen Sondertatbestände geregelt.

Beispiele:
- Die Besonderen Bedingungen für die Vermögensschaden-Haftpflichtversicherung für Grundstücks- und Hypothekenmakler, **oder**
- die Besonderen Bedingungen für die Vermögensschaden-Haftpflichtversicherung von Haus-, Grundstücks- und Wohneigentumsverwaltern,

und zwar im Rahmen der Allgemeinen Versicherungsbedingungen zur Haftpflichtversicherung für Vermögensschäden (AVB).

8.6.3.3 Klauseln

Klauseln sind **spezielle Regelungen** im Rahmen der Allgemeinen Versicherungsbedingungen (AVB).

Beispiel:
Klausel 0922 Klima-, Wärmepumpen- und Solarheizungsanlagen für die Verbundene Wohngebäude-Versicherung (VGB 88).
- Der Versicherungsschutz erstreckt sich auch auf die Schäden durch Wasser oder sonstige wärmetragende Flüssigkeiten wie Sole, Öle, Kühlmittel, Kältemittel und dergleichen, die aus Klima-, Wärmepumpe- oder Solarheizungsanlagen bestimmungswidrig ausgetreten sind.
- Innerhalb versicherter Gebäude sind versichert: Frost und sonstige Bruchschäden an den Rohren der in Nr. 1 genannten Anlagen Bruchschäden durch Frost an sonstigen Einrichtungen der in Nr. 1 genannten Anlagen.
- Außerhalb versicherter Gebäude sind versichert Frost- und sonstige Bruchschäden an Rohren der in Nr. 1 genannten Anlagen, soweit diese Rohre der Versorgung der versicherten Gebäude oder Anlagen dienen und sich auf dem Versicherungsgrundstück befinden.

Auch während der Laufzeit eines Versicherungsvertrages sollten laufend Änderungen von Klauseln beachtet werden, die erforderlichenfalls eine Anpassung des Vertrages empfehlenswert machen. Ist ein Versicherungsmakler eingeschaltet, hat er den Versicherungsnehmer hierüber zu informieren.

8.6.3.4 Individuelle Vereinbarungen

Individuelle Vereinbarungen regeln den individuellen Versicherungsbedarf.

8.7 VERMÖGENSVERSICHERUNG

Unter dem Begriff der **Vermögensversicherung** werden **alle Versicherungszweige** eingeordnet, die der **Abwehr eines Schadens am Vermögen des Versicherungsnehmers** dienen.

8.7.1 Haftpflichtversicherung

Der **Haftungsumfang** ist in einer Reihe von Gesetzen geregelt.

Die Haftung unter Vertragspartnern **(gesetzliche Haftung aus Vertragsverhältnissen)** und die **Haftung aus unerlaubter Handlung** sind im Bürgerlichen Gesetzbuch geregelt.

Für eigenes Handeln regelt § 823 Abs. 1 BGB die Haftung:
- Wer vorsätzlich oder fahrlässig das Leben, den Körper, die Gesundheit, die Freiheit, das Eigentum oder ein sonstiges Recht eines anderen widerrechtlich verletzt, ist dem anderen zum Ersatz des daraus entstehenden Schadens verpflichtet.

Für das Handeln anderer Personen bestimmt § 831 Abs. 1 BGB die Haftung folgendermaßen:
- Wer einen anderen zu einer Verrichtung bestellt, ist zum Ersatz des Schadens verpflichtet, den der andere in Ausführung oder Verrichtung einem Dritten widerrechtlich zufügt (Haftung des Aufsichtspflichtigen für den Verrichtungsgehilfen oder z. B. auch Haftung eines Tierhalters).

Weitere Haftungstatbestände sind z. B. auch in folgenden Gesetzen geregelt:

Produkthaftungsgesetz (ProdHaftG),

Wasserhaushaltsgesetz (WHG),

Umwelthaftungsgesetz (UmweltHG),

Weitere Haftungstatbestände können sich individuell ergeben – z. B. Prospekthaftung.

In der Haftpflichtversicherung wird zwischen
- **unechten Vermögensschäden** (z. B. Personen- oder Sachschäden), die bestimmungsgemäß versichert sind und
- **echten** (sog. reinen) **Vermögensschäden** (weder durch Personen- noch durch Sachschäden entstanden) unterschieden. Letztere sind sowohl im Rahmen des Versicherungsvertrages als auch der Allgemeinen Vertragsbedingungen (z. B. Allgemeine Versicherungsbedingungen für die Haftpflichtversicherung AHB) nicht gedeckt. Hierfür sind im Rahmen von Besonderen Bedingungen Regelungen zu treffen.

Die verschiedenen **Haftpflichtversicherungen**, seien es **Pflichtversicherungen** oder **Versicherungen auf freiwilliger Basis**, dienen der **Absicherung von Gefahren**, deren mögliche finanzielle **Konsequenzen** Größenordnungen bis zur existenziellen Bedrohung annehmen können. Weder ein Mieter noch ein Vermieter oder Makler – ob Einzelperson oder Unternehmen – sollte sich diesen Gefahren ohne entsprechenden Versicherungsschutz aussetzen. Die Haftpflichtversicherungen scheinen, insbesondere für den nicht laufend damit Beschäftigten, auf den ersten Blick unkompliziert zu sein. Tatsächlich sind Haftpflichtverträge mit ihren Allgemeinen Vertragsbedingungen, Besonderen Bedingungen, Klauseln etc. vielfältig.

8.7.2 Haus- und Grundbesitzerhaftpflichtversicherung

Versichert ist in der Haus- und Grundbesitzerhaftpflichtversicherung die **gesetzliche Haftpflicht des Versicherungsnehmers als Haus- und Grundstücksbesitzer**, z. B. als Eigentümer, Nießbraucher, Pächter, Mieter, Leasingnehmer. Mitversichert ist auch die gesetzliche Haftpflicht des Versicherungsnehmers als **Bauherr** oder **Unternehmer von Bauarbeiten bis** zu einer veranschlagten **Bausumme von in der Regel zwischen 10.000 und 25.000 €** je Bauvorhaben.

Wird durch den Versicherungsnehmer auf dem Grundstück ein Betrieb oder Beruf ausgeübt, wird der Versicherungsschutz für das Haftpflichtrisiko aus dem Haus- und Grundbesitz nur durch eine **gesonderte Betriebs- oder Berufshaftpflicht** gewährt.

Beispiel:
Ein Unternehmen, das einen Immobilienbestand verwaltet, hat eine Haus- und Grundbesitzerhaftpflichtversicherung für den gesamten Bestand abgeschlossen. In einem der verwalteten und damit versicherten Gebäude ist die Verwaltung des Unternehmens untergebracht. Für dieses Objekt bedarf es einer gesonderten Betriebs- oder Berufshaftpflichtversicherung.

Bei **Wohnungseigentümergemeinschaften** ist regelmäßig eine **Gemeinschaft der Wohnungseigentümer** der **Versicherungsnehmer**. Versichert ist die gesetzliche Haftpflicht der Gemeinschaft der Wohnungseigentümer, was das **gemeinschaftliche Eigentum** betrifft.

8.7.3 Bauherren-Haftpflichtversicherung

Bei der Bauherren-Haftpflichtversicherung ist zu unterscheiden, ob es sich um Bauherren handelt, die Planung, Bauleitung und Bauausführung an Dritte vergeben haben, oder um solche, die in eigener Regie bauen. Mitversichert ist bei Neubauten die gesetzliche Haftpflicht als Besitzer des zu bebauenden Grundstücks für die Dauer der Bauzeit.

Auf ein Risiko ist besonders hinzuweisen:
Wird davon ausgegangen, dass das Bauherren-Haftpflichtrisiko im Rahmen der vereinbarten Beträge in der Haus- und Grundbesitzer-Haftpflichtversicherung mit abgedeckt ist, ist sorgfältig darauf zu achten, dass bei diesem Bauvorhaben der Höchstbetrag nicht überschritten wird.

Für den Fall, dass sich ein solches Risiko abzeichnet, ist der zusätzliche Abschluss der Bauherren-Haftpflichtversicherung dringend anzuraten.

Einschlägige Bestimmungen der Haftpflichtversicherung ergeben sich aus den Besonderen Bedingungen und Risikobeschreibungen zur Bauherren-Haftpflichtversicherung (BBR).

8.7.4 Privat-Haftpflichtversicherung

Versichert ist in der Privat-Haftpflichtversicherung die **gesetzliche Haftpflicht** des Versicherten als **Privatperson**, was die Gefahren des täglichen Lebens betrifft, und auch als Familien- und Haushaltungsvorstand. In der Immobilienwirtschaft ist zu beachten, dass bei **Sondereigentümern** auch die Haftpflichtansprüche der Gemeinschaft der Wohnungseigentümer wegen Beschädigung des Gemeinschaftseigentums versichert sind. Besonders zu versichern sind jedoch **Haftpflichtan-**

sprüche aus Schäden, die im Zusammenhang stehen mit der **Vermietung gewerblich genutzter Räume** sowie von Wohnungen mit **mehr als zwei Räumen** und der **Vermietung von Einstellräumen** für Kraftfahrzeuge. „Besondere Bedingungen" bestehen auch, und sind ggf. zu vereinbaren, für den Einschluss von
- **Mietsachschäden**, d. h. zur Abdeckung der gesetzlichen Haftpflicht aus der Beschädigung von Wohnräumen und sonstigen zu privaten Zwecken gemieteten Räumen in Gebäuden,
- **Sachschäden durch häusliche Abwässer**, Beispiel: geplatzter Schlauch einer Geschirrspülmaschine.

Diese Haftungserweiterung umfasst jedoch nur die gemieteten Räume sowie die damit fest verbundenen Sachen. Beispiel: Ein fest verklebter Teppichboden ist eingeschlossen, ein lose verlegter nicht. Auch sind Schäden durch natürlichen Verschleiß, Abnutzung etc. nicht eingeschlossen.

8.7.5 Gewässerschadenhaftpflichtversicherung

Bei der **Gewässerschadenhaftpflichtversicherung** handelt es sich um eine Versicherung, die in den vergangenen Jahren erheblich **an Bedeutung** gewonnen hat. Drastisch gestiegene Kosten für die ordnungsgemäße Entsorgung von verseuchtem Boden machen diese Versicherung im Rahmen der Privat- und der Haus- und Grundbesitzerhaftpflichtversicherung nahezu unentbehrlich. Grundsätzlich zu unterscheiden sind Gewässerschadenversicherungen mit Einschluss des Anlagenrisikos oder ohne Einschluss.

8.7.6 Betriebshaftpflichtversicherung

Sie bietet Schutz für Schäden, die vom Unternehmer oder von Betriebsangehörigen (Dritten) durch betriebliche Einrichtungen, durch gelieferte oder hergestellte Sachen zugefügt werden oder aber Betriebsangehörige selbst erleiden, für den Fall, dass ein Verschulden der oder des Versicherten vorliegt. Diese Art von Haftpflichtversicherung wird unter anderem angeboten
- für Industrie, Handel und Gewerbe,
- für Gaststätten und Beherbergungsbetriebe.

Besonders zu beachten ist, dass bei einer Immobilienverwaltung das Betriebsgebäude, in dem sich die Verwaltung befindet, im Rahmen einer Betriebshaftpflichtversicherung gegen das Haus- und Grundbesitzerrisiko zu versichern ist.

8.7.7 Rechtsschutzversicherung

Die Versicherungswirtschaft bietet eine Reihe von verschiedenen Rechtsschutzversicherungen an.

Beispiele:
Verkehrsrechtsschutz, Personen- und Familienrechtsschutz, Sozialgerichtsrechtsschutz, Arbeitsrechtsschutz, **Rechtsschutz für Grundstückseigentum und**

Miete. Die Versicherung deckt u. a. die möglicherweise nicht unerheblichen **Rechtsanwaltskosten** (auch des gegnerischen Anwalts) sowie die **Gerichtskosten** (einschließlich der Kosten für Zeugen und Sachverständige).

Hervorzuheben sind z. B.:
- Strafrechtsschutzversicherung
  Ausgenommen vorsätzliche Straftaten, wird sie zum Schutz vor den Kosten der Verteidigung in einem Strafverfahren oder einem Verfahren wegen einer Ordnungswidrigkeit abgeschlossen.
- Firmenrechtsschutzversicherung
  Sie umfasst: Schadenersatzrechtsschutz, Arbeitsrechtsschutz für den Arbeitgeber, Strafrechtsrechtsschutz und Sozialrechtsschutz.

8.7.8 Architekten-Haftpflichtversicherung

Die Aufgaben und die sich daraus ergebende Haftung für Architekten ist im Rahmen eines Bauvorhabens vielfältig. Es ist deshalb sowohl für den Architekten als auch für den beauftragenden Bauherrn von erheblicher Bedeutung, dass der Architekt über hinreichenden Versicherungsschutz verfügt.

Die einschlägige Bestimmung für die Architekten-Haftpflichtversicherung ergibt sich insbesondere aus den Besonderen Bedingungen und Risikobeschreibungen für die Berufshaftpflichtversicherung von Architekten, Bauingenieuren und Beratenden Ingenieuren (BBR).

Diese Versicherung ist sehr differenziert. Eine vereinfachte Darstellung trägt das Risiko einer missverständlichen Interpretation.

8.7.9 Vermögensschadenhaftpflichtversicherung

Gegenstand der Versicherung ist gemäß der Allgemeinen Versicherungsbedingungen zur Haftpflichtversicherung für Vermögensschäden (AVB):
Der Versicherer gewährt dem Versicherungsnehmer Versicherungsschutz (Deckung) für den Fall, dass er wegen eines bei der Ausübung beruflicher Tätigkeit von ihm selbst begangenen Verstoßes für einen Vermögensschaden verantwortlich gemacht wird.

Vermögensschäden lassen sich somit wie folgt definieren:
Vermögensschäden sind solche Schäden, die weder Personenschäden (Tötung, Verletzung des Körpers oder Schädigung der Gesundheit von Menschen) noch Sachschäden (Beschädigung, Verderben, Vernichtung oder Abhandenkommen von Sachen) sind, noch sich aus solchen – von dem Versicherungsnehmer oder einer Person, für die er einzutreten hat, verursachten – Schäden herleiten. Als Sache gilt insbesondere auch Geld.

Aus der Verwaltung von **eigenem** oder **fremdem Haus- und Grundbesitz** können sich z. B. Haftungsschäden aus folgenden Sachverhalten ergeben:

Doppelvermietungen, verspätete Kündigung, Nichterhebung von Umlagen, Nichtausnutzung zulässiger Mieterhöhungen, verspätete Mängelrügen, Verjähren lassen von Mietforderungen oder Schadenersatzansprüchen.

Aus der **Bearbeitung von eigenen** und **fremden Bauvorhaben** können sich z. B. aus folgenden Sachverhalten Haftungsschäden ergeben:
Zahlung des Kaufpreises vor Eintragung einer Auflassungsvormerkung, unrichtige Feststellung von Straßenanliegerbeiträgen, Fehler in der Endabrechnung mit dem Bauherrn, Nichtbeachtung von Vorkaufsrechten.

Für verschiedene **Tätigkeitsbereiche** in der Immobilienwirtschaft wird im Rahmen von Besonderen Bedingungen zu den **Allgemeinen Versicherungsbedingungen zur Haftpflichtversicherung für Vermögensschäden (AVB) Versicherungsschutz** angeboten.

Beispiele:
- Für **Grundstücks- und Hypothekenmakler** Der Versicherungsschutz erstreckt sich auf die Tätigkeit als hauptberuflicher Haus-, Grundstücks- und Hypothekenmakler/Sachverständiger und Gutachter auf dem Gebiet des Grundstücks- und Wohnungswesens, Bevollmächtigter Vertreter bei der Vornahme von Rechtsgeschäften über Grundstücke, grundstücksgleiche Rechte und Grundpfandrechte für den Fall, dass der Versicherungsnehmer von einer bestimmten Weisung seines Auftraggebers versehentlich abweicht.
- Für **Haus-, Grundstücks- und Wohneigentumsverwalter** Versicherungsschutz besteht für die Tätigkeit des Versicherungsnehmers als Haus-, Grundstücks- und Wohneigentumsverwalter, jedoch nicht als Vermögensverwalter.
- Für **Wohnungs- und Baubetreuungsunternehmen** Der Versicherungsschutz umfasst die Bearbeitung von eigenen und fremden Bauvorhaben auf rechtlichem und finanziellem Gebiet; dazu gehören auch der Erwerb des Baugrundstücks und die bestimmungsgemäße Veräußerung des fertig gestellten Bauwerks, die Einholung von behördlichen Bescheiden und Genehmigungen einschließlich der behördlichen Abnahme des Bauwerks, die Ausschreibung, Einholung und Prüfung von Angeboten und die Vergaben von Bauarbeiten, Verwaltung von eigenem und fremdem Haus- und Grundbesitz, Bearbeitung von Personal- und Gehaltssachen.

8.7.10 Vermögensschaden-Haftpflichtversicherung für Unternehmensleiter (D+O-Versicherung)

Strukturelle Veränderungen in der Immobilienwirtschaft haben dazu geführt, dass sich zahlreiche Unternehmen dieser Branche **neuen Geschäftsfeldern** zugewandt haben. Diese Entwicklung, spektakuläre Schieflagen von immobilienwirtschaftlichen Unternehmen aber auch Risiken aus dem Bereich der Altlasten haben **Risiko-Aspekte für Unternehmensleiter** verdeutlicht.

Geschäftsführer und **Vorstände** von Immobilienunternehmen aber auch **Aufsichtsräte** und **teilweise Beiräte** unterliegen für ihre Tätigkeit einer **persönlichen Haftung** auch mit ihrem **Privatvermögen**. Zur Abdeckung von Risiken aus Vermögensschäden (Schäden, die weder Personen- noch Sachschäden sind) hat sich die

Vermögensschaden-Haftpflicht-Versicherung für Unternehmensleiter (D+O-Versicherung) entwickelt (Directors' and Officers' Liability Insurance).

Die Sorgfaltspflichten für Geschäftsführer bzw. Vorstände werden in den §§ 93 Abs. 1 Satz 1 Aktiengesetz (für Aufsichtsräte in § 116 AktG) bzw. § 43 Abs. 1 GmbH-Gesetz, § 34 Genossenschaftsgesetz (für Aufsichtsräte in § 41 GenG) vereinfacht ausgedrückt unter dem Begriff der **Sorgfalt eines ordentlichen und gewissenhaften Geschäftsleiters** zusammengefasst. Tatsächlich sind die Pflichten der Unternehmensleiter vielfältig. Dies wird dann offenkundig, wenn **Pflichtverletzungen** zum Streitfall werden.

In der **Immobilienwirtschaft** kommen **folgenden Pflichten beispielsweise besondere Bedeutung** zu:
- Organisation,
- Kontrolle,
- Überschuldung/Zahlungsunfähigkeit,
- Selbstkontrahierungsverbot,
- Schadenersatz bei Konkursverschleppung,
- Verstöße gegen die ordnungsgemäße Abführung der Sozialabgaben und
- Prospekthaftung.

Neue **Entwicklungen** zeichnen sich durch das Gesetz zur Kontrolle und Transparenz im Unternehmensbereich (KonTraG) ab. Der Vorstand eines vom KonTraG betroffenen Unternehmens ist u. a. zukünftig verpflichtet, ein geeignetes Überwachungssystem einzurichten, das mögliche existenzbedrohende zukünftige Risiken für das Unternehmen erkennt.

Bei **D+O-Versicherungen** gilt das „claimes made Prinzip". Danach wird bei der Frage ob im Schadenfall Deckungsschutz besteht, entscheidend darauf abgestellt, ob Schadenersatzansprüche gegen die versicherten Personen **während der Dauer des Versicherungsvertrages** geltend gemacht werden. Im Regelfall wird auch noch unterstellt, dass die Pflichtverletzung, aus der sich der Schadensfall herleitet, während der Dauer des Versicherungsvertrages erfolgt ist.

Branchenüblich wird die D+O-Versicherung vom Immobilienunternehmen für die Leitungs- und Aufsichtsorgane abgeschlossen.

Wenngleich diese Versicherung ihrer eigentlichen Bedeutung nach nicht für Prokuristen konzipiert ist, da sie nicht unbeschränkt und mit ihrem Privatvermögen haften, wird zunehmend versucht, auch diesem Kreis der leitenden Angestellten entsprechenden Versicherungsschutz zu geben.

Die Bedeutung der D+O-Versicherung wird zunehmen.

8.8 SACHVERSICHERUNG

8.8.1 Verbundene Wohngebäudeversicherung

Für die Immobilienwirtschaft hat diese Versicherungssparte, wenn man von der Sachversicherung überwiegend gewerblich genutzter Gebäude absieht, die **größte Bedeutung**. Für die Versicherungswirtschaft gehört sie im Bereich der Sachversicherungen zu den bedeutendsten Sparten.

In den **Allgemeinen Wohngebäude-Versicherungsbedingungen (VGB 88)** ist in § 1 aufgeführt, was zu den versicherten Sachen im Sinne dieser Versicherung gehört:
- Versichert sind die in dem Versicherungsvertrag bezeichneten **Gebäude**.
- **Zubehör**, das der Instandhaltung eines versicherten Gebäudes oder dessen Nutzung zu Wohnzwecken dient, ist mitversichert, soweit es sich in dem Gebäude befindet oder außen an dem Gebäude angebracht ist.
- **Weiteres Zubehör** sowie sonstige Grundstücksbestandteile auf dem im Versicherungsvertrag bezeichneten Grundstück (Versicherungsgrundstück) sind nur aufgrund besonderer Vereinbarung versichert. Nicht versichert sind in das Gebäude eingefügte Sachen, die ein Mieter auf seine Kosten beschafft oder übernommen hat und für die er die Gefahr trägt. Die Versicherung dieser Sachen kann vereinbart werden.
- **Versicherbar** sind gem. § 4 der VGB 88 folgende **Gefahren und Schäden**:
  Entschädigt werden versicherte Sachen, die durch
    - Brand, Blitzschlag, Explosion, Anprall oder Absturz eines bemannten Flugkörpers, seiner Teile oder seiner Ladung,
    - Leitungswasser,
    - Sturm, Hagel zerstört oder beschädigt werden oder infolge eines solchen Ereignisses abhanden kommen,
    - Bruchschäden an Rohren der Wasserversorgung und Frostschäden an sonstigen Leitungswasser führenden Einrichtungen.
    - Erweiterte Elementarschäden, ausgenommen Hochwasser durch Sturmflut, diese erweiterte Elementarschaden-Deckung wird allerdings in ausgewiesenen Überschwemmungsgebieten nicht angeboten.

Mit dem Wegfall der Gebietsmonopole sind traditionell bestehende **regionale Unterschiede** offenkundig geworden.

Wie bei allen Versicherungen ist der zu versichernde Immobilienbestand vor dem Abschluss der Verbundenen Wohngebäude-Versicherung sorgfältig zu analysieren. Dies schließt die **Analyse** der **möglichen Risiken** ebenso ein wie **die lückenlose Erfassung des zu versichernden Bestandes**, aber auch möglicherweise **Gefahr erhöhende Umstände**. Dieser so selbstverständlich erscheinende Hinweis ist in der praktischen Umsetzung nicht einfach. In aller Regel bedarf es hierzu der Zusammenarbeit des Versicherungsvermittlers mit seiner versicherungsspezifischen Kenntnis und desjenigen, der mit den Besonderheiten des zu versichernden Immobilienbestandes vertraut ist. **In regelmäßigen Abständen** ist eine **Überprüfung** dieser Versicherung im Hinblick auf eingetretene Veränderungen dringend zu empfehlen. Nur dadurch lassen sich Schäden vermeiden, für die der Versicherungsnehmer glaubte versichert zu sein – und erst mit Eintritt des Schadens feststellen muss, dass dies nicht der Fall ist. Der Versicherungsnehmer muss auch mit den Grundzügen dieser Versicherung vertraut sein, um einen Anpassungsbedarf zumindest zu erkennen und mit seinem Versicherungsvermittler gemeinsam nach Lösungen zu suchen.

Beispiele:
- In einer Stadt wird die Bauschuttdeponie geschlossen. Bisher konnte auch Brandschutt dort relativ preisgünstig abgelagert werden. Die Deponierungskosten werden erfahrungsgemäß drastisch steigen, wenn der Brandschutt sortiert und möglicherweise auf Sondermülldeponien gebracht werden muss.
- Ein bisher zu reinen Wohnzwecken genutztes Gebäude wird nun auch teilweise gewerblich genutzt. Der Versicherungsnehmer wähnt sich in dem Glauben, dass ein eventueller Mietausfall eines Leitungswasserschadens automatisch auch für die gewerblich vermieteten Räume versichert ist.

Dazu gibt es zu den Allgemeinen Wohngebäude-Versicherungsbedingungen (VGB) eine Reihe von Klauseln, z. B.:

Versicherte Gefahren und Schäden
- Überspannungsschäden durch Blitz unter Einschluss von Folgeschäden.

Versicherte Sachen
- Aquarien der Wohngebäude-Versicherung,
- Klima-, Wärmepumpen- und Solarheizungsanlagen,
- erweiterte Versicherung von Wasserzuleitungs- und Heizungsrohren auf dem Versicherungsgrundstück,
- erweitere Versicherung von Wasserzuleitungs- und Heizungsrohren außerhalb des Versicherungsgrundstücks,
- erweitere Versicherung von Ableitungsrohren auf dem Versicherungsgrundstück.

Versicherte Kosten
- Mehrkosten infolge behördlicher Wiederherstellungsbeschränkungen für Restwerte,
- Versicherungssumme (Unterversicherung, Selbstbehalte, Entschädigungsgrenzen),
- Umsatzsteuer bei Gleitender Neuwertversicherung,
- Selbstbehalt bei ungekürzter Wohngebäude-Versicherungssumme.

- ### Die Stellung des Hypothekengläubigers

Im Regelfall muss ein **Bauherr**, der sein Bauobjekt mit einer Hypothek beleihen will, seinem Hypothekengläubiger den **Nachweis** bereits vor der Auszahlung der Hypothek darüber führen, dass er das **Objekt ausreichend** gegen **Feuer** (in der Bauphase) und gegen **Leitungswasser-, Sturm- und Hagelschäden** (ab dem Zeitpunkt der Fertigstellung) versichert hat.

Die §§ 97 ff. des Gesetzes über den Versicherungsvertrag (ursprünglich vom 30. 5. 1908/Neufassung vom 1. 1. 2008) regeln die Einzelheiten der Feuerversicherung in Beziehung zum Hypothekengläubiger.

8.8.2 Verbundene Hausratversicherung

Versichert ist der gesamte **Hausrat** gegen Zerstörung oder Schäden oder Abhandenkommen durch Brand, Blitzschlag, Explosion, Anprall oder Absturz eines Luftfahrzeuges, seiner Teile oder seiner Ladung, Einbruch-Diebstahl, Raub oder den Versuch einer solchen Tat, Vandalismus nach Einbruch, Leitungswasser, Sturm oder Hagel. Es ist angeraten, bei der Hausratversicherung wie bei allen anderen Versicherungen, regelmäßig zu überprüfen, inwieweit neue allgemeine Vertragsbedingungen, Klauseln oder Besondere Bedingungen auf dem Versicherungsmarkt angeboten werden. Die Qualität eines Versicherungsvermittlers lässt sich auch daran messen, welche Vertragspflege er anbietet. Beim Abschluss einer Hausratversicherung ist auf eine genaue **Abgrenzung zur Gebäudeversicherung** zu achten. Besondere Beachtung verdient, dass u. U. auch Schäden am Eigentum des Vermieters im Rahmen der Hausratversicherung gedeckt sind.

Beispiel:
Die Wohnungseingangstür wird bei Einbruchdiebstahl beschädigt. Im Rahmen von Besonderen Bedingungen wird auch Versicherungsschutz für den Hausrat gegen Elementarschäden wie Überschwemmung des Versicherungsortes, Erdbeben, Erdsenkung, Erdrutsch, Schneedruck und Lawinen angeboten.

8.8.3 Feuerversicherung

Auf die **Unterscheidung** der **Sachversicherung** von **Wohngebäuden** und **Gebäuden, die überhaupt nicht oder zumindest nicht überwiegend zu Wohnzwecken** genutzt werden, ist nachdrücklich hinzuweisen.

Die **Geschäfts-Gebäudeversicherung** von **rein** oder **überwiegend gewerblich genutzten Gebäuden** ist möglich als
- Feuerversicherung im Rahmen der Allgemeinen Feuerversicherungsbedingungen (AFB 87),
- Leitungswasserversicherung im Rahmen der Leitungswasser-Bedingungen (AWB 87),
- Sturmversicherung im Rahmen der Allgemeinen Sturm-Versicherungsbedingungen (AStB 87),
- Mietverlustversicherung im Rahmen der Allgemeinen Bedingungen für die Mietverlustversicherung (ABM 88).

Wird in die vorgenannte Bündelung auch der Geschäftsinhalt, das sind im Wesentlichen die technischen und kaufmännischen Betriebseinrichtungen sowie die vorhandenen Vorräte und Waren eingeschlossen, bezeichnet man die Versicherung als Geschäfts-Inhaltsversicherung.

Ab einer Inhaltsversicherungssumme von über 1 Mio. € kommt die Industrie-Feuerversicherung zur Anwendung.

8.8.4 Elementarschaden-Versicherung

Die zunehmende Häufung von spektakulären Großschadensereignissen durch
- Hochwasser,
- Überflutungen (nach heftigen Niederschlägen) sowie Gebäudeschäden durch
- Schneedruck bzw.
- Dachlawinen

haben die Versicherung von Immobilien gegen Elementarschäden in den Blickpunkt des öffentlichen Interesses gerückt.

Wie bedeutend dieser Versicherungsschutz im Schadensfall sein kann, hat sich bei den großen Überschwemmungsschäden in der ehemaligen DDR gezeigt: Bei denjenigen Immobilien-Eigentümern, welche Gebäudeversicherungen hatten, die nach der früheren DDR-Regelung galten, waren diese Überschwemmungsschäden im Rahmen der Feuer-Pflichtversicherung für Gebäude häufig eingeschlossen. Es gab nämlich zu der Feuer-Pflichtversicherung für Gebäude die Möglichkeit des Einschlusses des Versicherungsschutzes gegen Elementarschäden vorzunehmen.

In ähnlicher Weise bestand in **Baden-Württemberg** eine Absicherung gegen Elementarschäden, die vom regionalen Monopol-Versicherer angeboten wurde.

Die sachkundige Absicherung gegen Elementarschäden gestaltet sich deshalb so schwierig, da Elementarschäden teilweise in Sachversicherungsverträgen eingeschlossen sind.

Beispiel:
- Eine Versicherung gegen Hagelschäden ist regelmäßig in der Absicherung gegen das Risiko Sturmschäden beinhaltet,
- die Absicherung gegen Frost in der Leitungswasserversicherung.

Von der Versicherungswirtschaft werden jedoch Zusatzversicherungen jeweils zu den betroffenen Sachversicherungsverträgen angeboten, so z. B. für die Wohngebäudeversicherung im Rahmen der Besonderen Bedingungen für die Versicherung weiterer Elementarschäden in der Wohngebäudeversicherung („BEW 2000").

Wegen der regelmäßig sehr hohen Schäden in Zusammenhang mit diesen Risiken ist der Abschluss eines weitgehenden Versicherungsschutzes gegen Elementarschäden für Immobilieneigentümer nachdrücklich zu empfehlen.

Die Abschätzung des Risikopotentials gestaltet sich äußerst schwierig.

Vereinzelt dargestellte Meinungen, dass der Abschluss von Versicherungen gegen Elementarschäden nur dann fachgerecht sei, wenn eine dringende und unmittelbare diesbezügliche Gefahr besteht (z. B. regelmäßige Überschwemmungen) verkennt grundsätzliche Aspekte, die sich aus Risikoüberlegungen für den Immobilieneigentümer aber auch die möglicherweise mitbetroffenen MieterInnen von solchen Objekten ergeben.

8.9 PERSONENVERSICHERUNG

Personenversicherungen:
- Lebensversicherung,
- Betriebliche Altersversicherung,
- Unfallversicherung,
- Krankenversicherung,
- Rentenversicherung,
- Pflegeversicherung.

Sozialversicherungen dienen der sozialen Sicherung von Arbeitnehmern und sind Zwangsversicherungen. Ihre Zweige sind:
- Rentenversicherung der Arbeitnehmer (BfA, LVA etc.),
- Rentenversicherung der Handwerker und Landwirte (LVA etc.),
- Krankenversicherung (Ortskrankenkassen etc.),
- Unfallversicherung (Berufsgenossenschaften),
- Arbeitslosenversicherung (Bundesagentur für Arbeit).

Sie ist von Bedeutung im Rahmen der Personalwirtschaft von Unternehmen der Immobilienwirtschaft, z. B. für die betriebliche Altersversorgung. In diesem Zusammenhang wird jedoch auf die Personenversicherung nicht näher eingegangen.

8.10 SCHADENSREGULIERUNG

Wird eine Schadensregulierung fällig, beweist sich, ob der Versicherungsschutz richtig und ausreichend war.

Die Wahl des Versicherungsvermittlers muss auch Überlegungen einschließen, welche Betreuung im Schadensfall zu erwarten ist. Im Regulierungsfall trifft dasselbe wie beim Abschluss des Versicherungsvertrages zu: Er spielt sich in einer Sphäre hoch spezialisierten Wissens ab. Zudem spielt der Zeitfaktor im Schadensfall häufig eine entscheidende Rolle.

8.10.1 Sachverständigenverfahren

Die Feststellung von einzelnen Voraussetzungen des Anspruchs aus der Versicherung oder die Höhe des Sachschadens (§ 64 VVG) kann vereinbarungsgemäß Sachverständigen übertragen werden, so z. B. in § 23 der Allgemeinen Hausratversicherungsbedingungen (VHB 92). **Vereinfacht stellt sich das Sachverständigenverfahren so dar, dass beide Parteien schriftlich einen Sachverständigen benennen und diese beiden Sachverständigen wiederum vor Beginn des Verfahrens gemeinsam schriftlich einen dritten Sachverständigen als Obmann.**

Die Feststellungen der Sachverständigen sind, ausgenommen sie weichen offensichtlich von der wirklichen Sachlage erheblich ab, für beide Seiten bindend. Beide Seiten haben auch die **Kosten** ihres Sachverständigen zu tragen.

Anmerkung:
Nach gängiger Handhabung werden von Versicherungen im Sachverständigenverfahren nur Sachverständige eingeschaltet, die öffentlich bestellt und vereidigt sind.

8.10.2 Versicherungswerte

Ist **Neuwertersatz** vereinbart, bedeutet dies eine Versicherung des versicherten Gegenstandes in dem Umfang, den die **Wiederbeschaffung eines neuwertigen Gegenstandes gleicher Güte und Qualität** verursacht. Dass diese stark vereinfachte Darstellung differenziert betrachtet werden muss, soll an der nachfolgenden Darstellung der Versicherungswerte am Beispiel der Verbundenen Wohngebäudeversicherung kurz skizziert werden:

Neuwert
Gleitender Neuwert
Zur Abgrenzung vom
Zeitwert
= Neuwert abzüglich Wertminderung durch Abnutzung.
Anwendung z. B. bei sehr alten, weitgehend „verbrauchten" Gebäuden.
Gemeiner Wert
= der für den Versicherungsnehmer erzielbare Verkaufspreis.
Anwendung z. B. bei zum Abbruch bestimmten, nicht mehr nutzbaren Gebäuden.

Der **Neuwert** ist der **ortsübliche Neubauwert eines Wohngebäudes inkl. Architektengebühren** und sonstiger Konstruktions- und Planungskosten bzw. der **Wiederbeschaffungspreis** von Sachen gleicher Art und Güte in neuwertigem Zustand, z. B. bei Einbauten als Gebäudebestandteil. Bei der Neuwertversicherung trägt der Versicherungsnehmer die Verantwortung, dass die **Versicherungssumme in der richtigen Höhe** festgelegt wird. Eine Entschädigung umfasst somit den bei Festsetzung der Versicherungssumme bestimmten Neuwert, zuzüglich der ebenfalls zum damaligen Zeitpunkt bestimmten Nebenkosten und des Versicherungsfalls. Der Versicherungsnehmer muss sich jedoch, um eine Unterversicherung zu vermeiden, in eigener Verantwortung um eine **angemessene Erhöhung der Versicherung zur Anpassung an steigende Baupreise** kümmern.

Für dieses Problem hat die Einrichtung der **Gleitenden Neuwertversicherung** eine insbesondere für den Versicherungsnehmer spürbare Erleichterung gebracht. Die Gleitende Neuwertversicherung dient jedoch auch der Verwaltungsvereinfachung, indem sie ortsübliche Tagespreise auf den Versicherungswert 1914 zurückführt. Ortsübliche Tagespreise sind diejenigen, welche sich auf die zeitlich entsprechenden Marktpreise beziehen.

Bei der **Gleitenden Neuwertversicherung** ist es nicht notwendig, dass sich der Versicherungsnehmer laufend um eine Anpassung der Versicherungssumme seines Gebäudes an steigende Baupreise kümmert, um eine Unterversicherung zu vermeiden. Eine regelmäßige Anpassung an Baupreiserhöhungen erfolgt „automatisch". Voraussetzung ist, dass die Grunddatenangaben durch den Immobilieneigentümer korrekt sind.

Neben der sachgerechten eigenen Feststellung des Neubauwertes bestehen folgende Möglichkeiten:

- **Sachverständigengutachten**

Die Kosten der Ermittlung des Neubauwertes durch einen Bausachverständigen muss allerdings der Versicherungsnehmer tragen. Es ist zudem sinnvoll, wenn sich der Versicherungsnehmer mit dem Versicherer über die Auswahl des zu beauftragenden Bausachverständigen einigt. Auf die Festlegung der Haftung des Bausachverständigen für seine Ermittlungen ist zu achten. Der Vorteil der Ermittlung des Neubauwertes durch einen Bausachverständigen liegt auf der Hand, insbesondere wenn sich die Ermittlung des Neubauwertes schwierig gestaltet oder derjenige, der sich um eine derartige Versicherung bemüht, nicht über die notwendige Sachkenntnis verfügt.

- **Vereinfachte Wertermittlung für Ein- und Zweifamilienhäuser**

Die Versicherungswirtschaft hat eine vereinfachte Wertermittlung für **Ein- und Zweifamilienhäuser** entwickelt, die ausschließlich zu Wohnzwecken genutzt werden.

Grundlage dieser Ermittlung ist die Wohnfläche sowie die **Klassifizierung des Gebäudes** in ein **Bewertungsschema,** welches die Berücksichtigung besonderer, vom Standard abweichender Ausstattungen erlaubt.

- **Wertermittlung für Mehrfamilienhäuser**

Grundlage der Ermittlung ist nicht wie bei Ein- und Zweifamilienhäusern die Wohnfläche, sondern der umbaute Raum. Der ermittelte Rauminhalt wird mittels einer Bewertungstabelle gewichtet.

Beispiel der Klassifizierung:

einfache	mittlere	gute	sehr gute
Ausführung und Ausstattung			

8.10.3 Unterversicherung

Sie kann vorliegen,
- wenn bereits bei Abschluss des Versicherungsvertrages von einem zu **niedrigen Versicherungswert** ausgegangen wurde,
- wenn dem versicherten Gegenstand während der Laufzeit des Vertrages **weitere Gebäudeteile** hinzugefügt wurden, ohne eine entsprechende Erhöhung der Versicherungssumme,
- wenn eine notwendige Erhöhung der Versicherungssumme aufgrund von **Preissteigerungen** unterblieb.

Tritt ein Schadensfall ein und wird festgestellt, dass eine Unterversicherung vorliegt, leistet die Versicherung nur in **eingeschränktem Umfang**. Selbst wenn die Schadenshöhe geringer ist als die nicht ausreichende Versicherungssumme, erfolgt eine Regulierung nur nach prozentualer Kürzung entsprechend der festgestellten Unterversicherung.

Beispiel:
Eine Versicherung wurde mit einer Versicherungssumme von 25.000 € abgeschlossen. Der Versicherungswert wird beim Eintritt eines Schadens mit tatsächlich 50.000 € ermittelt. Die Versicherung leistet nur für den versicherten Gegenstand
- bei teilweisem Schaden von beispielsweise 15.000 € nur anteilig 7.500 €, da die Unterversicherung 50 % beträgt.
- Bei Totalschaden wird bei festgelegter Unterversicherung nicht, wie manchmal irrtümlich angenommen, bis zur Höhe der vereinbarten, jedoch zu geringen Versicherungssumme geleistet, sondern nur nach anteiliger Kürzung. Im vorgenannten Beispiel würden bei dem festgestellten Versicherungswert (= tatsächlicher Wert) von 50.000 € lediglich 50 % des Schadens, d. h. 25.000 € von der Versicherung zu leisten sein. Die Formel hierfür:

$$\frac{Schadenssumme \times Versicherungssumme}{Versicherungswert}$$

Es gibt jedoch Möglichkeiten, dass der Versicherer darauf verzichtet, sich auf eine Unterversicherung zu berufen.

Er leistet dann im Schadensfall bis zur Höhe der vereinbarten Versicherungssumme, auch wenn eine Unterversicherung vorliegt. Dies muss jedoch im Versicherungsvertrag ausdrücklich vereinbart sein.

Beispiel:
Ist Klausel 7712 zu den Allgemeinen Hausratversicherungsbedingungen (VHB 92) ausdrücklich vereinbart und wurde eine Versicherungssumme von 650 € je m^2 Wohnfläche versichert, verzichtet die Versicherung auf die Anrechnung einer Unterversicherung, selbst wenn diese gegeben ist.

8.10.4 Überversicherung

Liegt die **Versicherungssumme erheblich über dem Versicherungswert** (= tatsächlicher Wert), ist die Versicherung auch nicht bei Eintritt eines Totalschadens verpflichtet, diese den wirklichen Wert der versicherten Sache weit übersteigende Versicherungssumme an den Versicherungsnehmer zu leisten.

8.10.5 Doppelversicherung

Eine mit **betrügerischer Absicht** (mit der Absicht, sich einen rechtswidrigen Vermögensvorteil zu verschaffen) abgeschlossene Doppelversicherung hat die **Nichtigkeit** der abgeschlossenen Versicherungen zur Folge.

Eine ohne diese Absicht entstandene Doppelversicherung zieht im Schadensfall eine Regulierung durch die beteiligten Versicherungen nach sich, **die maximal die Höhe des Gesamtschadens** umfasst. Die beteiligten Versicherungen teilen sich den Schaden intern.

8.10.6 Fälligkeit der Geldleistungen des Versicherers bzw. deren Verjährung

Die gesetzlichen Regelungen hierzu in § 11 des Gesetzes über den Versicherungsvertrag werden hinsichtlich der Fälligkeit der Geldleistungen teilweise in den Allgemeinen Vertragsbedingungen ergänzt.

8.10.7 Teil- und Totalschaden am Beispiel der Maschinenversicherung

Ein **Teilschaden** ist gegeben, wenn die versicherte Sache beschädigt oder teilweise zerstört ist. Dies gilt dann, wenn die Wiederherstellungskosten, d. h. die Kosten, die zur Wiederherstellung des früheren betriebsfähigen Zustandes notwendig sind, den Zeitwert nicht übersteigen. Der Zeitwert entspricht dem Wert, den die beschädigte oder teilweise zerstörte Sache vor dem Eintritt des Schadens unter Berücksichtigung der mitversicherten Fundamente sowie der Fracht und Montagekosten hatte.

Ein **Totalschaden** im Rahmen der Allgemeinen Maschinenversicherungsbedingungen (MAB 86) liegt beispielsweise vor, wenn die Wiederherstellungskosten den Zeitwert der versicherten Sache übersteigen würden. In diesem Fall leistet der Versicherer Entschädigung in Höhe des Zeitwertes nach Abzug des Wertes der Reste.

8.10.8 Selbstbehalt

Die Vereinbarung eines Selbstbehaltes bedeutet, dass von vornherein festgelegt wird, dass im Schadensfalle ein bestimmter **Anteil** des **Schadens vom Versicherungsnehmer selbst getragen** wird. Dies kann z. B. vereinbart werden in Form eines bestimmten Prozentanteiles. Die Vereinbarung einer sogenannten Integralfranchise bedeutete, dass bis zu einer vereinbarten Untergrenze der Schaden vom Versicherungsnehmer vollständig zu tragen ist. Übersteigt er diese vereinbarte Grenze, trägt ihn die Versicherung vollständig. Bei einer Abzugsfranchise wird hingegen grundsätzlich von jedem Schaden ein vereinbarter Betrag abgezogen.

Die Vereinbarung einer **Selbstbeteiligung** kann immer dann in Erwägung gezogen werden, wenn damit eine Vielzahl von Kleinstschäden, die einen großen Verwaltungsaufwand verursachen, von der Versicherung ausgeschlossen werden und damit zu einer Reduzierung einer Prämie führen. Dem steht jedoch entgegen, dass eine Betriebskostenabrechnung unter Beachtung von Selbstbehaltvereinbarungen, die einen mehrjährigen Zeitraum umfassen, in der praktischen Abwicklung nahezu unlösbare Probleme aufwirft.

8.10.9 Repräsentanten

Dem Versicherungsnehmer stehen die sog. **Repräsentanten** gleich. Was hierunter zu verstehen ist, wird beispielsweise geregelt in den Allgemeinen Wohngebäude-Versicherungsbedingungen (VHB 88),

... hier unter **§ 25 Zurechnung von Kenntnis und Verhalten.**

- Ferner muss sich der Versicherungsnehmer Kenntnis und Verhalten seiner Repräsentanten im Rahmen von §§ 9 Nr. 1a, 10, 11, 12, 20, 21 zurechnen lassen.
- Soweit nicht etwas anderes vereinbart ist, stehen dem Versicherungsnehmer als Repräsentanten gleich:
  - Personen, die in dem Geschäftsbereich, zu dem die versicherten Sachen gehören, aufgrund eines Vertretungs- oder eines ähnlichen Verhältnisses anstelle des Versicherungsnehmers die Obhut über diese Sachen ausüben;
  - Personen, die damit betraut sind, rechtserhebliche Tatsachen anstelle des Versicherungsnehmers zur Kenntnis zu nehmen und dem Versicherer zur Kenntnis zu bringen;
  - Personen, denen das versicherte Gebäude aufgrund eines Miet-, Pacht- oder ähnlichen Verhältnisses für längere Zeit in alleinige Obhut gegeben worden ist;
  - Volljährige Personen, die mit dem Versicherungsnehmer in häuslicher Gemeinschaft leben, wenn sie in dem versicherten Gebäude gemeinsam mit dem Versicherten eine gemeinsame Wohnung nutzen.

... Bestimmungen über **Verträge mit Wohnungseigentümergemeinschaften** folgen.

Im konkreten Fall können Repräsentanten sein: Betriebsleiter, Prokuristen, aber auch Hausverwalter. § 25 Abs. 2 Satz c ist besonders zu beachten.

Da ihm das Verhalten der Repräsentanten genauso angerechnet wird wie eigenes Verhalten, muss der Versicherungsnehmer im Rahmen seiner Organisation dafür Sorge tragen, dass seine Repräsentanten mit den Versicherungsbestimmungen vollinhaltlich vertraut sind und diese mit derselben Sorgfalt beachten, zu der er selbst verpflichtet ist. Dies betrifft auch Änderungen während der Laufzeit von Versicherungen. Wegen der möglicherweise weitreichenden Bedeutung empfiehlt es sich, konkrete schriftliche Regelungen hierüber, z. B. im Rahmen des Geschäfts- oder Dienstverteilungsplanes, zu treffen.

8.11 VERSICHERUNGSAUFSICHT

Die Aufsicht über die Versicherungen liegt seit dem 1.5.2002 bei der Bundesanstalt für Finanzdienstleistungsaufsicht (BaFin).

8.12 ORGANISATION UND KONTROLLE DES VERSICHERUNGSWESENS IN EINEM UNTERNEHMEN DER IMMOBILIENWIRTSCHAFT

Versicherungsbedarf und Schadensregulierung stellen Regelkreise dar, die in das gesamte Unternehmensgeschehen eingebunden sind.

Veränderungen der Unternehmenstätigkeit, Veränderung am Immobilien- und Versicherungsmarkt müssen laufend auf ihre Auswirkungen auf das Versicherungswerk eines Unternehmens überprüft und gegebenenfalls angepasst werden.

Beispiele:
Ein Immobilienmakler, der seine bisherige Tätigkeit – beschränkt auf Wohnobjekte – nun auch auf Gewerbeobjekte ausdehnt.
Ein Wohnungsunternehmen, das erstmals neben dem Vermietungsgeschäft auch die Verwaltung von Eigentümergemeinschaften übernimmt.
Eine Immobilienverwaltung hat erstmals ein Objekt mit einer Sprinkleranlage zu betreuen.
Es wird erstmalig eine Betreuung einer Sanierungsmaßnahme nach Städtebauförderungsrecht übernommen.

8.12.1 Erkennen von Risiken und Erfassung des Versicherungsbedarfs

Die **Vielfalt der Risiken** in der Immobilienwirtschaft einerseits **und der Versicherungsmöglichkeiten** andererseits machen eine fachmännische Beurteilung aus versicherungswirtschaftlicher Sicht notwendig. Diese Erkenntnis – z. B. im steuerlichen Bereich bereits eine Selbstverständlichkeit – scheint für den Versicherungsbereich in der Immobilienwirtschaft in seiner vollen Tragweite noch nicht in angemessenem Umfang verbreitet zu sein. Die Versicherungswirtschaft bietet laufend neue Versicherungsmöglichkeiten an.

8.12.2 Abwicklung von versicherten Schäden

Die Abwicklung von Schäden im Rahmen der vorhandenen Versicherungen erfordert zumindest soviel Sachkenntnis, dass Vorgänge im Unternehmen als potenzielle Versicherungsschäden erkannt und fristgemäß der Versicherung zur Schadensregulierung gemeldet werden.

Während es beispielsweise bei Haftpflicht- oder Brandschäden noch nahe liegend ist, an eine Abwicklung im Rahmen einer bestehenden Versicherung zu denken, gestaltet sich dies bei anderen Versicherungen wesentlich schwieriger. Möglicherweise im Rahmen einer Wohngebäudeversicherung auftretende Schadensfälle können leicht in der allgemeinen Abwicklung von Reparaturen untergehen, ohne als Versicherungsschaden erkannt zu werden. Die **Sachbearbeiter** eines Unternehmens der Immobilienwirtschaft müssen deshalb mit den **Grundzügen der Versicherungslehre** vertraut sein oder vertraut gemacht werden und außerdem **laufend** über das **bestehende Versicherungswerk ihres Unternehmens informiert** sein. Aus dieser Kenntnis hat auch der Anstoß zu Veränderungen im Versicherungsbedarf aus der konkreten Sachbearbeitung zu erfolgen.

8.12.3 Kontrolle der Versicherungsverträge und der Schadensregulierungen

> **Kontrolle**
> der Versicherungsverträge und Schadensregulierungen
> ist Bestandteil einer ordnungsgemäßen Geschäftsführung!

Es gibt verschiedene taugliche Ansätze, wie die Kontrolle des Versicherungsbereiches organisiert werden kann. Auf jeden Fall handelt es sich um einen im Organisationsschema deutlich zu kennzeichnenden Bereich.

Im Berichtswesen eines Unternehmens der Immobilienwirtschaft müssen die Kennziffern,
- welche **Versicherungsbeiträge** fallen an,
- welche **Schadensregulierungen** wurden durchgeführt,

einen festen Bestandteil haben.

Auf **Geschäftsleitungsebene** ist die laufende Abstimmung und Anpassung folgender Bereiche regelkreisartig durchzuführen:

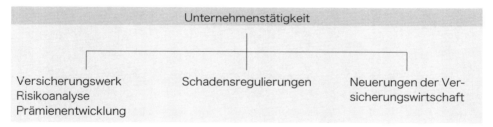

8.12.4 Immobilienveräußerung und Versicherungen

Im Falle der Veräußerung von Immobilien sind die Bestimmungen der §§ 69 bis 73 des Versicherungsvertragsgesetz (VVG) zu beachten.

Vom Grundsatz her besteht der **Sachversicherungsschutz**, den der Veräußerer für das Immobilienobjekt abgeschlossen hat, auch für den Erwerber weiter.

Der Veräußerer hat den Erwerber hierüber ebenso wie die betroffenen Versicherungen zu informieren. Als **Termin** für den Übergang des Versicherungsschutzes vom Versicherer auf den Erwerber gilt die **Grundbuchumschreibung**.

Der Erwerber hat allerdings die Möglichkeit, die bestehenden Versicherungen (innerhalb eines Monats nach der Umschreibung im Grundbuch) zu **kündigen**.

Diese Regelungen für Sachversicherungen betreffen jedoch nicht den **Haftpflichtversicherungsschutz**. Die Haftpflichtversicherung für das veräußerte Objekt geht nicht auf den Erwerber über.

Kapitel 9
BAUTECHNISCHE GRUNDLAGEN

Martin Traub

9. BAUTECHNISCHE GRUNDLAGEN

9.1 MASSNAHMEN ZUM EINRICHTEN EINER BAUSTELLE

9.1.1 Bodenerkundung

Vor dem Errichten eines Gebäudes sind die Bodenverhältnisse zu prüfen, denn sowohl die Art des Bodens als auch der Verlauf der Bodenschichten haben einen Einfluss auf die Standfestigkeit des Gebäudes und Belastung durch Feuchtigkeit. Die örtlichen Bauämter können möglicherweise Auskunft über den Untergrund geben. Liegen keine Kenntnisse über den Baugrund vor, werden Ingenieurbüros beauftragt Bodenuntersuchungen durchzuführen. Durch Schürfen, Bohren oder Sondieren an verschiedenen Stellen im Gründungsbereich des späteren Gebäudes erhält man Aufschluss über die Bodenverhältnisse. Die gewonnenen Erkenntnisse bestimmen die Art der Gründung und Maßnahmen für den Feuchtigkeitsschutz. Aber auch die Kosten für das Ausheben der Baugrube und der Absicherung gegen Einstürzen hängen von der Art des Baugrundes ab.

– **Der Baugrund**

In DIN 1054 „Baugrund, zulässige Belastung des Baugrundes" ist die Einordnung der Böden als Ergebnis von Bodenuntersuchungen festgelegt.

Fels, als festes Naturgestein, ist hinsichtlich der Tragfähigkeit der beste Baugrund.

Als **gewachsenen Boden** bezeichnet man den im Laufe der Erdgeschichte durch Verwitterung oder Ablagerung entstandenen Boden und unterteilt ihn in: organische, bindige und nichtbindige Böden.

Organische Böden, z. B. Mutterboden, Torf oder Schlamm, sind nicht tragfähig und daher als Baugrund ungeeignet. Zudem unterliegen sie Schutzbestimmungen. Mutterboden ist vor der Bebauung eines Grundstücks abzutragen und gesondert zu lagern. Die Lagerung hat so zu erfolgen, dass der Boden vor Verunreinigung geschützt ist.

Bindige Böden bestehen aus sehr feinen, schuppenförmigen Teilchen, welche im trockenen Zustand eine zusammenhängende Masse bilden. Mit zunehmendem Wassergehalt ändert sich ihr Zusammenhang (Konsistenz) und damit ihre Tragfähigkeit. Aus der ursprünglich festen Masse kann durch Anreicherung mit Wasser ein weiches, breiiges, wenig tragfähiges Gefüge entstehen. Bei zunehmender Belastung wird das Wasser erst schnell, danach langsam abgegeben. Außerdem kann bindiger Boden bedingt durch die feinen Poren Feuchtigkeit aus tiefer liegenden Schichten „hochsaugen". Zu den bindigen Böden zählen: Ton, Lehm und Mergel.

Nichtbindige Böden bestehen aus einzelnen Körnern, die nicht aneinander haften. Sie enthalten zwischen den Körnern viele Einzelporen. Die Tragfähigkeit vergrößert sich mit der Größe der Körnung und der Dichte der Lagerung. Eingedrungenes Wasser kann wegen der gegenüber bindigen Böden größeren Poren leicht versickern. Nichtbindige Böden sind: Sand, Kies und ihre Mischungen (z. B. sandiger Kies).

Geschütteter Boden, wie man ihn z. B. auf ehemaligen Müllhalden oder verfüllten Gruben antrifft, muss künstlich verdichtet werden, bevor er als tragfähiger Untergrund dienen kann.

Für das Bearbeiten der Böden, Ausheben der Baugrube, Anlegen von Böschungen werden in DIN 18300 „Erdarbeiten" 7 Boden- und Felsklassen festgelegt. Sie reichen vom Mutterboden, der nach dem Abheben gesondert gelagert werden muss, über leicht lösbare Böden bis zu schwer lösbarem Fels. Diese Unterscheidung bildet die Grundlage für die Art der eingesetzten Aushubgeräte und der Ausbildung der Baugrubenböschungen.

9.1.2 Vorbereiten der Baustelle

Nach Abschluss der Planungsarbeiten und Erteilung der Baugenehmigung kann mit den vorbereitenden Bauarbeiten begonnen werden. Diese umfassen das Freimachen des Baugeländes, das Einmessen des Gebäudes sowie das Einrichten der Infrastruktur für die Baustelle.

9.1.2.1 Freimachen des Geländes

Oft befinden sich auf dem Grundstück noch Bauwerke und Bauwerksteile, für die u. U. im Antragsverfahren eine Abbruchgenehmigung einzuholen ist.

Abbruchgenehmigung

Der Umgang mit „besonders überwachungsbedürftigen Abfällen", z. B. belasteter Bauschutt, teerölimprägniertes Holz oder asbesthaltige Materialien, ist in Verordnungen und Satzungen geregelt und wird durch die jeweiligen Fachbehörden kontrolliert. Dies gilt auch für kontaminierte Böden bei sog. Altlastverdachtsflächen. Der Bauherr ist für die ordnungsgemäße Entsorgung (Verwertung/Beseitigung) verantwortlich. Vorhandener Baumbestand ist entsprechend den Baumschutzsatzungen der Kommunen vor Beschädigung zu schützen. Müssen Bäume gefällt werden, ist eine Fällgenehmigung einzuholen. Auch der Oberboden (Mutterboden) muss vor Baubeginn abgetragen und gesondert gelagert werden.

Altlastverdachtsflächen

– **Grundsätze zur Entsorgung von Baustoffen**

Die Haltbarkeit der im Bauwesen verwendeten Baustoffe und die Nutzbarkeit der aus ihnen hergestellten Bauteile sind begrenzt. Auch die Art der Nutzung der Gebäude verändert sich, sodass Veränderungen der Bausubstanz erforderlich werden. Schadhaftigkeit von Bauteilen kann zum Abbruch eines Gebäudes führen, wenn eine Sanierung unwirtschaftlich ist. Im Abfallgesetz (AbfG) von 1986 regelt der Gesetzgeber, wie mit „beweglichen Sachen, derer sich der Besitzer entledigen will oder deren geordnete Entsorgung zur Wahrung des Wohls der Allgemeinheit, insbesondere des Schutzes der Umwelt, geboten ist" umzugehen ist. Die Entsorgung ist anzeigepflichtig und wird von der Gewerbeaufsicht überwacht. Das AbfG bildet zugleich die Grundlage für wichtige technische Bestimmungen für den Umgang mit Gefahrenstoffen. Die Entsorgung erfolgt durch Verwertung (Recycling) oder Beseitigung (Verbrennen oder Deponieren).

Die Möglichkeit der Verwertung setzt eine Trennung der einzelnen Stoffe voraus. Die Trennung erfolgt bei kleineren Maßnahmen vor Ort oder auf einem Sammelplatz der jeweiligen Firmen nach reinem Bauschutt, Metall, Holz usw. Die Verwertung von Baustellenabfällen ist weitgehend auf die Aufarbeitung des reinen Bauschutts beschränkt. Dieser wird zerkleinert und überwiegend im Straßenbau verwendet. Alle anderen Stoffe werden entweder verbrannt oder deponiert. Zum Schutz der Umwelt dürfen Abfallstoffe nur auf für sie geeigneten Deponien gelagert werden. Auch Verbrennungsanlagen eigenen sich nur für die Entsorgung bestimmter Stoffe. Darum wird Abfall nach einem Abfallschlüssel, einer fünfstelligen Zahl, sortiert. Diese Art der Entsorgung kann zu erheblichen Kosten führen, insbesondere dann, wenn es sich um Baustoffe handelt, die nur auf Sonderdeponien zu lagern sind.

9.1.2.2 Einmessen des Gebäudes

Entsprechend dem Lageplan wird die Grundfläche des Gebäudes eingemessen und abgesteckt (Bild 1). Ein Schnurgerüst ermöglicht das Einfluchten des äußeren Verlaufs der Gebäudeaußenwände. Es besteht aus drei in den Boden gerammten Holzpfählen, die einen rechten Winkel bilden und durch zwei waagerecht verlaufende Bretter verbunden sind.

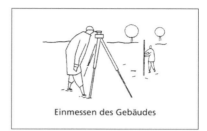

Bild 1 Einmessen des Gebäudes

Lageplan

Auf der Oberseite der Bretter eingeschlagene Nägel oder Einkerbungen markieren die Gebäudefluchten. Von diesen Punkten aus werden später Fluchtschnüre eingespannt, deren Kreuzungspunkte mit Hängeloten auf die Bauwerkssohle gelotet werden (Bild 5).

9.1.2.3 Einrichten der Baustelle

Da beim Erstellen eines Bauwerks viele Arbeiten zu koordinieren sind, ist die Einrichtung der Baustelle genauso gründlich vorzunehmen wie die Planung des Gebäudes. Das gilt nicht nur für die Anordnung der Lagerplätze der Baustoffe, die Unterkünfte und Sozialeinrichtungen der am Bau Beschäftigten, sondern auch für die Fahrwege der Baufahrzeuge und den Standort der Baumaschinen. Diese müssen so gestaltet werden, dass beim späteren Betrieb keine Behinderungen eintreten. Hierzu sind u. U. mit den örtlichen Straßenverkehrsämtern besondere Sicherungsmaßnahmen des Verkehrsraumes bzw. der Fußgängerwege abzuklären. Ein aufgestellter Bauzaun sichert die Baustelle gegen unbefugten Zugang.

Befinden sich auf der Baustelle Bäume, für die zur Durchführung der Baumaßnahme keine Fällgenehmigung erteilt wurde, so sind diese durch geeignete Maßnahmen gegen Beschädigung zu schützen.

Fällgenehmigung

9.2 ROHBAUARBEITEN

9.2.1 Gründungen

Nachdem die vorher festgelegte Tiefe der Baugrube erreicht ist, kann mit den Gründungsarbeiten begonnen werden. Die Gründung hat die Aufgabe, die Last eines Gebäudes auf den Baugrund abzutragen. Dabei gibt der Boden oft unter der Baulast nach. Dieses Nachgeben bezeichnet man als Setzung. Die Gründungsart eines Gebäudes ist so zu wählen, dass es durch Setzungen nicht beschädigt wird und seine Standfestigkeit auf Dauer gesichert ist. Die Art der Belastung und die Beschaffenheit des Baugrundes, die Bodenart, Schichtung des Bodens und die Grundwasserlage bestimmen die Gründungsart.

9.2.1.1 Flachgründungen

Wird ein Gebäude unmittelbar auf ausreichend tragfähigem Boden erstellt, so ist eine Flachgründung möglich. Hierbei sind zu unterscheiden:

– **Streifenfundamente**

Streifenfundamente (Bild 2) werden angeordnet unter Bauteilen, die durch Streckenlasten, z. B. Wände, gleichmäßig belastet sind. Sie werden in der Regel aus unbewehrtem Beton hergestellt. Muss ein Streifenfundament zusätzlich noch Einzellasten, z. B. aus Stützen oder Kaminen aufnehmen, so wird es aus bewehrtem Beton hergestellt, um die Gefahr von ungleichmäßigen Setzungen zu verringern.

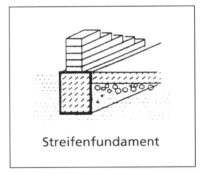

Bild 2

– **Einzelfundamente**

Werden Einzellasten auf den Baugrund abgetragen, so verwendet man Einzelfundamente (Bild 3/1). Diese werden aus unbewehrtem oder bewehrtem Beton erstellt.

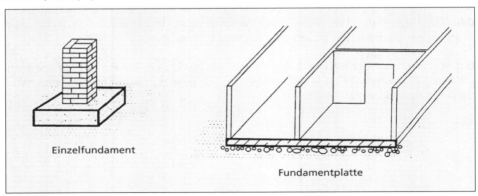

Bild 3/1   Bild 3/2

- **Fundamentplatten**

Bei wenig tragfähigem und unterschiedlich geschichtetem Baugrund oder bei Einzelfundamenten, die zu dicht zusammenliegen, eignet sich eine Stahlbeton-Fundamentplatte (Bild 3/2), welche den Untergrund überall gleichmäßig belastet.

9.2.1.2 Tiefgründungen

Steht nicht tragfähiger Baugrund an, z. B. stark wasserhaltiger oder mooriger Boden und befindet sich tragfähiger Untergrund erst in größerer Tiefe, müssen Tiefgründungen angewendet werden.

- **Pfeilergründungen**

Gemauerte oder betonierte Pfeiler, die auf tragfähigen Boden hinabreichen, stützen Wandecken und -kreuzungen ab. Dazwischen liegende Wände können durch aufliegende Stahlbetonbalken abgefangen werden. Wegen des großen Aufwandes beim Abstützen und Verbau der Baugrube wird allerdings die kostengünstigere Pfahlgründung angewendet.

- **Pfahlgründungen** (Bild 4)

Bei dieser Art der Gründung tragen Betonpfähle, die durch nichttragfähige Schichten bis auf tragfähigen Untergrund reichen, die Bauwerkslasten.

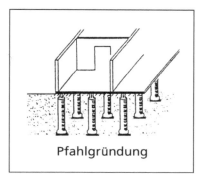

Bild 4

9.2.2 Entwässerungsleitungen

Ist die Baugrube ausgehoben und sind die Fundamente angelegt, erfolgt das Verlegen der Grundleitungen für die Entwässerung. Entsprechend der Lage der anzuschließenden Fallleitungen für Schmutz- und Regenwasser werden die Anschlussstellen an die Grundleitungen in der Baugrubensohle mit kleinen Holzpfählen markiert.

Da alle Grundleitungen mit Gefälle von möglichst 2 % in Fließrichtung zu verlegen sind, ist das Festlegen der Höhenpunkte der Anschlüsse sorgfältig vorzunehmen.

Rohrgräben müssen je nach Tiefe und Bodenart durch geeigneten Verbau gegen Einstürzen gesichert werden. Nach dem Verlegen werden die Rohrleitungen sorgfältig mit geeignetem Boden verfüllt (Bild 5).

Bild 5

9.2.3 Wände

Gebäude werden nach außen durch Wände abgeschlossen. Auch die Abgrenzung der Räume innerhalb eines Gebäudes erfolgt mit Hilfe von Wänden. Entsprechend ihrer Funktion werden sie aus unterschiedlichen Baustoffen und in verschiedenen Herstellungsverfahren gefertigt. Aus einzelnen Mauersteinen, die durch Mauermörtel verbunden sind, entstehen gemauerte Wände. Unter besonderen wirtschaftlichen und konstruktiven Bedingungen können Wände auch aus Beton gegossen werden. Fachwerkwände oder großflächige Bauelemente aus Glas und Holz stellen weitere Möglichkeiten der Ausführung von Wänden dar. Außerdem können Gebäude durch Montage Geschoss hoher Wandtafeln aus Beton oder Ziegelmaterial erstellt werden.

9.2.3.1 Kelleraußenwände

Zur Aufbewahrung von Wirtschaftsgütern oder zur Nutzung als Waschküchen, Heizräume, Abstellräume oder Hausanschlussräume werden Wohnhäuser normalerweise unterkellert. Der Ausbau der Kellerräume zu Hobby-, zusätzlichen Nassräumen (Duschen und Bäder) bis hin zu Schlaf- und Wohnräumen ist in Zeiten mangelnden Wohnraums nichts Ungewöhnliches. Auch bei anderen Gebäuden ist eine Unterkellerung zur Aufnahme der haustechnischen Versorgung oder für Tiefgaragen oftmals erforderlich.

Da nachträgliche Veränderungen der Kelleraußenwände wegen ihrer Lage im Erdreich sehr schwierig sind, müssen diese besonders gründlich geplant werden. Das gilt neben der richtigen Bemessung durch den Statiker besonders für den Schutz gegen Feuchtigkeit.

– **Schutz gegen Feuchtigkeit**

Die im Erdreich fast immer befindliche Feuchtigkeit kann, wenn sie in die Kellerwände eindringt, erhebliche Bauschäden anrichten. Darum muss das Bauwerk vor dem Eindringen von Feuchtigkeit geschützt werden. Die zu ergreifenden Schutzmaßnahmen hängen von der Art der einwirkenden Feuchtigkeit ab. Übt die Feuchtigkeit einen Druck auf die Wände aus, wie bei Gebäuden, die ständig im Grundwasser stehen, spricht man von „drückendem Wasser". Versickerndes oder im Boden gehaltenes Regenwasser, aber auch aufsteigendes Grundwasser üben auf die Bauteile zwar keinen Druck aus, können aber durch Kapillarwirkung in Baustoffe eindringen. Man spricht hierbei von „nichtdrückendem Wasser". Daher sind bei der Auswahl der geeigneten Abdichtung die Bodenart, die Geländeform und der höchste Grundwasserstand zu berücksichtigen. Daneben sollte schon vor der Planung von Dichtungsmaßnahmen an eine mögliche Umnutzung der Kellerräume gedacht werden, da Wohnräume anderen wohnklimatischen Bedingungen unterliegen als einfache Kellerräume. Maßnahmen zum Schutze des Bauwerkes vor drückendem und nichtdrückendem Wasser regelt DIN 18195 „Bauwerksabdichtungen".

Die wichtigsten Abdichtungselemente sind: Fußbodensperrschichten, waagerechte und senkrechte Wandsperrschichten und Sperrschichten im Sockelbereich.

Fußbodensperrschichten

Kellerfußböden können feucht werden, wenn aus dem Baugrund Feuchtigkeit aufsteigt. Die Durchfeuchtung ist um so stärker, je weniger das Wasser in den Untergrund versickern kann. Eine Auffüllung der Baugrube mit einer Kiesschicht, die mit einer Kunststofffolie geschützt wird, wirkt dem Aufsteigen der Feuchtigkeit entgegen. Eine solche Kiesschicht nennt man „kapillarbrechende Schicht". Ist mit größeren Feuchtigkeitsmengen zu rechnen und soll der Kellerboden, z. B. wegen der Nutzung des Raumes als Wohnraum, besonders trocken sein, so wird zusätzlich zur kapillarbrechenden Schicht auf der späteren Betonsohle eine Bitumen- oder Kunststoff-Dichtungsbahn verlegt, die durch einen Estrich geschützt wird.

kapillarbrechende Schicht

Bei besonders hoher Feuchtigkeitsbeanspruchung kann der Kellerboden durch mehrlagige Abdichtungen trockengehalten werden.

mehrlagige Abdichtung

Waagerechte Sperrschichten

In gemauerten Kellerwänden kann Bodenfeuchtigkeit aufsteigen. Besondere Schwachpunkte sind die Übergänge der Fundamente zum Mauerwerk. Es wird daher, meist auf der ersten Schicht, eine Bitumenbahn als Sperrschicht verlegt. Unterhalb der Kellerdecke kann je nach Ausbildung des Sockelbereiches eine Sperrschicht verlegt werden. Sie muss jedoch mindestens 30 cm über dem Gelände angeordnet werden. Bei Innenwänden kann von der Anordnung der oberen Abdichtung abgesehen werden.

Senkrechte Sperrschichten

Senkrechte Sperrschichten, die auf Außenmauern des Kellergeschosses aufgebracht werden, schützen gegen seitlich eindringende Feuchtigkeit. In der Regel handelt es sich um mehrlagige bituminöse Anstriche oder zementgebundene Dichtungsschlämmen, die auf einen Zementputz aufgebracht werden. Bei ebenem Mauerwerk mit glattgestrichenen Fugen eignen sich zur Abdichtung auch kunstoffmodifizierte Bitumendickbeschichtungen. Die überstehenden waagerechten Sperrschich-

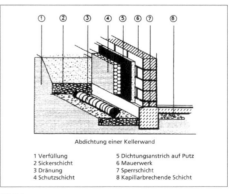

Abdichtung einer Kellerwand
1 Verfüllung
2 Sickerschicht
3 Dränung
4 Schutzschicht
5 Dichtungsanstrich auf Putz
6 Mauerwerk
7 Sperrschicht
8 Kapillarbrechende Schicht

Bild 6

Bitumendickbeschichtung

ten sind mit der senkrechten Sperrschicht zu verbinden. Eine Hohlkehle am Übergang zwischen Fundament und Mauerwerk sorgt für eine Ableitung des versickernden Wassers in die Dränung (früher „Drainage"). Eine Schutzschicht aus Bitumenwellplatten, Faserzementplatten oder bitumengetränktem Polystyrol soll Beschädigungen der Abdichtung beim Verfüllen des Arbeitsraumes verhindern. Kellerwände aus Beton können durch besondere Zusatzmittel wasserdicht (Sperrbeton, WU-Beton) ausgeführt werden. Eine Abdichtung ist dann nicht erforderlich.

- **Dränung (früher Drainage)**

Damit versickernde Feuchtigkeit möglichst rasch vom Bauwerk weggeleitet wird, ordnet man rings um das Gebäude im Fundamentbereich der Kelleraußenwände eine Dränung an. Hierbei handelt es sich um ein System aus Dränschichten, Dräneitungen und Kontrollleitungen. Die Dränleitungen nehmen das anfallende Sickerwasser über die Dränschichten auf und leiten es in das Kanalsystem oder einen Sickerschacht. Früher verwendete man als Dränleitung kurze, hintereinander verlegte Tonrohre, heute übernehmen lange, geschlitzte, flexible Kunststoffrohre diese Aufgabe (Bild 6).

- **Sperrschichten im Sockelbereich**

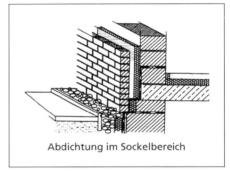

Bild 7

Stark durch Feuchtigkeit belastet ist der Bereich der Gebäude unmittelbar über dem Gelände (Sockelbereich). An ihm fallen das von den Geschosswänden abfließende Wasser und Spritzwasser an. Daneben ist er Schnee und Frost ausgesetzt. Ein Grobkiesstreifen kann den Spritzwasseranfall vermindern. Frostbeständige Mauersteine (Klinker, Verblender), Fliesen, Fertigbetonteile oder ein Sperrputz schützen den Sockelbereich vor Feuchtigkeitsschäden (Bild 7).

- **Abdichten gegen drückendes Wasser**

Drückendes Wasser tritt z. B. bei im Grundwasser stehenden Gebäuden auf. Es kann sich jedoch auch um nicht rasch abfließendes Sickerwasser handeln, welches sich im Bereich der Kelleraußenwand staut (Stauwasser). Will man in diesen Fällen auf Kellerräume nicht verzichten, so erfordert der Schutz des Gebäudes vor Feuchtigkeit eine sehr aufwändige Abdichtung oder den Bau einer „Wanne". Diese wird z. B. ausgeführt aus wasserundurchlässigem Beton (WU-Beton) und als „weiße Wanne" bezeichnet.

Weiße Wanne

9.2.3.2 Geschossaußenwände

Geschosswände können gemauert oder in Beton entweder als Betonfertigteile ocer in Ortbeton gefertigt werden. Neben den Mauersteinen als Werkstoffe zur Herstellung von Mauerwerk wird vielfach Mörtel und Beton eingesetzt. Diese Werkstoffe benötigt man zur Herstellung der Verbindung der Mauersteine untereinancer (Mauermörtel) und als Witterungsschutz für Außenmauerwerk (Putzmörtel). Beton ist nicht nur der Baustoff für Bauteile, er wird auch benötigt zur Herstellung bestimmter Mauersteine.

- **Werkstoffe zur Herstellung von Wänden**

Wände werden üblicherweise durch Verbinden von Mauersteinen mit Mörtel (Mauerwerk) erstellt. Im Industrie- oder Bürohausbau sowie bei der Erstellung von Kellern können Wände aus Beton oder Betonfertigteilen hergestellt werden.

- Mörtel und Beton

Mörtel und Beton sind vom Herstellungsprinzip her gleichartige Baustoffe. Sie bestehen aus der Gesteinskörnung, ein meist körniger Rohstoff und einem mineralischen Bindemittel. Durch Zugabe von Wasser (Zugabewasser) entsteht ein Bindemittelleim, der die Gesteinskörner umhüllt und die Zwischenräume zwischen den Gesteinskörnern ausfüllt. Das Bindemittel erhärtet, sodass aus dieser Mischung ein fester künstlicher Baustoff entsteht. Die Art der Gesteinskörnung und die Auswahl des Bindemittels bestimmen den Einsatz dieses Baustoffes. Durch Zugabe anderer Stoffe (Zusatzmittel/-stoffe) lassen sich bestimmte Eigenschaften, z. B. Erhärtungsdauer, Wasserdichtigkeit, Verarbeitbarkeit und Frostbeständigkeit, verändern. Die Eigenschaften und deren Prüfung sind in Normen festgeschrieben.

Gesteinskörnungen
Um die Bindemittelmenge gering zu halten, wählt man gemischtkörnige Gesteinskörnungen. Für Mörtel verwendet man Sand mit Korngrößen zwischen 0 mm bis 4 mm, für die Herstellung von Beton eignet sich Kies mit Korngrößen zwischen 0,25 mm bis 63 mm. Steht Kies oder Sand als Gesteinskörnung nicht zur Verfügung, eignen sich auch Brechsande, Splitt oder Schotter, die in Steinbrüchen gewonnen werden. Will man niedrigere Rohdichten erreichen, um z. B. die Wärmedämmung zu verbessern, wählt man leichtere Gesteinskörnungen (Bims, Blähton oder Blähschiefer). Zur Verbesserung des Schallschutzes oder zur Verhinderung von Strahlendurchgang bei Betonbauteilen (Reaktorbau, Röntgenräume u. ä.) erreicht man höhere Rohdichten durch z. B. Schwerspat oder Magneteisenstein als Gesteinskörnung.

Bindemittel
Bindemittel, die nach dem Verarbeiten des Mörtels oder Betons erhärten, stellt man durch Brennen von Kalkstein her. Die chemische Zusammensetzung des Kalksteins bestimmt die Art und die Eigenschaften des gewonnenen Bindemittels und dessen späteren Verwendungszweck.

Baukalke
Mit Sand und Wasser wird das Bindemittel zu Mörtel vermischt. Kalke, die das zur Erhärtung erforderliche Kohlenstoffdioxid der Luft entziehen, nennt man Luftkalke. Aus Mergel, einem tonhaltigen Kalkgestein, gewinnt man Kalke, die nach anfänglicher Erhärtung an der Luft auch ohne die Zufuhr von Kohlenstoffdioxid erhärten (hydraulische oder hochhydraulische Kalke) und höhere Festigkeiten als Luftkalke erreichen.

Zemente
Zemente sind Bindemittel zur Herstellung von Beton und Mörtel. Sie erhärten sowohl an der Luft als auch unter Wasser (hochhydraulische Bindemittel). Zur Zementherstellung wird tonhaltiger Kalkstein (Mergel) verwendet. Durch Zugabe bestimmter Mengen Hüttensand (gemahlene Hochofenschlacke), Trass (gemahlenes, vulkanisches Gestein) und Flugasche (z. B. Rückstände aus Filteranlagen der Kohlekraftwerke) kann man die Zusammensetzung des Zementes verändern und so Zemente für unterschiedliche Anwendungen herstellen.

Baugipse
Baugipse verwendet man zur Herstellung von Putzmörtel. Schwefelsaurem Kalk (Calciumsulfat) wird durch Brennen das chemisch gebundene Kristallwasser entzo-

gen. Mit der Brenndauer und -höhe verlängert sich die spätere Erhärtungszeit. Gips ist nicht wasserbeständig, besitzt aber eine gute Atmungsfähigkeit. Im Vergleich zum Baukalk hat Gips eine gute Haftfähigkeit und ist feuerhemmend. Wegen des hohen Schwefelanteils fördert er allerdings die Rostbildung.

Anhydritbinder, Mischbinder, Putz- und Mauerbinder u. ä.
Bei diesen Bindemitteln zur Herstellung von Mörtel handelt es sich um Gemische aus gemahlenen Rohstoffen, die allein nicht erhärten, aber durch Zugabe von Kalk oder Zement zum Erhärten angeregt werden.

Mörtelarten
Je nach Verwendungszweck werden die Mörtel aus Gesteinskörnungen und Bindemitteln in unterschiedlichen Mischungsverhältnissen hergestellt. Ihre Verwendung reicht vom hochbelastbaren Mauermörtel über Putzmörtel für Innen-und Außenputze bis hin zum Estrichmörtel zur Herstellung von Unterböden für Gehbeläge (Tabelle 1). Sie werden entweder auf der Baustelle gemischt oder als Fertigmörtel an die Baustelle geliefert.

Beispiele für Mörtelarten, Zusammensetzung und Verwendung			
Mörtelart	Bindemittel Art und Anteil	Gesteinskörnung Art und Anteil	Verwendung
Mauermörtel	hochhydraulischer Kalk	Sand	
	1	4,5	Mauerwerk mittlere Druckfestigkeit
	Zement		
	1	4	Mauerwerk hohe Druckfestigkeit
Putzmörtel	hydraulischer Kalk	Sand	
	1	3	Innen- und Außenputz
	Kalkhydrat/ Gips	Sand	
	1/0,1–0,2	3–4	Innenputz auch bei Bädern
Estrichmörtel	Zement	Sand, Körnung: 8–16 mm	
	1	3–5	Unterboden für Gehbeläge

Tabelle 1

Betonarten
Nach den geforderten Druckfestigkeiten werden Betone in Druckfestigkeitsklassen eingeteilt. Werden Bauteile aus Beton durch Belastung auf Biegung beansprucht, entstehen in bestimmten Bereichen des Bauteils Zugspannungen. Diese werden von Stahlstäben (Bewehrung), die vor dem Betonieren auf der eingeschalten Fläche des Bauteils verlegt werden, aufgenommen. Man spricht dann von Stahlbeton. Bauteile,

die nur Druckspannungen aufnehmen müssen, brauchen nicht bewehrt zu werden, sie werden aus unbewehrtem Beton hergestellt. Wird für die Bauteile Wasserundurchlässigkeit gefordert, z. B. bei Kellerwänden mit hoher Feuchtigkeitsbelastung, so kann wasserundurchlässiger Beton (WU-Beton) verwendet werden.

Wasserundurchlässiger Beton (WU-Beton)

- **Mauersteine**

Bei der Erstellung der Geschossaußenwände außerhalb des erdberührten Bereichs herrscht der Mauerwerksbau vor. Mauerwerk wird aus Mauersteinen hergestellt, die durch Mörtel miteinander verbunden werden. Damit später ein fester Mauerwerkskörper entstehen kann, müssen bestimmte Verbandsregeln eingehalten werden. Das Mauerwerk muss tragfähig sein und übernimmt Aufgaben des Brand-, Schall-, Wärme- und Feuchtigkeitsschutzes.

Die Mauersteine teilt man nach ihrer Herkunft in natürliche und künstliche Mauersteine ein. Natürliche Mauersteine, im Steinbruch gewonnen und aufwändig bearbeitet, werden zur Erstellung von Mauerwerk nur selten verwendet. Im Hochbau verarbeitet man aus wirtschaftlichen Gründen und wegen der vielfältigen günstigen Eigenschaften künstliche Mauersteine.

Steinformate
Es gibt eine Vielzahl von Mauersteinen, die sich in Rohstoff, Form und Größe unterscheiden. Die Größen (Formate) der Steine sind so gewählt, dass Steine unterschiedlichen Formats problemlos miteinander verarbeitet werden können (Tabelle 2).

Zur Rationalisierung des Mauervorgangs werden großformatige Mauersteine (ab 10 DF) verwendet. Ihre Verarbeitung erfordert oft den Einsatz besonderer Versetzgeräte. Grundlage für die Abmessungen ist DIN 4172 „Maßordnung im Hochbau", die zugleich eine Vorfertigung anderer Bauteile wie Fenster und Türen ermöglicht.

Auch in ihren Eigenschaften unterscheiden sich die Mauersteine, sodass je nach dem Zweck, den das Mauerwerk erfüllen muss, die Auswahl eines geeigneten Mauersteines zu treffen ist.

Format-Bezeichnung	Steinformate (Beispiele)		
	Abmessungen in cm		
Stein	-länge	-breite	-höhe
1 DF	24	11,5	5,3
NF 1,5 DF	24	11,5	7,1
2 DF	24	11,5	11,3
3 DF	24	17,5	11,3
4 DF	24	24,0	11,3
5 DF	30	24,0	11,3
DF = Dünnformat NF = Normalformat			

Tabelle 2

Wichtige Eigenschaften der künstlichen Mauersteine:

Druckfestigkeit
Da eine wesentliche Aufgabe der Wände darin besteht, Lasten des Bauwerkes zu tragen oder an andere Konstruktionselemente weiterzuleiten, müssen die Mauersteine bestimmte Druckfestigkeiten ausweisen. Als Druckfestigkeit bezeichnet man die Kraft, die ein Mauerstein je mm^2 mindestens aufnehmen muss. Die Mauersteine werden in Druckfestigkeitsklassen eingeteilt.

Frostbeständigkeit
Werden Mauersteine zur Herstellung von Außenbauteilen verwendet und sind dort nicht vor Eindringen von Feuchtigkeit geschützt, so müssen sie frostbeständig sein. Man spricht dann von „Vormauersteinen". Mauersteine, die diese Eigenschaft nicht haben und durch Putz oder andere Maßnahmen wie Verblendung oder Verschieferung vor Feuchtigkeit zu schützen sind, nennt man „Hintermauersteine".

Wärmedämmung / Wärmespeicherung
DIN 4108 „Wärmeschutz und Energie-Einsparung in Gebäuden" setzt bestimmte Werte für das Wärmedämmverhalten von Bauteilen fest. Die Energieeinspar-Verordnung (EnEV) 2002 im Rahmen des Energieeinspargesetzes (EnEG) beschreibt die Anforderungen an die Wärmedämmung der Gebäudehülle.

Dementsprechend müssen auch die zum Erstellen von Gebäuden verwendeten Mauersteine ein bestimmtes Wärmedämmvermögen aufweisen, wenn andere Dämmmaßnahmen nicht erfolgen. Gute Dämmeigenschaften bei Mauersteinen erreicht man, indem man ihre Rohdichte durch Lochung der Steine oder Zugabe von porenbildenden Stoffen, z. B. bei Porenbetonsteinen oder bei einigen Wärmedämmziegeln (Poroton), verringert.

Zur Gewährleistung eines guten Raumklimas ist allerdings auch die Fähigkeit der Wärmespeicherung erforderlich. Sie bewirkt einen Ausgleich bei stärkeren Unterschieden der Raumlufttemperatur sowohl im Sommer als auch im Winter. Je dichter der Mauerstein ist, desto günstiger ist die Wärmespeicherung. Durch die Gestaltung der inneren Struktur der Mauersteine (geschlossenes/offenes Porengefüge) ist bei verschiedenen Mauersteinen ein Kompromiss zwischen guter Wärmedämmung einerseits und guter Wärmespeicherfähigkeit andererseits gefunden worden.

Atmungsfähigkeit
Eine weitere Eigenschaft, die ein gutes Raumklima gewährleistet, ist die Atmungsfähigkeit der Mauersteine. Dabei geht es um die Feuchtigkeitsaufnahme und -abgabefähigkeit (Wasserdampfsorption). Diese Eigenschaft hat eine ausgleichende Wirkung auf den Verlauf der Raumluftfeuchte analog zur ausgleichenden Wirkung der Wärmespeicherfähigkeit auf die Raumlufttemperatur.

Schalldämmung
Anforderungen an den Schallschutz werden sowohl an Außenbauteile als auch an Innenbauteilegestellt. Guter Schallschutz ist sichergestellt, wenn Mauersteine mit großer Rohdichte ausgewählt werden.

Arten der Mauersteine
Nach der Formgebung, einer Produktionsphase, die alle Mauersteine durchlaufen, müssen sie erhärten. Mauerziegel erhärten durch einen Brennvorgang. Alle anderen Mauersteine erhalten ihre Festigkeit durch ein erhärtendes Bindemittel. Entspre-

chend der prinzipiell unterschiedlichen Art des Erhärtens der Mauersteine kann man diese in gebrannte und ungebrannte Mauersteine einteilen.

Mauerziegel sind gebrannte Mauersteine, die aus einem Gemisch aus Ton und Lehm und eventuellen Zusatzstoffen geformt und bei Temperaturen um 1000 °C gebrannt werden. Sie werden als Vollziegel oder Lochziegel mit festgelegtem Lochanteil hergestellt. Für besondere Anforderungen an Mauerwerk, z. B. besonders hohe Druckfestigkeit, höhere Wärmedämmung und Frostbeständigkeit, sind innerhalb der Produktion besondere Arbeitsschritte erforderlich.

Klinker werden aus den gleichen Rohstoffen hergestellt wie gewöhnliche Mauerziegel. Sie sind allerdings bis zur Sinterung (Übergang in den flüssigen Zustand) gebrannt und erhalten dabei einen Quarzzusatz, der mit schmilzt und die Poren verstopft. Klinker sind damit nahezu dicht. Sie haben eine besonders hohe Druckfestigkeit und geringe Wasseraufnahmefähigkeit. Sie sind frostbeständig und verwendbar für hochbelastete Bauteile.

Vormauerziegel, zur Herstellung von Sichtmauerwerk oder Verblendflächen, erhalten bei der Herstellung eine besondere Porenstruktur, die sie frostbeständig macht.

Leichtziegel entstehen durch Zugabe von porenbildenden Stoffen zu den Grundstoffen. Mit besonderem Mörtel verarbeitet, ergeben sie ein Mauerwerk mit hoher Wärmedämmung.

Großblockziegel und Großformatziegel weichen in ihrem Format von den üblichen Steinformaten (Vorzugsformate) ab und ermöglichen Zeit sparendes Bauen.

Ungebrannte Mauersteine werden je nach Mauersteinart durch Mischen von Gesteinskörnung – Sand, Bims, Kies o. ä. – mit Kalk oder Zement als Bindemittel hergestellt.

Kalksandsteine sind Mauersteine, die aus gebranntem Kalk (CaO), Quarzsand (SiO_2) und Wasser hergestellt werden. Nach innigem Vermischen der Rohstoffe werden sie geformt und in Härtekesseln unter Dampfdruck gehärtet. Angeboten werden sie als Voll- und Lochsteine in kleineren Formaten oder als großformatige Block- oder Hohlblocksteine. Für besonders rationelle Arbeitsverfahren können Plansteine oder Planelemente eingesetzt werden. Sichtflächen können mit frostbeständigen Vormauersteinen und Verblendern erstellt werden.

Mauersteine aus Leichtbeton werden aus porigen, mineralischen Gesteinskörnungen und hydraulischen Bindemitteln hergestellt. Als Gesteinskörnung verwendet man Natur- oder Hüttenbims, Ziegelsplitt oder Blähton. Angeboten werden sie als kleinformatige Vollsteine, als großformatige Blöcke oder als Hohlblocksteine. Diese haben zur Gewichtsersparnis durchgehende Luftkammern. Wegen ihrer Druckfestigkeit und guten Wärmedämmung können mit ihnen Innen- und Außenwände erstellt werden. Da sie nicht frostbeständig sind, müssen sie vor Witterung durch einen Putz oder eine Wandverkleidung geschützt werden.

Mauersteine aus Beton sind großformatig und weisen fünfseitig geschlossene Luftkammern auf. Diese steigern die Wärmedämmfähigkeit und tragen zur

Gewichtsersparnis bei. Nach der Anzahl der Kammern unterscheidet man wie bei Hohlblocksteinen aus Leichtbeton: Ein-, Zwei-, Drei- und Vierkammersteine.

Porenbeton-Blocksteine und -Plansteine (früher: Gasbetonsteine) bestehen aus feingemahlenem Quarzsand mit Zement und Kalk als Bindemittel. Nach der Zugabe von Wasser und einem gasbildenden Treibmittel wird die Mischung in Formen gegeben. Das entstehende Gas verflüchtigt sich während der weiteren Produktionsschritte, hinterlässt jedoch luftgefüllte Poren. Nach dem Abbinden entstehen halbfeste Blöcke, aus denen die späteren Bausteine oder -platten geschnitten werden.

Bezeichnung der Mauersteine.
Die Bezeichnung der Mauersteine ist einheitlich und enthält festgelegte Angaben: DIN-Nummer, allgemeine Bezeichnung des Mauersteins, Steinart als Kurzzeichen, Druckfestigkeitsklasse, Rohdichte und das Steinformat (Tabelle 3).

DIN Nummer	Steinart	Kurzzeichen	Druckfestigkeit (N/mm2)	Rohdichte in kg/dm$_3$	Format
105	Vollziegel	Mz	12 bis –28	1,6 bis 1,8	DF/NF
	Hochlochziegel	Hlz	4,0 bis 12	0,6 bis 1,4	DF/2 DF bis 20 DF
106	Kalksandvollsteine	KS	8,0 bis 28	1,6 bis 2,0	DF/NF bis 10 DF
18151	Kalksandlochstein	KSL	6,0 bis 28	1,2 bis 1,6	2 DF bis 16 DF
	Hohlblock-Steine aus Leichtbeton	Hbl	2,0 bis 8,0	0,45 bis 1,4	24x

Beispiele für Mauersteine mit ihren technischen Angaben

Bezeichnung eines Mauerziegels: **Ziegel DIN 105 – Mz 12 – 1,8 – 2 DF**

Tabelle 3

– **Außenwandsysteme**
Der Versuch, die vielfältigen Aufgaben, die eine Außenwand zu erfüllen hat, optimal zu lösen, hat zu verschiedenen Wandsystemen geführt.

· **Einschalige Außenwände**

Einschalige Außenwände mit Witterungsschutz werden aus nicht witterungsbeständigen Mauersteinen erstellt. Da bei diesem Wandsystem eine zusätzliche Wärmedämmung fehlt, werden nur Mauersteine mit guten wärmedämmtechnischen Eigenschaften verwendet. Geeignet sind Mauerziegel mit geringer Roh-

Einschalige Außenwand mit Verkleidung und Wärmedämmung

Bild 8

dichte oder Porenbetonsteine. Ein aufgebrachter Witterungsschutz verhindert eine Durchfeuchtung der Wand. Dies kann ein wasserabweisender Putz sein, der direkt auf das Mauerwerk aufgetragen wird.

Andere Lösungen wie Verkleidungen mit kleinformatigen Fassadenplatten oder großformatigen Fassadentafeln eignen sich ebenso wie Vorhangfassaden aus Profilblechen (Bild 8). Bei Verwendung von Mauersteinen mit geringem Wärmedämmwert wird eine zusätzliche Wärmedämmung aus Mineralfaserplatten erforderlich, um die Forderungen der DIN 4108 „Wärmeschutz und Energie-Einsparung in Gebäuden" und der „Energieeinsparverordnung (EnEV)" zu erfüllen.

Üblich ist heute auch das Aufkleben einer Wärmedämmung, die einen besonderen Spachtelputz auf Kunststoffbasis als Wetterschutz erhält. Dieser Putz muss wasserdampfdurchlässig sein. Dieses Wärmedämmverbundsystem („Thermohaut") eignet sich auch als Modernisierungsmaßnahme für Altbauten.

Thermohaut

Beim einschaligen Verblendmauerwerk handelt es sich um ein Außenwandsystem, bei dem die wärmedämmende Hintermauerschale, im Verband mit einer Verblendung ausgeführt wird. Man nennt diese Art des Mauerwerks auch Sichtmauerwerk. Diese Bauweise ist veraltet u. a. wegen seiner unzureichenden Wärmedämmwirkung und seiner Unwirtschaftlichkeit.

Sichtmauerwerk

- **Zweischalige Außenwände**

Zweischaliges Mauerwerk ohne Luftschicht
Den Übergang vom einschaligen Mauerwerk zum zweischaligen Mauerwerk mit Luftschicht stellt das zweischalige Mauerwerk ohne Luftschicht dar. Eine sowohl tragende als auch wärmedämmende Innenschale wird durch eine zweite Schale Außenschale (Vormauerschale) vor Witterungseinflüssen geschützt. Diese Schale darf durch Deckenauflagerung nicht belastet werden. Beide Schalen sind mit Drahtankern verbunden. Damit eindringender Schlagregen die Hintermauerung nicht durchfeuchtet, wird zwischen den Schalen eine durchgehende Mörtelfuge angeordnet (Bild 9).

Zweischalige Außenwand ohne Luftschicht mit durchgehender Mörtelfuge

Bild 9

Zweischaliges Mauerwerk mit Luftschicht
Trennt man die Außenschale durch eine mindestens 6 cm dicke Luftschicht von der Innenschale, so spricht man von zweischaligem Mauerwerk mit Luftschicht (Bild 10). Die Luftschicht übernimmt dabei zwei Aufgaben:
Die eindringende Schlagregenfeuchtigkeit kann auf der Rückseite der Vormauerschale abgeleitet werden, ohne dass die Hintermauerschale durchfeuchtet wird. Die Luftschicht steht über Lüftungsöffnungen mit der Außenluft in Verbindung.

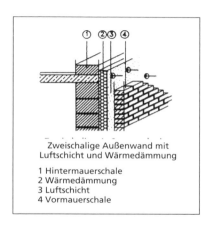

Zweischalige Außenwand mit Luftschicht und Wärmedämmung

1 Hintermauerschale
2 Wärmedämmung
3 Luftschicht
4 Vormauerschale

Luftschicht

Lüftungsöffnung

Dadurch kann der durch die Innenschale diffundierende Wasserdampf an die Außenluft abgegeben werden (Dampfdruckausgleich). Will man die Wärmedämmung der Außenwand erhöhen, so ist eine zusätzliche matten- oder plattenförmige Wärmedämmung dafür geeignet. Der lichte Abstand der Mauerwerksschalen darf aber 12 cm nicht überschreiten. Die Dicke der Luftschicht muss dann mindestens 4 cm betragen. Drahtanker verbinden die Außenschale mit der Innenschale.

Zweischaliges Mauerwerk mit Kerndämmung

Zweischalige Wandsysteme mit Luftschicht führen zu großen Wanddicken. Dadurch geht zum Wohnen nutzbare Grundrissfläche verloren. Zweischaliges Mauerwerk mit Kerndämmung bietet zusätzlichen Raumgewinn (Bild 11). Wegen der möglichen Durchfeuchtung aufgrund von Schlagregen müssen die verwendeten Wärmedämmstoffe wasserabweisend (hydrophob) sein. Die Innenschale darf nur beschränkt wasserdampfdurchlässig sein. Wegen des hohen Durchfeuchtungsrisikos muss für diese Art der Wandausführung ein Prüfzeugnis vorliegen.

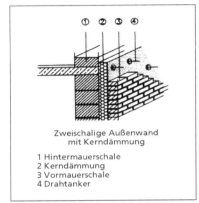

Zweischalige Außenwand mit Kerndämmung
1 Hintermauerschale
2 Kerndämmung
3 Vormauerschale
4 Drahtanker

Bild 11

9.2.3.3 Innenwände

Innenwände übernehmen wie die Außenwände unterschiedliche Aufgaben. Neben der Funktion des Abtragens von Lasten und der Aussteifung der Außenwände (statische Funktion) müssen sie je nach Art der zu trennenden Gebäudeteile bestimmte Schutzfunktionen erfüllen. Dazu gehören Aufgaben des Schall-, Wärme- und Brandschutzes.

– Einschalige Innenwände

Leichte Trennwände

Einschalige Innenwände können wie Außenwände aus Hintermauersteinen gemauert werden. Sind sie eingeschränkter Belastung ausgesetzte (leichte Trennwände), so können sie auch aus Wandplatten hergestellt werden. Gefertigt werden diese in verschiedenen Dicken aus Leicht- oder Porenbeton. Üblich sind auch Kalksandsteinplatten und Gipsbauplatten.

– Zweischalige Innenwände

Zweischalige Innenwände werden überwiegend in Ständerbauweise erstellt (Montagewände). Hierbei wird auf einem Ständerwerk aus Holz oder Stahlblechprofilen eine ein- oder mehrlagige Beplankung aus Gips- oder Gipsfaserplatten (Rigips, Fermacell) aufgebracht.

– Baulicher Schallschutz

Die Gesundheit des Menschen wird durch Lärmeinwirkung geschädigt. Diese Erkenntnis hat dazu geführt, dass überall Maßnahmen zum Lärmschutz ergriffen werden. Diese Maßnahmen reichen vom Lärmschutz am Arbeitsplatz über den

Lärmschutz bei Verkehrswegen bis hin zu Lärmschutzmaßnahmen in und an Gebäuden.

Der Schallschutz im Hochbau (DIN 4109) umfasst in seinen verschiedenen Teilen sowohl Maßnahmen zum Schutz gegen Außenlärm als auch Schallschutzmaßnahmen innerhalb von Gebäuden. Die Kenntnisse über bauakustische Vorgänge und die entwickelten Messmethoden ermöglichen einen wirkungsvollen und zugleich wirtschaftlichen Schallschutz.

- **Der Schall**

Schall entsteht durch in Schwingung versetzte Luft. Dabei treten in regelmäßigen Abständen Luftverdichtungen und -verdünnungen auf. Man spricht von „Schallwellen". Diese können sich in gasförmigen, flüssigen und festen Stoffen ausbreiten. Treffen sie auf das menschliche Ohr, werden sie dort durch Nervenimpulse in Schallempfindungen umgesetzt. Die Lautstärke lässt sich als Druck objektiv messen. Allerdings ist die Schallempfindlichkeit eine eher subjektive Größe. Die Rockmusik der Kinder wird oft als störend empfunden, während das eigene, gleich laute Musizieren Freude macht.

Für das Lautstärkeempfinden des menschlichen Ohres spielt die Tonhöhe (Frequenz), gemessen in Hertz (1 Hz = 1 Schwingung pro Sekunde), eine wichtige Rolle. Bei gleichem Schalldruck empfindet man hohe Töne lauter als tiefe Töne.

Der Schallpegel
Früher wurde die Lautstärke in DIN-Phon angegeben. Für heutige Messungen benutzt man den Begriff „Schallstärke" in Dezibel (dB). Eine Erhöhung der logarithmisch aufgebauten Maßeinheit, z. B. um 10 dB, bedeutet eine Verdoppelung der empfundenen Lautstärke. In einem sogenannten bewerteten Schallpegel mit der zusätzlichen Kennzeichnung A wird das frequenzabhängige Lautstärkeempfinden des Menschen dargestellt.

Seine untere Grenze 0 dB(A) ist die „Hörschwelle", seine obere Grenze, die „Schmerzgrenze", liegt bei 140 dB(A) (Tabelle 4).

Geräusch	Lautstärke in dB (A)
sehr leise Uhr	0 bis 10
Gehen auf weichem Teppich	20
Sprache (gerade noch hörbar)	30
ruhige Wohnstraße	50
Radio/Fernsehen	60 bis 80
übliche Schreibmaschine	70
starker Straßenverkehr	80 bis 100
Düsenflugzeug (mittl. Höhe)	110 bis 120

Tabelle 4

Das bewertete Schalldämm-Maß (R'_w)

Als Größe zur Festlegung des schalldämmenden Verhaltens von Bauteilen dient das „bewertete Schalldämm-Maß **(R'_w)**". Es entsteht durch Anpassung einer Messkurve, die aufgrund von frequenzabhängigen Messwerten eines Bauteils erstellt wurde, an eine „Sollkurve". Diese Sollkurve stellt das prinzipiell geforderte Schalldämmverhalten einer Wand dar.

Schallausbreitung

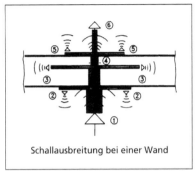

Schallausbreitung bei einer Wand

Bild 12

Luftschall — Schalldämmtechnische Maßnahmen sind abhängig vom Medium, in dem sich der Schall ausbreitet. Als Luftschall bezeichnet man Schall, der sich in der Luft in Wellenform ausbreitet. Werden Bauteile durch äußere Einwirkungen wie Hämmern, Bohren oder durch Schallwellen zum Schwingen gebracht, so geben sie diese Schwingungen als Körperschall an die angrenzenden Räume ab. Wird eine Decke durch Begehen in Schwingung versetzt, so entsteht Trittschall. Wenn Schall auf ein raumtrennendes Teil, z. B. eine Decke oder Wand trifft, so breitet er sich auf unterschiedlichen Wegen aus (Bild 12):

Körperschall

Trittschall

① auftretende Schallenergie	auf die Wand treffende Schallenergie,
② reflektierter Schall	Schallanteil, der von der Wand zurückgeworfen wird,
③ in der Wand fortgeleiteter Schall	Schallanteil, der als Schwingung in der Wand fortgeleitet wird,
④ absorbierter („geschluckter") Schall	Schallanteil, der von der Wand „geschluckt" wird,
⑤ abgestrahlter Schall	von der Wand abgestrahlte Schallwelle.
⑥ hindurchgelassener Schall	Schallanteil, der als Schallwelle durchgelassen wird.

· Die Luftschalldämmung einschaliger Wände

Unter Schallschutz versteht man Maßnahmen, welche die Schallübertragung von einer Schallquelle zum Hörer vermindern. Sind Schallquelle und Hörer in verschiedenen Räumen, so geschieht das hauptsächlich durch Schalldämmung, sind sie im selben Raum, so geschieht dies durch Schallschluckung. Das bedeutet, dass der Schall an den Begrenzungsflächen, an Gegenständen oder Personen eines Raumes an Energie verliert.

Die Luftschalldämmung einer einschaligen Wand ist in erster Linie abhängig von ihrer Masse (Gewicht) je Flächeneinheit, aber auch die Steifigkeit einer Wand hat einen Einfluss auf ihr Schalldämmverhalten.

Ist die Schalldämmung einer Wand unzureichend, so ist eine Wand mit größerer Dicke die richtige Lösung, weil die Flächenmasse erhöht wird. Diese Vorgehensweise ist allerdings begrenzt. Einerseits kann man die Masse einer Wand nicht beliebig vergrößern, da es ja von der Geschossdecke getragen werden muss, andererseits vergrößert sich die Steifigkeit der Wand. Das bedeutet, dass sie durch bestimmte Frequenzen leicht in Schwingung zu versetzen ist. Dies geschieht, wenn man z. B. eine verputzte Holzwolle-Leichtbauplatte vollflächig auf eine Wand aufbringt.

- **Die Luftschalldämmung mehrschaliger Wände**

Mehrschalige Wandsysteme unterscheiden sich von einschaligen Wänden in der Art und Weise ihres Schwingungsverhaltens. Die Schalldämmung der mehrschaligen Bauweise gegenüber der Einzelschale beruht hauptsächlich darauf, dass die Schalen nicht starr miteinander verbunden sind. Die Luftschicht wirkt dann wie eine Feder zwischen zwei Massen, die deren Schwingung auffängt. Bei der Ausbildung der Konstruktion mehrschaliger Wandsysteme sind folgende Grundsätze zu beachten (Bild 13):

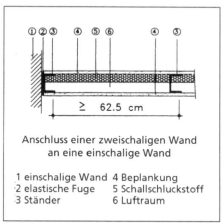

Anschluss einer zweischaligen Wand an eine einschalige Wand

1 einschalige Wand 4 Beplankung
2 elastische Fuge   5 Schallschluckstoff
3 Ständer   6 Luftraum

Bild 13

Bei Wänden aus zwei oder mehreren biegeweichen Schalen (Leichtbauwände) verbessert sich der Schallschutz, wenn der Abstand der Schalen groß genug gewählt wird und die Ständer einen ausreichend großen Abstand voneinander haben.

Zur Vermeidung „stehender Wellen" ist auf der Innenseite einer Schale ein weichfedernder, offenporiger Schallschluckstoff aufzubringen.

Um eine Schallübertragung auf die angrenzenden Bauteile (Wände und Decken) zu verhindern, sind die Trennwände durch schwingungsdämpfende Stoffe abzufedern.

Zusätzlich muss hier auf der angrenzenden Wand ein Schallschluckstoff aufgebracht werden, um die Längsleitung des Schalls in das Bauteil zu verhindern (Stoßstellendämmung).

9.2.4 Geschossdecken

Geschossdecken grenzen die Räume nach oben ab. Sie können aus unterschiedlichen Werkstoffen hergestellt werden. Während im Einfamilienhaus vereinzelt noch Holzbalkendecken eingebaut werden, ist die übliche Form der Deckenausbildung die Stahlbetondecke. Diese Deckenkonstruktion ergibt große Bauwerkslasten. Soll dies vermieden werden, können leichtere Konstruktionen, z. B. Hohlkörperdecken oder Hohlplattendecken, eingebaut werden. Diese können vor Ort gefertigt oder als fertige Deckenplatten mit geringem Arbeitsaufwand eingebaut werden.

9.2.4.1 Massivdecken aus Beton

Massivdecken bestehen in der Regel aus Stahlbeton. Im Wohnungsbau werden sie meistens als Stahlbeton-Plattendecke ausgeführt (Bild 14). Die Mindestdicke einer solchen Platte beträgt 7 cm, bei hohen Belastungen und großen Spannweiten bis zu 16 cm.

Stahlbeton-Massivdecke mit Schalung und Bewehrung

Bild 14

Die übliche Form der Herstellung einer Massivdecke besteht darin, dass man die Deckenplatte einschalt. Bei umfangreicheren Bauvorhaben verwendet man zur Rationalisierung des Schalvorgangs anstelle von Stützen, Trägern und Schaltafeln vormontierte Schaltische, die jeweils geschossweise umgesetzt werden können. Anschließend erhält die Decke eine Bewehrung zur Aufnahme von Biegezugspannungen aus Baustahlmatten oder Einzelstäben. Danach kann die Decke betoniert werden.

Bewehrung

Der dazu erforderliche Beton wird im Betonwerk gemischt und mit Mischfahrzeugen als Transportbeton zur Baustelle geliefert. Hier wird er mit Betonkübeln und Kranen auf die Decke gebracht und dort verarbeitet. Üblich ist auch ihn in die Schalung zu pumpen (Pumpbeton). Da das Einschalen und die Herstellung der Bewehrung am Bauobjekt handwerklich sehr aufwändig sind, wird zunehmend mit teilweise vorgefertigten Deckenplatten gearbeitet (Filigrandecken). Diese Deckenplatten aus Beton beinhalten die Bewehrung bzw. einen Teil der Bewehrung. Nach dem Verlegen und der Ergänzung der erforderlichen Bewehrung wird der zur Aufnahme der Biegedruckspannung erforderliche Beton eingebracht.

9.2.4.2 Stahlbeton-Hohlplatten/ Ziegeldecken

Bei größeren Lasten und großen Spannweiten ergeben sich große Plattenhöhen und damit große Deckeneigenlasten, die vom Mauerwerk getragen werden müssen. Zur Herabsetzung der Eigenlast werden zur Herstellung der Decken Stahlbetonhohlplatten als Fertigbauteile eingesetzt (Bild 15). Zur Herstellung von Ziegeldecken (Stahlsteindecken) können Fertigteile aus Ziegel-Hohlkörpern in Verbindung mit Betonbalken auf den Wänden verlegt werden (Bild 15).

Stahlbeton-Hohlplattendecke (Ausschnitt aus einer Rohdecke)

Stahlsteindecke mit Ziegelhohlkörpern (Ausschnitt aus einer Rohdecke)

Bild 15

9.2.4.3 Stahlbeton-Plattenbalken/ -Rippendecken

Diese Konstruktionen haben, genau wie Hohlplatten, das Ziel, die Eigenlast der Betondecke zu verringern. Immer ist der tragende Kern Stahlbeton.

Bei der **Plattenbalkendecke** wird die Platte von Stahlbetonbalken getragen. Ein Teil der Platte wird zur Lastaufnahme mit einbezogen (Bild 16).

Rippendecken wirken statisch wie Plattenbalkendecken, lediglich der Abstand der Rippen ist kleiner als der Abstand der Balken bei der Plattenbalkendecke.

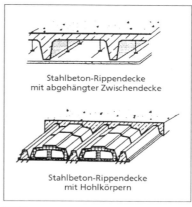

Bild 16

Eine übliche Ausbildung der Rippendecke besteht darin, den Bereich zwischen den Rippen mit Zwischenbauteilen (Hohlkörpern) aus Leichtbeton oder Ziegel-Deckensteinen auszufüllen. Diese Decken werden aus Fertigplatten nach einem Verlegeplan zusammengesetzt oder können vor Ort gefertigt werden, wenn der Einsatz von Baukranen nicht möglich ist.

- **Schallschutz bei Decken**

Hinsichtlich des Luftschallschutzes verhalten sich Decken wie Wände. Für einen ausreichenden Trittschallschutz müssen allerdings bestimmte Maßnahmen ergriffen werden.

· **Trittschallschutz bei Massivdecken**

Trittschall entsteht, wenn durch Tritte, Verschieben von Möbeln, fallende Gegenstände usw. die Decke (der Fußboden) zu Schwingungen angeregt wird (Körperschall). Diese Schwingung wird in den darunterliegenden Raum als Luftschall abgestrahlt.

DIN 4109 „Schallschutz im Hochbau" legt für die Begrenzung des Normtrittschallpegels ($L_{n,w}$) in Abhängigkeit der Gebäudeart und der Art des Bauteils einen bestimmten Wert fest. Dieser Wert setzt sich zusammen aus dem äquivalenten bewerteten Normtrittschallpegel ($L_{n,w,eq}$), der das Trittschalldämmverhalten einer Rohdecke bezeichnet, und dem Trittschallverbesserungsmaß ΔL_w.

· **Maßnahmen zur Verbesserung des Trittschallschutzes von Rohdecken**

Eine Erhöhung der Trittschalldämmung allein durch Vergrößerung der Flächenmasse, z. B. größere Dicke der Decke oder Ausgleichs-Estrich, gelingt nicht. Auch harte Bodenbeläge wie Parkett, Linoleum oder Kunststoffe ohne Trägerschichten verbessern weder die Luftschall- noch die Trittschalldämmung. Hier ist nur eine Verbesserung durch weichfedernde Gehbeläge möglich. Zu den weichfedernden Gehbelägen, aufgebracht auf einem Ausgleichs-Estrich, zählen z. B. Korklinoleum und Teppichbö-

Weichfedernder Gehbelag

9. BAUTECHNISCHE GRUNDLAGEN

den. Im Mietwohnungsbau wird ausreichender Trittschallschutz durch den Einbau eines schwimmenden Estrichs sichergestellt.

Schwimmender Estrich

Ein Estrich besteht aus grobem Sand und Zement als Bindemittel. Er wird mit Wasser zu einem „erdfeuchten" Mörtel gemischt. Als „schwimmenden Estrich" bezeichnet man ihn dann, wenn er sowohl von der Rohdecke als auch von den Wäncen getrennt ist. Diese Trennung geschieht durch weichfedernde Dämmstoffe (z B. Mineralfaserplatten). Die Trennung von den angrenzenden Wänden ist wichtig, da

Schallbrücken

sonst Schallbrücken entstehen.

Der Vorteil des „schwimmenden Estrichs" zur Verbesserung der Trittschalldämmung liegt darin, dass er einerseits die Luftschalldämmung erhöht, andererseits zur Verbesserung der Wärmedämmung von Decken beiträgt.

9.2.5 Dächer

Dächer haben die Aufgabe, Bauten vor Witterungseinflüssen (Regen, Schnee, Wind, Hitze und Kälte) zu schützen. Als gebäudeabschließendes Bauteil gelten für Dächer auch die entsprechenden Vorschriften für den Wärmeschutz. Die Form des Daches und die Auswahl eines geeigneten Dachdeckwerkstoffs üben daneben einen wesentlichen Einfluss auf die Gesamterscheinung eines Bauwerks aus.

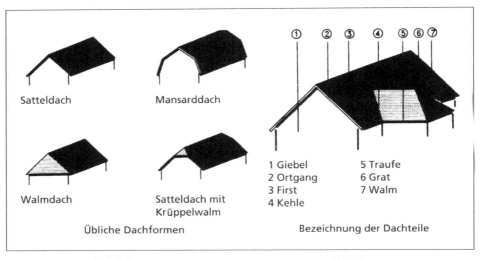

Übliche Dachformen — Bild 17/1

Bezeichnung der Dachteile — Bild 17/2

1 Giebel
2 Ortgang
3 First
4 Kehle
5 Traufe
6 Grat
7 Walm

9.2.5.1 Dachformen

Abhängig von den klimatischen Verhältnissen und den Dachdeckwerkstoffen, der Gebäudeform und der Nutzung des Dachraumes haben sich unterschiedliche Formen geneigter Dächer entwickelt (Bild 17/1, Bild 17/2).

9.2.5.2 Dachtragwerke

Auf das Dach wirken Windkräfte und Schneelasten ein. Zusätzlich müssen die Dachtragwerke auch noch die Last der Dachhaut (Dachdeckung) aufnehmen und auf darunterliegende Geschosswände weiterleiten. Für den Wohnungsbau sind im Wesentlichen drei Tragwerkskonstruktionen von Bedeutung:
- Pfettendach
- Sparrendach
- Kehlbalkendach

Beim **Pfettendach** werden die Dachlasten von den Sparren auf Pfetten übertragen. Am unteren Ende der Sparren liegen auf dem Außenmauerwerk die Fußpfetten. Sie dienen der Befestigung der Sparren und leiten die Kräfte auf die Außenwände weiter. Bei Sparrenlängen von weniger als 4,50 m reicht neben den beiden Fußpfetten eine Firstpfette aus. Diese liegt auf den Querwänden bzw. Giebelwänden auf. Längere Sparren sind zusätzlich durch Mittelpfetten zu unterstützen. First- und Mittelpfetten werden jeweils im Abstand von etwa 4,00 m durch Stiele unterstützt (Bild 18). Zusätzlich werden zur Längsaussteifung und zur Verkürzung der Stützweite an den Stielen

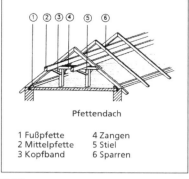

Bild 18

Pfettendach

1 Fußpfette 4 Zangen
2 Mittelpfette 5 Stiel
3 Kopfband 6 Sparren

Kopfbänder angeordnet, welche die Kräfte in den Stiel einleiten. Ein Zangenpaar, rechtwinklig zur Firstpfette bzw. Mittelpfette angeordnet, verhindert ein seitliches Ausweichen der Sparren und dient der Queraussteifung des Daches.

Dachneigungen für Pfettendächer liegen zwischen 5° und 50°. Die Vorteile des Pfettendaches liegen in der problemlosen Auswechslung der Sparren zur Herstellung großflächiger Dachöffnungen. Nachteilig wirkt sich neben dem hohen Holzbedarf die Einschränkung der Grundrissgestaltung bei einem Dachausbau aus.

Beim **Sparrendach** (Bild 19) werden die anfallenden Lasten (Wind-, Schnee und Eigenlast) nur von den Sparren auf einen Dachbalken (bei Holzbalkendecken) oder auf die Stahlbetondecke übertragen. Die Sparren stützen sich gegenseitig. An den Fußpunkten müssen die Sparren so befestigt werden, dass ein seitliches Ausweichen der Sparren nicht möglich ist. Dachneigungen von weniger als 35° sollten bei Sparrendächern daher vermieden werden. Gewünschte Dachüberstände können durch Anbringen von Aufschieblingen oder durch eine besondere Fußausbildung des Sparrens erreicht werden. Eine Längsaussteifung des Daches erfolgt über Windrispenbänder aus Flachstahl, die diagonal auf die Sparren genagelt werden.

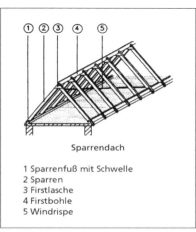

Sparrendach

1 Sparrenfuß mit Schwelle
2 Sparren
3 Firstlasche
4 Firstbohle
5 Windrispe

Bild 19

Als **Kehlbalkendach** bezeichnet man ein Sparrendach mit eingebautem Kehlbalken. Dieser ist erforderlich bei längeren Sparren, wenn sie wegen der Gebäudeabmessungen und der gewünschten Dachneigung nötig sind. Er verhindert deren Durchbiegung, indem man ihn in einer Höhe von 2,30 m bis 2,50 m (Raumhöhe) zwischen zwei gegenüberliegenden Sparren einbaut. Zur Längsaussteifung erhalten auch Kehlbalkendächer Windrispenbänder.

Sparren- und Kehlbalkendächer bieten einen freien Dachraum und erleichtern dadurch den Ausbau des Dachgeschosses und erfordern weniger Holz. Dadurch, dass die einzelnen Sparren die Dachlast tragen, ist der Einbau von Dachfenstern und Dachgauben allerdings auf maximal 2 Sparrenfeldbreiten begrenzt.

9.2.5.3 Dachaufbau geneigter Dächer

Das Dach muss das Gebäude nicht nur gegen Einflüsse von außen schützen, sondern auch den bauphysikalischen Anforderungen entsprechen. Hierbei handelt es sich im Wesentlichen um Anforderungen, die sich aus dem Wärmeschutz ergeben. Während früher der gesamte Dachraum allenfalls als Speicher oder Trockenraum genutzt wurde, werden die Dachräume heute weitgehend zu Wohnräumen ausgebaut.

Bei nicht ausgebauten Dachräumen reicht eine wasserableitende Dachdeckung aus, um das Dachgeschoss vor Durchfeuchtung zu schützen. Bei ausgebauten Dachgeschossen sind zusätzlich zur Dachdeckung weitere Funktionsschichten erforderlich, da das Dach als Umfassungsbauteil im Sinne der EnEV gilt. Zugleich gelten die Forderungen der DIN 4108 „Wärmeschutz und Energie-Einsparung in Gebäuden".

– **Deckwerkstoffe für geneigte Dächer**

Die heutigen Deckwerkstoffe für geneigte Dächer haben noch viel mit den altertümlichen Deckwerkstoffen gemeinsam, werden sie doch nach dem gleichen Grundprinzip entwickelt. Bevor die Entwicklung wasserdichter Werkstoffe einsetzte, verwendete man zur Dachdeckung meist kleinere Platten aus schiefrigem Gestein, künstlich hergestellte, geformte Dachziegel oder von Hand gefertigte Holzplatten, so genannte Holzschindeln. In der Küstenregion der Nord- und Ostsee wurden Schilfrohr (Reet) gebündelt und als Dachdeckwerkstoff verwendet. Diese Arten der Dachdeckwerkstoffe sind auch weitgehend heute noch gebräuchlich. Da sie allerdings keine Abdichtung darstellen, sondern lediglich das Niederschlagswasser ableiten, müssen die Dachflächen geneigt sein.

Dachziegel werden hergestellt aus einem Gemisch aus Ton und Lehm. Dieses wird zerkleinert und zu einer formbaren, gleichmäßig durchfeuchteten Mischung aufbereitet (siehe Ziegelherstellung). Nach seiner Formgebung unterscheidet man Strangdachziegel und Pressdachziegel.

Vor dem Brand muss der Rohling trocknen, damit beim Brennen keine Schwindrisse entstehen. Durch verschiedene Verfahren ist es möglich den Ziegel unterschiedlich zu färben. Die Farbgebung reicht vom naturfarbenen Ziegel bis zu Ziegeln mit farbig glasierter Oberfläche.

Dachsteine (früher: Betondachsteine) werden aus einer Mischung von Quarzsand, Zement, Farbzusätzen und Wasser hergestellt. Nach dem Mischen und Formen der Rohstoffe erhärten die Dachsteine in einer Härtekammer bei Temperaturen um 100 °C und einer relativen Luftfeuchte von 100 %. Auch sie sind in verschiedenen Farben und in unterschiedlichen Formen lieferbar.

Den Rohstoff für den **Dachschiefer** liefert der im Meer schichtenweise abgelagerte Tonschlamm, der im Laufe der Jahrmillionen erhärtete. Die charakteristische Spaltbarkeit, das schiefrige Gefüge, entstand durch großen Druck der Erdrinde. Der im Tage-, Stollen oder Untertagebau abgebaute Dachschiefer wird in verschiedenen Formen und Größen im Baustoffhandel angeboten.

Faserzement-Dachplatten (früher: Asbestzement-Platten) können als Alternative zum Dachschiefer verwendet werden. Der Ausgangsstoff zur Herstellung von Faserzement-Dachplatten ist ein Gemisch aus Wasser und Zement, der die Platte hart werden lässt. Feine Fasern aus Zellulose oder Kunststoff im Mischgut verleihen der Platte ihre Biegefestigkeit. Der Einsatz von Asbestfasern ist wegen ihrer gesundheitsschädigenden Wirkung verboten.

Faserzementwerkstoffe werden u. a. als kleinformatige Platten für Dächer und Wände (Formen etwa wie beim Dachschiefer), als Wellplatten oder Großprofile mit unterschiedlicher Einfärbung und Oberflächengestaltung angeboten.

– **Funktionsschichten geneigter Dächer**

Durch den Einbau einer ausreichenden Wärmedämmung werden die Forderungen nach Wärmeschutz erfüllt. Da Dächer stärker der Sonneneinstrahlung ausgesetzt sind als die Außenwände, muss diese allerdings dicker gewählt werden als dies bei einer Außenwand der Fall wäre, um eine starke Aufheizung des Dachgeschosses zu verhindern.

Neben dem Einbau einer Wärmedämmung sind zusätzlich konstruktive Maßnahmen zu ergreifen, um Schäden durch Kondenswasserbildung zu verhindern. Dies geschieht durch ausreichende Belüftung des Dachaufbaus (durchlüftetes Dach) (S. 516, Bild 20).
Da die Dachdeckwerkstoffe zwar wasserableitend, nicht aber wasserdicht sind, muss der Dachraum auch vor Staub und durch Wind eingeblasene Feuchtigkeit (Regen und Flugschnee) geschützt werden. Darum wird der Einbau einer diffusionsoffenen Unterspannbahn erforderlich.

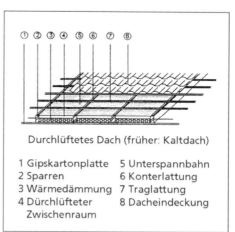

Kondenswasserbildung

Durchlüftetes Dach (früher: Kaltdach)

1 Gipskartonplatte 5 Unterspannbahn
2 Sparren 6 Konterlattung
3 Wärmedämmung 7 Traglattung
4 Durchlüfteter 8 Dacheindeckung
  Zwischenraum

Bild 20

Inzwischen bietet die Baustoffindustrie die unterschiedlichsten Systeme zur Ausbildung des Dachaufbaus an, welche sich im Wesentlichen durch die handwerklichen Ausführungsmöglichkeiten und die Art der Dämmstoffe unterscheiden. Diese reichen von einfachen Rollbahnen aus Mineralfaserdämmstoffen bis hin zu Plattenele-

Wärme-
dämmung

Dampfsperre

menten aus Polystyrol mit angeformten Dachlatten und Belüftungskanälen. Zur Verhinderung von Wärmeverlusten fordert die EnEV neben einer ausreichenden Wärmedämmung auch Winddichtigkeit der Dächer.

Diese erreicht man z. B. durch den Einbau einer Kunststofffolie unterhalb der Wärmedämmung. Besonderes Augenmerk ist dabei auf das Verlegen zu richten. Alle Naht- und Anschlussstellen sind dicht zu verkleben. Zugleich vermindert diese Folie die in die Wärmedämmung diffundierende Feuchtigkeit (Dampfsperre).

9.2.5.4 Flachdachkonstruktionen

Unter einem Flachdach versteht man eine Dachkonstruktion, die wegen der geringen Dachneigung mit einer meist mehrlagigen Abdichtung versehen wird. Diese Abdichtung muss absolut wasserdicht sein, da ein rascher Abtransport des Regenwassers nicht erfolgen kann. Auch das Flachdach muss mit einer Wärmedämmung versehen sein. Hinsichtlich der Durchlüftungsebenen, die zur Verhinderung von Kondenswasserschäden erforderlich sind, unterscheidet man das nicht durchlüftete vom durchlüfteten Dach.

– **Das durchlüftete Dach**

Beim durchlüfteten Flachdach (früher: Kaltdach), das sich lediglich durch die Art der Dachdeckung vom geneigten Dach unterscheidet, liegt die Dachabdichtung auf einer eigenen Konstruktion, meist einer Holzkonstruktion, die von der eigentlichen Decke getrennt ist. Die Wärmedämmung, geeignet sind Mineralfasermatten, liegt auf der Decke. Kondenswasserbildung wird dadurch verhindert, dass der Zwischenraum zwischen Decke und Unterkonstruktion der Dichtung ständig mit der Außenluft in Verbindung steht. Damit keine zu starke Durchfeuchtung (Wasserdampf aus den darunter liegenden Wohnräumen) der Wärmedämmung erfolgt, muss die Geschossdecke einen ausreichenden Wasserdampfdiffusionswiderstand aufweisen oder es muss, z. B. bei Holzbalkendecken, eine Folie als Dampfsperre eingebaut werden.

– **Das nicht durchlüftete Dach**

Beim nicht durchlüfteten Dach (früher: Warmdach) (Bild 21) liegt der Abdichtungsaufbau direkt auf der letzten Geschossdecke. Eine Verbindung zur Außenluft, wie beim durchlüfteten Dach, besteht nicht. Damit es nicht zu Blasenbildung in der Abdichtungsebene durch eingeschlossene Feuchtigkeit kommen kann, müssen Dampfdruckausgleichsschichten oberhalb der Wärmedämmung vorgesehen werden. Daneben verhindern eingebaute Trennschichten

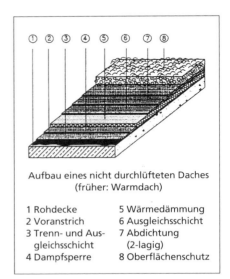

Aufbau eines nicht durchlüfteten Daches
(früher: Warmdach)

1 Rohdecke
2 Voranstrich
3 Trenn- und Ausgleichsschicht
4 Dampfsperre
5 Wärmedämmung
6 Ausgleichsschicht
7 Abdichtung (2-lagig)
8 Oberflächenschutz

Bild 21

Rissbildungen durch die unterschiedlichen Werkstoffe bzw. Bewegungen des Gebäudes oder von Gebäudeteilen.

– **Das Umkehrdach**

Das Umkehrdach stellt eine besondere Form des nicht durchlüfteten Flachdaches dar. Die Dachabdichtung liegt direkt auf der Decke. Geschützt wird sie durch eine Wärmedämmung, die nur geringe Mengen Feuchtigkeit aufnimmt. Bei dieser Art der Flachdachausführung kann die Dachfläche z. B. als Terrasse genutzt werden. Außerdem stellt sie eine einfache Möglichkeit der Sanierung fehlerhafter Flachdachkonstruktionen dar.

9.2.5.5 Dachabdichtungswerkstoffe

Bitumendachbahnen bzw. -dichtungsbahnen bestehen aus einem Trägerstoff, z. B. Gewebe aus Jute-, Glas- oder Kunststofffasern und der auf den Trägerstoff aufgebrachten Tränk- und Deckmasse. Werden hohe Anforderungen an die Dampfdichtigkeit gestellt, erhalten die Dachbahnen zusätzlich eine Metalleinlage aus Kupfer oder Aluminium. Verklebt werden die Bahnen mit heiß-flüssigem Bitumen. Üblich ist auch der Einsatz von Schweißbahnen. Diese erhalten bei der Herstellung schon gleich die zur Verklebung erforderliche Klebemasse.

Schweißbahnen

Kunststoffdachbahnen sind eine Alternative zu den Bitumendachbahnen Wegen ihrer besonderen Eigenschaften sind mit ihnen einlagige Abdichtungen möglich. Je nach Art des Kunststoffes können sie zusammen mit Bitumendachbahnen verarbeitet werden, andere Bahnen sind nicht bitumenverträglich.

Bitumendachbahnen

Der **Oberflächenschutz** schützt die Dachabdichtung vor Belastung durch Umwelteinflüsse, Sonneneinstrahlung, mechanische Beanspruchungen und Temperaturunterschiede. Man unterscheidet zwischen leichtem und schwerem Oberflächenschutz.

Ein **leichter Oberflächenschutz** besteht aus einer werkseitigen Bekiesung oder Besplittung. Andere Dachbahnen sind durch eine besondere Rezeptur der Deckmasse geschützt.

Unter **schwerem Oberflächenschutz** versteht man Kiesschüttungen, die mindestens 5 cm dick aufgebracht werden. Für begehbare oder befahrbare Dächer ist ein Plattenbelag als Oberflächenschutz vorzusehen.

Auch **die Bepflanzung der Dächer** (Gründach) stellt einen schweren Oberflächenschutz dar. Die zunehmend dichtere Bebauung hat das Grün der Natur aus den Städten verbannt. Die Begrünung der Dächer kann einen kleinen Beitrag dazu leisten, die Natur in die Städte zurückzuholen. Außerdem entlasten Gründächer die Kanalisation, da das Regenwasser in den Grünflächen gespeichert wird.

9.2.6 Treppen

Innerhalb und außerhalb von Gebäuden stellen Treppen neben Rampen und Aufzügen die Verbindung zwischen unterschiedlich hoch liegenden Ebenen von Gebäuden her. Die Gestaltung einer Treppe ist abhängig von der Nutzung und der Art des

Gebäudes, in dem sich die Treppe befindet. Richtlinien für den Bau von Treppen legen die Bauordnungen der jeweiligen Bundesländer fest. Es wird gefordert, dass jedes nicht zu ebener Erde liegende Geschoss über mindestens eine Treppe erreichbar sein muss (notwendige Treppen). Die Konstruktionsgrundsätze für Treppen sind in DIN 18065 „Gebäudetreppen – Definitionen, Messregeln, Hauptmaße" festgelegt. Hiernach erfolgt die Benennung der Treppen je nach der Lage, Grundrissform, Bauart und dem Werkstoff der Treppen.

Geschosstreppen in Wohngebäuden werden im Regelfall als Stahlbeton-Laufplattentreppen mit anbetonierten Stufen hergestellt. Die tragende Konstruktion der Rohtreppe bildet hierbei eine Laufplatte aus Stahlbeton, die entweder auf Podesten oder auf der jeweiligen Geschossdecke aufliegt. Die Rohtreppe wird entweder vor Ort erstellt, sie kann aber auch als Fertigtreppe in das Gebäude eingebaut werden. Den Stufenbelag bilden Platten aus Naturstein oder Betonwerkstein.

9.2.6.1 Das Steigungsverhältnis

Als Steigungsverhältnis (Neigung) einer Treppe bezeichnet man das Verhältnis der Steigungshöhe (s [cm]) zur Auftrittsbreite (a [cm]). Damit eine Treppe sicher begangen werden kann, darf sich dieses Verhältnis nicht ändern. Aus der Schrittmaßregel:

2 * s + a = 63 (min 61 cm) wird üblicherweise das Steigungsverhältnis bestimmt.

Legt man bei der Festlegung des Steigungsverhältnisses mehr Wert auf Bequemlichkeit, verwendet man die Bequemlichkeitsformel: **a – s = 12 cm.**

Ein Steigungsverhältnis, das die Sicherheit beim Begehen einer Treppe stärker berücksichtigt, wird nach der Sicherheitsformel: **a + s = 42 cm** berechnet.

9.2.6.2 Treppenformen

Die Treppenformen hängen im Wesentlichen von der Größe und Bedeutung des Gebäudes ab. Daneben spielen der verfügbare Platz und die Wahl des Materials eine entscheidende Rolle. Die geraden Treppenläufe erfordern zwar oft den meisten Platz, sind aber in der Regel einfacher herzustellen als viertel- oder halbgewendelte Treppen (Bild 22).

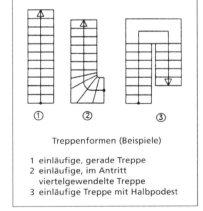

Treppenformen (Beispiele)

1 einläufige, gerade Treppe
2 einläufige, im Antritt viertelgewendelte Treppe
3 einläufige Treppe mit Halbpodest

Bild 22

9.2.6.3 Sicherheitsvorschriften

Die Bauordnungen der Länder legen Sicherheitsvorschriften für notwendige Treppen und Treppenräume fest.

Die **Begehungssicherheit** wird festgelegt durch Vorschriften hinsichtlich der Mindestbreiten der Treppenläufe sowie einer ausreichenden Beleuchtung der Treppenhäuser. Die Anordnung von Handläufen und Geländern, die ein Abstürzen verhindern sollen, dienen ebenso der Begehungssicherheit wie eine ausreichende lichte Durchgangshöhe.

Brandschutzbestimmungen, welche die Auswahl der Werkstoffe und die Anordnung von Treppen festlegen, dienen der Sicherung der Fluchtmöglichkeit im Brandfall. Hierzu gehört auch der Einbau von rauchdichten und selbstschließenden Türen. Leitungen dürfen durch Treppenräume nur dann geführt werden, wenn eine Übertragung von Feuer und Rauch nicht erfolgen kann.

9.2.6.4 Schallschutz bei Treppen und Treppenräumen

Schallschutz bei Treppen und Treppenräumen erreicht man durch Entkopplung der Treppenläufe bzw. der Podeste von angrenzenden Wänden (Trittschallschutz). Dazu werden gummiartige Dämpfungsstreifen verwendet, die eine Übertragung der Schwingungen beim Begehen der Treppe auf die Auflagerungen bzw. angrenzenden Wohnungstrennwände verhindern.

Die Trennung des gesamten Treppenraumes von den angrenzenden Wänden durch eigene Treppenhauswände ist die wirkungsvollste aber auch aufwändigste Art des Schallschutzes.

9.3 TECHNISCHER AUSBAU

Zum technischen Ausbau gehören die Einrichtung der Gebäudetechnik (Haustechnik), z. B. die Installation der Wasserver- und -entsorgung sowie die Energieversorgung. Auch der Einbau von Türen und Fenstern mit den entsprechenden Sonnenschutzeinrichtungen ist dem technischen Ausbau zuzurechnen.

Energieversorgung

9.3.1 Haus- und Grundstücksentwässerung

Die Verknappung des Trinkwassers und seine immer teurer werdende Aufbereitung stellen die Wasserversorgungsunternehmen vor erhebliche Schwierigkeiten. Die Ursachen liegen in einer stärkeren Belastung des Grundwassers einerseits und einer Zunahme der chemischen Verschmutzung des Oberflächenwassers andererseits. Dafür verantwortlich ist nicht nur die Industrie; sondern im großen Maße sind es auch die privaten Haushalte. Der großzügige Umgang mit Reinigungsmitteln belastet das abgeleitete Schmutzwasser ebenso wie das unachtsame Einleiten von Chemikalien (Farbreste, Öle beim privaten Ölwechsel und der sorglose Umgang mit Pflanzenschutzmitteln).

Nach dem Wasserhaushaltsgesetz (WHG) muss das Abwasser (Schmutz- und Niederschlagswasser) aus hygienischen Gründen und wegen der Gefahr der Verschmutzung und Verseuchung des Grundwassers abgeführt und geklärt werden.

Wasserhaushaltsgesetz (WHG)

Bei der öffentlichen Abwasserbeseitigung werden die Abwässer über ein Kanalnetz einer Sammelkläranlage zugeführt, bevor sie einem Vorfluter (Bach, Fluss, See, Grundwasser) zufließen.

Um die öffentlichen Kanalsysteme zu entlasten, fördern die Kommunen Maßnahmen zur Versickerung des Niederschlagswassers auf dem Grundstück, z. B. durch Entsiegeln von Verkehrsflächen und den Einsatz versickerungsfähiger Oberflächen. Dane-

Regenwasser-rückgewinnung

ben stellt die Nutzung des Regenwassers zu hauswirtschaftlichen Zwecken (Regenwasserrückgewinnung) auch eine Entlastung der Trinkwasserversorgung dar und leistet einen Beitrag zum Gewässerschutz.

9.3.1.1 Arten der Kanalnetze

Neben der Möglichkeit die Abwässer eines Hauses und Grundstückes über private Kleinkläranlagen in einen Vorfluter zu leiten, ist der Anschluss an eine öffentliche Kläranlage der Regelfall. Kanalnetze, welche in einer solchen Anlage enden, können im Mischsystem oder im Trennsystem geführt werden.

– **Das Mischsystem**

Schmutzwasser Regenwasser

Beim Mischsystem werden Schmutzwasser und Regenwasser in einem Rohrleitungssystem abgeführt.

– **Das Trennsystem**

Das Trennsystem erfordert zwei unabhängige Kanalsysteme. Da bei diesem System schon auf dem Grundstück zwei getrennte Grundleitungssysteme erforderlich sind, entstehen durch zusätzliche Niederschlagswasserleitungen erhöhte Kosten für den Bauherrn.
Die zum Ableiten des anfallenden Abwassers erforderlichen Grund- bzw. Sammelleitungen werden bereits bei der Durchführung der Erdarbeiten verlegt.

9.3.1.2 Teile von Entwässerungsanlagen in Gebäuden

Falsch angeordnete Sanitärgegenstände und Entwässerungsleitungen führen zu erheblichen Belästigungen bis hin zu Überschwemmungen von Kellerräumen. Neben den Forderungen des Schallschutzes bei haustechnischen Anlagen (Verhinderung von Körperschall) sind bei der Ausführung der Sanitärinstallation bestimmte Fachregeln zu beachten.

Schallschutz bei haustechnischen Anlagen

– **Der Geruchverschluss**

Da alle Entwässerungsgegenstände über Anschluss- und Fallleitungen mit den Grundleitungen verbunden sind (Bild 23), muss verhindert werden, dass Abgase aus den Leitungssystemen in die Räume eindringen können. Dazu sind die Sanitärgegenstände (Wasch- und Duschbecken, Badewannen und Bodeneinläufe, Toiletten usw.) mit Geruchverschlüssen ausgestattet. In den Geruchverschlüssen soll ständig Wasser in einer bestimmten Höhe stehen (Sperrwasser). Dieses verhindert das Austreten der Gase aus den Ablaufstellen.

Sperrwasser

- **Lüftungsleitungen**

Das abfließende Wasser bewirkt häufig in den Leitungen einen Unterdruck (Sog). Dieser Unterdruck kann die Geruchverschlüsse entweder teilweise oder völlig leersaugen. Darum sind die Fallleitungen über Dach zu entlüften. Diese Teile der Fallleitung bezeichnet man als Lüftungsleitung. In Lüftungsleitungen darf kein Schmutzwasser eingeleitet werden.

- **Anschlussleitungen**

Anschlussleitung führen von den Sanitäreinrichtungen zu den Fallleitungen. In den Anschlussleitungen müssen günstige Strömungsverhältnisse erreicht werden. Durch die Wahl eines zu großen Querschnitts wird das Rohr zu wenig gefüllt (ungünstiger Füllungsgrad). In diesem Fall kann es zu Ablagerungen in den Leitungen kommen, weil keine genügend große Wassermenge die festeren Stoffe mitspült. Ist der Querschnitt zu klein gewählt, entstehen hohe Fließgeschwindigkeiten, die unangenehme Geräusche hervorrufen.

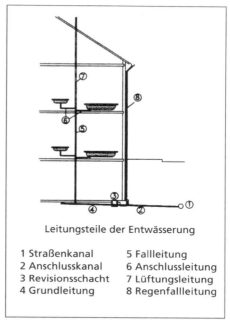

Leitungsteile der Entwässerung

1 Straßenkanal
2 Anschlusskanal
3 Revisionsschacht
4 Grundleitung
5 Fallleitung
6 Anschlussleitung
7 Lüftungsleitung
8 Regenfallleitung

Bild 23

Ähnliche Folgen hat die falsche Gefälleausbildung. In DIN 1986 „Entwässerungsanlagen für Gebäude und Grundstücke" sind Rohrdurchmesser und Gefälle für Leitungen festgelegt.

- **Anschlüsse benachbarter Sanitärgegenstände**

Durch unsachgemäße Anordnung von Anschlussleitungen können die Geruchverschlüsse der Sanitärgegenstände leergesaugt werden und die übelriechenden Gase in den Leitungen treten aus.

Ebenso kann es zu Rückspülungen in gegenüberliegenden Leitungen kommen. Dabei kann dann das Schmutzwasser aus dem gegenüberliegenden Sanitärgegenstand herausgedrückt werden. Die Norm schreibt daher eine bestimmte Anordnung für benachbarte Sanitäranschlüsse vor.

- **Fallleitungen**

Fallleitungen nehmen das Schmutzwasser aus den Anschlussleitungen auf und führen es den Grund- oder Sammelleitungen zu. Sie werden möglichst senkrecht im Regelfall in Mauerschlitzen durch die Geschossdecken zu den Grund- bzw. Sammelleitungen geführt. Am Übergang der Fallleitungen in liegende Leitungen werden Reinigungsöffnungen angeordnet.

– Schutz gegen Rückstau

Rückstau-ebene

Liegen Entwässerungsgegenstände oder Bodenabläufe unterhalb der Rückstauebene, das ist meistens das Straßenniveau, dann besteht bei Vollfüllung des Kanals, z. B. bei starken Niederschlägen oder Verstopfung, die Gefahr, dass durch Rückstau Schmutzwasser aus den Abläufen der Sanitärgegenstände oder den Bodenabläufen austritt. Dies kann zu umfangreichen Schäden der z. B. im Kellergeschoss liegenden Räume führen. Deswegen sind die Sanitärgegenstände vor Rückstau zu sichern. Dazu werden in das Abwassersystem entweder Rückstauverschlüsse oder Hebeanlagen eingebaut.

Rückstauverschlüsse verhindern durch mindestens zwei unabhängig voneinander wirkenden Schließeinrichtungen das Zurückfließen von Abwasser. Sie werden meistens in Verbindung mit Bodenabläufen eingebaut. Diese Rückstauverschlüsse sollen leicht zugänglich sein. Gut sichtbare Hinweisschilder weisen auf die Lage der Rückstausicherung hin und erläutern deren Handhabung.

Bei der Installation von Sanitärgegenständen, z. B. Toilettenanlagen, unterhalb der Rückstauebene werden Hebeanlagen eingebaut. In diesen Anlagen wird das anfallende Schmutzwasser eingeleitet. Diese Anlagen fördern dann das Schmutzwasser mit Hilfe einer Pumpe über die Rückstauebene und dann in den Anschlusskanal. Solche Anlagen sind auch dann einzubauen, wenn Abläufe tiefer als die Rohrsohle des Anschlusskanals liegen, sodass das Abwasser nicht mehr mit geeignetem Gefälle abgeleitet werden kann.

– Abscheideeinrichtungen

Abscheideeinrichtungen verhindern das Einleiten schädlicher Stoffe, z. B. Fette, Benzin oder Öl, in das Abwasser. Diese müssen regelmäßig geleert und über einen nachgeschalteten Kontrollschacht auf ihre Wirkung hin überprüft werden können. Die abgeschiedenen Schadstoffe sind sachgerecht zu entsorgen.

– Niederschlagswasserableitung

Die Niederschlagswasserableitung erfolgt bei geneigten Dächern über Dachrinnen, an die Fallleitungen angeschlossen sind. Werden die Fallleitungen innerhalb von Gebäuden verlegt, so sind sie zu dämmen, um Kondenswasserbildung zu vermeiden. Das gilt auch für die Ableitung von Niederschlagswasser bei Flachdächern, welche über Bodenabläufe und Fallleitungen entwässert werden.

In Fallleitungen für Niederschlagswasser darf kein Schmutzwasser eingeleitet werden. Erst in den Grund- bzw. Sammelleitungen und dann möglichst nahe beim Anschlusskanal werden Schmutzwasser und Niederschlagswasser beim Mischsystem zusammengeführt.

Zur Verringerung der Trinkwassermenge kann das auf den Grundstücken anfallende Niederschlagswasser auch in Regenwassernutzungsanlagen gesammelt und anschließend zu Nichttrinkwasserzwecken, z. B. Gartengießen oder WC-Spülung, genutzt werden.

9.3.2 Trinkwasserversorgung

Der selbstverständliche tägliche Umgang mit Wasser lässt manchmal vergessen, dass Trinkwasser ein wichtiges Lebensmittel darstellt. Es unterliegt dem Lebensmittelgesetz und seine Güteanforderungen müssen DIN 2000 „Zentrale Trinkwasserversorgung" entsprechen. Trinkwasser muss z. B. keimarm und frei von gesundheitsschädlichen Erregern sein.

Lebensmittelgesetz

9.3.2.1 Trinkwassergewinnung

Das zur Gewinnung von Trinkwasser erforderliche Wasser steht nicht überall in gleicher Qualität und Menge an. Außerdem wird es je nach geografischer Lage unterschiedlich gewonnen. In Gegenden, in denen eine zentrale Trinkwasserversorgung fehlt, wird es nach einer Untersuchung des Gesundheitsamtes aus einem auf dem Grundstück erstellten Brunnen gewonnen. Man spricht dann von einer örtlichen Trinkwasserversorgung. Der Regelfall der Trinkwasserversorgung ist jedoch der Anschluss an das öffentliche Trinkwassernetz.

9.3.2.2 Trinkwasserverteilung

Von einer öffentlichen Versorgungsleitung aus wird in das Gebäude eine Anschlussleitung verlegt, die mit einer Absperrvorrichtung versehen ist.

Die Anschlussleitung endet mit der Hauptabsperrvorrichtung und dem Wasserzähler. Hinter dem Wasserzähler befindet sich ein weiteres Absperrventil mit Entleerungsmöglichkeit. Von dort aus beginnen die hauseigenen Verbrauchsleitungen. Diese untergliedern sich in (Bild 24):
· Verteilungsleitung (möglichst im Keller),
· Steigleitungen,
· Zweigleitungen (Stockwerksleitungen).

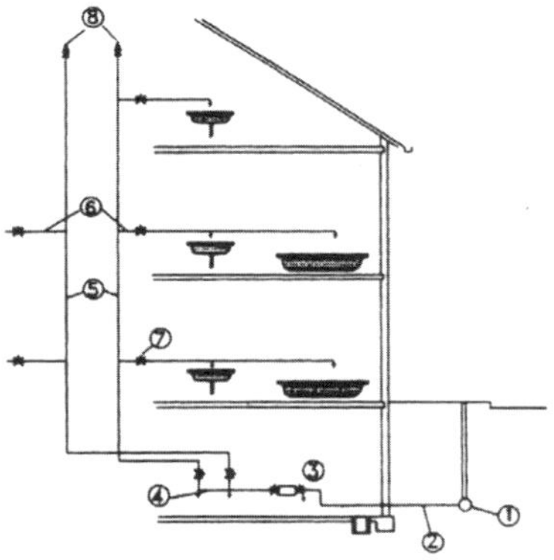

Die Grundsätze zur Installation und Betrieb von Trinkwasserleitungen sind in DIN 1988 „Technische Regeln für Trinkwasserinstallationen" beschrieben.

Leitungsteile der Trinkwasserversorgung

1 Versorgungsleitung   5 Steigleitung
2 Anschlussleitung   6 Zweigleitung
3 Wasserzähler   7 Absperrventil
4 Verteilungsleitung   8 Rohrbe- und
                         entlüfter

Bild 24

Die Leitungen werden senkrecht oder mit leichtem Gefälle zu den Zapfstellen verlegt, sodass eine vollständige Entleerung möglich ist. An bestimmten Leitungsabschnitten sind Absperrventile einzubauen, damit bei Reparaturarbeiten nicht das ganze System leerlaufen muss.

Bei Neuanlagen ist der Einbau von Rohrbe- und -entlüftern in Warm- und Kaltwasserleitungen vorgeschrieben. Vorzusehen sind sie auch, wenn Altanlagen renoviert werden. Zusammen mit Rückflussverhinderern sorgen sie dafür, dass bei Unterdruck kein Schmutzwasser in das Trinkwasserleitungssystem gelangen kann (Beispiel: eingelegter Brauseschlauch in der gefüllten Badewanne). Am höchsten Punkt der Leitung angebracht, erleichtern sie auch das Füllen und Entleeren der Leitungen. In das Leitungssystem eingebaute Druckminderer verhindern bei starkem Wasserdruck auftretende Fließgeräusche und tragen auch zur Schonung der Armaturen bei.

Druckminderer

Häufig reicht bei hohen Gebäuden der Versorgungsdruck in den oberen Geschossen nicht aus. Druckerhöhungsanlagen stellen dann einen ausreichenden Versorgungsdruck für diese Geschosse her. Auch schall- und wärmedämmtechnische Maßnahmen sorgen für einen störungsfreien Betrieb der Trinkwasserversorgung. So werden z. B. Leitungen beim Durchführen durch Decken oder Wände mit schwingungsdämpfendem Material ummantelt. Zum Schutz vor Frost bzw. Wärmeverlust und Kondenswasserbildung werden die Rohrleitungen mit wärmedämmendem Material umhüllt.

Druckerhöhungsanlagen

9.3.2.3 Trinkwassererwärmung

Für verschiedene Handlungen des täglichen Lebens ist erwärmtes Trinkwasser erforderlich. Die Versorgung mit erwärmtem Trinkwasser erfolgt entweder dezentral oder zentral. Die dezentrale Versorgung als Einzelversorgung wird sichergestellt durch Wassererwärmer unmittelbar an der Zapfstelle. Dazu eignen sich z. B. elektrische Durchfluss-Wassererwärmer oder Speicher-Wassererwärmer.

Bei der zentralen Warmwasserversorgung werden große Behälter eingesetzt, in denen elektrischer Strom das Trinkwasser erwärmt. Eine weitere Möglichkeit der Trinkwassererwärmung besteht darin, dass über die Heizungsanlage das Trinkwasser in Warmwasserspeichern erwärmt wird.

9.3.3 Elektroinstallation und Stromversorgung

Die sich ausweitende technische Ausstattung unserer Wohnungen ist nur möglich mit einer ausreichenden Stromversorgung. Der elektrische Strom wird in Wasser-, Kohle- oder Kernkraftwerken gewonnen, aber auch in recourcenschonenden Kraft-Wärmekopplungs- und Großwindanlagen. Um die einzelnen Verbraucher zu erreichen, haben die Energieversorgungsunternehmen (EVU) ein dichtes Versorgungsnetz eingerichtet. An Umspannungsstationen wird der hochgespannte Strom transformiert und schließlich steht er mit einer Spannung von 400/230 Volt der häuslichen Versorgung zur Verfügung. Dazu wird er in Leitungen durch die Kelleraußenwand oder als Freileitungsanschluss von einem Dachständer aus in das Gebäude, nach Möglichkeit in einen Hausanschlussraum, geführt. Die Leitung endet in einem verplombten Hausanschlusskasten, von dem aus die Verteilung auf die jeweiligen Endverbraucher erfolgt.

Hausanschlussraum

9.3.3.1 Stromverteilung in Wohngebäuden

Hinter dem Hausanschlusskasten beginnt die Hauptleitung, die in einem Zählerschrank oder bei Mehrfamilienhäusern in mehreren Zählerschränken endet. Dort befinden sich die zur Abrechnung mit dem EVU erforderlichen Stromzähler.

Hausanschlusskasten

Die Stromverteilung erfolgt durch Einrichten von Stromkreisen. So wird z. B. die Beleuchtung einer Wohnung oder einzelner Räume in einem Stromkreis zusammengefasst. Daneben gibt es dann einen Stromkreis für Steckdosen und andere Stromkreise für Verbrauchsmittel, die mit hoher Stromleistung arbeiten, wie Waschmaschinen und Durchlauferhitzer. Außerdem können zusätzliche Stromkreise für verschiedene Stromtarife eingerichtet werden.

Stromkreis

Bei Störungen innerhalb des Leitungssystems durch Überlastung oder Kurzschluss sorgen Leitungsschutzschalter, oft als Sicherungen bezeichnet, für eine Unterbrechung der Stromzufuhr. Die jeweiligen Stromkreise besitzen eine eigene, ihrer Stromstärke entsprechenden Absicherung. Während es bei älteren Gebäuden üblich war, die Stromverteilung auf die einzelnen Wohnungen und ihre Absicherung unmittelbar im Bereich der Zählerkästen vorzunehmen, legt man im moderneren Wohnungsbau die Stromverteilung in die Nähe der jeweiligen Wohnungen und sieht gleichzeitig Reserveplätze vor, um die Verteilung bei Bedarf erweitern zu können.

9.3.3.2 Elektroinstallation in Wohnungen

Der Umfang einer Elektroinstallation ist u. a. gekennzeichnet durch die Anzahl der Stromkreise, Steckdosen und Auslässe. Bei einer guten Installationsausführung werden genügend Stromkreise und Steckdosen vorgesehen. Dadurch kann eine Erweiterung der technischen Ausstattung oder Veränderung der Nutzung der Räume ohne kostspielige Nachinstallation durchgeführt werden. Orientierungshilfen hierzu bieten die Hauptberatungsstelle für Elektrizitätsanwendung e. V. (HEA) und die einschlägigen DIN-Normen.

Die elektrischen Leitungen können unterschiedlich geführt werden. Aufputzleitungen eignen sich für Räume wie Speicher, Garagen oder Keller. Der Vorteil liegt in der geringen Wahrscheinlichkeit der unbeabsichtigten Beschädigung und leichten Veränderung der Leitungsführung.

In Wohnräumen legt man die Leitungen „in Putz" oder „unter Putz". Bei der „in Putz-Installation" werden die Leitungen auf der Wand verlegt und überputzt. Bei der „unter Putz-Installation" werden, z. B. bei gespachtelten Wänden, Schlitze in die Wand geschnitten, in denen die Leitungen verlegt werden. Um sie vor Beschädigungen zu schützen, ordnet man sie in senkrecht oder waagerecht verlaufenden Installationszonen an. Diese liegen in festgelegten Abständen von Decken, Fußböden, Türen und Fenstern sowie Raumecken.

Installationszonen

Die gesundheitliche Beeinflussung durch elektromagnetische Wellen (Elektrosmog) ist noch nicht ausreichend erforscht. Schutz vor elektromagnetischen Wellen bieten abgeschirmte Leitungen. Außerdem lassen sich Stromkreise in schutzbedürftigen Räumen, z. B. Schlafräumen, durch Netzfreischalter freischalten.

Netzfreischalter

Die Anordnung der elektrischen Leitungen in Leitungskanälen, vom Bürohaus- und Industriebau her bekannt, ist im Wohnungsbau bei Neuinstallationen noch nicht üblich, allerdings bei Umbaumaßnahmen eine gebräuchliche Möglichkeit, um die Verlegekosten zu senken.

Für die Elektro-Installation in Nassräumen sind Sicherheitsbereiche festgelegt. Steckdosen, Schalter und Auslässe, z. B. für Warmwasserbereiter, dürfen danach nur in bestimmten Bereichen um die Wasserentnahmestellen herum angeordnet sein. Ablaufstellen oder Badewannen, Duschen, Handwaschbecken und alle metallischen Rohrleitungen erhalten einen Potentialausgleich, damit der Benutzer der Nassräume durch Fehlerströme (verschleppte Spannung) nicht gefährdet wird.

9.3.3.3 Kommunikationsanlagen

Zu einer modernen Elektroinstallation gehört auch die Installation von Kommunikationsanlagen. Dazu zählen sowohl die Einrichtung von Telefonleitungen in Verbindung mit ausreichenden Anschlussdosen als auch die Einrichtung von Hauskommunikationsanlagen wie Klingel-, Türöffner- und -sprechanlagen. Auch das Verfügen über ausreichende Anschlüsse zur Empfangstechnik für Ton- und Fernsehrundfunk (Antennen-/Kabelanschluss) ist Bestandteil zeitgemäßer Elektroinstallationstechnik.

9.3.3.4 Gefahrenmeldeanlagen

Gefahrenmeldeanlagen dienen dazu, unbefugten Zugang auf das Gebäude bzw. Grundstück frühzeitig anzuzeigen bzw. einen Brand innerhalb des Gebäudes zu melden und Alarm auszulösen. Eingesetzt werden dazu Einbruchmeldeanlagen und Brandmeldeanlagen bzw. Rauchmelder.

Einbruchmeldeanlagen können in der Außenhaut, z. B. bei Fenster und Türen, aber auch innerhalb von Gebäuden, z. B. als Bewegungsmelder, installiert werden.

Brandmelder lösen entweder eine Löschanlage aus, können aber auch so eingerichtet werden, dass eine Brandmeldung an die Feuerwehr erfolgt.

9.3.3.5 Steuerungstechnik gebäudetechnischer Anlagen und Geräte

Die Überwachung und Steuerung der technischen Anlagen und -teile von Gebäuden ist wesentlicher Bestandteil moderner Haustechnik. Dabei wird zwischen Gebäudeleittechnik (GLT) und Gebäudesystemtechnik (GST) unterschieden. Der wesentliche Unterschied liegt im Betrieb und der technischen Ausstattung bzw. Informationsführung der Systeme.

9.3 TECHNISCHER AUSBAU

- **Gebäudeleittechnik**

Die Überwachung und Steuerung der technischen Anlagen, z. B. Beleuchtung, Heizung, Lüftung, Aufzüge und Sicherheitseinrichtungen, erfolgt bei der Gebäudeleittechnik von eine Leitzentrale aus (Bild 25). Ein Bussystem (Datenbus) verbindet alle Anlagen und Anlagenteile in der Leitzentrale mit einem Rechner. Von der Leitzentrale aus wird die gesamte Anlage durch Bildschirm, Datensichtgerät oder Druckerausgaben überwacht und über Tastatureingaben gesteuert.

Unterstationen, z. B. die Brandüberwachung oder Außentemperatur-, Wind- oder Helligkeitsmesseinrichtungen, können in das System integriert werden. Auch sie leiten ihre Informationen an die Leitzentrale und werden von ihr gesteuert.

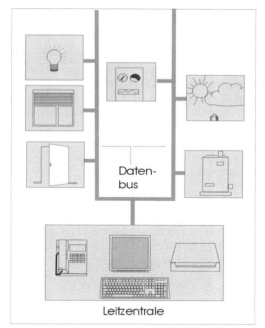

Bussystem

Bild 25

Die Gebäudeleittechnik eignet sich für große Gebäude, wie z. B. Büro- und Verwaltungsgebäude und Krankenhäuser.

- **Gebäudesystemtechnik**

Bei der herkömmlichen Elektroinstallation werden alle Anlagenteile über Schalter, z. B. Ein-/Ausschalter, in oder außer Betrieb genommen. Dies bedeutet einen sehr hohen Aufwand bei der Installation der spannungsführenden Leitungen. Bei der Gebäudesystemtechnik müssen die Anlagen und Geräte zwar auch über Leitungen mit der entsprechenden Spannung versorgt werden, die In- oder Außerbetriebnahme bzw. Regelung erfolgt jedoch über einen Installationsbus, den man als EIB (Europäischer Installations-Bus) bezeichnet. Dieses Bussystem bildet ein 2-adriges Leitungssystem, das alle Anlagenteile miteinander verbindet.

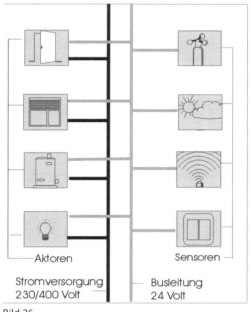

EIB (Europäischer Installations-Bus)

Bild 26

Das Bussystem dient der Hin- und Rückleitung der Datenübermittlung (Datenbus) (Bild 26).

Aktoren

An die Stelle der Schalter treten bei der Gebäudesystemtechnik sogenannte Aktoren. Diese sind den Endgeräten, z. B. Lampen, Schließmechanismen oder Heizungsanlagen, vorgeschaltet und lösen deren Funktion aus. Die Befehle dazu erhalten sie von Sensoren. Dies sind Taster, die man örtlich wie Lichtschalter oder Dimmer anordnet. Auch Meldeeinrichtungen wie Bewegungs-, Einbruchmeldeanlagen oder Brandmelder haben die Funktion eines Sensors.

Sensoren

Ihre Befehle werden an die jeweiligen Aktoren der angeschlossenen Endgeräte weitergegeben.

Da alle Endgeräte über ihre Aktoren und Sensoren mit dem Datenbus verbunden sind, kann man die Zuordnung eines Aktors bzw. Sensors zu einem Endgerät jederzeit ändern. Ein Aktor oder Sensor kann bei Bedarf anstelle einer Beleuchtungseinrichtung nach Änderung der jeweiligen Parameter innerhalb der Programmierung (Parametrisierung) z. B. einen Motor für eine Schließeinrichtung oder eine Heizanlage steuern.

Neben der dezentralen Steuerung bzw. Regelung der Endgeräte durch den entsprechenden Aktor bzw. Sensor lassen sich auch alle mit dem Bussystem verbundenen Endgeräte zu Gerätegruppen zusammenfassen, sodass sie zentral gesteuert werden können. So besteht z. B. die Möglichkeit, dass Beleuchtungseinrichtungen mit Schließeinrichtungen von Fenstern und Türen und Bewegungsmelder eine Gruppe bilden, die gemeinsam von einer Zentrale (Zusammenfassung mehrerer Sensoren) aus gesteuert werden kann. Diese Steuerung kann auch von außerhalb des Gebäudes, z. B. über ein Handy, erfolgen.

Wirtschaftlich einsetzbar ist die Gebäudesystemtechnik bei Wohngebäuden mit umfangreicher Elektroinstallation oder bei Zweckbauten wie Büro- und Verwaltungsgebäude. Der wesentliche Vorteil besteht im geringeren Aufwand der Leitungsverlegung bei der Neuinstallation bzw. Umbaumaßnahem durch Nutzungsänderung der Räume. Daneben senken sich die Kosten für die Gebäudeversicherung wegen der geringeren Brandlast.

9.3.4 Heizungstechnik

Raumklima

Der menschliche Körper ist nur bedingt in der Lage sich wechselnden Umgebungstemperaturen anzupassen. So muss in der kälteren Jahreszeit die Heizung für ein angenehmes Raumklima sorgen. Sie soll mit ihrer Wärmeproduktion und -verteilung dazu beitragen, dass der „Wärmehaushalt" des Menschen im Gleichgewicht gehalten wird. Herrscht dieser Gleichgewichtszustand, so fühlt sich der Mensch behaglich. Allerdings kann die Heizungstechnik diese Aufgabe nur begrenzt leisten, denn die Faktoren, welche die Behaglichkeit beeinflussen, sind außer der Kleidung und der farblichen Gestaltung der Räume insbesondere die Lufttemperatur, mittlere Wandtemperatur, Luftfeuchte, Luftbewegung und Luftreinheit. Auf die Kleidung und die Farbgestaltung hat die Heizung ebenso wenig Einfluss wie auf die Luftreinheit und Luftfeuchtigkeit.

9.3.4.1 Heizungssysteme

– Einzelheizungen

Einzelheizungen übernehmen die Wärmeversorgung einzelner Räume. Die Zeiten, in denen ein einzelner Eisenofen, gefeuert mit Kohle oder Öl, einen oder mehrere Räume mit Wärme versorgt hatte, sind fast vorbei und nur noch in Altbauten anzutreffen.

Üblich als Einzelheizungen sind gasgefeuerte Etagenheizungen, bei denen eine Wohneinheit mit Wärme versorgt wird. Diese Geräte können so ausgestattet sein, dass sie gleichzeitig die Trinkwassererwärmung mit übernehmen. Auch die elektrische Speicherheizung (Nachtstromspeicherheizung) stellt ein noch übliches Einzelheizsystem dar. Bei diesem System wird die Elektrizität ausschließlich während der Schwachlastzeit (Nachtstrom) in Wärme umgewandelt.

Diese Wärme wird in einem Speicherkern gespeichert. Die Wärmeabgabe erfolgt durch Abstrahlung und durch im Gerät eingebaute Ventilatoren, die durch Raumthermostaten gesteuert werden.

Andere Arten der Einzelheizungen werden allenfalls als Ergänzung zur Heizungsversorgung installiert. Als Beispiel hierzu könnte das elektrische Strahlungsheizgerät angeführt werden, das an sehr kalten Tagen das Badezimmer oder die Dusche kurzzeitig auf eine angenehme Temperatur bringt. Kachelöfen oder Kamine sind meistens in Einfamilienhäusern anzutreffen. Dort sorgen sie für eine rustikale Atmosphäre, dienen aber in den seltensten Fällen als ausschließliches Heizungssystem.

– Zentralheizungen

Die zentrale Versorgung von Ein- und Mehrfamilienhäusern mit Wärme gilt als die verbreitetste Methode. Bei diesem System wird das ganze Gebäude von einer Heizungsanlage über Rohrleitungen und Heizkörper mit Wärme versorgt. Unterschieden werden die Systeme nach der Art des Mediums, welches die Wärme transportiert (Wärmeträger). Am häufigsten dient Wasser als Wärmeträger, seltener Wasserdampf bzw. Luft.

Das Einrichten und Unterhalten dieser Anlagen erfordert höhere Kosten und die Abrechnung der tatsächlichen Heizkosten für mehrere Wohnungen ist schwierig. Auf der anderen Seite bieten sie mehr Komfort und tragen wegen der günstigeren Brennstoffausnutzung und des geringen Schadstoffausstoßes zur Reinhaltung der Luft bei.

Der Wärmeträger Wasser wird in einem Kessel erwärmt und über ein Rohrleitungssystem den Heizkörpern zugeführt. Von dort wird die Wärme durch Konvektion und/oder Strahlung an die Raumluft abgegeben. Das abgekühlte Wasser wird in den Kessel zurückgeleitet. Bei sehr alten Anlagen erfolgte die Umwälzung des warmen Wassers nach dem Prinzip der Schwerkraft (Schwerkraft-Wasserheizung), da warmes Wasser leichter ist als kaltes.

Wegen des Druckverlustes auf dem Weg vom Heizkessel zum Heizkörper und zurück erfordern Schwerkraftwasserheizungen ein großes Wasservolumen und

Schwerkraft-wasser-heizungen

große Leitungsquerschnitte. Durch das große Wasservolumen wird die Anlage sehr träge und ist schlecht regelbar. Außerdem nimmt die Zirkulation bei sinkenden Heiztemperaturen ab. In Übergangszeiten zirkuliert das Heizungswasser in der Anlage deshalb schlechter als bei tiefen Wintertemperaturen. Die schlechte Regelung ist allerdings auch auf die Energieabgabe der Festbrennstoffe (meist Koks) zurückzuführen, die sich nicht einfach abstellen lässt.

Pumpenheizungen

Die Nachteile der Schwerkraftheizungen und das veränderte Angebot an Brennstoffen (Gas und Öl) haben dazu geführt, dass in neuen Anlagen nur noch Pumpenheizungen eingebaut und bestehende Schwerkraftheizungen auf Pumpenbetrieb umgestellt werden. Die Pumpe gleicht die Druckverluste aus, die durch Reibungswiderstände entstehen. Bei Umrüstung von Schwerkraft- auf Pumpenheizung muss der große Leitungsquerschnitt bei der Auswahl und Einstellung der Pumpe berücksichtigt werden oder das Leitungssystem durch Rohre mit kleinerem Querschnitt erneuert werden.

9.3.4.2 Bestandteile der Heizungsanlagen

– **Der Kessel**

Im Kessel erfolgt die Übertragung der Energie. Die Kessel werden nach der Art der Feuerung, dem Kesselwerkstoff, dem Heizmedium und der Betriebstemperatur unterschieden. Je nach Art der Feuerung werden Spezialkessel oder Umstell-/Wechselbrandkessel angeboten. Spezialkessel eignen sich nur für eine Feuerungsart. Für den Betrieb von Heizungsanlagen spielt die Kesseltemperatur eine wichtige Rolle.

Niedertemperaturkessel (NT-Kessel)

Zur Einsparung von Energie können Kessel mit hohen Wirkungsgraden und geringen Wärmeverlusten (Bereitschaftsverlusten) eingesetzt werden. Niedertemperaturkessel (NT-Kessel) z. B. passen ihre Vorlauftemperatur durch selbsttätige Einrichtungen der Außentemperatur und der Tageszeit an oder können auf eine niedrige Vorlauftemperatur eingestellt werden. Dadurch verringern sich die Bereitschaftsverluste im Kessel und die Rohrleitungsverluste im gesamten Leitungssystem. Allerdings müssen die Heizflächen in den Räumen vergrößert werden. Brennwertkessel erzielen Energieeinsparungen dadurch, dass sie über Abgaswärmetauscher die im Abgas enthaltene Wärme nutzen.

Besondere Kesselanlagen (Kombikessel) können das Trinkwassersystem mit Warmwasser versorgen. Dazu wird auf den Heizungskessel ein zusätzlicher, mit Trinkwasser gefüllter Behälter aufgesetzt. Vom Heizungskessel wird dann in Heizschlangen heißes Wasser geführt, welches das Trinkwasser erwärmt.

– **Der Brenner**

Ein regelbarer Brenner ist dem Kessel vorgeschaltet, mit dem die Übertragung der Energie auf den Wärmeträger „Wasser" erfolgt. Durch eine Regeleinrichtung wird die Feuerungsleistung dem anfallenden Wärmebedarf angepasst. Seine Bauart hängt vom verwendeten Brennstoff ab. Öl als Brennstoff wird vor dem Entzünden entweder verdampft (Verdampfungsbrenner) oder zerstäubt (Zerstäubungsbrenner). Gas kann dagegen ohne Aufbereitung verbrannt werden. Neben den Vorteilen, die sich daraus ergeben, müssen die erhöhten Unfallgefahren beachtet werden, die bei unkontrolliert ausströmenden Gasen entstehen.

- **Heizungsumwälzpumpen**

Heizungsumwälzpumpen sorgen für eine ausreichende Umwälzung des Wassers im Heizungssystem. Die Auswahl einer geeigneten Pumpe ist von der Art und Größe des Rohrnetzes abhängig. Auch der u. U. geringere Wärmebedarf bei zum Teil abgestellten Heizkörpern (Teillastbetrieb) muss berücksichtigt werden. Dazu werden Pumpen angeboten, deren Drehzahl in Abhängigkeit von der benötigten Wassermenge eingestellt werden kann, um Fließgeräusche zu vermeiden und Energie einzusparen. Um die Betriebssicherheit einer Heizungsanlage zu erhöhen, kann eine zweite Pumpe eingebaut werden. Diese sollte von Zeit zu Zeit in Betrieb sein oder beide Pumpen werden in einem bestimmten Rhythmus betrieben.

- **Rohrleitungssysteme**

Die Rohrleitungen in Wasserheizungsanlagen können nach dem Zweirohrsystem oder nach dem Einrohrsystem verlegt werden.

Zweirohrsysteme bestehen aus jeweils getrennt geführtem Heizungsvor- und -rücklauf.

Bei **Einrohrsystemen** wird das Vor- und Rücklaufwasser in einer gemeinsamen Leitung geführt. Abzweige an den Heizkörpern versorgen diese mit Heizungswasser und führen anschließend in die gemeinsame Leitung zurück. Da die Temperatur von Heizkörper zu Heizkörper geringer wird, müssen sie in Fließrichtung vergrößert werden. Der Vorteil dieses Systems liegt in den niedrigen Erstellungskosten. In einem mehrgeschossigen Wohnhaus könnte man ein solches System verwenden, wenn die einzelnen Geschosse einen eigenen Heizkreis bekommen. So wäre z. B. die Abrechnung der Energiekosten genauer zu erstellen.

- **Schornstein-/Abgasanlagen**

Schornsteine bzw. Abgasanlagen haben die gleiche Funktion. Über sie gelangen die Verbrennungsgase in die Außenluft. Außerdem können sie für die Zufuhr von Verbrennungsluft sorgen. Die Unterscheidung der Begriffe liegt in der Art des Abgases. Bei Verbrennungsgasen, die Rußpartikel beinhalten, z. B. bei der Verbrennung fester oder flüssiger Brennstoffe, spricht man von Schornsteinen. Wird Gas als Energieträger verwendet, bezeichnet man die Anlagen als Abgasanlage. Hergestellt werden sie als gemauerte Anlagen aus Ziegel-, Schamotte- oder Kalksandsteinen, häufiger jedoch aus Formstücken, die ummauert werden. Zwischen Formstück und Ummauerung eingebracht, schützt ein wärmedämmendes Material die Abgase vor Auskühlung.

Schornsteinanlagen sollen nach Möglichkeit nicht an Außenwänden liegen, da die Rauchgase sonst zu stark abgekühlt werden und ein störungsfreier Abzug nicht gewährleistet ist. Außerdem führt ein Abkühlen der Gase zum „Versotten" der Anlage. Gemeint ist damit eine Durchfeuchtung der Abgas führenden Bauteile durch schwefelhaltiges Kondenswasser. Für die Querschnitte der Anlagen, die Ausführung

Versotten

der Mündungen (Austritt des Rauchrohres aus der Dachfläche) sowie die Anordnung von Reinigungsöffnungen sind bestimmte Ausführungsvorschriften festgelegt.

Wirkungsgrad der Heizungsanlage

An der Rauchgastemperatur und -zusammensetzung überprüft der Schornsteinfeger den Verbrennungsgrad des Brennstoffes (Wirkungsgrad der Heizungsanlage). Bei einer schlechten Verbrennung gelangen schadstoffhaltige Gase in die Atmosphäre. Der Gesetzgeber hat in der „Verordnung über Feuerungsanlagen" bestimmte Grenzwerte festgelegt.

9.3.4.3 Die Wärmeverteilung in Räumen

Die in den Heizungsanlagen erzeugte Wärme muss in den Räumen optimal verteilt werden. Betriebskosten, Regelbarkeit, gleichmäßige Verteilung und Raumluftqualität sind die Kriterien, nach denen Verteilungssysteme konzipiert wurden.

– **Flächenheizungen**

Flächenheizungen bezeichnet man auch als Strahlungsheizungen, weil die Wärmeabgabe über die große, dem Raum zugewandte Heizfläche zum größten Teil durch Strahlung erfolgt. Als Heizflächen dienen Decken, Fußböden oder Wände.

Gebräuchlich sind im Wohnungsbau Fußbodenheizungen. Auf einer Wärmedämmung werden die Heizrohre schlangenförmig oder spiralförmig verlegt. Jeder mit einer Fußbodenheizung ausgestattete Raum erhält je nach Größe einen oder mehrere Heizkreise.

Vorlauftemperatur

Von einer zentralen Verteilerstelle aus können Regulierventile die Wasserströme steuern und auf die erforderliche Wärmeleistung abstimmen. Fußbodenheizungen erfordern keine sichtbaren Heizkörper und sind wegen der geringen Konvektion sehr hygienisch (keine Staubaufwirbelung). Wegen des hohen Strahlungsanteils sind geringere, ausgeglichene Raumlufttemperaturen möglich. Der hohe Anschaffungspreis und aufwändige Reparaturarbeiten wirken sich nachteilig auf diese Art der Heizung aus. Hinzu kommt eine träge Regelung, da große Estrichmassen aufzuheizen sind. Häufig sind wegen begrenzter Heizleistung bedingt durch geringe Vorlauftemperatur der Heizungsanlage Zusatzheizkörper, z. B. in Bädern und Küchen, erforderlich.

Ähnlich funktionieren Wandflächenheizungen. Sie sind im Wohnungsbau unüblich, weil die mögliche Stellfläche sehr stark eingeschränkt wird.

– **Heizkörper**

Konvektion

Die vom Heizkessel aufgenommene Wärme wird durch den Wärmeträger (Wasser oder Dampf) über Rohrleitungen zu den Heizkörpern transportiert. Von dort wird sie über Konvektion und/oder Strahlung an den Raum abgegeben. Die Anteile an Konvektions- und Strahlungswärme sind von der Bauart und der Oberflächentemperatur des Heizkörpers abhängig.

Radiatoren (Gliederheizkörper)

Unter Radiatoren versteht man Heizkörper, deren Glieder durch Verschraubung (Nippelung) oder Schweißung fest verbunden sind. Ihre Wärmeabgabe erfolgt durch Konvektion (60 %) und durch Strahlung (40 %). Ihre Wirkung ist dann optimal, wenn sie unter den Fenstern aufgestellt werden. Wegen ihrer Bautiefe werden sie in wärmegedämmten Heizungsnischen eingebaut.

Um ihre Heizwirkung nicht zu beeinträchtigen, sollten sie nicht durch Verkleidungen verdeckt werden. Sind aus optischen Gründen Verkleidungen erforderlich, so sollten diese leicht entfernbar sein, da sich auf den Radiatoren Staub absetzt, der durch die Konvektion an die Raumluft abgegeben wird. Gefertigt werden sie als Guss- oder Stahlradiatoren. Gussradiatoren haben wegen der geringeren Korrosion eine längere Lebensdauer als Stahlradiatoren. Sie sind allerdings wegen der größeren Wärmespeicherung träger in der Regelung als Stahlradiatoren. Die Abmessung und die Wärmeleistung der Radiatoren sind weitgehend genormt. Wegen der Korrosionsgefährdung dürfen bei Dampfheizungen keine Stahlradiatoren verwendet werden.

Plattenheizkörper

Will man den Bau von Heizungsnischen umgehen, so bieten sich Plattenheizkörper an. Sie haben nur eine geringe Bautiefe (20 mm bis 30 mm). Um die benötigte Wärmeleistung abzugeben, sind Plattenheizkörper meist wesentlich länger als Radiatoren. Es muss also genügend Wandfläche zur Verfügung stehen. Der Strahlungsanteil der Wärmeabgabe ist wegen der großen Heizfläche größer als bei Radiatoren. Das kann wegen der geringeren Umwälzung der Luft und der damit zusammenhängenden geringeren Staubaufwirbelung gewünscht sein. Die Wärmeleistung kann durch mehrreihige Anordnung der Heizkörper vergrößert werden. Dann geht allerdings der Vorteil der geringen Bautiefe verloren.

Konvektoren

Konvektoren sind Heizkörper, die aus waagerecht verlaufenden Rohren bestehen, die zur Vergrößerung der Heizflächen von rechteckigen Blechlamellen umgeben sind. Diese werden aus verzinktem Stahl, Kupfer oder Aluminium gefertigt.

Die Wärmeabgabe dieser Heizkörper geschieht ausschließlich durch Konvektion, weswegen eine Verkleidung oder ein Einbauschacht (Kaminwirkung) erforderlich ist.

Der Vorteil dieser Heizkörper liegt in ihrer „Unsichtbarkeit". Eingebaut in Schächten oder in verkleideten Nischen, ermöglichen sie eine uneingeschränkte Möblierung oder Grundrissplanung.

Nachteilig wirken sich allerdings die u. U. sehr große Staubaufwirbelung und die höheren Erstellungskosten aus sowie in der Übergangszeit höhere Betriebstemperaturen.

- **Fernheizungen**

Kraftwerks- und Industrieanlagenbetreiber bieten nicht verwertbare Wärme zum Betreiben von Heizungsanlagen an. In Rohrleitungen wird die Wärme in Form von Hochdruckdampf, Warmwasser oder Heißwasser zum Verbraucher geführt. Dort wird sie direkt oder über einen Wärmeaustauscher in das Leitungssystem der Heizungsanlage eingespeist.

- **Sonnenheizung und Wärmepumpe**

Beide Systeme, die Umwandlung der Sonnenenergie (Lichtenergie) über Kollektoren in Wärme und die Nutzung des Wärmeinhalts des Erdreichs, der Außenluft und des Grundwassers sind für den Betrieb kleinerer Heizungsanlagen wirtschaftlich einsetzbar oder bieten als Unterstützung größerer Anlagen eine Alternative.

9.3.5 Lüftungsanlagen

Die Forderung der EnEV, den Energieverbrauch der Gebäude zu begrenzen, wird u. a. durch eine erhebliche Verringerung des Transmissionswärmeverlustes der Gebäudehülle durch Verbesserung des Wärmeschutzes der Außenbauteile (Wände und Fenster) und deren Luftdichtigkeit erfüllt. Eine weitere Begrenzung kann zusätzlich über eine Senkung des Lüftungswärmeverlustes erfolgen. Dieser Verlust ergibt sich aus der ungeregelten Lüftung der Gebäude. Gemeint ist damit der notwendige Luftaustausch durch Öffnen der Fenster.

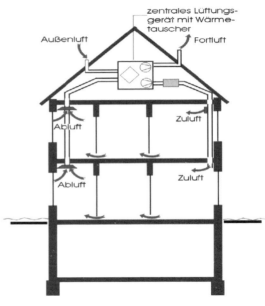

Bild 27

Der Einbau von Lüftungsanlagen zur Sicherung einer kontrollierte Lüftung, insbesondere in Verbindung mit einer Rückgewinnung der in der verbrauchten Raumluft enthaltenen Wärme (Wärmerückgewinnung), bietet eine weitere Möglichkeit, den Energiebedarf zu reduzieren. Dadurch ergeben sich auch Vorteile hinsichtlich eines gesunden Raumklimas. Dies wird gesichert z. B. durch gleichmäßige Frischluftzufuhr auch bei geschlossenen Fenstern. Auch das Risiko der Bildung von Kondensfeuchtigkeit in Küchen und Bädern kann durch kontrollierte Lüftung verhindert werden.

9.3.5.1 Zentrale Lüftungsanlagen mit Wärmerückgewinnung

Ist der Einbau einer zentralen Lüftungsanlage mit Wärmerückgewinnung bei der Planung des Gebäudes vorgesehen, so kann die Aufstellung innerhalb oder außerhalb eines Raumes der „thermischen Hülle" (beheizter Bereich) installiert werden (Bild

thermische Hülle

27). Dies hat einen positiven Einfluss auf die Größe der Anlagenaufwandszahl (e_q) (siehe Kapitel 12.7.2.3)

Eine zentrale Lüftungsanlage erfordert den Einbau von Lüftungskanälen mit den entsprechenden Öffnungen in den zu belüftenden Räumen. Über Abluftkanäle, z. B. in Küchen und Bädern, wird die Raumluft von der Lüftungsanlage angesaugt und frische Außenluft über Zuluftkanäle den Räumen zugeführt. Die angesaugte Außenluft kann durch die über Wärmetauscher gewonnene Energie erwärmt werden. Zugleich sorgen eingebaute Filter für eine Reinigung der frischen Luft. Diese Anlagen eignen sich in Verbindung mit der Erdwärmenutzung auch zur Wärmeversorgung von Wohngebäuden.

9.3.5.2 Dezentrale Lüftungsanlagen mit Wärmerückgewinnung

Diese Anlagen können in Räumen als Unterputz- oder Aufputzanlage eingebaut werden (Bild 28). Der Aufwand zur Installation solcher Anlagen ist erheblich größer als bei den zentralen Lüftungsanlagen. Jede Wohnung erhält eine Lüftungsanlage mit eigenen Zu- und Abluftkanälen für die Ableitung der Raumluft und die Zufuhr frischer Außenluft über Öffnungen in den Außenwänden.

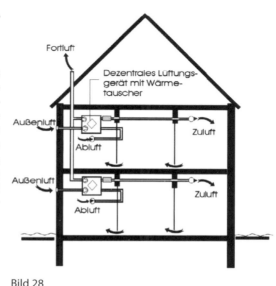

Bild 28

9.3.6 Türen

9.3.6.1 Haustüren

Haustüren schließen die Eingangsöffnungen von Gebäuden. Da es sich um großflächige Bauteile handelt, bestimmen sie außerdem die Gestaltung der Gebäude. Die Formgebung und konstruktive Ausführung ist bestimmt durch die Lage der Türen. Sie werden in Außen- (Haustüren) und Innentüren unterteilt.

– **Werkstoffe, Formen und Konstruktionen**

Die Aufgabe der Hauseingangstüren besteht darin, die Gebäude vor Witterungseinflüssen, Wärmeverlusten und Lärmeinwirkungen zu schützen. Da sie die direkte Verbindung des Gebäudes zur Außenwelt darstellen, sollen sie einfach zu bedienen sein, doch gleichzeitig einen Schutz vor Einbruchsversuchen bieten. Sie sollen so ausgebildet sein, dass sie bei geringem Wartungsaufwand diese Zwecke langfristig erfüllen.

Entscheidet man sich für den Werkstoff Holz zur Herstellung einer Hauseingangstür, so kann man zwischen einer Vollholztür oder einer Tür aus Holzwerkstoffen wählen. Die Flächen werden zum Schutz vor Witterungseinflüssen mit Lasuren oder Farbanstrichen versehen. Auf dem Baumarkt werden daneben auch Haustüren aus verschiedenen Metallen (Aluminium, Kupfer) angeboten. Will man den Innenbereich hinter der Haustür belichten, eignen sich dazu Ganzglastüren oder Türen mit Glasfüllungen, die in einen Holz-, Metall- oder Kunststoffrahmen eingearbeitet sind. Bei der Auswahl der Werkstoffe ist zu berücksichtigen, dass die verlangten Türfunktionen bei bestimmten Werkstoffen nur mit hierfür geeigneten Konstruktionen sichergestellt werden können.

Die Formgebung der Haustür soll sich an der äußeren Gestaltung des Gebäudes orientieren. Die Formgebung reicht vom einfachen rechteckigen Türflügel über Türen mit einem oder zwei Seitenfeldern bis hin zu Türen mit Rund-, Segment- oder Stichbogen.

Die Türumrahmung, das Türblatt und die Beschläge bilden die Grundelemente der Haustür. Die Türumrahmung hat die Aufgabe, das Türblatt zu tragen, die Beschläge sorgen für das Öffnen und Schließen des Türblattes.

Die gebräuchlichste Form der Türumrahmung für Haustüren ist der Blendrahmen. Er wird gefertigt aus Vollholz, Metall, seltener aus Kunststoff. Vollholzblendrahmen erhalten ein Profil (Verfalzung), das ein dichtes Schließen der Tür gewährleisten muss. Um die Winddichtigkeit zu erhöhen und ein geräuscharmes Betätigen der Tür sicherzustellen, wird in das Profil zusätzlich eine Gummidichtung eingearbeitet. Blendrahmen aus Metall sind Hohlprofile, deren Stabilität durch Verstärkungsrippen verbessert wird. Kunststoffrahmen enthalten meistens einen Metallprofilkern, der kunststoffummantelt ist.

Neben den Schlössern – bei Haustüren meist Zylinderschlösser, die vom eigentlichen Schließmechanismus getrennt sind – sorgen die Bänder für das funktionsgerechte Schließen der Tür.

Das Türblatt einer Haustür wird meistens als Rahmentür ausgebildet. Als Rahmentür bezeichnet man ein Türblatt aus einem sichtbaren Rahmen und einer oder mehreren Füllungen. Die Füllungen können aus Vollholz, Sperrholz oder Glas bestehen. Die Wahl der Rahmenquerschnitte, Rahmenverbindungen und die Füllungen bestimmen weitgehend die Qualität des Türblattes.

9.3.6.2 Innentüren

Innentüren dienen als Zugang und Abschluss von Innenräumen. Entsprechend der Raumnutzung müssen sie neben dem Sichtschutz u. U. Aufgaben des Feuerschutzes und des Schallschutzes übernehmen.

– **Werkstoffe, Formen und Konstruktionen**

Die Türumrahmung wird in der Regel als Zarge aus Stahl und Holz ausgeführt. Als Zarge bezeichnet man ein Konstruktionselement, welches in die Leibung der Türöffnung eingepasst wird. Wird die gesamte Leibung durch die Zarge verdeckt, spricht man von einer Umfassungszarge, erfasst sie nur den Randbereich (Ecke) der Leibung, von einer Eckzarge. Zargen haben die Falzung, in welche die Tür einschlägt. Zur Erhöhung des Schließkomforts (Geräuscharmut, Dichtigkeit) sind in die Falzungen Gummiprofile eingearbeitet.

Neben der Rahmentür als aufwändigste Ausführung, werden Sperrholztüren eingebaut. Sie sind nach Norm gefertigte, glatte Türblätter. Sie werden aus Holz oder Holzwerkstoffen gefertigt. Sie bestehen aus dem Rahmen, der Deckplatte und einer Einlage. Der Rahmen, auf den die Deckplatte aus Furnieren oder furnierten Spanplatten aufgeleimt wird, bildet die tragende Konstruktion. Die Art der Einlage bestimmt u. a. das Gewicht und damit die schalldämmende Wirkung einer Tür und die Widerstandsfähigkeit gegenüber mechanischen Einwirkungen.

Die Einlagen sind z. B. aus Lochspanplatten oder aus einer Wabenkonstruktion aus Karton. Sperrholztüren werden entweder als Halbfabrikate in genormten Größen mit oder ohne Falz oder einbaufertig mit Schloss, Bändern und Türumrahmung geliefert.

Nach der Öffnungsrichtung bzw. der Lage der Bänder unterscheidet man Pendel-, Falt- und Schiebetüren. Die häufigste Form ist allerdings die Drehflügeltür. Bestellt werden sie als DIN-Rechts- und DIN-Linkstüren. Entscheidend für diese Bezeichnung ist die Lage der Bänder. Bei einer DIN-Rechtstür sieht man die Bänder auf der rechten Seite der Tür, bei einer DIN-Linkstür auf der linken Seite. Weniger üblich sind im Wohnungsbau Ganzglastüren. Deren Türblatt wird von einer einzigen rahmenlosen, sehr biegesteifen Glasscheibe gebildet. Verarbeitet wird Einscheiben-Sicherheitsglas.

Für untergeordnete Räume, z. B. Kellerräume, verwendet man Latten- oder Brettertüren, deren Umrahmung meistens als Blend- oder Blockrahmen ausgeführt wird.

9.3.7 Fenster

Fenster dienen der Belichtung und Belüftung von Räumen. Die Fensterflügel sind in Blechrahmen oder Zargen drehbar befestigt. Sie sollen zugdicht und wasserdicht schließen und Aufgaben des Schall- und Wärmeschutzes übernehmen. Damit sich eine möglichst große Lichtfläche ergibt, sind die Rahmen schmal zu halten. Fenster können aus Holz, Aluminium oder Kunststoff gefertigt werden.

Für die Auswahl der Fenster und deren Verglasung sollten die Richtwerte der Wärmedurchgangskoeffizienten (U_w) nach der EnEV eingehalten und zum technischen Vergleich die entsprechenden Normen (z. B. DIN 18051 „Holzfenster für den Wohnungsbau", 18055 „Fenster – Fugendurchlässigkeit und Schlagregensicherheit") herangezogen werden.

9.3.7.1 Die Verglasung

Bei der Verglasung unterscheidet man Einfachverglasung, Doppelverglasung, Isolierverglasung und Sicherheitsverglasung.

Einfachverglasungen (EV) werden wegen des unzureichenden Wärmeschutzes nicht mehr verwendet. Doppelverglasungen (DV) sind unwirtschaftlich und anfällig gegen Kondensatbildung in den Scheibenzwischenräumen. Üblicherweise verwendet man Isolierverglasungen, deren wärmedämmende Wirkung auf dem luftgefüllten Zwischenraum mehrerer Scheiben beruht. Diese Wirkung kann durch eine Gasfüllung,

z. B. Argon oder Xenon und/oder durchsichtiger, wärmereflektierender Beschichtung, verbessert werden.

Verbundsicherheitsglas

Einbruchsicherheit bietet Verbundsicherheitsglas (VSG). Zwischen zwei oder mehreren miteinander verklebten Scheiben wird jeweils eine reißfeste Folie eingearbeitet, die eine Zerstörung der Scheibe verhindert. Diese Scheiben können mit anderen Scheiben kombiniert werden, um die Anforderungen an den Schall- und Wärmeschutz zu erfüllen. Einen störungsfreien Betrieb der Fenster gewährleisten der Fenstergröße und Öffnungsart angepasste Fensterbeschläge.

9.3.7.2 Fensterarten

Je nach Bewegungsrichtung lassen sich unterschiedliche Bauarten der Fenster unterscheiden.

Beim **Drehflügelfenster** sind die Flügel seitlich links oder rechts angeschlagen und lassen sich nach innen oder außen öffnen.

Die Flügel eines **Kippfensters** werden am unteren Rahmenholz angeschlagen und können nach innen gekippt werden. Diese Bauart wird häufig als Oberlicht im Fenster eingesetzt.

Bei **Drehkippfenstern** sind die Flügel seitlich und unten angeschlagen. Durch Umlegen des Beschlages kann der Flügel entweder nach innen gekippt oder gedreht werden. Eine zwischen Blendrahmen und Flügelrahmenoberstück eingebaute Schere hält den Flügel in gekippter Stellung fest.

Klappfenster haben Flügel, die im oberen Rahmenholz angeschlagen sind und nach außen geöffnet werden können.

Beim **Schwingflügelfenster** sind die Flügel in der Mitte der beiden senkrechten Rahmenhölzer durch ein Drehlager mit dem Blendrahmen verbunden, sodass beim Öffnen der untere Teil des Flügels nach außen, der obere Teil nach innen schwingt.

Wendeflügelfenster haben Flügel, die in der Mitte der oberen und unteren Rahmenhölzer durch ein Drehlager angeschlagen sind. Beim Öffnen schlägt ein Teil nach innen, der andere nach außen.

Schiebefenster haben auf Rollen und Schienen gesetzte Flügel, die oben in Nuten geführt werden und seitlich verschoben werden können.

9.3.8 Sonnenschutzeinrichtungen

Zum Schutz gegen starke Sonneneinstrahlung und gegen Einbruch werden heute Rollosysteme und Spezialverglasungen (Sonnenschutzglas, Mehrscheibensicherheitsgläser) angeboten.

Rollosysteme

Einfache Rollosysteme lassen sich von Hand bedienen. Aufwändige Rollosysteme werden in ihrer Funktion elektronisch gesteuert. Dabei kann das Öffnen und Schließen der Rollos in Abhängigkeit von der Sonneneinstrahlung, der Helligkeit und den jeweiligen Windverhältnissen erfolgen.

Neben den Rollosystemen bieten besondere Konstruktionen, die oberhalb der Fenster an die Außenwände montiert werden, Schutz vor Sonneneinstrahlung. Die Formgebung und Ausmaße sind so gewählt, dass sie bei ungünstigen Sonnenständen eine Verschattung der Glasflächen und damit eine Aufheizung der Räume verhindern.

9.4 OBERFLÄCHENGESTALTUNG DER BAUTEILE (ROHBAUVEREDELUNG)

Das Erstellen der raumumfassenden Bauteile der Gebäude darf sich nicht allein auf statische und bauphysikalische Gesichtspunkte beschränken. Die ständige Nutzung der Gebäude erfordert darüber hinaus eine Gestaltung der Oberflächen, die auch Aspekte der Hygiene und Ästhetik mit einbezieht. Gemeint ist hiermit nicht nur die strukturelle Ausbildung der Oberflächen, sondern auch deren farbliche Gestaltung. Durch die Auswahl der hierzu verwendeten Werkstoffe und ihre Verarbeitung wird der Gebrauchswert der Gebäude weitgehend mitbestimmt. Nicht umsonst nennt man diese Arbeiten „Veredelung des Rohbaus".

9.4.1 Wand- und Bodenbeläge

Abgesehen von der Möglichkeit durch besondere Arbeitsverfahren wie das Erstellen von Sichtbetonflächen und die Auswahl bestimmter Werkstoffe, z. B. Klinker und Verblender, weisen Wände und Decken eine für den Gebrauch der Gebäude ungeeignete Oberfläche auf. Sie sind schwer zu reinigen und bieten kaum einen Schutz vor eindringender Feuchtigkeit. Sie tragen den Charakter des Rohen und Unfertigen.

Der Baustoffmarkt bietet eine Vielzahl von Werkstoffen an, die der unterschiedlichen Nutzung der Räume und den Komfortanforderungen Rechnung tragen. Bei der Auswahl geeigneter Werkstoffe sind neben dem individuellen Geschmack und dem Preis auch allgemeine Anforderungen wie Verschleißfestigkeit, Gleit- und Trittsicherheit, Verhalten gegenüber Schall, Wärme und Feuchtigkeit sowie Möglichkeiten der Reinigung und Pflege zu berücksichtigen.

9.4.1.1 Beläge aus Natur- und Betonwerksteinplatten

Naturwerksteinplatten werden gefertigt aus Natursteinen, die sich vor allem in der Härte, Farbgestaltung und Frostbeständigkeit unterscheiden. In Steinbrüchen wird das gebrochene Gestein zu Rohplatten geschnitten, deren Oberfläche in Steinmetzbetrieben je nach Nutzung bearbeitet wird. Glatte Oberflächen erhält man z. B. durch Schleifen und Polieren, rauhere Oberflächen u. a. durch Stocken und Scharrieren. Für die Gestaltung von Außenwänden (Fassaden) eignen sich Gesteine wie Granit, Quarzit, Basaltlava und Sandstein. Als Beläge im Innenbereich von Gebäuden verwendet man z. B. Marmor, Travertin, Solnhofener Platten und Schiefer.

Ihre Verlegung erfolgt direkt auf der Decke oder einem schwimmenden Estrich nach einem vorher festzulegenden Verlegeplan. Dieser bestimmt die Anordnung der einzelnen Platten und den Fugenverlauf unter Berücksichtigung der Raumform und Lichtverhältnisse.

An Wänden werden sie, ähnlich dem Verlegen von Fliesen, in einem Mörtelbett verlegt. Großformatige, schwere Platten werden mit Stahlankern, die in das Mauerwerk eingelassen werden, befestigt.

Richtlinien zu Verlegung, Aufmaß und Abrechnung enthält die VOB Teil C, DIN 18332 „Naturwerksteinarbeiten".

9.4.1.2 Betonwerksteinplatten

Betonwerksteinplatten werden aus Zement und Gesteinskörnungen hergestellt. Als Gesteinskörnungen dienen Kies oder gebrochenes Gestein in unterschiedlich großer Körnung. Zur Einfärbung können zusätzlich Farbpigmente zugefügt werden. Neben einschichtigen Platten, die man in unterschiedlichen Formaten aus großen Blöcken herausschneidet, werden Bodenplatten aus Betonwerkstein zweischichtig hergestellt. Sie bestehen aus einem Unterbeton und einer 10 mm bis 15 mm dicken, schleiffähigen und abriebfesten Vorsatzschicht aus Beton.

Dickbettverfahren
Dünnbettverfahren

Verlegt werden Betonwerksteinplatten entweder im Dickbettverfahren oder im Dünnbettverfahren. Beim Dickbettverfahren legt man die Platten in ein etwa 2 cm dickes, leichtverdichtetes Mörtelbett. Beim Dünnbettverfahren, welches einen ebenen und ausreichend ausgehärteten Untergrund erfordert, werden die Platten mit einem Klebstoff auf den Untergrund aufgeklebt. Die Art des Klebers ist abhängig vom jeweiligen Untergrund.

9.4.1.3 Terrazzofußboden

Beim Terrazzofußboden handelt es sich um einen zweischichtigen, fugenlosen Belag, der vor Ort hergestellt wird. Auf einen 30 cm dicken Unterbeton wird die 20 mm dicke Terrazzovorsatzschicht aufgebracht. Der Vorsatz, welcher aus zementgebundenem Kalkstein oder Marmorsplitt besteht, kann durch Farbpigmente eingefärbt werden. Nach dem Verdichten und Erhärten wird der Belag geschliffen.

9.4.1.4 Beläge aus keramischen Werkstoffen

Als Beläge für Böden und Wände wird eine Vielzahl von glasierten und unglasierten keramischen Werkstoffen unter der Bezeichnung „Fliesen" angeboten. Bedingt durch den Herstellungsprozess und die verwendeten Rohstoffe haben die Platten allerdings sehr unterschiedliche Eigenschaften und sind daher je nach Verwendungszweck auszuwählen. So eignen sich einige Platten nur für den Innenbereich, andere wiederum für den Innen- und Außenbereich. Werden Platten als Bodenbelag gewählt, so sollen sie trittsicher und je nach Beanspruchung abriebfest und widerstandsfähig gegenüber mechanischer Beanspruchung sein. Als Bodenbelag für eine Küche muss u. U. eine andere Plattenart gewählt werden als für die Wandbekleidung eines Bades.

Verlegt werden die Platten je nach Untergrund im Dickbett- oder Dünnbettverfahren. Es ist darauf zu achten, dass aus dem Untergrund keine Bewegungen, z. B. beim Schwindprozess einer nicht ausreichend erhärteten Betondecke, in den Belag übertragen werden. Dadurch könnte der Verbund gelöst werden, die Plattierung liegt dann hohl oder reißt. Besser ist daher das Verlegen auf einem „schwimmenden Estrich", der allerdings ausreichend ausgehärtet sein muss. In Nassräumen ist zusätzlich auf eine geeignete Abdichtung zu achten, die auch einen Teil des Wandbereiches oberhalb der Bodenplattierung mit einbezieht.

Bei der Sanierung vorhandener Beläge oder beim Aufbringen von Wand- oder Bodenbelägen in Altbauten eignet sich das Dünnbettverfahren besonders, da der neue Belag auf dem alten aufgeklebt werden kann. In Nassräumen bringt ein spezieller Elastik- oder Dichtkleber genügend Wasserdichtigkeit, sodass auf eine Abdichtung verzichtet werden kann. Ist die Oberfläche, auf welcher der neue Belag aufgebracht werden soll, nicht eben, so muss sie durch einen Putz geebnet werden. Wenig Aufwand erfordern Trockenputze bzw. Trockenanstriche aus Gipsplatten, Faserplatten oder besonders geeignete Spanplatten. Die verwendeten Platten müssen bei Verwendung in Nassräumen gegenüber Feuchtigkeit beständig sein.

9.4.1.5 Beläge aus Holz und Holzwerkstoffen

Alle Beläge aus steinigem Material haben den Vorteil der Pflegeleichtigkeit und der Unempfindlichkeit gegenüber Feuchtigkeit. Wegen ihrer glatten, häufig glasartigen Oberfläche sind sie wenig „atmungsfähig" und vermitteln ein Gefühl der Kälte. Außerdem zeigt sich bei ungünstigen Temperaturen Kondenswasser an ihrer Oberfläche. Beläge aus Holz dagegen strahlen Wärme aus, sind klimaausgleichend und wirken lebendiger.

Ihre Einsatzmöglichkeiten reichen von der Bekleidung von Decken und Wänden bis hin zu Fußbodenbelägen. Sachgerecht auf einer Unterkonstruktion aufgebracht, verbessern sie die Schall und Wärmedämmung von Decken und Wänden.

Angeboten werden die Beläge als Massivhölzer oder als furnierte Holzwerkstoffe (Span- oder Tischlerplatten), die zu profilierten Brettern mit Nut und Feder verarbeitet werden.

Zur Bekleidung von Decken und Wänden sind gehobelte Bretter mit angearbeiteter Nut und Feder sowie Paneele üblich. Als Paneele bezeichnet man profilierte, brettähnliche Holzwerkstoffe, die aus furnierter Span- oder Tischlerplatte geschnitten werden. Gebräuchlich für Decken sind auch rechteckige oder quadratische Kassetten, die ebenfalls aus furnierten Span- oder Tischlerplatten geschnitten werden.

Zur Herstellung von Holzfußböden eignen sich sowohl für Alt- als auch für Neubauten Hobeldielen oder Parkett, verlegt als Stab-, Mosaik- oder Lamellenparkett. Holzwerkstoffe in Paneelform, die mit einem harten Kunststoff überzogen und als Laminat bezeichnet werden, verlegt man ähnlich wie Parkett. Wegen ihrer harten Oberfläche müssen sie auf einem weichen Untermaterial verlegt werden, um unangenehme Gehgeräusche (Körperschall) zu vermeiden. Das Verlegen von Holzpflaster als Fußboden im Mietwohnungsbau ist eine unübliche Form der Bodengestaltung.

9.4.1.6 Beläge aus Textilien

Sieht man von der Verwendung von Textilien als Wandbekleidung einmal ab, so werden Beläge aus Textilien in der Regel als Teppichboden verlegt. Verarbeitet werden zur Teppichbodenherstellung Naturfasern wie Baumwolle, Wolle, Kokos, Jute, Sisal u. a., aber auch Chemiefasern aus Zellulose, z. B. Viskose und synthetische Fasern wie Polyamid, Polyacryl und Polyester. Die Qualität dieser Böden ist abhängig vom verwendeten Material und Herstellungsverfahren. Aufschlüsse über die Qualität und damit ihre Eignung für gewünschte Zwecke gibt ein Teppich-Siegel, welches von einem neutralen Institut, nach verbindlicher DIN-Prüfung (DIN 16951/16952) des Teppichs, vergeben wird.

Neben den Vorteilen der guten Trittschall- und Wärmedämmfähigkeit, der schallschluckenden Wirkung und guten Reinigungsmöglichkeit sind Mängel in der Hygiene und der Nachteil der elektrostatischen Aufladung zu nennen. Empfindliche Menschen (Allergiker) sollten entweder ganz auf Teppiche verzichten oder sich eingehend bei der Auswahl beraten lassen. Da, wo die statische Aufladung besonders unerwünscht ist, z. B. bei Räumen mit Rechneranlagen, wählt man einen antistatischen Belag und geeignete Kleber.

9.4.1.7 Beläge aus ein- oder mehrschichtigen Bahnen- oder Plattenwaren

Die Palette des Angebots für diese Bodenbeläge reicht vom trägerlosen PVC-Belag bis zum aufwändig produzierten Elastomerbelag mit Unterschicht aus Schaumstoff. Die Qualität und Lebensdauer ist höchst unterschiedlich und u. a. vom Füllstoffanteil abhängig. Die Zusammensetzung der Rohstoffe und der Aufbau des Belags bestimmen die Einsatzmöglichkeiten. PVC-Beläge mit Jutefilz als Trägerschicht eignen sich z. B. nicht für Nassräume, PVC-Beläge auf PVC-Schaumstoff sind dagegen auch in Nassräumen zu verwenden.

Wegen der problematischen Entsorgung der Kunststoffbeläge empfiehlt sich heute der Linoleum-Belag. Zur Herstellung von Linoleum werden natürliche Rohstoffe wie Leinöl, Naturharze, Kork- und Holzmehl zu Bahnen verarbeitet. Linoleum ist zwar widerstandsfähig gegenüber Fetten und Ölen, schwer entflammbar und antistatisch, für Räume mit dauerndem Anfall von Feuchtigkeit aber nicht geeignet.

9.4.2 Beschichtungen (Putze und Anstriche)

Zur Ausbildung der Oberfläche von Decken, Wänden und anderen zu beschichtenden Bauteilen, z. B. Fenster und Türen, stehen bestimmte handwerkliche Verfahren und Werkstoffe zur Verfügung, mit denen man die Oberflächen farblich strukturell gestalten kann.

9.4.2.1 Putze

Als Putz bezeichnet man einen auf Wänden und Unterseiten von Decken aufgebrachten Mörtelbelag (Putzmörtel). Dieser Belag kann ein- oder mehrschichtig ausgebildet sein. Zusammengesetzt ist der Mörtel aus mineralischen oder organischen

Bindemitteln mit oder ohne Gesteinskörnung. Seine Zusammensetzung richtet sich nach der Art der unterschiedlichen Anforderungen, die an dieses Konstruktionselement gestellt werden.

- **Außenputze**

Außenputze sind dem Frost, der Feuchtigkeit und der Sonneneinstrahlung ausgesetzt und müssen deswegen witterungsbeständig sein. Sie sind zwar wasserabweisend, dürfen aber nicht dampfdicht sein, da es sonst zu Schäden aufgrund von Kondenswasserbildung kommen kann. Die Zusammensetzung und der Untergrund, auf den der Putz aufzubringen ist, müssen aufeinander abgestimmt sein, da es sonst zu Rissbildung und Lösung des Putzes vom Untergrund kommen kann. Zur Sanierung schadhafter Außenputzflächen wird heute eine „Thermohaut" als Wärmedämm-Verbundsystem (WDVS) aufgebracht. Hierbei handelt es sich um eine aufgeklebte Wärmedämmung aus Polystyrol-Platten, auf die ein Kunstharzputz aufgetragen wird.

- **Innenputze**

Innenputze, heute häufig maschinell einlagig auf Decken und Wänden aufgetragen, benötigen eine geringere Festigkeit, sollen aber möglichst raumklimaregelnde Eigenschaften haben. In Verkehrsbereichen wie Treppenhäusern kann man Innenputze verwenden, die durch Zugabe farbiger Körnung einerseits eine sehr abriebfeste Oberfläche besitzen, andererseits der farblichen Gestaltung dienen. Die Verwendung durch leichte Gesteinskörnungen wie Bims, Blähton oder geschäumte Polystyrol-Kügelchen verbessert die Wärmedämmfähigkeit des Putzes (Wärmedämmputz).

Will man die erforderliche Erhärtungszeit des Mörtels reduzieren oder ist der Untergrund für das Aufbringen einer Putzschicht ungeeignet, so verwendet man in Neubauten und zur Sanierung von Innenflächen bei Altbauten einen Trockenputz. Hierbei handelt es sich um großformatige Gips- oder Gipsfaserplatten oder Faserplatten, die auf einer Trägerkonstruktion oder mit Mörtelbatzen auf den Untergrund aufgebracht werden können. Hinter diesen Platten können dann ohne aufwändige Stemmarbeiten Leitungen verlegt werden. Ebenso können mit Hilfe dieser Konstruktion eine Verringerung der Raumhöhe bei Altbauten und u. U. gleichzeitig erforderlicher Brandschutz erreicht werden.

Trockenputz

9.4.2.2 Anstriche

Die farbliche Gestaltung der Decken und Wände ist ein Bedürfnis mit alter Tradition. Erinnert sei an die Höhlenmalereien der Steinzeit und die Ausgestaltung von Kirchen und Schlössern. Hierbei standen religiöse Vorstellungen und Repräsentationsaspekte im Vordergrund. Das Aufbringen von Anstrichen, man spricht vom „Beschichten", dient heute eher dem Schutz und der leichten Reinigung der Oberflächen.

- **Wirkung der Farben**

Man benutzt Farben, um die räumliche Wirkung der Anordnung der Bauteile zu verstärken bzw. zu mindern. Langgestreckte Räume wirken bei hellen Seitenwänden und satter, dunklerer Färbung der Rückwände verkürzt. Will man einen sehr hohen

Raum niedriger erscheinen lassen, wählt man eine dunkle Farbe für die Decke und helle Wände.

Farben haben neben der räumlichen Wirkung auch einen Einfluss auf die psychologische Befindlichkeit des Menschen. Helle, gelbe Farbtöne in kleineren Räumen wirken warm und rufen eine freundliche, belebende Stimmung hervor. Grün wirkt beruhigend und ausgleichend und fördert die Konzentrationsfähigkeit. Rote Farben, verteilt auf wenige Stellen eines Raumes, wirken belebend, zu häufig und großflächig verwendet, aufreizend bis aggressiv. Die Medizin weiß um die heilende oder krankmachende Wirkung der Farben. Gefärbtes Licht wird zu Therapiezwecken eingesetzt. Rot soll z. B. bei Rheuma, Gicht und Erkältungen helfen, zum Abbau von Ängsten, Phobien und Depressionen wird gelbes Licht eingesetzt.

– **Anstrichstoffe und -aufbau**

Zur Behandlung von Oberflächen können farbgebende und farblose Anstriche verwendet werden. Farblose Anstriche, verwendet z. B. als farbloser Fassaden- oder Holzschutz, sollen wasserabweisend wirken, ohne die Porenstruktur des Untergrundes zu verändern. Eingesetzt werden Kunstharze, die in organischen Lösungsmitteln gelöst sind. Nach der Verflüchtigung des Lösungsmittels verbleibt ein dünner Film mit imprägnierender Wirkung.

Farbige Anstrichmittel im Bauwesen bestehen aus Farbpigmenten, die durch ein Bindemittel mit dem Untergrund verbunden werden. Ein Lösungsmittel, z. B. Wasser, Verdünnungsmittel und Trockenbeschleuniger, sorgt für die Verarbeitbarkeit des Anstrichmittels. Beigemischte Füllstoffe geben der Beschichtung eine gewünschte Struktur. Der Anstrichstoff und Aufbau eines Anstrichs richten sich nach den Anforderungen und dem vorhandenen Untergrund. Nicht alle Anstrichstoffe sind für alle Untergründe geeignet. Je nach Putzart und Zusammensetzung muss der geeignete Anstrichstoff gewählt werden. In der Regel besteht ein Anstrich aus einem ein- oder mehrschichtigen Grundanstrich (Grundierung) und einem Deckanstrich (Schlussanstrich), der ein- oder mehrlagig aufgetragen werden kann. Der Untergrund muss trocken, fest und frei von Schmutz und schlecht haftenden Teilen sein. Risse müssen vor dem Aufbringen des Anstriches fachgerecht geschlossen werden. Außerdem sind die Verarbeitungsrichtlinien der Hersteller des Beschichtungsstoffes einzuhalten.

Beanspruchung, Beständigkeitsanforderungen und Merkmale sowie die Abrechnung von Anstricharbeiten sind in verschiedenen Normen (VOB Teil C, DIN 18 363 „Anstricharbeiten", DIN 53 778 T1-T4 „Kunststoffdispersionsfarben für Innen", DIN 55 945 „Lacke, Anstrichstoffe und ähnliche Beschichtungsstoffe; Begriffe" u.v.a.) beschrieben.

9.4.3 Wandbekleidungen (Tapeten)

Bekleidungen für Decken und Wände dienen überwiegend der Raumgestaltung, weniger zum Schutz des Untergrundes. Die häufigste Art der Bekleidung ist das Tapezieren.

Tapeten sind Wand- und Deckenbekleidungen, bei denen die der Wand zugekehrte Seite aus Papier besteht. Die Tapetenoberfläche ist mit Farbe bedruckt oder mit dekorativem Strukturmaterial belegt. Zusätzliche Struktureffekte können durch Papierprägung erzielt werden. Farben, Glanzeffekte, Musterprägungen und natürliche Materialstrukturen bewirken den flächen und raumgestalterischen Ausdruck. Die technische Entwicklung und ständiger Geschmackswandel führen zu ständiger Neuentwicklung. Bei der Auswahl einer geeigneten Tapete müssen die Raumnutzung, die Lichtverhältnisse und gewünschte Möblierung sowie die Raumproportionen berücksichtigt werden. DIN 18366 „Tapezierarbeiten", als Bestandteil der VOB Teil C, gibt Aufschluss über die Güteanforderungen und Verarbeitungsrichtlinien. Sie beschreibt die verschiedenen Tapetenarten von der einfachen, nicht unbedingt lichtechten Naturell-Tapete, der schweren Velours-Tapete bis zu Metalltapeten. Spezialtapeten, hierzu gehören Vinyltapeten (PVC), genügen besonderen Anforderungen wie: Feuchtraumbeständigkeit, hohe Strapazierbarkeit, Reinigungsfähigkeit, Desinfizier- und Dekontaminierbarkeit.

Andere Spezialtapeten haben wegen ihres besonderen Materialausdrucks, der durch Verwendung von Textilfasern, Gräsern, Kork oder Granulaten erreicht wird, repräsentativen Charakter. Allerdings verlangen diese Tapeten gründliche Vorarbeiten und genaues Verkleben. Dafür sind ihre Erneuerungsintervalle größer zu bemessen, als dies bei einer normalen Tapete der Fall ist. Außerdem sind sie „zeitlos schön" und somit nicht dem modischen Wandel unterworfen.

Kapitel 10
IMMOBILIENENTWICKLUNG

Karl Flach
Helmut Tacke-Unterberg

10. IMMOBILIENENTWICKLUNG

10.1 BAURECHTLICHE GRUNDLAGEN

Zu allen Zeiten haben Menschen den Erdraum, ihren Lebensraum, zur Bedürfnisbefriedigung genutzt; zunächst war die Erdoberfläche vor allem Ernährungsraum.

Der „Landschaftsbedarf" bzw. „Landschaftsverbrauch" ist, ausgelöst durch Bevölkerungswachstum, Industrialisierung, Verstädterung, Verkehrserschließung etc. von Jahrzehnt zu Jahrzehnt gestiegen. In der Bundesrepublik Deutschland beträgt der Flächenverbrauch für Siedlungszwecke und Verkehrswege derzeit durchschnittlich 100 Hektar pro Tag. Dies entspricht einer Fläche von ca. 100 Fußballfeldern.

Der Boden ist aber eine gegebene Größe, er ist nicht beliebig vermehrbar. In unserer heutigen Gesellschaft ist dieser Raum nicht mehr frei verfügbar, er muss verplant werden. Dem Staat erwachsen daraus neue Aufgaben in der Raumordnung und Raumplanung.

Die politische Zielsetzung der Bundesregierung sieht daher vor, den Flächenverbrauch bis 2020 auf 30 Hektar täglich zu begrenzen.

10.1.1 Bauplanungs- und bauordnungsrechtliche Bestimmungen

Raumordnung und Raumplanung haben die Aufgabe, den Raum entsprechend den Bedürfnissen der Gesellschaft hinsichtlich einer gerechten und zweckmäßigen Ordnung des kulturellen, wirtschaftlichen und sozialen Lebens zu gestalten.

Unter Raumordnung versteht man also die räumliche Verteilung der „menschlichen Funktionen", wie Arbeiten, Wohnen, Freizeitgestaltung, Bildung usw. *Raumordnung*

Die Raumplanung in der Bundesrepublik Deutschland erfolgt in vier Planungsstufen. Diesen vierstufigen Aufbau soll die nachfolgende Übersicht verdeutlichen. *Raumplanung*

Planungsstufen der Raumplanung in der Bundesrepublik Deutschland		
Programm- bzw. Planungsstufe	Beteiligte	Prüfungen und Entscheidungen
Landesentwicklungs-programm	Bundesland Regierungsbezirke	Überprüfung auf Übereinstimmung mit Zielen des Orientierungsrahmens (z. B. ROG) in der BRD
Regionalentwicklungs-programm Regionalplan	Landesregierung Bezirksregierungen Landratsämter Gemeinden in regionaler Kooperation	Überprüfung auf Übereinstimmung mit Zielen der Landesplanung mit Einflussmöglichkeiten der Kommunen auf das materielle Ergebnis

Programm- bzw. Planungsstufe	Beteiligte	Prüfungen und Entscheidungen
Flächennutzungsplan	Gemeinde Landratsamt Regierung Träger öffentlicher Belange Bürger der Gemeinde	Überprüfung auf Übereinstimmung mit Landesentwicklungsplan, Regionalentwicklungsplan, Abwägung privater und öffentlicher Interessen ohne Außenwirkung
Bebauungsplan	Gemeinde Regierung Träger öffentlicher Belange Bürger der Gemeinde	Überprüfung auf Übereinstimmung mit dem Flächennutzungsplan, dem Regionalentwicklungsplan und dem Landesentwicklungsplan, Abwägung privater und öffentlicher Interessen mit Außenwirkung
Baugenehmigung	Gemeinde Landratsamt	Überprüfung auf Übereinstimmung mit den Festsetzungen des Bebauungsplanes

GG Art. 74
ROG

Die rechtlichen Grundlagen der Raumordnung der Bundesrepublik Deutschland sind im Grundgesetz und im Raumordnungsgesetz (ROG) festgelegt worden. Im Raumordnungsgesetz ist bestimmt, dass der Gesamtraum der Bundesrepublik Deutschland und seine Teilräume durch Raumordnungspläne auf der Basis einer Leitvorstellung und unter Beachtung bestimmter Grundsätze zu entwickeln, zu ordnen und zu sichern ist.

Raumordnungspläne

ROG §§ 7 bis 16
ROG § 9

Die Rechtsgrundlagen für eine Raumordnung sind durch die jeweiligen Bundesländer für ihr Gebiet (Landesplanung) im Rahmen der Vorgaben des Raumordnungsgesetzes zu schaffen.

In den Bundesländern werden sehr unterschiedliche Organisationsmodelle praktiziert.
Im Saarland z. B. existiert nur eine für das ganze Land zuständige Landesplanung.

Die Länder haben ihre Regionalplanung in der Regel an regionale Planungsverbände bzw. Planungsgemeinschaften übertragen.

Besondere Formen von länderübergreifenden Regionalplanungen existieren z. B. an der Grenze zwischen Baden-Württemberg und Bayern im Regionalverband Donau-Iller und im Verband Region Rhein-Neckar, der sich über Teilgebiete der Bundesländer Baden-Württemberg, Rheinland-Pfalz und Hessen erstreckt.

In den Stadtstaaten Hamburg und Bremen z. B. werden keine Regionalpläne aufgestellt. Hier ersetzt der Flächennutzungsplan den Regionalplan.

Regionale Flächennutzungspläne gibt es z. B. in der Städteregion Ruhr.

Zum Schutz der Rechte der Gemeinden ist in bestimmten Fällen vorzusehen, dass auch die Gemeinden und Gemeindeverbände an der Raumplanung beteiligt werden.

Das für Raumordnung zuständige Bundesministerium entwickelt auf der Grundlage der Raumordnungspläne und in Zusammenarbeit mit den für Raumordnung zuständigen obersten Landesbehörden insbesondere Leitbilder der räumlichen Entwicklung.

Im Zuge der europäischen Integration waren und sind die Mitgliedstaaten der Europäischen Union (EU) gefordert, Pläne für die räumliche Entwicklung des europäischen Territoriums zu entwickeln und Strategien zu deren Umsetzung zu erarbeiten.

Im Mai 1999 wurde das **Europäische Raumentwicklungskonzept** (EUREK) durch die jeweils zuständigen Ministerinnen und Minister der seinerzeit 15 EU-Mitgliedstaaten verabschiedet.

Europäisches Raumentwicklungskonzept

Das EUREK beinhaltet übergreifende Leitbilder und Ziele für die nachhaltige Entwicklung des europäischen Territoriums.

Als ein Leitbild ist dort u. a. festgelegt:
- Entwicklung eines ausgewogenen und polyzentrischen Städtesystems und eine neue Beziehung zwischen Stadt und Land.

Die Ziele im Rahmen des EUREK sollen von den europäischen Institutionen in Zusammenarbeit mit den nationalen, regionalen und lokalen Regierungs- und Verwaltungsebenen verfolgt werden.

Die EU-Gemeinschaftsinitiative INTERREG ist dabei ein wichtiges Programm zur Umsetzung dieser Ziele. Das INTERREG-Programm fördert grenzübergreifende Maßnahmen der Zusammenarbeit wie z. B. Infrastrukturvorhaben, die Zusammenarbeit öffentlicher Versorgungsunternehmen und Kooperationen im Bereich des Umweltschutzes, der Bildung, der Raumordnung oder Kultur.

Unter dem Namen „Europäische territoriale Zusammenarbeit" (ETZ) wird in der Förderperiode 2007 bis 2013 bereits die vierte Auflage des INTERREG-Programms durchgeführt.

Während der deutschen Ratspräsidentschaft haben die zuständigen Ministerinnen und Minister der 27 EU-Mitgliedstaaten im Mai 2007 eine „Territoriale Agenda der EU" geschaffen. Diese Agenda soll den territorialen Zusammenhalt der auf nunmehr 27 Mitgliedstaaten angewachsenen europäischen Union stärken, den regionalen Identitäten und Potentialen Raum geben, den Bedürfnissen und Besonderheiten der Regionen, Städte und Dörfer eine besondere Bedeutung zukommen lassen.

10.1.1.1 Bauleitplanung

Der Bereich des öffentlichen Rechts, der die planerischen Voraussetzungen für die Bebauung einzelner Grundstücke regelt, ist das **Bauplanungsrecht**. Es bestimmt, was, wie viel und ob überhaupt gebaut werden darf. Das Bauplanungsrecht beinhaltet die Regeln für die Erstellung von Bauleitplänen, die wiederum Regeln über Art

Bauplanungsrecht

und Maß der zulässigen Bebauung im Plangebiet enthalten. Weiterhin enthält das Bauplanungsrecht Vorschriften darüber, welche Nutzung in Bereichen ohne Bebauungsplan zulässig ist. Räumliche Perspektive des Bauplanungsrechts ist die jeweilige Gemeinde, der in ihrer Gemarkung die Planungshoheit zusteht. In der Bundesrepublik Deutschland ist das Bauplanungsrecht im Baugesetzbuch enthalten.

Baugesetzbuch

BauGB § 1 Abs. 4

Im Baugesetzbuch findet sich die funktionelle Verzahnung von Raumordnung und städtebaulichen Maßnahmen.

Die Bauleitplanung ist das Hauptinstrument des Bauplanungsrechts.

Städtebaurecht

Das **Baugesetzbuch**, in dem das so genannte Städtebaurecht geregelt ist, beschreibt die raumordnerischen Maßnahmen der Gemeinden. Es regelt vor allem die Bauleitplanung, die Erschließung, die bauliche Nutzung und die Bodenordnung in Städten und Landgemeinden; während die übergeordnete Planung für größere Gebiete Gegenstand der Regionalplanung, Landesplanung und Raumordnung ist.

BauGB § 1

Das Baugesetzbuch bestimmt also, ob und in welchem Umfang ein Grundstück überhaupt bebaut werden kann und stellt somit einen der beiden Hauptbereiche des öffentlichen Baurechts dar. Dabei sind die Bauleitpläne den Zielen der Raumordnung und Landesplanung anzupassen.

Bauliche Vorhaben gestalten und prägen nicht nur den jeweiligen Ort und das direkte Umfeld, sondern wirken sich u. U. auch auf die weitere Umgebung aus, z. B. durch erhöhtes Verkehrsaufkommen und Bedarf an infrastrukturellen Einrichtungen. Je mehr Grund und Boden durch bestimmte Vorgaben in Anspruch genommen werden, desto größer sind auch die Einflüsse auf die Region. Solche Vorhaben müssen sich daher in die Gesamtstruktur des überörtlichen Raumes (Region) einfügen.

Beispiel:
Errichtung von Feriendörfern, Hotelkomplexen und sonstigen großen Einrichtungen für die Ferien- und Fremdenbeherbergung sowie von großen Freizeitanlagen.

BauGB § 2 Abs. 2 Satz 1

Benachbarte Gemeinden sind u. a. aus diesem Grund gehalten, ihre Bauleitpläne aufeinander abzustimmen.

Bauordnungsrecht Landesbauordnungen

Der andere, für die Bebauung von Grundstücken relevante Bereich des öffentlichen Rechts ist das **Bauordnungsrecht** in Gestalt der jeweiligen Landesbauordnung eines Bundeslandes. Die jeweiligen Landesbauordnungen regeln, wie im Einzelnen gebaut werden darf.

Hier finden sich beispielsweise Vorschriften über Baugenehmigungsverfahren, den Brandschutz und die Erschließung.

Die Bauleitpläne haben laut Baugesetzbuch die Funktion, die städtebauliche Entwicklung der Gemeinde nach Maßgabe des BauGB vorzubereiten und zu leiten. In der Bauleitplanung wird die bauliche (z. B. Wohnen) und sonstige (z. B. Grünfläche) Nutzung des Grund und Bodens geregelt.

Im Rahmen der Bauleitplanerstellung sind umweltschützende Belange – wie sparsamer Umgang mit Grund und Boden, Begrenzung von Bodenversiegelungen, Nutzung erneuerbarer Energien – besonders zu berücksichtigen.

BauGB § 1a

Als Ausgleich für die zu erwartenden Eingriffe in Natur und Landschaft sind z. B. so genannte Ausgleichsflächen als Inhalt des Bebauungsplanes festzusetzen.

Diese naturschützenden Ausgleichsmaßnahmen sind auch außerhalb des Bebauungsplangebiets möglich und können zeitlich und räumlich von den Baumaßnahmen getrennt durchgeführt werden.

Um die sachgerechte Behandlung der Umweltbelange zu erleichtern, wird in Deutschland – und allen anderen Mitgliedstaaten der EU – grundsätzlich für alle Bauleitplan-Verfahren eine **Umweltprüfung** durchgeführt.

Umweltprüfung BauGB § 2 Abs. 4

Darin werden die voraussichtlich erheblichen Umweltauswirkungen von Planungswerken ermittelt, in einem **Umweltbericht** beschrieben und bewertet. Die Ergebnisse dieser Prüfung fließen dann in die Planungsentscheidungen ein.

Die Bauleitplanung ist Pflichtaufgabe der Gemeinden und gehört zu den schwierigsten Selbstverwaltungsaufgaben.

Der Gesetzgeber hat genau unterschieden zwischen der (formalen) Aufstellung der Bauleitpläne und der Ausarbeitung der Planentwürfe.

BauGB § 2 Abs. 1

Die Aufstellung der Bauleitpläne ist Sache der Gemeinden, während die Ausarbeitung des Planentwurfs innerhalb des Aufstellungsverfahrens Aufgabe des Planbearbeiters ist.

Aufstellung der Bauleitpläne ist Sache der Gemeinden

Diese Arbeiten werden in größeren Gemeinden zumeist von den kommunalen Bauverwaltungen erledigt. In vielen Fällen, vor allem in kleineren Gemeinden werden sie aber auch an private Architektur- und Planungsbüros vergeben.

Das Baugesetzbuch eröffnet auch den Bürgern die Möglichkeit, durch die so genannte vorgezogene Bürgerbeteiligung, sich schon in einem sehr frühen Zeitpunkt, in dem die Planung noch nicht verfestigt ist, zu artikulieren.

BauGB § 3 Abs. 1 Bürgerbeteiligung

Die Gemeinde muss die allgemeinen Ziele und Zwecke der Planung mit ihren voraussichtlichen Auswirkungen der Allgemeinheit bekannt machen.

Bekanntmachung

An die Darlegung der Planung schließt sich die öffentliche Anhörung an, in der die Planung mit den Bürgern erörtert wird.

Die Gemeinde hat bei der Aufstellung eines Bauleitplanes auch die Behörden und Stellen, die Träger öffentlicher Belange sind, zu beteiligen.

BauGB § 4 Träger öffentlicher Belange

Bauleitpläne entfalten in einer unbestimmten Vielzahl von Fällen rechtliche Wirkungen nach außen. Sie müssen daher öffentlich in ortsüblicher Weise bekannt gemacht werden, damit der Bürger sich an ihnen orientieren kann.

– **Aufbau der Bauleitplanung**

Der Aufbau der Bauleitplanung ist zweistufig. Das Baugesetzbuch kennt

BauGB § 1 Abs. 2
- den **Flächennutzungsplan (vorbereitender Bauleitplan)** und

BauGB § 1 Abs. 2
- den **Bebauungsplan (verbindlicher Bauleitplan)**.

BauGB § 8 Abs. 2
Grundsätzlich sind beide Pläne aufzustellen, und zwar zuerst der Flächennutzungsplan und anschließend der Bebauungsplan.

In Ausnahmefällen kann bei der Bauleitplanung von einem Flächennutzungsplan abgesehen und nur ein Bebauungsplan erstellt werden; Voraussetzung ist, dass dieser ausreicht, um die bauliche und sonstige Entwicklung im Gemeindegebiet zu ordnen.

Die Aufstellung eines Bebauungsplanes kann in Ausnahmefällen der Aufstellung des Flächennutzungsplanes vorangehen. Ein Bebauungsplan kann vor einem Flächennutzungsplan aufgestellt, geändert, ergänzt oder aufgehoben werden, wenn dringende Gründe es erfordern und der Bebauungsplan der beabsichtigten Entwicklung des Gemeindegebietes nicht entgegenstehen wird.

Es ist auch möglich, im so genannten Parallelverfahren mit der Aufstellung eines Bebauungsplanes auch den Flächennutzungsplan aufzustellen.

Flächennutzungsplan BauGB § 5
Der **Flächennutzungsplan** als vorbereitender Bauleitplan muss das gesamte Gemeindegebiet umfassen. Er stellt die beabsichtigte Art der Bodennutzung nach den vorhersehbaren Bedürfnissen der Gemeinde unter Anpassung an die Ziele der Raumordnung und Landesplanung dar. Der einzelne Bürger kann keine Rechte aus diesem Plan geltend machen.

Er allein ist auch keine ausreichende Grundlage für die Entscheidungen und Maßnahmen des Baugesetzbuches. Er bildet aber die Grundlage für die weitere Planung der Gemeinde und bindet (in beschränktem Umfang) die bei seiner Aufstellung beteiligten öffentlichen Planungsträger, soweit sie dem Plan nicht widersprochen haben.

Bebauungsplan BauGB §§ 8–10
Der **Bebauungsplan** als zweite Planungsstufe verdichtet und konkretisiert die Darstellungen des Flächennutzungsplanes über die städtebauliche Ordnung und enthält die für jedermann rechtsverbindlichen Festsetzungen für die Ordnung des Gemeindegebietes. Um die ihm beigelegte Rechtswirkung zu sichern, ist der Bebauungsplan von der Gemeinde als Satzung aufzustellen. Er beschränkt sich zumeist nur auf kleinere Gebiete der Gemeinde, die verbindlicher Festsetzungen bedürfen.

Der Bebauungsplan legt nicht nur die im Flächennutzungsplan bereits vorgegebene Flächenaufteilung im Einzelnen fest, sondern enthält auch detaillierte Bestimmungen über die Höhenentwicklung, die Dichte der Bebauung und die sonstige Nutzung (dreidimensionale Gestaltung). Die zentrale Bedeutung des Bebauungsplanes kommt auch darin zum Ausdruck, dass er grundsätzlich Voraussetzung und Grundlage für Baulandumlegungen, Enteignungen, Erschließungen und für die Ausübung des allgemeinen gemeindlichen Vorkaufsrechts ist.

Amtliche Bekanntmachung
Betr.: Bauleitplanung der Gemeinde Timmendorfer Strand
hier: Frühzeitige Beteiligung der Bürger an der Aufstellung einer
4. Änderung des Bebauungsplanes Nr. 45 für ein Gebiet im Zentrum von Timmendorfer Strand

Die Gemeinde Timmendorfer Strand beabsichtigt, für die Verkehrsflächen im Zentrum von Timmendorfer Strand zwischen Herrenbruchstraße und Bergstraße und für den Weg „Am Rathaus" sowie für die verkehrsfreie Kurpromenade eine 4. Änderung des Bebauungsplanes Nr. 45 aufzustellen.

Strandallee bzw. Timmendorfer Platz sollen entsprechend der heutigen Nutzung als verkehrsberuhigter Bereich festgesetzt werden, während die Verbindung „Am Rathaus" den Fußgängern vorbehalten bleibt. Die Kurpromenade soll planungsrechtlich dem Kurpark zugeschlagen werden.

Gemäß § 3 Abs. 1 des Baugesetzbuches (BauGB) werden die allgemeinen Ziele und Zwecke der Planung in der Zeit vom 01. Februar 2000 bis zum 15. Februar 2000 in der Gemeindeverwaltung Timmendorfer Strand, Strandallee 42, Bauamt, Zimmer Nr. 22, dargelegt. Den Bürgern wird Gelegenheit zur weiteren Information sowie zur Äußerung und Erörterung gegeben. Ferner können schriftlich Äußerungen bis zum 20. Februar 2000 vorgebracht werden.

Timmendorfer Strand, 20. 01. 2000

Gemeinde Timmendorfer Strand
Der Bürgermeister
gez. Fandrey
(Dienstsiegel)

Enthält ein Bebauungsplan mindestens Festsetzungen über die Art und das Maß der baulichen Nutzung, die überbaubaren Grundstücksflächen und die örtlichen Verkehrsflächen, so wird er als sogenannter **„qualifizierter Bebauungsplan"** bezeichnet.

Qualifizierter Bebauungsplan BauGB § 30 Abs. 1

Fehlen in einem Bebauungsplan eine oder mehrere der vorstehend genannten Festsetzungen, so liegt ein sogenannter **„einfacher Bebauungsplan"** vor. Dieser reicht allein jedoch nicht aus, um die rechtliche Zulässigkeit von Vorhaben zu regeln. Über die Festsetzungen eines ‚Einfachen Bebauungsplanes' hinaus richtet sich die Zulässigkeit von Vorhaben nach den §§ 34 oder 35 des Baugesetzbuches.

Einfacher Bebauungsplan BauGB § 30 Abs. 3

Über die vorstehend genannten planungsrechtlich möglichen Festsetzungen hinaus können in den Bebauungsplan auch Regelungen aus dem Bereich des Bauordnungsrechtes aufgenommen werden, wie z. B. baugestalterische Vorschriften (Dachneigung, Dachform, äußere Gestaltungsvorschriften) gemäß den Landesbauordnungen der jeweiligen Länder.

Zu jedem Bebauungsplan, der von der Kommune aufgestellt oder geändert wird, gehört eine Begründung. In ihr soll die Kommune insbesondere die Ziele und Zwecke und die wesentlichen Auswirkungen des Bebauungsplanes darlegen. In der Begründung wird auch auf die Maßnahmen hingewiesen, die zur Verwirklichung des Bebauungsplanes getroffen werden sollen (z. B. Bodenordnung, Umlegung). Der vorstehend erwähnte Umweltbericht ist eigenständiger Bestandteil der Begründung.

Begründung

– Zusammenarbeit mit Privaten

Die Zusammenarbeit mit Privaten im Rahmen der Bauleitplanung ist nach Baugesetzbuch auf der Grundlage von

BauGB § 11
BauGB § 12

a) **städtebaulichen Verträgen** der Gemeinden und
b) **vorhabensbezogenen Bebauungsplänen** in der Form von Vorhabens- und Erschließungsplänen

möglich.

Vorschriften über den städtebaulichen Vertrag und den Vorhabens- und Erschließungsplan haben sich im Rahmen des BauGB – MaßnahmenG bewährt und wurden ins Dauerrecht des Baugesetzbuches übernommen.

Städtebaulicher Vertrag

zu a): Die Gemeinde kann mit einem privaten Unternehmen einen **städtebaulichen Vertrag** abschließen, der z. B. die Vorbereitung und Durchführung städtebaulicher Maßnahmen (wie beispielsweise die Neuordnung der Bodenverhältnisse sowie die Ausarbeitung der städtebaulichen Planungen) auf Kosten des privaten Unternehmens zum Inhalt hat.

Durch einen städtebaulichen Vertrag kann sich z. B. auch ein Wohnungsbauträger verpflichten, Folgeeinrichtungen, wie Spielplätze oder Kindergärten zu finanzieren oder auf dem Wohnungsmarkt benachteiligte Bevölkerungsgruppen aufzunehmen.

Vorhabens- und Erschließungsplan

zu b): Der **Vorhabens- und Erschließungsplan** ist dadurch gekennzeichnet, dass ein Investor (Vorhabensträger) diesen Plan der Gemeinde vorlegt und mit ihr abstimmt. Er erklärt sich gegenüber der Gemeinde vertraglich zur Durchführung des Vorhabens und der Erschließungsmaßnahmen innerhalb einer bestimmten Frist bereit. Der Investor trägt auch (je nach Vertrag) ganz oder teilweise die Kosten der Planung und der Erschließung. Dieser Plan wird Bestandteil der gemeindlichen Satzung.

Dieser Vorhabens- und Erschließungsplan ist – anders als der Bebauungsplan – stärker abhängig von dem Zusammenwirken zwischen Gemeinde und Investor und ist grundsätzlich auf die unmittelbare Plandurchführung angelegt.

Diese beiden Instrumente – der städtebauliche Vertrag und der Vorhabens- und Erschließungsplan tragen dem Umstand Rechnung, dass die Gemeinden oftmals nicht über die personellen und finanziellen Mittel zur Planung und Durchführung städtebaulicher Maßnahmen verfügen.

Die Zusammenarbeit von Gemeinden und privaten Investoren ermöglicht es, zügig und zum Vorteil beider Vertragspartner Bauland auszuweisen.

Gerade mit dem Vorhabens- und Erschließungsplan kann eine auf den konkreten Bedarf zugeschnittene planerische Lösung realisiert werden, die auf die Reglementierungen der Baunutzungsverordnung keine Rücksicht zu nehmen braucht.

Der Vorhabenträger muss bereit und in der Lage sein z. B.:

BauGB
§ 12 Abs. 1
§ 12 Abs. 6

– die geplanten Maßnahmen innerhalb einer Frist (2 Jahre) durchzuführen. Wird die Frist nicht eingehalten, kann die Gemeinde den Bebauungsplan aufheben.
– die Planungs- und Erschließungskosten ganz oder teilweise zu tragen.

Der Vorhabens- und Erschließungsplan wird im Baugesetzbuch folgerichtig auch als vorhabensbezogener Bebauungsplan bezeichnet.

Zu den wichtigsten Aussagen in einem Bebauungsplan und in einem Vorhabens- und Erschließungsplan gehören also die Aussagen über die Art und das Maß der baulichen Nutzung sowie über die Bauweise, die zu überbaubaren und nicht überbaubaren Grundstücksflächen und die örtlichen Verkehrsflächen (siehe oben). Das Baugesetzbuch enthält aber keine inhaltlichen Aussagen zu diesem Themenkreis. *BauGB § 9 Abs. 1*

Es enthält allerdings eine Ermächtigung zur rechtlichen Regelung über die Art und das Maß der baulichen Nutzung etc. Diese Regelungen sind in der so genannten Baunutzungsverordnung (BauNVO) enthalten. Als weitere ergänzende Regelungen zum Baugesetzbuch muss noch die Planzeichenverordnung (PlanZVO), durch die eine Vereinheitlichung bei der Ausarbeitung der Baupläne und der Darstellung des Planinhaltes gesichert ist, genannt werden. *Baunutzungsverordnung Planzeichenverordnung*

Sinn und Wirkung eines Bebauungsplanes

Sinn	Wirkung
· Strukturisierte Bebauung der Flächen (optimale Ausnutzung) · Planung für die Zukunft · sinnvolle Entwicklung eines festgelegten Gebietes · Infrastruktur · Mischung der Bevölkerungsschichten (Vermeidung von Ghettobildung) · gleichmäßige Zentrumsbildung · Berücksichtigung öffentlicher Belange, z. B. die gleichmäßige Verteilung öffentlicher Einrichtungen · Bürgerbeteiligung · Vorlage hat Gültigkeit gegenüber jedem Bürger · Rechtssicherheit (-verbindlichkeit) · Umweltverträglichkeitsprüfung · Grünordnungsplan · Ertragssteigerung der Gemeinden durch Ansiedlung von Gewerbegebieten · Ertragssteigerung der Gemeinden durch Ansiedlung von Gewerbegebieten · Vermeidung von Fehlplanung und Fehlnutzung · Grundlage für die Immobilienwirtschaft	· Verdichtung und Konkretisierung der Darstellung des F-Planes über die städtebauliche Nutzung und Ordnung für das Gemeindegebiet · Strukturisierte Bebauung der Flächen (optimale Ausnutzung) · Festlegung der langfristigen Nutzung · Regelung der Höhenentwicklung der Gebäude sowie der sonstigen Nutzung · Denkmalpflege, Denkmalschutz · Bürgerbeteiligung · Rechtssicherheit (-verbindlichkeit) · Möglichkeit der hoheitlichen Durchsetzung von Baumaßnahmen – Gemeinnutz vor Eigennutz – evtl. mit der Folge einer Enteignung · Naturschutz · Vermeidung von Fehlplanung und Fehlnutzung · Grundlage für die Immobilienwirtschaft

– Informelle Pläne

Nicht gesetzlich geregelt, aber von erheblicher Bedeutung für die gesamträumliche Planung ist häufig die **kommunale Entwicklungsplanung** und die **städtebauliche Rahmenplanung**.

Kommunale Entwicklungsplanung

Die kommunale Entwicklungsplanung als Grundlage für die bauliche Entwicklung und den Ausbau der Infrastruktur soll fachübergreifend Aussagen z. B. über die Finanzierung treffen und zeitliche Prioritäten setzen, an denen sich die Fachplanungen (z. B. Natur- und Landschaftsschutz, überörtliche Straßenplanung, Schienen- und Luftverkehr, Telekommunikation, Energieversorgung, Wasserwirtschaft, Abfallbehandlung) und die Bauleitplanung orientieren können.

Städtebaulicher Rahmenplan

Der städtebauliche Rahmenplan wird insbesondere in städtischen Kernbereichen oder als Instrument der Stadtteilentwicklung eingesetzt. Hier werden konkrete städtebauliche Ziele für die anschließenden Bebauungspläne formuliert.

BauGB § 140 Nr. 4

Städtebauliche Rahmenpläne dienen auch als Planungsunterlagen für städtebauliche Sanierungs- und Entwicklungsmaßnahmen.

Da diese Pläne eine anschaulichere Darstellung ermöglichen als die Bauleitpläne, dienen sie häufig dem Gemeinderat als Entscheidungshilfen, den Trägern öffentlicher Belange und den Bürgern zur Orientierung und Unterrichtung. Dies bewirkt eine Erleichterung und Beschleunigung des gesamten Bauleitplanverfahrens.

– Veränderungssperre

BauGB § 14 Abs. 1

Nach dem Beschluss über die Aufstellung eines Bebauungsplanes kann die Gemeinde zur Sicherung der Planung für den künftigen Planungsbereich eine Veränderungssperre verhängen.

BauGB § 29

Dies bedeutet, dass bauverändernde Vorhaben oder die Beseitigung von baulichen Anlagen im Planungsbereich nicht durchgeführt werden dürfen.

Wertsteigernde Veränderungen von Grundstücken und baulichen Anlagen, die nicht genehmigungs-, anzeige- oder zustimmungspflichtig sind, dürfen ebenfalls nicht vorgenommen werden.

BauGB § 14 Abs. 3

Bereits genehmigte Bauvorhaben werden durch eine später in Kraft getretene Veränderungssperre nicht berührt.

BauGB § 16 Abs. 1 BauGB § 17

Die Veränderungssperre wird von der Gemeinde als Satzung beschlossen. Sie gilt zunächst für die Dauer von 2 Jahren, kann aber verlängert werden (maximale Dauer 4 Jahre).

BauGB § 15

Das Baugesetzbuch kennt neben der Veränderungssperre noch zwei weitere Instrumente zur Sicherung der Bauleitplanung: Die **Zurückstellung** von einzelnen Baugesuchen und die **vorläufige Untersagung** von baugenehmigungsfreien Vorhaben.

Ablaufschema zur Bauleitplanung nach Baugesetzbuch (BauGB)

Quelle : Oberste Baubehörde im Bayerischen Staatsministerium des Innern, p06/7, Planungshilfen für die Bauleitplanung, 2006/2007, S. 92

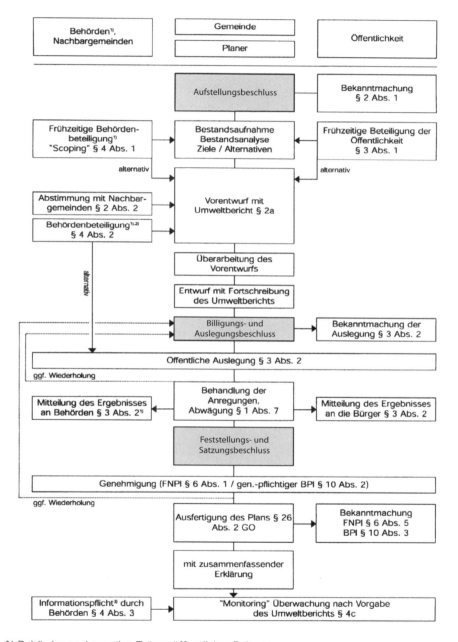

1) Behörden und sonstige Träger öffentlicher Belange
2) kann auch parallel zur öffentlichen Auslegung nach § 3 Abs. 2 durchgeführt werden (§ 4a Abs. 2)
3) gilt nur für Behörden

10.1.1.2 Art und Maß der baulichen Nutzung

BauGB § 5 Abs. 2
Bauflächen
Baugebietsarten
BauGB § 9 Abs. 1

Beim Kauf von Grundstücken können anhand des Flächennutzungsplanes z. B. die für die Bebauung vorgesehenen Flächen nach der allgemeinen Art ihrer baulichen Nutzung (**Bauflächen**) und nach der besonderen Art ihrer baulichen Nutzung (**Baugebietsarten**) erkannt und anhand des Bebauungsplanes z. B. die besondere **Art der baulichen Nutzung**, das **Maß der baulichen Nutzung**, die **Bauweise** und die **überbaubaren** und **nicht überbaubaren Grundstücksflächen** festgestellt werden.

Hier wird für den Grundstückseigentümer deutlich, welche Nutzungsmöglichkeiten im Rahmen des Baugesetzbuchs für sein Grundstück gegeben sind und welche Einschränkungen er bei der Nutzung hinnehmen muss.

Baunutzungsverordnung

Mit der **Baunutzungsverordnung** (BauNVO) als Ergänzung des Baugesetzbuches wird ein festes Schema vorgegeben, nach dem sich die Aussagen in den Bauleitplänen über die Art und das Maß der Nutzung, über die Bauweise etc. zu richten haben.

Planzeichenverordnung

Als Unterlagen für die Bauleitpläne sind Karten zu verwenden, die den Zustand des Plangebietes genau und vollständig erkennen lassen. In den Bauleitplänen sollen die in der Anlage zur **Planzeichenverordnung** (PlanzV) enthaltenen Planzeichen verwendet werden.

Die Baunutzungsverordnung und die Planzeichenverordnung sind in erster Linie für die Gemeinden als Hilfsmittel bei der Aufstellung ihrer Bauleitpläne zu sehen.

– **Art der baulichen Nutzung**

BauNVO § 1 Abs. 1
11 Baugebiete
BauNVO §§ 2–11

In der Baunutzungsverordnung ist geregelt, welche Arten der baulichen Nutzung es gibt und für welche Nutzungen die einzelnen Baugebiete bestimmt sind. Die Baunutzungsverordnung unterscheidet 11 Baugebiete. Darüber hinaus können die Gemeinden keine weiteren Baugebietstypen festsetzen. Die Bezeichnung der Baugebiete ist im Flächennutzungsplan und im Bebauungsplan identisch. Neben den baulichen Nutzungen sind Gemeindebedarfsflächen, Grünflächen und Verkehrsflächen die wichtigsten und regelmäßig in Bebauungsplänen vertretenen Nutzungen.

Die Kurzbezeichnung für die Differenzierung der Bauflächen (z. B. WS für Kleinsiedlungsgebiete) oder die Symbole für die Differenzierung der sonstigen Nutzungen (z. B. „Schule") sind in der Fläche eingetragen, für die sie jeweils gelten.

Für deren Eintragung sollen die in der Anlage zur Planzeichenverordnung enthaltenen Planzeichen verwendet werden.

– **Maß der baulichen Nutzung**

Bebauungsdichte
BauNVO §§ 16–21a

Das Maß der baulichen Nutzung gibt an, wie dicht ein Grundstück bebaut werden kann. Die Bebauungsdichte ergibt sich aus der Überbauung eines bestimmten Grundstücksteils und aus der Höhenentwicklung des auf dem Grundstück errichteten Gebäudes. Die Vorschriften hierzu finden sich im zweiten Abschnitt der Baunutzungsverordnung.

Art und Maß der baulichen Nutzung

BauNVO §17

Art und Maß der baulichen Nutzung

Art der baulichen Nutzung				Maß der baulichen Nutzung Höchstgrenzen bei		
Bauflächen		Baugebiete	Charakteristik	GRZ	GFZ	BMZ
Wohnbauflächen	W	Kleinsiedlungsgebiete WS	Vorwiegend Kleinsiedlungen und landwirtschaftliche Nebenerwerbsstellen	0,2	0,4	–
		Reine Wohngebiete WR	Ausschließlich zum Wohnen	0,4	1,2	
		Allgemeine Wohngebiete WA	Vorwiegend zum Wohnen	0,4	1,2	
		Besondere Wohngebiete WB	Bebaute Wohngebiete mit besonderer Eigenart und infrastrukturellen Einrichtungen, die mit der Wohnnutzung vereinbar sind	0,6	1,6	
Gemischte Bauflächen	M	Dorfgebiete MD	Vorwiegend für Wirtschaftsstellen der Land- und Forstwirtschaft und zum Wohnen	0,6	1,2	
		Mischgebiete MI	Wohnen und gewerbliche Betriebe, die das Wohnen nicht wesentlich stören	0,6	1,2	
		Kerngebiete MK	Vorwiegend Handelsbetriebe, Einrichtungen der Wirtschaft und Verwaltung	1,0	3,0	
Gewerbliche Bauflächen	G	Gewerbegebiete GE	Vorwiegend nicht erheblich belästigende Gewerbebetriebe	0,8	2,4	10,0
		Industriegebiete GI	Ausschließlich Gewerbebetriebe	0,8	2,4	10,0
Sonderbauflächen	S	Sondergebiete, die der Erholung dienen SO	Ferienhäuser für den Erholungsaufenthalt eines überwiegend wechselnden Personenkreises	0,4	1,2	
			Wochenendhäuser als Einzelhäuser oder Hausgruppen	0,2	0,2	
			Campingplätze und Zeltplätze			
		Sonstige Sondergebiete	Wesentlicher Unterschied von anderen Baugebieten	0,8	2,4	10,0

Z = Zahl der Vollgeschosse
GRZ = Grundflächenzahl
GFZ = Geschossflächenzahl
BMZ = Baumassenzahl

Kriterien BauNVO § 19	Die Kriterien, welche für das Maß der baulichen Nutzung verwendet werden, sind die **Zahl der Vollgeschosse** sowie die **Grundflächenzahl (GRZ)**, die **Geschossflächenzahl (GFZ)**, die **Baumassenzahl (BMZ)** und die **Höhe baulicher** Anlagen.
Grundfläche BauNVO § 20	Beispiel für die Berechnung der zulässigen Grundfläche mit Hilfe der Grundflächenzahl (GRZ): Für eingeschossige Bebauung im reinen Wohngebiet ist eine Grundflächenzahl von 0,3 festgesetzt. Wenn das Grundstück 500 m² groß ist, darf die bebaute Grundfläche, d. h. die Grundfläche des Wohngebäudes, 150 m² betragen (0,3 × 500).
Geschoss- fläche	Beispiel für die Berechnung der zulässigen Geschossfläche (Summe der Fläche aller Vollgeschosse) mit Hilfe der Geschossflächenzahl (GFZ): Für zweigeschossige Bebauung im reinen Wohngebiet ist eine Geschossflächenzahl von 0,5 festgesetzt. Wenn das Grundstück 500 m² groß ist, darf die Summe der Flächen der beiden Geschosse 250 m² betragen (0,5 × 500).
Vollgeschosse	**Vollgeschosse** sind durch die jeweiligen Landesbauordnungen in den einzelnen Bundesländern unterschiedlich definiert. Die Landesbauordnung Schleswig-Holstein definiert Vollgeschosse als oberirdische Geschosse, die über mindestens drei Viertel ihrer Grundfläche eine Höhe von mindestens 2,30 m haben. Oberirdische Geschosse sind Geschosse, deren Deckenoberkante im Mittel mindestens 1,40 m über die festgelegte Geländeoberfläche hinausragt. Die festgelegte Geländeoberfläche ist i. d. R. die in einem Bebauungsplan festgesetzte Geländeoberfläche. Nach der Landesbauordnung Nordrhein-Westfalen sind Vollgeschosse solche Geschosse, deren Deckenoberkante im Mittel mehr als 1,60 m über die Geländeoberfläche hinausragt und die eine Höhe von mindestens 2,30 m haben. Die Landesbauordnung Baden-Württemberg bezeichnet Vollgeschosse als Geschosse, die mehr als 1,4 m über die im Mittel gemessene Geländeoberfläche hinausragen und, von Oberkante Fußboden bis Oberkante Fußboden der darüber liegenden Decke ... mindestens 2,3 m hoch sind.
PlanzV	Die Zahl der Vollgeschosse wird dabei durch eine römische Ziffer dargestellt. Neben diesen Zahlen, die jeweils Verhältniszahlen zwischen Baumöglichkeit und Baugrundstück sind, können auch absolute Flächenangaben festgesetzt werden, die dann jeweils für ein Baugrundstück gelten.
BauNVO § 16 Abs. 4	Die BauNVO vom 27.1.1990 sieht vor, dass für die GFZ neben Höchst- auch Mindestmaße festgesetzt werden können. Dies soll der Sicherung einer Mindestausnutzung des Baugrundstücks und damit dem flächensparenden Bauen dienen.
BauNVO § 20 Abs. 3	Die Flächen in Nicht-Vollgeschossen (z. B. Dachgeschoss) werden nicht mehr bei der Ermittlung der GFZ mitgerechnet, es sei denn, es ist im Bebauungsplan festgesetzt. Mit dieser Regelung soll der Ausbau von Wohnraum in Dachgeschossen etc. erleichtert werden.

Die BauNVO 1990 sieht auch eine Anrechnung der Grundflächen von Garagen und Stellplätzen mit ihren Zufahrten vor. Diese Maßnahmen sollen dazu dienen, nachteilige Auswirkungen auf die Bodenfunktion (z. B. bei Flächenversiegelungen durch Pflasterungen) zu vermeiden.

BauNVO § 19 Abs. 4

– **Bauweise**

Für die nähere Bestimmung der Form baulicher Anlagen werden in erster Linie Festsetzungen zur Bauweise getroffen.

BauNVO § 22

Man unterscheidet die offene Bauweise, bei der die Gebäude freistehend mit einem seitlichen Grenzabstand (sog. Bauwich) als Einzel- oder Doppelhäuser oder auch als Hausgruppen in Einheiten von höchstens 50 m Länge errichtet werden, und die geschlossene Bauweise, bei der die Häuser lückenlos ohne seitlichen Grenzabstand erbaut werden dürfen. In diesem Zusammenhang stehen auch die Festsetzungen des Bebauungsplanes zur Dachform, Dachneigung und Firstrichtung.

Offene Bauweise

geschlossene Bauweise
BauNVO § 22 Abs. 2 und 3

– **Überbaubare und nicht überbaubare Grundstücksflächen**

Diese Grundstücksflächen werden durch Baulinien, Baugrenzen oder Bebauungstiefen festgelegt.

Baulinie BauNVO § 23

Auf einer Baulinie (– ·· – ·· –) muss gebaut werden.

Die Baugrenze (– – · – –) dient z. B. dazu, die maximale Ausdehnung der Gebäude auf dem Grundstück zu definieren.

Baugrenze

Weitere Festsetzungen, die in die Bebauungspläne aufgenommen werden, betreffen die Anpflanzung und Erhaltung von Bäumen und Sträuchern sowie Stellplätze, Garagen und Gemeinschaftsanlagen. Anzuführen ist auch die Festsetzung von Flächen, die mit Geh-, Fahr- und Leitungsrechten belastet sind (mit Hinweis auf den Begünstigten).

BauNVO § 21a

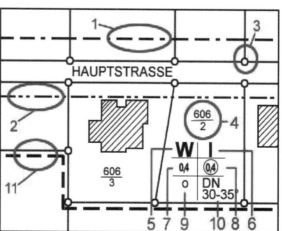

Auszug aus einem Bebauungsplan (Muster) zur Bestimmung von Art und Maß der baulichen Nutzung

10. IMMOBILIENENTWICKLUNG

Abstandsfläche — Die **Abstandsflächen** zwischen der Außenwand des geplanten Gebäudes und der Grundstücksgrenze werden durch das Bauordnungsrecht der Bundesländer in den Landesbauordnungen vorgeschrieben.

Art der baulichen Nutzung — Die **Art der baulichen Nutzung** [5] ist besonders für Bauherren interessant, die sich für ein Grundstück in einem Neubaugebiet entschieden haben, denn sie legt fest, ob das Baugebiet als reine Wohnbaufläche (W), für gewerbliche Bauflächen (G) oder als Mischgebiet (M) geplant ist.

Bauweise — Die offene oder geschlossene **Bauweise** [9] kann im Bebauungsplan vorgegeben sein.

Bei der offenen Bauweise (o) müssen Einzel-, Doppel- oder Reihenhäuser gebaut werden, die eine Gesamtlänge von 50 m nicht überschreiten dürfen. Bei der geschlossenen Bauweise (g) müssen die seitlichen Außenwände der Gebäude so auf die Grenze gebaut werden, dass sich die Wände der Häuser berühren.

Maß der Bebauung — Das **Maß der Bebauung** kann festgesetzt sein. Dazu gehören:
- GRZ / Die GRZ = Grundflächenzahl [7] gibt das zulässige Verhältnis der zu bebauenden Fläche zur gesamten Grundstücksfläche an (bei einer GRZ von 0,3 dürfen allerhöchstens 30 % der Grundstücksfläche bebaut werden).
- GFZ / Die GFZ = Geschossflächenzahl [8] gibt das zulässige Verhältnis der Geschossfläche (Fläche aller Vollgeschosse) zur Grundstücksfläche an.
- BMZ / Die BMZ = Baumassenzahl gibt das zulässige Verhältnis der Baumasse (umbauter Raum der Vollgeschosse und Aufenthaltsräume in Geschossen) zur Grundstücksfläche an.
- Die Anzahl der Vollgeschosse [6].

Baulinien und -grenzen — Die **Baulinien** [2] **und -grenzen** [1] sind deshalb wichtig, weil Baugrenzen mit dem Gebäude nicht überschritten werden dürfen, diese Grenze aber zwangsweise nicht berührt werden muss, während eine der Gebäudeseiten aber gezwungenermaßen auf die Baulinie gebaut werden muss.

Andere Vorschriften wie Dachneigung [10], -eindeckung, Hauptfirstrichtung oder auch Bepflanzungsvorschriften könnten in einigen Fällen auch vorgeschrieben sein.

Grundstücksgrenze [3]
Flurstücksnummer [4]
Grenze des Bebauungsplanes [11]

Die wichtigsten und häufigsten Festsetzungen des Bebauungsplans			
Art der baulichen Nutzung	Maß der baulichen Nutzung	Form baulicher Anlagen	überbaubare Grundstücksflächen
festgesetzt durch: – Bauflächen – Baugebiete	festgesetzt durch: – Grundflächen – Geschossflächen – Baumassenzahl – Höhe	festgesetzt durch: – Bauweise – Dachform – Firstrichtung	festgesetzt durch: – Baugrenzen – Baulinien – Bebauungstiefe

FLACH

10.1.2 Erschließung

Das Baugesetzbuch verlangt neben der Übereinstimmung mit dem Bebauungsplan zusätzlich noch die Sicherung der Erschließung. Grundstücke sind erst dann bebaubar, wenn die Erschließung gesichert ist.

Erschließung BauGB § 30 Abs. 1

Unter Erschließung versteht man die Maßnahmen, die erforderlich sind, um die bauliche oder gewerbliche Nutzung von Grundstücken durch die Herstellung der für die Allgemeinheit bestimmten Verkehrsflächen (z. B. öffentliche Straßen, Wege, Fußwege, Wohnwege, Plätze, Parkflächen, Grünanlagen) und der Grundstücksversorgungs- und -entsorgungsanlagen zu ermöglichen.

BauGB § 127 Abs. 2

10.1.2.1. Erschließungsanlagen

Erschließungsanlagen sind zum einen Anlagen wie z. B. öffentliche Straßen, Wege und Plätze, Parkflächen und Grünanlagen etc.

BauGB § 127 Abs. 2

Zum anderen sind es alle leitungsgebundenen Anlagen (z. B. Trinkwasserversorgungs- und Abwasserbeseitigungsanlagen, Versorgungsanlagen für Elektrizität, Gas und Wärme) sowie alle privaten Verkehrsanlagen. Im Baugesetzbuch werden diese leitungsgebundenen Erschließungselemente nicht als Erschließungsanlagen aufgeführt. Dieser Teil der Erschließung wird durch entsprechende Bestimmungen der jeweiligen Länder geregelt.

Neben den bisher genannten grundlegenden Erschließungselementen werden i. d. R. noch weitere Erschließungsleitungen, die nicht immer zwingend vorhanden sein müssen, benötigt. Dies sind z. B. die Leitungen für Gas oder Fernwärme und Telekommunikation (Telefon, Kabelfernsehen, DSL, ...). Diese Versorgungen werden durch regionale Anbieter zur Verfügung gestellt und unterliegen wirtschaftlichen Faktoren.

Neben diesen auf das einzelne Grundstück bezogenen Erschließungsanlagen sind noch weitere Versorgungseinrichtungen der öffentlichen Hand notwendig, z. B. Schulen, Krankenhäuser, Sportanlagen, überörtliche Verkehrsanlagen usw. Diese so genannten Infrastruktureinrichtungen sind nicht mehr grundstücksbezogen und daher für das einzelne Grundstück planungs- und beitragsrechtlich nicht mehr relevant.

10.1.2.2 Erschließungsträger

Für die Herstellung, den Ausbau und die Verbesserung der Erschließungsanlagen (so genannte Erschließungslast) ist nach dem BauGB die Gemeinde verpflichtet.

Gemeinde BauGB § 123 Abs. 1

Damit entscheidet die Gemeinde im Rahmen ihrer (finanziellen) Möglichkeiten darüber, ob, wie und wann sie einzelne Grundstücke erschließt. Ein Rechtsanspruch des einzelnen Grundstückseigentümers auf Erschließung seines Grundstücks besteht nicht.

BauGB § 123 Abs. 1

Der einzelne Grundstückseigentümer kann also i. d. R. die Gemeinde nicht auf Herstellung der Erschließungsanlagen verklagen, um die Bebaubarkeit herbeizuführen.

Die Gemeinde erfüllt bei der Erschließung nicht nur eine öffentliche Aufgabe, sondern sie dient auch den privaten Interessen des einzelnen Grundstückseigentümers.

Ein Grundstück erfährt ja eine Wertsteigerung, wenn es durch die Erschließung bebaubar geworden ist. Daher sind die Gemeinden berechtigt und verpflichtet, die entstandenen Erschließungskosten auf die entsprechenden Grundstückseigentümer umzulegen.

Erschließungsbeitrag

Dieser Erschließungsbeitrag ist also der Preis, den der Grundstückseigentümer für die Erschließung seines Grundstücks bezahlen muss.

BauGB § 129 Abs. 1

Weil aber die Erschließung auch im allgemeinen Interesse erfolgt, können nicht alle Kosten auf die Eigentümer umgelegt werden. Die Gemeinde hat mindestens 10 % der Herstellungskosten selber zu tragen.

– **Erschließungsverträge**

Erschließungsverträge

In der gegenwärtigen Situation, die durch Einsparungen in den öffentlichen Haushalten gekennzeichnet ist, suchen die Gemeinden bzw. Kommunen verstärkt nach neuen Wegen für die Erfüllung ihrer Aufgaben im Rahmen der Bauleitplanung.

BauGB § 124

So hat die **Gemeinde** bzw. Kommune durch den Abschluss von **Erschließungsverträgen** die Möglichkeit, einer ihrer Aufgaben (der Herstellung der Erschließungsanlagen) nachkommen zu können. Die Gemeinde bzw. Kommune kann dabei die gesamte Erschließung (beitragsfähig und nicht beitragsfähig) auf einen Erschließungsträger (Investor) übertragen. Der **Erschließungsträger** finanziert die Erschließung, führt sie durch und überträgt die fertig gestellten Erschließungsanlagen auf die Gemeinde. Die Finanzierung des Erschließungsträgers wiederum erfolgt durch den Verkauf der Grundstücke (durch ihn) an bauwillige Erwerber und (je nach Vertrag) durch den Gemeindeanteil (10 %).

Erschließungsträger

Diese Vorgehensweise bietet allen Beteiligten gewisse **Vorteile**.

Der **Erschließungsträger** hat die komplette Erschließung in „seiner Hand" und damit eine klare Grundlage für die Verkaufskalkulation. Der sich dabei ergebende Gewinn steht dem Erschließungsträger zu; er trägt aber auch das Risiko (beim Verkauf der Baugrundstücke).

BauGB § 124 Abs. 2, Satz 2

Für die **Kommune** entfällt durch diese vertragliche Zusammenarbeit die Finanzierung der Erschließungslast. Die Erschließungskosten können komplett (100 %) übertragen werden. Des Weiteren werden die Verwaltungskapazitäten der Kommunen durch den Wegfall von Umlegung und Einzelabrechnung der Erschließungskosten entlastet.

Der bauwillige **Erwerber** hat den Vorteil, dass der zu zahlende Kaufpreis (pro m^2) für sein voll erschlossenes Baugrundstück vor Abschluss des Kaufvertrages feststeht. Er muss bei endgültiger Fertigstellung der Erschließungsanlagen (z. B. nach Durchführung der letzten Baumaßnahmen in einem Baugebiet oft erst nach längerer Zeit) nicht mehr mit Nachforderungen rechnen und kann seine eigene Baufinanzierung ohne größeres Risiko planen.

Hiervon zu unterscheiden ist die **Vergabe von Erschließungsarbeiten** an einzelne Bauunternehmen, weil der Gemeinde eigene Kapazitäten (z. B. Arbeitskräfte) für diese Aufgabe fehlen. Die Gemeinde bleibt hier aber Erschließungsträgerin.

Vergabe von Erschließungsarbeiten an einzelne Bauunternehmen

Die Herstellung der Erschließungsanlagen setzt i. d. R. einen Bebauungsplan (B-Plan) voraus. Das bedeutet, dass der B-Plan auch die Art der Erschließung festlegt (z. B. Straßenbreite, Gehwege).

BauGB § 125 Abs. 1

10.1.2.3 Erschließungsbeiträge

Das Baugesetzbuch enthält keine erschöpfende Regelung des Erschließungsbeitragsrechts, da das Beitragsrecht als Teil des kommunalen Abgaberechts in erster Linie den Ländern vorbehalten ist. Daher findet man heute für die Herstellung und auch für die Kostenverteilung der Erschließung im weiteren Sinne sowohl bundes- als auch landesrechtliche Regelungen.

Bundes- und landesrechtliche Regelungen

In Bayern z. B. ist das gesamte Erschließungsbeitragsrecht durch Beschluss des Bundesverwaltungsgerichts von 2002 Landesrecht geworden.

BauGB § 127 - 135

Der **bundesrechtliche Erschließungsbeitrag** betrifft nur **ganz bestimmte**, im Baugesetzbuch ausdrücklich genannte **Erschließungsanlagen**.

BauGB § 127 Abs. 2

Erschließungsbeiträge nach dem Baugesetzbuch können i. d. R. nur für die erstmalige Erschließung (nicht also noch für spätere Erweiterungen und Verbesserungen) verlangt werden.

BauGB § 128 Abs. 1 Satz 2

Die **Länder** können aber aufgrund ihrer Zuständigkeit für die kommunalen Abgaben auch für **weitere Erschließungsanlagen** Beiträge einführen.

Dies gilt besonders für Anlagen zur Ableitung von Abwasser, Versorgung mit Elektrizität, Gas, Wärme und Wasser. Die hier entstehenden Kosten sind mit dem jeweils zuständigen Vertragsunternehmen (z. B. Stadtwerke) abzuklären.

BauGB § 128 Abs. 2

Des Weiteren können aufgrund der landesrechtlichen Abgabengesetze auch noch Beiträge für sogenannte **Hausanschlusskosten** eingeführt werden. Das sind die Kosten für die Abzweigung der Ver- und Entsorgungsleitungen von der Hauptleitung zum Grundstück.

Hausanschlusskosten

Die Benutzung bestehender Anlagen löst, falls entsprechend geregelt, Gebühren aus (z. B. Abwasser). Beispiele für weitere Beiträge nach Länderrecht sind der Fremdenverkehrsbeitrag und der Kurbeitrag sowie Beiträge für die Verbesserung z. B. von Straßen.

Gebühren

Der Aufwand für eine Erschließungsanlage ist auf die dadurch erschlossenen Grundstücke zu verteilen. Die Verteilung des Erschließungsaufwandes muss durch eine so genannte **Erschließungsbeitragssatzung** der Gemeinde geregelt werden.

Erschließungsbeitragssatzung BauGB §§ 131 u. 132

Das Baugesetzbuch stellt den Gemeinden mehrere Maßstäbe zur Verteilung des Erschließungsaufwandes zur Wahl.

Maßstäbe zur Verteilung des Erschließungsaufwandes BauGB § 131 Abs. 2

Viele Gemeinden haben als Beitragsmaß eine Kombination von Grundstücksfläche mit einem Nutzungsfaktor gewählt, z. B. Zahl der Vollgeschosse oder Geschossflächenzahl. In der Erschließungsbeitragssatzung muss auch ein Unterschied zwischen der normalen Wohnnutzung und der gewerblichen Nutzung eines Grundstücks gemacht werden (Artzuschlag für gewerblich genutzte Grundstücke durch höhere Belastung der Erschließungsanlagen).

Spezielle Regelungen sind auch z. B. für Eckgrundstücke und übergroße Grundstücke angebracht, um eine möglichst gerechte Verteilungsregelung zu finden.

BauGB § 133 Abs. 1

Voraussetzung für die Beitragspflicht ist die Tatsache, dass das Grundstück bebaut werden darf. Die Gemeinde ist verpflichtet, öffentlich bekannt zu geben, welche Grundstücke der Beitragspflicht unterliegen.

Beitragsbescheid

Die Erschließungsbeiträge werden durch einen **Beitragsbescheid** festgesetzt.

BauGB § 133 Abs. 2 und § 134

Die **Beitragspflicht** entsteht i. d. R. mit der endgültigen Herstellung der Erschließungsanlage. **Beitragsschuldner** ist, wer im Zeitpunkt der Zustellung des Beitragsbescheides Eigentümer ist (ergibt sich aus dem Grundbuch).

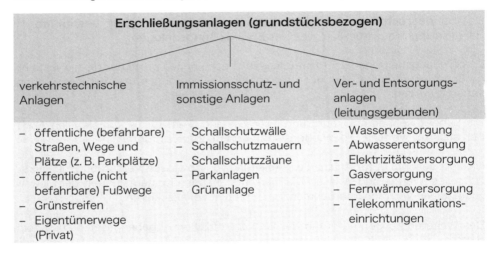

10.1.2.4 Ermittlung der Erschließungskosten

Beispielrechnung:
Die Gesamtkosten der öffentlichen Erschließungsmaßnahmen für alle betroffenen Anliegergrundstücke betragen 350.000,00 €.
Die Gemeinde trägt 10 % (= 35.000,00 €) dieser Kosten.
Der Rest (350.000,00 € – 10 % = 315.000,00 €) ist auf die Anliegergrundstücke umzulegen und wird nach folgenden Schlüsseln verteilt:
40 % nach GFZ / 30 % nach GRZ / 30 % nach Straßenfront.
Im Bebauungsplan sind die Grundflächenzahl mit 0,2 und die Geschossflächenzahl mit 0,4 festgelegt.
Die Objektangaben aller Anliegergrundstücke, die diese Erschließungsmaßnahme tragen, weisen folgende Gesamtsummen auf:

Geschossfläche insgesamt	11.000 m²
Bebaubare Fläche insgesamt	6.000 m²
Straßenfront insgesamt	720 m²

Der Erschließungskostenbeitrag für ein 620 m² großes Grundstück mit 25 m Straßenfront würde demnach wie folgt berechnet:

GRZ 620 m² × 0,2		=	124 / GFZ 620 m² × 0,4 = 248	
Gesamt	100 %	=	315.000,00 €	
GFZ	40 %	=	126.000,00 €/ 11.000 m² × 248 =	2.840,73 €
GRZ	30 %	=	94.500,00 €/ 6.000 m² × 124 =	1.953,00 €
Straßenfront	30 %	=	94.500,00 €/ 720 m² × 25 =	3.281,25 €
Erschließungskosten für das 620 m² große Grundstück =				8.074,98 €

10.1.2.5 Ausgleichsmaßnahmen für Bodenversiegelungen

In Anbetracht der Steuerungsfunktion des Baugesetzbuchs (BauGB) hat der Sachverständigenrat für Umweltfragen (SRU) dazu geraten, die Begrenzung der Bodenversiegelung in den Katalog der Planungsgrundsätze in § 1 BauGB aufzunehmen, damit in den Flächennutzungs- und Bebauungsplänen die dem Bodenschutz gewidmeten Flächen ausgewiesen werden können.

Begrenzung der Bodenversiegelung

Mit der Festlegung der Grundflächenzahl (GRZ) auf der Grundlage der Baunutzungsverordnung kann der Anteil an der bebaubaren Fläche, jeweils bezogen auf das einzelne Grundstück festgelegt werden. Damit ist aber die Versiegelung der Siedlungsfläche nicht generell geregelt. Zum einen werden in dieser Vorgabe nicht die übrigen Flächen, wie z. B. die nicht unwesentlich zur Versiegelung beitragenden Verkehrsflächen berücksichtigt. Zum anderen ist auch der Versiegelungsgrad einer Fläche zu bewerten. Teilversiegelte Flächen, insbesondere wasserdurchlässige Oberflächen (z. B. bei Fuß- und Radwegen) reduzieren den quantitativen Versiegelungseffekt.

Versiegelungsgrad einer Fläche

Die Baunutzungsverordnung sieht maximal 40 % überbaubare Fläche für Wohngebiete, für Mischgebiete 60 % und für Kerngebiete von 100 % vor.

Nach den Bestimmungen des Baugesetzbuches und des Bundesnaturschutzgesetzes sollen Eingriffe in Natur und Landschaft sowie die Bodenversiegelung auf das notwenige Maß begrenzt werden. Unvermeidbare Eingriffe sind vom Bauherrn durch Maßnahmen des Naturschutzes und der Landschaftspflege auszugleichen. Als Ausgleich für die zu erwartenden Eingriffe in Natur und Landschaft sind z. B. so genannte Ausgleichsflächen als Inhalt des Bebauungsplanes festzusetzen.

Ausgleich

Ausgleich, Ersatz oder Begrenzung schädlicher Auswirkungen von Eingriffen in Natur und Landschaft können aber nicht allein durch die Festsetzung entsprechender Flächen erreicht werden.

Als **Ausgleichsmaßnahmen** gelten beispielsweise:
- Bodenversiegelung in Baugebieten begrenzen,
- Mindestabstände sichern,
- Mindestfreiflächen ausweisen,
- Versickerungsfähigkeit des Bodenbelages erhöhen,
- kommunale Regenwassergebühr,
- Bepflanzungen, zu einem landschaftsgerechten Übergang der bebauten Ortslage,
- Bäume, Sträucher und sonstige Bepflanzungen erhalten und anpflanzen,
- Pflanzgebote in Gewerbe- und Industriegebieten,
- Fassaden und Dächer begrünen,
- Biotope sichern, entwickeln und einrichten,
- Grünflächen schaffen und erhalten,
- Wasserschon- und Wasserschutzgebiete ausweiten,
- Fließgewässer renaturieren.

Der nachfolgende Leitfaden kann der Kommune als Anhaltspunkt dienen, den erforderlichen Ausgleichsumfang auf Flächenbasis zu ermitteln. Hier wird zum einen d e Bedeutung der betroffenen Fläche für Natur und Landschaft und zum anderen die Schwere des Eingriffs berücksichtigt.

Quantitative Maßstäbe zur Umsetzung der Eingriffsregelung am Beispiel des Landes Schleswig-Holstein (Amtsblatt Nr. 48)		
Eingriff	Ausgleichsmaßnahmen	Ausgleichsfläche/-verhältnis
Bodenversiegelung auf Flächen mit **allgemeiner** Bedeutung für den Naturschutz	Entsiegelung und Wiederherstellung der Bodenfunktion oder Entwicklung von Flächen aus landwirtschaftlicher Nutzung zu einem naturbetonten Biotoptyp	bei Gebäudeflächen und sonst. versiegelten Oberflächen: mind. im Verhältnis 1:0,3; bei wasserdurchlässigen Oberflächenbelägen: mind. im Verhältnis 1:0,2
Bodenversiegelung auf Flächen mit **besonderer** Bedeutung für den Naturschutz: Beeinträchtigung **kurzfristig** wiederherstellbarer Funktionen und Werte (z. B. Trockenrasen, Ruderalfluren, Erstaufforstungen)	Entsiegelung und Wiederherstellung der Bodenfunktion oder Entwicklung von Flächen aus landwirtschaftlicher Nutzung zu einem naturbetonten Biotoptyp; Wiederherstellung der gestörten Funktionen und Werte	Verhältnis von 1:1

10.1 BAURECHTLICHE GRUNDLAGEN

Eingriff	Ausgleichsmaßnahmen	Ausgleichsfläche/ -verhältnis
Beeinträchtigung **mittelfristig** herstellbarer Funktionen und Werte (z. B. Feuchtwiesen, Obststreuwiesen, Jungwaldbestände)	Entsiegelung und Wiederherstellung der Bodenfunktion oder Entwicklung von Flächen aus landwirtschaftlicher Nutzung zu einem naturbetonten Biotoptyp; Wiederherstellung der gestörten Funktionen und Werte	Verhältnis von 1:2
Beeinträchtigung **langfristig** herstellbarer Funktionen und Werte (z. B. Altwaldbestände)	Entsiegelung und Wiederherstellung der Bodenfunktion oder Entwicklung von Flächen aus landwirtschaftlicher Nutzung zu einem naturbetonten Biotoptyp; Wiederherstellung der gestörten Funktionen und Werte	Verhältnis von 1:3
Bodenversiegelung auf Flächen mit bedeutsameren Boden- und/oder Grundwasserverhältnissen	Entsiegelung und Wiederherstellung der Bodenfunktion oder Entwicklung von Flächen aus land- wirtschaftlicher Nutzung zu einem naturbetonten Biotoptyp	bei Gebäudeflächen und sonst. versiegelten Oberflächen: mind. im Verhältnis 1:0,5; bei wasserdurchlässigen Oberflächenbelägen: mind. im Verhältnis 1 : 0,3. Abzüge max. bis zur Hälfte der Ausgleichsflächen können ermöglicht werden durch: – naturnah gestaltete Grundstücke (z. B. durch Anpflanzung von Sträuchern und Bäumen einheimischer Arten) zu 75 %; – Grundflächen von Knicks, wenn sie nicht zu den „schützenswerten Einzelschöpfungen"; – Anlage naturbetonter Biotope;

Eingriff	Ausgleichsmaßnahmen	Ausgleichsfläche/ -verhältnis
		– Grundflächen der Lärmschutzwälle, die mit einheimischen Arten von Bäumen und Sträuchern bepflanzt sind, zu 75 %; – begrünte Dachflächen zu 50 %.
Beeinträchtigung des Landschaftsbilds	Erzeugung eines Landschaftsbilds entsprechend dem Landschaftstyp – z. B. breite durchgängige Eingrünungen eines Gewerbegebiets – Anlage einer ortstypischen Obststreuwiese im Dorfrandbereich	keine Angabe
Erhebliche Beeinträchtigung von Luft/Klima	Vorsorgende Freihaltung von Flächen mit **Kaltluftentstehungs- bzw. Luftaustauschfunktion** in der vorbereitenden Bauleitplanung	(keine weiteren Ausgleichs- und Ersatzmaßnahmen)
Beeinträchtigung von Luft/Klima	keine: grünordnerische Maßnahmen zum Ausgleich des Flächeneingriffs erzielen gleichzeitig die positiven Wirkungen für Luft und Kleinklima	k. A.
Beeinträchtigung gefährdeter Arten	zusätzlich: Wiederherstellung der gestörten Standort- und Habitatbedingungen	k. A.
Beseitigung schützenswerter Landschaftsbestandteile	Wertgleiche Wiederherstellung	– Knicks mind. im Verhältnis 1 : 2; – Verschiebung von Knicks mind. im Verhältnis 1 : 1,5;

Eingriff	Ausgleichsmaßnahmen	Ausgleichsfläche/-verhältnis
		– Bäume: je begonnene 50 cm Stammumfang in 1 m Höhe: ein Baum der gleichen oder verwandten Art mit mind. 14–16 cm Stammumfang, bei schwachwüchsigen Arten je begonnene 40 cm in 1 m Höhe: ein Baum der gleichen oder verwandten Art mit mind. 8–10 cm Stammumfang; bei Bäumen mit mehr als 2 m Stammumfang (schwachwüchsig: mehr als 1 m) ist die Zahl der Ersatzbäume zu verdoppeln.

10.1.3 Bodenordnung

In der Bundesrepublik Deutschland wird unterschieden zwischen der Bodenordnung im ländlichen Bereich, der Flurbereinigung und der Bodenordnung im städtischen Bereich, der Umlegung.

Flurbereinigung

Mit der Umlegung und der vereinfachten Umlegung stehen zwei Bodenordnungsverfahren zur Verfügung, die zur Erschließung und Neugestaltung von Baugebieten dienen.

Umlegung

Es handelt sich dabei um Grundstückstauschverfahren, die nach dem Baugesetzbuch geregelt sind. Das Grundstückseigentum wird dabei zügig neu geordnet, damit nach Lage, Form und Größe zweckmäßig gestaltete Grundstücke für die bauliche und sonstige Nutzung entstehen.

Grundlage für die Neuordnung ist in den meisten Fällen ein Bebauungsplan mit seinen entsprechenden Festsetzungen. Aber auch innerhalb der im Zusammenhang bebauten Ortsteile ist eine Neuordnung mit Hilfe dieser Verfahren möglich.

10.1.3.1 Umlegung/Baulandumlegung

BauGB
§§ 45–79

Bei der Umlegung werden alle Grundstücke des Umlegungsgebietes nach ihrer Fläche zur sogenannten Umlegungsmasse vereinigt. Es entsteht dadurch jedoch kein Grundstück im Rechtssinn, es handelt sich um eine rein rechnerische Zusammenfassung. Aus dieser neu gebildeten Umlegungsmasse werden zunächst die Flächen für öffentliche Zwecke (Flächen für die Erschließungsanlagen und Flächen für den naturschutzrechtlichen Ausgleich) bereitgestellt.

Umlegungsmasse

Verteilungsmasse

Die verbleibende Fläche, die sogenannte Verteilungsmasse ist nach einem bestimmten Maßstab an die Eigentümer zu verteilen.

Die in die Neuordnung eingebrachten Grundstücke werden bewertet (Stichtag ist der Tag der Einleitung des Umlegungsverfahrens). Diesem Wert steht dann der Wert gegenüber, der sich aus der zugeteilten „neuen" Fläche ergibt. Entstandene Wertunterschiede werden i. d. R. in Geld ausgeglichen.

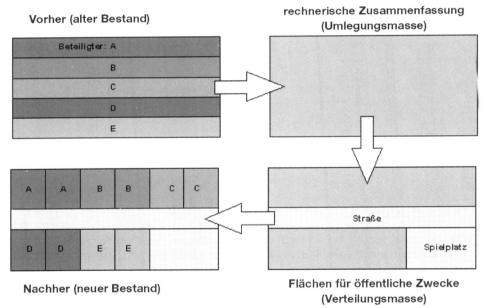

10.1.3.2 Vereinfachte Umlegung

BauGB
§§ 80–84

Bei der vereinfachten Umlegung ist es möglich benachbarte, aneinander grenzende oder in enger Nachbarschaft liegende Grundstücke bzw. Grundstücksteile zum Zwecke der Bebauung auszutauschen oder einseitig zuzuteilen. Diese Grundstücke bzw. Grundstücksteile dürfen nicht selbstständig bebaubar sein.

10.1.3.3 Ablauf der Baulandumlegung nach dem Baugesetzbuch (§§ 45 ff. BauGB)

Quelle: WEB-Seite der Stadt Bonn, Januar 2006

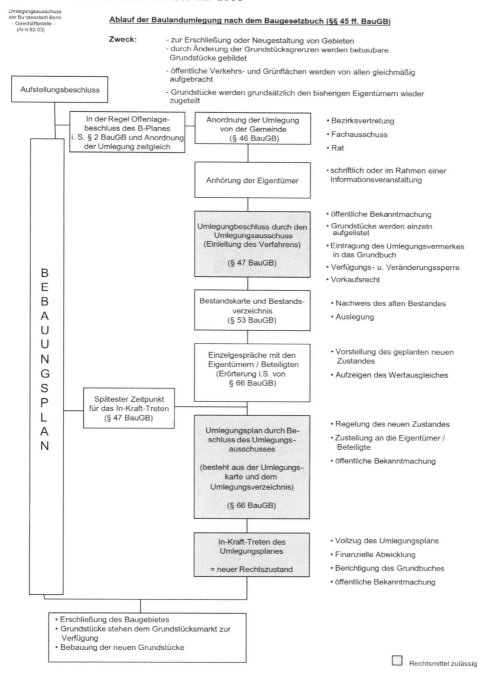

10.1.4 Aufstellung eines Bebauungsplanes

Fallbeispiel: Stadt Osnabrück
Quelle: WEB-Seite der Stadt Osnabrück, Januar 2006

1. Ortsübliche Bekanntmachung des Vorhabens

Bebauungsplan Nr. 388 – Haster Esch – 8. Änderung (vereinfacht)	
Plangebiet:	zwischen den Straßen Voßkuhlen, Haster Esch und Roter Ort
Stadtteil:	Haste

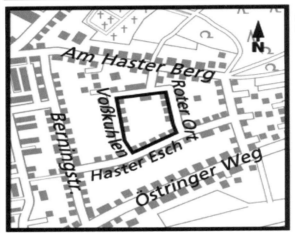

Kurzbeschreibung des Vorhabens: Schaffung einer zweiten Bauzeile

Verfahrensschritt:	Öffentliche Auslegung
Beteiligungsfrist:	03. Januar bis 03. Februar 2006
Aushang im:	Fachbereich Städtebau, Klosterstift, Hinter der Mauer 12, im 2. Obergeschoss
Anschrift:	Fachbereich Städtebau, Postfach 1234, 49034 Osnabrück
Auskunft:	Herr Planer, Telefon (0541) 000-0001

2. Planzeichnungen

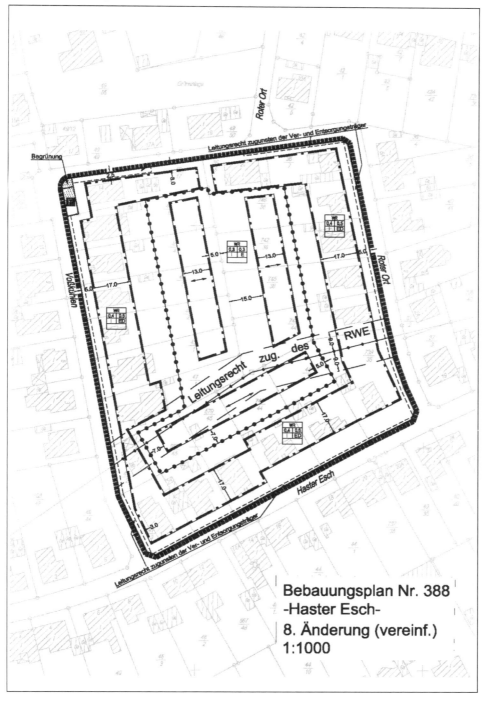

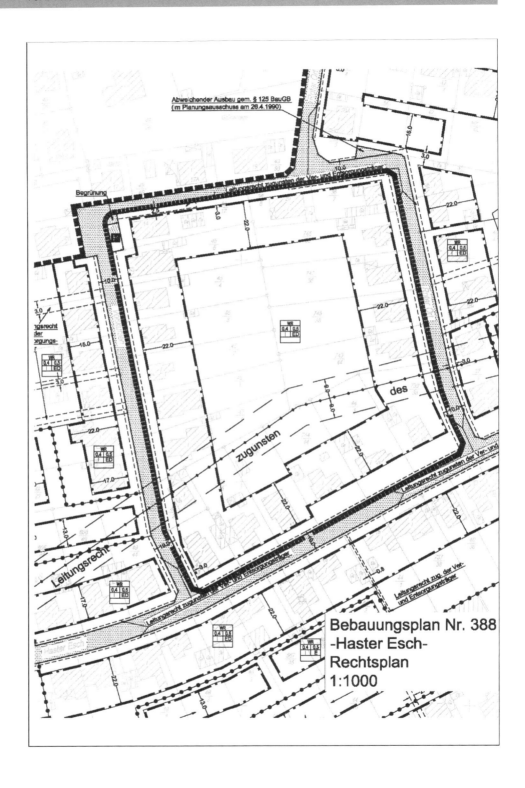

10.1 BAURECHTLICHE GRUNDLAGEN

3. Planzeichnungserläuterungen

Signaturen gemäß der Verordnung über die Ausarbeitung der Bauleitpläne und die Darstellung des Planinhaltes (Planzeichenverordnung 1990 - PlanzV 90)

Legende zum B 388, 8. Ä (v)

Bauweise, Baulinien, Baugrenzen

  Baugrenze

Füllschema der Nutzungsschablone

Art der baulichen Nutzung
  WA Allgemeines Wohngebiet
  WR Reines Wohngebiet

Grundflächenzahl (GRZ)
Verhältnis der überbaubaren Fläche zur Grundstücksfläche

Geschossflächenzahl (GFZ)
Verhältnis der Summe der Geschossflächen zur Grundstücksfläche

Anzahl der Vollgeschosse

Bauweise
  E   offene Bauweise, Einzelhäuser
  ED offene Bauweise, Einzel- und Doppelhäuser

Dachform

Verkehrsflächen

  Strassenverkehrsflächen

  Öffentliche Parkfläche

  Verkehrsflächen besonderer Zweckbestimmung

Hauptversorgungs- und Hauptabwasserleitungen

  oberirdisch mit Schutzstreifen

Sonstige Planzeichen

  Grenze des räumlichen Änderungsbereiches des Bebauungsplanes

  Grenze des räumlichen Geltungsbereiches des Bebauungsplanes

  Abgrenzung unterschiedlicher Nutzung, z. B. von Baugebieten, oder Abgrenzung des Maßes der Nutzung innerhalb eines Baugebietes

  Mit Geh-, Fahr- und Leitungsrecht zu belastende Flächen

 Firstrichtung

FLACH 563

4. Textliche Festsetzungen

Bebauungsplan Nr. 388 – Haster Esch – 8. Änderung (vereinfacht)

Textliche Festsetzungen:

Für diesen Bebauungsplan ist die Baunutzungsverordnung in der Fassung vom 23.1.1990 maßgebend.

1. Gemäß § 9 Abs. 1 Nr. 6 BauGB darf auf den Baugrundstücken (WR I, E-Gebiete) jeweils nur ein Einzelhaus errichtet werden, das aus einem Wohngebäude besteht und nicht mehr als eine Wohnung hat.

2. Das anfallende Niederschlagswasser ist in einem Zwischenspeicher zu sammeln und als Brauchwasser in Haus und Garten zu nutzen. Die Zwischenspeicher sind über Überläufe an die Regenwasserkanalisation (bzw. mit offenem Überlauf an die vorhandene Vorflut) anzuschließen. Begrünte Dächer können bei Brauchwassernutzung direkt an die Regenwasserkanalisation angeschlossen werden.

Ausgleichsmaßnahmen gemäß § 8a Abs. 1 Bundesnaturschutzgesetz (BNatSchG) auf den Baugrundstücken:

3. Pro angefangene 50 m² zusätzlich zulässiger Grundfläche gemäß § 19 BauNVO ist ein hochstämmiger naturraumtypischer Laubbaum (Stammumfang 18–20 cm in 1 m Höhe über Wurzelhals) oder optional 10 m einer zweireihigen dichten Hecke aus naturraumtypischen Gehölzen gemäß DIN 18916 zu pflanzen und dauerhaft zu erhalten. Bei der Pflanzung sind die Empfehlungen für Baumpflanzungen (Teil 2: Standortvorbereitungen für Neupflanzungen, April 2004) der Forschungsgesellschaft Landschaftsentwicklung Landschaftsbau e. V. (FLL) zu berücksichtigen. Art und Lage der Pflanzungen sind im Anzeige- oder Baugenehmigungsverfahren konkret anzugeben.

4. Müssen zu erhaltende Bäume aus zwingenden Gründen gefällt werden, sind diese durch geeignete Neupflanzungen auf dem Grundstück zu ersetzen.

Örtliche Bauvorschriften zur Gestaltung nach § 56 NBauO:

5. Bei den geplanten Gebäuden mit geneigten Dächern darf der höchste Gebäudepunkt (First) eine Höhe von 8,50 m bezogen auf die gewachsene Geländeoberfläche nicht überschreiten.

6. Die Dächer der Hauptgebäude sind als Sattel- oder Walmdächer mit einer Neigung zwischen 35–45 Grad auszubilden.

7. Eine hochglänzende Oberfläche der Dachdeckung ist nicht zulässig. Hiervon ausgenommen sind Anlagen zur Nutzung der Solarenergie.

Hinweise:

8. Auf vorhandenen unterirdischen Ver- und Entsorgungsleitungen sowie auf Flächen, die mit entsprechenden Rechten belastet sind, besteht ein generelles

Bauverbot so wie ein Verbot der Bepflanzung mit Bäumen und Sträuchern. Jegliche Bau- und Bepflanzungsmaßnahmen bedürfen der vorherigen Zustimmung der Ver- und Entsorgungsträger.

9. Die Oberflächenentwässerung der geplanten, zusätzlichen Bebauung kann wegen der starken Überlastung der Kanalisation in den Anliegerstraßen nur mit einem Verbleib bzw. Verbrauch der Wässer auf den Grundstücken selbst erfolgen. Vor Baubeginn ist daher in den Entwässerungsanträgen die vollständige Rückhaltung bzw. der Verbrauch der Wässer auf den jeweiligen Grundstücken detailliert nachzuweisen.

5. Begründung

Begründung

Bebauungsplan Nr. 388 – Haster Esch – 8. Änderung (vereinfacht)
Planbereich: zwischen den Straßen Voßkuhlen, Haster Esch und Roter Ort

1. Planungsrecht:

Das Verfahren zum Bebauungsplan Nr. 388 – Haster Esch – 8. Änderung (vereinfacht) wurde nach dem 20.7.2004 förmlich eingeleitet und wird daher nach den Vorschriften des Baugesetzbuches (BauGB) in der Fassung vom 24.6.2004 durchgeführt.

Durch die beabsichtigte Änderung des Bebauungsplanes werden die Grundzüge der Planung nicht berührt. Mit der Planung wird auch nicht die Zuverlässigkeit von Vorhaben vorbereitet, die einer Pflicht zur Durchführung einer Umweltverträglichkeitsprüfung unterliegen. Ebenso sind die Erhaltungsziele und der Schutzzweck von Gebieten gemeinschaftlicher Bedeutung sowie europäische Vogelschutzgebiete im Sinne des Bundesnaturschutzgesetzes (BNatschG) nicht betroffen. Das Verfahren wird daher nach § 13 BauGB durchgeführt.

Bei den im Geltungsbereich der vereinfachten Änderung getroffenen Festsetzungen, handelt es sich um zusätzliche bzw. ergänzende Festsetzungen gegenüber dem Ursprungsplan.

2. Erläuterung der Planung/Planungsziele:

Das Plangebiet liegt im Stadtteil Haste, innerhalb des Verfahrensbereichs des Bebauungsplans Nr. 388 – Haster Esch –, der erstmalig am 2.12.1983 in Kraft getreten ist. Der Änderungsbereich wird durch die Straßen Voßkuhlen, Haster Esch und Roter Ort begrenzt.

Angesichts des Mangels an Wohnbauland müssen verstärkt auch potentielle Reserven in bestehenden Wohnbaugebieten genutzt werden. Dieses städtebauliche Ziel trägt neben der Wohnraumbeschaffung insbesondere zur besseren Ausnutzung der bestehenden Infrastruktureinrichtungen bei. Außerdem wird durch diese Planung die verstärkte Flächeninanspruchnahme unbebauter Gebiete in der freien Landschaft reduziert.

Innerhalb des Wohngebietes, das weitestgehend bebaut und die Erschließung fertig gestellt ist, sollen in den rückwärtigen Bereichen der Grundstücke Voßkuhlen 4–12, Haster Esch 9–15 und Roter Ort 1–7 die planungsrechtlichen Voraussetzungen geschaffen werden, um in der zweiten Bauzeile zusätzliche Wohngebäude zu errichten. Auf den zum Teil sehr tiefen Grundstücken sollen eingeschossige max. 13,00 m tiefe überbaubare Flächen zur Errichtung von freistehenden Einzelhäusern mit jeweils max. einer Wohnung festgesetzt werden. Weiterhin wird sowohl die Dachneigung als auch die maximale Gebäudehöhe (First) festgesetzt, um sicherzustellen, dass sich die geplante Bebauung in die bestehende Umgebung einfügt. Ferner ist eine hochglänzende Oberfläche der Dachdeckung nicht zulässig.

Um im rückwärtigen Bereich der Grundstücke Störungen durch hohe Verdichtung bzw. intensive Ausnutzung zu vermeiden, werden die Ausnutzungsziffern (GRZ/GFZ) für die zusätzlich geplanten Wohnhäuser jeweils auf 0,3 herabgesetzt. Außerdem wird der ursprünglich 22,00 m tiefe überbaubare Bereich, für die vorderen Grundstück, um 5,00 m auf 17,00 m reduziert.

Durch die Reduzierung des überbaubaren Bereiches bleiben noch ausreichend Erweiterungsmöglichkeiten für die bestehenden Wohngebäude erhalten. Die bereits getroffenen textlichen Festsetzungen über die Art der baulichen Nutzung – reines Wohngebiet, eingeschossige Bauweise – bleiben bestehen und gelten zukünftig auch für die zusätzlich geplanten Wohngebäude.

Die Zuwendung und Erschließung für die geplanten Wohngebäude erfolgt ausschließlich über die vorderen Grundstücksbereiche, um eine unabhängige Bebauungsmöglichkeit für die jeweiligen Grundstückseigentümer zu sichern.

3. Umweltauswirkungen der Planung:

Nach § 13 Abs. 3 BauGB wird von einer Umweltprüfung und von dem Umweltbericht im vereinfachten Verfahren abgesehen. Eine Überwachung von möglichen Umweltauswirkungen ist nicht vorgesehen.

Die Vermeidung und der Ausgleich voraussichtlicher erheblicher Beeinträchtigungen des Landschaftsbildes sowie der Leistungs- und Funktionsfähigkeit des Naturhaushaltes sind im Sinne des § 1a BauGB in der Abwägung zu berücksichtigen.

Durch die geplante Änderung sind keine erheblichen Auswirkungen auf die in § 1 Abs. 6 Nr. 7 BauGB dargelegten Schutzgüter zu erwarten. Im Hinblick auf eine effektive Nutzung regenerativer Energiequellen ist die Firstrichtung der zusätzlich geplanten Wohngebäude in Ost-West-Richtung festgesetzt, um beispielsweise die Möglichkeiten der Solarenergie besser nutzen zu können.

4. Eingriffsregelungen nach dem Bundesnaturschutzgesetz:

Durch die beabsichtigte Änderung des Planes werden auf den rückwärtigen Grundstücksflächen zusätzlich überbaubare Flächen (max. 13,00 tief) ausgewiesen, auf denen zukünftig Wohngebäude entstehen sollen. Im Gegensatz zu der ursprünglichen Planung ist dadurch eine höhere Flächenversiegelung auf den jeweilgen Grundstücken möglich.

Daher wird eine Festsetzung in den Plan aufgenommen, wonach pro angefangene 50 qm zusätzlich versiegelter Grundstücksfläche ein naturraumtypischer Laubbaum anzupflanzen und zu erhalten ist. Außerdem wird der ursprünglich 22,00 m tiefe überbaubare Bereich für die Vordergrundstücke um 5,00 m auf 17,00 m reduziert. Die Ausnutzungsziffern von GRZ 0,4 und GFZ 0,5 bleiben für die Grundstücke im vorderen Bereich bestehen. Weitere Ausgleichsmaßnahmen sind im Sinne der Eingriffsregelung nicht erforderlich.

Eine Festsetzung, wonach private Zufahrten und Pkw-Stellplätze mit versickerungsgünstigen Belägen zu gestalten sind, wird für nicht erforderlich gehalten. Bereits in der Nds. Bauordnung (§ 14 Abs. 4) wird gefordert, dass Stellplätze und deren Zu- und Abfahrten nur Befestigungen haben dürfen, durch die das Niederschlagswasser zum überwiegenden Teil versickern kann, sofern die Versickerung des Niederschlagswassers nicht auf andere Weise möglich ist.

5. Art und Maß der baulichen Nutzung:

Die Festsetzung über die Art der baulichen Nutzung, – eingeschossiges, reines Wohngebiet – gelten zukünftig sowohl für die vorhandene Bebauung als auch für die zusätzlich geplanten Wohngebäude. Das Maß der baulichen Nutzung wird mit den Ausnutzungsziffern GRZ 0,3/GFZ 0,3 nur für die geplanten Wohngebäude im rückwärtigen Bereich herabgesetzt, um hier eine zu starke bauliche Verdichtung zu vermeiden. Die verkehrliche Erschließung der geplanten Baugrundstücke erfolgt jeweils über private Zuwegungen von den Straßen Voßkuhlen, Haster Esch und Roter Ort.

6. Ver- und Entsorgung:

Die anfallenden Schmutzwässer der geplanten rückwärtigen Bebauung sind über die jeweils vorderen Grundstücksbereiche an die städtische Kanalisation anzuschließen. Die dafür erforderlichen Leitungsrechte sind als Bestandteil der im Zuge der im Bauantragsverfahren zu erstellenden Entwässerungsanträge den Stadtwerken Osnabrück AG zwei Monate vor Baubeginn vorzulegen.

Die Oberflächenentwässerung der geplanten, zusätzlichen Bebauung kann wegen der starken Überlastung der Kanalisation in den Anliegerstraßen nur mit einem Verbleib bzw. Verbrauch der Wässer auf den Grundstücken selbst erfolgen. In den Entwässerungsanträgen ist daher vor Baubeginn die vollständige Rückhaltung bzw. der Verbrauch der Wässer auf den jeweiligen Grundstücken detailliert nachzuweisen. Ein Notüberlauf an die Städtische Entwässerung ist zulässig. Drainagen dürfen nicht an die Entwässerungsanlagen (Kanalisation) angeschlossen werden.

Für den Bereich dieser vereinfachten Änderung ist die Baunutzungsverordnung i. d. F. vom 23. 1. 1990 maßgebend.

10.2 AUFGABEN UND STELLUNG DER AM BAU BETEILIGTEN PERSONEN

Bautätigkeit

Im Rahmen der Bautätigkeit hat der Neubau von Wohnungen ein weit größeres Ausmaß als der Gewerbebau. Des Weiteren gelten für den Wohnungsbau oftmals spezielle Gesetzesvorschriften, sodass sich die folgenden Darstellungen primär an den Erfordernissen des Wohnungsbaues orientieren werden.

Hauptleistungen von Wohnungsunternehmen

Die Wohnungserstellung ist eine der Hauptleistungen von Wohnungsunternehmen; sie betätigen sich als Bauherr von Miet- und Genossenschaftswohnungen, Eigentumswohnungen und z. B. Kaufeigenheimen.

Das Hauptbetätigungsfeld der unternehmerischen Wohnungswirtschaft ist der Bau von Mehrfamilienhäusern in Form von Miet- und Eigentumswohnungen.

Bauherr: ist derjenige, der als natürliche oder juristische Person die Voraussetzungen für den Bau von Wohnungen zu schaffen hat. Da ist zunächst der Erwerb eines geeigneten Grundstücks, z. B. durch Kauf oder auch durch die Einräumung eines Erbbaurechtes durch den Grundstückseigentümer. Des Weiteren hat er eine Baugenehmigung bei der zuständiger Behörde zu beantragen, ist für die Beschaffung der Finanzierungsmittel verantwortlich und trägt die Risiken hinsichtlich der Baudurchführung und der Entwicklung der Baukosten. Auch hinsichtlich der Wirtschaftlichkeit des Objektes trägt er allein Verantwortung. Können z. B. die in die wirtschaftliche Planungsrechnung eingesetzten Mieten am Markt nicht realisiert werden oder sind die vom Bauherrn erstellten Kaufeigentumswohnungen in einer bestimmten Lage zum erwarteten Verkaufspreis nicht zu verkaufen, so trägt er allein das Risiko.

Architekt: ist der Planverfasser und im Rahmen eines Architektenvertrages mit dem Bauherrn dafür verantwortlich, dass das Bauwerk nach den anerkannten Regeln der Baukunst und der Bautechnik keine Fehler aufweist, die den Wert des Bauwerkes aufheben oder mindern, und über die zugesicherten Eigenschaften verfügt.

Planausführende: sind die Unternehmen, die die erforderlichen Gewerke bei der Bauerstellung aufgrund eines mit dem Bauherrn abgeschlossenen Bauvertrages errichten, und zwar vom Aushub der Baugrube über Maurer- und Stahlbeton-, Zimmerer- und Dachdeckerarbeiten (Rohbau) bis hin zu der gesamten Palette der Ausbaugewerke (Estrich, Installations-, Elektro-, Putz- und Fliesenarbeiten usw.).

10.3 BAUVORBEREITUNG

Bauvorbereitung

In der Phase der Bauvorbereitung ist u. a. die Frage zu klären, ob das Wohnungsunternehmen die planerischen Arbeiten durch die eigene technische Abteilung ausführen lassen oder sich der Dienste eines externen Architekten bedienen will. Vorteile für den angestellten Architekten sind:

Er ist
- eng weisungsgebunden,
- immer verfügbar,
- kostengünstiger als die Honorierung nach der HOAI.

Als Nachteile ließen sich nennen,
- in der Regel gleicher bzw. ähnlicher Baustil,
- Haftung liegt beim Unternehmen selbst.

10.3.1 Der Architektenvertrag

Wenn sich das Wohnungsunternehmen für einen externen Architekten entschieden hat, wird es mit diesem einen Vertrag abschließen. Zwar ist – wie bei den meisten anderen schuldrechtlichen Verträgen auch – eine Schriftform nicht vorgeschrieben; es ist jedoch eigentlich selbstverständlich, dass so wichtige Verträge schriftlich abgefasst werden.

Die Leistungspflichten des Architekten ergeben sich aus § 33 der HOAI (Honorarordnung für Architekten und Ingenieure).

HOAI § 33 Leistungspflichten

	Honoraranteile
1. Grundlagenermittlung	3 %
2. Vorplanung	7 %
3. Entwurfsplanung	11 %
4. Genehmigungsplanung	6 %
5. Ausführungsplanung	25 %
6. Vorbereitung der Vergabe	10 %
7. Mitwirkung bei der Vergabe	4 %
8. Objektüberwachung (Bauüberwachung)	31 %
9. Objektbetreuung und Dokumentation	3 %
	100 %

Allgemein rechnet man die Phasen 1–4 zur so genannten Planungsphase, die Phasen 5–8 zur Ausführungsphase; die Phase 9 umfasst Tätigkeiten des Architekten nach Fertigstellung des Bauvorhabens.

Planungsphase

Werden dem Architekten alle 9 Phasen des Leistungskatalogs übertragen, spricht man von Vollarchitektur. Es ist aber auch möglich, nur einzelne Teile des gesamten Leistungskatalogs von dem Architekten ausführen zu lassen.

Die ausgewiesenen Honoraranteile in % geben den Anteil der einzelnen Phasen am Gesamthonorar und den damit verbundenen Arbeitsaufwand wieder.

In den Leistungsphasen 1 und 2 einigen sich Architekt und Bauherr noch vorläufig darüber, wie das Objekt hinsichtlich der Möglichkeiten z. B. des Bebauungsplanes aussehen soll. Die Kontaktaufnahme zur Baubehörde gehört dazu wie erste zeichnerische Entwürfe und eine grobe Kostenschätzung.

Die Entwurfsplanung beinhaltet die Erstellung von Zeichnungen, die den Bau schon konkret erkennen lassen. In dieser Phase ist auch grundsätzlich mit den Behörden zu klären, ob das Objekt so genehmigt werden kann.

In der sich daran anschließenden Genehmigungsplanung stellt der Architekt den Bauantrag zur Erlangung der Baugenehmigung mit allen erforderlichen Unterlagen.

Ausführungsplanung

Es schließt sich dann die Phase der Ausführungsplanung an, in der die in den Vorphasen gewonnenen Erkenntnisse und evtl. Auflagen der Baubehörde zeichnerisch ausgestaltet werden. In diese Phase gehört z. B. die Detailzeichnung für den Heizungsinstallateur (Größe und Standort der Radiatoren), den Elektroinstallateur (z B. Anzahl und Lage der Steckdosen) usw.

Zur Vorbereitung der Vergabe werden vom Architekten aus den aus Phase 5 vorliegenden Unterlagen die sehr detaillierten Leistungsverzeichnisse für die einzelnen Gewerke erstellt.

In der nächsten Phase wirkt der Architekt bei der Vergabe der Bauaufträge mit. Dazu gehören u. a. die Erstellung der Vertragsbedingungen, später der Vergleich der eingehenden Angebote und die Mithilfe bei der Auftragserteilung durch den Bauherrn.

Objektüberwachung

Nach der Vergabe der Bauaufträge beginnt mit der Objektüberwachung die eigentliche Haupttätigkeit des Architekten. In dieser Phase hat der Architekt den Bauablauf technisch zu überwachen, die zeitliche Abfolge der einzelnen Gewerke zu koordinieren und nach Fertigstellung abzunehmen. Die dann eingehenden Rechnungen der am Bau beteiligten Unternehmen hat er zu kontrollieren, und zwar sachlich (Aufmaße z. B. lfd. m Dachrinne oder m^2 Wand- und Bodenfliesen) und rechnerisch.

Die letzte Phase ist zwar in der Regel nicht sehr arbeitsaufwendig, kann sich aber über einen langen Zeitraum hinziehen. Denn im Rahmen der Objektbetreuung muss der Architekt z. B. vor Ablauf der Gewährleistungsfristen den Bau auf evtl. Mängel überprüfen und die Beseitigung überwachen.

Werkvertrag

Der Architektenvertrag ist ein Werkvertrag. Der Architekt hat dafür zu sorgen, dass das Bauwerk nach den anerkannten Regeln der Baukunst und Bautechnik errichtet wird.

Wenn Mängel vorliegen, haftet der Architekt nur, wenn er objektive Pflichtverletzungen begeht; diese müssen ursächlich für den Schaden und von ihm verschuldet sein. Pflichtverletzungen solcher Art können vorliegen, wenn dem Architekten Planungsfehler unterlaufen sind, bei der Ausschreibung z. B. die Leistungsverzeichnisse mangelhaft gewesen sind oder es insbesondere in der Phase der Bauüberwachung durch unzureichende Kontrolle zu Mängeln kommt.

10.3.2 Bauzeichnungen und Grundrisse

Im Rahmen der Entwurfs-, Genehmigungs- und Ausführungsplanung werden vom Architekten im Maßstab 1:100 die Grundrisse sämtlicher Geschosse, die Ansichten und Querschnitte zeichnerisch dargestellt. Für die Ausführungsplanung werden Teilzeichnungen in den Maßstäben 1:20, 1:10, 1:5 und teilweise auch 1:1 angefertigt (siehe hierzu die Grundrisse auf den folgenden Seiten).

10.3.3 Das Architektenhonorar nach der HOAI (Honorarordnung für Architekten und Ingenieure)

Für die Leistung, die der Architekt in der Planungs- und Bauphase erbringt, erhält er sein Honorar nach der HOAI. Dieses Honorar geht als Baunebenkosten in die Baukosten und somit in die Gesamtkosten für ein Bauobjekt ein; errechnet wird es für erbrachte Grundleistungen bei Gebäuden bzw. raumausbildenden Ausbauten nach folgenden Kriterien: HOAI
- Höhe der anrechenbaren Kosten im Sinne des § 4 HOAI unter Anwendung des Kostenermittlungsverfahrens nach DIN 276, HOAI § 4
- den Grundleistungen nach dem Leistungsbild,
- der Honorarzone, der das Objekt zuzuordnen ist und
- der Honorartafel gemäß § 34 HOAI.

Als Grundlage für die Ermittlung der anrechenbaren Kosten werden für die Leistungsphasen 1–4 die Beträge der Kostenberechnung zugrunde gelegt, die im Rahmen der Entwurfsplanung zu leisten sind. Für die Phasen 5–9 sind es die Beträge der Kostenfeststellung, die im Rahmen der Leistungsphase 8 (Objektüberwachung) aufzuwenden sind. Auf weitere Einzelheiten soll hier nicht näher eingegangen werden, jedoch gehören z. B. die Grund- und Bodenkosten, die Kosten der Außenanlagen und Baunebenkosten nicht zu den anrechenbaren Kosten im Sinne der HOAI.

Das Leistungsbild nach § 5 der HOAI s. 10.3.1.

	Die Honorarzonen gliedern sich wie folgt:
Honorarzone I:	Gebäude mit sehr geringer Planungsanforderung
Honorarzone II:	Gebäude mit geringer Planungsanforderung
Honorarzone III:	Gebäude mit durchschnittlicher Planungsanforderung
Honorarzone IV:	Gebäude mit überdurchschnittlicher Planungsanforderung
Honorarzone V:	Gebäude mit sehr hoher Planungsanforderung

Gebäude, die im Mietwohnungsbau errichtet werden, fallen in der Regel in die Honorarzone III.

10. IMMOBILIENENTWICKLUNG

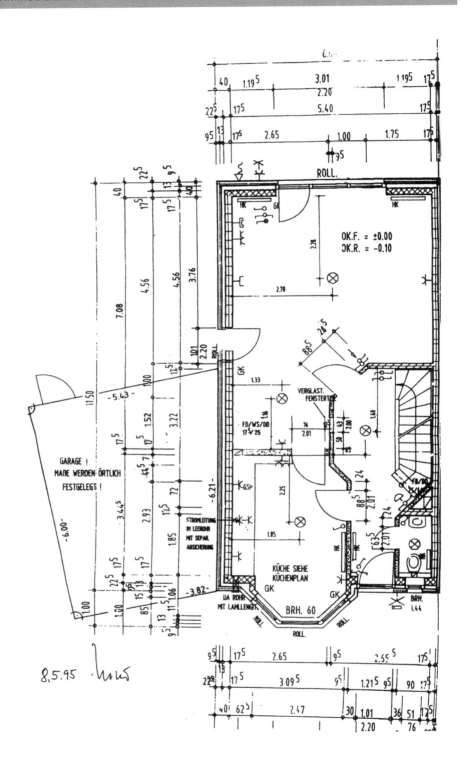

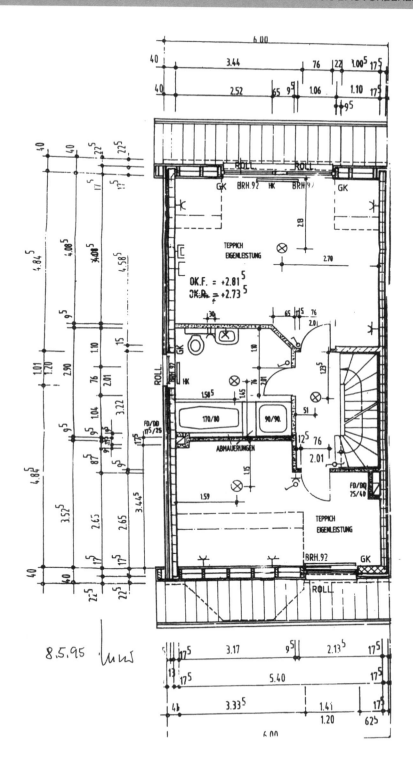

HOAI § 34 Honorartafel

In der Honorartafel nach § 34 der HOAI sind je Honorarzone Mindest- und Höchstsätze ausgewiesen. Wird zwischen Bauherr und Architekt keine Vereinbarung hinsichtlich der Höhe des Honorars getroffen, gelten die Mindestsätze als vereinbart. In der Regel müssen vereinbarte Honorare zwischen Mindest- und Höchstsatz liegen.

Honorartafel für Grundleistungen bei Gebäuden nach § 34 HOAI – Auszug –

anrechenbare Kosten	Zone III – Mindesthonorar
400.000,00 €	41.940,00 €
450.000,00 €	45.498,00 €

Ein einfaches Beispiel soll den grundsätzlichen Weg für die Errechnung des Architektenhonorars verdeutlichen

Sachverhalt:
Ein Mietwohnhaus mit vier Wohnungen à 78 m² Wohnfläche; anrechenbare Kosten 420.000,00 €; Honorarzone III; Mindesthonorar; alle Leistungsphasen gemäß § 15 HOAI wurden erbracht.

Lösung:
Nach der Honorartafel Zone III beträgt das Mindesthonorar

bei anrechenbaren Kosten von	400.000,00 €	= 41.940,00 €
bei anrechenbaren Kosten von	450.000,00 €	= 45.498,00 €
Differenz der anrechenbaren Kosten von	50.000,00 €	= 3.558,00 €
Differenz der anrechenbaren Kosten von	20.000,00 €	= 1.423,00 €
Grundwert bei anrechenbaren Kosten von	400.000,00 €	= 41.940,00 €
+ Differenzwert von 20.000,00 €		1.423,00 €
= Mindesthonorar von 420.000,00 €		43.363,00 €

Auf dieses Honorar ist dann noch die Umsatzsteuer zu entrichten.

Grundleistungen

Werden die Grundleistungen nur teilweise erbracht, so errechnet sich das Honorar entsprechend dem prozentualen Anteil. Hätte der Architekt nur die Grundleistungsphasen 1–7 erbracht, so betrüge das anteilige Honorar 66 % von 43.363,00 € (100 % minus 31 % Phase 8, minus 3 % Phase 9) = 28.619,58 € zuzüglich Umsatzsteuer.

Insbesondere im Bauträgergeschäft bei z. B. Kaufreiheneigenheimen werden oftmals mehrere Objekte gleichen Typs gebaut; sie unterscheiden sich im Grundriss usw. nicht, u. U. ist der Grundriss spiegelbildlich. Umfasst ein Auftrag mehrere im Wesentlichen gleichartige Objekte, die im zeitlichen oder örtlichen Zusammenhang unter gleichen baulichen Verhältnissen geplant und errichtet werden sollen, oder Objekte nach Typenplanung oder Serienbauten, so sind für die erste bis vierte Wiederholung die Prozentsätze der Leistungsphase 1 bis 7 um 50 %, von der fünften bis siebten Wiederholung um 60 % und ab der achten Wiederholung um 90 % zu mindern.

10.4 BAUDURCHFÜHRUNG

10.4.1 Übersicht vom Bauablauf bis zur Schlussabnahme

In den Bauordnungen der Bundesländer ist festgelegt, dass vor Beginn einer baulichen Maßnahme die Übereinstimmung mit dem materiellen Baurecht zu prüfen ist. Dabei handelt es sich um die Errichtung, die Änderung oder den Abbruch von baulichen Anlagen. Dieses Baugenehmigungsverfahren wird durch einen schriftlichen Antrag bei der zuständigen Gemeinde eingeleitet; zuständig ist die Gemeinde, in der das Grundstück liegt.

Bauordnungen

Baugenehmigungsverfahren

Vordruck eines Bauantrags s. nächste Seite.

Im Bauantrag sind in der Regel anzugeben:
1. Lage und Bezeichnung des Bauvorhabens, also die postalische und katastermäßige Bezeichnung des Grundstücks mit der Kennzeichnung des Bauvorhabens, z. B. Mietwohnhaus mit 4 WE,
2. Personalangaben, Namen und Anschriften des Bauherrn, Entwurfverfassers und Bauleiters,
3. Sonstige Angabe, z. B. Rohbaukosten, Gesamtkosten, Summe des umbauten Raums und der Wohnfläche und Nutzfläche.

Mit dem Bauantrag sind die Bauvorlagen einzureichen. Welche das sind, ergibt sich z. B. aus den Bauvorlagenverordnungen der Länder. Normalerweise werden verlangt:
– Amtlicher Lageplan,
– Baubeschreibung einschl. Nachweise über Wärme-, Schall- und Brandschutz,
– Bauzeichnungen (Grundrisse/Ansichten/Schnitte),
– Statische Berechnungen,
– Berechnung des umbauten Raums und der Wohn- und Nutzfläche,
– Darstellung der Grundstücksentwässerung.

Bauantrag

Weitere Unterlagen sind denkbar.

Ist die Gemeinde selbst Genehmigungsbehörde, werden sämtliche Unterlagen in zweifacher Ausfertigung verlangt, ansonsten dreifach. Sowohl der Bauantrag als auch alle anderen Bauvorlagen sind vom Bauherrn und Architekten zu unterschreiben; gegebenenfalls auch durch den Bauleiter.

Damit das Genehmigungsverfahren zügig vorangehen kann, ist es sinnvoll, dass die erforderlichen Bauvorlagen mangelfrei und vollständig sind. Die Genehmigungsbehörde prüft die Zulässigkeit des beantragten Bauvorhabens.

Entspricht das beantragte Bauvorhaben den öffentlich-rechtlichen Vorschriften, so ist die Baugenehmigung zu erteilen (Bauschein mit fortlaufender Nummerierung je Kalenderjahr). Häufig werden im Bauschein Nebenbestimmungen vorgegeben, die der Bauherr zu erfüllen hat. Dies können z. B. sein:
– Errichtung von Kinderspielplätzen mit Quadratmeterangabe,
– Begrünungsgebot für Freiflächen,
– Verwendung feuerfester Türen vom Treppenhaus zum Kellergeschoss,
– Lüftungseinrichtungen für WC-Räume und Bäder ohne Fenster,
– Stellplatznachweis etc.

	An die untere Bauaufsichtsbehörde (bei Bauantrag oder Antrag auf Vorbescheid)
	An die Gemeinde (bei Vorlage in der Genehmigungsfreistellung)

PLZ, Ort

Eingangsvermerk

Aktenzeichen

☐ **Bauantrag** ☐ **Vorlage an die Gemeinde in der Genehmigungsfreistellung** (§ 67 BauO NW)

☐ **Antrag auf Vorbescheid**

Weiterbehandlung als Bauantrag, wenn die Gemeinde erklärt, daß ein Genehmigungsverfahren durchgeführt werden soll:

☐ ja (bitte Abschnitt II ausfüllen)   ☐ nein (bitte Abschnitt III ausfüllen)

Bauherrin/Bauherr Antragstellerin/Antragsteller	Bevollmächtigte/Bevollmächtigter der Bauherrin/des Bauherrn	Entwurfsverfasserin / Entwurfsverfasser
Name, Vorname, Firma	Name, Vorname, Firma	Name, Vorname, Firma
Straße, Hausnummer	Straße, Hausnummer	Straße, Hausnummer
PLZ, Ort	PLZ, Ort	PLZ, Ort
Telefon (mit Vorwahl) / Telefax	Telefon (mit Vorwahl) / Telefax	Telefon (mit Vorwahl) / Telefax

Baugrundstück

Ort, Straße, Hausnummer

Gemarkung(en)	Flur(en)	Flurstück(e)

Eigentümerin/Eigentümer

Genaue Bezeichnung des Vorhabens (Errichtung, Änderung, Nutzungsänderung)

z. B. von Wohngebäuden, Gebäuden für landwirtschaftliche Betriebe oder Gewerbebetrieben mit Garagen/Stellplätzen (Anzahl)

Bei Nutzungsänderungen:

Bisherige Nutzung

Beabsichtigte Nutzung

Genaue Fragestellung zum Vorbescheid (Dem Antrag auf Erteilung eines Vorbescheides sind die Bauvorlagen beizufügen, die zur Beurteilung der durch den Vorbescheid zu entscheidenden Fragen des Bauvorhabens erforderlich sind. Bitte erkundigen Sie sich im Zweifelsfall bei Ihrer Bauaufsichtsbehörde, welche Bauvorlagen im Einzelnen zur Klärung Ihrer konkreten Fragen vorzulegen sind.)

Bindungen zur Beurteilung des Vorhabens	Bescheid vom	erteilt von (Behörde)	Aktenzeichen
☐ Vorbescheid			
☐ Teilungsgenehmigung			
☐ Befreiungs-/Abweichungsbescheid			
☐ Baulast Nr.			
☐			

Fortsetzung Blatt 2

10.4 BAUDURCHFÜHRUNG

Die angekreuzten Bauvorlagen und weitere Unterlagen im Sinne der BauPrüfVO sind beigefügt.
(Die Klammerwerte für die Zahl der Ausfertigungen gelten, wenn der Kreis untere Bauaufsichtsbehörde ist. Weitere Ausfertigungen sollen zur Beschleunigung des Verfahrens eingereicht werden, wenn andere Behörden oder Dienststellen zu beteiligen sind.)

I. Bauvorlagen (Unterlagen und Nachweise bei Vorhaben, die dem üblichen, nicht vereinfachten Genehmigungsverfahren unterliegen)

A. Allgemeine Bauvorlagen

Zu Nrn. 1 und 2: Siehe Hinweise auf der Rückseite von Blatt 3

1. ☐ 2 - (3) - fach Lageplan
2. ☐ 2 - (3) - fach Berechnung des Maßes der baulichen Nutzung (§ 2 Abs. 2 BauPrüfVO)
   (nur im Bereich eines Bebauungsplanes oder einer Satzung nach BauGB oder BauGBMaßnahmenG)
3. ☐ 2 - (3) - fach Beglaubigter Auszug aus der Liegenschaftskarte/Flurkarte
   (nur bei Vorhaben nach den §§ 34 oder 35 des Baugesetzbuches; Beglaubigung nicht erforderlich bei Beibringung eines amtlichen Lageplanes)
4. ☐ 2 - (3) - fach Auszug aus der Deutschen Grundkarte 1:5000
   (nur bei Vorhaben nach den §§ 34 oder 35 des Baugesetzbuches)
5. ☐ 2 - (3) - fach Bauzeichnungen
6. ☐ 2 - (3) - fach Rechnerischer Nachweis über die Höhe des Fußbodens des höchstgelegenen Aufenthaltsraumes über der Geländeoberfläche
7. ☐ 2 - (3) - fach Baubeschreibung auf amtlichem Vordruck
8. ☐ 2 - fach Nachweis der Standsicherheit (§ 6 Abs. 1 BauPrüfVO) einschl. d. statisch-konstrukt. Brandschutzes
   ☐ mit Bescheinigung der/des staatlich anerkannten Sachverständigen (§ 72 Abs. 7 BauO NW)
9. ☐ 2 - fach Nachweis des Schallschutzes (§ 6 Abs. 3 BauPrüfVO)
   ☐ mit Bescheinigung der/des staatlich anerkannten Sachverständigen (§ 72 Abs. 7 BauO NW)
10. ☐ 1 - fach Bescheinigung der/des staatlich anerkannten Sachverständigen, daß das in den Bauvorlagen dargestellte Bauvorhaben den Anforderungen an den baulichen Brandschutz entspricht (§ 72 Abs. 7 BauO NW)
11. ☐ 1 - fach Nachweis des baulichen Brandschutzes (nur soweit erforderlich - siehe § 6 Abs. 2 BauPrüfVO)
12. ☐ 1 - fach Bei Gebäuden: Berechnung des umbauten Raumes nach DIN 277
13. ☐ Bei baulichen Anlagen, die nicht Gebäude sind:

    Herstellungskosten einschl. Umsatzsteuer .... DM

B. Zusätzliche Unterlagen für Vorhaben besonderer Art oder Nutzung

14. ☐ 2 - (3) - fach Betriebsbeschreibung für gewerbliche Betriebe auf amtlichem Vordruck
    (ggf. mit Maschinenaufstellungsplan mit Rettungswegen und Notausgängen, falls nicht bereits in den Grundrißzeichnungen dargestellt)
15. ☐ 2 - (3) - fach Betriebsbeschreibung für landwirtschaftliche Betriebe auf amtlichem Vordruck
16. ☐ 3 - fach Bauvorlagen für besondere Bauvorhaben
    (siehe § 20 Garagenverordnung, § 18 Geschäftshausverordnung, § 106 Versammlungsstättenverordnung, § 37 Krankenhausbauverordnung, § 29 Gaststättenbauverordnung, § 8 EltBauVO)
17. ☐ Mehrfachausfertigungen der Unterlagen zu Nr(n). _____ ☐ werden nachgereicht ☐ sind beigefügt

C. Sonstiges

18. ☐ Nachweis der Bauvorlagenberechtigung, soweit erforderlich
19. ☐ Erhebungsbogen für die Baustatistik
20. ☐ Die in Nr(n) ☐ 8, ☐ 9 genannten bautechnischen Nachweise sind nicht beigefügt.
    Ich verpflichte mich,
    ☐ diese Nachweise nachzureichen
    alternativ:
    ☐ diese Nachweise zusammen mit entsprechenden Bescheinigungen staatlich anerkannter Sachverständiger nach § 72 Abs. 7 BauO NW nachzureichen.

Mir ist bekannt, daß die Baugenehmigung erst erteilt werden kann, wenn diese Nachweise und Bescheinigungen der Bauaufsichtsbehörde vorliegen und daß diese von mir die Zahlung eines angemessenen Vorschusses oder einer angemessenen Sicherheitsleistung bis zur Höhe der voraussichtlichen Baugenehmigungsgebühr verlangen wird. Falls die Nachweise und Bescheinigungen nach Ablauf von drei Monaten nach Eingang des Bauantrages der Bauaufsichtsbehörde nicht vorliegen, wird der Bauantrag kostenpflichtig abgelehnt werden.

Fortsetzung Blatt 3

II. Bauvorlagen, Unterlagen und Nachweise bei Vorhaben, die dem vereinfachten Genehmigungsverfahren unterliegen (§ 68 BauO NW)

Zu Nrn. 1 und 2: Siehe Hinweise auf der Rückseite von Blatt 3

1. ☐ 2 - (3) - fach Lageplan
2. ☐ 2 - (3) - fach Berechnung des Maßes der baulichen Nutzung (§ 2 Abs. 2 BauPrüfVO)
(nur im Bereich eines Bebauungsplanes oder einer Satzung nach BauGB oder BauGBMaßnahmenG)
3. ☐ 2 - (3) - fach Beglaubigter Auszug aus der Liegenschaftskarte/Flurkarte
(nur bei Vorhaben nach den §§ 34 oder 35 des Baugesetzbuches; Beglaubigung nicht erforderlich bei Beibringung eines amtlichen Lageplanes)
4. ☐ 2 - (3) - fach Auszug aus der Deutschen Grundkarte 1:5000
(nur bei Vorhaben nach den §§ 34 oder 35 des Baugesetzbuches)
5. ☐ 2 - (3) - fach Bauzeichnungen
6. ☐ 2 - (3) - fach Rechnerischer Nachweis über die Höhe des Fußbodens des höchstgelegenen Aufenthaltsraumes über der Geländeoberfläche
7. ☐ 2 - (3) - fach Baubeschreibung auf amtlichem Vordruck
8. ☐ 1 - fach Bei Gebäuden: Berechnung des umbauten Raumes nach DIN 277
9. ☐ 1 - fach Bei baulichen Anlagen, die nicht Gebäude sind:

Herstellungskosten einschl. Umsatzsteuer .... [   ] DM

10. ☐ Nachweis der Bauvorlagenberechtigung, soweit erforderlich
11. ☐ Erhebungsbogen für die Baustatistik
12. **Erklärung der Entwurfsverfasserin/des Entwurfsverfassers nach § 68 Abs. 4 BauO NW**
(nur bei Wohngebäuden geringer Höhe)
Ich erkläre hiermit, daß das in den beigefügten Bauvorlagen dargestellte Bauvorhaben den Anforderungen an den Brandschutz entspricht und die hierzu in den Bauvorlagen gemachten Angaben vollständig und richtig sind.

Nur bei Wohngebäuden mittlerer Höhe und bei Mittelgaragen:

13. ☐ 1 - fach Bescheinigung der/des staatlich anerkannten Sachverständigen, daß das in den Bauvorlagen dargestellte Bauvorhaben den Anforderungen an den baulichen Brandschutz entspricht (§ 72 Abs. 7 BauO NW)
14. ☐ 2 - fach Nachweis des baulichen Brandschutzes (nur soweit erforderlich - siehe § 6 Abs. 2 BauPrüfVO)
Hinweis: Bei Mittelgaragen müssen die Bauvorlagen, soweit erforderlich, zusätzliche Angaben enthalten über:
1. die Zahl, Abmessung und Kennzeichnung der Einstellplätze und Fahrgassen;
2. die Brandmelde- und Feuerlöschanlagen; 3. Die CO-Warnanlagen; 4. die Lüftungsanlagen.

15. ☐ Mehrfachausfertigungen der Unterlagen zu Nr(n). [   ]   ☐ werden nachgereicht   ☐ sind beigefügt

III. Bauvorlagen, Unterlagen in der Genehmigungsfreistellung (§ 67 BauO NW)

Zu Nrn. 1 und 2: Siehe Hinweise auf der Rückseite von Blatt 3

1. ☐ 1 - fach Lageplan
2. ☐ 1 - fach Berechnung des Maßes der baulichen Nutzung (§ 2 Abs. 2 BauPrüfVO)
3. ☐ 1 - fach Bauzeichnungen
4. ☐ 1 - fach Rechnerischer Nachweis über die Höhe des Fußbodens des höchstgelegenen Aufenthaltsraumes über der Geländeoberfläche
5. ☐ Erhebungsbogen der Baustatistik
6. **Erklärung der Entwurfsverfasserin/des Entwurfsverfassers nach § 67 Abs. 2 Satz 1 BauO NW**
Ich erkläre hiermit, daß das in den beigefügten Bauvorlagen dargestellte Bauvorhaben den Anforderungen an den Brandschutz entspricht und die hierzu in den Bauvorlagen gemachten Angaben vollständig und richtig sind.

Mir ist bekannt, daß die Bauaufsichtsbehörde den Bauantrag (Nr. I oder II) gebührenpflichtig zurückweisen wird, wenn die Bauvorlagen unvollständig sind oder erhebliche Mängel aufweisen (§ 72 Abs. 1 Satz 2 BauO NW).

Ort, Datum	Ort, Datum	Ort, Datum
Unterschrift Bauherrin/Bauherr	Unterschrift Bevollmächtigte(r)	Unterschrift Entwurfsverfasser(in)*)

*) Diese Unterschrift gilt, soweit einschlägig, auch für die Erklärung nach Nr. II/12 bzw. Nr. III/6

Die erteilte Baugenehmigung erlischt, wenn nicht innerhalb einer bestimmten Zeit (je nach Bundesland zwischen 1 und 4 Jahren) mit dem Bau begonnen wurde; auf Antrag kann die Frist verlängert werden.

Ohne Baugenehmigung darf mit dem Bau nicht begonnen werden; es sei denn, es handelt sich um Bauvorhaben, für die nach den Landesbauordnungen eine Bauanzeige genügt (z. B. für Schuppen, Baustelleneinrichtungen usw.).

Da die Abwicklung des Bauvorhabens der Bauaufsicht unterliegt, werden Kontrollen durchgeführt (z. B. Kontrolle der Moniereisen vor dem Gießen von Betondecken). Ist der Rohbau fertig gestellt, erteilt die Behörde die „Bescheinigung Bauzustandsbesichtigung Rohbau". In ihr wird bestätigt, wann die Besichtigung des Rohbaus stattgefunden hat und dass gegen die Fortführung der Bauarbeiten keine Bedenken bestehen. Nach Beendigung der Baumaßnahme wird die „Bescheinigung Bauzustandsbesichtigung Fertigstellung" ausgestellt (Schlussabnahmeschein). Hier bestätigt die Behörde die Besichtigung des fertig gestellten Gebäudes und testiert, dass gegen die Benutzung der baulichen Anlagen keine Bedenken bestehen. *Abwicklung des Bauvorhabens*

Rohbau- und Schlussabnahmeschein werden auch zum Abruf der Fremdmittel benötigt.

10.4.2 Grundlegende Bestimmungen von Bauordnungen

Die einzelnen Bundesländer haben für die Errichtung baulicher und anderer Anlagen und Einrichtungen Landesbauordnungen erlassen, die sich inhaltlich im Wesentlichen decken. Bauliche Anlagen sind mit dem Erdboden verbunden, aus Baustoffen und Bauteilen hergestellt. Dazu gehören auch z. B. Sport- und Spielplätze und Stellplätze für Kraftfahrzeuge. *Landesbauordnungen*

Für das Land Nordrhein-Westfalen datiert die Landesbauordnung vom 26. 6. 1984, zuletzt geändert durch Gesetz vom 1. 3. 2000; sie trat am 1. 6. 2000 in Kraft. *BauONW*

Der erste Teil enthält allgemeine Vorschriften hinsichtlich des Anwendungsbereichs, der Begriffe und der allgemeinen Anforderungen. Hier ist z. B. festgelegt, dass als allgemein anerkannte Regeln der Technik, nach denen bauliche Anlagen zu erstellen sind, auch die von der obersten Bauaufsichtsbehörde oder der von ihr bestimmten Behörde durch öffentliche Bekanntmachung eingeführte Bestimmungen gelten.

Im zweiten Teil sind geregelt:
- Die Bebauung der Grundstücke mit Gebäuden, z. B. erst nach erfolgter Erschließung,
- die Zufahrten von öffentlichen Verkehrsflächen zum zu bebauenden Grundstück, z. B. für die Feuerwehr,
- die Abstandsflächen von Gebäuden zu den Nachbargrenzen,
- die Teilung von Grundstücken.

Im dritten Teil finden sich
- allgemeine Anforderungen an die Bauausführung wie Gestaltung der baulichen Anlagen, Einrichtung der Baustellen, Standsicherheit, Brandschutz usw.,
- Regelungen hinsichtlich der zu verwendenden Baustoffe, Bauteile und Bauarten,

- die Ausführungsvorschriften für Wände, Decken, Dächer, z. B. für Brandwände,
- die Gestaltung der Treppen, Flure, Rettungswege und Aufzüge sowie der Fenster und Türen,
- technische Vorschriften für die Errichtung von haustechnischen Anlagen, z. B. der Feuerungsanlage oder der Lagerung von Brennstoffen,
- Ausführungen, wie Aufenthaltsräume, Wohnungen und Bäder beschaffen sein müssen,
- die Vorschrift, Garagen oder Stellplätze in ausreichender Anzahl vorzusehen.

Der vierte Teil beschreibt die Zuständigkeit und Pflichten des Bauherrn, des Entwurfverfassers, Unternehmens und Bauleiters.

Der fünfte Teil enthält Regelungen über die Bauaufsichtsbehörden und deren Zuständigkeiten, Aufgaben und Befugnisse.

Des Weiteren finden sich hier Vorschriften über genehmigungsbedürftige sowie genehmigungsfreie Bauvorhaben, Geltungsdauer von erteilten Baugenehmigungen, Bauänderungen, Bauzustandsberichte z. B. Rohbau- und Schlussabnahme und der Baulasten im Baulastenverzeichnis.

Der letzte Teil behandelt Bußgeldvorschriften z. B. bei Ordnungswidrigkeiten, Rechts-, Übergangs- und Schlussvorschriften.

In der neuen Bauordnung des Landes Nordrhein-Westfalen finden sich Vorschriften über

genehmigungsfreie Vorhaben nach § 65 BauONW, z. B. Gebäude
- bis zu 30 m^3 umbauten Raum,
- Wochenendhäuser auf genehmigten Wochenendplätzen,
- Einfriedungen, Stützmauern,
- Stellplätze etc.,

genehmigungsfreie Anlagen nach § 66 BauONW, z. B.
- Anlagen zur Verteilung von Wärme bei Wasserheizungsanlagen,
- Wärmepumpen,
- Lüftungsanlagen etc.,

genehmigungsfreie Wohngebäude, Stellplätze und Garagen nach § 67 BauONW, z. B.
- Wohngebäude mittlerer und geringer Höhe, wenn
- das Vorhaben den Festsetzungen des Bebauungsplans entspricht,
- die Erschließung gesichert ist,
- die Gemeinde nicht innerhalb eines Monats nach Eingang der Bauvorlagen erklärt, dass ein Genehmigungsverfahren durchgeführt werden soll,
- dann kann mit dem Bau einen Monat nach Eingang der Bauvorlagen bei der Gemeinde begonnen werden,

Vereinfachte Genehmigungsverfahren nach § 68 BauONW, soweit die Vorhaben nicht nach §§ 64 bis 67 genehmigungsfrei sind; hier hat die Bauaufsichtsbehörde über den Bauantrag innerhalb einer Frist von 6 Wochen zu entscheiden.

10.4.3 Die verschiedenen Arten der Vergabe von Bauleistungen

Die Vergabe ist geregelt in Teil A der Vergabe- und Vertragsordnung für Bauleistungen (VOB).

VOB, Teil A
§§ 2 ff.

Danach sind Bauleistungen Arbeiten jeder Art, durch die eine bauliche Anlage hergestellt, instand gehalten, geändert oder beseitigt wird. Um für diese Bauleistungen Angebote einzuholen, kann man sich der folgenden Vergabearten bedienen:
- Öffentliche Ausschreibung,
- beschränkte Ausschreibung ohne öffentlichen Teilnahmewettbewerb,
- beschränkte Ausschreibung nach öffentlichem Teilnahmewettbewerb,
- freihändige Vergabe ohne öffentlichen Teilnahmewettbewerb,
- freihändige Vergabe nach öffentlichem Teilnahmewettbewerb.

- **Öffentliche Ausschreibung**

- Bei der öffentlichen Ausschreibung werden Bauleistungen nach öffentlicher Aufforderung einer unbeschränkten Zahl von Unternehmen zur Einreichung von Angeboten ausgeschrieben. Dies geschieht durch Inserate in Tageszeitungen, Fachzeitschriften o.ä. Eine Anzeige könnte so aussehen:

Öffentliche Ausschreibung

Die Wohnbau AG in Musterhausen schreibt für den Neubau von 96 Wohneinheiten zwischen 62 m^2 Wohnfläche und 88 m^2 Wohnfläche folgende Bauarbeiten öffentlich aus:

- Erd- und Gründungsarbeiten
- Maurer- und Betonarbeiten
- Zimmerer- und Dachdeckerarbeiten
- Sämtliche Ausbaugewerke

Ausführungszeit: Oktober 20xy bis Januar 20xy (Näheres regeln die Leistungsverzeichnisse)

Ausschreibungsunterlagen können gegen Überweisung einer Gebühr von 20,00 € je Gewerk angefordert werden.

Submissionstermin: 3. April 20xy, 10.00 Uhr, Sitzungszimmer 3. Stock

Musterhausen, den 4. Januar 20xy
Wohnbau AG, Platanenallee 86-92

Der Vorteil dieses Verfahrens liegt darin, dass die Anzahl der Bieter sehr hoch ist und die abgegebenen Angebotspreise i. d. R. die größte Bandbreite haben; das fördert den Wettbewerb. Nachteilig wirkt sich der relativ hohe Verwaltungsaufwand aus, weil es zeitaufwendig ist, die eingegangenen Angebote sachlich und rechnerisch zu prüfen. Auch ist es nicht leicht, bisher unbekannte Bewerber auf ihre Eignung hinsichtlich Fachkompetenz, Leistungsfähigkeit und Zuverlässigkeit zu beurteilen.

Das Verfahren der öffentlichen Ausschreibung wird i. d. R. von öffentlichen Auftraggebern praktiziert; denn die sind durch Haushaltsgesetze dazu verpflichtet. Wegen der relativ hohen Kosten machen Wohnungsunternehmen eher selten davon Gebrauch.

- **Beschränkte Ausschreibung ohne öffentlichen Teilnahmewettbewerb**

Die beschränkte Ausschreibung ist in der Praxis der Wohnungsunternehmen die Regel. Hierbei werden die Bauleistungen nach Aufforderung einer beschränkten Zahl von Unternehmen (z. B. 3–6 je Gewerk) zur Einreichung von Angeboten vergeben. Die aufgeforderten Unternehmen und deren Leistungsfähigkeit sind häufig schon näher bekannt und bieten daher Gewähr für gute und termingerechte Arbeit. Des Weiteren ist der Kostenaufwand zur Prüfung der Angebote relativ gering. Andererseits besteht die Gefahr, dass es zu überzogenen Preisforderungen kommt, weil die Bieter sich vor neuen Mitbewerbern sicher sind. Darüber hinaus lernt der Ausschreibende weitere leistungsstarke Unternehmen nicht kennen.

- **Beschränkte Ausschreibung nach öffentlichem Teilnahmewettbewerb**

Wenn man die grundlegenden Vorteile der öffentlichen und beschränkten Ausschreibung nutzen will, ohne sich jeweils deren Nachteile einzuhandeln, kann man sich der beschränkten Ausschreibung nach vorherigem öffentlichen Teilnahmewettbewerb bedienen. Das Wohnungsunternehmen wird interessierte Bauunternehmer durch Inserate in Zeitungen usw. auffordern, sich um die Teilnahme an der beschränkten Ausschreibung zu bewerben. Aus den meist zahlreichen Bewerbungen werden dann z. B. 3–4 neue Unternehmen sorgfältig ausgewählt und mit den 3–4 bereits bekannten beschränkt ausgeschrieben.

Der Verwaltungsaufwand hält sich in Grenzen, und durch den öffentlichen Teilnahmewettbewerb ist die Wettbewerbssituation verbessert.

- **Freihändige Vergabe ohne öffentlichen Teilnahmewettbewerb**

Bei der freihändigen Vergabe von Bauaufträgen werden ohne besondere förmliche Vorschriften von mehreren Bietern Angebote eingeholt und dann an den Günstigsten vergeben. Es ist aber auch denkbar, dass an ein einziges Unternehmen ohne Vergleichsmöglichkeit vergeben wird, z. B. bei Patenten oder Lizenzen. Ansonsten soll auch bei der freihändigen Vergabe der Wettbewerb gefördert werden.

Dieses Verfahren wird z. B. angewendet, wenn der Auftragswert im Vergleich zum Gesamtwert des Objekts gering ist, die Ausführung der Leistung besonders eilt oder keine eindeutige Leistungsbeschreibung (z. B. bei Sanierung) möglich ist.

- **Freihändige Vergabe nach öffentlichem Teilnahmewettbewerb**

Dieses Verfahren ist dadurch gekennzeichnet, dass man nach öffentlichem Teilnahmewettbewerb aus den Bewerbungen nach kritischer Auswahl Bauleistungen ohne förmliches Verfahren vergibt.

10.4.4 Die Vergabe- und Vertragsordnung für Bauleistungen

Die VOB ist ein von Praktikern aufgestelltes spezielles Regelwerk, das die Vergabe und Abwicklung von Bauleistungen regelt. Es hatte sich gezeigt, dass die Vorschriften des BGB hinsichtlich des Werkvertragsrechts für Bauobjekte nicht immer befriedigend sind.

VOB Regelwerk

Da die VOB weder Gesetzes- noch Verordnungscharakter hat, erfordert sie eine ausdrückliche Vereinbarung zwischen Auftraggeber und Auftragnehmer. Dies geschieht im Regelfall dadurch, dass in den Ausschreibungsunterlagen die Geltung der VOB vorgegeben wird und das Unternehmen sein Angebot danach ausrichten kann.

Die VOB besteht aus drei Teilen.

Teil A: Allgemeine Bestimmungen für die **Vergabe** von Bauleistungen (Konzeption und Durchführung der Vergabe),
Teil B: Allgemeine Vertragsbedingungen für die **Ausführung** von Bauleistungen, z. B. Art und Umfang der Leistung, Vergütung, Abnahme, Abrechnung, Gewährleistung,
Teil C: Allgemeine **technische** Vertragsbedingungen für Bauleistungen (hier wird in DIN-Normen die Art und Weise der technischen Leistungserbringung der Gewerke näher festgelegt).

An dieser Stelle soll ein kompletter Ablauf nach VOB dargestellt werden, und zwar der Bauauftrag über Dachdeckerarbeiten.

Das den Auftrag vergebende Wohnungsunternehmen führt für dieses Gewerk eine beschränkte Ausschreibung durch. Es hat insgesamt 7 Unternehmen Vergabeunterlagen geschickt. Dazu gehört das Anschreiben, das alle wichtigen Angaben enthalten soll, z. B. Art und Umfang der Bauleistung, Ausführungsart, voraussichtliche Ausführungszeit, Art der Vergabe, Ablauf der Angebotsfrist, Submissionstermin u. ä. Als zweites sind die dem Anschreiben beigefügten Bewerbungsbedingungen zu nennen.

Auftraggeber, die ständig Bauleistungen vergeben, sollen die Erfordernisse, die die Bewerber bei der Bearbeitung ihrer Angebote beachten müssen, in Bewerbungsbedingungen zusammenfassen. Den Inhalt schreibt die VOB nicht vor; er sollte aber so beschaffen sein, dass das Ausschreibungsverfahren übersichtlich und rationell gestaltet werden kann.

Zu den Verdingungsunterlagen gehören die Leistungsbeschreibung mit Leistungsverzeichnis und Leistungsprogramm, die allgemeinen und zusätzlichen oder besonderen Vertragsbedingungen. Die Leistung ist eindeutig und so erschöpfend zu beschreiben, dass alle Bewerber diese Beschreibung in gleichem Sinne verstehen und ihre Preise sicher und ohne umfangreiche Vorarbeiten berechnen können. Bei Dachdeckerarbeiten müsste man also z. B. schreiben, wie viel Dachfläche mit welchen Ziegeln (Material, Form, Farbe) anzubieten oder wie viel lfd. m Dachrinne in verzinkter Ausführung vorgesehen sind.

Verdingungsunterlagen

Für die Bearbeitung der Angebote sind ausreichende Fristen geboten; bei der beschränkten Ausschreibung soll die Frist 18 Werktage betragen. Angebote, die beim Auftraggeber eingehen, sind bis zum Submissionstermin verschlossen zu halten. Die Angebotsfrist endet, wenn im Submissionstermin mit dem Öffnen der Angebote begonnen wird. Bis zu diesem Zeitpunkt können Angebote zurückgezogen oder geändert werden.

Eröffnungstermin

Am Eröffnungstermin nehmen neben dem Verhandlungsleiter (z. B. Techniker, Architekt) und dem Schriftführer auch die Bieter teil. Nach dem Öffnen der Umschläge werden die Namen der Bieter und die Gesamtangebotssummen vorgelesen, in ein Protokoll eingetragen und von den Anwesenden unterschrieben.

Submissionstermin

Ab dem Submissionstermin läuft die Zuschlags- und Bindefrist. Sie soll i. d. R. nicht länger als 24 Werktage dauern. Während dieser Frist sind die Bieter an ihr Angebot gebunden und der Auftraggeber soll den Zuschlag erteilen.

Damit er dies tun kann, sind die Gebote sachlich und rechnerisch zu prüfen. Dabei ist insbesondere darauf zu achten, ob die Leistungsverzeichnisse unverändert übernommen worden sind oder ob sich Abweichungen ergeben haben, die den Preisvergleich erschweren. Hat z. B. Dachdecker A die Dachrinnen – wie gefordert – in verzinkter Ausführung angeboten, Mitbewerber B jedoch Kupfer als Material vorgesehen, muss dies berücksichtigt werden.

Wertung der Angebote

Die Wertung der Angebote durch den Auftraggeber soll wie folgt ablaufen:
- Ausschluss von Angeboten z. B. wegen formaler Fehler,
- Überprüfung der fachlichen, terminlichen und wirtschaftlichen Eignung der Bieter,
- Herausnahme von Angeboten mit unangemessen hohen oder niedrigen Preisen,
- Bearbeitung von Änderungsvorschlägen usw.,
- Auswahl des **vorteilhaftesten** Angebots.

Das vorteilhafteste Angebot muss nicht identisch mit dem billigsten sein. Neben dem Preis spielt auch die fachlich korrekte und termingerechte Erstellung des Gewerkes genauso eine Rolle wie z. B. Erfahrungen von früheren Objekten hinsichtlich der Abwicklung von aufgetretenen Gewährleistungsansprüchen.

Zuschlag

Der Zuschlag soll zügig erfolgen, mindestens aber so rechtzeitig, dass er dem Bieter vor Ablauf der Zuschlagsfrist zugeht. Wird der Zuschlag ohne Abänderung des Angebots erteilt, ist der Vertrag abgeschlossen. Bei geändertem Angebot oder verspätetem Zuschlag hat der Bieter die Annahme zu erklären. In der Praxis wird jedoch auch noch eine Vertragsurkunde ausgefertigt; sie ist in zweifacher Ausfertigung von beiden Vertragsparteien rechtsverbindlich zu unterschreiben. Bei der Vergabe ausgeschlossene oder nicht in die engere Wahl kommende Bieter sind sobald wie möglich zu informieren, die übrigen Bieter nach erfolgtem Zuschlag.

Der nun abgeschlossene Bauvertrag ist seinem Wesen nach in jedem Falle ein Werkvertrag, auch wenn – wie in den meisten Fällen üblich – der Auftragnehmer das Baumaterial liefert.

Pflichten aus Werkvertrag

des Auftragnehmers
(z. B. Dachdecker)

- Herstellung des Bauwerkes nach den anerkannten Regeln der Technik,
- termingerechte Erstellung,
- Gewährleistung,
- Gefahrtragung für das Werk.

des Auftraggebers
(z. B. Wohnungsunternehmen)

- Entrichtung der vertraglich vereinbarten Vergütung,
- Mitwirkung,
- Abnahme,
- Gefahrtragung für beigestellte Baustoffe.

Ist der Bauvertrag erfüllt (z. B. die Dachdeckerarbeiten sind ausgeführt), so kann der Auftragnehmer eine Abnahme durch den Auftraggeber verlangen, obwohl die VOB eine Abnahme nicht ausdrücklich vorschreibt. Verlangt dies der Auftragnehmer, so muss der Auftraggeber das Werk innerhalb von 12 Werktagen abnehmen. Sind noch wesentliche Mängel vorhanden, kann die Abnahme bis zur Beseitigung verweigert werden. Nimmt der Auftraggeber nicht innerhalb der Frist ab, so gilt das Werk als abgenommen. Wurde das Werk vom Auftraggeber in Benutzung genommen, so gilt die Abnahme mit Ablauf von 6 Werktagen als erfolgt, wenn nichts anderes vereinbart ist. Mit der Abnahme ergeben sich nachstehende Rechtsfolgen:

Abnahme

- Die Gewährleistungsfristen beginnen zu laufen.
- Die vereinbarte Vergütung wird fällig.
- Die Gefahr geht auf den Auftraggeber über.

Die Gewährleistungsfristen betragen

für Arbeiten am Bauwerk

z. B.
Maurer- und Betonarbeiten, Elektroinstallation, Dacheindeckung etc.

nach VOB 4 Jahre
nach BGB 5 Jahre

für Arbeiten am Grundstück

z. B.
Einfriedung des Grundstücks mit einer Mauer, Verlegung der Abwasserleitung etc.

nach VOB 2 Jahre
nach BGB 2 Jahre

Sehr oft wird die VOB insgesamt zum Vertragsbestandteil gemacht, die Gewährleistungsfrist für Arbeiten am Gebäude mit 5 Jahren aber nach BGB vereinbart.

Durch die vereinbarten Preise werden alle vertraglichen Leistungen des Auftragnehmers abgegolten. Die Vergütung wird nach den vertraglichen Einheitspreisen für die tatsächlich ausgeführten Leistungen berechnet, wenn keine andere Berechnungsart (z. B. durch Pauschalsummen, nach Stundenlohnsätzen oder nach Selbstkosten) vereinbart ist. Weichen die ausgeführten Mengen der unter Einheitspreis erfassten Leistung nicht mehr als 10 % von dem im Vertrag vorgesehenen Umfang ab, so gilt der vertragliche Einheitspreis; für größere Abweichungen nach oben oder unten sieht die VOB entsprechende Regelungen vor. Wurde als Vergütung der Leistung eine Pauschalsumme vereinbart, so bleibt die Vergütung grundsätzlich unverändert.

Der Auftragnehmer sichert sich seine Zahlungsansprüche i. d. R. durch dem Bauablauf angepasste Abschlagszahlungen; gerät der Auftraggeber in Verzug, kann der Auftragnehmer Zinsen in Höhe von 5 % über dem sog. SRF-Satz geltend machen, sofern er keinen höheren Verzugsschaden nachweisen kann. Darüber hinaus kann er die Arbeiten bis zur Zahlung einstellen.

Aber auch der Auftraggeber hat ein großes Interesse daran, die vertragsgemäße Ausführung der Leistung und die Gewährleistung sicherzustellen. Wenn im Vertrag nichts anderes vereinbart ist, kann Sicherheit durch Einbehalt oder Hinterlegung von Geld oder durch Bankbürgschaft nach jeweils bestimmten Bedingungen geleistet werden. Der Auftraggeber hat eine nicht verwertete Sicherheit zum vereinbarten Zeitpunkt, spätestens aber nach Ablauf der Verjährungsfrist für die Gewährleistung zurückzugeben. Soweit jedoch zu dieser Zeit seine Ansprüche noch nicht erfüllt sind, darf er einen entsprechenden Teil der Sicherheit zurückbehalten.

10.4.5 Das Führen des Baubuches

GSB Das Gesetz über die Sicherung der Bauforderungen vom 1. 6. 1909 zuletzt geändert am 25. 6. 1969, schreibt vor, dass
- ein Baubuch zu führen ist,
- Baugeld nur zur Befriedigung der Forderungen der am Bau Beteiligten verwendet werden darf,
- ein Bauschild aufzustellen ist.

Das Gesetz regelt im Wesentlichen die Verpflichtung des Empfängers von Baugeld, dieses nur zur Befriedigung von Forderungen solcher Personen zu verwenden, die an der Herstellung des Baues beteiligt sind. Bei Zuwiderhandlung gegen die Vorschriften des Gesetzes sind Freiheitsstrafen bis zu einem Jahr bzw. Geldstrafen angedroht.

Inhalte des Baubuches:
- Namen der Bauunternehmer,
- übertragene Arbeiten,
- vereinbarte Vergütung,
- Höhe der zugesicherten Mittel und Namen der Geldgeber,
- geleistete Zahlungen,
- Abtretungen, Pfändungen und sonstige Verfügungen über die gewährten Finanzierungsmittel.

Baubuch Dieses Baubuch wurde früher noch in Buchform geführt, eingehende Rechnungen wurden chronologisch eingetragen. Die Aufbewahrungsfrist beträgt 5 Jahre; wird das Baubuch innerhalb der Buchhaltung geführt, beträgt die Frist 10 Jahre.

In der heutigen Praxis der Wohnungsunternehmen wird das Baubuch mit Hilfe der DV geführt. Sie bietet die Möglichkeit, z. B. in wöchentlichen oder monatlichen Zeiträumen ein vollständiges Baubuch abzurufen; längere Zeiträume sind ungünstig, da eine ständige Kontrolle erfolgen soll.

Im Kostenbereich geben die Systeme Auskunft über kalkulierte und tatsächliche Kosten bzw. daraus resultierende Über- bzw. Unterschreitungen. Hinsichtlich der Finanzierung werden ausgewiesen die geplanten/zugesagten Mittel, die geflossenen und noch nicht valutierten Mittel. Zur Abstimmung des Baubuchs werden Eigenleistungen (z. B. technische und kaufmännische Honorare sowie Zwischenfinanzierungskosten) nachrichtlich eingegeben.

10.4.6 Versicherungsschutz während der Bauzeit

10.4.6.1 Bauleistungs-Versicherung (Bauwesen-Versicherung)

Schon mit Beginn der Bauarbeiten hat der Bauherr für Schäden an Bauleistungen aufzukommen, die durch höhere Gewalt oder andere unabwendbare Umstände verursacht werden; gegen diese Risiken schützt die Bauleistungs-Versicherung bis zur schlüsselfertigen Herstellung des Bauwerks.

Bauleistungs-Versicherung

Folgende Schäden sind z. B. denkbar:
- Die Stahlbetondecke stürzt während des Betonierens ein.
- Unbekannte stehlen sämtliche bereits eingebaute Heizkörper, Waschbecken etc.
- Ein Wasserrohrbruch beschädigt Parkettböden, schwimmende Estriche und Wärmedämmungen.
- Ungewöhnliche Witterungseinflüsse bringen Baugruben-Böschungen zum Einrutschen.

Die Versicherung ersetzt alle Kosten, die während der Bauzeit durch unvorhergesehene Beschädigungen oder Zerstörungen der versicherten Bauleistungen sowie durch Diebstahl eingebauter Materialien entstehen. Dies gilt für Schäden, für die der Bauherr aufkommen muss; aber auch für solche Schäden, für die der Bauunternehmer und die Handwerker das Risiko tragen. Deshalb ist es auch möglich, den Prämienbeitrag entsprechend der Höhe des jeweiligen Auftragswerts auf die Auftragnehmer umzulegen.

Der Beitrag ist bei den verschiedenen Versicherungsgesellschaften unterschiedlich. Als Größenordnung kann gelten:
· Bei Versicherungssummen bis 500.000,00 € je nach Höhe der Selbstbeteiligung von z. B. 200,00 € etwa 3,2 % (zuzüglich Versicherungssteuer),
· bei Versicherungssummen bis 1.000.000,00 € beträgt der Beitrag etwa 2 %.

10.4.6.2 Bauherrenhaftpflicht

Die Bauherrenhaftpflichtversicherung schützt den Bauherrn des zu errichtenden Gebäudes bis zur Bezugsfertigkeit gegen Haftpflichtansprüche Dritter von z. B. Nachbarn, Besuchern oder Passanten, die zu Schaden kommen, weil etwa die Baustelle oder Zufahrten nicht ordnungsgemäß gesichert waren.

Hier sind folgende Schäden denkbar:
- Ein spielendes Kind fällt in einen nicht ordnungsgemäß abgedeckten Kanalschacht.
- Ein Fußgänger kommt nachts zu Schaden, weil auf dem Gehweg gelagertes Baumaterial unzureichend beleuchtet ist.
- Baumaterial rutscht vom Gerüst und verletzt einen Spaziergänger.
- Bei der Besichtigung eines Rohbaus stürzt ein Besucher von einem ungesicherten Balkon.

Im Schadensfall prüft die Versicherung die Frage, ob der Bauherr für den Schaden ersatzpflichtig ist. Bei berechtigten Ansprüchen wird der Schaden reguliert; unberechtigte Forderungen wehrt die Versicherung ab – gegebenenfalls auch vor Gericht.

Bauherrenhaftpflichtversicherung

Der Beitrag für die Bauherrenhaftpflichtversicherung für eine Bausumme von 500.000,00 € beträgt etwa 0,95 % bei einer Deckungssumme je Schadensereignis bis 1.000.000,00 € für Personenschaden und 250.000,00 € für Sachschaden (ohne Versicherungssteuer); für eine Bausumme von 1.000.000,00 € beträgt der Beitragssatz etwa 0,78 %.

10.5 BAUABRECHNUNG

VOB § 14

Gemäß § 14 VOB hat der Auftragnehmer seine Leistungen prüfbar abzurechnen. Dabei sind die Rechnungen übersichtlich aufzustellen, die Reihenfolge der Posten einzuhalten und die in den Vertragsbestandteilen enthaltenen Bezeichnungen zu verwenden. Die für die Abrechnung notwendigen Feststellungen sind dem Fortgang der Leistung entsprechend möglichst gemeinsam vorzunehmen.

Schlussrechnung

Für die Erstellung der Schlussrechnung gelten – je nach vertraglich vereinbarter Ausführungsfrist des Gewerkes – unterschiedliche Fristen. Sie betragen mindestens 12 Werktage nach Fertigstellung und verlängern sich um je 6 Werktage für je weitere 3 Monate Ausführungsfrist, sofern nichts anderes vereinbart ist.

Wichtig ist, dass – solange prüfbare Abrechnungen nicht vorliegen – Zahlungen nicht fällig werden.

10.6 BAUABNAHME

In Kapitel 10.4.1 wurde bereits auf die Abnahme nach VOB hingewiesen. Bei diesen Abnahmen wird – wie auch bei der Wohnungsübergabe – ein Protokoll angefertigt. Darin sind aufgeführt:
- Bauvorhaben,
- Gewerke,
- Auftraggeber und Auftragnehmer,
- teilnehmende Personen,
- Aufstellung der Mängel (genaue Bezeichnung des Mangels einschließlich der Lage im Gebäude),

- Frist zur Behebung der Mängel,
- Passus, dass mit Unterzeichnung des Protokolls die Bauleistung als abgenommen gilt, und zwar vorbehaltlich der Beseitigung der genannten Mängel,
- Ort, Datum und Unterschriften der teilnehmenden Personen.

10.7 DURCHSETZUNG DER MÄNGELBESEITIGUNG WÄHREND DER GEWÄHRLEISTUNGSFRIST

Der Auftragnehmer ist nicht nur verpflichtet, zum Zeitpunkt der Abnahme den Werkvertrag mängelfrei zu erfüllen, sondern dies gilt auch für den Zeitraum der vereinbarten Gewährleistung. Die Gewährleistungsfrist beginnt mit der Abnahme der Bauleistung und endet mit Ablauf der Verjährungsfrist.

In § 13 VOB ist festgelegt, welchen Standard die Leistung des Auftragnehmers aufweisen muss. Es sind in Absatz 1 im Einzelnen genannt:
- Vorliegen vertraglich zugesicherter Eigenschaften,
- Einhalten der anerkannten Regeln der Technik,
- Freisein von Fehlern, die den Wert oder die Tauglichkeit zu den gewöhnlichen oder dem nach dem Vertrag vorausgesetzten Gebrauch aufheben oder mindern.

VOB
§ 13 Abs. 1

Im Rahmen dieser Gewährleistungspflicht ist der Auftragnehmer verpflichtet, die Mängel auf seine Kosten zu beseitigen, wenn es der Auftraggeber schriftlich verlangt. Kommt er dieser Aufforderung in einer vom Auftraggeber gesetzten angemessenen Frist nicht nach, so hat dieser die Möglichkeit, die Mängel auf Kosten des Auftragnehmers beseitigen zu lassen.

Sofern der Auftragnehmer die Beseitigung von Mängeln verweigert, weil sie unmöglich ist oder nur mit einem unverhältnismäßig hohen Aufwand realisiert werden kann, steht dem Auftraggeber das Recht zur Minderung der Vergütung zu. Bei wesentlichen Mängeln, die die Gebrauchsfähigkeit erheblich beeinträchtigen, stehen dem Auftraggeber grundsätzlich auch Schadensersatzansprüche zu.

Zur Durchsetzung der Gewährleistungsansprüche hat der Auftraggeber die Möglichkeit, auf die vereinbarte Sicherheitsleistung zurückzugreifen.

Gewährleistungsansprüche

Kapitel 11
OBJEKTFINANZIERUNG

Werner Pulletz

11. OBJEKTFINANZIERUNG

11.1 GRUNDLAGEN DER OBJEKTFINANZIERUNG

Im Gegensatz zur Unternehmensfinanzierung, bei der man den Finanzierungsbedarf für das gesamte Unternehmen ermittelt, ist es Aufgabe der Objektfinanzierung, z. B. für ein Bauvorhaben, zum jeweiligen Fälligkeitstermin in der Bau- und Bewirtschaftungsphase ausreichende Finanzmittel zu beschaffen.

In der Bauphase müssen z. B. die Leistungen der Bauunternehmer bezahlt werden.

Wegen der hohen Kosten wird ein Bauwerk i. d. R. nicht vollständig aus eigenen Mitteln errichtet, sondern zum größten Teil mit langfristigen Darlehen finanziert.

Der Eigenkapitalanteil darf nicht zu niedrig angesetzt werden, weil sonst die Zins- und Tilgungsleistungen zu hoch wären. Darüber hinaus sind Kreditgeber i. d. R. wegen des Risikos nicht bereit, die gesamten Anschaffungs- bzw. Baukosten zu finanzieren.

Die Aufgaben im Rahmen der Baufinanzierung bestehen darin,
1. die Gesamtkosten zu ermitteln,
2. die Fälligkeitstermine für die zu erwartenden Zahlungen zu bestimmen und
3. dafür zu sorgen, dass über die benötigten Finanzmittel zu den jeweiligen Fälligkeitsterminen verfügt werden kann.

Die Gesamtkosten erhält man aus der kaufmännischen und der technischen Abteilung. Die voraussichtlichen Fälligkeitstermine muss man den Verträgen mit den Bauunternehmen sowie dem Zeitplan der Bauerstellung entnehmen.

Bei den vorhandenen Eigenmitteln muss man darauf achten, die Laufzeit von Festgeldern den Zahlungszeitpunkten anzupassen.

Steht der Fremdkapitalbedarf fest, ist zu prüfen,
- von welchen Kreditgebern,
- in welcher Höhe,
- zu welchen Sicherheiten und
- zu welchen Konditionen

man die finanziellen Mittel erhalten kann.

11.2 KREDITGEBER FÜR DIE FINANZIERUNG VON BAUVORHABEN

Typische Kreditgeber für die Finanzierung von Bauvorhaben in der Immobilienwirtschaft sind:
- Pfandbriefbanken (früher: Hypothekenbanken),
- Geschäftsbanken und Sparkassen,
- Lebensversicherungsgesellschaften und
- Bausparkassen.

Die Darlehen dieser Institute unterscheiden sich infolge ihrer abweichenden Refinanzierungsmöglichkeiten, d. h. der Art, wie sie selbst das zu vergebende Kapital erhalten.

11.2.1 Pfandbriefbanken (früher: Hypothekenbanken)

Pfandbriefbanken erhalten ihr Kapital von Personen, die ihr Geld langfristig anlegen wollen. Der Geldanleger erhält einen festverzinslichen Hypothekenpfandbrief, den die Bank z. B. erst nach ca. 15 Jahren wieder einlöst. Während der Laufzeit können diese Pfandbriefe aber auch über eine Bank an der Wertpapierbörse verkauft werden.

Da der Pfandbriefbank das Geld langfristig zu einem gleich bleibenden Zinssatz zur Verfügung steht, kann sie auf der anderen Seite auch ihren Kreditnehmern das Kapital mit einer langen Zinsfestschreibung, z. B. 10–30 Jahre, anbieten.

Gemäß § 14 Pfandbriefgesetz müssen Pfandbriefbanken Gelder, die sie **von den Pfandbrieferwerbern** erhalten haben, an Darlehensnehmer nur besonders sicher vergeben, d. h. nur gegen Grundpfandbriefe bis zu 60 % des Beleihungswertes des jeweiligen Grundstücks.

Pfandbriefbanken dürfen allerdings auch **aus eigenen Mitteln** Darlehen gewähren, die also nicht von Pfandbrieferwerbern stammen. Diese Kredite sind etwas teurer, sie ersparen aber möglicherweise die Darlehensaufnahme bei einem anderen Kreditinstitut, um eine Finanzierungslücke zu decken.

11.2.2 Geschäftsbanken und Sparkassen

Geschäftsbanken refinanzieren sich aus Kundeneinlagen mit unterschiedlichen Fristen, z. B. Sicht-, Termin- und Spareinlagen. Oft sind sie an Pfandbriefbanken beteiligt und haben mit dem neuen Pfandbriefgesetz die Möglichkeit, selbst das Pfandbriefgeschäft zu betreiben. Sie können deshalb viele Mischformen anbieten bzw. vermitteln. Der Kreditnehmer muss prüfen, ob die Angebote seinen Bedürfnissen entsprechen und die Konditionen günstig sind.

Das traditionelle Geschäft der Sparkassen besteht in der Aufnahme von Spargeldern, deren Zinssätze ständig an die Marktlage angepasst werden müssen.

Sofern diese Art der kurzfristigen Refinanzierung vorliegt, zwingt es die Institute, bei der Kreditvergabe dafür zu sorgen, insbesondere Zinserhöhungen im Einlagenbereich den Kreditnehmern weitergeben zu können. Insofern ist es nicht ungewöhnlich, wenn diese Kreditinstitute auch Darlehen mit kurzen Zinsfestschreibungszeiten oder zu variablen Zinssätzen anbieten.

11.2.3 Lebensversicherungsgesellschaften

Eine Lebensversicherung kann dem Versicherten
- zur Vorsorge dienen (z. B. für die Versorgung der Hinterbliebenen)
oder/und
- als eine Kapitalanlage.

Dementsprechend bieten die Lebensversicherungen grundsätzlich zwei Arten von Versicherungen an:

- **Die Risikolebensversicherung** (= Versicherung auf den Todesfall)

Bei dieser Versicherungsart zahlt die Versicherungsgesellschaft innerhalb einer frei wählbaren Zeitspanne einen beim Vertragsabschluss vereinbarten Betrag beim Tode des Versicherungsnehmers an die Hinterbliebenen aus. Das Ziel besteht in der Absicherung der Hinterbliebenen.

Dieser Betrag könnte dazu dienen, nach dem Tode des Versicherten den bisherigen Lebensunterhalt der Hinterbliebenen weiterhin zu ermöglichen.

Es könnte aber auch bezweckt werden, mit dem Betrag aus der Lebensversicherung ein noch bestehendes Darlehen zurückzuzahlen (sog. **Restschuldversicherung**). Die Prämie passt sich dabei der Restschuld an und sinkt bei Tilgungsdarlehen während der Darlehenszeit.

Bausparkassen verlangen in der Regel eine Risikolebensversicherung in Form einer Restschuldversicherung, um ihre Sicherheit zu erhöhen, weil sie mit ihren Grundpfandrechten im Grundbuch bereits den zweiten Rang akzeptieren.

Sofern der Versicherungsnehmer das vertragliche Ende der Versicherungslaufzeit erlebt, erhält er von der Versicherungsgesellschaft keinen Betrag ausgezahlt. (Dieses Verhalten ist nicht ungerecht, denn die Versicherungsgesellschaft hat während der Laufzeit einen Risikoschutz übernommen. Ein Vermieter zahlt einem Mieter nach Vertragsende auch nicht die erhaltene Miete wieder aus.)

- **Die Kapitallebensversicherung** (= kapitalbildende Lebensversicherung)
Ist eine gemischte Versicherung, und zwar auf den Todes- und auf den Erlebensfall. Diese Versicherung wird über eine vorher vereinbarte Versicherungssumme und außerdem über eine vom Versicherungsnehmer wählbare Versicherungsdauer abgeschlossen, z. B. 20 oder 30 Jahre.

Sie ist wesentlich teurer als eine Risikolebensversicherung. Während ein 30-Jähriger für eine Police über 100.000,00 € bei einer Risikolebensversicherung z. B. 92,20 € im Jahr zahlt, müsste er bei einer Kapitallebensversicherung mit einer Laufzeit von 25 Jahren bei einer Versicherungssumme von 100.000,00 € ca. 3.210,00 € im Jahr aufwenden (vgl. www.asstel.de).

Während der Versicherungsdauer zahlt der Versicherungsnehmer laufend Prämien an die Versicherungsgesellschaft, die dieses Geld Ertrag bringend nach bestimmten Kriterien anlegen muss.

Am Ende der gewählten Versicherungsdauer wird das angesammelte Kapital einschließlich des von der Versicherung erwirtschafteten Überschusses an den Versicherungsnehmer ausgeschüttet, sog. **Ablaufleistung**. Die Höhe des Betrages kann man bei einer langen Laufzeit vorher nur schätzen. Ein genauer Vergleich über den Anlageerfolg der Versicherungsgesellschaften ist daher nur rückwirkend möglich.

Stirbt der Versicherungsnehmer vor Ablauf der gewählten Versicherungsdauer, erhalten die Hinterbliebenen die vereinbarte Versicherungssumme wie bei einer Risikolebensversicherung, zuzüglich eines bis zum Todestage erwirtschafteten Überschusses.

Die Versicherungsgesellschaften können das Kapital, das sie für Auszahlungen an Versicherungsnehmer nicht benötigen, unter anderem den Immobilienunternehmen und Privatpersonen für den Wohnungsbau zur Verfügung stellen.

Privatpersonen können eine Kapitallebensversicherung auf folgende Weise für ihre Baufinanzierung einsetzen:

1. als so genanntes **Policendarlehen**

Die Lebensversicherungsgesellschaft gewährt ein mitunter zinsgünstiges Darlehen an den Versicherungsnehmer bei einer bereits bestehenden Kapitallebensversicherung bis zur Höhe des so genannten **Rückkaufwertes**. Darunter versteht man den Betrag, den die Versicherungsgesellschaft bei einer Kündigung des Versicherungsvertrages an den Versicherten auszahlen müsste. Der Rückkaufwert erlangt erst nach Jahren eine nennenswerte Höhe, weil in den ersten Jahren mit den Prämienzahlungen die Spesen der Versicherungsgesellschaft gedeckt werden. Die Laufzeit des Policendarlehens kann vereinbart werden. Das Darlehen ist ein Festdarlehen und wird spätestens mit Auszahlung der Versicherungssumme getilgt.

2. als dinglich gesichertes **endfälliges Darlehen** von der **Lebensversicherungsgesellschaft**

Die Lebensversicherungsgesellschaft gewährt ein endfälliges Darlehen, z. B. über 100.000,00 €, und schließt gleichzeitig eine neue Kapitallebensversicherung ab.

Bei den Konditionen des endfälligen Darlehens muss man auf die Beleihungsgrenze und die Zinsfestschreibungszeiträume achten, die mitunter ungünstig sein können.

Als Sicherheit dient der Versicherungsgesellschaft das Grundstück des Darlehensnehmers, das mit einer Grundschuld belastet wird.

Der Darlehensnehmer zahlt während der Laufzeit für das endfälligen Darlehens nur die Zinsen. Statt der Tilgungsbeträge zahlt er die Prämien für die Kapitallebensversicherung, sog. Tilgungsersatzleistung. Am Ende der Laufzeit wird das Darlehen mit der Versicherungssumme und den inzwischen erwirtschafteten Überschüssen getilgt.

Sofern die Versicherungssumme nur dazu dienen soll, genau das Darlehen am Ende der Laufzeit zu tilgen, kann die gewählte Versicherungssumme niedriger als das Festdarlehen sein. Legt man die Erfahrungen der letzten Jahre zugrunde, könnte z. B. eine Versicherungssumme von 60.000,00 € ausreichen, um zuzüglich des erwarteten Überschusses nach einer Laufzeit von 25 Jahren ein Darlehen von 100.000,00 € zu tilgen.

Stirbt der Darlehensnehmer während der Laufzeit, zahlt die Versicherung die vereinbarte Versicherungssumme zuzüglich des bis dahin erwirtschafteten Überschusses an die Hinterbliebenen aus, sodass bei dieser Kombination stets ein Schutz für den Todesfall vorhanden ist. Sofern der Versicherungsnehmer bei einer Versicherungssumme von 60.000,00 € und einem Darlehen von 100.000,00 € in den ersten Jahren stirbt, zahlt die Versicherungsgesellschaft an die Hinterbliebenen nicht die benötigten 100.000,00 € zur Rückzahlung des Darlehens aus, sondern nur 60.000,00 €, weil die ersten Prämien mit den Verwaltungskosten der Versicherungsgesellschaft verrechnet werden. Um auch dieses Risiko auszuschalten, kann man für die Anfangsjahre eine zusätzliche Risikolebensversicherung über den jeweiligen Darlehensbetrag (=Restschuldversicherung) abschließen.

3. als dinglich gesichertes **endfälliges Darlehen von einem Kreditinstitut**

Hierbei gewährt nicht die Versicherungsgesellschaft, sondern ein Kreditinstitut das endfällige Darlehen. Gleichzeitig schließt der Darlehensnehmer bei einer Versicherungsgesellschaft eine Kapitallebensversicherung ab. Während der Laufzeit des endfälligen Darlehens zahlt der Darlehensnehmer nur die Darlehenszinsen an die Bank und die Prämien an die Lebensversicherungsgesellschaft. Den Auszahlungsanspruch auf die Versicherungssumme muss der Versicherungsnehmer an das Kreditinstitut abtreten. Am Ende der Laufzeit überweist die Versicherungsgesellschaft den erforderlichen Betrag zur Tilgung des Darlehens an das Kreditinstitut. Auch hier kann man eine Versicherungssumme wählen, die zusammen mit dem erwarteten Überschuss ausreicht, das Darlehen zu tilgen.

Die **Vorteile der Finanzierung mit einer Kapitallebensversicherung** bestehen
- in der zusätzlichen Sicherheit der Hinterbliebenen im Todesfall des Darlehensnehmers. (Diese Sicherheit kann man allerdings auch bei jedem Darlehen erreichen, wenn der Darlehensnehmer eine Restschuldversicherung abschließt.)
- bei einem vermieteten Objekt in einer höheren Steuerersparnis. Der jährliche Zinsbetrag, den man hier als negative Einkünfte aus Vermietung und Verpachtung im Rahmen seiner Einkommensteuererklärung absetzen kann, bleibt bei einem Festdarlehen unverändert hoch. Bei dem Tilgungsdarlehen von einer Pfandbriefbank sinken die jährlichen Zinsbeträge, dementsprechend auch die Steuerersparnis.
- in einer Steuervergünstigung. Die Differenz zwischen der Versicherungsleistung (Auszahlungsbetrag der Versicherungsgesellschaft) und den eingezahlten Beiträgen muss zwar als Einkünfte aus Kapitalvermögen versteuert werden (§ 20 Abs. 1 Nr. 6 EStG). Dieser Differenzbetrag ist aber nur zur Hälfte steuerpflichtig, wenn die Versicherungsleistung nach dem 60. Geburtstag des Versicherten ausgezahlt wird und die Laufzeit des Vertrages mindestens 12 Jahre betrug.
- in der garantierten Mindestverzinsung des eingezahlten Sparanteils der Prämie von z. Z. 2,25 %.

Als **Nachteile der Finanzierung mit einer Kapitallebensversicherung** könnte man nennen:
- die Unsicherheit über die tatsächlich erwirtschafteten Überschüsse der Versicherungsgesellschaft bis zur Auszahlung,

- die für den Verbraucher nicht nachvollziehbaren Gebührenhöhe, d. h., wie viel die Gesellschaft von der eingezahlten Prämie für Verwaltung und Risiko verwendet und welcher Betrag für den Kunden tatsächlich Kapital bildend angelegt wird,
- die niedrige Rendite. Der Rückkaufwert erreicht mitunter erst nach 3–8 Jahren den Betrag der eingezahlten Prämien.
- die fehlende Flexibilität. Wer z. B. während der Laufzeit kündigt, verliert seine (möglichen) Steuervorteile (nach dem 60. Geburtstag).
- steigen die Zinsen nach der Zinsbindungsphase, z. B. von 15 Jahren, muss der Kunde die hohen Zinsen auf den Ursprungsbetrag von 100 % bezahlen, weil er bisher noch nichts getilgt hat.

Beispiel:

> Ein **Festdarlehen** wird **mit Hilfe einer Kapitallebensversicherung getilgt**.

Sachverhalt:
- Person: Alter 30 Jahre, männlich
- Aufnahme eines endfälligen Darlehens bei einem Kreditinstitut oder einer Kapitallebensversicherung über ... 100.000,00 €
- Gleichzeitiger Abschluss einer **Kapitallebensversicherung:**
- vertraglich vereinbarte Vertragsdauer: 25 Jahre
- vertraglich vereinbarte Versicherungssumme: ... 70.000,00 €
- (geschätzter) Auszahlungsbetrag aus der Kapitalversicherung nach 25 Jahren (= Ablaufleistung): ... 100.000,00 €

Schematische Darstellung:

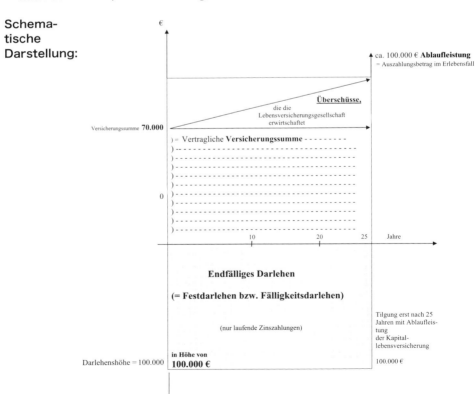

Lebensversicherungsgesellschaften bieten neuerdings auch Annuitätendarlehen ohne den gleichzeitigen Abschluss einer Kapitallebensversicherung zur Baufinanzierung an. Die Zinsen für diese Darlehen können im Rahmen einer Verbundfinanzierung bis zur Endfälligkeit von ca. 30 Jahren festgeschrieben werden.

11.2.4 Bausparkassen

Eine Bausparkasse stellt eine Sparergemeinschaft dar.

Ein Bausparer schließt mit der Bausparkasse einen Bausparvertrag über eine bestimmte Bausparsumme ab, z. B. 50.000,00 €. Er leistet dann regelmäßig (monatlich) Sparbeiträge an die Bausparkasse mit dem Ziel, in einigen Jahren aus dem angesammelten Kapital aller Bausparer von der Bausparkasse ein zinsgünstiges Darlehen zum Bau oder Erwerb einer Immobilie zu erhalten.

Die Bausparsumme muss für wohnungswirtschaftliche Zwecke verwandt werden. Das Bauspardarlehen ist besonders vorteilhaft, weil es im Verhältnis zu anderen Kapitalanbietern im Verhältnis zum historisch langfristigen Hypothekenzinssatz (von ca. 7 %) relativ zinsgünstig ist, der Zinssatz bereits beim Abschluss des Bausparvertrages feststeht, der Zinssatz für die gesamte Darlehenslaufzeit unverändert bleibt und mit einer zweiten Rangstelle im Grundbuch abgesichert werden kann. Dieser Vorteil reduziert sich, sofern der marktübliche Zinssatz z. B. auf 4–5 % sinkt, beispielsweise in den Jahren 2000 bis 2010.

Die Darlehenshöhe ermittelt man i. d. R. aus der Differenz zwischen dem angesparten Bausparguthaben und der Bausparsumme. Bei manchen Tarifen erhält man einen festen Darlehensbetrag von z. B. 50 % oder 60 % der Bausparsumme.

Das Bausparen besteht aus 2 Phasen:
- zuerst aus einer **Ansparphase**
  - und nach der sog. Darlehenszuteilung („Zuteilungsreife")
  - sowie der Auszahlung des Darlehens
- aus der **Darlehensphase.**

Beim Abschluss des Bausparvertrages verlangt die Bausparkasse eine Gebühr von ca. 1 % der Bausparsumme.

- Die **Ansparphase**

Am Anfang zahlt der Bausparer monatlich einen vorher festgelegten Beitrag ein und bildet somit sein **Bausparguthaben**. Während dieser Zeit erhält der Bausparer für sein Bausparguthaben eine relativ niedrige Verzinsung von beispielsweise 0,5–1,5 %. Bausparkassen bieten diverse Tarife an, bei denen man in der Ansparphase z. B. auch höhere Zinsen erhält, wenn man nicht gewillt ist, später ein Darlehen aufzunehmen.

Die Dauer der Ansparphase bis zur Darlehenszuteilung richtet sich nach der Höhe der eingezahlten Beiträge und dauert je nach dem vereinbarten Tarif zwischen 7–9 Jahre.

11. OBJEKTFINANZIERUNG

Wer die Voraussetzungen erfüllt (vgl. Kapitel 11.7.1.1), erhält für seine Einzahlungen während der Ansparphase eine staatliche Wohnungsbauprämie.

– **Die Zuteilungsreife des Bausparvertrages**

Ist der Bausparvertrag nach einigen Jahren zuteilungsreif, teilt die Bausparkasse dem Bausparer den Bausparvertrag zu.

Nimmt der Bausparer die Zuteilung an, erhält er die gesamte Bausparsumme ausgezahlt, bestehend aus seinem angesparten Bausparguthaben (einschließlich Zinsen) und dem Bauspardarlehen. Sofern der Bausparer die Zuteilung nicht annimmt, kann er weiter sparen (maximal bis zur Bausparsumme) und zu einem späteren Termin die Zuteilung der Bausparkasse annehmen.

Die Bausparkasse ermittelt die Reihenfolge der Zuteilungen an die Bausparer nach einem Zuteilungsschlüssel (= **Bewertungszahl**), der sich aus dem Ansparzeitraum und der Höhe des Bausparguthabens ergibt. Man muss in der Regel 18 Monate Bausparer bei der Bausparkasse sein und mindestens 40 % der Bausparsumme angespart haben, sonst erhält man kein Darlehen.

Der Zuteilungszeitpunkt ist unbestimmt. Die Bausparkasse kann ihn bei Abschluss des Bausparvertrages nicht vorhersagen, weil er von dem Zahlungsverhalten aller Bausparer abhängt, d. h. der ansparenden und der zurückzahlenden sowie der Anzahl von neuen Kunden.

– **Die Darlehensphase**

Die Verzinsung des Bauspardarlehens beträgt derzeit ca. 2–4,5 %, wobei noch weitere Nebenkosten hinzukommen (z. B. Darlehensgebühr, Bearbeitungsgebühren, Risikolebensversicherung). Der Zinssatz ist dem Bausparer bereits bei Abschluss des Bausparvertrages bekannt und ist für die gesamte Laufzeit des Darlehens festgeschrieben.

Die Bausparkassen begnügen sich mit dem zweiten Rang im Grundbuch und sind bereit, das Darlehen bis zu 80 % des Beleihungswertes zu gewähren.

Während ein Darlehen einer Pfandbriefbank bei einem Tilgungssatz von 1 % nach ca. 30 Jahren zurückgezahlt ist, dauert die günstige Darlehensphase beim Bausparen nur ca. 7–11 Jahre, sodass man auf einen Tilgungssatz von ca. 7 % kommt. Der Tilgungssatz wird von den Bausparkassen i. d. R. nicht direkt angegeben, sondern muss aus einer angegebenen Annuität (von z. B. monatlich 6 ‰ der Bausparsumme) erst selbst errechnet werden. Der Tilgungssatz kann beim Abschluss des Vertrages im Vorhinein nicht genau bestimmt werden, weil der Darlehensanteil noch unbestimmt ist und erst bei der Zuteilung feststeht.

Die **Annuität** wird von den Bausparkassen als „Tilgungsbeitrag" bezeichnet und stellt in Höhe von ca. 11 % (4 % Zinssatz und 7 % Tilgungssatz) eine hohe liquiditätsmäßige Belastung für einen Kreditnehmer dar, sodass er nicht sein gesamtes Bauvorhaben mit einem Bausparvertrag finanzieren sollte, sofern er nicht laufend über ein ausreichendes Einkommen verfügt.

Die Pflicht zur schnellen Tilgung des zinsgünstigen Bauspardarlehens ist für den Bausparer finanziell nachteilig. Die Bausparfinanzierung stellt aber immer nur einen Baustein in der Gesamtfinanzierung dar. Ein wirtschaftlich handelnder Schuldner tilgt stets diejenigen Darlehen mit den höchsten Zinssätzen zuerst, nicht hingegen die zinsgünstigen (Bauspar-) Darlehen.

- **Die Zwischenfinanzierung**

Sofern ein Bausparer während der Ansparphase plötzlich eine Immobilie kaufen möchte, kann er seinen bereits **vorhandenen, aber nicht zuteilungsreifen Bausparvertrag** noch nicht unmittelbar zur Finanzierung einsetzen. Sein eingezahltes Bausparguthaben ist gebunden bis zur Zuteilungsreife des Bausparvertrages.

Er ist gezwungen, einen teuren Zwischenkredit in Höhe der gesamten Bausparsumme aufzunehmen. Der Bausparer zahlt in diesem Fall hohe Sollzinsen für die gesamte Bausparsumme und somit auch für sein angespartes Eigenkapital, d. h. sein Bausparguthaben. Für sein Bausparguthaben erhält er bis zur Zuteilung von seiner Bausparkasse nur den niedrigen Habenzins.

- **Das Bankvorausdarlehen**

Sofern ein Bauwilliger **noch keinen Bausparvertrag** hat, bieten Bausparkassen an, sich als neuer Kunde die gesamte Bausparsumme, z. B. 50.000,00 €, von einer Bank vorfinanzieren zu lassen (sog. Bankvorausdarlehen) und einen Bausparvertrag in Höhe von 50.000,00 € über die gesamte Summe abzuschließen.

Das Bankvorausdarlehen ist ein endfälliges Darlehen, sodass man während der Laufzeit nur die Zinsen für das Darlehen und als Tilgungsersatzleistung die Sparraten für den Bausparvertrag aufbringen muss.

Das Verfahren ähnelt dem Verfahren der Tilgung des endfälligen Darlehens im Zusammenhang mit einer Kapitallebensversicherung (vgl. Kapitel 11.2.3). Während bei der Kapitallebensversicherung das endfällige Darlehen mittels der Ablaufleistung der Versicherung getilgt wird, dient bei dem Bankvorausdarlehen die Bausparsumme des zuteilungsreifen Bausparvertrages der Tilgung.

Es ist allgemein keine Aussage möglich, von welchem Institut oder welche Kombination am günstigsten ist. Jeder Darlehensnehmer muss bei Darlehensangeboten stets mit Hilfe der Effektivverzinsung individuell prüfen, welches aktuelle Angebot gegenüber anderen Finanzierungsmodellen vorteilhafter ist (vgl. Kapitel 11.3.3). Diese Frage hängt von dem jeweiligen Zinsniveau und von der Marktsituation ab, denn die Anbieter konkurrieren untereinander und sind deshalb mitunter zu Preis- und Zinsnachlässen bereit.

- **Die Übertragbarkeit von Bausparverträgen**

Immobilienunternehmen können z. B. als Finanzierungshilfe für den Verkauf von Eigentumswohnungen Bausparverträge ansparen, um sie bei Bedarf auf einen Wohnungskäufer zu übertragen, wobei man den Zinsverlust aus der Ansparphase in den Verkaufspreis einkalkulieren wird. Diese Bausparverträge werden **Vorratsverträge** genannt.

Ein Bausparer kann seinen Anspruch auf Rückzahlung des Bausparguthabens abtreten. Die Abtretung oder Übertragung anderer Rechte bedarf der Zustimmung der Bausparkasse. Einer Übertragung aller Rechte und Pflichten stimmen die Bausparkassen gemäß der Allgemeinen Vertragsbedingungen i. d. R. zu, wenn der Übernehmer ein Angehöriger (§ 15 Abgabenordnung) des Bausparers ist, z. B. Ehegatte, Geschwister.

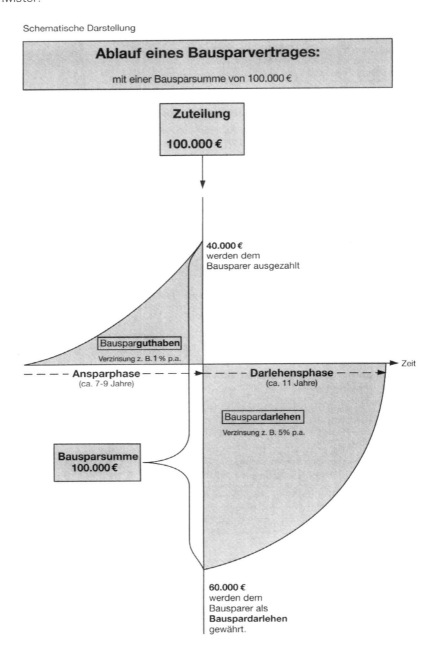

11.3 DARLEHENSMERKMALE UND DARLEHENS-ABWICKLUNG

Kreditgeber bieten ihr Kapital nicht zu einheitlichen Konditionen (z. B. bei den Zinssätzen oder Bearbeitungsgebühren) und nicht bis zur gleichen Höhe der Gesamtkosten an. Jedes Unternehmen hat bestimmte Vorschriften, die es beachten muss (z. B. Gesetze oder unternehmensinterne Grundsätze), und jeder Kapitalgeber kalkuliert unabhängig von den anderen, sodass alle Kreditnehmer gezwungen sind, sich eine Marktübersicht zu verschaffen.

11.3.1 Tilgungsarten

Die Art der Tilgung entscheidet über die monatliche Belastung und die gesamte Darlehensdauer. Eine hohe Belastung könnte zu Liquiditätsschwierigkeiten führen. Darlehen können zum einen während der Laufzeit oder zum anderen erst insgesamt am Ende der Laufzeit getilgt werden.

Je nach der Tilgung unterscheidet man folgende Darlehensarten:

I) Das Darlehen wird während der Laufzeit getilgt.

1. **Tilgungsdarlehen** (auch **Annuitätendarlehen oder Amortisationsdarlehen** genannt) werden laufend mit Teilbeträgen getilgt, wobei die Annuität gleich bleibt und die ersparten Zinsbeträge der Tilgung zugerechnet werden.

Beispiel:

Jahr	Anfangs-kapital	Zinsen (Zinssatz 7 %)	Tilgung (anfänglicher Tilgungssatz 1 %)	Annuität	Restkapital
	€	€	€	€	€
1	100.000,00	7.000,00	1.000,00	**8.000,00**	99.000,00
2	99.000,00	6.930,00	1.070,00	**8.000,00**	97.930,00
3	97.930,00	usw.			

Annuitätendarlehen sind in der Immobilienwirtschaft üblich, weil hier gleich bleibende Annuitäten (=Ausgaben) gleich bleibenden Mieteinnahmen gegenüber stehen. Darlehensgeber haben ein geringeres Risiko, weil diese Darlehen bei einem Tilgungssatz von 1 % nicht erst nach 100 Jahren, sondern bereits nach 30,7 Jahren getilgt sind. Bei einer höheren Verzinsung reduziert sich die Darlehensdauer, weil die jeweils der Tilgung zugeführten ersparten Zinsbeträge höher sind.

11. OBJEKTFINANZIERUNG

Beispiele:

Bei einem **Zinssatz** von	**Laufzeit** eines **Tilgungsdarlehens** bei einem Tilgungssatz (im ersten Jahr) von		
	1 %	2 %	4 %
	Laufzeit		
4 %	41,0 Jahre	28,8 Jahre	17,7 Jahre
7 %	30,7 Jahre	22,2 Jahre	15,0 Jahre
9 % (über die gesamte Laufzeit)	26,7 Jahre	19,8 Jahre	13,7 Jahre

Als Sonderform eines Annuitätendarlehens (Tilgungsdarlehens) werden sog. **Volltilgerdarlehen** angeboten. Während man bei einem Annuiätendarlehen zu Beginn den Zinssatz und den Tilgungssatz festlegt und sich daraus die Annuität ergibt, vereinbart man bei einem Volltilgerdarlehen den Zinssatz und die gewünschte Laufzeit, in der das Darlehen getilgt sein soll. Erst daraus ergibt sich dann (ein i. d. R. höherer) Tilgungsprozentsatz und die Annuität.

Diese Darlehen werden oft mit günstigeren Zinssätzen angeboten, spätere Tilgungsänderungen werden i. d. R. aber ausgeschlossen.

2. **Abzahlungsdarlehen** (auch **Ratendarlehen** genannt) werden laufend mit Teilbeträgen getilgt, wobei die Tilgungsbeträge gleich bleiben und die Annuität wegen der sinkenden Zinsbeträge geringer wird.

Beispiel:

Jahr	Anfangskapital	Zinsen (Zinssatz 7 %)	Tilgung (Tilgungssatz 1 %)	Annuität	Restkapital
	€	€	€	€	€
1	100.000,00	7.000,00	**1.000,00**	8.000,00	99.000,00
2	99.000,00	6.930,00	**1.000,00**	7.930,00	98.000,00
3	98.000,00	usw.			

Ein Abzahlungsdarlehen mit einer Verzinsung von 7 % und einem Tilgungssatz von 1 % ist erst nach 100 Jahren zurückgezahlt. Hier würde der Gläubiger aus Sicherheitsgründen eine höhere Tilgung verlangen, um die Laufzeit auf maximal 30 Jahre zu verkürzen.

II) Das Darlehen wird erst am Ende der Laufzeit getilgt.

1. **Endfällige Darlehen** (auch **Festdarlehen oder Fälligkeitsdarlehen** genannt) werden während der Laufzeit nur verzinst und erst am Ende mit dem Gesamtbetrag getilgt.

Beispiel:

Jahr	Anfangs-kapital	Zinsen (Zinssatz 7%)	Tilgung (Tilgungssatz vom 1. Jahr bis zum vorletzten Jahr = 0%, im letzten Jahr 100%)	Annuität	Restkapital
	€	€	€	€	€
1	100.000,00	7.000,00	0	7.000,00	100.000,00
2	100.000,00	7.000,00	0	7.000,00	100.000,00
3	100.000,00	usw.			
n	100.000,00	7.000,00	**100.000,00**	107.000,00	0

Diese Darlehensart wählt man bei Zwischenfinanzierungen und z. B. bei der Finanzierung mit Kapitallebensversicherungen, wenn das Darlehen am Ende der Laufzeit mit dem Kapitalbetrag von dem Endfinanzierer bzw. aus der Kapitallebensversicherung zurückgezahlt werden soll.

11.3.2 Der Einfluss des Beleihungswertes auf die Höhe des Darlehens

– Der Beleihungswert einer Immobilie

Der **Beleihungswert** stellt einen nachhaltigen Wert einer Immobilie dar.

Kreditgeber gewähren aus Gründen der Risikominderung ein Darlehen i. d. R. nicht in Höhe der Gesamtkosten oder des Verkehrswertes, sondern nur bis zu der **Beleihungsgrenze** des Beleihungswertes, den sie nach eigenen Berechnungsmethoden für die Immobilie ermitteln.

Übersicht: Marktwert/Verkehrswert – Beleihungswert – Beleihungsgrenze – Beleihungsauslauf

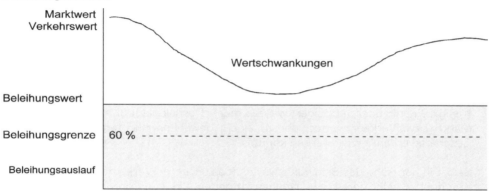

11. OBJEKTFINANZIERUNG

Der **Beleihungsauslauf** bezeichnet die tatsächliche Belastung des Grundstücks in € oder in % unter Berücksichtigung aller Vorlasten in Beziehung zum Beleihungswert. Bei einem Beleihungswert von 1.000.000,00 € und einem Darlehen von 300.000,00 € beträgt der Beleihungsauslauf 30 %.

Die Beleihungswertermittlung ähnelt der Verkehrswertermittlung nach der Wertermittlungsverordnung. Grundlage sind das Ertrags- und Sachwertverfahren (s. auch Kapitel 14.5.4).

Beispiel:
Musterrechnung zur Ermittlung des Beleihungswertes mit Hilfe des Ertragswertverfahrens am Beispiel eines Mietwohnhauses mit einer Wohnfläche von 880 m²:

Beleihungswert						Marktwert
73.392 €	880 m²x 6,95€/m²x 12		Jahresrohertrag		880 m²x7,73€/m²x12	81.629 €
			↓			
		BaFin-Mindestsatz von 15 %	Bewirtschaftungskosten			
		(Verwaltung	10 WE à € 230	Verwaltung)		
		+		+)		
11.009 €	15%	(Mietausfallwagnis	3%	Mietausfallwagnis)	11,85%	9.510 €
		+		+)		
		(Instandhaltung	7 €/m²/p.a.	Instandhaltung)		
		+				
		(Modernisierungsrisiko	hier 0 %			
			=			
62.383 €			Grundstücksreinertrag			72.119 €
			↓			
		Einhaltung von				
37.700 €	754.000€ x 5%	Bafin-Mindestsätzen	Bodenwertverzinsung		754.000€ x 4,5%	33.930 €
			=			
24.683 €			Reinertrag der baulichen Anlagen			38.189 €
			x			
	Kapzinssatz 5%	Einhaltung von			Kapzinssatz 4,5%	
18,93	RND 80 J.	Bafin-Mindestsätzen	Vervielfältiger		RND 80 J.	20,64
			=			
467.253 €			Ertragswert der baulichen Anlagen			788.222 €
			+			
754.000 €	580m²x1.300€/m²		Bodenwert		580m²x1.300€/m²	754.000 €
1.221.253 €			=			1.542.222 €
1.220.000 €	gerundet		**Ertragswert**		gerundet	**1.540.000 €**
			Differenz: 21% 320.000 €			

Quelle: nicht veröffentlichter Vortrag von Herrn Achim Reif, Verband Deutscher Pfandbriefbanken, zum Thema: „Aktueller Stand der Beleihungswertermittlungsverordnung – was ändert sich für die Immobilienbranche?" anlässlich der Tagung „Unternehmerische Handlungsspielräume schaffen – Aktuelle Entwicklungen und Strategien in der Immobilienfinanzierung" am 22. 3. 2006 in Berlin

Die Beleihungswertermittlungsverordnung vom 1. 8. 2006 regelt auf der Grundlage des § 16 PfandBG die Einzelheiten der Methodik und Form der Beleihungswertermittlung sowie die Mindestanforderungen an die Qualifikation des Gutachters.

Der Beleihungswert soll als langfristig dauerhafter Wert auch dann am Markt erzielbar sein, wenn das Grundstück bei Zahlungsschwierigkeiten des Schuldners kurzfristig verkauft oder versteigert werden muss. Deshalb liegt er stets unterhalb des Markt- bzw. Verkehrswertes, der zu einem gewählten Stichtag im gewöhnlichen Geschäftsverkehr erzielt werden könnte.

Selbst in der Höhe des Beleihungswertes (des „sicheren Verkaufswertes") sind viele Kreditgeber nicht bereit, ein Darlehen zu geben. Sie legen grundsätzlich als Obergrenze für die Darlehenshöhe eine Beleihungsgrenze von diesem Beleihungswert fest, bis zu der sie maximal grundpfandrechtlich gesicherte Darlehen gewähren.

Beispiel:
Musterrechnung zur Ermittlung des Beleihungswertes mit Hilfe des Sachwertverfahrens am Beispiel eines Einfamilienhauses

Die Gesamtkosten eines Einfamilienhauses (Grundstücksgröße 540 m² umbauter Raum des Hauses 700 m³) betragen 500.000,00 €. Der Bauherr hat 150.000,00 € Eigenmittel und beantragt bei einer Pfandbriefbank ein Darlehen in Höhe von 350.000,00 €.

Die Pfandbriefbank ermittelt den Beleihungswert und die Höhe des erststelligen Darlehens, das auch I a-Darlehen genannt wird, z. B. folgendermaßen:

Bodenwert:	540 m² x 420 €	= 226.800,00 €
Baukosten:	= 210.000,00 €	
	700 m³ x 300 €	
	+ pauschale Zulagen für Nebenkosten, Außenanlagen (ca. 18 %) + 37.800,00 €	
	= 247.800,00 €	
	./. ca. 10 % Sicherheitsabschlag ./. 24.800,00 €	= 223.000,00 €
	Sachwert des Einfamilienhauses:	449.800,00 €
Beleihungswert gemäß § 16 Pfandbriefgesetz:		449.000,00 €
Beleihungsgrenze gemäß § 14 Pfandbriefgesetz: = 60 % des Beleihungswertes		
= gleichzeitig Höhe des (erststelligen) **I a-Darlehens:**		**= 246.000,00 €**

Als Faustformel gilt, dass 60 % des Beleihungswertes ca. 45 % der Gesamtkosten entsprechen.

Weitere (nachrangige) Fremdmittel werden als I b-Darlehen bezeichnet.

Über den erststelligen Beleihungsraum hinausgehende Beträge
- darf eine Pfandbriefbank nicht aus Mitteln finanzieren, die sie von den Pfandbriefwerbern erhalten hat (sog. Deckungsstock). Sie hat aber die Möglichkeit, bei entsprechender Bonität des Kunden und gegen weitere Sicherheiten (z. B. Bürgschaften) aus Eigenmitteln einen höheren Darlehensbetrag zu gewähren, der dann etwas teurer sein wird, z. B. 1/8 %. Die Höhe des Restdarlehens hängt von den gesamten Sicherheiten ab;
- können aber auch Kreditgeber zur Verfügung stellen, die bereit sind, eine höhere Beleihungsgrenze zu akzeptieren (z. B. Bausparkassen bis zu 80 % oder Geschäftsbanken);
- muss man notfalls aus eigenen Mitteln finanzieren.

11. OBJEKTFINANZIERUNG

Beleihungsgrenze bei Darlehen von einer Pfandbriefbank

Gesamtkosten 100 %

- ca. 30 % — Eigenkapital — 80–90 %
- 100 % Gesamtkosten bzw. Marktwert
- ./. 10–20 % Sicherheitsabschlag
- **Beleihungswert**
- ca. 25 % — nachrangig gesicherte Darlehen, z. B. I b-Darlehen oder Bauspardarlehen — 50 %
- 60 % Beleihungsgrenze
- ca. 45 % — erstrangig gesicherte I a-Darlehen
- I a-Darlehen

- **Beleihungsunterlagen**

Kreditgeber vergewissern sich über die zu beleihenden Objekte, indem sie diverse Beleihungsunterlagen verlangen, um die rechtliche, wirtschaftliche und finanzielle Situation des Objekts und die persönliche Bonität des Schuldners prüfen zu können.

Je nachdem, ob ein Bauvorhaben oder ein Objekterwerb erfolgen soll und ob es sich bei dem Darlehensnehmer um eine Privatperson oder ein Unternehmen handelt, verlangen die Kreditinstitute in der Regel folgende typische Beleihungsunterlagen:

Beleihungsunterlagen:	Begründung:
Grundbuchauszug	Eigentümernachweis und vorhandene Belastungen
Katasterunterlagen (Auszug aus dem Liegenschaftsbuch, dem Gebäudebuch, der Flurkarte)	genaue Lage, Größe und Schnitt des Grundstücks
Baubeschreibung, Bauzeichnungen, technische Berechnungen	Art des Objekts und Qualität
Wirtschaftlichkeitsberechnung	Die ermittelte Kostenmiete kann mit der ortsüblichen Miete verglichen werden, sodass man die Vermietbarkeit beurteilen kann.
Einnahmeüberschussrechnung: (= Ertrags- bzw. Rentabilitätsberechnung) Gegenüberstellung der Ausgaben und Einnahmen	Die Liquidität des einzelnen Objekts kann erkannt werden, d. h., ob z. B. auch die laufenden Zinszahlungen aus den Einnahmen des Objekts möglich sind.

Weitere Beleihungsunterlagen sind je nach dem Baufortschritt bzw. bei bestehenden Bauwerken sowie bei natürlichen und juristischen Personen vorzulegen, z. B.:

Vermögensübersicht, Einkommensnachweis, Geschäftsberichte für mehrere Jahre, Gesellschaftsverträge, Kaufvertrag, Teilungserklärung bei Wohneigentum, Erbbaurechtsvertrag, Wohnflächenberechnung, Berechnung des umbauten Raumes, Grenzattest, Mietverträge von Geschäftsraummietern, detaillierter Nachweis der Eigenleistungen, Finanzierungszusagen anderer Gläubiger, Erschließungsbeitragsbescheinigung, Gebäudeversicherungspolice, Hypothekensicherungsschein (= Bestätigung der Versicherungsgesellschaft, dass das Gebäude z. B. gegen Feuerschaden versichert ist), Negativbescheinigung aus dem Altlastenkataster vom Umweltamt, Baugenehmigung, Rohbauabnahmeschein, Schlussabnahmeschein, Bausparvertrag, Objekttaxe (= Wertschätzung), Einheitswertbescheid des Finanzamts.

11.3.3 Die Bonität von Darlehensnehmern und Darlehenskonditionen

Die Höhe eines Darlehens bestimmt sich nach dem Wunsch eines Darlehensnehmers, der nicht genügend Eigenmittel hat. Normalerweise wird er möglichst niedrigen Fremdmittelbetrag einsetzen wollen, weil er hierfür Zinsen bezahlen muss. Jeder Darlehensgeber möchte sicher sein, dass er zum einen sein gewährtes Darlehen und zum anderen auch die regelmäßig vereinbarten Zinszahlungen erhält.

- **Die Bonität eines Darlehensnehmers**

Bei der Darlehensgewährung spielt die Bonität (Kreditwürdigkeit) eines Schuldners eine wesentliche Rolle. Bei Schuldnern mit hoher Bonität ist das Ausfallrisiko gering, sodass Darlehensgeber eher ein (höheres) Darlehen zu günstigeren Konditionen gewähren werden.

Im Normalfall dient einem Darlehensgeber bei einem Immobiliendarlehen das Grundstück mit einer Grundschuld als Sicherheit für die Rückzahlung des Darlehens und eventuell rückständiger Zinszahlungen und Prozesskosten. Die laufenden Zinszahlungen aber müssen aus dem laufenden wirtschaftlichen Geschäft des Darlehensnehmers erbracht werden, z. B. aus den Mieterträgen eines Mietwohnhauses.

- **Die Ermittlung der Bonität eines Darlehensnehmers**

Sämtliche Darlehensangebote stellen nur Durchschnittswerte dar, die bonitätsabhängig sind. Jeder Darlehensgeber legt sich erst nach einer Bonitätsprüfung des Darlehensnehmers endgültig fest, d. h., ob er das Darlehen überhaupt gewährt und wenn ja, zu welchen Konditionen. Um diese Entscheidungen leichter treffen zu können, wird jeder Darlehensnehmer in einem sog. Rating-Verfahren (Rating = Einschätzung, Bewertung) systematisch nach bestimmten Kriterien bewertet (vgl. auch Kapitel 3.1.4 und 3.1.8).

Im Rahmen der Kreditwürdigkeitsprüfung wurden statistische Modelle für sog. Scoring-Verfahren entwickelt, wobei bestimmten Darlehensnehmer-Merkmalen die entsprechende Zahl an Punkten zugeordnet wird.

Auch Rating-Agenturen führen Rating-Verfahren durch und liefern hierzu Ergebnisse. So bedeutet z. B. der Wert „AAA" für ein Unternehmen eine hohe Bonität und Zahlungsfähigkeit.

Mit dem Ergebnis erhält man die Ausfallwahrscheinlichkeit und veranschaulicht die Risikosituation. Ein hohes Risiko führt zu einer höheren Risikomarge, die der Darlehensnehmer dann neben dem normalen Zinssatz zu tragen hat. Die Kondition lautet dann z. B. 1 % (für 3-M Euribor) zuzüglich einer Risikomarge von 3 %, sodass der vereinbarte Zinssatz 4 % beträgt.

– **Darlehenskonditionen**

Die Darlehenskonditionen der Darlehensgeber unterscheiden sich in vielen Bereichen, z. B. in
- den Auszahlungsbedingungen,
- der Höhe der Zinssätze (und dem Beleihungsaufschlag),
- der Zahlungsweise von Zins- und Tilgungsleistungen,
- der Zinsfestschreibungszeit,
- diversen Nebenkosten und
- den Nebenabreden (sog. Covenants).

- **Die Auszahlungsbedingungen**

Ein Bauherr kann auf die Auszahlung der Darlehen nicht warten, bis das Bauwerk fertig ist. Vor und während der Bauphase müssen Planungskosten und ständig Handwerkerrechnungen bezahlt werden, die der Bauherr nicht alle aus eigenen Mitteln begleichen kann. Die Darlehensgeber sind allerdings bereit, Teilbeträge der Darlehen auch dann schon auszuzahlen (= zu valutieren), wenn bestimmte Teile des Bauwerks errichtet wurden. Darlehensgeber zahlen **Teilbeträge** z. B. bei Fertigstellung der Kellerdecke (50 %), des Innen- bzw. Außenputzes (25 %) und der Bezugsfertigkeit (25 %) aus.

Sollte der Bauherr Baugeld bereits vor diesen Terminen benötigen, muss er den Zeitraum bis zu den Teilfertigstellungen von derselben oder einer anderen Bank zwischenfinanzieren lassen. In diesem Fall lässt sich die zwischenfinanzierende Bank den Auszahlungsanspruch des Bauherrn an die endfinanzierende Bank abtreten. Ein **Zwischenkredit** wird nur verzinst und bei Teilfertigstellung mit Dauerfinanzierungsmitteln abgelöst. Wegen des höheren Risikos liegen die Zinssätze für Zwischenfinanzierungen über denen von Dauerfinanzierungsmitteln, z. B. bei 6,5 %.

Sofern ein Darlehen von der Bank zugesagt ist, der Darlehensnehmer es aber nicht abruft, berechnen die Darlehensgeber für den nicht abgerufenen Teil des Darlehens in der Regel **Bereitstellungszinsen**, z. B. 0,25 % p. M. (pro Monat) oder 3,0 % p.a. (pro anno), z. B. ab dem 3. bzw. erst ab dem 25. Monat.

Manche Gläubiger verlangen für die Auszahlung von Teilbeträgen **Teilvalutierungszuschläge** und mitunter auch **Zinsaufschläge** für die Gewährung von **kleinen Darlehensbeträgen**, z. B. bei 20.000,00 €.

- **Der Zinsaufschlag wegen Überschreitung der Beleihungsgrenze**

Die angegebenen Nominalzinssätze beziehen sich auf den erststelligen Beleihungsrahmen (I a-Darlehen). Dieser Rahmen beträgt bei verschiedenen Darlehensanbietern zwischen ca. 45–75 %. Kapitallebensversicherungen legen in der Regel eine geringere Beleihungsgrenze für I a-Darlehen zugrunde. Geschäftsbanken sind bei der Darlehensvergabe nicht an das Pfandbriefgesetz gebunden, so dass der I a-Rahmen auch über 60 % liegen kann. Sofern das Darlehen den I a-Rahmen überschreitet, verteuert sich in der Regel dieser Teil des gesamten Darlehens oder das gesamte Darlehen (= I b-Darlehen). **I b-Darlehen** liegen außerhalb des erststelligen Beleihungsrahmens und werden neben einer Grundschuld in der Regel zusätzlich durch eine Bürgschaft gesichert, um das höhere Risiko des Darlehensgebers zu berücksichtigen. Verbürgt sich zum Beispiel der Staat im Rahmen der Wohnungsbauförderung für I b-Darlehen, verzichten die Darlehensgeber wegen der hohen Sicherheit des Bürgen auf einen Zinszuschlag. In jedem Fall muss der Darlehensnehmer an den Bürgen eine einmalige oder laufende Bürgschaftsgebühr entrichten, z. B. 0,5 % p.a.

- **Das Damnum**

Kreditgeber bieten Darlehen mit einer 100 %igen Auszahlung des Darlehensbetrages (= Nominalwert bzw. Nennwert) oder auch mit einer niedrigeren Auszahlung von z. B. 98 % an. Die Auszahlungsdifferenz bezeichnet man als **das Damnum** (oder auch Disagio). Das Damnum stellt für die gesamte Darlehenslaufzeit bzw. nur für die Zinsfestschreibungszeit einen Zinsbetrag dar, den der Schuldner bereits bei der Auszahlung leistet. Vereinbart man in unserem Beispiel ein Damnum von 2 %, dann behält der Kreditgeber zu Beginn der Darlehenszeit von seinem Darlehen (in Höhe von 100.000,00 €) gleich 2.000,00 € ein, so dass dem Schuldner tatsächlich nur ein Betrag von 98.000,00 € ausgezahlt wird.

Ein Darlehensnehmer hat bei einem Damnum eventuell einen steuerlichen Vorteil. Denn das Damnum gehört zu den Finanzierungskosten und kann bei vermieteten Objekten als Werbungskosten geltend gemacht werden, wenn es marktüblich ist (§ 11 Abs. 2 Satz 4 EStG), d. h. nur bis zu 5 % der Darlehenssumme bei einem Zinsfestschreibungszeitraum von mindestens fünf Jahren. Bei einem Damnum von z. B. 6 % muss der über 5 % hinausgehende Betrag als Werbungskosten auf den Zinsfestschreibungszeitraum bzw. auf die gesamte Darlehenslaufzeit verteilt werden. Überschreitet der Zinsfestschreibungszeitraum 5 Jahre, kann das Damnum nur auf den Zinsfestschreibungszeitraum verteilt werden bzw. auf die gesamte Darlehenslaufzeit, wenn keine kürzere Zinsfestschreibung vereinbart wurde.

Ein Darlehensgeber kalkuliert bei der Darlehensvergabe mit der Effektivverzinsung. Er verlangt deshalb sowohl bei einer 100 %igen Auszahlung als auch bei einem Darlehen mit einem Damnum die gleiche Effektivverzinsung.

Beispiel:
Baudarlehensangebot im Dezember 2009
Annuitätendarlehen 100.000,00 € innerhalb des erstrangigen Beleihungsbereichs
Laufzeit 15 Jahre, Zinsbindung 5 Jahre

Auszahlung	100 %	95 %
Damnum	ohne	5 %
Zinssatz (nominal)	**4 %**	**2,8 %**
Zinssatz (effektiv)	**4,4 %**	**4,4 %**

Mit der Vereinbarung eines Damnums soll sich die tatsächliche Zinsbelastung des Darlehennehmers in der gesamten Darlehensphase insgesamt nicht verändern. Die Zeitpunkte und die Höhe seiner Zinszahlungen weichen nur vom Normalfall einer 100 %igen Auszahlung ab.

Ein gezahltes Damnum muss ebenfalls berücksichtigt werden bei einer vorzeitigen Rückzahlung des Darlehens oder auch bei der Berechnung eines eventuellen Vorfälligkeitsentgeltes.

Ein Darlehensnehmer zahlt bei einem vereinbarten Damnum den gesamten Nominalbetrag in von Höhe von 100 % an den Gläubiger zurück, nicht etwa nur den erhaltenen Auszahlungsbetrag von z. B. 95 %.

Sofern man für sein Bauwerk nicht mit dem Auszahlungsbetrag (von z. B. 95 %) auskommt, hat ein Darlehensnehmer zwei Möglichkeiten.

Bei der ersten Möglichkeit erhöht er einfach den Darlehensbetrag auf z. B. 102 %, so dass er nach dem Abzug des Damnums in Höhe von 2 % den benötigten Geldbetrag erhält.

Eine zweite Möglichkeit für den Darlehensnehmer, zu Beginn den vollen Darlehensbetrag zu erhalten, besteht in der Aufnahme eines **Tilgungsstreckungsdarlehens** in Höhe des Damnums. Dabei wird zuerst das Tilgungsstreckungsdarlehen zurückgezahlt, die Tilgung des Hauptdarlehens wird dabei solange ausgesetzt. Tilgungsstreckungsdarlehen werden selten vereinbart.

- **Aktuelle Darlehensangebote**

Das Internet verschafft den Darlehenssuchenden einen guten Überblick und ermöglicht die Auswahl der besten Konditionen. Der Zinsvorteil kann gegenüber einem traditionellen Anbieter zwischen 0,3 und 0,9 % betragen. Bei einer Darlehenssumme von 150.000,00 € und einer 15-jährigen Laufzeit könnte man dadurch z. B. 10.000,00 € sparen.

Das Internet verstärkt somit auch die Verhandlungsposition der Kunden gegenüber Darlehensgebern.

Einige Internetadressen von Darlehensanbietern lauten: www.

advance.	de	comdirekt.	de	hauckfinanz.	de
ak-finanz.	de	creditweb.	de	hypotheken-discount.	de
aktienbank.	de	deutsche-bank.	de	hypverband.	de
amexbank.	de	dkb. de		hypovereinsbank.	de
baufi24.	de	dr-klein.	de	immowelt.	de
baufinanzierung-direkt.	de	dtw fonds-service.	de	interhyp.	de
baufinanz-direktservice.de		easyhyp.	de	planethome.	de
baufi-nord.	de	eurohypo.	de	postbank.	de
bhw. de		financescout24.	de	rheinboden.	de
boersen-zeitung.	de	finanztip.	de	vergleich.	de
citibank.	de	fmh-finanzberatung.	de	wehrt.	de

Eine Darlehensabwicklung über das Internet dürfte nur für leicht abzuwickelnde Darlehensverträge geeignet sein, nicht hingegen für Situationen, bei denen es der Beratung des Kunden bedarf.

- **Der Kundenservice**

Neben den rechnerisch ermittelbaren Konditionen darf man nie übersehen, dass sich auch Kreditgeber in der Art und Weise unterscheiden, wie sie die Kunden bedienen. Das Verfahren kann schnell und großzügig gehandhabt werden, es kann aber mitunter auch schleppend erfolgen. Insbesondere in der Immobilienwirtschaft geht es i. d. R. um hohe Beträge, sodass Zeitverzögerungen sofort hohe Zinsverluste mit sich bringen. Eine Auswahl des Geschäftspartners wird sich bei gleichen Konditionen letztendlich auch nach dem Kundenservice eines Kreditgebers richten.

- **Darlehenskosten**

- **Nominalzinssatz – Effektivzinssatz**

Die Kapitalanbieter nennen bei den zu zahlenden Zinsen den Nominalzinssatz und einen Effektivzinssatz, den sie nach der Preisangabenverordnung ermitteln müssen.

Der **Nominalzinssatz** ist die Grundlage für die Berechnung der Zinsen von dem Nominalbetrag des Darlehens (= Darlehenssumme im Darlehensvertrag). Wer ein Darlehen über 100.000,00 € aufnimmt und einen Nominalzinssatz von 5 % vereinbart, der hat im ersten Jahr 5.000,00 € Zinsen zu bezahlen. In den folgenden Jahren bezieht sich der Zinssatz jeweils auf das Restdarlehen.

Banken berechnen aber neben den reinen Zinsen zusätzlich noch diverse andere Kosten. Zu diesen **Darlehensnebenkosten** zählen z. B. das Damnum (auch Disagio genannt), Bürgschaftsgebühren, Teilauszahlungszuschläge, Zuschläge bei kleineren Darlehen, Zinszuschlag bei Überschreitung der Beleihungsgrenze, Bereitstellungszinsen für die Zeit zwischen der Darlehenszusage und der Auszahlung, Kosten für abzuschließende Restschuldversicherungen, Vermittlungsprovision, Bearbeitungsgebühren, Kontoführungsgebühren. Diese Nebenkosten erhöhen die tatsächliche Belas-

tung des Darlehensnehmers. Die gesamte Belastung von Nominalzinsen und Darlehensnebenkosten bezeichnet man als den sog. Effektivzinssatz.
(Gemäß Urteil des OLG Düsseldorf (Az. I - 6 U 17/09) sind AGB-Klauseln zur Zahlung von Schätzgebühren (sog. Taxkosten) zur Wertermittlung bei Hypothekendarlehen nichtig.)

Übersicht: Nominal- und Effektivzinssatz (innerhalb eines Jahres)

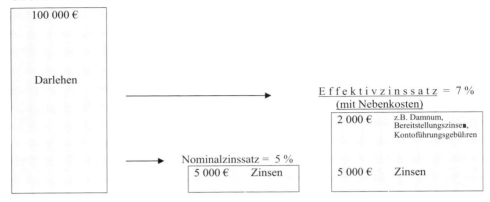

Betragen die Nebenkosten in unserem Fall beispielsweise einmalig 2.000,00 €, so müsste man diese Kosten auf die gesamte Laufzeit des Darlehens verteilen und den Zinsen zurechnen, um die **tatsächliche (= effektive) Belastung** für das Darlehen zu erhalten. Bei einer Laufzeit von 10 Jahren hätte man dann rechnerisch eine Belastung von 5.200,00 €, so dass die tatsächliche „Verzinsung" bei 5,2 % läge **(= Effektivzinssatz)**.

Die **Darlehensnebenkosten erhöhen den Effektivzins** z. B. folgendermaßen:

Die Nebenkosten vom Darlehen betragen:	Zinsbindung 5 Jahre	Zinsbindung 10 Jahre	Zinsbindung 15 Jahre
	Der Effektivzinssatz erhöht sich dadurch um		
1 %	0,26 %	0,16 %	0,13 %
2 %	0,52 %	0,33 %	0,27 %
3 %	0,78 %	0,49 %	0,41 %

Quelle: Zeitschrift „Finanztest", Sonderheft 1998 „Richtig finanzieren", S. 31

Banken sind verpflichtet, den **effektiven Jahreszinssatz** gemäß § 4 **Preisangabenverordnung (PAngV)** zu berechnen und anzugeben. Dem Kunden soll es damit erleichtert werden, die Belastungen der Darlehensangebote schneller vergleichen zu können. Dabei ist jedoch zu beachten, dass die Banken nach dieser Vorschrift nicht alle der oben genannten Nebenkosten in die Berechnung einbeziehen müssen, sodass die gewünschte Vergleichbarkeit i. d. R. nicht gegeben ist. Banken sind verpflichtet, (nur) folgende Bestandteile bei der Berechnung des effektiven Jahreszinssatzes zu berücksichtigen: den Nominalzinssatz, ein Damnum, den Zeitpunkt der Tilgungsverrechnung, den Zeitpunkt der Zinszahlungen, eine Bearbeitungsgebühr, eine Kreditvermittlungsprovision (vgl. auch Kapitel 15.5.7.2 und 15.5.7.3).

Folgende Kosten, die Banken ihren Kunden zwar in Rechnung stellen, müssen sie bei der Berechnung des effektiven Jahreszinssatzes **nicht berücksichtigen**: Bereitstellungszinsen, Teilauszahlungszuschläge, Kontoführungsgebühren.

Selbstverständlich werden folgende Nebenkosten in die Berechnung nicht einbezogen, die der Darlehensnehmer aufwenden muss für Grundschuldbestellungen, Notarkosten und Grundbucheintragungen.

Sofern sich während der Darlehenslaufzeit ein preisbestimmender Wert ändern könnte, z. B. bei einer Zinsfestschreibung von 10 Jahren, kann und muss die Bank nur den Effektivzinssatz für diese Zeit angeben. Man bezeichnet diesen Zinssatz dann als den **sog. anfänglichen Effektivzinssatz**.

Der Zeitschrift „Finanztest", Sonderheft 1998 „Richtig finanzieren", konnte man den Unterschied zwischen dem Effektivzinssatz nach der Preisangabenverordnung und dem tatsächlichen Effektivzinssatz hinsichtlich einiger Nebenkosten entnehmen:

Beispiel: Ein Darlehen von 300.000,00 € (Nominalzins 7 %, Tilgung 1 %) wird nach jeweils drei Monaten in Teilbeträgen von 100.000,00 € ausgezahlt. Je nach Zinsbindung, Art und Höhe der Nebenkosten liegt der tatsächliche Effektivzinssatz erheblich höher als der Effektivzinssatz nach der Preisangabenverordnung.

Der Unterschied zwischen der Effektivzinssatzberechnung nach der Preisangabenverordnung und dem **tatsächlichen Effektivzinssatz**:

Zinsbindung in Jahren	Effektiver Jahreszinssatz (pro Jahr):				
	nach der Preisangabenverordnung	tatsächlicher Effektivzinssatz unter Berücksichtigung			
		zusätzliche Kontoführungsgebühren	zusätzliche Schätzkosten	zusätzliche Bereitstellungszinsen	zusätzliche Teilauszahlungszuschläge
	1)	2)	3)	4)	5)
10	**7,23 %**	7,24 %	7,30 %	7,48 %	7,53 %
15	**7,23 %**	7,24 %	7,29 %	7,44 %	7,48 %

1) bei monatlicher Zins- und Tilgungsverrechnung
2) 2,00 € pro Monat
3) 900,00 € (0,3 % der Darlehenssumme)
4) ab dem dritten Monat nach Darlehenszusage 0,25 % pro Monat auf den noch nicht ausgezahlten Darlehensteil
5) bis zur vollen Auszahlung des Darlehens 1 % auf den ausgezahlten Betrag

Ein mathematisch genauer Vergleich ist für einen Darlehensnehmer sehr schwer möglich.

Um die günstigsten Konditionen schnell zu erkennen, empfiehlt es sich, sämtliche Kosten eines Darlehens zu addieren und die jeweilige Restschuld der verschiedenen Darlehen nach der gleichen Laufzeit zu vergleichen (sog. Restschuldmethode). Aber auch dieses Vorgehen liefert keine genauen Vergleichsergebnisse, weil dabei die Zahlungszeitpunkte der Kosten außer Acht bleiben.

Beispiel: Restschuldmethode
– Vergleich von Darlehensangeboten nach der jeweiligen Restschuld in 10 Jahren –

Darlehensangebote von Banken		Beleihungsgrenze	monatliche Rate	Restschuld nach 10 Jahren
nominal	(effektiv)			
5,14 %	(5,26 %)	60,00 %	1.023,00 €	173.925,00 €
5,34 %	(5,48 %)	60,00 %	1.057,00 €	173.643,00 €

Darlehensangebote von Lebensversicherungen		Beleihungsgrenze	monatliche Rate	Restschuld nach 10 Jahren
nominal	(effektiv)			
5,26 %	(5,39 %)	45 %	1.043,00 €	173.756,00 €
5,58 %	(5,70 %)	60 %	1.097,00 €	173.300,00 €

- **Gesamteffektivzins**

Um die gemäß der Preisangabenverordnung nicht enthaltenen Nebenkosten bei der Effektivzinsberechnung zu berücksichtigen, müsste man auch diese Kosten einbeziehen. Auch dann, wenn ein Darlehensgeber kombinierte Finanzangebote offeriert, will der Kunde letztlich zum Vergleich nur einen Effektivzinssatz haben. Diesen Zinssatz bezeichnet man Gesamteffektivzins. Aber auch hier ergeben sich Fragen, weil eine nachvollziehbare Berechnung i. d. R. nicht möglich ist.

- **Effektivzinsberechnung**

Da eine genaue Berechnung der Effektivverzinsung z. B. die Abzinsung aller Zahlungen während der gesamten Laufzeit auf einen Zeitpunkt erfordert, werden sämtliche Effektivzinssatzangaben mit Hilfe von Computerprogrammen errechnet. Im normalen Geschäftsverkehr bedient man sich hierzu mitunter einfacher Näherungsformeln, beispielsweise:

$$\frac{Z_n \times 100}{A} + \frac{(100-A) \times 100}{J \times A} = \text{Effektivzinssatz}$$

Z_n = Nominalzinssatz, A = Auszahlungskurs, J = Laufzeit in Jahren

Zahlenbeispiel:

Z_n = 5 % (Nominalzinssatz)

A = 96 % (Auszahlung, bei einem Damnum von 3 % und einer einmaligen Bearbeitungsgebühr von 1 %)

J = 10 (Laufzeit des Darlehens in Jahren)

$$\frac{5 \times 100}{96} + \frac{(100-96) \times 100}{10 \times 96} = 5{,}208 + 0{,}417 = 5{,}62\ \% \text{ Effektivzinssatz}$$

- **Die Auswirkung des Zahlungszeitpunktes auf die Effektivverzinsung**

Es kann vereinbart werden, dass die Zinsen und die Tilgungsbeträge am Ende eines jeden Jahres oder „unterjährig", d. h. bereits während des Jahres, z. B. monatlich, gezahlt werden müssen. Eine unterjährige Zahlungsweise erhöht den Effektivzinssatz für den Darlehensnehmer.

Werden die Zahlungen am Ende des Zeitraumes, d. h. am Ende eines Jahres, eines Halbjahres, eines Quartals oder eines Monats geleistet, bezeichnet man diese Zahlungsweise als **nachschüssig**. Banken bieten auch Darlehen an, bei denen der Darlehensnehmer die Zins- und Tilgungsleistungen zu Beginn eines Jahres, Halbjahres, Quartals oder Monats **= vorschüssig)** oder jeweils in der Mitte dieser Zeitabschnitte **(= mittelschüssig)** zu erbringen haben.

Für einen Schuldner ist es am günstigsten, die Zins- und Tilgungsleistungen jeweils am Jahresende zu leisten. Zahlt er vor dem Jahresende, verteuert sich sein Darlehen und erhöht sich die Effektivverzinsung, denn er verzichtet auf die Zinserträge, die die zu zahlenden Zins- und Tilgungsleistungen selbst noch bei einer Zins bringenden Anlage bis zum Jahresende erzielt hätten, sofern er diese Beträge bereits zu diesem Zeitpunkt überhaupt hatte.

Die Auswirkungen auf den Effektivzinssatz bei unterschiedlichen Zahlungsweisen lassen sich folgender Übersicht entnehmen:

vereinbarter Nominalzinssatz	Zahlungsweise	Effektivzinssatz:
8 %	jährlich	8,00 %
	halbjährlich	8,16 %
	vierteljährlich	8,24 %
	monatlich	8,30 %

Quelle: Hausbesitzer abc: „Effektiver Jahreszins/Effektivzins", Verlag Wirtschaft, Recht und Steuern, Planegg/München, 6/94

- **Zinssatzänderungen**

Die Zinssätze für kurzfristige bzw. langfristige Kredite richten sich nach der Preisentwicklung auf den Geld- und Kapitalmärkten und können sich täglich verändern. Die Zinsentwicklung für Hypothekendarlehen in den letzten Jahrzehnten können Sie der folgenden Zinsstrukturkurve entnehmen:

Die Entwicklung der Hypothekenzinsen von 1980 bis 2009

Quelle: www.interhyp.de

- **Variable Zinssätze**

Bei einem Darlehen mit variablen (= veränderlichen) Zinssätzen hat ein Darlehensgeber das Recht, den Zinssatz jederzeit einem sich veränderten allgemeinen Zinsniveau anzupassen. Hierbei wählt man im Geschäftsverkehr als Basis i. d. R. den Euribor-Zinssatz(= euro interbank offered rate). Dabei handelt es sich um einen Zinssatz der zwischen Großbanken mit erstklassiger Rating-Bonität für Termineinlagen (z. B. für 3 bzw. 6 Monate) im Euroraum gilt. Der Zinssatz wird täglich von der European Banking Federation festgelegt, z. B. per 6. 11. 2009: Euribor 3 Monate = 0,72 %, Euribor 6 Monate = 1,00 %.

Der Darlehensgeber darf den Zinssatz erhöhen und muss ihn auf der anderen Seite aber auch senken. Darlehensnehmer sollten vereinbaren, unter welchen Voraussetzungen und wann der Darlehensgeber gezwungen ist, den variablen Zins einem gesunkenen Zinsniveau anzupassen, weil sich ein Darlehensgeber ansonsten mit der Anpassung Zeit lassen könnte.

Darlehensnehmer vereinbaren variable Zinssätze, wenn sie z. B. bei einem sehr hohen Zinsniveau demnächst sinkende Zinssätze erwarten oder mit ihrer Finanzierung flexibel sein möchten.

Ein Darlehensnehmer darf z. B. während der Darlehenszeit jederzeit Sondertilgungen vornehmen. Variable Zinssätze sind i. d. R. günstiger als Zinssätze mit einem vereinbarten Zinsfestschreibungszeitraum.

Vereinbart ein Immobilienunternehmen mit der Pfandbriefbank ein Darlehen mit einem variablen Zinssatz, geht es das Risiko steigender Zinsen ein, die es möglicherweise nicht sofort wieder im Rahmen einer Mieterhöhung von seinen Mietern verlangen kann, weil es rechtlich nicht möglich ist, z. B. bei frei finanzierten Wohnungen, oder es sich wirtschaftlich bei zu hohen Mieten nicht mehr auf dem Markt durchsetzen lässt.

In manchen Fällen kann man sich mit einer **Zinsbegrenzungsgebühr** vor zu starken Zinserhöhungen schützen (vgl. Cap-Vereinbarung, Kapitel 11.3.5.1). Die Zinsbelastung wird dann auf einen vorher vereinbarten Höchstzins begrenzt, z. B. 6,25 %.

- **Zinsfestschreibungen bzw. Zinsbindungen**

Um das Risiko von überraschenden Zinserhöhungen auszuschließen, kann man mit den Kreditinstituten bei der Darlehensaufnahme vereinbaren, die Zinssätze für eine vorher bestimmte Laufzeit festzuschreiben, sog. **Zinsfestschreibungszeitraum**. Kreditinstitute müssen sich bei den vereinbarten Zinssätzen für die gewährten Baudarlehen danach richten, für welche Zeit ihnen ihre eigenen Kunden das Kapital zu festen Zinssätzen zur Verfügung stellen. So wäre es in besonderen Fällen denkbar, dass man sogar ein Darlehen mit einer Zinsfestschreibung bis zur vollständigen Rückzahlung nach z. B. 30 Jahren erhält. Üblicherweise werden Darlehen mit einer Zinsfestschreibung von 5, 10 bzw. 15 Jahren angeboten.

Übersicht: Abhängigkeit der Zinssätze von den Zinsfestschreibungszeiträumen, den Beleihungsgrenzen sowie der Darlehenshöhe

Beleihungsgrenze:	bis 60 % Zinssätze:		bis 80 % Zinssätze:		bis 95 % Zinssätze:	
Zinsfestschreibungszeit:	nominal	effektiv	nominal	effektiv	nominal	effektiv
keine (variabel)	3,49 %	4,61 %	3,49 %	4,61 %	3,49 %	4,61 %
5 Jahre	3,59 %	3,65 %	3,79 %	3,86 %	4,09 %	4,17 %
10 Jahre	4,19 %	4,27 %	4,39 %	4,48 %	4,69 %	4,79 %
15 Jahre	4,64 %	4,74 %	4,84 %	4,95 %	5,14 %	5,26 %

Bei Darlehen unter 200.000,00 € erhöht sich der jeweilige Zinssatz um 0,15 %.
Quelle: PSD Bank Berlin-Brandenburg eG, per 28. 10. 2009

Darlehen mit einem längeren Zinsfestschreibungszeitraum sind i. d .R. immer teurer als mit einer kürzeren Zinsbindungszeit. Darlehensgeber lassen sich damit das Risiko bezahlen, das mit der späteren Rückzahlung existiert, weil in der Zwischenzeit z. B. die Zinsen steigen können oder sich die Bonität des Schuldners verschlechtert.

Die Zinssätze der einzelnen Zinsfestschreibungszeiträume unterscheiden sich auch nach der Zinsentwicklung, die der einzelne Darlehensgeber in der Zukunft erwartet.

Darlehensgeber werden sich bei der langfristigen Zinserwartung an ihren eigenen Refinanzierungsmöglichkeiten und dem marktüblichen Durchschnittssatz für langfristige Hypothekendarlehen orientieren.

Mit den derzeitigen Zinssätzen befindet man sich weiterhin in einem „historischen Tief".

Ein Darlehensnehmer muss bei Vertragsabschluss prüfen, ob er sich z. B. während der Laufzeit eines Annuitätendarlehens von 30 Jahren in den ersten Jahren mit einem geringen Zinssatz (z. B. 3,59 % – Zinsfestschreibung 5 Jahre) oder für längere Zeit mit einem höheren Zinssatz (z. B. 4,64 % – Zinsfestschreibung 15 Jahre) verschulden will.

Von der Wahrscheinlichkeit her können die Zinssätze nur noch steigen. Deshalb ist es grundsätzlich ratsam bei (historisch) niedrigen Zinssätzen eine lange, bei hohen Zinssätzen eine kurze Zinsfestschreibungszeit bzw. sogar einen variablen Zinssatz zu wählen.

Auf jeden Fall sollte sich jeder Darlehensnehmer auf eine Zinssatzänderung nach Ablauf der Zinsfestschreibungszeit einstellen.

Während eines Zinsfestschreibungszeitraumes besteht i. d. R. keine Möglichkeit zu Sondertilgungen. Deshalb sollte man diese Möglichkeit mit dem Darlehensgeber vereinbaren.

- **Covenants (Nebenabreden)**

Ein Darlehensgeber will sicher sein, dass sich während der Laufzeit eines Darlehens die Bonität eines Darlehensnehmers, die bei der Auszahlung des Darlehens vorhanden war, nicht verschlechtert. Um die Zinszahlungen und die Darlehenstilgung weiterhin zu gewährleisten, enthalten die Darlehensverträge Klauseln, in denen den Darlehensnehmern diverse Pflichten auferlegt werden (sog. Covenants oder Nebenpflichten).

Hierzu gehören regelmäßig bestimmte Informationspflichten über typische Finanzkennzahlen (sog. Financial Covenants), z. B. Zinsdeckungsgrad, Kapitaldienstdeckungsgrad, Verhältnis des Darlehens zum Marktwert des Objekts. Auch könnte von einem Darlehensnehmer verlangt werden, einen Mindest-Cashflow zu erwirtschaften, eine Mindest-Eigenkapitalquote einzuhalten, bei sinkenden Grundstückspreisen weitere Immobilien zur Nachbesicherung zur Verfügung stellen.

Zusätzlich könnten bestimmte betriebliche Verhaltensweisen bzw. Handlungen verlangt werden, z. B. die Erweiterung des wirtschaftlichen Geschäftsfeldes nicht ohne Zustimmung des Darlehensgebers vorzunehmen (beispielsweise den Aufbau von Filialen in anderen Städten).

Sollten diese Nebenabreden nicht eingehalten werden, könnte der Darlehensnehmer z. B. verpflichtet sein,
- das Eigenkapital zu erhöhen,
- die Tilgung zu beschleunigen,
- eine Zinssatzerhöhung wegen des gestiegenen Risikos zu akzeptieren oder
- einen Teil der Cashflow-Überschüsse zur Darlehenstilgung zu verwenden.

Sollten sich die rechtlichen und wirtschaftlichen Verhältnisse wesentlich verschlechtern, könnte der Darlehensgeber sogar berechtigt sein, das Darlehen kündigen.

- **Kündigungsmöglichkeiten eines Darlehens**

Einen Darlehensvertrag kann man auf Grund vertraglicher Vereinbarungen oder auch gesetzlicher Voraussetzungen kündigen.

Gemäß Nr. 18 der Allgemeinen Geschäftsbedingungen (AGB-Banken) in der Fassung vom Oktober 2009 kann ein Darlehensnehmer einen unbefristeten Darlehensvertrag jederzeit fristlos kündigen.

Die gesetzlichen Kündigungsregelungen für Darlehen enthalten die §§ 488–490 BGB.

Danach kann ein Schuldner ein Darlehen mit veränderlichem (= variablem) Zinssatz jederzeit unter Einhaltung einer Kündigungsfrist von 3 Monaten beenden (§ 489 Abs. 1 Nr. 2 BGB).

Bei einem vereinbarten Zinsfestschreibungszeitraum besteht jeweils zum Ende einer Zinsfestschreibungsphase eine Möglichkeit, den Vertrag zu kündigen.

Darlehensnehmer wollen ihren Darlehensvertrag häufig während eines vereinbarten Zinsfestschreibungszeitraumes dann kündigen, wenn sie in einer Hochzinsphase z. B. einen festen Zinssatz von 6 % für 10 Jahre vereinbart hatten und z. B. nach 4 Jahren die Zinssätze auf 4 % gesunken sind.

Bei einer geplanten Kündigung mit dem Ziel einer Umschuldung des restlichen Darlehensbetrages darf man nicht nur die reinen Zinssätze als Entscheidungsgrundlage wählen, sondern sämtliche Nebenkosten und Rechtsfolgen dieser Maßnahme. Es entstehen erneut Kosten für den Notar, die Grundbucheintragung, mögliche Schätz- und Bearbeitungsgebühren usw. Die Kosten richten sich nach der Darlehenshöhe und betragen ca. 1.000,00 € bei Darlehen zwischen 100.000,00 € – 200.000,00 € (vgl. www.vergleich.de).

Gemäß § 490 Abs. 2 BGB kann ein Darlehensnehmer einen Darlehensvertrag, bei dem ein fester Zinssatz für einen bestimmten Zeitraum vereinbart wurde und das Darlehen durch ein Grundpfandrecht gesichert ist, vorzeitig kündigen, wenn seine berechtigten Interessen es gebieten, z. B. aus persönlichen Gründen (Krankheit, Ehescheidung) oder wirtschaftlichen Gründen (Der Darlehensnehmer möchte beispielsweise sein Grundstück verkaufen oder sein Darlehen erhöhen und das Grundstück einer anderen Bank als Sicherheit anbieten.)

Will der Darlehensnehmer nun sein Darlehen während des Zeitraumes der vereinbarten Zinsfestschreibung mit berechtigtem Interesse auflösen, muss er dem Darlehensgeber den Schaden ersetzen, der aus der vorzeitigen Beendigung entsteht (= **Vorfälligkeitsentschädigung**, vgl. § 490 Abs. 2 BGB). Denn der Bank gehen infolge der vorzeitigen Rückzahlung Zinsen verloren, weil sie mit anderen Darlehensnehmern jetzt nur einen niedrigeren Zinssatz vereinbaren kann.

Die Methoden zur Berechnung der Vorfälligkeitsentschädigung legte der BGH in den Urteilen vom 1.7.1997 (Az. XI ZR 197/96 und XI ZR 267/96) sowie vom 7.11.2000 (Az. XI ZR 27/00) zur Berechnung der sog. Nichtabnahmeentschädigung fest.

Eine lange Restlaufzeit kann dazu führen, dass die Darlehensauflösung wegen der zu zahlenden Vorfälligkeitsentschädigung finanziell unattraktiv wird.

Beispiel:
Annuitätendarlehen 100.000,00 €, Zinssatz nominal 5,65 %, Zinssatz effektiv 5,8 %, Zinsbindung 10 Jahre, Tilgung 2 %, Darlehensauszahlung 30. 6. 2002.

Bei einer Kündigung zum 30. 4. 2009 müsste der Darlehensnehmer eine Vorfälligkeitsentschädigung in Höhe von 5.584,00 € zahlen (vgl: www.fmh-Finanzberatung.de). Der Darlehensnehmer könnte den Darlehensvertrag aber auch nach Ablauf von 10 Jahren (nach dem 30. 6. 2012) ohne Vorfälligkeitsentschädigung kündigen.

Gemäß § 489 Abs. 1 Nr. 3 BGB kann jeder Schuldner ein Darlehen **nach Ablauf von 10 Jahren** nach dem vollständigen Empfang des Geldes mit einer Frist von 6 Monaten ohne Zahlung einer Vorfälligkeitsentschädigung kündigen, unabhängig von der restlichen Zinsfestschreibungszeit, auch dann, wenn er ursprünglich z. B. eine Zinsfestschreibung von 15 Jahren vereinbart hatte. Dieses Recht ist unabdingbar, d. h., dass eine entgegenstehende Regelung unwirksam ist.

Kündigungsmöglichkeiten von Darlehensverträgen gemäß §§ 488–490 BGB

Zinssatzvereinbarung:	Darlehensnehmer (DN)		Darlehensgeber	
	ordentliches Kündigungsrecht	a.o. Kündigungsrecht	ordentliches Kündigungsrecht	a.o. Kündigungsrecht
Variabel	**3 Monate** (§ 488 III BGB)		**3 Monate** (§ 488 III BGB)	fristlos bei wesentlicher Verschlechterung – der **Vermögensverhältnisse des DN** oder – der **Werthaltigkeit der Immobilie**
mit vereinbarter Zinsfestschreibung	**1 Monat** zum Ende der Zinsfestschreibung (§ 489 I 1 BGB)	**3 Monate** bei berechtigtem Interesse des DN (z. B. Bedürfnis nach anderweitiger Verwertung des Grundstücks). aber: DN muss evtl. Vorfälligkeitsentschädigung leisten. (§ 490 II BGB)		
mit vereinbarter Zinsfestschreibung und Ablauf von 10 Jahren	**6 Monate** (§ 489 I 3 BGB)			

11.3.4 Die Darlehensabwicklung

Darlehensgeber informieren die Öffentlichkeit in regelmäßigen Abständen über die aktuellen Darlehenskonditionen.

Sofern man günstige Konditionen gefunden hat, wird man mit dem oder den Darlehensgebern Kontakt aufnehmen, um eventuell noch zu verhandeln, wenn man z. B. die Zinsen reduzieren möchte, weil man größere Beträge abnehmen will, oder bei den Bereitstellungszinsen bzw. den Auszahlungszeitpunkten der Teilvalutierungen besondere Wünsche hat.

Nachdem der Darlehensvertrag von dem Darlehensnehmer unterschrieben wurde, wird die Bank für die dingliche Sicherung des beantragten Darlehens sorgen und dem Kunden eine Grundschuldbestellungsurkunde zusenden. Darin findet man einen sog. **Eventualzinssatz** (z. B. 16 %), der über dem im Darlehensvertrag vereinbarten Nominalzinssatz (z. B. 5 %) liegt. Er dient dem Kreditgeber dazu, mögliche Zinserhöhungen bereits dinglich gesichert zu haben und zusätzlich bei einer eventuellen Zwangsvollstreckung die Zinsrückstände und Nebenkosten aus dem Grundstück vollstrecken zu können.

Die Grundschuldbestellung muss von einem Notar beglaubigt werden. Da Gläubiger von dem Schuldner stets verlangen, bereits im Darlehensvertrag und der Grundschuld zu erklären, sich für den Fall von Zahlungsrückständen der „sofortigen Zwangsvollstreckung nach § 794 ZPO zu unterwerfen" (sog. **Unterwerfungsklausel**), müssen Darlehensverträge und Grundschuldbestellungen gemäß § 800 ZPO in notariell beurkundeter Form erfolgen.

Anschließend beantragt der Notar beim Grundbuchamt die Eintragung der Grundschuld.

Sobald der Gläubiger als Grundschuldberechtigter im Grundbuch steht, wird der Notar vom Notar-Anderkonto den Darlehensbetrag an den Darlehensnehmer wie vereinbart auszahlen. Falls es sich um eine Briefgrundschuld handelt, beauftragt in der Praxis der Grundstückseigentümer das Grundbuchamt, den Grundschuldbrief sofort dem Grundschuldberechtigten zuzusenden, damit kein Dritter daraus unbefugt Rechte geltend machen kann.

Am Ende der Laufzeit des Darlehens ist der Darlehensgeber i. d. R. nach dem Vertrag verpflichtet, dem Darlehensnehmer eine (notariell beglaubigte) Löschungsbewilligung zu überreichen, damit der Grundstückseigentümer die Grundschuld löschen kann. Der Grundstückseigentümer muss dem Antrag seine eigene (notariell beglaubigte) Löschungsbewilligung zusammen mit der Löschungsbewilligung des Grundschuldgläubigers und dem Grundschuldbrief bei einer Briefgrundschuld dem Grundbuchamt einreichen, das die Grundschuld löscht (= rötet) und den Brief entwertet (vgl. auch Kapitel 14.1.4.3).

11.3.5 Moderne Finanzierungsvereinbarungen

11.3.5.1 Zinssicherungsmaßnahmen

– Cap-/Floor-/Collar-Vereinbarungen

Ausgangssituation ist ein Darlehen mit variablem Zinssatz, bei dem der Gläubiger den Zinssatz dem aktuellen Marktniveau jeder Zeit anpassen kann.

Schuldner entschließen sich hierzu mitunter,
– weil sie mit ihrer Finanzierung flexibel bleiben wollen,
– in einer Niedrigzinsphase, weil sie hoffen, dass diese Phase über eine lange Zeit anhält,
– in einer Hochzinsphase, weil sie annehmen, dass das Zinsniveau bald sinken wird.

Der Schuldner geht dabei ein finanzielles Risiko ein, weil er seinen künftigen Zinsaufwand nicht mehr genau kalkulieren kann. Bei einem Darlehen von 500.000,00 € und einem Zinssatz von 5 % beträgt der jährliche Aufwand 25.000,00 €, bei einem Zinssatz von 9 % muss der Schuldner bereits 45.000,00 € aufbringen. Diese Zinserhöhung könnte zur Insolvenz eines Darlehensnehmers führen.

Um Zinsschwankungen auszuschließen bzw. einzugrenzen, bestehen zwei Möglichkeiten:
1. Der Schuldner vereinbart die Zinsfestschreibung für einen bestimmten Zeitraum von z. B. 5, 10 oder 15 Jahren bzw. für die gesamte Laufzeit des Darlehens von 30 Jahren. Der Nachteil bei einer Zinsfestschreibungszeit besteht darin, dass der Darlehensnehmer im Gegensatz zu einem variablen Zinssatz i. d. R. einen etwas höheren Zinssatz akzeptieren muss, wenn die Darlehensgeber in den nächsten Jahren mit steigenden Zinssätzen rechnen oder/und weil die Darlehensgeber das eigene Risiko von Zinssatzsteigerungen damit ausgleichen wollen.

2. Der Schuldner akzeptiert den variablen Zinssatz und schließt mit dem Gläubiger eine **Cap**-Vereinbarung. Sie garantiert dem Schuldner für eine vereinbarte Laufzeit bei steigenden Kapitalmarktzinsen eine **garantierte Zinssatzobergrenze**. Diesen Vorteil muss der Schuldner gegen eine einmalige Prämienzahlung an den Gläubiger bezahlen, bei einer Laufzeit von 10 Jahren z. B. 1 %–3,37 % der Darlehenshöhe (Stand: Juni 2009).

Bei einem variablen Zinssatz kann vereinbart werden, dass der Schuldner bei sinkenden Kapitalmarktzinsen während der Laufzeit des Darlehens nur bis zu einer bestimmten **Zinssatzuntergrenze** teilnimmt. Diesen Nachteil des Schuldners muss der Gläubiger finanziell honorieren. Man bezeichnet diesen Vertrag als **Floor**-Vereinbarung.

Der gleichzeitige Abschluss einer Cap- und einer Floor-Vereinbarung wird **Collar**-Vereinbarung genannt. Dadurch kann der Schuldner seine Cap-Prämie mindern.

Beispiel für eine Collar-Vereinbarung:
Der marktübliche Zinssatz für Darlehen mit variabler Verzinsung soll z. B. nominal 2,01 % (effektiv 2,53 %) betragen. Der Darlehensnehmer zahlt eine einmalige Cap-

Prämie in Höhe von 2,87 % und eine einmalige Bearbeitungsgebühr von 1 %. Der Darlehensgeber erklärt sich daraufhin z. B. bereit, in den nächsten 10 Jahren
1. bei einem allgemein steigenden Kapitalzinssatz den ursprünglich vereinbarten Zinssatz von 2,01 % nicht über 6,25 % anzuheben.
2. bei einem allgemein sinkenden Kapitalzinssatz den ursprünglich vereinbarten Zinssatz von 2,01 % ebenfalls zu senken, nicht aber unter 1,5 %.

Collar-Vereinbarung:

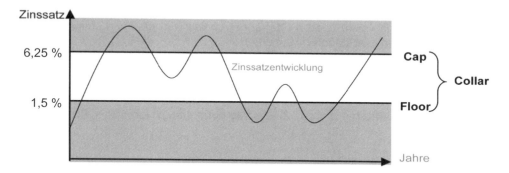

11.3.5.2 Forward-Darlehen (oder Vorratsdarlehen)
– Ausnutzen von niedrigen Zinssatzphasen –

Mit einem sog. Forward-Darlehen (oder Vorratsdarlehen) bietet der Darlehensgeber i. d. R. in einer Niedrigzinsphase ein Darlehen zu günstigen Konditionen z. B. zur Ablösung eines höher verzinslichen bestehenden Darlehens an, dessen Zinsfestschreibung z. B. erst in zwei Jahren endet.

Forward-Darlehen eignen sich während einer Niedrigzinsphase, wenn
– der Darlehensnehmer sein bestehendes Darlehen in einer Hochzinsphase aufgenommen hat,
– mit einer Zinsfestschreibungszeit, die in den nächsten Jahren enden wird und
– der Darlehensnehmer zu diesem späteren Zeitpunkt wieder mit einem höheren Zinssatz rechnet.

Der Zinsvereinbarung liegt das (niedrige) Zinsniveau zugrunde. Für die Vorratshaltung verlangt der Darlehensgeber zusätzlich einen Zinsaufschlag, den sog. Forward. Dieser Zinsaufschlag berechnet sich nach der Dauer der Vorratshaltung und beträgt i. d. R. ca. 0,012–0,030 % pro Monat bis zum Abruf des Darlehens.

Die Dauer der Vorratshaltung ist begrenzt auf i. d. R. bis zu maximal 36 Monate.

Beispiel:
Beträgt der derzeitige Kapitalmarkt z. B. 5 % und wird das Vorratsdarlehen mit einem Zinsaufschlag von 0,03 % zwei Jahre vorgehalten, berechnet der Darlehensgeber für das künftige Darlehen für die gesamte Laufzeit einen Zinssatz von 5,72 % (5 % + einen Zinszuschlag von 0,03 % für 24 Monate).

Der Darlehensnehmer muss den Darlehensbetrag später allerdings auch dann zu dem vereinbarten Zinssatz von 5,72 % abnehmen, wenn die marktüblichen Zinsen in den folgenden zwei Jahren z. B. auf 4,5 % gesunken sein sollten.

Mit einem Forward-Darlehen kann ein Darlehensnehmer eine Niedrigzinsphase nutzen, wenn zu erwarten ist, dass die Zinsen bei Ablösung eines laufenden Darlehens wieder gestiegen sein werden. Er kann bereits in einem günstigen Zeitpunkt die künftige finanzielle Belastung rechtzeitig sichern.

Sofern ein Darlehensnehmer allerdings damit rechnet, dass die Zinsen zu dem späteren Zeitpunkt sich nicht ändern oder sogar sinken werden, kann er auf ein Forward-Darlehen selbstverständlich verzichten.

In welchem Maße sich ein Forward-Darlehen wirklich lohnt, hängt von der tatsächlichen Entwicklung des Kapitalmarktzinses in den nächsten Jahren ab, die für eine Privatperson schwer einzuschätzen sein dürfte. Ob der Darlehensnehmer eine Niedrigzinsphase zur Absicherung des Zinssatzes nutzt, hängt von seiner Risikobereitschaft ab.

Der verlangte Zinszuschlag für ein Forward-Darlehen ähnelt den sonst üblichen Bereitstellungszinsen.

Kreditinstitute verlangen bei bereits abgeschlossenen Darlehensverträgen Bereitstellungszinsen von ca. 0,25 % pro Monat für diejenigen Beträge, die der Kunde noch nicht abgerufen hat. Der Zeitraum für die Berechnung von Bereitstellungszinsen unterscheidet sich erheblich zwischen den Anbietern und kann ausgehandelt werden. Manche Anbieter verlangen z. B. erst nach 13 Monaten Bereitstellungszinsen.

Bereitstellungszinsen werden von dem Nominalbetrag neu aufzunehmenden Darlehens berechnet und sind nur einmalig zu zahlen. Ruft der Kunde das Darlehen von 100.000,00 € mit einem Nominalzinssatz von 5 % und einem Bereitstellungszinssatz von ca. 0,25 % pro Monat erst nach 12 Monaten ab, zahlt er für die Bereitstellung einmalig 3.000,00 €.

Hätte er ein Forward-Darlehen vereinbart mit einem Nominalzinssatz von 5 % und einem Zinszuschlag von ca. 0,03 % pro Monat, müsste er für die gesamte Laufzeit seines Darlehens einen Zinssatz von 5,36 % (5 % + 0,03 % für 12 Monate) akzeptieren. Bei einer Laufzeit von 10 Jahren entständen bei einem Festdarlehen von 100.000,00 € dabei Zusatzkosten in Höhe von 3.600,00 €.

Um eine wirtschaftlich optimale Entscheidung fällen zu können, muss ein Darlehensnehmer die Zinsentwicklung genau einschätzen.

11.3.5.3 Konstantdarlehen von Bausparkassen – Gleiche Raten und feste Zinssätze über eine lange Laufzeit –

Bei einem Bausparvertrag spart man z. B. acht Jahre an und erhält dann die Bausparsumme ausgezahlt, bestehend aus dem angesparten Bausparguthaben und dem Bauspardarlehen. Das Bauspardarlehen muss anschließend ca. 11 Jahre lang verzinst und getilgt werden. Denjenigen Bauherrn, die sofort bauen wollen, ohne einen angesparten Bausparvertrag zu haben, bieten Bausparkassen eine sog. **Bausparsofortfinanzierung** an.

Dabei erhält der Bauherr ein sog. **Bauvorausdarlehen** über die gesamte Bausparsumme von z. B. 100.000,00 €. Diese gesamte Summe muss er z. B. mit 6,5 % verzinsen. Die Tilgung wird ausgesetzt. Statt der Tilgung schließt der Bauherr gleichzeitig einen Bausparvertrag ab, den er bis zur Zuteilung regelmäßig anspart. Nach der Zuteilung zahlt er das Bauvorausdarlehen mit der erhaltenen Bausparsumme zurück.

Beispiel: Das Bauvorausdarlehen

Bauvorausdarlehen	Belastung:	Bausparvertrag	Belastung:	Gesamtbelastung pro Monat
Festdarlehen: 100.000,00 €		Bausparsumme: 100.000,00 €		
	Zinsen: (8 Jahre) 7.000,00 € /p.a., ca. 583,00 €/p.M. **Tilgung:** 0 € (dafür Bausparvertrag)		Bausparguthaben wird z. B. 8 Jahre angespart 400,00 €/ p.M.	**983,00 €**
		nach Zuteilung: ⇩		
Festdarlehen 100.000,00 € wird mit der Bausparsumme 100.000,00 € getilgt.				
	0 €	Bauspardarlehen 60.000,00 €	11 Jahre verzinst und getilgt 600,00 €/ p.M.	**600,00 €**

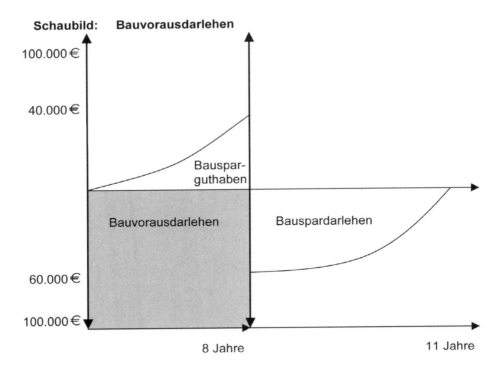

Der Nachteil bei dieser Finanzierung besteht in der Verzinsung des Bauvorausdarlehens, das stets in voller Darlehenshöhe verzinst werden muss. Auf der anderen Seite spart der Darlehensnehmer einen Bausparvertrag an und erhält dort für sein angespartes Bauspargutaben nur niedrige Habenzinsen von z. B. 1 %. Infolgedessen verschenkt er in dieser Ansparphase im Vergleich zu einem Tilgungsdarlehen, das laufend getilgt wird, die Differenz zwischen dem Haben- und Sollzinssatz.

In der Zwischenzeit haben die Bausparkassen ihre Angebote verbessert und bieten als sog. **Konstantmodell** folgende Neuerungen an:
- Zinsgünstige Bauvorausdarlehen bzw. Bausparsofortdarlehen
- feste Zinssätze über eine Laufzeit von bis zu 30 Jahren,
- konstante Raten über die gesamte Laufzeit.

· Der Tilgungszeitraum besteht aus zwei Phasen:

a) Der Bausparer erhält z. B. 140.000,00 € als Bauvorausdarlehen. Davon zahlt er 40.000,00 € auf einen neu einzurichtenden Bausparvertrag ein. 100.000,00 € kann er sofort für den Hausbau verwenden. Bis zur Zuteilung des Bausparvertrages zahlt der Bausparer nur die Zinsen für das Bauvorausdarlehen bei einem festen Zinssatz. Da das notwendige Bauspargutaben auf den Bausparvertrag eingezahlt wurde, braucht er nichts mehr einzuzahlen, sondern kann z. B. 8 Jahre warten, bis der Bausparvertrag zugeteilt wird. In manchen Fällen vereinbart man noch zusätzlich monatliche Ansparzahlungen auf den Bausparvertrag.
b) **Nach der Zuteilung** löst der Bausparer mit der Bausparsumme, bestehend aus dem Bauspargutaben und dem Bauspardarlehen, das Bauvorausdarlehen ab. Anschließend muss er ca. 11 Jahre lang das Bauspardarlehen tilgen und verzinsen, wiederum mit einem festen Zinssatz.

Übersicht: Konstantmodelle einer Bausparkasse
Finanzierungssumme: 100.000,00 €

	Beispiel 1		Konstante Belastung	Beispiel 2		Konstante Belastung
Bausparvoraus-darlehen (fester Zinssatz)	Zinsen: 550 €/p.M. Tilgung: 0 €/p.M.			Zinsen: 504,17 €/p.M. Tilgung: 0 €/p.M.		
Ansparrate Bausparvertrag	200 €/p.M.			495,83 €/p.M.		
	Gesamtzahlung		750,- €/p.M.	Gesamtzahlung		1000 €/p.M.
Zuteilung in:	ca. 13 Jahren			ca. 6,5 Jahren		
Annuität Bauspardarlehen	750 €/p.M.		750 €/p.M.	1000 €/p.M.		1000 €/p.M.
Gesamtlaufzeit:	ca. 22,5 Jahre			ca. 12,5 Jahre		

Damit hat der Bausparer im Beispiel 1 über einen Zeitraum von bis zu ca. 22,5 Jahren eine Sicherheit hinsichtlich der festen Zinssätze. Gleichzeitig verlangt die Bausparkasse monatlich über die gesamte Laufzeit gleich bleibende Raten (hier: 750,00 €/p.M.), sodass sich die regelmäßige Belastung des Bausparers nicht verändert und er langfristig kalkulieren kann.

Selbstverständlich muss man auch bei diesem Finanzierungsmodell die Konditionen mit denen der Konkurrenz vergleichen, z. B. anderer Bausparkassen oder Banken, die sich mitunter erheblich unterscheiden. Als Vergleichsmaßstab darf man sich aber z. B. nicht nur den Effektivzins des Vorausdarlehens oder des Bauspardarlehens wählen, sondern muss sich den Gesamteffektivzins nennen lassen, der auch die Ansparphase zinsmäßig berücksichtigt, in der das angesparte Guthaben des Sparers nur relativ gering verzinst wird. Zur Berechnung vgl. im Internet: www.finanztest.de

11.3.5.4 Festdarlehen mit Fondstilgung

Um steigende Aktienkurse zu nutzen, bieten Darlehensnehmer Festdarlehen an, bei denen der Darlehensnehmer einen Tilgungsbetrag zum Ansparen in einen Investmentfonds erbringen muss, wobei man sich die Fonds aus einer Palette von Fonds aussuchen kann. Während der Laufzeit kann man von den möglicherweise steigenden Wertpapierkursen profitieren, trägt aber auf der anderen Seite bei Finanzkrisen auch ein Kursrisiko, das bei einer Immobilienfinanzierung für die private Finanzierung vermieden werden sollte.

11.3.5.5 Swap-Finanzierungen – Das Ausnutzen von Zinsunterschieden –

Bei einem Swapgeschäft vereinbaren zwei Vertragsparteien den Austausch von zukünftigen Zahlungen, z. B. Zinszahlungen (swap = tauschen). Beide Vertragspartner erwarten hiervon Vorteile.

– Zinsswap

Ein Darlehensnehmer hat z. B. einen Darlehensvertrag mit einem günstigen variablen Zinssatz (z. B. 6-Monats-Euribor) mit einem Darlehensgeber geschlossen. Der Darlehensnehmer rechnet in den folgenden Monaten mit steigenden Zinsen oder sein Darlehensgeber verlangt eine Zinssicherung.

Ein Dritter, z. B. eine Bank, ist bereit, die (niedrigeren) variablen Zinszahlungen gegen einen festen (höheren) Swapzins zu übernehmen. Diese Bank profitiert von der anfänglichen Zinsdifferenz und spekuliert, dass die variablen Zinsen stets unter dem festen Zinssatz bleiben werden.

Der Vorteil des Darlehensnehmers besteht nun darin, dass der Zinsaufwand für ihn fest kalkulierbar ist und die Bank jetzt das finanzielle Risiko trägt, wenn die variablen Zinsen steigen.

Beispiel:
Ein Darlehensnehmer tauscht mit einer Bank seine variablen Zinszahlungen (6-Monats-Euribor von 1,25 %) gegen einen festen Swapzinssatz (5-jähriger Festzinssatz von 3,96 %).

– Währungsswap

Kreditinstitute im Ausland bieten mitunter Darlehen zu günstigeren Konditionen an als inländische Banken. In der Schweiz beispielsweise berechnen Kreditinstitute für Baudarlehen nur einen Zinssatz von z. B. 1,5 %.

Ein Darlehensnehmer könnte deshalb prüfen, ob ein Fremdwährungsdarlehen z. B. in sfr oder Yen von einer Bank in der Schweiz oder in Japan sinnvoll erscheint. Ein deutscher Darlehensnehmer wird das Geschäft über eine Bank in Deutschland abwickeln. Diese Darlehen werden oft aber nur zu hohen Mindestbeträgen gewährt.

Für den Darlehensnehmer besteht während des Zeitraumes zwischen der Aufnahme des Darlehens und den späteren Zinszahlungen sowie der Tilgung ein Währungsrisiko. Es könnte sein, dass der deutsche Darlehensnehmer das Darlehen zu einem Kurs von 100 sfr = 120 € aufgenommen hatte, jedoch später bei der Zinszahlung oder der Tilgung für 100 sfr plötzlich 130 € aufwenden muss. In der letzten Jahre stieg der Kurs des Yen gegenüber dem € beispielsweise innerhalb von zwei Jahren um 50 %. (Zu Chancen und Risiken der Immobilienfinanzierung mit Fremdwährungskrediten vgl. auch Allgemeine Immobilien Zeitung 04/2005, S. 53).

Bei einem Swapgeschäft vereinbaren zwei Vertragsparteien z. B. den Austausch von zukünftigen Zinszahlungen. Da ein fester Zinssatz vereinbart werden kann, besteht die Möglichkeit, sich vor Zinsänderungen abzusichern. Die Finanzierung z. B. von Bauvorhaben mit ausländischer Währung und einer Swapvereinbarung bezeichnet man als Swap-Finanzierung (Währungsswap).

In der heutigen Zeit erfolgt diese Finanzierungsform wegen der soliden wirtschaftlichen Randdaten aus verschiedenen Gründen oft mit sfr. Zum einen ist der Zinsunterschied zwischen einem Baudarlehen im Inland und dem Baudarlehen im Ausland sehr hoch (z. B. zwischen 5,0 % und 1,5 %), zum anderen erscheint es bei der derzeitigen wirtschaftlichen Lage nicht sehr wahrscheinlich, dass sich der Kurs des sfr für den deutschen Darlehensnehmer in den nächsten Jahren stark zu seinen Ungunsten verändern wird.

11.3.5.6 Globalfinanzierung – Das Ausnutzen der wirtschaftlichen Nachfragemacht –

Im Rahmen des steigenden Leerstands von Wohnungen in einigen Teilmärkten und der wachsenden Konkurrenz auf dem Immobilienmarkt müssen auch Immobilienunternehmen überlegen, wie sie vielleicht auch im Bereich der Finanzierung die Kosten senken können, um dadurch wettbewerbsfähig zu bleiben.

Ein Immobilienunternehmen mit vielen belasteten Grundstücken und vielen unterschiedlichen Darlehensgebern könnte z. B. überlegen, ob es möglichst viele Darlehen ablöst und nur mit einem einzigen Institut ein Gesamtdarlehen mit einer Gesamtgrundschuld aushandelt.

Nicht nur die Verwaltung der Darlehen insgesamt dürfte sich dadurch erleichtern, Darlehensnehmer können auf die Weise bei hohen Beträgen auch ihre wirtschaftliche Nachfragemacht ausnutzen und günstigere Konditionen durchsetzen. Unternehmen mit unbelastetem Altbestand könnten z. B. insgesamt nur den erstrangigen Beleihungsraum anbieten, sodass der Darlehensgeber eher bereit ist, den Forderungen im Rahmen einer eher unternehmensbezogenen Finanzierung nachzugeben.

Dabei muss geprüft werden, inwieweit eventuell Vorfälligkeitsentschädigungen für die Ablösung der Darlehen den Zinsvorteil des Großdarlehens zunichte machen.

Der Finanzierungsvorschlag soll kein Patentrezept für eine Lösung in allen Situationen darstellen und kann nicht repräsentativ sein für alle Immobilienunternehmen. Er soll eher dazu dienen, die eigenen Aktivitäten hinsichtlich der eigenen Kostenreduzierung zu überprüfen und selbst Lösungsansätze zu suchen. Jedes Immobilienunternehmen muss alle Möglichkeiten nutzen, sämtliche Kosten zu reduzieren, d. h. selbstverständlich auch die Finanzierungskosten.

11.3.5.7 Allfinanz-Angebote für Privatkunden

Geschäftsbanken, Bausparkassen und Lebensversicherungen heben in letzter Zeit zunehmend die klare Trennung ihrer typischen Geschäfte auf. Die Anbieter versuchen verstärkt, dem Kunden ein optimales Finanzierungspaket anzubieten, das auf die individuellen Bedürfnisse zugeschnitten wird. Infolge der Kooperation, der wechselseitigen Beteiligung und der Konzentration von Banken und Versicherungsgesellschaften erhält ein Darlehensnehmer z. B. von einem Anbieter auch die Finanzierung von grundbuchlich gesicherten Darlehen einer Pfandbriefbank, einen Bausparvertrag und auch die Finanzierung über eine Kapitallebensversicherung bis zu 80 % des Beleihungswertes angeboten.

11.4 DIE KALKULATION DES MIETPREISES VON FREI FINANZIERTEN WOHNUNGEN

11.4.1 Ziel der Kalkulation sowie Vorüberlegungen eines Investors

Ein Investor will bei jeder Investitionsmaßnahme wissen, ob sie sich finanziell lohnt. Beim Bau eines Mietwohnhauses muss er prüfen, ob er bei der Vermietung seiner Wohnungen einen Verlust oder einen Gewinn erzielt.

Diese Frage ist nicht leicht zu beantworten. Ein Gebäude steht vielleicht 100 Jahre oder mehr. Es lässt sich aber ohne Modernisierungsmaßnahmen bzw. Umbauten wirtschaftlich ca. 50–80 Jahre vermieten.

Um rechnerisch genau zu sein, müsste man zur Lösung des Problems sämtliche Einnahmen und Ausgaben der gesamten Vermietungsphase von z. B. 80 Jahren gegenüberstellen. Doch auch dieses Verfahren wäre ungenau, weil die Zins- und Zinseszinsen nicht berücksichtigt wurden. Demzufolge müssten sämtliche Zahlungen auf einen Zeitpunkt bezogen werden, auf- oder abgezinst werden. Bei dieser Berechnung muss der Investor entscheiden, mit welchem Zinssatz er die Zahlungen verzinsen möchte.

Abgesehen von der Frage nach dem Zinssatz besteht das Hauptproblem in der Unsicherheit, die Zahlungen von ca. 80 Jahren genau festzulegen. Zu dieser Lösung benötigt man einen Hellseher. Sämtliche Kalkulationen über Jahrzehnte sind deshalb mit großen Unsicherheiten behaftet, weil die Berechnungsansätze auf individuellen Schätzungen basieren.

In der Immobilienwirtschaft kalkuliert man die Investitionen in Mietwohnhäuser i. d. R. mit Hilfe einer Wirtschaftlichkeitsberechnung, die zur Bestimmung der Wirtschaftlichkeit ausschließlich die Zahlen des ersten Jahres nach der Bezugsfertigkeit betrachtet.

Die Wirtschaftlichkeitsberechnung ist also zeitpunktbezogen und grenzt weitere wirtschaftliche Entwicklungen der folgenden Jahre und Jahrzehnte aus.

In der Praxis erweitert man die Ergebnis der Wirtschaftlichkeitsberechnung und versucht mitunter, weitere finanzielle Einflüsse über einen Zeitraum von beispielsweise 20 Jahren rechnerisch zu ermitteln, z. B. die steuerlichen Auswirkungen, die Wertentwicklung der Immobilie, einen möglichen Gewinn beim Verkauf (vgl. auch Kapitel 3.4.3.5).

11.4.2 Vorüberlegungen zur Aufstellung einer Wirtschaftlichkeitsberechnung

Eine Wirtschaftlichkeitsberechnung fertigt ein Investor in der Planungsphase vor dem Bau seines Mietwohnhauses an.

Hierzu stellt er die zu erwartenden Einnahmen (z. B. die ortsübliche Vergleichsmiete aus dem Mietspiegel) und zu erwartende Ausgaben (z. B. Instandhaltungen) gegenüber.

Bei den Ansätzen werden aber nicht nur reine Ausgaben festgehalten, sondern auch Beträge für Aufwendungen (z. B. Abschreibung) und kalkulatorische Größen, z. B. den Betrag, mit dem der Investor sein investiertes Eigenkapital verzinst haben möchte. Denn dieses Geld verzinste sich vorher auf seinem Bankkonto. Diese Zinsen oder mehr möchte er in der Vermietungsphase von seinen Mietern mit der Miete einnehmen.

Die Höhe der Beträge müssen kaufmännisch geschätzt oder möglichst korrekt ermittelt werden. Ein Wohnungsunternehmen könnte sich z. B. an den tatsächlichen Selbstkosten des eigenen Wohnungsbestandes orientieren. Die Werte z. B. für die Verwaltungskosten einer Wohnung pro Jahr erhält es aus seiner Rechnungswesenabteilung (Kostenrechnung).

Setzt man die Kosten zu niedrig an, ermittelt man in der Planung einen Gewinn, den man in der Praxis später nicht realisiert. Man baut im Extremfall ein Objekt, das 80 Jahre lang nur Verluste einbringt.

Setzt man die Kosten zu hoch an, unterlässt man die Investition oder bietet die Wohnungen mit einem zu hohen Mietpreis an und ist nicht wettbewerbsfähig. Die Wohnungen stehen dann möglicherweise leer.

11.5 SCHEMA UND INHALTE EINER WIRTSCHAFTLICHKEITSBERECHNUNG

– **Schema einer Wirtschaftlichkeitsberechnung**

Eine Wirtschaftlichkeitsberechnung besteht aus
- dem Vorspann oder Deckblatt mit der Grundstücks- und Gebäudebeschreibung,
- der Gegenüberstellung der Gesamtkosten des Objektes (Grundstücks- und Baukosten) und ihrer Finanzierung,
- der Gegenüberstellung der laufenden Aufwendungen (Kapital- und Bewirtschaftungskosten) und den Mieterträgen nach der Bezugsfertigkeit.

Gesamtkosten	Finanzierungsplan		Laufende Aufwendungen	Mieterträge
Grundstück	Fremdkapital	B e z u g s f e r t i g k e i t	I. Kapitalkosten – Fremdkapitalzinsen – Eigenkapitalzinsen – Erbbauzinsen	vom Mieter zu zahlende Miete
Baukosten	Eigenkapital			Garagenerträge
Baunebenkosten (z. B. Architektenleistungen, Zwischenfinanzierungskosten, Damnum)			II. Bewirtschaftungskosten a) Abschreibung b) Verwaltungskosten c) (Betriebskosten)* d) Instandhaltungskosten e) Mietausfallwagnis	sonstige Erträge staatliche Förderung (Aufwendungsdarlehen, Aufwendungszuschüsse)
Summe = Mittelverwendung	Summe ← Mittelherkunft		Summe =	Summe
←——— Bauphase ———→			←——— Bewirtschaftungsphase ———→	

*) Die Betriebskosten werden nicht aufgeführt, weil sie bei einer Nettomiete nur einen durchlaufenden Posten darstellen. Es muss bei der finanziellen Planung jedoch beachtet werden dass ein Vermieter bei einem Leerstand von Wohnungen die darauf entfallenden Betriebskosten selbst zu tragen hat.

– Inhalte einer Wirtschaftlichkeitsberechnung bei einem frei finanzierten Mietwohnhaus

Laufende Aufwendungen: **Kapitalkosten** – (tatsächliche) Fremdkapitalzinsen **Bewirtschaftungskosten:** – **Abschreibungen** (orientieren sich an der zu erwartenden Lebensdauer des Hauses, z. B. bei 80 Jahren mit 1,25 % p.a., und kürzeren Zeiträumen, z. B. bei 10 Jahren für Gartenanlagen mit 10 %), – **Verwaltungskosten** (aus der Kostenrechnung), – **(Betriebskosten)** als Umlage, – **Instandhaltungskosten** (aus der Kostenrechnung), – **Mietausfallwagnis** (aus der Kostenrechnung).	Mieterträge: Mietermiete – geschätzt nach der ortsüblichen Vergleichsmiete, z. B. aus dem Mietspiegel

Gewinn oder Verlust

Ermittelt man z. B. einen jährlichen Überschuss der Mieterträge über die laufenden Aufwendungen (= Gewinn) in Höhe von 40.000,00 € und vergleicht diesen Betrag mit dem investierten Eigenkapital von z. B. 1.000.000,00 €, verzinst sich das investierte Eigenkapital mit 4 % p.a. Bei dieser Verzinsung wurden mögliche weitere finanzielle Vorteile, z. B. aus Steuern, nicht berücksichtigt.

11.6 MUSTERBEISPIEL EINER WIRTSCHAFTLICHKEITS-BERECHNUNG BEI EINEM FREI FINANZIERTEN MIETWOHNHAUS

Ausgangssituation:
Ein Wohnungsunternehmen will im Jahre 07 ein Mietwohnhaus in Berlin errichten.

Angaben zum Grundstück	· Größe:	2.900 m²
	· Anschaffungskosten im Jahre 00:	220,00 € /m²
		= 638.000,00 €
	· Verkehrswert im Jahre 07:	300,00 € /m²
		= 870.000,00 €
Angaben zum Mietwohnhaus	· Vollgeschosse:	4
	· Wohnungen:	20
	(davon 1 Wohnung für Behinderte)	
	· umbauter Raum:	7.800 m³
	· Wohnfläche:	1.800 m²
	· Ausstattung: Zentralheizung, Warmwasserversorgung, Einbaumöbel in der Küche, Gemeinschaftsantenne, maschinelle Waschanlage	
Angaben zu den Baumaßnahmen	· Bau einer Privatstraße:	30.000,00 €
	· Entschädigungszahlung an Pächter für vorzeitige Vertragsauflösung:	11.000,00 €
	· Abrisskosten für eine Ruine auf dem Grundstück:	10.000,00 €
	· Baukosten:	1.794.000,00 €
	· behindertengerechter Ausbau einer Wohnung:	42.800,00 €
	· Müllbeseitigungsanlage:	3.500,00 €
	· Kosten für Feuerlöscher:	1.500,00 €
	· Heizkosten während der Bauzeit im Winter:	3.000,00 €
	· Kosten für die Entwässerungs- und Versorgungsleitungen vom Hausanschluss bis an das öffentliche Netz sowie Kosten für das Anlegen von 10 ebenerdigen Stellplätzen, Wegen, Spielplätzen, Einzäunen des Geländes und die Kosten für das Pflanzen von Sträuchern und Bäumen:	300.000,00 €
Angaben zu den Baunebenkosten	· Architekten- und Ingenieurleistungen gemäß HOAI:	188.000,00 €
	· Verwaltungsleistungen während der Bauzeit:	19.000,00 €
	· Finanzierungskosten:	89.000,00 €
	· behördliche Prüfungen während der Bauzeit (Rohbau- und Schlussabnahme, Prüfstatiker):	15.200,00 €
	· Bauherrenhaftpflicht- und Bauleistungsversicherung, Grundsteuer während der Bauzeit:	9.000,00 €
Angaben zur Baufinanzierung	· Annuitätendarlehen von Pfandbriefbanken:	
	(1) Zinssatz 6,0 %, Tilgungssatz 1 %	1 625.000,00 €
	(2) Zinssatz 6,5 %, Tilgungssatz 1 %	840.000,00 €

| Angaben zu den Mieterträgen | Das Wohnungsunternehmen orientiert sich am Mietspiegel und kalkuliert bei einer sehr guten Wohnlage mit einer Nettokaltmiete in Höhe von | 10,00 €/ m²/p.M. |

Kurz-Wirtschaftlichkeitsberechnung (frei finanzierte Wohnungen)

Gesamtkosten:					
Grundstückskosten	921.000,00				
Baukosten	2.144.000,00				
Baunebenkosten	320.200,00				
	3.386.000,00				
Finanzierungsplan:			**Laufende Aufwendungen:**		
			a. Kapitalkosten		
Fremdmittel			%		€
Nr. 1 Baudarlehen	1.625.000,00	→	6,00		97.500,00
Nr. 2 Baudarlehen	840.000,00	→	6,50		54.600,00
Eigenleistungen:					
Baugrundstück	921.000,00	→	0,00		0,00
	3.386.000,00				
			Summe der Kapitalkosten		
			Summe der Kapitalkosten:		152.100,00

b.	Bewirtschaftungskosten:				
1.	Abschreibung				
	Gebäude	1,25 % von	2.465.000,00 €		30.813,00
	Sonderabschreibungen				2.500,00
	Außenanlagen	10 % von	0,00 €		30.000,00
2.	Verwaltungskosten	20 Wohnungen	× 300,00 €		6.000,00
3.	Betriebskosten (werden gemäß § 556 BGB sowie den Vereinbarungen gemäß Mietvertrag als Umlage erhoben.)				
4.	Instandhaltungskosten	1.800,00 m²	× 7,50 €		13.500,00
	Summe der laufenden Aufwendungen (ohne Mietausfallwagnis): (= 98 %)				**234.913,00**
5.	Mietausfallwagnis		2 % von 239.707,00		4.794,00
Von Mietern zu deckende laufende Aufwendungen:					**239.707,00**
	./. 12 Monate				
	./. 1800 m² Wohnfläche				

| Nettokaltmiete = | m²/Wohnfläche/monatlich | | | | 11,10 |

11.6.1 Auswertung der Wirtschaftlichkeitsberechnung bei einem frei finanzierten Mietwohnhaus

Da sich das Immobilienunternehmen am Mietspiegel orientiert und mit einer ortsüblichen Miete für dieses Objekt von 10,00 € /m²/p. M. rechnet, erzielt es pro Jahr jeweils nur **Mieteinnahmen** in Höhe von **216.000,00 €** (1.800 m² x 10,00 € x 12). Die **laufenden Aufwendungen** summieren sich hingegen auf **239.707,00 €**.

Obwohl das Unternehmen auf die Verzinsung der erbrachten Eigenleistung in Höhe von 921.000,00 € verzichtet, ergibt sich eine Unterdeckung.

Der jährliche **Verlust** beträgt **23.707,00 €** (=239.707,00 €./. 216.000,00 €).

Das Immobilienunternehmen könnte die Planung des Mietwohnhauses nun aufgeben oder aber auch nach Möglichkeiten suchen, es dennoch zu realisieren. Dabei könnte man sich in der Planungsphase z. B. folgende Fragen zur Beantwortung vorlegen:

a) Ist das Grundstück nach der vorhandenen **Geschossflächenzahl** des Bebauungsplanes (z. B. 0,8) **optimal bebaut**? Bei einer Grundstücksgröße von 2.900 m² könnte man eine Geschossfläche von 2.320 m² (2.900 m² x 0,8) erreichen. Daraus errechnet sich eine Wohnfläche von ca. 75–80 % der Geschossfläche = 1.740–1.856 m². Bei einer Wohnfläche von 1.856 m² hätte man bei einer Miete von 10,00 € bereits einen jährlichen Mietertrag von 222.720,00 €. Bestehen vielleicht noch Chancen zur Erhöhung der Geschossfläche, indem man (weitere) Ausnahmen und Befreiungen nach § 31 BauGB ausnutzt?

b) Lassen sich möglicherweise die **Baukosten** und/oder die **Baunebenkosten** senken? Kann man beispielsweise auf kostspielige Ausstattungen verzichten oder die Bauerstellungsphase verkürzen, um Zwischenfinanzierungszinsen zu sparen?

c) Welche Möglichkeit besteht, die **Fremdkapitalkosten** zu senken? Bei der jetzigen Zinssituation könnte man z. B. versuchen, mit den Kreditgebern günstigere Zinssätze für die Baudarlehen auszuhandeln. Eine Zinssatzsenkung von 1 % würde bei den in unserem Fall aufgenommenen Bankdarlehen von 2.465.000,00 € die laufenden Aufwendungen im Jahr um 24.650,00 € reduzieren. Man könnte z. B. auch ein Damnum bzw. ein höheres Damnum aufnehmen, um auf diese Weise mit einem geringeren Nominalzinssatz die laufenden Aufwendungen zu senken. Demgegenüber erhöht ein Damnum wiederum die Baunebenkosten und somit die Gesamtkosten. Es ist zu prüfen, ob man mit dem Damnum möglicherweise noch steuerliche Vorteile erzielen kann, die die Verluste aus der Vermietung teilweise ausgleichen.

d) Wie werden die **wirtschaftliche Lage** und die **Entwicklung** in der Bundesrepublik Deutschland, insbesondere aber in der Region des jeweiligen Mietwohnhauses eingeschätzt? Kann man mit einem wirtschaftlichen Aufschwung rechnen, bei dem möglicherweise die Mieten steigen, sodass man (kurzfristig) **Verluste** akzeptiert, weil man sie (langfristig) mit künftigen Gewinnen mehr als **ausgleichen** kann? Inwieweit hat man kurzfristig (für 1–2 Jahre) oder mittelfristig (für 3–4 Jahre) die Möglichkeit, auf den **Ansatz bestimmter Posten der laufenden Aufwendungen ganz oder teilweise zu verzichten**, ohne dabei die Liquidität des Objektes zu gefährden? Es ist stets zu beachten, dass die laufenden Mieteinnahmen des Objektes die zwingenden und nicht beeinflussbaren Ausgaben decken sollten. Ansonsten ist das Immobilienunternehmen gezwungen, diese Unterdeckung z. B. aus Überschüssen anderer Mietwohnhäuser zu finanzieren.

e) Welche steuerlichen Vorteile bestehen, um letztendlich den Verlust auszugleichen oder einen Gewinn zu erwirtschaften?

f) Besteht die Chance, das Objekt nach Jahrzehnten mit einem hohen Gewinn zu verkaufen oder vielleicht in Eigentumswohnungen umzuwandeln und dann zu verkaufen?

g) Welche finanziellen Unterstützungen bestehen? Fördert der Staat (Bund, Land oder Gemeinden) oder andere (z. B. Kirchen) den Bau mit günstigem Bauland, Erbbaurechten oder zinsgünstigen Baudarlehen bzw. anderen finanziellen Förderungsmaßnahmen?

– **Die Liquiditätsprüfung**

Die Kalkulation bei einem Gebäude sollte derart erfolgen, dass der Vermieter täglich die notwendigen Ausgaben aus den Einnahmen dieses Gebäudes selbst vornehmen kann, sonst droht die Zahlungsunfähigkeit, wenn nicht andere Einnahmequellen zur Verfügung stehen, z. B. andere Gebäude.

Der Investor muss deshalb bereits in der Planungsphase prüfen, ob in der Bewirtschaftungsphase seine zwingenden Ausgaben von den Einnahmen gedeckt werden.

Als **zwingende Ausgaben** könnte man in unserem Beispiel annehmen:		
Fremdkapitalzinsen:	97.500,00 € 54.600,00 €	
Tilgung:	16.250,00 € 8.400,00 €	Zur Deckung der Tilgung dient in einer Wirtschaftlichkeitsberechnung der in den laufenden Aufwendungen einkalkulierte und mit den Mieterträgen vom Mieter erhobene Betrag der Abschreibungen.
Eigenkapitalverzinsung	0,00 €	
Abschreibung:	0,00 €	keine Ausgabe
Verwaltungskosten:	6.000,00 €	enthalten in den Gehältern des Personals des Immobilienunternehmens
Betriebskosten (als Umlage):		Betriebskosten stellen durchlaufende Posten dar, sofern der Vermieter wegen eines möglichen Leerstandes nicht die dafür anfallenden Betriebskosten übernehmen muss
Instandhaltungskosten:	0,00 €	in den ersten vier Jahren, weil Baumängel noch von den Bauunternehmern im Rahmen der Gewährleistung nach der VOB behoben werden. Mit weiteren Ausgaben rechnet dieses Immobilienunternehmen bei diesem Neubau nicht
Mietausfallwagnis:	0,00 €	bei sehr guter Vermietbarkeit
zwingende Ausgaben:	**182.750,00 €**	

Ergebnis:
Die Liquidität des Mietwohnhauses im ersten Jahr ist gegeben. Alle zwingenden Ausgaben von **182.750,00 €** lassen sich mit den **erwarteten Mieteinnahmen** von **216.000,00 €** bestreiten. Die monatlichen Mieteinnahmen sorgen für die Zahlungsfähigkeit zu den Stichtagen der Ausgaben, z. B. für den Kapitaldienst.

- **Die Erhöhung der Mieteinnahmen**

Obwohl man alle Möglichkeiten zur Kostensenkung versucht hat, bleibt die fehlende Eigenkapitalverzinsung unbefriedigend. Insofern sollte man prüfen, ob sich nicht vielleicht **eine höhere** als die geplante **Miete** von 10,00 €/m²/p. M. am Markt erzielen lässt? Bei einer Neuvermietung könnte man bei einer außergewöhnlich guten Lage eventuell **11,00 €/m²/p. M.** verlangen. Sofern der Markt diese **Nettokaltmiete** zuließe, hätte das Immobilienunternehmen einen **jährlichen Ertrag** von **237.600,00 €** (= 1.800 m² x 11,00 € x 12).

Rein rechtlich könnte das Unternehmen bei einer Neuvermietung und einer ortsüblichen Miete von 10,00 €/m²/p. M. auch die ermittelte Kostenmiete von 11,10 €/m²/p. M. verlangen. Bei einer Überschreitung bis zu 50 % liegt gemäß § 5 Abs. 2 Satz 2 WiStG noch keine Mietpreisüberhöhung vor, sofern die Miete zur Deckung der laufenden Aufwendungen erforderlich ist und nicht in einem auffälligen Missverhältnis zur Leistung des Vermieters steht. Bei einem Verstoß gegen den § 5 WiStG ist zusätzlich notwendig, dass der Vermieter ein geringes Angebot von Wohnraum ausnutzt. In den letzten Jahren haben sich die Wohnungsmärkte aber spürbar entspannt, abgesehen von einzelnen Teilmärkten, z. B. München, so dass ein Vermieter damit rechnen muss, dass die Mieter nicht bereit sind, monatlich weder 11,00 €/m² noch 10,00 €/m² zu bezahlen. Selbst in guten Lagen betragen die Mietobergrenzen ca. 7,50 €/m²/p. M. Die Miethöhen weichen je nach Ort, Regionen und Lage mitunter stark voneinander ab.

Die starke Spreizung der Miethöhen in Deutschland lässt sich der folgenden Übersicht entnehmen:

Übersicht: Nettokaltmieten in Deutschland 2008/2009
(freifinanzierter Neubau, Erstbezug, mittlerer Wohnwert, ca. 70 m²)

Ort	Nettokaltmieten
Magdeburg	5,10 €
Leipzig	5,20 €
Erfurt	5,30 €
Dresden	5,50 €
Schwerin	5,75 €
Hamburg	6,40 €
Potsdam	6,50 €
Berlin	6,50 € (Toplagen 13,00 € – 16,00 €)
Bremen, Kiel	7,00 €
Düsseldorf, Frankfurt/M, Köln, Wiesbaden	9,00 €
Hamburg	9,35 €

Ort	Nettokaltmieten
Mainz	9,50 €
Stuttgart	10,50 €
München	11,30 €

Quelle: IVD-Wohn-Preisspiegel 2008/2009

Grundsätzlich muss ein Investor vor jeder Baumaßnahme die wirtschaftlichen Grundlagen sowie Perspektiven ermitteln (z. B. Bevölkerungsentwicklung, Arbeitslosigkeit) und die Folgen seiner Investition berechnen (z. B. zwingende Ausgaben).

Problematisch ist für Investitionen in Immobilien, dass das Angebot auf eine zu- oder abnehmende Nachfrage zeitlich nur mit großer Verzögerung reagieren kann und sich ein falsch ausgewählter Standort wegen der Unbeweglichkeit der Immobilie nicht mit einer Verlagerung beheben lässt.

11.6.2 Die Kalkulation der Eigenkapitalverzinsung bei einem frei finanzierten Mietwohnhaus

Sofern sich das Mietwohnhaus in einer Spitzenlage befände und dort nach dem Mietspiegel eine Miete von 15,00 € /m^2/p.M. zulässig wäre, könnte das Wohnungsunternehmen sogar eine Verzinsung von 3,5 % erzielen, und zwar 32.237,00 € für das eingesetzte Eigenkapital in Höhe von 921.000,00 €.

Das Ergebnis ermittelt man folgendermaßen in einer Rückwärtsrechnung:

(1) Man geht von den (angenommenen) **Mieterträgen** aus:
15,00 € x 1.800 m^2 x 12 = 324.000,00 €.
(2) Anschließend ermittelt man den geschätzten **Mietausfall**:
2 % von 324.000,00 € = 6.480,00 €
(3) Die **Differenz** in Höhe von 32.237,00 € zwischen dem Gesamtertrag von 324.000,00 € und den laufenden Aufwendungen (Fremdkapitalkosten, Abschreibung, Verwaltungskosten, Instandhaltungskosten, Mietausfallwagnis) 291.763,00 € ist der gesuchte Betrag, der der **Eigenkapitalverzinsung** dient. Die Eigenkapitalrentabilität für dieses Jahr beträgt 3,5 % (32.237,00 € von 921.000,00 €).

Laufende Aufwendungen			Mieterträge
Kapitalkosten:			15,00 € /m²
Fremdkapital	124.320,00 €		
	75.225,00 €		
für die Eigenleistung	32.237,00 €	→ (= 3,5 % von 921.000,00 €)	x 1.800 m²
Bewirtschaftungs-kosten:			
Abschreibung	67.238,00 €		
Verwaltungskosten	5.000,00 €		x 12
(Betriebskosten)	(als Umlage)		
Instandhaltungskosten	13.500,00 €		
⟶ Mietausfallwagnis (2 % von 324.000,00 €)	② ← 6.480,00 €		↓ ①
	291.763,00 €	③ 32.237,00 €	
Summe:		324.000,00 €	324.000,00 €

11.6.3 Die Investitionsrechnung und Eigenkapitalverzinsung mit der dynamischen Investitionsrechnung

Bei statischen Betrachtungen einer Kalkulation betrachtet man nur das erste Jahr und fällt daraufhin seine Investitionsentscheidung. Da Immobilien langlebig sind, muss man die zeitliche Entwicklung mit den finanziellen Änderungen einbeziehen, z. B. Mietänderungen, Modernisierungsmaßnahmen. Hierzu könnte man sich die Daten eines überschaubaren Zeitraumes von z. B. zehn Jahren zusammenstellen und ein Ergebnis berechnen. Die dynamischen Investitionsrechnungen ermitteln das Ergebnis, z. B. mit der Methode des internen Zinsfußes (vgl. auch Kapitel 3.4.3.5). Die finanziellen Entwicklungen und die Ergebnisse des Erwerbs einer Immobilie im Jahre 2010 mit den Gesamtinvestitionskosten von 1.972.260,00 € und deren Verkauf im Jahre 2019 zum Verkaufspreis von 2.108.987,00 € können dem folgenden Beispiel entnommen werden. Die Verzinsung des angelegten Kapitals betrug danach 7,4 %, die Eigenkapitalrendite 6,1 %.

Dynamische Investitionsrechnung

OBJEKTANGABEN

Grundstücksfläche	1.200,00 m²
Mietfläche	1.800,00 m²
Soll-Nettokaltmiete p.a.	135.000,00 €
Kaufpreis netto	1.800.000,00 €
Kaufpreisnebenkosten (Grunderwerbst., Notar, AG, Makler, etc.)	172.260,00 €
Gesamtinvestitionskosten (G>IK = Kaufpreis inkl. Nebenkosten)	1.972.260,00 €
Eigenkapital	712.260,00 €
Fremdkapital	1.260.000,00 €

Musterstraße 1, 10111 Berlin

6,25 €/m²/mtl.
1.000,00 €/m²
1.096,00 €/m²
30 % der GIK
60 % der GIK
4,50 % Zi
13.33-fach
14,61-fach
1,00 % Ti

ERTRÄGE		2010	2011	2012	2013	2014	2015	2016	2017	2018	2019
+ Sollmieten	2,00 %	135.000,00 €	135.000,00 €	137.700,00 €	140.454,00 €	143.263,00 €	146.128,00 €	149.051,00 €	152.032,00 €	155.073,00 €	158.174,00 €
./. Leerstand	der Soll-Miete 3,00 %	-4.050,00 €	-4.050,00 €	-4.131,00 €	-4.214,00 €	-4.298,00 €	-4.384,00 €	-4.472,00 €	-4.561,00 €	-4.652,00 €	-4.745,00 €
+ Umlagen Betriebskosten (incl. BV)	der BK 2,00 %	14.461,00 €	14.750,00 €	15.045,00 €	15.346,00 €	15.653,00 €	15.966,00 €	16.285,00 €	16.611,00 €	16.943,00 €	17.282,00 €
./. Vermietungskosten	der Soll-Miet 2,00%	-2.700,00 €	-2.700,00 €	-2.754,00 €	-2.809,00 €	-2.865,00 €	-2.923,00 €	-2.981,00 €	-3.041,00 €	-3.101,00 €	-3.163,00 €
./. Abschreibungen auf Ford. aus Vermietung	der Soll-Miet 0,50%	-675,00 €	-675,00 €	-689,00 €	-702,00 €	-716,00 €	-731,00 €	-745,00 €	-760,00 €	-775,00 €	-791,00 €
Summe Erträge		142.036,00 €	142.325,00 €	145.172,00 €	148.075,00 €	151.037,00 €	154.057,00 €	157.138,00 €	160.281,00 €	163.487,00 €	166.757,00 €
BEWIRTSCHAFTUNGSAUFWAND											
./. Betriebskosten zzgl. Steigerung um	1,50 %	-14.461,00 €	-14.678,00 €	-14.898,00 €	-15.122,00 €	-15.348,00 €	-15.579,00 €	-15.812,00 €	-16.049,00 €	-16.290,00 €	-16.535,00 €
./. Betriebskosten Leerstand	54,00 m² 2,00 €	-1.296,00 €	-1.296,00 €	-1.296,00 €	-1.296,00 €	-1.296,00 €	-1.296,00 €	-1.296,00 €	-1.296,00 €	-1.296,00 €	-1.296,00 €
./. Verwaltung (vom Bruttomietertrag)	4,64 %	-6.935,00 €	-6.948,00 €	-7.087,00 €	-7.229,00 €	-7.374,00 €	-7.521,00 €	-7.672,00 €	-7.825,00 €	-7.982,00 €	-8.141,00 €
./. laufende Instandhaltung ./. Erstattungen	1.800 m² 8,00 €	-14.400,00 €	-14.400,00 €	-14.400,00 €	-14.400,00 €	-14.400,00 €	-14.400,00 €	-14.400,00 €	-14.400,00 €	-14.400,00 €	-14.400,00 €
Summe Bewirtschaftungsaufwand		-37.092,00 €	-37.322,00 €	-37.681,00 €	-38.047,00 €	-38.418,00 €	-38.796,00 €	-39.180,00 €	-39.570,00 €	-39.968,00 €	-40.372,00 €
CASH FLOW I (nach Bewirtschaftung)		104.944,00 €	105.003,00 €	107.490,00 €	110.028,00 €	112.619,00 €	115.262,00 €	117.959,00 €	120.711,00 €	123.519,00 €	126.385,00 €
./. Instandsetzungen		0,00 €	-25.000,00 €	0,00 €	-10.000,00 €	0,00 €	-15.000,00 €	0,00 €	0,00 €	0,00 €	0,00 €
./. Modernisierungsmaßnahmen		-12.500,00 €	-12.500,00 €	-12.500,00 €	-12.500,00 €	-12.500,00 €	-12.500,00 €	-12.500,00 €	-12.500,00 €	-12.500,00 €	-12.500,00 €
./. Sondermaßnahmen / Neubau		0,00 €	0,00 €	0,00 €	0,00 €	0,00 €	0,00 €	0,00 €	0,00 €	0,00 €	0,00 €
Summe Großinstandsetzung		-12.500,00 €	-37.500,00 €	-12.500,00 €	-37.500,00 €	-12.500,00 €	-37.500,00 €	-12.500,00 €	-12.500,00 €	-12.500,00 €	-12.500,00 €
CASH FLOW II (nach Instandhaltung)		92.444,00 €	67.503,00 €	94.990,00 €	87.528,00 €	100.119,00 €	87.762,00 €	105.459,00 €	108.211,00 €	111.019,00 €	113.885,00 €
./. Zinsaufwand		-56.437,00 €	-55.846,00 €	-55.228,00 €	-54.581,00 €	-53.905,00 €	-53.198,00 €	-52.458,00 €	-51.685,00 €	-50.875,00 €	-50.029,00 €
CASH FLOW III (nach Zinsen)		36.007,00 €	11.657,00 €	39.762,00 €	32.947,00 €	46.213,00 €	34.564,00 €	53.000,00 €	56.526,00 €	60.144,00 €	63.856,00 €
./. laufende Tilgung		-12.863,00 €	-13.454,00 €	-14.072,00 €	-14.719,00 €	-15.395,00 €	-16.102,00 €	-16.842,00 €	-17.615,00 €	-18.425,00 €	-19.271,00 €
LIQUIDITÄTSERGEBNIS		23.144,00 €	-1.797,00 €	25.690,00 €	18.228,00 €	30.819,00 €	18.462,00 €	36.159,00 €	38.911,00 €	41.719,00 €	44.585,00 €

IRR-BERECHNUNG

	Eingangswerte										Ausgangswerte
Investitionsmittel	1.972.260,00 €	Bruttoinvestition				136.727,00 €				Verkaufspreis	2.108.987,00 €
Soll-Netto-Kaltmiete	135.000,00 €	Soll-Miete bei Erwerb				23.174,00 €				Soll-Miete bei Verkauf	158.174,00 €
Multiplikator (X-faches der Netto-Kaltmiete)	14,61-fach	Bruttoeinkaufsfaktor				1,28-fach				Zielverkaufsfaktor	13,33-fach
Belastung	1.260.000,00 €	FK-Valuta bei Erwerb				145.895,00 €				FK-Valuta bei Verkauf	1.114.105,00 €
Reinvermögen	712.260,00 €										994.882,00 €
Laufendes Liquiditätsergebnis	23.144,00 €	-1.797,00 €	25.690,00 €	18.228,00 €	30.819,00 €	18.462,00 €	36.159,00 €	38.911,00 €	41.719,00 €		44.585,00 €
Cash Flow-Reihe	-689.116,00 €	-1.797,00 €	25.690,00 €	18.228,00 €	30.819,00 €	18.462,00 €	36.159,00 €	38.911,00 €	41.719,00 €		1.039.467,00 €
10-Jahres-IRR	7,40 %	= (Steigerung Reinvermögen + Liquiditäts-Ergebnis)/10 ⟹ EK									Formel: = IKV (Cash Flow-Reihe; 10 ???)	
Ø-Eigenkapital-Rendite	6,10 %	= Überschuss p.a. ⟹ EK									Formel: = Mittelwert (Cash Flow III)	

11.7 STAATLICHE WOHNRAUMFÖRDERUNG

11.7.1 Gesellschaftliche Bedeutung und gesetzliche Grundlagen

Angesichts des Wohnungsmangels in den Jahrzehnten nach dem 2. Weltkrieg und der hohen Wohnungsmieten in den Ballungsräumen wird die besondere Bedeutung der Wohnungsbauförderung insbesondere für die einkommensschwache Bevölkerung erkennbar.

Viele Wohnhäuser wären nicht gebaut worden, und Maßnahmen für Modernisierungen von Wohnungen sowie Vorhaben in Sanierungsgebieten hätten wegen des hohen Kapitalbedarfs ohne staatliche Förderung nicht realisiert werden können.

Die soziale Verpflichtung der Bundesrepublik Deutschland im Artikel 20 des Grundgesetzes führte nach dem Zweiten Weltkrieg im Jahre 1950 zu einem besonderen Gesetz (I. Wohnungsbaugesetz – I. WoBauG –), nach dem der Bund, die Länder und die Gemeinden der Bundesrepublik Deutschland verpflichtet waren, den Wohnungsbau zu fördern, bevorzugt den sozialen Wohnungsbau, d. h. Wohnungen, die nach Größe, Ausstattung und Miete oder Belastung für die breiten Schichten des Volkes bestimmt und geeignet sind.

Ab 1956 wollte man mit dem II. WoBauG insbesondere zwei Ziele erreichen,
- den Wohnungsmangel beseitigen und
- für weite Kreise der Bevölkerung breit gestreutes Wohnungseigentum schaffen.

Für alle Maßnahmen **ab 2002** erfolgt die Förderung auf der Grundlage des **Wohnraumförderungsgesetzes (WoFG)** mit dem **Ziel** der **sozialen Wohnraumförderung**.

Das WoFG regelt die Förderung (1) des Wohnungsbaus und (2) anderer Maßnahmen zur Unterstützung von Haushalten bei der Versorgung mit Mietwohnraum, einschließlich genossenschaftlich genutzten Wohnraums, und bei der Bildung von selbst genutztem Wohneigentum.

Zielgruppe sind Haushalte, die sich am Markt nicht angemessen mit Wohnraum versorgen können und auf Unterstützung angewiesen sind.

Die staatliche Förderung des Wohnraums erfolgt aus den Haushalten von Bund, Ländern, Gemeinden und oft mitunter nur für bestimmte Zeitabschnitte sowie für ausgewählte Regionen oder Personenkreise, sodass der Bereich insgesamt sehr unübersichtlich ist. Man findet die Regelungen in diversen Gesetzen, die je nach Bedarf in den letzten Jahren erlassen wurden, z. B. erhöhte Abschreibungen im EStG, Wohngeldgesetz, Wohnungsbauprämiengesetz.

11.7.1.1 Staatliche Förderungsmöglichkeiten

Dem Staat stehen verschiedene Möglichkeiten zur Verfügung, die Versorgung der Bevölkerung mit Wohnraum zu unterstützen.

11. OBJEKTFINANZIERUNG

Der Staat kann den Wohnungsbau z. B. mit finanziellen Mitteln fördern, indem er

- direkt Gelder zur Verfügung stellt oder } **direkte** Förderung und
- indirekte finanzielle Hilfen gewährt (z. B. Steuererleichterungen, Bürgschaften); } **indirekte** Förderung
- die Vergünstigungen demjenigen zukommen lässt, der das Bauwerk errichten ließ (Objektförderung), oder } **Objekt**förderung und
- der Person direkt, die die finanzielle Berechtigung nachweisen muss (= Subjektförderung), z. B. beim Wohngeld; } **Subjekt**förderung
- während der Bauphase die finanziellen Mittel zur Finanzierung der Baukosten gewährt (= Kapitalsubventionen) oder } **Kapital**subvention und
- nach der Bezugsfertigkeit die laufenden Aufwendungen senkt (= Aufwandssubvention); } **Aufwands**subvention
- Zuschüsse oder } **Zuschüsse** und
- zinslose oder zinsgünstige Darlehen gewährt. } **Darlehen**

Sofern man vom Staat einen Zuschuss erhält, braucht man den Betrag nicht zurückzuzahlen. Ein Darlehen muss stets zurückgezahlt werden. Zuschüsse und Darlehen kommen z. B. vor als Baudarlehen, Baukostenzuschüsse, Aufwendungsdarlehen, Aufwendungszuschüsse, Zinszuschüsse, Aufwendungshilfen bzw. Annuitätshilfen (die sich zum Teil aus Aufwendungsdarlehen und Aufwendungszuschüssen zusammensetzen).

Der Staat kann den Wohnungsbau aber auch z. B. erleichtern, indem er
- verbilligtes Bauland oder zinsgünstige Erbbaurechte anbietet,
- den Erwerb von Belegungsrechten an bestehenden Wohnungen fördert, um preiswerten Wohnraum für diejenigen Personen zu erhalten, die sich nicht selbst am Markt versorgen können.

In dem Wohnraumförderungsgesetz (WoFG) hat sich der Gesetzgeber nicht festgelegt und überlässt alle Förderungsmöglichkeiten den Ländern, diejenigen Maßnahmen zu ergreifen, welche zum entsprechenden Zeitpunkt in der jeweiligen Region sinnvoll sind.

Übersicht: **Staatliche Wohnraumförderung**

Förderungsmaßnahmen, -arten:	
· direkte und indirekte Förderung · Objekt- und Subjektförderung · Kapital- und Aufwandssubvention · Zuschüsse und Darlehen · Gewährung von Prämien für Wohnbausparer · Arbeitnehmer-Sparzulage · Vergünstigungen bei vorzeitiger Rückzahlung öffentlicher Mittel	· verbilligtes Bauland · zinsgünstige Erbbaurechte · Erwerb von Belegungsrechten · die Übernahme von Bürgschaften · Steuervergünstigungen · Wohngeld, Lastenzuschuss · Wohn-Riester

Erläuterungen zu einzelnen Förderungsmaßnahmen:

- **Staatliche Bürgschaften für den Wohnungsbau**

Mit der Übernahme von Bürgschaften ermöglicht der Staat den Banken, den Beleihungsrahmen zu erweitern, sodass der Bauherr überhaupt bauen kann und weniger Eigenkapital einsetzen muss. Man unterscheidet insofern Darlehen, die innerhalb der Beleihungsgrenze erststellig gesichert sind, sog. I a-Darlehen, und nachrangige Darlehen, die zusätzlich mit staatlichen Bürgschaften gesichert werden, **sog. I b-Darlehen**.

- **Gewährung von Wohnungsbauprämien für Bausparer**

Um das Ansparen von Kapital zu wohnungswirtschaftlichen Zielen zu honorieren und das Bausparen zu unterstützen, können Bausparer in der Ansparphase finanzielle Vorteile erhalten in Form von staatlichen Wohnungsbauprämien nach dem **Wohnungsbau-Prämiengesetz (WoPG).**

Danach erhält man einmalig eine **Prämie von 8,8 %** für den Betrag, den man innerhalb eines Jahres auf sein Bausparguthaben eingezahlt hat, einschließlich der Guthabenzinsen und der beim Vertragsabschluss gezahlten Abschlussgebühr von ca. 1 %. Die Prämie wird maximal für eine Sparleistung von 512,00 € für Alleinstehende, die das 16. Lebensjahr vollendet haben, und 1.024,00 € für Verheiratete gewährt, wenn das zu versteuernde Einkommen im jeweiligen Sparjahr 25.600,00 € bei Alleinstehenden bzw. 51.200,00 € bei Verheirateten nicht überschreitet. Liegt man mit dem Einkommen über diesen Grenzen, erhält man für das jeweilige Jahr keine Wohnungsbauprämie.

Den **Prämienantrag** muss der Sparer nach dem jeweiligen Kalenderjahr bei seiner Bausparkasse einreichen, die ihn dann an das zuständige Finanzamt des Sparers weiterleitet. Das Finanzamt teilt der Bausparkasse die Höhe der festgesetzten Prämie mit. Das Finanzamt überweist die Prämie an die Bausparkasse aber erst dann, wenn die Voraussetzungen für die Auszahlung der Prämie vorliegen, d. h., wenn die Bausparsumme nach Zuteilung des Vertrages ausgezahlt wird und der Betrag für wohnungswirtschaftliche Zwecke verwendet wird, um z. B. eine Eigentumswohnung zu kaufen. (Die freie Verfügungsmöglichkeit über das Bausparguthaben nach einer Sperrfrist von sieben Jahren ist für Neuverträge ab 1. 1. 2009 entfallen. Ausnahmeregelungen bestehen für Bausparer unter 25 Jahren, vgl. § 2 Abs. 2 WoPG).

Übersicht: Voraussetzungen für eine Wohnungsbauprämie für Bausparer

	Einkommens-grenze für Wohnungsbau-prämie	Prämienbegünstig-ter Höchstbetrag während der Ansparphase (z. B. Einzahlungen) im Kalenderjahr	Höchstbetrag der Wohnungsbau-prämie: 8,8 % der Einzahlungen bzw. Zins-gutschriften im Kalenderjahr
	zu versteuerndes Einkommen		**Wohnungsbau-prämie**
Alleinstehende	25.600,00 € /p.a.	max. 512,00 €	max. 45,06 €
Verheiratete	51.200,00 € /p.a.	max. 1.024,00 €	max. 90,11 €

– **Die Arbeitnehmer-Sparzulage nach dem 5. Vermögensbildungsgesetz**

Sofern der Bausparer auch zugleich ein Arbeitnehmer ist, kann er nach dem 5. Vermögensbildungsgesetz (5. VermBG) seinen Arbeitgeber beauftragen, von dem Gehalt einen bestimmten Betrag vermögenswirksam anzulegen, z. B. auf einem Bausparkonto bei der Bausparkasse.

Der Arbeitnehmer erhält hierfür vom Staat eine Arbeitnehmer-Sparzulage in Höhe von 9 % für maximal 470,00 € im Kalenderjahr. Die Sparzulage muss jährlich vom Arbeitnehmer bei seinem Finanzamt beantragt werden und wird nur dann festgesetzt, wenn das zu versteuernde Einkommen im jeweiligen Kalenderjahr 17.900,00 € bei Alleinstehenden und 35.800,00 € bei Verheirateten nicht überschreitet. Auch wer über diesen Einkommensgrenzen liegt, sollte sich für vermögenswirksames Sparen entscheiden, weil sich vielfach die Arbeitgeber daran beteiligen, und zwar unabhängig von der Einkommenshöhe des Arbeitnehmers. Der Arbeitnehmer erhält die Arbeitnehmer-Sparzulage erst ausgezahlt, wenn z. B. der Bausparvertrag zugeteilt oder das Bausparguthaben zu wohnungswirtschaftlichen Zwecken eingesetzt wird.

Übersicht: Voraussetzungen für eine Arbeitnehmer-Sparzulage

	Einkommens-grenze für Arbeitnehmer-Sparzulage	Höchstbetrag der begünstigten ver-mögenswirksamen Leistungen im Kalenderjahr	Höchstbetrag der Wohnungsbau-prämie: 9 % der vermögens-wirksamen Leistun-gen im Kalenderjahr
	zu versteuerndes Einkommen		**Arbeitnehmer-Sparzulage**
Alleinstehende	17.900,00 € /p.a.	max. 470,00 €	max. 43,00 € *)
Verheiratete	35.800,00 € /p.a.	max. 940,00 €	max. 85,00 € *)

*) Die Arbeitnehmer-Sparzulage wird stets auf den nächsten Euro aufgerundet (§ 6 Abs. 1 S. 2 VermBDV).

Für die erbrachten vermögenswirksamen Leistungen kann man nicht noch zusätzlich eine Wohnungsbauprämie beantragen. Ein Alleinstehender, der pro Jahr 512,00 € auf seinen Bausparvertrag einzahlt und zusätzlich von seinem Arbeitgeber 470,00 € überweisen lässt, erhält also einmalig für das Sparjahr eine staatliche Förderung von insgesamt 88,06 € (davon 45,06 € als Wohnungsbauprämie und 43,00 € als Arbeitnehmer-Sparzulage).

- **Wohn-Riester – Die Förderung der selbst genutzten Immobilie als Altersvorsorge**

Im Rahmen der privaten Altersvorsorge fördert der Staat seit 2008 mit dem „Gesetz zur verbesserten Einbeziehung der selbstgenutzten Wohnimmobilie in die geförderte Altersvorsorge" (Eigenheimrentengesetz – EigRentG) das Ansparen der Bürger für ihre eigene Rente (sog. Riester-Rente) und ermöglicht, dieses angesparte Kapital (statt als Rentenzahlung) in selbst genutztes Wohneigentum zu investieren (sog. Wohn-Riester). Diese Förderung ist einkommensunabhängig. Die staatliche Zulage beträgt bei einem Sparbeitrag von 4 % des Bruttoeinkommens des Vorjahres (maximal 2.100,00 € p.a.) für jeden Erwachsenen maximal 154,00 € pro Jahr. (Berufseinsteiger bis zum 25. Lebensjahr erhalten einen einmaligen Bonus von 200,00 €.) Jeder Sparer kann seine Sparbeiträge bis zu 2.100,00 € p.a. steuerlich als Sonderausgaben absetzen (Vgl. auch Kapitel 7.2.5 und 7.2.7).

Alle Altersvorsorgeverträge der Anbieter müssen von der Bundesanstalt für Finanzdienstleistungsaufsicht (BaFin) zertifiziert sein, bevor eine staatliche Förderung gewährt wird.

Der Ablauf des Altersvorsorgevertrages lässt sich in zwei Phasen gliedern:

1. „Ansparphase"		2. „Auszahlungsphase"
Ansparförderung: Sparer können zum Ansparen ihrer privaten Rente zwischen diversen Anbietern wählen, z. B. Lebensversicherungsgesellschaften, Kreditinstituten, Bausparkassen und anderen Kapitalanlagegesellschaften wählen. Dort schließen sie staatlich zertifizierte Altersvorsorgeverträge ab, z. B. Riester-Banksparpläne oder Riester-Bausparverträge. Ein Sparer darf auch schon während der Ansparphase über sein Kapital ohne Verlust seiner staatlichen Zulage verfügen, wenn er unverzüglich – ein **selbst genutztes Wohneigentum** (bezugsfertig ab 2008) **anschafft oder herstellt** oder – **Pflichtanteile** an einer **Wohnungsgenossenschaft** für eine selbst genutzte Wohnung erwirbt. (Das Kapital darf nicht zur Ablösung eines bestehenden Darlehens benutzt werden, d. h. nicht zur Umschuldung eines Altobjektes.) Die Auszahlung des Kapitals muss bei der zentralen Stelle beantragt werden (vgl. § 92 b EStG). Der entnommene Betrag muss nicht zurückgezahlt werden, es ist aber möglich. Besonderheit: **Tilgungsförderung** Die Förderung wird auch für die Tilgung eines zertifizierten Darlehens gewährt, das zum unmittelbaren Neubau oder Kauf einer ab 1. 1. 2008 bezugsfertigen selbst genutzten Eigentumswohnung aufgenommen wird. Den jährlichen Förderungsbetrag überweist die Zulagenstelle zugunsten des betreffenden Darlehensvertrages.	R E N T E N e i n t r i t t	Mit dem Renteneintritt, d. h mit der Auszahlungsphase, kann das Kapital des Riestervertrages auch zur **Entschuldung** einer selbst genutzten Immobilie eingesetzt werden, auch dann, wenn diese Immobilie vor dem 1. 1. 2008 erworben wurde. Damit soll ein Beitrag zum mietfreien Wohnen im Alter geleistet werden.

Benötigt der Sparer das angesparte Altersvorsorgekapital zum Bau oder Erwerb von Wohneigentum zur Selbstnutzung, muss er die Entnahme bei der Zentralen Zulagenstelle (ZfA) beantragen.

- **Steuervergünstigungen für Sanierungsgebiete und Baudenkmale**

Der Staat fördert den Wohnungsbau auch indirekt in Form von Steuervorteilen.

Bei der Einkommensteuer hat der Bauherr Vorteile, wenn er statt des normalen Abschreibungsbetrages nach § 7 Abs. 4 EStG 50 Jahre lang von 2 % der Anschaffungs- bzw. Herstellungskosten höhere Abschreibungsbeträge bzw. Sonderabschreibungen in seiner Einkommensteuererklärung ansetzen kann, weil sich dadurch das zu versteuernde Einkommen und damit seine in diesem Jahr zu zahlende Einkommensteuer mindert.

Besondere Steuersätze bestehen
- in Form von erhöhten Abschreibungen bei Gebäuden in Sanierungsgebieten und städtebaulichen Entwicklungsgebieten nach § 7 h EStG. Der Bauherr kann 8 Jahre lang 9 % und 4 Jahre lang 7 % der Modernisierungs- und Instandsetzungskosten als Abschreibungsbeträge geltend machen.
- in Form von erhöhten Abschreibungen bei Baudenkmalen nach § 7 i EStG. Der Bauherr kann 8 Jahre lang 9 % und 4 Jahre lang 7 % der Herstellkosten als Abschreibungsbeträge geltend machen.

Bei allen besonderen Abschreibungsarten darf man nicht übersehen, dass die Bauherren oder Käufer maximal nur ihre gesamten Herstellungskosten bzw. den Kaufpreis in Höhe von 100 % absetzen können. Der Vorteil einer höheren Abschreibung in den ersten Jahren besteht in dem Liquiditäts- und Zinsvorteil. Der Bauherr oder Käufer zahlt in den ersten Jahren weniger Steuern und kann über diesen Betrag verfügen und ihn z. B. anderweitig zinsbringend anlegen.

– **Das Wohngeld – Der Lastenzuschuss**

Der Staat fördert den Wohnungsbau zusätzlich „indirekt", indem er nach dem Wohngeldgesetz (WoGG) den Mietern ein Wohngeld bzw. den Selbstnutzern einen Lastenzuschuss gewährt, um dadurch die Nachfrage nach Wohnraum auf dem Wohnungsmarkt zu erhöhen bzw. es Personen zu ermöglichen, Wohnraum zu erwerben.

Die Höhe der Leistungen nach dem WoGG richtet sich nach
- der Höhe des Familieneinkommens,
- der Zahl der Familienmitglieder und
- der Höhe der zuschussfähigen Miete bzw. der Belastung bei einem Eigentümer.

Wer als Alleinstehender eine 100 m² große Wohnung zum Preis von 2.000,00 € mietet, erhält weder die gesamte Wohnfläche noch den vollen Mietpreis gefördert, sondern nur den ihm zustehenden Teil und die zuschussfähige Miete, die sich am ortsüblichen Niveau orientiert.

Aktuelle Tabellen und Berechnungsbeispiele kann man dem Internetangebot des Bundesministeriums für Verkehr, Bau und Stadtentwicklung unter www.bmvbs.de entnehmen.

- (Die Eigenheimzulage bei selbst genutzten Wohnungen wurde für Neufälle nach dem 31.12.2005 gestrichen.)

11.7.2 Die unterschiedlichen Auswirkungen der Förderungsarten

Die Förderungsarten wirken sich auf die laufenden Aufwendungen unterschiedlich aus, und zwar je nach dem Zeitraum ihrer Gewährung.

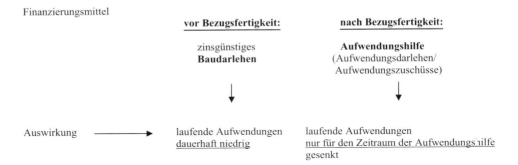

11.7.3 Staatliche Wohnraumförderung (WoFG)

Das Wohnraumförderungsgesetz (WoFG) v. 13.9.2001 stellt die bundesweite Grundlage zur Förderung von Wohnraum dar. Die bisherige Rechtsgrundlagen (II. WoBauG, WoBindG, II. BV, NMW) gelten allein weiterhin für diejenigen öffentlich geförderten Objekte, die auf dieser rechtlichen Basis gefördert wurden. Der Zeitraum, bis deren Eigenschaft „öffentlich gefördert" endet, kann mitunter noch 50 Jahre betragen.

Gemäß Art. 125 a Abs. 1 GG und dem Art. 9 des Föderalismus-Begleitgesetzes kann jedes Bundesland mit eigenen Landesgesetzen die Wohnraumförderung in ihrem Gebiet eigenständig gestalten. In den übrigen Bundesländern gilt das WoFG weiterhin als Rechtsgrundlage für die Wohnraumförderung.

Bisher haben z. B. die Bundesländer Baden-Württemberg, Bayern, Hamburg und Schleswig-Holstein eigene Landesgesetze zur Förderung von Wohnraum erlassen.

Damit erfolgt die Förderung dort gezielt für die Bedürfnisse der jeweiligen Region, z. B. für die Zielgruppen der Förderung, die Belegungsbindung und die Mietpreisbindung.

Bei der Mietpreisbindung orientiert man sich wegen der vielfach ausgeglichenen Wohnraummärkte nicht mehr am Kostenmietenprinzip, sondern liberalisiert das Förderrecht und bindet die sog. höchstzulässige Miete an die ortsübliche Vergleichsmiete gemäß BGB. Der Vermieter darf dann jeweils nur den niedrigeren Wert verlangen, entweder die von der Förderungsanstalt des Bundeslandes vorgegebene höchstzulässige Miete oder die ortsübliche Vergleichsmiete des Mietspiegels.

Die aktuellen Förderprogramme in Deutschland können dem Internet entnommen werden:

Bundesamt für Wirtschaft und Ausfuhrkontrolle	www.bafa.de
Kreditanstalt für Wiederaufbau	www.kfw-foerderbank.de
Baden-Württemberg	www.wm.baden-wuerttemberg.de
Bayern	www.stmi.bayern.de
Berlin	www.investitionsbank.de
Brandenburg	www.mir.brandenburg.de www.ilb.de
Bremen	www.wfb-bremen.de
Hamburg	www.wk-hamburg.de
Hessen	www.wirtschaft.hessen
Mecklenburg-Vorpommern	www.regierung-mv.de
Niedersachsen	www.ms.niedersachsen.de
Nordrhein-Westfalen	www.mbw.nrw.de
Rheinland-Pfalz	www.fm.rip.de
Saarland	www.Saarland.de/ministerium_finanzen.htm
Sachsen	www.smf.sachsen.de
Sachsen-Anhalt	www.sachsen-anhalt.de
Schleswig-Holstein	www.schleswig-holstein.de www.ib-sh.de
Thüringen	www.thueringen.de

11.7.4 Das Gesetz über die soziale Wohnraumförderung (Wohnraumförderungsgesetz – WoFG)

11.7.4.1 Ziele und Förderungsgrundsätze des WoFG

Das WoFG regelt die **(soziale Wohnraumförderung)** und setzt sich zum **Ziel**, den Wohnungsbau und andere Maßnahmen zu fördern, um Haushalte zu unterstützen bei der Versorgung mit Mietwohnraum, einschließlich genossenschaftlich genutzten Wohnraums, und bei der Bildung von selbst genutzten Wohneigentum.

Zielgruppe der sozialen Wohnraumförderung sind Haushalte, die sich am Markt nicht angemessen mit Wohnraum versorgen können und auf Unterstützung angewiesen sind.

Mit dem WoFG reformiert der Gesetzgeber die Förderung des Wohnraums und passt sie den geänderten wirtschaftlichen und gesellschaftlichen Gegebenheiten und Bedürfnissen der verschiedenen Teilmärkte in den Bundesländern an.

In Deutschland gibt es keine Wohnungsnot mehr wie nach dem II. Weltkrieg, sodass der Neubau von Wohnungen nicht mehr das Hauptziel der Förderung sein muss. Wichtig ist heutzutage auch die Pflege und finanzielle Förderung der bestehenden

Wohnungen. Darüber hinaus müssen die sozialen Aspekte berücksichtigt werden, um ausgeglichene Bewohnerstrukturen in den Wohngebieten zu erreichen.

Die soziale Wohnraumförderung ist der Nachhaltigkeit einer Wohnraumversorgung verpflichtet, die die wirtschaftlichen und sozialen Erfordernisse mit der Erhaltung der Umwelt in Einklang bringt.

Man vereinfacht die Förderung, indem man z. B. auf mehrere Förderwege verzichtet. Darüber hinaus legt man sich nicht mehr auf die Kostenmiete fest.

Der Bund schuf mit dem WoFG ein Rahmengesetz und bedient sich eines flexiblen Förderinstrumentariums, das den einzelnen Bundesländern die Möglichkeit gibt, die Einzelheiten sowie die jeweils beste Förderungsmaßnahme vor Ort selbst zu bestimmen.

Die knappen staatlichen Mittel sollen nicht pauschal nach dem „Gießkannenprinzip" verteilt werden, sondern gezielt hinsichtlich der Art, der Zeitdauer und des Ortes.

– **Allgemeine Fördergrundsätze**

Die soziale Wohnraumförderung hat sich an den **Allgemeinen Fördergrundsätzen** gemäß § 6 zu orientieren.

Bei der Förderung sind zu berücksichtigen:

1. die örtlichen und regionalen wohnungswirtschaftlichen Verhältnisse und Zielsetzungen, die erkennbaren unterschiedlichen Investitionsbedingungen des Bauherrn sowie die besonderen Anforderungen des zu versorgenden Personenkreises;
2. der Beitrag des genossenschaftlichen Wohnens zur Erreichung der Ziele und Zwecke der sozialen Wohnraumförderung;
3. die Schaffung und Erhaltung stabiler Bewohnerstrukturen;
4. die Schaffung und Erhaltung ausgewogener Siedlungsstrukturen sowie ausgeglichener wirtschaftlicher, sozialer und kultureller Verhältnisse, die funktional sinnvolle Zuordnung der Wohnbereiche zu den Arbeitsplätzen und der Infrastruktur (Nutzungsmischung) sowie die ausreichende Anbindung des zu fördernden Wohnraums an den öffentlichen Personennahverkehr;
5. die Nutzung des Wohnungs- und Gebäudebestandes für die Wohnraumversorgung;
6. die Erhaltung preisgünstigen Wohnraums im Fall der Förderung der Modernisierung;
7. die Anforderungen des Kosten sparenden Bauens, insbesondere durch
    a) die Begrenzung der Förderung auf einen bestimmten Betrag (Förderpauschale),
    b) die Festlegung von Kostenobergrenzen, deren Überschreitung eine Förderung ausschließt, oder
    c) die Vergabe von Fördermitteln im Rahmen von Wettbewerbsverfahren;
8. die Anforderungen des barrierefreien Bauens für die Nutzung von Wohnraum und seines Umfelds durch Personen, die infolge von Alter, Behinderung oder Krankheit dauerhaft oder vorübergehend in ihrer Mobilität eingeschränkt sind;

9. der sparsame Umgang mit Grund und Boden, die ökologischen Anforderungen an den Bau und die Modernisierung von Wohnraum sowie Ressourcen schonende Bauweisen, Maßnahmen der sozialen Wohnraumförderung, die im Zusammenhang mit städtebaulichen Sanierungs- und Entwicklungsmaßnahmen stehen, sind bevorzugt zu berücksichtigen.

– **Förderung von Mietwohnraum**

Bei der **Förderung von Mietwohnraum** sind gemäß § 7 WoFG folgende Grundsätze zu berücksichtigen:
1. Um tragbare Wohnkosten zu erreichen, können Wohnkostenentlastungen durch **Bestimmung höchstzulässiger Mieten** unterhalb von ortsüblichen Vergleichsmieten vorgesehen werden.
Dabei sind insbesondere die Leistungen nach dem Wohngeldgesetz sowie das örtliche Mietenniveau und das Haushaltseinkommen des Mieters sowie deren Entwicklung zu berücksichtigen.
2. Wohnkostenentlastungen, die nach Förderzweck und Zielgruppe sowie Förderintensität unangemessen sind (Fehlförderungen), sind zu vermeiden oder auszugleichen, z. B. mit der Erhebung von Ausgleichszahlungen (vgl. §§ 34 bis 37 WoFG).
3. Bei der Vermeidung und dem Ausgleich von Fehlförderungen sind, soweit erforderlich, Veränderungen der für die Wohnkostenentlastung maßgeblichen Einkommensverhältnisse und der Haushaltsgröße durch Überprüfungen in regelmäßigen Abständen zu berücksichtigen.

– **Förderung der Bildung selbst genutzten Wohneigentums**

Bei der **Förderung der Bildung selbst genutzten Wohneigentums** sind gem. § 8 WoFG folgende Grundsätze zu berücksichtigen:

Die Förderung erfolgt **bevorzugt für Familien** und andere Haushalte mit zwei und mehr Kindern sowie für Haushalte, bei denen wegen einer Behinderung eines Haushaltsangehörigen oder aus sonstigen Gründen ein besonderer baulicher Bedarf besteht.

Um eine **angemessene Belastung** des Bauherrn oder des Erwerbers des selbst genutzten Wohneigentums zu erreichen, ist z. B. bei der Festlegung der Förderung insbesondere die Einkommensentwicklung zu berücksichtigen.

Fehlförderungen sind zu vermeiden. Veränderungen der maßgeblichen Einkommensverhältnisse und der Haushaltsgröße sind in regelmäßigen zeitlichen Abständen zu überprüfen.

11.7.4.2 Fördergegenstände

Der Bund verabschiedet sich von der alleinigen Förderung des Neubaus von Wohnungen. Die Förderungspalette wurde erweitert. Nunmehr werden gem. § 2 WoFG gefördert:
– Der **Wohnungsneubau**,
– der **Ersterwerb** von Mietwohnungen und selbst genutzten Wohnungen,
– die **Modernisierung** von Wohnraum,

- **Instandsetzungen**, die durch Modernisierungsmaßnahmen an bestehenden Wohnungen verursacht werden (§ 16 WoFG).
- der **Erwerb von Belegungsrechten** an bestehendem Wohnraum,
- der **Erwerb bestehenden Wohnraums**, wenn damit die Unterstützung von Haushalten bei der Versorgung mit Mietwohnraum durch Begründung von Belegungs- und Mietbindungen oder bei der Bildung von selbst genutztem Wohneigentum erfolgt.

11.7.4.3 Fördermaßnahmen

Die **Förderung** erfolgt durch
1. Gewährung von Fördermitteln, die aus öffentlichen Haushalten oder Zweckvermögen als Darlehen zu Vorzugsbedingungen, auch zur nachstelligen Finanzierung, oder als Zuschüsse bereitgestellt werden,
2. Übernahme von Bürgschaften, Garantien und sonstigen Gewährleistungen sowie
3. Bereitstellung von verbilligtem Bauland.

11.7.4.4 Einkommensgrenzen sowie Ausgleichszahlungen bei Fehlförderungen

- **Einkommensgrenzen**

Die Förderung darf nur Haushalte begünstigen, deren Einkommen, das gemäß den §§ 20–24 WoFG ermittelt wird.

Die Landesregierungen dürfen durch Rechtsverordnungen bei bestimmten Gründen Abweichungen festlegen (vgl. § 9 WoFG).

- **Ausgleich von Fehlförderungen (vgl. §§ 34–37 WoFG)**

Der Mieter hat auf Anforderung der zuständigen Stelle sein Einkommen nachzuweisen.

Die Bundesländer können Vorschriften erlassen, in denen Mieter zu Ausgleichszahlungen verpflichtet werden, sofern eine Fehlförderung vorliegt.

Der Gesamtbetrag aus höchstzulässiger Miete und Ausgleichszahlung darf die ortsübliche Vergleichsmiete im Sinne des § 558 Abs. 2 BGB nicht überschreiten.

11.7.4.5 Kooperationsverträge

Gemeinden können gemäß § 14 WoFG mit Eigentümern Vereinbarungen über Angelegenheiten der örtlichen Wohnraumversorgung treffen (Kooperationsverträge), insbesondere
- zur Unterstützung von Maßnahmen der sozialen Wohnraumversorgung einschließlich der Verbesserung der Wohnverhältnisse sowie
- der Schaffung oder Erhaltung sozial stabiler Bewohnerstrukturen.

Gegenstände des Kooperationsvertrags können gemäß § 15 WoFG insbesondere sein:
- Die **Begründung oder Verlängerung von Belegungs- und Mietbindungen** an Wohnraum des Eigentümers zu Gunsten der Gemeinde, einer zuständigen Stelle oder eines Trägers sozialer Aufgaben, im Zusammenhang mit Vereinbarungen nach Nummer 1 die Übernahme von Bewirtschaftungsrisiken sowie die Übernahme von Bürgschaften für die Erbringung einmaliger oder sonstiger Nebenleistungen der Mieter,
- die Aufhebung oder Änderung von Belegungs- und Mietbindungen an Wohnraum,
- die Übernahme von wohnungswirtschaftlichen, baulichen und sozialen Maßnahmen, insbesondere von solchen der Verbesserung des Wohnumfelds, der Behebung sozialer Missstände und der Quartiersverwaltung,
- der Überlassung von Grundstücken und Räumen für die mit dem Kooperationsvertrag verfolgten Zwecken.

11.7.4.6 Bindungen von Mietwohnungen

Mietwohnraum unterliegt gemäß § 25 WoFG den in der Förderzusage bestimmten Bindungen, insbesondere bei der Vergabe (= Belegungsbindungen) und bei der Miethöhe.

11.7.4.7 Bindungen bei der Vergabe von Mietwohnungen

Zu den Belegungsbindungen zählen Belegungsrechte. **Belegungsrechte** können
1. an den geförderten Wohnungen **(unmittelbare Belegung)**,
2. an diesen und an anderen Wohnungen **(verbundene Belegung)**,
3. nur an anderen Wohnungen **(mittelbare Belegung)** begründet werden.

Belegungsrechte können in der Förderzusage als allgemeine Belegungsrechte, Benennungsrechte und Besetzungsrechte begründet werden.
- Ein **allgemeines Belegungsrecht** ist das Recht der zuständigen Stelle, von dem durch die Förderung berechtigten und verpflichteten Eigentümer oder sonstigen Verfügungsberechtigten zu fordern, eine bestimmte belegungsgebundene Wohnung einem Wohnungssuchenden zu überlassen, dessen Wohnberechtigung sich aus einer Bescheinigung nach § 27 WoFG ergibt.
- Ein **Benennungsrecht** ist das Recht der zuständigen Stelle, dem Verfügungsberechtigten für die Vermietung einer bestimmten belegungsgebundenen Wohnung mindestens drei Wohnungssuchende zur Auswahl zu benennen.
- Ein **Besetzungsrecht** ist das Recht der zuständigen Stelle, einen Wohnungssuchenden zu bestimmen, dem der Verfügungsberechtigte eine bestimmte belegungsgebundene Wohnung zu überlassen hat.

In der Förderzusage kann bestimmt werden, dass die zuständige Stelle unter in der Förderzusage festgelegten Voraussetzungen **befristet oder unbefristet** statt eines allgemeinen Belegungsrechts ein Benennungsrecht oder ein Besetzungsrecht ausüben kann.

Der Verfügungsberechtigte darf gemäß § 27 WoFG die Wohnung wie bereits bisher nur einem Wohnungssuchenden zum Gebrauch überlassen, wenn dieser ihm vorher seine Wohnberechtigung durch Übergabe eines Wohnberechtigungsscheins nachweist.

11.7.4.8 Bindungen bei der Mietpreisbildung

Bei der Miethöhe hat der Vermieter gemäß § 28 WoFG die sog. höchstzulässige Miete zu beachten.

Die **höchstzulässige Miete gemäß WoFG**
- wird in der Förderzusage bestimmt und
- ist die Miete ohne den Betrag für Betriebskosten.

In der Förderzusage können Änderungen der höchstzulässigen Miete während der Dauer der Förderung, auch für Mieterhöhungen nach durchgeführten Modernisierungen, vorgesehen und vorbehalten werden.

Der Vermieter darf eine Wohnung nicht gegen eine höhere als die höchstzulässige Miete zum Gebrauch überlassen. Er hat die in der Förderzusage enthaltenen Bestimmungen über die höchstzulässige Miete und das Bindungsende im Mietvertrag anzugeben.

Der Vermieter kann die Miete nach Maßgabe der allgemeinen mietrechtlichen Vorschriften erhöhen, jedoch nicht höher als bis zur höchstzulässigen Miete und unter Einhaltung sonstiger Bestimmungen der Förderzusage zur Mietbindung.

Der Vermieter darf
- eine einmalige Leistung zur Abgeltung von Betriebskosten nur nach Maßgabe der §§ 556, 556a und 560 BGB und
- eine einmalige oder sonstige Nebenleistung nur insoweit, als sie nach Vorschriften des Bundeslandes oder nach den Bestimmungen der Förderzusage zugelassen ist, fordern, sich versprechen lassen oder annehmen.

Der Mieter kann vom Vermieter die erforderlichen Auskünfte verlangen über
- die in der Förderzusage festgelegte höchstzulässige Miete sowie über
- die dort enthaltenen sonstigen Bestimmungen zur Mietbindung.

11.7.4.9 Dauer der Bindungen

In der Förderzusage wird eine Frist festgelegt, die die Dauer der Belegungs- und Mietbindungen bestimmt (vgl. § 29 WoFG).

Die zuständige Stelle kann den Verfügungsberechtigten von den Belegungsbindungen freistellen, wenn bestimmte Voraussetzungen erfüllt sind (vgl. § 30 WoFG), z. B. wenn
- nach den örtlichen wohnungswirtschaftlichen Verhältnissen ein überwiegendes öffentliches Interesse an den Bindungen nicht mehr besteht oder
- die Freistellung der Schaffung oder Erhaltung sozial stabiler Bewohnerstrukturen dient oder
- an der Freistellung ein überwiegendes berechtigtes Interesse des Verfügungsberechtigten besteht und für die Freistellung ein Ausgleich dadurch erfolgt, dass der Verfügungsberechtigte der zuständigen Stelle das Belegungsrecht für Ersatzwohnungen, die bezugsfertig oder frei sind, für die Dauer der Freistellung vertraglich einräumt oder einen Geldausgleich in angemessener Höhe oder einen sonstigen Ausgleich in angemessener Art und Weise leistet.

11.7.4.10 Die Übertragung von Bindungen auf andere Wohnungen

Die zuständige Stelle kann mit dem Verfügungsberechtigten vereinbaren, dass die Belegungs- und Mietbindungen von geförderten Wohnungen (Förderwohnungen) unter bestimmten Voraussetzungen auf Ersatzwohnungen des Verfügungsberechtigten übergehen (vgl. § 31 WoFG), und zwar dann, wenn
- dies der Schaffung oder Erhaltung sozial stabiler Bewohnerstrukturen dient oder aus anderen Gründen der örtlichen wohnungswirtschaftlichen Verhältnisse geboten ist und
- Förderwohnungen und Ersatzwohnungen unter Berücksichtigung des Förderzwecks gleichwertig sind und
- sichergestellt ist, dass zum Zeitpunkt des Übergangs die Wohnungen bezugsfertig oder frei sind.

11.7.4.11 Bindungen für selbst genutztes Wohneigentum

Der Verfügungsberechtigte darf eine Wohnung nur mit Genehmigung der zuständigen Stelle
1. selbst nutzen,
2. nicht nur vorübergehend, mindestens drei Monate, leer stehen lassen oder
3. anderen als Wohnzwecken zuführen oder entsprechend baulich ändern.

11.8 DIE KALKULATION DES VERKAUFSPREISES VON EIGENTUMSMASSNAHMEN

11.8.1 Die Kapitalbindung bei der Finanzierung von Miet- und Verkaufsobjekten

Beim Bau von **Mietwohnhäusern** setzte sich die übliche Finanzierung aus 15 % Eigenkapital und 85 % Fremdkapital zusammen. Das Fremdkapital ist langfristig gebunden und besteht aus Annuitätendarlehen, die der Bauherr in ca. 30 Jahren an die Gläubigerbanken zurückzahlte.

Bei **Verkaufsobjekten** ist sowohl das Eigenkapital als auch das Fremdkapital nur kurzfristig gebunden, und zwar von dem Kauf des Grundstücks und der Bauinvestition bis zum Verkauf des Einfamilienhauses bzw. der Eigentumswohnung an die Käufer. Dieser Zeitraum beträgt nur ca. 2–3 Jahre. Der Zeitraum hängt davon ab, wie schnell die Objekte verkauft werden können.

Übersicht: Die zeitliche Bindung des Eigen- und Fremdkapitals
a) bei einem Mietwohnhaus:

Eigenkapital	ca. 80-100 Jahre
Fremdkapital	ca. 30 Jahre

b) bei Verkaufsobjekten:

Eigenkapital	ca. 2–3 Jahre
Fremdkapital	ca. 2–3 Jahre

11.8.2 Die Bauträgerkalkulation

Sofern ein Immobilienunternehmen als Bauträger Kapital in Verkaufsobjekte investiert, müssen die dafür kalkulierten Eigenkapitalzinsen bzw. zu zahlende Fremdkapitalzinsen bei dem Kalkulationsverkaufspreis berücksichtigt werden. Will das Immobilienunternehmen die Objekte günstig finanzieren, muss es versuchen, die Kapitalbindungsphase zu minimieren und möglichst schnell Geld von den Käufern zu erhalten.

In der Praxis ist der Bauträger bereits häufig Eigentümer des Baugrundstücks.

Die Finanzierung des Fremdkapitals für den Bau könnte wie bei Mietwohnungen über langfristige Annuitätendarlehen erfolgen, die die Käufer dann anteilsmäßig übernehmen. Diese Form der Finanzierung hätte den Nachteil, dass man die unterschiedlichen Ansparformen, -arten und -höhen der Käufer nicht berücksichtigte. Manche Käufer haben bereits vor Jahren Bausparverträge oder Kapitallebensversicherungen abgeschlossen, mit deren Hilfe sie ihr Objekt finanzieren wollen.

Der Bauträger könnte also den Grundstückskauf aus eigenen Mitteln bzw. kurzfristigen Krediten finanzieren. Den späteren Kapitalbedarf während der Bauphase könnte man ebenfalls mit kurzfristigen Krediten decken. Die Bauträger haben wegen der Vorfinanzierung ein Interesse, den Kaufpreis möglichst schnell vom Käufer zu erhalten, d. h. bereits in der Bauphase.

Die Bereitwilligkeit zur Zahlung hängt bei den Käufern hingegen von der Marktlage sowie von dem Interesse an dem Objekt ab.

Bei einem Überfluss an Eigentumsobjekten werden die Interessenten in Ruhe aus den bereits fertig gestellten Wohnungen das gewünschte Objekt aussuchen und nicht bereits während der Bauphase Abschlagszahlungen leisten.

Sofern eine große Nachfrage besteht oder der Kunde ein hohes Interesse an dem Objekt hat, wird er auch vor der Bezugsfertigkeit Zahlungen leisten.

Da die Zahlungen der Käufer meist von Gläubigern (Banken, Bausparkassen, Lebensversicherungen usw.) langfristig finanziert werden, müssen sich die Termine an deren Sicherungsbedürfnissen orientieren, d. h., die Auszahlungen können nur nach bestimmten Fertigstellungsabschnitten des Hauses verlangt werden (z. B. Fertigstellung des Kellerdecke oder des Rohbaues, des Innenputzes usw.).

Außerdem darf ein Bauträger vom Käufer Abschlagszahlungen nur nach den Vorgaben der Makler- und Bauträgerverordnung verlangen.

Die **Bauträgerkalkulation** für eine Eigentumsmaßnahme setzt sich vereinfacht aus folgenden Positionen zusammen:

11.8 DIE KALKULATION DES VERKAUFSPREISES VON EIGENTUMSMASSNAHMEN

Der Bauträger beginnt mit einer **Marktanalyse**, um auf diese Weise den zu erwartenden Verkaufspreis zu ermitteln.

	Verkaufspreis	$= 2.500,00$ € /m²
Von dem zu erwartenden Verkaufspreis zieht man die voraussichtlichen Kosten ab:		
Grundstück		$125,00$ € /m²
Erschließung		$+ 150,00$ € /m²
Bauland		$= 275,00$ € /m²
2 m² Bauland (= angenommener Bodenanteil für eine Eigentumswohnung*) je m² Wohnfläche		$= 550,00$ € /m²
Baukosten (je m² -Wohnfläche)		$+ 1.200,00$ € /m²
Baunebenkosten		$250,00$ € /m²
Herstellungskosten		$= 1.450,00$ € /m²
Gesamtinvestitionskosten (GIK)		$= 2.000,00$ € /m²
Überschuss		$500,00$ € /m²
./. Vertriebskosten		$200,00$ € /m²
Gewinn		**$300,00$ € m²**

*) Beispiel: Grundstücksgröße 1.000 m²; GFZ 0,7; Geschossfläche 700 m²; ca. 75 % der Geschossfläche = 525 m² Wohnfläche; 2 m² Bauland benötigt man für ca. 1 m² Wohnfläche

Sollte der Marktpreis nur 2.200,00 € betragen, müsste der Bauträger überlegen,
1. ob er bereit ist, auf den Gewinn von 300,00 € zu verzichten, und
2. ob es ihm ferner gelingt, z. B. die Kosten zu senken.

Bei einer „umgekehrten Bauträgerrechnung" verfolgt man das Ziel, die maximalen Erwerbskosten für den Grundstückskauf zu ermitteln:

1.	Zu erwartender Verkaufspreis des geplanten Objekts		$= 2.500,00$ € /m²
	./. 20 % Gewinn (einschließlich Vertriebskosten)	./. $500,00$ € /m²	
2.	= Gesamtinvestitionskosten		$= 2.000,00$ € /m²
	./. Herstellungskosten	./. $1.450,00$ € /m²	
3.	= Grundstück (= 2 m²)		$= 550,00$ €
	./. Erschließungskosten	./. $300,00$ € /m²	
4.	= Bauland (= 2 m²)		$= 250,00$ €
	= Maximal zu bietender Preis für 1 m² Bauland		$= 125,00$ € /m²

11.8.3 Die Auswirkungen der Makler- und Bauträgerverordnung (MaBV) auf die Kalkulation

Zur **Sicherung des Käufers** muss das Immobilienunternehmen als Bauträger die Verbraucherschutzbestimmungen der Makler- und Bauträgerverordnung beachten.

Nach **§ 3 Abs. 2 MaBV** wird die Höhe der Abschlagszahlungen zu bestimmten Fertigstellungszeitpunkten begrenzt. Damit zahlt ein Käufer den entsprechenden Teilbetrag immer erst dann, wenn der Teilabschnitt des Hauses errichtet wurde.

Danach darf ein Immobilienunternehmen während der Bauphase von einem Käufer jeweils
- nur prozentual festgelegte Teilbeträge der Kaufvertragssumme verlangen und
- diese Raten ferner nur in bis zu 7 Teilbeträgen entsprechend dem Bauablauf entgegennehmen.

Die Höhe der Abschlagszahlungen betragen bei Baufortschritt:	Grundstückskauf		Bestellung eines Erbbaurechtes	
	von der Vertragssumme:	von der restlichen Vertragssumme:	von der Vertragssumme:	von der restlichen Vertragssumme:
nach Beginn der Erdarbeiten	30,0 %		20,0 %	
nach Rohbaufertigstellung, einschl. Zimmererarbeiten	28,0 %	40 %	28,0 %	32,0 %
für die Herstellung der Dachflächen und Dachrinnen	5,6 %	8 %	5,6 %	6,4 %
für die Rohinstallation der Heizungsanlagen	2,1 %	3 %	2,1 %	2,4 %
für die Rohinstallation der Sanitäranlagen	2,1 %	3 %	2,1 %	2,4 %
für die Rohinstallation der Elektroanlagen	2,1 %	3 %	2,1 %	2,4 %
für den Fenstereinbau, einschließlich der Verglasung	7,0 %	10 %	7,0 %	8,0 %
für den Innenputz, ausgenommen Beiputzarbeiten	4,2 %	6 %	4,2 %	4,8 %
für den Estrich	2,1 %	3 %	2,1 %	2,4 %
für die Fliesenarbeiten im Sanitärbereich	2,8 %	4 %	2,8 %	3,2 %
nach Bezugsfertigkeit und Zug um Zug gegen Besitzübergabe	8,4 %	12 %	8,4 %	9,6 %
für die Fassadenarbeiten	2,1 %	3 %	2,1 %	2,4 %
nach vollständiger Fertigstellung	3,5 %	5 %	3,5 %	4,0 %
	100,0 %		100,0 %	

Sofern einzelne Leistungen nicht anfallen, wird der jeweilige Vomhundertsatz anteilig auf die übrigen Raten verteilt.

Damit wird erreicht, dass die Leistung des Bauträgers in Form des errichteten Hauses bereits erbracht wurde, bevor der Käufer seinen Kaufpreis zahlt. Sollte der Bauträger ein Insolvenzverfahren beantragen müssen, existiert bereits eine erbrachte Teilleistung für die geleisteten Abschlagszahlungen des Käufers.

Sofern die Zahlungsvereinbarungen auch nur geringfügig von den vorgegebenen Zahlungsraten der MaBV abweichen, ist die gesamte Vereinbarung nichtig und es gilt das BGB.

Ein Käufer kann aber auch auf andere Weise vor der Insolvenz eines Bauträgers geschützt werden. Sofern sich eine Bank für die möglichen Ansprüche des Käufers gegenüber dem Bauträger verbürgt, darf ein Bauträger gemäß **§ 7 MaBV** bereits vor den in § 3 MaBV genannten Auszahlungsterminen Abschlagszahlungen vom Käufer verlangen, wovon in der Praxis vielfach Gebrauch gemacht wird. Damit kann man sich dem jeweiligen Finanzierungsbedarf während der Bauphase exakt anpassen. Der Bau verteuert sich nur durch die Avalprovision der Bank für die Bürgschaft.

11.8.4 Die Bedeutung der Zwischenfinanzierungszinsen für die Kalkulation des Verkaufspreises

Um den Verkaufspreis mit einiger Sicherheit festlegen zu können, müssten möglichst alle Kosten bekannt sein.

Bei der heutigen Marktlage kann es leicht vorkommen, dass ein Bauträger nicht bereits zu Beginn der Baumaßnahme alle Häuser verkaufen kann, sondern erst während der Bauphase oder nach der Fertigstellung genügend Käufer findet.

Die größte Unsicherheit und finanzielle Gefahr für den Bauträger stellt der Zeitraum zwischen der Investition in das Bauwerk und dem Erhalt des Verkaufspreises von den Käufern dar. Sofern der Bauträger keine Abschlagszahlungen von den Käufern gemäß der MaBV aus dem Verkauf der Objekte erhält, muss er in dieser Zeit alle Zahlungen aus Eigenmitteln oder Darlehen bestreiten, d. h. zwischenfinanzieren. Die anfallenden Kapitalkosten für die Darlehen können über einen längeren Zeitraum zur Illiquidität des Bauträgers und somit zur Insolvenz führen.

Die Zwischenfinanzierungszinsen aus der Vorfinanzierung der Grundstücks- und Baukosten hängen zum einen von dem Zinsniveau und zum anderen von der Zeit ab.

Da viele Käufer bei der jetzigen Marktlage nicht mehr bereit sind, Abschlagszahlungen gemäß der MaBV zu leisten, unabhängig von der rechtlichen Situation, soll an einem Beispiel die Bedeutung und Auswirkungen dieser Zwischenfinanzierungszinsen dargestellt werden.

11.8.5 Die Berechnung der Zwischenfinanzierungszinsen für die Verkaufskalkulation

Sachverhalt:
Ein Bauträger errichtet in Berlin ein Verkaufsprojekt mit 70 Einfamilienhäusern mit folgenden Daten:

Projektangaben:

Grundstücksgröße insgesamt	27.500,00 m^2
– davon innere Erschließungsfläche	5.500,00 m^2
– davon Bauflächen	22.000,00 m^2
GFZ	0,55
Parzellengröße	314,29 m^2
Grundstückskaufpreis je Parzelle	35.714,29 €
Anzahl der Häuser	70
Wohnfläche insgesamt	12.100,00 m^2
Wohnfläche je Haus	110,00 m^2

Kostenaufstellung:

	insgesamt in €	je Haus in €	je m^2 Parzelle in €	je m^2 Wohnfläche in €
Grundstückskaufpreis	2.500.000,00	35.714,29	113,64	324,68
Nebenerwerbskosten	250.000,00	3.571,43	11,36	32,47
Erschließungskosten	750.000,00	10.714,29	34,09	97,40
Baukosten	10.000.000,00	142.857,14		1.298,70
Kosten Außenanlagen	600.000,00	8.571,43		77,92
Baunebenkosten (mit Zwischenfinanzierung)	1.250.000,00	17.857,14		162,34
Summe Gesamtinvestitionskosten	15.350.000,00	219.285,71		1.993,51
(Deckungsbeitrag 25 %) = Vertrieb und Gewinn	3.837.500,00	54.821,43		498,33
Summe Verkaufspreise	19.187.500,00	274.107,14		2.491,89

Die Berechnung der voraussichtlichen Zwischenfinanzierungszinsen zur Kalkulation des Verkaufspreises an einem Beispiel:

Bei der Vielzahl von bereits fertig gestellten Eigentumsobjekten auf dem Markt sind die Käufer oft nicht bereit, schon während der Bauphase Abschlagszahlungen zu leisten.

Als Zahlungszeitpunkte der Käufer wurde deshalb entsprechend der heutigen Marktlage ein später Zeitpunkt gewählt, und zwar die Fertigstellung der Häuser. Insgesamt entstanden dem Bauträger Zwischenfinanzierungszinsen in Höhe von 324.149,14 €.

Diese Zinsen könnten gesenkt werden, wenn die Käufer gemäß der MaBV vorher Abschlagszahlungen leisten sollten. Es soll dem Leser überlassen bleiben, die Beträge in der Tabelle entsprechend zu ändern, um das genaue Ergebnis für die Zwischenfinanzierungszinsen bei anderen Zahlungszeitpunkten zu ermitteln.

11. OBJEKTFINANZIERUNG

Zwischenfinanzierungsberechnung

Datum	Sachverhalt	Monate		Grundstückskosten in €	Baukosten in %	Baukosten in €	Summe Kosten	Verkäufe einzel	Verkäufe gesamt	prozentuale Abschlagszahlungen gemäß MaBV	Abrufmöglichkeit gemäß MaBV	hier: tatsächlicher Abruf der Abschlagszahlungen bei Bezugsfertigkeit in %	in €	Summe in €	Summe für Zwischenfinanzierung	Zwischenfinanzierung Soll-Zinsen	Zwischenfinanzierung Haben-Zinsen
			Summe	3.500.000		11.850.000					7 Bauabschnitte, z.B.	gesamt	17.350.000			5,50%	2,50%
01.06.00	- Kaufvertrag	0	0														
01.11.00	- Baureife	5	5														
01.12.00	- Kaufpreisbelegung	1	6	3.500.000	0%	0	3.500.000	0,0					0	0	3.500.000	48.125,00	0,00
01.03.01	- Baubeginn	3	9		5%	592.500	4.092.500	0,0		30,00% der Kaufpreise	30,00%	0,00%	0	0	4.092.500	18.757,00	0,00
01.04.01		1	10		10%	1.777.500	5.277.500	0,0				0,00%	0	0	5.277.500	24.188,54	0,00
01.05.01		1	11		10%	2.962.500	6.462.500	0,0				0,00%	0	0	6.462.500	29.619,79	0,00
01.06.01		1	12		10%	4.147.500	7.647.500	0,0				0,00%	0	0	7.647.500	35.051,04	0,00
01.07.01	Rohbaufertigstellung									40,00% d. restl. 70 % d. Kaufpreise					0,00	0,00	0,00
	- Fertigst. d. Dachflächen mit Dachrinnen									8,00% d. restl. 70 % d. Kaufpreise						0,00	0,00
	- Rohinstallation der Heizungsarbeiten									3,00% d. restl. 70 % d. Kaufpreise						0,00	0,00
	- Rohinstallation der Sanitärarbeiten									3,00% d. restl. 70 % d. Kaufpreise						0,00	0,00
	- Rohinstallation der Elektroarbeiten	1	13		10%	5.332.500	8.832.500	0,0		3,00% d. restl. 70 % d. Kaufpreise	39,90%	0,00%	0	0	8.832.500	40.482,29	0,00
01.08.01	- Fertigst. Fensterarbeiten mit Verglasung	1	14		10%	6.517.500	10.017.500	0,0		10,00% d. restl. 70 % d. Kaufpreise	7,00%	0,00%	0	0	10.017.500	45.913,54	0,00
01.09.01	- Fertigstellung :									6,00% d. restl. 70 % d. Kaufpreise						0,00	0,00
	- Innenputz															0,00	0,00
	- Estricharbeiten									3,00% d. restl. 70 % d. Kaufpreise						0,00	0,00
	- Fliesenarbeiten	1	15		10%	7.702.500	11.202.500	0,0		4,00% d. restl. 70 % d. Kaufpreise	9,10%	0,00%	0	0	11.202.500	51.344,79	0,00
01.10.01	- Bezugsfertigkeit	1	16		10%	8.887.500	12.387.500	35,0	35	12,00% d. restl. 70 % d. Kaufpreise	8,40%	47,20%	8.189.200	8.189.200	4.198.300	19.242,21	0,00
01.11.01	- Fertigstellung des Außenputzes	1	17		15%	10.665.000	14.165.000	45,0	10	3,00% d. restl. 70 % d. Kaufpreise	2,10%	14,84%	2.573.996	10.763.196	3.401.804	15.591,60	0,00
01.12.01	vollständige Fertigstellung	1	18		10%	11.850.000	15.350.000	70,0	25	5,00% d. restl. 70 % d. Kaufpreise	3,50%	37,96%	6.586.804	17.350.000	-2.000.000	0,00	-4.166,67
	Summe	18	18	3.500.000	100%	11.850.000		70	70		100,00%	100,00%	17.350.000	17.350.000		328.315,81	-4.166,67
		Monate		Kosten insgesamt								Einnahmen insgesamt				324.149,14	

Erläuterung zur Ermittlung der Zwischenfinanzierungszinsen:

Jahr	Monat	Tag	Gesamtkosten für Zwischenfinanzierung €	Zeitraum		Zwischenfinanzierungs-Zinsen €
00	Dez.	01.	3.500.000,00	1. 12. 00 – 1. 3. 01	3	48.125,00*
01	März	01.	592.500,00			
			4.092.500,00	1. 3. 01 – 1. 4. 01	1	18.757,00
01	April	01.	1.777.500,00			
			5.277.500,00	1. 4. 01 – 1. 5. 01	1	24.188,54
01	Mai	01.	1.185.000,00			
			6.462.500,00	1. 5. 01 – 1. 6. 01	1	29.619,79
01	Juni	01.	1.185.000,00			
			7.647.500,00	1. 6. 01 – 1. 7. 01	1	35.051,04

* $\frac{3.500.000 \times 3 \times 5,5}{12 \times 100}$ = 48.125,00 € Zwischenfinanzierungszinsen für die Kosten in Höhe von 3.500 000,00 € für die Zeit vom 1.12.00 bis 1.3.01 (3 Monate) bei einem Zinssatz von 5,5 %

11.9 DAS IMMOBILIENLEASING

11.9.1 Das Wesen des Immobilienleasing

Der Vertragstyp „Immobilienleasing findet sich nicht im BGB, sondern ist im Rahmen der Vertragsfreiheit entstanden. Im Unterschied zum Mietvertrag gemäß BGB besteht das Immobilienleasing i. d. R. aus einer Vielzahl von einzelnen Verträgen.

„Kernstück" ist dabei der **Leasingvertrag**, mit dem Leasingnehmer gegen Zahlung von Leasingraten für eine vereinbarte Zeit (sog. **Grundmietzeit**) ein Nutzungsrecht an einer Immobilie des Leasinggebers erhält.

Die Immobilie (Grundstück und Gebäude) wird nach den Wünschen des Leasingnehmers vom Leasinggeber finanziert, gekauft, gebaut und nach der Fertigstellung eventuell noch betreut.

Gleichzeitig vereinbart man im Leasingvertrag Regelungen für die Nutzungsphase nach der Grundmietzeit, z. B. ein Ankaufsrecht für den Leasingnehmer.

Da die Inhalte der einzelnen Verträge aus steuerlichen Gründen für jeden Fall individuell gestaltet werden, begegnet man in der Praxis einer Vielzahl von Vertragsbeziehungen, die mitunter stark voneinander abweichen.

Die Rechtsbeziehungen beim Immobilienleasing

```
                              Leasing-          Darlehensvertrag
                              gesellschaft     ←──────────────→   Kreditinstitut

                                                und weitere
 Leasingnehmer  ←Leasingvertrag→  Leasinggeber  Verträge, z.B.

                                                Grundstücks-
    (z.B.                                       kaufvertrag      Grundstückskäufer
 Industrieunternehmen)                         ←──────────────→

    least
                              Eigentümer        Bauverträge
   Immobilie                  der Immobilie    ←──────────────→   Bauunternehmer
```

Ob der Leasingnehmer oder der Leasinggeber das Grundstück in der Bilanz ausweisen muss, richtet sich nach der Art des Leasingvertrages. Maßgebend ist der Umstand, wer „wirtschaftlicher Eigentümer" des Vermögensgegenstandes ist (vgl. § 246 Abs. 1 Satz 2 HGB). Zu den Hinweispflichten im Anhang eines Geschäftsberichtes siehe §.285 HGB.

Sofern die Bilanz gemäß IFRS erstellt wird, ergeben sich folgende Pflichten aus IAS 17 für den Leasingnehmer: vgl. IAS 17.31, IAS 17.35; für den Leasinggeber vgl. IAS 17.47, IAS 17.56. Bei der Zuordnung des Leasinggegenstandes richtet es sich hierbei danach, ob ein Finanzierungs-Leasingverhältnis oder ein Operating-Leasingverhältnis vorliegt. Bei einem Finanzierungs-Leasingverhältnis werden dem Leasingnehmer die wesentlichen Risiken und Chancen aus dem Leasinggegenstand übertragen. In diesem Fall muss der Leasingnehmer den Leasinggegenstand bilanzieren.

11.9.2 Der Immobilienleasing-Vertrag

Der Immobilienleasing-Vertrag regelt die Beziehungen zwischen dem Leasingnehmer und dem Leasinggeber. Darin werden die Verpflichtungen des Leasinggebers zur Beschaffung der Immobilie und der Errichtung des Bauwerkes, der Nutzung der Immobilie durch den Leasingnehmer und die Rechte und Pflichten der Vertragsparteien nach der Grundmietzeit geregelt.

11.9.2.1 Der Inhalt

Der Immobilienleasing-Vertrag stellt mit dem Nutzungsrecht des Leasingnehmers im Wesentlichen einen Mietvertrag dar, der aber inhaltlich stark von einem im EGB geregelten Mietvertrag abweicht.

Da es sich bei den Vertragsparteien um Gewerbetreibende handelt, brauchen die Schutzvorschriften des BGB für Wohnraummietverträge nicht beachtet zu werden, sodass der Vertrag vielseitig nach den jeweiligen Bedürfnissen ausgestaltet werden kann.

Der Immobilienleasing-Vertrag gewährt dem Leasingnehmer meist ein unkündbares **Nutzungsrecht** an der Immobilie des Leasinggebers auf längere Zeit (z..B. 20 Jahre), der **sog. Grundmietzeit** (vgl. auch 11.9.2.2.3).

Der Leasingnehmer (z..B. ein Industrieunternehmen) zahlt dafür die vereinbarte Leasingrate.

Nach der Grundmietzeit können im Leasingvertrag verschiedene Rechte für Leasinggeber und Leasingnehmer vereinbart worden sein, z..B.:

Der Leasingnehmer
- kann das Objekt weiterhin mieten,
- kann das Objekt zu einem bei Vertragsbeginn vereinbarten Restbuchwert erwerben. (Dieses Recht kann auch dinglich im Grundbuch als Ankaufsrecht in Form einer Auflassungsvormerkung gesichert werden.)

Der Leasinggeber
- hat das Recht, von dem Leasingnehmer den Kauf des Objektes zum Restbuchwert zu verlangen, sog. Andienungsrecht, oder
- kann das Objekt an einen Dritten veräußern.

Rechte und Pflichten der Vertragsparteien während der Grundmietzeit und der Restnutzungsdauer (vgl. auch 11.9.2.2.3)

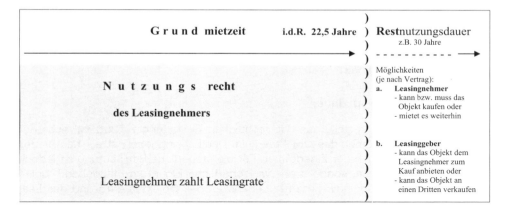

11.9.2.2 Inhaltliche Unterschiede des Immobilienleasingvertrages zum Mietvertrag nach dem BGB

Der Leasingvertrag unterscheidet sich zu einem Mietvertrag nach dem BGB in der Zahlungsverpflichtung, der Berechnung der finanziellen Gegenleistung des Leasingnehmers (= der Leasingraten) und der Verpflichtung des Leasingnehmers hinsichtlich seiner Instandhaltungspflichten am Objekt.

11.9.2.2.1 Die Leasingraten

- Der Leasingnehmer ist auch dann zur Zahlung während der Grundmietzeit der Leasingraten verpflichtet, wenn die Nutzung des Gebäudes nicht mehr gegeben ist.
- Die Höhe der Leasingraten
  - orientiert sich bei der Ermittlung an den Investitionskosten (Grundstückspreis und Baukosten), die die Leasinggesellschaft zum Bau dieses Objektes aufwenden musste, und an den Kosten nach der Bezugsfertigkeit (z. B. Zins- und Tilgungsleistungen für die Darlehen, öffentliche Lasten und den Gewinn für die Leasinggesellschaft). Die Leasingraten können sich nicht an einer ortsüblichen Vergleichsmiete orientieren, weil es sich hier um einmalige Gebäude handelt, die i. d. R. nach den Wünschen des Nutzers (Leasingnehmers) errichtet und gewerblich genutzt werden.
  - werden während der Grundmietzeit vom Leasinggeber nicht verändert, abgesehen von Zinsveränderungen bei den aufgenommenen Darlehen.
  - zu den einzelnen Zahlungsterminen können den Wünschen des Leasingnehmers angepasst werden. Die einzelnen Raten während der Grundmietzeit müssen nicht immer gleichbleibend hoch sein, sondern können einen steigenden oder fallenden Verlauf haben. Insgesamt bleibt die Summe der Raten in der Grundmietzeit gleich.

11.9.2.2.2 Besondere Pflichten des Leasingnehmers während der Grundmietzeit

Der Leasingnehmer verpflichtet sich, das **Gebäude** während der Vertragsdauer in einem zu dem **vertragsmäßigen Gebrauch geeigneten Zustand zu erhalten**. Er übernimmt damit eine Pflicht, die nach dem Wesensmerkmal eines Mietvertrages i. d. R die Aufgabe des Vermieters ist.

11.9.2.2.3 Die Vertragsdauer

Um die steuerlichen Vorteile aus der rechtlichen Gestaltung zu nutzen, muss der Leasinggeber Eigentümer des Objektes sein. Der Leasinggeber ist als Käufer des Grundstücks stets auch der Eigentümer. Für die steuerliche Betrachtung ist jedoch nicht das zivilrechtliche, sondern das wirtschaftliche Eigentum maßgebend. Sollte der Leasingnehmer über die gesamte Lebenszeit des Objektes aufgrund des Leasingvertrages allein verfügungsberechtigt sein, würde das Finanzamt nicht den Leasinggeber, sondern den Leasingnehmer als (wirtschaftlichen) Eigentümer betrachten.

Das wirtschaftliche Eigentum wird nach einem Leasingerlass des Bundesministers für Finanzen dem Leasinggeber zugerechnet, wenn
- die Grundmietzeit nicht 90 % der betriebsgewöhnlichen Nutzungsdauer überschreitet. Da die betriebsgewöhnliche Nutzungsdauer von gewerblichen Bauten gemäß §.7 Abs. 4 EStG 25 Jahre beträgt, darf die Laufzeit von Immobilienleasing-Verträgen maximal 22,5 Jahre betragen.

Mit dem BilMoG wurde im Jahre 2009 der § 246 Abs. 1 HGB neu gefasst, wonach nicht der (rechtliche) Eigentümer, sondern derjenige einen Vermögensgegenstand in der Bilanz auszuweisen hat, dem er wirtschaftlich zuzurechnen ist.

11.9.2.2.4 Immobilienleasing-Objekte

Leasingnehmer findet man oft bei gewerblichen Bauten, z. B. Industriebauten, Bürogebäuden, Hotels. Ca. 17 % der gewerblichen Bauinvestitionen in Deutschland werden mittels Leasing finanziert.

Es gibt drei Möglichkeiten, wie der Leasingeber zu dem gewünschten Objekt kommt:
1. Das Objekt wird von dem Leasinggeber nach den Wünschen des Leasingnehmers neu errichtet (**„Neubau-Leasing"**).
2. Ein bestehendes Objekt ist für den Leasingnehmer geeignet. Der Leasinggeber muss es erst von dem Dritten erwerben (**„buy-and-lease"**).
3. Der Leasingnehmer ist bereits Eigentümer des bestehenden Objektes. Er überträgt zuerst das Eigentum an den Leasinggeber und erhöht mit dem Geld des Kaufpreises seine Liquidität und löst damit eventuell auch stille Reserven auf, weil der Verkaufspreis i. d. R. höher ist als der Buchwert. Anschließend least er dasselbe Objekt wieder von dem Leasinggeber (**„sale-and-lease-back"**).

In den letzten Jahren haben sich auch die Bundesländer und Kommunen des alternativen Finanzierungsmittels „Leasing" bedient. Krankenhäuser, Messehallen, Jugendhaftanstalten, Arbeitsämter, Kläranlagen usw. werden von Privatpersonen finanziert und anschließend von den öffentlichen Gebietskörperschaften geleast. Beim sog. **Cross-Border-Leasing** verkauften insbesondere Kommunen öffentliche Einrichtungen, z..B. Müllverbrennungsanlagen, Kläranlagen, Schulen, Krankenhäuser, Brücken, Straßenbahnen, an ausländische Leasinggeber und leasten sie zurück. Der Leasinggeber hatte i. d. R. steuerliche Vorteile, der Leasingnehmer erhielt finanzielle Mittel. Diese Maßnahmen haben sich in vielen Fällen als unvorteilhaft erwiesen, weil die rechtlichen und finanziellen Folgen nicht ausreichend erkannt wurden.

Immobilienleasing kommt im Wohnungsbau nicht vor, weil Wohnungsunternehmen i. d. R. an dauerhaftem Eigentum interessiert sind und nicht an einer nur befristeten Nutzung der Objekte.

11.9.3 Die Finanzierung des Immobilienleasing-Objektes

Beim Leasing sorgt der Leasinggeber für die vollständige Finanzierung des Bauwerkes. Das Kapital stellen Kreditinstitute zur Verfügung. Als Sicherheit dient ihnen bis zur Beleihungsgrenze das Objekt selbst, das sie beleihen, und darüber hinaus die Bonität des Leasingnehmers, der mit seinen Leasingraten letztlich die Zins- und Tilgungsbeträge für die aufgenommenen Darlehen aufbringen muss. Es ist denkbar, dass der Leasinggeber zusätzlich die Leasingraten des Leasingnehmers an das Kreditinstitut abtritt oder sogar verkauft (sog. **Forfaitierung**).

Ein Leasingnehmer wird i. d. R. nicht bereit sein, während der Grundmietzeit von 90 % der betriebsbedingten Nutzungsdauer mit seinen Leasingraten 100 % der Gesamtkosten des Objektes zu tilgen (sog. Vollamortisation) und anschließend die bereits „bezahlte" Immobilie von dem Leasinggeber zu erwerben. Beim Immobilienleasing ist es in der Praxis deshalb üblich, während der Grundmietzeit die Gesamtkosten bis zum steuerlichen Restwert nach der normalen Abschreibung abzutragen (sog.

Teilamortisation). Anschließend könnte der Leasingnehmer das Objekt zum Restbuchwert erwerben, wenn eine Kaufoption für ihn vereinbart war.

Mitunter beschaffen Leasinggeber Teile des notwendigen Kapitals, indem sie Fonds gründen und auf diese Weise Geld von privaten Anlegern sammeln.

11.9.4 Die Vorzüge des Leasings für einen Leasingnehmer

11.9.4.1 Finanzielle Aspekte

Da Kreditinstitute den Bau von Gebäuden nicht zu 100 % beleihen, muss jeder Bauherr stets einen Teil der Gesamtkosten aus eigenen Mitteln bestreiten. Dieses Kapital ist vielfach nicht vorhanden. Sofern es vorhanden sein sollte, wird es langfristig gebunden und stellt somit für finanzschwache Industrieunternehmen ein Investitionshindernis dar, weil das Geld für den eigentlichen Produktionsprozess eingesetzt werden kann, z. B. zum Kauf von Rohstoffen.

Für einen Leasingnehmer ergeben sich gegenüber dem Kauf folgende Vorteile:

- Sofern man über **kein Eigenkapital** verfügt, kann man das gewünschte Objekt **dennoch bauen** und anschließend **nutzen**.
- Sofern zum Vertragsbeginn **Eigenkapital vorhanden** ist, schont man mit Leasing die eigene **Liquidität** und kann es für dringendere Projekte des Unternehmens **investieren**.
- Als Leasingnehmer ist man **flexibler** und hat mit 22,5 Jahren einen **überschaubaren Planungszeitraum**. Ein Eigentümer hätte die Immobilie z. B. 100 Jahre lang auch dann zu bewirtschaften, wenn es sich wirtschaftlich für ihn nicht mehr rentierte.
- Mit vorgegebenen Leasingraten kann der Leasingnehmer **leichter kalkulieren**.

Die Möglichkeit, z. B. die Höhe der Leasingraten den finanziellen Einnahmen des Leasingnehmers anzupassen, und andere Gestaltungsmöglichkeiten der Verträge führen zu steuerlichen Vorteilen für den Leasingnehmer. Sofern der Leasinggeber als Eigentümer des Objektes steuerliche Nachteile erleidet, wird er die Leasingraten des Leasingnehmers um diese Beträge erhöhen.

11.9.4.2 Die Leistungen des Leasinggebers

Der Leasingnehmer schließt nicht nur den Leasingvertrag ab, um ein Objekt zu nutzen. Ausschlaggebend für den Vertragsabschluss sind die weiteren Dienstleistungen des Leasinggebers.

Für Leasingnehmer (z. B. Industrieunternehmen oder Kommunen) gehört die Errichtung von Bauwerken nicht zu den täglichen Arbeiten, sondern stellt die Mitarbeiter vor völlig neue Probleme, in die sie sich bei der komplizierten Rechtsmaterie des Grundstücks- und Baurechts sowie in die Verfahrensabläufe schwer einarbeiten können. Es ist zudem unwirtschaftlich, sich für die Errichtung nur eines Bauwerkes Spezialkenntnisse anzueignen, die später nicht mehr benötigt werden.

Das Leasingunternehmen ist **spezialisiert** auf die Auswahl von Grundstücken, der Projektierung von Bauten, den Bau, der Finanzierung, der Verwaltung fertiger Bauten und sorgt für die Beratung in steuerlichen Fragen.

Die Vielzahl von Dienstleistungsangeboten entlastet den Leasingnehmer von vielen Fragen und Problemen um die benötigte Immobilie, sodass er sich auf seine eigenen Aufgaben in der Wirtschaft konzentrieren kann.

Der Leasinggeber trägt das **Verwertungsrisiko** des Objektes nach der Grundmietzeit. Der Leasingnehmer kann sich i. d. R. anschließend ohne finanzielle Folgen von dem Objekt trennen, wenn er es nicht mehr nutzen möchte.

11.10 IMMOBILIEN ZUR SELBSTNUTZUNG UND ZUR GELDANLAGE

Jetzige Grundstückseigentümer nennen als Erwerbsgründe für den Kauf ihrer Immobilien z. B. die Unabhängigkeit vom Vermieter, finanziell günstigere Entwicklung als bei einer Mietwohnung, Kapitalanlage, Sicherheit und Alterssicherung.

Erwerber von Immobilien haben zum einen das Ziel, die Immobilie selbst zu nutzen, zum anderen, sie zu einer angemessenen Eigenkapitalrendite zu vermieten.

An Immobilien kann man Eigentum direkt erwerben, z. B. mit dem Kauf einer Eigentumswohnung oder indirekt, indem man z. B. Zertifikate eines Immobilienfonds zeichnet.

11.10.1 Selbst genutzte Immobilien

Der Erwerb von Wohnungen zur Selbstnutzung steigt in Deutschland von Jahr zu Jahr stetig an.

Im Jahre 2009 hat sich die sog. **Wohneigentumsquote** bundesweit auf 42,6 % erhöht, wobei sich in den letzten vier Jahren die Quote in den neuen Bundesländern um 3 % auf 34,2 % und in den alten Bundesländern um 0,5 % auf 44,6 % erhöht hat (vgl. „Wohnen und Bauen in Zahlen 2005", Bundesministerium für Verkehr, Bau- und Wohnungswesen).

Wohneigentumsquote in Deutschland

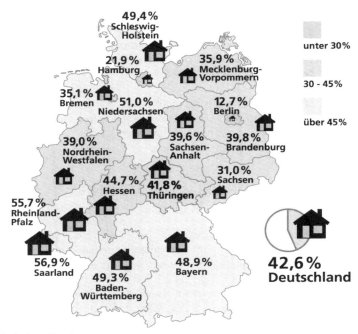

Quelle: Statistisches Bundesamt
Grafik: Bausparkasse Schwäbisch Hall

- **Beabsichtigte Geldanlageformen**

Man kann aus der folgenden Übersicht Vermögensübersicht in Deutschland ersehen, dass die Immobilie eine bedeutende Zukunftsinvestition darstellt, deren Sicherheit insbesondere in globalen Finanzkrisen und für die Altersvorsorge geschätzt wird.

Sie zeigt
a) in welchen Formen man das Geld angelegt hat und
b) welche Anlagewünsche noch bestehen.

11.10 IMMOBILIEN ZUR SELBSTNUTZUNG UND ZUR GELDANLAGE

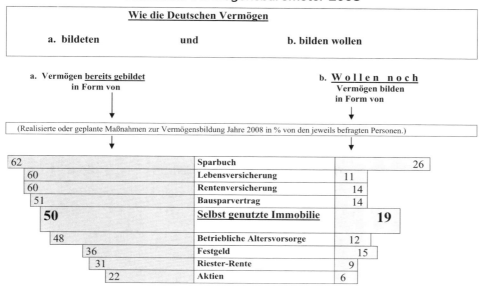

Quelle: DSGV, Deutscher Sparkassen – und Giroverband, veröffentlicht in der Tageszeitung „DER TAGESSPIEGEL" am 28.10.2009

Die Übersichten zeigen deutlich den Wunsch der Bevölkerung nach sicheren Anlageformen, hierzu zählt eine Immobilie, insbesondere zur Selbstnutzung (vgl. auch folgende Grafik aus dem Jahre 2009).

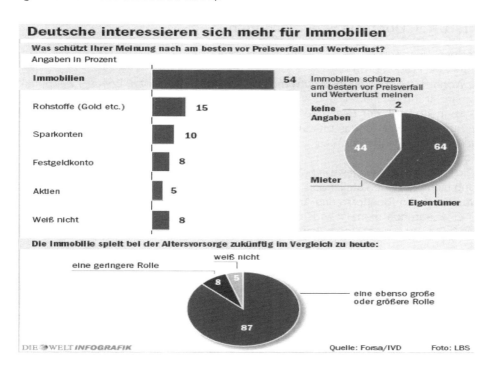

11. OBJEKTFINANZIERUNG

Das Ziel, Wohneigentum zu bilden, wird auch deutlich, wenn man bedenkt, dass in Deutschland ca. 33 Millionen Bausparverträge existieren (vgl. Schwäbisch Hall, 22. 5. 2007).

Gemäß dem Erhebungsstand im Jahre 2009 hat Deutschland im europäischen Vergleich eine niedrige Wohneigentumsquote von ca. 43 %.

Die Wohneigentumsquoten in Europa betragen:

Schweiz	36 %	Belgien	74 %
Deutschland	43 %	Irland	78 %
Luxemburg	70 %	Spanien	86 %
Italien	72 %	Norwegen	86 %
Griechenland	74 %		

Quelle: Berliner Zeitung, Immobilien-Journal, 17. 5. 2006

Die stark voneinander abweichenden Prozentwerte beruhen auch auf den unterschiedlichen Strukturen in den einzelnen Ländern. In Deutschland wohnen z. B. viele Menschen in Großstädten, deren qualitativ hoher Mietwohnungsbestand staatlich gefördert wurde, sodass vielfach potenzielle Käufer von Wohnimmobilien keinen Anlass sehen, eine Eigentumswohnung zu erwerben. Die Forderung einer höheren Mobilität, befristeten Arbeitsverhältnissen und der Verlagerung von Unternehmen führt oft ebenfalls dazu, sich eher eine Wohnung zu mieten.

11.10.1.1 Optimale Finanzierungen

Bei der Finanzierung des Erwerbs einer Immobilie muss ein Bauherr bzw. Käufer stets zwei Fragen prüfen:
1. Woher bekomme ich das notwendige Geld zum Bauen bzw. Erwerb} Zeitpunktfinanzierung (= Finanzierungsquellen)?
2. Kann ich nach der Bezugsfertigkeit bzw. nach dem Einzug für den Zeitraum der Nutzung die laufenden monatlichen Belastungen tragen} Zeitraumfinanzierung (= finanzielle Tragbarkeit)?

Beide Fragen müssen jeweils positiv beantwortet werden, ansonsten ist die Finanzierung nicht zufrieden stellend.
Was nutzt dem Bauherrn das Angebot einer vollständigen Fremdfinanzierung, wenn er eine laufende monatliche Belastung von z. B. 3.000,00 € bei einem Einkommen von 2.000,00 € nicht tragen kann.

Nach einer Faustformel sollte ein Bauherr bzw. Käufer versuchen, ca. 30 % der Gesamtkosten mit Eigenmitteln zu bestreiten. Dieser (für viele Erwerber) hohe Anteil sorgt aber dafür, dass die monatliche Belastung eher tragbar ist, man von Zinsänderungen relativ unabhängig bleibt und eher über ein schuldenfreies Objekt verfügt.

Eine **optimale Finanzierung** trägt dazu bei, dass
1. die vorhandenen finanziellen Mittel kostengünstig zum Bau bzw. Erwerb der Immobilie eingesetzt werden, und
2. zu einer laufenden monatlichen Belastung führen, die sich langfristig dem voraussichtlichen Einkommen des Eigentümers anpasst.
   Beispielsweise setzt man sein vorhandenes Spargeld, das sich z. B. mit 2 % auf dem Sparkonto verzinst, zur Baufinanzierung ein, weil man hier ein Darlehen mit z. B. 6 % verzinsen muss.
   Der hohe Anteil der finanziellen Belastung aus dem Erwerb einer Immobilie führt dazu, dass finanzielle Änderungen im Haushalt des Eigentümers leicht zu einer Zwangsversteigerung des Objektes führen können.
3. Eine optimale Finanzierung muss deshalb sicher geplant werden und finanzielle Reserven für unvorhergesehene Situationen berücksichtigen. Sie muss transparent sein, finanzielle Risiken hervorheben und minimieren.

Ein Finanzier darf keine in den kommenden Jahren vorhersehbaren Ausgabensteigerungen (z. B. Ende des Zinsbindungszeitraums) oder Einnahmenausfälle (z. B. Wegfall der staatlichen Förderung) ignorieren. Die Finanzierung sollte deshalb sämtliche Ausgaben und Einnahmen bis zur Tilgung der Fremdmittel gegenüberstellen, um die finanzielle Tragbarkeit sichtbar zu machen.

11.10.1.2 Ermittlung der finanziellen Tragbarkeit

Bei der Zusammenstellung der finanziellen Belastungen werden nicht die laufenden Aufwendungen wie bei einer Wirtschaftlichkeitsberechnung ermittelt, sondern die tatsächlich erwarteten **Ausgaben** des Eigentümers. Es entfallen also auch diejenigen Positionen einer Wirtschaftlichkeitsberechnung, die rein kalkulatorische Ansätze darstellen, z. B. die Eigenkapitalverzinsung.

– **Die Lastenberechnung**

Die Berechnungsübersicht zur Ermittlung der finanziellen Tragbarkeit einer selbst genutzten Immobilie, z. B. eines Eigenheims oder einer Eigentumswohnung, nennt man **Lastenberechnung**.

Zu den erwarteten **Ausgaben** für die Immobilie zählen in einer Lastenberechnung folgende Belastungen

1. aus dem **Kapitaldienst**
   - die Fremdkapitalkosten (= **Zinsen**)
     (nicht hingegen die kalkulatorischen Zinsbeträge für das eingebrachte Eigenkapital), und
   - die **Tilgungsbeiträge** für das Fremdkapital,

2. aus der **Bewirtschaftung**
   - (keine Abschreibungsbeträge, weil sie keine Ausgabe darstellen),
   - die **Ausgaben für die Verwaltung**, wenn hierfür tatsächlich an Dritte Beträge gezahlt werden (z. B. für die Verwaltung von Eigentumswohnungen),
   - die **Betriebskosten**,
   - die **Instandhaltungskosten**,
   - (kein Mietausfallwagnis, weil der Eigentümer das Objekt selbst bewohnt).

– **Die Ermittlung der finanziellen Tragbarkeit**

Die Summe der ermittelten Ausgaben vergleicht man nun mit den zur Verfügung stehenden Einnahmen der Familie. Sind die Einnahmen größer als die Ausgaben für die Immobilie, ergibt sich ein Überschuss. Erst dann, wenn dieser Überschuss ausreicht, um die Ausgaben für den restlichen Lebensunterhalt zu decken, ist die Immobilie für die Familie tragbar.

Schema: Die Ermittlung der finanziellen Tragbarkeit

1. **Zusammenstellung der Gesamtkosten:**
   - Baukosten sowie Baunebenkosten bzw.
   - Erwerbskosten und Erwerbsnebenkosten
2. **Finanzierung in der Höhe der Gesamtkosten**
3. **Zusammenstellung** der aus der Immobilie zu erwartenden **Ausgaben (= Lastenberechnung)**
4. **Zusammenstellung** der zu erwartenden gesamten Einnahmen des Bauherrn/Käufers
5. **Gegenüberstellung** der jährlichen/monatlichen **Einnahmen** und der **Ausgaben** für die Immobilie – möglichst bis zur Tilgung der Fremdmittel –
6. a) Ein sich ergebender **Überschuss** wird geprüft, ob er ausreicht, die Ausgaben für den **restlichen Lebensunterhalt** zu decken.
   b) Eine sich ergebende **Unterdeckung** zeigt sofort die **fehlende finanzielle Tragbarkeit** der Immobilie.

11.10.1.3 Beispiele zur Ermittlung der finanziellen Tragbarkeit

11.10.1.3.1 Bau bzw. Erwerb einer Eigentumswohnung ohne staatliche Förderung

Sachverhalt:

Die **Gesamtkosten** einschließlich der Nebenerwerbskosten in Höhe von ca. 10 % (für Makler, Notar und Grundbucheintragungen) einer 80 m² großen Eigentumswohnung betragen:	150.000,00 €
Die **Finanzierung** in Höhe von	150.000,00 €
setzt sich zusammen aus:	
– Tilgungsdarlehen einer Bank (6 % Zinsen, 1 % Tilgung)	100.000,00 €
– Eigenmitteln	50.000,00 €

Das monatliche Nettoeinkommen der Familie (Ehepaar mit 2 Kindern) beträgt 5.000,00 €.

Die Ermittlung der **monatlichen Belastung** aus der Immobilie **(Lastenberechnung)**:

I. Kapitalkosten	€ / p.a.	€ / p. M.
Zinsen	6.000,00	500,00
Tilgung	1.000,00	83,33
II. Bewirtschaftungskosten		
Verwaltungskosten für die Eigentumswohnung	3.600,00	300,00
Betriebskosten	2.400,00	200,00
Instandhaltungskosten	600,00	50,00
insgesamt:	**13.600,00**	**1.133,33**

Die Ermittlung der monatlichen Tragbarkeit:

Der monatliche Überschuss beträgt 3.866,67 € (Einnahmen 5.000,00 €./. Ausgaben 1.133,33 €).

Da der Überschuss für die restlichen Ausgaben des täglichen Lebens, z. B. Nahrung und Kleidung, ausreicht, ist diese Immobilie für den Bauherrn/Käufer finanziell tragbar.

11.10.1.3.2 Bau bzw. Erwerb mit staatlicher Förderung

Eine staatliche Förderung der jeweiligen Gebietskörperschaften (Bund, Länder oder Gemeinden) könnte z. B. aus Geldleistungen bestehen
- zum Bau (in Form eines Baudarlehens/Baukostenzuschusses) und/oder
- nach Bezugsfertigkeit (in Form eines Aufwendungsdarlehens und/oder Aufwendungszuschusses bzw. als Lastenzuschuss nach dem WoGG).

Die staatliche Förderung erfolgt i. d. R. unter verschiedenen Voraussetzungen:
- Das Einkommen des Empfängers darf einen bestimmten Betrag nicht überschreiten, um die Förderung nur den Einkommensschwächeren zukommen zu lassen.
- Die Belastungen aus der Immobilie müssen für den Empfänger nachhaltig tragfähig sein.
- Die Baukosten und die Wohnflächen dürfen bestimmte Grenzwerte nicht überschreiten. Sofern die Wohnung größer ist, muss der Bauherr die Kosten für die darüber hinausgehende Wohnfläche selbst finanzieren.
- Mit der geförderten Maßnahme müssen bestimmte gesamtgesellschaftliche ökologische Ziele erreicht werden, z. B. Bau von Solardächern (vgl. Kreditanstalt für Wiederaufbau, www.kfw-foerderbank.de). Diese Förderung erfolgt dann unabhängig vom Alter, dem Familienstand und dem Einkommen des Empfängers.

11.10.1.3.3 Staatliche Förderung mit öffentlichem Baudarlehen

Im folgenden Beispiel fördert der Staat den Bau während der Bauphase mit einem öffentlichen Baudarlehen in Höhe von 700,00 €/m^2 (Zinssatz 2,5 %, Tilgungssatz 1,0 %). Die Lastenberechnung erfolgt auf der Grundlage der II. BV.

Berechnungsbeispiel:

Ein verheiratetes Ehepaar (Alter 35 Jahre) mit zwei Kindern (10 und 12 Jahre alt) will sich eine 80 m² große Eigentumswohnung in der Musterstadt unter folgenden Voraussetzungen kaufen:

Die **Gesamtkosten** für die Eigentumswohnung betragen:		150.000,00 €
Einkommen:		
Gesamteinkommen der Familie (brutto):	24.000,00 € /p.a.	2.000,00 € /p.M.
Maßgebendes Gesamteinkommen abzüglich der Frei- und Abzugsbeträge gemäß §§ 20–24 WoFG:	20.004,00 € /p.a.	1.667,00 € /p.M.
Einkommensobergrenzen der Familie gemäß § 9 WoFG (Ehepaar 18.000,00 €, je Kind 4.100,00 €):	26.100,00 € /p.a.	2.175,00 € /p.M.
Konditionen des Bankdarlehens:	Zinssatz	6,0 %
	Tilgungssatz	1,0 %

Staatliche Förderbedingungen:	
Förderungsform:	öffentliches Baudarlehen
Förderungshöhe:	700,00 € /m²
Förderungskonditionen	Zinssatz 2,5 %
	Tilgungssatz 1,0 %
maximal förderungsfähige Wohnfläche:	100 m²
Mindesteigenleistung	15 % des Kaufpreises

Die **Finanzierung** der Gesamtkosten in Höhe von 150.000,00 €
setzt sich zusammen aus:
- öffentlichem Baudarlehen (Zinssatz 2,5 %, Tilgungssatz 1 %)   56.000,00 €
- Annuitätendarlehen einer Bank (Zinssatz 6 %, Tilgungssatz 1 %)   70.000,00 €
- Eigenmitteln   24.000,00 €

Die Ermittlung der **monatlichen Belastung** aus der Immobilie:
Lastenberechnung gemäß §§ 40–41 II. BV:

I. Kapitalkosten	€ /p.a.	€ /p.M.
öffentliches Baudarlehen:		
Zinsen	1.400,00	116,67
Tilgung	560,00	46,67
Annuitätendarlehen einer Bank:		
Zinsen	4.200,00	350,00
Tilgung	700,00	58,33

II. Bewirtschaftungskosten

Verwaltungskosten für die Eigentumswohnung	3.300,00	275,00
Betriebskosten	2.400,00	200,00
Instandhaltungskosten	600,00	47,33
insgesamt:	**13.160,00**	**1.096,67**

Die Ermittlung der **monatlichen Tragbarkeit**:
Der monatliche Überschuss beträgt 903,33 €
(Netto-Einkommen 2.000,00 € ./. Ausgaben 1.096,67 €).

Da eine vierköpfige Familie für den monatlichen Lebensunterhalt z. B. mindestens 1.000,00 € benötigt, reicht der verbleibende Überschuss von 903,33 € für die Familie nicht aus.

Der Erwerb der Eigentumswohnung kann demzufolge mit den vorhandenen Belastungen nicht gefördert werden.

Der Erwerber sollte prüfen, ob er nicht noch günstigere Fremdmittel erhält, um die Zinsbelastungen zu reduzieren, z. B. von der Kreditanstalt für Wiederaufbau (KfW) oder von seinem Arbeitgeber. Eventuell besteht noch die Möglichkeit, den Eigenmittelanteil zu erhöhen.

11.10.2 Immobilien als Geldanlage

11.10.2.1 Das Vermögen der privaten Haushalte in Deutschland

Das **Geldvermögen** der privaten Haushalte in Deutschland belief sich am Ende des Jahres 2008 auf ca. 4,4 Billionen Euro (vgl. Deutsche Bundesbank, Kapitalmarktanalyse, Mai 2009). Gemäß Angabe des Bundesverbandes deutscher Banken liegen davon ca. 1,7 Billionen Euro kurzfristig angelegt auf z. B. Giro- oder Sparkonten.

72 % der Bundesbürger denken über den Kauf einer Immobilie für die private Altersvorsorge nach (vgl. www.vorsorge-und-finanzen.de).

Im Jahre 2008 existieren ca. 30 Millionen Bausparverträge mit einer Bausparsumme von ca. 750 Milliarden Euro (vgl. Verband der Privaten Bausparkassen e. V., www.bausparkassen.de)

Kapitalanleger werden zum Immobilienerwerb i. d. R. dann bereit sein, wenn sich diese Anlageform im Gegensatz zu anderen Anlageformen als gleichwertig bzw. attraktiver erweist.

Gemäß einer Studie der Dresdner Bank weisen Wohnimmobilien in Deutschland die höchste Wertbeständigkeit aller gängigen Anlageformen auf. Danach erzielten Wohnimmobilien in den vergangenen 20 Jahren im Durchschnitt eine Rendite von fast 5 % pro Jahr (Wertsteigerungen und eingesparte Miete eingerechnet). (Quelle: Zeitung „Der Tagesspiegel", Berlin, 25. 2. 2006).

11.10.2.2 Die Rendite bei vermieteten Immobilien

Da die Verzinsung bei einer Geldanlage eine wesentliche Rolle spielt, soll im Folgenden die Eigenkapitalrendite bei einem Immobilienerwerb beispielhaft am Kauf einer Eigentumswohnung in Verbindung mit den Auswirkungen bei der Einkommensteuer dargestellt werden.

Musterbeispiel: Kauf einer Altbauwohnung, Baujahr 1935

Ein Käufer erwirbt zur Geldanlage per 1.7.2009 eine 80 m² große Eigentumswohnung für 120.000,00 € zur Vermietung unter folgenden Bedingungen:

Anschaffungskosten	120.000,00 €		
		· vorhandenes Eigenkapital	40.000,00 €
		· **Bausparkassendarlehen**	60.000,00 €
		Zinssatz: 5 % p.a. des Darlehens	
		Annuität: 6 p. M. der Bausparsumme in Höhe von 100.000,00 €	
		· **Bankdarlehen**	
		Zinssatz 6 %, Tilgungssatz 1 %	20.000,00 €
Summe:	**120.000,00 €**	Summe:	**120.000,00 €**

Die finanzielle **Belastung** aus der Immobilie beträgt:

I. aus dem Fremdkapitaldienst:

			pro Jahr	pro Monat
Bausparkassendarlehen:				
Annuität:			7.200,00 €	600,00 €
davon:	Zinsen	3.000,00 €		250,00 €
	Tilgung	4.200,00 €		350,00 €
Bankdarlehen:				
Annuität:			1.400,00 €	116,67 €
davon:	Zinsen	1.200,00 €		100,00 €
	Tilgung	200,00 €		16,67 €
Annuitäten insgesamt:			8.600,00 €	**716,67 €**

II. aus der Bewirtschaftung

WEG-Verwaltung	300,00 €	25,00 €
Betriebskosten	2.400,00 €	200,00 €
Instandhaltungskosten	960,00 €	80,00 €
Instandhaltungsrück-stellung gemäß § 21 Abs. 5 WEG	780,00 €	65,00 €
	3.480,00 €	370,00 €

Die Gesamtbelastung aus der Immobilie beträgt somit monatlich 1.086,67 € (716,67 € + 370,00 €) und von Juli–Dezember 2009 = ca. 6.520,00 €.

- **Die vermietete Altbauwohnung im Rahmen der Einkommensteuer (Jahr 2009)**

Die Einkommensteuerersparnis errechnet sich nach folgendem Schema:

+	**Mieteinnahmen** (einschließlich Umlagen)

./.	**Werbungskosten:**
	
	1. Schuldzinsen
	
	2. Bewirtschaftungskosten
	  – WEG-Verwaltung,
	  – Betriebskosten,
	  – Instandhaltungskosten
	
	3. Abschreibung (Absetzung für Abnutzung)

=	**Differenz*)**

a. zu versteuerndes Einkommen	(vor Ergebnis aus Vermietung und Verpachtung)
(+) oder (./.) Differenz *)	aus Mieteinnahmen ./. Werbungskosten
b. zu versteuerndes Einkommen	(nach Ergebnis aus Vermietung und Verpachtung)

Zu den **Mieteinnahmen** für das Jahr 2009 zählen die von Juli–Dezember 2009 erhaltenen Brutto-Mieteinnahmen (z. B. Nettomieten zuzüglich Umlagen für Betriebskosten):
6 (Monate) x 540,00 € zuzüglich Umlagenvorauszahlungen für Betriebskosten
200,00 €   = 4.440,00 €

Als Werbungskosten gelten
1. die vom Vermieter von Juli–Dezember 2009 gezahlten Kapital- und Bewirtschaftungskosten sowie
2. die ermittelten Abschreibungsbeträge für die Wohnung.

1. Die Kapital- und Bewirtschaftungskosten:

	pro Monat	von Juli – Dezember 2009	
Kapitalkosten			**Zinsen**
	250,00 €	1.500,00 €	– für das Bauspardarlehen
	100,00 €	600,00 €	– für das Bankdarlehen (Nicht hierzu zählen die Tilgungsbeträge.)
	350,00 €	**2.100,00 €**	
Bewirtschaftungskosten			
	25,00 €	150,00 €	WEG-Verwaltung
	200,00 €	1.200,00 €	Betriebskosten
	80,00 €	480,00 €	Instandhaltungskosten (Nicht hierzu zählen die geleisteten Zahlungen für die Instandhaltungsrückstellung gemäß § 21 Abs. 5 WEG.)
	305,00 €	**1.830,00 €**	

Von der finanziellen Belastung in Höhe von 6.520,00 € können Kapital- und Bewirtschaftungskosten von Juli–Dezember 2009 als Werbungskosten geltend gemacht werden: 3.930,00 € (= 2.100,00 € + 1.830,00 €)

2. Zusätzlich als Werbungskosten kann man Abschreibungsbeträge **(= Absetzung für Abnutzung)** des Gebäudes (ohne Grundstückskosten) geltend machen.

In unserem Beispiel gehen wir von einem abschreibungsfähigen Gebäudeanteil in Höhe von 90.000,00 € aus.

Sofern keine erhöhten oder Sonderabschreibungsmöglichkeiten für den Altbau möglich sind, beträgt die Absetzung für Abnutzung
– bei vor dem 1.1.1925 fertig gestellten Gebäuden jährlich 2,5 %,
– bei nach dem 31.12.1924 fertig gestellten Gebäuden jährlich 2 %
der Anschaffungs- oder Herstellungskosten des Gebäudes.

Ist die tatsächliche Nutzungsdauer länger als 40 oder 50 Jahre, können entsprechend höhere Absetzungen geltend gemacht werden.

- **Lineare Abschreibung gemäß § 7 Abs. 4 EStG**

in Höhe von 2 % p.a. (der Anschaffungskosten des Gebäudes)

zeitanteilig für die Monate Juli – Dezember 2009
d. h. (2 % von 90.000,00 €) 1.800,00 € : 12 x 6 =   **900,00 €**

(Da die sog. degressive Abschreibungsmöglichkeit für Gebäude nur bis zum Jahre 2005 galt, ist die Berechnung der Abschreibungsbeträge bei Altbauten und Neubauten identisch.)

In seiner Einkommensteuererklärung für das Jahr 2009 kann der Käufer unter den Einkünften aus Vermietung und Verpachtung folgende Beträge ansetzen:

Einkünfte aus Vermietung und Verpachtung:

Werbungskosten		Mieteinnahmen	
Zinsen (Bauspardarlehen)	1.500,00 €	erzielte	
Zinsen (Bankdarlehen)	600,00 €	Mieteinnahmen (brutto)	4.440,00 €
Bewirtschaftungskosten	1.830,00 €		
lineare Abschreibung (zeitanteilig) (§ 7 Abs. 4 EStG)	900,00 €		
Zwischensumme:	4.830,00 €	Zwischensumme	4.440,00 €
Differenz: = **Verlust aus Vermietung und Verpachtung**	390,00 €		

Dieser Verlust in Höhe von 390,00 € (sog. negative) Einkünfte aus Vermietung mindert das zu versteuernde Einkommen, sodass der Käufer weniger zu versteuern hat.

- **Ermittlung der Einkommensteuerersparnis**

Die Steuerersparnis ist nicht bei allen Bürgern gleich, sondern hängt von der Höhe des jeweils persönlich zu versteuernden Einkommens ab.

Der Einkommensteuertarif 2009 besteht aus fünf Tarifzonen. Wir gehen bei unserem Käufer im Jahre 2009 von einem zu versteuernden Einkommen von 60.000,00 € aus.

In diesem Fall beträgt der

Grenzsteuersatz	=	42,00 %
+ 5,5 % Solidaritätszuschlag (von diesen 42 %)	=	+ 2,31 %
beträgt der Einkommensteuersatz	=	**44,31 %**

Die gesuchte Steuerersparnis erhält man, indem man die Einkommensteuerbelastung
a) ohne Vermietung und Verpachtung und
b) mit Vermietung und Verpachtung betrachtet.

Gemäß § 32 a Abs. 1 EStG beträgt die Tarifformel 2009 zur Errechnung der Einkommensteuer für die obere Proportionalzone mit einem konstanten Grenzsteuersatz (Spitzensteuersatz) von 42 % = 0,42 x zu versteuerndes Einkommen ./. 8.064,00 €. (Außerdem muss noch der Solidaritätszuschlag in Höhe von 5,5 % und eventuell die Kirchensteuer von 8 % bzw. 9 % berücksichtigt werden.)

	zu versteuerndes Einkommen		zu entrichtende Einkommensteuer (einschließlich Solidaritätszuschlag)
a.	60.000,00 €	**ohne** Vermietung und Verpachtung	18.522,00 €
		44,31 % x 60.000,00 € = 26.586,00 € ./. 8.064,00 € =	
	./. 390,00 €	Verlust aus Vermietung und Verpachtung	
b.	59.610,00 €	**mit** Vermietung und Verpachtung	
		44,31 % x 59.850,00 € = 26.413,191 € ./. 8.064,00 € =	18.349,00 €

Der Einkommensteuervorteil beträgt für den Käufer im Jahre 2009 insgesamt 173,00 €.

Die Einkommensteuerersparnis lässt sich auch näherungsweise folgendermaßen ermitteln:

Verlust aus Vermietung und Verpachtung	x	(jeweiliger) Einkommensteuersatz	=	Einkommensteuerersparnis
390,00 €		(hier:) 44,31 %		173,00 €

11.10.2.3 Ermittlung der Eigenkapitalrendite

Prüft man die Investitionsentscheidung zum Kauf einer Eigentumswohnung im Jahre 2009 mit Anschaffungskosten in Höhe von 120.000,00 € auf ihre Rentabilität bzw. Eigenkapitalrendite, kommt man zu folgendem Ergebnis:
Bei der Eigenkapitalrentabilität bzw. -rendite setzt man den erzielten Gewinn in Beziehung zum eingesetzten Eigenkapital.

Ermittlung der Eigenkapitalrendite:

Ausgaben:		Einnahmen:	
Zinsen (Bauspardarlehen):	1.500,00 €	Mieteinnahmen	4.440,00 €
Zinsen (Bankdarlehen):	600,00 €	Einkommensteuerersparnis bzw. -rückerstattung	**173,00 €**
Bewirtschaftungskosten[1]	1.830,00 €		
Zwischensumme:	3.930,00 €	Zwischensumme:	4.613,00 €
		Einnahmenüberschuss:	**683,00 €**

1) Die Instandhaltungsrückstellung stellt keine Ausgabe zu den Bewirtschaftungskosten dar, sondern eine vorübergehende Geldanlage für den Wohnungseigentümer.

Damit erzielt dieser Investor mit seinem Eigenkapital in Höhe von 40.000,00 € in **sechs Monaten des Jahres** einen Überschuss von **683,00 €**.

Das entspricht einer **Eigenkapitalrendite von 3,42 %** (683,00 : 40.000 x 100 x 2).

Obige Berechnungen beziehen sich auf das erste Jahr für sechs Monate. Da es sich bei den Darlehen in der Regel um Annuitätendarlehen handelt, sinken die Zinsbeträge in den folgenden Jahren.

11.10.3 Sonstige Anlagemöglichkeiten in Immobilien

Mit dem Kauf z. B. einer Eigentumswohnung erwirbt ein Anleger direkt das Eigentum an einer Immobilie. Er kann sie selbst nutzen oder vermieten. Er verwaltet sie selbst und vertritt seine Rechte z. B. in den Wohnungseigentümerversammlungen.

Neben der Möglichkeit des direkten Erwerb mit der unmittelbaren Nutzungsmöglichkeit bestehen Anlageformen in Immobilien, bei denen der Anleger einer Gesellschaft nur sein Kapital zur Verfügung stellt, um aus der Immobilienanlage einen möglichst hohen Gewinn zu erzielen. An einer sofortigen Selbstnutzung sind diese Anleger i. d. R. nicht interessiert.

11.10.3.1 Investmentfonds

Wer sein Geld direkt in Wertpapieren oder Grundstücken anlegen möchte und anschließend optimal verwalten will, der braucht
- die notwendigen Kenntnisse,
- ein notwendiges Mindestkapital, insbesondere bei Grundstücken,
- die notwendige Zeit für die laufende Verwaltung.

Vielen Geldanlegern fehlen diese Voraussetzungen.

Sie wollen ihr Geld möglichst
- ohne eigenen Zeitaufwand,
- sicher und risikolos,
- hoch verzinslich,

- wertsteigernd und
- schnell liquidierbar

anlegen.

Investmentfonds stellen für diese Personengruppe eine ideale Anlagemöglichkeit in Wertpapieren oder in Grundstücken dar.

– Die Beteiligung

Eine Kapitalanlagegesellschaft nimmt von den Anlegern selbst **kleine Beträge** (ab 50,00 €) entgegen und legt das gesammelte Geld nach dem Grundsatz der **Risikostreuung** im eigenen Namen für gemeinschaftliche Rechnung der Anleger in Aktien, festverzinslichen Wertpapieren oder Grundstücken an.

Bei einem Investmentfonds beteiligt sich eine unbegrenzte Zahl von Anlegern (nach oben „offen") nicht direkt, sondern indirekt über einen Fonds an Wertpapieren und Grundstücken. Jeder Anleger erhält von der Kapitalanlagegesellschaft für seine Beteiligung an dem Sondervermögen einen Anteilsschein ausgestellt (sog. **Investmentzertifikate**). Die Anteilsscheine werden i. d. R. nicht an einer Wertpapierbörse gehandelt, sondern z. B. von Geschäftsbanken an- und verkauft.

– Der rechtliche Schutz des Anlegers

Kapitalanlagegesellschaften gelten nach dem Kreditwesengesetz (KWG) als Kreditinstitute und werden deshalb von der **Bundesanstalt für Finanzdienstleistungsaufsicht** (BaFin) staatlich überwacht.

Zusätzlich unterliegen alle Kapitalanlagegesellschaften zum Schutz der Anleger den Vorschriften des Investmentgesetzes (InvG). Danach müssen Kapitalanlagegesellschaften die in den Investmentfonds gehaltenen Anlagen getrennt vom eigenen Vermögen als **Sondervermögen** verwalten. Bei einer eventuellen Insolvenz der Kapitalanlagegesellschaft gehört das Sondervermögen nicht zur Insolvenzmasse, sondern wird ausgesondert.

Jeder Investmentfonds muss gemäß InvG eine unabhängige Depotbank damit beauftragen, bestimmte Überwachungsaufgaben und Kontrollaufgaben zu übernehmen, z. B.
- die zum Fonds gehörenden Geldbeträge, Wertpapieren zu verwahren sowie den Bestand an Grundstücken zu überwachen,
- die Ausgabe und Rücknahme von Anteilscheinen vorzunehmen,
- die Ausgabe- und Rücknahmepreise zu berechnen,
- die Erträgnisausschüttungen vorzunehmen.

Eine Kapitalanlagegesellschaft kann mehrere Investmentfonds bilden, deren Vermögen sich inhaltlich nach dem jeweiligen Anlageziel richtet, z. B. Aktien oder Grundstücke.

- Übersicht: Die rechtliche Konstruktion von Investmentfonds

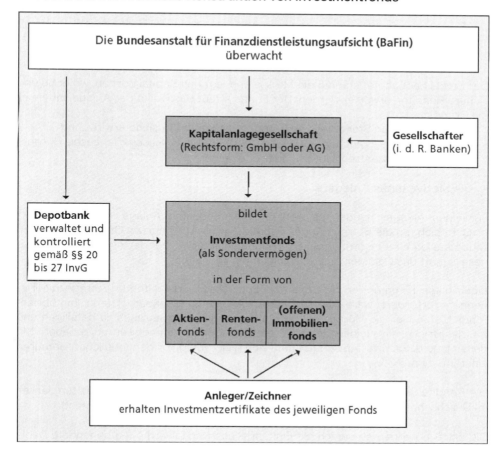

- Die steuerliche Behandlung

Die Erträge werden jährlich ausgeschüttet und zählen bei der Ermittlung der Einkommensteuer zu den Einkünften aus Kapitalvermögen.

11.10.3.1.1 Investmentfonds in der Form offener Immobilienfonds

- Das Anlageziel

Wenn eine Kapitalanlagegesellschaft nach dem InvG das Geld der Anleger in **Grundstücke** investiert, liegt ein sog. **offener Immobilienfonds** vor. Sobald das angesammelte Kapital es erlaubt und man geeignete Objekte gefunden hat, legt der Fonds die eingezahlten Beträge der Anleger ständig in neuen Grundstücken an.

– **Die Risikostreuung**

Die Zahl der im Fonds vorhandenen Grundstücke ist nach unten gesetzlich gemäß InvG auf 10 Grundstücke begrenzt, nach oben hingegen unbegrenzt (offen). Es ist z. B. denkbar, dass ein Immobilienfonds 150 Grundstücke erworben hat.

Der Fonds beobachtet ständig die Märkte und legt das Kapital dort an, wo hohe und sichere Renditen erwartet werden. Der Fonds streut das Risiko der Anlage, indem er die Grundstücke
- an verschiedenen Standorten im Inland und sogar im Ausland erwirbt und
- an verschiedene Branchen und Nutzer vermietet, z. B. Geschäftshäuser, Bürogebäude, Einkaufszentren, Hotels, Mietwohnhäuser.

– **Die Motive eines Anlegers**

Für einen Anleger handelt es sich um eine bequeme Anlage in Immobilien. Er braucht sich um die Betreuung der Gebäude nicht zu kümmern. Offene Immobilienfonds stellen eine institutionalisierte Kapitalanlage dar, bei der eine Kapitalanlagegesellschaft das Geld der Anleger fachkundig verwaltet.

Eine Anlage in Immobilien für Objekte in Spitzenlagen, die mitunter Beträge in Millionenhöhe erfordert, wäre für die meisten Anleger undenkbar. Offene Immobilienfonds bieten hier die Möglichkeit, sich mit geringen Geldbeträgen zu beteiligen und z. B. langfristig mit kleinen Beträgen ein Vermögen in Immobilien aufzubauen. Mit der Anlage in Sachwerten schützt man sich gleichzeitig vor den möglichen Gefahren einer Inflation.

Die Rendite von Anlagen in offenen Immobilienfonds betrug in den letzten Jahren im Durchschnitt 3–5 % p.a. (Quelle: „Finanztest 9/2009", Stiftung Warentest).

Die Erträge werden steuerlich als Einkünfte aus Kapitalvermögen behandelt. Dabei ist es vorteilhaft, dass nur ein Teil der Erträge einkommensteuerpflichtig ist, z. B wegen ausländischer Mieterträge, Abschreibung auf Gebäude, steuerfreie Wertsteigerungen ab einer Haltedauer von zehn Jahren (vgl. „Geldtipps", Akademische Arbeitsgemeinschaft, Mannheim, Dezember 2008).

Infolgedessen wird nur ein Teil der Erträge auf die Freibeträge für Kapitaleinkünfte von 801,00 €/p.a. (bei Alleinstehenden im Jahr 2009) bzw. 1 602,00 €/p.a. (bei Verheirateten im Jahr 2009) angerechnet.

– **Die Ausgabe und die Rücknahme von Anteilscheinen**

Die Anteilscheine können bei jeder Geschäftsbank erworben und wieder verkauft werden. Beim Erwerb der Anteile müssen Anleger einen **Ausgabeaufschlag von ca. 5 %** leisten, sodass man die Anteile langfristig halten sollte, um diesen Betrag auf eine möglichst lange Zeit zu verteilen.

Ein Anleger kann seinen Anteil täglich an die jeweilige Kapitalanlagegesellschaft verkaufen, die gemäß Investmentgesetz ihre ausgegebenen Anteilscheine jederzeit zurückkaufen muss. Die Anteilscheine können damit wieder in Bargeld verwandelt werden und sind somit (i. d. R.) **fungibel**. Ausnahmsweise kann die Kapitalanlagegesellschaft gemäß § 81 InvG die Rücknahme bis zu einem bzw. zwei Jahren verweigern, sofern ihr liquide Mittel hierfür nicht zur Verfügung stehen.

Um die jederzeitige Rücknahmeverpflichtung erfüllen zu können, halten die Kapitalanlagegesellschaften stets einen Teil des Gesamtvermögens (mitunter über 30 %) in liquiden Mitteln (z. B. festverzinsliche Wertpapiere und Guthaben auf Bankkonten). Ein hoher Anteil an liquiden Mitteln ermöglicht es dem Fonds darüber hinaus, Immobilien kurzfristig zu erwerben, sobald sich hierzu eine günstige Gelegenheit bietet. Auf der anderen Seite senkt eine hohe Liquidität die Rendite des Fonds. Offene Immobilienfonds können in Deutschland auch an Börsen gehandelt werden, z. B. Hamburg, Hannover, München (www.boerseag.de), selbst dann, wenn die Kapitalanlagegesellschaft die Rücknahme vorübergehend ausgesetzt hat.

Übersicht: Offene Immobilienfonds im Überblick:

Ziel der Geldanlage:	Immobilien
Anzahl der Grundstücke/ Gebäude eines Fonds:	sehr viele, Risikostreuung (mindestens 10 Grundstücke)
„offen"	· unbegrenzte Anlegerzahl, · unbegrenzte Zahl von Grundstücken, · unbegrenzte Dauer des Fonds
Ausgeber:	Kapitalanlagegesellschaften
Zeichnungsbetrag:	gering, z. B. ab 50,00 €
Ausgabeaufschlag:	ca. 5 %
Bewertung des Fondsvermögens:	Die Immobilien werden jährlich von unabhängigen Gutachtern bewertet.
Öffentlichkeit der Verkaufs- und Rücknahmepreise:	Die Preise der Anteilscheine werden täglich in Tageszeitungen veröffentlicht.
persönliche Haftung des Anlegers:	keine
Wertentwicklung/Rendite:	ca. 3–5 %
steuerliche Behandlung:	· Einkünfte aus Kapitalvermögen, · nur ein Teil der Erträge ist einkommensteuerpflichtig
Einwirkungsmöglichkeit des Anlegers auf die Geldanlage:	kein Mitspracherecht
gesetzliche Grundlage:	Investmentgesetz (Ziel: Anlegerschutz)
Staatliche Überwachung:	Kapitalanlagegesellschaften werden von der Bundesanstalt für Finanzdienstleistungsaufsicht (BaFin) staatlich überwacht.
Veräußerbarkeit (= Fungibilität):	jederzeit an die Kapitalanlagegesellschaft möglich (Bei außergewöhnlichen Umständen kann die Rücknahme bis zu 2 Jahre ausgesetzt werden.)

11.10.3.1.2 Merkmale eines geschlossenen Immobilienfonds

– **Der Begriff „geschlossener" Immobilienfonds**

Bei einem **geschlossenen** Immobilienfonds sammelt ein Unternehmen als Initiator (z. B. Immobilienunternehmen, Banken, „Emissionshäuser") von den Anlegern das notwendige Eigenkapital für ein vorher geplantes Immobilienobjekt. Der Fonds kann auch mehrere Grundstücke umfassen. Sobald die erforderliche Summe vorhanden ist, wird der Fonds **„geschlossen"**, es können sich keine weiteren Anleger mehr an dem Fonds beteiligen.

– **Die rechtliche Konstruktion von geschlossenen Immobilienfonds**

Bei dem gesammelten Kapital der Anleger handelt es sich um kein Sondervermögen des Initiators.

Die geschlossenen Immobilienfonds sind jeweils rechtlich selbstständige Gesellschaften, z. B. Gesellschaften des bürgerlichen Rechts (GbR) oder Kommanditgesellschaften (KG). Sie werden in Rechtsformen gegründet, die es ermöglichen, die in der Bauphase entstehenden steuerlichen Vorteile (z. B. Abschreibungsmöglichkeiten) direkt auf die Anleger zu verteilen.

Die Anleger werden Teilhaber an den geschlossenen Immobilienfonds, z. B. Kommanditisten oder Gesellschafter einer GbR.

Unternehmen, die geschlossene Immobilienfonds gründen, unterliegen nicht den strengen Vorschriften des InvG. Es gelten allein z. B. die Vorschriften des BGB, des HGB oder GmbHG.

Um die Transparenz zu erhöhen, müssen alle Verkaufsprospekte von der BaFin (Bundesanstalt für Finanzdienstleistungsaufsicht) genehmigt werden. Sie prüft aber nur formal, ob die erforderlichen Angaben über die tatsächlichen und rechtlichen Verhältnisse enthalten sind, z. B. über den Geschäftszweck, Risiken, Prognosen. Die BaFin bewertet die Prospekte nicht inhaltlich, d. h., ob die Angaben auch richtig und wirtschaftlich nachvollziehbar sind (vgl. Verkaufsprospektgesetz – VerkProspG, Verkaufsprospektverordnung – VerkProspVO, Anlagenschutzverbesserungsgesetz– AnSVG).

Übersicht: Die rechtlichen Beziehungen bei geschlossenen Immobilienfonds

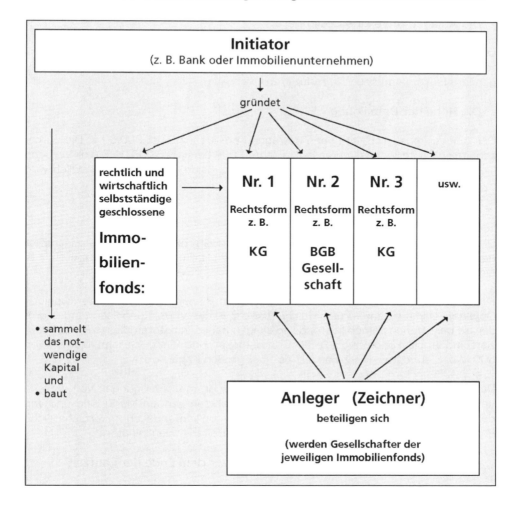

- Die wirtschaftliche Konstruktion von geschlossenen Immobilienfonds

Die Initiatoren waren in den letzten Jahrzehnten wegen des Wohnungsmangels und wegen vorteilhafter Steuergesetze für Initiatoren nicht gezwungen, bei den Gesamtkosten kostengünstig zu planen, sondern verfolgten insbesondere das Ziel, für den Anleger hohe steuerliche Abschreibungsmöglichkeiten zu schaffen. Die Gesamtkosten enthielten deshalb z. B. zu 20 % Positionen, denen keine bauliche Substanz gegenüberstand und die man sonst bei der Erstellung von Bauwerken nicht findet bzw. versucht zu vermeiden, z. B. Kosten für die Vermittlung von Eigenkapital, Finanzierungsvermittlungskosten für die Zwischenfinanzierung und die Endfinanzierung, Kosten für die Erstvermietung, Mietgarantien. Diese Kosten werden als **sog. Weichkosten** bezeichnet.

11.10.3.1.3 Die Beteiligung an einem geschlossenen Immobilienfonds

– Die Anlagemotive eines Zeichners

Die Anleger verfolgten mit der Beteiligung an einem geschlossenen Immobilienfonds in den letzten Jahrzehnten in erster Linie das Ziel, über hohe Verlustzuweisungen ihre Einkommensteuer zu reduzieren.

– Die Höhe der Beteiligung

Der Anleger muss sich mit hohen Beträgen beteiligen, z. B. 25.000,00 €. Die durchschnittliche Beteiligungssumme lag im Jahre 2008 bei ca. 26.000,00 € (vgl. Verband Geschlossene Fonds e. V., www.geschlossene-fonds.de, 4. 2. 2009). Zusätzlich wird meist ein Agio in Höhe von ca. 5 % fällig.

– Das Risiko der Beteiligung

Die Anleger haften als Kommanditist gemäß HGB bzw. als BGB-Gesellschafter gemäß BGB. Vertragliche Regelungen können den Haftungsumfang reduzieren, z. B. die quotale Haftung bei einer BGB-Gesellschaft.

Ein geschlossener Immobilienfonds besteht i. d. R. nur aus einem oder wenigen Objekten. Damit ist das wirtschaftliche Risiko z. B. des Vermietungsleerstandes größer als bei offenen Immobilienfonds. In einigen haben Initiatoren dieses Risiko reduziert, indem sie Fonds mit z. B. 30 Grundstücken und einem Gesamtvolumen von 500 Mio. € auflegten. Hierzu bedarf es einer großen Kapitalkraft.

Das Risiko ist möglicherweise geringer für Anleger, die Beteiligungen von denjenigen Initiatoren erwerben, die z. B. schon seit Jahrzehnten am Markt sind und von denen inzwischen sehr viele geschlossene Immobilienfonds ohne wirtschaftliche Probleme existieren. Hier entwickelt sich ein Vertrauen in den Initiator.

– Die Weiterveräußerung einer Beteiligung vor dem Ende der Laufzeit

Erworbene Anteile an einem geschlossenen Immobilienfonds lassen sich nicht so leicht wieder veräußern wie Investmentzertifikate eines offenen Immobilienfonds. Der Initiator ist gesetzlich nicht verpflichtet, die Anteile zurückzukaufen. Deshalb muss der Anleger selbst versuchen, einen Käufer zu finden. In einigen Fällen haben die Initiatoren einen Zweitmarkt organisiert, um eine Hemmschwelle für den Erwerb zu beseitigen.

Der Wiederverkauf ist bei neueren Objekten mitunter deshalb problematisch, weil
- das Objekt mit zu hohen Kosten erworben und errichtet wurde,
- das Objekt überschuldet ist,
- die steuerlichen Vorteile bereits von den Ersterwerbern genutzt wurden,
- die Ertragslage wegen schlechter Vermietung ungünstig ist.

Insofern kann es sein, dass ein Erwerber seinen Anteil nur unterhalb seines ursprünglichen Nominalwertes wieder veräußern kann.

Der Wiederverkauf von Beteiligungen an älteren Objekten nach 15 bis 20 Jahren richtet sich nach dem Verkehrswert, der z. B. 10 %, aber auch 100 % des ursprünglichen Kaufpreises betragen kann. Einige Fondsanbieter sind bereit, die Anteile vor Vertragslaufzeit gegen einen Abschlag zurückzunehmen.

Ein Zweitmarkthandel existiert z. B. an der Hamburger Börse und Düsseldorfer Börse (vgl. im Internet unter www.zweitmarkt.de bzw. www.gefox.de).

- **Motive des Initiators eines geschlossenen Immobilienfonds**

Initiatoren geschlossener Immobilienfonds nutzen die Qualifikationen ihrer Sachbearbeiter, um einen Markt für Anleger im Immobilienbereich abzudecken. Sie können in der Bauphase den Bau betreuen und nach dem Bezug z. B. das Objekt verwalten.

Geschlossene Immobilienfonds im Überblick:

Ausgeber:	Initiatoren (z. B. Banken, Immobilienunternehmen)
gesetzliche Grundlage:	kein Spezialgesetz (nur z. B. BGB, HGB)
Anzahl der Grundstücke/ Gebäude eines Fonds:	**sehr wenige** (1 Grundstück oder mehrere)
Zeichnungsbetrag:	**sehr hoch** (z. B. 10.000,00 € und mehr)
Zusammensetzung der Gesamtkosten der Objekte:	**hoher Weichkostenanteil,** d. h. Kosten, die normalerweise beim Bau eines Gebäudes nicht anfallen, z. B. Vermittlungsprovision für Kapitalbeschaffung.
Wertentwicklung:	Der Wert der Beteiligung wird **nicht regelmäßig** von unabhängigem Gutachter **bewertet**.
Preisentwicklung:	Die Preise der Beteiligungen werden **nicht öffentlich festgelegt**. Sie bestimmen sich nach Angebot und Nachfrage.
Haftung des Zeichners – für die Verbindlichkeiten des Fonds und – Verlustrisiko der eigenen Einlage:	**hoch** (je nach Rechtsform des Immobilienfonds und der vertraglich vereinbarten Regelungen)
Rendite:	je nach Beteiligung und den einzelnen steuerlichen Regelungen
steuerliche Behandlung:	**je nach Rechtsform:** Einkünfte aus Vermietung und Verpachtung, (Vermögensverwaltung) oder Einkünfte aus Gewerbebetrieb
Wiederveräußerbarkeit:	**schwer,** (Es existiert keine Rücknahmeverpflichtung des Initiators und kein öffentlicher Markt für sämtliche Beteiligungen. Es existiert ein Zweitmarkt an einigen Börsen. Einige Initiatoren helfen beim Verkauf und haben einen Zweitmarkt organisiert.)

– **Unterschiede zu offenen Immobilienfonds**

Die Anleger
- haben die Möglichkeit, ihr Risiko einzustufen, denn
  – sie kennen die Rechtsform der Beteiligung und ihre Mitgesellschafter,
  – sie kennen das konzipierte Produkt, d. h. die Zahl und die Lage sowie die Nutzungsart der Immobilie,
- können im Rahmen ihrer Beteiligung bei Gesellschafterversammlungen die Geschäfte mitgestalten, z. B. bei der Vermietung, der Belastung und beim Verkauf.

Jeder Anleger muss sich mit einem hohen Betrag beteiligen und hat möglicherweise eine höhere Chance, im Laufe der Jahre mit der Entschuldung und mit Wertsteigerungen an der Substanz seiner Immobilien teilzunehmen. Demgegenüber existiert ein größeres Haftungsrisiko.

Offene Immobilienfonds bestehen zu einem großen Teil aus liquiden Mitteln. Bei einem geschlossenen Immobilienfonds hingegen wird das Geld der Anleger vollständig in eine bestimmte Immobilie investiert.

Die geringe Möglichkeit einer Weiterveräußerung zwingt einen geschlossenen Immobilienfonds zu einer Anlage über einen sehr langen Zeitraum, z. B. von 15–20 Jahren.

11.10.3.1.4 Auswirkungen des Steuerrechts auf geschlossene Immobilienfonds

Das Steuerrecht wurde in den letzten Jahren u. a. zuungunsten von denjenigen Kapitalanlegern verändert, die ihre Investitionen in Immobilien in erster Linie zum Zwecke der Reduzierung ihrer Steuerverpflichtungen vornahmen.

Gemäß § 15 b EStG dürfen negative Einkünfte im Zusammenhang mit einem Steuerstundungsmodell, d. h. auch in der Form geschlossener Immobilienfonds, n i c h t mit Einkünften aus anderen Einkunftsarten, z. B. Einkünfte aus selbstständiger Tätigkeit, ausgeglichen werden. Somit Verluste nur noch mit Gewinnen aus derselben Einkunftsquelle verrechnet werden. Ein Steuerstundungsmodell liegt vor, wenn in der Anfangsphase für einen Anleger die prognostizierten Verluste 10 % des eingesetzten Eigenkapitals übersteigen.

Insofern können Anleger Verluste (= negative Einkünfte) aus der Beteiligung an einem geschlossenen Immobilienfonds nur noch dann z. B. mit Einkünften aus selbstständiger Tätigkeit verrechnen, wenn bei dem Fonds die Erzielung eines steuerlichen Vorteils nicht im Vordergrund steht oder z. B. mit Gewinnen aus Beteiligungen an anderen Immobilienfonds.

Diese steuerrechtlichen Neuerungen zusammen mit den damit verbundenen offenen Fragen bei der Auslegung von Einzelfragen und der Insolvenz von geschlossenen Immobilienfonds wegen der geänderten wirtschaftlichen Gesamtlage in Deutschland und insbesondere auf dem Immobilienmarkt führten zu einer gravierenden Änderung hinsichtlich der Konzeption von geschlossenen Immobilienfonds.

Damit rückt das Motiv des Anlegers weg von der kurzfristigen Steuerersparnis hin zu einer langfristigen Anlage, sodass der kaufmännische Aspekt der Wirtschaftlichkeit des Objektes in den künftigen Jahrzehnten alleiniges Verkaufsargument sein wird.

Künftig werden Initiatoren verstärkt renditeorientierte Modelle anbieten, die sich wirtschaftlich nachhaltig tragen, z. B.
- mit hohem Eigenkapitalanteil,
- Mischformen im In- und Ausland,
- verstärkt Fonds mit Wohnimmobilien, bei denen sich im Gegensatz zu Büroimmobilien die Risiken auf viele Mieter verteilen,
- die Objekte dort errichten, wo die wirtschaftliche und demografische Entwicklung hohe Renditen erwarten lassen.

Infolgedessen konkurrieren die Beteiligungen an geschlossenen Immobilienfonds direkt mit der Geldanlage in offene Immobilienfonds, weil in beiden Fällen die Steuerersparnis nicht das primäre Anlageziel sein wird. Demgegenüber könnten vertrauensvolle Initiatoren beweisen, dass renditeorientierte geschlossene Immobilienfonds eine Beteiligung an einer Immobilie bieten, die als Sachwertanlage sicher gilt und sich langfristig wirtschaftlich lohnt.

Je stärker das Vertrauen und je höher die wirtschaftliche Attraktivität der Anlage ist, umso leichter wird auch die Möglichkeit sein, bei Bedarf die Beteiligung an Dritte weiterzuveräußern.

11.10.3.1.5 Immobilienaktien und REIT-Aktiengesellschaften

Aktiengesellschaften können in vielfältigen Geschäftsfeldern tätig sein, z. B. auch in der Immobilienbranche. In Deutschland existieren ca. 50 Immobilien-Aktiengesellschaften.

In den USA werden börsennotierte Aktiengesellschaften, deren Hauptgeschäftsfeld in der Verwaltung eines umfangreichen Portfolios aus Immobilien besteht, **Real Estate Investment Trusts (REITs)** genannt. Sie existieren dort bereits seit Jahrzehnten und werden steuerlich bevorzugt, wenn sie z. B. 95 % ihrer Erträge an ihre Teilhaber ausschütten.

Der Handel dieser Aktien als Wertpapiere an der Börse ist für Kapitalanleger einfacher als der direkte Handel mit Immobilien.

Das Ziel der Einführung dieser speziellen Form einer Aktiengesellschaft in Deutschland bestand darin, auch hier eine international gängige Form einer handelbaren Immobilienanlage zu schaffen, um ausländischem Kapital eine leichtere Anlagemöglichkeit zu bieten. Seit 2008 existieren in Deutschland erst zwei börsennotierte Immobilien-Aktiengesellschaften als REIT-Aktiengesellschaften, deren Kurse täglich an der Börse veröffentlicht werden.

REIT-Aktiengesellschaften zahlen keine Gewerbe- und keine Körperschaftsteuer.

Neben dem HGB und dem AktG gelten für diese Gesellschaften auch die speziellen Rechtsgrundlagen des Gesetzes über deutsche Immobilien-Aktiengesellschaften mit börsennotierten Anteilen (REIT-Gesetz, REITG). Nur diese Gesellschaften dürfen „REIT-Aktiengesellschaft" firmieren oder die Bezeichnungen „Real Estate Investment Trust" bzw. „REIT" in ihrer Firma führen.

REIT-Aktiengesellschaften müssen insbesondere folgende Voraussetzungen erfüllen:
- Bei der Börsenzulassung müssen sich 25 % der Aktien in Streubesitz befinden und kein Anleger darf sich mit mehr als 10 % am Grundkapital beteiligen (§ 11 REITG).
- 75 % des Gesamtvermögens müssen in Immobilien angelegt werden (§ 12 REITG).
- Der gewerbliche Nutzungsanteil bei Bestandsmietwohnimmobilien bei Baujahren vor 2007 muss über 50 % liegen (§ 1, § 3 REITG).
- Das Kerngeschäft muss in der Bewirtschaftung von Immobilien bestehen und nicht im Immobilienhandel (§ 14 REITG).
- Mindestens 90 % des Jahresüberschusses muss als Dividende ausgeschüttet werden (§ 13 REITG), die der Aktionär als Einkünfte aus Kapitalvermögen versteuert.

Investmentfonds, die das ihnen von den Kapitalanlegern überlassene Kapital wiederum in REITs anlegen, werden als REIT-Fonds bezeichnet.

Kapitel 12

IMMOBILIENMANAGEMENT

Egon Murfeld
Florian Buchner
Hansjörg Bach
Ludwig Bauer
Martin Traub

12. IMMOBILIENMANAGEMENT

Es findet derzeit ein Umbruch in den Begriffsbezeichnungen und Definitionen in der Immobilienwirtschaft statt. Der traditionelle Begriff **„Immobilienbewirtschaftung"** verliert schnell und nachhaltig an Bedeutung. Neue Begriffe wie **„Immobilienmanagement"**, **„Gebäudemanagement"**, **„Facility Management"** und **„Real Estate Management"** gewinnen hingegen an Bedeutung.

Die Frage, die sich dabei stellt, ist, ob es sich hierbei um reine Wortspielereien handelt, oder ob die bewusste Verwendung neuer Begriffe mit neuen Inhalten und einem neuen Begriffsverständnis verbunden ist. Beides ist wohl zutreffend. Nicht zuletzt hat die Sichtweise (technisch, betriebswirtschaftlich, juristisch), aus der diese Begriffe verwandt werden, einen entscheidenden Einfluss.

Mit diesen unterschiedlichen Begriffen hat sich der Autor in einer anderen Veröffentlichung ausführlich auseinander gesetzt *(Bach, Hansjörg, „Immobilienmanagement" in: Bach, Hansjörg/Ottmann, Matthias/ Sailer, Erwin/Unterreiner, Frank Peter: Immobilienmarkt und Immobilienmanagement", München, 2005).*

In der **DIN 32736 Gebäudemanagement, Begriffe und Leistungen** wurde das Problem der unterschiedlichen Definitionen und Sinninhalte ausdrücklich erkannt und bewusst angesprochen.

In der Einleitung zu dieser DIN, die es sich sogar ausdrücklich zur Aufgabe macht, begriffliche Klarheit zu schaffen, heißt es:

„Diese Norm definiert für das Gebäudemanagement Begriffe, die in der Praxis bereits gebräuchlich sind, jedoch von Fall zu Fall unterschiedlich interpretiert werden. Das Gebäudemanagement steht im Umfeld von Facility Management, Immobilienmanagement und Umweltmanagement".

DIN 32736
Entwurf
Mai 1999

Trotz dieses ausdrücklichen Anspruchs der DIN 32736 haben sich deren Definitionen nach meiner Einschätzung bisher nicht durchgesetzt.

Zusammengefasst kann man nach heutigem Stand der Dinge feststellen, dass sich der Begriff **„Immobilienmanagement"** als übergreifender Begriff durchsetzt. In gleicher Weise, wie dies von Kerry-U. Brauer *(Brauer, Kerry-U., Immobilienprojektentwicklung in: Brauer, Kerry-U. (Hrsg.), Grundlagen der Immobilienwirtschaft, 4. Auflage, Wiesbaden, 2003, S. 547–599)* vorgenommen wird, ist der Begriff „Immobilienmanagement" als „... branchenübergreifende Bezeichnung für sämtliche Tätigkeiten im Zusammenhang mit Immobilien" zu verwenden.

Der Begriff **„Management von Immobilien"** ist zu beziehen auf die Managementtätigkeit während der Nutzungsphase von Immobilien.

„Management in der Immobilienwirtschaft" hingegen ist die sinngleiche Verwendung für die Unternehmensführung in der Immobilienwirtschaft.

12.1 WOHNRAUM- UND GESCHÄFTSRAUM-MIETVERTRAG

12.1.1 Mietgegenstand

12.1.1.1 Wohnräume

Unter Wohnräumen versteht man die Räume, die zum dauernden Aufenthalt für Menschen geeignet sind. Räume einer Wohnung sind:
- Wohn- und Schlafräume,
- Küchen und
- Nebenräume (Flure, Dielen, Toiletten, Bäder, Balkone u. a.).

Bei den Wohn- und Schlafräumen unterscheidet man ganze und halbe Zimmer. Ganze Zimmer haben eine Mindestgröße von 10 m^2 Wfl., halbe Zimmer sind Wohn- und Schlafräume mit einer Größe zwischen 6 und 10 m^2 Wfl. (Analog DIN 283). Halbe Zimmer werden auch als Wohn- und Schlafkammern bezeichnet. Im Mietvertrag sind diese Räume möglichst genau zu beschreiben, und zwar unter Angabe der Anzahl der Zimmer bzw. Räume und der zu mietenden Wohnfläche, z. B.:
- 2 Zimmer, Küche, Diele, Bad, 54 m^2 Wfl. oder
- 5 Räume, insgesamt 54 m^2 Wfl.

Zur Festlegung der Wohnfläche ist die II. Berechnungsverordnung §§ 42 ff. zu beachten (s. auch 12.1.2).

Darüber hinaus können
- Garagen, Keller, Bodenräume u. a. zum Gegenstand des Mietvertrages zählen.

Weiterhin gehört die Mitbenutzung von
- Fluren, Treppen, Waschräumen, Trockenböden sowie Fahrradkellern und Kinderwageneinstellplätzen u. a. innerhalb eines Wohngebäudes und
- Kinderspielplätzen, Teppichstangen, Grünanlagen u. a. im Umfeld des Wohngebäudes mit zum Mietgegenstand.

12.1.1.2 Geschäftsräume

Unter Gewerbe- bzw. Geschäftsräumen versteht man solche Räume, in denen der Betrieb eines Unternehmens abgewickelt wird und die somit nicht zu Wohnzwecken dienen. Ladenlokale, Praxisräume, Gaststätten, Büroräume usw. zählen zu den Geschäftsräumen.

Im Mietvertrag ist – wie bei der Wohnraummiete – das Objekt genau zu beschreiben. Die Aufzählung der Räume innerhalb des Gebäudes (evtl. mit Lageplan) mit den errechneten Nutzflächen ist unerlässlich. Dabei ist auch zu entscheiden, ob bzw. in welchem Umfang bestimmte Gemeinschaftsflächen, die von mehreren Mietern benutzt werden, in die Mietfläche einzurechnen sind, z. B. Treppenflure und Toiletten. Das ist insbesondere dann wichtig, wenn die Miete nach m^2-Nutzfläche angegeben wird; aber auch für die Abrechnung der umzulegenden Betriebskosten ist dies unerlässlich. Auch evtl. mitvermietete Freiflächen, wie z. B. Pkw-Stellplätze, gehören in den Mietvertrag. Die Nutzfläche für Geschäftsräume wird in der Regel in Anlehnung an die DIN 283 als Nettogrundfläche errechnet. Abweichungen davon können vereinbart werden, z. B. in der Weise, dass die Aufstandsflächen noch aufzustellender Bürotrennwände (Gipskartonwände) übermessen werden sollen (vgl. hierzu Dröge, Handbuch der Mietpreisbewertung 1996, insbes. „Richtlinie zur Berechnung der Mietfläche für Büroraum", S. 451 ff.).

12.1.2 Wohn- und Nutzflächenberechnung

Die Wohnfläche einer Wohnung ist die Summe der anrechenbaren Grundflächen der Räume, die ausschließlich zu der Wohnung gehören. Für die Ermittlung der genauen Wohnfläche bietet die Wohnflächenverordnung (WoFlV) eine Rechtsnorm. Nicht zur Wohnfläche gehören die Grundflächen von Zubehörräumen (z. B. Keller, Dachböden, Trockenräume usw.), Wirtschaftsräumen (z. B. Vorratsräume, Abstellräume usw.), Räumen, die den nach ihrer Nutzung zu stellenden Anforderungen des Bauordnungsrechts nicht genügen, und von Geschäftsräumen (Nutzflächen). Die Berechnung der Grundfläche eines Raumes erfolgt aus den Fertigmaßen oder den Rohbaumaßen; die vom Bauherrn einmal gewählte Methode bleibt für alle späteren Berechnungen maßgebend. Fertigmaße sind die lichten Maße zwischen den Wänden ohne Berücksichtigung von Wandgliederungen, Wandbekleidungen und dergleichen; d. h. die Wände sind verputzt und entsprechen den tatsächlichen Maßen nach Baufertigstellung. Im Regelfall wird die Grundfläche jedoch aufgrund der Bauzeichnung nach den Rohbaumaßen ermittelt; deshalb sind die so errechneten Flächen um 3 % zu kürzen.

Dazu 2 Beispiele:

nach Fertigmaßen

Wohnzimmer	6,43 m x 4,27 m	=	27,46 m²
Küche	2,53 m x 3,06 m	=	7,74 m²
Diele	3,15 m x 1,96 m	=	6,17 m²
Schlafzimmer	3,06 m x 4,56 m	=	13,95 m²
Kinderzimmer	3,08 m x 3,09 m	=	9,52 m²
Bad/WC	3,58 m x 2,86 m	=	10,24 m²
Summe der Grundfläche		=	75,08 m²

nach Rohbaumaßnahmen (gemäß Bauzeichnung)

Wohnzimmer	6,46 m x 4,36 m	=	28,17 m²
Küche	2,55 m x 3,18 m	=	8,11 m²
Diele	3,20 m x 2,04 m	=	6,53 m²
Schlafzimmer	3,36 m x 4,56 m	=	15,32 m²
Kinderzimmer	3,48 m x 3,08 m	=	10,72 m²
Bad/WC	3,20 m x 2,90 m	=	9,28 m²
=	Zwischensumme		78,13 m²
	./. 3 %		2,34 m²
	= Grundfläche		75,79 m²

(zum gleichen Ergebnis kommt man, wenn die Zwischensumme mit 0,97 multipliziert wird.)

Von den nach Rohbau- und Fertigmaßen errechneten Grundflächen sind zur Ermittlung der Wohnfläche anzurechnen:

voll	– die Grundflächen von Räumen und Raumteilen mit einer lichten Höhe von mindestens 2 m
zur Hälfte	– die Grundflächen von Räumen und Raumteilen mit einer lichten Höhe von mindestens 1 m und weniger als 2 m und von z. B. Wintergärten
nicht	– die Grundflächen von Räumen und Raumteilen mit einer lichten Höhe von weniger als 1 m

Diese Vorschriften gelten insbesondere für Wohnungen mit schrägen Wänden, z. B. bei ausgebauten Dachgeschossen. Des Weiteren können z. B. die Grundflächen von Balkonen und Loggien bis zur Hälfte auf die Wohnfläche angerechnet werden.

Für die Ermittlung der Nutzfläche bei der Geschäftsraummiete werden i. d. R. vertragliche Vereinbarungen getroffen.

12.1.3 Wohnraummietvertrag

12.1.3.1 Wohnungsarten und Vergabe

Das Verhalten von Vermieter und Mieter wird bei der Vergabe einer Wohnung grundsätzlich von der Marktsituation beeinflusst.

Übersteigt z. B. das Angebot an Wohnungen die Nachfrage, so ist dies für den Mieter günstig, er kann sich seine Wohnung „aussuchen". Bei einem solchen „Mietermarkt" muss sich der Vermieter anstrengen, seine Wohnungen am Markt unterzubringen.

Umgekehrt verhält es sich beim „Vermietermarkt", bei dem die Nachfrage nach Wohnraum größer als das Angebot ist.

Vermieter und Mieter verfolgen unabhängig von der Marktsituation unterschiedliche Interessen.

Die Vermieter streben nach Kostendeckung bzw. Gewinn und haben an ihre Mieter eine unterschiedlich ausgeprägte Erwartungshaltung wie z. B. Aufbringung der Miete, Einpassung in die Mieterstruktur eines Mietshauses, Übernahme von bestimmten Pflichten.

Die Interessen der Mieter sind gekennzeichnet durch eine möglichst geringe Miete, bestimmte Wünsche an die Wohnung wie z. B. Lage, Ausstattung, Größe und Mitmieter und einen weitgehend uneingeschränkten Umgang mit der Wohnung.

Die bestehende Vertragsfreiheit ermöglicht es Vermieter und Mieter grundsätzlich, Vereinbarungen über den Mietvertrag frei auszuhandeln. Es gibt jedoch Einschränkungen der Vertrags- bzw. Abschlussfreiheit durch soziale Schutzvorschriften.

Daher ist bei der Vermietung von Wohnungen wie folgt zu unterscheiden:

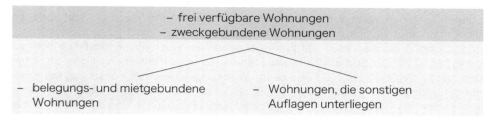

- **Frei verfügbare Wohnungen**

Frei verfügbar sind alle frei finanzierten Wohnungen, alle Wohnungen, bei welchen die öffentlichen Mittel abgelöst bzw. zurückgezahlt wurden, die steuerbegünstigten Wohnungen, wenn keine zusätzlichen Mittel von der öffentlichen Hand gegeben oder Bindungen auferlegt worden sind, sowie Wohnungen, bei denen die Wohnungsbindung ausgelaufen ist. Die Möglichkeit, für die frei verfügbaren Wohnungen die Miethöhe frei zu vereinbaren, wird durch die allgemeinen Schranken des § 291 StGB (Wucher) und § 5 WiStG begrenzt.

- **Zweckgebundene Wohnungen**

Bei zweckgebundenen Wohnungen handelt es sich um Wohnungen, die bei der Vermietung Ein- bzw. Beschränkungen bei der Mieterauswahl und der Mietpreisfestsetzung unterliegen.

Öffentlich geförderte Mietwohnungen unterliegen bestimmten Bindungen, insbesondere Belegungs- und Mietbindungen, aber auch andere Mietwohnungen können bestimmten Zweckbindungen unterliegen. Ein Vermieter einer öffentlich geförderten Mietwohnung darf die Wohnung einem Wohnungssuchenden nur dann zum Gebrauch überlassen, wenn dieser ihm vor der Überlassung einen Wohnberechtigungsschein (WBS) übergibt und wenn die im Wohnberechtigungsschein angegebene Wohnungsgröße nicht überschritten wird. Der Mietbewerber erhält den Wohnberechtigungsschein nur, wenn er aufgrund seiner wirtschaftlichen Verhältnisse zum begünstigten Personenkreis nach § 9 Wohnraumförderungsgesetz gehört. Auch nicht öffentlich geförderte Wohnungen können einer Zweckbindung unterliegen. So kann ein Kreditgeber zur Auflage machen, dass die finanzierten Wohnungen nur einem bestimmten Personenkreis, z. B. Landesbediensteten, Werksangehörigen vermietet werden dürfen (Landesbedienstetenwohnungen, Werkswohnungen).

WoFG § 27

WoFG § 10

- **Belegungs- und mietgebundene Wohnungen**

Auf der Grundlage des Ersten und Zweiten Wohnungsbaugesetzes hat die Bundesrepublik Deutschland von 1950 bis 2002 den Bau von Sozialwohnungen staatlich gefördert. Die geförderten Wohnungen unterliegen bestimmten gesetzlichen Vorschriften bezüglich der Nutzung, der Vergabe und der Miethöhe. Der Eigentümer kann über diese preis- und belegungsgebundenen Wohnungen nicht frei verfügen. Das Wohnraumförderungsgesetz (WoFG) vom 1. 1. 2002 hat Ziel und Systematik des bisherigen sozialen Wohnungsbaus aufgegeben. Nach einer Übergangsfrist bis Ende 2002 wird nunmehr nur noch die Versorgung mit preisgünstigem

Wohnraum für bestimmte Zielgruppen bei geringerem Volumen als früher gefördert. Mit dem WoFG wurden die Bindungen, die beim vorhandenen Bestand an Sozialwohnungen bestehen, nicht aufgehoben, sondern lediglich modifiziert. Die vorhandenen Bindungen sind zeitlich befristet, so dass es auch in Zukunft einen beachtlichen, durch Bindungsablauf aber stetig zurückgehenden Bestand an Sozialwohnungen geben wird. Für die Sozialwohnungsbestände, die mit öffentlichen Mitteln im Sinne des I. und II. WobauG (sog. 1. Förderweg), Wohnungen, die im 2. Förderweg mit Wohnungsfürsorgemitteln (Wohnraum für Bedienstete des öffentlichen Dienstes) oder im Rahmen der Förderung des Bergarbeiterwohnungsbaus in den Jahren 1950 bis 2001 bzw. 2002 gefördert worden sind (WoBindG § 50) gilt das Mietrecht des BGB. Es wird jedoch insbesondere hinsichtlich Belegung und Miethöhe eingeschränkt und modifiziert durch die Vorschriften über die Sozialwohnungen. Insofern gilt das neue WoFG auch für den Altbestand an Sozialwohnungen. Darüber hinaus sind die Vorschriften des Wohnungsbindungsgesetzes, des Gesetzes über den Abbau der Fehlsubventionierung, der II. Besoldungsverordnung (BV) und der Neubaumietenverordnung 1970 zu beachten. Bei neu geförderten Wohnungen werden die neuen Bindungen im Rahmen der Förderzusage dem Fördernehmer als Bedingungen auferlegt. Für die neu geförderten Wohnungen (nach 2001 bzw. 2002) gilt das Mietrecht des BGB, lediglich die Belegung und die Förderbedingungen sind noch öffentlich-rechtlich geregelt, die der Fördernehmer einzuhalten hat.

– Belegungsgebundene Wohnungen

WoFG § 26 — Belegungsrechte können als allgemeine Belegungsrechte, Benennungsrechte und Besetzungsrechte festgelegt werden. Ein allgemeines Belegungsrecht ist das Recht der zuständigen Stelle, von dem durch die Förderung berechtigten und verpflichteten Eigentümer zu fordern, eine bestimmte belegungsgebundene Wohnung einem Wohnungssuchenden zu überlassen, der seine Wohnberechtigung durch einen Wohnberechtigungsschein nachweist. Ein Benennungsrecht ist das Recht der zuständigen Stelle, dem Verfügungsberechtigten für die Vermietung einer bestimmten belegungsgebundenen Wohnung mindestens drei Wohnungssuchende zur Auswahl zu benennen. Ein Besetzungsrecht ist das Recht der zuständigen Stelle, einen Wohnungssuchenden zu bestimmen, dem der Verfügungsberechtigte eine bestimmte belegungsgebundene Wohnung zu überlassen hat.

– Mietgebundene Wohnungen

WoFG § 28 — Die öffentliche Förderung dieser Mietwohnungen ist daran gebunden, dass neben der Belegungsbindung für diese Wohnungen eine höchstzulässige Miete festgelegt wurde. In dieser festgelegten Miete sind die Betriebskosten nicht enthalten. Die Vereinbarungen über die Förderung können Änderungen der höchstzulässigen Miete während der Förderdauer und nach durchgeführter Modernisierung vorsehen. Der Vermieter darf jedoch eine Wohnung nur zu der jeweils festgelegten höchstzulässigen Miete zum Gebrauch überlassen. Soweit Wohnungen bestimmten Haushalten

WoFG § 27 Abs. 5

WoBindG § 5a — vorbehalten sind, darf der Vermieter eine solche Wohnung nur vermieten, wenn sich die Zugehörigkeit zu diesen Haushalten aus dem Wohnberechtigungsschein ergibt. So sind bestimmte Wohnungen z. B. für schwangere Frauen, Familien und andere Haushalte mit Kindern, junge Ehepaare, alleinstehende Elternteile mit Kindern, ältere Menschen und schwerbehinderte Menschen vorrangig zur Verfügung zu stellen. Wohnungssuchende mit „dringendem Wohnbedarf" sollen darüber hinaus vorrangig mit öffentlich gefördertem Wohnraum versorgt werden. Der „dringende Wohnbedarf" ist auf dem Wohnberechtigungsschein vermerkt.

Es gibt z. B. folgende Berechtigungsgruppen:
- Familien mit mindestens einem Kind ohne eine Wohnung oder in räumlich unzureichenden Wohnverhältnissen,
- Eheleute bzw. Verlobte ohne eigene Wohnung, wenn eine Schwangerschaft ab der 14. Woche nachgewiesen ist,
- Schwerbehinderte, wenn die derzeitigen Wohnverhältnisse wegen des anerkannten Leidens für sie objektiv ungeeignet sind.

Der Wohnberechtigungsschein wird auf Antrag des Wohnungssuchenden von der zuständigen Stelle für die Dauer eines Jahres erteilt. Der Vermieter hat, sobald voraussehbar ist, dass eine Wohnung bezugsfertig oder frei wird, dies der zuständigen Stelle unverzüglich schriftlich anzuzeigen und den voraussichtlichen Zeitpunkt der Bezugsfertigkeit oder des Freiwerdens mitzuteilen. Nachdem der Vermieter einem Wohnungssuchendendie Wohnung überlassen hat, muss er binnen zwei Wochen der zuständigen Stelle den Namen des Mieters mitteilen und die ihm übergebene Bescheinigung übersenden (Überlassungsmitteilung). Nach dem Wohnraumförderungsgesetz (WoFG) wirken Bund, Länder, Gemeinden und Gemeindeverbände bei der sozialen Wohnraumförderung zusammen. Die Länder führen diese Aufgabe als eigene Aufgabe durch. Sie legen das Verwaltungsverfahren fest, soweit das Wohnraumförderungsgesetz keine Regelung trifft. Die Länder sollen bei der sozialen Wohnraumförderung die wirtschaftlichen Belange der Gemeinden und Gemeindeverbände berücksichtigen; dies gilt insbesondere, wenn sich eine Gemeinde oder ein Gemeindeverband an der Förderung beteiligt. Auch können die Gemeinden und Gemeindeverbände mit eigenen Mitteln eine Förderung nach dem Wohnraumförderungsgesetz und den hier zu erlassenden landesrechtlichen Vorschriften durchführen.

WoFG § 27 Abs. 2

WoFG § 27 Abs. 8

WoBindG § 4, Abs. 6

WoFG § 3

- **Wohnungen, die sonstigen Auflagen unterliegen**

Frei finanzierte Wohnungen können eine besondere Zweckbindung haben, und zwar in der Form, dass ein Darlehensgeber bestimmte Auflagen macht. So kann z. B. eine Versicherungsanstalt (BfA) Darlehen zur Finanzierung des Wohnungsbaus gegeben und damit die Auflage verbunden haben, 50 % der Wohnungen nur an BfA-Versicherte zu vermieten. Hier muss darauf geachtet werden, dass von der Gesamtzahl der Mieter 50 % Sozialversicherte sind.

- **Zweckentfremdungsverbot**

Durch das Zweckentfremdungsverbot des Art. 6 MietRVerbessG kann dem Vermieter untersagt werden, bestehenden Wohnraum durch Umwidmung zu anderen als zu Wohnzwecken zu nutzen. Er ist auch verpflichtet, leer stehenden Wohnraum wieder zu vermieten. Andernfalls können gegen ihn im Wege eines Verwaltungszwangsverfahrens bestimmte Verwaltungsmaßnahmen durchgesetzt werden.

MietRVerbessG Art. 6

- **Mieterschutz durch das BGB**

Die Wohnung hat für die menschliche Existenz eine überragende Bedeutung. Aus diesem Grunde ist im sozialen Wohnraummietrecht zum Schutze des Mieters eine Anzahl von zwingenden mietrechtlichen Vorschriften im Bürgerlichen Gesetzbuch

(BGB) eingefügt worden. Im Mietrecht ist der Grundsatz der Vertragsfreiheit durchbrochen. Die Vertragsparteien können beim Wohnraummietvertrag keine Vereinbarungen treffen, die gegen unabdingbare gesetzliche Bestimmungen zum Schutz des Mieters verstoßen, auch wenn der Mieter hiermit einverstanden ist.

12.1.3.2 Das Zustandekommen des Mietvertrages

BGB § 535

Im Mietvertrag verpflichten sich der Vermieter zur Gebrauchsgewährung einer Sache und der Mieter zur Zahlung eines Entgelts. Der Unterschied zum häufigsten Vertrag im privaten Bereich wie auch im Wirtschaftsleben, dem Kauf- oder Liefervertrag, ist deutlich: Durch den Kaufvertrag wird der Verkäufer verpflichtet, das Eigentum am Kaufgegenstand auf den Käufer zu übertragen und den Kaufgegenstand dem Käufer zu übergeben. Der Käufer verpflichtet sich, die Sache anzunehmen und den vereinbarten Kaufpreis zu zahlen. Der Mieter erhält dagegen lediglich den Besitz, nicht das Eigentum, und gebraucht den Mietgegenstand durch die vertraglich festgelegte Einwilligung des Vermieters. Die Einzelheiten der gegenseitigen Rechte und Pflichten der Vertragsparteien sind im Mietvertrag näher geregelt. Eine individuelle Einzelregelung ist grundsätzlich zulässig. Soweit eine Vereinbarung nicht getroffen worden ist oder unabdingbare gegensätzliche Regelungen vorliegen, sind die gegenseitigen Rechte und Pflichten nach den §§ 535 ff. BGB zu beurteilen. Ein Mietvertrag gilt erst dann als wirksam abgeschlossen, wenn sich die Vertragsparteien über alle wesentlichen Punkte geeinigt haben, die nach ihrem Willen regelungsbedürftig sind (BGH ZMR 63, 83). Für das Zustandekommen eines wirksamen Mietvertrages ist es daher erforderlich, dass sich Mieter und Vermieter zumindest über die wesentlichen Punkte des Vertrages wie

- Mietobjekt
- Mietzweck
- Miete
- Mietdauer

geeinigt haben (vgl. BGH WM 76, 26). Der Vertrag kommt hierbei durch Antrag und Annahme zustande, wobei der Vertragsabschluss immer eine ausdrückliche oder schlüssige, inhaltlich übereinstimmende Willenserklärung voraussetzt. Dabei ist z. B. als verbindliches Angebot zum Abschluss des Mietvertrages die Zusendung eines von einer Partei unterzeichneten Mietvertrages anzusehen. Als ein schlüssiges Vertragsangebot gilt z. B. auch das vorbehaltlose Übergeben von Schlüsseln an den Mieter nach Abschluss der Vertragsverhandlungen. Die Annahme des Vertragsangebots erfolgt i. d. R. durch den mündlich oder schriftlich ausdrücklich erklärten Willen. Die Annahme des Vertragsangebots kann aber auch durch schlüssiges Handeln erfolgen, wie z. B. der Einzug des Mieters in die Mieträume und Bezahlung des Mietzinses, den der Vermieter über längere Zeit vorbehaltlos entgegennimmt (OLG Düsseldorf, ZMR 1988, 54).

– **Abschluss des Wohnraummietvertrages**

Jeder Vertrag kommt durch zwei übereinstimmende Willenserklärungen zustande. Die zuerst abgegebene Willenserklärung heißt Antrag, die zustimmende Willenserklärung Annahme.

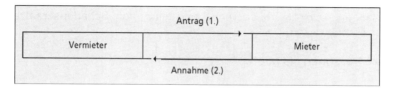

Der Vermieter einer Wohnung kann dem Mieter die Mietbedingungen für eine Wohnung „antragen". Durch die Annahme dieses Antrages durch den Mieter ist der Mietvertrag geschlossen; z. B.: Vermieter sendet dem Mieter einen unterschriebenen Mietvertrag zu, den der Mieter durch schriftliche oder mündliche Annahmeerklärung annimmt.

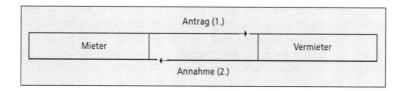

Andererseits kann aber auch der Mieter an den Vermieter einen Mietantrag stellen. Mit der Annahme des Antrages durch den Vermieter ist der Mietvertrag geschlossen; z. B.: Ein Nachmieter stellt einen Antrag auf Überlassung einer Wohnung, und der Vermieter nimmt den Antrag an, indem er den Nachmieter akzeptiert.

12.1.3.3 Parteien des Mietvertrages

Vor Abschluss eines Mietvertrages ist sorgfältig zu klären und festzulegen, wer Vermieter und wer Mieter ist. Es kommt oft vor, dass sich auf beiden Seiten mehrere Personen gegenüberstehen. So können z. B. mehrere Eigentümer als Vermieter und ein Ehepaar oder Lebensgefährten als Mieter auftreten. Auch muss es nicht sein, dass der Vermieter gleichzeitig Eigentümer ist. Die Vertragsparteien müssen sich aus dem Mietvertrag eindeutig ergeben. Aus der Sicht des Mieters ist es z. B. wichtig zu wissen, wer berechtigt ist, den Mietzins zu empfangen. Dieser ist dann auch der Vermieter. Mietverträge müssen nicht persönlich abgeschlossen werden. Die Vertragsparteien können sich bei Vertragsabschluss eines Stellvertreters bedienen. Dies vereinfacht den Abschluss des Vertrages, birgt aber die Gefahr in sich, dass jemand für einen anderen handelt ohne Berechtigung. Daher ist das Stellvertreterverhältnis von den Parteien offenzulegen: Legt ein Stellvertreter nicht offen, dass er für eine andere Person handeln will, läuft er Gefahr, selbst als Vertragspartei mit allen Rechten und Pflichten angesehen zu werden. Daher sollte der Stellvertreter stets seine Vollmachtsurkunde vorlegen bzw. die andere Vertragsseite auf der Vorlage bestehen.

– **Mehrere Personen als Vermieter**

Beispiel:
Ein Mietgrundstück (vgl. auch § 578 BGB) ist im Eigentum einer Erbengemeinschaft (Gesamthandeigentum), die aus drei Personen, A, B, C, besteht. A schließt einen Mietvertrag ab mit der Versicherung, er sei berechtigt, auch für die Miteigentümer B und C zu handeln. B und C geben jedoch keine Einwilligung. Somit ist kein wirksamer Vertrag weder mit A noch mit der Erbengemeinschaft zustande gekommen. Die

Mieter erlangen kein Gebrauchsrecht und sind auf Schadensersatzansprüche gegenüber A angewiesen.

– **Mehrere Personen als Mieter**

Es entsteht eine ähnliche Lage für den Vermieter, wenn mehrere Personen Mieter werden sollen. Grundsätzlich kann angenommen werden, dass Ehepartner oder Lebensgefährten sich zum Abschluss eines Mietvertrages über eine Wohnung, die sie gemeinsam beziehen wollen, gegenseitig bevollmächtigen, z. B. durch den Zusatz „Zugleich im Namen meiner Ehefrau ...". Zusätze dieser Art sind möglich und rechtswirksam. (Wolf/Eckert, Handbuch des gewerblichen Miet-, Pacht- und Leasingrechts A II Rdnr. 15.) Treten Umstände auf, die Zweifel an der Vertretungsvollmacht der Person, die für eine andere handelt, begründen, sollte ein Nachweis der Vollmacht gefordert werden. Es genügt i. d. R. ein Anschreiben oder ein Anruf bei der Person, für die ein Vertrag abgeschlossen werden soll. Ist es dagegen auf der Mieterseite so, dass Ehepartner auftreten und nur ein Ehepartner den Vertrag abschließt, so wird nur dieser berechtigt und verpflichtet, der andere Ehepartner wird Mitbesitzer. Der Mitbesitz endet u. a. mit rechtskräftiger Scheidung (BGH NJW 1978, 1529). Wird der Mietvertrag mit Ehepartner in der Weise abgeschlossen, dass ein Ehepartner die Unterschrift leistet, der Partner hierbei anwesend ist und beide Ehepartner im Mietvertrag als Mieter bezeichnet sind, so werden beide Ehepartner Mieter. Im Zweifel ist anzunehmen, dass der Unterschrift leistende Ehepartner den anderen vertreten hat. Ist in der Aufschrift des Mietvertrages nur ein Ehepartner als Mieter genannt, unterschreiben jedoch beide, so werden im Zweifel beide Ehepartner Mieter.

– **Risikominderung bei mehreren Mietern**

Da bei Wohnraummietverträgen üblicherweise vorgesehen ist, dass mehrere Personen die Wohnung beziehen, sollte vor Abschluss eines Mietvertrages geprüft werden, inwieweit mitverdienende volljährige Kinder oder andere mit einziehende Erwachsene als Vertragspartner und somit als Vertragsverpflichtete herangezogen werden können. Das Mietausfallwagnis wird dann für den Vermieter geringer, wenn möglichst viele Personen als Mitmieter für die Mietzahlung einzustehen haben.

– **Mehrere Mieter als Gesamtschuldner**

BGB § 421 Nach § 421 BGB haften mehrere Mieter als Gesamtschuldner, jeder schuldet die volle Leistung. Der Vermieter kann nach Belieben, i. d. R. den zahlungsfähigsten Schuldner in Anspruch nehmen. Es ist dann Sache der Gesamtschuldner untereinander, einen Ausgleich zu finden.

– **Wohngemeinschaft als Mieter**

Mieten mehrere Personen eine Wohnung (Wohngemeinschaft) ist zu klären, ob der Mietvertrag mit allen Einzelpersonen abgeschlossen wird, oder ob es sich bei den Mietern um eine GbR handelt. Aus der Sicht des Vermieters ist der Vertragsabschluss mit allen Einzelpersonen zu bevorzugen. Bei einem Personenwechsel in der Wohngemeinschaft liegt dann eine Vertragsänderung vor, die nur mit Zustimmung des Vermieters möglich ist. Auch behält der Vermieter die Kontrolle darüber, wer rechtmäßig die Wohnung nutzt. Aus dem gleichen Grunde kann aus der Sicht der

Wohngemeinschaft der Abschluss mit der GbR von Vorteil sein. Es ist im Mietvertrag auf jeden Fall deutlich zu machen, ob Einzelpersonen abschließen, dann müssen alle den Vertrag unterschreiben und als Mieter genannt werden. Schließt eine GbR als Mieterin ab, so ist dies ebenfalls deutlich zu machen. Z. B. Wohngemeinschaft bestehend aus ... oder Gesellschaft bürgerlichen Rechts bestehend aus. ...

– **Minderjährige Mieter**

Der Abschluss eines Mietvertrages auf unbestimmte Zeit durch einen Minderjährigen – ab vollendetem 7. bis 18. Lebensjahr – bedarf grundsätzlich der Zustimmung des gesetzlichen Vertreters, der die Haftung übernimmt. Ein Mietvertrag bedarf der Genehmigung des Vormundschaftsgerichts, wenn ein Mündel durch den Vertrag zu wiederkehrenden Leistungen verpflichtet wird und das Vertragsverhältnis länger als ein Jahr nach dem Eintritt der Volljährigkeit des Mündels fortdauern soll. Schließt ein Minderjähriger ohne Genehmigung seines gesetzlichen Vertreters einen Mietvertrag ab und ist er auch nicht nach §§ 112, 113 BGB hierzu ermächtigt, so haftet der Minderjährige weder für die Zahlung der Miete noch für eine Nutzungsentschädigung. Der Vermieter ist gut beraten, in Zweifelsfällen eine Überprüfung der Volljährigkeit vorzunehmen.

BGB § 1822 Nr. 5

BGB §§ 112, 113

Zusammenfassung
Parteien des Wohnraummietvertrages

▶ Mehrere Personen als Vermieter,
z. B. Erbengemeinschaft
- Vertragsparteien können sich eines Stellvertreters bedienen
- Stellvertreter sollte stets Vollmachtsurkunde vorlegen
- Schadensersatzansprüche gegen Vertreter ohne Vertretungsvollmacht

▶ Mehrere Personen als Mieter,
z. B. Ehepartner oder Lebensgefährten
- Grundsätzlich ist anzunehmen, dass sich Ehepartner oder Lebensgefährten beim Abschluss eines Mietvertrages über eine gemeinsam zu beziehende Wohnung gegenseitig bevollmächtigen
- Risikominderung bei mehreren Mietern durch gesamtschuldnerische Haftung
- Wohngemeinschaft als Mieter erlaubt Austausch von Mieters innerhalb der Gesamtpersonenzahl

▶ Mietvertrag mit Minderjährigen
- Zustimmung des gesetzlichen Vertreters fordern
- Keine Haftung des Minderjährigen bei Nichtzustimmung des gesetzlichen Vertreters wegen Mietzahlung, keine Nutzungsentschädigung

12.1.3.4 Form des Mietvertrages

BGB §§ 550, 578

Mietverträge über Grundstücke, Wohn- und Geschäftsräume, deren Laufzeit länger als ein Jahr beträgt, **müssen schriftlich abgeschlossen werden**. Auch Untermietverträge über diese Mietobjekte werden von der Schriftformvorschrift erfasst, wenn sie absprachegemäß länger als ein Jahr dauern sollen. Die verstärkte Formvorschrift

BGB § 313

des § 313 BGB, die notarielle Beurkundung, ist darüber hinaus dann zu beachten, wenn dem Mieter ein Vorkaufsrecht an der Mietwohnung eingeräumt werden soll (s. auch Geschäftsraummietvertrag 12.1.4). Soll ein Mietvertrag eine bestimmte Mindestlaufzeit unter einem Jahr haben, ist die Schriftform dann erforderlich, wenn eine Fortsetzungsklausel vereinbart wird, die eine ordentliche Kündigung für einen Zeitraum von länger als ein Jahr ausschließt. Die Schriftform ist auch zu wählen, wenn die Vertragsparteien den Mietvertrag z. B. zunächst auf 6 Monate befristen und zugleich vereinbaren, dass er sich bei Ablauf der vertraglich vereinbarten Zeit auf unbestimmte Zeit verlängert, wenn nicht gekündigt wird. Die Jahresfrist wird stets vom Beginn des Mietverhältnisses, nicht vom Abschluss des Vertrages an gerechnet, d. h. ab Beginn des vertraglich vereinbarten Bezuges der Mietwohnung. Bei Nichteinhaltung

BGB § 550 Satz 2

der vorgesehenen Schriftform ist der Wohnraummietvertrag dennoch wirksam. Er gilt auf ohne zeitliche Beschränkung abgeschlossen. Auch in diesem Falle ist eine Kündigung vor Ablauf eines Jahres von Mieter- und Vermieterseite nicht möglich, d. h. der **Verstoß gegen die Formvorschrift**, in dem eine Mietdauer von mehr als einem Jahr mündlich vereinbart wurde, hat für die ersten 12 Monate des Vertrages einen Kündigungsausschluss zur Folge.

Beispiel:
Ein Wohnraummietvertrag wird mündlich für 30 Monate fest abgeschlossen. Trotz Nichtbeachtung der vorgeschriebenen Schriftform ist der Mietvertrag wirksam. Er kann jedoch erst nach Ablauf von einem Jahr mit gesetzlicher Frist ordentlich gekündigt werden.

Beim Abschluss eines Wohnraummietvertrages unter einem Jahr ist auch ein mündlicher Vertragsabschluss rechtswirksam, die Schriftform ist grundsätzlich entbehrlich.

– **Schriftform nach Vereinbarung**

In den meisten Fällen sind sich die Vertragsparteien aber darüber einig, dass der Vertrag schriftlich abgefasst werden soll, damit ein Beweisstück über die getroffenen Vereinbarungen vorliegt. Für die Wahrung der Schriftform gibt das Gesetz für

BGB § 127

einen Vertragsabschluss an, dass Schriftwechsel unter den Parteien, aber auch nur ein Brief des einen Teils und ein Telegramm oder Fernschreiben des anderen genügen. Formularvordrucke genügen sowohl einer gesetzlich vorgeschriebenen als auch einer vertraglich vereinbarten Schriftform bei Wohnraummietverträgen. Für das Zustandekommen des Mietvertrages können die Vertragsparteien vereinbaren, dass die getroffenen mündlichen Absprachen erst nach Vorliegen der schriftlichen Fassung wirksam werden sollen. In diesem Falle hat die Schriftform rechtsbegründende Wirkung, erst mit der schriftlichen Abfassung entstehen die vertraglichen Rechte und Pflichten von Mieter und Vermieter, vorher besteht kein Mietvertrag. Bringen Vermieter und Mieter nach ihren mündlichen Vertragsverhandlungen dagegen nicht eindeutig zum Ausdruck, dass die Einigung über den abzuschließenden Mietvertrag erst mit der Schriftform wirksam werden soll, und vereinbaren lediglich die „schriftliche Abfassung des Vertrages", ist davon auszugehen, dass mit der mündlichen Einigung der Vertrag bereits abgeschlossen wurde. Die schriftliche Abfassung des Vertrages hat lediglich klarstellende Bedeutung. Die vereinbarte Schriftform hat auch dann lediglich bestätigende Bedeutung, wenn der Mieter absprachegemäß bereits in die Wohnung einzieht, bevor der Vertrag schriftlich niedergelegt wurde. Mit dem Mietbeginn wird der mündlich geschlossene Vertrag vollzogen.

**Zusammenfassung
Form des Mietvertrages**

▶ **Schriftform**

Mietverträge über Grundstücke, Wohn- und Geschäftsräume, deren Laufzeit länger als ein Jahr beträgt, sind schriftlich abzuschließen. Dies gilt auch für Untermietverträge.

Die Jahresfrist wird stets ab Beginn des vertraglich vereinbarten Bezugs gerechnet.

▶ **Verstoß gegen die Schriftform**

Bei Nichtbeachtung der Schriftform ist der Mietvertrag dennoch wirksam, er gilt auf unbestimmte Zeit abgeschlossen.

▶ **Schriftform nach Vereinbarung**

– Mündliche Absprachen des Mietvertrages werden vereinbarungsgemäß erst bei Vorliegen der schriftlichen Fassung wirksam. Die Schriftform hat rechtsbegründende Wirkung, d. h. mit der schriftlichen Abfassung entstehen Rechte und Pflichten von Mieter und Vermieter, vorher besteht kein Mietvertrag.

– Wird nach der mündlichen Einigung über den Vertragsgegenstand das Wirksamwerden des Vertrages nicht ausdrücklich von der Schriftform abhängig gemacht und lediglich „die schriftliche Abfassung des Vertrages" vereinbart, gilt der Vertrag mit der mündlichen Einigung bereits als abgeschlossen. Die schriftliche Abfassung hat lediglich klarstellende Bedeutung.

12.1.3.5 Verwendung von Formularmietverträgen

In der Praxis werden heute die meisten Mietverträge unter Verwendung von Formularverträgen abgeschlossen. Die vorgedruckten Vertragsformulare haben einen vorformulierten, typisierten Vertragsinhalt, dem sich die Mieter von Wohnraum heute weitgehend unterwerfen. Die einzelnen Vertragsbestimmungen werden nicht mehr wie früher zwischen den Parteien frei ausgehandelt. Obwohl die erhältlichen Formulare vielfach die Bezeichnung „Einheitsvertrag" tragen, weichen sie doch inhaltlich und in der Formulierung erheblich voneinander ab, so dass es zurzeit kein einheitliches Muster gibt. Auch der aufgrund langer Verhandlungen zwischen den Interessenverbänden 1976 herausgegebene Mustermietvertrag mit Änderungen unter Mitwirkung des Bundesjustizministeriums hat sich in der Praxis nicht allgemein durchsetzen können. In der Regel werden heute die vorformulierten Mietverträge von der Vermieterseite, z. B. den Haus- und Grundbesitzervereinen oder dem GdW Bundesverband deutscher Wohnungsunternehmen, verwandt. Auf diese vorformulierten Mietverträge finden die Bestimmungen über die Allgemeinen Geschäftsbedingungen Anwendung.

– Formularmietvertrag und Allgemeine Geschäftsbedingungen

Die Allgemeinen Geschäftsbedingungen verfolgen den Zweck, das wirtschaftliche und/oder intellektuelle Übergewicht des Verwenders (Vermieters) von Formularverträgen zu verhindern und zum Schutz des Verbrauchers (Mieters) ein ausreichendes Maß an Vertragsgerechtigkeit zu gewährleisten. Demgemäß müssen die Interessenverbände des Vermieters, die einseitig die Bedingungen eines Formularvertrages aufstellen, nach dem Grundsatz von Treu und Glauben schon beim Abfassen derartiger Bedingungen die Interessen ihrer künftigen Vertragspartner angemessen berücksichtigen (BGH, NJW 83, 159). Die Allgemeinen Geschäftsbedingungen gelten für den Bereich der Rechtsgeschäfte des täglichen Lebens, also auch des Mietrechts. Nach § 305 BGB sind Allgemeine Geschäftsbedingungen alle für eine Vielzahl von Verträgen vorformulierten Vertragsbedingungen, die eine Vertragspartei bei Abschluss eines Vertrages stellt. Dabei kommt es nicht darauf an, ob die Bestimmungen einen äußerlich gesonderten Bestandteil des Vertrages bilden oder in die Vertragsurkunde selbst aufgenommen werden. Damit sind die Vorschriften der Allgemeinen Geschäftsbedingungen nicht nur auf Geschäftsbedingungen i. e. S., d. h. auf das Kleingedruckte auf der Rückseite des Vertrages, sondern z. B. auf jegliche Art von Formular- oder sonstigen vorformulierten Verträgen anzuwenden.

– Individuell ausgehandelte Klauseln verdrängen Vordruck

Der Schutzzweck des § 305 BGB verbietet aber keineswegs bestimmte Absprachen zwischen den Vertragsparteien.

Das Gesetz schränkt auch keineswegs die Vertragsfreiheit mit so genannten Verbotsregelungen ein, sondern stellt durch ein ausreichendes Maß an Vertragsgerechtigkeit die Vertragsfreiheit sicher. Denn alles, was die Vertragspartner individuell als Vertragsregelung aushandeln, verdrängt stets den vorformulierten, im Vertragsformular stehenden anderweitigen Vertragstext. Das individuell Ausgehandelte hat Vorrang und ist stärker als jede anders lautende vorformulierte Vertragsregelung.

Die gesetzlichen Vorschriften, die das vorsehen, haben zur Folge, dass alle einzeln ausgehandelten Regelungen außerhalb der Beschränkungen des Gesetzes liegen.

Beispiel:
Sollte in einem Formularvertrag vorgesehen sein, dass der Mieter
- bei Einzug in die zu mietende Wohnung den Neuanstrich auf seine Kosten,
- sämtliche Anstriche, Erneuerungen und Reparaturen während der Mietzeit auf seine Kosten und
- bei Auszug die Wohnung neu herrichten soll,

so sind diese formularmäßigen Regelungen ein Verstoß gegen die Allgemeinen Geschäftsbedingungen. Werden sich dagegen Vermieter und Mieter durch individuelle Absprache, ohne den Text im Formularvertrag zu beachten, einig, dass der Mieter alle Anstriche beim Einzug, während der Mietzeit und beim Auszug vorzunehmen hat, ist diese Regelung vorrangig und damit rechtlich unbedenklich.

– Folgen der Unwirksamkeit von vorformulierten Vertragsklauseln

Verstößt ein Formularvertrag in einem oder mehreren Punkten gegen die gesetzlichen Regelungen über die Allgemeinen Geschäftsbedingungen, dann sind diese Vertragsbestandteile unwirksam, so dass für Vermieter und Mieter hieraus weder Rechte noch Pflichten entstehen.

<small>BGB § 306</small>

Bezüglich des Mietvertrages gilt:
Der abgeschlossene Mietvertrag bleibt als Ganzes bestehen. Die Vertragsbestandteile, die wegen des Verstoßes gegen die gesetzlichen Vorschriften über die Allgemeinen Geschäftsbedingungen unwirksam sind, werden durch die entsprechenden gesetzlichen Vorschriften des Mietrechts ersetzt.

Beispiel:
In einem Mietvertragsformular, das beim Mietvertragsabschluss benutzt wird, steht, dass der Mieter während der Mietzeit alle notwendigen Reparaturen in der Wohnung durchzuführen und sämtliche Kosten hierfür zu tragen hat.

Diese Vertragsklausel ist unwirksam, sie verstößt gegen § 307 BGB in Verbindung mit § 535 BGB. An die Stelle dieser unwirksamen Vertragsklausel tritt die gesetzliche Regelung nach § 535 BGB, wonach der Vermieter die vermietete Sache dem Mieter in einem zu dem vertragsmäßigen Gebrauch geeigneten Zustand zu überlassen und sie während der Mietzeit in diesem Zustand zu erhalten hat.

<small>BGB § 307
BGB § 535</small>

– Verbotsvorschriften

In den §§ 308 und 309 BGB sind Regelungen katalogisiert, die als Allgemeine Geschäftsbedingungen im Sinne des § 305 BGB nicht rechtswirksam vereinbart werden können. So ist z. B. in Allgemeinen Geschäftsbedingungen die Einräumung eines Rücktrittsrechts für die Vertragspartei, die das Formular stellt (Vermieter), ohne Rücksicht auf die Interessen der Vertragspartner (Mieter) unwirksam. Auch ist eine Klausel im Formularvertrag, durch die dem Mieter das Recht genommen wird, mit einer unbestrittenen oder rechtskräftig festgestellten Forderung aufzurechnen, unwirksam. Neben den in den §§ 308 und 309 BGB aufgeführten Verbotsnormen enthält der § 307 BGB eine Generalklausel. Sie normiert, dass Regelungen in Formularverträgen unwirksam sind, wenn sie den Vertragspartner entgegen den Geboten von Treu und Glauben unangemessen benachteiligen. Eine unangemessene Benachteiligung liegt vor, wenn die Klausel mit einem wesentlichen Grundgedanken der entsprechenden gesetzlichen Regelung (gesetzliches Leitbild) nicht zu vereinbaren ist oder wenn wesentliche Rechte und Pflichten, die sich aus der Natur des Mietverhältnisses ergeben, so eingeschränkt werden, dass die Erreichung des Vertragszweckes gefährdet ist.

<small>BGB
§§ 308, 309

BGB
§ 308 Nr. 3

BGB
§ 309 Nr. 3

BGB § 307,
Abs. 2 Nr. 1
Nr. 2</small>

Beispiel:
§ 535 BGB enthält folgenden wesentlichen Grundsatz des Mietrechts: Der Vermieter hat die vermietete Sache dem Mieter in einem zu dem vertragsgemäßen Gebrauch geeigneten Zustand zu überlassen und sie während der Mietzeit in diesem Zustand zu erhalten. Hierfür zahlt der Mieter als Gegenleistung die Miete.
Von diesem Grundsatz weicht eine Regelung ab, die dem Wohnungsmieter die Instandhaltung und/oder Erneuerung der Wohnung überträgt. Eine solche vorformulierte Vertragsbedingung ist nach § 307 BGB unwirksam.

<small>BGB § 535</small>

> ## Zusammenfassung
> ### Formularmietverträge und Allgemeine Geschäftsbedingungen
>
> ▶ **Geltungsbereich**
> - Nach § 305 BGB sind „Allgemeine Geschäftsbedingungen alle für eine Vielzahl von Verträgen formulierten Vertragsbedingungen, die eine Vertragspartei bei Abschluss eines Vertrages stellt".
> - Die Vorschriften über die Allgemeinen Geschäftsbedingungen sind somit nicht nur auf die Geschäftsbedingungen i. e. S. anzuwenden, sondern auf die Formularmietverträge insgesamt.
>
> ▶ **Individuell ausgehandelte Klauseln verdrängen Vordruck**
> - Der individuell ausgehandelte Vertragstext hat Vorrang und ist stärker als jede anderslautende vorformulierte Vertragsregelung.
> - Die Vorschriften in den §§ 305 Abs. 2 und 305 b BGB haben zur Folge, dass alle einzeln ausgehandelten Regelungen außerhalb der Kontrollen und Beschränkungen der Vorschriften über die Allgemeinen Geschäftsbedingungen liegen.
>
> ▶ **Folgen bei Unwirksamkeit von vorformulierten Vertragsklauseln**
> - Verstoßen Vertragsbedingungen des Formularvertrages gegen die Vorschriften über die Allgemeinen Geschäftsbedingungen, dann sind diese Vertragsbestandteile gem. § 306 BGB unwirksam.
> - Es gelten dann die entsprechenden gesetzlichen Vorschriften des Mietrechts.
>
> ▶ **Verbotsvorschriften**
> - Nach der Generalklausel des § 307 BGB sind alle Regelungen in Formularmietverträgen unwirksam, die den Vertragspartner entgegen den Geboten von Treu und Glauben benachteiligen.
> - In den §§ 308 und 309 BGB sind die Regelungen aufgelistet, die in Formularmietverträgen nicht rechtswirksam vereinbart werden können.

12.1.3.6 Inhalt des Mietvertrages

Der Mietvertrag als zweiseitiges Rechtsgeschäft regelt die Rechte und Pflichten von Vermieter und Mieter, und zwar in der Weise, dass aufgrund der gegenseitigen Abhängigkeiten die Pflichten des einen in der Regel die Rechte des anderen sind.

- **Die Pflichten des Vermieters**

BGB § 535

Die Hauptpflichten des Vermieters ergeben sich aus dem § 535 BGB. Hiernach muss er die vermietete Sache dem Mieter in einem zu dem
- vertragsgemäßen Gebrauch geeigneten Zustand überlassen und
- während der Mietzeit in diesem Zustand erhalten.

- **Gebrauchsüberlassungspflicht**

Aus dem Vertrag ist der Vermieter zunächst verpflichtet, dem Mieter den von ihm vermieteten Wohnraum zu überlassen. Diese Überlassungspflicht erfüllt der Vermieter dadurch, dass er dem Mieter den Besitz an der Wohnung verschafft, d. h. die

Möglichkeit des Einzugs sicherstellt und somit der Mieter mit dem Einzug unmittelbaren Besitz erlangt.

- **Zur Wohnung gehörende Räume**

Die Überlassungspflicht des Vermieters erstreckt sich auch auf die zur Wohnung gehörenden Räume wie Trockenboden, Keller, soweit diese Räume mitvermietet wurden.

Der Mieter kann auch erwarten, dass der Vermieter ihm die Gemeinschaftseinrichtungen zugänglich macht, die er benötigt, um die gemietete Wohnung ungestört zu nutzen, wie Treppenhaus, Fahrstuhl, Gemeinschaftswaschküche.

- **Übergabetermin**

Der Vermieter hat dem Mieter den gemieteten Wohnraum zum vertraglich vorgesehenen Termin zu übergeben.

Beispiel:
Vereinbaren die Vertragsparteien, dass die Wohnung dem Mieter am 1. 4. 20... überlassen werden soll, und ist der Vermieter hierzu nicht in der Lage, gerät er ohne Mahnung des Mieters in Verzug. Nach § 286 Abs. 1 BGB kann der Mieter den Ersatz des Verspätungsschadens verlangen.
Er kann aber auch ggf. Schadensersatz wegen Nichterfüllung oder nach Nachfristsetzung und Androhung nach Fristablauf die Leistung abzulehnen, das Mietverhältnis kündigen.
Der Mieter hat aber auch im Falle der nicht rechtzeitigen Überlassung der Wohnung das Recht, auf Erfüllung des Vertrages zu bestehen und die Mietzahlung zu verweigern, bis der Vermieter ordnungsgemäß erfüllt und die Wohnräume überlässt.

- **Schadensersatzanspruch**

Ein Schadensersatzanspruch des Mieters bei nicht rechtzeitiger Überlassung der Wohnräume setzt ein Verschulden des Vermieters voraus. Ist jedoch durch die Vertragspartner des Wohnraummietvertrages der Einzugstermin des Mieters genau terminiert (s. Beispiel), garantiert der Vermieter den Einzugstermin, so dass der Vermieter dem Mieter auch ohne Verschulden auf Schadensersatz haftet.

- **Schlüsselübergabe**

Zur Überlassungspflicht des Vermieters, den Gebrauch der Miträume zu gewährleisten, gehört die Schlüsselübergabe. Neben den Schlüsseln der Wohnung ist der Mieter berechtigt, vom Vermieter auch die Schlüssel für die zugehörigen Räume zu fordern, wie Trockenboden, Keller usw. Zweitschlüssel darf der Vermieter nicht gegen den Willen oder ohne Wissen des Mieters anfertigen oder in seinem Besitz halten. Dies ist nur mit Einwilligung des Mieters möglich. Bei Verlust von Schlüsseln kann der Vermieter unter Umständen den Einbau eines neuen Schlosses verlangen, i. d. R. ist lediglich ein neuer Schlüssel zu beschaffen.

- **Vertragsgemäßer Zustand**

Die Überlassung der Wohnung hat im vertragsgemäßen Zustand zu erfolgen. Der vertragsgemäße Zustand ergibt sich aus den vertraglichen Vereinbarungen der Parteien. Grundsätzlich hat der Vermieter Mängel vor der Überlassung der Wohnräume zu beseitigen. Die Überlassung im vertragsgemäßen Zustand beinhaltet, dass die Wohnung sich in einem solchen Zustand befinden muss, dass dem Mieter zugemutet werden kann, in die Wohnräume einzuziehen. In der Regel hat vor der Anmietung eine Besichtigung der Wohnung stattgefunden. Der Mieter kann daher annehmen, dass der Zustand der Wohnung, der zum Zeitpunkt der Besichtigung bestand als vereinbart gilt. Ansonsten kann der Mieter davon ausgehen, dass ihm eine Wohnung überlassen wird, die einem allgemein üblichen Zustand entspricht.

- **Übergabeprotokoll**

Heute ist es üblich, vor der Übergabe der Wohnung eine Besichtigung vorzunehmen und ein Übergabeprotokoll anzufertigen. In diesem Protokoll werden etwaige Mängel festgehalten und festgelegt, wer diese Mängel zu beseitigen hat. Liegt die Mängelbeseitigung beim Vermieter, wird auch der Termin der Mängelbeseitigung festgeschrieben (Übergabeprotokoll vgl. Muster im Mietvertragsmuster am Ende des Kapitels).

- **Instandhaltungs- und Instandsetzungspflicht**

BGB § 535

In § 535 BGB ist die Hauptpflicht des Vermieters festgelegt, dem Mieter den Gebrauch der Mietwohnung während der Mietzeit zu gewähren.

Mit dem Begriff „gewähren" wird verdeutlicht, dass die Pflicht des Vermieters nicht nur in der einmaligen Handlung des Überlassens besteht, sondern der Vermieter während der gesamten Mietzeit dem Mieter den vertragsgemäßen Gebrauch ermöglichen muss und ggf. hierfür auch zu einem positiven Tun verpflichtet ist. Er muss also die Sache beim Mieter belassen. Daneben hat der Vermieter umfangreiche Nebenpflichten, wie z. B. Verkehrssicherungs-, Fürsorge- und Überwachungspflichten. Der Vermieter hat die Mietsache dem Mieter jedoch nicht nur zu gewähren, sondern sie ihm auch in einem zum vertragsgemäßen Gebrauch geeigneten Zustand zu überlassen und sie während der Mietzeit in diesem Zustand zu erhalten. Die Erhaltungspflicht betrifft insbesondere die Instandhaltung und die Instandsetzung der Mietsache sowie die Pflicht zur Unterlassung und Abwehr von Störungen des Mietgebrauchs.

- **Instandhaltung**

Unter Instandhaltung ist die Summe aller Maßnahmen zu verstehen, die erforderlich sind, um die Wohnräume im vertragsgemäßen Zustand zu halten. Hierunter versteht man z. B. die laufend anfallenden Reparaturen an Fenstern und Türen, die periodisch anfallenden Außenanstriche der Fenster, Innenanstriche der Treppenhäuser usw.

- **Instandsetzung**

Unter Instandsetzung versteht man die Behebung von baulichen Mängeln, insbesondere von Mängeln, die infolge Abnutzung, Alterung, Witterungseinflüssen oder Einwirkungen Dritter sowie durch Brand oder höhere Gewalt entstanden sind, zur Wiederherstellung des bestimmungsgemäßen Gebrauchs. Da die Erhaltung des Gebrauchswertes Aufgabe des Vermieters ist, geht die Abnutzung der Mietsache aufgrund des vertragsgemäßen Gebrauchs zu Lasten des Vermieters, es sei denn, im Vertrag sind in Bezug auf Kleinreparaturen und Schönheitsreparaturen andere Regelungen getroffen (siehe hierzu 12.1.3.7). BGB § 538

- **Sonstige Nebenpflichten des Vermieters**

Der Vermieter hat neben den Hauptpflichten des § 535 BGB auch vertragliche Nebenpflichten zu erfüllen, die sich aus dem Sinn und Zweck des Mietvertrages herleiten, die sich aber insbesondere daraus ergeben, dass das Mietverhältnis auch ein Dauerschuldverhältnis ist. Der Mietvertrag ist nicht auf einen punktuellen Leistungsaustausch ausgerichtet wie z. B. der Kaufvertrag, sondern ist vielmehr fortdauernd angelegt. Somit bestehen für den Vermieter aus dem abgeschlossenen Mietvertrag noch weitere Pflichten, sog. Nebenpflichten.

- **Durchsetzung des bestimmungsgemäßen Gebrauchs**

Der Mietvertrag als Dauerschuldverhältnis und der Inhalt der Gebrauchsgewährungspflicht, dass der Vermieter für den bestimmungsgemäßen Gebrauch der Wohnungen zu sorgen hat, zwingt den Vermieter, seine Mieter vor Störungen zu schützen, die über das übliche Maß hinausgehen. So muss der Vermieter gegen Störungen einschreiten, die den einzelnen Mieter im Genuss oder in der Benutzung seiner Mietwohnung beeinträchtigen. So hat er z. B. gegen Lärmstörungen durch Feiern, zu lautes Musizieren nach 22.00 Uhr, Hundegebell usw., gegen Beeinträchtigungen durch Kleintierhaltung, Einschleppen von Ungeziefer u. a. mit einer Abmahnung und ggf. mit einer Unterlassungsklage vorzugehen.

- **Verkehrssicherungspflichten**

Weiterhin hat der Vermieter aus dem mit dem Mieter geschlossenen Mietvertrag eine Verkehrssicherungspflicht. Sie soll es dem Mieter ermöglichen, die angemieteten Wohnräume gefahrlos zu benutzen. Der Grundgedanke der Verkehrssicherungspflicht ist, dass derjenige, der Gefahrenquellen schafft, auch dafür zu sorgen hat, dass die notwendigen Schutzvorkehrungen getroffen werden. Beim Mietverhältnis ist es daher die Pflicht des Vermieters, Gefahren zu vermeiden bzw. entstandene Gefahrenquellen zu beseitigen. Die Verkehrssicherungspflicht bezieht sich nicht nur auf die eigentlich angemietete Wohnung und die mitvermieteten Räume wie Keller, Garage, sondern auch auf die Zugänge, Treppen, Hausflure, Hofraum, Garten, Fahrstuhl und die sonstigen, der gemeinschaftlichen Nutzung dienenden Einrichtungen wie Fahrradkeller etc.

Damit verbunden, ergeben sich für den Vermieter weitere Pflichten wie Reinigung und Freihaltung der Gehwege vor den Häusern, der Hauszugänge und Vorplätze gem. Ortssatzung sowie Sicherstellung einer ausreichenden Beleuchtung der allgemein zugänglichen Teile des Mietobjektes wie Flure, Treppen und Zugangswege zum Grundstück. Es besteht für den Vermieter jedoch die Möglichkeit, bestimmte Verkehrssicherungspflichten auf Mieter zu übertragen, z. B. Austausch von Glühbirnen, Schneeräumpflicht. Treffen Vermieter und Mieter eine Vereinbarung zur Übertragung einer Verkehrssicherungspflicht, bleibt der Vermieter verpflichtet, den Mieter zu überwachen (vgl. BGB ZMR 1962, 179). Unterlässt der Vermieter eine sorgfältige Überwachung, trifft ihn ein Verschulden wegen unzureichender Überwachung (Überwachungsverschulden).

Beispiel:
Überträgt der Vermieter die Schneeräumpflicht einem Mieter persönlich, der schon sehr alt ist und daher altersbedingt und krankheitsbedingt häufig der Schneeräumpflicht nicht nachkommen kann, haftet der Vermieter im Schadensfall, weil ihn ein Verschulden bei der Auswahl des Mieters trifft (Auswahlverschulden).

· Fürsorge- und Treuepflicht

Im Rahmen des Mietverhältnisses, das auf Dauer angelegt ist, bestehen für die Vertragsparteien Fürsorge- und Treuepflichten. So hat z. B. der Vermieter eine bestimmte Aufklärungs- und Informationspflicht vor und bei Durchführung von Modernisierungsmaßnahmen bei einer Wohnung oder Siedlung.

BGB § 534 Abs. 3

Auch gehört es zur Fürsorgepflicht des Vermieters, z. B. in Bezug auf die Erlaubnis zur Hundehaltung an alle Mieter einen gleichen Maßstab anzulegen.

· Tragung der auf der Mietsache ruhenden Lasten

BGB § 535 Abs. 1 Satz 3

Nach § 535 BGB hat der Vermieter die auf der Mietsache ruhenden Lasten zu tragen. Falls vertraglich nichts anderes vereinbart ist, sind die Lasten öffentlich-rechtlicher Art (Grundsteuer, Schornsteinfegergebühr, Müllabfuhrgebühr, Kanalisationsgebühr, Straßenreinigungsgebühr) und Lasten privatrechtlicher Natur (Kapitalkosten, Instandhaltungskosten, übrige Betriebskosten) vom Vermieter zu tragen.

· Verwendungsersatz

BGB § 536a Abs. 2

Nach § 536 a Abs. 2 BGB ist der Vermieter verpflichtet, dem Mieter die auf die Mietsache gemachten notwendigen Verwendungen zu ersetzen. Hat z. B. der Mieter bei seiner Wohnung Maßnahmen durchführen lassen, die der Erhaltung oder Wiederherstellung der Bewohnbarkeit dienten, besteht ein Ersatzanspruch des Mieters für diese „notwendigen Verwendungen". Hat der Mieter dagegen Aufwendungen vorgenommen, durch die die Mietsache lediglich in einen auch zum vertragsgemäßen Gebrauch geeigneten Zustand versetzt werden sollte, oder wurden z. B. bauliche

BGB § 539 Abs. 1

Maßnahmen im Bad durchgeführt, die der Mieter ausschließlich im eigenen Interesse vorgenommen hat, so ist bei diesen sonstigen Aufwendungen zu prüfen, ob ein Ersatzanspruch des Mieters für die getätigten Aufwendungen besteht. Die Verpflichtung des Vermieters zum Ersatz bestimmt sich hier nach den Vorschriften der Geschäftsführung ohne Auftrag aus § 683 BGB. Sie setzt voraus, dass die getroffenen Maßnahmen dem Interesse und dem wirklichen Willen des Vermieters entsprachen.

Ausschluss der Gewährleistungsrechte

Der Vermieter ist nicht verpflichtet, eine Minderung der Miete, Schadensersatz oder Aufwendungsersatz hinzunehmen, wenn der Mieter den Mangel an der Mietsache bei Vertragsabschluss kannte. Ist dem Mieter ein wesentlicher Mangel infolge grober Fahrlässigkeit unbekannt geblieben, oder nimmt er die mangelhafte Mietsache an, obwohl er den Mangel kennt, so ist der Vermieter nur verpflichtet, Ansprüche aus Sachmängelhaftung oder Schadensersatz wegen Nichterfüllung zu erfüllen, wenn der Mieter sich diese Rechte beim Einzug ausdrücklich oder zumindest durch schlüssiges Verhalten vorbehalten hat oder wenn der Vermieter die Mängelfreiheit ausdrücklich zugesichert oder den Mangel arglistig verschwiegen hat.

BGB § 536b

Zusammenfassung
Pflichten des Vermieters aus dem Mietvertrag

Gebrauchsüberlassungspflicht
- Überlassung des Wohnraumes,
- Überlassung der zur Wohnung gehörenden Räume (Trockenboden, Keller, Gemeinschaftseinrichtungen),
- Überlassung zum vertraglich vorgesehenen Termin,
- Schadensersatzpflicht bei nicht termingemäßer Überlassung,
- Schlüsselübergabe gehört zur Gewährung des Gebrauchs der Mietsache,
- Überlassung der Wohnung hat im vertragsgemäßen Zustand zu erfolgen,
- Übergabeprotokoll erfolgt, um ordnungsgemäße Übergabe sicherzustellen.

Instandhaltungs- und Instandsetzungspflicht
- Während der Mietdauer ist die Mietsache im vertragsgemäßen Zustand zu erhalten,
- Abnutzung der Mietsache aufgrund des vertragsgemäßen Gebrauchs geht zu Lasten des Vermieters (Ausnahme: Kleinreparaturen und Schönheitsreparaturen sind vertraglich auf den Mieter übertragen).

Sonstige Pflichten
- Durchsetzung des bestimmungsgemäßen Gebrauchs bei Beeinträchtigung des Mieters in der Nutzung durch Lärm, Musizieren, Geruch usw.,
- Verkehrssicherungspflicht, die den Mieter vor Gefahren bei der Nutzung der Mietsache schützt,
- Fürsorge und Treuepflicht,
- Tragung der auf der Mietsache ruhenden Lasten,
- Verwendungsersatz für durchgeführte Maßnahmen des Mieters in seiner Wohnung.

Die Pflichten des Mieters

Zahlung der Miete

BGB § 535 Abs. 2

Als Gegenleistung für die Gebrauchsgewährung besteht die Hauptpflicht des Mieters in der Entrichtung der vereinbarten Miete.

Bei Abschluss des Mietvertrages ist es nicht erforderlich, bereits die Miethöhe zu bestimmen, es ist ausreichend, dass die Miethöhe zumindest bestimmbar ist (vgl. Palandt/Putzer, § 535 Rdnr. 30).

Miete und Nebenkosten

Mit der Miete sind gleichzeitig die vertraglich vereinbarten Nebenkostenpauschalen oder Vorauszahlungen zu entrichten.

Erfüllungsort der Mietzahlung

BGB § 270

Erfüllungsort der Mietzahlung ist der Ort, an dem der Mieter seinen Wohnsitz hat. Bei der Mietzahlung handelt es sich nach herrschender Meinung um eine Schickschuld, d. h. der Mieter trägt die Transportgefahr und hat die Miete auf seine Kosten und Gefahr an den Vermieter zu übermitteln. Er erfüllt seine Übermittlungspflicht, indem er rechtzeitig an seinem Wohnort alles Erforderliche zur Übermittlung des Miete tut (Dauerauftrag, Einzahlung).

Fälligkeit

BGB § 543 Abs. 2

Der Zeitpunkt der Fälligkeit der Miete kann im Mietvertrag beliebig festgelegt werden. In den üblichen Formularverträgen ist diesbezüglich vereinbart, dass die Miete spätestens am 3. Werktag eines Monats im Voraus zu zahlen ist. Ist der letzte Tag der Frist ein Sonnabend, Sonntag oder Feiertag, gilt erst der nächste Werktag als Tag des Fristablaufs. Nach Ablauf dieser Frist gerät der Mieter bei Nichtzahlung in Verzug. Befindet sich der Mieter mit der Zahlung der Miete in Verzug, ist der Vermieter nach § 543 Abs. 2 BGB berechtigt, das Mietverhältnis ohne Einhaltung einer Kündigungsfrist zu kündigen.

Bei der Fälligkeitsvereinbarung muss dem Mieter das Recht zur Aufrechnung mit Gegenforderungen eingeräumt werden.

Nebenpflichten des Mieters

Obhutspflicht des Mieters

Mit der Vermietung gibt der Vermieter die Mietwohnung in die Obhut des Mieters. Da der Mieter für die Dauer der Mietzeit die Mietsache (das Eigentum) des Vermieters zum Gebrauch erhält, ist er verpflichtet, mit der ihm überlassenen Sache sorgfältig und pfleglich umzugehen, vor Gefahren zu schützen und bestimmungsgemäß zu nutzen.

Zwischen Vermieter und Mieter entsteht ein Vertrauensverhältnis, das gepflegt und nicht gestört werden sollte. Dazu gehört u. a. auch, dass der Mieter auf die Interessen des Vermieters und der anderen Mitbewohner Rücksicht nimmt.

- **Beginn der Pflichten**

Die Obhuts- und Anzeigepflichten beginnen nicht erst mit dem Abschluss des Mietvertrages, sondern bereits zu dem Zeitpunkt, zu dem die Mietsache dem Mieter überlassen wird. Dies kann ggf. bereits vor Vertragsbeginn der Fall sein. Nach Beendigung des Vertrages wirken die Obhutsund Anzeigepflichten solange nach, wie der Mieter die Räume in seinem Besitz hat.

- **Umfang der Pflichten**

Der Umfang der Obhuts- und Anzeigepflichten erstreckt sich nicht nur auf die unmittelbar angemietete Wohnung, sondern die Pflichten bestehen für alle Räume des Hauses, an denen der Mieter ein Mitbenutzungsrecht hat, wie z. B. Flure, Treppen, Waschküche, Trockenraum usw.

- **Inhalt der Obhutspflicht**

Die Obhutspflicht besteht inhaltlich darin, dass der Mieter jeden unangemessenen Gebrauch der Mietsache zu unterlassen und sie nach Möglichkeit vor Schäden zu bewahren hat.

Hieraus ergeben sich im Einzelnen z. B.:
- Der Mieter einer Wohnung ist verpflichtet, die Räume pfleglich zu behandeln, zu lüften, in bestimmten Zeitabständen zu reinigen, mit Elektrizität und Gas sorgfältig umzugehen und die sanitären Anlagen schonend zu benutzen.
- Der Mieter hat Vorkehrungen zur Vermeidung von Schäden zu treffen, wie Feststellen offener Fensterflügel, Schließen der Fenster bei Unwetter, Ablassen von Wasser aus Leitungen bei Frostgefahr.
- Sorgfältige Überwachung des Betriebs von Spül- und Waschmaschinen.
- Bei längerer Abwesenheit hat der Mieter für die Betreuung der Wohnung zu sorgen und z. B. seinen Wohnungsschlüssel dem Vermieter oder einer Person seines Vertrauens zu übergeben, um etwaige in der Zwischenzeit auftretende Mängel in den angemieteten Räumen zu erkennen, ggf. zu beheben oder gar Gefahren abzuwenden.

Im Interesse einer ordnungsmäßigen Bewirtschaftung und mit Rücksicht auf die Gesamtheit der Mieter in einem Wohnhaus kann der Vermieter mit Vertragsabschluss den Mietgebrauch in bestimmter Weise einschränken.

Der Vermieter kann vertraglich vom Mieter für bestimmte Handlungen seine schriftliche **Zustimmung** fordern, z. B. wenn der Mieter
- die Wohnung oder einzelne Räume entgeltlich oder unentgeltlich Dritten überlässt, es sei denn, es handelt sich um eine unentgeltliche Aufnahme von angemessener Dauer (Besuch);
- die Wohnung zu anderen als Wohnzwecken benutzt;

- Schilder (ausgenommen übliche Namensschilder an dafür vorgesehenen Stellen), Aufschriften oder Gegenstände jeglicher Art am Haus oder auf dem Grundstück anbringt;
- Waschmaschinen, Trockenautomaten, Geschirrspülmaschinen aufstellt;
- Antennen anbringt oder verändert;
- in den Mieträumen, im Haus oder auf dem Grundstück außerhalb vorgesehener Park-, Einstell- oder Abstellplätze ein Kraftfahrzeug, Moped oder Mofa abstellen will;
- Um-, An- und Einbauten sowie Installationen vornimmt, die Mieträume, Anlagen oder Einrichtungen verändern;
- Heizöl oder andere feuergefährliche Stoffe lagern oder
- weitere Schlüssel anfertigen will.

Damit wird vom Vermieter der angemessene Gebrauch der Mietsache beschrieben und vertraglich fixiert.

Da Vereinbarungen über Verbote des Mietgebrauchs ihre Grenzen in den grundrechtlichen Wertvorstellungen über das Recht zur freien Entfaltung der Persönlichkeit finden, kann die Zustimmung zu den oben genannten Handlungen grundsätzlich nur verweigert werden, wenn sachliche Gründe vorliegen, z. B. Belästigungen anderer Hausbewohner oder Beeinträchtigungen der Mietsache und des Grundstücks zu erwarten sind.

BGB § 307

Eine darüber hinausgehende vertragliche Einschränkung wäre demgemäß insbesondere nach § 307 BGB unwirksam. So kann z. B. das Aufstellen von Waschmaschinen, Trockenautomaten oder Geschirrspülern grundsätzlich nur dann versagt werden, wenn schwerwiegende Gründe ein solches Verbot rechtfertigen.

Zum unangemessenen und **vertragswidrigen Gebrauch** der Mietsache zählen z. B.:
- Waschen und Trocknen von Wäsche (mit Ausnahme sog. kleiner Wäsche) in der Wohnung,
- Vernachlässigung der gebotenen Sorgfaltspflicht, daher Ungezieferbefall oder Überlaufen und Verschütten von Wasser mit der Gefahr von Fäulnisbildung und Hausschwamm,
- Vornahme baulicher Veränderungen in der Wohnung ohne Kenntnis des Vermieters,
- Gewerbliche Nutzung von Räumen der Wohnung,
- Untervermietung ohne Einwilligung des Vermieters,
- Tätlichkeiten, Beleidigungen und erhebliche Belästigungen gegenüber Mitbewohnern und Vermieter.

- **Anzeigepflicht**

BGB § 536c

Die Anzeigepflicht ist ein besonderer Fall der Obhutspflicht. Der Mieter muss dem Vermieter unverzüglich von Mängeln oder nicht vorhergesehenen Gefahren für die Mietsache Mitteilung machen. Dem Vermieter, der oftmals nicht im Hause wohnt oder auch eine behebbare Gefährdung übersieht, muss Gelegenheit gegeben werden, für Abhilfe zu sorgen.

Die Anzeigepflicht für den Mieter erstreckt sich im Wesentlichen auf die folgenden drei Sachbereiche:

1. **Bei jedem auch kleineren Mangel der Mietsache,**
   z. B. tropfendem Wasserhahn, Mauerrissen, Schwammverdacht.
   Bei der Mietwohnung gilt das nicht nur für die vom Mieter genutzten Räume, sondern auch für die mitbenutzten Bereiche wie z. B. Treppen, Hauseingang, Waschraum.
2. Wenn der Mietsache eine **unvorhersehbare Gefahr** droht, z. B. Sturmschaden am Dach, Wassereinbruch, undichter Öltank.
   Die Anzeigepflicht besteht auch dann, wenn der Mieter durch diese Gefahr in seinem Mietgebrauch nicht unmittelbar gestört ist.
3. Wenn **ein Dritter ein Recht** an der Mietsache geltend macht, z. B. Reklameanbringung an der Außenwand, Versetzung des Zaunes, Abstellen eines Pkw auf dem Zufahrtsweg zum Grundstück.

Erlangt der Mieter von einem dieser drei Tatbestände Kenntnis, hat er dem Vermieter unverzüglich schriftlich oder mündlich eine Anzeige zu machen. Kommt der Mieter seiner Anzeigepflicht bewusst, nachlässig oder leichtfertig nicht nach, können ihm erhebliche Nachteile entstehen. Der Vermieter muss allerdings beweisen können, dass der Mieter den Mangel gekannt hat oder ihn hätte kennen müssen. In einem solchen Fall muss der Mieter den entstandenen Schaden ersetzen. Auch kann der Mieter sich wegen der nicht angezeigten Mängel oder Gefahren nicht auf Mietminderung berufen oder Schadensersatz wegen Nichterfüllung verlangen.

BGB §§ 536, 536a

- **Duldungspflichten**

Maßnahmen zur Instandhaltung und Instandsetzung hat der Mieter stets zu dulden. Es handelt sich hierbei um solche Arbeiten, durch die der vertragsgemäße Zustand der Mietsache erhalten oder wiederhergestellt werden soll, also Wartungs- und Reparaturarbeiten.

BGB § 554

Maßnahmen, die zur nachhaltigen Verbesserung der gemieteten Räume oder sonstiger Teile des Gebäudes sowie zur Einsparung von Heizenergie dienen (Modernisierung), hat der Mieter grundsätzlich zu dulden, es sei denn, dass die Durchführung der Maßnahme für den Mieter oder seine Familie eine besondere Härte darstellen würde.

So entfällt die Duldungspflicht dann, wenn
1. die vorzunehmenden Arbeiten, z. B. einen Mieter im hohen Lebensalter durch Schmutz und Lärm erheblich belästigen;
2. die baulichen Folgen, z. B. Einbau von neuen Fenstern und Türen im Winter nicht zumutbar ist oder Umbau der Wohnung so vorgenommen wird, dass sie mit dem ursprünglichen Vertragsgegenstand nicht mehr vergleichbar ist, indem eine größere Wohnung in Appartements aufgeteilt wird;
3. vorangegangene Verwendungen des Mieters vorliegen, z. B. eine Zentralheizung eingebaut werden soll, der Mieter aber erst kürzlich mit Einwilligung des Vermieters eine Etagenheizung eingebaut hat;
4. die Erhöhung des Mietzinses, z. B. von einer bisherigen Miete von 350,00 € auf 600,00 € zu erwarten ist.

Die zu erwartende Mieterhöhung bleibt nach § 554 Abs. 2 BGB dann unberücksichtigt, wenn die gemieteten Räume lediglich in einen Zustand versetzt werden, wie es allgemein üblich ist.

Der Vermieter hat dem Mieter drei Monate vor Beginn der Maßnahme Art, Umfang, Beginn und voraussichtliche Dauer sowie die zu erwartende Erhöhung der Miete in Textform mitzuteilen.

Unterbleibt die Mitteilung, so ist der Mieter nicht zur Duldung der Modernisierung verpflichtet. Dies gilt auch, wenn die Mitteilungspflicht nur unzulänglich erfüllt wird.

Will der Mieter sich nicht den Modernisierungsmaßnahmen seiner Wohnung aussetzen, ist er berechtigt, bis zum Ablauf des Monats, der auf den Zugang der Mitteilung folgt, für den Ablauf des nächsten Monats zu kündigen. Der Vermieter hat dann bis zum Ablauf der Mietzeit die Modernisierungsmaßnahme zu unterlassen. Dies gilt nicht bei kleineren Maßnahmen, die mit keinen oder nur unerheblichen Einwirkungen auf die Mieträume verbunden sind und zu keiner oder nur zu einer unerheblichen Mieterhöhung führen.

<small>BGB § 554, Abs. 2</small>

Die Duldungspflicht des Mieters schließt seine Ansprüche auf einen Wertausgleich für Nachteile, die er durch die Verbesserungsmaßnahmen erlitten hat, nicht aus.

Auch kann der Mieter für Aufwendungen angemessenen Ersatz verlangen, die infolge der Maßnahmen unmittelbar erforderlich waren, wie z. B. Aufwendungen für Hotelunterkunft. Durch BGB § 554, Abs. 4 die Duldungspflicht einer Modernisierungs- und Energieeinsparungsmaßnahme ergibt sich für den Mieter i. d. R. eine zu akzeptierende Mieterhöhung.

<small>BGB § 559b</small>

Wird die voraussichtliche Mieterhöhung dem Mieter vom Vermieter nicht mitgeteilt oder weicht die Mieterhöhung gegenüber der mitgeteilten voraussichtlichen Mieterhöhung um mehr als 10 % nach oben ab, wird die Mieterhöhung erst 6 Monate später wirksam.

Bei öffentlich geförderten Wohnungen sind die Modernisierungsmaßnahme und die voraussichtliche Mieterhöhung von der Bewilligungsbehörde zu genehmigen.

- **Betreten und Besichtigen der Mieträume durch den Vermieter**

Der Mieter hat das Betreten und Besichtigen der Mieträume durch den Vermieter unter bestimmten Voraussetzungen zu dulden. In folgenden Fällen ist ein Besichtigungsrecht des Vermieters allgemein anerkannt, eine ausdrückliche Vereinbarung kann, muss jedoch nicht im Mietvertrag getroffen worden sein.

- Der Vermieter darf in der Wahrnehmung seiner Instandhaltungspflicht und Verkehrssicherungspflicht die Wohnung des Mieters betreten. Es ist daher nicht nur gerechtfertigt, das Besichtigungsrecht bei Vorliegen z. B. eines Wasserrohrbruches, Frostschadens, vom Mieter geltend gemachten Instandsetzungsanspruch wahrzunehmen, sondern es ist vom Vermieter auch zum Zwecke der Begutachtung, ob die Schönheitsreparaturen durchgeführt worden sind, auszuüben. Eine allgemeine Besichtigung wird in Abständen von 2 Jahren als zulässig angesehen.

- Ist das Mietverhältnis gekündigt oder ist der Mieter darüber unterrichtet, dass der Vermieter das Haus verkaufen will, muss der Mieter dafür sorgen, dass die Mietwohnung während der ortsüblichen Besuchszeiten (i. d. R. wochentags 10.00 Uhr bis 13.00 Uhr und 15.00 Uhr bis 18.00 Uhr) vom Vermieter und den Kauf- oder Mietinteressenten besichtigt werden kann. Der Mieter ist 24 Std. vorher vom Besuchstermin zu benachrichtigen.

- Sollte der Mieter abwesend sein (Urlaub, Reise), muss er die Schlüssel dem Vermieter oder einer Vertrauensperson zurücklassen. Interessenten haben nur Zutritt zur Wohnung in Begleitung des Vermieters oder nach vorheriger Benachrichtigung durch den Vermieter unter Vorlage eines Ausweises.

- Ist das Mietverhältnis gekündigt und bestehen erhebliche Mietrückstände, so kann der Vermieter in Begleitung eines Zeugen vor Auszug Zutritt zur Wohnung verlangen, um von seinem Pfandrecht Gebrauch zu machen (§ 562 BGB, vgl. auch Vermieterpfand und Selbsthilferecht, Kapitel 12.1.3.6).

  BGB § 562

- Andererseits steht dem Vermieter, auch wenn keine Mietrückstände vorliegen, ein Besichtigungsrecht zu, um den ordnungsgemäßen Zustand der Räume zu überprüfen und den Mieter zur rechtzeitigen Erfüllung seiner Pflichten bei der Rückgabe der Wohnung anzuhalten.

- Verweigert der Mieter den Zutritt zur Wohnung, darf sich der Vermieter keineswegs mit Gewalt Zutritt verschaffen (Hausfriedensbruch), sondern muss die Verurteilung des Mieters zur Duldung durch ein Gericht bewirken (in Eilfällen durch eine einstweilige Verfügung).

Zusammenfassung
Pflichten des Mieters aus dem Mietvertrag

▶ **Pflicht zur Zahlung der Miete**
- Die Miete ist mit den Nebenkosten nach üblicher Vereinbarung gleichzeitig zu entrichten,
- Erfüllungsort für Mietzahlung ist Wohnsitz des Mieters (Mietschulden sind Schickschulden),
- Die Miete ist am 3. Werktag des Monats im Voraus zu zahlen.

▶ **Obhuts- und Anzeigepflichten**
- Umfang der Pflichten erstreckt sich auf die angemietete Wohnung und alle Räume, an welchen ein Mitbenutzungsrecht besteht,
- Inhalt der Obhutspflicht besteht darin, dass der Mieter jeden unangemessenen Gebrauch der Mietsache zu unterlassen und sie vor Schäden zu bewahren hat,
- Der Vermieter kann vom Mieter vertraglich für bestimmte Handlungen seine schriftliche Zustimmung fordern, z. B. Untervermietung, gewerbliche Nutzung, Veränderung der Mietsache durch Um-, An- und Einbauten usw.
- Die Anzeigepflicht besteht
  - bei jedem auch kleineren Mangel an der Mietsache,
  - wenn der Mietsache unvorhergesehene Gefahr droht,
  - wenn Dritte ein Recht an der Mietsache geltend machen.

▶ **Duldungspflichten**
- Maßnahmen zur Instandhaltung und Instandsetzung hat der Mieter stets zu dulden,
- Modernisierungsmaßnahmen sind vom Mieter grundsätzlich zu dulden, es sei denn,
  - Arbeiten sind für Mieter eine erhebliche Belästigung z. B. durch Schmutz und Lärm,
  - die baulichen Folgen sind nicht zumutbar, z. B. Einbau neuer Fenster im Winter,
  - es liegen vorangegangene Verwendungen des Mieters vor, wie z. B. kürzlicher Einbau eines Bades mit Zustimmung des Vermieters,
  - die Erhöhung der Miete ist nicht zumutbar, z. B. bisherige Miete 400,00 €, Miete nach Modernisierung 800,00 €.
- Das Betreten und Besichtigen der Mieträume durch den Vermieter ist allgemein
  - in Abständen von 2 Jahren, z. B. zur Begutachtung der durchgeführten Schönheitsreparaturen,

  oder von Fall zu Fall
  - bei Wahrnehmung der Instandhaltungs- und Verkehrssicherungspflicht,
  - nach Kündigung des Mietverhältnisses oder Verkauf des Hauses zulässig.

- **Rechte des Vermieters und Mieters**

  · **Rechte des Vermieters bei Pflichtverletzung des Mieters**

Tritt durch schuldhafte Verletzung der Obhutspflicht eines Mieters ein Schaden ein, kann der Vermieter Ersatz des entstandenen Schadens verlangen.

Ist der Schadensersatz nur auf die Weise möglich, dass statt der beschädigten Sache ein völlig neues Ersatzstück angeschafft werden muss, so vermindert sich der Ersatzbetrag nach dem Grundsatz „neu für alt" entsprechend der üblichen Gebrauchstauglichkeit des ausgewechselten Gegenstandes und der dadurch erzielten Vorteile für den Vermieter (z. B. vorzeitige Auswechslung beschädigter Badewanne, Gasboiler, Fußbodenbeläge). Fordert der Vermieter Schadensersatz wegen der Beschädigung eines Teppichbodens, so muss er darlegen, welcher Abzug „neu für alt" zu machen ist. Die Beweislast dafür, dass die Beschädigung oder Zerstörung vom Mieter verursacht und verschuldet worden ist, trifft grundsätzlich den Vermieter. Dies gilt ebenfalls für Schäden, die an den gemeinschaftlich benutzten Hausteilen eingetreten sind, wie z. B. an Treppenhaus, Speicher, sonstigen Gemeinschaftsräumen. Eine Klausel im Mietvertrag, wonach alle Mieter anteilig für Schäden an gemeinschaftlichen Hausteilen aufkommen müssen, wenn der Verursacher nicht ermittelt werden kann, verstößt gegen § 307 BGB und ist unwirksam.

BGB § 307

Der Vermieter wird bei Verletzung der Sorgfaltspflichten oder bei vertragswidrigem Gebrauch der Mietsache durch den Mieter auf Einhaltung der Sorgfaltspflichten drängen und einen vertragswidrigen Gebrauch verbieten.

Dies geschieht in Form der Abmahnung, die eine genaue Beschreibung des Tatbestandes, der verboten wird, enthalten muss. Zeigt eine mündliche Belehrung keinen Erfolg, ist eine schriftliche Abmahnung per Einschreiben vorzunehmen. Bleibt die Abmahnung ohne Erfolg, kann der Vermieter beim Amtsgericht sowohl auf Schadensersatz als auch auf Unterlassung klagen.

Verletzt der Mieter seine Sorgfaltspflichten jedoch so schwer, dass dadurch eine erhebliche Gefährdung des Mietobjektes eintritt, oder unterlässt er nicht den vertragswidrigen Gebrauch der Mietsache, ist der Vermieter nach erfolgloser Abmahnung zur fristlosen Kündigung berechtigt.

BGB § 543 Abs. 2

  · **Vermieterpfand- und Selbsthilferecht**

  · **Begriff**

Der Vermieter hat für Forderungen, die aus dem Mietverhältnis entstanden sind, ein gesetzliches Pfandrecht an den in die Wohnung eingebrachten Sachen. Voraussetzung für das Wirksamwerden des Vermieterpfandrechts ist, dass die Sachen vom Mieter in die Miträume eingebracht werden und somit aufgrund des bestehenden Mietverhältnisses in den Machtbereich des Vermieters gelangen, z. B. Aufstellen eines Wohnzimmerschranks, einer Musikanlage. Eine vorübergehende Einbringung z. B. eines zweiten Fernsehers, den der Mieter verkaufen will, gilt nicht als Einbringung, um ein Vermieterpfandrecht entstehen zu lassen.

BGB § 562

Nicht alle eingebrachten Sachen des Mieters unterliegen dem Pfandrecht gem. § 562 BGB. Nach den §§ 811, 812 ZPO sind u. a. die Sachen grundsätzlich unpfändbar, die der Mieter zum Leben oder zur Durchführung seiner Erwerbstätigkeit benötigt. Hierdurch wird die heutige Bedeutung des Vermieterpfandrechts erheblich eingeschränkt. Die Ausübung des Vermieterpfandrechts wird auch dadurch schwierig, dass die eingebrachte Sache im Eigentum des Mieters stehen muss. Ansonsten entsteht kein Vermieterpfandrecht. Auch ist es nicht selten, dass eingebrachte Sachen vom Mieter unter Eigentumsvorbehalt erworben oder Sachen eingebracht werden, die sicherungsübereignet sind. In beiden Fällen ist der Mieter nicht Eigentümer, so dass auch kein Pfandrecht des Vermieters entstehen kann.

ZPO §§ 811, 812

Ist an eingebrachten Sachen ein Vermieterpfandrecht entstanden, so werden solche Forderungen des Vermieters gesichert, die sich aus dem Mietverhältnis bis dahin ergeben haben, wie z. B. rückständige Miete, Ersatzansprüche, Nebenkosten usw. Auch künftige Entschädigungsforderungen für das laufende und das folgende Mietjahr unterliegen dem Pfandrecht.

- **Entfernen der Pfandsache aus den Mieträumen**

Nach § 562a BGB erlischt das Pfandrecht des Vermieters mit der Entfernung der Sachen von dem Grundstück bzw. aus den Mieträumen, es sei denn, dass die Entfernung ohne Wissen oder unter Widerspruch des Vermieters erfolgt.

BGB § 562a

Werden vom Mieter Gegenstände gegen den Widerspruch des Vermieters aus den Mieträumen entfernt, hat der Vermieter das Recht, innerhalb eines Monats, gerechnet vom Zeitpunkt, an dem dem Vermieter die Entfernung bekannt wurde, vom Mieter zu verlangen, dass die Gegenstände wieder zurück in die Mieträume gebracht werden.

Jedoch kann der Vermieter der Entfernung der vom Mieter eingebrachten Sachen nicht widersprechen, wenn sie im regelmäßigen Betrieb des Geschäftes des Mieters oder den gewöhnlichen Lebensumständen entsprechend erfolgt oder wenn die zurückbleibenden Sachen zur Sicherung des Vermieters offenbar ausreichen.

- **Selbsthilferecht des Vermieters**

Der Vermieter darf die Entfernung der seinem Pfandrecht unterliegenden Sachen, z. B. wertvolle Möbelstücke, soweit er ihr zu widersprechen berechtigt ist, auch ohne Anrufen des Gerichts verhindern und, wenn der Mieter auszieht, die Sachen in seinen Besitz nehmen.

BGB § 562b

Hiermit steht dem Vermieter ein Selbsthilferecht zu, und er ist zur Durchsetzung dieses Rechts notfalls befugt, Maßnahmen zum Schutze der Pfandgegenstände zu ergreifen.

Gegen das Wegschaffen von z. B. wertvollen Möbeln darf der Vermieter durch unmittelbaren Eingriff vorgehen, z. B. die Türen der Wohnung versperren oder das Schloss auswechseln.

Das Selbsthilferecht des Vermieters zur Sicherung seines Pfandrechts verstärkt sich in ein außergewöhnliches Selbsthilferecht, wenn der Mieter bei Auszug Pfandgegenstände weggeschafft. In diesem Falle ist der Vermieter berechtigt, die Beseitigung der Gegenstände zu verhindern. Er darf sie beim Auszug des Mieters sogar mit Gewalt dem Mieter wegnehmen und in seinen Besitz bringen.

Bei seinem Vorgehen in Ausübung seines Selbsthilferechts muss der Vermieter den Grundsatz der Verhältnismäßigkeit zwischen Mittel und Zweck wahren. Er ist in keinem Falle befugt, zur Sicherung seines Pfandrechts Vorbeugemaßnahmen zu ergreifen.

Sollte der Mieter die Sachen ohne Wissen oder unter Widerspruch des Vermieters aus den Wohnräumen entfernt haben, so hat der Vermieter Anspruch auf Zurückschaffung der Gegenstände. Ist der Mieter bereits ausgezogen, kann der Vermieter die Überlassung des Besitzes verlangen.

Will der Vermieter zur Abdeckung von Mietrückständen die Pfandgegenstände verwerten, so geschieht das nach den Grundsätzen einer öffentlichen Versteigerung.

BGB § 1235
BGB § 1231

Der Mieter hat nach § 562c BGB grundsätzlich das Recht, die Geltendmachung des Pfandrechts durch den Vermieter mit einer Sicherheitsleistung abzuwenden. Auch kann er jede einzelne Pfandsache von dem Pfandrecht befreien, in dem er in Höhe ihres Wertes Sicherheit leistet.

BGB § 562c

Zusammenfassung
Rechte des Vermieters aus dem Mietvertrag

▶ **Rechte des Vermieters bei Pflichtverletzung des Mieters**
- Ersatz des Schadens durch den Mieter bei schuldhafter Verletzung der Obhutspflicht.
- Abmahnung bei Verletzung der Sorgfaltspflichten und bei vertragswidrigem Gebrauch. Bei erfolgloser Abmahnung Klage beim Amtsgericht auf Unterlassung und Schadensersatz.
- Bei schwerer Verletzung der Sorgfaltspflichten und einhergehender erheblicher Gefährdung des Mietobjektes oder bei Fortsetzung des vertragswidrigen Gebrauchs durch den Mieter ist der Vermieter nach erfolgloser Abmahnung zur fristlosen Kündigung berechtigt.

▶ **Vermieterpfand- und Selbsthilferecht**
- Der Vermieter hat für Forderungen, die aus dem Mietverhältnis entstanden sind, ein gesetzliches Pfandrecht an den in die Wohnung eingebrachten Sachen.
- Solche Sachen sind jedoch grundsätzlich unpfändbar, die der Mieter zum Leben oder zur Durchführung seiner Erwerbstätigkeit benötigt.
- Das Pfandrecht erlischt mit der Entfernung der Sachen aus den Mieträumen, es sei denn, die Entfernung geschieht ohne Wissen oder unter Widerspruch des Vermieters.
- Der Vermieter darf die Entfernung der seinem Pfandrecht unterliegenden Sachen auch ohne Anrufen des Gerichts verhindern und, wenn der Mieter auszieht, die Sachen in seinen Besitz nehmen; notfalls ist er sogar befugt, Gewalt anzuwenden.

- **Rechte des Mieters bei Pflichtverletzung durch den Vermieter**

- **Vorrangiger Erfüllungsanspruch**

Der Mieter hat zunächst bei einer Verletzung durch den Vermieter vorrangig einen Erfüllungsanspruch, und zwar z. B.
- auf Überlassung und Gebrauchsgewährung,
- auf Herstellung des vertragsgemäßen Gebrauchs oder ganz allgemein,
- auf die Vornahme oder Unterlassung jeder Handlung, die auf Vertragserfüllung gerichtet ist.

- **Gewährleistungsansprüche**

BGB §§ 536, 536a

Mängel in der Mietsache liegen vor, wenn die Mietsache zur Zeit der Überlassung an den Mieter mit einem Fehler behaftet war, der ihre Tauglichkeit zu dem vertragsgemäßen Gebrauch aufhebt oder mindert oder wenn im Laufe der Miete ein solcher Fehler entsteht. Der Vermieter haftet dann für die Beseitigung der Mängel.

Häufige Sachmängel können z. B. auftreten bei
- Türen und Fenstern,
- Fußböden, Wänden, Flurtreppen,
- Türöffneranlagen oder Abschlusstüren,
- beim Wärme- und Schallschutz sowie durch Ungezieferbefall der Wohnung,
- Geräusch- und Geruchsbelästigung durch Nachbarn.

Fehlt eine vertraglich zugesicherte Eigenschaft, z. B. ein vertraglich zugesicherter Aufzug, so haftet der Vermieter hierfür wie für einen Sachmangel.

Als Rechtsmängel sind z. B. folgende Mängel zu nennen:
- Vermieter vermietet dieselbe Wohnung mehrfach an verschiedene Mieter,
- Kellerraum ist von einem anderen Mieter in Besitz genommen.

Bei Vorliegen von Mängeln in der Mietsache hat der Mieter ggf. folgende Ansprüche:

BGB § 536, Abs. 1
- Anspruch auf Herstellung des vertragsgemäßen Zustands, d. h. Mängelbeseitigung,
- Recht, den Mietzins zu mindern, und bei Hinzutreten weiterer Voraussetzungen kann er

BGB § 536a
- Schadensersatz wegen Nichterfüllung verlangen oder
- Aufwendungsersatz geltend machen, nachdem er bei Verzug des Vermieters die Mängel selbst beseitigen ließ.

12.1.3.7 Ausgewählte regelungsbedürftige Tatbestände

- Mietobjekt

Über das Mietobjekt sollten die Vertragsparteien bei Vertragsabschluss konkrete Vorstellungen haben. Es ist ausreichend, wenn das Objekt bestimmbar ist. Es kommt z. B. auch vor, dass Objekte vermietet werden, die noch nicht erstellt sind. In diesem Fall muss das Objekt durch den Bauplan bzw. Grundriss der Wohnung bestimmbar sein.

Die mitvermieteten Zubehörräume wie Keller, Pkw-Abstellplätze, Garagen, Dachkammern sowie evtl. Gartenanteile sollten zweckmäßigerweise, auch wenn es nicht erforderlich scheint, aus Beweisgründen im Mietvertrag genau angegeben werden.

Sollten sich in den zu vermietenden Räumen Einbauschränke, Einbauküchen, Lampen oder Ähnliches befinden, so ist dieses Zubehör im Mietvertrag vollständig aufzuführen, damit bei einem Mieterwechsel keine Zweifel entstehen, wem das Zubehör gehört. Weiter gehören zum Zubehör einer Mietwohnung alle Flächen und Räume, die dem wirtschaftlichen Zweck des Mietobjektes zu dienen haben, wie z. B. Flure, Hoffläche, Treppenhäuser usw.

Sollte andererseits eine Sondernutzung im Mietvertrag nicht vereinbart sein, und nutzt der Mieter z. B. die Hoffläche als Pkw-Abstellplatz, so ist im Zweifel anzunehmen, dass hier lediglich eine Gestattung des Vermieters vorliegt, die jederzeit widerrufen werden kann.

Bei der Beschreibung der Mietsache im Mietvertrag ist gewöhnlich die Wohnfläche angegeben. Diese Angabe gilt i. d. R. als verbindliche Zusicherung des Vermieters, auf die der Mieter Anspruch hat, wenn die Mietpreisvereinbarung auf den m^2-Preis abgestellt ist.

(Zur Regelung der Mietsache vgl. Mietvertrag, hrg. vom GdW Bundesverband deutscher Wohnungs- und Immobilienunternehmen e. V. § 1 am Ende dieses Kapitels)

- **Mietdauer**

· **Unbefristeter und befristeter Mietvertrag**

Von entscheidender Bedeutung ist die Frage, welche Laufzeit des Mietvertrages zwischen den Parteien vereinbart werden soll. Ist ein befristetes oder unbefristetes Mietverhältnis gewollt? Wird eine Mietdauer nicht ausdrücklich vereinbart, gilt der Mietvertrag grundsätzlich als auf unbestimmte Zeit abgeschlossen.

Die Vertragspartner können solche Mietverträge unter Einhaltung der gesetzlichen Kündigungsfristen durch eine ordentliche Kündigung auflösen. Allerdings hat der Vermieter zu beachten, dass er in diesem Falle eine wirksame Kündigung nur aussprechen kann, wenn er ein berechtigtes Interesse geltend machen kann. BGB § 573c BGB § 573

Soll ein Mietvertrag für eine bestimmte Dauer abgeschlossen werden, so muss der Endtermin des Mietverhältnisses festgelegt werden, z. B. 31. 3. 2010, oder bestimmbar sein.

Der Abschluss eines befristeten Mietvertrages (Zeitmietvertrag) kann eingegangen werden, wenn der Vermieter nach Ablauf der Mietzeit BGB § 575
1. die Räume als Wohnung für sich, seine Familienangehörigen oder Angehörige seines Haushalts nutzen will,
2. in zulässiger Weise die Räume beseitigen oder so wesentlich verändern oder instand setzen will, dass die Maßnahmen durch eine Fortsetzung des Mietverhältnisses erheblich erschwert würden oder

3. die Räume an einen zur Dienstleistung Verpflichteten vermieten will (vgl. auch 15.4.2.2) und er dem Mieter den Grund der Befristung bei Vertragsabschluss schriftlich mitteilt. Andernfalls gilt das Mietverhältnis als auf unbestimmte Zeit abgeschlossen.

BGB § 575 Abs. 2, 3

Der Mieter hat frühestens vier Monate vor Ablauf der Mietzeit einen Auskunftsanspruch gegenüber dem Vermieter, ob der Befristungsgrund noch weiterhin besteht. Der Vermieter ist dann verpflichtet, dem Mieter binnen eines Monats mitzuteilen, ob der Befristungsgrund noch besteht.

Fragt der Mieter nicht an, endet das Mietverhältnis zum Ablauf der vereinbarten Frist.

Verspätet sich der Vermieter mit seiner Mitteilung und bejaht die Fortgeltung seines ursprünglichen Befristungsgrundes, kann der Mieter eine der Verzögerung entsprechende Verlängerung des Mietverhältnisses verlangen. Dies gilt auch, wenn der Grund der Befristung erst später eintritt.

Entfällt der Grund der Befristung, so kann der Mieter eine Verlängerung des Mietverhältnisses auf unbestimmte Zeit verlangen.

BGB § 575 Abs. 4

Es ist nicht möglich, den einmal angegebenen Befristungsgrund auszutauschen und z. B. anstelle des Sohnes nun die Tochter die Wohnung nutzen soll oder der Vermieter statt des bisher geplanten wesentlichen Umbaus eine allerdings ebenfalls wesentliche Instandsetzung durchführen will.

Eine zum Nachteil des Mieters abweichende Vereinbarung ist unwirksam.

Die Befristungsgründe sind dem Mieter spätestens bei Vertragsabschluss mitzuteilen. Zweckmäßigerweise sind die Gründe im Mietvertrag aufzunehmen und das Befristungsinteresse sollte sehr genau umschrieben werden, z. B.: „Nach Vertragsablauf will ich meinem ältesten Sohn die Wohnung überlassen."

Mit allzu ungenauen Formulierungen besteht das Risiko, dass der Vertrag nicht als befristet, sondern stattdessen als auf unbestimmte Zeit abgeschlossen gilt.

Die zeitliche Befristung des Vertrages ist nur dann wirksam, wenn der gesamte Vertrag schriftlich abgefasst und von beiden Seiten unterschrieben wurde. Ist diese Schriftform nicht eingehalten worden, gilt der Vertrag lediglich für unbestimmte Zeit. Eine Kündigung ist dann frühestens zum Ablauf eines Jahres nach Überlassung des Wohnraumes zulässig.

Werden zusätzliche wesentliche Absprachen, z. B. in Nachträgen zum Vertrag festgehalten, so haben auch diese Nachträge die Schriftform zu erfüllen. Ist dies nicht der Fall, so wird dadurch auch die Schriftform des Ursprungsvertrages verletzt (BGH, Urteil v. 8. 7. 1998, NZM 1998, 766).

Beispiel:
Die Vertragsparteien haben in einem Mietvertragsformular formgültig eine achtjährige Laufzeit vereinbart. Später fragte der Mieter beim Vermieter an, ob dieser ihm generell die Erlaubnis zur Untervermietung geben könne. Der Vermieter erklärt sich hiermit in einem Antwortschreiben einverstanden. Eine von beiden Vertragspartnern unterschriebene Vereinbarung fassen sie hierüber aber nicht ab. Folge: Die Schriftform des befristeten Vertrages entfällt, so dass dieser nunmehr auf unbestimmte Zeit läuft.

Daher sind alle Zusatzabsprachen z. B. zu Sonderausstattungen formgerecht abzufassen. Ist im Mietvertragsformular hierfür kein Platz, sollte auf eine entsprechende Anlage verwiesen werden. Diese Anlage sollte sicherheitshalber auch auf den Mietvertrag verweisen und von beiden Vertragsparteien unterschrieben werden. Dies gilt insbesondere für Nachtragsvereinbarungen. Auch ist zu empfehlen, solche Vereinbarungen an die ursprüngliche Vertragsurkunde fest anzuheften.

Liegen sämtliche Voraussetzungen des § 575 BGB vor, endet das Mietverhältnis zum vereinbarten Zeitpunkt. Es besteht bei dieser Vertragsgestaltung kein Kündigungsschutz. Dem Mieter kann in diesem Falle auch keine gerichtliche Räumungsfrist gewährt werden.

ZPO
§§ 721, 794

Während der Laufzeit des befristeten Mietvertrages ist eine ordentliche Kündigung durch die Vertragsparteien nicht möglich. Sie haben aber das Recht zur außerordentlichen (befristeten oder fristlosen) Kündigung.

BGB
§§ 544, 543

Grundsätzlich ist auch während der Dauer des befristeten Vertrages eine Mieterhöhung nicht möglich, es sei denn, der Vermieter hat sich dieses Recht ausdrücklich im Mietvertrag vorbehalten.

Die mit dem Zeitmietvertrag für Wohnraum vorgesehenen Einschränkungen gelten nicht für Mietverhältnisse, die
– den Gebrauch der Mietsache nur zum vorübergehenden Gebrauch vorsehen, z. B. Ferienwohnungen oder wenn
– die Mietsache Teil der vom Vermieter selbst bewohnten Wohnung ist, die der Vermieter ganz oder teilweise mit Möbeln ausgestattet hat und nicht zum dauernden Gebrauch für eine Familie geeignet ist oder
– die Mietsache Teil eines Studenten- und Jugendwohnheimes ist.

> **Zusammenfassung**
> **Laufzeit des Mietvertrages**
>
> ▶ **unbefristetes Mietverhältnis**
> – Wird die Mietdauer nicht ausdrücklich vereinbart, gilt der Mietvertrag grundsätzlich als auf unbestimmte Zeit abgeschlossen.
>
> ▶ **befristetes Mietverhältnis**
> – Der Abschluss eines Zeitmietvertrages kommt nur dann in Betracht, wenn der Vermieter nach Ablauf der Mietzeit
>   – die Räume als Wohnung für sich, seine Familienangehörigen oder Angehörige seines Haushalts nutzen will oder
>   – die Mieträume in zulässiger Weise beseitigen oder so wesentlich verändern oder instandsetzen will, dass die Maßnahmen durch eine Fortsetzung des Mietverhältnisses erheblich erschwert würden oder
>   – die Räume an einen zur Dienstleistung verpflichteten Mieter vermieten will.
> – Der Vertrag kann für einen beliebigen Zeitraum befristet werden und endet mit dem Ablauf des vereinbarten Termins, eine Kündigung entfällt.
> – Es besteht bei dieser Vertragsgestaltung kein Kündigungsschutz.

– **Miete, Festsetzung der Miethöhe, Indexmiete, Staffelmiete, Mietzahlung**

· **Miete**

BGB § 535 Abs. 2

Nach § 535 BGB besteht die Hauptpflicht des Mieters in der Entrichtung der vereinbarten Miete. Vereinbart gilt die monatlich insgesamt zu zahlende Miete, also Einzel-/Grundmiete zuzüglich Zuschlägen, Vergütungen und Vorauszahlungen auf die Betriebskosten.

Die zu vereinbarende Miete setzt sich somit aus folgenden Bestandteilen zusammen:
1. Einzel-/Grundmiete
2. Zuschläge
3. Vergütungen
4. Vorauszahlungen auf die Betriebskostenumlage

Unter Nebenkosten werden die neben der Grundmiete erhobenen Zuschläge, Vergütungen und Vorauszahlungen auf die Betriebskosten zusammengefasst.

· **Einzel-/Grundmiete**

WoBindG § 8a Abs. 5

Die im Mietvertrag aufgeführte Einzelmiete ist beim preisgebundenen Wohnungsbau die mittels einer Wirtschaftlichkeitsberechnung ermittelte Miete, die den laufenden Aufwendungen (Kostenmiete) entspricht. In dieser Einzelmiete sind die Kapitalkosten (Eigen- und Fremdkapitalkosten, insbesondere Zinsen) und die Bewirtschaftungskosten (Abschreibung, Verwaltungskosten, Instandhaltungskosten, Mietausfallwagnis) – mit Ausnahme der Betriebskosten – enthalten. Die Betriebskosten werden in einer Betriebskostenumlage gesondert erhoben.

II. BV § 27 Abs. 3

Im frei finanzierten Wohnungsbau spricht man von der Grundmiete, wenn zum Ausdruck kommen soll, dass die Nebenkosten, insbesondere die Betriebskosten, gesondert erhoben werden sollen. *BGB § 556*

Die Grundmiete im frei finanzierten Wohnungsbau kann die Inklusivmiete sein, wenn die Betriebskosten nach dem Willen der Vertragsparteien in der Grundmiete enthalten sein sollen. Eine solche Inklusivmiete ist nur bei nicht preisgebundenem Wohnraum möglich.

Zuschläge

Die Zuschläge im preisgebundenen Wohnungsbau sind in § 26 NMV geregelt. Es handelt sich um Zuschläge für die Benutzung von Wohnraum zu gewerblichen oder zu beruflichen Zwecken, den Untermieterzuschlag, aber auch um den Zuschlag für eine Freistellung von Bindungen usw. *NMV § 26*

Im nicht preisgebundenen Wohnungsbau können solche Zuschläge grundsätzlich nicht vereinbart werden. Der so genannte Untermietzuschlag wird vom Gesetz als „angemessene Erhöhung des Mietzinses" bezeichnet. Im Übrigen müsste eine in Grundmiete und Zuschläge aufgespaltene Miete insgesamt mit der ortsüblichen Vergleichsmiete vereinbar sein. *BGB § 553*

Vergütung

Nach § 27 NMV kann der Vermieter neben der Einzelmiete für die Überlassung einer Garage, eines Stellplatzes oder eines Hausgartens eine angemessene Vergütung verlangen. *NMV § 27*

Bei nicht preisgebundenen Wohnungen empfiehlt es sich, eine getrennte Aufführung neben der Grundmiete vorzunehmen, z. B. für eine Garage, damit spätere Anhebungen dieser Vergütung nicht den Bestimmungen der Wohnraummiete zugeordnet werden.

Vorauszahlungen auf die Betriebskostenumlage

Bei preisgebundenem Wohnraum ist die Umlage der Betriebskosten im Sinne des § 27 II. BV und des Umlageausfallwagnisses zulässig (§ 20 NMV, 1970). Das Umlageausfallwagnis ist ein nur bei preisgebundenen Wohnungen zulässiger Zuschlag zu den Betriebskosten. Gem. § 25a NMV, 1970, ist das Umlageausfallwagnis das Wagnis einer Einnahmenminderung, die durch uneinbringliche Rückstände von Betriebskosten entsteht. Zu diesem Wagnis gehören auch die nicht umlegbaren Betriebskosten infolge Leerstehens von Wohnungen sowie die uneinbringlichen Kosten der Rechtsverfolgung auf Zahlung. Das Umlageausfallwagnis darf 2 % der im Abrechnungszeitraum auf den Wohnraum entfallenden Betriebskosten nicht übersteigen. *II. BV § 27 / NMV § 20 / NMV § 25a*

Bei nicht preisgebundenen Wohnungen ist die Vereinbarung eines Umlageausfallwagnisses nicht möglich.

Diese wie andere Wagnisse sind bei nicht preisgebundenem Wohnraum durch eine angemessene Gestaltung der Grundmiete oder durch eine Kaution bzw. Bürgschaft zu berücksichtigen.

BGB § 556 — Bei frei finanziertem Wohnraum ist der Vermieter gem. § 556 BGB bei entsprechender vertraglicher Vereinbarung berechtigt, die Betriebskosten im Sinne von § 27 Anlage 3 II. BV auf die Mieter umzulegen. Im Mietvertrag wird dann eine monatliche Vorauszahlung auf die Betriebskostenumlage vereinbart.

Sollten bei Mietvertragsabschluss durch den Mieter Vorauszahlungen, Darlehen oder Vorschüsse an den Vermieter geleistet worden sein, muss die Möglichkeit der Mieterhöhung bei Mietvertragsabschluss vereinbart werden.

Brutto- und Nettomiete

Bei Abschluss des Mietvertrages ist bei der Vereinbarung der Miete deutlich zwischen
– Brutto- oder Inklusivmiete und
– Netto- oder Exklusivmiete
zu unterscheiden.

BGB § 560 — Wird eine Brutto- oder Inklusivmiete vereinbart, bedeutet dies, dass alle Betriebskosten durch einen einheitlichen Mietzins abgegolten sind und die Betriebskosten nicht gesondert ausgewiesen werden. Sollten sich nach Vereinbarung der Bruttomiete die Betriebskosten erhöhen, so geht die Erhöhung nicht zu Lasten des Mieters, sondern fällt in den Risikobereich des Vermieters. Es sei denn, der Vermieter hat sich vertraglich vorbehalten, bei gestiegenen Betriebskosten eine Mieterhöhung vorzunehmen. Eine weitere Mieterhöhungsmöglichkeit besteht, wenn die Erhöhung der Betriebskosten gesetzlich zugelassen ist.

Von **Bruttokaltmiete** spricht man dann, wenn sämtliche Betriebskosten, außer den Heiz- und Warmwasserkosten, in der Miete enthalten sind.

Die Brutto- oder Inklusivmiete bezeichnet man auch als **Bruttowarmmiete**, weil sie sämtliche Betriebskosten, auch die Heiz- und Warmwasserkosten enthält.

Unter der Vereinbarung der Nettomiete oder **Nettokaltmiete** versteht man, dass die Vertragsparteien vereinbart haben, dass alle Betriebskosten im Sinne der Anlage 3 zu § 27 II. BV aus der Miete herausgerechnet und die anfallenden Betriebskosten dem Mieter gesondert in Rechnung gestellt werden.

Nur in Ausnahmefällen trifft man auf eine **Nettowarmmiete**. Diese Vereinbarung würde bedeuten, dass in der Miete die Heizkosten zwar enthalten sind, nicht aber die sonstigen Betriebskosten.

Betriebskosten als Pauschale

Bei der Vereinbarung der Nettomiete können die Betriebskosten auf dem Wege einer Betriebskostenpauschale erhoben werden. Der Vorteil für den Vermieter liegt darin, dass er zu einer Abrechnung über die Betriebskosten nicht verpflichtet ist. Eine Erhöhungsmöglichkeit der Pauschale ist jedoch nur möglich, wenn dies vertraglich vereinbart wurde oder eine Erhöhung gesetzlich zugelassen ist (für nicht preisgebundenen Wohnraum vgl. § 556 BGB).

Betriebskosten als Vorauszahlungen

Zum anderen kann der Vermieter Vorauszahlungen auf die zu erwartenden zukünftigen Betriebskosten verlangen, wenn dies vertraglich vereinbart ist. In diesem Falle hat der Vermieter nach Ablauf der jeweiligen Abrechnungsperiode eine für den Mieter nachprüfbare und nachvollziehbare Abrechnung zu erstellen.

Diese beiden Grundformen der Betriebskostenerhebung durch den Vermieter können auch kombiniert werden. Man spricht dann von einer Teil-Inklusivmiete, d. h. ein Teil der Betriebskosten ist mit der Miete abgegolten, ein Teil wird gesondert ausgewiesen und auch gesondert vom Vermieter abgerechnet.

Mietspiegel basiert auf Netto-Kaltmiete

Die Mietspiegel basieren heute i. d. R. auf der Netto-Kaltmiete, d. h. auch die Heizkosten werden neben der Miete erhoben.

Aufgrund der Verordnung zur Änderung wohnungswirtschaftlicher Vorschriften vom 5. 4. 1984 gilt dies auch für den Bereich der preisgebundenen Wohnungen, so dass in der Wirtschaftlichkeitsberechnung keine Betriebskosten mehr in Ansatz gebracht werden dürfen.

II. BV § 27 Abs. 2
NMV § 20 Abs. 1

Eine Vereinbarung, ob und von wem die Nebenkosten zu zahlen sind, ist aus der Sicht des Vermieters auf jeden Fall zu treffen, da das Fehlen einer solchen Vereinbarung zu Lasten des Vermieters geht. Die herrschende Rechtsprechung geht davon aus, dass im Falle einer fehlenden Nebenkostenvereinbarung die Nebenkosten bereits in der Miete enthalten sind.

Die Vereinbarung über die Nebenkosten besteht in einer genauen Auflistung der Betriebskosten, die der Mieter vom Vermieter verlangen kann. Unterlässt der Vermieter dies oder ist die Auflistung unvollständig oder unklar, geht die herrschende Rechtsprechung davon aus, dass die Vertragsparteien überhaupt keine Vereinbarung über die Betriebskosten getroffen haben, d. h. der Vermieter übernimmt die Nebenkosten.

Sind bei der Umlage der Betriebskosten im Vertrag Alternativen vorgesehen, muss der Vermieter diese Alternativen durch Ankreuzen kenntlich machen, da er sonst Gefahr läuft, dass die Betriebskostenregelung wegen bestehender Unklarheiten unwirksam ist.

(Zur vertraglichen Regelung der Miete vgl. Mietvertrag, hrg. vom GdW Bundesverband deutscher Wohnungs- und Immobilienunternehmen e. V., Ausgabe Juli 2009, § 3, am Ende dieses Kapitels.)

Festsetzung der Miethöhe

Die Mietfestsetzung unterliegt in ihrer Höhe gewissen Schranken.

Nach dem Wohnungsbindungsgesetz ist die Miete für Wohnungen, die mit öffentlichen Mitteln gefördert wurden, auf der Grundlage der Kostenmiete festzulegen. Die Kostenmiete ist die Obergrenze und darf nicht überschritten werden. Bei Überschrei-

BGB § 138 Abs. 2, § 134,
STGB § 291
WiStG § 5

tung ist die Vereinbarung unwirksam, der überhöhte Betrag ist zurückzuzahlen. Bei Neuvermietung frei finanzierter Wohnungen sind der Höhe der Miete Schranken gesetzt durch das Wucherverbot und durch das Verbot der Preisüberhöhung im § 5 Wirtschaftsstrafgesetz (WiStG).

Unter Mietwucher i. S. des § 291 StGB versteht man, dass der Vermieter bei der vereinbarten Miethöhe die Zwangslage, die Unerfahrenheit, den Mangel an Urteilsvermögen oder eine erhebliche Willensschwäche des Mieters ausgenutzt hat und die Höhe der Miete in einem deutlichen Missverhältnis zur Vermieterleistung steht. Die herrschende Rechtsauffassung sieht ein auffälliges Missverhältnis dann als gegeben an, wenn das vereinbarte Entgelt die ortsübliche Miete um mehr als 50 % übersteigt (BGH MDR 1982, 335, OLG Frankfurt WM 1984, 57).

Der § 291 StGB sieht strafrechtliche Sanktionen wegen Wuchers dann vor, wenn die Mietvereinbarung um mehr als 50 % die ortsübliche Miete übersteigt. Daneben ist § 5 WiStG zu beachten, der besagt, ordnungswidrig handelt der Vermieter von Wohnraum, der vorsätzlich oder leichtfertig unangemessen hohe Entgelte fordert.

BGB § 558

Eine verbotene Preisüberhöhung gem. § 5 WiStG liegt dann vor, wenn der ortsübliche Mietzins i. S. des § BGB 558 bei entsprechender örtlicher Mangellage unangemessen überschritten wird; wobei sich der ortsübliche Mietzins aus vergleichbaren Räumen in der gleichen oder einer vergleichbaren Gemeinde ergibt, der in den letzten vier Jahren vereinbart worden ist. Für die Errechnung des ortsüblichen Mietzinses sind also nur die Neuvermietungen bzw. neueren Anpassungen heranzuziehen. In diesem Falle besteht allerdings die ortsübliche Miete aus der Nettomiete zuzüglich aller Nebenkosten! So ist z. B. eine Mietvereinbarung als unangemessen hoch einzustufen, wenn sie um mehr als 20 % über der ortsüblichen Vergleichsmiete liegt.

Beispiel:
Vereinbarte Miete beträgt 600,00 €, die ortsübliche Miete ist 440,00 €. Die Nichtigkeit der Miete gilt nur für den Teil, der über 528,00 € (20 % über der ortsüblichen Vergleichsmiete von 440,00 €) liegt.

Zu beachten ist in diesem Zusammenhang die Rechtslage, die besagt, dass ein Mieter einen Vertrag mit einer überhöhten Miete ohne Vorbehalt unterschreiben und wenige Tage später gegen den Vermieter Anzeige wegen Mietpreisüberhöhung erstatten kann.

Der Vermieter muss mit einem Bußgeld rechnen, wenn die Mietfestsetzung die ortsübliche Vergleichsmiete um mehr als 20 % überschreitet.

Gleichzeitig hat der Mieter das Recht, die Rückzahlung der Beträge, die er zu viel bezahlt hat, zu fordern, wenn er glaubhaft vortragen kann, worin seine individuelle Zwangslage bestanden habe, die der Vermieter erkannt und ausgenutzt habe (BGH Az. VIII ZR 190/03).

Darüber hinaus ging es beim BGH in seiner neuen Entscheidung um die Frage, wie das Gebiet, in dem die Mangellage herrscht, eigentlich definiert wird. Dabei hatte ein Mieter 1996 im beliebten Hamburger Stadtteil Eppendorf eine Dreizimmer-Dachgeschosswohnung (70 m^2) angemietet.

Später, nach dem Auszug, forderte er Teile der Miete zurück mit dem WiStG-Argument, weil dort ein geringeres Angebot solcher Wohnungen geherrscht habe als in anderen Stadtteilen.

Der BGH entschied vermieterfreundlich: Die Frage, ob ein geringeres Wohnungsangebot vorgelegen habe, müsse fürs gesamte Stadtgebiet beantwortet werden. Das Abstellen auf einen (gesuchten) Stadtteil überzeuge nicht, weil dies oft kein brauchbares Kriterium für die Qualität der Wohnlage sei. So könne ein Stadtteil in verschiedenen Straßen unterschiedliche Lärmbelästigungen, Einkaufsmöglichkeiten oder Freizeitangebote aufweisen.

Mit diesem Urteil unterstreicht der BGH seine Rechtsauffassung, dass derjenige, der bewusst und gewollt eine hochpreisige Wohnung in einem „schicken" Stadtviertel mietet, bei der Rückforderung von Miete nicht auf die Hilfe der Gerichte rechnen darf.

Eine verbotene Mietpreisüberhöhung liegt trotz einer Überschreitung der ortsüblichen Vergleichsmiete um mehr als 20 % nicht vor, wenn der Vermieter nachweisen kann, dass er diese Einnahmen zur Deckung der laufenden Anwendungen (z. B. Zinsen) benötigt.

Eine Vereinbarung, die die ortsübliche Vergleichsmiete um mehr als 50 % übersteigt, ist nicht möglich.

Während eine verbotene Mietpreisüberhöhung als Ordnungswidrigkeit geahndet wird, liegt bei Erfüllung des Tatbestandes des Mietwuchers gem. § 291 StGB ein Straftatbestand vor, der einen Strafprozess mit einer Verurteilung zur Folge hat.

- **Indexmiete**

Bei Wohnraummietverträgen können die Vertragsparteien schriftlich vereinbaren, dass die Miete durch den vom Statistischen Bundesamt ermittelten Preisindex für die Lebenshaltung aller privaten Haushalte in Deutschland bestimmt wird.

BGB § 557b

Dem Vermieter wird hiermit eingeräumt, bei einer bestimmten prozentualen Veränderung des Indexes, durch einseitige Erhöhung in Textform, eine Anpassung der Miete vorzunehmen.

Das Ausmaß der Mietanpassung muss in der Vereinbarung bestimmt sein und darf höchstens die prozentuale Indexveränderung betragen. Die Miete muss mindestens ein Jahr unverändert bleiben.

Die geänderte Miete ist mit Beginn des übernächsten Monats nach dem Zugang der Erklärung zu entrichten (siehe auch Kapitel 12.2.3.8).

Staffelmiete

BGB § 557a Die Vereinbarung einer Staffelmiete für Wohnraum ist grundsätzlich möglich. (Siehe auch Kapitel 12.2.3.7). Die Miete kann für bestimmte Zeiträume in unterschiedlicher Höhe schriftlich vereinbart werden. Eine zeitliche Begrenzung der Gesamtlaufzeit besteht nicht.

In der Vereinbarung ist die jeweilige Miete oder die jeweilige Erhöhung in einem Geldbetrag auszuweisen (Staffelmiete).

Die Staffelmiete wird für die Grundmiete vereinbart. Demnach erhöht sich die bei Abschluss des Staffelmietvertrages geltende Grundmiete ohne die Vorauszahlungen auf die Betriebskosten oder Betriebskostenpauschale nach der vereinbarten Staffel.

Die Miete muss jeweils mindestens 1 Jahr unverändert bleiben.

BGB §§ 558, 559b Während des Zeitraumes der Staffelmietvereinbarung sind Mieterhöhungen bis zur ortsüblichen Vergleichsmiete oder bei Modernisierung ausgeschlossen. Zulässig bleibt jedoch eine Erhöhung gem. § 560 BGB bei einer Betriebskostensteigerung.

Für die ersten 4 Jahre einer Staffelmietvereinbarung kann der Vermieter das Kündigungsrecht des Mieters ausschließen, d. h. es kann z. B. vereinbart werden, dass der Mieter eine über 12 Jahre getroffene Staffelmietvereinbarung in den ersten 4 Jahren nicht ordentlich kündigen kann. Danach ist eine Beschränkung des Kündigungsrechts des Mieters unwirksam.

Folgende Voraussetzungen müssen bei einer rechtswirksam vereinbarten Staffelmiete erfüllt sein:
– Die Staffelmiete muss schriftlich vereinbart werden.
– Die Miete muss in den einzelnen Erhöhungsstufen betragsmäßig ausgewiesen sein.
– Der Mietzins muss jeweils mindestens 1 Jahr unverändert bleiben.

Ist eine der Voraussetzungen nicht erfüllt, gilt die Staffelmiete als nicht vereinbart.

Eine Staffelmietvereinbarung, die prozentuale Erhöhungen – gebunden z. B. an die Veränderungen des Lebenshaltungskostenindex – vorsieht, ist nicht möglich.

Der Abschluss von Staffelmietvereinbarungen ist überall dort empfehlenswert, wo ortsübliche Vergleichsmieten wegen des Fehlens von Mietspiegeln schwierig zu bestimmen und Mieterhöhungen daher schwer zu begründen sind.

Bei Abschluss eines solchen Vertrages ist jedoch zu bedenken, ob in der vorgesehenen Laufzeit Modernisierungsmaßnahmen vorzusehen sind. Bei einer Staffelmietvereinbarung ist eine Mietanpassung wegen Modernisierung ausgeschlossen.

Problematisch ist bei einer Staffelmiete die Festlegung der Erhöhungsstufen, da hier künftige Mietpreissteigerungen geschätzt und Voraussagen über die künftige wirtschaftliche Entwicklung getroffen werden müssen. (Vgl. Muster einer Staffelmiet-Vereinbarung unter 12.1.3.10).

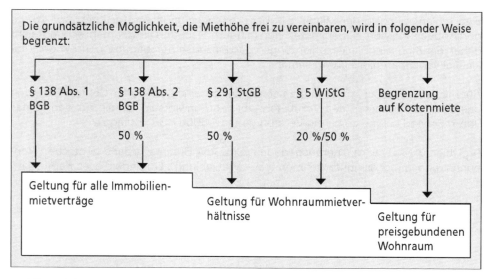

- **Mietzahlung**

Nach § 556b BGB ist die Miete zu Beginn, spätestens bis zum 3. Werktag der einzelnen Zeitabschnitte zu entrichten, nach denen sie bemessen ist.

BGB § 556b

Die Formularmietverträge sehen die Zahlung der Gesamtmiete im Voraus, kostenfrei spätestens bis zum 3. Werktag des Monats an den Vermieter vor.

Ist der Mietzins am 3. Werktag eines Monats zu zahlen und fällt der bestimmte Tag oder der letzte Tag der Frist auf einen Sonntag, einen staatlich allgemeinen Feiertag oder einen Sonnabend, so tritt an die Stelle eines solchen Tages der nächste Werktag.

BGB § 193

Häufig wird in Formularmietverträgen vereinbart: „Für die Rechtzeitigkeit der Zahlung kommt es nicht auf die Absendung, sondern auf die Ankunft des Geldes an".

Hier wird die verspätete Mietzinszahlung auf den Mieter abgewälzt. Er hat also so rechtzeitig zu zahlen, dass die Miete spätestens am 3. Werktag beim Vermieter eingeht.

Die Verpflichtung des Mieters in Formularmietverträgen zur Erteilung einer Einzugsermächtigung ist heute angesichts des überwiegenden bargeldlosen Zahlungsverkehrs üblich und zeitgemäß. Der Mieter wird dadurch nicht unangemessen benachteiligt, da er aufgrund seines Widerspruchsrechts bei der Bank jederzeit die Möglichkeit des Rückrufs hat. So kann er z. B. seine Rechte aus Minderungsansprüchen geltend machen. In diesem Zusammenhang wird es auch nicht als Überraschung im Sinne des § 305c angesehen, wenn der Mieter zugleich zur Unterhaltung eines Kontos bei einem Geldinstitut verpflichtet wird; ein Konto kann heutzutage erwartet werden.

Die Verpflichtung zum Lastschriftverfahren muss allerdings aus wichtigem Grund widerrufbar sein, wie im Vertrag vereinbart. Würde diese Widerrufsklausel im Vertrag fehlen, so hätte der Mieter z. B. bei drohender ungerechtfertigter bzw. streitiger Abbuchung von Nebenkosten nur mindere Rechte. Die Rechtsprechung sieht daher die Klauseln, die Verpflichtungen zur Einzugsermächtigung ohne Widerrufsklausel vereinbaren, als unwirksam an.

Auch ist eine Klausel im Formularmietvertrag, die eine Lohn- oder Gehaltsabtretung des Mieters zugunsten des Vermieters vorsieht, unwirksam, da sie für den Mieter überraschend ist und somit ein Verstoß gegen § 305c BGB vorliegt.

(Vgl. hierzu: Mietvertrag, herausgegeben vom GdW Bundesverband deutscher Wohnungs- und Immobilienunternehmen e. V., „Mietzahlung", am Ende dieses Kapitels.)

Zusammenfassung
Miete, Festsetzung der Miethöhe, Indexmiete, Staffelmiete, Mietzahlung

- **Miete**
  - Die vereinbarte Miete setzt sich aus folgenden Bestandteilen zusammen:
    - Einzel-/Grundmiete
    - Zuschlägen
    - Vergütungen
    - Vorauszahlungen auf die Betriebskostenumlage.
  - **Bruttomiete** bedeutet, alle Betriebskosten sind durch einen einheitliche Miete abgegolten.
  - **Nettomiete** bedeutet, alle Betriebskosten im Sinne der Anlage 3 § 27 II. BV sind nicht enthalten und werden gesondert abgerechnet.
  - Die Abrechnung kann erfolgen als
    - Pauschale oder als
    - Vorauszahlung auf die Betriebskosten.

- **Festsetzung der Miethöhe**
  - **Kostenmiete** als Obergrenze bei öffentlich geförderten Wohnungen,
  - **Marktmiete** als Obergrenze bei Neuvermietung frei finanzierter Wohnungen, jedoch Schranken gem. §§ 138 Abs. 2, 134 BGB i. V. m. 291 StGB und § 5 WiStG.

- **Indexmiete**
  - Mietanpassung an den Preisindex für die Lebenshaltung aller privaten Haushalte in Deutschland,
  - Einseitige Erhöhungserklärung in Textform,
  - Miete muss mindestens 1 Jahr unverändert bleiben.

- **Staffelmiete**
  - Die Staffelmiete muss schriftlich vereinbart werden.
  - Die Miete muss in den einzelnen Erhöhungsstufen betragsmäßig ausgewiesen werden.
  - Die Miete muss jeweils mindestens 1 Jahr unverändert bleiben.
  - Mieter hat nach vierjähriger Dauer das Recht zu kündigen.
  - Das Kündigungsrecht des Vermieters kann länger ausgeschlossen werden.

- **Mietzahlung**
  - Die Zahlung der Gesamtmiete hat kostenfrei spätestens bis zum 3. Werktag des Monats im Voraus zu erfolgen (vgl. hierzu § 193 BGB).

- Übernahme der Schönheitsreparaturen durch den Mieter

Nach § 535 BGB hat der Vermieter die vermietete Sache dem Mieter in einem für den vertragsgemäßen Gebrauch geeigneten Zustand zu überlassen und sie während der Mietzeit in diesem Zustand zu erhalten. Von diesen gesetzlichen Vorschriften sind jedoch abweichende Vereinbarungen möglich.

BGB § 535

- **Begriff Schönheitsreparaturen**

Es bestehen für solche Regelungen in vorgedruckten Formularmietverträgen erhebliche Schranken. Insbesondere durch das Gesetz über die allgemeinen Geschäftsbedingungen sind beim Abschluss von Wohnraummietverträgen für solche Regelungen enge Grenzen gesetzt. Die Verpflichtung zur Übernahme notwendiger Schönheitsreparaturen kann durch Vereinbarung auch in einem Formularmietvertrag rechtswirksam dem Mieter auferlegt werden. Das BGB kennt den Begriff Schönheitsreparaturen nicht. Zur inhaltlichen Bestimmung des Begriffs wird § 28 Abs. 4 der II. Berechnungsverordnung herangezogen. Danach erstrecken sich Schönheitsreparaturen auf das Anstreichen, Kalken oder Tapezieren der Wände und Decken, Streichen der Fußböden, Heizkörper einschl. der Heizungsrohre, Streichen der Innentüren und der Fenster und der Außentüren von innen einschließlich der Beseitigung kleinerer Schäden, die der die Schönheitsreparaturen ausführende Handwerker üblicherweise mit erledigt.

II. BV § 28 Abs. 4

Grundsätzlich obliegen dem Vermieter alle über diese Maßnahmen hinausgehenden Reparaturen und Instandhaltungen, wenn der Mieter nach dem Mietvertrag zur Übernahme der Schönheitsreparaturen verpflichtet wurde. (Zum Begriff Schönheitsreparaturen s. Kapitel 12.7).

Bei der vertraglichen Vereinbarung ist jedoch zu beachten:
Die formularmäßige Übertragung der Anfangsrenovierung auf den Mieter von Wohnraum ist nicht rechtswirksam. Die Verpflichtung des Wohnraummieters, die Raumabnutzung seines Vormieters zu beseitigen, stellt eine zusätzliche Leistung des Mieters dar, der keine Gegenleistung des Vermieters gegenübersteht.

Aus diesem Grund ist auch eine Formularklausel, nach der der Mieter „bei Bedarf" renovieren muss und ein Bedarf mindestens dann als gegeben gilt, wenn die in dem Fristenplan festgelegten Zeiträume verstrichen sind, unwirksam, wenn dem Mieter eine unrenovierte Wohnung überlassen worden war.

Darüber hinaus ist auch eine individuelle Vereinbarung zur Anfangsrenovierung in Wohnraummietverträgen unwirksam, wenn der Mieter daneben die laufenden Schönheitsreparaturen nach Fristplan oder nach Bedarf übernimmt.

Zusammenfassend gilt:
Sowohl die formularmäßige Übertragung der Anfangsrenovierung für sich als auch die individuelle Abwälzung der Anfangsrenovierung neben der formularmäßigen Abwälzung der laufenden Schönheitsreparaturen in Wohnraummietverhältnisser ist rechtlich unwirksam.

- **Fristenplan für Schönheitsreparaturen**

Hat der Mieter im Mietvertrag die Schönheitsreparaturen übernommen, so kann der Vermieter auf einer regelmäßigen Durchführung in bestimmten Zeitabständen dann bestehen, wenn im Mietvertrag ein Fristenplan zur Durchführung der Schönheitsreparaturen vorgesehen ist (vgl. Kap. 12.7.4).

Allerdings sind auch Vereinbarungen vorzusehen, die ein Abweichen vom starren Fristenplan ermöglichen. Lässt in besonderen Ausnahmefällen der Zustand der

Wohnung eine Verlängerung der vereinbarten Fristen zu, oder erfordert der Grad der Abnutzung eine Verkürzung, so kann der Vermieter verpflichtet sein, auf Antrag des Mieters, im anderen Fall aber berechtigt, nach billigem Ermessen die Fristen des Planes bezüglich der Durchführung einzelner Schönheitsreparaturen zu verlängern oder zu verkürzen.

Der Mieter darf nur mit Zustimmung des Vermieters von der bisherigen Ausführungsart abweichen. Er ist für den Umfang der im Laufe der Mietzeit ausgeführten Schönheitsreparaturen beweispflichtig.

Weil der Mieter darauf verpflichtet wird, die Schönheitsreparaturen in der bisherigen Ausführungsart durchzuführen, wird er keineswegs in der Farbwahl oder der Wahl der Tapetenart eingeschränkt. Er ist aber daran gehindert, z. B. an Stelle von Tapeten deckende Ölfarben zu verwenden, die Grenze ist im Einzelfall zu bestimmen.

Grundsätzlich darf der Mieter einerseits nicht sachfremd in seiner Gestaltungsfreiheit eingeschränkt werden, andererseits muss der Charakter der Wohnung erhalten bleiben.

In diesem Zusammenhang hat der BGH mit Urteil vom 18. 6. 2008 (Az. VIII ZR 224/07) entschieden, dass die Mietvertragsklausel „Die Schönheitsreparaturen sind in neutralen, hellen Farben und Tapeten auszuführen" unwirksam ist. Die Farbauswahlklausel benachteilige den Mieter unangemessen, weshalb auch die Verpflichtung zur Vornahme der Schönheitsreparaturen insgesamt unwirksam ist (§ 307 Abs. 1 Satz 1, Abs. 2 Nr. 1 BGB).

Die Klausel schreibt dem Mieter nicht erst für den Zeitpunkt der Rückgabe der Wohnung, sondern bereits während der Mietzeit vor, für Schönheitsreparaturen helle, deckende und neutrale Farben zu verwenden. Dem Vermieter ist zwar vor dem Hintergrund einer beabsichtigten Weitervermietung ein berechtigtes Interesse daran nicht abzusprechen, die Wohnung am Ende des Mietverhältnisses in einer Farbgebung zurückzuerhalten, die von möglichst vielen Mietinteressenten akzeptiert wird. Es besteht jedoch kein anerkennenswertes Interesse des Vermieters daran, dass der Mieter bereits während laufender Mietzeit auf andere Gestaltungen, seien sie farbig oder nicht deckend, verzichten muss.

– **Übernahme von Kleinreparaturen (Bagatellschäden) durch den Mieter**

Bei Vertragsabschluss kann der Mieter verpflichtet werden, Bagatellschäden auf eigene Kosten zu beseitigen. Mit dieser Vertragsklausel wird die Instandhaltungspflicht des Vermieters für sog. Kleinreparaturen oder Bagatellschäden dem Mieter auferlegt.

Eine solche Regelung ist auch für preisgebundene Wohnungen zulässig. Die gesetzliche Bestimmung geht dabei davon aus, dass der Mieter entsprechend weniger Miete zu zahlen hat.

II. BV § 28 Abs. 3

Für den nicht preisgebundenen Wohnraum ist heute die Wirksamkeit einer solchen Regelung allgemein anerkannt. Der BGH hat in seinem Urteil vom 8. Juni 1989 (WM

89, 324) aber zusätzliche Kriterien aufgestellt, die erfüllt sein müssen, damit eine solche Klausel nicht unwirksam ist.

Es gelten folgende Grundsätze:

1. Die Reparaturpflicht des Mieters darf sich nur auf diejenigen Teile der Mietsache beziehen, die häufig dem Zugriff des Mieters ausgesetzt sind. Hierzu gehören Installationsgegenstände für Elektrizität, Gas und Wasser, Heiz- und Kocheinrichtungen, Fenster- und Türverschlüsse sowie Verschlussvorrichtungen von Fensterläden. Es gehören weiter dazu: Rollläden, Markisen, Jalousien und evtl. mitvermietete Einrichtungsgegenstände wie etwa Kühlschränke, Waschmaschinen usw.
Die Vertragsklausel darf nicht so gefasst sein, dass die Reparaturpflicht auch Rohre und elektrische Leitungen oder solche Gegenstände umfasst, mit denen der Mieter so gut wie nicht in Berührung kommt.

2. Der Mieter darf nur zur Tragung der Kosten der Kleinreparaturen verpflichtet werden.

3. Derzeit dürfte der maximale Betrag pro Einzelreparatur bei 80,00 € liegen. Der BGH hat in seinem Urteil vom 6. 5. 1992 (VIII ZR 129/91; DWW 1992, S. 207) bereits einen Betrag von 75,00 € anerkannt. Aufgrund der Kostensteigerungen dürfte deshalb heute ein Betrag von 80,00 € angemessen sein.

4. Die Vereinbarung muss auch eine Höchstgrenze für den Fall festlegen, dass zahlreiche Kleinreparaturen z. B. innerhalb eines Jahres anfallen. Nach Ansicht des BGH ist es zulässig, den Gesamtaufwand für alle Kleinreparaturen im Jahr auf 6 % der Jahresbrutto-Kaltmiete zu begrenzen (BGH, Urteil vom 6. 5. 1992 – VIII ZR 129/91, GE 1992, S. 663). Die Höchstgrenze dürfte derzeit bei 10 % der jeweils geschuldeten Jahresmiete liegen (vgl. auch Kap. 12.7.5).

– **Mietsicherheit/Kaution**

Der Vermieter kann mit dem Mieter bei Vertragsabschluss zur Sicherung seiner Mietforderung eine Kaution vereinbaren. Ist der Mietvertrag einmal ohne Verpflichtung zur Zahlung einer Kaution abgeschlossen, kann der Vermieter nachträglich keine Kaution fordern.

BGB § 551

Die Mietkaution für Wohnraum ist in § 551 BGB geregelt. Sie dient der Sicherung der Ansprüche des Vermieters
– aus dem Mietverhältnis und
– aus den sich nach der Kündigung des Mietvertrages ergebenden Ansprüchen.

Die Kaution besteht gewöhnlich aus der Zahlung eines Geldbetrages. Andere Arten der Sicherheitsleistungen sind z. B. die Leistung einer Bürgschaft, Verpfändung beweglicher Sachen oder die Hinterlegung von Wertpapieren.

BGB § 551 Abs. 1 Satz 1

Nach § 551 Abs. 1 Satz 1 BGB darf die Höhe der Kaution den dreifachen Betrag der vereinbarten monatlichen Miete nicht übersteigen. Bei der Berechnung der Kaution sind aus der monatlich vereinbarten Miete die Betriebs- und Heizungskosten vorher abzuziehen. Der Mieter hat die Kaution zu Beginn des Mietverhältnisses zu zahlen, er kann aber auch verlangen, die Zahlung in drei gleichen Monatsraten vorzunehmen.

Die geleistete Kaution ist zu dem für Spareinlagen mit gesetzlicher Kündigungsfrist üblichen Zinssatz zu verzinsen. Die Zinsen stehen dem Mieter zu. Die Vertragsparteien können auch eine andere Anlageform vereinbaren. Darunter sind solche Anlageformen zu verstehen, bei denen die Erzielung eines Gewinns möglich ist, z. B. in Form von Zinsen oder einer Dividende. Die Anlage der Kaution muss vom Vermögen des Vermieters getrennt erfolgen. In § 551 Abs. 4 BGB bestimmt der Gesetzgeber, dass Vereinbarungen zum Nachteil des Mieters in Bezug auf Höhe, Fälligkeit, Anlage und Verzinsung der Kaution unwirksam sind. Kommt der Mieter im Laufe des Mietverhältnisses mit der Mietzahlung in Verzug, ist der Vermieter berechtigt, auf die Kaution zurückzugreifen. Wird der Tatbestand der fristlosen Kündigung nicht erfüllt, hat der Vermieter dem Mieter gegenüber den Anspruch auf Auffüllung der Kaution bis zur vereinbarten Höhe.

BGB § 551 Abs. 3 u. 4

Die Kaution dient dem Vermieter grundsätzlich zur Sicherung aller sich aus dem Mietverhältnis ergebenden Ansprüche. Daher kann der Mieter eine Mietzahlung nicht verweigern mit dem Hinweis, der Vermieter habe ja die Kaution, aus der er sich befriedigen könne.

Die Regelung zur Zahlung einer Mietkaution gilt auch für Wohnungen des sozialen Wohnungsbaus. Bei öffentlich geförderten Wohnungen gibt es jedoch die Einschränkung, dass die Kaution nicht zur Sicherung des Mietausfalls eingesetzt werden darf.

WoBindG § 9

Bei Vertragsabschluss mit Kautionsvereinbarung ist bereits festzuhalten, wann die Kaution nach Beendigung des Mietverhältnisses auszuzahlen ist. So kann z. B. vereinbart werden, dass die Kaution drei Monate nach Rückgabe der Mietsache zuzüglich angefallener Zinsen und unter Abzug evtl. Forderungen des Vermieters an den Mieter zurückzuzahlen ist.

Auch ist eine Vereinbarung möglich, die vorsieht, dass die Kaution erst nach Abrechnung der Heiz- und Betriebskosten ausgezahlt wird, da Heizkosten oftmals erst viele Monate nach Auszug des Mieters abgerechnet werden können.

Aus Verwaltungsgründen sollte im Vertrag festgelegt sein, dass der Mieter die Auszahlung der angefallenen Zinsen für die Kaution nicht jährlich verlangen kann. Durch das Anwachsen des Kautionsbetrages durch die anfallenden Zinsen wird ein Inflationsausgleich geleistet.

Wurde bei Vertragsabschluss keine Vereinbarung über die Rückzahlung der Kaution getroffen, so entsteht der Rückzahlungsanspruch sofort, wenn der Vermieter z. B. im Abnahmeprotokoll die Mangelfreiheit der Wohnung bestätigt hat. Überwiegend wird dem Vermieter von den Gerichten eine Abrechnungsfrist von 3 bis 6 Monaten eingeräumt.

(Vgl. Muster einer Vereinbarung über Sicherheitsleistungen durch Geldleistung in Miet- und Nutzungsverträgen am Ende dieses Kapitels).

- **Untervermietung**

Der Mieter ist ohne Erlaubnis des Vermieters nicht berechtigt, den Gebrauch der gemieteten Wohnung einem Dritten zu überlassen, insbesondere die Wohnung weiterzuvermieten.

BGB § 540 Abs. 1 Satz 1 — Sollte der Vermieter die Erlaubnis verweigern, hat der Mieter das Recht, das Mietverhältnis unter Einhaltung der gesetzlichen Frist zu kündigen. Der Vermieter darf jedoch die Erlaubnis zur Untervermietung nicht verweigern, es sei denn, dass in der Person des Dritten ein wichtiger Grund vorliegt. Somit besteht eine Zustimmungspflicht des Vermieters zur Untervermietung immer dann, wenn der Mieter von Wohnraum nach Abschluss des Mietvertrages ein berechtigtes Interesse zur Gebrauchsüberlassung an einen Dritten geltend machen kann.

Beispiel:
Untervermietung an einen Dritten bei vorübergehender beruflicher Tätigkeit des Hauptmieters an einem anderen Ort.

Bei der Untervermietung unterscheidet man zwischen der vollständigen Weitervermietung des gesamten Wohnraums und der teilweisen Untervermietung eines Teils des Mietobjektes.

BGB § 553 — Der Mieter kann vom Vermieter die Erlaubnis zur teilweisen Untervermietung verlangen, wenn für den Mieter von Wohnraum nach Abschluss des Mietvertrages ein berechtigtes Interesse entsteht, einen Teil des Wohnraumes einem Dritten zum Gebrauch zu überlassen. Auch in diesem Fall kann der Vermieter die Erlaubnis nur verweigern, wenn in der Person des Dritten ein wichtiger Grund vorliegt, der Wohnraum übermäßig belegt würde oder sonst dem Vermieter die Überlassung nicht zugemutet werden kann. So liegt z. B. ein berechtigtes Interesse für die Aufnahme von Geschwistern vor, wenn glaubhafte wirtschaftliche und persönliche Gründe angeführt werden (BGH RE WM 85, 7).

Auch ist ein berechtigtes Interesse im folgenden Fall gegeben:
Ein Ehepaar mit 3 Kindern bezieht eine große Wohnung mit 6 Zimmern. Im Laufe der Mietzeit verlassen die Kinder die Wohnung. In diesem Falle hätte das Ehepaar durchaus ein berechtigtes Interesse, Teile der Mietsache unterzuvermieten.

Der Vermieter kann jedoch die Erlaubnis zur Untervermietung verweigern, wenn im Laufe der Untervermietung z. B. eine Wohngemeinschaft entstehen sollte.

Ist dem Vermieter die Überlassung nur bei einer angemessenen Erhöhung der Miete zuzumuten – eine zweite Familie zieht in die Wohnung ein – so kann er die Erlaubnis davon abhängig machen, dass der Mieter sich mit einer solchen Erhöhung einverstanden erklärt.

Zu beachten ist jedoch, dass sich ein solcher **Untermietzuschlag** im Rahmen der ortsüblichen Vergleichsmiete bewegen muss und zu begründen ist. Die Tatsache der Untervermietung allein bewirkt nicht automatisch den Untermietzuschlag.

BGB § 540 Abs. 2 — Besteht ein Untermietverhältnis, dann besteht lediglich ein Mietvertragsverhältnis zwischen Hauptmieter und Untermieter. Es besteht kein Vertragsverhältnis zwischen Vermieter und Untermieter. Hieraus ergibt sich, dass der Mieter, der den Gebrauch der von ihm angemieteten Wohnung einem Dritten überlässt, alle Handlungen des Untermieters gegen sich gelten lassen muss.

Stört z. B. der Untermieter nachhaltig den Hausfrieden, kann das zur Kündigung des Mietverhältnisses mit dem Hauptmieter führen. Der Hauptmieter haftet für den Untermieter.

Die Erlaubnis zur Untervermietung kann durch den Vermieter auch durch schlüssiges Verhalten erteilt werden, indem er z. B. längere Zeit ohne Widerspruch die Untervermietung duldet.

Eine vertragliche Vereinbarung bei Abschluss des Mietvertrages, die ein Verbot jeglicher Untervermietung vorsieht, ist unwirksam. BGB § 553

- **Tierhaltung**

Die Tierhaltung, insbesondere in Mehrfamilienhäusern, verursacht häufig Unfrieden und Streit zwischen Mietern, aber auch zwischen Mieter und Vermieter. Die Streitursache liegt in der Frage, ob und inwieweit die Tierhaltung in der Wohnung zu gestatten ist. Dabei ist zu unterscheiden, ob es sich bei der Tierhaltung in der Wohnung um ein Kleintier handelt oder ein größeres Tier, z. B. Hund, Katze, und ob bei Vertragsabschluss eine Regelung über die Tierhaltung getroffen wurde oder nicht.

Die Kleintierhaltung, z. B. Zierfische, in der Wohnung ist dem Mieter als Bestandteil des normalen vertragsgemäßen Gebrauchs gestattet, solange es sich um Tiere handelt, von denen ihrer Art nach irgendwelche Störungen oder Schädigungen unter keinen Umständen ausgehen können. In diesen Fällen ist eine mietvertragliche Regelung nicht erforderlich.

Inwieweit eine ausdrückliche Vereinbarung des Vermieters mit dem Mieter erforderlich ist, die den Mieter berechtigt, Hunde in der Mietwohnung zu halten, ist streitig. So ist eine verbreitete Meinung, dass Hundehaltung in der Wohnung heute als zur allgemeinen Lebenshaltung und damit zum vertragsgemäßen Gebrauch gehörend anzusehen ist.

Eine andere Meinung dagegen ist, dass Hundehaltung in der Mietwohnung nur zuzulassen ist bei ausdrücklicher Zustimmung des Vermieters. Begründet wird dies damit, dass sich besonders bei Hundehaltung die Möglichkeit einer Gefährdung oder Belästigung von Mitbewohnern oder Nachbarn nicht ausschließen lasse.

Der Vermieter kann bei Vertragsabschluss Tierhaltung (Hundehaltung) in der Wohnung vertraglich generell verbieten (BVerfG, WM 1981, 77; OLG Hamm, OLGZ 1981, 74). Handelt es sich bei dieser Vereinbarung, die die Hundehaltung im Mietvertrag verbietet, um eine Individualklausel, ist diese Vereinbarung grundsätzlich wirksam. Handelt es sich um eine formularmäßige Klausel in einem Formularmietvertrag, die den Vorschriften über die Allgemeinen Geschäftsbedingungen unterliegt, so ist sie unwirksam (BGH AZ: VIII ZR 10/92 vom 20. 1. 1993).

Der Vermieter kann sich aber bei Mietvertragsabschluss die Zustimmung zur Tierhaltung ausdrücklich vorbehalten. Die Vereinbarung einer solchen Klausel bedeutet für den Vermieter, dass er die Erlaubnis zur Tierhaltung nur aus sachlichen Gründen verweigern darf. Eine Verweigerung der Tierhaltung bedarf der Begründung; z. B. Mieter sind allergisch gegen Katzen, Gefährdung anderer Mieter durch bissigen Hund.

Wurde die Erlaubnis zur Tierhaltung erteilt, so kann sie nur durch Vorliegen wichtiger Gründe widerrufen werden, z. B. vom Hund gehen nachweisbare Störungen durch Bellen aus.

BGB § 541 — Liegt ein mietvertragliches Verbot der Tierhaltung vor und verstößt der Mieter dagegen, kann der Vermieter die Entfernung des Tieres verlangen.

BGB § 5543 § 569 — Weigert sich der Mieter nach ergangenem Urteil auf Unterlassung der Tierhaltung, das Tier zu entfernen, kann der Vermieter in besonders schwerwiegenden Fällen das Mietverhältnis kündigen.

(Vgl. hierzu: Mietvertrag herausgegeben vom GdW Bundesverband deutscher Wohnungs- und Immobilienunternehmen e. V., „Zustimmungsbedürftige Handlungen des Mieters", am Ende dieses Kapitels.)

12.1.3.8 Mietvertrag und Hausordnung

Die Aufgabe der Hausordnung ist, Regelungen aufzustellen, die ein geordnetes und störungsfreies Zusammenleben der Mieter in einem Wohnhaus ermöglichen. Die Hausordnung soll daher den Gebrauch der Mietsache durch den Mieter ordnen. Sie konkretisiert mit ihren Bestimmungen Pflichten des Mieters, zu deren Einhaltung er sich bereits im Mietvertrag verpflichtet hat.

Die Hausordnung, die das Zusammenleben von Menschen regeln soll, ist im Nachhinein bei veränderten Bedingungen nur schwer den neuen Verhältnissen anzupassen. So ist vom Vermieter zu bedenken, dass er die Hausordnung nicht einseitig abändern kann. Die Änderung der in der Hausordnung festgelegten Rechte und Pflichten der Mieter bedarf zu ihrer Wirksamkeit einer vertraglichen Vereinbarung zwischen Vermieter und Mieter.

Beim Abschluss eines Formularmietvertrages befindet sich häufig die Hausordnung im Anhang und wird durch den Einbezug in den Mietvertrag Gegenstand des Vertragsverhältnisses.

Wird die Hausordnung dem Mietvertrag nicht beigefügt, sondern ist lediglich im gemeinschaftlich genutzten Treppenhaus ausgehängt, so wird sie allein dadurch nicht Gegenstand der vertraglichen Regelung zwischen Vermieter und Mieter.

Bei einer zulässigen Abänderung der Hausordnung hat der Vermieter darauf zu achten, dass die Hausordnung keine weitergehenden Pflichten für den Mieter vorsieht, als im Mietvertrag festgelegt. Auf keinen Fall darf das Gebrauchsrecht des Mieters durch Regelungen in der Hausordnung beschränkt werden; z. B. ist ein Besuchsverbot nach 22.00 Uhr in der Hausordnung unzulässig.

Bei der Abfassung bzw. Abänderung der Hausordnung muss der Grundsatz der Gleichbehandlung der Mieter eingehalten werden. In der Hausordnung darf keine willkürliche unterschiedliche Behandlung einzelner Mieter geregelt sein.

Zum Beispiel kann die Hausordnung die Verpflichtung zum Schneeräumen nicht den Erdgeschossbewohnern auferlegen, wenn eine solche Verpflichtung nicht auch den übrigen Mietern auferlegt wird. Eine solche, den Mieter einseitig verpflichtende Regelung kann im Mietvertrag ggf. unter Mietkürzung vereinbart werden.

Verstößt ein Mieter gegen die Hausordnung, ist der Vermieter berechtigt, vom Mieter die Unterlassung des Pflichtverstoßes und die Einhaltung der Hausordnung zu verlangen.

Bei andauernden oder schwerwiegenden Verstößen gegen die Hausordnung ist der Vermieter berechtigt, das Mietverhältnis wegen schuldhafter, nicht unerheblicher Vertragsverletzung zu kündigen.

BGB § 573 Abs. 2 Ziffer 1

HAUSORDNUNG

Das Zusammenleben in einer Hausgemeinschaft erfordert gegenseitige Rücksichtnahme aller Hausbewohner. Um das ungestörte Zusammenleben zu erreichen, ist die nachfolgende Hausordnung als rechtsverbindlicher Bestandteil des Mietvertrages einzuhalten.

I.
Schutz vor Lärm

1) Vermeidbarer Lärm belastet unnötig alle Hausbewohner. Deshalb ist Musizieren während der allgemeinen Ruhezeiten von 13 bis 15 Uhr und von 22 bis 7 Uhr untersagt. Fernseh-, Radio- und Tongeräte sind stets auf Zimmerlautstärke einzustellen; die Benutzung im Freien (auf Balkonen, Loggien usw.) darf die übrigen Hausbewohner nicht stören.

2) Sind bei hauswirtschaftlichen und handwerklichen Arbeiten in Haus, Hof oder Garten belästigende Geräusche nicht zu vermeiden (Klopfen von Teppichen und Läufern, Staubsaugen, Rasenmähen, Basteln und dergleichen), so sind diese Verrichtungen werktags in der Zeit von 8 bis 12 Uhr und von 15 bis 18 Uhr vorzunehmen.

3) Baden und Duschen sollte in der Zeit von 22 bis 6 Uhr unterbleiben, soweit auf Grund der Bauart des Gebäudes die Nachtruhe der übrigen Hausbewohner gestört wird.

4) Kinderspiel
Kinder sollen möglichst auf den Spielplätzen spielen. Spiel und Sport in den Anlagen muß auf die Anwohner und die Bepflanzung Rücksicht nehmen. Lärmende Spiele und Sportarten (z. B. Fußballspiel) sind auf den unmittelbar an die Gebäude angrenzenden Freiflächen, im Treppenhaus und in sonstigen Nebenräumen nicht gestattet.

5) Festlichkeiten aus besonderem Anlaß, die sich über 22 Uhr hinaus erstrecken, sollen den betroffenen Hausbewohnern rechtzeitig angekündigt werden.

6) Bei schwerer Erkrankung eines Hausbewohners ist besondere Rücksichtnahme geboten.

II.
Sicherheit

1) Zum Schutz der Hausbewohner sind die Haustür von 22 bis 6 Uhr und die Kellereingänge und Hoftüren ständig verschlossen zu halten.
Wer die Haustür zwischen 22 und 6 Uhr oder die Kellereingangstüren und Hoftüren öffnet, hat sie sofort nach Benutzung wieder abzuschließen.

2) Haus- und Hofeingänge, Treppen und Flure erfüllen ihren Zweck als Fluchtweg nur, wenn sie freigehalten werden. Sie dürfen daher nicht zugeparkt oder durch Fahr- und Motorräder, Kinderwagen usw. versperrt werden.

3) Das Lagern von feuergefährlichen, leichtentzündbaren sowie Geruch verursachenden Stoffen in Keller- oder Bodenräumen ist untersagt. Auf den gemeinsamen Trockenboden dürfen keine Gegenstände abgestellt werden.

4) Spreng- und Explosionsstoffe dürfen nicht in das Haus oder auf das Grundstück gebracht werden. Bei der Lagerung von Heizöl sind die amtlichen Richtlinien zu beachten.

5) Bei Undichtigkeiten oder sonstigen Mängeln an den Gas- und Wasserleitungen sind sofort die Gas- und Wasserwerk sowie das Wohnungsunternehmen zu benachrichtigen. Wird Gasgeruch in einem Raum bemerkt, darf dieser nicht mit offenem Licht betreten werden. Elektrische Schalter sind nicht zu betätigen. Die Fenster sind zu öffnen. Der Haupthahn ist zu schließen.

6) Versagt die allgemeine Flur- und Treppenbeleuchtung, so ist unverzüglich das Wohnungsunternehmen oder sein Beauftragter zu benachrichtigen. Bis Abhilfe geschaffen ist, soll der Hausbewohner für ausreichende Beleuchtung der zur Wohnung führenden Treppe und des dazugehörenden Flures sorgen.

7) Das Grillen mit festen oder flüssigen Brennstoffen ist auf Balkonen, Loggien und auf den unmittelbar am Gebäude liegenden Flächen nicht gestattet.

III.
Reinigung

1) Haus und Grundstück sind rein zu halten. Verunreinigungen sind von dem verantwortlichen Hausbewohner unverzüglich zu beseitigen.

2) Die Hausbewohner haben die Kellerflure, Treppen, die Treppenhausfenster, Treppenhausflure und den Boden abwechselnd nach einem bei Bedarf aufzustellenden Reinigungsplan zu reinigen.

3) Soweit vertraglich nichts anderes vorgesehen, haben die Hausbewohner abwechselnd nach einem bei Bedarf vom Wohnungsunternehmen aufzustellenden Reinigungsplan:

- die Zugangswege außerhalb des Hauses einschließlich der Außentreppen,
- den Hof,
- den Standplatz der Müllgefäße,
- den Bürgersteig vor dem Haus,
- die Fahrbahn, sofern es das in der Gemeinde geltende Ortsrecht bestimmt.

zu reinigen. Schnee- und Eisbeseitigung und das Streuen bei Glätte erfolgt nach einem vom Wohnungsunternehmen aufzustellenden Plan. Maßnahmen gegen Winterglätte müssen zwischen 6 und 21 Uhr wirksam sein, soweit nicht durch behördliche Bestimmungen hierfür andere Zeiten festgelegt worden sind.

4) Abfall und Unrat dürfen nur in den dafür vorgesehenen Müllgefäßen gesammelt werden. Sperriger Abfall, Kartons usw., dürfen nur zerkleinert in die Müllgefäße geschüttet werden. Bitte achten Sie darauf, daß kein Abfall oder Unrat im Haus, auf den Zugangswegen oder dem Standplatz der Müllgefäße verschüttet wird.

5) Waschküche und Trockenräume stehen entsprechend der Einteilung durch das Wohnungsunternehmen zur Benutzung zur Verfügung. Nach Beendigung der Wäsche sind Waschraum und sämtliche Einrichtungsgegenstände gründlich zu reinigen. Waschküchen- und Trockenraumschlüssel sind pünktlich an den Nachfolger weiterzugeben.
Auf den Balkonen darf Wäsche nur unterhalb der Brüstung getrocknet werden.

6) Teppiche dürfen nur auf dem dafür vorgesehenen Platz gereinigt werden. Das Reinigen von Textilien und Schuhwerk darf nicht in den Fenstern, über den Balkonbrüstungen oder im Treppenhaus erfolgen.

7) Blumenbretter und Blumenkästen müssen sachgemäß und sicher angebracht sein. Beim Gießen von Blumen auf Balkonen und Fensterbänken ist darauf zu achten, daß das Wasser nicht an der Hauswand herunterläuft und auf die Fenster und Balkone anderer Hausbewohner rinnt.

8) In die Toiletten und/oder Abflußbecken dürfen Haus- und Küchenabfälle, Papierwindeln u. ä. nicht geschüttet werden.

9) Die Wohnung ist auch in der kalten Jahreszeit ausreichend zu lüften. Dies erfolgt durch möglichst kurzfristiges Öffnen der Fenster. Zum Treppenhaus hin darf die Wohnung, vor allem aber die Küche, nicht entlüftet werden.

Muster des GdW – Bundesverband deutscher Wohnungsunternehmen
Nachdruck nicht gestattet

10) Keller-, Boden- und Treppenhausfenster sind in der kalten Jahreszeit geschlossen zu halten. Dachfenster sind bei Regen und Unwetter zu verschließen und zu verriegeln.

11) Sinkt die Außentemperatur unter den Gefrierpunkt, sind alle geeigneten Maßnahmen zu treffen, um ein Einfrieren der sanitären Anlagen zu vermeiden.

12) Für die Dauer seiner Abwesenheit oder im Krankheitsfalle hat der Hausbewohner dafür Sorge zu tragen, daß die Reinigungspflichten eingehalten werden. Bei längerer Abwesenheit ist der Schlüssel zu hinterlegen. Das Wohnungsunternehmen ist hierüber zu unterrichten.

13) Das Abstellen von Fahrzeugen auf dem Hof, den Gehwegen und Grünflächen ist nicht erlaubt. Fahrzeuge dürfen innerhalb der Wohnanlage nicht gewaschen werden. Ölwechsel und Reparaturen an Fahrzeugen sind nicht gestattet.

IV.

Gemeinschaftseinrichtungen

Für die Gemeinschaftseinrichtungen gelten die Benutzungsordnungen sowie Bedienungsanweisungen und Hinweisschilder. Einteilungspläne sind zu beachten.

Personenaufzüge

1) Der Aufzug darf von Kleinkindern nur in Begleitung Erwachsener benutzt werden. Es ist darauf zu achten, daß der Personenaufzug nicht unnötig benutzt wird. Dauerbelastungen führen zu Schäden.

2) Der Fahrkorb ist im Innern entsprechend dem Reinigungsplan des Wohnungsunternehmens von den Hausbewohnern zu reinigen. In den Personenaufzügen dürfen schwere und sperrige Gegenstände, Möbelstücke und dgl. nur befördert werden, wenn die zulässige Nutzlast des Aufzuges nicht überschritten wird.

3) Die Benutzung des Fahrstuhls zum Zwecke der Beförderung von Umzugsgut muß dem Wohnungsunternehmen mit Angabe des Transportunternehmens angezeigt werden. Die Fahrkorbkabine ist in diesem Fall in geeigneter Form zu schützen. Verschmutzungen sind unverzüglich zu beseitigen.

Gemeinschaftsantenne

1) Die Verbindung von Antennenanschlußdose in der Wohnung zum Empfangsgerät darf nur mit dem hierfür vorgeschriebenen Empfängeranschlußkabel vorgenommen werden. Soweit das Kabel nicht von dem Wohnungsunternehmen zur Verfügung gestellt wird, hat es der Hausbewohner auf seine Kosten zu beschaffen. Der Anschluß darf nicht mit anderen Verbindungskabeln vorgenommen werden, weil hierdurch der Empfang der anderen Teilnehmer gestört wird. Darüber hinaus besteht die Gefahr, daß das eigene Gerät beschädigt wird.

2) Der Hausbewohner hat Schäden an der Gemeinschaftsantenne oder Störungen im Empfang, die auf Fehler oder Mängel der Gemeinschaftsantenne schließen lassen, unverzüglich dem Wohnungsunternehmen mitzuteilen. Nur Beauftragte des Wohnungsunternehmens sind berechtigt, Arbeiten an der Anlage durchzuführen.

3) Der Hausbewohner hat den vom Wohnungsunternehmen beauftragten Stellen jederzeit Auskünfte hinsichtlich der Empfangsanlage und der angeschlossenen Geräte zu erteilen, zwecks Vornahme von Kontrollen oder Reparaturarbeiten an der Empfangsanlage das Betreten der Miträume zu verkehrsüblichen Tageszeiten bzw. den Test-Sendezeiten zu gestatten und ggf. die Kontrolle der an der Gemeinschaftsantennenanlage angeschlossenen Geräte zu ermöglichen.

Gemeinschaftswaschanlage

Die Benutzung der Gemeinschaftswaschanlage erfolgt auf eigene Gefahr. Ein Ersatz für verdorbene bzw. beschädigte Wäschestücke wird ausdrücklich ausgeschlossen. Die Anlage ist pfleglich zu behandeln. Bei Störungen ist der Betrieb sofort einzustellen und das Wohnungsunternehmen unverzüglich zu verständigen.

Müllschluckanlage

Die Müllschluckanlage darf nur in der Zeit von 8 bis 20 Uhr benutzt werden. Flaschen, Blechbüchsen und ähnlich schwer bzw. unbrennbare Gegenstände sind in die Mülltonne einzuwerfen, damit eine Beschädigung oder Verstopfung der Müllverbrennungsanlage vermieden wird. Papp- oder Stoffballen sind aus dem gleichen Grund zu verkleinern. Der Einwurfschacht ist durch Rütteln bzw. Schieben mittels Handbesen oder dergleichen nach Benutzung zu leeren. Lautes Poltern ist hierbei zu vermeiden. Vorbeigefallener Müll ist selbstverständlich aufzuheben. Klemmende Schachtdeckel dürfen nicht mit Gewalt geschlossen werden. Die Verstopfung ist dem Hauswart zu melden.

Kinderspielplätze

Die Sauberhaltung des Sandkastens nebst Umgebung gehört zu den Obliegenheiten der Eltern, deren Kinder im Sandkasten spielen. Das Spielen fremder Kinder auf dem zum Hause gehörenden Grundstück ist grundsätzlich nur in Gemeinschaft mit Kindern der Hausbewohner gestattet. Die Eltern der spielenden Kinder haben darauf zu achten, daß das benutzte Spielzeug nach Beendigung des Spielens aus dem Sandkasten entfernt wird. Haustiere sind vom Spielplatz fernzuhalten.

Ort, Datum

Wohnungsunternehmen

Best.-Nr.: **(850-79) 30805**

Hammonia-Verlag GmbH Hamburg Fachverlag der Wohnungswirtschaft

Postfach 62 02 28   22402 Hamburg
Tangstedter Landstr. 83   22415 Hamburg

12.1.3.9 Veränderungen der Parteien des Mietvertrages

Nach Abschluss des Mietvertrages wird es nicht selten erforderlich, während der Mietzeit die am Vertrag beteiligten Parteien zu ändern. So kommt es in der Mietpraxis vor, dass auf der Mieterseite zusätzliche Personen aufzunehmen oder Mieter nach Stellung eines Ersatzmieters auszutauschen sind. Auf der Vermieterseite kommt es zum Vermieterwechsel durch Verkauf der Mietwohnungen bzw. Umwandlung von Miet- in Eigentumswohnungen.

– Aufnahme von zusätzlichen Personen als Mieter

Zur Aufnahme zusätzlicher Personen und damit zur Erweiterung der Mieterseite kann es z. B. kommen, wenn
- die bisherige unverheiratete Mieterin der Wohnung heiratet, und ihr Ehemann als Mitbewohner in die Mietwohnung einzieht;
- der unverheiratete Mieter seine Lebensgefährtin in der Wohnung aufnimmt, um mit ihr in einer Lebensgemeinschaft zusammen zu wohnen;
- Familienangehörige oder Verwandte in die Wohnung auf Dauer einziehen.

BGB §§ 427; 421 ff.

In solchen Fällen ist eine Erweiterung der Mieterseite durch Mietbeitritt der zusätzlichen Personen für den Vermieter empfehlenswert, da sich durch ihren Mietbeitritt das Mietausfallwagnis verringern kann. Der Beitretende wird nach den Regeln des bestehenden Vertrages Mitmieter. Bei mehreren Mietern haftet jeder für die gesamte Mietzahlungspflicht. Im Zweifel ist jeder Mieter verpflichtet, dem Vermieter die volle Miete zu zahlen, einschließlich der Nebenkosten und evtl. Erstattungs- oder Schadensersatzansprüche des Vermieters.

Von einem Anspruch des Vermieters auf Mietbeitritt ist dann auszugehen, wenn er der Aufnahme einer zusätzlichen Person in die Mietwohnung nicht widersprechen kann, z. B. wenn eine Mieterin heiratet und ihren Ehemann in der Wohnung zum ständigen Wohnen aufnimmt.

– Austausch des Mieters

Der Eintritt eines neuen Mieters in einen bestehenden Mietvertrag anstelle des bisherigen Mieters kommt in der Mietpraxis dann vor, wenn ein Mieter vorzeitig, z. B. ohne Einhaltung einer Kündigungsfrist, aus einer Mietwohnung ausziehen will und einen Nachmieter stellt.

WoVG § 2

Mieter dürfen grundsätzlich keine Vermittlungsprovisionen von ihrem Nachmieter verlangen. Auch ist es nicht zulässig, sich vom Nachmieter die eigene Auszugsbereitschaft honorieren zu lassen. Abstandsvereinbarungen sind dann gültig, wenn der Mietvertrag tatsächlich zustande kommt und der Kaufpreis für die übernommene Einrichtung nicht in einem Missverhältnis zum tatsächlichen Wert steht.

Akzeptiert der Vermieter den Nachmieter, erfolgt ein Austausch auf der Mieterseite, indem der Mietvertrag mit dem bisherigen Mieter einvernehmlich aufgelöst und mit dem Nachmieter ein neues Mietverhältnis begründet wird. Dies geschieht häufig lediglich durch eine einfache Umschreibung des bisherigen Mietvertrages auf den neuen Mieter. Erfolgt ein solcher Austausch des Mieters, wird der bisherige Mieter aus seinen Rechten und Pflichten aus dem Mietvertrag entlassen. Der Vermieter hat vorher gründlich zu prüfen, welche Ansprüche gegen den ausscheidenden Mieter noch bestehen, z. B. Mietrückstand, Erstattung von Nebenkosten, Beseitigung von eingebrachten Einrichtungen in die Mietwohnung usw.

WoBG § 2a

Bei der zusätzlichen Aufnahme von Personen als Mieter und beim Austausch des Mieters gelten die allgemeinen Vorschriften und besonderen gesetzlichen Vorschriften über den Mietvertragsabschluss.

– Wechsel des Vermieters

Wechselt in einem bestehenden Mietverhältnis der Vermieter durch Verkauf der Mietsache, so bleibt der Mietvertrag durch die Veräußerung unberührt. Es gilt der Rechtsgrundsatz „Kauf bricht nicht Miete"; d. h.:
1. Der Eigentümer/Vermieter einer Mietsache wird durch einen bestehenden Mietvertrag nicht gehindert, sein Eigentum auf einen Käufer zu übertragen.
2. Durch einen Verkauf wird ein bestehender Mietvertrag nicht berührt.

Die Veräußerung eines Grundstücks oder Grundstücksteils und auch die Veräußerung einer vermieteten Wohnung erfolgt durch Auflassungserklärung (Einigung des bisherigen Eigentümers/Verkäufers mit dem Käufer, dass das Eigentum vom Verkäufer auf den Käufer übergeben soll, und Eintragung ins Grundbuch [§ 873 BGB]).

Ist das Grundstück oder ein Mietobjekt zum Zeitpunkt des Eigentumsübergangs vermietet, so tritt der Käufer an die Stelle des bisherigen Vermieters in alle Rechte und Pflichten aus den bestehenden Mietverhältnissen ein.

BGB § 566

Erfüllt der Käufer die Verpflichtungen nicht, so haftet der bisherige Vermieter für die vom Käufer zu erfüllenden Verbindlichkeiten aus dem Mietvertrag als selbstschuldnerischer Bürge.

BGB § 566 Abs. 2

Der bisherige Vermieter kann sich von dieser Verpflichtung als Bürge dadurch befreien, dass er dem Mieter schriftlich den Übergang des Eigentums an der Mietsache auf den Käufer mitteilt. Nach Eingang dieser Mitteilung hat der Mieter das Recht, zum frühest möglichen Zeitpunkt den Mietvertrag zu kündigen.

Macht der Mieter von seinem Sonderkündigungsrecht nicht Gebrauch, wird der bisherige Vermieter von seinen Verpflichtungen gegenüber dem Mieter gem. § 566 BGB frei. Der Mietvertrag besteht von nun an zwischen Mieter und dem Käufer des Mietobjektes als neuem Vermieter.

BGB § 566a

BGB § 407

Der neue Vermieter wird erst rechtswirksamer Eigentümer mit Eintragung ins Grundbuch. Solange der Mieter vom Übergang des Eigentums keine Kenntnis hat, erfüllt er seine Zahlungsverpflichtung aus dem Mietvertrag an den bisherigen Vermieter.

– Kaution bei Verkauf des Hauses

Wurde bei Abschluss des Mietvertrages zwischen Mieter und bisherigem Vermieter eine Mietsicherheit in Form einer Kaution geleistet, so erlangt der Käufer als neuer Vermieter die Rechte aus der Mietsicherheitsleistung.

Bei Beendigung des Mietverhältnisses hat der Mieter gegen den Käufer und neuen Vermieter einen Anspruch auf Rückerstattung der geleisteten Kaution, gleichgültig, ob dieser die Kaution vom vormaligen Vermieter ausgehändigt erhalten hat oder nicht.

<small>BGB § 566a</small> Weiterhin ist der Verkäufer und vormalige Vermieter zur Rückgabe der Kaution verpflichtet, wenn der Mieter die Kaution vom Käufer nicht erlangen kann.

Der Mieter ist danach grundsätzlich verpflichtet, zunächst den Käufer in Anspruch zu nehmen. Ist dies aussichtslos, oder kann der Rückzahlungsanspruch gegen den Käufer nach Lage der Dinge nicht realisiert werden, so haftet der Verkäufer. Dies ist insbesondere der Fall, wenn über das Vermögen des Erwerbers das Insolvenzverfahren eröffnet worden ist.

– Wechsel des Vermieters bei Umwandlung von Miet- in Eigentumswohnungen

Zu einem Wechsel des Vermieters kommt es auch dann, wenn ein Eigentümer eines Mietwohnhauses das Gebäude in Eigentumswohnungen umwandelt und an einen Erwerber veräußert. Sowohl öffentlich geförderte Wohnungen als auch frei finanzierte Wohnungen können in Eigentumswohnungen umgewandelt werden.

<small>WoBindG §§ 15, 16</small> Bei der Umwandlung von öffentlich geförderten Wohnungen ist zu beachten, dass der Vermieter der zuständigen Stelle die Veräußerung von belegungs- oder mietgebundenen Wohnungen und die Begründung von Wohnungseigentum an diesen Wohnungen unverzüglich schriftlich mitteilen muss.

<small>WoFG § 32 BGB § 573 Abs. 2 Nr. 2, 3 BGB § 577a</small> Der Vermieter, der eine Wohnung erworben hat, an der nach der Überlassung an einen Mieter Wohnungseigentum begründet worden ist, darf sich dem Mieter gegenüber auf berechtigtes Interesse an der Beendigung des Mietverhältnisses wegen Eigenbedarfs nicht berufen, und zwar solange wie die Wohnung Belegungs- oder Mietbindungen unterliegt. Jedoch besteht auch für diese Wohnungen nach Wegfall der bundeseinheitlichen Sperrfrist von 3 Jahren die Möglichkeit der Eigenbedarfs- und Verwertungskündigung gem. § 573 Abs. 2 Nr. 2 oder 3 BGB.

<small>WoFG § 32, Abs. 3</small> Dem Mieter von preisgebundenen Wohnungen, die nach Abschluss des Mietvertrages in Eigentumswohnungen umgewandelt worden sind, steht gem. § 577 BGB ein Vorkaufsrecht zu. Dies gilt nicht, wenn der Vermieter die Wohnräume an einen Familienangehörigen oder an einen Angehörigen seines Haushalts verkauft.

<small>BGB § 577</small> Wird eine frei finanzierte Mietwohnung mit einem bestehenden Mietverhältnis in eine Eigentumswohnung umgewandelt und an einen Dritten verkauft, hat der Mieter ebenfalls ein Vorkaufsrecht. Ausnahme: Der Vermieter verkauft die Wohnung an eine zu seinem Hausstand gehörende Person oder an einen Familienangehörigen. Das Vorkaufsrecht kann nur bis zum Ablauf von 2 Monaten seit dem Empfang der Mitteilung über die Veräußerungsabsicht ausgeübt werden. Nimmt der Vorkaufsberechtigte sein Vorkaufsrecht nicht wahr, kann der Erwerber nach einer Kündigungssperrfrist von 3 Jahren das Mietverhältnis wegen Eigenbedarfs oder wegen Hinderung an einer angemessenen wirtschaftlichen Verwertung kündigen.

Die Landesregierungen können die dreijährige Kündigungssperrfrist durch Rechtsverordnung für Städte und Gemeinden, in denen die ausreichende Versorgung der Bevölkerung mit Mietwohnungen besonders gefährdet ist, bis auf 10 Jahre verlängern, d. h. auch 6 oder 8 Jahre Sperrfrist sind möglich.

BGB § 577a

Diese Regelung des Kündigungsrechts für den Erwerber einer vermieteten Eigentumswohnung gilt nicht, wenn die Wohnung nach der Begründung von Wohnungseigentum vermietet wurde. In diesem Falle kann ein Erwerber sofort wegen Eigenbedarfs kündigen. Behalten jedoch nach erfolgter Umwandlung der Mietwohnungen in Eigentumswohnungen Mieter ihre Wohnungen weiterhin als Mietwohnungen, so gilt auch hier hinsichtlich der Stellung des Mieters der Grundsatz gem. § 566 BGB „Kauf bricht nicht Miete".

Der Erwerber tritt an Stelle des Vermieters in die Rechte und Pflichten ein, die sich während der Dauer des Mietverhältnisses mit dem bisherigen Vermieter ergeben haben. Hieraus ergibt sich, dass der Mieter mit dem Erwerber keinen neuen Mietvertrag schließen muss.

Für den neuen Wohnungseigentümer gilt, dass er mit dem Kauf der Wohnung den bestehenden Mietvertrag „erworben" hat, an seinen Inhalt gebunden und somit nicht möglich ist, die Vertragsbedingungen einseitig abzuändern.

Hieraus ergeben sich Schwierigkeiten bei der Abgrenzung zwischen Sonder- und Gemeinschaftseigentum der entstandenen Eigentümergemeinschaft und den mietvertraglichen Regelungen der weiter bestehenden Mietverträge. So kann z. B. die Teilungserklärung vorsehen, dass dem Sondereigentum an der umgewandelten Wohnung ein Kellerraum zugeordnet ist, während der bisher zur Mietwohnung gehörende Trockenboden einem anderen Wohnungseigentum als Hobbyraum zugeordnet wird. Oder die Gemeinschaftswaschküche soll als Fahrradkeller dienen.

Es ist aufgrund des bestehenden Mietverhältnisses nicht möglich, die wohnungseigentumsrechtlichen Regelungen in der Teilungserklärung zu realisieren. Dies gilt, solange der Mietvertrag besteht, es sei denn, dass der Mieter freiwillig auf entsprechende Rechte aus seinem Mietvertrag verzichtet.

Durch das Fortbestehen des Mietverhältnisses werden auch die übrigen Eigentümer in ihren Rechten eingeschränkt; wenn sie z. B. den vorgesehenen Fahrradkeller nicht nutzen können, da dieser Raum weiterhin als Gemeinschaftswaschküche der Mieter dient.

Nachdem durch die erwerbenden Eigentümer eine Eigentümergemeinschaft entstanden ist, können sich aufgrund der fortbestehenden Mietverhältnisse folgende Schwierigkeiten ergeben:

– Die in der Eigentümerversammlung getroffenen Gebrauchsregelungen für die Eigentumsanlage weichen von der zum Mietvertrag gehörenden Hausordnung ab. Für den Mieter gelten die Vereinbarungen der Hausordnung.
– Die Abrechnung der Bewirtschaftungskosten erfolgt in einer Eigentümergemeinschaft i. d. R. nach den Miteigentumsanteilen. Der Wohnungseigentümer hat die Abrechnung mit seinem Mieter nach dem mietvertraglich vereinbarten Verteilungsschlüssel, z. B. m^2-Wfl., vorzunehmen.

– Auch kann der Eigentümer nur die Betriebskosten auf den Mieter abwälzen, die mietvertraglich vereinbart sind. Verwaltungskosten und Beiträge zur Instandhaltungsrückstellung sind nicht abwälzbar.

Diese Schwierigkeiten bestehen für denjenigen Erwerber nicht, der ein Objekt im Rahmen der Zwangsversteigerung erwirbt.

Gesetz über die Zwangsversteigerung § 57a

Dieser Erwerber ist bei berechtigtem Interesse berechtigt, das Mietverhältnis unter Einhaltung der gesetzlichen Frist zu kündigen. Die Kündigung ist jedoch ausgeschlossen, wenn sie nicht zum ersten Termin erfolgt, für den sie zulässig ist.

12.1.3.10 Musterverträge

– **Wichtige Vertragsmuster**

In der unternehmerischen Wohnungswirtschaft werden i. d. R. die vom GdW Bundesverband deutscher Wohnungsunternehmen e. V. herausgegebenen im Hammonia-Verlag Hamburg erschienenen Musterverträge verwandt.

Hier wird auf ein Vertragsmuster zurückgegriffen, das den Mietvertrag als Grundmuster konzipiert und sowohl für den preisgebundenen Wohnraum als auch für den Wohnraum verwendet werden kann, der dem Mietrecht im Rahmen des BGB unterliegt.

Zum Mietvertragsmuster gehört auch ein Muster für ein Übergabeprotokoll.

– **Die Wahl des richtigen Vertrages**

Grundsätzlich ist festzuhalten, dass es kein gesetzlich vorgeschriebenes Mietvertragsformular gibt. Der seinerzeit vom Bundesjustizministerium herausgegebene „Mustermietvertrag 76" stellt lediglich einen Formulierungsvorschlag für einen Mietvertrag dar.

Derartige Vorschläge sind die üblichen Mietvertragsformulare, die z. B. von den Landesverbänden der Haus-, Wohnungs- und Grundeigentümer oder vom Deutschen Mieterbund herausgegeben werden.

Solche Formulare sind über die örtlichen Mietervereine bzw. Haus-, Wohnungs- und Grundeigentümervereine zu beziehen.

Die über den Schreibwarenhandel erhältlichen Mietvertragsformulare nehmen überwiegend eine neutrale Position ein und orientieren sich an dem erwähnten „Mustermietvertrag 76" des Bundesjustizministeriums.

In der Praxis der unternehmerischen Wohnungswirtschaft sind darüber hinaus aber auch Formular-Musterverträge erforderlich und üblich, die besondere Vermietungsaspekte berücksichtigen. Hier unterscheidet man z. B.:
- Mietvertrag – Nutzungsvertrag
- Dauermietvertrag – Dauernutzungsvertrag
- Mietvertrag (Wohnungsbau für Bedienstete)

Die Wohnungsunternehmen unterscheiden grundsätzlich zwischen den Verträgen für Genossenschaften, den Nutzungsverträgen, und den Verträgen für Gesellschaften, den Mietverträgen.

Die Klauseln in beiden Vertragsarten sind weitgehend identisch, jedoch haben die Nutzungsverträge eine andere Terminologie. In einer Genossenschaft sind die Mieter gleichzeitig Mitglieder der Genossenschaft und werden daher im Vertrag auch so benannt. Die Nutzungsverträge enthalten darüber hinaus noch folgende weitere Bestimmungen, und zwar über
- die Koppelung von Mitgliedschaft und Nutzungsverhältnis;
- die Bürgschaft des Ehegatten;
- die Fortsetzung des Nutzungsverhältnisses bei Tod eines Mitglieds.

Die übrigen Verträge weichen neben dieser grundsätzlichen Unterscheidung jeweils innerhalb der beiden Arten Nutzungs- und Mietverträge nur in einzelnen Klauseln voneinander ab.

- **Zu Mietvertrag und Nutzungsvertrag**

Die beiden Musterverträge sind für die Gesellschaften und Genossenschaften der Wohnungswirtschaft als Grundmuster konzipiert. Sie können als Fomularverträge sowohl für den preisgebundenen Wohnraum als auch für den Wohnraum verwendet werden, der nur dem normalen Mietrecht unterliegt. Auch enthalten diese Verträge in § 1 Abs. 3 die für Werkswohnungen erforderliche Vereinbarung.

- **Zu Dauermiet- und Dauernutzungsvertrag**

Diese beiden Musterverträge unterscheiden sich von den vorgenannten Formularverträgen nur durch die sog. „Dauerklausel". Diese Klausel besagt, dass die Wohnungsgesellschaft bzw. Wohnungsgenossenschaft zugunsten des Mieters bzw. Mitglieds bis auf „besondere Ausnahmefälle" auf eine Kündigung verzichtet.

- **Zu Mietvertrag (Wohnungsbau für Bedienstete)**

Dieses Vertragsmuster trägt den Besonderheiten Rechnung, die im Rahmen der Wohnungsfürsorge für Bedienstete des öffentlichen Dienstes notwendig sind.

– **Exemplarische Vertragsmuster**

Die Vertragsmuster
- Mietvertrag
- Indexmiete
- Staffelmietvereinbarung
- Sicherheitsvereinbarung/Kaution

sind im Folgenden abgedruckt.

Mietvertrag
Allgemein

Herausgegeben
vom GdW Bundesverband deutscher Wohnungs-
und Immobilienunternehmen e.V.

Hammonia-Verlag GmbH

Ausgabe: Juli 2009

© Hammonia-Verlag GmbH
Tangstedter Landstraße 83
22415 Hamburg
Tel. 040 520103-0
Fax 040 520103-30
www.hammonia.de

Dieser Vertrag besteht aus 16 Seiten.

Alle Rechte vorbehalten.

Nachdruck, auch auszugsweise, verboten. Kein Teil des Vertrages darf ohne schriftliche Einwilligung des Verlages in irgendeiner Form (Fotokopie, Mikrofilm oder ein anderes Verfahren), auch nicht für Zwecke der Unterrichtsgestaltung reproduziert oder unter Verwendung elektronischer Systeme verarbeitet, vervielfältigt oder verbreitet werden.

Alle Texte sind nach bestem Fachwissen des GdW-Fachausschusses erstellt worden. Eine Garantie für die Richtigkeit sowie eine Haftung können nicht übernommen werden.

Der Hammonia-Verlag bietet Lizenzlösungen für die elektronische Nutzung von Vertragsmustern an.

Ausgabe: Juli 2009   Artikel-Nr. 20038103

MIETVERTRAG

Wohnung Nr. ....

....
(Firma und Sitz des Vermieters)   – Vermieter –

schließt mit

....

....
                                                                          – Mieter–

diesen Mietvertrag.

§ 1 Mietsache

(1) Der Vermieter vermietet dem Mieter vom .... ab zu Wohnzwecken die Wohnung Nr. ....

im Hause ....
(Ort, Straße und Hausnummer)

....

im .... Geschoss Mitte/rechts/links ....

nebst Garage*) / Stellplatz*) ....

Die Wohnfläche beträgt .... m² berechnet nach ....¹⁾

(2) Der tatsächliche Zustand der Mietsache im Zeitpunkt der Übergabe wird im Übergabeprotokoll niedergelegt.

(3) Die in Abs. 1 bezeichnete Wohnung besteht aus*):

    .... Zimmern,

    .... Küche / Kochnische,

    .... Bad / Dusche mit WC,

    .... bes. WC,

    .... Diele / Flur,

    .... Garderobe,

    .... Balkon(e), Loggia(en), Terrasse,

    .... Speisekammer,

    .... Abstellraum,

    .... Kellerraum Nr.: ....,

    .... Dachbodenanteil.

(4) *) Die Versorgung der Mietsache mit Wärme für Raumbeheizung und Gebrauchswassererwärmung erfolgt nicht durch den Vermieter,
    *) sondern durch das Unternehmen

....

....

*) Der Mieter verpflichtet sich, mit diesem Unternehmen einen Wärmelieferungsvertrag gemäß anliegendem Muster abzuschließen und Wärme von diesem Unternehmen zu beziehen.

....

....

---

*) Nichtzutreffendes streichen
¹⁾ z. B. nach der II. Berechnungsverordnung

Mietvertrag – Allgemein – Artikel-Nr. 20038103
Ausgabe: Juli 2009

Hammonia-Verlag GmbH

(5) Die Wohnung ist preisgebunden*) / nicht preisgebunden*). Sie ist mit Mitteln aus öffentlichen Haushalten*) / mit Mitteln ....

....

gefördert worden*) ¹)

Sie wird dem Mieter mit Rücksicht auf das Bestehen des Dienstverhältnisses zu ....

bis zu .... überlassen*).

(6) Zum Mitgebrauch sind folgende gemeinschaftliche Anlagen und Einrichtungen vorhanden:

- *) Zentralheizung/Fernwärme
- *) zentrale Warmwasserversorgung/Fernwarmwasserversorgung
- *) Personen-*) / Lastenaufzug*)
- *) Gemeinschaftsantennen für Hörfunk*) / Fernsehen*)
- *) Anschluss an das Breitbandkabelnetz
- *) maschinelle Wascheinrichtung

§ 2 Ausschluss der Garantiehaftung

Für Mängel, die bei Abschluss des Vertrages vorhanden sind, haftet der Vermieter nur, soweit er diese zu vertreten hat. Das Recht auf Minderung bleibt unberührt.

Dieser Haftungsausschluss findet keine Anwendung, soweit der Vermieter die Mangelfreiheit oder eine bestimmte Eigenschaft der Mietsache zugesichert oder den Mangel arglistig verschwiegen hat.

§ 3 Miete und Betriebskosten

(1) Die Miete beträgt monatlich:

a) Grundmiete	........................€
b) Vorauszahlung für Betriebskosten gem. Abs. 5.1*)	........................€
c) Betriebskostenpauschale gem. Abs. 5.2*)	........................€
d) Miete für Garage*) / Stellplatz*) ²)	........................€
e) ³)	........................€
Monatlich insgesamt zu zahlende Miete	........................€

(2) Die Miete gemäß Abs. 1 ist monatlich im Voraus, spätestens bis zum dritten Werktag eines jeden Monats kostenfrei nach näherer Bestimmung des Vermieters zu entrichten.

Der Mieter ist auf Verlangen des Vermieters verpflichtet, die Miete gemäß Abs. 1 von einem Konto bei einem Geldinstitut einziehen zu lassen und die dazu erforderliche Einzugsermächtigung zu erteilen. Der Mieter hat ggf. ein Konto bei einem Geldinstitut anzulegen und für die Deckung des Kontos in Höhe der monatlich zu leistenden laufenden Zahlungen zu sorgen. Die dem Vermieter berechneten Kosten nicht eingelöster Lastschriften hat der Mieter zu tragen. Bei Vorliegen eines wichtigen Grundes ist der Mieter berechtigt, die Einzugsermächtigung zu widerrufen.

Bei Zahlungsverzug ist der Vermieter berechtigt, die gesetzlichen Verzugszinsen und für jede schriftliche Mahnung

...............€ pauschalierte Mahnkosten zu fordern, es sei denn, der Mieter weist nach, dass wesentlich geringere Kosten entstanden sind.

---

4 *) Nichtzutreffendes streichen
¹) Zur Eintragung von Fördertatbeständen, die vor dem 01.01.2002 begründet wurden.
²) Vereinbarung für den Fall, dass keine Trennung zwischen Mietvertrag und Stellplatz bzw. Garagenmietvertrag gewollt ist.
³) Hier können zulässige Zuschläge (z. B. Untermietzuschlag) vereinbart werden.

(3) Die in Abs. 1 genannte Miete erhöht sich insbesondere
*) wegen Abbaus von Aufwendungssubventionen

....

....

a) ab .... um .... €/m² Wohnfläche im Monat

b) ....

c) ....

....

....

wegen/aufgrund*)..

....

(4) Der Vermieter ist berechtigt,
    a) gesetzlich zulässige Mieterhöhungen vorzunehmen,
    b) unter Beachtung des Grundsatzes der Wirtschaftlichkeit für zukünftige Abrechnungszeiträume zusätzlich zu den in Abs. 1b und 1c in Verbindung mit Abs. 5 genannten Kosten auch solche Betriebskosten gem. § 27 der Zweiten Berechnungsverordnung i. V. m. der Betriebskostenverordnung*) nach billigem Ermessen auf den Mieter umzulegen und mit diesem abzurechnen, die derzeit nicht anfallen, aber später entstehen oder zukünftig vom Gesetzgeber neu eingeführt werden. Dies gilt auch im Falle der Vereinbarung einer Pauschale nach Abs. 5.2.

Bei preisgebundenem Wohnraum gilt die jeweils zulässige Miete als vertraglich vereinbart. Aufgrund der gesetzlichen Regelung der Miete kann sich eine rückwirkende Mieterhöhung ergeben.

(5) Die Betriebskosten im Sinne des § 27 der Zweiten Berechnungsverordnung*) / der Betriebskostenverordnung*) werden vom Mieter getragen, und zwar wie folgt:

(5.1) Die nachfolgend vereinbarten Betriebskosten gem. § 27 der Zweiten Berechnungsverordnung i. V. m. der Betriebskostenverordnung*) – und bei preisgebundenem Wohnraum das Umlageausfallwagnis – werden als Vorauszahlung ausgewiesen[1]):

Monatliche Vorauszahlungen für:

1. Allgemeine Betriebskosten:

    a) laufende öffentliche Lasten des Grundstücks .... €

    b) Wasserversorgung und Entwässerung .... €

    c) Aufzug .... €

    d) Straßenreinigung und Müllbeseitigung .... €

    e) Gebäudereinigung und Ungezieferbekämpfung .... €

    f) Gartenpflege .... €

    g) Beleuchtung .... €

    h) Schornsteinreinigung .... €

    i) Sach- und Haftpflichtversicherung .... €

    j) Hauswart .... €

    k) Gemeinschaftsantennen-Anlage .... €

    l) private Verteilanlage für Breitbandkabelnetz .... €

    m) Grundgebühren für Breitbandanschluss .... €

    n) sonstige Betriebskosten

          .... €

          .... €

          .... €

          .... €

zusammengefasst: .... €

---

*) Nichtzutreffendes streichen
[1]) Soweit überhaupt keine Betriebskosten als Vorauszahlung ausgewiesen werden, ist Abs. 5.1 zu streichen.

2. Wärme- und Warmwasserkosten .... €
einschließlich des Entgelts für die Lieferung von Wärme und Warmwasser

....

Bei preisgebundenem Wohnraum ist in den Vorauszahlungen jeweils anteilig die Vorauszahlung für das Umlageausfallwagnis enthalten.

Über die Vorauszahlungen für Betriebskosten wird der Vermieter jährlich abrechnen.
Nach der Abrechnung kann durch Erklärung in Textform eine Anpassung der Vorauszahlungen auf eine angemessene Höhe erfolgen.

Soweit nachfolgend nichts anderes festgelegt ist, erfolgt die Abrechnung für das Kalenderjahr nach dem Verhältnis der Wohnfläche.

*) Berechnungsgrundlage für die Betriebskosten ist die Wirtschaftseinheit, bestehend aus ....

....

....

Für die folgenden Betriebskosten werden die nachstehenden Berechnungsgrundlagen, Abrechnungszeiträume und Umlegungsmaßstäbe vereinbart:

a) *) Grundgebühren für Breitbandanschluss

b) *) Wärme und Warmwasser

c) *) ....

....

Bei Vorliegen sachlicher Gründe können nach billigem Ermessen Abrechnungszeiträume verkürzt und Umlegungsmaßstäbe durch Erklärung in Schriftform/in Textform[1]) an den Mieter mit Wirkung für den nächsten Abrechnungszeitraum geändert werden. Die Änderung des Umlegungsmaßstabs gilt nicht für Betriebskosten, die nach Verbrauch oder Verursachung erfasst werden, es sei denn, es findet eine Änderung der Verbrauchs- oder Verursachungserfassung statt. Die gesetzlichen Vorschriften insbesondere der Heizkosten-Verordnung sind einzuhalten.

Zieht der Mieter vor Ende eines Abrechnungszeitraumes aus, so wird auch seine Abrechnung erst mit der nächsten Gesamtabrechnung fällig (vgl. § 5 Abs. 4).

(5.2) Für die Betriebskosten gem. § 27 der Zweiten Berechnungsverordnung i. V. m. der Betriebskostenverordnung*), die nicht nach Abs. 5.1 als Vorauszahlung ausgewiesen sind, wird

eine Pauschale von ....€ vereinbart[2]). Dabei handelt es sich um folgende Betriebskostenarten:

....

Hinsichtlich der Pauschale ist der Vermieter berechtigt, Erhöhungen der Betriebskosten durch Erklärung in Textform anteilig auf den Mieter umzulegen und die Pauschale entsprechend zu erhöhen. In der Erklärung ist der Grund für die Umlage zu bezeichnen und zu erläutern. Bei Veränderungen von Betriebskosten ist der Grundsatz der Wirtschaftlichkeit zu beachten.

§ 4 Schönheitsreparaturen*)

(1) Die Schönheitsreparaturen sind vom Mieter auszuführen, soweit sie durch seine Abnutzung bedingt sind.

(2) Soweit der Vermieter oder der Mieter Ausgleichsbeträge für unterlassene Schönheitsreparaturen (vgl. Abs. 6) vom Vermieter erhalten hat, sind diese zur Durchführung von Schönheitsreparaturen in der Wohnung zu verwenden bzw. bei Ausführung durch den Mieter an diesen auszuzahlen.

(3) Schönheitsreparaturen sind fachgerecht auszuführen. Die Schönheitsreparaturen umfassen

das Anstreichen oder Kalken oder Tapezieren der Wände und Decken, den Innenanstrich der Fenster, das Streichen der Türen und der Außentüren von innen sowie der Heizkörper einschließlich der Heizrohre und das Reinigen der Teppichböden.

---

*) Nichtzutreffendes streichen
[1]) Soweit § 10 WoBindG Anwendung findet, ist Textform nicht zulässig
[2]) Abs. 5.2 ist insgesamt zu streichen, wenn keine Betriebskosten durch Pauschale abgegolten werden sollen.

Die Schönheitsreparaturen sind in der Regel nach Ablauf folgender Zeiträume auszuführen:

– in Küchen, Bädern und Duschen alle fünf Jahre,
dabei sind die Innenanstriche der Fenster sowie die
Anstriche der Türen, Heizkörper und Heizrohre
alle acht Jahre durchzuführen,

– in Wohn- und Schlafräumen, Fluren, Dielen und Toiletten
einschließlich der Innenanstriche der Fenster sowie der
Anstriche der Türen, Heizkörper und Heizrohre alle acht Jahre,

– in anderen Nebenräumen innerhalb der Wohnung
einschließlich der Innenanstriche der Fenster sowie der
Anstriche der Türen, Heizkörper und Heizrohre alle zehn Jahre.

Die Fristen beginnen erstmals mit Beginn der Mietzeit. Der Mieter ist für den Umfang der im Laufe der Mietzeit ausgeführten Schönheitsreparaturen beweispflichtig.

(4) Lässt der Zustand der Wohnung eine Verlängerung der nach Abs. 3 vereinbarten Fristen zu oder erfordert der Grad der Abnutzung eine Verkürzung, so sind nach billigem Ermessen die Fristen des Planes bezüglich der Durchführung einzelner Schönheitsreparaturen zu verlängern oder zu verkürzen.

(5) Hat der Mieter die Schönheitsreparaturen übernommen, so sind die nach Abs. 3 und 4 fälligen Schönheitsreparaturen rechtzeitig vor Beendigung des Mietverhältnisses nachzuholen.

(6) Sind bei Beendigung des Mietverhältnisses Schönheitsreparaturen noch nicht fällig im Sinne von Abs. 3 und 4, so hat der Mieter an den Vermieter einen Kostenanteil zu zahlen, da die Übernahme der Schönheitsreparaturen durch den Mieter bei der Berechnung der Miete berücksichtigt worden ist. Zur Berechnung des Kostenanteils werden die Kosten einer im Sinne des Abs. 3 umfassenden und fachgerechten Schönheitsreparatur im Zeitpunkt der Beendigung des Mietverhältnisses ermittelt.

Der zu zahlende Anteil entspricht, soweit nach Abs. 4 nichts anderes gilt, dem Verhältnis zwischen den vollen Fristen lt. Abs. 3 und den seit Ausführung der letzten Schönheitsreparaturen bis zur Beendigung des Mietverhältnisses abgelaufenen Zeiträumen. Soweit nach Abs. 4 die Fristen wegen des Zustandes der Wohnung oder des Abnutzungsgrades zu verlängern oder zu verkürzen sind, so sind an Stelle der vollen Fristen laut Abs. 3 die gemäß Abs. 4 angepassten Fristen für die Berechnung des Verhältnisses maßgebend.
(Berechnungsbeispiel: Für die Küche beträgt gemäß Abs. 3 die Regelfrist 5 Jahre. Zieht der Mieter seit der letzten Schönheitsreparatur nach 4 Jahren aus, so hat er in der Regel einen Anteil von 4/5 an den Renovierungskosten für die Küche zu zahlen. Ist der Abnutzungsgrad jedoch geringer, so ist die Regelfrist gemäß Abs. 4 nach billigem Ermessen zu verlängern. Erfordert nun der Abnutzungsgrad im konkreten Fall nach billigem Ermessen eine Verdoppelung der Frist, so ist die angepasste Frist 10 Jahre. Der Anteil an den Renovierungskosten beträgt dann nur 4/10, was 2/5 entspricht.)

Die Kostenanteile des Mieters werden zur Durchführung von Schönheitsreparaturen verwendet (vgl. Abs. 2). Soweit der Mieter noch nicht fällige Schönheitsreparaturen rechtzeitig vor Beendigung des Mietverhältnisses durchführt, ist er von der Zahlung des Kostenanteils befreit.

§ 5 Weitere Leistungen des Mieters

Vom Mieter sind folgende weitere Leistungen zu erbringen, weil die Miete diese Leistungen nicht deckt:

(1) *) Die Kosten für die Beseitigung der Bagatellschäden sind dem Vermieter vom Mieter zu erstatten. Bagatellschäden sind kleine Schäden an den Installationsgegenständen für Elektrizität, Wasser und Gas, den Heiz- und Koch-Einrichtungen, den Fenster- und Türverschlüssen sowie den Verschlussvorrichtungen von Fensterläden. Die

Kosten der Beseitigung dürfen im Einzelfall den Betrag von .... € und jährlich .... Prozent der

Jahresmiete*)/...........................€ nicht übersteigen. Der Mieter ist von der Kostentragung befreit, wenn er die Bagatellschäden selbst beseitigt.

(2) *) Die zur gemeinsamen Benutzung bestimmten Räume, Einrichtungen und Anlagen sind vom Mieter nach Maßgabe der Hausordnung zu reinigen.

(3) *) Die Schneebeseitigung und das Streuen bei Glatteis sind vom Mieter nach Maßgabe der Hausordnung und

entsprechend ....¹) durchzuführen.

(4) Zieht der Mieter vor Ende eines Abrechnungszeitraumes aus, trägt der Mieter die Kosten der Zwischenablesung einschließlich der Kosten der Berechnung und Aufteilung, es sei denn, der Mieter hat berechtigterweise fristlos gekündigt (vgl. § 3 Abs. 5.1).

---

*) Nichtzutreffendes streichen
¹) Hier ist z. B. auf die konkrete öffentlich-rechtliche Ortssatzung Bezug zu nehmen.

Mietvertrag – Allgemein – Artikel-Nr. 20038103
Ausgabe: Juli 2009

Hammonia-Verlag GmbH

§ 6 Mietdauer und Kündigung

(1) Das Mietverhältnis wird für unbestimmte Zeit abgeschlossen.

(2) Der Vertrag kann vom Mieter bis zum dritten Werktag eines Kalendermonats für den Ablauf des übernächsten Kalendermonats schriftlich gekündigt werden. Die fristlose Kündigung richtet sich nach den gesetzlichen Vorschriften.

(3) Die ordentliche Kündigung des Vermieters richtet sich nach den gesetzlichen Bestimmungen.

(4) Bei Vorliegen eines wichtigen Grundes kann der Vermieter nach der gesetzlichen Regelung außerordentlich fristlos kündigen. Ein wichtiger Grund liegt vor, wenn dem Vermieter unter Berücksichtigung aller Umstände des Einzelfalls, insbesondere eines Verschuldens des Mieters, und unter Abwägung der beiderseitigen Interessen die Fortsetzung des Mietverhältnisses bis zum Ablauf der Kündigungsfrist oder bis zur sonstigen Beendigung des Mietverhältnisses nicht zugemutet werden kann.

Ein wichtiger Grund liegt insbesondere vor, wenn
(a) der Mieter oder derjenige, welchem der Mieter den Gebrauch der Mietsache überlassen hat, die Rechte des Vermieters dadurch in erheblichem Maße verletzt, dass er die Mietsache durch Vernachlässigung der ihm obliegenden Sorgfalt erheblich gefährdet oder sie unbefugt einem Dritten überlässt oder

(b) der Mieter den Hausfrieden nachhaltig stört, so dass dem Vermieter unter Berücksichtigung aller Umstände des Einzelfalles, insbesondere eines Verschuldens des Mieters, und unter Abwägung der beiderseitigen Interessen die Fortsetzung des Mietverhältnisses bis zum Ablauf der Kündigungsfrist oder bis zur sonstigen Beendigung des Mietverhältnisses nicht zugemutet werden kann oder

(c) der Mieter für zwei aufeinander folgende Termine mit der Entrichtung der Miete oder eines Teils der Miete, der eine Monatsmiete übersteigt, in Verzug ist oder

(d) in einem Zeitraum, der sich über mehr als zwei Termine erstreckt, mit der Entrichtung der Miete in Höhe eines Betrages in Verzug ist, der die Miete für zwei Monate erreicht.

§ 7 Keine stillschweigende Verlängerung des Mietverhältnisses

Der Vermieter ist nicht damit einverstanden, dass eine Verlängerung des Mietverhältnisses eintritt, wenn der Mieter nach Ablauf der Vertragszeit oder einer gewährten Räumungsfrist die Wohnung weiterhin benutzt; d. h. § 545 BGB wird ausgeschlossen.

§ 8 Benutzung der Mietsache, Änderungsrecht des Vermieters

Die Hausordnung und die Benutzungsordnungen darf der Vermieter nachträglich aufstellen oder ändern, soweit dies im Interesse einer ordnungsmäßigen Bewirtschaftung des Hauses dringend notwendig und für den Mieter zumutbar ist. Etwaige neue oder geänderte Regelungen werden dem Mieter besonders mitgeteilt. Darüber hinausgehende Regelungen bedürfen der Zustimmung des Mieters.

§ 9 Erhaltung der Mietsache

(1) Der Mieter hat die Mietsache sowie die zur gemeinschaftlichen Benutzung bestimmten Räume, Einrichtungen und Anlagen schonend und pfleglich zu behandeln. Er hat insbesondere auch zur Vermeidung von Feuchtigkeits- und Frostschäden für ausreichende Lüftung und Heizung aller ihm überlassenen Räume zu sorgen.

(2) Schäden in den Miträumen, im Hause und an den Außenanlagen sind dem Vermieter unverzüglich anzuzeigen. Der Mieter haftet für Schäden, die durch schuldhafte Verletzung der ihm obliegenden Anzeige- und Sorgfaltspflichten verursacht werden, insbesondere wenn technische Anlagen und sonstige Einrichtungen unsachgemäß behandelt, die überlassenen Räume nur unzureichend gelüftet, geheizt oder nicht genügend gegen Frost geschützt werden. Er haftet auch für Schäden, die durch seine Angehörigen, Untermieter sowie von sonstigen Personen schuldhaft verursacht werden, die auf Veranlassung des Mieters mit der Mietsache in Berührung kommen.

§ 10 Modernisierung und Energieeinsparung

Maßnahmen zur Erhaltung und Verbesserung der Mietsache oder zur Einsparung von Energie oder Wasser oder zur Schaffung neuen Wohnraumes hat der Mieter zu dulden, soweit sich die Verpflichtung dazu aus § 554 des Bürgerlichen Gesetzbuches (BGB) ergibt. Bei Mieterhöhungen wegen Modernisierung sind §§ 559 bis 559b BGB zu beachten.

§ 11 Zustimmungspflichtige Handlungen des Mieters

(1) Mit Rücksicht auf die Gesamtheit der Mieter und im Interesse einer ordnungsmäßigen Bewirtschaftung des Gebäudes, des Grundstücks und der Wohnung bedarf der Mieter der vorherigen Zustimmung des Vermieters, wenn er

- (a) die Wohnung oder einzelne Räume entgeltlich oder unentgeltlich Dritten überlässt, es sei denn, es handelt sich um eine unentgeltliche Aufnahme von angemessener Dauer (Besuch),
- (b) die Wohnung oder einzelne Räume zu anderen als Wohnzwecken benutzt oder benutzen lässt,
- (c) Schilder (ausgenommen übliche Namensschilder an den dafür vorgesehenen Stellen), Aufschriften oder Gegenstände jeglicher Art in gemeinschaftlichen Räumen, am Gebäude anbringt oder auf dem Grundstück aufstellt,
- (d) Tiere hält, soweit es sich nicht um übliche Kleintierhaltung handelt (z. B. Fische, Hamster, Vögel), es sei denn, in § 16 ist etwas anderes vereinbart,
- (e) Antennen außerhalb der geschlossenen Miträume aufstellt, anbringt oder verändert,
- (f) von der laut Übergabeprotokoll vereinbarten Beheizungsart abweicht,
- (g) in den Miträumen, im Gebäude oder auf dem Grundstück außerhalb vorgesehener Park-, Einstell- oder Abstellplätze ein Kraftfahrzeug einschließlich Moped oder Mofa abstellen will,
- (h) Um-, An- und Einbauten sowie Installationen vornimmt, die Miträume, Anlagen oder Einrichtungen verändert; dies gilt auch, soweit die Maßnahmen für die behindertengerechte Nutzung der Mietsache oder den Zugang zu ihr erforderlich sind,
- (i) Heizöl oder andere feuergefährliche Stoffe lagern will,
- (j) weitere Schlüssel anfertigen lassen will.

(2) Die Zustimmung des Vermieters soll schriftlich erfolgen; dies schließt nicht aus, dass die Vertragsparteien im Einzelfall eine mündliche Vereinbarung treffen. Die Zustimmung kann unter Auflagen erfolgen.

(3) Für die Fälle der Überlassung der Wohnung oder einzelner Räume nach Abs. 1a) gelten die Bestimmungen des § 553 BGB.

Bei Maßnahmen, die für die behindertengerechte Nutzung erforderlich sind, gelten die Bestimmungen des § 554a BGB.

Der Vermieter erteilt in den übrigen Fällen des Abs. 1 die Zustimmung, wenn die Handlung dem üblichen Mietgebrauch entspricht und keine berechtigten Interessen des Vermieters entgegenstehen und Belästigungen anderer Hausbewohner und Nachbarn sowie Beeinträchtigungen der Mietsache und des Grundstücks nicht zu erwarten sind.

(4) Der Vermieter kann eine erteilte Zustimmung widerrufen, wenn Auflagen nicht eingehalten, Bewohner, Gebäude oder Grundstücke gefährdet oder beeinträchtigt oder Nachbarn belästigt werden oder sich Umstände ergeben, unter denen eine Zustimmung nicht mehr erteilt werden würde.

(5) Durch die Zustimmung des Vermieters wird eine etwaige Haftung des Mieters nicht ausgeschlossen.

(6) Für Aufstellung und Betrieb von haushaltsüblichen Waschmaschinen, Trockenautomaten und Geschirrspülmaschinen bedarf der Mieter keiner vorherigen Zustimmung des Vermieters. Der Mieter hat dabei jedoch die einschlägigen technischen Vorschriften und die verkehrsüblichen Regeln zu beachten, um die mit der Aufstellung und Betrieb derartiger Geräte verbundenen Beeinträchtigungen und Schäden zu verhindern.

Vor Aufstellung hat der Mieter dem Vermieter seine Absicht anzuzeigen, damit eventuelle Gefahren für die Mietsache etc. abgeklärt werden können.

§ 12 Besichtigung der Mietsache durch den Vermieter

(1) Beauftragte des Vermieters können in begründeten Fällen die Mietsache nach rechtzeitiger Ankündigung bei dem Mieter zu angemessener Tageszeit besichtigen oder besichtigen lassen.

(2) In dringenden Fällen (z. B. bei Rohrbruch oder Frostgefahr) ist der Vermieter bei Abwesenheit des Mieters berechtigt, die Mieträume auf Kosten des Mieters öffnen zu lassen, sofern die Schlüssel dem Vermieter nicht zur Verfügung stehen. Der Mieter ist unverzüglich zu benachrichtigen.

§ 13 Fortsetzung des Mietverhältnisses bei Tod des Mieters

(1) Ist das Mietverhältnis mit mehreren Mietern abgeschlossen, so wird es nach dem Tod eines der Mieter mit den überlebenden Mietern fortgesetzt. Diese können das Mietverhältnis innerhalb eines Monats, nachdem sie vom Tod des Mieters Kenntnis erlangt haben, außerordentlich mit der gesetzlichen Frist kündigen.

(2) Führt der Mieter mit seinem Ehegatten einen gemeinsamen Haushalt in der Wohnung, so tritt mit dem Tode des Mieters der Ehegatte in das Mietverhältnis ein. Dasselbe gilt für den Lebenspartner. Erklärt der Ehegatte oder der Lebenspartner binnen eines Monats, nachdem er vom Tode des Mieters Kenntnis erlangt hat, dem Vermieter gegenüber, dass er das Mietverhältnis nicht fortsetzen will, so gilt sein Eintritt in das Mietverhältnis als nicht erfolgt.

(3) Im Übrigen gelten im Falle des Todes des Mieters die gesetzlichen Bestimmungen.

(4) Der Vermieter kann, falls der verstorbene Mieter keine Mietsicherheit geleistet hat, von den Personen, die in das Mietverhältnis eingetreten sind oder mit denen es fortgesetzt wird, nach Maßgabe der gesetzlichen Regelung eine Sicherheitsleistung verlangen.

§ 14 Rückgabe der Mietsache

(1) Bei Beendigung des Mietverhältnisses sind die überlassenen Räume in ordnungsgemäßem Zustand zu übergeben.

(2) Hat der Mieter Änderungen der Mietsache vorgenommen, so hat er den ursprünglichen Zustand spätestens bis zur Beendigung des Mietverhältnisses wiederherzustellen, soweit nichts anderes vereinbart ist oder wird. Für Anlagen und Einrichtungen (auch Schilder und Aufschriften) innerhalb und außerhalb der Mieträume gilt das Gleiche. Der Vermieter kann verlangen, dass Einrichtungen beim Auszug zurückbleiben, wenn er den Mieter angemessen entschädigt. Dem Vermieter steht dieses Recht nicht zu, wenn der Mieter an der Mitnahme ein berechtigtes Interesse hat.

(3) Bei Auszug hat der Mieter alle Schlüssel an den Vermieter zu übergeben; anderenfalls ist der Vermieter berechtigt, auf Kosten des Mieters die Räume öffnen und neue Schlösser und Schlüssel anfertigen zu lassen, es sei denn, der Mieter macht glaubhaft, dass ein Missbrauch ausgeschlossen ist.

(4) Die Verjährungsfrist für Ersatzansprüche des Vermieters wird abweichend von § 548 BGB auf ein Jahr nach Rückgabe der Mietsache verlängert.

§ 15 Mehrere Mieter, Gesamtschuld, Vollmacht

(1) Mehrere Mieter haften für alle Verpflichtungen aus dem Mietvertrag als Gesamtschuldner.

(2) Willenserklärungen sind gegenüber allen Mietern abzugeben; für die Rechtswirksamkeit des Zugangs genügt es, wenn sie gegenüber einem der Mieter abgegeben werden. Diese Empfangsvollmacht, die auch für die Entgegennahme von Kündigungen gilt, kann aus berechtigtem Interesse widerrufen werden.

§ 16 Zusätzliche Vereinbarungen

....

....

....

....

....

§ 17 Vertragsbestandteile

(1) Das Übergabeprotokoll wird bei der Wohnungsübergabe aufgenommen, unterschrieben und ausgehändigt.

(2) Auch folgende Unterlagen sind Bestandteile des Mietvertrages:

*) die Hausordnung in der Fassung ....

*) die Benutzungsordnung in der Fassung

....

....

§ 18 Energieausweis

Aufgrund der Verpflichtung nach § 16 der Energieeinsparverordnung wurde dem Mieter bei Gelegenheit des Abschlusses dieses Vertrages ein Energieausweis zur Information zugänglich gemacht. Der Inhalt des Ausweises ist ausdrücklich nicht zwischen den Vertragsparteien vereinbart. Er war auch nicht Gegenstand der Vertragsanbahnung. Die Vertragsparteien sind sich einig, dass der Energieausweis keine Rechtswirkungen für diesen Vertrag haben soll und sich daraus insbesondere keine Gewährleistungs- und Modernisierungsansprüche herleiten lassen.

§ 19 Schlussbestimmungen

(1) Änderungen und Ergänzungen dieses Vertrages sind schriftlich zu vereinbaren; dies schließt nicht aus, dass die Vertragsparteien im Einzelfall mündliche Vereinbarungen treffen.

(2) Für Streitigkeiten aus diesem Vertrag ist das Gericht zuständig, in dessen Bezirk die Wohnung liegt.

(3) *) Die Vorschriften über Dienst- und Werkwohnungen bleiben unberührt.

........................, den ....

....
(Vermieter) (Mieter)

....
(Mieter)

*) Nichtzutreffendes streichen

Mietvertrag – Allgemein – Artikel-Nr. 20038103
Ausgabe: Juli 2009

Hammonia-Verlag GmbH

Empfangsbestätigung

Der Mieter bestätigt mit seiner Unterschrift, folgende Unterlagen erhalten zu haben:

*) die Hausordnung in der Fassung ....

*) die Benutzungsordnung in der Fassung

....

....

...., den ....

....
(Mieter)   (Mieter)

---

*) Nichtzutreffendes streichen

12. IMMOBILIENMANAGEMENT

Anlage: ....

Wohnungs-Nr.: ....

Mieter: ....

Übergabeprotokoll

Die in § 1 des Mietvertrages bezeichnete Wohnung ist für eine Beheizung mit ....
....vorgesehen.

Sie ist mit .... Kohle- / Gas- / Öl-Öfen / Etagenheizung /

Kachelofenmehrraumheizung / Sammelheizung, zentraler Warmwasserversorgung,

mit einer Gemeinschaftsantennen-Anlage / Anschluss an das Breitbandkabelnetz für Hörfunk / Fernsehen ....
....Programm,

Telefon-Leerrohr,
ausgestattet.

Zu der Wohnung gehört die Garage / der Stellplatz ....
....

Der Mieter bestätigt, folgende Einrichtungsgegenstände übernommen zu haben:

Kohlebadeofen mit Batterie, Standbrause und Aschkasten,

Gasdurchlauferhitzer: .... Liter, ...

Elektro- / Speicher- / Durchlauferhitzer, Kochendwassergerät: .... Liter,

Gasheizofen: .... Heizstrahler,

Badewanne freistehend / eingebaut mit Batterie, Handbrause, Stöpsel und Kette

.... Handwaschbecken mit Standbatterie / Zapfhahn,

.... Toilettenbecken mit Sitz, Deckel und Spülkasten,

.... Spiegel, ... Konsole(n), ... Seifenschale(n),

.... Handtuchhalter, ... Papierrollenhalter,

Kohle- / Gas- / Elektro- / Öl- / komb. Herd (Fabrikat .... Nr. ....),

mit .... Brennern / Platten, ... Rosten, ... Backblechen,

.... Feuerungsringen, ... Schürhaken, ... Abdeckplatten,

....

.... Abstellplatten (zum Herd gehörend),

.... Geschirrwagen, ... Grillrost(e),

.... Ausgussbecken / Spülbecken einfach / doppelt / eingebaut,

.... Kühlschrank: .... Ltr. (Fabrikat .... Nr. ....)

Einbauküche: Speiseschrank mit .... Einlegeböden, Arbeitsplatte und .... Schubkästen,
.... Tischschrank, ... Wandschrank, ... Besenschrank,.................
Hängeschrank mit .... Kunststoff- / Glasschütten, ... Arbeitsplatte(n) mit
.... Schubkasten,

....
....

Mietvertrag – Allgemein – Artikel-Nr. 20038103
Ausgabe: Juli 2009

Hammonia-Verlag GmbH

Öfen: .... Öl- / Gas-Öfen, ... Allesbrenner, ... Kachel- / eingebaute / transportable Öfen, ... Etagenheizung, ... Ofenvorsetzer, ... Aschkasten, ... Ringheber, ... Schürhaken,

Schlüssel: .... Haus-, ... Wohnungs-, ... Zimmer-, ... Boden-, ... Keller-, ... Briefkastenschlüssel,

....

....

.... Anschlusskabel,...

Folgende vom Vormieter übernommene Einrichtungen und Gegenstände gehören nicht zur Mietsache und sind daher auf Verlangen des Vermieters bei Beendigung des Mietverhältnisses zu entfernen. In diesem Fall ist der vorherige Zustand wiederherzustellen.

....

....

....

....

....

Bemerkungen zum Zustand der Mietsache:

....

....

....

Der Vermieter verpflichtet sich, die folgenden Arbeiten bis zum .... auszuführen:

....

....

....

Dieses Übergabeprotokoll wird Bestandteil des Mietvertrages.

...................., den ....

....
(Vermieter) (Mieter)

....
(Mieter)

14

Indexmietvertrag

Vereinbarung einer Indexmiete

zu dem ....-Vertrag vom ....

Das Wohnungsunternehmen und der Mieter/............ vereinbaren für die **Miete/Nutzungsgebühr ohne die Betriebskostenvorauszahlungen gem. § 2 Abs. 1 b) oder die Betriebskostenpauschale gem. § 2 Abs. 1 c)** folgende **Indexmiete**:

(1) Verändert sich der vom Statistischen Bundesamt für den

Monat .... mit ....Punkten [1] festgestellte Lebenshaltungkostenindex **aller privaten Haushalte in Deutschland (Basis 1995 = 100)** nach oben oder unten, so kann durch **Erklärung in Textform** jeweils die zuletzt gemäß § 2 Abs. 1 des Vertrages zu zahlende Miete/Nutzungsgebühr **ohne die Betriebskostenvorauszahlungen oder die Betriebskostenpauschale** im gleichen prozentualen Verhältnis angepasst werden. Hierbei muss die Miete/Nutzungsgebühr - abgesehen von den Erhöhungsmöglichkeiten nach Abs. 3 dieser Vereinbarung - jeweils mindestens ein Jahr unverändert bleiben. **In der Erklärung sind die eingetretene Änderung des Preisindexes sowie die jeweilige Miete oder die Erhöhung in einem Geldbetrag anzugeben.**

(2) Wenn auf Grund der vorstehenden Wertsicherungsklausel eine Anpassung der Miete/Nutzungsgebühr durchgeführt worden ist, wird die Klausel gemäß den Bestimmungen des vorstehenden Absatzes jeweils erneut anwendbar. Demgemäß ist die Miete/Nutzungsgebühr jeweils erneut anzupassen, sobald sich der Lebenshaltungskostenindex **(Basis 1995 = 100)** gegenüber seinem Stand im Zeitpunkt der zuletzt voran gegangenen Anpassung der Miete/Nutzungsgebühr erneut nach oben oder unten verändert hat.

(3) Mieterhöhungen bis zur ortsüblichen Vergleichsmiete (§ 558 BGB) oder wegen Modernisierung (§ 559 BGB) sind ausgeschlossen. **Dies gilt nicht** für Mieterhöhungen wegen baulicher Änderungen, die auf Umständen beruhen, die das Wohnungsunternehmen nicht zu vertreten hat **(§ 557 b BGB)**. Erhöhungen der **Betriebskostenpauschale oder Anpassungen der Vorauszahlung für Betriebskosten gem. § 2 Abs. 3** sind auch während der Geltungsdauer dieser Vereinbarung zulässig.

Ort/Datum: ....

....
- Wohnungsunternehmen -   - Mieter/............. -

Ausgabe Juni 2001/1

---

[1] Hier ist der Indexstand nach der letzten Veröffentlichung des Statistischen Bundesamtes einzutragen.

Vereinbarung
über Sicherheitsleistungen durch Geldleistung in Miet- und Nutzungsverträgen

zu dem ....-Vertrag vom ....

I. Für die Erfüllung seiner Pflichten zahlt der Mieter/Nutzer dem Wohnungsunternehmen als Sicherheit

    am ....

    am ....

    am ....

    ....

    insgesamt .... €.

Die Sicherheitsleistung wird auf das

*) Treuhandkonto „Sicherheitsleistungen" Nr. ....

bei .... eingezahlt.

*) Konto-Nr. .... bei ....

.... eingezahlt.

und durch selbstschuldnerische Bürgschaft einer öffentlichen Sparkasse oder einer Bank ....

....

....

.... gesichert.[1]

II. Die Sicherheitsleistung wird mindestens entsprechend dem für Spareinlagen mit dreimonatiger Kündigungsfrist üblichen Zinssatz verzinst. Die Zinsen erhöhen die Sicherheit.

III. Die Sicherheitsleistung und die aufgelaufenen Zinsen sind nach Beendigung des Miet-/Nutzungsverhältnisses und Ablauf einer angemessenen Überlegungs- und Prüfungsfrist abzurechnen und, soweit ein Guthaben besteht, auszuzahlen. Der Auszahlungsanspruch des Mieters/Nutzers kann weder abgetreten noch verpfändet werden.

Ort/Datum: ....

....
(Wohnungsunternehmen)   (Mieter/Nutzer)

                                                          ....
                                                             (Mieter/Nutzer)

---

*) Nichtzutreffendes streichen.
[1] Anstelle der Bürgschaft einer öffentlichen Sparkasse oder einer Bank kann das Wohnungsunternehmen auch andere gleichwertige Sicherheiten einer öffentlichen Sparkasse oder einer Bank zur Sicherung seiner Rückzahlungsverpflichtung vorsehen. Diese sind im Einzelnen oben aufzuführen.

12. IMMOBILIENMANAGEMENT

Staffelmiet-Vereinbarung

zu dem ....-Vertrag vom ....

(1) Für die Grundmiete gem. § 3 Abs. 1 a) wird eine Staffel-Miete vereinbart. Demgemäß erhöht sich die bei Abschluss dieser Vereinbarung geltende Miete ohne Vorauszahlungen auf Betriebskosten gem. § 3 Abs. 1 b) oder Betriebskostenpauschale gem. § 3 Abs. 1 c) wie folgt[1]):

ab dem .... um .... € auf .... € monatlich

ab dem .... um .... € auf .... € monatlich

ab dem .... um .... € auf .... € monatlich

ab dem .... um .... € auf .... € monatlich

ab dem .... um .... € auf .... € monatlich

ab dem .... um .... € auf .... € monatlich

ab dem .... um .... € auf .... € monatlich

ab dem .... um .... € auf .... € monatlich

ab dem .... um .... € auf .... € monatlich

....

....

(2) Das Wohnungsunternehmen ist berechtigt, Erhöhungen der Betriebskostenvorauszahlungen oder der Betriebskostenpauschale gem. § 3 Abs. 3 und 4 neben den sich aus der vorgenannten Staffelung ergebenden Endbeträgen vorzunehmen.
(3) Während des Zeitraumes der Staffelmietvereinbarung sind Mieterhöhungen bis zur ortsüblichen Vergleichsmiete oder bei Modernisierung (§§ 558 bis 559 b des Bürgerlichen Gesetzbuches) ausgeschlossen.
(4) In Abänderung von § 6 Abs. 2 ist das Kündigungsrecht des Mieters bis zum .... ausgeschlossen[2]).

Ort/Datum: ....

....
(Wohnungsunternehmen)   (Mieter)

---

[1]) Die Miete muss jeweils mindestens 1 Jahr unverändert bleiben und betragsmäßig ausgewiesen sein.
[2]) Das Kündigungsrecht des Mieters kann höchstens für 4 Jahre seit Abschluss dieser Vereinbarung ausgeschlossen werden.

12.1.4 Geschäftsraummietvertrag

Im Gegensatz zur Wohnraumvermietung ist die Vermietung von gewerblich, freiberuflich oder geschäftlich genutzten Räumen in weit geringerem Maße gesetzlich reguliert.

Die Gestaltungsräume sind daher größer und sollten auch zielbewusst genutzt werden.

Ein Vermieter sollte im Rahmen seiner Möglichkeiten auch den wirtschaftlichen Erfolg seiner Mieter zu fördern versuchen, indem er sein Angebot hinsichtlich Lage, Größe, Ausstattung und Qualität anforderungsgerecht vorbereitet, um weniger Probleme mit der Mieterbindung, Neuvermietung und der laufenden Kosten zu haben.

12.1.4.1 Vertragstypen

Im Bereich der gewerblich genutzten Räume ist der Grundsatz der Vertragsfreiheit im Gegensatz zum Wohnraummietrecht weitgehend unangetastet geblieben. Für die Gestaltung der Geschäftsraummietverträge sind daher völlig andere typische Vereinbarungen entstanden.

Das Recht über die Allgemeinen Geschäftsbedingungen gilt zwar auch für den Geschäftsraummietvertrag, ist jedoch viel weniger eng ausgelegt. Es gilt zwar auch das Verbot überraschender Klauseln (BGB § 305 a) und die Generalklausel des § 307 BGB, aber die Klauseln der §§ 308 und 309 sind auf Vereinbarungen mit Geschäftsleuten und Unternehmen nicht anwendbar.

- **Unbefristete Geschäftsraummietverträge**

Nach § 580a Abs. 2 BGB können unbefristete Geschäftsraummietverträge mit einer Frist von 6 Monaten abzüglich 3 Werktage zum Quartalsende von jeder Vertragspartei gekündigt werden. Die Kündigung kann auch zum Zweck der Neuverhandlung über eine höhere Miete geschehen. Aufgrund dieser kurzen Kündbarkeit des Vertrages könnte sich kaum eine gewerbliche Nutzung von Geschäftsräumen etablieren, da das Risiko bzw. die Kosten für eine Neuanmietung zu hoch wären.

Die Kündigungsfrist kann bei diesen Verträgen vertraglich auch länger vereinbart werden und das Recht der ordentlichen Kündigung z. B. für eine bestimmte Zeit ausgeschlossen werden. Nach Ablauf der Ausschlussfrist würde dann wieder die gesetzliche oder vertragliche Kündigungsfrist gelten.

- **Befristete Geschäftsraummietverträge**

In der Praxis verbreitet und für beide Vertragsparteien akzeptabler ist der befristete Geschäftsraummietvertrag. Der Mieter hat die Sicherheit, während der Vertragslaufzeit die Räume nutzen zu können. Befristete Mietverträge über Geschäftsräume sind also nicht ordentlich kündbar. Hieraus ergibt sich aber, dass die Mietparteien eine Regelung über Mieterhöhungen bei einer längeren Vertragslaufzeit treffen müssen.

Die Laufzeiten für Gewerberaummietverträge haben sich in Deutschland mit 5 und 10 Jahren durchgesetzt. In der EU, z. B. Großbritannien, sind deutlich längere Laufzeiten häufig bis zu 25 Jahren üblich, in der übrigen EU sind Laufzeiten von 3 bis 10 Jahren verbreitet. Es wird dem Mieter auch häufig eine Verlängerungsoption unter sonst unveränderten Vertragsbedingungen eingeräumt.

Nach BGB § 550 i. V. m. § 578 Abs. 1 müssen befristete Gewerberaummietverträge, die länger als ein Jahr laufen, schriftlich abgeschlossen werden.

Es ist empfehlenswert, bei Vertragsabschluss die stillschweigende Verlängerung des Mietverhältnisses über das Mietende hinaus gem. BGB § 545 zu vereinbaren.

Die Vertragsparteien können aber auch bei Vertragsabschluss die Verlängerung des befristeten Vertrages mit einer Verlängerungsklausel vereinbaren, nach der sich der Vertrag automatisch verlängert, wenn nicht ein Vertragspartner dieser Verlängerung bis zu einem bestimmten Zeitpunkt vor Vertragsende widerspricht.

Die Vertragsparteien können des Weiteren eine Verlängerungsoption vereinbaren. Bei dieser Option hat der Mieter das einseitige vertragliche Recht, die Fortsetzung des Mietverhältnisses unter den bisherigen Bedingungen zu verlangen. Dieses Recht wird dem Mieter in der Praxis regelmäßig eingeräumt. Der Vertrag bedarf der Schriftform, wenn die Verlängerung mehr als ein Jahr beträgt. Auch sollte eine Frist vereinbart werden bis zu welcher der Mieter die Option ausüben muss. Andernfalls kann der Mieter zu Ungunsten des Vermieters die Option noch bis zum Mietende ausüben.

Diese Verlängerungsoption kann auch so ausgestaltet werden, dass der Mieter das Optionsrecht mehrmals hintereinander ausüben kann. Hierdurch entstehen lange Vertragslaufzeiten, die nicht nur für den Mieter von Vorteil sein können, sondern für den Vermieter wirkt sich eine kontinuierliche Vermietung der Gewerberäume meist positiv auf den Wert der Mietimmobilie aus.

– Vormietrecht und Anmietrecht

Die Verlängerungsklausel und -option ist die zweifellos übliche Form, um Vertragsverlängerungen zu vereinbaren. Es gibt aber auch das Vormietrecht und das Anmietrecht als Möglichkeit der Vertragsverlängerung.

Beim Vormietrecht gibt der Vermieter dem Mieter die Möglichkeit, in einen Mietvertrag, den er mit einem anderen Mietinteressenten ausgehandelt hat, einzutreten. Der Vermieter muss natürlich den anderen Mietinteressenten darüber informieren, dass er nur zum Zuge kommt, wenn der Vormieter von seinem Recht keinen Gebrauch macht. Hier besteht eine Ähnlichkeit mit dem Vorkaufsrecht des BGB.

Beim Anmietrecht besteht die vertragliche Verpflichtung des Vermieters, das Mietobjekt zuerst dem bisherigen Mieter als vertraglich Berechtigten anzubieten, ehe er es anderen Interessenten anbietet. In der Regel ist das Anmietrecht so ausgestaltet, dass die wichtigsten bzw. alle Vertragsbedingungen ausgehandelt sind. In diesen Fällen unterscheidet sich das Anmietrecht von der Verlängerungsoption lediglich darin, dass die Initiative zur Vertragsverlängerung vom Vermieter und nicht vom Mieter ausgehen muss.

12.1.4.2 Bonitätsprüfung des Gewerberaummieters

Bei gewerblichen Mietinteressenten ist es üblich zur Prüfung der Bonität eine Bankauskunft einzuholen. Der Vermieter kann seine Hausbank beauftragen, bei der Bank seines Interessenten eine so genannte Bankanfrage durchzuführen. Die Banken unterrichten sich untereinander im Kundeninteresse über die Vermögensverhältnisse und die Kreditfähigkeit von Bankkunden. Grundlage dafür sind die bankinternen „Grundsätze für die Durchführung des Bankauskunftsverfahrens zwischen Kreditinstituten". Voraussetzung für die Bankauskunft ist die Zustimmung des Mietinteressenten. Geschäftsleute bzw. Unternehmen sind i. d. R. von vornherein einverstanden.

Die Bankauskunft eröffnet dem Vermieter zahlreiche Anhaltspunkte, wie der Mietinteressent bonitätsmäßig einzustufen ist. Sie informiert über die Firma, Angaben aus dem Handelsregister, Mitarbeiterzahl, Umsatz und Bilanzvolumen sowie über die Kreditwürdigkeit. Allerdings ist die Auskunft ohne Gewähr. Auch informiert die Bank über Veränderungen der Bonität nach erteilter Auskunft nicht automatisch.

Die Einsichtnahme in das Schuldnerverzeichnis, das beim Amtsgericht des Wohnorts bzw. Geschäftssitzes des Interessenten geführt wird, gibt weitere Auskunft über die Bonität. Auch stellen die IHK zusammengefasste Schuldnerverzeichnisse ihres Kammerbezirks zur Verfügung. Im Schuldnerverzeichnis werden nach ZPO § 915 diejenigen Personen geführt, die in den letzten drei Jahren eine eidesstattliche Versicherung nach ZPO § 807 über ihre Vermögensverhältnisse abgeben mussten, weil eine Vollstreckung nicht zur vollständigen Befriedigung der Gläubiger geführt hat oder gegen die nach ZPO § 901 die Haft angeordnet wurde.

ZPO § 915
ZPO § 807

ZPO § 901

Weiter können Wirtschaftsauskunfteien um Auskunft gebeten werden wie SCHUFA HOLDING AG, Wiesbaden, Verband der Vereine Creditreform e. V., Neuss oder Schimmelpfeng Forderungsmanagement GmbH, Frankfurt a. M.

12.1.4.3 Mietsicherheiten

Als Mietsicherheiten kann beim Gewerberaummietvertrag das gesetzliche Vermieterpfandrecht gem. BGB § 562 Anwendung finden. Auch die Sicherheiten wie Kaution, Bürgschaft, Abtretung von Guthaben/Forderungen können bei der Vermietung von Gewerberaum eingesetzt werden. Die Höhe der Kaution kann im Gewerberaummietvertrag frei vereinbart werden, auch kann das Inkrafttreten des Vertrages von der Zahlung der Kaution abhängig gemacht werden.

BGB § 562

Häufig ist es üblich, dass der Mieter beim Gewerberaummietvertrag wegen evtl. Mietforderungen an ihn, sich der sofortigen Zwangsvollstreckung unterwirft. Hierdurch hat der Vermieter die Möglichkeit, ohne Prozess und Urteil, allein aus der notariell beurkundeten Unterwerfungsklausel im Mietvertrag zu vollstrecken.

12.1.4.4 Rechte und Pflichten der Vertragsparteien

Aus den Hauptpflichten des Vermieters, die Mietsache in einem Zustand zu überlassen und zu erhalten, der für den bestimmungsgemäßen Gebrauch geeignet ist und der Pflicht des Mieters, die Mietsache auch nur bestimmungsgemäß zu gebrauchen,

BGB § 535

BGB § 541 ergeben sich Besonderheiten für die Vertragsparteien des Gewerberaummietvertrages.

Grundsätzlich bedeutet dies für den Vermieter bei der Gewerberaummiete, dass er nicht nur die baulichen Eigenschaften der Räume für den Mietzweck sicherstellen muss und seiner Instandhaltungspflicht nachkommt, sondern die Räume in tatsächlicher und rechtlicher Hinsicht für den vereinbarten Mietzweck geeignet sein müssen. Dies gilt insbesondere dafür, dass der Verwendungszweck öffentlich-rechtlich auch zulässig ist, z. B. Betrieb einer Gaststätte in einem reinen Wohngebiet.

Von der Haftung kann sich der Vermieter nur befreien, wenn er durch eine ausgehandelte Individualvereinbarung vor oder bei Vertragsabschluss dem Mietinteressenten deutlich macht, dass er keine Haftung für die Zulässigkeit der geplanten Nutzung übernimmt.

Dem Mieter obliegt jedoch das Risiko, dass er die persönlichen Voraussetzungen für die Erteilung von erforderlichen Genehmigungen erfüllt.

Die Instandhaltungs- und Instandsetzungspflicht der Mietsache kann bei Gewerberaummietverträgen in großen Umfang auf die Mieter abgewälzt werden. Aufgrund individualvertraglicher Vereinbarungen kann die gesamte Instandhaltung und Instandsetzung vom Mieter übernommen werden. In Leasing-Verträgen sind solche Vereinbarungen üblich.

Die wirksame Vereinbarung der Übernahme der gesamten Instandhaltung und Instandsetzung durch den Mieter ist im Rahmen der Allgemeinen Geschäftsbedingungen für den Innenbereich der Mietsache möglich. Dagegen wird die Übernahme der Kosten für die Instandhaltung und Instandsetzung der Gebäudehülle bis 10 % der Jahresmiete empfohlen.

- **Konkurrenzschutz**

Abgeleitet aus der Gebrauchsüberlassungspflicht ergibt sich für den Vermieter, den Mieter gegen Konkurrenz auf dem eigenen Grundstück zu schützen (auch Grundstück in der Nachbarschaft des gleichen Vermieters). So darf weder er selbst oder ein anderer Mieter in anderen Räumen seines Gebäudes ein gleiches oder ähnliches Geschäft mit gleichem „Sortiment" betreiben. Der Begriff „Sortiment" ist nicht nur auf Handelsgeschäfte, sondern auch z. B. auf Facharztpraxen zu beziehen.

Der Konkurrenzschutz ergibt sich aus BGB § 535, kann aber vertraglich abbedungen werden. Der Konkurrenzschutz nach BGB § 535 bezieht sich auf das „Hauptsortiment" des Mieters. Da die Nebenartikel nicht erfasst sind, hat die Rechtsprechung zahlreiche Fälle zu entscheiden gehabt, ob ein Konkurrenzverhältnis besteht oder ob der Vermieter gegen seine Verpflichtung zum Konkurrenzschutz verstoßen hat.

Wenn Konkurrenzschutz nicht vertraglich ausgeschlossen ist, erleichtert eine enge Bestimmung dem Vermieter Konkurrenzschutz zu gewähren, z. B. Ladenlokal für den Verkauf von „Damenoberbekleidung". Eine unscharfe Bestimmung z. B. „Einzelhandel" kann für den Vermieter zur Folge haben, dass er kein weiteres Geschäft vermieten kann, das vergleichbare Artikel verkaufen will.

Auf der anderen Seite kann es z. B. bei Einkaufspassagen gewollt sein, dass sich in unmittelbarer Nähe mehrere Geschäfte mit dem gleichen Sortiment befinden, um durch diese Wettbewerbssituation die Attraktion des gesamten Zentrums zu steigern, weil sich die Kunden eine größere Auswahl und günstigere Preise versprechen.

Problematisch für den Vermieter Konkurrenzschutz zu gewähren wird es, wenn der Mieter eine Sortimentsänderung nicht anzeigt, obwohl die vertragliche Vereinbarung besteht. Eine ungenehmigte Sortimentsänderung ist daher bestimmungswidriger Gebrauch und berechtigt den Vermieter zur außerordentlichen Kündigung.

- **Betriebspflicht**

Der klar definierte Gebrauchszweck der Mietsache stellt nicht sicher, dass der Mieter auch sein Gewerbe in den angemieteten Räumen betreibt. Mit der Zahlung der Miete und der Erfüllung seiner Obhutspflicht erfüllt der Mieter den Vertrag (Ausnahme: Pacht gem. BGB § 581).

Kommt es dem Vermieter darauf an, dass der Mieter sein Geschäft betreibt, so muss dies im Vertrag vereinbart sein.

So kann in den Mietverträgen für z. B. Einkaufspassagen oder Shopping-Center vorgesehen sein, dass alle Gewerbetreibenden ihre Ladenlokale am so genannten langen Donnerstag bis 20.30 Uhr geöffnet halten müssen. Würde z. B. der große Lebensmittelmarkt bereits um 18.00 Uhr schließen, hätte das negative Folgen für die Besucherfrequenz und damit für die übrigen kleinen Fachgeschäfte.

- **Gewährleistungsrechte des Mieters**

Der Mieter hat zur Durchsetzung einer mangelfreien und bestimmungsgemäßen Nutzung der Mietsache folgende Rechte:
- Minderung der Miete,
- Einbehalt der Miete bis zur Beseitigung des Mangels,
- Schadenersatz,
- Selbsthilfe und Aufwendungsersatz oder Kündigung.

12.1.4.5 Miethöhe bei Geschäftsräumen

Die Vertragspartner können die Miethöhe bei Geschäftsräumen aufgrund der Vertragsfreiheit frei vereinbaren. Sie orientieren sich an der Marktlage, am Bewirtschaftungsaufwand und ggf. an der Ertragslage des Mieters.

Nichtig ist nach BGB § 138 eine sittenwidrig hohe oder wucherische Miete. Mietwucher nach BGB § 138 Abs. 2 liegt vor, wenn die Miete um mehr als 100 % über der für vergleichbare Räume liegt und sich jemand unter Ausnutzung einer Zwangslage, der Unerfahrenheit, des Mangels an Urteilsvermögen oder der erheblichen Willensschwäche eines anderen für eine Leistung Vermögensvorteile versprechen oder gewähren lässt, die in einem auffälligen Missverhältnis zur Leistung stehen.

BGB § 138

Bei der Vereinbarung der Miethöhe hat sich in der Praxis durchgesetzt, dass regelmäßig Nettomieten und gesondert abzurechnende Umlagen vereinbart werden. Bei den Umlagen für Betriebskosten können die Vertragsparteien über die Kostenarten der BetrKV hinaus entscheiden, was gesondert abgerechnet werden soll. Hinzu können z. B. kommen: Betriebs- und Wartungskosten für besondere gebäudetechnische Anlagen, Reinigungskosten, Kosten für Sicherheitsdienste usw.

Neben der vereinbarten Miete kann der Vermieter die Umsatzsteuer verlangen, d. h. der Vermieter kann für die Umsatzsteuerpflicht der Mieteinnahmen optieren, soweit der Mieter ebenfalls umsatzsteuerpflichtiger Unternehmer ist.

Seit dem 1. 7. 2004 müssen diese Gewerberaummietverträge Name und Anschrift des Vermieters und Mieters, die Steuer-Nr. oder die USt-Identifikationsnummer des Vermieters, eine fortlaufende Rechnungsnummer, den Umsatzsteuersatz und den Umsatzsteuerbetrag enthalten. Dies gilt auch für die Betriebskostenabrechnung

12.1.4.6 Mieterhöhung bei Geschäftsräumen

Bei unbefristeten Geschäftsraummietverträgen ist eine ordentliche Kündigung zum Zwecke der Neuverhandlung über eine höhere Miete möglich.

In der Geschäftspraxis sind jedoch befristete Verträge üblich, für die es keine ordentliche Kündigung gibt. Eine Mieterhöhung bei befristeten Verträgen ist nur möglich, wenn eine vertragliche Vereinbarung vorliegt (vgl. Kap. 12.2.2).

Folgende Vereinbarungsmöglichkeiten haben sich in der Praxis herausgebildet:

– **Vereinbarung einer Umsatzmiete**

Üblich bei der Vereinbarung einer Umsatzmiete ist die Festlegung eines Sockelbetrages (Festmiete), der aus Sicht des Vermieters die aufwandsdeckende Miete ausmacht. Auf diesen Sockelbetrag hat der Mieter einen Betrag zu zahlen, der als Prozentsatz vom Umsatz errechnet wird. Vertraglich vereinbart werden üblicherweise monatliche Vorauszahlungen auf den Umsatzanteil, der bei Vertragsbeginn geschätzt wird. Es erfolgt eine jährliche Abrechnung der Vorauszahlungen, bei der Über- und Unterzahlungen ausgeglichen und die Höhe der neuen monatlichen Vorauszahlungen festgelegt wird. Der Umsatzsteuerbescheid oder eine testierte Umsatzsteuerermittlung des Steuerberaters kann Abrechnungsgrundlage für den umsatzabhängigen Teil der Miete sein. Welche Umsätze (brutto oder netto) der Berechnung zugrunde gelegt werden, muss vertraglich festgelegt werden. Dennoch bleibt die Kontrolle des vom Mieter angegebenen Umsatzes problematisch. Auch schließt eine Umsatzmietvereinbarung nicht stillschweigend die Betriebspflicht ein.

– **Vereinbarung einer Wertsicherungsklausel (Indexmiete)**

In Zeiten hoher Inflationsraten ist die Index-Mietvereinbarung eine beliebte Regelung für Vermieter. Mit Einführung des Euro 1999 wurde das Recht der Koppelung von Preisen an Indizes neu geregelt, eine Genehmigung wurde nicht mehr erforderlich, wenn die gesetzlichen Vorgaben des PAngG und der darauf basierenden Preisklauselverordnung (PrKVO) beachtet werden. Die zu beachtenden Bedingungen sind:

- Koppelung des Preises an den Verbraucherpreisindex der EU oder des Bundes,
- Erhöhung und Senkung der Miete proportional zum Index,
- Laufzeit des Vertrages mindestens 10 Jahre (z. B. auch 5 Jahre und Option für weitere 5 Jahre).

– Vereinbarung einer Staffelmiete

Bei Staffelmietvereinbarungen wird von vornherein festgelegt, dass sich die Miete zu bestimmten Terminen erhöht. Auch wenn BGB § 557a nicht angewendet werden muss, macht es Sinn, die Staffelung in z. B. jährlichen Abständen und auf 10 Jahre begrenzt vorzunehmen. Eine längere Laufzeit ist nicht zu empfehlen, weil dadurch die Vertragsparteien Gefahr laufen, dass die Mietentwicklung anders verläuft als die allgemeine wirtschaftliche Entwicklung.

BGB § 557a

Die Erhöhung kann betragsmäßig oder prozentual ausgewiesen werden. Ist die Staffelmiete vereinbart, erhöht sich die Miete automatisch ohne weitere Nachricht des Vermieters an den Mieter und ist entsprechend zu den bestimmten Zeitpunkten fällig.

– Vereinbarung eines Leistungsvorbehalts

Unter Leistungsvorbehalt ist zu verstehen, dass sich eine Vertragsseite, hier der Vermieter, vorbehält seine Leistung zu erbringen, wenn bestimmte Bedingungen eingetreten sind. Im Mietverhältnis bedeutet dies, dass der Vermieter die Mietsache nur dann weiter zum Gebrauch überlassen will, wenn nach einer bestimmten Laufzeit oder einer bestimmten Preisindexsteigerung die Miete erhöht wird.

Die vertragliche Klausel beinhaltet, dass über eine höhere Miete zu sprechen ist, nicht jedoch, um wie viel die Miete zu erhöhen ist. Dies muss die Verhandlung ergeben, wenn die Bedingungen eingetreten sind. Ein Erhöhungsautomatismus wie bei der Indexmiete besteht also nicht.

– Vereinbarung einer Kostenelemente-Klausel

Eine solche Vereinbarung regelt, dass bestimmte Kostenpositionen, die dem Vermieter beim Mietobjekt entstehen, an den Mieter weitergegeben werden und somit für den Mieter zu Mieterhöhungen führen.

Bei der vertraglichen Vereinbarung sind die infrage kommenden Kostenpositionen zu bestimmen. Ein Grundmuster für eine Kostenelemente-Klausel gibt der für Wohnraum anzuwendende § 560 BGB vor.

BGB § 560

In der Praxis werden die meisten Kostenpositionen als Betriebskosten abgerechnet und dem Mieter ohnehin belastet.

Folgende Kostenpositionen, die keine Betriebskosten sind, könnten in eine Kostenelemente-Klausel z. B. Eingang finden: Umsatzsteuer, Grundsteuer, Versicherungsprämien, Zinsaufwand usw.

Es ist auch zu vereinbaren, dass die Erhöhung der Miete proportional zur Kostenerhöhung zu erfolgen hat.

Durch die unterschiedlichen Interessen von Vermieter und Mieter gerade bei der Miethöhe ist es schwierig, eine Klausel als besonders empfehlenswert hervorzuheben.

Eine ausgewogene Mietenpolitik z. B. in einem neu errichteten Shopping-Center kann nicht darin bestehen, die wirtschaftliche Existenz der Gewerberaummieter evtl. durch zu hohe Anfangsmieten zu gefährden. Vielmehr sollte es im Interesse des Vermieters liegen, durch anfängliche niedrige Mieten, z. B. durch Vereinbarung einer Staffelmiete oder einer Umsatzmiete, die wirtschaftliche Existenz seiner Mieter zu stärken und sie somit längerfristig an sich zu binden (s. auch Kap. 15.4.2.3).

12.1.5 Anbahnung von Geschäftsraummietverträgen

Im Vorfeld des Abschlusses eines Vertrages über Gewerberäume ist häufig erforderlich, den erreichten Verhandlungsstand schriftlich festzuhalten.

Bei der Vermietung von Gewerberäumen müssen von den Vertragsparteien Überlegungen angestellt und Entscheidungen getroffen werden, die zeitlich weit vor dem eigentlichen Vertragsabschluss liegen. So kann es für einen Investor wichtig für die Fortsetzung eines Projektes sein, ob er Mieter für die geplanten Räume findet und inwieweit evtl. schon Vorvermietungen stattfinden konnten.

Der Mietinteressent wird vor einer Entscheidung die Eignung des Standorts und der Gewerberäume für seine Zwecke prüfen. Vielfach ist es so, dass der Innenausbau und die Ausstattung durch den Mieter erfolgt. Hierzu sind von den Vertragsparteien Verhandlungen erforderlich.

Es haben sich bei der Gewerberaumvermietung besondere Anbahnungsverhältnisse herausgebildet.

- **Bedingter Vertrag**

Der bedingte Vertrag ist ein vollständig ausgehandelter Vertrag, der wirksam wird, wenn die vereinbarte Bedingung eintritt, z. B. die Baufertigstellung der Räume. Es empfiehlt sich, einen Fertigstellungszeitraum zu vereinbaren, um dem Vermieter einen zeitlichen Spielraum zur Vertragserfüllung einzuräumen.

- **Abschlussoption**

Bei einer Abschlussoption liegt ebenfalls ein vollständig ausgehandelter Vertrag vor, der wirksam wird, wenn die berechtigte Vertragspartei (i. d. R. Mieter) das Optionsrecht wahrnimmt.

Die Vertrags-Abschlussoption ist ein einseitiges Recht des Mietinteressenten, den Abschluss des Vertrages zu verlangen. Die Abschlussoption bindet den Vermieter, während der Mieter frei bleibt und eine befristete Zeit hat zur Überlegung, ob er die Option annimmt oder nicht.

Auch der Vertrag mit Abschlussoption ist ein mit allen Vertragsbedingungen ausformulierter Vertrag.

Diese Abschlussoption kommt vor, wenn der Vermieter für sein Mietobjekt den bestmöglichen Mieter gefunden hat.

- **Mietvorvertrag**

Im Mietvorvertrag verpflichten sich die Parteien, einen Mietvertrag (Hauptvertrag) abzuschließen. Es besteht eine grundsätzliche Einigkeit über wesentliche Vertragsbedingungen. Bestimmte Vertragsbedingungen sollen oder können noch nicht ausgehandelt werden, z. B. Laufzeit oder Miethöhe, weil damit bis zum Zeitpunkt des Abschlusses des Hauptvertrages gewartet werden soll. Die Parteien wollen z. B. bis dahin die Marktentwicklung beobachten.

Der Vorvertrag muss dann Kriterien oder Verfahren, nach denen die noch offenen Bestimmungen bei Hauptvertragsabschluss ausgefüllt werden, möglichst genau bestimmen.

Der Vorvertrag hat eine sehr starke Bindungswirkung. Wenn der Vermieter einen Hauptvertrag anbietet, der wesentlich vom Vorvertrag abweicht, hat der Mieter ein Rücktrittsrecht und insbesondere einen Schadensersatzanspruch.

Mit dem Mietvorvertrag entsteht für beide Vertragsteile eine starke und gleichgewichtige Verpflichtung. Wenn Vermieter und Mieter überzeugt sind, die richtige Entscheidung getroffen zu haben, sollte das Anbahnungsverhältnis vertraglich fixiert werden. Die Nichteinhaltung des Vereinbarten ist mit dem Risiko einer Schadensersatzforderung beschwert.

Der Mietinteressent hat dagegen bei der Abschlussoption eine erhebliche Entscheidungsfreiheit. Für den Vermieter kann es hinnehmbar sein, diese vertragliche Vereinbarung zu treffen, wenn der Mietinteressent für ihn der bestmögliche ist. Gründe können z. B. sein: Die beabsichtigte Nutzung passt optimal in das Branchenmix des Shopping-Centers oder der Mieter hat eine besonders gute Bonität.

12.2 MIETPREISANPASSUNGEN

12.2.1 Überblick

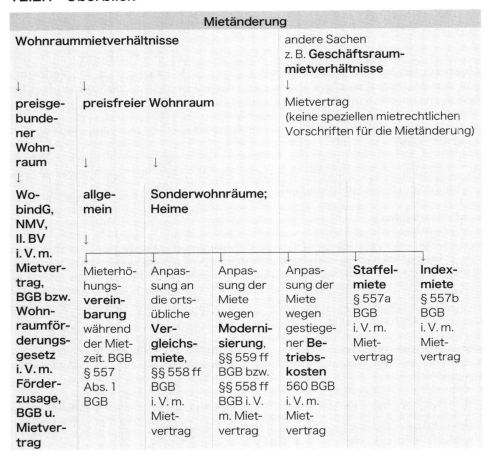

12.2.2 Änderung der Geschäftsraummiete

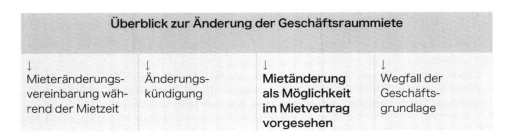

- **Mietänderungsvereinbarung**

Bei der **„Festmiete"** ist die Miete als eindeutiger Betrag oder berechenbar als m²-Preis festgelegt. *Festmiete*
Es gibt grundsätzlich keine gesetzliche Regelung, die es in diesem Fall ermöglicht, die Miete zu ändern bzw. zu erhöhen.

An die vereinbarte Miete sind beide Parteien grundsätzlich während der Laufzeit des Mietvertrags gebunden, es sei denn, die Parteien **einigen** sich auf eine Änderung der Miete.

- **Änderungskündigung**

Änderungskündigung

Der Vermieter kann im Gegensatz zur Wohnraummiete eine **Änderungskündigung** aussprechen, verbunden mit dem Angebot, einen neuen Mietvertrag auf einem höheren Mietniveau mit dem Mieter abzuschließen, wenn das Mietverhältnis **kündbar** ist.

- **Mietänderung als im Mietvertrag vorgesehene Möglichkeit**

Um eine sichere Basis für Mieterhöhungen zu schaffen, ist **im Mietvertrag** der Anspruch des Vermieters auf Erhöhung der Miete zu verankern.

- **Vereinbarung einer Staffelmiete**

Staffelmiete

Die Staffelmietvereinbarung legt fest, in welchem Umfang sich die Miete zu bestimmten Zeitpunkten erhöht.

Beispiel:

Miete ab 1.1.2006:	500,00 € monatlich,
Miete ab 1.1.2008:	700,00 € monatlich,
Miete ab 1.1.2009:	750,00 € monatlich,
Miete ab 1.1.2011:	820,00 € monatlich.

Die Veränderung der Miete kann auch durch Angabe von **Prozentsätzen** ausgedrückt werden.

Bei prozentual festgelegter Erhöhung ist die **Bezugsgröße** klar zu definieren (ursprüngliche **Ausgangsmiete** oder jeweils **letzte erhöhte Miete** als Basis für die Berechnung der neuen Mietstufe).

Zur Verbesserung der Übersichtlichkeit sollten als Staffelintervalle **Kalenderjahre** vereinbart werden.

Die vereinbarten Änderungen des Mietzinses sind zu den festgelegten Zeitpunkten automatisch wirksam.

Die Regelungen zur Staffelmiete bei der Wohnraummiete gelten hier nicht.

- **Klauseln zur Mietwertsicherung**

Der Zweck dieser Klauseln liegt darin, den ursprünglichen Mietwert zu erhalten z. B. inflationsbedingte Wertverschiebungen zugunsten des Mieters auszugleichen. diesem Zweck können dienen

Wertsicherungsklausel

- **Vereinbarung einer (automatischen) Wertsicherungsklausel**

Wertsicherungsklauseln legen eine Bezugsgröße fest, durch die das Ausmaß der Mietänderung automatisch bestimmt wird.

| Ändert sich der **Bezugsfaktor** $\longrightarrow$ | Ändert sich die **Miete** |

Beispiel:
Die Miete erhöht sich ab dem 1.7. eines Jahres um den Prozentsatz, um den sich der vom Statistischen Bundesamt veröffentlichte Index der Lebenshaltungskosten aller privaten Haushalte (Basis 1980 = 100) gegenüber dem Stand vom 1.7. des Vorjahres geändert hat.

Die Zulässigkeit von Wertsicherungsklauseln im Gewerberaummietrecht richtet sich nach dem Preisklauselgesetz (PrKG).

Preisklauselgesetz

Danach ist es zulässig dass, die Entwicklung des Mietzinses durch eine Wertsicherungsklausel bestimmt wird, wenn
- die Änderung gemäß einem (vom Statistischen Bundesamt oder einem Statistischen Landesamt ermittelten) **Preisindex für die Gesamtlebenshaltung** oder einem (vom Statistischen Amt der Europäischen Gemeinschaft ermittelten) **Verbrauchsindex** bestimmt wird

und
- der Vermieter für die Dauer von mindestens **10 Jahren** auf das Recht zur ordentlichen Kündigung verzichtet oder der Mieter das Recht hat, die Vertragsdauer auf mindestens **10 Jahre** zu verlängern.

Nicht erlaubt
- ist eine sog. „**Indexpunkte-Klausel/Indexprozente-Klausel."**

Beispiel:
Index erhöht sich um 15 Punkte – Miete steigt um 15 %.

- ist die Vereinbarung einer einseitigen Erhöhungsmöglichkeit verbunden mit dem Ausschluss einer Ermäßigungsmöglichkeit, bei entsprechender Indexentwicklung,
- ist die Vereinbarung einer gegenüber der Indexentwicklung unverhältnismäßigen Mietänderung.

- die Vereinbarung eines **Leistungsvorbehalts**.

Derartige Klauseln sind nach dem Preisklauselgesetz erlaubt:

Leistungsvorbehalt

Hierunter versteht man Klauseln, die hinsichtlich des Ausmaßes der Mietänderung einen **Ermessensspielraum** lassen, der es ermöglicht, die neue Höhe der Miete nach **Billigkeitsgrundsätzen** zu bestimmen.

Beispiel:
Es ist vereinbart, dass beide Mietvertragsparteien eine Mietänderung verlangen können, wenn sich der Lebenshaltungskostenindex um mehr als 8 % geändert hat. Die Höhe der Mietänderung ist damit aber noch nicht festgelegt. Diese muss erst noch bestimmt werden.

Die Änderung der Bezugsgröße ist nur der Anlass für die Mietänderung.

Die Mieterhöhung verläuft in 2 Stufen:

1. Stufe: Der **Bezugsfaktor** wird erreicht, z. B. der als Bezugsgröße vereinbarte Lebenshaltungskostenindex hat sich entsprechend geändert.

2. Stufe: Die neue Miete wird nun festgesetzt in dem der **Vermieter** die Anpassung der Miete im Zweifel nach **billigem Ermessen** vornimmt oder in dem die Parteien die neue Miete unter Beachtung von **Billig**keitserwägungen **aushandeln**.
Es ist sinnvoll bereits im Mietvertrag einen **Orientierungsmaßstab** zu vereinbaren, z. B. die Entwicklung der Mieten auf dem Büroraumsektor in München.
Weiter empfiehlt sich die Vereinbarung einer **Gutachter- oder Schiedsklause**l, für den Fall, dass eine einvernehmliche Neufestsetzung der Miete scheitert.
Diese Klausel sollte Regelungen zur Tragung der Gutachterkosten und zur Auswahl des Gutachters enthalten.

Gutachter-schiedsklausel

Zu beachten:
Es ist zulässig, dass sich die Klausel nur auf die Erhöhung, nicht aber auf eine Absenkung der Miete bezieht.

- **Vereinbarung einer Spannungsklausel**

Derartige Klauseln sind nach dem Preisklauselgesetz erlaubt.

Hierbei handelt es sich um Klauseln, bei denen die in ein Verhältnis zueinander gesetzten Mieten im Wesentlichen **gleichartig** oder zumindest **vergleichbar** sind.

Gleichartige/ vergleichbare Mieten

Beispiel:
Bezugnahme auf ein spezielles anderes Geschäftsraummietverhältnis oder auf Mieten für vergleichbare Mietobjekte.

- **Vereinbarung einer Kostenelementeklausel**

Kostenelementeklausel

Derartige Klauseln sind nach dem Preisklauselgesetz erlaubt.

Hierbei handelt es sich um Klauseln, bei denen die Miete von der Entwicklung der Preise oder Werte für bestimmte Güter oder Leistungen abhängt. Bei den Gütern und Leistungen handelt es sich um solche, die die **Selbstkosten des Vermieters** bei der Erbringung seiner Vermieterleistung unmittelbar beeinflussen.

Die Parteien können vereinbaren, dass sich die Miete
- im **gleiche Maße** ändern soll, wie der Preis bestimmter Kostenelemente des Mietobjekts

oder
- nur **anteilig in dem Verhältnis** ändern soll, in dem das Kostenelement Gesamtkosten steht.

Beispiel:
Es ist vereinbart, dass sich die Meite im Maße der Änderung der Kapitalkosten, die für das Mietobjekt anfallen, ändern soll.

- **Vereinbarung einer Umsatzmiete**

Derartige Klauseln sind nach dem Preisklauselgesetz erlaubt.

Hierbei handelt es sich um Klauseln, bei denen die Miete von der Entwicklung der Preise oder Werte für bestimmte Güter oder Leistungen abhängt. Bei den Gütern und Leistungen handelt es sich um solche, die die **Selbstkosten des Vermieters** bei der Erbringung seiner Vermieterleistung unmittelbar beeinflussen.

Die Parteien können vereinbaren, dass sich die Miete
- im **gleichen Maße** ändern soll, wie der Preis bestimmter Kostenelemente des Mietobjekts

oder
- nur **anteilig in dem Verhältnis** ändern soll, in dem das Kostenelement Gesamtkosten steht.

Beispiel:
Es ist vereinbart, dass sich die Miete im Maße der Änderung der Kapitalkosten, die für das Mietobjekt anfallen, ändern soll.

- **Vereinbarung einer Umsatzmiete**

Bei der Umsatzmiete wird ein zu bestimmender Prozentsatz des Umsatzes, der vom Mieter erwirtschaftet wird an den Vermieter abgeführt.

Die Vereinbarung einer Umsatzmiete ist grundsätzlich zulässig.

Sinnvoll z. B. dort, wo die Parteien noch unsicher über die Entwicklung des Standortes sind, z. B. bei Ladenmiete in Einkaufszentren, Hotelmiete.

Beispiel:
Die Monatsmiete erhöht sich ab Januar eines Jahres um den Prozentsatz, um den sich der Umsatz des Mieters im vorangegangenen Jahr gegenüber dessen Vorjahr geändert hat.

Mindest- und Höchstmiete

Die Umsatzmiete sollte mit einem festen Sockelbetrag **(Mindestmiete)** und einer höhenmäßigen Begrenzung **(Höchstmiete)** gestaltet werden.

Im Mietvertrag sollte so genau wie möglich definiert werden, was die Parteien überhaupt als **Umsatz** verstehen und damit der Berechnung der Miete zugrunde legen wollen.

Umsatz

Umsatz kann der **Netto**- oder **Brutto**umsatz sein.

Im Zweifel gilt ein Nettoumsatz als vereinbart.

Für den **Umsatzbegriff** und die **Höhe** des **Umsatzes bedeutsame Faktoren**:
- Skonti, Rabatte, Boni,
- Warenentnahmen,
- Retouren,
- Personalrabatte,
- Kreditkartengeschäfte,
- Ratenverkäufe,
- Einkünfte aus vom Vertragszweck abweichenden Tätigkeiten,
- Einkünfte aus Untervermietung,
- Betriebspflicht als Verpflichtung des Mieters, die Mietsache auch tatsächlich zu nutzen,
- Konkurrenzschutz als Verpflichtung des Vermieters, den Mieter vor Konkurrenz zu schützen.

Auch ohne konkrete Vereinbarung ist der Mieter verpflichtet, dem Vermieter die zur Feststellung der Miete notwendigen **Auskünfte** zu geben und ihm **Einsicht in die Geschäftsbücher** zu gewähren.

Es sollte trotzdem geregelt werden, dass der Vermieter das Recht hat, die Bücher des Mieters einzusehen.

Der monatlich zu zahlende Betrag sollte als **Vorauszahlung** vereinbart werden, über die dann jährlich nach Vorlage aller maßgeblichen Unterlagen abgerechnet wird.

Zu beachten:
Bei **Apotheken** ist die Vereinbarung einer Umsatzmiete unzulässig (§ 8 S. 2 ApothekenG), zulässig ist jedoch die Vereinbarung einer Umsatzpacht.

Die zur Umsatzmiete gemachten Ausführungen gelten für gewinnabhängige Mieten sinngemäß. *Gewinnabhängige Mieten*

- **Wegfall der Geschäftsgrundlage** *Geschäftsgrundlage*

Mietverträge werden auf der **Grundlage** bestimmter
- **objektiver** Verhältnisse, wie z. B. die jeweilige Rechtslage, Kaufkraft, Sozialordnung und
- **subjektiver** Verhältnisse, wie z. B. den Erwartungen und Vorstellungen der Vertragsparteien

geschlossen.

Die Rechtsprechung hat Grundsätze über die Änderung der **Geschäftsgrundlage** entwickelt, wonach die Pflichten der Vertragspartner inhaltlich geändert werden können, z. B. ggf. auch eine **Mietanpassung** verlangt werden kann. *Änderung der Vertragspflichten*

12.2.3 Änderung der Miete bei preisfreiem Wohnraum

BGB
§ 557 Abs. 3
Ausschluss der Mieterhöhung

Eine Mieterhöhung ist nicht möglich, wenn sie vertraglich ausgeschlossen ist oder sich der Ausschluss der Mieterhöhung aus den Umständen ergibt.

Beispiele:
Im unbefristet abgeschlossenen Mietvertrag findet sich kein Hinweis zur Mieterhöhung. Das Fehlen einer Mieterhöhungsklausel im Mietvertrag ist für sich allein kein Umstand aus dem geschlossen werden kann, dass Mieterhöhungen nicht möglich sein sollen. Die Miete kann also in diesem Fall erhöht werden.
Abgeschlossen wird ein Mietvertrag auf bestimmte Zeit mit einer festen Miete. Dies dürfte einen Umstand darstellen, aus dem sich der Ausschluss der Mieterhöhung ergibt.

BGB
§ 557 Abs. 4

Vereinbarungen die zum Nachteil des Mieters von den gesetzlichen Bestimmungen zur Mieterhöhung abweichen sind unwirksam.

Wohnfläche

Unterschreitet die tatsächliche Wohnfläche die im Mietvertrag vereinbarte Fläche, ist bei einer **Mieterhöhung** dennoch die vertraglich vereinbarte Fläche zugrunde zu legen, wenn die **Abweichung weniger als 10 % beträgt**.

Beispiel:
In einem Mietvertrag ist die Wohnfläche mit **55,00 m²** angegeben.
Die tatsächliche Wohnfläche betrug aber nur **51,00 m²**.
Der Vermieter legt der Mieterhöhung eine **m²-Miete** von 7,00 € zugrunde und geht bei der Berechnung der Erhöhung von der vertraglichen Wohnfläche von **55,00 m²** aus. Da der Abstand der tatsächlichen Wohnfläche zur vertraglichen Wohnfläche kleiner 10 % ist, ist seine Erhöhungsberechnung korrekt.

Enthält der **Mietvertrag keine Angabe zur Wohnfläche**, muss diese dem Mieter spätestens mit dem Mieterhöhungsverlangen mitgeteilt werden. Für die Berechnung der Mieterhöhung ist auf die tatsächliche Wohnfläche abzustellen.

Mieterhöhungsvereinbarung

12.2.3.1 Mieterhöhungsvereinbarung

Voraussetzung für eine Mieterhöhungsvereinbarung ist, dass diese **während** der Laufzeit des Mietverhältnisses getroffen wird, also nicht bereits bei Abschluss des Mietvertrages für die Zukunft vereinbart wird.

BGB
§ 557 Abs. 1

Die individuell vereinbarte Mieterhöhung fällt nicht unter das Mieterhöhungsverfahren und die dort zu beachtenden Erhöhungsgrenzen.

BGB
§ 558 Abs. 1

Die aufgrund einer Mieterhöhungsvereinbarung erhöhte Miete löst aber die Beachtung der 15-Monats-Sperrfrist im Fall einer späteren Mieterhöhung aus.

BGB §§ 558—558e

12.2.3.2 Mieterhöhung bis zur ortsüblichen Vergleichsmiete

Für ein wirksames Mieterhöhungsverlangen müssen die richtigen **Vermieter**, an den/die richtigen **Mieter**, in der richtigen **Form** und mit dem richtigen **Inhalt** ein Mieterhöhungsverlangen schicken.

Richtiger Absender des Mieterhöhungsverlangens ist der Vermieter bzw. sind die Vermieter zum Zeitpunkt der Abgabe des Mieterhöhungsverlangens.

- **Begriff der ortsüblichen Vergleichsmiete**

Bei der ortsüblichen Vergleichsmiete handelt es sich nicht um die Marktmiete, die bei einer Neuvermietung erzielt werden kann.

Ortsübliche Vergleichsmiete

Sie ist das übliche Entgelt, das in der Gemeinde/vergleichbaren Gemeinden für Wohnraum vergleichbarer Art, Größe, Ausstattung, Beschaffenheit und Lage in den letzten **4** Jahren vereinbart oder geändert worden ist. Unbeachtlich sind Mieterhöhungen aufgrund von § 560 BGB, also Erhöhungen der Betriebskosten-Vorauszahlungen bzw. Betriebskosten-Pauschalen.

Nicht einbezogen in diese Betrachtung wird Wohnraum, bei dem die Miete durch Gesetz oder im Zusammenhang mit einer Förderungszusage festgelegt worden ist.

Ein Problem ergibt sich, wenn **Garagen/Stellplätze** in Wohnraummietverträgen mitvermietet werden.

Mitvermietete Garagen, Stellplätze

In diesen Fällen ist davon auszugehen, dass die Mieterhöhung für die Garagen/Stellplätze den **Erhöhungsregeln des BGB für Wohnungen** unterliegt.

Es ist in diesen Fällen zur Feststellung der **ortsüblichen Vergleichsmiete** folgendermaßen zu differenzieren:
- Enthält der Mietvertrag **getrennte Mieten** für die Wohnung und für die Garage/Stellplatz, muss für die Wohnung und für die Garage die jeweilige ortsübliche Miete festgestellt werden.
- Enthält der Mietvertrag für die Wohnung und für die Garage/Stellplatz einen **einzigen Mietbetrag**, muss diese Miete u. U. im Wege der Schätzung auf die Wohnung und auf die Garage/Stellplatz aufgeteilt werden. Dann kann die Miete für die Wohnung an die ortsübliche Wohnungsmiete und die Miete für die Garage/Stellplatz an die ortsübliche Garagen-/Stellplatzmiete angehoben werden.

Die ortsübliche Miete für die Garage/Stellplatz ist dann relativ problemlos festzustellen, wenn ein **Mietspiegel** existiert, der Angaben zur ortsüblichen Miete von Garagen/Stellplätzen enthält.

Ist zwischen den Parteien eine **Inklusiv- bzw. Teilinklusivmiete** vereinbart, ist diese mit einer ortsüblichen Miete zu vergleichen, die der Mietstruktur der zu erhöhenden Miete entspricht.

Inklusiv-/Teilinklusivmiete

Dies führt in der Praxis dann zu Problemen, wenn als Vergleichsmieten nur Nettomieten zur Verfügung stehen (wie es in den meisten Mietspiegeln der Fall ist). Es ist also in diesen Fällen zunächst die **Vergleichbarkeit** zwischen den Mieten herzustellen.

Dies kann z. B. dadurch geschehen, dass die ortsübliche Nettomiete hochgerechnet wird zur entsprechenden Inklusiv-/Teilinklusivmiete indem zur ortsüblichen Nettomiete die ortsüblichen Betriebskosten addiert werden. Damit ist dann die notwendige Strukturkongruenz erreicht.

Zeitlich maßgebend ist die **ortsübliche Vergleichsmiete** zum Zeitpunkt, zu dem das Mieterhöhungsverlangens dem Mieter **zugeht**.

– **Voraussetzungen**

Zustimmung zur Mieterhöhung

Der Vermieter kann vom Mieter die **Zustimmung** zur Mieterhöhung **bis zur ortsüblichen Vergleichsmiete** verlangen unter Beachtung der folgenden zeitlichen und betragsmäßigen Grenzen:

15-Monatsfrist

- Die Miete muss in dem Zeitpunkt in dem die Mieterhöhung eintreten soll seit **15** Monaten unverändert sein. Änderungen der Miete aufgrund einer Modernisierungsmieterhöhung gemäß §§ 559 ff BGB und Änderungen der Miete aufgrund geänderter Betriebskostenvorauszahlungen und Betriebskostenpauschalen gemäß § 560 BGB sind jedoch unbeachtlich.

Die 15-Monats-Frist wird ausgehend vom Vertragsbeginn bzw. dem Zeitpunkt der Wirksamkeit der letzten Mieterhöhung zum Zwecke der Anpassung der Miete an die ortsübliche Vergleichsmiete berechnet.

Ende der Preisbindung

Die 15-Monats-Frist gilt auch für den Fall, dass **preisgebundener Wohnraum** aus der Bindung fällt. In diesem Fall wird die Frist ausgehend von der **letzten Erhöhung der Kostenmiete** berechnet, wobei zu beachten ist, dass Kostenmieterhöhungen aus Anlass einer Modernisierung oder eine Erhöhung der Betriebskostenvorauszahlungen bei der Berechnung der Frist unbeachtlich sind.

- Ein Vermieter kann die Zustimmung zu einer Mieterhöhung schon dann verlangen, wenn die Bandbreite der konkreten örtlichen Mietspiegelvergleichsmiete eine höhere Miete zulässt.

Die Annahme, dass eine Mieterhöhung nach § 558 BGB voraussetzt, dass die bisher gezahlte Miete **unter** der ortsüblichen Miete liegen muss, ist **falsch**.

Beispiel:
Mietspiegel: Ortsübliche Miete zwischen 4,50 €/m² und 5,00 €/m²,
Ist-Miete: 4,70 €/m²,
Mieterhöhung grundsätzlich möglich bis 5,00 €/m².

12-Monatszeitraum

- Das Mieterhöhungsverlangen darf frühestens **12** Monate nach dem Wirksamwerden der letzten Mieterhöhung geltend gemacht werden.

Bei **neu abgeschlossenen** Mietverhältnissen beginnt die Jahresfrist mit dem Zeitpunkt, in dem die erste Mietzahlung **zu erfolgen hat** (also **nicht** mit dem Zeitpunkt, zu dem die Mietzahlung tatsächlich erfolgt und auch **nicht** mit dem Zeitpunkt des Vertragsabschlusses).

Wird das Mieterhöhungsverlangen früher geltend gemacht, ist es allein deswegen unwirksam und muss wiederholt werden.

12.2 MIETPREISANPASSUNGEN

Beispiele:

Ortsübliche Vergleichsmiete	8,00 €/m²
Miete seit 4 Jahren unverändert	7,00 €/m²
Mögliche Mieterhöhung	**1,00 €/m²**
Spanne der Mietspiegelmiete:	5,60 € – 6,60 €/m²
Derzeit vom Vermieter verlangte Miete:	5,80 €/m²
Mieterhöhung möglich, wenn die übrigen Bedingungen erfüllt sind, **bis**	**6,60 €/m²**
Beginn des Mietverhältnisses	**1.10.2008**
Mieterhöhung gemäß §§ 559 ff BGB wegen durchgeführter **Modernisierung** mit Wirkung	1.6.2009 ↕
Frühest zulässiger **Zugangszeitpunkt** für eine Mieterhöhungserklärung zur Anpassung der Miete an die ortsübliche Vergleichsmiete	**1.10.2009** ↕
Frühest mögliche Wirksamkeit der Mieterhöhung (15 Monate unveränderte Miete, Mieterhöhung aufgrund der Modernisierung unbeachtlich)	**1.1.2010**

- Die Miete darf innerhalb von **3 Jahren** um nicht mehr als **20 %** (Kappungsgrenze) erhöht werden. Änderungen der Miete aufgrund einer Modernisierungsmieterhöhung gemäß §§ 559 ff BGB und Änderungen der Miete aufgrund geänderter Betriebskostenvorauszahlungen und Betriebskostenpauschalen gemäß § 560 BGB sind jedoch unbeachtlich.

Kappungsgrenze

Beispiel:

Grundmiete	Betriebskosten-Vorauszahlung	Betriebskosten-Pauschale	Gesamtmiete	Maßgebliche Miete zur Berechnung der Kappungsgrenze
800,00 €	100,00 €	50,00 €	950,00 €	**800,00 €**
950,00 €	–	–	950,00 €	**950,00 €**

Für die Berechnung der Kappungsgrenze ist von der Miete auszugehen, die 3 Jahre vor dem beabsichtigten Wirksamwerden der Mieterhöhung entrichtet worden ist.

Beispiele:

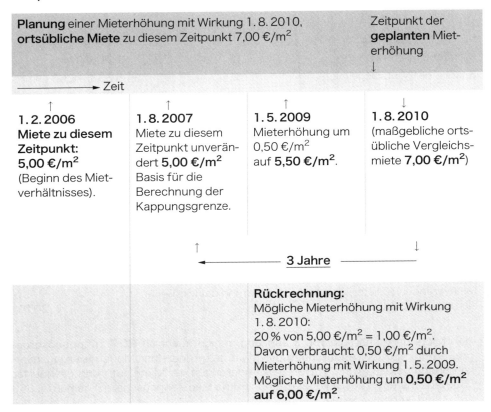

Ausgangslage:

Vorgang	Datum	Erhöhungs-betrag	Miete
Feststellung der Ausgangsmiete durch Rückrechnung: 1. 8. 2010 minus 3 Jahre	**1. 8. 2007**		5,00 €/m²
Mieterhöhung gemäß §§ 559 ff BGB wegen durchgeführter **Modernisierung** mit Wirkung	1. 11. 2009	2,00 €/m²	7,00 €/m²
Maßgebliche ortsübliche Vergleichsmiete für die modernisierte Wohnung	1. 8. 2010		9,00 €/m²

Die Mieterhöhung unter Berücksichtigung der Kappungsgrenze berechnet sich folgendermaßen:

Ausgangswert 1.8.2007	Mieterhöhung gemäß §§ 559ff ab 1.11.2009		Mieterhöhung gemäß §§ 558ff ab 1.8.2010	
↓	↓		↓	
5,00 €/m² +	2,00 €/m² (= 7,00 €/m²) +		1,00 €/m² (20 % von 5,00 €/m²)	= 8,00 €/m²

Die Miete kann um 1,00 €/m² auf 8,00 €/m² angehoben werden.

Ausgangswert für die Berechnung der Kappungsgrenze bei einer Teilinklusiv- bzw. Inklusivmiete bleibt die Teilinklusiv- bzw. Inklusivmiete.

- **Anpassung der Miete gemäß §§ 558 ff BGB nach einer Modernisierungsmaßnahme bei Inanspruchnahme von Finanzierungshilfen**

Will der Vermieter nach durchgeführter Modernisierung die Miete erhöhen, kann er dies auch auf der Grundlage der §§ 558 ff BGB tun, in dem er die Miete, bei Vorliegen der übrigen Voraussetzungen, an die höhere **ortsübliche Vergleichsmiete für modernisierte** Wohnungen heranführt.

Hat er für die Modernisierung Finanzierungshilfen der öffentlichen Hand oder des Mieters erhalten, so hat er diese vom Jahresbetrag der ortsüblichen Vergleichsmiete abzuziehen.

<small>Finanzierungshilfen</small>

Beispiel:

Die **ortsübliche** monatliche **Vergleichsmiete** für die 100 m² große Wohnung beträgt im **modernisierten** Zustand 3,50 €/m². Das ergibt eine Jahresmiete von	4.200,00 €
Für die Wohnung wurden Modernisierungskosten in Höhe von **15.000,00 €** aufgewendet. Dieser Betrag wurde mit **2.500,00 €** bezuschusst.	
Die ortsübliche jährliche Vergleichsmiete ist deshalb um **11 %** des Zuschussbetrages zu **kürzen** (11 % von 2.500,00 € =)	– 275,00 €
Des Weiteren wurde für die Modernisierung ein zinsverbilligtes Darlehen in Höhe von **4.000,00 €** zum Zinssatz von **1 %** bei einem Marktzinssatz von **6 %** gewährt.	
Um die daraus resultierende Zinsersparnis in Höhe von **5 %** von **4.000,00 €** ist die ortsübliche Vergleichsmiete zu kürzen.	– 200,00 €
Die reduzierte **ortsübliche Vergleichsmiete** beträgt nun jährlich	3.725,00 €
Monatlich	310,41 €
Die bisherige Miete für die Wohnung im **unmodernisierten** Zustand hat 3,00 €/m² betragen, mtl. also	300,00 €

Die Miete kann somit erhöht werden **von** 300,00 € um 10,41 € **auf** 310,41 € monatlich.

Die Erhöhung ist **ungültig**, wenn abzuziehende Drittmittel im Erhöhungsverlangen **nicht** angegeben werden.

Zu beachten:
Die Frage, wie lange vom Vermieter in Anspruch genommene Drittmittel bei später folgenden Mieterhöhungen berücksichtigt werden müssen, kann folgendermaßen beantwortet werden:
- Im Fall, dass öffentliche Fördermittel in Form von zinsverbilligten Darlehen eingesetzt sind, erstreckt sich der Berücksichtigungszeitraum über den Förderzeitraum.
- Im Fall, dass öffentliche Mittel in Form eines Zuschusses eingesetzt sind, erstreckt sich der Berücksichtigungszeitraum auf einen begrenzten Zeitraum, hierfür wird eine Frist von 12 Jahren in Betracht gezogen.

- **Form und Begründung des Anspruchs des Vermieters auf Zustimmung des Mieters zur Mieterhöhung**

Der Vermieter hat seinen Anspruch in **Textform** geltend zu machen und zu begründen.

Inhalt des Mieterhöhungsverlangens

Das Mieterhöhungsverlangen **muss mindestens enthalten**,
- als Absender, den/die Namen der Vermieter (lt. Mietvertrag bzw. Grundbuch), ein Vertreter muss auf das Vertretungsverhältnis hinweisen (Vermietername/n sollte/n bei Vertretung zusätzlich angegeben werden),
- als Empfänger, den/die Namen der Mieter laut Mietvertrag,
- Hinweis auf Überlegungs- und Zustimmungsmöglichkeit,
- die Ausgangsmiete und den Erhöhungsbetrag oder den Endbetrag,
- Art der Mieterhöhung (gemäß §§ 558 ff oder §§ 559 ff BGB),
- die Begründung warum die neue Miete ortsüblich ist,
- die Wohnfläche,
- Hinweis auf die entsprechende Miete gemäß qualifizierten Mietspiegel, wenn in der Gemeinde ein solcher gilt und wenn das Mieterhöhungsverlangen mit einem anderen Mittel begründet wird,
- Kürzungsbeträge aufgrund der Inanspruchnahme öffentlicher Fördermittel einschließlich der zugrunde liegenden Berechnungspositionen.

Weitere **nicht zwingende** aber sinnvolle Angaben im Mieterhöhungsverlangen,
- Zeitpunkt der Erhöhung,
- Begründung der Einhaltung der Kappungsgrenze,
- Hinweis auf eingehaltene Wartefrist.

Anlagen zur Erhöhungserklärung können z. B. sein,
- Vollmacht des Vertreters grundsätzlich im Original, es sei denn die Vollmacht ergibt sich z. B. bereits aus dem Mietvertrag,
- Begründungsmittel (z. B. Sachverständigengutachten in einfacher Kopie, Auflistung der Vergleichswohnungen, Mietspiegel, dieser muss nicht unbedingt beigefügt werden, wenngleich dies sinnvoll ist).

Das Erhöhungsverlangen muss **begründet** werden.

Ein Erhöhungsverlangen **ohne** Begründung ist **unwirksam**.

Ausgangsbasis auf die sich die **Begründung** stützt, ist die ortsübliche Vergleichsmiete. Der maßgebliche **Zeitpunkt** für die Feststellung der ortsüblichen Vergleichsmiete ist der **Zugang** des Erhöhungsverlangens beim Mieter.

– **Begründungsmittel**

Als Begründungsmittel sieht das Gesetz beispielhaft vor:

- **Mietspiegel**

Mietspiegel haben grundsätzlich 2 Funktionen,

| die **Begründungsfunktion** beim Mieterhöhungsverlangen | die **Beweisfunktion** im Prozess auf Zustimmung zur Mieterhöhung |

Die **Anforderungen** an die Qualität des Mietspiegels sind hierbei **unterschiedlich**. Im Rahmen der **Beweisfunktion** sind die Anforderungen an den Mietspiegel naturgemäß hoch. D. h., für die Verwendbarkeit des Mietspiegels als Mittel zum Nachweis der ortsüblichen Vergleichsmiete im **Prozess**, kommt es auf die **Qualität** des Mietspiegels an.

Der Mietspiegel enthält u. a. Aussagen
- zur Erstellung und zu den Erhebungsdaten (z. B. Daten aus dem **Jahr 2007**)
- zum **Geltungsbereich** (z. B.: gilt der qualifizierte Mietspiegel der Stadt Landshut, u. a. nicht für Wohnungen des öffentlich geförderten sozialen Wohnungsbaus, ganz oder überwiegend möbliert vermietete Wohnungen),
- zum **Mietbegriff** (z. B. ist die ortsübliche Vergleichsmiete im Mietspiegel der Stadt Landshut, eine Nettomiete, Betriebskosten gemäß § 2 BetrkVO sind darin nicht enthalten, weiter ist die Vermietung einer Garage oder eines Stellplatzes in der Miete nicht enthalten,
- **Aufbau** des Mietspiegels (z. B. ist der Mietspiegel der Stadt Landshut aufgebaut auf einer Basisnettomiete zu der Zu- und Abschläge kommen),
- Informationen zu **Betriebskosten** (z. B. ermittelte Hausmeisterkosten minimal 0,08 €/m², Durchschnitt 0,20 €/m², maximal 0,36 € /m²) um besser von Inklusiv- bzw. Teilinklusivmieten auf die Nettomieten schließen zu können,
- Informationen zu **Garagen- und Stellplatzmieten**,
- **Gültigkeitsbeginn** (z. B.: „Der Mietspiegel in der vorliegenden Fassung gilt ab dem **1. 1. 2008**")

Der Umfang der gegebenen Informationen bestimmt über die Anwenderfreundlichkeit und Qualität des Mietspiegels mit.

Zu beachten:
In der für die gesuchte Wohnung zutreffenden Spalte des Mietspiegels steht i. d. R. kein bestimmter Wert, sondern eine Mietwertspanne. Der Vermieter muss nun nicht begründen, warum er welchen konkreten Wert innerhalb der Spanne nimmt.

Beispiel:

Basisnettomiete in Abhängigkeit von Wohnfläche und Baujahr			
Baujahr:	bis 1918	1919 – 1947	...
Wohnfläche			
25m² bis < 30m²	7,00 – 8,00 €/m²	6,50 – 7,00 €/m²	...

Welchen Wert zwischen 7,00 und 8,00 € oder zwischen 6,50 und 7,00 € der Vermieter auswählt, muss von ihm nicht begründet werden.

Qualifizierter Mietspiegel

- **Qualifizierter Mietspiegel**

Ein solcher liegt vor, wenn der Mietspiegel nach anerkannten wissenschaftlichen Grundsätzen erstellt worden ist und von der Gemeinde **oder** den Interessenvertretern der Vermieter und Mieter anerkannt worden ist.

Gilt in der Gemeinde ein qualifizierter Mietspiegel muss der Vermieter unabhängig von dem von ihm verwendeten Begründungsmittel im Erhöhungsverlangen **immer auch auf die Werte des qualifizierten Mietspiegels hinweisen** (natürlich nur, wenn er Angaben zur konkreten Wohnung enthält).

Dem qualifizierten Mietspiegel kommt im Mietprozess eine **Vermutungswirkung** zu, d. h. es wird davon ausgegangen, dass er die ortsübliche Miete wiedergibt. Vermieter bzw. Mieter müssen, sofern sie anderer Auffassung sind, den Gegenbeweis antreten.

Der qualifizierte Mietspiegel muss im Abstand von jeweils **2** Jahren an die Marktentwicklung angepasst werden und nach jeweils **4** Jahren neu erstellt werden. Wird dies nicht getan, wird er zu einem einfachen Mietspiegel.

Einfacher Mietspiegel

- **Einfacher Mietspiegel**

Dieser stellt eine Übersicht über die ortsübliche Vergleichsmiete i. S. von § 558c BGB dar. Er kann für eine Gemeinde, mehrere Gemeinden oder Teile von Gemeinden erstellt werden.

Der Mietspiegel (sowohl der qualifizierte als auch der einfache Mietspiegel) muss dem Erhöhungsverlangen nur dann beigelegt werden, wenn er nicht allgemein zugänglich ist.

Zu beachten:
Innerhalb der Mietspannen des Mietspiegels (z. B. 5,60 € bis 6,60 €) muss das Gericht gegebenenfalls gem. § 287 ZPO die Höhe der Miete schätzen (BGH, 20. 4. 2005).

Miet-datenbank

- **Mietdatenbank**

Sie stellt eine fortlaufende Sammlung von Mieten dar, die von der Gemeinde oder den Interessenvertretern der Vermieter und Mieter gemeinsam geführt oder anerkannt wird. Im Unterschied zum Mietspiegel, der zeitpunktbezogen ist, stellt die

Mietdatenbank fortlaufend erfasste Mietdaten zur Verfügung, was zu aktuellen Daten führt.

Sachverständigengutachten

Das Mieterhöhungsverlangen kann auf das mit Gründen versehene Gutachten eines öffentlich bestellten **und** vereidigten Sachverständigen gestützt werden.

Das Gutachten sollte aktuell sein, ein Alter von 2 Jahren entspricht diesem Erfordernis nicht mehr.

Es ist in vollem Umfang dem Mieterhöhungsverlangen beizulegen, wobei eine Kopie genügt.

Die Kosten für ein Gutachten liegen bei ca. 700,00 €. Diese hat der Vermieter aufzubringen, sie sind nicht erstattungsfähig.

Das Gutachten ist ein **Parteigutachten** und deshalb **kein Beweismittel im Mieterhöhungsprozess**, daher können an dieses Gutachten nicht dieselben Anforderungen gestellt werden wie an ein **gerichtliches Sachverständigengutachten** (i. S. von §§ 402 ff ZPO).

Der Richter kann also ein weiteres Gutachten einholen oder sich auf den Mietspiegel stützen.

Begründung mit Vergleichswohnungen

Zur Begründung des Mieterhöhungsverlangens sind mindestens 3 Vergleichswohnungen zu benennen, die so zu beschreiben sind, dass sie der Mieter identifizieren kann. Sie müssen überwiegend hinsichtlich Ausstattung, Art, Lage im Haus, Baualtersklasse, Wohnlage, Größe mit der Wohnung übereinstimmen, deren Miete erhöht werden soll. Die Vergleichswohnungen dürfen auch aus dem eigenen Bestand kommen.

Folgende Angaben zu den Vergleichswohnungen müssen im Erhöhungsschreiben enthalten sein,
- die Anschriften der Wohnungen (diese sollten möglichst in der Gemeinde in der sich die Wohnung befindet deren Miete erhöht werden soll liegen),
- die Lage im Haus (so dass die Wohnungen auffindbar sind),
- Angabe der Mieten in €/m² Wohnfläche oder deren Grundmieten i. V. m. den Wohnflächen der Wohnungen und die jeweilige Mietstruktur (Brutto-, Teilbrutto-, Nettomiete),
- kurze Angaben über Art, Beschaffenheit, Lage und Ausstattung der Vergleichswohnungen.

Andere Begründungen

Das Mieterhöhungsverlangen kann aber auch mit **anderen** als den oben aufgeführten Mitteln begründet werden, wenn diese Begründungsmittel konkrete Rückschlüsse auf die übliche Miete erlauben und die Angaben darin konkret nachprüfbar sind.

Beispiel:
Heranziehung einer Gerichtsentscheidung, die das allgemeine Mietniveau vergleichbaren Wohnraums aufzeigt.

Im Prozess kann das Gericht zum Beweis der Höhe der ortsüblichen Vergleichsmiete ein anderes Begründungsmittel heranziehen.

Beispiel:
Vermieter argumentiert mit den höheren Mieten von 3 Vergleichswohnungen. Das Gericht stützt sich zur Feststellung der ortsüblichen Vergleichsmiete auf ein Sachverständigengutachten.

Zustimmung der Mieter

– **Die Zustimmung des Mieters zum Mieterhöhungsverlangen des Vermieters**

Die Zustimmung des Mieters zur Mieterhöhung stellt eine einseitige **empfangsbedürftige Willenserklärung** dar. Sie ist grundsätzlich formfrei, insofern kann sie auch durch schlüssiges Verhalten gegeben werden.

Zahlt daher der Mieter die erhöhte Miete vorbehaltlos, ist darin eine Zustimmung zur Mieterhöhung zu sehen, wenn die erhöhte Miete über einen längeren Zeitraum gezahlt wird. Umstritten ist, ob z. B. bereits die einmalige Zahlung der erhöhten Miete ohne weitere Erklärung des Mieters eine Zustimmung darstellt. Daher sollte man auch dann eine Klage auf Zustimmung erwägen, wenn der Mieter zwar zahlt, eine ausdrückliche Zustimmung zur Mieterhöhung aber nicht gegeben hat.

Sind mehrere Personen Mieter, müssen grundsätzlich **alle** der Mieterhöhung im gleichen Umfang zustimmen, tun dies nicht alle, gilt die Zustimmung insgesamt als verweigert.

Klage auf Zustimmung

Stimmt der Mieter der Mieterhöhung nicht zu, kann der Vermieter auf **Zustimmung klagen**. Ist der Klage ein **unwirksames Erhöhungsverlangen** vorausgegangen, kann der Vermieter im Rechtsstreit ein wirksames Erhöhungsverlangen **nachholen** oder den Mangel im ursprünglichen Erhöhungsverlangen **beseitigen**. In diesem Fall, steht dem Mieter erneut die **Überlegungsfrist** darüber zu, ob er dem neuen Erhöhungsverlangen bzw. dem nun von seinem Mangel „reparierten" Erhöhungsverlangen zustimmen will oder nicht.

12.2 MIETPREISANPASSUNGEN

— Erhöhungsverlangen und Fristen

An das wirksame Erhöhungsverlangen ist der Lauf bestimmter **Fristen** gekoppelt: Fristen

→	**Überlegungsfrist** des Mieters, ob er dem Erhöhungsverlangen zustimmt.	→ Die Frist endet mit dem **Ablauf** des 2. Kalendermonats nach dem Zugang des Erhöhungsverlangens beim Mieter.	**Beispiel:** Zugang des Mieterhöhungsverlangens beim Mieter am 13.4. des Jahres. Ende der **Überlegungsfrist** mit Ablauf des **30.6.** des Jahres.
→	Frist bis zum **Beginn der Mieterhöhung**	→ Die erhöhte Miete wird vom Mieter geschuldet mit **Beginn** des 3. Kalendermonats nach dem Zugang des Erhöhunsverlangens, sofern der Mieter der Erhöhung zugestimmt hat.	**Beispiel:** Zugang des Mieterhöhungsverlangens beim Mieter am 13.4. des Jahres. Mieterhöhung tritt ein mit dem **1.7.** des Jahres.
→	**Klagefrist** des Vermieters für den Fall, dass der Mieter dem Mieterhöhungsverlangen **nicht** zustimmt.	→ Nach **Ablauf** der Überlegungsfrist des Mieters kann der Vermieter innerhalb weiterer 3 Monate auf Zustimmung klagen.	**Beispiel:** Zugang des Mieterhöhungsverlangens beim Mieter am **13.4.** des Jahres. Ablauf der Klagefrist des Vermieters am **30.9.** des Jahres.
→	Kündigungsfrist für den Fall, dass der **Mieter** von seinem Sonderkündigungs-Recht (außerordentlichen K-Recht mit Frist) Gebrauch macht.	→ Mieter kann kündigen, bis zum Ende des 2. Monats nach dem **Zugang** der Erklärung (also bis zum Ablauf seiner Überlegungsfrist) zum **Ablauf** des **übernächsten** Monats. Im Fall der Kündigung tritt die Mieterhöhung **nicht** ein.	**Beispiel:** Zugang des Mieterhöhungsverlangens beim Mieter am **13.4.** des Jahres. Sonderkündigungsrecht des Mieters bis zum Ablauf des **30.6.** des Jahres, zum Ablauf des **31.8.** des Jahres.

12.2.3.3 Mieterhöhung bei Modernisierung

BGB
§§ 559 - 559b

– Voraussetzung, Erhöhungserklärung und Umfang der Mieterhöhung

· **Voraussetzung**

Modernisierung

Der Vermieter ist grundsätzlich berechtigt, die Miete zu erhöhen, wenn er **bauliche Maßnahmen** durchgeführt hat, die sich durch folgende Eigenschaften qualifizieren:

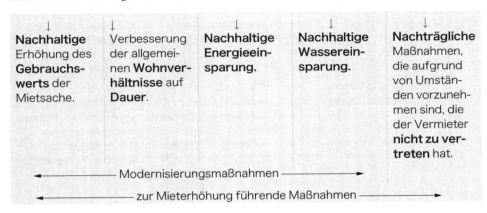

Die Maßnahmen müssen grundsätzlich vom **Vermieter** durchgeführt worden sein. Es muss sich um im weitesten Sinne **bauliche Maßnahmen** handeln.

Beispiel:
Erstausstattung der Wohnanlage mit einem Wäschetrockner.
Es handelt sich um keine bauliche Maßnahme, daher ist eine Mieterhöhung wegen Modernisierung nicht möglich.

Zu beachten:
Die Modernisierungsmaßnahmen müssen während des bestehenden Mietverhältnisses durchgeführt werden, damit sie zu einer Mieterhöhung berechtigen.

Maßnahmen, die vor Beginn eines Mietverhältnisses bereits abgeschlossen sind aber auch Maßnahme die vor Beginn des Mietverhältnisses begonnen werden und nach dem Beginn des Mietverhältnisses abgeschlossen werden, berechtigen nicht zur Mieterhöhung gegenüber diesen Mietern.

Beispiele für Maßnahmen zur **nachhaltigen Erhöhung des Gebrauchswerts der Mietsache**:
Einbau eines Badezimmers, einer Wechselsprechanlage, Anschluss der Wohnung an das Breitbandkabel, Verbesserung des Schallschutzes, des Zuschnitts der Wohnung, Maßnahmen gegen Diebstahl und Gewalt.

Beispiele für Maßnahmen zur **Verbesserung der allgemeinen Wohnverhältnisse auf Dauer**:
Anlage eines Kinderspielplatzes, Anlage von Grünflächen, Einrichtung eines Fahrradkellers, Installation einer Aufzuganlage.

Beispiele für Maßnahmen der **nachhaltigen Energieeinsparung**:
Wärmedämmung der Außenmauern, Verbesserung der Wärmedämmung von Fenstern und Außentüren, Einbau von Thermostatventilen, Einrichtung zeitgesteuerter Treppenhauslichtautomaten.
Errichtung von Solaranlagen, auch wenn dies zu keiner Energieeinsparung bei den Mietern führt, da die Einsparung von Primärenergie genügt.

Beispiele für Maßnahmen der **nachhaltigen Wassereinsparung**
Einbau von Wasserzählern, wassersparenden Spülkästen, Durchflussverminderern.

Beispiele für Maßnahmen **aufgrund von Umständen, die der Vermieter nicht zu vertreten** hat und denen er nicht ausweichen kann:
Einbau von Wasserzählern, Rauchmeldern aufgrund landesrechtlicher Verpflichtung, Umstellung von Stadtgas auf Erdgas.

- Mieterhöhung und Informationspflicht des Vermieters gemäß § 554 BGB

Muss der Mieter eine bauliche Maßnahme **nicht dulden** (z. B. wegen der in § 554 BGB genannten Härteregelung), scheidet eine Mieterhöhung gemäß § 559 BGB von vorneherein aus.

BGB § 554

Der Vermieter muss darauf achten, dass der Mieter die nach **§ 554 BGB** notwendigen Mitteilungen form- und fristgerecht erhält.

Informationspflicht des Vermieters

Hat der Vermieter, die zu erwartende Mieterhöhung nicht mitgeteilt, zu spät mitgeteilt, oder fällt die tatsächliche Mieterhöhung um mehr als 10 % höher aus, als die angekündigte Mieterhöhung, verlängert sich die Frist bis zum Eintritt der Mieterhöhung um 6 Monate.

- Erhöhungserklärung

Die Erhöhungserklärung ist nur wirksam, wenn die entstandenen Kosten der Modernisierung berechnet und erläutert sind.

Nach Abschluss der Modernisierung kann der Vermieter die Mieterhöhung erklären. Gibt der Vermieter die Erhöhungserklärung vor Abschluss der Modernisierung gegenüber dem Mieter ab, ist sie unwirksam und muss wiederholt werden.

Zeitpunkt der Mieterhöhungserklärung

Wann der Vermieter nach Abschluss der baulichen Maßnahmen die Mieterhöhung erklären muss, ist im Gesetz nicht geregelt. Man kann davon ausgehen, dass das Erhöhungsrecht 4 Jahre nach Abschluss der Modernisierung verwirkt ist.

Die Mieterhöhungserklärung hat in **Textform** zu erfolgen.

Inhalt der Erhöhungserklärung:

Inhalt der Mieterhöhungserklärung

- Bezeichnung der **durchgeführten Maßnahmen** und Darstellung der Art und Weise der Verbesserungen.

Bei **Wärmedämmmaßnahmen** kann es sinnvoll sein, die Reduzierung des Energieverbrauchs durch eine Wärmebedarfsrechnung deutlich zu machen.

Ersetzt der Vermieter vorhandene **Isolierglasfenster** durch neue Fenster muss er nicht nur die Beschaffenheit der neuen Fenster (Wärmedurchgangskoeffizient) erläutern, sondern auch den Zustand der **alten Fenster** so genau angeben, dass der Mieter einen entsprechenden Vergleich anstellen und den aufgezeigten Energieeinspareffekt beurteilen kann.

Bei Austausch **alter Fenster** durch moderne **Energiesparfenster** sollte der Vermieter ggf. so genau wie möglich und in schriftlicher Form über das zu ändernde Lüftungsverhalten informieren und sich vom Mieter den Empfang des betreffenden Schriftstücks bestätigen lassen. Die bloße Aushändigung einer Informationsbroschüre genügt jedenfalls nicht. Es sollte informiert werden über die Höhe der in den einzelnen Räumen, einzuhaltenden Raumtemperaturen, sowie über die Art und das zeitliche Ausmaß der erforderlichen Lüftungsvorgänge. Die Informationen sind also auf die Verhältnisse des konkreten Einzelfalls abzustimmen.

Im Übrigen verlangt nun die Neuregelung der **Lüftungsnorm DIN 1946-6** die Erstellung eines **Lüftungskonzepts**, z. B. für den Fall, dass in bestimmten Umfang moderne Fenster eingebaut werden.

- Möglichst detaillierte Zusammenstellung der aufgewendeten **Kosten**.
- Erläuterung des Abzugs der eingesparten Kosten für zum Zeitpunkt der Modernisierung **notwendige Instandhaltungs- und Instandsetzungsmaßnahmen** (auch eine Schätzung dieser Kosten muss so dargestellt sein, dass sie vom Mieter überprüfbar ist).
- **Verteilungsmaßstab** (zu bedenken ist, dass der angewandte Umlagemaßstab u. U. vor Gericht begründet werden muss).
- Erläuterung abzuziehender **Zuschüsse und Zinsverbilligungen**, wie Angabe der Berechnungsgrundlagen. Welche Mittel sind zu welchem Zweck und ggf. zu welchem Zinssatz eingesetzt.

Die **Zinsverbilligung** ergibt sich aus der **Differenz** zwischen **marktüblichen** (höheren) Zinssatz und den **tatsächlichen** (durch die Verbilligung niedrigeren) Zinssatz. Für den marktüblichen Zinssatz ist der **marktübliche Zinssatz** zum **Zeitpunkt** der Beendigung der Maßnahmen maßgebend.

Laufende **Verwaltungskostenbeiträge** die häufig bei Darlehen aus öffentlichen Haushalten zu zahlen sind, sind wie **Zinsen** zu behandeln.

Ein Mieterhöhungsverlangen ist aus formellen Gründen unwirksam, wenn der Vermieter in der Begründung auf die Inanspruchnahme einer öffentlichen Förderung für die Modernisierung der Wohnung und der dadurch veranlassten Kürzung der Mieterhöhung hinweist, den Kürzungsbetrag jedoch nicht nachvollziehbar erläutert.

- Angabe des **Zeitpunkts** von dem ab die Mieterhöhung verlangt wird.
- Bezifferung **neuer Betriebskosten**, die durch die baulichen Maßnahmen neu entstehen.

Zu beachten:
Der Mieter hat das Recht auf Einsicht in die Belege.

- **Umfang der Mieterhöhung**

Der Vermieter kann die jährliche Miete um **11 %** der für **die Wohnung** aufgewendeten Kosten erhöhen. D. h., dass die **Mieterhöhung** gesondert für die **einzelne Wohnung** aufgrund der für sie aufgewendeten Kosten zu berechnen ist. Sind Maßnahmen für mehrere Wohnungen durchgeführt worden, müssen die Kosten **angemessen** auf die einzelnen Wohnungen verteilt werden. Der Mieter hat nur die Mieterhöhung zu tragen, die sich aus den Aufwendungen für seine Wohnung ergibt.

Feststellung der Mieterhöhung

Zu den aufgewendeten Kosten gehören grundsätzlich alle für die Modernisierung **tatsächlich aufgewendeten Kosten**. Soweit diese Kosten jedoch unnötig, unzweckmäßig oder ansonsten überhöht sind, hat sie der Mieter nicht zu tragen.

Kosten

Skonti, Mengenrabatte oder andere Preisnachlässe aber auch Erlöse aus der Veräußerung von ausgebauten Bauteilen sind daher kostenmindernd zu berücksichtigen.

Hat der Vermieter die Modernisierung in Eigenarbeit fachmännisch durchgeführt, kann er hierfür einen Betrag ansetzen, den er bei Einschaltung eines Handwerkers für die Ausführung der Arbeiten hätte zahlen müssen, jedoch ohne Umsatzsteuer.

Beispiele:
Baugenehmigungsgebühren, Baukosten, Materialkosten, Architektenhonorar, Reinigungskosten, Instandsetzungskosten, Kosten für Schönheitsreparaturen soweit diese durch die Modernisierung bedingt sind, Aufwendungsersatz den der Vermieter dem Mieter gemäß § 554 BGB zu leisten hat, Leistungen an Mieter, dass dieser Möbel wegräumt oder abdeckt.

Nicht zu diesen Kosten gehören,
- **Finanzierungs-** und **Kapitalbeschaffungskosten**,
- **Kosten allgemeiner Verwaltungsleistungen** des Vermieters, wie Besprechungen mit Handwerkern und Mietern, Behördengänge, Bauleitung, Rechnungsprüfung,
- **Kosten** von zum Zeitpunkt der Modernisierung **notwendigen Instandhaltungs-** und **Instandsetzungsmaßnahmen** (die durch die Modernisierung „eingespart" werden),
- der **Betrag des Mietausfalls** infolge einer für die Bauzeit erfolgten vorübergehenden Räumung der Wohnung durch den Mieter bzw. einer während der Bauzeit vom Mieter geltend gemachten **Mietminderung**,
- **Kosten**, die gegen den **Grundsatz der Wirtschaftlichkeit** verstoßen, z. B. Missverhältnis zwischen Mieterhöhung und Energiekosteneinsparung nach Einbau von Energiesparfenstern,
- Kosten baulicher Maßnahmen deren **Bauherr nicht der Vermieter war**,
- Kosten baulicher Maßnahmen zu denen der **Vermieter verpflichtet war**, z. B. Kosten des Kinderspielplatzes zu dessen Anlage der Vermieter von Anfang an verpflichtet war.

Einfluss der Finanzierung auf die Mieterhöhung

Fließen Zuschüsse, zinsverbilligte Darlehen, Aufwendungszuschüsse oder Aufwendungsdarlehen in die Finanzierung einer **Maßnahme im Sinn von § 559 BGB** ein, führen sie zu einer Reduzierung der Mieterhöhung, **wenn** die Mittel zum **Zweck der Reduzierung der Mieterhöhung** gewährt werden.

Beispiel:
Gewährt ein Vater seinem Sohn einen Zuschuss und ein zinsloses Darlehen, damit dieser Modernisierungsmaßnahmen an seinem Mietwohnblock durchführen kann, so führt dies zu keiner Reduzierung der Mieterhöhung.

Zuschüsse zur Deckung der Kosten bzw. Kostenübernahme ↓	Zinsverbilligte, zinslose Darlehen ↓	Aufwendungszuschüsse, Aufwendungsdarlehen ↓
§ 559a Abs. 1 BGB Kosten, die von Dritten übernommen werden oder mit Zuschüssen aus öffentlichen Haushalten gedeckt werden, sind **keine aufgewendeten Kosten**.	§ 559a Abs. 1 Satz 1 BGB Abzug der Verbilligung vom **Erhöhungsbetrag**.	§ 559a Abs. 1 Satz 2 BGB Der **Erhöhungsbetrag** ist um den Jahresbetrag des Zuschusses, Darlehens zu kürzen.

Zu beachten:
Aufteilung der Zuschüsse, Darlehen

Kann nicht festgestellt werden, in welcher Höhe Zuschüsse oder Darlehen für die einzelne Wohnung gewährt worden sind, so sind sie nach dem **Verhältnis** der für die einzelnen Wohnungen **aufgewendeten Kosten** aufzuteilen.

12.2 MIETPREISANPASSUNGEN

Beispiele:

Die Gesamtkosten der **Modernisierung** in einem Wohngebäude mit 4 Wohnungen zu je 80 m² Wohnfläche betragen	24.000,00 €
Alle Wohnungen sind durch die Modernisierungsmaßnahmen **gleichermaßen** betroffen und begünstigt.	
Der Vermieter spart sich durch die Modernisierung **notwendige Instandsetzungen** in Höhe von (wobei auch hier jede Wohnung gleichermaßen betroffen ist),	4.000,00 €
der Vermieter erhält einen **Zuschuss** von (der für jede Wohnung zum selben Anteil gewährt ist),	2.000,00 €
und ein **Darlehen** mit **0,5 % Verwaltungskostenbeitrag** in Höhe von (das für jede Wohnung zum selben Anteil gewährt ist). Der Marktzinssatz für ein Darlehen beträgt **6,50 %** (Ermittlung des **marktüblichen Zinssatzes** gemäß § 23a II. BV).	10.000,00 €
Mieterhöhung für Wohnung Nr. 1:	
Anteilige Gesamtkosten der Maßnahmen (24.000,00 € : 4)	6.000,00 €
ersparte Instandsetzungskosten, anteilig (4.000,00 € : 4)	− 1.000,00 €
Zuschuss, anteilig (2.000,00 € : 4)	**− 500,00 €**
aufgewendete Kosten für Whg. Nr. 1	4.500,00 €
Erhöhungsbetrag (11 % der aufgewendeten Kosten)	**495,00 €**
Zinsersparnis (10.000,00 € : 4 = 2.500,00 € davon 6 %)	− 150,00 €
Mieterhöhung als Jahresbetrag für Whg. Nr. 1	**345,00 €**
Mieterhöhungsbetrag mtl. für Whg. Nr. 1	**28,75 €**
Mieterhöhung mtl. pro m²	**0,36 €**
Für die **Wohnung Nr. 1** (100 m² Wfl.) fallen Modernisierungskosten in Höhe von an.	25.000,00 €
Erhöhungsbetrag, 11 % von 25.000,00 €	2.750,00 €
In Verbindung mit den Modernisierungsmaßnahmen erhält der Vermieter für die Wohnung Nr. 1 Zuschüsse (oder auch Darlehen) zur Deckung der **laufenden Aufwendungen** (Kapital- und Bewirtschaftungskosten) fortlaufend in Höhe von 7 % von 25.000,00 € jährlich gewährt	− 1.750,00 €
Mieterhöhung jährlich	**1.000,00 €**
Mieterhöhung monatlich für Whg. Nr. 1	**83,33 €**

II. BV § 23a
Marktüblicher Zinssatz

Fristen

– **Fristen**

An das wirksame Erhöhungsverlangen ist der Lauf bestimmter Fristen gekoppelt:

→	Frist **bis** zum **Beginn** der **Mieterhöhung**. Die erhöhte Miete wird geschuldet mit Beginn des 3. Monats nach dem Zugang der Erhöhungserklärung.	Beispiel: Zugang der Erhöhungserklärung am **13.2.** des Jahres. Eintritt der Mieterhöhung mit dem **1.5.** des Jahres.
	Diese Frist verlängert sich um 6 Monate, wenn der Vermieter dem Mieter die zu erwartende Mieterhöhung nicht mitgeteilt hat oder wenn die tatsächliche Mieterhöhung gegenüber der angekündigten Mieterhöhung um mehr als **10 %** höher ausfällt oder andere Mitteilungsinhalte mangelhaft sind.	Beispiel: Zugang der Erhöhungserklärung am **13.2.** des Jahres Mieterhöhung um 15 % höher als angekündigt. Eintritt der Mieterhöhung mit dem **1.11.** des Jahres.
→	**Kündigungsfrist** für den Fall, dass der Mieter von seinem **Sonderkündigungsrecht** Gebrauch macht. Mieter kann kündigen bis zum Ende des **2.** Monats nach dem Zugang der Erhöhungserklärung zum Ablauf des **übernächsten** Monats. Im Fall der Kündigung tritt die Mieterhöhung **nicht** ein.	Beispiel: Zugang der Erhöhungserklärung am **13.2.** des Jahres. Kündigungsmöglichkeit bis zum Ablauf des **30.4.** des Jahres zum **30.6.** des Jahres.

Mieterhöhung und Kündigung

– **Zusammenhang zwischen Mieterhöhung nach §§ 558 ff BGB und §§ 559 ff BGB**

Mieterhöhungsalternativen

Nach der Durchführung der Modernisierungsmaßnahmen hat der Vermieter grundsätzlich ein **Wahlrecht** zwischen
– der Anpassung der Miete an die ortsübliche Vergleichsmiete für die modernisierte Wohnung

und
– der Mieterhöhung gemäß §§ 559 ff BGB.

Die Kombination dieser beiden Möglichkeiten ist ebenfalls möglich.

Beispiel:

Die Miete ist seit 3 Jahren unverändert. Die **Miete beträgt bisher**	400,00 € mtl.
Die **ortsübliche Vergleichsmiete** für die **un**modernisierte Wohnung liegt bei	425,00 € mtl.
Die **ortsübliche Miete** für die **modernisierte** Wohnung beträgt	465,00 € mtl.
Die nun durchgeführte Modernisierung führt zu einer **Modernisierungsumlage** von	50,00 € mtl.

12.2 MIETPREISANPASSUNGEN

Es ergeben sich folgende Mieterhöhungsmöglichkeiten:

↓	↓	↓
Mieterhöhung gemäß §§ 558 ff BGB von bisher **400,00 €** auf das Niveau der ortsüblichen Vergleichsmiete von **465,00 €** Die weitere Anhebung der Miete gemäß §§ 559 ff BGB ist **nicht** mehr möglich.	Mieterhöhung gemäß §§ 559 ff BGB von bisher **400,00 €** um die Modernisierungsumlage von **50,00 €** auf **450,00 €** mtl. Da durch die Mieterhöhung das Niveau der ortsüblichen Vergleichsmiete für den modernisierten Wohnraum nicht erreicht wird, kann die Miete gemäß §§ 558 ff BGB um weitere **15,00 €** auf **465,00 €** erhöht werden.	Mieterhöhung gemäß §§ 558 ff BGB auf das Niveau der ortsüblichen Vergleichswohnungen für die **un**modernisierte Wohnung von bisher **400,00 €** mtl. um **25,00 €** auf **425,00 €** mtl. und daneben Erhöhung gemäß §§ 559 ff BGB um **50,00 €** mtl. auf **475,00 € mtl.**

- Modernisierung und neue Betriebskosten

Entstehen durch die Modernisierungsmaßnahme in der Zukunft zusätzliche Betriebskosten können diese gemäß § 556 BGB auf den Mieter umgelegt werden. Dies dürfte selbst dann möglich sein, wenn im Mietvertrag hierzu keine Aussage getroffen ist.

Betriebskosten i. V. m. Modernisierungsmaßnahmen

12.2.3.4 Veränderungen von Betriebskosten

BGB § 560

Für den Fall, dass der Vermieter die Miete an geänderte Betriebskosten anpassen will, sind folgende Konstellationen zu unterscheiden:

- Betriebskosten, werden neben der Miete in Form von **Vorauszahlungen** erhoben und am Jahresende abgerechnet.

Betriebskostenvorauszahlungen

Sind Betriebskostenvorauszahlungen neben der Grundmiete **vereinbart** und **ändern** sich die Betriebskosten, die durch die Vorauszahlungen erfasst sind, kann sowohl der Vermieter als auch der Mieter eine **Anpassung** der Vorauszahlungen auf eine **angemessene** Höhe vornehmen.

Sowohl Vermieter als auch Mieter können ihr Recht auf Änderung der Vorauszahlungen nur **nach einer Abrechnung** ausüben, d. h. die Änderung der Vorauszahlungen kann nicht während der laufenden Abrechnungsperiode verlangt werden.

Beispiel:
Die Abrechnung ergibt, dass der Mieter 360,00 € nachzahlen muss.
Angemessen ist daher i. d. R. eine Erhöhung der Vorauszahlungen um 360,00 €: 12 = 30,00 € monatlich.

Im Fall, dass die Betriebskosten **sinken**, hat der Vermieter **nicht** die Pflicht die Vorauszahlungen zu senken. Der Mieter muss von sich aus tätig werden.

Die Erhöhungserklärung ist eine empfangsbedürftige Willenserklärung, die der **Textform** bedarf.

Die Erhöhung wird geschuldet bei der nächsten Fälligkeit der Vorauszahlung nach Zugang der Änderungserklärung beim Mieter bzw. beim Vermieter.

Dem Mieter steht kein Sonderkündigungsrecht zu für den Fall, dass der Vermieter die Vorauszahlungen anhebt.

Betriebs-kosten-pauschale

– Betriebskosten werden neben der Miete in Form einer **Pauschale** erhoben.

Erhöhen sich die Betriebskosten, die in der Pauschale enthalten sind, kann der Vermieter die Pauschale durch einseitige Erklärung in **Textform** angemessen erhöhen. Der Grund für die Erhöhung muss bezeichnet und erläutert sein. Die Erhöhungsmöglichkeit muss im **Mietvertrag vereinbart** sein. Die Erhöhung wird gemessen an der Höhe der Betriebskosten, die zum Zeitpunkt des Abschlusses des Mietvertrages, bzw. zum Zeitpunkt der Wirksamkeit der letzen Erhöhung, in der Pauschale erthalten sind und der Höhe der Betriebskosten zum Zeitpunkt der Abgabe der Erhöhungserklärung.

Beispiel:
Zum Mietbeginn:
Höhe der in der Pauschale enthaltenen **tatsächlichen** Betriebskosten anteilig für die Wohnung **100,00 €** mtl.
Angesetzt wird eine Pauschale von
a) **100,00 €** mtl.
b) **80,00 €** mtl.

2 Jahre später:
Betriebskosten, die in der Pauschale enthalten sind, sind gestiegen um anteilig **20,00 €**.
Erhöhung der Pauschale
a) um **20,00 €** mtl. auf 120,00 €
b) um **20,00 €** mtl. auf 100,00 €
Im Fall b) bleibt dem Mieter der Vorteil aus der ursprünglich zu niedrig angesetzten Pauschale erhalten.

Die Erhöhung wird grundsätzlich wirksam mit **Beginn** des auf die Erklärung folgenden übernächsten Monats.

Beispiel:
Zugang der Erhöhungserklärung am **15.8.**
Neue **Pauschale** wird wirksam am **1.10.** des selben Jahres.

Die Erhöhung ist zu **erläutern**.

Anzugeben sind: Grund der Kostensteigerung, Höhe der Differenz zwischen früheren und neuem Kostenniveau, Umlagemaßstab der Kostensteigerung auf die einzelnen Wohnungen.

Der Mieter hat **kein Sonderkündigungsrecht**.

Sinken die Betriebskosten, die in der Pauschale enthalten sind, ist deren Ermäßigung dem Mieter **unverzüglich mitzuteilen**.

Die Pauschale ist vom Zeitpunkt der Ermäßigung an entsprechend **herabzusetzen**. Der Zeitpunkt der späteren Mitteilung ist insoweit unbeachtlich.

- Betriebskosten die in der **Grundmiete** enthalten sind und deshalb **nicht** als Vorauszahlungen oder Pauschale neben der Miete erhoben werden. Inklusiv-/Teilinklusivmiete

Erhöhen sich die in die Grundmiete einkalkulierten Betriebskosten, so kann der Vermieter hierauf nur noch mit einer Mieterhöhung gemäß §§ 558 ff BGB reagieren. Die Miete kann also nur bis zur ortsüblichen Vergleichsmiete erhöht werden.

12.2.3.5 Staffelmiete
BGB § 557a

Eine Staffelmiete liegt vor, wenn die Miete für bestimmte Zeiträume in unterschiedlicher Höhe vereinbart wird.

Auch im Bereich der Wohnraummietverhältnisse können Staffelmieten vereinbart werden, jedoch sind eine Reihe von Zulassungsvoraussetzungen zu erfüllen: Staffelmiete

- Die Zeiträume, nach deren Ablauf jeweils die Mietänderung eintreten soll, müssen klar bestimmt sein. Diese Bestimmung muss nicht kalendermäßig definiert sein, es genügt, wenn die jeweiligen Änderungszeitpunkte berechenbar sind. Die einzelnen Intervalle zwischen den Änderungszeitpunkten können unterschiedlich lang sein, jedoch muss ein **Mindestabstand von 1 Jahr** zwischen jedem Intervall beachtet werden.

- Die Miete jeder Erhöhungsstufe oder der jeweilige Erhöhungsbetrag muss betragsmäßig ausgewiesen sein. Betragsmäßiger Ausweis der Mietentwicklung

Beispiel:

Miete ab 1.3.2008:	500,00 €	oder	Miete ab 1.3.2008:	500,00 €
Miete ab 1.3.2009:	550,00 €		Erhöhung ab 1.3.2009 um	50,00 €
Miete ab 1.5.2011:	620,00 €		Erhöhung ab 1.5.2011 um	70,00 €

Die festgelegten Steigerungsraten müssen sich nicht an der ortsüblichen Vergleichsmiete oder an der Kappungsgrenze orientieren. Die Staffel kann also über die ortsübliche Vergleichsmiete hinausführen oder größere Sprünge machen als nach der Kappungsgrenze vorgesehen.

Schriftform — Die Vereinbarung einer Staffelmiete bedarf der **Schriftform**.

Ist eine dieser Voraussetzungen **nicht erfüllt**, ist die Staffelmietvereinbarung **un**wirksam.

Ist die Staffelmiete wirksam vereinbart, hat der Vermieter den Vorteil, dass die Mietanhebungen automatisch eintreten.

Der Vermieter hat aber andererseits den Nachteil, dass daneben Mieterhöhungen zur Anpassung der Miete an die (höhere) ortsübliche Vergleichsmiete und Mieterhöhungen aus Anlass einer durchgeführten Modernisierung **nicht möglich** sind.

Möglich ist jedoch die Erhöhung der Vorauszahlungen und Pauschalen wegen gestiegener Betriebskosten.

Der Mieter hat kein Sonderkündigungsrecht, wenn die Miete wegen Erreichens der nächsten Staffelstufe steigt.

Das Recht des Mieters zur ordentlichen Kündigung kann durch Vereinbarung für maximal **4** Jahre ausgeschlossen werden.

Die Vierjahresfrist beginnt mit dem **Abschluss** des Wohnraummietvertrages zu laufen, wobei es entscheidend auf den **Kalendertag** und nicht auf den Monat ankommt.

Beispiel:
Vertrags**abschluss** am **6. 9. 2008**.
Formulierung im Mietvertrag:
„Das Mietverhältnis **beginnt** am 1. 10. 2008. Der Mietvertrag läuft auf unbestimmte Zeit und kann unter Einhaltung der gesetzlichen Kündigungsfrist des § 573c BGB gekündigt werden, jedoch erstmals zum 30. 9. 2012. ..."
Der Kündigungsausschluss ist nur bis zum 5. 9. 2012 möglich.

Werden die 4 Jahre überschritten, ist die Staffelvereinbarung grundsätzlich insgesamt unwirksam.

BGB § 557b ### 12.2.3.6 Indexmiete

Schriftform Mit dem Mieter kann **schriftlich** eine Indexmiete vereinbart werden.

Dabei ist zu beachten, dass die Miete durch den vom Statistischen Bundesamt ermittelten **Preisindex für die Lebenshaltung in Deutschland** bestimmt werden muss.

Die Miete kann eine Nettomiete, aber auch eine Inklusiv- bzw. Teilinklusivmiete sein.

Textform Die **Änderung** der Miete muss durch eine Erklärung in **Textform** erfolgen, dabei ist
– die eingetretene Änderung des Preisindexes,
– die geänderte Miete oder der Geldbetrag um den sich die Miete erhöht **anzugeben**.

Die Miete muss mindestens jeweils **1** Jahr unverändert bleiben. *1-Jahres-abstand*

Die Wartefrist **beginnt** mit dem Zeitpunkt des Mietbeginns bzw. dem Zeitpunkt des Wirksamwerdens einer Mietänderung.

Die geänderte Miete ist mit **Beginn des übernächsten Monats** nach dem Zugang der Erklärung zu entrichten.

Die Erhöhungserklärung kann zeitlich so gesetzt werden, dass die Erhöhung unmittelbar **zum Ablauf der 1-Jahresfrist** eintreten kann.

Beispiel:

Beginn des Mietverhältnisses:	**1.1.2010**
Zugang des Erhöhungsverlangens	14.11.2010
Beginn der Mietänderung	**1.1.2011**

Der Mieter hat kein Sonderkündigungsrecht im Fall, dass durch die Änderung des Indexes die Miete angehoben werden kann.

Zu beachten:
Mieterhöhungen zur Anpassung der Miete an die (höhere) ortsübliche Vergleichsmiete und Mieterhöhungen aus Anlass einer durchgeführten Modernisierung sind **nicht** möglich.
Mieterhöhungen aufgrund von Maßnahmen, die auf Umständen beruhen, die der Vermieter nicht zu vertreten hat sind jedoch **möglich**.

Möglich bleibt auch die Erhöhung der Vorauszahlungen und Pauschalen wegen gestiegener Betriebskosten.

12.2.3.7 Sonderwohnräume *BGB § 549*

Die Vorschriften über die Mieterhöhung (§§ 557–561 BGB) gelten u. a. **nicht** für Mietverhältnisse über *Sonderwohnräume*
- Wohnraum, der nur zu **vorübergehenden Gebrauch** vermietet ist,
- Wohnraum, der **Teil der vom Vermieter selbst bewohnten Wohnung** ist und den der Vermieter zu **möblieren** hat, sofern der Wohnraum dem Mieter **nicht** zum dauernden Gebrauch mit seiner **Familie** oder mit Personen überlassen ist, mit denen er einen auf Dauer angelegten gemeinsamen Haushalt führt,
- Wohnraum in **Jugend- und Studentenheimen**.

Zusammenfassung

Mieterhöhungsmöglichkeiten nach dem BGB

↓	↓	↓	↓	↓	↓
Mieterhöhungsvereinbarung während der Mietzeit (§ 557 Abs. 1)	Mieterhöhung zur Anpassung der Miete an die ortsübliche Vergleichsmiete (§§ 558–558e)	Modernisierungsmieterhöhung (§§ 559–559b)	Veränderung von Betriebskosten (§ 560)	Staffelmiete (§ 557a)	Indexmiete (§ 557b)

Anpassung der Miete an die ortsübliche Vergleichsmiete

↓	↓	↓
Obergrenze: ortsübliche Vergleichsmiete bzw. Kappungsgrenze	Wartefrist mindestens 15 Monate, Zugang der Erhöhungserklärung frühestens nach 12 Monaten	Begründung der Mieterhöhung, insbesondere durch qualifizierten oder einfachen Mietspiegel, Mietdatenbank, Sachverständigengutachten, mindestens 3 Vergleichswohnungen

Mieterhöhung wegen Modernisierung

↓	↓
Maßnahmen: – Nachhaltige Erhöhung des Gebrauchswerts der Mietsache, – Verbesserung der allgemeinen Wohnverhältnisse auf Dauer, – Nachhaltige Einsparung von Energie – Nachhaltige Einsparung von Wasser – Maßnahmen aus Umständen heraus veranlasst, die der Vermieter nicht zu vertreten hat.	Umfang der Mieterhöhung – 11 % der für die Wohnung aufgewendeten Kosten, – Verminderung der Gesamtkosten unter bestimmten Umständen, – Verminderung des Erhöhungsbetrages unter bestimmten Umständen.

Veränderung der Betriebskosten

↓	↓	↓
die in der Grundmiete enthalten sind (Brutto-/Inklusiv-Miete, Teilbrutto-/Teilinklusivmiete) (§§ 558–558e)	Die neben der Miete in Form von Vorauszahlungen erhoben werden (§ 560)	die neben der Miete in Form von Pauschalen erhoben werden (§ 560)

Staffelmietvereinbarung

- Schriftformerfordernis
- Eindeutige Bestimmung der Staffelintervalle,
- Mindestzeitspanne zwischen den jeweiligen Staffeln 1 Jahr,
- Ausweis der jeweiligen Staffelstufen mit ihrem Endbetrag bzw. dem jeweiligen Erhöhungsbetrag,
- Ausschluss des ordentlichen Kündigungsrechts des Mieters für maximal 4 Jahre,
- Mieterhöhungen nach §§ 558 ff und 559 ff sind ausgeschlossen.

Indexmiete

- Schriftformerfordernis,
- Bestimmung der Miete durch den Verbraucherpreisindex Deutschland,
- Anpassung frühestens in Abständen von einem Jahr,
- Mitteilung der Mietänderung in Textform,
- Mieterhöhungen nach §§ 558 ff und 559 ff sind ausgeschlossen (bzgl. §§ 559 ff sind Erhöhungen wegen Maßnahmen, die der Vermieter nicht zu vertreten hat möglich).

12.2.3.8 Mieterhöhung und § 5 Wirtschaftsstrafgesetz (WiStG)

- Entgelt

Ordnungswidrig handelt, wer vorsätzlich oder leichtfertig für die Vermietung von **Räumen zum Wohnen** oder damit verbundene Nebenleistungen, **unangemessen hohe Entgelte** fordert, sich versprechen lässt oder annimmt.

Unangemessen hohes Entgelt

Unangemessen hohe Entgelte liegen vor bei
- **Ausnutzung** eines geringen Angebots, dabei ist die Marktlage im ganzen Stadtgebiet entscheidend.

Ein **Ausnutzen einer Mangellage** liegt nur vor, wenn der Mieter wegen des Fehlens einer anderen Möglichkeit auf den Abschluss des Mietvertrags angewiesen ist und **nicht** auf eine preiswertere Wohnung **ausweichen** kann.

Der Vermieter muss diese Zwangslage **kennen** oder zumindest in Kauf nehmen.

Indizien für ein geringes Angebot:
- Bestehen eines Zweckentfremdungsverbotes,
- Einstufung der Stadt als Gebiet in dem die Versorgung der Bevölkerung mit ausreichendem Wohnraum zu angemessenen Bedingungen besonders gefährdet ist
- Angebot übersteigt die Nachfrage um nicht mehr als 5 % (LG Hamburg),
- für bestimmte Mietergruppen liegt ein geringes Angebot vor (OLG Hamm).

und
- Überschreiten der **Wesentlichkeitsgrenze** von **20 %** d.h. die Miete muss um mehr als 20 % die üblichen Entgelte (ortsübliche Vergleichsmiete) übersteigen.

Zu beachten:
Übersteigt nach Abschluss des Mietvertrages eine **Mietstaffel** eines **Staffelmietvertrages** die ortsübliche Vergleichsmiete um mehr als 20 %, dann ist diese Überhöhung unbeachtlich, wenn zum **Zeitpunkt des Vertragsabschlusses** eine Mangellage nicht ausgenutzt worden ist, die Mietstaffel bleibt also wirksam. Im anderen Fall wäre die Staffel teilnichtig.

Nicht unangemessen hoch ist grundsätzlich eine Miete, die zur Deckung der laufenden Aufwendungen des Vermieters erforderlich ist, auch wenn die Miete die Wesentlichkeitsgrenze übersteigt.

– **Anwendung**

Das WiStG ist zu beachten,
- beim Abschluss von Mietverträgen über Wohnraum bzgl. der vereinbarten Miete,
- bei Mieterhöhungsvereinbarungen,
- für Mieterhöhungen i. V. m. der ortsüblichen Vergleichsmiete und Modernisierungen,
- bei Staffel- und Indexmieten.

Wird durch Mieterhöhungen ein ordnungswidriges Entgelt verlangt, hat der Vermieter die Pflicht die Miete wenigstens bis zur maximal noch zulässigen Miete zurückzunehmen und die bis zur Zurücknahme zuviel verlangte Miete dem Mieter zu erstatten.

Beispiel:

Miete vor der Modernisierungsmaßnahme	300,00 € mtl.
Mieterhöhung gemäß §§ 559 ff BGB	140,00 € mtl.
Miete nach Mieterhöhung	440,00 € mtl.
Ortsübliche Vergleichsmiete für die modernisierte Wohnung	340,00 € mtl.
Mietpreisobergrenze gemäß § 5 WiStG 340,00 € zzgl. 20 %	408,00 € mtl.
Mietpreisüberhöhung (Mangellage vorausgesetzt)	32,00 € mtl.

Folge: Rückerstattung bisher zuviel verlangter Miete, Absenkung der Miete für die Zukunft auf 408,00 € mtl. und Vorliegen einer Ordnungswidrigkeit.

Der Vermieter hat die Pflicht, sich über die Höhe der ortsüblichen Miete kundig zu machen.

12.2.4 Mieterhöhung nach Wohnraumförderungsgesetz (WoFG)

Gesetzgebungskompetenz der Bundesländer

Die Bundesländer können nun eigenständig Landesgesetze zur Wohnraumförderung erlassen und sind dabei nicht an die Regelungen des WoFG gebunden. Z. B. hat Bayern bereits von seiner Gesetzgebungskompetenz Gebrauch gemacht.

12.2 MIETPREISANPASSUNGEN

Solange ein Land keine neuen eigenständigen Rechtsvorschriften zur Wohnraumförderung erlässt, gilt in diesem Land das WoFG als Bundesrecht weiter.

Die Vorschriften des **WoFG** finden grundsätzlich auf Maßnahmen der **sozialen Wohnraumförderung** Anwendung, für die die **Förderzusage nach** dem **31.12. 2001** erteilt wird.

Förderzusage

– Bestimmung der Miete

Bestimmung der Miete

Die **Mieten** müssen zwischen der **fördernden Stelle** und dem **Investor** abgesprochen werden. Dadurch werden sie **bestimmt**.

Die Bestimmung der Miete wird
- durch die **Förderprogrammvorschriften** vorbereitet **(ausgelobt)**
und
- durch die **Fördervereinbarung** für die am Förderverhältnis Beteiligten **verbindlich**.

Über die **Höhe** der Miete wird nur gesagt, dass sie **unterhalb der Marktmiete** liegen muss.

Die Größe des **Abstands zur Marktmiete** wird **nicht** vorgegeben. Die Festlegung eines angemessenen Abstandes liegt damit im Ermessen des zuständigen Landesministeriums.

– Förderzusage und Miete

Bestandteile der Förderzusage müssen sein,
- die **Anfangsmiete**
und
- ihre **Fortschreibung**.

Bestandteile der Förderzusage

Die **Anfangsmiete** ist eindeutig festgelegt, wenn für die Erstvermietung die Miethöhe strikt vorgegeben wird.

Im Regelfall wird die **Sozialmiete** durch die **Mietobergrenze** des Programms bestimmt.

Die **Mietobergrenzen** dürfen in den Förderprogrammen
- nach Einkommenshöhe des Mieters,
- nach der örtlich vorhandenen Miethöhe
differenziert werden.

Der Festlegung der Anfangsmiete muss eine Angabe über ihre **Fortschreibung** folgen. Die geförderten Mieten unterliegen den Vorgaben des **BGB**.

Die Vorgaben des BGB zur Mieterhöhung/-änderung sind einzuhalten.

Der Vermieter kann sich verpflichten, seine daraus resultierenden **Rechte nicht oder nur begrenzt auszuüben**.

Auch die Vereinbarung einer **Staffelmiete** oder einer **Indexmiete** ist grundsätzlich möglich.

Es ist eine zusätzliche Deckelung möglich, etwa in der Weise, dass zwar die Miete sich entsprechend der Marktmiete entwickeln darf, zugleich die Mieterhöhung eines Jahres z. B. 3 % nicht übersteigen darf.

Beispiel:
Anfangsmiete (Kaltmiete ohne Betriebskosten und Kfz-Stellplatz) derzeit 8,50 €/m^2 Wfl. für die ersten fünf Jahre, danach ist eine jährliche **Erhöhung** um maximal 5 % bis zur ortsüblichen Vergleichsmiete zulässig.
Nach Ablauf von 15 Jahren (ab Erstbezug) **enden** die Bindungen hinsichtlich Belegung und **Miethöhe**.

12.2.5 Grundzüge der Mietänderung bei öffentlich geförderten Wohnungen (Förderzusage bis 31.12.2001)

12.2.5.1 Kostenmiete

Siehe auch Kap. 11.4

WoBindG § 8 Abs. 1

Kostenmiete NMV § 3

Eine **öffentlich geförderte Wohnung** darf nicht gegen ein höheres **Entgelt** vermietet werden, **als zur Deckung der laufenden Aufwendungen** erforderlich ist **(Kostenmiete).**

Die Kostenmiete umfasst als zulässige Miete			
↓	↓	↓	↓
Einzelmiete	Umlagen	Zuschläge	Vergütungen

– **Durchschnittsmiete, Einzelmiete**

Bezogen auf ein **Gebäude** oder eine **Wirtschaftseinheit** wird die Miete als **Durchschnittsmiete** pro Quadratmeter Wohnfläche ermittelt.

Bezogen auf eine bestimmte **Wohnung** wird die Miete als **Einzelmiete** ermittelt. Sie wird aus der Durchschnittsmiete abgeleitet unter Berücksichtigung der Besonderheiten der jeweiligen Wohnung (Größe, Lage, Ausstattung).

NMV § 3

Der Bauherr kann bei der Über- oder Unterschreitung der Durchschnittsmiete bei den Einzelmieten eigenverantwortlich vorgehen.

Die Summe der Einzelmieten darf jedoch nicht den mit der Durchschnittsmiete/m^2 ermittelten Gesamtmietertrag übersteigen. Höhere Einzelmieten von Wohnungen müssen also durch niedrigere Einzelmieten von anderen Wohnungen kompensiert werden.

Die Durchschnittsmiete wird durch eine **Wirtschaftlichkeitsberechnung** nach den Vorschriften der II. BV festgestellt.

– Umlagen

Neben der Einzelmiete ist die Umlage der **Betriebskosten** und das **Umlageausfallwagnis** zulässig.

Das **Umlageausfallwagnis** ist das Wagnis einer Einnahmenminderung, das durch uneinbringliche Betriebskosten entsteht. Es darf 2 % der im Abrechnungszeitraum auf den Wohnraum entfallenden Betriebskosten nicht übersteigen.

Auf den voraussichtlichen Umlegungsbetrag für die Betriebskosten sind monatliche **Vorauszahlungen** in angemessener Höhe zulässig.

– Zuschläge

Neben der Einzelmiete sind grundsätzlich Zuschläge zulässig, z. B.:

- **Zuschlag** für die Benutzung der Wohnung **zu anderen als Wohnzwecken**

Dieser Zuschlag darf je nach Grad der wirtschaftlichen Mehrbelastung des Vermieters bis zu 50 % der anteiligen Einzelmiete der Räume betragen, die zu anderen als Wohnzwecken benutzt werden.

- **Untermietzuschlag**

Wird Wohnraum untervermietet, darf der Vermieter grundsätzlich einen Untermietzuschlag in Höhe von 2,50 € mtl. erheben, wenn der untervermietete Wohnraum von einer Person genutzt wird. Nutzen den Wohnraum mehrere Personen, darf ein Untermietzuschlag von 5,00 € mtl. erhoben werden.

– Vergütungen

Neben der Einzelmiete sind grundsätzlich Vergütungen zulässig, z. B.:

Vergütung für die Überlassung einer Garage, eines Stellplatzes oder eines Hausgartens. Die Höhe der Vergütung muss **angemessen** sein, soweit in der Wirtschaftlichkeitsberechnung hierfür laufende Aufwendungen angesetzt werden können, in Höhe der laufenden Aufwendungen.

Die Vergütungen sind in der Wirtschaftlichkeitsberechnung grundsätzlich unter den Erträgen auszuweisen. Da der Gesamtbetrag der Erträge nicht höher sein darf als die laufenden Aufwendungen, beeinflussen die Vergütungen die Höhe der Durchschnittsmiete und der Einzelmiete indem sie den Gesamtbetrag der laufenden Aufwendungen mindern. Demgegenüber verursacht die Errichtung von Garagen etc. aber auch zusätzliche Baukosten und Bewirtschaftungskosten, die sich wiederum in der Höhe der laufenden Aufwendungen niederschlagen.

12.2.5.2 Mietpreisänderung

– **Erhöhung der Kostenmiete**

Änderung der Kostenmiete

Ist die **vereinbarte Miete niedriger** als die **Kostenmiete**, kann der Vermieter durch **einseitige schriftliche Erklärung** eine **höhere Miete** verlangen bis hin zur **Kostenmiete**.

NMV § 4 Durchschnitts-/ Einzelmiete

Die sich danach ergebende **neue** höhere **Durchschnittsmiete** führt dann zu einer Erhöhung der **Einzelmieten entsprechend deren bisherigen Verhältnis zur Durchschnittsmiete**.

Mieterhöhung nach BGB

Es können für öffentlich geförderte Wohnräume Mieterhöhungen nach den Regeln des **BGB** vereinbart und vorgenommen werden, sofern sie **nicht** zu Mieterhöhungen über die zulässige Kostenmiete hinaus führen.

Die Mietparteien können daher eine **Staffelmiete** (§ 557a BGB), eine **Indexmiete** (§ 557b BGB) vereinbaren oder auch eine **Mieterhöhungsvereinbarung** (§ 557 Abs. 1 BGB) treffen aber auch eine Mieterhöhung bis zur **ortsüblichen Vergleichsmiete** (§§ 558 ff BGB) kann vereinbart werden, immer unter Beachtung der **Obergrenze**, die durch die **Kostenmiete** gesetzt wird.

WoBindG §§ 10, 11, 18a ff

Eine **Kündigung** des Mietvertrages zum Zwecke der Mieterhöhung ist nicht zulässig.

Der Vermieter hat **kein** Recht zur einseitigen Mieterhöhung, soweit und solange eine Erhöhung der Miete durch ausdrückliche Vereinbarung mit dem Mieter oder einem Dritten ausgeschlossen ist oder der Ausschluss der Mieterhöhung sich aus den Umständen ergibt.

- **Inhalt der Mieterhöhungserklärung**

Berechnung, Erläuterung

Die Mieterhöhungserklärung ist nur wirksam, wenn sie in ihrer Höhe **berechnet** und **erläutert** ist.

Der Berechnung der Kostenmiete ist eine **Wirtschaftlichkeitsberechnung (WB)** oder ein **Auszug**, der die Höhe der laufenden Aufwendungen erkennen lässt, beizufügen. Anstelle einer Wirtschaftlichkeitsberechnung kann auch eine **Zusatzberechnung** zu der letzten Wirtschaftlichkeitsberechnung oder eine **Abschrift der Genehmigung der Bewilligungsstelle über das zulässige Entgelt** beigefügt werden.

WoBindG § 10 Abs. 1

Ist der Erklärung ein Auszug aus der WB oder die Genehmigung der Bewilligungsstelle beigefügt, so hat der Vermieter dem Mieter auf Verlangen **Einsicht** in die Wirtschaftlichkeitsberechnung zu gewähren.

- **Form der Mieterhöhungserklärung**

Schriftform

Die Mieterhöhung ist in **Schriftform** zu erklären, d. h., mit eigenhändiger Unterschrift zu versehen.

Die eigenhändige Unterschrift ist nicht notwendig, wenn die Erklärung mit Hilfe **automatischer Einrichtungen** erstellt ist.

WobindG § 10 Abs. 1

- Wirkung der Mieterhöhungserklärung

Fristen

Die Erhöhungserklärung hat die Wirkung, dass von dem Ersten des auf den **Zugang** der Erklärung beim Mieter folgenden Monats an, das erhöhte Entgelt zu zahlen ist. Geht die Erklärung dem Mieter erst **nach** dem 15. eines Monats zu, beginnt die Erhöhung von dem Ersten des übernächsten Monats an.

WoBindG § 10 Abs. 2

- Sonderkündigungsrecht des Mieters

Kündigung

Im Fall der Mieterhöhung ist der Mieter berechtigt, das Mietverhältnis spätestens am 3. Werktag des Kalendermonats, von dem an die Miete erhöht werden soll, für den Ablauf des nächsten Kalendermonats zu kündigen. In diesem Fall tritt die Mieterhöhung nicht ein.

WobindG § 11

- Anlässe der Mieterhöhung

- Wirkungszusammenhang:

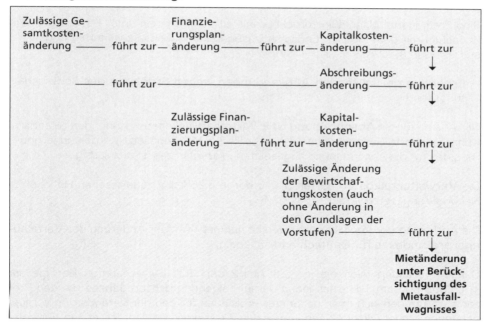

- **Erhöhung der laufenden Aufwendungen wegen Erhöhung der** Kapitalkosten

Kapitalkosten

Erhöhen sich die **Zinssätze** für die eingesetzten Finanzierungsmittel führt dies grundsätzlich zu einer Erhöhung der laufenden Aufwendungen.

§ 23 II. BV

Hat sich der **Zinssatz** für ein Fremdmittel geändert, so sind in der Wirtschaftlichkeitsberechnung die Kapitalkosten anzusetzen, die sich aufgrund der Änderung ergeben.

Beispiel:

Darlehensbetrag	Zinssatz	Zinszahlung	**ansetzbare** Zinsen
Fall 1: 100.000,00 €	5 %	5.000,00 €	5.000,00 €
nach Tilgungen: 50.000,00 €	5 %	**2.500,00 €**	5.000,00 €
Fall 2: 100.000,00 €	5 %	5.000,00 €	5.000,00 €
nach Tilgungen: 50.000,00 €	**7 %**	**3.500,00 €**	7.000,00 € (7 % von 100.000,00 €)

Darlehenstilgungen beeinflussen die Höhe der ansetzbaren Zinsen nicht, wohl aber Zinssatzänderungen.

Sind Fremdmittel planmäßig zurückbezahlt, ist das Darlehen unter Hinweis auf sein Erlöschen mit dem bis zum Erlöschen maßgebenden Zinssatz weiterhin in der WB auszuweisen (§ 12 Abs. 1 Nr. 1 II. BV).

II. BV § 30

- **Erhöhung der laufenden Aufwendungen wegen Erhöhung der** Bewirtschaftungskosten

Der Ansatz für die **Abschreibung** ist in Wirtschaftlichkeitsberechnungen zu ändern, wenn geänderte Gesamtkosten (§ 11 Abs. 1–3 II. BV) angesetzt werden. Eine Änderung des für die Abschreibung angesetzten Prozentsatzes ist unzulässig.

II. BV § 26 Abs. 2, 3

Die **Verwaltungskosten** dürfen bis zu der in § 26 II. BV zugelassenen Höhe, ohne Nachweis angesetzt werden.

II. BV § 26 Abs. 4

Die **Änderung** der Verwaltungskosten ist nunmehr von der Änderung des **Verbraucherpreisindexes für Deutschland** abhängig.

Danach verändern sich die in § 26 Abs. 2 und 3 II. BV genannten Beträge am 1.1.2005 und am 1.1. eines jeden darauf folgenden **dritten Jahres** um den Prozentsatz, um den sich oben genannter Preisindex für den der Veränderung vorausgehenden Monat **Oktober** gegenüber dem Preisindex für den der letzten Veränderung vorausgehenden Monat **Oktober** erhöht oder verringert hat.

12.2 MIETPREISANPASSUNGEN

Beispiel:
Für die Erhöhung zum 1. Januar **2005** ist also der Index für den Oktober **2004** maßgebend im Vergleich zum Index für den Oktober **2001**.

Verbraucherpreisindex für Deutschland Basisjahr 2000: 100	
Verbraucherpreisindex für Deutschland Oktober 2004:	106,6 Punkte
Verbraucherpreisindex für Deutschland Oktober 2001:	102,0 Punkte
Verwaltungskosten bisher:	230,00 €

Welche Erhöhung der Verwaltungskosten **ab 1.1.2005** in % und in € ergibt sich?

Index Oktober 2004	Index Oktober 2001		Indexänderung in %
(106,6	: 102	x 100) – 100	= 4,509 %
Verwaltungskosten bisher: 230,00 € zzgl. **10,37 €** (4,509 % von 230,00 €)			= 240,37 €
Mögliche Höhe der Verwaltungskosten **ab 1.1.2008:**			
Indexzahl Oktober 2007:			113,0 Punkte
Indexzahl Oktober 2004:			106,6 Punkte
Erhöhung ab 1.1.2008			6,0 % = 14,42 €
Verwaltungskosten ab 1.1.2008: 240,37 € zzgl. 14,42 €			= 254,79 €

Die **Instandhaltungskosten** dürfen bis zu der in § 28 II. BV zugelassenen Höhe grundsätzlich ohne Nachweis angesetzt werden.

Die **Änderung** der Instandhaltungskosten ist nunmehr von der Änderung des **Verbraucherpreisindexes für Deutschland** abhängig, siehe dazu Änderung der Verwaltungskosten.

II. BV
§ 28 Abs. 5a

Die Instandhaltungskosten ändern sich auch, wenn sich eine andere Instandhaltungspauschale ergibt, z. B. durch Einbau einer Aufzuganlage.

- **Erhöhung der laufenden Aufwendungen wegen Erhöhung der Gesamtkosten und Finanzierungsplanänderung**

Eine Erhöhung der **Gesamtkosten** kann z. B. durch **Modernisierungsmaßnahmen** eintreten, da die Kosten hierfür grundsätzlich den Gesamtkosten des Gebäudes bzw. der Wirtschaftseinheit hinzuzurechnen sind.

Gesamtkosten

Die Maßnahme löst dann ihrerseits eine Änderung der laufenden Aufwendungen aus.

Beispiel:
Die Kosten für die Ausstattung des Mehrfamilienhauses (Wohnfläche 3.000 m²) mit einem Personenaufzug betragen 80.000,00 €, Finanzierung ausschließlich durch Fremdmittel, Zinssatz 3,0 %.
Die Abschreibung des Gebäudes beträgt 1 % der Baukosten, die Restnutzungsdauer des Gebäudes beträgt 40 Jahre.

Die Instandhaltungspauschale soll sich gemäß § 28 Abs. 2 Satz 3 II. BV um einen Euro pro m² und Jahr erhöhen (auf einen höheren Ansatz wegen zwischenzeitlicher Preisindexveränderungen wird verzichtet).

Zu welcher Mieterhöhung berechtigt die Modernisierungsmaßnahme?

Abschreibung der Maßnahme über die Restnutzungsdauer von 40 Jahren ergibt einen Abschreibungssatz von 2,5 % und einen Abschreibungsbetrag von 2,5 % von 80.000,00 €:	2.000,00 €
Änderung der **Finanzierungskosten**, 3 % von 80.000,00 €	2.400,00 €
Änderung der **Instandhaltungspauschale**, 1,00 € x 3.000 m²	3.000,00 €
Zwischensumme: 98 %	7.400,00 €
Mietausfallwagnis 2 %	151,02 €
Mieterhöhung/Jahr	**7.551,02 €**
Mieterhöhung/Jahr/m²	**2,52 €**
Mieterhöhung/Monat/m²	**0,21 €**

NMV § 6

Die Erhöhung der Miete aus Anlass einer durchgeführten Modernisierung ist nur zulässig, wenn die **Bewilligungsstelle** der Vornahme der Modernisierung zugestimmt hatte.

Bei der Vornahme der Mieterhöhung sind die durchgeführten Maßnahmen zu **erläutern**, es ist zu begründen, welche der Maßnahmen **Modernisierungen** sind. Es müssen die Kosten aufgeschlüsselt, berechnet und umgelegt werden.

Finanzierungsplan

Entsprechend dem Kostenansatz sind im **Finanzierungsplan** die zur Deckung dieser Kosten eingesetzten **Finanzmittel** aufzunehmen. Die daraus sich ergebenden Kapitalkosten sind bei den laufenden Aufwendungen anzusetzen, **Fremdmittel** grundsätzlich mit ihren **Zinsen**.

Für **Eigenmittel** können 4 % bzw. 6,5 % in Abhängigkeit von der **Eigenkapitalquote** an den Gesamtkosten angesetzt werden.

Beispiel:

Gesamtkosten		Eigenkapitalanteil		Anzusetzender Zinsansatz
		in €	in %	
vor der Modernisierung	120.000,00 €	6.000,00 €	5,00 %	4 %
Modernisierungskosten	10.000,00 €	10.000,00 €	100,00 %	–
Summe:	**130.000,00 €**	**16.000,00 €**	**12,31 %**	**4 %**

Das Eigenkapital ist mit 4 % zu verzinsen, da es insgesamt die Quote von 15 % der neuen Gesamtkosten nicht übersteigt.

- **Erhöhung der laufenden Aufwendungen nach dem Wegfall von Aufwendungsverzichten**

Aufwendungsverzicht

Will der Vermieter nach dem Wegfall von **Aufwendungsverzichten** die Miete erhöhen, muss er in der Mieterhöhungserklärung und in der beizufügenden Wirtschaftlichkeitsberechnung für den Mieter nachvollziehbar machen, auf welche Aufwendungen er bisher verzichtet hatte, die er nun geltend machen will.

Gemäß § 8b Abs. 1 WoBindG, § 4a Abs. 1 Nr. 3 Satz 3 II. BV kann der Vermieter nach 6 Jahren den Aufwendungsverzicht zum Wegfall bringen.

Ein kürzerer oder längerer Zeitraum kann vereinbart sein.

- **Veränderung des Mietausfallwagnisses**

Der Ansatz des Mietausfallwagnisses ist in Wirtschaftlichkeitsberechnungen zu ändern, wenn sich die Jahresmiete ändert.

Beispiel:

Erhöhung des Betrags der ansetzbaren Zinsen:	2.000,00 €	entspricht 98 %
Erhöhung des Betrags des Mietausfallwagnisses daraus:	40,82 €	entspricht 2 %

- **Erhöhung, Verminderung der Betriebskostenumlage neben der Einzelmiete**

Die Erhöhung der Vorauszahlungen **(VZ)** auf die Betriebskosten während des Abrechnungszeitraums muss vom Vermieter erläutert sein.

Vorauszahlungen

Der Vermieter hat anzugeben, welche Betriebskosten und in welchem Umfang sich diese erhöht haben.

Die Erhöhung der Vorauszahlungen muss angemessen sein.

Die rückwirkende Erhöhung der Vorauszahlungen ist nicht möglich. Die Erhöhung kann ab ihrer Mitteilung geltend gemacht werden.

Dabei kann grundsätzlich unter Beachtung des Mietvertrags folgendermaßen vorgegangen werden:

Anhebung der Vorauszahlungen (VZ) um einen Jahresbetrag von **300,00 €**, mtl. **25,00 €**.	**Wirkung der Erhöhungserklärung 1.7. des Jahres**		
	ab 1.7 des Jahres Erhöhung der VZ um mtl. 25,00 € für den Rest des Jahres.	**ab 1.7. des Jahres** Erhöhung der VZ um mtl. 50,00 € für den Rest des Jahres.	**ab 1.7. des Jahres** Erhöhung der VZ um mtl. 25,00 € für den Rest des Jahres und Einforderung von 150,00 € in **einer Summe rückwirkend** für die Monate Januar bis Juni ist **nicht möglich**.

WoBindG § 10 Abs. 2

Der Vermieter kann Erhöhungen der Vorauszahlungen durch **einseitige Erklärung** gegenüber dem Mieter vornehmen. Die Erhöhung wird wirksam vom Beginn des nächsten bzw. übernächsten Kalendermonats an, der auf den Zugang der Erklärung folgt.

Stellen sich die vereinbarten mtl. Vorauszahlungen zu einem späteren Zeitpunkt als zu hoch heraus, kann der Mieter vom Vermieter die **Herabsetzung** der Vorauszahlungen verlangen, auch dann wenn der Mietvertrag hierzu **keine** entsprechende Regelung enthält.

– **Verringerung der Kostenmiete**

§ 5 NMV

Verringert sich nach der erstmaligen Ermittlung der Kostenmiete der Gesamtbetrag der laufenden Aufwendungen, so hat der Vermieter **unverzüglich** eine neue Wirtschaftlichkeitsberechnung aufzustellen.

Die sich ergebende verringerte Durchschnittsmiete bildet vom Zeitpunkt der Verringerung der laufenden Aufwendungen an die Grundlage der Kostenmiete.

Die **Senkung** der Einzelmieten ist den Mietern **unverzüglich** mitzuteilen, zu **berechnen** und zu **erläutern**.

Bei der Verringerung der laufenden Aufwendungen tritt automatisch eine Senkung der Kostenmiete ein, die aber gegenüber dem Mieter erst wirksam wird, wenn der Vermieter dies dem Mieter mitteilt.

Die vom Vermieter vorzunehmende Senkung der geschuldeten Miete **wirkt** auf den Zeitpunkt der Verringerung der laufenden Aufwendungen **zurück**.

Eine Verringerung der laufenden Aufwendungen kann z. B. eintreten, wenn die Kapitalkosten für aufgenommene Fremdmittel herabgesetzt werden.

Der Vermieter muss zunächst die neue Durchschnittsmiete errechnen und dann die Einzelmieten entsprechend senken.

Beispiel:
Gesamtwohnfläche der geförderten Immobilie 800 m².
Kostenmiete 4,00 €/m² bei Berücksichtigung folgender Darlehenssituation:

Darlehensbetrag	Zinssatz	Zinszahlung	**ansetzbare** Zinsen
200.000,00 €	5 %	5.000,00 €	5.000,00 €
Der Zinssatz für das Darlehen wird nun um 1 % gesenkt. Verbilligung des Darlehens 1 % von 200.000,00 €			= 2.000,00 € = 98 %
Verbilligung durch reduziertes Mietausfallwagnis, 2 % im Hundert von 1.000,00 €			= 40,82 € = 2 %
Senkung der Miete um:			= 2.040,82 € = 100 %
Senkung der Miete pro m² und Monat			= 0,21 €
Neue Kostenmiete 3,79 €/m² und Monat.			

- **Abbau der staatlichen Förderung**

Der Abbau bzw. die Reduzierung der staatlichen Förderung wirkt sich für den Mieter als Erhöhung der bestehenden Kostenmiete nach den oben dargestellten Grundsätzen aus.

Beispiel:
Die Wohnfläche der geförderten Immobilie beträgt 1.800 m². Die Kostenmiete beträgt 3,00 €/m²/Monat.
Im Januar 2010 reduziert sich die staatliche Förderung in Form einer Aufwendungshilfe um 0,25 €/m²/Monat.
Bisher betrug die jährliche Aufwendungshilfe, die der Vermieter erhielt 40.000,00 €. Die Aufwendungshilfe reduziert sich also um insgesamt 0,25 € x 1.800 m² x 12 Monate = 5.400,00 €.

Für den Vermieter steigen also die Kosten. Daher ist er berechtigt die Miete entsprechend zu erhöhen (nach oben dargestellten Grundsätzen):

5.400,00 €	(= 98 %) Förderungsabbau
110,20 €	(= 2 %) Mietausfallwagnis
5.510,20 €	jährlich für 1.800 m²
0,26 €	/m²/Monat

Die neue Kostenmiete beträgt also 3,00 € plus 0,26 € = 3,26 €/m²/Monat

12. IMMOBILIENMANAGEMENT

Neuberechnung der Miete nach dem Abbau der staatlichen Förderung

– Auszug aus der Wirtschaftlichkeitsberechnung –

Bezeichnung des Gebäudes Ort, Datum
Name und Anschrift des Mieters (Januar 07)

I. Für das gesamte Mietwohnhaus (Gesamtwohnfläche: 1.800 m²)

	bisherige Aufwendungen	Änderungen	neue Aufwendungen
	€/Jahr	€/Jahr	€/Jahr
Laufende Aufwendungen:			
1. Kapitalkosten			
1.1 Fremdkapitalkosten	12.755,00		12.755,00
	12.755,00		12.755,00
1.2 Eigenleistung			
zu 4 % Zinsen	19.440,00		19.440,00
zu 6,5 % Zinsen	13.195,00		13.195,00
	(58.145,00)		(58.145,00)
2. Bewirtschaftungskosten			
2.1 Abschreibungen	27.979,00		27.979,00
2.2 Verwaltungskosten	4.600,00		4.600,00
2.3 Betriebskosten (als Umlage)			
2.4 Instandhaltungskosten	12.780,00		12.780,00
2.5 Mietausfallwagnis	1.296,00	+ 110,20	1.406,20
Summe der laufenden Aufwendungen	104.800,00	+ 110,20	104.910,20
abzüglich:			
Förderungsmittel des Staates (Aufwendungshilfe)	40.000,00	./. 5.400,00	34.600,00
Mietermiete:	64.800,00	+ 5.510,20	70.310,20
Erhöhung der Mietermiete in %:		8,5034 %	
Erhöhung für das gesamte Mietwohnhaus monatlich (5.510,20 € : 12 : 1.800 m²)		0,2551 €/m² p. M.	

II. Für die Wohnung des Mieters XY (z.B. 80 m²)

Änderungsgrundlage bisherige Einzelmiete: (3,– € x 80 m²)	x	Änderungsfaktor	=	Mieterhöhungsbetrag
monatlich 240,–€	x	8,5034 %	=	20,41 €
Neue Einzelmiete für den Mieter XY			=	**260,41 €/p.M.**

– **Beendigung der Förderung**

Geht die Sozialwohnung in den freien Wohnungsmarkt über, weil die Preisbindung wegfällt, ist der Vermieter berechtigt, das Mieterhöhungsverlangen zur Anpassung der Miete an die höhere ortsübliche Vergleichsmiete noch in der Zeit der Preisbindung zu stellen. Dies hat die Wirkung, dass die Mieterhöhung frühestens einen Tag nach Ablauf der Preisbindung wirksam werden kann. Die Fristen für die Mieterhöhung nach § 558 BGB müssen allerdings gewahrt werden.

Beispiel:
Kostenmiete 4,00 €/m²/Monat, seit 3 Jahren unverändert, ortsübliche Vergleichsmiete 4,30 €/m€/Monat, Ende der Preisbindung 30. 4. 2010.

Geht dem Mieter das Mieterhöhungsverlangen im Februar 2010 zu (also noch während der Preisbindung), wird die Mieterhöhung zur Anpassung der Miete an die ortsübliche Vergleichsmiete am 1. 5. 2010 wirksam, also unmittelbar nach dem Ende der Preisbindung.

Beim Übergang der Sozialwohnung in den freien Wohnungsmarkt gilt die Kappungsgrenze im Fall einer Mieterhöhung zur Anpassung der Miete an die ortsübliche Vergleichsmiete. D. h., dass Mieterhöhungen während der Zeit der Kostenmiete für die Kappungsgrenze grundsätzlich zu beachten sind.

Beispiel:

Preisgebundene Miete	5,00 €/m²/Monat,
ortsübliche Miete	7,00 €/m²//Monat
Kappungsgrenze 20 % von 5,00 €/m²/Monat	1,00 €/m²/Monat
Mieterhöhung möglich auf	6,00 €/m²/Monat

Die Kappungsgrenze ist nicht zu beachten, im Fall dass der Mieter eine Fehlbelegungsabgabe zu zahlen hat. Diese Situation wird nicht behandelt, da die meisten Bundesländer die Fehlbelegungsabgabe abgeschafft haben (so z. B. Bayern, Berlin, Hamburg, Nordrhein-Westfalen).

12.2.5.3 Landesrechtliche Bestimmungen

Im Zuge der Förderalismusreform ist die ausschließliche Gesetzgebungskompetenz im Bereich des Wohnungswesens weitgehend auf die Länder übergegangen.

Besonderheiten des jeweiligen Bundeslandes sind also gegebenenfalls zu beachten.

So hat z. B. der Freistaat Bayern von seiner Kompetenz Gebrauch gemacht und ein Bayerisches Wohnungsbindungsgesetz erlassen.

12.3 BEENDIGUNG UND ABWICKLUNG DES MIETVERHÄLTNISSES

12.3.1 Überblick

Beendigung von Mietverhältnissen	
Beendigungsobjekte:	**Beendigungsgrundlage:**
– Wohnraummietverhältnisse und Wohnraummietverhältnisse mit Sonderregeln – Nicht-Wohnraummietverhältnisse, z. B. Geschäftsraummietverhältnisse	– Mietaufhebungsvereinbarung – Kündigung – Zeitablauf – Eintritt einer auflösenden Bedingung – Mietverträge mit Verlängerungsklausel – Ausübung eines Rücktrittsrechts – Ausübung einer Option
Ordentliche Beendigung	Ein Mietverhältnis endigt **ordentlich**, wenn der vertraglich vereinbarte Beendigungstatbestand eingetreten ist.
Außerordentliche Beendigung	Ein Mietverhältnis endigt **außerordentlich**, wenn nach Abschluss des Vertrages Umstände eingetreten sind, die dazu berechtigen, das Mietverhältnis vor dem vereinbarten Beendigungstatbestand zu beenden.

12.3.2 Kündigungsschutz

Kündigungsschutz

Im Gegensatz zu **Nicht-Wohnraummietverhältnissen** (z. B. Mietverhältnisse über Geschäftsräume) unterliegen **Wohnraummietverhältnisse** grundsätzlich dem **Kündigungsschutz**. Der Kündigungsschutz besteht für den **Mieter**, wenn der Vermieter das Wohnraummietverhältnis kündigt. Umgekehrt gibt es für den Vermieter keinen Kündigungsschutz für den Fall, dass der Mieter das Mietverhältnis kündigt.

Nutzungsverhältnisse über Wohnraum auf der Basis von **Dauernutzungsverträgen** mit Baugenossenschaften unterliegen dem Kündigungsschutz.

Bei **Mischmietverhältnissen** besteht der Kündigungsschutz grundsätzlich dann, wenn der Schwerpunkt des Mietvertrags in der Wohnraum-Nutzung liegt.

12.3.3 Aufhebungsvereinbarung

BGB § 311 Abs. 1

Die Mietvertragsparteien können das bestehende Mietverhältnis zu jedem beliebigen Zeitpunkt durch Aufhebungsvertrag beenden.

Der Vertrag endigt dann **vor** Ablauf der ursprünglich vereinbarten Mietzeit bzw. vor Ablauf der ansonsten zu beachtenden Kündigungsfrist.

An der Aufhebungsvereinbarung sind **alle** Personen zu beteiligen die Vertragspartei sind, selbst dann, wenn nur eine von mehreren Personen aus dem Mietvertrag entlassen werden soll.

Bei der Abfassung einer Mietaufhebungsvereinbarung zu beachten, z. B.:
- Bezeichnung der Mietvertragsparteien,
- Bezugnahme auf den aufzuhebenden Mietvertrag,
- Zeitpunkt der Vertragsbeendigung,
- Zeitpunkt der Räumungsverpflichtung,
- vom Mieter noch zu erbringende Leistungen (z. B. Schönheitsreparaturen),
- vom Mieter noch zu leistende Zahlungen (z. B. Nebenkosten),
- vom Vermieter noch zu leistende Zahlungen (z. B. Rückgewähr erhaltener Mietvorauszahlungen),
- zu gewährende Abstandszahlung.

Inhalte einer Aufhebungsvereinbarung

Motive für den Abschluss einer Mietaufhebungsvereinbarung können z. B. sein,
für den Vermieter:
- Planungssicherheit über den Zeitpunkt der Vertragsbeendigung,
- höhere Sicherheit über fristgerechte Räumung und Herausgabe der Mietsache.

für den Mieter:
- Günstige Abwicklungsbedingungen,
- Vermeidung doppelter Mietzahlungen.

Die Mietaufhebungsvereinbarung ist bei **allen** Mietverhältnissen möglich, also z. B. bei **Geschäftsraum**mietverhältnissen, aber auch bei Mietverhältnissen über **Wohnräume**.

12.3.4 Ordentliche Kündigung von Mietverträgen

12.3.4.1 Allgemeine Kündigungsregeln

Zu unterscheiden ist zwischen:
- Kündigungs**tag** (**Zugang** der Kündigung),
- Kündigungs**termin** (Tag an dem das Mietverhältnis **beendigt** ist),
- Kündigungs**frist** (**Zeitraum** zwischen Kündigungstag und Kündigungstermin).

Ist die Mietzeit nicht bestimmt, kann jede Vertragspartei das Mietverhältnis kündigen.

BGB § 542 Abs. 1

Die **ordentliche Kündigung** ist das Mittel zur Beendigung unbefristeter Mietverträge unter Einhaltung der Kündigungsfrist.

Ordentliche Kündigung

Die Kündigung ist eine **einseitige empfangsbedürftige Willenserklärung**, die das Mietverhältnis nach Ablauf der Kündigungsfrist beendet (Kündigungstermin).

Die Kündigung muss deshalb der anderen Vertragspartei **zugehen**, damit sie wirksam ist.

Für den Fall, dass die Kündigung **schriftlich** erfolgt, ist sie grundsätzlich dann zugegangen, wenn das Kündigungsschreiben im Briefkasten der Partei ist, der gekündigt

Zugang der Kündigung

wird. Hat der Kündigende Kenntnis davon, dass die andere Partei umgezogen ist, darf er allerdings die Kündigung nicht an die bisherige Adresse zustellen.

Als **Zustellungsmöglichkeiten** kommen u. U. in Betracht,
- die Ersatzzustellung gem. §§ 181 ff ZPO,
- die öffentliche Zustellung gem. §§ 203 ff ZPO. Bedingung hierfür ist allerdings, dass der zu Kündigende unbekannt verzogen ist (Postvermerk: „unbekannt verzogen") und eine erfolglose Anfrage beim Einwohnermeldeamt erfolgt ist.

Der Zugangszeitpunkt ist der Zeitpunkt der üblichen Leerung des Briefkastens.

Beispiele:
Das Kündigungsschreiben wird um 22.00 Uhr in den Briefkasten des Mieters geworfen.
Die Leerung des Briefkastens wird in diesem Fall üblicherweise für den nächsten Tag anzunehmen sein, also ist Kündigungszeitpunkt der folgende Tag.

Das Kündigungsschreiben wird am Samstagabend in den Briefkasten des Mieters geworfen.
Die Leerung des Briefkastens wird in diesem Fall üblicherweise am Montag Vormittag anzunehmen sein. Zugangszeitpunkt ist daher der folgende Montag.

Ein Kündigungsschreiben ist **nicht** dadurch zugegangen, das der Empfänger vom Zusteller darüber benachrichtigt wird, dass für ihn bei der Poststelle eine Sendung zum Abholen liegt. Der Zugang ist erst gegeben, wenn der Empfänger die Sendung abholt und dadurch Kenntnis erlangen kann. Die Nicht- oder verzögerte Abholung verstößt grundsätzlich gegen Treu und Glauben, § 242 BGB.

Zugangsbeweis
Der Zugang der Kündigung muss vom Kündigenden **bewiesen** werden. Steht viel auf dem Spiel, empfiehlt sich entweder die Gerichtsvollzieher-Zustellung oder die **Parallelnutzung mehrerer Medien** wie Fax (soweit es bei der Kündigung auf die Einhaltung der Schriftform nicht ankommt), Brief, Einschreiben. In jedem Schreiben sollte darauf hingewiesen werden, welche Medien benutzt wurden.

Beispiel:
... „Diese Kündigung geht Ihnen dreifach zu: 1 x per Fax, 1 x per einfacher Brief, 1 x per Einwurf-Einschreiben." ...

Die Kündigung muss grundsätzlich **von allen** Mitgliedern der kündigenden Vertragspartei **an alle** Mitglieder der anderen Vertragspartei gerichtet sein.

Vollmacht
Bevollmächtigung zur Kündigung und zur Entgegennahme der Kündigung ist möglich. Der Bevollmächtigte hat grundsätzlich die Vollmachtsurkunde im Original vorzulegen. Tut er dies nicht, kann die Kündigung deswegen unverzüglich zurückgewiesen werden.

Soweit bei Handelsgesellschaften, juristischen Personen Gesamtvertretung durch mehrere Personen vorliegt, genügt es, die Kündigung gegenüber einem von mehreren Vertretungsberechtigten auszusprechen.

Der **Erwerber** einer Immobilie kann erst dann **im eigenen Namen kündigen**, wenn er **Eigentümerstellung** erlangt hat. D. h., dass die Kündigung des Erwerbers **vor** vollständigem Eigentumserwerb unwirksam ist.

Erwerber

Die Kündigung muss **eindeutig und unmissverständlich** erklärt werden, jedoch ist es nicht notwendig, dass die Worte „Kündigung" oder „kündigen" verwendet werden.

Die Angabe des Zeitpunkts der Beendigung des Mietverhältnisses ist zwar sinnvoll, das Fehlen dieser Information berührt aber die Wirksamkeit der Kündigungserklärung nicht. In diesem Fall endigt das Mietverhältnis zum nächsten zulässigen Termin. Wird ein Beendigungszeitpunkt genannt, der vor dem zulässigen Termin liegt, gilt der nächste zulässige Termin.

Will der Kündigende die **Kündigung zurücknehmen**, ist dies nur noch mit Zustimmung des/der Gekündigten möglich.

12.3.4.2 Form der Kündigung und Inhalt des Kündigungsschreibens, Angabe von Kündigungsgründen

- Form, Inhalt und Gründe der Kündigung bei Wohnraummietverhältnissen

BGB
§ 568 Abs. 1

Die Kündigung von **Wohnraum**mietverträgen muss **schriftlich** erfolgen.

Dies gilt sowohl für die Kündigung durch den Vermieter als auch durch den Mieter.

Schriftform

Beispiel:
Der Mieter kündigt das Mietverhältnis über die Wohnung per Telefax.
Die Kündigung ist nach h. M. allein deshalb nicht wirksam, weil die Kündigungsmitteilung ohne eigenhändige Unterschrift des Kündigenden ist.

Kündigt der **Vermieter**, hat er die Kündigung zu **begründen**. Fehlt die Begründung, ist die Kündigung **unwirksam**. Die Gründe auf welche sich die Kündigung stützt, müssen vom Vermieter **konkret** dargelegt werden.

Begründung
durch
Vermieter
BGB
§§ 569 Abs. 4,
573 Abs. 3

Zur Begründung reichen Wiederholungen des Gesetzestextes oder pauschale Ausdrücke nicht aus.

Beispiele:
Weiter nicht mehr begründete Ausdrücke wie „Eigenbedarf", „ständige Pflichtverletzung" reichen nicht.
Die Mitteilung des Vermieters, dass seine Tochter Zwillinge geboren hat und die Tochter bisher in einem Zimmer des Vermieters wohnt und dieser Raum nun nicht mehr ausreicht und daher die Wohnung benötigt wird, dürfte eine Begründung darstellen im Gegensatz zur alleinigen Mitteilung „es besteht Eigenbedarf".

Zu beachten:
Eine nicht ausreichend begründete Kündigung durch den Vermieter muss wiederholt werden, da es nicht möglich ist, Kündigungsgründe nachzuschieben, es sei denn diese sind **nachträglich** entstanden.
Kündigt der **Vermieter**, dann **soll** er den Mieter,

Widerspruchsrecht des Mieters

- über dessen Recht der Kündigung zu **widersprechen**
und
- über Form und Frist des **Widerspruches**
informieren.

BGB §§ 574 ff

Diese Informationen brauchen nicht im Kündigungsschreiben enthalten zu sein, sie können auch außerhalb der Kündigungsmitteilung erfolgen. Eine bestimmte Form in der die Informationen zu geben sind, ist nicht vorgeschrieben.

Informiert der Vermieter den **Mieter nicht über sein Widerspruchsrecht**, dann kann der Mieter der Kündigung noch im ersten Termin des Räumungsrechtsstreits widersprechen.

– Form, Inhalt und Gründe der Kündigung bei Geschäftsraummietverhältnissen

Die Kündigung bedarf grundsätzlich **keiner bestimmten Form**. Sie kann daher auch mündlich erfolgen.

Die Kündigung muss grundsätzlich **nicht begründet** werden. Eine Begründung ist nur dann notwendig, wenn die Parteien eine solche ausdrücklich vereinbart haben.

Änderungskündigung

Mit einer **Änderungskündigung** wird eine Kündigung ausgesprochen und diese mit dem Angebot auf Abschluss eines neuen Mietvertrags zu geänderten Bedingungen, verbunden, z. B. einer höheren Miete.

12.3.4.3 Kündigungsfristen bei ordentlicher Kündigung

Kündigungsfristen der ordentlichen Kündigung		
von Wohnraummietverträgen	von Mietverträgen über Geschäftsräume	von Mietverträgen über Grundstücke und Räume, die keine Geschäftsräume sind

– Kündigungsfristen bei Wohnraummietverhältnissen

Altmietverträge

Die Kündigungsfristen (§ 573c BGB) gelten grundsätzlich auch für **Altmietverträge**, das sind Mietverträge, die vor dem 01. 09. 2001 abgeschlossen worden sind.

Kündigungsfrist bei Kündigung durch	
Vermieter	Mieter

Die Kündigung muss der anderen Vertragspartei spätestens am **3. Werktag** eines Kalendermonats zugehen und ist dann zum Ablauf des übernächsten Monats wirksam.
Die Kündigungsfrist die der **Vermieter** einzuhalten hat, verlängert sich nach 5 und 8 Jahren seit der Überlassung des Wohnraums um jeweils 3 Monate.

12.3 BEENDIGUNG UND ABWICKLUNG DES MIETVERHÄLTNISSES

Der für die Berechnung der Kündigungsfrist maßgebende **Überlassungszeitraum** beginnt mit dem Zeitpunkt der freiwilligen **Besitzverschaffung** und endigt mit dem **Zugang der Kündigungserklärung** beim Mieter bzw. Vermieter.

Beispiele:

Zeitpunkt der Besitzverschaffung	**1.7.2006**
Beginn des Mietvertrages	1.8.2006
Zugang der Kündigungserklärung beim Mieter	**15.7.2011**

Der **Vermieter** hat eine Kündigungsfrist von 6 Monaten zu beachten, (im Fall einer Kündigung durch den Mieter ist eine Kündigungsfrist von 3 Monaten zu beachten).

Der Samstag gilt **nicht** als **3. Werktag**,

Freitag,	1.6.	1. Werktag
Samstag, (zählt also als Werktag)	2.6.	**2. Werktag**
Sonntag,	3.6.	–
Montag,	**4.**6.	**3. Werktag**

Donnerstag,	1.7.	1. Werktag
Freitag,	2.7.	2. Werktag
Samstag,	3.7.	zählt **nicht** als 3. Werktag
Sonntag,	4.7.	–
Montag,	**5.**7.	**3. Werktag**

Nicht zulässig ist,
- die Vereinbarung einer **längeren** Kündigungsfrist für die Kündigung durch den **Mieter**,
- die Vereinbarung einer **kürzeren** Kündigungsfrist für die Kündigung durch den **Vermieter**, jeweils im Verhältnis zu den gesetzlich vorgesehenen Kündigungsfristen.

Vereinbarung von Kündigungsfristen

Zulässig ist,
- die Vereinbarung einer **kürzeren** Kündigungsfrist für die Kündigung durch den **Mieter**,
- die Vereinbarung einer **längeren** Kündigungsfrist für die Kündigung durch den **Vermieter**, jeweils im Verhältnis zu den gesetzlich vorgesehenen Kündigungsfristen.

Ausnahmen von obigen Kündigungsfristen, z. B.:
- Bei Wohnraum, der **Teil der vermieterbewohnten Wohnung** ist und den der Vermieter zu möblieren hat und der nicht an eine Familie, nicht an eine Lebenspartnerschaft vermietet ist.
Die Kündigung ist spätestens am 15. eines Monats zum Ablauf dieses Monats zulässig.

Besondere Kündigungsfristen
BGB § 549 Abs. 2 Nr. 2
§ 573c Abs. 3

BGB § 576	· Bei der ordentlichen Kündigung von **Werkmietwohnungen durch den Vermieter**. Bei Wohnraum, der dem Mieter **nicht mehr** als 10 Jahre überlassen war, spätestens am **3. Werktag eines Kalendermonats zum Ablauf des übernächsten Monats**, wenn der Wohnraum für einen anderen zur Dienstleistung Verpflichteten benötigt wird. Wenn das Dienstverhältnis seiner Art nach den Wohnraum erfordert, spätestens am **3. Werktag eines Monats zum Ablauf dieses Monats**.
BGB § 573a	· Bei der ordentlichen Kündigung einer Wohnung, die in einem vom **Vermieter bewohnten Zwei-Familienhaus** liegt und der Vermieter für seine Kündigung berechtigtes Interesse nicht geltend macht. Die Kündigungsfrist **verlängert** sich für den Vermieter um **3** Monate.

– **Kündigungsfristen bei Geschäftsraummietverhältnissen**

BGB § 580a Abs. 2	Die ordentliche Kündigung ist zulässig, spätestens am **3. Werktag** eines Kalendervierteljahres zum Ablauf des **nächsten Kalendervierteljahres**.

Beispiele:
Zugang der Kündigung beim Mieter (oder Vermieter) am 2. 4. 2009, Ende des Mietverhältnisses mit Ablauf des 30. 9. 2009.
Zugang der Kündigung beim Mieter (oder Vermieter) am 11. 4. 2009, Ende des Mietverhältnisses mit Ablauf des 31. 12. 2009 (weil Kündigung nach dem 3. Werktag des Kalendervierteljahres zugeht).

Vereinbarung von Kündigungsfristen	**Vertraglich** können von den gesetzlichen Kündigungsfristen **abweichende** Kündigungsfristen vereinbart werden.

– **Kündigungsfristen bei Grundstücksmietverträgen, Mietverträgen über Räume die keine Geschäftsräume sind, Mietverträgen über gewerblich genutzte unbebaute Grundstücke**

BGB § 580a Abs. 1	Die ordentlichen Kündigungsfristen hängen von der zeitlichen Bemessung der Miete ab.

Zu beachten:

Bemessung der Miete	Bemessung der Miete und Zahlungsweise der Miete sind nicht notwendigerweise identisch. So kann eine z. B. nach Jahren bemessene Miete in monatlichen oder anderen Teilabschnitten zu zahlen sein und umgekehrt.

Ist die Bemessung der Miete vertraglich nicht vereinbart, so ist grundsätzlich die Zahlungsweise auch die Bemessung der Miete.

Bei einem Mietverhältnis über Grundstücke, über Räume, die keine Geschäftsräume sind, sind die Kündigungsfristen folgendermaßen geregelt:
· Ist die Miete **nach Tagen bemessen**, kann an **jedem** Tag zum Ablauf des folgenden Tages gekündigt werden,
· ist die Miete **nach Wochen bemessen**, spätestens am ersten Werktag einer Woche zum Ablauf des folgenden Samstags,

- ist die Miete **nach Monaten bemessen** (oder längeren Zeitabschnitten), spätestens am 3. Werktag eines Kalendermonats zum Ablauf des übernächsten Monats. Handelt es sich um Mietverträge über **gewerblich genutzte unbebaute Grundstücke**, kann nur zum **Ablauf eines Kalendervierteljahres** gekündigt werden.

Beispiele:
Die Miete für ein unbebautes Grundstück, das an einen Gebrauchtwagenhändler vermietet ist, beträgt monatlich 1.500,00 €.
Der Mieter erhält die Kündigung
- am 2. 3. 2009: Der Mietvertrag endigt mit Ablauf des 30. 6. 2009.
- am 2. 4. 2009: Der Mietvertrag endigt mit Ablauf des 30. 6. 2009.

An die Pensionistin Frau M. wurde eine Garage vermietet, deren monatliche Miete 35,00 € beträgt. Welche Kündigungsfrist ist nach dem Gesetz zu beachten?
Die Garage ist kein Geschäftsraum im Sinn des § 580a BGB. Die Kündigungsfrist beginnt daher gemäß § 580a Abs. 1 BGB spätestens am 3. Werktag eines Kalendermonats und endet mit dem Ablauf des übernächsten Monats.

Vertraglich können von den gesetzlichen Kündigungsfristen **abweichende** Kündigungsfristen vereinbart werden.

Vereinbarung von Kündigungsfristen

12.3.4.4 Kündigungsgrund

- Berechtigtes Interesse des Vermieters an der Kündigung von Wohnraummietverträgen

BGB § 573

- Berechtigtes Interesse

Kündigungsgrund

Der **Vermieter** benötigt für die Kündigung von Wohnraummietverhältnissen (unter Beachtung von Ausnahmen) ein **berechtigtes Interesse** an der Beendigung des Mietverhältnisses.

Zu beachten:
Der **Mieter** benötigt für seine Kündigung kein berechtigtes Interesse.

Bei der Würdigung des berechtigten Interesses des Vermieters an der Beendigung des Mietverhältnisses werden nur die Gründe berücksichtigt, die im Kündigungsschreiben angegeben sind, es sei denn die Gründe sind nachträglich entstanden.

Berechtigtes Interesse

Ein **berechtigtes Interesse** an einer **Kündigung** durch den **Vermieter** liegt **insbesondere** vor,
- bei schuldhafter und nicht unerheblicher Vertragsverletzung durch den Mieter

Erforderlich ist ein **eigenes** Verschulden des Mieters, Pflichtverletzungen Dritter können dem Mieter nicht angelastet werden.

Beispiele:
Sohn des Mieters begeht eine Pflichtverletzung, Sozialamt zahlt die Miete unpünktlich.

Diese Pflichtverletzungen können dem Mieter nicht angelastet werden, da sie kein eigenes Verschulden des Mieters darstellen.

Liegt dabei der Grund für die Kündigung in einem von mehreren Mietern allein, so ist der Vermieter berechtigt, allen Mietern zu kündigen.

Der Vermieter hat die Pflichtverletzung durch den Mieter zu **beweisen**.

Eigenbedarf
- **bei Eigenbedarf des Vermieters für**

↓ sich	↓ Familienangehörige	↓ Angehörige seines Haushalts
Sind mehrere Personen Vermieter, genügt es, wenn eine Person Eigenbedarf hat. Juristische Personen können keinen Eigenbedarf für einen ihrer Gesellschafter geltend machen.	Beispiele: Ehegatte, Kinder, Eltern, Großeltern, Bruder, Schwester des Vermieters, eingetragener Lebenspartner	Beispiel: Pflegepersonen, Es handelt sich dabei um Personen, die längere Zeit zusammen mit dem Vermieter leben sollen oder in dessen Haushalt aufgenommen werden sollen. Entscheidend ist die Aufnahme in die Hausgemeinschaft. Dadurch kann zusätzlicher Bedarf entstehen.

Der Vermieter muss bei Erklärung der Kündigung die Person festlegen, für welche der Eigenbedarf geltendgemacht wird.

Wohnungsbindung
Unterliegt die Wohnung der **Wohnungsbindung**, so muss die Person, für die Eigenbedarf geltend gemacht wird, zum Bezug der Wohnung berechtigt sein.

Bei mehreren Vermietern genügt Eigenbedarf eines einzelnen Vermieters.

Der Eigenbedarf muss im Kündigungsschreiben **dargelegt** werden. Zu beachten ist, dass als Begründung das Wort „Eigenbedarf" alleine oder die bloße Wiedergabe des Gesetzestextes nicht ausreicht, vielmehr muss der Kündigungsgrund im Kündigungsschreiben dargelegt werden.

Für den Eigenbedarf müssen **vernünftige, nachvollziehbare** (nicht missbräuchliche oder willkürliche) Gründe sprechen.

Beispiele:
Der Vermieter benötigt die Wohnung, weil diese näher am neuen Arbeitsplatz liegt oder weil er beabsichtigt, sich von seinem Ehepartner zu trennen oder weil er in der Wohnung seinen Altensitz begründen will. In diesen Fällen ist Eigenbedarf gegeben.

Zu beachten:
Der Vermieter muss dem wegen Eigenbedarf gekündigten Mieter eine in derselben Wohnanlage freie Wohnung anbieten **(Anbietpflicht)**, wenn hinsichtlich dieser Wohnung eine **Vermietungsabsicht** besteht.

Anbietpflicht

Kommt der Vermieter dem nicht nach, ist die Kündigung wegen Rechtsmissbrauch unwirksam.

Die Anbietpflicht endet grundsätzlich mit Ablauf der Kündigungsfrist.

Der Mieter muss beweisen, dass eine Alternativwohnung vorhanden ist. Daher hat er einen **Anspruch auf Auskunfterteilung** darüber, ob der Vermieter über Alternativwohnungen nach der Kündigung verfügt.

- **bei Verhinderung des Vermieters an der angemessenen wirtschaftlichen Verwertung der Wohnung durch das Fortbestehen des Mietverhältnisses**

Wirtschaftliche Verwertung

Erfasst werden dadurch Fälle wie z. B. die **Veräußerung**, die **umfassende Renovierung** bei Baufälligkeit oder der **Abriss** des Mietobjekts. Dabei muss die Verwertungsmaßnahme angemessen sein und zur Vermeidung erheblicher Nachteile geschehen.

Im **Kündigungsschreiben** ist das berechtigte Interesse des Vermieters an der Kündigung darzustellen. Die Darstellung hat z. B. im Fall einer geplanten Sanierung so zu erfolgen, dass die **derzeitige Situation** verglichen werden kann mit der **verbesserten Verwertungssituation nach** der Sanierung. Diese Gegenüberstellung muss für den Mieter nachvollziehbar sein.

Folgende Motive berechtigen den Vermieter jedoch **nicht** zur Kündigung:
- Kündigung um eine **höhere Miete** durch Neuvermietung zu erzielen,
- Kündigung der in eine Eigentumswohnung umgewandelten Wohnung durch den **bisherigen** Vermieter, solange ein Zusammenhang zwischen Umwandlung und Veräußerung angenommen werden kann. I.d.R. wird dieser Zusammenhang nach einigen Jahren nicht mehr bestehen.

- **bei Vorliegen eines sonstigen berechtigten Interesses des Vermieters**

Fälle eines sonstigen berechtigten Interesses des Vermieters an einer Kündigung sind u. a. gegeben,
- bei Betriebsbedarf,
  dieser ist grundsätzlich gegeben, wenn ein Arbeitnehmer aus dem Arbeitsverhältnis mit dem Vermieter ausscheidet und der der Vermieter benötigt die Räume für einen anderen Arbeitnehmer,
- bei Bedarf der Wohnungsbaugenossenschaft,
  dieser kann dann vorliegen, wenn ein Baugenossenschaftsmitglied aus der Baugenossenschaft ausscheidet und die Wohnung für ein anderes Genossenschaftsmitglied benötigt wird,
- bei fehlbelegten Sozialwohnungen,
- bei Überbelegung der Wohnung.

Wegfall des Kündigungsgrundes

Wegfall des Kündigungsgrundes

Der Kündigungsgrund muss bis zur Beendigung des Mietverhältnisses fortbestehen. Fällt der Kündigungsgrund weg, hat der Vermieter den Mieter hierüber zu informieren, jedoch nur dann, wenn der Grund **vor Ablauf** der Kündigungsfrist **entfallen** ist.

Umwandlung in Eigentumswohnungen

- **Besonderheiten bei Umwandlung in Eigentumswohnung im Rahmen der Eigenbedarfskündigung und der Kündigung wegen wirtschaftlicher Verwertung der Wohnung**

BGB § 577a

Wird **nach** der **Überlassung** der Wohnung an den **Mieter**,
- an der Wohnung **Wohnungseigentum begründet**

und
- die nunmehrige Eigentumswohnung **veräußert**,

hat der **Erwerber** eine **Kündigungssperrfrist** von **3 Jahren** ab seiner Eintragung als Eigentümer im Grundbuch zu beachten, wenn er,
- wegen **Eigenbedarf**,

oder
- wegen Behinderung der wirtschaftlichen **Verwertung** der Wohnung,

kündigt.

Für Gebiete in denen Wohnungsmangel herrscht, kann die Sperrfrist bis zu **10 Jahre** betragen.

Die Landesregierungen sind ermächtigt, Gebiete mit Wohnungsmangel auszuweisen und die Sperrfrist zu bestimmen.

Zu beachten:
Als Veräußerung gilt auch der Zuschlag in der Zwangsversteigerung.

Beispiel:

Dem Mieter wird die Wohnung in der Mietwohnanlage überlassen am	1.4.2005
Die Mietwohnanlage wird in eine Wohnungseigentumsanlage umgewandelt am	1.6.2010
Veräußerung der Eigentumswohnung, Grundbucheintragung des Erwerbers als Eigentümer am	15.7.2011
Beginn der Laufzeit der Sperrfrist von z. B. 3 Jahren	16.7.2011

Erklärung der Eigenbedarfskündigung möglich **nach** Ablauf der Sperrfrist.

Die Sperrfrist führt dazu, dass erst nach ihrem Ablauf die Kündigung erklärt werden darf, eine früher ausgesprochene Kündigung ist unwirksam. Weitere nachfolgende Erwerber treten in die Sperrfrist ein.

WoBindG § 6

Zu beachten:
Der Erwerber einer **öffentlich geförderten Wohnung** darf sich auf Eigenbedarf solange nicht berufen, wie die Wohnung als öffentlich gefördert gilt. Diese Frist gilt

neben den obigen Fristen des BGB, wobei die längere Schutzfrist an die Stelle der kürzeren Frist tritt.

- **Widerspruchsrecht des Mieters gegen die Kündigung des Wohnraummietvertrages (Sozial-, Härteklausel)**

BGB §§ 574 – 574c Sozial-/Härteklausel

Anzuwenden ist die Sozialklausel nur auf Mietverhältnisse, die auf **unbestimmte Zeit** abgeschlossen sind.

Die Sozialklausel gilt sowohl für die ordentliche Kündigung als auch die **außerordentliche** Kündigung mit **gesetzlicher Frist**.

Die Sozialklausel gibt dem Mieter das Recht, der Kündigung durch den Vermieter zu **widersprechen** und die **Fortsetzung des Mietverhältnisses** zu verlangen, wenn die Beendigung des Mietverhältnisses für den Mieter, seine Familie oder die Angehörigen seines Hausstandes eine **Härte** bedeutet, die das berechtigte Interesse des Vermieters an der Beendigung des Mietverhältnisses **überwiegt**.

Beispiele:
Härtegründe können sein, dass Wohnraum zu angemessenen Bedingungen nicht beschafft werden kann, weiter hohes Alter in Verbindung mit Krankheit, Gebrechlichkeit.

Der **Widerspruch** muss schriftlich, spätestens 2 Monate vor der Beendigung des Mietverhältnisses dem Vermieter gegenüber erklärt werden. Auf Verlangen des Vermieters muss der Mieter die Gründe hierfür angeben.

Beispiel:

Beabsichtigtes Ende des Mietverhältnisses	31.8.2010
Ende der Widerspruchsfrist	30.6.2010
Ist der letzte Tag der Widerspruchsfrist ein Samstag, Sonntag oder Feiertag, genügt der Zugang des Widerspruchs am darauffolgenden Werktag.	

Hat der Vermieter jedoch **nicht** rechtzeitig auf die Möglichkeit des Widerspruchs, dessen Form und Frist hingewiesen, kann der Mieter den Widerspruch noch im ersten Termin des Räumungsrechtsstreits erklären.

Der Mieter hat **kein** Widerspruchsrecht, wenn der Vermieter zur **fristlosen** Kündigung berechtigt ist.

Das Widerspruchsrecht des Mieters besteht auch dann **nicht**, wenn er selbst das Mietverhältnis gekündigt hat (Eigenkündigung des Mieters).

Folge eines erfolgreichen Widerspruchs:
Überwiegt die „Härte" (gegenüber dem „berechtigten Interesse"), ist das Mietverhältnis zunächst solange fortzusetzen, wie letztlich das Gericht dies für angemessen hält. In Ausnahmefällen kann das Mietverhältnis auch auf unbestimmte Zeit verlängert werden.

BGB § 574a

Sonderfälle

Sonderfälle — **Sonderfälle zur Notwendigkeit eines berechtigten Interesses und zur Sozialklausel**

BGB § 573a

Sonderfälle, z. B.:
- Mietverhältnisse über eine **Wohnung in einem vom Vermieter selbst bewohnten Gebäude mit nicht mehr als zwei Wohnungen** können vom Vermieter **ohne** berechtigtes Interesse gekündigt werden. In diesem Falle verlängert sich die vom Vermieter zu beachtende Kündigungsfrist um 3 Monate.

Beispiel:
Der Vermieter kündigt den seit 10 Jahren bestehenden Mietvertrag an der Einliegerwohnung seines Zweifamilienhauses. Der Vermieter weist darauf hin, dass er die Kündigung nicht auf das Vorliegen eines berechtigten Interesses stützt.
Der Vermieter wohnt selbst im Haus.
Die Kündigungsfrist beträgt 12 Monate. Würde er sich bei seiner Kündigung auf ein berechtigtes Interesse stützten, würde die Kündigungsfrist 9 Monate betragen.

BGB §§ 576 – 576b Werkswohnungen

- **Werkswohnungen** sind Wohnungen, deren Überlassung an ein Dienstverhältnis geknüpft ist.

Neben dem **Arbeitsvertrag** besteht ein selbständiger **Mietvertrag**.

Dabei sind zwei Beziehungsfälle zur Wohnung zu unterscheiden:
- Das Dienstverhältnis erfordert an sich **nicht** die Überlassung der Wohnung,
- die Art des Dienstverhältnisses erfordert die Überlassung der Wohnung (**funktionsgebundene** Werkmietwohnung, Dienstverhältnis und Wohnung sind **örtlich** verknüpft, z. B.: Pförtnerwohnung, Hausmeisterwohnung).

- **Werkdienstwohnungen**, sind Wohnungen die im Rahmen eines Dienstverhältnisses überlassen werden. Es besteht neben dem Arbeitsvertrag **kein** gesonderter Mietvertrag.

Die **Sozialklausel** unter der **Voraussetzung**, dass das Dienstverhältnis beendet ist:
- Für nicht funktionsgebundene Werkmietwohnungen, steht dem Mieter grundsätzlich die **Sozialklausel** zu, jedoch unter **Beachtung der Belange des Dienstberechtigten**,
- für funktionsgebundene Werkmietwohnungen steht dem Mieter grundsätzlich die Sozialklausel **nicht** zu,
- für **Werkdienstwohnungen** gelten die Vorschriften für die Beendigung von Wohnraummietverhältnissen entsprechend, also auch die Vorschriften für **funktionsgebundene** Werkmietwohnungen.

Zu beachten:
Der Mieter hat im Übrigen **keinen Anspruch auf die Sozialklausel**, wenn
- das Dienstverhältnis aus Verschulden oder auf Initiative des Arbeitnehmers gelöst wird,
- gesetzlich begründeter Anlass hierzu gegeben worden war,
- der Mieter durch sein Verhalten dem Dienstberechtigten einen gesetzlich begründeten Anlass zur Auflösung des Dienstverhältnisses gegeben hat.

- **Weitere Sonderfälle auf die hier nicht näher eingegangen wird:**

  - Kündigung von **Neben**räumen,   BGB § 573 b
  - **W**ohnraum, der nur zum **vorübergehenden Gebrauch** vermietet ist,   § 549 Abs. 2 Nr. 1
  - Wohnraum, der **Teil der vom Vermieter selbst bewohnten Wohnung** ist und den der **Vermieter zu möblieren hat**, sofern der Wohnraum dem Mieter **nicht** zum dauernden Gebrauch mit seiner Familie oder mit Personen überlassen ist, mit denen er einen auf Dauer angelegten gemeinsamen Haushalt führt,   § 549 Abs. 2 Nr. 2
  - Wohnraum, den eine **juristische Person des öffentlichen Rechts** oder ein **privater Träger der Wohlfahrtspflege** angemietet hat, um ihn Personen mit dringenden Wohnbedarf zu überlassen,   § 549 Abs. 2 Nr. 3
  - Wohnraum der **Teil** eines **Jugend- und Studentenheims** ist.   § 549 Abs. 3

- **Kündigungsgrund bei Geschäftsraummietverhältnissen**

Gesetzliche Regelungen entsprechend den obigen Regelungen für Wohnraummietverhältnissen gibt es bei Geschäftsraummietverhältnissen nicht.

Begründet werden muss eine Kündigung nur, wenn die Vertragsparteien dies ausdrücklich vereinbart haben.

12.3.4.5 Teilkündigung   Teilkündigung

- **Teilkündigung bei Wohnraummietverhältnissen**   BGB § 573b

Die Kündigung von einem Teil der in einem Wohnraummietvertrag überlassenen Bereiche ist grundsätzlich nicht möglich.

Der Vermieter ist jedoch berechtigt, nicht zum Wohnen bestimmte Nebenräume oder Grundstücksteile zu kündigen, wenn er die Kündigung auf diese Bereiche beschränkt **(Teilkündigung)**. Die gekündigten Bereiche muss der Vermieter u. a. dazu verwenden, **neuen Wohnraum zum Zwecke der Vermietung** zu schaffen.

Beispiel:
Mieter M mietete eine Wohnung mit Speicher, Überlassung der Mietsache ab 1.9.2006.
Im Februar 2009 soll der Speicher zu Wohnraum ausgebaut werden.
Teilkündigung möglich.
Die Kündigung ist spätestens am 3. Werktag eines Kalendermonats zum Ablauf des übernächsten Kalendermonats zulässig.

- **Teikündigung bei Geschäftsraummietverhältnissen**

Bei **Geschäftsraummietverhältnissen** ist es grundsätzlich nicht zulässig, einen **Teil** der Mietsache zu kündigen. Das Recht der Teilkündigung kann jedoch vereinbart werden.   Geschäftsräume

12.3.5 Beendigung zeitlich befristeter Mietverhältnisse und Mietverhältnisse mit Kündigungsausschluss

BGB § 542 Zeitmietvertrag

- **Zeitlich** befristetes Mietverhältnis

Ein Mietvertrag auf bestimmte Zeit endigt mit dem Ablauf der vereinbarten Vertragszeit.

Die Mietzeit muss kalendermäßig feststehen oder zumindest bestimmbar sein. Ein Mietverhältnis ist auch dann noch befristet, wenn der Mietvertrag mit dem Eintritt eines künftigen Ereignisses enden soll, dessen **Zeitpunkt** zwar **ungewiss**, dessen **Eintritt** aber **gewiss** ist.

Beispiel:
Das Mietverhältnis über eine Lagerhalle soll dann enden, wenn der vorhandene Lagerbestand verkauft ist.

Verlängerungsklausel

Ein zeitlich befristetes Mietverhältnis liegt auch vor, wenn das Mietverhältnis auf bestimmte Zeit und mit einer **Verlängerungsklausel** um eine weitere **bestimmte** Zeit abgeschlossen ist. Der Mietvertrag endigt dann, wenn eine der Vertragsparteien eine der Vereinbarung entsprechende Beendigungserklärung abgibt.

Ein zeitlich befristetes Mietverhältnis liegt jedoch **nicht** vor, wenn das Mietverhältnis auf eine bestimmte Zeit definiert ist, sich aber mangels Kündigung auf **unbestimmte** Zeit fortsetzt.

Mietverhältnisse mit Kündigungsausschluss

- Mietverhältnis mit Kündigungsausschluss

Ein Kündigungsausschluss liegt vor, wenn der Mietvertrag auf **unbestimmte** Zeit abgeschlossen, die Kündigung jedoch für eine **bestimmte** Zeit ausgeschlossen ist.

Beispiel:
Der Mietvertrag wird auf unbefristete Zeit abgeschlossen. In einem Zusatz zum Mietvertrag wird vereinbart, dass Vermieter und/oder Mieter für die Dauer von 2 Jahren auf ihr gesetzliches Kündigungsrecht verzichten.

BGB §§ 575, 575a Wohnräume

- **Befristete Wohnraummietverhältnisse**

Wohnraummietverhältnisse, die **nach dem 1.9.2001** geschlossen werden, können grundsätzlich nur noch unter Beachtung der Bedingungen des § 575 BGB befristet geschlossen werden. Werden diese Bedingungen nicht beachtet, so gilt der Vertrag als auf **unbestimmte Zeit** geschlossen.

Beispiel:
Ein Wohnraum-Mietvertrag wird für den Zeitraum 1.1.2006 bis 31.12.2010 abgeschlossen. Ein Grund für die Befristung des Mietvertrages wird nicht genannt. Der Mietvertrag gilt als auf **unbestimmte** Zeit geschlossen.

Zeitmietvertrag

Das Wohnraummietverhältnis kann nur befristet werden, wenn der Vermieter **nach Ablauf** der Mietzeit,
- Eigenbedarf hat,

- die Räume beseitigen oder wesentlich verändern oder instandsetzen will,
- die Wohnung nach Fristablauf an einen **Werksangehörigen** vermieten will.

Verzögert sich die beabsichtigte Verwendung der Wohnräume ohne Verschulden des Vermieters, muss der Vermieter dies dem Mieter schriftlich mitteilen.

Die Beweislast für den Eintritt des Befristungsgrundes und für die Dauer der Verzögerung liegt beim **Vermieter**.

Ein Wechsel des Befristungsgrundes ist nicht zulässig, jedoch ist eine Änderung **innerhalb** der Befristungsgrundkategorie zulässig.

Beispiel:
Der Vermieter hatte dem Mieter in einem Fall Eigenbedarf für seinen Sohn 1 und in einem anderem Fall Umbau als Grund für die Befristung des Mietverhältnisses angegeben.
Nun benötigt er die eine Wohnung für seinen Sohn 2 und die andere Wohnung will er nun nicht mehr umbauen, sondern seiner Tochter zur Verfügung stellen.
Der Wechsel von Sohn 1 auf Sohn 2 ist zulässig, die nachträgliche Änderung von Umbau auf Eigenbedarf für die Tochter nicht.

Hinsichtlich der Schlussmitteilung gilt, dass der **Mieter** aktiv werden muss, d. h. dass er gemäß § 575 Abs. 2 Satz 1 BGB **frühestens 4 Monate** vor Ablauf der Befristung vom Vermieter verlangen kann, dass dieser ihm innerhalb von **1 Monat** mitteilt, ob der Befristungsgrund noch besteht.

Erfolgt die Mitteilung des Vermieters erst **nach** diesem Monat, kann der Mieter die Verlängerung des Mietverhältnisses um die Zeit der Verspätung der Mitteilung verlangen.

Fragt der Mieter **nicht** an, endet das Mietverhältnis mit Ablauf der vereinbarten Frist.

Der BGH hat z. B. mit dem Urteil vom 6. 4. 2005 einen **formularvertraglichen** Kündigungsausschluss für **beide** Seiten, Vermieter und Mieter für die Dauer von bis zu 4 Jahren anerkannt. Das bedeutet, dass ein längerer Kündigungsausschluss jedenfalls formularvertraglich nicht möglich ist. Ein formularmäßig erklärter **einseitiger** Verzicht des Mieters auf Kündigung für nicht mehr als 4 Jahre in Verbindung mit einem Staffelmietvertrag ist möglich, BGH 12. 11. 2008.

Kündigungsausschluss

– **Befristete Geschäftsraummietverhältnisse**

BGB § 542

Befristete **Geschäftsraummietverhältnisse** können im Gegensatz zu befristeten Wohnraummietverhältnissen grundsätzlich ohne Einschränkung (siehe oben) vereinbart werden.

Diese Mietverhältnisse endigen grundsätzlich mit dem Ablauf der Zeit für die sie eingegangen sind.

Kündigungs**ausschlüsse** können bei Geschäftsraummietverhältnissen im Gegensatz zu Wohnraummietverhältnissen grundsätzlich ohne Einschränkungen (siehe oben) vereinbart werden.

12.3.6 Auflösend bedingte Mietverhältnisse, Mietverhältnisse mit Verlängerungsklausel, Rücktrittsrecht, Ausübung einer Option

BGB § 572 Abs. 1

– Ausübung eines Rücktrittsrechts

Wohnräume

Haben sich die Vertragsparteien ein Rücktrittsrecht vorbehalten, so gelten bei **Wohnraummietverhältnissen** für den Vermieter die Regeln für die **Kündigung** und zwar ab dem Zeitpunkt zu dem die Wohnung an den Mieter überlassen worden ist.

Geschäftsräume

Bei **Geschäftsraummietverhältnissen** kann grundsätzlich ein vertragliches Rücktrittsrecht vereinbart werden.

BGB § 572 Abs. 2

– Auflösend bedingtes Mietverhältnis

Im Gegensatz zu einem befristeten Mietverhältnis, bei dem die Beendigung des Mietvertrags von einer sicher eintretenden Bedingung abhängt, hängt bei einem auflösend bedingten Mietverhältnis, die Beendigung des Mietvertrags vom Eintritt eines **ungewissen**, zeitlich aber **bestimmbaren** Ereignis ab.

Ungewisses, zeitlich bestimmbares Ereignis

Beispiele:
Vermietung der Wohnung mit gesetzlicher Kündigungsfrist, längstens bis zur Verheiratung des Sohnes der Mieter.
Der Mietvertrag endet, wenn der Mieter versetzt wird.

Wohnräume

Bei Mietverhältnissen über **Wohnraum** kann sich der **Vermieter** nicht auf eine Vereinbarung berufen, nach der das Mietverhältnis zum Nachteil des Mieters auflösend bedingt ist. Der Vermieter muss sich an die Kündigungsregeln halten.

Der Mieter hingegen kann sich auf die auflösende Bedingung berufen.

Geschäftsräume

Die Vertragsparteien eines **Geschäftsraummietvertrags** können vereinbaren, dass das Mietverhältnis mit dem Eintritt einer auflösenden Bedingung endet.

Beispiel:
Das Ende des Hauptmietverhältnisses über die Büroräume ist auflösende Bedingung des Untermietvertrags für die untervermieteten Büroräume.

– Mietverhältnisse mit Verlängerungsklausel

Wohnräume
Geschäftsräume

Bei Mietverhältnissen mit **Verlängerungsklausel** verlängert sich das Mietverhältnis, wenn es nicht unter Einhaltung der Kündigungsfristen für **Wohnraum** gekündigt wird, bzw. wenn es nicht unter Einhaltung der Kündigungsfristen für **Geschäftsräume** gekündigt wird.

– Ausübung einer Option

Eine Optionsregelung ermöglicht es der begünstigten Partei durch empfangsbedürftige Optionserklärung den Mietvertrag über die vereinbarte Vertragsdauer hinaus einmalig oder auch wiederholt zu verlängern.

Wird die Verlängerungs**option** ausgeübt verlängert sich die Mietzeit.

Hat der Vermieter das Optionsrecht und übt er dieses **nicht** aus, endigt das Mietverhältnis mit Ablauf des Basiszeitraums.

Bei **Wohnraummietverhältnissen** muss der **Vermieter** jedoch grundsätzlich ein **berechtigtes Interesse** nachweisen, wenn er die Fortsetzung des Mietverhältnisses ablehnt.

Bei **Geschäftsraummietverhältnissen** endigt das Mietverhältnis, wenn die Verlängerungsoption nicht ausgeübt wird.

12.3.7 Außerordentliche Kündigung von Mietverträgen

Außerordentliche Kündigung	
↓	↓
außerordentliche Kündigung **mit Frist**.	(außerordentliche) **fristlose** Kündigung.

Auch die außerordentliche Kündigung ist eine empfangsbedürftige Willenserklärung. Sie muss eindeutig erklärt werden, es muss erkennbar sein, dass nicht eine ordentliche Kündigung ausgesprochen werden soll.

Die außerordentliche Kündigung von Mietverträgen ist nur in den **gesetzlich bestimmten Fällen** für bestimmte Sachverhalte zugelassen.

Gemäß § 314 Abs. 3 BGB kann der Berechtigte nur innerhalb einer angemessenen Frist, nachdem er vom Kündigungsgrund Kenntnis erlangt hat, kündigen. Danach ist das Kündigungsrecht **verwirkt**. Die Dauer dieser gesetzlich geregelten Verwirkungsfrist ist jedoch nicht einheitlich festgelegt.

12.3.7.1 Die außerordentliche Kündigung mit Frist

In bestimmten gesetzlich abschließend geregelten Fällen steht dem Vermieter und/oder Mieter das Recht zu, das Mietverhältnis unter Einhaltung einer Frist vorzeitig zu kündigen, obwohl
– ein befristetes Mietverhältnis vorliegt, oder
– ein Kündigungsausschluss gilt, oder
– eine längere ordentliche Kündigungsfrist einzuhalten wäre.

– **Die außerordentliche Kündigung von Wohnraummietverhältnissen mit Frist**

Kündigungsschutz

Auch bei einer **außerordentlichen Kündigung** mit gesetzlicher Frist besteht für den Mieter **Kündigungsschutz**.

- **Form der Kündigung**

Auch für die außerordentliche Kündigung ist die **Schriftform** zu beachten.

- **Fälle außerordentlicher Kündigung mit Frist**

	Kündigung durch **Vermieter**, z. B.:	Kündigung durch **Mieter**, z. B.:
BGB § 544	Bei über 30 Jahre befristeten Mietverhältnis,	Bei über 30 Jahre befristeten Mietverhältnis,
§§ 563ff	bei Tod des Mieters,	bei Tod des Mieters,
BGB § 540 § 1056 § 561 § 2135	bei Erstehung in der Zwangsversteigerung,	bei Versagung der Untermieterlaubnis,
	bei Erlöschen des Nießbrauchs durch den Eigentümer,	bei Mieterhöhung.
	durch Nacherben.	
BGB § 575a § 573d Abs. 1	Auch für eine außerordentliche Kündigung mit gesetzlicher Frist gilt grundsätzlich, dass der **Vermieter von Wohnraum** für die Kündigung grundsätzlich ein **berechtigtes Interesse** benötigt, ausgenommen die Kündigung erfolgt gegenüber dem **Erben**. Zum außerordentlichen Kündigungsgrund den der Vermieter geltend macht, muss also noch sein berechtigtes Interesse an der ao. Kündigung noch hinzukommen. Weiter gilt, dass der Wohnraum-Mieter sich grundsätzlich auf die **Sozialklausel** berufen kann. Im Fall der ao. Kündigung eines befristeten Mietvertrages jedoch höchstens bis zum vertraglich bestimmten Beendigungszeitpunkt.	

- **Kündigungsfristen der außerordentlichen Kündigung mit Frist**

Die jeweils anzuwendende Kündigungsfrist ist:

Gesetzliche Kündigungsfrist

BGB § 573 d

- Die gesetzliche Kündigungsfrist, die bei der außerordentlichen Beendigung von Wohnraummietverhältnissen grundsätzlich 3 Monate beträgt, d. h. dass die Kündigung spätestens am 3. Werktag eines Monats für den Ablauf des übernächsten Monats zulässig ist.
- die in der Vorschrift, die den außerordentlichen Kündigungsgrund regelt, vorgesehene Kündigungsfrist, siehe § 561 BGB.

Kündigungsrecht bei Tod des Mieters

BGB §§ 563 – 564

Aus der Menge der außerordentlichen befristeten Kündigungsanlässe soll nur dieser Fall beispielhaft herausgegriffen werden:

3 Fallsituationen sind bei der **Wohnraumvermietung** zu unterscheiden:		
↓	↓	↓
(1) bestimmte Personen erhalten das Recht, in das Mietverhältnis **einzutreten**.	(2) bestimmte Personen erhalten das Recht, das Mietverhältnis **fortzusetzen** (was voraussetzt, dass diese Person/Personen bereits „Mit"-Mieter sind).	(3) **Fortsetzung** des Mietverhältnisses mit dem Erben **kraft Gesetz**.

Eintritt in das Mietverhältnis und Fortsetzung des Mietverhältnisses

(1) War der Verstorbene **alleiniger** Mieter, hat folgender Personenkreis das Recht, in das Mietverhältnis **einzutreten**:
- der Ehegatte, der mit dem Mieter einen gemeinsamen Haushalt geführt hat,
- der Lebenspartner, der mit dem Mieter einen gemeinsamen Haushalt geführt hat,
- die im Haushalt des Mieters lebenden Kinder,
- andere Familienangehörige, die mit dem Mieter einen gemeinsamen Haushalt geführt haben,
- andere Personen, die mit dem Mieter einen auf Dauer angelegten Haushalt geführt haben.

Obig genannte Personen können **innerhalb eines Monats**, nachdem sie vom Tod des Mieters Kenntnis erlangt haben, dem Vermieter erklären, dass sie das Mietverhältnis nicht fortsetzen wollen, **der Eintritt gilt dann als nicht erfolgt**.

Dem Vermieter steht andererseits ein Kündigungsrecht zu, wenn in der Person die in das Mietverhältnis eintritt, ein wichtiger Ablehnungsgrund liegt, z. B. Zahlungsunfähigkeit. Der Vermieter kann unter dieser Voraussetzung innerhalb eines Monats nachdem er vom Eintritt obig genannter Personen in das Mietverhältnis erfahren hat, mit der **gesetzlichen Frist** kündigen.

BGB § 563 Abs. 4

(2) Stirbt einer von mehreren Mietern i. S. d. § 563 BGB, so wird das Mietverhältnis mit den/dem „Mit"-Mietern **fortgesetzt**.

BGB § 563a

Die „Mit"-Mieter können das Mietverhältnis innerhalb eines Monats ab Kenntnis vom Tod des Mieters mit der **gesetzlichen Frist** kündigen.

(3) Tritt **keine** der oben genannten Personen in das Mietverhältnis ein und wird das Mietverhältnis auch nicht durch einen überlebenden Mieter fortgesetzt, so wird das Mietverhältnis Kraft Gesetz mit dem **Erben** fortgesetzt.

Der **Erbe**, aber auch der Vermieter, hat das Recht zur außerordentlichen Kündigung mit **gesetzlicher Frist** und zwar innerhalb eines Monats nachdem Kenntnis vom Tode des Mieters und darüber Kenntnis besteht, dass andere Personen das Mietverhältnis **nicht** fortsetzen bzw. nicht in dieses eintreten.

Erbe

- Die außerordentliche Kündigung mit Frist von Geschäftsraummietverhältnissen

  · **Form der Kündigung**

  Die Kündigung ist grundsätzlich an **keine** Form gebunden.

  · **Fälle außerordentlicher Kündigung mit Frist, z. B.:**

  BGB § 544

  § 540
  § 580 BGB
  ZVG § 57a
  BGB § 1056

  - Bei über 30 Jahre befristeten Mietverhältnissen,
  - bei Versagung der Untermieterlaubnis,
  - bei Tod des Mieters,
  - bei Erstehung in der Zwangsversteigerung,
  - bei Erlöschen des Nießbrauchs durch den Eigentümer.

  Gesetzliche Kündigungsfrist

  · **Kündigungsfristen bei außerordentlicher Kündigung mit Frist**

  BGB § 580a Abs. 4

  Bei Geschäftsraummietverhältnissen ist die Kündigung spätestens am dritten Werktag eines Kalendervierteljahres zum Ablauf des nächsten Kalendervierteljahres zulässig.

  Von den Kündigungsfristen des § 580a kann grundsätzlich durch Vertrag abgewichen werden.

  BGB § 580

  · **Kündigungsrecht bei Tod des Mieters**

  Der Erbe tritt kraft Gesetz in den Mietvertrag ein.

  Sowohl der Erbe als auch der Vermieter haben das Recht das Mietverhältnis außerordentlich **mit gesetzlicher Frist**, innerhalb eines Monats nachdem sie vom Tod des Mieters erfahren haben, zu kündigen.

  Beispiel:
  Der Mieter von Büroräumen stirbt. Der Erbe erfährt am 15. September 2009 vom Todesfall. Am 2. 10. 2009 geht dem Vermieter die außerordentliche Kündigung des Erben zu.
  Für die Kündigung ist die gesetzliche Kündigungsfrist einzuhalten, diese beträgt in diesem Fall 6 Monate auf das Ende eines Quartals, das Mietverhältnis endigt daher mit dem Ablauf des 31. 3. 2010.

12.3.7.2 Die fristlose Kündigung von Wohnraum- und Geschäftsraummietverhältnissen

BGB §§ 543, 569

- Die fristlose Kündigung

Fristlose Kündigung

Bei der fristlosen Kündigung ist keine Kündigungsfrist einzuhalten.

Die fristlose Kündigung führt mit ihrem Zugang zur Beendigung des Mietverhältnisses.

Auslauffrist

Der Kündigende kann jedoch in der Kündigungserklärung bestimmen, dass das Mietverhältnis zu einem späteren Zeitpunkt enden soll **(Auslauffrist)**. Statt eine solche Frist zu bestimmen, kann der Vermieter auch den Herausgabeanspruch stunden, und dem Mieter eine **Räumungsfrist** zugestehen.

Räumungsfrist

Zur fristlosen Kündigung können sowohl der Vermieter als auch der Mieter berechtigt sein.

Voraussetzung für eine fristlose Kündigung ist grundsätzlich eine vergebliche Abmahnung. Die Abmahnung muss grundsätzlich an alle Mitglieder der anderen Vertragsseite gerichtet werden.

Die Abmahnung muss die Beanstandung so genau bezeichnen, dass der Mieter bzw. der Vermieter sein Verhalten entsprechend ändern kann.

Erst die schuldhafte Fortsetzung des abgemahnten Verhaltens rechtfertigt die fristlose Kündigung.

Zu beachten:
Die Vertragspartei, die zur fristlosen Kündigung berechtigt ist, kann Ersatz des durch Kündigung entstandenen Schadens verlangen. Der Schaden wird in erster Linie im Mietausfall liegen.

Kündigungsfolgeschaden

- **Form der fristlosen Kündigung**

Form der fristlosen Kündigung

Die fristlose Kündigung von Wohnraummietverhältnissen bedarf der Schriftform. Für die fristlose Kündigung von Geschäftsraummietverhältnissen ist die Schriftform nicht erforderlich.

- **Kündigungsgründe**

Voraussetzung einer fristlosen Kündigung ist das Vorliegen eines **wichtigen Grundes**.

Wichtiger Grund

Ein solcher liegt vor, wenn unter Berücksichtigung aller Umstände des Einzelfalls insbesondere des Verschuldens und unter Abwägung der beiderseitigen Interessen die Fortsetzung des Mietverhältnisses **unzumutbar** ist.

BGB § 543 Abs. 1

Beispiele:
Mangelnde Zahlungsmoral des Mieters,
Nichtzahlung einer vertraglich geschuldeten Kaution,
wiederholte Unredlichkeiten des Vermieters bei der Berechnung der Miete oder der Nebenkosten.

Ausdrücklich genannte Gründe für die fristlose Kündigung von Wohnraummietverhältnissen:
- Nachhaltige Störung des Hausfriedens durch den Vermieter bzw. den Mieter,
- erhebliche Gefährdung der Gesundheit des Mieters (auch auf Mietverhältnisse über Räume die zum Aufenthalt von Menschen bestimmt sind anwendbar).

BGB § 578 Abs. 2

Bei der fristlosen Kündigung von Wohnraummietverhältnissen, ist der „**wichtige Grund**" im Kündigungsschreiben anzugeben.

Wichtiger Grund im Kündigungsschreiben

BGB § 543
Abs. 2 Nr. 3,
§ 569 Abs. 3

- **Die fristlose Kündigung von Wohnraummietverhältnissen und von Geschäftsraummietverhältnissen bei Zahlungsverzug des Mieters**

  · **Forderungsmanagement**

  Mietausfällen sollte durch ein umfassendes Forderungsmanagement begegnet werden.

  Dieses umfasst:

  · **die Bonitätsprüfung** bei der **Mieterauswahl**

  Äußeres Erscheinungsbild und Verhalten des Mietinteressenten beim persönlichen Kontakt können Indikatoren sein, ob dessen persönliche, soziale und berufliche Verhältnisse den Vorstellungen des Vermieters entsprechen. Unverzichtbar ist daher ein Mieterfragebogen (dessen Fragen allerdings dem Datenschutzrecht und dem Antidiskriminierungsgesetz entsprechen müssen).

  Die **Bonität des Mieters** ist zu prüfen, am besten durch Überlassung einer SCHUFA-Eigenauskunft und einer Bankauskunft. Der Vermieter kann auch Informationen über Wirtschaftsauskunfteien oder das Schuldnerverzeichnis des Amtsgerichts bekommen.

  Weitere Informationen können sich ergeben über den Vorvermieter oder Arbeitgeber.

  · **die Vertragsgestaltung**

  Möglichst alle erwachsenen Bewohner (Ehepaare, Lebensgemeinschaften) im Vertrag als Mieter nennen und unterschreiben lassen. Damit haben offene Forderungen eine breitere Haftungsbasis. Diese Verbreiterung der Haftungsbasis ist auch bei Geschäftsraummietverhältnissen anzustreben. Weiter sollten klare Fälligkeitsregelungen für die Miete und Einzugsermächtigung zum Lastschrifteinzug vereinbart werden und Kautionen verlangt werden (die Barkaution ist am besten verwertbar).

  Bei Empfängern von Sozialleistungen empfehlen sich Anweisungs- und Abtretungserklärungen, damit Leistungen für Unterkunft und Heizung vom Sozialträger direkt an den Vermieter gelangen.

  · **die Vertragsüberwachung (Monitoring)**

  Auch während des Mietverhältnisses sollten regelmäßig die Bonitätsauskünfte erneuert werden. Dabei ist auf mögliche Signale von Zahlungsschwächen, wie Wechsel der Zahlungsart oder der Bankverbindung zu achten, wie auch auf pünktliche Zahlung der Miete, der Nebenkosten und der Kaution.

  Auf verspätete Zahlungen muss sofort reagiert werden.

- die konsequente Einforderung der Außenstände

Bei erstmals offenen Mieten sollte die Zusammenarbeit gesucht, also persönlicher Kontakt aufgenommen (Hausbesuch), ggf. Schuldnerberatung angeboten werden.

Ziel muss dabei sein, eine Schuldanerkenntnis oder ein außergerichtlicher Vergleich. Lösungen bestehen in Stundung der Miete, der befristeten Anpassung der Miete, im Umzug in eine billigere Wohnung bis hin zu Umzugsbeihilfen.

Sollten kooperative Maßnahmen nicht sinnvoll sein, so ist zu prüfen, ob die Rückstände nicht über das gerichtliche Mahnwesen tituliert oder der Weg eines Klageverfahrens gewählt werden oder bei Zahlungsunfähigkeit des Mieters ein Verbraucherinsolvenzverfahren in Gang gesetzt werden sollte.

Eine schriftliche Zahlungsaufforderung sollte dem Mieter die Konsequenzen von Zahlungsstörungen vor Augen führen.

- **Miete**

Zur Miete gehören neben der **Grundmiete** auch die mtl. zu zahlenden **Vorauszahlungen** und **Pauschalen** auf die Betriebskosten, nicht jedoch Nachforderungen aus der Betriebskostenabrechnung.

Für die **Rechtzeitigkeit der Zahlung** kommt es darauf an, dass der Mieter alles Erforderliche getan hat, damit die Miete übermittelt wird. Der Übermittlungsvorgang selbst gehört nicht mehr zu den Leistungen des Mieters. Der Miete darf auch noch am 3. Werktag einzahlen. Besteht allerdings eine „Rechtzeitigkeitsvereinbarung", z. B. dergestalt, dass die Miete jeweils am Monatsersten dem Konto des Vermieters gutgeschrieben sein muss, so muss der Mieter entsprechend früher einzahlen.

Rechtzeitigkeitsvereinbarung

Die fristlose Kündigung des Mietverhältnisses ist möglich, wenn der Mieter:
- Für **zwei aufeinander folgende** Termine mit der Entrichtung der gesamten Miete in Verzug ist, gemäß § 543 Abs. 2 Satz 1 Nr. 3a BGB – **1. Alternative**.

Umfang des Mietrückstandes

Beispiel:
Die Monatsmiete beträgt 400,00 € zzgl. 100,00 € Nebenkosten-Vorauszahlungen. Zahlungs**fehlbeträge**:

September:	es fehlen	500,00 €	von 500,00 €
Oktober:	es fehlen	500,00 €	von 500,00 €
Summe der Rückstände		1.000,00 €	

Die fristlose Kündigung ist möglich.

- Mit einem nicht unerheblichen Teil der Miete für mindestens zwei aufeinander folgende Zahlungstermine in Verzug ist (wobei bei der **Wohnraummiete** der Rückstand nur dann als nicht unerheblich gilt, wenn er die Miete für einen Monat übersteigt, gemäß § 569 Abs. 3 Nr. 1 BGB), gemäß § 543 Abs. 2 Satz 1 Nr. 3a BGB – **2. Alternative**.

Bei **Geschäftsraummiete** ist der Rückstand jedenfalls dann nicht als unerheblich anzusehen, wenn der rückständige Teil eine Monatsmiete übersteigt, BGH, 15.4.1987.

Beispiel:
Die Monatsmiete beträgt 400,00 € zzgl. 100,00 € Nebenkosten-Vorauszahlungen.
Zahlungs**fehlbeträge**:

September:	es fehlen	120,00 €	von 500,00 €
Oktober:	es fehlen	390,00 €	von 500,00 €
Summe der Rückstände		510,00 €	

Da zusammengenommen der Fehlbetrag mehr als eine Monatsmiete beträgt, ist die Summe der Rückstände nicht mehr unerheblich, die fristlose Kündigung daher möglich.

- Mit einem Betrag in Verzug ist, der insgesamt die Miete für 2 Monate erreicht, wobei es unerheblich ist, in welchem Zeitraum der Rückstand aufgelaufen ist, gemäß § 543 Abs. 2 Satz 1 Nr. 3b BGB – **3. Alternative**.

Beispiel:
Die Monatsmiete beträgt 400,00 € zzgl. 100,00 € Nebenkosten-Vorauszahlungen.

Zahlungs**fehlbeträge**:

September:	es fehlen	40,00 €	von 500,00 €
Oktober:	es fehlen	200,00 €	von 500,00 €
November:	es fehlen	0,00 €	von 500,00 €
Dezember:	es fehlen	180,00 €	von 500,00 €
Januar:	es fehlen	0,00 €	von 500,00 €
Februar:	es fehlen	270,00 €	von 500,00 €
März:	es fehlen	40,00 €	von 500,00 €
April:	es fehlen	250,00 €	von 500,00 €
Mai:	es fehlen	60,00 €	von 500,00 €
Summe der Rückstände		1.040,00 €	

Fristlose Kündigung möglich wenn ein Gesamtrückstand von 2 Monatsmieten (= 1.000,00 €) aufgelaufen ist, in diesem Fall beträgt der Rückstand sogar 1.040,00 €.

Die fristlose Kündigung ist **ausgeschlossen**, wenn der Vermieter **noch vor Zugang** der Kündigung vollständig befriedigt wird.

Bei **Wohnraummietverhältnissen** wird die fristlose Kündigung auch dann **unwirksam**, wenn der Vermieter spätestens bis zum Ablauf von 2 Monaten nach Eintritt der Rechtshängigkeit des Räumungsanspruchs (= Zeitpunkt zu dem die Klageschrift dem Mieter zugestellt wird) hinsichtlich der Miete befriedigt wird oder sich eine öffentliche Stelle zur Befriedigung verpflichtet **(Schonfrist)**.

Zu beachten:
Einmalige Rückstände des Mieters werden durch obige Regelung nicht erfasst, wie z. B. Rückstand mit der Kautionszahlung, Rückstand mit der Erstattung der Kosten eines Mietprozesses, oder Rückstand mit der Bezahlung der Nachforderungen aus der jährlichen Betriebskostenabrechnung.

Einmalige Rückstände

12.3.8 Stillschweigende Verlängerung

BGB § 545

Setzt der Mieter trotz Beendigung des Mietverhältnisses den Gebrauch der Mietsache fort, so **verlängert** sich das Mietverhältnis auf **unbestimmte Zeit**, sofern nicht eine der Parteien innerhalb von zwei Wochen ihren dem entgegenstehenden Willen erklärt.

Fortsetzung der Miete

Die Zwei-Wochenfrist beginnt für den Vermieter mit dem Zeitpunkt, in dem er von der Fortsetzung Kenntnis erhält und für den Mieter mit der Fortsetzung des Gebrauchs.

Beispiel:
Der Mieter wartet auf das Freiwerden seiner neuen Wohnung und zieht daher zum Ende der Mietzeit nicht aus. Er vergisst seinen Widerspruch gegen die Fortsetzung des Mietverhältnisses innerhalb der Zwei-Wochenfrist abzugeben.
Nun wird seine neue Wohnung frei und er zieht dort ein.
Folge: Der Mieter muss seine alte Wohnung erneut kündigen und bis zum neuen Ende der Mietzeit Miete zahlen.

Die Regelung des § 545 BGB kann vertraglich ausgeschlossen werden.

12.3.9 Veräußerung und Vertragsende

Wird ein Grundstück veräußert, tritt der Erwerber in die sich aus dem Mietverhältnis ergebenden Rechte und Pflichten ein. Entscheidend sind die Auflassung und die Eintragung in das Grundbuch. In diesem Zeitpunkt **endet das Mietverhältnis** zwischen dem **Veräußerer und dem Mieter**.

Ab diesem Zeitpunkt kann nur noch der **Erwerber** auf Erfüllung der Vermieterpflichten in Anspruch genommen werden. Alle **vor dem Eigentumswechsel** entstandenen und fällig gewordenen Ansprüche verbleiben beim **Veräußerer**.

12.3.10 Abwicklung des beendeten Mietverhältnisses

– Rückgabe

Rückgabe

Nach dem Ende des Mietverhältnisses hat der Mieter die Mietsache, z. B. die Mieträume zurückzugeben, indem der Mieter dem Vermieter den unmittelbaren Besitz an den Mieträumen einräumt.

BGB § 546

Gemäß § 542 BGB endigt das Mietverhältnis mit Zeitablauf oder dem Ablauf der Kündigungsfrist und im Fall der fristlosen Kündigung sofort mit Zugang der fristlosen Kündigungserklärung.

Beispiel:
Ende des Mietverhältnisses, Samstag, 31.10.2009.
Die Mieträume sind erst am Tag nach Beendigung des Mietverhältnisses zurückzugeben. Fällt dieser Tag auf einen Samstag, Sonntag oder Feiertag, müssen die Räume erst am nächsten Werktag zurückgegeben werden. Dies ist im Beispielsfall Montag, der 2.11.2009.

Im Zuge der Rückgabe der Mieträume sind u. a. folgende Punkte zu klären und ggf. zu erfüllen:
- Aushändigung der Schlüssel durch den Mieter,
  Gibt der Mieter nicht alle Schlüssel zurück, enthält er dem Vermieter die Mieträume vor und gibt diese somit nicht zurück,
- Entfernung der vom Mieter eingebrachten Sachen,
- Übergabe der Räume durch den Mieter wenigstens besenrein,
- Beseitigung baulicher Anlagen und Einrichtungen und Herstellung des ursprünglichen Zustandes durch den Mieter,
- Durchführung der Schönheitsreparaturen durch den Mieter, soweit er die Verpflichtung hierfür vertraglich übernommen hatte und die Schönheitsreparaturen fällig sind,
- Rückgabe der Kaution durch den Vermieter,
- Erstattung von Mietvorauszahlungen (§ 547 BGB) durch den Vermieter,
- Aufbewahrung vom Mieter zurückgelassener Sachen durch den Vermieter.

BGB § 546a — Bei verspäteter Rückgabe kann der Vermieter für die Dauer der **Vorenthaltung** eine **Nutzungsentschädigung** verlangen.

Eine Vorenthaltung liegt z. B. vor, wenn der Mieter die Schlüssel nicht zurückgibt.

Nutzungsentschädigung — Von Nutzungsentschädigung spricht man, wenn jemand ein Entgelt dafür zu leisten hat, weil er ein Grundstück oder Gebäude nutzt, ohne Mieter oder Pächter zu sein.

Schadenersatzanspruch

Entschädigung	
Nutzungsentschädigung (= Mindestentschädigung) • in Höhe der bisher **vereinbarten** Miete oder • in Höhe der (höheren) **ortsüblichen** Miete.	weiterer Schadenersatzanspruch z. B. für • inzwischen gestiegene Renovierungskosten, • entgangenen Gewinn bei geplanten Selbstbezug, • entgangener Miete.

Beispiel:
Das Mietverhältnis wurde durch den Mieter zum 31.10.2009 gekündigt.
Die Rückgabe der Wohnung erfolgte erst am 15.11.2009.
Der Vermieter hat nun einen Anspruch auf **Nutzungsentschädigung** bis zur Rückgabe der Wohnung am 15.11.21009, gemäß § 546a Abs. 1 BGB. Für die Zeit

danach bis zum 30.11.2009 kann der Vermieter ggf. einen **Schadenersatzanspruch** gemäß § 546a Abs. 2 BGB geltend machen, wegen einer erst später möglichen Vermietung (BGH 5.10.2005).

Die Mietsache ist **nicht vorenthalten**, wenn diese in mangelhaften Zustand zurückgegebengeben wird. Das bedeutet, dass der nicht vertragsgemäße Zustand der Räume den Vermieter nicht berechtigt die Rücknahme der Miträume abzulehnen. In diesem Fall hat der Vermieter gesonderte Ansprüche.

- **Kaution (Mietsicherheit)**

<!-- margin: Kaution/Mietsicherheit -->

Der Anspruch auf Rückzahlung der Kaution entsteht erst, wenn alle sicherbaren Forderungen bekannt sind (OLG Düsseldorf, 22.4.2005).

Sind Vorauszahlungen auf die Nebenkosten vereinbart, kann der Vermieter sich auf ein Zurückbehaltungsrecht **in Höhe der voraussichtlichen Nachzahlung** berufen und den Rest ggf. auszahlen, sobald er sieht, dass ansonsten keine Ansprüche gedeckt werden müssen.

- **Verjährung der Ersatzansprüche und des Wegnahmerechts**

<!-- margin: BGB § 548 -->

Verjährungsfristen	
Die Ersatzansprüche des **Vermieters** wegen Veränderungen oder Verschlechterungen der Mietsache verjähren in **6 Monaten**, beginnend mit dem Zeitpunkt in dem der Vermieter die **Mietsache zurückerhält**.	Ansprüche des **Mieters** auf Ersatz von Aufwendungen oder auf Gestattung der Wegnahme der Einrichtungen verjähren in **6 Monaten**, beginnend mit der **Beendigung des Mietverhältnisses**.
Beispiele: Ansprüche des Vermieters wegen **fälliger Schönheitsreparaturen** oder auf fällige Zahlung von **Instandsetzungskosten**, soweit diese Verpflichtungen vom Mieter vertraglich übernommen worden waren.	

<!-- margin: Verjährung des Anspruchs auf Schönheitsreparaturen -->

- **Protokoll**

<!-- margin: Protokoll -->

Bei Beendigung des MV wird häufig die gemeinsame Besichtigung der Räume verabredet und hierüber ein Protokoll erstellt.

Ein Anspruch einer Partei gegenüber der anderen auf Mitwirkung bei der Protokollaufnahme besteht nur, wenn dies vertraglich vereinbart worden ist.

Im Protokoll zur Rückgabe von Miträumen sollten u. a. Feststellungen getroffen werden,
· zum Zustand der Miträume,
· den noch auszuführenden Schönheitsreparaturen,
· den noch auszuführenden Arbeiten zur Mängelbeseitigung,

- über die Anzahl der zurückgegebenen Schlüssel,
- über die relevanten Zählerzwischenstände (Strom-, Kaltwasser-, Warmwasserverbrauchs-, Wärmeverbrauchszähler).

Ein von Vermieter und Mieter unterschriebenes Abnahmeprotokoll bescheinigt, dass der Mieter die Räume mangelfrei zurückgegeben hat.

Entdeckt der Vermieter später doch noch Schäden, kann er diese grundsätzlich nicht mehr geltend machen. Für den Mieter bedeutet dies, dass er grundsätzlich darauf vertrauen kann, z. B. hinsichtlich Reparaturen, Schönheitsreparaturen, nicht mehr in Anspruch genommen zu werden, soweit diesbezüglich **keine** Aufnahme im Protokoll erfolgt ist.

Daher:
- Keine Abnahme im Halbdunkel oder bei Notbeleuchtung,
- keine Abnahme in Zweifelsfällen ohne Vorbehalt weiterer Erkenntnisse bei Nachbesichtigung mit Sonderfachleuten,
- Aufnahme eines **Vorbehalts** bei erkannten Mängeln.

– **Räumung**

Räumungsklage

Für den Fall, dass der Mieter nach Beendigung des Mietverhältnisses die Mietsache nicht zurückgibt, kann der Vermieter beim zuständigen Amtsgericht Räumungsklage erheben und ein Räumungsurteil erwirken.

Der Gerichtsvollzieher muss in der Folge dann den Mieter **aus dem Besitz setzen** und den Gläubiger (Vermieter) **in den Besitz einweisen**.

Der Gerichtsvollzieher wird auf Antrag des Gläubigers (Vermieters) tätig.

ZPO §§ 721, 794a

Wird der Mieter mit dem Urteil verpflichtet, die **Wohnung** zu räumen, kann das Gericht trotzdem dem Mieter auf dessen Antrag oder von Amts wegen vorübergehend Räumungsschutz gewähren.

Räumungsfrist

Rechtlich handelt es sich bei der Gewährung einer Räumungsfrist um die Stundung der bestehenden Räumungsverpflichtung.

Die gewährte Räumungsfrist hat die Wirkung, dass vor ihrem Ablauf nicht vollstreckt werden darf.

Die Räumungsfrist darf grundsätzlich nicht mehr als 1 Jahr betragen. Sie beginnt, z. B. ab der Rechtskraft des Urteils.

Während des Laufes der Räumungsfrist kann der Vermieter als Nutzungsentschädigung den vereinbarten Mietzins oder wahlweise eine Entschädigung, welche der ortsüblichen Miete entspricht verlangen.

12.4 ÜBERWACHUNGSAUFGABEN

Eine entgeltliche Überlassung ist im Regelfall die Voraussetzung für das Vorliegen eines Mietverhältnisses.

Die **Abgrenzung** zwischen **Mietverhältnissen über Wohnraum bzw. Geschäftsräume** ist **nicht** immer **einfach**, insbesondere bei Mischformen.

Die Zuordnung hat jedoch beträchtliche rechtliche Auswirkung.

Bei Mietverhältnissen über **Geschäftsräume** sind die Schutzrechte des Mieters häufig eingeschränkt oder vertraglich ausgeschlossen. Die Schutzbedürftigkeit des Mieters, bei dem eine sozial schwächere Position unterstellt wird, ist bei Geschäftsraumverhältnissen von untergeordneter Bedeutung.

Geschäftsräume sind Räume, die dazu vertraglich bestimmt und geeignet sind, geschäftlichen und (frei-)beruflichen Zwecken des Mieters im weiteren Sinn zu dienen.

Dabei kann in den Gewerberäumen zumindest auch gelegentlich übernachtet werden, ohne dass hierbei eine gewerbliche Nutzung grundsätzlich ausgeschlossen oder behindert wird. *(Geldmacher, Kommentar zu § 535, in: Fischer-Dieskau, Pergande, Schwender, Wohnungsbaurecht, Band 5, 158. Erg.lieferung, S. 20)*

Wohnraum ist ein Raum, welcher auf Dauer geeignet ist, dass Menschen dort einen privaten Haushalt führen können *(Vgl. Geldmacher, Kommentar zu § 535, in: Fischer-Dieskau, Pergande, Schwender, Wohnungsbaurecht, Band 5, 158. Erg.lieferung, S. 20)*.

Abgrenzungsmerkmale zwischen Wohnraummietverhältnissen und Geschäftsraummietverhältnissen sind:
- Welcher Vertragszweck wurde im Mietvertrag vom Mieter vereinbart?
- Handelt es sich um ein sog. Mischmietverhältnis, kommt es darauf an, welche Nutzung überwiegt.
- Eine eigene Nutzung der Räume durch den Mieter, dessen Familie oder im Haushalt wohnender Personen.

Beispiele für Sonderformen:
Studentenwohnheime, Jugendherbergen, Altenheime.

Die Verpflichtung des Vermieters zur vertragsgemäßen Erhaltung der Mietsache und der daraus resultierenden Pflicht zur Überwachung von Immobilienobjekten ergibt sich aus dem Bürgerlichen Gesetzbuch.

Der Vermieter hat die Mietsache dem Mieter in einem zum vertragsgemäßen Gebrauch geeigneten Zustand zu überlassen und sie während der Mietzeit in diesem Zustand zu erhalten.

Eine Überwachungspflicht kann außerdem aus den Grundsätzen einer ordentlichen Geschäftsführung hergeleitet werden.

12.4.1 Überwachungsaufgaben im kaufmännischen Bereich

Die Beachtung der **Grundsätze einer ordnungsgemäßen Geschäftsführung** gehört zu den zentralen kaufmännischen Überwachungsaufgaben.

12.4.1.1 Überwachung des pünktlichen Mieteingangs

Der Mieter ist verpflichtet, dem Vermieter die vereinbarte Miete zu entrichten.

Die Überwachung des **pünktlichen Mieteingangs** der Miete ist gleichzeitig die Überwachung der Erfüllung einer der Hauptpflichten des Mieters.

Hieraus ergibt sich somit die wichtigste kaufmännische Überwachungspflicht.

Die regelmäßige Überwachung des pünktlichen Mieteingangs ist eine Voraussetzung dafür, dass Forderungsausfälle vermieden werden bzw. dass die Verjährung von Mietforderungen gehemmt wird. Die **Verjährungsfrist** beginnt gem. § 199 BGB mit dem Ende des Jahres, in dem der Anspruch entstanden ist und beträgt gem. § 195 BGB 3 Jahre. Diese Überwachung ist um so mehr von Bedeutung, als die Verjährungsfristen im Mietrecht in nicht unerheblichem Umfang verkürzt sind.

Beispiel hierfür ist die Verjährung in 6 Monaten gem. § 548 BGB. (Ersatzanspruch des Vermieters wegen Veränderung oder Verschlechterung der vermieteten Sache.)

12.4.1.2 Verschiedene Arten von Mahnungen

Welche Form und welche Formulierungen im Rahmen des betrieblichen außergerichtlichen Mahnverfahrens angewandt werden, hängt vom Einzelfall ab. Ziel der Mahnungen ist es, ein gerichtliches Verfahren abzuwenden und damit Zeit und Kosten zu sparen. Die Gestaltung von Mahnungen bewegt sich auf dem schwierigen Pfad zwischen kundenorientiertem, höflichem und Firmenimage bildendem Verhalten einerseits und wirtschaftlichen Notwendigkeiten andererseits. Eine Differenzierung zwischen Mahnungen im Bereich der Geschäftsraummietverhältnisse und Wohnraummietverhältnisse ist ebenfalls unumgänglich.

Beispiel für ein gestaffeltes Vorgehen:	
· Schreiben: höfliche Erinnerung	– Zahlungserinnerung
· Schreiben: deutliche Zahlungsaufforderung	– Abmahnung
· Schreiben: letztmalige Zahlungsaufforderung	– Androhung eines Mahnbescheides
· Antrag auf Erlass eines Mahnbescheides beim Amtsgericht	

12.4.1.3 Einhaltung erteilter Auflagen und Genehmigungen

Folgende Verfahren zur Überwachung erteilter Genehmigungen und Auflagen sind denkbar:

- **Kontrollen durch Besichtigung.**
- Einholung einer schriftlichen **Bestätigung des Mieters**, dass er die Auflage erfüllt bzw. durch beauftragte Dritte erfüllen lässt.
- **Beauftragung** von geeigneten und ggf. sachkundigen Dritten mit der Überwachung.

12.4.1.4 Eigen- und Fremdverwaltung

Ob eine Überwachung selbst oder durch Dritte vorteilhafter ist, hängt u. a. auch von Folgendem ab:

- Vorhandene Fach- und Sachkenntnis,
- Ortsansässigkeit,
- Organisationsaufwand,
- Kostenvergleich,
- Umfang des zu verwaltenden Immobilienbestandes.

12.4.1.5 Zentrale und dezentrale Wohnungsverwaltung

Mit zunehmender Verfügbarkeit von kostengünstigen Kommunikationsmitteln, wie Funkgeräten, Datenübertragungsmöglichkeiten etc. gewinnt die Frage der **optimalen Organisationseinheit** entscheidende Bedeutung:

Soll ein Immobilienbestand zentral oder dezentral verwaltet werden.

Ein bedeutender Faktor für diese Entscheidung kann u. U. in der Verfügbarkeit von geeignetem und kostengünstigem **Fachpersonal** liegen. Absolute Aussagen über die optimale Größe von Verwaltungseinheiten sind nicht möglich. Eine differenzierte Aufteilung von zentral vorgenommenen Verwaltungsfunktionen, die von dezentralem Dienstleistungsangebot ergänzt werden, ist zukunftsweisend.

12.4.2 Überwachungsaufgaben im technischen Bereich

12.4.2.1 Nutzung von Sondereinrichtungen

- Arten von Sondereinrichtungen

Die Konkurrenz bei der Vermietung von Wohn- und Geschäftsräumen nimmt zu – und damit auch die Bedeutung von Sondereinrichtungen, die dem Mieter zur Verfügung stehen.

Beispiele: Waschsalons, Gästewohnungen, Parträume, Jugendtreffs, Saunen, Hallenbäder, Bastelräume, Spareinrichtungen, Autowaschmöglichkeiten, Reparaturwerkstätten, Gemeinschaftswerbung bei Geschäftsraummietverhältnissen, Mieterzeitungen, Grillplätze usw.

In der Praxis werden die Begriffe Sondereinrichtungen und Gemeinschaftseinrichtungen teilweise sinngleich verwendet.

– **Kosten der Sondereinrichtungen**

Entweder bietet der Vermieter dem Mieter diese Sondereinrichtungen als kostenlosen Service, oder es werden ganz oder teilweise kostendeckende Benutzergebühren verlangt. In diesem Fall sind diese Kosten getrennt zu erfassen und abzurechnen. Eine Erfassung sämtlicher Kosten einer Sondereinrichtung über die Betriebsabrechnung empfiehlt sich dringend. Damit wird der Überblick über die Kostenentwicklung nicht aus dem Auge verloren. Gleichzeitig ist hiermit eine saubere Trennung z. B. der Betriebskosten von denjenigen der übrigen Verwaltungseinheit sichergestellt. In regelmäßigen Abständen sollte eine Nutzen-/Kostenanalyse von Sondereinrichtungen vorgenommen werden.

Neue Möglichkeiten zeichnen sich durch die schnelle Ausbreitung des Internets ab. Kostengünstige Zugangsmöglichkeiten zum Internet, die der Vermieter zur Verfügung stellt, fördern die Attraktivität von Wohnungen für Mietparteien. Ob die Kosten für neue Sondereinrichtungen dieser Art den Mietern in Rechnung gestellt werden und nach welchem Berechnungsschema dies geschehen kann, lässt sich noch nicht absehen.

12.4.2.2 Verfahren vom Eingang der Reparaturmeldung bis zur Mängelbeseitigung

Wichtigste Voraussetzung einer ordnungsgemäßen Abwicklung von Reparaturmeldungen ist die genaue Festlegung,
– wer zur Entgegennahme von Reparaturmeldungen und bis zu welcher Höhe berechtigt ist;
– wer zur Vergabe von Reparaturarbeiten berechtigt ist;
– wer die termin- und sachgemäße Durchführung der Reparaturarbeiten überwacht.

Intern ist darüber im Dienstverteilungsplan o. ä. eine klare Zuordnung der Verantwortung zu treffen. Diese nachvollziehbare, im Regelfall schriftlich niederzulegende Regelung kann u. U. bei der Klärung einer Haftungsfrage im Schadensfall von entscheidender Bedeutung sein. Fehlende Organisationsregelungen muss sich im Zweifelsfalle die Geschäftsführung anlasten lassen.

Extern, d. h. im Verhältnis zum Mieter, muss deutlich erkennbar sein, an wen er sich mit Reparaturmeldungen wenden kann. Es empfiehlt sich bereits bei Beginn des Mietverhältnisses, z. B. mit Aushändigung des Mietvertrages im Rahmen eines „Servicepaketes", diese Informationen dem Mieter in einer solchen Form auszuhändigen, die zu einer längeren, möglicherweise jahrelangen Aufbewahrung geeignet ist. Zusätzlich sollte in regelmäßig wiederkehrenden Abständen ein Hinweis hierüber erfolgen. Eine Mieterzeitung ist ebenfalls dazu geeignet, wie auch Anschläge an allgemein zugänglichen Informationstafeln in der Verwaltungseinheit.

Ein zuverlässiges Melde- und Abwicklungsverfahren ist bei Reparaturen unumgänglich, deren Behebung den Sicherheitsbereich betreffen. Es ist Vorsorge zu treffen, dass Störungsmeldungen bei Heizungsausfall während der Heizperiode zum raschen Einsatz von Fachkräften führen. Die Einhaltung von Vorschriften z. B. über die Zeit, die maximal bis zu der Befreiung von eingeschlossenen Personen in Aufzügen vergehen darf, ist durch organisatorische Maßnahmen sicherzustellen.

Neue Formen der Abwicklung von Reparaturmeldungen bis zur Erledigung versuchen den damit entstehenden Verwaltungs- und Kostenaufwand zu minimieren:
- So ist z. B. das pauschale Vergeben von Arbeiten eines oder mehrerer Gewerke an Pools von geeigneten Handwerksfirmen denkbar, die im Rahmen von vereinbarten Kostensätzen gemeldete Standardreparaturen ausführen und hierbei zur Einsparung von kostenintensiven erneuten Anfahrten auch vorsorgliche, für den Fachmann erkennbare weitere Reparaturen in der Verwaltungseinheit durchführen.
- Offensichtlich positive Erfahrungen werden von Wohnungsverwaltungen berichtet, die ihren Mietern gestatten, Reparaturmeldungen direkt an vorher festgelegte Handwerksfirmen zu melden. Die Überprüfung und Bestätigung der ordnungsgemäßen Durchführung der Reparatur wird ebenfalls, soweit möglich, dem Mieter übertragen. Der Mieter wird hierdurch stärker als bei anderen Organisationsformen bei der Abwicklung von Reparaturen mit in die Verantwortung genommen. Stichprobenweise ist jedoch eine Überprüfung auch dieses Systems durch die Wohnungsverwaltung unumgänglich. Auf die rechtliche Problematik der Haftung etc. ist besonders zu verweisen, ebenso auf eine sorgfältige juristische Prüfung des Risikoumfangs und etwaigen versicherungstechnischen Absicherungsbedarfs.
- Die Vernetzung beteiligter Datenverarbeitungssysteme zwischen Wohnungsunternehmen/Auftraggeber, Handwerksfirmen/Auftragnehmer und weiteren Beteiligten, z. B. Sachversicherungen, werden nicht nur zu einer Beschleunigung der Verfahren beitragen, sondern sich auch kostengünstig auswirken. Eine solche Vernetzung mindert zudem das Fehlerrisiko.

12.4.2.3 Verpflichtung nach Werk- und Dienstvertrag

- Pflichten und Gegenstand des Werkvertrages

Durch den Werkvertrag wird der Unternehmer zur Herstellung des versprochenen Werkes, der Besteller zur Entrichtung der vereinbarten Vergütung verpflichtet.

Gegenstand des Werkvertrages kann sowohl die Herstellung oder Veränderung einer Sache als auch ein anderer durch Arbeit oder Dienstleistung herbeizuführender Erfolg sein.

– Pflichten und Gegenstand des Dienstvertrages

Durch den Dienstvertrag wird derjenige, welcher Dienste zusagt, zur Leistung der versprochenen Dienste, der andere Teil zur Gewährung der vereinbarten Vergütung, verpflichtet.

Gegenstand des Dienstvertrages können Dienste jeder Art sein.

Übertragen auf das Beispiel „Pflege von Grünanlagen" ergeben sich aus der unterschiedlichen Vertragsgestaltung u. a. folgende Auswirkungen:

– Auswirkungen beim Werkvertrag

Genaue Beschreibung der auszuführenden Arbeiten, z. B. 6–8 Rasenschnitte jeweils auf eine Schnitthöhe von ca. 5–8 cm.

Fest vereinbarte Preise, z. B. je m^2 Rasenfläche erhält der Auftragnehmer ... € (inkl. Umsatzsteuer).

Nebenarbeiten wie z. B. Zusammenrechen des Schnittgutes, Abtransport, Kompostierung etc. können pauschal im Werkvertrag dem Auftragnehmer übertragen werden. Sei es durch Einschluss der notwendigen Nebenarbeiten in die werkvertragliche Vereinbarung oder durch detaillierte Ausführung dieser Arbeiten.

Die Durchführung dieser Arbeiten ist nicht personengebunden und damit unabhängig von Erkrankung, Urlaub etc. der Ausführenden. Dem Auftragnehmer obliegt es außerdem, für die notwendigen Maschinen und Gerätschaften Sorge zu tragen. Das Risiko des Ausfalls einer Mähmaschine obliegt ausschließlich dem Auftragnehmer.

Ob die vereinbarten Preise für die Durchführung von Pflege im Grünbereich kostendeckend sind, ist für den Auftraggeber nicht von Bedeutung.

– Auswirkungen beim Dienstvertrag

Der Auszuführende dieser Arbeiten steht in einem Arbeitsverhältnis zum Auftraggeber. Er wird durch Dienstanweisung beauftragt, bestimmte Arbeiten, z. B. Rasenmähen, Heckenschneiden, auszuführen.

Die Wohnungsverwaltung hat in diesem Falle selbst für Personalvertretung im Krankheits- und Urlaubsfall Sorge zu tragen. Ebenso ist für die notwendigen Maschinen Ersatz vorzuhalten. Ob die Arbeiten im vorgesehenen Zeit- und damit Kostenrahmen durchgeführt wurden, ist im Regelfall erst nach Abschluss der Arbeiten durch eine Betriebsabrechnung zu ermitteln.

Bei saisonbedingten Arbeiten im Bereich der Grünpflege muss bei dienstvertraglicher Organisation das Unternehmen für eine Auslastung des Personals sowie des notwendigen Maschinenparks Sorge tragen.

– Abwägung

Bei der Abwägung, ob die Pflege der Grünflächen werk- oder dienstvertraglich organisiert werden soll, spielen Kostengründe eine ausschlaggebende Rolle. Eine sorgfältige Kostenanalyse, wie sie z. B. im Handel bzw. in Produktionsbetrieben schon lange die Regel ist, wird in zunehmendem Maße auch – selbst bei kleineren Wohnungsverwaltungen – unumgänglich. Die Kosten der Pflege der Grünanlagen sind weitgehend Betriebskosten und somit Teil der Gesamtmiete. Deren Höhe ist jedoch entscheidend für die Vermarktung von Mieteinheiten.

Ein weiterer Gesichtspunkt für die werkvertragliche Vergabe dieser Arbeiten ist der zunehmende Bedarf an Fachwissen. Grünanlagenpflege ist keine „Amateurarbeit". Gesetze und Verordnungen zum Schutze der Umwelt sind zu beachten. Die vielerorts bestehenden „Baumschutzverordnungen" sind, ebenso wie die Vorschriften beim Einsatz von Herbiziden und Pestiziden, nur einzelne Beispiele. Verstöße hiergegen können beträchtliche rechtliche Konsequenzen nach sich ziehen. Ein Teil der Mieter ist, wie die Öffentlichkeit auch, gegen derartige Verstöße sensibel geworden. Unterlässt es eine Immobilienverwaltung bei der dienstvertraglichen Regelung der Pflege des Grünbereiches für ausreichend gebildetes Personal zu sorgen, muss sie sich dies im Zweifelsfall anlasten lassen.

Das am 1. 4. 1999 in Kraft getretene Gesetz zur Neuregelung der geringfügigen Beschäftigungsverhältnisse hat mit seinen sozialversicherungsrechtlichen, steuerlichen und arbeitsrechtlichen Änderungen erhebliche Auswirkungen auf die Wohnungswirtschaft. Von Seiten des Wohnungsunternehmens ist sorgfältig auf die Einhaltung der in der Anwendung nicht unkomplizierten Vorschriften zu achten. In zahlreichen Wohnungsgesellschaften und Wohnungsgenossenschaften sind von dieser Neuregelung langjährige nebenamtlich Tätige betroffen, die z. B. Hausmeisterdienste/Hauswartdienste versehen.

12.4.2.4 Kontrolle des Zustandes der Wohnungen

– **Wohnungsbegehung und Wohnungs- bzw. Bestandskontrolle**

Aus wohnungswirtschaftlicher Sicht sind regelmäßige Wohnungsbegehungen (auch Wohnungsbesichtigungen bzw. Objektbesichtigungen genannt) in die Pflichten einer ordnungsgemäßen Objektbewirtschaftung einzureihen, soweit der Objekteigentümer nicht bereits durch Gesetz oder Verordnung hierzu verpflichtet ist.

Beispiele:
Aus dem Arbeits- und Gewerberecht:
- Verordnung über elektrische Anlagen in explosionsgefährdeten Räumen (ElexV)
- Arbeitsstättenverordnung (ArbStättV)
- Unfallverhütungsvorschriften

Aufgrund der Versicherungsbedingungen des Verbandes der deutschen Sachversicherer, aufgrund landesrechtlicher Vorschriften:

Beispiel: Bayerische Bauordnung
- Warenhausverordnung
- Versammlungsstättenverordnung
- Garagenverordnung
- Gaststättenbauverordnung
- Hochhausrichtlinien
- Baugenehmigungsbescheide.

Aufgrund von DIN-VDE-Bestimmungen

Unter anderem bieten auch die Technischen Überwachungsvereine (TÜV) eine Reihe von Prüfdiensten zur Erfüllung dieser Verpflichtungen an.

Darüber hinaus empfiehlt es sich, das Recht des Vermieters zur regelmäßigen Wohnungsbegehung im Mietvertrag zu verankern.

Formulierungsbeispiel für einen Wohnraummietvertrag (aus dem Mustermietvertrag 1976 mit Änderungen unter Mitwirkung des Bundesministers der Justiz):
- Der Vermieter oder von ihm Beauftragte dürfen die Mietsache zur Prüfung ihres Zustandes oder zum Ablesen von Messgeräten in angemessenen Abständen und nach rechtzeitiger Ankündigung betreten. Auf eine persönliche Verhinderung des Mieters ist Rücksicht zu nehmen.
- Will der Vermieter das Grundstück/die Eigentumswohnung verkaufen oder ist der Mietvertrag gekündigt, so sind der Vermieter oder von ihm Beauftragte auch zusammen mit Kauf oder Mietinteressenten berechtigt, die Mietsache an Wochentagen von ... bis ... Uhr, an Sonn- und Feiertagen von .... bis .... Uhr nach rechtzeitiger Ankündigung zu besichtigen.
- Bei längerer Abwesenheit hat der Mieter sicherzustellen, dass die Rechte des Vermieters nach 1 und 2 ausgeübt werden können.

Gründe für eine Wohnungsbesichtigung können sein:
- Überprüfung, ob sich die Wohnung in einem vertragsgemäßen Zustand befindet;
- Überprüfung, ob der Mieter die vertraglich übernommene Verpflichtung zur Durchführung der Schönheitsreparaturen erfüllt;
- zum Zwecke der Funktions- bzw. Sicherheitskontrolle der technischen Geräte (z. B. Gasgeräte), die im Eigentum des Vermieters stehen;
- Kontrolle, ob die Mieträume dem vertraglich vereinbarten Zweck entsprechend genutzt werden (z. B. Wohnraumzweckentfremdung, nicht genehmigte Untervermietung).

Zu beachten sind auf jeden Fall bei Wohnungs- und Objektbegehungen:
- Eine rechtzeitige im Regelfall schriftliche Ankündigung,
- genaue Angabe des Termins (z. B. „5. August d. J. um 17.30 Uhr),
- ausreichende Rücksichtnahme auf Belange des Mieters (z. B. berufliche Abwesenheit, Krankheit),
- die ortsüblichen Besuchszeiten (soweit im Mietvertrag nicht bereits geregelt).

Regelmäßige Wohnungsbegehungen sollten jedoch nicht in erster Linie nur unter dem Gesichtspunkt der „Kontrolle" gesehen werden. Sie sind ein wirksames Mittel der Kontaktpflege zwischen Vermieter und Mieter. Sie helfen, die Gefahr der Anonymität zu bannen, die u. U. bei großen Wohnungsverwaltungen oder auch bei einem nicht ortsansässigen Vermieter besteht. Dieser wichtige Aspekt einer Betonung der Partnerschaft zwischen Mieter und Vermieter muss jedoch sowohl bei der Ankündigung als auch der ganzen Abwicklung der Wohnungsbegehung zum Ausdruck kommen.

Wohnungsbegehungen ohne Zustimmung bzw. in Abwesenheit des Mieters sind – auch für den Fall, dass der Vermieter einen Schlüssel (bzw. Generalschlüssel) zu den Mieträumen hat – ausschließlich auf den Fall zu beschränken, dass Gefahr im Verzuge ist. Es ist zu empfehlen, z. B. im Falle eines Wasserrohrbruches in vermieteten Räumen, während der Abwesenheit des Mieters diese zur Schadensabwehr nur in Anwesenheit vertrauenswürdiger Dritter (i. d. R. der Polizei) zu betreten. Die Grenze zum Hausfriedensbruch ist eng zu ziehen.

Für Wohnungsbegehungen ist es angebracht, erfahrenes und geschultes Personal einzusetzen. Häufig sind Wohnungsbegehungen der einzige persönliche Kontakt zwischen Mieter und Vermieter über lange Zeiträume, insbesondere wenn keine besonderen Probleme Anlass hierzu geben. Deshalb sollen derartige Wohnungsbegehungen einen positiven Eindruck beim Mieter hinterlassen. Andererseits soll auch hierbei ein Augenmerk auf eventuell nicht auf den ersten Blick erkennbare Probleme der Mietparteien gerichtet werden.

Beispiele:
- Vereinsamung eines älteren Menschen wegen fehlender sozialer Kontakte,
- Alkohol- oder Drogenprobleme.

Werden solche Probleme bei einer Wohnungsbegehung erkannt, sollten im Sinne eines partnerschaftlichen Verhältnisses zwischen Mieter und Vermieter – nicht zu verwechseln mit Überwachung – zahlreiche vorhandene Hilfs-Organisationen um Unterstützung gebeten werden. Hierdurch könnte manche menschliche Tragödie, die sich in großen Wohnanlagen mit wenig Nachbarschaftskontakten ereignet, vermieden werden.

Eine Immobilienverwaltung muss durch Terminpläne sicherstellen, dass sowohl die Mieteinheiten als auch die Objekte insgesamt einer regelmäßigen Kontrolle unterliegen. Besonderes Augenmerk ist auf Vollständigkeit der durchgeführten Kontrollen zu legen. Mieter, die sich einer solchen zu entziehen trachten, haben u. U. einen Grund dafür, die Besichtigung der Mieteinheit zu vereiteln. Gerade hier ist Anlass zu besonderer Sorgfalt gegeben.

12.4.2.5 Vor- und Nachteile beim Abschluss von Wartungsverträgen

Typische Bereiche, für die Wartungsverträge geschlossen werden:
- Feuerungs-,
- Wärmeversorgungs-,
- Lüftungstechnische Anlagen,
- Gasgeräte,

- Aufzüge,
- Rolltore für Garagenanlagen.

Die allgemeinen Wartungsarbeiten sind i. d. R. Maßnahmen zur Bewahrung des Sollzustandes durch Prüfungs-, Nachstell-, Auswechsel-, Schmier- und Reinigungsarbeiten. Hierfür werden üblicherweise Pauschalpreise vereinbart, die alle dafür anfallenden Löhne, Fahrt- und Nebenkosten abdecken. Preisanhebungen während der Vertragslaufzeit sind i. d. R. an die branchenbezogene Entwicklung der Lohnkosten geknüpft. Es empfiehlt sich, die im Rahmen des Wartungsvertrages durchzuführenden Arbeiten einschließlich der notwendigen zeitlichen Wiederholungen zu detaillieren. Hierbei zu berücksichtigen sind evtl. bestehende Vorschriften.

Anhaltspunkte können evtl. bestehende Muster von Fachverbänden liefern.

Mögliche Vorteile beim Abschluss von Wartungsverträgen:
- Preisvergleich bei genauem Leistungsbeschrieb vor Vergabe der Arbeiten möglich,
- Haftung nach werkvertraglichem Recht,
- Personenunabhängige Durchführung.

Mögliche Nachteile beim Abschluss von Wartungsverträgen:
- Beschränkung ausschließlich auf den vereinbarten Arbeitsumfang.
- Mögliche Abgrenzungsprobleme zur „Störungsbehebung" und/oder zu Instandsetzungsarbeiten.

12.4.2.6 Einrichtung eigener Wartungsdienste

Sogenannte Regiebetriebe werden insbesondere von größeren Immobilienverwaltungen bevorzugt in folgenden Bereichen unterhalten: Heizung, Sanitär, Elektro und Pflege von Grünanlagen sowie Schneeräumdienste.

Gründe, die für die Unterhaltung von Regiebetrieben sprechen:
- Ortskenntnis der Mitarbeiter.
- Kostengünstige Zusammenfassung von unterschiedlichen Arbeiten, soweit die Mitarbeiter hierfür geeignet sind.
- Zeitlich im Rahmen der Dienstzeit verfügbar.
- Einsatzmöglichkeiten zur Kontrolle von Arbeiten, die von Fremdfirmen im Rahmen von Werkverträgen durchgeführt wurden.
- Beurteilung von Reparaturmeldungen, deren Umfang, Dringlichkeit sowie die zu erwartenden Kosten, ohne persönliche Interessenlage an zu vergebenden Arbeiten.

Mögliche Nachteile:
- Anfälligkeit gegen Ausfall von Mitarbeitern.
- Die zunehmende Kompliziertheit von technischen Anlagen erfordert Spezialkenntnisse, die nur unter erheblichem Kostenaufwand für Fort- und Weiterbildung bei geeignetem Personal auf angemessenem Niveau gehalten werden können.

Beim Unterhalt von Regiebetrieben sind handwerksrechtliche Bestimmungen sorgfältig zu beachten. Es ist immer zu prüfen:

Welche Arbeiten bedürfen einer handwerksrechtlichen Qualifikation? Ist diese bei den mit den Arbeiten betrauten Mitarbeitern/innen vorhanden?

12.5 MIETER UND VERMIETER ALS PARTNER

Der Kampf um „gute" Mieter hat zumindest in einigen Teilmärkten des Immobilienmarktes erheblich zugenommen. Diese Teilmärkte sind einerseits regional ausgeprägt oder aber auch andererseits strukturell bedingt. Zahlreiche Immobilienteilmärkte sind zumindest derzeit klassische **„Mietermärkte"**. *(Eine interessante Zusammenfassung zum Stand der Diskussion in der Wohnungswirtschaft gibt (mit weiteren Literaturhinweisen): Arnold, Eva/Famira, Andrea/Leutner, Bernd/Placzek, Kerstin/Schmalfeld, Andreas, Sichere Nachbarschaften. Konzepte – Praxis – Beispiele. Ein Leitfaden für Wohnungsunternehmen, GdW Information 111, Berlin 2005.)*

Die Neigung von Vermietern, Mieter als Partner zu sehen und diese auch gleichsam zu umwerben, hat dadurch erheblich zugenommen. Die Bemühungen um ein partnerschaftliches Verhältnis zwischen Vermieter und Mieter dienen sowohl der Gewinnung positiver Mieter als auch dem Erhalt von Mietverhältnissen, welche aus der Sicht des Vermieters erfolgreich verlaufen sind.

12.5.1 Die Partner bei der Geschäftsraummiete

Bei der **Geschäftsraumvermietung** ist vom **Grundsatz** der **gleichberechtigten Partner** auszugehen. Der Gesichtspunkt des Schutzbedürfnisses eines schwächeren Teils ist unerheblich. Der Mieter von Geschäftsraum ist Kunde eines Vermieters.

12.5.2 Die Partner bei der Wohnraummiete

Im Gegensatz dazu wird bei der **Wohnraumvermietung** von einem **wirtschaftlich schwächeren Partner,** dem Mieter, ausgegangen, dem ein wirtschaftlich stärkerer Vertragspartner, der Eigentümer und Vermieter der Wohnung, gegenüber steht. Hieraus ergibt sich ein **besonderes Schutzbedürfnis für den Mieter** gegenüber dem Vermieter. Der Mieter deckt mit der Anmietung einer Wohnung ein existenzielles Bedürfnis. Ausgenommen den Fall, dass die Einnahmen aus der Vermietung der Wohnung/en seine einzige Einnahmequelle sind, wird eine solche existenzielle Verknüpfung mit der Vermietung beim Vermieter nicht unterstellt.

12.5.2.1 Wohnklimabeeinflussung

Mit einer Wohnklimaverbesserung soll sowohl die Entwicklung eines partnerschaftlichen Verhältnisses zwischen Mieter und Vermieter gefördert als auch die Identifizierung der Mieter mit der Wohnung und Wohnanlage, die nicht sein Eigentum ist, gefördert werden. Besonders letzterer Gesichtspunkt dient der

- Minderung von Schäden durch Vandalismus sowie der
- pfleglichen Behandlung von Gemeinschafts- und Sondereinrichtungen, aber auch der
- gemieteten Wohnung über die vereinbarte Instandhaltung hinaus.
- Der Vermieter erhofft sich außerdem durch ein positives Wohnklima, dass die Verweildauer des Mieters im Mietverhältnis steigt und
- Mietschulden vermieden werden.

Bei größeren Wohnanlagen hat eine positive Wohnklimabeeinflussung auch das Ziel, die Anonymität der Mieter untereinander zu mindern.

Beispiele für Maßnahmen zur Verbesserung des Wohnklimas:
- Mieterversammlungen, Mieterfeste,
- Balkonblumenschmuckwettbewerbe,
- Gratulation des Vermieters zu runden Geburtstagen der Mieter,
- Treueprämien für langjährige Mieterjubiläen,
- Mieterzeitungen,
- Gemeinschaftsveranstaltungen bei Erstbezug von Neubauobjekten,
- Kaffeenachmittage,
- Mutter/Kind-Treffen,
- Vogelnistkastenaktionen,
- Pflanzaktion in Wohnanlagen zum Tag des Baumes,
- sorgfältig ausgewogene Auswahl der Mieter,
- zurückhaltende Entwicklung der Mieten,
- Patenschaften für Gartenbereich,
- Mieterbeiräte,
- Regelmäßig wiederkehrende Mieterversammlungen,
- Kummerkasten,
- Räumlichkeiten für Partys.

Die Kosten für solche Maßnahmen sind im Regelfall relativ gering, der positive Effekt jedoch häufig beträchtlich.

Die Kosten neuer zukunftsweisender Maßnahmen zur Beeinflussung des Wohnklimas, wie z. B. Concierge-Dienste sind hingegen nicht unerheblich. Die Finanzierung wird bisher – zumeist unter Verweis auf den Pilotcharakter solcher Maßnahmen – von den Wohnungsunternehmen selbst getragen. *(Eine interessante Zusammenfassung zum Stand der Diskussion in der Wohnungswirtschaft gibt (mit weiteren Literaturhinweisen): Arnold, Eva/ Famira, Andrea/Leutner, Bernd/Placzek, Kerstin/ Schmalfeld, Andreas, Sichere Nachbarschaften. Konzepte – Praxis – Beispiele. Ein Leitfaden für Wohnungsunternehmen, GdW Information 111, Berlin 2005.)*

Die Sicherheitslage in einem Wohngebiet spielt in der Partnerschaft zwischen Vermieter und Mieter eine zunehmend größere Rolle. Dabei ist zu beachten, dass die subjektive Einschätzung der Sicherheit in einer Wohnanlage u. U. von der objektiven Einschätzung abweichen kann. Entscheidend ist aber das subjektive Empfinden derjenigen, die in einer solchen Wohngegend leben (müssen).

12.5.2.2 Lösungswege zur Vermeidung von Spannungen zwischen Vermieter und Mieter

Das wichtigste Element zur Vermeidung von Spannungen zwischen Vermieter und Mieter ist zweifelsohne der gute Wille zur partnerschaftlichen Zusammenarbeit von beiden Seiten. Bereits der Austausch von Informationen und Argumenten trägt dazu bei, Spannungen nicht aufkommen zu lassen bzw. abzubauen.

Ein **wichtiger Mittler zwischen Mieter und Vermieter** ist der **Hausmeister bzw. Hauswart.** Im Idealfall ist er mit den Gegebenheiten einer Hausgemeinschaft bestens vertraut und kraft seines Amtes im Stande, Probleme und Schwierigkeiten bereits im Ansatz zu erkennen.

Ein kluger Vermieter wird sich vor einschneidenden Entscheidungen wie Modernisierung, Mieterhöhungen, Änderung von Gemeinschaftseinrichtungen etc. sorgfältig mit diesem beraten und ihn in die vorbereitenden Maßnahmen eng einbinden.

Er muss ein „Vorwarnsystem" für den Vermieter sein bei sich anbahnenden Schwierigkeiten und Problemen.

Mieterbeiräte wurden bereits in den 60er und 70er Jahren als gewählte Vertretungen der Mieterschaft gegenüber dem Vermieter ins Leben berufen. Sie sollen als Bindeglied zwischen Mieter und Vermieter insbesondere bei großen Wohnverwaltungen im Regelfall ehrenamtlich tätig sein. Ihre Tätigkeit ist meist eingebunden in eine Wahlordnung, in Richtlinien sowie eine Geschäftsordnung, die dem Beirat vom Wohnungsunternehmen gegeben werden. Mieterbeiräte haben üblicherweise kein Mitbestimmungsrecht. Sie haben allenfalls eine beratende Funktion sowie ein Informations- und Anhörungsrecht über Belange von grundlegender Bedeutung gegenüber der Geschäftsführung bzw. dem Aufsichtsrat. Der Erfolg ihrer Tätigkeit hängt weitgehend von den jeweiligen Funktionsträgern ab.

Eine Zusammenarbeit mit Hilfsorganisationen, sei es im Bereich der **Schuldnerberatung** oder bei Hilfsbedürftigkeit in persönlichen Notlagen, kann Spannungen zwischen Vermieter und Mieter verhindern oder mindern helfen. Die Erfahrung zeigt, dass derartige Spannungen häufig mit Problemen und Schwierigkeiten in anderen Lebensbereichen einhergehen.

12.5.2.3 Gemeinschaftseinrichtungen

Zu den Gemeinschaftseinrichtungen werden die **baulichen Anlagen gezählt, die im Zusammenhang mit dem Gewerbe- bzw. Wohnbauten errichtet wurden und den Mietern gemeinschaftlich zur Verfügung stehen bzw. der gemeinsamen Nutzung dienen.**

Beispiel bei Gewerbeobjekten: Werbeanlagen

Beispiel bei Wohnobjekten: Gemeinschaftsantenne, zentrale Heizungsanlage, **Müllschlucker**, Kinderspielplätze u. a.

Bei **Wohnobjekten** unterscheidet man zwischen **Sondereinrichtungen für die Mieterschaft** wie z. B. Mieterzeitschriften, Büchereien, Leseräume, Gemeinschaftsräume, Kindergärten u. a., die der Vermieter dem Mieter ohne vertragliche Verpflichtung zur Verfügung stellt, und

Sondereinrichtungen für die Wohnungsbewirtschaftung, wie z. B. Gärtnereibetriebe, Instandhaltungsbetriebe u. a., die der Vertragserfüllung des Vermieters dienen.

12.5.2.4 Beratung bei Mobiliar und „Hilfen im Alltag"

Eine Mobiliarberatung sollte im Rahmen der **Vermietungsgespräche** angeboten werden. Dies gilt insbesondere bei außergewöhnlichen Wohnungszuschnitten, z. B. Maisonette-Wohnungen.

Mit der Zunahme von Angeboten von technischen Einrichtungen und Dienstleistungen für ältere und behinderte Mieter und Mieterinnen steigt die Bedeutung von Beratungen, die der Vermieter anbieten kann und sollte. Der Vermieter sollte sich auf Grund seiner besonderen Branchenkenntnis zumindest als Vermittler für solche Angebote sehen. Ob diese **Dienstleistungen** auch von ihm oder von Vertragspartnern direkt angeboten werden sollen, hängt vom Selbstverständnis des jeweiligen Unternehmens ab, welches Wohnungen vermietet. *(Einen guten Überblick hierzu gibt: Hohm, Dirk/Hoppe, Angela/Jonuschat, Helga/Scharp, Michael/Scheer, Dirk/Scholl, Gerd, „Dienstleistungen in der Wohnungswirtschaft: professionelle Entwicklung neuer Serviceangebote", Dokumentation eines Workshops in Mannheim am 14. November 2002, Berlin 2002.)*

Es kann aber davon ausgegangen werden, dass sich in diesem Bereich zukünftig erhebliche Entwicklungen in der Wohnungswirtschaft ergeben werden.

12.5.2.5 Möglichkeiten zur Schlichtung von Mieterstreitigkeiten

Den Möglichkeiten, Streitigkeiten von Mietern untereinander zu schlichten, sind enge Grenzen gesetzt. Nicht selten sind die Ursachen für Streitigkeiten zwischen Mietparteien nur der Ausdruck von Problemen oder Spannungen in anderen Lebensbereichen.

Der Vermieter kann durch eine Einladung zu einer gemeinsamen Aussprache allerdings zumindest die Plattform für Gespräche zwischen „verfeindeten Mietparteien" bieten. Der **Mediation** wird bei der Bewältigung von Konflikten in Wohnanlagen eine wichtige Rolle zugemessen.

Besondere Vorsicht für den Vermieter ist geboten, wenn verfeindete Mietparteien versuchen, diesen zu bewegen, in ihren Streitigkeiten Partei zu ergreifen. Dies ist z. B. dann der Fall, wenn dem Vermieter angedroht wird, die Miete zu kürzen, wenn von ihm nicht Sanktionen gegen die andere Mietpartei verhängt werden. Es ist abzuwägen zwischen den juristischen Maßnahmen, die ein Vermieter bei solchen Konflikten durchführen muss, und solchen Maßnahmen, die gerade helfen sollen, in die juristische Ebene zu gelangen.

12.6 BETRIEBSKOSTEN/NEBENKOSTEN BEI WOHN- UND GEWERBERAUM

12.6.1 Betriebskostenmanagement

Zum Tätigkeitsgebiet des Betriebskostenmanagements gehört der Umgang mit der Thematik Betriebskosten, einem Teilsegment des Mietproduktes. Dieses Teilsegment ist ebenfalls eine Vermieterleistung, die flankierend, ergänzend mit dem bestimmungsgemäßen Gebrauch bzw. der Bereithaltung der Mietsache laufend entsteht. Die mit dieser Vermieterleistung entstehenden Kosten nennt man Betriebskosten. Kurzbeispiele an dieser Stelle sind: Wärmelieferung, Reinigung, Entsorgungs- und Serviceleistungen.

Betriebskostenmanagement
II. BV
§ 27 Abs. 1, S. 1
WoFG § 19 Abs. 2
BGB § 535 Abs. 1

In Anwendung und Umgang mit der Thematik Betriebskosten ist streng zwischen Wohn- und Gewerberaum zu unterscheiden. Die Vorschrift gemäß § 535 Abs. 1 BGB für Wohnraum dispositiv angewendet, erfordert eine vertragliche Vereinbarung über Betriebskosten nach § 556a Abs. 1 und 2 BGB, um Betriebskosten auf den Wohnraummieter gesondert vertraglich zu übertragen. Bezüglich des Umlegungsmaßstabes gilt § 556a Abs. 1 und 2 BGB.

BGB § 556 Abs. 1 u. 2
BGB § 556a Abs. 1 u. 2

Bei Gewerberaummieten besteht im Prinzip Vertragsfreiheit. Betriebskosten und auch sonstige Nebenkosten können in weitgehend freier inhaltlicher Bestimmung auf den Mieter umgelegt werden.

BGB §§ 242, 315

Die mit dem Verbrauch an Betriebskosten erbrachten „Leistungen" (z. B. Raumwärme, Hausmeisterleistungen) sollten stets betriebswirtschaftlich/technisch optimal gehandhabt werden. Für Kosten, Wirtschaftlichkeit und gewünschte Standards besteht somit eine stetige Anforderung in der Optimierung. Das Betriebskostenmanagement steht hierbei im Spannungsfeld vielfach wirksamer Bedingungen/Zwänge. Die umgebenden Rahmenbedingungen sind für die Aktivitäten und Handlungsspielräume des Betriebskostenmanagements gestaltend.

Eine Zusammenschau dieser Rahmenbedingungen zeigt, in welchem komplexen Beziehungsgefüge die Betriebskostenthematik eingebunden ist und wie vielgestaltig und abstimmungsbedürftig die sich daraus ergebenden Handlungsansätze sind.

Betriebswirtschaftliche Rahmenbedingungen des Betriebskostenmanagements

Betriebskostenmanagement Zielvorgaben Verständnis Mieterzufriedenheit

Zielvorgaben des unternehmerischen **Investors** (wie z. B. Ertrag, Vermögenswert, stetige Vermietbarkeit/Marktgängigkeit; d. h. dann weiterhin z. B. Betriebskosten und ihre Entwicklungen sollen diese Ziele nicht negativ, sondern positiv beeinflussen).

U. U. **Verständnis** und **Tradition** in bisheriger verwaltungstechnischer Handhabung der Betriebskostenthematik (Betriebskosten sind formal bloße „durchlaufende Kosten" – oder sie sind daneben auch Kosten, die z. B. das Handlungsziel „Sicherung der Mieteinnahmen" gefährden können).

Portfoliobestand Rechtliche Vorgaben

Vorgaben aus der **Realität** des **Portfoliobestandes** an Wohn- und Gewerbeimmobilien (z. B. Gebäudesubstanz / Architektur / Grundstücksgröße und Zuschnitt / Marktattraktivität. Also Objekte, die sich gegenüber der Kostenseite – Kapitalkosten, Bewirtschaftungskosten, auch Betriebskosten – durch unterschiedliche Beiträge bei Gewinn und Liquidität qualifizieren.) Entscheidungsfrage: Rechnen sich eigene Investitionen in den Bereich Betriebskosten auch in Zusammenschau auf das Gesamtobjekt oder sind andere Entscheidungen angebracht, z. B. Verkauf oder Rückbau. Ein guter Klassifizierungsansatz der Objekte dazu wäre:

Poor dogs Hochhäuser der 70er-Jahre	Cash cows in den 60er-Jahren modernisierte Mehrfamilienhäuser
Question marks neu errichtete / erworbene, gewerblich genutzte Objekte und Gewerbeflächen, neu errichtete / erworbene Wohnanlagen	*Stars* Gewerbeflächen in zukunftsweisenden Branchen. 3–5 Jahre alte Wohnanlagen bspw. in ökologischer Bauweise 6

Lit: WIB report, Ausgabe 39, Sept. 99, S. 7

Mieterzufriedenheit bei aktuellen / potenziellen Mietern (wie z. B. Attraktivität der Mietsache in ihrer Bewirtschaftung und den damit verbundenen Preisen / Betriebskosten; Stichwort „Zweite Miete").

Betriebskostenmanagement

Rechtliche Vorgaben und damit verbundene Handlungsspielräume (je nach rechtlicher Zuordnung der Vermietungsobjekte und den dabei zugrunde liegenden Mietverträgen – z. B. preisfreier Wohnraum, preisgebundener Wohnraum, Gewerberaum, aber auch Baurecht, Satzungen).

Wettbewerbsvorgaben

Wettbewerbsvorgaben von Mitbewerbern am Markt für Vermietungsleistungen (wie z. B. Produkteigenschaften der Mietsache; Miete und damit verbundene Betriebskosten; auch Betriebskostenwettbewerb in Bezug auf objektbezogene Betriebskostenhöhe bzw. auch auf Leistungsstärke in der Objektbewirtschaftung von Mietobjekten, gesetzlich ausgelöste Vorgaben wie z. B. Energiepass/ Gesamtenergieeffizienz von Gebäuden).

Überblick über nicht-technische Rechtsgrundlagen für Betriebskosten/Betriebskostenmanagement

Nicht-technische Rechtsgrundlagen Betriebskostenmanagement

	Anwendungsbereich, z. B.			
	Wohnungen ohne Bindung	Wohnungen mit Förderung gemäß WoFG (ab 1.1.2002 Maßnahmen der sozialen Wohnraumförderung)	Wohnungen insbesondere mit öffentlicher Förderung/ Sozialwohnungen/ Bestandsobjekte (Förderzusage bis 31.12.2001 + Wahlmöglichkeit für 2002, § 46 ff. WoFG)	Gewerberaum
BGB	Ja, nach §§ 556, 556a, 560 BGB	Ja, nach §§ 556, 556a, 560 BGB	Ja, mit Einschränkungen	Ja, Vertragsfreiheit §§ 242, 315 BGB
WoFG	–	Ja, Definition der Betriebskosten, § 19 Abs. 2 WoFG: Höchst zulässige Miete ist die Miete ohne den Betrag für Betriebskosten § 28 Abs. 4 WoFG i. V. m. § 556 Abs. 1 BGB: Abgeltung von Betriebskosten	–	–
Wo-BindG	–	–	Ja, § 8 Abs. 1 Wo-BindG (Kostenmiete/ Wirtschaftlichkeitsberechnung) i. V. m. § 27 Abs. 3 II. BV, aber Betriebskosten sind nicht Teil der Wirtschaftlichkeitsberechnung	–
II. BV	Ja, begrenzt auf Betriebskosten § 2 BetrKV i. V. m. § 556 BGB	Ja, § 2 BetrKV	Ja, § 27 II. BV i. V. m. § 2 BetrKV	Fakultativ, Vertragsbestandteil oder in anderer freier inhaltlicher Bestimmung

	Wohnungen ohne Bindung	Wohnungen mit Förderung gemäß WoFG (ab 1.1.2002 Maßnahmen der sozialen Wohnraumförderung)	Wohnungen insbesondere mit öffentlicher Förderung/ Sozialwohnungen/ Bestandsobjekte (Förderzusage bis 31.12.2001 + Wahlmöglichkeit für 2002, § 46 ff. WoFG)	Gewerberaum
NMV	–	–	Ja, § 3 NMV Kostenmiete umfasst als zulässige Miete auch Umlagen für Betriebskosten gemäß II. BV i. V. m. § 20 ff. NMV, nähere Bestimmungen zu Betriebskosten/ Umlage	–
HeizkV	Ja, bei gegebenen Voraussetzungen, § 1 HeizkV	Ja, bei gegebenen Bedingungen, § 1 HeizkV	Ja, bei gegebenen Voraussetzungen, § 1 HeizkV	Ja, bei gegebenen Voraussetzungen, § 1 HeizkV

12.6.2 Betriebskosten, die „Zweite Miete"

„Zweite Miete"

Die Höhe der Betriebskosten sowie der Kostendruck werden von verschiedenen Faktoren bestimmt.

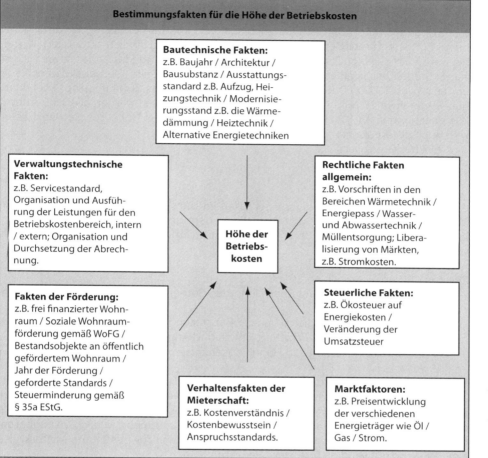

Bautechnische Fakten

Verwaltungstechnische Fakten
Rechtliche Fakten

Höhe der Betriebskosten

Fakten der Förderung
Steuerliche Fakten

Verhaltensfakten der Mieterschaft
Marktfaktoren

Betriebskosten sind ein Kostenblock im Rahmen der Gesamtmiete.

Kostenblock	
Warme Betriebskosten (vgl. § 2 BetrKV): z. B. Heizung und Warmwasser, Kosten der Voll- oder Teilklimatisierung bei Gewerberaum …	**Kalte Betriebskosten (vgl. § 2 BetrKV):** z. B. Wasserver- und -entsorgung, Müllbeseitigung Grundsteuer …

Warme Betriebskosten
Kalte Betriebskosten

Dieser Kostenblock ist zwischenzeitlich sowohl im absoluten Betrag als auch im Anteil an der Gesamtmiete eine gewichtige Größe geworden. Aus der Sicht der Wohn- wie Gewerberaummieter nehmen die **Betriebskosten** immer mehr den Charakter einer „Zweiten Miete" an.

Deutscher Mieterbund

Betriebskostenspiegel

Der Deutsche Mieterbund e. V. stellte in DMB Presse Aktuell am 1. 12. 2005 seinen ersten bundesweiten Betriebskostenspiegel vor. Im Internet verfügbar unter www.mieterbund.de. Dieser Betriebskostenspiegel wird künftig jährlich aktualisiert, weiterhin werden im Gefolge Durchschnittszahlen für einzelne Bundesländer sowie für einzelne Städte veröffentlicht. Der nachfolgend dargestellte Betriebskostenspiegel umfasst rund 13.000 Datenwerte des Abrechnungsjahres 2004 mit einer Mietwohnfläche von etwa 10 Millionen Quadratmetern. Ausgewiesen werden alle 16 Betriebskostenarten gemäß § 2 BetrKV. Bei der Präsentation zur Höhe der Betriebskosten wird noch differenziert:
– Kritischer Grenzwert,
– gewichteter Mittelwert,
– unterer Grenzwert.

Gemäß diesem Betriebskostenspiegel fallen im Durchschnitt 2,44 €/m^2 pro Monat für die so genannte „Zweite Miete" an. Damit betragen die Betriebskosten im statistischen Mittel gemäß DMB 35,3 % der Gesamtmietbelastung bei einer Wohnfläche von 80 m^2.

Ziel des Betriebskostenspiegels soll sein:

Transparenz

Orientierungshilfe

Handlungsansätze

– Instument zur Transparenz über Höhe der Betriebskostenarten für alle Beteiligten,
– Orientierungshilfe im Vergleich und zur Beurteilung mit eigenen Bestandsdaten im Hinblick auf Plausibilität, Wirtschaftlichkeit und Angemessenheit,
– gegebenenfalls Initiierung von Handlungsansätzen.

Mietersicht

Endpreisbetrachtung

Aus Mietersicht ist die **Endpreisbetrachtung** und die damit verbundene „**Zahllast**" aus der Gesamtmiete relevant im Verhältnis zum verfügbaren **Nettoeinkommen**. Diese Zahllast für den Wohnraummieter kumuliert sich je nach sachlichen/räumlichen Besonderheiten dann schnell auf 30 bis 50 % und mehr, je nach verfügbarem Einkommen. Wohngeld und andere Hilfen werden dann für bestimmte Mieterkreise eine dringend notwendige finanzielle Begleitung.

Dieser Anteil der Betriebskosten mit seiner Auswirkung auf die Gesamtmiete ist auch für den Vermieter eine „Lastquote", die für ihn keinen positiven Beitrag zum Ertrag liefert. Die „Zweite Miete" wird in ihrer erreichten Quantität vielmehr ein mehrfach wirkender Risikofaktor für den Investor.

Zu nennen sind hier die Stichworte:
– Auftrags- und Vertragsrisiken bei der Abwicklung von „Betriebskosten-Aufträgen",
– Inkassorisiken bei der Umlage von Betriebskosten auf die Mieter (vor allem im frei finanzierten Wohnungsbau, fehlender Ansatz für Umlagenausfallwagnis),
– Abwälzungsrisiken bei Leerstand und Kostenvermengungen, z. B. Betriebskosten/Instandhaltungskosten,
– Instandhaltungsrisiken bei Unterlassung eigentlich notwendiger Investitionen in Betriebskosten,

12.6 BETRIEBSKOSTEN/NEBENKOSTEN BEI WOHN- UND GEWERBERAUM

- Wettbewerbs- und Renditerisiken/Preiswettbewerb über die Gesamtmiete bei evtl. regionalen Mietermärkten zur Vermeidung von Leerständen.
  Stichwort: Betriebskosten gehen zu Lasten der Nettokaltmiete. Folge dazu wiederum: weiter rückläufige **Eigenkapitalrendite** vor Steuern.

Betriebskosten Eigenkapitalrendite

Diese Risikoaspekte gelten in begrenzterem Maße auch für Gewerbeimmobilien.

Bei der Verwendung von Durchschnittswerten sollte nicht übersehen werden, dass im konkreten Einzelfall regional/örtliche Besonderheiten wie z. B. Klimaverhältnisse, kommunale Gebüren, Kostenunterschiede im Dienstleistungsbereich eine mit beeinflussende Kostengröße sind.

Durchschnittswerte

Betriebskostenspiegel Deutschland

Deutscher Mieterbund (DMB)
Betriebskostenspiegel für Deutschland
Daten 2007 / Angaben in € m² im Monat

Betriebskostenart	Bundesdurchschnitt	Bundesländer West	Bundesländer Ost
Grundsteuer	0,19	0,21	0,12
Wasser inkl. Abwasser	0,40	0,41	0,40
Heizung	0,77	0,76	0,80
Warmwasser	0,22	0,22	0,21
Aufzug	0,14	0,14	0,14
Straßenreinigung	0,05	0,05	0,03
Müllbeseitigung	0,19	0,20	0,14
Gebäudereinigung	0,15	0,16	0,10
Gartenpflege	0,09	0,09	0,07
Allg. Strom	0,05	0,05	0,06
Schornsteinreinigung	0,04	0,04	0,02
Versicherungen	0,12	0,13	0,10
Hauswart	0,20	0,20	0,17
Antenne/Kabel	0,12	0,12	0,12
Sonstige Betriebskosten	0,05	0,05	0,04
Gesamt	2,78	2,82	2,52

Quelle: Deutscher Mieterbund e.V. in Kooperation mit der mindUp GmbH

Rein formal betrachtet könnte die Höhe der Betriebskosten als eine bedauerliche Entwicklung eingeordnet werden, der jedoch aus Vermietersicht die mietvertragsrechtliche Absicherung der Weitergabe, auch steigender Betriebskosten, an die Mieter gegenübersteht. Dieser Gesichtspunkt der formal abgesicherten Möglichkeit einer Weitergabe steigender Betriebskosten an die Mieterschaft ginge allerdings kurz- bis mittelfristig ins Leere. In Konkurrenz dazu stehen nämlich regional unterschiedliche Bedingungen am Markt für Wohn- und Gewerbeimmobilien, verbunden mit relativ schnell wechselnden Marktverhältnissen. Aus Investorsicht gewinnt die Höhe der Eigenkapitalrendite bei Vermietungsobjekten im Vergleich zu alternativen Geldanlagen (z. B. Investment in Aktien, Gold) je nach Anbieter zunehmende Bedeutung.

Dort, wo die Bewertung der einzelnen Immobilie im Portofolio ständig vorgenommen und fortentwickelt wird, kommt jede einzelne Immobilie auf den „Prüfstand". Eine Quersubventionierung gilt dann betriebswirtschaftlich schon als bedenklich, sofern nicht andere Zielvorgaben (z. B. Gesellschafter/Satzung) dies erfordern.

Die Höhe der Betriebskosten und ihre Möglichkeit zur Weitergabe an aktuelle/potenzielle Mieter ohne Druck auf die Nettomiete stehen in Konkurrenz zu anderen ebenfalls drängenden Kostenfaktoren um die Eigenkapitalrendite.

Eigenkapitalrendite

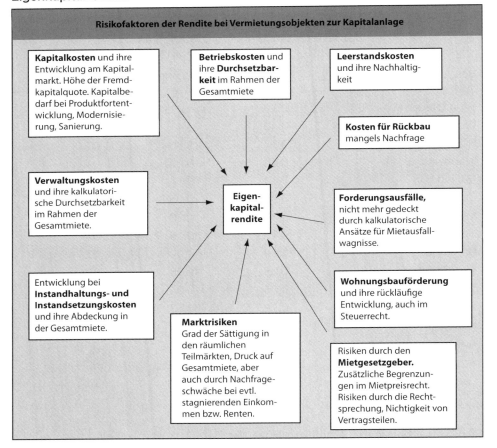

12.6 BETRIEBSKOSTEN/NEBENKOSTEN BEI WOHN- UND GEWERBERAUM

Für das Vermietungsmanagement ergeben sich Problemfelder aus der Entwicklung der Betriebskosten.

Problemfelder aus Mieter-/Vermietersicht

Problemaspekte aus Mietersicht	Problemaspekte aus Vermietersicht
– Endpreisbetrachtung des Mieters; keine Differenzierung zwischen Grundmiete und Betriebskosten bzw. Netto-/Bruttomiete. – Subjektive und objektive Mietobergrenzen vom Wohnungsmarkt und vom jeweils verfügbaren Einkommen. – Substitution durch Wohnungswechsel bzw. Nachverhandlungen zum Mietpreis bei gegebenen, zum Teil entspannten Marktverhältnissen. – Kauf statt Miete	– Akzeptanz erforderlicher Mieten bei dynamisierten Betriebskosten stößt bei der Mieterschaft an Grenzen. – Vom Markt gegebene Grenzen lassen Weitergabefähigkeit steigender Betriebskosten erschweren. Steigende Betriebskosten gehen möglicherweise im Zeitverlauf zu Lasten der Nettomiete. – Bestandsbewegungen in Form zunehmender Mieterfluktuation, evtl. zunehmende Änderungskündigungen durch die Mieterschaft. – Gefahren von Leerstandquoten bei marktbezogenen Fehlentwicklungen des Mietpreises, z. B. durch stark steigende Betriebskosten. – Rückstellung bzw. Überprüfung von Investitionen in die Neubautätigkeit. – Rückläufige Gebäudeertragswerte der Vermietungsobjekte bei zurückgehender Objektrendite mit Auswirkungen auf Verkehrswert/Beleihungswert.

Die beispielhaft aufgezeigten möglichen Problemaspekte erfordern Handlungsbedarf durch das Projekt- und Mietmanagement. Dieser Handlungsbedarf bezieht sich auf die Projektierung von Neubauten, auf die Modernisierung und Sanierung von Bestandsimmobilien, aber auch auf die laufende Bewirtschaftung von Bestandsimmobilien.

In Bezug auf die Betriebskosten sollte dabei u. a. eine gemeinsame Zielvorgabe sein: Begrenzung der Betriebskosten in ihrer Verursachung und Entwicklung, abgestimmt auf einen der jeweiligen Bedarfsstruktur der Mieterschaft adäquaten Standard der Bewirtschaftung.

Begrenzung der Betriebskosten

Verursachung und Entwicklung

Praktische Lösungsansätze für eine Begrenzung der Betriebskosten in ihrer Verursachung und Entwicklung.

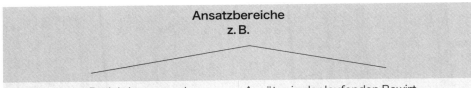

Ansatzbereiche z. B.	
Ansätze in der Projektierung und Projektfortentwicklung, z. B. – Zuschnitt und Größe des anzuschaffenden Grundstücks (z. B. Grundsteuer, Straßengebühren, Bewirtschaftungsflächen). – Ansätze in der Gebäudekonzeption und deren Einrichtungen (z. B. Wärme, Volumina, Geschosshöhen, Dachgestaltung, Ausrichtung des Gebäudes und der Räume einer Wohnung, Gebäudetechnik). – Ansätze in der Konzeption der Außenanlagen (z. B. Bepflanzung, Wege, Spielplätze). – Nutzungsänderungen Desinvestition.	Ansätze in der laufenden Bewirtschaftung, z. B. – Aktive Informationspolitik, gestützt auf laufende Kontrollinformationen durch das Rechnungswesen (z. B. bei Mietsachbearbeitern, Mietern). – Ansätze in Form von Mietvertragsanpassungen (z. B. Harmonisierung von Vereinbarungen über Betriebskosten). – Überprüfung der Verträge von Fremdfirmen in einzelnen Bereichen der Bewirtschaftung sowie von Versicherungsgebern (z. B. Hauswartfirmen, Gärtnereibetriebe/Wartung; Versicherungsmakler). – Vermeidung anfechtbarer Betriebskostenabrechnungen. – Modernisierung u. a. mit Zielrichtung Betriebskosten (z. B. Rationelle Energiegewinnung in Form von Wärmerückgewinnung/Effiziente Heizanlagen; Einsatz erneuerbarer Energien zum Austausch gegen konventionelle Energien).

Neben diesen globalen Ansätzen zur Begrenzung der Betriebskosten bieten sich auch konkrete Lösungsansätze bei einzelnen Betriebskostenarten an. Dazu werden Beispiele in der nachfolgenden Darlegung zu Betriebskosten gemäß § 2 BetrKV aufgezeigt.

12.6.3 Mietrechtliche/verwaltungstechnische Ausgangslage für die Betriebskosten

BGB § 535 Satz 1

Ausgangsbasis Inklusivmiete

Das BGB spricht von Miete. Eine Trennung der Miete in Grundmiete bzw. Nettomiete und Betriebskosten/Nebenkosten ist vom generellen Ansatz her auch im neuen Mietrecht gemäß BGB nicht der Regelfall. Ausgangsbasis für den Mietbegriff bleibt die Inklusivmiete. Der Vermieter hat den Gebrauch der vermieteten Sache zu gewähren, und die auf der vermieteten Sache ruhenden Lasten zu tragen. Das BGB ermöglicht allerdings gemäß § 556 Abs. 1 eine sog. Öffnungsklausel. Will der Vermieter von Wohnraum Lasten, z. B. Betriebskosten/Nebenkosten, neben der Grundmiete erheben, bedarf es einer ausdrücklichen Vereinbarung, welche bestimmbaren Lasten, hier Betriebskosten/Nebenkosten gemäß § 2 BetrKV, der Mieter zusätzlich neben der Grundmiete zu tragen hat.

12.6.4 Begriff Nebenkosten

Der Begriff Nebenkosten ist im Gesetz nicht definiert. Ein weit gefasster gesetzlicher Anhaltspunkt ergibt sich aus § 6 Abs. 2 WoVermG, wonach der Wohnungsvermittler beim Anbieten von Wohnräumen verpflichtet ist, neben dem Mietpreis anzugeben und darauf hinzuweisen, ob **Nebenleistungen** besonders zu vergüten sind.

<small>Begriff Nebenkosten WoVermG § 6 Abs. 2</small>

In weiter begrifflicher Fassung setzt sich die Miete zusammen aus:
Grundmiete/Nettomiete
 +
Nebenkosten/Nebenleistungen
– Betriebskosten (eigentlicher begrifflicher **Schwerpunkt**)
mit
– Betriebskosten als Pauschale,
– Betriebskosten als Vorauszahlung in angemessener Höhe.

<small>BGB § 556 Abs. 2</small>

In der **Vermietungspraxis** über **Wohnraum** ist die Begriffsverwendung Nebenkosten zwar gebräuchlich, jedoch inhaltlich weitgehend auf den gesetzlichen **Begriff der Betriebskosten reduziert**. Eine Vereinbarung, nach der der Wohnraummieter über die Betriebskosten gemäß § 2 BetrKV hinaus Nebenkosten zu tragen hat, ist nur bei Mietverträgen über gewerblich genutzte Räume zulässig. In diesem Fall könnten unter dem Begriff Nebenkosten außer den allgemeingültigen Betriebskosten auch Kosten für z. B. Reparaturen, Instandhaltungen, Verwaltungs- und Kapitalkosten bei eindeutiger inhaltlicher Bestimmung erfasst werden.

Eine Ausnahme zur Vereinbarung von Nebenkosten in Form von Zuschlägen/Vergütungen ist bei öffentlich gefördertem Wohnraum gemäß NMV möglich.

<small>NMV § 3, Abs. 1</small>

12.6.5 Begriff Betriebskosten

<small>Begriff Betriebskosten</small>

Betriebskosten sind die Kosten, die dem Eigentümer/Erbbauberechtigten durch das Eigentum am Grundstück (Erbbaurecht) oder durch den bestimmungsgemäßen Gebrauch des Gebäudes, der Nebengebäude, Anlagen, Einrichtungen und des Grundstücks laufend entstehen (§ 1 Abs. 1 Satz 1 BetrKV; § 19 Abs. 2 WoFG; § 27 Abs. 1 Satz 1 II. BV).

Diese begriffliche Einordnung gilt auch für Mietverhältnisse über Wohnraum auf Basis von Wohnungseigentum, Wohnungserbbaurecht, Untermietverhältnissen, bei denen eine Vereinbarung über Betriebskosten gemäß § 556 BGB vorliegt. Auch bei Mietverhältnissen über Gewerberaum kann § 2 BetrKV als Vertragsbestandteil vereinbart werden.

12.6.6 Abgrenzung der Betriebskosten zu anderen Bewirtschaftungskosten

Abgrenzung Betriebskosten

– Abgrenzung zu nicht umlagefähigen Bewirtschaftungskosten

Im Rahmen der Wohnraummiete können bei der Umlage von Betriebskosten Vermengungen mit nachfolgenden Abgrenzungsfällen auftreten. Die Betriebskosten sind dann um Kostenanteile dieser Grenzfälle zu bereinigen (§ 1 Abs. 2 BetrKV; § 26 Abs. 1 II. BV; § 28 Abs. 1 II. BV; § 535 BGB).

Anders dagegen bei Gewerberaum-Mietverträgen. Hier können durch Individualvereinbarung bei Beachtung des sog. Transparenzgebotes konkrete Einzelkosten (z. B. Verwaltungspauschale des Objektverwalters) als weitere Nebenkosten vereinbart werden.

Anschaffungs- bzw. Herstellungskosten

1) Abgrenzung zu Anschaffungs- bzw. Herstellungskosten

Z. B. in zeitlicher Vermengung von noch auslaufenden Herstellungsarbeiten bzw. gelaufenen Modernisierungsmaßnahmen bei gleichzeitig bestehenden Mietverhältnissen.

Beispiele: Einmalige Kabelanschlussgebühren/Verbrauch von Bauwasser für bauliche Maßnahmen/ Kosten für das notwendige Trockenheizen von Räumen/Mehrkosten der Hausreinigung, bedingt durch bauliche Maßnahmen.
Nach herrschender Meinung sind auch ersatzweise angeschaffte Zubehörteile/ Arbeitsgeräte etc. nicht als Betriebskosten ansetzbar.

Kapitalkosten

2) Abgrenzung zu Kapitalkosten

Z. B. Zinsen, die im Zusammenhang mit Bewirtschaftungsaufgaben entstehen, sind keine umlagefähigen Betriebskosten.

Beispiele: Kosten der Zwischenfinanzierung des Vermieters für zu niedrig angesetzte Umlagen-Vorauszahlungen der Mieter/Kosten der Zwischenfinanzierung des Vermieters, um z. B. Skonto bei der Lieferung von Heizöl auszunutzen.
Weiterhin nicht umlagefähig als Betriebskosten sind Erbbauzinsen, Kontoführungsgebühren für Darlehenskonten.

Verwaltungskosten

3) Abgrenzung zu Verwaltungskosten

Beispiele: Kosten für die Erstellung der fälligen Betriebskostenabrechnung gemäß § 556 Abs. 3 BGB – Ausnahme dagegen dazu z. B. Kosten des Ablesens/Berechnens und Aufteilens von Warmwasser/Wärme gemäß HeizkV für Abrechnungszwecke zum Ende der planmäßigen Abrechnungsperiode durch Fremdunternehmen.

Anders wiederum Kosten der Zwischenablesung.

Grenzfall u. U. auch Hauswartkosten, wenn durch den Hauswart Tätigkeiten übernommen werden, die nicht unter die Betriebskostenart Hauswart fallen, z. B. Abnahme/Übergabe von Wohnungen für die Verwaltung/Abnahme von Arbeiten zu Schönheitsreparaturen der Mieter sowie zu Schäden an der Mietsache/Botendienste für die Verwaltung. Weiter nicht: Porto, Prämien für Rechtsschutz- und Mietausfallversicherung, Beiträge zu Grundeigentümervereinen.

4) Abgrenzung zu Instandhaltung

Instandhaltung

Beispiele: Grenzfälle treten z. B. auf zwischen Wartung/Instandhaltung. Dies im Besonderen bei Vollwartungsverträgen etwa für Heizungsanlagen/Aufzugsanlagen. Darin enthaltene Kostenelemente für Instandhaltung sind abzusetzen. Ebenso nicht Kosten für Rohrreinigung nach Verstopfung, Kosten für Graffitibeseitigung, Fassadenreinigung, Kosten und Pflege einer Dachbegrünung, Reinigung von Vordächern. Ausnahme dagegen und damit ansatzfähig z. B. Erneuerung von Pflanzen und Gehölzen, von Spielsand.

12.6.7 Merkmalsvergleich von Vereinbarungen über Betriebskosten/Nebenkosten von Wohnraum/Gewerberaum

Die nachfolgende Übersicht soll im Vergleich darstellen, wie Betriebskosten/Nebenkosten zur Miete vereinbart werden können.

Merkmal	Wohnraum Frei finanzierter Wohnraum Soziale Wohnraumförderung nach WoFG	Wohnraum Öffentlich geförderter Wohnraum Kostenmiete/ Bestandsobjekte nach dem Gesetz zur Reform des Wohnungsbaurechts	Gewerberaum	
Arten der Betriebskosten dem Umfange nach	Obergrenze Katalog, § 2 BetrKV i. V. m. § 556 Abs. 1 BGB.	Obergrenze Katalog, § 2 BetrKV i. V. m. § 20 Abs. 1 NMV.	Katalog gemäß § 2 BetrKV kann Obergrenze sein. Vereinbarungen darüber hinaus möglich.	Arten Betriebskosten
Betriebskosten als Pauschalen neben der Miete	Vereinbarung dieser Art möglich, soweit gesetzlich keine zwingende andere Vorgabe; Konzept: Für die Umlage von Betriebskosten kann ein fester Betrag als Pauschale vereinbart werden, über den im Einzelnen nicht abgerechnet	Vereinbarung dieser Art nicht möglich, § 27 Abs. 3 II. BV.	Vereinbarung dieser Art möglich; Einsparung von Abrechnungskosten beim Vermieter; Mechanismus für Erhöhung/ Rückgang bei	Betriebskosten Pauschalen

Merkmal	Wohnraum Frei finanzierter Wohnraum Soziale Wohnraumförderung nach WoFG	Wohnraum Öffentlich geförderter Wohnraum Kostenmiete/ Bestandsobjekte nach dem Gesetz zur Reform des Wohnungsbaurechts	Gewerberaum
		wird, § 556 Abs. 2 u. 3 BGB. Grundsatz: Kalkulationsrisiko beim Vermieter. Eine Anpassung der Pauschale ist nur bei Vereinbarung zulässig, § 560 BGB. Der Mechanismus für Erhöhung/Rückgang ist identisch. Textform gemäß § 126 b BGB ist zu beachten. Umstellung von Betriebskostenpauschale auf Umlage und Umlagenvorauszahlung möglich, Voraussetzungen gemäß § 556a Abs. 2 BGB, Textform ist zu beachten.		Betriebskostenänderungen gestaltbar.
Betriebskosten Jahresabrechnung	Betriebskosten mit Jahresabrechnung; Abrechnung in Umlageform, Vorauszahlungen auf den voraussichtlichen Umlegungsbetrag	Vereinbarung dieser Art möglich, § 556 Abs. 1 BGB; Höhe der Umlage muss angemessen sein. Abrechnungspflicht/ Abrechnungsfrist/ Verwirkung, § 556 Abs. 2, 3 BGB.	Vereinbarung dieser Art möglich, § 20 Abs.v 1 NMV für die Umlagefähigkeit von Betriebskosten und das dazugehörige Umlageausfallwagnis (§ 25 a NMV); § 20 Abs. 3 NMV für Vorauszahlungen, Abrechnungspflicht, Abrechnungszeitraum, Verwirkung.	Vereinbarung dieser Art möglich, Höhe der Umlage und Finanzierungskosten, Vertragsfreiheit.
Betriebskosten Brutto- oder Teilbruttomieten	Betriebskosten als Teil der Brutto- oder Teilbruttomieten	Vereinbarung dieser Art nur möglich bei frei finanziertem Wohnraum, anders bei Wohnraum der	Vereinbarung dieser Art nicht möglich, § 27 Abs. 3 II. BV.	Vereinbarung dieser Art möglich, im übrigen Vertragsfreiheit.

Merkmal	Wohnraum Frei finanzierter Wohnraum Soziale Wohnraumförderung nach WoFG	Wohnraum Öffentlich geförderter Wohnraum Kostenmiete/Bestandsobjekte nach dem Gesetz zur Reform des Wohnungsbaurechts	Gewerberaum
	sozialen Wohnraumförderung § 28 Abs. 1 WoFG. Vertragliche Form, die dem gesetzlichen Leitbild des BGB gemäß § 535, entspricht; in der Vermietungspraxis jedoch zunehmend abgelöst durch Erhebung der Betriebskosten in Umlageform. Einsparung von Abrechnungskosten beim Vermieter. Ausgenommen (Pflicht zur verbrauchsabhängigen Kostenverteilung) bei Heizung und Warmwasser, § 6 HeizkV sowie bei Betriebskosten, die von einem erfassten Verbrauch durch den Mieter abhängen, § 556 Abs. 1 S. 2 BGB. Umstellung von Inklusivmiete/Bruttomiete bzw. Teil-Inklusivmiete auf Umlage und Umlagenvorauszahlung möglich, § 556a Abs. 2 BGB, Textform ist zu beachten. Probleme bei der Bruttomiete aus Vermietersicht: Für Mieter werden Betriebskosten nicht sichtbar (s. „Zweite Miete", Kostenbewusstsein).		

12.6.8 Aufstellung der einzelnen Betriebskosten/ Möglichkeiten der Kostenbegrenzung

Die nachfolgende Darstellung zu den Betriebskosten berücksichtigt soweit wie möglich u. a. die umfangreichen Auswertungen in der Literatur sowie in der Rechtsprechung. Als Literaturhinweis stehen hierbei im Vordergrund Fischer-Dieskau-Pergande / Herrlein-Kandelhard / Hannemann-Wiesner / M. J. Schneid / Sternel / Stürzer / Wetekamp u. a.
Rechtsstand ist der Katalog der Betriebskosten gemäß § 2 Betr. KV ab 1. 1. 2004.

öffentliche Lasten des Grundstücks

12.6.8.1 Die laufenden öffentlichen Lasten des Grundstücks (Nr. 1 gemäß § 2 BetrKV)

Hierzu gehören:
Z. B. Grundsteuer, Deichgebühren, Sielgebühren.

Zweite Miete Grundsteuer

Stichwort „Zweite Miete"
Kostenhöhe/Kostenbegrenzung am Beispiel „Grundsteuer"

Diese Betriebskostenart zählt zu den so genannten harten Betriebskosten, weil vom Vermieter nur wenig beeinflussbar. Kostenbegrenzung bzw. Reduzierung weitgehend nur in der Projektierung möglich. In diesem Zusammenhang ist z. B. auf die Berechnung der Wohnfläche gemäß Wohnflächenverordnung (WoFlV) zu verweisen. Gebäudeart und ermittelte Wohnflächen sind bislang ein Maßstab für die Ermittlung von Einheitswerten. Einheitswerte wiederum sind ein Baustein für die Berechnung der Grundsteuer.

Ein weiterer Reduzierungsansatz für den Vermieter selbst ist der Erlass der Grundsteuer gemäß § 33 GrStG.

Wasserversorgung

12.6.8.2 Die Kosten der Wasserversorgung (Nr. 2 gemäß § 2 BetrKV)

Hierzu gehören:

Kosten des Wasserverbrauchs,
z. B. nach geltenden Tarifsätzen und Verbrauchsmengen; nicht dagegen z. B. erhöhter Wasserverbrauch infolge eines Wasserrohrbruchs oder wegen einer defekten Toilettenspülung.

Grundgebühren und die Zählermiete,
z. B. auch Eichkosten des Kaltwasserzählers (Eichfrist gemäß Eichgesetz 6 Jahre; Verwendung ungeeichter bzw. nicht nachgeeichter Messgeräte Ordnungswidrigkeit); nicht dagegen Kosten der Reparatur von Zählvorrichtungen.

Kosten der Anmietung und Verwendung von Wasserzwischenzählern sowie Kosten der Berechnung und Aufteilung,
z. B. bedeutsam, wenn verbrauchsabhängige Wasserabrechnung gilt und die Abrechnungsarbeiten dazu vom Vermieter selbst durchgeführt werden.

Kosten des Betriebs einer hauseigenen Wasserversorgungsanlage,

z. B. bedeutsam, wenn Anschluss an gemeindliches Wasserleitungsnetz fehlt bzw. ergänzend für bestimmte Verwendungszwecke besteht (Außenanlage, Grundwasserentnahme, Regenwassergewinnung) und eine private Anlage in Form einer Wasseranlage, Pumpanlage betrieben wird; ebenso die dazu erforderlichen Kosten der Wasseruntersuchung.

Kosten einer Aufbereitungsanlage einschließlich der Aufbereitungsstoffe,

z. B. bedeutsam, wenn das Wasser entkalkt oder von anderen beeinträchtigenden Stoffen gereinigt werden muss und dafür geeignete Aufbereitungsanlagen betrieben werden.

Stichwort „Zweite Miete"

Kostenhöhe/Kostenbegrenzung am Beispiel „Kosten der Wasserversorgung"

Zweite Miete Wasserversorgung

Diese Betriebskostenart zählt zu den semi-harten Betriebskosten. Fixiert sind die Kostenteile, und dann nur einer begrenzten Einflussnahme unterliegend, insofern es sich um Grund- und Bereitstellungsgebühren, Verbrauchspreise pro m^3 handelt. Hier vor allem soweit die Wasserversorgung öffentlich-rechtlich durch Satzungsrecht fixiert ist – im Gegensatz zu privatrechtlichen Lösungen mit Individualregelungen. Schwankungsbreiten bei den Wasserkosten ergeben sich aus den unterschiedlichen Wasserbezugspreisen der Wasserversorger sowie aus der unterschiedlichen Haustechnik und Mieterstruktur. Kostenreduzierungen im sog. weichen Teil dieser Betriebskostenart möglich, und zwar dort, wo eine Reduzierung des Verbrauchs über verbrauchssparende Haustechnik und über eine Änderung der individuellen Verbrauchsgewohnheiten einhergeht (z. B. Geräte- und Sanitärtechnik, Wasserrecycling, Überprüfung der Leitungssysteme, zeitvergleichende Gegenüberstellung bei Betriebskostenabrechnung).

12.6.8.3 Die Kosten der Entwässerung (Nr. 3 gemäß § 2 BetrKV)

Entwässerung

Hierzu gehören:

Gebühren für die Nutzung einer öffentlichen Entwässerungsanlage,

z. B. nach den geltenden gemeindlichen Gebührenordnungen durch Abgabenbescheide festgesetzt, in Form von Kanalbenutzungsgebühren für Schmutzwasser (umgerechnet z. B. nach bezogener Wassermenge) und Regenwasser.

Kosten des Betriebs einer entsprechenden nicht-öffentlichen Anlage,

z. B. bedeutsam, wenn Anschluss an öffentliches Kanalnetz nicht besteht. In diesem Fall Kostenansatz für die Benutzung der hauseigenen Entwässerungsanlage (z. B. Kosten der Entleerung und Reinigung von Klär- und Sickergruben).

Kosten des Betriebs einer Entwässerungspumpe,

z. B. bedeutsam, wenn das Gelände mit dem hauseigenen Entwässerungssystem unter dem Einmündungsniveau des öffentlichen Kanals liegt. In diesem Fall Kostenansatz für z. B. Betriebsstrom der Entwässerungspumpe, ebenso auch für Wartungskosten der Anlage.

Kosten für die Behebung einer Rohrverstopfung im Hauptstrang der Abwasserleitung sind bei den Instandhaltungs- und nicht bei den Betriebskosten zu erfassen.

Stichwort „Zweite Miete"
Kostenhöhe/Kostenbegrenzung am Beispiel „Kosten der Entwässerung"

Diese Betriebskostenart zählt aus den gleichen Gründen wie die Kosten der Wasserversorgung zu den semi-harten Betriebskosten. Ansatzpunkte einer Kostenreduzierung sind im Wesentlichen mittelbar möglich über eine Reduzierung des Wasserverbrauchs. Die Schwankungsbreite bei den Kosten der Entwässerung ergibt sich auch hier wiederum – wie bei den Kosten der Wasserversorgung – aus den unterschiedlichen regionalen Gebührenregelungen, divergierenden Haustechniken und Mieterstrukturen. Entscheidend wird auch die Entwicklung dieser Kostenart künftig von der Fortentwicklung des Wasserhaushaltsgesetzes geprägt werden (Stichwort z. B. Abwasseranlagen nach den „Regeln der Technik" oder nach dem „Stand der Technik").

Ein Überlegungsansatz bietet sich noch an beim Planen von Außenanlagen, und zwar dann, wenn die Entwässerungssatzung für Flächen der Bodenversiegelung entsprechende Kosten für die Einleitung von Regenwasser in den Kanal vorsieht und diese Versiegelungsflächen durch entsprechende Gestaltung der Außenanlagen reduziert werden.

12.6.8.4 Die Kosten der Heizung (Nr. 4 gemäß § 2 BetrKV)

Unter dieser Position werden folgende vier Arten der Heizungsversorgung und der damit verbundenen Kosten unterschieden:
- Kosten des Betriebs der zentralen Heizungsanlage einschließlich der Abgasanlage,
- Kosten des Betriebs der zentralen Brennstoffversorgungsanlage,
- Kosten der eigenständig gewerblichen Lieferung von Wärme,
- Kosten der Reinigung und Wartung von Etagenheizungen und Gaseinzelfeuerstätten.

– **Kosten des Betriebs der zentralen Heizungsanlage = Zentralheizung einschließlich der Abgasanlage (gemäß Nr. 4a zu § 2 BetrKV)**

Nachfolgend werden zu einzelnen Unterkosten dieser Heizungsversorgung gemäß BetrKV ergänzende inhaltliche Kommentierungen aufgezeigt.

Ergänzend zu „**Kosten der verbrauchten Brennstoffe und ihrer Lieferung**":
· Der Vermieter soll weitgehende sachliche und zeitliche Dispositionsfreiheit beim Einkauf der Brennstoffe haben, wobei bei der Lieferantenauswahl die Belieferungssicherheit wichtig ist. Preisnachlässe sind weiterzugeben, Skonti dagegen brauchen nicht abgesetzt zu werden.
· Finanzierungskosten beim Einkauf sind keine ansatzfähigen Betriebskosten.
· Betriebskosten der Zentralheizung sind u. a. nur die „Kosten der verbrauchten Brennstoffe"; d. h., der Vermieter wird den Brennstoffverbrauch nach Menge und Kosten chronologisch entsprechend dem Anfangsbestand und den zwischenzeitlichen Zukäufen als verbraucht ansetzen, als „first in, fiktiv first out". Der Restbestand ist damit mit Menge und Kosten zu den verbleibenden letzten Einkäufen anzusetzen.

Ergänzend zu „**Kosten des Betriebsstroms**":

Gedacht ist hierbei an die Kosten der elektrischen Energie für den Betrieb der zentralen Heizungsanlage, wie z. B. Öl- und Umwälzpumpen, Brenneranlage, Steuerungseinrichtungen, Beleuchtung des Heizraums. Bei fehlendem Zwischenzähler für den Betriebsstromverbrauch ist dieser zu schätzen.

Ergänzend zu „**Kosten der Bedienung, Überwachung und Pflege der Anlage**":
Gedacht ist hierbei an den Ansatz für Betriebskosten für o. g. Arbeitsleistungen. Diese Leistungen können z. B. durch angestellte Heizer, durch Eigentümer oder Fremdfirmen erbracht werden. Arbeitsleistungen durch den Eigentümer selbst sind ebenfalls als Betriebskosten anzusetzen, und zwar in Höhe des für gleichwertige Leistungen eines Dritten zu zahlenden Entgelts ohne Umsatzsteuer. Auch Zusatzmittel bei einer mit Heizöl betriebenen Anlage wie Tankschutzmittel, Mittel zur Optimierung der Verbrennungsprozesse sowie zur Verringerung der Rußbildung sind ansatzfähige Betriebskosten.

Ergänzend zu „**Kosten der regelmäßigen Prüfung der Betriebsbereitschaft und Betriebssicherheit der Anlage, einschließlich der Einstellung durch eine Fachkraft**":

Hier gilt stellvertretend der Begriff „regelmäßige Wartungskosten". Dieser Begriff ist getrennt von den „Kosten der Bedienung" zu sehen. Der Begriff der Wartung wird in Heizanlagen-Verordnung wie folgt umrissen:

HeizAnlV

- Einstellung der Feuerungseinrichtungen,
- Überprüfung der zentralen regelungstechnischen Einrichtungen,
- Reinigung der Kesselflächen.

Diese Leistungen sind durch fachkundige Personen zu erbringen.

Beispiele für typische Wartungsarbeiten können sein:
- Allgemeine Überprüfung der Heizungsanlage,
- Zerlegung, Reinigung und Wiedereinbau des Ölbrenners,
- Überprüfung des Pumpendrucks und der Luftzufuhr,
- Überprüfung von Zerstäuberdüsen, Abgastemperaturen, Kohlendioxydgehalt, Rußzahl.

Die Regelmäßigkeit der Wartung ist durch zeitlich bestimmte wiederkehrende Arbeiten in Form von Prüfung/Einstellung der Heizungsanlage bestimmt. Betriebskosten sind auch Kosten, die regelmäßig entstehen bei der Überprüfung der Dichtigkeit von Tankanlagen.

Nicht berücksichtigungsfähig sollen Kosten dieser Art sein, wenn sie z. B. durch fehlerhafte Bedienung entstehen. Ebenfalls streng davon zu trennen sind Instandhaltungskosten, die entstehen, wenn Mängel einer Heizungsanlage Reparaturen bzw. den Ersatz schadhafter Teile erforderlich machen, z. B. Einbau einer neuen Pumpe.

Ergänzend zu „**Kosten der Reinigung der Anlage und des Betriebsraumes**":
Reinigungsarbeiten bei der Heizungsanlage lassen sich beispielhaft wie folgt umreißen:
- Reinigung des Heizkessels,
- Reinigung der Abgasanlage,
- Reinigung des Schornsteins,

- Reinigung der Be- und Entlüftungsleitungen,
- Reinigung des Öltanks (nicht dagegen Kosten der Beschichtung des Öltanks).

Zu den Reinigungsarbeiten des Betriebsraumes gehören beispielsweise vor allem der personelle Einsatz für die Reinigung des Betriebsraumes und das dazu erforderliche Reinigungsmaterial. Soweit der Hauswart diese Arbeiten übernimmt, entfällt ein gesonderter personeller Kostenansatz dafür.

Ergänzend zu **„Kosten für Messungen nach dem Bundes-Immissionsschutzgesetz":**
Mit diesem Gesetz wird die Grundlage dafür geschaffen, durch jährlich wiederkehrende Messungen unter Kontrolle zu haben, dass die zentrale Heizungsanlage keine über das gesetzlich zulässige Maß hinausgehende Luftverschmutzung verursacht. Die Kosten, Gebühren für die Messung dieser Emission, gehören zu den umlagefähigen Betriebskosten.

<small>HeizkV § 5</small> Ergänzend zu **„Kosten der Anmietung oder anderer Art der Gebrauchsüberlassung einer Ausstattung zur Verbrauchserfassung sowie die Kosten der Verwendung einer Ausstattung zur Verbrauchserfassung einschließlich der Kosten der Eichung sowie die Kosten der Berechnung und Aufteilung":**

Die hierbei zum Einsatz kommenden Geräte müssen entsprechend DIN technischer Mindestanforderungen genügen.

Die für diese Geräte entstehenden Kosten, z. B. für Anmietung, für Ablesung des Verbrauchs, für Austausch von Teilen (z. B. Ampullen) sowie evtl. Eichgebühren bei Wärmezählern sind umlagefähige Betriebskosten.

<small>Heiz KV § 4 Abs. 2</small>

<small>BGB § 559 II. BV § 11</small>

Voraussetzung für den Ansatz der „Kosten der Anmietung" ist jedoch, dass den Nutzern, Mietern vorher die dafür entstehende Kostenhöhe mitgeteilt wird und innerhalb eines Monats nach Zugang dieser Mitteilung die Mehrheit der Nutzer/Mieter einer Anlage nicht widerspricht. Ist dieses Einvernehmen nicht gegeben, muss der Vermieter die dafür erforderlichen Geräte erwerben. Die anfallenden Investitionskosten sind ansatzfähig als Modernisierung über eine Neuberechnung der Miete.

<small>Zentrale Brennstoffversorgungsanlage</small>

– **Kosten des Betriebs der zentralen Brennstoffversorgungsanlage (gemäß Nr. 4b zu § 2 Betr. KV)**

Im Gegensatz zur zentralen Heizungsanlage, vgl. 1., sind bei dieser Heizungsart die Wohnungen und in ihnen die einzelnen Räume mit Öfen ausgestattet. Diese Öfen sind im Hinblick auf die Brennstoffversorgung an eine zentrale Versorgungsanlage angeschlossen.

Danach sind folgende Betriebskosten ansatzfähig:
- Kosten der verbrauchten Brennstoffe und ihrer Lieferung (zur inhaltlichen Bestimmung vgl. zentrale Heizungsanlage),
- Kosten des Betriebsstroms (ansatzfähig, soweit Betriebsstrom im Kostentragungsbereich der zentralen Versorgung entsteht),
- Kosten der Überwachung (zur inhaltlichen Bestimmung „Überwachung" vgl. zentrale Heizungsanlage, zu Kosten für eine Bedienung, Pflege oder Prüfung der Anlage keine Ansatzmöglichkeiten als Betriebskosten genannt),

- Kosten der Reinigung der Anlage und des Betriebsstroms (zur inhaltlichen Bestimmung vgl. zentrale Heizungsanlage).

– **Kosten der eigenständig gewerblichen Lieferung von Wärme (gemäß Nr. 4c zu § 2 BetrKV)**

Gewerbliche Lieferung von Wärme

Bei dieser Versorgungsart mit Wärme ist die Produktion und Lieferung getrennt von der/den zu versorgenden Wirtschaftseinheiten zu sehen. Die Wärmelieferungsmöglichkeiten lassen sich dabei in Varianten einteilen:
- Lieferung der Wärme durch ein Fernheizwerk,
- Lieferung der Wärme von einer externen zentralen Heizungsanlage, eigenständig betrieben von einem Dritten.

Die Anforderungen „eigenständig und gewerblich" werden dadurch erfüllt, dass der Wärmelieferant bei Produktion und Lieferung im eigenen Namen und für eigene Rechnung auftritt und sein Handeln gewerberechtliche Merkmale wie Nachhaltigkeit, Gewinnerzielungsabsicht, Selbstständigkeit, Öffentlichkeit erfüllt.

Die Lieferungsverträge selbst sind entweder mit dem Eigentümer/Vermieter oder unmittelbar mit den Mietern geschlossen.

Die umlagefähigen Betriebskosten bestehen bei dieser Versorgungsart aus:
- Entgelt für die Wärmelieferung,
- Kosten des Betriebs der dazugehörigen Hausanlagen entsprechend dem Kostenansatz wie bei „Betrieb der zentralen Heizungsanlage".

Bei einem Lieferungsvertrag unmittelbar zwischen dem Lieferanten und dem Mieter bleibt für die Heizkostenabrechnung mit dem Vermieter nur die Betriebskostenposition „Kosten des Betriebs der dazugehörigen Hausanlagen".

– **Kosten der Reinigung und Wartung von Etagenheizungen (gemäß Nr. 4d zu § 2 BetrKV)**

Etagenheizungen

In diesem Fall hat der Vermieter die jeweilige Wohnung mit einer individuellen Heizung, Etagenheizung versehen. Die hierbei entstehenden Betriebskosten lassen sich in zwei Gruppen einteilen:
- Betriebskosten, die dem Mieter/Nutzer individuell unmittelbar durch die Benutzung der Etagenheizung selbst entstehen, wie z. B. Brennstoffverbrauch, Betriebsstrom und
- Betriebskosten, die die Betriebsbereitschaft der Etagenheizung betreffen und – soweit sie der Vermieter zunächst zu verauslagen hat – als umlagefähige Kosten ansetzbar sind.

Das sind je nach Heizungstechnik:
- Kosten der Beseitigung von Wasserablagerungen (z. B. Entkalkung) und Verbrennungsrückständen in der Anlage;
- Kosten der regelmäßigen Prüfung der Betriebsbereitschaft und Betriebssicherheit und der damit zusammenhängenden Einstellung durch eine Fachkraft;
- Kosten der Messungen nach dem Bundes-Immissionsschutzgesetz.

Stichwort „Zweite Miete"

Kostenhöhe/Kostenbegrenzung am Beispiel „Kosten der Heizung"

Diese Betriebskostenart kann tendenziell eher zu den sog. weichen Betriebskosten gerechnet werden, weich deshalb, weil die Einflussnahme in hohem Maße beim Vermieter/Mieter liegt. Die Einsparpotenziale liegen in der Heizungs- und Lüftungstechnik, in wärmedämmtechnischen Investitionen (wie z. B. Wohnungseingangstüren mit Schall- und Wärmeisolierung, Kunststofffenster mit Isolierverglasung, Zusatzdämmung für die oberen Geschossdecken zum Dachgeschoss bzw. Flachdach, Austausch veralteter gegen dicht verschließende Hauseingangstüren, Nachrüstung der Außenhaut des Gebäudes mit einem geschlossenen Wärmedämm-Verbundsystem). Dafür bieten sich Ansatzpunkte bei der Projektierung von Neubauten als auch bei der Sanierung und Modernisierung von Bestandsimmobilien. Stichpunkte wie Nutzung erneuerbarer Energien/z. B. Wärmeeinstrahlung und Niedrigenergiehäuser, aber auch vertragliche Ansätze über z. B. Energiecontracting sollen hier ebenfalls beispielhaft stehen. Einen weiteren Impuls wird mittelfristig die verabschiedete Energieeinsparverordnung für Bestandsimmobilien geben. Wesentliche Einsparmöglichkeiten sind auch in der Einflussnahme auf das individuelle Verbrauchsverhalten der Nutzer zu sehen (z. B. Lüftungshinweise, zeitvergleichende Gegenüberstellung der Heizkosten).

12.6.8.5 Kosten der Warmwasserversorgung (Nr. 5 gemäss § 2 BetrKV)

Unter dieser Position werden folgende drei Arten der Warmwasserversorgung und der damit verbundenen Kosten unterschieden:

– Kosten des Betriebs der zentralen Warmwasserversorgungsanlage,
– Kosten der eigenständig gewerblichen Lieferung von Warmwasser,
– Kosten der Reinigung und Wartung von Warmwassergeräten.

– Kosten des Betriebs der zentralen Warmwasserversorgungsanlage (gemäß Nr. 5a zu § 2 BetrKV)

In konzentrierter Form umreißt die BetrKV diese hierbei ansatzfähigen Kosten wie folgt:
... hierzu gehören die Kosten der Wasserversorgung, soweit sie nicht dort bereits berücksichtigt sind, und die Kosten der Wassererwärmung analog.

– Kosten der eigenständig gewerblichen Lieferung von Warmwasser, auch aus Anlagen im Sinne von Buchstabe a (gemäß Nr. 5b zu § 2 BetrKV)

Auch hier umreißt die BetrKV in konzentrierter Form die ansatzfähigen Kosten wie folgt:
... hierzu gehören das Entgelt für die Lieferung des Warmwassers und die Kosten des Betriebs der dazugehörigen Hausanlagen.

– Kosten der Reinigung und Wartung von Warmwassergeräten (gemäß Nr. 5c zu § 2 BetrKV)

Diese Versorgungsart mit Warmwasser trifft dann zu, wenn das Warmwasser nicht zentral, sondern über einzelne Warmwassergeräte (Warmwasserboiler) bereitgestellt wird. Die BetrKV geht dabei von folgenden Kostenansätzen aus:
... hierzu gehören Kosten der Beseitigung von Wasserablagerungen (Entkalkung) und Verbrennungsrückständen im Inneren der Geräte sowie die Kosten der regelmäßigen Prüfung der Betriebsbereitschaft und Betriebssicherheit und der damit zusammenhängenden Einstellung durch eine Fachkraft.

Stichwort „Zweite Miete"
Kostenhöhe/Kostenbegrenzung am Beispiel „Kosten der Warmwasserversorgung"

Zweite Miete Warmwasserversorgung

Diese Kostenart kann man zu den semi-harten Betriebskosten rechnen. Hart ist diese Kostenart, soweit sie generell die Wasserbereitstellungs- und -bezugskosten betrifft (siehe Wasserversorgung). Weiche Betriebskosten liegen vor, soweit es sich um die Energiekosten der Warmwasseraufbereitung handelt. Im letzten Punkt sind die Einsparpotenziale bei der Thematik Heizung angesprochen, aber auch die Verbrauchsgewohnheiten der Nutzer (z. B. Duschen statt Wannenbad, Einbau von Warmwasserzählern).

12.6.8.6 Kosten verbundener Heizungs- und Warmwasserversorgungsanlagen (Nr. 6 gemäß § 2 BetrKV)

Verbundene Heizungs- und Warmwasserversorgungsanlagen

Dies sind Anlagen, durch die die Aufbereitung von Warmwasser und Raumwärme in einer technischen Einrichtung erfolgt.

Unter dieser Position werden wiederum wie bei Heizung und Warmwasser drei Arten von Versorgungssystemen und damit verbundene Kosten unterschieden.
Diese Verbundsysteme und die gesetzlich dazu genannten Kosten werden in einem Zusammenhang in der BetrKV aufgezählt, sie haben weitgehend Bezug zu den Einzelkosten bei Heizung und Warmwasser, wie vorhergehend dargestellt.

Die Aufzählung lautet:
- „... bei (einer Versorgung mit) zentraler Heizungsanlage, (Kostenansätze) entsprechend Nr. 4 Buchstabe a (zentrale Wärmeversorgung) und entsprechend Nr. 2 (Kosten der Wasserversorgung) BetrKV, soweit sie nicht dort bereits berücksichtigt sind"; oder
- „... bei (einer Versorgung mit) eigenständig gewerblicher Lieferung von Wärme entsprechend Nr. 4 Buchstabe c und entsprechend Nr. 2 BetrKV, soweit sie nicht dort bereits berücksichtigt sind"; oder
- „... bei (einer Versorgung mit) verbundener Etagenheizung und Warmwasserversorgungsanlage entsprechend Nr. 4 Buchst. d und entsprechend Nr. 2 BetrKV, soweit sie nicht dort bereits berücksichtigt sind".

Für die Verteilung der Kosten der Versorgung mit Wärme und Warmwasser bei verbundenen Anlagen ist § 9 HeizkV maßgeblich.

Bei der Ermittlung des Anteils der Brennstoffkosten für die Erwärmung des Wassers sind drei Möglichkeiten gegeben:
(1) Energiemessung über Wärmezähler

HeizkV § 9

(2) Mengenmessung
Brennstoffverbrauch für die Erwärmung des Wassers wird aus dem Gesamtvolumen des Warmwassers sowie der mittleren Warmwassertemperatur ermittelt. Der Brennstoffverbrauch der zentralen Warmwasserversorgungsanlage ist gemäß § 9 Abs. 2 HeizkV in Litern, Kubikmetern oder Kilogramm nach der Formel

$$B = \frac{2,5 \times V(t_w - 10)}{H\mu}$$

zu errechnen.

B = Brennstoffverbrauch für Warmwasser
2,5 = Rechenfaktor, ergibt sich aus Wirkungsgrad der Warmwasseraufbereitung (Annahme 46 %) und Umrechnung von Kalorien in Wattstunden (Faktor 1,163); 1,163 : 0,46 = 2,5
V = Volumen des verbrauchten Warmwassers im m³
t_w = gemessene oder geschätzte Temperatur des Warmwassers in °C
10 = 10 °C als übliche Zuflusstemperatur des Kaltwassers
$H\mu$ = Heizwert des Brennstoffes

Rechenbeispiel:
Berechnung des Heizölverbrauchs zur Erwärmung von 1 m³ Warmwasser auf 70 °C:

$$\frac{2,5 \times 1 \times (70 - 10)}{10} = 15,0 \text{ Liter Heizöl}$$

(3) Die auf die zentrale Warmwasserversorgungsanlage entfallende Wärmemenge kann auch pauschal mit 18 % der insgesamt verbrauchten Wärmemenge angesetzt werden (§ 9 Abs. 2 Satz 5 HeizkV), wenn andere Ermittlungsmöglichkeiten ausscheiden.

Neu gemäß HeizkV vom 1.1.2009: Spätestens bis 31.12.2013 ist der Energieanteil durch entsprechende Nachrüstung mit einem Wärmezähler zu erfassen. Ausnahme: Nachrüstung bedingt unverhältnismäßig hohe Kosten aus besonderen baulichen bzw. technischen Gründen.

<small>Maschineller Personen- oder Lastenaufzug</small>

12.6.8.7 Kosten des Betriebs des maschinellen Personen- oder Lastenaufzugs (Nr. 7 gemäss § 2 BetrKV)

Grundlage für den Betrieb von Aufzügen ist die Aufzugverordnung.

<small>AufzV</small>

Neben den Kosten des Betriebsstroms für das Betreiben der Aufzugsanlage bedingt vor allem die Aufzugverordnung drei ansatzfähige Kostenarten:

– **Kosten der Beaufsichtigung, der Bedienung, Überwachung und Pflege der Anlage.**

Die AufzV sieht für die Sicherheit vor allem im Aufzug beförderter Personen zwei Kosten verursachende Einrichtungen vor:
· Bestellung eines Aufzugswärters,
· Anschluss in der Aufzuganlage an ein zentrales Notrufleitsystem.

Der Aufzugswärter hat die Anlage regelmäßig zu beaufsichtigen und erkennbare Mängel zumelden. Weiterhin hat er sich bereitzuhalten, im Fahrstuhl eingeschlossene Personen zu befreien bzw. für ihre Befreiung zu sorgen. Die letztgenannte Pflicht zur Bereithaltung entfällt, wenn der Anschluss an ein zentrales Notrufleitsystem besteht. In der Praxis wird in den meisten Fällen auch für die verbleibenden Aufgaben des Aufzugswärters ein Servicevertrag mit einer einschlägigen Fachfirma geschlossen werden.

Das zentrale Notrufleitsystem ist über einen Notruf im Aufzug die unmittelbare Kontaktstelle eingeschlossener Personen. Es muss Tag und Nacht besetzt sein, zum Eingreifen über geeignete Fachleute verfügen, um umgehende, geeignete Rettungsmaßnahmen für eingeschlossene Personen einzuleiten. Der Zeitraum zwischen Hilferuf und Eintreffen des Aufzugswärters bzw. fakultativ statt dessen eines Fachmannes des Notrufleitsystems soll nicht mehr als 20 Minuten betragen. Kosten für den Aufzugswärter sowie für den Anschluss an ein zentrales Notrufleitsystem sind Betriebskosten, ebenso Wartungskosten (z. B. Abschmieren, Ölwechsel) und Kosten zur Behebung kleinerer Störungen, soweit sie keinen Austausch schadhafter Teile bedingen.

- **Kosten der regelmäßigen Prüfung der Betriebsbereitschaft und Betriebssicherheit der Anlage einschließlich der Einstellung durch einen Fachmann.**

Hierbei sind ansatzfähig die Kosten der für alle zwei Jahre vorgeschriebenen Prüfung der Aufzugsanlage durch einen Sachverständigen, ebenso auch Kosten für nicht angekündigte Zwischenprüfungen. Die Kosten für die Funktionsprüfung der Anlage werden meist eingebunden sein in einen Servicevertrag einer einschlägigen Fachfirma.

- **Kosten der Reinigung der Anlage**

Zur Reinigung gehören hier nur Maßnahmen im Aufzugssystem (z. B. Drahtseile, Laufschienen) außerhalb des Fahrstuhlkorbes. Diese Arbeiten sind in der Regel ebenfalls meist in einen Servicevertrag mit einer Fachfirma eingebunden.

Stichwort „Zweite Miete"
Kostenhöhe/Kostenreduzierung am Beispiel „Kosten des Betriebs des Personen- und Lastenaufzugs":

„Zweite Miete" Personen- und Lastenaufzug

Diese Kostenart kann bei gegebener baurechtlicher Voraussetzung zu den harten Betriebskosten zählen. Soweit ein Aufzug baurechtlich gefordert ist, können Kostenersparnisse bestenfalls in der Anschaffung einer bedarfsorientierten energiesparenden Technik und Ausgestaltung gesucht werden bzw. bautechnisch durch eine Reduzierung der „Geschosshaltestellen".

12.6.8.8 Kosten der Straßenreinigung und Müllabfuhr (Nr. 8 gemäß § 2 BetrKV)

Zu dieser Betriebskostenart gehören:

– **Kosten der Straßenreinigung**

Öffentliche Straßenreinigung, Kostenerhebung in der Regel durch Abgabenbescheid der Gemeinde. In diesen Bereich fallen auch die Kosten nicht öffentlicher Straßenreinigung. Gemeinden können diese Reinigung (z. B. Schneeräumen, Streuen) auf die Eigentümer übertragen. Diese wiederum können dann diese Aufgabe entweder unmittelbar selbst wahrnehmen oder durch vertragliche Vereinbarungen an Dritte übertragen (z. B. Mieter, Wartungsfirmen für Winterdienste). Die dabei zum Einsatz kommenden Mittel (z. B. Streumittel) ebenso wie die Leistung selbst sind ansatzfähige Betriebskosten.

– **Kosten der Müllbeseitigung**

Zu den Kosten der Müllbeseitigung gehören namentlich die für die Müllabfuhr zu entrichtenden Gebühren, die Kosten entsprechender nicht öffentlicher Maßnahmen, die Kosten des Betriebs von Müllkompressoren, Müllschluckern, Müllabsauganlagen sowie des Betriebs von Müllmengenerfassungsanlagen einschließlich der Kosten der Berechnung und Aufteilung.

Auch übliche „Trinkgelder" für Entsorgungsleistungen sowie Kosten der Beseitigung von Gartenabfällen, nicht jedoch Bauschutt.

Stichwort „Zweite Miete"
Kostenhöhe/Kostenreduzierung am Beispiel „Kosten der Straßenreinigung und Müllabfuhr":

Diese Kostenart gehört bestenfalls zu den semi-harten Betriebskosten. Soweit diese Leistungen grundstückgebunden von der Gemeinde, abgesichert durch Satzungen und Gebührenordnungen, erbracht werden, sind wohnungswirtschaftlich vertraglich kaum Gestaltungsspielräume. Ansatzpunkte der Kostenreduzierung können lediglich in einer Rückführung des Leistungsumfanges, z. B. bei der Müllverursachung, Müllerfassung sowie bei der Müllabfuhr, gesehen werden.

Möglichkeiten dazu wären:
- Auswahl der bedarfsgerechten Gefäßart, z. B. Volumen, Gewicht,
- Auswahl eines bedarfsgerechten Rhythmus in der Leerung,
- Aktive Information der Mieterschaft über kostengünstige, öffentlich angebotene Recyclingmöglichkeiten,
- Vermeidung von besonders kostenintensivem Sondermüll (z. B. Karton, Möbelteile),
- Reduzierung der Entsorgung von Gartenabfällen durch grundseitige Kompostierung,
- Vermeidung von sog. Eigentümerwegen und -straßen bei der Planungskonzeption.

12.6.8.9 Kosten der Hausreinigung und Ungezieferbekämpfung (Nr. 9 zu § 2 BetrKV)

Hausreinigung und Ungezieferbekämpfung

Hierzu gehören gemäß BetrKV die Kosten für die Säuberung der von den Bewohnern gemeinsam genutzten Gebäudeteile wie Zugänge, Flure, Treppen, Keller, Bodenräume, Waschküchen, Fahrkorb des Aufzugs, auch z. B. Gully in Waschküchen.

Das sind z. B. Löhne für Reinigungspersonal und Materialausgaben oder bei Fremdvergabe die ortsüblichen Reinigungsentgelte. Auch die Übernahme der Reinigung durch die Mieter des Hauses ist denkbar, in diesem Fall ist ein Ansatz von Betriebskosten nicht möglich.

Kosten der Ungezieferbekämpfung sind z. B. solche Maßnahmen der laufend wiederkehrenden Art, die behördlich angeordnet werden (wie z. B. Kosten der Rattenbekämpfung), nicht dagegen einmalige Kosten wie Maßnahmen an einer mit Ungeziefer belasteten Wohnung.

Die Reinigung der Einstellplätze und ihrer Zufahrt ist von der Hausreinigung zu trennen, sie ist kostenmäßig den vertraglichen Nutzern der Stellplätze zuzuordnen.

Hier sind evtl. Ansätze der Kostenreduzierung in der Übernahme von Reinigungsarbeiten durch Mieter bzw. auch durch eine kostengünstige Ausgliederung an Fremdfirmen möglich.

12.6.8.10 Kosten der Gartenpflege (Nr. 10 zu § 2 BetrKV)

Gartenpflege

Hierzu gehören gemäß BetrKV die Kosten der Pflege gärtnerisch angelegter Flächen einschließlich der Erneuerung von Pflanzen und Gehölzen, der Pflege von Spielplätzen einschließlich der Erneuerung von Sand und der Pflege von Plätzen, Zugängen und Zufahrten, die nicht dem öffentlichen Verkehr dienen.

- **Gartenpflege**

Die Kosten der Gartenpflege sind generell ansatzfähig, wenn der Garten allen Bewohnern zur Nutzung zusteht, aber auch dann, wenn die Nutzung für die Bewohner eingeschränkt ist und die Gartenanlage der Verbesserung der Wohnumfeldes dient. Die erstmalige Anlage und Bepflanzung dagegen gehört nicht zu den Betriebskosten.

An Einzelkosten können beispielhaft genannt werden:
Kosten des Wasserverbrauchs für den Garten, Rasenmähen, Nachsaat schadhafter Rasenflächen, Unkrautbeseitigung, Düngung, Zuschnitte und Pflege von Bäumen und Sträuchern, auch Kosten für die Beseitigung von Sturmschäden an Bäumen und Gewächsen, Abfuhr von Gartenabfällen, Erneuerung von Pflanzen und Gehölzen.

Die Anschaffung von Maschinen zur Gartenpflege (z. B. Rasenmäher, Kleintraktor) gehört nicht zu den Betriebskosten, dagegen jedoch die Kosten für deren laufenden Gebrauch.

– **Pflege von Spielplätzen**

Diese Kosten betreffen die regelmäßige Erneuerung des Sandes auf den Spielplätzen, die Reinigung des Spielplatzes und die Überwachung von Spielgeräten (z. B. Schaukel, Rutschen).

– **Pflege von Plätzen, Zugängen und Zufahrten, die nicht dem öffentlichen Verkehr dienen.**

Diese Kosten betreffen z. B. Reinigung, Winterdienst obiger Flächen, die generell allen Mietern zugänglich sind.

„Zweite Miete" Gartenpflege

Stichwort „Zweite Miete"
Kostenhöhe/Kostenreduzierung am Beispiel „Kosten der Gartenpflege":

Diese Kostenart gehört zu den semi-harten Betriebskosten. Die Kosten werden weitgehend schon in der Projektierung einer Wohnanlage mit ihren Außenanlagen begründet. In dieser Phase können durch eine entsprechende Reduzierung der Gestaltungsvarianten Kosten der Bewirtschaftung optimiert werden (z. B. Verringerung der Wegeflächen, Art der Bepflanzung, Bündelung von Wartungsverträgen). Mit entscheidend für die Spannweite bei den Kosten der Gartenpflege sind Aspekte wie Größe und Gestaltung der Freiflächen im Bereich der Außenanlagen, Verdichtung der Bebauung auf den Grundstücken.

Beleuchtung

12.6.8.11 Kosten der Beleuchtung (Nr. 11 zu § 2 BetrKV)

Hierzu gehören gemäß BetrKV
– die Kosten des Stroms für die Außenbeleuchtung und
– die Beleuchtung der von den Bewohnern gemeinsam benutzten Gebäudeteile wie Zugänge, Flure, Treppen, Keller, Bodenräume, Waschküchen.

Mit dieser Kostenart sind die Stromkosten für die Beleuchtung außerhalb der Wohnungen angesprochen. Die Kosten betreffen den Stromverbrauch und andere dazugehörige Kosten der Bereitstellung. Kosten für den Ersatz defekter Beleuchtungskörper (z. B. Glühbirnen) fallen nicht unter die ansatzfähigen Betriebskosten.

Zweite Miete Beleuchtung

Stichwort „Zweite Miete"
Kostenhöhe/Kostenreduzierung am Beispiel „Kosten der Beleuchtung":

Diese Kostenart gehört ebenfalls zu den semi-harten Betriebskosten. Im Spannungsfeld stehen Verkehrssicherungspflicht, Verkehrssicherheit und allgemeine Sicherheit der Mieter. Kostenansätze wären der Einsatz von Energiesparlampen, zeitlich angemessene Intervallschaltungen. Mitbestimmend für diese Spannweite ist hier u. a. der Beleuchtungsbedarf bei den Außenanlagen, die Bebauungsdichte und Bewegungshäufigkeit in den Wohngebäuden.

12.6.8.12 Kosten der Schornsteinreinigung (Nr. 12 zu § 2 BetrKV)

Hierzu gehören gemäß BetrKV die Kehrgebühren nach der maßgebenden Gebührenordnung, soweit sie nicht bereits als Kosten nach Nr. 4 Buchstabe a berücksichtigt sind.

Nach herrschender Meinung ist diese Position zu integrieren in die Kosten der zentralen Heizung (Nr. 4 Buchstabe a), weiter abgestützt wird dies durch eine entsprechende Vorschrift in § 7 Abs. 2 HeizkV.

12.6.8.13 Kosten der Sach- und Haftpflichtversicherung (Nr. 13 zu § 2 BetrKV)

Hierzu gehören gemäß BetrKV
- die Kosten der Versicherung des Gebäudes gegen Feuer-, Sturm- oder Wasser- sowie sonstige Elementarschäden,
- die Kosten der Glasversicherung,
- die Kosten der Haftpflichtversicherung für das Gebäude, den Öltank und den Aufzug; Keller, Bodenräume, Waschküche, Fahrkorb des Aufzuges.

Mit dieser Kostenart sind die Prämien für obige Versicherungsarten ansatzfähig. Der Hinweis in Nr. 13 mit dem Wort „namentlich" soll verdeutlichen, dass die dort aufgezählten Versicherungsarten nicht erschöpfend sein sollen.

Es sind noch andere Versicherungen im Ansatz denkbar (z. B. Sachversicherungen für elektronische Anlagen im Wohngebäude, wie z. B. Wechsel- und Gegensprechanlagen).

Stichwort „Zweite Miete"
Kostenhöhe/Kostenreduzierung am Beispiel „Kosten der Sach- und Haftpflichtversicherung":

Diese Kostenart könnte man zu den weichen Betriebskosten rechnen. Gerade hier haben Verwaltungen je nach Prämienvolumen und Organisation der Versicherungsleistungen erheblichen Gestaltungsspielraum.

Ansatzpunkte der Überprüfung können sein:
- Versicherungsarten/Versicherungsumfang angemessen
  z. B. Notwendigkeit einer Glasversicherung,
- Stimmigkeit der Tarife,
- Bündelung der Nachfrage nach Versicherungsleistungen/Sondertarife,
  z. B. auch Bündelung auf eine Versicherung des Unternehmens mit seinem gesamten Bestand an Wohnfläche,
- Einschaltung eines Versicherungsmaklers,
- Angebotsoptimierung.

12.6.8.14 Kosten für den Hauswart (Nr. 14 zu § 2 BetrKV)

Hauswart

Hierzu gehören gemäß BetrKV
- die Vergütung,
- die Sozialbeiträge und
- alle geldwerten Leistungen,

die der Eigentümer (Erbbauberechtigte) dem Hauswart für seine Arbeit gewährt, soweit diese nicht die Instandhaltung, Instandsetzung, Erneuerung, Schönheitsreparaturen oder die Hausverwaltung betrifft.

Soweit vom Hauswart Arbeiten ausgeführt werden, die Arbeitsleistungen nach den Nummern 2 bis 10 und 16 betreffen, darf für diese kein eigener Kostenansatz mehr erfolgen.

Ein genereller Ansatz an Kosten für den Hauswart wird an mehreren Merkmalen zu prüfen sein:
- Ist die Bestellung eines Hauswarts überhaupt bzw. nach diesem Umfang erforderlich? Dies wird im Einzelfall zu prüfen sein, z. B. an der Größe der Anlage, am Umfang auf die Mieter übertragener Arbeiten. Im Einzelfall kann statt eines hauptberuflichen auch ein nur nebenberuflich, stundenweise tätiger Hauswart genügen oder auch die Übertragung auf eine Fremdfirma zweckmäßig sein.
- Ist der Aufgabenkatalog des Hauswarts laut Arbeitsvertrag bzw. bei einer Hauswartfirma laut Werkvertrag im Rahmen der Betriebskosten voll berücksichtigungsfähig?

Aufgabenkatalog des Hauswarts

Arbeiten des Hauswarts
Hier eingeengt auf ihre Ansatzfähigkeit als Betriebskosten i. S. der BetrKV

Betriebskosten	Nicht-Betriebskosten
Bedienung/Überwachung/Pflege von Gebäudeteilen/Gebäudeeinrichtungen und Außenanlagen, z. B. Heizungsanlage, Überwachung von Reinigungsarbeiten durch Mieter, Meldung besonderer Ereignisse.	Mit Instandhaltungs- und Instandsetzungsarbeiten zusammenhängende Tätigkeiten, z. B. Reparatur von Wasserhähnen, Überwachung von in Auftrag gegebenen Reparaturarbeiten.
↓	↓
Arbeiten in diesen Teilbereichen bereits dort Einzelbetriebskosten bei Fremdvergabe, ansonsten Teil der ansatzfähigen Kosten für den Hauswart	Mit Leistungen der kaufmännischen Hausverwaltung zusammenhängende Tätigkeiten, z. B. Mietinkasso, Wohnungsübergaben, Vertragsabschlüsse zur Bewirtschaftung
↓	↓
Kein doppelter Kostenansatz.	In diesem Teilbereich zeitanteilig kein Kostenansatz als Betriebskosten.

Der ansatzfähige Kostenkatalog für den Hauswart umfasst z. B.
Arbeitsentgelt (oder bei Fremdfirma Rechnungsbetrag),
Sozialbeiträge,
Beiträge zur Unfallversicherung,
geldwerte Leistungen (z. B. unentgeltlich überlassene Wohnung),
Kosten für Urlaubsvertretung/Krankheit.

Stichwort „Zweite Miete"
Kostenhöhe/Kostenreduzierung am Beispiel „Kosten für den Hauswart":

Zweite Miete Hauswart

Diese Kostenart könnte man zu den weichen Betriebskosten rechnen. Angemessenheit und Leistungsumfang unterliegen, wie oben dargelegt, einem gewissen Gestaltungsspielraum. Die Spannweite der Kosten ist durch verschiedene Faktoren bedingt, wie z. B. Größe der gesamten Anlagen, Aufgaben des jeweiligen Hausmeisters gemäß „Betriebskostenkatalog", Organisation der Hausmeisterdienste (extern/intern).

Ansatzpunkte der Überprüfung können sein:
- Bedarfsumfang,
- Kostenvergleich verschiedener Organisationsformen,
- Gegebenenfalls Übernahme von Hauswartaufgaben durch Mieter/Mieterschaft.

12.6.8.15 Kosten des Betriebs der Gemeinschaftsantennenanlage oder des Betriebs der mit einem Breitbandkabelnetz verbundenen privaten Verteilanlage (Nr. 15 zu § 2 BetrKV)

Gemeinschaftsantennenanlage Breitbandkabelnetz

Zu den Kosten des Betriebs der Antennenanlage gehören
- die Kosten des Betriebsstromes und
- die Kosten der regelmäßigen Prüfung ihrer Betriebsbereitschaft einschließlich der Einstellung durch eine Fachkraft oder
- das Nutzungsentgelt für eine Antennenanlage (also z. B. Antennen-Wartungsvertrag, Nutzungsentgelt für eine gemietete Gemeinschaftsantenne) sowie die Gebühren, die nach dem Urheberrechtsgesetz für die Kabelweitersendung entstehen.

Zu den Kosten des Betriebs der mit einem Breitbandkabelnetz verbundenen privaten Verteilanlage gehören
- die Kosten entsprechend oben, ferner
- die laufenden monatlichen Grundgebühren für Breitbandanschlüsse (also z. B. Wartungsvertrag, Monatsgebühren).

Stichwort „Zweite Miete"
Kostenhöhe/Kostenreduzierung am Beispiel Kabelkosten:

Zweite Miete Kabelkosten

Diese Kostenart könnte man zu weitgehend den semiharten Betriebskosten rechnen. Überlegungsansätze für eine Kostenreduzierung betreffen evtl. die Empfangstechnik (Satellitenempfang statt Kabel), Bündelung und Dauer von Anschlussverträgen. Lösungen im Wege von Einzelanlagen der jeweiligen Mieter scheiden wohl aus wegen negativer Optik an Gebäudefassaden. Außerdem ist der gegebene Anspruch auf Vielfalt und Bandbreite im Fernsehkonsum ungebrochen, für eine Leistungsreduktion würde weitgehend die Akzeptanz fehlen.

12.6.8.16 Kosten des Betriebs der Einrichtungen für die Wäschepflege (Nr. 16 zu § 2 BetrKV)

Wäschepflege

Hierzu gehören
- die Kosten des Betriebsstroms,
- die Kosten der Überwachung, Pflege und Reinigung der Einrichtungen,
- die Kosten der regelmäßigen Prüfung ihrer Betriebsbereitschaft und Betriebssicherheit sowie
- die Kosten der Wasserversorgung entsprechend Nr. 2 der Anlage 3, soweit sie nicht dort bereits berücksichtigt sind.

Begrifflich gehören zu den Einrichtungen für die Wäschepflege neben Waschmaschinen auch eventuell davon getrennte Wäscheschleudern, Wäschetrockner, elektrische Bügelmaschinen. Diese Einrichtungen sind dann zu berücksichtigen, wenn sie den Mietern zur Nutzung zur Verfügung stehen.

NMV § 25

Der Umfang der ansatzfähigen Kosten wird einmal von den oben aufgezählten Betriebskosten bestimmt und zusätzlich für preisgebundene Wohnungen (§ 25 NMV) vom Ansatz der Kosten für Instandhaltung in Form eines Erfahrungswertes als Pauschbetrag.

12.6.8.17 Sonstige Betriebskosten (Nr. 17 zu § 2 BetrKV)

Sonstige Betriebskosten

Hierzu gehören Betriebskosten im Sinne von § 1 BetrKV, die von den Nummern 1 bis 16 nach § 2 BetrKV nicht erfasst sind.

Die begriffliche Fassung „sonstige" Betriebskosten soll nach herrschender Meinung keine generelle Ausweitung einzelner Betriebskostenarten eröffnen. In Bezug auf die Vereinbarung und Erhebung „sonstiger Betriebskosten" ist die Rechtsprechung sehr komplex. In jedem Fall ist ein Grunderfordernis für eine wirksame Vereinbarung einzelner sonstiger Betriebskosten deren konkrete Einzelbenennung im Mietvertrag.

Der nachfolgende Katalog gibt einige Beispiele für vereinbare/umlegbare Einzelkosten, wie sie sich in Literatur und Rechtsprechung wieder finden.

- Kosten für Feuerlöschgeräte (Prüfung/Auswechseln der Löschsubstanz),
- Kosten für die regelmäßge Reinigung von Dachrinnen,
- Kosten für Dachrinnenheizung,
- Kosten für regelmäßige Wartung von Abflussrohren/Gullys, sofern Ursache dafür nicht die Behebung einer Verstopfung ist,
- Kosten für die Wartung von Blitzableiteranlagen,
- Kosten für den Betrieb von Gemeinschaftseinrichtungen (z. B. Schwimmbad, Spielräume, soweit diese allen Mietern zur Nutzung zur Verfügung stehen).

12.6 BETRIEBSKOSTEN/NEBENKOSTEN BEI WOHN- UND GEWERBERAUM

Fall 1: Betriebskosten gemäß § 2 Betriebskostenverordnung

Fin. Art: freifinanzierter Wohnungsbau
(freifinanziert ab 1.1.1996)

Grundstücksfläche in m²:	33.769,00
Wohnfläche in m²:	7.183,81
Heizfläche in m²:	7.158,09
Anzahl der Wohneinheiten:	168
Erstbezug	1957
Ausstattung:	Zentralheizung mit WW-Versorgung
Geschosse:	KG, EG, I. OG, II. OG
Dachkonstruktion:	Giebeldach

	Kosten 2004 gesamt in €	Kosten 2004 pro m² Wfl./mtl. in €	Kosten 2007 gesamt in €	Kosten 2007 pro m² Wfl./mtl. in €
Heizkosten gesamt (lt. Abrechnung)	86.558,00	1,00	95.314,15	1,11
Betriebskostenumlage (kalte Betriebskosten)	Kosten 2004 gesamt in €	Kosten 2004 pro m² Wfl./mtl. in €	Kosten 2007 gesamt in €	Kosten 2007 pro m² Wfl./mtl. in €
1. Straßenreinigung	4.189,57	0,05	4.662,48	0,05
2. Müllbeseitigung	35.372,08	0,41	34.478,49	0,40
3. Entwässerung/Niederschlagswasser	11.664,53	0,14	11.664,87	0,14
4. Wasser/Schmutzwasser/Beleuchtung	42.135,54	0,49	35.448,68	0,41
5. Sat/Kabel	0,00	0,00	14.474,88	0,17
6. Gartenpflege	13.845,39	0,16	11.159,07	0,13
7. Sach- und Haftpflichtversicherungen	7.840,84	0,09	8.355,28	0,10
8. Gebäudereinigung	24.227,52	0,28	22.220,96	0,26
9. Hausmeisterkosten	14.256,20	0,17	12.650,63	0,15
10. sonstige Betriebskosten	7.504,76	0,09	3.939,00	0,05
11. Grundsteuer	11.715,72	0,14	14.351,64	0,17
12. Ungezieferbekämpfung	0,00	0,00	5.461,41	0,06
Gesamtsumme der kalten Betriebskosten:	172.752,15	2,00	178.867,39	2,07
Betriebskosten insgesamt:	259.310,15	3,00	274.181,54	3,18

Fall 2: Betriebskosten gemäß § 27 der II. Berechnungsverordnung/ § 2 Betriebskostenverordnung

Fin. Art: öffentlich geförderter Wohnungsbau

Grundstücksfläche in m²:	3.701,00
Wohnfläche in m²:	2.809,29
Heizfläche in m²:	2.706,83
Anzahl der Wohneinheiten:	42
Erstbezug:	1979
Ausstattung:	Zentralheizung mit WW-Versorgung
Geschosse:	KG, EG, I. OG, II. OG
Dachkonstruktion:	Giebeldach

	Kosten 2004 gesamt in €	Kosten 2004 pro m² Wfl./mtl. in €	Kosten 2007 gesamt in €	Kosten 2007 pro m² Wfl./mtl. in €
Heizkosten gesamt (lt. Abrechnung)	30.627,35	0,91	36.732,84	1,13
Betriebskostenumlage (kalte Betriebskosten)	**Kosten 2004 gesamt in €**	**Kosten 2004 pro m² Wfl./mtl. in €**	**Kosten 2007 gesamt in €**	**Kosten 2007 pro m² Wfl./mtl. in €**
1. Straßenreinigung	832,66	0,02	538,67	0,02
2. Müllbeseitigung	11.620,20	0,34	10.300,47	0,31
3. Entwässerung/ Niederschlagswasser	2.405,00	0,07	2.405,65	0,07
4. Wasser/ Schmutzwasser/ Beleuchtung	24.013,34	0,71	18.419,30	0,55
5. Sat/ Kabel	0,00	0,00	3.618,72	0,11
6. Gartenpflege	2.405,78	0,07	3.324,48	0,10
7. Sach- und Haftpflichtversicherungen	3.533,51	0,10	3.752,55	0,11
8. Gebäudereinigung	7.132,56	0,21	5.703,52	0,17
9. Hausmeisterkosten	5.575,01	0,17	5.111,58	0,15
10. sonstige Betriebskosten	560,28	0,02	1.437,85	0,04
11. Grundsteuer	5.379,32	0,16	6.589,66	0,20
12. Umlageausfallwagnis (gemäß § 25a NMV)	1.269,75	0,04	1.224,05	0,04
Gesamtsumme der kalten Betriebskosten:	**64.727,41**	**1,92**	**62.426,50**	**1,85**
Betriebskosten insgesamt:	**95.354,76**	**2,83**	**99.159,34**	**2,98**

Fall 3: Betriebskosten gemäß § 27 der II. Berechnungsverordnung/ § 2 Betriebskostenverordnung

Fin. Art: öffentlich geförderter Wohnungsbau

Grundstücksfläche in m²:	7.097,00
Wohnfläche in m²:	5.317,20
Heizfläche in m²:	5.095,52
Anzahl der Wohneinheiten:	88
Erstbezug:	1984
Ausstattung:	Zentralheizung mit WW-Versorgung
Geschosse:	KG, EG, I. OG, II. OG, III. OG
Dachkonstruktion:	Giebeldach

	Kosten 2004 gesamt in €	Kosten 2004 pro m² Wfl./mtl. in €	Kosten 2007 gesamt in €	Kosten 2007 pro m² Wfl./mtl. in €
Heizkosten gesamt (lt. Abrechnung)	57.941,33	0,91	64.623,96	1,06
Betriebskostenumlage (kalte Betriebskosten)	Kosten 2004 gesamt in €	Kosten 2004 pro m² Wfl./mtl. in €	Kosten 2007 gesamt in €	Kosten 2007 pro m² Wfl./mtl. in €
1. Straßenreinigung	1.325,40	0,02	1.445,88	0,02
2. Müllbeseitigung	13.066,98	0,20	21.568,40	0,34
3. Entwässerung/ Niederschlagswasser	4.612,40	0,07	4.613,05	0,07
4. Wasser/ Schmutzwasser/ Beleuchtung	32.274,59	0,51	36.785,73	0,58
5. Sat/Kabel	0,00	0,00	7.582,08	0,12
6. Gartenpflege	5.533,24	0,09	4.690,26	0,07
7. Sach- und Haftpflichtversicherungen	7.210,43	0,11	7.657,72	0,12
8. Gebäudereinigung	10.929,59	0,17	10.764,89	0,17
9. Hausmeisterkosten	10.551,93	0,17	8.956,75	0,14
10. sonstige Betriebskosten	1.051,54	0,02	1.195,00	0,02
11. Grundsteuer	11.471,56	0,18	10.260,81	0,16
12. Ungezieferbekämpfung	0,00	0,00	884,82	0,01
13. Umlageausfallwagnis (gemäß § 25a NMV)	1.960,55	0,03	2.328,11	0,04
Gesamtsumme der kalten Betriebskosten:	99.988,21	1,57	118.733,50	1,86
Betriebskosten insgesamt:	157.929,54	2,48	183.357,46	2,92

Fall 4: Betriebskosten gemäß § 2 Betriebskostenverordnung

Fin. Art: frei finanziert

Grundstücksfläche in m²:	3.122,00
Wohnfläche in m²:	1.710,50
Heizfläche in m²:	0,00
Anzahl der Wohneinheiten:	40
Erstbezug:	1955
Ausstattung:	ohne Zentralheizung
Geschosse:	KG, EG, I. OG, II. OG
Dachkonstruktion:	Giebeldach

Betriebskostenumlage (kalte Betriebskosten)	Kosten 2004 gesamt in €	Kosten 2004 pro m² Wfl./mtl. in €	Kosten 2007 gesamt in €	Kosten 2007 pro m² Wfl./mtl. in €
1. Straßenreinigung	915,91	0,04	591,52	0,03
2. Müllbeseitigung	5.531,51	0,27	4.795,44	0,23
3. Entwässerung/ Niederschlagswasser	2.029,30	0,10	2.029,30	0,10
4. Wasser/ Schmutzwasser/ Beleuchtung	8.299,29	0,40	9.069,11	0,44
5. Sat/Kabel	0,00	0,00	3.456,00	0,17
6. Gartenpflege	1.463,76	0,07	836,56	0,04
7. Sach- und Haftpflichtversicherungen	1.923,23	0,09	2.031,07	0,10
10. Hausmeisterkosten	4.321,43	0,21	5.972,62	0,29
11. sonstige Betriebskosten	140,36	0,01	898,92	0,04
12. Grundsteuer	2.554,00	0,12	3.128,55	0,15
13. Thermenwartung	4.433,43	0,22	0,00	0,00
Gesamtsumme:	**31.612,22**	**1,54**	**32.809,09**	**1,60**

12.6.9 Objektbezogene Betriebskostenansätze im Benchmarking – Beispiele betrieblicher Praxis

Nachfolgend werden an verschiedenen Wohnobjekten in Ballungszentren des süddeutschen Raumes die Betriebskosten zwischen 2004 und 2007 aufgezeigt, abgestellt auf Einzelkosten in € pro m^2 Wohnfläche. Vorangestellt werden objektcharakterisierende Merkmale wie Zahl der Wohneinheiten/Geschosszahlen/Baujahr/Wohnfläche/Grundstücksfläche/Förderung soweit gegeben.

Den verschiedenen größeren Wohnungsunternehmen, die mir für meine Datensammlung bzw. für Abrechnungsbeispiele entsprechende Unterlagen zur Verfügung gestellt haben, sei an dieser Stelle gedankt.

Eine vergleichende Betrachtung in der Kostenentwicklung zeigt, welche Quantität und Bedeutung die Betriebskosten als „Zweite Miete" inzwischen erreicht haben.

Betriebskostenansätze im Benchmarking

12.6.10 Abrechnung der Betriebskosten/Nebenkosten

Eine Abrechnung im mietrechtlichen Sinne kann nur erfolgen, wenn der Mieter Vorauszahlungen (Abschlagszahlungen) geleistet hat oder wenn auch ohne vorausgegangene Abschlagszahlungen eine Umlage der Betriebskosten vertraglich vorgesehen ist. Bei einer Bruttomiete bzw. Teilbruttomiete oder Vereinbarung einer Betriebskostenpauschale erfolgt keine Abrechnung.

Abrechnung der Betriebskosten BGB § 556 Abs. 2

Die Überleitung von einer Bruttomiete/Teilbruttomiete auf Netto-Kalt mit einer entsprechenden Reduzierung der Bruttoteile, der Einführung einer Betriebskostenvorauszahlung mit Jahresabrechnung bedeutet eine Änderung der Mietstruktur. Aus Gründen der Tansparenz, verbunden mit einem gemeinsamen Bemühen um eine Begrenzung der sog. „Zweiten Miete" kann dies zweckmäßig sein. Normalerweise ist dies nur im Einvernehmen mit den Mietern möglich. Bei Wohnraum, für den das Betriebskostenrecht des BGB gilt, ist nach neuem Mietrecht gemäß § 556a Abs. 2 BGB diese Umstellung auch durch einseitige Erklärung des Vermieters in Textform möglich.

Bedingungen:
Umfang bzw. Verursachung der Betriebskosten werden entsprechend erfasst/ Erklärung über die Umstellung geht den Mietern entsprechend vor Beginn eines neuen Abrechnungszeitraums zu.

Sonderfall:
Anders, aber u. U. auch bei der Betriebskostenpauschale, wenn für diese ein vertraglicher Vorbehalt der Anpassung (Kostenerhöhung/Kostensenkung – § 560 BGB) vereinbart und geltend gemacht wird. Bei Anwendung dieser Anpassungsklausel müssten bisherige/neue Beträge für Betriebskosten für den Vergleichszeitraum dargestellt und in ihrer Auswirkung auf die Pauschale benannt werden. In wirtschaftlicher Konsequenz – auch bezogen auf eine Kostensenkung – stellt sich die Frage nach der Identität der Betriebskostenpauschale.

12.6.10.1 Abrechnungszeitraum/Abrechnungseinheit/ Kostenerfassung/ Ausschlussfrist/Verjährung/ Kontrollrechte/Einwendungsschluss

NMV § 20 Abs. 3

Abrechnungszeitraum

Der **Abrechnungszeitraum** erstreckt sich normalerweise über längstens ein Wirtschaftsjahr und beträgt für Wohnraummietverhältnisse längstens 12 Monate, § 556 Abs. 3 S. 1 BGB; analog für preisgebundene Wohnungen/öffentlich geförderte Wohnungen § 20 Abs. 3 NMV.

Bei Gewerberaummietverhältnissen sind die vertraglichen Vereinbarungen zu beachten. Mangels anderweitiger Vereinbarung wird nach Verkehrsanschauung ebenfalls auf den Abrechnungszeitraum eines Jahres abzustellen sein.

Abrechnungseinheit

Die **Abrechnungseinheit** bildet normalerweise ein Gebäude, jedoch ist bei den Betriebskosten nach der Entstehung zwischen solchen für Wohnraum und Nichtwohnraum zu trennen. Die Zusammenfassung mehrerer Gebäude einer Wohnanlage zu einer Abrechnungseinheit darf nach Rechtsprechung nicht unbillig werden. Dies läge dann vor, wenn der Größenumfang einer entstandenen Verwaltungseinheit dem Mieter die sachgerechte Ausübung von Kontrollen unzumutbar macht.

NMV § 20 Abs. 2

Kostenerfassung

Die **Kostenerfassung** für einen bestimmten Abrechnungszeitraum bestimmt sich normalerweise nach dem Leistungsprinzip, d. h. Betriebskosten sind dem Abrechnungsjahr zuzuordnen, in dem auch die Leistung erbracht wurde und nicht dem Jahr, in dem der Rechnungsbetrag dafür bezahlt wurde (Abfluss). Gemäß BGH-Entscheidung vom 20. 2. 2008 hat der Vermieter auch das Recht, nach dem Abflussprinzip abzurechnen. Diese Entscheidung ist besonders bei vermieteten Eigentumswohnungen von Bedeutung, weil damit eine Identität mit dem Abrechnungssystem des Verwalters hergestellt ist. Die Jahresabrechnung des WEG-Verwalters kann dann bei entsprechender Aufbereitung für die Betriebskostenabrechnung des Vermieters verwendet werden.

Abrechnungsfrist

Die **Abrechnungsfrist** ist jetzt sowohl für den Wohnraum, für den Betriebskostenrecht nach BGB gilt, als auch für preisgebundene/öffentlich geförderte Wohnungen in gleicher Weise geregelt. Danach ist die Abrechnung dem Mieter spätestens bis zum Ablauf des zwölften Monats nach dem Ende des Abrechnungszeitraums mitzuteilen (§ 556 Abs. 3 S. 2 BGB, § 20 Abs. 3 NMV). Die gesetzliche Abrechnungsfrist gilt nicht für Gewerberaummietverträge.

Ausschlussfrist

Auch die **Ausschlussfrist** ist neu nun für das Betriebskostenrecht auch nach BGB. Danach ist nach Ablauf der Jahresfrist eine Nachforderung durch den Vermieter verwirkt, ausgenommen, der Vermieter hat die verspätete Geltendmachung nicht zu vertreten. Entscheidend zur Fristwahrung ist nicht die rechtzeitige Absendung, sondern der Zugang beim Mieter noch innerhalb der Frist. Eventuelle Erstattungsansprüche des Mieters bleiben davon unberührt, § 556 Abs. 3 S. 2, 3 BGB, analog bei Mietverhältnissen für die NMV gilt, § 20 Abs. 3 S. 4 NMV.

Verjährung

Die **Verjährung** des Anspruchs aus einer zugegangenen Abrechnung beginnt mit dem Schluss des Jahres, in dem der Anspruch entstanden ist (§ 199 Abs. 1 Nr. 1 BGB) und der Gläubiger (Mieter bzw. Vermieter) von den den Anspruch begründeten Umständen sowie der Person des Schuldners Kenntnis erlangt hat oder ohne grobe Fahrlässigkeit hätte erlangen können (§§ 195, 199 BGB).

Im Übrigen steht dem Mieter ein **Kontrollrecht**, Recht auf Belegeinsicht, zu, § 259 BGB, § 29 Abs. 1 NMV. Dieses Recht ist unabdingbar. Das Einsichtsrecht betrifft z. B. Hauswart-, Wartungs- und Versicherungsverträge, Lieferscheine, Rechnungen.

<small>Kontrollrecht</small>

Einwendungschluss: Einwendungen gegen die Abrechnung hat der Mieter dem Vermieter spätestens bis zum Ablauf des zwölften Monats nach Zugang der Abrechnung mitzuteilen, § 556 Abs. 3 S. 5 BGB. Nach Ablauf dieser Frist kann der Mieter Einwendungen nicht mehr geltend machen, es sei denn, der Mieter hat die verspätete Geltendmachung nicht zu vertreten, § 556 Abs. 3 S. 6 BGB (z. B. Belegeinsicht wurde auf Verlangen nicht gewährt).

<small>Einwendungschluss</small>

12.6.10.2 Anforderungen an eine Betriebs-/Nebenkostenabrechnung

Das Recht des Mieters auf eine Betriebskostenabrechnung richtet sich gegen den Vermieter.

Gesetz und **Rechtsprechung**, BGH vom 23. 11. 1981 und vom 20. 7. 2005 sichern dem Mieter bestimmte **Anforderungsmerkmale**, die eine Betriebskostenabrechnung kennzeichnen müssen.

Rahmenbedingungen:
- Recht des Mieters auf Einsicht in die Abrechnungsunterlagen,
- Abrechnung ist rechtsverbindlich und schriftlich auszufertigen,
- Abrechnung ist klar und schlüssig darzustellen, so dass sie gedanklich und rechnerisch für den Mieter nachvollziehbar ist,
- Grundsatz der Wirtschaftlichkeit muss gewahrt sein, d. h., es dürfen nur solche Betriebskosten umgelegt (abgerechnet) werden, die bei ordnungsmäßiger Geschäftsführung gerechtfertigt sind.
Z. B. Ausnutzung von Preisvorteilen, soweit gerechtfertigt. Kostenansätze, soweit dafür auch ein Verbrauch gegenübersteht.

<small>BGB § 259
NMV § 29</small>

<small>NMV
§ 20 Abs. 1
II. BV
§ 27 Abs. 2</small>

Inhaltliche **Mindestangaben** einer Betriebskostenabrechnung:
- Darstellung der Gesamtkosten und deren Zusammensetzung in den einzelnen Betriebskostengruppen,
- Erläuterung und Zuordnung der verwendeten Umlageschlüssel für die einzelnen Betriebskosten und ihre Stimmigkeit mit den gegebenenfalls mietvertraglich vereinbarten,
- Berechnung des individuellen Anteils des jeweiligen Mieters für seine Wohnung an den Gesamtkosten,
- Berücksichtigung der Umlagenvorauszahlungen bei der Ermittlung des Abrechnungssaldos.

<small>Mindestangaben Betriebskostenabrechnung</small>

12.6.10.3 Umlageschlüssel für Betriebskosten

Bei der Konzeption von Umlageschlüsseln für die spätere Betriebskostenabrechnung sind die für Wohnungen gesetzlich zwei grundlegende Bereiche zu unterscheiden.

<small>Umlageschlüssel Betriebskosten</small>

Umlageschlüssel kalte Betriebskosten

Umlageschlüssel für sog. Kalte Betriebskosten			
Wohnungen im Betriebskostenrecht nach § 556a Abs. 1 BGB		**Wohnungen im Betriebskostenrecht nach § 20 Abs. 2 NMV**	
1	Ausgangslage: Grundsatz der Vertragsfreiheit/Mietvertrag z. B. nach Anteil der Wohnflächen/ nach Kopfzahl/nach Miteigentumsanteilen bei der Vermietung von Eigentumswohnungen, sofern Miteigentumsanteile der Größe der vermieteten Wohnung entsprechen. Ausnahme: Kosten für Heizung und Warmwasser, sofern HeizkV anzuwenden ist.	1	Ausgangslage: Grundsatz der Vertragsfreiheit in den Grenzen der NMV/HeizkV.
2	Bei fehlender vertraglicher Regelung gilt § 556 Abs. 1 BGB. Danach gilt als Maßstab der Anteil der Wohnfläche.	2	Bei fehlender vertraglicher Regelung gilt NMV, § 20 ff. Danach gilt der Umlegungsschlüssel Wohnfläche (§ 20 Abs. 2 NMV), sofern im Übrigen nichts anderes bestimmt ist.
3	Betriebskosten, die von einem erfassten Verbrauch (z. B. Uhren für Kaltwasser) oder einer erfassten Verursachung durch die Mieter abhängen (z. B. Erfassung von Verbrauchsmengen Müll) **sind nach einem Maßstab umzulegen**, der dem unterschiedlichen Verbrauch oder der unterschiedlichen Verursachung Rechnung trägt, § 556a Abs. 1 BGB.	3	Besondere Regelungen neben der HeizkV bestehen für
		3.1	Kosten der Wasserversorgung, § 21 NMV
		3.2	Zwingend nach Verbrauch, wenn alle Wohnungen mit Wasserzählern ausgestattet. Analog dazu dann auch Kosten der Entwässerung. Kosten der Müllabfuhr zwingend nach einem Maßstab der Verursachung, wenn dafür die geschaffenen Voraussetzungen bestehen, § 22a Abs. 2 NMV.
		3.3	Kosten des Betriebs der zentralen Brennstoffversorgungsanlage Diese Kosten dürfen nur nach dem Brennstoffverbrauch umgelegt werden, § 23 Abs. 2 NMV.
		3.4	Kosten für maschinelle Wascheinrichtungen. Umlage nur auf Benutzer der Einrichtung, keine Vorauszahlung auf voraussichtliche Umlagebeträge, § 25 NMV
4	Fälle der krassen Unbilligkeit, z. B. bei Verwendung des Umlagenschlüssels Wohnfläche, können eine Änderung auf einen anderen Umlageschlüssel, z. B. Kopfzahl bedingen (z. B. Wasser/Entwässerung)	4	Fälle der krassen Unbilligkeit, z. B. bei Verwendung des Umlagenschlüssels Wohnfläche, können eine Änderung auf einen anderen Umlageschlüssel, z. B. Kopfzahl bedingen (z. B. Wasser/Entwässerung).

	Wohnungen im Betriebskostenrecht nach § 556a Abs. 1 BGB		Wohnungen im Betriebskostenrecht nach § 20 Abs. 2 NMV
5	Kosten für Leerstand bzw. Mietausfall: Nicht ansatz- und verteilungsfähig	5	Kosten für Leerstand/Mietausfall: Nicht gesondert ansatz- und verteilungsfähig. Dafür Ansatz eines Umlagenausfallwagnis i. H. von 2 % der im Abrechnungszeitraum auf den Wohnraum entfallenden Betriebskosten, § 25a NMV.
6	Grundsatz der Kostenverteilung: Bei gemischt genutzten Gebäuden ist im Zweifel analog zu NMV vorzugehen.	6	Bei gemischt genutzten Gebäuden sind Betriebskosten, die nicht für Wohnraum entstehen, vorweg zu saldieren.

Für Gewerberaum gibt es – mit Ausnahme der HeizkV – keine gesetzlichen Vorschriften. Ist vertraglich kein Umlegungsmaßstab vereinbart, so kann der Vermieter diesen nach billigem Ermessen bestimmen, §§ 315, 316 BGB; § 556a Abs. 1 S. 1 BGB findet keine Anwendung.

12.6.11 Sonderfall Abrechnung der Heiz- und Warmwasserkosten

Abrechnung Heiz- und Warmwasserkosten

12.6.11.1 Anwendungsbereich

Nach der Heizkostenverordnung ist zwingend abzurechnen, wenn die Anwendungsvoraussetzung gegeben ist und keine Ausnahmen vorliegen.

Die Heizkostenverordnung erstreckt sich grundsätzlich auf zentral- und fernwärmebeheizte Räume. Der Gesetzgeber beabsichtigt, mit der HeizkV einen Beitrag zur Einsparung von Heizenergie zu leisten. Von einer Abrechnung gemäß Heizkostenverordnung kann nur abgesehen werden, wenn eine der gesetzlichen Ausnahmen vorliegt. In diesen Ausnahmefällen könnte dann nach festen Maßstäben, z. B. nach Wohnfläche, abgerechnet werden.

HeizkV § 1 ff.

HeizkV § 11

12.6.11.2 Folgen der HeizkV

– **Verbrauchserfassung, umlagefähige Kosten, Verteilungsmaßstäbe**

Verbrauchserfassung

· Der Vermieter hat die Räume mit Geräten der **Verbrauchserfassung** für Wärme bzw. Warmwasser **auszustatten** bzw. umzurüsten.

HeizkV §§ 4, 5

Will der Gebäudeeigentümer (Vermieter) die Geräte zur Verbrauchserfassung (z. B. Verdunstungsröhrchen) mieten, hat er das dem Mieter vorher unter Angabe der Kosten mitzuteilen. Die Ausstattung ist nur möglich, wenn die Mehrheit der Mieter nach entsprechender Vorinformation nicht innerhalb eines Monats widerspricht. Der Vermieter kann auch durch eigene Investitionen diese bauliche Änderung durchführen und die Kosten dafür gemäß § 559 BGB, § 6 NMV, an den Mieter weitergeben.

HeizkV § 4 Abs. 2
NMV § 6
HeizkV § 11
HeizkV § 12
HeizkV § 7 Abs. 2 i. V. m. § 8 Abs. 2
BGB § 559

Soweit die Kosten der Versorgung mit Wärme oder Warmwasser entgegen der HeizkV unzulässigerweise nicht verbrauchsabhängig abgerechnet werden, hat der Nutzer das Recht, den auf ihn entfallenden Kostenanteil um 15 % zu kürzen, § 12 HeizkV.

Umlagefähige Kosten

- Der Vermieter hat das Recht, die **Umlagefähigen Kosten** für Wärme und Warmwasser anzusetzen.

Dazu gehören u. a.:
- Kosten der verbrauchten Brennstoffe und ihrer Lieferung,
- Kosten des Betriebsstromes,
- Kosten der Bedienung/Überwachung/Pflege der Anlage/Wartung,
- Kosten der Messungen nach dem Bundesimmissionsschutzgesetz,
- Kosten der Reinigung des Kamins,
- Kosten der Anmietung von Verbrauchserfassungsgeräten,
- Kosten der Berechnung und Aufteilung,
- Kosten der Verbrauchsanalyse (Analyse soll die Kostenentwicklung für Heizung und Warmwasser der letzten drei Jahre aufzeigen),
- Eichkosten

Verteilungsmaßstab

- Der Vermieter hat die Pflicht, nach einem **Verteilungsmaßstab** die Kosten für Wärme/Warmwasser zu verteilen.

HeizkV § 7 Abs. 1 i. V. m. § 8 Abs. 1

Bei der Verteilung der Kosten der Versorgung mit Wärme kann der Vermieter davon zwischen 50 und 70 % nach dem erfassten Wärmeverbrauch verteilen, den verbleibenden Teil der Kosten nach der Wohn- oder Nutzfläche bzw. nach umbautem Raum.

Er kann auch die Wohn- oder Nutzfläche oder den umbauten Raum der beheizten Räume zugrunde legen.

Zusätzlich neu für die Heizkostenverteilung ab 1. 1. 2009 gemäß § 7 Abs. 1 HeizkV: Das obige Wahlrecht in der Spannweite 50/70 nach Verbrauch besteht objektbezogen nicht mehr, wenn das Gebäude die Anforderungen der Wärmeschutzverordnung vom 16. 8. 1994 nicht erfüllt, und die Versorgung mit Öl- oder Gasheizung erfolgt, und die frei liegenden Leitungen für die Wärmeverteilung überwiegend gedämmt sind.

Sind diese drei Bedingungen erfüllt, dann muss der Vermieter nach dem Verteilungsschlüssel 70 % nach Verbrauch abrechnen.

Sind diese drei Bedingungen nicht vollständig gegeben, besteht für den Vermieter weiterhin die Wahlfreiheit in der verbrauchsabhängigen Verteilung mit der Spanne 50/70.

Besonderheit bei der Verteilung der Kosten der Versorgung mit Warmwasser:
- Wahlquote für den Anteil der verbrauchsabhängigen Abrechnung 50 bis 70 %,
- Übriger Kostenanteil nur nach Wohn- oder Nutzfläche.

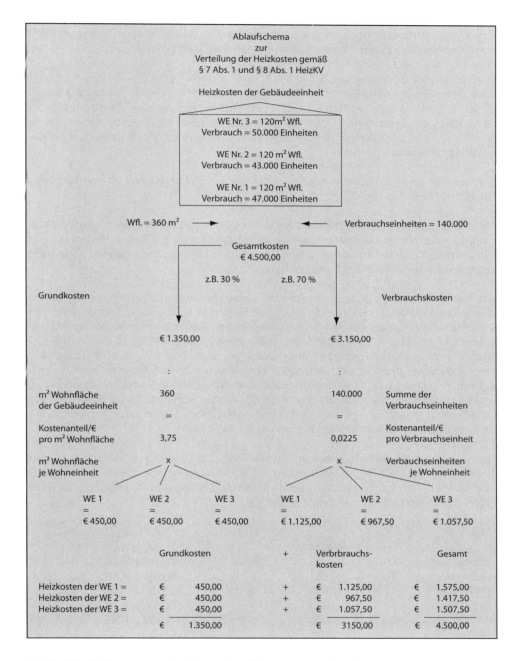

12.6.11.3 Kostenaufteilung bei Nutzerwechsel

Ein Sonderproblem für die Abrechnung der Betriebskosten entsteht bei einem Nutzerwechsel während des Wirtschaftsjahres. Soweit die Betriebskosten nicht verbrauchsabhängig abgerechnet werden, ist auf der Grundlage vorliegender Rechnungsunterlagen eine jahresanteilige Zwischenabrechnung gegebenenfalls möglich. Grundsätzlich ist der Vermieter während des Wirtschaftsjahres nicht zu Zwischenabrechnungen verpflichtet.

Nutzerwechsel

	Besondere Anforderungen liegen dagegen für die verbrauchsabhängige Abrechnung der Heiz- und Warmwasserkosten gemäß § 9b HeizkV vor.
HeizkV § 9	
HeizkV § 9b Abs. 3 § 9b Abs. 1	Danach ist der Gebäudeeigentümer bei einem Nutzerwechsel grundsätzlich zu einer Zwischenablesung verpflichtet, es sei denn, dass diese nicht möglich bzw. aus technischen Gründen nicht sachgerecht ist (§ 9b Abs. 3 HeizkV). Die Verpflichtung des Gebäudeeigentümers gemäß § 9b Abs. 1 HeizkV ist aber dann nicht zwingend, wenn für den Fall eines Nutzerwechsels andere vertragliche Regelungen getroffen worden sind oder werden.
Zwischen- abrechnung Heizung	Für den Fall einer Zwischenabrechnung für Heizung/Warmwasser ist von folgender Regelfolge auszugehen:
HeizkV § 7 Abs. 1 Satz 2	Mit dem Ende des Nutzungszeitraumes während des Jahres wird der bis zum Auszug eingetretene Wärme- und Warmwasserverbrauch gemäß § 4 Abs. 1 HeizkV erfasst. Durch diese Vorgehensweise wird eine Basis für die verbrauchsbezogene Kostenverteilung auf Vor- und Nachnutzer geschaffen.
Gradtags- zahlen	Mit dem Ende des Abrechnungszeitraumes sind die verbrauchsabhängigen Kostenanteile der vom Nutzerwechsel betroffenen Einheiten analog den anlässlich der Zwischenablesung festgestellten Verbrauchseinheiten auf Vor- und Nachnutzer zu verteilen. Die übrigen Kostenanteile des Wärmeverbrauchs gemäß § 7 Abs. 1 Satz 2 HeizkV sind entsprechend zeitanteilig zwischen Vor- und Nachmieter aufzuteilen Eine andere Möglichkeit der vertraglich bzw. einvernehmlich hergestellten Abrechnung kann die sog. Lösung nach Gradtagszahlen sein. Eine Abrechnung nach sog. Gradtagszahlen bringt eine bei den übrigen Kosten sonst nicht vorgesehene verbrauchsorientierte Variante ein, weil damit dem unterschiedlichen Wärmebedarf in den jeweiligen Kalendermonaten Rechnung getragen wird.

Die Arbeitsgemeinschaft Heizkostenverteilung legt in ihren Richtlinien vom 1.12.1986 die nachfolgend aufgezeigte Tabelle für Gradtagszahlen (gemäß VDI 2067 Blatt 1 Tab. 22, Dezember 1983) für die Aufteilung von Wärmeverbrauchsanteilen im Fall eines Nutzerwechsels zugrunde:

Monat	Monat	Promille-Anteil je Tag
September	30	30/30 = 1,00
Oktober	80	80/31 = 2,58
November	120	120/30 = 4,00
Dezember	160	160/30 = 5,16
Januar	170	170/31 = 5,48
Februar	150	150/28 = 5,36
		150/29 = 5,17
März	130	130/31 = 4,19
April	80	80/30 = 2,66
Mai	40	40/31 = 1,29
Juni		
Juli	40	40/92 = 0,43
August		

Beispiel:
Abrechnungsjahr identisch mit Kalenderjahr; Mieterwechsel per 1. 4. d. J. Zwischenablesung per 1. 4. d. J.; für die übrigen Kosten gemäß § 7 Abs. 1 Satz 2 wird Verteilung nach **Gradtagszahlen** gewählt.

HeizkV § 7 Abs. 1 Satz 2

Verbrauchsanteile nach Gradzahl-Tabelle:
Januar   170/1 000
Februar   150/1 000
März   130/1 000
Summe   450/1 000

Damit verteilen sich die **übrigen Kosten** zwischen Vor- und Nachmieter im Jahr des Nutzerwechsels im Verhältnis 450/550 Teilen, der verbrauchsabhängige Abrechnungsteil ergibt sich aus der Zwischenablesung, § 7 Abs. 1 Satz 1 HeizkV.

HeizkV § 7 Abs. 1 Satz 1

Ist eine **Zwischenablesung** gemäß § 9b Abs. 3 HeizkV **nicht möglich** oder ist diese wegen des Zeitpunktes des Nutzerwechsels aus technischen Gründen nicht hinreichend genau in der Ermittlung der Verbrauchsanteile (z. B. bei Heizkostenverteilern nach dem Verdunstungsprinzip, Ablesung in den ersten Wochen, Monaten nach dem Austausch der Ableseröhrchen), dann ist ohne Zwischenablesung eine Kostenaufteilung gemäß der übrigen Kosten, § 7 Abs. 1 Satz 2 HeizkV, vorzunehmen (starre Größen wie Wohnflächen oder auch Gradzahltage).

HeizkV § 9b Abs. 3 § 7 Abs. 1 Satz 2

Zwischenablesung

Bei der **Warmwasserversorgung** sind die übrigen Kosten gemäß § 8 Abs. 1, § 9b Abs. 2 HeizkV zeitanteilig auf Vor- und Nachmieter zu verteilen.

HeizkV § 8 Abs. 1 § 9b Abs. 2

Die Kostentragung für eine Zwischenablesung ist rechtlich nicht eindeutig. Für solche Fälle sollte deswegen vorsorglich vertraglich eine entsprechende Regelung aufgenommen werden.

12.6.12 Beispiele für eine Betriebskostenabrechnung sowie eine Abrechnung über Heizung und Warmwasser

Beispiele Betriebskostenabrechnung

Als abschließende Zusammenfassung zu den vorangegangenen Ausführungen über Betriebskosten werden nun zwei Abrechnungsbeispiele **zu einer Mietwohnung** gebracht, ein Beispiel zu Heizung und Warmwasser **(„Warme Betriebskosten")**, ein anderes Beispiel zu den übrigen Betriebskosten **(„Kalte Betriebskosten")**. Die Beispiele sind reduziert auf den reinen **Rechenteil** der jeweiligen Abrechnung, ergänzende Erfordernisse wie Adressat, Wohneinheit etc. werden hier aus räumlich organisatorischen Gründen weggelassen. Die rechnerischen Übersichten mit dem Abschlussergebnis stehen in der Regel auch im Mittelpunkt der Betrachtung des Mieters.

1. Beispiel
Auszug aus einer Betriebskostenabrechnung über Heizung und Warmwasser bei verbundenen Anlagen gemäß § 9 HeizkV.
Öffentlich geförderter Wohnraum, d. h. auch Ansatz eines Umlagenausfallwagnis Abrechnungszeitraum 1.1. bis 31.12. d. J.
Betriebskostenabrechnung über Heizung und Warmwasser.

Kostenaufstellung insgesamt

Energie-kosten	Gas m³	Betrag €	Weitere Kosten der Heizungsanlage	Datum	Betrag €
Jan. XX	14.807	9.201,67	Übertrag Energiekosten		51.281,56
Feb. XX	9.990	6.478,29	Betriebsstrom	Dez. XX	1.538,45
......	...	...	Wartung (HZ)	Dez. XX	1.009 00
......	...	...	Bedienung	Dez. XX	1.096,68
......	...	...	Fernüberwachung	Dez. XX	197,51
......	...	...	Wartung (WW)	Dez. XX	109,48
......	...	...	Dosierkonzentr. (WW.)	Dez. XX	428,40
......	...	...	Gerätemiete (WW)	Dez. XX	4.4331,78
......	...	...	Gerätemiete (HZ)	Dez. XX	1.451,56
......	...	...	Verbrauchsabrechnung	Jan. XX	3.179,54
Energie-kosten	81.040	51.281,56	Gesamtkosten		64.623,96

Kostenaufteilung Heizung und Warmwasser

Aufteilung der Kosten von 64.623,96 €

Heizung: 35.014,86 €   davon 50.% Grundkosten/Wohnfläche = 17.507,43 €

davon 50 % Verbrauchskosten = 17.507,43 €

Warmwasser 21.730,36 €   davon 50 % Grundkosten/Wohnfläche = . 14.804,55 €

davon 50 % Verbrauchskosten = 14.804,55 €

Ermittlung der Warmwasserkosten gemäß § 9 Abs. 2 HeizkV

Warmwassermenge: 2.939,28 m³

Brennstoffverbrauch/m³/Gas = $\frac{2{,}5 \times V \times (t_w - 10)}{H\mu} = \frac{2{,}5 \times 2.939{,}28^3 \times (60° - 10)}{10{,}5\,\text{kwh}/m^3} = 34{,}991\,m^3$

34.991 m³ Gas wurden für die Wassererwärmung benötigt, das entspricht 43,18 % des Gesamtverbrauchs.

Die Warmwasserkosten ermitteln sich somit aus 43,18 % der Gesamtkosten (ohne WW) = 24.739,44 € , zzgl. 109,48 €, 428,40 € und 4.331,78 € = 29.609,10 € für das Warmwasser.

12.6 BETRIEBSKOSTEN/NEBENKOSTEN BEI WOHN- UND GEWERBERAUM

	Einzelabrechnung Wohnung X Heizung und Warmwasser			
€	Gesamt-einheiten	Einheit €	Einheiten Wohnung X	Anteil Wohnung X in €
Heizung				
Grund-kosten	17.507,43	4.095,52 m²	3,435847	39,27 m² Wfl.	**134,93**
Ver-brauchs-kosten	17.507,43	501.032,00 Einheiten	0,034942	1 089,00 Einheiten	**38,05**
Warm-wasser				
Grund-kosten	14.804,55	5.317,20 m² Wfl.	2,784275	41,22 m²Wfl.	**114,77**
Ver-brauchs-kosten	14.804,55	2.351,06 m² Warmwasser	6,296968	33,71 m³ Warm-wasser	**212,27**
	Heiz- und Warmwasserkosten			500,02
	+ 2% Umlageausfallwagnis (nur bei preisgebundenem Wohnraum, § 25a NMV)			10,00
	Gesamtbetrag Heiz- und Warm-wasserkosten			510,02
	./. Vorauszahlungs-Soll			588,00
	Guthaben			77,98

2. Beispiel
Auszug (nur Rechenteil) aus einer Betriebskostenabrechnung ohne Heizung und Warmwasser
Öffentlich geförderter Wohnraum
Abrechnungszeitraum 1. 1. bis 31. 12. d. J.

Berechnungsformel:
Gesamtkosten der Verwaltungseinheit (VE), bezogen auf eine Kostenart:
Gesamtwohnfläche der VE in m²: 365 Tage x m² Wohnfläche Wohnung X x Tage Mietdauer im Jahr = Anteil

	Einzelabrechnung Wohnung X				
	Betriebskosten ohne Heizung und Warmwasser				
	Kostenart	Gesamt-kosten der VE in €	Bemessung		Kostenanteil Wohnung X in €
			Gesamt m² der VE	m² Wohnung X	
1.	Straßenreinigung	538,67	2.809,29	74,29	14,24
2.	Müllbeseitigung	10.300,47	2.809,29	74,29	272,39
3.	Entwässerung/ Niederschlagswasser	2.405,65	2.809,29	74,29	63,62
4.	Wasser/Schmutz-wasser/Beleuchtung	18.419,30	2.809,29	74,29	487,09
5.	Sat/Kabel	3.618,72	2.809,29	74,29	95,69
6.	Gartenpflege	3.324,48	2.809,29	74,29	87,91
7.	Sach- und Haft-pflichtversicherun-gen	3.752,55	2.809,29	74,29	99,23
8.	Gebäudereinigung	5.703,52	2.809,29	74,29	150,83
9.	Hausmeisterkosten	5.111,58	2.809,29	74,29	135,17
10.	sonstige Betriebs-kosten	1.437,85	2.809,29	74,29	38,02
11.	Grundsteuer	6.589,66	2.809,29	74,29	174,26
	Summe:	61.202,45			1.618,46
	+ 2% Umlageausfallwagnis von 1.618,46 € (nur bei preisgebundenem Wohnraum, § 25a NMV)				32,37
	./.Vorauszahlungs-Soll				1.917,24
	Guthaben aus Betriebskosten (ohne Heizung und Warmwasser				266,41

Zusammenfassung zu Betriebskosten/Nebenkosten bei Wohn- und Gewerberaum

Die Entwicklung der Höhe der Betriebskosten hat das Gewicht einer sog. „Zweiten Miete" erreicht. Die quantitative Bedeutung der „Zweiten Miete" (Betriebskosten) zur Netto-/Grundmiete wird dargestellt. Weiterhin wird für Zwecke des Benchmarking die Kostenentwicklung an verschiedenen Objekten in Ballungszentren dargestellt. Die sich daraus ergebenen Vergleichswerte, eventuell durch Leistungen eines gewerblich tätigen Consultings noch auf eine breitere umfassendere Basis gestellt, können Grundlagen für betriebskostenorientiertes Handeln sowohl im Gesamtkonzept einer Gebäudeeinheit als auch bei Entscheidungen zu einzelnen Betriebskosten liefern. Dies ist weiterhin Aufgabe des Betriebskostenmanagements als auch eine Aufgabe des betrieblichen Controlling.

Mietrechtliche Ausgangslage: Sollen neben der Miete, Grundmiete weitere Lasten, z. B. in Form von Betriebskosten/Nebenkosten, vom Mieter getragen werden, so bedarf es dazu einer ausdrücklichen Vereinbarung über bestimmbare Lasten.

Begriffe Betriebskosten/Nebenkosten

- In der sprachlichen Vermietungspraxis inhaltlich gleich verwendet. Gesetzlich jedoch nur Betriebskosten definiert.
- Nebenkosten können inhaltlich über Betriebskosten hinausgehen, sie sind aber in dieser Dimension nur für Gewerberäume/Nicht-Wohnraum anwendbar.
- In der Praxis Abgrenzungsprobleme zwischen Betriebskosten und anderen Bewirtschaftungskosten (z. B. Instandhaltungskosten).
- Arten der Betriebskosten für Wohnraum erschöpfend definiert in § 2 BetrKV.

Aktionsmöglichkeiten zur Kostenbegrenzung der „Zweiten Miete" über einzelne Betriebskosten werden dargestellt.

Abrechnung über Betriebskosten/Nebenkosten

- Abrechnungsperiode für Wohnraum normalerweise über längstens ein Wirtschaftsjahr. Abrechnungsfrist gesetzlich einheitlich geregelt für das Betriebskostenrecht gemäß BGB wie nach NMV. Abrechnung ist dem Mieter spätestens bis zum Ablauf des 12. Monats nach dem Ende des Abrechnungszeitraums zuzuleiten; für Nachforderungen vermieterseits ist die Abrechnungsfrist in diesem Fall eine Ausschlussfrist.
An die Fälligkeit, Verjährung oder Verwirkung von Ansprüchen aus einer Betriebskostenabrechnung sind bestimmte formale/zeitliche Bedingungen gestellt.
- Umlegungsmaßstäbe für Betriebskosten sind grundsätzlich frei vereinbar. Für den Wohnraum nach NMV sieht die Neubaumietenverordnung (NMV) differenzierte Umlagenmaßstäbe vor. Umlageausfallwagnis ist ein spezieller Wagniszuschlag auf umlagefähige Betriebskosten bei preisgebundenen Wohnungen.
- Erfassung und Abrechnung der Heizkosten unterliegen einer besonderen gesetzlichen Regelung mit einer verbrauchsorientierten Ausrichtung.
- Novellierung der HeizkV bedingt u. a. ab 1. 1. 2009 in manchen Fällen eine Neuordnung bei der Festlegung des prozentualen verbrauchsabhängigen Anteils in der Heizkostenabrechnung.

12.7 BESTANDSPFLEGE UND -ERHALTUNG

12.7.1 Vorbemerkung

Gebäude unterliegen einem **Alterungsprozess**. Dieser und weitere vielfältige Einflüsse machen es notwendig, den Verfall bzw. die Einschränkung der langfristigen wirtschaftlichen Nutzung zu verhindern. Dies kann durch
- Schönheitsreparaturen,
- Instandhaltung,
- Instandsetzung,
- Modernisierung,
- Energieeinsparung und
- Sanierung geschehen.

Deshalb nehmen diese Tätigkeitsfelder einen breiten Raum im wohnungswirtschaftlichen Tagesgeschäft ein. Sie sind von vitalem Interesse in der Immobilienwirtschaft. Heute wird von einem „Dreieck" wohnungswirtschaftlicher Bautätigkeit gesprochen, das neben **Neubau** zur Schaffung gleichwertig auch **Modernisierung** und **Sanierung** zur Erhaltung von Wohn- und Gewerberäumen setzt. Das war nicht immer so.

Extensive **Neubautätigkeit stand nach dem Ende des 2. Weltkrieges zur Behebung der drängenden Wohnungsnot** im Vordergrund. Ein großer Teil der Wohnungen war durch Kriegseinwirkung völlig zerstört oder zumindest stark in Mitleidenschaft gezogen. Im Zuge der großen Flüchtlingsströme mussten viele Menschen ein neues Zuhause finden, mit Wohnraum versorgt werden.

Es gab allerdings bereits in den **fünfziger Jahren Überlegungen** zur **Erhaltung der noch vorhandenen Gebäude**. Ausgehend von ersten Schritten in Städten mit überwiegend **historischen Stadtkernen** und **geringen Kriegsschäden**, wie z. B. Regensburg, begannen erste Versuche weg von der Begeisterung für das Neuzuschaffende hin zur Wertschätzung und Erhaltung des (noch) Bestehenden. Ansonsten lagen konjunkturpolitische Zielsetzungen ähnlich gelagerter Bemühungen zugrunde.

Mit dem **Städtebauförderungsgesetz 1971** wurde ein Eckpfeiler für dieses Umdenken zur **„Sanierung"** gesetzt. Ein Wandel, der im Übrigen noch keinesfalls unumstritten war. Denkmalpflege verstand sich zunehmend auch als Schutz von ganzen Wohnquartieren und nicht nur herausragenden, „monumentalen" Einzelobjekten. Ganze Ensembles wurden durch die Aufnahme in eine Liste denkmalgeschützter Gebäude unter einen besonderen Erhaltungs- und Veränderungsschutz gestellt. Das **bayerische Denkmalschutzgesetz** beispielsweise, als eines der ersten Landesdenkmalgesetze, trat am **1. Oktober 1973** in Kraft. Ein **Abbruch denkmalgeschützter Gebäude und Ensembles war in vielen Fällen nicht mehr möglich.**

Das denkmalgeschützte Objekt ist grundsätzlich zu erhalten.

Das europäische **Denkmalschutzjahr 1975** dokumentierte unter dem Motto „Eine Zukunft für die Vergangenheit" einen weiteren Schritt in diese Richtung.

Es folgte als nächster Schritt zur Erhaltung des Gebäudebestandes durch **„Modernisierung"** das **Wohnungsmodernisierungsgesetz (WoModG 1976)** und wenig später dessen Erweiterung zum **Modernisierungs- und Energieeinsparungsgesetz (ModEnG 1978)**.

Die Wertschätzung des Erhaltenen gegenüber dem Neuen ist heute kaum mehr bestritten. Allerdings bedurfte es einiger Zeit, bis das bestehende Gebäude – nachgebessert und modernem Standard angeglichen – weniger als Notbehelf, sondern als gleichwertig anerkannt wurde.

Dieser **Wandel im Lauf der Nachkriegszeit** hatte zahlreiche **Gründe soziologische, kulturelle, wirtschaftliche, ökologische, aber auch struktur- und konjunkturpolitische**.

Die verbesserte Versorgung der Bevölkerung mit Wohnraum durch – wie ausgeführt – massiven Neubau, führte nach und nach zu einem steigenden Niveau des Standards der Wohnungen.

Der **Wunsch nach mehr Komfort** fand seinen **Niederschlag** in zunehmendem **Wohnflächenbedarf** je Bewohner, großzügiger Raumaufteilung, neuen Baumaterialien.

Das steigende **Umwelt- und Gesundheitsbewusstsein** brachte neue Beurteilungskriterien zum Wirtschaftsgut „Wohnung" mit sich.

Beispiel:
Verwendung von Holzschutzmitteln und Formaldehyde.

Baumaterialien wurden als gesundheitsgefährdend erkannt und mussten ausgewechselt oder nachbehandelt werden.

Beispiel:
Asbest

Der Einfluss von **Umweltbelastung** und **Gesundheitsgefährdung** durch **Baustoffe** wird aller Voraussicht nach noch in erheblichem Umfang zunehmen und künftig eine zentrale Rolle bei der Instandhaltung, Instandsetzung und Modernisierung spielen.

Die zunehmende **Beurteilung von Immobilien aus ökologischer Sicht** hat die Wertschätzung für den vorhandenen Immobilienbestand steigen lassen. Die teilweise stark steigenden Kosten des Abbruchs von Immobilien unterstützen diesen Trend nachhaltig.

Manche Baumaterialien oder deren Verarbeitungsmethoden erfüllten nicht die in sie gesetzten Erwartungen im Hinblick auf ihre Lebensdauer und lösten wesentlich früher als erwartet einen Instandsetzungsbedarf nicht kalkulierten Umfangs aus.

Beispiel:
Betonschäden

Technische Neuentwicklungen verkürzten zwar nicht die technische Lebensdauer von bestehenden Einrichtungen, brachten jedoch eine rasche tatsächliche Alterung.

Beispiele:
Einrichtungen der Telekommunikation und der Heizungstechnologie.

Viele dieser Entwicklungen zogen eine Nachprüfung, Nachbearbeitung oder Nachbehandlung des Immobilienbestandes nach sich, ergänzt von Veränderungen durch Modeentwicklungen, die auch im Bau- und Wohnbereich in erheblichem Maße gegeben sind.

Aber auch ohne derartige Veränderungen sind Gebäude einem natürlichen Alterungs- und Abnutzungsprozess unterworfen, gegen die geeignete Maßnahmen vorbeugend oder behebend getroffen werden müssen, um den Wert des Wirtschaftsgutes zu erhalten und seine langfristige wirtschaftliche Verwertung (Vermietbarkeit) zu gewährleisten.

Zudem hat die **Erhaltung des Bestandes**, sei es durch Instandhaltung, Instandsetzung, Modernisierung oder Sanierung, einen entscheidenden Anteil am Baugeschehen und ist **wesentlicher Impuls für die Bauwirtschaft**. Es wird von Fachleuten sogar geschätzt, dass die Hälfte des Gesamtumsatzes in der Bauindustrie im vereinten Deutschland in Instandsetzung und Modernisierung investiert wird. Dies ist auf dem „Preisniveau 1993" eine gewaltige Summe von schätzungsweise jährlich 100 Mrd. €.

Die **Wiedervereinigung Deutschlands** brachte zusätzliche Aufgaben in einer beträchtlichen Dimension. Allein in Berlin sind nach 1994 veröffentlichten Zahlen 250.000 zu Zeiten der ehemaligen DDR industriell errichtete Wohnungen vorhanden. Aber auch in den alten Bundesländern stehen noch gravierende Instandsetzungsprobleme an. Es ist in diesem Zusammenhang auf die kostenintensive Sanierung von Betonschäden zu verweisen.

Die Bedeutung der Fachausdrücke ist sehr unterschiedlich. Teilweise waren sie von der Praxis geprägt, bevor sie im rechtlichen Zusammenhang Verwendung fanden. Teilweise kamen oder kommen sie auch aus dem technischen Bereich und haben dort eine andere – parallel verwendete – Bedeutung.

Leider sind die Begriffsverwendungen im rechtlichen Bereich nicht aufeinander abgestimmt. Die Interpretationsmöglichkeiten werden noch vielfältiger dadurch, dass sich die Ver- und Anwendungen zusätzlich unterscheiden bei Mietverhältnissen
- gewerblicher Art,
- preisgebundenem Wohnraum,
- preisfreiem Wohnraum.

Facility Management

Corporate Real Estate Management

Eine **große Vielfalt** von **formellen** und **inhaltlichen Konzepten** hat sich in den letzten Jahren unter dem **Sammelbegriff Facility Management** gebildet.

12.7 BESTANDSPFLEGE UND ERHALTUNG

Die **Ursprünge** des Facility Managements liegen (in Entwicklungen) in den **USA**. Aus pragmatischen Überlegungen ergab sich, dass die optimale Gestaltung von Facilities (Flächen, Einrichtungen, Diensten) bei Immobilien, zum Beispiel Büroimmobilien und industriell genutzten Immobilien, in engem Zusammenhang mit dem Ergebnis der in diesen Immobilien durchgeführten Arbeitsprozessen steht.

Es etablierte sich **1979** das **Facility Management Institut (FMI) in Ann Arbor, Michigan**.

Die **Gründung eines Verbandes** folgte, der einerseits berufsständische Aufgaben in den USA wahrnimmt, gleichzeitig aber auch dazu beitrug, dass sich die Facility-Management-Bewegung weltweit verbreitete. Eine Vielzahl von Gebäudedienstleistungen bzw. Gebäudedienstleistern sammelt sich unter dem Begriff Facility Management.

Zu **Beginn des letzten Jahrzehntes etablierte** sich **Facility Management in der Bundesrepublik** u. a. im Rahmen der **German Facility Management Association (GEFMA)**. Die GEFMA versucht seit 1996 ein eigenes **System von Richtlinien** zu entwickeln, welches u. a. Facility-Management-Leistungen detailliert auflistet und beschreibt.

Ein weiteres **Regelwerk** wurde vom **Verband Deutscher Maschinen- und Anlagenbau e. V. (VDMA)** mit dem **VDMA-Einheitsblatt 24196 (August 1996) „Gebäudemanagement – Begriffe und Leistungen"** vorgelegt.

Das **Deutsche Institut für Normung e. V. (DIN)** hat mit der **DIN 32 736** eine Norm **„Gebäudemanagement – Begriffe und Leistungen"** veröffentlicht.

Sowohl VDMA 24196 als auch DIN 32 736 beinhalten ebenso wie die GEFMA-Richtlinien **gebäudeabhängiges Facility Management** und **gebäudeunabhängiges Facility Management**.

Alle Regelwerke haben es sich zum Ziel gesetzt, in die Begriffsvielfalt Klarheit des allgemeinen Verständnisses über Fachbegriffe zu bringen und möglichst weitgehende Anerkennung bei Anbietern und Abnehmern von FM Leistungen zu finden.

Die GEFMA hat in ihrer Richtlinie 100-1 „Facility Management Grundlagen" diese Problematik thematisiert:
„Bei der Erstellung der Richtlinie wurde darauf geachtet, Widersprüche mit anderen bestehenden Regelwerken möglichst zu vermeiden. Vielmehr wurde versucht, bestehende Festlegungen von Teilaspekten des Facility Managements unter einem gemeinsamen Dach zusammenzufassen und Änderungen nur dort vorzunehmen, wo dies unerlässlich erschien."

Werden Begriffe wie Facility Management, Immobilien-Management, Gebäudemanagement, Objektmanagement oder Projektmanagement verwendet, bedarf es der ausdrücklichen Festlegung darüber im Sinne welcher Definition diese Begriffe angewandt werden.

Mit ebenfalls unterschiedlicher Ausprägung legen alle Konzepte die Betrachtung des ganzen **Lebenszyklus einer Immobilie** von der

- Planung bis zum
- Abriss zugrunde.

Die unterschiedlichen Definitionen für **Facility Management** lauten folgendermaßen:

GEFMA/100-1:
Facility Management (FM) ist eine Managementdisziplin, die durch ergebnisorientierte Handhabung von Facilities und Services im Rahmen geplanter, gesteuerter und beherrschter Facility Prozesse eine Befriedigung der Grundbedürfnisse von Menschen am Arbeitsplatz, Unterstützung der Unternehmens-Kernprozesse und Erhöhung der Kapitalrentabilität bewirkt.

Hierzu dient die permanente Analyse und Optimierung der kostenrelevanten Vorgänge rund um bauliche und technische Anlagen, Einrichtungen und im Unternehmen erbrachte (Dienst-)Leistungen, die nicht zum Kerngeschäft gehören.

VDMA 24196:
Facility Management: „Gesamtheit aller Leistungen zur optimalen Nutzung der betrieblichen Infrastruktur auf der Grundlage einer ganzheitlichen Strategie. Betrachtet wird der gesamte Lebenszyklus, von der Planung und Erstellung über die Nutzungsphase bis zum Abriss. Ziel ist die Erhöhung der Wirtschaftlichkeit, Werterhaltung, die Optimierung der Gebäudenutzung und die Minimierung des Ressourceneinsatzes zum Schutz der Umwelt. Facility Management umfasst gebäudeabhängige und gebäudeunabhängige Leistungen."

DIN EN 15221
Der Anwendungsbereich des Facility Managements kann in Bezug auf den Bedarf des Auftraggebers in zwei Hauptgruppen unterteilt werden:
- Fläche und Infrastruktur,
- Mensch und Organisation.

Mit der Fokussierung auf den Bedarf wird die Kundenorientierung des Facility Managements unterstrichen. ... Das Grundprinzip des Facility Managements besteht im ganzheitlichen Management auf strategischer und taktischer Ebene, um die Erbringung der vereinbarten Unterstützungsleistungen (Facility Services) zu koordinieren. Dies erfordert spezielle Facility Management-Kompetenzen und unterscheidet das Facility Management von der isolierten Erbringung einer oder mehrerer Dienstleistungen.

Die Definition für **Gebäudemanagement** nach DIN 32736 lautet:
„Gesamtheit aller Leistungen zum Betreiben und Bewirtschaften von Gebäuden einschließlich der baulichen und technischen Anlagen auf der Grundlage ganzheitlicher Strategien. Dazu gehören auch die infrastrukturellen und kaufmännischen Leistungen. Gebäudemanagement zielt auf die strategische Konzeption, Organisation und Kontrolle, hin zu einer integralen Ausrichtung der traditionell erbrachten einzelnen Leistungen."

Bestandteile des FM sind vereinfacht dargestellt:

- **Kaufmännisches Gebäudemanagement (KGM)**

Beispiele:
Objektbuchhaltung
Vermietung
Vertragsmanagement
Kostenplanung und -kontrolle,

- **Technisches Gebäudemanagement (TGM)**
  Beispiele:
  Betreiben (Bedienen, Überwachen, Messen, Instandhalten, Störungsbehebung)
  Dokumentieren (Datenerfassung, Protokollierung von technischen Vorgängen)
  Energiemanagement (Rentabilitätsberechnungen, Optimierungen)
  Informationsmanagement (CAFM/Computer Aided Facility Management,
  Gebäudeinformationssysteme, Mediale Versorgungssysteme),

- **Flächenmanagement (FLM)**
  Beispiele:
  Nutzungsplanung
  Raumbelegung Umzugsmanagement
  Optimierung von marktgerechten Vermietungseinheiten
  Dokumentation mit CAFM,

- **Infrastrukturelles Gebäudemanagement (IGM)**
  Beispiele:
  Gärtnerdienst
  Ruhender Verkehr
  Interne Postdienste
  Sicherheitsdienste
  Winterdienst
  Entsorgen
  Versorgen
  Catering
  DV Dienstleistung
  Kopier- und Druckereidienste.

Die GEFMA hat in Fortentwicklung ihrer Konzeption, die sich in ihren Richtlinien widerspiegelt, folgende Grundsätze entwickelt:
- Kunden- und Serviceorientierung,
- Prozessorientierung,
- Produkt(-Ergebnis)orientierung,
- Lebenszyklusorientierung,
- Ganzheitlichkeit,
- Marktorientierung,
- Partnerschaftlichkeit.

Das Facility Management Konzept hat in der Wohnungswirtschaft bisher wenig Akzeptanz gefunden. Das traditionelle Regelwerk der Wohnungswirtschaft ist nach wie vor die II. Berechnungsverordnung.

Besonders die klare und durchgehende Trennung zwischen
- Betriebskosten und
- Instandhaltungskosten

findet sich in den FM-Konzepten nicht wieder und stört damit eine Zusammenführung dieser Konzepte mit dem Bereich der II. BV entscheidend.

Die zunehmende Bedeutung von neuen Dienstleistungen („rund um die Wohnimmobilie") dürfte die Akzeptanz des Facility-Management-Konzeptes in der Wohnungswirtschaft erhöhen und beschleunigen. Gleiches gilt für die Einführung neuer Technologien in der Haustechnik und medialen Versorgung von Wohnimmobilien und den zunehmend DV-gestützten Leistungen bei Wohnimmobilien.

Der bemerkenswerte Erfolg der **Facility-Management-Konzepte** hat eine Reihe von **Entwicklungen** gefördert bzw. ausgelöst:
- Die richtige und notwendige **Lebenszyklus-Betrachtung** von Immobilien wurde wieder stärker ins Bewusstsein der Beteiligten gebracht.
- Die Beachtung der **Bewirtschaftungsphase/Nutzungsphase** von Immobilien im Hinblick auf die Bedeutung im gesamten Lebenszyklus einer Immobilie wurde gestärkt.
- **Benchmarking von FM Prozessen** im Immobilienbereich beginnt sich zu etablieren.
- **Outsourcing von FM Leistungen** unter Kostengesichtspunkten wird vermehrt in Betracht gezogen. Traditionelle Handlungsweisen werden überdacht.
- Die Bedeutung der **Bestandsdaten** wird ihrer Bedeutung nach neu beurteilt.
- CAD gestützte Informationssysteme haben an Akzeptanz gewonnen.
- Die **vernetzte Betrachtungsweise** aller Aspekte während des ganzen Lebenszyklus der Immobilie gewinnt an Bedeutung.
- Das Augenmerk wurde verstärkt auf die **Prozessorientierung** gelenkt.

Die Verdeutlichung der **Marktpotenziale** durch die Bewirtschaftung von Immobilien und die Erbringung von FM-Leistungen wurden durch das Facility Management erheblich gefördert. Das steigende Kostenbewusstsein und die verstärkte Ertragsausrichtung von Unternehmen, die nicht Immobilienunternehmen sind, hat die Erkenntnis über die Bedeutung der immobilienbezogenen Aspekte dieser Unternehmen gefördert. Unter dem Begriff **Corporate Real Estate Management** fassen sich alle Gesichtspunkte zusammen, die eine Verbesserung sämtlicher immobilienbezogener Aspekte eines Nicht-Immobilienunternehmens zum Gegenstand haben.

Dazu gehören
- die Erstellung oder die Verbesserung des immobilienbezogenen **Datenmaterials**,
- eine Überarbeitung der **organisatorischen Eingliederung** der Verantwortung für die Immobilien in den Unternehmen,
- eine Abwägung und Entscheidung über den tatsächlichen **betriebsnotwendigen Bedarf** an Nutzflächen,
- eine Verbesserung der **Transparenz** immobilienbezogener Kosten,
- eine bewusste Integration von Immobilien als **Vermögenswerte** im Hinblick auf Auswirkung in der G+V und Bilanz.

Die strategische Bedeutung des Immobilienvermögens einer „Non-Property Company" wird betont.

Corporate Real Estate Management und für den Bereich der öffentlichen Hand **Public Real Estate Management** haben zwar keine grundsätzlich völlig neuen immobilienwirtschaftlichen Aspekte zum Gegenstand, aber sie haben teilweise die nicht oder nicht angemessen beachteten immobilienwirtschaftlichen Aspekte von „Non-Property Companies" in den Fokus gestellt.

12.7.2 Instandhaltung, Instandsetzung, Modernisierung und Sanierung als Gegenstand von Fördergesetzen

Der Begriff **Instandhaltung** wird in § 5 Abs. 3 sowohl des WoModG von 1976 als auch im ModEnG von 1978 neben Modernisierung und Instandsetzung verwendet. Eine Abgrenzung ergibt sich somit nicht ohne weiteres aus diesen Gesetzen.

„Die (laufende) Instandhaltung ist also unter denselben Voraussetzungen nach dem ModEnG förderungsfähig, unter denen eine Instandsetzung gefördert werden kann, ja, es ist nicht nötig, für das ModEnG zwischen Instandsetzung und Instandhaltung zu unterscheiden." (Gutekunst/Forster a. a. O. zu § 3/II/3/7).

Unter **Instandsetzung** wurde bereits im WoModG von 1976 die Behebung von vorhandenen Mängeln verstanden. Instandsetzung kann jedoch auch teilweise in den Bereich Modernisierung fallen.

Während das „Gesetz zur Förderung der Modernisierung von Wohnungen" (Wohnungsmodernisierungsgesetz – **WoModG**) vom 23. 8. 1976 als Ziel der Förderung die **Modernisierung** von Wohnungen vorsah, um die Versorgung breiter Schichten der Bevölkerung mit guten und preiswürdigen Wohnungen zu verbessern und dadurch zur Erhaltung von Städten und Gemeinden beizutragen, wurde der Modernisierungsbegriff mit dem „Gesetz zur Förderung der Modernisierung von Wohnungen und von Maßnahmen zur Einsparung von Heizenergie" (Modernisierungs- und Energieeinsparungsgesetz – **ModEnG**) vom 12. 7. 1978 – also bereits nach 2 Jahren – erweitert. Die baulichen Maßnahmen zur nachhaltigen **Einsparung von Heizenergie** in Wohnungen wurden in den Modernisierungsbegriff, und damit auch in die Förderungstatbestände, ausdrücklich eingeschlossen.

Je besser die allgemeine Wohnungsversorgung ausgeglichen werden konnte, desto wichtiger wurde es, die Wohnungsqualität so zu verbessern, dass sie hinter den neugebauten Wohnungen nicht allzu weit zurückblieb. Ihren ersten gesetzlichen Niederschlag fand die Notwendigkeit, ältere Wohnungen zu verbessern, im **Städtebauförderungsgesetz vom 27. Juli 1971**. Es leitet die Förderung in bestimmte Gebiete (**„Sanierungsgebiete")**, in denen schwerwiegende städtebauliche Missstände bestehen. Sie werden dadurch behoben, dass überaltete Gebäude abgerissen und durch neue Gebäude ersetzt werden; zum Teil werden solche Missstände aber auch mit der Modernisierung erhaltungswürdiger Gebäude behoben. (Gutekunst/Forster, Modernisierungs- und Energieeinsparungsgesetz, § 1/II/1/2).

12.7.3 Rechtliche Grundlagen

Die **vertragliche Hauptpflicht des Vermieters** besteht darin, dem Mieter den Gebrauch der vermieteten Sache während der Mietzeit zu gewähren.

Darüber hinaus ist der Vermieter des Weiteren verpflichtet, dem Mieter das Mietobjekt in einem Zustand zu überlassen, der dem **vertragsgemäßen Verbrauch** entspricht, und während der **Mietzeit** diesen **Zustand** zu **erhalten**.

Hieraus ergibt sich für den Vermieter die Verpflichtung zur Erhaltung der Mietsache durch
- Schönheitsreparaturen,
- Instandhaltung sowie
- Instandsetzung,

gleichgültig, ob es sich um ein Mietverhältnis über Gewerberäume oder Wohnraum handelt. Das Ziel dieser Bemühungen muss sein, die genannte vertragliche Hauptpflicht zu erfüllen, d. h. die vermietete Sache in einem zum vertragsgemäßen Gebrauch geeigneten Zustand zu erhalten.

Duldungspflichten

Damit der Vermieter dieser Verpflichtung durch Schönheitsreparaturen, Instandhaltungsmaßnahmen und/oder Instandsetzungsmaßnahmen nachkommen kann, ist die **grundsätzliche Duldungspflicht** des Mieters in § 554 Abs. 1 BGB festgeschrieben. Danach muss der Mieter von Räumen Maßnahmen hinnehmen, die erforderlich sind, um die Miträume selbst oder das Gebäude zu erhalten. (Hinzuweisen ist in diesem Zusammenhang auch auf die Duldungspflicht gemäß § 175 BauGB. Diese Fälle sind allerdings in der Praxis relativ selten.)

Klar zu trennen von § 535 BGB, der die **Erhaltung** der Mietsache zum vertragsgemäßen Gebrauch regelt, sind die Bestimmungen des § 554 Abs. 2 bis 5 BGB, die den Fall der **Verbesserung** der gemieteten Räume oder sonstiger Räume, der **Schaffung neuen Wohnraums**, der **Einsparung von Heizenergie oder Wasser** betreffen. (Die Einsparung von Wasser sowie die Duldung der Schaffung neuen Wohnraums wurde als neue Bestimmung im Rahmen der Änderungen durch das Vierte Mietrechtsänderungsgesetz vom 21. 7. 1993 in § 541 BGB [alte Fassung] aufgenommen.)

Der Mieter ist in den zuletzt genannten Fällen zur **Duldung** der notwendigen Maßnahmen des Vermieters verpflichtet, mit den **Einschränkungen**:
„... wenn die Maßnahme für ihn, seine Familie oder einen anderen Angehörigen seines Haushalts eine Härte bedeuten würde, die auch unter Würdigung der berechtigten Interessen des Vermieters und anderer Mieter in den Gebäuden nicht zu rechtfertigen ist".

Bei der **Beurteilung** der zu duldenden Maßnahmen sind demnach zu berücksichtigen,
- die vorzunehmenden Arbeiten,
- die baulichen Folgen,
- vorausgegangene Anwendungen des Mieters und
- die zu erwartende Mieterhöhung.

Eine Mieterhöhung ist allerdings zu dulden, wenn die Mietsache lediglich in einen Zustand versetzt wird, wie er allgemein üblich ist.

Zu der Frage, was allgemein üblich ist, hat der Bundesgerichtshof die Auffassung vertreten, dass die örtlichen oder regionalen Verhältnisse hierbei zu berücksichtigen sind. Sind 2/3 der Gebäude vergleichbaren Alters bereits in einem Zustand, der angestrebt wird, ist das Kriterium des „allgemein Üblichen" erfüllt. Modernisierungen, die Maßnahmen zum Inhalt haben, welche weit über das allgemein Übliche hinausgehen („Luxusmodernisierungen"), sollen damit als nicht wünschenswert im Sinne eines Schutzes der betroffenen Mieter abgegrenzt werden von wünschenswerten Maßnahmen, mit denen lediglich ein Defizit an Standard ausgeglichen werden soll.

Zur ordnungsgemäßen Abwicklung einer Maßnahme ist eine **Ankündigung** des Vermieters an den Mieter vorgesehen.

Die **Pflichten des Vermieters** zur **Ankündigung** sind in § 554 Abs. 3 BGB wie folgt präzisiert:

Drei Monate vor Beginn der Maßnahme ist der Mieter über
- die **Art**,
- den voraussichtlichen **Umfang**,
- den voraussichtlichen **Beginn** sowie
- die voraussichtliche **Dauer** und
- die zu erwartende **Mieterhöhung**

in Textform zu informieren.

Für den Nachweis des Zuganges der schriftlichen Information ist der Vermieter beweispflichtig. Bei größeren Wohnungsbeständen liegt eine Zustellung durch Boten auf der Hand. Ansonsten dient eine Überbringung im Rahmen eines Informationsgespräches durch den Vermieter selbst bzw. durch seinen Beauftragten der Pflege eines guten, partnerschaftlichen Verhältnisses. Dies ist für die reibungslose Durchführung einer Maßnahme unerlässlich.

Von der „beweissicheren", da risikolosen und sogar relativ kostengünstigen Zustellung durch den Gerichtsvollzieher sollte abgesehen werden. Dieser Weg der Zustellung ist dazu geeignet, das für die Abwicklung einer Maßnahme förderliche und für Mieter und Vermieter wünschenswerte partnerschaftliche Zusammenwirken von Beginn der Maßnahme an zu belasten.

Reaktionsmöglichkeiten des Mieters auf eine Ankündigung nach § 554 BGB:
Er kann **außerordentlich kündigen** bis zum Ablauf des Monats, der dem Zugang der Mitteilung folgt.

Beispiel:
Beweisbarer Zugang der Mitteilung am 17. September des Jahres. Mit Ablauf des Monats Oktober endet dann die Kündigungsfrist.

Im Sinne eines Interessenausgleichs zwischen der wünschenswerten Verbesserung und Modernisierung von Wohnraum bzw. Durchführung von Maßnahmen zur Einsparung von Heizenergie oder Wasser und dem Schutz des betroffenen Mieters, sind die vorgenannten Vorschriften des § 554 Abs. 3 BGB nicht anzuwenden, wenn diese „... nur mit einer unerheblichen Einwirkung auf die vermieteten Räume verbunden sind, und nur zu einer unerheblichen Mieterhöhung führen".

Diese Maßnahmen werden gemeinhin als **„Bagatellmaßnahmen"** bezeichnet.

Beispiel:
Der Einbau einer Klingelanlage oder Auswechslung früher gebräuchlicher „Auf/Zu-Heizkörper-Ventile durch Thermostatventile.

Hinsichtlich der zu erwartenden Mieterhöhung ist nach herrschender Meinung von einer Bagatellmaßnahme auszugehen, wenn diese 5 % der monatlichen Kaltmiete nicht überschreitet. (Geldmacher in Fischer-Dieskau, Pergande, Schwender: Wohnungsbaurecht zu § 541 BGB alte Fassung mit Urteilsangaben).

Aufwendungen, die der Mieter wegen der Maßnahme hatte, sind vom Vermieter in angemessenem Umfang zu ersetzen. Vom Vermieter ist auf Verlangen des Mieters auch ein Vorschuss zu bezahlen.

Wurden bei einem Mietverhältnis über Wohnraum zum Nachteil des Mieters abweichende Vereinbarungen getroffen, so sind diese unwirksam.

Weiter regelt § 543 BGB das Recht des Mieters zur **fristlosen Kündigung**, falls ihm der vertragsgemäße Gebrauch der gemieteten Sache ganz oder zum Teil nicht rechtzeitig gewährt oder wieder entzogen wird.

Voraussetzung ist, dass der Mieter dem Vermieter eine angemessene **Nachfrist** gesetzt hat, die verstrichen ist, ohne dass Abhilfe geschaffen wurde. Falls die Erfüllung des Vertrages allerdings für den Mieter wegen des Kündigungsgrundes nicht mehr interessant ist, ist eine Nachfrist nicht notwendig. Ist jedoch die Hinderung oder Vorenthaltung des Gebrauchs nur unerheblich, ist eine Kündigung nur durch ein besonderes Interesse des Mieters gerechtfertigt.

Falls es zu einer berechtigten fristlosen Kündigung durch den Mieter kommt, ist zu beachten, dass eine vertragliche Vereinbarung zwischen Vermieter und Mieter, die die Rechte des Mieters ausschließt oder einschränkt, bei Mietverhältnissen über gewerbliche Räume möglich, bei Mietverhältnissen über Wohnraum jedoch unwirksam ist.

Der Vermieter hat heute bei seinen Maßnahmen der **Bestandspflege und -erhaltung** mehr denn je darauf zu achten, dass **Baustoffe** verwendet werden, die **umweltverträglich** sind und **keine Gesundheitsgefährdung der Mieter** nach sich ziehen. Der Mieter hat dann ein Recht zur fristlosen Kündigung, wenn die Wohnung oder ein anderer zum Aufenthalt von Menschen bestimmter Raum so beschaffen ist, dass die Benutzung für ihn mit einer erheblichen Gesundheitsgefährdung verbunden ist.

Dieser Schutz des Mieters geht sogar so weit, dass er ihm auch dann zusteht, wenn er den Gefahr bringenden Zustand bei Abschluss des Mietvertrages kannte. Selbst wenn er auf diesen rechtlichen Schutz ausdrücklich verzichtete, kann er von seinem Schutzrecht Gebrauch machen.

Dem Vermieter ist somit ein hohes Maß an Verantwortung, beispielsweise für den Ausschluss der Verwendung von gesundheitsgefährdenden Baustoffen, auferlegt. Berücksichtigt man die Vielfalt von Baumaterialien, die auch für den Fachmann in ihrer Zusammensetzung und Vielfalt schwer zu überblicken ist, erwächst hier dem Vermieter ein nicht zu unterschätzendes Risiko für die Vermietbarkeit des Mietobjektes; von weiteren Konsequenzen ganz zu schweigen. Interessante Fragen ergeben sich zum Beispiel bei der Durchführung von Schönheitsreparaturen durch den Mieter. Eine Überprüfung der hierbei verwendeten Farben, Lacke usw. durch den Vermieter scheidet bei realistischer Betrachtungsweise in den meisten Fällen aus. Trotzdem muss davon ausgegangen werden, dass der Vermieter die Konsequenzen zu tragen hat, wenn z. B. der Nachfolgemieter in der betroffenen Wohnung Auswirkungen gesundheitlicher Art einer solchen früheren, nicht sachgemäß durchgeführten Schönheitsreparaturen zu spüren bekommt und sich auf seine Rechte beruft.

Diese **„Altlastenproblematik"** steht erst am Anfang ihrer tatsächlichen und rechtlichen Aufarbeitung.

Nachdem der Vermieter, sieht man von den Fällen der routinemäßigen Besichtigung und Kontrolle der Miträume ab, u. U. nicht wissen kann, wann Instandsetzungen erforderlich sind, ist der **Mieter gegenüber dem Vermieter zur Anzeige eines Mangels, der der Instandsetzung bedarf, bzw. wenn eine Vorkehrung zum Schutz der Sache gegen eine nicht vorhergesehene Gefahr erforderlich wird, verpflichtet.**

Beispiel:
Der Mieter stellt fest, dass an der Decke des Bades seiner Wohnung ein nasser Fleck entsteht.

Die Mitteilung gegenüber dem Vermieter muss ohne schuldhaftes Zögern eines Mieters erfolgen. Unterlässt er eine solche Anzeige, ist er zum Schadensersatz verpflichtet.

Beispiel:
Der Mieter im vorgenannten Beispiel stellt den nassen Fleck an der Decke des Bades seiner Wohnung fest. Er fährt in einen vierwöchigen Urlaub, ohne vorher den Vermieter von seiner Beobachtung zu unterrichten. Der Rohrbruch, welcher den nassen Fleck verursacht hat, und seine Folgen weiten sich aus. Der Mieter macht sich durch seine unterlassene unverzügliche Anzeige hinsichtlich der dadurch eingetretenen Weiterungen schadenersatzpflichtig.

Nachdem wie oben ausgeführt der Vermieter die Mietsache im vertragsgemäßen Zustand zu erhalten hat, ist er darüber hinaus auch verpflichtet, Veränderungen oder Verschlechterungen der gemieteten Sache, so weit sie im Rahmen der oder durch den vertragsgemäßen Gebrauch entstehen, zu tragen.

Die Kosten, die dem Vermieter hierfür entstehen, sind im Regelfall in der Miete bereits enthalten.

In der Praxis wird bei Wohnraummietverträgen allerdings häufig ein Teil dieser Verpflichtungen des Vermieters vertraglich auf den Mieter übertragen. Dies trifft insbesondere für die Schönheitsreparaturen und Kleinreparaturen, auch Bagatellschäden genannt, zu.

Bei **Geschäfts- bzw. Gewerberaummietverträgen**, für die weniger der Gesichtspunkt der Schutzbedürftigkeit des Mieters in Frage kommt, ist eine weitgehende Überwälzung dieser Pflichten des Vermieters auf den Mieter üblich.

– **Verjährung der Ersatzansprüche des Vermieters gegenüber dem Mieter**

Eine kurze Verjährungsfrist von nur 6 Monaten ist
– für den Vermieter
  für den Ersatz wegen Veränderungen oder Verschlechterungen der Mietsache,
– für den Mieter
  für die Ansprüche aus Ersatz von Anforderungen oder auf Gestattung der Wegnahme einer Einrichtung
zu beachten.

Diese relativ kurze Verjährungsfrist von 6 Monaten beginnt mit der **Rückgabe der Mietsache**, für Ansprüche des Vermieters bzw. Beendigung des Mietverhältnisses, für Ansprüche des Mieters. Sie greift beispielsweise auch bei Ansprüchen des Vermieters gegenüber dem Mieter, für die vom Mieter vertraglich übernommenen Verpflichtungen zur Durchführung von Schönheitsreparaturen. Ist vom Mieter eine Kaution zur Sicherstellung für Ansprüche des Vermieters gegenüber dem Mieter wegen der vertraglich übernommenen Verpflichtung zu Schönheitsreparaturen geleistet worden, fällt die „Abrechnung" über diese Kaution bei Auszug des Mieters grundsätzlich auch unter diese kurze Verjährungsfrist.

In der Praxis hat diese Bestimmung, die der raschen endgültigen Abwicklung von Ansprüchen nach Beendigung von Mietverhältnissen dient, eine erhebliche Bedeutung. Verhandlungen über strittige Fragen, die mit dem Zustand der zurückgegebenen Mietsache zusammenhängen, ziehen sich oft in die Länge, auch wenn Fachleute oder Sachverständige eingeschaltet werden.

Es kann daher wichtig werden, die Verjährung zu unterbrechen. Die **Verjährung** wird durch **Anerkenntnis, Vergleichsverhandlungen** oder **gerichtliche Geltendmachung** unterbrochen. Der gängigste Fall zur Unterbrechung der Verjährung von Ansprüchen – z. B. wegen vom Mieter vertragswidrig bei Auszug nicht durchgeführter Schönheitsreparaturen – ist der Mahnbescheid oder die Klageerhebung.

Vorsicht ist geboten, wenn in diesem Zusammenhang ein gerichtliches Beweissicherungsverfahren zur Feststellung von Ansprüchen durchgeführt wird. Nach herrschender Meinung unterbricht ein Beweissicherungsverfahren die kurze Verjährungsfrist gemäß § 548 BGB teilweise bzw. nicht.

Die neue Verjährungsfrist, die nach der Unterbrechung wieder beginnt, ist im Regelfall die vorgenannte kurze Verjährungszeit.

Die Unterbrechung der Verjährung bewirkt, dass die Zeit bis zur Unterbrechung nicht weiter auf die Verjährungsfrist angerechnet wird. Nach Beendigung der Unterbrechung beginnt eine neue Verjährungsfrist.

Von der Unterbrechung der Verjährungsfrist ist die Hemmung deutlich zu unterscheiden.

Im Gegensatz zur Unterbrechung wirkt eine Hemmung wie ein Stillstand der Verjährungsfrist. Die bedeutendsten Fälle, welche die Verjährungsfrist hemmen, sind in der Grundstücks- und Wohnungswirtschaft im Zusammenhang mit der Abwicklung von Schönheitsreparaturen die Stundung sowie die Verhandlung zwischen Vermieter und Mieter. Nachdem es jedoch zweideutig sein kann, wann über die Ansprüche verhandelt wird, ist es dringend zu empfehlen, im Verhandlungsfall ausdrücklich zu vereinbaren, dass beide Seiten auf die Einrede der Verjährung verzichten.

12.7.4 Schönheitsreparaturen als Teil der Instandsetzung

Schönheitsreparaturen sind regelmäßig durchzuführende Erhaltungsarbeiten hinsichtlich der normalen Nutzung innerhalb von Mieträumen.

Diese obliegen gemäß § 535 BGB dem Vermieter im Rahmen seiner Erhaltungspflicht. Üblicherweise wird jedoch deren Durchführung im Mietvertrag dem Mieter im Rahmen eines **Fristenplanes** übertragen. Dieser Fristenplan hat die Interessen des Mieters und des Vermieters in einem angemessenen Verhältnis zu berücksichtigen.

Bei **Mietverhältnissen über Wohnraum** ist im Geltungsbereich der II. Berechnungsverordnung die Beschränkung der Schönheitsreparaturen auf die in der Verordnung ausdrücklich aufgeführten Arbeiten zu beachten. Es liegt eine umfangreiche Rechtsprechung zu Einzelheiten vor.

In **Mietverträgen über gewerbliche Räume oder preisfreiem Wohnraum** wird häufig auf die Regelung im Sinne des § 28 II. BV Bezug genommen und diese **frei vereinbart.**

> Zu den Schönheitsreparaturen als Teil der Instandhaltung in Wohnungen zählen nach der Verordnung über wohnungswirtschaftliche Berechnungen (Zweite Berechnungsverordnung/II. BV) § 28 Abs. 4 Satz 3
> ... nur
> – das Tapezieren, Anstreichen oder Kalken der **Wände** und **Decken,**
> – das Streichen der **Fußböden, Heizkörper** einschließlich Heizrohre, der **Innentüren** sowie der **Fenster und Außentüren** von innen.

Das „Streichen der Fußböden" ist heute praktisch ohne Bedeutung. Selbst wenn Dielenfußböden vorliegen, sind diese im Regelfall mit einem Bodenbelag belegt. Diese Formulierung umfasst auch nicht das Versiegeln eines vorhandenen Parkettfußbodens.

Nach herrschender Meinung müssen die Schönheitsreparaturen entweder in einer im Mietvertrag festgelegten Art oder so wie bisher ausgeführt werden. Ausnahmen sind möglich: Wenn z. B. bei Erstbezug einer Neubauwohnung mietvertraglich vereinbart wurde, dass der Mieter in den ersten beiden Jahren (wegen der Restbaufeuchte im Mauerwerk) nicht tapezieren darf.

Eine Pflicht, die Schönheitsreparaturen durch **Fachfirmen** ausführen zu lassen, ist nicht gegeben. Allerdings muss der Vermieter eine schlampige Ausführung nicht hinnehmen. Die Vielfalt der Materialien im Heimwerkerbereich birgt zum Beispiel die

Gefahr, Farben aufzubringen, die nicht zur Verwendung auf vorhandene Farbschichten oder gegebenen Untergrund geeignet sind. Das Erkennen einer solchen problematischen Ausführung von Schönheitsreparaturen mit möglicherweise erheblichen finanziellen Spätfolgen ist auch im Rahmen einer Wohnungsbesichtigung oder Wohnungsübergabe an den Nachmieter nicht einfach.

Beispiele:
Beim Streichen der Wände und Decken wurde eine Farbe verwendet, die das Erstehen von Schimmelpilzen begünstigt. Vorhandener Schimmelpilz wurde nicht fachgerecht behandelt, sondern nur oberflächlich entfernt und überstrichen.

- **Durchführung der Schönheitsreparaturen bei Einzug**

Eine Vereinbarung, dass der Mieter bei Einzug eine nicht renovierte Wohnung übernimmt und sich verpflichtet, die Schönheitsreparaturen zum Beginn seiner Mietzeit durchzuführen, ist in der Praxis eher selten.

Der Gesamtverband der Wohnungswirtschaft hat in seinen Verträgen hierzu folgende Vertragsregelung vorgesehen:
Der Mieter hat „… die Schönheitsreparaturen ohne besondere Aufforderung innerhalb von 3 Monaten nach Beginn und danach während des Mietverhältnisses durchzuführen".

Wird eine solche Regelung vereinbart, ist der Mieter nicht verpflichtet, bei Auszug weitere Schönheitsreparaturen vorzunehmen, die über diejenigen hinausgehen, welche für die Zeit des bestehenden Mietverhältnisses im Rahmen eines Fristenplanes vereinbart werden.

- **Durchführung von Schönheitsreparaturen bei Auszug**

Eine weitaus gängigere Regelung ist die Durchführung der Schönheitsreparaturen bei Auszug. Folgende Vertragsregelung schlägt hierzu der Gesamtverband der Wohnungswirtschaft in seinen Mietverträgen vor:
(Mietvertrag/Allgemein, herausgegeben vom GdW Bundesverband deutscher Wohnungs- und Immobilienunternehmen e. V./Hammonia-Verlag GmbH/Ausgabe April 2008/2)
„(5) Hat der Mieter die Schönheitsreparaturen übernommen, so sind die nach Abs 3 und 4 fälligen Schönheitsreparaturen rechtzeitig vor Beendigung des Mietverhältnisses nachzuholen.
(6) Sind bei der Beendigung des Mietverhältnisses Schönheitsreparaturen noch nicht fällig im Sinne von Abs. 3 und 4, so hat der Mieter an den Vermieter einen Kostenanteil zu zahlen, da die Übernahme der Schönheitsreparaturen durch den Mieter bei der Berechnung der Miete berücksichtigt worden ist. Zur Berechnung des Kostenanteils werden die Kosten einer im Sinne des Abs. 3 umfassenden und fachgerechten Schönheitsreparatur im Zeitpunkt der Beendigung des Mietverhältnisses ermittelt.
Der zu zahlende Anteil entspricht, soweit nach Abs. 4 nichts anderes gilt, dem Verhältnis zwischen den vollen Fristen lt. Abs. 3 und den seit Ausführung der letzten Schönheitsreparaturen bis zur Beendigung des Mietverhältnisses abgelaufenen Zeiträumen. Soweit nach Abs. 4 die Fristen wegen des Zustandes der Wohnung oder des Abnutzungsgrades zu verlängern oder zu verkürzen sind, so sind an Stelle

der vollen Fristen laut Abs. 3 die gemäß Abs. 4 angepassten Fristen für die Berechnung des Verhältnisses maßgebend."

Berechnungsbeispiel: Für die Küche beträgt gemäß Abs. 3 die Regelfrist 5 Jahre. Zieht der Mieter seit der letzen Schönheitsreparatur nach 4 Jahren aus, so hat er in der Regel einen Anteil von 4/5 an den Renovierungskosten für die Küche zu zahlen. Ist der Abnutzungsgrad jedoch geringer, so ist die Regelfrist gemäß Abs. 4 nach billigem Ermessen zu verlängern. Erfordert nun der Abnutzungsgrad im konkreten Fall nach billigem Ermessen eine Verdoppelung der Frist, so ist die angepasste Frist 10 Jahre. Der Anteil an den Renovierungskosten beträgt dann nur 4/10, was 2/5 entspricht.

Die Kostenanteile des Mieters werden zur Durchführung von Schönheitsreparaturen verwendet (vgl. Abs. 2). Soweit der Mieter noch nicht fällige Schönheitsreparaturen rechtzeitig vor Beendigung des Mietverhältnisses durchführt, ist er von der Zahlung des Kostenanteils befreit.

- **Abgrenzungsproblematik bei Durchführung der Schönheitsreparaturen sowohl bei Einzug als auch bei Auszug**

In beiden Fällen ist eine Ausgleichszahlung für den gemäß Fristenplan (siehe nachstehend) bereits oder noch nicht durchgeführten Teil der Schönheitsreparaturen vorzusehen, der jedoch einen Zeitraum umfasst, welcher noch nicht oder nicht mehr zur Mietzeit gehört. Ein solcher Ausgleich soll verhindern, dass eine der beteiligten Mietparteien unangemessene Vorteile oder Nachteile erfährt.

Als schwer lösbare Sonderproblematik in beiden Fällen stellt sich die Situation dar, wenn der Zustand der Räume objektiv keine Schönheitsreparaturen erforderlich macht und dennoch eine der beteiligten Parteien deren Ausführung oder einen geldwerten Ausgleich verlangt.

- **Durchführung der Schönheitsreparaturen während der Vertragszeit**

Eine Übertragung der Schönheitsreparaturen während der Vertragszeit auf den Mieter ist nach Auffassung des BGH auch bei Wohnraummietverhältnissen zulässig. Allerdings sind die Fristen, in denen die Schönheitsreparaturen vom Mieter durchzuführen sind, in einem angemessenen Rahmen zu halten.

Der Gesamtverband der Wohnungswirtschaft schlägt in seinen Vertragsformularen folgende Formulierung vor:
(Mietvertrag/Allgemein, herausgegeben vom GdW Bundesverband deutscher Wohnungs- und Immobilienunternehmen e. V./Hammonia-Verlag GmbH/Ausgabe April 2008/2)
§ 4 Schönheitsreparaturen
(1) Die Schönheitsreparaturen sind vom Mieter auszuführen, soweit sie durch seine Abnutzung bedingt sind.
(2) Soweit der Vermieter oder der Mieter Ausgleichsbeträge für unterlassene Schönheitsreparaturen (vgl. Abs. 6) vom Vormieter erhalten hat, sind diese zur Durchführung von Schönheitsreparaturen in der Wohnung zu verwenden bzw. bei der Ausführung durch den Mieter an diesen auszuzahlen.

(3) Schönheitsreparaturen sind fachgerecht auszuführen. Die Schönheitsreparaturen umfassen das Anstreichen, Kalken oder Tapezieren der Wände und Decken, den Innenanstrich der Fenster, das Streichen der Türen und der Außentüren von innen sowie der Heizkörper einschließlich der Heizrohre und das Reinigen der Teppichböden.

Die Schönheitsreparaturen sind in der Regel nach Ablauf folgender Zeiträume auszuführen:
in Küchen, Bädern und Duschen alle fünf Jahre,
dabei sind die Innenanstriche der Fenster sowie die Anstriche der
Türen, Heizkörper und Heizrohre alle acht Jahre durchzuführen
in Wohn- und Schlafräumen, Fluren, Dielen und Toiletten
einschließlich der Innenanstriche der Fenster
sowie der Anstriche der Türen, Heizkörper und Heizrohre alle acht Jahre,
in anderen Nebenräumen innerhalb der Wohnung einschließlich
der Innenseite der Fenster sowie der Anstriche der Türen,
Heizkörper und Heizrohre alle zehn Jahre.
Die Fristen beginnen erstmals mit Beginn der Mietzeit. Der Mieter ist für den Umfang der im Laufe der Mietzeit ausgeführten Schönheitsreparaturen beweispflichtig.

(4) Lässt der Zustand der Wohnung eine Verlängerung der Fristen nach Abs. 3 zu oder erfordert der Grad der Abnutzung eine Verkürzung, so sind nach billigem Ermessen die Fristen des Planes bezüglich der Durchführung einzelner Schönheitsreparaturen zu verlängern oder zu verkürzen.

Wie klar auch immer die mietvertraglichen Regelungen über die Durchführung der Schönheitsreparaturen sein mögen, so ist deren praktische Anwendung schwierig.

Gründe für das Entstehen von Konflikten:
Die Kosten für die Durchführung von Schönheitsreparaturen sind erheblich.

Das Angebot der Heimwerkerindustrie zur Durchführung im „Do it yourself"-Verfahren ist umfangreich. Notwendig sind jedoch neben dem guten Willen auch Kenntnisse über Materialverträglichkeit, Übung und Erfahrung bei der Verarbeitung. Das Sprichwort vom Meister, der noch nicht vom Himmel gefallen ist, kommt nicht von ungefähr.

Die Interessenlagen des Vermieters, des ausziehenden Mieters und des einziehenden Mieters unterscheiden sich grundlegend.

Wegen der beträchtlichen Kosten der Schönheitsreparaturen oder aber einer eventuellen doppelten Mietenzahlung (für die alte und die neue Wohnung) bei zeitaufwendiger Abwicklung ist die Bereitschaft zur gerichtlichen Auseinandersetzung in Streitfragen gestiegen.

Nur in seltenen Fällen ist der technische und rechtliche Sachverstand bei den Beteiligten gleich.

Die Überwachung der vertragsgemäßen Durchführung von Schönheitsreparaturen in bestehenden Mietverhältnissen im Vollzug eines vereinbarten Fristenplanes ist personal- und damit kostenintensiv.

In wirtschaftlich schlechten Zeiten hat die Durchführung von Schönheitsreparaturen im Vollzug eines vereinbarten Fristenplanes bei einem zum Sparen gezwungenen Haushalt u. U. keine hohe Priorität.

Die Durchführung von Schönheitsreparaturen im laufenden Mietverhältnis belastet den Mieter nicht nur finanziell. Dies gilt in besonderem Maße für ältere oder kranke Mieter.

12.7.5 Abgrenzung der Schönheitsreparaturen von den kleinen Instandhaltungen

Im allgemeinen Sprachgebrauch werden **„Kleine Instandhaltungen"**, **„Bagatellschäden"** und **„Kleinreparaturen"** häufig gleichbedeutend verwendet.

Was unter **„Kleine Beanstandungen"** fällt, ist ausgeführt in der Verordnung über wohnungswirtschaftliche Berechnungen.

Die kleinen Instandhaltungen umfassen nur das Beheben kleinerer Schäden an den Installationsgegenständen für Elektrizität, Wasser und Gas, den Heiz- und Kocheinrichtungen, den Fenster- und Türverschlüssen sowie den Verschlussvorrichtungen von Fensterläden.

Kleine **Instandhaltungen** sind nur nach **Anfall** durchzuführen. Nach herrschender Meinung kann der Mieter auch nur zur Übernahme der Kosten der Behebung von Bagatellschäden verpflichtet werden, nicht jedoch zur persönlichen Behebung.

Inwieweit bei **Wohnraummietverhältnissen** „Kleine Instandhaltungen" mietvertraglich dem Mieter übertragen werden können, wirft eine Reihe von Fragen und Problemen auf und war mehrfach Gegenstand von Rechtsentscheiden.

Bei preisgebundenen Wohnungen, dem Anwendungsbereich der II. Berechnungsverordnung, sind die Kostensätze in der Miete zu verringern, d. h., es sind 1,05 € je Quadratmeter Wohnfläche jährlich bei der Kostenmiete zu kürzen.

Es liegt eine umfangreiche Rechtsprechung vor, in welchem Umfang die Überwälzung der Kosten für die kleinen Reparaturen dem Mieter zugemutet werden kann.

Der Bundesgerichtshof hat im Juni 1989, BGH VIII ZR 91/88, ausdrücklich zu „Kleinreparaturen" – insbesondere unter Berücksichtigung des § 307 BGB (bis 1.1.2002 ABG-Gesetz) Stellung genommen. In diesem Zusammenhang hat der Bundesgerichtshof bejaht, dass betragsgemäß „Kleinreparaturen" mit einem Kostenaufwand von etwa 50,00 € auf jeden Fall im Rahmen einer akzeptablen Regelung liegt. Bereits ein Jahr später wurde vom OLG Hamburg, 5 U 135/90, im Rahmen einer Berufungsentscheidung ein Betrag von 75,00 € in einem konkreten Fall bestätigt.

Grundsätzlich ist zu einer solchen Übernahme der Kosten der Bagatellschäden durch den Mieter anzumerken, dass sich ein vereinbarter fixer Betrag während der (wünschenswert langen) Vertragslaufzeit durch Inflation, deren Höhe bei Abschluss des Vertrages nicht vorhersehbar ist, möglicherweise bereits nach geraumer Zeit sehr relativiert.

Ein weiteres Problem stellt die betragsgemäße Festlegung der Obergrenze aller vom Mieter zu tragenden Kosten für Bagatellschäden, soweit vereinbart, innerhalb eines Jahres dar. Unter Bezugnahme auf Ausführungen des BGH wird eine Jahresbegrenzung auf 150,00 € bzw. 8 % der Jahresmiete für angemessen erachtet. Im Hinblick auf Inflationsauswirkungen ist jedoch bei der Festlegung eines Jahreshöchstbetrages eine prozentuale Anpassung an die Jahresmiete vorzuziehen.

Es sind allerdings auch Formularmuster für Wohnraum-Mietverträge bisher unbeanstandet, die eine Kombination von einem Einzelfallbetrag max. 75,00 € oder 6 % der Nettojahresmiete/ Jahresgesamtbetrag max. 200,00 € vorsehen.

Die an sich klare Aussage in § 28 Abs. 3 Satz 2 II. BV darüber, was zu den Bagatellschäden gehört, lässt trotzdem mögliche Abgrenzungsprobleme zu.

Beispiel:
Gehört das Beseitigen einer Verstopfung des Abflusses der Küchenspüle zu den Bagatellschäden?

Selbst wenn man bei Abschluss eines Mietvertrages auf bereits bisher bewährte Vertragsformulierungen zur Übernahme der Bagatellschäden durch den Mieter zurückgreift, besteht nach wie vor ein beträchtliches Maß an Konfliktmöglichkeiten, die vom Vermieter sorgfältig ins Verhältnis zu den möglichen Einsparungen gesetzt werden sollten.

Zusammengefasst kann nach dem Stand der Rechtsprechung des Jahres 2009 davon ausgegangen werden, dass kleine Instandhaltungs- bzw. Instandsetzungsmaßnahmen auf den Mieter vom Vermieter abgewälzt werden können, wenn:
- Nur die Bestandteile des Mietobjektes betroffen sind, die dem direkten häufigen Zugriff des Mieters ausgesetzt sind,
- eine Betragshöhe im Einzelfall von ca. 100,00 € nicht überschritten wird sowie
- eine betragsmäßige Höchstgrenze im Mietvertrag zeitraumbezogen von ca. 200,00 € jährlich bzw. 8 % der Jahresmiete

nicht überschritten wird.

Eine weitergehende Überwälzungsmöglichkeit der Kosten für die Behebung von Bagatellschäden (ebenso wie der Schönheitsreparaturen und Instandhaltung, Instandsetzung) auf den Mieter besteht (im Rahmen des § 307 BGB bis 1.1.2002 AGB-Gesetz) bei **gewerblichen Mietverhältnissen**.

12.7.6 Instandhaltung

„Die Vermietung der Wohnungen ist langfristig nur sicherzustellen, wenn der Werteverzehr infolge der Nutzung durch Instandhaltungsmaßnahmen zumindest ausgeglichen wird."

Diese Feststellung des Verbandes der Südwestdeutschen Wohnungswirtschaft e. V. (Die interne Revision, S. 87) ist allenfalls noch dadurch zu ergänzen, dass nicht nur dem Verzehr durch Nutzung, sondern auch dem durch natürliche Alterung sowie durch Witterungseinwirkung hervorgerufenen (entsprechend dem Verständnis des § 28 II. BV) durch Instandhaltungsmaßnahmen gegengesteuert werden muss.

Was unter **Instandhaltung** zu verstehen ist, wird in der Zweiten Berechnungsverordnung über den Begriff „**Instandhaltungskosten**" festgelegt:

Instandhaltungen sind die Maßnahmen, die während der Nutzungsdauer der Erhaltung des bestimmungsgemäßen Gebrauches und zur Beseitigung der durch Abnutzung, Alterung und Witterungseinwirkung entstehenden baulichen und sonstigen Mängel dienen.

Die II. BV unterscheidet allerdings, zumindest teilweise im Rahmen der Kostendefinition, nicht zwischen Instandhaltung und Instandsetzung, so dass der Ansatz der Instandhaltungskosten auch zur Deckung der Kosten von Instandsetzungen dienen soll.

12.7.6.1 Kosten der Instandhaltung

Die Kosten der Instandhaltung sind als eine der vertraglichen Hauptpflichten gemäß den Bestimmungen des § 535 BGB vom Vermieter zu tragen.

Welche Beträge in der Wirtschaftlichkeitsberechnung hierfür angesetzt werden dürfen, regelt für den **preisgebundenen Wohnraum** § 28 Abs. 2 II. BV unter individueller Berücksichtigung der Mietsache, z. B. mit eingebautem Bad, mit eingebauter Dusche, mit Sammelheizung oder Aufzug. Außerdem wird darauf abgestellt, ob der Mieter vertraglich die Kostentragung für Bagatellschäden übernommen hat. Ein Aufschlag ist zulässig, falls sich der Vermieter zur Durchführung der Schönheitsreparaturen vertraglich verpflichtet hat – in Abweichung von der Annahme, dass sich hierzu der Mieter vertraglich verpflichtet.

Im **preisfreien Wohnraum** sind die Kosten für die Instandhaltungen im Rahmen der Kostenkalkulation des Vermieters in der Miete enthalten. Eine Überwälzung der Kosten der Instandhaltung auf den Mieter, z. B. für Schönheitsreparaturen und/oder Bagatellschäden, ist im Rahmen der Bestimmungen § 307 BGB (bis 1.1.2002 AGB-Gesetz) und der relativ engen Rechtsprechung möglich. Bei einer derartigen Regelung ist jedoch ein möglicher Konflikt, z. B. bei der Berücksichtigung von Mietobergrenzen im Hinblick auf § 5 Wirtschaftsstrafgesetz (WiStG), zu beachten.

Bei **gewerblichen Mietverhältnissen** ist eine weitgehende vertragliche Überwälzung der Instandhaltung auf den Mieter im Rahmen von Individualverträgen bis zur „Instandhaltung an Dach und Fach" möglich. Diese Vereinbarung bedeutet, dass der Mieter auch für die Erhaltung der Dachsubstanz und der tragenden Gebäudeteile zu sorgen hat. Diese in früheren gewerblichen Mietverträgen häufig verwendete Formulierung stößt heute auf Bedenken im Hinblick auf § 307 BGB (bis 1.1.2002 AGB-Gesetz).

12.7.6.2 Planung, Organisation, Durchführung der Instandhaltung

Bei der Organisation der Durchführung der Instandhaltung sind in erster Linie Koordinierungsaufgaben zu lösen.

Es ist eine optimale Abstimmung zwischen technischen Anforderungen, finanziellen Möglichkeiten und Anforderungen aus dem Gesichtspunkt der Vermietung vorzunehmen.

Es empfiehlt sich, **„Instandhaltungsstrategien"** zu entwickeln. Dabei handelt es sich um Regeln, die angeben, zu welchem Zeitpunkt welche Maßnahmen in welcher Weise an welchen Objekten durchgeführt werden.

Diese Strategien sind dann umzusetzen in konkrete **Instandhaltungspläne**.

In Instandhaltungsplänen werden periodisch wiederkehrende Instandhaltungsarbeiten auf der Grundlage von Erfahrungswerten erfasst.

Beispiele:
Wiederkehrender Pflegeanstrich von lackierten Holzfenstern, in drei- bis spätestens fünfjährigem Rhythmus, je nach Ausrichtung zur Wetterseite.

Jährliches Überprüfen und Schmieren von Garagenschwingtoren.

Teilweise kann auch auf bestehende Vorschriften zurückgegriffen werden, insbesondere bei technischen Anlagen, die besonderen Sicherheitsanforderungen und -vorschriften unterliegen.

Beispiel:
Instandhaltungs-(Wartungs-)pläne für Aufzugsanlagen.

Die **Instandhaltungspläne** sind eine wichtige **Grundlage für die Finanzplanung** zur Verwendung der pauschaliert kalkulierten und im Rahmen der Miete eingenommenen Instandhaltungskosten. Sie sind einer laufenden Korrektur zu unterwerfen. Dabei ist ein laufender Vergleich des Soll- und Ist-Zustandes durchzuführen. Vorbeugende Maßnahmen zur Bekämpfung von bereits im Ansatz erkennbaren, sich ausweitenden technischen Schäden etc. sind zu berücksichtigen.

Besondere Beachtung verdient im Rahmen der Instandhaltungsplanung der Einfluss der Instandhaltung auf die **Vermietbarkeit**. Der Erhaltungszustand des Mietobjektes steht in direktem Zusammenhang mit den Möglichkeiten der Vermietung. Dies wird besonders deutlich zu Zeiten, in denen eine ausgeglichene Marktsituation für ein bestimmtes Mietobjekt vorliegt.

Obwohl den üblichen Marktmechanismen des freien Wohnungsmarktes entzogen, trifft dies in veränderter Form auch für den preisgebundenen, öffentlich geförderten Wohnraum zu. Nach Ablauf einer zusätzlichen „Anfangssubvention" in Form von

Aufwendungszuschüssen, i. d. R. nach 10-12 Jahren, haben die Wohnungen eines solchen Objektes ihren relativ betrachtet höchsten Mietstand erreicht. Zu diesem Zeitpunkt entspricht jedoch regelmäßig der Instandhaltungszustand nicht mehr dem eines Neubaus.

Der Wohnungssuchende wird deshalb, falls er die Wahl hat, eine relativ preisgünstigere, öffentlich geförderte Wohnung jüngeren Baujahres vorziehen.

Die Planung der Instandhaltung beginnt in idealer und sinnvoller Weise mit Fertigstellung eines Neubau-Objektes bzw. dessen Erwerb.

Sie muss die kurz-, mittel- und langfristigen Maßnahmen erfassen und diese noch unterteilen in periodische und aperiodische.

Beispiel:
Treppenhausanstrich:

Kurzfristig: jährlich periodische Ausbesserung von Verschmutzung, Beschmierung, Beschädigungen durch Umzüge usw.

Mittelfristig: Neuanstrich von Teilbereichen, die einer besonderen Beanspruchung unterliegen, wie z. B. Erdgeschoss, Eingangsbereich, Türbereiche bei Aufzügen in den Geschossen usw.

Langfristig: periodischer, vollständiger Neuanstrich alle 8–12 Jahre; aperiodische Anpassung an veränderte Trends, z. B. neuer Rauputz.

Die Instandhaltungspläne für die einzelnen Objekte sind in einer Gesamtplanung für alle Objekte zusammenzufassen. Diese Gesamtplanung ist in Übereinstimmung mit den vorhandenen oder zu beschaffenden Finanzmitteln zu bringen und in eine vorausschauende verbindliche Jahresplanung überzuführen.

Zugrunde gelegt werden kann eine **„fiskalische Betrachtungsweise"**, d. h., alle für diesen bestimmten Zweck eingehenden Mittel werden in einen Topf eingebracht, aus dem die Kosten der Instandhaltung insgesamt bedient werden oder aber eine Orientierung am Einzelobjekt (eingenommene Mittel werden auf das bestimmte Objekt verwendet). Es ist strittig, welche Methode vorzuziehen ist. Die Anwendung der „fiskalischen Betrachtungsweise" kann jedoch nur dann erfolgreich sein, wenn die kalkulierten und im Rahmen der Miete eingenommenen Beträge tatsächlich auch dem späteren Kostenanfall entsprechen. Ansonsten verschiebt sich zwangsläufig in der Gesamtbetrachtung eines Unternehmens der Grundstücks- und Wohnungswirtschaft die Verwendung der angesammelten Instandhaltungskosten zum Nachteil eines Teiles des Immobilienbestandes.

Wegen der komplexen Problematik bedarf es auch einer laufenden sorgfältigen **Kostenüberwachung**. In beispielsweise quartalsmäßig durchgeführten Koordinierungsbesprechungen aller im Unternehmen an diesem Tätigkeitsbereich Beteiligten werden die Kosten den veränderten Entwicklungen angepasst.

Eine **Kostenkontrolle** ist auch nur möglich, wenn sämtliche kostenverursachenden Aufträge, sei es an Handwerksbetriebe oder an eigene Regiebetriebe oder -abteilungen, aber auch an Hausmeister, kostenmäßig bereits bei der Auftragserteilung bewertet werden. Dies kann in Form von „Schätzwerten" erfolgen. Es muss sichergestellt sein, dass sie revidiert werden, sobald erkennbar ist, dass sie von einem vorher festgelegten Prozentsatz abweichen werden. Ohne derartige organisatorische Vorkehrungen ist allenfalls eine ordnungsgemäße Verwaltung von einzelnen, kleinen Immobilienobjekten denkbar, bei denen die Kostenentwicklung unmittelbar auch ohne Organisationsrahmen überblickt werden kann.

Eine zeitnahe Bearbeitung ist, zumindest bei größeren Immobilienverwaltungen, ohne Software-Unterstützung schwerlich vorstellbar. Dies gilt um so mehr, als die Kosten- und Abwicklungskontrolle selbstverständlich auch die Vielzahl der kleinen Instandhaltungen umfassen muss.

Verschiedene systematische Ansätze zur Organisation und Durchführung der Instandhaltung sind möglich, z. B. bezogen auf
- einzelne Wohnungen bzw. Gewerbeeinheiten (z. B. bei Mieterwechsel);
- gesamte Immobilienobjekte;
- ganze Wohn- und Gewerbeviertel;
- die je Einheit im Rahmen von Instandhaltungskostenpauschalen vereinnahmten bzw. angesammelten Beträge;
- den jeweiligen Instandhaltungsanfall;
- Einzelvorgänge, wie z. B. „nicht vermietbar" ohne vorherige Instandhaltung oder Mieterwechsel.

12.7.6.3 Instandhaltung als technischer Oberbegriff von Wartung, Inspektion und Instandsetzung

Unter dem Oberbegriff „**Instandhaltung**" wurden im Rahmen der **DIN 31 051 (DIN = Deutsches Institut für Normung)** Festlegungen getroffen. „Die Festlegungen sollen dazu dienen, die Bedeutung der bisher mit sehr unterschiedlichen Begriffsinhalten verwendeten Benennungen zu vereinheitlichen und damit die Verständigung in diesem Bereich zu verbessern". (DIN 31 05 Anwendungsbereich)

Weiterhin sind in diesen DIN-Normen Begriffe und Maßnahmen festgelegt, die für die Arbeit der Instandhaltung von Bedeutung sind. Insbesondere galt es, das Fachgebiet zu strukturieren und zu gliedern. In diesem Sinne wurde Instandhaltung als umfassender Oberbegriff definiert, der lückenlos in die drei Bereiche Wartung, Inspektion und Instandsetzung unterteilt werden kann.

Die Begriffe und Maßnahmen wurden wie folgt (Auszug) festgelegt:

Instandhaltung
Maßnahmen zur Bewahrung und Wiederherstellung des Soll-Zustandes sowie zur Feststellung und Beurteilung des Ist-Zustandes von technischen Mitteln eines Systems.

Die Maßnahmen beinhalten: **Wartung – Inspektion – Instandsetzung**.

Sie schließen ein:
Abstimmung der Instandhaltungsziele mit den Unternehmenszielen,
Festlegung entsprechender Instandhaltungsstrategien.

Anmerkung: Die vier Grundbegriffe Instandhaltung, Wartung, Inspektion und Instandsetzung umfassen jeweils die Gesamtheit aller Maßnahmen, die für die Instandhaltung der technischen Mittel eines Systems (Anlage bzw. Anlagenteile) innerhalb eines Unternehmens (innerbetrieblich) erforderlich sind.

Wartung
Maßnahmen zur Bewahrung des Soll-Zustandes von technischen Mitteln eines Systems.

Diese Maßnahmen beinhalten: Erstellen eines Wartungsplanes – Vorbereitung – Durchführung – Rückmeldung.

Inspektion
Maßnahmen zur Festlegung und Beurteilung des Ist-Zustandes von technischen Mitteln eines Systems.

Diese Maßnahmen beinhalten: Erstellen eines Planes – Vorbereitung – Durchführung – Vorlage – Auswertung – Ableitung der notwendigen Konsequenzen.

Instandsetzung
Maßnahmen zur Wiederherstellung des Soll-Zustandes von technischen Mitteln eines Systems.

Diese Maßnahmen beinhalten: Auftrag – Planung – Entscheidung – Vorbereitung – Vorwegmaßnahmen – Überprüfung – Durchführung – Funktionsprüfung – Fertigmeldung – Auswertung.

12.7.7 Instandsetzung

Während Instandhaltung regelmäßig im Zusammenhang mit Maßnahmen steht, die der Erhaltung des bestimmungsgemäßen Gebrauches dienen, wird unter **Instandsetzung** die **Behebung bereits eingetretener Mängel** verstanden.

Das Baugesetzbuch bringt in § 177 eine Definition von Instandsetzung. Der Gesetzgeber bezeichnet hier die Tatbestände, die eine Instandsetzung notwendig machen, als „Mängel", im Gegensatz zu „Missständen", die durch Modernisierung zu beseitigen sind.

Instandsetzung sind danach Maßnahmen, die Mängel infolge von Abnutzung, Alterung, Witterungseinflüssen oder Einwirkungen Dritter beheben. Weitere Voraussetzungen sind die erhebliche Beeinträchtigung der bestimmungemäßen Nutzung der Anlage bzw. die erhebliche Beeinträchtigung des Straßen- oder Ortsbildes oder die Erneuerungsbedürftigkeit einer wegen ihrer städtebaulichen, insbesondere geschichtlichen oder künstlerischen Bedeutung erhaltungswürdigen Anlage.

Diese Definition von Instandsetzung stellt u. a. auf die erhebliche Beeinträchtigung ab, im Gegensatz zu der Definition im zwischenzeitlich aufgehobenen § 3 des Modernisierungs- und Energieeinsparungsgesetzes. Dort wurde jedoch der Instandsetzungsbegriff auch auf Maßnahmen ausgedehnt, die sich auf Gebäudeteile beziehen, welche sich außerhalb der Wohnung befinden, auf zugehörige Nebengebäude und sogar auf das Grundstück und dessen unmittelbare Umgebung, lediglich mit der Einschränkung, dass die Maßnahmen den Wohnungen zugute kommen müssen.

Instandsetzungen, die durch Maßnahmen der Modernisierung verursacht werden, fallen gemäß § 16 Wohnraumförderungsgesetz (Gesetz über die soziale Wohnraumförderung vom 13. 9. 2001) unter die Modernisierung.

12.7.7.1 Kosten der Instandsetzungsmaßnahmen

Die Kosten für die Instandsetzungsmaßnahmen bei Wohnraummietverhältnissen trägt, abgesehen von Bagatellschäden, in der Regel der Vermieter.

Eine Überwälzung der Kosten von Instandsetzungsmaßnahmen bei gewerblichen Mietverhältnissen auf den Mieter ist jedoch auf die Behebung der Schäden beschränkt, die durch Verschleiß oder den Mietgebrauch entstanden sind. Nicht jedoch auf Schäden durch höhere Gewalt oder rechtswidrigen Eingriff Dritter.

Beispiel:
Schäden durch Hochwasser.

Was für die organisatorischen Vorkehrungen zur Erfassung und Abwicklung der Instandhaltungsmaßnahmen ausgeführt wurde, gilt auch in vollem Umfang für die Instandsetzungsmaßnahmen.

Zusätzlicher Organisationsbedarf ist jedoch notwendig, um sicherzustellen, dass Instandsetzungsmaßnahmen, die gleichzeitig als Schadensfälle versichert sind, als solche erkannt werden und nicht im Ablauf der allgemeinen Instandsetzungsarbeiten untergehen. Dies erfordert u. a. einen ausreichenden Kenntnisstand über die bestehenden Versicherungen und deren Anwendung bei denjenigen Mitarbeitern, welche die Instandsetzungsarbeiten erfassen und abwickeln. Diesem Tätigkeitsbereich in wohnungswirtschaftlichen Unternehmen ist besondere Aufmerksamkeit durch die interne Revision zuzuwenden. Werden hier durch Versicherungen gedeckte Schadensfälle nicht erkannt und als reguläre Instandsetzung behandelt, entsteht dem Unternehmen ein Schaden.

Beispiel:
Behebung von Durchnässungsschäden infolge eines Rohrbruches;
Auswechslung eines durch Frost beschädigten Heizkörpers.

Weitere organisatorische Vorsorge ist zum Erkennen und Erfassen von Vorgängen zu treffen, für die ein Kostenersatzanspruch besteht.

Beispiel:
Ein beschädigtes Waschbecken muss ausgewechselt werden. Der Schaden ist durch mutwillige Beschädigung durch den Mieter entstanden.

12.7.8 Modernisierung

Verschiedene Gesetze mit Verordnungen beschreiben, was in ihrem Sinne unter Modernisierung zu verstehen ist. Eine einheitliche inhaltliche Bestimmung gibt es jedoch nicht.

So verwendete das **BGB** den Begriff Modernisierung bis zur Neufassung ab 31.8.2001 in § 559 BGB nicht ausdrücklich, beschrieb ihn jedoch inhaltlich mit „Maßnahmen zur Verbesserung der gemieteten Räume oder sonstiger Gebäudeteile".

Das **ModEnG** enthielt folgende Aufzählung, die, obwohl inzwischen aufgehoben, nach wie vor zur Definition herangezogen wurde.

Die Verbesserung von Wohnungen durch bauliche Maßnahmen, die den Gebrauchswert der Wohnungen nachhaltig erhöhen oder die allgemeinen Wohnverhältnisse auf die Dauer verbessern. Heizenergieeinsparende bauliche Maßnahmen mit nachhaltigem Charakter zählen ebenfalls zur Modernisierung, ebenso Maßnahmen zur Verbesserung der Wasserversorgung und der Entwässerung.

Das bis zur Außerkraftsetzung durch das **Miethöhegesetz** zum 1. September 2001 bestehende MHG verstand unter „Modernisierung" bauliche Maßnahmen des Vermieters, die den Gebrauchswert der Mietsache nachhaltig erhöhen, die allgemeinen Wohnverhältnisse auf die Dauer verbessern oder nachhaltig die Einsparung von Heizenergie sowie die Einsparung von Wasser bewirken. Die Regelung in § 559 BGB entspricht wortgleich der Früheren des MHG.

Nach der **II. BV** versteht man unter Modernisierung bauliche Maßnahmen, die den Gebrauchswert des Wohnraumes nachhaltig erhöhen, die allgemeinen Wohnverhältnisse auf die Dauer verbessern oder nachhaltige Einsparung von Heizenergie oder Wasser bewirken (entspricht § 559 BGB bzw. dem aufgehobenen § 3 MHG) sowie darüber hinaus Maßnahmen zum Ausbau und Anbau im Sinne des § 17a des Zweiten Wohnungsbaugesetzes, so weit die baulichen Maßnahmen den Gebrauchswert der bestehenden Wohnungen nachhaltig erhöhen.

Das **Wohnraumförderungsgesetz** übernimmt in § 16 Abs. 3 diese Inhalte.

Das **BauGB** stellt hinsichtlich „Modernisierung" auf das Vorliegen von Missständen ab, die eine bauliche Anlage nach ihrer inneren und äußeren Beschaffenheit aufweist, insbesondere, wenn die bauliche Anlage nicht den allgemeinen Anforderungen an gesunde Wohn- und Arbeitsverhältnisse entspricht.

12.7.8.1 Organisation und Ablauf einer Modernisierungsmaßnahme

Wichtigste **Elemente** einer ordnungsgemäßen Planung der **Organisation** und des **Ablaufes einer Modernisierungsmaßnahme** sind
- die sorgfältige **Vorbereitung**;
- die notwendige **Koordinierung** zwischen technischen, kaufmännischen, sozialen und rechtlichen Gesichtspunkten;

- die laufende **Überprüfung des Soll-Ist-Zustandes** während der Durchführung der Maßnahme;
- die offene und regelmäßige **Information der betroffenen Mieter** vor und während der Maßnahme, auch über mögliche Änderungen, die sich während der Abwicklung der Maßnahme ergeben.

Die Ankündigungspflicht für den Vermieter, die Reaktionsmöglichkeiten des Mieters auf eine Ankündigung, die Duldungspflicht des Mieters und die Mieterhöhung ergeben sich aus den einschlägigen Bestimmungen des BGB. Bei preisgebundenem Wohnraum sind die Bestimmungen des Wohnungsbindungsgesetzes zu beachten.

Ablauf einer Modernisierungsmaßnahme	
Feststellung des Modernisierungsbedarfs	
– in technischer Hinsicht	durch eine Feinanalyse der einzelnen Mieteinheit; (Prüfung evtl. bereits erfolgter Mietermodernisierung), im Regelfall durch Fachleute
– in sozialer Hinsicht	durch Analyse der Sozialstruktur bzw. Befragung der betroffenen Mieter
	durch Ermittlung der „sozialverträglichen" Obergrenze einer zu erwartenden Mieterhöhung
	durch Ermittlung der Mitwirkungsbereitschaft, -fähigkeit der betroffenen Mieter
– in kaufmännischer Hinsicht	durch Ermittlung des Finanzbedarfs
	durch Beschaffung von Fördermitteln
	durch Klärung der Konditionen der Fremdfinanzierungsmittel
	durch Ermittlung des Eigenkapitalbedarfs
	Erstellung eines Finanzmittelbedarfs unter Berücksichtigung und in Abstimmung mit dem Bauzeitenplan
– unter Berücksichtigung der Marktsituation	Analyse der gegenwärtigen und zukünftigen Marktentwicklung
	Strukturanalyse der betroffenen Mieter

Unternehmerische Entscheidung

Die unternehmerische Entscheidung zur Durchführung der Modernisierungsmaßnahme ist nach sorgfältiger Abwägung der gewonnenen Informationen unter sozialen, kaufmännischen und technischen Gesichtspunkten) zu treffen. Die Marktsituation ist zudem mit den rechtlichen Möglichkeiten und Auswirkungen unter besonderer Berücksichtigung der steuerlichen Aspekte zu berücksichtigen.

Erforderliche Vermieteraktivitäten

Geschäftsraum-Mietverhältnisse	Preisfreie Wohnraum-Mietverhältnisse	Preisgebundene Wohnraum-Mietverhältnisse
Geschäftsraum-Mietverhältnisse	Preisfreie Wohnraum-Mietverhältnisse	Preisgebundene Wohnraum-Mietverhältnisse
– **Einverständnis** mit dem Mieter im Verhandlungswege herbeiführen, insoweit im Mietvertrag nicht ausdrücklich geregelt.	**Einverständnis** des Mieters Prüfung der Zumutbarkeit nach § 554 Abs. 3 BGB	**Zustimmung** der Bewilligungsstelle zu der beabsichtigten Maßnahme (§ 11 Abs. 7 II. BV) einholen Neue Wirtschaftlichkeitsberechnung Prüfung der Zumutbarkeit nach § 554 BGB

– **Zeitpunkt der Ankündigung**

§ 554 Abs. 3 S. 1 BGB	§ 554 Abs. 3 S. 1 BGB	§ 554 Abs. 3 S. 1 BGB
Spätestens 3 Monate vor Durchführung der Maßnahme Fristberechnung unter Beachtung von §§ 187, 188 BGB Ankündigungen in Textform über – Art der Maßnahmen – voraussichtlicher Umfang und Beginn – voraussichtliche Dauer – zu erwartende Mieterhöhung – abweichende Vereinbarungen möglich	Spätestens 3 Monate vor Durchführung der Maßnahme Fristberechnung unter Beachtung von §§ 187, 188 BGB Ankündigungen in Textform über – Art der Maßnahmen – voraussichtlicher Umfang und Beginn – voraussichtliche Dauer – zu erwartende Mieterhöhung	Spätestens 3 Monate vor Durchführung der Maßnahme Fristberechnung unter Beachtung von §§ 187, 188 BGB Ankündigungen in Textform über – Art der Maßnahmen – voraussichtlicher Umfang und Beginn – voraussichtliche Dauer – zu erwartende Mieterhöhung

– **Kosten der Modernisierung**

Vertraglich regelbar, welche Kosten anrechenbar	Kosten und Baunebenkosten, die für die Modernisierung erforderlich waren Hilfsweise §§ 5 bis 10 II. BV (teilweise jedoch ohne Kostenansätze mit kalkulatorischem Charakter) Rahmen: wirtschaftlich vernünftig keine Instandsetzungsmaßnahmen	Nur tatsächlich von der Bewilligungsstelle anerkannte Kosten Bewilligung von öffentlichen Mitteln aus öffentlichen Haushalten ist dem gleichzusetzen

Geschäftsraum-Mietverhältnisse	Preisfreie Wohnraum-Mietverhältnisse	Preisgebundene Wohnraum-Mietverhältnisse
– Mieterhöhung		
Muss vertraglich geregelt sein	Nach Abschluss: 11 % der für die Wohnung aufgewendeten anrechnungsfähigen Kosten gem. § 559 BGB; zu beachten: welche Kürzungen vorzunehmen sind.	Im Rahmen der von den Bewilligungsstellen anerkannten Wirtschaftlichkeitsberechnung, falls nicht ausdrücklich ausgeschlossen. Die Erhöhungserklärung hat den Erfordernissen des § 10 WoBindG zu genügen: – Schriftform – Berechnung – Erläuterung – Beifügung der Wirtschaftlichkeitsberechnung bzw. Auszug davon
– Beginn der Mieterhöhung		
Wie vertraglich geregelt	Beginn der Mieterhöhung: von Beginn des auf die Erklärung folgenden dritten Monats, wenn die Ankündigung gem. § 554 BGB (s.o.) erfolgte. Ist eine Ankündigung gem. § 554 Abs. 3 BGB erfolgt, jedoch die tatsächliche Mieterhöhung um mehr als 10 % höher, als die gemäß § 554 Abs. 3 BGB gemachte Mitteilung, verlängert sich die Frist um 6 Monate und beträgt somit insgesamt 8 Monate.	Erhält der Mieter eine ordnungsgemäße schriftliche Mieterhöhung, muss er die erhöhte Miete vom übernächsten Monat an bezahlen. Geht die Mieterhöhung z. B. im Verlaufe des Monats Mai beim Mieter ein (5.5. oder 20.5.) ist sie erstmals mit der Juli-Miete zu zahlen. Wurde die Erklärung vor dem Zeitpunkt abgegeben, von dem an das erhöhte Entgelt nach den dafür maßgebenden Vorschriften zulässig ist, dann wird sie frühestens ab diesem Zeitpunkt wirksam. Rückwirkung möglich, wenn mietvertraglich vereinbart, die Bewilligungsstelle zugestimmt hat und weitere Voraussetzungen vorliegen.

Geschäftsraum-Mietverhältnisse	Preisfreie Wohnraum-Mietverhältnisse	Preisgebundene Wohnraum-Mietverhältnisse
	Sonderkündigungsrecht des Mieters ist gem. § 554 Abs. 3 Satz 2 BGB zu beachten, und zwar	
	bis zum Ablauf des Monats, der auf den Zugang der Mitteilung folgt, jedoch vertraglich abdingbar bei Individualverträgen (bei Formularverträgen strittig)	
	Bagatellmaßnahmen gem. § 554 BGB unterliegen weder der Mitteilungspflicht des Vermieters noch lösen sie ein Kündigungsrecht des Mieters aus.	

12.7.8.2 Mietermodernisierung

Die Modernisierung durch den Mieter selbst gewinnt zunehmend an Bedeutung. Sie greift insbesondere dort, wo der Vermieter, aus welchem Grund auch immer, nicht modernisiert. Der Mieter kann hierfür Bausparmittel prämienunschädlich gem. dem Wohnungsbauprämiengesetz (WoPG) einsetzen.

Empfehlenswert ist der **Abschluss einer Vereinbarung zwischen Mieter und Vermieter vor Beginn der Mietermodernisierung**.

Hinzuweisen ist auf die vorliegende **Mustervereinbarung des Bundesministers der Justiz**.

Rechtsfolgen für den Mieter:

- Er bleibt Eigentümer der von ihm durch Modernisierungsmaßnahmen geschaffenen Verbesserungen;
- er muss diese Verbesserungen instandhalten und instandsetzen;
- hierdurch dürfen Mitbewohner nicht beeinträchtigt werden;
- er muss die Betriebskosten, die dadurch anfallen, tragen.

Rechtsfolgen für den Vermieter:

- Er darf für die vom Mieter vorgenommene Modernisierung keine Mieterhöhung verlangen (Näheres s. Mustervereinbarung);
- das ordentliche Kündigungsrecht wird vom Grundsatz her nicht ausgeschlossen;
- es entsteht keine Übernahmepflicht der Modernisierungsmaßnahme durch den Vermieter. Bei Beendigung des Mietverhältnisses hat er ein Recht zur Übernahme mit der Folge einer Entschädigungspflicht gem. § 552 BGB.

12.7.8.3 Energieeinsparung

Mit der teilweise drastischen Erhöhung der Energiepreise haben Maßnahmen zur Energieeinsparung große Bedeutung für die Wohnungswirtschaft gewonnen. Die Verknappung von Primärenergie sowie ökologische Überlegungen sind weitere Argumente für energiesparende Maßnahmen.

Energieeinsparung ist immer Modernisierung. So wird z. B. in § 559 Abs. 1 Satz 1 BGB die nachhaltige Einsparung von Energie durch bauliche Maßnahmen ausdrücklich als Modernisierung gekennzeichnet.

Gleiches ist für den preisgebundenen Wohnraum in § 11 Abs. 6 II. BV geregelt. Auch hier sind bauliche Maßnahmen, die eine nachhaltige Einsparung von Heizenergie bewirken, ausdrücklich Modernisierung.

Einen Katalog für energieeinsparende Maßnahmen enthielt der frühere, zwischenzeitlich aufgehobene, § 4 ModEnG.

Zusammengefasst ergeben sich folgende Kriterien für Energieeinsparung:

Es müssen bauliche Maßnahmen vorliegen, die eine nachhaltige Einsparung von Heizenergie oder Wasser bewirken.

Dort wurden als nachhaltig energieeinsparende Maßnahmen insbesondere folgende baulichen Maßnahmen aufgezählt:
- Wesentliche Verbesserung der Wärmedämmung von Fenster, Außentüren, Außenwänden, Dächern, Kellerdecken und obersten Geschossdecken;
- wesentliche Verminderungen des Energieverlustes und des Energieverbrauches der zentralen Heizungs- und Warmwasseranlagen;
- Änderung von zentralen Heizungs- und Warmwasseranlagen innerhalb des Gebäudes für den Anschluss an die Fernwärmeversorgung, die überwiegend aus Anlagen der Kraft-Wärme-Kopplung, zur Verbrennung von Müll oder zur Verwertung von Abwärme gespeist wird;
- Rückgewinnung von Wärme,
- Nutzung von Energie durch Wärmepumpen- und Solaranlagen.

Zu den Maßnahmen zur Energieeinsparung aufgrund wirtschaftlicher Überlegungen der Gebäudeeigentümer treten zunehmend verschärfte rechtliche Bestimmungen. Das Gesetz zur Einsparung von Energie in Gebäuden (Energieeinsparungsgesetz – EnEG) vom 22. 7. 1976 i. d. F. v. 1. 9. 2005 ermächtigt die Bundesregierung durch Rechtsverordnung (mit Zustimmung des Bundesrates) vorzuschreiben, wie Energieverluste vermieden werden können. Im Vollzug dieser Ermächtigung zeichnen sich für die Zukunft verschärfte rechtliche Bestimmungen ab. Dazu zählt auch die Einführung von **Energieausweisen** gem. § 5a dieses Gesetzes.

12.7.9 Abgrenzung von Instandhaltung und Instandsetzung zur Modernisierung

Im Rahmen von Modernisierungsmaßnahmen werden häufig auch Instandsetzungen durchgeführt. Teilweise beinhalten Modernisierungsmaßnahmen auch anteilige Instandhaltungsmaßnahmen.

Beispiele:
Es werden vorhandene einfache Holzfenster gegen isolierverglaste neue Fenster ausgewechselt.
Ein schadhafter Außenputz wird durch einen Wärmedämmputz ersetzt.
Der Anstrich des Treppenhauses wird nach 20 Jahren erstmalig erneuert, gleichzeitig mit der Erneuerung und Verstärkung der Elektroleitungen.

Eine Abgrenzung ist, insbesondere im Hinblick auf eine Mieterhöhung nach § 559 BGB manchmal nicht einfach. Das Mieterhöhungsbegehren des Vermieters muss deutlich erkennen lassen, welche Maßnahmen bzw. auch welchen Anteil einer Maßnahme er für Wert erhöhend einstuft; oder wo lediglich eine fällige oder aufgeschobene Instandhaltung und/oder Instandsetzung „miterledigt" wurde.

Die praktische Durchführung einer Abgrenzung und Zuordnung der Kosten ist nur in seltenen Fällen problemlos. Möglicherweise werden im Zuge der Modernisierungsarbeiten noch gebrauchsfähige Teile ausgebaut und nicht mehr verwendet. Andererseits können auch aufgestaute Instandsetzungsarbeiten mit der Modernisierung durchgeführt werden.

Kostenvoranschläge für alternative Ausführungen können bei der Abgrenzung zugrunde gelegt werden, so weit sie entweder speziell zu dem gegebenen Vorgang oder zeitnah eingeholt wurden und einen vergleichbaren Vorgang betreffen.

Beispiel:
Sind keine Kostenvoranschläge erhältlich, kann auch auf Gutachten von Sachverständigen zurückgegriffen werden. Regelmäßig sind diese jedoch kostspieliger als Kostenvoranschläge. Ob die Kosten der Alternativberechnungen z. B. die Sachverständigenkosten, in die Mieterhöhung mit einbezogen werden können, ist strittig und vom Einzelfall abhängig.

Werden für die Modernisierung öffentliche Fördermittel eingesetzt, sehen die Richtlinien der (Länder-)Förderprogramme bereits im Förderantrag eine Abgrenzung vor.

Die Bewilligungsstelle sorgt auch für die Prüfung, ob die Abgrenzung ordnungsgemäß durchgeführt wurde. Mieterhöhungen nach Modernisierungen mit öffentlicher Förderung, sowohl bei Wohnungen, die bereits preisgebunden sind oder durch die Modernisierungsförderung preisgebunden werden, sind somit behördlich bereits geprüft.

12.7.10 Modernisierung, Sanierung (technischer Teil)

12.7.10.1 Grundsätze zur Modernisierung und Sanierung von Wohngebäuden

In Deutschland ist die Errichtung neuer Mietwohnungen schon seit langem rückläufig. Dies bleibt nicht ohne Folgen für die Wohnungs- und Bauwirtschaft. Der weitaus größte Anteil baulicher Tätigkeiten ist durch Sanierungs- und Modernisierungsarbeiten von Gebäuden im Bestand geprägt. Neben Maßnahmen zur Instandsetzung schadhafter Bauteile ergibt sich ein großer Anteil der Modernisierungsarbeiten durch Umsetzung gesetzlicher Forderungen nach Einschränkung des Primärenergiebedarfs.

Primärenergiebedarf

Die seit 2002 gültige EnEV als Fortschreibung der WSchV fordert eine Begrenzung des Jahresprimärenergiebedarfs. Ein großer Anteil des Mietwohnungsbestandes erfüllt diese Anforderung nicht. Zudem entspricht er nicht mehr dem Standart, der von zeitgemäßem Wohnen verlangt wird. Das Nutzungsverhalten im Bereich des Mietwohnungsbaus hat sich geändert. Die Nachfrage nach Kleinwohnungen orientiert sich an der jeweiligen Komfortausstattung der Wohnung. Komfortabel ausgestattete Kleinwohnungen werden sehr stark nachgefragt, wenn sie in verkehrsgünstig gelegenen Regionen angeboten werden. Aber auch Wohnungen mit größeren Wohnflächen haben eine große Nachfrage.

Die Bereitschaft, eine Wohnung für längere Zeit zu nutzen, orientiert sich nicht nur an der Wohnung selbst, sondern ist auch abhängig vom Wohnumfeld bzw. der örtlichen Infrastruktur.

Daraus ergeben sich neben der Verbesserung des Wohnungsumfeldes für die Modernisierungsmaßnahmen des Mietwohnungsbaus folgende Aspekte:
- Instandsetzung schadhafter Bauteile,
- Veränderung der Raumnutzung im Wohnungsbestand,
- Verringerung des Jahresprimärenergiebedarfs durch Umsetzung der Forderung der EnEV.

Jahresprimärenergiebedarf

12.7.11 Instandsetzungs-/Modernisierungsmaßnahmen

12.7.11.1 Instandsetzung schadhafter Bauteile

Die konstruktive Ausführung der Bauteile von Gebäuden orientiert sich an den technischen Regelungen sowie den jeweils eingesetzten Baustoffen und deren Zulassung. Fehler bei der Planung der Konstruktion bzw. handwerklichen Ausführung wirken sich z. T. erst nach längerer Nutzungsdauer des Gebäudes aus und betreffen fast alle Bauteile.

- **Erdberührte Bauteile**

Bauteile im erdberührten Bereich werden gegen Feuchtigkeitseinwirkungen durch geeignete Abdichtungsmaßnahmen geschützt. Mängel durch fehlerhafte oder unzureichende Abdichtungsmaßnahmen lassen sich zum Teil nur mit aufwändigen Maßnahmen beseitigen.

Abdichtungsmaßnahmen

Die nachhaltigste, aber auch aufwändigste Form der Schadensbeseitigung besteht darin, die Umfassungswände im erdberührten Bereich freizulegen und Abdichtungsmaßnahmen nach aktuellem Stand der Technik durchzuführen (siehe Kapitel 9.2.3.1).

Das Trockenlegen der Kellerwände durch chemisch-physikalische Verfahren, meist Injektionsverfahren (Verkieselung), stellt nur eine in ihrer Wirkung zeitlich begrenzte Möglichkeit dar.

Injektionsverfahren

- **Außenbauteile**

Außenbauteile, meist die Außenwände, ausgeführt als sichtbares oder verputztes Mauerwerk oder als Stahlbetonbauteil, sind besonders der Feuchtigkeit in Verbindung mit wechselnden Temperaturen ausgesetzt. Die Folgen schadhafter Außenbauteile sind zumeist Feuchtigkeitsschäden, die sich bis in das Innere der Gebäude auswirken. Bei größeren Feuchtigkeitsansammlungen wird der Innenputz zerstört, bei geringeren Feuchtigkeitsansammlungen bilden sich Schimmelpilze auf der Bauteilinnenfläche.

Bei verputzten Außenbauteilen zeigen sich die Schäden wegen falscher Putzausführungen als Risse oder Abplatzungen des Außenputzes. Bei geringem Schadensumfang kann der alte Putz entfernt und durch neue Putzlagen ersetzt werden. Handelt es sich um großflächige Schäden, kann die Außenwand in Verbindung mit einer Verbesserung des Wärmeschutzes durch Aufbringen eines Wärmedämmverbundsystems (siehe Kapitel 9.2.3.2) saniert werden. *Wärmedämmverbundsystem*

Bei verblendeten (verklinkerten) Außenwänden sind die Schadensursachen wegen der Komplexität der Systeme sehr vielfältig. Unsachgemäß eingebaute Dichtungsebenen, fehlende Bewegungsfugen, Undichtigkeiten der Verfugung bei Schlagregeneinwirkung und Mängel in der Ausführung von Anschlüssen können ebenso die Ursache von Schäden sein, wie fehlende oder unzureichende Belüftung bei zweischaligem Mauerwerk. Eine Behebung der Schäden ist meistens sehr umfangreich, da die Schadstellen nur durch Zerstörung der vorhandenen Substanz zugänglich sind. Nur so können schadhafte Abdichtungen erneuert oder der Einbau von Bewegungsfugen vorgenommen werden. Ist die Standsicherheit der Außenschale durch z. B. verrostete Verankerungsteile nicht mehr gegeben, muss diese entfernt und neu erstellt werden. Bei der Sanierung von Außenwänden, die als Sichtmauerwerk erstellt wurden (siehe Kapitel 9.2.3.2), ist auch der Einsatz eines WDVS möglich, wenn die örtliche Bauverwaltung eine Veränderung der äußeren Gestaltung des Gebäudes genehmigt. *Sichtmauerwerk*

Bei Stahlbetonbauteilen platzt infolge Feuchtigkeitseinwirkung die Betonoberfläche durch Rosten der Bewehrung ab. Dies führt zur Einschränkung oder zum Verlust der Tragfähigkeit des Bauteils.

Sanierungsmaßnahmen hängen vom Umfang des Schadens ab. Bei geringfügigen Schäden reicht das Füllen von Rissen, z. B. mit Epoxidharzen oder Zementleim. Bei umfangreicheren Schäden muss die Bewehrung freigelegt und entrostet werden. Danach erfolgt der Aufbau einer neuen Korrosionsschutzschicht aus Spritzbeton oder einer Kunststoffbeschichtung.

Ist der Schaden so umfangreich, dass die Tragfähigkeit nicht mehr gegeben ist, muss das Betonbauteil entfernt oder erneuert werden.

12.7.11.2 Veränderung der Raumnutzung bei bestehenden Gebäuden

Der Zerstörung des Wohnraumes durch Kriegseinwirkungen folgte ein Wiederaufbau erheblichen Umfanges. Weitgehend gefördert durch den öffentlichen Wohnungsbau, entstanden zwischen 1958–1978 Wohngebäude, die sich nach der Art des Wohnungszuschnittes und der Ausstattung an der erheblichen Nachfrage nach bezahlbarem Wohnraum orientierten. Die entstandenen Wohnungen machen noch heute den größten Teil des Wohnungsbestandes aus.

Die Anforderungen, die an modernes Wohnen gestellt werden, erfüllt der Altbaubestand nicht mehr. Dies bezieht sich nicht nur auf die Ausstattung der Wohnungen, sondern auch auf die Grundrissgestaltung. Um den Ansprüchen zu genügen, werden z. B. kleinere Wohnungen zusammengelegt, so dass eine großzügigere Wohnraumgestaltung möglich ist. Fehlende Bäder müssen eingebaut oder vorhandene neu ausgestattet und erweitert werden. Küchen ersetzen die meist in Wohnräumen integrierten Kochbereiche. Auch die Nutzung von Dachgeschossen als Wohnraum ist ein Merkmal für die Modernisierung des Gebäudebestandes.

Häufig reicht die technische Ausstattung des Bestands zur Umsetzung der Maßnahmen nicht aus. So müssen z. B. die Elektro-, Sanitär- und Heizungsinstallation den neuen Ansprüchen durch Erweiterung bzw. Erneuerung des Leitungssystems und der Leitungsführung angepasst werden. Dies bedeutet einen erheblichen Eingriff in die vorhandene Bausubstanz. Bei der Umsetzung dieser Modernisierungsmaßnahmen sind nicht nur die statischen Gegebenheiten, die jeweiligen technischen Vorschriften, sondern auch die Anforderungen an den Schall-, Brand und Wärmeschutz zu beachten.

Ungenutzte Dachräume bestehender Gebäude zu Wohnzwecken auszubauen, stellt insbesondere bei dichter Bebauung eine wohnungswirtschaftlich sinnvolle Maßnahme dar. Bei der Durchführung der Ausbaumaßnahmen sind neben der architektonischen Gestaltung auch die Grundsätze des Wärme-, Schall- und Brandschutzes zu beachten.

– **Ausführung der Dachflächen**

Wärmedurchgangskoeffizient

Da die Dachflächen nach dem Ausbau raumumschließende Bauteile darstellen, gelten für sie weitgehend die Höchstwerte der Wärmedurchgangskoeffizienten (U_{max}) für Decken und Dächer nach DIN 4108. In Ausnahmefällen – Begrenzung der Dämmstoffdicke durch die vorhandene Sparrenhöhe (Zwischensparrendämmung) in Verbindung mit einer innenseitigen Bekleidung – gilt die Anforderung an den Wärmeschutz als erfüllt, wenn die höchstmögliche Dämmstoffdicke eingebaut wird. Neben der Möglichkeit, die Wärmedämmung zwischen die Sparren einzubauen, gibt es die Aufsparren- bzw. Untersparrendämmung (siehe Kapitel 9.2.5.3). Als Schwachstellen bei der Wärmedämmung gelten die Abseitenwände. Das sind diejenigen Bereiche, die den Übergang der schrägen Dachflächen zur horizontal verlaufenden Deckenebene darstellen. Diese können bei fehlender Dämmung Bereiche hohen Wärmeverlustes darstellen.

Luftdichtigkeit

Luftdichtigkeit wird auch von nachträglich ausgebauten Dachgeschossen verlangt. Der Nachweis der Luftdichtigkeit der Konstruktion kann mittels Blower-Door-Messung geführt werden.

– **Ausführung der Dachgeschossdecken und -trennwände**

Die Dachgeschossdecken waren in ihrer Dicke und in ihrem Aufbau in der Regel nicht wie eine übliche Geschossdecke bemessen und konstruiert. Nach dem Dachgeschossausbau stellen diese jedoch eine Wohnungstrenndecke dar und müssen die Anforderungen des Wärme- und Schallschutzes erfüllen sowie ggf. die Last von Trennwänden tragen. Trennwände, insbesondere solche, die ruhebedürftige Bereiche trennen, und Wohnungstrennwände werden wegen der u. U. geringen Belastbarkeit der Decken als leichte Trennwände in Ständerbauweise ausgeführt. Diese erfüllen bei sachgerechter Ausführung die Anforderung an den Wärmeschutz und erreichen Schalldämmwerte, wie sie für Anforderungen auch an den erhöhten Schallschutz erforderlich sind (siehe Kapitel 9.2.3.3).

Auch die Bedingungen für den Wärmeschutz und Tritt- bzw. Luftschallschutz für Wohnungstrenndecken ist durch leichte Konstruktionen, wie sie schwimmende Fußböden auf Lagerhölzern darstellen, zu erfüllen (siehe Kapitel 9.2.4.3). Harte Oberflächen des Bodenbelags, z. B. Laminate oder Parkett sind zu vermeiden, da sie hohe Luftschallwerte erzeugen, die sich bei unsachgemäßer Ausführung (Bildung von Schallbrücken) negativ auf das Schalldämmverhalten der Decken auswirken können.

12.7.11.3 Verringerung des Primärenergiebedarfs (Q_p)

In Kenntnis der Begrenztheit fossiler Brennstoffe in Verbindung mit der zunehmenden Einsicht in die Notwendigkeit, den Schadstoffausstoß bei der Energienutzung zu verringern, erließ der Bundestag das Gesetz zur Einsparung von Energie in Gebäuden (Energieeinspargesetz). Dieses Gesetz bildete die Rechtsgrundlage für die Verordnung zur Einsparung von Energie durch energiesparenden Wärmeschutz bei Gebäuden (Wärmeschutzverordnung). Gleichzeitig sollte die Umsetzung der Heizungsanlagenverordnung den Energieverbrauch von heiztechnischen Anlagen und Brauchwasseranlagen verringern. Die Umsetzung der Forderung der WSchV war weitgehend leistbar durch Verringerung des Transmissionswärmeverlustes durch die Bauteile. Wärmedämmende Maßnahmen zur Begrenzung des Wärmeverlustes von Bauteilen, die beheizte Räumen von nicht beheizten Räumen oder von der Außenumgebung trennen (Außenwände, Trennwände, Fenster) sind in ihrer Wirkung begrenzt. *Transmissionswärmeverlust*

Ab dem 1. 2. 2002 gilt die Energieeinsparverordnung (Endfassung 18. 3. 2009), welche die Wärmeschutzverordnung und die Heizungsanlagenverordnung zusammenfasst. Sie gilt für neu zu erstellende wie für bestehende Gebäude (siehe Kapitel 12.8.3.2). Ihre Umsetzung erfordert erhöhte Planungsarbeit besonders bei Detailausbildungen. Modernisierungsmaßnahmen, die einen wesentlichen Einfluss auf eine positive Energiebilanz haben sind: *Energieeinsparverordnung*
- Verringerung des Transmissionswärmeverlustes (*H_T*)
- Verringerung der Lüftungswärmeverluste (*H_V*)
- Einsatz energiesparende Anlagentechnik

– **Bauliche Maßnahmen zur Verringerung des Transmissionswärmeverlustes** (*H_T*)

Einen genauen Aufschluss über das wärmeenergetische Verhalten der Gebäude erhält man durch eine Thermografie. Dazu werden Thermokameras eingesetzt. Diese zeigen in Bildern (Thermogramme) die Wärmeabstrahlung eines Gebäudes. Durchzuführen ist diese Maßnahme nur im Winter (Temperaturen unter + 5 C°) bei Nacht bzw. ohne Sonneneinstrahlung. Helle Farben zeigen dabei hohe Wärmeabstrahlung, also schlechte Wärmedämmung, dunkle Farben hingegen gut gedämmte Bereiche. *Thermografie*

Die Verbesserung des Wärmeschutzes von Außenwänden durch Aufbringen von wärmedämmenden Werkstoffen in Verbindung mit wasserabweisenden Putzen (Wärmedämmverbundsysteme) ist eine übliche Methode. Decken zu unbeheizten

Räumen, z. B. Dachräumen oder Keller oder über Garagendurchfahrten, müssen gegen Energieverlust durch Aufbringen von Dämmstoffen wirkungsvoll gegen Wärmeverlust geschützt werden.

Wärmebrücken

Besonders zu berücksichtigen ist bei der Ausführung die Vermeidung von Wärmebrücken. Dabei handelt es sich um Detailpunkte, die in ihrer wärmedämmenden Wirkung geringer sind, als die der großen Wand- und Deckenflächen. Wärmebrücken entstehen z. B. an ungedämmten Deckenauflagern, ungedämmten Rollladenkästen, aber auch bei auskragenden Bauteilen, z. B. Balkone oder Vordächer im Eingangsbereich. Wärmebrücken bilden auch Fenster- und Türlaibungen, wenn diese ungedämmt bleiben.

Innendämmung

Ist eine Veränderung der Wärmedämmung durch Aufbringen einer Außendämmung nicht möglich, kann der Einbau einer Innendämmung eine geeignete Wärmedämmmaßnahme darstellen. Geeignet dazu sind z. B. dampfdurchlässige Dämmplatten aus Kalziumsilikat (Klimadämmplatten). Diese sind einfach zu verlegen und verringern den Wohnraum nur geringfügig. Andere Konstruktionen, z. B. Verkleidung der Wände mit einer Holzschalung in Verbindung mit einer belüfteten Wärmedämmebene, sind in der Ausführung sehr aufwändig und verringern die Wohnfläche erheblich.

Neben der Anpassung des Wärmedämmverhaltens von Außenwänden an die Forderungen der EnEV stellt der Einbau wärmedämmender Fenster und Türen ein großes Potential zur Verringerung des Transmissionswärmeverlustes dar. Der Austausch von Fenstern mit Einfachverglasung durch Fenster mit Zwei- bzw. Dreischeiben-Wärmeschutzverglasung ist bereits gängige Praxis. Eine weitere Verbesserung des Wärmedämmverhaltens kann durch eine Mehrscheibenverglasung erfolgen, bei der die Hohlräume mit Edelgasen gefüllt sind (siehe Kapitel 9.3.7.1). Bei der Nachrüstung ist zu überprüfen, inwieweit die vorhandenen Flügelrahmen eine Umrüstung zulassen. Die Anschlüsse an das angrenzende Mauerwerk müssen so gestaltet sein, dass Wärmebrücken verhindert werden und die Luftdichtheit gewährleistet ist. Dies erreicht man z. B. durch Fugendichtbänder oder besondere Klebebänder.

Bei der Veränderung von Außentüren, für die keine Nachrüstungsverpflichtung besteht, gelten die gleichen Bedingungen wie für Neubauten. Wenn das Erscheinungsbild der alten Tür beibehalten werden soll und ihre Konstruktion es zulässt, können zusätzliche Falz- oder Bodendichtungen eingebaut werden, welche die Luftdichtheit verbessern.

Beispiel für die Verringerung des Transmissionswärmeverlustes durch Sanierung einer Außenwand.

Das Wärmedämmverhalten der Außenwände eines Mehrfamilienhauses soll durch Einbau eines Wärmedämmverbundsytemes verbessert und dadurch der geforderte U-Wert von 0,24w/m²K erreicht werden. Durch die Dämmmaßnahme wird der Transmissionswärmeverlust um etwa 56 % verringert. Werden zusätzlich noch die Fenster (30 m², U-Wert 2,3 W/m²K) gegen neue Fenster (U-Wert 1,0 W/m²K) ausgetauscht, ergibt sich eine weitere Verringerung des Transmissionswärmeverlustes von 56 % beim Fensteranteil (Tabelle 1).

U-Wert [W/m²K]	Wandfläche (ohne Fensteranteil) [m+]	Wärmeverlust H_T [W/K]
0,54 (alt)	210	113,40
0,24 (neu)	210	50,40

Tabelle 1

- **Maßnahmen zur Verringerung der Lüftungswärmeverluste** (H_V)

Ein regelmäßiger Luftwechsel in Wohngebäuden sichert einerseits ein behagliches und hygienisches Raumklima. Andrerseits ist durch einen Mindestluftwechsel sichergestellt, dass der in der Raumluft befindliche Wasserdampf nach außen abtransportiert wird. Allerdings geht durch das Lüften auch Wärme verloren. Dieser Wärmeverlust soll möglichst gering gehalten werden. Bei Einhaltung aller Maßnahmen zur Luftdichtheit der Gebäudehülle ist ein unkontrollierter Luftaustausch schwer möglich. Kontrolliertes Lüften kann daher entweder durch natürliche Lüftung (gezieltes Öffnen von Fenstern und Türen) oder durch mechanische Lüftung mit einer Lüftungsanlage erfolgen. Durch den Einbau einer Lüftungsanlage mit gleichzeitiger Wärmerückgewinnung kann der Lüftungswärmeverlust maßgeblich verringert werden (siehe Kapitel 9.3.5).

Lüftungsanlage

Der nachträgliche Einbau einer Lüftungsanlage in bestehende Gebäude ist zur Senkung des Primärenergiebedarfs nur sinnvoll in Verbindung mit Wärmerückgewinnung. Zentrale Lüftungsanlagen erfordern zur Luftverteilung aufwändige Leitungsführungen. Bei der Neuerrichtung von Gebäuden in Verbindung mit Luftheizungen ist diese Lösung sinnvoll (siehe Kapitel 9.3.5.1). Eine solche Anlage nachträglich in einem Gebäude zu installieren, erfordert erheblichen Arbeitsaufwand und erweist sich in der Kosten-Nutzen-Rechnung als sehr unwirtschaftlich.

Wärmerückgewinnung

Luftheizungen

Einen geringeren technischen Aufwand bieten dezentrale Lüftungsanlagen mit Wärmerückgewinnung. Sie können bei Bedarf raumweise eingebaut werden, erfordern allerdings Zuluftöffnungen in den Außenwänden (siehe Kapitel 9.3.5.2).

- **Einsatz energiesparender Heizungstechnik**

Neben dem Einbau von Lüftungsanlagen mit Wärmerückgewinnung liegt im Einbau einer energiesparenden Heizungsanlage ein weiteres Potential zur Verringerung des Primärenergiebedarfs. Eine Verpflichtung zur Umrüstung der Heizungsanlage ergab sich schon aus der Heizungsanlagenverordnung. Diese umfasste den Einbau von Steuerungsanlagen zur Regelung der Feuerungsleistung, der Verminderung von Betriebsbereitschaftsverlusten (Dämmung von Rohrleitungen und Armaturen) sowie der selbsttätigen Temperaturregelung.

Eine Nachrüstverpflichtung für Gebäude im Bestand ergibt sich aus der EnEV für solche Anlagen, die weder mit einem Brennwert- noch mit einem Niedertemperaturkessel ausgestattet sind. Dabei gelten Übergangsfristen für Heizungsanlagen, die entsprechend der 1. Bundesimmissionsschutzverordnung hinsichtlich ihres Wirkungsgrades und CO_2-Ausstoßes nachgerüstet wurden.

Brennwert-, Niedertemperaturkessel

12. IMMOBILIENMANAGEMENT

Nach der EnEV wird zur Ermittlung des Primärenergiebedarfs u. a. unterschieden zwischen Anlagen mit und ohne Trinkwassererwärmung. Ein weiteres Unterscheidungsmerkmal bildet der Aufstellungsort und der Brennstoff. Heizungsanlagen können im beheizten Bereich oder im unbeheizten Bereich (Keller) aufgestellt sein. Sie können z. B. mit Gas oder Öl befeuert werden.

Solarenergie

Auch die Nutzung von Solarenergie zur Trinkwassererwärmung hat einen Einfluss auf die Größe der Anlagenaufwandszahl (e_p) (siehe Kapitel 12.8.3.1).

Beispiel für die Veränderung der Anlagenaufwandszahl e_p und ihr Einfluss auf den Primärenergiebedarf

	Nachweis der Anforderungen nach Energieeinsparverordnung (EnEV-Endfassung 16.11.2001) - Wohngebäude - VEREINFACHTES VERFAHREN, Periodenbilanz -					
Objekt:						
1	1. Gebäudedaten					
2	Volumen (Außenmaß) [m³]	V_e =	1569,9			
	Nutzfläche [m²]	A_N =	0,32 * V_e	= 0,32 *	1569,90	= 502,4
	A/V_e-Verhältnis [1/m]	A / V_e =	973,93	/ 1569,90	= 0,62	
3	2. Wärmeverluste					
4	2.1 Transmissionswärmeverlust [W/K]					
5	Bauteil	Kurzbezeichnung	Fläche A_i	Wärmedurch-gangskoeffizient U_i	$U_i * A_i$	Temperatur-Korrektur-faktor F_{xi}	$U_i * A_i * F_{xi}$
			[m²]	[W/(m²K)]	[W/K]	[-]	[W/K]
6		AW 1	410,21	0,47	192,80	1	192,80
7	Außenwand	AW 2				1	
8		AW 3				1	
9		AW 4				1	

	6. Ermittlung der Primärenergieaufwandszahl gemäß DIN 4701 - 10 Anhang A (Berechnungsblätter) oder Anhang C (Diagramme)					
54						
55	Anlagenaufwandszahl (primärenergiebezogen):				e_P =	1,24
	Anlagentyp: Anlage 8 - Brennwertkessel, Aufstellung/Verteilung innerhalb thermischer Hülle					
56	7. Jahres-Primärenergiebedarf [kWh/(m²a)]					
57	**vorhandener** Jahres-Primärenergiebedarf:	$Q''_{P,vorh}$ =	e_P *	(Q''_h + 12,5)		
		$Q''_{P,vorh}$ =	1,24	* (71,58 | + 12,5)	$Q''_{P,vorh}$ =	104,40
58	**zulässiger** Jahres-Primärenergiebedarf:					
	Wohngebäude (außer solche nach Zeile 60)					
59	$Q''_{P,max}$ = 66 + 2600 / (100 + A_N)		bei A/V_e < 0,2			
	$Q''_{P,max}$ = 50,94 + 75,29 * A/V_e + 2600 / (100 + A_N)		bei 0,2 < A/V_e < 1,05			
	$Q''_{P,max}$ = 130 + 2600 / (100 + A_N)		bei A/V_e ≥ 1,05		$Q''_{P,max}$ =	101,96

Das Beispiel (Auszug aus einem Nachweis) zeigt, dass der vorhandene Jahresprimärenergiebedarf für ein Wohngebäude ($Q''_{p,vorh}$) den zulässigen Wert ($Q''_{p,max}$) überschreitet. Dem vorhandenen Primärenergiebedarf liegt eine Anlagenaufwandszahl e_p-Wert) von 1,24 (Brennwertkessel, aufgestellt in der thermischen Hülle, ohne Lüftungsanlage) zugrunde. Die gleiche Heizungsanlage in Verbindung mit einer zusätzlichen zentralen Lüftungsanlage mit Wärmerückgewinnung ergibt eine Anlagenaufwandszahl von 1,13.

Für den Nachweis ergibt sich dann folgende Änderung:

55	Anlagenaufwandszahl (primärenergiebezogen)					$e_P =$	1,13
	Anlagentyp: Anlage 4 - Brennwertkessel und Lüftungsanlage mit Wärmerückgewinnung						
56	7. Jahres-Primärenergiebedarf [kWh/(m²a)]						
57	vorhandener Jahres-Primärenergiebedarf:	$Q''_{P,vorh} =$	e_P	* $(Q''_h + 12,5)$			
		$Q''_{P,vorh} =$	1,13	* (71,58	+ 12,5)	$Q''_{P,vorh} =$	95,00

12.8 ENERGIEMANAGEMENT – WÄRMESCHUTZ IM HOCHBAU

12.8.1 Normative und rechtliche Grundlagen des Wärmeschutzes

Das Wohlbefinden des Menschen ist abhängig von den ihn umgebenden klimatischen Bedingungen. Hierzu gehören die Temperatur, aber auch der Feuchtigkeitsgehalt und die Reinheit der Luft. Bei zu hohen Außentemperaturen fühlt sich der Mensch ebenso unwohl wie bei zu niedrigen.

DIN 4108 „Wärmeschutz und Energie-Einsparung in Gebäuden" bildet die Grundlage für wärmedämmtechnische Maßnahmen, die eine schadensfreie Konstruktion der Bauteile sichern. Zugleich werden in dieser Norm in Verbindung mit DIN 4701 Teil 10 „Energetische Bewertung heiz- und raumlufttechnischer Anlagen" auch die Berechnungsverfahren zur Ermittlung der Größen beschrieben, welche die Energiesparverordnung (EnEV) als Ausführungsregelung des Energieeinspargesetzes (EnEG) bei der Begrenzung des Wärmebedarfs von Gebäuden festlegt.

Technische Messgrößen dienen der sachgerechten Auswahl der Baustoffe und ihrer Anordnung im Bauteil, um eine wärmedämmtechnisch richtige Ausführung zu gewährleisten oder eine vorhandene fehlerhafte Konstruktion zu verbessern.

12.8.2 Messgrößen für den Wärmeschutz

12.8.2.1 Die relative Luftfeuchte/Die Taupunkttemperatur

Luft ist in der Lage, Wasser in Form von Wasserdampf aufzunehmen. Die Menge der aufnehmbaren Feuchtigkeit ist abhängig von der Lufttemperatur. Luft mit höherer Temperatur kann mehr Feuchtigkeit aufnehmen, als Luft mit niedrigerer Temperatur. Dieses Abhängigkeitsverhältnis erfasst der Begriff „relative Luftfeuchte". Eine relative Luftfeuchte von z. B. 50 % besagt, dass die Luft mit der Hälfte ihrer Wasseraufnahmefähigkeit bei einer bestimmten Temperatur angereichert ist. Wird weitere Feuchtigkeit bei gleichbleibender Lufttemperatur zugeführt und die Aufnahmekapazität der Luft erreicht, so erhält man eine relative Luftfeuchte von 100 %. Bei weiterer Zufuhr von Feuchtigkeit kann diese von der Luft nicht mehr aufgenommen werden. Der überschüssige Wasserdampf fällt als Kondenswasser aus. Diese Temperatur nennt man „Taupunkttemperatur" oder kurz „Taupunkt". Das Gleiche passiert, wenn mit Feuchtigkeit angereicherte Luft abgekühlt wird. Feuchtigkeitsschäden, wie zerstörter Putz, herabfallende Tapeten oder faulendes Holz und Schimmelpilzbildung, sind die Folge.

Relative Luftfeuchte

Taupunkttemperatur

Sinken die Temperaturen in Räumen auf ein für uns Menschen unverträgliches Maß, so sind wir gewohnt, durch Wärmezufuhr (Heizen) den Wärmeverlust wieder auszugleichen. Die dazu benötigte Energie gewinnen wir z. B. durch Verbrennen fossiler Stoffe. Diese stehen uns allerdings nicht in beliebiger Menge zur Verfügung, sondern müssen teuer bezahlt werden. Alle Maßnahmen zum Wärmeschutz haben damit neben dem raumklimatischen und konstruktiven (Verhinderung von Kondensatbildung) auch einen wirtschaftlichen Aspekt.

Wärmeleitfähigkeit und Wärmedurchlasswiderstände einiger Baustoffe

Stoff	Wärmeleitfähigkeit λ W/mK	Dicke s in mm	Wärmedurchlasswiderstand $R_\lambda = s_\lambda$ (m²*K/W)
Aluminium	204	0,05	$25 \cdot 10^{-5}$
Stahl	52	0,05	$96 \cdot 10^{-1}$
Glas	0,81	0,05	$6 \cdot 10^{-2}$
Holz (Tanne)	0,26	0,05	$19 \cdot 10^{-2}$
Mineralwolle	0,06	0,05	$8 \cdot 10^{-1}$
PUR Schaumstoff	0,03	0,05	$17 \cdot 10^{-1}$

Tabelle 1

12.8.2.2 Die Wärmeleitfähigkeit (λ)

Wärmeleitung

Alle Stoffe geben die Wärme in unterschiedlicher Größe weiter. Diesen Transport der Wärmeenergie nennt man Wärmeleitung. Die Größe der Wärmeleitung hängt von der Art des Stoffes ab. Je dichter ein Stoff ist, desto besser leitet er die Wärme. Das Maß der Wärmeleitfähigkeit wird durch die Wärmeleitfähigkeit (λ) (klein Lambda) gekennzeichnet (Tabelle 1). Stoffe mit einer großen Wärmeleitfähigkeit sind zur Wärmedämmung schlechter geeignet als Stoffe mit einer niedrigen Wärmeleitfähigkeit. Da Luft oder andere Gase sehr schlechte Wärmeleiter sind, enthalten die meisten Dämmstoffe möglichst viel ruhende Luft. Die Zwischenräume von Fenstern mit guter Dämmwirkung z. B. sind mit einem speziellen Gas gefüllt.

12.8.2.3 Der Wärmedurchlasswiderstand (R)

Während die Wärmeleitfähigkeit eine stoffspezifische Eigenschaft darstellt, zeigt der Wärmedurchlasswiderstand die Dämmwirkung eines Bauteils in Abhängigkeit von der Dicke des gewählten Stoffes. Je größer dieser Wert ist, desto besser ist das Dämmverhalten des Bauteils (Tabelle 2).

Wärmedurchlasswiderstände und U-Werte von Außenwänden (d = 24 cm)

Wandtyp	R (m²*K/W)	U (W/m²k)
Einschalig, unverputzt, ρ = 1,8 kg/m³	0,30	2,12
Einschalig, mit WDVS (d = 12 cm, λ = 0,04), LHLz, ρ = 0,8 kg/m²	3,73	0,35
Zweischalig mit Luftschicht und WD (d = 8 cm, λ = 0,04), KSL, ρ = 1,4 kg/m³	2,17	0,46

Tabelle 2

12.8.2.4 Der Wärmedurchgangskoeffizient (U)

Die Kennzeichnung des wärmedämmtechnischen Verhaltens von Bauteilen wie Wände, Decken, Fenster und Türen geschieht mit dem Wärmedurchgangskoeffizienten, kurz U-Wert (Tabelle 2). In ihm wird sowohl das Dämmverhalten des Bauteils (Wärmedurchlasswiderstand) als auch die Lage des Bauteils im Gebäude berücksichtigt. Er gibt den tatsächlichen Wärmeverlust eines Bauteils an. Je größer der U-Wert eines Bauteils ist, desto größer ist der Wärmeverlust.

12.8.3 Die Energieeinsparverordnung (EnEV)

Schäden, insbesondere Feuchtigkeitsschäden auf der Innenseite der Bauteile, werden vermieden durch die Einhaltung der U-Werte für Bauteile nach DIN 4108 „Wärmeschutz und Energie-Einsparung in Gebäuden". Zusammen mit den Berechnungsverfahren in DIN 4108 Teil 6 und der DIN V 4701 Teil 10 „Energetische Bewertung heiz- und raumlufttechnischer Anlagen" zielt die Energieeinsparverordnung (EnEV) auf eine Verringerung des Energiebedarfs und der Schadstoffemissionen. Anders als bei der Wärmeschutzverordnung (WSchV), die außer Kraft gesetzt ist, werden die technischen Anlagen zur Warmwasserbereitung, Heizungs- und Lüftungstechnik in die Verordnung einbezogen. Durch Festlegung des Jahres-Primärenergiebedarfes soll der Energiebedarf auf den „Niedrigenergiehaus-Standard" gebracht werden. Durch die Berücksichtigung der verschiedenen Faktoren, die zur Deckung des Energiebedarfs erforderlich sind, soll eine umfassende und genaue Bewertung des Energiebedarfs erfolgen. Die Ergebnisse der Bewertung werden in einem Energiebedarfsausweis erfasst und ausgewiesen.

Niedrigenergiehaus-Standard
Energiebedarfsausweis

12.8.3.1 Bewertungsgrößen für die Beurteilung des Energiebedarfs von Gebäuden

– Der Jahres-Primärenergiebedarf (Q_p)

Der Jahres-Primärenergiebedarf wird ermittelt aus der Summe des Jahres-Heizwärmebedarfs (Q_h) und dem Heizwärmebedarf für die Warmwasserversorgung (Q_w)

Je nach Ausstattung der technischen Anlage des Gebäudes kann durch Berücksichtigung einer Anlagenaufwandszahl (e_p) der Primärenergiebedarf geringer oder höher ausfallen. Die Berechnung des Jahres-Primärenergiebedarfs kann mit der Formel:

$$Q_p = (Q_h + Q_w) \cdot e_p$$

durchgeführt werden. Die Verfahren zur Berechnung der einzelnen Größen sind in DIN 4108 Teil 6 festgelegt.

- **Der Jahresheizwärmebedarf (Q_h)**

Bei der Ermittlung des Jahresheizwärmebedarfs werden sowohl Wärmeverluste, die durch den Wärmedurchgang durch das Gebäude umfassende Bauteile (Decken, Wände, Fenster) entstehen (Transmissionswärmeverluste) und Verluste durch Lüftung (Lüftungswärmeverluste) als auch Wärmegewinnen durch Solarenergie oder interne, anlagentechnische Energiegewinne, z. B. Lüftungsanlagen mit Wärmerückgewinnung, erfasst. Die Bilanzierung des Jahresheizwärmebedarfs basiert auf dem Monatsbilanzverfahren, bei dem der Heizwärmebedarf jeden ???? Monats nach absoluten Beträgen erfasst wird.

- **Der Trinkwasserwärmebedarf (Q_w)**

Der Energiebedarf für die Warmwasseraufbereitung erfasst den Wärmebedarf, der zur Erzeugung des Warmwasserbedarfs in Gebäuden erforderlich ist. Hinsichtlich der Verteilung des Warmwassers wird die Verteilungsart bei der Ermittlung des Wärmebedarfs berücksichtigt. Diese kann als zentrale Versorgung oder als dezentrale Versorgung, z. B. in einzelnen Wohnungen erfolgen. Die Unterschiede liegen hierbei in der Art der Verteilung bzw. in der Art der technischen Anlagen der Wärmeerzeugung.

- **Die Anlagenaufwandszahl (e_p)**

Mit der Anlagenaufwandszahl werden die Besonderheiten der technischen Anlagen erfasst. Dabei wird z. B. die zum Betrieb erforderliche Energie bzw. die entstehenden Energieverluste Energieverluste in der Berechnung berücksichtigt. Dazu gehört die Art der technischen Anlage. Niedertemperaturkessel werden z. B. anders bewertet als Brennwertkessel. Auch die Art des verwendeten Energieträgers wird in die Anlagenaufwandszahl mit eingerechnet. Günstig auf den Energiebedarf wirkt sich z. B. der Einsatz erneuerbarer Energieträger gegenüber der Verwendung von Heizöl aus.

Die Energieeinsparverordnung ist auf alle neu zu errichtende Gebäude anzuwenden. Daneben gilt sie auch für Änderungen an bestehenden Gebäuden, insbesondere dann, wenn Änderungen an Fenstern, Außenwänden oder Heizungsanlagen durchgeführt werden. Auch auf die Erweiterung von Gebäuden ist die Verordnung anzuwenden.

12.8.3.2 Der Energiebedarfsausweis

Neben dem Nachweis des Jahres-Primärenergiebedarfs ist das Ausfertigen eines Energiebedarfsausweises in der EnEV festgelegt (Bild 1). Dieser ist bei Verkauf oder Neuvermietung des Gebäudes vorzulegen.

Gefordert wird der Energiebedarfsausweis nicht nur für zu errichtende Gebäude, sondern auch für bestehende Gebäude, wenn an ihnen wesentliche Veränderungen vorgenommen werden. Wesentliche Veränderungen sind z. B. die Erweiterung des beheizten Gebäudevolumens um mehr als 50 % oder die Durchführung umfangreiche bautechnischer Maßnahmen (Änderung der Außenwände, Einbau neuer Fenster, Ausbau des Dachgeschosses) in Verbindung mit der Veränderung der Heizungsanlage innerhalb eines Jahres.

Neben den allgemeinen Angaben zum Gebäude (Bezeichnung des Gebäudes, Ort, Straße, Hausnummer, Gemarkung und Flurstücknummer) zeigt der Energiebedarfsausweis die ermittelten Werte für den Energiebedarf des Gebäudes. Außerdem sind dem Ausweis wichtige Merkmale zur energetischen Bewertung eines Gebäudes zu entnehmen. Dazu gehören die Angaben zum Transmissionswärmeverlust ebenso wie die Art der Heizungsanlage einschließlich der Warmwasseraufbereitung und des eingesetzten Energieträgers.

<small>Transmissionswärmeverlust</small>

Dem Energiebedarfsausweis können zusätzliche Anlagen beigefügt werden, welche z. B. den durchgeführten Dichtigkeitsnachweis oder die Berechnungsunterlagen für die Bewertung der Anlagentechnik nach DIN 4701 Teil 10.

ENERGIEAUSWEIS für Wohngebäude

gemäß den §§ 16 ff. Energieeinsparverordnung (EnEV)

Adresse, Gebäudeteil

Berechneter Energiebedarf des Gebäudes

(2)

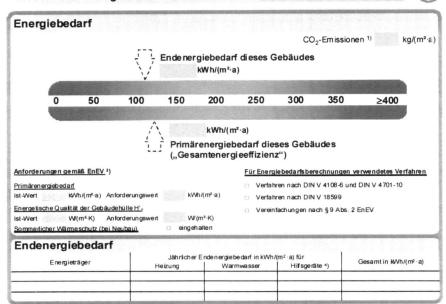

Endenergiebedarf

Energieträger	Jährlicher Endenergiebedarf in kWh/(m²·a) für			Gesamt in kWh/(m²·a)
	Heizung	Warmwasser	Hilfsgeräte 4)	

Ersatzmaßnahmen 3)

Anforderungen nach § 7 Nr. 2 EEWärmeG
☐ Die um 15 % verschärften Anforderungswerte sind eingehalten.

Anforderungen nach § 7 Nr. 2 i. V. m. § 8 EEWärmeG
Die Anforderungswerte sind um ____ % verschärft.

Primärenergiebedarf
Verschärfter Anforderungswert ____ kWh/(m²·a)

Transmissionswärmeverlust H'$_T$
Verschärfter Anforderungswert ____ W/(m²·K)

Vergleichswerte Endenergiebedarf

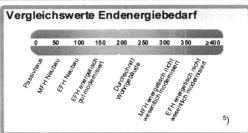

5)

Erläuterungen zum Berechnungsverfahren

Die Energieeinsparverordnung lässt für die Berechnung des Energiebedarfs zwei alternative Berechnungsverfahren zu, die im Einzelfall zu unterschiedlichen Ergebnissen führen können. Insbesondere wegen standardisierter Randbedingungen erlauben die angegebenen Werte keine Rückschlüsse auf den tatsächlichen Energieverbrauch. Die ausgewiesenen Bedarfswerte sind spezifische Werte nach der EnEV pro Quadratmeter Gebäudenutzfläche (A_N).

¹) freiwillige Angabe ²) bei Neubau sowie bei Modernisierung im Fall des § 16 Absatz 1 Satz 2 EnEV
³) nur bei Neubau im Falle der Anwendung von § 7 Nr. 2 Erneuerbare-Energien-Wärmegesetz ⁴) ggf. einschließlich Kühlung
⁵) EFH: Einfamilienhäuser, MFH: Mehrfamilienhäuser

Kapitel 13
BEGRÜNDUNG UND VERWALTUNG VON WOHNUNGS- UND TEILEIGENTUM

Florian Buchner

13. BEGRÜNDUNG UND VERWALTUNG VON WOHNUNGS- UND TEILEIGENTUM

13.1 RECHTSGRUNDLAGEN

13.1.1 Grundbegriffe

Raumeigentum

Wohnungseigentum	Teileigentum
= Sondereigentum an einer **Wohnung** + Miteigentumsanteil am Gemeinschaftseigentum (Bruchteilseigentum)	= Sondereigentum an nicht zu Wohnzwecken dienenden **Räumen** + Miteigentumsanteil am Gemeinschaftseigentum (Bruchteilseigentum)

Wohnungs- und Teileigentum

BGB §§ 1008 ff.

Ein Raum ist dann gegeben, wenn ein allseitiger Abschluss durch das Gebäude nach außen und innerhalb des Gebäudes vorhanden ist.

Raum

Für das **Teileigentum** gelten die Vorschriften über das Wohnungseigentum entsprechend.

WEG § 1 Abs. 6

An der Immobilie besteht also einerseits **Gemeinschaftseigentum**, an dem wiederum **Miteigentumsanteile** bestehen und andererseits **Sondereigentum**. Zu jedem gebildeten Miteigentumsanteil gehört das Sondereigentum an bestimmten Räumen. Die **Räume** des Sondereigentums können entweder eine **Wohnung** darstellen (Wohnungseigentum) oder **anderen Zwecken** dienen (Teileigentum).

Was eine **Wohnung** in diesem Zusammenhang ist, wird durch die „Allgemeine Verwaltungsvorschrift für die Ausstellung von Bescheinigungen gemäß § 7 Abs. 4 Nr. 2 und § 32 Abs. 2 Nr. 2 WEG" geregelt.

Danach ist eine Wohnung „die Summe der Räume, welche die Führung eines Haushalts ermöglichen, dazu gehören stets eine Küche oder ein Raum mit Kochgelegenheit sowie Wasserversorgung, Ausguss und WC".

Beispiel zur Darstellung des Sachverhalts in der Teilungserklärung bzw. im Begründungsvertrag (Einräumungsvertrag):

A) Wohnungseigentum
Miteigentumsanteil zu 16,412/1 000
verbunden mit dem **Sondereigentum** an der 3-Zimmer-Wohnung im Erdgeschoss, mit einer Wohnfläche von 79,00 m² und dem dazugehörigen Kellerabteil, im Aufteilungsplan je mit Nummer 1 bezeichnet; ...

B) Teileigentum
25 **Miteigentumsanteile** zu je 0,900/1 000
= zusammen 22,5/1 000,
je verbunden mit dem **Sondereigentum** an den in der Tiefgarage liegenden Pkw-Stellplätzen, im Aufteilungsplan mit G1–G25 bezeichnet.

13.1.2 Sondereigentum, Miteigentumsanteil am Gemeinschaftseigentum, Verwaltungs-(Verbands-)vermögen

– **Sondereigentum und Gemeinschaftseigentum**

Die Unterscheidung beider Bereiche ist u. a. wichtig
– für die Zuständigkeit bei der Instandhaltung und Instandsetzung,
– für die Lasten- und Kostentragung,
– für den Gebrauch und die Nutzung des Eigentums,
– für die Zuständigkeit bei der Verkehrssicherung.

– **Sondereigentum (SE)**

	In § 5 WEG wird unterschieden zwischen	
Sondereigentum WEG §§ 1, 3, 5, 8	dem **Gegenstand** des Sondereigentums Die Zuordnung zum Gegenstand des Sondereigentums betrifft das **sachenrechtliche** Grundverhältnis **Beispiel:** Eine Regelung zur Umwandlung von Gemeinschaftseigentum in Sondereigentum ist keine Vereinbarung im Sinne des § 10 Abs. 2 S. 2 WEG, sie betrifft das sachenrechtliche Grundverhältnis.	dem **Inhalt** des Sondereigentums Zum Inhalt des Sondereigentums gehören sämtliche Vereinbarungen im Sinne von § 10 Abs. 2 S. 2 WEG **Beispiel:** Die Einräumung von Sondernutzungsrechten stellt eine Vereinbarung im Sinne des § 10 Abs. 2 S. 2 WEG dar.

– **Gegenstand des Sondereigentums**

Sondereigentum ist nur an Teilen und an Einrichtungen des Gebäudes möglich. Zum Sondereigentum gehören **Wohnungen und sonstige Räume** dann, wenn sie
– in sich **abgeschlossen (Soll-Bestimmung)**
und
– zu Sondereigentum **erklärt**
sind.

Zum Sondereigentum gehören Kraft Gesetzes auch, die **wesentlichen Bestandteile** der zu Sondereigentum erklärten Wohnungen und Räume,
- wenn diese Bestandteile **verändert, beseitigt oder eingefügt** werden können, **ohne** dass dadurch das gemeinschaftliche Eigentum oder das auf Sondereigentum beruhende Recht anderer Wohnungseigentümer über Gebühr **beeinträchtigt** wird,
- wenn diese Bestandteile die **äußere Gestalt** des Gebäudes **nicht verändern**.

WEG
§ 5 Abs. 1

Die Zugehörigkeit zum Sondereigentum wird für **Bestandteile** mit den oben genannten Eigenschaften auch ohne besondere Erklärung unterstellt.

Beispiele:
Nichttragende Wände innerhalb der zu Sondereigentum erklärten Wohnung, Tapeten, Verputz an den Wänden dort, Einbauschränke, Badewanne, Decken- und Wandverkleidung, Etagenheizung, Bodenbelag.

Wesentliche Bestandteile können auch dann zum Sondereigentum gehören, wenn sie sich **außerhalb** der zu Sondereigentum erklärten Räume befinden aber zu diesen Räumen in einem funktionalen, dienenden **Zusammenhang** stehen.

Beispiel:
Abwasserrohr der Wohnung bis zur Einmündung in das Fallrohr außerhalb der Wohnung. Damit kann auch ein Rohrabschnitt außerhalb der Wohnung zum Sondereigentum gehören.

- **Zugehörigkeit zum Gemeinschaftseigentum (GE)**

Gemeinschaftseigentum

Zum Gemeinschaftseigentum gehören,
- **zwingend** (unabdingbar) das **Grundstück** (ohne den wesentlichen Bestandteil Gebäude)
und
- **zwingend** die Teile des Gebäudes, die für den **Bestand und die Sicherheit** des Gebäudes erforderlich sind
und
- **zwingend** alle Anlagen und Einrichtungen, die dem **gemeinschaftlichen Gebrauch** der Wohnungseigentümer dienen.

WEG
§ 1 Abs. 5
§ 5 Abs. 2

Beispiele:
Fundament, Geschossdecken, tragende Wände auch innerhalb der zu Sondereigentum erklärten Räume, Treppenaufgang, Aufzuganlage, Gebäudeinstallation soweit sie dem gemeinschaftlichen Gebrauch dient, Hausverteilnetz für den Empfang von Fernseh- und Rundfunkprogrammen bis zum Übergabepunkt bzw. bis zur Abzweigung in das Sondereigentum.

- **nicht zwingend** alle übrigen Teile des Gebäudes und alle übrigen Anlagen, Einrichtungen und Räume, soweit diese **nicht** zum Sondereigentum erklärt wurden oder im Eigentum Dritter stehen
und

WEG
§ 1 Abs. 5

- **nicht zwingend** die Bestandteile von zu Sondereigentum erklärten Räumen, die Kraft Gesetzes dem Sondereigentum zuzuordnen sind, jedoch durch **Vereinbarung** dem Gemeinschaftseigentum zugeschlagen werden.

WEG § 5
Abs. 3

Beispiel:
Nicht tragende Wand innerhalb der zu Sondereigentum erklärten Wohnung wird durch Vereinbarung dem Gemeinschaftseigentum zugeordnet.

Bestehen hinsichtlich der Zuordnung zum Gemeinschafts- oder Sondereigentum **Zweifel**, so wird die Zugehörigkeit zum **Gemeinschaftseigentum vermutet**.

Für die Abgrenzung Sondereigentum/Gemeinschaftseigentum kommt es im Übrigen allein auf die Teilungserklärung mit Aufteilungsplan an.

BGB § 97 Zubehör

Zubehör gehört dann zum gemeinschaftlichen Eigentum, wenn der wesentliche Bestandteil dem der Zubehör zuzuordnen ist, zum gemeinschaftlichen Eigentum gehört.

Beispiel:
Schlüssel und Schlosszylinder einer Wohnungseingangstüre.

Der wesentliche Gebäudebestandteil Wohnungseingangstüre ist dem gemeinschaftlichen Eigentum zuzuordnen. Schlüssel und Schlosszylinder stellen Zubehör zur Wohnungseingangstüre dar, daher sind sie ebenfalls gemeinschaftliches Eigentum.

Unwesentliche Bestandteile

Unwesentliche Bestandteile können weder Sonder- noch Gemeinschaftseigentum sein

Beispiel:
Blumenkästen an der Balkonbrüstung

Eigentum Dritter

– **Eigentum Dritter**

WEG § 1 Abs. 5

Im Eigentum Dritter stehende Anlagen und Einrichtungen gehören weder zum Sonder- noch zum Gemeinschaftseigentum.

Beispiel:
Strom-, Wasserzähler der Stadtwerke.

Verwaltungsvermögen

– **Verwaltungs- oder Verbandsvermögen**

Das Verwaltungsvermögen gehört der **rechtsfähigen Wohnungseigentümergemeinschaft** (Verband).

WEG § 10 Abs. 7

Das Verwaltungsvermögen besteht aus **Sachen**, **Rechten** und **Verbindlichkeiten**, die sich aus der Verwaltung des gemeinschaftlichen Eigentums ergeben.

Beispiele:
Eingenommene Gelder, insbesondere Instandhaltungsrücklage, Wohngeldschulden der Eigentümer, Rasenmäher und andere Geräte.

> ### Zusammenfassung
>
> - **Wohnungseigentum** ist das Sondereigentum an einer Wohnung in Verbindung mit einem Miteigentumsanteil am Gemeinschaftseigentum.
> - **Teileigentum** ist das Sondereigentum an nicht zu Wohnzwecken dienenden Räumen in Verbindung mit einem Miteigentumsanteil am Gemeinschaftseigentum.
> - **Sondereigentum** kann nur an Räumen erklärt werden. Ein Gebäude ist ein Bauwerk mit Räumen. Das Sondereigentum steht den jeweiligen **Sondereigentümern** zu.
> - **Gemeinschaftseigentum** i. S. von § 1 Abs. 5 WEG ist alles, was nicht Sondereigentum ist oder im Eigentum Dritter steht. Das Gemeinschaftseigentum steht den **Miteigentümern** (Bruchteilseigentümern) zu.
> - **Verwaltungsvermögen** besteht aus **Sachen**, **Rechten** und den **Verbindlichkeiten** aus der Verwaltung des gemeinschaftlichen Eigentums. Es steht der Gemeinschaft der Wohnungseigentümer zu. Die Gemeinschaft verfügt darüber, wobei sie grundsätzlich durch den Verwalter vertreten wird.
> - **Eigentum Dritter**

Zwingendes GE	GE, wenn nicht zu SE erklärt	GE, wenn dazu bestimmt	SE, wenn a) dazu erklärt b) SE Kraft Gesetzes	Eigentum Dritter	Verwaltungsvermögen
↓	↓	↓	↓	↓	↓
z. B.: Gebäudefundament	z. B.: Hausmeisterwohnung	z. B.: nicht tragende Wand innerhalb der ETW	z. B.: a) Wohnung b) nicht tragende Wand in der Wohnung	z. B.: Wasserzähler der Stadtwerke	z. B.: Instandhaltungsrücklage

13.1.3 Begründung von Wohnungs- und Teileigentum

Wohnungseigentum kann an einem auf dem Grundstück **bereits vorhandenen** Gebäude begründet werden, aber auch an einem erst noch **zu errichtenden** Gebäude, für das die Baugenehmigung vorliegt. Im zweiten Fall entsteht das jeweilige Sondereigentum mit der Fertigstellung des entsprechenden Raumes (der Umschließung).

Es ist zu beachten, dass mindestens zwei Wohnungseigentumsrechte geschaffen werden müssen.

Beispiel:
Ein zu errichtendes Gebäude soll aus 10 Wohnungen bestehen.
Mindestens 2 der Wohnungen müssen zu Sondereigentum erklärt werden.

WEG §§ 2, 3, 8

Teilungs-vertrag, Teilungs-erklärung

Das WEG sieht zwei Wege zur Begründung von Wohnungseigentum vor:

↓   ↓

Begründung durch vertragliche Einräumung von Sondereigentum.

Teilung durch den (die) Eigentümer oder durch andere Verfügungsberechtigte (z. B. Insolvenzverwalter).

↓   ↓

Jedem Miteigentümer des Grundstücks wird durch **notariellen Vertrag** das Sondereigentum an einer bestimmten Wohnung eingeräumt.

Der (die) Eigentümer des Grundstücks kann (können) durch Erklärung gegenüber dem Grundbuchamt das Eigentum am Grundstück in der Weise teilen, dass mit jedem Miteigentumsanteil das Sondereigentum an einer bestimmten Wohnung verbunden ist.

↓   ↓

Textbeispiel:
…
Die Vertragsteile beschränken durch Vertrag gemäß § 3 WEG das ihnen künftig nach Bruchteilen zustehende Eigentum an dem neu gebildeten Grundstück 253/41 Gemarkung… zu 0,1621 ha in der Weise, dass jedem Miteigentümer jeweils das Sondereigentum an den Räumen der in der Anlage 1 zu dieser Urkunde bestimmten Wohnung sowie dem dazugehörenden, im Aufteilungsplan mit der gleichen Nummer bezeichneten Kellerraum zusteht.
…

Textbeispiel:
…
Die Firma … mit dem Sitz in …, nachstehend die Eigentümerin genannt, wird Eigentümerin des Grundstücks Fl.Nr. 975/32 … Bauplatz zu 0,538 ha, derzeit noch vorgetragen im Grundbuch des Amtsgerichts.
Die Eigentümerin errichtet auf diesem Grundstück – Maistraße – ein Gebäude mit 73 Wohnungen sowie einer Tiefgarage.

Teilung
Die Eigentümerin teilt hiermit das Eigentum an dem vorstehenden Grundstück Fl.Nr. 975/32 der Gemarkung … gemäß § 8 des Wohnungseigentumsgesetzes unter Bezugnahme auf den Aufteilungsplan gemäß § 7 Abs. 4 WEG in Miteigentumsanteile in der Weise auf, dass mit jedem Miteigentumsanteil das Sondereigentum an einer bestimmten Wohnung (Wohnungseigentum) und an den bestimmten Stellplätzen in der Tiefgarage (Teileigentum) verbunden ist.

↓ ↓

Jedem Sondereigentum ist ein Miteigentumsanteil, jedem Miteigentumsanteil ein Sondereigentum zuzuordnen.

Der Miteigentumsanteil ist als **Bruchteil** anzugeben. Es kann jeder Bruchteil gewählt werden, also, z. B. Hundertstel, Tausendstel. Die Summe aller Bruchteile muss immer das gesamte Grundstück ergeben (rechnerisch also 1 Ganzes).

Der Eintragungsbewilligung sind als Anlagen beizufügen:
- der **Aufteilungsplan** als Teil des Einräumungsvertrages bzw. die Teilungserklärung,
- die **Abgeschlossenheitsbescheinigung**.

Für jeden Miteigentumsanteil ist grundsätzlich ein besonderes **Grundbuchblatt** (**Wohnungsgrundbuch**, Teileigentumsgrundbuch) anzulegen.

WEG §§ 7, 8

Das ursprüngliche Grundbuch wird geschlossen, bestehende Belastungen werden grundsätzlich als Gesamtbelastungen in die angelegten Wohnungsgrundbücher eingetragen.

- Teilungserklärung und Teilungsvertrag

Die **Teilungserklärung (TE)** ist eine Erklärung des Eigentümers des Grundstücks gegenüber dem Grundbuchamt, dass das **Alleineigentum am Grundstück** in **Miteigentumsanteile** geteilt werden soll und zwar so, dass mit jedem **Miteigentumsanteil** das **Sondereigentum** an bestimmten Räumen verbunden wird.

Der **Teilungsvertrag** ist ein Vertrag, in dem sich die **Miteigentümer** des Grundstücks gegenseitig **Sondereigentum** an bestimmten Räumen einräumen.

Die Teilungserklärung im engeren Sinn (i. e. S.) bzw. die Teilungsvertrag i. e. S. enthält die dinglichen, sachenrechtlichen Regelungen, durch welche die gegenständliche Abgrenzung und Zuordnung von Sondereigentum und Gemeinschaftseigentum und die Festlegung und Zuordnung der Miteigentumsanteile erfolgt

Die **Änderung** der Teilungserklärung/des Teilungsvertrages ist später grundsätzlich nur noch mit Zustimmung **aller** Wohnungseigentümer möglich.

Änderung

Neben der Teilungserklärung/dem Teilungsvertrag i. e. S. enthält die Teilungserklärung/der Teilungsvertrag i. d. R. eine **Gemeinschaftsordnung**, woraus sich dann die Teilungserklärung/der Teilungsvertrag im **weiteren Sinne** ergibt.

Die **Gemeinschaftsordnung** als **Inhalt** des Sondereigentums ist die Summe der Vereinbarungen (im Sinne von § 10 Abs. 2 S. 2 WEG), die das Verhältnis der Eigentümer untereinander regeln.

Gemeinschaftsordnung

Die Gemeinschaftsordnung ist vergleichbar mit der Satzung eines Vereins. Die Gemeinschaftsordnung enthält üblicherweise Gebrauchsregeln für das Sondereigentum und für das gemeinschaftliche Eigentum, Festlegungen zur Lasten- und Kostenverteilung, Regelungen zum Stimmrecht in der Eigentümerversammlung und anderes mehr.

Form	Die Teilungserklärung bedarf der **notariellen Beglaubigung**, der Teilungsvertrag der **notariellen Beurkundung**.

Zu beachten:

- Eine bundeseinheitliche Genehmigungspflicht für die Begründung von Wohnungseigentum besteht nur unter den Voraussetzungen des **§ 22 BauGB**. Besteht danach eine Genehmigungspflicht, dann darf Wohnungseigentum nur dann in das Grundbuch eingetragen werden, wenn ein Genehmigungsbescheid vorgelegt wird.

BauGB § 22

- Der **Mieter** einer Wohnung hat bei Umwandlung der Wohnung in eine Eigentumswohnung ein gesetzliches **Vorkaufsrecht** gemäß § 577 BGB.

BGB § 577

- **Die beizufügenden Anlagen**

Aufteilungsplan

· **Aufteilungsplan**

Im Bestandsverzeichnis des Grundbuchs wird auf den Aufteilungsplan Bezug genommen. Dadurch wird der Aufteilungsplan Teil des Bestandsverzeichnisses und damit Inhalt des Grundbuchs.

WEG § 7 Abs. 4
Allgemeine Verwaltungsvorschrift

Der Aufteilungsplan ist eine **Bauzeichnung** im Maßstab (mindestens) 1 : 100. Aus ihm muss sich die Aufteilung des Objekts in das Gemeinschafts- und Sondereigentum ergeben. Der Aufteilungsplan umfasst daher Bauzeichnungen von allen Teilen des Gebäudes, Grundrisse aller Stockwerke vom Speicher bis zum Keller, Schnitte und Ansichtszeichnungen und einen Lageplan.

Die Bereiche, die **Sondernutzungsrechten** unterliegen, müssen im Aufteilungsplan oder in einem Sondernutzungsplan dargestellt werden.

Alle zu dem selben Wohnungseigentum gehörenden Einzelräume sind mit der jeweils **selben Nummer** zu kennzeichnen. Diese Nummerierungsregel gilt für die Begründung des Wohnungseigentums.

Duplex-Parker können sowohl mit einer Nummer als auch mit zwei Nummern (für jede Stellfläche eine eigene Nummer) gekennzeichnet werden, wobei im letzten Fall kenntlich zu machen ist, dass die beiden Nummern **eine Einheit** bezeichnen.

Abgeschlossenheitsbescheinigung

· **Abgeschlossenheitsbescheinigung**

Die Abgeschlossenheitsbescheinigung ist die formelle Voraussetzung für die Eintragung von Wohnungseigentum in das Grundbuch. Fehlt die Bescheinigung liegt ein Eintragungshindernis vor.

WEG § 7 Abs. 4

Abgeschlossene Wohnungen liegen gemäß der „Allgemeinen Verwaltungsvorschrift" dann vor, wenn sie baulich von fremden Wohnungen oder Räumen **abgeschlossen** sind, z. B. durch Wände und Decken, die den Anforderungen der Bauaufsichtsbehörden an Wohnungstrennwände und Wohnungstrenndecken entsprechen und einen **eigenen abschließbaren Zugang** unmittelbar vom Freien, von einem Treppenhaus oder einen Vorraum haben. **Wasserversorgung, Ausguss** und **WC** müssen **innerhalb** der Wohnungen liegen.

Zu abgeschlossenen Wohnungen können zusätzliche Räume **außerhalb** des Wohnungsabschlusses gehören. Diese zusätzlichen Räume, außerhalb der Wohnungen müssen verschließbar sein.

Beispiele für Räume außerhalb des Wohnungsabschlusses:
Kellerabteil, Speicherabteil, Garage, Stellplatz in der Tiefgarage.

Für die Abgeschlossenheit nicht zu Wohnzwecken dienender Räume gelten geringere Anforderungen. So gelten **Stellplätze in Sammelgaragen** bereits dann als abgeschlossen, wenn ihre Flächen durch dauerhafte Markierungen gekennzeichnet sind. Gemäß der „Allgemeinen Verwaltungsvorschrift" sind dauerhafte Markierungen z. B. in den Fußboden eingelassene Markierungssteine.

WEG § 3

Die **Abgeschlossenheitsbescheinigung** wird auf **Antrag** erteilt. Sie **soll** nur erteilt werden, wenn die Wohnungen und sonstigen Räume des Sondereigentums in sich abgeschlossen sind.

Aufteilungsplan und Abgeschlossenheitsbescheinigung werden von der **Baubehörde ausgefertigt** und **bescheinigt** und mit **Unterschrift** und **Siegel** oder **Stempel** versehen.

WEG § 7 Abs. 4

Die **Landesregierungen** haben das Recht zu bestimmen, dass **Aufteilungsplan** und **Abgeschlossenheitsbescheinigung** von einem öffentlich bestellten oder anerkannten **Sachverständigen** ausgefertigt und bescheinigt werden.

- Begründung von dinglichen Sondernutzungsrechten (SNR)

Einzelheiten dazu unter **Gliederungspunkt 13.5.1**

- Begründung von Wohnungseigentum und Grundstück

Wohnungseigentum kann nicht in der Weise begründet werden, dass das Sondereigentum mit Miteigentumsanteilen an mehreren Grundstücken verbunden wird.

Beispiel:
Ein Bauträger will eine Wohnungseigentumsanlage über zwei aneinander angrenzende, aber rechtlich selbständige Grundstücke errichten.

Die Begründung von Wohnungseigentum ist in diesem Fall nur möglich, wenn zunächst aus den beiden rechtlich selbständigen Grundstücken, z. B. durch Grundstücksvereinigung, ein rechtlich selbständiges Grundstück gemacht wird.

- Begründung des Wohnungserbbaurechts bzw. Teilerbbaurechts

Wohnungs-, Teilerbbaurecht

Die Begründung von Wohnungseigentum ist auch auf der Grundlage eines Erbbaurechts möglich. Das Erbbaurecht steht dann den Wohnungseigentümern nach Bruchteilen zu. Für jeden Anteil wird ein besonderes Wohnungserbbau- (Teilerbbau-) grundbuch angelegt. Im Übrigen gelten die Vorschriften über das Wohnungseigentum entsprechend.

WEG § 30

- **Zeitpunkt der Entstehung von Wohnungs- und Teileigentum**

WEG § 3 Abs. 1

Das Wohnungs-, Teileigentum entsteht mit seiner **Einräumung** und **Eintragung** im Grundbuch. Es ist dabei unbeachtlich, ob das Gebäude bereits errichtet ist oder nicht.

Zusammenfassung

- Wohnungseigentum wird durch **vertragliche Einräumung** von Sondereigentum **oder** durch **Teilung** begründet.
- Die Teilungserklärung bzw. der Einräumungsvertrag teilen die Wohnungseigentumsanlage eigentumsmäßig auf und bestimmen damit den **Gegenstand** des Sondereigentums nach Räumen und wesentlichen Bestandteilen.
- Der durch die Bestimmung des Gegenstandes des Sondereigentums gebildete Rahmen kann in der Teilungserklärung, im Einräumungsvertrag oder in einer späteren Vereinbarung **inhaltlich** ausgefüllt werden.

Unterschieden wird mithin die

Teilungserklärung/-vertrag im weiteren Sinne

↓ ↓

die Teilungserklärung/-vertrag **im engeren Sinne**   die **Gemeinschaftsordnung**

↓ ↓

enthält in der Regel nur die rein dinglichen/sachenrechtlichen Rechtsverhältnisse   enthält Vereinbarungen i. S. v. § 10 Abs. 2 S. 2 WEG, als Inhalt des Sondereigentums.

- Teilungserklärung und Teilungsvertrag können später grundsätzlich nur noch mit Zustimmung **aller** Wohnungseigentümer **geändert** werden.
- Der **Aufteilungsplan** ist eine Bauzeichnung, die die zu Sondereigentum erklärten Räume und die im gemeinschaftlichen Eigentum befindlichen Bereiche identifiziert.
- die **Abgeschlossenheitsbescheinigung** ist die Bestätigung der Baubehörde, ggf. eines Sachverständigen, dass die Wohnung und die nicht zu Wohnzwecken dienenden Räume in sich abgeschlossen sind

13.1.4 Gemeinschaft der Wohnungseigentümer

- Begriffe

Gemeinschaft der Wohnungseigentümer	
Einerseits sind die einzelnen Wohnungseigentümer Mitglieder der **Bruchteilsgemeinschaft**	andererseits sind die einzelnen Wohnungseigentümer Mitglieder der **rechtsfähigen Wohnungseigentümergemeinschaft, dem Verband**. Mit der Bezeichnung **Verband** ist also die rechtsfähige Wohnungseigentümergemeinschaft gemeint.

WEG § 10 Abs. 6 S4

- Allgemeine Grundsätze

Das Verhältnis der Wohnungseigentümer bestimmt sich nach
- den **zwingenden Vorschriften des WEG** und **anderer zwingender Vorschriften**,
- den **Vereinbarungen** der Wohnungseigentümer (TE/GO, Einräumungsvertrag und weitere Vereinbarungen) und **Beschlüssen**,
- den **abdingbaren Bestimmungen des WEG**,
- den Grundsätzen **ordnungsgemäßer Verwaltung**.
- den Vorschriften des **BGB zur Gemeinschaft**, §§ 741 BGB.

WEG § 10 Abs. 1

- Zwingende Vorschriften

Die Grenze für **Vereinbarungsinhalte** wird durch die **unabdingbaren** Vorschriften gezogen, die im WEG und anderen Gesetzen enthalten sind. Das führt dazu, dass **Vereinbarungen**, die gegen diese unverzichtbare Bestimmungen verstoßen, **nichtig** sind.

Unabdingbare Vorschriften

Folgende Bestimmungen sind u. a. unabdingbar
- WEG § 12 Abs. 2 S. 1: Die Zustimmung zur Veräußerung kann nur aus einem wichtigen Grund heraus verweigert werden,
- WEG § 20 Abs. 2: Die Bestellung eines Verwalters kann nicht ausgeschlossen werden,
- WEG § 21 Abs. 4: Recht jedes Wohnungseigentümers auf ordnungsgemäße Verwaltung,
- WEG § 27 Abs. 4: Die Verwalteraufgaben, die in § 27 Abs. 1–3 WEG genannt sind, können nicht eingeschränkt werden.
- **HeizkV § 3: die HeizkV kann nicht abbedungen werden,**
- BGB §§ 242, 138, 315: Die Grundsätze von Treu und Glauben und die guten Sitten sind zu beachten.

– **Vereinbarungen**

Hinsichtlich der Ausgestaltung des Gemeinschaftsverhältnisses gilt grundsätzlich Vertragsfreiheit. Das bedeutet, dass die Wohnungseigentümer ihr Verhältnis zueinander abweichend von den Regeln des WEG vereinbaren können.

Verträge

Vereinbarungen sind **Verträge**.

Vereinbarungen können nur von **sämtlichen** Wohnungseigentümern getroffen werden.

Vereinbarungen können nicht angefochten werden, wenn man von allgemeinen Anfechtungsgründen (z. B. Irrtum) einmal absieht.

Vereinbarungen gehen grundsätzlich Beschlüssen vor.

Die Eigentümer können Angelegenheiten vereinbaren für die nach dem Gesetz auch ein Beschluss genügt, d. h. dass in allen Beschlussangelegenheiten auch eine Vereinbarung möglich ist.

Zu unterscheiden sind:

Vereinbarungen i. S. von § 10 Abs. 2 WEG → **Vereinbarungen** (Verträge), die das **sachenrechtliche** Grundverhältnis, also die Eigentumsverhältnisse regeln (= **keine** Vereinbarungen i. S. von § 10 Abs. 2 WEG) Beispiele: Umwandlung von GE in SE und umgekehrt, Änderung der Miteigentumsanteile	↓ **Vereinbarungen** (Verträge) in Bezug auf den Gebrauch und die Verwaltung des GE und SE, also Vereinbarungen, die das Verhältnis der Wohnungseigentümer untereinander bestimmen (= Vereinbarungen i. S. von **§ 10 Abs. 2 WEG**) Beispiele: Vereinbarung von Sondernutzungsrechten, Vereinbarungen zum Stimmrecht in der Wohnungseigentümerversammlung, Vereinbarung zur Tierhaltung.
	↓ Sind Vereinbarungen i. S. von § 10 Abs. 2 WEG in der **TE** oder im **Teilungsvertrag** enthalten oder werden später getroffene Vereinbarungen in das **Grundbuch eingetragen** (als Inhalt des SE), bezeichnet man diese Vereinbarungen als **verdinglichte** Vereinbarungen.	↓ Sind Vereinbarungen i. S. von § 10 Abs. 2 WEG **nicht** im **Grundbuch** eingetragen, bezeichnet man sie als **schuldrechtliche** Vereinbarungen. **Folge:** Die Vereinbarung bindet einen Sondernachfolger **nicht** Kraft Gesetzes. Der Sondernachfolger ist jedoch berechtigt der Vereinbarung beizutreten.

Sondernachfolger

> **Folge:**
> **Sondernachfolger** sind Kraft Gesetzes an die Vereinbarung **gebunden**. Sondernachfolger ist, wer durch Rechtsgeschäft (z. B. Kauf) oder in der Zwangsversteigerung Wohnungseigentum erwirbt. Keine Sondernachfolger sind, weil Gesamtrechtsnachfolger, die Erben.
>
> Tritt er ihr **nicht** bei, wird die schuldrechtliche Vereinbarung (nach einer Meinung) hinfällig.
> Beispiel:
> Ein Sondernutzungsrecht ist durch eine „schuldrechtliche" Vereinbarung begründet. Tritt ein Sondernachfolger dieser Vereinbarung **nicht** bei, erlischt das Sondernutzungsrecht. Für den Erben ist die Vereinbarung hingegen verbindlich, da er Gesamtrechtsnachfolger und kein Sondernachfolger ist.

Vereinbarungen zur Abänderung von Sonder- und Gemeinschaftseigentum bedürfen der notariell beurkundeten Einigung und der Eintragung der Änderung im **Grundbuch**. Es handelt sich dabei um **keine** Vereinbarungen i. S. v. § 10 Abs. 2 S. 2 WEG.

<small>BGB §§ 873, 877</small>

Vereinbarungen i. S. von § 10 Abs. 2 WEG bedürfen als **schuldrechtliche Verträge** grundsätzlich keiner bestimmten Form. Zum Vollzug im Grundbuch bedarf es allerdings des Nachweises der Bewilligung der Eintragung durch öffentliche oder öffentlich beglaubigte Urkunden.

Unbillige Regelungen i. V. m. Vereinbarungen i. S. von § 10 Abs. 2 WEG
Jeder Wohnungseigentümer kann eine Vereinbarung verlangen, die vom Gesetz abweicht oder die Anpassung einer Vereinbarung verlangen. Voraussetzung für diesen Anspruch ist, dass die Beibehaltung der geltenden Regelung **unbillig** ist.

<small>Unbillige Regelungen WEG § 10 Abs. 2</small>

Beispiel:
Anspruch auf Änderung des Kostenverteilungsschlüssels nach Miteigentumsanteilen. Die Unbilligkeit der Verteilungsregel dürfte jetzt dann gegeben sein, wenn die Wohn- und Nutzfläche von dem für die Kostenverteilung maßgeblichen Miteigentumsanteil um mehr als 25 % abweicht.

Änderung von Vereinbarungen i. S. von § 10 Abs. 2 WEG
Eine Vereinbarung kann grundsätzlich nicht durch einen Beschluss geändert werden. Die Änderung durch Beschluss ist jedoch möglich, soweit eine **Öffnungsklausel** die Änderung ermöglicht.

<small>Vereinbarungsänderung</small>

<small>Öffnungsklausel</small>

Eine **Öffnungsklausel** ist eine Vereinbarung, die es den Wohnungseigentümern ermöglicht in Angelegenheiten zu beschließen, die eigentlich nach dem Gesetz eine Vereinbarung erfordern würden.

Beispiel:
Ob eine Wohnungseigentümerversammlung beschlussfähig ist, richtet sich nach § 25 Abs. 3 WEG.
Die Vereinbarung, dass die Wohnungseigentümer mit der Mehrheit von mehr als der Hälfte aller Stimmen beschließen können, dass diese Regelung auf Dauer ersatzlos aufgehoben wird, ist eine Öffnungsklausel.

Zu unterscheiden ist zwischen:	
gewillkürten Öffnungsklauseln	**gesetzlichen** Öffnungsklauseln
Die Änderung der Vereinbarung auf Grundlage der Öffnungsklausel muss folgende Voraussetzungen beachten: – Es muss ein **sachlicher Grund** für die Änderung vorliegen, – einzelne Wohnungseigentümer dürfen **nicht unbillig benachteiligt** werden gegenüber dem bisherigen Zustand.	Beispiele: Aufhebung einer vereinbarten Veräußerungszustimmung gemäß § 12 WEG (§ 12 Abs. 4 WEG), Änderung der vereinbarten Kostenverteilung (§ 16 Abs. 3, 4 WEG).

Beschlüsse

– **Beschlüsse**

Beschlüsse werden **nicht** ins Grundbuch eingetragen, sie sind nicht eintragungsfähig.

Was Gegenstand eines Beschlusses sein kann, kann auch Gegenstand einer Vereinbarung sein; jedoch kann nicht alles, was Gegenstand einer Vereinbarung sein kann, auch Gegenstand eines Beschlusses sein (siehe auch oben).

Beschlüsse **binden alle Wohnungseigentümer** ohne Rücksicht darauf, ob sie an der Beschlussfassung teilgenommen haben oder gegen den Beschluss gestimmt haben.

Dritte können durch Beschlüsse der Wohnungseigentümerversammlung jedoch **nicht** gebunden werden.

Beschlusskompetenz

· **Beschlusskompetenz**

Eine wirksame Beschlussfassung setzt eine **Kompetenzzuweisung** (Ermächtigungsgrundlage zur Beschlussfassung) voraus.

Diese kann sich insbesondere aus dem **WEG** oder aus **Vereinbarungen** ergeben.

Beschlusskompetenz ergibt sich u. a. aus:
– WEG § 15 Abs. 2: Regelungen zum ordnungsmäßigen Gebrauch,
– WEG § 21 Abs. 3: Regelungen zur ordnungsmäßigen Verwaltung,
– WEG § 26 Abs. 1: Bestellung und Abberufung des Verwalters,
– WEG § 28 Abs. 4,5: Rechnungslegung, Wirtschaftsplan, Jahresabrechnung,

- WEG § 29 Abs. 1: Bestellung des Verwaltungsbeirats.
- Eine **kompetenzzuweisende** Wirkung ergibt sich z. B. auch aus der HeizkVO.

Grenzen der Beschlussfassung bestehen für:

Vereinbarungs-**ändernde**/gesetzes-**ändernde** Mehrheitsbeschlüsse.	Vereinbarungs**ersetzende**/gesetzes**ersetzende** Mehrheitsbeschlüsse.	Vereinbarungs**widrige**/gesetzes**widrige** Mehrheitsbeschlüsse	Vereinbarungs-/gesetz-ändernde/ersetzende/widrige Beschlüsse
↓	↓	↓	
liegen vor, wenn mit diesen Beschlüssen abdingbare gesetzliche Regelungen oder Vereinbarungen aufgehoben oder auf Dauer geändert werden sollen.	Dabei handelt es sich um Beschlüsse in Angelegenheiten, die den Rahmen des **ordnungsmäßigen Gebrauchs** i. S. von § 15 Abs. 2 WEG, der **ordnungsmäßigen Verwaltung** i. S. von § 21 Abs. 3 WEG oder der **ordnungsmäßigen Instandhaltung/Instandsetzung** i. S. von § 22 Abs. 2 WEG **überschreiten** und deshalb eine Vereinbarung oder ein allstimmiger Beschluss zur Regelung der Überschreitung notwendig wäre. Ihnen steht jedoch das Gesetz oder eine Vereinbarung nicht entgegen.	Es sind Angelegenheiten betroffen, in denen zwar von der gesetzlichen Regelung bzw. einer Vereinbarung abgewichen wird, aber **nicht** auf Dauer.	
↓	↓	↓	
Vereinbarungsändernde gesetzesändernde Beschlüsse sind **nichtig**	Vereinbarungsersetzende/gesetzersetzende Beschlüsse sind **anfechtbar**, weil die Ordnungsmäßigkeit **nicht** Kompetenzvoraussetzung ist.	Vereinbarungswidrige/gesetzeswidrige Beschlüsse sind **anfechtbar**	
Beispiel: Änderung der gesetzlichen oder vereinbarten Kostenverteilung. Begründung von Sondernutzungsrechten durch Beschlussfassung	Beispiel: Tierhaltungsverbot	Beispiel: Beschluss einer Jahresabrechnung, in der ein falscher Verteilungsschlüssel zur Anwendung gekommen ist.	

Nichtige Beschlüsse

Im übrigen gilt, dass **Beschlüsse**,
– die gegen **zwingendes** Recht verstoßen,
– die gegen **Treu und Glauben** und die **guten Sitten** verstoßen,
– die inhaltlich **zu unbestimmt** sind,
– für deren Gegenstand die Wohnungseigentümerversammlung absolut unzuständig ist,
– die einen **existentiellen Eingriff** in die Mitgliedschaftsrechte des Sondereigentümers darstellen oder die in sonstiger Weise in den **(dinglichen) Kernbereich** des Wohnungseigentums eingreifen,
– die gegen Rechtsvorschriften verstoßen, auf deren Einhaltung nicht verzichtet werden kann (§ 23 Abs. 4 WEG), z. B. Bestellung einer GbR zum Verwalter

nichtig sind.

Ein **nichtiger** Beschluss ist **von Anfang an** nicht zustande gekommen.

Der Verwalter ist nicht verpflichtet und nicht berechtigt **nichtige** Beschlüsse auszuführen.

Ein **anfechtbarer** Beschluss ist so lange gültig, bis er durch rechtskräftiges Urteil für ungültig erklärt ist.

Beispiel:
Beschluss einer Modernisierungsmaßnahme i. S. des § 559 BGB mit einfacher Mehrheit.

Anfechtungsfrist WEG § 46

Die Klage auf Erklärung der Ungültigkeit **(Anfechtung)** muss innerhalb **eines Monats** nach Beschlussfassung erhoben und innerhalb **zweier Monate** nach Beschlussfassung begründet werden.

· **Arten von Beschlüssen**

Unterschieden werden:

– **Allstimmiger Beschluss**
Liegt vor, wenn alle Eigentümer einem Beschlussantrag zugestimmt haben.

Um Klarheit darüber herzustellen, ob im Einzelfall ein **allstimmiger Beschluss** oder eine **Vereinbarung** getroffen wurde, sollte der Abstimmungsantrag als Beschluss oder Vereinbarung bezeichnet werden. Wird in der Niederschrift von einem Beschluss den die Wohnungseigentümer gefasst haben gesprochen, ist hierin ein wichtiger Hinweis auf eine Beschlussfassung zu sehen.

– **Einstimmiger Beschluss**
In der Regel wird hierunter ein Beschluss verstanden, dem alle in der Versammlung **anwesenden** Eigentümer zugestimmt haben.

– **Geschäftsordnungsbeschluss**
Der Beschluss hat keine über die Organisation der Versammlung hinausgehenden materiellen Regelungsinhalt und wird mit dem Ende der Versammlung gegenstandslos.

- **Nichtbeschluss**
Es liegt **kein** Beschluss vor
- weil es die Gemeinschaft ablehnt über einen Beschlussantrag abzustimmen, oder
- weil es ein Ergebnis eines Treffens von Wohnungseigentümern ist, das nicht als Eigentümerversammlung qualifiziert werden kann (auch **Schein**beschluss genannt), oder
- weil es eine Entscheidung des Alleineigentümers (teilender Bauträger) ist.

- **Negativbeschluss**
Liegt vor, wenn Ergebnis der Abstimmung die **Ablehnung** des Beschlussantrags ist.

Die Ablehnung eines Antrags durch die Wohnungseigentümer samt Feststellung und Bekanntgabe des Ergebnisses der Abstimmung stellt einen **Beschluss** dar (BGH, NZM 2001).

- **Umlaufbeschluss**
Siehe § 23 Abs. 4 WEG

- **Zitterbeschluss**
Beschluss der in Kenntnis seiner Anfechtbarkeit gefasst wird.

- **Zweitbeschluss**
Erneute Beschlussfassung der Wohnungseigentümer über eine schon durch Beschluss geregelte Angelegenheit.

Dieser Zweitbeschluss muss aber die schutzwürdigen Belange von Wohnungseigentümern aus dem Inhalt und der Wirkung des Erstbeschlusses beachten.

- **Mitgliedschaft in der Bruchteilsgemeinschaft, Mitgliedschaft in der rechtsfähigen Wohnungseigentümergemeinschaft (Verband)**

Die Bruchteilsgemeinschaft wird aus allen Wohnungseigentümern gebildet. Mitglieder der rechtsfähigen Wohnungseigentümergemeinschaft (Verband) sind die Wohnungseigentümer.

- **Beginn der Eigentümergemeinschaft (Bruchteilsgemeinschaft), der rechtsfähigen Wohnungseigentümergemeinschaft (Verband)**

Im Fall der Begründung durch Teilungsvertrag wird die Gemeinschaft (Bruchteilsgemeinschaft und rechtsfähige Wohnungseigentümergemeinschaft) mit der Anlage der Wohnungsgrundbücher rechtlich in Vollzug gesetzt.

Im Fall der Begründung durch Teilungserklärung entsteht die Gemeinschaft (Bruchteilsgemeinschaft und rechtsfähige Wohnungseigentümergemeinschaft), wenn der erste Erwerber eines Wohnungseigentums im Grundbuch als Eigentümer eingetragen ist.

Es ist jedoch anerkannt, dass die Vorschriften des WEG bereits dann anwendbar sind, wenn eine **faktische** Wohnungseigentümergemeinschaft vorliegt.

Faktische Eigentümergemeinschaft

Diese liegt dann vor, wenn ein wirksamer **Kaufvertrag** mit dem künftigen Wohnungseigentümer geschlossen, die **Grundbücher angelegt** sind, die **Besitzübergabe** an den Erwerber erfolgt ist, die **Auflassungsvormerkung** zugunsten des Erwerbers im Grundbuch eingetragen und der Erwerber vom Bauträger **vor** dem Entstehen der Eigentümergemeinschaft (Ersterwerber) erwirbt.

Beispiel:
Faktische Wohnungseigentümer sind zur Versammlung zu laden und haben dort Stimmrecht.

Das gilt auch für die rechtsfähige Wohnungseigentümergemeinschaft, dem Verband.

WEG § 10 Abs. 6 S. 4
– **Bezeichnung der rechtsfähigen Wohnungseigentümergemeinschaft (des Verbands)**

Der Verband muss bezeichnet werden als „Wohnungseigentümergemeinschaft ..." i. V. m. der Angabe des gemeinschaftlichen Grundstücks. Dies kann durch die Postanschrift oder die Grundbuchbezeichnung geschehen.

Beispiele:
Wohnungseigentümergemeinschaft Maistraße 5, Landshut
oder
Wohnungseigentümergemeinschaft Gemarkung Landshut, Flur 975/32.

WEG § 10 Abs. 6
– **Rechtsfähigkeit der Wohnungseigentümergemeinschaft (Verband)**

Die Gemeinschaft der Wohnungseigentümer ist **rechtsfähig**, soweit sie für den Bereich der **gesamten Verwaltung des gemeinschaftlichen Eigentums** (= Geschäftsführung zugunsten der Wohnungseigentümer im Hinblick auf das gemeinschaftliche Eigentum) **am Rechtsverkehr teilnimmt**.

Die **Teilnahme am Rechtsverkehr** erfolgt insbesondere bei Rechtsgeschäften im **Außenverhältnis**, kann aber auch im **Innenverhältnis** vorliegen, z. B. bei der Verfolgung von gemeinschaftlichen Beitrags- und Schadenersatzansprüchen gegen einzelne Wohnungseigentümer.

Folgen der Rechtsfähigkeit
Die Rechtsfähigkeit der Gemeinschaft **hat vielfältige Folgen, z. B.:**
– Die **Gemeinschaft** kann unabhängig von ihrem jeweiligen Mitgliederbestand handeln. Sie kann daher **Verträge mit Dritten** abschließen und als Partei im Verfahren als Kläger auftreten oder beklagt werden.
– Die **Gemeinschaft** kann als Gläubigerin einer Zwangshypothek in das **Grundbuch** eingetragen werden.
– Die **Gemeinschaft haftet** mit ihrem Verwaltungsvermögen.
– Das **Verwaltungsvermögen** der Gemeinschaft umfasst u. a. die Ansprüche der Gemeinschaft, gegen die Wohnungseigentümer (z. B. Anspruch auf Zahlung der Hausgelder, Sonderumlagen) und Ansprüche der Gemeinschaft gegen Dritte, insbesondere gegen Bankinstitute bei denen die Gemeinschaft Gemeinschaftskonten unterhält. Kontoinhaber ist somit die Gemeinschaft der Wohnungseigentümer selbst. Vertretungsberechtigt für die Gemeinschaft ist grundsätzlich der Verwalter.

- Die **Gemeinschaft** hat einen Anspruch auf **ordnungsgemäße Verwaltung** gegen die Wohnungseigentümer.

Zur **ordnungsgemäßen Verwaltung** gehört die Pflicht der Wohnungseigentümer die Gemeinschaft hinreichend mit **finanziellen Mitteln** auszustatten. Dies geschieht durch Eigentümerbeschluss über einen entsprechenden Wirtschaftsplan, eine Deckungsumlage oder eine Jahresabrechnung.

Erfüllen die Wohnungseigentümer **schuldhaft** diese Verpflichtung gegenüber der Gemeinschaft nicht, steht der Gemeinschaft gegen ihre Mitglieder ein Anspruch auf Schadenersatz wegen Pflichtverletzung (gem. § 280 BGB) zu.

Fassen die Wohnungseigentümer trotz Aufforderung und Fristsetzung **keinen** Beschluss zur Zuführung von Mitteln, so kann jeder Einzelne zum **Schadenersatz** als Gesamtschuldner herangezogen werden.

Diesen **Anspruch** kann ein Gläubiger pfänden. Voraussetzung ist ein Verschulden des in Anspruch genommenen Eigentümers.

Dies bedeutet für **Eigentümer**, dass sie gegebenenfalls die Verpflichtung zur **Anfechtung** von Negativbeschlüssen haben und für den **Verwalter**, dass er das Abstimmungsverhalten der Wohnungseigentümer entsprechend **dokumentiert**.

Im Übrigen folgt aus der (Teil-)Rechtsfähigkeit der **Gemeinschaft**, dass die Gemeinschaft **Gläubigerin** gemeinschaftlicher Schadenersatzansprüche gegen einzelne Wohnungseigentümer sein kann, z. B. im Fall schuldhaft begangener Beschädigung von Gemeinschaftseigentum durch einen Wohnungseigentümer, dass die Gemeinschaft für schuldhaft verursachte Schäden am Sondereigentum oder wegen Verletzung der Verkehrssicherheitspflicht oder Verletzung der Pflicht zur Instandhaltung/-setzung des Gemeinschaftseigentums ggf. **haften** muss.

- **Rechte und Pflichten der Wohnungseigentümergemeinschaft (Verband)**

Die **Inhaber** von Rechten und Pflichten nach dem WEG	
sind die Wohnungseigentümer als **Einzelpersonen** und die Wohnungseigentümer in ihrer Gesamtheit als **Teilhaber an der Bruchteilsgemeinschaft**, soweit nicht etwas **anderes** ausdrücklich **bestimmt** ist.	→ Wenn etwas anderes ausdrücklich bestimmt ist: Die **rechtsfähige Wohnungseigentümergemeinschaft (der Verband)**

WEG § 10 Abs. 1

Zu beachten:
In Zukunft muss daher stets geklärt werden, welche Rechte und Pflichten dem **Verband**, den **Wohnungseigentümern selbst**, oder der **Bruchteilsgemeinschaft** zuzuordnen sind.

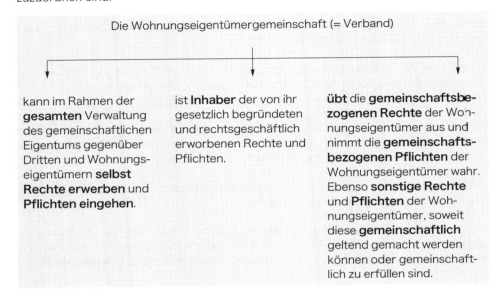

WEG § 10 Abs. 6 S. 3

- **Ausübung** von Rechten und Pflichten der Wohnungseigentümer durch die Wohnungseigentümergemeinschaft (Verband)

Die Befugnis zu bestimmen, **ob** der Verband ein Recht ausüben oder einer Pflicht nachkommen soll, steht allein den Wohnungseigentümern zu.

Haben sich die Wohnungseigentümer hierzu entschieden, sind hinsichtlich der Ausübung zu unterscheiden:

- **Gemeinschaftsbezogene Rechte und Pflichten**, deren Ausübung durch der Verband **zwingend** ist, also nicht durch Wohnungseigentümer selbst ausgeübt werden können (**geborene** gemeinschaftsbezogene Rechte und Pflichten).

Beispiele:
Vergabe von Instandhaltungs-, Instandsetzungsarbeiten, Schadenersatzansprüche gegen einzelne Wohnungseigentümer geltend machen, z. B. wegen eigenmächtigen baulichen Veränderungen am Gemeinschaftseigentum, Geltendmachen von Minderung und kleinem Schadenersatz i. V. m. baulichen Mängeln am Gemeinschaftseigentum, Vermietung von Grundstücksbereichen.

- **Gemeinschaftsbezogene Rechte und Pflichten**, deren Ausübung durch den Verband erfolgt. Wird die Aufgabe aber nicht von den Wohnungseigentümern auf den Verband übertragen, kann die Ausübung dieser Rechte und Pflichten durch die Wohnungseigentümer erfolgen, aber nur dann (**gekorene** gemeinschaftsbezogene Rechte und Pflichten).

- **Beispiel:**
Geltendmachung von Gewährleistungsansprüchen soweit diese auf Mängelbeseitigung ausgerichtet sind.

- **Sonstige Recht und Pflichten**

Die Ausübung dieser Rechte und Pflichten stehen den Wohnungseigentümern selbst zu, wobei der Verband die Ausübung dieser sonstigen Rechte und Pflichten durch Mehrheitsbeschluss parallel verfolgen kann.

Beispiel:
Der Verwalter kommt seiner Verpflichtung zur Erstellung des Wirtschaftsplans nicht nach. Jeder Wohnungseigentümer kann den Anspruch auf Erstellung des Wirtschaftsplans ohne Ermächtigung durch die anderen Wohnungseigentümer durchsetzen. Aber auch der Verband kann parallel dazu den Anspruch durchsetzen, wenn er hierzu per Beschluss der Wohnungseigentümer ermächtigt worden ist: Das gilt auch für den Anspruch auf Erstellung der Jahresabrechnung.

In welche Kategorie ein Recht oder eine Pflicht einzuordnen ist, ist durch Auslegung nach billigem Ermessen zu ermitteln.

Daneben gilt, dass **individuelle Rechte und Pflichten** der Wohnungseigentümer von jedem Wohnungseigentümer selbst ausgeübt werden.

Beispiele:
Anfechtung eines Beschlusses, Anspruch auf ordnungsmäßige Verwaltung, Schadenersatzansprüche der Wohnungseigentümer untereinander.

Geltendmachen von Gewährleistungsansprüchen gegen den Bauträger wegen Baumängel:
   Liegen **Mängel am Sondereigentum** vor, ist die Mängelverfolgung und das Geltendmachen von Gewährleistungsansprüchen gegen den Bauträger allein Angelegenheit des jeweiligen betroffenen Erwerbers.
   Liegen **Mängel am Gemeinschaftseigentum** vor, kann die Mängelverfolgung und das Geltendmachen von Gewährleistungsanspüchen, **soweit diese auf Mängelbeseitigung** (Nacherfüllung, Kostenvorschuss zur Mängelbeseitigung) gegen den Bauträger gerichtet sind, **ohne** Mitwirkung der Gemeinschaft, durch jeden Erwerber erfolgen. Da die Ansprüche wegen der Mängel am Gemeinschaftseigentum aber gemeinschaftsbezogen sind, kann die Mängelverfolgung jederzeit den einzelnen Erwerbern durch **Beschlussfassung entzogen** und zu einer gemeinschaftlichen Angelegenheit gemacht werden.

WEG § 10 Abs. 6

Ab der Beschlussfassung werden die Mängelrechte der Erwerber dann von der Gemeinschaft ausgeübt.

- **Haftung für Verbindlichkeiten der Wohnungseigentümergemeinschaft (Verband)**

Der **Verband** haftet für seine Verbindlichkeiten mit seinem **Verbandsvermögen**.

Außenhaftung WEG § 10 Abs. 8

Ein Gläubiger des Verbands hat das Recht für Verbindlichkeiten des Verbands neben dem Verband selbst, die **Wohnungseigentümer** in Anspruch zu nehmen.

Jeder in Anspruch genommene Wohnungseigentümer haftet dabei begrenzt (im **Außenverhältnis**) entsprechend seinem **Miteigentumsanteil**.

Beispiel:
Höhe der Außen-Verbindlichkeit 30.000,00 €, Miteigentumsanteil des Wohnungseigentümers 10/1.000, anteilige Haftung 300,00 €.

Zu beachten:
Die anteilsmäßige **Außen**haftung entspricht oft nicht der **internen** Kostenverteilungsregelung der Gemeinschaft.

Beispiel:
Die Wohnungseigentumsanlage besteht aus 50 Eigentumswohnungen und 25 Kfz-Stellplätzen je in Teileigentum in der Tiefgarage.
Die Tiefgarage wird instandgesetzt. Gemäß Gemeinschaftsordnung sind die Kosten der Maßnahme (im Innenverhältnis) auf die **Eigentümer der Stellplätze zu verteilen**. Für die Kosten der Instandsetzung der Tiefgarage haften alle Eigentümer (im Außenverhältnis) entsprechend ihren Miteigentumsanteilen, unabhängig davon, ob sie Eigentümer eines Stellplatzes sind oder nicht.

Wird Wohnungseigentum **nach Fälligkeit und Entstehen** einer Verbindlichkeit **erworben**, haftet der **Erwerber** dem Gläubiger nicht, d. h. eine **Außenhaftung** trifft den Erwerber nicht. Wird aber nun von den Wohnungseigentümern eine Sonderumlage zur Nachfinanzierung dieser Verbindlichkeit beschlossen, ist der Erwerber wie jeder andere Wohnungseigentümer an ihrer Aufbringung beteiligt. Diesen Anspruch des Verbandes kann der Gläubiger pfänden.

Nachhaftung

Wohnungseigentümer haften für Schulden des Verbandes, die **während** der Zeit ihrer Zugehörigkeit zur Gemeinschaft entstanden oder fällig geworden sind.

Nach der Veräußerung ihres Wohnungseigentums richtet sich die Haftung nach § 160 HGB. Liegen die Voraussetzungen des § 160 HGB vor, führt dies zur **5-jährigen Nachhaftung** der ausgeschiednen Wohnungseigentümer für Verbandsschulden aus der Zeit ihrer Zugehörigkeit zur Gemeinschaft.

Die 5-Jahresfrist beginnt am Ende des Tages an dem der Sondernachfolger im Wohnungsgrundbuch eingetragen wird oder der Zuschlag bei der Zwangsversteigerung erfolgt ist.

Haftung im Innenverhältnis

- **Haftungsumfang eines Wohnungseigentümers gegenüber der Wohnungseigentümergemeinschaft (Verband) im Innenverhältnis**

Zur Pflicht des Wohnungseigentümers gegenüber dem Verband gehört es, die finanzielle Basis dafür zu schaffen, dass der Verband seine Verpflichtungen erfüllen kann. Diese Pflicht erfüllt der Wohnungseigentümer durch entsprechende Beschlussfassung. Tut er das nicht, hat der Verband einen Anspruch auf Schadenersatz wegen Pflichtverletzung.

Der Wohnungseigentümer haftet in diesem Fall im Innenverhältnis dem Verband gemäß seinen **Miteigentumsanteilen**.

Beispiel:
Die Wohnungseigentümer haben es verabsäumt den Verband mit den erforderlichen finanziellen Mitteln auszustatten. Für hieraus entstehende Schäden haften die Wohnungseigentümer dem Verband. Der Gläubiger des Verbands kann diesen Anspruch auf Grund seines Titels pfänden und die Wohnungseigentümer in Anspruch nehmen. Die Haftung der Wohnungseigentümer ist auch hier auf ihren Miteigentumsanteil beschränkt.

- **Die Organe der rechtsfähigen Wohnungseigentümergemeinschaft (Verbandsorgane)**

Organe des Verbandes sind der **Verwalter** und die **Wohnungseigentümer**.

Der Verband wird vom **Verwalter vertreten** soweit ihm das Gesetz die Vertretungsmacht gibt **(gesetzliche Vertretungsmacht)** und darüber hinaus, wenn er durch Vereinbarung oder Beschluss zur Vertretung ermächtigt ist **(gewillkürte Vertretungsmacht)**.

Fehlt ein Verwalter oder ist er nicht zur Vertretung berechtigt, wird der Verband grundsätzlich von allen **Wohnungseigentümern** vertreten.

- **Die Unauflöslichkeit der Gemeinschaft**

Wohnungseigentümer können grundsätzlich nicht die Aufhebung der Gemeinschaft verlangen. Das gilt auch für Pfandgläubiger und Insolvenzverwalter.

Randnotizen:
- Verbandsorgane
- Vertretungsmacht WEG § 27 Abs. 3 S. 1 u. 2
- WEG § 27 Abs. 3 S. 1 Nr. 1 bis 6 und Nr. 7, § 27 Abs. 3 S. 2
- Unauflöslichkeit der Gemeinschaft WEG § 11

Zusammenfassung

Die Wohnungseigentümer sind Mitglieder der **Bruchteilsgemeinschaft** und Mitglieder des **Verbandes** (= rechtsfähige Wohnungseigentümergemeinschaft)

Hinsichtlich der Willensbildung der Wohnungseigentümer ist zu unterscheiden zwischen:

Wirksamen und **nichtigen Vereinbarungen**
und
wirksamen, **anfechtbaren** und **nichtigen Beschlüssen**.

Beschlussfassung setzt **Beschlusskompetenz** voraus.

Vereinbarungen und Beschlüsse die gegen unabdingbare Vorschriften verstoßen	→| sind **nichtig**
Gesetzes-, vereinbarungsändernde Beschlüsse	→| sind **nichtig**
Gesetzes-, vereinbarungswidrige Beschlüsse	→| sind **anfechtbar**
Gesetzes-, vereinbarungsersetzende Beschlüsse, (= nicht ordnungsmäßig)	→| sind **anfechtbar**

Begründung von Wohnungseigentum
Im Fall der Begründung von Wohnungseigentum nach § 8 WEG kann eine sogenannte faktische Gemeinschaft entstehen.

Der Verband
Die Wohnungseigentümergemeinschaft (Verband) ist rechtsfähig im Rahmen der Geschäftsführung für die Wohnungseigentümer für den Bereich des gemeinschaftlichen Eigentums.

Für Verbindlichkeiten des Verbandes (Außenhaftung) **haftet/en**

↓ ↓

der Verband, mit seinem **Verwaltungsvermögen** (Verbandsvermögen)	die Wohnungseigentümer entsprechend ihrer **Miteigentumsquote**, a so begrenzt.
	Der ausgeschiedene Wohnungseigentümer haftet entsprechend seiner Miteigentumsquote unter den Voraussetzungen des § 160 HGB **(Nachhaftung)**.

Für Forderungen des Verbandes gegen Wohnungseigentümer haften Wohnungseigentümer entsprechend ihrer Miteigentumsquote (Haftung im **Innenverhältnis**)

13.2 RECHTE UND PFLICHTEN DER WOHNUNGSEIGENTÜMER UND DES VERWALTERS

13.2.1 Rechte und Pflichten der Wohnungseigentümer

Die Rechte und Pflichten der Wohnungseigentümer beziehen sich entsprechend der dreigliedrigen Einheit des Wohnungseigentums
- auf das Sondereigentum,
- auf das gemeinschaftliche Eigentum,
- auf die Mitgliedschaft in der Gemeinschaft.

Rechte und Pflichten

13.2.1.1 Rechte und Pflichten gemäß §§ 13 und 14 WEG

Jeder Wohnungseigentümer kann, innerhalb der Grenzen die das Gesetz und die Rechte Dritter ziehen, mit seinem Sondereigentum **nach Belieben** verfahren.

Beispiel:
Im Sondereigentum stehende Räume vermieten.

Außerdem hat jeder Wohnungseigentümer das **Recht**, andere von Einwirkungen auszuschließen, d. h. er muss Störungen durch Dritte, Wohnungseigentümer oder durch die Gemeinschaft nicht hinnehmen.

Beispiele:
Lärmeinwirkungen, Geruchsbelästigungen, Einwirkungen durch Schäden am Gemeinschaftseigentum (z. B. Feuchtigkeit) braucht der betroffene Wohnungseigentümer grundsätzlich nicht hinzunehmen.

Diese Rechte des einzelnen Wohnungseigentümers finden ihre **Begrenzung** im Gesetz und in den Rechten der **anderen** Wohnungseigentümer.

Weiter hat jeder Wohnungseigentümer das **Recht** auf Mitgebrauch und Mitnutzung des gemeinschaftlichen Eigentums, sowie das Recht auf einen Anteil an etwaigen Nutzungen.

Beispiel:
Anteil an den Mieterträgen aus der Vermietung von im gemeinschaftlichen Eigentum stehenden Kfz-Stellplätzen. Die Mieten gehören zwar zum Verbandsvermögen, sind jedoch grundsätzlich über die Jahresabrechnung „auszuschütten".

Zur **Pflicht** von jedem Wohnungseigentümer gehört es, dass er sein Sondereigentum so instandhält/-setzt, dass anderen Wohnungseigentümern und der Gemeinschaft keine unzumutbaren Nachteile entstehen.

Weiter darf jeder Wohnungseigentümer sein Sondereigentum und das gemeinschaftliche Eigentum **nur in dem Umfang** gebrauchen, wie anderen Eigentümern keine unzumutbaren Beeinträchtigungen entstehen.

Beispiele:
Versprüht ein Wohnungseigentümer eigenmächtig Geruchsstoffe (Parfum) im zum GE gehörenden Treppenhaus, so liegt hierin eine bestimmungswidrige Nutzung des GE.
Sucht jemand das Treppenhaus zum Zwecke des Rauchens auf, z. B. weil ihm das Rauchen in der Wohnung „verboten" worden ist, führt dies zu Unterlassungsansprüchen der benachteiligten Wohnungseigentümer.

Der Wohnungseigentümer hat dafür zu sorgen, dass diese **Einschränkungen** im Gebrauch auch von den zu seinem Haushalt gehörenden Personen oder seinen Mietern beachtet werden.

Jeder Wohnungseigentümer hat **Einwirkungen** auf sein Sondereigentum und das Gemeinschaftseigentum zu **dulden**, soweit ihm diese zugemutet werden können.

Beispiel:
Der Lärm spielender Kinder in einer Wohnanlage ist grundsätzlich zumutbar.

Zu den **Duldungspflichten** des Wohnungseigentümers gehört auch, das **Betreten** und **Benutzen** der zum Sondereigentum gehörenden Gebäudeteile zu gestatten, wenn dies für die Instandhaltung, Instandsetzung erforderlich ist.

Für die hieraus entstehenden Schäden steht dem gestattenden Wohnungseigentümer ein Schadenersatzanspruch zu. Den Anteil daran, der ihn entsprechend dem Kostenverteilungsschlüssel trifft, hat er sich anrechnen zu lassen.

Beispiel:
Die Abdichtung der Terrasse der Penthauswohnung (30/1.000 MEA) ist zu erneuern. Dabei ist der zum Sondereigentum gehörende Plattenbelag neu zu verlegen, Kosten 1.000,00 €, der Mieter der Wohnung hat berechtigt die Miete um 400,00 € gemindert. Der Schaden beträgt also 1.400,00 €. Werden die Kosten nach Miteigentumsanteilen verteilt, muss sich der Eigentümer 42,00 € anrechnen lassen.

13.2.1.2 Rechte und Pflichten aus Gebrauchsregelungen gemäß § 15 WEG

Gebrauchsregeln

Spielraum für Gebrauchsregelungen ist dann gegeben, wenn die Sache noch keiner Zweckbestimmung unterworfen ist.

Beispiel:
Ein Raum im gemeinschaftlichen Eigentum ist bisher ohne definierte Zweckbestimmung. Eine Gebrauchsregelung könnte nun formuliert werden, dass der Raum fortan als Fahrradabstellraum dienen soll.

Spielraum für Gebrauchsregelungen ist aber auch dann, wenn zwar eine Zweckbestimmung festgelegt ist, diese aber noch präzisiert werden soll.

Beispiel:
Ein Gemeinschaftsraum ist als Trockenraum ausgewiesen. Eine Benutzungsordnung kann nun die Nutzung als Trockenraum genauer regeln, indem z. B. vorgeschrieben wird, dass der jeweilige Nutzer sich in ein ausliegendes Belegungsbuch eintragen muss.

Gebrauchsregeln werden grundsätzlich durch **Vereinbarungen** festgelegt. Soweit allerdings Gebrauchsregeln lediglich einen ordnungsmäßigen Gebrauch gewährleisten sollen, können sie auch mehrheitlich **beschlossen** werden.

Beispiel:
Benutzungsordnung für den Wäschetrocknungsraum.

Zusammenfassung

- Die Rechte und Pflichten der Wohnungseigentümer nach §§ 13, 14 WEG beziehen sich auf den **Gebrauch und die Nutzung** des gemeinschaftlichen Eigentums und des Sondereigentums, auf die **Instandhaltung und Instandsetzung** und auf die **Duldung** bestimmter Einwirkungen und Maßnahmen.
- Jeder Wohnungseigentümer hat das Recht, einen **Gebrauch** (§ 15 WEG) des Sondereigentums und des gemeinschaftlichen Eigentums zu verlangen, der

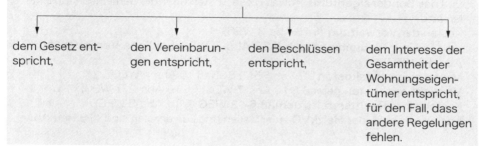

| dem Gesetz entspricht, | den Vereinbarungen entspricht, | den Beschlüssen entspricht, | dem Interesse der Gesamtheit der Wohnungseigentümer entspricht, für den Fall, dass andere Regelungen fehlen. |

13.2.1.3 Recht auf Nutzungen, Pflicht zur Lasten- und Kostentragung gemäß § 16 WEG

- Nutzungen, Lasten und Kosten

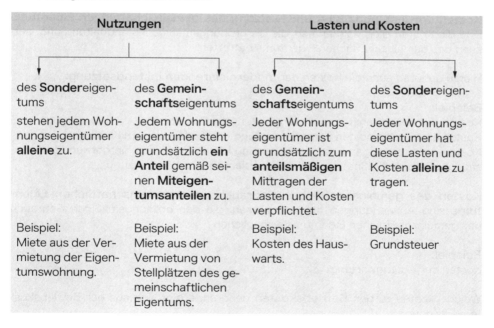

Nutzungen		Lasten und Kosten	
des **Sonder**eigentums	des **Gemeinschafts**eigentums	des **Gemeinschafts**eigentums	des **Sonder**eigentums
stehen jedem Wohnungseigentümer **alleine** zu.	Jedem Wohnungseigentümer steht grundsätzlich **ein Anteil** gemäß seinen **Miteigentumsanteilen** zu.	Jeder Wohnungseigentümer ist grundsätzlich zum **anteilsmäßigen** Mittragen der Lasten und Kosten verpflichtet.	Jeder Wohnungseigentümer hat diese Lasten und Kosten **alleine** zu tragen.
Beispiel: Miete aus der Vermietung der Eigentumswohnung.	Beispiel: Miete aus der Vermietung von Stellplätzen des gemeinschaftlichen Eigentums.	Beispiel: Kosten des Hauswarts.	Beispiel: Grundsteuer

- **Verteilung der Lasten und Kosten des gemeinschaftlichen Eigentums**

Hinsichtlich der Verteilung der Lasten und Kosten ist zu unterscheiden zwischen,
- **Lasten** (§ 16 Abs. 2 WEG),
- Kosten der **Instandhaltung** und **Instandsetzung** (§ 16 Abs. 2 WEG),
- Kosten der **sonstigen Verwaltung** (§ 16 Abs. 2 WEG),
- Kosten des **gemeinschaftlichen Gebrauchs** (§ 16 Abs. 2 WEG),
- **Betriebskosten** i. S. von § 556 Abs. 1 BGB des gemeinschaftlichen Eigentums und des **Sondereigentums**, soweit diese Kosten über die Gemeinschaft zu verteilen sind,
- Kosten der **Verwaltung** (§ 16 Abs. 3 WEG),
- Kosten einer **Maßnahme nach § 22 Abs. 1 WEG/bauliche Veränderung** (§ 16 Abs. 4,6 WEG),
- **Modernisierungskosten** i. S. von § 559 BGB (§ 16 Abs. 4 WEG),
- **Verwaltungskosten** gemäß § 16 Abs. 7 WEG (§§ 16 Abs. 2, 7 WEG),
- Kosten eines **Rechtsstreits gemäß § 43 WEG** (§ 16 Abs. 8 WEG),
- Kosten, die nach der **HeizkVO** zu erfassen und zu verteilen sind (§ 3 HeizkV).

Lasten sind Zahlungsverpflichtungen für die alle Wohnungseigentumseinheiten dinglich haften.

Beispiel:
Erschließungsbeiträge nach §§ 127 ff BauGB.

Kosten der Instandhaltung und -setzung des gemeinschaftlichen Eigentums sind die Kosten aller Maßnahmen, die die ordnungsmäßige Instandhaltung und -setzung des gemeinschaftlichen Eigentums betreffen.

Hierzu gehören auch die Kosten der **modernisierenden Instandsetzung**.

Beispiel:
Kosten des Fensteranstrichs (Instandhaltungsmaßnahme),
Kosten einer notwendigen Fenstersanierung (Instandsetzungsmaßnahme),
Kosten der erstmaligen Fassadendämmung i. V. m. einer ohnehin notwendigen Fassadensanierung (Maßnahme der modernisierenden Instandsetzung).

Kosten des gemeinschaftlichen Gebrauchs des gemeinschaftlichen Eigentums sind Aufwendungen für Maßnahmen, die den ordnungsmäßigen Gebrauch des gemeinschaftlichen Eigentums ermöglichen.

Beispiel:
Kosten der Aufzugwartung

Welche Kosten zu den **Betriebskosten** gehören, ergibt sich aus der Betriebskostenverordnung.

Kosten der sonstigen Verwaltung des gemeinschaftlichen Eigentums sind alle mit der Verwaltung des gemeinschaftlichen Eigentums zusammenhängenden Kosten, soweit sie nicht Lasten, Kosten der Instandhaltung und -setzung oder des gemeinschaftlichen Gebrauchs sind.

Beispiele:
Bankgebühren, Zins- und Tilgungsleistungen, Verwaltervergütung.

Kosten von Maßnahmen nach § 22 Abs. 1 WEG sind die Kosten baulicher Veränderungen **und** Aufwendungen, die über die ordnungsmäßige Verwaltung hinausgehen. Sie sind **keine** Kosten i. S. von § 16 Abs. 2 WEG.

Beispiel:
Kosten der erstmaligen Verglasung eines Balkons

Kosten gemäß § 16 Abs. 7 WEG sind Verwaltungskosten. Dazu gehören insbesondere Kosten eines Rechtsstreits zur Entziehung des Wohnungseigentums und Kosten für den Ersatz von Schäden im Sondereigentum, die durch die Instandhaltung, -setzung des gemeinschaftlichen Eigentums entstanden sind (Ersatz der Substanzschäden und des Schadens durch entgangene Nutzung).

Kosten gemäß § 16 Abs. 8 WEG sind Kosten eines Verfahrens gemäß § 43 WEG. Sie sind **keine** Verwaltungskosten im Sinn des § 16 Abs. 2 WEG. Sie sind nur insoweit Verwaltungskosten i. S. von § 16 Abs. 2 WEG, als sie **Mehrkosten** darstellen. Hierzu unter „Verteilungsbesonderheiten".

- **Verteilungsgrundregeln**   *Verteilung*

Die Lasten und Kosten des gemeinschaftlichen Eigentums sind auf die einzelnen Wohnungseigentümer entsprechend den im Grundbuch eingetragenen **Miteigentumsanteilen** zu verteilen **(Regelverteilung)**.   *WEG § 16 Abs. 2*

Vom gesetzlichen Verteilungsschlüssel des § 16 Abs. 2 WEG kann grundsätzlich durch **Vereinbarung** abgewichen werden.

Beispiele:
Verteilung von Lasten und Kosten nach der Wohn-, Nutzfläche, der Anzahl der Wohnungen, nach Verbrauch.

- **Verteilungsbesonderheiten**

Die Kosten baulicher Veränderungen und die Kosten von Maßnahmen, die über die ordnungsmäßige Instandhaltung, -setzung hinausgehen, sind grundsätzlich nur von den Wohnungseigentümern zu tragen, die einer solchen Maßnahme zugestimmt haben. Wohnungseigentümer, die einer **baulichen Veränderung nicht zugestimmt haben**, sind also von deren **Kosten befreit**. Hat der nicht zustimmende Wohnungseigentümer gleichwohl Vorteile von der baulichen Veränderung, ist dies hinzunehmen.   *WEG § 16 Abs. 3*

Die Kosten eines Rechtsstreits gemäß § 43 WEG (Streitigkeiten **unter** den Wohnungseigentümern) sind **keine** Kosten der Verwaltung. Die Verteilung dieser Kosten erfolgt gemäß der **gerichtlichen Kostenentscheidung**. Die Verteilung der Kosten innerhalb der Gruppe, die danach die Kosten zu tragen hat, erfolgt nach deren **Miteigentumsanteilen** bzw. nach einer abweichenden Vereinbarung bzw. nach einem Mehrheitsbeschluss gemäß § 16 Abs. 3 WEG.   *WEG § 16 Abs. 8*

Dazu gilt nunmehr jedoch folgende Ausnahme:
Anwaltskosten aus einer Streitvereinbarung der Wohnungseigentümer(gemeinschaft) mit dem Anwalt gehören zu den Kosten der Verwaltung, soweit die mit dem Anwalt vereinbarten Kosten die Rechtsanwaltskosten berechnet nach dem gesetzlichen Streitwert, übersteigen (Mehrkosten).

Die Differenz zwischen den beiden Kostenbeträgen stellt **Kosten der Verwaltung** dar, die auf alle Wohnungseigentümer zu verteilen ist.

Beispiel:
Wohnungseigentümer E ficht den Beschluss der Jahresabrechnung an. Der Verwalter beauftragt einen Anwalt mit der Wahrnehmung der Interessen der übrigen Wohnungseigentümer.

Kosten gemäß Streitvereinbarung mit dem Anwalt z. B. 1.200,00 €	minus	Rechtsanwaltskosten berechnet nach dem gesetzlichen Streitwert z. B. 1.000,00 €	=	**Differenz: Verwaltungskosten** 200,00 €
		↓ Verteilung der Kosten unter Beachtung der **gerichtlichen Kostenentscheidung**		↓ Verteilung der Kosten nach **Miteigentumsanteilen**.

HeizkV § 3   Die Vorschriften der **HeizkV** sind auf Wohnungseigentum anzuwenden, unabhängig davon, ob durch Vereinbarung oder Beschluss abweichende Bestimmungen über die Verteilung der Kosten der Versorgung mit Wärme und Warmwasser getroffen worden sind.

Soweit die HeizkV Verteilungsalternativen ermöglicht, können die Wohnungseigentümer durch Vereinbarung oder Beschluss einen konkreten Verteilungsschlüssel festlegen.

Beispiel:
In der Wohnungseigentumsanlage 1 besteht gemäß HeizkV 2009 die Möglichkeit von den Kosten des Betriebs der zentralen Heizungsanlage Heizkosten mindestens 50 % und höchstens 70 % nach dem erfassten Wärmeverbrauch zu verteilen.
In der Wohnungseigentumsanlage 2 besteht gemäß HeizkV 2009 die Verpflichtung von den Kosten des Betriebs der zentralen Heizungsanlage die Heizkosten zu 70 % nach dem erfassten Wärmeverbrauch zu verteilen.
Im Fall 1 können die Wohnungseigentümer durch Vereinbarung oder Beschluss eine konkrete Verbrauchsverteilung zwischen 50 % und 70 % festlegen.
Im Fall 2 haben sie diese Möglichkeit nicht.

- Änderung geltender Verteilungsschlüssel

Änderung durch

Vereinbarung	HeizkV	Anspruch auf Änderung
wobei auch die Änderungsmöglichkeit durch **Mehrheitsbeschluss vereinbart** sein kann. In diesem Fall ist eine Änderung der Verteilung dann möglich, wenn ein sachlicher Grund hierfür spricht und einzelne Eigentümer gegenüber dem bisherigen Zustand nicht unbillig benachteiligt werden.	Gemäß § 6 Abs. 4 HeizkV kann für künftige Abrechnungszeiträume der Abrechnungsmaßstab aus sachgerechten Gründen geändert werden. Hierzu haben die Eigentümer dann auch die **Beschlusskompetenz**.	Ein **Anspruch** auf Änderung bestehender Verteilungsschlüssel besteht, wenn diese **unbillig** sind.
- **Beschluss**		
In bestimmten Fällen und unter bestimmten Voraussetzungen, kann durch **Beschluss** der Verteilungsschlüssel geändert werden.		

- Änderung der Kostenerfassung und Kostenverteilung der Betriebs- und Verwaltungskosten durch Beschlussfassung

Die Wohnungseigentümer können nunmehr durch **Mehrheitsbeschluss** die Kostenerfassung und die Kostenverteilung ändern für den Bereich

WEG
§ 16 Abs. 3

- der **Betriebskosten** (i. S. des § 566 Abs. 1 BGB/BetrkV) des **gemeinschaftlichen** Eigentums,
- der **Betriebskosten** des **Sondereigentums,** soweit diese der Wohnungseigentümergemeinschaft in Rechnung gestellt werden.
  Beispiel:
  Verteilung der Wasser- und Abwasserkosten des Sondereigentums.

- der **Verwaltungskosten** (z. B. Verwaltervergütung) des **gemeinschaftlichen** Eigentums.

Die Regelung der Kostenerfassung und -verteilung kann **auf Dauer abweichend** von der gesetzlichen Regelung (Verteilung nach Miteigentumsanteilen) oder abweichend von einer vereinbarten Regelung, festgelegt werden.

Ein solcher Beschluss unterliegt jedoch folgenden **Beschränkungen**,
- er muss die Betriebs- und Verwaltungskosten nach **Verbrauch** oder **Verursachung erfassen**,
- er muss die Betriebs- und Verwaltungskosten nach **Verbrauch** oder **Verursachung** oder einem **anderen Maßstab verteilen**,
- er muss hinsichtlich Auswahl der Erfassungsart und Auswahl des neuen Verteilungsschlüssels **ordnungsmäßiger Verwaltung** entsprechen.

Ordnungsmäßiger Verwaltung wird dann entsprochen, wenn die Erfassung und Verteilung der Kosten dem geordneten **Zusammenleben** der Gemeinschaft dient, den **Interessen** der Gesamtheit der Wohnungseigentümer entspricht und der Gemeinschaft **nützt**.

Beispiel:
Berücksichtigung der **wirtschaftlichen** Auswirkungen bei Einführung einer Kostenerfassung und Kostenverteilung nach Verbrauch.

Eine **verursachungsabhängige** Kostenerfassung und ein Kostenverteilungsschlüssel, der die **Kostenverursachung** berücksichtigt, bietet sich bei Kosten an, die leicht einem Verursacher zugeordnet werden können.

Beispiele:
Mahnkosten, Verzugszinsen, Kosten für Waschmaschine und Wäschetrockner.

Widerspricht eine beschlossene Erfassungsmethode oder ein beschlossener Kostenverteilungsschlüssel ordnungsmäßiger Verwaltung, können die entsprechenden Beschlüsse **angefochten** werden.

WEG
§ 16 Abs. 5

Die **Beschlusskompetenz** der Wohnungseigentümer kann **nicht** durch eine **Vereinbarung** der Wohnungseigentümer **eingeschränkt** oder **ausgeschlossen** werden. Eine solche Vereinbarung ist **nichtig**.

- Änderung der Verteilung der Kosten der Instandhaltung, Instandsetzung, baulicher Veränderungen, besonderer Aufwendungen, Modernisierungen, Anpassungen an den Stand der Technik durch Beschlussfassung

WEG
§ 16 Abs. 4

Die Wohnungseigentümer können durch **Mehrheitsbeschluss** die Verteilung der Kosten

↓	↓	↓
der **Maßnahmen ordnungsgemäßer Instandhaltung und Instandsetzung** (§ 21 Abs. 5 Nr. 2 WEG)	der **baulichen Veränderungen** und **besonderen Aufwendungen** (§ 22 Abs. 1 WEG)	der **Modernisierung und der Anpassung an** den **Stand der Technik** (§ 22 Abs. 2 WEG)
↓	↓	↓

für den **Einzelfall** abweichend von der gesetzlichen Regelung bzw. abweichend von einer vereinbarten Regelung festlegen.

Die Kostenregelung **muss** eine **einzelne** Maßnahme betreffen, sie darf **nicht auf Dauer** festgelegt werden.

Wollen die Wohnungseigentümer eine Kostenverteilung auf Dauer abweichend regeln, müssen sie diese (weiterhin) **vereinbaren**, eine Regelung durch Beschluss wäre grundsätzlich **nichtig**.

Notwendige Beschlussmehrheit:
Der Beschluss hierzu bedarf einer „doppelt qualifizierten" **Mehrheit** von ³/₄ aller Wohnungseigentümer **(Kopfprinzip)**
und
von **mehr** als der Hälfte aller Miteigentumsanteile **(Wertprinzip)**.

Notwendige „Rahmenbedingung":
Die Kostenverteilung, die für den jeweiligen Einzelfall beschlossen werden soll, muss dem **Gebrauch** oder der **Möglichkeit des Gebrauchs Rechnung tragen**.
Nach dem Sprachgebrauch ist der Begriff „Gebrauch" dem Begriff „Benutzung" gleichgesetzt.

Erreicht der Beschluss lediglich die einfache Mehrheit bzw. entspricht er nicht der „Rahmenbedingung" ist der Beschluss **anfechtbar**.

Die **Beschlusskompetenz** der Wohnungseigentümer kann **nicht** durch eine **Vereinbarung** der Wohnungseigentümer **eingeschränkt** oder **ausgeschlossen** werden. Die Vereinbarung wäre **nichtig**.

WEG § 16 Abs. 5

Zu beachten:
Ist die **Verteilung** der Kosten baulicher Veränderungen (i. S. von § 22 Abs. 1 WEG) durch Beschluss **geändert** worden, haben auch die Wohnungseigentümer die beschlossene Kostenverteilung zu beachten, die gegen die Maßnahme gestimmt haben, d. h. dass sie ggf. an den Kosten beteiligt sind.

WEG § 16 Abs. 6 S. 2

Beispiel:
Die Wohnungseigentümer beschließen mit hinreichender Mehrheit den Rückbau eines gepflasterten Weges über die Rasenfläche, weil dadurch die Unterhaltskosten für den Weg wegfallen und die Pflegekosten der Grünfläche gemindert werden. Wohnungseigentümer E stimmt dagegen. Gleichzeitig wird beschlossen, die Kosten der baulichen Veränderung nach der Anzahl der Wohnungen zu verteilen, da die Unterhalts- und Pflegekosten bisher gemäß Vereinbarung in der TE/GO ebenfalls nach diesem Schlüssel verteilt wurden.
Wohnungseigentümer E stimmt gegen diese bauliche Veränderung.
E hat sich an den Kosten entsprechend dem Beschluss zu beteiligen, obwohl er gegen die bauliche Veränderung gestimmt hat, wenn man davon ausgeht, dass die Kostenverteilung den „Rahmenbedingungen" entspricht. Geht man davon aus, dass die Rahmenbedingungen nicht erfüllt sind, müsste E den Beschluss zur Kostentragung anfechten, um eine Kostenbeteiligung zu vermeiden.

- **Grundbuchberichtigung**

Ändert ein Beschluss eine in der **Gemeinschaftsordnung** enthaltene Kostenregelung, wird durch den Beschluss eine bestehende Vereinbarung außerhalb des

Grundbuchs geändert. Es kann deshalb eine **Grundbuchberichtigung** nach § 22 GBO beantragt werden.

Zusammenfassung

Nutzungen:
- Nutzungen des **Sondereigentums** stehen dem jeweiligen Wohnungseigentümer zu.
- Nutzungen des **gemeinschaftlichen Eigentums** stehen den Wohnungseigentümern gemäß ihrem Miteigentumsanteil bzw. gemäß dem vereinbarten Anteil zu.

Lasten und Kosten:
- Lasten und Kosten des **Sondereigentums** hat der jeweilige Wohnungseigentümer zu **tragen**.

  Soweit **Betriebskosten des Sondereigentums**, die der Wohnungseigentümergemeinschaft in Rechnung gestellt werden zu **verteilen** sind, kann der Verteilungsschlüssel durch **Beschluss** bestimmt werden (unter Beachtung bestimmter „Rahmenbedingungen").
- Lasten und Kosten des **gemeinschaftlichen Eigentums** haben die Wohnungseigentümer grundsätzlich anteilsmäßig zu **tragen**.

Verteilungs**grund**regeln

für die Lasten, die Kosten der Instandhaltung und Instandsetzung, der sonstigen Verwaltung, des gemeinschaftlichen Gebrauchs, und insbesondere auch der Kosten eines Rechtsstreits gemäß § 18 WEG und der Ersatz bestimmter Schäden am Sondereigentum (§ 16 Abs. 7 WEG)

Verteilung

nach **Miteigentums**anteilen   oder   nach einer **vereinbarten Verteilungsregel.**

Verteilungsbesonderheiten:
- Für die **Kosten baulicher Veränderungen** und die Kosten von Maßnahmen, die über die ordnungsmäßige Instandhaltung, -setzung hinausgehen:

  Wohnungseigentümer die der Maßnahme **nicht** zugestimmt haben, tragen auch keine Kosten. Ausnahme: Der Kostenverteilungsschlüssel wurde durch Beschluss **geändert** (§ 16 Abs. 6 S. 2 WEG).
- Für die **Kosten eines Rechtsstreits gemäß § 43 WEG**:

  Die Verteilung der Kosten ist entsprechend der gerichtlichen Kostenverteilungsanordnung zu tragen. Diese Regel ist für **Anwaltskosten** nur bis in Höhe der Kosten zu beachten, die sich aus der Berechnung nach dem gesetzlichen Streitwert ergeben.
- Für die **Kosten der Versorgung mit Wärme und Warmwasser**:

  Die Verteilung der Wärme- und Warmwasserversorgungskosten ist unter Beachtung der entsprechenden Vorschriften der HeizkV durchzuführen.

Änderung der Verteilungsregelung:
- Gemäß einer Vereinbarung,
- gemäß HeizkV,
- gemäß Anspruch auf Änderung,
- gemäß Beschlussfassung.

13.2.1.4 Verwaltungsrechte, Verwaltungspflichten der Wohnungseigentümer, Verwaltungsbeirat

Im Allgemeinen versteht man unter Verwaltung, die Geschäftsführung im Interesse aller zum gemeinschaftlichen Besten.

- **Die Organe der Verwaltung**

Die Verwaltung des **Sondereigentums** obliegt grundsätzlich den einzelnen Wohnungseigentümern in eigener Verantwortung.

WEG §§ 20 ff

Die Verwaltung des **gemeinschaftlichen Eigentums** obliegt den Wohnungseigentümern, dem Verwalter und dem Verwaltungsbeirat.

- **Die Verwaltung des gemeinschaftlichen Eigentums durch die Wohnungseigentümer**

  · **Die Verwaltung durch die Wohnungseigentümer gemeinschaftlich**

Die Verwaltung steht den Wohnungseigentümern grundsätzlich gemeinschaftlich zu, d. h. dass Verwaltungsmaßnahmen mit Zustimmung **aller** Wohnungseigentümer getroffen werden.

Dieser Grundsatz wird jedoch im Gesetz eingeschränkt durch die **Notgeschäftsführung** einzelner Wohnungseigentümer, den **Einzelanspruch** eines jeden Wohnungseigentümers auf ordnungsmäßige Verwaltung, **ordnungsmäßige Verwaltung** durch Mehrheitsbeschluss und die Vornahme von **baulichen Veränderungen** und von Maßnahmen die über die ordnungsmäßige Instandhaltung und Instandsetzung hinausgehen.

  · **Notgeschäftsführung**

Jedem Wohnungseigentümer steht das Recht zu, die notwendigen Maßnahmen zu ergreifen, um einen unmittelbar drohenden Schaden abzuwehren.

Die Zustimmung der anderen Wohnungseigentümer ist hierbei nicht erforderlich.

Beispiele:
Vernageln der Kellerfenster vor ansteigendem Hochwasser, Feuerwehr verständigen und Gefahrenstelle kenntlich machen, wenn sich Dachziegel aus der Verankerung gelöst haben und die Gefahr besteht, dass sie herunterfallen. Dem Notgeschäftsführer in diesem Zusammenhang entstandene Aufwendungen sind ihm von der Gemeinschaft zu erstatten. Es liegen insoweit Kosten der Verwaltung vor.

  · **Einzelanspruch auf ordnungsmäßige Verwaltung**

Jeder Wohnungseigentümer hat einen Anspruch auf eine Verwaltung, die dem Gesetz, den Vereinbarungen und den Beschlüssen entspricht.

Einen Anspruch auf ordnungsmäßige Verwaltung hat auch die (teil-)rechtsfähige Wohnungseigentümergemeinschaft, der **Verband**.

Der Anspruch kann umgesetzt werden durch Anfechtung, Nichtigkeitsfeststellung und Antrag auf Entscheidung über die Ordnungsmäßigkeit der Verwaltung.

Ordnungsmäßige Verwaltung

- **Maßnahmen ordnungsmäßiger Verwaltung durch Mehrheitsbeschluss**

Ordnungsmäßige Verwaltung ist grundsätzlich alles, was dem geordneten Zusammenleben in der Gemeinschaft und dem Interesse der Gesamtheit der Wohnungseigentümer nach billigem Ermessen dient.

WEG § 21 Abs. 5

Maßnahmen ordnungsmäßiger Verwaltung sind insbesondere

– **die Aufstellung einer Hausordnung**

Sie darf keine willkürlichen Regelungen enthalten. Sie darf den Gebrauch des Sondereigentums nicht unnötig beeinträchtigen. Sind diese Anforderungen erfüllt, kann die Hausordnung als Maßnahme ordnungsmäßiger Verwaltung beschlossen werden.

– **die ordnungsmäßige Instandhaltung und Instandsetzung des gemeinschaftlichen Eigentums**

Hierzu gehören die notwendigen Maßnahmen zur Erhaltung des **ursprünglichen Zustandes** bzw. dessen Wiederherstellung.

Beispiele:
Streichen der Fensterstöcke außen, Reparatur des schadhaften Flachdaches.

Weiter fallen hierunter **Ersatzbeschaffungen**.

Beispiel:
Ersatz eines nicht mehr sinnvoll reparaturfähigen Rasenmähers durch einen neuen.

Modernisierende Instandsetzungen gehören ebenfalls zu den Maßnahmen ordnungsmäßiger Instandhaltung und Instandsetzung.

Eine Maßnahme **modernisierender** Instandsetzung liegt dann vor, wenn die **Neuerung** zu einer **ohnehin notwendigen** oder **in Kürze bevorstehenden** Instandsetzung in Beziehung steht. Ein Instandsetzungsbedarf ist also bereits vorhanden.

Beispiel:
Aufbringung eines Dämmputzes bei einer ohnehin erforderlichen Fassadensanierung.

Weiter gehören zur Gruppe der Maßnahmen ordnungsmäßiger Instandhaltung und Instandsetzung Maßnahmen zur **erstmaligen Herstellung** eines mängelfreien Zustandes.

Beispiel:
Erstmalige Herstellung der Abdichtung der Balkontragplatte.

Hier einzuordnen sind aber auch Maßnahmen, die durch **öffentlich-rechtliche** Bestimmungen vorgeschrieben sind.

Beispiel:
Anpassung der Tiefgaragenentlüftung an neue technische Bestimmungen.

Alle diese Maßnahmen können als Maßnahmen ordnungsmäßiger Verwaltung **mehrheitlich** beschlossen werden.

– **Die Ansammlung einer angemessenen Instandhaltungsrückstellung**

Die Rückstellung ist ausreichend zu bilden. Als Maß für die Mindesthöhe der Rückstellung werden die in § 28 Abs. 2 II. Berechungsverordnung festgelegten Instandhaltungspauschalen (jetzt indexiert) angesehen.

Die Höhe der Rückstellung kann z. B. auch durch die sogenannte **„Petersche Formel"** bestimmt werden.

Diese lautet:
(Herstellungskosten/reine Baukosten je Quadratmeter Wohnfläche x 1,5) : 80 Jahre.

Beispiel:
Bei Herstellungskosten/m^2 von 1.000,00 € ergibt sich eine jährliche Rückstellung von 18,75 €/m^2 Wohnfläche und Jahr.

Die Rückstellung ist zweckgebunden zu verwenden.

Wird eine aus Sicht der Verwaltung notwendige Erhöhung der Instandhaltungsrücklage von den Wohnungseigentümern abgelehnt, sollte der Verwalter einen entsprechenden Hinweis in die Versammlungsniederschrift aufnehmen, z. B.: „Der Verwalter wies daraufhin, dass die Rücklage unangemessen niedrig ist und nach seiner Vorstellung für eine ordnungsmäßige Verwaltung ... € betragen sollte."

Die Bildung einer Rückstellung in ordnungsmäßiger Höhe kann als Maßnahme ordnungsmäßiger Verwaltung mehrheitlich beschlossen werden.

– **Der Abschluss einer Feuerversicherung für das gemeinschaftliche Eigentum sowie der Abschluss einer angemessenen Haus- und Grundbesitzerhaftpflichtversicherung**

Der Abschluss einer Gewässerschadenversicherung, einer Leitungswasser-, Sturmversicherung, einer Elementarschadenversicherung stellt ebenfalls eine Maßnahme ordnungsmäßiger Verwaltung dar und kann daher mehrheitlich beschlossen werden.

– Im Rahmen ordnungsmäßiger Verwaltung zu **dulden** sind **Maßnahmen zur Herstellung einer Fernsprechteilnehmereinrichtung oder eines Energieversorgungsanschlusses zugunsten eines Wohnungseigentümers.**

– **Weitere Verhaltensweisen ordnungsmäßiger Verwaltung**

Hierzu gehören u. a., **Beschlüsse klar und unmissverständlich** zu fassen, **kostenbewusste** und **sparsame Wirtschaftsführung**, die **sichere Anlage** des gemeinschaftlichen Vermögens, Wahrnehmung der **Verkehrssicherungspflichten**, die Ausführung von Arbeiten nach den **anerkannten Regeln** der **Bautechnik**.

WEG
§ 21 Abs. 7

· **Regelungen** zu Zahlungen, besonderen Nutzungen, besonderen Verwaltungsaufwand

Die Wohnungseigentümer können durch **Mehrheitsbeschluss** Regelungen treffen

– zur **Art und Weise** von Zahlungen.

Beispiel:
Beschlussfassung darüber, ob die Eigentümer per Dauerauftrag zahlen oder am Einzugs- oder Abbuchungsverfahren teilnehmen müssen.

– zur **Fälligkeit** von Zahlungen.

Beispiel:
Beschlussfassung darüber, dass das Hausgeld nicht mehr monatlich, sondern jeweils zu Beginn eines Jahres im Voraus zu zahlen ist.

– zu den **Folgen** eines Zahlungsverzugs.

Beispiel:
Beschlussfassung darüber, dass der Verzugszinssatz abweichend von den gesetzlichen Vorgaben geregelt wird.

– zu den **Kosten** für eine **besondere Nutzung** des gemeinschaftlichen Eigentums.

Um eine **besondere Kostenbelastung** eines Wohnungseigentümers durch **Beschluss** zu rechtfertigen, muss es sich um eine Nutzung durch den Wohnungseigentümer handeln, die über den üblichen Gebrauch hinausgeht.

Beispiel:
Nutzung des gemeinschaftlichen Eigentums durch Werbeschilder, Schaukästen, Antennen

– zu den **Kosten** für einen **besonderen Verwaltungsaufwand**.

Die Wohnungseigentümer können **beschließen**, dass ein Wohnungseigentümer die Kosten eines besonderen Verwaltungsaufwands zu tragen hat, weil er diesen Aufwand **über das Übliche hinaus** verursacht hat.

Beispiel:
Kosten die der Wohnungseigentümergemeinschaft für die Ermittlung der Adresse eines Wohnungseigentümers entstanden sind.

- **Bauliche Veränderungen und Maßnahmen die über die ordnungsmäßige Instandhaltung und Instandsetzung hinausgehen**

Zu unterscheiden ist zwischen folgenden Maßnahmen:

- **Bauliche** Veränderungen und **Aufwendungen**, die über die ordnungsmäßige Instandhaltung und Instandsetzung des gemeinschaftlichen Eigentums hinausgehen.   WEG § 22 Abs. 1
- Bauliche Veränderungen und besondere Aufwendungen, die **gleichzeitig** einer **Modernisierung i. S. von § 559 Abs. 1 BGB** oder der Anpassung an den **Stand der Technik** dienen.   WEG § 22 Abs. 2

Bauliche Veränderungen sind dauerhafte Eingriffe in die Substanz des gemeinschaftlichen Eigentums, die einen **neuen** Zustand schaffen und/oder sich auf die äußere Gestalt des gemeinschaftlichen Eigentums auswirken im Vergleich zu dem im Aufteilungsplan vorgesehenen Zustand.

Beispiele:
Das Anbringen eines Katzennetzes am vorderen Abschluss eines als Loggia ausgestalteten Balkons,
die Verglasung einer Loggia.

Zu den **Maßnahmen die über die ordnungsmäßige Instandhaltung und Instandsetzung hinausgehen** gehören solche, die **unnötig** sind, aber auch Verbesserungen die **über** den ordnungsmäßig erforderlichen Bestand des Gebäudes hinausgehen.

Beispiele:
Verfrühte Dachsanierung (unnötig),
Ersatz erneuerungsbedürftiger Betontreppenstufen durch sehr hochwertige Marmorstufen (über den ordnungsmäßigen Bestand hinausgehend).

Bauliche Veränderungen und Maßnahmen, die über die ordnungsmäßige Instandhaltung und Instandsetzung hinausgehen, können die Wohnungseigentümer **beschließen**. Es ist jedoch zu beachten, dass die durch die Maßnahme **beeinträchtigten** Wohnungseigentümer **nicht** übergangen werden dürfen.

Wird also ein Beschluss gefasst, ist dieser **anfechtbar**, wenn nicht jeder Wohnungseigentümer, der durch die beschlossene Maßnahme beeinträchtigt ist, zugestimmt hat.

Das Maß der hinzunehmenden Beeinträchtigung bestimmt § 14 Nr. 1 WEG. Danach stellt grundsätzlich jede **nicht ganz unerhebliche Veränderung** des bestehenden Zustands des gemeinschaftlichen Eigentums eine Beeinträchtigung dar. Die Grenze bis zu der ein Eigentümer Beeinträchtigungen hinnehmen muss, ist daher schnell erreicht.

Andererseits hat ein **einzelner** Wohnungseigentümer einen **Anspruch** gegen die anderen Wohnungseigentümer, dass diese eine bauliche Veränderung oder besondere Aufwendung durch Beschluss **gestatten**, sofern ihre Rechte nicht beeinträchtigt werden.

Beispiel:
Einbau eines Dachfensters zur Belichtung der Dachwohnung.

Die Zustimmung zum Veränderungswunsch einzelner Wohnungseigentümer sollte man von der Beantwortung folgender Fragen abhängig machen:
- Werden die konstruktiven Stabilität und Sicherheit beeinflusst?
- Ändert sich der architektonische Gesamteindruck?
- Werden Gebrauchsrechte anderer Wohnungseigentümer beeinträchtigt?
- Welche Störungen durch Lärm, Geruch, Schmutz entstehen?
- Ändert sich die Zweckbestimmung der Anlage?
- Ergeben sich finanzielle Belastungen für die übrigen Eigentümer?
- Ergeben sich Gefährdungen für andere Eigentümer?

Eine besondere Fallgruppe **innerhalb** der Gruppe der baulichen Veränderungen und Maßnahmen, die über die ordnungsmäßige Instandhaltung und Instandsetzung hinausgehen, sind Maßnahmen die der **Modernisierung i. S. von § 559 Abs. 1 BGB** und der Anpassung an den **Stand der Technik** dienen.

Die **Modernisierung i. S. von § 559 Abs. 1 BGB** umfasst Maßnahmen, die den **Gebrauchswert** der Anlage nachhaltig erhöhen und/oder die **allgemeinen Wohnverhältnisse bzw. Nutzungsverhältnisse** auf Dauer verbessern und/oder zu nachhaltiger **Energie- und Wassereinsparung** führen.

Beispiele:
Installation eines Fahrradständers, Einbau einer Gegensprechanlage, Einbau von Energiespar- und Schallschutzfenstern.

Maßnahmen die der Anpassung an den **Stand der Technik** dienen, sind bauliche Maßnahmen zur Anpassung der Anlage an eine in der Praxis bewährte, fortschrittliche technische Entwicklung.

Die Wohnungseigentümer können diese Maßnahmen **beschließen** mit einer Mehrheit von
$3/4$ aller Wohnungseigentümer **(Kopfprinzip)**
und
von **mehr** als der Hälfte aller Miteigentumsanteile **(Wertprinzip)**.

Die **Beschlusskompetenz** zur Durchführung baulicher Maßnahmen die der Modernisierung oder den Anpassung an den Stand der Technik dienen, kann durch eine Vereinbarung **nicht** eingeschränkt oder ausgeschlossen werden. Eine solche Vereinbarung wäre nichtig.

Zusätzlich sind folgende „**Rahmenbedingungen**" einzuhalten:
- Die Maßnahme darf **nicht** die **Eigenart** und den **optischen Gesamteindruck** der Anlage verändern.

Beispiel:
Errichtung eines Außenaufzugs: Maßnahme stellt eine Modernisierung dar, die grundsätzlich die Eigenart der Wohnanlage ändert.

Ist dies der Fall, liegt eine bauliche Veränderung i. S. von § 22 Abs. 1 WEG vor, die der Zustimmung **aller** Wohnungseigentümer bedarf, da durch diese Maßnahmen **alle** Wohnungseigentümer beeinträchtigt werden.

- Die Maßnahme darf **einzelne Wohnungseigentümer** gegenüber anderen **nicht unbillig** beeinträchtigen.

Beispiel:
Anbau eines Balkons: Maßnahme stellt eine Modernisierung dar, jedoch können dadurch andere Wohnungseigentümer womöglich unbillig benachteiligt werden (was zu prüfen ist).

Wird die doppelte Mehrheit nicht erreicht oder gegen die „Rahmenbedingungen" verstoßen, ist der Beschluss **anfechtbar**.

Zu beachten:
- Ein einzelner Wohnungseigentümer hat auf bauliche Maßnahmen, die der Modernisierung oder der Anpassung an den Stand der Technik dienen, **keinen** Anspruch.

```
Maßnahmengruppen ordnungsmäßiger Instandhaltung und Instandsetzung
```

Erneuerung, Ersatzbeschaffung	privat-rechtlich, öffentlich-rechtlich notwendige Maßnahmen	Maßnahmen zur Verkehrssicherung	Erstmalige Herstellung des „Original"-zustandes	Maßnahmen der modernisierenden Instandsetzung

Grundsätzlich **nicht durch Mehrheitsbeschluss** geregelt werden und daher von den Maßnahmen ordnungsmäßiger Instandhaltung und Instandsetzungen zu **unterscheiden**:

Bauliche Veränderungen und Maßnahmen die über die ordnungsmäßige Instandhaltung und Instandsetzung hinausgehen.

Bauliche Veränderungen und Maßnahmen die über die ordnungsmäßige Instandhaltung und Instandsetzung hinausgehen i. S. von § 22 Abs. 1 WEG.	Modernisierungen i. S. von § 559 Abs. 1 BGB, und Anpassungen an den Stand der Technik, § 22 Abs. 2 WEG

Zusammenhang zwischen Maßnahmenbeschluss und Beschluss zur Regelung der Kostenverteilung

Beschluss einer Maßnahme der **ordnungsmäßigen Instandhaltung und -setzung** des gemeinschaftlichen Eigentums (§ 21 Abs. 5 Nr. 2 WEG). **Maßnahmenbeschluss: Einfache** Mehrheit.	Beschluss einer **baulichen Veränderung** oder einer besonderen Aufwendung (§ 22 Abs. 1 WEG). **Maßnahmenbeschluss:** Beschluss muss die Zustimmung **aller Beeinträchtigten** beinhalten ggf. **Einzelanspruch**.	Beschluss einer Maßnahme, die der **Modernisierung** oder der Anpassung an den Stand der Technik dient (§ 22 Abs. 2 WEG) **Maßnahmenbeschluss:** Der Beschluss benötigt die **Mehrheit von $3/4$ aller Wohnungseigentümer** nach Köpfen und von mehr als der **Hälfte aller Miteigentumsanteile**.

Kostenverteilung: Nach **Miteigentumsanteilen** bzw. nach **vereinbarten** Verteilungsschlüssel	Kostenverteilung: Nach **Miteigentumsanteilen** bzw. nach **vereinbarten Verteilungs**schlüssel. Wohnungseigentümer, die einer solchen Maßnahme jedoch **nicht** zugestimmt haben, sind grundsätzlich **nicht** verpflichtet, dadurch entstandene Kosten zu tragen. Im Übrigen dann Verteilung nach den **Miteigentumsanteilen** der restlichen Eigentümer. bzw. nach vereinbarten Verteilungsschlüssel.	Kostenverteilung: Nach **Miteigentumsanteilen** bzw. nach **vereinbarten** Verteilungsschlüssel.
Soll für den **Einzelfall** hiervon abgewichen werden, benötigt ein solcher Beschluss die **Mehrheit von $3/4$ aller Wohnungseigentümer nach Köpfen und** mehr als die **Hälfte aller Miteigentumsanteile**.	Soll für den **Einzelfall** hiervon abgewichen werden, benötigt ein solcher Beschluss die **Mehrheit von $3/4$ aller Wohnungseigentümer nach Köpfen und** mehr als die Hälfte aller Miteigentumsanteile. Wohnungseigentümer, die der Maßnahme nicht zugestimmt haben, tragen die Kosten entsprechend dem Beschluss mit.	Soll für den **Einzelfall** hiervon abgewichen werden, benötigt ein solcher Beschluss die **Mehrheit von $3/4$ aller Wohnungseigentümer nach Köpfen und** mehr als der Hälfte aller Miteigentumsanteile.
Ergebnis: Die Mehrheitserfordernisse für den Maßnahmenbeschluss und für den Kostenregelungsbeschluss fallen auseinander.		Ergebnis: Die Mehrheitserfordernisse für Maßnahmenbeschluss und für den Kostenregelungsbeschluss decken sich.

Beispiel:
Eine Wohnungseigentumsanlage besteht aus 11 Wohnungen.
Wohnungseigentümer A ist Eigentümer von 5 der 11 Wohnungen mit insgesamt 510/1.000 Miteigentumsanteilen.
In der Gemeinschaftsordnung ist keine Regelung zum Stimmrecht vereinbart.
Die übrigen 6 Wohnungen haben je verschiedene Eigentümer.
Auf der Eigentümerversammlung beschließen die Wohnungseigentümer den notwendigen Neuanstrich der Fassade des Gebäudes und die Änderung des geltenden Kostenverteilungsschlüssels für diesen Einzelfall.
Wohnungseigentümer A ist mit dieser Kostenregelung nicht einverstanden. A stimmt gegen den Beschlussantrag, alle anderen Wohnungseigentümer stimmen für den Beschlussantrag.

Da die Kostenverteilung geändert wird, ist ein doppelt qualifizierter Mehrheitsbeschluss notwendig.
Mehrheit nach Köpfen: 7 Stimmen (nach Köpfen) für den Beschlussantrag, 1 Stimme (Kopf) dagegen. Mehr als $^3/_4$ aller Stimmen nach Köpfen sind für den Beschlussantrag. Mehrheit nach Miteigentumsanteilen: 490/1.000 für den Beschlussantrag, 510/1.000 dagegen.
Die notwendige **doppelt qualifizierte Mehrheit** wird also nicht erreicht.
Soweit der Mehrheitsbeschluss trotzdem gefasst wird, ist der Beschluss anfechtbar.
Würde die Kostenverteilung nicht geändert, würde für den Beschluss der Maßnahme die **einfache Mehrheit** genügen.

– **Der Verwaltungsbeirat**

WEG § 29   Der Verwaltungsbeirat ist das dritte Organ der Verwaltung.

Er besteht nach dem Gesetz aus **3 Wohnungseigentümern**.

Der Beirat ist nicht zwingend vorgeschrieben, d. h. seine Bestellung kann durch Vereinbarung ausgeschlossen werden.

Die Bestellung des Verwaltungsbeirats erfolgt durch Mehrheitsbeschluss auf bestimmte oder unbestimmte Dauer. Es sind grundsätzlich 3 natürliche und unbeschränkt geschäftsfähige Personen zu Beiräten zu bestellen.

Durch Mehrheitsbeschluss kann je 1 Mitglied des Verwaltungsbeirats mit der Position des Verwaltungsbeiratsvorsitzenden und des Stellvertreters betraut werden (geschieht dies nicht, so wählt sich der Verwaltungsbeirat seinen Vorsitzenden und dessen Stellvertreter selbst).

Daneben kann durch Mehrheitsbeschluss ein angemessener pauschalierter Aufwendungsersatz festgesetzt werden.

Gesetzliche Aufgaben und Befugnisse des Verwaltungsbeirats sind,

– die **Unterstützung** des Verwalters.

Beispiele:
Unterstützung durch Mitwirkung bei der Vorbereitung und Durchführung der Wohnungseigentümerversammlung durch Mitwirkung bei der Festsetzung der Tagesordnung, des Versammlungstermins, der Feststellung der Beschlussfähigkeit, der Feststellung der Abstimmungsergebnisse u. a.

Unterstützung durch Einholung von Angeboten, bei der Geldanlage, bei der Überwachung der Hausordnung;
– die **Prüfung** von Wirtschaftsplan, Jahresabrechnung, Rechnungslegung, Kostenvoranschlägen. Die Nicht- oder Schlechterfüllung dieser Pflicht kann Schadenersatzansprüche begründen,
– die **Einberufung** der Wohnungseigentümerversammlung durch den Vorsitzenden des Verwaltungsbeirats oder seines Stellvertreters in den vom Gesetz vorgesehenen Fällen,

- die **Unterzeichnung** der Versammlungsniederschrift durch den Vorsitzenden oder seinen Stellvertreter,
- die **Aufgabe** Schäden abzuwenden, auf Gefahren hinzuweisen, Risiken und festgestellte Pflichtverletzungen aufzuzeigen.

Durch Vereinbarung oder Beschluss auf den Verwaltungsbeirat übertragene Aufgaben und Befugnisse sind z. B. seine Beauftragung und Bevollmächtigung zur Unterzeichnung des Verwaltervertrags durch die Wohnungseigentümerversammlung.

- **Haftung** des Verwaltungsbeirats

Die einzelnen Verwaltungsbeiratsmitglieder haften u. a. gegenüber den Wohnungseigentümern/ der Wohnungseigentümergemeinschaft für rechtswidrige und schuldhafte Pflichtverletzungen nach dem allgemeinen Schuldrecht.

Jedes Mitglied des Verwaltungsbeirats haftet für sein eigenes Verschulden.

Die Haftung des Verwaltungsbeirats kann durch Vereinbarung, nicht aber durch Mehrheitsbeschluss auf vorsätzliches oder grobfahrlässiges Handeln beschränkt werden.

Der Verwaltungsbeirat hat grundsätzlich keinen Anspruch auf Entlastung.

Soll der Verwaltungsbeirat als Gremium entlastet werden, sind alle Mitglieder des Verwaltungsbeirats vom Stimmrecht ausgeschlossen.

13.2.2 Rechte und Pflichten des Verwalters

Verwaltungsbegriff und Verwaltungsgegenstand

Verwaltung

Zur Verwaltung gehört die Unterhaltung, Erhaltung und u. U. auch Wertverbesserung des gemeinschaftlichen Eigentums, die Abwehr von Störungen und Schäden, die Organisation und Ausführung von Vereinbarungen, Beschlüssen und das Rechnungswesen.

WEG
§§ 26, 27, 28

Am Rande:
Unterhält der Verwalter eine **Homepage**, hat er für deren Gestaltung das **Teledienstgesetz (TDG)** zu beachten. Danach sind in einem Impressum bestimmte Informationen zu geben. Dazu gehört auf jeder Seite der Homepage ein deutlich abgehobener Link, der direkt auf das Impressum verlinkt.

Person und Stellung des Verwalters

Verwalter

Verwalter sein können natürliche Personen, juristische Personen, Handelsgesellschaften, Partnerschaftsgesellschaften, **nicht** aber eine Gesellschaft bürgerlichen Rechts (GbR).

Der Verwalter ist der gesetzliche Vertreter der Wohnungseigentümergemeinschaft und an rechtmäßige Weisungen der Wohnungseigentümer gebunden.

Verwalterbestellung

13.2.2.1 Bestellung des Verwalters

Die **Rechtsstellung** als Verwalter ergibt sich durch **Bestellung** und **Annahme** der Bestellung durch den Verwalter. Mit der Annahme der Bestellung kommt auch der **Verwaltervertrag** zustande, zu den in der Bestellung genannten Bedingungen und auf der Basis der gesetzlichen Rechte und Pflichten.

Die Bestellung des Verwalters kann **nicht ausgeschlossen** werden. Ein Beschluss oder eine Vereinbarung, die dies vorsehen, sind **nichtig**.

Diese Aussage bedeutet allerdings nicht, dass jede Wohnungseigentümergemeinschaft einen Verwalter unbedingt haben müsste, sie bedeutet nur, dass die Bestellung eines Verwalters nicht von vornherein ausgeschlossen werden kann und dass jeder einzelne Wohnungseigentümer die Bestellung eines Verwalters verlangen kann.

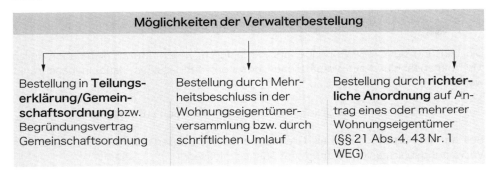

- **Bestellung in Teilungserklärung /Einräumungsvertrag/Gemeinschaftsordnung**

Es ist zulässig, die Erstbestellung des Verwalters bereits in der Teilungserklärung/ Gemeinschaftsordnung vorzunehmen.

Beispiel:
Auszug aus der Gemeinschaftsordnung:
„Zum ersten Verwalter wird die Hausverwaltung ... bestellt. Der Verwalter führt die Verwaltung für die Dauer der ersten 3 Jahre ab Bezugsfertigkeit und kann von den Eigentümern nur aus einem wichtigen Grund abberufen werden."

- **Bestellung durch Mehrheitsbeschluss**

Der Bestellungsbeschluss bringt zum Ausdruck, dass die Wohnungseigentümer darüber einig sind, mit einem bestimmten Verwalter einen Vertrag zu schließen.

Der Verwalter wird durch (einfache) **Stimmenmehrheit** durch die Eigentümer in der Wohnungseigentümerversammlung bestellt.

Es ist nicht möglich, dass die Bestellung durch Dritte, z. B. dem Verwaltungsbeirat, vorgenommen wird; auch dann nicht, wenn diese Dritten durch Beschluss hierzu ermächtigt wurden.

- **Bestelldauer**

Es ist zwischen dem **Termin** der Bestellung (Datum der Beschlussfassung) und dem **Beginn der Bestellung** i. S. des Wirksamwerden der Bestellung also des Tätigwerdens des Verwalters zu unterscheiden.

WEG
§ 26 Abs. 1

Der Zeitraum der **ersten** Verwalterbestellung nach Begründung des Wohnungseigentums darf nicht mehr als **3** Jahre betragen. Danach darf der Bestellungszeitraum maximal **5** Jahre betragen.

Nach Ablauf des Bestellzeitraums ist in jedem Fall eine Wiederbestellung notwendig, die jedoch frühestens 1 Jahr vor Ablauf der laufenden Bestellzeit mit Wirkung für die Zeit nach der laufenden 3- bzw. 5-jährigen Bestellzeit erfolgen darf.

Andere Beschränkungen der Verwalterbestellung sind nicht zulässig.

Beispiele:
In der Gemeinschaftsordnung ist vereinbart, dass nur derjenige zum Verwalter bestellt werden kann, der das Vertrauen von mindestens 2/3 aller Wohnungseigentümer in der Versammlung erlangt. Die Vereinbarung ist nichtig.
In der Gemeinschaftsordnung ist vereinbart, dass zum Verwalter nur die Verwaltungsgesellschaften A-GmbH oder B-GmbH bestellt werden können.
Die Vereinbarung ist nichtig.
Der Verwalter ist auf fünf Jahre bis zum 31.12.2010 bestellt. Wiederbestellung für die Zeit nach dem 31.12.2010 für weitere fünf Jahre erfolgte am 1.3.2009.
Die Bestellung ist nichtig, da sie zu früh erfolgt ist.

- **Bestellung durch richterliche Anordnung**

Bestellt die Gemeinschaft keinen Verwalter, kann jeder Wohnungseigentümer die Bestellung eines Verwalters gerichtlich durchsetzen.

- **Nachweis der Verwalterbestellung**

In Fällen, in denen die Verwaltereigenschaft durch öffentliche Urkunde nachgewiesen werden muss, kann dies durch die Niederschrift über den Bestellungsbeschluss geschehen. Die Unterschriften der Niederschrift müssen öffentlich beglaubigt sein.

Beispiel:
Verwalter hat gemäß § 12 WEG seine Zustimmung zur Veräußerung eines Wohnungseigentums zu geben. Als Nachweis seiner Verwaltereigenschaft genügt die Vorlage der Niederschrift über den Bestellungsbeschluss mit öffentlich beglaubigten Unterschriften.

13.2.2.2 Der Verwaltervertrag

Verwaltervertrag

- **Vertragsabschluss**

Der Verwaltervertrag wird zwischen der Gemeinschaft der Wohnungseigentümer als Verband und dem Verwalter geschlossen. Hinsichtlich der einzelnen Wohnungseigentümer handelt es sich um einen **Vertrag zu Gunsten Dritter**, i. S. von § 328 Abs. 1 BGB.

- Abschluss des Verwaltervertrags bei **Erstbestellung** des Verwalters in der **TE/GO**

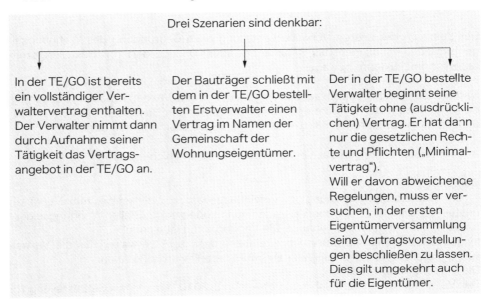

Drei Szenarien sind denkbar:

| In der TE/GO ist bereits ein vollständiger Verwaltervertrag enthalten. Der Verwalter nimmt dann durch Aufnahme seiner Tätigkeit das Vertragsangebot in der TE/GO an. | Der Bauträger schließt mit dem in der TE/GO bestellten Erstverwalter einen Vertrag im Namen der Gemeinschaft der Wohnungseigentümer. | Der in der TE/GO bestellte Verwalter beginnt seine Tätigkeit ohne (ausdrücklichen) Vertrag. Er hat dann nur die gesetzlichen Rechte und Pflichten („Minimalvertrag"). Will er davon abweichende Regelungen, muss er versuchen, in der ersten Eigentümerversammlung seine Vertragsvorstellungen beschließen zu lassen. Dies gilt umgekehrt auch für die Eigentümer. |

- Vertragsabschluss durch **Beschluss** der Wohnungseigentümer

Die Bestellung und deren Annahme führt zu einem Minimalvertrag. Im Übrigen kommt der Verwaltervertrag durch Angebot und Annahme zustande.

Häufig wird ein Bestellungsbeschluss mit bestimmten „Eckdaten" gefasst (Laufzeit des Vertrages, Höhe der Verwaltervergütung werden darin festgelegt) und dann werden bestimmte Eigentümer (z. B. der Verwaltungsbeirat) beauftragt und bevollmächtigt im Rahmen der gesetzten Eckdaten einen Verwaltervertrag auszuhandeln und abzuschließen.

Form des Vertrages

Die Einhaltung einer bestimmten **Form** ist für den Verwaltervertrag nicht vorgeschrieben.

- **Vertragsparteien**

Vertragsparteien

Vertragsparteien sind grundsätzlich einerseits der Verwalter, andererseits die (teil-)rechtsfähige Wohnungseigentümergemeinschaft, der Verband.

- **Vertragstyp**

BGB
§§ 611 ff,
§ 675

Der Vertrag ist i. d. R. ein Dienstvertrag, der auf eine Geschäftsbesorgung gerichtet ist. Daraus folgt, dass die entsprechenden Vorschriften des BGB auf das Vertragsverhältnis anzuwenden sind.

Jede einzelne Regelung im Verwaltervertrag muss ordnungsgemäßer Verwaltung entsprechen. Soweit dies nicht der Fall ist, ist der Beschluss, der den Vertragsabschluss genehmigt anfechtbar. Die Ungültigkeitserklärung bewirkt dann, dass die nicht ordnungsgemäße Regelung ersatzlos aus dem Vertrag gestrichen ist und der übrige Vertrag grundsätzlich wirksam bleibt.

- **Verwaltervertragsinhalte**

Der Verwaltervertrag enthält u. a. Aussagen
- zu den Vertragsparteien,
- zur Vertragsdauer,
- zur ordentlichen Kündigung,
- zur Abberufung des Verwalters aus wichtigem Grund,
- zur fristlosen Kündigung,
- zu den Aufgaben und Befugnissen des Verwalters,
- zur Haftung des Verwalters,
- zur Verwaltervergütung,
- zu Vertragsänderungen,
- zur Haftpflichtversicherung des Verwalters,
- zum Inkrafttreten des Vertrages.

Die Vertragsklauseln stellen grundsätzlich auch Allgemeine Geschäftsbedingungen (AGB) dar, die der Inhaltskontrolle gemäß §§ 305 ff BGB unterliegen.

Allgemeine Geschäftsbedingungen

Beispiel:
Vertragsklausel: „Angebotseinholung, Terminabsprachen mit Handwerkern, Baubetreuung, Abschlussrechnungs- und Aufmaßprüfung, Gewährleistungsüberprüfung bei aufwendigen Instandhaltungen bzw. Instandsetzungen deren Kosten 1.500,00 € übersteigen, Verwaltergebühr 5 % der Bausumme plus USt.".

Diese Klausel ist nach §§ 305 ff BGB unwirksam, sie ist unangemessen, OLG Düsseldorf, 14. 10. 1998.

- **Verwaltervergütung**

Die **Verwaltervergütung** ist durch Bewertung u. a. folgender Kriterien zu ermitteln und dann vertraglich durchzusetzen:
- Größe der Wohnanlage, Anzahl der Einheiten,
- Umfang und Zustand des Gemeinschaftseigentums,
- Alter der Anlage,
- Standort,
- Wert der Anlage,
- angebotene Leistungspalette.

Beispiel:

Verwaltervergütung: 2004 296 WEG-Verwalter	von	bis	max.
bis incl. 10 Einheiten	16,88 €	22,17 €	250,00 €
bis incl. 29 W-Einheiten	15,62 €	18,30 €	35,00 €
bis incl. 49 W-Einheiten	15,24 €	17,40 €	35,00 €
bis incl. 99 W-Einheiten	14,32 €	16,25 €	32,33 €
über 100 W-Einheiten	13,87 €	15,57 €	32,33 €
Garagen innerhalb WEG	2,07 €	3,16 €	12,00 €
Garagen außerhalb WEG	3,47 €	4,55 €	15,00 €

Quelle: Zeitschrift das Wohnungseigentum, Mietrecht, Hammoniaverlag 10/2005/220, 221

Ist die Höhe der Vergütung vertraglich nicht ausdrücklich festgelegt, gilt im Zweifel die **übliche** Vergütung als vereinbart.

Ein Stundenlohn von 50,00 € ist ordnungsgemäß.

II BV
§§ 41 Abs. 2,
26 Abs. 2

Als Orientierung für die Höhe der üblichen Vergütung kann die Höhe der Verwaltungskostenpauschale im öffentlich geförderten Wohnungsbau dienen (Verbraucherpreisindex für Deutschland, Basis 2000 beträgt 100).

Erhöhungen der Verwaltervergütung bedürfen grundsätzlich eines entsprechenden Mehrheitsbeschlusses.

Es ist zu unterscheiden zwischen dem

↓ ↓

BGB
§§ 675, 670

Vergütungsanspruch des Verwalters	**Anspruch auf Aufwendungsersatz** des Verwalters
↓ ↓	↓
Grundvergütung für die **Grundpflichten** des Verwalters (im Wesentlichen enthalten in den §§ 24, 27, 28 WEG). / **Sondervergütung** für bestimmte Sonderleistungen, die konkret zu bestimmen sind. Beispiel: Sondervergütung für Bauüberwachung	Ersatz von Aufwendungen, die der Verwalter zum Zwecke der Ausführung von Verwaltungsaufgaben gemacht hat und die er nach den Umständen für erforderlich halten durfte. Beispiel: Verwalter gibt einen kleineren Instandsetzungsauftrag in eigenem Namen in Auftrag und verlangt den Ersatz seiner Aufwendungen, weil die Arbeiten erforderlich waren.

- **Verwaltervergütung und rechtsfähige Wohnungseigentümergemeinschaft (Verband)**

Will der Verwalter seine Vergütung vom Konto des Verbandes abbuchen, sollte er sich hierzu **ausdrücklich ermächtigen** lassen.

– **Die Übernahme der Verwaltertätigkeit**

Vor der Übernahme der Verwaltung sollte sich der Verwalter u. a. Klarheit verschaffen über folgende Fragen:
- Passt die Anlage von ihrer Größe her in das Verwaltungskonzept?
- Ist aufgestauter Instandhaltungs-, -setzungsbedarf vorhanden?
- Prozesshäufigkeit?
- Häufigkeit des Verwalterwechsels?
- Baumängel aus der Bauzeit?
- Inhalt der Teilungserklärung, des Einräumungsvertrags, der Gemeinschaftsordnung?

Bei der Übernahme der Verwaltertätigkeit sind die **Verwaltungsunterlagen** von der Vorverwaltung zu übernehmen.

Über die von der Vorverwaltung übergebenen Verwaltungsunterlagen sollte unbedingt ein Verzeichnis, das von beiden Verwaltern, dem alten und dem neuen, unterschrieben ist, erstellt werden.

Zu den zu **übergebenden** Unterlagen gehören u. a.:
- Teilungserklärung, Einräumungsvertrag, Gemeinschaftsordnung und Nachträge hierzu,
- Aufteilungsplan und Abgeschlossenheitsbescheinigung,
- Namen und Anschriftenliste der Wohnungseigentümer,
- komplette Sammlung der Niederschriften (Originale),
- Beschluss-Sammlung,
- vorhandene Verträge (Lieferverträge, Wartungsverträge, Versicherungsverträge),
- erteilte Bescheide,
- Hausordnung,
- Buchungsunterlagen einschließlich Kontenplan und Belege,
- Unterlagen über bestehende Konten bei Geldinstituten,
- Aufstellung vorhandener Einzugsermächtigungen,
- Wirtschaftspläne,
- Jahresabrechnungen mit Erläuterungen und Stellungnahmen des Verwaltungsbeirats dazu
- Lieferanten- und Handwerkerverzeichnis,
- Baugenehmigung, Bauzeichnungen, Baubeschreibung, Abnahmebescheinigungen,
- Statische Berechnungen incl. Abnahmebescheinigung,
- Entwässerungsgenehmigung incl. Schlussabnahme und Zeichnungen,
- Grundstücksunterlagen, wie Grundbuchauszug, Flurkarte, Lageplan,
- Betriebsgenehmigungen, Prüfbücher und Prüfbescheide zu Aufzügen, Antennen-, Blitzschutzanlagen, Feuerschutzeinrichtungen, Schornsteinanlagen, Wasseraufbereitungsanlagen,

- Heizungspläne mit Berechnungsunterlagen,
- Schlüssel- und Schließplan mit Sicherungskarte und Schlüssel,
- Abnahmeprotokolle des gemeinschaftlichen Eigentums,
- Wartungsunterlagen (ausführende Firmen, Typenbezeichnungen und andere technische Grunddaten),
- Aufmaße für periodisch anfallende Instandhaltungen und -setzungen,
- Aufstellung zu Eichfristen

Mit Beginn der Verwaltung sind u. a. folgende **organisatorische Maßnahmen** zu veranlassen:
- Festlegung der Bankverbindung
- Zuweisung der Objektnummer
- Vorstellungsbrief an die Wohnungseigentümer
- Mitteilung der Verwaltungsübernahme an Lieferanten, Versicherungen, Wartungsfirmen, TÜV, Stadtwerke/Versorgungsunternehmen
- Erfassung der **Stammdaten** des Objekts,
  z. B.: Objektnummer, Name der Eigentümergemeinschaft, Bankverbindung, Namen, Adressen, Telefonnummern (privat und geschäftlich) der Verwaltungsbeiräte, Datum der Verwalterbestellung, in der betreffenden Anlage zu beachtende Einladungsfrist zur Wohnungseigentümerversammlung, Abstimmungsprinzip in der Versammlung, Anzahl der Wohnungseigentums- und Teileigentumseinheiten und deren Wohn- und Nutzflächen, Baujahr, Massen der Fassaden, Dächer, Fenster in m², Massen der Balkongeländer in laufenden Metern, Fläche des Rasens und des Pflanzbereichs, Art des Heizöltanks und dessen Volumen (Tankinhalt), Versicherungen mit Nummern der Versicherungsscheine, Adressen der Wartungsfirmen.

Es handelt sich bei diesen Daten um solche, die **laufend** benötigt werden. Ihre exakte Erfassung und ein leichter Zugriff darauf, stellen eine wesentliche Erleichterung der Verwaltertätigkeit dar.

13.2.2.3 Abberufung des Verwalters – Beendigung des Verwaltervertrags

Die Wohnungseigentümer können jederzeit die **Abberufung** des Verwalters durch Stimmenmehrheit beschließen, wenn der Verwalter auf unbestimmte Zeit bestellt worden ist.

Allerdings kann die Möglichkeit der Abberufung auf das **Vorliegen eines wichtigen Grundes** beschränkt werden.

Noch weitergehende Beschränkungen sind nicht möglich.

Beispiele:
In TE/GO ist festgelegt, dass die Abberufung des Verwalters nur mit qualifizierter Mehrheit zulässig ist. Die Vereinbarung ist unwirksam, da sie eine Beschränkung der Abberufung des Verwalters darstellt.
Es ist vereinbart oder auch beschlossen, dass der Verwalter nur aus einem wichtigem Grund abberufen werden kann. Nun wird festgestellt, dass er die Beschluss-Sammlung nicht ordnungsmäßig führt.

Gemäß § 26 Abs. 1 S. 3 WEG liegt darin ein wichtiger Grund zur Abberufung des Verwalters, der Verwalter könnte also abberufen werden.

Die **Abberufung** des Verwalters aus **wichtigem Grund** beinhaltet grundsätzlich auch die **fristlose Kündigung** des Verwaltervertrages.

Bei der Abstimmung über seine Abberufung ist der Verwalter stimmberechtigt, dies gilt auch, wenn gleichzeitig über die Kündigung des Verwaltervertrages beschlossen wird. Ein Stimmverbot für ihn besteht nur, wenn über seine Abberufung aus **wichtigem Grund** beschlossen wird. Wobei davon auszugehen ist, dass damit gleichzeitig die fristlose Kündigung erfolgt ist.

Mit der Abberufung verliert der Verwalter seine Amtsstellung.

Pflichten nach Beendigung des Verwalteramts:
- Rechnungslegung (Erstellung der Jahresabrechnung nur dann, wenn der Anspruch hierauf bei Ausscheiden aus dem Amt bereits fällig war),
- Herausgabe von Geld und Unterlagen.

Zu beachten:
Der kontoführenden Bank muss die Abberufung des Verwalters mitgeteilt werden.

Es ist i. d. R. sinnvoll, die Dauer des Verwaltervertrages und die Bestellungszeit aufeinander abzustimmen.

Im Übrigen müssen sich beide Perioden nicht zwangsläufig entsprechen. Es kann durchaus sinnvoll sein, eine gegenüber der Bestelldauer kürzere Vertragsdauer zu bestimmen bzw. **Kündigungsmöglichkeiten** des Verwaltervertrags vor Ablauf der Bestellzeit festzulegen. Kündigungsfristen sollten jedoch nicht länger als 3 Monate formularvertraglich vereinbart werden.

Fehlt eine vertragliche Regelung zur **Dauer des Verwaltervertrags**, so ist im Zweifel die Dauer der Bestellung maßgeblich.

Zu beachten:
Die Vertragsdauer kann bis zu einem Zeitraum von 3 bzw. 5 Jahren frei vereinbart werden.

Abberufung und Kündigung des Verwaltervertrags werden erst mit ihrem Zugang beim Verwalter wirksam (in der Abberufung kann i. d. R. gleichzeitig auch die Kündigung gesehen werden).

Wenn also der Verwalter nicht an der Versammlung teilgenommen hat, muss ihm die Erklärung übermittelt werden.

Die Gemeinschaft sollte per Beschluss einen Übermittler beauftragen.

Beschluss-Beispiel:
„Herr Josef Müller wird beauftragt, dem Verwalter … den Abberufungsbeschluss schriftlich mit Zustellungsnachweis mitzuteilen."

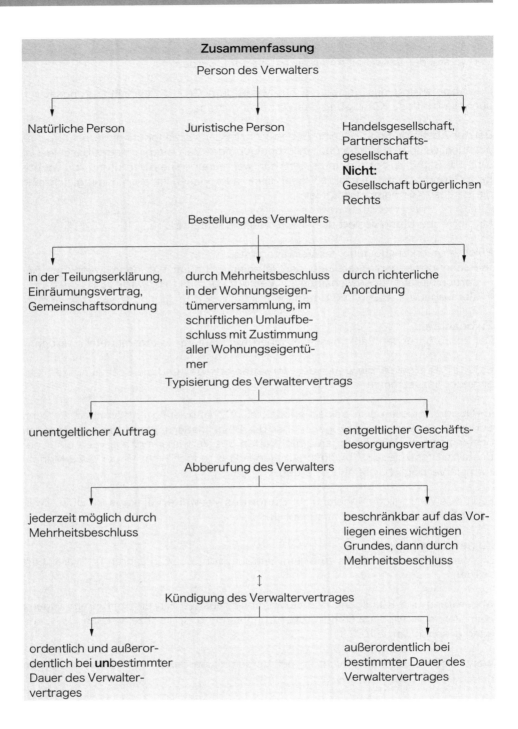

13.2.2.4 Die gesetzlichen Aufgaben und Befugnisse des Verwalters

– Aufgaben und Befugnisse des Verwalters gemäß § 27 WEG

Die folgenden Aufgaben und Befugnisse des Verwalters sind gemäß § 27 Abs. 4 WEG **unabdingbar**.

Diese gesetzlichen Aufgaben und Befugnisse können daher weder durch eine Vereinbarung noch durch einen Beschluss eingeschränkt oder ausgeschlossen werden.

Geregelt werden die Berechtigungen und Verpflichtungen des Verwalters gegenüber den **Wohnungseigentümern** und dem **Verband** im **Innenverhältnis**.	**Geregelt** werden die Rechtsgeschäfte, die der Verwalter im Namen der Wohnungseigentümer **(Abs. 2)** und im Namen des Verbandes **(Abs. 3)** als deren **gesetzlicher Vertreter** im **Außenverhältnis** vornehmen kann.	
↓	↓	↓
§ 27 Abs. 1	§ 27 Abs. 2	§ 27 Abs. 3
Beschlüsse durchführen und für die Durchführung der vorgegebenen Hausordnung sorgen. Maßnahmen für ordnungsmäßige Instandhaltung und -setzung treffen. Maßnahmen in dringenden Fällen treffen.	Willenserklärungen und Zustellungen entgegennehmen. Maßnahmen zur Fristenwahrung treffen.	Willenserklärungen und Zustellungen entgegennehmen. Maßnahmen zur Fristenwahrung treffen. Maßnahmen für die ordnungsmäßige Instandhaltung und -setzung treffen. Maßnahmen in dringenden Fällen treffen.
	Ansprüche geltend machen, soweit Ermächtigung durch Vereinbarung oder Beschluss vorliegt.	
Beiträge anfordern, annehmen, abführen.		Beiträge anfordern, annehmen, abführen.
	Gebührenvereinbarung mit Rechtsanwalt treffen.	Gebührenvereinbarung mit Rechtsanwalt treffen.
Zahlungen und Leistungen bewirken und entgegennehmen. Eingenommene Gelder verwalten. Unterrichtung über anhängige Rechtsstreitigkeiten.		Zahlungen und Leistungen bewirken und entgegennehmen. Im Rahmen der Geldverwaltung Konten führen.

| Erklärungen zu Maßnahmen des § 21 Abs. 5 Nr. 6 WEG abgeben, z. B. zur Einrichtung einer Fernsprecheinrichtung. | Sonstige Handlungen durchführen, soweit eine Ermächtigung durch Vereinbarung oder Beschluss vorliegt. |

Es ist unmittelbar ersichtlich, dass der Verwalter für fast alle Befugnisse die er dem **Verband** gegenüber im **Innenverhältnis** hat, auch **gesetzliche Vertretungsmacht** nach **außen** hat.

Im **Innenverhältnis** muss sich der Verwalter an die **Weisungen** der Wohnungseigentümer halten.

Beispiel:

WEG § 27 Abs. 1 Nr. 2

Dem Verwalter wird per Beschluss gestattet, eine bestimmte Instandsetzungsmaßnahme bis maximal 1.000,00 € durchführen zu lassen und einen entsprechenden Vertrag mit dem Handwerker abzuschließen, (im Innenverhältnis).

WEG § 27 Abs. 3 S. 1 Nr. 3

Der Verwalter schließt nun mit dem Handwerker einen Vertrag über 1.300,00 €, als Vertreter des Verbandes (im Außenverhältnis).
Der Handwerker muss sich nicht fragen, ob ein Beschluss vorliegt, durch den Verwalter zum Vertragsabschluss bevollmächtigt wurde.
Der Verband ist nun an den weisungswidrigen Vertragsabschluss des Verwalters nach außen gebunden. Im **Innenverhältnis** kann aber wegen Verletzung der Weisung ein Schadenersatzanspruch gegen den Verwalter entstehen.

Es kann also vorkommen, dass der Verwalter seine Weisungen in einer Angelegenheit im **Innenverhältnis** verletzt, nach **außen** aber als Vertreter der Wohnungseigentümer bzw. des Verbandes verbindlich handelt.

Der Verwalter kann nun versuchen, seine Handlungsweise nachträglich **rückwirkend genehmigen** zu lassen.

– **Einzelne Aufgaben und Befugnisse (Beispiele)**

· **Beschlüsse und Hausordnung durchführen**

Der Verwalter ist gemäß § 27 Abs. 1 Nr. 1 WEG gegenüber den Wohnungseigentümern und gegenüber dem Verband im Innenverhältnis berechtigt und verpflichtet **Beschlüsse** der Wohnungseigentümer **durchzuführen** und für die **Durchführung** der **Hausordnung** zu sorgen.

Dabei ist es die Aufgabe des Verwalters die **Beschlüsse** umfassend und rechtzeitig vorzubereiten und auszuführen. Dabei hat der Verwalter die Sorgfalt zu beachten, die ein vernünftiger Eigentümer in eigenen Angelegenheiten anwenden würde.

Beispiel:
Einholung mehrerer Angebote bei Arbeiten am Gemeinschaftseigentum, beim Abschluss von Versicherungsverträgen.

Die Erstellung einer **Hausordnung** ist Sache der Wohnungseigentümer, für deren Durchführung zu sorgen ist Recht und Pflicht des Verwalters.

Im Rahmen der Durchführung der Hausordnung hat er u. a. Verstöße dagegen anzumahnen. Ohne ausdrückliche Ermächtigung ist er jedoch **nicht** befugt, die Einhaltung der Hausordnung **gerichtlich** durchzusetzen. Die gerichtliche Durchsetzung der Hausordnung bedarf einer **Ermächtigung** des Verwalters durch Vereinbarung oder Mehrheitsbeschluss der Wohnungseigentümer.

WEG § 27 Abs. 3 Nr. 7

- **Gebührenvereinbarung mit einem Rechtsanwalt treffen**

Der Verwalter ist ermächtigt, mit einem Rechtsanwalt eine **Gebührenvereinbarung** zu treffen.

WEG § 27 Abs. 2 Nr. 4, Abs. 3 Nr. 6

Beispiel:
Ein Wohnungseigentümer ficht den Beschluss einer Sanierungsmaßnahme mit Kosten in Höhe von 50.000,00 € an. Der Kostenanteil des Anfechtenden beträgt 1.000,00 €. Der Streitwert beträgt das Fünffache des Interesses des Anfechtenden von 1.000,00 € = 5.000,00 €.

Dieser Streitwert gilt dann **auch** für die Partei die der Verwalter vertritt, obwohl deren Interesse jedoch bei 50.000,00 € liegt. Unter diesen Bedingungen einen Rechtsanwalt zu finden, wird dem Verwalter schwer fallen. Deshalb gilt der Verwalter als gesetzlich ermächtigt mit dem Rechtsanwalt eine Streitwertvereinbarung zu treffen (diese sollte begrenzt sein auf die Hälfte des Wertes des Interesses aller Beteiligten, also auf 25.000,00 €).

- **Der Verwalter hat die für die ordnungsmäßige Instandhaltung und Instandsetzung des gemeinschaftlichen Eigentums erforderlichen Maßnahmen zu treffen**

WEG § 27 Abs. 1 Nr. 2, Abs. 3 Nr. 3

Der Verwalter hat in erster Linie die Entscheidung der Wohnungseigentümer hinsichtlich zu ergreifender Maßnahmen **vorzubereiten**.

Die Aufgaben des Verwalters liegen im Bereich der Bedarfsfeststellung, der Ausschreibung, der Massenermittlung, der Angebotsprüfung, der Vergabe und der Rechnungsprüfung.

- Zur **Instandhaltungaufgabe** gehören die Aufstellung eines **Instandhaltungsplans** und der Abschluss von **Wartungsverträgen**.

Der Instandhaltungszeitplan wird aus dem Häufigkeitskatalog entwickelt.

Beispiel:

Fristen in Jahren	Arbeiten bei normaler Abnutzung (Häufigkeitskatalog)								
3 bis 5 Jahre	Außenanstrich Holzwerk								
5 Jahre	Außenanstrich Metall								
...									
Jahresangabe	2003	2004	2005	2006	2007	2008	2009	2010	2011

		2003	2004	2005	2006	2007	2008	2009	2010	2011
1. Außenanstrich Holzwerk	soll								X	
	ist		X							
2. ...										

Sinnvoll ist der Abschluss von Wartungsverträgen u. a. bei
- Aufzuganlagen,
- Heizungs- und Warmwasserbereitungsanlagen,
- Brandschutzeinrichtungen, Rauchabzugsanlagen,
- Lüftungsanlagen,
- Rolltoren von Sammelgaragen.

Vor Wartungsvertragsabschluss sollte geprüft werden:
- Bonität des Wartungsunternehmens,
- Erreichbarkeit des Unternehmens im Notfall/Störfall,
- Zeitintervalle zwischen den einzelnen Wartungsinspektionen,
- Wartungsnachweis,

u. a. m.

Mittels der Instandsetzung sollen bereits vorhandene Schäden wieder beseitigt werden. Der Verwalter hat vorhandene Schäden festzustellen.

Dies kann geschehen durch:

– Einzelmeldungen der Schäden und deren Erfassung im Reparaturbuch

Beispiel:

Reparaturmeldungen/Wohnungseigentumsanlage ...

Lfd.Nr.	Datum	Meldender	Art des Schadens

Anlagenbegehung

Der Verwalter ist zur **regelmäßigen Begehung** der Anlage verpflichtet. Sie soll erkennbare Schäden erfassen helfen.

Ein Hilfsmittel für die Hausbegehung ist die **Inspektionsliste**.

Sie kann als Nachweis dafür dienen, dass der Verwalter seinen Pflichten nach § 27 Abs. 1 Nr. 2 WEG nachkommt.

Sind Schäden ermittelt worden, ist deren **Ursache** festzustellen. Diese kann häufig nur durch Einschaltung von Fachleuten ermittelt werden. Nach der Ursachenermittlung hat der Verwalter die notwendigen Arbeiten **auszuschreiben**. Anschließend sind die Aufträge zu **vergeben** und die Ausführung der Arbeiten zu **überwachen**. Sind die Maßnahmen beendet, sind die Arbeiten **abzunehmen** und die Rechnungen technisch und rechnerisch zu **überprüfen**.

Der Beschluss einer Instandsetzungsmaßnahme sollte so formuliert sein, dass den Erfordernissen der Maßnahme Rechnung getragen ist und keine Zweifel darüber aufkommen, wie die Maßnahme finanziert werden soll, wie die Angebote ausgewählt werden, welche Fachleute eingeschaltet werden können.

Vor der Beschlussformulierung sollten folgende Fragen beantwortet werden:
- Art und geschätzter Umfang der Maßnahme?
- Einschaltung von Fachleuten?
- Zeitpunkt der Durchführung der Arbeiten?
- Art der Finanzierung der Maßnahme?
- Anzahl der einzuholenden Kostenvoranschläge, wer holt diese von welchen Firmen ein?
- Versicherungsschutz.

Im Beschluss über die Auftragserteilung sollten folgende Punkte berücksichtigt sein:
- Leistungsumfang,
- Vertrag nach BGB oder VOB, Einheitspreis oder Pauschalpreis,
- Termine, Fristen,
- Vertragsstrafen, Gewährleistung,
- Sicherheit, Bürgschaft,
- Abnahme,
- Mängelrüge, Einbehalte,
- Zahlung an Unternehmer.

Der Instandhaltungs- und Instandsetzungsauftrag ist im Namen der rechtsfähigen Wohnungseigentümergemeinschaft zu erteilen. Der Verwalter handelt dann als Organ der Eigentümergemeinschaft.

Im Übrigen sind die einschlägigen Vorschriften zu beachten, z. B. die Baustellenverordnung, die Energieeinsparverordnung, die Regelungen für Bauabzugssteuer, die Regelungen zu den haushaltsnahen Dienstleistungen.

Zu beachten:
Werden erforderliche Maßnahmen von den Eigentümern nicht durchgeführt, sollte der Verwalter beweisbar alle Eigentümer auf die **Folgerisiken, auch Haftungsrisiken hinweisen**.

WEG § 27 Abs. 3 Nr. 5

- **Kontenführung**

Die Konten der Gemeinschaft sind ausschließlich auf den **Verband „Wohnungseigentümergemeinschaft ..."** einzurichten.

Für die Konteneinrichtung ist es nicht mehr notwendig, dass sich alle Wohnungseigentümer gegenüber der Bank zum Zwecke der Identifikation legitimieren.

WEG § 27 Abs. 5

- **Vermögenstrennung**

Gemäß § 27 **Abs. 5** WEG hat der Verwalter die Gelder der Wohnungseigentümergemeinschaft **getrennt** von seinem Vermögen und vom Vermögen der anderen Wohnungseigentümergemeinschaft zu halten.

– **Verwalteraufgaben nach sachlichen Gesichtspunkten**

Die Aufgaben des Verwalters können sachlich nach folgenden Kriterien gegliedert werden in:

- Aufgaben der **allgemeinen Verwaltung**

Beispiele:
Einrichtung des Bürobetriebs, Unterlagenordnung, Entgegennahme von Beschwerden,

- Aufgabe der **Vorbereitung und Leitung der Wohnungseigentümerversammlung**,
- Aufgaben der **Wirtschaftsverwaltung** (insbesondere Wirtschaftsplan- Jahresabrechnung),
- Aufgaben der **technischen** Verwaltung.

Beispiele:
Überwachung und Abwicklung routinemäßiger technischer Arbeiten, Einleitung technischer Sofortmaßnahmen in dringenden Fällen, periodische Begehungen, Kostenschätzungen nach DIN 276, Angebotsprüfungen

- Aufgaben der **juristischen** Verwaltung

Beispiele:
Verwalterzustimmung nach § 12 WEG, Maßnahmen zur Wahrung von Fristen und zur Abwehr von Rechtsnachteilen.

- Aufgaben des **Vertragswesens**

Bereiche dort: Kaufverträge (z. B. Heizölkauf), Mietverträge (z. B. zu der Gemeinschaft gehörenden Stellplätzen), Dienstverträge (z. B. Hausmeistervertrag), Versicherungsverträge (z. B. Gebäudeversicherung), Wartungsverträge (z. B. Aufzugswartungsvertrag), Werkverträge (z. B. Bauvertrag).

13.2.2.5 Entlastung und Haftung des Verwalters

- **Die Entlastung des Verwalters**

Entlastung des Verwalters

Sie stellt eine einseitige Vertrauensäußerung der Wohnungseigentümer gegenüber dem Verwalter dar.

Die Entlastung des Verwalters kann mehrheitlich **beschlossen** werden.

Sie kann als negatives Schuldanerkenntnis i. S. des § 397 Abs. 2 BGB betrachtet werden.

- **Folgen der Entlastung:**
  - Entlastung nach Vorlage der Abrechnung bedeutet i. d. R. die **Genehmigung** der in der Abrechnung dargestellten Verwaltungsmaßnahmen und Vorgänge.
  - **Schadenersatzansprüche** der Wohnungseigentümer werden ausgeschlossen soweit deren Ursachen bei der Beschlussfassung bekannt sind oder bei zumutbarer Sorgfalt erkennbar gewesen wären. Die Wohnungseigentümer müssen sich die Kenntnis aber auch schon das Kennenmüssen des Verwaltungsbeirats zurechnen lassen.
  - Die Entlastung befreit den Verwalter i. d. R. von der Pflicht zur weiteren **Rechnungslegung** und zur Erteilung von **Auskünften** über einschlägige Vorgänge.
  - Der Entlastungsbeschluss kann durch Beschlussfassung der Wohnungseigentümer **nicht widerrufen** werden.

- **Stimmrecht des Verwalters**

Der Verwalter hat **kein** eigenes Stimmrecht (sollte er Wohnungseigentümer sein) und auch **keines**, welches aus seiner ihm von einem Wohnungseigentümer übertragenen Vertretungsmacht resultiert, wenn es um die Beschlussfassung zu seiner Entlastung geht.

- **Haftung des Verwalters**

Der Verwalter haftet für die **Erfüllung** seiner Vertragspflichten.

Kommt der Verwalter seinen Vertragspflichten schuldhaft verspätet, überhaupt nicht oder nur mangelhaft nach, hat er Ersatz für den daraus entstehenden Schaden entsprechend den Folgen die an Verzug, Nichterfüllung oder positiver Vertragsverletzung geknüpft sind zu leisten.

Der Verwalter haftet in diesem Zusammenhang auch für seine **Erfüllungsgehilfen**.

Daneben haftet der Verwalter auch aus **unerlaubter Handlung**.

BGB §§ 823 ff

In Bezug auf seine Erfüllungsgehilfen aber nur dann, wenn er diese nicht sorgsam ausgesucht und überwacht hat.

Ein wichtiger Bereich dieser Haftung ist die Verletzung der **Verkehrssicherungspflicht**. Für deren Erfüllung haftet der Verwalter zusammen mit der Wohnungseigentümergemeinschaft.

Schadenersatzansprüche eines Wohnungseigentümers wegen Verletzung von Verkehrssicherungspflichten bzw. wegen der damit zusammenhängenden Pflicht zur ordnungsmäßigen Instandhaltung des Gemeinschaftseigentums richten sich gegen die **Wohnungseigentümergemeinschaft, den Verband** und nicht gegen die einzelnen Wohnungseigentümer, OLG München, 24.10.2005.

Beispiele:
Haftung für Schäden wegen nicht ausreichender Beleuchtung, mangelhafter Ausübung der Räum- und Streupflicht, defekter Spielplatzeinrichtungen, schadhafter Waschmaschinen, defekter Aufzugsanlagen, defekter automatischer Garageneinfahrtstore, fehlender Warntafeln usw.

Die Verkehrssicherungspflicht in Bereichen, die der Sondernutzung unterliegen, obliegt in erster Linie den jeweiligen Sondernutzungsberechtigten.

Die Verkehrssicherungspflicht im Bereich des jeweiligen Sondereigentums obliegt in erster Linie den jeweiligen Sondereigentümern.

13.3 WIRTSCHAFTSPLAN, JAHRESABRECHNUNG, RECHNUNGSLEGUNG

Gemäß § 28 WEG hat der Verwalter folgende Aufgaben:

Erstellung des Wirtschaftsplans	Erstellung der Jahresabrechnung	Rechnungslegung
↓	↓	↓

Unter Beachtung
- der formellen **GoB**,
- der Pflicht zur **Aufbewahrung** der Verwalterunterlagen,
- der Pflicht zur **Auskunftserteilung** und zur **Einsichtsgewährung** in Belege und sonstige Unterlagen.

13.3.1 Der Wirtschaftsplan

WEG § 28

– Begriff und Bedeutung

Der Wirtschaftsplan ist der **Haushaltsplan** der Gemeinschaft für ein **Kalenderjahr**. Sein Ziel ist es die **Hausgeldvorschüsse** der einzelnen Wohnungseigentümer zu ermitteln.

Der Wirtschaftsplan enthält daher die voraussichtlichen Einnahmen und Ausgaben der gemeinschaftlichen Verwaltung und die Instandhaltungsrücklage.

Die ermittelten Hausgeldvorschüsse werden grundsätzlich durch **Beschluss** des Gesamtwirtschaftsplans **und** der **Einzelwirtschaftspläne** rechtswirksam, die Zahlungspflicht der Wohnungseigentümer entsteht.

Begründung von Zahlungspflichten

Zu beachten:
Der Wirtschaftsplan wird für ein bestimmtes Kalenderjahr beschlossen. Das kann nun dazu führen, dass für die ersten Monate des Folgejahres kein beschlossener Wirtschaftsplan vorliegt. Dies kann dadurch vermieden werden, dass man eine **Fortgeltungsregelung** beschließt.

Fortgeltungsregelung

Beispiel:
Im März 2009 wird der Wirtschaftsplan für das Kalenderjahr 2009 beschlossen, mit der Maßgabe, dass dieser Plan gültig bleibt bis im Jahr 2010 ein neuer Wirtschaftsplan beschlossen wird.

Neu in die Gemeinschaft eintretende Wohnungseigentümer haben die Zahlungen zu leisten, die nach dem Eigentumswechsel fällig werden.

Eigentümerwechsel

Der Wirtschaftsplan ist eine **Liquiditätsrechnung**.

- **Vorlage zur Beschlussfassung**

Der Wirtschaftsplan wird vom Verwalter erstellt.

Der Wirtschaftsplan ist den Eigentümern grundsätzlich in den ersten Monaten, spätestens zum Ende des 6. Monats des Planjahres zur Beschlussfassung vorzulegen, z. B. durch Zusendung des **Planvorschlags** zusammen mit der Tagesordnung an die Eigentümer. Es reicht aus, wenn jedem Wohnungseigentümer der Gesamtwirtschaftsplan und der ihn betreffende Einzelwirtschaftsplanvorschlag geschickt wird.

Die Unterschrift des Verwalters unter den Wirtschaftsplanvorschlag ist nicht erforderlich.

Vor der Beschlussfassung über den Wirtschaftsplan hat der Verwaltungsbeirat diesen zu prüfen und spätestens in der Versammlung den Eigentümern gegenüber eine Stellungnahme zum Plan abzugeben.

Der Verwalter kann das **Stimmrecht** bei der Beschlussfassung über den Wirtschaftsplan als Bevollmächtigter und als Eigentümer ausüben.

Wird der vom Verwalter vorgelegte Wirtschaftsplan(entwurf) durch die Wohnungseigentümerversammlung abgeändert kann es sich empfehlen, dass der Verwalter zusammen mit der Niederschrift die beschlossene geänderte Version des Wirtschaftsplans den Eigentümern schickt.

– Herstellung des Bezugs zum einzelnen Wohnungs-/Teileigentum

Komponenten des Wirtschaftsplans

Gesamtwirtschaftsplan, Einzelwirtschaftspläne

Der **Gesamtwirtschaftsplan** stellt die gesamten geschätzten **Ausgaben** und **Einnahmen** und die Instandhaltungsrückstellung dar.
Die Gliederung des Wirtschaftsplans sollte der Gliederung der Jahresabrechnung entsprechen.
Als Ausgaben anzusetzen sind **voraussichtliche** Ausgaben im Sinne von tatsächlichen Mittelabflüssen /Auszahlungen.
Als Einnahmen anzusetzen sind **voraussichtliche** Einnahmen im Sinne von tatsächlichen Mittelzuflüssen/Einzahlungen.

Die **Einzelwirtschaftspläne** enthalten die Verteilungsschlüssel und die anteilsmäßige Verteilung der Ausgaben und Einnahmen auf das einzelne Wohnungseigentum und den jeweils aufzubringenden Hausgeldvorschuss.

Grundsätzlich sind die selben Verteilungsschlüssel wie in der Jahresabrechnung anzuwenden.

– Beispiel: Muster eines Wirtschaftsplans

Wirtschaftsplan: 01. 01. 2010 bis 31. 12. 2010
Frau
Maria Müller
Gabelsbergerstr. 5
84028 Landshut

Wohnungseigentumsanlage
Maistr. 4
84031 Landshut
Wohnungsnummmer 24

Schlüsseltabelle
Schlnr. Bezeichnung
Nr. 1 Miteigentumsanteile 27/1 000
Nr. 2 Anzahl der Wohnungen 1/40

Ausgaben	Gesamtbetrag in €	SchlNr.	Anteiliger Betrag in €
Wasser	2.000,00	1	54,00
Abwasser	5.000,00	1	135,00
Heizung/Warmwasser	18.000,00	1	486,00
Wartung Aufzug	1.000,00	1	27,00
Müllabfuhr	1.800,00	1	48,60
Hausmeister	3.500,00	1	94,50
Strom	1.000,00	1	27,00
Gebäudeversicherung	2.000,00	1	54,00
Haftpflichtversicherung	500,00	1	13,50
Verwaltungskosten	8.352,00	2	208,80
Instandhaltung, Instandsetzung	2.000,00	1	54,00
Instandsetzungsarbeiten aus Rücklage finanziert	3.000,00	1	81,00
Ausschüttung vereinnahmter Mieten	1.000,00	1	27,00

Ausgaben	Gesamt-betrag in €	SchlNr.	Anteiliger Betrag in €
Zuführung zur Instandhaltungs-rücklage	10.000,00	1	270,00
Ausgaben insgesamt	− 59.152,00		− 1.580,40
Einnahmen			
Mieteinnahmen	1.000,00	1	27,00
Von Versicherung für Sturm-schadenerstattung	1.000,00	1	27,00
Entnahme aus Instandhaltungs-rücklage	3.000,00	1	81,00
Einnahmen insgesamt	+ 5.000,00		135,00
Ausgabensaldo	− 54.152,00		− 1.445,40
Hausgeld	**54.152,00**		**1.445,40**
Monatliches Hausgeld gerundet			**121,00**

Zur Zahlung **fällig** werden die Zahlungsansprüche gegenüber dem jeweiligen Eigentümer

↓ ↓ ↓

zum in der **GO vereinbarten** Zeitpunkt | bzw. zum **beschlossenen** Zeitpunkt | bzw. nach **Anforderung** durch den Verwalter, wenn keine der anderen Varianten zutrifft.

Hausgeldansprüche **verjähren als regelmäßig wiederkehrende Leistungen** der **rechtsfähigen Eigentümergemeinschaft in 3 Jahren**, BGH, 24. 6. 2005.

13.3.2 Die Jahresabrechnung

– Begriff

Sie ist die Rechenschaftslegung des Verwalters für ein Kalenderjahr über die von ihm verwalteten Gelder der Wohnungseigentümergemeinschaft und die **Verteilung** der Einnahmen und Ausgaben auf die Wohnungseigentümer.

Eine periodengerechte Abgrenzung nach Ertrag und Aufwand findet grundsätzlich nicht statt.

Die Jahresabrechnung muss eine **geordnete, übersichtliche, inhaltlich zutreffende** und **vollständige** Gegenüberstellung der **Einnahmen** und **Ausgaben** enthalten.

– Vorlage zur Beschlussfassung

Die Jahresabrechnung hat der Verwalter den Eigentümern grundsätzlich in der ersten Jahreshälfte des Abrechnungsfolgejahrs zur Beschlussfassung vorzulegen (Beschlussvorlage).

Die Unterschrift des Verwalters unter der Jahresabrechnung ist nicht erforderlich.

Prüfung der Jahresabrechnung

Vor der Beschlussfassung über die Jahresabrechnung hat der **Verwaltungsbeirat** die Abrechnung zu **prüfen** und zu ihrer sachlichen und rechnerischen Richtigkeit Stellung zu nehmen. Die Prüfung erfolgt regelmäßig im Büro der Verwaltung zu den üblichen Geschäftszeiten. Handelt es sich allerdings um eine Verwaltung, die am Ort der Wohnanlage keine Büroräume unterhält, ist der Ort der Wohnanlage Prüfungsort.

Der Verwalter kann das Stimmrecht bei der Beschlussfassung über die Jahresabrechnung als Bevollmächtigter oder als Eigentümer nur dann ausüben, wenn mit der Beschlussfassung **nicht seine Entlastung** verbunden ist.

Beschluss der Jahresrechnung

Der Beschluss zur Jahresabrechnung muss die Einzelabrechnungen erfassen, da diese die rechtliche Grundlage dafür sind, dass Wohnungseigentümer zur Nachzahlung von Fehlbeträgen verpflichtet sind aber auch dafür, dass Wohnungseigentümer die Auszahlung ihrer Guthaben aus den Abrechnungen verlangen können.

Beispiel für Genehmigungsbeschluss:
„Die Gesamtabrechnung 2009 und die aus ihr resultierenden Einzelabrechnungen werden genehmigt." ...

– **Herstellung des Bezugs zum einzelnen Wohnungs-/Teileigentum**

Gesamtabrechnung, Einzelabrechnungen

Komponenten der Jahresabrechnung im weiteren Sinne		
Gesamtabrechnung	Einzelabrechnungen (= Verteilung auf die einzelnen Eigentümer)	Erläuterungen, Erklärungen
↓	↓	↓
Inhalt: – Getätigte Ausgaben, – erzielte Einnahmen, – Anfangs- und Endbestand des laufenden Kontos, – Ausweis der Rücklagen Entwicklung (d. h. Anfangsbestand, Zuführungen, Abgänge, Endbestand), Wertpapierbestände sind zum Kurs des letzten Tages des Abrechnungsjahres zu bewerten. **Zu beachten:** Die Rücklage sollte grundsätzlich tatsächlich existieren und nicht aus fiktiven Buchwerten bestehen.	Inhalt: – Verteilungsschlüssel je Position der zu verteilenden Gesamtkosten/ Gesamteinnahmen, – tatsächliche Hausgeldzahlungen des einzelnen Wohnungseigentümers, – Abrechnungsguthaben, Abrechnungsfehlbetrag, – Einzelabrechnung der Heizungs- und Warmwasserkosten.	Inhalt: Darstellung des Inventars, der Zählerstände und anderer die Abrechnung mit dem Mieter erleichternde Angaben und Angaben zur Zusammensetzung einzelner Ausgaben und Einnahmenpositionen.

←Jahresabrechnung im engeren Sinne = Gegen- → stand der Beschlussfassung = Mindestumfang der Abrechnung	← **Nicht** Gegenstand der → Beschlussfassung – grundsätzlich **nicht** erforderlicher Teil der Abrechnung

- **Folgen der Einnahmen-/Ausgabenrechnung**

Einnahmen-Ausgabenrechnung

Maßgeblich für die Erfassung der „Geschäftsvorfälle" ist grundsätzlich der Zeitpunkt des Geldflusses und nicht die Periode zu der der Geldfluss wirtschaftlich gehört.

Beispiel:
Ein Wohnungseigentümer zahlt das Dezemberhausgeld im Januar des Folgejahres auf das Konto der Wohnungseigentümergemeinschaft ein. Die Einzahlung ist grundsätzlich in der Abrechnung des Folgejahres zu berücksichtigen und nicht in der Abrechnung des Jahres zu der die Zahlung wirtschaftlich gehört.

Werden in der Abrechnung **ausschließlich** Ausgaben und Einnahmen erfasst und werden diese Vorgänge ausschließlich über ein laufendes Konto abgewickelt, ergibt sich folgender Zusammenhang:

Jahr 1		
AB Girokonto		0,00 € (Beginn der Verwaltung)
Ausgaben (Abflüsse lt. Abrechnung)	–	15.000,00 €
Einnahmen (Zuflüsse lt. Abrechnung)	+	14.500,00 €
EB Girokonto	–	500,00 €
Jahr 2		
AB Girokonto	–	**500,00 €**
Zugang des Fehlbetrages aus Jahr 1	+	500,00 €
Der Eingang des Fehlbetrages im Jahr 2 führt den Girokontoendbestand des **Jahres 1 auf „0,00 €" (zeitversetzt) zurück.**		

Gestört wird dieses System
- durch den verbrauchsbezogenen Ansatz bei Heizenergie und Warmwasser und anderen verbrauchbaren Wirtschaftsgütern,
- bei der Bildung von Soll-Rückstellungen,
- bei der Abschreibung von Forderungen, durch den Ansatz des Abschreibungsbetrages als Ausgabe in der Jahresabrechnung.

- **Darstellung der Instandhaltungsrücklage**

Hinsichtlich der Darstellung der Instandhaltungsrücklage in der Jahresabrechnung hat das BGH-Urteil vom 4. 12. 2009 eine wichtige **Neuerung** gebracht.

Danach darf in der „Kern"-Abrechnung die Rücklage **nicht** mehr als **Ausgabenposition** dargestellt werden. In der Darstellung der Rücklagenentwicklung müssen nun die tatsächlichen Zahlungen (Ist-Zahlungen) der Wohnungseigentümer in die Rücklage als **Einnahmen** dargestellt werden und die geschuldeten Zahlungen zur Rücklage angegeben werden. Daneben ist die Entwicklung der Soll-Rücklage darzustellen.

In den Hausgeldzahlungen der Wohnungseigentümergemeinschaft darf der Anteil der für die Rücklage in dem Hausgeldzahlungen vorgesehen ist, nicht mehr enthalten sein. Das führt dazu, dass das Hausgeld aufzuspalten ist, in ein „Kern"-Hausgeld (für die „Kern"-Abrechnung) und in ein „Rücklagen"-Hausgeld. Demzufolge könnte es sinnvoll sein zwei Hausgeldbeträge zu beschließen.

Siehe dazu auch das **Muster der Jahresabrechnung**.

Zu beachten:
Auf den Wirtschaftsplan wirkt sich das BGH-Urteil nicht aus.

Verwalterwechsel

- **Erstellung der Jahresabrechnung bei Verwalterwechsel**

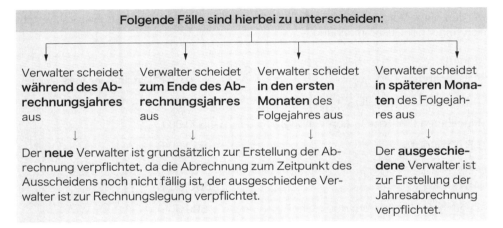

- **Beispiel: Muster einer Jahresabrechnung**

Jahresabrechnung: 01.01.2009 bis 31.12.2009
Frau
Maria Müller
Gabelsbergerstr. 5
84028 Landshut

Wohnungseigentumsanlage
Maistr. 4
84031 Landshut
Wohnungsnummer 24

Schlüsseltabelle
Schlnr. Bezeichnung
Nr. 1 Miteigentumsanteile 27/1 000
Nr. 2 Anzahl der Wohnungen 1/40
Nr. 3 nach gesonderter Abrechnung

13.3 WIRTSCHAFTSPLAN, JAHRESABRECHNUNG, RECHNUNGSLEGUNG

Teil (A) Ausgaben	Gesamtbetrag in €	SchlNr.	Anteiliger Betrag in €
Wasser*)	1.700,00	1	45,90
Abwasser*)	5.100,00	1	137,70
Heizung/Warmwasser	9.000,00	3	243,00
Wartung Aufzug	1.500,00	1	40,50
Müllabfuhr*)	2.000,00	1	54,00
Hausmeister	3.500,00	1	94,50
Strom	500,00	1	13,50
Gebäudeversicherung	1.900,00	1	51,30
Haftpflichtversicherung	400,00	1	10,80
Instandhaltung, -setzung	2.000,00	1	54,00
Verwaltungskosten	8.352,00	2	208,80
Ausschüttung vereinnahmter Miete	1.000,00	1	27,00
Ausgaben insgesamt	– 36.952,00		– 981,00
Einnahmen ohne Hausgeld:			
Mieteinnahmen	1.000,00	1	27,00
Forderung gegen Versicherung aus Sturmschadenerstattung	1.000,00	1	27,00
Einnahmen ohne Hausgeld insgesamt	2.000,00		54,00
Ausgabensaldo	– 34.952,00		– 927,00
Hausgeld	**34.500,00**	———	**780,00 **)**
reduziert um Rücklagenanteil	44.500,00–10.000,00		
Saldo/Ihr Abrechnungsfehlbetrag	**– 452,00**		**– 147,00**

Teil B Entwicklung der Instandhaltungsrücklage			
Ab (Ist) 1.1.2009	1.000,00	1	27,00
Zuführung zur Rücklage (Ist)	10.000,00	1	270,00
EB (ist) 31.12.2009	11.000,00		297,00
Ab (Soll) 1.1.2009	1.000,00	1	27,00
Zuführung (Soll) zur Rücklage lt. Wplan	10.000,00	1	270,00
EB (Soll) 31.12.2010			297,00
Saldo (Ist-/Soll)			0,00
Saldo Teil A und Teil B der Abrechnung			**147,00**

Zu *) Zu beachten ist, dass Ausgaben, die aus dem **Gebrauch des Sondereigentums** resultieren, jedoch von der Gemeinschaft aufzuteilen sind, in der Jahresabrechnung nicht nach den Grundsätzen des § 16 Abs. 2 WEG zu verteilen sind. Den Verteilungsmaßstab für diese Kosten können die Eigentümer durch **Beschluss** generell festlegen.
Der Verteilungsschlüssel kann sich jedoch auch für den jeweiligen Einzelfall aus der beschlossenen Jahresabrechnung ergeben.

Zu **) Zu beachten ist, dass die in der Einzelabrechnung anzusetzenden Hausgeldzahlungen **nicht** mit Zahlungsrückständen aus früheren Jahren saldiert werden dürfen, d. h. dass die **tatsächlich** für diese Periode geleisteten Hausgeldvorschüsse ungekürzt anzusetzen sind (siehe unten).

Darstellung des Girokontos in €		
AB 1.1.2009	4.000,00	(Guthaben)
Ausgaben laut Abrechnung 09	– 14.000,00	
Ausgaben wegen Rückerstattungen aus Jahresabrechnung 08	– 4.200,00	
Hausgeldeinnahmen 09	19.000,00	
Einnahmen aus Nachzahlungen der Eigentümer aus Jahresabrechnung 08	1.000,00	
Abgrenzungen: Heizkosten für 2008 in 2009 verausgabt	– 800,00	
Heizkosten für 2009 zu zahlen in 2010	1.500,00	
EB 31.12.2009	6.500,00	(Guthaben)

Je weniger Korrekturen des Ergebnisses der Gesamtabrechnung im Hinblick auf das Erreichen des Endbestandes des laufenden Kontos notwendig sind, **desto stärker** ist das **Einnahmen-Ausgaben-Prinzip** in der Gesamtabrechnung beachtet.

(Vermögens)-Status
Der Begriff Status wird uneinheitlich verwendet.

Wird von der herrschenden Rechtsprechung als nicht zwingender Bestandteil der Jahresabrechnung angesehen.

Status	
Geldbestände (Banksalden, ggf. Kassenbestand)	**Nettovermögen**
Forderungen (Nachzahlungen Vorjahr, Hk/WW, rückständige Hausgeldvorauszahlungen ausgeschiedener Eigentümer u. a.)	**Verbindlichkeiten** (Kosten Wärmedienst u. a.)
aktive Rechnungsabgrenzung (Heizölbestand u. a.)	**passive Rechnungsabgrenzung** (Heizkostenabrechnung u. a.)

Zu beachten:

Zahlungen auf Fehlbeträge aus dem Vorjahr dürfen nicht in der Einzelabrechnung verrechnet werden.

Beispiel:

Auszug aus Einzelabrechnung	
Anteilige Kosten für 2009	– 1.700,00 €
Vorauszahlung für 2009	1.500,00 €
Rückstand aus 2008	– 200,00 €
Nachzahlung für 2009	**– 400,00 €**

Die Einzelabrechnung ist anfechtbar.

Die **Entlastung** des Verwalters sollte getrennt von der Jahresabrechnung beschlossen werden und sich auf das gesamte Verwalterhandeln im abgelaufenen Geschäftsjahr beziehen.

Ausführliche Jahresberichte sind im Hinblick auf die Entlastungswirkung dringend anzuraten, denn die Wirkung der Entlastung bezieht sich lediglich auf Vorgänge, die den Eigentümern **bekannt**, bzw. **erkennbar** sind.

– Haushaltsnahe Dienstleistungen und Jahresabrechnung   EStG § 35a

§ 35a EStG gewährt eine Steuerermäßigung bei Aufwendungen für haushaltsnahe Beschäftigungsverhältnisse und haushaltsnahe Dienstleistungen.

Der hierfür notwendige Nachweis kann durch eine Bescheinigung des Verwalters geführt werden. Dadurch bleibt dem einzelnen Wohnungseigentümer die Vorlage anderer Belege, wie z. B. Zahlungsbelege, Rechnungskopien, erspart.

Nach Meinung z. B. des AG Neuss (29. 6. 2007) gehört die Bescheinigung nicht zwingend zur Jahresabrechnung.

Für die Erstellung der Bescheinigung darf der Verwalter eine gesonderte Vergütung verlangen (LG Düsseldorf, 8. 2. 2008).   Verwaltervergütung

13.3.3 Die Rechnungslegung

Rechnungslegung

Vom amtierenden Verwalter kann jederzeit durch einfachen Mehrheitsbeschluss Rechnungslegung verlangt werden.

Die Rechnungslegung ist inhaltlich und von der Form her mit der Gesamtabrechnung gleichzusetzen. Der Anspruch hierauf ist innerhalb angemessener Zeit fällig. Bei kleineren Wohnanlagen dürfte die Fälligkeit nach 2 Monaten gegeben sein.

13.4 DIE WOHNUNGSEIGENTÜMERVERSAMMLUNG

Wohnungseigentümerversammlung

Angelegenheiten, über die nach dem WEG oder nach einer Vereinbarung beschlossen werden kann, werden geregelt:

    durch Beschlussfassung in der Wohnungseigentümerversammlung   im schriftlichen Umlaufverfahren

13.4.1 Die Einberufung der Wohnungseigentümerversammlung

WEG §§ 23, 24, 25

Der **Verwalter** beruft die Wohnungseigentümerversammlung **einmal** im Jahr ein. Zusätzlich dann,
- wenn eine Vereinbarung die Einberufung vorsieht,
- wenn die Einberufung erforderlich ist,
- wenn **mehr als ein Viertel** der Wohnungseigentümer, nach Köpfen gerechnet, die Einberufung **schriftlich** unter Angabe des **Grundes** verlangt (**Minderheitenquorum**).

Weigert sich der Verwalter pflichtwidrig eine Versammlung einzuberufen oder fehlt ein Verwalter, dann kann die Eigentümerversammlung vom **Verwaltungsbeiratsvorsitzenden** oder dessen **Stellvertreter** einberufen werden.

Beispiel:
Ein Verwalter fehlt, wenn keiner bestellt ist oder wenn er krank ist.

Weigern sich auch diese Personen pflichtwidrig oder ist ein Verwaltungsbeirat nicht bestellt, dann kann jeder einzelne Wohnungseigentümer durch Antragstellung bei **Gericht** die Einberufung einer Wohnungseigentümerversammlung herbeiführen.

Eine ordnungsgemäße Einberufung ist deswegen wichtig, weil Beschlüsse, die auf einer nicht ordnungsgemäß einberufenen Versammlung gefasst wurden, allein deswegen anfechtbar sind, es sei denn es steht fest,
- dass diese Beschlüsse auch bei einer ordnungsgemäß einberufenen Versammlung genauso gefasst worden wären

oder
- dass der Einberufungsmangel **geheilt** wurde. Eine Heilung wird angenommen, wenn sämtliche Wohnungseigentümer in der Versammlung anwesend sind und abgestimmt haben.

Beispiel:
Ein Wohnungseigentümer wird nicht geladen.
In der Eigentümerversammlung wird die Fassadensanierung beschlossen. Der nicht geladene Wohnungseigentümer will wegen Nichtladung den Beschluss anfechten, räumt aber ein, dass er im Falle seiner Anwesenheit in der Versammlung ebenfalls für die Fassadensanierung gestimmt hätte. Die Anfechtung ist nicht möglich.

Form der Einberufung

Für die Einladung genügt die Beachtung der **Textform**. Die Textform verlangt eine dauerhafte Wiedergabe in Schriftzeichen. Die eigenhändige Unterschrift ist **nicht** erforderlich.

Beispiele:
Ein E-Mail genügt zur Einhaltung der Textform.
Die Unterschrift als Abschluss des Einladungsschreibens kann kopiert sein.

Die Einladung muss dem Empfänger innerhalb der Ladungsfrist zugehen. Den Zugang muss die Gemeinschaft im Streitfall **beweisen** können. Da i. d. R. aus Kostengründen die Einladungen als einfache Briefe versandt werden, ist der Nachweis des Zugangs i. d. R. nicht möglich.

Zugang der Einberufung

Zu beachten:
Es sollte in die Gemeinschaftsordnung eine Bestimmung aufgenommen werden, die festsetzt, dass die Ladung als zugegangen gilt, wenn der Verwalter sie an die ihm vom Wohnungseigentümer zuletzt genannte Anschrift gerichtet und abgesandt hat **(Zugangsfiktion)**. Das Absenden der Einladung kann bewiesen werden durch Führen eines Postausgangsbuches.

Zur Versammlung sind die **Eigentümer** zu laden. Hat eine Eigentumswohnung mehrere Eigentümer, sind alle Eigentümer einzuladen.

Einzuberufende Personen

Soweit diese Eigentümer unter der gleichen Anschrift wohnen, dürfte es zulässig sein nur eine Einladung zu versenden, die an alle Eigentümer adressiert ist.

Beispiel:
Eheleute Herr Josef Müller und Frau Sofie Müller.

Ist von den Eigentümern einer Einheit ein **Ladungsbevollmächtigter** bestellt worden, ist nur dieser zu laden.

Es kann auch vereinbart werden (in der TE/GO), dass mehrere Eigentümer einer Einheit einen gemeinsamen Vertreter zu benennen haben.

Ist eine **juristische Person** Eigentümer, ist deren Vertreter zu laden.

Beispiel:
Eigentümer ist eine GmbH, zu laden ist deren Geschäftsführer.

Im Fall der **Zwangsverwaltung** oder im Fall der **Insolvenz** ist neben dem Eigentümer auch der Zwangs- bzw. der Insolvenzverwalter zu laden.

Im Fall der **Nachlassverwaltung, Testamentsvollstreckung** ist sowohl der Verwalter bzw. Vollstrecker als auch der Erbe zu laden.

Die **Frist zur Einberufung** der Wohnungseigentümerversammlung beträgt grundsätzlich **2 Wochen**.

Einberufungsfrist

In der Einladung ist anzugeben:
- Ort der Versammlung (er sollte möglichst in der Nähe der Wohnungseigentumsanlage, verkehrsüblich erreichbar und den Wohnungseigentümern zumutbar sein).
- Zeitpunkt der Versammlung (in der ersten Jahreshälfte).
  Im Übrigen sollte der Termin so gewählt werden, dass möglichst vielen Woh-

Inhalte

nungseigentümern die Teilnahme möglich ist (Tageszeit i. d. R. Beginn der Versammlung zwischen 18.30 Uhr und 19.00 Uhr).
- Tagesordnung.

Die Beschlussgegenstände müssen im Einladungsschreiben **hinreichend deutlich** dargestellt sein. Beschlussgegenstände, die nicht genügend deutlich formuliert sind, ermöglichen grundsätzlich die Anfechtung der dazu gefassten Beschlüsse.

Einberufungsmängel können sich daraus ergeben, dass
- die Einberufungsfrist nicht eingehalten wurde,
- der Versammlungsort unzumutbar ist,
- die Versammlung zur Unzeit anberaumt ist,
- die Form der Einladung nicht gewahrt ist,
- bei der Einberufung die Tagesordnungspunkte nicht bzw. nicht hinreichend mitgeteilt werden,
- nicht alle zu ladenden Personen geladen werden.

13.4.2 Durchführung der Wohnungseigentümerversammlung

- Nichtöffentlichkeit der Versammlung

Die Versammlung ist **nicht öffentlich**	
↓	↓
daraus ergibt sich für den Versammlungs**ort**, dass die Anwesenheit anderer Personen ausgeschlossen sein muss.	daraus ergibt sich für die in der Versammlung anwesenden **Personen, dass** Gäste und Berater grundsätzlich nicht zugelassen sind.
Beispiele:	Beispiel:
Versammlung im Biergarten unter anderen Gästen, Versammlung in einem Gastzimmer eines Lokals unter anderen Gästen.	Ein Wohnungseigentümer bringt seine Freundin in die Versammlung mit (die Versammlung kann durch Mehrheitsbeschluss die Anwesenheit der Freundin erlauben).

- Versammlungsvorsitz

Den Vorsitz in der Versammlung führt grundsätzlich der **Verwalter**. Jedoch kann die Wohnungseigentümerversammlung durch Beschluss einen anderen Vorsitzenden bestellen. Es ist dies ein Geschäftsordnungsbeschluss, der nicht auf die Tagesordnung gesetzt sein muss.

Die **Aufgaben** des Vorsitzenden sind im Wesentlichen folgende:
· Prüfung, ob die Anwesenden teilnehmen dürfen,
· Eröffnung der Versammlung und Feststellung der Beschlussfähigkeit,
· Leitung der Versammlung entsprechend der Geschäftsordnung,
· Durchführung der Abstimmung,
· Feststellung und Bekanntgabe der Beschlussergebnisse,
· Erstellung der Versammlungsniederschrift, Führung der Beschluss-Sammlung.

13.4 DIE WOHNUNGSEIGENTÜMERVERSAMMLUNG

- **Beschlussfähigkeit der Versammlung**

Die Erstversammlung ist grundsätzlich beschlussfähig, wenn die erschienenen stimmberechtigten Wohnungseigentümer mehr als die **Hälfte der Miteigentumsanteile** vertreten. Die Hälfte wird gemessen an der Summe der insgesamt vorhandenen Miteigentumsanteile.

Die Beschlussfähigkeit muss bei jeder Beschlussfassung gegeben sein.

Beispiel:
Zu Beginn der Versammlung ist die Beschlussfähigkeit mit 510/1.000 gegeben.
Vor der Abstimmung zum Tagesordnungspunkt Nr. 5 hat ein Wohnungseigentümer der 20/1.000 repräsentiert, die Versammlung verlassen. Die Beschlussfähigkeit ist nicht mehr gegeben. Die Versammlung muss abgebrochen werden.

Ist die Versammlung beschluss**un**fähig, muss eine neue Versammlung einberufen werden.

Diese **Zweitversammlung** ist dann unabhängig von der Höhe der Anwesenheitsquote beschlussfähig,
· wenn im Einladungsschreiben hierauf hingewiesen wurde
und
· wenn die Tagesordnung der Zweitversammlung mit der Tagesordnung der Erstversammlung übereinstimmt.

Es kann **vereinbart** werden, dass gleichzeitig mit der Ladung zur Erstversammlung, zur Zweitversammlung, z. B. 30 Minuten später, geladen werden kann **(Eventualeinberufung)**.

Durch Vereinbarung (z. B. in der TE/GO) kann die gesetzliche Regelung zur Beschlussfähigkeit abgeschafft werden.

- **Formulierung der Beschlussanträge**

Der Beschlussantrag definiert den Gegenstand der Beschlussfassung.

Es ist empfehlenswert Beschlussanträge schriftlich vorzubereiten um sicherzustellen, dass die Beschlüsse klar und eindeutig gefasst werden.

Hilfreich für die Fassung der Beschlussanträge sind u. a. folgende Vorüberlegungen:
– Welches Problem ist zu lösen, wie kann es dauerhaft gelöst werden?
– Ist das vorhandene Problem überhaupt eine Angelegenheit der Wohnungseigentümer?
– Bedarf es für die Lösung des Problems einer Vereinbarung oder genügt ein Beschluss, welche Mehrheit ist für den Beschluss erforderlich?
– Welche Lasten und Kosten entstehen durch den Beschluss, wer hat die Lasten/Kosten zu tragen, welcher Verteilungsschlüssel ist anzuwenden?

- **Stimmrecht in der Wohnungseigentümerversammlung**

Stimmberechtigt ist, wer **Wohnungseigentümer** ist.

Beispiele:
E veräußert sein Wohnungseigentum.
Auf den Käufer K sind Besitz, Nutzen und Lasten übergegangen und zu seinen Gunsten ist eine Auflassungsvormerkung im Grundbuch eingetragen.
K hat in der Wohnungseigentümerversammlung noch kein Stimmrecht, da er noch nicht Eigentümer ist.
Wohnungseigentümer W verstirbt. Kurz nach seinem Tod findet eine Wohnungseigentümerversammlung statt. Im Grundbuch ist der Verstorbene als Eigentümer eingetragen.
Der Erbe E des Verstorbenen ist in der Wohnungseigentümerversammlung stimmberechtigt, da er Eigentümer ist.
Analog: Erwerber in der Zwangsversteigerung, Ehegatte in Gütergemeinschaft.

Zwangsverwalter und **Insolvenzverwalter** haben nach h. M. das alleinige Stimmrecht.

Nachlassverwalter und **Testamentsvollstrecker** üben das Stimmrecht in eigenem Namen aus eigenem Recht aus.

Kein Stimmrecht haben Nießbraucher und Dauerwohnberechtigte.

Die Stimmabgabe ist eine einseitige empfangsbedürftige **Willenserklärung**, die darauf gerichtet ist, einen Beschlussantrag anzunehmen, abzulehnen oder sich zu enthalten.

<small>WEG
§ 25 Abs. 2</small> Nach dem **Gesetz** hat jeder Wohnungseigentümer **eine** Stimme, unabhängig vom Umfang seines Wohnungseigentums **(Kopfprinzip)**.

Durch **Vereinbarung** kann der Umfang des Stimmrechts abweichend vom Gesetz geregelt werden (TE/GO).

Übliche Regelungen sind,
- das **Wertprinzip**,
  wonach jeder Wohnungseigentümer so viele Stimmen hat, wie er Miteigentumsanteile hält.
- das **Objektprinzip**,
  wonach jeder Wohnungseigentümer so viele Stimmen hat, wie er selbständige Einheiten in der Wohnungseigentumsanlage hat.

Sind **mehrere Personen Eigentümer** ein und derselben Wohnung, können sie ihr Stimmrecht nach außen nur **einheitlich** einsetzen.

Beispiel:
Ein Ehepaar ist zu je $1/2$ Eigentümer der Wohnung Nr. 7 (50/1.000 MEA).
Der Ehemann ist zudem Eigentümer der Wohnung Nr. 9 (40/1.000 MEA), die Ehefrau ist dort auch Eigentümerin der Ladeneinheit Nr. 1 (80/1.000 MEA) und des Appartements Nr. 25 (20/1.000 MEA).

Stimmrecht in der Versammlung

Stimmverteilung nach	Kopfprinzip:	Wertprinzip:	Objektprinzip:
Ehepaar (einheitliche Ausübung)	1 Stimme für Whg. Nr. 7	50/1.000 Stimmen für Whg. Nr. 7	1 Stimme für Whg. Nr. 7
Ehemann	1 Stimme für Whg. Nr. 9	40/1.000 Stimmen für Whg. Nr. 9	1 Stimme für Whg. Nr. 9
Ehefrau	1 Stimme für Laden Nr. 1 u. Whg. Nr. 25	100/1.000 Stimmen für Laden Nr. 1 u. Whg. Nr. 25	2 Stimmen für jedes Objekt 1 Stimme

– **Vertretungsbefugnis**

Das Stimmrecht der Wohnungseigentümer ist kein persönliches Recht, es kann also auch durch bevollmächtigte Dritte ausgeübt werden. Die Vollmacht bedarf keiner bestimmten Form, sie kann daher auch (fern-)mündlich erteilt werden.

Behauptet eine Person sie sei Vertreter eines Eigentümers, kann der Verwalter diese Person als Vertreter zulassen. Dies wird er tun, wenn er von der Vollmacht überzeugt ist.

Ist er dies nicht, kann der Verwalter die Stimmabgabe dieses Vertreters mangels Vorlage einer Vollmachtsurkunde zurück weisen.

Per Geschäftsordnungsbeschluss kann dieser Vertreter von der Eigentümerversammlung jedoch zugelassen werden.

Bei Ehegatten als Miteigentümer darf unterstellt werden, dass sich diese gegenseitig bevollmächtigt haben, sofern nur einer von Ihnen an der Versammlung teilnimmt.

Durch **Vereinbarung** kann der Kreis der Personen, denen Vollmacht erteilt werden kann auf bestimmte Personen **eingeschränkt** werden.

Beispiel:
Auszug aus der Gemeinschaftsordnung: „Ein verhinderter Wohnungseigentümer kann sich in der Versammlung durch seinen **Ehegatten**, durch einen anderen **Wohnungseigentümer** oder durch den **Verwalter** vertreten lassen. Er muss seinem Vertreter seine schriftliche Vollmacht aushändigen, die der Niederschrift (§ 24 WEG) anzuheften ist."

WEG
§ 25 Abs. 5

– **Stimmrechtsschranken**

Stimmrechtsschranken		
Stimmrechtsverbot gemäß § 25 Abs. 5, **1. und 2. Variante** Beschlussfassung über die Vornahme eines **Rechtsgeschäfts** der Gemeinschaft mit dem Wohnungseigentümer und Beschlussfassung über die Einleitung oder Erledigung eines **Rechtsstreits** mit dem Wohnungseigentümer. Beispiel: Beschlussantrag, den Wohnungseigentümer, der Inhaber eines Malergeschäftes ist, mit dem Fassadenanstrich zu beauftragen. Der Inhaber des Malergeschäfts ist vom Stimmrecht ausgeschlossen.	Stimmrechtsverbot gemäß § 25 Abs. 5, **3. Variante** Der Wohnungseigentümer ist nach § 18 rechtskräftig verurteilt. Es wird dem Umstand Rechnung getragen, dass der Verlust des Wohnungseigentums zeitlich nahe absehbar bevorsteht und damit eine weitere Einflussnahme für diesen Eigentümer keinen Sinn mehr macht.	Majorisierung durch Mehrheitseigentümer (Basis § 242 BGB) Eine Majorisierung liegt vor, wenn aufgrund der Stimmrechtsverhältnisse ein Wohnungseigentümer von vornherein die Stimmenmehrheit hat und er diese Mehrheit missbräuchlich ausnutzt, zum eigenen Vorteil und gegen die Interessen der Gemeinschaft.

Der **Verwalter**, der gleichzeitig Wohnungseigentümer ist, ist von obiger Regelung folgendermaßen betroffen:
Er ist vom Stimmrecht ausgeschlossen bei der Beschlussfassung
- über seine Entlastung als Verwalter,
- über die Jahresabrechnung,
- über die Erhöhung der Verwaltervergütung,
- über seine Abwahl, wenn die Abberufung aus wichtigem Grund erfolgt und/oder der Beschluss gleichzeitig die Kündigung des Verwaltervertrages enthält.

Hingegen ist der Eigentümer-Verwalter nicht vom Stimmrecht ausgeschlossen, wenn es um die Beschlussfassung über seine Bestellung oder über den Wirtschaftsplan geht.

Der Stimmrechtsausschluss umfasst auch die Stimmen aus gegebenen Vollmachten.

Beispiel:
Eigentümer E soll der Auftrag zum Anstrich der Fassade gegeben werden. Hierüber ist zu beschließen.
E vertritt 3 andere Eigentümer.

E ist vom Stimmrecht ausgeschlossen. Der Ausschluss umfasst auch die Stimmen aus den Vollmachten.

– **Beschlussfassung in der Wohnungseigentümerversammlung**

Vorgehensweise des Vorsitzenden (Verwalters) bei der Beschlussfassung:
- Prüfung, ob Stimmrechtsausschlüsse bestehen,
- Verlesen des Beschlussantrags,
- Feststellen der Ja-, Nein-Stimmen und der Stimmenthaltungen,
- Verkündung/Bekanntgabe des Ergebnisses.

Die Abstimmung kann durch Handzeichen, Stimmzettel, geheim oder durch namentlichen Aufruf erfolgen.

Bei der Abstimmung ist die Anzahl der Ja-Stimmen, der Nein-Stimmen und der Stimmenthaltungen festzustellen. Dies kann auch mittels der **Subtraktionsmethode** erfolgen. Diese Methode ist aber nur dann verlässlich, wenn im Zeitpunkt der jeweiligen Abstimmung die durch die Anwesenden repräsentierte Stimmkraft **eindeutig** feststeht.

Beispiel:
Der Versammlungsvorsitzende ist zum Zeitpunkt der Abstimmung über die im Augenblick anwesenden „Stimmen" genau im Bilde. Er kann nun z. B. die Ja-Stimmen feststellen, dann die Stimmenthaltungen und aus diesem Ergebnis die Nein-Stimmen errechnen (Subtraktionsmethode).

Danach ist festzustellen, ob das Abstimmungsergebnis, die notwendige Mehrheit erreicht hat.

Für das **Zustandekommen** eines Mehrheitsbeschlusses müssen die **Ja-Stimmen** die **Nein-Stimmen** überwiegen. Stimmenthaltungen zählen also nicht.

Zustandekommen von Beschlüssen

Bei **Stimmengleichheit** und beim Überwiegen der Nein-Stimmen über die Ja-Stimmen ist die notwendige Mehrheit für einen Mehrheitsbeschluss nicht erreicht.

Nach der **Auszählung** der Stimmen (Feststellung des Abstimmungsergebnisses) ist vom Vorsitzenden der Beschluss **bekannt** zu geben (Mitteilung, ob der gestellte Antrag mit der Mehrheit der abgegebenen Stimmen angenommen oder abgelehnt wurde), erst dann ist der Beschluss rechtsverbindlich zustande gekommen.

Beispiel:
Der Verwalter verkündet das Ergebnis der Abstimmung wie folgt:
„480/1.000 Ja-Stimmen, 60/1.000 Stimmenthaltungen und 40/1.000 Nein-Stimmen, damit ist der Beschlussantrag angenommen."

Es ist empfehlenswert die Tatsache der **Bekanntgabe** des Beschlussergebnisses in die **Niederschrift** aufzunehmen.

Zu beachten:
Die Feststellung und Bekanntgabe des Beschlusses hat zur Folge, dass auch ein an sich fehlerhafter Beschluss wirksam wird, wenn er nicht innerhalb der Anfechtungsfrist angefochten und vom Gericht in der Folge für unwirksam erklärt wird.

Beispiel:
Der Verwalter wertet die abgegebenen Stimmen fehlerhaft aus und verkündet das Zustandekommen des Beschlusses, obwohl bei richtiger Stimmenauswertung der Beschluss die erforderliche Mehrheit nicht erreicht hätte. Der fehlerhafte Beschluss hat trotzdem Rechtswirkung. Anfechtung des Beschlusses ist allerdings möglich.

Diese Vorgehensweise gilt auch für einen **schriftlichen Umlaufbeschluss**.

– **Die Versammlungsniederschrift**

Über die in der Versammlung gefassten Beschlüsse ist eine Niederschrift aufzunehmen; wenn nichts anderes bestimmt ist, genügt ein einfaches Ergebnisprotokoll.

Der Niederschrift kommt in der Praxis im Rahmen der freien Beweiswürdigung gemäß § 286 ZPO ein **erheblicher Beweiswert** zu.

Die **Niederschrift** sollte enthalten:
- Bezeichnung der Wohnungseigentümergemeinschaft nach Straße und Hausnummer,
- Verwalter, Gehilfen, Beiräte, Gäste, Berater,
- Ort, Datum der Versammlung und Uhrzeit des Versammlungsbeginns,
- Versammlungsleiter,
- Schriftführer,
- anwesende Wohnungseigentümer,
- Personen, die nicht erschienene Eigentümer vertreten,
- Zwangsverwalter, Insolvenzverwalter,
- Personen mit Vertretungsmacht für juristische Personen,
- Feststellung der ordnungsmäßigen Einberufung,
- Feststellung der Beschlussfähigkeit,
- Beschlussanträge,
- gefasste Beschlüsse und Abstimmungsergebnisse, Beschlussfeststellung,
- notwendige Unterschriften (des Vorsitzenden, eines Wohnungseigentümers, des Verwaltungsbeiratsvorsitzenden bzw. seines Stellvertreters und ggf. des Schriftführers).

Zu beachten:
Sinnvoll ist es, die Teilnehmer in einer eigenen Teilnehmerliste als Anlage mit einem entsprechenden Vermerk zur Versammlungsniederschrift zu nehmen.

Die Vollmachtsurkunden sind als Anlagen zur Versammlungsniederschrift zu nehmen.

Die Niederschrift sollte spätestens eine Woche vor Ablauf der Beschlussanfechtungsfrist zur Einsicht beim Verwalter ausliegen bzw. den Eigentümern zugestellt sein (Postlauf sollte mit 2 Tagen kalkuliert werden).

13.4 DIE WOHNUNGSEIGENTÜMERVERSAMMLUNG

- Die Beschluss-Sammlung

Die **Beschluss-Sammlung** soll es künftig ermöglichen, sich schnell und umfassend über die aktuelle Beschlusslage der Gemeinschaft zu informieren.

WEG
§ 24 Abs. 7

Die Pflicht zur Führung einer Beschluss-Sammlung kann nicht durch einen Beschluss **(keine Beschlusskompetenz)** aber auch nicht durch eine Vereinbarung ausgeschlossen werden. Ein derartiger Beschluss bzw. Vereinbarung sind **nichtig**.

Zu beachten:
Wohnungseigentümer sind an gefasste Beschlüsse gebunden. Dies gilt auch für Beschlüsse, die nicht in die Beschluss-Sammlung eingetragen sind.

Inhalt, Führung und Einsicht in die Beschluss-Sammlung:

- Verkündete Beschlüsse

Die in der Versammlung **verkündeten** Beschlüsse sind mit ihrem Wortlaut unter Angabe von Ort und Datum der Versammlung in die Beschluss-Sammlung aufzunehmen.

Das festgestellte Abstimmungsergebnis muss nicht aufgenommen werden, die Aufnahme ist jedoch empfehlenswert.

Nicht aufzunehmen sind **reine** Geschäftsordnungsbeschlüsse, soweit diese mit dem Ende der Versammlung ihre Bedeutung verlieren und nichtige Beschlüsse, da auch sie keine Wirkung haben.

Beispiele für Geschäftsordnungsbeschlüsse:

Umstellung der Tagesordnung, geheime Abstimmung, Redezeitbeschränkung, Gestattung der Teilnahme Dritter an der Versammlung.

Auch **schriftliche Beschlüsse** (Beschlüsse im Umlaufverfahren) sind mit Angabe von Ort und Datum ihrer Verkündung in die Beschluss-Sammlung aufzunehmen.

WEG
§ 23 Abs. 3

- Gerichtsentscheidungen i. S. von § 43 WEG

Gerichtsentscheidungen, die Wohnungseigentümer in einem Rechtsstreit binden, sind in die Beschluss-Sammlung aufzunehmen.

Die Aufnahme umfasst den Tenor der gerichtlichen Entscheidung, das Datum der Entscheidung, das erkennende Gericht, die Parteien und das Aktenzeichen.

Zur Urteilsformel (Tenor) gehört die Entscheidung zur Hauptsache einschließlich aller Nebenentscheidungen, d. h. auch zu den Kosten und zur Vollstreckbarkeit.

Nicht zu den „Gerichtsentscheidungen" gehören Mahnbescheide, wohl aber Vollstreckbescheide aufgrund von Mahnbescheiden.

- **Reihenfolge und Nummerierung**

Die Beschlüsse und gerichtlichen Entscheidungen sind **chronologisch fortlaufend** in die Beschluss-Sammlung einzutragen und zu **nummerieren**.

Die Nummerierung darf nicht jährlich neu beginnen.

Beispiel:
2007/1, 2007/2 .... 2008/1 = **unzulässige Nummerierung**

Die Vollständigkeit der Beschluss-Sammlung ist in einfacher Weise nur erkennbar, wenn **fortlaufend** nummeriert wird. Daher ist dies die allein zulässige Nummerierung.

- **Anmerkungen und Löschungen**

Ist ein Beschluss oder eine gerichtliche Entscheidung angefochten oder aufgehoben worden, so ist dies in der Beschluss-Sammlung anzumerken.

Wird ein Beschluss **angefochten**, reicht die Anmerkung der **Tatsache** der Anfechtung. Die Person des Anfechtenden muss daher nicht eingetragen werden.

Die Anmerkung ist unmittelbar bei dem Beschluss oder der gerichtlichen Entscheidung einzutragen.

Wird ein Beschluss oder eine gerichtliche Entscheidung **aufgehoben**, kann auf eine entsprechende Anmerkung verzichtet werden und die ursprüngliche Eintragung vollständig gelöscht werden.

Zur Löschung kann bei einer Beschluss-Sammlung in Papierform der Text der Eintragung durchgestrichen und die Löschung mit einem entsprechenden Hinweis, z. B. „gelöscht am ..." vermerkt werden.

Bei einer Beschluss-Sammlung in elektronischer Form kann der Text vollständig entfernt werden. Neben der laufenden Nummer, die bestehen bleiben muss, ist die Löschung zu vermerken.

Eine Eintragung kann aber auch dann gelöscht werden, wenn sie aus einem anderen Grund für die Wohnungseigentümer bedeutungslos geworden ist.

Beispiele:
Ein Beschluss ist durch eine spätere Regelung überholt.
Ein Beschluss hat sich durch Zeitablauf erledigt.

Es ist jedoch auch zulässig auf eine Löschung zu verzichten.

– **Unverzügliche Vornahme der Eintragungen**

Alle Eintragungen, Anmerkungen und Löschungen sind **unverzüglich** zu erledigen und mit einem **Datum** zu versehen.

Je nach den Umständen des Einzelfalls kann eine Eintragung auch noch bis zu einer Woche ordnungsgemäß sein.

– **Form der Beschluss-Sammlung**

Die Beschluss-Sammlung kann in schriftlicher Form aber auch in elektronischer Form geführt werden.

Die Beschluss-Sammlung muss zweckmäßig und übersichtlich sein.

Zur Verbesserung der Übersichtlichkeit kann es sinnvoll sein, ein Inhaltsverzeichnis zu erstellen.

Sinnvoll ist es auch zur Informationsverbesserung bestimmte Inhalte **optisch** hervorzuheben, insbesondere **Beschlüsse die auf einer Öffnungsklausel** beruhen.

– **Personelle Führung der Beschluss-Sammlung**

Die Beschluss-Sammlung ist vom **Verwalter** zu führen.

Führt der Verwalter die Beschluss-Sammlung nicht ordnungsgemäß, ist dies ein wichtiger Grund für seine Abberufung.

WEG
§ 24 Abs. 8,
§ 26 Abs. 1
S. 4

Zu beachten:
Führt der Verwalter die Beschluss-Sammlung nicht ordnungsgemäß, macht er sich schadenersatzpflichtig. Anspruchsberechtigt ist in erster Linie die Gemeinschaft der Wohnungseigentümer.

Fehlt ein Verwalter, so ist sie grundsätzlich vom **Vorsitzenden** der Wohnungseigentümerversammlung zu führen.

– **Einsicht in die Beschluss-Sammlung**

Jeder Wohnungseigentümer ist berechtigt die Beschluss-Sammlung einzusehen.

Aus der Berechtigung zur Einsicht folgt, dass Kopien oder Ausdrucke der Beschluss-Sammlung vom Verwalter gegen Kostenerstattung verlangt werden können.

Auch einem Dritten ist Einsicht in die Beschluss-Sammlung zu gewähren, wenn dieser hierzu von einem Wohnungseigentümer ermächtigt wurde.

Siehe Muster im Anhang am Schluss Kapitel 13

Beschlussanfechtung

– **Beschlussanfechtung**

Das **Anfechtungsverfahren** wird durch **Antrag** auf Ungültigkeitserklärung des Beschlusses beim zuständigen Amtsgericht eingeleitet.

Antragsberechtigt ist u. a.,
- jeder Eigentümer, auch der Eigentümer, der dem Beschluss zuvor zugestimmt hat oder der vom Stimmrecht ausgeschlossen war,
- der amtierende Verwalter, wenn der Beschluss ein Recht des Verwalters beeinträchtigt,
- der Zwangsverwalter,
- der Insolvenzverwalter.

Anfechtbare Beschlüsse

Anfechtbare Beschlüsse sind wirksam und werden erst durch erfolgreiche Anfechtung rückwirkend unwirksam.

Aus Gründen der Rechtssicherheit ist eine **Anfechtungsfrist** von **einem Monat**, vom Tag der Beschlussfassung an, einzuhalten.

Danach ist eine Beschlussanfechtung nicht mehr möglich, es sei denn, es kommt zur **Wiedereinsetzung** des Anfechtenden in den vorigen Stand.

Sollte der Verwalter in der Versammlung gefasste Beschlüsse für anfechtbar halten, sollte er in der Versammlung hierauf hinweisen.

Auch anfechtbare Beschlüsse hat der Verwalter grundsätzlich unverzüglich auszuführen.

Der erfolgreich angefochtene Beschluss gilt als **von Anfang an unwirksam**. Das bedeutet, dass vom Verwalter bereits durchgeführte Maßnahmen u. U. rückgängig gemacht werden müssen.

Zu beachten:
Es empfiehlt sich, im Fall dass der Beschluss anfechtbar ist, einen zeitlich begrenzten Ausführungsstopp (ca. 8 Wochen) zu beschließen, bis abzusehen ist, ob tatsächlich angefochten wird und für den Fall der Anfechtung, einen Ausführungsstopp bis zum Ende des Verfahrens zu beschließen.

- Sachliche Klassifizierung der Beschlussgegenstände

Einteilung nach sachlichen Kriterien			
Beschlüsse zur Ordnung der Verwalterarbeit	Routinebeschlüsse	Beschlüsse zu Verfahrensfragen	Beschlüsse zu außerordentlichen Vorgängen
Beispiele: Ermächtigung des Verwalters Leistungsrückstände bei Wohnungseigentümern gerichtlich geltend machen zu dürfen, Ermächtigung des Verwalters zur Überziehung des Gemeinschaftskontos, Verpflichtung der Wohnungseigentümer zur Mitteilung ihrer neuen Anschrift.	**Beispiele:** Verwalterbestellung, Entlastung des Verwalters, des Verwaltungsbeirats, Genehmigung des Wirtschaftsplans, Genehmigung der Jahresabrechnung, Anhebung der Rückstellung, Genehmigung der Hausordnung, Genehmigung geringfügiger Instandsetzungsarbeiten.	**Beispiele:** Beschlüsse zur Geschäftsordnung wie Redezeitbeschränkung.	**Beispiele:** Beschluss zur Zurückstellung der Beschlussausführung wegen angekündigter Beschlussanfechtung, Beschluss einer Sonderumlage wegen Liquiditätsengpass, Beschluss einer großen Instandsetzungsmaßnahme, Beschluss zur Beauftragung von Sonderfachleuten.

Zusammenfassung		
Angelegenheiten, über die nach dem WEG oder nach einer Vereinbarung beschlossen werden kann, werden geregelt		
durch Beschlussfassung in der Wohnungseigentümerversammlung	oder	**im schriftlichen Umlaufverfahren**
↓		↓
		siehe unter **13.5.6**
Wer beruft ein?	→	Grundsätzlich der Verwalter.
Grund der Einberufung?	→	Jährliche ordentliche Versammlung und andere Gründe, insbesondere Minderheitenquorum.
Form der Einberufung?	→	Textform
Einzuladender Personenkreis?	→	Eigentümer und ggf. andere Personen (z. B. Zwangsverwalter).
Einladungsfrist?	→	Mindestens zwei Wochen (soll).
Vorsitzender?	→	Grundsätzlich der Verwalter.

Beschlussfähigkeit?	→	Die stimmberechtigten Eigentümer repräsentieren mehr als die Hälfte aller Miteigentumsanteile bei jedem einzelnen Beschluss.
Stimmrecht?	→	Nach dem Gesetz: Kopfprinzip, andere Regelungen möglich. Zu beachten: Fälle des Stimmausschlusses.
Beschlussfassung?	→	Ja-Stimmen müssen bei einem Mehrheitsbeschluss die Nein-Stimmen überwiegen, Stimmenthaltungen zählen grundsätzlich nicht, Beschlussfeststellung und Beschlussbekanntgabe.
Beschlussqualität?	→	Wirksame Beschlüsse, nichtige Beschlüsse, anfechtbare Beschlüsse (Anfechtungsfrist 1 Monat ab Beschlussfassung, Begründungsfrist 2 Monate ab Beschlussfassung).

13.5 BESONDERE RECHTLICHE REGELUNGEN

13.5.1 Sondernutzungsrechte

Sondernutzungsrechte

– **Begriff, Begründung, Übertragung**

WEG §§ 13 Abs. 2, 15 Abs. 1, 10 Abs. 2 S. 2

Jedem Wohnungseigentümer steht ein Mitgebrauchsrecht am gemeinschaftlichen Eigentum zu.

Diese Regelung ist jedoch abdingbar.

Es kann daher als **Inhalt des Sondereigentums** vereinbart werden, dass Wohnungseigentümer ein **alleiniges** und **ausschließliches Nutzungsrecht** an Flächen, Räumen, Anlagen und Einrichtungen des gemeinschaftlichen Eigentums erhalten. Die übrigen Wohnungseigentümer sind vom Mitgebrauch ausgeschlossen.

Dieses Nutzungsrecht nennt man **Sondernutzungsrecht**.

Es ist einem bestimmten Sondereigentum zugewiesen und steht damit dessen jeweiligen Sondereigentümer zu.

Beispiele:
Stellplätze im Freien, Gartenflächen, Kellerräume

Das Sondernutzungsrecht wird durch **Vereinbarung** bzw. Einräumung in **der Teilungserklärung** begründet.

Eine Begründung durch Mehrheitsbeschluss ist **mangels Beschlusskompetenz nicht** möglich.

Mit der **Eintragung im Grundbuch** erlangt das Sondernutzungsrecht dingliche Wirkung. Die Eintragung in das Grundbuch muss zumindest durch Bezugnahme auf einen **Plan** klar erkennen lassen, auf welche Bereiche sich das Sondernutzungsrecht bezieht. Mangelnde Bestimmtheit führt dazu, dass das Sondernutzungsecht nicht entstanden ist.

Beispiel:
1. Anteil zu 14,50/1.000 verbunden mit dem Sondereigentum an der 3-Zimmer-Wohnung im Erdgeschoss, mit einer Wohnfläche von 79,00 m^2 und dem dazugehörigen Kellerabteil, im Aufteilungsplan je mit Nummer 1 bezeichnet.
Mit diesem Sondereigentum ist die **Befugnis zur ausschließlichen Nutzung** der im gemeinschaftlichen Eigentum stehenden, im beigefügten **Sondernutzungsplan** rot umrandeten und „zu Wohnung Nr. 1" gekennzeichneten **Gartenfläche** verbunden.

Das Sondernutzungsrecht kann für sich alleine **nicht** existieren, es muss einem Wohnungs- oder Teileigentum zugeordnet werden.

Die alleinige **Übertragung** von Sondernutzungsrechten auf Dritte (= Personen, die nicht zur Wohnungseigentümergemeinschaft gehören) ist nicht möglich.

Innerhalb der Gemeinschaft können Sondernutzungsrechte übertragen werden, eine Zustimmung der anderen Wohnungseigentümer hierzu ist nicht notwendig.

- **Rechte und Pflichten des Sondernutzungsberechtigten**

Der Sondernutzungsberechtigte hat grundsätzlich dieselben Rechte und Pflichten, wie ein Sondereigentümer.

So hat der die **Verkehrssicherungspflicht** für Flächen, die zu seinem Sondernutzungsrecht gehören.

- **Kosten i. V. m. Sondernutzungsrechten**

Die Kosten insbesondere der Instandhaltung und Instandsetzung der Flächen und Gebäudeteile an denen Sondernutzungsrechte bestehen, trägt grundsätzlich gemäß § 16 Abs. 2 WEG die Eigentümergemeinschaft, da es sich um gemeinschaftliche Kosten handelt.

Soll der Sondernutzungsberechtigte diese Kosten tragen, muss das **vereinbart** sein, z. B. in der Teilungserklärung.

Beispiel:
Es ist vereinbart, dass der Sondernutzungsberechtigte die Instandhaltungs-, Instandsetzungskosten „seines" Kfz-Stellplatzes zu tragen hat. In diesem Fall muss der Sondernutzungsberechtigte die Kosten für die Instandhaltung und Instandsetzung tragen. Ohne diese Vereinbarung tragen die Wohnungseigentümer grundsätzlich diese Kosten gemeinschaftlich.

13.5.2 Beginn und Ende der Eigentümereigenschaft

Die Eigentümereigenschaft beginnt mit der **Eigentümerstellung**.

Diese wird bei Erwerbsvorgängen mit der Auflassung und der Eintragung des Erwerbers im Grundbuch erreicht.

U.a. in folgenden Fällen ist zum Erlangen der Eigentümerstellung die Eintragung im Grundbuch **nicht** notwendig:
- Zuschlag in der Zwangsversteigerung,
- Erbschaft.

In diesen Fällen tritt die Eigentümereigenschaft mit dem Ereignis ein.

Die Eigentümereigenschaft **endet** mit dem Verlust der Eigentümerstellung.

Zur Nachhaftung siehe unter 13.2. ...

Eigentümerwechsel

Ein Eigentümerwechsel kann sich auf die Jahresabrechnung wie folgt auswirken:

Abrechnungs**guthaben** stehen der Person zu, die zum Zeitpunkt der Fälligkeit des Guthabens Eigentümer ist. Für Abrechnungs**fehlbeträge** hat die Person, die zum Zeitpunkt der Fälligkeit des Fehlbetrages Eigentümer ist, aufzukommen, vorausgesetzt der ausgeschiedene Eigentümer hat die während seiner Eigentümerzeit fälligen Hausgeldvorauszahlungen **vollständig** erbracht. D. h., dass Jahresabrechnungen primär objektbezogen erstellt werden und **nicht** personenbezogen.

Der Verwalter muss daher wegen eines Eigentümerwechsels nicht mehrere abschnittsbezogene Abrechnungen erstellen.

Beispiel:
Eigentümerwechsel während des Jahres bei Hausgeldrückständen des ausgeschiedenen Eigentümers.

2008	2009	2009	2010 Zeit
↑ **15.12.2008** Beschluss Wirtschaftsplan 2009, Hausgeld 250,00 € mtl.	↑ Voreigentümer hat bis 30.6.2009 **kein** Hausgeld bezahlt, Rückstand also **1.500,00 €** ↓ **Folge:** der Voreigentümer haftet für die 1.500,00 € aus dem Wirtschaftsplan	↑ **1.7.2009 Eigentümerwechsel** Neuer Eigentümer zahlt für den Rest des Jahres mtl. 250,00 €, insgesamt also 1.500,00 €.	↑ **25.3.2010 Beschluss** der Jahresabrechnung 2009. Einzelabrechnung weist eine Kostenbelastung von 3.250,00 € auf und damit einen **Abrechnungsfehlbetrag von 1.750,00 €.** ↓ **Folge:** Der neue Eigentümer haftet nur für die sogenannte **Abrechnungsspitze:** 3.250,00 € − 3.000,00 € = 250,00 € ↓

Der Verwalter hat in der Abrechnung zu kennzeichnen, welcher Teil des Abrechnungsfehlbetrags nicht vom gegenwärtigen Eigentümer zu tragen ist.

Dieses Ergebnis tritt dann nicht ein, wenn in der Teilungserklärung/Gemeinschaftsordnung bestimmt ist, dass der Erwerber für Rückstände des veräußernden Wohnungseigentümers haftet.

Analog Sonderumlage: Die Sonderumlage trifft nur dann den Erwerber, wenn er zum Zeitpunkt der **Fälligkeit** der Sonderumlage Eigentümer ist.

13.5.3 Die Veräußerungsbeschränkung

Grundsätzlich besteht Veräußerungsfreiheit. Diese kann jedoch dadurch eingeschränkt werden, dass ein Wohnungseigentümer im Veräußerungsfall die **Zustimmung** anderer Wohnungseigentümer oder eines Dritten i. d. R. des Verwalters einzuholen hat.

Veräußerungsbeschränkung

WEG § 12

Zu beachten:
Testamentarische oder erbvertragliche Verfügungen fallen **nicht** unter den Begriff „Veräußerung", ein etwaiges Zustimmungserfordernis bezieht sich also nicht auf diese Verfügungen.

Die ggf. erforderliche, weil **vereinbarte** Zustimmung darf jedoch nur aus einem wichtigem Grund versagt werden.

Beispiel:
In der Gemeinschaftsordnung ist festgelegt, dass der Verwalter einer Veräußerung zustimmen muss und dass er diese in jedem Fall verweigern kann.
Diese Vereinbarung ist mit diesem (schrankenlosen) Inhalt nichtig.

Die Erteilung der Zustimmung muss gegenüber dem Grundbuchamt in öffentlich beglaubigter Form nachgewiesen werden. Für die Erteilung der Zustimmung ist eine **Prüfungsfrist** von grundsätzlich maximal **8-10 Tagen** einzuhalten.

Die Feststellungslast, ob die Zustimmung zur Veräußerung zu gewähren oder zu versagen ist, liegt beim Zustimmungsberechtigten, z. B. beim Verwalter.

Informationspflichtig ist der Veräußerer, der ggf. auch eine Selbstauskunft des Erwerbers veranlassen muss.

Ist dem Verwalter für die Zustimmungserklärung eine gesonderte Gebühr zu zahlen (siehe Verwaltervertrag), so ist diese als Verwaltungskostenart grundsätzlich von allen Wohnungseigentümern zu tragen, jedoch **Beschlusskompetenz** um davon abzuweichen.

Hat der Verwalter die Zustimmung zu erteilen, muss er seine Verwaltereigenschaft durch Vorlage der öffentlich beglaubigten Niederschrift der Versammlung in der er zum Verwalter bestellt wurde bzw. durch Vorlage der Teilungserklärung/Gemeinschaftsordnung in der er zum Erstverwalter bestellt wurde, nachweisen.

Solange die erforderliche Zustimmung zur Veräußerung des Wohnungseigentums nicht vorliegt, ist der **Veräußerungsvertrag schwebend unwirksam**.

Es ist zu beachten, dass die fahrlässige Verweigerung der Zustimmung zu Schadenersatzansprüchen des Veräußerers, die fahrlässige Gewährung der Zustimmung zu Schadenersatzansprüchen der Wohnungseigentümer führen kann.

WEG § 12 Abs. 4 S. 1 — Die Wohnungseigentümer haben die **Beschlusskompetenz**, die **vereinbarte** Veräußerungszustimmung durch **(einfachen) Mehrheitsbeschluss** aufzuheben.

Zu beachten:
Die Beschlusskompetenz zur Aufhebung der Veräußerungsbeschränkung kann durch Vereinbarung **nicht** eingeschränkt oder ausgeschlossen werden.

Die Wirkung des Beschlusses zur Abschaffung der Veräußerungszustimmung tritt mit Beschlussfassung ein.

WEG § 12 Abs. 4 S. 3 — Ist der Abschaffungsbeschluss gefasst, **kann** die im Grundbuch eingetragene Veräußerungsbeschränkung **gelöscht** werden, das Grundbuch berichtigt werden.

Die Löschung im Grundbuch hat lediglich deklaratorische Bedeutung.

Für den Nachweis der Beschlussfassung gegenüber dem Grundbuchamt ist die Niederschrift über den Aufhebungsbeschluss vorzulegen. Die Unterschriften in der Niederschrift müssen öffentlich beglaubigt sein.

13.5.4 Entziehung des Wohnungseigentums

Die Wohnungseigentümer können von einem anderen Wohnungseigentümer die Veräußerung seines Wohnungseigentums verlangen, wenn dieser seine Pflichten schwer verletzt hat.

Beispiel:
Befindet sich ein Wohnungseigentümer mit der Erfüllung seiner Verpflichtung zur Lasten- und Kostentragung in Höhe eines Betrages von **mehr als 3 % des Einheitswertes** seines Wohnungseigentums **länger als 3 Monate** im Verzug und besteht der Rückstand auch noch im Zeitpunkt der letzten mündlichen Verhandlung, dann kann das Wohnungseigentum entzogen werden.

Der Beschluss zur Entziehung des Wohnungseigentums, also die Entscheidung über **das ob** der Entziehung, steht den Wohnungseigentümern zu. Der Beschluss bedarf einer **Mehrheit von mehr als der Hälfte aller** stimmberechtigten Wohnungseigentümer, nicht nur der in der Versammlung anwesenden bzw. vertretenen Eigentümer. Der Eigentümer, dem das Wohnungseigentum entzogen werden soll, ist vom Stimmrecht ausgeschlossen.

Die Mehrheit ist nach dem **Kopfprinzip** zu ermitteln.

Die **Ausübung** des Entziehungsrechts steht der Wohnungseigentümergemeinschaft, dem Verband, zu.

WEG § 18

13.5.5 Gerichtliches Verfahren

– Rechtsgrundlagen

Für Verfahren in Wohnungseigentumssachen gelten grundsätzlich die Vorschriften der Zivilprozessordnung (ZPO) und die des Gerichtsverfassungsgesetzes (GVG) **ergänzt** durch §§ 43–50 WEG.

Diese Neuerung ermöglicht eine effizientere Verfahrensführung, da das Gericht nunmehr Sanktionen ergreifen kann, wenn die Parteien ihrer Pflicht zur Verfahrensförderung nicht nachkommen.

Das Gericht hat u. a. auch die Möglichkeit ein Versäumnisurteil zu erlassen oder die Vollstreckung aufgrund eines vorläufig vollstreckbaren Urteils anzuordnen.

Weiter fällt der **Amtsermittlungsgrundsatz** weg. Das Gericht muss den Sachverhalt nicht mehr von Amts wegen ermitteln. Grundlage der richterlichen Entscheidung sind nunmehr die Tatsachen, die die Parteien vorbringen.

Amtsermittlungsgrundsatz

Beispiel:
Wird die Klage gegen einen Falschen erhoben, kann der Richter nicht mehr von sich aus den richtigen Verfahrensgegner einsetzen.

– **Rechtsschutzbedürfnis**

Für die Einleitung eines Verfahrens durch einen Wohnungseigentümer oder durch den Verwalter muss ein Rechtsschutzbedürfnis bestehen.

Dieses besteht dann, wenn der Antragsteller in seinen **Rechten beeinträchtigt** ist.

– **Zuständigkeit**

Das Amtsgericht, in dessen Bezirk das Grundstück liegt, ist zuständig für

- Streitigkeiten über die sich aus der Gemeinschaft und aus der Verwaltung des gemeinschaftlichen Eigentums ergebenden Rechte und Pflichten der **Wohnungseigentümer** untereinander.

Beispiele:
Streitigkeiten über die Bildung einer angemessenen Rückstellung oder über die ordnungsmäßige Instandhaltung und Instandsetzung des gem. Eigentums.

- Streitigkeiten über die Rechte und Pflichten zwischen der **Gemeinschaft und Wohnungseigentümern**.

Beispiele:
Streitigkeiten über die Zahlung von Hausgeldern oder Sonderumlagen.

- Streitigkeiten über die Rechte und Pflichten des **Verwalters** bei der Verwaltung des gemeinschaftlichen Eigentums.

Beispiele:
Streitigkeiten hinsichtlich des Anspruchs auf Erstellung der Jahresabrechnung oder die Einsicht in die Beschlusssammlung.

- Streitigkeiten über die **Gültigkeit von Beschlüssen**.

Beispiele:
Anfechtung von Beschlüssen, Feststellung der Nichtigkeit von Beschlüssen.

- **Mahnverfahren**, wenn die Gemeinschaft Antragstellerin ist.

– **Zustellungsvertreter**

WEG § 45   Im gerichtlichen Verfahren ist der **Verwalter** der **Zustellungsvertreter** der Wohnungseigentümer.

Für den Fall, dass der Verwalter nicht Zustellungsvertreter sein kann, wenn z. B. der Verwalter als Gegner der Wohnungseigentümer am Verfahren beteiligt ist, haben die Wohnungseigentümer einen **Ersatzzustellungsvertreter** und dessen Stellvertreter zu bestellen.

Ersatzzustellvertreter

Für den Fall, dass die Wohnungseigentümer keinen Ersatzzustellungsvertreter bestellt haben oder für den Fall, dass die Zustellung an den Verwalter aus anderen Gründen nicht ausgeführt werden kann, kann das Gericht von sich aus einen Ersatzzustellungsvertreter benennen.

– Anfechtungsklage

Die Beschlussanfechtung muss innerhalb eines Monats nach der Beschlussfassung erfolgen, d. h. bei Gericht eingehen. Das Gericht wird nur dann tätig, wenn der Kostenvorschuss bezahlt ist.

WEG § 46

Die Begründung der Anfechtungsklage ist binnen 2 Monaten nach der Beschlussfassung einzureichen.

Die **Wiedereinsetzung in den vorigen Stand** muss innerhalb einer Frist von 2 Wochen nach Beseitigung des Anfechtungshindernisses beantragt werden. Voraussetzung hierfür ist, dass die Anfechtungsfrist **unverschuldet** versäumt worden ist.

ZPO §§ 223 ff.

– Kostentragung

Grundsätzlich hat die unterliegende Partei die Prozesskosten zu tragen.

Bei einer **Ermessensentscheidung** können die Kosten nach billigem Ermessen auf die Parteien verteilt werden.

WEG § 49 Abs. 1

Beispiel:
Ein Wohnungseigentümer verlangt gerichtlich einen Wirtschaftsplan. Das Gericht kann einen Wirtschaftsplan nach eigenem Ermessen aufstellen und für rechtswirksam erklären.

Vertritt der Rechtsanwalt die Gemeinschaft der Wohnungseigentümer, kann er nur die **einfache Gebühr** verlangen.

Vertritt er hingegen eine Mehrheit von Eigentümern, kann er eine **Mehrfachgebühr** verlangen.

13.5.6 Das schriftliche Umlaufverfahren

Schriftliches Umlaufverfahren

Die Beschlussfassung in der Wohnungseigentümerversammlung ermöglicht die Meinungsbildung durch vorherige Diskussion und eröffnet damit die Chance, „Vorurteile" auszuräumen.

Das WEG ermöglicht jedoch auch eine andere Form der Beschlussfassung, allerdings unter erschwerten Bedingungen, nämlich die **Beschlussfassung im schriftlichen Umlaufverfahren**.

WEG § 23 Abs. 3

Umlaufbeschlüsse können **nur** durch **schriftliche Erklärung aller** Wohnungseigentümer gefasst werden. Nach noch **herrschender Meinung** ist ein Umlaufbeschluss, dem nicht alle Eigentümer zugestimmt haben, **nichtig**.

Der Initiator des Verfahrens muss nicht der Verwalter sein. So kann jeder Wohnungseigentümer ein solches Verfahren initiieren und die Zustimmungen entgegennehmen.

Der Initiator sollte den Beschluss als „**Eigentümerbeschluss im schriftlichen Umlaufverfahren nach § 23 Abs. 3 WEG**" bezeichnen, damit eine Verwechslung mit einer Vereinbarung von vornherein vermieden wird.

Der Initiator kann so vorgehen, dass er jeden **einzelnen** Wohnungseigentümer direkt anschreibt und ihn zur Zustimmung zum Beschluss auffordert oder dass er das Schreiben an einen Eigentümer sendet und ihn ersucht auf dem Schreiben seine Zustimmung zum Beschluss zu geben und dann das Schreiben an den nächsten Eigentümer **weiterzuleiten**.

Der Initiator sollte einen **Endtermin** setzen, bis zu dem die Eigentümer ihre Zustimmung gegeben haben müssen. Sind zu diesem Termin nicht alle Zustimmungen erteilt, gilt der Beschlussantrag als gescheitert.

Der schriftliche Umlaufbeschluss kommt erst **zustande** mit seiner **Feststellung** und der **Mitteilung** des Beschlussergebnisses. Es ist aber nicht notwendig, dass die Mitteilung jedem einzelnen Wohnungseigentümer zugeht, es genügt grundsätzlich auch ein Aushang.

13.5.7 Hausgeldansprüche durchsetzen

Hausgeldansprüche

Der Begriff Hausgeld (Wohngeld) umfasst
- die auf dem Wirtschaftsplan beruhenden i. d. R. monatlichen Vorauszahlungen,
- die beschlossenen Sonderumlagen,
- die Differenz zwischen der anteiligen Gesamtbelastung und den entrichteten Vorauszahlungen aus der beschlossenen Jahresabrechnung.

Voraussetzung für die Geltendmachung des bestehenden Zahlungsanspruchs sind neben dem **Beschluss, Fälligkeit** und **Verzug**.

- **Instrumentarium zur Durchsetzung der Hausgeldansprüche**

· **Mahnung durch den Verwalter**

WEG § 27 Abs. 1 Nr. 4

Der Verwalter hat Kostenbeiträge der Wohnungseigentümer anzufordern, d. h. er hat die Pflicht zur Anmahnung ausstehender Hausgelder.

Zur Verzugsbegründung ist die Mahnung dann nicht erforderlich, wenn für das Hausgeld ein bestimmter Zahlungstermin beschlossen oder vereinbart ist.

Güte- und Schlichtungsverfahren

Der Verwalter hat zu berücksichtigen, dass entsprechend den Güte- und Schlichtungsgesetzen der Länder auch bei wohnungseigentumsrechtlichen Zahlungsansprüchen (bis maximal 750,00 €, je nach Land aber auch weniger) grundsätzlich eine **Güte- und Schlichtungsstelle** angerufen werden muss, bevor eine Klage vor dem Amtsgericht erhoben werden darf.

Die Durchführung des Güte- und Schlichtungsverfahrens kann nur durch Vorschaltung eines **gerichtlichen Mahnverfahrens** vermieden werden.

- **Gerichtliche Geltendmachung des geforderten Hausgeldes**

Bleibt die Zahlung aus, muss das geforderte Hausgeld **gerichtlich** geltend gemacht werden.

Dies kann der Verwalter aber nur dann, wenn er hierzu **bevollmächtigt** ist, z. B. im Verwaltervertrag oder durch einen Eigentümerbeschluss, den er sich ggf. erst noch besorgen muss.

Die Vollmacht Hausgeldforderungen geltend zu machen, berechtigt auch dazu einen Anwalt zu beauftragen.

Für das weitere Vorgehen sind u. a. folgende **Unterlagen** bei Gericht einzureichen:
- Grundbuchauszug zur Schuldnerwohnung (unbeglaubigt),
- Teilungserklärung/Gemeinschaftsordnung,
- Verwaltervertrag, wenn zum Nachweis der Vollmacht erforderlich bzw. Vollmacht,
- Einzeljahresabrechnung bzw. Einzelwirtschaftsplan aus der sich die Ansprüche ergeben,
- Niederschrift, die den Beschluss der relevanten Jahresabrechnung, des relevanten Wirtschaftsplans enthält.

Für das Vorgehen gegen den säumigen Zahler steht zur Verfügung
- das Mahnverfahren in **Wohnungseigentums-Sachen**

oder
- das **Gerichtliche Mahnverfahren**.

Das **wohnungseigentumsgerichtliche Verfahren** beginnt mit der Einreichung des Antrags bei dem Amtsgericht, in dessen Bezirk die Wohnungseigentumsanlage liegt, wenn die Gemeinschaft der Wohnungseigentümer Antragsteller ist, unabhängig von der Höhe des Geschäftswerts. Es besteht kein Anwaltszwang.

Antragsteller ist die Gemeinschaft der Wohnungseigentümer.

Der Zahlungsanspruch kann aber auch im **gerichtlichen Mahnverfahren** geltend gemacht werden.

Das ist immer dann sinnvoll, wenn der Hausgeldanspruch vom angemahnten Wohnungseigentümer bisher nicht bestritten wurde und voraussichtlich auch nicht bestritten wird.

Geht man hingegen davon aus, dass der Hausgeldanspruch bestritten wird, sollte man schon aus Zeitersparnisgründen direkt das wohnungseigentumsrechtliche Verfahren einleiten.

Im Mahnbescheid ist das Amtsgericht der Wohnanlage und der Zusatz „WEG" einzutragen.

Hat die Gemeinschaft der Wohnungseigentümer einen **vollstreckbaren Zahlungstitel** erhalten, können **Maßnahmen der Zwangsvollstreckung** eingeleitet werden.

Zu diesen Maßnahmen gehören,
- die Beauftragung des Gerichtsvollziehers mit der **Mobiliarpfändung**,
- das Betreiben der **Immobiliarvollstreckung (Zwangsverwaltung, Zwangshypothek, Zwangsversteigerung)**

Zu den Maßnahmen der **Immobiliarvollstreckung** gehört die **Zwangsverwaltung**.

Für den Antrag auf Zwangsverwaltung ist das Amtsgericht zuständig in dessen Bezirk sich die Wohnung befindet.

Im Rahmen der Zwangsverwaltung werden die durch die Zwangsverwaltung erzielten Überschüsse unter die Gläubiger verteilt. Die Verteilung geschieht in der Reihenfolge der Rangklassen des § 10 Abs. 1 ZVG.

Für Forderungen ab 750,00 € (ohne Zinsen) kann durch Eintragung einer **Sicherungs- (Zwangs-)hypothek** im Grundbuch die titulierte „persönliche" Forderung **dinglich gesichert** werden.

Der Eintragungsantrag kann von der Person gestellt werden, die im Titel als Vertreter der Gemeinschaft der Wohnungseigentümer genannt ist, also i. d. R. der Verwalter oder der beauftragte Rechtsanwalt.

Des Weiteren kann die Gemeinschaft die **Zwangsversteigerung betreiben** oder einer von anderen Gläubigern betriebenen Zwangsversteigerung **beitreten**. Die Hausgeldrückstände sind gemäß § 10 Abs. 1 Nr. 2 ZVG in begrenzten Umfang **bevorrechtigt**.

<small>ZVG § 10 Abs. 1 Nr. 2</small> Der **Vorrang** führt dazu, dass den Ansprüchen der dinglich Berechtigten Ansprüche vorgehen, die aus dem **Grundbuch nicht** ersichtlich sind.

Zu den Ansprüchen der Rangklasse 2 gehören u. a. die **fälligen Ansprüche der Wohnungseigentümergemeinschaft** auf Zahlung der Lasten und Kosten aufgrund von Beschlüssen der Wohnungseigentümer gemäß § 28 Abs. 5 WEG über den Wirtschaftsplan, die Jahresabrechnung oder über eine Sonderumlage („Beitragsschulden") und die Beiträge zur Instandhaltungsrücklage.

Erfasst werden die Lasten und Kosten des gemeinschaftlichen Eigentums und des Sondereigentums. Die Kosten des Sondereigentums allerdings nur, wenn sie über die Gemeinschaft abgerechnet werden.

Beispiel:
Vorrang erstreckt sich auf die Kaltwasserkosten des SE, abgerechnet durch die Gemeinschaft.

```
                    Grenzen des Vorrechts
         ↓                              ↓
    zeitliche Grenze              betragsmäßige Grenze
```

– **Zeitliche Grenze:**

Erfasst werden **laufende** Ansprüche.

Zu den **laufenden Beträgen** des Hausgeldes gehören der letzte vor der Beschlagnahme fällig gewordene Betrag, sowie die später fälligen Beträge. Letztere werden bis zum Zeitpunkt des Zuschlags berücksichtigt.

Erfasst werden aber auch **rückständige** Ansprüche aus dem Kalenderjahr der Beschlagnahme und den beiden Kalenderjahren vor dem Kalenderjahr der Beschlagnahme.

Beispiele:
Beschlagnahme des Wohnungseigentums am 15.11.2009
Vom Vorrecht erfasst werden Ansprüche die in 2009 noch fällig werden, bereits fällig geworden sind und Ansprüche aus 2007 und 2008.
Laut beschlossenem Wirtschaftsplan 2009 beträgt das Hausgeld monatlich 200,00 €, fällig jeweils am Monatsersten.
Aus der beschlossenen Jahresabrechnung 2007 schuldet der Wohnungseigentümer noch 1.000,00 €, außerdem schuldet er noch seinen Anteil an der 2008 beschlossenen Sonderumlage in Höhe von 1.500,00 €.
Die Beschlagnahme erfolgt am 10.4.2009.
Das Vorrecht erfasst: Die Ansprüche ab April 2009, die Ansprüche Januar–März 2009 (600,00 €) und die Ansprüche aus der Sonderumlage 2008 (1.500,00 €) und der Jahresabrechnung 2007 (1.000,00 €).

– **Betragsmäßige Grenzen:**

Der Vorrang begrenzt die berücksichtigungsfähigen Ansprüche ihrem Umfang nach auf nicht mehr als **5 %** des gemäß § 74a Abs. 5 ZVG festgesetzten **Verkehrswertes**.

Die darüber hinausgehenden Ansprüche bleiben in der Rangklasse 5.

Betreibt der Verband das Zwangsversteigerungsverfahren selbstständig, müssen die Hausgeldrückstände **3 % des Einheitswerts** des Wohnungseigentums übersteigen.

- **Versorgungssperre**

Hierbei handelt es sich darum, dass die Gemeinschaft berechtigt sein kann ein **Zurückbehaltungsrecht** auszuüben, und im Zuge dessen säumige Zahler vom weiteren Leistungsbezug auszuschließen, also die Versorgung der Wohnung u. a. mit Heizenergie und Wasser einzustellen.

Voraussetzungen der Versorgungssperre:
- Es liegt ein erheblicher Zahlungsrückstand vor (mehr als der sechsfache Monats-Hausgeldvorschuss),
- die Versorgungssperre ist angedroht worden und danach eine mindestens 2 Wochen lange Wartezeit eingehalten worden,
- die Versorgungssperre ist beschlossen worden (**Beschlusskompetenz** hierzu besteht).

- **Zu beachten:**

Die Versorgungssperre kann auch als Dauerregelung beschlossen werden.

- **Entzug des Wohnungseigentums**

Siehe dazu 13.5.4

Zusammenfassung	
Instrumentarium zur Durchsetzung der Hausgeldansprüche	
Mahnung als Verwalterpflicht gemäß § 27 Abs. 1 Nr. 4 WEG ggf. um die Verzugsvoraussetzung zu erreichen	Versorgungssperre
↓	
Mahnverfahren in Wohnungseigentumssachen oder gerichtliches Mahnverfahren	Entzug des Wohnungseigentums
Ergebnis: **Titel**	
↓	
Zwangsvollstreckung:	
↓	↓
Mobiliarpfändung	Immobiliarvollstreckung – Zwangsverwaltung – Zwangshypothek – Zwangsversteigerung

13.6 KONFLIKTMANAGEMENT

- **Konfliktfolgen**

Konflikte können diverse wirtschaftliche **Folgen** haben primär für

die Eigentümer
- Gerichts- und Verfahrenskosten,
- erhöhter Instandhaltungsaufwand
u. a.

den Verwalter
- erhöhter Verwaltungsaufwand wegen häufiger Beschwerden,
- Verschlechterung des Images der Verwaltung
u. a.

- **Konfliktgründe**

Daher sind Konflikte und damit einhergehende Beschwerden sorgfältig zu bearbeiten.

Zufriedenheit und damit geringere Konflikthäufigkeit hängt ab von Faktoren,
- wie Zustand des Gebäudes, der Außenanlagen und anderer mit der Immobilie unmittelbar zusammenhängender Faktoren,

aber auch
- von Dienstleistungen und Serviceangeboten, die gemacht werden

und in einer Wohnungseigentumsanlage auch davon
- wie sich vermietende Eigentümer ihren Mietern gegenüber verhalten.

Beispiel:
Ein Mieter äußert sich über bestimmte Zustände in der Anlage nur deswegen so kritisch, weil er die Miete die er bezahlt als zu hoch empfindet oder weil er sich von seinem Vermieter nicht genug beachtet fühlt.

- **Konfliktanalyse**

Die Konfliktanalyse soll Aufschluss geben über
· die **Konfliktparteien**,
· den **Grund des Konflikts**
und
die einzusetzenden **Lösungsinstrumente**.

- **Konfliktparteien**

Konflikte können entstehen zwischen

· einzelnen Eigentümern	↔	einzelnen Eigentümern
· Wohnungseigentümern	↔	Mietern / Eigentümer-Vermietern
· Eigentümer-Vermietern	↔	deren Mieter
· Gemeinschaft	↔	einzelnen Eigentümern

↓

Der Verwalter spielt dabei die Rolle des „ehrlichen Maklers"

Konflikte können entstehen zwischen
- Verwalter ↔ einzelnen Eigentümern
- Verwalter ↔ Mietern / Eigentümer-Vermietern
- Verwalter ↔ Gemeinschaft

↓

Verwalter ist Konfliktpartei

Der Verwalter kann im Fall von Konflikten zwischen Personen der ersten Gruppe durch sein Verhalten selbst zur Konfliktpartei werden.

Beispiel:
Ein Bewohner verletzt die Hausordnung.

Dem Verwalter obliegt es, gemäß § 27 Abs. 1 Nr. 1 für die Einhaltung der Hausordnung zu sorgen. Er unternimmt gegen die Störungen der Hausordnung nichts, kommt also seiner Pflicht nicht nach. Bewohner werfen ihm dies vor, er ist selbst zur Konfliktpartei geworden.

Entzündet sich der Konflikt unmittelbar am Verhalten des Verwalters, liegt ein Konflikt der zweiten Fallgruppe vor.

Beispiele:
Der Verwalter führt Beschlüsse nur sehr verspätet oder gar nicht aus.

Der Verwalter muss gegen einen seinen Zahlungspflichten nicht nachkommenden Eigentümer vorgehen.

Konfliktlösungsinstrumente

– **Konfliktlösungsinstrumente**

Die anzuwendenden Lösungsinstrumente hängen von der Ursache des Konflikts ab.

Häufige haben Konflikte ihre Ursache
- im Zusammenleben der Bewohner, z. B. Störungen der Hausordnung,
- in unterschiedlichen Auffassungen Probleme zu lösen, z. B. zu Zeitpunkt und Art einer Dachsanierung,
- in Qualität der Arbeit des Verwalters,
- in unterschiedlichen Interessen der Eigentümer (Selbstnutzer, Kapitalanleger),
- in unterschiedlichen Interessen der Mieter von Eigentumswohnungen (z. B. gegenüber einer Modernisierungsmaßnahme, die zu einer Mieterhöhung berechtigt).

Lösungsinstrumente, z. B.:
- Der Verwalter tritt als Vermittler im Konflikt auf (Gespräch), das setzt voraus, dass er nicht selbst Partei ist,
- Abmahnung (bei Fehlverhalten, das nicht durch das Gespräch abgestellt werden kann),
- Klage (als Folge nicht erfolgreicher Gespräche und nicht beachteter Abmahnungen),
- Feststellung in wie weit Beschwerden gegen den Verwalter selbst berechtigt sind mit Gespräch und Herstellung eines Konsenses darüber wie sich das beanstandete Verwalterverhalten ändern soll,
- Einbindung von Wohnungseigentümern in die Problemlösung.

13.6 KONFLIKTMANAGEMENT

Beispiel: Beschluss-Sammlung in Tabellenform nach Hügel/Elzer „Das neue WEG-Recht", C.H. Beck

Wohnungseigentümergemeinschaft Warthestraße 58, 14567 Berlin

Beschluss-Sammlung

Lfd. Nr.	Ort	Datum	Beschluss/Tenor	Anmerkung	Gericht	Parteien	Eintragender
01	Rastweg 21, Berlin, TOP 2	5.5.2008	Die vom Verwalter vorgelegte Jahresabrechnung für 2006, bestehend aus … wird genehmigt, die ausgewiesenen Salden (Guthaben/Nachzahlungen) anerkannt.	Bestandskräftig Sseit dem 5.6.2007			Paul Ehrlich, Verwalter, 8.5.2007
02	Rastweg 21, Berlin, TOP 2	5.5.2008	Der allen Wohnungseigentümern vorliegende Wirtschaftsplan für das Jahr … wird genehmigt. Dieser Wirtschaftsplan gilt fort. …	Bestandskräftig seit dem 5.6.2007			Paul Ehrlich, Verwalter, 8.5.2007
…							
11		6.7.2009	1. Der Beklagte wird verurteilt an den Kläger 3 670,00 € nebst 5 Prozentpunkten über dem jeweiligen Basiszinssatz seit dem 5. März 2006 zu zahlen. 2. Der Beklagte hat die Kosten des Rechtsstreits zu tragen. 3. …	Rechtskräftig	AG Neukölln, 70II143/06 WEG	1. Verband Wohnungs-Eigentümergemeinschaft Maistr. 58 14567 Berlin 2. Wilhelm Müller, Maistr. 58, 14567 Berlin	Paul Ehrlich, Verwalter, 17.7.2007

Kapitel 14
ERWERB UND VERÄUSSERUNG VON IMMOBILIEN

Karl Flach

14 ERWERB UND VERÄUSSERUNG VON IMMOBILIEN

14.1 RECHTSGRUNDLAGEN

Die soziale Wohnraumförderung in der Bundesrepublik Deutschland unterstützt und fördert neben dem Mietwohnungsbau besonders „die Bildung selbst genutzten Wohneigentums".

Das Bürgerliche Gesetzbuch (BGB) sichert dem Eigentümer das ausschließliche Recht über sein Eigentum zu, „so weit nicht das Gesetz oder Rechte Dritter entgegenstehen". *BGB § 903*

Der Eigentümer kann widerrechtliche Eingriffe in sein Eigentum abwehren; darüber hinaus sind widerrechtliche Eigentumseingriffe mit Strafe bedroht.

Das Grundgesetz erhebt das Eigentum in den Rang eines Grundrechts und sichert es so vor widerrechtlichen staatlichen Eingriffen. Wie alle Grundrechte ist auch die Eigentumsgarantie ein Abwehrrecht gegenüber staatlichen Institutionen.

Diese „Eigentumsgarantie" soll dem Rechtsinhaber einen Freiraum im vermögensrechtlichen Bereich gewähren. *Eigentumsgarantie GG Artikel 14 Abs. 1 Satz 1*

Unsere Rechtsordnung schränkt aber andererseits, wie in der o. g. Bestimmung des § 903 BGB zu sehen, den privaten Gebrauch des Eigentums ein. *Einschränkung*

Auch das Grundgesetz nimmt diesen Gedanken auf, wenn es festlegt: „Inhalt und Schranken werden durch die Gesetze bestimmt" und „Eigentum verpflichtet". Hier kommt der sozialstaatliche Auftrag des Grundgesetzes (wenngleich sehr allgemein gehalten) zum Ausdruck. *GG Art. 14 Abs. 1 Satz 2 und Abs. 2*

Der rechtliche Gehalt des Eigentums ist also einerseits durch Privatnützigkeit (Ausübung zum eigenen Vorteil) und andererseits durch Verfügbarkeit (nicht notwendigerweise unbeschränkt) gekennzeichnet.

In welchem Umfang die freie Verfügungsgewalt des Eigentümers zur Verwirklichung der sozialen Gerechtigkeit eingeschränkt werden darf, bleibt dem Gesetzgeber überlassen. Er hat dies z. B. im Baugesetzbuch und im Rahmen des Mietrechts getan.

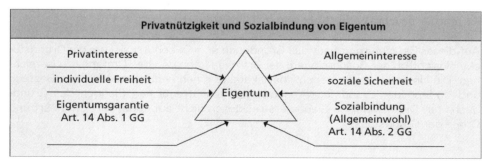

Die Problematik, die sich durch die Privatnützigkeit von Eigentum an Grund und Boden einerseits und der Sozialbindung andererseits ergibt, wird in Abschnitt 14.4.3 am Beispiel der Grundstücksenteignung dargestellt.

14.1.1 Liegenschaftskataster und Grundbuch als Informationsquellen

Sachenrecht

Welche Bedeutung Eigentum an Grund und Boden im täglichen Rechtsverkehr hat, ist im Bürgerlichen Gesetzbuch näher geregelt. Das Eigentumsrecht als dingliches Recht gehört in den Bereich des Sachenrechts. Diese Rechte wirken gegenüber jedermann. Eine bestimmte Sache (z. B. ein Grundstück) muss daher gegenüber anderen Sachen (z. B. anderen Grundstücken) abgegrenzt und als Einzelsache erkennbar sein.

Erkennbarkeit und Sichtbarkeit

Dieses Prinzip der Erkennbarkeit und Sichtbarkeit des Sachenrechts verlangt die klare Ausweisung, z. B. des Grundstücks als Gegenstand des Rechtsverkehrs. Diese Anforderung wird durch das Grundbuch erfüllt.

Zur genauen und spezifizierten Erkennung und Sichtbarmachung eines Grundstücks reicht das Grundbuch jedoch nicht aus. Die genaue Beschreibung und grafische Darstellung ergibt sich aus dem Liegenschaftskataster.

14.1.1.1 Das Liegenschaftskataster

Liegenschaftskataster

Das Liegenschaftskataster ist ein von der Katasterbehörde geführtes, aus Büchern und Karten bestehendes öffentliches Register. Hier werden alle Liegenschaften (Flurstücke und Gebäude) so nachgewiesen und beschrieben, dass man den Anforderungen des Rechtsverkehrs, der Verwaltung und der Wirtschaft an ein Basisinformationssystem gerecht werden kann.

Das Liegenschaftskataster ist ein amtliches Verzeichnis der Grundstücke, nach dem sie im Grundbuch benannt werden.

Flurstück

Die kleinste Buchungseinheit im Kataster ist das **Flurstück** (Parzelle).

Es ist ein Teil der Erdoberfläche, der von einer in sich zurücklaufenden Linie umschlossen und im Liegenschaftskataster unter einer besonderen Nummer geführt wird.

Der zeichnerische Nachweis der Flurstücke erfolgt auf den Liegenschafts- bzw. Flurkarten, der beschreibende Nachweis im Liegenschaftsbuch.

Auf dieser Registrierung baut das Grundbuch auf: Es benutzt sie, um die Grundstücke hinsichtlich der Beschreibung, der örtlichen Lage und des Umfangs zu bezeichnen. Die Unterlagen des Liegenschaftskatasters nehmen, so weit sie den Bestand und Umfang der Grundstücke nachweisen, am öffentlichen Glauben des Grundbuchs teil. Der öffentliche Glaube erstreckt sich nicht auf Lage, Wirtschaftsart und Größe der Grundstücke.

14.1 RECHTSGRUNDLAGEN

Das Grundbuch behandelt als Grundstück ein Stück Land mit einer Flurstücksnummer, für das außerdem ein Grundbuchblatt angelegt ist.

Das Verhältnis von Grundbuch zum Liegenschaftskataster lässt sich so ausdrücken: Ein Grundstück im Sinne des Grundbuchs kann aus einem oder mehreren Flurstücken im Sinne des Katasters bestehen. Die Flurstücke sollen, damit sie die Eigenschaft eines Grundstücks bekommen, flächenmäßig zusammenhängen. Das gilt auch, wenn ein Grundstück einem anderen zugeschrieben oder mit einem anderen Grundstück vereinigt werden soll. (§§ 5 und 6 GBO)

Verhältnis von Grundbuch zum Liegenschaftskataster

Beispiel:
Mehrere zusammenliegende Äcker haben im Vermessungsverzeichnis drei Flurstücksnummern, im Grundbuch jedoch nur ein Grundbuchblatt. Sie sind damit rechtlich gesehen ein einziges Grundstück.

Während das Grundbuch über die Grundstücke Auskunft in rechtlicher Hinsicht (Eigentumsverhältnisse, Belastungen) gibt, hat das Liegenschaftskataster die Aufgabe, die Grundstücke in tatsächlicher Hinsicht zu beschreiben. Dies geschieht zum Zwecke des Eigentumsnachweises (zusammen mit dem Grundbuch), der Grundbesitzverwaltung, Grundstücksbewertung, Finanzverwaltung, Bauleitplanung, für Bodenordnungsmaßnahmen und Immobilienhandel.

Die Nachweise des Liegenschaftskatasters bestehen aus
- **Katasterbuchwerk,**
- **Katasterkartenwerk** und
- **Katasterzahlenwerk.**

Nachweise des Liegenschaftskatasters

Das Katasterbuchwerk enthält im **Liegenschaftsbuch** als beschreibendem Teil des Liegenschaftskatasters insbesondere Angaben zu
- den einzelnen Flurstücken, wie amtliche Bezeichnung, Lage und Flächengröße,
- den Nutzungsarten,
- den Merkmalen der Bodenschätzung,
- den öffentlich-rechtlichen Festlegungen zu den Grundflächen, wie Hinweise auf bestehende Baulasten oder Naturschutzgebiete sowie – in Übereinstimmung mit dem Grundbuch –,
- Angaben zu den Eigentümerinnen, Eigentümern und Erbbauberechtigten.

Liegenschaftsbuch

Im Katasterkartenwerk sind die Ergebnisse der Vermessungen grafisch dargestellt. Die **Liegenschaftskarten** (auch als **Flurkarten** bezeichnet) enthalten
- die zeichnerische Darstellung der Flurstücke mit den Flurstücksnummern,
- die Flurstücksgrenzen und Grenzeinrichtungen,
- die zeichnerische Darstellung der Gebäude, Verkehrswege und Gewässer,
- die politischen Grenzen,
- Straßennamen und andere topografische Informationen.

Liegenschaftskarten

Die Liegenschaftskarte ist zudem amtliche Grundlage für den Grundstücksverkehr, für die Beleihung von Grundstücken und die Kreditgewährung bei Bauvorhaben. In der Bauleitplanung ist die Aufstellung von Bebauungsplänen ohne sie nicht denkbar. Die Liegenschaftskarte gewährleistet auch, dass alle an die Planung sich anschließenden rechtsbegründenden Maßnahmen wie Baulandumlegungen, Enteignungen etc. durchgeführt werden können.

Die Liegenschaftskarten haben je nach Siedlungsdichte die Maßstäbe 1:500, 1:1000 oder 1:2000.

Katasterzahlenwerk

Das **Katasterzahlenwerk** enthält alle Angaben, die der mathematischen Festlegung der Flurstücksgrenzen und der Vermessungspunkte dienen. Diese Angaben werden in Form von Koordinatenverzeichnissen oder Vermessungsrissen festgehalten.

Eine Besonderheit des Katasters ist die Unterteilung der Gemeindegebiete (öffentlich-rechtliche Körperschaft) in Gemarkungen (Katasterbezirk), Fluren und Flurstücke (s. vorn).

Gebiet der Gemeinde

Das **Gebiet der Gemeinde** wird durch die Gesamtheit der Grundstücke gebildet, die nach geltendem Recht zu der Gemeinde gehören.

Gemarkung

Die **Gemarkung** umfasst im topografischen Zusammenhang liegende Flure.

Gemarkung und Gemeindegebiet sollen sich decken, wobei große Gemeindegebiete in weitere Gemarkungen unterteilt werden können. Die Gemarkungen sollen dauerhafte und örtlich sichtbare Grenzen haben.

Flur

Die **Flur** ist ein topografisch abgegrenzter Teil der Gemarkung. Die Flure sind innerhalb der Gemarkungen im rechtsläufigen Sinn so zu nummerieren, dass im Norden bzw. Nordwesten mit „1" begonnen wird.

Für jede Flur führt das Katasteramt eine Flur- bzw. Liegenschaftskarte (vgl. Auszug aus der Flurkarte, Flur 4).

Flurstücke

Mehrere Flurstücke bilden eine Flur.

Für die Einrichtung und Fortführung des Liegenschaftskatasters und die hierzu erforderlichen Vermessungen sind die Katasterämter bzw. Vermessungsämter zuständig.

Für die Grundstücksvermessungen sind neben den Kataster- bzw. Vermessungsämtern die öffentlich bestellten Vermessungsingenieure als anerkannte Vermessungsstelle zuständig.

Der Inhalt des Liegenschaftskatasters ist in den verschiedenen Ländern der Bundesrepublik relativ einheitlich, allerdings werden verschiedene Formen der Buchung praktiziert. In allen Bundesländern wurde das amtliche Liegenschaftskataster umgestellt und liegt nun (fast komplett) in automatisierter bzw. digitalisierter Form vor.

Mit dieser Umstellung wurde den wachsenden Anforderungen der Raumordnung und Stadtplanung sowie den Bedürfnissen von Wirtschaft und Verwaltung entsprochen. Die Basisdaten dieses Liegenschaftskataster-Informationssystems (ALKIS) – so die Bezeichnung in Bayern – bilden auch die Grundlage für diverse geografische Informationssysteme.

Die Möglichkeiten der Auskunftserteilung, Auswertung und Aktualisierung sind damit erheblich verbessert. So wurde mit der **automatisierten Liegenschaftskar-**

te (ALK) – auch „Digitale Flurkarte (DFK)" – ein digitales Informationssystem geschaffen, mit welchem alle Flurkarten in eine digitale, datenverarbeitungsgerechte Form überführt wurden bzw. werden.

Automatisierte Liegenschaftskarte

Die ALK enthält prinzipiell die gleichen Informationen wie die amtlichen Flurkarten. Neu ist jedoch, dass die Inhalte logisch strukturiert sind in Folien und Objekte. Durch dieses so genannte Deckfolienprinzip wird die Flurkarte in mehrere Ebenen (Inhalte) gegliedert.

Gleichartige Inhalte sind durch gleiche Foliennummern zusammengefasst.

Beispiele:

Folie	Bezeichnung
-001	Flurstücke
-002	Gemarkung, Flur
-003	Politische Grenzen
-011	Gebäude
-021	Tatsächliche Nutzung
-023	Grenzeinrichtungen

Der Nutzer hat damit die Möglichkeit, alle dargestellten Elemente auf den einzelnen Ebenen direkt anzusprechen und damit einen gezielten Zugriff auf gewünschte Informationen, verbunden mit der Erstellung von Auszügen mit beliebigem Inhalt, Umfang und Maßstab, vorzunehmen.

Die ALK ist als amtliche Karte eingeführt und ersetzt das bisherige analoge (auf transparenten Folien geführte) Katasterkartenwerk.

Die beschreibenden Angaben des Liegenschaftskatasters im Katasterbuchwerk sind im **automatisierten Liegenschaftsbuch (ALB)** in einer datenverarbeitungsgerechten Form enthalten. Das **ALB** ersetzt die bisher in Buch- und Karteiform geführten Liegenschaftsbücher. Es enthält wie das ehemals papierne Buchwerk Angaben über die amtliche Bezeichnung, Lage, Nutzung, Flächengröße sowie – in Übereinstimmung mit dem Grundbuch – Angaben zu den Eigentümern und Erbbauberechtigten.

Automatisiertes Liegenschaftsbuch

Das automatisierte Liegenschaftsbuch und die automatisierte Liegenschaftskarte (bzw. digitale Flurkarte) werden ständig überarbeitet und laufend aktualisiert.

Eigentümer, Behörden und andere Interessenten, die ein **berechtigtes Interesse** darlegen, können die Nachweise des Liegenschaftskatasters einsehen und Auskünfte, Abzeichnungen und Abschriften von hoher Aktualität daraus erhalten.

Berechtigtes Interesse

So können Eigentümer Angaben über ihre Grundstücke, Kaufinteressenten Angaben über die Grundstücke, die sie erwerben wollen, Notare alle Angaben, die sie für die Ausübung ihres Berufes benötigen, die Gemeinden Angaben für die Bauleitplanung usw. erhalten.

Die Auszüge aus dem Liegenschaftsbuch und aus der Flurkarte werden als Ausdruck auf Papier und auch in digitaler Form herausgegeben. Die Angaben aus dem Katasterzahlenwerk werden i. d. R. nur an Fachanwender (z. B. Vermessungsingenieure) abgegeben.

Die Unterlagen aus den Nachweisen bekommen Interessenten (bei berechtigtem Interesse) gegen Gebühr bei den zuständigen Vermessungs- und Katasterverwaltungen der Länder der Bundesrepublik.

Inhalte und Anwendungsmöglichkeiten der automatisierten Liegenschaftskarte (ALK)

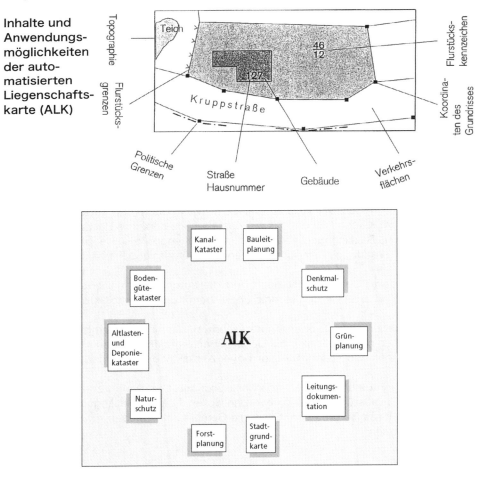

Auszug aus dem Liegenschaftskataster/Muster
Vermessungs- und Katasterverwaltung Schleswig-Holstein

AUSZUG AUS DEM LIEGENCHAFTSKATASTER
– Liegenschaftsbuch –

Bestandsübersicht

Katasteramt Eutin
Katasterstieg 22
23701 Eutin
Tel.: 04521/12345

Datum: ....

Eingetragen beim Amtsgericht   Eutin
im Grundbuch von   Malente
Grundbuchblatt 3323

a)   Breitfeld, Lisa
     geb. Ehm   * 11. 11. 1926
b)   Breitfeld, Reinhard
                  * 12. 12. 1951

     zu je 1/2

Bestandsverzeichnis 1165
Gemarkung Malente   Liegenschaftskarte   4711
Flur 4   Flurstück 6/12   Flurstücksfläche   1.074 m2

Lage   Steenkamp 22
Tatsächliche Nutzung
        1074 m² Gebäude- und Freifläche
             für Wohnzwecke

Auszug aus dem Liegenschafts- bzw. Flurkarte, Flur 4, Gemarkung Malente / Muster

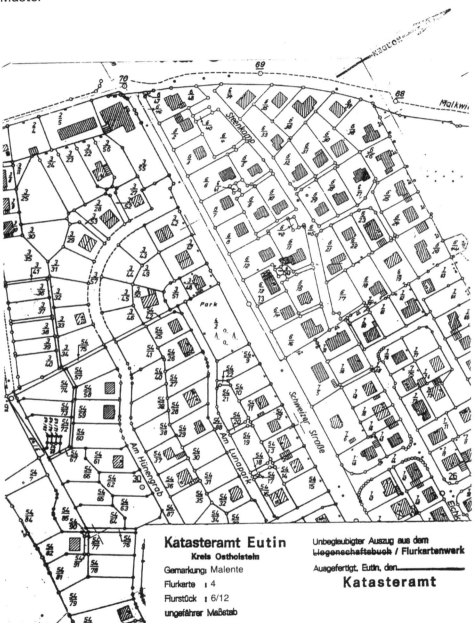

Exkurs:

Beispiele für die Nummerierung der Flurstücke:
Die Nummerierung der Flurstücke beginnt im Norden oder Nordwesten der Flur und wird von außen nach innen im Uhrzeigersinn fortgesetzt.

Wird ein Flurstück zerlegt, erhält jedes einzelne eine neue Flurstücksnummer (Fortführung). Die alte Flurstücksnummer wird nicht wieder verwendet, sie entfällt.

Beispiel 1: Nummerierung nach der Abstammung
Zerlegung des Flurstücks 178
Weitere Zerlegung des Flurstücks $\frac{178}{3}$

177	$\frac{178}{1}$	$\cancel{178}$ $\frac{178}{2}$	$\frac{178}{5}$ $\cancel{\frac{178}{3}}$ $\frac{178}{6}$	$\frac{178}{4}$	179

Beispiel 2: Freie Nummerierung

Der Eigentümer des Flurstücks 79 erwirbt aus dem Flurstück 78 eine Teilfläche

Vor dem Eigentumsübergang:

77	78	79	80

Nach dem Eigentumsübergang:

77	81 $\cancel{78}$ 82	$\cancel{79}$	80

14.1.1.2 Das Grundbuch und seine Einrichtungen

– Formelles und materielles Grundstücks- und Grundbuchrecht

Bestands-, Eigentums- und Belastungsverhältnisse an Grund und Boden sind durch öffentliche Bücher (Grundbücher) auszuweisen.

Das **formelle Grundbuchrecht** ist u. a. in der Grundbuchordnung (GBO) geregelt. Hier sind vor allem die Einrichtung des Grundbuchs, die Organisation der Grundbuchämter, das Grundbucheinsichtsrecht und das Verfahren in Grundbuchsachen geregelt.

14. ERWERB UND VERÄUSSERUNG VON IMMOBILIEN

Formelles Grundbuchrecht
Sachliches Grundbuchrecht
BGB §§ 873 ff.

Das **sachliche (materielle) Grundbuchrecht** befasst sich mit dem Wesen und Inhalt der an einem Grundstück möglichen Rechte (sog. dingliche Rechte), hier besonders mit den Voraussetzungen für den Erwerb, den Belastungen, den Änderungen und der Aufhebung solcher Rechte. Es ist im dritten Buch des Bürgerlichen Gesetzbuchs geregelt.

Sachenrechtliche Sondergesetze sind die Verordnung über das Erbbaurecht (ErbbauVO) und das Gesetz über das Wohnungseigentum und das Dauerwohnrecht (Wohnungseigentumsgesetz [WEG]).

– **Zuständigkeit**

Amtsgericht GBO § 1 Abs. 1

Die Grundbücher werden von den Amtsgerichten (Abteilung Grundbuchamt) für die in ihrem Bezirk gelegenen Grundstücke geführt.

Rechtspfleger

Die Grundbuchangelegenheiten werden dort von einem Rechtspfleger (Beamter des gehobenen Justizdienstes, dem richterliche Aufgaben übertragen worden sind) in eigener unabhängiger Zuständigkeit bearbeitet.

Grundbucheintragungen müssen vom Rechtspfleger und vom Urkundsbeamten der Geschäftsstelle (Grundbuchführer) unterzeichnet werden.

Ausnahme:
In Baden-Württemberg sind die Grundbuchämter bei den Gemeinden eingerichtet und werden von einem Notar geführt.

Neben den eigentlichen Grundbüchern werden vom Grundbuchamt auch besondere Grundbücher geführt.

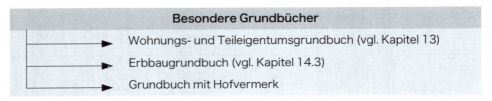

Höfeordnung HöfeO § 1

Ein Hof im Sinne der Höfeordnung ist ein im Gebiet der Länder Hamburg, Niedersachsen, Nordrhein-Westfalen und Schleswig-Holstein gelegener land- oder forstwirtschaftlicher Besitz mit einer zu seiner Bewirtschaftung geeigneten Hofstelle.

HöfeO § 3

In der Höfeordnung wird ausdrücklich geregelt, dass auch das Hofzubehör (z. B. vorhandenes Vieh, Wirtschafts- und Hausgerät, vorhandener Dünger, Vorräte an landwirtschaftlichen Erzeugnissen) zum Hof gehört.

HöfeO § 2
HöfeO § 6

Ein solcher Hof wird auf Ersuchen des Landwirtschaftsgerichts im Grundbuch als Hof eingetragen. Dieser Vermerk findet sich auf dem Titelblatt (Aufschrift) des entsprechenden Grundbuches und lautet:
„Hof gemäß Höfeordnung. Eingetragen am . . ."

Diese Hofeigenschaft ist für die Erbfolge in einem Hof von Bedeutung. Der Hof fällt nur einem Erben (Hoferbe) zu. Weiteren Miterben, die nicht Hoferben geworden sind, steht i. d. R. anstelle eines Anteils am Hof ein Anspruch gegen den Hoferben auf Zahlung einer Abfindung in Geld zu.

Damit wird der Bestand der Besitzung gesichert und eine Aufsplitterung der bewirtschafteten landwirtschaftlichen Grundstücke verhindert.

Das Grundbuchamt führt neben den Grundbüchern die so genannten **Grundakten**. GBV § 24
Grundakten

Diese Grundakten enthalten alle Urkunden und sonstigen Unterlagen, die mit den Anträgen zum Grundbuch eingereicht sind und auf denen die Eintragungen beruhen (Kaufverträge, Auflassungsprotokolle, Erbbaurechtsverträge, Wohnungseigentumsverträge, Teilungserklärungen, Hypothekenbestellungsurkunden, Eintragungsbewilligungen usw.). In jeder Grundakte befindet sich ein so genanntes Handblatt, welches in Form und Inhalt dem Grundbuchblatt entspricht. Dieses Handblatt erleichtert die Bearbeitung der Grundbuchsachen. Handblatt

Der gesamte Inhalt dieses Aktenstücks kann bei berechtigtem Interesse eingesehen werden. GBV § 46

- **Form des Grundbuchs**

  · Grundbuch in Papierform GBV § 2

Seit seiner Einführung wird das Grundbuch in Papierform geführt. Die Eintragungen erfolgten zunächst in festen Bänden und danach in einem so genannten Loseblattgrundbuch. Papierform

Das Loseblattgrundbuch besteht aus zusammengefügten Einlegeblättern, die den einzelnen Teilen des Grundbuchs entsprechen.

Das Loseblattgrundbuch ermöglichte gegenüber der Eintragung in festen Bänden eine leichtere Beschriftbarkeit (maschinelle Eintragungen).

Weiterhin ist eine Umschreibung in einen anderen Band bei Raummangel nicht mehr erforderlich. GBV § 23

  · Elektronisches Grundbuch

Die Landesregierungen können durch Rechtsverordnung bestimmen, dass und in welchem Umfang das Grundbuch in maschineller Form als automatisierte Datei geführt wird. GBO § 126
Grundbuch in maschineller Form

Die rechtliche Grundlage für die Einführung des elektronischen Grundbuches wurde durch das Registerverfahrensbeschleunigungsgesetz (RegVBG) vom 20. 12. 1993 geschaffen.

Das RegVBG fügt einen 7. Abschnitt in die Grundbuchordnung (GBO) ein, der die Vorschriften über das elektronische Grundbuch enthält. GBO
§§ 126 ff.

Des Weiteren wurde am 17. 8. 2009 das Gesetz zur Einführung des elektronischen Rechtsverkehrs und der elektronischen Akte im Grundbuchverfahren sowie zur Änderung weiterer grundbuch-, register- und kostenrechtlicher Vorschriften (ERVGBG) vom 11. 8. 2009 im Bundesgesetzblatt verkündet.

Mit diesem Gesetz wird der rechtliche Rahmen für E-Justice im Grundbuchbuchverfahren abgesteckt.

Die mit der Umsetzung dieser Gesetze verbundene Erfassung der Loseblattgrundbücher ist (bis auf wenige Ausnahmen) abgeschlossen. Sie erfolgte (bzw. erfolgt) in den einzelnen Bundesländern auf unterschiedliche Art und Weise. Somit werden Grundbücher nur noch elektronisch geführt.

GBV § 67

„Das Grundbuchamt entscheidet nach pflichtgemäßen Ermessen, ob es das maschinell geführte Grundbuch durch Umschreibung nach § 68, durch Neufassung nach § 69 oder durch Umstellung nach § 70 anlegt. Die Landesregierungen oder die von diesen ermächtigen Landesjustizverwaltungen können in der Verordnung nach § 126 Abs. 1 Satz 1 der Grundbuchordnung die Anwendung eines der genannten Verfahren ganz oder teilweise vorschreiben. Sie können hierbei auch unterschiedliche Bestimmungen treffen."

Die bislang geltende Einteilung des Grundbuchs bleibt bestehen.

Beim elektronisch geführten Grundbuch werden alle eingegebenen Daten in codierter Form auf üblichen Datenträgern (z. B. Festplatte) gespeichert (CI-Speicherung).

Diese Daten können dann im Rahmen der Grundbuchführung elektronisch verändert werden.

GBO § 126

Es muss aber sichergestellt werden, dass die Daten so unverändert wiedergegeben werden, wie sie zur Abspeicherung eingegeben werden. Sie sind so zu speichern, dass sie auf Dauer in lesbarer Form wiedergegeben werden können.

Die bereits vorhandenen Grundbuchdaten werden durch Scanner erfasst und in nicht codierter Form auf optischen Speichermedien abgespeichert.

Die hier gespeicherten Informationen können weder gelöscht noch überschrieben werden.

Das Grundbuch kann jedoch auch hier weitergeführt werden. Die neu einzugebenden Daten werden wie oben beschrieben elektronisch gespeichert und zusammen mit den bereits vorhandenen und unverändert gebliebenen Grundbuchdaten wiedergegeben.

GBO § 129

Die Grundbucheintragung wird wirksam mit der endgültigen Aufnahme in den Datenspeicher und sobald sie auf Dauer inhaltlich unverändert in lesbarer Form wiedergegeben werden kann.

GBO § 127

Durch das elektronisch geführte Grundbuch ist es den Ländern möglich, eine Integration von Grundbuch und Liegenschaftskataster herbeizuführen.

14.1 RECHTSGRUNDLAGEN

Die in der Vergangenheit übliche Form der schriftlichen Übermittlung der Daten des Katasteramtes an das Grundbuchamt entfällt beim elektronischen Grundbuch.

Übermittlung der Daten

Hier können bestimmte Daten des Liegenschaftskatasters unmittelbar in das Grundbuch eingegeben werden. So können z. B. die vom Grundbuchamt benötigten Bestandsangaben in einem automatisierten Verfahren aus dem Liegenschaftskataster abgerufen werden.

GBV § 86 Abs. 2

Die Führung des Liegenschaftskatasters in automatisierter Form (siehe 14.1.1.1) ist hier vorauszusetzen.

Umgekehrt können Daten natürlich auch vom Grundbuchamt an das Kataster unter den gleichen Bedingungen übermittelt werden.

Ein weiterer Vorteil des elektronischen Grundbuchs liegt darin, dass ein Grundbuchamt Einsicht in das von einem anderen Grundbuchamt geführte Grundbuch gewähren kann.

GBO § 132

Weiterhin besteht die Möglichkeit, dass Gerichten, Behörden und z. B. Notaren Einsicht in diese Grundbücher über elektronische Kommunikationswege gestattet wird.

GBO § 133

Einsicht wird gewährt durch die Wiedergabe des betroffenen Grundbuchblattes auf einem Bildschirm. Unter der Voraussetzung, dass Missbrauch technisch ausgeschlossen ist, darf der Einsichtnehmende den Bildschirm selbst bedienen.

Einsicht GBV § 79

Die Voraussetzungen, unter denen Einsicht in das Grundbuch genommen werden darf, sind unter 14.1.1.3. dargestellt.

Die Einführung des elektronischen Grundbuchs als automatisierte Datei hat damit zu einer Erleichterung und Beschleunigung des Grundbuchverfahrens geführt und die Übersichtlichkeit verbessert. Nicht zuletzt können erhebliche Personal- und Sachkosten eingespart werden.

Elektronisches Grundbuch und seine Vorteile
- Arbeitsabläufe werden beschleunigt (Grundbuchämter haben jederzeit Zugriff auf alle Grundbuchdaten, Anträge können computergestützt bearbeitet werden).
- Komplizierte Verfahren werden vereinfacht (Behörden, Kommunen und Bürger können bei dem Zugriff auf Grundbuchdaten die Fernabfrage nutzen).
- Verknüpfung und Nutzung vorhandener Dateien (Integration von Liegenschaftskataster und Grundbuch).

14. ERWERB UND VERÄUSSERUNG VON IMMOBILIEN

Im Folgenden werden Beispiele möglicher Bildschirmdarstellungen wiedergegeben:

Nutzer: Kaufmann	****Bildschirm-Auskunft Seite 1 von 6****				15. 1. 20.. 10.45 Uhr	
Amtsgericht Altstadt	Grundbuch von Neudorf			Blatt 3567		
Bestandsverzeichnis (Eintragungen)						
Lfd. Nr.	Bish. Nr.	Gemarkung	Flur	Flurstück	Wirtschaftsart u. Lage	Größe/ha/a/m²
1		Neudorf	2	55/8	Hof- u. Gebäudefläche Altes Land 27	23 06
2		Neudorf	5	74	Ackerland Am Weg 12	70 56
3 zu 1		Neudorf			Grunddienstbarkeit (Regenwasserableitungsrecht) an dem Grundstück Gemarkung Neudorf Blatt 3233 Best.Verz. Nr. 6 in Abt. II Nr. 1; vermerkt am 2. November 1996;	
4 zu 1		Neudorf			Baubeschränkung zu Lasten des Grundstücks Gemarkung Neudorf Blatt 3235 – vgl. Nr. 11 der Grundakte	
					****Fortsetzung Seite: 2****	

Nutzer: Kaufmann	****Bildschirm-Auskunft Seite 2 von 6****		15. 1. 20 .. 10.45 Uhr
Amtsgericht Altstadt	Grundbuch von Neustadt	Blatt 3567	
Bestandsverzeichnis (Zu- und Abschreibungen)			
zu lfd. Nr.	Bestand und Zuschreibungen	zu lfd. Nr.	Abschreibungen
1, 2	Aus Neudorf Blatt 587 übertragen am 09. März 1999		
Erste Abteilung (Eintragungen)			
Lfd. Nr.	Eigentümer	BVNr.	Grundlage der Eintragung
1a)	Kurt B. Liebig geb. 11. 11. 1963 in Altstadt zu ½ Anteil	1, 2	Aufgelassen am 31. 01. 1999; eingetragen am 09. März 1999;
b)	Klara Liebig geb. Korn geb. 10. 12. 1964 in Altstadt zu ½ Anteil		
			****Fortsetzung Seite: 3****

```
Nutzer: Kaufmann          ****Bildschirm-Auskunft Seite 3 von 6****        15. 1. 20 .. 10.45 Uhr
Amtsgericht Altstadt      Grundbuch von Neudorf        Blatt 3567
```

Zweite Abteilung (Eintragungen)

Lfd. Nr.	BVNr.	Lasten und Beschränkungen
1	1	Beschränkte persönliche Dienstbarkeit nur lastend auf einer Teilfläche – rot-farbig gekennzeichnet in der Skizze zum Grenzprotokoll vom 17. 11. 1998 auf die Bezug genommen wird – (Verpflichtung zum Schutz des Baum- und Heckenbestandes) für die Gemeinde Neudorf; gemäß Bewilligung vom 12. Januar 1999 – Ur.Nr. 26/99 des Notars Clever, Altstadt – eingetragen am 24. Januar 1999 in Neudorf, Blatt 587 und mit dem belasteten Flurstück hierher zur Mithaft übertragen am 09. März 1999.
2	2	Reallast, bestehend in der Zahlung einer lebenslänglichen monatlichen Rente von 3002 (in Worten: Dreihundert Euro) für Frau Ellen Bogen. Die Reallast wird gegen Vorlage der Sterbeurkunde der Berechtigten gelöscht. Eingetragen auf Grund der Bewilligung vom 31. Januar 1999 am 09. März 1999.

****Fortsetzung Seite: 4****

```
Nutzer: Kaufmann          ****Bildschirm-Auskunft Seite 4 von 6****        15. 1. 20 .. 10.45 Uhr
Amtsgericht Altstadt      Grundbuch von Neudorf        Blatt 3567
```

Zweite Abteilung (Veränderungen und Löschungen)

Lfd. Nr.	Veränderungen	Lfd. Nr.	Löschungen
2	Dem Recht Abt. III/3 ist der Vorrang eingeräumt, eingetragen am 17. Juni 1999		
2	Der Inhalt des Rechts wurde – bezüglich der Höhe der Geldrente – geändert gemäß Bewilligung vom 12. April 2000; eingetragen am 23. Mai 2000		

****Fortsetzung Seite: 5****

- **Einteilung des Grundbuchs**

Die Ordnung des Grundbuchs erfolgt herkömmlicherweise nach dem Grundstück (Grundsatz des Realfoliums).

GBO
§ 3 Abs. 1
Realfolium

Dieser Grundsatz wird aber durchbrochen, indem unter gewissen Voraussetzungen die Führung eines gemeinschaftlichen Grundbuchblattes über mehrere Grundstücke desselben Eigentümers (Personalfolium) gestattet ist.

GBO § 4
Personalfolium

Das Grundbuch als Realfolium gliedert sich in das Titelblatt, das Bestandsverzeichnis und die Abteilungen I, II und III.

Die einzelnen Teile unterscheiden sich (bei Grundbuch in Papierform) zusätzlich durch die Papierfarbe.

GBO § 5 Titelblatt	Das **Titelblatt** (Aufschrift, Deckblatt) enthält die Angabe des Amtsgerichts, die Angabe des Grundbuchbezirkes, die Nummer des Blattes, die Bescheinigung der Seitenzahl des Bandes und evtl. folgende Vermerke: Schließungsvermerk, Umschreibungsvermerk, Hofvermerk, Erbbaugrundbuch, Wohnungsgrundbuch, Teileigentumsgrundbuch, Wohnungserbbaugrundbuch.
GBO § 6 Bestands- verzeichnis	Das **Bestandsverzeichnis** beschreibt das einzelne Grundstück in wirtschaftlicher Hinsicht unter Wiedergabe der äußeren Merkmale des Grundstücks (Gemarkung, Flur, Flurstück, Wirtschaftsart, Lage und Größe). Diese Angaben entstammen dem Liegenschaftskataster.
BGB §§ 93, 94	Im Bestandsverzeichnis können auch die Vermerke über mit dem Grundstück verbundene Rechte (z. B. Wegerecht), die dem jeweiligen Eigentümer des im Bestandsverzeichnis aufgeführten Grundstücks an einem anderen Grundstück zustehen, eingetragen werden. Gebäude werden im Bestandsverzeichnis nicht erwähnt, da sie lediglich wesentliche Bestandteile des Grundstücks sind. Sie teilen das Schicksal der Hauptsache, da sie nicht Gegenstand besonderer Rechte sein können. Das Bestandsverzeichnis enthält ferner die Spalten „Bestand und Zuschreibung" (von welchem Grundbuch wurde das Grundstück übernommen und ob es durch Teilung oder Vereinigung entstanden ist) und „Abschreibungen" (Übertragung des Grundstücks[teiles] in ein anderes Grundbuchblatt).
GBV § 9 Abteilung I	Die **Abteilung I** dient der Eintragung des Eigentümers. Mit eingetragen wird der Rechtsgrund des Erwerbs (z. B. Auflassung, Erbfolge, Zuschlagsbeschluss im Versteigerungsverfahren).
GBV § 10 Abteilung II	Die **Abteilung II** enthält alle eintragungsfähigen Lasten und Beschränkungen des Grundstücks mit Ausnahme der Grundpfandrechte, die gesondert in Abteilung III eingetragen werden. Ferner werden hier die das Eigentum betreffenden Vormerkungen und Widersprüche eingetragen.
GBV § 11 Abteilung III	Die **Abteilung III** ist für die Eintragung der Hypotheken, Grund- und Rentenschulden (Grundpfandrechte), einschließlich der sich darauf beziehenden Vormerkungen, Widersprüche und Veränderungen vorgesehen.

14.1.1.3 Grundbucheintragungsverfahren

– **Eintragungsvoraussetzungen**

Voraus- setzungen	Eine auf einem Rechtsgeschäft beruhende Grundbucheintragung setzt die rechtsgeschäftliche Einigung der Beteiligten über die Rechtsänderung voraus. Ansonsten sind für die Eintragung drei (formelle) Voraussetzungen erforderlich, nämlich: · der Eintragungsantrag, · die Bewilligung der Eintragung durch den Betroffenen, · die Voreintragung des Berechtigten.

Eintragungsfähig sind ganz bestimmte Rechte: Eigentum, Dienstbarkeiten, Reallasten, Vorkaufsrechte, Grundpfandrechte, Vormerkungen, Widersprüche, Verfügungsbeschränkungen zugunsten bestimmter Personen (Konkurs, Testamentsvollstreckung und Zwangsversteigerung).

Nicht eintragungsfähig sind schuldrechtliche Verhältnisse (Miete, Pacht), persönliche Eigenschaften (z. B. Familienstand), diejenigen absoluten Rechte, die auch ohne Eintragung gegen Dritte wirken (z. B. Notwegerechte), und die meisten öffentlichen Lasten.

- **Eintragungsantrag** GBO §§ 13–17

Eine Eintragung, abgesehen von solchen kraft Gesetzes oder von Amts wegen (z. B. Testamentsvollstreckervermerk oder Amtswiderspruch), soll nur auf Antrag eines hierzu berechtigten Beteiligten erfolgen. Berechtigt ist jeder, der von der Eintragung betroffen oder begünstigt wird. Der Antrag an sich ist formfrei. Er darf an keinen Vorbehalt geknüpft sein. Der Zeitpunkt des Eingangs des Antrags beim Grundbuchamt ist auf dem Antrag so genau wie möglich (Tag, Stunde, Minute) von dem zuständigen Beamten zu vermerken. Nach dem Eingangsvermerk richtet sich die Reihenfolge der Bearbeitung und damit oft der Rang der Eintragung.

Antrag

GBO § 45

- **Eintragungsbewilligung** GBO § 19

Eine Eintragung darf nur erfolgen, wenn derjenige sie bewilligt, dessen Recht von ihr betroffen ist. Betroffener ist z. B. bei der Eigentumsübertragung der bisherige Eigentümer. Die Bewilligung bedarf einer besonderen Form. Sie muss durch öffentliche oder öffentlich beglaubigte Urkunden nachgewiesen werden. Eintragungsantrag und Eintragungsbewilligung werden in der Praxis regelmäßig miteinander verbunden („Die Vertragsparteien bewilligen und beantragen ..."). Sie müssen sich inhaltlich decken.

Bewilligung

GBO § 29

- **Voreintragung des Berechtigten** GBO § 39 Voreintragung des Berechtigten

Für eine Eintragung ist es immer erforderlich, dass der von ihr Betroffene als Berechtigter im Grundbuch eingetragen ist.

Beispiel:
Bewilligt der im Grundbuch noch nicht eingetragene Eigentümer eines Grundstücks die Eintragung einer Hypothek, muss er sich zunächst als Eigentümer eintragen lassen.

Ausnahme:
Wenn z. B. der Betroffene Gesamtrechtsnachfolger ist und die Übertragung des Rechts eingetragen werden soll (z. B. Erbe veräußert das Grundstück an einen Dritten), ist die Voreintragung des Berechtigten (hier des Erben) nicht erforderlich.

GBO § 40

- **Weitere Eintragungsvoraussetzungen bzw. Eintragungsnachweise**

Bei Veräußerung eines Grundstücks darf das Grundbuchamt den Käufer nur dann als Eigentümer im Grundbuch eintragen, wenn ihm die Nichtausübung bzw. das Nichtbestehen eines gesetzlichen Vorkaufsrechtes nach dem Baugesetzbuch nachgewiesen wird. Man spricht hier vom so genannten **Negativtest**.

Negativtest

14. ERWERB UND VERÄUSSERUNG VON IMMOBILIEN

Unbedenklichkeitsbescheinigung

Gemäß Grunderwerbsteuergesetz darf das Grundbuchamt einen neuen Eigentümer erst dann eintragen, wenn im Hinblick auf die Eintragung keine steuerlichen Bedenken (z. B. weil die Grunderwerbsteuer noch nicht gezahlt wurde) gegen den neuen Erwerber bestehen. Dem Grundbuchamt ist daher eine **Unbedenklichkeitsbescheinigung** des Finanzamtes vorzulegen.

– **Grundbucheintragungen**

Eintragung

BGB § 874

Im Grundbuch ist das einzutragende Recht deutlich und klar zu kennzeichnen. Zur näheren Eintragung Bezeichnung der Rechtsinhalte kann auf die Eintragungsbewilligung, die sich in der Grundakte befindet, Bezug genommen werden. Die Eintragung des vollständigen Inhalts eines Rechts würde zur Überfüllung und damit zur Unübersichtlichkeit des Grundbuchs führen.

GBO § 18

Ist eine beantragte Eintragung so nicht zu vollziehen, weist das Grundbuchamt den Antrag entweder zurück (Angabe von Gründen) oder setzt dem Antragsteller eine Frist, z. B. zur Beibringung fehlender Unterlagen.

Werden diese innerhalb der festgesetzten Frist beigebracht, wird die Eintragung vollzogen. Bei jeder Grundbucheintragung ergeht eine Eintragungsnachricht des Grundbuchamtes an die Beteiligten. Der Eintragungsnachricht beigefügt ist eine Kopie des entsprechend geänderten bzw. betroffenen Grundbuchauszuges.

– **Löschung von Grundbucheintragungen**

GBV § 91
GBO § 46
Löschung

Sie erfolgt durch Eintragung eines Löschungsvermerks in der entsprechenden Spalte der betreffenden Abteilung (die zu löschende Eintragung wird außerdem rot unterstrichen) oder dadurch, dass sie nicht auf ein neues Grundbuchblatt mit übertragen wird. Soweit Unterstreichungen, Durchkreuzungen oder ähnliche Kennzeichnungen in rot vorzunehmen sind, können sie in dem maschinell geführten Grundbuch schwarz dargestellt werden. Bei einer Löschung ist die Zustimmung der/des Hypothekengläubiger/s erforderlich.

Grundbuchauszug (Handblatt) mit Mustereintragungen
Die Unterstreichungen mit feinen Linien sind im Original rot.

Grundbuch

von

Malente

Blatt 3323

14.1 RECHTSGRUNDLAGEN

Amtsgericht Eutin		Grundbuch von Malente			Blatt 3323	Bestandsverzeichnis	Einlegeblatt 1		
Laufende Nummer der Grundstücke	Bisherige laufende Nummer der Grundstücke	Bezeichnung der Grundstücke und der mit dem Eigentum verbundenen Rechte					Größe		
		Gemarkung (Vermessungsbezirk)	Karte Flur / Flurstück	Liegenschaftsbuch	Wirtschaftsart und Lage		ha	a	m²
		a	b	c / d	e				
1	2	3					4		
1		Malente	4	6/12	1165	Hof- und Gebäudefläche, Steenkamp	10		74
2 zu 1		Wegerecht an dem Grundstück Malente Flur 4 Flurstück 6/43 eingetragen im Grundbuch von Malente Blatt 3346 in Abt. II Nr. 4							

Amtsgericht Eutin	Grundbuch von Malente	Blatt 3323	Erste Abteilung	Einlegeblatt 1	Abt. I

Laufende Nummer der Eintragungen	Eigentümer	Laufende Nummer der Grundstücke im Bestandsverzeichnis	Grundlage der Eintragung
1	2	3	4
1 a) b)	Monteur Hanno Breifeld, dessen Ehefrau Lisa Breifeld, geb. Ehm, beide in Malente je zu ½	1	Aufgelassen am 10. März 1963 und eingetragen am 26. März 1963 Jensen Schade
2 a) b)	Hausfrau Lisa Breifeld, Heizungsbauer Reinhard Breifeld, beide in Malente, je zu ½	1	Aufgrund des Erbscheins des Amtsgerichts in Eutin vom 16. April 1981 – VI 35/81 – eingetragen am 20. Mai 1981 Hennig Prehn
3 a) b)	Wohnungskaufmann Dieter Schatz, dessen Ehefrau, Krankenschwester Regine Schatz, geb. Böse, beide in Malente	1	Aufgelassen am 30. September 1983 und eingetragen am 20. Dezember 1983. Hennig Prehn

Amtsgericht Eutin	Grundbuch von Malente	Blatt 3323	Zweite Abteilung	Einlegeblatt 1	Abt. II

Laufende Nummer der Eintragungen	Laufende Nummer der betroffenen Grundstücke im Bestandsverzeichnis	Lasten und Beschränkungen
1	2	3
1	1	Wohnungsrecht gem. § 1093 BGB für Lisa Breifeld, geb. Ehm in Malente. Unter Bezugnahme auf die Bewilligung vom 20. April 1981 eingetragen am 20. Mai 1981. Hennig Prehn
2	1	Vormerkung zur Sicherung des Anspruchs auf Eigentumsübertragung zugunsten der Eheleute Dieter Schatz und Regine, geb. Böse, in Malente, je zu ½ Anteil. Unter Bezugnahme auf die Bewilligung vom 30. September 1983 eingetragen am 3. Oktober 1983. Hennig Prehn

14. ERWERB UND VERÄUSSERUNG VON IMMOBILIEN

Laufende Nummer der Spalte 1	Veränderungen	Laufende Nummer der Spalte 1	Löschungen
4	5	6	7
		1	Gelöscht am 20. Dezember 1983 Hennig Prehn
		2	Gelöscht am 20. Dezember 1983 Hennig Prehn

Amtsgericht Eurin   **Grundbuch von** Malente   **Blatt** 3323   **Dritte Abteilung**   Einlegeblatt **Abt. III**

Laufende Nummer der Eintragungen	Laufende Nummer der belasteten Grundstücke im Bestandsverzeichnis	Betrag	Hypotheken, Grundschulden, Rentenschulden
1	2	3	4
1–8	gelöscht		
9	1	60.000,–DM	Sechzigtausend Deutsche Mark Sicherungshypothek mit 7 v.H. jährlich verzinslich, für die Witwe Lisa Breifeld, geb. Ehm, in Malente. Vorrangsvorbehalt für Grundpfandrechte bis 320.000,– DM nebst 15 v.H. Zinsen und einer einmaligen Nebenleistung von 5 v.H. Mit Bezug auf die Bewilligung vom 30. September 1983 eingetragen am 12. Januar 1984. Hennig Prehn
10	1	130.000,–DM	Einhundertdreißigtausend Deutsche Mark Grundschuld mit 15 v.H. jährlich verzinslich für die Schleswig-Holsteinische Bank in Kiel. Mit Bezug auf die Bewilligung vom 27. Oktober 1983 – brieflos – mit dem Range vor Abt.III Nr. 9 auf Grund Ausnutzung des Rangvorbehalts eingetragen am 12. Januar 1984. Hennig Prehn
11	1	89.000,–DM	Neunundachtzigtausend Deutsche Mark Grundschuld mit 18 v.H. jährlich verzinslich und 5 v.H. Nebenleistung einmalig, vollstreckbar nach § 800 ZPO, für die Kreissparkasse Holstein in Eutin. Mit Bezug auf die Bewilligung vom 8. Dezember 1983 – brieflos – eingetragen am 12. Januar 1984. Hennig Prehn

Veränderungen			Löschungen		
Laufende Nummer der Spalte 1	Betrag		Laufende Nummer der Spalte 1	Betrag	
5	6	7	8	9	10

– **Einsicht in das Grundbuch**

Zur Einsicht in das Grundbuch ist berechtigt, wer ein berechtigtes Interesse darlegt. Diese Darlegung soll dem Grundbuchamt die Prüfung des berechtigen Interesses ermöglichen. Die Grundbucheinsicht kann auf einzelne Abteilungen des Grundbuchs beschränkt werden. Inländische öffentliche Behörden und Notare müssen ein berechtigtes Interesse nicht darlegen. Soweit ein Grundbucheinsichtsrecht besteht, konnte beim Grundbuch in Papierform auch eine Abschrift (gegen Gebühr) verlangt werden.

GBO § 12
Grundbuch-
einsicht
Berechtigtes
Interesse

Die Erteilung einer Abschrift kommt beim maschinell geführten Grundbuch, im Gegensatz zum Grundbuch in Papierform, nicht in Betracht.

Abschrift

An die Stelle der Abschrift tritt hier der Ausdruck. Der Ausdruck kann, bei Vorliegen der technischen Voraussetzungen, dem Antragsteller unmittelbar aus dem Datenspeicher elektronisch übermittelt werden.

GBO § 131
Ausdruck

Beispiele für das Vorliegen eines berechtigten Interesses:
- Der Gläubiger ist bei Vorliegen eines vollstreckbaren Titels zur Grundbucheinsicht berechtigt.
- Im Rahmen konkreter (Kauf-)Vertragsverhandlungen mit dem Eigentümer ist der Erwerbsinteressent zur Einsicht berechtigt.

14.1.1.4 Bedeutung des öffentlichen Glaubens und Eintragung von Widersprüchen

– **Öffentlicher Glaube**

Das Grundbuch erfüllt seine Funktion, Gewissheit über die rechtlichen Verhältnisse an den Grundstücken zu vermitteln, nur dann, wenn jeder sich unbedingt auf seinen Inhalt verlassen kann.

Öffentlicher
Glaube

Es wird vermutet, dass ein im Grundbuch eingetragenes Recht dem eingetragenen Berechtigten mit dem eingetragenen Inhalt zusteht.

BGB
§ 891 Abs. 1

Es besteht ferner die Vermutung, dass ein im Grundbuch eingetragenes Recht, wenn es gelöscht wird, für die Zeit nach der Löschung nicht mehr besteht.

BGB
§ 891 Abs. 2

Das materielle Liegenschaftsrecht schützt das Vertrauen auf die Richtigkeit des Grundbuchs (Öffentlicher Glaube) mit der unwiderlegbaren Vermutung, dass der Grundbuchinhalt für den rechtsgeschäftlichen Verkehr als richtig und vollständig gilt; auch wenn er mit der wahren Rechtslage nicht übereinstimmt.

BGB §§ 892
und 893

> **Der Rechtsschein ersetzt das Recht!**

Das Verkehrsbedürfnis verlangt neben der bloßen Vermutung der Richtigkeit der Eintragung eine weitere Sicherheit:

Der öffentliche Glaube gilt nur zugunsten des **gutgläubigen (redlichen) Erwerbers** von im Grundbuch eingetragenen Rechten.

Gutgläubiger
Erwerb

Gutgläubigkeit und Redlichkeit setzt voraus, dass der Erwerber die Unrichtigkeit des Grundbuchs nicht kennt und auch kein Widerspruch im Grundbuch eingetragen ist.

BGB § 892 Abs. 1

Eigentümer und Berechtigter müssen also aufpassen, dass sie der wahren Rechtslage entsprechend im Grundbuch eingetragen sind, um nicht ihre Rechte an einen gutgläubigen Erwerber zu verlieren.

Beispiele für einen gutgläubigen Erwerb:
1. Der Erwerber eines Grundstücks erlangt daran das Eigentum mit seiner Eintragung im Grundbuch auch dann, wenn dieses Grundstück dem als Eigentümer im Grundbuch eingetragenen Veräußerer tatsächlich nicht gehörte.
2. Die Hypothek des Huberth K. ist am Grundstück des Eugen W. vom Grundbuchamt versehentlich gelöscht worden. W. übereignet das Grundstück an Johann E. E. erwirbt nun das Grundstück lastenfrei.

Der gutgläubige Erwerber ist aber nur bei rechtsgeschäftlichem Erwerb durch Verkehrsgeschäft geschützt.

BGB § 892 Erwerb durch Verkehrsgeschäft

Ein Verkehrsgeschäft liegt dann vor, wenn keine wirtschaftliche (Geschäfte des Einmanngesellschafters mit der Einmann-GmbH) oder persönliche Identität (verschiedene, aber personengleiche BGB-Gesellschafter auf jeder Seite) zwischen Erwerber und Veräußerer besteht.

Der gute Glaube ist nicht geschützt beim Erwerb kraft Gesetz (z. B. Erbfolge, Zwangsversteigerung). Der öffentliche Glaube erstreckt sich auch nicht auf nur tatsächliche Angaben zur Wirtschaftsart, Lage, Bebauung und Größe des Grundstücks (wenn ein Grundstück tatsächlich nur 999 anstatt 1.001 m², wie im Bestandsverzeichnis eingetragen, groß ist, kann der Erwerber natürlich nur 999 m² erwerben).

*Kein öffentlicher Glaube bei
– Erwerb kraft Gesetz
– tatsächlichen Angaben*

Dagegen nehmen Bestandsangaben im Bestandsverzeichnis des Grundstücks, die das Eigentum oder das Recht eines dinglich Berechtigten an einer bestimmten Bodenfläche ausweisen, am öffentlichen Glauben teil.

Der gute Glaube versagt ferner bei nicht eintragungsfähigen Rechten, Belastungen und Beschränkungen. Beispielhaft sind hier zu nennen: Bauverbote, Baulinien, Anliegerbeiträge, Erschließungskosten sowie die gesetzlichen Vorkaufsrechte, z. B. nach Baugesetzbuch.

– nicht eintragungsfähigen Rechten

– Eintragung von Widersprüchen im Grundbuch

Im Hinblick auf den öffentlichen Glauben des Grundbuchs müsste derjenige, zu dessen Ungunsten das Grundbuch unrichtig ist, ein großes Interesse an der möglichst baldigen Grundbuchberichtigung haben. Bei vorhandener Unrichtigkeit besteht die Gefahr, dass der im Grundbuch (falsch) eingetragene, scheinbar Berechtigte das eingetragene Recht zum Nachteil des „wirklich" Berechtigten verwendet (z. B. gutgläubiger Erwerb).

Widersprüche

Die erforderliche Grundbuchberichtigung kann sich aber wegen Beschaffung der erforderlichen Unterlagen längere Zeit hinziehen. In einer solchen Situation ist es möglich, gegen die Richtigkeit des Grundbuchs einen Widerspruch eintragen zu lassen.

BGB § 899 Abs. 1 Widerspruch

Der Widerspruch wird bei dem Recht eingetragen, das von ihm betroffen ist. Der das Eigentum betreffende Widerspruch wird in der zweiten Abteilung eingetragen. Er lehnt sich gegen eine unrichtige Eintragung auf und sichert das wahre Recht gegen das falsche, beseitigt aber nicht die Unrichtigkeit des Grundbuchs.

Der Widerspruch beseitigt den öffentlichen Glauben des Grundbuchs, wodurch der gutgläubige Erwerb ausgeschlossen wird.

Die Eintragung des Widerspruchs erfolgt aufgrund einer einstweiligen gerichtlichen Verfügung oder aufgrund der Bewilligung desjenigen, dessen Recht durch die Bewilligung betroffen ist.

Die Löschung des Widerspruchs kann erfolgen, wenn derjenige die Löschung bewilligt, zu dessen Gunsten der Widerspruch eingetragen war.

– **Grundbuchberichtigungsmöglichkeiten**

Es ist nicht auszuschließen, dass im Einzelfall der Inhalt des Grundbuchs nicht mit der wirklichen Rechtslage übereinstimmt.

Das **Grundbuch** ist dann **unrichtig**.

Unrichtiges Grundbuch

Die folgenden **Beispiele** sollen dies verdeutlichen:
- Erlöschen eines auf Lebenszeit bestellten Rechts,
- Geschäftsunfähigkeit eines Beteiligten,
- Zuschlag in der Zwangsversteigerung,
- Eigentumsübertragung durch Erbfolge,
- Abtretung einer Briefhypothek außerhalb des Grundbuchs,
- Umlegung von Bauland.

Grundbuchberichtigungsmöglichkeit (A)

Für die Berichtigung des Grundbuches gilt der **Antrags**grundsatz (vgl. 14.1.1.3 Eintragungsvoraussetzungen). Einen solchen Antrag kann sowohl derjenige, der ein Recht auf Berichtigung des Grundbuchs hat **(Berichtigungsberechtigter)**, wie auch derjenige, welcher zur Berichtigung verpflichtet ist **(Berichtigungsverpflichteter)**, stellen. Dieser Berichtigungsantrag kann formlos beim Grundbuchamt gestellt werden. Neben diesem Antrag ist auch die Eintragungs**bewilligung** (vgl. Eintragungsvoraussetzungen) desjenigen erforderlich, gegen den sich die Eintragung auswirkt. Die Berichtigungsbewilligung ist dem Grundbuchamt als öffentliche oder öffentlich beglaubigte Urkunde vorzulegen.

Berichtigungsmöglichkeiten

Grundbuchberichtigungsmöglichkeit (B)

Eine Berichtigungsbewilligung ist nicht erforderlich, wenn dem Grundbuchamt nachgewiesen werden kann, dass das Grundbuch unrichtig ist. Dieser **Unrichtigkeitsnachweis** muss durch die öffentliche Urkunde geführt werden (bei der Erbfolge z. B. durch Vorlage des Erbscheins). In der Regel hat derjenige, der die Grundbuchberichtigung betreibt, die Wahl zwischen diesen beiden Möglichkeiten.

Letztlich hat derjenige, zu dessen Ungunsten das Grundbuch unrichtig ist, einen Anspruch auf Beseitigung der Unrichtigkeit. Dieser Anspruch richtet sich gegen denjenigen, dessen Recht durch die Berichtigung betroffen wird.

Wird **Grundbesitz** vererbt, so hat das Nachlassgericht (da das Grundbuch unrichtig geworden ist) das zuständige Grundbuchamt über den Erbfall und die Erben zu unterrichten. Das Grundbuchamt kann daraufhin den Erben (als Rechtsnachfolger und damit neuem Eigentümer) verpflichten, den Antrag auf Grundbuchberichtigung zu stellen.

14.1.2 Grundstücksbegriff und Grundstücksarten

14.1.2.1 Der Grundstücksbegriff

Begriff des Grundstücks

Der Begriff des Grundstücks ist durch die Rechtsordnung geschaffen, wird aber vom Gesetz nicht umschrieben. Es gibt keine einheitliche Definition des Begriffes Grundstück.

Man unterscheidet Grundstücke im natürlichen, Grundstücke im katastertechnischen und Grundstücke im Rechtssinne.

Grundstück im natürlichen Sinne

Unter einem **Grundstück im natürlichen Sinne** wird ein Teil der Erdoberfläche verstanden, der von einer in sich zurücklaufenden Grenzlinie umschlossen ist.

Grundstücksgrenzen sind unsichtbare Linien, die durch Grenzmarkierungen (z. B. Grenzsteine) nachvollziehbar gemacht werden.

VermKatG Grundstück im katastertechnischen Sinn

Grundstück im katastertechnischen Sinn sind ein oder mehrere Grundstücke im natürlichen Sinne, die in der Flurkarte unter einer besonderen Nummer aufgeführt werden.

GBO § 2 Abs. 2

Grundstück im Rechtssinn

Ein **Grundstück im Rechtssinn** sind ein oder mehrere Grundstücke im katastertechnischen Sinne, die im Grundbuch unter einer laufenden Nummer im Bestandsverzeichnis gebucht sind. Zwischen den Kataster-Parzellen, die ein Grundstück im Rechtssinn bilden, besteht i. d. R. – nicht notwendigerweise – ein räumlicher und/oder wirtschaftlicher Zusammenhang.

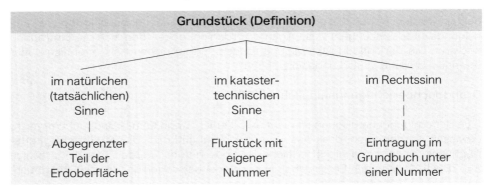

Das Eigentum am Grundstück beschränkt sich allerdings nicht nur auf die Erdoberfläche, sondern erstreckt sich auch auf den Raum über und unter der Erdoberfläche. Der Eigentümer kann allerdings Einwirkungen nicht untersagen, die in einer Höhe und Tiefe vorgenommen werden, so dass er am Ausschluss der Einwirkungen kein Interesse mehr hat, z. B. das Überfliegen des Grundstücks durch Flugzeuge, die bergwerkliche Ausbeutung von Kohlevorkommen.

BGB § 905

Damit ist das Grundstück ein Körper, der aus Bestandteilen zusammengesetzt ist.

Das Bürgerliche Gesetzbuch unterscheidet folgende Bestandteile eines Grundstücks:

Bestandteile eines Grundstücks
BGB § 94
BGB § 96

- wesentliche Bestandteile:

  - Mit dem Grund und Boden fest verbundene Sachen; z. B. Gebäude, andere Baulichkeiten wie Brücken, Mauern, in fester Verbindung mit dem Boden stehende Einzäunungen.
  - Zu den wesentlichen Bestandteilen eines Gebäudes gehören eingefügte Sachen wie z. B. Türen, Fenster, Heizkörper, Öltank, Zentralheizungsanlage, Waschbecken und Badewannen.
  - Erzeugnisse des Grund und Bodens, solange sie mit ihm zusammenhängen; z. B. Bäume, Sträucher, alle Arten von Pflanzen im Boden, Obst und Früchte, solange sie mit den Pflanzen zusammenhängen.

- unwesentliche oder nichtwesentliche Bestandteile:

  - Rechte, die mit dem Eigentum des Grundstücks verbunden sind; z. B. Grunddienstbarkeiten, Überbau, Notwegrenten, das zugunsten des jeweiligen Eigentümers eines Grundstücks bestellte Vorkaufsrecht, Gewerbeberechtigungen, Ausbeuterechte.

Keine Bestandteile des Grundstücks sind die so genannten Scheinbestandteile. **Scheinbestandteile** sind Sachen, die nur zu einem vorübergehenden Zweck mit dem Grundstück verbunden oder in ein Gebäude eingefügt sind.

BGB § 95
Scheinbestandteile

Beispiele:
Baracken, Wohncontainer, Baugerüst, zum Verkauf bestimmte Pflanzen einer Gärtnerei.

Neben den gesetzlichen Bestandteilen eines Grundstücks ist auch das Zubehör von erheblicher Bedeutung. **Zubehör** sind bewegliche Sachen, die nach ihrer wirtschaftlichen Bestimmung dem Grundstück bzw. Gebäude dienen und in einem räumlichen Verhältnis stehen.

BGB § 97
Abs. 1 Satz 1
Zubehör

Als Zubehör werden z. B. der in den Tanks befindliche Heizölvorrat, die hauseigenen Mülltonnen, die auf dem Grundstück lagernde Fertiggarage angesehen. Auch Fahrzeuge eines Unternehmens, die zur An- und Auslieferung bestimmt sind, gelten als Zubehör. Ferner ist hierzu gewerbliches und landwirtschaftliches Inventar zu zählen.

BGB § 98

Zubehör bleibt rechtlich selbstständig, gilt aber im Zweifel als mitverkauft, wenn die Hauptsache (das Grundstück) veräußert wird.

BGB § 311c
und § 926

Die Abgrenzung zwischen wesentlichen Bestandteilen und Zubehör kann unter Umständen Probleme bereiten. Einbaumöbel (z. B. Einbauküchen) sind weder wesentlicher Bestandteil noch Zubehör, wenn sie an anderer Stelle problemlos wieder aufgestellt werden können. Ist eine Einbauküche allerdings besonders in das Gebäude eingepasst, dann ist sie wesentlicher Bestandteil.

14.1.2.2 Grundstücksarten

Grundstücksarten

Grundstücke lassen sich differenzieren:

- nach der Art ihrer baulichen Nutzung
  - Wohnbauflächen (W)
  - gemischte Bauflächen (M)
  - gewerbliche Bauflächen (G)
  - Sonderbauflächen (S)
- nach Entwicklungszustand
  - Flächen der Land- und Forstwirtschaft
  - Bauerwartungsland
  - Rohbauland
  - baureifes Land
- nach Bewertungsgesetz
  - unbebaute Grundstücke
  - bebaute Grundstücke
    - Mietwohngrundstücke
    - Geschäftsgrundstücke
    - gemischt genutzte Grundstücke
    - Einfamilienhäuser
    - Zweifamilienhäuser
    - sonstige bebaute Grundstücke

- **Grundstücke nach der Art ihrer baulichen Nutzung (Baunutzungsverordnung)**

Bei dieser Einteilung nach Grundstückslage befinden sich die Grundstücke in einem der nachfolgend genannten Flächen oder Gebietsbereiche.

- Wohnbauflächen können sein
  - Kleinsiedlungsgebiete *(BauNVO § 2)*
  - reine Wohngebiete *(BauNVO § 3)*
  - allgemeine Wohngebiete *(BauNVO § 4)*
  - besondere Wohngebiete
- gemischte Bauflächen können sein
  - Dorfgebiete *(BauNVO § 5)*
  - Mischgebiete *(BauNVO § 6)*
  - Kerngebiete *(BauNVO § 7)*
- gewerbliche Bauflächen können sein
  - Gewerbegebiete *(BauNVO § 8)*
  - Industriegebiete *(BauNVO § 9)*
- Sonderbauflächen können sein
  - Sondergebiete, die der Erholung dienen *(BauNVO § 10)*

- sonstige Sondergebiete
BauNVO § 11

In der Baunutzungsverordnung ist festgelegt, wie die Gebäude genutzt werden können, die auf Grundstücken in den verschiedenen Baugebieten errichtet werden.

- **Grundstücksarten nach Entwicklungszustand (entsprechend WertV)**

  - Land- und forstwirtschaftlich genutzte Grundstücke sind alle Grundstücke, die land- oder forstwirtschaftlich genutzt werden oder auf denen nach wirtschaftlichen Gesichtspunkten eine ordnungsgemäße land- oder forstwirtschaftliche Nutzung möglich ist. Es kommt deshalb auch nicht auf die Zuordnung zu einem landwirtschaftlichen Betrieb an. Als land- und forstwirtschaftliches Grundstück ist auch der Hofbereich und der Hausgarten eines landwirtschaftlichen Betriebes anzusehen.
  WertV § 4

  Zu den landwirtschaftlichen Grundstücken zählen auch die Binnengewässer, die der berufsmäßigen Fischerei dienen.

  - Grundstücke, die zum Bauerwartungsland zählen.
  WertV § 4 Abs. 2

  Es handelt sich um Grundstücke, die für die Bebauung geeignet sind und aufgrund ihrer Lage und sonstigen Beschaffenheit eine bauliche Nutzung in absehbarer Zeit erwarten lassen. Beurteilungsgrundlagen sind unter anderem die Darstellung im Flächennutzungsplan, die städtebaulichen Entwicklungstendenzen und nicht zuletzt auch der Wille der Gemeinde zur Ausweisung von Bauland, wenn es erforderlich erscheint.

  - Grundstücke, die zum Rohbauland gehören sind nicht ausreichend erschlossene Flächen, die entweder im räumlichen Geltungsbereich eines bereits rechtsverbindlichen oder zumindest öffentlich ausgelegten Bebauungsplanes oder innerhalb der im Zusammenhang bebauten Ortsteile liegen, für die ein Bebauungsplan nicht erforderlich ist, oder in einem Gebiet, für das die Gemeinde beschlossen hat, einen Bebauungsplan aufzustellen.
  WertV § 4 Abs. 3

  - Baureife Grundstücke sind solche Grundstücke, bei denen nach den Festsetzungen im Bebauungsplan oder (im unbeplanten Innenbereich) nach der Darstellung im Flächennutzungsplan bauliche Nutzung unter Berücksichtigung des Grundstückszuschnitts rechtlich möglich und die Erschließung gesichert ist.
  WertV § 4 Abs. 4

- **Grundstücksarten nach Bewertungsgesetz**

  - Unbebaute Grundstücke
  BewG § 72

  Ein Grundstück ist unbebaut, wenn sich auf ihm
    - keinerlei Bauwerke befinden,
    - nur Betriebsvorrichtungen und/oder eine Einfriedigung vorhanden sind,
    - nur Gebäude im Zustand der Bebauung befinden, solange sie noch nicht benutzbar sind (Bezugsfertigkeit),
    - nicht mehr benutzbare Gebäude befinden, weil sie zerstört oder dem Verfall preisgegeben sind,
    - Gebäude von untergeordneter Bedeutung befinden.

BewG § 75
- Bebaute Grundstücke
  - Mietwohngrundstücke
    sind Grundstücke, die zu mehr als 80 % Wohnzwecken dienen und nicht Einfamilienhäuser oder Zweifamilienhäuser sind.
  - Geschäftsgrundstücke
    sind Grundstücke, die zu mehr als 80 % der Jahresrohmiete eigenen oder fremden gewerblichen oder öffentlichen Zwecken dienen.
  - Gemischt genutzte Grundstücke
    sind Grundstücke, die teils Wohnzwecken, teils eigenen oder fremden gewerblichen oder öffentlichen Zwecken dienen (80 : 20) und nicht Mietwohngrundstücke, Geschäftsgrundstücke, Einfamilienhäuser oder Zweifamilienhäuser sind.
  - Einfamilienhäuser
    sind Wohngebäude mit nur einer Wohnung.
  - Zweifamilienhäuser
    sind Wohngebäude mit nicht mehr als zwei Wohnungen.
  - Sonstige bebaute Grundstücke
    sind Grundstücke, die nicht unter die vorher genannten Grundstücksarten fallen, z. B. Vereinshäuser, Jagdhütten, Altenheime und Altenwohnheime.

14.1.3 Bauleitpläne als Informationsgrundlage

Immobilieninvestitionen erfordern eine vorherige solide Planung, sowohl objekt- als auch standortbezogen. Bei jedem Immobilienerwerb sollten daher Informationen über die **Bauleitpläne** (vgl. 10.1.1.1) der Gemeinde für das Gebiet eingeholt werden, in dem die Immobilie liegt.

Inhalt der Bauleitpläne ist die bauliche oder sonstige Nutzung des Gemeindegebietes dargestellt in Planzeichnungen und textlichen Festsetzungen der entsprechenden Bauleitpläne. Die Bauleitplanung hat die Aufgabe, Fachplanungen und Nutzungsansprüche der Bürger zu integrieren und zu koordinieren. Dazu gibt die Bauleitplanung einen Handlungsrahmen vor, der sich an den übergeordneten Zielen der Landesplanung eines Bundeslandes orientiert. Maßgebliche Orientierungsgrundlage sind dabei die Regionalpläne.

Diese übergeordnete Planung soll ermöglichen, dass die Ansprüche an Wohnen, Arbeiten und Erholung innerhalb eines größeren räumlichen Zusammenhanges im Interesse der Bevölkerung möglichst ausgewogen gestaltet werden können.

Das durch die Bauleitplanung verfolgte Ziel einer nachhaltigen städtebaulichen Entwicklung wird zunächst im Rahmen der vorbereitenden Bauleitplanung mit Hilfe des **Flächennutzungsplan**es – gewissermaßen als Konzept für das gesamte Gemeindegebiet – vorbereitet.

Im Flächennutzungsplan trifft die Gemeinde grundlegende Aussagen über ihre Vorstellungen und planerischen Absichten im Hinblick auf alle bebauten, bebaubaren und unbebauten Flächen.

Auf der nächsten Ebene der Bauleitplanung – der verbindlichen Bauleitplanung – werden die Vorstellungen und planerischen Absichten des Flächennutzungsplanes konkretisiert und in **Bebauungspläne**n rechtsverbindlich festgesetzt.

Der Bebauungsplan umfasst einzelne, räumlich begrenzte Gebiete der Gemeinde und legt für alle Grundstücke, die sich in dem räumlichen Geltungsbereich eines Bebauungsplanes befinden, konkrete Aussagen zu Art und Maß der baulichen Nutzung, der überbaubaren Fläche usw. nach Maßgabe des Baugesetzbuches für jeden Grundstückseigentümer verbindlich fest. Die umfangreichen Festsetzungsmöglichkeiten in einem Bebauungsplan sind in § 9 BauGB nachzulesen.

Die Bauleitpläne einer Gemeinde in Gestalt von Flächennutzungsplan und Bebauungsplan liefern also eine unverzichtbare Orientierungs- und Informationsgrundlage bei der Beurteilung der Zulässigkeit eines Bauvorhabens bzw. der sonstigen Nutzung im Zusammenhang mit dem Erwerb und der Veräußerung einer Immobilie.

14.1.4 Rechte am Grundstück

Übersicht:
- **Eigentum**
  1. Alleineigentum   Abt. I Grundbuch
  2. Miteigentum (Bruchteilseigentum)
  3. Gesamthandseigentum

- **Nachbarrechte**   kein Grundbucheintrag
  1. öffentliches Recht
  2. privates Recht

- **Rechte Dritter**   Abt. II Grundbuch
  1. Vorkaufsrecht und Wiederkaufsrecht
  2. Dienstbarkeiten   – Grunddienstbarkeiten
                       – beschränkte persönliche Dienstbarkeit
                         (Sonderform: Wohnungsrecht)
                       – Nießbrauch
  3. Reallast
  4. Erbbaurecht

- **Grundpfandrechte**   Abt. III Grundbuch
  1. Hypothek
  2. Grundschuld
  3. Rentenschuld

- **öffentliche Lasten**
  kein Grundbucheintrag
  1. Grundsteuer
  2. Erschließungsbeiträge
  3. kommunale Gebühren

- **Baulasten**   kein Grundbucheintrag
                                                      Baulastenverzeichnis

- **andere Eigentumsbindungen**   Abt. II Grundbuch
  1. Verfügungsbeschränkungen des Eigentümers
  2. Auflassungsvormerkung

14.1.4.1 Eigentum am Grundstück

Eigentum ist die unmittelbare rechtliche Herrschaft über eine bewegliche und (wie im Falle des Eigentums an Grund und Boden) über eine unbewegliche Sache und stellt das umfassendste Recht zur tatsächlichen (Benutzung, Verbrauch) und rechtlichen (Belastung, Veräußerung) Verfügung dar, das die Rechtsordnung ermöglicht.

BGB § 903

Gegenstand des Eigentums sind u. a. Grundstücke und grundstücksgleiche Rechte. Nach dem Grundsatz „Eigentum verpflichtet" ist der Eigentümer eines Grundstücks in der Ausübung der Herrschaftsgewalt jedoch gebunden an:
– Gesetze, z. B. Grundgesetz, Bürgerliches Gesetzbuch usw.,
– Nachbarrechte,
– Rechte Dritter.

Eigentum verpflichtet

Alleineigentum bedeutet, dass nur eine einzige Person Eigentümer eines Grundstücks ist.

Alleineigentum

Bruchteilseigentum liegt dann vor, wenn ein Grundstück zwei oder mehreren Personen gehört und wenn jeder dieser Personen ein bestimmter Bruchteil (1/2, 112/10.000) an einem Grundstück als ein selbstständiges dingliches Recht zusteht.

Bruchteilseigentum BGB §§ 741 ff. und 1008 ff.

Das Bruchteilseigentum bezeichnet man auch als Bruchteilsgemeinschaft.

Jeder Bruchteilseigentümer kann über seinen Anteil verfügen (veräußern, belasten), ohne dass andere Miteigentumsanteile berührt werden.

Die Bruchteilsgemeinschaft hat eine besondere Bedeutung durch das Gesetz über das Wohnungseigentum und das Dauerwohnrecht (Wohnungseigentumsgesetz) erlangt.

Gesamthandseigentum besteht dann, wenn ein Grundstück mehreren gehört die Anteile der Einzelnen aber zugunsten der Gesamtheit gebunden sind.

Gesamthandseigentum

Den einzelnen Beteiligten an der Gesamthandsgemeinschaft steht kein bestimmter Anteil an dem einzelnen Grundstück zu, sondern nur ein Anteil am gemeinschaftlichen Vermögen. Über das gemeinschaftliche Grundstück kann der Einzelne allein nicht verfügen. Die Verfügung kann nur gemeinschaftlich von allen erfolgen.

Beispiele:
- die Gesellschaft (Gesellschaft bürgerlichen Rechts),
- der nichtrechtsfähige Verein,
- die eheliche Gütergemeinschaft,
- die Erbengemeinschaft vor der Auseinandersetzung.

BGB § 718
BGB § 54
BGB § 1416
BGB § 2032

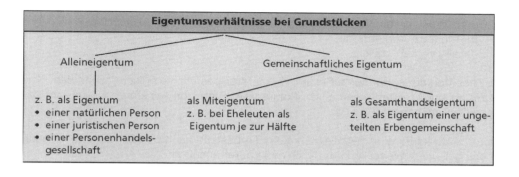

14.1.4.2 Die dinglichen Rechte (Rechte Dritter), Vormerkungen

– Vorkaufsrecht

Ein Vorkaufsrecht kann gesetzlicher oder vertraglicher Natur sein.

Gesetzliche Vorkaufsrechte werden nicht in das Grundbuch eingetragen. Mit Hilfe dieser gesetzlichen Vorkaufsrechte wird z. B. Gemeinden, Siedlungsunternehmen und Mietern unter bestimmten Umständen der Zugriff auf bestimmte Grundstücke ermöglicht.

- Vorkaufsrechte der Gemeinde nach dem Baugesetzbuch,
- Vorkaufsrecht nach Denkmalschutzgesetzen, Naturschutzgesetzen, Fischerei- und Forstrecht der Länder,
- Vorkaufsrecht des Mieters bei Veräußerung einer Wohnung zur Begründung von Wohnungseigentum.

Gesetzliche Vorkaufsrechte

BauGB §§ 24 ff.

BGB § 577

Das vertragliche Vorkaufsrecht bezüglich eines Grundstücks ist im BGB definiert.

Vertragliches Vorkaufsrecht

„Ein Grundstück kann in der Weise belastet werden, dass derjenige, zu dessen Gunsten die Belastung erfolgt, dem Eigentümer gegenüber zum Vorkauf berechtigt ist."

Aufgrund dieses dinglichen (in Abt. II des Grundbuchs eingetragenen) Vorkaufsrechts kann der Vorkaufsberechtigte im Falle des Grundstücksverkaufs durch den Eigentümer von diesem die Übereignung des Grundstücks zu den in dem Kaufvertrag mit einem Dritten vereinbarten Bedingungen fordern.

Das dingliche Vorkaufsrecht entsteht i. d. R. durch Einigung und Eintragung in das Grundbuch.

Dingliches Vorkaufsrecht

Das dingliche Vorkaufsrecht kann bestellt werden
- zugunsten einer oder mehrerer Personen („subjektiv persönliches Vorkaufsrecht" nach § 1103 Abs. 2 BGB),
- zugunsten des jeweiligen Eigentümers eines anderen Grundstücks („subjektiv dingliches Vorkaufsrecht" nach § 1103 Abs. 1 BGB).

BGB § 1094 Abs. 1

BGB § 1094 Abs. 2

14. ERWERB UND VERÄUSSERUNG VON IMMOBILIEN

BGB § 1097

Die Bestellung kann erfolgen
- nur für den ersten Verkaufsfall,
- für mehrere Verkaufsfälle,
- für alle Verkaufsfälle.

Ist das Vorkaufsrecht nur für einen Verkaufsfall bestellt, so erlischt es mit dem Verkauf an einen Dritten, wenn der Vorkaufsberechtigte von seinem Vorkaufsrecht keinen Gebrauch macht.

Ist das Vorkaufsrecht für alle Verkaufsfälle bestellt, kann der Berechtigte es auch noch bei einem Weiterverkauf durch den Käufer ausüben.

BGB § 469 Abs. 2

Der Vorkaufsberechtigte muss das Vorkaufsrecht innerhalb einer Frist von zwei Monaten nach der Übermittlung des wirksamen Kaufvertrages ausüben.

BGB § 464

Das Vorkaufsrecht wird dadurch ausgeübt, dass der Vorkaufsberechtigte eine entsprechende Erklärung (die **nicht** der für den Kaufvertrag bestimmten Form bedarf) gegenüber dem Verpflichteten abgibt.

In der Praxis wird der Notar damit beauftragt, dem Vorkaufsberechtigten eine beglaubigte Abschrift des Kaufvertrages zustellen zu lassen.

Auf diese Weise werden
- der Zugang des Vertrages,
- der Nachweis seiner Wirksamkeit und
- der Zeitpunkt des Zugangs beim Vorkaufsberechtigten

durch eine öffentliche Urkunde beweisbar.

BGB § 470

Ein Vorkaufsrecht kann nicht ausgeübt werden, wenn es sich z. B. um einen Tausch, eine Schenkung und um einen „Verkauf" an einen gesetzlichen Erben mit Rücksicht auf dessen zukünftiges Erbrecht handelt.

Es geht dadurch verloren, wenn es nicht für mehrere Verkaufsfälle bestellt wurde.

BGB § 883

Die Dinglichkeit des Vorkaufsrechts zeigt sich auch darin, dass es kraft Gesetzes von seiner Eintragung an gegenüber Dritten die Wirkung einer Vormerkung hat.

Vorkaufsrechte in Verbindung mit langjährigen Miet- u. Pachtverträgen

In der Praxis werden Vorkaufsrechte vor allem in Verbindung mit langjährigen Miet- und Pachtverträgen zwischen Nachbarn zur Ermöglichung des Zuerwerbs eines Grundstücks und zwischen Miteigentümern bestellt.

Beispiel:
Der Grundstückseigentümer Eigner räumt seinem Nachbarn Bahr an seinem Grundstück ein Vorkaufsrecht ein, das in Abt. II des Grundbuchs eingetragen wird.
2 Jahre später verkauft Eigner das Grundstück an Clever für 100.000,00 € und lässt es ihm auf. Bahr wird von diesem Kauf benachrichtigt und übt sein Vorkaufsrecht aus (vielleicht möchte er Clever nicht als Nachbarn akzeptieren). Mit der Ausübung des Vorkaufsrechts kommt kraft Gesetzes ein Kaufvertrag zwischen Eigner und Bahr zustande, und zwar zu den Bedingungen, die Eigner mit Clever vereinbart hat.

14.1 RECHTSGRUNDLAGEN

Vom dinglichen **Vorkaufsrecht** ist das **schuldrechtliche** zu unterscheiden.

BGB §§ 463 ff.

Der Hauptunterschied besteht darin, dass das dingliche Recht nur an Grundstücken, nicht aber an beweglichen Sachen bestellt werden kann.

Das subjektiv dingliche Vorkaufsrecht verpflichtet den jeweiligen Eigentümer des belasteten Grundstücks, während das subjektiv persönliche nur den Besteller im Rahmen seiner vertraglichen Beziehung zu dem Vorkaufsberechtigten bindet.

Das schuldrechtliche Vorkaufsrecht, das sich in der Regel auf bewegliche Sachen bezieht, kann im Gegensatz zum dinglichen Vorkaufsrecht grundsätzlich nicht für mehrere Verkaufsfälle bestellt werden.

Schuldrechtliches Vorkaufsrecht

- **Dienstbarkeiten**

Dienstbarkeiten sind dingliche Rechte an Grundstücken oder grundstücksgleichen Rechten (vgl. Erbbaurecht), die den Eigentümer des belasteten Grundstücks in dessen Benutzung beschränken und dem jeweils Berechtigten die Befugnis geben, das „dienstbar gemachte" Grundstück in einem bestimmten Umfang zu nutzen. Das BGB kennt drei Arten von Dienstbarkeiten:

Dienstbarkeiten

Grunddienstbarkeit, beschränkte persönliche Dienstbarkeit und Nießbrauch.

Eine Sonderform der beschränkten persönlichen Dienstbarkeit ist das dingliche Wohnungsrecht, eine Sonderform hiervon das Dauerwohnrecht bzw. -nutzungsrecht.

WEG §§ 31 ff.

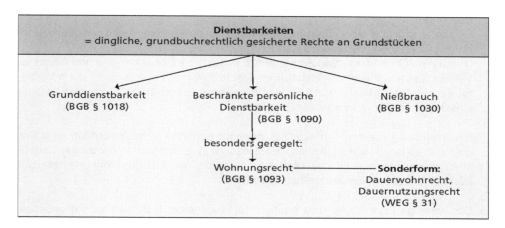

Grunddienstbarkeit

BGB 1018 Grunddienstbarkeit

Bei einer Grunddienstbarkeit hat man es stets mit zwei Grundstücken zu tun (mit dem belasteten und mit demjenigen, dem ein Vorteil anhängt).

Dienendes und herrschendes Grundstück

Man spricht vom „dienenden" und vom „herrschenden" Grundstück.

Der jeweilige Eigentümer des herrschenden Grundstücks erhält also bestimmte Teilbefugnisse am dienenden Grundstück.

Inhalte

Eine Grunddienstbarkeit kann folgende Inhalte haben:

Benutzungsdienstbarkeit

1. Der Berechtigte darf das fremde Grundstück in einzelnen Beziehungen nutzen (Benutzungsdienstbarkeit). Die Verpflichtung des Eigentümers des belasteten Grundstücks besteht in der Duldung dieser Nutzung.

Unter Benutzen versteht man ein vorteilhaftes, wiederholtes und regelmäßig wiederkehrendes Gebrauchmachen von dem Grundstück zu bestimmten Zwecken.

Die Grunddienstbarkeit darf aber nicht die Benutzungsmöglichkeiten eines Grundstücks voll ausschöpfen; hier handelt es sich dann um Nießbrauch.

Beispiele:

Wegerecht

Der Berechtigte hat die Befugnis zur Überfahrt über das belastete (dienende) Grundstück (Wegerecht; vgl. Grundbucheintragung).

Leitungsrecht

Der Berechtigte hat das Recht zur Führung und Haltung von Rohrleitungen für Abwasser, Gas usw. über das belastete (dienende) Grundstück (Leitungsrecht).

Unterlassungsdienstbarkeit

2. Der Eigentümer verpflichtet sich gegenüber dem Berechtigten, bestimmte Handlungen auf seinem Grundstück nicht vorzunehmen (Unterlassungsdienstbarkeit). Bei der Bestellung der Grunddienstbarkeit müssen die betreffenden Handlungen inhaltlich genau festgelegt und eingetragen werden. Dabei muss es sich um Maßnahmen tatsächlicher Art handeln, zu denen der Grundstückseigentümer, bestünde die Belastung nicht, berechtigt wäre.

Beispiele:

Bebauungsverbot

Es kann aufgrund einer Grunddienstbarkeit verboten sein, das dienende Grundstück zu bebauen (Bebauungsverbot).

Bebauungsbeschränkung

Durch eine Grunddienstbarkeit können z. B. auch die Gebäudehöhe und Grenzabstände festgelegt werden (Bebauungsbeschränkung). Denkbar sind auch Verbote, die eine gewerbliche Nutzung des dienenden Grundstücks ausschließen oder einschränken (Gewerbeausübungsverbot).

Eine Handlung, die ihm ohnehin (z. B. nachbarrechtlich) nicht erlaubt ist, stellt keinen zulässigen Belastungsinhalt dar. Unzulässig sind auch Verbote, ein Grundstück zu vermieten, zu verpachten oder zu teilen. Auch ist das Konkurrenzverbot (Konkurrenzausschlussklausel) zu beachten.

Verzicht auf bestimmte Eigentumsrechte

3. Der jeweilige Eigentümer darf bestimmte, aus seinem Eigentum sich ergebende Rechte dem herrschenden Grundstück gegenüber nicht geltend machen.

Beispiele:
Dies betrifft vor allem die Verpflichtung, die Nachbarrechte gemäß §§ 904 ff. BGB nicht auszuüben.
Duldung von bestimmten Bauwerken, Duldung zu nahe stehender Bäume.

Nur die oben dargestellten Belastungsarten können Gegenstand einer Grunddienstbarkeit sein. — BGB § 1018

Die Belastung durch eine Dienstbarkeit kann nur in einem Dulden oder Unterlassen bestehen (hierin unterscheidet sich die Dienstbarkeit von der Reallast). Eine Grunddienstbarkeit kann nur in einer Belastung bestehen, die für die Benutzung des Grundstücks des Berechtigten Vorteil bietet. — Dulden oder Unterlassen BGB § 1019

Der Vorteil muss wirtschaftlicher, nicht unbedingt finanzieller Art sein, z. B. dass der Ausblick auf einen See nicht verbaut wird.

Berechtigt aus einer Grunddienstbarkeit ist der jeweilige Eigentümer des herrschenden Grundstücks. Eine Mitbenutzung des dienenden Grundstücks durch Dritte ist damit aber nicht ausgeschlossen. — Mitbenutzung durch Dritte

Beispiel:
Ein Wegerecht kann natürlich auch von Besuchern, Kunden, Mietern, Pächtern usw. ausgeübt werden.

Eine Grunddienstbarkeit begründet über das dingliche Recht hinaus zwischen den Eigentümern des herrschenden und des dienenden Grundstücks ein gesetzliches Schuldverhältnis, aus dem sich z. B. Nebenpflichten ergeben können. — Nebenpflichten

Eine zur Ausübung einer Dienstbarkeit geschaffene Anlage (z. B. ein befestigter Weg), die der Dienstbarkeitsberechtigte auf dem dienenden Grundstück hält, hat er in ordnungsgemäßen Zustand zu erhalten. — BGB § 1020

Somit kann der Berechtigte zur Mittragung von Kosten der Anlegung, des Ausbaus und der Unterhaltung von Versorgungsleitungen (für Elektrizität und Wasser) und Wegen verpflichtet werden (BGH 54, 10 = NJW 1970, 1371).

Es kann aber auch bestimmt werden, dass der Eigentümer des dienenden (also des belasteten) Grundstücks die Unterhaltung der Anlage zu übernehmen hat. — BGB § 1021

Der Eigentümer des herrschenden Grundstücks kann zugleich Eigentümer des dienenden Grundstücks sein. Eine solche Eigentümer-Grunddienstbarkeit ist vor allem bei der Erschließung und Gestaltung von Baugelände erforderlich, weil damit, vor dem Verkauf an Einzelpersonen, vom ursprünglichen Eigentümer die notwendigen Leitungs- und Wegerechte bestellt werden können. — Eigentümer-Grunddienstbarkeit

- **Entstehung und Löschung** — Entstehung und Löschung

Grunddienstbarkeiten werden zumeist aufgrund eines Rechtsgeschäfts bestellt.

Der Eigentümer des dienenden Grundstücks verpflichtet sich, dieses zugunsten des jeweiligen Eigentümers des anderen Grundstücks mit einer Grunddienstbarkeit zu belasten. Das dingliche Recht wird aber erst durch Einigung und Eintragung im Grundbuch des dienenden Grundstücks, Abteilung II, begründet. Dabei müssen Inhalt und Umfang der Grunddienstbarkeit für jeden Dritten erkennbar sein, z. B. Wegerecht.

BGB § 873

Die Grunddienstbarkeit kann durch rechtsgeschäftliche Aufgabeerklärung erlöschen.

BGB § 875

Sie kann mit dem Eintritt der auflösenden Bedingung, unter der sie bestellt worden ist, oder des bei ihrer Bestellung bestimmten Endtermins erlöschen. Eine Grunddienstbarkeit erlischt, wenn die Ausübung dauernd ausgeschlossen ist, z. B. bei Veränderung eines der betroffenen Grundstücke oder wenn der Vorteil für das herrschende Grundstück wegfällt. Berücksichtigt werden nur angemeldete Grunddienstbarkeiten.

Grunddienstbarkeiten erlöschen bei Zwangsversteigerung des dienenden Grundstücks, wenn die Grunddienstbarkeit nicht im geringsten Gebot berücksichtigt worden ist.

BGB § 96 Übertragbarkeit

Die Grunddienstbarkeit ist nicht selbständig übertragbar, weil sie Bestandteil des herrschenden Grundstücks ist. Sie kann nur zusammen mit dem Grundstück übertragen werden.

BGB § 1090 Beschränkte persönliche Dienstbarkeit

· **Beschränkte persönliche Dienstbarkeit**

Beschränkte persönliche Dienstbarkeiten haben denselben Inhalt wie Grunddienstbarkeiten.

BGB § 1090 Abs. 2

Daher finden die für die Grunddienstbarkeiten geltenden Vorschriften entsprechende Anwendung.

Unterschied zur Grunddienstbarkeit

Der Unterschied zur Grunddienstbarkeit liegt in der Person des Berechtigten.

Berechtigter aus einer Grunddienstbarkeit ist der jeweilige Eigentümer eines anderen Grundstücks. Die beschränkte persönliche Dienstbarkeit wird dagegen für eine bestimmte Person bestellt, unabhängig davon, ob sie Eigentümerin eines Grundstücks ist oder nicht. Die beschränkte persönliche Dienstbarkeit ist also höchstpersönlich, d. h., sie kann nicht auf einen anderen übertragen werden und ist unvererblich. Sie erlischt mit dem Tode des Berechtigten bzw. mit der Auflösung der juristischen Person.

BGB § 1092

Ausnahme: Steht einer juristischen Person oder einer rechtsfähigen Personengesellschaft eine beschränkte persönliche Dienstbarkeit zu, die dazu berechtigt, ein Grundstück für Anlagen zur Fortleitung von Elektrizität, Gas, Wasser etc. sowie für Telekommunikationsanlagen zu benutzen, so ist die Dienstbarkeit übertragbar.

BGB § 1092 Abs. 3

Unterschied zum Nießbrauch

Der Unterschied zum Nießbrauch liegt darin, dass dem Berechtigten nicht die gesamte Nutzung, sondern nur einzelne, genau festgelegte Nutzungsarten zustehen.

Beispiele:
Bei Hofübergabe- und Altenteilsverträgen kann das dem Übergeber eingeräumte Recht zum Bewohnen und Nutzen bestimmter Gebäudeteile durch eine beschränkte persönliche Dienstbarkeit dinglich gesichert werden. Zugunsten der Telekom und von Stromversorgungsunternehmen können zur Duldung von Telefonleitungen und Stromleitungen beschränkt persönliche Dienstbarkeiten bestellt werden.

- **Wohnungsrecht** BGB § 1093

Eine besondere Art der beschränkten persönlichen Dienstbarkeit ist das Wohnungsrecht. *Wohnungsrecht*

Es gibt dem Berechtigten die Befugnis, ein Gebäude ganz oder teilweise unter Ausschluss des Eigentümers als Wohnung zu benutzen. *Inhalt*

Wesentlich ist, dass der Eigentümer in Bezug auf die dem Wohnungsrecht unterliegenden Räume von der Benutzung ausgeschlossen ist. Die Räume müssen dem Berechtigten zu Wohnzwecken überlassen werden. Die Nutzung von Geschäfts- und Arbeitsräumen kann daher nicht Inhalt eines Wohnungsrechts sein. Das Wohnungsrecht schließt auch das Recht zur Mitbenutzung der zum gemeinschaftlichen Gebrauch bestimmten Anlagen und Einrichtungen des Hauses durch den Berechtigten mit ein.

Auch mehrere Personen können hinsichtlich desselben Gebäudes dinglich wohnberechtigt sein.

Der Berechtigte ist außerdem befugt, seine Familie sowie Bedienungs- und Pflegepersonal in die Wohnung aufzunehmen. *BGB § 1093 Abs. 2*

Praktische Bedeutung hat das Wohnungsrecht bei Grundstücksübertragungen von Eltern auf ihre Kinder. *Praktische Bedeutung*

Beispiel:
Die Eltern schenken ihrer Tochter unter Vorwegnahme der Erbfolge das ihnen gehörende Hausgrundstück und behalten sich an den im ersten Obergeschoss befindlichen Räumen ein Wohnungsrecht auf Lebenszeit vor.

Der Vorteil für den Benutzer der Wohnung liegt insbesondere darin, dass er vor Kündigung des Eigentümers oder eines Rechtsnachfolgers (z. B. wegen Eigenbedarfs) geschützt wird.

Der Berechtigte ist lt. Gesetz zur schonenden Ausübung (s. BGB § 1020) und zur Unterhaltung der Wohnung verpflichtet.

- **Sonderform: Dauerwohn- und Dauernutzungsrecht**

Das Dauerwohnrecht ist dem Wohnungsrecht nachgebildet und hat zum Inhalt, dass derjenige, zu dessen Gunsten es bestellt wird, berechtigt ist, unter Ausschluss eines Eigentümers eine bestimmte Wohnung in einem auf dem Grundstück errichteten Gebäude zu bewohnen. Das Dauerwohnrecht kann auch an erst zu errichtenden Gebäuden bestellt werden. *WEG § 31 Dauerwohnrecht*

WEG § 33 Abs. 1	Das Dauerwohnrecht ist im Unterschied zum Wohnungsrecht vererblich und veräußerlich und gibt das Recht zur Vermietung und Verpachtung.
WEG § 37 Abs. 1	Die Veräußerbarkeit kann jedoch durch Vereinbarung eingeschränkt werden. Die Vererblichkeit kann dadurch ausgeschlossen werden, dass es nur auf Lebenszeit des Berechtigten bestellt wird.
WEG § 35, BGB §§ 873 ff.	Als ein das Grundstück belastendes dingliches Recht unterliegt das Dauerwohnrecht den allgemeinen Vorschriften des BGB über Rechte an Grundstücken.
	Mit der Schaffung des Dauerwohnrechts verfolgte der Gesetzgeber den Zweck, die Baukostenzuschüsse von Mietern durch Verdinglichung des Mietrechts zu sichern. Dieses Instrument ist jedoch ohne große wirtschaftliche Bedeutung geblieben.
WEG § 31 Abs. 2 Dauernutzungsrecht	Für die Nutzung von nicht zu Wohnzwecken dienenden Räumen (z. B. Praxisräume, Läden, Garagen) kann ein so genanntes Dauernutzungsrecht bestellt werden.
	Hier gelten die Vorschriften über das Dauerwohnrecht entsprechend.
WEG § 31 Abs. 3	Ein Dauerwohn- und ein Dauernutzungsrecht können auch als Einheit bestellt werden.

- **Nießbrauch**

BGB § 1030 Nießbrauch	Der Nießbrauch gewährt seinem Inhaber grundsätzlich die gesamten Nutzungen des Gegenstandes, z. B. eines Grundstücks.
BGB § 1061	Nießbrauch ist seinem Wesen nach eine persönliche Dienstbarkeit; das Nießbrauchsrecht ist unveräußerlich und unvererblich, es erlischt also mit dem Tod des Berechtigten.
BGB § 1059	Allerdings kann die Ausübung eines Nießbrauchs einem anderen überlassen werden.
Nutzungsrecht	Der Nießbraucher kann also die Sache (z. B. ein Grundstück) vermieten oder verpachten. Das Nutzungsrecht erstreckt sich auf Sach- und Rechtsfrüchte. Sachfrüchte sind z. B. Gras, Gemüse, Obst. Rechtsfrüchte sind z. B. die Mieten. Sie stehen dem Nießbraucher zu. Auch die persönliche Nutzung des Grundstücks steht dem Nießbraucher zu.
	Der Nießbraucher hat die Pflicht, die wirtschaftliche Bestimmung der Sache zu erhalten und ordnungsgemäß zu wirtschaften. So muss der Nießbraucher z. B. „übliche" Instandhaltungsmaßnahmen bei Gebäuden auf eigene Kosten vornehmen.
	Er hat ferner die öffentlichen und privatrechtlichen Lasten (z. B. Grundsteuer, Kosten für die Gebäudeversicherung) des Grundstücks zu tragen.
BGB §§ 1036 ff.	Die Rechte und Pflichten des Eigentümers und des Nießbrauchers sind im Gesetz geregelt.

Diese gesetzlichen Regelungen können aber durch vertragliche Abrede geändert werden; um dingliche Wirkung zu entfalten, ist bei einem Grundstücksnießbrauch die Eintragung im Grundbuch Voraussetzung.

BGB §§ 873, 877

Der Nießbraucher ist nicht berechtigt, über den nießbrauchsbelasteten Gegenstand (z. B. Grundstück) zu verfügen. Er darf das Grundstück insbesondere nicht veräußern oder belasten, dieses Recht verbleibt dem Eigentümer.

Die wirtschaftliche Bedeutung des Nießbrauchs liegt in erster Linie auf familien- und erbrechtlichem Gebiet; es dient dort in erster Linie Versorgungszwecken, z. B. zugunsten des überlebenden Ehegatten.

Wirtschaftliche Bedeutung

Beispiel:
Franz Wurm setzt seine Tochter Franziska zu seiner alleinigen Erbin ein und vermacht seiner Ehefrau den Nießbrauch an dem in seinem Nachlass befindlichen Wohnhaus.
Die Tochter Franziska ist nach Eintritt des Erbfalls verpflichtet, ihrer Mutter das Nießbrauchsrecht zu bestellen.

Reallast

Für die Reallast ist kennzeichnend, dass vom Eigentümer an den Berechtigten „wiederkehrende Leistungen aus dem Grundstück zu entrichten sind".

BGB § 1105 Reallast

Inhalt einer Reallast können nur positive (aktive) Leistungen sein, die in einem Geben oder Tun bestehen (im Gegensatz zur Dienstbarkeit, bei der der Eigentümer eine Einwirkung auf sein Grundstück dulden muss oder bestimmte Tätigkeiten auf seinem Grundstück zu unterlassen hat). Bei den Leistungen, die an den Berechtigten zu erbringen sind, kann es sich um Geldzahlungen, Lieferung von Naturalien oder Dienstleistungen handeln.

Es muss sich dabei um wiederkehrende Leistungen handeln.

Wiederkehrende Leistungen

Beispiele:
Zahlung einer Leibrente,
Lieferung von Lebensmitteln, Wasserlieferung, Stromlieferung,
Pflege einer bedürftigen Person.

Als wiederkehrend gelten auch dauernde Leistungen, die der Erhaltung eines bestimmten Zustandes des belasteten Grundstücks dienen.

Beispiele:
Verpflichtungen zur Instandhaltung von Bauwerken, Zäunen, Grabstätten, Wegen und Brücken.

Eine einmalige Leistung kann nicht Inhalt einer Reallast sein.

Der Reallastberechtigte lässt sich gewissermaßen das Gewollte geben, der Dienstbarkeitsberechtigte darf es sich nehmen.

Beispiel:
Ist der Eigentümer nur verpflichtet, die Benutzung bestimmter Räume als Wohnung zu dulden, so liegt eine beschränkte persönliche Dienstbarkeit vor.
Ist dagegen der Eigentümer ohne Festlegung der Räume allgemein verpflichtet, dem Berechtigten eine Wohnung bestimmter Größe und Qualität zur Verfügung zu stellen, so handelt es sich um eine Reallast.

BGB § 1105 Abs. 1 Satz 1

Dass die Leistungen bei der Reallast aus dem Grundstück zu erbringen sind, bedeutet nicht, dass es sich um Leistungen handeln müsste, die das Grundstück hervorbringt. Das kann zwar bei der Lieferung von Naturalien der Fall sein, aber bei der Leistung von Geld oder Diensten wird deutlich, dass der Begriff „aus dem Grundstück" so nicht verstanden werden kann. Dies bedeutet vielmehr, dass der Berechtigte falls der Eigentümer die geschuldeten Leistungen nicht erbringt, das Grundstück zur Zwangsvollstreckung bringen und sich aus dem Erlös befriedigen kann.

Hier wird sichtbar, dass die Reallast den Grunddienstbarkeiten nahe steht.

Anwendungsbereiche

Anwendungsbereiche für die Reallast:
- Der Landwirt, der den Hof an seinen Nachfolger übergibt, lässt sich ein **Altenteilsrecht** einräumen. Es enthält üblicherweise ein Wohnungsrecht, die Lieferung von Naturalien entsprechend den Bedürfnissen des Altenteilers und der Produktion des Hofes, die Zahlung einer monatlichen Rente und die Pflege in kranken Tagen.

GBO § 49

  Hier zeigt sich die Verbindung einer beschränkten persönlichen Dienstbarkeit (Wohnungsrecht) mit einer Reallast (Natural-, Geld- und Dienstleistungen). In diesem Fall würde ein so genanntes Altenteilsrecht in das Grundbuch eingetragen.
- Bei **Grundstücksverkäufen**, bei denen als Gegenleistung eine Rentenzahlung vereinbart wird, kann diese für den Veräußerer dadurch gesichert werden, dass zu seinen Gunsten auf dem übertragenen Grundstück eine Reallast eingetragen wird.
- Auch die **Industriereallast** findet zunehmende Verbreitung. Hier geht es darum, die Versorgung von Industrie- und Wohnanlagen mit Strom, Fernwärme, Warmwasser usw. durch eine Reallast sicherzustellen.

ErbbauVO § 9 Abs. 1

- Die Reallastvorschriften gelten auch entsprechend für den **Erbbauzins**.

Entstehung

Die Reallast entsteht wie alle beschränkten dinglichen Rechte durch Einigung und Eintragung in das Grundbuch. Die Eintragung erfolgt auf dem Grundbuchblatt des belasteten Grundstücks in Abt. II.

BGB § 1105 Abs. 1 Subjektiv-persönliches Recht

Sie kann bestellt werden als „subjektiv-persönliches Recht" zugunsten einer bestimmten Person.

Ist der Anspruch auf die abgesicherte Leistung nicht übertragbar (z. B. Absicherung einer Leibrente beim Verkauf auf Rentenbasis, oder eine Pflegeverpflichtung), kann das Recht weder veräußert noch belastet werden.

BGB § 1105 Abs. 2 Subjektiv-dingliches Recht

Die Reallast kann auch als „subjektiv-dingliches Recht" zugunsten des jeweiligen Eigentümers eines anderen Grundstücks bestellt werden.

Die subjektiv-dingliche Reallast geht mit dem Eigentum am herrschenden Grundstück auf den Rechtsnachfolger über, da sie wesentlicher Bestandteil des belasteten Grundstücks ist (Beispiel Erbbauzinsreallast).

BGB § 1110

Auf Antrag wird eine subjektiv-dingliche Reallast auch auf dem Blatt des herrschenden Grundstücks im Bestandsverzeichnis vermerkt.

GBO § 49

Die eine Art kann nicht in die jeweils andere Art umgewandelt werden.

BGB §§ 1110, 1111

Auch der Eigentümer des belasteten Grundstücks kann Berechtigter sein.

Auf diese Eigentümerreallast finden die Vorschriften über die Eigentümergrundschuld (vgl. Grundpfandrechte) entsprechend Anwendung.

Eigentümerreallast

Die Reallast wird durch die Aufgabeerklärung des Berechtigten und Löschung des Rechts im Grundbuch aufgehoben.

Aufhebung
BGB § 875

Sie erlischt ferner bei Eintritt einer auflösenden Bedingung oder eines Endtermins und, falls sie für die Lebenszeit des Berechtigten bestellt war, mit dessen Tod.

– **Erbbaurecht** (vgl. 14.2.2 Begründung und Veräußerung von Erbbaurechten)

Das **Erbbaurecht** ist das veräußerliche und vererbliche Recht, auf oder unter der Erdoberfläche des Grundstücks eines fremden Eigentümers ein Bauwerk zu besitzen. Das Erbbaurecht wird als „grundstücksgleiches Recht" selbst wie ein Grundstück behandelt und in einem eigenen Erbbaugrundbuch wie ein Grundstück eingetragen. Es kann selbst belastet werden, z. B. mit Grundpfandrechten.

ErbbauVO § 1
Erbbaurecht

– **Vormerkungen** (Vermerke)

· Auflassungsvormerkung

Die Auflassungsvormerkung (eingetragen in Abt. II des Grundbuchs) dient der Sicherung des Anspruchs auf Eigentumsumschreibung im Grundbuch.

BGB § 883
Auflassungsvormerkung

Sie wird regelmäßig in Grundstückskaufverträgen zugunsten des Käufers (Erwerbers) vereinbart und bewilligt. Verfügungen, die nach Eintragung einer Vormerkung getroffen werden, können durch den Berechtigten erfolgreich abgewehrt werden, wenn sie den zu sichernden Anspruch vereiteln oder beeinträchtigen würden. Der noch als Eigentümer eingetragene Verkäufer (Veräußerer) kann über das Grundstück also nicht mehr verfügen.

· Weitere Verfügungsbeschränkungen des Eigentümers

Diese in Abt. II des Grundbuchs eingetragenen Verfügungsbeschränkungen sollen die Veräußerung oder Belastung des Grundstücks verhindern. Mit ihrer Eintragung kann sich ein Dritter nicht mehr auf den Schutz des guten Glaubens berufen.

Verfügungsbeschränkungen

Beispiele:
· Vermerk über die Anordnung der Nachlassverwaltung: Der Erbe kann das Grundstück nicht veräußern oder belasten.

- Vermerk über die Eröffnung des Insolvenzverfahrens: Der Grundstückseigentümer kann als Gemeinschuldner im Konkurs das Grundstück nicht veräußern oder belasten.
- Vermerk über die Anordnung der Zwangsversteigerung oder Zwangsverwaltung: Der Grundstückseigentümer kann das Grundstück nicht mehr veräußern aber noch belasten.

14.1.4.3 Grundpfandrechte

Grundpfandrecht

Ein Grundpfandrecht ist ein Pfandrecht an einem Grundstück. Es ermöglicht, dass Grundstücke und grundstücksgleiche Rechte (z. B. Erbbaurecht) als Kreditsicherheiten für Realkredite verwendet werden können.

Grundpfandrechte sind die Hypothek, die Grundschuld und die Rentenschuld Alle Grundpfandrechte müssen im Grundbuch in Abt. III eingetragen sein.

Der Grundstückseigentümer erhält z. B. zur Baufinanzierung ein Darlehen, das durch den Grundstückswert gedeckt werden soll.

Grundstücke gelten als wertbeständig und bringen Erträge, aus denen die Tilgungsleistungen und die Zinsen abgedeckt werden können. Die Sicherheit eines Realkredites liegt im Wert des Beleihungsobjektes und hängt weiterhin vom Rang der Belastung ab.

BGB § 1147

Der Sinn eines Grundpfandrechtes ist der, dass sich der Gläubiger aus dem Grundstück befriedigen kann, wenn der Schuldner mit seinen Leistungen in Verzug kommt.

Dies kann durch Zwangsvollstreckung (Zwangsversteigerung, Zwangsverwaltung) erfolgen.

Entstehung

BGB § 873

Ein Grundpfandrecht entsteht i. d. R. durch:
- Einigung zwischen Gläubiger und Schuldner über die Bestellung des Grundpfandrechts, d. h. über die Belastung des Grundstücks und
- Eintragung des Grundpfandrechts in das Grundbuch.

– **Hypothek**

BGB § 1113

Die Hypothek ist das zur Sicherung einer persönlichen Forderung bestimmte dingliche Recht, aufgrund dessen der Berechtigte (Gläubiger) Befriedigung aus dem Grundstück verlangen kann.

Hypothek Akzessorietät

Die Hypothek ist von dem Bestehen einer zu sichernden Forderung abhängig; man spricht von der „Akzessorietät" (Abhängigkeit) der Hypothek.

Die Höhe der Forderung bestimmt also den Umfang des Pfandrechts. Bei der Forderung handelt es sich i. d. R. um eine Darlehensforderung.

Beispiel:
Der Grundstückseigentümer belastet sein Grundstück mit einer Hypothek als Sicherheit für ein Darlehen (z. B. zur Baufinanzierung), das er selbst aufgenommen hat. Die Bank (als Darlehensgeber) erwirbt die Hypothek erst, nachdem sie das Darlehen ausgezahlt hat, d. h., wenn eine Forderung zugrunde liegt.
Hat der Darlehensnehmer einen Teil seiner Schuld getilgt, verliert die Bank in Höhe des getilgten Teilbetrages den entsprechenden Teil der Hypothek.

- Der Hypothekengläubiger (Darlehensgeber) hat zwei Ansprüche: *Ansprüche des Hypothekengläubigers*
  - einen dinglichen Anspruch aus der Hypothek und
  - einen schuldrechtlichen (persönlichen) Anspruch aus dem Darlehen.

- Der dingliche Anspruch ist wegen der Akzessorietät der Hypothek von dem Bestehen des schuldrechtlichen (persönlichen) Anspruchs abhängig.

- Der dingliche Anspruch aus der Hypothek umfasst:
  - die Forderung,
  - die gesetzlichen Zinsen (5 % p. a.),   BGB § 1119
  - die Kosten der Rechtsverfolgung.   BGB § 1119

Der dingliche Anspruch ist auf Zahlung aus dem Grundstück gerichtet, d. h., der Eigentümer muss die Zwangsvollstreckung in das Grundstück dulden. In diesen Anspruch einbezogen sind: BGB § 1147
- das Grundstück,   BGB § 1113
- die von dem Grundstück getrennten Erzeugnisse, sonstigen Bestandteile und das Zubehör des Grundstücks,   BGB § 1120
- die Miet- und/oder Pachtzinsforderungen bei vermieteten oder verpachteten Grundstücken,   BGB § 1123
- Ansprüche auf wiederkehrende Leistungen zugunsten des Grundstückseigentümers (z. B. Reallast),   BGB § 1126
- Versicherungsforderungen.   BGB § 1127

Dem dinglichen Anspruch des Hypothekengläubigers entspricht die dingliche Haftung des Grundstücks.   *Haftung des Grundstücks*

- Der schuldrechtliche (persönliche) Anspruch aus der Forderung (Darlehen) erstreckt sich auf das gesamte Vermögen des Schuldners.

Dem schuldrechtlichen (persönlichen) Anspruch des Gläubigers entspricht die persönliche Haftung des Schuldners.   *Persönliche Haftung des Schuldners*

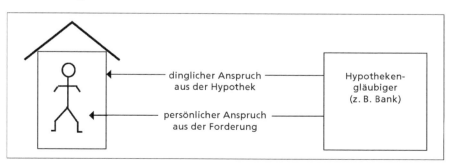

14. ERWERB UND VERÄUSSERUNG VON IMMOBILIEN

BGB § 1116 Abs. 1

Das BGB geht davon aus, dass eine Hypothek i. d. R. als **Briefhypothek** bestellt wird.

Briefhypothek BGB § 1117 Abs. 1

Im Fall der Briefhypothek wird vom Grundbuchamt ein Hypothekenbrief ausgestellt, ohne dessen Übergabe eine Übertragung der Hypothek nicht möglich ist.

BGB § 1116 Abs. 2 Buchhypothek

Das BGB lässt aber zu, dass die Parteien eine Brieferteilung ausschließen können und diese Vereinbarung z. B. durch den Vermerk „ohne Brief" in das Grundbuch eintragen lassen **(Buchhypothek)**.

BGB § 1154

Die Briefhypothek hat gegenüber der Buchhypothek den Vorteil der leichteren Übertragbarkeit. Während bei der Buchhypothek jede Abtretung in das Grundbuch eingetragen werden muss, wird die Briefhypothek durch schriftliche Abtretung der Forderung und Übergabe des Briefes an den neuen Gläubiger übertragen.

Verkehrshypothek

Brief- und Buchhypothek werden auch als **Verkehrshypothek** (gewöhnliche Hypothek) bezeichnet.

Die Höhe der Forderung richtet sich bei der Verkehrshypothek nach der Grundbucheintragung. Der Gläubiger kann sich auf die Eintragung berufen. Er muss seine Forderung nicht nachweisen.

Der öffentliche Glaube des Grundbuchs erstreckt sich auch auf die Forderung.

BGB § 1138

Macht der Grundstückseigentümer geltend, dass die Forderung nicht mehr oder nicht mehr in voller Höhe besteht, muss er diese Behauptung beweisen.

Eine Hypothek kann daher auch gutgläubig erworben werden, wenn eine persönliche Forderung nicht besteht.

BGB § 1163 Abs. 1 BGB § 1177 Eigentümergrundschuld

Erlischt die zugrunde liegende Forderung, wird die Hypothek ohne Umschreibung zur Eigentümergrundschuld. Die Hypothek entsteht auch nicht wieder, wenn die Forderung neu entsteht.

Beispiel:
Ein Darlehensnehmer nimmt bei seiner Bank einen Kredit über 100.000,00 € auf. Zur Absicherung dieses Kredites wird im Grundbuch eine (Verkehrs)Hypothek über 100.000,00 € mit 5 % Zinsen eingetragen.
Der Kredit wird in Anspruch genommen und in voller Höhe am 1. 2. 20.. an den Kreditnehmer ausgezahlt.
Am 1. 5. 20.., am 1. 8. 20.. und am 1. 11. 20.. zahlt der Kreditnehmer jeweils 5.000,00 € an die Bank zurück.
Die Bank gewährt ohne weitere grundbuchrechtliche Absicherung demselben Darlehensnehmer einen weiteren Kredit zu gleichen Zinsen und zahlt am 1. 12. 20.. 7.000,00 € aus.

Auszahlung am 1.2.20..	100.000,00 €	
Tilgung am 1.5.20..	5.000,00 €	
Tilgung am 1.8.20..	5.000,00 €	
Tilgung am 1.11.20..	5.000,00 €	
Saldo	85.000,00 € +	Zinsen für den beanspruchten Kredit = **dinglicher Anspruch** des Gläubigers aufgrund der Verkehrshypothek
Auszahlung am 1.12.20..	7.000,00 €	Verkehrshypothek lebt nicht wieder auf
Saldo	92.000,00 € +	Zinsen für die beanspruchten Kredite = **persönlicher Anspruch** des Gläubigers aufgrund der gewährten Kredite

Da das Wiederaufleben der Verkehrshypothek nicht möglich ist, entstand in diesem Fall eine Eigentümergrundschuld in Höhe von 15.000,00 €.

Eine Besonderheit stellt die so genannte **Sicherungshypothek** dar.

Im Gegensatz zur Verkehrshypothek muss der Gläubiger die Forderung und Forderungshöhe nachweisen und kann seine hypothekarischen Rechte nur in Höhe der bestehenden Forderung durchsetzen (strenge Akzessorietät der Sicherungshypothek).

Eine Sicherungshypothek kann daher nicht gutgläubig erworben werden, wenn die Forderung nicht besteht. Eine Sicherungshypothek ist immer Buchhypothek. Eine Briefausstellung ist ausgeschlossen.

Die **Höchstbetragshypothek** ist eine Sonderform der Sicherungshypothek.

Das belastete Grundstück haftet nur bis zu dem im Grundbuch eingetragenen Höchstbetrag, in den Zinsen und Kosten eingerechnet werden.

Die Höhe der Forderung bzw. mehrerer Forderungen steht nicht von vornherein fest, sondern bleibt einer späteren Feststellung, z. B. durch Einigung zwischen Gläubiger und Hypothekenbesteller oder durch Urteil, vorbehalten.

Bei Rückzahlung der Forderung entsteht eine Eigentümergrundschuld, die aber als Hypothek (anders als im vorstehenden Beispiel zur Verkehrshypothek dargestellt) wieder entsteht, wenn erneut eine Forderung entsteht.

Die Höchstbetragshypothek eignet sich besonders für Forderungen in wechselnder Höhe, z. B. für den Kontokorrentkredit.

Eine weitere Form der Sicherungshypothek ist die Zwangshypothek, deren Eintragung im Wege der Zwangsvollstreckung in ein Grundstück vom Gläubiger betrieben werden kann (siehe auch im Folgenden unter „Zwangsweise Befriedigung des Grundpfandgläubigers").

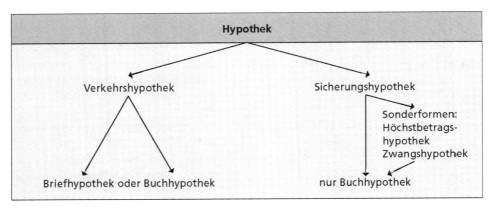

- **Hypothekenarten nach der Grundstückshaftung**

BGB § 1132
Gesamthypothek

Für eine **Gesamthypothek** haften mehrere Grundstücke (evtl. auch mehrere Eigentümer). Es bleibt dem Gläubiger überlassen, sich aus einem, mehreren oder allen Grundstücken in Höhe seiner Forderung zu befriedigen.

Bei einer **Teilhypothek** werden aus einer Hypothek mehrere gebildet und damit die Forderung geteilt.

- **Übertragung der Hypothek**

BGB § 1153
Abs. 3 Übertragung

Benötigt ein Hypothekengläubiger z. B. seinerseits Geldmittel, so kann er seine (persönliche) Forderung zedieren. Wegen ihrer Abhängigkeit voneinander kann die Forderung nicht ohne die Hypothek und die Hypothek nicht ohne die Forderung übertragen werden.

Mit dieser Regelung soll verhindert werden, dass sich der Schuldner plötzlich zwei Gläubigern gegenübersieht (einer, der Ansprüche aus der Forderung und einer, der Ansprüche aus dem Grundpfandrecht geltend macht). Auch soll der Hypothekengläubiger nur einmal wegen seiner Geldforderung befriedigt werden (und nicht einerseits Geld durch den Verkauf der Forderung und andererseits aus der Hypo-

BGB § 398

thek erhalten).

Die Abtretung erfolgt durch einen so genannten Abtretungsvertrag zwischen dem Gläubiger (Zedent) und demjenigen, an den die Forderung abgetreten werden soll (Zessionar). Mit der abgetretenen Forderung geht dann kraft Gesetzes die Hypothek auf den neuen Gläubiger über.

Buchhypothek	Briefhypothek
Abtretung der Forderung und Eintragung der Abtretung im Grundbuch	– Schriftliche Abtretung der Forderung (notariell beglaubigt) und Übergabe des Hypothekenbriefes (keine Grundbucheintragung nötig) oder – Mündliche Abtretung der Forderung und Übergabe des Hypothekenbriefes und Eintragung der Abtretung im Grundbuch

In der Praxis werden nur noch schriftliche Abtretungen vorgenommen.

- **Erlöschen einer Hypothek**

Die Hypothek kann durch Rechtsgeschäft aufgehoben werden. Hierfür sind die Aufhebungserklärung des Berechtigten, die Zustimmung des Eigentümers und die Löschung im Grundbuch erforderlich.

<small>BGB §§ 875, 1183 Erlöschen</small>

Nach Befriedigung des Gläubigers kann der Eigentümer die Aushändigung des Hypothekenbriefes und der sonstigen Urkunden verlangen, die zur Löschung der Hypothek erforderlich sind, z. B. eine löschungsfähige Quittung oder eine Löschungsbewilligung. Löschungsfähige Quittung und Löschungsbewilligung sind Aufhebungserklärungen des Berechtigten (Grundpfandgläubiger).

<small>BGB § 1144</small>

Die **löschungsfähige Quittung** ist eine Urkunde, mit der der Gläubiger bescheinigt, wegen seiner hypothekarisch gesicherten Forderung befriedigt zu sein. Der Eigentümer kann die Hypothek löschen oder auf sich umschreiben lassen.

<small>Löschungsfähige Quittung</small>

Die **Löschungsbewilligung** ist eine Urkunde, mit der der Gläubiger die Löschung der Hypothek bewilligt. Sie ermöglicht dem Eigentümer nur die Löschung der Eintragung.

<small>Löschungsbewilligung</small>

Bei der Befriedigung eines Grundpfandrechtes haben Gläubiger von nachrangig eingetragenen Grundpfandrechten ein Interesse daran, mit ihrem Recht im Rang aufzurücken.

Ein Grundpfandrecht schließt das Recht ein, vom Grundstückseigentümer die Löschung vorrangiger oder gleichrangiger Grundpfandrechte zu verlangen, sobald der Grundstückseigentümer sie erworben hat, z. B. durch Rückzahlung des Kredits.

<small>BGB § 1179a</small>

Dieser gesetzliche Löschungsanspruch kann allerdings durch Vereinbarung zwischen Gläubiger und Grundstückseigentümer ausgeschlossen oder eingeschränkt werden. Dies muss dann im Grundbuch eingetragen werden.

- **Grundschuld**

Die Grundschuld ist eine Grundstücksbelastung in der Weise, dass an denjenigen, zu dessen Gunsten die Belastung erfolgt, eine bestimmte Geldsumme aus dem Grundstück zu zahlen ist.

<small>BGB § 1191 Grundschuld</small>

14. ERWERB UND VERÄUSSERUNG VON IMMOBILIEN

Abstraktheit

Die Grundschuld setzt im Gegensatz zur Hypothek das Bestehen einer persönlichen Forderung nicht voraus (Abstraktheit der Grundschuld). Sie kann als verzinsliche Verpflichtung im Grundbuch eingetragen werden. Auf die Grundschuld finden daher nur diejenigen Vorschriften über die Hypothek entsprechend Anwendung, die nicht auf der Abhängigkeit der Hypothek von der Forderung beruhen (für die Grundschuld ist deshalb eine Unterscheidung wie zwischen Verkehrs- und Sicherungshypothek nicht gültig).

BGB § 1192

Buch- oder Briefrechte

Grundschulden können (wie bei der Hypothek) Buch- oder Briefrechte sein.

Fremdgrundschuld

Eine **Fremdgrundschuld** (normale Sicherungsgrundschuld) wird zugunsten des Gläubigers im Grundbuch eingetragen. Die Eintragung einer Zwangsvollstreckungsklausel ist hierbei möglich.

Beispiel:
Ein Grundstückseigentümer belastet sein Grundstück mit einer Grundschuld als Sicherheit für ein Darlehen (z. B. zur Baufinanzierung), das er aufgenommen hat.

Ansprüche des Grundschuldgläubigers

- Wirtschaftlich besteht ein Zusammenhang zwischen der Grundstücksbelastung und der Darlehensaufnahme. Rechtlich besteht kein Zusammenhang.
- Der Grundschuldgläubiger (Darlehensgeber) hat zwei Ansprüche:
  - einen dinglichen Anspruch aus der Grundschuld auf das Grundstück und
  - einen schuldrechtlichen (persönlichen) Anspruch aus dem Darlehen.
- Der dingliche Anspruch ist wegen der Abstraktheit der Grundschuld nicht von dem Bestehen des schuldrechtlichen (persönlichen) Anspruchs abhängig, d. h., die Grundschuld steht dem Gläubiger unabhängig davon zu, ob die gesicherte Forderung besteht oder nicht.

Zweckerklärung Zweckabrede

Im Rahmen eines Kreditgeschäftes liegt der dinglichen Grundschuldbestellung regelmäßig ein schuldrechtlicher Vertrag (so genannte Zweckerklärung oder Zweckabrede) zwischen dem Grundstückseigentümer und dem Grundschuldgläubiger zugrunde. Darin vereinbaren die Parteien, dass und in welchem Umfang die Grundschuld zur Sicherung einer oder mehrerer Forderungen dienen soll. Hierdurch erfolgt eine schuldrechtliche Verknüpfung zwischen Forderung und Grundschuld, ohne dass eine Akzessorietät wie bei der Hypothek gegeben ist.

Eigentümergrundschuld

Falls sich der Grundstückseigentümer eine vordere Rangstelle sichern will, um sie später als Kreditsicherungsmittel einzusetzen, so kann er durch einseitige, notariell beglaubigte Erklärung gegenüber dem Grundbuchamt und durch Eintragung im Grundbuch eine **Eigentümergrundschuld** bestellen.

Die Briefeigentümergrundschuld wird dabei in der Praxis bevorzugt, weil sie übertragen werden kann, ohne dass Eintragungskosten entstehen und ohne dass die Abtretung durch Einsicht des Grundbuchs erkennbar wird.

Der Erwerb einer solchen Eigentümergrundschuld ist für einen Kreditgeber jedoch nicht ohne Risiko. Die Inhaber (neu bestellter) nachrangiger Grundpfandrechte haben einen gesetzlichen Löschungsanspruch gegenüber der Eigentümergrundschuld. *BGB § 1179a Abs. 1 und 5 Löschungsanspruch*

Bei Bestellung eines nachrangigen Grundpfandrechts kann aber auch ein Ausschluss dieses Anspruchs vereinbart werden.

Die Eigentümergrundschuld kann auch kraft Gesetzes entstehen, z. B. als Folge des Verzichts oder der Befriedigung des Hypothekengläubigers. *BGB § 1168*

Eine Grundschuld wird durch Abtretung des dinglichen Anspruchs übertragen. *Übertragung*

Buchgrundschuld	Briefgrundschuld
Abtretung des dinglichen Anspruchs und Eintragung der Abtretung im Grundbuch	– Schriftliche Abtretung des dinglichen Anspruchs und Übergabe des Grundschuldbriefes (keine Grundbucheintragung nötig) oder – Mündliche Abtretung des dinglichen Anspruchs und Übergabe des Grundschuldbriefes und Eintragung der Abtretung im Grundbuch

Die Grundschuld und die zugrunde liegende Forderung können wegen der fehlenden Akzessorietät einzeln übertragen und hierdurch voneinander getrennt werden. Die Forderung wird durch einen formlosen Abtretungsvertrag übertragen. *BGB § 398*

Die isolierte Abtretung der Grundschuld bewirkt, dass der Grundstückseigentümer gegenüber dem Erwerber der Grundschuld in vollem Umfang dinglich haftet, obwohl er ihm persönlich nichts schuldet und die Forderung evtl. nicht (mehr) besteht.

– **Zwangsweise Befriedigung des Grundpfandgläubigers**

Wenn der Hypotheken- oder Grundschuldgläubiger weder vom persönlichen Schuldner noch vom Eigentümer des belasteten Grundstücks befriedigt wird, kann er die **Zwangsvollstreckung** in das Grundstück betreiben, um so an sein Geld zu kommen. *BGB § 1147 Zwangsvollstreckung*

Die Zivilprozessordnung in Verbindung mit dem Zwangsversteigerungsgesetz kennt drei Möglichkeiten der Zwangsvollstreckung in ein Grundstück: *ZPO § 866 und ZVG*
- Eintragung einer Zwangshypothek, *ZPO § 867*
- Zwangsversteigerung, *ZVG § 66 ff.*
- Zwangsverwaltung. *ZVG § 146 ff.*

14. ERWERB UND VERÄUSSERUNG VON IMMOBILIEN

Diese Maßnahmen können einzeln oder nebeneinander vom Gläubiger betrieben werden.

Zwangs-hypothek

Die **Zwangshypothek** verschafft dem Gläubiger zunächst nur eine dingliche Sicherheit an dem Grundstück mit entsprechender Rangstelle. Diese dingliche Sicherheit bewirkt, dass das Grundstück auch nach der Veräußerung durch den Schuldner weiter für den im Grundbuch eingetragenen Anspruch des Gläubigers aus der Zwangshypothek haftet. Aus dieser Hypothek kann dann später gegebenenfalls die Zwangsversteigerung betrieben werden.

Die Zwangshypothek wird auf Antrag des Gläubigers vom Grundbuchamt in das Grundbuch eingetragen.

Zwangsversteigerung
Zwangsverwaltung

Bei einer **Zwangsversteigerung** sollen die Ansprüche des Gläubigers aus dem Versteigerungserlös des Grundstücks, bei einer **Zwangsverwaltung** aus den Erträgen (z. B. Mieteinnahmen) des Grundstücks befriedigt werden.

Vollstreckbarer Titel

ZPO § 704
ZPO § 794

Für die Zwangsvollstreckung ist in jedem Fall ein vollstreckbarer Titel gegen den Eigentümer erforderlich. Ein vollstreckbarer Titel kann
- ein vollstreckbares Urteil oder
- eine vollstreckbare Urkunde sein.

ZPO § 750
Unterwerfungsklausel

Ein vollstreckbares Urteil erreicht der Gläubiger durch eine Klage auf Duldung der Zwangsvollstreckung. Eine vollstreckbare Urkunde hat der Gläubiger, wenn sich der Eigentümer bereits durch eine entsprechende Willenserklärung in der Urkunde zur Bestellung der Hypothek oder Grundschuld freiwillig der Zwangsvollstreckung unterwirft (Unterwerfungsklausel).

Diese so genannte Zwangsvollstreckungsklausel wird im Grundbuch eingetragen.

Eine solche notarielle Urkunde ermöglicht die Durchführung einer Zwangsvollstreckungsmaßnahme ohne vorheriges Erkenntnisverfahren im Zivilprozess.

BGB § 1181

Durch Befriedigung des Gläubigers im Wege der Zwangsvollstreckung erlischt das Grundpfandrecht des Gläubigers kraft Gesetzes.

Ablauf einer Grundschuldbestellung mit Unterwerfungsklausel

Grundstückseigentümer geht zum Notar. ⟵ **Einigung** ⟶ Kreditinstitut sendet Blankogrundschuldbestellungsurkunde zum Notar.

i.d.R. im Kreditvertrag

Notar
- fertigt die Urkunde aus
- Notar und Grundstückseigentümer unterschreiben

Die Grundschuldbestellung enthält Antrag und Bewilligung zur Eintragung der Grundschuld sowie die Zwangsvollstreckungsklausel.

Notar

- leitet die Grundschuldbestellungsurkunde an das ⇩

Grundbuchamt

Prüfung der Unterlagen und

Eintragung im Grundbuch

⇩ ⇩

Notarurkunde zur Grundakte

Abschrift der Neueintragung an
- Grundstückseigentümer
- Kreditinstitut
- Notar

- sendet eine Ausfertigung an das ⇩

Kreditinstitut

Mit der Grundschuldbestellungsurkunde erhält das Kreditinstitut einen vollstreckbaren Titel, wenn sie wie im vorliegenden Fall die Zwangsvollstreckungsklausel enthält und **notariell beurkundet** wurde.

- **Rentenschuld**

Die Rentenschuld ist eine besondere Art der Grundschuld. Sie gibt dem Gläubiger das Recht auf regelmäßig wiederkehrende Geldleistungen (als Rente zu regelmäßig wiederkehrenden Terminen).

BGB § 1199
Rentenschuld

Im Grundbuch muss ein Kapitalbetrag eingetragen werden, durch dessen Zahlung der Grundstückseigentümer die Rentenschuld ablösen kann (auch gegen den Willen des Gläubigers).

Die Rentenschuld hat in der Praxis nur eine geringe Bedeutung und ist weitgehend von der Reallast verdrängt worden.

BGB § 1105

Fallbeispiel/Grundbuchauszug

Im Grundbuch von Buchengrund, Grundbuchblatt 1759, Flur 9, Flurstück 470, sind folgende Eintragungen verzeichnet:

Auszug aus dem Grundbuch

Bestandsverzeichnis

Wegerecht an dem Grundstück, Gemarkung Buchengrund, Flur 9, Flurstück 471, eingetragen in Blatt 1757 in Abt. II Nr. 5.

Zweite Abteilung: Lasten und Beschränkungen

lfd. Nr. 1
Monatliche Geldrente in Höhe von 1.800,00 DM für Martha Pfahl, geb. Harie… löschbar bei Todesnachweis. Unter Bezugnahme auf letztwillige Verfügung eingetragen am 26. 4. 1988.

lfd. Nr. 2
Recht zur Unterhaltung eines Abwasserkanals für den jeweiligen Eigentümer des Grundstücks Gemarkung Buchengrund, Grundbuchblatt 1758, Flur 9, Flurstück 472… Unter Bezugnahme auf die Bewilligung vom 18. 1. 1998 eingetragen am 24. 2. 1998

lfd. Nr. 3
Recht der Schleswag AG zur Auslegung und Unterhaltung einer Hochspannungsleitung. Unter Bezugnahme auf die Bewilligung vom 15. 3. 1998 eingetragen am 22. 6. 1998

lfd. Nr. 4
Vormerkung zur Sicherung des Anspruchs auf Eigentumsübertragung für Mark Stück, geb. 14. 6. 1949. Vorbehalten bleibt der Vorrang für ein noch einzutragendes Grundpfandrecht in Höhe vom 180.000,00 €. Unter Bezugnahme auf die Bewilligung vom 8. 2. 1999 eingetragen am 17. 2. 1999

Veränderungen
Das Recht Abteilung II/2 hat dem Recht Abteilung II/3 den Vorrang eingeräumt. Eingetragen am 22. 6. 1998

Dritte Abteilung: Hypotheken und Grundschulden

lfd. Nr. 1
Neunzigtausend DM Buchgrundschuld mit 18 % Jahreszinsen für die Sparkasse Flensburg mit Rang vor der Position in Abteilung II Nr. 2. Mit Bezug auf die Bewilligung vom 22. 1. 1998 eingetragen am 16. 3. 1998

lfd. Nr. 2
Einhundertachtzigtausend Euro Grundschuld für die Bausparkasse Wüstenei unter Ausnutzung des Rangvorbehalts vor dem Recht in Abteilung II Nr. 4. Unter Bezugnahme auf die Bewilligung vom 25. 4. 1999 eingetragen am 24. 5. 1999

Die Flurstücke 470, 471, 472 haben folgende Lage zueinander:

Lage der Flurstücke	
Flurstück 470 Grundbuchblatt 1759	
Flurstück 471 Grundbuchblatt 1757	Flurstück 472 Grundbuchblatt 1758

14.1.4.4 Rangfolge bei Eintragung mehrerer Rechte

Die im Grundbuch eingetragenen Rechte haben eine Rangordnung. Der Rang eines Rechts ist sein Verhältnis zu anderen Rechten am selben Grundstück.

Rangordnung

Er hat Bedeutung für die Sicherheit und den Wert eines Rechtes. Er bestimmt dessen Berücksichtigung und seine Befriedigungsaussichten in der Zwangsversteigerung und Zwangsverwaltung. Bei einer Zwangsversteigerung eines Grundstücks muss das Recht im höheren Rang vor dem Recht im niedrigeren Rang voll befriedigt werden.

– **Das gesetzliche Rangverhältnis**

Das gesetzliche Rangverhältnis bestimmt sich, wenn die Rechte in der gleichen Abteilung eingetragen sind, nach der Reihenfolge der Eintragung. Locus-Prinzip

BGB § 879 Abs. 1 Gesetzliches Rangverhältnis
Locus-Prinzip

Sind die Rechte in verschiedenen Abteilungen eingetragen, hat das unter einem früheren Datum eingetragene Recht den Vorrang (vgl. Beispiel).

BGB § 880 Abs. 1
Tempus-Prinzip

Die am selben Tag in verschiedenen Abteilungen eingetragenen Rechte haben Gleichrang. Das Rangverhältnis kann nachträglich geändert werden, bedarf aber der Eintragung im Grundbuch.

BGB § 879 Abs. 3

Beispiel für die Bedeutung der Rangordnung bei Zwangsversteigerung des Grundstücks

Inhalt Abteilung II		Eintragungsdatum
1. Auflassungsvormerkung, bewertet mit	500.000,00 €	1.4.20..
2. Reallast, bewertet mit	10.000,00 €	1.6.20..
3. Grunddienstbarkeit, bewertet mit (Gleichrang mit Nr. 2 vereinbart)	90.000,00 €	1.6.20..
Inhalt Abteilung III:		
1. Hypothek	100.000,00 €	1.4.20..
2. Grundschuld	200.000,00 €	1.5.20..
3. Grundschuld	400.000,00 €	1.6.20..
4. Grundschuld (Gleichrang mit Nr. 3 vereinbart)	200.000,00 €	1.6.20..
Das Ergebnis der Zwangsversteigerung erbrachte	1.010.000,00 €	

Rangordnung				Befriedigung
1. Rang	Auflassungsvormerkung		500.000,00 €	500.000,00 €
	Hypothek		100.000,00 €	100.000,00 €
2. Rang	Grundschuld		200.000,00 €	200.000,00 €
3. Rang	Reallast		10.000,00 €	3.000,00 €
	Grunddienstbarkeit		90.000,00 €	27.000,00 €
	Grundschuld		400.000,00 €	120.000,00 €
	Grundschuld		200.000,00 €	60.000,00 €

Vorranging und damit voll befriedigt werden in diesem Fall die Auflassungsvormerkung (500.000,00 €), die Hypothek (100.000,00 €) und die Grundschuld (200.000,00 €) vom 1.5. (Gesamtsumme: 800.000,00 €).

Alle weiteren, nachrangigen Rechte (Gesamtsumme: 700.000,00 €) haben (wie vereinbart) Gleichrang, können aber nicht voll befriedigt werden.

Aus dem Erlös der Zwangsversteigerung stehen zur Befriedigung dieser Rechte nur noch 210.000,00 € (1.010.000,00 € ./. 800.000,00 € = 210.000,00 €) zur Verfügung.

Die 210.000,00 € werden anteilig auf diese gleichrangigen Rechte verteilt.

- **Korrektur des gesetzlichen Rangverhältnisses**

Rangänderung

- **Rangänderung:** Das Rangverhältnis kann nachträglich geändert werden. Voraussetzung ist die Einigung zwischen dem zurücktretenden Berechtigten und dem vortretenden Berechtigten. Bei Hypotheken, Grund- und Rentenschulden ist die Zustimmung des Grundstückseigentümers erforderlich.

Rangvorbehalt

- **Rangvorbehalt:** Der Grundstückseigentümer kann sich bei der Belastung des Grundstücks mit einem Recht die Befugnis vorbehalten, ein anderes, nach Art und Umfang bestimmtes Recht mit Vorrang eintragen zu lassen.

Beispiel:

Grundbuchauszug / Dritte Abteilung			
Lfd.Nr.	BVNr.	Betrag	Hypotheken, Grundschulden, Rentenschulden
1	1	100.000,00 €	Einhunderttausend € Grundschuld mit 18% jährlich verzinslich ... zugunsten der Sparkasse ... Vorbehalten bleibt der Vorrang für ein noch einzutragendes Grundpfandrecht in Höhe von 40.000,00 € ... zzgl. 18% ...

14.1.4.5 Rechte am Grundstück – außerhalb des Grundbuchs

- **Nachbarrechte**

Grenze Die Grenze zwischen zwei Grundstücken markiert das Eigentum an Grund und Boden; sie schließt aber Auseinandersetzungen über Objekte unmittelbar auf der

Grenze und über Einwirkungen von dem einen Grundstück auf das andere nicht aus. Es sind kaum Grundstücksnutzungen denkbar, die sich nicht in irgendeiner Form auf benachbarte Grundstücke auswirken können.

Es sind daher Rechtsnormen geschaffen worden, die zur gegenseitigen nachbarlichen Rücksicht anhalten und auf einen Ausgleich der widerstreitenden Interessen der Grundstückseigentümer abzielen.

Diese Rechtsnormen stellen sich als Beschränkungen für den Grundeigentümer im Interesse des Nachbarn dar.

Sie bilden in ihrer Gesamtheit das Nachbarrecht.

Öffentliches Nachbarrecht

Das Nachbarrecht wird zunehmend in öffentlich-rechtlichen Vorschriften mit nachbarschützendem Charakter geregelt.

Beispiele für öffentlich-rechtliche Vorschriften des Nachbarschutzes finden sich in den jeweiligen **Landesbauordnungen** der einzelnen Bundesländer als so genanntes Baunachbarrecht. Hier sind z. B. Regelungen über Grenzabstände, den Brandschutz oder über die Verhinderung von Schall- und Geruchsbelästigungen enthalten.

Eine öffentlich-rechtliche Vorschrift – mit teilweise nachbarrechtlichem Charakter – stellt für den Bereich des Immissionsschutzes das **Bundes-Immissionsschutzgesetz** dar.

In der Praxis ergeben sich Störungen des Nachbarfriedens u. a. durch Betätigung in Haus und Garten. Dabei kann es sich um ruhestörende Gartenparties, Grillfeste oder die Benutzung von Werkzeugen und Gartengeräten handeln.

Beispiel:
Nachbar A. Kurat ist stolz auf seinen englischen Rasen. Leider gibt es aber Probleme mit Nachbar E. Lusch.
A. Kurat muss seinen englischen Rasen in diesem Sommer oft mähen.
So kommt es vor, dass er auch an einem Feiertag den Mäher benutzt. Dies aber stört den Nachbarn E. Lusch in seiner Feiertagsruhe sehr.
Er überlegt, was er gegen diese Belästigung unternehmen kann.

Der Versuch, einen Interessenausgleich zwischen dem Ruhebedürfnis des einen und dem Wunsch nach Selbstverwirklichung des anderen herbeizuführen, wird durch das öffentliche Recht unternommen. Für derartige ruhestörende Betätigungen werden zeitliche Beschränkungen festgelegt; in diesem Fall durch die so genannte Rasenmäherlärmverordnung. Danach stellen solche Verstöße gegen die Betriebszeiten (wie im Beispiel) eine Ordnungswidrigkeit dar und können mit Bußgeld belegt werden.

- **Privates Nachbarrecht**

Privates Nachbarrecht

Die Rechtsgrundlagen hierzu finden sich im Wesentlichen im BGB §§ 904–919 und betreffen folgende Bereiche:
- Duldungspflicht bei Einwirkungen im Falle eines Notstandes,
- Zuführung unwägbarer Stoffe, wie z. B. Lärm, Gas,
- Gefahrdrohende Anlagen auf dem Nachbargrundstück,
- Drohender Gebäudeeinsturz,
- Gefährliche Vertiefung des Grundstücks,
- Überhang von Zweigen, eindringende Wurzeln,
- Früchte, die auf ein Nachbargrundstück fallen,
- Rechtslage und Rechtsfolgen bei Überbau der Grundstücksgrenze,
- Notwegerecht,
- Grenzeinrichtungen.

Beispiel:
Nachbar E. Lusch lässt auf seinem Grundstück keinen englischen Rasen, sondern andere Pflanzen (auch als Unkraut bezeichnet) wachsen. Die Unkrautsamen werden durch den Wind nun auch auf den englischen Rasen den Nachbarn A. Kurat geweht und wollen dort wachsen.
A. Kurat ist sehr dagegen und verlangt nun vom Nachbarn Lusch, diese Grundstücksbeeinträchtigung zu unterlassen.

Nachbar A. Kurat hätte in diesem Fall die Möglichkeit, gegen Lusch im Wege der Zivilklage vorzugehen. Es bleibt der Beurteilung des Gerichts vorbehalten, ob hier eine wesentliche Beeinträchtigung des Grundstücks von A. Kurat vorliegt.

BGB § 1004

Kommt das Gericht zu der Überzeugung, dass eine wesentliche Grundstücksbeeinträchtigung vorliegt, dann besteht gemäß § 1004 ein Abwehranspruch gegen Lusch

Das Bürgerliche Gesetzbuch regelt bei weitem nicht alle Bereiche des Nachbarrechts. So finden sich im Bürgerlichen Gesetzbuch beispielsweise keine Regelungen über Grenzabstände von Bäumen und Sträuchern.

Der Gesetzgeber hat innerhalb des Bürgerlichen Gesetzbuches im Bereich der Nachbarrechte seine Gesetzgebungskompetenz nicht voll ausgeschöpft, sondern es den Ländern überlassen, weitere nachbarrechtsregelnde Gesetze zu verabschieden.

Landesnachbarrechtsgesetze

Von dieser Möglichkeit haben die Länder mehr oder weniger umfangreich Gebrauch gemacht und eigene Landesnachbarrechtsgesetze verabschiedet.

Diese Gesetze regeln die Rechtsbeziehungen von Grundstücksnachbarn im Zusammenhang mit
- Einfriedung von Grundstücken,
- Nachbar- und Grenzwänden,
- Fenster- und Lichtrecht,
  Hammerschlags- und Leiterrecht,
- Traufrecht,
- Grenzabstände für Bäume, Sträucher und Hecken.

Durch die Festlegung von Mindestabständen für Bäume, Sträucher und Hecken soll eine Beeinträchtigung des Nachbargrundstücks von vornherein ausgeschlossen werden.

In einigen Bundesländern sind aufgrund der weitgehend veränderten Baulandverhältnisse (kleinere Baugrundstücke) und der stärker ins allgemeine Bewusstsein getretenen ökologischen Belange auch die Nachbarrechtsgesetze geändert und angepasst worden. So werden z. B. Grenzabstände von Bäumen und Sträuchern durch Nachbarrechtsgesetzänderungen verringert. Auch das Recht zur Beseitigung von Wurzeln wird zum Schutz bestehender Bäume eingeschränkt.

Durch die rechtliche Konstellation des Nachbarrechts (öffentlich und privat) ergeben sich für den Betroffenen i. d. R. zwei Möglichkeiten, eine Störung rechtlich abzuwehren: [Möglichkeiten der Störungsabwehr]
- Der Betroffene kann im Wege der Zivilklage gegen den Störer vorgehen (vgl. Fallbeispiel Unkrautsamen).
- Der Betroffene kann bei der zuständigen Verwaltungsbehörde intervenieren. Diese kann gegen den Störer einschreiten (z. B. wie im Fallbeispiel auf Basis der Rasenmäherlärmverordnung).

„Schlichten ist besser als Richten" (Titel einer Infobroschüre der Bundesregierung)

Angesichts von bisher rund einer halben Million Nachbarschaftsprozessen in der Bundesrepublik Deutschland pro Jahr bietet ein obligatorisches Schlichtungsverfahren die Chance einer Entlastung der Justiz. [Schlichtungsverfahren]

Am 1.1.2000 ist daher das **„Gesetz zur Förderung der außergerichtlichen Streitbeilegung"** als Bundesgesetz in Kraft getreten. Dieses Bundesgesetz stellt aber nur eine Rahmenregelung dar.

Die Länder haben danach die Möglichkeit, durch Landesgesetz die Erhebung von bestimmten Klagen erst zuzulassen, wenn zuvor von einer durch die Landesjustizverwaltung eingerichteten oder anerkannten **Gütestelle** (z. B. Notare, Gütestellen beim Amtsgericht, Schiedsstellen bei Verbänden, Schiedsämter, Schiedsleute der Gemeinden etc.) versucht worden ist, die Streitigkeit einvernehmlich beizulegen. [Gütestelle]

Das Gericht weist eine Klage als unzulässig zurück, wenn der **schriftliche Nachweis** eines erfolglosen **Schlichtungsversuches** nicht vorliegt.

Grenzabstände für Bäume und Sträucher
(entnommen aus Wegner: Nachbarrecht von A–Z, 1995)

Höhe / Grenzabstände	Baden-Württemberg	Bayern	Berlin	Hessen	Niedersachsen	Nordrhein-Westfalen	Rheinland-Pfalz	Saarland	Schleswig-Holstein	Thüringen
1) für Sträucher										
– bis 1 m Höhe	0,50		0,50	0,50	Abstand – bis 1,2 m	0,50	0,50	0,50	0,40*	0,50
– über 1,20 m Höhe										
– bis 2 m Höhe	1,00		0,50	1,00		1,00	1,00	1,00		1,00
– über 2 m Höhe	2,00		0,50	1,00		1,00*	1,00	1,00		1,00
2) für Rebstöcke										
– bis 2 m Höhe	0,75**			0,75**	Höhe: 0,25– bis 2 m	0,75**	0,75**	0,75**		0,75**
– über 2 m Höhe	0,75						1,50			
3) für Hopfen										
– bis 2 m Höhe	1,50**				Höhe: 0,50 – bis 3 m				Abstand 1/3 der jeweiligen Höhe	
– über 2 m Höhe	1,50	Abstand – bis 2 m Höhe: 0,50 – über 2 m Höhe: 2,00			Höhe: 0,75 – bis 5 m					
4) für lebende Hecken										
– bis 1,50 m Höhe	0,50		0,50 1,00	0,50 0,75	Höhe: 1,25 – bis 15 m	0,50 1,00	0,50 0,75	0,50 0,75		0,50
– über 2 m Höhe	1,00*									0,75*
5) für Bäume										
– schwach wachsende	2,00		1,00	1,50	Höhe: 3,00 – über 15 m Höhe: 8,00	1,00	1,50	1,50		1,50
– Zwetschgen, Pflaumen	3,00		1,00	1,50		1,50	2,00	2,00		2,00
– stark wachsende	4,00		1,50	2,00		2,00	2,00	2,00		2,00
– großwüchsige	8,00		3,00	4,00		4,00	4,00	4,00		4,00
– alle übrigen Allee- und Parkbäume				1,50		2,00	1,50	1,50		1,50

* Mit zunehmender Höhe steigender Abstand;   ** Abstände variabel in Abhängigkeit von Lage

In den Bundesländern, die einen solchen Streitschlichtungsversuch in einem Landesschlichtungsgesetz festgeschrieben haben, gilt i. d. R., dass die Erhebung einer Klage in
1. vermögensrechtlichen Streitigkeiten vor dem Amtsgericht bis zu einem Streitwert von 750,00 €
2. Nachbarstreitigkeiten, sofern es sich nicht um Einwirkungen von einem gewerblichen Betrieb handelt, bei Ansprüchen wegen
   - Überwuchses (BGB § 910),
   - Hinüberfalls (BGB § 923),
   - eines Grenzbaumes (BGB § 923),
   - Streitigkeiten aufgrund der in den jeweiligen Nachbarrechtsgesetzen der Länder geregelten Bereiche (z. B. Grenzabstände für Bäume und Sträucher)
   und
3. Streitigkeiten wegen Verletzung der persönlichen Ehre, die nicht in Presse oder Rundfunk begangen worden sind

erst zulässig ist, wenn von einer Gütestelle (s. o.) versucht worden ist, die Streitigkeit einvernehmlich beizulegen.

Für das Schlichtungsverfahren ist (z. B. in Schleswig-Holstein) ein Betrag von 65,00 € zu zahlen, kommt ein Vergleich zustande, werden 130,00 € fällig.

– Abgabenrechtliche öffentliche Lasten

Das Eigentum an einem Grundstück kann nicht nur durch Rechte privater Personen an dem Grundstück eingeschränkt sein. Auch der Staat, die Gemeinden, öffentliche Körperschaften und Zweckverbände können Inhaber von Rechten sein, die auf einem Grundstück dinglich lasten. *(Abgabenrechtliche öffentliche Lasten)*

Dies können zum einen Ansprüche auf finanzielle Leistungen (insbesondere Abgaben) sein oder aber Rechte, die auf ein bestimmtes (tatsächliches) Verhalten des Grundstückseigentümers gerichtet sind, z. B. Baulast. *(Abgaben)*

Man versteht unter einer öffentlichen Grundstückslast eine Abgabenverpflichtung, die auf öffentlichem Recht beruht. Sie ist durch wiederkehrende oder einmalige Geldleistungen zu erfüllen und setzt neben der persönlichen Haftung des Schuldners auch die dingliche Haftung des Grundstücks voraus.

Zu den öffentlichen Lasten zählen z. B.:
- Grundsteuern, *(Beispiele)*
- Erschließungsbeiträge,
- Kanalisationsgebühren,
- Schornsteinfegergebühren.

Öffentliche Grundstückslasten entstehen kraft Gesetzes (BauGB, Kommunalabgabengesetze, SchornsteinfegerG). Privatrechtliche Grundstücksrechte dagegen entstehen durch Einigung und Eintragung. *(BGB § 873)*

Die Eintragung der öffentlichen Lasten ins Grundbuch ist laut Grundbuchordnung i. d. R. ausgeschlossen. Der Grundstückserwerber genießt in diesen Fällen keinen Gutglaubensschutz. *(GBO § 54, BGB § 892)*

14. ERWERB UND VERÄUSSERUNG VON IMMOBILIEN

– Öffentliche Baulast = Nachbarrecht

MBO § 79 Öffentliche Baulast

Ein Grundstückseigentümer kann sich durch Abgabe einer entsprechenden Erklärung gegenüber dem Bauaufsichtsamt öffentlich-rechtlich zu einem, sein Grundstück betreffenden Handeln (Tun, Dulden, Unterlassen) verpflichten. Dabei handelt es sich um eine Baulast. Sie stellt im bauordnungsrechtlichen Sinne eine freiwillig übernommene Pflicht zur Herstellung oder Duldung von Verhältnissen dar, welche die Voraussetzung für die Rechtmäßigkeit eines Bauvorhabens bilden.

Baulastenverzeichnis

Die von dem Eigentümer rechtswirksam übernommene Verpflichtung wird als Baulast durch das Anlegen eines Baulastenblattes in das Baulastenverzeichnis aufgenommen. Sie ist für jeden Rechtsnachfolger wirksam. Dieses Verzeichnis (oder Baulastenbuch) wird von der Baubehörde eingerichtet und geführt.

Wer ein berechtigtes Interesse darlegt, kann in das Baulastenbuch Einsicht nehmen.

Das Baulastenbuch kann als Ergänzung des Grundbuchs angesehen werden, weil der Inhalt beider Bücher im Wesentlichen die Gesamtbelastung eines Grundstücks (außer öffentlichen Lasten) erkennen lässt.

Das Baulastenbuch dient somit der Rechtssicherheit im Grundstücksverkehr.

Es genießt aber nicht den öffentlichen Glauben. Die rechtswirksam begründete Baulast geht durch einen Verzicht der Bauaufsichtsbehörde (wenn ein öffentliches Interesse nicht mehr besteht) unter.

BauO § 80

Die Baulast wird auf der Grundlage der Musterbauordnung (in den jew. Landesbauordnungen oder dem Gesetz über die Bauordnung) geregelt.

Das Land Brandenburg hat auf die Einrichtung eines Baulastenverzeichnisses ganz verzichtet.

Auch der Freistaat Bayern hat in der Bayerischen Bauordnung keine Möglichkeit zur öffentlichrechtlichen Sicherung durch Baulasten vorgesehen. Hier wird im Bedarfsfall eine Grunddienstbarkeit zugunsten des „herrschenden Grundstücks" und eine inhaltsgleiche, beschränkt-persönliche Dienstbarkeit zugunsten der Bauaufsichtsbehörde (z. B. Gemeinde) bestellt.

Die Baulast bewirkt, dass der mit ihr belastete Teil eines Grundstücks in anderer Weise nicht genutzt werden kann.

Beispiel eines Baulastenblattes (Muster)

Baulastenverzeichnis von	Stadt Altstadt				Baulastenblatt Nr. 122	Seite 1
Grundstück						
Gemarkung	Neudorf		Flur	3	Flurstück	15

Lfd. Nr.	Inhalt der Eintragung	Bemerkungen
1	2	3
1	Zugunsten des Trennungsstückes 2 wird eine Fläche von mind. 3,20 m Breite (Geh-, Fahr- und Leitungsrecht und für den ungehinderten Einsatz von Feuerlösch- und Rettungsgeräten) freigehalten. Eintragung aufgrund der Verpflichtungserklärung vom 29.08.1986. - 6 JAN. 1988 Der Landrat des Kreises Ostholstein - Kreisbauverwaltungsamt - Im Auftrage: (Bomhof)	60.2/2-15.433

Beispiele für Baulasten:

- Ein Grundstück liegt nicht an einer öffentlichen Straße. Der Nachbar duldet die Zufahrt und übernimmt die öffenlich-rechtliche Sicherung auf sein Grundstück durch Eintragung einer Baulast.
- Die Landesbauordnungen schreiben i. d. R. vor, dass die notwendigen Stellplätze für Kraftfahrzeuge auf dem Baugrundstück selbst herzustellen sind. Die Bauaufsichtsbehörde kann aber auch gestatten, dass diese Einrichtungen z. B. auf dem Nachbargrundstück hergestellt werden, wenn dies öffentlich-rechtlich durch die Eintragung einer Baulast (auf dem Nachbargrundstück) gesichert wird. Dadurch wird eine andere Nutzung des Nachbargrundstücks ausgeschlossen.
- Die Abstandsflächen für ein Bauvorhaben können auf dem Baugrundstück nicht untergebracht werden. Der Nachbar gestattet durch die Eintragung einer Baulast, dass sich die fehlende Abstandsfläche auf sein Grundstück erstrecken kann.

Haben der Baulastübernehmer und der begünstigte Grundstückseigentümer keine entsprechende Vereinbarung über die Baulast getroffen, kann der Begünstigte nicht ohne weiteres die durch Baulast gesicherten Rechte ausüben, da die Baulast i. d. R. nur verwaltungsrechtlich zwischen Bauaufsichtsbehörde und Baulastübernehmer wirkt.

Für die Regelung der zivilrechtlichen Verhältnisse zwischen den Nachbarn ist daher die Bestellung einer mit der Baulast inhaltsgleichen Grunddienstbarkeit zu empfehlen.

– Privatrechtliche Regelungen

Aus einer Vielzahl denkbarer privatrechtlicher Regelungen außerhalb des Grundbuchs soll hier das Wiederkaufsrecht dargestellt werden.

Wiederkaufsrecht

Das Wiederkaufsrecht (Rückkaufsrecht) ist das Recht des Verkäufers, das Kaufobjekt unter bestimmten Bedingungen zurückzukaufen. Es ist ein geeignetes Mittel, um den Käufer in der Verwendung des Kaufgegenstandes zu binden.

So vereinbaren z. B. Gemeinden ein Wiederkaufsrecht, um die mit dem Verkauf verfolgten wirtschaftlichen oder sozialen Ziele zu sichern.

Beispiel:
Wiederkaufsrecht für den Fall, dass vom Käufer die geplante Wohnbebauung nicht innerhalb einer festgelegten Frist auf dem verkauften Grundstück realisiert wird. Die Bindungsfrist soll bei einem Verkauf durch die öffentliche Hand ca. 30 Jahre nicht überschreiten (BGH Urteil vom 21. 7. 2006).

Das Wiederkaufsrecht hat allerdings nur schuldrechtliche Wirkung. Der Wiederkaufsberechtigte kann also nicht verhindern, dass der Eigentümer das Grundstück an einen Dritten (vertragswidrig) verkauft.

Der Anspruch auf Eigentumsübertragung nach der Ausübung des Wiederkaufsrechts kann durch die Eintragung einer Auflassungsvormerkung zugunsten des Berechtigten „verdinglicht" werden. Dann sind vertragswidrige Verfügungen des Eigentümers gegenüber dem Berechtigten unwirksam.

14.1.5 Objekt- und Lageanalyse

Vor dem Kauf oder der Errichtung einer Immobilie ist zunächst einmal der Standort bzw. bei Geschäftsimmobilien das Marktgebiet, aber auch die Immobilie selbst einer kritischen Betrachtung zu unterziehen. Diese auf Langfristigkeit angelegte Betrachtung setzt die Gewinnung umfassender Informationen über das jeweilige Marktgebiet voraus (vgl. 6.2 Strategische Marketingkonzepte).

Makro-Standort
Mikro-Standort

Der Standort bzw. die Lage einer Immobilie ist ein sehr wichtiges Qualitätskriterium. Bei der Standortbeurteilung wird nach Städten und/oder Regionen als **Makro-Standort** und der unmittelbaren kleinräumigen Grundstückslage, dem **Mikro-Standort** unterschieden.

So ist die **Standort- und Marktanalyse bei Geschäftsimmobilien** unter dem Gesichtspunkt der jeweiligen Nutzung in einem sehr detaillierten Umfang erforderlich.

Hier stellt sich zunächst einmal aus überregionaler Sicht die Frage nach dem **Makro-Standort** oder der **Makrolage**.

– **Makrolage**

Kriterien Makrolage

Bei der Analyse der Makrolage sind u. a. folgende Kriterien von Bedeutung:
- Zentrale Bedeutung der Stadt/der Region,
- Einwohnerzahl und deren Entwicklung,
- Altersstruktur,
- Zahl der Haushalte und deren Entwicklung,
- Struktur der Haushalte,
- Arbeitsmarktlage,
- Kaufkraft und Kaufkraftströme,

- Struktur der vorhandenen Branchen,
- Geplante Vorhaben,
- Infrastruktureinrichtungen (z. B. Verkehrsverbindungen).

Diese Kriterien bei der Analyse der Makrolage sind auf **Geschäftsimmobilien** und im Wesentlichen auch auf **Wohnimmobilien** anzuwenden. Dabei ist es weniger bedeutsam, ob die Wohnimmobilie zur Kapitalanlage oder zur Eigennutzung erworben werden soll.

Die Vorteile dieser Analyse kommen beiden Gruppen zugute,
- dem Kapitalanleger durch die am Markt erzielbare Rendite für das Wohnobjekt und der erhofften Wertsteigerung im Falle der Wiederveräußerung,
- dem Eigennutzer auf Grund der Wertbeständigkeit von Immobilien sowie der Sicherheit vor Mieterhöhungen und Kündigungen.

Wenn die Frage nach dem Makro-Standort beantwortet ist, kann der Mikro-Standort für das konkrete Vorhaben untersucht werden.

– **Mikrolage**

Die Beurteilung des Mikrostandortes ist jeweils für den konkreten Einzelfall vorzunehmen. Man unterscheidet dabei so genannte harte und weiche Lagefaktoren.

Lagefaktoren

Harte Lagefaktoren sind z. B. die Entfernungen zu öffentlichen Verkehrsmitteln und deren Kosten sowie die Erreichbarkeit von Einkaufsmöglichkeiten, öffentlichen und privaten Dienstleistungsangeboten. Das Bildungs- und Kulturangebot und bestehende Freizeit- und Erholungsmöglichkeiten sind hier ebenfalls zu berücksichtigen.

Das einzelne Grundstück betreffend sind z. B. der Grundstückszuschnitt, die unmittelbar angrenzende Bebauung, die Nähe störender Gewerbebetriebe, die Lärmentwicklung durch Sportstätten oder Flughäfen und mögliche Abgasbelastungen durch Industriebetriebe und Kraftwerke zu werten.

Sehr wichtig ist die Überprüfung stadtplanerischer Vorhaben (z. B. Umgehungsstraßenbau) und der baurechtlichen Rahmenbedingungen (z. B. B-Plan), die dem Bau oder dem Erwerb einer Immobilie entgegenstehen können.

Weiche Lagefaktoren sind im Gegensatz zu den harten Lagefaktoren nicht direkt quantifizierbar. Sie sind aufgrund der subjektiven Einschätzung der Lagequalität unter Berücksichtigung der geplanten Nutzung der Immobile zu gewichten. So ist z. B. die Bevölkerungsstruktur des Wohnumfeldes, von großer Bedeutung für die Beurteilung der Lage einer Wohnimmobilie. Das so genannte Milieu aus dem sich auch zum Teil der Imagewert des Wohngebietes ergibt, hat u. U. einen sehr großen Einfluss auf die Kaufentscheidung des einzelnen Immobiliennutzers.

Kriterien für die Beurteilung eines Mikrostandortes sind z. B. die
- Lage des Grundstücks (Himmelsrichtung, Eckgrundstück),
- Nutzung bzw. Bebauung der Nachbargrundstücke,
- bestehenden Nachbarschaften,
- zukünftige Entwicklung des Standortes,

Kriterien Mikrolage

und die Erreichbarkeit bzw. das Vorhandensein von
- öffentlichen Verkehrsmitteln,
- Geschäftszentren,
- medizinischen Versorgungseinrichtungen (Ärzte, Apotheken),
- Bildungsangeboten (Kindergärten, Schulen),
- Freizeit- und Erholungsangeboten,
- kulturellen Angeboten (Theater, Museen).

Die Bewertung einer Immobilie sollte am besten einem Sachverständigen für die Bewertung von Immobilien übertragen werden. (Vgl. dazu Kapitel 14.4 Grundstücksbewertung). In diese Bewertung fließen sowohl Standortfaktoren als auch die Beschaffenheit und der bauliche Zustand des Gebäudes ein.

Letztendlich bleibt die Entscheidung über den Erwerb einer Immobilie allein dem Investor überlassen. Da diese Entscheidung sehr stark von den Nutzungsmöglichkeiten der Immobilie und den Bedürfnissen und Möglichkeiten des Interessenten, des zukünftigen Nutzers abhängt, ist u. a. eine kritische Objekt- und Lageanalyse unabdingbare Voraussetzung für jeden Immobilienerwerb.

14.2 DER GRUNDSTÜCKSKAUFVERTRAG

Kaufvertrag

Der Kaufvertrag ist der mit Abstand wichtigste Vertrag im Rahmen des Grundstückserwerbs, daher ist ihm der folgende Abschnitt 14.2 gewidmet.

Freiwillige Grundstücksversteigerung

Auch die freiwillige (freihändige) Grundstücksversteigerung (vgl. 14.4.2) führt zum Abschluss eines Kaufvertrages.

Erbbaurechtsvertrag

Für Baugrundstücke, die nicht käuflich zu erwerben sind, aber dennoch baulich genutzt werden sollen, bietet sich der Abschluss eines Erbbaurechtsvertrages an.

Dabei behält der bisherige Eigentümer das Eigentum an dem Grundstück und belastet es nur in der Weise, dass dem Erbbauberechtigten das Recht zusteht, auf oder unter der Grundstücksoberfläche ein Bauwerk zu haben. Die Einzelheiten des Erbbaurechts sind in der Verordnung über das Erbbaurecht geregelt (vgl. 14.3.).

Zwangsversteigerung Enteignung

Der Erwerb von Grundbesitz durch Hoheitsakt wird in den Abschnitten 14.4.1 (Zuschlag in der Zwangsversteigerung) und 14.4.3 (Enteignung) dargestellt.

Der originäre Eigentumserwerb von Grundbesitz ist in der Praxis wenig bedeutsam.

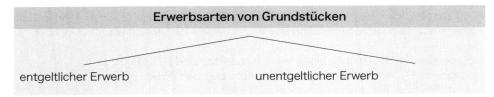

Erwerbsarten von Grundstücken

entgeltlicher Erwerb   unentgeltlicher Erwerb

1. durch Rechtsgeschäft
   z. B. Kaufvertrag
      Tauschgeschäft,
      Erbbaurecht,
      freiwillige (freihändige) Grundstücksversteigerung,
      Immobilienleasing
2. durch Hoheitsakt
   z. B. Zuschlag in der Zwangsversteigerung,
      Enteignung,
      Baulandumlegung

1. durch Rechtsgeschäft
   z. B. Schenkung,
2. durch Erbfall,
3. durch originären Eigentumserwerb
   z. B. Buchersitzung

Der Kaufvertrag über ein Grundstück ist ein zweiseitiges Rechtsgeschäft, in dem sich der Verkäufer verpflichtet, dem Käufer das Eigentum am Grundstück zu verschaffen und das Grundstück zu übergeben.

BGB § 433 Zweiseitiges Rechtsgeschäft

Der Käufer verpflichtet sich, als Gegenleistung den vereinbarten Kaufpreis zu bezahlen und das Grundstück abzunehmen.

Der Kaufvertrag stellt damit das schuldrechtliche Verpflichtungsgeschäft dar.

Zum Eigentumsübergang bedarf es aber nach deutschem Recht zusätzlich noch der Einigung über den Eigentumsübergang, bei Grundstücken „Auflassung" genannt, und der Grundbucheintragung.

BGB § 925, BGB § 873 Abs. 1 Auflassung

14.2.1 Form

Ein Vertrag, in dem sich der eine Teil verpflichtet, Eigentum an einem Grundstück zu übertragen oder zu erwerben, bedarf der notariellen Beurkundung.

BGB § 311b Notarielle Beurkundung

Eine Beurkundung erfordert die mündliche Abgabe einer Erklärung vor einem Notar und die Aufnahme einer Niederschrift durch diesen.

Notar BGB § 128

Durch die zuständigen Ministerien in den jeweiligen Bundesländern sind Notare als unabhängige und unparteiische Träger eines öffentlichen Amtes für die Beurkundung von Rechtsvorgängen bestellt.

Die notarielle Beurkundung soll vor unüberlegten und übereilten Grundstücksgeschäften schützen (Warnfunktion) und soll durch die sachkundige Beratung und Belehrung des Notars (Schutzfunktion) sichern, dass der Wille der Beteiligten richtig, vollständig und rechtswirksam niedergelegt wird (Richtigkeitsgewähr). Sie dient zugleich der Beweissicherung durch die Form der notariellen Urkunde in amtlicher Verwahrung (Beweissicherungsfunktion).

Warnfunktion Schutzfunktion Richtigkeitsgewähr BGB § 125 Beweissicherungsfunktion

Notare sind in diesem Zusammenhang verpflichtet, darauf hinzuwirken, dass bei Grundstückskaufverträgen zwischen einem Unternehmer und einem Verbraucher dem Verbraucher der beabsichtigte Vertragstext bereits 14 Tage vor der Beurkundung vorliegt. Die Frist beginnt mit der Aushändigung des Vertragsentwurfs. Der

Frist

Verbraucher soll Gelegenheit erhalten, sich mit dem Vertragsinhalt auseinander zu setzen, seine Kaufentscheidung generell, sowie wirtschaftliche und steuerliche Auswirkungen im Besonderen zu überprüfen.

BGB § 13

Diese Vorschrift gilt für Grundstückskaufverträge, Bauträgerverträge und für die Bestellung von Erbbaurechten, sowie für Kaufverträge über Erbbaurechte und Wohnungseigentum (z. B. Eigentumswohnungen). Als Verbraucher ist hierbei anzusehen, wer den Vertrag zu rein privaten Zwecken abschließt.

Unternehmer sind alle Gewerbetreibenden, Freiberufler und juristische Personen.

Typische Situationen, in denen ein Verbraucher als Käufer beteiligt ist, und auf die diese Vorschrift anzuwenden ist, sind z. B. der Erwerb eines Bauplatzes von einer Grundstücksgesellschaft oder der Kauf eines Hauses oder einer Wohnung von einem Bauträger.

Die 14-Tage-Frist ist bei einem Kaufvertrag zwischen Privatleuten gesetzlich nicht vorgeschrieben.

BGB § 311b, Satz 2 Formmangel

Ein privatschriftlich oder mündlich abgeschlossener Grundstückskaufvertrag ist nichtig. Dieser Formmangel wird allerdings geheilt, wenn Auflassung und Eintragung im Grundbuch erfolgt sind.

Beurkundungszwang besteht auch für Nebenabreden und für wesentliche nachträgliche Abänderungen.

BGB § 311

Für die inhaltliche Ausgestaltung der schuldrechtlichen Verpflichtung gilt der Grundsatz der Vertragsfreiheit.

Die Aufhebung eines Grundstückskaufvertrages ist bis zur Eintragung der Eigentumsänderung formfrei möglich.

14.2.2 Inhalt des Grundstückskaufvertrages

14.2.2.1 Beteiligte am Grundstückskaufvertrag

Beteiligte

Am Grundstückskauf sind Verkäufer und Käufer beteiligt. Erwerben z. B. mehrere Personen ein Grundstück, so sind entweder ihre Anteile in Bruchteilen (vgl. nachfolgenden Musterkaufvertrag) oder ihr sonstiges Rechtsverhältnis (z. B. Gütergemeinschaft, Erbengemeinschaft) anzugeben.

BGB § 1365

Vor der Beurkundung sind also die persönlichen Verhältnisse der Vertragsbeteiligten zu berücksichtigen. Lebt der Verkäufer z. B. im (gesetzlichen) Güterstand der Zugewinngemeinschaft und ist das Grundstück der wesentliche Teil des Vermögens des Verkäufers, kann er sich i. d. R. nur mit Einwilligung des anderen Ehegatten verpflichten, über sein Vermögen im Ganzen zu verfügen.

BGB § 1643 Abs. 1

Nicht-Geschäftsfähige werden durch ihre gesetzlichen Vertreter vertreten. Bei Grundstücksgeschäften bedürfen die Rechtshandlungen der gesetzlichen Vertreter zusätzlich noch der Genehmigung des Vormundschaftsgerichts.

14.2.2.2 Kaufgegenstand

Das Grundstück ist gegenüber dem Grundbuchamt übereinstimmend mit dem Grundbuch oder durch Hinweis auf das Grundbuchblatt zu bezeichnen.

Es sollte, damit keine Verwechslungen auftreten können, so genau wie möglich beschrieben werden. Dies gilt z. B. bei einem noch zu vermessenden Grundstücksteil. Hier sollte die Bezeichnung der zu vermessenden Teilfläche durch eine Skizze, die als Anlage zur Urkunde genommen werden kann, erfolgen. Die nach Grundbuchordnung erforderliche grundbuchrechtliche Bezeichnung kann dann nachgeholt werden (so genannte Identitätserklärung).

Gegenstand des Grundstückskaufvertrages sind kraft Gesetzes die wesentlichen Bestandteile des Grundstücks. Zu den wesentlichen Bestandteilen des Grundstücks gehören die Gebäude, zu deren wesentlichen Bestandteilen gehören die zur Herstellung des Gebäudes eingefügten Sachen (z. B. Türen, Heizkörper, Waschbecken).

Im Zweifelsfall ist auch das Grundstückszubehör mitverkauft (z. B. Heizölvorrat im Tank).

Hier kann es aber im Einzelfall erhebliche Abgrenzungsprobleme geben. Daher empfiehlt sich eine ausdrückliche Regelung, ob eine Sache als Zubehör mitverkauft wird.

GBO § 28 Bezeichnung des Kaufgegenstandes

Identitätserklärung

Wesentliche Bestandteile
BGB § 94

BGB § 311c Zubehör

BGB § 926 Abs. 1

14.2.2.3 Kaufpreis

Im Grundstückskaufvertrag sind der Kaufpreis, seine Fälligkeit und die bei Verzug des Käufers von ihm zu zahlenden Verzugszinsen (mangels einer anderen Vereinbarung gilt die gesetzliche Regelung) genau festzulegen. (*Anmerkung: Nach § 288 BGB betragen die gesetzlichen Verzugszinsen bei Verträgen mit Verbrauchern 5 Prozentpunkte über dem Basiszinssatz, bei anderen Vertragspartnern 8 Prozentpunkte über dem Basiszinssatz. Die Höhe des Basiszinssatzes ist im BGB § 247 geregelt. Hier ist die Ausgangsgröße des Basiszinssatzes mit 3,62 % festgelegt (Stand 31. 12. 2001). Der Basiszinssatz ist aber nach der gesetzlichen Ausgestaltung variabel und kann sich jeweils zum 1. 1. und 1. 7. eines Jahres ändern. Maßstab für die Veränderung ist der Zinssatz für die jüngste Hauptrefinanzierungsoperation der Europäischen Zentralbank vor dem jeweiligen Halbjahr. Der jeweils maßgebliche Zinssatz wird von der Deutschen Bundesbank im Bundesanzeiger bekannt gemacht.*)

Vielfach wird ein Zinssatz zugrunde gelegt, den der Verkäufer bei Wiederanlage des Kaufpreises auf dem Kapitalmarkt erzielen könnte. Vor dem Hintergrund der §§ 305 ff. BGB kann diese Klausel unwirksam werden, wenn mehr als 5 % über dem Basiszinssatz vereinbart werden und dies nicht durch den gewöhnlichen zu erwartenden Zins gerechtfertigt ist. Der Zahlungstermin wird üblicherweise nach Vorlage bestimmter Fälligkeitsvoraussetzungen kalendermäßig vom Notar bestimmt.

Kaufpreis

Fälligkeit
BGB § 288 Abs. 1 Verzugszinsen

Der Basiszinssatz hat seit dem 1.1.2002 folgende Entwicklung genommen:

Zeitraum	Basiszinssatz	Verzugs-zinsensatz (BGB § 288 Abs. 1)	Verzugs-zinsensatz (BGB § 288 Abs. 2)
01.01.2002 bis 30.06.2002	2,57 %	7,57 %	10,57 %
01.07.2002 bis 31.12.2002	2,47 %	7,47 %	10,47 %
01.01.2003 bis 30.06.2003	1,97 %	6,97 %	9,97 %
01.07.2003 bis 31.12.2003	1,22 %	6,22 %	9,22 %
01.01.2004 bis 30.06.2004	1,14 %	6,14 %	9,14 %
01.07.2004 bis 31.12.2004	1,13 %	6,13 %	9,13 %
01.01.2005 bis 30.06.2005	1,21 %	6,21 %	9,21 %
01.07.2005 bis 31.12.2005	1,17 %	6,17 %	9,17 %
01.01.2006 bis 30.06.2006	1,37 %	6,37 %	9,37 %
01.07.2006 bis 31.12.2006	1,95 %	6,95 %	9,95 %
01.01.2007 bis 30.06.2007	2,70 %	7,70 %	10,70 %
01.07.2007 bis 31.12.2007	3,19 %	8,19 %	11,19 %
01.01.2008 bis 30.06.2008	3,32 %	8,32 %	11,32 %
01.07.2008 bis 31.12.2008	3,19 %	8,19 %	11,19 %
01.01.2009 bis 30.06.2009	1,62 %	6,62 %	9,62 %
01.07.2009 bis 31.12.2009	0,12 %	5,12 %	8,12 %
01.01.2010 bis 30.06.2010	0,12 %	5,12 %	8,12 %

BGB § 286 Abs. 2 Satz 1 Käuferschutz

Der Käuferschutz gebietet, den Zeitpunkt der Kaufpreisfälligkeit so zu wählen, dass der Käufer in der Gewissheit, lastenfreies Eigentum zu erwerben, zahlen kann.

Ein notarieller Kaufvertrag, der unrichtige Angaben über den Kaufpreis enthält, ist in vollem Umfang nichtig; eine Heilung tritt ein mit der Eigentumsumschreibung im Grundbuch.

Der Notar hat bei der Belegung des Kaufpreises Regelungen vorzuschlagen, die verhindern, dass eine der Vertragsparteien zu Schaden kommt.

Ein Schaden droht immer dann, wenn eine der Parteien bereits leistet, ohne dass sichergestellt ist, dass sie Gegenleistungen erhält.

So ist das Vermögen des Käufers gefährdet, wenn er den Kaufpreis bezahlt, bevor sein vertragsmäßiger Erwerb sichergestellt ist.

Es wäre denkbar, dass der Verkäufer das Grundstück ja zwischenzeitlich neu belastet, nochmals veräußert oder in Insolvenz fällt. Der Vertrag könnte auch an einer erforderlichen Genehmigung scheitern.

Wird das Grundstück bereits vor Zahlung des Kaufpreises auf den Käufer umgeschrieben, besteht für den Verkäufer die Gefahr, dass der Käufer in Vermögensverfall gerät und der Kaufpreisanspruch nicht mehr durchsetzbar ist.

Es ist daher geboten, Regelungen zu vereinbaren, die eine für beide Seiten sichere Abwicklung des Kaufvertrages ermöglichen.

Sicherstellung des Verkäufers

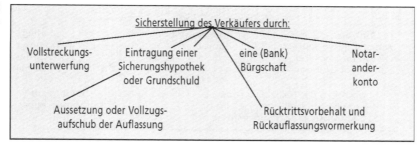

Die Interessen des Verkäufers werden am besten durch die Aussetzung der Auflassung oder deren Vollzugsaufschub bis zur Zahlung geschützt.

Aussetzung der Auflassung

In der Praxis kann dies folgendermaßen gestaltet sein:
Die Auflassung wird nicht sofort erklärt. Beide Vertragsparteien verpflichten sich aber, dies unmittelbar nach Kaufpreiszahlung zu tun. Um den Beteiligten einen erneuten Gang zum Notar zu ersparen, werden in der Regel Angestellte des Notars zur Auflassung bevollmächtigt, wenn
- der Verkäufer oder ein in die Abwicklung eingeschalteter Treuhänder (z. B. Bank) dem Notar die Kaufpreiszahlung angezeigt hat oder
- der Kaufpreis beim Notar hinterlegt und die Auszahlung sichergestellt ist.

In der Regel liegt eine längere Zeit zwischen Beurkundung des Grundstückskaufvertrages und der Eigentumsumschreibung im Grundbuch.

Dies erklärt sich daher, weil zu fast jedem Kaufvertrag behördliche Genehmigungen, Verzichtserklärungen usw. erforderlich sind.

Für den Käufer kann ein Risiko entstehen, wenn er den Kaufpreis bezahlt, bevor die Umschreibung gesichert ist. Der Verkäufer könnte bis dahin noch Verfügungen über das Grundstück treffen (veräußern, belasten). Auch Dritte könnten durch Zwangsmaßnahmen (z. B. Zwangsvollstreckung) die Umschreibung auf den Käufer verhindern.

Sicherstellung des Käufers

Der Notar sollte daher dem Käufer die Eintragung einer Auflassungsvormerkung vorschlagen.

Auflassungsvormerkung

Die Auflassungsvormerkung schützt den Käufer
- gegen Verfügungen des Veräußerers und
- gegen Verfügungen seiner Gläubiger im Wege der Zwangsvollstreckung.

Die Auflassungsvormerkung gibt jedoch bei einem genehmigungspflichtigen Kaufvertrag keine Sicherheit, wenn die Genehmigung versagt wird.

Auch wenn der Kaufpreis beim Notar hinterlegt wird, ist eine Auflassungsvormerkung notwendig, denn das „gekaufte" Grundstück ist vor der Umschreibung weiterhin dem Vollstreckungszugriff der Gläubiger des Veräußerers ausgesetzt.

```
                    Sicherstellung des Käufers durch:

  Eintragung einer          die Freistellung des         Vorliegen und
Auflassungsvormerkung       Kaufobjekts von nicht      Wirksamwerden von
 an rangsicherer              übernommenen                erforderlichen
 Stelle im Grundbuch           Belastungen                Genehmigungen

     Nachweis des Nichtbestehens              Zahlung auf
   oder der Nichtausübung gesetzlicher      Notaranderkonto
      und sonstiger Vorkaufsrechte
```

<small>Notaranderkonto</small>

Die Hinterlegung des Kaufpreises beim Notar (Notaranderkonto) und die treuhänderische Abwicklung des Kaufvertrages durch diesen ist ein oft praktiziertes und sicheres Verfahren zur Sicherung des Käufers.

<small>KostO § 149</small>

Verkäufer und Käufer vereinbaren im Kaufvertrag, dass der Kaufpreis an den Notar als Treuhänder beider Parteien bezahlt werden soll. Zugleich wird der Notar unwiderruflich angewiesen, den Kaufpreis erst auszuzahlen, wenn der Käufer gesichert ist. In diesem Zusammenhang ist auch zu vereinbaren, wer die Hinterlegungskosten trägt.

<small>BeurkG § 18 Genehmigungen</small>

Der Notar muss die Beteiligten eines **Grundstückskaufvertrages** darauf hinweisen, dass für die Wirksamkeit des Vertrages in vielen Fällen **Genehmigungen** erforderlich sind.

So kann die Umschreibung des Eigentums erst vorgenommen werden, wenn alle erforderlichen Genehmigungen wirksam geworden sind. Genehmigungen werden wirksam, wenn sie beiden Vertragsteilen zugegangen sind. Der Notar wird i. d. R. im Rahmen des Kaufvertrages mit der Einholung und Entgegennahme der erforderlichen Genehmigungen beauftragt (siehe hierzu im folgenden „Muster eines Grundstückskaufvertrages"). Die **Erteilung dieser** notwendigen **Genehmigungen** kann (zur weiteren Sicherstellung des Käufers) zur **Fälligkeitsvoraussetzung** für die **Kaufpreiszahlung** gemacht werden.

Im Folgenden sind einige Beispiele evtl. erforderlicher Genehmigungen im Zusammenhang mit dem Grundstückskaufvertrag dargestellt:

– **Genehmigungen nach Baugesetzbuch**

<small>BauGB § 51 Baulandumlegung</small>

Bei Verfügungen über Grundstücke, die in eine **Baulandumlegung** einbezogen sind, ist eine schriftliche Genehmigung der Umlegungsstelle (Gemeinde) erforderlich.

<small>BauGB §§ 144 ff. Sanierungsgebiet</small>

Die rechtsgeschäftliche Veräußerung eines Grundstücks bedarf in einem förmlich festgelegten **Sanierungsgebiet** der schriftlichen Genehmigung der Gemeinde.

<small>BauGB §§ 165 ff., § 169 Abs. 1 Nr. 3 städte-</small>

Innerhalb von (durch Satzung festgelegten) **städtebaulichen Entwicklungsbereichen** bedürfen alle Verfügungs- und Verpflichtungsgeschäfte über hier belegene Grundstücke der Genehmigung.

- **Genehmigungen nach Grundstücksverkehrsgesetz**

Die Genehmigung der nach Landesrecht zuständigen Stelle ist bei der **Veräußerung eines land- und forstwirtschaftlich nutzbaren Grundstücks** erforderlich.

- **Genehmigung durch das Vormundschaftsgericht**

Erwerben (gegen Entgelt) oder veräußern **Eltern** für das Kind, der **Vormund** für das Mündel oder ein **Betreuer** für den Betreuten ein Grundstück, so bedarf dies der Genehmigung des Vormundschaftsgerichtes.

14.2.2.4 Die Haftung des Verkäufers für Mängel

Eine **vertragstypische Pflicht** beim **Kaufvertrag** besteht für den Verkäufer darin, dem Käufer die Sache (z. B. unbebautes Baulandgrundstück, bebautes Grundstück, Eigentumswohnung) **sach- und rechtsmängelfrei** zu verschaffen.

Die Lieferung einer mangelfreien Sache ist somit Inhalt des **Erfüllungsanspruchs des Käufers**.

Eine Sache ist frei von **Sachmängeln**, wenn sie sich für die nach dem Vertrag vorausgesetzte Verwendung eignet, oder wenn sie den üblicherweise an die Sache zu stellenden Anforderungen genügt. Sie muss aber auch den Anforderungen genügen, die der Käufer nach den öffentlichen Äußerungen des Verkäufers (z. B. in der Werbung) erwarten kann.

Sachmängel – Beispiele:
- Nicht funktionsfähige Heizungsanlage,
- Holzbockbefall,
- Hausschwamm.

Der Verkäufer haftet auch, wenn er für die Beschaffenheit der Sache eine **Garantie** übernommen hat.

Der Haftungsumfang ergibt sich (unbeschadet der gesetzlichen Ansprüche) aus der Garantieerklärung bzw. der in der Werbung angegebenen Bedingungen. Jede Beschaffenheit der Sache kann Inhalt der Garantie sein.

Mit dieser Garantieübernahme für die Beschaffenheit der Sache durch den Verkäufer entfällt die im alten Recht praktizierte „zugesicherte Eigenschaft".

Beispiele für Garantieinhalte:
· Baureife eines Grundstücks,
· Angabe der Grundstücksgröße,
· Angabe der Wohn-/Nutzfläche,
· Bezahlung der Erschließungskosten,
· Zusicherung eines Mietertrages.

Die **Haftung** des Verkäufers ist **ausgeschlossen**, wenn
· der Käufer beim Abschluss des Vertrages den Fehler kannte,

BGB § 442 BGB § 442	• der Mangel dem Käufer infolge grober Fahrlässigkeit unbekannt geblieben ist, • die Beteiligten die Sachmängelhaftung vertraglich beschränkt oder ausgeschlossen haben.

Solche so genannten **Freizeichnungsklauseln** müssen aber eindeutig formuliert sein.

Beispiel:
„Jegliche Haftung für Größe, Güte und Beschaffenheit des Grundbesitzes wird ausgeschlossen."

BGB § 444	Ein Haftungsausschluss ist jedoch nichtig, wenn der Verkäufer den Mangel arglistig verschwiegen oder eine Garantie (s. o.) übernommen hat.
BGB § 435 Rechtsmängel	Eine Sache ist frei von Rechtsmängeln, wenn Dritte in Bezug auf die Sache keine oder nur die im Kaufvertrag übernommenen Rechte (z. B. Dienstbarkeiten, Grundpfandrechte) gegen den Käufer geltend machen können.
BGB § 442 Abs. 2	Im Grundbuch eingetragene Rechte Dritter hat der Verkäufer zu beseitigen, auch wenn der Käufer weiß, dass sie bestehen.

Rechtsmängel – Beispiele:
- Bestehendes Wege- und/oder Leitungsrecht,
- dingliche Rechte, die im Rang nach der Eigentumsvormerkung des Käufers ohne dessen Mitwirkung eingetragen wurden,
- bestehende Miet- und/oder Pachtverhältnisse,
- bestehende Erschließungsbeiträge und sonstige Anliegerbeiträge für Maßnahmen, die bis zum Tag des Vertragsschlusses bautechnisch begonnen wurden.

BGB § 442 Haftungs- ausschluss	Die **Haftung** des Verkäufers ist **ausgeschlossen**, wenn • der Käufer beim Abschluss des Vertrages den Fehler kannte, • der Mangel dem Käufer infolge grober Fahrlässigkeit unbekannt geblieben ist, • die Beteiligten die Rechtsmängelhaftung vertraglich beschränkt oder ausgeschlossen haben (nicht sachgerecht).

In der Praxis ist für den Verkäufer ein vertraglicher Ausschluss für unbekannte Rechtsmängel zu empfehlen.

Ansonsten ist zu regeln, welche Rechte entspr. § 435 BGB vom Käufer zu übernehmen sind und welche der Verkäufer zu beseitigen hat.

BGB § 444	Ein Haftungsausschluss ist jedoch nichtig, wenn der Verkäufer den Mangel arglistig verschwiegen oder eine Garantie (s. o.) übernommen hat.
Öffentliche Lasten	**Öffentliche Lasten** von Grundstücken sind insbesondere – **Grundsteuern**, – **Erschließungsbeiträge** und – **Anliegerbeiträge** für öffentliche Ver- und Entsorgungsleitungen.

Der Verkäufer eines Grundstücks ist verpflichtet (soweit nicht anders vereinbart), **Erschließungsbeiträge** und sonstige **Anliegerbeiträge** für die Maßnahmen zu tracen, die bis zum Tag des Vertragsschlusses bautechnisch begonnen sind, unabhängig vom Zeitpunkt des Entstehens der Beitragsschuld.

BGB § 436 Abs. 1

Sind in **Verträgen**, die vor **dem 1.1.2002** geschlossen wurden, keine vertraglichen Regelungen getroffen, trägt der Käufer die Erschließungs- und Anliegerbeiträge, die nach Übergabe des Grundstücks fällig werden.

Bezüglich der Freiheit des Grundstücks von anderen öffentlichen Abgaben und anderen öffentlichen Lasten (z. B. Grundsteuern), die nicht zur Eintragung ins Grundbuch geeignet sind, haftet der Verkäufer nicht.

BGB § 436

Der **Käufer** hat für Sach- und Rechtsmängel – wenn der Verkäufer die Lieferung der mangelhaften Sache zu vertreten hat – folgende Ansprüche bzw. **Rechte**:
- **Nacherfüllung** verlangen wenn Nacherfüllung scheitert
- **Rücktritt** vom Vertrag oder
- **Minderung** des Kaufpreises und auch nach Rücktritt und Minderung
- **Schadensersatz** verlangen.

BGB § 437
Rechte des Käufers
BGB § 439
BGB § 440
BGB § 441
BGB § 440

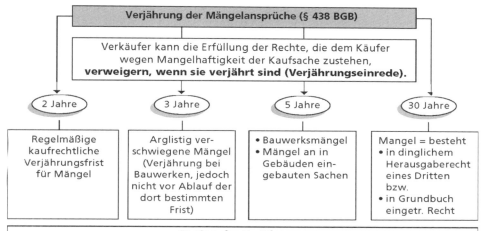

14.2.2.5 Übergang von Besitz, Nutzen, Lasten und Gefahr

Der Zeitpunkt der Übergabe des Grundstücks an den Käufer ist von besonderer Bedeutung, weil mit der Übergabe die Gefahr des zufälligen Untergangs oder der zufälligen Verschlechterung des Grundstücks sowie die Nutzungen und Lasten auf den Käufer übergehen.

BGB § 446

Vom Übergang dieser Rechte und Pflichten ist der Übergang des Eigentums zu unterscheiden, denn häufig tritt der Käufer in die Rechte und Pflichten aus dem Grundstück ein, bevor er mit der Eintragung im Grundbuch Eigentümer wird.

14. ERWERB UND VERÄUSSERUNG VON IMMOBILIEN

BGB § 854 ff.
Besitz

Besitz: Besitz ist die tatsächliche Herrschaft einer Person über eine Sache (z. B. Grundstück) oder über ein Recht. Beispiel: Der Mieter einer Wohnung ist unmittelbarer Besitzer, weil er die Wohnung tatsächlich beherrscht.

BGB § 100
Nutzen

Nutzen: Nutzungen sind z. B. die Miet- und Pachteinnahmen oder die geernteten Früchte.

BGB § 103
Lasten

Lasten: Lasten eines Grundstücks sind z. B. die Grundsteuern und die Schornsteinfegergebühren.

BGB § 446
Gefahr

Gefahr: Der Käufer hat das Risiko einer zufälligen Zerstörung (z. B. durch Brand) oder zufälligen Verschlechterung (z. B. durch Sturm) zu tragen.

Brennt z. B. das verkaufte Haus nach dem Zeitpunkt des Gefahrenübergangs, aber vor Kaufpreiszahlung und Grundbuchumschreibung ab, hat der Käufer den vereinbarten Kaufpreis zu zahlen.

Der Gefahrenübergang (d. h. z. B. die Wohnungsübergabe) ist weiterhin maßgeblicher Zeitpunkt für das Eingreifen von Gewährleistungsrechten.

Der Übergang von Besitz, Gefahr, Nutzungen und Lasten hat im Steuerrecht eine erhebliche Bedeutung. Will der Käufer erhöhte Absetzungen für Abnutzung (AfA) oder Sonderausgaben geltend machen, kommt es darauf an, wann der Erwerber die wirtschaftliche Verfügungsmacht erlangt.

14.2.2.6 Kosten und Steuern

BGB § 448
Kosten Käufer

Nach der Regelung des BGB hat der Käufer die Kosten der Beurkundung des Kaufvertrages, der Auflassung und der Eintragung zu übernehmen. Auch die Kosten der zur Eintragung erforderlichen Erklärungen (z. B. behördliche Genehmigungen) hat der Käufer zu tragen.

Kosten Verkäufer

Vermessungs- und Löschungskosten hat der Verkäufer zu tragen.

Vertragliche Kostenregelung

Die Verteilung der Kosten gem. § 448 BGB ist abdingbar. Vielfach werden alle Kosten (auch z. B. Vermessungskosten) dem Käufer vertraglich aufgebürdet. Zur Vermeidung von Streitigkeiten sollte stets eine eindeutige vertragliche Kostenregelung getroffen werden.

Die Maklerkosten fallen nicht unter die Regelung des § 448 BGB.

GrEStG § 11

An Steuern kommt bei einem Grundstückskaufvertrag die Grunderwerbsteuer (sie beträgt 3,5 % der Gegenleistung, z. B. des Kaufpreises) in Betracht.

Welche Partei trägt (i.d.R.) welche Kosten?	
Käufer	**Verkäufer**
– Kosten des Vertrages (üblicherweise), einschließlich Genehmigungen und Erklärungen, die für seine Wirksamkeit (Genehmigung) bzw. seinen Bestand (Nichtausübung eines Vorkaufsrechts) erforderlich sind.	– Vom Verkäufer ausgelöste Kosten insbesondere für: Löschung von Belastungen des Kaufobjektes, die der Käufer nicht übernimmt.

- Grunderwerbsteuer
  (3,5 % des Kaufpreises)
- Vom Käufer ausgelöste Kosten insbesondere für Bestellung von Grundschulden und Hypotheken zur Kaufpreisfinanzierung.

Grundstückserwerb durch Kaufvertrag		
1. BGB § 433:	Grundpflichten des Verkäufers und des Käufers	schuldrechtliches Geschäft
2. BGB § 311b:	Form der Verpflichtung zur Veräußerung oder zum Erwerb eines Grundstücks	
3. BGB § 873:	Erwerb durch Einigung und Eintragung	sachenrechtliches oder dingliches Geschäft
4. BGB § 925:	Auflassung	

14.2.3 Auflassung und Grundbucheintragung

Neben dem Abschluss des schuldrechtlichen Vertrages (z. B. Kaufvertrag) ist zur Übertragung des Eigentums an einem Grundstück die Einigung des Verkäufers und des Käufers über den Übergang des Eigentums erforderlich. Diese dinglich wirkende Einigung heißt Auflassung.

BGB § 873, BGB § 925 Auflassung

Für den Erwerber können sich durch die Trennung von schuldrechtlichem Kaufvertrag und dinglicher Auflassung und Grundbucheintragung möglicherweise Risiken ergeben, weil der Veräußerer (trotz Vertrag) immer noch Eigentümer ist und daher mit dem Grundstück nach Belieben verfahren kann.

Andererseits bietet diese Trennung auch bestimmte Vorteile. Der Verkäufer eines Grundstücks braucht z. B. das Eigentum nicht bereits mit Abschluss des Kaufvertrages und vor Bezahlung des Kaufpreises zu übertragen, sondern kann mit der Auflassung warten, bis der Käufer seinen Verpflichtungen nachgekommen ist.

Die Auflassung ist die Willenserklärung des Veräußerers und des Erwerbers, dass sie sich über den Eigentumsübergang vom Veräußerer auf den Erwerber einig sind.

BGB § 925

Sie ist erforderlich, wenn die Eigentumsübertragung mit dem Wechsel des Rechtsträger verbunden ist. Beim Grundstückserwerb durch Zuschlag in der Zwangsversteigerung ist beispielsweise keine Auflassung nötig. Hier erfolgt der Eigentumsübergang im Wege der Grundbuchberichtigung.

Die Auflassung muss bei gleichzeitiger, jedoch nicht persönlicher Anwesenheit der Beteiligten zu Protokoll erklärt werden. Diese Erklärung hat vor einer zuständigen Stelle (Notar) zu erfolgen. Eine getrennte Beurkundung von Angebot und Annahme ist ausgeschlossen. Käufer und Verkäufer können aber durch einen Bevollmächtigten (in der Praxis durch Angestellte des Notars) vertreten werden.

Beurkundungspflicht

BGB § 925

14. ERWERB UND VERÄUSSERUNG VON IMMOBILIEN

Regelung in der Praxis
In der Regel wird der schuldrechtliche Vertrag (Kaufvertrag) zugleich mit der Auflassung durch den Notar beurkundet. Eine räumliche Trennung der beiden Geschäfte ist in diesem Fall dann nicht erforderlich.

Bedingungsfeindlichkeit
Die Auflassung darf nicht unter einer Bedingung oder Befristung erklärt werden. Sie kann deshalb nicht vom Eintritt bestimmter Umstände, wie z. B. der Zahlung des Kaufpreises, abhängig gemacht werden.

In der Praxis löst man dies Problem, indem man die Auflassung z. B. aussetzt und erst nach Eintritt der Bedingung (Kaufpreiszahlung) erklärt.

GBO § 28
Das aufgelassene Grundstück ist genau in Übereinstimmung mit dem Grundbuch zu bezeichnen. Diese Bezeichnung kann nachgeholt werden, wenn z. B. ein noch zu vermessendes, hinreichend beschriebenes Teilstück aufgelassen wird.

Beispiel einer Auflassung (innerhalb eines Grundstückskaufvertrages):
„Die Parteien erklären sodann die Auflassung wie folgt:
Wir sind darüber einig, dass das Eigentum an dem im § 1 dieses Vertrages genannten Grundbesitz auf den Käufer übergeht. Wir bewilligen und beantragen die Eintragung der Eigentumsänderung in das Grundbuch."

Erfüllungsgeschäft
Mit der Auflassung ist der Grundstückskaufvertrag erfüllt. Aber erst mit der Eintragung im Grundbuch wird der Käufer Eigentümer des Grundstücks.

BGB § 873 Abs. 1
Üblicherweise stellt der Notar bei Vorliegen der erforderlichen Unterlagen (z. B. Verzichtserklärungen, steuerliche Unbedenklichkeitsbescheinigung) den Umschreibungsantrag.

Das Grundbuchamt benachrichtigt nach Eintragung des Käufers als neuen Eigentümer den Notar, den Verkäufer und den Käufer.

Weiterhin sollen auch diejenigen, die ein dingliches Recht an dem Grundstück haben, vom Grundbuchamt über den Eigentumswechsel informiert werden.

– Sonderfall: Erwerb vom Bauträger

GewO § 34c Abs. 1 Nr. 2a Bauträger
Bauträger führen auf eigenem Grundstück, im eigenen Namen, für eigene oder fremde Rechnung Bauvorhaben durch oder bereiten Bauvorhaben vor.

Bauträger unterscheiden sich von privaten Bauherrn durch die Gewerbsmäßigkeit ihrer Tätigkeit.

Vorratsbau

Bestellbau
Die Gebäude werden nicht zur Selbstnutzung erstellt, sondern entweder im Vorratsbau für spätere (noch unbekannte) Erwerber (also für eigene Rechnung) oder im Bestellbau für die bei Baubeginn schon bekannten Erwerber (für fremde Rechnung).

Ein Bauträger(kauf)vertrag beinhaltet, dass ein Unternehmen z. B. ein Eigenheim im eigenen Namen und für eigene Rechnung (als Bauträger) erbaut und das fertige Objekt (inkl. Grundstück) dem Käufer übereignet.

Neben den kaufrechtlichen Verpflichtungen sind in einem Bauträgervertrag die werkvertraglichen Verpflichtungen und die öffentlich rechtlichen Bestimmungen der Makler- und Bauträgerverordnung zu beachten.

MaBV § 3

Die Besonderheit ist, dass das mitverkaufte Gebäude (z. B. das Einfamilienhaus oder die Eigentumswohnung) oft vom Bauträger/Verkäufer erst noch errichtet werden muss. Damit der Käufer nach Beendigung der Bauerrichtung keine unliebsamen Überraschungen erlebt, sollte er sich vor Beurkundung des (Bauträger-)Kaufvertrages die Baubeschreibung und die entsprechenden Pläne aushändigen lassen.

Der Bauträger ist daran interessiert, zu einem frühen Zeitpunkt Zahlungen des Käufers auf den (Gesamt-)Kaufpreis zu erhalten. Er möchte seine Finanzierungskosten niedrig halten.

Dem Käufer ist daran gelegen, Zahlungen erst nach der vertragsmäßigen Fertigstellung des Objekts zu leisten, und auch erst dann, wenn der lastenfreie Erwerb sichergestellt ist.

Die Makler- und Bauträgerverordnung beinhaltet hierzu zwingende Regelungen, die besonders dem Käuferschutz dienen.

Makler- und Bauträger-verordnung

Der Bauträger darf Gelder des Käufers erst annehmen, wenn folgende Bedingungen erfüllt sind:
- Baugenehmigung muss erteilt sein,
- Kaufvertrag muss rechtswirksam sein,
- Eintragung einer Auflassungsvormerkung im Grundbuch für den Käufer muss erfolgt sein und
- wenn das verkaufte Objekt mit einem Grundpfandrecht zugunsten der den Bau finanzierenden Bank des Bauträgers belastet ist, muss die Freigabe aus dieser Belastung gesichert sein.

MaBV § 3 Abs. 1–2

Das Fertigstellungsrisiko des Bauträgers wird dadurch eingegrenzt, dass der Kaufpreis dem Baufortschritt entsprechend in Raten fällig gestellt wird.

MaBV § 3 Abs. 2, 1 und 2

Im Zusammenhang mit dem Abruf der Baufortschrittsraten werden Höchstsätze genannt. In der Zusammenstellung der Leistungen für die die Raten fällig gestellt werden, bleibt dem Bauträger ein gewisser Handlungsspielraum.

MaBV § 3 Abs. 2

14.2.4 Mustervertrag

14.2.4.1 Muster eines Grundstückskaufvertrages – Fallbeispiel

Der folgende Kaufvertrag steht im Zusammenhang mit den Mustern : Auszug aus dem Liegenschaftskataster (Liegenschaftsbuch und Flurkarte) und den Auszügen aus dem Grundbuch Blatt 3323

Muster eines Grundstückskaufvertrages

Urkunde

des Notars

Jörg Montag

in Malente-Gremsmühlen

Begl. Ablichtung

Nr. 117 der Urkundenrolle für 1983
Verhandelt
zu Malente am 30. September 1983
Vor mir, dem unterzeichnenden Notar
Jörg M o n t a g
mit dem Amtssitz in Malente
erschienen
1) die Witwe Lisa Breifeld, geb. Ehm, sowie deren Sohn, Heizungsbauer Reinhard Brei feld, beide wohnhaft in Malente, Steenkamp 22,

2) Wohnungskaufmann Dieter Schatz und dessen Ehefrau, Krankenschwester Regine Schatz, geb. Böse, beide wohnhaft in Malente, Kellerseestraße 27.
– ausgewiesen durch Bundespersonalausweise –
Die Erschienenen zu 1), nachstehend Verkäufer genannt, schließen mit den Erschienenen zu 2), nachstehend Käufer genannt, nachstehenden

Grundstückskaufvertrag:

§ 1
Verkäufer sind Eigentümer des im Grundbuch von Malente Blatt 3323 eingetragenen Grundstücks, bestehend aus dem Flurstück 6/12 der Flur 4 Gemarkung Malente, groß 1.074 m². Das Grundstück ist mit einem Zweifamilienhaus bebaut.
Die Verkäufer verkaufen das vorbezeichnete Grundstück an die Käufer je zur ideellen Hälfte. Die Veräußerung erfolgt so, wie sich heute alles befindet ohne Gewähr für Größe, Güte und Beschaffenheit und so, wie es von den Käufern besichtigt wurde. Jegliche Sachmängelrüge ist ausgeschlossen. Die Verkäufer versichern, dass ihnen vom Vorhandensein wesentlicher Mängel wie Schwamm, Hausbock oder Trockenfäule nichts bekannt sei.
Die Übertragung erfolgt mit allen Rechten und Pflichten, öffentlichen Lasten und Beschwerden, jedoch frei von Belastungen innerhalb des Grundbuchs. Verkäufer haben auf ihre Kosten reines Grundbuch zu liefern, sofern im Nachstehenden nichts anderes vereinbart ist.

Gewährleistung

§ 2

Der Kaufpreis beträgt 440.000,00 DM, in Worten: Vierhundertvierzigtausend
Der Kaufpreis wird wie folgt belegt:
a) Ein Teilbetrag von 380.000,00 DM wird bis spätestens zum 1. Dezember 1983 an den amtierenden Notar auf dessen Treuhandkonto bei der Vereins- und Westbank Malente Nr. 95/566109 gezahlt. Rechtzeitiger Eingang gilt für die Käufer als Erfüllung.
b) In Höhe des Restkaufgeldes in Höhe von 60.000,00 DM gewährt die Verkäuferin, Frau Lisa Breifeld, den Käufern ein Darlehen, welches von den Käufern ab dem 1. Dezember 1983 mit 7 % zu verzinsen ist. Das Darlehen ist von seiten der Verkäuferin ebenso wie von seiten der Käufer mit halbjährlicher Frist kündbar.
Die Zinsen sind jeweils halbjährlich im Nachhinein zu zahlen.
Wegen dieser Darlehnsforderung bewilligen und beantragen die Vertragsparteien für die Verkäuferin, Frau Lisa Breifeld, eine Sicherungshypothek von 60.000,00 DM nebst 7 % Zinsen seit dem 1. Dezember 1983 im Grundbuch einzutragen.
Die Vertragsparteien vereinbaren weiter, dass von der hier beantragten Hypothek von 60.000,00 DM nebst 7 % Zinsen gleichzeitig ein Rangvorbehalt in Höhe von 320.000,00 DM nebst 15 % Zinsen und 5 % einmaliger Nebenleistung für ein oder mehrere Grundpfandrechte eingetragen wird.
Die Parteien bewilligen und beantragen die Eintragung des Rangvorbehaltes im Grundbuch.
Die Vertragsparteien weisen den amtierenden Notar an, das auf dem Notaranderkonto eingehende Treuhandgeld in erster Linie zur Grundbuchbereinigung zu verwenden und den Rest an die Verkäufer auszuzahlen. Die Verkäufer weisen den Notar an, bei der Auszahlung zu berücksichtigen, dass die Valuta der in Abt. III lfd. Nr. 7 und 8 eingetragenen Grundpfandrechte allein zu Lasten des Verkäufers Reinhard Breifeld gerechnet

Kaufpreis

werden sollen und dies bei Auszahlung an die Verkäufer berücksichtigt wird.
Der Notar darf über die Gelder verfügen, sobald die vertragsgemäße Umschreibung des Grundstücks auf die Käufer sichergestellt ist.

§ 3

Über den Sinn und Zweck einer Auflassungsvormerkung sind die Vertragsparteien durch den Notar belehrt. Verkäufer bewilligen, Käufer beantragen die Eintragung einer solchen Vormerkung zugunsten der Käufer. Käufer beantragen schon jetzt die Löschung dieser Vormerkung gegen vertragsgemäße Umschreibung des Eigentums auf sie.

Auflassungsvormerkung

§ 4

Die Übergabe des Kaufobjektes erfolgt am 1. Dezember 1983, jedoch nicht vor vollständiger Hinterlegung des Kaufpreises auf dem Treuhandkonto. Die untere Wohnung des Hauses wird geräumt übergeben. Es ist weiter zwischen den Vertragsparteien vereinbart, dass die Verkäuferin, Frau Lisa Breifeld, lt. noch gesondert abzuschließenden Mietvertrag die obere Wohnung weiter zu monatlicher Kaltmiete von 600,00 DM bewohnt.
Vom Tage der Übergabe an gehen Gefahr für Verschlechterung und zufälligen Untergang auf die Käufer über. Käufer treten auch in die für das Grundstück abgeschlossenen Versicherungsverträge mit dem Tage der Übergabe ein. Vorausgezahlte Versicherungsbeiträge sind auf den Tag der Übergabe zwischen den Vertragsteilen zu verrechnen, ebenso wie Grundsteuer und andere öffentliche Lasten.

Übergabe

§ 5

Die Kosten des Vertrages und seiner Durchführung einschließlich der Grunderwerbsteuer tragen die Käufer. Die Kosten der Grundbuchbereinigung tragen jedoch die Verkäufer. Sie tragen auch die durch die Auskehrung der Treuhandgelder in verschiedenen Teil-

Kosten des Vertrages

betragen entstehenden Mehrkosten der Hinterlegungsgebühr.

Die Beteiligten wurden darüber belehrt, dass sie dem Notar und allen Behörden für sämtliche Kosten und Steuern als Gesamtschuldner haften.

§ 6

Auflassungserklärung

Die Auflassung soll beurkundet werden, sobald der Teilkaufpreis in Höhe von 380.000,00 DM auf das Notaranderkonto hinterlegt ist. Die Parteien erteilen hierzu unter Befreiung von den einschränkenden Vorschriften des § 181 BGB Einzelvollmacht an

1) Bürovorsteher Holger Buhmann, Kampstr. 7, 2427 Malente
2) Notargehilfin Birgit Peetz, Stolbergstr. 1, 2420 Eutin

mit der Maßgabe, die Auflassung zu erklären und entgegenzunehmen, erforderlich werdende Änderungen oder Ergänzungen dieses Vertrages beurkunden zu lassen, Löschungsbewilligungen und -anträge abzugeben und überhaupt alles zu tun, was zur Durchführung des Vertrages erforderlich ist.

§ 7

Anmerkung

Der Notar hat das Grundbuch am 30. September 1983 eingesehen und den Grundbuchstand mit den Beteiligten erörtert. Die Beteiligten baten daraufhin um Beurkundung des Vertrages.

Sie sind auch darüber belehrt, dass der Vertrag behördlicher Genehmigung bedarf und die Umschreibung des Eigentums auf die Käufer erst nach Eingang aller Genehmigungen, mit deren Einholung und Entgegennahme der Notar beauftragt wird, erfolgen kann.

Der Vertrag ist vollständig und richtig wieder gegeben. Mündliche Nebenabreden sind nicht getroffen.

§ 8

Der Vertrag ist durch die Vermittlung der Maklerfirma Schwentine-Immobilien Asmus Franzen – Inhaber Frau Ilse Franzen – in Malente, Bahnhofstr., zustande gekommen. Verkäufer verpflichten sich, 2 %, Käufer verpflichten sich 3 %, jeweils zzgl. gesetzlicher Mehrwertsteuer der Kaufsumme, an die Maklerfirma als Provision zu zahlen. Diese ist mit Unterzeichnung des Vertrages fällig und zahlbar.

Das Protokoll wurde den Erschienenen vorgelesen, von ihnen genehmigt und, wie folgt, eigenhändig unterschrieben.

gez. Lisa Breifeld, geb. Ehm
gez. Reinhard Breifeld
gez. Dieter Schatz
gez. Regine Schatz, geb. Böse
gez. Jörg Montag, Notar

Auflassungserklärung zum vorstehenden Grundstückskaufvertrag:

Nachdem nunmehr die Voraussetzungen hierfür vorliegen, erkläre ich namens meiner Vollmachtgeber die Auflassung wie folgt:

„Die Vertragsteile sind darüber einig, dass das Eigentum an dem im Grundbuch von Malente, Blatt 3323 eingetragenen Grundstück, bestehend aus dem Flurstück 6/12 der Flur 4 Gemarkung Malente, groß 1.074 m² von den Verkäufern je zur ideellen Hälfte lastenfrei übergehen soll. Sie bewilligen und beantragen die Eigentumsumschreibung im Grundbuch."

Anmerkung zur praktischen Handhabung:

In der Regel wird der schuldrechtliche Vertrag (Kaufvertrag) zugleich mit der Auflassung beurkundet. Eine räumliche Trennung der beiden Geschäfte ist dann nicht erforderlich.

14.2.4.2 Musterformular eines Grundstückskaufvertrages

Quelle: WEB-Seite der Anwalt-Suchservice GmbH, Januar 2006

Grundstückskaufvertrag

§ 1 Vertragsgegenstand

1. Der Verkäufer veräußert an die Käufer folgenden Grundbesitz: Grundbuch von ... Band/Blatt ..., Flurstück Nr. ...
2. Die Käufer erwerben Miteigentum zu gleichen Anteilen.
3. Der Grundbesitz ist wie folgt belastet:
- Abt. II ...
  Abt. III ...
Weitere Einträge sind in Abt. II und III des Grundbuchs nicht enthalten.
4. Die Grundpfandrechte sollen gelöscht werden.
Die Beteiligten stimmen der Löschung zu, die Verkäuferpartei beantragt den Vollzug. Die Gläubigererklärungen werden von ... beschafft und nachgereicht.
5. Alle übrigen Lasten und Rechte Dritter werden mit dem Grundbesitz übernommen.
6. Die Beteiligten vereinbaren die Bebaubarkeit des Grundstücks als Beschaffenheit i. S. des § 434 Abs. 1 S. 1 BGB, ohne dass der Verkäufer hierfür eine Garantie übernimmt. Auf dem Grundstück muss eine ...-geschossige Wohnbebauung mit einer Geschossflächenzahl von mindestens ... zulässig sein. Sollte die Bebaubarkeit im vorstehend vereinbarten Umfang nicht gegeben sein, so kann der Käufer ohne weitere Fristsetzung vom Kaufvertrag zurücktreten, nicht allerdings die Herabsetzung des Kaufpreises (Minderung) oder Schadensersatz verlangen.

§ 2 Kaufpreis

1. Der Kaufpreis beträgt EUR ... – in Worten: Euro (in Worten).
2. Im Kaufpreis sind alle Erschließungskosten und Anliegerbeiträge enthalten, die im Zusammenhang mit der Ersterschließung entstanden sind. Hierzu sichert die Verkäuferpartei zu, dass alle derartigen Beiträge erhoben und bezahlt sind.

§ 3 Kaufpreisfälligkeit

1. Der Kaufpreis ist innerhalb von 10 Tagen nach Zugang einer schriftlichen Mitteilung des Notars zur Zahlung fällig, dass:
a) die Auflassungsvormerkung für den Erwerber im Grundbuch im Rang nach den Belastungen gemäß Ziffer 1 der Urkunde, gegebenenfalls im Rang nach Finanzierungsgrundpfandrechten des heutigen Erwerbers, eingetragen worden ist und
b) die Lastenfreistellung hinsichtlich der in Abteilung III des Grundbuchs eingetragenen Belastungen sichergestellt ist.
2. Der Notar hat auf Folgendes hingewiesen: Verzug tritt auch ohne Mahnung mit Ablauf der angegebenen Frist ein. Ab diesem Zeitpunkt ist der Kaufpreis mit einem Verzugszins für das Jahr von 5/8 Prozentpunkten über dem Basiszinssatz (der derzeit ... % beträgt) zu verzinsen. Der Zinssatz wird gesetzlich zum 1. 1. und 1. 7. eines jeden Jahres angepasst und von der Deutschen Bundesbank bekannt gegeben.

3. Gerät der Käufer mit der Zahlung des Kaufpreises oder Teilen davon in Verzug, so ist der offene Kaufpreis zu verzinsen mit ... % p. a. Dem Käufer ist der Nachweis gestattet, dass ein Schaden überhaupt nicht oder wesentlich niedriger entstanden ist, als mit der Pauschale vereinbart. Der Anspruch auf den gesetzlichen Verzugszins bleibt von diesem Vorbehalt unberührt.

§ 4 Mitverkauf beweglicher Sachen

1. Mit verkauft und im oben ausgewiesenen Kaufpreis mit ... € mit erhalten sind die folgenden beweglichen Sachen: ...
2. Der Verkäufer schuldet auch insoweit lastenfreien Besitz- und Eigentumsübergang. Alle Ansprüche und Rechte wegen Sachmängeln bezüglich dieser Sachen werden ausgeschlossen, außer für den Fall von Arglist oder Vorsatz. Garantien werden nicht abgegeben. Rückabwicklungen wegen des Kaufs beweglicher Sachen lassen den Grundstückskaufvertrag unberührt. Die Beteiligten sind aufschiebend bedingt bis zur vollständigen Kaufpreiszahlung über den Eigentumsübergang einig.
Alternativ: Mitverkauf beweglicher Sachen nach Verbrauchsgüterkaufrecht
1. Mitverkauft und im oben ausgewiesenen Kaufpreis mit ... € mit enthalten sind die folgenden beweglichen Sachen: ...
2. Der Verkäufer schuldet auch insoweit lastenfreien Besitz- und Eigentumsübergang. Der Verkauf erfolgt unter Ausschluss jeglicher Schadenersatzhaftung für Sachmängel, außer für den Fall von Arglist oder Vorsatz. Garantien werden nicht abgegeben. Die Verjährungsfrist für Ansprüche und Rechte des Käufers wegen Mängeln beträgt hinsichtlich gebrauchter beweglicher Sachen 1 Jahr, hinsichtlich neuer beweglicher Sachen 2 Jahre. Vertragsstörungen wegen des Kaufs beweglichen Sachen lassen den Grundstückskaufvertrag unberührt.
3. Die Beteiligten sind aufschiebend bedingt bis zur vollständigen Kaufpreiszahlung über den Eigentumsübergang einig.

§ 5 Mängelhaftung

1. Der Verkäufer schuldet den lastenfreien Besitz- und Eigentumsübergang des Vertragsgegenstandes, soweit nicht Rechte ausdrücklich in diesem Vertrag übernommen werden; ausgeschlossen werden alle Rechte und Ansprüche des Käufers wegen altrechtlicher Dienstbarkeiten. Der Verkäufer erklärt, dass ihm von solchen nichts bekannt ist.
2. Der Käufer hat das Grundstück genau besichtigt. Der Verkäufer schuldet weder ein bestimmtes Flächenmaß noch die Verwendbarkeit des Grundstücks für Zwecke des Käufers oder dessen Eignung zur Erreichung steuerlicher Ziele des Käufers.
3. Alle Ansprüche und Rechte wegen Sachmängeln am Grundstück werden hiermit ausgeschlossen. Der Verkäufer erklärt, dass ihm nicht erkennbare Mängel, insbesondere auch Altlasten sowie Abstandsflächenübernahmen (gegebenenfalls und Baulasten) nicht bekannt sind.
4. Hinsichtlich der verkauften Gebäude gilt das Leistungsstörungsrecht des BGB, über das der Notar belehrt hat. Danach kann der Käufer zunächst Nacherfüllung innerhalb angemessener Frist verlangen. Alle Schadenersatzansprüche des Käufers wegen Sachmängeln am Gebäude werden ausgeschlossen, soweit in dieser Urkunde nichts anderes bestimmt ist.
5. Von den vorstehenden Rechtsbeschränkungen ausgenommen ist eine Haftung für Vorsatz oder Arglist. Garantien werden nicht abgegeben. Hinsichtlich von Schadenersatzansprüchen bleibt die Haftung für vorsätzliche oder grob fahrlässig verur-

sachte Schäden und für Schäden aus der Verletzung des Lebens, des Körpers oder der Gesundheit, die auf einer fahrlässigen Pflichtverletzung des anderen Vertragsteils beruhen, unberührt. Einer vorsätzlichen oder fahrlässigen Pflichtverletzung des anderen Vertragsteiles steht diejenige seines gesetzlichen Vertreters oder Erfüllungsgehilfen gleich.

§ 6 Besitzübergang, Gewährleistungsausschluss

Besitz, Nutzungen, Lasten und Gefahr sowie die Verkehrssicherungspflicht gehen am ... auf die Käuferpartei über.

§ 7 Teilflächenkauf – aufschiebende Bedingung

1. Die Teilung des Grundstücks bedarf einer Teilungsgenehmigung oder eines Negativzeugnisses der zuständigen Gemeinde. Der schuldrechtliche Teil dieses Vertrages steht unter der aufschiebenden Bedingung der Erteilung der Teilungsgenehmigung oder eines entsprechenden Negativzeugnisses. Auf die Bestandskraft oder etwa ergehende Auflagen kommt es für diesen Bedingungseintritt nicht an. Der Notar wird beauftragt, den Vertragsvollzug vor Bedingungseintritt in jeder Hinsicht zu betreiben. Dies gilt auch für die Auflassungsvormerkung. Er wird ferner beauftragt, namens der Beteiligten die Genehmigung zu beantragen und bei uneingeschränkter Erteilung entgegenzunehmen. Versagende oder einschränkende Bescheide sind hingegen den Beteiligten direkt zuzustellen. Der Schwebezustand endet mit Bedingungseintritt und mit Bedingungsausfall, spätestens jedoch am ..., sofern bis dahin die Genehmigung oder ein entsprechendes Negativzeugnis nicht erteilt wurde. Mit Fristablauf ist dieser Vertrag endgültig unwirksam.
2. Wird der Vertrag auf Grund der Teilungsgenehmigung nicht wirksam, so trägt alle Kosten der ... Die Auflassungsvormerkung ist unverzüglich zur Löschung zu bewilligen.

§ 8 Verjährung

1. Der Anspruch auf Verschaffung des Eigentums und der in dieser Urkunde bestellten dinglichen Rechte verjährt in dreißig Jahren ab dem gesetzlichen Verjährungsbeginn.
2. Die Verjährungsfrist für (Sach-)mängelbedingte Ansprüche und Rechte beträgt bei neu hergestellten beweglichen Sachen 1 Jahr und bei gebrauchten beweglichen Sachen 6 Monate. Hinsichtlich der Verjährung von Mängelansprüchen wegen des verkauften Bauwerkes bleibt es bei der gesetzlichen Frist von 5 Jahren. Die Verkürzung der Verjährung gilt nicht für die Haftung bei Vorsatz oder Arglist.
3. Hinsichtlich von Schadenersatzansprüchen gilt die Verkürzung auch nicht für eine Haftung von grob fahrlässig verursachten Schäden und nicht für die Verletzung von Schäden aus der Verletzung des Lebens, des Körpers und der Gesundheit, die auf eine fahrlässige Pflichtverletzung des Verkäufers beruhen. Einer vorsätzlichen oder fahrlässigen Pflichtverletzung des Verkäufers steht diejenige eines gesetzlichen Vertreters oder Erfüllungsgehilfen des Verkäufers gleich.

§ 9 Rücktrittsrecht beim Verkauf von Bauland

1. Käufer und Verkäufer sind berechtigt, von dem schuldrechtlichen Teil dieses Vertrages zurückzutreten und die Rückauflassung des Vertragsgegenstandes zu ver-

langen, wenn ... (ausreichend bestimmter Baubeschrieb, gegebenenfalls Vorliegen einer Baugenehmigung / eines Vorbescheids). Wegen Umständen, die zum Rücktritt berechtigen, ist die Geltendmachung von Schadenersatzansprüchen ausgeschlossen.
2. Wertsteigernde ... (gegebenenfalls auch: notwendige) Aufwendungen sind dem Käufer nicht zu ersetzen. Bis zur Ausübung des Rücktrittrechts gezogene Nutzungen sind nicht herauszugeben, nicht gezogene Nutzungen nicht zu ersetzen. Geldbeträge sind mit einem Zinssatz von ... % jährlich zu verzinsen.
3. Für Rechnung des Käufers bestellte Grundpfandrechte und andere von ihm bestellte, im Grundbuch eingetragene oder nicht eingetragene Rechte, hat der Käufer unverzüglich Zug um Zug gegen Rückzahlung des Kaufpreises samt Zinsen zu beseitigen. Im Übrigen gelten die gesetzlichen Rücktrittsbestimmungen ...

§ 10 Schadenersatz bei nicht rechtzeitiger Räumung

Räumt der Verkäufer den Vertragsgegenstand nicht bis zum ..., so ist er verpflichtet, dem Käufer eine pauschale Nutzungsentschädigung in Höhe von ... € pro angefangener Woche zu zahlen, frühestens ab vollständiger Kaufpreiszahlung. Dem Schuldner ist der Nachweis gestattet, dass ein Schaden oder eine Wertminderung überhaupt nicht entstanden oder wesentlich niedriger ist, als mit der Pauschale vereinbart.

§ 11 Vertragskosten

1. Die Kosten des Vertrags und seines Vollzugs sowie die anfallende Grunderwerbsteuer trägt die Käuferpartei.
2. Die Kosten für die Löschung der in § 1 aufgeführten nicht übernommenen Belastungen trägt die Verkäuferpartei.
3. Kosten für Vollmachtsbestätigungen, Genehmigungen und dergl. trägt jeweils der Vertragsbeteiligte, der sie durch seine Abwesenheit im Termin ausgelöst hat.

(Ort, Datum, Unterschriften)

Hinweise für die Benutzung des Mustervertrags/-formulars:

Das Musterformular/der Mustervertrag soll eine Anregung dafür bieten, wie eine typische Interessenlage zwischen den Parteien sachgerecht ausgeglichen werden kann. Der Verwender sollte aber jeweils im Detail prüfen, ob seiner Interessens- und Lebenssituation in den entsprechenden Formulierungen tatsächlich Genüge getan wird oder ob eine individuelle Überarbeitung notwendig ist. Geschieht das nicht und werden die mit ... versehenen Stellen nicht ausgefüllt, so gilt die gesetzliche Regelung oder der Vertrag kann unvollständig und damit u. U. ganz oder teilweise nicht wirksam zustande gekommen sein. Soweit der Wortlaut des Musters für den jeweiligen Einzelfall nicht zutrifft, müssen bei Abschluss des Vertrages die entsprechenden Stellen gestrichen, geändert oder ergänzt werden. Das Muster ist als Individualvereinbarung konzipiert. Bei mehrfacher Verwendung können sich erhebliche gesetzliche Einschränkungen ergeben. Im Übrigen wird darauf hingewiesen, dass für bestimmte Rechtserklärungen und Verträge die notarielle Beurkundung als Wirksamkeitsvoraussetzung gesetzlich vorgeschrieben ist.

Die Anwalt-Suchservice GmbH hat diesen wie auch die weiteren Internet-Musterverträge und -Formulare mit der erforderlichen Sorgfalt erstellt, kann aber naturgemäß für die Auswirkungen bei der Anwendung im Einzelfall keine Haftung übernehmen.

Wichtige Grundstückskaufvertragsinhalte:
- Vertragsparteien
- Beschreibung nach Art Lage, Größe und Nutzbarkeit des Kaufgegenstandes
- Angabe des Kaufpreises inkl. sämtlicher eventueller Nebenleistungen
- Kosten der Vertragsdurchführung
- Festlegung der Kaufpreisfälligkeit und -zahlung
- Sicherstellung des Käufers im Grundbuch, z. B. durch die Vereinbarung einer Auflassungsvormerkung
- Sicherstellung des Verkäufers
- Regelungen über den Besitzübergang
- Vermessungskosten beim Kauf von Teilflächen
- Anlieger- und Erschließungskosten
- Belastungen des Grundbesitzes (Abt. II, privatrechtliche Lasten)
- Finanzierungsmöglichkeiten durch den Käufer vor Eigentumsumschreibung
- Lastenfreiheit des Grundbesitzes in Abt. III
- Baulastenfreiheit/Baulastenbestellung
- Erklärungen oder Genehmigungen:
  - Vorkaufsrechtsverzichte der Städten oder Gemeinden
  - Teilungsgenehmigungen bei Teilflächen

14.3 ERBBAURECHTSVERTRAG

14.3.1 Begründung des Erbbaurechts

Ein Gebäude, das fest mit einem Grundstück verbunden ist, gilt als dessen wesentlicher Bestandteil, d. h., es teilt das Schicksal der Hauptsache und wird daher Eigentum des Grundstückseigentümers. Dieser kann daher das Gebäude nicht ohne das Grundstück und das Grundstück nicht ohne das Gebäude veräußern oder belasten. BGB § 94

Das Erbbaurecht (auch Erbpacht) durchbricht die vorstehend genannten Grundsätze des Bürgerlichen Gesetzbuches und gibt die Möglichkeit der rechtlichen Trennung von Bauwerk und Grundstück auf Zeit. Erbbaurecht

14.3.1.1 Rechtscharakter und wirtschaftliche Bedeutung

Das Erbbaurecht ist durch die Verordnung über das Erbbaurecht vom 15. 1. 1919 geregelt. ErbbauVO

Es ist das veräußerliche und vererbliche Recht, auf oder unter einem fremden Grundstück ein Bauwerk zu haben. Ein solches Bauwerk (z. B. Gebäude) ist dann nicht wesentlicher Bestandteil des Grundstücks, sondern des Erbbaurechts. ErbbauVO § 1
Rechts-
charakter

Eigentümer des Grundstücks und Inhaber des Erbbaurechts (= Eigentümer des Gebäudes) können verschiedene Personen sein.

Das Bauwerk kann veräußert oder belastet werden, ohne dass zugleich das Grundstück veräußert oder belastet zu werden braucht.

Aus Sicht des Grundstückseigentümers ist das Erbbaurecht ein beschränktes dingliches Recht, das auf einem Grundstück lastet. Als dingliches Recht muss es im Grundbuch des Grundstücks in Abteilung II, und zwar immer an erster Stelle, als Belastung eingetragen werden, um den Ausfall des Erbbaurechts bei der Zwangsversteigerung des Grundstücks unmöglich zu machen. Gleichzeitig wird damit die Beleihbarkeit des Erbbaurechts gesichert, d. h., das Erbbaurecht kann mit Hypotheken, Grund- und Rentenschulden oder Reallasten belastet werden.

ErbbauVO § 10
ErbbauVO § 25
ErbbauVO § 11
ErbbauVO § 14

Das Erbbaurecht wird wie ein Grundstück behandelt.

Als „grundstücksgleiches Recht" erhält es deshalb auch während seines Bestehens ein eigenes Grundbuchblatt, das „Erbbaugrundbuch" (siehe nachfolgendes Muster).

Grundstücksgleiches Recht Erbbaugrundbuch
ErbbauVO § 1 Abs. 3

Gegenstand eines Erbbaurechts kann nur eine mit dem Boden fest verbundene bauliche Anlage (Gebäude, Tiefgaragen, Brücken usw.) sein. Eine Nutzung des Erbbaurechtsgrundstücks zu landwirtschaftlichen Zwecken ist also nicht möglich.

Die Beschränkung auf einen Teil des Gebäudes (z. B. Stockwerk) ist unzulässig; eine Ausnahme dazu bildet das Wohnungserbbaurecht.

WEG § 30 Wohnungserbbaurecht

Der Berechtigte eines Erbbaurechts wird Eigentümer des Bauwerks mit dessen Errichtung oder, falls vorhanden, mit Bestellung des Erbbaurechts.

ErbbauVO § 12

Erbbauberechtigte können sein
- natürliche und juristische Personen sowie
- der Grundstückseigentümer (Eigentümererbbaurecht) selbst.

Erbbauberechtigte

Die **wirtschaftliche Bedeutung** des Erbbaurechts liegt im Folgenden:
- Der Erbbauberechtigte spart (abgesehen von der regelmäßigen Entrichtung des Erbbauzinses) den Kaufpreis für das Baugrundstück.
- Dem Erbbauberechtigten steht ein ansonsten wahrscheinlich nicht zum Kauf stehendes Grundstück (der öffentlichen Hand, der Kirchen usw.) zur Bebauung zur Verfügung.
- Dem Eigentümer des Grund und Bodens kommt allein die Bodenwertsteigerung zugute. Hinzu kommt, dass das Erbbaurecht nach einer gewissen Zeit erlischt und das Bauwerk dann dem Grundstückseigentümer i. d. R. gegen eine Entschädigung zufällt.
- Die öffentliche Hand (z. B. Gemeinden) vergibt häufig ihr Grundeigentum in dieser Rechtsform zu Siedlungszwecken oder um einen Anreiz zur Ansiedlung von Industrie zu bieten.
- In den vergangenen Jahrzehnten haben vor allem die Kirchen Erbpachtland zur Verfügung gestellt und auf diesem Wege den Wohnungsbau, besonders für Familien mit Kindern unterstützt. So werden z. B. in der Erzdiözese Freiburg über 6.000 Erbbaurechte verwaltet, von denen rund 1.000 erst in den letzten Jahren neu bestellt wurden.

Wirtschaftliche Bedeutung

ErbbauVO § 12

14.3.1.2 Bestellung des Erbbaurechts

Das Erbbaurecht entsteht durch Einigung und Eintragung in das Grundbuch (rangerste Stelle).

BGB § 873

14.3 ERBBAURECHTSVERTRAG

Grundlage des Erbbaurechts ist ein Vertrag, nämlich die Einigung zwischen dem Grundstückseigentümer und dem Erbbaurechtserwerber, dass an einem Grundstück ein Erbbaurecht begründet werden soll.

ErbbauVO § 11 Vertrag notariell beurkundet

Gemäß Erbbaurechtsverordnung muss ein Vertrag, durch den sich der eine Teil verpflichtet, ein Erbbaurecht zu bestellen oder zu erwerben oder ein Erbbaurecht zu übertragen, notariell beurkundet werden.

ErbbauVO § 11, Abs. 2

Das Erbbaurecht ist im Grundbuch des belasteten Grundstücks in Abt. II an rangerster Stelle einzutragen.

ErbbauVO § 10, Abs. 1 Grundbucheintragung

Daher müssen bereits bestehende andere Rechte gegenüber dem Erbbaurecht im Rang zurücktreten. Dieser Rangrücktritt ist jedoch nur mit Zustimmung des vorrangig Berechtigten möglich (Einigung). Kommt über diesen Rangrücktritt keine Einigung zustande, kann das Erbbaurecht nicht wirksam bestellt werden.

BGB § 880 Abs. 2

Parallel zur Eintragung des Erbbaurechts im Grundbuch des Erbbaurechtsausgebers wird vom Grundbuchamt ein eigenes (weiteres) Grundbuchblatt angelegt. Dies ist dann das so genannte Erbbaugrundbuch.

ErbbauVO § 14, Abs. 1 Erbbaugrundbuch

Auszug aus einem mit Erbbaurecht belasteten (Grundstücks-)Grundbuch (Muster).

Amtsgericht Waslingen	Grundbuch von Waslingen	Blatt 23
Zweite Abteilung (Eintragungen)		
Lfd. Nr.	BV Nr.	Lasten und Beschränkungen
1	1	Erbbaurecht bis zum 31. Mai 2035 für Diplomingenieur Max Köhler in Berlin, unter Bezugnahme auf Nr. 1 des Bestandsverzeichnisses des Erbbaugrundbuchs Waslingen Blatt 148, eingetragen am 1. Juni 1936.
2	1	Vorkaufsrecht für alle Verkaufsfälle während der Dauer des Erbbaurechts für den jeweiligen Erbbauberechtigten von BVNr. 1 in Blatt 148, eingetragen am 1. Juni 1936.

Amtsgericht Waslingen	Grundbuch von Waslingen	Blatt 23
Zweite Abteilung (Veränderungen und Löschungen)		
Lfd. Nr.	Lasten und Beschränkungen	Lfd. Nr. Löschungen
1	Das Erbbaurecht ist übertragen auf Kaufmann Walter Graser in Hildesheim, eingetragen am 20. November 1940.	

14. ERWERB UND VERÄUSSERUNG VON IMMOBILIEN

Muster eines Erbbaugrundbuchs
(entnommen aus Horber/Demharter: Grundbuchordnung, 21. Auflage, München, 1995)

Muster
(Vorderseite)

Amtsgericht Waslingen

Grundbuch

von

Waslingen

Band 5 Blatt 148

(Erbbaugrundbuch)

		Amtsgericht Waslingen			Grundbuch von Waslingen			Blatt 148	Bestandsverzeichnis	Einlegeblatt		
Laufende Nummer der Grundstücke	Bisherige laufende Nummer der Grundstücke	Bezeichnung der Grundstücke und der mit dem Eigentum verbundenen Rechte								Größe		
		Gemarkung (Vermessungsbezirk)		Karte		Liegenschaftsbuch		Wirtschaftsart und Lage		ha	a	m²
				Flur	Flurstück							
		a		b		c/d		e			4	
1	2					3						
1		Erbbaurecht, eingetragen auf dem Grundbuche von Waslingen Band 1 Blatt 23 unter Nr. 2 des Bestandsverzeichnisses verzeichneten Grundstück:										
			K.Bl.	Parz. MR		Grdst.						
		Waslingen	5	<u>102</u> 66		27		Garten an der Wublitz		–	25	15
		in Abteilung II Nr. 1 für die Dauer von 99 Jahren seit dem Tage der Eintragung, dem 1. Juni 1936.										
		<u>Der Erbbauberechtigte bedarf zur Veräußerung des Erbbaurechts der Zustimmung des Grundstückseigentümers.</u>										
		<u>Als Eigentümer des belasteten Grundstücks ist der Schlossermeister Walter Breithaupt in Waslingen eingetragen.</u>										
		Unter Bezugnahme auf die Eintragungsbewilligung vom 25. April 1936 bei der Anlegung dieses Blattes hier vermerkt am 1. Juni 1936.										
		Fuchs Körner										
2		Als Eigentümer des belasteten Grundstücks ist am 5. Oktober 1937 der Kaufmann Ernst Geßler in Bornim eingetragen worden. Hier vermerkt am 5. Oktober 1937.										
		Fuchs Körner										
3		Der Inhalt des Erbbaurechts ist dahin geändert, dass der Erbbauberechtigte zur Veräußerung des Erbbaurechts nicht der Zustimmung des Grundstückseigentümers bedarf. Eingetragen am 25. November 1941.										
		Fuchs Körner										

14.3 ERBBAURECHTSVERTRAG

Amtsgericht Waslingen **Grundbuch von** Waslingen **Blatt** 148 **Erste Abteilung** Einlegeblatt **Abt. I**

Laufende Nummer der Eintragungen	Eigentümer	Laufende Nummer der Grundstücke im Bestandsverzeichnis	Grundlage der Eintragung
1	2	3	4
1	Diplomingenieur Max Köhler in Berlin	1	Bei Bestellung des Erbbaurechts auf Band 1 Blatt 23 in Abt. II Nr. 1 eingetragen und hier vermerkt am 1. Juni 1936. Fuchs Körner
2	Kaufmann Walter Graser in Hildesheim	1	Auf Grund der Einigung vom 14. November 1940 eingetragen am 20. November 1940. Fuchs Körner

Amtsgericht Waslingen **Grundbuch von** Waslingen **Blatt** 148 **Zweite Abteilung** Einlegeblatt **Abt. II**

Laufende Nummer der Eintragungen	Laufende Nummer der betroffenen Grundstücke im Bestandsverzeichnis	Lasten und Beschränkungen
1	2	3
1	2	Erbbauzins von 50 (fünfzig) Reichsmark jährlich vom 1. Juni 1936 ab für den jeweiligen Eigentümer des im Grundbuch von Waslingen Band 1 Blatt 23 unter Nr. 2 des Bestandsverzeichnisses verzeichneten Grundstücks. Unter Bezugnahme auf die Eintragungsbewilligung vom 25. April 1936 eingetragen am 1. Juni 1936. Fuchs Körner
2	2	Wegerecht für den jeweiligen Eigentümer des Grundstücks Band 1 Blatt 3 Nr. 2 des Bestandsverzeichnisses unter Bezugnahme auf die Eintragungsbewilligung vom 21. März 1937 eingetragen am 1. April 1937. Fuchs Körner

	Veränderungen		Löschungen
Laufende Nummer der Spalte 1		Laufende Nummer der Spalte 1	
4	5	6	7
1	Das Recht ist auf dem Blatte des berechtigten Grundstücks vermerkt am 15. Juni 1936. Hier vermerkt am 20. Juni 1936. Fuchs Körner		

Amtsgericht			Grundbuch von	Blatt	Dritte Abteilung	Einlegeblatt Abt. III
Laufende Nummer der Eintragungen	Laufende Nummer der belasteten Grundstücke im Bestandsverzeichnis	Betrag	Hypotheken, Grundschulden, Rentenschulden			
1	2	3	4			
1	1	5 000 RM	Fünftausend Reichsmark Darlehen, mit vier vom Hundert jährlich verzinslich für den Rentner Ernst Heidemann in Stettin unter Bezugnahme auf die Eintragsbewilligung vom 23. März 1938 eingetragen am 24. April 1938. Fuchs Körner			

14.3.1.3 Inhalt des Erbbaurechtsvertrages

– Vertragsbestimmungen

Erbbaurechtsvertrag

§ 1 ErbbauVO enthält die gesetzlichen Erfordernisse, die für die Entstehung des Erbbaurechts notwendig sind. Das Gesetz spricht vom „vertragsmäßigen Inhalt" des Erbbaurechts und enthält darüber Vorschriften in der Erbbaurechtsverordnung.

ErbbauVO §§ 2–8 Inhalt

Die vorgenannten Vorschriften enthalten keine vollständige Aufzählung der Vereinbarungen, die zwischen den Beteiligten vertraglich geregelt werden können.

Es ist den Parteien freigestellt, darüber hinaus weitere Rechte und Pflichten des Erbbauberechtigten und des Grundstückseigentümers im Vertrag festzulegen.

Jedoch haben nur solche Vereinbarungen dingliche Wirkung, d.h. rechtliche Bindung auch Dritten und jedem Rechtsnachfolger (z.B. dem Ersteher in der Zwangsversteigerung) gegenüber, die nach der Erbbaurechtsverordnung zum Inhalt des Erbbaurechts gemacht werden können (s.o.). Voraussetzung hierfür ist, dass diese Vereinbarungen als Inhalt des Erbbaurechts in das Erbbaugrundbuch eingetragen werden.

ErbbauVO § 14, Abs. 1 Satz 3

Darüber hinausgehende Abmachungen wirken nur schuldrechtlich zwischen den Vertragsparteien. Zum eintragungsfähigen Inhalt des Vertrages gehören an erster Stelle Vereinbarungen über die Errichtung, Instandhaltung und Verwendung des Bauwerks. Der Grundstückseigentümer hat nämlich ein Interesse daran, ob und wie sein Baugrund bebaut wird.

ErbbauVO § 2

Beispiele denkbarer Vertragsbestimmungen:
- Festlegung einer Frist zur Bebauung,
- Bestimmung von Zahl und Größe der Wohneinheiten und Häuser,
- Pflicht zur Unterhaltung,
- Verbot eigenmächtiger Änderungen und des Abbruchs,
- Verpflichtung, an Wohnungssuchende mit geringem Einkommen zu vermieten.

Hält sich der Erbbauberechtigte nicht an die Vertragsbestimmungen, hat der Eigentümer gegenüber dem Berechtigten einen vertraglichen Anspruch auf Unterlassung oder Beseitigung. *BGB § 1004*

– **Heimfall**

Im Erbbaurechtsvertrag kann auch vereinbart werden, dass der Erbbauberechtigte unter bestimmten Umständen verpflichtet ist, das Erbbaurecht auf den Grundstückseigentümer zu übertragen (Heimfall). *ErbbauVO § 2 Abs. 4 Heimfall*

Der Grundstückseigentümer hat bei Vorliegen dieser Umstände einen schuldrechtlichen Anspruch gegen den Erbbauberechtigten auf Übertragung des Erbbaurechts auf ihn. *ErbbauVO § 3*

Das Erbbaurecht geht bei Vorliegen der im Vertrag genannten Umstände aber nicht automatisch auf den Eigentümer über. Die Übertragung setzt eine entsprechende Einigung und die Eintragung im Erbbaugrundbuch voraus. Der Erbbaurechtsvertrag soll daher die genauen Gründe bzw. Umstände enthalten, die diesen so genannten Heimfall auslösen.

Beispiele:
Bei Eröffnung des Konkursverfahrens über das Vermögen des Erbbauberechtigten oder wenn der Erbbauberechtigte gegen Verpflichtungen aus dem Erbbaurechtsvertrag verstößt.

Wenn die entsprechenden Voraussetzungen vorliegen, wird das Heimfallrecht durch eine formlose Willenserklärung gegenüber dem jeweiligen Erbbauberechtigten ausgeübt. *Ausübung*

Beansprucht der Grundstückseigentümer das Heimfallrecht, hat er dem Erbbauberechtigten eine angemessene Vergütung für das Erbbaurecht zu zahlen. *ErbbauVO § 32 Vergütung*

– **Der Erbbauzins**

Der Erbbaurechtsvertrag enthält üblicherweise (nicht notwendigerweise) Bestimmungen über die Höhe und Zahlung des so genannten Erbbauzinses. *Erbbauzins*

Er wird meist auf die Größe des Erbbaugrundstücks bezogen und nach Höhe und Fälligkeit im Vertrag genau festgelegt. Der Anspruch des Grundstückseigentümers auf Zahlung des Erbbauzinses wird durch die Eintragung einer Reallast in Abteilung II des Erbbaugrundbuchs dinglich gesichert. *Dingliche Sicherung*

Es handelt sich dabei um eine subjektiv-dingliche Reallast. Der Anspruch steht dem jeweiligen Grundstückseigentümer zu. Für die fällig werdenden Leistungen haftet der Erbbauberechtigte auch persönlich. *Subjektiv-dingliche Reallast*

Die Rechtslage im Zusammenhang mit der Bestimmbarkeit des Erbbauzinses hat sich durch das Sachenrechtsbereinigungsgesetz (1994) und durch das Euro-Einführungsgesetz (1998) wiederholt geändert.

Erbbauzinsregelungen in alten Erbbaurechtsverträgen (Alt-Erbbaurechtsverträge) können auch nach dieser Gesetzesänderung auf der Grundlage der früheren Bestimmungen unverändert fortbestehen. Bei der Neubestellung von Erbbaurechten ist es den Vertragspartnern möglich, die Erbbauzins-Reallast nach „altem Recht" (vor 1994) oder nach „neuem Recht" zu gestalten.

Altes Recht vor 1994

Da die Mehrzahl der Erbbaurechtsverträge noch nach „altem Recht" zu beurteilen ist, wird im Folgenden die Bestimmbarkeit des Erbbauzinses zunächst nach „altem Recht" dargestellt.

ErbbauVO § 9 Abs. 2 Satz 1 a. F.

Nach der Erbbaurechtsverordnung alter Fassung (a. F.) muss der Erbbauzins nach Zeit und Höhe für die gesamte Vertragsdauer im Voraus bestimmt werden. Hiermit soll eine leicht überschaubare und sichere Grundlage für die Beleihbarkeit des Erbbaurechts geschaffen werden. Denn nur wenn die vom Erbbauberechtigten zu erbringenden Leistungen genau bestimmt sind, kann der nachrangige Kreditgeber den Erbbauzins ermitteln.

Wertsicherungsklausel

BGB § 883 Vormerkung ErbbauVO § 9a

Neben der dinglichen Abrede für die Zahlung eines genau bestimmten Erbbauzinses können der Grundstückseigentümer und der Erbbauberechtigte eine schuldrechtliche Vereinbarung zur Anpassung des Erbbauzinses an die jeweiligen Verhältnisse treffen. Eine solche Wertsicherungsklausel ist üblich und wegen der langen Dauer des Erbbaurechts auch sinnvoll. Diese Vereinbarung wirkt nur im Verhältnis zwischen den Vertragsparteien. In dem Vertrag kann sich der Erbbauberechtigte verpflichten, auch in eine dingliche Änderung des angepassten Erbbauzinses einzuwilligen. Dieser Anspruch des Grundstückseigentümers kann durch eine Vormerkung gesichert werden.

Anpassungsmaßstab

Der Anpassungsmaßstab orientiert sich im Allgemeinen an einer bestimmten Preis- und Einkommensentwicklung (z. B. Verbraucherpreisindex).

Der Umfang der Abänderung ist hier nicht bindend festgelegt und lässt den Parteien einen gewissen Ermessensspielraum für die Erhöhung des Erbbauzinses. Es handelt sich hier um einen genehmigungsfreien Leistungsvorbehalt.

Erst durch eine jeweils neue Vereinbarung der Parteien wird der Erbbauzins konkretisiert.

Beispiel:
Der Erbbauzins bezieht sich auf den heutigen Stand des Verbraucherpreisindex (VPI). Verändert sich der Verbraucherpreisindex um mehr als 2 % nach oben oder unten, so können beide Parteien eine Angleichung des Erbbauzinses verlangen, soweit sie der Billigkeit entspricht.

ErbbauVO § 9 Abs. 2 Satz 1 n. F.

Nach der Erbbaurechtsverordnung neuerer Fassung (n. F.) von 1994 musste der Erbbauzins nur **bestimmbar** sein.

Durch das Euro-Einführungsgesetz wurde diese Vorschrift (ErbbauVO § 9 Abs. 2 S. 1) wieder aufgehoben.

Um aber in der Sache nichts zu verändern, wurde gleichzeitig eine entsprechende Ergänzung im Bürgerlichen Gesetzbuch (BGB) vorgenommen.

Das nunmehr gültige „neue Recht" in Bezug auf die **Bestimmbarkeit des Erbbauzinses** lautet wie folgt:
Als Inhalt der Reallast kann auch vereinbart werden, dass die zu entrichtenden Leistungen sich ohne weiteres an veränderte Verhältnisse anpassen, wenn anhand der in der Vereinbarung festgelegten Voraussetzungen Art und Umfang der Belastung des Grundstücks bestimmt werden können.

Nach „neuem Recht" kann also eine **Wertsicherungsvereinbarung** zum Inhalt der **Erbbau-zins-Reallast** selbst gemacht werden, die nicht mehr nur (wie vorstehend beschrieben) schuldrechtlich zwischen den (beiden) Vertragsparteien, sondern nunmehr **dinglich** gegenüber allen Rechtsnachfolgern wirkt. Dadurch wird die bisher übliche schuldrechtliche Anpassungsverpflichtung und zusätzliche Vormerkung zur Sicherung des Anpassungsanspruches überflüssig. Der Erbbauzins kann also z. B. durch Koppelung an den Verbraucherpreisindex als unmittelbar wertgesicherte Reallast vereinbart werden. Diese Indexkoppelung muss aber ausdrücklich als Inhalt der Reallast vereinbart, von der Eintragungsbewilligung umfasst und im Grundbuch eingetragen werden.

Die Parteien von Alt-Erbbaurechtsverträgen können nachträglich Regelungen nach „neuem Recht" (z. B. eine Wertsicherungsklausel) vereinbaren.

14. ERWERB UND VERÄUSSERUNG VON IMMOBILIEN

– **Musterformular eines Erbbaurechtsvertrages**

Die Erzdiözese Freiburg verwendet für die Vergabe von Erbbaurechten das folgende Musterformular.
Quelle: WEB-Seite „Erzbischöfliches Ordinariat Freiburg", Januar 2006

Erbbaurechtsvertrag

zwischen

_____ - Grundstückseigentümer

und

_____
_____ - Erbbauberechtigter

I.
Grundlagen, gesetzlicher Inhalt

§ 1

(1) _____ **Bestellung des Erbbaurechts**
ist nach dem Grundbuch von _____ Band _____ Heft/Blatt/Nr. _____

Eigentümer des Grundstücks Flst.Nr. _____ der Gemarkung _____

mit einer Größe von _____ qm, im Gewann/Straße _____

(2) Das Grundstück ist in Abteilung II und III unbelastet/belastet mit: _____

(3) Der Grundstückseigentümer bestellt hiermit für o.g. Erbbauberechtigte/n als Mitberechtigte zu _____ Anteilen an dem vorstehend bezeichneten Grundstück ein **Erbbaurecht**.
Dies ist das veräußerliche und vererbliche Recht, auf oder unter der Oberfläche des Grundstücks Bauwerke nach Maßgabe dieses Vertrages zu haben. Art und Umfang der Baubefugnis ergeben sich aus § 2 des Vertrages.
(4) Das Erbbaurecht erstreckt sich auch auf den für die Bauwerke nicht erforderlichen Teil des Grundstücks, wobei diese wirtschaftlich die Hauptsache bleiben müssen.
(5) Das Erbbaurecht beginnt mit dem Tage seiner Eintragung im Grundbuch und endet mit Ablauf des
   31. Dezember _____
(6) Der Übergang von Besitz, Gefahr, sämtlichen Lasten und Nutzungen des Grundstücks auf den Erbbauberechtigten wird auf den 1. _____ vereinbart.

II.
Vertraglicher - dinglicher - Inhalt

§ 2

(1) Der Erbbauberechtigte ist berechtigt und verpflichtet, auf dem Erbbaugrundstück auf seine Kosten ein Gebäude mit **Errichtung und Nutzung von Bauwerken**

_____ Wohneinheiten

_____ Garagen / _____ Stellplätzen

_____ Büro/Praxis

mit folgender näherer Beschreibung (Art und Umfang) zu errichten und zu haben:
_____

Sofern nicht anders vereinbart, wird das Gebäude ausschließlich zu Wohnzwecken genutzt.
(2) Dem Grundstückseigentümer ist ein vollständiger Satz der zur Ausführung kommenden Pläne/Bauvorlagen zu übergeben.

2004

(3) Die Bauwerke dürfen nur mit schriftlicher Zustimmung des Grundstückseigentümers ganz oder teilweise abgebrochen oder wesentlich verändert werden. Weitere Wohneinheiten oder eine Änderung der vereinbarten Nutzungsart sind nur im Wege der Vertragsänderung möglich.

§ 3

Bauverpflichtung

Der Erbbauberechtigte ist verpflichtet, die vorgesehenen Bauwerke innerhalb von drei Jahren nach Abschluss dieses Vertrages bezugsfertig zu errichten. Die Bauwerke sind unter Verwendung guter und dauerhafter Baustoffe und unter Beachtung der allgemein anerkannten Regeln der Bautechnik und der Bauvorschriften zu erstellen.

§ 4

Unterhaltungsverpflichtung

Der Erbbauberechtigte hat die Bauwerke nebst Zubehör im ordnungsgemäßen und zweckentsprechenden Zustand zu erhalten und die hierzu erforderlichen Instandsetzungen und Erneuerungen unverzüglich vorzunehmen. Darüber hinaus ist der Erbbauberechtigte auch zur ordnungsgemäßen Unterhaltung des Erbbaugrundstückes verpflichtet.

§ 5

Versicherungs- und Wiederaufbauverpflichtung

(1) Der Erbbauberechtigte ist verpflichtet, die auf dem Erbbaugrundstück befindlichen Bauwerke zum frühestmöglichen Zeitpunkt gegen Elementarschäden in der Form einer gleitenden Neuwertversicherung auf eigene Kosten zu versichern. Eine Gewässerschadenhaftpflichtversicherung ist abzuschließen, soweit entsprechende Gefahren bestehen, z.B. bei Heizöllagerung. Die Versicherungen sind während der ganzen Laufzeit des Erbbaurechts aufrechtzuerhalten. Dem Grundstückseigentümer ist auf Verlangen das Bestehen der Versicherungen nachzuweisen.

(2) Der Erbbauberechtigte ist verpflichtet, bei Zerstörung die Bauwerke wieder aufzubauen. Dabei sind die Versicherungs- oder sonstigen Entschädigungsleistungen in vollem Umfang zur Wiederherstellung zu verwenden.

§ 6

Lasten und Abgaben

Der Erbbauberechtigte hat alle auf das Erbbaugrundstück und das Erbbaurecht entfallenden einmaligen und wiederkehrenden öffentlichen und privatrechtlichen Lasten, Abgaben und Pflichten, die den Grundstücks- oder Gebäudeeigentümer als solchen betreffen, für die Dauer des Erbbaurechtes zu tragen bzw. dem Grundstückseigentümer zu erstatten. Zu diesen gehören u.a. die Grundsteuer, gemeindliche Lasten nach dem Kommunalabgabengesetz, Erschließungskosten oder Ausgleichsbeträge nach dem BauGB. Ausgenommen sind Grundpfandrechte am Erbbaugrundstück. Für die Erfüllung aller behördlichen Auflagen hat der Erbbauberechtigte zu sorgen.

§ 7

Besichtigungsrecht

Der Grundstückseigentümer ist berechtigt, das Erbbaugrundstück und die Bauwerke nach vorheriger Ankündigung zu besichtigen oder durch Beauftragte besichtigen zu lassen.

§ 8

Zustimmungserfordernis / Verfügungsbeschränkung

(1) Der Erbbauberechtigte bedarf der schriftlichen Zustimmung des Grundstückseigentümers
a) zur Veräußerung des Erbbaurechts im Ganzen oder von ideellen oder realen Teilen,
b) zur Belastung des Erbbaurechts mit Grundpfandrechten, Dauerwohn- und Dauernutzungsrechten und Reallasten sowie zur Änderung des Inhalts eines dieser Rechte, wenn die Änderung eine weitere Belastung des Erbbaurechts enthält.

(2) Die in Ausübung des Erbbaurechts errichteten Bauwerke und die nicht überbauten Teile des Erbbaugrundstücks dürfen nicht für Zwecke benutzt werden, die gegen die katholische Glaubens- und Sittenlehre verstoßen.

§ 9

Heimfall

Der Grundstückseigentümer kann die Übertragung des Erbbaurechts auf sich oder einen von ihm zu bezeichnenden Dritten auf Kosten des Erbbauberechtigten als Heimfall verlangen, wenn
a) der Erbbauberechtigte den in § 2 (Errichtung und Nutzung von Bauwerken), § 3 (Bauverpflichtung), § 4 (Unterhaltungsverpflichtung), § 5 (Versicherungs- und Wiederaufbauverpflichtung), § 6 (Lasten und Abgaben) und § 8 Abs.2 (kirchlicher Vorbehalt) dieses Vertrages aufgeführten Verpflichtungen trotz Abmahnung zuwiderhandelt,
b) der Erbbauberechtigte mit der Zahlung des Erbbauzinses in Höhe von zwei Jahresbeträgen in Verzug ist,
c) über das Vermögen des Erbbauberechtigten das Verfahren nach der Insolvenzordnung eröffnet oder die Eröffnung mangels Masse abgelehnt wird,
d) der Erbbauberechtigte eine eidesstattliche Versicherung abgegeben hat,
e) die Zwangsversteigerung oder Zwangsverwaltung des Erbbaurechts angeordnet worden ist,
f) der Erbbauberechtigte das Erbbaurecht veräußert, bevor mit der Bebauung begonnen worden ist,
g) ein Veräußerungsvertrag über das Erbbaurecht abgeschlossen wurde, ohne dass der Erwerber in alle schuldrechtlichen Verpflichtungen aus diesem Erbbaurechtsvertrag mit der Weiterübertragungsverpflichtung eingetreten ist.

§ 10

Vergütung bei Heimfall / Entschädigung bei Zeitablauf

(1) Macht der Grundstückseigentümer bei einem Erbbaurecht, das ausschließlich Wohnzwecken dient, von seinem Heimfallanspruch gemäß § 9 Gebrauch oder erlischt das Erbbaurecht durch Zeitablauf, so zahlt der Grundstückseigentümer dem Erbbauberechtigten für die Bauwerke eine Vergütung bzw. Entschädigung von 2/3 des Verkehrswerts, den sie zum Zeitpunkt des Heimfalls bzw. bei Zeitablauf haben. Die Vergütung bzw. Entschädigung wird nur für die Bauwerke geleistet, die in § 2 genannt sind oder denen der Grundstückseigentümer nachträglich zugestimmt hat.

(2) Macht der Grundstückseigentümer bei einem Erbbaurecht, das nicht ausschließlich Wohnzwecken dient, von seinem Heimfallanspruch gemäß § 9 Gebrauch oder erlischt das Erbbaurecht durch Zeitablauf, so hat der Erbbauberechtigte die Bauwerke und Anlagen unverzüglich auf seine Kosten beseitigen und den ursprünglichen Zustand wiederherstellen zu lassen.

14. ERWERB UND VERÄUSSERUNG VON IMMOBILIEN

(3) § 27 Abs.2 und § 32 Abs.2 der Erbbaurechtsverordnung bleiben unberührt.

(4) Übernimmt der Grundstückseigentümer gemäß § 33 Erbbaurechtsverordnung Lasten, so sind diese auf die Vergütung anzurechnen. Übersteigen sie die Vergütung, so ist der Erbbauberechtigte verpflichtet, die überschießenden Beträge dem Grundstückseigentümer zu erstatten.

(5) Kommt es über die Höhe des Verkehrswertes zwischen den Beteiligten zu keiner Einigung, so soll diesen der örtlich zuständige Gutachterausschuss gem. § 192 BauGB bestimmen. Der von diesem festgelegte Betrag gilt als zwischen den Beteiligten vereinbart. Die Kosten des Gutachtens haben die Beteiligten je zur Hälfte zu tragen.

(6) Für die Fälligkeit der Vergütung bzw. der Entschädigung gilt folgendes:

a) Beim Heimfall hat die Übertragung des Erbbaurechts zu erfolgen, sobald die Höhe der zu zahlenden Vergütung feststeht. Die Vergütung ist innerhalb von 6 Wochen ab der Beurkundung ohne Zinsen zu bezahlen.

b) Im Fall des Erlöschens des Erbbaurechts durch Zeitablauf ist die Entschädigung innerhalb von 6 Wochen ab dem Tag nach dem Erlöschen ohne Zinsen zu bezahlen.

§ 11

Der Grundstückseigentümer räumt dem jeweiligen Erbbauberechtigten ein Vorrecht auf Erneuerung des Erbbaurechtes nach § 31 Erbbaurechtsverordnung ein.

Vorrecht auf Erneuerung

III.
Erbbauzins und Anpassungsklausel

§ 12

(1) Der jährliche Erbbauzins beträgt _____ EURO, errechnet mit _____ % aus einem Grundstückswert von _____ EURO/m². Er ist in halbjährlichen Raten zugunsten des Grundstückseigentümers auf das Konto Nr. _____

Erbbauzins und Anpassungsklausel

kostenfrei zu zahlen. Er ist fällig für das 1. Kalenderhalbjahr am 1.4., für das 2. Kalenderhalbjahr am 1.10. jeden Jahres.

(2) Der Erbbauzins ist im Hinblick auf die lange Laufzeit des Erbbaurechts wie folgt wertgesichert:

Er ändert sich

a) bei einem Erbbaurecht, das ausschließlich Wohnzwecken dient, ohne weiteres, beginnend mit dem auf den Vertragsabschluss folgenden Monat, erstmals nach Ablauf von 12 Jahren, danach jeweils nach Ablauf von 6 Jahren, in dem selben prozentualen Verhältnis, wie sich der Mittelwert nach oben oder unten verändert hat, der gebildet wird einerseits aus dem Verbraucherpreisindex für Deutschland (VPI) und andererseits aus dem Mittelwert aus dem Index der durchschnittlichen Brutto-Wochenverdienste der Arbeiter und Arbeiterinnen (insgesamt) im produzierenden Gewerbe in Deutschland und dem Index der durchschnittlichen Brutto-Monatsverdienste der Angestellten (insgesamt) im produzierenden Gewerbe; Handel; Kredit- und Versicherungsgewerbe in Deutschland,

b) bei einem Erbbaurecht, das ausschließlich nicht Wohnzwecken dient, ohne weiteres, beginnend mit dem auf den Vertragsabschluss folgenden Monat, jeweils nach Ablauf von 6 Jahren in dem selben prozentualen Verhältnis, wie sich der vom Statistischen Bundesamt ermittelte durchschnittliche Kaufwert für baureifes Land in Baden-Württemberg nach oben oder unten verändert hat,

c) bei einem Erbbaurecht, das sowohl Wohnzwecken als auch nicht Wohnzwecken dient, ohne weiteres, beginnend mit dem auf den Vertragsabschluss folgenden Monat,

- für den Wohnzwecken dienenden Teil gemäß der Regelung unter Buchstabe a),

- für den nicht Wohnzwecken dienenden Teil gemäß der Regelung unter Buchstabe b),

und zwar im Verhältnis der Nutzflächen zueinander.

(3) Der Grundstückseigentümer ist berechtigt, bei nachträglicher Bildung von Teilerbbaurechten nach Wohnungseigentumsgesetz (WEG) den Erbbauzins für die Teilerbbaurechte um 25 % zu erhöhen.

(4) Der Erbbauzins samt Anpassungsklausel ist im Grundbuch als Reallast einzutragen.

(5) Als dinglicher Inhalt des Erbbauzinses wird vereinbart, dass die Reallast abweichend von § 52 Abs.1 Zwangsversteigerungsgesetz mit ihrem Hauptanspruch bestehen bleibt, wenn der Grundstückseigentümer aus der Reallast oder der Inhaber eines im Range vorgehenden oder gleichstehenden dinglichen Rechts die Zwangsversteigerung des Erbbaurechts betreibt.

Betreibt der Inhaber eines im Range nachgehenden dinglichen Rechts die Zwangsversteigerung des Erbbaurechts, sichert der Grundstückseigentümer zu, die Erbbauzinsreallast nicht kapitalisieren, sondern gemäß §§ 59, 91 ZVG bestehen zu lassen, wenn der Ersteher des Erbbaurechts spätestens beim Versteigerungstermin erklärt, dass er in alle Rechte und Pflichten des dem Erbbaurecht zugrunde liegenden Erbbauvertrages und evtl. Vertragsänderungen eintritt.

Hinsichtlich der laufenden und rückständigen Erbbauzinsforderungen ist der Grundstückseigentümer nach den Bestimmungen des Zwangsversteigerungsgesetzes zu befriedigen.

(6) Ab Besitzübergang bis zur Eintragung des Erbbaurechts im Grundbuch hat der Erbbauberechtigte an den Grundstückseigentümer ein jährliches Nutzungsentgelt in Höhe des in § 12 Ziff.1 vereinbarten Erbbauzinses zu den dort genannten Fälligkeitszeitpunkten zu leisten.

IV.
Gegenseitiges Vorkaufsrecht

§ 13

Vorkaufsrecht

(1) Der Grundstückseigentümer räumt dem jeweiligen Erbbauberechtigten am Erbbaugrundstück, der Erbbauberechtigte dem jeweiligen Grundstückseigentümer am Erbbaurecht das dingliche Vorkaufsrecht für alle Verkaufsfälle ein. Für die Vorkaufsrechte gelten die gesetzlichen Bestimmungen.

(2) Das Vorkaufsrecht des Erbbauberechtigten am Erbbaugrundstück kann nicht ausgeübt werden bei Veräußerung des Grundstücks an einen Rechtsträger, der aufgrund gesetzlicher Vorschriften oder satzungsgemäß der Aufsicht des Erzbischofs von Freiburg i.Br. unterliegt.

V.
Weitere Vereinbarungen

§ 14

Rechts-/Sachmängelhaftung

(1) Der Grundstückseigentümer haftet dafür, dass das Erbbaurecht die erste Rangstelle erhält. Die Haftung beschränkt sich darauf, alle möglichen und zumutbaren Schritte zur Erreichung des Rangs auf eigene Kosten durchzuführen. Für den Fall, dass der notwendige erste Rang nicht beschafft werden kann, sind beide Vertragsteile zum Rücktritt von den schuldrechtlichen Bestimmungen dieser Urkunde berechtigt. Die Rückabwicklungskosten trägt der Grundstückseigentümer. Er hat auch dem Erbbauberechtigten die bis dahin bereits angefallenen Notar- und Grundbuchkosten zu erstatten.

(2) Der Grundstückseigentümer haftet nicht für Sachmängel gleich welcher Art, insbesondere nicht für die Bodenbeschaffenheit, die Richtigkeit des angegebenen Flächenmaßes und für die Ausnutzbarkeit des Erbbaugrundstücks für die Zwecke des Erbbauberechtigten. Irgendwelche verdeckte Mängel am Erbbaugrundstück, insbesondere Kontaminationen oder Altlasten bzw. Tatsachen, die üblicherweise dazu führen können, sind dem Grundstückseigentümer nicht bekannt. Ein evtl. Ausgleichsanspruch gem. § 24 Abs.2 Bundesbodenschutzgesetz gegenüber dem Grundstückseigentümer, der aus der Beseitigung von schädlichen Bodenveränderungen und Altlasten herrührt, wird ausgeschlossen.

(3) Die gesetzliche Haftung des Grundstückseigentümers für die Verletzung von Leben, Körper, Gesundheit und bei grobem Verschulden bleibt unberührt.

(4) Der Grundstückseigentümer übernimmt keine Haftung dafür, dass das Grundstück für die Errichtung der beabsichtigten Bauwerke und sonstigen Anlagen geeignet ist und dass die notwendigen behördlichen Genehmigungen erteilt werden.

§ 15

Zustimmung zur Belastung

(1) Der Grundstückseigentümer stimmt schon jetzt der Belastung des Erbbaurechts mit Grundpfandrechten zuzüglich beliebiger Zinsen und Nebenleistungen zu, wenn sie für Anstalten und Körperschaften des öffentlichen Rechts, Banken, Sparkassen, Bausparkassen oder Versicherungsgesellschaften innerhalb eines Zeitraumes von 3 Jahren nach Bestellung des Erbbaurechts eingetragen werden.

(2) Die Zustimmung zur Belastung des Erbbaurechts gilt jedoch nur, wenn das Grundpfandrecht im Rang nach dem Erbbauzins des Grundstückseigentümers eingetragen wird.

(3) Soll das Grundpfandrecht dem dinglichen Vorkaufsrecht des Grundstückseigentümers im Rang vorgehen, so stimmt dieser hiermit dem erforderlichen Rangrücktritt zu und bewilligt den Vollzug im Erbbaugrundbuch.

(4) Der Erbbauberechtigte verpflichtet sich, zur Belastung des Erbbaurechts mit anderen als in § 8 b aufgeführten dinglichen Rechten, zur Eintragung einer Baulast sowie zur Änderung des Inhalts solcher Rechte die Zustimmung des Grundstückseigentümers einzuholen.

§ 16

Verkehrssicherungspflicht

(1) Der Erbbauberechtigte trägt die Verkehrssicherungspflicht für seine Bauwerke und das Erbbaugrundstück einschließlich des Aufwuchses allein. Ferner übernimmt er die gesetzliche Haftpflicht des Grundstückseigentümers sowie die satzungsgemäße Räum- und Streupflicht. Er haftet dem Grundstückseigentümer gegenüber für alle bei der Ausübung des Erbbaurechts und der mit diesem verbundenen Rechte entstehenden Schäden, vor allem hat er ihn aus jeder Verkehrssicherungspflicht freizustellen.

(2) Der Erbbauberechtigte ist verpflichtet, eine Haftpflichtversicherung mit ausreichender Deckungssumme abzuschließen und auf Dauer des Erbbaurechts aufrecht zu erhalten.

§ 17

Gesamtschuldner

Mehrere Erbbauberechtigte haften für alle Verpflichtungen aus diesem Vertrag als Gesamtschuldner. Sie ermächtigen sich gegenseitig zur Entgegennahme von Erklärungen des Grundstückseigentümers. Bei der Begründung von Wohnungserbbaurechten/Teilerbbaurechten haftet jeder Wohnungseigentümer/Teileigentümer nur für seinen Anteil.

§ 18

Zwangsvollstreckungsunterwerfung

Der Erbbauberechtigte - mehrere als Gesamtschuldner - unterwirft sich der sofortigen Zwangsvollstreckung:

a. wegen des Anspruchs auf Zahlung des in § 12 Abs. 1 festgelegten Erbbauzinses in seiner gem. § 12 Abs. 2 wertgesicherten Form und wegen des in § 12 Abs. 3 festgelegten Erbbauzinses in seiner gem. § 12 Abs. 2 wertgesicherten Form, sowohl bezüglich des schuldrechtlichen Anspruchs auf Zahlung des Erbbauzinses, als auch bezüglich der dinglichen Erbbauzinsreallast;

b. wegen des gegen den jeweiligen Erbbauberechtigten bestehenden Anspruchs auf Zahlung des wertgesicherten Erbbauzinses (persönliche Haftung gem. § 1108 Abs. 1 BGB);

c. wegen des Anspruchs auf Zahlung des Nutzungsentgeltes gem. § 12 Abs. 6.

Der Notar wird ermächtigt, dem Grundstückseigentümer jederzeit eine vollstreckbare Ausfertigung dieser Urkunde ohne Fälligkeitsnachweis zu erteilen. Eine Umkehr der Beweislast ist damit nicht verbunden.

§ 19

Soweit die Verpflichtungen dieses Vertrags nicht kraft Gesetzes auf die Rechtsnachfolger übergehen, ist jeder Vertragsteil verpflichtet, seine sämtlichen Verpflichtungen aus diesem Vertrag seinen sämtlichen Sonderrechtsnachfolgern mit Weiterübertragungsverpflichtung aufzuerlegen. Wenn ein Sonderrechtsnachfolger des Erbbauberechtigten nicht alle Verpflichtungen aus diesem Vertrag übernimmt, kann der Grundstückseigentümer die nach § 8 erforderliche Zustimmung zur Veräußerung des Erbbaurechts verweigern.

Rechtsnachfolge

§ 20

(1) Sollte eine Bestimmung dieses Vertrags unwirksam sein oder werden, so wird dadurch die Wirksamkeit des Vertrags und des Erbbaurechts im Übrigen nicht berührt. Die Vertragsteile sind dann verpflichtet, den Vertrag durch eine Regelung zu ergänzen, die der unwirksamen Bestimmung wirtschaftlich am nächsten kommt.

(2) Sofern Vereinbarungen aus dem Abschnitt II nicht mit dinglicher Wirkung möglich sind, gelten sie schuldrechtlich. Insoweit ist der Notar ermächtigt, den Antrag zurück zu nehmen.

Salvatorische Klausel

§ 21

Für die Bearbeitung dieses Vertrages hat der Erbbauberechtigte innerhalb von 2 Wochen nach Vertragsabschluss eine Gebühr von _____ EURO an die Bistumskasse in Freiburg auf deren Konto Nr. 7404040827 bei der Landesbank Baden-Württemberg (BLZ 600 501 01) zu zahlen.

Bearbeitungsgebühr

§ 22

Der Erbbauberechtigte hat alle jetzt und in Zukunft aus diesem Vertrag einschließlich seiner Durchführung und Änderung entstehenden Kosten, die Grunderwerbssteuer und anfallende Kosten der Vermessung, Vermarkung und Grenzfeststellung zu tragen, ebenso die Kosten des Heimfalls, der Löschung des Erbbaurechts und der Schließung des Erbbaugrundbuchs.

Kosten

§ 23

Die Genehmigung dieses Vertrages durch das Erzbischöfliche Ordinariat in Freiburg i.Br. bleibt vorbehalten.

Genehmigungsvorbehalt

§ 24

Die Beteiligten sind über die Bestellung des Erbbaurechts einig. Sie bewilligen und beantragen

Grundbuchanträge

(1) Für das in § 1 bezeichnete Grundstück im Grundbuch einzutragen:
  a) ein Erbbaurecht nach § 1 Abs. 1 - 5,
  b) ein Vorkaufsrecht nach § 13 Abs.1 für alle Verkaufsfälle während der Dauer des Erbbaurechts für den jeweiligen Erbbauberechtigten mit dem Rang nach dem Erbbaurecht.

(2) Ein Erbbaugrundbuch anzulegen und dort einzutragen:
  a) das Erbbaurecht und die §§ 2 - 11 mit Ausnahme von § 2 Abs. 2, § 4 Satz 2 und § 8 Abs. 2 des Erbbaurechtsvertrages als Inhalt des Erbbaurechts,
  b) in Abt.II unter Nr.1 den Erbbauzins für den jeweiligen Grundstückseigentümer in der in § 12 Abs.1 angegebenen Höhe als Reallast mit Anpassungsklausel gem. § 12 Abs. 2 und der Vereinbarung für den Fall der Zwangsversteigerung gem. § 12 Abs. 5 Satz 1,
  c) in Abt.II unter Nr. 2 ein Vorkaufsrecht nach § 13 Abs. 1 für alle Verkaufsfälle für den jeweiligen Grundstückseigentümer mit dem Rang nach der Reallast (Abt.II Nr.1).

Die Eintragungen können nur gleichzeitig vollzogen werden.

VI.
Schluss

(1) Die Genehmigung des Erbbauvertrages durch das Erzb. Ordinariat in Freiburg i.Br. wird beantragt. Der Notar wird ermächtigt, die Genehmigung einzuholen und entgegenzunehmen. Der Eingang der Genehmigung beim Notariat -Grundbuchamt- ersetzt die Bekanntgabe an die Beteiligten.

(2) Beantragt werden:
  a) eine Vertragsausfertigung für das Grundbuchamt,
  b) eine unbeglaubigte Abschrift für das Finanzamt,
  c) je eine beglaubigte Abschrift für den Grundstückseigentümer und für den Erbbauberechtigten,
  d) eine beglaubigte Abschrift für das Erzbischöfliche Ordinariat Freiburg.

Der Grundstückseigentümer beantragt, für sich sowie unmittelbar an das Erzbischöfliche Ordinariat, Herrenstr. 35, 79098 Freiburg Eintragungsnachricht über den Vollzug der Erbbaurechtsbestellung im Grundbuch sowie im Erbbaugrundbuch zu erteilen.

Vorgelesen, genehmigt und unterschrieben:

14.3.1.4 Übertragung und Belastung des Erbbaurechts

– Übertragung des Erbbaurechts

Das Erbbaurecht ist vererblich und veräußerlich (kann von den Vertragsparteien nicht abbedungen werden).

ErbbauVO § 1 vererblich und veräußerlich

Unter Veräußerung versteht man die dingliche, also gegenüber jedermann wirksame Übertragung des Erbbaurechts an einen Dritten.

Zur wirksamen Übertragung sind die Einigung des Veräußerers und des Erwerbers über den Übergang des Rechts sowie die entsprechende Grundbucheintragung im Erbbaugrundbuch erforderlich.

ErbbauVO § 11, BGB § 873

Es sind aber gewisse Verfügungsbeschränkungen zulässig.

ErbbauVO §§ 5–8 Verfügungsbeschränkungen

Die Vertragsparteien haben weiterhin die Möglichkeit, schuldrechtliche Vereinbarungen (nicht dingliche) zu treffen. Als Beispiel seien hier Vereinbarungen von Vorkaufs- und Ankaufsrechten genannt. Für die Vererblichkeit des Erbbaurechts gelten die Regelungen des Erbrechts.

BGB § 1922 ff.

Die Bestellung eines Erbbaurechts auf die Dauer des Lebens der Erbbauberechtigten ist unzulässig.

– Die Belastung des Erbbaurechts

Zur Sicherung der Marktgängigkeit des Erbbaurechts und weil es wie ein Grundstück behandelt wird, ist die Belastung mit jedem Recht zulässig, das an einem Grundstück bestellt werden kann (Dienstbarkeiten, Reallasten [z. B. Erbbauzins], Nießbrauchsrechte, Dauerwohnrecht gem. WEG § 42, Hypotheken, Grundschulden, Rentenschulden).

ErbbauVO § 11 Belastung mit Rechten

Manche Kreditinstitute dürfen nach Gesetz oder Satzung nur gegen mündelsichere Grundpfandrechte (vgl. Grundpfandrechte) Darlehen gewähren. Da beim Erbbaurecht das Grundstück nicht in die Haftung für das Grundpfandrecht einbezogen ist, sind in die Verordnung über das Erbbaurecht besondere Vorschriften zur Beleihung aufgenommen worden.

BGB § 1807

ErbbauVO §§ 18–20

Als mündelsicher gelten als besonders risikolos oder wertbeständig erachtete Werte, wie z. B.
- sichere inländische Hypotheken, Grund- oder Rentenschulden
- Bundes- oder Länderanleihen
- Schuldverschreibungen vom Bund oder durch die Länder garantiert
- Anleihen kommunaler Körperschaften

14.3.1.5 Beendigung des Erbbaurechts

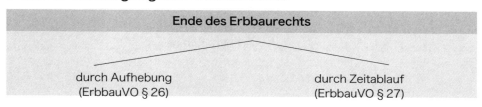

– Beendigung des Erbbaurechts durch Aufhebung

Das Erbbaurecht kann durch Vereinbarung aufgehoben werden. Der Erbbauberechtigte kann gegenüber dem Grundbuchamt oder dem Grundstückseigentümer erklären, dass er das Erbbaurecht aufgebe. Stimmt der Grundstückseigentümer zu, wird das Erbbaurecht im Grundbuch des belasteten Grundstücks gelöscht.

Zustimmung Entschädigung

Die Zustimmung des Grundstückseigentümers kann abhängig sein von einer Entschädigungsforderung des Erbbauberechtigten und deren Höhe sowie von den Verwendungsmöglichkeiten des Grundstücks für den Eigentümer.

BGB § 876

Ist das Erbbaurecht mit Rechten Dritter belastet, bedarf es zur Aufhebung des Erbbaurechts auch deren Zustimmung.

ErbbauVO § 16

Bei Vorliegen dieser Zustimmungen wird das Erbbaugrundbuch von Amts wegen geschlossen.

ErbbauVO § 30

Miet- und Pachtverträge, die der Erbbauberechtigte abgeschlossen hat, bleiben bestehen (entsprechend den Regelungen des BGB §§ 566 ff.).

– Beendigung des Erbbaurechts durch Zeitablauf

Ablauf der bestimmten Zeit

Meistens wird das Erbbaurecht auf bestimmte Zeit bestellt, etwa auf 30, 60 oder 99 Jahre. Es erlischt dann mit Ablauf der bestimmten Zeit von selbst, ohne dass es einer Erklärung der Beteiligten bedürfte. Das Grundbuch des belasteten Grundstücks wird unrichtig. Der Grundstückseigentümer kann von dem Erbbauberechtigten die Zustimmung zur Löschung des Erbbaurechts verlangen.

BGB § 894

GBO § 22

Ergibt sich die Befristung unmittelbar aus der Grundbucheintragung, kann der Grundstückseigentümer die Löschung des Rechts dadurch herbeiführen.

ErbbauVO § 16

Das Erbbaugrundbuch ist zu schließen. Die auf dem Erbbaurecht lastenden dinglichen Rechte erlöschen.

ErbbauVO § 27 Entschädigung

Das Vertragsende bewirkt, dass das Bauwerk kraft Gesetzes in das Eigentum des Grundstückseigentümers fällt, wofür dieser den Berechtigten (in dem vertraglich vorgesehenen Umfang) zu entschädigen hat.

Entstehung und Beendigung des Erbbaurechts	
Vertrag zwischen Grundstückseigentümer und künftigem Erbbauberechtigtem →	Rechtsgrundlage: Erbbaurechtsverordnung und individuelle Vereinbarung z. B. über – Versicherung – Heimfall – Entschädigung – Erbbauzins

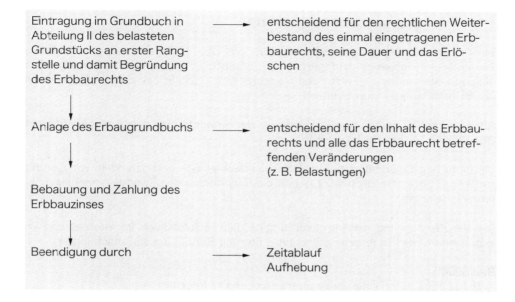

14.4 SONSTIGE ERWERBSVORGÄNGE

14.4.1 Zuschlag in der Zwangsversteigerung

Bei dem Grundstückserwerb durch Zuschlag in der Zwangsversteigerung handelt es sich um einen entgeltlichen Erwerb durch Hoheitsakt.

Die zunehmende Bedeutung dieser Erwerbsform auf dem Immobilienmarkt wird durch die gestiegene Anzahl der Immobilienzwangsversteigerungen in der Bundesrepublik Deutschland belegt.

Auslöser für eine Zwangsversteigerung von Immobilien können z. B. finanzielle Schwierigkeiten, Ehescheidungen oder Erbauseinandersetzungen sein.

Mit Zuschlag in der Zwangsversteigerung können Interessenten zum einen eine Immobilie u. U. relativ günstig erwerben, da die Versteigerungspreise im Durchschnitt nur ca. 80 % des Verkehrswertes erreichen und keine Makler- und Notarkosten anfallen.

Zum anderen können Objekte erworben werden, die aufgrund hoher Belastungen nicht frei veräußerbar sind.

Allerdings ist es angezeigt, dass sich der (Biet-)Interessent gründlich auf diese besondere Erwerbsform vorbereitet und sich intensiv mit dem Verfahren und dessen Ablauf vertraut macht.

Zuschlag in der Zwangsversteigerung

Erwerb durch Hoheitsakt

14.4.1.1 Informationsbeschaffung

Amtsgericht
Rechtspfleger

Die Zwangsversteigerungen werden i. d. R. von den Amtsgerichten durchgeführt. Zuständig ist dasjenige Amtsgericht, in dessen Bezirk das Grundstück liegt. Das gesamte Versteigerungsverfahren (einschließlich der Erlösverteilung) wird von einem Rechtspfleger durchgeführt.

Anstehende Versteigerungen werden an der Gerichtstafel des Amtsgerichts mit Objekt- und Terminangabe ausgehängt.

Amtliche Bekanntmachungsblätter

Die amtlichen Bekanntmachungsblätter (landesrechtlich geregelt, kann von Gericht zu Gericht unterschiedlich sein) geben die entsprechenden Zwangsversteigerungstermine bekannt.

Internet
Tagespresse

Die Veröffentlichung der Versteigerungstermine erfolgt auch im Internet und im Immobilienteil der Tagespresse und evtl. unter der Rubrik „Bekanntmachungen".

Beispiele:
- Bekanntmachung einer Zwangsversteigerung im Internet
  (www.zwangsversteigerung.de)

Bundesland Schleswig-Holstein
Amtsgericht Eutin

Haus und Gewerbeobjekt in Bad Malente-Timmdorf

Aktenzeichen	K133/04
UNIKA-ID	A16690
Termin	24. 1. 2006 – 10:30 Uhr
Saal	A
	Amtsgericht Eutin Jungfernstieg 3
zuständiges Amtsgericht	23701 Eutin
Telefon	04521 705-6
Objektlage	23714 Bad Malente-Timmdorf
Straße	Am Himberg 3
Grundbuch	Timmdorf, Blatt Nr. 835
Verkehrswert	290.000,00 €
Wiederholungstermin	Nein
Versteigerungsart	Zwangsversteigerung
Objektart und Kurzbeschreibung	**Haus und Gewerbeobjekt** Baujahr: 1987, Grundstück: 26.517 m^2, Nutzfläche: 150 m^2, mit Keller, 3 Garagen, mit Betriebsgebäude, Objekt wird z. Zt. als Baumschule genutzt

- Bekanntmachung derselben Zwangsversteigerung in der Lokalzeitung unter der Rubrik „Bekanntmachungen"

Grundstücksversteigerung

Am 24. 1. 2006, 10.30 Uhr, soll das im Grundbuch von Bad Malente Blatt 835 eingetragene Grundstück, Gemarkung Timmdorf, Flur 1, Flurstück 9, Hof- und Gebäudefläche, Ackerland, Grünland, Sandkoppel (postalische Anschrift: Am Himberg 3), Größe: 2.6517 m², im hiesigen Amtsgericht, Jungfernstieg 3, Saal A, zwangsversteigert werden. Das Grundstück ist bebaut mit einem unterkellerten Wohnhaus (Bj. 1987, ca. 85 m² Wohnfläche), mit 3 Garagen und mit einem nicht unterkellerten Betriebsgebäude (Bj. 1987, ca. 65 m² Wohn- u. Nutzfläche). Das Objekt wird derzeit als Baumschule genutzt, die Baumschulpflanzen unterliegen nicht der Beschlagnahme. Verkehrswert: 290 000,00 €. Im Versteigerungstermin ist evtl. Bietsicherheit i. H. v. 10 % des Verkehrswertes zu leisten.

Internet: www.hanmark.de.

K 133/04

Amtsgericht Eutin, 27. 12. 2005

Auch private Versteigerungsanzeiger und -kataloge bieten eine Übersicht über aktuelle Versteigerungen. *(Private Versteigerungsanzeiger und -kataloge)*

Nähere Informationen zum Versteigerungsobjekt finden sich in der Versteigerungsakte. Die Akte enthält u. a. den Grundbuchauszug und das Verkehrswertgutachten sowie die betreibenden Gläubiger und die zu übernehmenden Lasten. Diese Unterlagen können beim Amtsgericht eingesehen und eigene Aufzeichnungen angefertigt werden (keine Kopien). *(Versteigerungsakte; ZVG § 42)*

Bei allen Fragen zum Verfahren steht der zuständige Rechtspfleger als Ansprechpartner zur Verfügung. Auskünfte werden i. d. R. nur bei einem persönlichen Besuch in der Geschäftsstelle des Amtsgerichtes erteilt. *(Rechtspfleger)*

14.4.1.2 Zwangsversteigerungsverfahren

In der Mehrzahl der Zwangsversteigerungsfälle sollen die Ansprüche des Gläubigers aus dem Erlös des Grundstücks bei dessen Verwertung befriedigt werden (vgl. auch „Zwangsweise Befriedigung des Grundpfandgläubigers"). Die rechtlichen Grundlagen hierzu finden sich in der Zivilprozessordnung (ZPO) und im Zwangsversteigerungsgesetz (ZVG). *(Befriedigung des Grundpfandgläubigers ZPO § 864 ff.)*

Von der Zwangsversteigerung, die ein Gläubiger betreibt, ist die Zwangsversteigerung zum Zwecke der **Aufhebung der Gemeinschaft** zu unterscheiden. *(Aufhebung der Gemeinschaft)*

Diese Situation tritt ein, wenn es zwischen mehreren Eigentümern eines Grundstücks (z. B. Erbengemeinschaft) zu keiner Einigung über den Verkauf der geerbten Immobilie kommt.

In einer solchen Situation kann jeder Miteigentümer den Antrag auf Zwangsversteigerung stellen.

ZVG § 1	Der **Antrag auf Zwangsversteigerung** ist bei dem Amtsgericht (Vollstreckungsgericht) zu stellen, in dessen Bezirk das Grundstück belegen ist.
Antrag des betreibenden Gläubigers	In den folgenden Ausführungen wird die Durchführung eines Zwangsversteigerungsverfahrens auf **Antrag des betreibenden Gläubigers** dargestellt.
ZVG §§ 15, 146	Der Antrag soll das Grundstück, den Eigentümer, den Anspruch und den vollstreckbaren Titel bezeichnen.
ZVG § 16 Unterlagen	Dem Antrag sind folgende Unterlagen beizufügen: · Vollstreckungstitel mit Klausel, · ein Grundbuchauszug, · evtl. sonstige Urkunden (Vollmachten, Erbschein, Genehmigung des gesetzlchen Vertreters).

– **Anordnungsbeschluss**

Voraussetzungen	Vor Einleitung des Verfahrens hat das Gericht die allgemeinen Voraussetzungen (Schuldtitel, Vollstreckungsklausel und Zustellungsnachweis) zu prüfen. Bei Vorliegen dieser Voraussetzungen ordnet das Gericht durch Beschluss die Zwangsversteigerung an. Dieser Beschluss wird dem Schuldner zugestellt; der Gläubiger erhält eine formlose Mitteilung. Das Grundbuchamt erhält diesen Anordnungsbeschluss mit der Aufforderung, die Eintragung des **Zwangsversteigerungsvermerkes** in das Grundbuch (Abt. II) vorzunehmen.
ZVG § 19 Abs. 1 Zwangsversteigerungsvermerk	

Grundbuchauszug mit Mustereintragung eines Zwangsvollstreckungsvermerkes:

			Einlegeblatt	Abt.
Amtsgericht Altstadt	**Grundbuch von** Neudorf	**Blatt** 4711	**Zweite Abteilung** 1	II

Laufende Nummer der Eintragungen	Laufende Nummer der betroffenen Grundstücke im Bestandsverzeichnis	Lasten und Beschränkungen
1	2	3
1	1	Grunddienstbarkeit (Geh- und Fahrrecht) für den jeweiligen Eigentümer des Grundstücks Flur 5, Flurstück 6/12, eingetragen im Grundbuch von Neudorf, Blatt 3302. Unter Bezugnahme auf die Bewilligung vom 27. 2. 1989, eingetragen am 9. Mai 1989. Hauser Kienzle
2	1	Die Zwangsverwaltung des Grundstücks ist angeordnet – 6L 8/94 – eingetragen am 29. März 1994. Hauser Kienzle
3	1	Die Zwangsversteigerung des Grundstücks ist angeordnet – 6K 14/94 – eingetragen am 30. Mai 1994. Hauser Kienzle

ZVG §§ 20, 10 Beschlagnahme	Durch den Zwangsversteigerungsbeschluss wird das Grundstück einschließlich der mithaftenden Gegenstände (vgl. „Hypothek") zugunsten des Gläubigers beschlagnahmt.

Von der Beschlagnahme werden aber nicht erfasst:
· Land- und forstwirtschaftliche Erzeugnisse, die nicht mehr mit dem Boden verbunden sind,

- Miet- und Pachtzinsforderungen,
- Ansprüche aus einem Recht auf wiederkehrende Leistungen.

<small>ZVG § 21 Abs. 2</small>

Diese Gegenstände können nur im Rahmen der Zwangsverwaltung einbezogen werden. Durch die Anordnung der Zwangsversteigerung ist der Schuldner also nicht an der Verwaltung und Benutzung des Grundstücks (allerdings nur im Rahmen einer ordnungsgemäßen Verwaltung) gehindert. Der Schuldner kann also z. B. wirksam Miet- und Pachtverträge schließen. Die Beschlagnahme bewirkt, dass der Schuldner das Grundstück nicht mehr veräußern darf. Damit ist gemeint, dass Verfügungen über das Grundstück oder über Rechte am Grundstück insoweit unwirksam sind, als sie die Rechte des Gläubigers beeinträchtigen.

<small>ZVG § 24
ZVG § 23

ZVG § 10
ZVG § 22
ZVG § 9</small>

Die Beschlagnahme bewirkt weiter, dass der Gläubiger das Recht hat, sich aus dem Grundstück zu befriedigen. Die Beschlagnahme wird mit der Zustellung des Beschlusses an den Schuldner oder mit Eingang beim Grundbuchamt wirksam.

An dem Zwangsversteigerungsverfahren beteiligt sind:
- Der das Verfahren betreibende (aktive) Gläubiger,
- der Schuldner (i. d. R. der Grundstückseigentümer),
- diejenigen Personen (Grundstücksberechtigte, oder nicht aktive Gläubiger), für welche zurzeit der Eintragung des Zwangsversteigerungsvermerks im Grundbuch ein Recht eingetragen ist (u. a. Grundpfandrechtsgläubiger, Dienstbarkeits- und Reallastberechtigte).

<small>Verfahrensbeteiligte</small>

Andere Personen sind nur beteiligt, wenn sie ihre Rechte angemeldet haben. Beispielhaft sind hier die Berechtigten aus Grundstücksrechten zu nennen, die erst nach Eintragung des Versteigerungsvermerks im Grundbuch eingetragen worden sind, sowie Berechtigte aus öffentlichen Lasten, z. B. Grundsteuern, Erschließungskosten.

Die Beteiligten am Zwangsversteigerungsverfahren sind durch das Gericht von Amts wegen am gesamten Verfahren zu beteiligen, z. B. rechtzeitige Ladung zum Termin.

- **Einstellung und Aufhebung des Verfahrens**

Im Verlauf des Versteigerungsverfahrens kann eine einstweilige Einstellung oder eine Aufhebung angeordnet werden. Bei einer einstweiligen Einstellung wird das Verfahren vorübergehend unterbrochen, bei einer Aufhebung wird das Verfahren beendet.

<small>ZVG § 30</small>

Die **einstweilige Einstellung** erfolgt auf Bewilligung des Gläubigers oder auf Antrag des Schuldners. Der das Verfahren betreibende (aktive) Gläubiger kann jederzeit ohne Angaben von Gründen die einstweilige Einstellung des Verfahrens bewilligen. Die Bewilligung durch den Gläubiger erfolgt i. d. R. dann, wenn der Schuldner in der Zwischenzeit Zahlungen geleistet oder angekündigt hat. Bleiben aber zum Beispiel die angekündigten Zahlungen des Schuldners aus, so kann der Gläubiger ohne Begründung die Fortsetzung des Verfahrens beantragten. Wird dieser Antrag aber nicht innerhalb von 6 Monaten gestellt, so wird das Verfahren aufgehoben.

<small>Einstweilige Einstellung

ZVG § 31 Abs. 1
ZVG § 30 Abs. 1
ZPO § 765a
ZVG § 30a Abs. 1</small>

Die einstweilige Einstellung des Verfahrens kann aber nochmals durch den Gläubiger bewilligt werden; allerdings gilt die dritte Bewilligung als Rücknahme des Versteigerungsantrags und führt zur Aufhebung des Verfahrens. Auch der Schuldner kann im Rahmen des Vollstreckungsschutzes auf Antrag eine einstweilige Einstellung des Verfahrens für höchstens 6 Monate erwirken. Hierbei müssen bestimmte Voraussetzungen vorliegen, die durch das Gericht überprüft werden.

<small>ZVG §§ 30a, 30b</small>

<small>Vollstreckungsschutz</small>

Der Vollstreckungsschutz nach § 765a ZPO kann evtl. gewährt werden, wenn der zu erwartende Ersteigerungserlös z. B. unter 40 % des Verkehrswertes liegt.

Die am 1.1.1999 in Kraft getretene **Insolvenzordnung** bietet weitere Möglichkeiten, um unter bestimmten Voraussetzungen eine **einstweilige Einstellung** des Zwangsversteigerungsverfahrens zu erwirken.

So kann der Insolvenzverwalter die einstweilige Einstellung des laufenden Zwangsversteigerungsverfahrens beantragen, wenn z. B.
- das Grundstück für die Fortführung des Unternehmens benötigt wird oder
- die Durchführung des Insolvenzplanes durch die Versteigerung gefährdet würde.

Wenn glaubhaft gemacht werden kann, dass zur Verhütung nachteiliger Veränderungen in der Vermögenslage des Schuldners eine Einstellung erforderlich ist, kann die Zwangsversteigerung auf Antrag des vorläufigen Verwalters bereits vor Eröffnung des Insolvenzverfahrens einstweilen eingestellt werden.

<small>Aufhebung</small>

<small>ZVG § 29
ZVG § 30 Abs. 1
ZVG § 31 Abs. 1</small>

<small>ZVG § 28</small>

<small>ZVG § 77 Abs. 2</small>

Die Aufhebung des Verfahrens erfolgt,
- wenn der Versteigerungsantrag von dem Gläubiger zurückgenommen wird,
- wenn der Gläubiger zum dritten Mal die einstweilige Verfahrenseinstellung bewilligt,
- wenn der Gläubiger nach der einstweiligen Einstellung den Fortsetzungsantrag nicht fristgerecht gestellt hat,
- wenn aus dem Grundbuch Rechte ersichtlich sind, die dem Verfahren entgegenstehen (z. B. bei Eigentumsübergang vor Eintragung des Zwangsversteigerungsvermerks),
- wenn auch im zweiten Versteigerungstermin kein entsprechendes Gebot vorliegt.

Der Gläubiger kann die Zwangsversteigerung aber jederzeit neu beantragen. Dies gilt jedoch nicht, wenn die Aufhebung des Verfahrens aufgrund entgegenstehender Rechte erfolgte.

– **Versteigerungstermin**

<small>ZVG § 74a Abs. 1 Grundstückswert</small>

Noch bevor der Versteigerungstermin bestimmt wird, setzt das Gericht den **Grundstückswert** fest.

<small>ZVG § 68 Abs. 1</small>

Der Grundstückswert wird u. a. zur Ermittlung der so genannten $^{7}/_{10}$- und $^{5}/_{10}$-Grenze sowie für die Bemessung der Gerichtskosten und die Höhe der Sicherheitsleistung benötigt.

<small>BauGB § 194</small>

Als Grundlage für die Festsetzung des Grundstückswertes wird i. d. R. ein Gutachten über den Verkehrswert (vgl. 14.5 Grundstücksbewertung von unbebauten und bebauten Grundstücken) durch das Gericht eingeholt.

Der Erwerber kann aus dem Sachverständigengutachten jedoch keine Ansprüche auf einen bestimmten Zustand der Immobilie geltend machen. Um ein mögliches Risiko gering zu halten, sollte sich der Interessent/Erwerber hinreichend mit dem Zustand der zu versteigernden Immobilie vertraut machen. Nach Zuschlagserteilung kann weder der Preis herabgesetzt noch der Erwerb rückgängig gemacht werden.

Wichtig

Die Bestimmung des Grundstückswertes umfasst auch den Wert der beweglichen Gegenstände (z. B. Zubehör), die von der Beschlagnahme miterfasst sind.

Der Versteigerungstermin wird durch das Vollstreckungsgericht festgelegt. Die Terminbestimmung muss lt. ZVG bestimmte Angaben enthalten (z. B. die Aufforderung zur Anmeldung von Rechten) und ist mindestens sechs Wochen vor dem Termin öffentlich bekannt zu machen (vgl. 14.4.1.2 Informationsbeschaffung). Der Zeitraum zwischen Bekanntgabe des Termins und dem Versteigerungstermin soll i. d. R. nicht mehr als sechs Monate betragen.

Terminbestimmung

ZVG §§ 37, 38

Der Versteigerungstermin ist in drei Teile gegliedert:
- Aufruf der Sache zur Vorbereitung der eigentlichen Versteigerung,
- die eigentliche Versteigerung (Bietstunde),
- die Anhörung der Beteiligten über den Zuschlag.

ZVG §§ 39, 40
Ablauf

Der **Aufruf der Sache** ist durch das ZVG vorgeschrieben und beinhaltet u. a. die Bekanntgabe der Namen der betreibenden Gläubiger, den wesentlichen Inhalt des Grundbuchs, Besonderheiten der Immobilie (z. B. bestehende Baulasten) die Versteigerungsbedingungen und das geringste Gebot. Das **geringste Gebot** ist das Gebot, das unbedingt geboten werden muss. Es muss alle Ansprüche, die dem Anspruch des die Zwangsversteigerung betreibenden Gläubigers im Range vorgehen, umfassen und die Verfahrenskosten decken.

ZVG § 66
Aufruf der Sache

Geringstes Gebot

ZVG § 44

Bei Rechten, die im Grundbuch nicht bewertet sind, wie z. B. Dienstbarkeiten und Reallasten, setzt das Gericht einen Wert fest.

ZVG § 10,
ZVG § 51

Die **eigentliche Versteigerung** beginnt mit der Aufforderung des Gerichts zur Abgabe von Geboten. Sie dauert mindestens 30 Minuten. Diese so genannte Bietstunde kann bei Bedarf allerdings überschritten werden. Die Versteigerung muss so lange fortgesetzt werden, bis ein weiteres Angebot nicht mehr abgegeben wird. Das letzte Gebot wird durch dreimaligen Aufruf durch das Gericht verkündet. Anschließend wird der Schluss der Versteigerung durch das Gericht festgestellt. An der Versteigerung kann sich jede Person, die sich ausweisen kann und die voll geschäftsfähig ist, beteiligen. Eine Person, die nicht in eigenem Namen bietet, benötigt eine beglaubigte **Bietervollmacht**.

ZVG § 73
Bietstunde

ZVG § 71 Abs. 2

Gebote können nicht schriftlich eingereicht werden, sie müssen mündlich im Versteigerungstermin abgegeben werden.

Der bzw. die Bieter müssen auf Verlangen eines Beteiligten Sicherheit leisten. Die **Sicherheitsleistung** beträgt **10% des Verkehrswertes** (vgl. BauBG § 194); sie muss aber mindestens die Verfahrenskosten abdecken.

ZVG § 67
Sicherheitsleistung

14. ERWERB UND VERÄUSSERUNG VON IMMOBILIEN

ZVG § 68 Abs. 1
ZVG § 69

Die Sicherheitsleistung kann erbracht werden durch
- einen bestätigten Bundesbankscheck,
- einen Verrechnungsscheck eines anerkannten Kreditinstitutes,
- eine selbstschuldnerische Bankbürgschaft und ausnahmsweise durch
- die Hinterlegung von Bargeld.

ZVG § 70

Kann ein Bieter die verlangte Sicherheit nicht sofort im Termin leisten, so ist das Gebot zurückzuweisen.

Zuschlag

Nachdem der Schluss der Versteigerung festgestellt wurde, wird i. d. R. die Entscheidung über den Zuschlag verkündet.

ZVG § 49
Meistgebot
Bargebot

Der Zuschlag wird demjenigen Bieter erteilt, der das **höchste Gebot (Meistgebot)** abgegeben hat. Der Teil des Meistgebotes, der die bestehen bleibenden Rechte übersteigt, muss bar entrichtet werden **(Bargebot)**.

Nur dieses Bargebot wird im Versteigerungstermin als Gebot genannt. Die bestehen bleibenden Rechte sind zur Ermittlung des Grundstücksgegenwertes hinzuzurechnen.

Besteht ein zu übernehmendes Recht jedoch tatsächlich nicht mehr, so hat der Ersteher (unter dem Aspekt der ungerechtfertigten Bereicherung) dessen Wert zusätzlich zum Bargebot zu zahlen.

ZVG § 51

Die Bewertung der bestehen bleibenden Rechte ergibt sich bei bestehenden Rechten in Abt. III (Grundpfandrechte) aus dem im Grundbuch eingetragenen Betrag, bei bestehenden Rechten in Abt. II, z. B. Grunddienstbarkeiten, Reallasten, legt das Gericht einen Ersatzwert fest.

Beispiel (vereinfacht):

Ein Grundstück ist wie folgt belastet:	1. Grundschuld	120.000,00 €
	2. Grundschuld	60.000,00 €

Betreiber des Verfahrens ist der Grundpfandrechtsgläubiger der 2. Grundschuld. Der Zuschlag wird am ... erteilt, der Verteilungstermin ist am ...

· Verkehrswert	300.000,00 €
· höchstes Bargebot	130.000,00 €
· bestehen bleibende Grundschuld	120.000,00 €
· Meistgebot	250.000,00 €

Gesamter Erwerbsaufwand

a) Meistgebot	250.000,00 €
b) 4 % Zinsen (vom Bargebot) für den Zeitraum zwischen Zuschlagserteilung und Verteilungstermin	550,00 €
c) Zuschlagsgebühren (vom Meistgebot)	900,00 €
d) Eintragungsgebühren (vom Verkehrswert)	500,00 €
e) Grunderwerbssteuer (3,5 % vom Meistgebot)	8.750,00 €
Erwerbsaufwand insgesamt	260.700,00 €

Erhält der Bieter mit 130.000,00 € als Bargebot den Zuschlag, muss er also insgesamt 260.700,00 € für den Grundstückserwerb aufwenden (einschließlich der 1. Grundschuld mit 120.000,00 € als bestehen bleibendes Recht).

Die **Übernahme** des in diesem Fall bestehen bleibenden Rechtes bezieht sich dabei „nur" auf das **dinglich gesicherte Grundpfandrecht** (Grundschuld), nicht jedoch auf den i. d. R. einer solchen Eintragung zugrunde liegenden schuldrechtlichen Darlehensvertrag und die daraus resultierenden **Forderungen** des Gläubigers gegenüber dem Darlehensschuldner.

Übernahme bestehen bleibender Rechte

In einem solchen Fall ist es aus Sicht des Bietinteressenten ratsam, vor dem Versteigerungstermin die Bedingungen einer möglichen Ablösung eines bestehen bleibenden Rechtes mit dem betreffenden Gläubiger (z. B. Bank) zu klären.

Das Bargebot (abzüglich der evtl. geleisteten Sicherheit) ist ab Zuschlag mit 4 % zu verzinsen und muss schließlich ca. 6 Wochen später im Verteilungstermin an das Gericht gezahlt oder bei Gericht hinterlegt werden.

- **Die Anhörung der Beteiligten über den Zuschlag**

Anhörung der Beteiligten

Bleibt das abgegebene Meistgebot einschließlich des Kapitalwertes der nach den Versteigerungsbedingungen bestehen bleibenden Rechte unter 50 % des Verkehrswertes, ist der Zuschlag zum Schutze des Schuldners von Amts wegen zu versagen. Diese $^5/_{10}$-Grenze gilt aber in einem 2. Versteigerungstermin nicht mehr.

ZVG § 85a 5/10-Grenze

Wenn das abgegebene Meistgebot einschließlich des Kapitalwertes der bestehen bleibenden Rechte unter 70 % des Verkehrswertes ($^7/_{10}$-Grenze) bleibt, kann ein Berechtigter, dessen Anspruch ganz oder teilweise durch das Meistgebot nicht gedeckt ist, die Versagung des Zuschlages beantragen. Wird der Zuschlag versagt, so ist von Amts wegen ein neuer Versteigerungstermin zu bestimmen. Der Zuschlag wird, wenn keine Versagensgründe vorliegen, dem Meistbietenden erteilt. Er wird mit der Verkündung wirksam.

7/10-Grenze

ZVG § 74a

ZVG § 81

Durch den **Zuschlag** wird der Ersteher **Eigentümer** des Grundstücks; er ist aber **nicht Rechtsnachfolger des Schuldners**. Er erwirbt zugleich die Gegenstände, auf die sich die Versteigerung erstreckt. Die Eintragung im Grundbuch ist hier zum Eigentumserwerb nicht erforderlich. Sie erfolgt später als Grundbuchberichtigung.

ZVG § 90 Zuschlag

ZVG § 130 Grundbuchberichtigung ZVG § 93	Mit dem Zuschlag geht die Gefahr des zufälligen Untergangs auf den Ersteher über und er trägt ab diesem Zeitpunkt die Lasten. Andererseits gebühren dem Ersteher die Nutzungen und der Ersteher hat mit dem Zuschlag einen vollstreckbaren Titel auf Räumung und Herausgabe gegen den Besitzer des Grundstücks sowie eines mitversteigerten Gegenstandes.
ZVG § 105 Verteilungstermin	Nach der Erteilung des Zuschlages hat das Gericht einen **Termin zur Verteilung** des Versteigerungserlöses (ca. 6 bis 8 Wochen nach dem Zuschlag) zu bestimmen.
ZVG § 105 ZVG §§ 113, 114 Teilungsplan	Zwischenzeitlich kann der Ersteher die Finanzierung regeln. Die Beteiligten reichen vor diesem Termin eine Berechnung ihrer Ansprüche ein. Der Erlösverteilungstermin ist dem Ersteher und den Beteiligten zuzustellen; er ist nicht öffentlich. Das Gericht stellt einen Teilungsplan auf und verhandelt ihn mit den Beteiligten mündlich.
ZVG § 107	Dieser Teilungsplan regelt die Verteilung des durch die Versteigerung erzielten Erlöses (Bargebot) auf die geltend gemachten Forderungen. Er enthält weiterhin die Rechte, die bestehen bleiben und vom Erwerber zu übernehmen sind. Die vom Ersteher zu leistende Zahlung erfolgt an das Gericht. Die Kosten des Verfahrens werden vorweg von dem Versteigerungserlös entnommen. Ein nach Deckung aller Rechte evtl. verbleibender Überschuss steht dem Schuldner zu. Gegen den Teilungsplan kann Widerspruch erhoben werden.
Abschluss des Verfahrens	Ist der Teilungsplan ausgeführt und der Zuschlag rechtskräftig, ist das Grundbuchamt durch das Vollsteckungsgericht zu ersuchen, den Ersteher als Eigentümer einzutragen und die durch den Zuschlag erloschenen Rechte und den Zwangsversteigerungsvermerk zu löschen. Nach erfolgter Eintragung in das Grundbuch ist das Zwangsversteigerungsverfahren abgeschlossen.

– **Fallbeispiel – Ablauf eines Zwangsversteigerungsverfahrens**

Seite 1
Az.: K 111/00
Eutin, 2. 2. 2006
Zwangsversteigerungssache betreffend Grundstück
eingetragen im Grundbuch
von Bebensee
Blatt 834 im Bestandsverzeichnis unter Nr. 5
Eigentümer: Frens Frensen, Lindenstraße 1, 23456 Bebensee
Im heutigen Zwangsversteigerungstermin erschienen nach Aufruf der Sache folgende Beteiligte:
– Martha Pfahl für die Sparkasse Mittelholstein AG (Vollmacht liegt vor)
– Frens Frensen, Lindenstraße 1, 23456 Bebensee
Es wurde folgendes bekannt gegeben:
1. Eintragungen im Bestandsverzeichnis bestehen nach Mitteilungen des Bauamtes nicht.
2. Die Zwangsversteigerung wird betrieben von: (siehe Mitteilung gem. § 41, 2 ZVG, Anlage 1)
3. Die erste Beschlagnahme des Grundstücks ist durch Zustellung des Anordnungsbeschlusses an den Schuldner am 26. 11. 2004 bewirkt worden.
4. Der Verkehrswert gemäß § 74a ZVG ist festgesetzt worden auf 22.108,00 EUR bzgl. Bebensee Blatt 834.
5. An Anmeldungen, insbesondere von Rechten, Kündigungen und Erklärungen von Mietern bzw. Pächtern nach § 57d, 1 ZVG liegen vor:
   1) Commerzbank AG, Filiale Bebensee   vom 17. 11. 2005   Bl. 100 d.A.
   2) Wasser- und Bodenverband OH   vom 19. 1. 2006   Bl. 101 d.A.

Das Gericht wies nun auf Folgendes hin:
1. Ein Anspruch auf Gewährleistung besteht nicht, § 56 ZVG.
2. Das Sonderkündigungsrecht nach § 57a ZVG wurde bekannt gemacht.
3. Gegenüber dem Schuldner stellt eine vollstreckbare Ausfertigung des Zuschlagsbeschlusses einen Räumungstitel dar.
4. Der Ersteher darf erst dann als Eigentümer in das Grundbuch eingetragen werden, wenn er dem Gericht eine Bescheinigung der Grunderwerbssteuerstelle des zuständigen Finanzamtes vorlegt, nach der steuerliche Bedenken gegen die Eintragung nicht erhoben werden.

Geringstes Gebot   Seite 2

Es wurde von der Rechtspflegerin/dem Rechtspfleger der Entwurf des geringsten Gebots und der Versteigerungsbedingungen verlesen.

Nach Anhörung der anwesenden Beteiligten wurde das geringste Gebot dahingehend festgestellt. Das vorläufige geringste Gebot wird zum endgültigen erklärt und ergibt sich aus der folgenden Aufstellung (Anlage 2). Der bar zu zahlende Teil des geringsten Gebots beträgt hiernach für

Bebensee, Blatt 834   2.020,27 €

Das Gebot gibt nur den bar zu zahlenden Betrag an; daneben bleiben keine Rechte bestehen.

Das Bargebot ist vom Zuschlag an mit 4 % zu verzinsen und im Verteilungstermin zu zahlen. Die Zinspflicht endet, wenn der Betrag unter Verzicht auf das Recht zur Rücknahme hinterlegt wird (§ 49 Abs. 3 ZVG). Die Kosten des Zuschlagsbeschlusses und der Eigentumsumschreibung im Grundbuch trägt der Ersteher.

Versteigerungsbedingungen, die von den gesetzlichen Bestimmungen abweichen, sind – mit Ausnahme der nachstehenden – nicht festgestellt. Die getroffenen Feststellungen wurden verlesen. Sodann wies das Gericht darauf hin, das mit der Aufforderung zur Abgabe von Geboten weitere Anmeldungen ausgeschlossen werden. Weitere Anmeldungen wurden nicht abgegeben.

Um 9.42 Uhr forderte das Gericht zur Abgabe von Geboten auf.

Es boten:
1. Frau Klara Kopf, geb. am 24. 12. 1968, Wegkreuz 5, 23456 Bebensee 5.250,00 €
   BPA wurde vorgelegt.
   Frau Pfahl beantragt Sicherheitsleistung.

Frau Kopf hat Sicherheitsleistung   von 2.210,80 € zu leisten.
Frau Kopf leistet Sicherheit in Höhe   von 2.210,80 €

2. Herr Ernst Haft, geb. am 31. 12. 1966, Hinterhof 4,
   23456 Bebensee   5.500,00 €
   Alles weitere wie bei Frau Kopf.
3. Frau Kopf   5.600,00 €
4. Herr Haft   6.000,00 €
5. ...   ...
6. ...   ...
7. Frau Kopf   13.150,00 €

Meistbietender blieb Frau Klara Kopf, ... mit einem Bargebot von   13.150,00 €.

Dieses Gebot wurde durch dreimaligen Aufruf verkündet.

Trotz der Aufforderung des Gerichts wurde kein weiteres Gebot abgegeben.

Sodann verkündete das Gericht um 10.24 Uhr den Schluss der Versteigerung.

Hiernach wurden die anwesenden Beteiligten über den Zuschlag gehört.

Folgende Erklärung wurde abgegeben: Der Ersteher bat den Zuschlag sofort zu erteilen.

Die Sparkasse Mittelholstein AG, Frau Pfahl, stimmt zu.

Die Sicherheitsleistung in Höhe von 2.210,80 € wurde zurückgegeben an Herrn Ernst Haft.

Der Ersteher erklärt, meine Sicherheitsleistung soll als Teilzahlung auf das Meistgebot gelten und unter Verzicht auf das Recht zur Rücknahme hinterlegt werden.

Es wurde verkündet: – der anliegende Beschluss – (Anlage 3)

Anlage 1

Amtsgericht Eutin, Jungfernstieg 3, 23701 Eutin

Seite 3
Amtsgericht
Eutin

Datum: 5. 1. 2006

Mitteilung gemäß § 41 Abs. 2 ZVG:
In der Zwangsversteigerungssache gegen
Frens Frensen
Lindenstraße 1 23456 Bebensee

über das im Grundbuch von Bebensee

eingetragene Grundeigentum

Ia) Blatt 834 Bestandsverzeichnis Nr. 5

ist die für die Berechnung des geringsten Gebotes maßgebende Frist des § 44 Abs. 2 ZVG
abgelaufen am   2. 1. 2006.
In dem Versteigerungstermin am   2. 2. 2006, 9.00 Uhr,

wird das Verfahren nach dem heutigen Stand betrieben von:

Sparkasse Mittelholstein AG
Röhlingsplatz 1, 23768 Rendsburg

Wegen eines dinglichen Anspruchs auf 15.040,67 € Grundschuldkapital
nebst 16 % Zinsen seit dem 8. 12. 2002
eingetragen im Grundbuch Abteilung III Nr. 1a

Beschlagnahmedatum: 26. 11. 2005

Rechtspflegerin
Beglaubigt

Justizangestellte

Seite 4

Anlage 2
Berechnung des geringsten Gebotes
Im Zwangsversteigerungsverfahren betreffend das Grundstück von Bebensee Blatt 834 im Bestandsverzeichnis unter Nr. 5
Eingetragener Eigentümer des Versteigerungsobjektes ist: Frens Frensen, Lindenstraße 1, 23456 Bebensee

    Vorbemerkungen:
    1. Tag der 1. Beschlagnahme (§ 22 ZVG) ist der 26. 11. 2004
    2. Der Verkehrswert (§ 74a ZVG) des Versteigerungsobjektes Bebensee Blatt 834 ist auf 22.108,00 € festgesetzt worden.
    3. Die laufenden Beträge wiederkehrender Leistungen nehmen ihren Anfang mit dem letzten vor dem 26..11. 2004 (Tag der 1. Beschlagnahme) fällig gewesenen Betrag (§ 13, 1 ZVG). Die Rückstände sind von diesem Tag an zu berechnen.

    Feststellung des geringsten Gebots (§ 44 ZVG):
Bei der Berechnung des geringsten Gebots ist der Anspruch des bestrangig betreibenden Gläubigers zu Grund zu legen.
Das ist die Sparkasse Mittelholstein, Rendsburg, aus dem Recht Abt. III Nr. 1 wegen seines Anspruchs im Range des § 10, 1 Ziffer 4 ZVG.
Alle diesem Anspruch im Range des § 10 ZVG vorgehenden Ansprüche sind durch Bestehenbleiben am Versteigerungsobjekt oder durch Barzahlung zu decken.

a) Es bleiben bestehen (§§ 52/182 ZVG):	Abt. II	keine Rechte
	Abt. III	keine Rechte

b) Es sind bar zu zahlen (§ 49 ZVG):
– Die Gerichtskosten nach vorläufiger Berechnung mit   1.704,88 €
– Die Ansprüche im Range des § 10 ZVG
    · Ansprüche auf Entrichtung der Öffentlichen Lasten des Versteigerungsobjektes
      1. Grundsteuern der Gemeinde   0,00 €
      2. Wasser- und Bodenverband OH   315,39 €

Geringstes Gebot:	1.704,88 € + 315,39 €	= 2.020,27 €
Sicherheitsleistung:	10 % vom Verkehrswert (22.108,00 €)	= 2.210,80 €
5/10-Grenze:	5/10 von 22.108,00 €	= 11.054,00 €
7/10-Grenze:	7/10 von 22.108,00 €	= 15.475,60 €

Anlage 3

Seite 5

Geschäftsnummer K 111/00   Datum: 2. 2. 2006

Beschluss

In der Zwangsversteigerungssache gegen

Frens Frensen, Lindenstraße 1, 23456 Bebensee

über den im Grundbuch von Bebensee, Blatt 834

eingetragenen Grundbesitz – Bestandsverzeichnis Nr. 5

Für den oben bezeichneten Grundbesitz blieb im Versteigerungstermin am 2. 2. 2006

Meistbietender Frau Klara Kopf, Wegkreuz 5, 23456 Bebensee,
geb. am 24. 12. 1968

mit einem Bargebot von 13.150,00 € – (in Buchstaben) – Dreizehntausendeinhundertfünfzig.

Der Grundbesitz wird dem Meistbietenden daher zu folgenden gesetzlichen und weiteren Versteigerungsbedingungen zugeschlagen:

1. Der Ersteher hat den zahlbaren Teil des Meistgebotes vom heutigen Tag an mit 4 % zu verzinsen und im Verteilungstermin in barem Geld zu zahlen.
2. Die Gerichtskosten für den Zuschlag fallen dem Ersteher zur Last.
3. Auf dem zugeschlagenen Grundbesitz bleiben
    - (x) keine eingetragenen Rechte bestehen.
    - ( ) folgende eingetragenen Rechte bestehen.

Wetendorf
Rechtspfleger/in

14.4.2 Freiwillige Grundstücksversteigerung

Der Eigentümer eines Grundstücks kann einen behördlich zugelassenen Auktionator mit der Versteigerung seiner Immobilie beauftragen.

Diese freiwillige (freihändige) Grundstücksversteigerung ist dem Verfahren der Zwangsversteigerung ähnlich, unterscheidet sich jedoch rechtlich vollständig von diesem.

Rechtsgeschäftlicher Erwerb

Handelt es sich bei dem Grundstückserwerb durch Zuschlag in der Zwangsversteigerung um einen entgeltlichen Erwerb durch Hoheitsakt, so führt die freiwillige Grundstücksversteigerung zu einem rechtsgeschäftlichen Erwerb durch einen Kaufvertrag. Dieser Vertrag zwischen Eigentümer und Ersteher kommt durch den Zuschlag des Auktionators an den Meistbietenden zustande.

Beurkundung

Ein Notar muss den Verlauf der Versteigerung und den Zuschlag beurkunden, um die Rechtmäßigkeit der Vereinbarungen zum Schutz der Vertragsbeteiligten zu sichern.

Zu Beginn der freiwilligen Grundstücksversteigerung wird ein Mindestpreis (Limit) festgesetzt. Die Versteigerung endet mit dem Zuschlag bzw. wenn kein Gebot abgegeben wird.

Auktionator

Die Versteigerung wird durch den Auktionator organisiert. Er ist verantwortlich für die rechtmäßige Vorbereitung und Durchführung der Versteigerung.

Stehen dem Vollzug des Grundstückskaufvertrages Hindernisse entgegen, die dem Auktionator bekannt sind, hat er dies in der öffentlichen Versteigerung mitzuteilen. Kann der Ersteiger wegen eines solchen Erwerbshindernisses z. B. nicht Eigentümer des Grundstücks werden, haftet der Auktionator dem Ersteigerer für den entstandenen Schaden.

Die Versteigerung wird nach den gewerberechtlichen Bestimmungen der Versteigerungsverordnung durchgeführt.

Durch die Versteigerungsbedingungen ist der Inhalt des Vertrages zwischen Ersteher und Eigentümer festgelegt.

Courtage
Vorteile

Der Auktionator erhält im Falle der erfolgreichen Versteigerung eine Courtage.

Vorteil

Vorteil für den Grundstückseigentümer/Verkäufer:
Bei entsprechendem Bieterinteresse und durch eine professionelle Präsentation des Auktionators kann der Verkäufer einen guten Preis erzielen.

Vorteil für den Bietinteressenten/Käufer:
Durch die Auswahl aus einer größeren Anzahl von Objekten (bei wenigen Bietinteressenten) und günstig kalkulierten Mindestpreisen stellt die Grundstücksauktion eine interessante Möglichkeit des Grundstückserwerbs dar.

14.4.3 Das Enteignungsverfahren nach Baugesetzbuch

Unter Enteignung ist der staatliche Zugriff auf das Eigentum des Einzelnen zu verstehen, mit dem ihm ganz oder teilweise Rechtspositionen entzogen werden, die nach Art. 14 Abs. 1 GG geschützt sind.

Enteignung

Eine Enteignung ist nur zulässig, wenn das Wohl der Allgemeinheit sie erfordert.

Sie darf nur durch oder aufgrund eines Gesetzes erfolgen, das Art und Ausmaß der Entschädigung regelt.

BVerfGE GG Art. 14 Abs. 3 Entschädigung

Beispiel:
Die Bundesrepublik Deutschland benötigt für den Bau einer Bundesautobahn viele landwirtschaftlich genutzte Grundstücke. Mehrere Landwirte sind nicht bereit, ihr Eigentum (= Grundstück) an den Staat zu verkaufen. Im Wege der Enteignung kann ihnen das Eigentum an den Grundstücken entzogen und auf den Staat übertragen werden.

Dieses Beispiel einer **klassischen Enteignung** stellt einen Güterbeschaffungsvorgang dar, der den freihändigen Erwerb ersetzt. In diesem Fall Entzug des Eigentums und die Übertragung auf einen anderen. Es ist auch möglich, ein Grundstück oder eine Grundstücksteilfläche gegen den Willen des Eigentümers dinglich zu belasten und das neu begründete dingliche Recht auf einen anderen zu übertragen.

Beispiel:
Recht auf Anlage und Unterhaltung von Überlandleitungen zur Stromversorgung. Es handelt sich dabei um die Belastung mit einer beschränkt persönlichen Dienstbarkeit zugunsten des jeweiligen Stromversorgungsunternehmens.

Die **förmliche Grundstücksenteignung** stellt den wichtigsten Fall der klassischen Enteignung dar und ist nur durch oder aufgrund eines Gesetzes zulässig. Neben dem Baugesetzbuch ermächtigen zahlreiche Enteignungsgesetze die höheren Verwaltungsbehörden (als Enteignungsbehörden), Grundeigentum zu belasten oder zu entziehen.

GG Art. 14 Abs. 3 Gesetzliche Grundlagen

Die Enteignungsgesetze betreffen i. d. R. nur Grundstücke und darauf bezogene Sachen (wesentliche Bestandteile) und Rechte.

14.4.3.1 Zulässigkeit der Enteignung nach Baugesetzbuch §§ 85–92

Durch Enteignung können
- das Eigentum an Grundstücken entzogen oder belastet werden,
- dingliche Rechte (z. B. Dienstbarkeiten) entzogen oder belastet werden,
- persönliche Rechte an Grundstücken (z. B. Mietrechte) entzogen werden,
- persönliche Rechtsverhältnisse begründet werden.

Zulässigkeit	Die Verwaltung muss vor der Enteignung in einem förmlichen Verfahren (so genanntes Planfeststellungsverfahren) die Zulässigkeit des Vorhabens klären.
BauGB § 87 Abs. 1	Soll ein Grundstück enteignet werden, um es entsprechend den Festsetzungen des Bebauungsplanes zu nutzen, ist im Enteignungsverfahren Folgendes zu beachten: Der Bebauungsplan bestimmt zwar die zulässige Nutzungsart eines Grundstücks, damit steht aber noch nicht fest, dass das Wohl der Allgemeinheit es gebietet, das Grundstück gerade jetzt zuzuführen. Die Enteignungsbehörde prüft insbesondere auch, ob der Enteignungszweck auf andere zumutbare Art nicht erreicht werden kann.
Angemessenheit	Hierbei gilt der Grundsatz des geringst möglichen Eingriffs und der Angemessenheit.
BauGB § 45 ff.	Einer Enteignung nach dem Baugesetzbuch können die Umlegung und die Grenzregelung als mildere Mittel zur Erreichung des Enteignungszweckes vorangehen.
BauGB § 80 ff. Voraussetzungen BauGB § 87 Abs. 2 Satz 1 BauGB § 87 Abs. 2 Satz 2	Eine Enteignung ist außerdem nur unter folgenden Voraussetzungen zulässig: – Der Antragsteller muss sich zuvor um den freihändigen Erwerb des zu enteignenden Grundstücks bemüht haben. Der Betroffene muss also ein angemessenes Kaufangebot erhalten haben. – Der Antragsteller muss glaubhaft machen, dass das Grundstück in einer angemessenen Frist zu dem vorgesehenen Zweck verwendet wird.
	Der vorstehend genannte Grundsatz des geringst möglichen Eingriffs gilt auch für den räumlichen Umfang und die Art der Enteignung:
BauGB § 92 Abs. 1 Satz 1, Abs. 3 Räumliche Beschränkung	– **Räumliche Beschränkung** auf die Teilfläche, die für den Enteignungszweck benötigt wird. Kann der Betroffene aber mit dem Restbesitz nichts mehr anfangen, darf er die Ausdehnung der Enteignung auf den Restbesitz verlangen.

Beispiel:
Für die Anlage eines Fußweges reicht die Enteignung einer Grundstücksteilfläche aus, sofern der verbleibende Rest, z. B. als Baugrundstück, wirtschaftlich verwertbar bleibt.

BauGB § 92 Abs. 1 Rechtliche Beschränkung	– **Rechtliche Beschränkung** auf das, was für die Verwirklichung des Enteignungszweckes notwendig ist.

Beispiel:
Für die Verlegung von Versorgungsleitungen reicht i. d. R. die Bestellung einer Leitungsdienstbarkeit zugunsten des Versorgungsunternehmens (beschränkt persönliche Dienstbarkeit) aus.

BauGB § 102	Wird die öffentliche Aufgabe, der die Enteignung dienen sollte, nicht erfüllt oder stellt sich nachträglich heraus, dass das enteignete Grundstück hierzu nicht benötigt wird, hat der enteignete frühere Eigentümer einen Anspruch auf Rückerwerb des Grundstücks.

14.4.3.2 Entschädigung nach Baugesetzbuch §§ 93–103

Das Grundgesetz bestimmt, dass eine Enteignung nur gegen Entschädigung zulässig ist.

GG Art. 14 Abs. 3 Entschädigung

Die Art und Höhe der Entschädigung ist in den jeweiligen Enteignungsgesetzen, z. B. hier dem Baugesetzbuch, geregelt.

– **Arten der Entschädigung nach Baugesetzbuch**

Arten

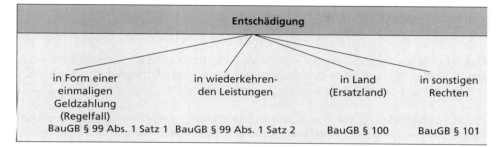

Wenn der Eigentümer beispielsweise zur Sicherung seiner Erwerbstätigkeit auf Ersatzland angewiesen ist (z. B. als Landwirt), ist die Entschädigung auf seinen Antrag in geeignetem Ersatzland festzusetzen. Allerdings muss der Enteignungsbegünstigte über geeignetes Ersatzland verfügen oder es sich beschaffen können.

BauGB § 100

– **Höhe der Entschädigung**

Die Höhe der Entschädigung ist unter gerechter Abwägung der Interessen der Allgemeinheit und der Beteiligten zu bestimmen.

GG Art. 14 Abs. 3 Satz 2

Die Rechtsprechung geht davon aus, dass sich die Entschädigung i. d. R. nach dem vollen Wert des entzogenen Rechts bemisst. Der Betroffene sollte also in der Lage sein, sich z. B. ein entsprechendes Ersatzgrundstück zu beschaffen.

BauGB § 93 Abs. 2

Durch eine Entschädigung soll der Verlust der konkret vorhandenen Vermögenswerte ausgeglichen werden.

Künftige Ertragsaussichten bleiben dabei aber unbeachtet.

Sind für den Betroffenen durch die Enteignung Vermögensvorteile entstanden, werden diese auf die Entschädigung angerechnet.

BauGB § 93 Abs. 3

Hat aber der Betroffene einen Vermögensnachteil mitverschuldet, verringert sich sein Entschädigungsanspruch entsprechend.

Die Ermittlung der Höhe der Entschädigung für den Rechtsverlust vollzieht sich in folgenden Schritten:
1. Ermittlung von Qualität und Eigenschaften des Enteignungsgegenstandes
    · Maßgebend ist der Zustand des Grundstücks in dem Zeitpunkt, in dem die Enteignungsbehörde über den Antrag entscheidet.

Ermittlung der Höhe der Entschädigung

- Für die Beurteilung der Grundstücksqualität ist die rechtlich zulässige und tatsächliche Nutzung entscheidend.

BauGB § 93 Abs. 4

2. Ermittlung des Grundstückswertes
- Die Höhe der Entschädigung richtet sich nach dem Verkehrswert.
- Ausschlaggebend für die Verkehrswertermittlung ist im Normalfall der Zeitpunkt der Entscheidung über den Enteignungsantrag.
- Die Verkehrswertermittlung basiert auf den folgenden Methoden:
  - Vergleichswertverfahren,
  - Sachwertverfahren,
  - Ertragswertverfahren,
  - Differenzverfahren.

BauGB § 95 Abs. 1 Satz 1
BauGB § 95 Abs. 1 Satz 2
WertV §§ 13–14
WertV §§ 21–25
WertV §§ 15–20

Das letztere Verfahren wird bei der Bewertung von Grundstücksteilflächen angewandt. Dabei wird der Wert des Gesamtbesitzes vor der Enteignung und der Wert des Restbesitzes nach der Enteignung gegenübergestellt.

BauGB § 93 Abs. 2 Satz 2

Zu der Entschädigung für den durch die Enteignung eingetretenen Rechtsverlust kann auch eine Entschädigung für andere Vermögensnachteile hinzukommen.

BauGB § 96 Abs. 1 Satz 2 und 3

Beispielhaft für einen solchen entschädigungspflichtigen Folgeschaden seien hier die Kosten für einen durch die Enteignung erforderlich werdenden Umzug genannt.

BauGB § 105 Enteignungsverfahren

14.4.3.3 Enteignungsverfahren

Das Enteignungsverfahren wird auf Antrag (einzureichen bei der jeweiligen Gemeinde) eingeleitet.

BauGB § 104 Durchführung

Antragsteller ist i. d. R. der Enteignungsbegünstigte. Die Durchführung der Enteignung wird von der Enteignungsbehörde vorgenommen.

Enteignungsbehörde

Enteignungsbehörde ist die höhere Verwaltungsbehörde (Bezirksregierung) bzw. in Ländern ohne höhere Verwaltungsbehörde die Oberste Landesbehörde (Ministerium).

BauGB § 106 Beteiligte

An dem Enteignungsverfahren beteiligt sind der Antragsteller, der Eigentümer, die Inhaber dinglicher Rechte, die Gemeinde und evtl. die Inhaber anderer Rechte.

Die Entscheidung der Enteignungsbehörde wird aufgrund einer nicht öffentlichen mündlichen Verhandlung getroffen.

BauGB § 108 Abs. 5

Die Einleitung des Verfahrens ist in ortsüblicher Weise öffentlich bekannt zu machen, damit weitere von der Enteignung vielleicht betroffene Personen die Möglichkeit haben, ihre Rechte wahrzunehmen.

BauGB § 109 Abs. 1

Ab diesem Zeitpunkt werden das Grundstück betreffende Veränderungen (z. B. Verkauf) genehmigungspflichtig.

BauGB § 110

Auch und gerade während des Verfahrens hat die Enteignungsbehörde auf eine Einigung zwischen den Beteiligten hinzuwirken.

Kommt keine Einigung zustande, muss die Enteignungsbehörde über den Enteignungsantrag durch Beschluss entscheiden. *BauGB § 112 Abs. 1*

Eine Rechtsänderung tritt mit dem Enteignungsbeschluss jedoch noch nicht ein. *Rechtsänderung*

Erst mit dem in der so genannten Ausführungsanordnung festgesetzten Tag wird der bisherige Rechtszustand durch den im Enteignungsbeschluss vorgesehenen Rechtszustand ersetzt. *BauGB § 117 Abs. 5*

Die Kosten des Enteignungsverfahrens trägt i. d. R. der Entschädigungsverpflichtete. *BauGB § 121 Abs. 1 Satz 1 Kosten*

14.4.4 Verbindung und Teilung von Grundstücken

Verbindung durch Vereinigung oder Bestandteilzuschreibung und Teilung sind Grundstücksveränderungen durch den Eigentümer, die z. B. als Voraussetzung für den Erwerb oder die Veräußerung von Immobilien erforderlich sein können.

So kommt es z. B. immer wieder vor, dass nur Teilflächen von Grundstücken veräußert werden.

Beispiel (Vereinigung und Teilung):
Zur Errichtung einer Eigentumswohnanlage durch einen Bauträger werden mehrere aneinandergrenzende Grundstücke erworben.

Um die geplante Eigentumswohnanlage auf der Gesamtfläche der aneinandergrenzenden Grundstücke errichten zu können, muss nun der neue Eigentümer (Bauträger) diese rechtlich selbständigen Grundstücke zu einem Grundstück vereinigen.

Damit die Eigentumswohnungen nach Fertigstellung durch den Bauträger als Wohnungseigentum selbständig veräußert werden können, ist das Grundstück den Bedürfnissen der Verwertung entsprechend durch Teilung (in Miteigentumsanteile) aufzuteilen.

14.4.4.1 Verbindung von Grundstücken

Zwei oder mehrere Grundstücke des gleichen Eigentümers können im Grundbuch in der Weise miteinander verbunden werden, dass
- sie zu einem Grundstück vereinigt werden oder *BGB § 890 Abs. 1*
- das eine Grundstück dem anderen oder mehrere einem Grundstück als Bestandteil zugeschrieben werden. *BGB § 890 Abs. 2*

Die von der Vereinigung betroffenen Grundstücke sollen im selben Grundbuch- und Katasteramtsbezirk liegen und direkt aneinander grenzen. *GBO § 5 Abs. 2*

Die **Vereinigung** gemäß BGB bedarf eines notariell beglaubigten Antrags des Grundstückseigentümers. Die vereinigten Grundstücke verlieren ihre Selbstständigkeit und werden unwesentliche Bestandteile des einheitlichen Grundstücks. *Vereinigung*

Die an den bisher selbstständigen Grundstücken eingetragenen Belastungen bleiben unverändert an den entsprechenden Teilgrundstücken bestehen.

Neue Belastungen dagegen erfassen das ganze (neue) Grundstück.

Beispiel (Vereinigung):

An das Amtsgericht
Grundbuchamt
23701 Eutin

Als Eigentümer der im Grundbuch von Bad Malente Blatt 3328 eingetragenen Grundstücke Flur 5, Nummern 178/1 und 178/2 beantrage ich, diese Grundstücke zu einem Grundstück gem. § 890,1 BGB zu vereinigen.
Der Verkehrswert der beiden Grundstücke beträgt 210.000,00 €.

Bad Malente, den ...   Unterschrift Eigentümer

Unterschriftsbeglaubigung

Bestandsteilzuschreibung

Die **Bestandsteilzuschreibung** bedarf ebenfalls eines notariell beglaubigten Antrags. Das zugeschriebene Grundstück wird unter Verlust seiner rechtlichen Selbstständigkeit „unwesentlicher Bestandteil" des einheitlichen Grundstücks.

BGB §§ 1131, 1192, 1200

Die bereits am Hauptgrundstück eingetragenen Belastungen (Hypotheken, Grund- und Rentenschulden) erstrecken sich auch auf das zugeschriebene Grundstück.

BGB § 1131

Am zugeschriebenen Grundstück schon bestehende Belastungen haben in diesem Fall jedoch Vorrang. Andere Rechte (Reallasten, Vorkaufsrechte, Dienstbarkeiten) bleiben im bisherigen Umfang bestehen und belasten jeden Teil besonders.

Neue Belastungen können nur auf dem gesamten Grundstück eingetragen werden.

Beispiel (Bestandsteilzuschreibung):

An das
Amtsgericht
Grundbuchamt
23701 Eutin

Ich beantrage, das im Grundbuch von Süsel Blatt 313 – lfd. Nr. 6 des Bestandsverzeichnisses – eingetragene Grundstück Flur 7 Nr. 123/2 dem dort unter lfd. Nr. 7 des Bestandsverzeichnisses eingetragenen Grundstück Flur 7 Nr. 124/2 als Bestandteil gemäß § 890, 2 BGB zuzuschreiben.
Geschätzter Verkehrswert des zuzuschreibenden Grundstücks ca. 60.000,00 €.

Süsel, den ...   Unterschrift Eigentümer

Unterschriftsbeglaubigung

14.4.4.2 Teilung von Grundstücken

Ein Grundstück kann in der Weise geteilt werden, dass ein Teil im Grundbuch abgeschrieben und als selbstständiges Grundstück im Bestandsverzeichnis eingetragen wird. Dazu bedarf es eines Antrags des Eigentümers in beglaubigter Form und der Eintragung des abgetrennten Teilstücks unter einer eigenen Nummer im Grundbuch.

Abschreibung des Grundbuchs
GBO § 29

Die Zulässigkeit einer Teilung ergibt sich aus dem Bürgerlichen Gesetzbuch.

BGB § 903

Die Teilung ist nur einzutragen, wenn das Grundstück neu vermessen worden ist und der abzuschreibende Teil eine besondere Nummer im Liegenschaftskataster erhalten hat.

GBO § 2 Abs. 3

In einzelnen – gesetzlich definierten – Fällen ist für eine Grundstücksteilung die Genehmigung der zuständigen Stelle erforderlich.

BauGB §§ 51, 144 Abs. 2, 5

Liegt das zu teilende Grundstück im Geltungsbereich eines Bebauungsplans, dürfen durch die Teilung keine Verhältnisse entstehen, die den Festsetzungen dieses Bebauungsplanes widersprechen.

BauGB § 19

Landesrechtliche Teilungsgenehmigungen sind gemäß Landesbauordnung allgemein nur noch in Hamburg, Niedersachsen und Nordrhein-Westfalen bei Grundstücksteilungen erforderlich. Die Teilungsgenehmigungen sind dem Grundbuchamt zum Vollzug der Teilung nachzuweisen.

Teilungsgenehmigungen

Durch die Teilung werden bestehende Rechte am Grundstück nicht beeinträchtigt. Diese Rechte bestehen – mit Ausnahmen bei Dienstbarkeiten und subjektiv-dinglichen Reallasten – fort.

BGB §§ 1025, 1026 und 1109 Abs. 3

Die Abschreibung kann ausnahmsweise entbehrlich sein, wenn ein Grundstücksteil (z. B. ein Grundstück besteht aus mehreren Flurstücken) mit einer Dienstbarkeit oder Reallast belastet werden soll.

GBO § 7 Abs. 2

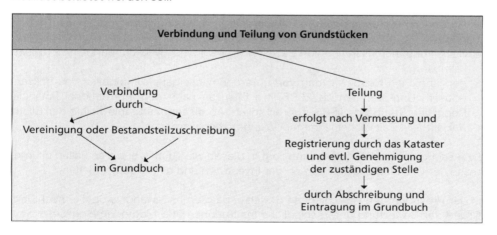

14.5 GRUNDSTÜCKSBEWERTUNG

14.5.1 Bewertungsanlässe

Immobilien werden zu den unterschiedlichsten Zwecken bewertet. Daher ist die Ermittlung von Grundstückswerten für den Bereich der Immobilienwirtschaft von erheblicher Bedeutung:

Anlässe

Bei einem **Kauf, Verkauf** oder **Tausch** einer Immobilie spielen richtige Werte für die Vertragsverhandlungen eine wichtige Rolle; ebenso bei Ehe-, Familien- und Erbregelungen.

Die Bewertung einer Immobilie im Zusammenhang mit der **Zwangsversteigerung** bildet eine wesentliche Grundlage des gerichtlichen Verfahrens.

Wertfeststellungen sind ebenso im Rahmen des **öffentlichen Baurechts**; z. B. bei Enteignungen, bei Umlegungen, bei Sanierungs- und Entwicklungsmaßnahmen sowie bei der Ausübung des gemeindlichen Vorkaufsrechts erforderlich.

Auch auf dem Gebiet des **Versicherung**swesens (Bestimmung des Versicherungswertes) und dem Gebiet des **Realkredits** (Beleihungswertermittlung) stellt sich der Grundstücksbewertung eine wichtige Aufgabe.

Wertermittlungen werden auch als Grundlage für **Renditeprognosen** von Investoren benötigt.

BewG § 19 ff.
BewG § 138 ff.

Grundstückswerte sind für die **Besteuerung** erforderlich zur
– Feststellung des Einheitswertes und
– Feststellung des Grundbesitzwertes.

Durch die Zunahme internationaler Transaktionen und wirtschaftlicher Verflechtungen sowie neuer Finanzierungs- und Bilanzierungserfordernisse steigen die Anforderungen an die Immobilienbewertung beispielsweise bei
– Portfoliobewertungen, z. B. im Rahmen der Verbriefung von Hypothekarforderungen,
– Bewertungen im Rahmen von Basel II/Europa II einschließlich Markt- und Objektratings,
– der jährlichen Neubewertung von unternehmenseigenen Immobilien, da börsennotierte Unternehmen ab 2005 ihre Bilanzen nach den International Financial Reporting Standards (IFRS) führen sollen. Ab diesem Zeitpunkt soll in der Bilanz der aktuelle Zeitwert eine Immobilie angegeben werden.

Eine sachgerechte Wertermittlung liegt in diesen wie auch in anderen Fällen im Interesse der Grundstückseigentümer, der Investoren und der Allgemeinheit.

In der Praxis werden verschiedene Bewertungsarten angewandt, wobei je nach dem Grund der Bewertung unterschiedliche Institutionen und Methoden eingesetzt werden können.

Die nachfolgenden Ausführungen beziehen sich im Wesentlichen auf die allgemeine Grundstückswertermittlung auf der Grundlage des Baugesetzbuches und der Wertermittlungsverordnung.

Immobilienbewertung

- zur Feststellung des **Marktwertes** für Erwerb oder Veräußerung,
- im Zusammenhang mit **rechtlichen Auseinandersetzungen**,
- zur Feststellung der **Versicherungswerte**,
- für **Beleihung**szwecke,
- für **Renditeprognosen**,
- für **steuer**liche Zwecke,
- im Rahmen der **Unternehmensbewertung**.

*Feststellung des Marktwertes
Rechtliche Auseinandersetzungen
Feststellung der Versicherungswerte
Beleihung
Renditeprognosen
Steuerliche Zwecke
Unternehmensbewertung*

14.5.2 Grundlagen der Wertermittlung

Der Markt für Immobilienbewertung in Deutschland ist gesetzlich nicht geregelt. Hierzulande wird die Aufgabe der Immobilienbewertung von Sachverständigen wahrgenommen.

Der Wert eines Grundstücks wird in der Bundesrepublik Deutschland meist durch ein Verkehrswertgutachten eines Sachverständigen (z. B. Architekten, Bauingenieure, Makler) ermittelt.

„Der Verkehrswert (Marktwert) wird durch den Preis bestimmt, der in dem Zeitpunkt, auf den sich die Ermittlung bezieht, im gewöhnlichen Geschäftsverkehr nach den rechtlichen Gegebenheiten und tatsächlichen Eigenschaften, der sonstigen Beschaffenheit und der Lage des Grundstücks oder des sonstigen Gegenstands der Wertermittlung ohne Rücksicht auf ungewöhnliche oder persönliche Verhältnisse zu erzielen wäre."

BauGB § 194 Verkehrswert

Die Sachverständigen bedienen sich bei der Verkehrswertermittlung der Beurteilungskriterien der Wertermittlungsverordnung (WertV). Diese Verordnung über Grundsätze für die Ermittlung der Verkehrswerte von Grundstücken basiert auf dem Baugesetzbuch.

WertV BauGB §§ 192–199

Bis zum Jahre 1961 bestanden keine Rechtsvorschriften über die Ermittlung des Verkehrswertes von Grundstücken. Diese Verordnung sollte der Unterschiedlichkeit der Ermittlungsmethoden, die vielfach zu stark voneinander abweichenden Ergebnissen bei der Wertermittlung geführt hat, entgegenwirken. Die heute vorliegende Fassung der Wertermittlungsverordnung gilt seit dem 6. 12. 1988.

> **Informationen zur neuen Immobilienwertermittlungsverordnung**
>
> Die Rahmenbedingungen auf den Immobilienmärkten haben sich in den letzten 20 Jahren so stark verändert, dass eine Novellierung oder o.g. Wertermittlungsverordnung erforderlich wurde.
>
> Der Bundestag verabschiedete auf der Grundlage vorliegender Referentenentwürfe daraufhin bereits am 1.4.2009 eine neue Wertermittlungsverordnung.
>
> Die neue Verordnung trägt den Titel **Immobilienwertermittlungsverordnung** (ImmoWertV).
>
> Dem von der Bundesregierung vorgelegten Entwurf hat der Bundesrat am 15.5.2009 nach „Maßgabe einiger Änderungen" zwar zugestimmt, eine Einigung im Hinblick auf diese Änderungen konnte jedoch immer noch nicht erzielt werden.
>
> Mit einer neuen Wertermittlungsverordnung kann daher voraussichtlich erst 2010 gerechnet werden.

Die Wertermittlungsverordnung ist ein im Bundesgebiet einheitlich anerkanntes Kriterium zur Bewertung von Grundstücken. Wer einen Verkehrswert i.S. des § 194 BauGB ermittelt, ist an die WertV gebunden.

In der **Wertermittlungsverordnung** sind die drei normierten Wertermittlungsverfahren
    a) **Vergleichswertverfahren**,
    b) **Sachwertverfahren** und
    c) **Ertragswertverfahren**
dargestellt.

Vergleichswertverfahren

Zu a) Das Vergleichswertverfahren ist die übliche Methode für unbebaute Grundstücke, für den Bodenwert bebauter Grundstücke und für Eigentumswohnungen.

Hier wird der Wert für das Objekt durch unmittelbaren Vergleich von Kaufpreisen gleicher oder ähnlicher Grundstücke ermittelt. Voraussetzung ist, dass genügend Kaufpreise bekannt und die Grundstücke im Wesentlichen vergleichbar sind. Unterschiede zwischen den Vergleichsgrundstücken und dem zu bewertenden Grundstück werden durch Zu- und Abschläge zu den Kaufpreisen berücksichtigt.

Sachwertverfahren

Zu b) Das Sachwertverfahren wird hauptsächlich bei eigengenutzten Wohnhausgrundstücken angewandt. Der Sachwert (als technische Komponente) umfasst den Bodenwert und den Bauwert als Summe der Herstellungswerte von Gebäuden (z.B. nach NHK 2000), besonderen Bauteilen (z.B. Garage), vorhandener Betriebseinrichtungen und Außenanlagen unter Berücksichtigung der Baunebenkosten sowie der technischen und wirtschaftlichen Wertminderung oder anderer wertbeeinflussender Umstände.

Ertragswertverfahren

Zu c) Mit Hilfe des Ertragswertverfahrens werden so genannte Renditeobjekte, also Grundstücke, die zur Vermietung und/oder gewerblichen Eigennutzung bestimmt und geeignet sind (Mehrfamilienwohnhäuser, Geschäftsgrundstücke, Gewerbeobjekte), bewertet.

Der Ertragswert (als wirtschaftliche Komponente) umfasst den Bodenwert und den Ertragswert der baulichen Anlagen als Summe der Barwerte aller zukünftigen Reinerträge, die der Eigentümer aus seinem Grundstück erzielen kann. Wesentliche Bewertungskriterien sind hierbei die Lage, die Mietwerte, die Rentabilität und die Nutzungsdauer.

Die Wertermittlungsverordnung wird durch die **Wertermittlungsrichtlinien** (WertR), die Hinweise für die Ermittlung des Verkehrswertes von unbebauten und bebauten Grundstücken enthalten, ergänzt. Die letzte Fassung der WertR stammt vom 1.3.2006.

Wertermittlungsrichtlinien WertR

Die Anwendung dieser Richtlinien soll eine objektive Ermittlung des Verkehrswertes von Grundstücken nach einheitlichen und marktgerechten Grundsätzen und Verfahren sicherstellen.

Um die Wertermittlung zeit- und sachgerecht praktizieren zu können, wurden vom damaligen Bundesministerium für Raumordnung, Bauwesen und Städtebau mit Erlass vom 1.8.1997 für die Belange der Verkehrswertermittlung Normalherstellungskosten, bezogen auf das Jahr 1995 **(NHK 95)**, bekannt gemacht. Diese Normalherstellungskosten wurden zum 1.12.2001 aktualisiert und liegen als „Neue Normalherstellungskosten-Tabelle" **(NHK 2000)** vor.

Normalherstellungskosten NHK 95 NHK 2000

Bei der Wertermittlung werden alle tatsächlichen, rechtlichen und wirtschaftlichen Umstände berücksichtigt, die den Verkehrswert des Grundstücks beeinflussen.

Unberücksichtigt bleiben z.B. Aufwendungen aus Anlass der Veräußerung, wie Abstandszahlungen.

Die Wertermittlungsverfahren haben allesamt das Ziel, einen plausiblen und nachvollziehbaren Verkehrswert zu errechnen.

Zur Erstellung eines Wertgutachtens sind umfangreiche Unterlagen erforderlich. Daneben ist immer eine Besichtigung des Grundstücks notwendig.

Unterlagen zur Wertermittlung

14.5.3 Wertermittler

Derzeit gibt es auf dem Markt der Immobilienbewertung unterschiedliche Personen, Gruppierungen und Institutionen, welche die Aufgabe der Wertermittlungen von Immobilien wahrnehmen. Sie nennen sich z. B. Sachverständige, Gutachter oder Immobilienbewerter.

Die **Verkehrswertermittlung** nach BauGB bzw. Wertermittlungsverordnung wird i. d. R. vorgenommen von

Öffentlich bestellte und vereidigte Sachverständige

– **öffentlich bestellte**n und **vereidigte**n **Sachverständige**n

z. B. aus den Bereichen Architektur, Bauingenieur- und Vermessungswesen, Landwirtschaft und Steuerrecht. Die Bestellung erfolgt durch die zuständigen Kammern (z. B. IHK, Handwerkskammern, Landwirtschaftskammer) oder

– durch **Gutachterausschüsse**.

BGB § 192 Gutachterausschüsse

Diese Gutachterausschüsse sind Einrichtungen des Landes. Es werden i. d. R. für den Bereich der kreisfreien Städte und der Kreise je ein Gutachterausschuss gebildet. Sie sind neutrale und weisungsunabhängige Kollegialgremien von Sachverständigen (Qualifikation wie oben) und werden durch die höhere Verwaltungsbehörde (z. B. Bezirksregierung) für einen bestimmten Zeitraum bestellt.

Aufgaben BauGB § 195 BauGB § 196

Ein Gutachterausschuss hat folgende Aufgaben:
- Führung und Auswertung der Kaufpreissammlung,
- Ermittlung von Bodenrichtwerten,
- Erteilung von Bodenrichtwertauskünften,
- Ermittlung der für die Wertermittlung erforderlichen Daten,
- Erstellung des Grundstücksmarktberichtes,
- Ermittlung von Grundstückswerten in förmlich festgelegten Sanierungsgebieten,
- Gutachten (auf Antrag) über den Verkehrswert von bebauten und unbebauten Grundstücken,
- Gutachten (auf Antrag) über den Verkehrswert von Rechten an Grundstücken (z. B. Wohnrecht),
- Gutachten (auf Antrag) über die Höhe der Entschädigung für den Rechtsverlust (z. B. Enteignung),
- Gutachten (auf Antrag) über Miet- und Pachtwerte,
- Erstellung von Mietwertübersichten,
- Führung und Auswertung der Mietpreissammlung.

Zur Vorbereitung und Durchführung seiner Aufgaben bedient sich der Gutachterausschuss einer Geschäftsstelle (z. B. Katasteramt, Vermessungsamt). Hier können Bürgerinnen und Bürger sowie öffentliche und private Stellen Anträge auf Gutachten stellen und Auskünfte aus der Kaufpreissammlung und Bodenrichtwertkarten erhalten. (Siehe Bekanntmachung rechte Seite.)

Neben den bisher genannten Wertermittlern gibt es noch zertifizierte, institutionsanerkannte und freie Sachverständige.

14.5 GRUNDSTÜCKSBEWERTUNG

- **Zertifizierte Immobiliensachverständige** sind Sachverständige, deren Zertifizierung durch eine von der TGA (Trägergemeinschaft für Akkreditierung GmbH) anerkannte Zertifizierungsstelle erfolgt. Die Qualifikation als zertifizierter Sachverständiger, die höchsten Anforderungen entspricht, beruht auf der Euronorm DIN EN 45013 bzw. internationalen Norm DIN EN ISO/IEC 17024 und ist somit international anerkannt.

Zertifizierte Immobiliensachverständige

In der Immobilienwirtschaft kann eine solche Zertifizierung, z. B. durch die Zertifizierungsstelle der DIA Consulting AG, erfolgen, die im Rahmen der Grundstücksbewertung das Fachgebiet „Bewertung von bebauten und unbebauten Grundstücken" abdeckt.

Folgende Zertifizierungen sind hier möglich:
- Zertifizierter Immobilienbewerter **ZIB-TGA** (DIAZert) und
- zertifizierter Sachverständiger für Immobilienbewertung **ZIS-TGA** (DIAZert) mit dem Schwerpunkt Markt-/Verkehrswertermittlung einschließlich Bewertung für finanzwirtschaftliche Zwecke.
- Vertiefungszertifizierungen zur Bewertung von Auslandsimmobilien (innnerhalb der EU und den USA).

Bekanntmachung (Muster) im amtlichen Anzeiger der Stadt Titisee-Neustadt:

Gutachterausschuss für Grundstückswerte bei der STADT TITISEE-NEUSTADT
Sachbearbeiter Geschäftsstelle: Frau Achter Tel. 07651-208154 gut@titisee.de
Der Gutachterausschuss für Grundstückswerte bei der Stadt Titisee-Neustadt hat aufgrund der bis zum 31.12.20.. abgeschlossenen Kaufverträge die Bodenrichtwerte zum 1.1.20.. ermittelt.
(Sitzung des Gutachterausschusses am 12.7.20.. in der Besetzung: Ernst Bester (Vorsitzender), Michael Gut (Stellv. Vorsitzender) – Friedrich Fiskus (Finanzamt Titisee-Neustadt) – Alfons Schlaumann (Gutachter) – Reinhard Weise (Gutachter)).

Wertzone	Lage/Gebiet	gebietstypische Nutzung	Gemarkung Neustadt je m^2 ca.	Gemarkung Titisee je m^2 ca.	Sonstiger Außenbereich je m^2 ca.
L		Landwirtschaftliche Flächen	1,75 €	2,00 €	1,50 €
E		Bauerwartungsland	10,00 €	12,50 €	
A	Wohnbauflächen Außenbereich	W / o / im Übrigen nicht definiert			Wenn ebf 50,00 €
W	Stadtteil Waldau Wohnbauflächen innerhalb Ortslage	W, M / o / II / GFZ 0,4 / GRZ 0,8			60,00 €
1			65,00 €	65,00 €	

2	einfache Wohnlage/ Peripherie	W / o / II / GFZ 0,4 / GRZ bis 0,8		
	mittlere bis gute Wohnlage	W / o / II / GFZ 0,4 / GRZ bis 0,8	115,00 €	125,00 €
3	gute Wohnlage	W / o / II / GFZ 0,4 / GRZ bis 0,8	135,00 €	175,00 €
4	sehr gute Wohnlage	W / o / II / GFZ 0,4 / GRZ bis 0,8	150,00 €	225,00 €
MI	Mischgebiet	M, S / o / II / GFZ 0,4 / GRZ bis 1,2	80,00 €	90,00 €
Ge/MI	Gewerbe-/Mischgebiet	G, M / o / II / GFZ 0,4 / GRZ bis 1,2	50,00 €	60,00 €
K 2	Kerngebiet – außen	M / g, o / GRZ/GFZ nicht definiert	187,50 €	225,00 €
K 1	Kerngebiet – zentrale Lage	M / g / GFZ/GRZ nicht definiert	325,00 €	375,00 €

Erläuterungen: R = Rohbauland, E = Bauerwartungsland, W = Wohnbauflächen, G = Gewerbliche Flächen, M = Mischgebiet, S = Sonderbauflächen, o = offene Bauweise, g = geschlossene Bauweise, GRZ = Grundflächenzahl = Verhältnis überbaute Fläche/Grundstücksgröße, GFZ = Geschossflächenzahl = Geschossfläche/Grundstücksgröße.

Zugrunde gelegte und unabhängig von spezifischen topografischen oder sonstigen Gegebenheiten übliche Grundstücksgröße sind dabei für ein Reihenhaus ca. 250 bis 400 m², eine Doppelhaushälfte 450 bis 550 m², ein Ein- bis Dreifamilienwohnhaus ca. 700 bis 1.000 m².

Alle anderen Grundstücke sind im Einzelfall in Anlehnung an die Baunutzungsverordnung zu beurteilen, z. B. bei einer GRZ 0,4 min. das 2,5-fache der überbauten Fläche, bei anderen GRZs entsprechend.

Der Richtwert wird in der Regel für unbebaute Grundstücke und nach Erfahrungen auf dem örtlichen Grundstücksmarkt als Preis abgeleitet, wie er sich ohne Berücksichtigung ungewöhnlicher oder persönlicher Verhältnisse ergibt. Abweichungen des einzelnen Grundstücks in den wertbestimmenden Eigenschaften – insbesondere bezüglich Größe, Gestalt, Bodenbeschaffenheit, Umwelteinflüssen, tatsächlicher Nutzung und Nutzbarkeit, Altlasten, Mehrgründungskosten – sind im Richtwert nicht berücksichtigt.

Zugehörig ist die Bodenrichtwertkarte. Die Lage-/Gebietsbezeichnungen und gebietstypischen Nutzungen können von eventuell vorhandenen Bebauungsplanfestsetzungen o.Ä. abweichen und begründen keine baurechtlichen Ansprüche. Die Einteilung der Gebiete nach der Richtwertkarte erfolgt nach Kaufpreisrelationen und Markteinschätzung. Die Angaben sind Mittelwerte. Einzelgrundstücke in den zonal abgegrenzten Bereichen können dabei hiervon bis ca. ± 30 % abweichen. Die Richtwertzonen sind ausdrücklich nicht parzellen-scharf abgegrenzt; in Übergangsbereichen sind Überschneidungen möglich.

Alle Werte sind als Euro-Angaben auf volle Beträge gerundet (Ziff. 6.3 Musterrichtlinie Bodenrichtwerte). Die Werte beinhalten jeweils alle Erschließungskosten (= ebf) – bei Erhebung nach kommunalen Satzungen je nach Gebiet bis ca. 30,00 € je m². Soweit diese ganz oder teilweise ausstehen (was insbesondere in

> den Außenbereichen die Regel sein dürfte), ist zur Verkehrswertermittlung ein entsprechender Abzug auf einen „ebp-Wert" vorzunehmen. Aufgestellt nach und entsprechend § 196 Baugesetzbuch (BauGB) am 12. Juli 20..: gez.: Ernst Bester, Vorsitzender des Gutachterausschusses Übersicht Richtwertkarte Stadtteil Neustadt ...

Auch der Verband privater Hypothekenbanken bietet in der HypZert GmbH – Gesellschaft zur Zertifizierung von Immobiliensachverständigen – als unabhängigem Prüfinstitut, welches offiziell als Zertifizierungsstelle anerkannt ist, die Zertifizierung von Immobiliensachverständigen an.

Nach erfolgreichem Abschluss wird der Titel „Zertifizierter Immobiliensachverständiger für Beleihungswertermittlungen – zertifiziert durch HypZert" (CIS HypZert) verliehen. Die Aufgabenbereiche umfassen im Wesentlichen
- Marktwertermittlung von Immobilien und
- Beleihungswertermittlung von Immobilien.

Zertifizierte Sachverständige haben ihre persönliche Eignung, ihre fachliche Qualifikation und langjährige Berufserfahrung gegenüber einer solchen akkreditierten Zertifizierungsstelle nachzuweisen. Ihre Tätigkeit wird durch mehrere jährliche Kontrollen von Arbeitsproben überwacht.

Qualitätskriterien

Der Gültigkeitszeitraum des Zertifikats ist auf 5 Jahre begrenzt; danach muss der zertifizierte Sachverständige erneut seinen Wissensstand durch eine Prüfung unter Beweis stellen.

Die Zertifizierungsstellen stellen sicher, dass die zertifizierten Sachverständigen folgenden Qualitätskriterien genügen:
- Hohes Ausbildungsniveau/hoher Wissensstand,
- permanente Weiterbildung und
- professionelle Anwendung der Wertermittlungsmethoden.

– **Investmentsachverständige** dürfen sich die Mitglieder des Bundesverbandes der Investmentsachverständigen bezeichnen, die im Sachverständigenausschuss eines offenen Immobilienfonds sitzen.

Investmentsachverständige

– **Chartered Surveyor** (der Begriff lässt sich nicht direkt in die deutsche Sprache übersetzen) ist die Bezeichnung für hochqualifizierte, international tätige Immobilienfachleute. Sie sind Mitglied in einem weltweit tätigen Berufsverband von Immobilienfachleuten, der Royal Institution of Chartered Surveyors (RICS).

Chartered Surveyor

Chartered Surveying ist in sechzehn Fachrichtungen aufgeteilt, von Facility Management über Planung und Entwicklung bis Wertermittlung. Chartered Surveyor erhalten ihren Titel nach einer breitgefächerten Ausbildung, in der sie in der Fachrichtung Wertermittlung beispielsweise nicht nur mit deutschen, sondern auch mit angelsächsischen Bewertungsmethoden vertraut gemacht wurden.

Im Gegensatz zum Begriff des Gutachters, der durch das Baugesetzbuch definiert ist, ist der Begriff des Sachverständigen in Deutschland nicht geschützt.

BauGB § 192

So kann sich jedermann mit dem Titel „Sachverständiger für Immobilienwertermittlung" o. Ä. schmücken, ohne über eine ausreichende Qualifikation zu verfügen.
Wer die Bewertung einer Immobilie auch vornimmt, entscheidend ist, dass ein qualifizierter Sachverständiger zu einem zutreffenden Wert in nachprüfbarer, nachweisbarer und begründeter Art und Weise gelangt. Dieser Wert soll ein Bewertungskalkül darstellen, das die Interessenlage der Marktteilnehmer widerspiegelt. Das Ergebnis der Wertermittlung sollte objektiv, am Objekt und dessen Nutzungsmöglichkeiten orientiert sein.

Jeder Sachverständige und jeder Gutachter zeichnet für seine Wertermittlung verantwortlich. Er sollte sich daher immer seiner besonderen Vertrauensstellung gegenüber allen Beteiligen und der Öffentlichkeit bewusst sein.

IMMOBILIENBEWERTUNG

durch
- Öffentliche und vereidigte Sachverständige
- Selbstständige, unabhängige Gutachterausschüsse (BGB § 192)
- Zertifizierte Immobiliensachverständige (DIN EN ISO/IEC 17024)
- Investmentsachverständige
- Chartered Surveyor
- Freie Sachverständige

14.5.4 Normierte Wertermittlungsverfahren

Wertermittlungsverordnung

Die in der **Wertermittlungsverordnung** normierten Wertermittlungsverfahren sind:

WertV §§ 13 u. 14
WertV § 21
WertV §§ 15–20

- **Vergleichswertverfahren**,
- **Sachwertverfahren** und
- **Ertragswertverfahren**.

14.5.4.1 Wertermittlung von unbebauten Grundstücken

WertV §§ 13 u. 14 Preisvergleich

Der Wert eines unbebauten Grundstücks wird i. d. R. durch Preisvergleich oder unter Verwendung von Richtwerten ermittelt.

WertV § 13 Abs. 1 Vergleichsgrundstücke

– **Unmittelbarer Preisvergleich durch Kaufpreise von Vergleichsgrundstücken**

Hier ist der Bodenwert aus Preisen einer ausreichenden Anzahl, bezüglich der Qualität vergleichbarer Grundstücke, abzuleiten.

WertV § 3 ff. Merkmale

Folgende Merkmale sind zu bewerten:
- Grundstücksgröße (Bestandsverzeichnis Grundbuch),
- grundstücksbezogene Rechte (Abt. II Grundbuch),
- Baulasten (Baulastenverzeichnis),
- Lage,
- Art und Maß der baulichen Nutzung,

- Baureife,
- Vorder- und Hinterland: Bedeutsam bei besonders großen bzw. tiefen Grundstücken, da das so genannte Hinterland nur eingeschränkt nutzbar und damit nicht so viel wert ist (25–40 %) wie das Vorderland,
- Bodenbeschaffenheit,
- Grundstückszuschnitt,
- Erschließungszustand.

– **Mittelbarer Preisvergleich durch geeignete Bodenrichtwerte**

Von den Geschäftsstellen der bei den Gemeinden oder den Landkreisen gebildeten Gutachterausschüsse werden Kaufpreissammlungen geführt.

Die Kaufpreissammlungen bilden die Grundlage für die Ermittlung der durchschnittlichen Lagewerte (Bodenrichtwerte). Auf dieser Basis erfolgt der mittelbare Preisvergleich. Diese Bodenrichtwertkarten bzw. -übersichten werden in regelmäßigen Abständen aktualisiert und ortsüblich bekannt gegeben.

Bodenrichtwerte

BauGB § 195

BauGB § 196 Kaufpreissammlungen

– **Bodenwertermittlung aus dem zu erwartenden Ertrag**

Können keine Vergleichsgrundstücke herangezogen werden und stehen im Einzelfall keine Bodenrichtwerte zur Verfügung, so kann der Grundstückswert z. B. auch über den mutmaßlichen Ertrag ermittelt werden. Dabei wird von dem geschätzten Reinertrag des Grundstücks ausgegangen (muss bekannt sein) und der Ertragsanteil des zukünftigen Gebäudes (Gebäudeherstellungskosten müssen bekannt sein) abgezogen. Da dieses Verfahren auf Prognosen basiert, ist es sehr unsicher und nur in Ausnahmefällen geeignet.

Mutmaßlicher Ertrag

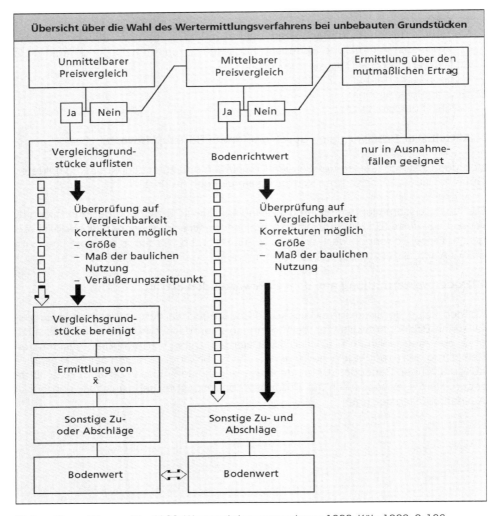

Kleiber-Simon-Weyers: WertV 88; Wertermittlungsverordnung 1988, Köln 1989, S. 126

14.5.4.2 Wertermittlung von bebauten Grundstücken

Bei der Ermittlung des Wertes von bebauten Grundstücken stehen im Allgemeinen drei Wertermittlungsverfahren zur Verfügung:
- Vergleichswertverfahren,
- Sachwertverfahren,
- Ertragswertverfahren.

– **Vergleichswertverfahren**

Beim Vergleichswertverfahren ist der Verkehrswert aus Kaufpreisen vergleichbarer Grundstücke zu ermitteln. Allerdings muss eine ausreichende Anzahl von Kaufpreisen vergleichbarer Objekte vorliegen, und die Grundstücke sollten mit dem Wertermittlungsobjekt direkt vergleichbar sein.

Folgende Merkmale müssen mindestens übereinstimmen: *Merkmale*
- Gebäudeart und -nutzung,
- Zustand und besondere Ausstattung,
- Baujahr und Bauweise,
- Außenanlagen.

Weiterhin müssen die Verkäufe der Vergleichsobjekte um den Wertermittlungsstichtag angefallen sein, damit die Marktsituation übereinstimmt. Durch diese Vorgaben ist die Zahl der zu berücksichtigenden Grundstücke wahrscheinlich sehr begrenzt. Aber bei marktgängigen Immobilien (wie Eigentumswohnungen) bieten z. B. die Kaufpreissammlungen eine brauchbare Ermittlungsgrundlage.

– Sachwertverfahren

Das Sachwertverfahren soll für solche Grundstücke angewendet werden, bei denen die Eigennutzung im Vordergrund steht. Das gilt in erster Linie für Einfamilienhäuser. *Sachwertverfahren*

Beim Kauf von Einfamilienhäusern haben Renditeüberlegungen eine untergeordnete Bedeutung, da hier nicht mit einer hohen Verzinsung des beim Objektkauf investierten Kapitals gerechnet wird. Persönliche Überlegungen stehen im Vordergrund.

Im Sachwertverfahren sind der Bodenwert, der Herstellungswert der baulichen Anlagen und der Wert der sonstigen Anlagen getrennt zu ermitteln und zum Sachwert zusammenzufassen. *WertV § 21*

Der Bodenwert wird i. d. R. im Vergleichswertverfahren ermittelt (§§ 13 und 14 WertV).

Bei der Ermittlung des Wertes der sonstigen Anlagen können Erfahrungswerte herangezogen werden. Diese Wertermittlung ist auch anhand der Herstellungskosten möglich. *WertV § 21 Abs. 4*

Zu diesen sonstigen Anlagen gehören nur außergewöhnliche Anlagen, wie z. B. parkähnliche Gärten. *WertV § 21 Abs. 3*

Die Wertermittlung der baulichen Anlagen bezieht sich auf Gebäude, bauliche Außenanlagen (Einfriedungen, Wege- und Platzbefestigungen, Schwimmbecken usw.) und auf besondere Betriebseinrichtungen (Hausrat, Einrichtungen gewerblicher Betriebe). *WertV § 21 Abs. 3 und 4*

· Herstellungswert der baulichen Anlagen

Die Ermittlung des Herstellungswertes von Gebäuden erfolgt, indem man den umbauten Raum (Berechnung nach DIN 277) oder die Wohnfläche bzw. eine andere Größe mit dem der Bauart und Bauweise entsprechenden durchschnittlichen Preis (einschließlich Baunebenkosten) pro m³ oder m² bzw. einer anderen Bezugsgröße multipliziert. *Gebäudeherstellungswert*

Für die Ermittlung des Gebäudeherstellungswertes ist in der Praxis das Raummeterpreisverfahren die bevorzugte Wertermittlungsmethode. *WertR 3.6.1.1 Raummeterpreisverfahren*

14. ERWERB UND VERÄUSSERUNG VON IMMOBILIEN

Wert V
§§ 13–25
Standardisierte Normalherstellungskosten

Der Raummeterpreis ergibt sich durch Teilung der so genannten standardisierten Normalherstellungskosten durch die Anzahl der Kubikmeter umbauten Raumes. Standardisierte Normalherstellungskosten sind die Herstellungskosten, die bei Gebäuden der jeweiligen Nutzung (z. B. Einfamilienhaus, Mietwohnhaus), Bauart (ein- oder mehrgeschossig) und Ausstattung durchschnittlich anfallen.

Dieser durchschnittliche Raummeterpreis bezog sich auf das Jahr 1913 (WertR 3.6.1.1). Da das Sachwertverfahren auf der Grundlage der hier angesprochenen vielfach herangezogenen Werte von 1913 heute kaum noch sachgerecht praktizierbar ist, können nach Wertermittlungs-Richtlinien zur Ermittlung des Verkehrswertes im Wege des Sachwertverfahrens an Stelle dieser auf das Jahr 1913 bezogener Normalherstellungskosten auch geeignete Erfahrungssätze anderer Bezugszeitpunkte herangezogen werden.

WertR 3.6.1.1

Im Auftrag des (damaligen) Bundesministeriums für Raumordnung, Bauwesen und Städtebau ermittelte das Sächsische Bauinstitut GmbH (GESBIG) für die Belange der Verkehrswertermittlung Normalherstellungskosten – bezogen auf das Jahr 1995.

NHK 95

Dieses Tabellenwerk **„Normalherstellungskosten 1995 – NHK 95"** umfasst auf 95 Gebäudetypenblättern in entsprechender Differenzierung (nach Objektart, Baualter, Bauweise) zeitgemäße Normalherstellungskosten. Es handelt sich bei den Normalherstellungskosten 1995 um Bundes-Mittelwerte nach dem Preisstand 1995 ohne Baunebenkosten einschließlich 15 % Umsatzsteuer.

Das Statistische Bundesamt gab dazu aktuelle Baupreisindizes für das Basisjahr 1995 = 100 heraus, die nun unmittelbar auf die hier vorgelegten Normalherstellungskosten (NHK 95) Anwendung finden konnten.

NHK 2000

Dieses Tabellenwerk wurde am 1. 12. 2001 aktualisiert und liegt nunmehr als Neue Normalherstellungskosten-Tabelle **(NHK 2000)** vor.

Das nachfolgende Beispiel (Bundesministerium für Raumordnung, Bauwesen und Städtebau/Geschäftszeichen RS I 3-63 05 04-4) soll die Anwendung des Tabellenwerkes verdeutlichen:

Mehrfamilienwohnhaus

Bauart:	Kopfhaus
Baujahr:	1970
Ausstattungsstandard:	gehoben
Grundrissart:	Einspänner
Wohnungsgröße:	135 m^2 BGF
Lage (Ort/Land):	Großstadt mit rd. 600.000 Einwohnern in NRW

Dem Gebäudetypenblatt 3.11 sind Normalherstellungskosten in Höhe von 685,00 €/m^2 zu entnehmen.

Diese Kosten sind auf die Eigenschaften des Wertermittlungsobjektes bezogen und unter Einbeziehung der Baunebenkosten zu ermitteln:

Korrekturfaktor für Grundrissart	= 1,05
Korrekturfaktor für Wohnungsgröße	= 0,85
Korrekturfaktor für Baunebenkosten	= 1,14
NHK 2000 = 685 x 1,05 x 0,85 x 1,14	= 697,00 €/m² BGF

Des Weiteren sind zu berücksichtigen:

Korrekturfaktor für die Ortsgröße	= 1,05
Korrekturfaktor für das Bundesland	= 1,00
697 x 1,05 x 1,00	= 732,00 €/m² BGF

Mit Hilfe des auf dem Gebäudetypenblatt angegebenen Umrechnungsfaktors werden die auf 1 m² BGF bezogenen NHK 2000 auf 1 m² WF ermittelt:

NHK 2000 = 732 x 1,35	= 988,00 €/m² WF

Dieser Wert muss nun bezogen auf den Wertermittlungsstichtag mit Hilfe des aktuellen Baupreisindex berechnet werden.

Wertermittlungsstichtag (angenommen): 30. 12. 2001

Baupreisindex/1995 : 100
        2000 : 104,4
        2001 : 104,7 (Baupreisindex am Wertermittlungsstichtag)

Normalherstellungskosten des Gebäudes:

100 m² x 988 € x 104,7 : 104,4	= 99.084,00 €

Erläuterungen:

BGF = Brutto-Grundfläche
WF = Wohnfläche
BRI = Brutto-Rauminhalt
HNF = heizbare Nutzfläche

Korrekturfaktor für Ortsgröße:

Großstädte mit mehr als 500.000 bis 1.500.000 Einwohnern	1,05–1,15
Städte mit mehr als 50.000 bis 500.000 Einwohnern	0,95–1,05
Orte bis 50.000 Einwohner	0,90–0,95

Korrekturfaktor für Länder (vorläufig):

Baden-Württemberg	1,00–1,10
Bayern	1,05–1,10
Berlin	1,25–1,45
Brandenburg	0,95–1,10
Bremen	0,90–1,00
Hamburg	1,25–1,30
Hessen	0,95–1,00
Mecklenburg-Vorpommern	0,95–1,10
Niedersachsen	0,75–0,90
Nordrhein-Westfalen	0,90–1,00
Rheinland-Pfalz	0,95–1,00
Saarland	0,85–1,00

Sachsen	1,00–1,10
Sachsen-Anhalt	0,90–0,95
Schleswig-Holstein	0,90–0,95
Thüringen	1,00–1,05

Auszüge aus NHK 2000

Mehrfamilien - Wohnhäuser Typ 3.11

Normalherstellungskosten (ohne Baunebenkosten) entsprechend Kostengruppe 300 und 400 DIN 276/1993 einschließlich 16% Mehrwertsteuer, Preisstand 2000

NHK 2000 WERTR

Ausstattungsstandards, Baunebenkosten und Gesamtnutzungsdauer für diese Gebäudetypen siehe Tabelle "Ausstattungsstandards"

KORREKTURFAKTOREN

bezüglich der Grundrissart und der durchschnittlichen Wohnungsgröße

Grundrissart	- Einspänner		1,05
	- **Zweispänner**		**1,00**
	- Dreispänner		0,97
	- Vierspänner		0,95
Wohnungsgröße	von 50 m² BGF/ WE	= 35 m² WF/ WE	1,10
	von 70 m² BGF/ WE	**= 50 m² WF/ WE**	**1,00**
	von 135 m² BGF/ WE	= 100 m² WF/ WE	0,85

Typ 3.11 Keller-, Erd, Obergeschoss, voll ausgebautes Dachgeschoss

KOPFHAUS

Kosten der Brutto-Grundfläche in €/m², durchschnittliche Geschosshöhe 2,95 m							
Ausstattungs-standards	vor 1925	1925 bis 1945	1946 bis 1959	1960 bis 1969	1970 bis 1984	1985 bis 1999	2000
einfach	495 - 520	520 - 535	535 - 575	580 - 605	605 - 645	650 - 705	705
mittel	510 - 540	540 - 550	555 - 595	600 - 625	625 - 670	670 - 730	730
gehoben	560 - 590	590 - 605	610 - 655	655 - 685	685 - 735	740 - 800	800

MITTELHAUS

Kosten der Brutto-Grundfläche in €/m², durchschnittliche Geschosshöhe 2,95 m							
Ausstattungs-standards	vor 1925	1925 bis 1945	1946 bis 1959	1960 bis 1969	1970 bis 1984	1985 bis 1999	2000
einfach	490 - 515	515 - 530	530 - 570	570 - 595	600 - 640	640 - 695	700
mittel	505 - 530	535 - 545	550 - 590	590 - 620	620 - 660	665 - 720	725
gehoben	555 - 585	585 - 600	600 - 645	650 - 680	680 - 730	730 - 790	795

FREISTEHEND

Kosten der Brutto-Grundfläche in €/m², durchschnittliche Geschosshöhe 2,95 m							
Ausstattungs-standards	vor 1925	1925 bis 1945	1946 bis 1959	1960 bis 1969	1970 bis 1984	1985 bis 1999	2000
einfach	500 - 530	530 - 545	545 - 585	590 - 615	615 - 655	660 - 715	720
mittel	520 - 545	550 - 565	565 - 605	610 - 635	640 - 680	680 - 740	745
gehoben	570 - 600	600 - 615	615 - 665	665 - 700	700 - 745	750 - 810	815

MEHRFAMILIEN - WOHNHÄUSER   TYP 3.11 - 3.73

Kostengruppe	AUSSTATTUNGSSTANDARD		
	einfach	mittel	gehoben
Fassade	Mauerwerk mit Putz oder Fugenglattstrich und Anstrich	Wärmedämmputz, Wärmedämmverbundsystem, Sichtmauerwerk mit Fugenglattstrich und Anstrich, mittlerer Wärmedämmstandard	Verblendmauerwerk, Metallbekleidung, Vorhangfassade, hoher Wärmedämmstandard
Fenster	Holz, Einfachverglasung	Kunststoff, Isolierverglasung	Aluminium, Rollladen, Sonnenschutzvorrichtungen, Wärmeschutzverglasung, aufwendige Fensterkonstruktionen
Dächer	Betondachpfannen (untere Preiskl.), Bitumen-, Kunststofffolienabdichtung	Betondachpfannen (gehobene Preisklasse), mittlerer Wärmedämmstandard	Tondachpfannen, Schiefer-, Metalleindeckung, hoher Wärmedämmstandard
Sanitär	1 Bad mit WC, Installation auf Putz	1 Bad mit WC, Gäste-WC, Installation unter Putz	1 Bad mit Dusche und Badewanne, Gäste-WC
Innenwandbekleidung der Nassräume	Ölfarbanstrich	Fliesensockel (1,50 m)	Fliesen raumhoch
Bodenbeläge	Holzdielen, Nadelfilz, Linoleum, PVC (untere Preisklasse) **Nassräume**: PVC, Fliesen	Teppich, PVC, Fliesen, Linoleum (mittlere Preisklasse) **Nassräume**: Fliesen	großformatige Fliesen, Parkett, Betonwerkstein, **Nassräume**: großformatige Fliesen
Innentüren	Füllungstüren, Türblätter und Zargen gestrichen	Kunststoff-/ Holztürblätter, Stahlzargen	Türblätter mit Edelholzfurnier, Glastüren, Holzzargen
Heizung	Einzelöfen, elektr. Speicherheizung, Boiler für Warmwasser	Mehrraum-Warmluftkachelofen, Zentralheizung mit Radiatoren (Schwerkraftheizung)	Zentralheizung/ Pumpenheizung mit Flachheizkörpern, Warmwasserbereitung zentral
Elektroinstallation	je Raum 1 Lichtauslass und 1-2 Steckdosen Installation auf Putz	je Raum 1-2 Lichtauslässe und 2-3 Steckdosen, Installation unter Putz	aufwendige Installation, informationstechnische Anlagen

Baunebenkosten (entsprechend Kostengruppe 700 DIN 276)   **14%**

Gesamtnutzungsdauer   **60 - 80 Jahre**

Wertminderung wegen Alters

Wert V § 23 Wertminderung wegen Alters

In einem nächsten Schritt ist die Wertminderung wegen Alters zu berücksichtigen. Die Wertminderung wegen Alters berechnet sich nach dem Verhältnis der Gesamtnutzungsdauer zur Restnutzungsdauer der baulichen Anlagen. Sie ist in einem Prozentsatz auszudrücken (vgl. WertR Anlage 6). Die Wertermittlungs-Richtlinien 1991 enthalten in der Anlage auch Angaben über die technische Lebensdauer von baulichen Anlagen und Bauteilen, von Außenanlagen usw.

Wertminderung wegen Baumängeln und Bauschäden

Wert V § 24 Wertminderung wegen baulicher Mängel und Schäden

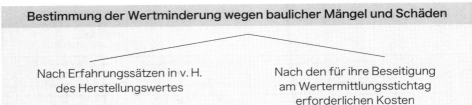

Berücksichtigung sonstiger wertbeeinflussender Umstände

Wert V § 25 Sonstige wertbeeinflussende Umstände

Die Restnutzungsdauer der baulichen Anlagen kann durch besondere Verhältnisse beeinflusst werden. Die baulichen Anlagen können z. B. durch umfangreiche Modernisierung in wesentlichen Teilen wirtschaftlich gesehen verjüngt worden sein.

Hier ist dann eine erhöhte/verlängerte Restnutzungsdauer bei der Bewertung zu berücksichtigen.

Aber auch eine schnellere wirtschaftliche Überalterung, als durch die normale Alterswertminderung abgedeckt, kann eintreten (z. B. bei Geschäftsgrundstücken).

In diesem Fall ist ein Abschlag wegen wirtschaftlicher Überalterung vorzunehmen.

Weitere in Betracht kommende wertbeeinflussende Umstände sind
- zeitbedingte Baugestaltung, Aufbau des Gebäudes, Raumgrößen und -höhen,
- Anordnung der Gebäude zueinander, Zweckentfremdung.

Die hier erfassten Zu- oder Abschläge dürfen nur den Wert der baulichen Anlagen betreffen.

Die Anpassung an die aktuelle Marktlage erfolgt erst, nachdem der Sachwert des Gesamtgrundstücks (einschließlich Grund und Boden) ermittelt wurde. Das Ergebnis ist der aktuelle Verkehrswert.

- Aufbau des Sachwertverfahrens

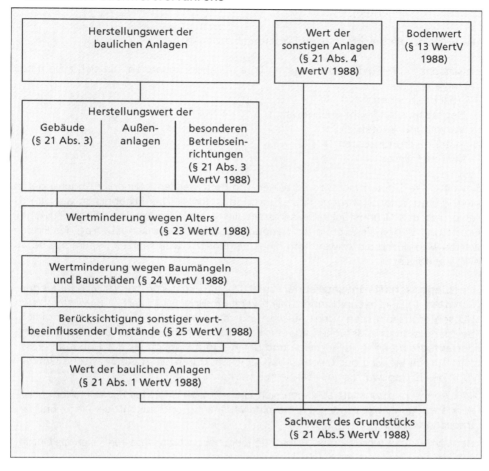

Kleiber-Simon-Weyers: WertV 88; Wertermittlungsverordnung 1988, Köln 1989, S. 185

– **Ertragswertverfahren**

Die Wertermittlung nach dem Ertragswertverfahren wird überwiegend bei Objekten mit sicheren Einkünften angewandt. Typische Ertragswertobjekte sind Mehrfamilienhäuser und gewerblich genutzte Objekte. Bei der Ertragswertermittlung steht die Wirtschaftlichkeit der Investition, bezogen auf die gesamte rechtliche Gebäudenutzungsdauer, im Vordergrund.

Ertragswertverfahren

Der Ertragswert umfasst den Bodenwert und den Ertragswert der baulichen Anlagen.

WertV § 15 Abs. 2

Der Bodenwert wird i. d. R. im Vergleichswertverfahren ermittelt (§§ 13 und 14 WertV).

Ausgangspunkt für die Ertragswertermittlung der baulichen Anlagen ist der nachhaltig erzielbare Jahresrohertrag des Grundstücks. Der Jahresrohertrag umfasst alle

Jahresrohertrag

bei ordnungsgemäßer Bewirtschaftung erzielbaren Erträge aus dem Grundstück (z. B. Mieten und Pachten).

Hiervon sind die Bewirtschaftungskosten abzuziehen.

Bewirtschaftungskosten

Bewirtschaftungskosten sind regelmäßig anfallende Ausgaben, die sich zusammensetzen aus:
- Abschreibungen,
- Betriebskosten (nicht umlagefähig),
- Verwaltungskosten,
- Instandhaltungskosten,
- Mietausfallwagnis.

Jahresreinertrag des Grundstücks

Soweit diese Kosten nicht im Einzelnen ermittelt werden können, zu hoch oder zu niedrig sind, sind Erfahrungssätze zugrunde zu legen. Das Ergebnis ist der Jahresreinertrag des Grundstücks. Dieser stellt die Verzinsung der Investition (sowohl in Grund und Boden als auch in die Gebäude) dar. Der Verzinsungsbetrag des Bodenwertes wird durch die Anwendung eines Liegenschaftszinssatzes bestimmt und auf ewig kapitalisiert.

Liegenschaftszinssatz

Der **Liegenschaftszinssatz** ist der Zinssatz, mit dem der Verkehrswert der Liegenschaften im Durchschnitt marktüblich verzinst wird (§ 11 WertV). Er wird von den Gutachterausschüssen durch Auswertung von gleichartig bebauten und vergleichbar genutzten Grundstücken aus der Kaufpreissammlung unter Berücksichtigung der entsprechenden Reinerträge und der Restnutzungsdauer der Gebäude ermittelt. Berechnet wird der Liegenschaftszinssatz durch die mathematische Umkehrung des Ertragswertes aus realisierten Verkaufsfällen.

Im Liegenschaftszinssatz schlagen sich alle wichtigen Markteinflüsse nieder, insbesondere Eigenkapitalrendite, Fremdmittelverzinsung und zukünftige Wert- und Ertragsänderungen.

Der vom Gutachterausschuss ermittelte Liegenschaftszinssatz kann also als Durchschnittszinssatz für lagetypische Normalgrundstücke angesehen werden.

Bodenertragswert

Das Ergebnis ist der Bodenertragswert (= Bodenwert). Dieser Verzinsungsbetrag wird vom Reinertrag des Grundstücks abgezogen.

WertV § 16 Abs. 3, WertR Anlage 4

Der verbleibende Ertragswertanteil der baulichen Anlagen wird unter Berücksichtigung ihrer Restnutzungsdauer (mit Hilfe eines Vervielfältigers) kapitalisiert.

Die Restnutzungsdauer ist die restliche wirtschaftliche Nutzungsdauer, die bei ordnungsgemäßer Nutzung und Bewirtschaftung des Bauwerks noch erwartet werden kann.

Ertragswert der baulichen Anlagen

Unter Berücksichtigung sonstiger wertbeeinflussender Umstände errechnet sich dann der Ertragswert der baulichen Anlagen.

Der nach Vergleichswertverfahren ermittelte Bodenwert und der Ertragswert der baulichen Anlagen ergeben den Ertragswert.

Unter Berücksichtigung der Marktverhältnisse auf dem Grundstücksmarkt und evtl. durch die Heranziehung anderer Verfahrensergebnisse (z. B. Sachwertermittlung) lässt sich dann der Verkehrswert bestimmen.

- **Aufbau des Ertragswertverfahrens**

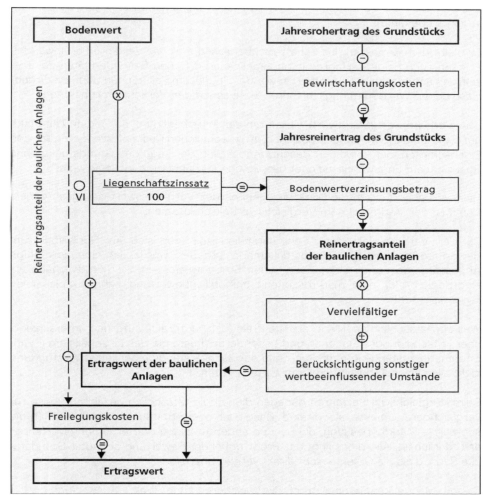

Kleiber-Simon-Weyers: WertV 88; Wertermittlungsverordnung 1988, Köln 1989, S. 154

14.5.5 Verkehrswertermittlung/Kaufpreisermittlung

Bei Betrachtung der Ergebnisse im vorliegenden Fallbeispiel zeigt sich eine Abweichung zwischen Sachwert- und Ertragswertverfahren.

Diese Abweichung liegt allerdings im Rahmen, denn das Verhältnis von Sachwert zu Ertragswert wird weitgehend von den wirtschaftlichen Möglichkeiten der Grundstücksart bestimmt.

Es bleibt dem Ermessen des Schätzers überlassen, welches Verfahren er anwendet. Er kann auch beide Verfahren in angemessener, d. h. den Besonderheiten des Einzelfalles angepasster Gewichtung anwenden. In diesem Fall können dann die Ergebnisse beider Wertermittlungsverfahren Einfluss auf den Verkehrswert nehmen

BauGB § 194 Verkehrswert

„Der Verkehrswert (Marktwert) wird durch den Preis bestimmt, der in dem Zeitpunkt, auf den sich die Ermittlungen beziehen, im gewöhnlichen Geschäftsverkehr nach den Eigenschaften, der sonstigen Beschaffenheit und der Lage des Grundstücks ohne Rücksicht auf ungewöhnliche oder persönliche Verhältnisse zu erzielen wäre."

Hier wird ausdrücklich die Marktbezogenheit des Vergleichswertes angesprochen. Damit ist der Marktwert dem Vergleichswert gleichzusetzen.

Da der Verkehrswert den Preis darstellen soll, der sich im Normalfall zum Bewertungsstichtag am Grundstücksmarkt ergeben würde, ist eine sorgfältige Anpassung des ermittelten Sach- oder Ertragswertes an die Marktverhältnisse erforderlich. Nur eine marktbezogene Immobilienbewertung kann zu plausiblen Ergebnissen führen.

Weil der tatsächlich am Markt erzielte Preis (der Kaufpreis), aufgrund unterschiedlicher Entscheidungssituationen und besonderer Umstände des Einzelfalls am Immobilienmarkt zustande kommt, kann sich der Sachverständige bei seiner Wertfindung nicht allein nach Tabellen und Indexwerten richten.

Beim Vergleichswertverfahren dagegen dienen die tatsächlich gezahlten Preise für vergleichbare Objekte als direkte Basis der Wertermittlung. Somit entfällt die schwierige Marktanpassung, die bei den anderen beiden Wertermittlungsverfahren erforderlich ist. Allerdings liegt das Problem bei der Bewertung bebauter Grundstücke darin, dass die Objekte nicht direkt vergleichbar sind.

Diesem Mangel könnte aber durch die Speicherung und direkte Auswertung größerer Informationsmengen mit Hilfe der elektronischen Datenverarbeitung begegnet werden.

14.5 GRUNDSTÜCKSBEWERTUNG

• Übersicht über die Wertermittlungsverfahren nach der WertV:

Kleiber-Simon-Weyers: WertV 88; Wertermittlungsverordnung 1988, Köln 1989, S. 128

Fallbeispiel – Wertermittlung eines bebauten Grundstücks

a) Ermittlung des Bodenwertes (Vergleichswertverfahren)
b) Ermittlung des Bauwertes (Sachwertverfahren)
c) Ermittlung des Ertragswertes (Ertragswert verfahren)
d) Ermittlung des Verkehrswertes
e) Erläuterungen
f) Baubeschreibung

Das Gutachten wurde am 19.12.2001 für ein Gewerbegrundstück erstellt, welches im Jahr 1981 mit einer Verkaufshalle und einer Werkstatthalle bebaut wurde und im Jahr 1991 um ein 2-geschossiges, massives Autohaus mit Betriebswohnung erweitert wurde.

a) Ermittlung des Bodenwertes/19.12.2001 (Vergleichswertverfahren)

Vergleichswertverfahren

Beschreibung:
Eutin ist Kreisstadt und heilklimatischer Luftkurort in Schleswig-Holstein, Landkreis Ostholstein, im Herzen der holsteinischen Schweiz; ca. 18.000 Einwohner; das Grundstück liegt nach Bezeichnung in der Bodenrichtwertkarte im Gewerbegebiet-Alt, es handelt sich um ein Gewerbegrundstück mit extrem langer Straßenfront im Bereich einer Innenkurve gelegen; die Stadt Eutin verfügt über eine gute Infrastruktur.

Zuschnitt:	unregelmäßig
Front:	ca. 115 m
Straße:	öffentlich, befestigte Fahrbahn und Gehwege
Anschlüsse:	Strom, Gas, Wasser, Kanalisation
Verkehrslage:	Busverbindungen, Deutsche Bahn
Schulen:	sämtlich in Eutin vorhanden
Bebauung:	Autohaus mit Betriebswohnung, Halle zum Ersatzteilverkauf und Werkstatthalle
Baugrund:	nicht geprüft
Größe:	2.983 m^2
Grundbuch:	Amtsgericht Eutin, Grundbuch von Eutin, Blatt 4711
Eigentümer:	Kaufmann Günter B. Liebig
Abteilung II:	Zwangsversteigerungsvermerk
Kataster:	Gemarkung Eutin, Flur 25, Flurstück 111/11
Baulastenbuch:	keine Eintragung
Wert:	der Richtwert beträgt 51,00 €/m^2 unbebaut, erschließungsbeitragsfrei (ebf) sowie einschließlich dem üblichen Aufwuchs, per 31.12.01; eine Wertveränderung ist z. Zt. nicht feststellbar; es gibt keine Vor- oder Nachteile, die Zu- oder Abschläge erfordern
Bauplatz:	2.983 m^2 x 51,00 EUR/m^2 = 152.133,00 €
Bodenwert:	**152.133,00 €**

b) Ermittlung des Bauwertes/19.12.2001 (Sachwertverfahren)
auf der Basis der Normalherstellungskosten 2000 – NHK 2000,
gemäß Erlass des Bundesministeriums vom 1.8.1997

Gebäude:	1. Autohaus / 2. Werkstatthallen
Baujahr:	1991 1981

1. (10,08 x 13,71 + 3,89 x 1,38) x 2 + (3,0 x 8,0)   = 311 m^2 BGF
2. (25,00 x 15,00)   = 375 m^2 BGF

Gebäudetypen lt. Katalog NHK 2000

Nr.	Typ	Baujahresklasse	Ausstattungsstandard	Preis €/m^2 BGF oder €/m^2 BRI
1.	4	1985–1999	mittel	1.000–1085 hier 1.080
2.	30.2	1970–1984	mittel	170–175 hier 175

Korrekturfaktoren 0,90–0,95 für S.-H. und bis 50.000 Einwohner, Baunebenkosten 14 %, Indexreihe 1995 = 100, 2000 = 100,3, 2001 = 100,6

NHK 2000

1. = 1.080,- €/m^2 x 0,95 x 0,95 x 1,14   = 1.111,00 €/m^2
2. =   175,- €/m^2 x 0,95 x 0,95 x 1,14   =   180,00 €/m^2

1. Autohaus mit Betreiberwohnung

311 m² x 1 111,00 EUR x 100,6 : 100,3	= 346.554	
./. Alter, GND 80/RND 70 J, 7,03 %	= 24.363	
	= 322.191	
./. Reparaturstau 3 %	= 9 666	312.525,00 €

2. Werkstatthallen

375 m² x 180,- EUR x 100,6 : 100,3	= 67.702	
./.Alter, GND 60/RND 40 J, 22,22 %	= 15.043	
	= 52.659	
./. Reparaturstau 3 %	= 1.580	51 079,00 €
+ Container, Anbau (pauschal)	=	15.000,00 €
Gebäudezeitwert	=	378.604,00 €
+ 6 % Außenanlagen	=	22.716,00 €
Bauwert	=	401.320,00 €

Anmerkung: Die Aufstellung des Containers wurde, ebenso wie der Anbau, bauaufsichtlich genehmigt.

c) Ermittlung des Ertragswertes / 19. 12. 2001 (Ertragswertverfahren)

überschlägige Wohn-/Nutzflächenberechnung:
1. Autohaus: 311 m² BGF x 0,770 = 240 m² Wohn-/Nutzfl.
2. Werstatthallen: 375 m² BGF x 0,935 = 350 m² Wohn-/Nutzfl.

1. 110 m² Wohnfläche x 5,20 EUR/m² x 12 Mon.	=	6.864,00 €
1. 130 m² Wohnfläche x 5,20 EUR/m² x 12 Mon.	=	8.112,00 €
2. 350 m² Wohnfläche x 5,20 EUR/m² x 12 Mon.	=	21.840,00 €
Rohertrag		36.816,00 €
./. Bewirtschaftungskosten		
für Instandhaltung 12,0 %		
für Verwaltung 4,0 %		
Mietausfallwagnis 4,0 % zus: = 20 %	=	7.363,00 €
./. Bodenverzinsung 5,5 % von 152.133,00 €	=	8.367,00 €
Reinertrag (Gebäudeertragsanteil)	=	21.086,00 €

Bei einer wirtschaftlichen Restnutzungsdauer von 55 Jahren und einem Liegenschaftszinssatz von 5,50 % beträgt der Kapitalisierungsvervielfältiger = 17,23

somit 21.086,- x 17,23	=	363.312,00 €
./. Reparaturstau (vgl. Bauwert)	=	11.246,00 €
Gebäudeertragswert	=	352.066,00 €
+ Boden	=	152.133,00 €
Ertragswert	=	**504.199,00 €**

Da es sich bei dem Rohertrag um eine nachhaltig erzielte Miete handelt und der Liegenschaftszinssatz der Marktlage entspricht, entfällt eine Marktanpassung, um den Verkehrsert abzuleiten.

d) Ermittlung des Verkehrswertes

Bodenwert	=	152.133,00 €
+ Bauwert	=	401.320,00 €
Sachwert	=	533.453,00 €
Bodenwert	=	152.133,00 €
+ Gebäudewert	=	352.066,00 €
Ertragswert	=	504.199,00 €

Der Verkehrswert wird auf der Grundlage des Ertragswertes festgesetzt und setzt sich aus dem Bodenwert und dem Gebäudeertragswert zum Wertermittlungsstichtag zusammen.

Verkehrswert (854,00 €/m² Wfl./Nfl.) rd.	=	**504.000,00 €**

e) Erläuterungen

Bodenwert: Es liegt keine Bodenuntersuchung vor, insofern gilt der Bodenwert unter der Voraussetzung, dass keine Altlasten vorhanden sind.
Der Richtwert ist ein mittlerer Wert, der aus Kaufpreisen ermittelt wird und bezogen auf das Bewertungsobjekt ggf. anzupassen ist. Hier gilt dieser mittlere Wert als angemessen.
Bauwert: Der m²-Preis bezieht sich auf die am Wertermittlungsstichtag vorgefundene Bauwerksqualität, d. h. bezogen auf Konstruktion, Isolierung, Dämmung, Gestaltung und Ausstattung.
Der Reparaturstau umfasst die am Wertermittlungsstichtag marktrelevanten Reparaturkosten (keine evtl. erforderlichen Modernisierungsmaßnahmen).
Ertragswert: Der Rohertrag ist die Netto-Kalt-Miete (nachhaltig erzielbarer Ertrag, der aufgrund z. Zt. herrschender Marktpreise angesetzt worden ist).
Der Liegenschaftszinssatz wurde auf der Grundlage geeigneter Kaufpreise gewerblicher Anlagen und der ihnen entsprechenden Reinerträge ermittelt. Der festgestellte, mittlere Zins mindert sich bei gehobener Preislage und erhöht sich bei einfachen Objekten. Die Zinssätze liegen bei gewerblichen Anlagen zwischen 5,5–7,5 %. Weger der Lage des Bewertungsobjektes und der vorgefundenen Ausstattung und Beschaffenheit wird der Liegenschaftszinssatz mit 5,5 % angesetzt.
Verkehrswert: m²- oder m³-Massen haben nur bedingt Einfluss auf den Verkehrswert, der eigentlich in einer Bandbreite dargestellt werden sollte.

f) Baubeschreibung
1. Autohaus

Konstruktion:	massives Gebäude, Fassaden verputzt
Dach:	nicht ausgebautes Satteldach (Binderdach)
Fußböden:	Keramik- und Naturstein-Fußböden
Fenster:	Kunststoff-Isolierglas
Türen:	Aluminium-Blendrahmenhauseingangstür, Innentüren als Rahmenholzblatt
Treppen:	Betontreppe mit Natursteinbelag
Sanitär:	gefliestes Wannenbad mit Waschbecken, WC und Dusche, gefliestes Gäste-WC
Heizung:	Gas-Zentralheizung mit zentraler Warmwasserbereitung
Elektroinstallation:	unter Putz

Dekoration: Tapeten
Einbauten: Einbauküche

2. Werkstatthallen
Konstruktion: massive, 1-geschossige Hallen
Dach: Flachdächer mit Bitumenbahnen-Eindeckung
Fußböden: Industrie-Fußböden
Fenster: Aluminiumfenster mit Industrieglas
Heizung: Gas-Zentralheizung
Sanitär: WC-Anlagen
Außenanlagen: befestigter Zugang und Zufahrt, gesamter Hofplatz gepflastert

Allgemein
Mängel/Schäden: altersbedingte Abnutzung, kleinere Fassadenrisse sichtbar

Als weitere Anlagen sind dem Gutachten beigefügt:
- Flurkarte / Liegenschaftskarte
- Lageplan
- Grundrisse und Schnitte
- Ansichten

14.5.6 Beleihungswertermittlung

Der Beleihungswert wird von einem vom beleihenden Kreditinstitut unabhängigen Gutachter ermittelt. Gesetzliche Grundlage ist § 16 des Pfandbriefgesetzes vom 22. 5. 2005. Dieses Gesetz löste das Hypothekenbankgesetzt ab. § 16 PfandGB enthält eine Ermächtigung zum Erlass einer Beleihungswertordnung (BelWertVE). Die Wertermittlungsanweisungen des früheren Hypothekenbankgesetzes werden nach Inkrafttreten der Beleihungswertverordnung unwirksam. Für Pfandbriefbanken (Hypothekenbanken) bildet das neue Pfandbriefgesetzt die Rechtsgrundlage der Beleihung.

PfandBG § 16 Gesetzliche Grundlage

Die öffentlich-rechtlichen Sparkassen bedienen sich zur Ermittlung des Beleihungswertes eigener, von ihrer obersten Aufsichtsbehörde erlassenen **Beleihungsgrundsätze**. Bisher wurde der Beleihungswert grundsätzlich nach dem Verkehrswert ermittelt und ein entsprechender Risikoabschlag vorgenommen.

Beleihungsgrundsätze

Nach der neuen Definition soll der Beleihungswert der Wert einer Immobilie sein, der erfahrungsgemäß unabhängig von vorübergehenden, etwa konjunkturell bedingten Wertschwankungen am maßgeblichen Grundstücksmarkt und unter Ausschaltung von spekulativen Elementen während der gesamten Dauer der Beleihung bei einer Veräußerung voraussichtlich erzielt werden kann. In dieser Definition ist das so genannte „Vorsichtsprinzip" enthalten.

Bei der Feststellung des Beleihungswertes kommt es auf die künftige Wertentwicklung und nicht auf den Wert am Bewertungsstichtag an. Da Pfandbriefbanken zur Finanzierung von Krediten langfristige Hypothekenpfandbriefe herausgeben, müssen die ausgeliehenen Gelder auch langfristig vom Kreditgeber gesichert sein. Die

PfandBG § 14

Risikoabsicherung ist dabei oberster Grundsatz. Der Beleihungswert entspricht somit einem risikogeminderten Verkehrswert. Beliehen werden darf ein Grundstück von Pfandbriefbanken nur bis zu 60 % des Beleihungswertes.

Übersicht über den Ablauf der Beleihungswertermittlung:

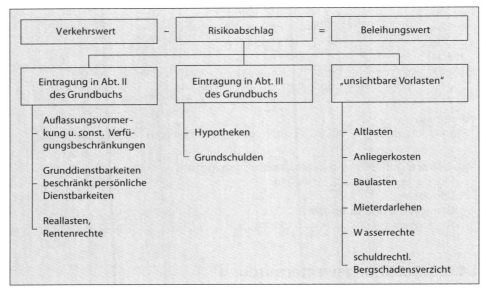

Kleiber/Simon/Weyers: Verkehrswertermittlung von Grundstücken, Köln 1991

Der durch einen Sachverständigen festgestellte Beleihungswert bildet die Grundlage für die Beleihungsgrenze.

Bedingt durch gesetzliche und satzungsrechtliche Vorschriften ist eine Beleihung eines Objektes in Höhe des Beleihungswertes durch Hypotheken ausgeschlossen

Beleihungsgrenze

Auf der Grundlage des Beleihungswertes wird eine sog. **Beleihungsgrenze** festgesetzt.

So werden 60 % des Beleihungswertes bei Pfandbriefbanken,
80–90 % des Beleihungswertes bei Banken und Sparkassen,
45 % des Beleihungswertes bei Lebensversicherern und
80 % des Beleihungswertes bei Bausparkassen

bei Wohnungsbaufinanzierungen als Obergrenze der Fremdfinanzierung festgesetzt.

14.5.7 Internationale Wertermittlungsverfahren (Überblick)

In der Bundesrepublik Deutschland erfolgt die Immobilienbewertung i. d. R. nach Vergleichswert-, Sachwert- und Ertragswertverfahren. Diese herkömmlichen Verfahren unterscheiden zwar zwischen der Verzinsung von Grund und Boden und dem Gebäudeertrag, berücksichtigen aber bestimmte Faktoren, wie z. B. Mietsteigerungspotenziale, Mietausfallwagnis und Standortqualität nicht hinreichend. Solche Faktoren und somit eine dynamischere Betrachtungsweise der Grundstückswertentwicklung finden sich demgegenüber bei den international (besonders im angelsächsischen Raum) gebräuchlichen Bewertungsmethoden. Im Hinblick auf eine zunehmende Internationalisierung der Märkte wäre es empfehlenswert, international anerkannte Bewertungsverfahren anzuwenden und zu einer Vereinheitlichung im Bereich der Immobilienbewertung zu kommen. Dies würde eine adäquate Einschätzung der künftigen Marktentwicklung bzw. der internationalen Zahlungsströme im Hinblick auf Mietpreisentwicklungen und Renditeerwartungen ermöglichen. Gerade bei der Wertermittlung von Industrieobjekten wird die zukünftige nachhaltige Nutzungsmöglichkeit und die zukünftig zu erwartende Verzinsung des eingesetzten Kapitals den Wert der Immobilie nachhaltig bestimmen.

In den anderen europäischen Ländern werden, insbesondere von großen institutionellen Anlegern, folgende Bewertungsverfahren benutzt:
- Vereinfachtes Ertragswertverfahren,
- Barwertkalkulation (Discounted-Cash-Flow-Methode),
- Residualverfahren,
- Open-Market-Methode,
- Gewinnmethode (profit method).

Internationale Bewertungsverfahren

Im Folgenden sollen alternativ zu den drei deutschen Bewertungsverfahren die **Barwertkalkulation** (Discounted-Cash-Flow-Methode) und das **Residualverfahren** in Kurzform vorgestellt werden.

14.5.7.1 Barwertkalkulation (DCF-Verfahren)

Dieses Bewertungsverfahren ermöglicht es, künftige Aufwendungen und Erträge des Bewertungsobjektes zu erfassen und auf den Zeitpunkt des Einkaufs zu diskontieren. Daneben wird die Rendite zum Verkaufszeitpunkt festgelegt; d. h. die Rendite, die der Investor über den Investitionszeitraum von der ausgewählten Anlage erwartet.

DCF-Verfahren

Folgende Faktoren (vereinfacht) sind bei der Barwertanalyse einer Immobilie zu berücksichtigen bzw. festzulegen:
- Der heutige Wert (Kaufpreis) der Immobilie.
- Liegen indexierte Mietverträge während der Investitionsperiode vor, ist die entsprechende Inflationsrate zu berücksichtigen.
- Mieterträge des Objektes zum Erwerbszeitpunkt.
- Mietpreissteigerungen, die während des Investitionszeitraumes zu erwarten sind.
- Der Wert der Immobilie am Ende des Investitionszeitraumes (Verkaufserlös).
- In Zukunft (während des Investitionszeitraumes) anfallende Kosten, wie z. B. für Instandhaltung und Modernisierung.

Parameter

Die Barwertkalkulation ermöglicht es einem Investor, bei festgelegten Renditevorstellungen den maximalen Kaufpreis einer Immobilie zu bestimmen. Dazu werden sämtliche Einnahmen und Ausgaben (i. d. R.) auf den Bewertungsstichtag abgezinst und addiert, Ausgaben werden dabei negativ und Einnahmen positiv berücksichtigt. Errechnet sich hierbei ein positives Ergebnis, ist die Investition je nach Renditeerwartung des Investors als lohnend anzusehen.

Für institutionelle Anleger, wie Lebensversicherungsgesellschaften und offene Immobilienfonds, lässt sich mithilfe der Barwertkalkulation eine Vergleichbarkeit bei der Anlageentscheidung für ein festverzinsliches Wertpapier oder eine Immobilie herstellen.

Schwierigkeiten Die Schwierigkeiten bei dieser Bewertungsmethode liegen zweifelsfrei in der Einschätzung der künftigen Marktentwicklung, dies besonders im Hinblick auf die Mietpreisentwicklung und die Renditeerwartungen der Immobilieninvestition. Um präzise Ergebnisse zu liefern, verlangt die Barwertkalkulation sehr detaillierte Marktinformationen. *Vorteile* Trotz der vorgenannten Schwierigkeiten ermöglicht die Barwertkalkulation im Vergleich zu den herkömmlichen Bewertungsverfahren, in der Zukunft anfallende Aufwendungen und Erträge exakter zu erfassen und ihre Auswirkungen auf den Barwert zu beurteilen.

14.5.7.2 Residualverfahren

Bauträgermethode Das Residualverfahren, auch als Bauträgermethode bezeichnet, dient insbesondere Bauträgern zur Ermittlung des Grundstückswertes in Abhängigkeit einer optimalen Nutzung. Ausgangspunkt für die Berechnung des Residuums (tragfähiger Grundstückswert) ist die Verkehrswertermittlung des Grundstücks nach vollendeter Bebauung. Die Verkehrswertermittlung erfolgt, sofern Veräußerungserlöse vergleichbarer Objekte vorliegen, mithilfe des Vergleichswertverfahrens. Fehlen vergleichbare Objekte, erfolgt die Verkehrswertermittlung mithilfe des Ertragswertverfahrens. Vor dem so ermittelten Verkehrswert werden die (fiktiven) Bau-, Entwicklungsund Vermarktungskosten einschließlich Unternehmergewinn abgezogen. Das Ergebnis ist der Bodenwert, der dem Investor dann als Residuum verbleibt. Dieser so ermittelte Bodenwert stellt also einen Grenzwert dar, den ein Investor im Hinblick auf eine angemessene Rendite tragen kann.

Beispiel:

– Erzielbarer (fiktiver) Veräußerungserlös (durch Vergleichs- oder Ertragswertverfahren ermittelt)	3.700.000,00 €
– Bau-, Entwicklungs- und Vermarktungskosten einschließlich Unternehmergewinn	3.100.000,00 €
Residuum	**600.000,00 €**

Probleme Bei der Ermittlung des Verkaufserlöses und bei der Kalkulation der Bau-, Entwicklungs- und Vermarktungskosten ist entsprechende Sorgfalt geboten. Zu bedenken ist hier, dass sich die fehlerhafte Ermittlung des (fiktiven) Verkaufserlöses oder eine Überschreitung von Baukostenvoranschlägen überproportional auf das Residuum auswirken. Entstehen z. B. bei den Bau-, Entwicklungs- und Vermarktungskosten Mehrkosten in Höhe von 10 % (310.000,00 €), dann vermindert sich der tragfähige Grundstückswert auf 290.000,00 € (Verminderung um ca. 52 %). Mit der richtigen Annahme der Einzelpositionen steht und fällt das Residualverfahren.

Als Vorteil dieses Verfahrens ist anzusehen, dass hier alle individuellen rechtlichen und tatsächlichen Gegebenheiten eines Objektes (Lasten und Beschränkungen, wie z. B. Grunddienstbarkeiten, Gestaltungsvorschriften, Stellplatzfragen, Abstandszahlungen etc.) berücksichtigt werden können. Sie finden Eingang in die Bau- und Entwicklungskosten oder in den zu erwartenden Verkaufserlös.

Vorteil

Das Residualverfahren wird vorwiegend in folgenden Fällen angewandt:
- Beim Grunderwerb zur Ermittlung des maximal noch tragbaren Ankaufspreises für einen Investor in Abhängigkeit einer optimalen Nutzung.
- Bei einem im Eigentum des Investors befindlichen Grundstück zur Berechnung der höchstens noch tragfähigen Baukosten. Dabei muss die wirtschaftliche Verwendungsfähigkeit des Grundstücks nach seiner Bebauung bekannt sein.
- Bei einem im Eigentum des Investors befindlichen Grundstück bei der Bebauung zur Berechnung der Rentabilität.

Anwendungsbeispiele

Kapitel 15

DER MAKLER ALS DIENSTLEISTER AM IMMOBILIENMARKT

Erwin Sailer

15. DER MAKLER ALS DIENSTLEISTER AM IMMOBILIENMARKT

Es gibt Märkte, auf denen Makler agieren, und Märkte, auf denen Makler völlig fehlen. Der Makler bietet ein zu anderen Vertriebssystemen (z. B. Handelssystem: Groß-/Einzelhandel) alternatives Organisationsinstrument eines Marktes. **Makler** gibt es nicht nur in der Immobilienwirtschaft. Als Handelsmakler finden wir z. B. an den Wertpapierbörsen Kursmakler. Nachdem ihre Vereidigung ausgelaufen ist, fungieren sie als **Skontroführer** – sowie als freie Makler. *(Als Skontro bezeichnet man ein elektronisches Auftragsbuch, in das alle Wertpapieraufträge eingetragen werden.)* Im Versicherungsgeschäft finden wir Versicherungsmakler, deren Recht aufgrund der EU-Richtlinie über Versicherungsvermittlung völlig neu geregelt wurde (Gesetz zur Neuregelung des Versicherungsvermittlerrechts, u. a. § 34 d GewO und Versicherungsvertragsgesetz). Im Bereich der Güterbeförderung agieren insbesondere Schiffsfrachtenmakler und auf bestimmten Warenbörsen, z. B. für Rohstoffe, landwirtschaftliche Produkte, Handelsmakler der entsprechenden Warengattung.

Geschäftsfelder der Makler

Der grundlegende Unterschied zwischen den Handelsmaklern und **Zivilmaklern** besteht in den Gütern, die Gegenstand ihrer Geschäfte sind. Bei Handelsmaklern sind es Waren im Sinne des HGB. Gegenstände, mit denen sich Zivilmakler befassen, sind keine Waren.

Zivilmakler

Im Gegensatz zu **Handelsvertretern**, die laufend Geschäfte für einen bestimmten Auftraggeber **vermitteln** oder **abschließen**, haben es Makler mit stets wechselnden Auftraggebern zu tun. Sie vermitteln nur Verträge. **Zivilmakler weisen** außerdem Vertragsabschlussgelegenheiten nach.

Handelsvertreter

Das Recht der Zivilmakler ist in den §§ 652–655 des **Bürgerlichen Gesetzbuches (BGB)** geregelt, das Recht der Handelsmakler in den §§ 93–104 des **Handelsgesetzbuches** (HGB).

BGB- und HGB-Regelungen für Makler

Das Maklerrecht im BGB gliedert sich wie folgt:
1. Allgemeine Vorschriften §§ 652–654 BGB. Sie treffen auf alle Immobilienmakler zu.
2. Spezialvorschrift über die **Dienstvertragsvermittlung** in § 655 BGB. Sie regelt die Herabsetzungsmöglichkeiten einer Maklerprovision im Bereich der privaten Arbeitsvermittlung. Der Fragenbereich ist nicht Gegenstand der Betrachtungen dieses Kapitels.
3. **Darlehensvermittlungsvertrag** zwischen einem Unternehmen und einem Verbraucher (§ 655a–e BGB). Wer ein **Verbraucher** ist, ergibt sich aus § 13 BGB. Es handelt sich um eine natürliche Person, die ein Rechtsgeschäft zu einem Zweck abschließt, der weder ihrer gewerblichen noch ihrer selbständigen beruflichen Tätigkeit zugerechnet werden kann. Die Vorschriften erfassen auch das Darlehensvermittlungsgeschäft im Rahmen der Bau- und Kaufpreisfinanzierung im Immobilienbereich.
4. **Ehevermittlungsvertrag** nach § 656 BGB. Auch dieser Fragenbereich ist kein Betrachtungsgegenstand dieses Kapitels.

BGB §§ 652–654
BGB § 655

BGB § 13

BGB § 656

In der Folge ist nur von **Zivilmaklern** die Rede, die sich mit **Immobilien**, also Grundstücken, grundstücksgleichen Rechten, Mietwohnungen, Gewerberäumen sowie mit **Darlehen** beschäftigen. *(Zur geschichtlichen Entwicklung des Maklerrechts siehe*

Sailer, Erwin „Der Immobilienmakler Grundlagen – Strategien – Entwicklungspotentiale", 3. Aufl. Stuttgart 2010, S. 17 ff.)

Wohnungs-
vermittlungs-
gesetz

GewO § 34c,
MaBV

Neben den zivilrechtlichen Vorschriften des BGB hat der Immobilienmakler auch noch für den Bereich der **Wohnungsvermittlung** die Vorschriften des WoVG zu beachten. Sie enthalten teils **zivilrechtliche** und teils **öffentlich rechtliche** Vorschriften. Im Bereich des öffentlichen Rechts gelten für Immobilienmakler zudem Vorschriften der **Gewerbeordnung** und der **Makler-Bauträger-Verordnung (MaBV).**

Öffentlich
rechtliche
Vorschriften
für Makler

Zivil- und öffentlich rechtliche Vorschriften sind streng auseinander zu halten. Zivilrechtliche Vorschriften regeln in ihrer Außenwirkung die Rechtsverhältnisse zwischen den Rechtssubjekten (natürliche und juristische Personen), gegenseitige Rechte und Pflichten (z. B. aus einem abgeschlossenen Vertrag). **Öffentlich rechtliche Vorschriften** regeln den Rechtsbezug zwischen dem „Staat" als **Träger „öffentlicher Gewalt"** in allen Ausgestaltungsformen (Bund, Länder, Gemeinden, Fachkörperschaften) und den Staatsbürgern.

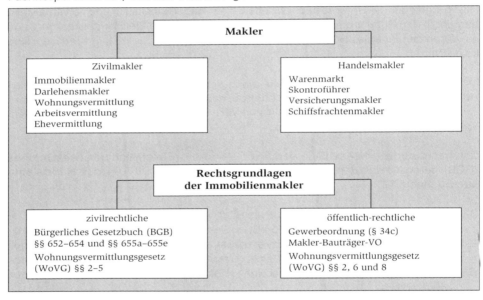

Abb. 1: Arten und Rechtsgrundlagen der Makler

15.1 MAKLERFUNKTIONEN

Marktdienst-
leistungen
der Makler

Der Makler ist selbst nicht **Marktpartei**. Er nimmt vielmehr im Marktgeschehen immer die Stellung eines Dritten ein. Seine Aufgabe ist es, das Umsatzgeschehen auf dem Markt zu fördern. Seine Dienstleistungen sind **Marktdienstleistungen**. Sie bestehen im Wesentlichen

- in der **Information** über konkrete aktuelle Vertragsmöglichkeiten am Markt („Nachweise"),
- im aktiven **Vermitteln** von Verträgen zwischen den Marktparteien und
- in der **Beratung** der Auftraggeber.

Jede dieser Maklertätigkeiten setzt einen Auftrag seitens einer der Marktparteien voraus. Denkbar und in Deutschland auch zulässig ist eine Doppeltätigkeit für beide Parteien.

15.1.1 Informationsfunktion

Im BGB wird die Informationsleistung des Maklers mit **„Nachweis von Vertragsabschlussgelegenheiten"** umschrieben. In der Maklerpraxis gehen die Informationen allerdings weit über die Daten hinaus, die einen Nachweis kennzeichnen.

BGB § 652 – Nachweis von Vertragsabschlussgelegenheiten

Der Nachweis einer Vertragsabschlussgelegenheit kann ein **„Objektnachweis"** sein: Einem Interessenten wird ein käufliches oder anmietbares Immobilienobjekt unter Angabe der genauen Anschrift des Objekts und des Verkäufers/Vermieters benannt. Beim **„Interessentennachweis"** benennt der Makler dem Objektanbieter einen aktuellen Interessenten (Name und Anschrift) für sein Objekt. Der in der Praxis selten vorkommende „Darlehensnachweis" hat das Angebot eines betragsmäßig bezifferten Darlehens mit allen Konditionen zum Gegenstand. Anzugeben ist auch der Darlehensgeber (in der Regel ein Kreditinstitut).

Objektnachweis

Interessentennachweis

Dem (Kauf-/Miet-)**Interessenten** gegenüber besteht für den Makler nach den Vorschriften der MaBV eine **Informationspflicht**, die sich bezieht einerseits auf **Objektmerkmale** (Lage des Grundstücks, Grundstücksgröße usw.) und **Objektangebotsbedingungen** (Kauf-/Mietpreis) und andererseits auf **Maklervertragsbedingungen** (Provision, Laufzeit eines etwaigen Maklervertrages), die zwischen dem Makler und dem Interessenten gelten sollen.

Informationspflicht

Da es sich um eine öffentlich rechtliche „Ordnungsvorschrift" handelt, entsteht aus dieser Pflicht kein Anspruch des Interessenten auf Information. Wenn der Makler aber dieser Verpflichtung nicht nachkommt, begeht er eine **Ordnungswidrigkeit**, die mit Bußgeld geahndet wird.

Ordnungswidrigkeit

Die **Objektmerkmale**, über die der Makler informieren muss, ergeben sich aus nachstehendem Überblick:

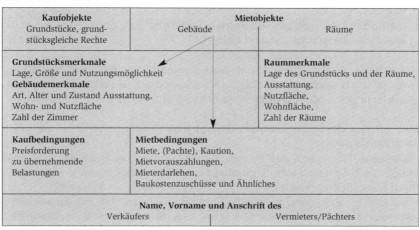

Abb. 2: Informationen nach § 11 MaBV

Aus dieser Übersicht erkennt man, dass eine Reihe von wichtigen Merkmalen, die sich auf das Objekt beziehen, **nicht** unter die Informationspflicht fällt. So müsste beispielsweise bei Kaufobjekten nicht über bestehende **Mietverträge, Mieteinnahmen** und **Bewirtschaftungskosten** bei vermieteten Objekten oder über den **Erschließungsgrad** eines unbebauten Grundstückes informiert werden. Auch wenn dies nicht vorgeschrieben ist, wird der Makler schon aus eigenem Geschäftsinteresse dem Interessenten solche weiteren grundlegenden Informationen liefern.

Exposé

Das Mittel, das der Makler einsetzt, um seiner Informationspflicht nachzukommen, ist das **Exposé**. Es handelt sich um eine systematische, gegliederte Zusammenstellung aller wichtigen Objektdaten und Objektangebotsbedingungen (siehe auch 15.3.6).

Objektwerbung

Bei der Gestaltung des Exposés spielen Gesichtspunkte der **Werbung** für das **Objekt** eine wichtige Rolle. Man trifft deshalb in der Praxis regelmäßig durch Fotos und Grundrisszeichnungen visuell unterstützte Exposégestaltungen an.

Eine besondere Bedeutung haben Exposés im Rahmen der Objektangebote in Immobilienportalen erhalten. Diese sind mittlerweile zur erstrangigen Vertriebsschiene für Makler geworden. Die Internetpräsentation von Objekten erfolgt einmal in Form einer Kurzinformation, die im Angebotsraster vorgegeben sind. Von dort aus kann der Interessent die Vollinformation mit einer reichlichen Bebilderung aufrufen. Die Entwicklung läuft dahin, virtuelle Objektbesichtigungen mit Hilfe von **Videopräsentationen** anzubieten.

Objektbesichtigung per Videopräsentation

Aufklärungspflichten des Maklers

Die Auftraggeber der Makler haben in der Regel ein über die reine Nachweis- und konkrete Objektinformation hinausgehendes Aufklärungsbedürfnis. Zu dessen Durchsetzung hat vor allem die Rechtsprechung beigetragen, in dem sie durch viele Einzelentscheidungen den Rahmen für **individuelle Aufklärungspflichten** abgesteckt hat.

Als Grundsatz gilt: Der Auftraggeber (Objekt-, aber auch Interessentenauftraggeber) hat Anspruch auf Aufklärung über alle Umstände, die für seine Entscheidung zum Vertragsabschluss bedeutsam sein können. Voraussetzung ist stets, dass der Makler diese Umstände auch selbst kennt. Er braucht, im Gegensatz zum Immobilienberater, ohne gesonderten Auftrag keine Erkundigungen einziehen, um sich die Kenntnis solcher Umstände zu verschaffen.

Aufklärungsbedürftigkeit des Auftragsgebers

Zu unterscheiden ist zwischen einer Aufklärungspflicht, die ohne weiteres unterstellt werden kann, und einer solchen, die erst entsteht, wenn der Makler die besondere **Aufklärungsbedürftigkeit** seines Auftraggebers erkennt.

Aufklärungspflichten: Beispiele

Beispiele für **Aufklärungspflichten**, die auf jeden Fall gegeben sind, wenn ein Auftragsverhältnis vorliegt:
– Der Makler erfährt, dass das Dachgeschoss des Einfamilienhauses, das er vermitteln soll, ohne Genehmigung ausgebaut wurde. Darüber muss er den Interessenten auf jeden Fall informieren.
– Der Makler erfährt, dass in 250 m Entfernung eines von ihm zu vermittelnden Baugrundstücks für ein Einfamilienhaus eine Autobahntrasse geplant ist. Auch hier besteht auf jeden Fall eine Informationspflicht, weil unterstellt werden kann, dass die Kenntnis dieses Umstandes für jeden Interessenten wichtig ist.

- Kurz vor dem beabsichtigten Abschluss des notariellen Kaufvertrages über ein Grundstück erfährt der Makler, dass der Kaufinteressent völlig vermögenslos ist und der vorgesehene Kaufpreis auch mit Fremdmitteln nicht aufgebracht werden kann. Darüber muss er den Verkäufer informieren.

Beispiele für eine Aufklärungspflicht, die voraussetzt, dass der Makler die Aufklärungsbedürftigkeit des Auftraggebers erkennt:
- Ein Interessent sucht beim Makler einen Laden. Der Makler bietet ihm ein geeignet erscheinendes Objekt an. Er weiß aus früheren Verhandlungen, dass eine Gaststätte in diesem Lokal nicht betrieben werden kann. Bei den Verhandlungen erklärt der Interessent, dass er einen Teil des Ladens als Bierbar nutzen will. Jetzt muss der Makler darauf hinweisen, dass das Gewerbeaufsichtsamt eine solche Nutzung wahrscheinlich nicht genehmigen wird.
- Der Makler bietet seinem Auftraggeber eine vermietete Eigentumswohnung an, die vor Umwandlung Teil eines Mietwohnhauses war. Der Interessent äußert die Absicht, nach Erwerb der Wohnung beim Mieter Eigenbedarf anmelden zu wollen. Hier muss der Makler den Interessenten über die besondere Kündigungssperrfrist bei diesem Objekt aufklären.

15.1.2 Vermittlungsfunktion des Maklers

Die Teilnehmer am Immobilienmarkt wollen nicht nur über aktuelle Vertragsabschlussmöglichkeiten des Immobilienmarktes und ihre Marktchancen informiert werden. Viele legen darüber hinaus auch Wert auf **Vermittlungsleistungen**, die Makler anbieten.

Vermittlungsleistungen

Vermitteln heißt erfolgsorientierte, also auf einen Vertragsabschluss zielende **Verhandlungen führen**. Dies setzt jeweils voraus, dass sich der Makler intensiv mit den Vorstellungen und Wünschen der Marktpartner befasst. Um zum Ergebnis zu kommen, muss er seine **rhetorischen Fähigkeiten** und sein **Verhandlungsgeschick** einsetzen.

Vermitteln ist Führung von Verhandlungen

Verhandlungsgeschick

Zu unterscheiden ist ein Vermitteln für **eine** Marktpartei von einem Vermitteln zwischen den **beiden** Marktparteien.
- Im ersten Fall hat der Makler nur einen Auftraggeber. Er führt Verhandlungen für ihn. Dabei ist es seine Aufgabe, den Verhandlungspartner als möglichen Geschäftsabschlusspartner des Auftraggebers zu dessen Bedingungen zu einem Vertragsabschluss zu bewegen. Er vertritt einseitig die Interessen seines Auftraggebers. Diese Art der Marktstellung des Maklers herrscht z. B. in den Vereinigten Staaten und in Großbritannien vor. Eine gleichzeitige Maklertätigkeit für beide Seiten gilt gerade in Großbritannien als Verstoß gegen die Berufspflichten des Maklers. Auch in Deutschland weist die gesetzliche Ausgangslage in diese Richtung. Jedenfalls darf ein Makler nicht dem Inhalt des (Makler-)Vertrages zuwider **für die andere Seite tätig** sein.

§ 654 BGB

- Der zweite Fall beruht auf einer **vereinbarten Doppeltätigkeit**. Einem alten Leitbild vom „ehrlichen Makler" entsprechend, hat sich in deutschen Maklerkreisen teilweise die Vorstellung vom Makler als einem neutralen Vermittler zwischen den beiden Parteien durchgesetzt bzw. erhalten. Daraus ergibt sich auch die Praxis der Doppeltätigkeit mit der Folge, dass eine Provisionszahlungspflicht für beide Marktparteien im Abschlussfall entsteht.

Vereinbarte Doppeltätigkeit

Maklerauffassungen

Man muss sich dessen bewusst sein, dass es zwei **grundverschiedene Maklerauffassungen** gibt. Im ersten Fall gefährdet der Makler seinen Provisionsanspruch, wenn er auch die Interessen der anderen Seite vertritt, im zweiten Fall führt eine Verletzung der Neutralitätspflicht zum Provisionsverlust gegenüber demjenigen der beiden Marktpartner, zu dessen Nachteil das einseitige Vermitteln des Maklers ging.

Vermitteln von Vertragsinhalten

Da **Vermitteln** immer bedeutet, Verhandlungen vor allem über **Vertragsinhalte** zu führen, gehört es zu den elementaren Voraussetzungen für die Vermittlungstätigkeit, dass der Makler gründliche Kenntnisse nicht nur der Marktsituation und der wirtschaftlichen Bedeutung von Vertragsabschlüssen hat, sondern auch die Rechtsgrundlagen der Verträge kennt, über die er eine Einigung herbeiführen soll.

15.1.3 Beratung als Maklerleistung

Beratung keine rechtstypische Maklerleistung

Die **Beratung** ist keine **rechtstypische** Maklerleistung. Trotzdem kann sich ein Makler entweder zur Beratung seines Auftraggebers vertraglich **verpflichten** oder Beratungsleistungen **freiwillig** erbringen. Nur in besonderen Fällen kann als Nebenpflicht zur schon erwähnten Aufklärungspflicht eine Beratungspflicht hinzutreten. Dies gilt vor allem dann, wenn ein Makler im Geschäftsverkehr (also etwa in Briefbogen oder Firmenprospekten) auf die Beratung als Leistungsbereich hinweist. In diesem Fall ist er zur objektiven Beratung verpflichtet. Dies setzt voraus, dass der Makler sich die Detailkenntnisse verschafft, die ihn in die Lage versetzen, dem Auftraggeber das Für und Wider für seine Entscheidung klar vor Augen zu führen. Wer fehlerhaft berät, geht ein erhebliches Haftungsrisiko ein.

Immobilienberater

Grenzen der Beratung

In den letzten Jahren ist unter dem Einfluss vor allem britischer Maklerfirmen, aber auch der Makler im Bereich der Kreditinstitute immer häufiger der **Begriff „Immobilienberater"** verwendet worden. Damit soll zum Ausdruck gebracht werden, dass ein Kunde neben einer Nachweis- und Vermittlungsleistung auch eine Beratung des Maklers in Anspruch nehmen kann. Es gibt jedoch **Grenzen der Beratungstätigkeit**. So darf ein Makler weder eine auftragsunabhängige **Steuerberatung** noch **Rechtsberatung** anbieten. Dies verbieten das Steuerberatungs- und das Rechtsdienstleistungsgesetz. Dass sie im **Zusammenhang mit der Vertragsvermittlung** auch rechtlich und steuerlich beraten dürfen und gegebenenfalls hierzu auch verpflichtet sind, ist klar. Zulässig sind vor allem im Rahmen eines Maklerauftrages auch **Hinweise** auf steuerliche und rechtliche Sachverhalte. Sie können sogar im Einzelfall als „Nebenpflicht" des Maklers geboten sein, z. B. über die Formbedürftigkeit von Grundstückskaufverträgen, die Grunderwerbsteuerpflicht, Genehmigungserfordernisse, Vorkaufsrechte usw.

Raum für Beratungsleistungen gibt es vor allem in **wirtschaftlichen** Fragen, z. B. der Wirtschaftlichkeit eines Objektes oder der Rentabilität des einzusetzenden Kapitals, Fragen der Finanzierung, der Standortwahl, der Objektbewertung, um nur einige Beispiele zu nennen.

Finanzierungsberatung

Sofern im Rahmen der **Finanzierungsberatung** auch eine Vermittlung von Darlehen erfolgt, sind die besonderen **Vorschriften** über den **Darlehensvermittlungsvertrag** zu beachten.

Auch die Beratungsleistungen des Maklers sind erfolgsorientiert. Im Allgemeinen werden sie stets im Zusammenhang mit einem Maklerauftrag angeboten. Durch die Beratung soll der Auftraggeber mehr **Entscheidungssicherheit** gewinnen.

Marktfunktionen des Immobilienmaklers		
Information	**Vermittlung**	**Beratung**
Marktinformation (Nachweis von Vertragsgelegenheiten)	**für eine Partei** (einseitige Interessenvertretung)	**vertragliche Leistung** (keine selbständige Rechts- oder Steuerberatung)
Objektinformation (Exposé)	**für beide Parteien** (neutrale Vermittlung)	
Aufklärung über für die Entscheidung wichtigen Umstände		**freiwillige Leistung** im Zusammenhang mit Vermittlung in Ausnahmefällen als Nebenpflicht

Abb. 3: Maklerfunktionen

15.2 LEISTUNGSARTEN UND LEISTUNGSBEREICHE DES MAKLERS

Schon bevor ein Makler seinen Betrieb beginnt, muss er sich klar darüber werden, welche Arten von Leistungen er im Rahmen seiner Maklertätigkeit erbringen kann und will. Außerdem muss er festlegen, auf welche Bereiche des Immobilienmarktes sich seine Leistungsaktivitäten erstrecken sollen.

Die Bestimmung der **Leistungsarten** hängt weitgehend von seinen Fähigkeiten, Kenntnissen und Erfahrungen ab und/oder auch von den Möglichkeiten, qualifizierte Mitarbeiter, die die entsprechende Qualifikation besitzen, zu beschäftigen (Analyse betrieblicher Leistungsmöglichkeiten).

Leistungsarten der Makler

Die **Bestimmung des Leistungsbereiches** hängt zwar auch von eigenen Vorstellungen darüber ab, was mit dem Maklerunternehmen verwirklicht werden soll (Unternehmensphilosophie). Eine größere Rolle aber spielen die Möglichkeiten, die der Markt bietet. Der Makler muss also zur Bestimmung der „Marktsegmente", auf denen er tätig werden will, zuerst den Markt und die darin liegenden Chancen für den Betrieb analysieren („Marktanalyse").

Leistungsbereiche der Makler

Leistungsarten und Leistungsbereiche können dann in einer Matrix dargestellt werden, die die **„Sachzielstruktur"** des Unternehmens widerspiegelt.

Sachzielstruktur

15.2.1 Leistungsarten

Die Leistungen des Maklers sind ein Spiegelbild seiner Marktfunktionen. Wie schon gezeigt, entspricht der Funktion der Marktinformation der **Nachweis** von Vertragsabschlussgelegenheiten in den Formen des Objekt- und des Interessentennachweises. Die zweite Leistungsart ist die – ebenfalls marktrelevante – **Vermittlung von**

Verträgen. Nach **§ 652 BGB** verdient der Makler nur dann eine Provision, wenn er **entweder** einen zum Vertragsabschluss führenden Nachweis dieser Gelegenheit **oder** den Vertrag selbst vermittelt hat. Es handelt sich somit um **unmittelbar** erfolgsorientierte Leistungen.

Beratungsleistungen sind ebenso wie **Service-**oder **Betreuungsleistungen** nur **mittelbar** erfolgsorientiert, weil – wenn nicht ausdrücklich vereinbart – allein für diese Leistungen keine Vergütung bezahlt wird. Wenn sie trotzdem in der Maklerpraxis eine eher zunehmende Rolle spielen, dann deshalb, weil sie das Zustandekommen der angestrebten Verträge beschleunigen und absichern.

Beispiele:
- Ein Hinweis auf besondere steuerliche Vergünstigung, die mit einem Objekterwerb zusammenhängen, kann den Ausschlag für den Kauf dieses Objektes geben.
- Durch Beschaffung von für den Kauf notwendigen Unterlagen, z. B. Plankopien, Grundbuchauszüge usw. (Betreuungsleistungen) kann der Makler den Verkauf beschleunigen.
- Auch Serviceleistungen, etwa die Organisation von Objektbesichtigungen, tragen zum Erfolg bei, ohne dass der hierfür entstehende Zeitaufwand berechnet wird.

15.2.2 Leistungsbereiche

Das Geschäftsfeld der überwiegenden Zahl der Makler sind **regionale Immobilienmärkte**. Auf ihnen wird der größte Teil der Immobilien umgesetzt. Im Wesentlichen werden folgende regionale Marktbereiche von Maklern bedient:
- Wohnungsmarkt (Wohnungsvermittlung),
- Markt für gewerbliche Räume (Vermittlung von Mietverträgen über Büroflächen, Ladenlokalen, Lagerhallen),
- Markt für Baugrundstücke (Vermittlung von Kaufverträgen und Erbbaurechten über Grundstücke zur Bebauung mit Einfamilienhäusern, mehrgeschossigen Häusern, Gewerbe- und Industriegebäuden),
- Markt für Wohnobjekte (Vermittlung von Kaufverträgen über Eigentumswohnungen, Ein-/Zweifamilienhäuser, Mietwohnhäuser, Landhäuser und Ferienobjekte),
- Markt für Existenzbetriebe (Vermittlung von Geschäften, Gaststätten, Handwerksbetrieben).

Die Vermittlung von Objekten, die vorwiegend auf den **überregionalen** Immobilienmärkten gehandelt werden, übernehmen größere Maklerfirmen.
- Markt für Anlageobjekte (Vermittlung von Kaufverträgen über Großobjekte, Objekte in den Geschäftszentren, Bürohäuser),
- Markt für Hotels (Vermittlung von Kauf- und Pachtverträgen),
- Markt für Industriebetriebe und Unternehmen (Vermittlung von Kauf- und Pachtverträgen, Beteiligungs- und Kooperationsverträgen, Lizenzverträgen usw.),
- Markt für Spezialimmobilien des überregionalen Marktes (Vermittlung von Verträgen über Parkhäuser, Seniorenheime, Kliniken usw.).

Welche Märkte von Maklerunternehmen abgedeckt werden, ist eine Frage der **Spezialisierung** bzw. der **Breite** seines **Unternehmenszweckes (Zweckbasis)**. Je kleiner ein Betrieb, desto stärker ist der Zwang zur Spezialisierung. Eine breite Zweckbasis, wie sie vor allem bei „**Immobilienentwicklern**" anzutreffen ist, setzt dagegen ein größeres Unternehmen mit mehreren sich ergänzenden Abteilungen oder eine konzernartige Gliederungsstruktur mehrerer rechtlich selbständiger, wirtschaftlich aber verbundener Unternehmen voraus. Maklerleistungen sind bei solchen Unternehmen nur ein Teil ihres gesamten Leistungsspektrums.

Die Breitengliederung der Maklerfirma kann unterschiedliche Zielsetzungen haben. Bei Immobilienentwicklern steht „**projektbegleitender Service**" im Vordergrund. Von der Standortanalyse über die Beschaffung des Baugrundstücks, die Bebauung und den Vertrieb oder das Verwaltungsmanagement wird eine Komplettleistung geboten, bei denen reine Maklerleistungen nur noch an den Nahtstellen der Märkte auftreten. Es handelt sich um eine Unternehmensstruktur, bei der sich die Leistungen der einzelnen Unternehmenseinheiten zu einer Gesamtleistung ergänzen. *projektbegleitender Service*

Eine andere Zielsetzung verfolgt eine Gliederung der Zweckbasis, die den Gesichtspunkt der „**Diversifikation**" in den Vordergrund stellt. Die stark konjunkturanfälligen Immobilienmärkte führen zu der Überlegung, wie durch Risikostreuung die Auswirkungen dieser Erscheinung gemildert werden können. Neben Maklerleistungen werden deshalb z. B. auch Hausverwaltungsabteilungen in das Unternehmen integriert, die zu verhältnismäßig sicheren laufenden Einnahmen führen. Es kommt auf die richtige Mischung der Geschäftsfelder an. Ein Darstellungsmittel dieser Mischung ist die **Portfolio-Matrix**. Mit ihrer Hilfe kann visualisiert werden, welche Geschäftsfelder sich gut ergänzen. Ein Beispiel für eine denkbare Portfolio-Matrix: *Diversifikation* *Portfolio-Matrix*

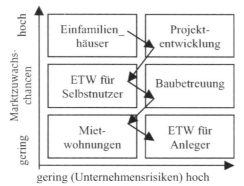

Abb. 4: Risikodiversifizierung durch Objektvermittlungsportfolio

Erläuterung: Am besten positioniert ist die Immobilienvermittlung durch erwartete Marktzuwächse und geringem unternehmerischen Risiko. Es folgen einerseits Projektentwicklung bei hohem Risiko aber auch hohen Marktzuwachschancen und andererseits die Vermittlung von Eigentumswohnungen zur Selbstnutzung mit geringem Risiko aber auch geringeren Marktzuwachschancen. Die nach unten zielenden Pfeile symbolisieren die abnehmende Attraktivität innerhalb der Portfoliostruktur.

15.2.3 Leistungsmatrix eines Maklerbetriebes

Leistungs-arten des Maklers
Leistungs-bereiche
Leistungs-matrix
Leistungs-matrix

Aus der Kombination von **Leistungsarten** und **Leistungsbereichen** ergibt sich die Sachzielstruktur eines Maklerunternehmens. Sie gibt Aufschluss darüber, **welche Arten** von Maklerleistungen (Nachweis, Vermittlung, Beratung, Betreuung, Service) **auf welche Weise** in den einzelnen ausgewählten Leistungsbereichen erbracht werden sollen. Die **Leistungsmatrix** eines Maklerbetriebes kann z. B. wie folgt aussehen:

Leistungs-bereiche	Leistungsarten				
	Vermitt-lung	Nachweis	Beratung	Betreuung	Service
Miet-wohnungen	getrennte Verhand-lungen	telefonisch	Hausratver-sicherung	keine	Einzelbe-sichtigung
Geschäfts- und Gewerbe-räume	getrennte Verhand-lungen	Stufen-nachweis per Fax	Flächen-berechnun-gen	Beschaf-fung von Unterlagen	Besich-tigungs-ergebnis-protokolle
Eigentums-wohnungen	neutrale Vermittlung	Stufen-nachweis	Steuertips	Darlehens-beschaf-fung	Übergabe WEG-Fibel

Abb. 5: Leistungsmatrix eines Maklerbetriebes

Hierzu einige Erläuterungen:

In dem Beispielsfall hat sich der Makler entschieden, in den Bereichen der Wohnungs- und Gewerberaumvermietung und des Verkaufs von Eigentumswohnungen Maklerleistungen zu erbringen. Er hat sie in der Matrix konkret definiert.

Getrennte Verhand-lungen

Im Bereich der **Wohnungsvermietung** zieht er bei der Vermittlung der Wohnungen **getrennte Verhandlungen** möglichen **Dreiergesprächen** vor. Der Makler will zur Vorgangsbeschleunigung mit Mietinteressent und Vermieter getrennte Verhandlungen bis zum Abschluss des Mietvertrages führen, wobei er dafür sorgen muss, dass die Verhandlungspositionen des Vermieters von vornherein klar sind. Den Nachweis der Wohnung erbringt er grundsätzlich bereits bei einer telefonischen Anfrage des Interessenten, so dass hier schon abgeklärt werden kann, ob die Lage der Wohnung überhaupt in Frage kommt. Da der Makler über große Erfahrungen im Versiche-

Beratung über Hausratver-sicherungen
Versiche-rungsberater

rungsbereich verfügt, bietet er den Mietinteressenten auch **Beratung** in Fragen der **Hausratversicherung** an. Es darf allerdings nicht als „**Versicherungsberater**" auftreten und Beratungsleistungen erbringen, die in den Kompetenzbereich von Versicherungsberatern i. S. d. § 34 e GewO fallen. Verwaltungsleistungen, z. B. Wohnungsabnahme und -übergabe darf er nicht erbringen, wenn er nicht wegen der Vorschriften des Wohnungsvermittlungsgesetzes seinen Provisionsanspruch gefährden will. (Für Verwalter von Wohnraum gilt ein Provisionsverbot). Als Service hat er anstelle

Einzelbesichti-gung als Ser-viceleistung

von Sammelbesichtigungen stets eine **Einzelbesichtigung** der zu vermittelnden Wohnung geplant.

Im Bereich der **Gewerberaumvermietung** führt er ebenfalls getrennte Verhandlungen (zumindest Vorverhandlungen bis zur Abschlussreife). Die Nachweise erfolgen, weil es nach Ansicht des Beispielsmaklers in diesem Markt auf Schnelligkeit ankommt, per Fax, wobei die Kernnachweisdaten nur bei signalisiertem Interesse herausgegeben werden. Im Rahmen der Beratungsleistungen will er ein Flächenberechnungsangebot nach den **Flächenberechnungsmethoden** MF-B (Büro) und MF-H (Handelsraum) anbieten, um damit eindeutige Flächendefinitionen für einen etwaigen Mietvertrag zur Verfügung stellen zu können. Im Betreuungsbereich will er die jeweils nötigen Unterlagen bei den Behörden, zu denen er einen guten Kontakt hat, besorgen. Um die Besichtigungs- und Verhandlungsergebnisse jederzeit für seine Partner und für die Mitarbeiter des eigenen Betriebes zur Entscheidungsvorbereitung abrufbar zu machen, will er Protokolle darüber anfertigen.

<small>Flächenberechnungsmethoden</small>

Bei **Eigentumswohnungen** will unser Beispielsmakler als Vermittler für beide Seiten tätig werden. Er setzt zum Zwecke der Provisionssicherung auf den Stufennachweis. Auf Anfrage gibt er also zuerst immer eine Objektbeschreibung ohne genaue Nachweisdaten heraus. Erst wenn sich der Empfänger an einem Angebot interessiert zeigt und für den Fall eines Vertragsabschlusses Provision verspricht, werden die vollen Nachweisdaten nachgeliefert. Der Makler ist aufgrund seiner Fachkenntnisse in der Lage, steuerliche Tipps zu geben, Finanzierungspläne zu erstellen und kann wegen seiner guten Verbindungen zu Kreditinstituten die jeweils notwendigen Finanzierungsmittel beschaffen. Um den Aufklärungsbedarf der werdenden Wohnungseigentümer zu befriedigen, händigt er als Service den Interessenten eine hauseigene Wohnungseigentums-Fibel aus.

Wichtig ist, die Methode zu erkennen, wie ein **Sachzielkonzept** zustande kommt. Die Einzelleistungen, die den verschiedenen Leistungsbereichen (Wohnungsvermittlung, Vermittlung von Eigentumswohnungen usw.) zugeordnet werden, müssen inhaltlich so bestimmt werden, dass sie einerseits den eigenen Möglichkeiten entsprechen, andererseits den Erwartungen der von Bereich zu Bereich unterschiedlichen Kategorien von Auftraggebern gerecht werden.

<small>Sachzielkonzept</small>

15.3 DER MAKLERBETRIEB

15.3.1 Betriebsorganisation

Da jeder Maklerbetrieb Marktdienstleistungen zu erbringen hat, treten die Fragen der innerbetrieblichen Arbeitsabläufe oft hinter den Fragen der im **Außendienst** zu erbringenden Leistungen zurück. In der Tat übernimmt der **Innendienst** die Funktion einer **Servicestelle** des Außendienstes, dem eigentlichen Marktleistungsträger. Der Innendienst ist das **Organisations- und Informationsmanagement**, von dessen Effizienz die Leistungsfähigkeit des Außendienstes mit abhängt. Trotzdem muss beachtet werden, dass die Leistungseffizienz des Außendienstes entscheidend davon bestimmt wird, wie der Betrieb selbst seine Aufgaben erledigt. Wird z. B. ein Objekt in der Zeitung inseriert, woraus sich aufgrund der Anfragen eine große Anzahl von Besichtigungswünschen ergeben, dann sind die vom Außendienst durchgeführten Besichtigungen völlig umsonst, wenn das Inserat bei den Lesern Erwartungen geweckt hat, die (wie sich bei der Besichtigung erst ergibt) vom Objekt nicht erfüllt werden.

<small>Außendienst im Maklergeschäft
Innendienst

Organisations- und Informationsmanagement</small>

Bei der Organisation des Maklerbetriebes muss stets zwischen den **Aufgabenbereichen** des **Innen-** und des **Außendienstes** streng unterschieden werden. Auch beim kleinsten denkbaren Maklerbetrieb, der aus der Betriebslogistik immer aus zwei Personen bestehen müsste, hat eine der beiden Personen die Innendienstfunktion und die andere, auf die sich die eigentlichen Maklerleistungen konzentrieren, die Außendienstfunktion. Maklerarbeit ist **„Feldarbeit"**. Sie findet vorwiegend nicht im Büro, sondern beim Kunden, den Behörden, Kreditinstituten, beim Notar usw. statt. Die Kunden können nicht wie beim Ladengeschäft, zum Betrieb kommen, um die „Ware" zu besichtigen. Sie müssen – wie der ihn begleitende Makler – das Objekt, wo es liegt und steht, intensiv in Augenschein nehmen.

Feldarbeit

Im Maklergeschäft gilt der Grundsatz der jederzeitigen Erreichbarkeit für Kunden. Dies kann im Zeitalter von **Mobiltelefonen** einigermaßen gewährleistet werden, selbst wenn das Handy etwa während der Verhandlungen ausgeschaltet sein sollte. Immerhin kann dann unverzüglich zurückgerufen werden.

Mobiltelefone

Die Grundgliederung des Maklerbetriebes erfolgt nach den **Aufgabenbereichen**:
- **Verwaltung** (Innendienst):
  Rechnungswesen und Finanzen,
  Geschäftsstellenbetreuung,
  Homepageverwaltung und Datenpflege im Internet,
  Pflege der EDV-Hard- und Software,
  Netzwerkkontaktpflege,
  Markt- und Objektanalysen,
  Exposéerstellung,
  Termin- und Routenkoordination,
  Besorgung von Unterlagen Rechtsangelegenheiten.

- **Akquisition** („Einkauf" – Außendienst mit Unterstützung durch den Innendienst):
  Werbung,
  Auftragseinholung,
  Objektbewertung,
  Objektaufbereitung.

- **Marktleistungen** („Verkauf" – Außendienst mit Unterstützung durch den Innendienst):
  Nachweis,
  Vermittlung,
  Beratung, Betreuung, Service,

Aufgabenbereiche (Gliederung)

Im Aufgabenbereich der Akquisition wird der Außendienst durch den Innendienst vor allem bei der Werbung und Exposéerstellung (Objektaufbereitung) unterstützt, im Marktleistungsbereich vor allem durch Angebotsversand (Nachweise) und der Terminkoordination (Vereinbarung von Besichtigungs- oder Verhandlungsterminen u. dgl.).

Mit zunehmender **Betriebsgröße** findet – wie in anderen Betrieben – beim Maklerbetrieb eine zunehmende Aufgabendifferenzierung statt. In der Maklerbranche überwiegen allerdings die kleineren Betriebe. Folgt man den Zahlen des Betriebsvergleichs des Instituts für Handelsforschung an der Universität in Köln, besteht im Bundesdurchschnitt ein Maklerbetrieb aus fünf Personen (ohne freie Mitarbeiter).

Betriebsgröße

Grundlage dieser Erhebung sind Betriebe, die im RDM und seit 2005 in dessen Nachfolgeorganisation, dem **Immobilienverband Deutschland (IVD)** organisiert sind. Gelegenheitsmakler und Kleinstmakler sind nicht berücksichtigt.

Immobilienverband Deutschland (IVD)

Im Außendienst von Maklerunternehmen werden oft auch **„freie Mitarbeiter"** eingesetzt. Sie arbeiten auf der Grundlage einer Provisionsbeteiligung, wenn es infolge ihrer Tätigkeit zu einem Geschäftsabschluss kommt. Ihrem rechtlichen Status nach handelt es sich um **Handelsvertreter** im Sinne des Handelsgesetzbuches. Sie vertreten das Maklerunternehmen bei der Auftragsakquisition und der Vertragsvermittlung. Überwiegend handelt es sich bei der Auftragsakquisition um **„Abschlussvertreter"**, die befugt sind, für das vertretene Unternehmen **Maklerverträge** abzuschließen. Im Bereich der Miet- und Kaufvertragsvermittlung übernehmen sie Maklerfunktionen, sind also Vermittler.

Freie Mitarbeiter

Handelsvertreter

Bei Beschäftigung von freien Mitarbeitern ist streng darauf zu achten, dass in den Handelsvertretervertrag keine Regelungen aufgenommen werden, die den Mitarbeiter zum „Angestellten" werden lassen (z. B. Arbeitszeitregelungen, Urlaubsansprüche, vor allem aber Fixgehälter). Ist der Vertrag als Anstellungsvertrag zu werten, entstehen **Arbeitgeberpflichten** (Abführung der Sozialversicherungsbeiträge, Lohnsteuereinbehalt usw.). Der „freie Mitarbeiter" ist dann „Scheinselbständiger".

Arbeitgeberpflichten

Nach der Definition des Handelsgesetzbuches ist **„Handelsvertreter**, wer als **selbständiger Gewerbetreibender** ständig damit betraut ist, für einen anderen Unternehmer Geschäfte zu vermitteln oder in dessen Namen abzuschließen. Selbständig ist, wer im Wesentlichen frei seine Tätigkeit gestalten und seine Arbeitszeit bestimmen kann. Wer nicht selbständig ist, gilt als Angestellter".

Handelsvertreter (Definition)

Betriebsaufbau und Betriebsabläufe müssen so gestaltet werden, dass sie den im Vordergrund stehenden **Kommunikations-** und **Informationsnotwendigkeiten** insbesondere im Akquisitions- und Marktleistungsbereich gerecht werden. Leistungsfähige Telefon-/Telefaxanlagen einschl. „Handy", Makler- und Textprogramme mit der entsprechend leistungsfähigen Hardware, professionelle Anbindung an das Internet, eigene **Homepage**, Integration in die wichtigsten **Immobilienportale** sind wichtige Betriebsbestandteile. Da Makler und ihre Mitarbeiter ihr Wissen und Können in einer beschränkt zur Verfügung stehenden Arbeitszeit einsetzen, spielt der Zeitfaktor bei der Steuerung der betrieblichen Ablaufprozesse die wichtigste Rolle.

Homepage Immobilienportale

15.3.2 Erlöse und Kosten im Maklergeschäft

In einem ausschließlich auf die Erbringung von Maklerleistungen eingestellten Betrieb sind die **Provisionseinnahmen** die weitaus überwiegende, wenn nicht gar alleinige Erlösquelle. Zur Minderung des Kosteneinsatzrisikos können Makler auch Vereinbarungen über einen **Aufwendungsersatz** treffen. Schließlich sind in beschränktem Umfange auch Vergütungsvereinbarungen zulässig, wenn Makler besondere Dienstleistungen erbringen, die außerhalb der üblichen Leistungsbereiche angesiedelt sind.

Provisionseinnahmen

Aufwendungsersatz

Provisionen sind frei vereinbar. Es gibt weder eine **„Gebührenordnung"** noch Gebührenrichtlinien. „Zusammenstellungen üblicher Maklergebühren", geben Aus-

Maklerprovision (Höhe)

kunft darüber, was nach dem Ergebnis einer Umfrage überwiegend an Provisionen vereinbart wird.

Die **Höhe** der von einem Maklerbetrieb vereinbarten Provisionen bestimmt allerdings, zusammen mit anderen Inhalten eines Maklervertrages, den Umfang der Maklerleistungen, die erbracht werden können.

Kosten der Auftragsbearbeitung
Kosten der Betriebsbreitschaft
Deckungsbeitrag

Mit den Provisionserlösen müssen nicht nur die **Kosten der Auftragsbearbeitung** (variable Kosten), sondern auch die **„Kosten der Betriebsbereitschaft"** (Fixkosten) abgedeckt werden. Die Auswertungen der Ergebnisse des schon seit 1975 durchgeführten Betriebsvergleichs des Instituts für Handelsforschung lassen den Schluss zu, dass der Anteil der Fixkosten an den Gesamtkosten der Maklerbetriebe im Schnitt zwischen 65 % und 70 % liegt. Aus den Erlösen aus Maklerleistungen, muss also ein relativ hoher **Deckungsbeitrag** für diesen Fixkostenblock finanziert werden.

Variable Kosten

Zu den wichtigsten **Fixkosten** des Maklerbetriebes gehören die Personalkosten (wobei kleinere Betriebe besonders stark durch den „Unternehmerlohn" als Bestandteil der Personalkosten belastet werden). Sie liegen im Schnitt allein zwischen 50 % und 55 % der Gesamtkosten. Innerhalb der **variablen Kosten** fallen vor allem jene für die Werbung ins Gewicht. Sie liegen im Schnitt zwischen 12 % und 13 % der Gesamtkosten.

Umsatzsteuerpflichtige Maklerleistungen

Maklerleistungen sind **umsatzsteuerpflichtig.** Der **Umsatzsteuersatz** beträgt derzeit 19 %. **Keiner Umsatzsteuer** unterliegt die **Vermittlung von Darlehen**. Da der überwiegende Teil der Auftraggeber der Makler keine Unternehmer im Sinne des Umsatzsteuergesetzes sind, wirkt sich die Umsatzsteuer bei diesen als Verteuerung der Maklerleistung aus.

Institut für Handelsforschung

Die betriebswirtschaftlichen Ergebnisse (Gewinne) der deutschen Maklerbetriebe hängen stark von der jeweiligen konjunkturellen Situation auf dem Immobilienmarkt ab. Nach den langjährigen Ergebnissen des Kölner **Instituts für Handelsforschung** in Köln wird im Schnitt ein Plus zwischen 5 % und 12 % erwirtschaftet. In umsatzschwachen Jahren arbeitete die Branche mit Verlust.

Erfolgswahrscheinlichkeit
Erfolgsanalyse

Neben dem betriebswirtschaftlichen Ergebnis gibt es noch eine andere Kennzahl für Maklerbetriebe. Sie spiegelt die Leistungsstärke wider, ohne allerdings einen Schluss auf das finanzielle Ergebnis zuzulassen. Es handelt sich um die **Erfolgswahrscheinlichkeit**. Sie zeigt an, wie hoch der Prozentsatz der erfolgreich vermittelten Aufträge, gemessen an der Zahl aller in einer Geschäftsperiode bearbeiteten Aufträge war. Ein Maklerbetrieb oder eine Maklergruppe, z. B. ein Maklerverbund, kann auf dem Wege der Ermittlung der Erfolgswahrscheinlichkeit (**„Erfolgsanalyse"**) den Erfolg bei den verschiedenen Objektarten, Objektgrößenklassen, Arten der vermittelten Verträge und bei den verwendeten Maklervertragstypen (z. B. einfache und qualifizierte Alleinaufträge) feststellen. Hieraus können wichtige Schlussfolgerungen für die betriebliche Geschäftspolitik gezogen werden.

Erfolgsquotient

Der aus der Erfolgswahrscheinlichkeit abgeleitete **Erfolgsquotient** (die durch 100 dividierte Erfolgswahrscheinlichkeit) ist gleichzeitig ein Faktor, mit dem es möglich ist, zu erkennen, zu welchen Bedingungen die Übernahme eines Maklerauftrages sinnvoll ist. Hierzu müssen allerdings noch weitere betriebsstatistische Feststellungen getroffen werden.

15.3 DER MAKLERBETRIEB

Durchschnittliche Betriebswirtschaftliche Ergebnisse der RDM/IVD-Maklerbetriebe mittlerer Größe

	Ergebnisse				Kostenstrukturen			
	2005	2000	1995	1990	2005	2000	1995	1990
Fixkosten	73,9	78,3 %	64,7 %	61,2 %	70,6	73,9 %	67,0 %	67,7 %
Variable Kosten	22,7	26,1 %	39,9 %	26,4 %	27,9	24,6 %	31,0 %	29,2 %
Ertragsabhängige Kosten*	1,4 %	1,6 %	3,4 %	2,8 %	1,5 %	1,5 %	2,0 %	3,1 %
Gewinn/ Verlust	4,4 %	–6,1 %	3,4 %	9,6 %				
		100 %	100 %	100 %	100 %	100 %	100 %	100 %

Abb. 6: Entwicklung betriebswirtschaftlicher Ergebnisse und Kosten bei Maklern
* Gewerbesteuer

Erfolgsanalyse*

Formel: $Eq = \frac{EW}{100}$

EW = Erfolgswahrscheinlichkeit,
Eq = Erfolgsquotient

Erfolgsanalyse kann sich beziehen auf die Ermittlung des Anteils aller zum Erfolg geführten Aufträge, gemessen an allen bearbeiteten Makleraufträgen (Totalanalyse) oder des Anteils zum Erfolg geführter Aufträge über bestimmte Objekttypen, Typen des vermittelten Vertrages, Maklervertragstypen u. dgl. (Partialanalyse).

Abb. 7: Formel der Erfolgsanalyse im Maklergeschäft

* Diese Fragenbereiche werden ausführlich behandelt in Sailer, E., „Der Immobilienmakler, Grundlagen, Strategien, Entwicklungspotentiale", S. 141 ff., 3. Aufl., Stuttgart, 2010.

Eine wichtige Erkenntnisgrundlage für die Steuerung von Maklerunternehmen bezieht sich auch auf die Frage nach den **Ursachen** des **„Nichterfolgs"**. Hat man festgestellt, dass die Erfolgswahrscheinlichkeit bei einem bestimmten Maklerunternehmen 75 % beträgt, ist es interessant zu erfahren, welche Ursachen mit welcher Gewichtung hinter den restlichen 25 % der Nichterfolgsfälle stehen. Es gilt die Definitionsformel: **Eq + Rq = 1**. Rq steht für **Risikoquotient**.

Ursachen des Nichterfolgs im Maklergeschäft

Risikoquotient

Zu unterscheiden sind dabei solche „Risikofälle", die durch den Makler nicht beeinflussbar sind (Beispiel: der Auftraggeber gibt seine Verkaufsabsicht auf) und solche, die der Makler beeinflussen kann. (Beispiel: Der Vermittlungsauftrag wird zu nicht realisierbaren Objektangebotsbedingungen übernommen.) Rq setzt sich also aus mehreren Komponenten zusammen, die betriebsstatistisch erfasst werden können. Sich aus solchen Analysen ergebende Kennzahlen sind wichtige Erkenntnisse für die Steuerung des Unternehmens im Rahmen des **Controlling**.

15.3.3 Prinzipien des Maklergeschäftes

Leitbilder
Prinzipien des Maklergeschäfts

Um zu verstehen, an welchen **Leitbildern** sich das **Maklergeschäft** orientiert, muss man sich mit seinen **Prinzipien** beschäftigen. Drei dieser Prinzipien ergeben sich aus dem gesetzlichen Leitbild, eines dieser Prinzipien ergibt sich aus einem erst durch Vertrag herzustellenden Leitbild und ein weiteres Prinzip kennzeichnet die wirtschaftliche Interessenkonstellation zwischen Makler und Auftraggeber.

Die drei Prinzipien, die sich aus dem gesetzlichen Leitbild ergeben, sind das **Erfolgsprinzip**, das **Prinzip der Entscheidungsfreiheit des Auftraggebers** und das Prinzip der **gegenseitigen Unabhängigkeit** (zwischen Makler und Auftraggeber).

Das vierte, nicht in einem gesetzlichen Leitbild verankerte Prinzip ist das **Neutralitätsprinzip** und das fünfte – wirtschaftliche – ist das **Prinzip der Interessenidentität** (zwischen Makler und Auftraggeber).

15.3.3.1 Erfolgsprinzip

Erfolgsprinzip

Das **Erfolgsprinzip** besagt, dass der Makler nicht für seinen Zeit- und Kosteneinsatz im Interesse des Auftraggebers entschädigt wird, sondern nur für den Fall des Eintritts des Erfolges. Der Erfolg ist gleichzusetzen mit dem Zustandekommen eines wirksamen Vertrages.

Die für den Erfolgsfall vereinbarte Provision wird bei Eintritt dieses Erfolges also unabhängig davon geschuldet, ob der Vertragsabschluss dem Makler nur einige Telefongespräche und eine Objektbesichtigung oder eine wochenlange intensive Auftragsbearbeitung mit fünfzig Objektbesichtigungen und zehn Inserateschaltungen gekostet hat. Eine Ausrichtung der Provisionshöhe nach den Kosten würde einem Durchbrechen des Erfolgsprinzips gleichkommen.

Aufwendungsersatzvereinbarung

Die Wirksamkeit des Erfolgsprinzips kann durch die Vereinbarung eines **Aufwendungsersatzes** für den Nichterfolgsfall zwar eingeschränkt, aber nicht beseitigt werden.

Weil der Auftraggeber weiß, dass er dem Makler nur im Erfolgsfall Provision bezahlen muss, ist dies für ihn einer der Gründe, einen Makler einzuschalten.

Beispiel für die **Wirksamkeit des Erfolgsprinzips** zugunsten des Auftraggebers: Der Makler erhält einen Auftrag zum Verkauf eines Einfamilienhauses. Zwischen ihm und dem Auftraggeber wird als Preis ein Betrag von 450 000,00 € festgelegt. Dem Makler gelingt es während der Auftragslaufzeit nicht, zu diesen Bedingungen einen abschlussbereiten Interessenten herbeizubringen. Der beste Interessent bietet nur 420 000,00 €. Der Verkäufer lehnt ab. Die Bearbeitung des Auftrages führte nicht zum Erfolg und damit zu keinem Provisionsanspruch.

Marktrealistische Objektangebotsbedingungen

Der Makler hat die Möglichkeit, seine Geschäftspolitik so auszurichten, dass die Erfolgswahrscheinlichkeit nahe an 100 % herankommt. Er muss nur darauf achten, dass die Objektangebotsbedingungen, zu denen er Aufträge annimmt, stets marktrealistisch sind. Andere Aufträge muss er ablehnen, wenn er die im Beispiel dargestellten Auswirkungen des Erfolgsprinzips vermeiden will.

15.3.3.2 Prinzip der Entscheidungsfreiheit

Das **Prinzip der Entscheidungsfreiheit** wird oft als ein Bestandteil des Erfolgsprinzips gesehen, was aber dazu führt, dass die unterschiedlichen Konsequenzen aus der Wirksamkeit beider Prinzipien nicht mehr richtig erkannt werden.

Prinzip der Entscheidungsfreiheit des Auftragsgebers

Das Erfolgsprinzip gilt beispielsweise auch beim Werkvertrag. Wer einen Schreiner beauftragt, einen Schrank herzustellen, ist auch nur dann zur Entrichtung des „Werklohnes" verpflichtet, wenn der Schreiner den Schrank mängelfrei hergestellt hat. In einem wichtigen Punkt unterscheiden sich aber Werk- und Maklervertrag. Der Schreiner verpflichtet sich einerseits zur Herstellung und der Besteller andererseits zur Abnahme des Schrankes. Beim Maklervertrag wird weder der Makler zur Erbringung noch der Auftraggeber zur Abnahme einer erbrachter Maklerleistungen verpflichtet.

Beispiel für die **Wirksamkeit des Prinzips der Entscheidungsfreiheit** des Auftraggebers:
Im Gegensatz zum vorherigen Beispiel, in dem die Wirkung des Erfolgsprinzips demonstriert wurde, gelingt es dem Makler jetzt, einen kaufbereiten Interessenten zum **vereinbarten Kaufpreis** herbeizubringen. Der Auftraggeber aber will nun aus familiären Gründen das Haus nicht mehr verkaufen. Der ursprünglich angestrebte Vertrag kommt aus Gründen nicht zustande, die nicht der Makler, sondern sein Auftraggeber zu vertreten hat.

Nicht die Fehleinschätzung des Preises durch den **Makler**, sondern der **Sinneswandel des Auftraggebers** ist hier Ursache des Nichterfolges. Auch in diesem Fall muss der Makler seine Kosten aus eigener Tasche bezahlen. Der Sinneswandel des Auftraggebers führt auch nicht zu irgendwelchen Schadenersatzansprüchen, weil dieser sich gewissermaßen legitim „willkürlich" verhalten kann. Nur wenn die Beauftragung des Maklers selbst schon gegen den Grundsatz von Treu und Glauben verstoßen hätte (z. B. Beauftragung des Maklers, obwohl schon zu diesem Zeitpunkt überhaupt keine Verkaufsabsicht bestand), wären Schadenersatzansprüche denkbar.

Sinneswandel des Auftragsgebers

Weil der Auftraggeber die Maklerleistung nicht abnehmen muss, obwohl ein kaufbereiter Interessent gefunden war, ergeben sich für ihn viele **legitime opportunistische Verhaltensmöglichkeiten**. Er kann jederzeit eine Vielzahl von Maklern zum Verkauf einschalten, die Angebotsbedingungen ändern, die Verkaufsabsicht aufgeben, mit bestimmten Interessenten nicht verhandeln usw. Inwieweit die Auswirkungen des Prinzips der Entscheidungsfreiheit des Auftraggebers abgemildert werden können, ist im Gegensatz zum Erfolgsprinzip somit keine Frage der Objektangebotsbedingungen. Es handelt sich vielmehr um den Regelungsbereich der **Maklervertragsbedingungen**.

Maklervertragsbedingungen

Diese Auswirkungen können begrenzt werden vor allem durch Vereinbarung eines Alleinauftrages. Durch ihn wird der Auftraggeber verpflichtet, auf sein sonst gegebenes Recht, mehrere Makler einzuschalten, zu verzichten.

15.3.3.3 Prinzip der gegenseitigen Unabhängigkeit

Prinzip der gegenseitigen Unabhängigkeit

Dieses Prinzip sichert die **Drittstellung des Maklers**. Ist er von einer der beiden Marktparteien wirtschaftlich (durch ein Beteiligungsverhältnis) oder rechtlich (etwa durch ein Anstellungsverhältnis) abhängig, verliert er seine Drittstellung. Er wird der Partei zugerechnet, von der er abhängig ist. Schon eine Beteiligung von 20 % am Unternehmen des Auftraggebers macht den Makler zur **„Partei"**.

Der Makler als Vertragspartei

Das Gleiche gilt, wenn der Makler eine der beiden Parteien wirtschaftlich oder rechtlich „beherrscht". Auch dadurch büßt er seine Drittstellung ein, weil diese Partei keine vom Makler unabhängige Entscheidung in der entsprechenden Geschäftsangelegenheit hat.
Das Prinzip spielt eine große Rolle in der sog. **„Verflechtungsrechtsprechung"**.

Beispiel:
Ein Bauträger beauftragt eine Makler-GmbH, an dessen Stammkapital er mit 50 % beteiligt ist, seine im Bau befindlichen Reihenhäuser anzubieten und Kaufverträge zu vermitteln. Die Makler-GmbH kann in diesem Fall vom Käufer eines Hauses keine Provision verlangen, da sie durch die Bauträgerbeteiligung ihre „Drittstellung" verloren hat. Da die Makler-GmbH durch das Beteiligungsverhältnis stets die Interessen des Bauträgers im Auge behalten muss, verliert sie ihre Fähigkeit, Maklerleistungen **zugunsten** des Erwerbers zu erbringen. Die Makler GmbH repräsentiert die Interessen der Verkäuferseite. Sie wird ihr zugerechnet.

Maklergebühr als Vertriebsprovision

Natürlich kann in diesem Fall der **Bauträger** der Makler-GmbH „Provision" bezahlen. Ihrem Charakter nach handelt es sich allerdings nicht um eine **Maklergebühr im klassischen Sinne**, sondern um eine **„Vertriebsprovision"**, wie sie sonst etwa Handelsvertretern gewährt wird.

Das **Prinzip der gegenseitigen Unabhängigkeit** spielt aber nicht nur eine Rolle bei wirtschaftlichen oder rechtlichen Verflechtungen zwischen Unternehmen. Auch eine Ehepartner- oder Verwandtenbeziehung kann zur Folge haben, dass Ehepartner/Verwandte in ihrer Eigenschaft als Makler dessen, zu dem diese enge familiäre Beziehung besteht, nicht in der Lage sind, den Interessen der anderen Auftraggeberseite gerecht zu werden. Allerdings kann dies nicht vornherein unterstellt werden. Es ist immer eine Prüfung des Einzelfalls erforderlich.

Schließlich kann auch ein wohl nur höchst selten anzutreffendes Vorliegen eines Arbeitgeber-/Arbeitnehmerverhältnisses (unabhängig davon, ob der Makler Arbeitnehmer oder Arbeitgeber ist) provisionsschädlich sein, wenn z. B. der Makler, der gleichzeitig Arbeitnehmer ist, die Wohnung seines Arbeitgebers vermitteln soll.

Wichtig ist es, zu erkennen, dass die Rechtsprechung, dem **Grundgedanken** einer **Maklertätigkeit** entsprechend, eine ähnliche Unabhängigkeit des Maklers von seinem Auftraggeber fordert, wie sie einen **„Frei**berufler", z. B. Anwalt, Architekt, Steuerberater, Arzt, auszeichnet. Der Makler bleibt zwar Gewerbetreibender, rückt in dieser Hinsicht aber in die Nähe eines freien Berufes.

15.3.3.4 Neutralitätsprinzip

Das **Neutralitätsprinzip** ist nur im Zusammenhang mit jener „Maklerauffassung" zu beachten, nach der der Makler den Interessen beider Seiten in einem ausgewogenen Verhältnis gerecht werden soll. (Siehe „Vermittlungsfunktion des Maklers", 15.1.2). Er verlangt von beiden Seiten Provision nicht in dem Sinne, dass er **zweimal eine** verdiente Provision verlangt, sondern dass **eine** Provision auf **zwei Parteien** aufgeteilt wird, weil die Maklerleistung beiden Parteien zugute kommt.

Das **Neutralitätsprinzip** ist vor allem beim **Vermittlungsmakler** zu berücksichtigen, wenn er mit beiden Marktparteien in eine Maklervertragsbeziehung tritt. Am Ende eines erfolgreich abgewickelten Vermittlungsgeschäftes muss **jede** der beiden Parteien das Bewusstsein haben, dass das Vermittlungsergebnis ausgewogen ist und keine Seite zu Lasten der anderen unangemessene Vorteile aus dem Geschäftsabschluss zieht.

<small>Neutralitätsprinzip und Vermittlungsmakler</small>

In der Zeit vor dem im Krafttreten der Gewerbeordnung mit dem fundamentalen Grundsatz der Gewerbefreiheit im Jahr 1869, als Makler in der Regel noch eine halbamtliche Position hatten und darauf vereidigt wurden und vor allem dort, wo die Gesamtheit der Makler ein Vermittlungsmonopol hatte (wie heute Anwälte weitgehend ein Rechtsberatungsmonopol), galt das Neutralitätsprinzip zwingend. Heute setzt seine Geltung voraus, dass Makler sich durch Gestaltung von Vertragsbeziehungen zu beiden Auftraggebern in die Position der Neutralität begeben.

15.3.3.5 Prinzip der Interessenidentität

Das Interesse des Auftraggebers eines Maklers ist zum Zeitpunkt der Auftragserteilung identisch mit dem Interesse des Maklers. **Beide** wollen den Erfolg, nämlich den Vertragsabschluss. Der Makler muss aus **eigenem Interesse** dem **legitimen Interesse des Auftraggebers** gerecht werden, weil er nur dann eine Maklerprovision verdient. Ist Auftraggeber ein Objektverkäufer, will er durch die Einschaltung eines Maklers sein Ziel erreichen, dass sein Objekt auch verkauft wird. Der Makler muss innerhalb der ihm zur Verfügung stehenden Zeit einen abschlussbereiten Interessenten finden und mit dem Auftraggeber bekannt machen. Schließt dieser dann (auch nach Ablauf des Maklervertrages) mit dem Interessenten einen notariellen Kaufvertrag über sein Objekt ab, ist der durch die Maklereinschaltung beabsichtigte Erfolg eingetreten.

<small>Prinzip der Interessenidentität</small>

Das **Prinzip der Interessenidentität** hat für das Maklergeschäft eine gravierende **wirtschaftliche Bedeutung**. Der Makler muss sich immer der Tatsache bewusst sein, dass er für seinen Auftraggeber ein umso **wichtigerer** Vertragspartner ist, je höher die Wahrscheinlichkeit ist, mit der er dessen Verkaufsinteresse gerecht wird.

<small>Wirtschaftliche Bedeutung des Prinzips der Interessenidentität</small>

Das bedeutet konkret: Die Bedingungen, zu denen das Objekt des Auftraggebers angeboten und der Makler Leistungen erbringen soll, müssen so beschaffen sein, dass der Makler zu einem **Erfolgsoptimum** gelangt.

<small>Erfolgsoptimum</small>

Das Ansetzen eines überhöhten Verkaufspreises beeinträchtigt die Interessen von Auftraggeber und Makler gleichermaßen. Gleiches gilt von der Vereinbarung von Maklervertragsbedingungen, die den betriebswirtschaftlichen Aktionsradius des Maklers verringern. Kann sich der Makler mit mehr Zeit- und Geldeinsatz der Auftragsbearbeitung widmet, erreicht er den Erfolg schneller und mit größerer Wahrscheinlichkeit, als in einem Fall, in welchem dem Makler nicht viel anderes übrig bleibt, als auf den Zufall zu vertrauen.

Einfacher und qualifizierter Alleinauftrag

In der Praxis hat sich deshalb bei den professionell arbeitenden Maklern ein Maklervertrag in den beiden Varianten des **„einfachen"** und des **„qualifizierten" Alleinauftrages** als Regelauftrag durchgesetzt, der allerdings kein Maklervertrag im Sinne des BGB, sondern ein „Maklerdienstvertrag" ist. Der Dienstvertragsbestandteil besteht in der Verpflichtung des Maklers, für den Auftraggeber tätig zu werden. Dies sieht der BGB-Maklervertrag nicht vor.

15.3.4 Auftragsakquisition des Maklers

Definition Auftragsakquisition

Auftragsakquisition ist die Hereinholung von Maklerauträgen zu Bedingungen, die einen positiven Beitrag zum Betriebsergebnis erwarten lassen. Aus dieser **Begriffsdefinition** ergibt sich unmittelbar, dass nicht jeder Auftrag, der einem Makler erteilt wird, dem gerecht wird, was unter Auftragsakquisition verstanden werden muss. Der Grundsatz gilt für Aufträge, die sowohl von Objektanbietern als auch von Suchinteressenten erteilt werden.

15.3.4.1 Objekt- und Interessentenakquisition

Deutsche Makler denken überwiegend vom Objekt her. Sie akquirieren Verkaufs- und Vermietungsaufträge für Objekte und suchen für sie Interessenten. Der Marktzugang erfolgt also für deutsche Makler überwiegend über die Objektakquisition. Ebenso könnten Makler aus der Perspektive der Interessentenseite ihr Maklergeschäft betreiben. Sie könnten z. B. in einem konkret umschriebenen Auftrag für einen Miet- oder Kaufinteressenten eine Wohnung suchen und sich hierfür einen

Suchalleinauftrag

Suchalleinauftrag geben lassen.

Auftraggeber nach MaBV ist Verbraucher

Es gibt auch keinerlei gesetzliche Vorgaben für die eine oder andere Richtung. Lediglich im öffentlichen Maklerrecht (Gewerbeordnung, Makler-Bauträger-Verordnung) wird der Begriff des „Auftraggebers" beschränkt auf die Interessentenseite, der nach einer gängigen Auslegung die **„Verbraucherfunktion"** zukommen soll. Sie beschreibt aber lediglich die Pflichten in der Berufsausübung gegenüber den Interessenten, ohne damit die Pflicht zu verbinden, mit Interessenten stets Auftragsverhältnisse eingehen zu müssen.

Objektakquisition

Weil die Interessentenakquisition in der beruflichen Praxis der Makler nur eine geringe Bedeutung hat, beschränken sich die nachfolgenden Überlegungen auf die **Objektakquisition**.

15.3.4.2 Aktive und passive Auftragsakquisition

Unterscheidung aktiver von passiver Auftragsakquisition

Die **Unterscheidung zwischen aktiver und passiver Auftragsakquisition** bezieht sich auf die Position des Maklers im Akquisitionsgeschehen. Ist der Makler der „aktive" Teil, der an Objektanbieter herantritt, damit diese einen Auftrag erteilen (der Makler **bewirbt** sich um den Auftrag), dann spricht man von aktiver Auftragsakquisition.

Sucht der Objektanbieter einen Makler, der für ihn tätig werden soll, spricht man von passiver Auftragsakquisition. Der Makler **nimmt** einen ihm angetragenen Auftrag an.

Aus der Sicht des Maklers ist die **aktive Auftragsakquisition** die schwierigere Akquisitionsmethode, weil der Makler sich in eine Bewerberkonkurrenz begibt. Bei der passiven Auftragsakquisition hat sich der mögliche Auftraggeber bereits unter mehreren Vergabemöglichkeiten für den angesprochenen Makler entschieden. Die Methode der passiven Auftragsakquisition setzt voraus, dass der Makler in den Augen des möglichen Auftraggebers ein „öffentliches Vertrauen" besitzt („Diesem Makler kann man den Verkauf eines Objektes anvertrauen").

Aktive Auftragsakquisition

Die **passive Auftragsakquisition** ist deshalb eine „Methode" (Vorgehensweise), weil sich der Makler durch eine entsprechende Unternehmenspolitik in eine Marktposition begeben kann, die ihn gegenüber der Konkurrenz bei den Auftraggebern, die einen Makler suchen, in eine Vorteilsposition bringt.

Passive Auftragsakquisition

Der Makler kann z. B. durch eine langfristig durchgehaltene **Firmenwerbung** einen Bekanntheitsgrad anstreben, der ihn zum gesuchten Geschäftspartner macht.

15.3.4.3 Potentielle und aktuelle Marktteilnehmer

Wir unterscheiden zwei unterschiedliche „Akquisitionsfelder". Die Bemühungen des Maklers können sich auf **aktuelle** oder **potentielle Marktteilnehmer** richten.

Aktuelle und potentielle Marktteilnehmer

Unter aktuellen Marktteilnehmern versteht man solche, die sich bereits am Immobilienmarkt mit ihrem Angebot oder ihrer Objektnachfrage befinden.

Potentielle Marktteilnehmer sind „**Marktteilnehmer von morgen**". Für ihre Zurechnung zu diesem Personenkreis ist deren objektive gegenwärtige Situation maßgeblich. Es kann mit einer hinreichenden Wahrscheinlichkeit damit gerechnet werden, dass sie in absehbarer Zeit auf dem Markt als Anbieter oder Nachfrager auftreten.

Marktteilnehmer von morgen

Die Unterscheidung im Rahmen der Auftragsakquisition ist wichtig, weil der Akquisitionserfolg eines Maklers auch davon abhängt, zu welchem **Zeitpunkt** die Geschäftsbeziehung angebahnt wird. Je früher, desto besser. Der erste Makler hat stets einen Akquisitionsvorsprung.

Beispiel:
Ein Makler lernt einen Landwirt kennen. Der Landwirt verfügt über Grundstücke, die im Geltungsbereich eines neu erstellten Bebauungsplanes liegen. Der Landwirt ist von dem Makler positiv beeindruckt. Wenn er sich in der Folgezeit entschließt, diese Baugrundstücke zu verkaufen, ist die Wahrscheinlichkeit groß, dass er sich an diesen und keinen anderen Makler wendet. Hätte diese Beziehung zu diesem Zeitpunkt noch nicht bestanden, würde die Wahrscheinlichkeit für die Erteilung eines Auftrages an diesen Makler erheblich geringer sein. Der Makler hatte in diesem Fall zu einem Zeitpunkt Beziehungen zu diesem Landwirt aufgenommen, als ein Verkauf der Grundstücke noch gar nicht spruchreif war (weil es z. B. noch keinen Bebauungsplan gab). Die Geschäftsbeziehung, die vom Landwirt aufgenommen

wurde (daher passive Auftragsakquisition) entstand aus einer vorher schon bestehenden zwischenmenschlichen Beziehung.

Es gibt eine große Anzahl von Gruppen potentieller Marktteilnehmer, angefangen von Erbengemeinschaften, die das in Immobilien bestehende Erbgut verkaufen wollen, bis hin zu Eigentümern von Mietwohnblocks, in denen immer wieder Wohnungen zur Vermietung anstehen.

15.3.4.4 Vorgang der Akquisition

Kontaktaufnahme

Die Auftragsakquisition beginnt mit der **Kontaktaufnahme** zum Marktteilnehmer mit dem Ziel, jetzt oder (bei potentiellen Marktteilnehmern) zu einem späteren Zeitpunkt einen Maklerauftrag zur Objektvermittlung zu erhalten. Bei potentiellen Marktteilnehmern muss der Kontakt bis zu dessen Markteintritt gepflegt werden.

Die Logik des Akquisitionsprozesses

Im Regelfall nimmt der „**Akquisitionsprozess**", d. h. der Weg zum Auftrag, folgenden Verlauf:
- **Besichtigung** des Objektes. Die Besichtigung erfolgt am besten mit einem Grundrissplan, um Abweichungen zwischen der Planzeichnung und dem tatsächlichen Objektbestand zu erkennen.
- **Erfassung** der Objektdaten. Sie sind Grundlage für die spätere Erstellung eines Exposés.
- **Objektgrobanalyse** als Vorbereitung für die Bestimmung der Zielgruppe für das Angebot und des erzielbaren Preises. Grundlage der Analyse sind das Ergebnis der Objektbesichtigung und die erfassten Objektdaten.
- Vereinbarung des **Preisansatzes**, zu dem das Objekt angeboten werden soll. Ziel: Der Preisansatz muss marktrealistisch sein.
- Abschluss des **Maklervertrages**. Ziel: Die Vertragsbedingungen müssen eine intensive Auftragsbearbeitung ermöglichen.

Bei diesem Verlauf handelt es sich um eine **logische Vorgehensweise**. Die zuverlässige Datenerfassung setzt eine genaue Objektbesichtigung voraus. Eine Objektgrobanalyse ist erst denkbar nach Besichtigung und Datenerfassung. Erst wenn man sich ein Bild darüber gemacht hat, für welche Interessentenschicht das Objekt besonders geeignet und auf welchem Markt es am besten anzubieten ist, kann eine Vorstellung über den erzielbaren Preis gewonnen werden. Wenn schließlich darüber Einigkeit erzielt wurde, hat es Sinn, die Maklervertragsbedingungen auszuhandeln.

15.3.4.5 Maklervertragsabschluss

Provisionsversprechen

Beim Abschluss des Maklervertrages geht es darum, die Erbringung der sich darauf gründenden Maklerleistungen durch ein **Provisionsversprechen** des Auftraggebers im Erfolgsfall rechtlich abzusichern.

Ein Maklervertrag bedarf in der Regel keiner Form. Er kann also auch mündlich oder durch schlüssiges Verhalten zustande kommen. Bei der Vertragsbeziehung zwischen Makler und Interessent ist diese Vertragsform auch oft anzutreffen. Ihr Nachteil liegt darin, dass die Absprache vom Makler nicht bewiesen werden kann, wenn der Auftraggeber sie bestreitet. Beweispflichtig ist stets derjenige, der eine Forderung stellt.

Das Vertragsverhältnis zwischen dem Objektanbieter – sofern er sich zur Provisionszahlung verpflichten soll – und dem Makler wird in der Praxis überwiegend unter Einsatz von **Vertragsformularen** begründet. Die beim Richard Boorberg Verlag in München im Auftrag des IVD erscheinenden Makler- und Hausverwalterformulare spiegeln den Branchenstandard wider. Wie schon gezeigt, liegt es gleichermaßen im Interesse des Auftraggebers und des Maklers, die Vertragsbedingungen so zu gestalten, dass dem Makler unter wirtschaftlichen Gesichtspunkten ein hoher Zeit- und Kosteneinsatz zur Herbeiführung des Erfolges möglich ist. Normalerweise ist dies nur bei Makler-Alleinaufträgen der Fall. Wie ebenfalls schon erwähnt, ist zu unterscheiden zwischen dem einfachen und dem so genannten qualifizierten Alleinauftrag.

Einfache Alleinaufträge, bei denen der Auftraggeber während der Laufzeit des Vertrages auf die Einschaltung weiterer Makler verzichtet, können mit Hilfe eines Formulars wirksam vereinbart werden. (Siehe Formularbeispiel unter Abschnitt 15.5.3). **Qualifizierte Alleinaufträge**, bei denen der Makler zur ausschließlichen Bezugsperson in Sachen Objektverkauf wird, müssen im Einzelnen ausgehandelt werden. Man spricht von „**Individualvereinbarung**". (Zum qualifizierten Alleinauftrag siehe Abschnitt 15.5.4)

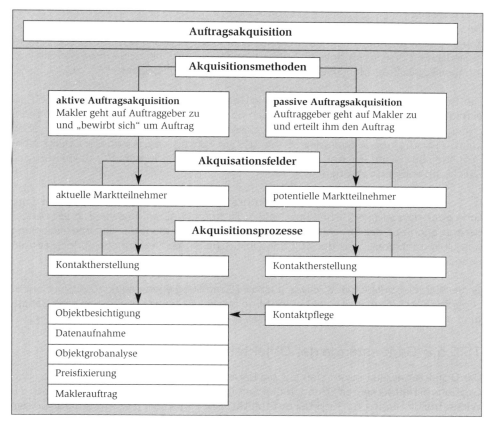

Abb. 8: Auftragsakquisition: Akquisitionsmethoden, -fehler und -prozesse

15.3.5 Objektanalyse

Grobanalyse

Schon bei der Auftragsakquisition wurde dargestellt, dass es nach erfolgter Besichtigung des Objektes und Aufnahme der Objektdaten wichtig ist, eine **Grobanalyse** durchzuführen. Deren Ziel ist es, eine Vorstellung über die Zielgruppe zu bekommen, die mit dem Angebot angesprochen werden soll.

Detailanalyse

Eine genaue **Detailanalyse** wird überwiegend erst nach Auftragsannahme durchgeführt. In manchen Fällen wird der Maklerauftrag erst nach der genauen Objektanalyse und der Objekteinwertung durch den Makler erteilt. In der Regel handelt es sich dabei um größere Liegenschaften, die unterschiedliche Nutzungsmöglichkeiten bieten. Die Aufgabe des Maklers besteht dann darin, **Verwertungskonzepte** zu entwickeln, von denen eines in Abstimmung mit dem Auftraggeber beim Verkauf werblich herausgestellt wird. Die diesem Konzept entsprechende Zielgruppe steht im Vordergrund bei der Selektion der Interessenten.

Verwertungskonzepte

15.3.5.1 Zweck der Objektanalyse

Zielgruppenfindung

Die Objektanalyse dient der **Zielgruppenfindung**, der **Bewertung** des Objektes und als Datengrundlage für das **Werbekonzept** (Präsentation im Internet, Inserat und Exposé).

Zielgruppen zeichnen sich durch eine einheitliche Bedürfnisstruktur aus. Unterschiedliche Zielgruppen agieren auf unterschiedlichen Teil- und Untermärkten des Immobilienmarktes. Siehe hierzu Abschnitt 1.9.7.4 dieses Buches.

Bewertung

Die **Bewertung** des Objektes dient der Überprüfung des Preisansatzes. Auch sie erfolgt zielgruppenorientiert, d. h. von den für das jeweilige Objekt in Frage kommenden Interessenten her. Es ist völlig klar, dass es hier erhebliche Unterschiede geben kann. Aufgabe des Maklers ist es, für das in Auftrag übernommene Objekt nicht „irgendeinen", sondern **den Interessenten** zu finden, dessen Vorstellungen das Objekt am ehesten entspricht.

Verkehrswert § 194 BauGB

Im Gegensatz zur **Ermittlung** des **Verkehrswerts** (Marktwert), bei der „ungewöhnliche oder persönliche Verhältnisse" außer Betracht bleiben müssen, hat ein Makler gerade auch auf die Besonderheiten Rücksicht zu nehmen, die der Interessenlage des Objektanbieters und des für das Objekt besonders geeigneten Interessenten kennzeichnet.

Werbekonzept

Schließlich dient die Objektanalyse auch der Erstellung eines objekt-/zielgruppenbezogenen **Werbekonzepts**, wobei im Mittelpunkt die textliche und bildliche Gestaltung des Objektinserates und des Exposés steht.

15.3.5.2 Gegenstände der Objektanalyse

Die **Objektanalyse** bezieht sich auf die **Lage** des Objektes, die **Eigenschaften** und **Größenverhältnisse** des Grundstücks und Gebäudes, die **Rechtsverhältnisse**, die **Wirtschaftlichkeit** und **Kapitalrentabilität** des Objektes. *(Nähere Ausführungen zur Objektanalyse finden sich in Sailer, E./Kippes, S./Rehkugler, H.: „Handbuch für Immobilienmakler und Immobilienberater", München, 2010).*

Ziel der **Lageanalyse** ist es, die besonderen Lagemerkmale zu erfassen und im Hinblick auf mögliche Zielgruppen zu beurteilen. Man geht von der **Art** des Objektes aus. Stets werden die „örtlichen Verhältnisse", das Umland und die **Verkehrslage** in die Analyse einbezogen. Bei Objekten für wohnliche Eigennutzung z. B. dominieren andere, für die Objektbeurteilung wichtigen Lagemerkmale als bei Gewerbeobjekten.

Lageanalyse

Während beim Wohnobjekt z. B.
- die ruhige Wohnlage, angenehme Nachbarn, (also örtliche Gegebenheiten),
- das reine Wohngebiet, eine gute Infrastruktur mit Schulen, Kindergärten, Freizeiteinrichtungen (also Umlandqualitäten), und
- eine gute Verkehrsanbindung zur Innenstadt (Verkehrslage)

vorwiegend eine Rolle spielen, sind bei Gewerbeobjekten z. B.
- Park- und Anfahrtsmöglichkeiten,
- Struktur des Gewerbegebietes und
- Anbindung an das Schienen- und Fernstraßennetz für die Beurteilung von Bedeutung.

Zu unterscheiden von solchen **Lageanalysen** zur Bestimmung der Zielgruppen sind **Standortanalysen**, die aus der Perspektive eines **bestimmten** Investors vorgenommen werden, d. h. aus einem genau definierten Investitionsziel erfolgen und eine Standortkalkulation erlauben.

Lage- und Standortanalyse

Die **Analyse** des **Grundstücks** und **Gebäudes** lässt Schlüsse auf **Nutzungsmöglichkeiten bzw. -beeinträchtigungen** zu. Beim Baugrundstück spielen „Art und Maß der Nutzung", Bodenbeschaffenheit u. dergl. eine Rolle, beim Gebäude etwaige Um- und Ausbaumöglichkeiten, bautechnische Standards, Modernisierungsnotwendigkeiten, Umfang des Reparaturanstaus usw.

Gebäude- und Grundstücksanalyse

Die **Analyse** der **Rechtsverhältnisse** bezieht sich auf vorhandene Miet- und Pachtverhältnisse, Lasten und Beschränkungen in Abteilung II des Grundbuchs (siehe 14.2.4), und des Baulastenverzeichnisses (das nicht in allen Bundesländern existiert!). Fragen nach etwaigen Auflagen des Denkmalschutzes, Rechtsverhältnisse eines Sanierungsgebietes, Erschließungszustand usw. können hier eine Rolle spielen.

Analyse der Rechtsverhältnisse

Bei Kapitalanlegern spielt in erster Linie die Frage der **Rentabilität** des einzusetzenden Kapitals und die Wirtschaftlichkeit des Objektes eine Rolle. Soll diese Käuferschicht mit einem Objekt angesprochen werden, dann erfordert dies eine **Analyse der Nachhaltigkeit der Erträge und der Aufwendungen**, der **steuerlichen** Ersparnismöglichkeiten sowie der wirtschaftlichen **Entwicklungsmöglichkeiten** des Objektes.

Rentabilität und Wirtschaftlichkeit

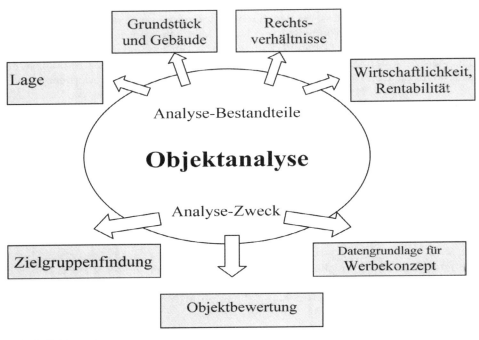

Abb. 9: Objektanalyse

15.3.6 Das Maklerexposé

Firmenhomepage
Immobilienportale

Maklerexposés werden heute als Präsentationsmittel im Rahmen der eigenen **Firmenhomepage** und/oder im Rahmen der Einstellung in **Immobilienportale** verwendet, ersatzweise in Papierform zur Übersendung an Personen, die über keinen Internetanschluss verfügen.

Mit Verwendung von Exposés erfüllt der Makler vier Aufgaben. Man spricht auch von den vier **Exposéfunktionen**.

Exposéfunktionen

Sachinformationen

– Das Exposé vermittelt die zum Objektangebot gehörenden **Sachinformationen**. Damit erfüllt der Makler auch seine Informationspflicht gegenüber Interessenten für Objekte nach § 11 MaBV.

Markttransparenz

– Durch Einsatz von Exposés trägt der Makler zur Schaffung von **Markttransparenz** bei. Er erfüllt damit seine volkswirtschaftliche Informationsfunktion.

Objektwerbung

– Das Exposé dient als **Werbemittel für** das Objekt im Rahmen der „Objektwerbung".

Firmenwerbung

– Schließlich kann das Exposé auch als Mittel der **Firmenwerbung** (Imagewerbung) eingesetzt werden (Nebenaspekt).

15.3.6.1 Exposé als Mittel zur Sachinformation

MaBV § 11
i. V. m. § 10

Seit Inkrafttreten der **Makler-Bauträger-Verordnung (MaBV),** die dem Makler die Information der Kauf- und Mietinteressenten über eine Reihe von Objektmerkmalen vorschreibt, ist das Exposé zu einem unverzichtbaren Informationsmedium geworden. Mit dem Exposé erfüllt der Makler seine vom **Verbraucherschutz** her gebotene Funktion, über das Objekt konkret zu informieren.

Verbraucherschutz

Im Gegensatz zum **Prospekt**, in dem „**Vorhaben**", also z. B. Bauvorhaben („Projekte"), beschrieben werden, bezieht sich das Exposé auf die Darstellung der wichtigsten Merkmale eines bereits vorhandenen Objektes. Es kann vom Interessenten jederzeit in Augenschein genommen werden. Auf das Exposé finden infolgedessen die strengen Vorschriften zur **Prospekthaftung** keine Anwendung. Der Gesetzgeber geht davon aus, dass im Normalfall die wichtigste Entscheidungsgrundlage für den Erwerb einer Immobilie das Ergebnis einer Besichtigung ist.

Prospekt und Exposé

Das Exposé ist also einerseits eine wichtige **Vorabinformation** über das Objekt und andererseits eine wichtige **Ergänzung** der Erkenntnisse, die sich aus der Besichtigung ergeben haben. (Über den **Umfang** der vorgeschriebenen Exposé-Information siehe Abschnitt 15.3.6.5.)

Vorabinformation (Information vor Besichtigung)

Mit Hilfe der Verwendung von Exposés kommt der Makler seinen **Informationspflichten** nach § 11 MaBV dadurch nach, dass er
- **schriftlich,**
- **richtig,**
- **vollständig** und
- **rechtzeitig**

über die vorgeschriebenen und bereits dargestellten Objektmerkmale informiert. Wer als Makler diese Ordnungsvorschrift verletzt, begeht eine Ordnungswidrigkeit, die mit Bußgeld geahndet werden kann.

Informationspflichten nach § 11 MaBV

Dass der Auftraggeber in deutscher Sprache informieren soll, wurde durch eine Änderung der MaBV aufgrund von Vorgaben der Dienstleistungsrichtlinie 2006/123/EG gestrichen. Es wird davon ausgegangen, dass ausländische Maklerunternehmen mit einer Niederlassung in Deutschland ihre Auftraggeber in der Sprache informieren, die diese verstehen.

Der **Schriftform** kann der Makler zwar auch genügen, wenn er statt einer Information im Rahmen eines Exposés im Angebotsschreiben die erforderlichen Objektmerkmale aufführt. In der Praxis hat sich dies jedoch nicht bewährt. Das Angebotsschreiben wird unübersichtlicher. Vielmehr werden im „Angebotsschreiben" die Bedingungen des Maklers (Provision, evtl. Laufzeit des Vertrages) sowie die Nachweisdaten der angebotenen Objekte genannt und auf das „beiliegende" Exposé verwiesen.

Schriftform

Damit bezieht sich das Angebotsschreiben des Maklers in der Regel auf das (verbindliche) Angebot eines **Maklervertrages** verbunden mit Objektnachweisen, während das Exposé das (unverbindliche) **Objektangebot** mit den wichtigsten Objektdaten darstellt.

Bei der Internetpräsentation sind die Informationen durch entsprechende Informationsraster vorgegeben, wobei auf der ersten Ebene eine Kurzinformation geboten wird und auf der zweiten Ebene eine genaue bebilderte Objektbeschreibung.

Richtigkeit der Information bedeutet, die Objektmerkmale so darzustellen, dass sie mit der Wirklichkeit übereinstimmen. Im Allgemeinen wird sich der Makler auf die Angaben des Objektanbieters verlassen können. Die persönlich vorgenommene

Richtigkeit der Information

gründliche Objektbesichtigung ist aber trotzdem notwendig, weil nur auf diese Weise eine gewisse Kontrolle der Angaben des Objektanbieters möglich ist. Außerdem hat es sich als zweckmäßig erwiesen, dass der Makler sich die Objektunterlagen, zumindest eine Kopie davon, aushändigen lässt, so weit sich aus ihnen die für die Kundeninformation wichtigen Objektdaten ergeben.

Exposéhaftung

Die Vorschrift zur richtigen Objektinformation kann **zivilrechtliche Auswirkungen** haben. Für falsche Angaben im Exposé **haftet** der **Makler**, wenn ein Interessent auf dieser Kenntnisgrundlage das Objekt erwirbt. Zwar wird im Verhältnis Verkäufer/Käufer im notariellen **Kaufvertrag** in der Regel bei Bestandsimmobilien eine Gewährleistung ausgeschlossen. Der Haftungsanspruch des Käufers gegenüber dem Makler aus dem **Maklervertrag** bleibt davon aber unberührt.

Vollständigkeit der Information

Eine **Vollständigkeit** der Exposé-Information ist dann bereits gegeben, wenn die unter 15.3.6.5 aufgezählten Objektmerkmale im Exposé enthalten sind. Wie schon ausgeführt, reicht in der Praxis diese Information für eine Kauf- oder Mietentscheidung allein nicht aus. Sie müssen also noch ergänzt werden. Dabei kommt es darauf an, welche Informationen gerade für die Zielgruppe wichtig sind, dem das Objekt angeboten werden soll.

Informationszeitpunkt

Die MaBV nennt zwei Zeitpunkte, zu denen die Interessenten für ein Objekt **spätestens** informiert sein müssen.

Information über Maklervertragsbedingungen

Über die **Maklervertragsbedingungen**
- Provision,
- Laufzeit des Maklervertrages,
- evtl. Ermächtigung zur Entgegennahme von Vermögenswerten, die an den Objektanbieter weitergeleitet werden sollen (z. B. Kaufpreiszahlungen),
- die damit verbundenen Sicherungspflichten des Maklers, Vertrauensschadenversicherung (zugunsten des Interessenten!)

muss der Makler schon am Anfang der Vertragsbeziehung (bei Entgegennahme des Auftrages) informieren.

Information über Objektmerkmale

Dagegen muss der Interessent über die beschriebenen **Objektmerkmale spätestens** dann informiert sein, wenn er in Verhandlungen mit dem Anbieter treten will. Das bedeutet, dass der Makler das Exposé spätestens dann aushändigen muss, wenn der Interessent Verhandlungsinteresse bekundet.

15.3.6.2 Exposé als Mittel zur Verstärkung der Markttransparenz

Tranzparenz des Immobilienmarktes

Vergleichbarkeit der Informationen

Wie unter dem Abschnitt „Organisation des Immobilienmarktes" (1.9.8) schon dargestellt wurde, erhöht sich die **Transparenz** des **Immobilienmarktes** durch Einschaltung von Maklern. Jeder einzelne Makler trägt dazu durch Verwendung von Exposés bei. Um dieser volkswirtschaftlichen Aufgabe aber voll gerecht werden zu können, ist es notwendig, dass die Objektinformationen so aufbereitet werden, dass verschiedene angebotene Objekte tatsächlich miteinander **vergleichbar** werden.

Preisangabenverordnung siehe PangV § 1

Ein Mindestmaß an **Vergleichbarkeit** wird schon durch die **Preisangabenverordnung** erzwungen. Sie besagt, dass beim Anbieten von Waren und Leistungen stets der Endpreis angegeben werden muss, wenn sich das Angebot an Letztverbraucher wendet. Im Gegensatz zum Handelsrecht zählt zum Begriff der Ware in der Preisangabenverordnung auch die Immobilie in allen ihren Erscheinungsformen.

Allein über eine Endpreisangabe kann bei Immobilien eine Vergleichbarkeit verschiedener Objekte aber nicht erreicht werden. Darum müssen Makler noch einen Objektbeschrieb durch Exposés liefern.

Verstärkt wird die Vergleichbarkeit der Objekte (die zur Markttransparenz führt) durch ein einheitliches **Exposéschema,** das allen Exposés zugrunde gelegt wird. Hierfür gibt es keine Vorschriften und keine DIN-Normen. Es handelt sich also um eine **berufsständische** Angelegenheit der Makler selbst, wie sie dies regeln wollen.

Exposé-schema

Vergleichbarkeit wird heute aber vor allem durch die **Angebotsstruktur** und die **Sortierfunktionen** in den **Immobilienportalen** ermöglicht. So können z. B. die Einfamilienhausangebote eines Ortes nach Kaufpreis, Zahl der Zimmer und Wohn-/Nutzfläche sortiert und damit nebeneinander gestellt werden. Bei den **Einfamilienhauskategorien** selbst kann unterschieden werden zwischen freistehenden Einfamilienhäusern, Reiheneinfamilienhäusern, Doppelhaushälften. Damit entsteht ein sehr engmaschiges Vergleichsraster. Hauptaufgabe des Maklers ist es, sein Objektangebot im Internet möglichst genau zu katalogisieren.

Angebotsstruktur in Immobilienportalen

Sortierfunktionen

15.3.6.3 Exposé als Mittel der Objektwerbung

Objektwerbung ist für Makler besonders wichtig. Die drei herausragenden Werbemittel sind die Objektpräsentation im Internet, das Exposé in Papierform und die Zeitungsanzeige (Inserat). Die **Objektpräsentation** im **Internet** ersetzt heute in großem Umfange das Zeitungsinserat. Wichtig ist dabei, dass Angaben eingegeben werden, die es ermöglichen, durch das vorgeschaltete Suchraster (geographische Eingrenzung, Größenangaben, Preiseingrenzungen usw.) in den Blickfang von Interessentenzielgruppen zu gelangen.

Werbemittel

Internetpräsentation

Das Exposé kann unmittelbar in ein **Immobilienportal** eingestellt werden. Dabei erfolgt die Darstellung im Internet in zwei Stufen. Zuerst werden die vom System verlangten Kurzangaben zum Objekt gemacht. Durch einen Link im System des Portals (z. B. „ansehen") gelangt der Interessent zur Objektbeschreibung. Im Rahmen dieser zweiten Informationsstufe wird die Kontaktaufnahme zum Makler per E-Mail ermöglicht. Üblich ist heute eine umfangreiche Bebilderung. Sie kann bei der Präsentation via Internet sehr reichhaltig sein. Jeder Makler ist heute mit einer Digitalkamera ausgerüstet, die ihm ermöglicht, eine große Anzahl von Bildmotiven zu speichern und im Internet zu präsentieren.

Immobilienportal

Im Gegensatz zu Werbezielen auf dem Warenmarkt, bei denen es auf eine Umsatzmaximierung ankommt und damit die höchstmögliche Zahl von Kunden mit der Werbebotschaft angesprochen werden soll, muss ein Makler jeweils eine bestimmte Immobilien bewerben. Da das Objekt nicht öfter verkauft werden kann, konzentriert sich das Werbeziel besonders stark auf die **Selektion** möglicher **Interessenten**.

Interessentenselektion

Die Selektion kann schon mit Hilfe des Inserats bzw. der Kurzangaben im Internet erfolgen. Je wirklichkeitsgetreuer das Objekt dargestellt wird, desto stärker ist der Selektionseffekt. Das Exposé ist neben dem Inserat das zweite wichtige Mittel, mit dem aus den verschiedenen möglichen Interessenten für ein Objekt jene gezielt angesprochen werden können, die mit ihren Wünschen dem Objekt besonders nahe kommen. Es enthält zwar auch die **allgemeinen** Merkmale des anzubietenden Objektes, betont aber vor allem die **besonderen** Objektmerkmale, die für die Zielgruppe von großem Interesse sind.

Darstellung der Wirklichkeit

Durch die **positive** Darstellung der **Wirklichkeit** wirbt das Exposé für das Objekt. Der Makler muss sich stets vor Augen halten, dass ein und dieselben Merkmale von Personen unterschiedlich gewertet werden. Was nicht der Zielgruppe angehörende Personen vielleicht als negativ empfinden, ist in den Augen der zur Zielgruppe gehörenden positiv.

Beispiele:
Für wen Basteln ein Freizeithobby ist, für den ist ein Haus, an dem „gebastelt" werden kann, positiv – für andere nicht.
Wer der grenzenlosen Freiheit huldigt, für den sind Zäune ein Hindernis, für den Ängstlichen eine Notwendigkeit.
Der Gesellige braucht große Räume, der Einsame kleine.

15.3.6.4 Exposé als Mittel der Firmenwerbung

Firmenwerbung

Das Exposé als Werbemittel bewirbt in erster Linie das Objekt. Es kann aber auch der **Firmenwerbung** („Imagewerbung") dienen. Hier spielen eine Rolle z. B. Papierfarbe (wenn die Farbe als Ausdrucksmittel der Firmenwerbung benutzt wird), die Verwendung eines Firmensignets, die Wiedergabe eines firmeneigenen Werbeslogans u. dgl.

Auch bei der Internetpräsentation von Objekten ist es zweckmäßig, Exposés farblich und strukturell mit dem Firmendesign zu verbinden. Ebenso wichtig ist es, zwischen der Homepagegestaltung und den übrigen, das Unternehmen repräsentierenden Werbemittel (Briefpapier, Visitenkarten, Firmenschilder, Plakate u. dgl.) eine einheitliche Linie **("Corporate Design")** zu finden.

Bewirkt werden soll damit, dass der Empfänger der Exposés eine Verbindung zwischen Objekt und dem das Objekt anbietenden Makler erkennt. Der Interessent soll sich stets daran erinnern, dass ein bestimmtes Objekt von diesem und keinem anderen Makler angeboten wurde. Es kommt in der Praxis nicht selten vor, dass bei der Vielzahl der Angebote, die Interessenten von verschiedenen Maklern anfordern, einer nicht mehr weiß, welcher Makler ihm denn ein bestimmtes Objekt angeboten hat. Dies hat vielfach zu Provisionsstreitigkeiten geführt.

```
┌─────────────────────────────────────────────────────────────────┐
│                      ┌─────────────────────┐                    │
│                      │   Exposéfunktionen  │                    │
│                      └─────────────────────┘                    │
│  ┌───────────────────────────────────────────────────────────┐  │
│  │ Sachinformation zum Angebot eines bestehenden Objektes    │  │
│  │ – Mindestumfang der Information ist in MaBV vorgeschrieben│  │
│  └───────────────────────────────────────────────────────────┘  │
│  ┌───────────────────────────────────────────────────────────┐  │
│  │ Verstärkung der Markttransparenz auf dem jeweiligen       │  │
│  │ Teilmarkt                                                 │  │
│  │ – Vorgeschriebene Preisangaben und Objektmerkmale sowie   │  │
│  │   ein einheitliches Exposéschema verbessern               │  │
│  │   Vergleichbarkeit der Angebote                           │  │
│  └───────────────────────────────────────────────────────────┘  │
│  ┌───────────────────────────────────────────────────────────┐  │
│  │ Exposé wirbt für das Objekt                               │  │
│  │ – Werbeziel: Selektion der Interessenten nach             │  │
│  │   Zielgruppenmerkmalen                                    │  │
│  └───────────────────────────────────────────────────────────┘  │
│  ┌───────────────────────────────────────────────────────────┐  │
│  │ Exposé kann für Firma des Maklers werben                  │  │
│  │ – Es bringt Objektangebot mit anbietendem Makler in       │  │
│  │   Zusammenhang                                            │  │
│  └───────────────────────────────────────────────────────────┘  │
└─────────────────────────────────────────────────────────────────┘
```

Abb. 10: Exposéfunktionen

15.3.6.5 Exposéinhalt

Zum Umfang des Exposés gibt es unterschiedliche Auffassungen. Durchgesetzt hat sich im Zusammenhang mit der Entwicklung von EDV-Maklerprogrammen die Einteilung der Exposés in Kurzexposés und Langexposés (bez. ausführliche Exposés).

Kurzexposés werden aber nicht oder nur selten im Geschäftsverkehr mit Kunden eingesetzt. Sie dienen vielmehr dem Objektinformationsaustausch zwischen Maklern, z. B. in Maklerverbünden. Kurzexposés enthalten nur wenige, aber die für einen ersten Überblick wesentlichen Grundinformationen wie Objektart, Lage, Flächen, Raumzahl, Preis. Sie finden allerdings zwingend Eingang in das Internetangebot mit Hilfe eines Immobilienportals, da sie für das Suchraster unter der Vielzahl der Angebote wichtig sind.

Kurzexposé

Ein **Langexposé** enthält neben den Daten, über die eine Informationspflicht bestehen, alle übrigen, für den Interessenten wichtigen Objektmerkmale. Zum **Umfang des Langexposés** haben sich einige wichtige **Grundsätze** entwickelt:

Langexposé

Exposégrundsätze

- Alles Wesentliche **knapp** darstellen. Es ist auch davon auszugehen, dass Objektinteressenten viele Exposés anfordern und erhalten. Jeder Makler tritt damit in eine **Informationskonkurrenz** mit den Exposés von Mitbewerbern. Exposés mit überlangen textlichen Ausführungen werden häufig nicht oder nicht ganz gelesen.
- Was wesentlich ist, entscheidet die anzusprechende **Zielgruppe**. Merkmale, die bei der Zielgruppe besondere Aufmerksamkeit finden, sind hervorzuheben.
- Die verwendete **Sprache** muss zielgruppengerecht sein. In Fachkreisen verwendete Fachausdrücke sind für den angesprochenen Personenkreis oft nichts sagend. So soll in Exposés kein „Wohnungseigentum" oder „Teileigentum" angeboten werden, sondern eine „Eigentumswohnung" (mit Garage). Auf Wortabkürzungen soll möglichst verzichtet werden.

- **Keine Schönfärberei.** Durch eine verschönerte Darstellung des Objektes werden viele Objektbesichtigungen mit Interessenten veranlasst, deren Erwartung enttäuscht wird. Auch aus **wettbewerbsrechtlichen** Gründen (§ 5 Gesetz gegen den unlauteren Wettbewerb – UWG) darf das Objekt keine Darstellung enthalten, die „irreführt".

  UWG § 5

- **Bilder und Grundrissskizzen** können mehr zum Ausdruck bringen, als die Sprache. Sie erwecken konkrete Vorstellungen. Darum sollten diese Darstellungsmittel zur **Exposéergänzung** eingesetzt werden. In Immobilienportalen ist dies selbstverständlich.

- Das Exposé ist von Fall zu Fall durch **besondere** Informationen zu ergänzen. Da das Exposé nicht auch das alles enthalten kann, was dem besonderen Aufklärungsbedürfnis nur eines bestimmten Interessenten entspricht, müssen von Fall zu Fall weitere Informationen erteilt werden. Im Exposé wird z. B. nichts über die rechtlichen Konsequenzen beim Kauf einer vermieteten Wohnung stehen. Es ist aber denkbar, dass ein bestimmter Interessent über die Bedeutung des Grundsatzes **„Kauf bricht Miete nicht"** aufgeklärt werden muss.

- Andererseits gilt, wie schon ausgeführt, dass nicht über jedes wichtige Objektmerkmal eine **Informationspflicht** nach § 11 MaBV besteht. Das Exposé ist also durch solche **weiteren Objektdaten** zu **ergänzen**, die für den Interessenten stets bedeutsam sind, z. B. dass die zum Kauf angebotene Wohnung zu einem Mietpreis von 750,00 € i. M. vermietet ist.

  MaBV § 11

Mit dem hier abgedruckten Exposé wird die Zielgruppe indirekt durch die Thematisierung „Natur und Geschichte erleben" angesprochen. Wer das im Exposé beschriebene Haus erwirbt, muss über seine Zeit verfügen können, naturverbunden sein und in der Tradition stehen.

Muster eines Exposés

⚜ CASA – Immobilien ⚜ Exposé Nr. 108

Natur und Geschichte erleben!

Denkmalgeschütztes Einfamilienhaus mit großem Areal und idyllischem Weiher in Stephansburg, Am grünen Holz 2,

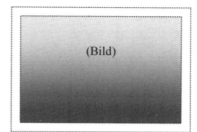

Lage: Stephansburg liegt
- 35 km westlich von Mönchingen,
- 5 km von der S-Bahn-Haltestelle der Linie S 3 entfernt
- am westlichen Dorfrand an der Landstraße nach Augenstadt
  Am Tag stündlich Busverbindung zur S-Bahn.

Die Umgebung ist dörflich geprägt.

Grundstück: Grundstücksgröße: 3.360 m².

Das Eckgrundstück ist etwa 42 m breit und 80 m tief

Auf dem Grundstück befindet sich ein idyllischer Weiher mit ca. 500 m² und einer maximalen Tiefe von ca. 2,5m.

Überwiegend handelt es sich um eine Wiese mit vereinzelten Sträuchern. Am östlichen Grundstücksrand stehen mehrere alte schattenspendende Erlen.

Das voll erschlossene Grundstück ist nur an den beiden Straßenseiten eingezäunt.

Haus: Das Haus wurde etwa in der Zeit zwischen 1820 und 1828 gebaut, und ist 1974 in die Liste der denkmalgeschützten Gebäude aufgenommen worden.

1995 wurde es saniert und entspricht – abgesehen von den Raumgrößen und den geschützten Raumteilen - vom Standard her heutigen Wohnansprüchen.

Räume: Zwei kleinere alte Backstein-Gewölbekeller
Erdgeschoss: zwei Wohnräume (15m² und 19 m²) eine Küche (16m²) und ein WC
1. OG: 3 Zimmer (12m², 25m² und 14m²) Bad mit WC.

Gesamtwohnfläche: 135 m².

Auf dem Grundstück befindet sich eine Doppelgarage.

Angebot: Preis: 250.000,00 €.
Beziehbar sofort.

Besichtigung: Da das Haus nicht bewohnt ist, kann es nur mit uns besichtigt werden.

Haben Sie Interesse? Dann rufen Sie uns an: Tel: 0555/55 5555-55

Abb. 11: Exposéstruktur

Das Exposé ist nicht das einzige Werbeinstrument des Maklers. Es werden vielfach auch **Firmenprospekte** eingesetzt. Darüber hinaus gibt es **Akquisitionsprospekte**, die bei deutschen Maklern allerdings noch wenig Beachtung finden. Auch diese Prospekte sind „internettauglich". Das bedeutet, dass der Makler im Rahmen seiner Homepagegestaltung Firmenwerbung betreiben und die Auftragsakquisition fördern kann.

<small>Firmenprospekte</small>
Firmenprospekte dienen ausschließlich der Firmenwerbung. In ihnen werden Firma des Maklers, Unternehmensleitbild, Geschichte, Mitarbeiter, deren fachliche Kompetenz, Tätigkeitsschwerpunkte, Referenzen dargestellt, um Vertrauen zu schaffen. Dem möglichen Geschäftspartner soll näher gebracht werden, mit wem er es zu tun hat. Mit ihnen werden „Marktteilnehmer von morgen" (potentielle Marktteilnehmer) angesprochen.

<small>Akquisitionsprospekte</small>
Im Gegensatz zu Firmenprospekten werden **Akquisitionsprospekte** zur Vorbereitung der Auftragsakquisition eingesetzt. In ihnen werden der Leistungsumfang des Unternehmens und die Gegenleistung des Geschäftspartners dargestellt. Man könnte den Akquisitionsprospekt mit einer „Produktbeschreibung" mit Preisangabe, wie sie im Handel gebräuchlich ist, vergleichen. Das Produkt des Maklers ist seine Dienstleistung. Auch ein Akquisitionsprospekt ist ein Mittel der Firmenwerbung, das aber bereits stark „leistungsorientiert" ist.

In einem Schaubild lassen sich die Unterschiede der von Maklern eingesetzten Werbemittel außerhalb des Inserates wie folgt darstellen:

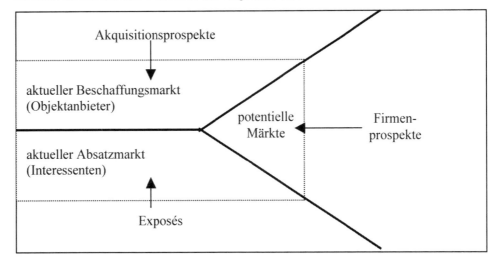

Abb. 12: Prospekte und Exposé im Maklergeschäft

15.3.7 Der Maklerauftritt im Internet

Auf die vielfach genutzte Möglichkeit des Internetauftritts der Maklerunternehmen wurde im Zusammenhang mit den Präsentationsmitteln „Exposé", Firmenprospekte und Akquisitionsprospekte schon hingewiesen. Der Makler, der sich zum Internetauftritt mit einer eigenen Homepage entschließt, muss allerdings einige Regeln beachten, die sich aus §§ 5 und 6 des **Telemediengesetzes (**TMG) ergeben. Wer diese Regeln nicht beachtet, kann von Mitbewerbern, aber auch von Wettbewerbsvereinigungen abgemahnt und am Ende zur Einstellung der erforderlichen Informationen genötigt werden. Es handelt sich um unlauteren Wettbewerb.

Telemediengesetz

Zu beachten ist, dass jede Homepage über ein ohne längeres Suchen auffindbares „**Impressum**" verfügen muss. Die darin gemachten Pflichtangaben müssen leicht erkennbar, unmittelbar erreichbar und ständig verfügbar sein. Dazu gehören

Impressum

- Name und Anschrift des Homepagebetreibers und bei juristischen Personen des gesetzlichen Vertreters,
- Angaben, die eine jederzeitige elektronische Kontaktaufnahme ermöglichen (Telefon, Telefax, E-Mail-Adresse),
- Angabe der Aufsichtsbehörde und der Hinweis auf die erteilte Erlaubnis nach § 34 GewO (bei Maklern die für die Erlaubniserteilung zuständige Gewerbebehörde bzw. bei einer Geschäftssitzverlegung die dann für die Überwachung zuständige Gewerbebehörde).
- Ist das Unternehmen ins Handelsregister eingetragen, dann sind auch das Handelsregister und die Eintragungsnummer in das Impressum aufzunehmen.
- Sofern der Makler sich mit Auslandsgeschäften beschäftigt, ist auch die Umsatzsteueridentifikationsnummer anzuführen.

Der Makler muss auch bedenken, dass er für die Inhalte der Homepages haftet, mit denen er seine Homepage verlinkt. Ein Haftungsausschluss ist deshalb dringend anzuraten.

15.3.8 Anzeigenwerbung des Maklers

Werbung ist der **planvolle** Einsatz von **Werbemitteln** zur Erzielung **bestimmter** Absatzleistungen. Vorausgesetzt wird bei dieser Definition eine **Werbeplanung**. Makler gehören zu den Branchen, die einen beachtlichen Teil ihrer Erlöse in die Werbung stecken, um damit den weiteren Absatzerfolg zu sichern. *(Auf die Entwicklung der Anzeigenkosten der Maklerunternehmen wird von Sailer in „Der Immobilienmakler – Grundlagen – Strategien – Entwicklungspotentiale", 3. Aufl. Stuttgart 2010, näher eingegangen.)*

Werbung (Definition)

Solche Firmen arbeiten in der Regel auf der Grundlage von **Werbebudgets**, d. h. von finanziellen Vorgaben für die Werbung. Die Bestimmung eines **Jahresbudgets** erfolgt meist auf der Grundlage der Werbekosten vergangener Perioden. Es handelt sich also um Erfahrungsgrößen. Anhaltspunkte für die Bestimmung des für Werbung zur Verfügung stehenden Betrages können auch dem IVD-Betriebsvergleich entnommen werden. Andere Unternehmen bestimmen ihr Werbebudget auf der Grundlage des in der kommenden Periode geplanten (erwarteten) Absatzes.

Werbebudgets

Die Werbeplanung bestimmt, welche **Werbemittel** unter Einschaltung welcher **Werbeträger** auf der Grundlage des Werbebudgets für welche Werbeziele eingesetzt werden sollen.

Werbemittel Werbeträger

Bedingt durch die Unwägbarkeiten der Absatzplanung im Maklergeschäft (dies wäre gleichbedeutend mit der Planung der Herbeiführung von Vertragsabschlüssen), ist es sehr schwierig, Werbung auf der Grundlage von **jährlich** fest vorgegebenen Finanzmitteln zu betreiben. Deshalb tritt in der Praxis an die Stelle des Jahreswerbeplans oft eine **auftragsbezogene** Werbeplanung. Es werden bei Entgegennahme eines Alleinauftrages die durchzuführenden Werbemaßnahmen und die dafür bereitzustellenden Mittel festgelegt. Dies gilt allerdings nur für die **Objektwerbung**. Sie ist jene Werbung, die auf den unmittelbaren Absatzerfolg zielt. Ein bestimmtes Objekt soll mit Hilfe der Objektwerbung möglichst schnell, in einer Zeitspanne von wenigen Monaten, verkauft werden. Sie ist also stets darauf gerichtet einen **Erfolg in der Gegenwart** herbeizuführen.

Objektwerbung

Dagegen ist die **Firmenwerbung zukunftsbezogen.** Sie bringt das Unternehmen „in die Köpfe" der kommenden Marktteilnehmer. Wer von sich aus einen Makler einschalten will, wird sich an eine ihm bekannte Firma wenden. Durch Firmenwerbung sichert sich ein Makler den Zugang zum **Markt der Zukunft**. Objekt- und Firmenwerbung haben nicht immer die gleichen Werbeträger. Der Werbeträger transportiert die Werbebotschaft des „Werbemittels" an die „Zielpersonen" (Werbesubjekte).

Zukunftsbezug der Firmenwerbung

Der **Unterschied zwischen Objekt- und Firmenwerbung** könnte auch von ihrer Wirkung her beschrieben werden: Wer sich aufgrund eines vom Makler angebotenen Objektes an ihn wendet, reagiert auf dessen Objektwerbung. Wer sich aufgrund seiner Bekanntheit oder auf Empfehlung an einen Makler wendet, um diesen zu beauftragen, reagiert auf dessen Firmenwerbung.

Die wichtigsten Werbemittel des Maklers sind das Zeitungsinserat, das Exposé, der Firmen- und Akquisitionsprospekt (siehe Abschnitt 15.3.6). Daneben spielen die Leuchtmittel- und Plakatwerbung sowie Werbung in Schaukästen eine gewisse Rolle. Sporadisch kommt auch die Rundfunk- und Fernsehwerbung zum Einsatz. Zum Werbemittel Inserat gehören die **Werbeträger** Tageszeitung, Fach- und Publikumszeitschriften. Unter diesen Werbeträgern spielt die Tageszeitung in ihren verschiedenen Ausgestaltungsformen (lokal, regional und überregional verbreitete Zeitungen) nach der Werbung im Internet die größte Rolle.

Werbeträger

Die Zeitungsverlage stellen kostenlos **„Media-Mappen"** mit Preislisten zur Verfügung. Aus ihnen ergeben sich das Verbreitungsgebiet, die Verkaufs-/Vertriebsauflage und oft auch Zielgruppenmerkmale der Leserschicht.

Im Vordergrund steht heute die Objektpräsentation im Internet in der **eigenen Homepage** oder im Rahmen eines **Immobilienportals**. Die Bedeutung des Inserates wird dadurch reduziert. Immerhin reagieren die Zeitungsverlage darauf, indem sie die in ihrer Zeitung inserierten Objekte ebenfalls ins Internet einstellen.

Immobilienportal

Der Makler steht – bevor er eine Werbeentscheidung trifft – vor der Aufgabe,
- den Inhalt der Werbebotschaft richtig (zielgruppengerecht) und frei von irreführenden und missverständlichen Formulierungen zu „texten", d. h. in Worte zu kleiden,
- das richtige Werbemittel für die Werbebotschaft auszuwählen und
- denjenigen Werbeträger einzuschalten, bei dem die Kosten pro erreichbare Zielperson am geringsten sind. Man spricht in diesem Zusammenhang von der besten „qualitativen Reichweite" des Werbeträgers.

Immobilienportale und Inserate dienen überwiegend der Objektwerbung, werden aber auch als Mittel für die Firmenwerbung genutzt. Zur Firmenwerbung werden vor allem Internetpräsentationen in Form einer eigenen Maklerhomepage genutzt. *(Zur Homepagegestaltung siehe Sailer, E. in „Der Immobilienmakler – Grundlagen – Strategien – Entwicklungspotentiale", 3. Aufl. Stuttgart 2010)*

Der „klassische" Aufbau eines Maklerinserates in der Tageszeitung, der beide Werbeziele mit einander verbindet, kann schematisch wie folgt dargestellt werden:

Objekt
Beschreibung
Firma (Signet)

Abb. 13: Aufbau eines Maklerinserats

Makler können auch **gemeinschaftlich** für ihren Berufsstand werben. So stellen sie im Rahmen eines Inserates oft ihre Zugehörigkeit zu einem Verband, der für seine Mitglieder Standesrecht geschaffen hat, als Seriositätsmerkmal heraus. Diese Werbung wird als **Gemeinschaftswerbung** bezeichnet. Elemente der Gemeinschaftswerbung kann auch ein Objektangebotsinserat enthalten, wenn in ihm z. B. auch das IVD-Logo verwendet wird, das vor allem durch die Fernsehwerbung einen größeren Bekanntheitsgrad erhalten hat.

<small>Gemeinschaftswerbung</small>

Über das **Exposé** als Mittel für die Objektwerbung (und sekundär auch für die Firmenwerbung) wurde bereits das Wichtigste ausgeführt (siehe 15.3.6.3).

15.3.8.1 Werbewirkung von Immobilieninseraten

Über Objektwerbung soll ein Absatzerfolg erreicht werden. Angeboten wird ein **einmaliges Objekt**.

<small>Einmaligkeit des Immobilienobjektes in der Werbung</small>

Der Wirkungserfolg der Werbung für reproduzierbare Waren/Produkte nimmt in der Regel mit häufiger werdender Schaltung zu (wenn auch nur degressiv, also mit abnehmendem Wirkungszuwachs). Die Ware erhält „Markenqualität".

Beim Immobilieninserat (Einzelobjekt) flacht die Werbewirkung viel stärker ab. Durch häufigeres Inserieren eines Objektes mit gleich bleibendem Text erhält eine Immobilie keine Markenqualität. Im Gegenteil, das **„Objektimage"** sinkt.

Die Objektwerbung sollte deshalb darauf abzielen, den Verkaufserfolg mit möglichst wenigen Schaltungen zu erreichen. Maßgeblich für den Wirkungserfolg sind die Erstkontakte zwischen Werbemittel und Werbesubjekt. Es muss dafür gesorgt werden, dass die Werbebotschaft beim Erstkontakt eine möglichst starke positive Reaktion der Zielpersonen auslöst. Die **Antriebsstärke** der **Werbebotschaft** steigt mit zunehmender **Verdichtung der Zielgruppe**. Dies kann an der folgenden Graphik dargestellt werden:

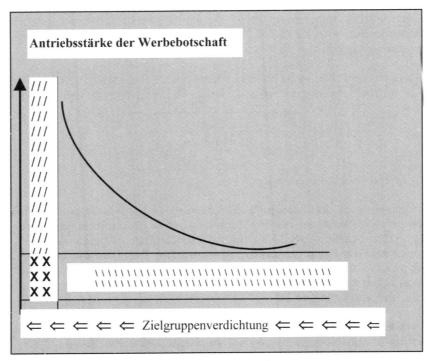

Abb. 14. Schematische Darstellung der Zielgruppenverdichtung

Je stärker die Zielgruppe durch Individualisierung beschränkt und damit eingeengt wird, desto stärker reagiert der von der Werbebotschaft Betroffene. Er fühlt sich in seiner individuellen Interessenlage angesprochen. Diese Einengung der Zielgruppe kann an nachfolgender **„Zielgruppenpyramide"** deutlich gemacht werden:

Zielgruppen-
pyramide

Zielgruppe: Interessenten für eine 5-Zimmer-Eigentumswohnung,

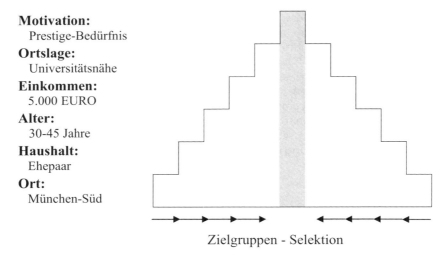

Abb. 15: Zielgruppenpyramide

Zur Demonstration der Wirkung einer zielgruppenintensiven Werbebotschaft: Ein Grundstück am Dorfrand, mit einem stadelähnlichen Gebäude soll beworben werden. In der Nähe befindet sich ein Reiterhof. Das Grundstück könnte sich für einen Pferdehalter eignen.

Wählt man als **„Headline"** des Inserates bzw. des Exposés den Hinweis „Für Pferdeliebhaber", werden sich tatsächliche Pferdeliebhaber intensiv angesprochen fühlen. Sie befassen sich quasi automatisch mit dem Inhalt des Inserates. Der große Rest widmet dem Inserat keinerlei Aufmerksamkeit.

Headline

15.3.8.2 Werbeerfolgsanalyse

Die **Kontrolle des Erfolges der Objektwerbung** mit Inseraten setzt voraus, dass die Meldungen auf diese Inserate registriert werden. Dabei kommt es auf den Grad der Interessiertheit der auf das Inserat Reagierenden an. Ein Werbeerfolg stellt sich letztlich ein, wenn ein Interessent, der sich auf das Inserat gemeldet hat, das angebotene Objekt auch erwirbt. Es muss deshalb der Gesamtvorgang in der nachfolgenden Reihe analysiert werden:
– Wer meldet sich auf ein Inserat?
– Wie viele dieser Interessenten wünschen nach Empfang des Exposés eine Objektbesichtigung? (Je mehr Inserat und Exposé übereinstimmen, desto größer ist der Anteil).
– Wie viele der Interessenten, die das Objekt besichtigt haben, wollen in Kaufverhandlungen eintreten? (Je mehr Inserate- und Exposéinhalt mit den tatsächlichen Gegebenheiten des Objektes übereinstimmen, desto höher ist dieser Anteil.)

Werbeerfolgskontrolle

Kommt es daraufhin mit einer der Personen, die sich auf das Inserat gemeldet haben, zum Vertragsabschluss, ist dies ein **Werbeerfolg**.

Werbeerfolg

Gleiches gilt für das Angebot im Internet hinsichtlich der Relation Zahl der Reaktionen – Objektbesichtigung – Verhandlungen.

Allerdings kann nicht der Umkehrschluss gezogen werden, dass ein ergebnisloses Verhandeln ein Misserfolg der Werbung sei. Er kann auch auf Umständen beruhen, die mit der von der Werbung ausgehenden „Initialzündung" nichts mehr zu tun haben, z. B. Fehler beim Vermitteln, in der Beratung, im Service.

	Objektwerbung	Firmenwerbung	Gemeinschaftswerbung
Zielt ab auf	Gegenwartserfolg	Zukunftserfolg	Vertrauensgewinn
geeignete Werbeträger	Internet Zeitungen Angebotsschreiben Schaufenster	Internet Zeitungen Akquisitions- Schreiben Schaufenster	Internet Rundfunk Litfaßsäulen
geeignete Werbemittel	Internetpräsentation Inserate Exposé Videopräsentation	Internetpräsentation Inserate Prospekte Erinnerungsgeschenke	Internetpräsentation Funkspots Plakate

Maklerwerbung: Werbepraxis im Überblick

Abb. 16: Maklerwerbung im Überblick

15.4 VERTRAGSVERMITTLUNG UND VERTRAGSVORBEREITUNG

Führen von Verhandlungen

Vermitteln ist – wie bereits dargestellt – das **Führen von Verhandlungen** mit dem möglichen Geschäftspartner des Auftraggebers. Verhandeln ist das Fördern des Zustandekommens eines Ergebnisses durch aktives rhetorisches Einwirken auf den Entscheidungswillen eines anderen. Die Freiheit dieses Entscheidungswillens muss dabei gewahrt bleiben.

Über die Stellung des Vermittlers hinsichtlich Neutralität/einseitige Interessenvertretung wurde bereits das Wesentliche ausgeführt (siehe 15.1.2).

15.4.1 Kaufvertragsvermittlung

15.4.1.1 Vermittlungsmethoden

Es sind drei **Vermittlungsmethoden** zu unterscheiden:

Verhandlungen zu dritt

– **Verhandeln zu dritt**

Der Makler ist Verhandlungs- und gegebenenfalls Protokollführer. Aus den Verhandlungsprotokollen ergeben sich die Daten, die der Notar zur Vertragsvorbereitung erhält.

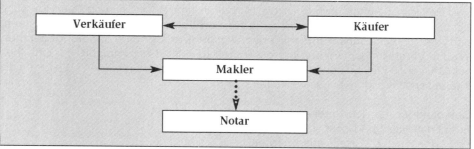

Abb. 17: Vermittlungsmethode der Verhandlungen zu dritt

- **Separatverhandlungen mit den beiden Parteien**

Getrenntes Verhandeln

Der Makler verhandelt getrennt mit den Parteien und übermittelt an den jeweils anderen Partner die Ergebnisse. Er veranlasst nach Einigung die Beurkundung.

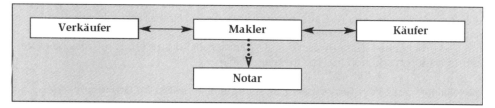

Abb. 18: Vermittlungsmethode der getrennten Verhandlungen

- **Verhandlung unter Hinzuziehung von Beratern**
  (Steuerberater, Rechtsanwälte, Architekten – als Berater einer Partei).

Verhandlungen mit Beratern

Wer den Berater hinzuzieht, muss ihn bezahlen. Auch der Makler kann zur Unterstützung seiner Vermittlungsbemühungen einen Berater einschalten. In diesem Fall spielt dieser eine neutrale Rolle oder er ist indirekt Parteiberater – je nach Stellung des Maklers.

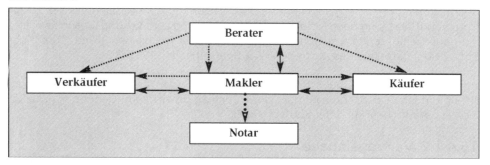

Abb. 19: Vermittlungsmethode der Verhandlungen mit Berater

Schaltet eine Partei einen Berater ein, ist dieser verpflichtet, deren Interessen zu vertreten. Schaltet der Makler einen Berater ein, unterstützt er den Makler in seiner Position entweder als Interessenvertreter einer Partei, so dass auch der Berater indirekt Interessenvertreter dieser Partei wird, oder als neutraler Vermittler, wobei auch der Berater auf Neutralität bedacht sein muss.

Interessenschwerpunkte – Bedeutung

Ziel die Verhandlungsführung ist die Herbeiführung einer Einigung über die wichtigsten Vertragsinhalte. Voraussetzung für den Verhandlungserfolg ist das Erkennen der verschiedenen **Interessenschwerpunkte der Verhandlungspartner**. Welche Vorstellungen will der Interessent mit dem Kauf der Immobilie im Einzelnen verwirklichen? Welche der Interessen will er vorrangig gewahrt wissen? Wo liegen die Interessenschwerpunkte des Verkäufers?

Beispiele für mögliche Interessen des Kaufinteressenten:
Er will das Haus möglichst sofort beziehen,
er will steuerliche Vorteile ausschöpfen,
er will das Geld für seine Tochter anlegen,
er will umbauen,
er will sofort Möbel unterstellen,
er will eine kurzfristige Zwischenfinanzierung seines Bausparvertrages vermeiden usw.

Vorteil der einen Partei nicht gleich Nachteil der anderen Partei

Der Makler muss sich dessen bewusst sein, dass manches, was der einen Seite Vorteile bringt, für die andere Seite **nicht** automatisch Nachteile im gleichen Umfange nach sich zieht. Das Unterstellen von Möbeln kann z. B. dem Interessenten Lagerkosten und erheblichen Zeitaufwand des „Organisierens" ersparen, ohne dass beim Verkäufer dadurch erkennbare Nachteile entstehen.

Formvorschrift nach § 311b BGB Unverbindliche Kaufbereitschaft

Der Makler muss sich ferner bewusst sein, dass er selbst im Grundstücksgeschäft keine rechtswirksamen Einzelvereinbarungen treffen, oder gar den ganzen Vertrag schon rechtswirksam herbeiführen kann. Vielmehr muss die **Formvorschrift** des **§ 311b BGB** (notarielle **Beurkundung** – Beglaubigung genügt nicht!) gewahrt bleiben. Seine Vermittlung bezieht sich in diesem Bereich nur auf die Herbeiführung **unverbindlicher Bereitschaftserklärungen** beider Seiten („letter of Intends"). Er darf auch nicht vortäuschen, dass die „Vereinbarungen", die vor der notariellen Beurkundung getroffen werden, verbindlich sind. Er würde sonst seinen Provisionsanspruch aufs Spiel setzen, weil er seine Aufklärungspflicht verletzt hat (siehe 15.1.1).

Vorverträge

Es ist aus diesem Grunde nicht zweckmäßig, die ausgehandelten Vertragsinhalte in so genannten **„Vorverträgen"** aufzunehmen, weil sich daraus der Anschein der Rechtsverbindlichkeit ergeben könnte. Die Parteien müssen wissen, dass sie bis zur Unterschriftsleistung beim Notar in ihrer Entscheidung zum Vertragsabschluss nicht nur gegenseitig, sondern auch dem Makler gegenüber frei bleiben (siehe „Prinzip der Entscheidungsfreiheit des Auftraggebers" unter Abschnitt 15.3.3.2).

Unwirksamkeit des Kaufvertrages

Alle Vereinbarungen, auch Nebenabsprachen, müssen im späteren Kaufvertrag richtig enthalten sein, sonst ist der ganze **Vertrag unwirksam** (Gebot der Vollständigkeit notariell beurkundeter Kaufverträge).

15.4.1.2 Vertragsinhalte

Hauptpflichten aus Grundstückskaufvertrag

Mit dem Abschluss eines notariellen Kaufvertrages über ein Grundstück verpflichtet sich der Verkäufer, dem Käufer das **Eigentum** an dem veräußerten Grundstück lastenfrei (soweit nicht ausdrücklich vom Käufer Lasten übernommen werden) zu übertragen. Die Gegenpflicht des Käufers ist es, den vereinbarten Kaufpreis zu **bezahlen**. Ausführliches zum Grundstückskaufvertrag siehe Abschnitt 14.2.

Wichtigste Vertragsinhalte beim Kaufvertrag über eine Immobilie, über die Makler verhandeln müssen, sind:

- **Kaufpreishöhe** und **-fälligkeit**. In der Regel sind Fälligkeitsvoraussetzungen für den Kaufpreis eine Eintragung der Auflassungsvormerkung im Grundbuch und die Bewilligung der Löschung aller vom Käufer nicht übernommener Grundpfandrechte und Lasten. Bei Stundung von Kaufpreiszahlungen muss auch eine Einigung über eine mögliche Verzinsung der gestundeten Kaufpreisteile erzielt werden.

- Besondere Fragen ergeben sich bei der **Verrentung** von Kaufpreisteilen (Berechnung der Leibrente auf der Grundlage der Bundessterbetafel, Wertsicherungsklausel zur Anpassung an den Geldwertschwund, dingliche Absicherung der Rente). Hier muss der Makler sein Augenmerk darauf richten, dass eine sachgerechte Bezugsgrundlage (in der Regel der Verbraucherpreisindex des Statistischen Bundesamtes) gewählt wird. Hat die Rente Versorgungscharakter, kann auch ein Gehaltstarif Bezugsgrundlage sein.

- Preisrelevant sind auch **Nutzungsvorbehalte** des Verkäufers, wenn er z. B. die verkaufte Wohnung über den Zeitpunkt des Besitzüberganges hinaus noch bewohnen will. Soll ein Nutzungsentgelt vereinbart werden und wenn ja, in welcher Höhe? Soll zur Sicherung des Käufers ein Teil der Kaufpreisforderung verfallen, wenn der Verkäufer die Wohnung nicht rechtzeitig räumt? Der Makler muss hier seine Marktkenntnis bei der Ermittlung eines angemessenen **Nutzungsentgeltes** einbringen.

- Auch **zusätzliche Verkäuferleistungen** können vereinbart werden, z. B. Renovierung der Räume, Instandsetzung defekter haustechnischer Einrichtungen. Der Makler gibt hier z. B. Hinweise auf die Kosten und auf gute Handwerksfirmen. Welche **zusätzlichen Leistungen** soll der **Käuf**er übernehmen? Beispiele: Zahlung der Maklergebühr des Verkäufers, Übernahme eines noch zu zahlenden Erschließungsbeitrages an die Gemeinde.

- Übernimmt der Verkäufer eine **Gewähr** für den Bestand der verkauften Immobilie? Bei Bestandsimmobilien beträgt die Gewährleistungsfrist nach dem BGB drei Jahre, bei neu fertiggestellten Häusern (Bauwerke) fünf Jahre. Der Makler wird darauf hinweisen, dass im Normalfall Ansprüche wegen etwaiger **Sachmängel bei Bestandsimmobilien** (im Gegensatz zu Bauträgerobjekten) vertraglich ausgeschlossen werden. Ansprüche könnten sich auch auf **Rechtsmängel** beziehen. Hierfür haftet natürlich der Verkäufer. Rechtsmängel beziehen sich auf nicht gewahrte Rechte Dritter, die diese in Bezug auf die verkaufte Immobilie geltend machen könnten. Besteht ein Mängelanspruch aufgrund der Verletzung eines im Grundbuch eingetragenen Rechts eines Dritten, gilt sogar eine 30-jährige **Verjährungsfrist**.

- Der Verkäufer kann aber auch **bestimmte Eigenschaften** des Objektes im Kaufvertrag **zusichern**, z. B. eine bestimmte Tragfähigkeit der Zwischengeschossdecken eines Fabrikationsgebäudes oder die fachgerechte Außenisolierung des Betonfundaments usw. Für die Richtigkeit im Kaufvertrag zugesicherter Eigenschaften übernimmt er dann die Haftung. Erkennt der Makler, dass der Kaufinteressent besonderen Wert auf eine Objekteigenschaft legt, wird er dem Verkäufer nahe legen, diese Eigenschaft im Vertrag zuzusichern.

Besitzübergang
— Die Bestimmung des Termins für den **Besitzübergang** ist entscheidend für die Frage, ab wann dem Käufer Erträge und Nutzung des Hauses zustehen und er die Lasten und Kosten zu tragen hat. Zu diesem Zeitpunkt geht auch die Gefahr des zufälligen Untergangs (etwa durch Blitzschlag) oder der Verschlechterung des Objektes (etwa durch Rohrbruch) auf den Käufer über. Besonders wichtig ist der Zeitpunkt jedoch auch für die Geltendmachung steuerlicher Vergünstigungen, da er auch als Anschaffungszeitpunkt im steuerlichen Sinne gilt. Vor allem im Hinblick auf die steuerlichen Auswirkungen wird der Makler die besondere Interessenlage des Kunden ermitteln.

Der Makler sorgt im Rahmen der Verhandlungen dafür, dass der Kaufinteressent in alle wichtigen Unterlagen des Hauses, insbesondere Mietverträge, bei einer Eigentumswohnanlage in die Teilungserklärung und Gemeinschaftsordnung, den amtlichen Lageplan beim Baugrundstückskauf usw. Einblick erhält. Beim Notar müssen sie die Kenntnis der Unterlagen bestätigen können. Wird bei der **Beurkundung des**

BeurkG
§ 13
Kaufvertrages auf eine andere Urkunde (z. B. Teilungserklärung) Bezug genommen, kann der Notar in diesem Fall auf ein Vorlesen dieser Bezugsurkunde verzichten.

15.4.1.3 Vertragsparteien

Zur Ermittlung der Daten für den notariellen Kaufvertrag gehört auch die **Feststellung der Vertragsparteien**.

Verkäufer können nur die im Grundbuch eingetragenen Personen sein. Ausnahmsweise kann die Verfügungsberechtigung auf andere (z. B. Testamentsvollstrecker, Insolvenzverwalter, Abwesenheitspfleger) übergegangen sein. Dies erfährt der Makler aus dem Grundbuch. Dort sind in Abteilung II etwaige Verfügungsbeschränkungen eingetragen. (Zum Grundbuch siehe Abschnitt 14.1.1.2)

Erbengemeinschaft
Zeitweise kann das Grundbuch unrichtig sein. Ist z. B. eine **Erbengemeinschaft** entstanden, ist es denkbar, dass zum Verkaufszeitpunkt die Berichtigung der **Eigentumsverhältnisse** im Grundbuch noch nicht durchgeführt ist. Dann kann der Verkauf nur gegen Vorlage eines vom zuständigen Nachlassgericht ausgestellten **Erb-**

Erbschein
scheines erfolgen.

Alleineigentümer
Schwierigkeiten können auftreten, wenn der im Grundbuch stehende **Alleineigentümer** verheiratet und der Ehegatte mit dem Objektverkauf nicht einverstanden ist.

Folgende Fallgestaltungen sind möglich:

Gütertrennung
— Die Eheleute haben vertraglich **Gütertrennung** vereinbart. In diesem Fall gibt es beim Verkauf keine Probleme, da er nicht abhängig ist von der Zustimmung des anderen Ehegatten.

Gütergemeinschaft
§ 1424 BGB
— Der Alleineigentümer hat mit seinem Ehegatten **Gütergemeinschaft** vereinbart und das Objekt gehört zum „Gesamtgut". Dann liegt ein Fall der Gesamthandsgemeinschaft vor. Beide Eheleute können nur gemeinsam verkaufen.

- Anders liegt der Fall, wenn das Objekt sog. Vorbehaltsgut des verkaufenden Ehegatten ist. Vorbehaltsgut kann durch Erben, Schenkung oder durch Vereinbarung im Vertrag über die Gütergemeinschaft entstehen.

- Die Eheleute leben in **„gesetzlichem Güterstand"** – so genannte Zugewinngemeinschaft. Dann muss der nicht im Grundbuch eingetragene Ehegatte einem Verkauf zustimmen, wenn es sich bei dem Verkaufsobjekt um das Gesamtgut (oder um den wesentlichen Teil des Gesamtgutes) des verkaufenden Ehegatten handelt. Ist weiteres Vermögen vorhanden, ist eine Zustimmung nicht erforderlich. *Gesetzlicher Güterstand*

- Sind zwei oder mehrere Eigentümer im Grundbuch eingetragen, dann müssen alle mit dem Verkauf einverstanden sein.

Sind auf der **Käuferseite** zwei oder mehrere Personen beteiligt, ist festzustellen, zu welchen Anteilen das Objekt erworben werden soll (Begründung einer „Bruchteilsgemeinschaft").

Die aufzunehmenden Personaldaten müssen mit den Eintragungen des amtlichen Personalausweises bzw. des Reisepasses übereinstimmen. Der Notar selbst muss sich von der Identität der den Vertrag schließenden Personen überzeugen. Dies geschieht durch Vorlage des Personalausweises oder eines Reisepasses. Er kann sich aber auch durch einen am Vertrag nicht beteiligten, dem Notar aber persönlich bekannten Dritten, z. B. dem Makler, die Identität bestätigen lassen, falls der Ausweis vergessen wurde. *BeurkG § 10*

Aufgabe des Notars ist es, den übereinstimmenden Vertragsabschlusswillen der beiden Vertragsparteien festzustellen, ihn zu formulieren, vorzulesen und durch seine Unterschrift zu bestätigen. *BeurkG § 13*

Der Notar soll im Übrigen bei Verträgen mit Verbrauchern den Entwurf der Urkunde 2 Wochen vor dem anberaumten Beurkundungstermin zur Verfügung stellen. Außerdem muss er die Beteiligten über die **rechtliche Tragweite** der vertraglichen Regelungen aufklären. *BeurkG § 17*

15.4.2 Vorbereitung von Mietverträgen

Bei der Mietvertragsvermittlung müssen zwei Bereiche streng unterschieden werden. Der erste Bereich ist die **Wohnungsvermittlung,** die durch das Wohnungsvermittlungsgesetz eine eigene Rechtsgrundlage erhalten hat. Der zweite Bereich ist die **Gewerbe- oder Geschäftsraumvermittlung.** *Wohnungsvermittlungsgesetz*

Die Mietvertragsvermittlung unterscheidet sich von der Vermittlung von Kaufverträgen besonders dadurch, dass zum Zustandekommen eines Mietvertrages keine rechtskundige Person in Gestalt des Notars hinzugezogen werden muss. Deshalb muss der Makler, der Vertragsinhalte aushandeln soll, über eigene eingehende Kenntnisse des gesetzlichen Mietvertragsrechts und der hierzu ergangene Rechtsprechung verfügen.

Zwar kann er auf **Formularverträge** beim Abschluss von Mietverträgen zurückgreifen. Sie unterliegen allerdings als **„Allgemeine Geschäftsbedingungen"** der In- *Formularverträge*

haltskontrolle durch die Gerichte. Die im Handel erhältlichen oder von Hauseigentümervereinen herausgegebenen Formulare für Wohnraummietverträge können zum Zeitpunkt ihrer Verwendung Klauseln enthalten, die nach der Rechtsprechung unwirksam sind. (Zu den Inhalten und Arten des Wohnungsmietvertrages siehe 12.1). Der Makler, der Verträge vermittelt, muss dann erkennen, ob und gegebenenfalls welche Klauseln in Formularverträgen nach dem jeweiligen Stand der Rechtsprechung unwirksam sind.

Sowohl die Wohnungs- als auch die Gewerberaumvermittlung dominiert in den Groß- und Mittelstädten. Bei der Wohnungsvermittlung rührt dies daher, dass dort die **Mietwohnung** vorherrscht gegenüber der „**Eigentümerwohnung**" (= jede Form der vom Eigentümer selbst genutzten Wohnung und darf mit der „Eigentumswohnung" nicht verwechselt werden).

Bei der Geschäftsraumvermittlung hängt dies mit der stärkeren **Arbeitsplatzkonzentration** in den Mittel- und Großstädten gegenüber kleinstädtischen und ländlichen Räumen zusammen. In den Stadtkernen findet man die Geschäftszentren mit der Zusammenballung von Ladengeschäften, Büros und Kanzleien. Auch öffentliche Dienststellen decken ihren Raumbedarf oft durch Anmietung von zentral gelegenen Räumen in Großstädten. Ebenso sind Gewerbeparks und Einkaufszentren eher in Ballungsräumen als auf dem flachen Lande angesiedelt.

15.4.2.1 Beschränkungen bei der Wohnungsvermittlung

Der Makler, der Wohnungen vermittelt, hat es mit einem **Marktgut** zu tun, bei dem die Nachfrager, also die **Wohnungssuchenden**, als besonders schützenswert gelten. Das meist knappe „Dach über dem Kopf" dient – wie die Nahrung – der elementaren **Existenzsicherung** der Haushalte. Steigen die Einkommen, gibt es im Konsumgüterbereich vielfach Sättigungserscheinungen. Bei Wohnraum wird die Sättigungsgrenze bei steigenden Einkommen indes kaum erreicht. In der Vergangenheit stieg der **Pro-Kopf-Wohnflächenverbrauch** bis 2007 kontinuierlich auf 45,2 m^2 in Westdeutschland und 40,7 m^2 in Ostdeutschland an.

Es gab Zeiten, in denen von „**Wohnungsnot**" gesprochen wurde. Dabei handelte es sich um eine „Not der Wohnungssuchenden", nicht um eine Not der „Wohnungsbesitzenden". Trotzdem zielen die gesetzlichen Bestimmungen und staatlichen Maßnahmen nicht nur darauf ab, die Wohnraumbeschaffung für **neu** entstehende oder **zuwandernde** Haushalte zu erleichtern **(Wohnraumförderungsgesetz)**, sondern auch die Preisentwicklung für die Nutzung des Mietwohnraums (Mietenanstieg) nicht ausschließlich den Marktkräften zu überlassen.

Aus der Begrenzung des Mietanstiegs ergeben sich bestimmte **ökonomische Gegenwirkungen.** Die Verbilligung der Wohnraumnutzung führt zu Erscheinungen, die mit dem volkswirtschaftlichen Begriff des „**Hortens**" bezeichnet werden. Mieter, die sich wirtschaftlich eine Wohnung zu Wohnungsmarktbedingungen leisten könnten, bleiben in dem verbilligten Wohnraum, weil sie ihre wirtschaftliche Situation durch einen Umzug selbst dann verschlechtern würden, wenn sie mit weniger Wohnfläche vorlieb nehmen würden. Im Bereich des geförderten Wohnungsbaus wurde dieser Erscheinung mit einer „**Fehlbelegungsabgabe**" begegnet, die aber vielfach nicht erhoben wird oder deren Erhebung wieder eingestellt wurde. Bei Wohnungen, die Marktgut sind, verhindert die Kappungsgrenze einen übermäßigen Mietanstieg.

Seit einigen Jahren gibt es in Deutschland Bundesländer, in denen sich ein großes Überangebot an Wohnraum angesammelt hat, mit der Folge erheblicher Leerstände. Dieses soll im Zuge von **„Stadtumbaumaßnahmen"** reduziert werden.

Stadtumbaumaßnahmen

Da Makler auf diesem „sozial empfindlichen" Markt agieren, wurde deren Tätigkeitsbereich durch engmaschige, gesetzliche Bestimmungen (Wohnungsvermittlungsgesetz – WoVG) eingeschränkt. So wurden die Vereinbarungsmöglichkeiten und die Höhe von Maklerprovisionen in diesem Bereich begrenzt. (Näheres siehe 15.5.6.1)

15.4.2.2 Mietvertragsinhalte

Wie beim Kaufvertrag, muss der Makler bei Vermittlung eines Wohnraummietvertrages zunächst feststellen, wer die Vertragsparteien sind. Auf der Vermieterseite stehen die im Grundbuch eingetragenen Eigentümer bzw. Verfügungsberechtigten. Bei einer Personenmehrheit entscheidet in Fragen der Verwaltung, zu der auch die Vermietung von Wohnraum gehört, die Anteilsmehrheit.

Mieten Eheleute die Wohnung, sollten beide Mietvertragspartner des Vermieters sein.

Es ist darauf zu achten, dass der Vertrag neben Bestimmungen über den **Mietpreis** und den **Betriebskostenumlagen**, soweit nicht vorgedruckt, eine Klausel aufgenommen wird, nach der der Vermieter berechtigt ist, von den gesetzlichen Mietanpassungsmöglichkeiten Gebrauch zu machen (Näheres siehe 12.2 und 12.6). Es hat sich ferner als zweckmäßig herausgestellt, in den Mietvertrag den Betriebskostenkatalog der **Betriebskostenverordnung** einzubeziehen, damit nicht alle umlagefähigen Betriebskosten im Vertrag aufgezählt werden müssen.

Betriebskostenumlage

Betriebskostenverordnung

Bei Vereinbarung der Heizkostenumlage müssen die Umlagevorschriften der Heizkostenverordnung beachtet werden (siehe 12.6).

Wird eine **Staffelmiete** vereinbart, werden dadurch andere Mietanpassungsmöglichkeiten mit Ausnahme der Betriebskostenumlagen ausgeschlossen. Die Mietstaffeln müssen in absoluten Euro-Beträgen ausgedrückt werden und jeweils mindestens ein Jahr lang gelten. Staffelmietvereinbarungen können auch in Mietverträgen mit unbestimmter Laufzeit getroffen werden.

Staffelmiete

Festgelegt werden müssen der **Beginn des Mietverhältnisses** und die **Dauer.** In der Praxis überwiegt der auf unbestimmte Zeit abgeschlossene Mietvertrag. Bei befristeten Mietverträgen, die auf eine bestimmte Zeit laufen, unterscheidet man zwischen dem „Zeitmietvertrag", der durch einen für beide Seiten vereinbarten Kündigungsverzicht für eine bestimmte Zeit zustande kommt und dem „echten" **Zeitmietvertrag,** bei dem das Recht auf Fortsetzung ausgeschlossen ist. Im zweiten Fall muss in den Mietvertrag die spätere Verwendungsabsicht des Vermieters aufgenommen werden. Es gibt nur folgende, für diesen Vertragstyp zugelassene Verwendungsmöglichkeiten:

Mietverhältnis, Beginn und Dauer

Zeitmietvertrag nach § 575 BGB

- Eigennutzung oder Nutzung durch Familienangehörige oder andere zu seinem Haushalt gehörende Personen,
- Beseitigung, wesentliche Veränderung oder Instandsetzung der Räume, so weit durch die Fortsetzung des Mietverhältnisses diese Maßnahmen erheblich erschwert würden

und
- bei Werkmietwohnungen, wenn der Vermieter die Räume für einen anderen „zur Dienstleistung Verpflichteten" benötigt (vorausgesetzt, dass das Dienstverhältnis mit dem Mieter nicht mehr besteht).

Schönheits- und Kleinreparaturen

Sorgfältig müssen auch die Vereinbarungen, in denen sich Mieter zur Übernahme von **Schönheits- und Kleinreparaturen** verpflichten, formuliert werden. Die hierzu ergangene sehr einschränkende **Rechtsprechung des Bundesgerichtshofes** ist zu berücksichtigen.

Indexmieten

Es können auch **Indexmieten** in Wohnungsmietverträgen vereinbart werden. Zulässig sind aber nur Indexklauseln, die den Anforderungen des BGB entsprechen. Die Miete muss daher vor eine Anpassung mindestens ein Jahr unverändert bleiben. Andere Erhöhungsmöglichkeiten der Miete, mit Ausnahme solcher, die auf Maßnahmen der Modernisierung zurückzuführen sind, sind beim Indexmietvertrag nicht möglich. Bezugsgrundlage für die Anpassung kann nur der Verbraucherpreisindex des Statistischen Bundesamtes sein. Außerdem muss nach der Klausel auch der Mieter berechtigt sein, bei Sinken der Bezugsgröße eine Anpassung der Miete nach unten verlangen zu können. (Näheres siehe Kapitel 12)

15.4.2.3 Geschäftsraumvermittlung

Geschäftsraumvermittlung – Gegenstand

Hauptgegenstand der **Geschäftsraumvermittlung** sind Büroräume und Ladenlokale. Während bei Wohnungen nur ein verhältnismäßig kleiner Teil der Vermietungsfälle über Makler geht, bedienen sich die Vermieter und Mieter von Gewerberäumen überwiegend der Makler. In diesem Bereich dominieren größere, überregional tätige Spezialfirmen.

Da das Mietrecht, das sich nicht auf Wohnraum bezieht, vertraglich weitgehend frei gestaltet werden kann, gibt es einige charakteristische Erscheinungen, die beim Wohnungsmietvertrag nicht anzutreffen sind:

Optionsrechte

Bei Mietverträgen über Gewerberäume überwiegen **langfristige** Mietverträge. Mieter lassen sich im Vertrag häufig **„Optionsrechte"** einräumen. Darunter versteht man das Recht des Mieters, durch einseitige Erklärung das Mietverhältnis für eine bestimmte Zeit einmal oder wiederholt verlängern zu können.

Automatische Anpassung

Die Langfristigkeit der Verträge führt zur dynamischen Mietpreisgestaltungen. Neben Staffelmieten, wie sie auch das Wohnungsmietrecht kennt, werden Wertsicherungsklauseln zur Mietanpassung und teilweise auch umsatzabhängige Mieten vereinbart. Bei den Wertsicherungsklauseln **(„Gleitklauseln")** unterscheidet man zwischen solchen mit **automatischer Anpassung** und solchen mit **Leistungsvorbehaltsregelungen**.

Preisklauselgesetz

Bei der automatischen Anpassung gilt die jeweils höhere Miete als geschuldet, wenn sich die Bezugsgrundlage für die Mietänderung um eine vereinbarte Mindestspanne ändert. Zugelassen sind nach dem **Preisklauselgesetz** Anpassungen, wenn sie auf der Grundlage der Verbraucherpreisindex erfolgen und wenn die Kündigung durch den Vermieter für mindestens 10 Jahre ausgeschlossen ist. Außer dem sich auf Deutschland beziehenden Verbraucherpreisindex kann als Bezugsgrundlage der harmonisierte **Verbraucherpreisindex** (HPV) treten, der durch das Statistische Amt der Europäischen Gemeinschaften (Eurostat) herausgegeben wird.

Die Mietanpassung bei vereinbarten **Leistungsvorbehaltsklauseln** beruht ebenfalls auf der Änderung einer bestimmten Bezugsgrundlage. Nur folgt darauf nicht eine automatische Anpassung. Vielmehr bleibt die Neubestimmung des Mietzinses einer neu zu treffenden Vereinbarung vorbehalten. Für den Fall, dass es zu keiner Einigung kommt, ist meist bestimmt, dass dann ein unabhängiger Sachverständiger die Höhe der neuen Miete bestimmen soll.

<small>Leistungsvorbehaltsklausel</small>

Bei Ladenlokalen ist oft Bestandteil des Mietvertrages ein **Wettbewerbsverbot** des Vermieters einerseits und die Verpflichtung des Mieters zur **Aufrechterhaltung eines Geschäftsbetriebes** andererseits **("Betriebspflicht")**.

<small>Wettbewerbsverbot und Betriebspflicht
Betriebspflicht</small>

Dem Gewerberaummieter werden im Vergleich zu Wohnungsmietverhältnissen einerseits größere Gestaltungsmöglichkeiten bei den angemieteten Räumen oder Gebäuden (z. B. Umbauten) zugestanden, andererseits übernimmt er in der Regel umfangreichere Pflichten der Instandhaltung.

Die Kündigung des Mietverhältnisses bedarf keiner besonderen Begründung und keines „berechtigten Interesses". Auch eine **Änderungskündigung** ist möglich. Dabei handelt es sich um eine Kündigung, die mit der Bereitschaftserklärung zur Fortsetzung des Mietverhältnisses zu geänderten Bedingungen verbunden ist.

<small>Änderungskündigung</small>

Bei Mietverhältnissen über Ladenlokale, Lager- und Fabrikationsräume gibt es die Möglichkeit der weiteren Ausgestaltung des **Vermieterpfandrechts**, das in der Regel Sicherungsrechten von Kreditinstituten vorgeht. Nur auf Waren, bei denen sich der Lieferer das Eigentum vorbehalten hat, greift das Vermieterpfandrecht nicht. Der Lieferer hat gegebenenfalls einen **Herausgabeanspruch** gegen den Vermieter. Beim Wohnungsmietverhältnis gibt es zwar auch ein Vermieterpfandrecht, das aber in der Praxis keine große Bedeutung erlangt hat. In der Regel unterliegt der überwiegende Teil der in die Wohnung eingebrachten Gegenstände dem gesetzlichen Pfändungsschutz (siehe auch 12.1.4).

<small>Vermieterpfandrecht</small>

15.5 RECHTSGRUNDLAGEN DES MAKLERGESCHÄFTS

15.5.1 Die Maklerprovision

Voraussetzungen für das Entstehen eines Provisionsanspruchs des Maklers sind
- ein beweisbares Provisionsversprechen dessen, der die Provision bezahlen soll **(Maklervertrag)**,
- die **Tätigkeit des Maklers,** auf die sich das Provisionsversprechen bezieht. Nach dem gesetzlichen Leitbild kann es sich nur entweder um den „Nachweis einer Vertragsabschlussgelegenheit" oder um die „Vermittlung des Vertrages" handeln,
- das Zustandekommen des Vertrages, der mit Einschaltung des Maklers beabsichtigt ist. Es muss sich um einen **Hauptvertrag** handeln. Ein Vorvertrag genügt nicht,

<small>Maklerprovisionsanspruch (§ 652 BGB)
Maklervertrag

Maklertätigkeit

Hauptvertrag</small>

- der **Ursachenzusammenhang** zwischen der Nachweis- oder Vermittlungstätigkeit und dem Zustandekommen des Hauptvertrages.

Beim **Darlehensvermittlungsvertrag** mit einem Verbraucher wird das Entstehen des Provisionsanspruchs zusätzlich von der Leistung des Darlehens und dem Erlöschen eines etwaigen Widerrufsrechts abhängig gemacht.

15.5.1.1 Maklervertrag

Ein Maklervertrag muss mit derjenigen Marktpartei zustande kommen, die die Provision zahlen soll. Wie schon ausgeführt, kann der Makler mit **beiden** Parteien einen Maklervertrag schließen. Eine bestimmte Form muss er dabei nicht beachten. Wichtig ist nur, dass er im Fall des Bestreitens das „Provisionsversprechen" auch beweisen kann.

Lediglich beim **Darlehensvermittlungsvertrag** mit einem Verbraucher ist **Schriftform** vorgesehen. Er darf auch nicht mit dem Darlehensantrag verbunden sein. Eine Besonderheit besteht auch darin, dass in den Darlehensvermittlungsvertrag eine vom Kreditinstitut gewährte Vergütung neben der mit dem Darlehnsnehmer vereinbarten Provision mit aufzunehmen ist. Der Makler muss dem Interessenten auch den Inhalt des Darlehns in „Textform" mitteilen.

Stillschweigend kommt dann ein Maklervertrag zustande, wenn derjenige, der die Dienste des Maklers in Anspruch nimmt, weiß, dass er dafür im Erfolgsfall eine Provision bezahlen soll. Deshalb ist es stets wichtig, dies dem „Auftraggeber" schon ganz am Anfang der Vertragsbeziehung mitzuteilen.

Makler verwenden in der Praxis auch **Vertragsformulare.** Dies gilt besonders im Geschäftsverkehr zwischen Maklern und Objektanbietern.

Wenn ein Maklervertrag eine direkte oder indirekte (sich aus den Umständen ergebende) Verpflichtung des Auftraggebers zum Erwerb oder zur Veräußerung einer Immobilie enthält, ist er nur wirksam, wenn er notariell beurkundet ist. Eine indirekte Verpflichtung wird von der Rechtsprechung unterstellt, wenn der Maklervertrag bei Nichtbeurkundung eines beabsichtigten Hauptvertrages die Zahlung einer Vertragsstrafe, eines „Reuegeldes" oder eines pauschalen Aufwendungsersatzes vorsieht, dessen Höhe auf eine eigentlich gewollte Vertragsstrafe schließen lässt. Der Bundesgerichtshof ist der Meinung, dass dies bereits dann anzunehmen sei, wenn die Pauschale 10 % der vereinbarten Provision überschreite. Letztlich sei jedoch für die Wertung der „Druck", der auf den Auftraggeber durch die Vereinbarung in Richtung auf Vertragsabschluss ausgeübt werde, entscheidend.

Bei der **Wohnungsvermittlung** ist vorgeschrieben, dass der Makler vom Vermieter oder einem zur Vermietung Berechtigten einen „Auftrag" haben muss, wenn er die Wohnung anbieten will. Dies ist jedoch eine öffentlich rechtliche Vorschrift, die nur absichern soll, dass der Makler ohne die entsprechende Legitimation Wohnungen, die er z. B. nur vom „Hörensagen" kennt, anbietet.

15.5.1.2 Nachweis oder Vermittlung

Der **"Nachweis einer Vertragsabschlussgelegenheit"** setzt voraus, dass das Objekt das angeboten oder der Interessent, der benannt wird, tatsächlich am Markt als Angebot bzw. Nachfrager vorhanden ist. Die bloße Benennung eines Objektes, z. B. einer Eigentumswohnung oder eines Grundstücks, mit Anschrift und Eigentümer ist kein Nachweis, wenn der Eigentümer gar nicht verkaufen oder vermieten will. Das Gleiche gilt für die Benennung einer Person als Interessent, obwohl gar kein Kauf- oder Anmietungsinteresse besteht. Wer seinen Provisionsanspruch mit einem erfolgten Nachweis begründet, wird als **"Nachweismakler"** bezeichnet.

Nachweis im Maklergeschäft

Nachweismakler

Die Rechtsprechung unterscheidet zwischen einem ausreichenden und nicht ausreichenden Nachweis. Wer sich ohne Schwierigkeiten aufgrund der Nachweisinformationen mit dem vorgesehenen Vertragspartner in Verbindung setzen kann, um Verhandlungen zu führen, hat einen **ausreichenden Nachweis** erhalten. Wer dagegen selbst weitere Erkundigungen einziehen muss, um diese Verbindung aufzunehmen, hat keinen ausreichenden Nachweis erhalten. Dieser würde jedenfalls nicht zu einem Provisionsanspruch im Erfolgsfall führen.

Nachweis, ausreichender

Makler arbeiten bei Objektangeboten mit so genannten **Nachweisbestätigungen**, mit denen sie beweisen können, dass sie den Nachweis geführt haben, falls dies bestritten werden sollte. Eine ähnliche Funktion haben **Provisionsbestätigungen**. Sie unterscheiden sich von Nachweisbestätigungen dadurch, dass mit ihr nicht nur ein Objektnachweis geführt, sondern auch die Provisionsverpflichtung vom Interessenten bestätigt wird.

Nachweisbestätigung

Provisionsbestätigung

Wenn ein Makler seine Leistung mit einer Vertragsvermittlung begründen kann, wird er als **Vermittlungsmakler** bezeichnet. Vermittlung ist eine eigenständige Leistung. Ihr muss kein Nachweis vorausgehen. Wenn z. B. der Inhaber eines Ladens an einen Makler herantritt, mit der Bitte, mit seinem Ladennachbarn Verhandlungen aufzunehmen, um ihn zu einer Untervermietung seines Ladens zu bewegen, und der Makler vermittelt tatsächlich einen entsprechenden Vertrag, hat er eine Vermittlungsprovision verdient. Einen Nachweis hat er in diesem Fall nicht erbracht. Ähnliches gilt z. B., wenn eine Gemeinde einen Makler beauftragt, ihr bestimmte Grundstücke, die sie dem Makler bezeichnet und deren Eigentümer sie dem Makler nennt, zu beschaffen. Auch dann ist der Makler reiner Vermittlungsmakler.

Vermittlungsmakler

Schließt der Auftraggeber mit dem Makler ausschließlich einen Vermittlungsvertrag ab, erhält der Makler im Erfolgsfall keine Nachweis-, sondern nur eine Vermittlungsprovision. Er muss dann auch eine Vermittlungsleistung erbracht haben, wenn er einen Provisionsanspruch erwerben will. Ein Nachweis genügt dann nicht.

15.5.1.3 Hauptvertrag

Der **Hauptvertrag** muss rechtswirksam sein, wenn er zum Provisionsanspruch führen soll. An der Rechtswirksamkeit fehlt es,
- wenn der Vertrag der vorgeschriebenen **Form** nicht entspricht (z. B. notarielle Beurkundungsform beim Grundstückskaufvertrag),
- wenn es sich um ein **Scheingeschäft** handelt, das von den Parteien gar nicht gewollt ist. Wenn z. B. ein Grundstückskaufvertrag mit einem Interessenten zu einem überhöhten Preis nur zum Schein abgeschlossen wird, um zu verhindern,

Hauptvertrag

Fehlende Rechtswirksamkeit
BGB § 311b
BGB § 117

dass der Vorkaufsberechtigte zum Zuge kommt und das Vorkaufsrecht sodann erlischt,
- wenn er **sittenwidrig** ist, was außerordentlich selten vorkommt,

Sittenwidrige Verträge BGB § 1821

- so lange eine erforderliche **Genehmigung des Vertrages** aussteht, z. B. die Genehmigung des Vormundschaftsgerichts, wenn ein Minderjähriger Vertragspartner des Grundstücksgeschäfts ist,
- wenn im Vertrag eine **aufschiebende Bedingung** vereinbart wurde.

Aufschiebende Bedingung (BGB § 652 Abs. 2)

Beispiel:
Ein Bauträger will den abgeschlossenen Kaufvertrag über das Baugrundstück nur dann wirksam werden lassen, wenn es ihm gelingt, innerhalb einer bestimmten Frist eine bestimmte Anzahl von Objekten der Baumaßnahme vor Baubeginn zu veräußern. Der Provisionsanspruch entsteht erst mit Eintritt dieser Bedingung.

Der Provisionsanspruch wird dagegen nicht berührt, wenn der Vertrag einvernehmlich wieder **aufgehoben** oder in den Bedingungen geändert wird, oder wenn eine der beiden Parteien von einem **gesetzlichen Rücktrittsrecht** Gebrauch macht.

Rücktrittsrecht

Als von vornherein **unwirksam** gilt ein **Vertrag, der erfolgreich angefochten wird**
- wegen **Irrtums** (es wird z. B. die falsche Parzellennummer versehentlich im Kaufvertrag als Vertragsgegenstand bezeichnet)
oder
- wegen **arglistiger Täuschung** (der Verkäufer verschweigt z. B. bewusst einen gravierenden Mangel am Objekt, um einen höheren Preis zu erzielen).

Unwirksamer Vertrag § 119 BGB

BGB § 123

15.5.1.4 Ursachenzusammenhang

Der Makler muss den zustande gekommen Vertrag durch seinen Nachweis oder durch seine Vermittlung mit bewirkt haben. Hier gibt es oft sehr schwer zu beurteilende Fälle. Die Rechtsprechung hat allerdings einige Grundsätze aufgestellt, an die sich der Makler halten kann:

Ursachenzusammenhang im Maklergeschäft

- **Mitverursachung** genügt. Die Maklertätigkeit muss nicht alleine den Entschluss zum Vertrag beim Auftraggeber hervorgerufen haben. Auch ein Steuerberater kann z. B. durch seine steuerlichen Hinweise zum Vertragsabschluss beigetragen haben. Haben zwei Makler kurz hintereinander das gleiche Objekt einem Interessenten angeboten, steht dem ersten Makler der Provisionsanspruch zu. Der Nachweis des zweiten Maklers ist nicht mitursächlich.

Mitverursachung

- Dagegen besteht der **Ursachenzusammenhang** dann **nicht**, wenn er **unterbrochen** wurde. Beispiel: Bei einem Kaufinteressenten hat das Maklerangebot zunächst Interesse geweckt. Zu einem Abschluss aber kam es nicht, weil eine Einigung über den Preis nicht erzielt wurde. Der Kaufinteressent verliert das Objekt aus den Augen und widmet sich anderen Angeboten. Durch ein späteres Angebot eines anderen Maklers wird neues Interesse geweckt, was schließlich zum Vertrag führt. In diesem Falle ist der Ursachenzusammenhang zwischen dem Angebot des ersten Maklers und dem Hauptvertragsabschluss unterbrochen.

Keine Unterbrechung des Ursachenzusammenhangs

- Hätte dagegen der **Kaufinteressent** von sich aus nach Scheitern der Verhandlungen wieder Verbindung zu dem Verkäufer aufgenommen, um sich zu erkundigen, ob das Objekt noch zu haben sei, und wäre daraufhin ein Vertrag zustande gekommen, wäre das Maklerangebot ursächlich. Denn ohne dieses Angebot wäre es nicht zum Vertragsabschluss gekommen.

- Als Grundsatz gilt, dass der Ursachenzusammenhang nur dann unterbrochen ist, wenn das Maklerangebot entweder „versandet", also nicht weiter verfolgt wird, oder geführte Verhandlungen **endgültig** scheitern und nur durch einen **Anstoß von außen** völlig neues Interesse geweckt wird.

- Nur der direkte Ursachenzusammenhang führt zum Provisionsanspruch. Er liegt vor, wenn das vom **Makler** angebotene Geschäft **identisch** mit dem tatsächlich zustande gekommenen ist. Die Identität bezieht sich auf die Art des Vertrages, der angeboten wurde (z. B. Kaufvertrag), das angebotene Objekt (z. B. Eigentumswohnung Nr. 40) und auf den vom Makler benannten Vertragspartner (z. B. Xaver Seicht).

<small>Identitätserfordernisse beim Nachweis</small>

Kommt statt des Kaufvertrags ein Mietvertrag zustande oder ist Vertragsgegenstand die Wohnung Nr. 41 oder der Vertragspartner Werner Klar, der Schwager von Seicht, dann entsteht kein Provisionsanspruch, obwohl der Makler **„indirekt"** doch zum Vertrag beigetragen hat. Die Parteien hätten sich z. B. nicht auf einen Miet- statt Kaufvertrag einigen können, hätte sie der Makler nicht miteinander bekannt gemacht. Von der ebenfalls verkäuflichen Eigentumswohnung Nr. 41 hätte der Auftraggeber nichts erfahren, hätte er vom Hausmeister nicht den Tipp bekommen, als er die angebotene Wohnung Nr. 40 besichtigte. Werner Klar hätte die Wohnung nicht kaufen können, wenn er nicht von Xaver Seicht einen Hinweis bekommen hätte.

Im letzten Fall aber hätte der Makler einen Schadenersatzanspruch an Xaver Seicht, wenn er ihm nachweisen kann, dass er **schuldhaft** gehandelt hat, als er Werner Klar den Tipp gab. Ein schuldhaftes Handeln läge aber z. B. nicht vor, wenn sich Xaver Seicht an Werner Klar in dessen Eigenschaft als Steuerberater gewandt hätte, mit der Bitte, das Angebot des Maklers doch in steuerlicher Hinsicht zu prüfen.

Der Makler wird, bevor er eine Provisionsrechnung stellt, prüfen, ob **alle** hier genannten vier Grundvoraussetzungen des Provisionsanspruchs gegeben sind. Fehlt auch nur eine, kann er keine Provision geltend machen.

15.5.1.5 Provisionshöhe

Maklerprovisionen sind **frei vereinbar**. Es gibt weder eine Gebührenordnung (ähnlich der HOAI für Architekten und Ingenieure) noch Richtlinien oder Gebührenkartelle. Die von den Verbänden früher herausgegebenen Übersichten über übliche Maklergebühren sind in keiner Weise verbindlich. Sie sind nur Ergebnis von Umfragen. Sie dienen als Beurteilungsgrundlage im Rechtsstreit, wenn feststeht, dass der Makler zwar eine Provision verdient hat, aber die Höhe nicht vereinbart wurde.

<small>Freie Vereinbarkeit von Maklerprovisionen</small>

Auf der Grundlage **„üblicher Maklergebühren"** erfolgt auch die Umzugskostenerstattung der Behörden an Bedienstete, wenn sie wegen Versetzung eine neue Wohnung über einen Makler gefunden haben. Dies sollte der Mieter wissen, wenn er Provisionsvereinbarungen trifft.

<small>Übliche Maklergebühren</small>

Unterschiede in den Provisionsvereinbarungen

Die **Maklerprovisionen** sind von Bundesland zu Bundesland **verschieden**. Teilweise verlangen Makler von beiden Parteien Provision, teilweise nur von einer Seite. Die Gesamtprovision beträgt bei Durchschnittsobjekten etwa 5–6 % jeweils zuzüglich Umsatzsteuer. In Bayern und Baden-Württemberg z. B. wird die Provision überwiegend auf Verkäufer und Käufer aufgeteilt. In Berlin, Hamburg und Hessen wird sie ausschließlich vom Käufer getragen. Manche Makler arbeiten auf der Grundlage einer ausschließlichen „Innenprovision" (Provision nur vom Objektanbieter).

Bei Großobjekten verringert sich die Gesamtprovision auf einen Satz zwischen 2 % und 4 %.

Bei der Vermittlung von Mietverträgen über Gewerberäume werden im Schnitt 3 Monatsmieten, bei langfristigen Verträgen teilweise auch 3,6 Monatsmieten (entspricht 3 % aus einer 10-Jahresmiete) vereinbart.

Umsatzsteuer

Zu den Provisionssätzen hinzu kommt jeweils eine **Umsatzsteuer** von derzeit 19 %.

Gebührenabsprachen (etwa innerhalb von Verbänden) sind verboten. Sie würden gegen das Gesetz gegen Wettbewerbsbeschränkungen („Kartellgesetz") verstoßen.

Aufwendungsgesetz BGB § 652 Abs. 2

Aufwendungsersatz kann der Makler nur verlangen, wenn er dies ausdrücklich vereinbart hat. Darunter versteht man die Erstattung von Auftragsbearbeitungskosten (ohne Zeitkosten). Bei Berechnung der eigenen Arbeitszeit handelt es sich nicht mehr um einen Aufwendungsersatz im Sinne des BGB, sondern um eine „Vergütung" für eine Dienstleistung nach dem Dienstvertragsrecht.

Wohnungsvermittlung – gesetzliche Beschränkungen

Gesetzliche Beschränkungen gibt es, wie schon erwähnt, im Bereich der **Wohnungsvermittlung**. Die Provision darf 2 Monatsmieten (ohne abzurechnende Nebenkosten), aber zuzüglich Umsatzsteuer nicht übersteigen. (Näheres siehe hierzu in Abschnitt 15.5.6)

15.5.2 Vereinbarungsbegrenzung bei Vertragsformularen

Allgemeine Geschäftsbedingungen

Wie in anderen Geschäftsbereichen, sind auch auf Vertragsformulare der Makler die Vorschriften über **Allgemeine Geschäftsbedingungen** anzuwenden. Es handelt sich um Regelungen, die vorwiegend dem Schutze der Verbraucher, aber auch anderer Personenkreise dienen, die sich im Geschäftsverkehr mit Anbietern von Waren und Leistungen „Allgemeinen Geschäftsbedingungen" unterwerfen. Die Vorschriften über Allgemeine Geschäftsbedingungen (AGB) finden sich in den §§ 305–310 BGB.

BGB §§ 305–310

Definition der AGB

Der Gesetzgeber hat den **Begriff der Allgemeinen Geschäftsbedingungen** auf alle Arten **vorformulierter** Verträge (erstes Merkmal), die in einer **Vielzahl** von Fällen verwendet werden sollen (zweites Merkmal), ausgedehnt. Das dritte Merkmal, das eine Allgemeine Geschäftsbedingung charakterisiert, besteht darin, dass der Verwender sie seinem Vertragspartner **„stellt"**. Er bringt damit zum Ausdruck, dass er nur auf der Grundlage dieser Vertragsbedingungen seine Geschäfte macht. Daraus ergibt sich für ihn eine typische Überlegenheitsposition im Geschäftsverkehr. Allgemeine Geschäftsbedingungen sind in der Regel das Ergebnis einer gründlichen Analyse der rechtlichen Regelungsmöglichkeiten durch den Verwender, die der Vertragspartner, der sich diesen Bedingungen unterwirft, in der Regel kaum nachvollziehen kann.

Werden Allgemeine Geschäftsbedingungen gegenüber Verbrauchern verwendet, gelten sie auch dann als „gestellt", wenn sie nur **einmal** verwendet werden. Dies trifft für den überwiegenden Teil der Maklerverträge zu, deren Geschäftspartner Verbraucher sind.

Der Sinn des AGB-Rechts besteht darin, den Vertragspartner bei Verwendung solcher Bedingungen so zu stellen, dass er sich auch **unbesehen** diesen Bedingungen unterwerfen kann, ohne damit rechnen zu müssen, unangemessen benachteiligt zu werden.

Eine **unangemessene Benachteiligung** unterstellt das Gesetz stets dann, wenn die Bedingungen des Vertrages erheblich von dem gesetzlichen Leitbild abweichen.

Unangemessene Benachteiligung

Wer als Makler Vertragsformulare verwendet, muss also stets prüfen, an welchen Stellen er dabei vom gesetzlichen Leitbild abweicht und wie weit er davon abweicht. Das Leitbild des Maklerrechts spiegelt sich in den vier Voraussetzungen für das Entstehen eines Provisionsanspruches wider, die oben beschrieben wurden. Mit anderen Worten: Ob eine Vertragsbedingung in einem Maklervertrag wirksam oder unwirksam ist, wird an § 652 BGB gemessen.

Unwirksam ist damit z. B.
- die so genannte **„Vorkenntnisklausel"**. Mit ihr will der Makler erreichen, dass sich der Kunde dann auf Vorkenntnis einer ihm angebotenen „Vertragsabschlussgelegenheit" nicht berufen kann, wenn dieser sie nicht unverzüglich nach Erhalt des Angebots geltend macht. Durch diese Klausel würde das Erfordernis der Ursächlichkeit eines Maklernachweises „abbedungen". Dies widerspräche dem gesetzlichen Leitbild des § 652 BGB,
- die Vereinbarung von **Folgeprovisionen**, weil der Makler die zwischen den Parteien später zustande kommenden weitere Geschäfte weder nachgewiesen noch vermittelt hat,
- so genannte **Verweisungs-** oder **Hinzuziehungsklauseln** in Alleinaufträgen. Sie sollen dem Makler auch in Fällen zur Möglichkeit einer Provisionsvereinbarung verhelfen, die er nach einem dem vom Gesetz gewollten Ablauf des Geschehens nicht hätte treffen können.

Vorkenntnisklausel

Vereinbarung einer Folgeprovision

Verweisungsklausel, Hinzuziehungsklausel

Das BGB schließt allerdings die Möglichkeit vom gesetzlichen Leitbild abweichender Vereinbarungen nicht aus. Führen sie nicht zu einer unangemessenen Benachteiligung, sind sie also für den Vertragspartner des Verwenders hinnehmbar, dann sind sie auch in Allgemeinen Geschäftsbedingungen wirksam.

Es können außerdem im Rahmen der **Vertragsfreiheit** auch Vereinbarungen wirksam getroffen werden, die dem gesetzlichen Leitbild völlig widersprechen. Wirksam werden sie aber nur, soweit sie **im Einzelnen ausgehandelt** sind. Man spricht von **Individualvereinbarungen**. So sind z. B. die für den **qualifizierten Alleinauftrag** charakteristischen Verweisungs- und Hinzuziehungsklauseln, die zur Einschaltung des Maklers in jedem Falle führen, als Individualvereinbarung wirksam.

Vertragsfreiheit

Individualvereinbarung

Qualifizierter Alleinauftrag

Rechtsfiktion

Eine Individualvereinbarung darf nicht von vornherein als eine ungerechte oder unausgewogene Vereinbarung missverstanden werden. Dies mag zwar in vielen Fällen zutreffen. Der gesetzlichen Regelung liegt aber eine **Rechtsfiktion** zugrunde. Solche Rechtsfiktionen sind oft nötig, wenn man zu „generalisierenden" Regelungen kommen will. Die Rechtsfiktion des BGB geht dahin, dass in den Gesetzen ein Gerechtigkeitsoptimum vermutet wird. Ein vertragliches Abweichen vom Gesetz bedeutet dann im Zweifel immer ein Mehr oder Weniger an Ungerechtigkeit.

Gesetzliches Leitbild des Maklervertrages

BGB § 652

Da das **gesetzliche Leitbild** des **Maklervertrages**, das in der Zeit zwischen 1895 und 1896 entstanden ist und nicht das Recht des gewerbsmäßigen, sondern des Gelegenheitsmaklers regelt, dem Prinzip der Interessenidentität und damit auch dem Auftraggeberinteresse widerspricht, kann hier nicht von einem Gerechtigkeitsoptimum ausgegangen werden. Im Gegenteil muss davon ausgegangen werden, dass sich die Position des Auftraggebers in der Konstellation des § 652 BGB gegenüber dem üblicherweise vereinbarten Alleinauftragsrecht erheblich verschlechtert. Der Auftraggeber gerät durch das Gesetz in eine Position, die den erwünschten Erfolg in einen Zufallserfolg umwandelt. Die **Vereinbarung eines qualifizierten Alleinauftrages** ist deshalb durchaus auch berufsethisch verantwortbar und damit rechtlich vertretbar. Individuell ausgehandelt ist sie auch rechtlich wirksam.

15.5.3 Alleinauftragsformulare

Alleinauftragsformular

Makler verwenden in der Praxis Formulare oder gespeicherte Textbausteine, um ihre Vertragsbeziehung gegenüber dem Objektanbieter abzusichern. Im Geschäftsverkehr mit Kauf- oder Mietinteressenten ist dagegen der Formulareinsatz selten. Eine der am häufigsten verwendeten Vertragsformulare sind verschiedene Varianten von Alleinauftragsformularen. Es handelt sich dabei stets um **„einfache Alleinaufträge"**, bei dem das Recht der Auftraggeber zum Selbstverkauf nicht ausgeschlossen wird.

Einfacher Alleinauftrag

Wesentliche Merkmale solcher Formulare sind
- eine Bestimmung der Laufzeit des Vertrages,
- die Verpflichtung des Maklers zum Tätigwerden,
- eine Aufklärungsverpflichtung des Maklers im Hinblick auf den erzielbaren Preis,
- die Verpflichtung des Auftraggebers, während der Laufzeit des Alleinauftrages keine weiteren Makler einzuschalten oder die Tätigkeit anderer Makler für den Auftraggeber nicht zu dulden.

Richard Boorberg Verlag

Auf der folgenden Seite wird mit Genehmigung des **Richard Boorberg Verlages** ein Makler-Allein-Auftrag abgedruckt, wie er so oder in abgewandelter Form in der Branche weit verbreitet ist.

Hier sind die o. g. Grundpflichten von Makler und Auftraggeber enthalten. Ausgegangen wird davon, dass der Alleinauftraggeber sich selbst zur Zahlung einer Provision verpflichtet, wobei der Makler sich das Recht sichert, auch für den Kaufinteressenten provisionspflichtig tätig zu werden. Ob er von diesem Recht Gebrauch macht, hängt in der Praxis davon ab, in welcher Höhe die vom Verkäufer zu zahlende Provision vereinbart wird.

Makler-Allein-Auftrag
mit Sonderregelung zur Provisionszahlung

Auftraggeber:	
Makler:	
Auftragsobjekt: Verhandlungspreis:	

Auftragsbedingungen

1. **Maklerauftrag:** Gegenstand des Maklerauftrags ist der Nachweis von Kaufinteressenten bzw. die Vermittlung eines Kaufvertragsabschlusses über das Auftragsobjekt.

2. **Auftragsdauer:** Der Auftrag läuft vom .... bis ....
Wird er nicht unter Einhaltung einer Monatsfrist gekündigt, verlängert er sich jeweils um ein Vierteljahr. Nach Ablauf eines Jahres bedarf dieser Auftrag einer ausdrücklichen Erneuerung.

3. **Pflichten des Maklers – Angebotsbearbeitung:** Der Makler verpflichtet sich,
   a) zur fachgerechten, nachhaltigen Bearbeitung dieses Makler-Allein-Auftrages unter Ausnutzung aller sich ergebenden Abschlusschancen sowie
   b) zur Aufklärung des Auftraggebers über die Durchsetzbarkeit seiner Angebotsbedingungen.
   Der Makler ist berechtigt, die dem Auftragsverhältnis zugrunde liegenden Daten in elektronischer-Form zu verarbeiten und zu speichern und das Objektangebot andern Maklern zur Mitbearbeitung und der Öffentlichkeit über Internetportale weltweit zugänglich zu machen.

4. **Pflichten des Auftraggebers:** Der Auftraggeber verpflichtet sich,
   a) während der Laufzeit des Auftrags keine Maklerdienste Dritter in Bezug auf das Auftragsobjekt in Anspruch zu nehmen und
   b) dem Makler alle für die Durchführung des Auftrags wichtigen Angaben vollständig und richtig zu machen.

5. **Maklerprovision – und besondere Regelung zur Provisionszahlung** Die Maklerprovision beträgt einschl. MwSt. ......% des Kaufpreises samt den vom Käufer übernommenen sonstigen Leistungen, dem Verkäufer vorbehaltenen Nutzungen sowie dem Zubehör und einem etwa mitveräußerten Inventar. Die Provision ist fällig am Tage des rechtswirksamen Zustandekommens des beabsichtigten Kaufvertrages.
Die Provision ist auch zu zahlen, wenn ein wirtschaftlich gleichartiges oder gleichwertiges Geschäft zustande kommt. Der Makler darf auch für die andere Seite provisionspflichtig tätig werden.
Dem Makler wird freigestellt, seine Provisionsverpflichtung im notariellen Kaufvertrag auf den Käufer zu übertragen und dem Makler einen unmittelbaren Zahlungsanspruch gegen den Käufer zu sichern (Vertrag zugunsten des Maklers). Der

	Auftraggeber haftet in diesem Fall jedoch für die Provision, falls der Makler seinen Anspruch gegen den Käufer aus rechtlichen oder tatsächlichen Gründen nicht durchsetzen kann.
6. Aufwendungsersatz	Der Makler hat Anspruch auf Ersatz nachgewiesener Aufwendungen, die sich unmittelbar aus der Auftragsbearbeitung ergeben, wie z.B. für Inserate, Exposés, Telefon, Telefax, Porti, etwaige Eingabekosten ins Internet und in ähnliche Kommunikationsdienste sowie Kosten für Besichtigungsfahrten. ☐ Auf den Aufwendungsersatz ist eine monatliche à Conto Zahlung in Höhe von _____ € einschließlich MwSt. zu leisten, über die nach Durchführung des Auftrags abgerechnet wird. Der Aufwendungsersatz ist fällig mit Beendigung dieses Auftrages. Geleistete Aufwendungen sind auf eine etwa anfallende Maklerprovision aus diesem Auftrag in vollem Umfange anzurechnen.
7. Schadensersatz:	Falls der Auftraggeber für Dritte (z.B. Miteigentümer) ohne entsprechende Vollmacht handelt oder er seine Vertragspflichten verletzt, ist er dem Makler zum Ersatz des sich daraus ergebenden Schadens verpflichtet.
8. Außerordentliches Kündigungsrecht	Der Auftraggeber kann diesen Makler-Allein-Auftrag vorzeitig widerrufen, wenn der Makler trotz vorhergehender schriftlicher Abmahnung seiner Tätigkeitspflicht nach Ziffer 3 a) nicht nachkommt.
9. sonstige Vereinbarungen	

Vollmacht:

Der Auftraggeber erteilt dem Makler Vollmacht zur Einsicht in das Grundbuch, die Grundakte, das Liegenschafts- und Altlastenkataster, die Bauakte, das Baulastenverzeichnis sowie alle übrigen behördlichen Akten und die Akte der Realgläubiger, soweit sich die jeweiligen Unterlagen auf das Auftragsobjekt beziehen. Der Makler kann auch schriftliche Auszüge aus den Unterlagen und Akten anzufordern. Er ist außerdem berechtigt das Auftragsobjekt alleine und mit Interessenten zu besichtigen. Der Makler wird bevollmächtigt, einen Notar zu beauftragen, einen Vertragsentwurf anzufertigen und je ein Exemplar desselben dem Makler und dem Auftraggeber zu übersenden.

Ort und Datum   Auftraggeber   Makler

Abb. 20: Alleinauftragsformular *(Hinweis: Bei diesem Makler-Allein-Auftrag handelt es sich um einen deutschen Standard, wie er in der Branche üblich ist. Er ist beim Richard Boorberg Verlag München erschienen (Vordruck Nr.: 61 010). Nachdruck und Vervielfältigung sind verboten.)*

15.5.4 Der qualifizierte Alleinauftrag

Der **qualifizierte Alleinauftrag** ist im Maklergeschäft von den Anfängen des gesetzlichen Maklerrechts im BGB bekannt. Kurz gefasst liegt ein qualifizierter Alleinauftrag dann vor, wenn der Auftraggeber sich verpflichtet, an den Makler unabhängig davon Provision zu bezahlen, ob das schließlich zustande gekommene Geschäft auf die Tätigkeit des Maklers zurückzuführen ist oder nicht. Der Auftraggeber muss also auch dann Provision bezahlen, wenn er während der Laufzeit des Maklervertrags an einen eigenen Interessenten ohne Hinzuziehung des Maklers verkauft hat. Dem qualifizierten Alleinauftrag liegt die Erkenntnis der „Interessenidentität" zwischen Auftraggeber und Makler zugrunde. Hierauf sei mit einem Zitat eingegangen:

Qualifizierter Alleinauftrag

„Die **Interessenidentität** beruht bei dieser Beziehungsstruktur in der simplen Tatsache, dass der Objektanbieter verkaufen bzw. vermieten will, aus welchem Grund auch immer. Genau das will der Makler auch, da er ja nur dann eine Erfolgsvergütung erhält. Der Makler ist wirtschaftlich existenziell davon abhängig, dass ihm das gelingt, was sein Auftraggeber will. Das bedeutet aber auch, dass die Vertragsbeziehung zwischen Objektanbieter und Makler so beschaffen sein sollte, dass die **Erfolgswahrscheinlichkeit**, d. h. die Vermarktungschancen, maximiert werden. Dies ist nur denkbar, wenn Objektangebotsbedingungen marktfähig sind und die Maklervertragsbedingungen opportunistische Verhaltensstrategien der beiden Vertragspartner unterbinden. Die **asymmetrische Informationslage** zwischen dem Makler ... und dem Auftraggeber ... kann bei dieser Ausgangslage a priori nicht zu opportunistischen „hidden actions" führen.

Interessenidentität

Erfolgswahrscheinlichkeit

Das Vertragskonstrukt (des qualifizierten Makler-Alleinauftrages, Anm. d. V.), das beide Vertragspartner eingehen, könnte man auch vergleichen mit einer **BGB-Gesellschaft**. Zweck der Gesellschaft ist der Verkauf einer Immobilie. Der Anbieter (Gesellschafter A) bringt sein Verfügungsrecht über die Immobilie ein, der Makler (Gesellschafter B) das ihm zur Verfügung stehende Vermarktungsinstrumentarium und sein Vermarktungs-Know-how. Der Verkauf erfolgt an den besten, aller am Markt befindlichen Interessenten. Ihn ausfindig zu machen und mit ihm den Vertragsabschluss herbeizuführen, ist Sache von Gesellschafter B. Gelingt der Verkauf, teilen sich beide Gesellschafter das Ergebnis. Gesellschafter A partizipiert am Ergebnis in Höhe des am Markt eingesetzten Immobilienvermögenswertes, der Gesellschafter B in Höhe des Wertes des zur Erreichung der Transaktion eingesetzten Know-how-Vermögens (**„Geistkapital"**). Dabei spielt keine Rolle, an welchen Interessenten der Verkauf erfolgt, ob dieser sich an den Gesellschafter A oder B gewendet hat. Denn Letzterem obliegt im Rahmen des Gesellschaftszwecks die Regieführung bei der Vermarktung. Klar ist, dass bei einer solchen Konstellation eine „provisionspflichtige" Tätigkeit des Gesellschafters B für den Erwerber ausgeschlossen bleiben muss." *(Entnommen aus Sailer, E.: „Der Immobilienmakler Grundlagen, Strategien und Entwicklungspotentiale", Stuttgart/München, 3. Aufl. 2010).*

BGB-Gesellschaft

Das Resümee der Überlegungen zum qualifizierten Makler-Alleinauftrag wird wie folgt dargestellt:

„Beim qualifizierten Makler-Alleinauftrag erhält der Makler in jedem Fall eines Vertragsabschlusses seine Maklerprovision, gleichgültig, aus welcher Quelle der Interessent die Vertragsmöglichkeit in Erfahrung gebracht hat und auf welchem Wege er zum Verkäufer gelangte. Andererseits ist der Makler verpflichtet, mit jedem für das Kaufobjekt in Frage kommenden Interessenten abschlussorientierte Verhandlungen zu führen – auch mit Interessenten, die Maklerkollegen im Rahmen von Gemeinschaftsgeschäften anbieten und natürlich solchen, die sich an den Auftraggeber direkt wenden. Dies funktioniert nur dann, wenn der Auftraggeber die Gesamtprovision übernimmt. Das Restrisiko bleibt, dass nach erfolgloser Beendigung des Makler-Alleinauftrages Interessenten, die sich in Wartestellung befunden haben, jetzt erst offiziell auftauchen, um das Objekt zu kaufen.

Marktdurchdringung beim qualifizierten Makler-Alleinauftrag

Die **Marktdurchdringung** wird beim qualifizierten Makler-Alleinauftrag aber dennoch optimiert. Während beim einfachen Makler-Alleinauftrag immer noch eine Konkurrenzbeziehung zwischen Makler und Auftraggeber wirksam ist, werden beim qualifizierten Makler-Alleinauftrag alle Konkurrenzbeziehungen auf der Vertriebsebene eliminiert. Der Makler kann offen werben, weil er ja – von der genannten Form opportunistischen Verhaltens des Auftraggebers einmal abgesehen – nicht umgangen werden kann. Wichtig ist allerdings eine den Marktverhältnissen angepasste ausreichende Dimensionierung der Laufzeit des qualifizierten Makler-Allein-Auftrages."

Österreichisches Maklerrecht

Im Übrigen sei darauf hingewiesen, dass in vielen Ländern Europas Rechtskonstruktionen, die einem qualifizierten Makler-Alleinauftrag entsprechen, durchaus möglich sind. Verwiesen sei hier insbesondere auf das **Maklerrecht in Österreich**, in dem dieser Vertragstypus gesetzlich geregelt ist.

15.5.5 Verwirkung des Provisionsanspruchs

Verwirkung des Provisionsanspruchs

In Fällen, in denen sich der Makler in besonders krasser Weise **treuwidrig** gegen seinen Auftraggeber verhält, kann er seinen **Provisionsanspruch verwirken** und zwar auch dann, wenn dem Auftraggeber durch das Verhalten des Maklers kein Schaden entsteht, der sonst zusätzlich über den Schadensersatzanspruch ausgeglichen werden könnte.

Es gibt zahlreiche Einzelfallentscheidungen zur **Verwirkung des Provisionsanspruchs**. So hat der Bundesgerichtshof geurteilt, dass ein Makler seines Maklerlohnes unwürdig sei, der mit „an Vorsatz grenzender Leichtfertigkeit" seinen Auftraggeber veranlasst, eine formnichtige Ankaufsverpflichtung zu unterzeichnen, um bei ihm den Eindruck einer Verpflichtung zum Kauf und zur Zahlung einer erfolgsunabhängigen Provision (in Wirklichkeit Vertragsstrafe) bei Nichtkauf zu erwecken.

Seinen Provisionsanspruch hatte auch ein Makler verwirkt, der seinen Auftraggeber (den Erwerber einer vermieteten Eigentumswohnung) nicht darüber aufgeklärt hat, dass bei diesem Umwandlungsobjekt eine zusätzliche Kündigungssperrfrist zu beachten sei. (Der Erwerber hatte die Wohnung in der Absicht gekauft, den Mietvertrag zu kündigen, um sie selbst zu beziehen.)

BGB § 654

Ein Fall der Provisionsverwirkung ergibt sich unmittelbar aus dem Gesetz. Nach § 654 BGB ist der **Provisionsanspruch** gegenüber seinem Auftraggeber dann **verwirkt**, wenn der Makler „dem Inhalt des Vertrags zuwider" (gemeint ist der Maklervertrag) für den anderen Teil tätig gewesen ist. Aus diesem Grunde ist es immer ratsam, eine Doppeltätigkeit maklervertraglich abzusichern, wenn dies so gewollt ist.

15.5.6 Besonderheiten bei der Wohnungsvermittlung

15.5.6.1 Provisionsverbote

Das Wohnungsvermittlungsgesetz hat eine Reihe von so genannten **Provisionsverboten** eingeführt. Es schreibt zwingend vor, dass alle Voraussetzungen für den Provisionsanspruch gegeben sein müssen, die auch nach dem BGB zu einem Provisionsanspruch führen, nämlich ein Provisionsversprechen, eine nachweisende oder vermittelnde Tätigkeit des Maklers, das Zustandekommen des Wohnungsmietvertrages und ein Ursachenzusammenhang zwischen Maklertätigkeit und Mietvertragsabschluss. Abweichende Vereinbarungen sind unwirksam.

Provisionsverbote bei Wohnungsvermittlung

Beispiel:
Ein Vermieter schickt einen Wohnungsinteressenten zu dem Makler, den er zur Vermietung seiner Wohnung beauftragt hat. Er soll einen Mietvertrag ausfertigen. Der Mieter hatte die Wohnung durch einen Bekannten in Erfahrung gebracht. Mit dem Vermieter hat er sich über alle Bedingungen bereits geeinigt. Füllt der Makler nun den Mietvertrag entsprechend den Angaben des Vermieters aus, kann er keine Provision verlangen, da er weder vermittelt noch nachgewiesen hat. Selbst wenn er seine Bereitschaft, den Vertrag auszufertigen, von einem Provisionsversprechen des Interessenten abhängig machen würde und der Interessent die Provision auch zusichert, bestünde kein Anspruch. Von einem zwingenden Recht kann nämlich auch durch Vereinbarung nicht abgewichen werden.

Darüber hinaus steht dem Makler **kein Provisionsanspruch** zu (auch nicht gegenüber dem Vermieter), wenn
- seine Vermittlung darauf abzielt, ein bestehendes Mietvertragsverhältnis über eine Wohnung fortzusetzen, zu verlängern oder zu erneuern,
- er Eigentümer, Verwalter, Mieter oder Vermieter, der vermittelten Wohnung ist,
- ein wirtschaftlicher oder rechtlicher Beteiligungszusammenhang zwischen dem Eigentümer, Verwalter oder Vermieter als juristische Person und dem Makler besteht und umgekehrt, der Makler eine juristische Person ist, an der der Eigentümer, Verwalter oder Vermieter beteiligt ist.

Provisionsverbote im Einzelnen

Bei öffentlich geförderten, preisgebundenen Wohnungen darf der Makler mit dem Wohnungssuchenden ebenfalls keine Provision vereinbaren, wohl aber mit dem Vermieter.

Der **Begriff Wohnungsvermittler** ist im Wohnungsvermittlungsgesetz sehr weit gefasst. Es fallen – so weit zivilrechtliche Vorschriften anzuwenden sind – auch Gelegenheitsvermittler darunter. Deshalb braucht der Mieter (als Vormieter in Bezug auf den Nachmieter) kein gewerbsmäßiger Makler zu sein. Auch als schlichter Privatmann kann er seine Vormieterstellung nicht dazu nutzen, vom Nachmieter für das Zustandebringen eines Mietverhältnisses mit dem Vermieter eine Provision zu verlangen. Er darf auch keine „Abstandszahlungen" oder überhöhte Ablösesummen für Mobiliar u. dgl. verlangen.

Begriff des Wohnungsvermittlers

Beispiel für eine rechtliche Verflechtung:
Der Gesellschafter der Verwaltungs-GmbH, die Wohnungen verwaltet, ist gleichzeitig Geschäftsführer der Makler GmbH, die diese Wohnungen vermittelt, ohne an der

Makler GmbH beteiligt zu sein (rechtliche Verflechtung über Geschäftsführervertrag).

Beispiel für eine wirtschaftliche Verflechtung:
Der Verwalter, der sein Verwaltungsgeschäft als Einzelunternehmer betreibt, ist an der Makler GmbH beteiligt, die die verwalteten Wohnungen vermittelt (wirtschaftliche Verflechtung über Kapitalbeteiligung).

Verwalter von Wohnraum wurden deshalb in das Provisionsverbot einbezogen, weil sie als **Interessenvertreter des Eigentümers** gelten und damit Maklerleistungen zugunsten von Mietinteressenten nicht erbringen können. Die Rechtsprechung geht sogar davon aus, dass das Provisionsverbot für den Verwalter schon dann gilt, wenn er Verwaltungsleistungen als kostenlose Serviceleistungen (z. B. Abnahme der Wohnung, Inkasso der Mietkaution u. dgl.) übernimmt. Entscheidend – so die Rechtsprechung – sei nicht, ob der Makler kraft eines Verwaltervertrages zu solchen Leistungen verpflichtet sei, sondern ob beim Mieter der Eindruck entstehe, dass der Makler Verwalter im Sinne der gesetzlichen Bestimmungen sei.

WEG-Verwalter vom WoVG nicht erfasst

Nicht vom „Provisionsverbot" berührt sind **Verwalter** nach dem **Wohnungseigentumsgesetz**, weil sie gerade nicht Wohnraum i. S. des WoVG verwalten, sondern nur das gemeinschaftliche Eigentum. Sie sind damit nicht Interessenvertreter des Vermieters. Vielmehr haben sie die Interessen der Wohnungseigentümergemeinschaft zu vertreten. Dies ist auch die herrschende Meinung der Rechtsprechung.

Zwar sind auch bei der Kaufvertragsvermittlung Verflechtungen dieser Art provisionsschädlich. Durch besondere **Vertragsgestaltungen** kann aber eine Provisionspflicht vereinbart werden. Bei der Wohnungsvermittlung sind solche Vereinbarungen jedoch unwirksam.

15.5.6.2 Weitere Beschränkungen bei der Wohnungsvermittlung

Begrenzung der Höhe der Wohnungsvermittlungsprovision

Die **Höhe der Provision,** die der Makler vom Mieter fordern darf, ist auf **zwei Monatsmieten** ohne umzulegende Nebenkosten begrenzt.

Verjährung

Ansprüche aus einem **Maklervertrag verjähren** in **drei Jahren**. Im Bereich der Wohnungsvermittlung verjährt der Rückforderungsanspruch für zu Unrecht vereinnahmte Provisionen und Auslagenerstattungen jedoch in **vier Jahren**.

WoVG § 3 Abs. 2
WoVG § 3 Abs. 3

Der Wohnungsvermittler darf **neben** der **Provision** für Nebenleistungen keine **weiteren Entschädigungen vereinbaren**, z. B. Einschreibgebühren, Reservierungsgebühren u. dgl. Nur die Erstattung **nachzuweisender Auslagen** kann vereinbart werden, was in der Praxis jedoch selten anzutreffen ist.

Verbot von Kopplungsgeschäften WoVG § 3 Abs. 4

Verboten ist ferner die Vereinbarung von **Kopplungsgeschäften**. Kommen z. B. Makler und Mietinteressent überein, dass dieser eine Wohnung vermittelt erhält, wenn er den Umzug über ein mit dem Makler befreundetes Speditionsunternehmen durchführt, bleibt zwar der Maklervertrag wirksam, eine Verpflichtung zur Einschaltung des Spediteurs entsteht aber nicht.

15.5.7 Ordnungsvorschriften

15.5.7.1 Wohnungsvermittlungsgesetz (WoVG)

Das **Wohnungsvermittlungsgesetz** enthält zum Schutz der Wohnungssuchenden einige öffentlich rechtliche Vorschriften, deren Nichteinhaltung eine **Ordnungswidrigkeit** darstellt. Die Gewerbebehörde kann sie mit einem Bußgeld bis zu 2 500,00 € ahnden. Der Makler muss folgendes beachten: *(Ordnungswidrigkeiten bei Wohnungsvermittlung)*

– Er darf die Provision nur in einem **Bruchteil oder Vielfachen** der Monatsmiete angeben. Dieser Satz muss nach der **Preisangaben-Verordnung** die Umsatzsteuer enthalten. Der Begriff Nettomiete bezeichnet in der Branche die Monatsmiete ohne Betriebskosten. Kalt- oder Warmmiete bezeichnet die Miete ohne bzw. mit Heiz- und Warmwasserkosten. *(PAngV § 1)*

– Er darf Wohnungen nur anbieten, wenn er vom Vermieter oder einem Berechtigten hierfür einen **Auftrag hat**. Berechtigter kann auch der Vormieter sein, wenn er mit Einverständnis des Vermieters einen Mietnachfolger sucht. *(Angebot ohne Auftrag WoVG § 6 Abs. 1)*

– Der Wohnungsvermittler muss beim öffentlichen Anbieten von Wohnungen (z. B. in Inseraten) für jede Wohnung den **Mietpreis** angeben mit einem Zusatz, aus dem sich ergibt, ob zu diesem Mietpreis noch **Nebenkosten** hinzukommen. *(WoVG § 6 Abs. 2)*

– Der Wohnungsvermittler darf nur unter Angabe seines **Namens** und unter Kennzeichnung seiner **Maklereigenschaft** Wohnungen öffentlich suchen oder anbieten.

Der Rahmen für die **Geldbuße** erhöht sich auf **25 000,00 €**, wenn der Makler mehr als die zulässige Provision verlangt, sich versprechen lässt oder annimmt.

15.5.7.2 Preisangaben-Verordnung

Nachdem auch ein Makler Leistungen im Sinne der **Preisangaben-Verordnung** **(PAngV)** erbringt und die Objekte, die er **anbietet,** unter den Warenbegriff dieser Verordnung fallen, müssen neben Bauträgern bzw. Wohnungsunternehmen auch Makler diese Verordnung beachten. Die PangV will Letztverbrauchern mit Hilfe der Preisangabevorschriften **Preisvergleiche** ermöglichen. Deshalb ist vorgeschrieben: *(Preisangabenverordnung)*

– Jeder, der Waren oder Leistungen (also auch Maklerleistungen) gewerbs- oder geschäftsmäßig **anbietet,** muss stets den **Endpreis** einschließlich aller Preisbestandteile (z. B. Umsatzsteuer) angeben. Gibt er auch Preisbestandteile an, muss der Endpreis hervorgehoben werden. Zu Waren i. S. der PangV zählen im Gegensatz zum Handelsrecht auch Immobilien. *(Pflicht zur Endpreisangabe bei geschäftsmäßigem Angebot von Waren od. Leistungen)*

– Wird mit Waren oder Leistungen nur geworben, besteht keine Preisangabepflicht. Nur wenn **unter Angabe von Preisen geworben** wird, müssen die Endpreise **hervorgehoben** angegeben werden. *(Pflicht zur Endpreisangaben bei Werbung unter Angabe von Preisen)*

Zwischen „**Angebot**" und „**Werben**" i. S. der PangV besteht folgender Unterschied: Beim Angebot wird die Ware so konkret dargestellt, dass derjenige, der damit angesprochen wird, in der Lage ist, seine Kaufabsicht zu bekunden. Der Anbieter lädt den *(Unterschied zwischen Anbieten und Werben)*

Interessenten zur Abgabe eines Kaufangebots im Rechtssinne ein **("Invitatio ad Offerendum").**

Invitatio ad Offerendum

Beispiel:
Warenauslage im Schaufenster.

Sofern die Informationen nicht ausreichen, um ein Kaufangebot abgeben zu können, handelt es sich nicht mehr um ein Angebot, sondern um Werbung.

Preisangabe bei Provisionen

Der Makler muss auch hinsichtlich seiner **Provisionsforderung** gegenüber einem Letztverbraucher die PangV beachten. Allerdings nicht durch Angabe des Provisionsbetrages, sondern durch Angabe des **Provisionssatzes einschl. Umsatzsteuer.**

Maklerinserat ist Werbung

Ein **Maklerinserat**, in dem ein Objekt „angeboten" wird, ist nach der PangV in der Regel „Werbung" und trotz der umgangssprachlichen Bezeichnung noch kein Angebot. Wer als Makler ein Objekt inseriert, muss also keinen Preis angeben. Manchmal wünschen dies Auftraggeber auch nicht. Das Exposé oder gar die Baubeschreibung des Bauträgers samt Grundrissplänen sind dagegen wohl als „Angebot" zu betrachten und verpflichten zur Preisangabe. Gleiches gilt für die bebilderte Langfassung Objektangeboten im Internet. Hier muss stets der Endpreis angegeben werden.

Preisbestandteile

Bei Immobilien gelten als **Preisbestandteile**, deren Angabe auch bei der „Werbung" stets zur Endpreisangabe verpflichtet, z. B. der m^2-Preis für eine Eigentumswohnung oder für ein Baugrundstück, der Hinweis auf das erforderliche Eigenkapital, die geforderte Anzahlung oder die Angabe der monatlichen Belastung usw.

Werden Eigentumswohnungen oder Häuser mit Garage angeboten, muss im Endpreis auch der **Garagenpreis** einbezogen sein, wenn nicht deutlich zum Ausdruck gebracht wird, dass Haus und Garage auch getrennt erworben werden können.

Nicht zum Endpreis für das Objekt gehören Notargebühren, Gerichtskosten, Grunderwerbsteuer, Maklergebühren, weil sie nicht an den Objektanbieter zu bezahlen sind.

15.5.7.3 Angebot von Darlehen

Darlehensvermittlung

Effektiver Jahreszins

Anfänglicher effektiver Jahreszins

Makler, die sich mit der **Vermittlung** von **Darlehen** befassen, oder die Beschaffung von Darlehen als Serviceleistung übernehmen, müssen ebenso wie die Kreditinstitute selbst den **effektiven Jahreszins** oder – wenn die Konditionen nicht für die ganze Darlehenslaufzeit fest vereinbart sind – den **anfänglichen effektiven Jahreszins** angeben. In der Regel erhalten sie die entsprechenden Angaben von den Kreditinstituten.

Bei **Berechnung des effektiven Jahreszinses** sind nach der Preisangabenverordnung allerdings nicht alle **preisbestimmenden Faktoren** zu berücksichtigen. Der Nominalzins, etwaige Vermittlungs- und Bearbeitungsgebühren, der Tilgungssatz und das Disagio müssen in die Berechnung mit einfließen. Die Zinsen müssen tagegenau berechnet werden. Nicht berücksichtigt werden müssen Schätzgebühren, Bereitstellungszinsen, Kontoführungsgebühren, Zuschläge für Teilauszahlungen sowie die Kosten der Absicherung von Darlehen im Grundbuch. Beim anfänglichen effektiven Jahreszins ist der Auszahlungsverlust (Disagio) nicht auf die ganze Laufzeit des Darlehens, sondern auf die Zeit, während der die Konditionen nicht geändert werden können ("Zinsbindungsdauer") aufzuteilen. Bearbeitungsgebühren werden auf die gesamte rechnerische Laufzeit des Darlehens umgelegt.

In der Immobilienwirtschaft spielt der anfänglich effektive Jahreszins als einer der möglichen Maßstäbe für einen **Konditionenvergleich eine** große Rolle. Außerhalb der Preisangabenverordnung aber gibt es die "Gesamteffektivzinsberechnung", die alle Kostenfaktoren erfasst. Sie spielt als Entscheidungsgrundlage eine wichtige Rolle.

<small>Bedeutung des effektiven Jahreszinses für Konditionenvergleich</small>

Bei den Preisangabevorschriften handelt es sich wie beim öffentlich rechtlichen Teil des WoVG um **Ordnungsvorschriften.**. Durch Überwachung sorgt der Staat in Gestalt der Gewerbebehörden für deren Einhaltung und setzt sie mit Hilfe von Bußgeldandrohungen durch. Die Einhaltung dieser Vorschriften durch Makler kann im Rahmen der **"behördlichen Nachschau"** nach § 29 GewO überprüft werden. Die Bußgeldobergrenze für Ordnungswidrigkeiten bei Preisangaben liegt bei 25 000,00 €.

<small>Behördliche Nachschau GewO § 29</small>

Verstöße gegen eine Reihe dieser Vorschriften haben aber auch eine **wettbewerbsrechtliche Bedeutung**. Wer sie nämlich verletzt, um damit auch einen Wettbewerbsvorsprung vor den Mitbewerbern zu erreichen, handelt unlauter im Sinne des § 5 des Gesetzes gegen den unlauteren Wettbewerb (UWG). (Hierzu Näheres im Abschnitt 15.5.8)

<small>Wettbewerbsrechtliche Bedeutung der PangV</small>

15.5.7.4 Das Geldwäschegesetz

In den **Anwendungsbereich** des **Geldwäschegesetzes** sind neben den Notaren auch Immobilienmakler mit einbezogen. Ziel dieses Gesetzes ist die Aufspürung von Geldtransaktionen, die der **Finanzierung des Terrorismus** dienen.

<small>Geldwäschegesetz</small>

Wenn Makler von Kunden Bargeld, im Wert von über 15.000,00 € in einem Betrag oder gestückelt annehmen sollen, ist er zur Identifizierung des Kunden durch Einblick in den Reisepass bzw. den Personalausweis sowie zur Anfertigung einer Kopie verpflichtet. Zu fragen ist der Kunde auch danach, ob er in eigenem oder fremdem Namen handelt. Handelt er in fremden Namen, sind Name und Anschrift des wirtschaftlich Berechtigten zusätzlich festzustellen.

<small>Identifizierungspflicht</small>

Ergeben sich für den Makler **Anhaltspunkte dafür**, dass die Geldübergabe im Zusammenhang mit einer **Straftat** beabsichtigt wird, spielt die Höhe des Betrages keine Rolle mehr.

<small>Verdachtsfälle</small>

Die festgestellten Daten sind vom Makler sechs Jahre lang aufzubewahren. Die Aufzeichnung kann auch mittels eines Datenträgers erfolgen, wenn die Daten innerhalb der Aufbewahrungsfrist lesbar gemacht werden können.

Liegt ein Verdachtsfall vor, hat der Makler unverzüglich die Staatsanwaltschaft und die Zentralstelle für Verdachtsanzeigen beim Bundeskriminalamt zu unterrichten. Die Durchführung der Transaktion, zu der der Makler vom Kunden beauftragt wurde, darf erst nach Freigabe durch den Staatsanwalt erfolgen. Gegenüber dem Kunden muss der Makler Stillschweigen bewahren.

Freistellung von der Verantwortung

Der Makler wird von der **Verantwortung** für sein Handeln per Gesetz **freigestellt**, es sei denn, er erstattet grob fahrlässig oder gar vorsätzlich eine Anzeige.

Allerdings braucht der Makler die Vorschriften nicht zu beachten, wenn das Risiko der Geldwäsche ersichtlich gering ist. Da in der Zeit zwischen 2002 und 2008 nur eine Verdachtsanzeige von einem Makler beim Bundeskriminalamt eingegangen (von Kreditinstituten im Jahr 2008 allein 6.352) ist, kann dies als Regelfall unterstellt werden. Ein Makler ist auch von den sonst vorgeschriebenen umfangreichen internen Sicherungsmaßnahmen befreit.

Zwar gehören reine Immobilienmakler nach dem Geldwäschegesetz zu den Verpflichteten. In der Praxis hat es aber für sie keine Bedeutung.

15.5.8 Der Makler im Wettbewerb

Makler stehen mit ihrem Angebot in ständigem Wettbewerb zu anderen Maklern, aber auch zu Bauträgern, die vergleichbare „Waren" anbieten.

UWG § 8 Verfolgung unlauteren Wettbewerbs

Während für die Einhaltung der Ordnungsvorschriften der Staat zuständig ist sorgen für die **Einhaltung der Wettbewerbsvorschriften** die **Mitbewerber** selbst (§ 8 UWG). Ferner sind zur **Verfolgung unlauteren Wettbewerbs** die Industrie- und Handelskammern und rechtsfähige Verbände mit dem Satzungsziel der Förderung gewerblicher oder selbständiger beruflicher Interessen. Ihnen muss eine erhebliche Zahl von Unternehmern angehören, „die Waren oder Dienstleistungen gleicher oder verwandter Art auf demselben Markt vertreiben, so weit sie insbesondere nach ihrer personellen, sachlichen und finanziellen Ausstattung imstande sind, ihre satzungsmäßigen Aufgaben" zu erfüllen. Außerdem können **Verbraucherverbände unlauteren Wettbewerb verfolgen,** sofern sie in die Liste der **„qualifizierten Einrichtungen"** beim Bundesamt der Justiz in Bonn eingetragen sind. Die qualifizierten Einrichtungen werden jährlich auch in entsprechendes Verzeichnis der Europäischen Kommission eingetragen, so dass erkenntlich ist, wer in der Europäischen Union Unterlassungsansprüche geltend machen kann.

Verbraucherverbände

Qualifizierte Einrichtungen

Unterlassungsklagegesetz

Qualifizierten Einrichtungen stehen nach dem **Unterlassungsklagegesetz (UKlG)** vor allem auch Unterlassungsansprüche gegen die Verwendung von unwirksamen Allgemeinen Geschäftsbedingungen zu.

Neufassung der UWG

Gesetzliche Grundlage ist das **Gesetz gegen den unlauteren Wettbewerb** in der am **3. 8. 2007** in Kraft getretenen Fassung. Es hat einen deutlichen europäischen Zuschnitt bekommen.

15.5.8.1 Wettbewerbsregeln der Verbände

Wettbewerbsregeln der Verbände

Leitfaden für ein wettbewerbsrechtlich unbedenkliches Verhalten sollen die **Wettbewerbsregeln** des **Immobilienverbandes Deutschland (IVD)** vom 20. 5. 2006 sein, die vom Bundeskartellamt am 18. 9. 2006 anerkannt und am 12. 10. 2006 im Bundesanzeiger veröffentlicht wurden. Unmittelbar gebunden sind daran die Mitglieder des IVD. Sie haben aber auch für die Rechtsprechung eine gewisse Bedeutung, weil sie Bezugsgrundlage für die Anschauung der am Verkehr beteiligten Kreise sind. Die Gerichte sind jedoch an die Regeln nicht gebunden. Die Wettbewerbsregeln und die Rechtsprechung zu Wettbewerbsverstößen bei Maklern entsprechen einander jedoch weitgehend.

Die wesentlichen Inhalte der Regeln sind:
- Gebot eines Verhaltens, das dem Ansehen des Berufstandes keinen Schaden zufügt und die bessere Leistung fördert,
- Verbot einer Negativwerbung, die die Konkurrenz diskriminiert und die Leistungen des eigenen Unternehmens überzeichnet,
- Verbot der Einwirkung auf einen Auftraggeber, einem Mitbewerber den Auftrag zu entziehen,
- Gebot klarer Kennzeichnung der Maklereigenschaft in der Werbung,
- Verbot von Kennziffernanzeigen durch Makler und von Zuschriften auf Kennziffernanzeigen, ohne die Maklereigenschaft klarzulegen,
- Verbot des unlauteren Führens von Titeln und früheren Berufsbezeichnungen,
- Verbot unwahrer, missverständlicher und unvollständiger Angaben in der Werbung,
- Verbot des Übertreibens in der Werbung (Werbung mit Superlativen),
- Verbot der Werbung mit kostenloser Maklertätigkeit und des Versprechens von Sondervorteilen („Zugaben"), um einen Auftrag zu bekommen,
- Verbot von Kopplungsgeschäften,
- Verbot, die Erbringung von Maklerleistungen von der Zahlung von Einschreib- oder Bearbeitungsgebühren abhängig zu machen.

Wettbewerbsverstöße von Mitgliedern des IVD werden nach den Regeln der Satzung geahndet.

15.5.8.2 Vorschriften des Gesetzes gegen den unlauteren Wettbewerb (UWG)

Das neue UWG verbietet **unlauteren Wettbewerb** schlechthin. Während die **frühere Generalklausel** des damaligen § 1 UWG (Handlungen zu Zwecken des Wettbewerbs, die gegen die guten Sitten verstoßen) der Rechtssprechung einen erheblichen Interpretationsspielraum einräumte, wurden im neuen UWG in § 4 elf **Beispielsfälle unlauteren Wettbewerbs** aufgezählt. Darunter fällt das Verbot der Zuwiderhandlung gegen gesetzliche Vorschriften, die dazu bestimmt sind, im Interesse der Marktteilnehmer das Marktverhalten zu regeln. Das bedeutet, dass z. B. die Verletzung der Vorschriften des Wohnungsvermittlungsgesetzes, der Makler- und Bauträgerverordnung, der Preisangabenverordnung des Geldwäschegesetzes oder des Telemediengesetzes gleichzeitig auch unlauteren Wettbewerb darstellen können.

Beispielsfälle unlauteren Wettbewerbs (UWG § 4)

In § 5 UWG wird **irreführende Werbung** verboten. Auch hier wird dargestellt, was alles unter Irreführung fällt.

UWG § 5

Die „Liste" von Verstößen gegen die §§ 4 und 5 UWG, über die Gerichte zu entscheiden haben, ist sehr groß. Man kann davon ausgehen, dass sie **alle Fälle umfasst**, die schon früher als wettbewerbswidrig durch die Gerichte eingestuft wurden.

Unlauterer Wettbewerb Einzelfälle

Maklerspezifische Einzelfälle

Beispiele aus dem Maklerbereich sind:
- Einwirken auf den Verkäufer eines Objektes, einem Mitbewerber den Alleinauftrag zu entziehen: Anstiftung zum Vertragsbruch.
- Versprechen eines überhöhten Preises, um einen Alleinauftrag zu bekommen: Ausschaltung der Konkurrenz mit einem unlauteren Mittel.
- Diskriminierende Äußerungen über Mitbewerber. Beispiel: „Wenn Sie für ein Einfamilienhaus bei unserer Konkurrenz um einiges mehr zahlen müssen wie bei uns, sind Sie selbst schuld".
- Anbieten von Objekten ohne Zustimmung des Verfügungsberechtigten: führt zur „Verwilderung" der Angebotspraktiken.
- Angebot von Provisionsanteilen, die der Makler vom Käufer erhält, damit der Verkäufer einen Auftrag erteilt und den Vertrag über ihn (den Makler) abschließt.
- Angebot von Provisionsanteilen an den Berater des Auftraggebers, um ihn im erwünschten Sinne zu beeinflussen: Anstiftung zum „Parteiverrat".
- Anforderung von Objektangeboten der Konkurrenz über Tarnadressen: Unlautere Art der Beschaffung von Informationen, die ein Makler sonst nur unmittelbaren Kaufinteressenten erteilt.

UWG § 5

Kriterien der Irreführung

Noch häufiger hatten sich die Gerichte mit **irreführenden** Werbeaussagen von Maklern zu befassen (§ 5 UWG). Bei der Frage, ob eine bestimmte Werbeaussage irreführt, kommt es nicht auf ihren objektiven Wahrheitsgehalt an, sondern darauf, wie diese Werbeaussage von den angesprochenen Kreisen bei **flüchtiger Betrachtungsweise** aufgefasst wird. Wenn bereits bei einem nicht ganz unbeachtlichen Teil falsche Vorstellungen erweckt werden, liegt bereits eine Irreführung vor. In der Regel wird man aber davon ausgehen können, dass der Wahrheit entsprechende Angaben, wenn sie sorgfältig formuliert sind, auch zu richtigen Vorstellungen führen

Die Irreführung kann sich auf das Maklerunternehmen selbst beziehen, auf Leistungsumfang und Leistungsfähigkeit, aber auch auf die angebotenen Objekte.

Maklerspezifische Einzelfälle

Beispiele für irreführende Werbung im Maklerbereich, mit denen sich Gerichte befassen mussten:
- Chiffreanzeigen von Maklern: sie erwecken den Anschein einer Privatanzeige.
- Benutzung privater Briefbogen in Geschäftsangelegenheiten: auch hier wird der Eindruck beim Kunden erweckt, er habe es mit einem Privatmann zu tun.
- Verschleierung der Maklereigenschaft im Briefbogen (z. B. „Wirtschaftsberatung"): Hinter einem Wirtschaftsberater vermutet auch im Zusammenhang mit einem Immobilienangebot ein Großteil der Leser keinen Makler und damit kein provisionspflichtiges Angebot.
- Unklare Abkürzungen im Inserat wie „Im" für Immobilien: Auch hier wird die Maklereigenschaft für viele nicht deutlich.
- „Mayer & Müller Immobilien": Wegen des kaufmännischen &-Symbols nicht zulässig, wenn die beiden Gesellschafter nur eine Gesellschaft bürgerlichen Rechts bilden und keine Handelsgesellschaft.
- „Ältestes Büro am Platze", wenn das Büro 1956 gegründet wurde und das zweitälteste Maklerunternehmen 1958 gegründet wurde: Objektiv zwar richtig, erweckt aber doch bei vielen die Vorstellung eines mit Abstand ältesten Büros. Bei diesem kleinen Zeitunterschied stimmt der mit dem Werbehinweis suggerierte Effekt mit den Tatsachen nicht überein.
- „Fachmakler", wenn keine Spezialisierung vorliegt: Bei vielen Lesern wird eine falsche Vorstellung über das Objektsortiment des Maklers erzeugt.

- „Keine Maklerprovision", wenn der Makler mit dem anderen Vertragspartner doch eine Provision vereinbart hat: Manche Leser könnten zu der Auffassung gelangen, das Geschäft sei insgesamt nicht mit einer Provision „belastet" – dagegen unbedenklich: keine zusätzliche Käuferprovision.
- „Besonders preisgünstiges Einfamilienhaus mit 125 m² Wohnfläche, Preis nur 320.000,00 Euro", wenn verschwiegen wird, dass es sich um Erbbaurecht handelt.
- „Notarieller Festpreis": Suggeriert, dass der Notar für die Einhaltung des Festpreises in irgendeiner Form einsteht, was nicht zutrifft.
- „Günstige Finanzierung": Vermittelt wird bei manchen der Eindruck, der das Objekt anbietende Makler stelle die Finanzierungsmittel zur Verfügung.

Diese Beispiele mögen genügen, um deutlich zu machen, worauf es bei der Werbung ankommt.

Neu eingeführt wurde der Begriff der „unzumutbaren Belästigung". Die **unzumutbare Belästigung** kann im Einwurf von Werbematerial in Briefkästen bestehen, obwohl dort der Hinweis steht, dass Werbematerial nicht erwünscht ist. Auch bei werblichen Telefonanrufen gegenüber Verbraucher handelt es sich um eine unzumutbare Belästigung, vor allem, wenn die Identität des Anrufes nicht preisgegeben wird.

UWG § 7 – unzumutbare Belästigung

Eine unzumutbare Belästigung ist nach § 7 UWG insbesondere anzunehmen
- bei Werbung mit einem Telefonanruf gegenüber einem Verbraucher ohne dessen Einwilligung oder gegenüber einem sonstigen Marktteilnehmer ohne dessen zumindest mutmaßliche Einwilligung,
- bei Werbung unter Verwendung einer automatischen Anrufmaschine, eines Faxgerätes oder elektronischer Post, ohne dass eine vorherige ausdrückliche Einwilligung des Adressaten vorliegt oder
- bei Werbung mit einer Nachricht, bei der die Identität des Absenders, in dessen Auftrag die Nachricht übermittelt wird, verschleiert oder verheimlicht wird oder bei der keine gültige Adresse vorhanden ist, an die der Empfänger eine Aufforderung zur Einstellung solcher Nachrichten richten kann, ohne dass hierfür andere als die Übermittlungskosten nach den Basistarifen entstehen.

E-Mail-Kontakte des üblichen Geschäftsverkehrs fallen nicht unter die Rubrik der unzumutbaren Belästigung, zumal dem E-Mail-Empfänger ein Widerspruchsrecht zusteht.

Verschärft wurde durch das Gesetz zur Bekämpfung unerlaubter Telefonwerbung und zur Verbesserung des Verbraucherschutzes vom August 2009 durch Einfügung einer Bestimmung in § 7 UWG, wonach ein Telefonanruf bei einem Verbraucher durch einen Gewerbetreibenden nur dann zulässig ist, wenn der Verbraucher vorher seine Einwilligung beweisbar gegeben hat. Ein Makler kann also z. B. nicht mehr den Verkäufer einer Immobilie anrufen, wenn er von dessen Verkaufsabsichten erfahren hat, um etwa einen Auftrag zu erhalten oder einen Termin für eine Besprechung oder Objektbesichtigung zu vereinbaren usw.

Gleiches gilt für Anrufe bei etwaigen Interessenten für eine Immobilie mit dem Ziel, diesem ein Objekt, für das er einen Verkaufsauftrag hat, anzubieten oder sich danach zu erkundigen, ob er evtl. Interesse an diesem Objekt hat.

Zuwiderhandlungen gegen diese neue Bestimmung werden mit einer Geldbuße bis zu 50.000,00 € geahndet.

15.5.8.3 Verfolgung unlauteren Wettbewerbs

Bei der Verfolgung unlauteren Wettbewerbs kommt es darauf an, zu verhindern, dass die Wettbewerbshandlung oder die zu beanstandende Werbung wiederholt wird. Es muss also die **Wiederholungsgefahr** ausgeräumt werden.

Wiederholungsgefahr

Der durch die Werbung beeinträchtigte Mitbewerber muss also zunächst den Wettbewerbsverstoß schriftlich abmahnen. Dabei kommt es entscheidend darauf an, dass die Wettbewerbshandlung bzw. die Werbeformulierung, die beanstandet wird, genau bezeichnet wird.

Die Abmahnung wird mit der Aufforderung verbunden, innerhalb eines bestimmten kurz bemessenen Zeitraumes eine **Unterlassungserklärung** an den abmahnenden Mitbewerber zu schicken, in der er sich verpflichtet, bei Verwirkung einer angemessenen Vertragsstrafe für jeden Fall der Zuwiderhandlung die beanstandete Handlung künftig zu unterlassen. Die **Vertragsstrafe** muss dem Abmahnenden gegenüber versprochen werden. Die übliche Höhe der Vertragsstrafen liegt zwischen 20.000,00 € und 50.000,00 €. Durch die Rechtsprechung ist anerkannt, dass eine einfache Unterlassungsverpflichtung **ohne** Vertragsstrafeversprechen die Wiederholungsgefahr nicht ausräumt.

Unterlassungserklärung

Vertragsstrafeversprechen

Dies alles gilt auch nach dem neuen Recht. Die **erforderlichen Aufwendungen für die Abmahnung hat der Abgemahnte zu ersetzen**.

UWG § 12 – Ersatz von Aufwendungen

Zur Sicherung der Unterlassungsansprüche können durch die zuständige Wettbewerbskammer des Landgerichts **einstweilige Verfügungen** erlassen werden. Es handelt sich um eine vorläufige Maßnahme. Erst in einer späteren Hauptverhandlung wird dann endgültig über die Unzulässigkeit der Wettbewerbshandlung, der irreführenden Werbung oder der unzumutbaren Belästigung entschieden.

Einstweilige Verfügung

Die **Hauptverhandlung** kann vermieden werden, wenn der Wettbewerber sich gegenüber seinem Mitbewerber verpflichtet, keine Rechtsmittel gegen die einstweilige Verfügung einzulegen (Antrag auf Hauptverhandlung) und sich nunmehr zur Unterlassung zu verpflichten **(„Abschlusserklärung")**.

Hauptverhandlung

Abschlusserklärung

Jeder Mitbewerber ist berechtigt, bereits zur Abmahnung einen Anwalt einzuschalten, dessen Kosten der Abgemahnte tragen muss, wenn die Abmahnung sich als berechtigt herausstellt oder ihre Berechtigung anerkannt wird.

Anwaltseinschaltung

Die **Kosten von Wettbewerbsprozessen** sind wegen der Streitwerte (zwischen 10.000,00 € und 50.000,00 €) sehr hoch. Insbesondere der **Werbung** soll deshalb große Beachtung geschenkt werden, weil sich hier die häufigsten Wettbewerbsstreitigkeiten entzünden. Ein verlorener Rechtsstreit über zwei Instanzen kann Kosten von über 30.000,00 € verursachen. Nicht wenige kleinere Makler haben wegen einer Unachtsamkeit in der Werbung in der Vergangenheit ihre wirtschaftliche Existenz aufs Spiel gesetzt.

Kosten des Wettbewerbsprozesses

Handelt der „Wettbewerbssünder" vorsätzlich oder fahrlässig, ist er zum **Ersatz** eines etwaigen **Schadens**, der dem durch den Wettbewerb Beeinträchtigten entsteht, verpflichtet.

Schadensersatz

Wer vorsätzlich gegen das Verbot des unlauteren Wettbewerbs verstößt, muss camit rechnen, dass er den entstandenen **Gewinn** an den Bundeshaushalt abführen muss, wenn eine zur Verfolgung unlauteren Wettbewerbs berechtigte Institution (Berufsverband, Verbraucherverband, IHK) einen Unterlassungsanspruch geltend gemacht hat. Davon kann er die Beträge abziehen, die er an die abmahnende Stelle zahlen musste (Aufwendungsersatz, Vertragsstrafe).

Gewinnabschöpfung

Das Gericht kann außerdem der obsiegenden Partei die Befugnis zur **Veröffentlichung des Urteils** zusprechen.

Veröffentlichung des Urteils

Die Landesregierungen haben auf der Grundlage des § 15 UWG bei **Industrie- und Handelskammern Einigungsstellen** zur Beilegung eines bürgerlichen Rechtsstreits eingerichtet. Gesetzesgrundlage sind Länderverordnungen.

Einigungsstellen

Kapitel 1: Grundlagen – Unternehmen und Märkte der Immobilienwirtschaft
Einleitende Grundorientierung: „Arbeit als Weg aus der Armut" Bericht des Generaldirektors des Kopenhagener Sozialgipfels 1995,
   http://www.ilo.org/public/german/standards/relm/ilc/ilc91/pdf/rep-i-a.pdf
   http://www.runiceurope.org/german/wiso/habitat/instanbul5.htm
   http://www.geolinde.musin.de/afrika/html/afrikathemen.htm (8. 1. 2006)
   http://www.bfn.de/03/030303htm (Stand 28. 1. 2005 und 4. 11. 2005)

Ahrens, Hansjörg/Bastian, Klemens/Muchowski Lucian, Handbuch Projektsteuerung, – Baumanagement, Stuttgart, 2010
Anderson, James, An enquiry into the nature of the corn laws, London 1777 (Drei Schriften über Korngesetze und Grundrente, Leipzig 1893)
Bach, Hansjörg, Ethisches Handeln als Gewinn für die Wohnungswirtschaft, in: Das Taschenbuch für den Wohnungswirt 2003, Hamburg 2002
Below, Georg v., Agrargeschichte in Elster, Friedrich/Weber, Adolf/v. Wieser Friedrich, Handwörterbuch der Sozialwissenschaften 1923
Birnbacher, Dieter W./Hoerster, Norbert (Hrsg.), Texte zur Ethik, München, 2000
Boutonnet, Beatrix, Geschlossene Immobilienfonds – Grundlagen, Analyse, Bewertung, Stuttgart, 2007
Brey, H.-M., Der Stadt gehört die Zukunft – Lobbying in der Wohnungs- und Immobilienwirtschaft, http://deutscher-verband.org/seiten/dv-stichwort/lobbying.asp
Burmeister, Thomas, Praxishandbuch Städtebauliche Verträge, 2. Aufl., Bonn, 2005
Carthaus, Vilmar, Zur Geschichte und Theorie der Grundstückskrisen in deutschen Großstädten, Jena 1917
Degen, Rolf, Ethik ist oft nur Kosmetik, in: Der Tagesspiegel, 10. Sept. 2001, S. 29
Diedrich, Claus J., Führungswissen für Bau- und Immobilienfachleute 2. Aufl., Berlin, 2005
Eberstadt, Rudolf, Handbuch des Wohnungswesen 2. Aufl. Jena 1910, 3. Aufl. 1917
Egner, B./Georgakis, N./Heinelt, H./Bartholomäi, R. C.: Wohnungspolitik in Deutschland, Positionen. Akteure. Instrumente, Darmstadt, 2004
Eichener, V./Emmerich, H. v./Petzina, D., Die unternehmerische Wohnungswirtschaft: Emanzipation einer Branche, Der Strukturwandel der deutschen Wohnungswirtschaft seit dem ausgehenden 19. Jahrhundert, Frankfurt am Main, 2000
Fassbender, Pantaleon, Integrierte Prävention. Implementierung und praktische Umsetzung
Friedemann, Jens, Ethik als strategisches Verantwortungsprinzip, in: Materialien zu „Immobilienwirtschaft und Ethik", Immobilienwirtschaft im Spannungsfeld zwischen Ethik und Wirtschaftskriminalität. Nürtinger Hochschulschriften Nr. 19/2003
Fuchs, Carl Johannes, Zur Wohnungsfrage, Leipzig 1914
Gegenwartsliteratur in Einzelnen:
George, Henry, Progress and Poverty, An enquiry into the Cause of Industrial Depressions, and the Increase of Want with the Increase of Wealth, London 1884
Grabener, Henning/Sailer, Erwin: Immobilienfachwissen von A–Z, 8. Aufl., Kiel, 2008
Grziwotz, Herbert/Koeble, Wolfgang, Handbuch Bauträgerrecht, München, 2004
Grüninger, Stephan: Ehikmanagement – der moralische Faktor guter Unternehmensführung, in: Materialien zu „Immobilienwirtschaft und Ethik", Immobilienwirtschaft im Spannungsfeld zwischen Ethik und Wirtschaftskriminalität. Nürtinger Hochschulschriften Nr. 19/2003
Gut, Albrecht, Wohnungsaufsicht und Wohnungspflege – in Handwörterbuch des Wohnungswesens Jena, 1930
Hauskeller, Michael, Geschichte der Ethik, München, 1997

Hayek, August Friedrich v., „Gesetzgebung und Freiheit" Bd. 2 Die Illusion der sozialen Gerechtigkeit, Landsberg, 1981

Hoffmann, Manfred, „Wohnungspolitik der DDR", Düsseldorf, 1972

Homann, Karl, Wirtschafts- und Unternehmensethik, Göttingen, 1992

Höfer, Carsten, Mit Korruptionsprävention Schaden von Unternehmen abwenden, in: FWW, Die Freie Wohnungswirtschaft, 6/2005, S. 170–171

Höffe, Otfried (Hrsg.) in Zusammenarbeit mit Forschner, M./Schäpf, A./Vossenkuhl, W.: Lexikon der Ethik, 7. Aufl. München, 1997

Jenkis, H. W., Die gemeinnützige Wohnungswirtschaft zwischen Markt und Sozialbindung: Aufsätze und Abhandlungen, Bd. 2, Berlin, 1985

Jenkis, W. Helmut: „Wohnungswirtschaft und Wohnungspolitik in beiden deutschen Staaten", 2. Aufl. Hamburg, 1976

Koeble, Wolfgang (Hrgs.), Rechtshandbuch Immobilien Bd. I und II, Loseblattsammlung, München, Stand Okt. 2005 (Bd. I) und 1. Feb. 2006 (Bd. II)

Kronner, Xaver, Geförderter Wohnungsbau in Kippes/Sailer, „Immobilienmanagement, Handbuch für professionelle Immobilienbetreuung und Vermögensverwaltung", Stuttgart, 2005

Langemaack, Hans-Eberhard (Bearbeiter), RDM-Sammlung von Rechtsprechung zum Makler- und Immobilienrecht, Urteilssammlung, 8 Bände, München, halbjährliche Ergänzungslieferungen

Launhardt, Wilhelm, Betrachtungen über den zweckmäßigsten Standort einer gewerblichen Anlage, Berlin, 1882

Lay, Rupert, Ethik für Manager, Düsseldorf, 1991

Lütge, Friedrich, Wohnungswirtschaft, Stuttgart, 2. Aufl. 1949

Mangoldt, Karl v., Die städtische Bodenfrage, Göttingen, 1907

Marcks, Peter, „MaBV Makler Bauträgerverordnung mit § 34c GewO und MaBVwV" München, 8. Aufl. 2009

Materialien zu „Immobilienwirtschaft und Ethik", Immobilienwirtschaft im Spannungsfeld zwischen Ethik und Wirtschaftskriminalität. Nürtinger Hochschulschriften Nr. 19/2003 mit Beiträgen u. a. von: Ondracek, Dieter: Ethik, Besteuerung, Steuerkriminalität

Mill, John Stuart, Principles of Political Economy, London 1848 (Grundsätze der politischen Ökonomie, Jena 1913/1924)

Noll, Bernd, Wirtschafts- und Unternehmensethik in der Marktwirtschaft, Stuttgart, Berlin, Köln 2002

Nowak, Michael, Offene Immobilienfonds, Immobilienaktien und REITs für die private Vermögensbildung und Altersvorsorge, Norderstedt, 2005

Pohle, Ludwig, Die Wohnungsfrage Bd. I und II, Wohnungswesen in der modernen Stadt, Leipzig, 1910

Rehkugler, Heinz, Bewertung von Immobiliengesellschaften in: Franke, Hans-Hermann und Rehkugler Heinz, Immobilienmärkte und Immobilienbewertung, München, 2005

Ricardo, Davidk Principles of Political Economy and Taxation, London, 1817 (Die Grundsätze der politischen Ökonomie oder der Staatswirtschaft und der Besteuerung, Jena, 1923)

Roulac, Stephen E.k Extra! Extra! Read All About II: Real Estate Ehtics Performance Trumps Corporate America!, in: Journal of Real Estate Literature, Vol. 14 Nr. 1, 2006, S. 3–25

Roulac, Stephen Ek Ethics in Real Estate, Boston/Dordrecht/London 1999

Röll, Ludwig/Sauren, Marcel, Handbuch für Wohnungseigentümer und Verwalter, Köln, 2002

Rüchardt, Benedikt, Das Ethikmanagementsystem der Bauwirtschaft: Inhalte und Erfahrungen, in: Materialien zu „Immobilienwirtschaft und Ethik", Immobilienwirtschaft im Spannungsfeld zwischen Ethik und Wirtschaftskriminalität. Nürtinger Hochschulschriften Nr. 19/2003, Nürtingen, S. 49–72

Sailer, Erwin/Kippes, Stephan/Rehkugler, Heinz, Handbuch für Immobilienmakler und Immobilienberater, München, 2010

Sailer, Erwin/Langemaak, Hans-Eberhard, Kompendium für Immobilienberufe, 11. Aufl., München, 2008

Sailer, Erwin, Problemgeschichte des Immobilienmarktes in Bach/Ottmann/Sailer/Unterreiner, „Immobilienmarkt und Immobilienmanagement", München, 2005

Sailer, Erwin, Rahmenbedingungen und Grundtatbestände des Immobiliemarktes in Bach/Ottmann/Sailer/Unterreiner, „Immobilienmarkt und Immobilienmanagement" München, 2005

Sailer, Erwin, „Risikofaktoren bei der Immobilienbetreuung und Vermögensverwaltung" in Kippes, Stephan/Sailer, Erwin, Immobilienmanagement – Handbuch für professionelle Immobilienbetreuung und Vermögensverwaltung, München, 2005

Schick, Stefan, Rechts- und Unternehmensformen, Baden–Baden, 2003

Schmidt, Joachim, Wohnungs- und Teileigentumsverwaltung in Kippes, Stephan/Sailer, Erwin, Immobilienmanagement – Handbuch für professionelle Immobilienbetreuung und Vermögensverwaltung, München, 2005

Schulte, Karl-Werner/Bone-Winkel, Stephan, Handbuch Immobilienprojektentwicklung, 2. Aufl., Köln 2002

Singer, Peter, Praktische Ethik, 2. revidierte und erweiterte Auflage, Stuttgart, 1994

Spiethoff, Arthur: Boden und Wohnung (in der Reihe Bonner Staatswissenschaftliche Untersuchungen Heft 20), Jena, 1934

Unterreiner, Frank Peter: Die Teilmärkte des Immobilienmarktes in Bach/Ottmann/Sailer/Unterreiner, „Immobilienmarkt und Immobilienmanagement" München, 2005

Weber, Adolf: Boden und Wohnung. Acht Leitsätze zum Streite um die städtische Boden- und Wohnungsfrage, Leipzig, 1908

Weber, Adolf, Die Großstadt und ihre sozialen Probleme, Leipzig, 1907

Weber, Alfred, Über den Standort der Industrien, Tübingen, 1909

Wegener, Ulrich/Raab, Stephan/Sailer, Erwin, Der Makler und sein Auftraggeber, 5. Aufl., München, 1996

Werner, K.-H., Aus der Geschichte des Verbandes, in: Zeitschrift für das gemeinnützige Wohnungswesen in Bayern, Jubiläumsausgabe Mai, München, 1969, S. 4–49, 56–70

Wieser, Friedrich v., Die Theorie der städtischen Grundrente, Einleitung zu Mildschuh, W. Untersuchungen über Mietzinsen und Bodenwerte in Prag in den Jahren 1869–1902, Wien und Leipzig, 1909

Williams, Bernard, Der Begriff der Moral. Eine Einführung in die Ethik, Stuttgart, 1986

Wörz, Michael, System und Dialog – Wirtschaftsethik als Selbstorganisation und Beratung, Stuttgart, 1994

www.immo-initiative.de/kodex/wertemanagement/leidfaden.pdf Eine Empfehlung des Arbeitskreises „WerteManagement/compliance" und des Vorstandes der „Initiative Coporate Governance der Deutschen Immobilienwirtschaft e. V.", Werte Management in der Immobilienwirtschaft. Ein Leitfaden.

www.transparency.org

Kapitel 2: Unternehmensführung und Personalwirtschaft in Unternehmen der Immobilienwirtschaft

Bach, Hansjörg/Ottmann, Matthias/Sailer, Erwin/Unterreiner, Frank-Peter, Immobilienmarkt und Immobilienmanagement. Entscheidungsgrundlagen für die Immobilienwirtschaft, München 2005

Bröckermann, Reiner, Personalwirtschaft, 5. Auflage, Stuttgart 2009

Deutscher Corporate Governance Kodex: www.bundesanzeiger.de, auch unter: www.corporate-gover-nance-code.de

Diederichs, C. J., Seilheimer, Stephan, Moral versus Moneten, in: Immobilien Manager, 3/2005, S. 40–41

GdW Bundesverband Deutscher Wohnungs- und Immobilienunternehmen e. V., Tantieme-Vereinbarung in der Wohnungswirtschaft, Berlin August 2005

gif Gesellschaft für Immobilienwirtschaftliche Forschung e. V. Arbeitskreis Real Estate Investment Management, Verhaltenskodex Real Estate Investment Management, Wiesbaden 2003

Handelsblatt Management Bibliothek, Die besten Management – Tools 1, Strategie und Marketing, Band 8, Frankfurt/New York, 2005

Handelsblatt Management Bibliothek, Die besten Manager – Tools 2, Personal und Führung, Band 9, Frankfurt/New York, 2005

Handelsblatt Management Bibliothek, Die besten Managementbücher A–K, Band 01, Frankfurt/New York, 2005

Handelsblatt Management Bibliothek, Die besten Managementbücher L–Z, Band 01, Frankfurt/New York, 2005

Hettrich, Sascha, Ethisches Verständnis in der Immobilienbranche, in: Bündelungsinitiative in der Deutschen Immobilienwirtschaft e. V. (Hrsg.), Immobilienjahresbericht 2006, Köln 2006, S. 159–168

Hindle, Tom, Die 100 wichtigsten Management-Konzepte, München, 2001

Institut der Wirtschaftsprüfer in Deutschland e. V., IDW-Prüfungsstandard: Fragenkatalog zur Prüfung der Ordnungsmäßigkeit der Geschäftsführung und der wirtschaftlichen Verhältnisse nach § 53 HGrG (IDW PS 720), Düsseldorf 2000

John von Frevend, Eckart, Corporate Governance in der deutschen Immobilienwirtschaft, in: Bündelungsinitiative in der Deutschen Immobilienwirtschaft e. V. (Hrsg.), Immobilienjahresbericht 2006, Köln 2006, S. 147–157

Piazola, Daniel, Erhöhung der Transparenz durch Immobiliendatenbanken, in: Bündelungsinitiative in der Deutschen Immobilienwirtschaft e. V. (Hrsg.), Immobilienjahresbericht 2006, Köln 2006, S. 169–179

Ruter, Rudolf X., Sahr, Karin, Waldersee Graf, Georg (Hrsg.), Public Corporate Governance: ein Kodex für öffentliche Unternehmen, Wiesbaden 2005

Weber, W., Mayrhofer, W., Nienhüser, W., Grundbegriffe der Personalwirtschaft, Stuttgart 1999 www.corporate-governance-code.de/ 1 www.immo-initiative.de/ www.immo-initiative.de/kodex/grundsaetze.pdf

Kapitel 3: Unternehmenssteuerung, -kontrolle, -finanzierung

Bieg/Kussmaul, Investitions- und Finanzierungsmanagement, Band I Investition, München, 2009

Blohm/Lüder/Schaefer, Investition, 9. Aufl., München, 2006

Buchholz, Rainer, Grundzüge des Jahresabschlusses nach HGB und IFRS, 5. Aufl., München 2009

Busse, Franz-Joseph, Grundlagen der betrieblichen Finanzwirtschaft, München, 2003

Däumler, Klaus-Dieter/Grabe, Jürgen, Grundlagen der Investitions- und Wirtschaftlichkeitsrechnung, 12. Aufl., Herne/Berlin, 2007

Drukarczyk, Jochen, Finanzierung, 10. Aufl., Stuttgart, 2008
Ficht/Gabler/Großkopf/Jüttner/Laux/Lieser/Linden/Reidick/Schmidt-Keßeler/Weiler/Zimmermann, Tabellen und Informationen für den steuerlichen Berater, 1. Aufl., Nürnberg 2009
Friedag, R Herwig/Schmidt, Walter, Balance Scorecard, Planegg/München, 2009
Füser, Karsten/Gleißner, Werner, Rating-Lexikon, München, 2005
GdW Bundesverband deutscher Wohnungsunternehmen e.V., Die Rechnungslegung nach internationalen Standards – wesentliche Bestimmungwen und Auswirkungen auf die Wohnungswirtschaft, Hamburg, 2004
GdW Bundesverband deutscher Wohnungsunternehmen e.V., Arbeitshilfe 51 – Unternehmensstrategie und Balance Scorecard, Strategieimplementierung in Wohnungsunternehmen, Hamburg, September 2006
GdW Bundesverband deutscher Wohnungsunternehmen e.V., Arbeitshilfe 61 – Bilanzrechtsmondernisierungsgesetz (BilMoG) – Das neue deutsche Bilanzrecht, Hamburg, Juni 2009
Horschitz/Groß/Weidner/Franck, Bilanzsteuerrecht und Buchführung, 12. Aufl., Stuttgart 2010
Horváth, Peter, Controlling, 11. Aufl., München, 2008
Jossé, Germann, Basiswissen Kostenrechnung, München, 2005
Kirsch, Hanno, Einführung in die internationale Rechnungslegung nach IFRS, Heide, 2010
Kirsch, Hanno, Übungen zur internationalen Rechnungslegung nach IFRS, 3. Aufl., Herne, 2009
Kofner, Stefan, Investitionsrechnung für Immobilien, 3. Aufl., Hamburg, 2010
Kruschwitz/Husmann, Betriebliche Finanzwirtschaft, Skript zur Vorlesung, 3. Aufl., Berlin, 2005
Lauer, Jörg, Strukturierte Immobilienfinanzierung, 2. Aufl., Frankfurt/M., 2008
Meffle/Günter/Heyd, Reinhard/Weber, Peter, Das Rechnungswesen der Unternehmung als Entscheidungsinstrument, Köln, 2008
Olfert, Klaus, Kostenrechnung, Ludwigshafen, 2008
Olfert, Klaus/Reichel Christopher, Finanzierung, 14. Aufl., Ludwigshafen, 2008
Perridon, Louis/Steiner, Manfred/Rathgeber, Andreas, Finanzwirtschaft der Unternehmung, München, 2009
Radke, Horst-Dieter, Kostenrechnung, 5. Aufl., Freiburg i. Br., 2009
Renner, Martin, Investitions- und Bestandscontrolling für die Wohnungswirtschaft, Hamburg, 2007
Schäfer/Conzen, Praxishandbuch Immobilien-Investitionen, München, 2010
Scherrer, Gerhard, Rechnungslegung nach dem neuen HGB, München, 2009
Schneck, Ottmar/Morgenthaler, Paul/Yesilhark, Muhammed, Rating, 2. Aufl., München, 2008
Schulte, Gerd, Investition, 2. Aufl., Stuttgart/Berlin/Köln, 2007
Vollmuth, Hilmar/Zwettler, Robert, Kennzahlen, Freiburg, 2010
Vollmuth, Hilmer, FAQ Deckungsbeitrag und moderne Kostenrechnung, Troisdorf, 2003
Wagner, Marc, Finanzanalyse und immaterielle Werte, München, 2006
Wöhe, Günter/Bilstein, Jürgen, Grundzüge der Unternehmensfinanzierung, 10. Aufl., München, 2009
Zantow, Roger, Finanzierung – Die Grundlagen modernen Finanzmanagements, München, 2004
Ziegenbein, Klaus, Controlling, Ludwigshafen, 2007

Kapitel 4: Organisation, Information und Kommunikation

Abbott, Damien, Encyclopedia of real estate terms (based on American and English pracitice, with terms from the Commonwealth as well as the civil law, Scots law and French law, 2. Ausgabe, London/ Washington D. C. o. J

Abbott, Damien, The shorter Encyclopedia of real estate terms (based on English and North American practice, including Australian, Canadian, New Zealand, Scots law, Civil law and Latin terms, London 2004

Bleicher, Knut, Das Konzept Integriertes Management, Frankfurt a. M. 1996

Deutsches Institut für Interne Revision, Revision des Umweltmanagements. Ein Prüfungsleitfaden. Erarbeitet im Arbeitskreis „Technische Revision", IIR – Schriftenreihe 37, Berlin 2005

Enzler, S., Integriertes prozessorientiertes Management, Berlin 2000

Ernsthaler, Jürgen/Funk, Michael/Gesmann-Nuissl, Dagmar/Selz, Alexandra, Umweltauditgesetz/EMAS-Verordnung. Darstellung der Rechtsgrundlagen und Anleitung zur Durchführung eines Umwelt-Audits, 2. Aufl., Berlin 2002

Friedemann, Jack P., Harris, Jack C., Lindemann, J. Bruce: Dictionary of real estate terms, 5. Ausgabe, Hauppauge 2000

GEFMA, Deutscher Verband für Facility Management, Computer Aided Facility Management CAFM Begriffsbestimmungen, Leistungsmerkmale,

GEFMA 400, Ausgabe April 2002

GEFMA Deutscher Verband für Facility Management, Einführung eines CAFM-Systems,

GEFMA 420, Ausgabe April 2003

GEFMA Deutscher Verband für Facility Management, Software für das Energiemanagement. Klassifizierungen Funktionsalitäten,

GEFMA 402, Entwurf Dezember 1999

GEFMA Facility Management Grundlagen Richtlinie 100-1/Entwurf 2004/07

Kieser, Alfred/Walgenbach, Peter, Organisation, 4. Aufl., Stuttgart 2003

Levy, Ezra, A glossary of real estate terms, 2. Auflage, www.lstbooks.com, 2000

Osterloh, Margit, Frost, Jetta: Prozessmanagement als Kernkompetenz, 4. aktualisierte Aufl., Wiesbaden 2003 RAB 30 Stand: 27. 3. 2003, Regeln zum Arbeitsschutz auf Baustellen, Geeigneter Koordinator (Konkretisierung zu § 3 BaustellV)

Richter, Carol, Datenschutz in der Immobilienwirtschaft. Die Schonfrist ist abgelaufen, in: Immobilienwirtschaft 11/2004, S. 62–63

Schulte, Lee, Paul,(Hrsg.), Wärterbuch Immobilienwirtschaft, 2. überarbeitete Aufl., Wiesbaden 2005

www.baua.de Hier finden sich sehr umfangreiche und aktuelle Hinweise auf Literatur zum Bereich Arbeitssicherheit und Gesundheitsschutz

Kapitel 5: Controlling

Grabener, Henning J., Immobilienmakler in Deutschland – Betriebsbefragung 2001 www.grabener.de

Horváth, Peter, Controlling, München, 11. Aufl., 2008

Kippes, Stephan, Corporate Identity für Makler, Bauträger und Hausverwalter, in: Rechtshandbuch Immobilien, Band II, Teil 11, Loseblattsammlung Verlag Beck

Kippes, Stephan/Sailer, Erwin: Immobilienmanagement Handbuch für professionelle Immobilienbetreuung und Vermögensverwaltung, Stuttgart/München, 2005

Autoren des Kapitels „Controlling", Ziegler, Werner/Ottmann, Matthias/Sailer, Erwin/Bach, Hansjörg/Richter, Carol

Nothhelfer, Erik, in, Controlling und Kennzahlensysteme, in Sailer, E./Kippes, St./ Rehkugler, H., „Handwörterbuch für Immobilienmakler und Immobilienberater", München, 2003

Weber, Jürgen, Einführung in das Controlling, 11. Auflage, Stuttgart, 2008
Küpper, Hans-Ulrich/Weber, Jürgen, Grundbegriffe des Controlling, Stuttgart, 1995
Ziegenbein, Klaus: Controlling, 9. Aufl., Ludwigshafen, 2007
Sonstige Quellen: IMMOBILIEN MANAGER, Ausgabe September 2005, S. 22
   http://www.techem.de/Deutsch/Services/Info-Plus/Energiekennwerte/Energie-kennwerte_2005/Energiekennwerte_2005_Textteil.pdf

Kapitel 6: Marketing
Dopfer, Thoma, „Der westdeutsche Wohnungsmarkt", München 2000
Eekhoff, J., Wohnungspolitik, Tübingen 1993
Eichner, V./Schauerte, M., Die Wohnzufriedenheit der Mieter der VEBA Wohnen AG – InWIS-Bericht Nr. 1/94 Bochum
Eichner, V. und Schneiders, K., Wohnpolitik in den neuen Bundesländern InWIS-Bericht Nr. 8/95, Bochum
Galonska, J., Marketing in der Wohnungswirtschaft; in: Der langfristige Kredit, Heft 4, 1989
Grabener, Henning, J., Immobilienmakler in Deutschland – ein Beruf im Wandel, 1. Auflage, Schwedeneck 1996, Ergänzung 1999
Hellerforth, M., Praktiker-Leitfaden Marketing in der Immobilienwirtschaft, Hammonia-Verlag Hamburg 1999
Höbel, R., Methoden von Wohnungsbedarfsprognosen in WIS-Bericht Nr. 5/94, Bochum
Kippes, Stephan, Corporate Identity für Makler, Bauträger und Hausverwalter, in: Rechtshandbuch Immobilien, Band II, Teil 11, Loseblattsammlung Verlag Beck
Kippes, Stephan, Der Immo-Profitexter, München 1996
Marketing-Forum 1992 – Vorträge, Heft 1 – hrgs. vom Verband rheinischer und westfälischer Wohnungsunternehmen e. V. Hamburg
Nielen, Klaus D., Immobilien-Einkauf – Neue Vermittlungsaufträge erfolgreich akquirieren; Schwedeneck 1994
Nielen, Klaus D., Immobilien-Verkauf – Erfolgreiches Vermarkten, Verkaufen und Vermieten von Wohnimmobilien
Olfert, Prof. Dipl. Kfm. K., (Hrsg), Kompendium der praktischen Betriebswirtschaft; Marketing von Prof. Dr. Hans Christian Weis. 8. Auflage, Ludwigshafen 1993
Sailer, Erwin, Immobilien Fachwissen von A–Z, 5. Aufl., Kiel 2000
Schauerte, M., Die Bestimmungsgründe des Investitionsverhaltens auf dem Mietwohnungsmarkt. InWIS-Bericht Nr. 4/95, Bochum
Statistisches Jahrbuch der Bundesrepublik Deutschland, Wiesbaden
Wöhe, G., Einführung in die Allgemeine Betriebswirtschaftslehre, 20. Aufl., München 2000
Wohnungsleerstände – was tun? Materialien zum Siedlungs- und Wohnungswesen und zur Raumplanung, Selbstverlag des Instituts für Siedlungs- und Wohnungswesen, Münster 1986
Ohrt, Michael, Mit Kleinanzeigen erfolgreich Immobilien verkaufen; 1. Aufl., 2005; Grabener Verlag Kiel
Zeitschrift Immobilienwirtschaft, erschienen im Haufe Verlag GmbH & Co. KG, Freiburg; Themenbereiche Entwicklung und Vermarktung/Makler; Artikel: Homepage-Strategien für mehr Kundennutzen und On-line-Exposes liegen im Trend.
Allgemeine Immobilienzeitung, Heft Dezember 2005; Zeitschrift IVD

Kapitel 7: Steuern bei Immobilien

Bauer, Ludwig/Bauer, Christoph, Steuerratgeber Vermietung/Selbstnutzung/Arbeiten im Privathaushalt, 6. Aufl., Stuttgart 2007
Beck'sche Textausgaben, Aktuelle Steuertexte 2010, München, 2010
BMF (Hrsg.), Amtliches AO-Handbuch, München, 2010
BMF (Hrsg.), Amtliche Afa-Tabellen, Herne, 2009
BMF-Schreiben vom 15. 2. 2010: Anwendungsschreiben zu § 35a EStG
BMF-Schreiben vom 20. 1. 2009: „Wohn-Riester" in: Steuerliche Förderung der privaten Altersvorsorge und betrieblichen Altersversorgung
BMF-Schreiben vom 24. 2.42004: Abgrenzung zwischen privater Vermögensverwaltung und gewerblichen Grundstückshandel
Deutsches wissenschaftliches Institut der Steuerberater e.V. (Hrsg.): Handbuch der Erbschaftsteuer und Bewertung, München, 2010
Deutsches wissenschaftliches Institut der Steuerbgerater e.(V. (Hrsg.): Beck'sches Steuerberater-Handbuch, 13. Aufl., München, 2010/2011
Gondring, Hanspeter/Wagner, Thomas: Real Estate Asset Management, München
Kippes, Stephan/Sailer, Erwin, Immobilienmanagement, München, 2005
Kirchhof, Paul, Einkommensteuergesetz, 9. Aufl., Köln, 2010
Kußmaul, Heinz, Betriebswirtschaftliche Steuerlehre, 5. Aufl., München, 2008.
Mathe, Edgar, Portfoliomanagement – Strategien zur Bestandsarrondierung, in: Zeitschrift der Wohnungswirtschaft Bayern
Meinke, Jens, Peter, Erbschaftsteuer- und Schenkungsgesetz – Kommentar, 15. Aufl., München, 2009
Mukulus, Klaus, Die Besteuerung der Wohnungsunternehmen, Hamburg, 2005
Radeisen, Rolf-Rüdiger, Die Erbschaftsteuerreform 2008, 2009, Weil im Schönbuch, 2008
Radeisen, Rolf-Rüdiger, Praktiker-Lexikon Umsatzsteuer, Stuttgart 2010
Reisbeck, Tilman/Schön, Lars Bernhard, Immobilien Benchmarking, 2. Aufl., Frankfurt, 2009
Schmidt, Ludwig, Einkommensteuergesetz – Kommentar, 29. Aufl., München, 2010
Schneeloch, Dieter, Betriebswirtschaftliche Steuerlehre, Band 2, Betriebliche Steuerpolitik, 3. Aufl., München 2009
Stache, Ulrich, Werbungskosten, Wiesbaden, 2008
Stadie, Holger, Umsatzsteuergesetz –Kommentar, Köln, 2009
Tipke, Klaus, Steuerrecht, 20. Aufl., Köln, 2010
Weinmann, Norbert, Praktiker-Handbuch/Erbschaftsteuer/Grunderwerbsteuer/Kraftfahrzeugsteuer/andere Verkehrssteuern, 14. Aufl., Düsseldorf, 2010
Weinmann, Rüdiger, Das Mehrwertsteuerpaket, Freiburg, 2010

Kapitel 8: Versicherungen

Beckert, O., Grundlagen der Leitungswasser-Versicherung, 5. Aufl., Karlsruhe 1977
Boldt, H., Die Feuerversicherung – Erläuterungen und Hinweise 5. Aufl., Karlsruhe 1989
Dietz, H., Hausratversicherung im Wandel VHB 92 und Perspektiven im Europäischen Binnenmarkt, Karlsruhe, 1992
Dietz, H.,Wohngebäudeversicherung, Karlsruhe, 1990
Fürstenwerth, F./Weiß, A.: Versicherungsalphabet, Karlsruhe, 2001
Martin, A., Sachversicherungsrecht, 3. Auflage, München, 1992
Mohr, H. H., Grundlagen der Sturmversicherung, 5. Aufl., Karlsruhe, 1974
Prölss, J./Martin, A., Versicherungsvertragsgesetz, 25. Aufl., München, 1992
Wagner, Erich, Haftpflichtversicherung, 2. Aufl., München, 1996

Kapitel 9: Bautechnische Grundlagen
Frick, Knöll, Neumann, Weinbrenner: Baukontruktionslehre Teil 1/Teil 2, Stuttgart, 1992
Arbeitsgemeinschaft Mauerziegel im Bundesverband der Deutschen Ziegelindustrie e.V.

Kapitel 10: Immobilienentwicklung
Beck-Texte im dtv: Vergabe- und Vertragsordnung für Bauleistungen – VOB – Honorarordnung für Architekten und Ingenieure – HOAI – 23. Aufl., 2006
Bauordnung für das Land Nordrhein-Westfalen; BauONRW – Landesbauordnung in der Fassung vom 1. März 2000 aus: umwelt-online
Bauherrenhaftpflicht und Bauleistungsversicherung; Angabe div. Versicherer im Internet
Gesetz über die Sicherung von Bauforderungen vom 1.6.1909, zuletzt geändert am 25.6.1969
SBWL Immobilienwirtschaft/Literaturverzeichnis 5. Aufl. / Flach17.4.2006
Bayeriches Staatsministerium des Inneren, Oberste Baubehörde: Planungshilfen für die Bauleitplanung, Planungshilfen 2006/7
Beck-Texte im dtv: Baugesetzbuch, 41. Aufl., München 2009; Bürgerliches Gesetzbuch, 65. Auflage, München 2009.
Bundesministerium für Raumordnung, Bauwesen und Städtebau (BMBau), Normalherstellungskosten 1995/NHK 95
Bundesministerium für Verkehr, Bauwesen und Städtebau (BMVBW), Normalherstellungkosten 2000/NHK 2000
Demharter, Grundbuchordnung, 27. Aufl., München 2005
HOAI, Honorarordnung für Architekten und Ingenieure, 2009, Textausgabe mit amtlicher Begründung, Verlag W. Kohlhammer, 8. Aufl.
Schöner/Stöber, Grundbuchrecht, 14. Aufl., München 2009
Innenminister des Landes Schleswig-Holstein (Hrsg.): Landesvermessung und Liegenschaftskataster, Kiel 2005
Möller, Gerd/Suttkus, Martin, Landesbauordnung Schleswig-Holstein 2009 mit Kurzkommentierung, Kiel 2009
Schmidt, Werner A., Das maschinelle Grundbuch 1. Aufl., Berlin 1995

Kapitel 11: Objektfinanzierung
GdW Bundesverband deutscher Wohnungsunternehmen e. V., Wohnungswirtschaftliche Daten und Trends 2009/2010, Zahlen und Analysen aus der Jahresstatistik des GdW, 1. Aufl., Hamburg November 2009
Michels/Naarmann, Rentabilität bei Wohnungsbestandsmaßnahmen, Münster 1999

Kapitel 12: Immobilienmanagement
Bauer, Ludwig/Bauer, Christoph: Steuerratgeber Vermietung/Selbstnutzung/Arbeiten im Privathaushalt, 6. Aufl., Stuttgart, 2007
Baumgarth, Siegfried: Digitale Gebäudeautomation: Arbeitskreis der Professoren für Regelungstechnik, 3., völlig überarb. u. erg. Aufl. Berlin, Heidelberg, New York: Springer-Verlag 2004
BGI 5019, Gebäude effektiv nutzen. Facility Management – Läsungen und Praxishilfen für Betreiber und Nutzer (mit CD-Rom), Hrsg: VBG Verwaltungs-/Berufsgenossenschaft Hamburg, Ausgabe: Mai 2005, www.vgb.de.

Brillinger, Martin H., Günzel, M., Pufahl, T., Kosten-Nutzen-Bewertung von Busssystemen und Gebäudeautomation im Wohnungsbau Forschungsbericht, Stuttgart, Frauenhofer IRB Verlag 2001

Brillinger, Martin, H., Bussysteme und Gebäudeautomation: eine Kosten-Nutzen-Bewertung im Wohnungsbau, in: Deutsches Architektenblatt (2003) Heft 4, S. 66–68

Brückner, Sabine, „Das Konzept der virtuellen Personenbetreuung"

Bub/Treier, Handbuch der Geschäfts- und Wohnraummiete, 2. Aufl., Verlag C. H. Beck

Büscher, Handbuch für Mietsachbearbeiter, Hammonia Verlag Hamburg, 4. Auflage 2003

Diederichs, Claus J., Immobilienmanagement im Lebenszyklus. Projektentwicklung, Projektmanagement, Facility Management, Immobilienbewertung, 2. erw. und aktual. Aufl., Heidelberg 2006

DIN 32736 Gebäudemanagement. Begriffe und Leistungen, Entwurf Mai 1999

DIN V 4108 Wärmeschutz im Hochbau, Teile 1–10

EnEV Energie-Einsparverordnung, Arbeitsgemeinschaft Mauerziegel im Bundesverband der Deutschen Ziegelindustrie e. V. (Hrsg.), Bonn, 1. Ausgabe, Januar 2002

Fachzeitschriften:

Wohnungseigentum, Hammonia Verlag

Die Wohnungswirtschaft, Hammonia Verlag

Fischer-Diskau/Pergande/Schwender, Wohnungsbaurecht, Lose-Blatt-Sammlung, Essen, 2010

GEFMA e. V. Deutscher Verband für Facility Management, GEFMA-Richtlinien. Die Richtlinien sind von diesem Verband für Mitglieder unentgeltlich, für Nichtmitglieder gegen Kostenerstattung erhältlich, www.gefma.de

Geldmacher: Kommentar zu § 535, in: Fischer-Dieskau, Pergande, Schwender, Wohnungsbaurecht, Band 5, 158. Erg.lieferung, S. 20

Gättsche/Schuster, EAR 05 – Empfehlungen für Anlagen des ruhenden Verkehrs: Richtlinie, FFGSV EAR 05, Köln 2005

Gräger, Achim, Gebäudeautomation: Grundlagen und Planung von GLT-Systemen, Deutschland: expert Verlag 2002

Halfar, Bernd, „Zuzahlungsbereitschaft für gerontotechnische Services"

Hannemann, Thomas/Wiek/Emmert, Handbuch des Mietrechts, 4. Aufl., Köln 2009

Hohm, Dirk/Hoppe, Angela/Jonuschat, Helga/Scharp, Michel/Scheer, Dirk/Scholl, Gerd, „Dienstleistungen in der Wohnungswirtschaft: professionelle Entwicklung neuer Serviceangebote", Dokumentation eines Workshops in Mannheim am 14. November 2002, Berlin 2002

Immobilien Vermieten, Magazin für Investition, Recht und Objekt-Management, Huss Medien GmbH

Jagnow, Kati/Wolff, Dieter, Technische Optimierung und Energieeinsparung: OPTIMUS, vorläufiger Kurzbericht, 2005

Kranz, Hans Rudolf, Gebäudeautomation: Begriffe, Definitionen und Abkürzungen, 2., überarb. Aufl., Siemens Building Technologie, 17. 2. 2003

Krauseneck, Peter, „SOPHIA aus ärztlicher Sicht – Folgerungen für die Zukunft"

Langenberg, Hans, Betriebskostenrecht der Wohn- und Gewerberaummiete, Ch. Beck München, 3. Aufl., 2002

Kreuzberg, Joachim/Wien, Joachim, Handbuch der Heizkostenabrechnung, 7. Aufl., Köln 2010

Langenberg, Hans, Betriebskostenrecht der Wohn- und Gewerberaummiete, 5. Aufl. München, 2009

Mit Berichten zur sozialwissenschaftlichen und technischen Evaluation des Projektes „Sophia" und Beiträgen von:
Lindner-Figura/Opreè/Stellmann: Geschäftsraummiete, C.H. Beck Verlag, München, 2006
Moustgard, Hans-Aaage, „Technische Lösung für Sicherheit"
Neuhaus, Handbuch der Geschäftsraummiete, Verlag für Recht und Anwaltspraxis
Nitschke, Jürgen, „Technische Lösung der Bildkommunikation"
Noack, Birgit/Westner, Martina, Betriebskosten in der Praxis, 4. Aufl., Freiburg, 2007
Nummer, Gerhard, „Ergebnisse der sozialwissenschaftlichen Evaluation"
Otto, Franz, Mietverträge für Geschäftsräume, 8. Aufl. Planegg 1997
Pech, Anton/Jens, Klaus/Warmuth, Günter/Zeininger, Johannes, Parkhäuser – Garagen: Grundlagen, Planung Betrieb Wien, New York, Springer-Verlag 2005
Pfeuffer, Wolfgang, „Betreutes Wohnen virtuell – ein Lösungsansatz für die Wohnungswirtschaft?"
Pieper, Richard, „Neue Technologien für ältere Menschen"
RWE-Bau-Handbuch, VWEW Energie Verlag GmbH, Frankfurt am Main, 13. Auflage
RWE-Bau-Handbuch, VWEW Energie-Einsparverordnung, Arbeitsgemeinschaft Mauerziegel im Bundesverband der Deutschen Ziegelindustrie e. V. (Hrsg.), Bonn, 1. Ausgabe, Januar 2002
Schmid, M. J., Handbuch der Mietnebenkosten, 9. Aufl., Neuwied, 2005
Schmidt, H.-H., Die Geschäftsraummiete, 5. Aufl., Stuttgart, 1993
Schmitz, Klaus, „Architektur und Dienste der SOPHIA-Läsung. IT-Umsetzung einer Unternehmenstrategie"
Schmoll, Fritz genannt Eisenwerth (Hrsg.), 2005, Kap. 2 – Schmoll: Vermietung
Schmoll, Fritz, Basiswissen Immobilienwirtschaft, Berlin, 2005
Schneider, Klaus-Jürgen (Hrsg.), Bautabellen für Architekten mit Berechnungshinweisen und Beispielen,
Sternel, Mietrecht aktuell, 4. Aufl., Verlag Dr. Otto Schmidt, Köln
Stürzer, Rudolf/Koch, Michael, Vermieterlexikon, 11. Aufl., Freiburg, 2010
Trotha v., Maria-Gabriele, Immobilie als Kapitalanlage, Berlin 2003
Weeber, Rotraut/Weeber H., Die zweite Miete/Strategien zur Eindämmung der Betriebskosten, Hamburg 2009
Werner Verlag GmbH & Co. KG, Düsseldorf, 15. Auflage, 2002
Schneider, Wolfgang, „Gebäudemanagement im Wohnungsbau"
Schramek, Ernst-Rudolf (Hrsg)/Recknagel, Hermann/Sprenger, Eberhard/Hänmann, Winfried, Taschenbuch für Heizung und Klimatechnik: einschl. Warmwasser- und Kältetechnik, 69. Aufl., München: R. Oldenbourg Verlag 1997
Schramek, Ernst-Rudolf/Sprenger, Eberhard/Recknagel, Hermann (Hrsg.), Taschenbuch für Heizung und Klimatechnik 2005/06: einschl. Warmwasser- und Kältetechnik, 72. Aufl., München, Wien: R. Oldenbourg Verlag 2004
Schultz, M., Geschäftsraummiete, München, 1993
Schulz, Peter, Schallschutz, Wärmeschutz, Feuchteschutz, Brandschutz – Handbuch für den Innenausbau, Deutsche Verlags-Anstalt, Stuttgart München, 7. vollständig überarbeitete Neuausgabe, 2002
Seip, Günter G. (Hrsg.)/Kammerl, Franz/Lux, Heinz/Schade, Bernd/Valerius, Arno, Gebäudesystemtechnik mit EIB: Sicherheit, Wirtschaftlichkeit, Flexibilität und Komfort mit zukunftsgerechter Elektroinstallation Erlangen, München: Publicis MCD Verlag 2000
Stobbe, Thomas, Steuern kompakt, Verlag Wissenschaft und Praxis Sternenfels, 4. Aufl., 2005

Stürzer, Koch u. a., Das Vermieter-Praxishandbuch, Haufe Mediengruppe Freiburg, 1. Auflage 2004

Stürzer, Koch u. a., Vermieter-Lexikon, Haufe Mediengruppe Freiburg, 8. Auflage 2004

Stürzer/Koch, Vermieterlexikon, 7. Auflage, Haufe Verlag

Tannenbaum, Andrew S., Computernetzwerke, 4., überarb. Aufl., München, Pearson Education 2003

Weber, Marx, Geschäftsraummiete, Planegg 2000

Wingen, Hubert, Essen 2001: Bestandsverwaltung: Verlag für Wirtschaft und Verwaltung Wohnen, Zeitschrift der Wohnungswirtschaft Bayern, Herausgeber Verband bayerischer Wohnungsunternehmen e. V. (VdW)

Zahneisen, Anton, „SOPHIA als zukunftsweisendes Franchisekonzept"

Zukunftsweisendes Immobilienmanagement – Virtuelle Personenbetreuung im Alter. Vorträge während der KSD Fachtagung am 2. und 3. 12. 2004 in Bamberg

Kapitel 13: Begründung und Verwaltung von Wohnungs- und Teileigentum

Volker Bielefeld, Der Wohnungseigentümer, 8. Aufl., Haus & Grund Deutschland-Verlag und Service GmbH

Deckert, Die Eigentumswohnung. WRS-Verlag, München (Verlag Wirtschaft, Recht, Steuern)

David Greiner, Wohnungseigentumsrecht, C.F. Müller, Heidelberg

Fachzeitschriften:

Wohnungseigentum, Hammonia Verlag

Die Wohnungswirtschaft, Hammonia Verlag

Hügel/Elzer, Das neue WEG-Recht, C. H. Beck Verlag, München

Köhler, Das neue WEG, Verlag Dr. Otto Schmidt, Köln

Riecke/Schmid, Fachanwaltskommentar Wohnungseigentumsrecht, 2. Aufl., Luchterhand

J. von Staudingers: Kommentar zum Bürgerlichen Gesetzbuch, WEG Band 1 und 2, Verlag Dr. Arthur L. Sellier & Co. – Walter de Gruyter & Co., Berlin

Wolf-Rüdiger Bub und Christian von der Osten: Wohnungseigentum von A–Z, 7. Auflage, Deutscher Taschenbuch Verlag

Fachzeitschriften:

Wohnungseigentum, Hammonia Verlag

Immobilien Vermieten, Magazin für Investition, Recht und Objekt-Management, Huss Medien GmbH

Wohnen, Zeitschrift der Wohnungswirtschaft Bayern, Herausgeber Verband bayerischer Wohnungsunternehmen e. V. (VdW)

Kapitel 14: Erwerb und Veräußerung von Immobilien

Franke, Hans Hermann/Rehkugler, Heinz, Immobilienmärkte und Immobilienbewertung, München 2005

Gotthold, Jürgen, Stadtentwicklung zwischen Krise und Planung, Köln, 1982

Gottschalk, Götz-Joachim, Immobilienwertermittlung, 2. Auflage, München 2003

Kleiber, Wolfgang/Simon, Jürgen/Weyers, Gustav (Hrsg.), Verkehrswertermittlung von Grundstücken, 5. Aufl., Köln 2007

Palandt, Bürgerliches Gesetzbuch, 69. Aufl., München 2010

Reinhold, Wilfried (Hrsg.), Wertermittlungsrichtlinien 2002/ WertR 2002, 3. Aufl., 2003

Rössler, Rudolf/Langner, Johannes/Simon, Jürgen/Kleiber, Wolfgang/Joeris, Dagmar/Simon, Thore (Hrsg.), Schätzung und Ermittlung von Grundstückswerten, 8. Aufl., Neuwied 2006

Schmoll, Fritz (Hrsg.), genannt Eisenwerth, Basiswissen Immobilienwirtschaft, 1. Aufl., Berlin 2005

Schreiber, Klaus (Hrsg.), Immobilienrecht, Handbuch, Berlin 2001

Wegner, Hans-Albert, Alles klar, lieber Nachbar? Nachbarrecht von A–Z, Planegg 1997

Kapitel 15: Der Makler als Dienstleister am Immobilienmarkt

Koch, Rolf, Der Provisionsanspruch des Maklers, Stuttgart/München, 2005

Marx, Peter, „MaBV Markler- und Bauträgerverordnung mit § 34c GewO und MaBVwV" 8. Aufl., München, 2009

Mäschle, Walter: Maklerrecht – Lexikon des öffentlichen und privaten Maklerrechts, 2. Auflage, München 2002

Sailer, Erwin, „Der Immobilienmakler – Grundlagen, Strategien, Entwicklungspotentiale" Stuttgart/München, 2010

Sailer, Erwin/Kippes, Stephan/Rehkugler, Heinz: „Handbuch für Immobilienmakler und Immobilienberater" München, 2010

Sailer, Erwin/Langenmaak, Hans-Eberhard: „Kompendium für Immobilienberufe" 11. Aufl., Stuttgart/München, 2008

Wegener, Ulrich/Sailer, Erwin/Raab, Stephan, „Der Makler und sein Auftraggeber", 5. Aufl., Stuttgart/München, 1997

STICHWORTVERZEICHNIS

Abbau von Subventionen	147	Akzessorietät	1116
Abberufung des Verwalters	1022	Alexandra-Stiftung	13
Abdichtungsmaßnahmen	956	Alleineigentümer	1274
Abfallrecht	274	Allfinanz-Angebote	632
Abgabenrechtliche öffentliche Lasten	1133	Allgemeine Ausnahmen	423
Abgeschlossenheit der Teilmärkte	123	Allgemeine Geschäftsbedingungen	1275, 1284
Abgeschlossenheitsbescheinigung	977, 978	Allgemeine Versicherungsbedingungen	446
Abgrenzung der Betriebskosten	886	Allgemeine Verwaltungsvorschrift für die Ausstellung von Bescheinigungen gemäß § 7 Abs. 4 Nr. 2 und § 32 Abs. 2 Nr. 2 WEG	971
Abgrenzung von Herstellungs- und Erhaltungsaufwand	387		
Ablauf einer Modernisierungsmaßnahme	950	Allstimmiger Beschluss	986
Ablaufleistung	596	Alterssicherung	126
Ablaufschema zur Umsatzsteueroption	421	Altersvorsorgebeiträge	410
		Altersvorsorgezulage	410
Ablaufschema zur Verteilung der Heizkosten	917	Altersvorsorgezulage bei „Wohn-Riester"	410
Abrechnung der Betriebskosten	911	Altlastenproblematik	935
Abrechnung Heiz- und Warmwasserkosten	915	Amortisationsdarlehen	603
		Amortisationsrechnungen	238
Abrechnungscontrolling	311	Analyse der Nachhaltigkeit der Erträge	1255
Abrechnungseinheit	912		
Abrechnungsfrist	912	Analyse der Rechtsverhältnisse	1255
Abrechnungszeitraum	912	Analyse des Grundstücks und Gebäudes	1255
Abschluss des Maklervertrages	1252		
Abschluss des Wohnraummietvertrages	706	Anbahnung von Geschäftsraummietverträgen	784
Abschlusserklärung	1300	Änderung	424
Abschlussoption	785	Änderungskündigung	787, 836
Abschlussvertreter	1243	anfänglichen Effektivzinssatz	615
Abschreibung	381	Anforderungen an eine Betriebs-/Nebenkostenabrechnung	913
Abschreibung des Grundbuchs	1197		
Abschreibungsbereichen	391	Anforderungsprofil	132
Absetzung für Abnutzung (AfA)	391	Anforderungsprofile	414
Abstandsfläche	548	Angebots- bzw. Nachfrageoligopol	141
Abstraktheit	1122	Angebots- und Abschlusspreis	136
Abteilung I	1090	Angebots- und Nachfragekurve	142
Abteilung II	1090	Angebotskonkurrenz	129
Abteilung III	1090	Angebotsmonopol	141
Abweichungsanalyse	298	Angebotsstruktur	1259
Abzahlungsdarlehen	604	Anlagendeckung	198
Adolf Damaschke	13	Anlagendeckungsgrad (ADG)	201
AfA-Arten nach § 7 Abs. 4 EStG Lineare Gebäude-AfA	393	Anlagenintensität	196
		Anlagenintensität (AI)	201
Agenda 21	5	Anlagequote	196
Akquisition	1242	Annuität	603
Akquisitionsprospekte	1264	Annuitätendarlehen	603
Akquisitionsprozess	1252	Annuitätenmethode	239
Aktive Auftragsakquisition	1251		

STICHWORTVERZEICHNIS

Anschaffungs- bzw. Herstellungskosten	886
Anschaffungskostenminderungen	384
Anschaffungsnahe Herstellungskosten	385
Anschaffungsnebenkosten	384
Anschaffungspreis	384
Anspannungsgrad	197
Ansparphase	599
Antriebsstärke der Werbebotschaft	1267
Anwendungsbeispiel für Altersvorsorgezulage	411
Anwendungsbereich	915
Anwendungsbereich des Geldwäschegesetzes	1295
Anzeigepflicht	25, 722
Arbeiterwohnbaugenossenschaften	19
Arbeitgeberpflichten	1243
Arbeitnehmer-Sparzulage	646
Arbeitsplatzkonzentration	1276
Arbeitsschutzmanagementsysteme	269
Arbeitssicherheit	269
Architekt	568
Architekten-Haftpflichtversicherung	48, 457
Architektenvertrag	569
Archiv der Natur- und Kulturgeschichte	108
Art der baulichen Nutzung	544, 548
Art und Maß der baulichen Nutzung	36
Arten von Kennzahlen	195
Assetmanagement	66
Asymmetrische Informationslage	1289
Attraktivität des Wohnens	58
Aufbewahrungspflicht	27
Aufgaben und Befugnisse des Verwalters gemäß § 27 WEG	1025
Aufgabenbereichen	1242
Aufhebung	424
Aufhebung der Gemeinschaft	51
Aufhebung des Verfahrens	1180
Aufhebungsvereinbarung	832
Aufklärungsbedürftigkeit	1234
Aufklärungspflichten	1234
Auflassung	1139, 1149
Auflassungsvormerkung	
– Voraussetzung nach § 3 MaBV	39
– als Sicherung des Anspruchs auf Eigentumsumschreibung	1115
– beim Grundstückskaufvertrag	1143
Auflösend bedingtes Mietverhältnis	848
Aufrechterhaltung eines Geschäftsbetriebes	1279
Aufstellung eines Wirtschaftsplanes	295
Aufteilungsplan	977
Auftragsakquisition	1250
Aufwandssubvention	644
Aufwendungen zur Versetzung in betriebsbereiten Zustand	384
Aufwendungsersatz	
– des WEG-Verwalters	1020
– als Kosten im Maklergeschäft	1243
– bei Wirksamkeit des Erfolgsprinzips	1246
– als Erstattung der Auftragsbearbeitungskosten	1284
Aufwendungshilfen	644
Aufzeichnungs- und Informationspflichten des Bauträgers	41
Ausbilderqualifikation	185
Ausbildung in der Immobilienwirtschaft	166
Ausbildungsbetrieb	166
Ausgabearten	379
Ausgleichsflächen	6, 74
Ausgleichsmaßnahmen	74
Ausgleichsmaßnahmen für Bodenversiegelungen	553
Ausnahmen	411
Ausreichender Nachweis	1281
Aussagefähigkeit von Bilanzen	217
Ausschlussfrist	912
Außendienst	1241
Außenfinanzierung	251
Außenwandsysteme	488
Außenwirtschaftliche Beziehungen	147
Außerordentliche Kündigung mit Frist	849
Austausch des Mieters	754
Auswahlkriterien für Investitionen	236
Auszahlungsbedingungen	610
Automatisierte Liegenschaftskarte (ALK)	1080
autonome Angebotsanpassung	125
Bagatellschäden	941
Balanced Scorecard	192, 211
Bankvorausdarlehen	601
Bargebot	1182
Basel II	194

Basiskalkulation	136
Basiszinssatz	1142
Bauabnahme	588
Bauabrechnung	588
Bauabzugsteuer	438
Bauantrag	575
Baubetreuer	24, 34
Baubetreuung und Projektsteuerung	43
Baubuch	586
Baudurchführung	575
Bauerwartungsland	123
Bauflächen	544
Baufortschrittsraten	27, 39
Baufreiheit	11
Baugesetzbuch	536
Baugrenze	547
Bauherr	37, 568
Bauherrenhaftpflichtversicherung	42
Bauherren-Haftpflichtversicherung	455
Bauherrenrisiken	37
Baukalkulation	42
Baulastenverzeichnis	1134
Bauleistungsversicherung	43
Bauleistungs-Versicherung	587
Bauleitpläne	1102
Bauleitplanung	
– Vertragspartner und Ziele	70
– Rolle der Gemeinden	116
als Hauptinstrument des Bauplanungsrechts	535
Bauliche Veränderungen	1009
Baulinie	547
Baulinien und -grenzen	548
Baulückenkataster	77
Baumaßnahmen	76, 388
Baunutzungsverordnung	541, 544
Bauordnungsrecht	536
Bauplan	219
Bausparguthaben	599
Bausparkasse	599
Bausparsofortfinanzierung	627
Baustellencontroller	297
Baustellenkoordinator	41, 297
Baustellenverordnung	41
Bauträger	18, 34
Bauträgerkalkulation	658
Bauvorausdarlehen	627
Bauvorbereitung	568
Bauweise	547, 548
Bauzeitenplanes	297
Bebaute, vermietete Grundstücke	434
Bebauungsplan	538, 560
Bebauungsplan der Innenentwicklung	117
Bedarfsbewertung	434
Bedeutung der räumlichen Teilmarktgrenzen	128
Bedingter Vertrag	784
Beendigung des Erbbaurechts	1173
Beendigung der Förderung	830
Beendigung des Verwaltervertrags	1022
Beendigung von Mietverhältnissen	832
Befristete Geschäftsraummietverträge	777
Beginn des Mietverhältnisses	277
Begriff	1236
Begriff Anschaffungskosten	383
Begriff Betriebskosten	885
Begriff der Allgemeinen Geschäftsbedingungen	1284
Begriff des Bauträgers	22
Begriff Herstellungskosten	386
Begriff Nebenkosten	885
Begriff Wohnungsvermittler	1291
Begründung von Wohnungs- und Teileigentum	975
Behausungsziffer	10
Behebung städtebaulicher Missstände	75
Behördliche Nachschau	25, 1295
Beispiel für den überregionalen Markt:	129
Beispiel für den lokalen Markt:	129
Beispiel für den regionalen Markt	129
Beispiele für eine Betriebskostenabrechnung	919
Belastung des Erbbaurechts	1173
Belegungs- und mietgebundene Wohnungen	703
Belegungsgebundene Wohnungen	704
Belegungsrechte	655
Beleihungsauslauf	606
Beleihungsauslauf nach Ertragswert	202
Beleihungsgrenze	605
Beleihungsunterlagen	608
Beleihungswert	605
Beleihungswertermittlung	606, 1223
Beleihungswertermittlungsverordnung	606
Beleuchtung	902
Bemessung der Grundsteuer	426
Bemessungsgrundlage	423

Benchmarking	156, 325	Betriebskosten als Pauschale	736
Benennungsrecht	655	Betriebskosten als Vorauszahlungen	737
Beratung	1236	Betriebskosten/Nebenkosten	875
Beratungsleistungen	1238	Betriebskostenansätze im Benchmarking	911
Beratungsrisiko	35	Betriebskostenmanagement	875
Berechnung des effektiven Jahreszinses	1294	Betriebskostenspiegel	881
Berechtigtes Interesse	839, 1095	Betriebskostenumlagen	827, 1277
Bereitstellungszinsen	610, 626	Betriebskostenverordnung	1277
Berichtigungsmöglichkeiten	1097	Betriebsorganisation	294
Berichtswesen	300, 333	Betriebspflicht	781, 1279
Berliner gemeinnützige „Baugesellschaft"	13	Betriebsstatistik	324
Berufsausbildung	168	Betriebsvergleich	327
Berufshaftpflichtversicherung	65	Beurkundung des Kaufvertrages	1274
Beschichtungen (Putze und Anstriche)	526	Bevölkerungsdichte	113
Beschlussanfechtung	1054	Bevölkerungsexplosion	7
Beschlüsse	984	Bewegungsbilanz	217
Beschlussfähigkeit	1045	Bewertung bebauter Grundstücke	432
Beschlusskompetenz	984	Bewertung des Objektes	1254
Beschluss-Sammlung	1051	Bewertung unbebauter Grundstücke	431
Beschränkte persönliche Dienstbarkeit	1110	Bewertungsgesetz	428
Besetzungsrecht	655	Bewertungsgrundsätze	214
Besichtigung des Objektes	1252	Bewertungszahl	600
Besitz	1148	Bewilligungsstelle	826
Besitzübergang	1274	Bewirtschaftungskosten	824
Bestandsimmobilien	136	BGB-Gesellschaft	1289
Bestandspflege und -erhaltung	924	Bietstunde	1181
Bestandsstruktur	207	Bilanzierungsgrundsätze	212
Bestandsteilzuschreibung	1196	Bilanzklarheit	212
Bestandsverzeichnis	1090	Bilanzkontinuität	213
Bestandteile eines Grundstücks	1099	Bilanzpolitik	216
Bestellbau	1150	Bilanz-Rating	194
Bestelldauer	1017	Bilanzwahrheit	213
Bestellung des Verwalters	1016	Blankokredit	252
bestimmte Eigenschaften	1273	Boden als freies Gut	107
Betreiber	126	Boden ist „Rohstoff"	108
Betreuer	34	Bodenbevorratung	77
Betriebliche Controlling	294	Bodenerkundung	475
Betriebsabrechnungsbogens	309	Bodenertragswert	1216
Betriebsergebnis	224	Bodenfunktionen	107
Betriebsgröße	1242	Bodenordnung	70, 557
Betriebshaftpflichtversicherung	456	Bodenrichtwerte	1207
Betriebskosten		Bodensanierung	73
– beim Controlling	296	Bodenschutz	276
– als Werbungskosten	382	Bodenspekulation	12
– bei Mietanpassungen	811	Bodenunternehmer	11
– bei gemeinschaftlichem Eigentum und Sondereigentum	998	Bodenuntersuchungen	72
		Bodenversiegelung	74
		Bodenwertzuwächse	77

Bonität	609
Bonitätsprüfung	779
Bonität von Darlehensnehmern und Darlehenskonditionen	609
Break-even-point	226
Briefhypothek	1118
Brutto- und Nettomiete	736
Bruttoinvestitionen	233
Bruttokaltmiete	736
Bruttowarmmiete	736
Buchhypothek	1118
Budgetpolitik	304
Bundes-Bodenschutzgesetz	6
Bundesfachverband Wohnungs- und Immobilienverwalter e. V. (BFW)	51
Bundesnaturschutzgesetz	6
Business Prozess Reengineering	157
Buy-and-lease	669
Cap-Vereinbarung	624
Cash Flow („der Kassenfluss")	200
Cash Flow aus Finanzierungstätigkeit	218
Cash Flow aus Investitionstätigkeit	218
Cash Flow aus laufender Geschäftstätigkeit	218
Cash Flow nach planmäßiger Tilgung	218
Chartered Surveyor	1205
Chronologie der Leistungsfolge	305
Collar-Vereinbarung	624
Computer Aided Facility Management (CAFM)	285
Controllerkonferenzen	300
Controlling	291, 1245
Corporate Designe	1260
Corporate Governance	156, 158
Corporate Identity	152, 356
Corporate image	152
Corporate Real Estate Management	304, 926
Covenants (Nebenabreden)	620
Cross-Border-Leasing	669
Customer Relationship Management	156
Dachaufbau geneigter Dächer	498
Dächer	496
Dachformen	496
Dachtragwerke	497
Dachverband Deutscher Immobilienverwalter e. V. (DDIV)	51
Damnum	611
Darlehensabwicklung	623
Darlehensbeschaffung	78
Darlehensnebenkosten	613
Darlehensphase	600
Darlehensvermittlungsvertrag	
– zwischen Unternehmen und einem Verbraucher	1231
– bei der Finanzierungsberatung	1236
Schriftform	1280
Datenpflege	281
Datenschutz	282
Datenschutzbeauftragte	284
Datenschutzrichtlinie	283
Datensicherung	282
Dauermiet- und Dauernutzungsvertrag	759
Dauernutzungsrecht	1112
Dauerwohnrecht	1111
DCF-Verfahren	1225
Deckungsbeitrag	309, 1244
Deckungsbeitragsrechnung	226, 227
Deckungsbeitragsrechnungen	225
Deficit Spending	146
Degressive Abschreibung für Wohngebäude	397
Demographisches Problem	146
Denkmalschutzgesetz	924
Depotbank	66
Depression	16
Detailanalyse	1254
Determinanten	135
Deutsche Demokratische Republik	17
Deutschen Rechnungslegungsstandard „DRS"	217
Deutscher Immobilienaktienindex	68
Dienstanweisung	261
Dienstbarkeiten	1107
Dienstleistungs-Controlling	312
Dienstvertrag	866
Dienstvertragsvermittlung	1230
Differenz zwischen den Grenzpreisen und Abschlusspreisen	137
Direkte Förderung	644
Disagio	611
Dispositionskredit	252
Diversifikation	306, 1239
Doppeltätigkeit	1235
Doppelversicherung	467

Drittstellung des Maklers	1248
Duldungspflichten	723
Durchschnittsmiete	820
Durchsetzung des bestimmungsgemäßen Gebrauchs	717
Dynamische Berechnungsverfahren	237
EAT	206
EBIT	206
EBITDA	206
EBITDA-Rendite	206
EBT	206
E-Commerce	156
Effektivzinsberechnung	616
Effektivzinssatz	614
Ehevermittlungsvertrag	1230
Eigen- und Fremdverwaltung	863
Eigenfinanzierung	251
Eigenkapitaldeckungsvorschriften	78
Eigenkapitalquote	202
Eigenkapitalrendite	684, 882
Eigenkapitalrentabilität	204
Eigenkapitalverzinsung	640
Eigenmittelquote (EMQ)	202
Eigenmittelrentabilität (EMR)	204
Eigentümergrundschuld	1118, 1122
Eigentümerwechsel	1058
Eigentümerwohnung	1276
Eigentumsgarantie	1074
Eigentumswohnungen	1241
Einfache Alleinaufträge	1253, 1286
Einfacher Mietspiegel	800
Einfamilienhauskategorien	1259
Einflussfaktoren	135
Eingetragene Genossenschaft (e.G.)	32
Einhaltung der Wettbewerbsvorschriften	1296
Einheimischenmodelle	73
Einheitswert	428
Einheitswertermittlung	430
Einkommenselastizitäten	142
Einkunftsarten	375
Einnahmearten	378
Einnahmen-/Ausgabenrechnung	1037
Einrichtungen für die Wäschepflege	906
Einsatz energiesparender Heizungstechnik	961
Einstimmiger Beschluss	986
Einstweilige Verfügungen	1300
Einteilung der Steuern	374
Einwendungschluss	913
Einzel-/Grundmiete	734
Einzelbesichtigung	1240
Einzelmiete	820
Elektroinstallation und Stromversorgung	508
Elementarschaden-Versicherung	463
Endfällige Darlehen	604
Endlichkeit der Ressourcen	6
Endpreis	1293
Energiebedarfsausweis	966
Energieeinsparung	953
Energieeinspar-Verordnung (EnEV)	486
Enteignung	1191
Enteignungsbehörde	1194
Enteignungsverfahren	1194
„Entjudung" des Hausbesitzes	16
Entlastung des Verwalters	1031
Entschädigung	1193
Entscheidungssicherheit	133
Entstehen der unternehmerischen Wohnungswirtschaft	12
Entwässerung	891
Entwässerungsleitungen	479
Entwicklung der zentralen Orte	115
Entwicklung des Einkommens	135
Entwicklungsmaßnahmen	76
Entwicklungsstufen	123
Entwicklungszyklus der Immobilie	125
Entziehung des Wohnungseigentums	1061
Erbbaurecht	1115, 1159
Erbbaurechtsvertrag	1159
Erbbauzins	1165
Erbengemeinschaft	1274
Erbschaft- und Schenkungsteuer	434
Erbschein	1274
Erfüllungsort der Mietzahlung	720
Erfassung der Objektdaten	1252
Erfolg in der Gegenwart	1266
Erfolgsanalyse	1244
Erfolgscontrolling im Maklergeschäft	312
Erfolgsoptimum	1249
Erfolgsperiodisierungsprinzip	213
Erfolgsplan	219
Erfolgsprinzip	1246
Erfolgsquote der Makler	327
Erfolgsquotient	1244
Erfolgswahrscheinlichkeit	1244, 1289
Erforderliche Zuverlässigkeit	24
Erhaltungsaufwendungen	382

Erhaltungssatzung	117	fachliche Eignung	24
Erhöhte Absetzungen bei Baudenkmalen	400	Facility Management	
		– Begriff	58
Erhöhte Absetzungen bei Gebäuden	398	– Begriffsbezeichnungen	69
Erhöhte Absetzungen bei Gebäuden in Sanierungsgebieten	399	– als Sammelbegriff	926
		Fälligkeit	720
Erholungsflächen	111	Fälligkeitsdarlehen	604
Erlass der Grundsteuer	427	Fauna-Flora Habitat Richtlinie	6, 107
Ermittlung der Gewinneinkünfte	377	Feasibility Study	35
Ermittlung der Überschusseinkünfte	378	Fehlbelegungsabgabe	1276
		Fehlen städtebaulicher Konzepte	10
Ermittlung des Verkehrswerts	1254	fehlende Markttransparenz	132
Ersatzansprüche	859	Feldarbeit	1242
Ersatzinvestition	233	Fenster	521
Erschließung	71, 549	Fensterarten	522
Erschließungsanlagen	72, 549	Fertigmaße	701
Erschließungsbeiträge	551	Festdarlehen	604
Erschließungskosten	552	Festpreis	42
Erschließungsträger	72, 549	Festsetzung der Miethöhe	737
Erschließungsverträge	550	Feststellung der Vertragsparteien	1274
Ertragslage	198	Feststellungsarten für den Einheitswert	429
Ertragswertverfahren			
– Ablaufschema	432	Feuerversicherung	462
– Festlegung in Abhängigkeit von der Grundstücksart	434	Financial Covenants	620
		finanziellen Tragbarkeit	675
– nach Wertermittlungsverordnung	1200	Finanzierung	233
		Finanzierung des Terrorismus	295
– als normiertes Wertermittlungsverfahren	1206	Finanzierungsarten	251
		Finanzierungsberatung	1236
– Wertermittlung	1215	Finanzierungslage	197
Erweiterungsinvestition	233	Finanzplan	220
Erwerb durch Hoheitsakt	1175	Finanz-Rating	194
Erwerb von Belegungsrechten	21	Finanzwirtschaftliche Kennzahlen	196
Erwerb von Todes wegen	435	Finanzwirtschaftliche Vorschau	219
Etagenheizungen	895	Firmenhomepage	1256
Euribor-Zinssatz	618	Firmenprospekte	1264
EURO-Geldpolitik	146	Firmenwerbung	1251, 1260
Eventualzinssatz	623	Fixe Kosten	225
Exemplarische Vertragsmuster	759	Flachdachkonstruktionen	500
Existenzsicherung	1276	Flächen anderer Nutzung	111
Exposé	1234	Flächenberechnungsmethoden	1241
Exposéergänzung	1262	Flächenmanagement (FLM)	929
Exposéerstellung	1242	Flächennutzungsplan	116, 538
Exposéfunktionen	1256	Floor-Vereinbarung	624
Exposéschema	1259	Fluchtlinien-Gesetz	12
Externe Controllingfachleute	302	Flur	1078
„Externe" Effekte	109	Flurbereinigung	557
		Flurstück (Parzelle)	1076
		Flurstücke	1078
		Folgeprovisionen	1285
		Fondstilgung	629

Förderansätze für selbst genutztes Wohneigentum	402
Förderprogramme in Deutschland	651
Förderung haushaltsnaher Beschäftigungsverhältnisse/ Dienstleistungen/Handwerkerleistungen	403
Fördervereinbarung	819
Förderzusage	819
Forfaitierung	669
Form des Grundbuchs	1085
Form des Mietvertrages	710
Form der Kündigung	835
Formularmietvertrag und Allgemeine Geschäftsbedingungen	712
Formularverträge	1275
Formularvordrucke	710
Formvorschrift	710
Formvorschrift des § 311b BGB	1272
Forward-Darlehen	625
Franchisesystem	134
Frei verfügbare Wohnungen	703
Freibeträge	436
Freie Mitarbeiter	1243
„Freie" Wohnungsunternehmen	12
Freiwillige Grundstücksversteigerung	1138, 1190
Fremdfinanzierung	251
Fremdgrundschuld	1122
Fremdkapitalkostensatz (FKK)	204
Fristenkongruenz	198
Fristenplan	937
Fristenplan für Schönheitsreparaturen	744
Fristlose Kündigung	852
Führungsstile	154
Führungsziele	152
Fungibilität	689
Funktionsfähigkeit eines Gebietes	75
Funktionsgebundene Werksmietwohnung	844
Fürsorge- und Treuepflicht	718
Gartenpflege	901
Gebäude und Freiflächen	111
Gebäude- und Freiflächen	112
Gebäude-Controlling	310
Gebäudeertragswert	435
Gebäudeherstellungswert	1209
Gebäudeleittechnik	511
Gebäudemanagement	698, 928
Gebäudesystemtechnik	511
Gebot der Vollständigkeit notariell beurkundeter Kaufverträge	1272
Gebrauchsüberlassungspflicht	714
Gebührenordnung	1243
Geeignete Prüfer	28
Gefahr	1148
GEFMA	264, 927
Gegenstand der Grundsteuer	425
Gegenstände städtebaulicher Verträge	69
Geistkapital	1289
Geldanlageformen	672
Geldbeschaffungskosten	380
Geldpolitik der Europäischen Zentralbank	145
Geldvermögen	679
Gemarkung	1078
Gemeinnützige Wohnungsunternehmen	15
Gemeinnützigkeit	13
Gemeinnützigkeit kraft Satzung	22
Gemeinnützigkeitsverordnung	15
Gemeinschaft der Wohnungseigentümer	981
Gemeinschaftsantennenanlage	905
Gemeinschaftsordnung	977
Gemeinschaftswerbung	1267
Gemeinwohl	109
gemildertes Niederstwertprinzip	214
Genehmigung des Vertrages	1282
Genehmigungen	1144
Generalübernehmer	25, 37
Generalunternehmer	25, 37
Genossenschaftsanteile	409
Geordnete Vermögensverhältnisse	24
Gerichtliche Geltendmachung des geforderten Hausgeldes	1065
Gerichtliche Mahnverfahren	1065
Gerichtliches Verfahren	1061
Geringstes Gebot	1181
Gesamtbestand der Wohnungen	53
Gesamtbetrag der Einkünfte	376
Gesamteffektivzins	616
Gesamthypothek	1120
Gesamtkapitalrentabilität	199
Gesamtkapitalrentabilität (GKR)	204
Gesamtkosten	825
Geschäftsbanken	594
Geschäftsgrundlage	791
Geschäftsordnungsbeschluss	986

Geschäftsräume	700, 861
Geschäftsraummiete	786
Geschäftsraummietvertrag	777
Geschäftsraumvermittlung	1278
Geschäftsrisiko	12
Geschäftsverteilungsplan	262
Geschlossene Immobilienfonds	67, 690
Geschossdecken	493
Gesellschaftsvertrag der GmbH	31
Gesetz gegen den unlauteren Wettbewerb	144, 1296
Gesetz gegen Wettbewerbsbeschränkungen	144
Gesetz zur Regelung der Miethöhe	18
Gesetzliche Leitbild des Maklervertrages	1286
Gesetzlicher Güterstand	1275
Getrennte Verhandlungen	1240
Gewährleistungsansprüche	730
Gewährleistungsrechte	719
Gewährleistungsrechte des Mieters	781
Gewässerschadenhaftpflichtversicherung	456
Gewerbe- oder Geschäftsraumvermittlung	1275
Gewerbeordnung	22, 1232
Gewerberechtliche „Buchführung"	27
Gewerbliche Lieferung von Wärme	895
Gewerbsmäßige Anbieter	132
Gewinneinkünfte	375
Gewinn-Schwelle	226
Gewinnvergleichsverfahren	238
Gleitende Neuwertversicherung	465
Gleitklauseln	1278
Globalfinanzierung	631
Going-Concern-Prinzip	214
Goldene Bilanzregel	198
Governance Kodex	141
Gradtagszahlen	919
Grafiken	331
G-REITs	68
Grenzen der Beratungstätigkeit	1236
Grenzpreis	136
Grobanalyse	1254
Großbritannien	133
Große Maklerfirmen	134
Größenklassifizierung	302
Großobjekte	126
Großsiedlungen in „Plattenbauweise"	19
Grundbesitzwerte	434
Grundbuch	1083
Grundbuchberichtigung	1003
Grundbucheinsicht	1095
Grundbucheintragungsverfahren	1090
Grunddienstbarkeit	1108
Grunderwerbsteuer	422
Grundgedanken	1248
Grundgedanken der Objektbetreuung	52
Grundkonzept für „Wohn-Riester"	408
Grundleistungen	40
Grundpfandrecht	1116
Grundschuld	1121
Grundsteuer	425
Grundstücksarten	1100
Grundstücksbegriff	1098
Grundstücksbewertung	1198
Grundstückskaufvertrag	1138, 1144
Grundstückskaufvertragsinhalte	1159
Grundstücksverkehrsgesetz	117
Gründungen	478
Gutachterausschüsse	1202
Gütergemeinschaft	1274
Gütertrennung	1274
Gütestelle	1131
Gutgläubiger Erwerb	1095
HABITAT-II-Konferenz	5
Haftpflichtversicherung	453
Haftung	991
Haftung des Baubetreuers	45
Haftung des Objektbetreuers	63
Haftung des Verkäufers	1145
Haftung des Verwalters	1031
Haftungsfälle des wirtschaftlichen Baubetreuers	45
Halbeinkünfteverfahren	32
Handelsregister	30
Handelsvertreter	1230, 1243
Händlerfunktion	133
Harmonisierter Verbraucherpreisindex (HPV)	1279
Hauptgeschäft der Makler	79
Hauptleistungen von Wohnungsunternehmen	568
Hauptrisikopotentiale des Maklergeschäftes	303
Hauptverhandlung	1300
Hauptvertrag	1281
Haus- und Grundbesitzerhaftpflichtversicherung	454

Haus- und Grundstücksentwässerung	503
Haushaltsnahe Beschäftigungsverhältnisse	404
Haushaltsnahe Dienstleistungen	1041
Haushaltsnahe Handwerkerleistungen	405
Hausordnung	752
Hausratversicherung	1240
Hausreinigung	901
Hauswart	904
Headline	1269
Heimfall	1165
Heimstättengedanke	13
Heizkostenverteilung ab 1.1.2009	916
Heizkosten-VO	1000
Heizung	892
Heizungstechnik	512
Henry George	13
Herrschaftswissen	298
Hilfe vom Staat	15
Höchstbetragshypothek	1119
Höchstwertprinzip	214
Höchstzulässige Miete gemäß WoFG	656
Höfeordnung	1084
Höhe der Betriebskosten	879
Höhe der Provision	1292
Höherer Standard	388
Homepage	1015, 1243
Homo oeconomicus	140
Honorarordnung für Architekten und Ingenieure	571
Hypothek	1116
Hypothekenbanken	594
Hypothekensicherungsschein	609
I a-Darlehen	607
I b-Darlehen	607, 611
Identitätserklärung	1141
Identitätsprinzip	33, 213
Immissionsschutzrecht	273
Immobilien als Geldanlage	679
Immobilien- oder Grundstückshandel	133
Immobilien- und Finanzkrise	17
Immobilien zur Selbstnutzung	671
Immobilien-Aktiengesellschaften	68
Immobilienberater	1236
Immobilienbewirtschaftung	698
Immobilienbörsen	133
Immobiliendienstleister	121
Immobilienentwickler	1239
Immobilienentwicklung	72
Immobilieninvestment	66
Immobilienkonjunktur	144
Immobilienkrise 2008/2009	66
Immobilienleasing	
– als Finanzierungsinstrument	68
– als Alternative zum Miet- oder Pachtvertrag	127
– bei der Objektfinanzierung	665
Immobilienleasinggesellschaften	126
Immobilienmanagement	698
Immobilienmarkt	120
Immobilien-Pakete	126
Immobilienportal	1259
Immobilienportale	
– Beispiele	358
– als Betriebsbestandteil	1243
zur Einstellung von Maklerexposés	1256/1259
Immobilienverband Deutschland (IVD)	1243
Immobilienverband Deutschland (IVD) Bundesverband der Immobilienberater, Makler, Verwalter und Sachverständigen e.V.	50
Imparitätsprinzip	214
Impressum	1265
Indexmiete	739, 814
Indexmieten	1278, 1278
indirekte Förderung	644
Individualvereinbarung	1253
Individualvereinbarungen	1285
Individuell ausgehandelte Klauseln	712
individuelle Aufklärungspflichten	1234
Industrie- und Handelskammern	1301
Industrielle Reservearmee	8
Industrielle Revolution	8
Information und Berichtswesen	323
Informationsbeschaffung	132
Informationsfunktion	1233
Informationskonkurrenz	1261
Informationspflicht	1233
Informationspflichten	1257
Informationspflicht des Vermieters gemäß § 554 BGB	805
Informationssysteme	279
Informationszyklus	299
infrastrukturelles Facility Management	58

STICHWORTVERZEICHNIS

Infrastrukturelles Gebäudemanagement (IGM)	929
Inhalt der Obhutspflicht	721
Inhalt des Mietvertrages	714
Inhaltskontrolle durch die Gerichte	1276
Innendienst	1241
Innenfinanzierung	251
Innenwände	490
Inseratesammlung	27
Insichgeschäft	63
Inspektion	947
Instandhaltung	716, 931
Instandhaltungskosten	825
Instandhaltungs- und Instandsetzungspflicht	716
Instandhaltungsrückstellung	1007
Instandhaltungsstrategien	944
Instandsetzung	
– als Pflicht des Vermieters	717
– als Gegenstand von Fördergesetzen	931
– als Behebung bereits eingetretener Mängel	947
Institutionelle Kapitalanleger	55
Integriertes Management	277
Interessenidentität	1289
Interessenschwerpunkte der Verhandlungspartner	1272
Interessentennachweis	1233
Interessenvertreter des Eigentümers	1292
Internationale Arbeitsteilung der Produktion	147
Internationale Bewertungsverfahren	1225
Internationale Kennzahlen	205
Interne Revision	230, 294
Interne Überwachungssysteme	229
Internetadressen von Darlehensanbietern	613
Internetadressen zu Steuern	440
Investition	232
Investitionsanlässe	236
Investitionsarten	233
Investitionsgründe	232
Investitionsmaßnahmen	236
Investitionsneigung der Unternehmen	145
Investitionsplanung	234
Investitionsziele	235
Investmentfonds	685
Investmentsachverständige	1205
Invitatio ad Offerendum	1294
Irreführende Werbung	1297
Istkaufmann	30
Jahresabrechnung	1035
Jahresbudgets	1265
Jahres-Primärenergiebedarf	965
Jahresrohertrag	1215
Jährliche Pflichtprüfung	28
Kapitalanlagegesellschaften	66
Kapitalbilanz	148
Kapitaldienst	675
Kapitaldienstdeckung (KDD)	205
Kapitalflussrechnung	217
Kapitalgesellschaften	29
Kapitalistisches Eigentum	18
Kapitalkosten	823, 886
Kapitallebensversicherung	595
Kapitalmarktzins	78
Kapitalrückflussquote	203
Kapitalrentabilität	57
Kapitalsubvention	644
Kapitalwertmethode	239
Kappungsgrenze	795
kartographische Dokumentation	115
Katasterzahlenwerk	1078
Kauf bricht Miete nicht	1262
Käufermarkt	337
Kaufmännisches Gebäudemanagement (KGM)	928
Kaufpreis	1141
Kaufpreishöhe und -fälligkeit	1273
Kaufpreissammlungen	1207
Kaution bei Verkauf des Hauses	755
Kelleraußenwände	480
Kennzahlen	326
Kennzahlen des nicht-finanziellen Bereichs	207
Kennzahlen eines Unternehmens	195
Kennzahlen von Immobilienunternehmen	201
Kennzahlen zu Abschreibungen	199
Kennzahlen zur Unternehmenssteuerung	208
Klassifizierung des Eigentums	18
Klauseln	453
Kleine Instandhaltungen	941
Kleinreparaturen	941
Kleinreparaturen (Bagatellschäden)	745

STICHWORTVERZEICHNIS

Kleinunternehmer	419
Know-how-Transfer	325
Kommunale Entwicklungsplanung	542
kommunale und staatliche Wohnungspolitik	12
Kommunikations- und Informationsnotwendigkeiten	1243
Kommunikationspolitik	356
Komplementäre Geschäftsfelder	306
Konditionenvergleich	1295
Konfliktmanagement	1069
Konkurrenzschutz	780
Konstantdarlehen	626
Konsumkredit	252
Konsumstandort	119
Kontaktaufnahme	1252
Kontenführung	1030
Kontrolle des Erfolges der Objektwerbung	1269
Kontrollieren	295
Kontrollrecht	913
Kooperationsverträge	654
Koordinationsaufgaben	297
Koordinieren	295
Kopplungsgeschäfte	1292
Körperschaftssteuer	32
Kosten	997
Kosten der Auftragsbearbeitung	1244
Kosten der Betriebsbereitschaft	1244
Kosten der Prüfung nach MaBV	29
Kosten Käufer	1148
Kosten Verkäufer	1148
Kosten von Wettbewerbsprozessen	1300
Kostenaufteilung bei Nutzerwechsel	917
Kostendeckungspunkt	226
Kosteneinsatzrisiko	34
Kostenelementeklausel	789
Kostenelemente-Klausel	783
Kostenerfassung	912
Kostenlose Marktinformationen	133
Kostenmiete	820
Kostenmieten	137
Kosten-Nutzen-Analyse des Controlling	294
Kostensätze für Instandhaltungsmaßnahmen	296
Kostenstellen	309
Kostenvergleichsverfahren	238
Kreditarten	252
Kreditgeber	593
Kreditinstitute	77
Kreditsicherheiten	253
Kreuzpreiselastizitäten	143
Kriegshandlungen	16
Kündigung	835
Kündigungsausschluss	846
Kündigungsfrist	833
Kündigungsfristen	836
Kündigungsgrund	835, 839
Kündigungsmöglichkeiten eines Darlehens	621
Kündigungsschutz	832
Kündigungstag	833
Kündigungstermin	833
Kurzexposés	1261
Ladungsbevollmächtigter	1043
Lageanalyse	1255
Lagefaktoren	1137
Landesbauordnungen	579
Landesentwicklungspläne	115
Landesgesetze zur Wohnraumförderung	818
Landesrechtliche Bestimmungen	831
Landflucht	9
landwirtschaftliche Betriebe	126
Landwirtschaftliche Flächen	111
Langexposé	1261
Langfristige Mietverträge	1278
Langfristiger Fremdkapitalanteil (LFA)	202
Langfristiger Verschuldungsgrad (LVG)	202
Lasten	997, 1148
Lastenberechnung	675
Lastenzuschuss	649
Lebensversicherungsgesellschaften	595
Legitime opportunistische Verhaltensmöglichkeiten	1247
Leistungen des Bauträgers	40
Leistungsarten	1237, 1240
Leistungsbereich der Projektsteuerer	49
Leistungsbereiche	1237, 1240
Leistungsbereiche der Objektbetreuer	56
Leistungsbeschreibung	583
Leistungsmatrix	1240
Leistungspflichten des Architekten	569
Leistungsvorbehalt	783
Leistungsvorbehalts	788
Leistungsvorbehaltsklauseln	1279

STICHWORTVERZEICHNIS

Leistungsvorbehaltsregelungen	1278
Leitbilder	1246
Leitbildfestlegung „bottom up"	321
Leverage-Effekt	200
Liberale Epoche der Wohnungswirtschaft	14
Liberalismus	8
Liefererkredit	252
Liegenschaftsbuch	1077
Liegenschaftskarten	1077
Liegenschaftskataster	1076
Liegenschaftszinssatz	1216
Liquidität	197
Liquiditätsbelastung aus Betriebskosten	203
Liquiditätsplan	220, 247
Liquiditätsplanung	246
Liquiditätsprüfung	638
Liquiditätsreichweite	203
Logische Vorgehensweise	1252
Löschung von Grundbucheintragungen	1092
Löschungsbewilligung	1121
Löschungsfähige Quittung	1121
Luftschalldämmung	492
Lüftungsanlagen	518
Lüftungswärmeverlust	961
Machbarkeitsstudie	36
Mahnverfahren in Wohnungseigentums-Sachen	1065
Makler	34, 1230
Makler-Bauträger-Verordnung (MaBV)	
– Geltungsbereich	25
– Verbraucherschützende Vorschriften bei Bauträgern	38
– Auswirkungen auf die Kalkulation	660
– Geltungsbereich für Immobilienmakler	1232
– Vorschriften für den Makler	1256
Maklerkooperationen	133
Maklermarkt	133
Maklerrecht in Österreich	1290
Maklerverbände	133
Maklervertragsbedingungen	1247, 1258
Makro-Standort	1136
Management in der Immobilienwirtschaft	698
Management von Immobilien	698
Managementlehre	154
Management-Techniken	154
Marketing	337
Marketing-Mix	367
Marketingplanung	365
Markt der Standorte	120
Markt der Zukunft	1266
Marktanalyse	340
Marktbeobachtung	343
Marktdienstleister	49
Marktdienstleistungen	1232
Marktdurchdringung	1290
Markteinflussfaktoren	123
Marktforschung	340, 349
Marktgut	1276
Marktleistungen	1242
Marktpreis	135
Marktprognose	345
Marktprognosen	134
Marktrisiken	35
Marktteilnehmer von morgen	251
Markttransparenz	133
Marktwirtschaft mit sozialer Absicherung	17
Maß der baulichen Nutzung	544
Maß der Bebauung	548
Maßgeblichkeit	215
Maßnahmen zum Einrichten einer Baustelle	475
Materielle Bilanzierungsgrundsätze	213
Media-Mappen	1266
Mediation	374
Meistgebot	1182
Merkmalsvergleich von Vereinbarungen über Betriebskosten	887
Messbarkeit der Zielerreichung	315
Messgrößen für den Wärmeschutz	963
Methode des internen Zinsfußes	240
MF-B (Büro)	1241
MF-H (Handelsraum)	1241
Mietänderung	786
Mietänderungsvereinbarung	787
Mietausfallwagnis	296, 827
Mietdatenbank	800
Mietdauer	731
Miete	734
Miete und Nebenkosten	720
Mietenmultiplikator (MM)	205
Mieterauswahl	57
Mieterbeiräte	873
Mieterhöhung bei Geschäftsräumen	782
Mieterhöhungsvereinbarung	792

Mietermarkt	702
Mietermodernisierung	953
Mieterschutz	705
Mieterwohnungen	54
Mietforderungsquote	201
Mietgebundene Wohnungen	704
Mietgegenstand	700
Miethausverwaltervertrag	58
Miethöhe bei Geschäftsräumen	781
Mietobjekt	730
Mietpreisbildung auf dem freien Wohnungsmarkt	138
Mietpreisbindung	18
Mietsicherheit/Kaution	746
Mietsicherheiten	779
Mietskasernen	10
Mietspiegel	737, 799
Mietvertrag und Hausordnung	750
Mietvertrag und Nutzungsvertrag	759
Mietvorvertrag	785
Mietzahlung	741
Migranten	6
Mikro-Standort	1136
Minderheitenquorum	1042
Minderjährige Mieter	709
Mindestbesteuerung	377
Mindesteigenbeitrag zur Altersvorsorge	411
Mitgliedschaft in der Bruchteilsgemeinschaft	987
Mitgliedschaft in der rechtsfähigen Wohnungseigentümergemeinschaft	987
Mitverursachung	1282
Mobiltelefonen	1242
Modernisierende Instandsetzung	1006
Modernisierung	804, 931
Modernisierung und Energieeinsparung	57
Modernisierungskosten	998
Monetäre Ziele	191
Monitoring	854
Müllabfuhr	900
Muster eines Grundstückskaufvertrages	1152
Musterverträge	758
Mutmaßlicher Ertrag	1207
Nachbarrechte	1128
Nacherfüllungsansprüche	45
Nachfragemonopol	141
Nachfrager aus dem Ausland	129
Nachhaftung	992
Nachhaltige Raumentwicklung	114
Nachweis der Verwalterbestellung	1017
Nachweis einer Vertragsabschlussgelegenheit	1281
Nachweis von Vertragsabschlussgelegenheiten	1233
Nachweisbestätigungen	1281
Nachweismakler	1281
Namens- oder Sachfirma	32
Natürliche Bevölkerungsentwicklung	135
Naturschutz und Siedungswesen	6
Negativbeschluss	987
Negativtest	1091
Nettoinvestition	233
Nettokaltmiete	736
Nettorohbauland	71
Nettowarmmiete	736
Neubau-Leasing	669
Neuen Ökonomischen Systems	19
Neuerschließungsumlegung	70
Neuordnungsumlegung	70
Neutralitätsprinzip	1249
Nicht befreit	417
Nichtbeschluss	987
Nichtfestsetzung	424
Nicht-monetäre Ziele	191
Nießbrauch	1112
Nominalzinssatz	613
Normalherstellungskosten	1201
Notaranderkonto	1144
Notarielle Beurkundung	1139
Notgeschäftsführung	1005
Nutzen	1148
Nutzfläche für Geschäftsräume	700
Nutzungen	997
Nutzungsentgelt	1273
Nutzungsentschädigung	858
Nutzungsfestsetzungen des Bodens	125
Nutzungsmöglichkeiten bzw. -beeinträchtigungen	1255
Nutzungsvorbehalte des Verkäufers	1273
Obhutspflicht des Mieters	720
Objektakquisition	1250
Objektanalyse	1254
Objektbetreuer	34

Objekten gewerblicher Eigennutzung	125
Objekten wohnlicher Eigennutzung	125
Objektfinanzierung	593
Objektförderung	644
Objektgrobanalyse	1252
Objektimage	1267
Objektmerkmale	1233
Objektnachweis	1233
Objektpolitik	352
Objektpool	133
Objektpräsentation im Internet	1259
Objektwerbung	1266
Offene Immobilienfonds	55, 66, 687
Öffentlich rechtliche Vorschriften	1232
Öffentliche Baulast	1134
Öffentliche Glaube des Grundbuchs	20
Öffentliche Lasten	890, 1146
Öffentlicher Glaube	1095
Öffentliches Nachbarrecht	1129
Öffnungsklausel	983
Ökologische Ziele	109
Ökonomische Gegenwirkungen	1276
Ökonomische Wahlmöglichkeit	127
Operatives Controlling	313
Opportunisten	140
Optimale Finanzierung	675
Option	849
Optionsrechte	1278
Ordentliche Kündigung	833
Ordnungs- und Baumaßnahmen	75
ordnungsmäßige Verwaltung	1005
Ordnungsmäßigkeitsprüfung	28
Ordnungswidrigkeit	1233, 1293
Organe der Verwaltung	1005
Organigramm	263
Organisation	257
Organisation des Immobilienmarktes	132
Organisations- und Informationsmanagement	1241
Organisationshandbuch	262, 263
Organisationsmodell	220
Ortsüblichen Vergleichsmiete	793
Outsourcing	58, 307
Parteien des Mietvertrages	707
Parteien des Wohnraummietvertrages	709
passive Auftragsakquisition	1251
Personalbeschaffung und -auswahl	163
Personalbeurteilung	164
Personal-Controlling	310
Personaleinsatz	164
Personalentlohnung	165
Personalentwicklung	166, 187
Personalerhaltung	187
Personalfolium	1089
Personalplanung	163
Personalwirtschaft	162
Personen- oder Lastenaufzug	898
Personengesellschaften	29
Personenversicherung	464
Petersche Formel	1007
Pfandbriefbanken	594
Pfandsache	728
Pflichten des Mieters	720
Pflichten des Vermieters	714
Pflichten des Versicherers	452
Pflichten des Versicherungsnehmers	451
Pflichtprüfung	28
Planausführende	568
Planen	295
Planen, Steuern und Kontrollieren	293
Planfeststellungsverfahren	114
Planzeichenverordnung	541, 544
Planzeichnungen	561
Policendarlehen	596
Polypol	142
Portfolio-Analyse	156
Portfolio-Matrix	1239
positive Darstellung der Wirklichkeit	1260
Potentielle Marktteilnehmer	1251
Preisangabenverordnung	614, 1258
Preisangaben-Verordnung	1293
Preisangaben-Verordnung (PAngV)	1293
Preisbestandteile	1294
Preisbestimmungskompetenz auf dem Markt für Bestandsimmobilien	136
Preiselastizitäten	143
Preisindex	788
Preisklauselgesetz	1278
Preisklauselgesetz (PrKG)	738
Preispolitik	353
Preisverhandlungen	136
Primärenergiebedarf	959
Primärerhebung	349
Prinzip der Entscheidungsfreiheit	1247

Prinzip der gegenseitigen Unabhängigkeit	1248
Prinzip der Interessenidentität	1249
Prinzip der territorialen Planung	19
Prinzipien	1246
Privates Nachbarrecht	1130
Privat-Haftpflichtversicherung	455
Problemgeschichte der Immobilienwirtschaft	7
Problemzentren in Berlin	11
„Produktion" von Bauland	70
Produktionskredit	252
Produktionsstandort	119
Produktivität in der Bauindustrie	135
Produzentenmonopol für Bauland	117
Projektbegleitender Service	1239
Projektdefinition	35
Projektentwickler	33
Projektentwicklung und Projektrealisierung	35
Projektsteuerer	35, 49
Projektsteuerung	297
Projektsteuerung von Architekten	49
Pro-Kopf-Wohnflächenverbrauch	1276
Prospekt	1257
Prospekthaftung	45
Provisionen sind frei vereinbar	1243
Provisionsbestätigungen	1281
Provisionseinnahmen	1243
Provisionsverbote	1291
Provisionsversprechen	1252
Prüfung aus besonderem Anlass	28
Prüfungsbericht	29
Prüfungsverfahren	28
Public-Relations	364
Publikumsfonds	66
Qualifizierte Alleinaufträge	1253
Qualifizierte Einrichtungen	1296
Qualifizierter Mietspiegel	800
Qualitätsmanagement	277
Qualitätsmerkmale eines Immobilienunternehmens	192
Quotale Haftung	692
Quote der maklervermittelten Immobilienumsätze	133
Rangänderung	1128
Rangordnung	1127
Rangvorbehalt	1128
Rassenideologie	16

Ratendarlehen	604
Rating-Verfahren	194
Rating-Verfahren	609
Rationalisierungsinvestition	233
Raum	971
Raumeigentum	971
Räumliche Teilmärkte	128
Raumordnung	533
Raumordnungsgesetz	113
Raumordnungspläne	113
Raumordnungsverfahren	114
Räumung	860
Raumverträglichkeitsprüfung	114
Real Estate Investment Trust	696
Real Estate Investment Trusts	68
Real Estate Management	698
Realfolium	1089
Realisationsprinzip	214
Realkredit	252
Reallast	1113
Rechenschaftspflicht nach § 666 BGB	61
Rechnungslegung	1041
Rechnungslegungspflicht	26
Rechte am Grundstück	1103
Rechte des Vermieters und Mieters	727
Rechte und Pflichten der Wohnungseigentümergemeinschaft	989
rechtliche Tragweite der vertraglichen Regelungen	1275
Rechtsfähigkeit der Wohnungseigentümergemeinschaft	988
Rechtsformen von Unternehmen	29
Rechtsmängel	1146
Rechtspfleger	1084
Rechtsprechung des Bundesgerichtshofes	1278
Rechtsschutzversicherung	456
Rechtsverhältnisse der GmbH	31
Reengenering	156
regionale Immobilienmärkte	1238
Reichsfluchtsteuer	16
Reichsheimstättengesetz	13
Reichsprogromnacht	16
Reinigung und Wartung	895
Reinvestition	233
REIT-Aktiengesellschaften	695
Rendite bei vermieteten Immobilien	680
Rentabilität	1255
Rentabilität des investierten Kapitals	52

Rentabilitätsrechnung (Return on Investment)	238
Rentehause	55
Rentenschuld	1125
Reparaturmeldung	864
Repräsentanten	468
Residualverfahren	1226
Restschuldmethode	615
Restschuldversicherung	595, 597
Return on Investment (ROI)	199, 204
Rhetorischen Fähigkeiten	1235
Richard Boorberg Verlag	1286
Richtigkeit der Information	1257
Riester-Rente	647
Ring Deutscher Makler, Verband der Immobilienberufe und Hausverwalter e. V.	50
Risikoausgleichende Geschäftsfelder	306
Risikokapital	139
Risiko-Kennzahlen	210
Risikolebensversicherung	595
Risikomanagementsystem	228
Risikoquotient	1245
Rohbauarbeiten	478
Rohbauland	123
Rohbaumaßnahmen	701
Rückgabe	857
Rückkaufwertes	596
Rücktrittsrecht	848
Sach- und Haftpflichtversicherung	903
Sachinformationen	1256
Sachmängel	1145
Sachmängel bei Bestandsimmobilien	1273
Sachversicherung	460
Sachverständige	1202
Sachverständigengutachten	466, 801
Sachverständigenverfahren	464
Sachwertverfahren	
– Ablaufschema	433
– Festlegung in Abhängigkeit von der Grundstücksart	434
– nach Wertermittlungsverordnung	1200
– als normiertes Wertermittlungsverfahren	1206
– Wertermittlung von bebauten Grundstücken	1209
Sachzielkonzept	1241
Sachzielstruktur	1237
Sale-and-lease-back	669
Sanierung	931
Sanierungsgebiete	75
Sanierungsmaßnahmen	75
Sanierungsträger	76
Schadensersatzanspruch	715
Schadensregulierung	464
Schädliche Verwendung	411
Schaffung von Markttransparenz	132
Scheinbestandteile	1099
Scheingeschäft	1281
Schlichtung von Mieterstreitigkeiten	874
Schlichtungsverfahren	1131
Schlüsselübergabe	715
Schönheits- und Kleinreparaturen	1278
Schönheitsreparaturen	744, 937
Schornsteinreinigung	903
Schriftform	711, 1257
Schriftform nach Vereinbarung	710
schriftliche Umlaufverfahren	1063
Schuldentilgungsfähigkeit	198
Schuldrechtliche Vereinbarungen	982
Schutz der Vermögensinteressen	26
Schutz gegen Feuchtigkeit	480
Scoring-Verfahren	609
Segregationserscheinungen	7
Sekundärerhebung	349
Sekundärstatistik	324
Selbst genutztes Wohneigentum	435
Selbstbehalt	468
Selbstfinanzierungsquote	198
Selbsthilfe durch solidarisches Handeln	14
Selbsthilferecht des Vermieters	728
Selektion möglicher Interessenten	1259
Separatverhandlungen mit den beiden Parteien	1271
Service-oder Betreuungsleistungen	1238
Sicherheitsleistung	26, 1181
Sicherstellung des Käufers	1143
Sicherstellung des Verkäufers	1143
Sicherung der Bauleitpläne	117
Sicherung der Finanzierungsmaßnahme	244
Sicherungshypothek	1119
Sichtmauerwerk	489
Siedlung	2
Siedlungs- und Verkehrsfläche	111
Sinneswandel des Auftraggebers	1247

Skontroführer	1230	Standardisierte Normalherstellungskosten	1210
Snob Effekt	143		
Sollgrößen	296	Standort- und Marktanalysen	136
Soll-Ist-Vergleich	298	Standortanalyse	36, 348, 1255
Sondereigentum	971	Standorte für Haushalte und Betriebe	135
Sondereinrichtungen	863		
Sonderkonjunktur	144	Standortentscheidungen und -verwirklichungen	5
Sondernutzungsrechte	979, 1056		
Sondervermögen	55	Standortvorrat	119
Sonnenschutzeinrichtungen	522	Statische Berechnungsverfahren	237
Sonstige Betriebskosten	906	Status	1040
Sonstige, seltenere Einnahmen	378	Stellenbeschreibung	260
Sortierfunktionen	1259	Sterblichkeitsziffern	7
Sozial-, Härteklausel	843	Steuerbegriff	371
Sozialbrache	107	Steuerbilanz	215
Soziale Marktwirtschaft	140	Steuerermäßigung	403
Soziale-Stadt-Konzepte	7	Steuerfreie Umsätze	417
Sozialistisches System	17	Steuerklassen	436
Sozialversicherungspflichtige Beschäftigungsverhältnisse und haushaltsnahe Dienstleistungen	404	Steuerliche Rechtsquellen	372
		Steuerliche Grundbegriffe	372
		Steuern	295
Sozialwohnungen	703	Steuerpflichtige Umsätze	416
Spannungsklausel	789	Steuersätze	437
Sparkassen	594	Steuersparmodelle	67
Spezialfonds	66	Steuerstundungsmodell	694
Spezialimmobilien	125	Steuersystematik	371
Spezialisierung	307, 1238	Stillschweigende Verlängerung	857
Staatlich induzierte Konjunkturwelle	145	Stimmrecht	1045
Staatliche Bürgschaften	645	Stimmrechtsschranken	1048
Staatliche Baukombinate	19	Straßenreinigung	900
Staatliche Förderungsmöglichkeiten	643	Strategisches Controlling	313
Staatliche Wohnraumförderung (WoFG)	650	Strenges Niederstwertprinzip	214
		Struktur-Ratings	195
Städtebauförderungsgesetz	924	Strukturvertriebe	67
städtebauliche Sanierungs- und Entwicklungsmaßnahmen	117	Subjektförderung	644
		subjektive Wertlehre	140
Städtebaulicher Rahmenplan	542	Substituierbarkeit der Güter	141
Städtebaulicher Vertrag	540	Subtraktionsmethode	1049
Städtewachstum	5	Subunternehmer	37
Stadtluft macht frei	9	Suchalleinauftrag	1250
Stadtumbau	4	Swap-Finanzierungen	630
Stadtumbaumaßnahmen	1277	Szenariotechniken/Sustainability	156
Staffelmiete			
– als Festlegung der Miethöhe	740	Taktisches Controlling	314
– bei Geschäftsräumen	783	Tatsächliche Bodennutzung in Deutschland	110
– Vereinbarung, in welchem Umfang sich die Miete zu bestimmten Zeitpunkten erhöht	787		
		Taupunkttemperatur	963
		Technische Rechtsgrundlagen	877
– Beispielrechnung	813	Technisches Gebäudemanagement (TGM)	929
– bei Vermittlung des Wohnraummietvertrages durch Makler	1277		
		Teilamortisation	670

Teileigentum	971
Teileigentumsgrundbuch	977
Teilerbbaurechts	979
Teilhypothek	1120
Teilkostenrechnung	225, 309
Teilkündigung	845
Teilmarkt	122
Teilmärkte	123
Teilmärkte nach dem Entwicklungszustand	123
Teilmärkte nach immobilienwirtschaftlichen Nutzungskriterien	125
Teilmärkte nach räumlichen Kriterien	128
Teilmärkte nach Vertragskriterien	127
Teilmarkthauptgruppen	125
Teilung	976
Teilung von Grundstücken	1197
Teilungserklärung	977
Teilungsvertrag	977
Teilvalutierungzuschläge	610
Telemediengesetz	1265
Tempus-Prinzip	1127
Terraingesellschaften	11, 12
Theoretisierungswelle	291
Theorie der komparativen Kosten	147
Thermografie	959
Tierhaltung	749
Tilgungsarten	603
Tilgungsdarlehen	603
Tilgungsersatzleistung	596, 601
Tilgungskraft (TK)	205
Tilgungsstreckungsdarlehens	612
Titelblatt	1090
Tod des Mieters	851, 852
Träger „öffentlicher Gewalt"	1232
Träger immobilienwirtschaftlicher Vorhaben	33
Transaktionskosten	133, 137
Transmissionswärmeverlust	959
Transparenz des Immobilienmarktes	1258
Traunsteiner Modell	73
Treppen	501
Treppenformen	502
Trinkwasserversorgung	507
Trittschallschutz	495
Türen	519
Typische Einnahmen	378
Übergabeprotokoll	716
Übergabetermin	715
Überschusseinkünfte	375
Übertragung des Erbbaurechts	1173
Überversicherung	467
Übliche Maklergebühren	1283
Umfang des Grundvermögens	430
Umfang des Langexposés	1261
Umlagefähigen Kosten für Wärme und Warmwasser	916
Umlagen	821
Umlageschlüssel für Betriebskosten	913
Umlaufbeschluss	987
Umlaufquote	196
Umlegung	557, 558
Umlegungsmasse	71
Umsatzmiete	782, 790
Umsatzrendite	204
Umsatzrentabilität	199
Umsatzsteuer	413, 1284
Umsatzsteuer im Überblick	413
Umsatzsteuerbefreiungen	417
Umsatzsteueroption	417, 418
Umsatzsteuersatz	1244
Umschlagshäufigkeit des Eigenkapitals	199
Umwandlung in Eigentumswohnung	842
Umwelt-Audit	277
Umweltmanagement	277
Umweltmanagement-System	272
Umweltprüfung	537
Umweltverträglichkeitsprüfung	115
Umwidmungsprozesse	110
Unangemessene Benachteiligung	1285
Unauflöslichkeit der Gemeinschaft	993
Unbebaute Grundstücke	434
Unbedenklichkeitsbescheinigung	1092
Unbefristete Geschäftsraummietverträge	777
Unbefristeter und befristeter Mietvertrag	731
Unbeplanter Innenbereich	116
Ungezieferbekämpfung	901
Unrichtiges Grundbuch	1097
Unterlassungserklärung	1300
Unterlassungsklagegesetz (UKIG)	1296
Untermietzuschlag	748, 821
Unternehmensethik	140
Unternehmensfinanzierung	243
Unternehmensführung und Personalwirtschaft	151
Unternehmenskultur	321

Unternehmensleitbild	152
Unternehmensleitbilder	320
Unternehmensphilosophie	320
Unternehmens-Rating	209
Unternehmenssteuerung	192
Unternehmensziel	152
Unternehmergesellschaft (haftungsbeschränkt)	31
Unternehmerprofil	414
Unterschied zwischen Objekt- und Firmenwerbung	1266
Untervermietung	747
Unterversicherung	466
Unterwerfungsklausel	623, 1124
Unverbindliche Bereitschaftserklärungen	1272
Unverzügliche Selbstnutzung	436
Unwesentliche Bestandteile	974
Unzumutbare Belästigung	1299
Ursachen des „Nichterfolgs"	1245
Ursachenzusammenhang	1280
Ursachenzusammenhang	1282
Variable Kosten	225
Variable Zinssätze	618
Variable Kosten	1244
Veränderungssperre	542
Veränderungssperren	117
Veräußerung	857
Veräußerungsbeschränkung	1059
Verband	981, 994
Verband Deutscher Makler	50
Verbandsethik	140
Verbandsvermögen	974
Verbindung von Grundstücken	1195
Verbotsvorschriften	713
Verbraucher	1230
Verbraucherfunktion	1250
Verbraucherpreisindex	144
Verbraucherschutz	1257
Verbraucherverbände	1296
Verbrauchserfassung	915
Verbundene Hausratversicherung	462
Verbundene Heizungs- und Warmwasserversorgungsanlagen	897
Verbundene Wohngebäudeversicherung	460
Verbundfinanzierung	599
Verdichtung der Zielgruppe	1267
verdinglichte Vereinbarungen	982
Verdingungsunterlagen	583
Vereinbarung des Preisansatzes	1252
Vereinbarung eines qualifizierten Alleinauftrages	1286
Vereinbarungen	982
Vereinbarungsändernde gesetzesändernde Beschlüsse	985
Vereinbarungsersetzende/gesetzesersetzende Beschlüsse	985
Vereinbarungswidrige/gesetzeswidrige Beschlüsse	985
Vereinigten Staaten	133
Vereinigung	1195
Verfahren der Bewertung	431
Verfall der Gebäudesubstanz in der DDR	20
Verflechtungsrechtsprechung	1248
Verfolgung unlauteren Wettbewerbs	1296
Verfügungs- und Veränderungssperre	71
Vergabe	702
Vergabe der Bauaufträge	570
Vergabearten	581
Vergleichbarkeit	1258
Vergleichswertverfahren	
– Festlegung in Abhängigkeit von der Grundstücksart	434
– nach Wertermittlungsverordnung	1200
– als normiertes Wertermittlungsverfahren	1206
– Wertermittlung von bebauten Grundstücken	1208
Vergleichswohnungen	801
Vergütung	735
Vergütung des Bauträgers	42
Vergütung des Objektbetreuers	60
Vergütung für seine Betreuungsleistung	48
Vergütungen	821
Verhandeln zu dritt	1270
Verhandlung unter Hinzuziehung von Beratern	1271
Verhandlungsgeschick	1235
Verjährung	859, 912
Verjährung der Mängelansprüche	1147
Verjährung im Baubetreuungsgeschäft	46
Verjährungsfrist	862, 1273
Verkäufermarkt	337
Verkehrsflächen	111

STICHWORTVERZEICHNIS

Verkehrshypothek	1118
Verkehrslage	1255
Verkehrsnetz	128
Verkehrssicherungspflicht	42
Verkehrssicherungspflichten	717
Verkehrswert	1199, 1218
Verkaufswert-Grenzen	1183
Verlängerungsklausel	848
Verlustvortrag	377
Vermietermarkt	702
Vermieterpfand- und Selbsthilferecht	727
Vermieterpfandrechts	1279
Vermietung und Verkauf	79
Vermietungsgenossenschaften	22
Vermitteln	1235
Vermittlung von Darlehen	1244, 1294
Vermittlungsfunktion des Maklers	1235
Vermittlungsleistungen	1235
Vermittlungsmakler	1281
Vermittlungsmethoden	1270
Vermögensschadenhaftpflichtversicherung	47, 457
Vermögensschaden-Haftpflichtversicherung für Unternehmensleiter (D+O-Versicherung)	458
Vermögensschadenversicherung	44
Vermögensstruktur	196
Vermögenstrennung	1030
Vermögensversicherung	453
Veröffentlichung des Urteils	1301
Verpflichtung zum Gemeinschaftsgeschäft	133
Verrentung von Kaufpreisteilen	1273
Versammlungsniederschrift	1050
Versammlungsvorsitz	1044
Verschiedene Maklerauffassungen	1236
Verschonungsabschlag	434, 435
Verschuldungsgrad	197
Versicherungen	443
Versicherungsberater	450, 1240
Versicherungsmakler	449
Versicherungsvermittler	448
Versicherungsvertrag	450
Versicherungsvertreter	448
Versicherungswerte	465
Versorgungssperre	1068
Verstädterung	2
Verstärkter Personalkredit	252
Versteigerungsakte	1177
Versteigerungstermin	1180
Verteilung der Lasten und Kosten	998
Verteilungsmasse	71
Verteilungsmaßstab	916
Verteilungstermin	1184
Vertrag, der erfolgreich angefochten wird	1282
Vertragliche Einräumung von Sondereigentum	976
Vertragliche Preisbindungen	138
Vertrags- und Vergabeordnung für Bauleistungen (VOB)	41
Vertragsformulare	1253, 1280
Vertragsfreiheit	1285
Vertragsgemäßer Zustand	716
Vertragsgrundlage	410
Vertragsgrundlagen	127
Vertragsmuster	758, 759
Vertragsstrafe	1300
Vertragstypen	777
Vertragswidriger Gebrauch	722
Vertrauensschadenversicherung	26, 44
Vertretungsbefugnis	1047
Vertriebsprovision	1248
Verwalter	1015, 1292
Verwalterbestellung	1016
Verwaltervergütung	1019
Verwaltervertrag	1017
Verwaltung (Innendienst)	1242
Verwaltungsbeirat	1014
Verwaltungskosten	
– nach § 26 II. Berechnungsverordnung	296
– als ausgewählte Ausgabearten/Werbungskosten	382
– bei Erhöhung der Kostenmiete	824
– Abgrenzung zu Betriebskosten	886
Verwaltungsunterlagen	1021
Verwaltungsvermögen	974
Verweisungs-oder Hinzuziehungsklauseln	1285
Verwendung der Beiträge	411
Verwendung von Baugeldern der Kunden	38
Verwendung von Briefbögen	31
Verwendung von Formularmietverträgen	711
Verwendungsersatz	718
Verwertungskonzepte	1254
Verwirkung des Provisionsanspruchs	1290
Victor Aimé Huber	13

Videopräsentationen	1234
Vollamortisation	669
Vollbetreuung	43
Vollgeschosse	546
Vollkostenrechnung	225
Vollständigkeit der Exposé-Information	1258
Vollständigkeitserklärung	29
Vollstreckbarer Titel	1124
Vollstreckungsschutz	1180
Volltilgerdarlehen	604
Vorabinformation	1257
Voraussetzungen für das Entstehen eines Provisionsanspruchs	1279
Vorauszahlungen auf die Betriebskostenumlage	735
Vorbereiten der Baustelle	476
Vorfälligkeitsentschädigung	621
Vorformulierte Vertragsklauseln	713
Vorhabens- und Erschließungsplan	540
Vorhabenträger	116
Vorkaufsrecht	1105
Vorkenntnisklausel	1285
Vormietrecht und Anmietrecht	778
Vorrangiger Erfüllungsanspruch	730
Vorratsbau	1150
Vorratsverträge	601
Vorverträgen	1272
Wachstum der Gebäude- und Freifläche	113
Währungsrisiko	148
Währungsswap	630
Wald	111
Wand- und Bodenbeläge	523
Wandbekleidungen	528
Wände	480
Wanderungsbewegung	135
Wärmebrücken	960
Wärmedämmverbundsystem	489
Wärmedurchgangskoeffizient	965
Wärmeverteilung in Räumen	516
Warmwassergeräte	896
Warmwasserversorgung	896
Wartung	947
Wartungsdienste	870
Wartungsverträge	869
Wasserflächen	111
Wasserrecht	274
Wasserversorgung	889
Wechsel des Vermieters	755
Wegnahmerecht	859
Wegerecht	1108
Weichkosten	691
Weilheimer Modell	73
Welthandelsorganisation	147
Weltweite Perspektiven	4
Werbebudgets	1265
Werbeerfolg	1269
Werbeerfolgsanalyse	303
Werbeetat	296
Werbekonzept	1254
Werbemittel	1265
Werbeplan	359
Werbeträger	1265
Werbung	
– Aufgabe und Ziel	357
– bei Gestaltung des Exposés	1234
– Definition	1265
Werbungskosten	379, 380
Werbungskosten aus dem Bewirtschaftungsbereich	381
Werbungskosten aus dem Finanzierungsbereich	380
Werkdienstwohnung	844
Werkswohnungsbau	13
Werkvertrag	570
Werkvertrag	866
Werkswohnungen	844
Wertbeeinflussende Umstände	1214
Wertbegriffe des Grundvermögens	428
Wertermittler	1202
Wertermittlung	434
Wertermittlungsrichtlinien	1201
Wertsicherungsklausel	
– Vereinbarung bei Geschäftsraummiete	782
– automatische Erhöhung	788
– beim Erbbauzins	1166
Wertzuwachssteuer	14
Wettbewerb	17
Wettbewerbsregeln des Immobilienverbandes Deutschland (IVD)	1296
Wettbewerbsverbot	1279
Widersprüche	1096
Widerspruchsrecht des Mieters	836, 843
Wiederholungsgefahr	1300
Wiederkaufsrecht	1135
Wiederkehrende Leistungen	381
Wirksamkeit des Erfolgsprinzips	1246

Wirksamkeit des Prinzips der Entscheidungsfreiheit	1247
Wirkungsgrad des Controlling	304
wirtschaftliche Baubetreuung	44
Wirtschaftlicher Leistungsbereich eines Bauträgers	40
Wirtschaftliches Gut	107
Wirtschaftliche Verwertung	841
Wirtschaftlichkeit	198
Wirtschaftlichkeitsberechnung	633, 820
Wirtschaftsethik	140
Wirtschaftsplan	219, 1032
Wirtschaftsstrafgesetz	122, 817
Wohn- und Nutzflächenberechnung	701
Wohnbauunternehmen	23
Wohneigentumsquote	671
Wohnförderkonto	411
Wohngeld	649
Wohngemeinschaft als Mieter	708
Wohnklimabeeinflussung	871
Wohnraum	861
Wohnraum- und Geschäftsraummietvertrag	700
Wohnräume	700
Wohnraumförderung	643
Wohnraumförderungsgesetz	
– Inkrafttreten	21
– neues Fördersystem	138
– Mieterhöhung nach WoFG	818
– Erleichterungen und Beschränkungen	1276
Wohnraummietvertrag	702
Wohn-Riester	408, 647
Wohnung	971
Wohnungs- bzw. Bestandskontrolle	867
Wohnungsarten	702
Wohnungsbaugenossenschaft	14
Wohnungsbaugenossenschaften	15, 32
Wohnungsbaugesetz	643
Wohnungsbauprämien	645
Wohnungsbegehung	867
Wohnungseigentum	971
Wohnungseigentümergemeinschaft	981
Wohnungseigentümerversammlung	1042
Wohnungseigentumsverwalter	50
Wohnungserbbaurecht	1160
Wohnungserbbaurechts	979
Wohnungsfrage	11
Wohnungsgemeinnützigkeitsgesetz (WGG)	16
Wohnungsgrundbuch	977
Wohnungsleerstand	13
Wohnungsmarkt	338
Wohnungsnot	17, 1276
Wohnungsnot der Arbeiter	9
Wohnungsrecht	1111
Wohnungsvermittlung	
– Leistungsmatrix eines Maklerbetriebes	1240
– Vorbereitung von Mietverträgen durch Makler	1275
– Auftrag des Maklers bei Vermietung	1280
Wohnungsvermittlungsgesetz	1293
wohnungswirtschaftliche Preisbindungen	137
Wohnungszwangswirtschaft	18
Workflow-Management-System	266
Zahl der Großstädte	9
Zahlung der Miete	720
Zahlungsbilanzen	148
Zahlungsverzug des Mieters	854
Zeitfinanzierung	674
Zeitlich befristetes Mietverhältnis	846
Zeitmietvertrag	846, 1277
Zeitphasen für den Anschaffungs- und Herstellungsaufwand	388
Zentrale Brennstoffversorgungsanlage	894
Zentrale Heizungsanlage	892
Zentrale und dezentrale Wohnungsverwaltung	863
Zentrale Warmwasserversorgungsanlage	896
Zentralverwaltungswirtschaft	121
Ziele der Bewirtschaftung	78
Zielgruppe	1261
Zielgruppenfindung	1254
Zielgruppenpyramide	1268
Zielsetzungen eines Unternehmens	191
Zinsänderungsrisiko	245
Zinsbegrenzungsgebühr	619
Zinsbindungen	619
Zinsdeckung (ZD)	205
Zinsfestschreibungszeitraum	619
Zinssicherungsmaßnahmen	624
Zinsstrukturkurve	617
Zinsswap	630
Zitterbeschluss	987
Zivilmakler	1230

Zubehör	974, 1099	Zwangsversteigerungsvermerk	1178
Zulageberechtigte	410	Zwangsverwaltung	1124
Zusätzliche Verkäuferleistungen	1273	Zwangsvollstreckung	1123
Zuschüsse	644	Zweckabrede	1122
Zuschlag	1182, 1183	Zweckbasis	1238
Zuschlag in der Zwangsversteigerung	1175	Zweckentfremdung	125
		Zweckentfremdungsverbot	705
Zuschläge	735, 821	Zweckerklärung	1122
Zustandekommen des Mietvertrages	706	Zweckgebundene Wohnungen	703
		Zweitbeschluss	987
Zustellungsvertreter	1062	Zweite Miete	879
Zustimmung des Mieters	802	Zwischenablesung	919
Zustimmung zur Mieterhöhung	794	Zwischenfinanzierung	601
Zuteilungsreife	600	Zwischenfinanzierungszinsen	661
Zuwendung unter Lebenden	435	Zwischenhandel	79
Zwangshypothek	1124	Zwischenkredit	610
Zwangsversteigerung	1124